この辞典で使[う]

E Symbols in this dictionary

| 【　】 | 見出し語の漢字表記 |

＊常用漢字表とその付表にあるものを中心にし，それ以外の漢字にはつぎの記号をつけた．

─	常用漢字表にない漢字
═	常用漢字表にあるが，その読み方が示されていない漢字
〔　〕	動詞の変化の形
〔〜する〕	「する」がつけば動詞になるもの
（　）	外来語の原語

＊英語以外はつぎのように示した．

㋑	イタリア語
㋔	オランダ語
㋥	中国語
㋙	ドイツ語
㋫	フランス語
㋭	ポルトガル語
㋶	ラテン語
㋺	ロシア語
注	表記についての注意
参	ことばについての情報

この辞典に使われている記号
[한] 이 사전에 사용된 기호

対	対になることば
数	数え方
話	おもに話しことばとして使われる.
書	おもに書きことばとして使われる.
関連	関連のあることば
名	動詞に対応する名詞
自動	名詞や他動詞に対応する自動詞
他動	名詞や自動詞に対応する他動詞
自他動	名詞に対応する自他動詞
似た表現	慣用句の似た表現
⇨	⇨の先の項目と内容が同じである.
→	→の先の項目の参に関係が示してある.
	*→の先にはつぎのものがある.
図	図がある.
囲み	囲み記事がある.
付録	付録がある.
	*用例中の→の先にはつぎのものがある.
項目	項目がある.
慣用	慣用句がある.
▷	以下の記述が項目全体にかかる.

NIHONGO WO MANABU HITO NO JITEN
supervised by Yukiko Sakata
edited by Orie Endo and Nihon'go no Kai Kigyo Kumiai
Copyright © 1995 by Nihon'go no Kai Kigyo Kumiai
and Shincho-Sha Co., Ltd.
All rights reserved
First published in Japan in 1995 by Shincho-Sha Co., Ltd.
Korean translation rights arranged with Shincho-Sha Co., Ltd.
through Japan Foreign-Rights Centre

INFORMATIVE JAPANESE DICTIONARY

日本語を学ぶ人の辞典

英語・韓国語 訳つき

일본어 학습 사전

監修　阪田 雪子
編集主幹　遠藤 織枝
編集　にほんごの会

教學社

まえがき

日本語学習者は年ごとに増え，母語も学習目的も多様化してきています．それに応じて，日本語学習書はかなりの種類が出版されていますが，学習者の使える日本語辞典に関しては必ずしもその要望にこたえられてはいません．

日本語を学ぶための日本語辞典は，語の表記法を示して意味を平明に解説するだけではじゅうぶんではなく，その語がどんな語と結びつき，さらに，どんな文脈で用いられるかを示すことがたいせつで，それはまた，文章を正しく書くときにも役立つものでなければなりません．

このような趣旨で公的な機関から出版された辞典としては，『基本語用例辞典』（文化庁 1971年初版，1990年第3版）と『基礎日本語学習辞典』（国際交流基金 1986年英語版，現在は9カ国語に翻訳）がありますが，前者は4500語，後者は2873語というように基本的な語が中心です．本辞典は，それよりさらに上の程度の学習者にも使えるように，見出し語として約11000語を選びました．日本語能力試験1級では10000語程度の語彙習得を認定基準としていますから，数量的にはほぼ一致していることになります．

本辞典は，用例を示すことを中心にアクセントをはじめ可能な限りの情報をしるすことに努め，その大意がつかめるよう英語訳と韓国語訳とをつけました．また，日常の生活でよく使われる擬音語，擬態語，慣用句，ことわざなどもできるだけ多く載せ，日本語学習上，特に必要と思われる情報については囲み記事としてまとめてあります．

以上のように，日本語教育の現場での経験を生かし，日々の学習の参考となるものを積極的に取りあげました．日本語学習に役立つものであることを期待します．

1995年1月

阪田雪子

Foreword

An increasing number of people take up the study of Japanese every year, bringing with them an increasing diversity of native languages and goals in studying Japanese. A fairly comprehensive range of textbooks has been published in response, but dictionaries available to students do not always meet their needs.

In a Japanese dictionary designed for non-native speakers, we feel it is not enough just to show how a word is written and explain its meaning. It is also important to indicate how the word is used and in what context. This information should be useful in writing sentences.

Two dictionaries with such goals have been published by official organizations: *Kihongo Yorei Jiten* and *Kiso Nihongo Gakushu Jiten*. Both of these, however, concentrate on basic vocabulary: 4,500 words in the former and 2,873 in the latter. In order to meet the needs of students at more advanced levels, the present dictionary contains approximately 11,000 entries. Since Level 1 of the Japanese Language Proficiency Test requires a vocabulary of about 10,000 words, this dictionary is at a roughly equivalent level in terms of numbers.

In addition to giving guidelines such as accents, we have endeavored to make the entries as informative as possible, mainly by means of sample sentences. English and Korean translations have been added to convey the general meaning. We have also included as many examples as possible of onomatopoeia, mimesis, idioms, proverbs, and other expressions that are frequently used in daily life. Further information that we judged especially necessary to a student of Japanese has been included in topic boxes.

Our basic approach has been to draw on classroom experience in Japanese language education, focusing on those aspects we view to be most helpful in the learning of Japanese. It is our sincere hope that this dictionary will earn the approval of discerning and demanding users.

January 1995

Sakata Yukiko

머 리 말

일본어 학습자는 해마다 증가하고, 학습자의 모국어도 학습 목적도 다양화되어 가고 있습니다. 그에 따라 일본어 학습서도 상당히 많은 종류가 출판되어 있습니다만, 학습자가 쓸 수 있는 일본어 사전만큼은 반드시 그 요망에 부응하고 있다고는 할 수 없습니다.

일본어를 배우기 위한 일본어 사전은 낱말의 표기법을 제시하고 그 어의를 알기 쉽고 명료하게 해설하는 것만으로는 불충분하며, 그 낱말이 어떤 낱말과 결합하며, 나아가서 어떤 문맥으로 쓰이는가를 보여 주는 것이 중요합니다. 그것은 또한 문장을 올바르게 쓰는 경우에도 도움이 되는 것이라야만 합니다.

이와 같은 취지로 공공 기관에서 출판된 사전으로는 『基本語用例辞典』(文化庁 1971年 初版, 1990年 第3版)과 『基礎日本語学習辞典』(国際交流基金 1986年 英語版, 현재는 9개 국어로 번역)이 있으나, 전자는 4500 단어, 후자는 2873 단어 등으로 기본 단어가 중심입니다. 이 사전은 그보다 좀더 상급 수준의 학습자도 쓸 수 있도록, 표제어로서 약 11000 단어를 선정하였습니다. 일본어 능력시험 1급에서는 10000 단어 정도의 어휘 습득을 인정 기준으로 삼고 있으므로, 수적으로는 거의 일치하는 셈이 됩니다.

이 사전은 용례를 보여 주는 것을 중심으로, 악센트를 비롯하여 가능한 한 많은 정보를 제시하는 데 힘썼으며, 그 대의를 파악할 수 있도록 영어 역어와 한국어 역어를 붙였습니다. 또한 일상 생활에서 자주 쓰이는 의성어, 의태어, 관용구, 속담 등도 될 수 있는 대로 많이 수록하였으며, 일본어 학습상 특히 필요하다고 여겨지는 정보에 관해서는 박스 기사로 정리해 놓았습니다.

이상과 같이 일본어 교육 현장에서의 경험을 살려서, 일상의 일본어 학습에 참고가 될 수 있는 항목을 적극적으로 채택하였습니다. 일본어 학습에 도움이 되는 것일 수 있기를 기대합니다.

1995年 1月

阪 田 雪 子

この辞書を使う人のために

E Guide for users of this dictionary. 한 일러두기.

ことばの選び方

　この辞書は、日本語を学ぶ人にとって必要と思われる約1万1000のことばを中心にできています。これらのことばは、日本語を話したり書いたりするときの基本となるもの、日本の日常生活の中でよく使われるもの、日本語を学習するとき必要なもの、といった観点から選びだしたものです。そのため、ことばの形がいくつかあるものはくだけた形のものも載せてありますし、また、日本語を学ぶ人にとってわかりにくいと思われる擬音語や擬態語を多く載せています。これらのことばのうち特に重要なものは、見出し語を大きくしてあります。

文字の使い方

　見出し語は、和語、漢語、それに外来語です。外来語は日本語に入ってから長い時間がたっているものはひらがなで、ふつうの外来語はかたかなで示しました。活用することばは原則として基本形で示し、動詞、形容詞の語幹と活用語尾の境に中黒(•)を入れました。ただし、形容動詞は語幹のみを示しました。また、2つ以上のことばからできた「かもしれない」などの連語には中黒を入れていません。

　　お・す　【押す】

　　ちからづよ・い　【力強い】

　　しずか　【静か】

そのことばが接頭語または接尾語としてしか使われないものには、ハイフン(-)を入れました。

　　さい-　【最-】

　　-ごし　【-越し】

見出し語で、常用漢字表とその付表にあるものは【　】の中に漢字表記を示しました。

　　いっしょうけんめい　【一生懸命】

　　いなか　【田舎】

常用漢字表になくても、1語の漢語の中で使われているものには⌒のしるしを、常用漢字であっても、その読み方が常用漢字表にないものには⌢のしるしをつけました。

　　こっけい　【滑稽】

常用漢字表にあっても、副詞などで、あまりふだん漢字で書き表さないものは漢字表記を示しませんでした。ただし、そのうちのいくつかは注に示してあります。

たいてい
　　≡ 注 漢字で書くときは「大抵」.

ことばの説明や用例で使う漢字の全部と訓読みの数字には読みがなをつけました．これらの文の中では漢字表記欄に漢字が出ていても実際にはあまり使わないものはひらがなで書いています．1つの項目の中で2つ以上の漢字表記のあるものについては 注 でことばの意味と漢字の書き方を結びつけて示してあります．

あら・い【荒い・粗い】
　　≡ 注 漢字で書くときは，①は「荒い」，②③④は「粗い」.

漢字の使い分けができないものは【　】の中に並べて示すだけとし，用例には，より多く目にふれるものを使いました．

たんけん【探検・探険】…「南極を探検する//探検家」

慣用句では，常用漢字表外の字を［　］の中に示すことがあります．

さば

　　さば[鯖]を読む

外来語は（　）の中に原語を示しました．英語以外のばあい，イタリア語は①，オランダ語は㋔，中国語は㊥，ドイツ語は㋐，フランス語は㋣，ポルトガル語は㋺，ラテン語は㋷，ロシア語は㋺のように示してあります．

ウエット　（wet）

かるた　（㋺carta）

日本で，原語と違った形で使われている外来語は，もとの形とその原語を〔　〕の中に示しました．

ワープロ…〔←ワードプロセッサー（word processor）〕

見出し語の並べ方

見出し語は五十音順に並べ，同じかなのところはつぎの順序で並べ方を決めました．
①「清音」→「濁音」→「半濁音」の順.

　　かいかつ【快活】　　　　ピザ
　　がいかつ【概括】　　　　ピザ

②「大きい字」→「小さい字（拗音，促音など）」の順.

　　きよう【器用】　　　　　いつか
　　きょう【経】　　　　　　いっか【一家】

③「ひらがな」→「ひらがなとかたかなのまじったもの」→「かたかな」の順.

　　でも　　　　　　　　　　ダブ・る
　　デモ　　　　　　　　　　ダブル

(1)外来語の長音は「ー」で示し、「コース」の「ー」は「コオス」のように、その前のかたかなの母音と同じに扱いました。

(2)かたかな表記が同じ外来語は、つづりのアルファベット順としました。

トラック (track)

トラック (truck)

④ハイフンは、「ないもの」→「後にあるもの」→「頭にあるもの」の順。

よく

よく- 【翌-】

-よく 【-浴】

⑤中黒は、「ないもの」→「あるもの(語末近くにあるものから)」の順。

いる 【射る】

い・る 【要る】

⑥「漢字だけのもの」→「漢字とひらがなのまじったもの」→「漢字のないもの」の順。

さる 【猿】 **あお・ぐ** 【仰ぐ】

さる 【去る】 **あお・ぐ**

文法事項の扱い

この辞書の見出し語では、動詞以外は品詞名をしるしていません。ただし、本文の中や巻末の付録では「名詞」「形容詞」などと品詞の名前を使っています。その際、「きれいだ」「丈夫だ」などのことばは「形容動詞」と呼んでいます。

動詞は、変化の形を〔　〕の中に示し、また、五段動詞と「来る」「する」の「て」に続く形がどうなるかを（　）の中に示しました。

あ・う 【合う】〔アウ〕〖自動五〗（あって）

ぬ・ぐ 【脱ぐ】〔ヌグ〕〖他動五〗（ぬいで）

変化の形としては「五」「一」「くる」「する」の4種類に分けています。「五」は「行く」「話す」「持つ」などの五段動詞、「一」は「見る」「食べる」などの一段動詞、「くる」は「来る」、「する」は「する」「勉強する」などの「する」動詞です。

「自動」「他動」は、自動詞と他動詞の区別を示し、「言う」「募る」など、自動詞でも他動詞でもあるばあいは「自他動」として、区別できるものは注にその使い分けを示しました。なお、この辞書では、「(恋を)ささやく」「(時を)過ごす」のように、目的、対象となることばをとるものを他動詞と考えています。

また、漢語などが「～する」の形でも使うものについては、それも〔　〕の中に示しています。全体にかかるばあいは見出しの後に、そうでないばあいはそれぞれの番号の後に入れてあります。

けいさん　【計算】…〔～する〕①

しょうぶ　【勝負】…②〔～する〕

副詞に「～する」がつくときには、その前に「と」がついて「～とする」の形になるものもありますが、このばあいは「(と)」を用例中に示しませんでした.

くよくよ　…〔～する〕「妹はきのうの試験のことでくよくよしている//くよくよ(と)考える」

また、同じことばが名詞と副詞に使われるばあいに、「副詞的に」と説明したり、実際に使われる形を示したりすることがあります.

かたわら　【傍ら】…②(副詞的に)

いっさい　【一切】…②(「いっさい～ない」の形で)

ことばが、どのように使われるか、また、どのようなことばと一緒に使われるか、の用法と接続の形についてもくわしく述べています. ただし、示したもののほかに助動詞、副詞などが接続するばあいもありますが、それらは省略してあります.

じょう　【上】…③(他のことばの頭について)(1)いい.「上機嫌//上天気」…④(他のことばの後について)(1)～の関係で、～において、～からして.「法律上許されない」

しかも　…(文と文をつないで)①前にいったことに、さらにほかのことをつけ加えるときに使うことば. …「洋子はコンピューターの専門家だ. しかも、ドイツ語の通訳もしている」

みたいだ　(名詞、動詞と形容詞の基本形、形容動詞の語幹について)①はっきりしないが、たぶんそうらしいということを表す.「かぜをひいたみたいだから、薬を飲んでおく」

かえ・る　【返る】…③(動詞の「ます」形について) すっかり～する.「あきれかえる//静まりかえる」

まか・せる　【任せる】…②(「～にまかせ[し]て」の形で) そのものが持つ力をじゅうぶんに活用する. …「金にまかせて美術品を買い集める」

アクセント

アクセントは、発音を示すかたかなの上に引いた横線で示しました. 横線のあるところは高く発音し、ないところは低く発音します. 横線の終わりが ⌐ となっているときはそのつぎの音が下がり、終わりが ― となっているときは後に続く助詞なども同じ高さになることを示しています.

助詞、助動詞、接頭語、接尾語、連語、慣用句には、接続詞などと同じ項目となっているときを除いて、アクセントは示していません. また、ことばの意味によっては、示したアクセントを使い分けるばあいがあります.

ことばの説明と訳と用例

　ことばにはいろいろな意味がありますが，この辞書では，それらの意味の中でも中心となるもの，また，日本語の使い方を勉強しようとする人に必要と思われるものに限って説明しています．そのうえで，説明がいくつかに分かれるときは①②③…，その中でさらに分かれるときは(1)(2)(3)…と箇条書きにして，できるだけ具体的にわかりやすく書きました．

　どのことばにも，その意味と使い方がよく理解できるように用例がつけてあります．用例は基本的には文の例であげ，そのほかに句や語の例も示せるものは示しました．これらの文や句や語からも生きた日本語と日本の事情が学べるように，できるだけ現在の日本の社会や日本人の生活がわかるものにしてあります．

　ことばの意味を正確に知る手助けとなるように英語と韓国語の訳をつけました．訳はそのことば全体の意味としてではなく，そこに取りあげた日本語の意味の部分と用例にほぼ一致するものです．「ざあざあ」のような擬音語は，これだけの訳をつけても理解しにくいので，用例に訳をつけてあります．

　　ざあざあ …①…「雨がざあざあ(と)降っている（ⒺIt's raining heavily. 한비가 쫙쫙 오고 있다.）」

「再-」「-み」など接頭語や接尾語についても，用例に訳をつけることがあります．

　　さい- 【再-】…「再開発（Ⓔredevelopment. 한재개발.）」

慣用句，ことわざ

　慣用句，ことわざとして使われるものは，項目の最後に取りだして並べました．たくさんあるばあいは「『目』のつく慣用表現」などと見出しをつけてあります．その慣用句，ことわざでことばの形がすこしだけ違っているものは「目(の玉)の黒いうち」のように示しました．これは「目の黒いうち」と「目の玉の黒いうち」と2つの形があるということです．また，「腕をこまね[ぬ]く」とあるのは，「腕をこまねく」「腕をこまぬく」の2つの形があるということです．慣用句とことわざにもその意味の説明と訳と用例を示していますが，用例はつけていないものもあります．

囲み記事

　この辞書を使う人に，日本での生活で役に立つ情報として，駅と車内，入管，病院，郵便局などで必要なことばをまとめて囲み記事にしてあります．また，「は」と「が」など似ていることばの違いを説明するためのものもあります．

いろいろな記号

　この辞書ではつぎのような記号を使っています．

- 対 対になることばです．ことばの説明が分かれているときは，そこにあてはまるものだけをそれぞれの用例の後に入れました．

    いりぐち　【入り口】…対出口

    いやし・い　【卑しい】…①…対尊い　②…対貴い

- 数 数え方です．音読みの数字にも読みがなをつけました．

    ギター…数１丁

- 話 「しまった」「やばい」など，おもに話しことばとして使われるものにつけました．
- 書 「しかしながら」「ゆえに」など，おもに論文，レポートなどを書くときに使い日常の会話などには使わないものにつけました．
- 関連 関連のあることばです．

    じょう　【上】…関連①②中，下

- 名 動詞の項目で，それに対応する名詞があるばあいに，その形を示しました．

    きま・る　【決まる】…名決まり

- 自動 名詞や他動詞の項目で，それに対応する自動詞があるばあいに，その形を示しました．

    ながれ　【流れ】…自動流れる

    つ・む　【積む】…自動積もる

- 他動 名詞や自動詞の項目で，それに対応する他動詞があるばあいに，その形を示しました．

    かざり　【飾り】…他動飾る

    の・る　【載る】…他動載せる

- 自他動 名詞の項目で，それに対応する自他動詞があるばあいに，その形を示しました．

    まけ　【負け】…自他動負ける

- 似た表現 慣用句で，ほかに似た表現があるとき，参考までに示してあります．

    ねこ　【猫】
    　猫に小判…似た表現豚に真珠

- 注 漢字の読み方，使い方の注意です．また，形式的，補助的役割を果たすことばなど，ひらがなで書くものもここに注記してあります．

    かんじん　【肝心・肝腎】
    　　注 以前は「肝腎」を使ったが，最近は「肝心」のほうを多く使う．

- 参 ことばのなりたちや，似たことばとの違いや，使うときの注意などの情報です．

    イメージダウン
    　　参 英語の「イメージ(image)」と「ダウン(down)」から日本でできたことば．

- ⇨○○　その項目ではことばの説明をしていないので，「○○」の項目を見てほしいということです．

ピンポン…⇨卓球(たっきゅう)

す・む 【済む】…④(「すまない」の形(かたち)で)⇨すまない

くら・む…(「目(め)がくらむ」の形(かたち)で)⇨目(め)[慣用]

→○○ 「○○」の項目(こうもく)を見(み)てほしいということです.

いろいろ…→さまざま

　　＊「さまざま」の項目(こうもく)の[参]に「いろいろ」との関係(かんけい)が示(しめ)してあります.

しんごう 【信号】…→交差点(こうさてん)[図]

びょういん 【病院】…→[囲み]

ば…→たら [囲み]

それ…→[付録]指示語(しじご)のまとめ

うす 【薄】…「手薄(てうす)(→[項目])」

れんごう 【連合】…「国際連合(こくさいれんごう)(→国連(こくれん)[項目])」

は・る 【張る】…⑮…「見(み)えを張る(→見(み)え[慣用])」

▷ ことばの説明(せつめい)がいくつかに分(わ)かれているときに,以下(いか)の記述(きじゅつ)がその項目全体(こうもくぜんたい)にかかることを示(しめ)しています.

この辞書全体(じしょぜんたい)を通(とお)しての表記(ひょうき)

かなづかいは,内閣告示(ないかくこくじ)「現代仮名遣(げんだいかなづか)い」(1986年(ねん)7月(がつ))の原則(げんそく)と特例(とくれい)により,許容(きょよう)は採用(さいよう)しませんでした.

送(おく)りがなは,内閣告示(ないかくこくじ)「送(おく)り仮名(がな)の付(つ)け方(かた)」(1973年6月,1981年10月一部改正(いちぶかいせい))の本則(ほんそく)と例外(れいがい)により,許容(きょよう)は採用(さいよう)しませんでした.

外来語(がいらいご)の表記(ひょうき)は,内閣告示(ないかくこくじ)「外来語(がいらいご)の表記(ひょうき)」(1991年6月)の原則(げんそく),慣用(かんよう),一般的表記(いっぱんてきひょうき)を参考(さんこう)にして決(き)めました.

字体(じたい)は,内閣告示(ないかくこくじ)「常用漢字表(じょうようかんじひょう)」(1981年10月)と法務省令(ほうむしょうれい)「人名用漢字別表(じんめいようかんじべっぴょう)」(1990年3月)に示(しめ)されたものを使用(しよう)しました.

囲み記事 目次

飲食店で使うことば …………………69
駅と車内で使うことば ………………92
銀行で使うことば……………………263
空港で使うことば……………………268
ごみを出すときに使うことば………358
タクシーで使うことば………………557
電話をかけるときに使うことば……660
図書館で使うことば…………………687
入管で使うことば……………………746
美容院や理髪店で使うことば………854
病院で使うことば……………………855
不動産屋で使うことば………………885
ホテルや旅館で使うことば…………932
市役所や区役所で使うことば ……1039
郵便局で使うことば………………1052

「ている」と「てある」……………………64
「おい」「やあ」「よう」
　　「もしもし」「さあ」「どれ」…………101
「くらい」と「ほど」………………………286
「そこで」と「それで」……………………528
「そして」と「それから」…………………529
「ば」「たら」「と」「なら」………………579
「ようだ」「らしい」「だろう」……………582
「に」と「で」………………………………636
「ね」「よ」「な」……………………………708
「になる」と「となる」……………………730
「は」と「が」………………………………779

監修／阪田雪子
1925年，東京都生まれ．東京女子大学文理学部日本文学科卒業．東京外国語大学で，22年間，日本語教育および日本語学を担当．その後，聖心女子大学教授，杏林大学教授．著書『ハビヤン抄・キリシタン版平家物語』（吉川弘文館）など．第20期国語審議会委員．国立国語研究所評議員．

編集主幹／遠藤織枝
1938年，岐阜県生まれ．お茶の水女子大学大学院人文科学研究科修士課程修了．文教大学文学部教授．日本語学専攻．著書『気になる言葉』（南雲堂），編著『使い方の分かる類語例解辞典』（小学館）など．1988年，エイボン女性年度賞（教育賞）受賞．

編集・執筆／にほんごの会
1984年，日本語教育に関心を持つ女性たちの勉強会として発足．1988年，企業組合結成．1985年に第1回日本語教育入門講座を開講以来，各種研修会や講座を開催，自己研鑽と教師養成に努める．会員はおもに日本語教師として各方面で活躍中．

編集委員＝倉石澄子　坂手輝子　長澤英子　三井昭子
芦原悦子　江川昌子　大谷まこと　大村　敏　神野栄子
小林みどり　杉田志津子　鈴木郁子　高藤淑子　竹増美智子
富士保子　藤平昌子　溝口千代子　矢部節子　山田和子
横山杉子　四方田千恵

翻訳
（英語）田所メアリー　　Diane Gruenstein　　（韓国語）李鳳姫

翻訳点検
（英語）内田英子　柳沢園子　（韓国語）李寅植　金均喜

イラスト
高村郁子

あ／ア

ああ アー ①「あのよう(に)」のくだけた言い方. Elike that; in that way. 한저렇게, 저처럼；그렇게.「ああ忙しくては遊ぶひまもないだろう//ああいえばこういう」②感動したり驚いたりしたときに言うことば. EAh!; Oh! 한아!.「ああ、よかった、間に合って//ああ、たいへん//ああ、疲れた」▷話 →付録指示語のまとめ

あい 【愛】アイ ①親子やきょうだい、友達などが、たがいにだいじに思い、温かい気持ちを持つこと. また, その心. Elove; affection. 한사랑, 애정.「子供は両親の愛を受けて成長した//きょうだい愛/人類愛」②男女がたがいに好きだと思い合うこと. また, その心. Elove; tender passion. 한사랑.「恋人の誕生日に愛をこめてプレゼントを贈った//2人は愛が実って結婚した」③たいせつに思う心. Elove. 한애정.「学問に対する愛」

あいかわらず【相変わらず】アイカワラズ いままでと変わらないで. Eas before; as usual. 한변함 없이, 여전히.「父はあいかわらず、毎日2箱タバコを吸っている」
≡参 強めて「あいもかわらず」ともいう.

あいきょう【愛敬・愛嬌】アイキョー ①親しみがあり、かわいらしいこと. Echarming; cute. 한애교, 귀염성.「このパンダの縫いぐるみはあいきょうがある」②人にいい感じを与えるような態度や顔つき、ことばなど. 愛想やお世辞. Echarm. 한아양.「店の主人が客にあいきょうを振りまいて、なにか買わせようとしている」

あいさつ【挨拶】アイサツ〔～する〕①人に会ったときや別れるときなどに、礼儀としてたがいに言うことばや動作. Ea greeting. 한인사.「夜、人と会ったとき『こんばんは』と言ってあいさつをする//あいさつをかわす（＝たがいにあいさつし合う）」②人が集まった席や、手紙で改まっていうことば. Ean address. 한인사(말).「開会のあいさつをする//あいさつ状」

あいじょう【愛情】アイジョー ①愛する気持ち. たいせつに思う、温かい気持ち. Elove; affection. 한애정.「先生の学生たちへの愛情は深い//母親の愛情/自然への愛情」②男女がたがいに恋しく思う感情. Elove. 한사랑.「妻への愛情は変わらない//2人の愛情はもう冷えてしまった」

あいず【合図】アイズ〔～する〕前もって約束しておいたやり方で知らせること. また、その知らせ. 信号. サイン. Ea signal; a sign. 한신호.「警察官が合図をしたので、車を止めた//姉はわたしに目で合図した//出発の合図」

アイスクリーム (ice cream) アイスクリーム 牛乳、砂糖、卵などをまぜて、凍らせた菓子. Eice cream. 한아이스크림.「暑い日はアイスクリームがよく売れる//バニラアイスクリーム」

あい・する【愛する】アイスル〔他動する〕①人や動物を心から好きになり、したったりかわいがったりする. Elove; care for. 한사랑하다.「愛する人とはいつも一緒にいたいと思うものだ//父は

あいそ

野の小鳥たちを愛した」対憎む、嫌う②ものごとに強く心をひかれ、親しむ。Ｅbe attached to; love. 한좋아하다, 사랑하다.「バイオリンの深い音色を愛する//自然を愛し、旅を愛する人生」対憎む、嫌う
参 否定形は、古い言い方「愛す」の活用形からできた「愛さない」を使う。

あいそ 【愛想】アイソ 人にいい感じを与える態度やことば。あいそう。Ｅamiability. 한붙임성 있는 태도(표정).「あの店の主人は、愛想がいい//愛想のない返事/愛想笑い(Ｅa put-on smile. 한알랑 웃음。)」対無愛想、無愛想

あいだ 【間】アイダ ①２つのものにはさまれた部分や空間。時間や距離などのへだたり。Ｅbetween; an interval. 한사이.「日本とアメリカの間に、太平洋がある//つぎの電車が来るまで、すこし間がある」②区切られた、ひと続きの時間。Ｅduring; time. 한동안、~간.「夏休みの間、アルバイトをしていた」③人と人との関係。Ｅrelationship. 한사이、관계.「最近、恋人との間がうまくいかない/親子の間」④ある限られた人々の範囲。Ｅamong. 한사이.「このことばはいま、若者の間ではやっている」
参 ②の「間」の後には、「学校で勉強している間、外はずっと雨が降っていた」「病気の間、ずっとうちで寝ていた」のように継続的な動作や状態がくる。「間に」の後には、「留守の間に、泥棒が入った」のように瞬間的な動作がくる。

あいちゃく 【愛着】アイチャク〔~する〕愛情を感じて、離れにくく思うこと。Ｅ(an) attachment; love. 한애착.「古くなったが、子供のときから住んでいた家には愛着があって、こわせない//自分で編んだセーターなので愛着が深い」

あいつ アイツ「あの人」のくだけた言い方。Ｅthat fellow; that guy; he; she. 한그녀석, 그놈, 그 친구.「あいつもばかだなあ。泳げないのに川に飛びこむなんて//あいつもとうとう父親になったか」話
参 そこにはいないが、話す人も聞く人も知っている人をさして、見下したり、親しみの気持ちを持ったりしたときにいう。

あいづちをうつ 【あいづちを打つ】相手の話を聞きながら、それに調子を合わせて「はい」「ええ」などとことばをはさむ。Ｅchime in; throw in words of agreement. 한맞장구를 치다.「あいづちを打ちながら、熱心に話を聞いた」
注 漢字で書くときは「相槌を打つ」。

あいて 【相手】アイテ ①なにかをするとき、対象となる人。Ｅa partner. 한상대、상대편.「一郎はダンスの相手をさがしている//わたしはジョンを相手にして英会話の練習をした/話し相手」②なにかをするときの仲間。Ｅa companion. 한상대.「一緒にスキーをする相手がほしい//遊び相手」③なにかをするときの競争者。Ｅan opponent; a rival. 한적수、상대.「相手のチームは強かった//けんかの相手」

アイデア (idea)アイデア、アイディア 思いつき、考え。アイディア。Ｅan idea. 한아이디어.「波の力で電気を起こすとはおもしろいアイデアだ//いいアイデアが浮かんだ/グッドアイデア(Ｅa good idea. 한좋은 아이디어。)」

アイデンティティー (identity) アイデンティティー 自分だけが持っている、ほかと違う性格や性質。Ｅone's identity. 한아이덴티티、개성.「他人の意見や主張ばかりまねしているが、あなたのアイデンティティーはどこにあるのか」

あいとう 【哀悼】アイトー〔~する〕人の死を、悲しみなげくこと。Ｅcondolence; regret. 한애도.「なくなった恩師の写真に

向かって哀悼の気持ちを表した//哀悼の意を表する//哀悼のことば」

あいどく 【愛読】アイドク〔〜する〕好きで、よく読むこと. 韓애독.「ヘミングウェーの作品を愛読している//愛読書」

アイドル (idol) アイドル おおぜいの人が、あこがれ、近づきたいと思っている人. Ｅan idol. 韓우상, 아이들.「妹はクラスのアイドルだそうだ//アイドル歌手」

あいにく アイニク つごうの悪いことが起ったようす. Ｅunfortunately; untimely. 韓공교롭게(도).「あいにくの雨で旅行が中止になった//きょうはあいにくつごうが悪くて一緒に食事ができません//おあいにくさま(→項目)」

あいま 【合間】アイマ, アイマ なにかが続いている途中のとぎれた短い時間. Ｅan interval; between. 韓(〜과 〜)사이, 틈, 짬.「勉強の合間に、10分間休む//仕事の合間をみて、家に電話をかける」

あいまい 【曖昧】アイマイ はっきりしないようす. Ｅvague; noncommittal. 韓애매.「二郎の態度はいつもあいまいだ//曖昧模糊(Ｅobscure; vague. 韓애매 모호.)」対 明確, 明瞭

あいよう 【愛用】アイヨー〔〜する〕好きで、よく使うこと. Ｅuse regularly; one's favorite 〜. 韓애용.「わたしは、この辞書を愛用している//愛用の万年筆」

あいらし・い 【愛らしい】アイラシイ「かわいらしい」のすこし古い言い方. Ｅlovely; cute. 韓귀엽다, 사랑스럽다.「愛らしい顔の人形//愛らしい目をした子供」→かわいい

アイロン (iron) アイロン 熱の力で衣類のしわをのばしたり、形をととのえたりする道具. Ｅan

〔アイロン〕

iron. 韓다리미.「ハンカチにアイロンをかける//アイロン台//スチームアイロン」数1台

あ・う 【会う・遭う】アウ〔自動五〕(あって) ①人と顔を合わせる. Ｅsee; meet. 韓만나다.「駅へ行く道で毎朝、犬を連れた女の人に会う//3時に友達と会うことにしている」対 別れる ②あまりよくない経験をする. Ｅhave; meet with. 韓겪다, 당하다.「山の中で道に迷って、ひどい目にあった//自動車の事故にあう」 注 漢字で書くときは、①は「会う」、②は「遭う」.

あ・う 【合う】アウ〔自動五〕(あって) ①2つ以上のものごとが1つになる. Ｅagree with; get along well with. 韓일치하다.「子供の教育について親と教師の意見が合う//あの人とは気が合う」②正しいもの、基準になるものと同じになる. Ｅfit; be right. 韓(꼭) 맞다.「この靴は足にぴったり合っている//答えが合う」③調和する. Ｅmatch; go well with. 韓어울리다.「このネクタイは茶色のスーツによく合う//日本酒にチーズは合わない」④(動詞の「ます」形について)たがいに〜する、一緒に〜する.「話し合う(→項目)//助け合う(Ｅhelp each other. 韓서로 돕다.)//落ち合う(→項目)」⑤(「合わない」の形で)価値が認められない. Ｅdon't pay. 韓수지가 맞지 않다.「引っ越しを手伝ったのに、お礼がラーメン1杯とは合わない」▷他動 合わせる

アウト (out) アウト ①テニス、卓球、バレーボールなどで、ボールが決まった範囲の外に出ること. Ｅout. 韓아웃.「ラインいっぱいに入ったと思ったのにアウトと言われた」対 イン ②野球で、打った人や走った人が失敗して権利を失うこと. Ｅout. 韓아웃, 죽음.「一生懸命に走ったが1塁でアウトになってしまった」対 セーフ ③だめ. 失敗. Ｅ

あえぐ

be unsuccessful. 〖한〗실패；무효.「あの話はアウトになってしまった」▷話③

あえ・ぐ アエグ〔自動五〕(あえいで) ①苦しそうに呼吸する. 〖E〗pant; gasp. 〖한〗헐떡이다.「長くて急な坂道をあえぎながら上った//夏の太陽の下で犬もあえいでいた」②ものごとがよくない状態になって苦しむ. 〖E〗suffer from. 〖한〗허덕이다.「都会の人たちは住宅問題にあえいでいる//物価高にあえぐ」

あえて アエテ ①あまり必要でないことや困難であることを知りながらも, 自分から進んでするようす. 〖E〗dare to do; venture to do. 〖한〗감히, 굳이.「聞きたくないかもしれないが, あえて忠告しておく」②(「あえて～ない」の形で) 特に～するほどではない. 無理に～する必要はない. 〖E〗not necessarily; not particularly. 〖한〗굳이 ～하지 않다, 구태여 ～할 필요는 없다.「どうしてもやりたいというのなら, わたしはあえて反対はしない」▷書

あお 【青】アオ ①色の 1 つ. (1)よく晴れた空のような色. 〖E〗blue. 〖한〗파랑.「濃い青のスカート/青色」(2)葉などの緑色のような色. 〖E〗green. 〖한〗녹색.「青リンゴ/青葉(→項目)」(3)交通信号で「進め」を意味する色. 〖E〗a green traffic light. 〖한〗파란불.「信号が青になったら渡る」②(他のことばの頭について) (1)青い色をしている. 青みをおびている.「青白い(→項目)/青海原〖E〗the wide blue sea. 〖한〗넓고 푸른 바다, 창해.」(2)若く未熟だ.「青くさい〖E〗inexperienced; unskilled. 〖한〗풋내나다./青二才(→項目)」

あおあお 【青青】アオアオ 〔～する〕 非常に青く, または緑に見えるようす. 〖E〗deep blue; fresh and green. 〖한〗짙푸른 모양.「きょうの空は青々とよく晴れている//青々した新鮮な野菜」

あお・い 【青い】アオイ ①青の色をしている. 〖E〗blue. 〖한〗푸르다, 파랗다.「空が青く晴れて雲ひとつない//青い海」②緑の色をしている. 〖E〗green; unripe. 〖한〗푸르다.「信号が青いうちに渡ろう//まだ青くて食べられないトマト」③顔色が悪い. 〖E〗pale. 〖한〗창백하다.「どこか悪いんですか, そんな青い顔をして」

青くなる 恐れや心配ごとで, 顔色が白っぽく悪くなる. 〖E〗turn pale. 〖한〗파랗게 질리다.「パスポートをなくして青くなってさがした」

あお・ぐ 【仰ぐ】アオグ〔他動五〕(あおいで) ①顔を上に向けて高い所を見る. 〖E〗look up at. 〖한〗올려다보다.「西の空をあおぐと, 三日月が見えた//50階もある高いビルをあおいだ」②自分より地位などが高いところにある人として尊敬する. 〖E〗look up to; respect. 〖한〗우러르다, 존경하다.「母を人生の先輩としてあおぐ」

あお・ぐ アオグ〔他動五〕(あおいで) 扇子, うちわなどを動かして風を起こす. 〖E〗fan. 〖한〗부치다, 부채질하다.「うちわであおいで火を強くする//暑いので子供を扇子であおいでやる」

あおじゃしん 【青写真】アオジャシン ①設計図などを写すのに使う写真. 図や文字が青地に白く, または白地に青く出る. 〖E〗a blueprint. 〖한〗청사진.「設計の責任者が青写真を見せて説明する」②将来の計画や予定. 〖E〗a plan; an outline. 〖한〗청사진.「5年後に開く新しい学部の青写真ができた」▷数①1枚

あおじろ・い 【青白い】アオジロイ, アオジロイ ①青い色をふくんで白い. 〖E〗pale. 〖한〗푸르스름하다.「青白い月の光」②顔色が白っぽくて悪い. 〖E〗pale. 〖한〗창백하다.「病気で外へ出ないので, 青白い顔になった」

あおにさい 【青二才】アオニサイ 年が若く未熟で, 経験が少ない男. 〖E〗a greenhorn.

햇내기.「彼はまだ青二才だから、重要な仕事は頼めない」

参 軽蔑したり謙遜したりしていうときに使う。

あおば 【青葉】アオバ 夏の初めごろの緑色をした木の葉. Ⓔgreen leaves. 햁푸른 잎.「青葉がしげって、山の緑が美しくなってきた」

あおむけ 【あお向け】アオムケ 顔や胸などを上にした状態. あお向き. Ⓔon one's back. 햁(위를 보고) 반듯이 누움.「ベッドにあおむけになる//母親は、子供をあおむけに寝かせた」対うつぶせ, うつむけ 他動 あお向ける

〔あお向け〕

あお・る アオル〖他動五〗(あおって) ①風が強く吹いて、ものを動かす. Ⓔflap; fan. 햁(바람이 사물을) 휘날리게 하다.「風でカーテンがあおられる//火事は西風にあおられて、となりの町まで燃えひろがった」②ものごとが思うとおりになるように、ことばなどで人を動かす. Ⓔstir up; incite. 햁부추기다.「人々をあおって自分の意見に賛成させる//競争心をあおる」▷ 名 あおり

あか 【赤】アカ ①色の1つ. (1)血や火のような色. Ⓔred. 햁빨강.「濃い赤のセーター//赤鉛筆」(2)(1)のような茶色. Ⓔreddish brown. 햁적갈색.「赤犬//赤毛」(3)交通信号で「止まれ」を意味する色. Ⓔa red traffic light. 햁빨간불.「信号が赤のときは、道を渡るな」②(他のことばの頭について)完全な.「赤恥(Ⓔopen disgrace. 햁심한 창피.)//赤はだか(Ⓔstark naked. 햁알몸뚱이.)」

赤の他人 まったく関係のない人. Ⓔa total stranger. 햁생판 모르는 사람.「後ろ姿が似ていたので弟かと思ったが、よく見ると赤の他人だった」

あか アカ ①体の表面にたまるよごれ. Ⓔdirt; grime. 햁때.「かぜで1週間ふろに入らなかったので、あかがたまった//体を洗って、あかを落とす//手あかのついた本//耳あか」②水の中にたまるよごれ. Ⓔscale; fur. 햁물때.「湯あか(Ⓔscale. 햁물때.)」

あかあかと 【赤赤と・明明と】アカアカト ①非常に赤く見えるようす. Ⓔwith bright flames. 햁새빨갛게.「暖炉の火が赤々と燃えている」②非常に明るいようす. Ⓔbrightly. 햁환하게.「ホールには1晩じゅう明々と電気がついていた//月が明々と照っている」

注 漢字で書くときは、①は「赤々と」、②は「明々と」.

あか・い 【赤い】アカイ 赤の色をしている. Ⓔred. 햁붉다, 빨갛다.「酒を飲んで顔が赤くなった//赤いバラをお祝いに持っていく//火が赤く燃える//夕日が赤い」

あかじ 【赤字】アカジ 支出が収入より多いこと. Ⓔthe red; a deficit. 햁적자.「新しい商品が売れず、会社は大きな赤字を出してしまった」対 黒字

あか・す 【明かす】アカス〖他動五〗(あかして) ①眠らずに夜の時間を朝まで過ごす. Ⓔstay up all night. 햁(밤을) 새우다.「本を読みはじめたらおもしろくて、とうとう夜を明かしてしまった//語り明かす(→項目)//泣き明かす」②隠していたりよくわからなかったりすることを、はっきり表に出す. また、表に出して言う. Ⓔreveal; disclose. 햁밝히다; 털어놓다.「手品のたねを明かす//親しい友達にだけ本当の気持ちを明かす」対 隠す ▷ 自動 明ける

あかちゃん 【赤ちゃん】アカチャン 「赤ん坊」の親しみをこめた言い方. Ⓔa baby. 햁(갓난)아기.「かわいい赤ちゃんですね//パンダの赤ちゃんが生まれた」

あかみ 【赤身】アカミ 牛や馬などの肉で脂

の少ない部分．肉の赤い魚．[E]lean meat; red flesh.[한]살코기, 붉은 살.「牛肉の赤身を焼き肉にする．//赤身の魚」[対]脂身, 白身

あかみ【赤み】アカミ　赤い感じ．赤さの度合い．[E]a tinge of red.[한]붉은 기.「東の空がすこしずつ赤みをおびてきた」

赤みがさす　すこし赤くなる．赤い感じがする．[E]a flush comes to.[한]붉은 기가 돌다.「酒を飲んだので顔に赤みがさしてきた」

あが・める　アガメル〔他動一〕神や仏などを，尊いと思ってうやまう．[E]worship; respect.[한]우러르다, 숭상하다.「むかしの人は神をあがめて立派な神殿をつくった//一般に東洋では先祖をあがめる気持ちが強い」

あからさま　アカラサマ, アカラサマ　隠しておいたほうがいいことなどを，そのまま外に表したり言ったりするよう．[E]plainly; openly.[한]노골적, 명백함.「さようならとも言わず，あからさまに不満の表情を見せて出ていった」
[参]悪い態度をとったり，否定的なことを言ったりするときに使う．いい意味では使わない．

あかり【明かり】アカリ　①あたりを明るくするもの．[E]light.[한]빛.「月の明かりを頼りに夜道を歩く//雪明かり（[E]the gleam of snow.[한]눈 빛.)　②電気の光．[E]a light.[한](전등)불.「夜寝るときは，明かりを消してください」

あが・る【上がる・揚がる・挙がる】アガル〔自動五〕（あがって）
①低い所から高い所に移る．[E]go up; rise.[한]올라가다.「2階に上がる//煙が空へ上がる//家に上がる」[対]下がる, 下りる
②地位，程度，値段などがこれまでより高くなる．[E]rise; be raised; be promoted.[한]오르다; 승진하다.「去年に比べて物価が上がった//地位が上がる」[対]下がる
③水の中などから出る．[E]land; get out of (the bath).[한]오르다, 나오다.「船から岸に上がる//ふろから上がる」
④いい結果になる．[E]produce; improve.[한](성과 등이)오르다, 나다.「成果が上がる//効果が上がる」
⑤完成する．終わる．[E]be finished; stop.[한]완성되다, 끝나다; 그치다.「作品がきれいに上がった//雨が上がる」
⑥緊張などで落ちついた状態でなくなる．[E]get nervous; get stage fright.[한]흥분하다; 얼다.「初舞台で上がってしまってせりふをまちがえた」
⑦「訪問する」の謙譲語．[E](humble) visit.[한]찾아뵙다.「先生のお宅に上がる」
⑧（動詞の「ます」形について）すっかりその状態になる．「家ができあがる//恐ろしくて震えあがる（[E]be terrified and tremble violently.[한]무서워서 벌벌 떨다.)」
▷[名]上がり　[他動]上げる・揚げる・挙げる
[注]漢字で書くときは「上がる」を使うことが多いが，「旗があがる」などのばあいは「揚がる」,「証拠があがる」などのばあいは「挙がる」．また，⑧はひらがなで書く．

あかる・い【明るい】アカルイ　①光の量がたくさんあって，ものがよく見える．[E]light; bright.[한]밝다.「窓の大きい部屋は明るい//電気をつけると明るくなる」[対]暗い
②色があざやかだ．[E]bright; vivid.[한]밝다, 새뜻하다.「明るい赤のブラウス」[対]暗い
③性質や表情などが楽しそうでほがらかだ．[E]cheerful; happy.[한]밝다, 명랑하다.「あの子は明るい性格で，よく笑う//明るい家庭」[対]暗い
④隠しごとがなく，正しい．[E]clean; honest.[한]밝다, 공명하다.「明るい政治」[対]暗い
⑤（「~に明るい」の形で）~をよく知っている．[E]be well versed in.[한]밝다, 정통하다.

「父は中国の歴史に明るい」対暗い

あかんぼう 【赤ん坊】アカンボー 生まれて、あまり月日のたっていない子供. 赤んぼ. 赤ちゃん. Ea baby. 한갓난아기. 「今度生まれてくる赤ん坊の名前を考えている//となりの家の赤ん坊はよく泣く」

参 丁寧でない感じがあるので、自分の子についていうときに使うことが多い. ほかの人の子に対しては、親しい関係のときや、いい感情を持っていないばあいに使う.

あき 【秋】アキ 四季の1つ. 夏のつぎに来る季節. 日本では9, 10, 11月ごろに当たる. Efall; autumn. 한가을. 「秋は木々の紅葉が美しい//夏の暑さも終わり、涼しい秋になった//芸術の秋」 関連春, 夏, 冬

あき 【空き】アキ ①空いている所. すきま. Ea space; a blank. 한빈곳. 「用紙の空きの所に名前を書いてください」②使っていないものや場所. また、その地位や役目に人がいないこと. Ea vacant seat; a vacancy. 한빈자리, 공석. 「コンサートの席の空きはまだありますか//部長が会社をやめたので、部長の地位に空きができた//空き家//空き地」③空いている時間. Etime to spare. 한틈, 짬. 「今週は忙しくて空きが全然ない//空き時間」▷自動 空く

あきあき 【飽き飽き】アキアキ〔～する〕同じことが続いていやになること. Ebe bored with; be sick of. 한싫증남, 물림. 「何度も同じ話を聞かされてあきあきする//食堂の料理は毎日同じなのであきあきだ」

あきす 【空き巣】アキス 留守の家に入って、ものを盗むこと. また、その人. Ea robbery during one's absence from home; a sneak-thief. 한빈집털이. 「留守の間に空き巣に入られ、金を盗まれた//空き巣ねらい」

あきっぽ・い 【飽きっぽい】アキッポイ すぐ

に飽きてしまう. Efickle; get soon tired of. 한싫증을 잘 내다. 「兄はあきっぽい性質で、仕事をつぎつぎに変えている」話

あきらか 【明らか】アキラカ はっきりしていて、疑いのないようす. Eclear; obvious. 한분명함, 명백함. 「このまま人口が増え続けると、21世紀には食糧がたりなくなるのは明らかだ//事故の原因が明らかになる」

あきら・める アキラメル〔他動一〕もうこれ以上続けてもだめだと希望をなくして、いままでしていたことをやめてしまう. Egive up; quit. 한체념하다, 단념하다. 「親の反対で道子との結婚をあきらめた//1度の失敗ぐらいであきらめるのはまだ早い」名あきらめ

あ・きる 【飽きる】アキル〔自動一〕同じことが繰り返されたり長く続いたりしていやになる. Egrow tired of; lose interest in. 한싫증나다, 물리다. 「おもしろい本でも何度も読めば飽きる//いつまでやっても終わりそうもない仕事に飽きてきた//聞き飽きる」名飽き

あき・れる アキレル〔自動一〕思ったよりひどいようすなのに驚いて、いやになってしまう. Ebe amazed; be dumbfounded. 한어이없다, 기가 막히다. 「自分のかばんをどこに置いたか忘れるとは、あきれた中学生だ//あきれかえる//あきれはてる」

あく 【悪】アク 悪いこと. よくない行い. E(an) evil; (a) vice. 한악. 「社会の悪をなくす//悪は必ず滅びる//悪趣味(Ebad taste. 한악취미.)//社会悪//必要悪」対善

あく アク ①肉などを煮たときに汁の表面に浮かぶ白い泡状のもの. また、野菜などにふくまれる渋み. Eharshness; scum. 한(식물등의) 떫은 맛. 「切ったゴボウを水につけてあくを抜く//あくをすくう」②他人がいやだと思うほどの強い個性. Ea strong personality; too individualistic. 한(강렬한) 개성. 「あの俳優はあくが強い//あくの強い文章

あ・く【開く・空く・明く】アク〔自動五〕（あいて）①ふさいでいたものがなくなり、出入りしたり見通したりできるようになる。また、見えるようになる。Ｅopen. 한열리다.「風で戸が開いた//子犬の目が明いた」対閉まる、閉じる
②営業などが始まる。また、営業する。Ｅopen; begin. 한열리다、영업을（개시）하다.「銀行は9時になると開く//この食堂は夜遅くまで開いている」対閉まる、閉じる
③時間や場所をとっていたものなどがなくなり、使えるようになる。Ｅbe free; become vacant. 한비다.「時間が空いたから映画でも見よう//電車の席が空く」対ふさがる
▷名開き・空き・明き 他動開ける・空ける・明ける
注漢字で書くときは、①は「開く」「明く」、②は「開く」、③は「空く」.

開いた口がふさがらない あきれてものも言えない。Ｅbe dumbfounded. 한기가 막혀 말이 안 나오다.「先週事故を起こしてこりたはずなのにまたやったとは、開いた口がふさがらない」

あくしつ【悪質】アクシツ 性質や品質が悪いようす。Ｅvicious; wicked. 한악질.「悪質な犯罪が増えてきた//弱い立場の老人から金をだまし取る悪質な商法」

あくしゅ【握手】アクシュ〔～する〕あいさつするときや、親しみの心を示すために、たがいの手と手をにぎり合うこと。Ｅshake hands with. 한악수.「ジョンと一郎は『はじめまして』と言いながら握手をかわした//2人は握手して別れた」

〔握手〕

あくじゅんかん【悪循環】アクジュンカン 悪いことがたがいに影響し合ってもっと悪くなり、それが続くこと。Ｅa vicious circle. 한악순환.「夜、眠れないので昼寝をする。するとまた、夜、眠れなくなるという悪循環におちいった//悪循環を招く」

あくせく【齷齪】アクセク〔～する〕気持ちや時間に余裕がなく、非常に忙しそうにするようす。Ｅhard; busy oneself. 한아득바득.「好きな音楽も聞かず遊びにも行かず、毎日あくせく（と）働いている//あくせくしないでのんびり暮らそう」

アクセサリー（accessory）アクセサリー、アクセサリー 指輪、イヤリング、ネックレスなど、体や服につける飾り。Ｅaccessories. 한액세서리.「パーティーに、胸と耳に大きな真珠のアクセサリーをつけて出かける//服が地味だから、はでなアクセサリーをつけよう」

〔アクセサリー〕

アクセント（accent）アクセント ①1語の中で、どこを強く、または、どこを高く発音するかのきまり。日本語は高低のアクセントであり、英語は強弱のアクセントである。Ｅan accent. 한악센트.「その地方のアクセントで話す//『はし』は、アクセントによって意味が違う」
②ある部分を強調すること。また、強調する点。Ｅan accent; a stress. 한악센트.「廊下の壁にポスターをはってアクセントをつける//えりにアクセントのあるデザイン」

あくど・い アクドイ ①色や味などが濃くて、いやな感じだ。Ｅshowy; fulsome. 한（색이）칙칙하다、（맛이）짙다.「あくどい色の看板が目につく夜の街」②やり方がひどくて、たちが悪い。Ｅvicious. 한악랄하다.「安い賃金で長い時間働かせるあくどい経営者」

あくび アクビ 眠くなったり疲れたりしたときに、自然に大きく口が開いて呼吸をすること．Ea yawn. 한하품．「先生のつまらない話が長く続いてあくびが出た//あくびをがまんする」

あくま 【悪魔】アクマ 人を悪の道へ入らせる魔物．Ethe Devil; a demon. 한악마．「この本は、悪魔に誘われて良心を売った娘の話だ//悪魔のように冷たい男」

あくまで アクマデ、アクマデ ①始めたことや決めたことを、強い意志を持って最後までしようとするようす．Eto the last; persistently. 한끝까지．「自分が正しいと思うことを、あくまで主張する」②どこまでも．完全に．Eas far as the eye can reach; perfectly. 한어디까지나、가이없이．「冬の空はあくまで青く澄んでいる」
参 強めて「あくまでも」ともいう．

あくめい 【悪名】アクメイ 悪い評判．あくみょう．Ea bad reputation; notorious. 한악명．「彼は不正選挙を何度もしていることで悪名の高い政治家だ」

あぐら アグラ 両足を前に組んですわること．Esit cross-legged. 한책상다리．「兄はあぐらをかいて、ビールを飲んでいる//地位の上にあぐらをかく(=地位に頼って、いい気になる)」

〔あぐら〕

アクリル アクリル アクリロニトリルを原料として合成した繊維や樹脂．Eacrylic fiber; acrylic resin. 한아크릴．「アクリルが30パーセント入ったセーター//アクリルガラス」

あくる 【明くる】アクル そのつぎの．Ethe next. 한다음의、이듬．「日本へ来た明くる日から仕事を始めた//卒業した明くる年、わたしたちは結婚した」

あげあしをとる 【揚げ足を取る】 相手のことばの中から、小さいまちがいや気に入らないことを取りあげて悪く言う．Etrip a person on his/her own words; find fault with. 한말꼬리를 잡다．「暑いのにご苦労ですが会議を始めたいと言ったら、『ご苦労』は上から下へしか使えないことばだとあげあしをとられて、会議は進まなかった」 似た表現 揚げ足取り

あけがた 【明け方】アケガタ 夜が明けてだんだん朝になるころ．Edawn; daybreak. 한새벽녘、동틀녘．「友達と明け方まで話をしていたので寝不足だ//明け方に近所で火事があった」 対暮れ方

あげく アゲク (「～したあげく〔に〕」「そのあげく〔に〕」の形で) 結局のところ．あまりよくない結果として．Eafter. 한끝、결국．「留学するといって大騒ぎしたあげくに、試験に落ちてしまった//どちらにしようかと、ずいぶん迷った．そのあげく、なにも買わずに帰った」

あげくの果て 「あげく」を強めた言い方．Ein the end; finally. 한끝、결국．「彼は盗みを繰り返して警察に追われ、あげくの果てに自殺してしまった」

あけすけ アケスケ、アケスケ 隠したり遠慮したりしたほうがいいことまで、はっきりと表すようす．Estraightforwardly; unreservedly. 한거리낌 없음、노골적．「三郎は社長に、この会社は給料が安い、とあけすけに不満を言った」話

あけっぱなし 【開けっ放し】アケッパナシ ①開けたままでおくようす．Eleave open. 한열어 둔 채．「窓を開けっぱなしにして寝たら、泥棒に入られた」②隠しごとをしないでなんでも人に言うようす．Eopen; straightforward. 한개방적、솔직．「母は開けっぱなしな性格で、父とけんかしたことまで人に話してしまう」 ▷話 他動開けっ放す

あけっぴろげ 【開けっ広げ】アケッピロゲ 隠しごとをしないで、ありのままの自分を見せ

あ・ける 【開ける・空ける・明ける】アケル〔自他動一〕①戸などを動かして、出入りしたり見通したりできるようにする．Eopen．한열다．「暑いから窓を開けましょう//古いかばんを開けるとむかしのノートが入っていた」対閉める、閉じる
②営業などを始める．Eopen．한열다．「利用者のために夜も図書館を開けておく」対閉める、閉じる
③時間や場所をとっていたものなどをなくして、使えるようにする．Ekeep ～ free; make room．한비우다．「来週は友達と会うので予定を空けてある//席を空ける」対ふさぐ
④ある期間や状態が終わって、新しくなる．Ebegin; break．한(새해가) 시작되다, (날이) 밝다．「年が明ける(→年慣用)//夜が明ける//明けても暮れても(=毎日毎日、いつも)」対暮れる
▷自動開く・空く・明く 他動明かす
注漢字で書くときは、①②は「開ける」、③は「空ける」、④は「明ける」．また、①②③は他動詞、④は自動詞．

あ・げる 【上げる・揚げる・挙げる】アゲル〔他動一〕①低い所から高い所に移す．Eput ～ on; fly; raise; lift．한올리다．「荷物を棚に上げる//たこを空高くあげる//足を上げる//持ち上げる(→項目)」対下げる、下ろす
②地位、程度、値段などをこれまでより高くする．Eraise; improve．한올리다, 높이다．「仕事の能率を上げる//ビールの値段を上げる」対下げる
③いい結果をえる．Egain; achieve; obtain．한올리다．「名を上げる//成果を上げる」
④はっきりわかる形に表す．Ehold; give．한올리다, 들다．「結婚式をあげる//例をあげる」
⑤力などを出す．Edo one's best．한(노력을) 다하다, (힘을) 내다．「全力をあげて戦う//総力をあげて取り組む」
⑥「与える」「やる」の謙譲語．E(humble) give; present．한주다, 드리다．「あなたにいい辞書をあげましょう」対くれる、もらう
⑦(「～てあげる」の形で)「～てやる」の謙遜した言い方．「道を教えてあげる(Etell a person the way to ～．한길을 가르쳐 드리다．)」対くれる、もらう
⑧(動詞の「ます」形について) すっかりその状態にする．最後までする．「論文を書きあげる(Efinish writing a thesis．한논문 쓰기를 마치다．)//勤めあげる」
▷自動上がる・揚がる・挙がる
注漢字で書くときは「上げる」を使うことが多いが、「たこをあげる」などのばあいは「揚げる」、「式をあげる」などのばあいは「挙げる」．また、⑦⑧はひらがなで書く．

あご アゴ ①口を中心として、その上と下の器官．ものをかんだり声を出したりするのに使う．Ea jaw．한아래턱．「かたいものを食べて、あごが疲れた//上あご/下あご」②口の下の外側の部分．Ea chin．한턱．「あごにひげを生やす//あごに手を当てて考える」▷→顔図

あごで使う 自分を偉いと思い、無礼な態度で人を使う．Eorder a person around．한거만한 태도로 부리다．「課長は部下をあごで使うので、社内の評判が悪い」

あごを出す ひどく疲れたようすをする．Ebe exhausted．한기진맥진하다．「登りはじめてまだ30分しかたっていないのに、弟は『もう歩けない』とあごを出した」

あこが・れる アコガレル〔自動一〕自分の理想と思うものごとや人に強く心をひかれる. Ebe attracted by; long for. 韓동경하다, 그리워하다.「空を飛びたいと思い, 飛行機に乗る職業にあこがれた//子供のときからあこがれていた国に留学できて, 夢のようだ」 名あこがれ

あさ 【麻】アサ 手のひらのような形の葉を持った植物. 茎から繊維をとる. また, その繊維製品. Ehemp; linen. 韓삼, 삼베.「麻の布で夏用のスーツをつくる//麻のハンカチ//麻のロープ」

あさ 【朝】アサ 夜が明けてから, しばらくの間. また, 昼までの間. Emorning. 韓아침.「朝, 早く起きて散歩をする//朝の9時から学校で勉強をする//朝ごはん//朝寝坊(→項目)」対夕, 晩

あさ・い 【浅い】アサイ ①底や奥までの間が短い. Eshallow. 韓얕다.「この川は浅いので, 歩いて渡れる」対深い ②程度や量が少ない. Elight; little. 韓얕다, 일천하다.「眠りが浅くてすぐ目が覚める/経験が浅い」対深い

あさがお 【朝顔】アサガオ 茎がつるになってのび, 夏の朝早く, 白, 紫, ピンクなどのまるい花をつける植物. Ea morning glory. 韓나팔꽃.「朝早くに庭に出たら, 白い朝顔が咲いていた//鉢植えの朝顔」数1輪 〔朝顔〕

あさって アサッテ あしたのつぎの日. 明後日. Ethe day after tomorrow. 韓모레.「あさってはたぶん晴れるでしょう」

あさねぼう 【朝寝坊】アサネボー〔～する〕朝, 遅く起きること. また, その人. Eget up late; a late riser. 韓늦잠(꾸러기).「夜遅くまでテレビを見ていたので, 朝寝坊をしてしまった//朝寝坊して授業に遅れた」対早起き

あさはか 【浅はか】アサハカ 考えがたりないようす. Ethoughtless; silly. 韓천박함, 어리석음.「外見で結婚相手を選ぶのは浅はかだ//浅はかにも人のすすめるとおり株を買って大損した」

あさひ 【朝日】アサヒ 朝の太陽. また, その光. Ethe morning sun. 韓아침해.「朝日がのぼり, だんだん明るくなってきた//朝日が輝く//朝日がさす」対夕日

あさまし・い 【浅ましい】アサマシイ 心や性質などがよくなくて, いやしい. Eshameful; mean. 韓한심스럽다, 비열하다.「お金があるのに人のものを盗むとは浅ましい//もうけを1人で全部取ろうなんて浅ましい考えだ」

あざむ・く 【欺く】アザムク〔他動五〕(あざむいて) いろいろうまいことを言って, うそを本当と思いこませる. Edeceive. 韓속이다.「政治家の, 選挙のときだけの立派な約束は国民をあざむくものだ」

あさめしまえ 【朝飯前】アサメシマエ 朝食の前にできてしまうほど簡単であること. Equite easy; nothing. 韓식은 죽 먹기.「となりのおじさんは大工だから, 犬小屋をつくるなんて朝飯前だ」

あざやか 【鮮やか】アザヤカ ①色や形などが美しく, はっきりしているようす. Evivid; bright. 韓산뜻함, 선명함.「夕焼けがとてもあざやかだ//若葉はあざやかな緑色をしている」②やり方が見事ですぐれているようす. Ebrilliant; splendid. 韓멋짐, 훌륭함.「あざやかにシュートが決まった//体操選手はあざやかな演技を見せた」

あさゆう 【朝夕】アサユー ①朝と夕方. Emorning and evening. 韓아침 저녁.「祖父はテレビで朝夕のニュースを必ず見る」②いつも. 毎日. Eday in and day out; all the time. 韓밤낮, 늘, 언제나.「試験が近いので, 朝夕勉強をしている」

あさ・る アサル，アサル〔他動五〕（あさって）①ほしいものや必要なものを手に入れるためにさがしまわる．[E]look for; search for. [한]찾아 다니다, 섭렵하다．「夜まで図書館で研究の資料をあさった∥町の歴史を調べたくて, 古本屋をあさる∥買いあさる」②動物などが食べ物をさがしまわる．[E]forage for; hunt for. [한](먹이를) 찾아 다니다．「池で水鳥が泳ぎながらえさをあさっている」

あざわら・う【あざ笑う】アザワラウ〔他動五〕（あざわらって）相手を見下して意地悪く笑う．[E]laugh at; scoff at. [한]비웃다．「走るのが遅いと体の弱い兄をあざ笑って父にしかられた∥失敗したときは, 人がみなあざ笑っているように思えた」[名]あざ笑い

あし【足・脚】アシ ①人や動物の，体を支えたり歩いたりする器官．人のばあいは足首から上を「脚」，下を「足」と区別することもある．[E]a leg; a foot. [한]발，다리．「キリンは首も脚も長い∥足を組む[E]cross one's legs. [한]책상다리를 하고 앉다．）∥足の裏」

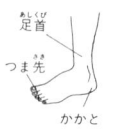
〔足・脚①〕
足首／つま先／かかと

②ものの下にある部分．ものを支える部分．[E]a leg. [한]다리．「テーブルの脚がぐらぐらする∥いすの脚」

③歩くこと．歩調．[E]step; walking. [한](발)걸음．「雨が降りそうになってきたので, 足を速めた∥花屋の前で足を止めて, 季節の花を眺める」

④行ったり来たりすること．[E]coming and going. [한]발길, 왕래．「叔母がなくなって以来，叔母の家から足が遠のいた∥不景気で, デパートは客足が減った」

⑤乗り物や交通機関．[E]transportation. [한]탈것．「電車の事故は, 乗客の足に大きな影響を与えた∥駅に近くて足の便がいい」

▷[数]①②１本
[注]漢字で書くときは，①は「足」「脚」，②は「脚」，③④⑤は「足」．

～～～～「足」のつく慣用表現～～～～

足が地につく 態度や気持ち，主張がしっかりしている．[E]be realistic. [한]현실적이다．「きみの意見は理想ばかりで足が地についていない」[似た表現]地に足をつける

足が速い ①食品がくさりやすい．[E]go bad easily. [한](음식 등이) 쉬 상하다．「イワシは足が速いから，食べてしまったほうがいい」②売れ行きがいい．[E]sell well. [한]잘 팔리다．「この商品は足が速く，すぐ売りきれる」

足が棒になる 足が非常に疲れて，棒のようにかたくなる．[E]one's legs become stiff with exhaustion. [한]다리가 뻣뻣해지다．「山道を８時間も歩いたので，足が棒になった」[似た表現]足を棒にする

足を洗う 悪いグループや仕事から離れる．[E]wash one's hands of. [한](나쁜 일에서) 손을 떼다．「すりの仲間から足を洗ってまじめに働いている」

足を引っ張る 成功や進行をじゃまする．[E]get in the way of. [한]방해되는 짓을 하다．「兄がエラーばかりして，みんなの足を引っぱったので，だいじな試合に負けてしまった」

～～～～～～～～～～～～～～～～

あじ【味】アジ ①食べたり飲んだりしたときの「甘い」「辛い」「苦い」などの感じ．[E]taste; flavor. [한]맛．「どんな味か, 食べてみる∥このお菓子は, イチゴの味がする∥味をみる」

②ものごとのおもしろみ．[E]taste; interest. [한]맛，재미，정취．「道子は味のある絵をかく」

③ものごとのぐあいや調子．[E](a) condition. [한]상태，정도．「ナイフの切れ味をためす」

④（「味な」の形で）気がきいてやり方がスマー

トな. Ｅsmart. 한그럴싸한, 신통한.「課長の誕生日にバラの花をプレゼントするなんて、味なことをするもんだ」

味もそっけもない すこしのおもしろみもない, つまらない. Ｅquite dull. 한무미건조하다, 멋대가리가 없다.「味もそっけもないあいさつは, 聞いていてもつまらない」

味をしめる いちどしたことがうまくできたので, またしてみたくなる. Ｅbe encouraged by. 한맛을 들이다, 재미를 붙이다.「友達にほめられたのに味をしめて, 何度も同じ歌を歌う」

あじ アジ 海にすむ魚の一種, 日本近海でとれ, 種類が多い, 焼いたり干物にしたりする. Ｅa horse mackerel. 한전갱이.「アジを塩焼きにする//アジの開き(=アジの腹の部分を切って開き, 干物にしたもの)」数１匹

あしあと【足跡】アシアト ①人や動物が歩いたあとに残る足の形. Ｅtracks; a footprint. 한발자국.「クマの足跡があるから気をつけよう//雪の上に靴の足跡が残る」②通った道筋. また, 逃げてゆくえ. Ｅa track. 한발자취, 행방.「警察が容疑者の足跡を追う」③過去の業績, そくせき. Ｅachievements. 한업적, 발자취.「最初の会長は会のために立派な足跡を残した」

あしおと【足音】アシオト, アシオト ①歩くとき, 足や靴が地面などに当たって出る音. Ｅfootsteps. 한발소리.「子供が寝ているから, 足音をさせないように//足音をしのばせる(Ｅwalk stealthily. 한발소리를 죽이다.)」②近づいてくる感じ. 気配. Ｅthe approach of. 한다가오는 소리.「春の足音が聞こえる季節になった」

あしからず アシカラズ 相手の希望と違う結果になり申し訳ないという気持ちを表すときにいうことば. ＥI beg you to understand the situation; I'm sorry, but 〜. 한언짢게 여기지 마시기를, 양해해 주세요.「きょうの飛行機は満席ですので, あしからずご了承ください//あすは用事があって一緒に行けませんが, あしからず」

あしくび【足首】アシクビ, アシクビ かかとの上にある, すこし細い部分. Ｅan ankle. 한발목.「スキーで足首を痛めた」→足・脚図

あじけな・い【味気ない】アジケナイ おもしろみも張り合いもなくてつまらない. あじきない. Ｅdull; weary. 한따분하다, 재미없다.「１人で食事をするのはあじけない//ベッドと机しかないあじけない部屋」

アシスタント (assistant) アシスタント 仕事, 研究などを手伝う人. Ｅan assistant. 한어시스턴트, 조수.「三郎はテレビ局で制作のアシスタントをしている」

あした

アシタ, アシタ きょうのつぎの日. あす. 明日. Ｅtomorrow. 한내일.「あしたはぼくの誕生日なんだ//あした電話するよ」関連昨日, 今日

あしでまとい【足手まとい】アシデマトイ なにかをするとき, じゃまになること. また, その人やもの. Ｅa hindrance; a burden. 한거치적거림, 부담.「二郎は仕事を覚えるのが遅くて, みんなの足手まといになっている」

あしば【足場】アシバ ①歩く場所. また, その状態. Ｅa footing; a foothold. 한발판, 디딜곳.「足場が悪くてあぶない山道を, 注意して歩く」②建物の工事などで, 高い所の作業のために太い木などを組んでつくった場所. Ｅscaffolding. 한비계.「工事の足場を組む」③ものごとの基礎. Ｅa footing; a basis. 한기반, 토대.「いままでの経験を足場にして, 新しい仕事を始める//生活の足場」④交通の便. Ｅthe convenience of location. 한교통편.「駅に近く足場がいいので, このアパートに決めた」

あしぶみ【足踏み】アシブミ, アシブミ〔〜す

あ

る」①同じ場所で前にも後ろにも進まないでする、歩く動作。Ⓔstamp one's feet; march in place. 韓제자리걸음.「とても寒くて、足踏みしながらバスを待った//選手たちは、自分の順番になるまで足踏みをして待っている」②ものごとがうまくいかず、同じ状態が続くこと。Ⓔa standstill. 韓답보, 정체.「交渉は進まず、まだ足踏みの状態だ」

あしもと【足元】アシモト, アシモト ①地面に接している足のあたり。Ⓔat one's feet. 韓발밑.「懐中電灯で足もとを照らす//雪ですべるので足もとに気をつけて歩く」②歩くときの足のようす。Ⓔa step; a gait. 韓걸음(걸이).「酒を飲みすぎて、足もとがふらふらしている//足もとがおぼつかない(Ⓔwalk with an unsteady gait. 韓걸음걸이가 불안하다.)」③自分の身のまわり。また、その状況。Ⓔa foothold. 韓신변.「足もとをかためてから新しい事業に取りかかる」

足元にも及ばない 相手が非常にすぐれていて、比べることができない。Ⓔbe no match for. 韓발밑에도 못 미치다, 어림도 없다.「道子のゴルフの腕はすばらしくて、わたしはその足もとにもおよばない」似た表現 足元へも寄りつけない

あじわ・う【味わう】アジワウ, アジワウ〔他動五〕(あじわって) ①おいしさを深く感じながら、ものを食べたり飲んだりする。Ⓔtaste; savor. 韓맛보다.「祖母が心をこめてつくった料理を、よく味わって食べた//珍しい酒をもらったので、さっそく味わってみた」②ものごとを体験し、深い意味を感じたり考えたりする。Ⓔexperience; appreciate. 韓맛보다, 겪다, 감상하다.「山の中で自動車が故障したときに、たいへんな苦労を味わった//詩を味わって読む」▷名味わい

あす【明日】アス, アス ①きょうのつぎの日。あした。みょうにち。Ⓔtomorrow. 韓내일.「あす、お宅にうかがいます//あすの晩、また目にかかりましょう」②近い将来。Ⓔthe future. 韓내일, 미래.「あすはわが身//あすの世界」

注「みょうにち」とも読めるので、区別するためには、ひらがなで書くほうがいい。

あずか・る【預かる】アズカル〔他動五〕(あずかって) 人から頼まれたものを引き受けて、たいせつにして守る。Ⓔkeep; take charge of. 韓맡다, 보관하다.「受付でお客の貴重品を預かる//医者は患者から命を預かっている」名預かり

あず・ける【預ける】アズケル〔他動一〕たいせつなものを人に渡して守ってもらう。Ⓔdeposit; leave ~ in the care of. 韓맡기다.「銀行にお金を預ける//昼の間、子供を保育園に預けて働いている」

アスレチック (athletic)アスレチック 水泳、ダンス、体操などの設備や器具があり、いろいろな運動のできる施設。アスレチッククラブ。Ⓔan athletic club. 韓헬스 클럽.「会社の帰りにアスレチックで汗を流す」

あせ【汗】アセ ①暑いときや緊張したときなどに皮膚から出る水分。Ⓔsweat; perspiration. 韓땀.「スポーツをして汗をかく//会社の面接試験で、緊張して汗が出た//手に汗をにぎる(→手慣用)」②ものの表面などにつく水滴。Ⓔsweat; condensation. 韓물방울, 이슬.「冷蔵庫から出しておいたビール瓶が汗をかいている」

あせだく【汗だく】アセダク ひどく汗が出ているようす。Ⓔbe dripping with sweat; feverishly. 韓땀투성이.「クーラーのない暑い部屋で、汗だくで仕事をする//パスポートをなくし、汗だくになってさがした」話

あせば・む【汗ばむ】アセバム〔自動五〕(あせばんで) すこし汗をかく。汗でしめっている。Ⓔbe slightly sweaty. 韓땀이 배다.

「暑い日は仕事をしないうちからひたいが汗ばむ//汗ばむぐらいの軽い運動」

あせ・る 【焦る】アセル〔自動五〕（あせって）ものごとが思うとおりに進まないので落ちつかなくなる．[E]be impatient; fret. [한]안달하다, 초조해하다．「夕方になっても仕事が終わらないので、みなあせりだした//出かけなければならないのに、客が帰らないので気があせる」[名]焦り

あぜん 【啞然】アゼン（「あぜんとする」の形で）ひどく驚いたり、あきれたりしてことばが出ないようす．[E]be dumbfounded. [한]아연．「仕事中に部長が急に歌を歌いだしたので、みんなあぜんとしてしまった」

あそこ アソコ ①話す人からも聞く人からも離れていて、両方から見える所をさすことば．[E]there; over there. [한]저기, 저쪽．「あそこに見えるのが、わたしの学校です」②見えないが、話す人も聞く人も知っている所をさすことば．[E]that place. [한]거기, 그곳．「あそこはいいレストランだね．今度、一緒に行こう」▷→[付録]指示語のまとめ

あそび 【遊び】アソビ ①遊ぶこと．[E]play; a game. [한]놀이．「子供のころ、いろいろな遊びをした//遊び相手」②好んで酒を飲んだり、かけごとなどをしたりすること．[E]pleasure. [한]유흥．「遊び人//遊び好き」▷[自動]遊ぶ

あそ・ぶ 【遊ぶ】アソブ〔自動五〕（あそんで）①仕事を離れ自分の好きなことをして楽しむ．[E]play; enjoy oneself. [한]놀다．「家族そろってゲームをして遊ぶ//子供たちが公園で遊んでいる」②決まった仕事がなく、役に立つことをしないでいる．[E]be idle; be not in use. [한]놀다．「貯金があるから老後は遊んで暮らせる//運転手がたりなくて遊んでいるトラック」▷[名]遊び

あた・える 【与える】アタエル〔他動一〕①なにかを相手に渡す．[E]give; present. [한]주다．「王は少年に1頭の白い馬と剣を与えた//日本では20歳になると選挙権が与えられる」[対]奪う ②受けさせる、加える．[E]cause; give. [한]주다, 끼치다．「台風は広い地域に損害を与えた//強い印象を与える//罰を与える」

あたかも アタカモ ①（「あたかも～のようだ」の形で）形、性質、状態などがちょうどそのようだ．[E]as if; like. [한]마치, 흡사．「幼いころのことが、あたかもきのうのことのように思いだされる」②時刻や時期がちょうどその時だ．[E]Now is ～. [한]마침．「時あたかもスキーシーズン」▷[書]

あたたか・い 【暖かい・温かい】アタタカイ ①暑くも寒くもなく、ちょうどいい．[E]warm. [한]따뜻하다．「春になると暖かくなる//日当たりがよくて、冬でも暖かい部屋」[対]寒い
②肌にふれたときに、その温度がちょうどいいと感じる．[E]hot; warm. [한]따뜻하다．「できたばかりの温かい料理」[対]冷たい
③心がやさしくて、情け深い．[E]warm; kind. [한]따뜻하다, 다정하다．「温かいことばを聞いて感激した//心の温かい人」[対]冷たい
[注]漢字で書くときは、①は「暖かい」、②③は「温かい」．

あたた・める 【暖める・温める】アタタメル〔他動一〕①あたたかくする．[E]heat up; warm up. [한]따뜻하게 하다, 데우다．「ガスストーブで部屋を暖める//親鳥が卵を温める」[対]冷やす ②考えたこと、書いたものなどをすぐに発表せずに、よくするために手もとに置く．[E]nurse; warm over. [한]손질을 위해 발표하지 않고 간직하다．「2年間温めていた計画を実行することにした」▷[書]②
[自動]暖まる・温まる
[注]漢字で書くときは、①は「暖める」「温める」、②は「温める」．

あだな 【あだ名】アダナ 親しみの気持ちや見下す気持ちなどを表したいときに、その人の特徴をとらえてつける名前。ニックネーム。E a nickname. 한별명。「学生たちはA先生を『めがね猿』というあだ名で呼んでいる∥あだ名をつける」

あたふた アタフタ〔~する〕非常にあわてて行動するようす。E in a hurry; hastily. 한허둥지둥。「忘れ物に気づいて、あたふた(と)取りにもどった∥急に10人もお客が来ることになり、あたふたしながら食事の準備をした」話

あたま 【頭】アタマ ①人や動物の首から上。特に髪がある部分。E the head. 한머리。「転んで頭にけがをした∥頭を深く下げて、おじぎをする∥かぜをひいて頭が痛い」
②髪の毛。E hair. 한머리털。「年をとって頭が薄くなった∥頭を洗う∥頭を刈る」
③頭脳や考える力。E a head; brains. 한머리, 두뇌。「頭を使えば、こんな問題はすぐにとける∥眠くて頭が働かない∥頭がいい」
④ものの先や上の部分。E the top; the head. 한꼭대기, 끝, 대가리。「富士山の頭に雪が積もっているのが見える∥鼻の頭に汗をかく」
⑤最初。初め。E the first; the beginning. 한처음, 애당초。「わたしはその話を頭から信用していない∥本文の頭から読んでいく∥頭金(E a down payment. 한계약금。)」
⑥人の数。人数。人員。E the number of persons; a person. 한머릿수。「頭数だけはなんとかそろった∥1人頭、1000円です」
▷→体 図

〜〜〜「頭」のつく慣用表現〜〜〜

頭が固い 自分の考えを変えない。頑固だ。E be hard-headed. 한완고하다。「父は頭がかたくて、家族の意見を聞こうとしない」

頭が切れる 頭脳の働きが鋭い。E be intelligent; be sharp. 한두뇌가 명석하다。「道子は頭が切れるから、むずかしい論文もすぐ理解できる」

頭が下がる 感心して非常に尊敬する。E have respect for. 한머리가 숙여지다。「有名になっても年をとってもまだ努力を続けている先生には頭が下がる」

頭に来る 怒りの気持ちが起こる。E get mad. 한부아가 나다。「貸してやったノートをなくしたと言われて頭にきた」

頭を抱える どうしていいかわからなくて、すっかり困る。E be perplexed; be at a loss. 한머리를 싸쥐다, 고민하다。「妻の入院や、子供の教育費に家のローンなど、金のかかることばかりで頭をかかえている」

頭をしぼる 苦労して考えだそうとする。E rack one's brains. 한머리를 짜내다。「新しい会社の名前を広く知ってもらうにはどうすればよいかと、みなで頭をしぼった」

〜〜〜〜〜〜〜〜〜〜〜〜〜〜〜〜

あたまうち 【頭打ち】アタマウチ ものごとが、あるところまでのびてきて、もうそれ以上のびなくなること。E (reach) the upper limit. 한최고 시세; 상한선, 한계。「ワープロの売り上げが昨年から頭打ちになっている∥この会社の給料は、50歳で頭打ちになる」

あたまでっかち 【頭でっかち】アタマデッカチ ①頭など上の部分が、ふつうより大きいこと。E top-heavy. 한머리나 윗부분이 유난히 큼(큰 것)。「娘がつくった人形は、かわいいが頭でっかちだ∥この花瓶はすこし頭でっかちで、安定が悪い」②知識はたくさんあるが、実際には使えないこと。また、その人。E an armchair theorist. 한아는 것은 많으나 쓸모가 없음, 그러한 사람。「京子は頭でっかちで、知識は豊富だが、実行力に欠けている」▷話②

いるようす. [E]light; plain; frank. [한]담박하게, 산뜻하게.「病気のときには, 油を使わないあっさりした味のものが食べたくなる//あっさりした性格」[対]こってり ②簡単なようす. [E]easily. [한]간단히, 깨끗이.「1点も取れず, あっさり(と)負けた//あっさり(と)問題をとく」

あっせん 【斡旋】アッセン〔~する〕うまくいくように, 世話をすること. また, 紹介をすること. [E]good offices; mediation. [한]알선.「アルバイトのあっせんをする//知り合いに, 仕事のあっせんを頼む」

あったか・い アッタカイ「暖かい」「温かい」のくだけた言い方. [E]warm; hot. [한]따뜻하다.「寒いからストーブをつけて部屋をあったかくしよう//料理があったかいうちに食べよう」[話]

あっち アッチ「あちら」のくだけた言い方. [E]over there. [한]저쪽, 저기.「こっちは寒いが, あっちは暖かいようだ//あっちへ行きなさい」[話] →[付録]指示語のまとめ

あっとう 【圧倒】アットー〔~する〕比べものにならないほど強い力で他を負かすこと. [E]overwhelm; overpower. [한]압도.「体が小さいので, 気力で相手を圧倒してすもうに勝った//出場者の中ではA選手が圧倒的に強い」

あっぱく 【圧迫】アッパク〔~する〕①強い力で押しつけること. [E]press. [한]압박.「胸が圧迫されて苦しい」②勢力や軍事力などで押さえつけること. [E]suppress; oppress. [한]압박.「最近の物価高は, 人々の生活を圧迫している//学校の厳しい規則が生徒を圧迫している」

あっぷあっぷ アップアップ, アップアップ〔~する〕①おぼれそうになり, なんとか助かろうとして苦しむようす. [E]be on the point of drowning. [한]허우적허우적.「川に落ちてあっぷあっぷしている子供を助けた」②非常に苦しみ, 困っているようす. [E]be on the verge of bankruptcy. [한]허덕허덕.「会社の経営が苦しくなり, あっぷあっぷしている」▷[話]

あつまり 【集まり】アツマリ, アツマリ 集まること. また, その会. 集会. [E]an attendance; a meeting. [한]모임, 회합.「そのクラスは, 遅刻する学生が多く, 集まりが悪い//あすの午後, PTAの集まりがある」[自動]集まる

あつま・る 【集まる】アツマル〔自動五〕(あつまって) ものごとや人が1つの所に寄る. [E]gather; crowd; be shown. [한]모이다; 쏠리다.「きょうはお祭りなので町に人がおおぜい集まった//世間の同情が集まる」[対]散る [名]集まり [他動]集める

あつ・める 【集める】アツメル〔他動一〕ものごとや人を1つの所に寄せる. [E]gather; assemble; collect. [한]모으다, 수집하다.「人々を集めて選挙演説をする//庭の落ち葉を1カ所に集めた//会費を集める」[自動]集まる

あつりょく 【圧力】アツリョク, アツリョク ①ものを押さえつける力. [E]pressure. [한]압력.「空気に圧力を加えて液体窒素をつくる//水の圧力//圧力なべ([E]a pressure cooker. [한]압력솥.)」②人や団体, または意見などをおさえつける力. [E]pressure. [한]압력.「議員に圧力をかけて法律を通させる//圧力団体([E]a pressure group. [한]압력 단체.)」

あて 【当て】アテ ①目的. また, 見込み. [E]an aim; an object. [한]목적, 목표.「1人で, 当てもなく旅をする//仕事の当てがないので, うちにいる」②頼り. 期待. [E]expectation; reliance. [한]기대, 의지; 믿음.「二十になっても, まだ親を当てにする//あの人の言うことは, 当てにならない」

-あて ①(他のことばについて)手紙や文書を送る相手を表す。「会社あての重要な書類が紛失した//私あてに送ってください(EPlease send it to me. 한내 앞으로 보내 주세요.)」②(「1人あて」の形で)数人で分けてするとき、1人について。「1人あて1000円支払う(Epay one thousand yen per person. 한1인당 1000엔 지불하다.)」

あてこすり 【当てこすり】アテコスリ 遠まわしに悪口や皮肉を言うこと。また、そのことば。Ean insinuation; a sarcastic remark. 한비꼼, 빈정댐.「友達に『体は小さいのによく食べるね』と、あてこすりを言われてしまった」他動 当てこする

あてさき 【あて先】アテサキ 手紙やはがきなどの、相手の住所や名前。Ean address. 한수신인, 주소.「あて先が違っていたので、出したはがきがもどってきた」

あてずっぽう 【当てずっぽう】アテズッポー、アテズッポー 確かな理由はないが、自分で適当に推しはかるようす。Eby guess; at random. 한어림짐작, 억측.「試験のとき、わからないところはあてずっぽうで答えておいた//ビデオの使い方がわからず、あてずっぽうにボタンを押していたらこわれてしまった」話

あてつ・ける 【当てつける】アテツケル〔他動一〕相手を非難する気持ちを、直接関係のない形で、わざとなにかを見せたり聞かせたりして表す。Erebuke a person indirectly; spite a person. 한빗대어 말하다(나타내다).「禁煙車なのにとなりの座席の人がタバコを吸っていたので、あてつけるように何度もせきをした」名 当てつけ

あてな 【あて名】アテナ 手紙やはがきなどに書く、相手の名前。住所をふくむばあいもある。Ean addressee; an address. 한수신인 주소・성명.「封筒にあて名を書く」

あてはま・る 【当てはまる】アテハマル〔自動五〕(あてはまって)話題になっていることがらにちょうどよく合う。Eapply to; be true of; satisfy. 한들어맞다, 적합하다.「新聞に自動車の騒音と排気ガスで困っている人たちのことが出ていたが、これはわたしの町にもあてはまる//条件にあてはまる人を採用する」他動 当てはめる

あでやか アデヤカ 人の注目を集めるような、はなやかできれいなようす。Echarming; fascinating. 한화사함, 요염함.「あでやかで美しい主演女優//あでやかな和服姿の娘」

あ・てる 【当てる・充てる】アテル〔他動一〕①ものを強くぶつける。Ehit; strike. 한맞히다.「石を投げて電柱に当てる」②ものをふれさせたり、とどかせたりする。Eput; expose. 한대다; 쬐다.「ひたいに手を当てて熱があるかどうかをみる//植木の鉢を外出して日光に当てる」③ものごとがぴったり合うようにする。Eguess. 한(알아)맞히다.「箱の中になにが入っているかを当てなさい//クイズの答えを当てる」④目的に合わせてものごとをする。Eallot; assign. 한충당하다.「収入を全部生活費にあてる」▷自動 当たる
注 漢字で書くときは、①②③は「当てる」、④は「充てる」。

あと 【後】アト ①顔のあるほうと反対のほう。Ebehind; back. 한뒤(쪽), 후.「わたしの後からついてきなさい//一郎はふるさとを後にして東京へ働きに来た」対先
②あることが終わってから。Elater; after. 한나중, 다음, 뒤.「いま忙しいから、その話は後でしましょう//夏休みの後にテストがある」対前
③順番や時間が後ろであること。Ethe next. 한나중, 다음, 뒤.「後の電車のほうが、すいているだろう//面接の順番は洋子の後だった」対先, 前

④残りの部分．Ｅthe rest; the remainder．힌나머지．「後は，またあした勉強しよう//後の金額は，来月払います」

⑤（副詞的に）これから，そのほかに．Ｅfrom now; in; more．힌앞으로．「あと１週間でクリスマスだ//あと５人で満員になる」

注⑤はひらがなで書く．

後の祭り 時が過ぎてしまい，手遅れになること．Ｅit's too late ～．힌행차 뒤의 나팔．「試験が終わってから正しい答えに気がついても後の祭りだ」

後を追う ①追いかける．跡を追う．Ｅpursue．힌뒤를 쫓다．「逃げていく犯人の後を追う」②死んだ人をしたって，続いて死ぬ．跡を追う．Ｅdie soon after ～．힌뒤따라 죽다．「この小説の主人公は，恋人の後を追って死んだ」

あと 【跡】アト ①人やものなどが通った所に残る形．Ｅa track; a trace．힌(발)자국．「事件現場に車の跡が残っていた//雪の上に動物の足の跡がある」

②人やものなどが存在したしるし．「跡をくらます（Ｅcover up one's tracks．힌자취를 감추다．)//跡をつける（＝尾行する）」

③傷ついたり変化したりした部分に残るしるし．Ｅa scar; a mark．힌자국, 흔적．「腕に切り傷の跡が残る//やけどの跡//ピストルの弾の跡」

④人の行動，ものごとの経過をとどめるもの．Ｅa sign; evidence．힌자취, 흔적．「一生懸命努力したので，進歩の跡がみられる」

⑤つぎの人が相続する家業，地位，身分．Ｅone's family business．힌가업, 대(代)．「祖父の代から続いた店の跡をつぐ」

あとあじ 【後味】アトアジ，アトアジ ①食べたり飲んだりしたあとに，口の中に残る味．Ｅan aftertaste．힌뒷맛．「このお茶はおいしいし，後味もいい」②なにかをしたあとに残る感じや気分．Ｅan aftertaste; an impression．힌뒷맛．「うそがばれて，後味の悪い思いをした」

あとかたづけ 【後片付け・跡片付け】アトカタヅケ〔～する〕ものごとが終わったあと，きれいに整理すること．Ｅclear (the table); put things in order．힌뒤처리, 뒷정리．「夕食の後片づけをする//引っ越しの跡片づけ」

注「後片付け」は時間に，「跡片付け」は場所に重点を置いた言い方．

あどけな・い アドケナイ 子供のようすが無邪気でかわいい．Ｅinnocent; childish．힌천진난만하다．「子供の寝顔はあどけない//あの子は小学２年生だが，まだあどけなくて幼稚園児に見える」

あとしまつ 【後始末・跡始末】アトシマツ〔～する〕ものごとが終わったあと，きちんと整理や処置をすること．Ｅsettle; clean up after; set matters right．힌뒤처리, 뒷마무리．「借金の後始末をつける//火事場の跡始末」

注「後始末」は時間に，「跡始末」は場所に重点を置いた言い方．

あとずさり 【後ずさり】アトズサリ〔～する〕前を向いたまま，後ろに下がること．後じさり．Ｅstep back．힌뒷걸음질．「怒った兄になぐられそうになって，思わず後ずさりをした」

あとまわし 【後回し】アトマワシ 順番を変えて後にすること．Ｅput off; defer．힌뒤로 미룸．「むずかしい問題は後まわしにして，やさしいものから始める//皿洗いは後まわしにして，テレビを見よう」

あな 【穴】アナ ①表面がほかよりも下がり，中に深く入っている所．Ｅa hole．힌구덩이．「庭に穴を掘って木を植える」②向こう側まで突き抜けて，中が空いている所．Ｅa hole; an eye．힌구멍．「転んでズボンが破

れて穴が開いた//針の穴に糸を通す」③必要であるのに、欠けたり不足したりしている部分。 E a gap; a deficit. 韓 빈자리, 공백.「主役の俳優が急に入院したので、舞台に穴が空いた//ボーナスで借金の穴を埋める」

穴があったら入りたい ひどく恥ずかしいことをしてどこかに隠れたいと思うようす。 E I wish I could sink through the floor. 韓 쥐구멍에라도 들어가고 싶다.「駅の階段で転んでしまい、穴があったら入りたい気分だった」

アナウンサー (announcer) アナウンサー テレビやラジオなどで、ニュースを読んだり司会をしたりすることを職業としている人。 E an announcer. 韓 아나운서.「Yアナウンサーがわかりやすいことばでニュースを伝えている」

あなた アナタ 相手をさすことば。 E you. 韓 당신.「あなたのお国はどちらですか//あなたはどう思いますか」
参 軽い敬意を表しているが、目上の人には使わないほうがいい。

あなど・る 【侮る】アナドル〔他動五〕(あなどって) 相手を能力が低いと思って軽く扱う。 E hold in contempt; make light of. 韓 깔보다, 얕보다.「若くて経験がないとあなどっていたら、いい仕事をするので驚いた//初出場だからと相手チームをあなどると負けるぞ」 名 侮り

あに 【兄】アニ 年上の、男のきょうだい。 E an older brother. 韓 형; 오빠.「兄は新聞社に勤めている//兄とサッカーの練習をする」 対 姉, 弟
参 人と話すときに自分の身内をさして使うことば。姉の夫や、配偶者の年上の男のきょうだいのこともいう。親しい気持ちをこめて、「兄さん」「兄貴」などともいう。他人の「兄」に向かって、またその人を話題にしていうときは、「お兄さん」を使う。

あね 【姉】アネ 年上の、女のきょうだい。 E an older sister. 韓 언니; 누나.「姉は学校の先生をしている//姉と2人で買い物に行く」 対 兄, 妹
参 人と話すときに自分の身内をさして使うことば。兄の妻や、配偶者の年上の女のきょうだいのこともいう。親しい気持ちをこめて、「姉さん」「姉貴」などともいう。他人の「姉」に向かって、またその人を話題にしていうときは、「お姉さん」を使う。

あの アノ ①話す人からも聞く人からも離れていて、両方から見えるもの、こと、人をさす。 E that over there. 韓 저.「あの山が富士山です//あの背の高い人はわたしの先輩です」
②目の前のことではないが、話す人も聞く人も知っているもの、こと、人、時をさす。 E that (thing, person). 韓 그.「先日のあの話はどうなりましたか//さっきあなたが話していたあの店員は親切そうでしたね」
③遠慮したり、どうしようかとちょっと迷ったりしながら相手に話しかけるときに言うことば。 E Um ~; Errrr ~; Excuse me, but ~. 韓 저, 저기.「あの、かぜで熱があるので、早く帰りたいのですが//あの、ちょっとうかがいますが」
▷話③→付録 指示語のまとめ
参 ③は「あのう」と長くのばすことが多い。

あのよ 【あの世】アノヨ, アノヨ 死んだあとに行く世界。 E the other world. 韓 저승, 저 세상.「あの世へ行って、なくなった人にもういちど会いたい」 対 この世

アパート アパート〔←アパートメントハウス (apartment house)〕 1つの建物を仕切って、いくつかの家族が独立して住めるようにつくった住宅。 E an apartment (house). 韓 아파트.「2DKのアパートを借りて住んでいる//駅に近いアパートをさがす」 数 1軒・1

戸・1棟・1室 →マンション

あば・く 【暴く】アバク〔他動五〕（あばいて）ある人が隠していた悪事や秘密などを、世間の人にわかるようにする。Ｅdisclose; expose. 한들추어내다, 폭로하다.「よその家庭の秘密をあばくのはやめよう//新聞が, 政治家の疑わしい過去をあばいた」

あば・れる 【暴れる】アバレル〔自動一〕人, 動物などがまわりに迷惑をかけるほど荒々しい動作をする。Ｅbe unruly; act violently. 한난폭하게 굴다, 날뛰다.「子供がおもちゃをほしがって店の前で暴れ, 母親を困らせている//酔っぱらった客が, 暴れて店のいすをこわした」

アピール (appeal)アピール〔〜する〕意見などを, 多くの人々に伝えること。また, 人々の関心をひくように強調すること。Ｅappeal. 한어필, 호소; 관심을 끎.「自然のたいせつさを人々にアピールする//若者にアピールする商品を取り扱う」

あ・びる 【浴びる】アビル〔他動一〕① 水や湯などを体にかぶる。また, さっとふろにつかる。Ｅtake (a shower). 한뒤집어쓰다.「夏は, 家に帰るとまずシャワーを浴びる//ひとふろ浴びてさっぱりした」② 自分の身に外から来るものごとを受ける。Ｅbask; be showered with. 한쬐다, 받다.「朝の光を浴びながら散歩する//歌い終わった歌手は満場の拍手を浴びて退場した//非難を浴びる」

あぶな・い 【危ない】アブナイ, アブナイ ① けがをしたり死んだりすることがありそうだ。危険だ。Ｅdangerous; risky. 한위험하다, 위태롭다.「車のそばを歩くのはあぶない//あぶないから気をつけなさい」② 悪い結果が予想されるようす。Ｅquestionable; doubtful. 한불안하다, 의심스럽다.「この仕事は条件がすぎてあぶない//あすの天気はあぶない」

危ない橋を渡る 危険なことを知っていて, なにかをする。Ｅtread on thin ice. 한모험을 자행하다.「A氏は, 大臣になるまでに何度もあぶない橋を渡ってきたようだ」

あぶら 【油・脂】アブラ ① 動物や植物などからとった, 水にとけず燃えやすい物質。Ｅoil; fat. 한기름.「なべに油を引いて肉と野菜をいためる//牛肉の脂//てんぷら油」② 石油。また, ガソリンなどの石油製品。Ｅoil; oil products. 한기름.「自転車に油をさす」▷→脂肪

注 漢字で書くときは, 液体のものは「油」, 固体のものは「脂」。

脂がのる ① 魚などの脂肪が増して味がよくなる。Ｅput on fat. 한기름[살]이 오르다.「この刺身は脂がのっておいしそうだ」② 調子が出て, 仕事などがよくできる。Ｅbe in one's prime. 한손바람이 나다.「あの作家は最近脂がのっていて, いい作品をどんどん発表している」

油を売る むだ話をして仕事を怠ける。Ｅidle one's time away; tittle-tattle. 한(일을 제쳐놓고) 노닥거리다.「こんな所で油を売っていないで, 早く仕事を終わらせなさい」

油をしぼる 厳しくしかる。Ｅbawl out severely. 한호되게 꾸짖다.「仕事で失敗して, 部長に油をしぼられた」

あふ・れる アフレル〔自動一〕いっぱいになって外まで出てくる。また, 外に出てくるほどいっぱいになる。Ｅoverflow; be filled with. 한넘치다.「大雨が降って池の水があふれた//目に涙があふれる//自信にあふれたようす」

あぶ・れる アブレル〔自動一〕必要な人数に入りそこなう。Ｅfail to get (a job); be left over. 한일자리를 얻지 못하다, 밀려

なた。「このごろはアルバイトをしたい人が多くて、きょうも仕事にあぶれてしまった//友達の車は4人乗りなので、5人で遊びに行くときは1人あぶれる」話

あべこべ アベコベ ものごとの位置，順番，関係などが反対や逆になっていること．Ｅ backward; reverse; opposite. 韓 거꾸로, 뒤바뀜, 반대．「セーターの前と後ろをあべこべに着る//親が子供にしかられるとは，あべこべだ」話

あま・い 【甘い】アマイ ①砂糖のような味だ．Ｅ sweet. 韓 달다．「このブドウはとても甘い//甘いケーキ」対苦い ②塩気が少ない．Ｅ insufficiently salted. 韓 싱겁다．「料理の味が甘いから塩をたす」対辛い ③人を気持ちよくさせるようだ．Ｅ sweet; honeyed. 韓 달콤하다, 감미롭다．「甘い声で歌う//甘いことばで人をだました」④いいかげんなところで許してしまう．Ｅ optimistic; indulgent. 韓 (성격이) 무르다, 엄하지 않다．「きょうの試験は，甘く見積もって70点は取れたと思う//子供になんでも買ってやる甘い親」対厳しい，辛い

あま・える 【甘える】アマエル〔自動一〕①子供などが，ものをほしがったり，かわいがってもらいたがったりする．Ｅ behave like a spoiled child; make up to. 韓 응석〔어리광〕부리다．「わたしは末っ子なので，いつまでも母に甘えていた//妻に甘えて身のまわりの世話を望む夫」②相手が許してくれるのを知っていて利用する．Ｅ depend on; take advantage of. 韓 호의에 편승하다．「みんなの厚意に甘えて休ませてもらった//おことばに甘えて，たいせつなご本をお借りします」▷ 名 甘え

あまぐ 【雨具】アマグ 傘，長靴，レーンコートなど，雨のときに身につけるもの．Ｅ rain gear; rainwear. 韓 우비．「つゆに入る

前に雨具を点検する//雨具を用意して外出しよう」

〔雨具〕

あまくだり 【天下り】アマクダリ〔～する〕官庁を退職した役人が，民間の会社などに幹部として就職すること．Ｅ an appointment of a former government official to a civilian post. 韓 낙하산 인사．「叔父は建設省を退職して，ある会社の重役に天下りした」自動 天下る

あま・す 【余す】アマス〔他動五〕(あまして) 全部使わないで一部を残す．Ｅ leave over; be left. 韓 남기다．「食べきれなくてごちそうをあます//楽しい夏休みも3日をあますだけとなった」自動 余る

余すところ 残っているもの．Ｅ left. 韓 남은 것．「旅行から帰ったとき，財布の中はあますところ200円だった」

余すところなく すっかり残らず．Ｅ fully; completely. 韓 남김 없이．「この小説は作者の心をあますところなく伝えている」

アマチュア (amateur) アマチュア 職業としてではなく，好きで熱心にやっている人．しろうと．アマ．Ｅ an amateur. 韓 아마추어．「アマチュアの作品とは思えないほどすばらしい茶碗だ//アマチュア写真家」対プロ，プロフェッショナル

あまった・れる 【甘ったれる】アマッタレル〔自動一〕見ていていやになるほど甘える．Ｅ play the baby; wheedling. 韓 어리광〔응석〕부리다．「もう子供じゃないのだから甘ったれるのはやめなさい//甘ったれた言い方は，場合によっては不快感を与える」名 甘ったれ

あまやか・す 【甘やかす】アマヤカス，アマヤカス〔他動五〕(あまやかして) 子供などをかわいがるだけで，しつけをきちんとせず，好

きなようにさせておく．Ｅspoil; indulge. 한 응석을 받아 주다, 어하다.「末っ子なのでつい甘やかして育ててしまった//飼い犬を甘やかす//生徒を甘やかす先生」

あまやどり【雨宿り】アマヤドリ〔～する〕雨が急に降ってきたとき, 木の下や家の軒下などで, 雨がやむまで待つこと. Ｅtake shelter from the rain. 한 비를 그음.「急に雨が降りはじめたので, 木の下で雨宿りをした//しばらく雨宿りしていたが, 雨はますます強くなってきたので, 駅まで走った」

〔雨宿り〕

あまり【余り】アマリ, アマリ, アマリ ①残ったもの. Ｅthe rest; (the money) left; leftovers. 한 남은 것, 나머지.「旅行の費用のあまりのお金で本を買った//パーティーのあまりの料理を持って帰る」②数学で, 割り算をしたときの残った数. Ｅthe remainder. 한 나머지, 우수리.「17を8で割ったあまりは1」③ふつうの程度をこえるようす. Ｅtoo; so. 한 너무; ～한 나머지.「ショックのあまり声も出ない//あまり寒くて息が凍りそうだ」④(「あまり～ない」の形で)程度がそれほど高くない. Ｅnot very; not much. 한 그다지, 별로.「きょうはあまり忙しくない//最近は映画もあまり見ない」⑤(数や量を表すことばの後について)だいたい同じか, それよりもすこし多いこと. Ｅover; more than. 한 남짓.「店には20人あまりの客がいた」
▷自動余る →残り

あまりに【余りに】アマリニ, アマリニ ふつうよりずっと程度が強いようす. Ｅtoo; so. 한 너무나.「東京の物価があまりに高くて驚いた//山の紅葉があまりに美しいので, 何枚も写真をとった」
三参強めて「あまりにも」ともいう.

あま・る【余る】アマル〔自動五〕(あまって) ①多いので使ったあとに残る. Ｅremain; be left over. 한 남다.「あまっている金があったら貯金しなさい//バナナを5人に2本ずつ分けたら3本あまった」②(「～にあまる」の形で)ある範囲をこえている.「この仕事はわたしの手にあまる(Ｅ This task is beyond me. 한 이 일은 나에게 벅차다.)//目にあまる(→目慣用)//身にあまる(→身慣用)」▷名余り 他動余す

あみ【網】アミ ①糸, ひも, 針金などを編んだもの. また, それからつくった, 魚や虫などを捕る道具. Ｅa net. 한 그물.「鳥が逃げないように, 小屋のまわりに網を張る/網で池の金魚をすくう」②ものごとをとらえるために, 張りめぐらしたもの. Ｅa (police) net; the clutches (of the law). 한 그물, 망.「犯人を捕まえるため, 警察が網を張る//法の網」

あみもの【編み物】アミモノ 毛糸や糸などを編んで, セーター, 手袋など身のまわりのものをつくること. また, できあがったもの. Ｅknitting. 한 뜨개질, 편물.「冬の夜, 母はよくこたつで編み物をしていた//わたしの趣味は編み物です」

あ・む【編む】アム〔他動五〕(あんで) ①糸, 竹, 針金など細いものを組み合わせて形のあるものにする. Ｅknit; braid. 한 뜨다, 엮다, 짜다.「毛糸で手袋を編んだ//母に髪を編んでもらう」②文章を集めて整理し, 1冊の本にする. Ｅcompile; edit. 한 엮다, 편집하다.「クラスで文集を編もうと思って文章を集めている」

〔編む①〕

あめ【雨】アメ 空から落ちてくる水の粒. また, その天気. Ｅrain. 한 비.

「あしたは雨だろう//雨がやんで空が晴れてきた//雨降り」 関連 晴れ, 曇り
参 他のことばの前につくと,「雨水」「雨もり」「雨宿り」などのように「あま」と読み方が変わることが多い.

あめ アメ 米などのでんぷんからつくった甘いねばりけのある食品. また, キャンデーやドロップなど口の中に入れてなめる菓子. Ecandy. 한 엿, 사탕.「子供のみやげに, きれいなあめを買って帰る//水あめ」→菓子図

あやう・い 【危うい】アヤウイ, アヤウイ 「あぶない」のすこし古い言い方. Enarrow; dangerous. 한 위태롭다, 위험하다.「船が沈んであやういところを助けられた//けが人を早く病院へ運ばないと命があやうい」

あやうく 【危うく】アヤウク もうすこしで悪いことが起こるところだったが, そうならずにすんだというようす. Enearly; narrowly. 한 하마터면 ; 아슬아슬하게.「あやうく車にひかれるところだった//発見が早くて, あやうく一命を取りとめた」

あやし・い 【怪しい】アヤシイ, アヤシイ ① ようすが変だ. Estrange. 한 수상하다.「あやしい男がうちの中をのぞいていてこわい//外であやしい音がするが, なんだろう」② 疑わしくて信用できない. Esuspicious; doubtful. 한 의심스럽다.「兄が約束を守るかどうかあやしいものだ//その話は条件がよすぎてあやしい」③ 男女の間に秘密の関係がありそうだ. Esuspect two people of having a secret affair. 한 (남녀 간의 관계가) 수상하다.「あの2人はあやしい」▷ 話 ③

あや・す アヤス〔他動五〕(あやして) 赤ちゃんや小さい子供の相手をしてげんを取る. Ehumor; pacify. 한 (어린아이를) 달래다, 어르다.「一生懸命にあやしたら, 子供はやっと泣きやんだ」

あやつ・る 【操る】アヤツル〔他動五〕(あやつって) ① 道具, ことばなどを思うように使う. Emanage; handle. 한 다루다, 조종하다.「小さな舟を上手に操って, 向こう岸に渡る//最新の機械を自由に操る」② 見えないところにいて, 人を自分の思いどおりに動かす. Emanipulate. 한 조종하다.「事件の陰で犯人を操っている, もっと悪い人がいる」

あやふや アヤフヤ はっきりしていなくて, あてにならないようす. Euncertain; vague. 한 애매함, 모호함.「10年前のことをきかれても, 記憶があやふやでよく覚えていない//結婚を申しこんだら, あやふやな返事しかもらえなかった」話

あやまち 【過ち】アヤマチ, アヤマチ, アヤマチ 不注意やうっかりしたことから起こる失敗. Ea mistake; a fault. 한 잘못, 과오.「過去の過ちを許す//過ちをおかす」他動 過
参「まちがい」も似ているが,「まちがい」は広く一般的な失敗全部に使うのに対して,「過ち」はおもに精神的な問題をいう.

あやま・る 【誤る】アヤマル〔他動五〕(あやまって) ものごとのやり方をまちがえる. まちがったやり方をする. Emake a mistake. 한 그르치다, 잘못하다.「運転を誤って電柱にぶつかった//地図の見方を誤ると目的の場所へ行けない//聞き誤る」名 誤り

あやま・る 【謝る】アヤマル〔他動五〕(あやまって) 自分が悪かったと思って相手に許してくれるように頼む. Eapologize. 한 사과하다.「となりの人の足を踏んでしまって,『ごめんなさい』と謝った」

あゆみ 【歩み】アユミ ① 歩くこと, また, 歩き方. Ewalking; a pace. 한 걸음, 보조.「歩みを止めて後ろを振り返る//歩みを速める」② ものごとの進み方. 過程. Ehistory; course. 한 과정, 추이.「この大学が始まってからの50年間の歩みを, 1冊の本にした//

近代絵画の歩み」▷**自動**歩む

あゆ・む【歩む】アユム〔自動五〕(あゆんで) 1歩1歩ゆっくり進む. Ⓔwalk. ㊧걷다.「苦しくても自分の目的に向かって歩み続ける姿勢がだいじだ//明治時代の女性の歩んだ道を振り返る//歩み寄る」**書****名**歩み **参**「歩く」も似ているが,「歩く」が実際に足を動かす動作であるのに対して,「歩む」は抽象的に進む, 移動するの意味.「歩む」で実際の動きをいうときは文学的な表現.

あら アラ 感心したり驚いたりしたときに思わず言うことば. Ⓔ Oh!; My goodness! ㊧어머(나)!「あら, すてきな帽子ね//あら, お久しぶり」**話**

あらあらし・い【荒荒しい】アラアラシイ 乱暴で, 激しい. Ⓔ rough; violent; wild. ㊧몹시 거칠다, 난폭하다.「一郎は怒って, 荒々しく戸を閉めて出ていった//荒々しいことばでどなる」

あら・い【荒い・粗い】アライ ①勢いが強くて激しい. 乱暴だ. Ⓔ rough; violent; freely. ㊧거칠다, 난폭하다.「台風で波が荒い//兄は気が荒くて, よく大げんかする//金づかいが荒い」 ②粒などが細かくない. Ⓔ coarse. ㊧거칠다, 굵다.「野菜を粗くきざんでいためる//コーヒーを粗くひく」**対**細かい ③網などのすきまが大きい. Ⓔ rough; large. ㊧성기다, 엉성하다.「網の目が粗いので, 小さな魚は逃げてしまう」**対**細かい ④すみずみまで注意がいきとどかない. Ⓔ rough. ㊧거칠다, 조잡하다.「三郎は, 仕事は速いが粗い//このたんすはつくり方が粗い」 **注**漢字で書くときは, ①は「荒い」, ②③④は「粗い」.

あら・う【洗う】アラウ〔他動五〕(らって) 水, 湯などでよごれを落とす. Ⓔ wash; cleanse. ㊧씻다.「朝は冷たい水で顔を洗う//よごれた靴下をせっけんで洗う//山の空気に心が洗われる」

あらかじめ アラカジメ なにかが起こる前に. なにかをする前に. Ⓔ beforehand; in advance. ㊧미리, 사전에.「外国旅行をするときには, あらかじめその国の歴史や地理などを調べておいたほうがいい//ご欠席のばあいには, あらかじめお知らせください」**書** **参**「前もって」も意味は同じだが,「あらかじめ」のほうがすこし改まった言い方.

あらけずり【荒削り・粗削り】アラケズリ, アラケヅリ ①〔~する〕大きくざっとけずること. また, けずったもの. Ⓔ plane roughly. ㊧(나무 따위를) 거칠게 깎음.「あらけずりしただけの板で箱をつくる」 ②仕上げが大ざっぱで, 丁寧にできあがっていないこと. Ⓔ unrefined; unpolished. ㊧조잡함, 거칠음.「あのテニスの選手は若くて技術もまだあらけずりだ//あらけずりの文章」

あらさがし【あら探し】アラサガシ〔~する〕人の欠点や失敗をさがしだし, それを悪く言うこと. Ⓔ find fault with. ㊧(남의) 흠잡기, 트집잡기.「あの人は, ことばの使い方がまちがっている, アクセントがおかしい, などと他人のあらさがしばかりしている」

あらし アラシ ①非常に激しい風. また, 雨をともなった強い風. Ⓔ a storm. ㊧폭풍(우).「雨がますます強くなり, あらしになった//きのうは1日じゅうあらしが吹き荒れた」 ②状態などの激しい変化. Ⓔ a storm of. ㊧사태의 급변; 폭풍.「1929年に経済不況のあらしが世界じゅうをおそった」 **注**漢字で書くときは「嵐」.

あらすじ【粗筋】アラスジ 小説, 映画, 計画などの, だいたいの内容. Ⓔ an outline; a summary. ㊧줄거리, 개요.「あらすじを読んでおいて芝居を見るとよくわかる//この小説は,『ハムレット』とあらすじが似ている」

あらそ・う　【争う】アラソウ〔他動五〕（あらそって）①相手に勝とうとする。また、相手に勝つためになにかをする。Ｅcompete; dispute. 한다투다；겨루다。「映画が終わると、観客は先を争って出口へ向かった//社長の地位を争う//言い争う」②（時間を表すことばを受けて）すこしの時間もたいせつにしてなにかをする。「病人は一刻を争う危険な状態が続いている//1分を争う時だ〔Ｅ〕There is not a moment to lose. 한일분일초를 다툴 때다。）」▷名争い

あらためて　【改めて】アラタメテ①いまではなく別の機会に。Ｅsome other time; later. 한다른 기회에。「山田さんはお留守でしたので、改めてまたうかがいます//きょうはご報告だけにし、改めてお礼にまいります」②前に考えたり感じたりしたことを、もういちど、前よりももっと強く考えたり感じたりするようす。Ｅover again; anew. 한새삼스럽게。「以前からいい俳優だと思っていたが、今度の映画で改めてそのすばらしさに感心した」

あらた・める　【改める】アラタメル〔他動一〕古くなったものごとを、変えて新しくする。よくなるように直す。Ｅchange; reform. 한고치다、개선하다。「会社の名前を改めてイメージを新しくする//これからは心を改めてまじめに勉強する//服装を改める」｜自｜改まる

あらっぽ・い　【荒っぽい・粗っぽい】アラッポイ、アラッポイ　①やり方などが乱暴だ。Ｅrough; rude. 한거칠다、난폭하다。「父は、ことばは荒っぽいが気持ちはやさしい//歯医者で荒っぽい治療をされて、とても痛かった」②すみずみまで注意がいきとどかない。Ｅcrude; unrefined. 한조잡하다、엉성하다。「この家はつくり方が粗っぽい//本の内容はいいが、文章が粗っぽい」

注　漢字で書くときは、①は「荒っぽい」、②は「粗っぽい」。

あらゆる　アラユル　ある限りのもの全部。すべての。Ｅall; every. 한온갖、모든。「太陽の光は世の中のあらゆるものを照らす//あらゆる国が平和を望んでいるのに、なぜ実現しないのか」

参　「すべての」も似ているが、「すべての試験問題に正しく答えられた」「会場に来たすべての人々が準備を手伝った」のような「すべての」を「あらゆる」に置きかえると、すこし不自然になる。このように範囲が決められているばあいには、「あらゆる」は使いにくい。

あらわ　アラワ、アラワ　隠していたものを、はっきり見せるようす。Ｅopen; naked. 한드러남、노출。「今度の事件で両者の対立があらわになった//夏は肌もあらわな女性の姿が多くなる」

あらわ・す　【表す・現す・著す】アラワス〔他動五〕（あらわして）①考えや気持ちなどを、見たり聞いたりできるよう表に出す。Ｅshow; express. 한나타내다、표현하다。「赤ちゃんは体じゅうでうれしさを表す//画家の心をよく表している絵」｜対｜隠す
②隠れていたもの、見えなかったものを外へ出す。Ｅappear; take (effect). 한나타내다、드러내다。「雲の中から月が姿を現す//友達は20分も遅れてやっと姿を現した//薬が効き目を現す」｜対｜隠す
③自分の研究や創作などを本にして出す。Ｅwrite; publish. 한저술하다。「父は歴史の本を5冊著した」
▷｜自｜表れる・現れる

注　漢字で書くときは、①は「表す」、②は「現す」、③は「著す」。

あらわ・れる　【表れる・現れる】アラワレル〔自動一〕①考えや気持ちなどが表に出る。Ｅshow; be revealed. 한나타나다、드러나다。「作者のやさしい心が童話の中に表れている//すぐ感情が顔に表れる人」｜対｜隠れる

②隠れていたもの，見えなかったものが外へ出てくる．Ⓔappear; come in sight. 한나타나다, 드러나다.「霧が晴れて山が現れた//ときどき村にクマが現れる」対隠れる ▷名表れ・現れ 他動表す・現す
注漢字で書くときは，①は「表れる」，②は「現れる」．

あり アリ 昆虫の一種．体が小さく黒っぽい茶色で，土や木の中に巣をつくり，集団生活をする．Ⓔan ant. 한개미.「砂糖にアリがたかる(ⒺAnts swarm to sugar. 한설탕에 개미가 꾄다.)//アリが行列をつくる」数1匹

ありありと アリアリト ①実際には見えていないことが，本当に見えているように感じられるようす．Ⓔvividly. 한생생하게, 역력히.「幼いころのことを考えるとき，母の顔がありありと目に浮かぶ」②気持ちや状態などが，顔や態度にはっきり表れているようす．Ⓔplainly; clearly. 한뚜렷이, 역력히.「入賞できなくて残念だという気持ちが，ありありと顔に浮かんでいた」

ありがた・い アリガタイ ①うれしくて感謝したい気持ちだ．Ⓔthankful; grateful. 한고맙다, 감사하다.「手伝ってもらってありがたい//心のこもったおみやげを，ありがたくいただく」②自然にうやまいたくなる気持ちだ．Ⓔedifying; blessed. 한은혜롭다.「ありがたい神の教え」

ありがとう
アリガトー 感謝やお礼の気持ちを表すときに言うあいさつのことば．ⒺThank you. 한고맙다, 고마워.「お手紙をありがとう//親切に教えてくれてありがとう」話 →すみません
参丁寧な言い方は「ありがとうございます」．

ありさま アリサマ, アリサマ ものごとのようす．状態．Ⓔa sight; a state; circumstances. 한모양, 상태.「テレビで火山噴火の恐ろしいありさまを映していた//いまのありさまではインフレはますますひどくなるだろう」

ありったけ アリッタケ 持っているだけすべて．あるだけ全部．Ⓔall that one has; the whole. 한있는 대로 모두, 죄다, 몽땅.「いままでためていたありったけの金で，車を買った//父親はありったけの財産を息子に渡した」話

ありとあらゆる アリト・アラユル「あらゆる」を強めた言い方．Ⓔeach and every; every possible. 한온갖, 모든.「ありとあらゆる方法を使ったが，病人の命は救えなかった//ありとあらゆる機会をとらえて協力を求める」

ありのまま アリノママ, アリノママ 事実のとおり．あるまま．そのまま．Ⓔfrankly; as it is. 한있는 그대로, 사실대로.「思っていることを隠さないでありのままに話す//自分のありのままの姿を見せる」

アリバイ (alibi) アリバイ 犯罪が起きたとき，その場にいなかったということの証明．Ⓔan alibi. 한알리바이.「きのう捕まった容疑者にはアリバイがあった//アリバイを証明する//確かなアリバイ」

ありふれた アリフレタ, アリフレタ どこにでもある．すこしも珍しくない．Ⓔtrite; common; old. 한흔히 있는, 흔해 빠진.「この文章は，ありふれた表現が多くてつまらない//ありふれた景色//ありふれた話」

ある アル はっきりしない人，時，場所などをさすことば．Ⓔa; one; some; a certain. 한어떤, 어느, 한.「ある人に聞いた話だが，近いうちに大きな地震があるそうだ//年末のある日，電車の中でむかしの友達に会った」

あ・る
【有る・在る】アル〔自動五〕（あって）①ものごとが，目や耳に感じるもの，心の中に考えるものとしてそこに認められる．Ⓔthere is; be. 한있다.「机の上

に辞書がある//きのう地震があった」対無い
②ものごとや状態がもち続けられている．Ehave．翰있다，가지고 있다．「金がたくさんある人がうらやましい//国にはそれぞれの歴史がある」対無い
③人などが，ある状態でいる．Ethere is; hold．翰있다．「反対する人があったら計画はやめます//父は5年間社長の地位にあった」対無い
④（「～てある」の形で）ある状態が続くことを表す．「壁に地図がはってある（EThere is a map pinned on the wall．翰벽에 지도가 붙어 있다．)//窓が開けてあります」対ない
⑤（「～である」の形で）⇨である
▷→いる 囲み
注 漢字で書くときは，①②は「有る」，③は「有る」「在る」．④⑤はひらがなで書く．

あるいは アルイワ ①（語句と語句をつないで）前か後のどちらかを選ぶときに使うことば．Eor; either ～ or．翰혹은．「転勤が国内になるか，あるいは外国になるか，まだ決まっていない」②確かではないが，予想どおりになるかもしれないと思えるよう．もしかしたら．Eperhaps; maybe．翰어쩌면，혹시．「あしたの朝は，あるいは雪になるかもしれない//父の病気は，あるいはがんかもしれない」
▷書→それとも
参 ①は「または」と意味が同じだが，「あるいは」のほうがすこし改まった言い方．

アルカリ （⑧alkali）アルカリ 水にとけて水酸化物イオンを出すもの．リトマス紙を青くする．Ealkali．翰알칼리．「アルカリは酸を中和する//アルカリ性」対酸

ある・く 【歩く】アルク〔自動五〕（あるいて）①足を使って進む．Ewalk．翰걷다．「家から駅まで歩いていく//時間がないから急いで歩く」
②いろいろな所を動きまわる．Ewalk

about; move about．翰（걸어）돌아다니다．「旅行が好きで多くの国を歩いた//遊び歩く//食べ歩く」▷歩き →歩む

アルコール （⑧alcohol）アルコール ①酒．Espirits．翰술．「一郎はアルコールに強く，いくら飲んでも平気な顔をしている//アルコール中毒（Ealcoholism．翰알코올 중독．）」
②炭化水素の水素原子を水酸基で置きかえた化合物．エチルアルコールをさすことが多い．Ealcohol．翰알코올．「アルコールランプ//工業用アルコール」

アルバイト （⑨Arbeit）アルバイト〔～する〕勤めを持つ人が自分の仕事のほかに，また，学生などが自由な時間を利用して，金をえるためにする仕事．バイト．Ea part-time job．翰아르바이트．「夏休みに喫茶店でアルバイトをした//学校の給料だけではたりないので，塾でアルバイトをする」

アルバム （album）アルバム ①写真などがまとめてある，本の形をしたもの．Ea photo album．翰앨범．「古いアルバムを見て，子供のころを思いだした//旅行の写真をアルバムにはる」②いくつかの曲が入っているCDやレコード．Ea CD album．翰앨범．「マドンナの新曲のアルバムは，あした発売される」▷数①1冊，②1枚

アルファベット （alphabet）アルファベット ABC…など，ある決まった順序に配列された，西洋の言語の文字．ふつうはローマ字をいう．Ethe alphabet．翰알파벳．「アルファベットの『A』から，読み書きの練習を始める」
参 ギリシャ文字の初めの2つの文字，アルファ（α）とベータ（β）を合わせてできたことば．

あれ アレ ①話す人からも聞く人からも離れていて，両方から見えるもの，こと，人をさすことば．Ethat over there．

[한]저것, 저 사람. 「あれが東京タワーです//あれがわたしの娘です」
②目の前のことではないが, 話す人も聞く人も知っているもの, こと, 人, 時をさすことば. [E] that; then. [한]그것, 그 일, 그 사람, 그 때. 「あれはどうも子供のときから落ちつかない性格だった//あれから道子には会っていない」
③驚いたときや不審に思ったときに言うことば. [E] Look!; Goodness! [한]저런, 어럽쇼, 어머(나). 「あれ, 雨が降ってきた//あれ, まあ」
▷話③ →付録 指示語のまとめ
≡参 ①②で人をさすばあいは目下の人をいう.

あれこれ アレコレ 名前などをはっきりさせないものごとをいろいろと, あれやこれや. [E] one thing or another; this and that. [한]이것 저것. 「スーパーで, 旅行に必要なものをあれこれ(と)買った//あれこれ(と)考えても始まらない. とにかくやってみよう」

あ・れる 【荒れる】アレル〔自動一〕①静かで落ちついていた状態が乱れる. [E] be rough; self-indulgent. [한]거칠어지다, 난폭해지다. 「風が吹いて波が高く, きょうの海は荒れている//友達と遅くまで酒を飲んだりして, 生活が荒れている」対収まる, 静まる ②ものが手入れしていなくて悪い状態になる. [E] lie waste; (skin) get chapped. [한]황폐해지다. 「しばらく留守にしたら, 庭は草が生えて荒れてしまった//肌が荒れる」
▷名 荒れ 他動 荒らす

アレルギー (ⓇAllergie) アレルギー, アレルギー ①ある特定の物質に対して過敏な反応を起こす性質. [E] an allergy. [한]알레르기. 「アレルギーがあるから卵は食べられない//アレルギー体質//アレルギー症状」 ②あるものごとや人に対して, いやだと思う反応. [E] an allergy; an antipathy. [한]알레르기, 거부 반응. 「戦争と聞いただけでアレルギーが起きる//勉強アレルギー」 ▷話②

あわ 【泡】アワ 気体が液体の中に入ってできる, まるい玉. [E] suds; bubbles; foam. [한]거품. 「汚水が流れこんで, 川の表面に泡が浮かんでいる//泡を立てる//ビールの泡」

泡を食う 非常に驚きあわてる. [E] be confused; helter-skelter. [한]몹시 놀라 당황하다, 질겁을 하다. 「本を万引きしようとしている学生をどなったら, 泡をくって逃げていった」話

あわ・い 【淡い】アワイ ①色, 味, かおりなどが薄い. [E] light; pale. [한]연하다, 엷다. 「淡い甘みのあるくだもの//花の淡いかおり//淡いピンクの洋服」対濃い ②程度がすこしだ. [E] faint; fleeting. [한]희미하다, 어렴풋하다. 「淡い希望をいだく//小学生のころ, 先生に淡い恋をした」

あわ・せる 【合わせる】アワセル〔他動一〕①2つ以上のものごとを同じ状態になるようにする, 合わす. [E] set; check with. [한]맞추다. 「腕時計を駅の時計の時間に合わせた//宿題の答えを正解と合わせる」 ②ものごとを1つにまとめる, 合わす. [E] put together; add. [한]합치다. 「大きな仕事でも, みんなで力を合わせればできる//2と3を合わせると5になる//組み合わせる(→項目)」 自動 合う

合わせる顔がない 失敗したり結果がよくなかったりして, 申し訳なくて会うのが恥ずかしい. [E] be ashamed to see someone. [한]면목이 없다. 「入学試験に全部落ちてしまって, 先生にも親にも合わせる顔がない」

あわただし・い 【慌ただしい】アワタダシイ 急いでしなければならないことがあって忙しく, 落ちつかない. [E] busy; hurried. [한]어수선하다, 분주하다. 「引っ越しの準備であわただしい」

あわ・てる 【慌てる】アワテル〔自動一〕①びっくりするようなことに出あって落ちつきを

失う。Ebe flustered; panic. 한당황하다.「朝になって宿題があったのを思いだしてあわてた//お金を払おうとして財布が見つからずあわてた」②急いでなにかをする．Edo something in a hurry. 한허둥대다.「電車のドアが閉まりそうになったのであわてて乗った//あわてないでゆっくり話してください」

あわよくば アワヨクバ，アワヨクバ うまくいけばそうなるかもしれないと期待しているようす．Eif things go well; if lucky. 한잘만 되면, 잘 하면.「候補者が少ないから，あわよくば今度の選挙には当選できるかもしれない//相手の調子が悪いから，あわよくばこの試合は勝てるかもしれない」

あわれ【哀れ】アワレ ①かわいそうだと思わずにはいられないようす．Epitiful; sad. 한불쌍함, 가엾음.「親の死の意味がまだわからない子供のようすが哀れだ//捨てられた子猫が哀れな声で鳴いている」②みすぼらしいようす．みじめなようす．Emiserable; wretched. 한초라함.「全身雨にぬれて，哀れな格好で帰ってきた」③しみじみとした感じ．深く心にしみるような情．Epathos; pensive beauty. 한비애, 애수.「秋の夕暮れはなんとなくものの哀れを感じる」

あわれ・む【哀れむ】アワレム〔他動五〕（あわれんで）かわいそうだと思う．Epity; feel compassion for. 한불쌍히 여기다.「けがをした捨て犬を哀れんで手当てをしてやった」图哀れみ

あん【案】アン ①考えたこと．意見．Ean idea; an opinion. 한안, 생각.「みんなが案を出し合って，1つの作品をつくる」②計画．Ea plan. 한계획.「今度のパーティーをどうするかの案をまとめる//案をねる（Ework on a plan. 한안을 짜내다.）/予算案」

あんい【安易】アンイ 軽く考え，努力しないようす．Eeasy; easygoing. 한안이.「日本人ならだれでも日本語が教えられる，というのは安易な考えだ//安易な道に流され，努力を怠る」

あんがい【案外】アンガイ，アンガイ 予想していたことと現実とが，だいぶ違っているようす．Eunexpectedly; be surprised at. 한뜻밖에도, 예상 외로.「弟の焼いたケーキは色も形も悪かったが，案外おいしかった//Aチームが優勝すると思っていたが，案外の結果に終わった」

あんき【暗記】アンキ〔〜する〕なにも見ないで書いたり言ったりできるように覚えること．Elearn by heart. 한암기.「暗記したはずの友達の電話番号を忘れてしまった//丸暗記（Erote learning. 한통째로 외움.）」

アンケート (⑦enquête) アンケート，アンケート 多くの人々に同じ質問をして，意見を調べること．また，その調査．Ea questionnaire. 한앙케트.「東京の生活について外国人にアンケートをする//アンケートに答える」

あんさつ【暗殺】アンサツ〔〜する〕ひそかにねらって，不意に重要な人物を殺すこと．Eassassinate. 한암살.「ケネディ大統領は1963年にダラスで暗殺された//暗殺を企てる」

あんじ【暗示】アンジ ①〔〜する〕はっきりと言わないで伝えること．また，そのことばや態度など．Ehint; allude to. 한암시.「子供の絵は，その子の心の状態を暗示している」②ある考えを起こさせる作用．Ea suggestion. 한암시.「あなたならきっとできると暗示をかけて，主役をやらせた//暗示にかかる（Erespond to suggestion. 한암시에 걸리다.）」

あん・じる【案じる】アンジル，アンジル〔他動一〕①人の身の上や先のことなどをあれこ

れと心配する．案ずる．Ⓔbe concerned for; worry about. 한걱정하다, 염려하다.「もう2年も連絡がない友達を案じている//故郷で暮らす年とった両親のことを案じる//案じ顔」②あれこれと考える．案ずる．Ⓔthink out; devise. 한생각해 내다, 궁리하다.「わたしが一計を案じてつくった計画書を見てください」

あんしん　【安心】アンシン〔～する〕心配がなく心が落ちついていること．Ⓔbe relieved; security; peace of mind. 한안심.「病気が治ったという母の手紙を読んで安心した//安心感」対心配, 不安

あんせい　【安静】アンセイ　病気を治すために静かにして体を休めていること．Ⓔrest; quiet. 한안정.「病気はほとんどよくなったが，まだ安静が必要だ//絶対安静(Ⓔabsolute rest. 한절대 안정.)」

あんぜん　【安全】アンゼン　心配や変わったことがなく，無事であること．Ⓔsafe; safety. 한안전.「ここはあぶないから，安全な場所に逃げよう//歩行者の安全を第一に考える//安全運転//安全保障//交通安全」対危険

アンダーライン　(underline) アンダーライン　横書きの文章で，読む人の注意をひくために語句や文の下に引く線．下線．Ⓔan underline. 한언더라인, 밑줄.「たいせつな所にアンダーラインをしながら読む//アンダーラインを引く」数1本
参縦書きのばあいは語句や文の右側に引く．サイドライン．傍線．

あんちゅうもさく　【暗中模索】アンチューモサク，アンチューモサク〔～する〕暗い所でものをさがすように，どうしていいかわからないまま，いろいろやってみること．Ⓔgrope blindly in the dark. 한암중모색.「二郎が始めた新しい研究は，まだ暗中模索の段階だ」

あんてい　【安定】アンテイ〔～する〕大きい変化がなく，ものごとが落ちついていること．Ⓔstable; steady. 한안정.「転職後2年目から，生活が安定してきた//物価が安定する」対不安定

アンテナ　(antenna) アンテナ　①電波を出したり受けたりする装置．Ⓔan antenna. 한안테나.「ベランダに衛星放送のアンテナをつける//アンテナのぐあいが悪くてよく映らない」②いろいろな情報を集める手段．Ⓔan antenna (to gather information). 한(정보 수집 수단으로서의) 안테나, 정보망.「アンテナを張りめぐらし，経済の最新の動きをとらえる」

あんな　アンナ　「あのような」「あのよう」のくだけた言い方．Ⓔsuch; like that. 한저런, 저렇게, 그렇게.「あんなきれいな人，見たことがない//あんなに行きたがっているのだから，行かせればいい」→付録指示語のまとめ

あんない　【案内】アンナイ〔～する〕①道や場所を知らない人に教えたり，そこに連れていったりすること．また，その場所を見せて歩くこと．Ⓔguide; show. 한안내.「客を会場に案内する//高校生たちは先輩に大学の中を案内してもらった」②ものごとの内容，事情などを知らせること．また，それを書いた書類や手紙など．Ⓔan invitation; a notice. 한안내(장), 통지(서).「親戚じゅうに両親の銀婚式のパーティーの案内を出す//開店案内//案内状」③ものごとの内容，事情．また，それをよく知っていること．Ⓔknow. 한(사정을) 알고 있음.「ご案内のとおり，午後の部は1時半から始まります//このへんは不案内だ」

あんに　【暗に】アンニ　自分のほうからはっきり示さず，相手自身に気づかせるよう，それとなく．Ⓔindirectly; implicitly. 한넌지시, 은근히.「他の会社の例を話すこと

で、暗にこの会社のやり方を批判している」

あんのじょう 【案の定】アンノジョー 予想していたとおり. Esure enough; just as one feared. 한아니나다를까, 생각한 대로, 예상한 대로. 「ダイヤモンドの指輪が安すぎて変だと思っていたら、案の定、偽物だった」

あんぴ 【安否】アンピ 無事であるか、そうでないかということ. Esafety; health. 한안부, 안위. 「母国の大地震のニュースに、両親の安否を気づかう//安否をたずねる」

あんまり アンマリ, アンマリ 「あまり」を強めた言い方. Etoo heartless; too; so. 한너무함, 하도; 별로. 「もう顔を見たくないとは、あんまりな言い方だ//どうしたの？あんまり遅いので心配してたよ//いま、あんまり食べたくない」

あんもく 【暗黙】アンモク 黙ってなにも言わないこと. Etacitly. 한암묵. 「父の目を見て、その悲しみを暗黙のうちに理解した//暗黙の了解(Ea tacit understanding. 한암묵의 양해.)」

あんらく 【安楽】アンラク, アンラク 心や体がゆったりとして楽なようす. Ecomfortably. 한안락. 「老後は安楽に暮らしたい//安楽いす(Ean easy chair; an armchair. 한안락 의자.)//安楽死(Eeuthanasia; mercy killing. 한안락사.)」

い／イ

い 【胃】イ 内臓の1つ. 腹部の上にある袋のようなもの. 液を出して食べ物を消化する. Ethe stomach. 한위. 「食べすぎは胃によくない//胃がもたれる(＝胃が重苦しく感じる)//胃カメラ//胃がん」 →内臓図

い 【意】イ ①心に思うこと. 気持ち. E(a) mind; a will; a feeling. 한생각, 뜻. 「あなたもわたしと同じ考えを持っていることを知って、意を強くした//感謝の意を表す」 ②そのことばや文の意味. E(a) meaning. 한의미, 뜻. 「漢字の『旧』は『古い』の意を表す」 ▷書

意に沿う 希望どおりにする. Ego along with a person's desires. 한뜻에 따르다, 마음에 들다. 「注文した客の意にそうように家を設計する」 似た表現 意にかなう

意に反する 希望しない. Eact against a person's will. 한뜻[마음]에 맞지 않다. 「むかしは自分の意に反する結婚をする人も多かった」 似た表現 意に背く

意のまま 思ったとおり. Eat will. 한마음대로. 「やっと意のままに運転できるようになった」 似た表現 思いのまま

いあわ・せる 【居合わせる】イアワセル〔自動一〕ものごとが起こったとき、ちょうどその場所にいる. いあわす. Ehappen to be present. 한마침 그 자리에 있다. 「友達が服を買いに来た店にわたしもいあわせたので、一緒に服を選んであげた」

い・い イ ①状態、能力、性質、形などがすぐれている. 正常だ. Egood; sweet; beautiful. 한좋다. 「体の調子がいい//いい声で鳴く//いい部屋」 対悪

②道理に合っている. 正しい. Eright; proper; good. 한옳다, 좋다. 「こうしたほうが

いいと思う//いい行い」対悪い
③好ましい状態だ. Egood; nice; fine. 한좋다.「あの2人はとても仲がいい//気持ちがいい//天気がいい」対悪い
④地位, 身分などが高い. E(rank, position) high. 한높다.「いいポストにつく」
⑤じゅうぶんだ. それ以上いらない. Eenough; adequate. 한충분하다; 되다.「わたしは睡眠時間は5時間でいい//こんなつらい仕事はもういい」
⑥かまわない. Emay; all right. 한괜찮다.「代金は来月でいい//タバコを吸ってもいい」
⑦すなおで, 疑う気持ちを持たない性質だ. Egood-natured. 한좋다, 순진하다.「一郎は人がいいから, だまされやすい//気がいい」
⑧反対の意味を皮肉をこめていう言い方.「いい大人が(=ちゃんとした大人なのに)つまらないことでけんかして, 恥ずかしくないの?」いい値段ですねEIt's quite expensive. 한꽤 비싸군요.)」
⑨(動詞の「ます」形について)～やすい.「はきいい靴(Ecomfortable shoes.한발이 편한 구두.)//働きいい職場」対-にくい

参 改まった言い方は「よい」.「いい」も「～く」「～かった」「～ければ」の形のときは「よい」の活用の「よく」「よかった」「よければ」を使う.

いい気になる 自分1人で得意になる. Ebe elated; be conceited. 한우쭐해지다.「ちょっと歌をほめてあげたら, 妹はいい気になって歌い続けた」

いいあ・う 【言い合う】イーアウ〔他動五〕(いいあって)①2人以上の人が, たがいに言う. Etalk over; exchange words. 한서로 말하다, 말을 주고받다.「おたがいに思っていることを言い合いましょう//新年に友達と出会って『おめでとう』と言い合う」②たがいに相手を悪く言う. Equarrel. 한말다툼하다.「道でぶつかった2人は, たがいに相手が悪いと言い合っている」▷名言い合い

いいえ イーエ 相手の言うことを否定したり反対したりするときに言うことば. Eno. 한아니오.「『山田さんですか』『いいえ, わたしは田中です』//『行かないんですか』『いいえ, 行きます』(E"Won't you go?" "Yes, I will." 한"가지 않으세요?" "아니오, 갈 겁니다".)」対ええ, はい 話

参「いや」も似ているが,「いいえ」のほうが丁寧な言い方.

いいかえ・す 【言い返す】イーカエス〔他動五〕(いいかえして) 相手のことばに対して, こちらからも負けないように言う. Eretort; talk back. 한말대답하다, 응수하다.「友達がわたしのことを足が短いと言ったので, そっちは手が短いと言い返してやった//言われたら言い返す」

いいがかり 【言いがかり】イーガカリ 理由がないのに, 無理に理屈をつけて相手を責めること. また, そのことば. Ea false charge. 한트집.「道路がこんで遅れたのに, 妻は, あなたの運転が下手だから遅れた, と言いがかりをつけた」

いいかげん 【いい加減】イー・カゲン, イーカゲン ①程度がちょうどいいようす. Ejust right. 한알맞음.「おふろはちょうどいいかげんです」②信用できない, 無責任なようす. Eirresponsible; haphazard. 한무책임함, 엉터리.「学生の質問に答えられなくて, いいかげんなごまかしを言う教師」③(副詞的に)うんざりした気持ちを表す. かなり. たいがい. Epretty; rather. 한상당히, 꽤.「先生の話は毎日同じで, いいかげんいやになった」

参「いいかげんの温度」のばあいの「いいかげん」は,「いい」と「かげん」の2つのことば.

いいかた 【言い方】イーカタ ①話すときの

声やことばづかいや態度. Ⓔa manner of speaking. 㗊말씨, 말투.「丁寧な言い方をする//言い方が悪いと相手を怒らせることがある」②表現の方法. Ⓔan expression. 㗊표현(법).「書きことばでしか使わない言い方がある//自分の妻をさす言い方はいろいろある」

いいきか・せる【言い聞かせる】イーキカセル〔他動一〕相手がよくわかるように教え, 話す. 言い聞かす. Ⓔwarn; instruct; tell. 㗊타이르다, 훈계하다.「1人で川で遊んではいけないと, 子供に言い聞かせる」

いいそび・れる【言いそびれる】イーソビレル〔他動一〕言いたいことがあるのに言いだせなくてそのままにしてしまう. Ⓔfail to mention. 㗊할 말을 못하고 말다, 말할 기회를 놓치다.「母に借金を頼みたかったが, 兄がいたので言いそびれた」

いいつ・ける【言いつける】イーツケル〔他動一〕①目下の人に用事などをするように言う. Ⓔorder; tell. 㗊분부하다, 시키다.「子供に庭の掃除を言いつけた」②人の悪口などをそっと目上の人に話す. Ⓔtell tales; tell on. 㗊고자질하다.「わたしの失敗をだれかが課長に言いつけたらしい」▷名言いつけ

いいなり【言いなり】イーナリ 自分で決めず, 他人の言うとおりになるようす. Ⓔbe at the mercy of; do as one is told. 㗊말하는 대로, 하라는 대로.「買う側は売る側の言いなりだ//校長の言いなりになっている教師」

いいは・る【言い張る】イーハル〔他動五〕(いいはって) 自分の考えを通そうとして強く言う. Ⓔinsist; persist. 㗊우겨대다, 주장하다.「友達はバスを待っているより歩いたほうが早いと言いはった//交差点での車の衝突事故で, どちらの運転者も信号を守っていたと言いはっている」

いいぶん【言い分】イーブン 言いたいこと. 相手に対する主張, 不平, 不満など. Ⓔone's say; an objection. 㗊할말, 불평, 불만.「両方の言分をよく聞いてから判決を下す//消費税に対して言い分がある」

いいわけ【言い訳】イーワケ〔~する〕自分の失敗などの理由を話して, 許してもらおうとすること. また, そのことば. Ⓔan excuse. 㗊변명, 핑계.「バスが来なかったから待ち合わせに遅れたと言い訳をする//言い訳なんか聞きたくない」

いいん【委員】イイン おおぜいの中から選ばれて, ある仕事をまかされる人. Ⓔa representative; a committee member. 㗊위원.「学園祭があるので, 委員を選んで準備を始める//選挙管理委員//クラス委員」

い・う【言う】ユー, イウ〔自他動五〕(いって) ①ことばを声にして出す. Ⓔsay; tell; speak. 㗊말하다.「あなたの名前を言ってください//朝, 人に会ったときは『おはようございます』と言う」②心の中に思ったことをことばに表す. Ⓔexpress. 㗊말하다.「あなたが言いたいことはこの手紙でわかりました」③(「~という」の形で)(1)~と呼ぶ, ~と称する.「わたしは鈴木といいます(ⒺMy name is Suzuki. 㗊저는 스즈키라고 합니다.)//オートバイを自動二輪ということもある」(2)~である. ~と思われる.「兄の古い友達だという人が訪ねてきた//このへんは以前は森だったという(Ⓔit is said that this area was a forest in the past. 㗊이 근방은 이전에는 숲이었다고 한다.)」④物音がする. Ⓔmake a sound. 㗊소리가 나다.「戸が風でがたがたいう//階段が古くてぎしぎしいう」
▷→話す

注③④はひらがなで書く。また、①②③(1)は他動詞、③(2)(4)は自動詞。
参 基本形は「ゆう」ともいう。

言うに言われぬ ことばで表そうとしてもうまく表せないほど微妙な。Eindescribable. 韓뭐라고 말할 수 없는, 형언할 수 없는. 「年老いた俳優の舞台姿は、いうにいわれぬ美しさだった」

言うまでもない わざわざ言わなくても、もうだれにもよくわかっている。Eneedless to say. 韓말할 것도 없다, 물론이다. 「電車は、いうまでもなく電気で走る乗り物である」

いえ 【家】イエ ①人が住むための建物。Ea house. 韓집. 「山の上に赤い屋根の家が1軒ある//家を建てる」

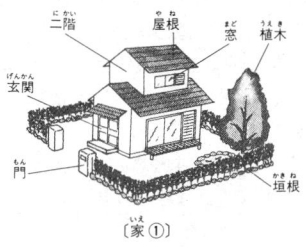
〔家①〕

②自分が寝たり起きたりする場所。Eone's home. 韓집, 자택. 「家で仕事をする//家にお客を呼ぶ」
③家庭。Ea family; a household; a home. 韓가정. 「結婚して家を持つ//社会人になって家を出る」
④親から子、子から孫と続く血筋や家業。Eone's family business; a family. 韓가업. 「一郎は家をついで酒造業を経営している」
▷数①1軒・1戸・1棟

いえで 【家出】イエデ, イエデ〔~する〕帰らないつもりで自分の家をこっそり出ること。Erun away from home. 韓가출. 「親にしかられて家出した//覚悟の家出」

いか 【以下】イカ ①これから後に述べること。Ethe following; the rest. 韓이하. 「内容は以下のとおり//以下は省略する」対以上 ②(他のことばの後について)(1)数や量や程度などがそれより下であること。Eor less; or under; below. 韓이하. 「1万円以下なら買う//5歳以下は無料です//平均以下の生活」対以上 (2)~を代表として。Efrom~to. 韓~을 비롯하여, ~이하. 「北海道以下47の都道府県の代表が集まる」
参 ②で数や量を表すことばに「以下」がつくと、その数や量をふくむ。その数や量をふくまないばあいには「未満」を使う。

いか イカ 海にすむ軟体動物の一種。胴は細長い袋の形をしていて、いぼのようなものがついた足が10本ある。体はやわらかく、食用にする。Ea cuttlefish; a squid. 韓오징어. 「新鮮なイカを刺身にして食べる」数1杯・1匹 →たこ図

いがい 【以外】イガイ (他のことばの後について)それを除くほかのもの。Eexcept; but. 韓이외, 그밖. 「水泳以外ならどんなスポーツもできる//彼らを助けるには、ヘリコプターで行く以外にない」

いがい 【意外】イガイ, イガイ ①結果が予想したことと違っているようす。Eunexpected; surprising. 韓의외. 「日本人でも日本語の文法については意外に知らないものだ」②(「意外と」の形で) 思いのほか、案外。Eunexpectedly. 韓의외로, 예상 밖으로. 「東京にも意外と多くの農地が残っている」

いかが イカガ 「どう」の丁寧語。E(polite) how; what. 韓어떻게. 「お母さんのご病気はいかがですか//お肉の焼き方はいかがいたしましょう?」

いかがわし・い イカガワシイ ①本当かどうかはっきりしなくて、信用できない。E

doubtful; questionable. 韓의심스럽다. 「あの薬はいかがわしいから、使わないほうがいい//すこし協力すれば車を1台くれるというような、いかがわしい話には気をつけよう」②道徳上よくない。Eindecent; obscene. 韓부도덕하다, 외설스럽다. 「いかがわしい雑誌が売られているのは困る」

いがく 【医学】イガク 病気を治したり予防したりすることについて研究する学問。E medical science; medicine. 韓의학. 「医学の進歩で、以前は治らなかった病気も治るようになった//医学を専攻する//医学博士」

いか・す 【生かす】イカス〔他動五〕（いかして）①生き続けさせる。E keep ~ alive. 韓살리다, 살려 두다. 「釣った魚は生かしておく」対殺す ②人やものの持つ能力を、じゅうぶんに引きだして使う。E make use of. 韓살리다, 활용하다. 「母は趣味を生かして、お茶を教えている//材料の味を生かした料理」対殺す ▷自動生きる

いかに イカニ ①どのようにして。どういう方法で。E how; in what way. 韓어떻게, 어떤 식으로. 「エイズをいかに防ぐかについて対策をねる//人生いかに生きるべきか」②どんなに。どれほど。E how; no matter how. 韓얼마나, 아무리. 「病気になってはじめて、健康がいかにありがたいものであるかがわかった//いかに苦しかろうと、へこたれない」 ▷書

いかにも イカニモ ①どう考えてみても。まことに。E very; really. 韓자못, 무척이나. 「道路で転んだ高校生は、いかにも恥ずかしそうな顔をして立ち上がった//いかにもおいしそうに食べている」②相手の話の内容に賛成するときに言うことば。E indeed; it is true. 韓과연, 확실히. 「いかにもあなたのおっしゃるとおりです//いかにもそのとおりです」 ▷話②

いかめし・い イカメシイ ①立派で、人を恐れさせるようすだ。E stern; stately. 韓위엄이 있다, 엄숙하다. 「いかめしい顔つきをした校長先生//城のいかめしい門」②厳重だ。E strict; close. 韓삼엄하다. 「おおぜいの警官がいかめしい警備をしている」

いかり 【怒り】イカリ、イカリ 人の行動や社会で起こることが理屈に合わないと不快に感じて、がまんができない気持ち。E anger; indignation. 韓노여움, 분노. 「金持ちだけを優遇する政策に怒りを覚える//怒りをぶちまける（E take one's anger out on. 韓분노를 터뜨리다。）」自動怒る

いかん 【遺憾】イカン、イカン 思いどおりにいかなくて、残念に思うようす。E regrettable; regret. 韓유감. 「国際化を主張しながら外国人差別の発言をする大臣がいるのは、実に遺憾である//実力を遺憾なく発揮して、入賞した//遺憾の意を表明する」 参公的な立場で責任者が使うときは、本心から謝っているのではなく、儀礼的なことが多い。

いき 【息】イキ 口や鼻から空気を吸ったり出したりすること。また、その空気。E a breath. 韓숨, 호흡; 입김. 「寒いので息が白く見える//息を止めて水に潜る//息を吸う//息を吐く」

～「息」のつく慣用表現～

息が合う 一緒になにかをするとき、相手と気持ちや調子が1つになる。E work together well. 韓호흡이 맞다. 「バレーボールは、6人の選手の息が合わなくては勝てない」 似た表現 息を合わせる

息が切れる 息をするのが苦しくなる。E lose one's breath. 韓숨이 차다. 「急な階段を走って上ったので息が切れた」 似た表現 息を切らす

息が絶える 死ぬ。E die; pass away. 韓숨이 끊어지다, 죽다. 「病院へ運ぶ途中で病人は息が絶えた」 似た表現 息を引き取る

息もつか(せ)ず 休まず。Ewithout stopping. 쉬지 않고, 단숨에.「推理小説を息もつかずに最後まで読んだ」

息をのむ なにも言えないほど驚く。Ehold one's breath in surprise. (놀라서)숨을 죽이다.「電車に乗ってきた人が、なくなった父にそっくりなので、はっと息をのんだ」

息を弾ませる ①激しい運動の後、息をはあはあさせる。Egasp for breath. 숨을 헐떡이다.「フィギュアスケートの選手が、演技の後、息をはずませて得点の発表を待つ」②非常にうれしそうにする。Ebecome shortbreathed with joy. (좋아서) 숨을 몰아쉬다.「優勝の喜びを息をはずませて語る」▷似た表現 息が弾む

息を吹き返す ①死んだように見えたものが生き返る。Ecome back to life. 소생하다.「人工呼吸のおかげで息を吹き返した」②もとのように活発になる。Ebe revitalized. 활기를 되찾다.「魚はとれなくなったが、養殖を始めたので、この漁村は息を吹き返した」

いき 【意気】イキ 進んでしようとする、張りきった気持ち。Espirits; morale. 의기, 기개, 기상.「必ず優勝するという意気でがんばろう//建国の意気に燃える若者たち」

意気があがらない 元気が出ない。Ebe depressed. 신명이 나지 않다.「働いても働かなくても給料が同じだと思うと、意気があがらない」

いき 【生き】イキ ①食用にする魚や貝の新しさ。Efresh. 신선함, 싱싱함.「釣り船で食べる魚は生きがいいから、おいしい」②(他のことばの頭について)生きていること。「生き地獄(Ea hell on earth. 생지옥。)//生き別れ(Epart from a person never to see again. 생이별。)」▷自動 生きる

いき 【行き】イキ ①行くこと、行くとき。ゆき。Ego. (목적지로)감.「行きはバスに、帰りは電車にする」対帰り ②(地名の後について)乗り物などの目的地を表す。ゆき。「大阪行きの切符(Ea ticket to Osaka. 오사카행 차표。)//ハワイ行きの飛行機」▷自動 行く

いぎ 【異議】イギ 他の人と違った意見。Ean objection; a protest. 이의.「山をけずってゴルフ場をつくることには異議がある//異議を唱える(Emake an objection. 이의를 제기하다.)」

いぎ 【意義】イギ そのことにふくまれる内容。E(a) meaning; significance. 의의, 뜻.「核兵器をなくすことの意義は大きい//人生に意義を見いだす(Ediscover the meaning of life. 인생에 의의를 발견하다.)」
参「意味」も似ているが、「意義」のほうがやや内容が深くて重々しい感じがする。

いきあたりばったり 【行き当たりばったり】イキアタリバッタリ, イキアタリバッタリ 計画を立てずに、そのときの気分やなりゆきで行動するようす。ゆきあたりばったり。Ecasually; haphazard. 되는 대로, 무턱대고.「宿を決めずに、いきあたりばったりに旅に出た//いきあたりばったりな調査ではいいデータはとれない」話

いきいき 【生き生き】イキイキ, イキイキ〔～する〕①非常に元気で、生命力がいっぱいのようす。Efresh; lively. 생생(싱싱)한 모양.「久しぶりの雨で、草木が生き生きしてきた//生き生きした表情」②実物を見ていると思えるほど勢いのあるようす。Evividly. 생생하게.「この作品は、村の若者たちの生活を生き生き(と)描いている」

いきおい 【勢い】イキオイ ①ものごとが動くときの速さや強さ。Espeed; force. 기세, 힘.「坂を下りる自転車に勢いがつく//大

雨で川の流れが勢いを増している」②他を圧倒する強い力．Ⓔpower; influence. 韓세력, 위세．「ナポレオンの勢いはヨーロッパ全体におよんだ」③（副詞的に）当然の結果として．Ⓔnaturally. 韓필연적으로, 자연히．「生活が豊かになれば，いきおい，レジャー産業が活発になる」

≡ 注③はひらがなで書く．

いきがい　【生きがい】イキガイ，イキガイ　生きていくうえで喜びを感じることがら．Ⓔa reason for living; something to live for. 韓사는〔삶의〕보람．「子供の成長を生きがいにする//年をとっても生きがいを持ち続けたい」

いきかえ・る　【生き返る】イキカエル，イキカエル〔自動五〕（いきかえって）いちど死んだようになったものが，また元気になる．Ⓔrevive; be restored to life. 韓되살아나다, 소생하다．「雪がとけて花が咲きはじめると，村は生き返ったようになる//枯れたと思った木が生き返った」

いきぐるし・い　【息苦しい】イキグルシイ　息をするのが苦しい．息がつまるほどだ．Ⓔstuffy; stifling. 韓숨이 막히다, 답답하다．「満員電車の中は息苦しい//面接試験のときは，息苦しいぐらい緊張した」

いきさき　【行き先】イキサキ　⇒行き先．「旅行の行き先は，北海道にした」

いきさつ　イキサツ　ものごとがある結果になるまでの，内部のいろいろな事情．Ⓔcircumstances; details. 韓경위．「話し合いがまとまらなかったいきさつをくわしく報告する//これまでのいきさつから考えて，あの2人が別れるのはまちがいないだろう」

いきじびき　【生き字引】イキジビキ　そのことに深く関係していたり，知識が豊富だったりして，辞書で調べなくてもその人に聞けばわかるという人．Ⓔa walking dictionary. 韓살아 있는 사전, 만물박사．「映画評論家のA氏は，映画のことはなんでも知っている生き字引だ」

いきだおれ　【行き倒れ】イキダオレ　飢えや，寒さ，病気などのために，道で倒れたり死んだりすること．また，その人．ゆきだおれ．Ⓔcollapse (and die) on the street. 韓(기아, 질병 등으로) 길바닥에 쓰러짐；행려병(사)자．「行き倒れになった人を救急車で運ぶ」

いきちがい　【行き違い】イキチガイ　①たがいに会うつもりで出かけていったのに会えないこと．ゆきちがい．Ⓔmiss each other. 韓(길이) 엇갈림, 어긋남．「傘を持って父を迎えに行ったが，行き違いになって会えなかった」②連絡がふじゅうぶんで誤解が生じること．ゆきちがい．Ⓔa mutual misunderstanding. 韓오해．「よく説明しなかったため，感情の行き違いが起こってけんか別れしてしまった」▷自動行き違う

いきづま・る　【行き詰まる】イキズマル〔自動五〕（いきづまって）先へ行けなくなる．ものごとがうまくいかず，まったく進まなくなる．ゆきづまる．Ⓔcome to a deadlock. 韓막다르다, 막히다；벽에 부딪치다．「店を開く計画は，資金がたりなくていきづまった//交渉がいきづまる」名行き詰まり

いきとうごう　【意気投合】イキトーゴー，イキ・トーゴー〔～する〕たがいの気持ちや考え方がぴったり合うこと．Ⓔfind a kindred spirit in. 韓의기 투합．「洋子とはパーティーで知り合い，話しているうちにすっかり意気投合した」

いきどお・る　【憤る】イキドール〔自動五〕（いきどおって）許すことができないと激しく怒る．Ⓔbe enraged. 韓분개하다．「父は政治家の不正の記事を読んでいきどおっている」名憤り

いきどまり【行き止まり】イキドマリ ①道が途中で終わっていて、その先に進めないこと。また、そのような場所。ゆきどまり。Ⓔa dead end; a blind alley. 🇰🇷막다름, 막다른 골목。「通り抜けられると思っていたら行き止まりだったので、しかたなく引き返した」②地位などが、その先に進めないこと。ゆきどまり。Ⓔbe not promoted higher than. 🇰🇷더 못 올라감, 한계。「部長まで昇進したが、そこで行き止まりだ」

いきなり イキナリ ①予想していないときに急に。Ⓔsuddenly. 🇰🇷갑자기, 돌연。「一郎がいきなり大声で歌いだしたので、みんなは驚いてそちらのほうを見た」②順序どおりにしないで先へ進むよう。Ⓔabruptly. 🇰🇷느닷없이, 갑자기。「準備体操もしないでいきなり泳ぎはじめると、心臓まひを起こすことがある」

いきもの【生き物】イキモノ、イキモノ 命のあるもの。特に動物をさしていうばあいが多い。Ⓔa living thing; life. 🇰🇷생물。「生き物は必ずいつかは死ぬ」

いきようよう【意気揚揚】イキヨーヨー (「意気揚々と」の形で) ものごとがうまくいって元気いっぱいのようす。Ⓔtriumphantly. 🇰🇷의기양양。「試合に勝ったチームの選手たちは意気揚々と帰ってきた」

い・きる【生きる】イキル〔自動一〕①命がある。Ⓔlive. 🇰🇷살다, 생존하다。「人が100歳まで生きるのはなかなかむずかしい//生物は太陽と水がなければ生きることができない//生きのびる」䍃死ぬ ②目的を持ったり収入をえたりして暮らしていく。Ⓔearn a living. 🇰🇷살다, 생활하다。「貧しくても芸術家として生きたい//生きるために、ずいぶんつらい仕事もした//生き抜く」③うまく使われて効果が上がる。Ⓔbe enlivened; come alive. 🇰🇷살다, 살아나다。「1本の線で絵全体が生きた//始めの部分を書き直すと、文がずっと生きる」䍃死ぬ ▷名生き 他動生かす

い・く【行く】イク〔自動五〕(いって) ①人やものが、ある場所から遠ざかる方向へ動く。Ⓔgo. 🇰🇷가다。「電車で行く//5時までに行く」䍃来る ②いまいる場所から目的の場所へ向かう。Ⓔgo; proceed to. 🇰🇷(목적지로) 가다。「出張で札幌へ行く//相談をしに行く」䍃帰る ③決まっていることとして通う。Ⓔgo; commute. 🇰🇷다니다。「娘は4月から幼稚園へ行くのを楽しみにしている//大学へ行って物理学を学んでいる」 ④ものごとが行われる。Ⓔgo; work. 🇰🇷되어가다。「仕事はうまくいきましたか」『いいえ、どうも計画のようにはいきません』」 ⑤ものごとが、ある状態にとどく。Ⓔproceed (to a point). 🇰🇷어떤 상태에 이르다, 가다。「納得がいくまで議論する//満足がいく」 ⑥(「~ていく」の形で) (1)ある状態が続く。また、ある状態に向かって進む。「ずっと建築の仕事をしていく (ⒺI have been and will be working in construction. 🇰🇷계속해서 건축 관계 일을 할 작정이다。) //世界情勢は急速に変わっていく」(2)ある状態を残して立ち去る。「重い荷物は置いていく (ⒺI will leave heavy baggage here. 🇰🇷무거운 짐은 두고 간다。) //ドアのかぎをかけていく」 ▷名行き

注 ④⑤⑥はひらがなで書く。
参 すこし古い言い方は「ゆく」。

いくじ【育児】イクジ 生まれてから小学校へ行くころまでの子供の世話をすること。Ⓔchild care. 🇰🇷육아。「育児を分担し合う若い両親//育児休業」

いくじがない【意気地がない】心が弱くて、ものごとをしようとする強い気持ちがない。

いくつ

Ｅchickenhearted. 𝕙기개가 없다, 무기력하다.「長い病気で意気地がなくなり, テニスも水泳もやめてしまった//飛行機に乗るのがこわいとは, いまどき意気地がない人だ」

似た表現 意気地なし

いくつ イクツ 数, 年齢などがどれほどかをきくときのことば. Ｅhow many; how old. 𝕙몇, 몇 개, 몇 살.「砂糖はいくつ入れますか//お年はいくつですか//いくつ目の駅で降りますか」

いくつか イクツカ 数がそれほど多くないが, すこしはあるようす. Ｅsome; several. 𝕙몇 개인가, 얼마간.「読めない漢字がいくつかある」

いくつも イクツモ 数がたくさんあるようす. Ｅa great many; a lot of. 𝕙여럿, 여러 개.「書けない漢字がいくつもある」

いくどうおん【異口同音】イクドーオン, イク・ドーオン 多くの人が同じことを言うこと. Ｅwith one voice; unanimously. 𝕙이구동성.「人々は異口同音に, 地震の恐ろしさを語った」

いくぶん【幾分】イクブン ①全体をいくつかに分けた一部分. Ｅa part; something. 𝕙일부(분), 얼마간.「自分の力の幾分でも社会に役立てられたらうれしい//給料の幾分かを貯金する」②程度がすこしであるようす. Ｅa little; somewhat. 𝕙약간, 어느 정도, 얼마간.「マフラーを首に巻くと, いくぶん暖かくなりますよ//熱が下がり, きのうよりいくぶん気分がいい」

いくら イクラ ①金額や数や量がどれだけかということ. Ｅhow much; what. 𝕙얼마, 어느 정도.「この本はいくらですか//部屋代がいくらするか聞いてから考える」

②(数や量を表すことばの後について)それよりすこし多いこと. Ｅsome; something. 𝕙

얼마.「1億いくらの人口がいる//3万いくらもするものを買った」

③(「いくら～でも」の形で) どんなに～ても. Ｅno matter how ～. 𝕙아무리.「金属の皿はいくら落としても割れない」

④(「いくら～でも」の形で) たとえ～でも. Ｅeven. 𝕙아무리.「いくら子供でも許すわけにはいかない」

いくらなんでも どう考えても, ふつうとはあまりに違いすぎるようす. Ｅto say the least. 𝕙아무리 그래도.「1日に30本もタバコを吸うなんて, いくらなんでも多すぎる」

いくらか イクラカ, イクラカ 量や程度がすこしはあるようす. Ｅsomewhat; a little. 𝕙다소, 얼마간, 조금.「風がいくらかあるのでヨットが進む//金がいくらか残った」

いくらも イクラモ, イクラモ ①たくさん. Ｅso much; so many. 𝕙얼마든지.「酸素は空気中にいくらもある//失敗した話ならいくらもできる」②(「いくらも～ない」の形で)すこししか～ない. Ｅonly a little. 𝕙채 얼마도.「いくらも走らないうちに息が苦しくなった」

いけ【池】イケ 人工的, または自然にできたくぼみに水がたまっている所. 沼や湖より小さい. Ｅa pond; a pool. 𝕙못.「庭に池をつくる//池でウナギを養殖する//ため池(＝農業用水をためておく池)//大正池」→沼

いけな・い イケナイ ①よくない. Ｅbad. 𝕙좋지 않다, 나쁘다; 안됐다.「いたずらばかりして, いけない子だ//かぜをひいたの？それはいけないね」②(「～てはいけない」の形で) ～てはだめだ. Ｅdon't; must not. 𝕙～해서는 안 되다.「この部屋へ入ってはいけない/子供は酒を飲んではいけない」③(「～といけない」の形で) ～と困る. Ｅso that ～ not. 𝕙～하면 안 되다.「忘れるといけないから, ノートに書いておく」④(「なければいけない」の形で) ⇒なければならない「すぐ行かなければ

いけない」

いけばな 【生け花】イケバナ　草木や花を形よく器にさすこと．また，そのやり方やその花．床の間，玄関，台の上などに置いて部屋を飾る．Ⓔarranged flowers; flower arrangement. 한꽃꽂이．「季節の生け花をピアノの演奏会の会場を飾った//生け花を習う」

〔生け花〕

いけん 【意見】イケン　①あることについての考え．Ⓔan opinion; a view. 한의견．「米の自由化についてのあなたの意見を聞かせてください//意見が一致する//賛成意見」②〔~する〕自分の考えを言って，教えさとすこと．Ⓔadvice; admonish. 한타이르다．「息子にタバコをやめるよう何度も意見したが，まだやめない」

いご 【以後】イゴ　①これから先．その時から後．Ⓔafter this; since. 한이후．「ガラスを割ってしまったことはしかたがない．以後，気をつけるように//テレビで紹介されて以後，この町をおとずれる人が多くなった」②その時を入れて，その時の後．Ⓔafter; from ~ onward. 한이후．「10時以後はここに入れない//この道路は1997年以後に完成する予定だ」 対以前 ▷→以降

いご 【囲碁】イゴ ⇨ 碁「囲碁の名人位を争う」

いこい 【憩い】イコイ　仕事をしないでのんびりすること．Ⓔrest; relaxation. 한쉼，휴식．「公園はみんなの憩いの場だ//好きな音楽を聞きながら憩いのひとときを過ごす」 書 自動 憩う

いこう 【以降】イコー　その時を入れて，その時の後．Ⓔafter; on and after. 한이후．「明治以降，近代化が進んだ//工事の完成は来年以降になる見込みだ」 対以前

参「以後」も似ているが，「以降」のほうが時間の幅が長い．また，「以後」は「以後，気をつけなさい」のように単独でも使えるが，「以降」には単独の使い方はない．

いこう 【意向】イコー　どうしたいか，どうするつもりかについての考え．Ⓔwishes; an intention. 한의향．「結婚する2人の意向を聞いて式の準備を進める//政府は新しい法案を出す意向だ」

イコール (equal) イコール　①数学で，等しいことを表す記号．記号は「＝」．Ⓔequal. 한이퀄, 등호．「『A＝B』は『AイコールB』と読む」②2つのことがらが同じ価値や意味を持つこと．Ⓔequal; mean. 한이퀄, 곧．「国際貢献イコール軍隊の派遣というのはおかしな論理だ」

いごこち 【居心地】イゴコチ, イゴコチ　そこにいるときの気持ち．Ⓔfeel comfortable (uncomfortable). 한어떤 장소에 있는 기분．「この喫茶店は，うるさくないし店員も感じがいいので居心地がいい」

いざ イザ　なにかを始めようとするときに言うことば．Ⓔwhen one comes to ~; if compelled. 한자；정작, 막상．「けんかばかりしていた弟だが，いざ別れるとなると，さびしいものだ//いざとなったら，みんなに反対されてもわたしはやる」

参　本来は，「いざさらば(＝では，さような ら)」「いざ行かん(＝さあ，行こう)」のように，勢いよく人に呼びかけたり自分を強く励ましたりするときに使ったが，現在では詩，短歌などでしか使わない．

いさぎよ・い 【潔い】イサギヨイ　思いきりがよくて，立派だ．Ⓔwith good grace; manly. 한미련 없이 깨끗하다．「自分が悪いと思ったら，いさぎよく謝る//洋子との結婚はいさぎよくあきらめる」

いざこざ イザコザ　関係がある人の間の，

いささか　イササカ　①量や程度がすこしあるようす. Ea little; a bit. 한조금, 약간.「10年ぶりに高校時代の同級生が訪ねてきて, いささか驚いた」②(「いささかも～ない」の形で)すこしも～ない. Enot even the least. 한조금도 ～않다.「兄は疲れているようすなどいささかも見せないで働いていた」▷書

いさまし・い【勇ましい】イサマシイ　①勢いが強くて, 元気がある. Eactive; stirring. 한활기차다.「ラグビーは勇ましいスポーツだ//勇ましい行進曲」②なにごとも恐れない. Ebrave; courageous. 한용감하다.「勇ましい消防士が子供を火の中から助けだした」

いさん【遺産】イサン　①死んだ人が残した財産. Ean inheritance. 한유산.「親の遺産を相続する//遺産を分ける」②むかしの人が残した立派な仕事や値打ちのあるもの. Ea heritage. 한유산.「この古い建物は文化的遺産だから, たいせつに保存しよう」

いし【石】イシ　①山道や河原などにある, 岩より小さいかたまり. Ea stone. 한돌.「河原で石を拾う//石を投げてカラスを追う」②なにかの材料とするために山から切りだした岩石や鉱物. Estone. 한돌.「石でできた家//石の彫刻」③特別の岩石などを加工してつくったもの. Ea flint; a jewel. 한(가공한) 돌 ; 보석.「ライターの石//緑色の石がついているカフスボタン//碁石」

　石にかじりついても　どんなに苦しくても. Eat all costs. 한무슨 일이 있더라도.「大学院に入った以上は, 石にかじりついても博士号を取りたい」

いし【医師】イシ　病気やけがの診察や治療をすることを職業としている人. 法律上定められた資格の呼び名. 医者. Ea doctor. 한의사.「災害のあった地域に医師を派遣する//医師国家試験」

いし【意志・意思】イシ　①あることを積極的にしようという気持ち. E(a) will. 한의지, 뜻.「意志が強い//意志をかためる」②心に思うこと. Ean intention. 한의사.「選挙に国民の意思が反映される//意思表示」
　≡注①は「意志」, ②は「意思」.

いじ【意地】イジ　①その人のいちばんもとになる考え方. Enature; temper. 한근성 ; 고집.「苦しい人生だったが, 意地だけでがんばってきた」②①を通そうとする気持ち. Ewillpower; pride. 한오기.「代表選手としての意地があるから負けられない//意地を通す」③ものをほしがる気持ち. Egreed; want. 한욕심.「食い意地」

〰〰〰〰「意地」のつく慣用表現〰〰〰〰

意地が汚い　じゅうぶん持っているのにもっと多くを望んだり, または他人のものまでほしがったりするようす. 意地きたない. Egreedy; gluttonous. 한탐욕스럽다.「自分の分は食べたのに, 他人の残したごちそうにも手を出すとは意地がきたない」

意地が悪い　わざと人を困らせたり, いやがらせをしたりするようす. Eill-tempered; spiteful. 한심술궂다.「知っているのに教えてくれないなんて意地が悪い」似た表現意地悪

意地(に)でも　どんなに無理をしても必ず. Edo anything to. 한오기로라도.「この前は惜しくも負けたので, 今度は意地でも勝ちたい」

意地になる　なにかに非常にこだわって, あることをやめずに続ける. Eobstinately. 한오기를 부리다.「こんな辛いものは食べられないだろうと言われて, 意地になって食べる」

意地を張る 他人に負けたくなくて自分の考えや行動を変えない。Edo not give in; be obstinate. 한고집을 부리다.「どうせ3日しか続かないと言われたジョギングだが, 意地を張ってもう1年も続けている」

いじ 【維持】イジ〔～する〕いままでと同じように保つこと。Epreserve; maintain. 한유지.「健康を維持するために食べ物に気をつけ, 適度な運動をする//現状維持」

いしあたま 【石頭】イシアタマ 新しいことを受け入れたり, 状況に合わせて対応を変えたりすることができにくい人。Ehard-headed; stubborn. 한돌대가리, 석두.「女に学問はいらないと, 姉の留学に反対していた石頭の父を説得するのはたいへんだった」

いしき 【意識】イシキ ①自分のしていることや考えていることがはっきりとわかる心の働き。Econsciousness; one's senses. 한의식.「けがをしたときは意識がはっきりしていて, 自分で救急車を呼んだ//意識を失う//無意識(→項目)」②ものごとについての考えや判断。Econsciousness; a sense. 한의식.「政治についての意識が高い/罪の意識」③〔～する〕気にすること, 心をとられること。Ebe conscious of. 한의식.「先生の目を意識してまじめな生徒のふりをする//優勝を意識してかたくなっている」

いじ・ける イジケル, イジケル〔自動一〕恐ろしいものやじゃまをするもののために, のびのびした元気のいい状態でなくなる。Egrow timid; be warped. 한움츠러들다 ; 주눅이 들다.「しかってばかりいるといじけた子供になる//態度がいじけている」

いじ・める イジメル〔他動一〕自分より弱いものをわざと苦しめて楽しむ。Eill-treat; bully. 한괴롭히다, 못살게 굴다.「子供のころ, おもちゃを取って妹をいじめたことがある//自分たちと違う服装をしている子をいじめる」対かわいがる 名いじめ

いしゃ 【医者】イシャ「医師」の日常的な言い方。Ea doctor. 한의사.「祖父が急に倒れたので, 医者に来てもらう//かかりつけの医者」

医者の不養生 医者は, 患者の体には注意しても, 自分の体には注意しないで病気になることがあることから, 人にはいろいろ言えても自分はなかなか実行できないということ。EDoctors never take their own advice. 한의사의 불섭생 ; 언행이 일치하지 않음. [似た表現]紺屋の白ばかま

いじゅう 【移住】イジュー〔～する〕ほかの土地へ行って住むこと。Eemigrate; immigrate. 한이주.「30年前に南米に移住した叔父の家族に会いに行く//移住者」

いしゅく 【委縮・萎縮】イシュク〔～する〕元気がなくなり, 小さくなること。Eatrophy; cower. 한위축.「弟は筋肉が委縮して歩けなくなる病気にかかった//こわそうな審査員の前で委縮してしまって, 実力が出せなかった」

注 もとは「萎縮」だったが,「萎」の字は常用漢字表にないので, 同じ音の「委」を当てて「委縮」として使うようになった。

いしょ 【遺書】イショ 死を覚悟した人が, 死後のことについて書いて残すもの。Ea note left behind by a dead person. 한유서.「遺書が見つかったので, 自殺だとわかった//遺書を残して家を出る」数1通

いしょう 【衣装】イショー 儀式などの改まった場所で, または舞台で着る特別の衣服。Eclothes; dress; costume. 한의상.「豪華な衣装でダンスパーティーに行く//花嫁衣装//貸衣装」数1枚・1着

いじょう 【以上】イジョー ①これまで述べたこと。Ethe above; with this. 한이상。

「バザーを以上のとおり実施する//以上で説明を終わります」対以下
②これで終わりの意味で、書類の最後に書いたり、改まった話の最後に述べたりすること。E That's all. 韓이상.「これで報告を終わります。以上」
③(他のことばの後について)数や量や程度などがそれより上であること。E and over; more ~ than. 韓이상.「50人以上入れる広い部屋//予想以上にむずかしい問題」対以下
④(「~した以上」「~する以上」の形で)~であるならば、~からには、E since; now that. 韓이상.「言った以上、実行するべきだ//だれも教えてくれない以上、自分で考えるしかない」
参③で数や量を表すことばに「以上」がつくと、その数や量をふくむ。その数や量をふくまないばあいには「こえる」を使う。

いじょう【異常・異状】イジョー ①ふつうと違って、特別であること。E unusual; abnormal. 韓이상.「入社試験で異常に緊張した/異常乾燥注意報/異常気象」対正常 ②ふつうと違った状態。E unusual; wrong. 韓이상.「校内に異状はない」
注①は「異常」、②は「異状」。

いしょくじゅう【衣食住】イショクジュー, イショクジュー 着ることと食べることと住むこと。E food, clothing and shelter. 韓의식주.「衣食住は人間の生活の基本だ//生活費の大部分を衣食住にあてている」

いじ・る イジル〔他動五〕(いじって) ①なんとなく、手でさわったり動かしたりする。E finger; play with. 韓주무르다, 만지작거리다.「鉛筆をいじりながら先生の話を聞く」②楽しみや遊びとしてものごとをする。E potter about; dabble in. 韓(취미삼아) 만지다.「退職して時間ができたら、庭をいじって楽しもう」

いじわる【意地悪】イジワル, イジワル わざと人を困らせたり、いやがらせをしたりすること。また、そのような人。E ill-natured; spiteful. 韓심술궂음.「きょうが定休日だと知っていたのに教えてくれないなんて、意地悪な人だ」

いしんでんしん【以心伝心】イシンデンシン, イシン・デンシン なにも言わなくても心と心が通じ合うこと。E telepathy. 韓이심전심.「30年も一緒に暮らしているから、以心伝心で、すぐ通じる」

いす イス ①腰をかけるための家具。E a chair. 韓의자.「いすに腰を下ろす//いすに腰かける」
②社会や職場での地位。E a post; a position. 韓자리.「大臣のいすをねらう//社長のいすを息子にゆずる」
▷数①1脚 →家具図
注 漢字で書くときは「椅子」。

いずみ【泉】イズミ ①地中から自然にわき出ている水。また、その場所。E a spring; a fountain. 韓샘, 샘물.「山の中に泉を見つけて登山者たちはひと休みした//泉がわく」
②知恵などが絶え間なくわき出るもと。E a fountain. 韓샘.「彼の頭からは、泉のようにアイデアがわき出る//知識の泉」

イスラムきょう【イスラム教】イスラムキョー 7世紀の初めにムハンマド(マホメット)がアラビアで始めた宗教。アラーを唯一絶対の神として信仰し、コーランを教典とする。マホメット教。回教。E Islam. 韓이슬람교.「中近東ではイスラム教の信者が多い//イスラム教徒」

いずれ イズレ ①いろいろ言っても結局は。E at any rate; in any case. 韓아무래도, 어쨌든, 결국은.「いまは薬を飲んでいるが、いずれ(は)手術をしなければならない」②近い将来。近いうちに。E sooner or later; before long. 韓조만간; 근간.「いずれ、ま

た，お目にかかったときに」③「どれ」「どちら」の古い言い方．Ｅwhich; all. 韓어느 것〔쪽〕．「2人のうち，いずれが姉かわからない//いずれもすばらしい作品だ」▷書③

参①は「いずれにせよ」「いずれにしろ」の形，②は「いずれそのうち」の形を使うこともある．

いせい 【威勢】イセイ 元気な生き生きとした気力．Ｅspirits; dash; vigor. 韓위세．「魚が網の中で威勢よく跳ねる//威勢のいい掛け声」

いせい 【異性】イセイ, イセイ 男性から見た女性，女性から見た男性．Ｅthe opposite sex. 韓이성．「異性に興味を持つ//異性を意識する年ごろ」対同性

いぜん 【以前】イゼン ①いまよりずっと前の時，前．Ｅonce; used to be; before. 韓이전．「このビルがある所は，以前は畑だった//その話は以前聞いたことがある」 ②その時を入れて，その時の前．Ｅbefore. 韓이전．「来日以前は日本語は聞いたこともなかった//9時以前に来た」対以後，以降

いぜん 【依然】イゼン もとのとおりで，変わらないようす．Ｅas before; yet; still. 韓여전히，아직도．「戦争は，依然，地球上のどこかで起きている//落ちた飛行機は，依然として見つかっていない」書

いそいそ イソイソ, イソイソ〔～する〕うれしくて，体の動きが自然に速くなるようす．Ｅcheerfully; lightheartedly. 韓신명이나서．「フィアンセから電話があって，姉はいそいそ(と)出かけていった」

いそがし・い 【忙しい】イソガシイ することが多くて，ゆっくり休む時間がない．Ｅbusy. 韓바쁘다．「毎日仕事で忙しい//きょうはごはんを食べるひまもないほど忙しかった」対暇

いそ・ぐ 【急ぐ】イソグ〔自他動五〕(いそいで) ①早く終わらせようとする．Ｅhurry; speed up. 韓서두르다．「急いで仕事をする//辞書の完成を急ぐ」②早くいきつくように，歩いたり走ったりする．Ｅhurry (somewhere); rush. 韓급히 가다．「連絡がありますから急いで来てください」▷名急ぎ

注①は他動詞，②は自動詞．

急がば回れ 早く行きたいときは近道などせず，遠まわりのようでも安全な道を選ぶほうが結局は早く着くものだ．ＥSlow but sure wins the race. 韓급할수록 차근차근 해라.

いぞん 【依存】イゾン〔～する〕ほかの人やものに頼ってやっていくこと．Ｅdepend on; rely on. 韓의존．「いつまでも親に依存しているのはよくない//われわれの生活は石油に依存している//相互依存」

注以前は「いそん」といったが，最近は「いぞん」のほうを多く使う．

いた 【板】イタ 木や石や金属などを薄く平らにしたもの．Ｅa board; a plate. 韓판자, 널(빤지)．「木の板で箱をつくる//スキーの板//板の間(=たたみが敷いてなくて，板が張ってある部屋)」数1枚

板につく そのことに慣れて，服装や仕事のようすがその人に合ってくる．Ｅget used to. 韓잘 어울리다, 몸에 붙다．「アナウンサーになって3年，ニュースの読み方もすっかり板についてきた」

いた・い 【痛い】イタイ ①病気をしたり，けがをしたり，打たれたりして，がまんできない感じだ．Ｅpainful; sore. 韓아프다．「かぜをひいて頭が痛い//歯が痛くて寝られない」
②思っていたとおりにならなくて，つらく，苦しい．Ｅbe hard hit; be a blow. 韓(마음이) 쓰리다, 뼈아프다．「先月は病気でアルバイトができなかったのが痛かった//やっと買った自転車を盗まれたのは痛い」

いだい 【偉大】イダイ ことがらや人の，価値

や大きさや力などが特に立派なようす. [E] great; admirable. [한]위대.「自然の力は偉大だ//エジソンは偉大な発明家だった」

いたいたし・い 【痛痛しい】イタイタシイ かわいそうで, 見ていられない感じだ. [E]pitiful; painful. [한]애처롭다, 딱하다.「去年結婚した姉は, 苦労が多いらしくて痛々しいほどやせてしまった//足の骨を折って, 痛々しい姿で学校に通う弟」

いだ・く 【抱く】イダク〔他動五〕(いだいて) ①「抱く」の古い言い方. [E]hold ~ in one's arms. [한](품에) 안다.「幼いイエスをいだく聖母マリア」②心の中に考えとして持つ. [E]have. [한](마음에) 품다.「社員たちは会社の将来に不安をいだいている」▷[書] →抱く

いた・す 【致す】イタス, イタス〔他動五〕(いたして) ①「する」の謙譲語, 丁寧語. [E]《humble, polite》do. [한]하다.「細かい仕事は私がいたします//つぎの会合はいつにいたしましょうか」②(「お[ご]~いたす」の形で)謙遜した言い方の「お[ご]~する」をさらに強めた言い方.「建物の中をご案内いたします//どうぞよろしくお願いいたします//お荷物をお持ちいたしましょう([E]Let me carry your baggage. [한]짐을 들어 드리겠습니다.)」

いたずら イタズラ ①〔~する〕おもしろがって人の迷惑になるようなことをすること. [E] mischief; a practical joke. [한]장난.「線路に石を置くというような危険ないたずらは絶対にやってはいけない//いたずらっ子//いたずら電話」②運命や自然がもたらす思いがけない結果. [E]a trick; an irony. [한]장난.「運命のいたずらで, 双子の一方は大金持ちに, もう一方はこじきになった」

いたずら半分 まじめに考えないようす. [E] for fun. [한]장난삼아.「いたずら半分に犬をからかったら, その犬にかみつかれた」

いただきます イタダキマス 食事の前などに言うあいさつのことば. [E]I will receive (of this meal). [한]잘 먹겠습니다.「客は『いただきます』と言って, はしを持った」[話]

いただ・く 【頂く】イタダク〔他動五〕(いただいて) ①頭の上に載せる. [E]wear; be crowned with. [한](머리에) 이다, 쓰다, 얹다.「月桂樹の冠をいただいている優勝者//頂上に雪をいただく山々」

②「もらう」の謙譲語. [E]《humble》get; receive. [한]받다, 얻다; 듣다.「先生に辞書をいただいた//課長からおほめのことばをいただいた」[対]差し上げる

③「食べる」「飲む」の謙譲語, 丁寧語. [E]《humble, polite》eat; drink. [한]먹다, 마시다.「ビールを1杯いただいただけで, いい気持ちになりました//もうじゅうぶんいただきました」

④(「~ていただく」の形で)「~てもらう」の謙遜した言い方.「ぜひわたしの話を聞いていただきたいのです([E]Would you please listen to me? [한]제 말씀을 꼭 좀 들어 보아 주십시오.)//先生に作文を直していただいた」

≣[注] ④はひらがなで書く.

いたって 【至って】イタッテ, イタッテ このうえもなく. きわめて. [E]very; extremely. [한]매우, 지극히.「祖父は100歳になりましたが, いたって元気です//いたって簡単な問題」

いたで 【痛手】イタデ ①体や心に受けたひどい傷. [E]a heavy blow. [한]중상, 깊은 상처.「失恋という心の痛手に耐える」②ひどい損害. [E]grave damage; a heavy loss. [한]대손해, 큰 타격.「台風のために農作物が大きな痛手を受けた」

いたばさみ 【板挟み】イタバサミ 対立するどちらの立場にも味方できなくて困ること. [E] be in a dilemma. [한]둘 사이에 끼여 처신이 난처함, 진퇴양난.「政府は, 貿易の自

由化を要求するP国と，自由化反対の国内生産者との板ばさみになっている//三郎は妻と母親との板ばさみになって困っている」

いたまし・い【痛ましい】イタマシイ 胸が痛むほどかわいそうだ．Ⓔtragic; miserable. 한애처롭다, 가엾다．「足の悪い老人が逃げ遅れて焼け死ぬという痛ましい事故が起こった//交通事故で若い人が死ぬのは痛ましい」

いた・む【悼む】イタム〔他動五〕(いたんで) 人の死を悲しみなげく．Ⓔmourn; lament. 한애도하다, 슬퍼하다．「恩師の死をいたんでお別れの会を開く//友の死をいたむ」書

いた・む【痛む・傷む】イタム〔自動五〕(いたんで) ①体に痛みを感じる．Ⓔhave a pain; ache; hurt. 한아프다．「転んでけがをしたところが痛む//虫歯が痛む」②心に強い悲しみを感じる．Ⓔache; feel sad. 한아프다, 슬프다．「災害で家族をなくした人たちを思うと心が痛む」③ものに傷がつく．また，ものがくさる．Ⓔbe damaged; go bad. 한파손되다; 상하다．「台風で家が傷んだ//野菜が傷んでいて食べられない」▷名痛み・傷み 他動痛める・傷める

注 漢字で書くときは，①②は「痛む」, ③は「傷む」．

いた・める【痛める・傷める】イタメル〔他動一〕①体を痛くする．Ⓔhurt; injure. 한아프게 하다, 다치다．「何日も歩き続けて足を痛めてしまった//無理をして腰を痛める」②心に強い悲しみを感じさせる．Ⓔbe grieved over. 한상심하다, 속썩이다．「学校へ行きたがらない子供に心を痛める//胸を痛める(→胸慣用)」③ものに傷をつける．Ⓔdamage. 한흠내다, 망가뜨리다．「古い本だから傷めないようたいせつに扱う」▷自動痛む・傷む

注 漢字で書くときは，①②は「痛める」, ③は「傷める」．

いた・めるイタメル〔他動一〕なべに油を引き, 肉や野菜など料理の材料をまぜながら火を通す．Ⓔstir-fry; fry. 한(기름에) 볶다．「フライパンで材料を全部一緒にいためる//強い火で肉をいためる」

いた・る【至る】イタル, イタル〔自動五〕(いたって) ①ずっと進んできて, ある時間, 場所, 状態などにいきつく．Ⓔextend to; get (serious). 한이르다．「会議は昼から夜に至るまで続いた//ことは大事には至らずにすんだ」②(「至らぬ[ない]」の形で)人間として未熟でいきとどかない．Ⓔinexperienced; careless. 한미숙하다, 부족하다．「至らぬ者ですが, よろしくご指導ください//わたしが至らないためにご迷惑をおかけしました」▷書①

いたれりつくせり【至れり尽くせり】非常によく心が配られていること．Ⓔthe most gracious; heartwarming. 한극진함, 더할 나위 없음．「雪国の温泉に泊まったら, 至れりつくせりのサービスだった//この病院では至れりつくせりの看護をしてくれるから, なにも困ったことはない」

いたわ・るイタワル〔他動五〕(いたわって) いろいろ気を配って, 病人や老人など弱い人に親切にする．Ⓔbe kind to; care for. 한돌보다; 위로하다．「席をゆずって老人をいたわる//けが人をいたわりながら病院に連れていく」名いたわり

いち【一】イチ ①数の最初. 1. 1つ．Ⓔone. 한일, 하나．「5に1をかけても5だ」
②順番の最初. 1番目. 第1．Ⓔthe first; the beginning. 한처음, 첫째; 제일．「一からやり直す//世界一大きい湖//一, 二を争う」
③(他のことばの頭について) その中の1つ. の中の1人．Ⓔone among others. 한한, 하나의．「一企業の社員として働く//大統領が一少年と握手する」

一か八か うまくできるかどうかわからないが, 思いきって. Ⓔtake a chance. 🇰되든 안 되든. 「独立して店を持たないかという話があるのだが, 一か八か挑戦してみよう」

一から十まで 始めから終わりまで全部. Ⓔeverything. 🇰하나에서 열까지, 전부, 죄다. 「ワープロの使い方はこの説明書に一から十まで書いてあるから, これを見ればいい」

一も二もなく あれこれ迷わずすぐに. Ⓔwithout hesitation. 🇰두말없이. 「お花見に行こうと言ったら, みんな一も二もなく賛成した」

一を聞いて十を知る 1つの注意, やり方, ヒントなどを与えられただけで全体について理解する. Ⓔbe very quick to understand. 🇰하나를 들으면 열을 안다.

いち 【位置】イチ〔～する〕ものや人が, ある場所を占めること. また, その場所. Ⓔ(a) position; a location; be situated. 🇰위치. 「机の位置を動かす//洋子は会社で重要な位置にいる//日本の中央部に位置する湖」

いちいち イチイチ もらしたり残したりせず 1つ1つについて. Ⓔone by one; every single thing; in detail. 🇰일일이, 하나하나, 세세히. 「パスポートを取るとき, たくさんの書類にいちいち同じことを書くのは面倒なものだ//細かいことまでいちいち尋ねる」

いちおう 【一応】イチオー ①完全ではないが, だいたい. Ⓔin the main; in a way. 🇰일단, 대충. 「研究のレポートはいちおうできあがりました//彼はいちおうもっともな意見を言う」②まちがいはないと思うが, なおいっそう注意して. Ⓔto make sure. 🇰일단, 우선. 「彼も賛成だと思うが, いちおう意見を聞いてみよう」

いちがいに 【一概に】イチガイニ, イチガイニ 全部まとめて. Ⓔsweepingly; necessarily. 🇰일률적으로, 통틀어. 「一概に英雄といっても, その程度はさまざまだ//高価なものが品質がいいとは一概にはいえない」

いちがつ 【一月】イチガツ, イチガツ 1年の最初の月. 正月. 1月. Ⓔ January. 🇰1월. 「1月2日に書き初めをした//1月にスキーに行く」

いちご イチゴ くだものの一種. 畑にでき赤くて甘い. そのまま食べるほか, ケーキやジャムにも使う. Ⓔa strawberry. 🇰딸기. 「イチゴをつむ//イチゴを飾ったケーキ//イチゴジャム」→果物図

いちじ 【一時】イチジ ①過ぎ去ったある時. Ⓔonce; at one time. 🇰한때. 「わたしは一時, 北海道に住んでいた//いまはすっかり治ったが, 一時は命があぶなかった」②しばらくの間. Ⓔfor a while; temporarily. 🇰잠깐, 한때. 「仕事の手を一時休める//晴れ一時くもり」③その時だけ. Ⓔpassing; momentary. 🇰일시적, 순간. 「この旅行は一時の思いつきではなく, 前から準備したものだ」

いちじるし・い 【著しい】イチジルシイ はっきりめだっている. Ⓔremarkable; striking. 🇰두드러지다, 현저하다. 「最近, この地方は著しく発展した//妹のピアノの進歩は著しい」

いちだいじ 【一大事】イチダイジ その人にとって重大な事件. Ⓔa serious matter. 🇰중대사, 큰일. 「病気になっては一大事だから, 毎年健康診断を受ける」

いちだんと 【一段と】イチダント 以前や他のものと比べて, 違いがはっきりわかるぐらいに程度が進むようす. Ⓔstill more. 🇰한층, 더욱. 「台風が近づき, 風雨が一段と強まってきた」

いちだんらく 【一段落】イチダンラク〔～する〕ものごとの途中で区切りがつくこと. また, その1つの区切り. Ⓔ(reach) a pause;

the end of one stage. 㮶一段落。「引っ越しの荷物を運び終わって一段落ついた//論文は書き終えて一段落したが、面接試験がまだ残っている」

いちど 【一度】イチド，イチド ①回数が1回であること。Eonce; one time. 㮶한번。「人生は1度だけだ//以前に1度奈良へ行ったことがある」②(副詞的に)あるたいせつなことが起こるよう。Eonce. 㮶한번, 일단。「いちど戦争になったら、なかなか終わらない」③(「いちどに」の形で)同じ行動や変化がいっせいに起こるよう。Eall together; all at once. 㮶일시에, 한꺼번에, 일제히。「おおぜいの観客がいちどに出口に殺到したので、けが人が出た//暖かくなって桜がいちどに咲いた」

一度ならず 1度だけでなく2度も3度も。Emore than once. 㮶한번만이 아니고, 여러 번。「一度ならずたびたび事故を起こしているのだから、車の運転はやめたほうがいい」

いちにち 【一日】イチニチ，イチニチ ①午前0時から午後12時までの24時間。また、ある時刻から数えて24時間。1日。Ea day. 㮶하루。「ゆくえがわからなくなってから丸1日がたつ」②朝から晩まで。1日。Eall day. 㮶하루(종일)。「きょうは1日立ちっぱなしだった」③(職業や地位などを表すことばの頭について) その日だけの。「一日駅長 Ea stationmaster for-a-day. 㮶일일 역장」//一日天下」▷→一日

一日千秋の思い 待ちどおしくて、1日が1000年にも長く感じられること。Eimpatiently; eagerly. 㮶일일 여삼추의 마음。「病床の父は、むすこの帰国を一日千秋の思いで待っている」 似た表現 一日千秋の思い

いちにんまえ 【一人前】イチニンマエ ①ふつうの大人1人が1回に食べる量。Eone serving; one portion. 㮶일인분。「すしを1人前注文する//体が大きいので1人前ではものたりない」②能力や技能がじゅうぶんで、1人でやっていけること。また、その人。Efullfledged; regular. 㮶제구실을 할 수 있음, 어엿함。「早く一人前のコックになって、店を持ちたい//大学を出ても、一人前の教師になるまでには4,5年かかる」

注①は「1人前，2人前…」のような数え方の1つで「1人前」と書くが、②は決まった言い方なので「一人前」と書く。

いちば 【市場】イチバ ①毎日または決まった日に、卸売りと小売りの業者が集まってものを売り買いする所。Ea marketplace. 㮶시장。「市場は朝早くから荷物を運ぶトラックでにぎやかだ//魚屋は市場で仕入れた魚を店で売る」②食料品や日用品を売る店が1ヵ所に集まっていて、一般の客に売る所。Ea market. 㮶시장。「うちのアパートの近くに市場があるので便利だ」

いちはやく イチハヤク 他より先に、早く行動するよう。Equickly; at once. 㮶재빨리, 득달같이。「A社の記者が事故の現場へいちはやく駆けつけた」

いちばん 【一番】イチバン，イチバン ①順番が最初であること。ENo. 1; the first. 㮶일번, 첫째。「中国は人口で世界で1番だ//1番列車」②すもう、将棋、碁などの1回の対戦。Ea bout; a game. 㮶한판, 단판。「勝敗を決める一番//結びの一番」③(副詞的に)それより上のものがないよう。Ethe best; the most. 㮶가장, 제일。「平和な社会で健康に暮らすのがいちばんいい//いちばん好きな人と結婚したい」

注①は「1番,2番…」のような数え方の1つで「1番」と書くが、②は決まった言い方なので「一番」と書く。また、③はひらがなで書く。

いちばんのり 【一番乗り】イチバンノリ

〔~する〕だれよりも先に,その場所に行くこと. Earrive before anyone else. 한맨먼저 들어감.「会場に一番乗りをしていい席をとる」

いちぶ 【一部】イチブ ①全体の中のある部分. Ea part; a portion. 한일부.「日本はアジアの一部だ/関東の一部で雨が降る」対全部 ②書物,芝居などの始めの1つ. E(book, play) Part 1. 한일부.「1部と2部の間に15分休憩がある」▷→一部分
注①は決まった言い方なので「一部」と書くが,②は「1部,2部…」のような数え方の1つで「1部」と書く.
参①は,「一部の~」と「~の一部」とでは意味が異なる.たとえば「一部の家」はたくさんある家のうちのいくつかの家をさし,「家の一部」は1軒の家のある部分をさす.

いちぶしじゅう 【一部始終】イチブシジュー あることがらの始めから終わりまでの全部. Eall the details; the whole story. 한자초지종.「演奏会の一部始終をテレビカメラでとる/事件の一部始終を思いだすことができる」

いちぶぶん 【一部分】イチブブン 数や量などの,全体の中のすこしの部分. Ea small part; a small portion. 한일부분.「われわれは宇宙の一部分しか知らない/この国では一部分の人だけが豊かで,残りの大部分が貧しい」対全部,大部分
参「一部」も似ているので,ふつうの会話では同じように使われることもある.しかし「一部」が,全体の中のある部分をいうだけで,その部分の大きさなどは問題にしていないのに対して,「一部分」は,それが少ない部分であることを意味する.

いちもくりょうぜん 【一目瞭然】イチモクリョーゼン,イチモク・リョーゼン 一目ではっきりわかるようす. Eclear at a glance; quite obvious. 한일목 요연.「高い山から眺めると,町のようすが一目瞭然だ/学生全員の成績が一目瞭然にわかる表をつくった」

いちやく 【一躍】イチヤク,イチヤク 地位などが,ふつうの順序どおりではなく急に上がったり,名が急に知られるようになったりするようす. Ewith a bound; in one leap. 한일약.「はじめての主演映画が大ヒットし,彼は一躍大スターになった」

いちよう 【一様】イチヨー どれも同じ状態や反応に見えるようす. Eunanimously; the same. 한한결같음.「道子が会社をやめることを知った人たちは,一様に残念がった/人の生き方は一様でない」対多様

いちょう 【胃腸】イチョー 胃と腸.食べたものを消化し,栄養を吸収する器官. Ethe stomach and intestines. 한위장.「一郎は胃腸が丈夫なので,なにを食べても平気だ/胃腸薬」

いちりつ 【一律】イチリツ 扱いや金額などに差がなく,同じであるようす. Euniform; across the board. 한일률(적).「この会社では,パートの給料は一律になっている/私鉄各社が運賃を一律に20円値上げする」

いちりゅう 【一流】イチリュー ①その分野の評価がいちばん上であること. Eof the first rank; first-class. 한일류.「洋子は世界で一流のデザイナーだ/ピカソは彫刻家としても一流だ/一流品」②そのものだけに見られる独特なようすであること. Epeculiar to. 한독특.「動物はみな,彼ら一流のやり方で子を育てる」▷関連①二流,三流

いつ イツ はっきりわからない時を表すことば. Ewhen. 한언제.「いつ日本へ来ましたか/学校はいつ始まりますか」

いつか 【五日】イツカ ①その月の5番目の日.5日. Ethe fifth(of May). 한닷새,5일.「5月5日はこどもの日で祝日だ」②

日の数が5つあること．5日．Ⓔfive days. 칸5일．「月曜から金曜までの5日働く//5日間」

いつか イツカ ①はっきりわからない過去の時を表すことば．Ⓔonce; before; the other day. 칸언젠가, 이전에．「いつか通った道だと思うが、はっきりとは覚えていない」②はっきりわからない未来の時を表すことば．Ⓔsomeday; sometime. 칸조만간．「いつか南極へ行ってみたい」③はっきりいつとは気がつかないうちに変化が起こるよう．Ⓔbefore one is aware of it. 칸어느새．「雨はいつか雪に変わっていた」

いっか 【一家】イッカ 1つの家の人全部．家族全員．Ⓔa family. 칸일가, 한 가족．「毎年冬休みには一家でスキーに行くことにしている//一家そろって写真をとる」

一家をなす 研究、技術、芸術などで独自のものを持っていると世の中から認められる．Ⓔestablish oneself as an authority. 칸일가를 이루다．「道子は書道で一家をなしていて、弟子も多い」

いっかつ 【一括】イッカツ〔～する〕ひとまとめにして扱うこと．Ⓔlump together; in bulk. 칸일괄．「教科書は学校で一括して注文する//一括払い」

いっきいちゆう 【一喜一憂】イッキイチユー、イッキ・イチユー〔～する〕まわりの事情が変わるごとに喜んだり心配したりすること．Ⓔbe now glad, now sad. 칸일희 일우．「入院中の母の病状の変化に一喜一憂する」

いっきに 【一気に】イッキニ 途中で休まず勢いよく1回で行うよう．Ⓔat a stretch; in one gulp. 칸단숨에．「階段を5階まで一気に駆け上がった//大きなグラスのビールを一気に飲む」→一挙に

いっきょに 【一挙に】イッキョニ 1回に多くのことが行われるよう．Ⓔall at once; at a stroke. 칸일거에, 단번에．「飛行機が墜落し、一挙に70名もの命が失われた//一挙に問題を解決する」

参「一気に」も似ていて、「事件を一挙に/一気に解決する」ではどちらも使える．しかし、「一気に」が休まないでするという意味を持っているので、「コップの酒を一気に飲む」とはいえても「一挙に飲む」とはいえない．

いつくし・む 【慈しむ】イツクシム〔他動五〕（いつくしんで）子供などをたいせつに見守り、かわいがる．Ⓔlove; be tender. 칸애지중지하다, 귀애하다．「両親は娘をいつくしみ育てた//神さまは生きているものすべてをいつくしんでくださる」書 图 慈しみ

いっけん 【一見】イッケン〔～する〕①1度見ること．Ⓔseeing; a look. 칸일견, 한 번 봄．「この寺の仏像はすばらしく、一見の価値がある//百聞は一見にしかず（→項目）」②ちょっと見ること．ちょっと見たところでは．Ⓔat first sight; seemingly. 칸일견, 언뜻 봄．「この人工ダイヤは、一見したところでは本物と区別できない//一見高そうな腕時計」

いっこう 【一向】イッコー ①まったく．Ⓔquite; absolutely. 칸매우, 아주．「しかられてもいっこう（に）平気だ」②（「いっこう（に）～ない」の形で）すこしも～ない．まるで～ない．Ⓔnot at all; not in the least. 칸조금도, 전혀．「いっこうに雨が降らなくて、農家の人たちは困っている//仕事がいっこう進まない」

いっさい 【一切】イッサイ ①すべてのこと．すべてのもの．すべて．Ⓔeverything; all; entirely. 칸일체, 모두, 전부．「火事で財産のいっさいを失った//この事故のいっさいの責任は運転手にある//過去をいっさい忘れる」

②(「いっさい～ない」の形で)まったく～ない. Ｅnot at all; absolutely not. 한일절, 전혀.「酒はいっさい飲まない//試験の時間中はいっさい話をしてはいけない」

いっさくじつ【一昨日】イッサクジツ「おととい」の改まった言い方. Ｅthe day before yesterday. 한그저께.「一昨日, 会社の創立20周年の祝賀会が行われた」

いつしか イツシカ はっきりいつとは気づかないあいだに. Ｅbefore one is aware of it. 한어느덧, 어느 사이에.「若い若いと思っているうちに, いつしか50歳を過ぎてしまった//ふと外を見たら, いつしか夕やみがせまっていた」書

参「いつのまにか」も似ているが,「いつしか」は文学的な表現.

いっしみだれず【一糸乱れず】すこしも乱れず, きちんとそろっているようす. Ｅin perfect order. 한일사 불란.「高校生の野球チームは, 一糸乱れず行進した」

いっしゅ【一種】イッシュ ①その中にふくまれる1つの種類. Ｅa kind, a sort. 한일종.「自転車も交通手段の一種だ」②(「一種の」の形で)ふつうそう呼ばれるものと見たところは違うが, 内容はそれと同じものであるようす. Ｅa kind of. 한일종(의).「まじめすぎるのも一種の病気だ」

いっしゅん【一瞬】イッシュン わずかな時間. Ｅa moment; an instant. 한일순(간), 삽시간.「ほんの一瞬の不注意が事故につながる//どうしようか一瞬迷った//ボートは一瞬にして大波にのまれた」

いっしょ【一緒】イッショ ①区別がないこと, 同じであること. Ｅthe same. 한같음.「わたしは父と誕生日が一緒だ//洋子と一緒のクラスだ」②ひとまとめにすること, ひとまとまりになること. Ｅput together; together with. 한「これも一緒に送ってください」③同じ時, 同じ場所で行動をすること. Ｅtogether; with. 한함께.「家族が一緒に暮らす//犬と一緒に散歩する」④(「ご一緒する」の形で)相手とともに行く. Ｅgo with; accompany. 한동행함.「学会にご一緒してよろしいでしょうか//わたしもご一緒させてください」

一緒になる 別々にあるものが1つになる. 結婚する. Ｅjoin; get married. 한합치다; 결혼하다.「あの2人は去年一緒になった」

いっしょう【一生】イッショー 生まれてから死ぬまでの間. Ｅone's whole life; as long as one lives. 한일생.「道子は, いい人たちにかこまれてしあわせな一生を送った//ご親切は一生忘れません」

参「生涯」も似ているが,「生涯」が人にだけに使うのに対して,「一生」は「チョウの一生」のように人以外のものにも使える.

いっしょうけんめい【一生懸命】イッショーケンメイ 必死に努力するようす. Ｅas ～ as one can; be eager to. 한열심히(함).「一生懸命に走ったが, バスに間に合わなかった//ぜひ入社させてほしいと一生懸命頼む」

参武士が1カ所の土地を守るために必死に戦ったことからできたことばで, もともとは「一所懸命」だったが, 音が似ているところから「一生懸命」と書くようになり, いまでは「一生懸命」が一般的になっている.

いっしん【一心】イッシン ①2人以上の人の心が1つになること. Ｅbe of one mind. 한일심.「一心同体(Ｅbe one in body and mind. 한일심 동체.)」②1つのことだけを考えて, ほかのことを考えないこと. Ｅout of a sheer desire; be absorbed in. 한일념; 전념.「病気を治したい一心で酒もタバコもやめた//仕事に一心に励む」

いっしんいったい【一進一退】イッシンイッタイ, イッシンイッタイ〔～する〕ものごと

が、よくなったかと思うと悪くなる、という繰り返しで、なかなかどちらか決まらないこと。Ehang in the balance; seesaw. 韓일진일퇴.「母の病状は一進一退で、助かるかどうかわからない//A国とB国は、国境付近で一進一退の戦いを繰り返している」

いっしんふらん 【一心不乱】イッシンフラン 1つのことに熱中して、ほかの人がどう考えるかなど気にしないようす。Ebe completely absorbed in. 韓일심 불란.「あと半年の命だと言われた画家は、毎日、一心不乱に絵をかいた」

いっ・する 【逸する】イッスル、イッスル〔他動する〕①手に入るはずだったものごとを失う。Emiss; lose. 韓놓치다, 잃다.「病気で海外旅行の機会を逸した//時機を逸する」②道からはずれる。Ebe eccentric. 韓벗어나다.「親をバットでなぐるのは常軌を逸している」▷書

いっせいに イッセイニ みなが、同時に、同じことをするようす。Eall at once; simultaneously. 韓일제히.「『スタート』の合図で、マラソンランナーはいっせいに走りだした//違法駐車をいっせいに取り締まる」

いっせきにちょう 【一石二鳥】イッセキニチョー、イッセキ・ニチョー 1つのことをして同時に2つの利益をえること。Ekilling two birds with one stone. 韓일석 이조.「毎朝駅まで30分歩くことにしているが、金もかからず体にもよく、一石二鳥だ」

いっそ イッソ 考え方をすっかり変えて、思いきった行動をとろうとするようす。Ewould rather; might as well. 韓차라리.「考えてもいいアイデアが出てこない。いっそ酒を飲んで寝てしまおうか」

いっそう 【一層】イッソー 前よりも程度が強くなるようす。Eall the more; still. 韓한층 더, 더욱 더.「友達ができてから、日本の生活がいっそう楽しくなった//いい作品を残すためには、いっそうの努力が必要だ」

いったい 【一体】イッタイ ①2つ以上のものが1つにまとまること。Ebe united; in a body. 韓일체.「住民と役所が一体になって、ごみのリサイクル運動に取り組んだ」②(「いったいに」の形で) ものごとを大きく全体で考えるようす。Egenerally speaking; on the whole. 韓전반적으로, 대체로.「最近の子供は運動不足で、いったいに体力がない」③(副詞的に) 疑問や非難の気持ちを強調するようす。E(who, when) on earth. 韓도대체.「いったいだれがこんなにきれいに掃除してくれたのだろう?//京子の電話はいったいいつ終わるのか」

三注②③はひらがなで書く。

いったん イッタン ①途中ですこしの間、時間を空けるようす。一時的に。Efor a moment. 韓일단, 잠시.「いったん家にもどって出直します//踏切でいったん止まって左右を見る」②いちどなにかが起こったら。Eonce. 韓일단, 한번.「いったん失った信用を取りもどすのには、長い年月がかかる//いったん引き受けた以上は最後までやりなさい」

いっち 【一致】イッチ (~する) 2つ以上のものがうまく合うこと。Eagree with; accord with. 韓일치.「家族の意見が一致して、冬休みにスキーに行くことにした//全会一致(Eunanimously. 韓전원 일치.)」

いっちょういったん 【一長一短】イッチョーイッタン、イッチョー・イッタン 1つの長所と1つの短所があること。それぞれにいいところも悪いところもあって、どれがいちばんだといえないこと。Emerits and demerits. 韓일장 일단.「マンションに住むのも、庭つきの家に住むのも、一長一短がある」

いっちょくせん 【一直線】イッチョクセン、イッチョクセン ①まっすぐな1本の線。E

a straight line. 한일직선.「道路が一直線に続いている」②途中どこにも寄らないでまっすぐ. Estraight; directly. 한일직선.「渡り鳥が北をめざして一直線に飛んでいく∥東京とロンドンを一直線で結ぶ航空路」

いつつ【五つ】イツツ ①4つのつぎの数. 5. 5つ. Efive. 한다섯.「1つ, 2つ, 3つ, 4つ, 5つ, 6つ…と数える∥世界には5つの大陸がある」②5歳. 5つ. Efive years old. 한다섯 살.「息子が数えで5つになったから七五三のお祝いをする」

いってい【一定】イッテイ〔～する〕定まっていて, 変化がないこと. Efixed; regular. 한일정.「毎日一定の時刻に鐘が鳴る∥毎回の参加者は一定している」

いってまいります【行ってまいります】イッテマイリマス 外へ出かけるときに出かける人が言うあいさつのことば. EGood-bye. 한다녀오겠습니다.「『行ってまいります』と言うと, 祖母は必ず, 『行ってらっしゃい, 車に気をつけてね』と言う」[話]
[参]「行ってきます」も似ているが,「行ってまいります」のほうが丁寧な言い方.

いつでも イツデモ, イツデモ どんなときでも. Eat any time; always. 한언제라도, 항상.「困ったときはいつでも相談に来てください∥三郎はいつでも忙しがっている」

いってらっしゃい【行ってらっしゃい】イッテラッシャイ「行っていらっしゃい」のくだけた言い方. 外へ出かける人を送るときに言うあいさつのことば. EGood-bye; Have a nice day. 한다녀오세요.「『行ってらっしゃい, お元気で』という声に送られて空港をたった∥登校する子供に『行ってらっしゃい』と言う」[話]

いつのまにか【いつの間にか】イツノマニカ, イツノマニカ はっきりいつとは気づかないあいだに. Ebefore one is aware of it. 한어느덧, 어느새.「夢中で本を読んでいるうちに, いつのまにか朝になっていた」→いつしか

いっぱい【一杯】イッパイ, イッパイ ①1つのコップ, 茶碗などの入れ物に入る分量. E a glass of; a spoonful of. 한한 잔 ; 하나 가득.「水を1杯ください∥スプーン1杯の砂糖を加える」②すこしの酒. また, 酒をすこし飲むこと. Ea drink. 한(술) 한 잔.「帰りに一杯やりませんか」③量や人数などの多いようす. Ebe crowded with; a lot of. 한가득, 잔뜩.「コンサート会場は人でいっぱいだ∥宿題がいっぱいある」④(他のことばの後について)全部であるようす.「来週いっぱい休みます∥力いっぱい闘う(Efight with all one's might. 한힘껏 싸우다.)」
[注]①は「1杯, 2杯…」のような数え方の1つで「1杯」と書くが, ②は決まった言い方なので「一杯」と書く. また, ③④はひらがなで書く.

一杯食わせる[す] 人をだます. Edeceive; take a person in. 한감쪽같이 속이다.「丈夫なかばんだと言われて買ったが, すぐにこわれた. どうやら一杯食わされたようだ」[対]一杯食う

いっぱん【一般】イッパン ①ふつうに多くあることがら, 人, もの. Egeneral; ordinary. 한일반.「一般の会社は日曜日が休みだ∥専門のことばは一般の辞書には出ていない∥一般常識(Ecommon sense. 한일반상식.)」[対]特殊, 特別 ②(「一般に」の形で)例外もあるが, ふつうは. Egenerally; on the whole. 한일반적으로.「女性は一般に男性より長生きする」

いっぱんてき【一般的】イッパンテキ 特別なものだけに限らず, 多くのことにあてはまるようす. Egeneral; common. 한일반적.「週休2日の会社が一般的になってきた」

いっぴきおおかみ【一匹おおかみ】イッピキオーカミ どの組織や仲間にも入らず、自分だけの力で行動する人．[E]a lone wolf. [한]독불 장군．「三郎はどの派閥にも入らず、一匹おおかみで政治活動をしている」
注 漢字で書くときは「一匹狼」．

いっぷく【一服】イップク，イップク ①薬，抹茶などの1回分．[E]a dose. [한]1회분，1포．「寝る前にこの薬を1服飲む」②(～する) しばらく休むこと．[E]a break. [한]잠깐 쉼．「疲れたからここで一服しよう」
注 ①は「1服，2服…」のような数え方の1つで「1服」と書くが、②は決まった言い方なので「一服」と書く．

いっぺん【一遍】イッペン，イッペン ①「1回」のくだけた言い方．[E]once. [한]일회，한 번．「いなかへは年に1遍帰るだけだ」②(「いっぺんに」の形で)(1)同時に．[E]at the same time; at a time. [한]한꺼번에，일시에．「荷物を全部いっぺんに運ぶ//交通事故で5人の家族をいっぺんに失った」(2)すぐに．[E]immediately; in an instant. [한]당장，바로．「この薬を飲めば病気がいっぺんに治る」▷話

いっぺんとう【一辺倒】イッペントー (他のことばの後について) そのことだけにかたよること．[E]be totally committed to. [한]일변도．「明治以来、日本政府は西欧一辺倒の政策をとってきた//最近のテレビ番組は娯楽一辺倒だ」

いっぽう【一方】イッポー ①1つの方向．[E]one side. [한]한쪽，한 방향．「家の一方が公園に面している」
②2つあるものごとのうちの1つ．[E]one of two. [한]한쪽，한편．「ひもの一方のはしを木に結びつける//夫婦の一方が働く//一方の腕」 対 両方
③(動詞の基本形について)(1)そうなるばかりであること．「ここ数年、輸出はのびる一方だ(Eexport has been increasing steadily for the past few years. [한]요 몇년，수출은 늘어나기만 한다.)//働かないので、貯金は減る一方だ」(2)2つのことがらを結びつけて、1つのことを行うだけでなく、その反対のことも行うこと．「子供をしかる一方で、いいところをほめる//原料を輸入する一方、製品を輸出する(Eexport products while importing raw materials. [한]원료를 수입하는 한편，제품을 수출하다.)」
④(文と文をつないで) 別のほうでは．もう1つの面についていえば．[E]while; on the other hand. [한](다른) 한편．「地球上にはじゅうぶん食べられない人々がいる．一方、食べ物があまって捨てる人もいる」

いっぽうつうこう【一方通行】イッポーツーコー ①車の通り抜けを片方からしか許さないこと．[E]one-way traffic. [한]일방 통행．「この道路は一方通行だから、向こうから来る車はないはずだ」②会話や通信などが片方からだけであること．[E]one-way communication. [한]일방 통행．「何度も手紙を出したが一方通行で、向こうからの返事がない」

いつまでも イツマデモ そのままずっと続けて．[E]forever. [한]언제까지나，영원히．「父母にはいつまでも生きていてほしいと願う//この喜びはいつまでも忘れない」

いつも イツモ ①ふつうのばあい．[E]usual. [한]여느 때, 보통 때．「きょうの試験はいつもよりやさしかった」 ②どんなときでも．[E]always; all the time. [한]언제나，항상．「車をいつもみがいているので、1年たっても新車のようだ」

いつわ・る【偽る】イツワル〔他動五〕(いつわって) 本当でないことを言って相手に本当のように思わせる．うそをつく．[E]lie; pretend. [한]거짓말하다，속이다．「経歴を

偽って会社に入った//病気と偽って学校を休む」[名]偽り

いてん【移転】イテン〔～する〕建物などの場所が変わること。また、変えること。[E]move.[한]이전。「大学が都心から郊外に移転する//事務所を駅前に移転する//移転通知」

いでん【遺伝】イデン〔～する〕親の体の形、性質が子や孫に現れること。[E]hereditary; inherit.[한]유전。「髪や目の色は遺伝する//ぼくの背が低いのは父からの遺伝だ」遺伝子([E]a gene.[한]유전자。)//隔世遺伝([E]atavism.[한]격세 유전。)」

いと【糸】イト ①毛、麻、綿、まゆなどの繊維を集めて細長くつくったもの。[E]thread; yarn.[한]실。「糸をつなぐ//糸を縫う//毛糸(→項目)」②①のように細くて長いもの。[E](natto; spider) thread.[한]실 모양의 것、줄。「納豆が糸を引く//クモの糸」③楽器の弦。[E]a string.[한]현、줄。「三味線の糸が切れた」▷[数]①1本・1条、③1本

いと【意図】イト〔～する〕目的があって特にそうしようと考えること。また、その考えや目的。[E]an intention; an aim.[한]의도。「この文を読むと、作者の意図がわかる」

いど【井戸】イド 地面を掘って地下水をくみあげるようにしたもの。[E]a well.[한]우물。「井戸を掘る//井戸がかれる(=井戸の水が出なくなる)//井戸水」

いどう【移動】イドー〔～する〕場所が変わること。また、変えること。[E]move; change location.[한]이동。「テレビカメラが移動して司会者を写しだした//机といすを部屋のすみへ移動する」

いとぐち【糸口】イトグチ、イトグチ ものごとが進んだり解決したりする手がかり。[E]a start; a clue.[한]실마리、단서。「みんな黙っているので、話の糸口がつかめない//犯人が残していった手帳が、事件を解決する糸口になった」

いとこ イトコ 父または母のきょうだいの子。[E]a cousin.[한]사촌。「父方のいとこと母方のいとこを合わせると全部で12人いる」

いとし・い イトシイ 心がひかれて抱きしめたい気持ちだ。[E]beloved; darling.[한]귀엽다、사랑스럽다。「いとしいわが子を胸にいだく//いとしいあの人は、いまどこにいるのだろう」

いとな・む【営む】イトナム[他動五](いとなんで)①仕事や生活を毎日続けていく。[E]lead (a life).[한]꾸리다、영위하다。「家族5人の暮らしを営む//島で生活を営む」②小規模な商売をする。[E]run (a business).[한]경영하다。「兄は故郷の町で旅館を営んでいる」▷[名]営み

いとま イトマ、イトマ 人との別れ。また、そのあいさつ。[E]leave; be going.[한]작별(인사)。「海外へ転勤することになり、故郷の母にいとまを告げてきた//これでおいとまいたします(=もう帰ります)」[書]
≡[参]すこし古い言い方。

-いない【-以内】〈数や量を表すことばについて〉それをふくんで、それより少ない数や量や範囲を表す。[E]within; less than; or less.[한]이내。「10分以内にもどってくる//毎月10万円以内で生活する//意見を、原稿用紙3枚以内にまとめる([E]sum up one's opinions in manuscript paper of three pages or less.[한]의견을 원고지 석 장 이내로 정리하다。)」

いなか【田舎】イナカ ①都市から離れた、田や畑の多い土地。[E]the country; a rural district.[한]시골。「いなかは緑が多く空気がきれいだ//いなかでのんびり暮らす」[対]都会、町 ②地方にある生まれ故郷。[E]one's home; one's hometown.[한]고향。「夏休

みに母のいなかへ行く//いなかが恋しい」

いぬ【犬】イヌ 走るのが速く、音を聞き分け、においをかぎ分ける力が鋭い動物。ペットとして、また、家の番、狩りのためなど種類が多い。Ea dog. 한개。「犬は飼い主に忠実な動物だ//犬死に(Edie to no purpose. 한개죽음.)」数1匹

犬と猿 非常に仲が悪いということ。Ebe on cat-and-dog terms. 한견원지간。「あの2人は犬と猿だから、顔を合わせるとけんかしている」似た表現 犬猿の仲

犬も歩けば棒に当たる ①でしゃばると、よくない目にあう。EOverstepping one's bounds may bring troubles. 한주제넘게 참견하다 봉변을 당한다. ②いろいろやってみると、ときには幸運に出あうかもしれない。EEvery dog has his day. 한나돌아 다니다 보면 횡재를 할 수도 있다.

いね【稲】イネ 穀物の一種。おもに水田でつくり、熟した穂から米をとる。Erice; a rice plant. 한벼。「田に稲の苗を植える//稲が実る//稲を刈る」数1本・1株

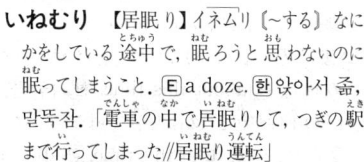
〔稲〕 〔麦〕

いねむり【居眠り】イネムリ〔~する〕なにかをしている途中で、眠ろうと思わないのに眠ってしまうこと。Ea doze. 한앉아서 졺, 말뚝잠。「電車の中で居眠りして、つぎの駅まで行ってしまった//居眠り運転」

いのち【命】イノチ ①生物が生きていくための力のもとになるもの。生命。Elife. 한목숨, 생명。「親からもらった命をたいせつにする//命の恩人(=命を助けてくれた人)」②生まれてから死ぬまでの間。寿命。Ea life span. 한수명。「人間の命は長くて100年ぐらいだ」③なくてはならないたいせつなもの。Ethe most important thing. 한가장 중요한 것. 생명。「刺身は新鮮さが命だ//きみこそわが命」

命の綱 生きるためになくてはならないもの。不可欠な手段。Ethe staff of life. 한목숨 유지를 위해 불가결한 수단, 가장 소중한 것。「目の不自由な人にとって、白いつえは命の綱だ」

いのちがけ【命がけ】イノチガケ、イノチガケ 死んでもかまわないと覚悟して、なにかをすること。Eat the risk of one's life. 한목숨을 걺, 결사적임。「消防士は家の中の人を助けようと、命がけで火の中に飛びこんだ」

いのちからがら【命からがら】イノチカラガラ、イノチ・カラガラ 非常な困難の中を命だけは失わずにやっと。Ewith one's bare life. 한겨우 목숨을 부지하고。「難民たちは、命からがら国境を越えて逃げてきた」

いのちしらず【命知らず】イノチシラズ 死ぬことを恐れないでなにかをすること。また、その人。Ereckless; a daredevil. 한죽음을 두려워하지 않음, 그런 사람。「時速120キロでオートバイを飛ばしていく、命知らずの若者たち」

いのちづな【命綱】イノチズナ 危険な場所でなにかをするとき、用心のために体をつないでおく綱。Ea lifeline. 한구명줄。「命綱をつけて電柱の上で仕事をする」数1本

いのちとり【命取り】イノチトリ、イノチトリ ①生命をうばうもの。死の原因。Ethe cause of death. 한사인。「出血多量が命取りになった」②名誉や地位など、だいじなものを失うことになる原因。Eprove fatal. 한파멸[실패]의 원인。「大臣の失言が内閣の命取りになった」

いのちびろい【命拾い】イノチビロイ〔~する〕もうすこしで死にそうになっていたところを助かること。Ehave a narrow escape. 한목숨을 건짐。「車の運転を誤って海に落ちた

が，窓から逃げて命拾いをした」

いのり　【祈り】イノリ　神や仏に願うこと．Ⓔ(a) prayer; (a) grace. 㞃기도, 기원.「頭を下げて神に祈りをささげる//食事の前にお祈りをする」他動 祈る

いば・る　【威張る】イバル〔自動五〕(いばって)自分が強いすぐれた者であるように言ったり，ふるまったりする．Ⓔbrag; put on airs. 㞃뽐내다, 거드름 피우다.「社長はいつもいばって大きないすにすわっている//いばりちらす」

いはん　【違反】イハン〔～する〕法律や社会的な約束を守らないこと．Ⓔ(a) violation. 㞃위반.「酒を飲んで自動車を運転するのは違反だ//選挙違反/駐車違反」

いびき　イビキ　眠っているときに，息と一緒に鼻やのどから出てくる音．Ⓔa snore. 㞃코고는 소리.「となりの人のいびきがうるさくて眠れない」

いびきをかく　いびきの音を出す．Ⓔsnore. 㞃코를 골다.「父は疲れたらしく，いつもより大きいいびきをかいて寝ている」

いびつ　イビツ　①ゆがんでいるようす．Ⓔdistorted. 㞃찌그러짐.「ケーキの箱が人に押されていびつになった//手づくりのいびつな茶碗」②すなおでなく，ひねくれているようす．Ⓔwarped; perverted. 㞃(성격이) 비뚤어짐.「子供のころから兄たちにいじめられて育ったので，性格がいびつになってしまった//世の中は金がすべてだというのは，いびつな考え方だと思う」

いふく　【衣服】イフク　洋服や着物など身につけて着るもの．Ⓔclothes; dress. 㞃의복.「サラリーマンの衣服は，色もデザインもよく似ている//衣服をととのえて面接会場に入る」数 1枚・1着 書
参 「衣類」も似ているが，「衣類」が上着・下着，靴下，手袋など身にまとうもの全部

であるのに対して，「衣服」は下着，小物類はふくまない．

いま　【今】イマ　①この時．現在の瞬間．Ⓔnow. 㞃지금, 현재.「いま，ちょうど12時です」
②この時代．現代．Ⓔtoday; nowadays. 㞃지금, 오늘날.「いまでは女性が外で働くのがあたりまえになった」対 昔
③すこし前．Ⓔjust now. 㞃방금, 막.「姉はいま出かけました//いま焼きあがったパン」
④すぐに．じきに．Ⓔat once; right away. 㞃곧, 바로.「いまお茶をいれるから，ちょっと待ってください」
⑤そのうえに．さらに．もう．Ⓔmore; again. 㞃조금 더 ; 다시.「いまいちどお会いしたい//いますこしお待ちいただけたら幸いです」

いま　【居間】イマ　家族がいつも自由に使える部屋．Ⓔa living room. 㞃거실.「父は居間でテレビを見ている」数 1室・1間 → 茶の間

いまいまし・い　【忌ま忌ましい】イマイマシイ　悔しくて，腹が立ってしかたがない．Ⓔprovoking; vexing. 㞃분하다, 화가 치밀다.「目の前で魚をとって逃げるとは，いまいましい猫//実力のない二郎がいちばん早く課長になるなんて，いまいましい」

いまごろ　【今ごろ】イマゴロ　①だいたいいまの時間．Ⓔabout this time. 㞃지금쯤.「その事件が起きたのは去年のいまごろだった」
②いまになって．Ⓔat this time. 㞃이런 시간에.「もう真夜中だよ．いまごろどこへ行くんだ」

いまさら　イマサラ，イマサラ　①いまとなっては遅すぎるようす．Ⓔ(too late) now. 㞃이제 와서.「若いときにもっと勉強すればよかったと後悔しても，いまさらどうにもならない」②改めて．Ⓔall the more; hardly necessary. 㞃새삼스럽게.「新宿に行くと，いま

さらのように人の多さに驚く//いまさら言うまでもない」

いまし・める 【戒める】イマシメル, イマシメル〔他動一〕目下の人に, まちがった行動を直すように, またはしないように注意をする. Ｅadmonish; reprove. 한훈계하다, 주의 주다.「先生は, タバコを吸ってはいけないと生徒をいましめた//悪い行いをいましめる」名戒め

いまだに イマダニ 前と同じ状態がいまも続いているようす. いまになってもまだ. Ｅstill; yet. 한아직까지도.「父が死んで15年になるが, いまだにあの日のことをはっきりと覚えている」

いまに イマニ 現在は無理だが, 将来必ず実現するだろうと思うようす. Ｅin the future; before long. 한곧, 조만간.「洋子は研究熱心だから, いまにきっといい研究者になるだろう」

いまひとつ 【いま一つ】イマヒトツ すこし満足できないところがあるようす. Ｅnot completely. 한뭔가 좀, 어쩐지 좀.「この絵はよくかけているが, いまひとつ人の心を打つものがない」

いまや 【今や】イマヤ いまは前とは違うということを, 強めていうようす. いまでは. Ｅnow. 한이제는, 지금은.「かばん1つで東京に来た一郎が, いまや大会社の社長だ」書

いまわし・い 【忌まわしい】イマワシイ いやな感じだ. Ｅdetestable; disgusting. 한꺼림직하다.「いまわしい過去を忘れたい//多くの人が殺し合う戦争は, 人間社会で最もいまわしいものだ」

いみ 【意味】イミ〔～する〕①ことば, 文, 記号, 行為などが表している内容. Ｅ(a) meaning. 한의미.「辞書でことばの意味を調べる//漢字にはそれぞれ意味がある」②そのことを深く考えたときわかる内容. Ｅan implication. 한의미.「あのときの母の涙はなにを意味していたのだろう」③そのことの値打ち. Ｅmeaning; purpose. 한의미, 가치.「あなたのお祝いの会なんだから, あなたが来なければ意味がない」▷→意義

いみん 【移民】イミン〔～する〕国の方針または合法的な方法で国を出て外国に移り, そこに住むこと. また, その人. Ｅemigrate; immigrate. 한이민.「ジョンの父はイギリスからオーストラリアへ移民した」

イメージ (image) イメージ, イメージ〔～する〕①人それぞれに心に思い浮かべる姿や形. Ｅan image. 한이미지.「わたしのイメージにぴったりの人が現れたら結婚する//イメージが浮かぶ」②ちょっと見たときの感じ. Ｅan impression; an image. 한이미지.「にこにこしているほうがイメージがいい」

イメージダウン イメージダウン〔～する〕いままでよかった評価が悪くなること. Ｅdamage the image. 한평가가 떨어짐.「質の悪い品をつくると会社のイメージダウンになる」対イメージアップ
参英語の「イメージ(image)」と「ダウン(down)」から日本でできたことば.

イメージチェンジ イメージチェンジ〔～する〕どこかを変えて, 人がいままで持っていた感じを別の感じにすること. Ｅchange one's public image. 한이미지 변경.「長かった髪を短く切って, 道子はイメージチェンジした」
参英語の「イメージ(image)」と「チェンジ(change)」から日本でできたことば.

いも 【芋】イモ 根または地下茎にでんぷんを蓄えて大きくなった野菜. ジャガイモ, サツマイモ, サトイモなど. Ｅa (sweet) pota-

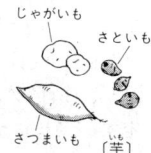
〔芋〕

to. 한 감자·고구마·토란 등의 총칭. 「芋を煮て食べる//芋掘り」

芋を洗うよう 人が集まって非常に混雑しているようす. Ⓔa crowd packed like sardines. 한 북적거리다, 콩나물 시루 같다. 「日曜日の海岸は, 人が多くて芋を洗うようだ」

いもうと 【妹】イモート 年下の, 女のきょうだい. Ⓔa younger sister. 한 누이동생, 여동생. 「妹は 歌が好きで, いつもテレビと一緒に歌っている」 対姉, 弟
参 人と話すときに自分の身内をさして使うことば. 弟の妻や, 配偶者の年下の女のきょうだいのこともいう. 他人の「妹」に向かって, またその人を話題にしていうときは, 「妹さん」を使う.

いもづるしき 【芋づる式】イモズルシキ 1つのことがきっかけとなって, つぎからつぎへと関係のあるものごとが進むこと. Ⓔone after another. 한 덩굴에 고구마 딸려 나오듯이, 연달아. 「犯人が 1 人捕まると, その仲間が芋づる式に逮捕された」

いや 【嫌】イヤ 好きではないので, 受け入れたり続けたりしたくないと思うようす. Ⓔbe fed up with; disgusting. 한 싫음. 「6月は雨ばかりでいやになる//生徒の悪口ばかり言う, いやな先生」

いや イヤ, イヤ, イヤ ①驚いたり感動したりしたときに言うことば. Ⓔ Oh!; Oh my!; Why! 한 어!, 야! 「いや, 驚いたなあ. あんな所で道子に会うなんて//いや, すばらしい演奏だった. いまもピアノの音が耳に残っている」②相手の言うことを否定したり反対したりするときに言うことば. Ⓔno. 한 아니, 「『コーヒーにする?』『いや, 紅茶がいい』//『日曜日, 車借りていい?』『いや, それはだめだ』」 対うん ③自分の言ったこと, 思ったことを否定するときに言うことば. Ⓔno. 한 아니. 「国へ帰ろうか. いや, だめだ. もっとがんばら

なくては」 ▷ 話 →いいえ
参 ①は「いやあ」と長くのばすこともある.

いやいや 【嫌嫌】イヤイヤ したくないと思いながら, なにかをするようす. Ⓔ reluctantly; unwillingly. 한 마지못해. 「まだ 勉強を続けたいのだが, 父に帰ってこいと言われて, いやいや国へ帰る」

いやおうなしに イヤオーナシニ, イヤオーナシニ こちらの考えなどかまわないで. 無理やりに. Ⓔ force one to; whether one likes it or not. 한 다짜고짜로, 불문곡직하고. 「年が上だというので, いやおうなしに会長をさせられている//いやおうなしに酒を飲ませる」

いやがらせ 【嫌がらせ】イヤガラセ その人をうらんで, またはその人を困らせるために, いやがることをしたり言ったりすること. Ⓔ harass. 한 지분거림. 「夜中にベルが鳴って受話器を取っても相手はなにも言わない, といういやがらせの電話に迷惑している//性的いやがらせ」

いやし·い 【卑しい】イヤシイ, イヤシイ ①下品で, 心がきたない. Ⓔ vulgar; mean. 한 천박하다. 「食べ物がたくさんあるのに, ぼくのは みんなより少ないなどというのはいやしいことだ」 対尊い ②価値や地位や身分が低い. Ⓔ humble; low. 한 천하다. 「むかしは, 武士は高い身分で, 商人はいやしい身分とされた」 対貴い

いやに イヤニ ふつうとは違っていて, 変な感じがするようす. Ⓔ strangely; terribly. 한 대단히, 몹시; 이상하게. 「いやに静かだと思ったら, 本を開いたまま眠っている//きょうの電車はいやにすいているが, どうしたんだろう」

いやらし·い 【嫌らしい】イヤラシイ ①その人の言動がいかにも不快に感じられるようすだ. Ⓔ disgusting; unpleasant. 한 역겹다. 「金持ちであることを自慢するのはいやらしい」②性的に露骨で, いやな感じだ. Ⓔ lascivious. 한외설스럽다, 추잡스럽다.「いやらしい目つきで女性を上から下まで見る」

いよいよ イヨイヨ ①予想していたことがもうすぐ実現しそうなようす. Eat last; finally. 한드디어, 마침내.「高校時代から交際していたあの2人が, いよいよ結婚することになった」②前より程度が強くなるようす. Emore and more; all the more. 한점점, 더욱더.「雨がいよいよ激しくなり, 夕方には川があふれそうになってきた」

いよく 【意欲】イヨク なにかを進んでしようとする張りきった気持ち. E(a) will; (a) desire. 한의욕.「ゆっくり休んだら, 働く意欲がわいてきた//生きる意欲を失って自殺を考えた」

いよくてき 【意欲的】イヨクテキ 意欲が盛んなようす. Ewith enthusiasm. 한의욕적.「一郎は勉強にもクラブ活動にも意欲的に取り組んでいる」

いらい 【以来】イライ その時からずっと. Esince; since then. 한이래.「去年手術をして以来, 体の調子がよくない//一郎は息子の誕生以来, 人が変わったようにまじめになった」

いらい 【依頼】イライ〔～する〕人になにかをするよう頼むこと. Eask; a request. 한의뢰.「電気屋に, テレビの修理を依頼する//留学生の依頼を引き受けて, 保証人になった」

いらいら イライラ, イライラ〔～する〕自分の思うようにならず, 気持ちが落ちつかないようす. Eirritation; grow impatient. 한초조한 모양.「静かな音楽で気持ちのいらいらをしずめる//道路がこんで車が走らないので, いらいらして時計を見る」

いらだ・つ イラダツ〔自動五〕(いらだって) ものごとが思うようにならないので, 不愉快で落ちつかずにいる. Eget irritated; become impatient. 한초조하다, 애가 타다.「急いでいるのにバスが来なくていらだっている//やさしい問題なのに正しく答えられる学生がいなくて, 先生もいらだっていた」 名いらだち

いらっしゃ・る イラッシャル〔自動五〕(いらっしゃって) ①「行く」「来る」「いる」の尊敬語. E(respectful) go; come; be. 한오시다；가시다；계시다.「駅までバスでいらっしゃいますか//午後は先生もこちらへいらっしゃるはずです//ご両親はずっと外国にいらっしゃったのですね」
②(「いらっしゃい」の形で)①の命令形. また, 来た人を迎えるときに言うあいさつのことば.「こちらへいらっしゃい(ECome here. 한이리 오세요.)//いらっしゃい. さあどうぞお入りください」
③(「～ていらっしゃる」の形で)「～ていく」「～てくる」「～ている」の尊敬した言い方.「先生は旅行に大きいかばんを持っていらっしゃいますか//いつ外国から帰っていらっしゃったのですか(EWhen did you come back from abroad? 한언제 외국에서 돌아오셨습니까?)//おじいさんは新聞を読んでいらっしゃる」
④(「～でいらっしゃる」の形で)「～である」の尊敬した言い方.「山田先生は名医でいらっしゃる(EDr. Yamada is a skilled physician. 한야마다 선생님은 명의이시다.)//田中さまでいらっしゃいますか」
参①は「おいでになる」と似ているが, 「おいでになる」のほうが尊敬の程度が高い.

いり 【入り】イリ ①入ること. Eentering; entrance. 한들어옴. 입장.「雨のせいか, 客の入りが悪かった//横綱の土俵入り//日の入り(→項目)」②ある決まった時期に入ること. また, その最初の日. Ethe beginning. 한접어듦, 시작.「彼岸の入り//つゆ入り」対明け ③あるものが入っていること. E containing; with. 〖韓〗들이.「500グラム入りの袋」④ 収入.〖E〗an income.〖韓〗수입.「今月はよく働いたので入りがいい」〖対〗出

いりぐち【入り口】イリグチ 建物などの中へ入る所.〖E〗an entrance; a door.〖韓〗입구.「入り口を開けて客を迎える//入り口にかぎがかかっているので中に入れない」〖対〗出口

いりょう【医療】イリョー、イリョー 医者がする、病気やけがの診断、治療など.〖E〗medical treatment.〖韓〗의료.「国民の医療の費用は大部分が健康保険で支払われる//医療器具//医療費」

いる【居る】イル〔自動一〕①人、動物などが、ある時間、ある場所にとどまる.〖E〗be; there is.〖韓〗있다.「門の前に白い犬がいる//いすわる(〖E〗remain in the same position.〖韓〗눌러앉다.)/のこる」②(「～ている」の形で)動作や状態がずっと続くことを表す.「1日じゅう部屋で本を読んでいた//鳥が空を飛んでいる(〖E〗A bird is flying in the sky.〖韓〗새가 하늘을 날고 있다.)//窓が開いている(〖E〗The window is open.〖韓〗창문이 열려 있다.)」
▷→囲み
≡注 ②はひらがなで書く.

居ても立ってもいられない 心配なことがあって、すわっていることも立っていることもできないほど落ちつかない.〖E〗be quite restless.〖韓〗안절부절못하다.「選挙の開票が始まると、候補者たちはいても立ってもいられない気持ちになる」

いる【射る】イル〔他動一〕①弓を引いて、目的のものに向け、矢を飛ばす.〖E〗shoot.〖韓〗(활을) 쏘다.「弓を射る//矢を射る//的を射る」②飛んでいく矢のような力でものに当てる.〖E〗pierce.〖韓〗찌르다；쏘아보다.「突然強い光が目を射た//人を射るような鋭い目つき」

い・る【要る】イル〔自動五〕(いって) ないと困ることになる.必要だ.〖E〗need; be necessary.〖韓〗필요하다.「むずかしい仕事には協力者がいる//生活するのに、月に10万円はいる」

いるい【衣類】イルイ コート、セーター、

オーバー　上着　ワンピース
ブラウス　ズボン　スカート
セーター　〔衣類〕

「ている」と「てある」

A「電気がついている」
B「電気がつけてある」
　両方とも電気がついた状態を表している.Aは自動詞「つく」のて形「ついて」に「いる」が、Bは他動詞「つける」のて形「つけて」に「ある」がついたものである.2つの文の違いは、Aが単に電気がついている状態を表しているのに対して、Bはなにか目的があって、だれかが電気をつけ、消さないでそのままにしていることを表している.「窓が開いている」「窓が開けてある」や、「ドアが閉まっている」「ドアが閉めてある」などの違いも同じである.

シャツ, スーツ, ズボン, 下着, 靴下, 和服など, 着たりはいたりするもの. Eclothes; clothing. 한의류.「旅行中に衣類を入れたスーツケースを盗まれて, 着がえがなにもなくなった」数 1枚・1着 →衣服

いれい【異例】イレイ これまでになかったこと, ほかにはないこと. Eexceptional; unprecedented. 한이례.「今年の気候は, 暑さ, 雨量, 台風の数など, 異例なことが多かった//異例の出世(Ean exceptional promotion. 한이례적인 출세.)」

いれか・える【入れ替える】イレカエル, イレカエル〔他動一〕①それまで入っていたものや人を出して, 新しくほかのものや人を入れる. Ereplace; make some fresh (tea). 한바꿔 넣다, 갈아 넣다.「部品を新しいものに入れかえる//お茶が冷めたので入れかえる」②場所や地位を取りかえる. Eshift. 한바꿔 넣다.「財布を上着のポケットに入れかえる//たんすの中の夏服を冬服と入れかえる」▷名入れ替え 自動入れ替わる

いれかわりたちかわり【入れ代わり立ち代わり】イレカワリタチカワリ, イレカワリ・タチカワリ つぎつぎと人が出たり入ったりするようす. Eone after another; in quick succession. 한쉴새 없이 늘락날락하는 모양.「選挙事務所には, 入れかわり立ちかわり応援の人がやってくる」

いれば【入れ歯】イレバ なくなった歯の跡に入れる人工の歯, 義歯. Ea false tooth. 한의치.「奥の歯を全部入れ歯にする//祖父は総入れ歯で, 自分の歯は1本もない」数1本

いれもの【入れ物】イレモノ なにかを入れるもの. Ea container; a case. 한그릇, 용기.「チョコレートをきれいな入れ物に入れて売る//ガラスの入れ物」→容器

い・れる【入れる】イレル〔他動一〕①外から中に移す. Eput in; put into. 한넣다.「コーヒーにミルクを入れる//ポケットに手を入れる//運び入れる」対出す
②あるものの中に収める. Eput in. 한넣다.「自動車を駐車場へ入れる//銀行にお金を入れに行く」対出す
③加えて一緒にする. Eadd to; let a person join. 한넣다; 끼워 주다; 첨가하다.「広告には写真も入れよう//友達を仲間に入れる//書き入れる」
④ものを取りつけて使えるようにする. Eset in; put in. 한들여 놓다; 해 넣다.「部屋に新しい家具を入れる//入れ歯を入れる」
⑤目的を果たすために必要な力や動作を与える. Ethrow ~ into; switch on. 한(힘을) 들이다, (스위치를) 넣다; 작동시키다.「この仕事は特に力を入れてやりたい//ラジオのスイッチを入れる」
▷自動入る

いろ【色】イロ ①目に感じる, 赤, 青, 黄などの感覚. Ea color. 한색, 빛깔.「木の葉の色が赤くなる//信号の色が赤から青に変わる」
②①の, 特に人の顔や肌から受ける感覚. E(a) complexion. 한안색, 살색.「母は色が白いが, わたしは色が黒い//海へ行って, いい色になってきた」
③気持ちや感情が顔に表れたもの. Ea look; a sign. 한표정; 빛; 기색.「入賞の知らせを聞いて, 洋子は顔一面に喜びの色を表した//疲れの色が見える」
④そのもののようす. Ea look. 한모습; 기색, 정경.「悪いことをしたのに, 反省の色は全然みえない//秋の色が深まる」

いろいろ イロイロ 種類がたくさんあるようす. Evarious; many kinds of. 한여러 가지.「解決しなければならない問題がいろいろ(と)ある//会議ではいろいろな意見が出た//看護婦はいろいろ(と)親切に患者の世話をし

た」→さまざま

いろけ【色気】イロケ ①異性をひきつける性的魅力.[E]sex appeal.[한]성적 매력.「モンローは色気のある女性だった//道子は一郎の甘い声に色気を感じるという」②誘いに応じてもいいという態度や意欲.[E]an inclination; interest.[한]관심, 흥미.「よその会社からの誘いに色気を示す」

色気がつく 子供が大人になりかかって,性を意識しはじめる.色気づく.[E]become sexually awakened.[한]성에 눈뜨다.「息子は高校生になって色気がつき,女性に関心を持ちはじめた」

いろづ・く【色づく】イロズク〔自動五〕(いろづいて) 草木の葉や実などが,季節によって赤や黄などの目につく色に変わる.[E](leaves, fruits) color; turn red or yellow.[한]물들다；단풍 들다.「秋になって木の葉が色づくと,林の中が明るくなる//青かったミカンがだんだん色づいてきた」

いろつや【色つや】イロツヤ 人の肌,動物の毛,宝石などの色や光.[E](a) complexion; gloss.[한]윤기；혈색.「ゆっくり休養したから,顔の色つやがよくなった//あの馬は色つやがすばらしい」

いろどり【彩り】イロドリ,イロドリ ①色をつけること.また,色と色の組み合わせ.[E]coloring; a color scheme.[한]채색；배색.「いろどりの美しいネクタイを買った//料理をいろどりよく並べて客に出す」②ちょっとした変化,飾りになるもの.[E]a touch of color; a colorful effect.[한]정취,흥취.「花を飾って,部屋にいろどりをそえる」▷[他動]彩る

いろは イロハ ①「いろはにほへと」で始まる,かなの47文字.[E]the iroha; the Japanese alphabet.[한]「이로하」(일본「가나」의 총칭).「むかしの国語辞書は,ことばがいろはの順に並んでいた」②ものごとの初歩.[E]the ABC; the rudiments.[한]초보,입문.「先輩に柔道のいろはから教えてもらう」

[参] 47文字とは,「いろはにほへとちりぬるをわかよたれそつねならむうゐのおくやまけふこえてあさきゆめみしゑひもせす」で,平安時代につくられた歌(いろは歌)をもとにしたもの.

いろめがね【色眼鏡】イロメガネ ①レンズに色がついためがね.サングラス.[E]colored glasses; sunglasses.[한]색안경,선글라스.「黒い色めがねの男が現場から立ち去るのを見た」②先入観や偏見を持ってものごとをみること.[E]a biased viewpoint.[한]색안경.「髪を赤く染めた若者は不良だと,色めがねでみる大人がいる」

[参] ①はすこし古い言い方.直射日光を防ぐために色がついているめがねという意味では,「サングラス」を使うことが多い.

いろん【異論】イロン ほかの人と違う意見.反対する意見.[E]an objection; a different opinion.[한]이론.「提案に異論を唱えたが認められなかった//警官がいつもピストルを持って歩くことについては異論がある」

いろんな イロンナ 「いろいろな」のくだけた言い方.[E]various; many kinds of.[한]여러 가지.「いろんな人がいて,いろんな考え方があって,それが世の中というものだ」[話]

いわ【岩】イワ その一部が地上に現れているような大きな石.[E]a rock; a crag.[한]바위.「岩をけずってトンネルをつくった//けわしい岩を登る」

いわ・う【祝う】イワウ〔他動五〕(いわって) いいことやうれしいことがあった喜びを,ことばやものを贈ることなどで表す.[E]celebrate; congratulate.[한]축하하다.「家族そろって新年を祝う//会社の創立50周年を社員全員で祝った」[名]祝い

いわし イワシ 海にすむ魚の一種.日本の

沿岸で大量にとれる．煮たり，焼いたり，刺身にしたりして食べるが，最近は他の魚のえさにすることが多い．Ｅa sardine. 韓정어리．「イワシは安くておいしいが，くさりやすいのが欠点だ」数1匹

いわば イワバ，イワバ 別のことばでいうと．たとえていうと．Ｅso to speak; as it were. 韓말하자면．「15歳年上の姉は，わたしにとっては，いわば母親のような存在だ」

いわゆる イワユル，イワユル 一般によく言われる．Ｅwhat is called. 韓소위，이른바．「コンピューターのいわゆるデータベースについて説明します」

いわれ イワレ ①そういわれる，また，そうされる理由．Ｅa reason; a cause. 韓까닭，이유．「彼女はいわれのない差別に苦しんでいる//悪いことをしていないのだから，謝るいわれはない」②ものごとの始まりと歴史．Ｅa history; an origin. 韓내력．「たなばたのいわれは，中国のむかし話にある//町名のいわれを調べる」

いをとなえる【異を唱える】違う意見を言って，それまでの考えに反対する．Ｅraise an objection. 韓이의를 제기하다．「自分より上の人たちが決めたことに異を唱えるには勇気がいる」似た表現 異を立てる

いん【印】イン ①人や会社などの名前を彫った，木や石の小さい棒．書類などに押して，関係したり了承したりしていることを示す．印鑑．判．Ｅone's seal; a stamp. 韓도장．「保証人に，名前を書いて印を押してもらった//校長印//認め印」②①で押したしるし．印鑑．判．Ｅa seal; a stamp. 韓도장．「この書類に課長の印をもらってください」

-いん【-員】(他のことばについて)そこの人，そこで働く人．「研究所員(Ｅa research center staff member. 韓연구(소)원．)//会社員//銀行員(Ｅa bank clerk. 韓은행원．)」

いんが【因果】インガ ①原因と結果．Ｅcause and effect. 韓인과．「情けは人のためならず」ということわざは，自分のした親切がいつかは自分に返ってくるという意味で，因果はめぐってくるものだという考え方を表している//因果関係」②悪い行いのむくいとして起きた不幸な状態．Ｅmisfortune (resulting from wrongdoing). 韓인과응보．「なんの因果でこんなひどい目にあうのだろうか//因果なことに，金を盗んで逃げる途中に，交通事故で死んだ」

いんかん【印鑑】インカン，インカン ①⇨印「印鑑を持って会計へ行く//責任者の印鑑のない書類は受け取れない」②あらかじめ役所にとどけてある特別のしるし．実印．Ｅone's registered seal. 韓인감．「印鑑証明(=役所が，その印鑑を持つ人が本人であることを証明した書類)」

いんき【陰気】インキ 性格や雰囲気が，暗くてしめっぽい感じがするよう．Ｅgloomy; cheerless. 韓음기，음산함．「陰気になるから，父の病気の話はやめよう//陰気な部屋//陰気くさい(Ｅgloomy-looking. 韓음산하다．)」対 陽気

いんぎん【慇懃】インギン，インギン 非常に丁寧で，礼儀正しいよう．Ｅvery politely. 韓공손，정중．「ホテルの従業員はいんぎんに頭を下げた//いんぎん無礼(=表面的には礼儀正しいが，実は相手を見下しているようす)」

インク (ink) インク，インク 書いたり印刷したりするときに使う，色のついた液体．インキ．Ｅink. 韓잉크．「万年筆にインクを入れて字を書く//印刷したばかりなので，インクが

手につく//インク消し」

いんけん 【陰険】インケン　表面はふつうに見えるが、心の中でよくないことを考えているようす。Esly; wily; sinister. 한음험, 음흉.「やさしそうな青年なのに、大人のいないところで小さい子供をいじめていたとは、陰険な性格だ//陰険な目つき」

いんさつ 【印刷】インサツ〔～する〕文字や絵などのもとの版をつくって、同じものをたくさん刷ること。Eprinting; print. 한인쇄.「印刷が悪くて字が読みにくい//年賀状を印刷する//印刷機」

いんさん 【陰惨】インサン　思わず目をおおいたくなるようなひどいようす。Eghastly; cruel. 한끔찍스러움, 처참함.「ホラー映画の陰惨な画面には思わず目をそむけた」

いんしゅ 【飲酒】インシュ〔～する〕酒を飲むこと。Edrinking. 한음주.「この宗教では信者の飲酒を禁じている//飲酒運転」

いんしゅう 【因習・因襲】インシュー　むかしからの習慣や考え方のうちで、いまの時代には合わないと考えられることがら。Ea long-established custom; (a) convention. 한인습.「農村の古い因習を打ち破って、若者が住みやすい村をつくる」

いんしょう 【印象】インショー　そのことがらから心に受ける感じ。Ean impression. 한인상.「はじめて京都へ行き、落ちついた町という印象を受けた//印象に残る景色//第一印象(→**項目**)」

いんしょうてき 【印象的】インショーテキ　強い印象を与えるようす。Eimpressive. 한인상적.「あの映画の、窓ごしに別れのキスをする場面が印象的だった」

いんしょくてん 【飲食店】インショクテン, インショクテン　客が食べたり飲んだりする店。Ean eating house; a restaurant. 한음식점.「オフィス街の飲食店は昼が忙しい//飲食店を経営する」数1軒・1店　→囲み

インスタント (instant)インスタント, インスタント　簡単にすぐできること。即席。Einstant. 한인스턴트, 즉석.「インスタントコーヒー//インスタントラーメン//インスタント食品」

いんせい 【陰性】インセイ　①暗く、気持ちが重くなるような性質。Egloomy. 한음성적.「彼は性格が陰性だから友達がなかなかできない」対陽性　②病気などの検査で、反応が表れないこと。Enegative. 한음성.「肝炎の検査の結果が陰性と出てほっとした//陰性反応」対陽性

いんそつ 【引率】インソツ〔～する〕多くの人が団体でどこかへ行くとき、その人たちを連れていくこと。Elead; conduct. 한인솔.「小学生を引率して遠足に行く//団体旅行の引率//引率者」

インターナショナル (international)インターナショナル　国際的。Einternational. 한인터내셔널, 국제적.「インターナショナルエアポート//インターナショナルスクール」

いんたい 【引退】インタイ〔～する〕いままで行っていた仕事や役割をやめること。Eretire. 한은퇴.「会長の役を、この大会を最後に引退することにした//野球選手の一郎は足にけがをして引退した」

いんちき インチキ, インチキ〔～する〕人をだますようなごまかしをすること。Eshady; cheat. 한협잡, 부정, 속임.「健康になる水だといってただの水を高く売るとは、いんちきな商売だ//ゲームでいんちきして勝った」話

インテリ インテリ〔←インテリゲンチア(ロinteligentsiya)〕知識や教養があり、ものごとを自分の頭で考えて判断できる人。Ean intellectual; an educated person. 한인텔리(겐치아).「駅前の本屋の主人はインテリで、古今東西の文学に通じている」

いんねん 【因縁】インネン, インネン 人間の力をこえたなにかで決められているつながり. Ⓔfate; connection. 한인연.「母が若いころ教師をした学校で教えるのもなにかの因縁だ/小学校から大学まで同級生だった人と結婚するとは, よほど深い因縁があるらしい」

因縁をつける 困らせたり金を取ったりすることを目的に, 相手のちょっとしたことや動作につけこんでおどす. Ⓔpick a quarrel with. 한생트집을 잡다, 시비를 걸다.「目が合っただけでやくざに因縁をつけられた」

インフォメーション (information) インフォメーション ①一般の人へのお知らせ. Ⓔinformation. 한인포메이션.「新聞にいろいろな行事のインフォメーションを載せる」②受け付けをしたり, 案内をしたりする所. 案内所. Ⓔan information desk. 한안내소.「ホテルのインフォメーションで, 観光バスの出る時間をきく」

インプット (input) インプット〔〜する〕⇨入力「新しい情報をインプットする」対アウトプット

インフルエンザ (influenza) インフルエンザ ウイルスによって伝染するかぜ. 流行性感冒. 流感. Ⓔinfluenza; the flu. 한인플루엔자, 독감.「インフルエンザが流行している//インフルエザにかかる//インフルエンザの予防注射」

インフレ インフレ〔←インフレーション (inflation)〕物価が上がり, 貨幣の価値が下がる現象. Ⓔinflation. 한인플레이션.「インフレになると, サラリーマンは生活が苦しくなる//インフレが進む//インフレを抑制する」対デフレ

いんぼう 【陰謀】インボー 人に知られないようにこっそり立てる悪い計画. Ⓔa plot; an intrigue. 한음모.「社長が突然交代した裏には, 反対派の陰謀があった//政府を倒そうという陰謀を企てる」

いんよう 【引用】インヨー〔〜する〕他人の言ったことばや書いた文章を借りてきて, 自分の話や文章の間にはさむこと. Ⓔquote; cite. 한인용.「小説の中の会話の一部を引用して, 敬語を説明する//引用文」

いんりょう 【飲料】インリョー 人が飲むもの. Ⓔa drink; a beverage. 한음료.「各

飲食店で使うことば

メニュー Ⓔa menu. 한메뉴.
注文 Ⓔorder. 한주문.
定食 Ⓔa set meal. 한정식.
ランチ Ⓔlunch. 한런치, 점심.
勘定 Ⓔan account; a check. 한계산.
〜人前 Ⓔfor 〜 person(s). 한〜인분.

注文するときの言い方

メニューをお願いします Ⓔm me a menu, please. 한메뉴판 좀 부탁해요.
〜はありますか ⒺDo you have 〜? 한〜는 있습니까?

わたしは〜にします Ⓔl'll have 〜. 한저는 〜로 하겠습니다.
〜をお願いします Ⓔwill you give me 〜? 한〜을 부탁합니다, 〜을 주세요.
わたしには〜をください Ⓔive me 〜, please. 한저는 〜을 주세요.
お勘定してください Ⓔheck, please. 한계산해 주세요.
おいくらですか Ⓔow much is this? 한얼마입니까?

種の飲料を自動販売機で売る//雨水を飲料にする//飲料水」

いんりょく 【引力】インリョク 物体がたがいに引っぱり合う力. Ⓔgravitation; gravity. 韓引力.「ニュートンは, リンゴが木から落ちるのを見て引力の法則を発見した//万有引力の法則」

いんれき 【陰暦】インレキ ⇨旧暦「農業ではいまでも陰暦を使って作業の時期を決めることがある」対陽暦

う／ウ

う ①(五段動詞の「お」の段について) (1)話す人の意志を表す.「仕事が終わったら, ビールを飲もう(ⒺI'll go for a beer when I've finished the work. 韓일이 끝나면 맥주를 마셔야지.)//日曜日に秋葉原にパソコンを買いに行こうと思っている」(2)相手を誘う気持ちを表す.「パーティーに一緒に行こう(ⒺLet's go to the party together. 韓파티에 같이 가자.)//あすの夜, 新宿で会おう」(3)(「~うじゃないか」の形で)やわらかい誘い, 命令を表す.「苦しいけれど, がんばろうじゃないか(ⒺIt's hard-going but let's see it through. 韓고생스럽지만 끝까지 해내자꾸나.)//まず道子の話を聞こうじゃないか」(4)(「~うとする」の形で) そのことが行われるすぐ前であることを表す.「手紙を書こうとしたら, その相手から電話がかかってきた(ⒺJust when I was about to write a letter, I received a call from that person. 韓편지를 쓰려고 하는데 바로 그 당사자한테서 전화가 걸려 왔다.)」②(形容動詞の「う」に続く形について) 推量を表す.「今年の祭りはにぎやかだろう(ⒺThe coming festival will be lively. 韓올해의 축제는 성황일 거야.)」

参 一段動詞,「する」動詞,「来る」は「ない」形に「よう」がつく.

ウイスキー (whisky) ウイスキー, ウイスキー 大麦などからつくるアルコール飲料. イギリスのスコットランド産が有名. Ⓔwhisky. 韓위스키.「毎晩ウイスキーの水割りを飲む」数 1杯・1本

ウイルス (㊦virus) ウイルス ふつうの顕微鏡では見えない微生物. 日本脳炎やインフルエンザなどの病気のもととなる. ビールス. Ⓔa virus. 韓바이러스.「今年のインフルエンザのウイルスはA型だ」

ウール (wool) ウール 羊の毛からつくった毛糸や毛織物. Ⓔwool. 韓울, 모직물.「ウールのオーバー//ウール100パーセント」

うえ 【上】ウエ, ウエ ①ある所から見て高いほう. Ⓔabove; over. 韓위, 위쪽.「飛行機が雲の上を飛ぶ」対下②ものの外側の部分. Ⓔover; on. 韓위.「セーターの上にコートを着る」対下③地位や能力や年齢などが高いこと. Ⓔhigher; older. 韓위, 윗자리.「上に立つ者には責任がある//年齢はわたしより1つ上だ」対下④(「~したうえ」の形で) ~をしたのに加えて.「ごちそうになったうえに, おみやげまでもらった(ⒺI was given a gift as well as being treated to a meal. 韓식사 대접을 받은 위에 선물까지 받았다.)」

⑤（目上の人を表すことばの後について）敬意を表す。「父上（Ｅmy dear father. 韓아버님.）//姉上」

上には上がある これが最高だと思っても，それよりもっとすぐれたものやいいものがあるものだ。Ｅ Greatness is comparative. 韓 위에는 위가 있다, 뛰는 놈 위에 나는 놈이 있다.「今度の絵はよくかけたと思って出品したが，上には上があるもので，展覧会場にはもっとすばらしいものがあった」

うえ 【飢え】ウエ 食べ物がなくて，苦しいほどおなかがすくこと。Ｅ hunger; starvation. 韓 굶주림, 기아.「飢えと寒さで死ぬ//飢えに苦しんでいる子供たちを救う//飢え死に」 自動 飢える

うえき 【植木】ウエキ 庭や鉢に植えてある木，また，これから植える木。Ｅ a garden plant; a potted plant. 韓 정원수；화분에 심은 나무.「休日はいつも植木の手入れをする//植木鉢（Ｅa flowerpot. 韓화분.）」 数 １本・１株・１鉢 →家図

ウエット （wet）ウエット 義理や人情をたいせつにし，感傷的になりやすいようす。Ｅ sentimental. 韓 정에 무르고 감상적임.「ウエットな性格だから，人から頼まれると断れなくてなんでも引き受けてしまう」 対 ドライ 話

う・える 【植える】ウエル〔他動一〕草や木を育てるために根を土に埋める。Ｅ plant. 韓 심다.「山に杉の木を植える//花を植えたらすぐ水をやりなさい」 自動 植わる

うお 【魚】ウオ 水の中にすみ，えらで呼吸し，ひれで泳ぐ動物。Ｅ a fish. 韓 물고기.「魚市場//魚河岸//飛び魚」 数 １匹 書
参「さかな」も意味は同じだが，食べ物をさすときには「うお」は使わない。「ゆうべ，さかなを食べた」と言い，「うおを食べた」とは言わない。

魚の目 足の裏や手のひらなどの皮膚の一部がかたくなって，中に深く入りこんでできたまるいもの。Ｅ a corn. 韓 티눈.「魚の目ができて，靴をはくと足が痛い」

うおうさおう 【右往左往】ウオーサオー，ウオー・サオー〔～する〕突然のできごとにすっかりあわてて，どうしていいかわからず，あちこち動きまわること。Ｅ move about in confusion; go this way and that. 韓 우왕좌왕.「夜中の火事で，逃げ場を失った人々はただ右往左往するばかりだった」

うがい ウガイ〔～する〕口の中やのどをきれいにするため，水や薬の液を口に入れて，すすいではきだすこと。Ｅ gargle. 韓 양치질.「かぜの予防はうがいがいちばんだ//外から帰ったら，うがいしなさい」

うかうか ウカウカ〔～する〕①なにかに気を取られて，注意がたりないようす。うっかり。Ｅ be careless. 韓 얼떨결에.「うかうかしていて１万円をだまし取られてしまった」②よく考えもしないで，時間を過ごすようす。ぼんやり。Ｅ idle (one's time) away. 韓 어영부영.「たいした仕事もしないで，うかうか（と）年をとってしまった」

うかが・う 【伺う】ウカガウ〔他動五〕（うかがって）「聞く」「尋ねる」「訪問する」の謙譲語。Ｅ (humble) hear; ask; visit. 韓 듣다；묻다；찾아뵙다.「さっきのお話をもうすこしくわしくうかがいたいのですが//今晩７時にお宅へうかがいます」 名 伺い

うかつ 【迂闊】ウカツ ぼんやりしていて注意がたりないようす。Ｅ careless; inattentive. 韓 부주의함；멍청함.「支払いがきょうまでだということを，うかつにも忘れていた//妻の誕生日を忘れていたのはうかつだった」

うか・ぶ 【浮かぶ】ウカブ〔自動五〕（うかんで）①水の底などから離れて水面にある。Ｅ float. 韓 뜨다.「池に小さな舟が浮かんでい

る//木の葉が水に浮かぶ」 対沈む ②地面から離れて空中にある. Eflaot. 한뜨다.「大きな風船が空に浮かんでいる」③ものごとが, 人に見えるところ, 意識できるところまで出てくる. Ecome to; occur to. 한나타나다;떠오르다.「悲しい知らせを聞いた人々の目には涙が浮かんだ//幼いころの思い出が心に浮かぶ」▷他動 浮かべる

うか・べる 【浮かべる】ウカベル〔他動一〕①ものを水面にあるようにする. Efloat. 한띄우다.「ふろの水におもちゃを浮かべて遊ぶ//舟を浮かべる」対沈める ②ものごとを, 人に見えるところ, 意識できるところに出す. Eexpress; wear. 한나타내다;띄우다.「ほほえみを浮かべてあいさつする//思い浮かべる(→項目)」▷自動 浮かぶ

うか・る 【受かる】ウガル〔自動五〕(うかって) 試験などに合格する. Epass (an examination). 한합격하다.「入学試験に受かってほっとした//運転免許の試験に受かったら車を買う」対落ちる, 滑る 他動受ける

うき 【雨期・雨季】ウキ 1年のうち特に雨が多く降る時期, 季節. Ethe rainy season. 한우기.「タイは4月から9月ごろまで雨期だ」対乾期・乾季

注 ふつうは「雨期」を使うが, 特に季節を強調するときは「雨季」.

うきあしだ・つ 【浮き足立つ】ウキアシダツ〔自動五〕(うきあしだって) 逃げだそうとして落ちつきがなくなる. Ebe impatient to escape. 한도망치려고 들썽뜰썽하다.「地震で部屋が揺れだすと, 仕事をしていた人もみな浮き足だってしまった」

うきうき ウキウキ, ウキウキ〔~する〕心から楽しくて落ちつかないようす.「彼女はうきうきしながらデートの場所へ行った(EIn a lighthearted mood, she went to the meeting place. 한그녀는 신바람이 나서 데이트 장소로 갔다.)」

うきぼり 【浮き彫り】ウキボリ ①ものの形や模様が浮き上がるように, まわりを彫る方法. また, そうしてつくった作品. Erelief; embossed carving. 한부조, 돋을새김.「息子のつくった浮き彫りの本立てが賞をもらった」②まわりのことを示すことで, ものごとや問題点などがはっきりわかるようにすること. Eshow in relief; distinguish. 한부각시킴.「アンケートにより, 国民生活の実態が浮き彫りにされた」

うきよえ 【浮世絵】ウキヨエ, ウキヨエ 江戸時代に始まった風俗画で, おもに遊女や芝居の俳優, 景色などを題材にした絵. 筆でかいたものと, 木に彫って刷ったものがある. Ean *ukiyoe*; a color print of life in the Edo period. 한(에도 시대의) 풍속화.「浮世絵はヨーロッパ画家に大きな影響を与えた//歌麿の浮世絵」数1枚・1点

〔浮世絵〕

う・く 【浮く】ウク〔自動五〕(ういて) ①水の底などから離れて水面に出る. Efloat. 한뜨다.「体が水に浮けば, すぐ泳げるようになる」対沈む ②ものごとの基盤, 立場などがゆるんだり, 悪くなったりする. Ebecome loose; be isolated. 한어근버근해지다;따로 놀다.「歯が浮いて, かたいものがかめない//父は考え方が古すぎて, 家の中で浮いている」▷他動 浮かす

うぐいす ウグイス 鳥の一種. スズメぐらいの大きさで, 茶色のまじった薄い緑色をしている. いい声で鳴く. Ea Japanese bush warbler. 한휘파람새.「春

〔うぐいす〕

の初めに，ウグイスがホーホケキョと鳴く」 数 1羽・1匹

注 漢字で書くときは「鶯」．

うけあ・う【請け合う】ウケアウ〔他動五〕（うけあって）ものごとがまちがいないことを保証する．責任を持って引き受ける．E assure; guarantee. 韓 보증하다, 책임지고 떠맡다．「山田さんが新しい会長にふさわしいことを請け合います//このカメラの品質を請け合ってくれますか」 名 請け合い

うけい・れる【受け入れる】ウケイレル, ウケイレル〔他動一〕①人やものをよそから自分のところへ迎え，引き取る．E accept. 韓 받아들이다．「A校は外国の子供を受け入れる//メーカーから新製品を受け入れる」②相手の意見や要求などを認めて取り入れる．E agree to; grant. 韓 받아들이다, 수용하다．「会社は，給料を上げてほしいという要求を受け入れた」 対 拒む, 退ける ▷ 名 受け入れ

うけおい【請負】ウケオイ, ウケオイ いつまでにどのくらいの金額で行うかを決めて，仕事を引き受けること．E a contract. 韓 청부, 도급．「建築工事は請負にした//請負人」 他動 請け負う

うけざら【受け皿】ウケザラ ①カップなどの下に置いてしずくを受ける皿．E a saucer. 韓 받침 접시．「受け皿に砂糖とスプーンを載せてコーヒーを出す」②仕事や人を引きついで受け入れるもの．E a backup; take the responsibility for. 韓 받아줄 곳; 인수 기관．「退職後の受け皿をさがす//地方自治体が受け皿になって留学生を受け入れる計画がある」 ▷ 数 ①1枚

うけつ・ぐ【受け継ぐ】ウケツグ, ウケツグ〔他動五〕（うけついで）自分より前の人たちがしてきたことを，続け守っていく．E take over; succeed to. 韓 계승하다, 이어받다．「先任者の仕事を受けつぐ//伝統を受けつぐ」 名 受け継ぎ

うけつけ【受付・受け付け】ウケツケ ①外から来た人の用事を聞き，連絡をする所．また，その係の人．E a reception desk; a receptionist. 韓 접수처; 접수원．「受付で会費を払って中に入る//受付の人に研究所の場所を尋ねる」②受けつけること．E acceptance. 韓 접수．「1月20日から入学願書の受け付けを始める」 ▷ 他動 受け付ける

注 ①は「受付」，②は「受け付け」．

うけつ・ける【受け付ける】ウケツケル, ウケツケル〔他動一〕①役所，事業所などで，外からの用事や仕事をそれぞれ適切に取り扱う．E accept; listen to. 韓 접수하다．「市役所には市民の苦情を受けつける窓口がある//申し込みを受けつける」②（「受けつけない」の形で）与えられたものごとを受け入れない．E will not listen to; cannot take. 韓 받아들이지 않다．「祖父は年をとって頑固になり，家族の意見も受けつけない//患者は病院の食事も受けつけなくなった」 ▷ 名 受付・受け付け

うけと・る【受け取る】ウケトル, ウケトル〔他動五〕（うけとって）①渡されるものを自分の手に収める．自分のほうにもらう．E receive; accept. 韓 받다, 수취하다．「買い物をしておつりを受け取る//郵便物を受け取る」②人のことばなどをそのとおりに理解する．E take; interpret. 韓 받아들이다, 이해하다．「親切心で注意したのに，まちがって受け取られてしまった」 ▷ 名 受け取り・受取

うけみ【受け身・受身】ウケミ, ウケミ ①自分から行動しないで，他人からの働きかけを受けること．E passive. 韓 수동．「受け身の態度でなく，もっと積極的になりなさい」②柔道などで，けがをしないように倒れる技．E a defensive fall. 한(유도에서) 낙법.「毎日、道場で受け身のけいこをする」③文法で、他からの動作を受けることを表す決まった形の言い方。受動態。Eの passive voice. 한수동태.「日本語では助動詞の『れる』『られる』を使った『盗まれる』『ほめられる』などを受身の形という」

注 ①②は「受け身」、③は「受身」。

うけも・つ【受け持つ】ウケモツ、ウケモッ〔他動五〕(うけもって) 自分の責任として分けられた仕事をする。Eb in charge of. 한맡다、담당하다.「小学校で5年生のクラスを受け持っている//パーティーの買い物の係を受け持つ」 名受け持ち

う・ける【受ける】ウケル〔自他動一〕①外から来るものをこちらで取る。Ecatch; suffer. 한받다；당하다、입다.「子供がボールを上手に受けるようになった//被害を受ける」②外からの働きかけにそれぞれ応じる。Ereceive. 한받다.「招待を受ける//妹に相談を受けた(EI was asked advice by my sister. 한여동생의 상담을 받았다.)」③価値のあるものをもらう。Ee awarded; receive. 한받다.「新人賞を受ける//学位を受ける」対授ける
④自分に向けられたものを取り入れる。Ee have; take. 한받다；치르다.「手術を受ける//試験を受ける」
⑤人気が出る。評判がいい。Ee popular. 한호평을 받다、인기를 끌다.「このテレビ番組は若者に受けている」
▷自動受かる → 被る

注 ①〜④は他動詞、⑤は自動詞。

うごか・す【動かす】ウゴカス〔他動五〕(うごかして) ①ものなどを、ある場所から別の場所へ移す。Emove; shift. 한움직이다.「重い机を動かしたので疲れた//ピアノをひく人は速く指が動かす」②ものなどを止めておかない。Emove. 한움직이다.「体操をして体を動かすのは健康にいい」対止める ③状況を変える。Emove; change. 한움직이다.「人の心を動かす//歴史を動かす事件」④それぞれの働きをするように使う。Eoperate; manage. 한굴리다、운용하다.「この会社は10台のトラックを動かしている//たくさんの金を動かして事業をする」▷自動動く

うご・く【動く】ウゴク〔自動五〕(うごいて) ①ものなどが、ある場所から別の場所へ移る。Emove. 한움직이다.「むかしの人は太陽が地球のまわりを動くと思っていた//動きまわる」
②ものなどが止まっていない。Ebe in motion. 한움직이다.「胸に手を当ててみると心臓が動くのがわかる」対止まる
③状況が変わる。Echange. 한움직이다、변하다.「世界はいま激しく動いている」
④それぞれの働きをする。Eun; be active. 한운행하다；활동하다.「この電車は朝5時すぎから動く//自然保護団体の人たちが積極的に動いている」
▷名動き 他動動かす

うごのたけのこ【雨後の竹の子】似たものごとがつぎからつぎへ出てくること。Eike mushrooms after a rain. 한우후 죽순.「ロックミュージックの流行で、雨後の竹の子のように、たくさんのロックバンドが生まれた」
注「雨後の筍」とも書く。
参 雨が降ったあと、竹やぶのあちらこちらに竹の子がぞくぞくと生えることからいう。

うさぎ ウサギ 耳の長い、4本足の小型の動物。後ろ足が長く、よく跳ねる。肉や毛皮を利用する。Ea rabbit; a hare. 한토끼.「小学校でウサギを飼う//ウサギの毛皮でつくったコート//ウサギ小屋」 数1羽・1匹
注 漢字で書くときは「兎」。

うし【牛】ウシ 家畜の一種。大きくて力が

強く、頭に2本の角がある。乳をとる種類、肉をとる種類などがある。[E]a cow; a bull. [한]소。「牛が牧場のあちこちで草を食べている//日本で一般に牛の肉を食べるようになったのは100年ぐらい前からだ」[数]1頭・1匹

うじうじ ウジウジ〔～する〕自分の気持ちや考えをはっきり決めたり表したりできないようす。「彼は言いたいことがあるのに、うじうじしてなかなか言わない([E]He is so bashful, he can hardly get out what he has to say. [한]그는 하고 싶은 말이 있으면서도 우물쭈물하고 좀처럼 말을 하지 않는다。」[話]

うしな・う 【失う】ウシナウ〔他動五〕(うしなって) それまで持っていたものをなくす。[E]lose. [한]잃다, 상실하다。「事業に失敗して財産を失った//親友を失う//命を失う」[対]得る

うじゃうじゃ ウジャウジャ〔～する〕小さな虫などがたくさん集まり、かたまって動いているようす。「砂糖にアリがうじゃうじゃ(と)たかっている([E]Ants are swarming on the sugar. [한]설탕에 개미들이 오글거리고 있다。)」[話]

うしろ 【後ろ】ウシロ ①顔のあるほうと反対のほう。[E]behind; back. [한]뒤。「後ろからだれかがついてくる//振り返って後ろを見る」[対]前
②ものの正面と反対のほう。[E]the back; behind. [한]뒤(쪽)。「この建物の後ろは山だ//車の後ろに子供がいる」[対]前
③並んでいるものの終わりに近いほう。[E]the rear. [한]뒤。「教室のいちばん後ろの席にすわる」[対]前

後ろを見せる 負けて逃げだす。また、弱みを見せる。[E]turn one's back on the enemy. [한]등을 보이다, 돌아서서 도망치다；약점을 보이다。「敵に後ろを見せるな」

うしろがみをひかれる 【後ろ髪を引かれる】後のことを考えて、いつまでも思いきれないでいる。[E]with painful reluctance. [한]애틋하게 미련이 남다。「年とった両親を残して、後ろ髪を引かれる思いで外国の任地へ向かった」

うしろむき 【後ろ向き】ウシロムキ ①後ろのほうを向くこと。[E]turn backward. [한]뒤돌아 봄, 등을 돌림。「三郎は、授業中なのに後ろ向きになって京子と話をしている」[対]前向き
②ものを考えるとき、消極的であること。[E]negative; retrogressive. [한]소극적임。「後ろ向きの考え方ではものごとは進歩しない」[対]前向き

うしろゆびをさされる 【後ろ指を指される】陰で悪く言われたり非難されたりする。[E]be talked about behind one's back. [한]뒷손가락질을 받다。「人に後ろ指をさされるようなことをした覚えはないのに、どうして非難されるのだろう」

うす 【薄】①(名詞、形容詞の頭について)(1)色、厚みなどが薄い。「薄紫([E]light purple. [한]연보라색。)//薄氷」(2)程度が少ない。「薄味([E]light seasoning. [한]담백한 맛。)//薄情け//薄暗い(→項目)」(3)どことなくその感じがする。「薄ぎたない([E]dirty. [한]지저분하다, 누추하다。)//薄気味悪い」②(他のことばの後について)すこししかない。「望み薄([E]There is little hope ~. [한]가망이 거의 없음。)//品薄//手薄(→項目)」

うず 【渦】ウズ ①まるい形で巻いている水や空気の流れ。[E]an eddy; a whirlpool. [한]소용돌이。「海の水が渦を巻いている所に近づくと危険だ//渦潮([E]an eddying current. [한]소용돌이치는 조류。)」②こんでいたり混乱していたりするようす。[E]a swirl of. [한]소용돌이。「新宿駅で人の渦に巻きこ

まれて、たいへんだった」

うす・い 【薄い】ウスイ ①表から裏までの間が小さい。Ethin. 얇다.「この本は薄いから、すぐ読み終えられる//夏は地の薄い服を着る」対厚い ②色、味、溶液の濃さ、すきまなどの程度が少ない。Elight; pale; thin. 한엷다、연하다、담백하다、성기다.「薄い紫色の花//薄い塩味//薄い髪の毛」対濃い ③ものごとの程度が低い。Escanty; little. 한적다、희미하다；박하다.「あの映画は印象が薄くてよく覚えていない//政治に関心が薄い//人情が薄い」

うずうず ウズウズ〔～する〕あることをしたいと思う気持ちをおさえることがむずかしいようす.「父はカラオケで、早く歌いたくてうずうずしている(EMy father is waiting impatiently for his turn to sing at the *karaoke*. 한아버지는 가라오케에서 빨리 노래 부르고 싶어 좀이 쑤신다.)」
参「むずむず」も似ているが、「むずむず」が「背中がむずむずする」のように、虫などが体をはうときの気持ちから、じっとしていられないようすを表すのに対して、「うずうず」はしたくてたまらないと思う気持ちを表す.

うすぐら・い 【薄暗い】ウスグライ、ウスグライ すこし暗い. Edim. 어둑어둑하다、어스레하다.「朝まだ薄暗いうちに出かけた//この部屋は昼でも薄暗くて、電気をつけないと本が読めない」

うすっぺら 【薄っぺら】ウスッペラ ①ものが薄くて、安っぽいようす. Every thin. 한얄팍함.「わたしの使っているふとんは薄っぺらで、あまり暖かくない//薄っぺらな紙」対分厚い ②人の性質や考え方や行動に深みがなく、軽いようす. Efrivolous; shallow. 한경박함、얄팍함.「世の中は便利になったが、薄っぺらな人間ばかり増えて、かえってつまらなくなった//薄っぺらな考え」対重厚 ▷話

うずま・る ウズマル〔自動五〕(うずまって)①なにかの中に見えなくなるほど入ってしまう. 埋まる. Ebe buried; be entirely surrounded by. 한묻히다.「道路が雪でうずまった//図書館で本にうずまりながら仕事をしている」②すきまがないほどいっぱいになる. 埋まる. Ebe filled up. 한꽉 차다.「展覧会の会場はおおぜいの人たちでうずまった」▷他動 うずめる

うす・める 【薄める】ウスメル、ウスメル〔他動一〕色、味、溶液などを薄くする. また、ものごとの持つ性質の特徴を弱くする. Edilute; weaken. 한엷게 하다、묽게 하다.「水をたして、みそ汁の味を薄める」自動 薄まる

うず・める ウズメル〔他動一〕①ものを土の中などに入れ、なにかで上からおおう. 埋める. Ebury. 한묻다.「死んだ小鳥を庭にうずめた//腕の中に顔をうずめて涙をこらえる」②すきまがないほどいっぱいにする. 埋める. Efill up; throng. 한메우다、꽉 채우다.「庭を白い花でうずめる//ホールをうずめたたくさんの人たち」▷自動 うずまる

うずも・れる ウズモレル、ウズモレル〔自動一〕①上からおおわれて見えなくなる. ものの下、または中に隠れる. 埋もれる. Ebe entirely surrounded by; be buried. 한(과)묻히다.「A教授はいつも本の山にうずもれて研究している//火山灰にうずもれた町」②価値のあるものが人々に知られないでいる. 埋もれる. Ebe unknown to the world. 한(과)묻히다.「外国にうずもれていた日本の名画をさがしだす//うずもれた人材の発掘」

うす・れる 【薄れる】ウスレル、ウスレル〔自動一〕だんだん薄くなる. Efade. 한엷어지다.「夏、日に焼けて黒くなっていた肌の色が、秋になって薄れてきた//子供のころの記憶が薄れる」

うそ ［ウソ］①事実と違うこと．Ⓔa lie．㉠거짓말．「この事件で社長が知らなかったというのはうそだ//会社へ行くとうそをついて家を出て、パチンコ屋へ行った」対誠，本当，真実　②(「うそのよう」の形で)信じられないほど．Ⓔincredibly．㉠거짓말같이．「きのうのあらしがうそのように、きょうはよく晴れた」

うそはっぴゃく【うそ八百】［ウソ・ハッピャク］あれこれとうそをたくさん言うこと．Ⓔtell all sorts of lies．㉠거짓말투성이，온통 거짓말．「あの人はいつもうそ八百を並べるから、だれからも信用されない」

うた【歌】［ウタ］①ことばにメロディーやリズムをつけたもの．Ⓔa song．㉠노래．「カラオケで歌を歌う//子守歌」②和歌、短歌．Ⓔa *waka*; a *tanka*．㉠(일본 고유의 시) 와카；단카．「むかしの人は歌で自分の心を表した//啄木の歌を暗記している」▷数①1曲，②1首

うた・う【歌う】［ウタウ］〔他動五〕(うたって)①ことばにメロディーやリズムをつけて声を出す．Ⓔsing．㉠노래하다．「子供の誕生日に、家族みんなでお祝いの歌を歌う//小鳥が木の枝で朝の歌を歌っている」②心に感じたことを詩や歌につくる．Ⓔsing about; express．㉠노래하다．「秋のさびしさをうたった詩は人の心を打つ」

うたが・う【疑う】［ウタガウ］〔他動五〕(うたがって)①ものごとを本当でないのではないか、まちがっているのではないかと思う．Ⓔdoubt．㉠의심하다．「原子力発電所は安全だという説明を疑う人もある」対信じる　②ものごとを悪く考えて、どうもそうらしいと思う．Ⓔsuspect．㉠의심하다．「あの人が犯人ではないかと疑う」▷名疑い

うたがわし・い【疑わしい】［ウタガワシイ、ウタガワシイ］①本当かどうか確かではない．Ⓔdoubtful; questionable．㉠의심스럽다．「この記事の内容は疑わしい//このダイヤは本物かどうか疑わしい」②なにか変だと思われる．Ⓔsuspicious．㉠의심스럽다．「この事件には疑わしい人が何人かいる//一郎の行動には疑わしい点がいくつかある」

うたたね【うたた寝】［ウタタネ］{～する}寝床でない所で、すこしの間、眠ってしまうこと．Ⓔa nap; a doze．㉠선잠，얕은잠．「ソファでうたた寝してかぜをひいてしまった」

うだつがあがらない【うだつが上がらない】上からおさえられて出世できなかったり、金に恵まれたりしない．Ⓔcannot rise in the world．㉠출세길이 막히다；따라지 신세다．「一郎は20年も勤めているのにまだ平社員のままで、さっぱりうだつが上がらない」参「うだつ」は木造建築の屋根を支える短い柱のこと．

うち【内】［ウチ］①ものの中．Ⓔthe inside．㉠안(쪽)，내부．「心の内を話す//福は内、鬼は外(→福慣用)」対外　②自分の家、家族、会社、学校など．Ⓔone's (home, family, company, school)．㉠우리 집(가족、회사、학교)．「ゆうべは遅くうちに帰った//うちの会社は給料がいい」対外、よそ　③家．Ⓔa house．㉠집，주택．「うちを建てる」④ある数や量の範囲．Ⓔamong; out of．㉠이내、～중에．「10人のうち3人が欠席だった」⑤(「～うちに」の形で)～のあいだに．Ⓔduring; while; before．㉠～동안에、～이전에．「勉強しているうちに眠くなってきた//暗くならないうちに出かけよう」注②～⑤はひらがなで書く．

うちあ・ける【打ち明ける】［ウチアケル、ウチアケル］〔他動一〕それまで人に話さないでい

たことを,すっかり話してしまう.Econfide; confess.한털어놓다, 고백하다.「彼と結婚の約束をしたと母に打ち明けた//試験に失敗したことを友達に打ち明けるのはつらかった」

うちあわ・せる 【打ち合わせる】ウチアワセル,ウチアワセル〔他動一〕なにかを始める前に,進め方などを決めるために話し合う.Emake arrangements.한미리 의논하다, 협의하다.「旅行の時間や乗り物について友達と打ち合わせる」 名打ち合わせ

うちけし 【打ち消し】ウチケシ 否定すること,そうではないということ.E(a) denial; negation.한부정.「『書かない』という形は『書く』の打ち消しの言い方である」他動打ち消す

うちこ・む 【打ち込む】ウチコム,ウチコム〔自動五〕(うちこんで) 1つのことに夢中になる.Ebe absorbed in; be devoted to. 한열중하다, 몰두하다.「タイへ行きたいので,タイ語の勉強に打ちこんでいる//友達は仕事に打ちこんで,遅くまで会社にいる」 名打ち込み

うちだ・す 【打ち出す】ウチダス,ウチダス〔他動五〕(うちだして) 自分の考えをみんなにわかるように強くはっきりと示す.Eset forth.한명확히 내세우다, 제시하다.「A社は公害のない車を開発する計画を打ちだした」

うちと・ける 【打ち解ける】ウチトケル,ウチトケル〔自動一〕人と一緒にいるときに,たがいに信頼し合って親しみを持つようになる.Eopen up to; get friendly.한마음을 터놓다, 스스럼이 없어지다.「はじめて会った子供たちも,だんだん打ちとけて遊びはじめた」

うちゅう 【宇宙】ウチュー 太陽,月,星などがある,地球の外の広い空間.地球もその一部.Ethe universe; outer space.한우주.「宇宙から見ると地球なんて小さなものだ//宇宙旅行//宇宙人」

うちょうてん 【有頂天】ウチョーテン すべてがうまくいき,うれしくてほかのことは忘れてしまうようす.Ebe in ecstasy; go into raptures.한너무 기뻐서 어찌할 줄을 모름.「弟はおおぜいの部員の中から正選手に選ばれて,有頂天になっている//議員に当選したぐらいで有頂天になってはいけない」

うちわ 【内輪】ウチワ ①家族や親しい人だけでよその人を入れないこと.Eprivate; family.한집안.「内輪だけで新年会をする//内輪もめ」②実際より少なめのこと.Emoderate; conservative.한실제보다 적음, 줄잡음.「修理代は,内輪に見積もっても5万円はかかる」

うちわ ウチワ 手に持って動かし風を起こす道具.竹などの骨に紙や布などがはってある.Ea fan.한부채.「ゆかたにはうちわが似合う//暑いので,うちわであおいで涼む」 数1本

〔うちわ〕 〔扇子〕

う・つ 【打つ・撃つ・討つ】ウツ〔他動五〕(うって) ①ものをほかのものに勢いよく当てる.Ehit; strike; beat.한치다, 때리다；부딪치다.「転んだとき,ひざを打って痛かった」
②(「心を打つ」の形で)⇨心慣用
③(「胸を打つ」の形で)⇨胸慣用
④たたくような,またはものをたたいて中に入れるような動作で,なにかをする.Ehammer (a nail) into; give (a shot).한치다, 박다, 놓다, 두다.「くぎを打つ//注射を打つ//番号を打つ//碁を打つ(=碁の勝負をする)」
⑤戦争,狩りなどで,目標に弾や矢などを当てて殺そうとする.Eshoot; fire.한쏘다.「木の上のカラスを撃ったが,当たらなかった//ねらい撃つ」

⑥武器などを使って敵と戦って倒す．Eattack．韓치다，무찌르다．「夜中にせこんで，敵を討つ」
注 漢字で書くときは，①～④は「打つ」，⑤は「撃つ」，⑥は「討つ」．

うっかり ウッカリ〔～する〕注意がたりないために，気がつかなかったり忘れたりするようす．Ecarelessly; by mistake．韓무심코，깜빡．「はがきに名前を書くのを，うっかり(と)忘れて出してしまった//うっかりして友達の傘をまちがえて持ってきてしまった」

うつくし・い 【美しい】ウツクシイ ①色や形や音などが，人の心を打つほどいい感じだ．Ebeautiful; lovely．韓아름답다，곱다．「美しい音楽を聞く//美しい着物//美しい景色」対醜い ②心や行いなどが感動するほど立派な感じだ．Epure; noble．韓아름답다．「2人の間には美しい友情がある// 心の美しい人になりたい」対醜い

うつ・す 【写す・映す】ウツス〔他動五〕(うつして) ①ものの姿やようすをそのとおりに別のものに現す．Ecopy; take (a photograph)．韓베끼다，(사진을) 찍다．「友達のノートを写す//記念写真を写すためにみな並んだ」 ②光や影によって，ものの姿や形を平らな面などに現す．Eshow; reflect．韓비추다，상영하다，투영하다．「映画館では戦争の映画を映していた//鏡に顔を映す」▷名写し・映し 自動 写る・映る
注 漢字で書くときは，①は「写す」，②は「映す」．

うつ・す 【移す】ウツス〔他動五〕(うつして) ものごとを，ある場所や状態から違うほうへ動かし，変える．Emove; give．韓옮기다．「窓のそばへ机を移した//家族にかぜをうつしてしまった」自動移る
注 「病気をうつす」などはひらがなで書く．

うっすら ウッスラ 程度がかすかなようす．「テレビの上にうっすら(と)ほこりがたまっている(EThere is faint layer of dust on the television set．韓텔레비전 위에 먼지가 엷게 앉아 있다．)//うっすら(と)目を開けてあたりを見る」

うっそう 【鬱蒼】ウッソー (「うっそうと」の形で) 木や草がたくさん生えて，薄暗いようす．Edense; thick．韓울창．「うっそうとした森の中は，昼間でも暗い//草がうっそうとしげる庭」
参 改まって「うっそうたる森林」のように表現することもある．

うった・える 【訴える】ウッタエル，ウッタエル〔他動一〕①自分が正しく相手がまちがっていることをはっきりさせてもらうために，裁判所などに問題を持ちこむ．Esue; bring an action．韓고소하다．「土地の境界線のことで，となりの家の人を裁判所に訴えた」 ②自分のつらいことなどをわかってもらおうと人に知らせる．Ecomplain of．韓호소하다．「病人はしきりに苦痛を訴えた」 ③人々に働きかけて心を動かす．Eappeal to．韓호소하다．「人々の良心に訴えて町をよごさないようにする」▷名訴え

うつつをぬかす 【うつつを抜かす】なにかに夢中になって，しなければならないことを忘れてしまう．Ebe engrossed in．韓(놀이 등에 열중해서) 제정신을 잃다．「競馬にうつつを抜かして，とうとう会社をやめさせられた」

うってつけ ウッテツケ 条件にぴったり合うこと．Ebe just right for．韓안성맞춤．「声がよくて正しく話せるあなたに，アナウンサーはうってつけの仕事だ」

うっとうし・い ウットーシイ ①心がはればれしない．Egloomy; dismal．韓울적하다．「つゆの季節はうっとうしい//かぜがなかなか治らなくて，うっとうしい気分だ」 ②じゃまでうるさい感じだ．Eannoying; be a bother. 韓귀찮다, 거추장스럽다.「前髪がのびてきて、うっとうしい」▷話②

うっとり ウットリ〔～する〕すばらしいと思うものに心をすっかりうばわれてしまうようす.「鏡の中の自分の姿をうっとり(と)眺める(E)gaze raptly at one's reflection in the mirror. 韓거울 속의 자기 모습을 넋을 잃고 들여다 보다.)//大好きな歌手の歌にうっとりする」

うつぶせ ウツブセ 体を寝かせて、顔も胸も腹も下にした状態. (E)on one's stomach. 韓엎드림.「赤ちゃんをうつぶせに寝かせる//うつぶせになって本を読む//うつぶせの姿勢」対あお向け 他動うつぶせる

〔うつぶせ〕

うつむ・く ウツムク, ウツムク〔自動五〕(うつむいて)首を曲げて顔を下へ向ける. (E)bow one's head. 韓고개를 숙이다.「しかられた子供は黙ってうつむいていた」対あお向く 他動うつむける

うつらうつら ウツラウツラ, ウツラ・ウツラ〔～する〕眠かったり高い熱があったりするときに、意識がはっきりしないようす.「祖父は新聞をひろげたまま、ストーブのそばでうつらうつら(と)居眠りをしている((E)With the newspaper open wide, my grandfather is dozing off by the heater. 韓할아버지는 신문을 펼쳐 든 채 난로 옆에서 꾸벅꾸벅 졸고 있다.)」

うつりかわり 【移り変わり】 ウツリカワリ ものごとのようすが、時がたつにつれて違っていくこと. (E)(a) change. 韓변천, 변화.「最近の流行は移り変わりが速い//季節の移り変わり」自動移り変わる

うつ・る 【写る・映る】ウツル〔自動五〕(うつって) ①写真などに姿や形が現れる. (E)be taken; come out. 韓찍히다.「この写真にはわたしの家族が全部写っている//きれいに写るコピー機」②光や影によって、ものの姿や形が平らな面などに現れる. (E)be shown on; be reflected. 韓비치다, 투영되다.「きょうのテレビに、わたしの生まれた町が映っていた//ぬれた道路に、歩く人の影が映っている」▷名写り・映り 他動写す・映す

注 漢字で書くときは、①は「写る」、②は「映る」.

うつ・る 【移る】ウツル〔自動五〕(うつって) ものごとが、ある場所や状態から違うほうへ変わり動く. (E)move; catch. 韓옮겨가다; 옮다.「会社の近くに移ったから便利になった//妹のかぜがうつったのか、わたしもせきが出る」他動移す

注「病気がうつる」などはひらがなで書く.

うつろ ウツロ 心の中がからっぽで、なにも考えられないようす. (E)vacant; hollow. 韓공허함, 멍함.「娘を交通事故でなくしてから、心がうつろになって、なにをする気にもなれない//人生の目的を持たない若者は、うつろな目をしている」

うつわ 【器】ウツワ ①中になにかを入れるためのもの. (E)a dish; a container. 韓그릇, 용기.「いい器に料理を盛ると、おいしそうに見える//サラダ用の器」②あることがらができる能力や才能. (E)caliber; capacity. 韓그릇, 깜냥.「息子は将来、社長になる器だ//リーダーとしては器が小さい」

うで 【腕】ウデ ①肩から手首までの部分. (E)an arm. 韓팔.「恋人と腕を組んで歩く//腕組み(=両腕を胸の前で組み合わせること)//腕時計」②身につけた技能. (E)skill; ability. 韓솜씨, 기량, 능력.「あの人はとても腕のいい職人だ//腕だめし//腕前(→項目)」▷数①1本 →体図

腕が上がる 技能がよくなる. (E)acquire (more) skill. 韓솜씨가 늘다.「毎日練習

したので、だいぶ腕が上がった」[似た表現]腕を上げる、手が上がる

腕をこまねく[ぬく] なにかをする必要があるときに、手を出さないでなにもしないでいる。[E]remain passive. [한]수수 방관하다.「食べ物がたりなくて死んでいく子供がいるときに、腕をこまねいて見ているわけにはいかない」[似た表現]手をこまね[ぬ]く

腕を振るう 技能をじゅうぶんに出して立派に行う。[E]display one's skill. [한]솜씨를 발휘하다.「書道の展覧会に出すために、腕をふるって字を書く」

腕を磨く 技能が上がるように訓練をする。[E]improve one's skill. [한]기술을 연마하다.「調理師の試験に合格できるように腕をみがく」

うできき 【腕利き】ウデキキ、ウデキキ すぐれた能力や技術を持つこと。また、持っている人。[E]skilled; competent. [한]솜씨・능력이 뛰어남；민완가.「一郎は和菓子づくりでは店でいちばんの腕利きだ//腕利きの部長が来て、部の空気が変わった」

うでまえ 【腕前】ウデマエ、ウデマエ ものごとをうまく行う能力や技術。[E]ability; skill. [한]솜씨, 실력, 역량.「おおぜいの人の前でピアノの腕前を示す//大きな壁画をかいて画家としての腕前を発揮した」

うと・い 【疎い】ウトイ ①あまり親しくない。[E]distant; be estranged from. [한]소원하다.「京子とは卒業後あまり会えず、つきあいがうとくなった」[対]親しい ②経験不足で、細かいところをよく知らない。[E]know little of; be ignorant of. [한]어둡다, 잘 모르다.「わたしはその会社の事情にはうとい//父は金もうけにうとい」[対]詳しい

うとうと ウトウト〔〜する〕浅く眠っているようす。また、眠りかけているようす。「とても眠くて、授業中、先生の話を聞きながらうとうとしてしまった(E]I was very sleepy, so I got drowsy listening to the teacher talk during class. [한]몹시 졸려서 수업 중에 선생님의 이야기를 들으면서 꾸벅꾸벅 졸고 말았다.)」

うどのたいぼく 【うどの大木】大きいだけでなにもできない人を見下していう言い方。[E]a big, useless fellow. [한]덩치만 크고 쓸모 없는 사람의 비유.「一郎は、体は大きいがなんの役にも立たないから、うどの大木だ」[参]「うど」は草の名。生長すると2メートルほどにまでなるが、食用にもならず、材木としても使えない、というところからできたことば。

うどん ウドン 小麦粉を水でこねて薄くのばし、細長く切ったもの。[E]udon; noodles. [한]우동, (일본식)가락국수.「昼にうどんを食べる//てんぷらうどん」[数]ゆでたものは1玉、ほしたものは1把・1束

〔うどん〕

うなが・す 【促す】ウナガス、ウナガス〔他動五〕(うながして) ものごとを早く、きちんとするように人に言う。また、そうするようにすすめる。[E]urge; draw. [한]재촉하다, 촉구하다.「準備の遅い妹を促して買い物に出かけた//運転者の注意を促すために標語の看板を立てる」

うなぎ ウナギ 魚の一種。細長くてぬるぬるしている。海で卵を産み、川に上ってすむ。[E]an eel. [한]뱀장어.「土用のうしの日にウナギを食べる//ウナギのかば焼き」[数]1匹、かば焼きは1串

〔うなぎ〕 かば焼き

≡[注]漢字で書くときは「鰻」。

うなず・く ウナズク、ウナズク〔自動五〕(う

なずいて)「わかった」「賛成だ」などの気持ちを表すために首を縦に振る. Ｅnod. 韓끄덕이다, 수긍하다.「患者は医者の説明をうなずきながら聞いていた」

うな・る ウナル〔自動五〕(うなって) ①動物などが, 低く長く力の入った声を出す. Ｅgrowl. 韓(동물이) 으르렁거리다.「犬を連れて散歩をしていたら, 急にうなりだした」②人やものが, 低く長い声や音を出す. Ｅgroan; roar. 韓끙끙거리다, 신음하다, 윙윙거리다.「熱が高くて, うんうんなりながら寝ていた//工場の中はいつも機械がうなっている」▷名うなり

うぬぼ・れる ウヌボレル, ウヌボレル〔自動一〕自分が, 実際以上にすぐれていると思いこんで得意になる. Ｅbe conceited; flatter oneself. 韓자만하다, 자부하다.「スキーがうまいとうぬぼれていたが, ビデオに写った自分の姿を見てがっかりした」名うぬぼれ

うのめたかのめ 【うの目たかの目】 鋭い目でなにかを求めたり, 熱心にさがしたりするようす. Ｅwith sharp eyes. 韓눈에 불을 켜고.「祖父の残した財産を, 親類の者たちがうの目たかの目でねらっている」
参「う」も「たか」も鳥の名. ウが魚をとるとき, タカが小鳥をねらうときの鋭い目のようだ, というところからできたことば.

うば・う 【奪う】ウバウ〔他動五〕(うばって) ①なにかを相手から無理に取る. Ｅrob; take by force. 韓빼앗다.「夜道で強盗に財布をうばわれた//恐ろしい病気が母の命をうばった」対与える ②相手の心などを強くひきつける. Ｅengross; fascinate. 韓사로잡다.「1枚の絵に心をうばわれて, その前に長い間立っていた//大事件のニュースが人々の目をうばった」

うま 【馬】ウマ 家畜の一種. 大きくて力が強く, 速く走ることができる. 顔, 首, 胴, 脚が長い. 乗馬, 競馬などに使う. Ｅa horse. 韓말.「馬は汽車や車が発達する前のだいじな交通手段だった//馬に乗って草原を走る」数1頭・1匹

うまが合う 気持ちが合う. Ｅget on well with. 韓마음이 맞다.「洋子とはうまが合って, もう30年も一緒に仕事をしている」

馬の耳に念仏 いくら言ってきかせてもわからないこと. Ｅ He is deaf to my advice. 韓쇠귀에 경 읽기.「将来のために貯金しろと息子にいくら言っても, 馬の耳に念仏だ」
似た表現 のれんに腕押し

うま・い ウマイ ①味がいい. Ｅdelicious; tasty. 韓맛있다.「この料理はうまい//うまい酒」対まずい ②上手だ. Ｅgood; skillful. 韓잘하다, 능숙하다.「京子は歌がうまい//ジョンは日本語がうまくなった」対下手, まずい ③つごうがいい. Ｅtempting; well. 韓솔깃하다, 유리하다.「自分の好きなことができて, そのうえ, お金をもらえるとはまったくうまい話だ//仕事がうまくいく」▷話 →おいしい

うまい汁を吸う 自分は苦労しないで, 地位や他人などを利用して, 利益をえる. Ｅpocket the profits. 韓힘 안 들이고 실속만 차리다.「一郎は他人のアイデアでもうけて, うまい汁を吸った」

うま・る 【埋まる】ウマル〔自動五〕(うまって) ①⇨うずまる「川は流れてきた土や石で埋まった//広場は何万という人で埋まった」②欠けているものが補われる. Ｅbe filled; be covered. 韓메워지다, 벌충되다.「長く空席だった会長の席が埋まった//赤字が埋まる」▷他動埋める

うまれ 【生まれ】ウマレ 生まれた場所や時, また生まれた家の状態. Ｅbirth; one's birthplace; lineage. 韓태생；출생지.「生まれも育ちも北海道だ//明治生まれ//早生

まれ(Eborn early in the year 〔from January 1 to April 1〕. 한4월 1일 이전 출생.)」自動生まれる

うまれつき【生まれつき】ウマレツキ 生まれたときから、その性質や能力を持っていること. Eby nature; by birth. 한타고남, 천성.「気がやさしいのは生まれつきだ//生まれつき足が大きい」

うま・れる【生まれる・産まれる】ウマレル〔自動一〕①人や動物の子供が、母親の体や卵からこの世に出る. Ebe born. 한태어나다.「娘は4月に生まれた//卵がかえって、かわいいひなが生まれた」対死ぬ
②それまでなかったものごとが新しくつくりだされる. Ecome into existence; be produced. 한생겨나다, 탄생하다.「作家の筆の先からすばらしい作品が生まれる」
▷名生まれ 他動生む・産む
注 漢字で書くときは、①は「生まれる」「産まれる」、②は「生まれる」.

うみ【海】ウミ ①地球上で、広く遠くまで塩水がいっぱいにある所. Ethe sea; the ocean. 한바다.「地球の表面の約3分の2は海だ//海を渡る(=外国へ行く)」対陸
②一面にひろがっているもの. Ea sea of. 한바다.「火事で一面火の海だ」

うみ ウミ ①皮膚の傷口やはれあがったりした部分から出てくる黄色い液体. Epus. 한고름.「はれものがうみを持っているので、そこが熱くて痛い//うみが出てしまえば治るのは早い」②ある社会や組織などの中に、長い間にたまった悪いもの. Ethe corruption or nonproductive elements in a system or society. 한병폐, 악폐.「組織を根本的に改革して、いままでのうみを出すことが必要だ」

う・む【生む・産む】ウム〔他動五〕(うんで)
①人や動物の母親が、体から子供や卵を外へ出す. Ehave a baby; lay. 한낳다, 출산하다.「赤ちゃんを産むには健康な体が必要だ//鶏がよく卵を産む」②それまでなかったものごとを新しくつくりだす. Eproduce; bear. 한생산하다, 낳다.「自由な気風がすばらしい芸術作品を生んだ//利益を生む」
▷自動生まれる・産まれる
注 漢字で書くときは、①は「生む」「産む」、②は「生む」.

うめ【梅】ウメ 春の初めに白や赤の花が咲く木. 6月ごろ青い実がなる. Ean *ume* tree; a Japanese apricot. 한매화나무, 매실.「梅が咲きはじめたから、もうすぐ春だ//梅の実で梅酒をつくる」数1本, 花は1輪

〔梅〕

うめた・てる【埋め立てる】ウメタテル〔他動一〕海や川、低い土地などに土を入れる工事をして平らな土地をつくる. Ereclaim. 한매립하다.「海岸を埋め立てて工業団地をつくる」名埋め立て

うめぼし【梅干】ウメボシ 梅の実を塩づけにしてほし、シソの葉と一緒にしてつくる酸っぱい食べ物. Ea pickled *ume*. 한매실장아찌.「梅干しを入れたおにぎりをつくる」

う・める【埋める】ウメル〔他動一〕①⇒うずめる.「猫の死体を庭のすみに埋める//穴を掘ってごみを埋める」②空いた所をふさぎ、欠けた所をもとのようにする. Efill in; fill up. 한메우다, 채우다.「文の空いている箇所を適当なことばで埋めなさい//道路工事の穴を埋める」▷自動埋まる

うも・れる【埋もれる】ウモレル〔自動一〕⇒うずもれる「田も畑も雪に埋もれている//兄が弟の埋もれた才能を引きだしてデザイナーに

うやうやし・い 【恭しい】ウヤウヤシイ 相手をうやまって、礼儀正しく、丁寧にふるまうようすだ。Ⓔrespectful; reverent. 한공손하다、정중하다。「たいせつなお客に向かって、店員はうやうやしく頭を下げてあいさつしている//父は神社へ行くと、いつもうやうやしくおがむ」

うやま・う 【敬う】ウヤマウ〔他動五〕(うやまって) ほかの人を尊敬してたいせつに扱う。Ⓔrespect. 한공경하다。「東洋では老人を賢い人としてうやまう習慣があった/敬語とは相手をうやまって使うことばである」

うやむや ウヤムヤ ものごとがはっきりせず、あいまいであるようす。Ⓔindefinite; obscure. 한유야무야、흐지부지。「事故の原因調査をうやむやにすますと、また同じ事故を繰り返すことになる」

うようよ ウヨウヨ〔～する〕 小さな虫などがたくさん集まり、それぞれ動いているようす。「池にはオタマジャクシがうようよ(と)いた(Ⓔ The pond swarmed with tadpoles. 한못에는 올챙이들이 득실거리고 있었다。)//このよごれた水の中には、ばいきんがうようよしている」

うら 【裏】ウラ ①ものの2つの面のうち、見えないほうの側。Ⓔthe back; the lining. 한뒤、뒷면;(옷의)안쪽。「本の表紙の裏に名前を書く//冬の洋服には裏がついている」 対表 ②建物の正面の反対の側。Ⓔthe back. 한뒤、뒷쪽。「裏からごみを出す//裏の入り口」 対表、前 ③外からは見えないようす。Ⓔbehind the scenes. 한이면。「警察官が裏で悪いことをしていたのがわかった//裏金(Ⓔillicit funds. 한뒷돈。)」 対表
裏をかく 相手の予想と違うことをして有利な立場に立つ。Ⓔoutsmart; outwit. 한의표를 찌르다。「競争会社の裏をかいて、新商品を半年早く売りだした」

うら- (形容詞について)はっきりしないが、なんとなくそのようだ。「うら悲しい笛の音(Ⓔ the somewhat sad sound of a flute. 한어쩐지 구슬픈 피리 소리。)//うらさびしい(→項目)」

うらおもて 【裏表】ウラオモテ ①裏と表。Ⓔthe right side and the wrong side. 한안팎、안과 겉。「布の裏表を確かめる」 ②人の表面の行動と、頭の中で考えていることが違っていること。Ⓔdouble-faced. 한표리。「表面だけ親切で、裏で仕事のじゃまをするような裏表のある人は信用できない」 ③裏を表にすること。Ⓔinside out. 한뒤집음。「セーターを裏表に着る」

うらがえ・す 【裏返す】ウラガエス〔自動五〕(うらがえして) 衣類、紙、板などの表を裏にする。また、それまで内側だったほうを出して表にする。Ⓔturn over; turn inside out. 한뒤집다。「書き終わった紙を裏返して机の上に置く//シャツを裏返して着ているのに気がつかなかった」 名裏返し 自動裏返る

うらぎ・る 【裏切る】ウラギル〔他動五〕(うらぎって) ①約束や信頼関係を破って、敵の側につく。Ⓔbetray (a person). 한배반하다、배신하다。「洋子はA党の親友を裏切ってB党から立候補した」 ②思われていたことと違う結果にする。Ⓔbetray (expectations). 한어긋나다。「先生の予想を裏切って、生徒たちはとても静かに講演を聞いた」 ▷名裏切り

うらぐち 【裏口】ウラグチ ①裏側にある出入り口。台所の入り口。Ⓔthe back door; the kitchen door. 한뒷문。「酒屋さんは注文の品を持って裏口から入る」 対表口 ②見えないところで悪いことをすること。Ⓔbackdoor; illegal. 한뒷구멍、부정한 수단。「裏口入学(＝入学試験の成績でなく、

金や特別の関係で入学すること//裏口営業」

うらさびし・い【うら寂しい】ウラサビシイ, ウラサビシイイ なんとなくさびしい。Ⓔlonely; desolate. 闽어쩐지 쓸쓸하다.「住んでいる人も少なく店もない、うらさびしい海辺の村//うらさびしい気持ち」

うらな・う【占う】ウラナウ〔他動五〕（うらなって）人の運命やものごとのなりゆき、これから起こるできごとなどを予想する。Ⓔtell a person's fortune; forecast. 闽점치다.「あまり失敗や不幸が続くので先のことを占ってもらった//子供のとき、靴を投げてあしたの天気を占ったものだ」图占い

うらはら【裏腹】ウラハラ 違っていること。反対であること。Ⓔopposite; contrary to. 闽정반대임、상반됨.「あの人は言うこととすることが裏腹だ//考えていることと裏腹の行動をしてしまった」

うら・む【恨む】ウラム〔他動五〕（うらんで）相手が自分にしたことをひどいと感じ、仕返しをしたいと思う。Ⓔbear a grudge against; blame. 闽원망하다.「父をひき殺したトラックの運転手を一生うらむ//自分でこわしてしまったんだから、だれをうらむわけにもいかない」图恨み

うらめし・い【恨めしい】ウラメシイ うらみたい気持ちだ。Ⓔfeel bitter against; be terribly disappointed. 闽원망스럽다.「わたしが困っているのにすこしも助けてくれない友達がうらめしい//せっかくスキーに行ったのに雪がなくてうらめしかった」

うらもん【裏門】ウラモン 建物などの裏側にある門。Ⓔa back gate. 闽뒷문.「夜遅く帰って裏門からこっそり入った」対正門、表門

うらやまし・い【うらやましい】ウラヤマシイ うらやむ気持ちだ。Ⓔenvious; enviable. 闽부럽다.「京子の家は広くてうらやましい//だれにも好かれる妹がうらやましい」

うらや・む【うらやむ】ウラヤム〔他動五〕（うらやんで）人の恵まれたようすなどを見て、自分もそうなりたいと思う。Ⓔenvy; be envious of. 闽부러워하다.「洋子と一郎はとても仲のいい夫婦だと、友人はみなうらやんでいる//体の弱い京子が道子の健康をうらやんでいる」

うららか ウラララカ ①風もなく晴れあがり、暑くも寒くもないようす。Ⓔbright; beautiful. 闽화창함.「うららかな春の光を浴びながら散歩する」②心が明るくはればれとしたようす。Ⓔbright; serene. 闽밝음；명랑함.「天気がいいと、心までうららかになる」
≡参①はおもに春の天気についていう。

うりあげ【売り上げ】ウリアゲ 商品を売ってえた金の合計。Ⓔsales; proceeds. 闽매상.「この店のきょうの売り上げは30万円だった//この会社の売り上げは、年々のびている//売上高(Ⓔthe amount sold. 闽매상고.)」

うりき・れる【売り切れる】ウリキレル〔自動一〕品物が全部売れて、なくなってしまう。Ⓔbe sold out; be out of stock. 闽매진되다, 품절되다.「評判がいい芝居の切符はすぐ売りきれる//夕方買い物に行ったら、もうパンは売りきれていた」图売り切れ

うりことばにかいことば【売り言葉に買い言葉】 相手の乱暴なことばに対し、こちらも同じように乱暴なことばでこたえること。Ⓔpay tit for tat; as a retort. 闽오는 말에 가는 말.「売りことばに買いことばで始まったけんかだから、どちらが悪いともいえない」

うりこ・む【売り込む】ウリコム〔他動五〕（うりこんで）①相手が買いたくなるように、商品などを上手に強くすすめる。Ⓔsell; push (one's wares). 闽(선전하여) 팔다.「あちこちの工場を訪ねて新型の機械を売りこむ」②人や商品の名前などを広く知られるように

する．E promote; advertise. 한 선전하다, 팔다.「新人歌手を売りこむため顔写真をあちこちに配る//選挙に立候補するつもりで名前を売りこむ」▷ 名 売り込み

うりだ・す【売り出す】ウリダス〔他動五〕（うりだして）① 新しい商品を売りはじめる．E offer a thing for sale; place a thing on the market. 한 팔기 시작하다, 발매하다.「兄の会社では, 来月新製品を売りだす」② 安い値段でたくさん売る．E put a thing on sale. 한 염가 판매하다.「バーゲンセールで正札の半値で売りだしている」③ いままであまり知られていなかったものの存在や名前を広く知らせる．E become popular. 한 유명해지다; 뜨다.「いまテレビに映っている人が, 最近売りだした歌手ですよ」▷ 名 売り出し

うりて【売り手】ウリテ ものを売る側の人．E a seller. 한 파는 쪽 (사람), 매도인.「売り手の言うとおりの値段で買う//売り手市場（＝売り物が少なくて, 売り手に有利な状態）」 対 買い手

うりば【売り場】ウリバ 品物や切符などを売る場所．E a counter. 한 파는 곳, 매장.「靴の売り場は1階で, 洋服の売り場は2階です」

う・る【売る】ウル〔他動五〕（うって）① ものなどを, 金と引きかえに人に渡す．E sell. 한 팔다.「生活に困って, 住んでいた家を売った//この店にはなんでも売っている」対 買う
② 働きかけたり押しつけたりする．E pick (a quarrel). 한 걸다.「けんかを売る（→喧嘩 慣用）//恩を売る（→恩 慣用）」
③ 名前や顔を広く知られるようにする．E make a name for oneself; be famous for. 한 선전하다, 팔다; 날리다.「兄は若いころけんかの強い男として名を売っていた//あの女優は美しい銀髪で売っている」▷ 名 売り 自動 売れる

うるお・う【潤う】ウルオウ〔自動五〕（うるおって）① ちょうどいい水分がいきわたる．E be moistened. 한 축축해지다.「ゆうべの雨で地面がうるおった//川の水でたくさんの田がうるおう」
② 前より豊かで余裕ができる．E become prosperous; be better off. 한 윤택해지다, 넉넉해지다.「寄付が集まると会の財政がうるおう//月給が上がって, すこし生活がうるおうようになった」▷ 名 潤い 他動 潤す

うるさ・い ウルサイ ① 音や声が大きくて, じゃまだ．E noisy. 한 시끄럽다.「ステレオの音がうるさい//となりの部屋の声がうるさくて眠れない」② 同じことが繰り返されて, いやだ．E annoying. 한 귀찮다.「親が早く結婚しろとうるさく言う//ハエがつきまとってうるさい」③ はっきりした考えを持っていて, 細かいところまで気にする．E particular; fussy. 한 까다롭다.「父は礼儀にうるさい//時間にうるさい人//味にうるさい客」

うる・む【潤む】ウルム〔自動五〕（うるんで）水分をふくむ．また, しめりけが多くて, くもったようになる．E get wet; get moist. 한 물기가 어리다.「感謝のことばを言っているうち涙で目がうるんできた」

うるわし・い【麗しい】ウルワシイ ① 形, 色, 声などがきちんとしていて美しい．E beautiful; elegant. 한 아름답다.「上品で麗しい女性//麗しい歌声」② 天気や気持ちがはればれとしていい．E good; fine. 한 좋다, 화창하다.「ごきげん麗しくお過ごしですか//いろいろな花が咲きそろった麗しい春の日」③ 心が温まる．E heartwarming. 한 마음이 훈훈해지다.「たがいに助け合う麗しい友情//麗しいきょうだい愛」

うれい【憂い・愁い】ウレイ, ウレイ ① もの

ごとがよくないほうへ進むのではないかという心配。Eanxiety; concern. 한근심, 걱정, 우려.「環境悪化の憂いがある」②なんとなく悲しい気分やようす。Edistress; sorrow. 한슬픔, 수심.「愁いをおびた顔//愁いのある表情」

注 漢字で書くときは、①は「憂い」、②は「愁い」。

うれし・い ウレシイ
いいことがあったり満足したりして、気分がいい。Ebe happy; be glad. 한기쁘다.「試験が終わってうれしい//久しぶりに友達に会えてうれしい」対悲しい

う・れる【売れる】ウレル〔自動一〕①ものなどが買われていく。Esell; be in demand. 한팔리다.「丈夫で安い靴下がよく売れる//飛ぶように売れる」②名前や顔が広く知られる。Ebe well known; be popular. 한널리 알려지다.「よく名が売れている作家に講演を頼む」▷他動売る

う・れる【熟れる】ウレル〔自動一〕植物の実がじゅうぶんに実る。くだものが色づいてやわらかくなり、食べられるようになる。熟す。Eripen 한익다, 여물다.「9月になるとブドウがうれる//よくうれていない酸っぱいミカン」

うろうろ ウロウロ〔～する〕①なんの目的もなく歩きまわるようす。「家のまわりを野良犬がうろうろしている(EA stray dog is roaming around outside the house. 한집 주변을 들개가 어슬렁거리고 있다.)」②どうしたらいいかわからず、困って動きまわるようす。「めがねが見つからず、家の中をうろうろ(と)さがした(EI wandered all over the house looking for my glasses. 한안경이 안 보여서 집 안을 이리저리 찾아 다녔다.)」

うろおぼえ【うろ覚え】ウロオボエ、ウロオボエ はっきり覚えていないこと。Ea faint memory. 한흐릿한 기억.「うろ覚えの電話番号でかけたら、やっぱり違っていた//うろ覚えの知識ではだめだ」

うろた・える ウロタエル、ウロタエル〔自動一〕驚いて、どうしていいかわからずまごつく。Ebe thrown into confusion; be upset. 한당황하다, 갈팡질팡하다.「急に部屋の明かりが消えたので、みなうろたえて出口をさがした//日本ではじめて地震を経験してうろたえた」

うろつ・く ウロツク〔自動五〕(うろついて) あちこちを行ったり来たりする。Eloiter about; hang around. 한서성거리다, 배회하다.「変な男が門の前をうろついている//週末になると盛り場をうろつく若者が増える//うろつきまわる」

うわき【浮気】ウワキ〔～する〕①気持ちが変わりやすいこと。Efickle; inconstant. 한변덕.「客は浮気だから、いつも新しい商品を用意しなければならない」②妻や夫があるのに、他の女性や男性と関係を持つこと。Ea secret love affair. 한바람기 ; 바람을 피움.「夫の浮気を知って、妻は離婚に踏みきった」

うわぎ【上着】ウワギ 上半身に着る、最も外側の衣服。Ea coat; a jacket. 한웃도리, 겉옷.「会議中だが、暑いので上着をぬいだ//スーツの上着」対下着, ズボン 数1枚・1着 →衣類図

うわさ ウワサ〔～する〕①そこにいない人のことをいろいろ言うこと、また、その話。Etalk about; gossip. 한남의 소문, 뒷공론.「うわさをしているところへ本人が来た//うわさ話」②世間で広く話されている、確かでない話題。E(a) rumor. 한소문.「大地震が起きるといううわさがひろまっている」

うわっつら【上っ面】ウワッツラ ものごとの、外から見える部分。うわつら。Ean appearance; the surface. 한겉모양.

「人の上っ面だけを見てその人を判断してはいけない//上っ面だけきれいにした建物」[話]

うわて 【上手】ウワテ ①能力、技術などが他の人よりすぐれていること. [E]superior; better. [한]한수 위.「テニスは弟のほうが一枚うわてだ」②自分が相手より上だという態度. [E]get the upper hand on. [한]고자세.「こちらが初めからうわてに出て、話し合いはうまくまとまった」[対]下手

[注]「じょうず」「かみて」とも読めるので、区別するためには、ひらがなで書くほうがいい.

うわのそら 【上の空】ウワノソラ ほかのことに気をとられていて、心がそこにないこと. [E]an absent-minded air. [한]건성.「先生の話を上の空で聞いていたので、なにも覚えていない」

うわべ 【上辺】ウワベ 外から見える表面. [E]an appearance; the surface. [한]겉, 외관；표면.「あの女優は、うわべははなやかだが、実際は質素な生活をしている//うわべを飾る」

うわまわ・る 【上回る】ウワマワル, ウワマワル〔他動五〕(うわまわって) ものごとが、ある数や量や程度より多くなる. [E]be more than; exceed. [한]웃돌다, 상회하다.「今年の米の生産は昨年を上まわった//電車は予想を上まわるひどいこみ方だった」[対]下回る

うわやく 【上役】ウワヤク 役所や会社などで、ある人から見て地位が上の人. [E]one's superior; one's boss. [한]상사, 상관.「上役と一緒にゴルフをする」[対]下役

うん 【運】ウン ものごとがうまくいくかいかないかなど、人の力ではどうにもならないこと. [E]fate; luck; fortune. [한]운.「1000万円の宝くじが当たるなんて、本当に運のいい人だ」「きょうは雨には降られるし財布は落とすし、運の悪い1日だった」

運の尽き 幸運が続かなくなること. [E]one's fate is sealed. [한]운이 다함, 운의 끝장.「競馬に手を出したのが運のつきで、財産をすっかりなくしてしまった」

うん ウン 相手の言うことを認めたり承知したりするときに言うことば. [E]Yeah; Yes. [한]응, 그래.「『きみはここの学校の生徒かい』『うん、そうだよ』//『あした映画を見に行かない?』『うん、行こう』」[対]いや [話] →ええ

うんえい 【運営】ウンエイ〔~する〕目的を果たすことができるように組織をまとめて動かすこと. [E]manage; operate. [한]운영.「人を適材適所に配置して、会社をうまく運営する//運営委員会//運営資金」

うんが 【運河】ウンガ 船を通すためにつくった水路. [E]a canal. [한]운하.「スエズ運河ができて、船は地中海から紅海へ出られるようになった//パナマ運河」

うんざり ウンザリ〔~する〕同じことが何度も起こったり長く続いたりするのでいやになるようす. [E]be disgusted with; be sick of. [한]진절머리남, 신물남.「寮の食事は毎晩同じでうんざりだ//校長先生がいつも同じことを長々と話すので、生徒たちはうんざりしている」

うんそう 【運送】ウンソー〔~する〕仕事として荷物を目的の所へ送りとどけること. [E]transport. [한]운송.「引っ越すことになり、運送会社に荷物の運送を頼んだ//注文の品物をトラックで運送する」

うんちん 【運賃】ウンチン 乗り物に乗るときや荷物を送るときに払う料金. [E]a fare; freight. [한]운임.「バスの運賃が値上げになる//運賃を払う」

うんてん 【運転】ウンテン〔~する〕乗り物や大きな機械などを動かすこと. [E]drive; operate. [한]운전.「車を運転する//機械の運転を止める//酔っぱらい運転//運転手」

うんと ウント, ウント たくさん、非常に,

「こっそりタバコを吸って、父にうんとしかられた//ピアノを運ぶには、うんと力がいる(Eit requires great strength to carry a piano.韓피아노를 운반하는 데는 힘이 엄청 든다.)」話

うんどう【運動】ウンドー〔～する〕①健康や楽しみなどのために体を動かすこと. Eexercise.韓운동.「毎朝、公園で軽い運動をする//運動会」②ある目的で人々に働きかけたり活動したりすること. Ea movement; a campaign.韓(정치, 사회적) 운동.「自然保護の運動を繰りひろげる//選挙運動/平和運動」③ものが、時間がたつにしたがって位置を変えること. Emovement; motion.韓(물체의) 운동.「地球の運動は引力の法則にしたがっている//落下運動」対静止

うんめい【運命】ウンメイ 人や世の中がどうなっていくかを決める大きな力. また、それによって決められたなりゆき. Efate; destiny.韓운명.「こういう古い因習は忘れられていく運命にある//被告の運命を決める判決」

うんよう【運用】ウンヨー〔～する〕金や規則などをうまく働かせて使うこと. Eemploy; apply.韓운용.「会の財産を運用して、その利子を奨学金にする//新しい法律を運用すれば、その行為を禁止できる」

え／エ

え【柄】エ 道具や器についている細長い部分. 手で持つためのもの. Ea handle.韓자루, 손잡이.「この傘は柄が長い//フライパンの柄が取れた」

え【絵】エ ものの形やようすを、線や色でかき表したもの. Ea picture; a painting.韓그림.「子供の絵には夢がある//絵のように美しい//ピカソの絵」数1枚・1点・1幅

絵にかいたもち[餅] すばらしい計画だが、実現しそうもなくて実際の役に立たないこと. Eof no practical use.韓그림의 떡.「どんなにすばらしくても、実際と離れすぎている計画は絵にかいたもちだ」

エアコンエアコン①〔←エアコンディショニング(air conditioning)〕自動的に部屋の温度や湿度や換気を調節すること. 空調. Eair conditioning.韓에어 컨디셔닝, 공기 조절.「エアコンが広くいきわたって、快適な生活が送れるようになった」②〔←エアコンディショナー(air conditioner)〕「①」を行う装置. Ean air conditioner.韓에어컨.「事務所にエアコンを取りつける」▷数②1台

エアメール(air mail)エアメール 航空便. Eair mail.韓항공 우편.「外国の友達からエアメールがとどいた」

えいえん【永遠】エイエン 時間が限りなく続くこと. Eeverlasting; forever.韓영원.「2人は永遠の愛を誓い合った//われわれの友情が永遠に続くように願っている//永遠の眠り(=死)」

えいが【映画】エイガ, エイガ ものや人、景色などを写したフィルムをスクリーンの上に映しだして見せるもの. Ea movie; a film.韓영화.「映画を撮影する//映画を上映する//映画に出る//映画監督//映画館」数1本

えいきゅう【永久】エイキュー ある状態がいつまでも続くこと. Eforever; everlasting. 한영구.「文化財を永久に保存する//世界に永久の平和を実現したい//永久歯(Ea permanent tooth. 한영구치.)」

えいきょう 【影響】エイキョー〔～する〕あるものの働きがほかのものに伝わって、なにかの変化をひきおこすこと. E(an) influence; (an) effect. 한영향.「円高は外国人の生活に大きく影響している//影響力//悪影響」

「影響」の使い方

影響がある Ehave an influence on. 한영향이 있다.「経験や環境は、子供の成長に影響がある」

影響が大きい Ehave a great influence on. 한영향이 크다.「健康には栄養や運動の影響が大きい」

影響が少ない Ehave little effect on. 한영향이 적다.「『消費税は国民の生活に影響が少ない』と政府は言っている」

影響がない Ehave no effect on. 한영향이 없다.「今度の台風は、この地方にはまったく影響がなかった」

影響を与える Ehave an influence on. 한영향을 미치다.「いい環境は子供にいい影響を与える」

影響を受ける Ebe influenced by. 한영향을 받다.「日本の文化は、中国、朝鮮の影響を受けて育ってきた」

影響を及ぼす Eexert an influence on. 한영향을 미치다.「コンピューターは、現代人の生活に大きな影響をおよぼしている」
[似た表現]影響が及ぶ

影響を被る Ebe affected by. 한영향을 받다.「土地値上がりの影響をこうむって、マイホームは買えなくなった」

影響をもたらす Ebring about an effect upon. 한영향을 끼치다.「科学技術の進歩が日常の生活に大きな影響をもたらしている」

えいぎょう 【営業】エイギョー〔～する〕利益をえるために事業を行うこと. Ebusiness; sales. 한영업.「課長は外へ営業に出かけた//本日は営業を休みます//営業成績//営業部(Ea sales department. 한영업부.)」

えいご 【英語】エイゴ イギリス, アメリカ, カナダ, オーストラリアなどで使われていることば. EEnglish. 한영어.「イギリス人のマイクと英語で話をする//アメリカ英語」

エイズ (AIDS) エイズ 「Acquired Immune Deficiency Syndrome(後天性免疫不全症候群)」を略した言い方. ウイルスの感染によって体の免疫がなくなり、他の病気が治りにくくなる. EAIDS. 한에이즈, 후천성 면역 결핍증.「エイズに対する偏見をなくさなければならない//エイズウイルスは性的な行為や輸血などで感染する」

えいせい 【衛生】エイセイ 清潔に心がけて健康な生活ができるようにすること. Ehygiene; sanitation; health. 한위생.「台所や便所などは特に衛生に注意しなければならない//衛生状態が悪い//公衆衛生」

えいせい 【衛星】エイセイ ①惑星のまわりを回る星. Ea satellite; a moon. 한위성.「月は地球のまわりを回る衛星だ//衛星放送//人工衛星(→項目)」②中心になるもののまわりにあって、その影響を受けているもの. Ea satellite (city). 한위성 (도시).「衛星都市//衛星国」

えいぞう 【映像】エイゾー 光線の屈折や反射によって、ものの表面に映しだされた形や姿. また、テレビなどの画像. Ea picture; an image. 한영상.「テレビが古くなって、映像がすこしぼけるようになった」

えいたん 【詠嘆】エイタン〔～する〕深い感動を声やことばに表すこと. Eadmiration.

[韓]영탄.「山の頂上で日の出の美しさに詠嘆の声をあげた//自然の美しさに詠嘆して俳句をつくった」

えいだん 【英断】エイダン すぐれた判断によって、思いきって決めること. [E] a decisive measure. [韓]영단.「社長の英断によって,新事業がスタートした//大幅な値下げをするという英断を下した」

えいびん 【鋭敏】エイビン 感じ方や頭の働きが鋭く速いようす. [E] sharp; keen. [韓]예민.「子供は大人より鋭敏に感じとる力がある//鋭敏な神経を持つ」[対]鈍感

えいみん 【永眠】エイミン〔～する〕「死ぬこと」の改まった言い方. [E] pass away; die. [韓]영면.「父は昨夜永眠いたしました」

えいゆう 【英雄】エイユー 才能や武勇にすぐれていて、大きなことをやりとげた人. [E] a hero. [韓]영웅.「ナポレオンもジャンヌ・ダルクもフランスの生んだ英雄である」

えいよ 【栄誉】エイヨ すばらしいと認められてほめられること. [E] honor. [韓]영예, 명예.「優勝の栄誉をたたえて校歌を演奏する」

えいよう 【栄養】エイヨー 生物が生きて育っていくために必要な食物や成分. [E] nutrition; nourishment. [韓]영양.「野菜だけでは栄養がたりない//力を出すために、もっと栄養をとりなさい//栄養不足//栄養士」

えいり 【営利】エイリ 利益を求めて活動すること. [E] profit-making. [韓]영리.「営利を目的とした仕事に国の予算を使うわけにいかない//営利会社//営利事業」

ええ エー, エー ①相手の言うことを認めたり承知しりするときに言うことば. [E] yes. [韓]네, 예.「『リーさんはここの学生ですか』『ええ、そうです』//『一緒に食事に行きませんか』『ええ、行きましょう』」[対]いいえ ②話の初めに言ったり、途中にはさんだりすることば. Uh ～; Errrr ～. [韓]음, 어.「ええ、私は山田と申しますが//このコンピューターは、ええ、人の300人分の計算を、ええ、1分でやってしまいます」▷[話]

[参]①は「うん」「はい」ともいうが、「うん」→「ええ」→「はい」の順で、丁寧な言い方になる。②は「ええー」と長くのばすことが多い.

えがお 【笑顔】エガオ うれしそうに笑っている顔. [E] a smile. [韓]웃는 얼굴.「いままで泣いていた子供が、母親の顔を見て笑顔になった//笑顔でお客さまを迎える」

えが・く 【描く】エガク〔他動五〕（えがいて）①ものごとの形やようすを、絵やことばなどで表す. [E] draw; paint; describe. [韓]그리다, 나타내다, 묘사하다.「人物を生きているように描くのはむずかしい//船は水の上に白い線を描いて走る」②ものごとの形やようすを、自分の心の中で思う. [E] picture to oneself; imagine. [韓]그리다, 상상하다.「一郎との結婚を胸に描く//頭の中に夢を描く」

えき 【液】エキ 水や油などのように、流れる性質を持ったもの. [E] a liquid; a solution. [韓]액, 액체.「洗濯物をせっけんの液につける//消毒液//胃液」

えき 【駅】エキ 電車や列車が止まり、客が乗り降りしたり貨物を積みおろしたりする所. [E] a station. [韓]역.「列車が駅に到着する//駅から学校まで10分かかる//東京駅」 →囲み

エキスパート (expert) エキスパート, エキスパート 1つの分野に、特にすぐれた才能や技術を持っている人. 専門家. [E] an expert. [韓]전문가.「一郎は胃がん手術のエキスパートだ」

エキゾチック (exotic) エキゾチック 外国のような雰囲気があるようす. [E] exotic. [韓]이국적인.「目鼻だちがはっきりしたエキゾチックな顔//エキゾチックな港町」

えきたい【液体】エキタイ 物質の3つの状態のよう1つ。水や油のように、決まった形がなく、容器に入れないと流れていってしまうもの。Ⓔliquid; a fluid. 㶙液体.「あのコップの中の青い液体はなんですか//液体酸素」関連 固体, 気体

えきでん【駅伝】エキデン 「駅伝競走」を略した言い方。長い距離の道路をいくつかの区間に分けて、1つの区間を各チームから1人の選手が走って、合計の時間で順位を決める、チーム対抗の競走. Ⓔ*ekiden*; a long-distance relay race. 㶙역전 경주.「道路のわきで駅伝の選手たちを応援する//箱根大学駅伝」

駅と車内で使うことば

乗客 Ⓔa passenger. 㶙승객.
駅員 Ⓔa station employee. 㶙역무원.
券売機 Ⓔa ticket machine. 㶙매표기.
改札口 Ⓔa ticket gate. 㶙개찰구.
自動改札機 Ⓔa automatic ticket gate. 㶙자동 개찰기.
ホーム Ⓔa platform. 㶙플랫폼, 승강장.
〜番線 ⒺTrack No. 〜. 㶙〜번 플랫폼.
遺失物取扱所 Ⓔthe lost and found. 㶙유실물 보관소.
精算所 Ⓔthe fare adjustment window. 㶙정산소.
みどりの窓口 Ⓔthe Green Window. 㶙초록색 창구.
JR線 Ⓔa JR line. 㶙JR선.
私鉄 Ⓔa private line. 㶙사철, 민영 철도.
地下鉄 Ⓔa subway. 㶙지하철.
始発 Ⓔthe first train. 㶙첫차.
終電 Ⓔthe last train. 㶙막차.
検札 Ⓔexamination of tickets. 㶙검표.
乗りかえる Ⓔchange; transfer. 㶙갈아타다.

列車と車両の種類

普通 Ⓔa local train. 㶙보통 열차.
各駅停車 Ⓔa local train. 㶙완행.
急行 Ⓔan express. 㶙급행.
特急 Ⓔa limited express. 㶙특급.
新幹線 Ⓔthe *Shinkansen*. 㶙신칸센.
禁煙車 Ⓔa nonsmoking car. 㶙금연차.
グリーン車 Ⓔthe Green Car. 㶙녹색 차량(2등 객차).
シルバーシート ⒺSilver Seats; seats for the elderly or disabled persons. 㶙노약자·장애인석.

切符の種類

乗車券 Ⓔa ticket. 㶙승차권.
指定券 Ⓔa reserved seat ticket. 㶙지정 좌석권.
グリーン券 Ⓔa ticket for the Green Car. 㶙녹색 객차(2등 객차) 승차권.
急行券 Ⓔan express ticket. 㶙급행권.
特急券 Ⓔa limited express ticket. 㶙특급권.
入場券 Ⓔa platform ticket. 㶙입장권.
定期券 Ⓔa commuter pass. 㶙정기 승차권.
回数券 Ⓔa coupon ticket. 㶙회수권.

えきべん【駅弁】エキベン 駅のホームや売店，車内などで売っている弁当．Ⓔa box lunch sold at a railroad station or in a train. ㉠역·열차 안에서 파는 도시락．「駅弁を食べるのが旅行の楽しみの1つだ」

えくぼ エクボ 笑ったときに，ほおにできる小さなくぼみ．Ⓔa dimple. ㉠보조개．「笑うとえくぼがかわいい子∥かたえくぼ」

えぐ・る エグル〔他動五〕（えぐって）①ナイフなどを使って中の部分を取りだし，深い穴を開ける．Ⓔscoop out; gouge. ㉠도려내다．「リンゴのしんをナイフでえぐって取る∥胸がえぐられるような悲しみ（Ⓔpoignant sorrow. ㉠가슴을 에이는 듯한 슬픔．)」②隠されている事実を明らかにして示す．Ⓔcut (to the heart). ㉠날카롭게 지적하다, 찌르다．「事件をよく調べて，問題の核心をえぐった記事を書く」

えげつな・い エゲツナイ 下品で，いやな感じだ．Ⓔvulgar; nasty; vicious. ㉠야비하다．「課長はえげつないことばで部下をしかるので嫌われている∥えげつないやり方でお金をもうける」[話]

エゴ (㋖ego) エゴ ①⇨自我「3歳はエゴが確立する時期だ」②（←エゴイズム(egoism)）自分中心に考えて，自分だけがよければいいという考え方．Ⓔegoism. ㉠이기주의．「親のエゴで子供の将来を決めてはいけない∥地域エゴ」

エコノミー (economy) エコノミー ①経済．Ⓔeconomy. ㉠경제．「日米エコノミー戦争」②節約すること．Ⓔeconomy. ㉠경제．「エコノミークラス(= 旅客機などの普通席)∥エコノミー切符(=割引の切符)」

えこひいき エコヒイキ〔～する〕自分の気に入った人だけを特によくしてやること．Ⓔfavoritism; partiality. ㉠편애．「A先生はえこひいきすることなく，どの子も公平に扱っている」

えさ エサ，エサ 動物を育てたり，捕らえたりするための食物．Ⓔfeed; bait. ㉠모이, 먹이 ; 미끼．「犬にえさをやる∥小鳥のえさ」
≣[注]漢字で書くときは「餌」．

エスカレーター (escalator) エスカレーター 階段のようなものを動かして，人や荷物を上や下に運ぶ装置．Ⓔan escalator. ㉠에스컬레이터．「エスカレーターで3階まで上がる」[数]1基

エスペラント (Esperanto) エスペラント ポーランドの医師ザメンホフが考え，1887年に発表した世界の共通語．ⒺEsperanto. ㉠에스페란토．「エスペラントを習って世界じゅうの人々と話してみたい」

えだ【枝】エダ 植物の幹や茎から分かれてのびていくもの．Ⓔa branch; a bough. ㉠가지．「木の枝を折る∥枝ぶり(=枝のようす)∥枯れ枝」[数]1本 →木図

エチケット (㋕étiquette) エチケット，エチケット 人とつきあうときに守らなければならないことばの使い方や動作．Ⓔetiquette. ㉠에티켓, 예의．「ドアを開けて，後から人が来るとわかっていたら押さえているのがエチケットだ∥パーティーなどで相手のいやがることを尋ねるのはエチケットに反する∥エチケットを守る」

えっちらおっちら エッチラ・オッチラ 歩きにくそうに，ゆっくりと歩くようす．「90歳になる祖母が，畑でつくった野菜を持って，えっちらおっちらやってきた(ⒺMy ninety-year-old grandmother came toiling over, carrying vegetables grown in her field. ㉠아흔 살 된 우리 할머니가 밭에서 가꾼 야채를 들고 타달타달 걸어 왔다．)」[話]

えつらん【閲覧】エツラン〔～する〕図書館などで，そこにある書物や新聞などを読んだり調べたりすること．Ⓔreading; inspection. ㉠열람．「図書館で江戸時代の古い

辞書を閲覧する//閲覧室」

えて 【得手】エテ いちばん得意にすること。Eone's strong point; be good at. 韓장기、특기。「人には得手不得手がある//歌を歌うのは、どうも得手じゃない」対不得手

えてして エテシテ そうなることが多いようす。Ebe apt to; as is often the case. 韓자칫하면；곧잘、흔히。「えてして、子供は親に言われたことに反発するものだ//あんなに売れていた商品がいまはまったくだめだ。商売とは、えてしてこんなものだ」

えと エト ①十干と十二支を組み合わせて年を表すのに使うもの。古くは、日、時刻、方角などにも使った。E*eto*; an ancient system for counting days, months and years by combining two ordered sets of symbols called the ten stems or trunks (*jikkan*) and the twelve branches (*junishi*). 韓간지。「えとは、きのえね、ひのえうまなど60種ある」②⇨十二支「来年のえとはひつじです」

参「十干」とは、「木、火、土、金、水」をそれぞれ「え（=兄）」と「と（=弟）」に分けたもので、「きのえ・きのと、ひのえ・ひのと、つちのえ・つちのと、かのえ・かのと、みずのえ・みずのと」のこと。

えど 【江戸】エド 東京の古い呼び名。徳川家康が1603年に幕府を開いて政治の中心地となり発達した。EEdo. 韓에도。「江戸は武士と町人の町として栄えた//江戸時代はおよそ260年続いた」

エネルギー (独Energie) エネルギー、エネルギー ①物体などが持つ、仕事をする力。Eenergy. 韓에너지。「原子力エネルギー//運動エネルギー//熱エネルギー」②産業や人間生活に必要な電気、ガスなど。Eenergy (electricity, gas). 韓에너지。「エネルギー資源//エネルギー問題」③ものごとを活発に

行う精力。活力。Eenergy; vigor. 韓정력、활력。「洋子は若さとエネルギーにあふれている」

えのぐ 【絵の具】エノグ 絵に筆で色をつけるための材料。油絵の具、水彩絵の具など。Ecolors; paints. 韓그림물감。「文房具店で12色の絵の具を買う」

えび エビ 海や川にすむ節足動物の一種。かたい殻でおおわれ、2対の触角と5対の足を持つ。クルマエビ、イセエビなど食用になるものが多い。Ea shrimp; a prawn; a lobster. 韓새우。「エビのてんぷらを食べる」数1匹

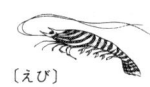
〔えび〕

えびでたい[鯛]を釣る すこしの元手で大きな利益をえる。Ethrow a sprat to catch a mackerel. 韓새우로 잉어 낚는다。
似た表現 えびたい

エピソード (episode) エピソード、エピソード 人やものごとの一面を表す、ちょっとした話。Ean episode; an anecdote. 韓에피소드、일화。「首相には、学生時代に、海でおぼれかけた人を救助したというエピソードがあるそうだ」

エプロン (apron) エプロン、エプロン 台所の仕事や掃除などのときに使う洋風の前かけ。Ean apron. 韓앞치마。「エプロンをかけて家事をする//エプロン姿で台所に立つ」数1枚

〔エプロン〕

えほん 【絵本】エホン 子供のための、絵が多い本。Ea picture book. 韓그림책。「おとなしく1人で絵本を見ている//子供に絵本を読んでやる」数1冊

えもの 【獲物】エモノ、エモノ 狩りや漁でとったもの。Egame; a catch; a bag. 韓사냥감。「むかしの人は、えものを追って山を走りまわった//えものに逃げられる」

エラー (error) エラー〖～する〗失敗すること、まちがい。Ｅan error. 韓오류；실수.「きょうの野球の試合はエラーが多かった∥コンピューターでエラーが出ると、もういちどやり直しだ」

えら・い 【偉い】エライ ①人物や行動がすぐれていて、立派だ。Ｅgreat. 韓훌륭하다.「勉強も仕事もちゃんとやるとは偉い」②地位や身分が高い。Ｅin a high position. 韓(지위, 신분이) 높다.「病院では院長がいちばん偉い」③程度がひどい。Ｅhard; awful. 韓심하다, 호되다, 지독하다.「大雪で電車が動かなくなってえらい目にあった∥きょうはえらく暑い」話③
注③はひらがなで書く。

えら・ぶ 【選ぶ】エラブ〖他動五〗(えらんで) ２つ以上のものごとの中から目的に合うものを取る。Ｅelect; choose. 韓고르다, 선택하다, 뽑다.「洋子をクラス委員に選んだ∥自分に合った職業を選ぶ」

えり 【襟】エリ ①衣服の、首のまわりにつける布。Ｅa neckband; a collar. 韓옷깃.「着物のえりのよごれを洗う∥ワイシャツのえり」②首の後ろの部分。Ｅthe nape of the neck. 韓목덜미.「えりをそる∥えりあし」▷＝着物、ワイシャツ図
襟を正す 気持ちや態度を引きしめる。Ｅshape up; with respect. 韓옷깃을 여미다, 자세를 바로하다.「選挙の結果を、国民のわが党に対する批判としてえりを正して受けとめる」

エリート (⑦élite) エリート 特に選ばれたすぐれた人々。Ｅthe elite. 韓엘리트.「エリートへの道は厳しい∥エリートコース∥エリート教育」

えりごのみ 【えり好み】エリゴノミ, エリゴノミ〖～する〗好きなものだけを取ること、より好み。Ｅbe particular; be choosy. 韓좋아하는 것만을 골라 취함, 가림.「食べ物をえり好みする子は丈夫になれない」

える 【得る】エル〖他動一〗①自分のものにする。Ｅobtain; get; gain. 韓얻다, 손에 넣다.「親からやっとのことで外国旅行の許しをえた∥承認をえる∥要領をえない(→要領慣用)」対失う ②(「～ざるをえない」の形で)～しないわけにはいかない。「決まった以上、したがわざるをえない∥賛成せざるをえない(Ｅcannot help agreeing. 韓찬성하지 않을 수 없다.)」③(動詞の「ます」形について) ～することができる。可能だ。「そんなことはありえない∥知りえた限りの情報を伝えます∥理解しえない(Ｅcannot understand. 韓이해할 수 없다.)」
参古い言い方は「得る」。そのため、③のようなばあいの基本形では、「ありうる」「理解しうる」を使うことも多い。

エレガント (elegant) エレガント 動作や服装などが上品で美しいようす。Ｅelegant. 韓엘리건트, 우아함, 고상함.「エレガントな身のこなし∥エレガントな服装」

エレベーター (elevator) エレベーター 動力で、人や荷物を上や下に運ぶ装置。Ｅan elevator. 韓엘리베이터, 승강기.「エレベーターでマンションの７階に上がる∥このデパートにはエレベーターもエスカレーターもある」数１台・１基

えん 【円】エン ①まるい形、丸。Ｅa circle. 韓원.「円の中心から円のまわりへ直線を引くと、長さはみな同じだ∥コンパスで円をかく」②日本の金の単位。１円は100銭。記号は「￥」。Ｅa yen. 韓엔(일본의 화폐 단위).「ドルに対して円が高くなる∥円の価値が上がる∥１冊200円のノート」

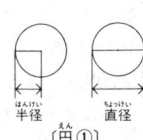
[円①] 半径 直径

えん

えん【縁】エン ①ものごととの結びつき。関係。Ea relation; a connection. 한관계, 인연。「子供のときから勉強が嫌いで、いまも学問とは縁がない」 ②人と人との結びつき。Eties; bonds; fate. 한인연。「夫婦の縁は切れても親子の縁は切れない//あなたとまたお会いできたのもなにかのご縁でしょう」 ③縁側。Ea veranda. 한툇마루。「縁の下//ぬれ縁」

縁の下の力持ち 人に見えないところで他人のために努力し、苦労すること。また、している人。Ework unnoticed; an unsung hero. 한그늘진 곳에서 남을 위해 노력함; 숨은 일꾼。「舞台の衣裳や照明や道具係の人たちは、俳優を美しく見せ観客を楽しませるために、縁の下の力持ちとして働いている」

縁は異なもの（味なもの） 男女の結びつきはまことに不思議な（おもしろい）ものだ。E Wondrous are the bonds of love. 한남녀간의 인연이란 묘하고도 재미있는 것。

えんえん【延延】エンエン ものごとが長く、とぎれずに続くようす。Elong (line); as long as. 한길게; 장장。「コンサート会場へ急ぐ人の列が延々と続いている//延々2時間にわたる長電話」

えんか【演歌】エンカ 人情や恋愛などをテーマとした、日本的なメロディーの流行歌。Ean *enka*; a popular song with a melody of Japanese style. 한（일본의）유행가。「父はカラオケで演歌を歌うのが大好きだ」 数1曲

えんかい【宴会】エンカイ おおぜいの人が一緒に食事をしたり酒を飲んだりして楽しむ会。Ea dinner party; a banquet. 한연회。「今度の土曜日は会社の宴会がある//宴会場」

えんかく【沿革】エンカク 学校や会社などいろいろな組織の、始まりから現在までの移り変わり。Ea history; development. 한연혁。「母校の沿革を調べる」

えんかつ【円滑】エンカツ ものごとが途中で止まらないで順調に進むようす。Esmooth; harmonious. 한원활。「特に反対意見もなく会議は円滑に進められた//円滑の運営」

えんがわ【縁側】エンガワ 和風の建築で、座敷の外側にある細長い板敷きの部分。E a veranda; a porch. 한툇마루。「祖母の家の縁側は、よく日が当たってとても暖かい//母はよく縁側で縫い物をしていた」

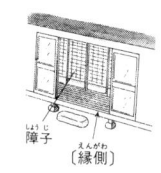
〔縁側〕

えんがん【沿岸】エンガン 海や川や湖にそった陸地の部分。また、陸地に近い部分。Ethe coast; the shore. 한연안。「瀬戸内海の沿岸では魚がたくさんとれる//沿岸に津波が押し寄せる//沿岸漁業」

えんき【延期】エンキ〔～する〕行事などを、決めた日より後に変えること。Epostpone; put off. 한연기。「講師のつごうで講習会を来週に延期した//かぜをひいたので、旅行の出発を延期する」

えんぎ【演技】エンギ〔～する〕①俳優や芸人などが客の前で芸をして見せること。Eacting; performance. 한연기。「あの俳優の演技は役になりきっていて実にみごとだ//演技賞」 ②他人をごまかすために、わざとある態度をとること。Ean act; a gesture. 한연극。「道子の笑顔は親を安心させるための演技だ」

えんきょく【婉曲】エンキョク ものの言い方や文の書き方などが、直接的でなく、穏やかなようす。Eindirect; roundabout. 한완곡。「家まで送っていくという二郎の申し出を、途中で買いものをしたいからと婉曲に断った//交渉などで『考えておく』というのは婉曲

な断り方の1つである」

えんきん 【遠近】エンキン　遠い所と近い所. Ⓔfar and near; distance. 㳇원근.「この風景画は遠近がよく表現されている//片方の目だけでは遠近の感じがよくわからない//カメラのレンズの遠近を調節する//遠近感」

えんげい 【園芸】エンゲイ　野菜や草花、くだものなどを育てること. Ⓔgardening. 㳇원예.「父は園芸が趣味で、日曜日はいつも庭で木や花の手入れをしている//園芸作物」

えんげき 【演劇】エンゲキ　人々がそれぞれの役をもって舞台に上がり、ある物語を演じて客に見せる芸術. Ⓔthe drama; a play. 㳇연극.「演劇を勉強するために俳優の養成所に入る//演劇の脚本を書く」→劇

えんこ 【縁故】エンコ　①血のつながりや結婚などによってできる関係. Ⓔ(a) relationship; a relative. 㳇연고.「親類の縁故を頼って仕事をさがす」②人と人を結びつける特別なつながり. Ⓔ(a) connection. 㳇연고.「弟は父の友人の縁故であの会社に就職できた//縁故採用(Ⓔemploy a person through personal connections. 㳇연고채용.)」

えんご 【援護】エンゴ〔～する〕困っている人を助けること. Ⓔsupport; back up. 㳇원호.「交通事故で親をなくした子供たちが高校に進学できるよう、援護の方法を考える」

えんし 【遠視】エンシ　「遠視眼」を略した言い方. 近くのものがぼんやりしてよく見えない状態. Ⓔfarsighted. 㳇원시.「遠視で新聞もよく読めない//遠視が進んできたので、めがねをかけることにした」対近視

えんしゅう 【演習】エンシュー〔～する〕①実際と同じようにして行う訓練. Ⓔmaneuvers; a rehearsal. 㳇연습.「自衛隊の演習が富士山のふもとで行われている//運動会の予行演習」②大学などで、学生の研究発表や討論を中心に行う授業. ゼミナール. ゼミ. Ⓔa seminar. 㳇세미나.「今度の演習はわたしが『日本の教育の近代化』について発表する//演習科目」

えんじゅく 【円熟】エンジュク〔～する〕①芸や技術などが、じゅうぶんに上手になっていること. Ⓔmature; fully developed. 㳇원숙.「あの俳優は円熟した芸を身につけている」対未熟　②人柄などが穏やかになり、人間味が増してくること. Ⓔmature; mellow. 㳇원숙.「社長の円熟した風格が、社員の心をひきつける」

えんしゅつ 【演出】エンシュツ〔～する〕①演劇や映画などで、脚本をもとに俳優の演技、衣装、道具、音楽、照明などすべてを指導し、まとめること. Ⓔproduce; direct. 㳇연출.「テレビドラマを演出する//演出家」②会などが盛りあがるように工夫をすること. Ⓔstaging. 㳇연출.「オリンピックの開会式の演出はすばらしかった」

えんじょ 【援助】エンジョ〔～する〕金やものなどをあげて、生活の貧しい人や経済的に苦しい組織などを助けること. Ⓔassist; aid; support. 㳇원조.「地震で被害を受けた国に医薬品などを送って援助した//国から生活費の援助を受ける//精神的援助」

エンジョイ（enjoy）エンジョイ〔～する〕楽しむこと. Ⓔenjoy. 㳇엔조이, 즐김.「週末は山の別荘でのんびりした生活をエンジョイしている//恋人とドライブをエンジョイする」

えん・じる 【演じる】エンジル, エンジル〔他動一〕①演劇、映画などで、その中の人物になって見せる. 演ずる. Ⓔperform; play. 㳇연기를 하다.「あの女優は、40歳になっても18歳の少女を演じることができる//主役を演じる」②人の目につくことをする. 演ずる.

Ⓔcommit (a blunder). 한저지르다. 「客の前で大失敗を演じてしまった」

エンジン (engine) エンジン 燃料を燃やして機械などを動かす力をつくる装置. Ⓔan engine. 한엔진.「自動車のエンジンをかける∥エンジンの調子はいい」数1台・1基

えんしんりょく 【遠心力】エンシンリョク あるものが回っているとき, その円の中心から外へ向かって遠ざかろうとする力. Ⓔcentrifugal force. 한원심력.「洗濯機の脱水機は, 遠心力を利用して洗濯物の水分を外へ飛ばす仕組みになっている」対求心力, 向心力

エンスト エンスト 〔~する〕 運転中の自動車などのエンジンが故障して急に止まること. Ⓔstalling; an engine breakdown. 한엔진 정지.「エンジンがまだ冷えているのに走って, エンストを起こした∥車が踏切でエンストしてあわてた」
参 英語の「エンジン(engine)」と「ストップ(stop)」を合わせたものを略して日本でできたことば.

えんぜつ 【演説】エンゼツ 〔~する〕 おおぜいの人の前で自分の意見や主張を話すこと. Ⓔa speech; an address. 한연설.「候補者の演説を聞く∥街頭演説」

えんせん 【沿線】エンセン 線路などにそった地域. Ⓔalong a railroad line. 한연선.「新しく開通した鉄道の沿線に住宅団地ができた∥中央線沿線に住む」

えんそう 【演奏】エンソー 〔~する〕 人に聞かせるために楽器をひいたり吹いたりすること. Ⓔa (musical) performance. 한연주.「すばらしいピアノの演奏にみんな聞きほれている∥演奏会」

えんそく 【遠足】エンソク 〔~する〕 運動や見学のために行く, 1日だけの小旅行. おもに学校の生徒が団体で行くもの. Ⓔa school picnic. 한소풍.「遠足の生徒たちが草の上でお弁当を食べている∥1年生の春の遠足は動物園だった」

えんだか 【円高】エンダカ 為替相場で, 日本の円の価値が外国の金に比べて高いこと. Ⓔa strong yen (rate). 한엔고.「円高になると, 外国の品物が安く買えるようになる∥きょうの円相場は1ドル105円で, 先週末の106円より1円, 円高だ」対円安

えんだん 【縁談】エンダン ある人との結婚をすすめる話. Ⓔa marriage proposal. 한혼담.「あまり気が進まない縁談だったので断った∥やっと息子の縁談がまとまった」

えんちょう 【延長】エンチョー ①〔~する〕 時間や距離などがのびること. また, のばすこと. Ⓔextend; lengthen. 한연장.「国会の会期が1週間延長した∥新幹線を青森まで延長する∥延長戦」対短縮 ②1つの線につないで考えたときの全体の長さ. Ⓔlength. 한전장, 전체 길이.「A私鉄の線路は延長500キロになった」③形は違っても, 続いていて同じようだと考えられるものごと. Ⓔan extension of. 한연장.「遊びも学習の延長である∥クラブ活動を授業の延長だと考える」

えんとつ 【煙突】エントツ 煙を外に出すための長い筒. Ⓔa chimney; a smokestack. 한굴뚝.「工場の煙突から煙が出ている∥ストーブの煙突」数1本

えんにち 【縁日】エンニチ 神社や寺で, 神や仏をおまつりする日. Ⓔa temple or shrine festival. 한신불을 공양하고 재를 올리는 날.「縁日の夜店で金魚を買った∥この寺は毎月8日が縁日だ」

えんぴつ 【鉛筆】エンピツ 細長い木の中に黒や赤などのしんを入れてつくった, 字や絵をかく道具. Ⓔa pencil. 한연필.「鉛筆をけずる∥鉛筆で書く∥色鉛筆」数1本 →文房具図

えんまん 【円満】エンマン 面倒な問題がなく, 穏やかなようす. Ⓔamiable; peacefully. 한원만. 「A部長は円満な性格で, だれともけんかしたことがない//円満に会社を退職する//夫婦円満」

えんやす【円安】エンヤス 為替相場で, 日本の円の価値が外国の金に比べて安いこと. Ⓔa weak yen (rate). 한엔저, 엔화 약세. 「円安になると, 日本からの輸出がしやすくなる//きょうの円相場は1ドル103円で, 先週末の102円より1円, 円安だった」 対円高

えんりょ【遠慮】エンリョ, エンリョ ①〔〜する〕自分のしたいことや言いたいことを控えめにすること. Ⓔreserve; restraint. 한사양. 「遠慮しないで, 召し上がってください」 ②〔〜する〕断ることを遠まわしにいう言い方. 「7時以後の入場はご遠慮ください(ⒺPlease refrain from entering after seven. 한7시 이후의 입장은 사절합니다.)」 ③将来のことまで見通した深い考え. Ⓔforesight; forethought. 한원려. 「深謀遠慮(=先のことまでよく考えた計画)」 ▷書③

遠慮会釈もない 相手の迷惑をすこしも考えずになにかをするよう. Ⓔquite unshamedly. 한아무 거리낌도 없다. 「社長は, 会議中, 遠慮会釈もなくいびきをかいて眠っていた」

えんりょぶか・い【遠慮深い】エンリョブカイ いつも人の気持ちを気づかって自分のしたいと思う気持ちをおさえる性質だ. Ⓔreserved; modest. 한몹시 조심스럽다. 「一郎は遠慮深くて, 会議ではいつもすみの席にすわる」

お／オ

お【尾】オ 魚や鳥, けものなどのしりから後ろのほうに細長くのびたもの. しっぽ. Ⓔa tail. 한꼬리, 꽁지. 「犬が喜んで尾を振っている//猫が尾を立てる//尾頭つき(=頭と尾をつけたまま焼いた魚)」 対頭 数1本

〔尾〕

尾を引く なにかがすんだあとまでも長く影響が残る. Ⓔleave a trail. 한꼬리를 끌다; 영향이 남다. 「転勤を断ったのが尾を引いて, 課長との関係がまずくなった」

お- (名詞, 動詞, 形容詞, 形容動詞について) ①上品な感じや, 丁寧な気持ちを表す. 「お暑うございます(Ⓔ It's hot. 한덥습니다.)//お米」
②尊敬, 丁寧な気持ちを表す. 「けさの新聞はもうお読みになりましたか//いつお出かけになりますか(ⒺWhen will you start? 한언제 출발하십니까?)//お手紙ありがとうございました」
③謙遜の気持ちを表す. 「ここでお待ちします(ⒺI will be waiting here for you. 한여기서 기다리겠습니다.)//結果はのちほどお知らせいたします」
▷→御-

参 おもに和語につく. 漢語には「ご」がつくのがふつうだが, 「お食事」「お料理」「お豆腐」「お電話」「お返事」など, 日常よく使うことばには, 漢語でも「お」のつくものがある. また, ②は相手の動作, 相手に関係のあることについていい, ③は自分の動作についていう.

おあいにくさま オアイニクサマ ①相手の

望みどおりにならないことを、なぐさめて言うことば．あいにく．[E]I am sorry; That's too bad. [한]미안합니다 ； 안됐습니다．「おあいにくさまですが、父はただいま留守にしております」②①を冗談半分に言うことば．[E]I am sorry. [한]미안합니다．「『ぼくスキーに行こう』『おあいにくさま．彼とハワイに行くことになっているの』」▷[話]

おい オイ 自分のきょうだいの，男の子供．[E]a nephew. [한]조카．「小学生のおいとテレビゲームをして遊んだ//わたしにはおいが3人いる」[対]めい

[注]漢字で書くときは「甥」
[参]くだけた言い方は「おいっ子」，丁寧な言い方は「おいごさん」．

おい オイ 人に呼びかけるときに言うことば．[E]Hey!; Say! [한]이봐，어이．「おい，ちょっと手伝ってくれ//おい，飯はまだか//おい，あそこを見てみろ」[話]→囲み

おいうちをかける【追い打ちをかける】被害を受けて困っている人に、また被害を与える．[E](a second disaster) occurs on top of the first. [한]추격을 가하다，연이은 타격을 가하다．「地震に追い打ちをかけて台風がこの町をおそった」

おいおい オイオイ，オイオイ 順を追って，そのうちに．[E]gradually; in time. [한]차차，점차．「高齢者人口はおいおい(に)若者の数を上まわることになる//会員の名簿はおいおい(に)つくるつもりだ」

おいか・ける【追いかける】オイカケル〔他動一〕先に行っているものを後から追う．[E]run after; follow. [한]뒤쫓아가다．「前を行く人が財布を落としたので、拾って追いかけた//流行を追いかける」

おいかぜ【追い風】オイカゼ，オイカゼ 進んでいくほうに後ろから吹く風．[E]a tailwind; a favorable wind. [한]뒤에서 불어 오는 바람，순풍．「ヨットは追い風を受けて順調に進む//ボールは追い風に乗って気持ちよく飛んだ」[対]向かい風

おいこ・す【追い越す】オイコス〔他動五〕（おいこして）後から来たものが前のものより先に出る．[E]pass; overtake. [한]앞지르다，추월하다．「スピードを上げて何台もの車を追い越していく//弟はどんどん身長がのびて、わたしを追い越してしまった」[名]追い越し

おいし・い オイシイ 味がいい．[E]delicious; tasty. [한]맛있다．「この料理はおいしい//おなかがすいていると、なにを食べてもおいしい」[対]まずい

[参]「うまい」も意味は同じだが、「おいしい」のほうが丁寧な言い方．

おいそれと オイソレト（「おいそれと〜ない」の形で）簡単には〜できない．「危険な仕事なので、おいそれと引き受けるわけにはいかない（[E]As it is a dangerous task, I cannot accept it so readily. [한]위험한 일이므로 쉽사리 맡을 수는 없다．）」

おいだ・す【追い出す】オイダス〔他動五〕（おいだして）人などをじゃまにして、ある場所や位置などから外へ行かせてしまう．[E]expel; drive out. [한]내쫓다．「社長は自分のやり方に反対した重役を会社から追いだした//庭へ入ってきた猫を追いだす」

おいたち【生い立ち】オイタチ どこで生まれ、どのように育ったかということ．[E]one's childhood; one's personal history. [한]성장 과정．「三郎は小さいとき両親に死別して苦労したと、不幸な生い立ちを語った」

おいつ・く【追いつく】オイツク〔自動五〕（おいついて）後から来たものが前のものと同じ場所、程度に達する．[E]catch up with. [한]따라잡다．「友達は先に出かけたが、走っていけば追いつけるだろう//A国は技術の面で

B国に追いついた//追いつき，追い越せ」

おいつ・める 【追い詰める】オイツメル〔他動一〕相手を，これ以上逃げても逃げるところがない状態にする．Ⓔrun down; corner. 한막다른 지경에 몰아 넣다；몰아 붙이다．「警察はとうとう犯人を追いつめた//将棋では『王』を先に追いつめたほうが勝ちだ」

おいて (「～において」の形で) ①ものごとが行われる場所を表す．Ⓔat; in; on (a place). 한～에서．「広島において 平和のためのコンサートが開かれた」②時を表す．Ⓔat; in; on (a time). 한～에 있어서．「地震などの災害時においては，特に正確な情報が必要だ」③～について．～という点で．Ⓔconcerning; as for. 한～에 관하여；～에 있어서．「統計の分析能力において，道子は非常にすぐれている」▷書

おいてきぼり 【置いてきぼり】オイテキボリ 後に残して，行ってしまうこと．置いてけぼり．Ⓔbe left behind; leave a person behind. 한남겨 두고 떠나 버림，따돌림．「団体旅行で出発の時間に遅れ，置いてきぼりをくった//30分待って来なかったら，置いてきぼりにするからね」話

おいでになる 「行く」「来る」「いる」の尊敬語．Ⓔ(respectful) go; come; be. 한가시다；오시다；계시다．「あす，音楽会においでになりますか//お母さまは，いまおうちにおいでになりますか」→いらっしゃる

おいはら・う 【追い払う】オイハラウ〔他動五〕(おいはらって) じゃまなものやうるさいものを，ある場所からすっかりいなくしてしまう．Ⓔdrive away. 한쫓아 버리다．「食べ物に集まるハエを追い払う」

お・いる 【老いる】オイル〔自動一〕体や心の働きが弱くなるほど，年齢が多くなる．Ⓔgrow old; age. 한늙다．「祖父は，体は老いたが心は青年のように若い//老いこむ」 名老い →老ける

オイル (oil) オイル ①油．Ⓔoil. 한기

「おい」「やあ」「よう」「もしもし」「さあ」「どれ」

「おい/やあ/よう，元気？」

「おい」「やあ」「よう」は親しい人に軽い気持ちで呼びかけるときに使う．このうち「おい」は，「**おい，ちょっと待て**」「**おい，飯はまだか**」のように，命令したりおさえつけるように言ったりするなど，いばった感じになることもある．

「やあ」「よう」は，「**やあ/よう，しばらくだったね**」のように，思いがけず出会った驚きや喜びを表して言うこともある．また，「よう」は，「**よう，こっちへ来いよ**」「**よう，頼むから**」などのように，誘ったり人に頼んだりするときにも言う．

「もしもし」は，「**もしもし，田中さんのお宅ですか**」「**もしもし，ハンカチが落ちましたよ**」のように，電話で相手に呼びかけるときや，知らない人に，後ろなどから呼びかけるときに言う．

「さあ」は，「**さあ，食べましょう**」「**さあ，大きな声で読みなさい**」のように，相手を誘ったりなにかをさせようとしたりして呼びかけるときに言う．また，判断に迷うようなときは，「**さあ，ちょっとわかりません**」と言う．前の2つの「さあ」は短く言うが，後の「さあ」は長くのばして終わりを下げて言う．

「どれ」は，「**どれ，出かけるか**」「**どれ，ひとつやってみるか**」のように，思いたってなにかをしようとするときに自分に向けて言う．また，「**どれ，手を見せてごらん**」「**どれ，ちょっと貸してみて**」のように，相手になにかをさせようとして呼びかけるときにも言う．

昙．「フライパンにオイルをひいて肉と野菜をいためる∥オイル焼き∥サラダオイル」②石油やガソリン．Eoil; petroleum; gasoline. 한석유；휘발유．「オイル産出国∥オイルショック」③機械などがよく動くようにする油．Eoil; lubricant. 한오일．「オイル交換∥エンジンオイル」

おう 【王】オー ①君主制をとる国で、いちばん権力のある人．国王．Ea king; a monarch. 한왕, 임금．「デンマークやタイの王は国民から尊敬されているようだ∥王位∥王さま」②ある方面でいちばんすぐれた人やもの．Ea king of 〜; a 〜 king. 한왕．「ライオンは百獣の王だ∥ホームラン王」③将棋で、いちばん位の高いこま．王将．E(shogi) the king. 한(장기 짝의)장．「飛車で王をねらう」

お・う 【負う】オウ〔他動五〕(おって) ①人やものを背中にのせる．Ebear; carry on one's back. 한짊어지다．「徳川家康は『人の一生は重い荷物を負って遠い道を行くようなものだ』と言った∥リュックを背に負って山を登る」②ものごとを自分が引き受ける．Eassume; receive. 한떠맡다；입다．「会長としてわたしが全部の責任を負う∥心に傷を負う」

お・う 【追う】オウ〔他動五〕(おって) ①先に進んでいるものにとどこうとして後から行く．Erun after; follow. 한따르다, 좇다．「幼児が泣きながら母親の後を追っていった∥先輩の後を追って同じ研究所に入った」②後ろから急がせて先へ進ませる．Edrive; be pressed. 한몰다．「山の牧場へ、牛を追っていく∥仕事に追われて休むひまがない」③じゃまなもの、いらないものを去らせる．Edrive away; shoo away. 한물리치다, 쫓다．「稲を食べに来るスズメを追う」

おうえん 【応援】オーエン〔〜する〕①力を貸して助けること．Ehelp; support. 한지원，후원．「人手がたりないので応援に駆けつける∥選挙のために応援の演説をする」②競技で、拍手をしたり大声を出したりして味方の選手を励ますこと．Echeer. 한응원．「高校野球は応援の人たちでいっぱいだ∥応援団∥応援歌」

おうきゅう 【応急】オーキュー 急になにかが起こったとき、その場で簡単に処置をすること．Eemergency. 한응급．「海でおぼれた人を助け、応急の処置として人工呼吸をする∥応急手当て」

おうこう 【横行】オーコー〔〜する〕悪い人が自由に歩きまわること．また、悪いことが盛んに行われること．Erun rampant. 한횡행，활개침．「暴力団が横行して住民が困っている∥不正な金のやりとりが横行する」

おうごん 【黄金】オーゴン ①金．こがね．Egold. 한황금．「京都の金閣寺は、壁や柱などに黄金がはってある∥黄金の仏像」②非常に価値の高いもの．Ea golden 〜. 한황금．「アリはその黄金の腕でボクシングのタイトルを取った∥映画の黄金時代(=映画が盛んだった時代)」▷書①

おう・じる 【応じる】オージル, オージス〔自動一〕外からの働きかけに合った行動をとる．応ずる．Emeet; satisfy; accept. 한응하다．「学生の要求に応じてサークルの部屋を増やした∥注文に応じる」

おうしん 【往診】オーシン〔〜する〕医者が病人の家に行って診察や治療をすること．Ea house call. 한왕진．「動かせないほど病人の熱が高いので往診を頼んだ∥胃腸の弱っている患者を週に1回往診する」

おうせい 【旺盛】オーセイ 非常に元気で活動力があるようす．Eexcellent; strong. 한왕성．「少年は旺盛な食欲でもりもり食べた∥京子は1晩に1冊ずつ本を読むほど読書力が旺盛だ」

おうせつま【応接間】オーセツマ 客を通してもてなす部屋. 洋風の部屋をさすことが多い. Ea drawing room. 한응접실.「ソファーのセットを置いた応接間に客を迎える」数1室・1間

おうたい【応対】オータイ, オータイ〔〜する〕相手の話を聞き, それに対して返事をすること. Ereceive (callers); wait on (customers). 한응대, 응접.「店員は客との応対に忙しい//電話相談に応対する」

おうだん【横断】オーダン〔〜する〕①横に切ること. Ea cross section. 한횡단.「木の横断面」対縦断 ②広い所を東西の方向に横切って進むこと. Ego across. 한횡단.「ヨットで太平洋を横断する//アメリカ大陸を横断する鉄道」対縦断 ③川や道など細長いものを横切って渡ること. Ecross. 한횡단.「子供が黄色い旗を持って, 道路を横断している//横断歩道」

おうちゃく【横着】オーチャク, オーチャク〔〜する〕しなければならないことをしないでいること. 怠けること. Eimpudent; lazy. 한뻔뻔스러움 ; 게으름을 피움.「あいつは金を借りても, 平気でいつまでも返さない横着なやつだ//横着して足で戸を開ける//横着者」

おうと【嘔吐】オート〔〜する〕食べたものをはきだすこと. Evomit; (feel) sick. 한구토.「患者は朝から3回嘔吐した//嘔吐を催す」書

おうとう【応答】オートー〔〜する〕きかれたことに答えること. Ean answer; a response. 한응답.「先に山頂をめざした仲間に無線で呼びかけているが, 応答がまったくない//質疑応答(=質問や疑問と, それに答えること)」

おうとつ【凹凸】オートツ 出た所とへこんだ所. Euneven. 한울퉁불퉁함 ; 요철.「この道は凹凸があるので歩きにくい//土地の凹凸をならして家を建てる」

おうふく【往復】オーフク〔〜する〕①行って, またもとの所にもどること. 行きと帰り. Ego to 〜 and back; make a round trip. 한왕복.「郵便局まで往復すると10分かかる//往復切符//往復はがき」対片道 ②行ったり来たりすること. Ecorrespondence. 한왕복.「手紙の往復」

おうへい【横柄】オーヘイ いばって人を見下すようす. Earrogant; haughty. 한건방짐.「客はタクシーに乗ると, 横柄な態度で運転手に行き先を告げた//横柄な口をきく生徒」対謙虚

おうぼ【応募】オーボ, オーボ〔〜する〕募集に応じて申し込みをすること. Eenter; apply for. 한응모.「コンクールに応募して賞を受ける//応募作品」

おうぼう【横暴】オーボー 人が困ることも考えないで力のあるものが勝手なことをすること. Etyrannical; violence. 한횡포.「古代ローマ帝国のネロは横暴な皇帝として有名だ//民主主義では少数の意見もたいせつで, 多数による横暴は許されない//横暴をきわめる」

おうよう【応用】オーヨー〔〜する〕理論や考えなどを実際の場にあてはめて使うこと. Eapply; put to use. 한응용.「科学を応用して生活を合理化し, 豊かにする//頭がかたくて応用がきかない//応用研究」

おうらい【往来】オーライ ①〔〜する〕人や車が行ったり来たりすること. Etraffic. 한왕래.「大通りは車の往来が激しい」②人や車がよく通る道. Ea road. 한도로, 한길.「裏通りから往来に出る//あぶないから往来では遊ばないようにね」

おうりょう【横領】オーリョー〔〜する〕他人のものや公共のものを, 不法に自分のものにしてしまうこと. Eembezzle; misappropriate. 한횡령.「帳簿をごまかして会社の

おえる

金を横領する//工場の倉庫にあった品物を横領して売る//公金横領」

お・える 【終える】オエル〔他動一〕ものごとを全部すます. ⓔfinish; end. ⓗ끝내다, 마치다.「宿題を終えるのに12時までかかった//86歳の生涯を終える」団始める 自動終わる

おお- 【大-】(他のことばについて)①大きい, 広い, 多い.「大広間(ⓔa grand hall. ⓗ아주 넓은 방.)//大声/大男/大空/大人数」②程度が激しいようす.「大急ぎ(ⓔin a great hurry. ⓗ몹시 바쁨.)//大騒ぎ//大喜び//大いばり」③年齢や順番が上だ.「大伯父(ⓔa granduncle. ⓗ큰아버지.)//大番頭」

おお・い 【多い】オーイ, オオイ 数や量がたくさんある. ⓔmany; lots of; much. ⓗ많다.「世界の人口はだんだん多くなる//日本は地震が多い」団少ない

おおいに 【大いに】オーイニ 数や量がふつうよりずっと多かったり, 程度が大きかったりするようす. ⓔmuch; greatly; heartily. ⓗ대단히, 매우; 크게; 실컷.「これからの時代は, 若い人に大いにがんばってもらいたい//今晩は大いに飲もう」

おお・う 【覆う】オオウ, オーウ〔他動五〕(おおって)①隠したり守ったりするように全体になにかをかぶせる. ⓔcover; hide. ⓗ덮다, 씌우다; 가리다.「両手で顔をおおって泣いた//白い布で食卓をおおう」②全体にひろがる. ⓔbe overcast; spread over. ⓗ널리 퍼지다, 뒤덮다; 충만하다.「灰色の雲が空をおおっている//明るい雰囲気が会場をおおっていた」▷名覆い

おおがた 【大型・大形】オーガタ ①同じ種類のものの大きさを大, 中, 小, あるいは大, 小に分けたときのいちばん大きいもの. また,

大きいこと. ⓔlarge-sized; large-scale. ⓗ대형.「大型の冷蔵庫/大型連休//大型バス」②ものの形がふつうより大きいもの. また, 大きいこと. ⓔlarge. ⓗ큰.「これよりすこし大形の箱がほしい//大形のせんべい」▷関連①中型, 小型, ②中形, 小形
注①は「大型」, ②は「大形」.

おおかれすくなかれ 【多かれ少なかれ】多い少ないの違いはあっても, ⓔmore or less; to some extent. ⓗ많든 적든 간에, 다소간에.「人間には多かれ少なかれ欠点があるものだ」

おおき・い 【大きい】オーキイ ①広さ, 長さ, 体積などがふつう以上だ. ⓔbig; large. ⓗ크다.「大きい荷物/大きい家」団小さい
②年齢が上だ. ⓔolder. ⓗ(나이가) 많다.「洋子はわたしより2歳大きい//大きいほうの兄は銀行員です」団小さい
③数や量や程度などがふつう以上だ. ⓔbig; great; loud. ⓗ크다.「大きい音がしてびっくりした//フィリピンで大きい地震が起こった」団小さい
④心が広い. ⓔbroad-minded. ⓗ(도량이) 크다.「一郎は人間が大きいので友人から頼りにされる//人物が大きい」団小さい
▷→大きな

おおきな 【大きな】オーキナ 大きいようす. ⓔbig; large. ⓗ큰.「こんな大きなかばんを買ってどうするつもり?/大きな家に住んで, おいしいものを食べるのが夢だ」団小さな
参「大きい」が「大きい家」「大きくなる」「家が大きい」のように活用したり, 述語として使ったりするのに対して, 「大きな」は「大きな家」と名詞の前でだけ使う. また, 「大きい」が, 一般的, 客観的に, ある基準をこえているものについていうのに対して, 「大きな」は話し手の主観的な判断による.

大きなお世話 必要もない世話をやくこと．他人の世話や干渉を強く断るときにいう．Ⓔ It is none of your business. 한쓸데없는 참견.「わたしがだれと結婚しようが，大きなお世話だ．ほっといてほしい」

大きな顔をする 偉そうなようすをする．Ⓔ look proud; act big. 한잘난체하다, 뻐기다.「一郎は社長の息子だから，若いのに大きな顔をしている」

おおげさ 【大げさ】 オーゲサ 実際よりもたいへんそうに言ったりふるまったりするようす．Ⓔ exaggerated. 한과장됨, 흥감스러움.「二郎の話は大げさだから，話半分に聞いておく//小さなけがなのに，大げさに包帯を巻かれた」

オーケストラ (orchestra) オーケストラ たくさんの楽器で合奏すること．また，その楽団．Ⓔ an orchestra. 한오케스트라, 관현악．「カラヤンの指揮するオーケストラの演奏を聞いたことがある//洋子はオーケストラでフルートを受け持っている」

おおざっぱ 【大ざっぱ】 オーザッパ 細かいところにまで気を配らず，粗いようす．また，そのように全体を考えるようす．Ⓔ sloppy; rough. 한대략적, 조잡함.「父の掃除のしかたは大ざっぱだから，すみにごみが残っている//大ざっぱな計算では，1カ月の生活費は約20万円だ」→大まか

おおすじ 【大筋】 オースジ ものごとのだいたいの内容．Ⓔ on the whole; an outline. 한대강(의 줄거리), 개요．「会議は大筋では意見が一致した//話の大筋をつかむ」

おおぜい 【大勢】 オーゼイ たくさんの人．Ⓔ a large number of; in great numbers. 한많은(여러) 사람.「この駅ではおおぜいの人が毎日乗り降りする//おおぜいでやれば速くできる」

おおぜき 【大関】 オーゼキ すもうで，横綱のすぐ下の地位．また，そのすもう取り．Ⓔ an ozeki; a sumo wrestler of the second highest rank. 한오제키.「大関と横綱の取組は力が入っておもしろい」

オーソドックス (orthodox) オーソドックス ものの考え方や方法が，伝統にしたがっていて正しいとされるようす．Ⓔ orthodox. 한정통적.「道子は，地味だがオーソドックスな方法で手がたく研究を進めている//オーソドックスな考え方」

オーダー (order) オーダー ①順序．Ⓔ order. 한순서.「バッティングオーダー(=野球の打つ順番)」②{〜する}注文．Ⓔ an order. 한주문.「背広をオーダーする//オーダーメード//メールオーダー」

おおっぴら 【大っぴら】 オーッピラ 隠したり言い訳をしたりしなくてもいいようす．Ⓔ openly; in public. 한공공연함.「二十を過ぎて，大っぴらにお酒を飲めるようになった//大っぴらな政府批判」話

おおどおり 【大通り】 オードーリ 幅の広い道路．Ⓔ a main street. 한큰길, 대로.「大通りに面して商店が並ぶ//大通りは車でいっぱいだ」数1本・1筋

オーバー (over) オーバー ①{〜する}こえること．Ⓔ exceed; be over. 한초과함.「このエレベーターは，定員をオーバーすると動かなくなる//夢中になって講演して，時間を30分もオーバーしてしまった」②{←オーバーコート(overcoat)}外出のとき，寒さを防ぐためにいちばん外側に着る服．Ⓔ an overcoat. 한외투.「外は寒そうだからオーバーを着ていこう」③おおげさなようす．Ⓔ exaggerated. 한과장됨.「オーバーに泣き叫ぶ//オーバーな喜び方」▷数①1着 →衣類図

おおぶねにのったよう 【大船に乗ったよう】 ほかの大きな力があるので安心していられるようす．Ⓔ feel reassured. 한아주 든

だ～え安心する模様。「金持ちの三郎が招待してくれた旅行だから、大船に乗ったような気持ちだ」

おおぶろしきをひろげる 【大ぶろしきを広げる】自分の仕事などについて、実際よりもずっと大きく話す。[E]talk big; brag. [韓]허풍 떨다.「伯父さんが新しい仕事の話をしていたが、また大ぶろしきをひろげている、とだれも本気で聞かなかった」

オーブン (oven) オーブン 蒸し焼きの料理をつくるときに使う道具。天火。[E]an oven. [韓]오븐.「オーブンでクッキーを焼く//オーブントースター」[数]1台

オープン (open) オープン ①{～する}営業を、新しく、またはその日最初に始めること。[E]open. [韓]개업, 개점, 개장.「A銀行の支店が駅前にオープンした//本日10時よりオープン」②隠していることのない開放的なようす。[E]frankly; open. [韓]개방적.「なんでもオープンに話し合える友達がいる//この職場はオープンな雰囲気だからいい」③開いた。開けた。「オープンシャツ//オープンカー([E]an open car; a convertible. [韓]오픈 카, 무개차。)」

おおまか 【大まか】オーマカ 細かいところにこだわらず、全体を考えるようす。[E]rough; generous. [韓]대충; 대범함.「大まかにみて、きょうの売り上げは10万円ぐらいだ//店長が大まかな性格でうるさく言わないので、店員はのびのびと働いている」

[参]「大ざっぱ」も似ているが、「大ざっぱ」のほうは細かいことに注意しないのを否定的にとらえている。

おおみそか 【大みそか】オーミソカ 1年の最後の日。12月31日。[E]New Year's Eve. [韓]섣달 그믐날.「大みそかに年越しそばを食べる//大みそかは正月の準備でとても忙しい」

[参]「みそか」は毎月の最後の日。

おおむね オームネ 全部ではないが、大部分。[E]generally; for the most part. [韓]대개, 대체로.「調査の結果は、予想とおおむね一致した//田中さんの提案は、おおむね承認された」[書]

おおめだまをくう 【大目玉を食う】ひどくしかられる。大目玉をくらう。[E]get a good scolding; really catch it. [韓]호된 꾸중을 듣다.「父のだいじにしている時計をこわして、大目玉をくった」

おおめにみる 【大目に見る】人の小さなまちがいや失敗を取りあげずに、見のがしてやる。[E]overlook; tolerate. [韓]너그러이 봐주다.「いままで1度も遅刻しなかったんだから、今度だけは大目にみてやろう」

おおもの 【大物】オーモノ ①釣りや猟でとった価値の大きなもの。[E]a big catch. [韓]큰 놈, 대짜.「きょうは大物を釣り上げた」[対]小物 ②強い力や影響力を持つ人。[E]an important figure; a VIP. [韓]거물.「政界の大物が集まる//あの子は将来、大物になるだろう」[対]小物

おおや 【大家】オーヤ 貸家やアパートなどの持ち主。[E]a landlord; a landlady. [韓]셋집 주인.「大家に部屋代を払う//ドアがこわれたので大家に修理を頼んだ」[対]店子

おおやけ 【公】オーヤケ ①国家、政府、役所など。[E]public; governmental. [韓]공공 (관청).「文部省、入国管理局、市役所など公の機関の仕事は書類が多くて面倒だ」[対]私 ②社会に広く知れること。[E]public; known. [韓]공개, 공식적.「秘密文書を公にする//調査結果を公に発表する」③会社、団体など属している組織の一員としての立場。[E]public; official. [韓]공적, 공공.「会社員としての公の行動と個人としての私の行動は厳密に区別しなければならない//

公の発言」対私

おおよそ オーヨソ ものごとのだいたいのところ．また，そのようす．およそ．Eｒough; general; about. 한대강, 대략．「おおよその計画はできたが，まだ細かいところが決まっていない//おおよその見通しはついた//駅までおおよそ10分ぐらいかかる」

おおらか オオラカ，オーラカ ゆったりとして，小さなことにこだわらないようす．Efree from all cares; broad-minded. 한너글너글함, 대범하고 느긋함．「京子は両親にかわいがられ，なんの苦労もせずおおらかに育った//一郎はおおらかな性格で，他人のいいところだけを見ている」

おおわらわ【大わらわ】オーワラワ 力いっぱい努力しているようす．Every busy. 한분주하게 설침．「急に客が来ることになり，大わらわでごちそうの用意をした」

おか【丘】オカ 山よりも低く，平地よりすこし高い所．Eａ hill. 한언덕, 구릉．「丘に上って景色を眺める/小高い丘」

おかあさん【お母さん】オカーサン 子供が母親に呼びかけることば．また，他人の母親についていうことば．EMother; Mom; a mother. 한어머니．「お母さん，今度の日曜日に海へ行こうよ//山田さんのお母さんに駅で会った」対お父さん →母

おかえりなさい【お帰りなさい】オカエリナサイ 外から帰ってきた人を迎えるときに言うあいさつのことば．EHello, dear; Welcome home! 한어서 오세요．「『ただいま』と言うと，『お帰りなさい』と母が迎えてくれる」話

おかげ オカゲ 神や仏，また，まわりの人たちの大きな力によること．Ethanks to; owing to; because of. 한덕분, 덕택; 탓, 때문．「あなたのおかげで，とても助かった//あいつのおかげで，ひどい目にあった//おかげさまで元気です」

おかし・い オカシイ ①笑いたくなる気持ちだ．Efunny; amusing. 한우습다．「漫画を読んでいて，おかしくて笑ってしまった//二郎はいつもおかしいことを言ってみんなを笑わせる」②ふつうと違っている．変だ．Ewrong; queer. 한이상하다, 정상이 아니다．「テレビの調子がおかしくて，よく映らない//その考え方はおかしいから賛成できない」

おか・す【侵す・犯す・冒す】オカス, オカス〔他動五〕（おかして）①他人の領域に入りこみ，その権利のじゃまをする．Einvade; infringe on. 한침범하다, 침해하다．「となりの国の軍隊が国境をおかしたので戦争が始まった//領空をおかす//基本的人権をおかす」②法律や道徳など決まっていることに背く．してはいけないことをする．Ecommit; violate. 한범하다, 어기다, 저지르다．「罪をおかして捕らえられる//過ちをおかす(Ecommit a fault. 한잘못을 저지르다．)」③危険や困難を押しきる．Ebrave; risk. 한무릅쓰다．「荒波をおかして船を出した//危険をおかす(Erun a risk. 한위험을 무릅쓰다．)」注漢字で書くときは，①は「侵す」，②は「犯す」，③は「冒す」．

おかず オカズ 食事のとき，ごはんにそえる食べ物．副食．総菜．Eａ (side) dish. 한반찬．「今夜のおかずは焼き魚と野菜の煮物だ//おいしいおかず」

おかね【お金】オカネ「金」の丁寧語．Emoney. 한돈．「ジュース買うから，お金ちょうだい」

おが・む【拝む】オガム〔他動五〕（おがんで）①神や仏をうやまったり，恩を受けた人に感謝したりする気持ちを表すために，頭を下げる，手を合わせる，ひざをつく，などの動作をする．Eworship; pray. 한배례하다, 빌다．「祖母は毎朝，必ず仏さまをおがむ//

川に落ちておぼれた子供を助けてくれた人を,心の中でおがんでいる」②「見る」の謙譲語. E(humble) see; look at. 한뵙다, 보다.「やっとお顔をおがむことができました//国宝の名画をおがませてもらった」

おかわり オカワリ{〜する} 食べたり飲んだりしてから,またもういちど同じものをもらうこと. E a second helping; another cup. 한한 그릇〔잔〕더 먹음〔마심〕.「とてもおなかがすいていたので,ごはんを3杯もおかわりした//おかわりをお願いします」

おかんむり オカンムリ きげんの悪いこと. E be cross; be displeased. 한기분이 언짢음, 저기압.「父の帰りが遅いので母はおかんむりだ//社長はおかんむりのようだから,近づかないようにしよう」 [話]

おき【沖】オキ 海や湖や大河などの,岸から遠く離れた所. E the offing; off. 한난바다, 앞바다.「東京港の沖で漁船と客船が衝突した//沖釣り」

-おき (数や量を表すことばについて) その数や量だけ間を空けること.「1日おきに髪を洗う/2メートルおきに木を植える(E plant trees at intervals of two meters. 한2미터 간격으로 나무를 심다.)//8分おきに電車が来る」

[参]「ごと」も似ており,「2メートルおき/ごとに木を植える」は, 2メートルずつ間を空けて木を植えるということで同じ意味である. しかし,「1日おきに髪を洗う」を「1日ごとに」ということはできない.

おきて オキテ 社会生活で守らなければならないきまり. E a rule; a law; a regulation. 한법도, 규정.「社会のおきてを守って生活する//おきてに背く(E violate the law. 한법을 어기다.)//おきてを破る」

[参]「規則」も似ているが,「おきて」のほうがすこし古い言い方で, もとは, 守らなければ

いけないものとして政府や上から定められたもの.

おぎな・う【補う】オギナウ〔他動五〕(おぎなって) たりない分をたす. また, 欠けたところを代わりのもので埋める. E supplement; make up for. 한보충하다; 메우다.「わたしの発表のふじゅうぶんなところを, 友達に補ってもらった//仕事が増えたので, アルバイトの学生を入れて補う」 [名]補い

おきもの【置物】オキモノ 棚などに置く飾り物. E an ornament; an artifact. 한장식물.「ガラスでつくった置物を棚に飾る」

おきゅうをすえる【お灸をすえる】強くしかって, つらい思いをさせ反省させる. E punish; chastise. 한따끔한 맛을 보이다.「運動部の部員が朝の練習を怠けたので, 部長は午後の練習を3倍にして, きつくおきゅうをすえた」

[参]「灸」は漢方医療の1つで, 悪い所にもぐさを置き, 火をつけ熱くして治すやり方.

お・きる【起きる】オキル〔自動一〕①横になっていたものがまっすぐに立つ. E get up; rise (from bed). 한일어나다.「病人は気分がいいらしく, 起きて庭へ出ている//起き上がる」[対]寝る ②眠っていたものが目を覚ます. また, 眠らないでいる. E wake up; sit up. 한깨다; 자지 않고 있다.「飛行機の音で赤ちゃんが起きてしまった//ゆうべは1時まで起きていた」[対]寝る ③事件などが発生する. 起こる. E happen; occur. 한일어나다, 생기다, 발생하다.「大きな列車事故が起きた」▷[他動] 起こす

おく【奥】オク ①中へ深く入った所. E the inner part; the depths. 한깊숙한 곳, 속.「山の奥へ入りこんで道がわからなくなる//奥地」②家の入り口から遠い所. E the interior; the back. 한집 안; 안방.「客

を奥へ通す//奥の座敷」③内部.中.人に簡単には見せないもの. Ｅthe heart; the back of one's mind. 한속；내부.「たいせつな思い出として，心の奥にしまっておく」

奥の手 最後までとっておくだいじなやり方. Ｅone's best card; the last resort. 한비법；비장의 수단.「奥の手を使って将棋の相手を倒す」

おく 【億】オク 数の単位. 1万の1万倍の数. Ｅone hundred million. 한억.「都会で住宅を買うには，億の単位のお金が必要だ//日本の人口は約1億2000万人だ」

お・く 【置く】オク〔他動五〕(おいて)
① なにかを，ある場所や位置にあるようにする. Ｅput; place. 한두다, 놓다.「窓のそばに机を置く//会場に案内係を置き，お客を案内させる」
② 間に空白があるようにする. Ｅmake an interval. 한(사이를) 띄우다.「食事の後，時間をおいて薬を飲む」
③ (「～ておく」の形で) そのままにする. 前もって～する.「電車の時刻表を壁にはっておく (Ｅkeep the train schedule posted on the wall. 한열차 시각표를 벽에 붙여 두다.)//よその家を訪問するときは，電話をかけておいたほうがいい」

注 ③はひらがなで書く.

おくさん 【奥さん】オクサン 他人の妻に呼びかけることば. また，他人の妻についていうことば. Ｅa person's wife; Mrs.; ma'am. 한부인；아주머니.「となりの奥さんと立ち話をする//奥さん，宅配便ですよ」→妻

おくじょう 【屋上】オクジョー ビルなどのいちばん上の，人が出られるようにつくった場所. Ｅthe roof; the rooftop. 한옥상.「会社の屋上で昼休みにバレーボールをする//デパートの屋上に子供の遊び場がある//屋上庭園」

おくそく 【憶測・臆測】オクソク〔～する〕しっかりした根拠もなく，いいかげんに推量すること. Ｅguess; a conjecture. 한억측.「母はがんではないかと憶測して悩んでいる//憶測でものを言わないようにしよう//憶測がはずれる」

注 もとは「臆測」だったが，「臆」の字は常用漢字表にないので，同じ音の「憶」を当てて「憶測」として使うようになった.

おくびょう 【憶病・臆病】オクビョー 気が小さくてちょっとしたことでもこわがるようす. Ｅcowardly; timid. 한겁이 많음, 소심함.「この子は憶病だから，1人で留守番もできない//年をとって，すっかり憶病になってしまった」対大胆

注 もとは「臆病」だったが，「臆」の字は常用漢字表にないので，同じ音の「憶」を当てて「憶病」として使うようになった.

おくふか・い 【奥深い】オクフカイ ①表や入り口から遠く，奥のほうまで続いている. おくぶかい. Ｅdeep; far back. 한깊숙하다.「奥深い森の中に迷いこんでしまった」②意味が深い. おくぶかい. Ｅprofound; deep. 한심오하다.「知れば知るほど奥深い思想だ//茶の道は奥深くてきわめつくせない」

おくゆかし・い 【奥ゆかしい】オクユカシイ 心づかいや態度が上品で，心がひかれる感じだ. Ｅrefined; graceful; elegant. 한그윽하고 고상하다.「人のためになる立派なことをたくさんして，それを自慢しないのが京子の奥ゆかしいところだ」

おくゆき 【奥行き】オクユキ ①土地や家や家具などの，前からいちばん奥までの長さ. Ｅdepth. 한안길이.「この家は，間口は狭いが奥行きが深い//奥行きが43センチのたんす」対間口 ②考え，知

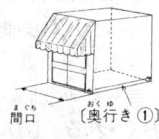
[奥行き①]

識,経験などの深さ.Ⓔdeep; profound.㈛奥이.「兄は無口だが,考え方に奥行きがある//奥行きのある文章」㊥間口

おくりがな【送り仮名】オクリガナ 「送り仮名」の「り」のように,漢字に続けてその読み方をはっきりさせるために書くかな.Ⓔ*kana* added to a Chinese character.㈛한자에 덧붙여 쓰는 가나.「『食物』と『食べ物』は,送りがなの有無で読み方を区別している」

おくりむかえ【送り迎え】オクリムカエ,オクリムカエ〔~する〕人を送ったり迎えたりすること.Ⓔsee off and welcome; take to and from.㈛송영;배웅과 마중.「この車は駅と旅館の間を往復して客の送り迎えをしている//子供の幼稚園の送り迎えに車を使う」

おくりもの【贈り物】オクリモノ 家族や友達などに贈るもの.プレゼント.Ⓔa present; a gift.㈛선물.「誕生日に母から贈り物をもらう//友達に結婚祝いの贈り物をする」

おく・る【送る・贈る】オクル〔他動五〕(おくって)①ものや人をある所から他の所に移す.Ⓔsend.㈛부치다;보내다.「郵便局から小包を送る//オリンピックに選手を送る」㊥迎える
②去っていく人に,途中までついていったり別れを惜しんだりする.Ⓔsee off.㈛배웅하다.「友達を駅まで送る//卒業生を送る会を開く」㊥迎える
③時を過ごす.Ⓔspend; lead.㈛지내다,보내다.「わたしは北の小さな町で青春時代を送った//充実した日々を送る」
④人に好意,感謝などの気持ちでものを与える.Ⓔpresent; give.㈛선사하다,증정하다.「会社に長い間勤めた人に記念品を贈る」
≡注 漢字で書くときは,①②③は「送る」,④は「贈る」.

おく・れる【遅れる・後れる】オクレル〔自動一〕①決められた時刻よりも後になる.Ⓔbe late.㈛늦어지다,지각하다.「けさは寝坊をして,会社に遅れてしまった」②他のものよりも後になる.Ⓔfall behind.㈛뒤처지다.「みんなから2,3歩後れて歩く//流行に後れたくない」㊥先立つ,進む ③ものごとの進み方がふつうよりも遅くなる.Ⓔlose; be behind (the schedule).㈛늦가다;지체되다.「この時計はすこし遅れるようだ//工事が遅れている」㊥進む ▷㊔遅れ・後れ
≡注 漢字で書くときは,①③は「遅れる」,②は「後れる」.

おけ オケ 水や食べ物などを入れる,木などでつくった筒形の入れ物.Ⓔa pail; a bucket; a tub.㈛통,나무통.「おけに白菜と塩を入れて漬物をつける//新しいふろおけは木のかおりがする//手おけ」

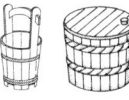
〔おけ〕 〔たる〕

おける (「~における」の形で)~での,~のばあいの.Ⓔin; about.㈛~에서의,~에 있어서의;~의 경우의.「わが国における土地問題は非常に深刻だ//青少年における体力の不足は大きな問題である」 書

おこ・す【起こす・興す】オコス〔他動五〕(おこして)①横になっているものをまっすぐに立てる.Ⓔset up; raise up; help up.㈛일으키다.「倒れているいすを起こす//転んだ人を,手を引いて起こす//抱き起こす」㊥寝かす ②眠っている人の目を覚まさせる.Ⓔwake (up).㈛(잠을)깨우다.「昼寝をしている人を起こす//あすの朝6時に起こしてください」㊥眠らす,寝かす ③ものごとを始める.Ⓔstart; raise.㈛시작하다;일으키다.「考えてばかりいるより,行動を起こすことがだいじだ//騒ぎを起こす」④勢いを盛んにする.Ⓔinitiate; promote.㈛일으키다,진흥시키다.「青年たちは町に新しい文化を

興そうと努力している//産業を興す」▷自動 起きる, 起こる・興る

注 漢字で書くときは, ①②③は「起こす」, ④は「興す」.

おごそか 【厳か】オゴソカ まじめな気持ちにならせるほど, 厳しく重々しいよう. Esolemn; grave. 韓엄숙함.「卒業式がおごそかに行われた//おごそかな雰囲気の教会」

おこた・る 【怠る】オコタル, オコタル〔他動五〕(おこたって) しなければならないことがあっても, しないですます. Eneglect. 韓게을리하다; 소홀히 하다.「毎日の努力を怠っていてはいい仕事はできない//運転中に注意を怠ると事故につながる」対励む

おこな・う 【行う】オコナウ〔他動五〕(おこなって) それぞれのやり方にしたがってものごとをする. Edo; conduct. 韓하다, 행하다.「来年度の新入社員の採用試験を行う//人口調査を行う」名行い

おこりっぽ・い 【怒りっぽい】オコリッポイ すぐに怒る性質だ. Eirritable; quick-tempered. 韓화를 잘 내다; 성마르다.「兄は怒りっぽくて, だれとでもすぐけんかする/年をとって怒りっぽくなった」

おこ・る 【怒る】オコル〔自動五〕(おこって) 不快なことにがまんできず, 顔色やことばにその気持ちが出る. Eget angry. 韓성내다, 화내다.「おとなしい人だが, 弱い者がいじめられているのを見るとひどく怒る//真っ赤な顔をして怒る」

おこ・る 【起こる・興る】オコル〔自動五〕(おこって) ①あることが発生する. 起きる. Ehappen; occur. 韓일어나다, 발생하다.「戦争が起こると若者たちの命が失われる//ハワイで大きな地震が起こった」②勢いが盛んになる. Erise; flourish. 韓흥하다, 번성하다.「古い歴史を持つ町に新しい芸術活動が興った」▷名起こり・興り 他動起こす・興す

注 漢字で書くときは, ①は「起こる」, ②は「興る」.

おご・る オゴル〔他動五〕(おごって) 相手の分も金を払って人にごちそうする. Etreat. 韓한턱 내다.「ボーナスが出たから, きょうはおごります//先輩におごってもらう」名おごり

おさ・える 【押さえる・抑える】オサエル, オサエル〔他動一〕①手でつかんだり上から重いものを載せたりして, 動かないようにする. Ehold; press down. 韓누르다.「風に飛ばされないように両手で帽子を押さえる」②たいせつな点をつかむ. Eget hold of; grasp. 韓잡다; 파악하다.「証拠を押さえる//要点を押さえる」③人やものごとが自由な動きをしないようにする. Erestrain; control. 韓제지하다; 억누르다.「係員は, 争って中に入ろうとする人々をおさえて順に入場させた//笑いをおさえる//涙をおさえる」▷名押さえ・抑え

注 漢字で書くときは, ①②は「押さえる」, ③は「抑える」.

おさな・い 【幼い】オサナイ ①年が少ない. Eyoung; infant. 韓어리다.「洋子は幼い弟をとてもかわいがっている//宇宙飛行士を夢見た幼い日がなつかしい」②子供っぽい. 未熟だ. Echildish; immature. 韓유치하다, 미숙하다.「三郎は考え方が幼くて, とても社会人とは思えない」

おさななじみ 【幼なじみ】オサナナジミ 子供のころ仲よく遊んで親しくしたこと. また, その友達. Ea childhood friend. 韓소꿉동무.「道子と一郎は幼稚園のころからの幼なじみだ//電車の中で10年ぶりに幼なじみに出会って, なつかしかった」

おざなり オザナリ その場だけ間に合わせるいいかげんなようす. Eperfunctory. 韓임시 변통; 얼버무려 때움.「準備もしていな

いおざなりの講義ではつまらない」

おさ・める 【収める・納める・治める・修める】オサメル〔他動一〕①いい結果を手に入れる．Ｅobtain; gain. 韓거두다．「新しい仕事は思いどおり成功を収めた//勝利を収める」②ものをなにかの中に入れてきちんと片づいた状態にする．Ｅput; keep. 韓간수하다，넣어두다；담다；마무르다．「読み終わった本を本棚に収める//美しい景色をカメラに収める//10字以内に収める」③ものや金などを約束どおりに渡す．Ｅdeliver; pay. 韓납품하다；납부하다．「製品を工場から店へ納める//期日までに税金を納める」④落ちついた状態にする．Ｅsubdue; rule. 韓진정시키다；다스리다．「両方の話をよく聞いて騒ぎを治めた//国を治める」⑤学問や技術などを身につける．また，自分をきちんとしようと努力する．Ｅstudy; pursue. 韓익히다，습득하다．「仏教の学問を修めるため，寺で２年間過ごした」
▷自動 収まる・納まる・治まる・修まる
注 漢字で書くときは，①②は「収める」，③は「納める」，④は「治める」，⑤は「修める」．

おさらい オサライ〔～する〕けいこごとなどで，習ったことをもういちど自分でしてみること．Ｅa review; (a) rehearsal. 韓복습．「きのう習った踊りのおさらいをする」
参「復習」も似ているが，「復習」が勉強全体に使うのに対して，「おさらい」は小さな子供の勉強やけいこごと（踊り，ピアノなど）に使う．

おじ 【伯父・叔父】オジ ①父母の兄，父母の姉の夫．Ｅan uncle. 韓백부；큰외삼촌；큰고모부；큰이모부．「伯父からお年玉をもらう」対伯母 ②父母の弟，父母の妹の夫．Ｅan uncle. 韓숙부；작은외삼촌；작은고모부；작은이모부．「叔父は話がおもしろいので大好きだ」対叔母
注 漢字で書くときは，①は「伯父」，②は「叔父」．
参 人と話すときに自分の身内をさして使うことば．他人の「伯父」「叔父」に向かって，またその人を話題にしていうときは，「伯父さん」「叔父さん」を使う．

おし・い 【惜しい】オシイ ①たいせつなので失いたくない気持ちだ．Ｅprecious; valuable. 韓아깝다．「いまは試験前だから，５分でも時間が惜しい//命が惜しかったので，強盗にお金を全部やった」②わずかなところで思いどおりにならなくて残念だ．Ｅregrettable; pitiful. 韓애석하다，유감스럽다．「惜しいところで優勝できなかった//テレビをつけたら，見たいドラマが終わったところで，惜しいことをした」

おじいさん オジーサン ①祖父に呼びかけることば．また，他人の祖父についていうことば．Ｅ Grandpa; a grandfather. 韓할아버지．「おじいさん，おもしろいテレビをやってるから一緒に見よう//孫がいるけど，おじいさんとは呼ばれたくない」対おばあさん ②よその年とった男の人についていうことば．Ｅan old man. 韓할아버지．「ひげの長いおじいさんが毎日家の前を通っていく」対おばあさん ▷→祖父

おしいれ 【押し入れ】オシイレ 日本間で，ふとんや道具などを入れておく，ふすまや戸のついた物入れ．Ｅa closet. 韓벽장，반침．「朝，ふとんをたたんで押し入れにしまう//押し入れが少ないと，荷物の整理がたいへんだ」→座敷図

おしうり 【押し売り】オシウリ〔～する〕相手がいらないものを無理に売りつけること．また，その人．Ｅa high-pressure salesman. 韓강매（상인）．「新聞の押し売りにね

ばられて困る//押し売りお断り」

おし・える【教える】オシエル〔他動一〕①知識や技術などを人に伝えて身につけさせる. Eteach. 韓가르치다.「母は高校で数学を教えている」対習う, 学ぶ
②自分の知っていることを人にわからせる. Etell; show. 韓알려 주다, 가르치다.「あなたの住所と電話番号を教えてください//駅へ行く道を教える」
③人の生き方などについて, 教訓を与える. Egive a lesson. 韓가르치다.「人間として守るべき道を子供たちに教える」
▷名教え

おしか・ける【押しかける】オシカケル〔自動一〕①おおぜいの人が勢いよくいちどに集まる. Ethrong. 韓밀려들다.「人気歌手が来ると聞いて, みな町の広場へ押しかけた//安売りの店へ人々が押しかけた」②招かれていない相手の所へ遠慮せずに行く. Ego uninvited. 韓(불청객이) 들이닥치다; 몰려가다.「学生のころは, 先輩の家へ押しかけて朝まで語り明かしたものだ」

おじぎ【お辞儀】オジギ〔~する〕あいさつとして, 人に頭を下げること. 相手に対して尊敬や感謝の気持ちを表す態度. Ea bow. 韓절.「デパートの店員は客に丁寧におじぎをする」

〔お辞儀〕

おしこ・む【押し込む】オシコム〔他動五〕(おしこんで) 狭い所にものなどをつめて入れる. Epush into; squeeze into. 韓밀어넣다; 쑤셔 넣다.「客が来るというので, 急いでふとんを押し入れに押しこんだ//電車がこんでいたので, 前の人を押しこんで自分も乗った」

おじさん【伯父さん・叔父さん】オジサン ①伯父, 叔父に呼びかけることば. また, 他人の伯父, 叔父についていうことば. EUncle ~; an uncle. 韓아저씨.「伯父さん, お年玉ありがとう//田中くんの叔父さんがテレビに出てたよ」対伯母さん・叔母さん ②よその中年の男の人についていうことば. Ea gentleman. 韓아저씨.「変なおじさんには気をつけなさいよ」対おばさん ▷→伯父・叔父
注②はひらがなで書く.

おしだ・す【押し出す】オシダス〔他動五〕(おしだして) ①押して中から外へ動かす. Epush out; squeeze out. 韓밀어내다, 짜내다.「絵の具をチューブから押しだして使う」②意見, 主張などをはっきりと示す. Eraise. 韓내세우다, 내걸다.「政治改革を前面に押しだして選挙に臨む」▷名押し出し

おしつけがまし・い【押しつけがましい】オシツケガマシイ 自分の考えや意見を無理に人に受け入れさせようとする. Eforce one's opinion on others; pushy. 韓강요하는 듯하다.「押しつけがましいお願いですが, ぜひ寄付をしてください//兄は, 数学を教えてやるからタバコを買ってこいと, 押しつけがましく言った」

おしつ・ける【押しつける】オシツケル〔他動一〕①力を入れて当て, 動かさずにいる. Epress against. 韓꽉 누르다, 밀어붙이다.「見つからないように壁に背を押しつけてじっとしていた」②いやがることをさせる. いやがるものを持たせる. Eforce. 韓떠맡기다, 강요하다.「妻は赤ん坊の世話をわたしに押しつけて買い物に出かけた」名押しつけ

おしっこオシッコ〔~する〕「小便」「尿」のくだけた言い方. もとは子供のことば. しっこ. Epee; tinkle. 韓쉬, 오줌.「子供は遊びに夢中になって, ついおしっこをもらしてしまった//子供が1人でおしっこができるようになって, すこし楽になった」話→小便

おしなべて オシナベテ ほとんど全部が同じであるようす. Ⓔgenerally; most of. 囲대체로, 한결같이.「プロのバスケットボールの選手たちは, おしなべて背が高い」書

おしはか・る【推し量る】オシハカル〔他動五〕(おしはかって) よくわからないことを, いろいろなことをもとにして考えてみる. Ⓔguess; surmise. 囲추측하다, 헤아리다, 짐작하다.「客の数や品物の動きで, 店の売り上げを推しはかることができる//人の心を推しはかる」

おしぼり【お絞り】オシボリ 手や顔をふくために, 水または湯につけてしぼった小さなタオル. Ⓔa moist hand towel. 囲물수건.「来客におしぼりを出す//冷たいおしぼりで汗をふく」

おしまい オシマイ ①終わり. しまい. Ⓔthe end; the finish. 囲끝.「きょうの練習はこれでおしまいにしましょう//話はおしまいまで静かに聞きなさい」②望みもなく助けることもできなくなってしまうこと. しまい. Ⓔit's all up; be beyond hope. 囲끝장.「いいことと悪いことの区別ができなくなったら, 人間もおしまいだ」▷話

おし・む【惜しむ】オシム〔他動五〕(おしんで) ①失うことを残念に思って, たいせつにする. Ⓔgrudge; be reluctant. 囲아끼다, 아쉬워하다.「すこしの時間も惜しんで本を読む//別れを惜しむ」②出すこと, することをいやがる. Ⓔspare. 囲아까워하다, 아끼다.「費用を惜しんだために食べ物も飲み物もたりなかった//労力を惜しむ」

おしゃべり オシャベリ ①〔~する〕人と, なんということもなく気軽に話すこと. また, その話. Ⓔa chat; idle talk. 囲잡담.「友達とおしゃべりをすると気持ちが晴れる」②なんでもよく話すこと. また, その人. Ⓔtalkative; a chatterbug. 囲수다스러움; 수다쟁이.「あの人はおしゃべりだから, 秘密は話さないほうがいい」

おしゃれ オシャレ〔~する〕服装や化粧などに気をつけて, きれいに見えるようにすること. Ⓔbe dressed up; stylish. 囲멋을냄, 멋쟁이.「おしゃれをしてパーティーに出かける//おしゃれに気をつかう//おしゃれな人」

おしょく【汚職】オショク 政治家や役人などが, 自分の地位を利用して, 金や品物を出した人に特別な利益を与えるような不正な行いをすること. Ⓔcorruption; graft. 囲오직, 독직.「ゴルフ場の建設をめぐる汚職が, 警察の調べで明らかになった//土地開発の汚職で政府の高官が逮捕された」

おしんこ オシンコ 漬物. Ⓔpickles; pickled vegetables. 囲채소절임.「ごはんにはやっぱりおしんこが合う//父は, 外国へ行くとおしんこが食べたくなる, と言う」話

おす【雄】オス 動物で, 精子を持つほう. Ⓔa male. 囲수컷.「雄の猫が雌を求めて夜中に大きな声で鳴く//美しい羽を持った雄の鳥が飛びたった//雄犬」対雌
参 人間についてはいわない.

お・す【押す】オス〔他動五〕(おして) ①こちらから向こうへ力を入れる. Ⓔpush. 囲밀다.「重いドアを押して開ける//故障した車を4人で押して道のわきへ寄せた」対引く ②(「おして」の形で) 無理をして. Ⓔin spite of. 囲무릅쓰고, 무리인 줄 알지만.「仕事が心配で, 病気をおして会社へ行った//しておねがいします」

押しも押されもしない[せぬ] 能力がすぐれ, 人柄や地位などが立派で, だれからも認められている. Ⓔof established reputation. 囲확고 부동하다.「若いときは絵が売れなくて苦労していたが, いまでは押しも押されもしない一流の画家だ」

お・す【推す】オス〔他動五〕(おして) ①こ

れまでに知っていることやようすなどから判断して、そうではないかと考える．Ⓔjudge from; suppose. 㔹헤아리다, 미루다.「ことばづかいから推して、たぶん九州のほうの人だろう」②価値があり適当だと思った人をある地位に推薦する．Ⓔrecommend; nominate. 㔹추천하다.「つぎの選挙では京子を会長に推すつもりだ」

おずおず オズオズ〔~する〕恐れや遠慮から、ためらうような態度で行動するようす．「彼は『私にもできるでしょうか』と、おずおず(と)尋ねた(Ⓔ He asked timidly, "Do you think I can do this, too?" 㔹그는 「저도 할 수 있을까요？」하고 주뼛주뼛 물었다.)」

おすみつき 【お墨付き】オスミツキ、オスミツキ 権力のある人が、いいと保証すること．Ⓔan official go-ahead; a certificate. 㔹보증(서).「社長のお墨つきがあるから、この仕事はどんどん進めても大丈夫だ」
参 むかし、将軍や大名などが墨で自分の名前を書いて許可したことを示したことからいう．

おせいぼ 【お歳暮】オセイボ 年末に、世話になった人に贈る品物．歳暮．Ⓔa year-end present. 㔹세모 선물, 세찬.「お歳暮を持って恩師を訪ねる//知り合いからお歳暮がとどいた」

おせじ 【お世辞】オセジ 相手を喜ばせようとしてほめること．また、そのことば．Ⓔa compliment; flattery. 㔹겉치렛말.「いつまでもお若いとお世辞を言われた//父の歌はお世辞にも上手だとはいえない//お世辞笑い」

おせっかい オセッカイ〔~する〕しなくてもいい世話をすること．Ⓔmeddle in. 㔹쓸데없는 참견.「他人におせっかいをするより自分のことを考えたほうがいい//どんな格好をしようと、よけいなおせっかいだ」話

おせん 【汚染】オセン〔~する〕空気や水，食品などが、放射能やガス、薬品などでよごれること．Ⓔpollution; contaminate. 㔹오염.「大気の汚染で健康を害する人が増えている//放射能で汚染された農産物を焼いて捨てる//複合汚染(Ⓔmultiple contamination. 㔹복합 오염.)」

おぜんだて 【おぜん立て】オゼンダテ〔~する〕準備をしておくこと．Ⓔpreparations; arrangements. 㔹준비, 채비.「前もっておぜんだてをしておいて会議に臨む」

おそ・い 【遅い】オソイ ①時刻や時期が遅れている．Ⓔlate. 㔹늦다.「仕事が忙しくて帰りが遅くなった//今年は桜の咲くのが遅い」対早い

②間に合わない．Ⓔtoo late for. 㔹늦다.「5時の汽車にはもう遅いから6時のにする//いまからでも遅くないから、すぐ始めよう」対早い

③時間がかかるようすだ．Ⓔslow. 㔹느리다.「船は飛行機より遅い//ぼくは走るのが遅いので、運動会は苦手だ」対速い

おそ・う 【襲う】オゾウ、オソウ〔他動五〕(おそって)①急にせめてひどい目にあわせる．Ⓔhit; attack. 㔹덮치다, 습격하다.「大きな台風が島をおそった//ライオンが子ジカをおそう」②(「おそわれる」の形で)よくない感情にとらわれる．Ⓔbe seized with. 㔹사로잡히다, 휩싸이다.「恐怖におそわれる」

おそかれはやかれ 【遅かれ早かれ】遅い早いの違いはあっても．Ⓔsooner or later. 㔹조만간, 언젠가는.「遅かれ早かれ、子供は親から独立していくものだ//遅かれ早かれ、連絡があるだろう」

おそまつ 【お粗末】オソマツ 内容ややり方などが、ふじゅうぶんでよくないようす．Ⓔpoor; shabby. 㔹변변찮음, 시시함.「大学の文化祭の演劇はおそまつで見ていられな

かった//おそまつなテレビ番組//おそまつさま(=『ごちそうさまでした』と礼を言われたときの返事のことば)」

おそらく オソラク (「おそらく~だろう」の形で) 可能性が大きいと思うようす. ㊀probably; most likely. ㊀아마, 필시.「この提案はおそらく否決されるだろう//連休の前だから、おそらく道はこんでいるだろう」

おそるおそる【恐る恐る】オソルオソル 悪い結果になるだろうと恐れながら行動するようす.「短気な社長に、売り上げが減ったことをおそるおそる報告する//凍った道路をおそるおそる運転する(㊀drive cautiously down the frozen street. ㊀얼어붙은 도로를 조심조심 운전하다.)」

おそれ【恐れ・虞】オソレ ①恐ろしく思うこと. ㊀fear; dread. ㊀두려움, 공포.「最近の軍の動きに恐れを感じる//激しい火山活動に、自然に対する恐れをいだく//恐れをなす(=恐れる)」②悪いことが起こりそうな心配. ㊀fear; danger. ㊀우려, 염려.「大きな地震が起こるおそれがある//忙しすぎると人間らしさがなくなるおそれがある」▷他動恐れる
注 漢字で書くときは、①は「恐れ」、②は「虞」.

おそれいりますが【恐れ入りますが】人になにかを丁寧に頼むときに言うことば. ㊀I'm very sorry, but ~. ㊀죄송합니다만.「おそれいりますが、先生の研究室を使わせていただけないでしょうか」話
参「すみませんが」も同じように使うことがあるが、「おそれいりますが」のほうが丁寧な言い方.

おそ・れる【恐れる】オソレル〖他動一〗①相手をこわいと思う. ㊀fear. ㊀두려워하다, 무서워하다.「病気や死を恐れる気持ちはだれにもある//失敗を恐れてはなにもできない//恐れおののく」②悪いことになるのではないかと心配する. ㊀be afraid of. ㊀우려하다, 염려하다.「道子は事故を恐れて飛行機に乗らない」▷名恐れ

おそろし・い【恐ろしい】オソロシイ ①悪いことになりそうで不安でたまらない. ㊀terrible; frightful. ㊀무섭다, 두렵다.「地震や雷は恐ろしい//ゆうべ、近くで火事があって恐ろしかった」②(「~は恐ろしいものだ」の形で)~は驚くほどの力を持っている.~はたいしたものだ. ㊀can make wonders. ㊀무섭다, 놀랍다.「習慣とは恐ろしいもので、定年になっても朝7時には目が覚めてしまう」③程度がひどい. ㊀awful; very. ㊀엄청나다.「洋子は恐ろしく頭がいい//きょうは恐ろしい暑さだ」▷→怖い

おそわ・る【教わる】オソワル〖他動五〗(おそわって)教えてもらう. ㊀be taught. ㊀배우다.「小さいとき母にピアノを教わった//父に教わった歌をいまでも覚えている」

おだいじに【お大事に】オダイジニ 体をたいせつにしてくださいという気持ちをこめて言うあいさつのことば. ㊀Please take care of your health. ㊀몸조리 잘 하세요;건강에 유의하세요.「友達を見舞ったあと、『おだいじに』と言って病室を出た//お体くれぐれもおだいじにお過ごしください」話

おたおた オタオタ(~する)突然のことや考えていなかったことが起きて、あわてるようす.「多量の出血を見ておたおたしてしまった//今月末で会社をやめてもらうと言われて、おたおたしている(㊀I'm terribly upset because I was told to quit my job by the end of this month. ㊀이달 말로 회사를 그만둬 달라는 말을 듣고 허둥지둥하고 있다.)」話

おたがいさま【お互いさま】オタガイサマ、オタガイサマ たがいに同じような立場や状態にいること. ㊀It's the same with me. ㊀피차 일반이다.「犬の鳴き声がうるさいと文

句を言われたが，となりでも大きい音で音楽を聞いているのだから，おたがいさまだ」

おだ・てる オダテル〔他動一〕なにかをさせるために，相手をむやみにほめていい気にさせる．Ⓔflatter. 한치켜세우다．「子供をおだてて買い物に行かせる//妹と2人で父をおだてて新しい靴を買ってもらった」名おだて

おたまじゃくし オタマジャクシ ①柄のついた，汁をすくう道具．おたま．Ⓔa ladle. 한국자．「おたまじゃくしでみそ汁をおわんに入れる」②卵からかえって，まだしっぽがあるカエルの子．Ⓔa tadpole. 한올챙이．「春の小川にオタマジャクシが泳いでいる」③「音符」のくだけた言い方．Ⓔa (musical) note. 한콩나물대가리．「おたまじゃくしはよく読めませんが，歌うのは好きです」▷数①1本，②1匹 話③

〔おたまじゃくし〕

注 ②は動物の名前なので，かたかなで書く．

おだやか 【穏やか】オダヤカ ①荒々しさがなく，静かで落ちついたようす．Ⓔcalm; quiet; mild. 한평온함；조용함．「海は穏やかで，波ひとつない」②心が安定していて，怒ったりしないようす．Ⓔgentle; mild. 한온화함，온후함．「一郎は穏やかな人柄で，怒った顔を見せたことがない」

おちあ・う 【落ち合う】オチアウ，オチアウ〔自動五〕(おちあって) 別の所にあったもの，別の所にいた人が，ある場所で出あって一緒になる．Ⓔmeet. 한합류하다，만나다．「小さい2つの流れが山のふもとで落ち合って大きい川になる//5時に駅の前で友達と落ち合って一緒に行った」

おちい・る 【陥る】オチイル，オチイル〔自動五〕(おちいって) すぐには出てこられないような，困った状況に入りこむ．Ⓔfall into; be thrown into. 한빠지다．「意見がまとまらず，会議は混乱におちいった//絶望的な気分におちいる」

おちおち オチオチ (「おちおち～ない」の形で) 安心して落ちついていられない．Ⓔnot quietly; not peacefully. 한마음 놓고 (~할 수 없다)．「大地震が近いと聞くと，おちおち眠っていられない//近所の家に続けて泥棒が入ったので，おちおち外出もできない」

おちこ・む 【落ち込む】オチコム，オチコム〔自動五〕(おちこんで) ①高い所から，穴や水の中など低い所に入っていく．Ⓔfall into. 한빠져들다，떨어져 내리다．「滝は30メートルの高さから下の川へ落ちこんでいる」②商売などが前よりずっと悪い状況になる．Ⓔfall off; decline. 한(실적 등이) 뚝 떨어지다．「輸出の量が前の年の3分の2に落ちこんだ」③がっかりして暗い気持ちになる．Ⓔbe depressed. 한의기 소침하다．「仕事に失敗してからずっと落ちこんでいる」

おちつ・く 【落ち着く】オチツク〔自動五〕(おちついて) ①ものごとや心が静かでいい状態になる．Ⓔbecome calm; feel at ease. 한안정되다；차분해지다．「祭りも終わって町の空気も落ちついてきた//秋は気持ちが落ちつくいい季節だ」②決まった仕事，決まった住まいなどができる．Ⓔsettle down. 한정착하다，자리잡다．「工場や営業の仕事などを経験したが，最後には研究所に落ちついた//あちこちと移ったが，横浜に家を建てて落ちつくことになった」▷名落ち着き

おちば 【落ち葉】オチバ 枯れて落ちた木の葉．Ⓔfallen leaves. 한낙엽．「かさこそと落ち葉を踏んで山道を歩く//落ち葉を掃く」数1枚

おちぶ・れる 【落ちぶれる】オチブレル〔自動一〕地位や収入を失って，前よりずっと低い生活に変わる．Ⓔfall low; be reduced to poverty. 한영락하다.「事業に失敗し財産を全部失って、落ちぶれてしまったいまの姿を、旧友たちに見られたくない」

おちめ【落ち目】オチメ　商売や運や人気などの勢いが衰えて、悪い状態になっていくこと. Ego down on one's luck; be on the skids. 한내리막길, 사양길.「事業に失敗してから落ち目になって、家も工場も手放した//スターも落ち目になると、ファンも減ってかわいそうなものだ」

おちゃ【お茶】オチャ　①「茶」の丁寧語. Etea. 한차.「お茶をいれる//お茶を出す//お茶を飲む」②茶をいれたり飲んだりする作法.茶の湯.茶道. Ethe tea ceremony. 한다도.「けいこを積んでお茶の先生になる//お茶を習う」③仕事の途中などで、茶を飲んだりして休憩すること. Ea tea break. 한잠깐의 휴식.「そろそろお茶にしましょうか//お茶の時間」▷数①1杯

お茶を濁す　まじめにしないで、いいかげんなことを言ったりしてごまかす. Epatch up; make shift. 한얼버무려 넘기다.「よく調べないで、新聞の数字でお茶をにごしてレポートを出したら先生にしかられた」

おちゅうげん【お中元】オチューゲン　7月15日前後に、世話になった人に贈る品物.中元. Ea midyear gift. 한백중날의 선물.「デパートから、お中元の配達があった//仕事を紹介してくれた人にお中元としてビールを贈る」

おちょうしもの【お調子者】オチョーシモノ　調子にのりやすい人.調子がいいだけで、あまり信用できないような人. Ea person easily elated or flattered. 한추어주면 우쭐하는 사람, 경박한 사람.「弟はお調子者だから、すこしおだてるとすぐのってくる」話

お・ちる【落ちる】オチル〔自動一〕①ものが重さを支えられなくなって高い所から低い所へ動く. Efall. 한떨어지다, 낙하하다.「酔って駅のホームから線路に落ちた//すべり落ちる」
②ついていたものが取れる. Efade; come off. 한바래다；벗겨지다, 지워지다.「何度も洗っているうちにシャツの色が落ちてしまった//靴のよごれはこの布でこすれば落ちる」
③程度や質などが下がって悪くなる. Ego down; lose. 한떨어지다, 저하하다.「疲れると仕事の能率が落ちる//酒は古くなると味が落ちる」
④試験などに不合格になる. Efail; lose in. 한떨어지다, 낙방하다.「大学の入学試験に落ちて浪人する//予選に落ちる」対受かる　▷他動落とす

おっか・ける【追っかける】オッカケル〔他動一〕「追いかける」のくだけた言い方. Erun after. 한뒤쫓아 가다.「後からすぐ追っかけるから先に行ってて」話

おっかな・い　オッカナイ「こわい」「恐ろしい」のくだけた言い方. Efearful; terrible. 한무섭다, 두렵다.「あの犬はかみつくからおっかないよ//パパはおっかない顔をしてわたしをにらんだ」話

おつかれさま【お疲れさま】オツカレサマ　ほかの人がよく働いたあとなどに言うあいさつのことば.お疲れさん. EThat's tough; Thank you for all your trouble. 한수고하셨습니다.「遅くまでお疲れさまでした//部長、ほんとうにお疲れさまでございました」話

おっくう【億劫】オックー　行動するのが面倒で、気が進まないようす. Ebothersome; tiresome. 한귀찮음, 내키지 않음.「雨の日に出かけるのはおっくうだ//年をとった祖母は、体を動かすのもおっくうなようだ」

おっこ・ちる　オッコチル〔自動一〕「落ちる」のくだけた言い方. Efall. 한떨어지다.

「池におっこっちゃった」[話]

おっしゃ・る オッシャル〖他動五〗(おっしゃって)「言う」の尊敬語. [E]⟪respectful⟫ say. [한]말씀하시다.「いまなんとおっしゃいましたか」

おっちょこちょい オッチョコチョイ 考えることやすることが落ちついていなくて失敗しやすいようす. また, その人. [E]a scatterbrain; a careless person. [한]경박함, 그런 사람, 촐랑이.「兄はおっちょこちょいだから, きょうも人の傘をまちがえて持ってきてしまった」[話]

おっと 【夫】オット 結婚している男女の, 男性のほう. [E]a husband. [한]남편.「夫はいま外出しております//姉は夫を早くなくして苦労の多い人生を送った」[対]妻

[参] 第三者や自分の夫をさすときに使う. 自分の夫は「主人」「つれあい」ともいい, また, 姓をいうこともある.

おっとり オットリ〔~する〕性格や態度が穏やかで, あわてず, 競争する気持ちもないようす. [E]quiet; generous. [한]대범함, 느긋함.「洋子は1人娘でおっとりしているので, 負けても全然悔しがらない//おっとり(と)かまえる」

おつり 【お釣り】オツリ 代金より大きな金で払って, 返される金. つり銭. つり. [E]change. [한]거스름돈.「タバコを買って, 1万円でおつりをもらう//おつりがいらないように小銭を用意してください」

おてあげ 【お手上げ】オテアゲ ものごとがいきづまってどうにもならないこと. だめになること. [E]It's all over with; be at a loss. [한]손들 지경 ; 속수 무책.「景気が悪くて, うちの商売はお手上げです//台風で山くずれが起これば, このへんの住宅地はお手上げだ」[話]

おでき オデキ 皮膚がはれあがって, 中にうみを持ったもの. [E]a boil; an abscess. [한]부스럼, 종기.「おできが痛いので, 医者に切ってもらった」

おでこ オデコ ①「ひたい」のくだけた言い方. [E]the forehead; the brow. [한]이마.「おでこに手を当てて, 熱を調べる」②ひたいがふつうより出ていること. また, その人. [E]a prominent forehead. [한]이마가 튀어나옴, 그러한 사람.「わたしはおでこだから, 髪で隠している」▷[話]

おてのもの 【お手のもの】オテノモノ, オテノモノ 慣れていて簡単にできること. 得意なもの. [E]one's specialty; be an expert. [한]특기, 장기.「ケーキづくりはお手のものだ//通訳は, 英語がお手のもののリーさんに頼もう」

おてやわらかに 【お手柔らかに】オテヤワラカニ, オテヤワラカニ あまり厳しくしないで. 手かげんして.「初心者ですから, お手やわらかにお願いします([E]I'm a beginner, so I hope you won't give me too hard a game. [한]초심자이므로 잘 좀 봐 주십시오.)」

[参] 試合のときなどに, 相手に対して謙遜していう言い方.

おてん 【汚点】オテン 仕事や歴史に残された失敗や不名誉なこと. [E]a stain; a blemish. [한]오점.「勝つために薬を使う選手が出たことは, オリンピックの歴史に汚点を残した」[書]

おでん オデン 大根, コンニャク, 昆布, 卵, サトイモなどを, しょうゆの薄味で長い時間煮た料理. [E]*oden*; Japanese hotchpotch. [한]오뎅, 꼬치.「冬の夜は, おでんがなによりのごちそうだ//おでんは, なんといっても大根がいちばんうまい」

おと 【音】オト ①ものがすれ合ったりぶつかったりしてできた振動が, 空気や水を通じて人間の耳に感じられるもの.

お

Ⓔa sound; a noise. 㶰소리.「大きな音がしたけれど、あれはなんだろう//音を立てないように静かに歩く//足音(→項目)」
②世間に知られた評判。うわさ。Ⓔfamous. 㶰소문, 평판.「音に聞こえた俳句の先生」

おとうさん【お父さん】オトーサン 子供が父親に呼びかけることば。また、他人の父親についていうことば。Ⓔ Father; Dad; a father. 㶰아버지.「お父さん、今度の日曜日、山へ行こうよ//お父さんによろしくお伝えください」対お母さん →父

おとうと【弟】オトート 年下の、男のきょうだい。Ⓔa younger brother. 㶰남동생.「小さいころ、弟とよくけんかをした//弟はいつもいたずらばかりして、ほんとに困る」対兄、妹
参 人と話すときに自分の身内をさして使うことば。妹の夫や、配偶者の年下のきょうだいのこともいう。他人の「弟」に向かって、またその人を話題にしていうときは、「弟さん」を使う。

おどおど オドオド〔〜する〕恐れや不安の気持ちが、落ちつかない態度となって表れるようす。「彼は、うそがばれるのを恐れておどおどしている(Ⓔ He is nervous, afraid of having his lies found out. 㶰그는 거짓말이 들통날 것이 두려워 조바심을 하고 있다.)」

おとこ【男】オトコ ①人間のうち、精子を持つほう。男子。男性。Ⓔa man; a male. 㶰남자, 남성.「生まれた子は男の子だった//男の声」対女
②「①」で、心や体が一人前になった人。Ⓔan adult man. 㶰남자, 어른.「あの子ももう立派な男になったね」対女
③男性であることを特に強くいう言い方。Ⓔa man. 㶰사나이, 대장부.「おれも男だ、喜んで引き受けよう//男の中の男」対女
④愛人としての男性。Ⓔa lover. 㶰샛서방, 사내, 정부.「男をつくる//妻には男がいた」対女

おとさた【音さた】オトサタ, オトサタ 手紙や電話を使った知らせ。便り。Ⓔnews; a letter. 㶰소식, 편지.「道子から1年以上も音さたがないので心配している//二郎はフランスへ行ってから音さたがないが、元気だろうか」
参 「音」も「さた」も、「手紙」の意味の古いことば。現在では「音さたが[も]ない」のように否定のことばと一緒に使う。

おとしだま【お年玉】オトシダマ 新年の祝いとして、子供や目下の人に贈る金や品物。Ⓔa New Year's present. 㶰새해 선물, 세뱃돈.「お正月の楽しみは、お年玉がもらえることだ//お年玉をためてテレビゲームを買う」

おと・す【落とす】オトス〔他動五〕(おとして) ①ものの支えを取り去って高い所から低い所へ動かす。Ⓔdrop. 㶰떨어뜨리다.「棒でたたいてクリの実を落とす//涙を落とす」
②いままでそこにあったものをなくす。Ⓔlose; remove. 㶰잃다; 놓치다; 떨어내다; 까라지다.「勝っていた試合を落とす//洋服のほこりを落とす//命を落とす//気を落とす」対拾う ③程度や質などを下げる。Ⓔslow down; lower. 㶰낮추다, 줄이다; 떨어뜨리다.「曲がり角で自動車はスピードを落とした//声を落として話す//製品の質を落とす」④たいせつなものを不注意でなくしたり抜かしたりする。Ⓔmiss; omit. 㶰빠뜨리다, 누락하다.「案内状を出すときに、田中さんを落としてしまった」▷自動 落ちる

おど・す【脅す】オドス〔他動五〕(おどして) 相手をこわがらせて、自分にしたがわせようとする。おどかす。Ⓔthreaten; frighten. 㶰위협하다, 협박하다.「犯人は、ピストルで殺すぞとおどし、金をうばって逃げた」名

脅し →脅かす

おとず・れる【訪れる】オトズレル〔自動一〕①人に会いに行く。ある場所へ行く。訪ねる。Ecall on; visit. 한찾아가다, 방문하다.「久しぶりに古い友人の家をおとずれた//この前京都をおとずれてから5年たった」②ある状態がやってくる。Earrive; come. 한찾아오다, 닥쳐오다.「戦争で荒れた国にも、ついに平和がおとずれた//山に雪が降ると本当の冬がおとずれる」▷書名訪れ

おととい オトトイ, オトトイ きのうの前の日。一昨日。Ethe day before yesterday. 한그저께.「きょうは5日だが、おとといの3日は雨だった//中国からおとといと帰ってきた」

おととし オトトシ 去年の前の年。一昨年。Ethe year before last. 한재작년.「おととしもらった小犬がこんなに大きくなった」

おとな【大人】オトナ ①一人前に成長した人。Ean adult. 한어른.「二十になってもう大人なのだから、しっかりしなくては//大人になる」対子供 ②考え方や行動などがじゅうぶん成長していること。Egrown-up; mature. 한성숙함; 어른.「道子は高校生だが、言うこともすることもしっかりしていて、もう大人だ//大人のつきあい」対子供

おとなし・い オトナシイ 性質が静かで, 穏やかだ。Egentle; quiet; tame. 한온순하다, 얌전하다.「この子はおとなしくて親の言うことをよく聞く//この馬はおとなしいから, 乗っても大丈夫だ」

おどり【踊り】オドリ 踊ること。Edancing; a dance. 한춤, 무용.「サンバのような激しい踊りが好きだ//盆踊り」他動踊る

おと・る【劣る】オトル, オトル〔自動五〕(おとって) ものごとの程度がほかより下だ。Ebe inferior to. 한못하다, 뒤지다, 뒤떨어지다.「身長や体重でおとっても体力で は負けない//負けずおとらず(→項目)」対勝る, 優れる

おど・る【踊る・躍る】オドル〔自他動五〕(おどって) ①音楽や拍子に合わせ、手足や体を動かして, 喜び, 悲しみなどいろいろな思いを表現する。Edance. 한춤추다.「舞台ではバレリーナが『白鳥の湖』を踊っている//タンゴを踊る」②力があふれているように激しく動く。Ejump; leap. 한뛰다, 뛰어오르다.「選手は空中に身を躍らせて, ボールを敵のコートに打ちこんだ//期待に胸が躍る//躍り上がって喜ぶ」▷名踊り・躍り →舞う

注 漢字で書くときは、①は「踊る」, ②は「躍る」. また, ①は他動詞, ②は自動詞.

おとろ・える【衰える】オトロエル, オトロエル〔自動一〕人や国などの力や勢いがだんだん弱くなる。Ebecome weak; decline. 한쇠약해지다, 쇠퇴하다.「すっかり体が衰えた祖母はどこにも出なくなった//200年前には栄えていたA国も、いまでは衰えてしまった」対栄える 名衰え

おどろ・く【驚く】オドロク〔自動五〕(おどろいて) 考えてもいなかったようなことにあって、心が揺れ動く。びっくりする。Ebe surprised; be astonished. 한놀라다.「郷里の町がすっかり変わっているのには驚いた//台所にネズミがいたのに驚いて大声を出した」名驚き 他動驚かす

おなか オナカ「腹」の丁寧語。Ethe belly; the stomach. 한배.「食べすぎておなかをこわした//おなかの調子が悪い//おなかが痛い」

おなじ【同じ】オナジ ①そのものであるようす。別のものではないようす。おんなじ。Ethe same. 한같음, 동일함.「同じページを何度も読む」対別 ②2つ以上のものの性質や形, 種類, 程度などが, 違っていないようす。おんなじ。Ethe same; equal. 한서로 같음, 동일함.「道子と一郎は同じクラスだ//

AホテルもB旅館も料金は同じだ」対別 ③(「同じ~なら」の形で)どうせ．結局は．「同じ行くなら車にしよう(Eif we are going, let's go by car.韓어차피 갈 바에는 자동차로 가자.)」

同じ穴のむじな たがいによくないことをしている者どうしであること．EThey are of a feather.韓같은 패거리(의 악당)．「銀行も地上げ屋も，土地でもうけたという意味では，同じ穴のむじなだ」似た表現一つ穴のむじな

同じかま[釜]の飯を食う 親しく一緒に生活する．Elive under the same roof.韓한솥밥을 먹다．「この3人は学生時代，寮で同じかまの飯を食った仲だ」似た表現一つかまの飯を食う

おなら オナラ 肛門から出る腸の中の気体．ガス．Ewind.韓방귀．「盲腸の手術の後，おならが出ればもう大丈夫だ//人前でおならをするのは失礼だ」話
参「へ」も意味は同じだが，「おなら」より下品な感じなので，ふつうは「おなら」を使う．

おに 【鬼】オニ ①想像上の化け物．人間の形をしているが，頭に角があり，口にきばがある．Ean ogre; a demon.韓귀신，도깨비．「節分に豆をまいて鬼を追いだす//青鬼//赤鬼」
②鬼ごっこなどで，人を捕まえる役．Eit.韓술래．「今度は一郎が鬼だ，さあ，みんな早くばらばらに隠れよう」
③人間らしい心を持たない冷たい人．Ea relentless person; harden oneself.韓냉혹 무자비한 사람．「心を鬼にして，子供を厳しくしかる」
④1つのことに集中している人．Ea demon

〔鬼①〕

for (work).韓(무엇에 열중하여) 미친 사람．「あの人は仕事の鬼だ」
⑤(他のことばの頭について)(1)厳しくてこわい．「鬼監督(Ea tough director.韓호랑이 감독.)」(2)同じ種類の中で大きいほうのもの．「鬼ヤンマ(Ea giant dragonfly.韓장수잠자리.)//鬼ユリ(Ea tiger lily.韓참나리.)」

鬼に金棒 強いものに，もうひとつ強いものが加わること．Ebe doubly powerful; be invulnerable.韓범에 날개．「アイデアの豊かな道子が会長で，資金集めの上手な一郎が副会長なら，鬼に金棒だ」

鬼の居ぬ間に洗濯 こわい人がいないあいだにのんびりすること．EWhen the cat's away, the mice will play.韓시어머니 없는 틈에 화투놀이．「きょうは部長が出張だ．鬼のいぬ間に洗濯でゆっくりやろうよ」

鬼の霍乱 ふだん病気をしたことのない人が珍しく病気になること．Ea normally healthy person suddenly falls ill.韓곰의 배탈．「何年ぶりかでかぜをひいたら，鬼のかくらんだ，とひやかされた」

おにいさん 【お兄さん】オニーサン 兄に呼びかけることば．また，他人の兄についていうことば．Ean older brother.韓형님；오라버님．「お兄さん，勉強教えてよ//一郎のお兄さんはラグビーの選手だ」対お姉さん→兄

おにぎり 【お握り】オニギリ ごはんの中に梅干しなどを入れてにぎったもの．Ea rice ball.韓주먹밥．「山で食べるおにぎりは特別おいしい//おにぎりを持って遠足に行く」
参「おむすび」「にぎり飯」も同じものをさすが，「おにぎり」は「にぎる」から，「おむすび」は「結ぶ」からできたことば，「にぎり飯」は「にぎったごはん」の意味．

おにごっこ 【鬼ごっこ】オニゴッコ〔~する〕

子供の遊びの1つ。1人が鬼になってほかの子を追いかけて捕まえる。捕まえられた子が鬼になって繰り返す。[E]tag. [한]술래잡기.「むかしは空き地で鬼ごっこをして遊んだものだ」

おねえさん 【お姉さん】オネーサン 姉に呼びかけることば。また、他人の姉についていうことば。[E]an older sister. [한]언니；누님.「お姉さん、この漢字、なんて読むの？//洋子のお姉さんは英語がとても上手だ」[対]お兄さん →姉

おのおの オノオノ たくさんいる人のひとりひとり。[E]each person; everyone. [한]각각，각자.「生徒たちはおのおの自分の意見を言った//人はおのおの独自の個性と才能を持っている」[書]

おのずから オノズカラ，オノヅカラ 特別なことをなにもしなくても結果としてそうなるようす。[E]naturally; by itself. [한]자연히，저절로.「生き物を飼っていると、命のたいせつさがおのずからわかるようになる」[書]

おのの・く オノノク〔自動五〕(おののいて) 恐れや心配がひどくて、体が震えるほどだ。[E]tremble. [한]부들부들 떨다，전율하다.「被害者の苦しみを思い、罪の深さにおののいている」

おば 【伯母・叔母】オバ ①父母の姉。父母の兄の妻。[E]an aunt. [한]백모；큰고모；큰이모；큰외숙모.「伯母は京都に住んでいる」[対]伯父
②父母の妹。父母の弟の妻。[E]an aunt. [한]숙모；작은고모；작은이모；작은외숙모.「叔母とは気が合うので、よく話をする」[対]叔父
[注]漢字で書くときは、①は「伯母」、②は「叔母」。
[参]人と話すときに自分の身内をさして使うことば。他人の「伯母」「叔母」に向かって、またその人を話題にしていうときは、「伯母さん」「叔母さん」を使う。

おばあさん オバーサン ①祖母に呼びかけることば。また、他人の祖母についていうことば。[E]Grandma; a grandmother. [한]할머니.「おばあさん、お帰りなさい//孫が生まれて道子ももうおばあさんだ」[対]おじいさん
②よその年とった女の人についていうことば。[E]an old lady. [한]할머니.「バスの中でおばあさんに席をゆずった」[対]おじいさん ▷→祖母

おばけ 【お化け】オバケ ①恐ろしい形をして、人間をこわがらせるもの。[E]a ghost; a goblin. [한]요괴，도깨비.「あの森には毎晩お化けが出るそうだ//お化け屋敷」②同じ種類のもので、ふつうより大きいものや形の変わったもの。[E]a monster. [한]초대형～；변형～.「キュウリのお化け//お化けスプーン」

おばさん 【伯母さん・叔母さん】オバサン ①伯母，叔母に呼びかけることば。また、他人の伯母，叔母についていうことば。[E]Aunt ～; an aunt. [한]아주머니.「伯母さん、おみやげありがとう//山田くんの叔母さんは小学校の先生だって」[対]伯父さん・叔父さん ②よその中年の女の人についていうことば。[E]a lady. [한]아주머니.「タバコ屋のおばさんに道を尋ねた」[対]おじさん ▷→伯母・叔母
[注]②はひらがなで書く。

おはようございます

オハヨーゴザイマス 朝、人に会ったり、訪問したりしたときに言うあいさつのことば。[E]Good morning. [한]안녕하십니까？「おはようございます。ゆうべはよく眠れましたか」[話]
[参]くだけた言い方は「おはよう」。

おび 【帯】オビ 着物の上から胴に巻いてしめる長い布。[E]an *obi*; a broad sash for a *kimono*. [한](기모노의)허리띠.「このごろは、1人で帯をしめることができる人が少な

くなった//帯あげ//帯じめ」数 1本 →着物図

おび・える オビエル，オビエル〔自動一〕悪いことが起こるように思って，ひどくこわがる．Ebe frightened. 한무서워하다，겁내다．「赤ん坊は飛行機の音におびえて眠らない//町の人たちは大きな地震があるというわさにおびえている」名おびえ

おびただし・い オビタダシイ ①数や量が非常に多い．Eexcessive; a great number of. 한(수량이)엄청나다．「おびただしい出血で命があぶない//パレードにおびただしい数の見物人が出た」②(「～ことおびただしいの形で)よくないことの程度が大きい．Equite; very. 한～하기 짝이 없다．「三郎の車の運転は乱暴なことおびただしい//祭りの後の道路はきたないことおびただしい」

おひや 【お冷や】 オヒヤ「冷たい飲み水」の丁寧語．Ecold water. 한냉수．「すみません，お冷ややください」数 1杯

おびやか・す 【脅かす】 オビヤカス〔他動五〕(おびやかして) ①相手がこわがるようにする．Ethreaten; frighten. 한협박하다，위협하다．「国境に軍隊を集めて，となりの国をおびやかす」②地位などをあやうく感じさせる．Ethreaten; menace. 한위협하다．「チャンピオンの座を，若い無名の選手がおびやかしている//平和をおびやかす」▷書参①は「おどかす」や「おどす」と似ているが，「おびやかす」は抽象的なものについていうことが多い．

おひらき 【お開き】 オヒラキ 宴会，パーティーなどが終わること．Ebe over; break up. 한폐회，끝냄．「新入社員の歓迎会は，10時でお開きになった//もう遅いから，きょうの誕生会はこれでお開きにしよう」

お・びる 【帯びる】 オビル，オビル〔他動一〕自分の身につけて持つ．また，その性質や成分として持つ．Ebe charged with;

be tinged with. 한띠다；머금다．「特別の使命をおびて外国へ出発した//元気になって，ほおが赤みをおびてきた」

オフィス (office) オフィス 事務室，事務所．また，会社．Ean office. 한오피스，사무실．「パソコン，ファックスなど新しい事務機器を取り入れたオフィス//オフィスオートメーション//オフィス街」

おふくろ 【お袋】 オフクロ 自分の母親のことを，親しみをこめて他人や母親本人に話すときの言い方．Eone's mother; one's old lady. 한어머니．「おふくろは，いつまでもおれのことを子供だと思っている//おふくろの味」対おやじ 話

おふる 【お古】 オフル 前に何度か使って古くなった衣服や道具．Ea used article; a hand-me-down. 한헌것，고물；후물림．「友達からワープロのお古をもらった//わたしは子供のころ，姉さんのお古ばかり着せられた」話

おべっか オベッカ 目上の人に気に入られようと，むやみにほめたり，お世辞を言ったりすること．Eflattery. 한아부，아첨．「三郎はいつもおべっかを使って，課長のごきげんをとっている」話

オペレーター (operator) オペレーター 機械や装置を運転したり操作したりする人．Ean operator. 한오퍼레이터．「オペレーターに新しいパソコンの使い方を習う//自動化が進んで電話局のオペレーターも以前より減った」

おぼえがき 【覚え書き・覚書】 オボエガキ ①忘れないために書きとめておくこと．また，その書いたもの．メモ．Ea memo; a note. 한메모，비망록．「気がついたとき覚え書きをしておいたものが，あとで役に立つことがある」②非公式な外交文書．Ea memorandum. 한각서．「A国と貿易に関する覚書

を交換する」▷**数**②1通
注①は「覚え書き」、②は「覚書」．

おぼ・える【覚える】オボエル〔他動一〕①習ったことや経験したことを知識、習慣として身につける．**E**remember; learn. **한**기억하다，익히다．「子供のとき母にほめられたことをよく覚えている//新しい仕事のやり方を覚えるのに1週間かかる」**対**忘れる ②なにかを心や体に感じる．**E**feel. **한**느끼다．「理由のない差別がまだあることに怒りを覚える/胸のあたりに痛みを覚えて病院へ行った」▷**名**覚え

おぼつかな・い オボツカナイ，オボツカナイ ①しっかりしていなくて心細い．**E**unsteady; unreliable. **한**불안하다；미덥잖다．「歩きはじめたばかりの赤ちゃんの歩き方はおぼつかない//記憶がおぼつかなくてよくわからない」②できるかどうか疑わしい．**E**uncertain; doubtful. **한**미심쩍다，의심스럽다．「この実験の成功はおぼつかない//わたしの体力であの山に登れるかどうかおぼつかない」

おぼ・れる オボレル〔自動一〕①水の中でうまく泳げず死にそうになる．また、そのまま水の中で死ぬ．**E**drown; be drowned. **한**물에 빠지다；익사하다．「川に飛びこんで、おぼれている人を助けた//船が沈んでたくさんの人がおぼれた」②なにかに夢中になって、きちんとした考え方や生き方ができなくなる．**E**indulge in; be addicted to. **한**빠지다；탐닉하다．「ぜいたくな生活におぼれて、親の財産を使ってしまった//酒におぼれて体をこわした」

おぼれる者はわらをもつかむ 人は困ると、なんの役にも立たないつまらないものにも頼ろうとする．**E**A drowning man will catch at a straw. **한**물에 빠진 사람은 지푸라기라도 잡는다．

おぼん【お盆】オボン 仏教の行事の1つ．7月15日、または8月15日を中心に、いろいろな食べ物を仏壇に供えて死者のしあわせを祈る．盆．うら盆．**E**the *Bon* Festival; the Buddhist All Souls' Day. **한**우란분재，백중맞이．「都会へ働きに出た人もお盆には郷里へ帰る//お盆休み」

おまえ【お前】オマエ 自分と同等か自下の相手をさすことば．**E**you (used when talking to one's equal or junior). **한**너，자네．「おまえのうちはどこだ？//おまえたち，もうすこし礼儀正しくしたらどうだ」**話**
参「きみ」も似ているが、「おまえ」のほうがくだけた言い方．

おまけ オマケ〔〜する〕①値段を、あるばあいだけ安くすること．**E**a discount. **한**(값을) 깎아 줌．「1500円の品物を200円おまけして1300円にしましょう」②商品に、サービスのためになにかをつけること．また、そのもの．**E**throw in. **한**덤，경품．「リンゴを1つおまけする」▷→景品

おまけに オマケニ（文と文をつないで）さらにそのうえに．**E**and besides; and what is worse. **한**그 위에，게다가．「寝坊してしまった．おまけに途中で電車が故障したので、会社にひどく遅刻した」

おまちどおさま【お待ちどおさま】オマチドーサマ 相手を待たせたとき、謝る気持ちで言うあいさつのことば．**E**I'm sorry to have kept you waiting. **한**오래 기다리셨습니다．「どうもお待ちどおさま．おすし3人前おとどけしました//お待ちどおさま．バスが遅れたものだから」**話**
参目上の人などにはもっと丁寧な言い方の「お待たせしました」のほうを使う．

おまもり【お守り】オマモリ 身につけたり車や建物につけたりすると、災難を受けないという小さな札．**E**a lucky charm; an amulet. 한부적.「神社に初もうでに行って、お守りを買った//交通安全のお守り//商売繁盛のお守り」 수1枚

〔お守り〕

おまわりさん【お巡りさん】オマワリサン「巡査」「警官」の親しみをこめた言い方. E a policeman. 한경관, 경관.「おまわりさんに道を尋ねた」→警官
参 町のあちこちをまわって歩くことからいう.

おみくじ オミクジ 神社や寺におまいりした人が, これから先の運がいいか悪いかを占うために引くくじ. E a written oracle; a sacred lot. 한 (길흉을 점치는)제비.「初もうでに行っておみくじを引いたら,「大吉」だった. 今年はいい年になりそうだ」 수1本

おむつ オムツ 大便や小便を受けるためにまたに当てる布や紙. おしめ. E a diaper. 한기저귀.「赤ちゃんはおむつを取りかえてもらって気持ちよさそうだ/紙おむつ」 수1枚

おめおめ オメオメ, オメオメ 名誉をけがされても恥をかかされても, なにもしなかったり平気でいたりするようす. E in this shameful state; shamelessly. 한뻔뻔스럽게, 염치없이 ; 순순히.「父のことまでばかにされては, おめおめ(と)引き下がれない//みんなに迷惑をかけておいて, よくもおめおめ(と)来られたものだ」

おめでた オメデタ「めでたいこと」の丁寧語. 特に, ほかの人の結婚, 妊娠, 出産などにいう. E a congratulatory occasion. 한경사.「姉のうちは, 娘の入学, 息子の結婚とおめでたが続いている」

おめでた・い オメデタイ, オメデタイ ①「めでたい」の丁寧語. E happy; joyous. 한경사스럽다.「この町から国際的な賞を受ける人が出たのはめでたいことだ」②人がよすぎ

てだまされやすいようす. E simple; foolish. 한지나치게 호인이다, 어수룩하다.「弟はおめでたいから, いつも損ばかりしている」▷話②

おめでとう オメデトー 新年, 誕生日, 結婚, 出産, 入学, 卒業, 合格など, めでたいこと, 喜ばしいことを祝うあいさつのことば. E Congratulations! 한축하합니다.「ご卒業おめでとう//新年おめでとう」
参 丁寧な言い方は「おめでとうございます」.

おめにかかる【お目にかかる】「会う」の謙譲語. E (humble) see; meet. 한만나뵙다.「くわしいことは, お目にかかったときにお話しします//お目にかかることができて, たいへんうれしいです」

おも【主】オモ ものごとの中心になっているようす. いちばんたいせつだったり, いちばん多かったりするようす. E mainly; chief. 한주됨, 주요함.「日本で消費するエビは, おもにタイから輸入したものだ//この雑誌のおもな読者は高校生だ」

おもい【思い】オモイ ①思うこと. 考えること. 想像すること. E thought; imagination; feelings. 한생각, 마음 ; 느낌.「外国でことばがわからなくてつらい思いをした//故郷の母に思いを寄せる//思いにふける」②願ったり望んだりすること. E a hope; an expectation. 한소원.「子供がほしいという思いがかなう//思いのまま」③恋する気持ち. E love; affection. 한사랑하는 마음, 애정.「同級生の洋子に思いを寄せる」④心配や悲しみなどの気持ち. E care; worry. 한걱정, 시름.「いつになったら病気が治るのだろうと思いに沈む」▷他動思う

思いも寄らない まったく予想もしない. E unexpected. 한생각지도 못하다, 뜻밖이다.「子供たちからハワイ旅行に招待されるとは思いも寄らないことだった」 似た表現 思い

もかけない

おも・い 【重い】オモイ ①目方が多い. Eheavy. 한무겁다.「本がたくさん入っているので, かばんが重い//重い荷物」対軽い ②程度が大きい. Eserious. 한무겁다, 중하다.「父の病気が重くて心配だ//殺人の罪は重い」対軽い ③重要だ. Eimportant. 한중요하다.「総理大臣は非常に重い地位だ」対軽い ④気分がはればれしない. Eheavy; depressed. 한무겁다；개운치 않다.「頭が重くてなにもしたくない//仕事がうまくいかなくて気が重い」対軽い

おもいあが・る 【思い上がる】 オモイアガル, オモイアガル〔自動五〕(おもいあがって) 自分の能力や地位を立派なものと考えて, 偉そうにふるまう. Ebecome conceited. 한잘난 체하다, 우쭐해 하다.「いちど主役をやったぐらいで思い上がってはいけない」▷名 思い上がり

おもいあた・る 【思い当たる】オモイアタル, オモイアタル〔自動五〕(おもいあたって) 自分の知っていることと考え合わせて, そうだと気がつく. Ethink of; have an idea of. 한짐작이 가다, 마음에 짚이다.「後になって失敗の原因に思いあたった」

おもいうか・べる 【思い浮かべる】 オモイウカベル, オモイウカベル〔他動一〕 心の中に姿や形を描く. Epicture to oneself. 한마음속에 그리다.「ふるさとの美しい山や川を思い浮かべた」自動 思い浮かぶ

おもいおもい 【思い思い】オモイオモイ ひとりひとりがそれぞれ思うようにするようす. Eas one pleases; each in one's own way. 한각자의 생각(대로), 제 나름대로.「思い思いの料理を持ち寄ってパーティーを開く//卒業生たちは, 思い思いに夢を描いて学校を出ていった」

おもいがけな・い 【思いがけない】 オモイガケナイ, オモイガケナイ 全然思っていない. Eunexpected; unforeseen. 한뜻밖이다.「誕生日に思いがけない人からプレゼントをもらってうれしかった//思いがけない所で友達に会って驚いた」

おもいきって 【思い切って】オモイキッテ, オモイキッテ 迷う気持ちを捨てて. Edecisively; boldly. 한큰마음 먹고, 과감히.「思いきって道子に結婚を申しこもう」

おもいきり 【思い切り】オモイキリ ①ものごとを満足できるほどじゅうぶんにするようす. Eto one's heart's content. 한마음껏, 실컷.「広い海で思いきり泳ぎたい//思いきり泣いて, やっと悲しみが薄れた」②心を決めること. 決心すること. Eresolute; decisive. 한결심.「思いきりよく古いものを捨てた」③あきらめること. Eresignation. 한단념.「思いきりが悪くて, どうしても洋子が忘れられない」▷他動 思い切る

おもいだ・す 【思い出す】オモイダス, オモイダス〔他動五〕(おもいだして) 過去にあったものごとや忘れていたものごとを, また心に浮かべる. Erecollect; remember. 한회상하다, 생각해 내다.「若いころのことを思いだすと, なつかしくて涙が出てくる//図書館が休みなのを, 出かける前に思いだしてよかった」

おもいつ・く 【思いつく】オモイツク, オモイツク〔他動五〕(おもいついて) ある考えを心に浮かべる. Ethink of; hit upon. 한생각이 떠오르다, 생각해 내다.「仕事を早く簡単にやる方法を思いついた」名 思いつき

おもいで 【思い出】オモイデ 心に深く残っていて, なにかにつけて思いだされること. Ea memory; recollections. 한추억.「学生時代の楽しい思い出は, いつまでも忘れられない//思い出にふける//思い出話」

おもいとどま・る 【思いとどまる】オモイ

トドマル, オモイトドマル〖他動五〗(おもいとどまって) するつもりでいたことを, いろいろ考えてやめる. ⒺGive up; abandon. 한단념하다, 그만두다.「仲間たちに説得されて, 会社をやめるのを思いとどまった」

おもいのほか【思いのほか】オモイノホカ, オモイノホカ 思っていたよりも. 意外に. Ⓔunexpectedly; more ~ than one expected. 한뜻밖에, 예상외로.「新しい家は郊外にあるが, 駅に近くて思いのほか便利だ//ここは, 思いのほか暖かい」

おもいやり【思いやり】オモイヤリ 相手の立場になって考えること. Ⓔsympathy; consideration. 한동정심, 배려.「まちがったことをしたら注意してあげるのが本当の思いやりだ//弱い人や不幸な人に思いやりの心を持つ」他動思いやる

おも・う【思う】オモウ〖他動五〗(おもって) ①心で考え判断する. Ⓔthink. 한생각하다.「自分の考えははっきり言うべきだと思う//みんなに知らせたほうがいいと思う」
②心に感じる. Ⓔfeel. 한느끼다; 여기다.「ほめられてとてもうれしく思っている//心の清らかな人になりたいと思う」
③想像したり思いだしたりするように心を働かせる. Ⓔimagine; expect. 한예상하다, 상상하다.「10年後の世界を思う//思ったとおり雨が降ってきた」
④心をひかれ, たいせつにする. Ⓔlove; care for. 한그리워하다, 사랑하다.「外国にいる恋人を思う//ふるさとを思う」
▷名思い
参「考える」も似ているが,「考える」がものごとを理論的, 知的に扱うのに対して,「思う」は主観的, 感情的な心の動きを表す. したがって,「むずかしい数学の問題を考える」を「むずかしい数学の問題を思う」
≡とはいわない.

おもうぞんぶん【思う存分】オモウゾンブン, オモウ・ゾンブン したいと思うことを満足するまでするようす. Ⓔto one's heart's content; to the hilt. 한마음껏, 실컷.「久しぶりに会った友達と1晩じゅう, 思う存分語り合った//カラオケで思う存分歌いたい」

おもおもし・い【重重しい】オモオモシイ 偉そうでどっしりしている. Ⓔsolemn; dignified. 한엄숙하다; 위엄이 있다.「議長は重々しく選挙の結果を報告した//社長は重々しい態度で書類に署名した//重々しい口調」対軽軽しい

おもかげ【面影】オモカゲ, オモカゲ ①頭の中に残っている, そこにいない人の顔や形など. Ⓔa person's face, looks, image, figures (remembered by others). 한옛모습, 형적.「手紙を読むと, 友の面影が目に浮かんでくる」②むかしはこうだったと思いださせるようす. Ⓔvestiges; traces. 한(기억 속의)모습.「東京の下町には, 明治や大正の面影を残している所がある」

おもくるし・い【重苦しい】オモクルシイ おさえつけられるようで, いやな感じだ. Ⓔoppressive; gloomy. 한답답하다, 침울하다.「会議は重苦しい雰囲気の中で行われた//級友が犯人だとわかって, クラスの者は重苦しく黙りこんだ」

おもしろ・い オモシロイ ①笑いたくなるような感じだ. Ⓔfunny; laughable. 한우습다.「タレントがおもしろい冗談を言って客を笑わせている」対つまらない
②楽しかったり, 心がひかれて興味が持てたりする. Ⓔinteresting; amusing. 한재미있다, 즐겁다.「おもしろい小説なので, 寝るのも忘れて読んだ」対つまらない

おもた・い【重たい】オモタイ 「重い」のく

だけた言い方. Ⓔheavy. 한무겁다.「この荷物は重たくて持てない//疲れて足が重たい//眠くてまぶたが重たくなる」話

おもちゃ オモチャ 子供が持って遊ぶもの. Ⓔa toy. 한장난감.「子供には年齢に合ったおもちゃを与えるのがいい//おもちゃ売り場」

おもて 【表】オモテ ①ものの2つの面のうち、見えるほう、また、外に出すほうの側. Ⓔthe front; the right side. 한앞쪽, 앞면, 겉.「はがきの表に住所とあて名を書く//この紙は、つるつるしたほうが表だ//表通り」対裏 ②建物の正面. Ⓔthe front. 한(건물의) 정면.「表に人が来た//表の入り口」対裏 ③外から見えるようす. Ⓔthe surface. 한표면; 겉, 외관.「ものごとの表だけ見て判断するのは危険だ//表だけ飾ってごまかす」対裏 ④建物の外. Ⓔoutside. 한바깥, 옥외.「天気がいいから表で遊びなさい」

おもむき 【趣】オモムキ ①全体から感じられるおもしろみのあるようす. Ⓔtaste; elegance. 한정취, 멋.「趣があって、なかなかいいお部屋ですね//冬枯れの景色も、また、趣があっていいものだ」②言おうと思っていることの要点. Ⓔthe intent; the meaning. 한취지, 요지.「先日のお手紙の趣、承知いたしました//この翻訳は原文の趣をよく伝えている」

おもむ・く 【赴く】オモムク〔自動五〕(おもむいて) ①用事のある場所に向かっていく. Ⓔgo; head for. 한향하여 가다.「学会に出席するために京都におもむいた」②ある状態に向かう. Ⓔget; become. 한(어떠한 상태로) 향하다.「病気は快方におもむいた」

おもむろに オモムロニ 落ちついて、ゆっくりとしはじめるようす. Ⓔdeliberately; slowly. 한서서히, 천천히.「ひとりひとりの意見を全部聞いたあとで、会長がおもむろに口を開いた//祖父はおもむろに立ち上がった」書

おもわく 【思惑】オモワク ①先がどうなるかについての予想. Ⓔexpectation; speculation. 한예측; 의도.「思惑がずばり当たって、新しい会社が大いに発展した//思惑がはずれて失敗してしまった」②人にどのように思われているかということ. Ⓔ(public) opinion. 한평판, 인기.「世間の思惑が気になって、やりたいことができない//人の思惑を気にする」

注 本来は「思わく」だが、最近は「思惑」と書くのがふつう.

おもわず 【思わず】オモワズ 自分ではするつもりのなかったことをしてしまうようす. Ⓔunconsciously; in spite of oneself. 한저도 모르게, 엉겁결에.「大きな音に驚いて、思わず手に持っていた皿を落とした」

おもん・じる 【重んじる】オモンジル, オモンジル〔他動一〕人やものの価値を認めてたいせつに扱う、重んずる. Ⓔthink much of. 한존중하다, 중시하다.「部長はわたしを重んじて、責任ある仕事をさせてくれる//内容より形式を重んじる」対軽んじる

おや 【親】オヤ ①人間や動物で、その子を生んだもの、生ませたもの、また、子を育てているもの. 父と母. Ⓔparents. 한어버이, 부모.「親になるのは簡単だが、本当にいい親になるのはむずかしい//育ての親//親離れ(Ⓔbecome independent of one's parents. 한부모의 슬하를 떠나 독립함.)」対子, 子供 ②ゲームなどで、遊びの中心になる人. Ⓔthe dealer. 한선, 리더.「さいころで親を決める」③たくさんあるものの中で中心になるもの.「親会社(Ⓔa parent company. 한모회사.)」対子

親の心子知らず 親は深い愛情で子供を育て、ときにはしかったりもするが、子供にはそれがよくわからないということ. ⒺA child cannot understand one's parent's heart. 한부모 마음을 자식은 모른다.

親の(光は)七光り 親の地位や社会での評価が高いことで子供が得をすること. EIt's a great help to have a famous parent. 한부모의 덕망이 높으면 자식은 여러 모로 그 음덕을 입게 마련이다.

おや オヤ, オヤ 驚いたときや疑問のあるときに言うことば. EOh!; Why!; Oh dear! 한어, 어머나, 이런.「おや, こんな遅い時間にどうしたの?//おや, あの音はなんだろう?」話

おやかた【親方】オヤカタ, オヤカタ 職人やすもうの社会などで, 後輩や弟子たちを指導し育てる責任のある人. Ea boss; a master. 한우두머리; (기능공 등의) 스승 겸 후견인.「親方は厳しいけど, とても人情に厚い人だ//親方によく教わって早く一人前の職人になりたい」

親方日の丸 国の権力や資金を後ろに, いばったり怠けたりしていること. Ea government big shot. 한국가를 등에 업고 빼기는 작태.「中央から来た役人は, 親方日の丸で無理な要求ばかりする」

おやじ オヤジ, オヤジ ①自分の父親のことを, 親しみをこめて他人や父親本人に話すときの言い方. Eone's father; one's old man. 한(우리) 아버지.「おやじも若い年だね. 白髪がずいぶん増えた」対お袋 ②店の主人などのことを, 親しみをこめて他人や本人に話すときの言い方. Ethe boss. 한주인장.「駅前のすし屋のおやじは口下手だ//おやじさん, きょうはなにがおいしい?」▷話

おやしらず【親知らず】オヤシラズ 歯のうちで最後に生える, 奥の上下4本の歯. Ea wisdom tooth. 한사랑니.「二十過ぎても親知らずがまだ生えない//親知らずが痛いので

歯医者へ行く」数1本
参この歯が生えるころはもう親がなくなっていて親を知らない, というところからできたことば.

おやすみなさい オヤスミナサイ 寝る前に言うあいさつのことば. EGood night. 한안녕히 주무세요; 잘 자요.「『お母さん, おやすみなさい』と言って, 子供はベッドに入った」話
参くだけた言い方は「おやすみ」.

おやつ【お八つ】オヤツ 昼食と夕食の間, 3時ごろに食べる間食. Ea snack. 한(오후의) 간식.「おやつにクッキーとおせんべいを食べる//母親は子供たちのおやつを準備して外出した」

おやゆび【親指】オヤユビ 手や足の5本の指の1つ. いちばんはしにあり, 太くて短い指. Ethe thumb; the big toe. 한엄지손가락; 엄지발가락.「親指から順に指を折って1, 2, 3…と数えていく//足の親指が痛い」→手図

およ・ぐ【泳ぐ】オヨグ〔自動五〕(およいで) ①魚や人などが, ひれ, 手足などを動かして水の中や水面を進む. Eswim. 한헤엄치다, 수영을 하다.「小さい魚がたくさん集まって泳いでいる//夏休みには海へ泳ぎに行くつもりだ」②世の中や人ごみなどを上手に進む. Eget along; thread one's way. 한헤쳐 나가다; 처세하다.「一郎は政界をうまく泳いで, 若くして大臣のポストについた」▷名泳ぎ

およそ オヨソ ①ものごとのだいたいのところ. また, そのよう. おおよそ. Erough; general; about. 한대충, 대략.「報告を聞いたので, およそのことはわかった//集会参加者は, およそ200人だった」②一般的なこととして話しはじめるときにいうことば. E generally; on the whole. 한일반적으

ろ, 대체로.「およそ親というものは, いくつになっても子供のことを心配するものだ」③(後に否定の意味のことばがついて) まったく~ない. 全然~ない.「きのうの映画はおよそおもしろくなくて, ずっと居眠りしていた」[E]The movie I saw yesterday wasn't interesting at all, so I was dozing all the time. [한]어제 본 영화는 도무지 재미가 없어서 줄곧 졸았었다.)」

および オヨビ, オヨビ (語と語をつないで) 同じ種類のものを並べあげるときに使うことば. [E]and; as well as. [한]및.「自動車および電気製品の海外輸出は, 年々増加している//電車, バスおよび地下鉄などの交通機関を利用する」[書] ▷→ならびに

およ・ぶ 【及ぶ】オヨブ〔自動五〕(およんで) ①ものごとが, ある場所, 時, 状態などにとどく. [E]extend to; last. [한]미치다; 이르다.「台風の被害は広い地域におよんでいる//会議は深夜におよぶまで続いた」②(「およぼ「ない」の形で)力や考えなどがその程度に達しない.「しばらく並んで走ったが, 力およばず負けてしまった//こんな大事故が起こるとは思いもおよばなかった」[E]Such a serious accident was beyond our imagination. [한]이런 큰 사고가 일어나리라고는 상상조차 못했다.)」③(「~に(は)およばない」の形で)~する必要がない.「仕事はだいたい終わったから, わざわざ来るにはおよばない//きみが行くにはおよばない」[E]You don't have to go. [한]네가 갈 것까지는 없다.)」 ▷[他動]及ぼす

及ばずながら ふじゅうぶんではあるが. 人を手伝ったり相談相手になったりするときに謙遜していう. [E]to the best of my ability. [한]미흡하나마, 미력이나마.「人手や資金がたりないなら, わたしに相談してください. およばずながらお役に立ちましょう」

およぼ・す 【及ぼす】オヨボス, オヨボス〔他動五〕(およぼして) ものごとの結果や影響をほかのところにとどくようにする. [E]harm; do damage. [한]미치다; 끼치다.「空気のよごれが人々の健康に害をおよぼしている//台風がたくさんの田畑に被害をおよぼした」[自動]及ぶ

おり 【折・折り】オリ ①その時. その場合. 機会. [E]a chance; when. [한]때, 기회.「わたしが折をみて, よく話しておきます//北海道へ旅行した折に買ってきた絵はがき」②薄い板や厚い紙でつくった箱. また, それにつめた菓子や料理. [E]a small wooden or cardboad box for packing food. [한]얇은 나무 도시락(상자)(에 담은 요리).「宴会の料理を折りに入れて持ち帰る//すしを折りに入れてもらう//菓子折り」 ▷[他動]折る

≡[注]①は「折」, ②は「折り」.

おりあい 【折り合い】オリアイ ①人と人との関係. [E]be on (bad) terms with. [한]인간 관계.「一郎とはどうも折り合いが悪くて困っている」②ゆずり合って, 相手とたがいに気持ちを合わせること. [E]come to terms. [한]타협.「事故の後, 加害者と被害者が話し合って, ようやく折り合いがついた」 ▷[自動]折り合う

おりあしく 【折あしく】オリアシク, オリアシク ちょうどそのときにつごうの悪いことが起こるようす. [E]unfortunately; as luck would have it. [한]공교롭게.「頂上の写真をとろうとしたとき, 折あしく雲がかかってしまった」[対]折よく

おりいって 【折り入って】オリイッテ, オリイッテ 真剣に改まって重大なことを頼んだり相談したりするときにいうことば. [E]a very special favor. [한]특별히, 각별히.「折り入ってお願いしたいことがあります. 実は保証人になっていただきたいのです」

おりおり 【折折】オリオリ, オリオリ ①その時 その時. Eeach (season). 한그때그때. 「公園には四季おりおりの花が咲いている」②同じようなことが, 適当な間をおいて繰り返されるよう. ときどき. Esometimes; occasionally. 한이따금, 때때로. 「あの人は通勤の電車でおりおり見かける人だ」

おりかえし 【折り返し】オリカエシ ①もとのほうに折った部分. Ea cuff; a lapel. 한접어 꺾은 부분. 「ズボンの折り返しにほこりがたまる」②ある所まで行ってまたもどること. また, その地点. Ea turn; a shuttle. 한반환(지점). 「マラソンの折り返しの地点にはおおぜいの人が待っていた//折り返し運転」③(副詞的に)手紙など通信がとどいてすぐに返事などをするよう. Eby return mail; call back soon. 한(받은)즉시; 되짚어. 「手紙をごらんになったら, 折り返しお返事をお願いします//折り返しお電話します」▷自他動折り返す

おりがみ 【折り紙】オリガミ, オリガミ ①紙を折っていろいろな形をつくること. また, それに使う色のついた紙. Eorigami; the art of folding paper into various figures. 한종이접기 (용 색종이). 「折り紙で舟を折る//新聞紙を折り紙にしてかぶとをつくった」②(「折り紙つき」の形で)確かなものだと保証すること. Eauthentic; acknowledged. 한보증필; 정평 있음. 「洋子はこの病院で折り紙つきの看護婦だ」▷数①1枚

〔折り紙①〕

おりから 【折から】オリカラ ①ちょうどその時. Ejust then; at that moment. 한때마침. 「折からの雨で試合は中止になった//海岸に出ると, 折から真っ赤な太陽がのぼりはじめた」②そのような時だから. Ein this ~.

한~때이므로. 「気候不順の折から, お体をたいせつになさってください」▷書

オリジナル (original) オリジナル ①独創的. 独自の. Eoriginal. 한독창적. 「だれにもまねのできないオリジナルな作品を生みだしたい」②演劇などで, 原作がなくて新しくつくりあげたもの. Ean original script. 한오리지널. 「今度の新しい映画は黒沢明のオリジナルだ」③美術品などで, 複製や模造品ではないもの. 原作. Ethe original. 한원화, 원작, 원본. 「有名画家のオリジナルはとても高くて買えない」

おりづる 【折りづる】オリズル, オリズル 紙を折ってツルの形にしたもの. Ea folded paper crane. 한종이학. 「折りづるをたくさん折って千羽づるをつくる」数1羽 →折り紙図
≡注 漢字で書くときは「折り鶴」.

おりめ 【折り目】オリメ, オリメ ①平らなものを折ったときにできる筋. Ea crease. 한접은 금; 주름. 「ズボンの折り目にアイロンをかける」②ものごとのけじめ. 礼儀作法. Ewell-mannered; polite. 한예의, 예의 범절. 「電話ですむのに, 礼を言いにわざわざ出かけてくるとは, 本当に折り目正しい人だ」

おりもの 【織物】オリモノ, オリモノ 縦糸と横糸を組み合わせて織った布. Etextiles; fabrics. 한직물. 「絹の織物で着物をつくる//綿織物」

おりよく 【折よく】オリヨク, オリヨク ちょうどそのときに希望どおりのことが起こるよう. つごうよく. Efortunately; luckily. 한때마침. 「雨に降られて困っていたところへ, 折よく空車のタクシーが来た」対折あしく, 折悪く

お・りる 【下りる・降りる】オリル〔自動一〕①高い所から低い所へ移る. Ecome down; go down. 한내

려오다; 내려가다. 「階段を下りる//飛行機が地上へ下りる/壇から降りる/駆け下りる」対上がる, 上る・登る, 乗る
② 乗り物など移動するものの上や中から出る. Eget off; get out. 한내리다. 「バスから降りる//東京駅で降りる」対乗る
③ ある地位や役割をやめる. Eresign. 한물러나다, 그만두다. 「年をとったので, 会長の役を降りて若い人にかわってもらった」
④ 露, 霜などが現れる. Efall. 한내리다. 「霜が降りて庭が真っ白だ」
▷他動下ろす・降ろす
注漢字で書くときは, ①は「下りる」「降りる」, ②③④は「降りる」.

お・る 【折る】オル〔他動五〕(おって) ① 薄いもの, 細長いものなどを曲げる. Efold. 한접다; 구부리다, 꼽다. 「便箋をきちんと折って封筒に入れる//指を折って数を数える//紙でつるを折る」② かたいものを力を入れて曲げ, 切り離してしまう. Ebreak. 한꺾다, 부러뜨리다. 「桜の枝を折ってはいけない//自転車で転んで腕の骨を折った」▷名折・折り 自動折れる

お・る オル〔自動五〕(おって) ①「いる」の謙譲語, 丁寧語. E(humble, polite) be. 한있다. 「9時まで会社におります//現在, 卒業論文を書いております//桜の花が咲いております」②「いる」の尊大な感じを表す言い方. 「いまに見ておれ(EYou wait! 한두고 보자.)//若いくせに生意気なことを言いおる」

おれ オレ 自分をさすことば. E(masculine) I (used when talking to one's equal or junior). 한나. 「おれと一緒に行こうぜ//おれはがんばるぞ//おれたち」語
参男性が同等か目下の人に対して使う, くだけた, または乱暴な言い方.

おれい 【お礼】オレイ〔~する〕⇨礼③「世話になった先輩にお礼の品を送った//お礼を言う」

お・れる 【折れる】オレル〔自動一〕① ものが曲がった状態になる. 曲がって離れてしまう. Ebe folded; be broken off. 한꺾이다; 부러지다. 「無理にかばんに入れたら, 本のはしが折れてしまった//強い風で木の枝が折れた」② 道などの方向を変える. Eturn. 한꺾어지다, 돌아가다. 「この道を左に折れると駅の前へ出る」③ 自分の考えを主張するのをやめ, 相手に合わせる. Egive in. 한굽히다. 「説得されて最後にわたしが折れた」▷他動折る

おろおろ オロオロ〔~する〕非常に心配したり驚いたりして, どうしたらいいかわからないようす. 「家に帰ったら, 母が入院したと, 妹がおろおろしていた(EWhen I came home, I found my sister in a fluster saying my mother was in the hospital. 한집에 돌아왔더니, 어머니가 입원하셨다면서 누이동생이 허둥지둥하고 있었다.)//迷子になった子供がおろおろ(と)母親をさがしている」

おろか 【愚か】オロカ 知能や考えがたりず, 言ったりしたりすることがふつうではないようす. Efoolish; stupid. 한어리석음. 「他人の不幸を喜ぶのは愚かなことである//親に反発ばかりして愚かだったと思う」対賢い

おろしうり 【卸売り】オロシウリ, オロシウリ 問屋が生産者や輸入業者から品物を買い入れ, それを小売業者に売ること. 卸. Ewholesale. 한도매. 「卸売りの値段は品物の量が多ければ安くできる//卸売商」対小売り

おろ・す 【下ろす・降ろす・卸す】オロス〔他動五〕(おろして) ① 高い所から低い所へ移す. Etake down; drop. 한내리다. 「電車の棚に上げたかばんを下ろす//いすに腰を下ろす//芝居の幕を下ろす//見下ろす」対上げ

②人やものなどを下のほうに移す。[E] let a person off; unload. [한] 내리다; 부리다. 「駅で乗客を降ろす//車から荷物を下ろす」[対] 乗せる、積む

③ある地位や役割からはずす。[E] remove. [한] 물러나게 하다, 해임하다. 「社長を降ろして副社長と交代させた//一郎を映画の主役から降ろす」

④なにかの中にあったものやしまってあったものを外へ出す。[E] withdraw (money); sell wholesale; put on for the first time. [한] (돈을) 찾다; 도매를 하다; 새 것을 쓰기 시작하다. 「銀行でお金をおろす//問屋が小売店に商品を卸す//新しい靴をおろしてはく」▷[名] 下ろし・降ろし・卸 [自動] 下りる・降りる [注] 漢字で書くときは、①④は「下ろす」、②は「下ろす」「降ろす」、③は「降ろす」、④で「商品をおろす」ばあいは「卸す」。

おろそか オロソカ しなければいけないことを、しないでほうっておくようす、心をこめないようす。[E] be negligent; ignore. [한] 소홀함. 「漫画に熱中して、勉強がおろそかになる//注意をおろそかにする//客をおろそかに扱ってはいけない」

おわり 【終わり】オワリ 終わること、続いていることの、もう先がないという最後のところ。[E] the end; the close. [한] 끝, 마지막. 「夏の終わりに、よく台風が来る//わたしももう80を過ぎて、人生の終わりに近づいてきた」[対] 始め・初め [自他動] 終わる

おわ・る 【終わる】オワル〔自他動五〕(おわって) ①ずっと続いていたものごとがそこで止まる。[E] end; be over. [한] 끝나다. 「仕事は8時に全部終わった//演奏が終わると、大きな拍手が起こった」[対] 始まる

②ずっと続いていたものごとをそこでやめる。[E] finish. [한] 마치다, 끝내다. 「みな一緒に食事を終わった//これで天気予報を終わります//読み終わる」[対] 始める

[注] ①は自動詞、②は他動詞。

おん 【音】オン ①耳に聞こえる音。[E] a sound; a noise. [한] 소리, 음. 「ハ調の音はいちばんわかりやすい//音の高低を調べる//音階//音符(→項目)」 ②人間がことばとして口から出す音。[E] pronunciation. [한] 음성. 「バ行の音はくちびるを閉じてから声を出す//音読//発音(→項目)」 ③漢字の読み方で、中国の発音が日本に伝わったもの。音読み。[E] the Chinese-style reading of a character. [한] (한자의) 음. 「漢字の読み方には音と訓がある//『林』という字は音では『りん』と読む」[対] 訓

おん 【恩】オン 人から受けた親切やありがたい行為。[E] kindness; a favor. [한] 은혜. 「あなたから受けた恩は決して忘れません//恩返し」

恩に着せる なにかをしてあげて、相手にありがたく思わせる。[E] demand gratitude. [한] 생색내다, 공치사하다. 「一郎は、あのとき金を貸したと、いつまでも恩に着せている」[対] 恩に着る

恩をあだで返す 親切にしてもらったのにありがたいと思わず、反対に相手にひどいことをする。[E] repay kindness with evil. [한] 은혜를 원수로 갚다. 「親のない少年を引き取って本当の子供として育てたつもりだったが、家の大金を持って出ていってしまった。恩をあだで返されたわけだ」

恩を売る 相手が感謝しなければならないようなことをしてあげ、あとで自分の利益につながるようにする。[E] do a lot for a person. [한] 은혜를 베풀다. 「いま恩を売っておけば、困ったときには助けてくれるだろう」

おんがく 【音楽】オンガク, オンガク 音の高

低や強弱、音色などをいろいろに組み合わせて、人間の感情を表現する芸術. ⒠music. ㉠음악.「美しい音楽は国境を越えて、人々に感動を与える//音楽会/クラシック音楽」

おんくん【音訓】オンクン 漢字の音読みと訓読み. ⒠the Chinese and Japanese readings of Chinese characters. ㉠(한자의) 음독과 훈독.「『森』という漢字には、音訓2通りの読み方がある//常用漢字とその音訓をわかりやすく説明した辞書がほしい」

おんけい【恩恵】オンケイ 自然や人が与えてくれる恵み. ⒠a favor; a benefit. ㉠은혜.「人類は自然の恩恵を受けて生きている//恩恵をほどこす(⒠do a person a favor. ㉠은혜를 베풀다.)//恩恵に浴する(⒠enjoy the benefits of. ㉠은혜를 입다.)」

おんけん【穏健】オンケン 考え方や行動が穏やかでしっかりしているようす. ⒠moderate; sound. ㉠온건.「面接で、人柄が穏健であるか判断する//穏健な思想」 対過激

おんこう【温厚】オンコー 性格が穏やかで、やさしいようす. ⒠gentle; mild-mannered. ㉠온후.「父は温厚で、子供たちを大声でしかることはなかった//温厚篤実(⒠gentle and sincere. ㉠온후하고 독실함.)」

おんし【恩師】オンシ 教えを受けて、特に世話になった先生. ⒠one's former teacher. ㉠은사.「30年ぶりのクラス会で、恩師に会うことができてうれしかった」

おんしつ【温室】オンシツ 草花や野菜などを寒さから守るために、また季節に関係なく植物を育てるために、外より高い温度を保つようにつくられた、ビニールまたはガラス張りの建物. ⒠a hothouse; a greenhouse. ㉠온실.「温室で熱帯の植物を育てる//温室で栽培した野菜」 数 1棟

おんしん【音信】オンシン,インシン 手紙や電話などで連絡すること. ⒠correspondence; news; a letter. ㉠음신, 소식.「音信が不通で連絡がとれない//外国へ行った娘から音信がなくて心配だ」書

おんせい【音声】オンセイ ①人がくちびるや舌などを使って出す声や音. ⒠a voice; a sound. ㉠음성.「外国語を勉強するには、まずそのことばの音声の特徴を知るといい」 対文字 ②テレビやラジオなどの声や音. ⒠an audio signal; sound. ㉠소리, 음성.「このテレビはアンテナが悪いのか、音声がはっきりしない//音声多重放送」

おんせん【温泉】オンセン ①地熱で熱くなった地下水が湯になってわき出る所. また、その湯. ⒠a hot spring. ㉠온천.「温泉を掘り当てる//温泉で卵をゆでる」 ②「①」を利用してつくった浴場がある所. ⒠a spa; a hotspring resort. ㉠온천장.「冬は温泉に行ってゆっくり休みたい//温泉旅館/温泉町」

おんたい【温帯】オンタイ 熱帯と寒帯との間の地帯. 温暖な気候で四季の変化がある. ⒠the Temperate Zone. ㉠온대.「日本は温帯に位置していて、春夏秋冬の4つの季節がある//温帯低気圧/温帯植物」 対寒帯, 熱帯

おんだん【温暖】オンダン 気候が穏やかで暖かいようす. ⒠warm; mild. ㉠온난.「ハワイは温暖の地なので、1年じゅう旅行者が観光に来る//温暖な地方ではくだものがよく育つ//地球の温暖化」 対寒冷

おんち【音痴】オンチ ①音に対する感覚が悪くて、歌が正確に歌えないこと. また、その人. ⒠tone-deaf; have no ear for music. ㉠음치.「音痴のわたしが歌を歌うとみんなが笑う」 ②感覚が鈍いこと. また、うまくできないこと. ⒠have no sense of. ㉠~백치.「京子は方向音痴で、同じ所へ行くのに何度も道をまちがえている//機械音痴」

おんど【温度】オンド ものの熱さや冷たさ

おんとう 【穏当】オントー、オントー 穏やかで無理がないようす. Ⓔproper; appropriate. 한온당.「判断力のない子供のしたことだから、警察を呼んだりせず、よく話して聞かせて穏当な処置をとろう」対不穏当

おんな 【女】オンナ ①人間のうち、卵子を持つほう. 女子. 女性. Ⓔa woman; a female. 한여자, 여성.「女が男と肩を並べて働ける社会になってきている//女の声」対男
②「①」で、心や体が一人前になった人. Ⓔan adult woman. 한성숙한 여자.「胸から腰へかけての体の線は、女を感じさせる」対男
③愛人としての女性. Ⓔa woman. 한여자, 정부.「夫に女がいることを知って離婚した」対男

おんびん 【穏便】オンビン ものごとの処理などをするとき、穏やかに取りはからうようす. Ⓔpeaceful; private. 한온당하고 원만함.「クラスの中で盗難事件が起きたが、子供の心を傷つけないように、穏便に扱った」

おんぶ オンブ〔~する〕①背負うこと. 背負われること. Ⓔcarry (a child) on one's back. 한어부바, 업음.「子供をおんぶして買い物に行く」②自分ではなにもしないでほかの人に頼ること. Ⓔrely on another. 한남에게 의존함.「結婚式の費用は全部親におんぶした」▷話

おんぶにだっこ なにからなにまで全部他人にしてもらうこと. Ⓔhave everything be taken care of by another. 한전적으로 의존함.「今度の旅行は、なにもかもあなたにおんぶにだっこで申し訳なかった」

おんぷ 【音符】オンプ 音楽で、音の長短を表し、楽譜上の位置によって音の高低を表す符号. Ⓔa (musical) note. 한음표.「楽譜に音符を書きこむ//4分音符」

おんぼろ オンボロ 非常に古くなって傷んでいるようす. Ⓔrun-down; dilapidated. 한낡아빠짐·고물딱지.「おんぼろの自転車でも、わたしのだいじな足だから捨てられない//おんぼろ家屋」話

おんよみ 【音読み】オンヨミ〔~する〕漢字を音で読むこと. 音. Ⓔthe Chinese-style reading of a character. 한음독.「『山』という字は音読みでは『さん』と読む」対訓読み

オンライン (on-line) オンライン コンピューターで、中央の装置と離れた所にある装置とが回線でつながっていて、その回線内ではデータのやりとりがすぐに行える状態. 銀行などで使われている. Ⓔon-line. 한온라인.「銀行がオンラインになって、どこの本店や支店からでも、お金を出したり入れたりすることができる//オンラインシステム」

おんわ 【温和】オンワ ①気候が暖かく穏やかで、特に寒いときや暑いときのないようす. Ⓔmild; temperate. 한온화.「老後は気候の温和な土地で暮らしたい」②性格が穏やかで、やさしいようす. Ⓔmild; gentle. 한온화.「姉は温和な性格だが、妹は気性が激しい」

か／カ

か【科】カ ①学問などを分類したものの1つ1つ。Ea department. 헌과. 「大きな病院には、小児科、内科、外科など、いろいろな科がある//電子工学科(Ethe department of electronic engineering. 헌전자 공학과.)//日本文学科」 ②生物を分類するときの段階の1つ。Ea family. 헌과. 「ライオンはネコ科の動物だ//イネ科の植物」

か【蚊】カ 昆虫の一種。羽があり、体は細くて小さい。雌は動物の血を吸う。Ea mosquito. 헌모기. 「蚊に刺されてかゆい//夏は蚊が多い」 数 1匹

蚊の鳴くような声 非常に小さい声。Ea very faint voice. 헌모기 소리 같은 가냘픈 목소리. 「洋子は蚊の鳴くような声で、遅くなった理由を両親に話した」

か【課】カ ①役所や会社などの、仕事によって分けた区分の1つ。ふつう、部の下、係の上。Ea section. 헌과. 「課の全員が残って仕事をしている//会計課//人事課(Ethe personnel section. 헌인사과.)」 ②教科書などの1つの区切り。Ea lesson. 헌과. 「前の課を復習する//きょうは第3課からだ」

か ①(文の終わりについて)(1)疑問や質問を表す。「どうして地球はまるいのだろうか//試験はいつありますか(EWhen will the examination be held? 헌시험은 언제 있습니까?)」(2)否定する気持ちを表す。「わたしがそんなことを言うもんですか(EWould I say such a thing? 헌내가 그런 말을 할 리가 있습니까.)//本当にそうでしょうか」(3)相手を悪く言う気持ちを表す。「こんな簡単なことがわからないのか(EIs it possible that you don't understand something so simple? 헌이런 간단한 것을 모른단 말인가.)//忘れたらだめじゃないか」(4)相手に賛成を求める気持ちを表す。「あそこでコーヒーを飲もうか(EShall we have a coffee there? 헌저기서 커피 마실까?)」(5)驚いたり感心したりする気持ちを表す。「これが本物のダイヤか。すごいなあ(ESo, this is the real diamond. How beautiful it is! 헌이게 진짜 다이아인가. 대단하구나.)//彼が社長になったのか。驚いた」

②(「どれ」「だれ」「なぜ」などについて)確かでないことを表す。「この傘を忘れた人がだれかわからない(EI don't know who it was who forgot this umbrella. 헌이 우산을 놓아 두고 간 사람이 누구인지 모르겠다.)//なぜか頭が重い」

③たぶんそうだろうという気持ちを表す。「気のせいか、彼女の顔が青く見える(EI don't know if it's just my imagination, but she looks pale. 헌그러려니 해서 그런지 그녀의 얼굴이 창백해 보인다.)//たくさん練習したためか、とてもよくなった」

④(「～か…(か)」の形で)どちらかはっきりしないことを表す。「1年か2年、外国で勉強するつもりだ(EI intend to study abroad for a year or two. 헌1년이나 2년 정도 외국에서 공부할 생각이다.)//遠くから見ると男か女かわからない」

-か【-化】(他のことばについて)ものごとがその状態になること。また、その状態にすること。

「最近, オフィスのOA化が進んでいる//小説を映画化する//貿易の自由化(Eliberalization of trade. 한무역 자유화.)//合理化(→項目)」

-**か** 【-日】(数を表す和語について)日付, 日数を表す.「きょうは3月2日です(ETToday is March 2. 한오늘은 3월 2일입니다.)//3日, 4日, 5日, 6日, 7日, 8日, 9日//10日間(Efor ten days. 한열흘 동안.)」

-**か** 【-家】(他のことばについて)①そのことを専門とする人, 職業とする人.「音楽家//芸術家(Ean artist. 한예술가.)//政治家」②その性質の強い人.「社交家//努力家/理想家(Ean idealist. 한이상가.)//理論家」

が ガ 昆虫の一種. 形はチョウに似ているが, 胴はチョウより太く, 夜明かりを求めて飛びまわる. Ea moth. 한나방.「街灯にがが集まってくる」数1匹 →ちょう図

が ガ ①(文と文をつないで)前にいったことと違うことを後でいうときに使うことば.「旅行に行きたい. が, 金はない(EI want to go on a trip. But I'm sorry I have no money. 한여행을 가고 싶다. 그러나 돈이 없다.)」
②動作を行うもの, その状態にあるもの, あるいはそのような性質のものがなにであるかを表す.「わたしが先生です/桜が咲いている//一郎がかいた絵(Ethe picture Ichiro drew. 한이치로가 그린 그림.)」
③好き嫌い, 希望, 上手, 下手などの対象を表す.「二郎は肉より魚が好きだ(EJiro prefers fish to meat. 한지로는 고기보다 생선을 좋아한다.)//京子はテニスが上手だ」
④そのことを特に強める.「わたしはここがいい(EThis place is fine for me. 한나는 여기가 좋다.)//雨ではなくて雪が降っている」

⑤(動詞, 形容詞, 形容動詞の基本形について)(1)前置きを表す.「もしもし, 田中と申しますが, 山田先生でいらっしゃいますか//いつも言うことだが, 努力に勝るものはない(EI always say this, but effort is always the best. 한항상 말하는 것이지만, 노력이 최선이다.)」(2)2つの動作の時間的な関係を表す.「バスは終点に着いたが, すぐ, また発車した(EThe bus reached the terminus, but it immediately started out again. 한버스는 종점에 도착했지만 곧 다시 발차했다.)」(3)前のことと反対であることを表す.「薬を飲んだが, かぜは治らない(EI took some medicine, but my cold is no better. 한약을 먹었지만 감기는 낫지 않는다.)//いいアルバイトをさがしているが, なかなか見つからない」(4)(文の終わりについて)表現をやわらかくする.「あす, 用事で休みたいのですが(EI'd like to take the day off tomorrow because I have an errand to run. 한내일 일이 있어서 쉬고 싶습니다만.)//たしか, ここに置いたはずだが」
▷→は囲み

カーテン (curtain) カーテン 光をさえぎったり, 部屋を飾ったりするために, 窓や空間につるす布. Ea curtain. 한커튼.「カーテンのすきまから朝日がさしこんでいる//カーテンをつるす//カーテンを閉める」数1枚

カード (card) カード ①なにかに使う目的で小さく四角に切った厚い紙. Ea card. 한카드.「名前をカードに書いて整理する//単語カード」
②機械で磁気を読み取ることによりいろいろな目的に使えるようにしたもの. 磁気カード. Ea (magnetic) card. 한(자기) 카드.「カードで買い物をする//クレジットカード//テレホンカード(→項目)」
③試合の組み合わせ. Ea matchup; a

pairing. 韓대전표.「決勝戦は予想どおりのカードになった∥熱戦が予想される好カード」▷数①②1枚

ガール (girl) ガール 女の子. Ea girl. 韓소녀, 여자.「ガールスカウト∥ガールフレンド∥チアガール(Ea cheerleader. 韓치어걸.)」対ボーイ

かい 【会】カイ ①人がなにかの目的で集まること. また, その集まり. Ea meeting. 韓모임, 회.「2カ月に1回, 友人とおいしいものを食べ歩く会を開いて楽しんでいる∥会が終わる∥月例会(Ea monthly meeting. 韓월례회.)」②人が集まってつくった組織. Ea society; an association. 韓회, 모임「同じ学校を卒業した人たちの会を同窓会という∥野鳥の会∥同好会(Ea club. 韓동호회.)」

かい 【回】カイ ①あることを繰り返して行うときの1区切り. Eeach time. 韓회.「一郎のスキーは, 回を重ねるにつれてうまくなっていく」②(数を表すことばの後について)繰り返す数や順番を表す. Ea time. 韓번, 회.「1週間に1回, 掃除をする∥第3回日本語研究会」

かい 【貝】カイ ①水の中にすみ, 外側がたい殻になっている動物. Ea shellfish. 韓조개.「貝の料理がおいしい海岸のレストラン∥二枚貝∥巻き貝」②貝殻. Ea shell. 韓조개 껍데기.「貝でつくったネックレス∥貝細工」▷数②1枚

かい 【階】カイ 高い建物の1段ごとに区切った空間. また, その数を表す. Ea story; a floor. 韓층.「このエレベーターは全部の階に止まる∥6階建てのビル∥最上階」

かい カイ ある行動の効果や価値. E(an) effect; worth. 韓보람, 효과.「努力したかいがあって上級クラスに進めた∥やりがいのある仕事∥教えがい(Eworth teaching. 韓가르친 보람.)」

かい (文の終わりについて) ①相手に対する質問や感動を表す.「もう帰るのかい(EAre you going already? 韓벌써 가나?) ②強く否定する気持ちを表す.「だれがあんなもの買うもんかい(=決して買わないぞ)∥歌なんか歌うかい(EI never sing a song. 韓노래 따위 부르지 않겠다.)」▷話 参 男性が親しい人に使う.

-かい 【-海】(他のことばについて)ある決まった範囲の海.「南極海(Ethe Antarctic Ocean. 韓남극해.)∥日本海∥北極海∥公海(Ethe open sea. 韓공해.)」
参「太平洋」「インド洋」のような「洋」よりも狭い海に使う.

-かい 【-界】(他のことばについて)ある決まった範囲の社会, 世界.「経済界∥芸能界(Ethe entertainment world. 韓연예계.)∥自然界∥各界」

がい 【害】ガイ じゃまになるような悪いこと. 災い. Eharm; damage. 韓해.「タバコや酒は体に害がある∥害を与える∥害になる」対利, 益

かいあく 【改悪】カイアク〔~する〕制度やきまりなどを変えて, 前より悪くすること. Ea change for the worse. 韓개악.「政府の改正案を, 野党は, 改悪だと批判した∥道路交通法の改悪に反対する」対改善, 改良, 改正

かいいん 【会員】カイイン 会や団体に入っている人, メンバー. Ea member. 韓회원.「留学生会の会員になった∥会員が増えて, 会は発展している∥名誉会員」

かいえん 【開演】カイエン〔~する〕演劇や演奏などが始まること. また, 始めること. Ethe performance begins. 韓개연, 개막.「コンサートは10時に開演する∥開演の合図のベルが鳴る∥開演時間」対終演

かいが 【絵画】カイガ 「絵」の改まった言い方. Ea picture; a painting. 한회화.「絵画を鑑賞する//絵画コンクール/絵画展」数1枚・1点 書

がいか 【外貨】ガイカ 外国の貨幣. 貿易などによってえる外国からの収入. Eforeign currency. 한외화.「自動車や電気製品は外貨を多く獲得している//外貨にかえる」

かいかい 【開会】カイカイ〔~する〕集会,会議などが始まること. また, 始めること. Eopen (a meeting). 한개회.「きょうからアジア大会が開会する//時間になりましたので開会します//開会式」対閉会

かいがい 【海外】カイガイ 海の向こうにある外国. Eforeign countries; abroad. 한해외.「海外へ行くにはパスポートが必要だ//海外に支店がある//海外旅行」

かいがいし・い カイガイシイ きびきびとよく働くようすだ. Ediligently; busy oneself. 한바지런하다.「妹がかいがいしく母の仕事を手伝っている//かいがいしく病人の世話をする」

かいかく 【改革】カイカク〔~する〕組織や制度などの悪いところを変えること. E(a) reform. 한개혁.「明治維新は日本の政治の大きな改革だった//選挙制度を改革する//行政改革//農地改革」

がいかくだんたい 【外郭団体】ガイカクダンタイ 官公庁などと組織は別だが, 仕事では密接な関係がある団体. Ean affiliated organization. 한외곽 단체.「父は外務省を定年退職したあと, その外郭団体で働いている//県庁の外郭団体」

かいかつ 【快活】カイカツ 元気で生き生きとしているようす. Echeerfully; merrily. 한쾌활.「勝ったチームの選手たちは, 記者の質問に快活に答えた//たっぷり眠り, じゅうぶん食べたあと, 子供たちは快活に遊ぶ」

がいかつ 【概括】ガイカツ〔~する〕だいたいの内容を1つにまとめること. Esummarize; generalize. 한개괄.「会議で出た意見を概括して報告する//会の活動を概括する」

かいかぶ・る 【買いかぶる】カイカブル〔他動五〕(かいかぶって) 人の能力を, 本当にあるよりも大きくみてしまう. Eoverrate; overestimate. 한과대 평가하다.「先生はわたしの日本語の能力を買いかぶっている」名買いかぶり

かいがら 【貝殻】カイガラ 貝の外側のかたい部分. Ea shell. 한조개 껍데기.「大むかしの人が住んでいた跡から, 貝殻がたくさん出てきた//海岸で貝殻を拾う」数1枚

かいかん 【会館】カイカン 集会や娯楽などのために人々が集まる建物. Ea hall; an assembly hall. 한회관.「留学生のための会館ができた//市民会館」

かいがん 【海岸】カイガン 陸と海との境目の地帯. Ethe seashore; the seaside. 한해안.「海岸に波が打ち寄せる//海岸の白い砂と青い海のコントラストが美しい//海岸線//湘南海岸」

がいかん 【外観】ガイカン 外から見たようす. E(an) appearance; the exterior. 한외관.「あの建物は, 外観はホテルのようだが, 実は学校の寮だ//外観をよくする」

がいかん 【概観】ガイカン〔~する〕全体をざっとみること. Ea general view; a survey. 한개관.「世界経済の動きを概観する//江戸時代の文化を概観する」

かいぎ 【会議】カイギ, カイギ〔~する〕会を開いて相談すること. Ea conference; a meeting. 한회의.「世界各国の代表が集まって, 環境を守るための会議を開く//会議で決める//会議にかける(Esubmit ~ to a meeting. 한회의에 부치다.)//国際会議」

参「会談」「協議」も似ているが、「会談」「協議」が2人のときも3人以上のときも使うのに対して、「会議」はふつう3人以上の人が集まって相談するときに使う。また、議長がいて、議事進行の手続きがきちんと決まっているのが「会議」で、「会談」「協議」はそれほど形式にこだわらない。

かいぎ【懐疑】カイギ 疑いを持つこと。[E]doubt; skepticism. [韓]회의。「すべてのことに懐疑の念をいだくことが学問の始まりだ//UFOを見たという話には懐疑的になる」

かいきゅう【階級】カイキュー 社会の中での地位や身分を区別したもの。[E]a class; a rank. [韓]계급。「むかしの社会では階級による差別が大きかった//労働者階級/中産階級/上流階級」

かいきょう【海峡】カイキョー 陸と陸との間の狭くなっている海。[E]a strait; a channel. [韓]해협。「海峡を泳いで渡る//マゼラン海峡/津軽海峡」

かいぎょう【改行】カイギョー〔～する〕文章の行をかえて、つぎの行から書くこと。[E]start a new paragraph. [韓]줄 바꿈, 행을 바꿈。「段落の切れ目で改行する//改行したら、つぎの行は1字下げて書きはじめる」

かいぎょう【開業】カイギョー〔～する〕①会社、商店などが新しく仕事を始めること。[E]start a business; open. [韓]개업。「鉄道会社が駅前にホテルを開業した//近所に不動産屋が開業した」[対]廃業、閉業 ②医者が病院に勤めないで自分で医院を開いて診察すること。[E]practice. [韓]개업。「父は歯科医院を開業している//開業医」▷→開店

がいきょう【概況】ガイキョー だいたいのようす。[E]a general situation; an outlook. [韓]개황。「来年度の新入社員の採用の概況を報告する//天気概況」

かいきん【皆勤】カイキン〔～する〕1日も休まないで出席、出勤すること。[E]perfect attendance. [韓]개근。「小学校を皆勤で通す//皆勤手当([E]an allowance for not missing any work. [韓]개근 수당。)」

かいきん【解禁】カイキン〔～する〕いままで禁止されていたことが、許されること。[E]the opening; lift a ban. [韓]해금, 금지령 해제。「釣りの好きな人がアユの解禁の日を待っている//病気が治ってやっと酒が解禁になった」

かいけい【会計】カイケイ ①金やものの出し入れの計算や整理。また、その係の人。[E]accounts. [韓]회계, 회계원。「事務所の会計の仕事//会計係」②〔～する〕代金を払うこと。[E]a check; payment. [韓]계산, 대금 지불。「お会計はお帰りにどうぞ//会計をすます」

かいけつ【解決】カイケツ〔～する〕事件や問題がうまく片づくこと。また、片づけること。[E]solve; settle. [韓]해결。「犯人が捕まって、事件は解決した//会社と組合の話し合いで、休日についての問題は解決がついた」[対]未解決

かいけん【会見】カイケン〔～する〕時間、場所などを決めて、公式に人に会うこと。[E]an interview. [韓]회견。「A国の大統領はB国の首相と会見した//首相に会見を申し入れる//記者会見([E]a press conference. [韓]기자 회견。)」

かいげん【開眼】カイゲン〔～する〕①新しい仏像、仏画が完成すること。また、そのときの式。[E]a Buddhist ceremony to consecrate a newlymade statue or picture. [韓]개안 공양。「開眼供養//大仏開眼」②ある技能のこつを悟ること。[E]awaken to. [韓]개안; 깨침。「10年目でやっと日本料理に開眼した」

かいげんれい【戒厳令】カイゲンレイ 戦

かいこ 【戒厳】 争や混乱が起きそうなときに、軍隊に大きな権力を与えて、地域の安全を守らせる政府の命令. ⒺMartial law. 한계엄령.「戒厳令が出された、夜間の外出は禁止されている//戒厳令を解除する」

かいこ 【回顧】カイコ〔~する〕むかしのことを振り返ってみること. Ⓔreminisce; recollect. 한회고.「楽しかった学生時代を回顧する//ピカソの生涯を回顧する//回顧展(Ⓔa retrospective exhibition. 한회고전.)//回顧録(Ⓔmemoirs. 한회고록.)」
參「回想」も似ているが、「回想」が自分や自分に関係のある過去を振り返り、思いだすことであるのに対して、「回顧」は、過去の人物や事件などについて思いだすときに多く使う.

かいこ 【解雇】カイコ〔~する〕雇っていた人をやめさせること. Ⓔdismiss; dismissal. 한해고.「会社の金を使いこんだ社員を解雇する//解雇通知」対雇用

かいご 【介護】カイゴ〔~する〕病人や、体を自由に動かせない人の世話をすること. Ⓔnurse; care for. 한간호.「起き上がることができない病人の介護はたいへんなことだ//体の弱った父を家庭で介護する」
參「看護」「介助」「介抱」も似ていて、「看護」は病院で世話をする意味、「介助」は体を自由に動かせない人を手助けする意味、「介抱」は思いやりの気持ちをもって相手の苦痛を減らすよう、水や薬を飲ませたり寝かせたりする意味で使う.

かいごう 【会合】カイゴー〔~する〕ある目的のために人が集まること、また、その集まり. Ⓔa meeting. 한회합, 집회.「役員が集まって会合を開いた//今晩、町会の会合があるよ」

がいこう 【外交】ガイコー ①国と国との交際や交渉. Ⓔdiplomacy. 한외교.「江戸時代は鎖国のため外交はほとんどなかった//外交政策//外交官」対内政 ②店や会社ででなく、外へ出て勧誘したり、取り引きしたりすること、また、その人. Ⓔsell ~ door-to-door; a salesperson. 한외판, 외판원.「化粧品の外交をする//保険の外交員」

かいこういちばん 【開口一番】カイコーイチバン 口を開いて話しはじめるとすぐに. ⒺThe first thing one said was ~. 한입을 열자마자.「教授は開口一番、勉強したくない人は、いますぐ教室を出ていくようにと言った」

かいこく 【開国】カイコク〔~する〕外国とつきあいや貿易を始めること. Ⓔopen a country to foreign intercourse. 한개국.「日本は、長い鎖国時代を終えて、やっと開国した」対鎖国

がいこく 【外国】ガイコク よその国. Ⓔa foreign country. 한외국.「若いうちに、いろいろな外国を見ておきたい//外国語//外国人」

がいこつ 【骸骨】ガイコツ 死んだあとに残った骨、また、骨だけになった死体. Ⓔa skeleton. 한해골.「山から骸骨が出てきた//一郎は骸骨のようにやせている」数1体

かいこ・む 【買い込む】カイコム〔他動五〕(かいこんで) あとで必要になると思って、ものをたくさん買う. Ⓔbuy a lot; lay in. 한(잔뜩) 사들이다.「夏休みに読もうと思って本をたくさん買いこんだ//バーゲンセールでいろいろなものを買いこんだ」

かいこん 【悔恨】カイコン〔~する〕前にした悪い行いを、しなければよかったと思うこと. Ⓔremorse; regret. 한회한.「殺人犯は自分の行ったことに対して、悔恨の涙を流した」書

かいさい 【開催】カイサイ〔~する〕会や行

事などを行うこと. Ehold; open. 한개최. 「土曜の午後に講演会を開催しますからお出かけください//オリンピックの開催」
参 たくさんの参加者を集める会のときは「開催する」というが、規模が小さくて決まった人だけが集まる会のときは、「PTAの懇談会を開く」「家族会議を開く」のように「開く」を使う.

かいさつ【改札】カイサツ〔~する〕駅で切符を調べてはさみを入れたり、切符を受け取ったりすること. Eexamine tickets. 한개찰. 「駅員が切符の改札をしている//改札口//自動改札」

かいさん【解散】カイサン〔~する〕①集会や団体行動が終わり、人々が別れていくこと. Ebreak up; disperse. 한해산. 「団体旅行が終わり、夕方、駅前で解散した//現地解散」 対集合 ②会や団体が活動をやめること. Edisband; dissolve. 한해산, 해체. 「ロックグループが解散した//研究会を解散する」 ③衆議院や地方議会で、議員に任期の終わる前に資格をなくさせ、議会をしばらく閉じること. Edissolution. 한(국회 등의)해산. 「首相が衆議院の解散を決意した//解散の後に総選挙がある」

がいさん【概算】ガイサン〔~する〕だいたいの計算をすること. Ea rough estimate. 한어림셈, 개산. 「今度の旅行の費用は、概算で1人あたり2万円だ//家の建築費を概算する」対精算

かいし【開始】カイシ〔~する〕始まること. 始めること. Ebegin; start. 한개시. 「新学期の授業を開始する//競技は10時に開始した//試合開始」対終了

がいして【概して】ガイシテ 細かいことは考えず、全体を大きくみていくようす. Egenerally; in general. 한대체로, 일반적으로. 「最近の子供は、概してものやお金には恵まれている」書

かいしめ【買い占め】カイシメ 1つの企業などが品物を自分たちだけですべて、またはたくさん買ってしまうこと. Ea corner; heavy buying. 한매점. 「大会社の買い占めでマグロの値段が上がった//土地の買い占め//株の買い占め」他動買い占める

かいしゃ【会社】カイシャ 仕事をして金をもうけるためにつくっている団体. Ea company; a corporation. 한회사. 「電気関係の会社に勤める//会社員//株式会社(→項目)//数1社

かいしゃく【解釈】カイシャク〔~する〕文章や話の意味を理解すること. また、意味を説明すること. E(an) interpretation. 한해석. 「同じ話を聞いても、人によって解釈が違う//この文の意味を解釈してください//英文を解釈する」

かいじゅう【懐柔】カイジュー〔~する〕反対する人を、なにかの方法でうまく自分にしたがうようにすること. Econciliate. 한회유. 「敵を懐柔して味方に引き入れる//懐柔策(Ea conciliatory measure. 한회유책.)」

がいしゅつ【外出】ガイシュツ〔~する〕家や職場から外へ出かけること. Ego out. 한외출. 「引退後も外の用事がいろいろあって、毎日外出している//外出着//外出先」

かいしょ【楷書】カイショ 漢字の書き方の1つで、字の形が1画1画きちんとしたもの. Ethe square style of writing Chinese characters. 한해서. 「名前を楷書で書いてください」関連行書, 草書 →草書図

かいじょ【介助】カイジョ〔~する〕体を自由に動かせない人の食事や着がえ、ふろに入ること、歩くことなどを助けること. Eassist a disabled person. 한수발, 시중. 「車いす

での外出には，介助する人が必要だ」→介護

かいじょ【解除】カイジョ〔～する〕出されていた制限，禁止，また契約などを取りやめて，もとの状態にすること．Ecancel; lift a ban. 韓해제．「山へ登るのは，大雨注意報が解除されてからにしよう//通行止めの解除」

かいしょう【解消】カイショー〔～する〕いままであった関係，問題，悩みなどが消えてなくなること．また，それらをなくすこと．Ebe dispelled; break off. 韓해소．「事故を起こした車が片づけられて，交通渋滞が解消した//説明を聞いて疑問が解消した//婚約を解消する」

かいしょう【かい性】カイショー しっかり働いて，立派に生活していく気力と能力．Eability; competence. 韓주변성；생활 능력．「親にかいしょうがなかったので，子供のころから苦労した//たくさんの子供にそれぞれ家を持たせた，かいしょうのある母」

かいじょう【会場】カイジョー 会を開く場所．Ethe meeting place; a hall. 韓회장．「会場を取る（＝会場を予約する）//音楽会の会場」

かいしょく【会食】カイショク〔～する〕集まって食事をすること．Edine together. 韓회식．「式の後，卒業生が集まって会食した//会食を午後1時から始める」

かいしょく【解職】カイショク〔～する〕ついている職務をやめさせること．Erecall; dismiss. 韓해직．「住民は市の金を使いこんだ市長の解職を求めた//スキャンダルを起こして大臣の地位を解職された//解職処分(Epunishment of dismissal. 韓해직 처분．)」

がいしょく【外食】ガイショク〔～する〕レストランや食堂など自分の家以外で食事をすること．Eeat out. 韓외식．「お弁当を持っていかないので，お昼は外食することが多い//外食産業」

かいしん【改心】カイシン〔～する〕いままでの心を，悪いと気がついて，変えること．Ereform oneself. 韓개심．「泥棒は改心して，それからは人のものを盗んだりしないでまじめに働いた」

かいすいよく【海水浴】カイスイヨク 海岸で水を浴びたり泳いだりすること．Esea bathing. 韓해수욕．「水のきれいな海岸へ海水浴に行きたい//海水浴場」

かいすう【回数】カイスー 同じことが，何回も起こったときの数．Ethe number of times; frequency. 韓횟수．「欠席の回数を調べる//この1年間に国内で起こった地震の回数を報告する//回数券(Ea coupon ticket. 韓회수권．)」

かいせい【改正】カイセイ〔～する〕制度やきまりなどを，よりよいものに変えること．Eamend; revision. 韓개정．「憲法を改正するには，国民の半分以上の賛成がいる//条約の改正」対改悪

かいせい【快晴】カイセイ 雲がなくて，空がよく晴れること．Efine weather. 韓쾌청．「きのうは快晴に恵まれ，とても楽しいハイキングだった//快晴の日が続く」

かいせつ【開設】カイセツ〔～する〕いままでなかった施設などを新しくつくって仕事を始めること．Eopen; establishment. 韓개설．「A銀行が支店を開設した//研究所の開設」

かいせつ【解説】カイセツ〔～する〕ものごとをよくわかるように説明すること．また，その説明．Ecomment on; (a) commentary. 韓해설．「国際情勢について解説してもらう//ニュース解説」

がいせつ【概説】ガイセツ〔～する〕全体についてだいたいを説明すること．また，その説明．Ean outline; a summary. 韓개설．

「先生に『源氏物語』の概説を頼む//この本は日本の歴史について概説してある/概説書」対詳説

かいせん【改選】カイセン〔～する〕議員、役員などの任期が終わったあと、つぎの人を選びだすこと. Ereelect. 한개선.「新しい年になったので、会の役員を改選する/改選された議員」

かいぜん【改善】カイゼン〔～する〕ものごとの悪いところを直し、よくすること. Eimprove. 한개선.「給料を上げ、働く時間を短くして、労働条件を改善する/食生活が改善され、長生きするようになった」対改悪 →改良

がいせん【凱旋】ガイセン〔～する〕戦いに勝って帰ること. Ereturn in triumph; triumphal. 한개선.「選挙に勝った新しい大統領が故郷へ凱旋した/凱旋パレード/凱旋門」

かいそう【回想】カイソー〔～する〕自分の過去を振り返って思いだすこと. Erecollect. 한회상.「アルバムを見て青春時代を回想する/子供のころの回想にふける(Eget lost in one's childhood memories. 한어릴 적 회상에 잠기다.)/回想録(Ememoirs. 한회상록.)」→回顧

かいそう【海草・海藻】カイソー ①海の中に生える草. 種でふえる. Eseaweed. 한해초.「海の底では、海草の間を魚が泳いでいる」②海の中に生える植物. キノコのように胞子でふえる. ワカメ、昆布、アオノリなど食べられるものが多い. Emarine plants. 한해조.「海藻は体にいい食べ物だ」
注①は「海草」、②は「海藻」.

かいぞう【改造】カイゾー〔～する〕つくりかえること. Eremodel. 한개조.「漁船を改造して観光船にする/内閣改造(Ethe Cabinet reshuffle. 한내각 개조.)」

かいそく【快速】カイソク ①乗り物が気持ちよく速く進むこと. Ea high speed. 한쾌속.「車は快速で走る/快速船」②「快速電車」「快速列車」を略した言い方. 速度が速く、止まる駅の少ない電車や列車. Ea rapid-service train. 한쾌속 열차.「この駅は小さいから快速は止まらない/通勤快速」▷数②1本、車両は1両

かいぞく【海賊】カイゾク 海上で船をおそって、金やものを取る悪者. Ea pirate. 한해적.「海賊におそわれて、なにもかも取られてしまった/海賊船」

かいたい【解体】カイタイ〔～する〕①1つにまとまっているものを部分ごとに分けること. Edismantle; take down. 한해체.「使えなくなった自動車を解体する/ビルの解体作業」②組織がなくなること. また、なくすこと. Edissolve; break up. 한해체, 해산.「時代に合わなくなった組織を解体した」
参「分解」も似ているが、「分解」が細かい部分までばらばらにして小さく分けることをいうのに対して、「解体」は比較的大きく分けることをいう.

かいたく【開拓】カイタク〔～する〕①いままで利用されていなかった土地をたがやして田や畑をつくること. Edevelop; reclaim. 한개척.「北海道は明治時代になって開拓された」対未開拓 ②新しい分野や進路などを切り開くこと. Eseek; open up. 한개척.「販売するルートを開拓する/市場開拓」対未開拓

かいだし【買い出し】カイダシ 産地や市場に行って、ものを多くまとめて買うこと. Elay in; shopping. 한산지〔시장〕에 가서 사들임.「戦後すぐは、よく農村へ買い出しに行ったものだ/キャンプのための食料の買い出しに行く」他動買い出す

かいたた・く【買いたたく】カイタタク〔他

かいだめ【買いだめ】カイダメ〔～する〕必要以上の品物を買って、しまっておくこと。Ehoard; stock up on. 韓사서 저장해 둠, 사재기。「原稿用紙の買いだめがあるから、5年は買わなくてすむ//値上げの前にビールを買いだめしておく」

かいだん【会談】カイダン〔～する〕組織の代表者などが会って話し合うこと。Ea talk; a conference. 韓회담。「両国の大統領が会談して、軍備縮小を話し合った//党首会談」→会議

かいだん【階段】カイダン 上り下りするための段。Estairs. 韓계단。「エレベーターが故障していたので、5階まで階段を歩いて上った//階段を上り下りする」→手すり図

がいたん【慨嘆】ガイタン〔～する〕ひどいことだと、なげき憂えること。Elament; deplore. 韓개탄。「大都市の地価が下がらないのを慨嘆する声がしきりだ//無益な人殺しの戦争がいつまで続くのかと慨嘆にたえない」書

かいちく【改築】カイチク〔～する〕もとからある建物の一部または全部を建てかえること。Erebuild; reconstruct. 韓개축。「家が古くなったので改築した//台所を改築する」

かいちゅうでんとう【懐中電灯】カイチューデントー 電池で光を出す、持ち運びのできる小型電灯。Ea flashlight. 韓회중 전등。「停電になったときのために懐中電灯を用意しておく//懐中電灯で足もとを照らしながら山道を登った」数1本

かいちょう【会長】カイチョー ①会のいちばん上にいる人。Ethe president. 韓회장。「留学生会の会長に選ばれる」②会社で、社長の上の地位の人。実際は社長をやめた人などがついて、実権のあまりない名誉職的なばあいが多い。Ethe chairperson. 韓회장。「今度、社長をやめて会長になった」

かいちょう【快調】カイチョー 調子よくいくこと。Esmoothly; an excellent condition. 韓쾌조, 호조。「仕事は予定どおり快調に進んでいる//選手の体が快調なら、いい記録が出るだろう」対不調

かいつう【開通】カイツー〔～する〕鉄道, 道路、トンネル、電話などが、完成したり整備されたりして使えるようになること。Ebe opend to traffic; (telephone) establish connection. 韓개통。「雪で閉ざされていた登山道が、5カ月ぶりに開通した//新しいバス路線が開通する//トンネルの開通式」

かいて【買い手】カイテ ものを買う側の人。Ea buyer. 韓사는 사람, 매주(買主)。「古いワープロの買い手が見つかったら、新しいのを買おう//買い手市場(＝売り物が多くて、買い手に有利な状態)」対売り手

かいてい【改定】カイテイ〔～する〕すでに公式に定められていた規則などを変えて新しくすること。Erevise. 韓개정。「賃金体系を改定する//運賃の改定」

かいてい【改訂】カイテイ〔～する〕本の内容などを書き直し、誤りを訂正すること。Erevise. 韓개정。「新しい資料を使って教科書を改訂する//新しい独立国ができたので、世界地図の改訂が必要になった//改訂版」

かいてき【快適】カイテキ 調子がよくて非常に気持ちがいいようす。Ecomfortable; cozy. 韓쾌적。「新幹線の旅はとても快適だ//広い部屋で快適に暮らす//冷房のきいた快適なオフィス」

かいてん【回転】カイテン〔～する〕回ることが

と．Ⓔ(a) revolution; (a) rotation. ﹝韓﹞회전．「エンジンの回転を速くする//頭の回転が速い(Ⓔquick-witted. ﹝韓﹞머리의 회전이 빠르다．)」

かいてん【開店】カイテン〔～する〕①商店が新しく仕事を始めること．Ⓔopen a store. ﹝韓﹞개점, 개업．「駅前に喫茶店が開店した/開店のあいさつ」﹝対﹞閉店　②店を開けて営業すること．Ⓔbe open; open. ﹝韓﹞개점．「日曜日も休まず開店します//Aデパートは10時に開店する/開店休業(=開店しているのに客がなく，休んでいるのと同じようであること)」﹝対﹞閉店

﹝参﹞①は「開業」と似ているが，「開業」が業務そのものに重点が置かれる仕事を始めるときにいうのに対して，「開店」は商品の売買を中心とする店を始めることをいう．たとえば不動産屋，ホテルなどは「開業」で，花屋，レストラン，デパートなどは「開店」．

ガイド（guide）ガイド〔～する〕旅行，見学，山登りなどの案内をすること．また，その案内人．Ⓔa guide. ﹝韓﹞가이드, 안내원．「ガイドの説明を聞きながら古い寺を見物する//わたしは将来，観光ガイドになりたい/ガイドブック//バスガイド」

かいとう【回答】カイトー〔～する〕要求や問い合わせなどに文書で答えること．また，その答え．Ⓔa reply; fill out. ﹝韓﹞회답．「組合は会社側の回答を受け入れた//アンケートに回答する」﹝対﹞質問

かいとう【解答】カイトー〔～する〕問題をといて解決したりして答えること．また，その答え．Ⓔan answer; a solution. ﹝韓﹞해답．「試験問題の解答を出す//世界の人口問題に対する解答はまだ出ていない/解答用紙/解答者」﹝対﹞問題

かいどう【街道】カイドー，カイドー 町と町を結ぶ，交通上重要な道路．Ⓔa highway. ﹝韓﹞가도．「この町は街道にそって発展した/広い街道に面したファミリーレストラン//日光街道」﹝数﹞1本・1筋

がいとう【街頭】ガイトー 街の中の，人がおおぜい集まる所．Ⓔthe street. ﹝韓﹞가두, 길거리．「街頭でテレビ中継をしていた/街頭演説/街頭募金/街頭録音」

がいとう【該当】ガイトー〔～する〕ある条件にあてはまること．Ⓔcome under; corres-pond to. ﹝韓﹞해당．「高校卒業以上，経験3年以上の応募資格にわたしも該当する//該当者」

かいと・る【買い取る】カイトル〔他動五〕（かいとって）買って自分のものにする．Ⓔbuy; purchase. ﹝韓﹞사들이다, 매입하다．「帰国する友達から車を安く買い取った//借りていた土地を買い取った」﹝名﹞買い取り

かいにゅう【介入】カイニュー〔～する〕直接関係のない人が，横から割りこむこと．Ⓔintervene. ﹝韓﹞개입．「2人だけの問題だから，他人に介入されたくない/軍事介入」

かいにん【解任】カイニン〔～する〕ついている任務をやめさせること．Ⓔremove from office; dismiss. ﹝韓﹞해임．「大統領が軍の司令官を解任した//役員会で社長が解任された」﹝対﹞任命

かいぬし【飼い主】カイヌシ，カイヌシ ペットや家畜を飼っている人．Ⓔthe owner. ﹝韓﹞사육주, (가축의) 주인．「犬は飼い主の言うことをよく聞く//飼い主のいない猫」

がいねん【概念】ガイネン あることについて，いくつかのものの中から共通する部分を抜きだしてとらえた，一般的な意味内容．Ⓔgeneral idea; a concept. ﹝韓﹞개념．「外国語を訳すばあい，日本語の概念には合わないことがある//既成概念」

がいはく【外泊】ガイハク〔～する〕自宅に

帰らないで，別の所に泊まること．Estay out overnight; sleep over. 韓外泊．「親に黙って外泊してしかられた//たまに外泊するのも楽しいものだ」

参 旅行先で泊まるようなばあいは「宿泊」といい，「外泊」とはいわない．

かいはつ 【開発】カイハツ〔～する〕① 新しく土地を切り開いて農地にしたり，資源をとりだしたり，道路をつくったりして人間生活に役立てること．Edevelop; exploit. 韓개발．「静かな農村だったこのあたりも開発が進んで，大きな団地ができた//電源開発」 対未開発 ② 新しいものを考えだして商品にすること．Edevelop. 韓개발．「新製品がつぎつぎに開発されている//新しい薬を開発する」 対未開発

かいばつ 【海抜】カイバツ 海面からはかった陸地の高さ．Eabove sea level. 韓해발．「富士山は海抜3776メートルだ」→標高

かいひ 【会費】カイヒ 会のために，会員や出席者が出す金．Ea (membership) fee. 韓회비．「研究会の会費を払う//忘年会の会費を集める//年会費」

かいひ 【回避】カイヒ，カイヒ〔～する〕つごうの悪いことにぶつからないようにすること．Eavoid; evade. 韓회피．「会議での混乱を回避するために，出席者にじゅうぶん説明しておく//責任を回避する」

がいぶ 【外部】ガイブ ① ものの外側．外の部分．Ethe outside; the exterior. 韓외부．「建物の外部の壁が古くなってよごれている/劇場の外部にまで，ファンの列が長く続いている」 対内部 ② ある組織の外側．また，組織に入っていない人．Eoutside an organization; an outsider. 韓외부 사람．「外部の人は入らないでください/秘密を外部にもらす」 対内部

かいふく 【回復】カイフク〔～する〕悪くなった状態が，もとのいい状態にもどること．また，いい状態にもどすこと．Erecover; retrieve. 韓회복．「景気が回復したので失業者が減った//いちど失った信用を回復するのはむずかしい」

かいぶつ 【怪物】カイブツ ① 正体がわからず，人に恐ろしがられる生き物．Ea monster. 韓괴물．「ヒマラヤの雪深い山中にイエティという怪物がいるそうだ」 ② 見かけや行動力がふつうの人とは非常に違っている人を，感嘆の気持ちをこめていう言い方．Ea wonder; a mysterious figure. 韓괴물．「小さな町工場を日本一のコンピューター会社にした一郎は，まさに怪物だ」

がいぶん 【外聞】ガイブン ① 内部のことが外に聞こえること．人に聞かれること．Ebeing made public. 韓외부에 알려짐，소문이 남．「このことはまだ秘密なので外聞をはばかる(＝聞かれるのは困る)」 ② まわりの人の評判．体裁．Ereputation; decency. 韓평판；체면．「外聞が悪いから変な格好で街を歩かないで，と母に言われた//恥も外聞もない(EWe can't afford to care about decency. 韓수치고 체면이고 개의치 않는다.)//外聞を気にする」

かいへい 【開閉】カイヘイ〔～する〕開けたり閉めたり，開いたり閉じたりすること．Eopen and close. 韓개폐．「ドアが自動的に開閉する//箱のふたを開閉する」

かいほう 【開放】カイホー〔～する〕① 入り口などを開けはなすこと．Eopen; leave ~ open. 韓개방．「窓を開放して空気を入れかえる//冷房中につき，開放しないでください」 対閉鎖 ② 出入りを禁止せず，自由にすること．Eopen (to the public). 韓개방．「こどもの日に遊園地を無料で開放する//開放的(＝ありのままにふるまい，秘密などがないよう す)//市場開放(Eopen the market to

かいほう【解放】カイホー〔～する〕束縛や制限をなくして自由にすること．Eemancipate; release; liberate. 한해방．「南北戦争の後、奴隷が解放された//身代金を受け取ったあと、人質を解放する」対束縛

かいぼう【解剖】カイボー〔～する〕①生物の体を切り開いて中の状態を調べること．Ean autopsy; dissect. 한해부．「遺体を解剖して、死亡の原因を調べる//解剖実験」②ものごとの筋道を細かく分けて考え、はっきりさせること．Eanalyze. 한분석, 해부．「夏目漱石の文学を解剖する//政界の徹底解剖」

かいまく【開幕】カイマク〔～する〕①幕が開いて、芝居などが始まること．Ethe curtain rises. 한개막．「ベルの合図で開幕する//あと5分で開幕です」②催し物などが始まること．Eopen; the opening. 한개막．「オリンピックが開幕する//スキーシーズンの開幕」対閉幕

かいま・みる【かいま見る】カイマミル〔他動一〕もののすきまから、ちょっと見る．また、ことば、ようすから感じとる．Ecatch a glimpse of. 한엿보다, 슬쩍 보다．「たくさんの人の間から横綱の姿をかいま見た//社長の暗い表情に経営の苦労をかいま見た」

かいむ【皆無】カイム 全然ないこと．Eno ～ at all. 한전무, 개무．「火星に生物がいる可能性は皆無だ//欠点が皆無な人はいない」

かいめい【解明】カイメイ〔～する〕原因などのわからないところを調べて、はっきりさせること．Emake clear; uncovering. 한해명．「故障の原因を解明する//真相の解明には時間がかかる」

かいめつ【壊滅】カイメツ〔～する〕組織、仕組みなどが完全にこわれてなくなること．Ebe destroyed; crushing. 한궤멸．「大地震で村が壊滅した//安い輸入品が入ってきたので、絹の産業は壊滅した//壊滅的打撃」書

かいもく カイモク（「かいもく～ない」の形で）まったく～ない．全然～ない．Eabsolutely not; not at all. 한전혀, 도무지．「問題がむずかしくて、どこから手をつけたらいいか、かいもく見当がつかない//かいもく理解できない」

かいもの【買い物】カイモノ①〔～する〕ものを買うこと．Eshopping. 한물건사기, 쇼핑．「たくさん買い物したので、お金がなくなってしまった//買い物客」②買って得になるもの．Ea good bargain. 한사서 이득이 된 물건, 매물품．「これはいい買い物だった」

かいやく【解約】カイヤク〔～する〕契約を取り消すこと．Ecancel. 한해약．「予定が変わったので、旅行会社に解約を申し入れた//解約するばあいは、1カ月前に申し出ること//解約料（＝解約のために払う金）」

がいゆう【外遊】ガイユー〔～する〕外国に旅行すること．Etravel abroad; a trip abroad. 한외유．「議員たちは森林の実情を見るため、アジアへ外遊する予定//社長はただいま外遊中です」

かいよう【海洋】カイヨー 広い海．Ethe ocean. 한해양．「ヨットで海洋に乗りだす//海洋性気候」

がいよう【概要】ガイヨー 要点をだいたいまとめたもの．Ean outline; a summary. 한개요．「この本には日本文化の概要が書いてある//これがA博士の新しい学説の概要を書き抜いたものだ」

がいらい【外来】ガイライ ①外国から来ること．また、来たもの．Eforeign; imported. 한외래．「パンやバターは外来の食べ物だ//外来文化//外来種」②「外来患者」を略した言い方．病院に通って治療を受ける患者．Ean outpatient. 한외래 환자．「外来の診

察が終わってから入院患者をみる」

がいらいご 【外来語】ガイライゴ　外国語が，ある国へ入り，その国のことばとして使われるようになったもの．Ea loan word.韓외래어．「日本語の中に，外来語が増えてきた」関連和語，漢語

参 一般に，中国から入った「漢語」は「外来語」といわない．「ピアノ」「ボタン」「テレビ」など，おもにアメリカ，ヨーロッパから入ってきたものをいい，かたかなで書く．

かいらく 【快楽】カイラク，カイラク　気持ちよく楽しいこと．Epleasure.韓쾌락．「おいしいものを食べたり，美しいものを見たりして，人生の快楽を求める//快楽にふける」

かいらん 【回覧】カイラン〔～する〕順にまわして見たり読んだりすること．Ecirculate.韓회람．「1冊しかないので回覧してください/書類を部内に回覧する//回覧板」

がいりゃく 【概略】ガイリャク　だいたいのところ，おおよそ．Ean outline; roughly.韓개략．「研究の概略を先生に報告する//交通の歴史について概略話した」

参 「あらまし」も似ているが，「あらまし」がだいたい全部という意味で使うのに対して，「概略」は細かいところは省略してあるという意味で使う．

かいりょう 【改良】カイリョー〔～する〕ものの欠点を工夫して直し，よりよくすること．Eimprove.韓개량．「化学肥料を入れて，やせた土を改良する//米の品種を改良して寒い地方でもつくれるようにした」対改悪

参 「改善」も似ているが，「改善」が「生活の改善」のようにものごとの状態をよくすることであるのに対して，「改良」は「品種改良」「電気冷蔵庫の改良」のように具体的なものの質をよくすることをいう．

がいろじゅ 【街路樹】ガイロジュ　道路ぞいに並べて植えてある樹木．Etrees lining a street.韓가로수．「街路樹の木陰を散歩する//駅前通りの街路樹の緑が濃くなってきた」数1本

がいろん 【概論】ガイロン〔～する〕その学問のだいたいの内容とその研究法を説明すること．また，その内容．Ean outline; introduction.韓개론．「1年のとき，経済学概論の講義を聞いた//中国文学概論//日本語学概論//哲学概論」対詳論

かいわ 【会話】カイワ〔～する〕話をやりとりすること．また，その話．E(a) conversation.韓회화．「外国語で会話をするのはむずかしい//会話がはずむ//会話をかわす//日常会話」

かいわい 【界隈】カイワイ　（「この」「その」などの指示語や地名の後について）ある場所とそのあたり．Earound; the neighborhood.韓근처，부근．「浅草かいわいには古い店が多い//このかいわいは，いつも散歩しているのでよく知っている」

か・う 【買う】カウ〔他動五〕（かって）
①ものなどを，金を払って自分のものにする．Ebuy.韓사다，구입하다．「郵便局へ切手を買いに行く//新しい教科書を買った」対売る
②自分の言ったことやしたことが原因で他人に悪い感情を持たれる．Eincur; evoke.韓사다，자초하다．「わたしのことばが父の怒りを買った//うらみを買う」
③なにかを引き受ける．Eoffer; accept (a challenge).韓떠맡다，자청해서 나서다；받아 주다．「クラス委員を買って出る//売られたけんかを買う」
④高く評価する．Ethink highly of.韓평가하다，높이 사다．「ジョンさんの日本語の力を買って，通訳を頼んだ」

か・う 【飼う】カウ〔他動五〕（かって）動物に食べ物や水をやり，自分のものとして世話を

する.Ekeep; raise.한기르다, 사육하다.「犬を飼ってかわいがる」

カウンセラー (counselor) カウンセラー, カウンセラー 学校や職場などで, 悩みを持つ人の相談を受け, 助言を与える人. Ea counselor. 한카운슬러.「最近は, 専任のカウンセラーを置いて, 社員の心の問題を解決しようとする企業が増えてきた」

カウンター (counter) カウンター 事務所, 飲食店などにある細長いテーブル. 業務をする人や料理人などが客と向き合って, 受け付け, 飲食などのサービスをする. Ea counter. 한카운터.「航空会社のカウンターで飛行機に乗る手続きをする//カウンターにすわり, 中の板前さんと話しながら飲む」

〔カウンター〕

かえ・す 【返す】カエス〔他動五〕(かえして) ①もとの状態にもどす. Erestore. 한(본디 상태로)돌리다.「放射能に汚染された環境をもとに返すことはむずかしい//白紙に返す」②もとの場所や人にもどす. Ereturn; pay back. 한돌려 주다; 갚다.「きのう借りた本を返した//借金を返す」対借りる ③相手がしたことに, こちらも同じように反応する. Ereturn; answer. 한갚다, 답례하다; 응수하다.「あいさつを返す/返すことばもない」④(動詞の「ます」形について) (1)同じことをまたする.「母からの手紙を何度も読み返した(EI have read the letter from my mother again and again. 한어머니의 편지를 몇 번이나 반복해서 읽었다.)//テープをもういちど聞き返す」(2)相手からされたのと同じことを, 相手にする.「テニスボールを打ち返す(Ereturn the tennis ball. 한테니스 공을 받아 넘기다.)//言い返す(→項目)」
▷名返し 自動返る

かえ・す カエス〔他動五〕(かえして) 卵を温めて, ひなにする. Ehatch. 한까다, 부화하다.「鳥が巣の中で卵をかえしている//ひなをかえす」自動かえる

かえすがえす カエスガエス ①どう考えても. Ereally; extremely. 한아무리 생각해도.「日本にいるあいだにあなたに会えなくて, かえすがえすも残念です」②何度も繰り返して. Erepeatedly. 한거듭거듭.「わたしの旅行中, 子供たちの世話を, かえすがえすよろしくお願いいたします」

かえって カエッテ 予想とは反対に. Eon the contrary; rather. 한오히려.「タクシーに乗ったら, 電車よりかえって時間がかかった//運動もやりすぎるとかえって健康を害することがある」

かえり 【帰り】カエリ 帰ること. 帰るとき. Ecoming back; on one's way home. 한돌아옴; 돌아오는 길.「たくさん買い物をしてしまい, 帰りは苦労した//学校の帰りに本屋に寄る//帰り道」対行き 自動帰る

かえり・みる 【顧みる・省みる】カエリミル〔他動一〕①むかしのことを思い考える. Elook back on. 한돌이켜 보다, 회고하다.「20年前の自分を顧みて, あのころは元気だったと思う//世界の歴史を顧みる」②気にかける. Etake notice of; think of. 한돌보다.「研究に夢中で家庭を顧みるひまがない//自分の危険を顧みずに人を助けた」③してきたことがいいか悪いか考える. Ereflect on. 한뒤돌아보다.「若いころの自分を省みて, 自分勝手だったことを恥ずかしく思う」

漢字で書くときは, ①②は「顧みる」, ③は「省みる」.
参②は否定の形で使うことが多い.

かえる カエル 水田や池の水辺などに多く

すむ小さい動物．水中で卵からオタマジャクシになり，成長してカエルになると陸上にもすむ．後ろ足が発達し，泳ぎ，また，跳ねる．[E]a frog．[韓]개구리．「水田からカエルの鳴き声が聞こえてくる」[数]1匹

〔かえる〕

かえる[蛙]の子はかえる 子供はたいてい親に似るものだ，特に，平凡な親から平凡な子が生まれるということ．[E]Like father, like son．[韓]개구리 새끼는 개구리, 부전 자전．

かえる[蛙]の面に水[小便] なにを言われても，なにをされても平気でいるようす．[E]It's like pouring water on a duck's back．[韓]개구리 낯짝에 물 붓기．

かえ・る 【返る】カエル〔自動五〕（かえって）①もとの所や，もとの状態にもどる．[E]return to; be returned．[韓](본디 상태로) 돌아가다．「祭りでにぎやかだった街が，いつもの静かな街に返った//電車の中に忘れた本が返ってきた//生き返る(→[項目])」②こちらのしたことに相手が反応する．[E]come back．[韓](반응이) 돌아오다．「友達に問い合わせの手紙を出したら，すぐに返事が返ってきた//山に向かって叫ぶと，こだまが返る」③(動詞の「ます」形について) すっかり〜する．「あきれかえる([E]be astounded by．[韓]질려버리다．)//静まりかえる([E]become dead silent．[韓]고요잠해지다．)」▷[他動]返す

かえ・る 【帰る】カエル〔自動五〕（かえって）①もとの場所にもどる．[E]return; come back．[韓]돌아오다；돌아가다．「来月，国へ帰る//うちに帰ってテレビを見よう」[対]行く
②もとの場所にもどるために，どこかを離れる．[E]leave; go back．[韓]돌아가다．「三郎は3時まで教室にいたが，すこし前に帰った//研究室の人たちは，みんな帰ってしまった」▷[名]帰り [他動]帰す →戻る

か・える 【代える・替える・換える・変える】カエル〔他動一〕あるものと同じ働きを他のものにさせる．[E]substitute; replace．[韓]대신하다．「わたしの命にかえても，娘を助けたい//レポートを提出させて試験にかえる」
②あるものを，新しいものや価値が同じ他のものにする．[E]change; exchange．[韓]바꾸다；교환하다．「汗をかいたのでシャツをかえた//カーテンをかえる//ドルを円にかえる」
③時，所，ようすなどを前と違うようにする．[E]change．[韓]바꾸다，변경하다．「出発する日を変える//考えを変える」
④(動詞の「ます」形について)その動作をもういちど改めてする．「言いかえる([E]put [it] in other words．[韓]바꾸어 말하다．)//書きかえる(→[項目])//乗りかえる(→[項目])」
▷[名]代え・替え・換え [自動]代わる・替わる・換わる・変わる

[注] 漢字で書くときは，①は「代える」，②④は「替える」「換える」，③は「変える」．

かお 【顔】カオ ①頭の前面で，目，鼻，口などがある部分．また，その形や雰囲気．[E]a face．[韓]얼굴, 낯．「起きてすぐ顔を洗う//恥ずかしくて顔が赤くなる//上品な顔」

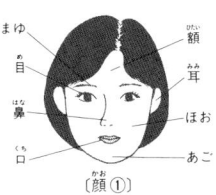
〔顔①〕

②外に表れた心の動き．表情．[E]a look．[韓]얼굴, 표정．「妻は顔をくもらせて夫の病状をきいている//はればれした顔」
③「①」がその人を表すことから，その人自身．

Ⓔshow up; be present. 🏁얼굴; 멤버. 「会社に顔を出してから現場へ向かう//顔がそろう」

④人の名誉などを代表するもの. Ⓔhonor. 🏁체면. 「会長になれるかどうかは, ぼくの顔にかかわる問題だ」

⑤人によく知られていること. Ⓔwell-known; widely-known. 🏁알려진 얼굴. 「母はこの近所ではなかなかの顔らしい」

~~~~「顔」のつく慣用表現~~~~

顔が利く 名前がよくに知られていて影響力が強い. Ⓔhave contacts. 🏁얼굴이 통하다, 말발이 서다. 「劇場に顔がきく叔父に, いい席の切符を買ってもらう」 似た表現 顔を利かせる[す]

顔が立つ 名誉や立場が傷つけられないですむ. Ⓔsave one's face. 🏁체면이 서다. 「紹介した人がよく働くので, わたしの顔が立った」 似た表現 顔を立てる

顔が広い つきあう人が多く, よく名前が知られている. Ⓔbe widely known. 🏁얼굴〔발〕이 넓다. 「父は顔が広いので, どこへ行っても声をかけられる」

顔から火が出る たいへん恥ずかしくて, 顔が真っ赤になる. Ⓔburn with shame. 🏁얼굴이 화끈해지다. 「友人だと思って『やあ元気?』と肩をたたいたら, 全然知らない人だったので, 顔から火が出る思いをした」

顔に泥を塗る がまんできないような恥ずかしい思いをさせる. Ⓔstain one's reputation. 🏁얼굴에 먹칠을 하다. 「みんなの前でおれのむかしの罪をばらして, よくも顔に泥をぬってくれたな」

顔を貸す 頼まれて人前に出たり自分の名前を利用させたりする. Ⓔlend one's name. 🏁(부탁을 받고) 만나다, 얼굴을 내밀다. 「新しい会をつくるから顔を貸してくれ」

顔をつぶす 人前に出られなくなるほど恥ずかしい思いをさせる. Ⓔbring shame on. 🏁체면을 손상시키다. 「息子が盗みをして, 裁判官の父の顔をつぶしてしまった」 似た表現 顔がつぶれる

顔を汚す 名誉をなくさせる. Ⓔdisgrace. 🏁명예를 손상시키다. 「不正な手段を使って, 社長の顔をよごすようなことをするな」

~~~~~~~~~~~~~~~~~~~~~~~~~~~~~

かおあわせ 【顔合わせ】カオアワセ, カオアワセ〔~する〕①同じ仕事をする人たちが, はじめて集まること. Ⓔmeet for the first time. 🏁(첫) 대면. 「今年の新入社員と課員の顔合わせがあった」②演劇やスポーツなどで, 一緒に出たり, 対戦したりすること. Ⓔbe matched against. 🏁대전; 공연(共演). 「決勝戦は, 東京代表チームと大阪代表チームの顔合わせになった//初顔合わせ」

かおいろ 【顔色】カオイロ ①顔の色. Ⓔa complexion. 🏁안색. 「病気が治って, 顔色がよくなった//寝不足なので, 顔色が悪い」②その人の心の動きが表れた顔のようす. Ⓔa look; an expression. 🏁얼굴빛; 눈치. 「過去の秘密を知られて, 顔色を変える//人の顔色をうかがう(Ⓔbe sensitive to someone's moods. 🏁남의 눈치를 보다.)」

かおく 【家屋】カオク 人の住む建物. Ⓔa house. 🏁가옥. 「広い家屋に住んでいる//洪水で家屋が流された」 数 1戸・1棟・1棟

かおだち 【顔だち】カオダチ 目, 鼻など, 顔にあるものの形や配置. Ⓔfeatures; looks. 🏁용모, 이목구비. 「顔だちがはっきりしている//美しい顔だち」

かおつき 【顔つき】カオツキ 顔のようすや表情. Ⓔa look. 🏁얼굴 생김새; 표정. 「顔つきが父親に似ている//厳しい顔つきで子供をしかる//しあわせそうな顔つき」

かおなじみ 【顔なじみ】カオナジミ, カオナ

ジミ いつも会っていて, 顔を知り合っていること. また, その人. Ea familiar face; become acquainted with. 한낯익은 사이.「いつも行く店の店員と顔なじみになった」

かおぶれ 【顔ぶれ】カオブレ 会や仕事などに加わる人々. Ethe members; a lineup. 한참가하는 사람들, 멤버.「いつもの顔ぶれで旅行に出かける//珍しい顔ぶれが集まった」

かおまけ 【顔負け】カオマケ〔~する〕相手がずうずうしくて, またはすぐれていて, こちらが恥ずかしく思うこと. Eoutshine; be put to shame. 한무색해짐.「映画の中の犬は, 人間も顔負けの演技をしている//うちの息子は, コックさんも顔負けするほど料理がうまい」

かおみしり 【顔見知り】カオミシリ, カオミシリ たがいに相手の顔を知っていること. また, そういう人. Eknow each other by sight; an acquaintance. 한안면이 있음.「道子と一郎はアパートのとなりどうしで顔見知りだ//図書館の顔見知りの係員」

かおみせ 【顔見せ・顔見世】カオミセ ①〔~する〕おおぜいの人の前にはじめて顔を見せること. Eone's debut. 한첫선을 보임.「パンダが生後はじめて顔見せをした」②歌舞伎で, 一座の役者が全員そろって観客に顔を見せること. E(*kabuki*) formal introduction of the entire cast. 한배우가 모두 나와서 관객에게 얼굴을 보임.「顔見世狂言//顔見世興行」
注 ①は「顔見せ」, ②は「顔見世」.

かおり 【香り・薫り】カオリ いいにおい. E(a) fragrance; (an) aroma. 한향기.「この花は甘いかおりがする//コーヒーのかおりが漂う」 自香る・薫る
注 漢字の使い方は「かおる」と同じ.

かお・る 【香る・薫る】カオル〔自動五〕(かおって) いいにおいがする. Esmell sweet; be fragrant. 한향기가 나다.「バラがかおっている//菊の花のかおる季節//風かおる5月(=日本の5月の気持ちのいいようすを表す言い方)」 名香り・薫り
注 漢字で書くときは, 花, 香水など具体的なものは「香る」, 風, 初夏など抽象的なもののとき, また比喩的に使うときは「薫る」.

がか 【画家】ガカ 絵をかくことを職業としている人. Ea painter. 한화가.「将来は画家かデザイナーになりたい//日曜画家//日本画家//洋画家」

かかあでんか 【かかあ天下】カカーデンカ 家庭の中で, 夫よりも妻のほうが力を持っていばっていること. Ebe a henpecked husband. 한내주장, 엄처 시하.「うちはかかあ天下だから, なんでも妻の言いなりだ」対亭主関白 話

かがいしゃ 【加害者】カガイシャ 他人を傷つけたり, 他人に損害を与えたりした人. Ean assailant. 한가해자.「加害者が損害を賠償する//車を運転している人はだれでも加害者になる危険性がある」対被害者

かか・える 【抱える】カカエル〔他動一〕①ものを腕でかこむようにして体に近づけて持つ. Ehold in one's arms. 한끼다 ; 안다.「重い荷物を両手でかかえて持つ//本をかかえる//頭をかかえる(→頭慣用)」②責任を持たなければならない人を身近に持つ. Ehave a person to attend to. 한거느리다, 끼다.「夫に死なれ, 3人の子供をかかえて苦労している//病人をかかえる」③解決のむずかしい問題を持つ. Ehave a problem. 한안다.「借金をかかえる//人口問題をかかえて困っている国」

〖抱える①〗

かかく 【価格】カカク, カカク ものの値段. Ea price. 한가격.「高級な材料を使う

と価格が高くなる//安い価格でたくさん売って、もうけを多くする//卸売価格/小売価格」

かがく【化学】カガク 自然科学の一部門で、物質の性質、構造、物質相互間の変化、反応などを研究する学問. Echemistry. 韓化学.「高校のときの化学の実験はおもしろかった//化学反応/化学変化(→項目)」
参「科学」と同じ音なので、区別するために「化学」を「ばけがく」と呼ぶことがある.

かがく【科学】カガク 実験や調査などによって、事実を説明し法則を見つけ、応用する学問. 人文科学、社会科学、自然科学に分けられる. 特に自然科学だけをさすこともある. Escience. 韓과학.「最近の科学の進歩はめざましい//科学万能主義(=科学の力でなんでも解決できるとする考え方)//科学技術」

かがくせんい【化学繊維】カガクセンイ 化学作用によって人工的につくられた繊維. 合成繊維(ナイロン、ビニロン、テトロンなど)、半合成繊維(アセテートなど)、再生繊維(レーヨンなど)がある. 化繊. Ea synthetic fiber. 韓화학 섬유.「化学繊維が改良されて、安くて丈夫な衣類が手に入るようになった」

かがくてき【科学的】カガクテキ ものごとを事実にもとづいて正しく理解し、扱おうとするようす. Escientific. 韓과학적.「ことばの変化を知るために、方言を科学的に調査、研究する//占いに頼るのは科学的な考え方ではない//科学的な方法」

かがくへんか【化学変化】カガクヘンカ 〔～する〕化学反応が起こるときの物質の変化. Ea chemical change. 韓화학 변화.「鉄や銅は空気中で化学変化を起こす//化学変化が起きて、水が水素と酸素に分解する」

かか・げる【掲げる】カカゲル、カカゲル〔他動一〕①ものを高く上げる. Eraise; fly.

〔掲げる①〕

韓처들다；달다, 게양하다.「カップを高く掲げて優勝の喜びを表す//旗を掲げる」②考えを多くの人に知らせるようにする. Edeclare; adopt. 韓내세우다, 내걸다.「世界の平和を守るという理想を掲げて政治家になる//『死刑反対』のスローガンを掲げる」

かかと カカト ①足の裏の後ろの部分. Ethe heel (of one's foot). 韓발뒤꿈치.「かかとを上げて立つ」②靴などの、「①」に当たる部分. Ethe heel (of a shoe). 韓뒤축.「靴のかかとを取りかえる//かかとの高い靴」▷→足・脚図

かがみ【鏡】カガミ 顔や姿を映す道具. Ea mirror. 韓거울.「鏡を見ながらひげをそる//鏡の中の自分を見る」数1面

鏡のよう ①よく光っているようす. Elike a mirror. 韓거울처럼 반들거림.「廊下が鏡のようにぴかぴかにみがいてある」②波がなく静かなようす. Eas smooth as glass. 韓거울처럼 잔잔함.「鏡のような海」

かがみもち【鏡もち】カガミモチ 平たく、まるくつくったもち. 大小2個を重ねて神に供えたり、正月などのお祝いに使ったりする. E2 stacked, round rice cakes (offered to a deity). 韓(공물·장식용) 둥근 찰떡.「正月には玄関に鏡もちを飾る」

〔鏡もち〕

注漢字で書くときは「鏡餅」.

かが・める カガメル〔他動一〕体を曲げて低くする. Ebend; stoop; bow. 韓(몸을)구부리다.「ジョンは大きな体をかがめて車に乗った//腰をかがめてあいさつをする」自動かがむ

かがやかし・い【輝かしい】カガヤカシイ 立派で、すばらしい. Ebrilliant; bright.

かがやく

韓빛나다; 찬연하다.「フレミングは医学に輝かしい業績を残した//コンクールに優勝した洋子には輝かしい未来が待っている」

かがや・く 【輝く】カガヤク〔自動五〕(かがやいて) ①きらきら光る. Ｅtwinkle; shine. 韓빛나다, 반짝이다.「空に星が輝いている//雪山が朝日を受けて輝いて見える」②生き生きとして明るいようすに見える. Ｅlight up; glow. 韓빛나다.「うれしさで顔が輝いている//世界チャンピオンの名誉に輝く」▷ 名輝き →ひらめく

かかり 【係】カカリ 仕事の受け持ち. また, その仕事を受け持つ人. Ｅ(a person in) charge. 韓담당(자).「係の者が案内します//係を決めて仕事を分担する/進行係」

-がかり ①(時間や人数を表すことばについて)それだけの時間や人手がかかること.「3人がかりで本棚を動かす(Ｅmove a bookshelf with combined strength of three. 韓세 사람이 붙어서 책장을 옮기다.)//5年がかりの工事(Ｅconstruction requiring five years. 韓5년 걸리는 공사.)」②(動詞の「ます」形について)~するついでであること.「通りがかりに寄ってみた(ＥI dropped in while I was passing this way. 韓지나는 길에 들러 봤다.)」

かかりつけ 【掛かりつけ】カカリツケ いつもその医者の診察を受けていること. Ｅone's family doctor. 韓단골 의사.「体がだるいので, かかりつけの医者にみてもらった//かかりつけの医者が大学病院を紹介してくれた」

かか・る 【掛かる・架かる・懸かる】カカル〔自動五〕(かかって) ①上でとめられていて下にさがる. Ｅhang. 韓걸리다, 매달리다.「壁に絵がかかっている」

②なにかを始める. Ｅbegin; start. 韓시작하다.「朝早くから仕事にかかる//料理にかかる」

③金や時間が必要だ. Ｅcost; take. 韓들다; 걸리다.「生活費は1カ月にいくらかかりますか//学校まで電車で1時間かかる」

④機械や装置が働く. Ｅbe locked; start. 韓채워지다; 걸리다.「教室にかぎがかかっている//寒いのでエンジンがかからない」

⑤よくないことが身におよぶ. Ｅcause (trouble); be suspected. 韓미치다; 걸리다.「あなたに迷惑がかかることはありません//わたしに疑いがかかっているらしい」

⑥離れた所がなにかでつながる. Ｅ(a bridge) be built; have a call. 韓놓이다; 걸리다.「川に橋がかかった//友達から電話がかかってきた」

⑦(動詞の「ます」形について)その状態になりはじめている.「死にかかる(Ｅbe about to die. 韓다 죽어 가다.)//とけかかっている(Ｅbe beginning to melt. 韓녹기 시작하고 있다.)」

▷ 他動 掛ける・架ける・懸ける
注 漢字で書くときは, ⑥で, 橋, 電線などのばあいは「架かる」. ⑦はひらがなで書く.

かか・る カカル〔自動五〕(かかって) 病気になる. Ｅcatch; become sick. 韓(병에) 걸리다.「悪いかぜにかかって1週間も休んだ」

かかわらず (「~にかかわらず」の形で)~に関係なく. Ｅregardless of. 韓관계없이, 불문하고.「晴雨にかかわらず, ハイキングを行う//年齢にかかわらず, ご参加ください」

かかわ・る カカワル, カカワル〔自動五〕(かかわって) 関係を持つ. Ｅhave to do with; be a matter of. 韓관계하다(되다).「母は5年前から日本語教育にかかわっている//生死にかかわる大手術」 名かかわり

かき 【下記】カキ 下に書いてあること. Ｅthe following. 韓하기, 아래.「下記の注

意をよく読んでください//住所は下記のとおり」 対上記 書

かき 【夏季・夏期】カキ ①夏の季節. Ethe summer season. 한여름철, 하계.「夏季ボーナス」②夏の間. Ethe summer period. 한하기.「夏期集中講座/夏期休暇」
≡注 ①は「夏季」,②は「夏期」.

かき カキ くだものの一種. 秋, 実はオレンジ色になる. Ea persimmon. 한감.「秋も深まりカキの実が熟すころとなった//甘ガキ(=熟すと甘くてそのまま食べられるカキ)と渋ガキ(=なんらかの方法で渋みを取らないと食べられないカキ)」→果物 図
≡注 漢字で書くときは「柿」.

かき カキ 浅い海の岩につく二枚貝の一種. 生のままやフライなどにして食べる. Ean oyster. 한굴.「広島県はカキの養殖で有名だ//生ガキにレモンの汁をかけて食べる//カキフライ」

かぎ カギ ①錠の穴に入れてそれを開閉する金具. Ea key. 한열쇠.「部屋の入り口にかぎをかける//机の引き出しのかぎを開ける//かぎ穴」②ものごとの重要な手がかり. Ea key; a clue. 한열쇠, 관건.「関係者の話が事件を解決するかぎになる//大国が世界平和のかぎをにぎっている」 ▷→錠 図
≡注 漢字で書くときは「鍵」.

かきおき 【書き置き】カキオキ ①{～する} 用事を書いて残しておくこと. また, 書いたもの. Eleave a note behind. 한(용건을 적은)쪽지, 메모.「急用のときは書き置きのところへ電話してください」②死ぬときや家出するときに残しておく手紙. Ea will; a suicide or runaway note. 한유서, 유언장.「死ぬつもりで, 書き置きを残して家出した」

かきおろし 【書き下ろし】カキオロシ 小説や脚本や論文などを, 出版や上演のために新しく書くこと. また, その作品. Ea newly written (novel). 한새로 씀; 신작.「人気作家の書き下ろしの小説を出版する//書き下ろしの脚本で芝居を上演する」 他動 書き下ろす

かきか・える 【書き換える・書き替える】カキカエル, カキカエル 〔他動一〕 ①書いてある文字や内容を変えてもういちど書く. Erewrite; transfer. 한다시 쓰다, 고쳐 쓰다.「漢字をひらがなに書きかえる//中古車を買って, 名義を書きかえる」②免許, 許可などの期限が切れる前に手続きをして新しくする. 更新する. Erenew. 한갱신하다.「今年は運転免許証を書きかえる年だ」 ▷名 書き換え・書き替え

かきかた 【書き方】カキカタ, カキカタ ①文字や文章を書く方法. Ehow to write. 한쓰는 법.「『凸』の漢字の書き方を教えてください//手紙の書き方」②筆の運び方. 習字. Ecalligraphy. 한필법, 서법.「いまの学校の習字の時間のことを, 祖母のころは『書き方』といったそうだ」

かきこ・む 【書き込む】カキコム, カキコム 〔他動五〕(かきこんで) ①決められた所や空いている所に書く. 書き入れる. Ewrite in; fill in. 한써 넣다.「申込書に名前と住所を書きこむ//手帳に約束の日を書きこむ」②絵や文を, 細かいところまで丁寧にかく. Ewrite or draw in detail. 한섬세하게 그리다.「この小説は, 人の心の動きをよく書きこんでいる//もうすこしかきこむと, いい絵になる」 ▷名 書き込み

かきぞめ 【書き初め】カキゾメ 新年にはじめて字を書くこと. 特に筆で書く習字についていう. ふつう1月2日にする. Ethe first calligraphy of the New Year. 한신춘휘호.「お正月に家族みんなで書き初めをした//書き初めコンクール」

かきだし　【書き出し】カキダシ　書きはじめること．文章の最初の部分．Ｅthe beginning; the opening sentence. 한서두.「この本は書き出しがおもしろかったので読む気になった」他動書き出す

かぎつ・ける　カギツケル〔他動一〕①においのもとをさがしあてる．Ｅsmell out; detect (a scent). 한냄새를 맡아서 찾아 내다.「犬が麻薬をかぎつけた」②隠されていたことをさがしあてる．Ｅdetect (a secret); get wind of. 한탐지해 내다.「新聞記者が政治家の不正行為をかぎつけた//秘密をかぎつける」

かきとめ　【書留】カキトメ「書留郵便」を略した言い方．特別料金を取って，まちがいなくとどくようにし，また事故があったときには弁償する約束で，送る人と相手を記録しておく郵便．Ｅregistered mail. 한등기(우편).「たいせつな書類を書留で送る//現金書留」数1通

かきとり　【書き取り】カキトリ　①人の話などを聞いて書くこと．Ｅwrite down. 한받아쓰기.「要点の書き取りをしながら講演を聞く」②読みあげる語句，文章などを文字にして正しく書くこと．また，かなで書いたことばを漢字で書くこと．Ｅdictation. 한받아쓰기.「テープを聞いて書き取りの試験をする//漢字の書き取り(Ｅwriting *kanji*. 한한자의 받아쓰기.)」▷他動書き取る

かきなぐ・る　【書きなぐる】カキナグル，カキナグル〔他動五〕(かきなぐって)　絵や字を乱暴にかく．Ｅscribble; dash off. 한휘갈겨 쓰다(그리다).「怒って書きなぐったような手紙が来た//急いでかきなぐった絵」

かきね　【垣根】カキネ　他の区域との境を示すために木を並べて植えたり，竹を並べたりしたかこい．Ｅa fence; a hedge. 한울타리.「垣根の穴から猫が出入りする//垣根ごしに(=垣根をへだてて)話をする」→家図

▣参「塀」も似ているが，「塀」は板，ブロック，れんが，石などでつくる．

かきのこ・す　【書き残す】カキノコス，カキノコス〔他動五〕(かきのこして)　①一部分を書かないで残す．Ｅleave something unsaid. 한못다 쓰다；쓰다가 남겨 두다.「時間がなくて，結論を書き残した」②他の人に見せるために書いて残す．Ｅleave (a will) behind. 한써서 남기다.「遺言を書き残す//机の上に伝言を書き残す」

かきま・ぜる　【かき混ぜる】カキマゼル，カキマゼル〔他動一〕かきまわして，中のものがまざるようにする．Ｅstir; mix; beat. 한뒤섞다.「材料をよくかきまぜてケーキをつくる//卵をかきまぜる」

かきまわ・す　【かき回す】カキマワス，カキマワス〔他動五〕(かきまわして)　①手や道具を使って，中のものを円を描くように動かす．Ｅstir. 한휘젓다.「コーヒーに砂糖を入れて，スプーンでかきまわす//ふろの湯をかきまわす」②混乱させる．Ｅthrow ～ into confusion. 한(질서를) 어지럽히다.「三郎は，みんなの考えに反対ばかりして会議をかきまわした」

かきみだ・す　【かき乱す】カキミダス，カキミダス〔他動五〕(かきみだして)　静かな状態をこわす．Ｅdisturb; upset. 한어지럽히다, 뒤흔들다.「急いで駆けこんでくる遅刻学生の足音が，静かな教室の雰囲気をかき乱した//友人の死を知って，わたしの心はかき乱された」

かきゅう　【下級】カキュー　クラスなどを分けたときの下の等級，階級，学年．Ｅlower; lower-grade; inferior. 한하급.「クラブの下級生//下級裁判所(Ｅa lower court. 한하급 법원.)」関連上級，中級，初級

かぎょう　【家業】カギョー　その家の職業

や商売. Ⓔone's father's business; one's family business. 한가업.「家業をついで和菓子屋になった//家業に励む」

かぎり【限り】カギリ, ガギリ ①時間, 数, 量, ひろがりなどで, もうこれ以上ないというところ. 限度. Ⓔa limit. 한한도, 한계.「人のできることには限りがある」②あるだけ全部. Ⓔto the utmost of; at the top of. 한한껏, ~껏.「力の限り戦う//声を限りに叫ぶ」③その範囲だけであること. Ⓔas far as. 한~의 범위 내.「見た限りでは, 病気だとは思えない//電車から線路に下りてはいけないが, 非常のばあいはこの限りではない」④ものごとの続くあいだ. それ以上. Ⓔas long as; now that. 한~동안, ~한.「きみが話さない限り, だれにも知られない//ストライキが続く限り, 工場の機械は動かない」▷ 他動限る

かぎりな・い【限りない】カギリナイ ①終わるところがない. Ⓔno limit to; endless. 한끝없다.「人間の欲望は限りない//限りなくひろがる大空」②最高だ. Ⓔextremely. 한한없다, 그지없다.「オリンピックで金メダルが取れて, 限りなくしあわせだ」

かぎ・る【限る】カギル〔他動五〕(かぎって) 範囲を決める. Ⓔlimit to; restrict to. 한제한하다, 한하다.「このテニスコートの使用は会員に限る//議員1人の発言を5分に限る」名限り

〜とは限らない 〜とは必ずしもいえない. Ⓔbe not necessarily 〜. 한반드시 〜하다고는 할 수 없다.「お金がたくさんあってもしあわせとは限らない」

〜に限って 〜だけはほかと違って. Ⓔbe the last person; on that particular occasion. 한〜만은.「うちの子に限ってそんなことをするはずがない」

〜に限る 〜が最上だ. 〜がいちばんいい. Ⓔthe best thing is 〜. 한〜이 제일〔최고〕이다.「美しい山なら富士山に限る」

かきわ・ける【書き分ける】カキワケル, カキワケル〔他動一〕区別して書く. Ⓔdistinguish between 〜 and … in writing. 한구별하여 쓰다.「この小説は2人の女性のようすを, よく書き分けている//『代える』と『変える』を書き分ける」名書き分け

かきわ・ける【かき分ける】カキワケル, カキワケル〔他動一〕多くの人やものを左右に押し開く. Ⓔplow; push one's way. 한(좌우로)헤치다.「船は水をかき分けて進む//日曜日の歩行者天国はとてもこんでいたので, おおぜいの人をかき分けて歩いた」

かく【角】カク, カク ①四角. Ⓔa square. 한네모.「角に切った大根//角砂糖//角形(=四角の形)」②たがいに交わる2本の直線や2つの面がつくる図形. Ⓔan angle. 한각.「90度の角を直角という」

かく【画】カク, カク 漢字を書くときの, ひと続きの線や点. また, その数を表す. Ⓔa stroke (of a Chinese character). 한획.「『輸』という字は画が多い//『正』は5画の漢字だ//画数(→項目)」

かく【核】カク ①ものの中心にある, 重要な部分. Ⓔthe core; the nucleus. 한핵, 핵심.「全国に支店があるが, 核となるのは東京本社だ//組織や運動には核になる人が必要だ」②「原子核」を略した言い方. 原子の中心にあるもの. Ⓔan atomic nucleus. 한원자핵.「核爆発//核分裂」③「核兵器」を略した言い方. 原子力の大きなエネルギーを利用した爆弾や武器. 水爆, 原爆など. Ⓔnuclear weapons. 한핵무기.「核をなくして平和な世界にする//核戦争//反核運動」

かく【格】カク ①その社会の中で評価された順位. Ⓔ(a) rank; (a) status. 한격.「きょうの対戦相手は去年の優勝チームで, 初

出場のわがチームとは格が違う//格が高い」②文法で,ことばが文中の他のことばに対して持つ関係. Ea case. 한격.「日本語の格は『が』『の』『に』『を』などの格助詞によって示される//目的格//主格」

か・く 【欠く】カク〔他動五〕(かいて) ①かたいものの一部をこわして離れさせる. E crack; chip. 한이지러뜨리다, (그릇의)이가 빠지게 하다.「皿をぶつけて,ふちを欠いてしまった」②必要なものがない. E lack; be short of. 한결여되다, 없다;부족하다.「朝早く電話をかけるのは常識を欠いた行いだ//礼儀を欠く//食べるものにもこと欠く(=不自由する)」▷自動 欠ける

欠くことができない 絶対に必要だ. E indispensable. 한불가결하다.「ことばの勉強に辞書は欠くことができない」

か・く 【書く】カク〔他動五〕(かいて) ①なにかを使って字や絵などをしるす. E write; draw. 한쓰다;그리다.「ノートに漢字を何度も書いて覚える//美しく咲いたバラの絵をかく」②文章にまとめる. E write; compose. 한쓰다;(글을)짓다.「『日本の歴史』という本を書いた//手紙を書く//論文を書く//詩を書く」

注 絵や漫画などのときは,ひらがなで書く.

か・く カク〔他動五〕(かいて) ①つめなどを立ててこする. E scratch. 한긁다.「子供にまちがいを直されて頭をかく//かゆいところをかく」②手や道具でこするように押したり引いたりする. E paddle; shovel. 한헤치다;치우다.「手で水をかいて泳ぐ//シャベルで雪をかく」③はっきり表面に出す.「汗をかく(E sweat. 한땀을 흘리다.)//いびきをかく(→いびき慣用)//恥をかく(→恥慣用)」

かく- 【各-】(他のことばについて)それぞれの.「各社が新入社員を採用する//各クラスの代表//各学校(E each school. 한각 학교.)//各県」

かぐ 【家具】カグ 家の中に置いて使う道具. 机,たんす,食器棚など. E furniture. 한가구.「トラックで引っ越しの家具を運ぶ//家具を少なくして部屋を広く使う//ひまなときはデパートの家具売り場を見て歩く」

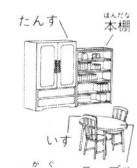
〖家具〗テーブル

か・ぐ カグ〔他動五〕(かいで) 鼻でにおいを感じとる. E smell; sniff. 한냄새 맡다.「花のかおりをかぐ//いろいろな香水をかいで比べてみる」

がく 【学】ガク, ガク 専門的な広い知識. 学問. E learning; studies. 한학문.「祖父は本をたくさん読んでいて学があるから,きけばなんでも教えてくれる//学を修める(E pursue one's studies. 한학문을 닦다.)//論理学」

がく 【額】ガク, ガク ①金銭の量. E an amount; a sum. 한금액.「それぞれの部の予算の額を公表する//収入額」②絵,写真,書などを入れて壁などに飾る,わくのついたもの. E a frame. 한액자.「家族の写真を額に入れて机の上に置く//額縁(→項目)」
▷数②1枚・1面

がくい 【学位】ガクイ, ガクイ 研究が認められ審査に合格した人に与えられる称号. E a degree. 한학위.「姉は学位を取るために,いま論文を書いている//学位論文」

参「学士号」と「修士号」と「博士号」とがある.

かくいつてき 【画一的】カクイツテキ みんな同じように扱うようす. E in the same way; uniform. 한획일적.「子供の個性を無視して画一的に扱ってはいけない//画一的な指導」

かくう【架空】カクー 実際にないが、想像して考えだしたこと。Ⓔimaginary; made-up; fictitious. 翰가공.「竜は架空の動物だ//これは実話ではなく、架空の話である//架空の人物」対実在

かくかぞく【核家族】カクカゾク 夫婦とその子供だけの家庭。Ⓔa nuclear family. 翰핵가족.「核家族が増えて、子供が祖父母と接する機会が少なくなった」

がくぎょう【学業】ガクギョー, ガクギョー 学校での勉強。Ⓔstudies; schoolwork. 翰학업.「二郎は学業よりもアルバイトを熱心にしている//学業に励む//学業成績」

かくげつ【隔月】カクゲツ, カクゲツ １カ月おき。Ⓔevery other month. 翰격월.「会からのお知らせは隔月に発行される//研究会は隔月に開かれる」

かくげん【格言】カクゲン, カクゲン 真理を述べ、人生について教える短いことば。Ⓔa proverb. 翰격언.「いまになって『時は金なり』という格言の意味がわかった」

かくご【覚悟】カクゴ, カクゴ〔～する〕①むずかしくても実行しようと心に決めること。Ⓔmake up one's mind. 翰각오.「あの人と一生をともにする覚悟です」②危険や困難を受けてもしかたないと心に決めること。Ⓔbe resigned; be prepared for. 翰각오.「がんだと言われたときには、死を覚悟した//しかられるのは覚悟のうえで、父のパソコンをいじってみた」

かくさ【格差】カクサ ２つ以上のものの間にある価格、等級などの違い。Ⓔa differential; a gap. 翰격차.「大企業と小企業では賃金の格差がある//格差を縮める」

がくさいてき【学際的】ガクサイテキ ２つ以上の異なる学問分野にまたがっているようす。Ⓔinterdisciplinary. 翰학제적.「これからはますます学際的な視野が必要とされる//学際的研究」

かくさん【拡散】カクサン〔～する〕ひろがり散ること。また、そうさせること。Ⓔdiffuse; spread. 翰확산.「フロンはすぐに気体になって大気中に拡散する//核拡散防止条約（ⓔTreaty on the Non-Proliferation of Nuclear Weapons. 翰핵확산 방지조약.)」

かくじ【各自】カクジ 何人かの中のひとりひとり。Ⓔeach person; everyone. 翰각자.「切符は各自でお持ちください//ごみは各自始末する」

がくし【学士】ガクシ 大学の学部を卒業した人に与えられる学位。また、それを持っている人。Ⓔa bachelor's degree; a university graduate. 翰학사.「うちの会社では経営学の学士を採用した//やっと学士が取れた」関連修士、博士

がくし【学資】ガクシ 勉強するために必要な費用。Ⓔschool expenses. 翰학자금, 학비.「両親に学資を出してもらう//アルバイトをして学資をためる」→学費

かくしき【格式】カクシキ 身分にふさわしい交際や生活のやり方。Ⓔformality; social rules. 翰격식.「この寺の行事は、伝統と格式を重んじて行われる//格式張る（＝礼儀作法をたいせつにして堅苦しくふるまう）」

がくしき【学識】ガクシキ いろいろ勉強して身につけた深い知識。Ⓔlearning; scholarship. 翰학식.「この会合は学識のある人の集まりなので、話題がとても豊富だ//学識経験者」

かくしげい【隠し芸】カクシゲイ 宴会のときなどにみんなの前でしてみせる、ふだんは見せない芸。Ⓔa parlor trick; a hidden talent. 翰숨은 재주; 여기.「あの人はふだんはあまりめだたないが、宴会になると手品や歌など、多才な隠し芸を見せてくれる」

かくじつ【確実】カクジツ 確かで，まちがいがないようす．Ereliable; certain. 한확실．「新聞は確実な情報を伝えなければならない//大統領の来日が確実となった」

がくしゃ【学者】ガクシャ ある分野を深く研究し，知識をたくさん持っている人．Ea scholar. 한학자．「大学院に進んで，将来は学者になりたい//地震の研究をしている学者」

かくしゃく【矍鑠】カクシャク（「かくしゃくとする」の形で）年をとっても元気なようす．Ehale and hearty; vigorous. 한정정함．「祖父は85歳だが，かくしゃくとしている//かくしゃくとした態度」書
参 改まって「かくしゃくたる老人」のように表現することもある．

かくしゅう【隔週】カクシュー 1週間おき．Eevery other week. 한격주．「隔週の水曜日が定休日だ//以前は隔週土曜日が休日だったが，いまは毎週土曜日が休日になった」

かくじゅう【拡充】カクジュー〔～する〕規模を大きくし，満足できるものに近づけること．Eexpand. 한확충．「スポーツ施設を拡充する//災害を受けた地域への援助を拡充する」

がくしゅう【学習】ガクシュー〔～する〕知識や技術などを身につけるために学ぶこと．特に学校などで勉強すること．Elearn; study. 한학습．「日本語を学習する外国人が増えた//学習者//学習塾」

かくしょう【確証】カクショー まちがいのない，しっかりした証拠．Econclusive evidence; positive proof. 한확증．「警察は，あの男が真犯人だという確証をにぎった//確証はないが，どうも姉はなにか隠しているようだ」

かくしん【革新】カクシン〔～する〕いままでの古いやり方をすっかりやめにして，新しいものにすること．Einnovate; progressive; reformist. 한혁신．「技術を革新する//革新的な考え//革新政党」対保守

かくしん【核心】カクシン ものごとの中心になっている，重要な部分．Ethe core; the point. 한핵심．「いまの社会のゆがみは経済の成長ばかり求めてきた結果だという，問題の核心をついた発言が出た//事件の核心にふれる//核心にせまる」

かくしん【確信】カクシン〔～する〕確かにそうだと信じること．Ebe convinced; confidence. 한확신．「この絵が入選すると確信している//成功するかどうか，確信が持てない//確信を持って言う」

かく・す【隠す】カクス〔他動五〕（かくして）①考えや気持ちなどを人に知られないようにする．Econceal; keep a matter secret from. 한숨기다．「妹は悲しみを隠そうとして笑ってみせた//名前を隠して，困っている人にお金を送る//おおい隠す」対表す，明かす ②人に見られないようにする．Ehide; cover. 한감추다．「いたずらをして友達の靴を隠す//泥棒はマスクで顔を隠していた//身を隠す」対現す ▷自動隠れる

かくすう【画数】カクスー 漢字を形づくっている線や点の数．Ethe number of strokes in a Chinese character. 한획수．「『正』の字の画数は5だ//画数の多い漢字は覚えるのがたいへんだ」

かくせい【隔世】カクセイ ①時代がすっかり変わること．E(belong to) a different age. 한격세．「最近の通信の発達は，郵便と電話しかなかった20年前のことを思うと隔世の感がある」②世代を飛ばすこと．Eatavism. 한격세．「商売の才能が祖父から孫へ隔世遺伝する」

がくせい【学生】ガクセイ 学校で勉強している人．Ea student. 한학생．「わたし

ちは学生のころからの友人だ//「学生運動/学生生活/アルバイト学生」 関連 児童, 生徒

がくせつ 【学説】ガクセツ 学問や研究をするうえでのいろいろな考え方. E a theory. 韓 학설.「日本人はどこから来たかについて新しい学説を発表//先生の学説に耳を傾ける」

がくぜん 【愕然】ガクゼン (「がくぜんとする」の形で) 予想しなかったことにひどく驚くようす. E be startled; be shocked. 韓 악연, 놀람.「突然の父の死の知らせにがくぜんとする//司法試験に今年も不合格と聞いてがくぜんとした」

参 悪いこと, 好ましくないことについていう.

かくだい 【拡大】カクダイ〔～する〕形や規模が大きくなること. また, 大きくすること. E magnify; expansion. 韓 확대.「虫めがねで拡大して見る//事業の拡大を計画する//拡大解釈(=法律や規則のことばの意味を広くとること)//拡大コピー」 対 縮小

かくだいきょう 【拡大鏡】カクダイキョー 1枚の凸レンズを使って, 小さいものを大きくして見る道具. 虫めがね. ルーペ. E a magnifying glass. 韓 확대경.「拡大鏡で宝石の鑑定をする//祖父は拡大鏡を使って辞書を読んでいる」

がくだん 【楽団】ガクダン いろいろな楽器を使って音楽を演奏する人々のグループ. E an orchestra; a band. 韓 악단.「来年, 大学のバイオリン科を卒業したらどこかの楽団に入りたい//楽団員/管弦楽団」

かくち 【各地】カクチ それぞれの土地. E all over; various places. 韓 각지.「世界の名地から人々が集まる//全国名地を旅行する」

かくちょう 【拡張】カクチョー〔～する〕広く大きくなること, 広く大きくすること. E widen; enlargement. 韓 확장.「道路を拡張したので, 通りやすくなった//飛行場の拡張/拡張工事/胃拡張(=胃の内部が異常にひろがったままになる病気)」

かくちょう 【格調】カクチョー 文章, 映画, 演説などから受け手が感じる, 上品でとのった調子. E tone; dignified; noble. 韓 격조.「国民の心を打つ, 格調の高い演説//格調正しい文章」

がくちょう 【学長】ガクチョー 大学の最高の責任者. E a president. 韓 학장.「この大学では学長と学生の話し合いの時間がある//学長選挙」

かくてい 【確定】カクテイ〔～する〕はっきり定まること, 定めること. E be decided; fix. 韓 확정.「新政府の方針が確定した//役員会で, 工場移転の日時を確定した//確定申告(=前年の所得に対する税を決めるために税務署に行う申告)」 対 不確定

かくど 【角度】カクド ①たがいに交わる2本の直線や2つの面がつくる角の大きさ. E an angle. 韓 각도.「直角の角度は90度である//角度をはかる//角度の急な斜面」

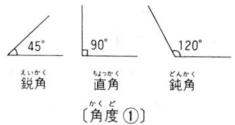
〔角度 ①〕

②見る立場. E a viewpoint. 韓 각도；관점.「いろいろな角度から研究する//角度を変えて考える」

かくとう 【確答】カクトー〔～する〕はっきりした返事. E a definite answer. 韓 확답.「いつ貸した金を返してくれるのか, 確答してほしい//確答を避ける」

かくとく 【獲得】カクトク〔～する〕努力の結果, 自分のものにすること. E win; acquire. 韓 획득.「試合に勝って賞金を獲

得する//政権を獲得する//名誉を獲得する」

かくにん【確認】カクニン〔～する〕確かにそうだと認めること．Ｅconfirm; identify. 한확인．「品物を確認したうえで代金を払う//身分証明書で人物の確認をする」

がくひ【学費】ガクヒ 学校で勉強するために必要な費用．Ｅschool expenses; tuition. 한학비．「私立大学は学費が高いので，国立大学に入りたい//学費をかせぐためにアルバイトを始めた//学費がかさむ」
参「学資」も似ているが、「学資」が学校に必要な費用のほかに、下宿代，食費など生活費もふくむのに対して、「学費」は授業料など学校関係の費用だけをいう．

がくふ【楽譜】ガクフ 音符などを使って、音楽の曲を書き表したもの．Ｅa score; music. 한악보．「ショパンのピアノ曲の楽譜を買いに行った//楽譜を見ながらバイオリンをひく」 数1部・1枚

がくぶ【学部】ガクブ，ガクブ 大学で、学問の専門別に分けた部門．Ｅa college; faculty; a department. 한학부．「この大学には国際学部，情報学部，文学部の3学部がある//学部長」

がくふう【学風】ガクフー ①学問をするうえでの考え方の特徴．Ｅacademic features; a school. 한학풍．「あの先生の学風は合理主義的で、しかも人間的である//学風をつぐ」②学校、特に大学の伝統的な気風．Ｅschool traditions. 한학풍；교풍．「この大学の自由な学風にあこがれて入学した」

がくぶち【額縁】ガクブチ 絵，写真，書などを入れて壁に飾るためのわく．Ｅa frame. 한액자．「卒業の記念写真を額縁に入れて飾る//下手なわたしの絵も，額縁に入れるとよく見える」 数1枚・1面

かくべつ【格別】カクベツ ふつうとは程度がまったく違うようす．Ｅparticularly; exceptionally. 한각별，유난함．「血液検査の結果，格別異常はないと言われた//けさの寒さは格別で，水道管が凍っていた」

かくほ【確保】カクホ〔～する〕必要なものを，しっかりつかんでおくこと．Ｅsecure. 한확보．「住民のためのじゅうぶんな食糧を確保する//交通手段の確保」

かくま・う カクマウ〔他動五〕(かくまって) 追われている人を見つけられないように隠す．Ｅshelter; harbor. 한숨겨 주다．「暴力団から逃げてきた女の子をしばらくかくまってやった//犯人をかくまう」

かくめい【革命】カクメイ ①国家の権力をうばい取り，社会の組織を急激に根本的に変えること．Ｅa revolution. 한혁명．「革命が歴史の流れを変える//革命を起こす//フランス革命」②根本的な変化．Ｅa revolution; a radical change. 한혁명．「電話の発明は人類に大きな革命をもたらした//産業革命(→**項目**)」▷→クーデター

がくめん【額面】ガクメン ①証券や貨幣などに書いてある金額．また，給料で、税金，保険料などを引かれる前の金額．Ｅface value; the gross income. 한액면．「給料の額面は多いが，手取りは少ない//額面を割る//額面1000円の株券」②(「額面どおり」の形で)ことばの表面上の意味のまま．Ｅat face value. 한액면；표면상의 의미．「部長のほめことばは，額面どおりには受け取れない」

がくもん【学問】ガクモン ①〔～する〕学ぶこと．また，学んで身につけた知識．Ｅlearning; studies. 한학문．「A先生に，学問する楽しさを教えられた//学問に励む//耳学問(＝深く勉強したのではなく，聞いてえた知識)」②体系的にまとめられた知識や理論．Ｅa science. 한학문．「おもしろいテーマだ

が，学問としての価値はない//学問の世界は毎日進歩している」

がくや 【楽屋】ガクヤ 劇場の舞台裏にある，出演者が準備をしたり休んだりするための部屋．Ea dressing room; a greenroom. 한분장실．「役者の楽屋に花束をとどける//休憩時間に，ちょっと楽屋をのぞいてきた」

かくやく 【確約】カクヤク〔～する〕必ずそのようにすると約束すること．また，その約束．Ea definite promise. 한확약．「期限内に返すという確約をえている//確約はできないが，たぶん来年には課長になれるだろう」

かくやす 【格安】カクヤス ふつうの値段よりずっと安いようす．Ea bargain; a good buy. 한각별히 쌈．「型が古いので格安で売る//まとめて買えば格安になる」

がくようひん 【学用品】ガクヨーヒン，ガクヨーヒン ノートや鉛筆など，学校で必要な品物．Eschool supplies. 한학용품．「新学期の始まる前に学用品を買ってそろえておく//最近は学用品の種類がとても増えた」

かくり 【隔離】カクリ，カクリ〔～する〕①人やものからへだたること．また，へだてること．Eisolate; segrigate. 한격리．「文明社会から隔離された無人島で何日生きられるか//人種隔離政策」②伝染病の患者を，別の病室に離しておくこと．Equarantine; isolate. 한격리．「コレラ患者を隔離する//隔離病棟」

かくりつ 【確立】カクリツ〔～する〕しっかりした制度，組織，人格，関係などができること．また，つくること．Eestablish. 한확립．「民主主義体制が確立する//両国の友好関係の確立をめざす」

かくりつ 【確率】カクリツ あることが起こりうる割合．Eprobability. 한확률．「医学の進歩により，病気で死ぬ確率が低くなった//あすの雨の降る確率は10パーセントだ」

かくりょう 【閣僚】カクリョー 内閣を構成している各国務大臣．ふつう，総理大臣をふくまない．Ea Cabinet minister. 한각료．「総理大臣が閣僚を集めて閣議を開く//閣僚経験者」

がくりょく 【学力】ガクリョク，ガクリョク 勉強して身につけた知識や能力．Escholastic ability. 한학력．「病気で長く休んでいたので，だいぶ学力が落ちた//学力がつく」

がくれい 【学齢】ガクレイ ①子供が義務教育を受ける年齢．日本では満6歳から15歳まで．Eschool age. 한학령．「あの人には学齢期の子供が3人いる」②子供が小学校に入学する年齢．日本では満6歳．Eschool age. 한학령．「子供が学齢に達するまでに国に帰りたい」

がくれき 【学歴】ガクレキ その人がどんな学校を出たかということ．E(an) educational background. 한학력．「学歴によって採用するかしないかを決めるのはよくない//学歴社会」

かくれみの 【隠れみの】カクレミノ 本当の考えを隠すための手段．また，世間をごまかし，不正を隠して身を守るための手段．Ea cover. 한음폐 수단(도구)．「税務署が調べたところ，あの会社は政治家の所得を隠すための隠れみのに使われていることがわかった」

かく・れる 【隠れる】カクレル〔自動一〕①ものの後ろになって見えなくなる．Ebe hidden. 한숨다．「月が雲に隠れて見えなくなった//弟はドアの裏側に隠れて，父をおどそうと待っている」対現れる ②人に知られないような状態にある．Ehidden. 한숨다．「隠れている才能を引きだす」対表れる ▷他動隠す

かくれんぼ 【隠れんぼ】カクレンボ 子供の遊びの1つ．鬼になった子が隠れた子をさがし

だし，最初に見つけられた子がつぎに鬼となる．かくれんぼう．Ehide-and-seek. 한숨바꼭질．「子供のころはよく裏庭でかくれんぼをしたものだ」

がくんと ガクント ①突然，大きく動いたり揺れたりするようす．「電車が急に止まり，がくんと揺れた(EThe train lurched when it came to a sudden stop. 한전차가 갑자기 멈추며 덜커덕 흔들렸다.)」②状態が急に悪くなるようす．「石油の急激な値上がりで，景気ががくんと悪くなった(EThe economy took an abrupt turn for the worse with the steep hike in the oil price. 한석유 값의 급등으로 경기가 부쩍 나빠졌다.)」▷話
参 ②は「がたっと」と似ているが，「がたっと」が変化の大きさに重点があるのに対して，「がくんと」は変化の動きの面に重点がある．

かけ カケ ①かけること．Ea bet. 한내기，도박．「ラスベガスでかけに負けて財産を失った」②運を天にまかせて，思いきってなにかをすること．Ea gamble; a game of chance. 한도박．「この事業が成功するかどうかわからないが，思いきってかけをしてみよう//結婚は一種のかけだ」▷他動かける

かげ【陰】カゲ ①ものにさえぎられて，光，風，雨などの当たらない所．Eshade. 한그늘．「夏は木の陰が涼しい//岩の陰で寒さをしのぐ」②ものに隠れて見えない所．Ebehind. 한뒤；너머．「ドアの陰にだれかいる//太陽が山の陰に沈む」③多くの人に知られないところ．Ebehind one's back; behind the scenes. 한뒷전；그늘．「陰で人のうわさをする//成功の陰に涙あり//陰の苦労」④(「おかげ」の形で)⇒おかげ

陰になりひなたになり ある時は見えないところで，ある時は見えるところで，助けたり守ったりするようす．Eboth openly and secretly. 한음으로 양으로．「心のやさしい兄は陰になりひなたになり，わたしを助けてくれる」
似た表現 陰に陽に

陰ひなたなく 見えないところでも見えるところでも同じようにふるまうようす．Efaithfully; honestly. 한표리없이．「あの社員は陰ひなたなくよく働く」

かげ【影】カゲ ①光がものに当たったときにできる，暗くてそのものの形をした部分．Ea shadow. 한그림자．「夕方になると地面に長い影ができる//影絵(Ea shadow picture. 한그림자(놀이)；실루엣．②姿や形．Ean image; a reflection. 한모습，형체．「湖に富士山の影が映っている//人影(→項目)」③なにか悪いことがらの影響．Ea shadow; a trace. 한형적，자취．「街を歩くと，戦争の影が感じられる」

〔影①〕

影が薄い 印象が弱い．Eunimpressive. 한존재가 희미하다．「5人もきょうだいがいると，中には影が薄い子がいるものだ」

影も形もない もとあったものが，予想に反して，まったく見えない．Edisappear without a trace. 한자취도 없다．「20年ぶりに故郷に帰ってみると，家は影も形もなくなっていた」

がけ ガケ 山や岸が壁のように切りたっている所．Ea cliff; a precipice. 한낭떠러지．「あの山道は非常にけわしくて，両側ががけになっている//がけがくずれる//がけをよじ登る」

かけあし【駆け足】カケアシ〔〜する〕①すこし速く走ること．Ea run. 한구보．「信号が赤になりそうなので，駆け足で横断歩道を渡った」②ものごとを急いですること．急に動作が行われること．Ehurriedly; just around the corner. 한벼락치기;빠른 걸음.「試験に出そうな所を,駆け足で復習する//冬が駆け足でやってくる」

かけい【家計】カケイ その家の収入と支出の状態. Ea family budget. 한가계.「教育費がかかるので,家計が苦しい/家計を助けるためにアルバイトをする//家計簿」

かけおち【駆け落ち】カケオチ〔〜する〕結婚を許されない恋人どうしが,一緒に暮らしたくて,よその土地へ逃げること. Eelope; run away. 한사랑의 도피행.「姉は,どうかわたしたちをさがさないでくださいという置き手紙をして駆け落ちした//駆け落ちしようとしたが,親に見つかって連れもどされた」

かけがえのない 非常にたいせつで,代わりになるものがない. Eirreplaceable; irrecoverable. 한둘도 없는.「あなたはわたしにとって,かけがえのない人です//かけがえのない命」

かげき【過激】カゲキ 考え方や行動が非常に激しいようす. Eradical; extreme. 한과격.「学生たちは過激な反政府運動を続けた//責任を取って幹部は全員やめろ,という過激な意見も出た」 対穏健

かげき【歌劇】カゲキ オーケストラの音楽に合わせて,歌手が歌いながら演じる劇. オペラ. Ean opera. 한가극.「『カルメン』ははなやかで変化に富んだ歌劇だ/歌劇に出演する」

かけきん【掛け金】カケキン,カケキン ① 毎日,あるいは毎月決まった額を積み立てたり支払ったりするばあいの,その金. Ean installment; a premium. 한부금.「積立貯金の掛け金を毎月払う//生命保険の掛け金」②後で代金をもらう約束で渡した品物の,その代金. Ea bill. 한외상값.「掛け金を集金する」

かげぐち【陰口】カゲグチ いない所で,その人の悪口を言うこと.また,その悪口. Ebackbiting; malicious gossip. 한험담.「陰口が社長の耳に入ったらたいへんだ//陰口をたたく(=悪いうわさ話をする)」

かけごえ【掛け声】カケゴエ,カケゴエ ① 拍子をとり,また勢いをつけるために出す声. Ea shout (to mark time, of encouragement). 한장단맞추는 소리.「手拍子に合わせて,掛け声をかける//掛け声をかけてみこしをかつぐ」②見ている人が応援のために出す声. Ea cheer. 한성원하는 소리.「歌舞伎では,お客の掛け声はなくてはならないものだ//応援団の掛け声に励まされて,最後まで走った」③なにかをやろうという呼びかけ. E(take) the initiative. 한구호.「きみが掛け声をかけてくれたら,あとはぼくがまとめよう」

かけこ・む【駆け込む】カケコム,カケコム〔自動五〕(かけこんで)急いで中に入る. Erun into. 한뛰어 들어가다.「発車のベルが鳴っている電車に駆けこんだ//遅刻して教室に駆けこんだ」 名駆け込み

かけざん【掛け算】カケザン〔〜する〕ある数や式にある数や式をかけてその結果を求める計算.「13×6」「3x×(5+6y)」のような計算. Emultiplication. 한곱셈.「1個150円のリンゴを5個買うといくらになるか,掛け算をしてお金を払う」 対割り算

かけじく【掛け軸】カケジク 床の間などにかけて鑑賞する,文字や絵のかいてある巻物. Ea hanging scroll. 한족자.「床の間に,季節に合った掛け軸をかける」 数1幅・1本 →座敷図

かけずりまわ・る【駆けずり回る】カケズリマワル,カケズリマワル〔自動五〕(かけずりまわって)あちこち走りまわる. Erun about. 한여기저기 뛰어다니다.「ほしい本をさがして,本屋を駆けずりまわった」話

かけだし　【駆け出し】カケダシ　その仕事についたばかりの人．Ea novice. 한신출내기．「いまは漫画家として名前も知られるようになったが、駆け出しのころは苦労の連続だった//駆け出しの新聞記者」対ベテラン　自動駆け出す

かけつ　【可決】カケツ〔～する〕議会、会議などで、出された案に賛成する人のほうが多いと認めて、正式に決めること．Eapprove; pass. 한가결．「全会一致で可決する//衆議院では可決されたが、参議院では否決された」対否決

かけつ・ける　【駆けつける】カケツケル、カケッケル〔自動一〕急いで目的の所にいきつく．Erun to; hurry to. 한달려오다(가다)．「学校が火事だと聞いて駆けつけた//会社が終わってからパーティーに駆けつけた」

かけっこ　【駆けっこ】カケッコ〔～する〕一緒に走って、だれが速いかを比べること．Ea footrace. 한달리기．「あそこの木まで、どちらが早く着くか、駆けっこしよう」話

かげながら　【陰ながら】カゲナガラ、カゲナガラ　相手から見えないところで、相手のことを思うようす．Esecretly; in one's heart. 한남몰래；마음속으로(나마)．「1日も早く退院できることを、陰ながら祈っております」

かけはな・れる　【懸け離れる】カケハナレル、カケハナレル〔自動一〕2つのものの間が遠く離れている、違いが非常に大きい．Ebe far from; be quite different from. 한동떨어지다．「あの姉妹は年がかけ離れている//その考えはあまりにも現実とかけ離れている」

かけひき　【駆け引き】カケヒキ、カケヒキ〔～する〕商売や交渉などで、相手のようすを見ながら、自分につごうのいいように話を進めること．Etactics; maneuvering. 한흥정．「かけひきが上手な人に交渉してもらう//外交上のかけひき」

かけぶとん　【掛け布団】カケブトン　寝るときに、体の上にかけるふとん．Ea quilt; a coverlet. 한이불．「夏は薄い掛けぶとんをかけて寝る//掛けぶとんから足を出して寝ている子供」対敷き布団　数1枚　→布団図

かけもち　【掛け持ち】カケモチ〔～する〕2つ以上の場所での仕事や役目を1人で引き受け、それをすること．Ehold two or more positions concurrently. 한겸임；겸치기．「2つの学校をかけもちで教える//母は社長業と主婦業のかけもちで忙しい」

かけら　カケラ　①ものが割れてできた、小さな一部分．Ea broken piece; a fragment. 한조각、파편．「割れた皿のかけらを集めて接着剤でくっつける//クッキーのかけらを犬にやる」②（「かけらもない」の形で）ほんのすこしもない．Enot a speck of. 한눈곱만큼도．「同情心のかけらもない、冷たい男」

か・ける　【欠ける】カケル〔自動一〕①かたいものの一部がこわれて、取れる．Ebreak; chip. 한이지러지다．「かたい木を切ったら、ナイフの刃が欠けてしまった//ふちの欠けた茶碗」②必要なものがない．Elack; be missing. 한결여되다．「なにをするにも気力が欠けていただめだ//文学全集の1冊目が欠けている」③月が細くなる．Ewane. 한이울다．「満月を過ぎて、月が欠けはじめた」対満ちる　▷他動欠く

か・ける　【掛ける・架ける・懸ける】カケル〔他動一〕①上でとめて落ちないようにする．また、しっかりとその状態にする．Ehang; put on. 한걸다、달다；끼다．「壁に絵をかける//肩にかばんをかける//めがねをかける」
②腰を下ろす．Esit (down). 한앉다．「道ばたの石にかけて休む//いすにかける」
③多くの金や時間を使う．Espend; take (time). 한（돈・시간 등을）들이다．「教育

に金をかける//時間をかけて新聞を読む」
④機械や装置を働かせる. Ｅstart; play. 한틀다, 걸다.「エンジンをかける//CDをかける」
⑤なにかの影響があるようにする.「親に苦労をかける(Ｅcause one's parents trouble. 한부모에게 괴로움을 끼치다.)//盗みの疑いをかけられる」
⑥離れた所をなにかでつなぐ. Ｅbuild (a bridge); call. 한놓다; 걸다.「川に橋をかける//友達に電話をかける」
⑦ものの上に, おおうようになにかを載せる. Ｅcover; sprinkle. 한덮다, 씌우다; 뿌리다.「ベッドにカバーをかける//サラダに塩をかける」
⑧掛け算をする. Ｅmultiply. 한곱하다.「『2×3=6』は,『2かける3は6』と読む」対割る
⑨失敗したらその大切なものを失う覚悟で行動する. Ｅrisk (one's life). 한걸다.「命をかけて戦う//自分の地位をかけて政治改革に取り組む」
⑩(「～から…にかけて」の形で)時間や場所の範囲を表す. Ｅfrom ~ to …. 한～에 걸쳐서.「月末から来月の初めにかけて, 九州へ出張する//駅から学校にかけて, 桜の並木が続いている」
⑪(動詞の「ます」形について)(1)なにかの動作を始めた状態を表す.「電車のドアが閉まりかけている(ＥThe train door is beginning to close. 한전차 문이 닫히기 시작하고 있다.)//夕ごはんを食べかけたとき, 友達が遊びにきた」(2)他の人やものに, その動作を向けることを表す.「スキーを壁に立てかける(Ｅrest one's skis against the wall. 한스키를 벽에 세워놓다.)//話しかける(Ｅspeak to. 한말을 걸다.)」
▷自動 掛かる・架かる・懸かる

注 漢字で書くときは, ⑥で, 橋, 電線などのばあいは「架ける」. ⑪はひらがなで書く.

～にかけては ～に関しては. Ｅas far as ~ is concerned; of. 한～에 관해서는.「料理にかけては自信がある」

か・ける 【駆ける】カケル〔自動一〕速く走る. Ｅrun; dash. 한뛰다, 달리다.「時間がなかったので駅まで駆けていった」

か・ける カケル〔他動一〕ゲームなどで, 勝った人が金やものをもらう約束で勝ち負けを争う. Ｅbet; gamble. 한(내기를)걸다.「金をかけてマージャンをする」名かけ

かげん 【加減】カゲン ①〔～する〕加えることと減らすこと. また, 足し算と引き算. Ｅaddition and subtraction. 한가감, 덧셈과 뺄셈.「加減算//加減乗除(=足し算と引き算と掛け算と割り算)」
②〔～する〕ちょうどよくすること. Ｅadjust; fix. 한조절.「力の入れ方をかげんする//ブレーキを踏むかげんがむずかしい」
③ものごとのぐあい, 調子, 程度. Ｅcondition; a state (of health). 한정도, (건강)상태.「光のかげんで色が違って見える//おかげんはいかがですか」
④(名詞, 動詞の「ます」形について)(1)そのことの程度を表す.「湯かげんをみてからふろに入る//楽器の糸の張りかげんで音が変わる//塩かげん(Ｅseasoning with salt. 한간, 짠정도.)」(2)すこしそのようすであること.「国民の生活が上向きかげんになった//うつむきかげんで歩く(Ｅwalk bending slightly forward. 한조금 고개를 숙이고 걷다.)」

かこ 【過去】カコ ①いまより前の時. Ｅthe past. 한과거.「過去のことを思いだす//過去の記録を調べる」②過ぎ去ったこと. これまでの事情. これまでの知られたくない事情. Ｅone's past life. 한과거.「おたがいの過去を隠してつきあう//過去のある人」▷関連①

現在, 未来

かご カゴ 竹などで編んだり, プラスチックなどでつくったりしてある, やや深めの入れ物. ⓔa basket. ⓚ바구니.「ブドウをつんでかごに入れる//買い物かご//揺りかご(ⓔa cradle.)요람.)/鳥かご」

〔かご〕　〔ざる〕

かこい 【囲い】 カコイ 自由に出入りできないように, 板などでまわりにつくったもの. ⓔan enclosure; a fence. ⓚ우리 ; 울타리.「鶏をかこいの中で飼う//ビルのまわりにかこいをつくって工事をする」他動 囲う

かこう 【下降】 カコー 〔〜する〕下に下がること. ⓔa decline; go down; fall. ⓚ하강.「出生率が下降の傾向にある//景気の下降//下降線(ⓔa downward curve.)하강선.)」対 上昇 書

かこう 【火口】 カコー 火山の, とけた岩, 灰, 煙などを噴きだす口. 噴火口. ⓔa crater. ⓚ화구.「火山の爆発で新しい火口ができた//火口に水がたまって, 湖になった」

かこう 【加工】 カコー 〔〜する〕もとのものに手を加えて, 別の製品をつくること. ⓔprocess; manufacture. ⓚ가공.「牛乳を加工して, チーズをつくる//原料を輸入し, 製品に加工して輸出する//加工品」

かごう 【化合】 カゴー 〔〜する〕2種類以上の物質が一緒になり, 化学的に反応して, まったく別の物質ができること. ⓔchemical combination; combine with. ⓚ화합.「水素と酸素が化合して水ができる//酸素はいろいろなものと化合しやすい//化合物」

かこく 【苛酷・過酷】 カコク ①厳しくいじめ, 苦しめるようす. ⓔharsh; cruel. ⓚ가혹.「むかしの地主は農民を苛酷に扱った」②非常に厳しいようす. ⓔsevere; oppressive. ⓚ가혹.「3回遅刻したら退学とは過酷な校則だ//過酷な要求」▷ 書
≡注 ①は「苛酷」, ②は「過酷」.

かこつ・ける カコツケル, カコツケル〔他動一〕なにかをするために, 関係のないことを理由や口実にする. ⓔunder the pretext of; use something as an excuse. ⓚ빙자하다, 구실〔핑계〕삼다.「病気にかこつけて会社を休んだ//子供の入学式にかこつけてスーツを新しくつくった」

かこ・む 【囲む】 カコム〔他動五〕(かこんで) もののまわりをなにかが取り巻く. ⓔsurround; sit around (a table). ⓚ둘러싸다〔앉다〕.「日本は海にかこまれている//家族でテーブルをかこんで食事をする//先生をかこんでのクラス会」名 囲み

かさ 【傘】 カサ 雨, 雪, 日光などを防ぐために, 手で頭の上に高くかざして使うもの. ⓔan umbrella; a parasol. ⓚ우산 ; 양산.「傘をさして歩く//折りたたみ傘//日傘(=晴れたときにさす傘)」数 1本 →雨具図

かさい 【火災】 カサイ「火事」の改まった言い方. ⓔa fire. ⓚ화재.「昨日, 都内で5件の火災が発生した//火災報知機(=火災の発生を知らせる装置)//火災保険」数 1件

かさかさ カサカサ, カサカサ〔〜する〕①乾いたものが軽くふれ合う音を表す.「風で枯葉がかさかさ(と)音を立てた(ⓔThe dead leaves rustled in the wind. ⓚ바람에 가랑잎이 바스락바스락 소리를 냈다.)」②水分がたりなくなっているようす.「日照り続きで, 土の表面がかさかさに乾いている(ⓔThe ground is parched from the long drought. ⓚ가뭄이 계속되어 땅 표면이 바싹 말라 있다.)//冬, 空気が乾燥してくると, くちびるがかさかさになる」③精神的にゆとりのないようす.「仕事に追われていると, 心がかさかさになるような気がする(ⓔBeing pressed with work, I feel I am burned out.[한]일에 쫓기다 보면 마음이 메마르는 듯한 느낌이 든다.)」▷→がさがさ

がさがさ ガサガサ, ガサガサ〔～する〕① 乾いたものが強くふれ合う音を表す.「新聞紙をがさがさ(と)いわせながら, 茶碗や皿を包む([E]wrap bowls and dishes with old newspaper, with a rustling sound.[한]신문지를 버석거리면서 공기와 접시를 싸다.)」②水分がたりなくて荒れているようす.「洗剤をたくさん使って大掃除したら, 手がかさがさになった([E]When I used a lot of cleanser in spring cleaning, my hands got all chapped up.[한]세제를 많이 써서 대청소를 했더니 손이 꺼칠꺼칠해졌다.)」▷→ごそごそ

参 「かさかさ」も似ているが,「がさがさ」のほうが, ①は音が大きく騒がしく, ②は荒れ方がひどい.

かざかみ 【風上】カザカミ 風が吹いてくる方向. [E]the windward.[한]바람이 불어오는 쪽.「風上に立って, 煙をよける//風上のほうからいいにおいが流れてくる」 対 風下

風上にも置けない あるグループの一員として扱う値打ちがないほど性質や行動が悪い. [E]be a disgrace to.[한](행실이 비열하여) ~축에도 낄 수 없다.「人のものを盗むなんて, 友達の風上にも置けないやつだ」

かざしも 【風下】カザシモ 風が吹いていく方向. [E]the leeward.[한]바람이 불어가는 쪽.「煙が風上から風下のほうに流れる//火事のとき, 風下は危険だ」 対 風上

がさつ ガサツ ことばや動作が荒っぽく, 上品さに欠けるようす. [E]rude; rough.[한]거칠고 덜렁거림.「妹はがさつだから, だいじな食器の片づけは頼めない//がさつなことばづかい」 話

かさねがさね 【重ね重ね】カサネガサネ 同じことが何度も繰り返されるようす. [E]re- peatedly; hearty.[한]거듭거듭; 충심으로.「息子さんのご結婚にお嬢さんの就職決定と, 重ね重ねおめでとうございます」

かさ・ねる 【重ねる】カサネル〔他動一〕① ものの上に同じようなものを載せる. [E]pile up; (wear) one over the other.[한]포개다; 겹치다.「本の上に辞書を重ねて置く//シャツを2枚重ねて着る」②あることに同じようなことを, 何度も加える. [E]repeat.[한]거듭하다.「きょうの試合のために毎日練習を重ねた//実験を重ねる」▷自動 重なる

かさば・る カサバル〔自動五〕(かさばって) ものの大きさが, そのものの実質より大きい状態だ. [E]be bulky.[한]부피가 커지다.「箱に入れるとかさばるから, 紙に包むだけでいいです//ポップコーンは軽いがかさばる」

かさぶた カサブタ 皮膚におできや傷ができたあと, 新しい皮膚ができるまでの間そこをおおっている, かたい皮. [E]a scab.[한]딱지.「かさぶたができたから, 傷はもうすぐ治る//かさぶたが取れる」

かさ・む カサム, カサム〔自動五〕(かさんで) ①費用や金額が積もって多くなる. [E]run up (to a large sum).[한](비용이) 많아지다, 늘어나다.「子供が生まれて生活費がかさむようになった//借金がかさむ」②ものの体積や量が増える. [E]increase; accumulate.[한]불어나다.「引っ越しの荷物がかさんで, 車がいっぱいになった」

かざり 【飾り】カザリ ①飾ること. 飾るもの. [E]an ornament; a decoration.[한]장식.「胸にバラの飾りをつける//お正月の飾り」②実際の役に立たず, ただ形だけあるもの. [E]a figurehead; ornamental.[한]허울뿐인 것, 장식.「あの会長はただの飾りで, 仕事はなにもしていない//飾りポケット//飾りボタン」▷他動 飾る

かざりけ 【飾り気】カザリケ 自分を飾って,

人によく見せようとする気持ち．飾りっ気．Eaffection．한자신을 돋보이게 하려는 마음, 꾸밈．「飾り気のない，さっぱりした人」

かざ・る【飾る】カザル〔他動五〕（かざって）①見たとき感じがいいように，きれいなものを置いたりかけたりする．Edecorate; display．한장식하다．「部屋に花を飾って楽しむ∥店に品物を飾る∥着飾る」②表面だけよく見せる．Eembellish; be affected．한꾸미다．「ことばを飾ってほめあげる∥見かけを飾る∥飾らない態度で接する」▷名飾り

かざん【火山】カザン 地下からの噴火でできた山．また，現在噴火している山．Ea volcano．한화산．「火山が噴火して山の形が変わった∥火山性地震∥活火山(=いまでもときどき噴火する火山)」数1座・1山

かし【菓子】カシ 食事のとき以外に食べる，あめ，せんべい，クッキーなどの食べ物．お菓子．Ea snack food; (a) cake; sweets．한과자．「甘い菓子の食べすぎは歯によくない∥洋菓子∥和菓子」

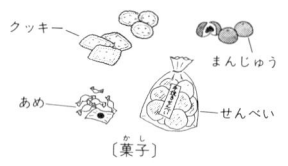
〔菓子〕

かし【貸し】カシ ①人に貸すこと．また，貸した金やもの．Ea loan．한빌려 줌；빌려준 금품．「先月の貸しを返してもらう∥賃貸し(=金を取ってものを貸すこと)」対借り ②相手の利益になることをしてあげること．Ebe indebted to a person．한베푼 은혜．「宿題を手伝ってやったから，二郎には貸しがある」対借り ▷他動貸す

カし【カ氏】カシ 1気圧のときに水が凍る温度を32度，沸騰する温度を212度とし，その間を180に分けた温度のはかり方．記号は「°F」．華氏．EFahrenheit．한화씨．「ジョンはカ氏で温度をはかるので，けさの体温は98度だそうだ」対セ氏

かじ【火事】カジ 建物，船，山林などが燃えること．火災．Ea fire．한화재，불．「たいへんだ！火事だ！∥火事を消す∥火事で家が燃える∥山火事」数1件

かじ【家事】カジ 掃除，洗濯，料理など，家の中のいろいろな用事．Ehousework．한가사．「家族で家事を分担する∥家事の手伝いをする」

かじ カジ 船などの後部にあって，方向を変える装置．Ea rudder; a helm．한(배의)키．「船長がかじを右へ切れと命じた」

かじを取る ①かじを動かして，目的のほうへ船を進める．Esteer; be at the helm．한키를 잡다．「船長はかじをうまく取って衝突を避けた」②全体を見わたして，うまく進むように引っぱっていく．Emanage; control．한이끌어 가다, 조종하다．「会長がみずからかじを取っているので，会の運営がうまくいっている」▷似た表現かじ取り

がし【餓死】ガシ〔~する〕飢えて死ぬこと．Edie of starvation．한아사．「地球上には，食べるものがなくて餓死する子供たちがいる∥餓死寸前(Eon the verge of starvation．한아사 직전．)」

かじか・む カジカム〔自動五〕（かじかんで）寒くて，手足の指がよく動かなくなる．Ebecome numb with cold．한(추위서 손발이)곱다．「寒い部屋にいたら，手がかじかんで字が書けなくなった∥雪の中を歩くと足がかじかんでくる」

かしきり【貸し切り】カシキリ 場所や乗り物などをグループなどに貸して利用させ，他の人を入れないこと．Ereserved; chartered．한전세, 대절．「ここはわれわれのグループだけの貸し切りだから，遠慮なく楽しんでくださ

い//貸し切りバス」[他動]貸し切る

かし・げる カシゲル〔他動一〕 斜めにする. [E]lean. [한]기울이다, 갸웃하다.「前の人がじゃまなので、首をかしげて映画を見た//どうしてこんなことになったのだろうかと、みんな首をかしげている(=不思議に思っている)」

かしこ・い 【賢い】カシコイ 頭がいい. また、要領がいい. [E]intelligent; clever. [한]현명하다, 영리하다.「あの子は8歳だがとても賢くて、もう大人の本が読める//一郎は自分が有利になるように賢く行動する」[対]愚か

かしこま・る カシコマル〔自動五〕(かしこまって) ①目上の人の前などで、体をかたくして、きちんとした態度、姿勢をとる. [E]sit straight respectfully; stand on ceremony. [한]공손한 태도(자세)를 취하다, 어려워하다.「先生の話をかしこまって聞いていた//そんなにかしこまらないで、もっと楽にしてください」②(「かしこまりました」の形で)「承知しました」の丁寧な言い方. [E]Certainly, sir/madame; Very good, sir/madame. [한]잘 알겠습니다.「かしこまりました。すぐ連絡いたします」

かしだ・す 【貸し出す】カシダス〔他動五〕(かしだして) ①外に持ちだすことを認めてものを貸す. [E]lend out. [한]대출하다.「夏休みの前に、研究室の本を貸しだす」[対]借り出す ②銀行などが、期限を決めて金を貸す. [E]make a loan to. [한]대출하다.「事業のための資金を、銀行が貸しだす」[対]借り出す ▷[名]貸し出し

かしつ 【過失】カシツ 不注意のために起きた、よくない結果. [E]a mistake; a fault; negligence. [한]과실.「看護婦が薬をまちがえるという重大な過失があった//過失をおかす/過失傷害」[対]故意

かじつ 【果実】カジツ ①麦, クリ, トマト, カキ, リンゴなど植物の実. [E]fruit. [한]열매.「果実の形は、植物の種類によって違う//食べられない果実もある」②「くだもの」の改まった言い方. [E]fruit. [한]과일.「果実の収穫期/果実酒」▷[書]

かしま 【貸間】カシマ 部屋代を取って人に貸す部屋. 貸室. [E]a room for rent. [한]셋방.「空いている部屋を貸間にする//アパートの1室が空いたので、『貸間あります』という紙をはった」[数]1室・1間

[参] ふつうの家の1室もアパートも、人に貸すなら「貸間」といえる. しかし、「○号室」と番号がつくような規模のアパートやマンションでは、「貸室」ということが多い.

かしや 【貸家】カシヤ 家賃を取って人に貸す家. [E]a house for rent. [한]셋집.「2年間海外へ行くので、いまの家を貸家にする//庭のある貸家をさがす」[対]借家 [数]1軒・1戸

かしゅ 【歌手】カシュ 歌を歌うことを職業としている人. [E]a singer. [한]가수.「歌が好きだから、ぜひ歌手になりたい//オペラ歌手」

かしょ 【箇所】カショ ①場所や部分. [E]a place; a spot; a part. [한]곳, 장소; 부분, 대목.「がけがくずれて、危険な箇所がある//意味のわからない箇所にしるしをつける」②(数を表すことばの後について)場所の数を表す.「1カ所/2,3カ所([E]two or three places. [한]두세 군데.)」

[注] ②は古くは「ケ所」「個所」「箇所」とも書いたが、最近は「カ所」「か所」と書く.

かじょう 【過剰】カジョー ちょうどいい程度をこえていること. [E]excess; surplus. [한]과잉.「人口が過剰で食糧が不足する//過剰包装/自意識過剰(=自分が他人からどう見られているか、考えすぎること)」[対]不足

がしょう 【賀正】ガショー, ガショー 正月を祝うこと. 年賀状や, 正月のあいさつとして贈る品の上書きに書くことば. [E]New Year's greetings; A Happy New Year!

근하 신년.「毎年, 年賀状には『賀正』と書いて, えとの絵をかくことにしている」書

かじょうがき【箇条書き】カジョーガキ ことがらの要点を簡潔に書き並べること. また, 書き並べたもの. Eitemize. 한조목별로 씀, 조목별로 쓴 것.「採用の条件を箇条書きにして発表する/要点を箇条書きにしるす」

かしら【頭】カシラ ①「頭」の古い言い方. Ethe head. 한머리.「頭を上げよ/尾頭つき」対尾 ②グループで仕事をする人たちの上に立つ人. Ea master; a chief. 한우두머리.「経験を積んで, 大工の頭になった」 ③いちばん年上の人. Ethe oldest. 한최연장자; 맏이.「8つを頭に, 3人の子供がいる」

かしら (文の終わりについて) はっきりしないことに対する軽い疑問や質問を表す.「会議は何時からだったかしら//本当かしら(EI wonder if it's true. 한정말일까?)」話

かしらもじ【頭文字】カシラモジ 英語などで, 文, 地名, 人名などの始めに使う大文字. Ean initial; a capital letter. 한두문자.「国際連合(the United Nations)はその頭文字の『UN』で呼ばれることが多い//チームの頭文字が書いてある帽子」
三参 名前の頭文字は「イニシャル」ともいう.

かじりつ・く カジリツク, カジリツク〔自動五〕(かじりついて) ①食べようとして, かみつく. Ebite into. 한물어뜯다.「ハンバーガーにかじりつく」 ②離れないようにしっかりつかまる. Ecling to; stick to. 한매달리다, 달라붙다.「子供はこわがって母親にかじりついている//地位にかじりつく」▷話

かじ・る カジル〔他動五〕(かじって) ①かたいものを歯ですこしずつかみ取る. Egnaw; nibble. 한갉다, 베어 먹다.「ネズミが壁をかじる」 ②すこしだけやってみる. Elearn a bit of. 한조금 배우다.「大学でフランス語をすこしかじった/聞きかじる(→項目)」▷話②

かしん【過信】カシン〔~する〕人やものなどを信用しすぎること. Eplace too much confidence in; overestimate. 한과신.「いままで病気をしたことがなくても, 自分の体を過信してはいけない//薬を過信しないほうがいい」

かじん【歌人】カジン, カジン 和歌や短歌をつくる人. Ea poet. 한와카의 작가.「与謝野晶子は明治, 大正, 昭和と活躍した歌人だ」

かす カス ①液体の底に沈んでたまっているもの. Edregs. 한앙금.「古い日本酒の瓶の底に, かすが白くたまっている」 ②いいものを取った残り. Erefuse; left-overs. 한찌꺼기.「オレンジをしぼってジュースをつくったあとのかすを捨てる//かすをつかむ(=値打ちのないものを選ぶ)/食べかす/残りかす」

か・す【貸す】カス〔他動五〕(かして) ①自分のものを, ある期間他人に使わせる. Elend; rent. 한빌려주다.「本を友達に貸す/家を貸す」 対借りる ②能力を他人のために使う. Egive (advice); help. 한빌리다.「あなたの知恵を貸してください//手を貸す(=助ける)//耳を貸す(→耳慣用)」 対借りる
▷名貸し

かず【数】カズ ①ものがいくつあるかを数えるもの. Ea number. 한수.「人の数を数える//数多い思い出」 ②多いこと. Enumerous. 한많은 수.「数ある本の中からいいものを選ぶ//値段の安いものは数を売らないと利益が多くならない」 ③数える値打ちのあるもの. Ecount. 한셈에 넣을 만한 것.「あなたの失敗は数のうちに入らないから, そう心配しなくてもいい」

数にものをいわせる 数の多いことで有利な立場に立つ. Eby sheer force of num-

bers.｟한｠다수의 힘을 빌리다.「数にものをいわせて自分たちの主張を通してしまった」
｟似た表現｠数がものをいう

ガス（㊅gas）ガス ①⇨気体「ガスを入れて風船をふくらませる∥炭酸ガス(→項目)」②燃料用の気体.｟E｠gas.｟한｠가스.「地震のときはすぐガスを消す／ガスの元栓をしめる∥プロパンガス(→項目)∥天然ガス」③⇨おなら「おなかの手術をしたあとは、ガスが出てはじめて安心する」④⇨霧①「山にガスがかかっている∥ガスがたちこめて3メートル先も見えない」

かすか カスカ 形や音などがはっきりしないようす.動きなどがたいへん小さいようす.｟E｠faint; slightly.｟한｠희미함, 미약함.「かすかな物音にも驚く∥カーテンがかすかに揺れている」

かずかず【数々】カズカズ 種類や数が多いこと、いろいろ.｟E｠many; various.｟한｠갖가지, 여러 가지; 다수.「思い出のかずかずが浮かんでは消えた∥品物は若向きのものから年配向きのものまでかずかず取りそろえてあります」

かすみ カスミ 空気の中にある水蒸気が白く浮いて見えるもの.これがあると遠くの景色がぼんやり見える.春の朝夕に多い.｟E｠(a) haze; (a) mist.｟한｠안개.「かすみがかかって花も木もぼんやりして見える∥春がすみ」｟自動｠かすむ →霧

かす・む カスム｟自動五｠(かすんで) ①かすみなどがかかって、ものがはっきり見えなくなる.｟E｠be hazy.｟한｠흐릿해지다.「山がかすんで見える」②目が悪くて、かすみがかかったように、はっきり見えなくなる.｟E｠grow dim.｟한｠눈이 침침해지다.「目がかすんで本が読めない」③他のもっと印象の強いもののために存在がはっきりしなくなる.｟E｠be overshadowed.｟한｠빛을 잃다.「あなたの絵があまりにすばらしいので、ほかの絵はみんなかすんでしまう」▷｟名｠かすみ

かす・める カスメル｟他動一｠①すきをねらって、すばやく盗む.｟E｠steal.｟한｠훔치다.「店員の見ていないうちに店の品物をかすめる」②(「目をかすめる」の形で)人に気づかれないようにして、悪いことをする.｟E｠behind one's back.｟한｠(눈을) 속이다.「親の目をかすめて、タバコを吸う」③ふれるかと思うほど近づいて通りすぎる.｟E｠graze; brush past.｟한｠스치다.「鳥がわたしの頭をかすめて飛んでいった」④思いや感情などがちょっと現れて消える.｟E｠flash across (one's mind).｟한｠언뜻 떠오르다.「母と話していて、幼いころの自分の姿が一瞬心をかすめた」

かすりきず【かすり傷】カスリキズ 表面をこすってできた軽い傷.｟E｠a scratch.｟한｠찰과상.「自転車で転んで、足にかすり傷をした∥ほんのかすり傷だから、薬はいらない」

かす・れる カスレル, カスレル｟自動一｠①書いたり印刷したりしたもので、インクや絵の具がじゅうぶんでなくて見えない部分ができる.｟E｠be blurred; be scratchy.｟한｠흐려지다.「このコピーは字がかすれていて読めない∥ペンがかすれる」②声がなめらかでなく、聞き取りにくくなる.｟E｠become hoarse.｟한｠(목이) 쉬다.「かぜをひいて声がかすれる」▷｟名｠かすれ

かぜ【風】カゼ ①温度や気圧の差などで起こる空気の流れ.｟E｠a wind.｟한｠바람.「朝から強い風が吹いている／風がやむ∥そよ風(＝ちょうどいい強さで気持ちよく吹く風)」
②(「～風を吹かす」の形で)⇨吹かす③

風の便り どこからともなく伝わってくるうわさ.｟E｠I heard from someone that ～.｟한｠풍문, 바람결.「大学時代、同じ部屋に住んでいた友人が、いまは偉くなっていると風の便りに聞いた」

風の吹き回し(「どういう風の吹きまわしか

[で]の形で)どういう事情が生じたためか. Efor some reason or other. 한무슨 바람이 불었는지.「家に呼んでも来たことがなかった一郎が, どういう風の吹きまわしか, 突然訪ねてきた」

風を切る 勢いよく進む. Ecut through the wind. 한바람을 가르다.「オートバイが風を切って進む」

かぜ 【風邪】カゼ 体が寒さに耐えきれず, 鼻水, せき, 熱が出たり, のどが痛くなったりする病気. Ea cold. 한감기.「かぜをひく//かぜで寝ている//かぜ薬/鼻かぜ」

かぜあたり 【風当たり】カゼアタリ ①風が当たること. また, その強さ. EThe wind blows ~. 한바람받이 ; 바람을 받는 세기.「海に面した家は風当たりが強い」②ほかから受ける批判, 非難. Ecriticism; blame. 한비난.「公務員の汚職に対する世間の風当たりが強い」

かせい 【火星】カセイ 惑星の1つ. 太陽から4番目にあり, 地球の外側, 木星の内側で太陽のまわりを回る. 地球よりずっと小さい. EMars. 한화성.「火星は赤く光って見える//火星人(EMartian. 한화성인.)」

かぜい 【課税】カゼイ〔~する〕税金を割り当てること. Etax; impose a tax. 한과세.「土地や建物に課税する//収入の額に応じて課税される」

かせ・ぐ 【稼ぐ】カセグ〔他動五〕(かせいで) ①働いて金をえる. Eearn (money). 한(돈을) 벌다.「若いときにかせいで, 年をとったらのんびり暮らす//アルバイトで学費をかせぐ」 ②努力して得になるようにする. Escore; make points. 한점수를 따다.「試合で点をかせぐ//仕事で点数をかせぐ(=仕事をうまくやって自分の評価を高める)」 ③いい状態になるまで時間を引きのばす. Estall (for time); gain (time). 한시간을 벌다.「パーティーの準備ができるまで, 客にビデオを見せて時間をかせぐ」▷名稼ぎ

カセットテープ (cassette tape) カセットテープ 箱形の小さな入れ物に入っている, 録音や録画のためのテープ. カセット. Ecassette tape. 한카세트 테이프.「大学の講義をカセットテープに録音して, 家で聞いて復習する//好きな歌のカセットテープを買う」 数1本

かせん 【河川】カセン「川」「河」の改まった言い方. 法律や公用文などで多く使う. Erivers. 한하천.「河川の氾濫を防ぐ//河川を管理する//河川工事//1級河川」書 → 川・河

かそ 【過疎】カソ その地域の人口が非常に減ること. Edepopulated. 한인구 과소.「生まれ故郷は, 若者が減り, 老人ばかりの過疎の村になってしまった//過疎化//過疎地」 対過密

かそう 【火葬】カソー〔~する〕死んだ人を焼いて葬ること. Ecremation. 한화장.「日本ではふつう, 人が死ぬと火葬にする//火葬場」

かそうぎょうれつ 【仮装行列】カソーギョーレツ 楽しみのために, 自分とは違うものの服装や格好で, おおぜいが列になって歩くこと. Ea fancy dress parade. 한가장 행렬.「体育祭のとき, いろいろな民族の服を着て仮装行列をした」

かぞえどし 【数え年】カゾエドシ, カゾエドシ 生まれた年を1歳, つぎの新年に2歳と数える年齢. Eone's age counting the year one was born as 1 year of age, becoming 2 with the New Year. 한햇수 나이.「お正月が来ると, 数え年18歳になる」

参 最近は「数え年」よりも「満」の年齢でいうほうが多い.

かぞ・える 【数える】カゾエル〔他動一〕① 数がいくつか調べる．Ecount. 한세다．「出席した人の数を数える//きょうから数えて10日後に夏休みが始まる」②評価を与え，あるものの1つとする．Erank; reckon. 한꼽다．「ピカソは，20世紀の有名な画家の1人に数えられている」

かそく 【加速】カソク〔～する〕だんだん速くなること．また，速くすること．Eaccelerate. 한가속．「坂道を下りる自転車に加速がつく//飛行機が加速しながら飛びたつ」対減速

かぞく 【家族】カゾク 同じ家に住んでいる夫婦，親子，きょうだいなど．Ea family. 한가족．「家族そろって元気に働いている//家族連れ//4人家族//核家族（→項目）」

〔家族〕

かた 【方】カタ ①人を尊敬していう言い方．「あの方は先生ですか（EIs he a teacher? 한저분은 선생님이십니까？）//切符をお持ちでない方はお申し出ください」②（動詞の「ます」形について）ものごとのやり方，程度やようす．「漢字の読み方を調べる（Elook up how to read the Chinese character. 한한자 읽는 법을 알아보다．）//ワープロの使い方を説明する」③（名詞の後について）関係のある2つのうちの一方．「母方の叔父（Emy uncle on my mother's side. 한외삼촌．）//相手方の意向」④（人の名前の後について）その人の所にいること．「田中様方 山田一郎様//木村方 山川花子（EHanako Yamakawa, c/o Mr. Kimura. 한木村 선생 전교 山川花子．）」参④で，手紙のあて名には「田中様方」と敬語の「様」をつけるが，自分のほうは「様」はつけない．

かた 【片】カタ，カタ（他のことばの頭について）①2つあるもののうちの一方．「片足//片手（Eone hand. 한한쪽 손．）//片道（→項目）」②中心から離れた．「片いなか（Ea remote district. 한벽촌．）//片すみ（Ea corner. 한한쪽 구석．）」③完全でない．じゅうぶんでない．「片言（→項目）//片時（Efor a moment. 한잠시．）」

片が付く ものごとの解決がつく．Ebe settled. 한결말이 나다．「交通事故の相手との話し合いもやっと片がついた」似た表現片を付ける

かた 【肩】カタ ①腕のつけねと首の間．Ethe shoulder. 한어깨．「カメラを肩にかける//肩がこる（Ehave a stiff neck. 한어깨가 결리다．）」②衣服の，①に当たる部分．Ethe shoulders. 한（의복의）어깨．「シャツの肩のあたりが破れた//肩を縫う//肩パッド」▷→体図

〜〜〜「肩」のつく慣用表現〜〜〜

肩で息をする 苦しそうに息をする．Epant; breathe hard. 한어깻숨을 쉬다．「マラソン選手は肩で息をしながらゴールに入った」

肩で風を切る 自分は偉いと思い，いばっている．Eswagger about. 한으쓱거리다．「三郎は，学校の中でいちばん強いのだというように，肩で風を切って歩いている」

肩の荷を下ろす ずっと続けて負わされていた責任を果たして楽になる．Ebe relieved of a burden. 한어깨가 가벼워지다．「パンダの赤ちゃんが無事大きくなって，係の人は肩の荷を下ろした」似た表現肩の荷が下りる

肩を怒らせる[す] 肩を高く張って，いばった格好をする．Esquare one's shoulders. 한어깨를 젖히고 뽐내다．「息子は，もう自分も一人前だと肩を怒らせて家を出た」似た表現肩をそびやかす

肩を落とす 思いどおりにならず、がっかりする。[E]be disheartened. [한]어깨를 늘어뜨리다, 풀이 죽다.「予選で落ちてがっくり肩を落としている選手」

肩を並べる ①となりに並ぶ。[E]side by side. [한]어깨를 나란히 하다.「小学校時代は、姉と肩を並べて学校へ通ったものだ」②同じ程度の高い能力を持つ。[E]can compare with another. [한]어깨를 겨루다, 비견되다.「洋子は、先生と肩を並べるほどピアノが上達した」

肩を持つ 味方になって援助する。[E]take sides with. [한]편(역성)들다.「きょうだいげんかをすると、両親はいつも弟の肩を持った」

~~~~~~~~~~~~~~~~~~~~~~~~~~~~~~

かた【型・形】カタ ①同じものをいくつもつくるときの、もとになるもの。[E]a mold; a pattern. [한]본, 거푸집.「チョコレートをとかして型に入れ、かためる//型で抜いたビスケット//型紙」②伝統的な動きや形式。[E]forms; formal. [한]형；형식, 틀.「柔道の型を覚える//型どおりの開会式//型破り(→項目)」③そのものが持っている形の特徴によって分けたときの区分け。[E]a model; a type. [한]형；식.「新しい型の自動車を売りだす//折りたためる型のベッド//AB型の血液」④もののかたち。[E](a) shape. [한]모양.「着古して形がくずれた上着//卵形」

[注] ①②③は「型」、④は「形」。

型にはまる やり方などがごくふつうで、新しいところがなにもない。[E]stereotyped. [한]틀에 박히다.「結婚式の、型にはまったあいさつ」[似た表現]型にはめる

-がた【-方】①(人を表すことばについて)2人以上の人に敬意を表す。「みなさま方([E]everybody. [한]여러 분.)//先生方([E]teachers. [한]선생님들.)」

②(名詞について)関係のあるものが2つ以上に分かれているとき、そのうちの1つ。「徳川方([E]the Tokugawa side. [한]徳川측.)//幕府方//敵方」

③(数や量を表すことばについて)だいたいの割合, 程度。「5割方, 生産が増えた([E]There was about a 50 persent increase in production. [한]5할 정도 생산이 늘었다.)//30パーセント方, 利益が減った」

④(時を表すことばについて)だいたいの時。「夕暮れ方([E]toward dusk. [한]해질녘.)//明け方(→項目)//朝方」

かた・い【固い・堅い・硬い】カタイ ①丈夫で形が簡単には変わらない。[E]hard; firm. [한]단단하다, 딱딱하다.「鉄や石はかたい//かたい木でつくった机//かたい地盤」[対]柔らかい・軟らかい

②心が簡単には変わらない。[E]firm; resolute. [한](의지・의리가) 굳다.「禁煙しようとかたく決心した//チームの団結がかたい//かたい約束」

③力がこもっている。[E]firm. [한]힘차다, 굳다.「かたく抱きしめる//かたい握手」

④顔つきや動作がこわばっている。[E]stiff; nervous. [한]딱딱하다, 굳다.「アナウンサーがかたい表情で事故を知らせる//緊張してかたくなって話す」[対]軟らかい

⑤きちんとしてまじめだが、おもしろくない。[E]serious; formal. [한](화제 등이) 딱딱하다.「きょうはかたい話はやめて、楽しく飲もう」[対]軟らかい

[注] 漢字で書くときは、人の態度や、しまっていて形が変わらない状態のものは「固い」、人の性質や、もろくなく砕けにくい状態のものは「堅い」、鉱物や、力を加えても形が変わらない状態のものは「硬い」。

かだい【課題】カダイ ①学校などで、するようにと与えられた問題。[E]a subject; a theme; an assignment. [한]과제.「論文

試験の課題は『日本経済の発展について』だった//研究課題」②解決しなければならないことがら.🇪a problem.🇰문제, 과제.「会社再建のために困難な課題を解決する//統一のための課題は多い」

-がたい 【-難い】(動詞の「ます」形について)~するのがむずかしい.~しにくい.「忘れがたい思い出(🇪an unforgettable memory.🇰잊을 수 없는 추억.)//耐えがたい暑さ(🇪unbearable heat.🇰견디기 힘든 더위.)」対-やすい

かたおもい 【片思い】カタオモイ 一方だけが相手を恋しく思うこと.🇪one-sided love.🇰짝사랑.「心を打ち明けられず, ずっと片思いのままでいる」

かたがき 【肩書き】カタガキ, カタガキ 名刺などで, 名前の上に書く, その人の職業, 身分, 地位など.🇪a title; a degree.🇰직함, 지위.「部長の肩書きを持つ//肩書きで人を判断してはいけない」

-かたがた (おもに動作を表す名詞について)あることと一緒にもう1つのこともすること.「ごあいさつかたがたお礼にうかがいました//買い物かたがた街を散歩する(🇪I take a walk along the street while I do some shopping.🇰쇼핑도 할 겸 거리를 산책한다.)」

参「ついでに」「がてら」も似ているが, 「ついでに」がはっきりと1つの機会を利用して別のこともするのに対して, 「かたがた」は, 機会を利用する意味は薄く, 同時にする意味が強い.「ごあいさつかたがた」を「ごあいさつついでに」と言うと失礼になる. また, 「がてら」と「かたがた」を比べると, 「AがてらB」ではAに中心があるのに対して, 「CかたがたD」ではCもDも重さが変わらない, という違いがある.

がたがた ガタガタ, ガタガタ〔~する〕①かたいものが何度も続いてぶつかり合う音を表す.「強い風に, ドアががたがた(と)音を立てている(🇪The door is rattling in the strong wind.🇰강한 바람에 문이 덜컥거리고 있다.)」②寒さやこわさのため, 震えるようす.「プールの水が冷たくて, 体ががたがた(と)震えた(🇪The pool water was so cold that I shivered all over.🇰수영장 물이 차서 몸이 부들부들 떨렸다.)」③こわれているようす.「何度も引っ越したので, 家具ががたがたになった(🇪The furniture has gotten beaten up from all our moves.🇰몇 번이나 이사를 해서 가구가 거덜이 났다.)//年をとって歯ががたがたになった」④(「がたがた~言う」の形で)不平を言う.「みんなで決めたことだから, 後からがたがた言ってもだめだ(🇪It's no use grumbling about something we all agreed on.🇰다 같이 정한 일이니까 나중에 투덜거려도 소용없다.)」▷話④

参①は, 「箱の中で鉛筆がかたかたいう」のような「かたかた」と似ているが, 「がたがた」のほうが音が大きく騒がしい.

かたかな 【片仮名】カタカナ, カタカナ かなの1つ. 漢字の一部をとってできた「ア, イ, ウ…」などの文字. 外来語, 動物や植物の名前などを書くときに使う.🇪katakana; the square form of kana.🇰가타카나.「『コンニチハ』とかなかで書くと, 外国人が言っているような感じが出る//かたかなことば(=外来語など)」

かたがわり 【肩代わり・肩替わり】カタガワリ〔~する〕負担などを別の人がそっくり引き受けること.🇪take over; shoulder.🇰(대신해서) 떠맡음.「子の借金を親が肩代わりして払う」

かたき 【敵】カタキ ①自分や自分の主人, 親族, 親友などが害を受けたことをうらんで,

かたぎ

機会があれば仕返しをしようと思っている相手．Ⓔa person to be avenged; an enemy. 卽원수．「親を殺した敵を一生うらむ/敵討ち(Ⓔrevenge; vengeance. 卽원수 갚음.)」②競争する相手．Ⓔa rival. 卽경쟁 상대．「商売敵(＝同じ商売をしていて，客を取り合う相手)/恋敵(＝同じ人を好きになった者どうし)」

かたぎ カタギ ある年代や職業や立場などの人が，なにがあっても変えずに持っている性質や考え方．Ⓔa trait; a turn of mind. 卽기질．「親はむかしかたぎで，礼儀にはうるさい//職人かたぎ」

かたくな カタクナ 自分の考えをすこしも変えようとしないようす．Ⓔobstinately; stubborn. 卽완강함，고집스러움．「娘は親のすすめる結婚話をかたくなに断った//だれの意見も聞かないかたくなな態度」

かたくるし・い 【堅苦しい】カタクルシイ，カタクルシイ 親しい態度にならないで窮屈だ．Ⓔformal; square. 卽격식적이다，딱딱하다．「堅苦しいあいさつは抜きにして，すぐ本題に入りましょう」

かたぐるま 【肩車】カタグルマ〔～する〕子供などを両肩にまたがらせてかつぐこと．Ⓔcarry (a child) on one's shoulders. 卽목말．「こんでいてパンダがよく見えないので，子供を肩車してやった//子供のころは，よく父に肩車をしてもらったものだ」

〔肩車〕

かたこと 【片言】カタコト，カタコト 幼い子供や，ことばがよくできない外国人が話す，単語を並べただけの話し方．Ⓔprattle; broken (French). 卽서투른 말씨．「2歳ぐらいの子が片言で話しかけてきた//片言のフランス語でも通じる」

かたずをのむ どうなることかと心配しながら見守る．Ⓔhold one's breath. 卽숨을 죽이다．「横綱が勝つか，大関が勝つか，観客はかたずをのんで見ている」

参 「かたず」は「固唾」と書き，緊張したときに口の中にたまるつばのこと．

かたたたき 【肩たたき】カタタタキ〔～する〕①肩のこりをほぐすために，肩をたたくこと．また，その道具．Ⓔmassage one's shoulders (by pounding with one's fists). 卽(뻐근한) 어깨 두드리기．「母の日に，プレゼントの代わりに肩たたきをしてあげた」②人を減らすため退職をすすめること．Ⓔask a person to take early retirement. 卽퇴직 권고．「部長が，年とった社員の肩たたきをする//定年の前に肩たたきされて会社をやめた」

かたち 【形】カタチ ①ものの格好や姿．Ⓔ(a) shape. 卽모양，형체．「本の形をした箱/長靴のような形をしたイタリア/姿形(＝体つき)」
②表面に現れて見える形式．Ⓔ(a) form. 卽형식．「形の上では武力を持たないことになっている/形だけの夫婦」

かたちづく・る 【形づくる】カタチズクル〔他動五〕(かたちづくって) まとまった形のものにする．Ⓔform; make up. 卽구성하다，형성하다．「1つの民族が1つの国家を形づくっているとは限らない//人体を形づくっている細胞」

かたづ・ける 【片付ける】カタズケル〔他動一〕①乱れているものをもとの場所にもどしたり，きれいにととのえたりする．Ⓔclear; put ～ in order. 卽치우다，정돈하다．「食事の後を片づける//部屋を片づける」②ものごとを解決する．Ⓔsettle; dispose of. 卽결말짓다，처리하다．「裁判官たちは大きな事件を片づけた//やさしい問題から先に片づけよう」▷名 片付け 自動 片付く

がたっと ガタット ①かたいものが1回だけぶつかり合って音を立てるようす。「棚に飾ってあった人形が、がたっと音を立てて倒れた(E)The doll on the shelf fell with a clunk.(한)선반에 장식해 두었던 인형이 탁하고 넘어졌다.)」②急に悪い方向へ大きく変化するようす。「しばらく運動しなかったら、体力ががたっと落ちた(E)I didn't exercise for some time, so my bodily strength declined quickly.(한)한동안 운동을 하지 않았더니 체력이 뚝 떨어졌다.)//墜落事故の後、飛行機の乗客ががたっと減った」▷話② →がくんと

かたっぱしから【片端から】順につぎつぎと。手当たり次第に。(E)one after another.(한)닥치는 대로。「おなかがすいていたので料理を片っぱしから食べた」話

かたてま【片手間】カタテマ, カタテマ おもな仕事や本職の合間に、ほかの仕事をすること。(E)in one's spare time; on the side.(한)여가, 짬, 틈。「役所勤めの片手間に野菜をつくっている//大工さんが片手間にいすをつくってくれた」

かたどおり【型どおり】カタドーリ 特別のやり方でなく、決まりきった方法ですること。(E)in due form; formal.(한)격식대로; 상투적으로。「入学式は型どおりに進んだ//型どおりのあいさつ状」

かたな【刀】カタナ むかしの日本で戦いに使われた、片側だけが刃になっている剣。長い間、武士だけが持つことを許された。(E)a katana; a sword.(한)(무기로서의)칼。「むかし武士は腰に刀を2本さしていた//博物館に国宝の刀が展示されている」数1本・1振
〔刀〕

かたひじはる【肩ひじ張る】自分の弱みを見せないように特に強そうな態度をとる。(E) refuse to yield.(한)기승을 부리다。「夫が死んだあと、子供をかかえて、肩ひじ張って生きてきた//いまは女性が肩ひじ張って権利を主張する時代ではない」

かたほう【片方】カタホー 2つあるものごとのうちの1つ。(E)one of a pair; one side.(한)한쪽。「片方の靴下が破れた//片方の話だけで判断するのは不公平だ」対両方
参話しことばでは「片っ方」「片一方」ともいう。

かたぼうをかつぐ【片棒を担ぐ】あまりよくない仕事を一緒にする。(E)take part in; be a partner in.(한)함께 하다, 가담하다。「麻薬密輸の片棒をかついで捕まった」

かたみ【形見】カタミ 死んだ人や別れた人が残した、思い出の品物。(E)a keepsake; a memento.(한)유품, 기념물。「叔父がいつも使っていた万年筆を形見にもらう//忘れ形見(=思い出の品物。また、親の死後に残された幼児)」

かたみち【片道】カタミチ 行きか帰りかの、どちらかの道。(E)one way.(한)편도。「京都までの新幹線の料金は、片道いくらですか//片道切符」対往復

かたむ・く【傾く】カタムク〔自動五〕(かたむいて) ①斜めになる。(E)lean; slant.(한)기울다, 비스듬해지다。「地震で家が傾いた//傾いて見える煙突」②太陽や月が沈みかける。(E)go down; sink.(한)(해・달이)지려고 하다, 기울다。「西の空に日が傾く」③悪い状態になる。(E)decline.(한)기울다, 쇠락하다。「父が事業に失敗して家が傾き、母は非常に苦労した//国が傾く」④考えがある方向に向かう。(E)be inclined; lean.(한)쏠리다, 기울다。「世論は政府案支持に傾いてきた//気持ちが傾く」▷名傾き 他動傾ける

かたむ・ける【傾ける】カタムケル〔他動

かた・める 【固める】カタメル〔他動一〕①やわらかいものや液体や粉のようなものなどをかたい状態にする．[E]solidify; harden. [한]굳히다. 「セメントに水を加えてかためる∥雪を踏んでかためる」②別々のものを1つにまとめる．[E]collect; mass together. [한]모아 두다. 「ごみを定められた場所にかためて置く」③しっかりと安定したものにする．[E]strengthen; establish oneself. [한]굳히다. 「日本語の基礎をかためる∥決心をかためる」④守りをしっかりとする．[E]strengthen; fortify. [한]굳게 지키다, 방비를 강화하다. 「城の門をかためる∥警備をかためる」▷[自動]固まる

かたやぶり 【型破り】カタヤブリ ①型にはまっていなくて思いきった考え方をするよう す．[E]unconventional. [한]파격적．「かたいまじめな本ばかり出していた出版社が，今度は漫画と写真だけの型破りな雑誌を出した」②ふつうの人と態度や行動が違うようす．[E]extraordinary. [한]색다름, 별남．「一郎は仕事を6回か変え，3匹の猫とだけ暮らす型破りな生活をしている」

かたよ・る 【片寄る・偏る】カタヨル〔自動五〕（かたよって）①一方に寄る．[E]lean; incline. [한]치우치다．「公園は町の中心から北にかたよった所にある」②バランスがとれなくなる．[E]be ill-balanced. [한]편재하다, 치우치다．「人口は都市にかたよっている∥栄養がかたよる」③公平でなくなる．[E]be one-sided; be prejudiced. [한]편파적이다．「A先生の評価はかたよっている∥かたよった愛情」▷[名]片寄り・偏り

注 漢字で書くときは，①は「片寄る」，②③は「偏る」．

かたりあか・す 【語り明かす】カタリアカス〔他動五〕（かたりあかして）寝ないで朝まで話し合う．[E]talk all night. [한]밤새도록 이야기하다, 이야기로 밤을 지새우다．「秋の夜長を，友達と愛について語り明かした∥今夜はみんなで語り明かそう」

かたりて 【語り手】カタリテ ①話をする人．[E]a teller of stories. [한]이야기하는 사람, 화자．「きょうの『戦争体験を話す会』の語り手は，つらい思い出を静かに語った」[対]聞き手 ②劇やドラマなどで，内容や筋などを読んで説明する人．ナレーター．[E]a narrator. [한]해설자, 내레이터．「語り手が前回までの筋を語り終わると，主人公が登場した」

かた・る 【語る】カタル〔他動五〕（かたって）①ことばを使ってできごとや気持ちを人に伝える．[E]tell; talk. [한]이야기하다, 말하다．「先生は生徒に自分の経験を語って聞かせた∥人生について語る」②声を出し，節をつけて物語などを述べる．[E]narrate; recite. [한]구연하다, 구술하다．「『平家物語』を語る」▷[名]語り

カタログ （catalogue）カタログ 種類，値段，大きさなどを書いて商品を紹介したもの．商品目録．[E]a catalogue. [한]카탈로그．「ワープロのカタログを見て，買う機種を決める∥通信販売のカタログで腕時計を注文する」

かたわら 【傍ら】カタワラ，カタワラ ①すぐ近く．[E]near by; beside. [한]곁, 옆．「いつもかたわらに辞書を置き，すぐ調べられるようにしておく∥主人のかたわらにすわっている犬」②（副詞的に）おもなことをして，その一方で．～と同時に．[E]besides; while. [한]

～かたわら、一方。「医者として働くかたわら、地域の住民の相談相手を務める//勤めのかたわら小説を書く」

かち【価値】カチ ものの値打ち。Ｅvalue; worth. 韓가치。「100円の価値は、10年前といまではずいぶん違う//京都は古い町だから、行ってみる価値がある」

かち【勝ち】カチ 勝つこと。勝利。Ｅa win; a victory. 韓승리。「試合は赤組の勝ちだ//勝ちを急ぐ」対負け 自動勝つ

-がち（名詞、動詞の「ます」形について）～になりやすい。～になることが多い。「人間は自分につごうの悪いことは忘れがちである//このバスはいつも遅れがちだ//雨がちの天気（Ｅrainy weather. 韓비가 잦은 날씨。）」

かちあ・う【かち合う】カチアウ、カチアウ〔自動五〕（かちあって）2つの同じようなものごとが同じときに重なる。Ｅfall on; conflict with. 韓겹치다。「日曜日と祝日がかち合う//山田さんにあげるプレゼントの品物が、友達のとかち合ってしまった」

かちかん【価値観】カチカン そのものの価値がどれだけあるかを考える、その考え方。Ｅone's sense of values. 韓가치관。「人の心をなによりもたいせつにしたい夫と、ものや金がいちばんだと考える妻とでは価値観がまったく合わない//価値観が違う」

かちき【勝ち気】カチキ、カチキ 人に負けたり、弱いと思われたりすることが嫌いなようす。Ｅunyielding; strong-minded. 韓기승스러움。「勝ち気な性格の人は、スポーツ選手に向いている//道子は勝ち気で、親が死んでも涙を見せなかった」

かちく【家畜】カチク 牛、馬、羊、豚、鶏など、食用にするためや働かせるために飼う動物。Ｅa domestic animal. 韓가축。「毎日家畜の世話をする//家畜を飼う//家畜小屋」

かちぬき【勝ち抜き】カチヌキ 試合に勝った人やチームだけがつぎつぎに相手をかえて進んでいき、優勝を決める方法。Ｅa tournament. 韓승자 진출 경기 진행 방식, 토너먼트。「じゃんけんの勝ち抜きで、1位を決める//勝ち抜き戦」自動勝ち抜く

かつ カツ ①（語句と語句をつないで）あることがらに別のことがらを加えるときに使うことば。Ｅbesides; moreover. 韓또한, 게다가。「注意深く、かつ大胆な行動を期待する」②いくつかの動作が同時に行われるようす。Ｅ～ and … at the same time. 韓～도 (하고) ～도 (하며)。「かつ踊り、かつ歌いして楽しいひとときを過ごした」▷書

か・つ【勝つ】カツ〔自動五〕（かって）①争って相手を負かす。Ｅwin; defeat. 韓이기다。「けんかに勝つ//自然の力に勝とうとしても無理だ」対負ける、敗れる ②苦しいこと、むずかしいことを乗り越える。Ｅovercome; surmount. 韓극복하다, 이겨 내다。「朝までにレポートを書きあげようとがんばったが、眠さにかつことができず、途中で寝てしまった」対負ける ③なにかの傾向が強い。Ｅbe predominant. 韓더 강하다。「赤みのかった茶色//理性がかった性格」▷名勝ち

注 ②はひらがなで書く。

-がつ【-月】（数を表すことばについて）1年を12に分けた期間の名前を表す。「何月に日本へ来ましたか（ＥIn what month did you come to Japan? 韓몇 월에 일본에 오셨습니까?）//1月（→項目）//9月（→項目）」

かっか カッカ ①火が盛んに燃えるようす。「暖炉の火がかっかと燃えている（ＥThe fire is blazing in the hearth. 韓난롯불이 활활 타오르고 있다。）」②｛～する｝体が熱くなるようす。「強い酒を飲んだらかっかと熱くなった（ＥHard liquor made me hot. 韓독한 술을 마셨더니 몸이 후끈해졌다。）」

がっかい

③〔~する〕激しく怒ったりあせったり、冷静でないようす。「妹は母に日記を読まれて、かっかしている(EMy younger sister is furious because Mother read her diary.)한여동생은 어머니가 자기 일기를 읽었다고 잔뜩 화가 나 있다.)」▷話

がっかい 【学会】ガッカイ 専門研究者の団体. また、その団体が開く研究発表会や講演会. Ea learned society; an academic meeting. 한학회.「来月、学会で研究発表するので準備に忙しい//学会に出席する//国際学会」

がつがつ ガツガツ〔~する〕①夢中になって食べたり、食べたがったりするようす。「3日間なにも食べずにいた弟は、飢えた犬のようにがつがつ(と)食べている(EMy brother is wolfing down food like a hungry dog since he has not eaten anything for three days.)한사흘 동안 아무 것도 먹지 않았던 남동생은 굶주린 개처럼 걸신들린 듯이 먹고 있다.)//格好が悪いからあまりがつがつするな」②非常にものをほしがるようす。欲張るようす。「一郎はお金がたくさんあるのにもっとほしいとがつがつしている(EAlthough Ichiro is rich, he is still greedy to earn more money.)한이치로는 돈이 많은데도 더 벌려고 아득바득하고 있다.)//二郎は会社で早く出世したくてがつがつしている」▷話

がっかり ガッカリ〔~する〕期待していたようにならなくて、残念に思うようす. Efeel disappointed; lose heart. 한실망하는 모양.「ハイキングが雨で中止になって、がっかりしている」→がっくり

かっき 【活気】カッキ 生き生きとしたようすであること. Evigor; spirit; liveliness. 한활기.「朝の市場は活気がある//活気あふれる若者の街」

がっき 【学期】ガッキ 学校の1年間をいくつかに分けた1つ. Ea school term; a semester. 한학기.「小学校は1学期, 2学期, 3学期と、3つの学期に分かれている//今学期はいろいろな行事があって忙しい//学期末テスト」

がっき 【楽器】ガッキ 音楽を演奏するための道具. バイオリンのような弦楽器、フルートのような管楽器、太鼓のような打楽器など. Ea musical instrument. 한악기.「家族で楽器を演奏し合う//いちばんひいてみたい楽器はコントラバスだ」

かつぎだ・す 【担ぎ出す】カツギダス〔他動五〕(かつぎだして)①かついで出す. Ecarry ~ out. 한메어 내다.「けが人をかつぎだして救急車に乗せる//荷物を部屋の外にかつぎだす」②責任のある立場の人になってもらうために選びだす. Epersuade a person to be. 한추대하다.「先輩を衆議院選挙に候補者としてかつぎだす」▷話②

かっきてき 【画期的】カッキテキ 前の時代と違った、まったく新しい時を迎えるようす. Eepoch-making; a landmark. 한획기적.「電気を利用するようになって、社会は画期的に進歩した//電話の発明は画期的なできごとだ」

がっきゅう 【学級】ガッキュー 学校で、授業のために生徒をいくつかの組に分けたもの. Ea class. 한학급.「この学級の人数は30人だ//学級委員//学級担任」

かつ・ぐ 【担ぐ】カツグ〔他動五〕(かついで)①人、ものなどを運ぶために肩にのせる. Ecarry ~ on one's shoulder. 한메다.「大きな袋をかついで歩く//スキーの板をかつぐ」②上に立つ人として、みんなでその地位につける. Eset up a person as. 한추대하다.

〔担ぐ①〕

「会長にかつぐ//学長にかつぐ」③遊びの気持ちで人をだます. Ⓔplay a trick on. 🇰🇷(장난으로) 속이다.「弟をかつぐつもりでテレビに出演させてやると言ったら, 本気になってしまった//うまくかつがれた」④迷信を気にする. Ⓔbe superstitious. 🇰🇷미신에 신경을 쓰다.「縁起をかついで, 4(=死)と9(=苦)のない電話番号にしてもらった」

がっくり ガックリ〔~する〕急に折れたり傾いたりするようす. Ⓔ(drop one's head) suddenly. 🇰🇷갑자기 꺾이거나 기울어지는 모양; 꽉, 푹.「満塁ホームランを打たれて, 投手はがっくり(と)首をたれた」②期待していたようにならなくて, 非常に残念に思い, 元気がなくなるようす. Ⓔbe broken down in disappointment. 🇰🇷맥이 풀리는 모양; 탁.「今年こそ課長になれると思っていたのに, だめだったのでがっくりした」
〘参〙②は「がっかり」と似ているが,「がっくり」のほうが残念に思う気持ちが強く, その影響が気力や体力にまでおよんでいる.

かっこ 【括弧】カッコ〔~する〕数字や文字などを間に入れてほかの部分と区別するための記号をつけること. また, その記号.「」()〔〕など. Ⓔparentheses; brackets. 🇰🇷괄호.「会話の部分をかっこでかこむ//かっこでくくる」

かっこ 【確固】カッコ(「確固とする」の形で)態度や考え方などがしっかりしているようす. Ⓔassured; firm. 🇰🇷확고.「難民問題に対し, 政府は確固とした態度をとるべきだ」〘書〙
〘参〙改まって「確固たる信念」のように表現することもある.

かっこい・い カッコイイ 姿, 形, ようすなどがいい. 格好がいい. Ⓔcool; neat. 🇰🇷멋있다.「あなたのお兄さん, 背が高くてかっこいい//新しくて高級なかっこいい車がほしいな」対かっこ悪い 〘話〙

〘参〙子供や若者が使いはじめ,「かっこうがいい」→「かっこういい」→「かっこいい」と短くなってできたことば.

かっこう 【格好】カッコー ①目で見た形や服装. Ⓔ(a) shape; (an) appearance. 🇰🇷모양, 모습; 옷차림.「鯨は魚のような格好をしている//はでな格好で街を歩く//格好をつける(=人からよく見られようと形や服装をととのえて気取る)」②ちょうどいい程度であるようす. Ⓔsuitable; reasonable. 🇰🇷알맞음, 적당함.「われわれが住むのに格好な家が見つからない」

がっこう 【学校】ガッコー ①子供や学びたい人たちが学ぶ所. また, 人を集めて教育をする所. 小学校, 中学校, 高等学校, 大学, 専門学校など. Ⓔa school. 🇰🇷학교.「家の近くに学校がある//学校に通う//学校を出る」②授業. Ⓔschool; (a) class. 🇰🇷수업.「きょうは学校がないから朝寝坊できる」▷〘数〙①1校

かっさい 【喝采】カッサイ〔~する〕声をあげ拍手をして, 盛んにほめること. Ⓔapplause; cheers. 🇰🇷갈채.「太平洋を1人で渡った勇気に, 人々は喝采を送った//喝采を浴びる//拍手喝采する」

かつじ 【活字】カツジ ①印刷に使う文字の型. Ⓔa printing type. 🇰🇷활자.「新聞の見出しを大きい活字にする」②①で印刷した文字や文章. Ⓔprint; the printed material. 🇰🇷활자화; 인쇄물.「自分の書いたものが活字になってうれしい//テレビの影響で活字離れが進んでいる」

がっしゅく 【合宿】ガッシュク〔~する〕一緒に泊まりこんで集中的にスポーツの練習や, 研究などをすること. Ⓔa training camp. 🇰🇷합숙.「夏休みにラグビーの合宿を行う//研究会の合宿に参加する」

がっしょう【合唱】ガッショー〔~する〕おおぜいの人がいくつかのグループに分かれてそれぞれの声の部分を受け持ち、1つに合わせて歌うこと。Ea chorus. 한合唱.「ベートーベンの第9交響曲の合唱に参加するため毎日練習している//混声4部合唱」対独唱

がっしり ガッシリ〔~する〕強くて丈夫なようす。Esturdy; stout; firm. 한튼튼함, 실팍함, 탄탄함.「運動選手はがっしりした体格の人が多い//祖父の代から使っている、がっしりした木のいす」→がっちり

がっそう【合奏】ガッソー〔~する〕いくつかの楽器を合わせて演奏すること。Eplay in concert; an ensemble. 한합주.「父はフルート、母はピアノ、わたしはバイオリンで合奏した//器楽合奏」対独奏

かっそうろ【滑走路】カッソーロ 飛行機が離陸したり着陸したりするときに使う道。Erunway; an airstrip. 한활주로.「飛行機が滑走路から飛び立った//滑走路で離陸の許可を待つ」数1本

かったる・い カッタルイ 疲れてだるい。Efeel heavy and tired. 한나른하다.「かったるくてなにもする気になれないね//こんなに暑いと体がかったるい」話

がっち【合致】ガッチ〔~する〕ぴったり合うこと。Ematch; agree with. 한합치.「自分の希望に合致する職業を選ぶ//目的に合致する」

がっちり ガッチリ〔~する〕①非常に強くて丈夫なようす。Estrong; firm. 한튼실하게.「石づくりのがっちりした家」②かたく組み合わせるようす。Etightly. 한단단히, 굳게.「両国の首相はがっちり(と)握手した」③着実に、機会をうまく利用して、金などを自分のものにするようす。Esteadily. 한알뜰하게.「毎月、給料の半分をがっちり(と)貯金している」▷話

参①は「がっしり」と似ているが、「がっちり」のほうが結びつきが強く、こわれにくい。

かつて カツテ ①過去のある時に、以前に。Eonce; before; at one time. 한이전에, 일찍이.「かつて、太陽が地球のまわりを回ると信じられていた時代があった」②(「かつて~ない」の形で)いままでに1度も~ない。Enever before. 한일찍이 ~한 적이 없는.「かつて見たこともないほどの美しい景色//かつてない寒さ」

かって【勝手】カッテ ①「台所」の古い言い方。お勝手。Ea kitchen. 한부엌.「むかしの勝手は暗くて寒くてつらかったと祖母は言う//勝手仕事//勝手口(=台所から外へつながる出入り口)」②なにかをするときのぐあい、以前から慣れて知っているようす。Econditions; circumstances. 한형편, 상황.「正月だけはいつもと勝手が違って都心は静かだ//使い勝手(→項目)」③自分のつごうのいいようにするようす。Eselfish; as one pleases. 한제멋대로임.「病人は、人がいるとうるさい、だれもいなくなるとさびしいと、勝手なことばかり言っている//1人で勝手に暮らす//身勝手(→項目)」

かっと カット, カット ①火や光などが急に強くなるようす。「雨がやんで、真夏の太陽がかっと照りつけた(EThe rain let up and the summer sun shone scorchingly. 한비가 그치고, 한여름의 태양이 쨍쨍 내리쬐었다.)」②〔~する〕急に激しく怒ったりあせったりするようす。「ばかと言われ、かっとして相手をなぐってしまった(EWhen I was called a fool, I flew into a rage and struck my companion. 한바보라는 말을 듣고 울컥해서 상대방을 때려 버렸다.)」

カット (cut) カット ①〔~する〕長いものを途中で切ること。Ecut. 한자름, 컷.「美容院で髪をカットしてもらう//橋の完成祝いで

テープをカットする」②〔～する〕けずって少なくすること。**E** cut; reduce. **한** 줄임, 삭감.「3時間の映画を2時間半にカットしてテレビで放送する//休んだ分だけ給料をカットする」③本や雑誌などに入れる小さな絵や図。挿絵。イラスト。**E** a cut; an illustration. **한** 삽화, 컷.「この辞書はカットが多いので, 楽しくわかりやすい」▷**数**③1枚・1点

かっとう【葛藤】カットー〔～する〕①簡単にはどちらと決められなくて迷ったり悩んだりすること。**E** (a) conflict. **한** 갈등.「姉の恋人を好きになってしまった道子は, 心のかっとうに苦しんでいる」②人や国, 組織などの間に争いがあること。**E** trouble; discord. **한** 갈등.「会員の間のかっとうをなくして, 楽しく語り合える会にしたい」

かつどう【活動】カツドー〔～する〕動いてなにかの働きをすること。**E** activity; action. **한** 활동.「心臓は死ぬまで活動を続ける//ボランティア活動//クラブ活動//火山活動」

かっぱつ【活発】カッパツ 休みなくつぎつぎに活動が続くよう。**E** active; lively; brisk. **한** 활발.「火山が活発な活動を始めたので, 近くの住民は避難した//活発な討論」**対**不活発

かっぱら・う カッパラウ, カッパラウ〔他動五〕(かっぱらって) すばやくものを盗む。**E** catch away; snatch. **한** 날쌔게 훔치다, 날치기하다.「少年が通行人からかばんをかっぱらって逃げていった//店の品物をかっぱらう」**話 名**かっぱらい

カップ (cup) カップ ①取っ手のある茶碗。**E** a cup. **한** 컵.「コーヒーカップ」②料理の材料の量をはかる, 目盛りのついた入れ物。1カップは200cc。**E** a measuring cup. **한** 계량컵.「お米をカップではかる//計量カップ」③優勝者に贈られる, さかずきの形をした賞品。**E** a cup; a trophy. **한** 상배, 컵。

「優勝者に大きなカップを手渡す」④食べ物を入れて売られている茶碗形の容器。紙, プラスチックなどでつくられている。**E** a cup; a container. **한** 컵。「カップ入りアイスクリーム//カップラーメン//カップケーキ」▷→コップ**図**

カップル (couple) カップル 夫婦, 恋人などの, 男と女。最近は同性の2人をさすこともある。**E** a couple. **한** 커플.「土曜日の公園はカップルが多い//クイズに当たった人を, カップルで香港へ招待する」**対**シングル **数**1組

がっぺい【合併】ガッペイ〔～する〕2つ以上のものを合わせて1つにすること。また, 2つ以上のものが1つになること。**E** combine; merge. **한** 합병.「A銀行とB銀行が合併して, AB銀行になった//合併症(**E** complications. **한** 합병증.)」

がっぽり ガッポリ 金などが, いちどにたくさん入ったりなくなったりするよう。「たくさん売れたので, がっぽり(と)もうかった(**E** It sold well, and we made a huge profit. **한** 많이 팔려서 왕창 벌었다.)」**話**

かつやく【活躍】カツヤク〔～する〕注目される活動をすること。**E** play an active part; cut conspicuous figures. **한** 활약.「道子は国際公務員として国連で活躍している//最近, 各界に女性の活躍がめだつ//大活躍」

かつよう【活用】カツヨー〔～する〕①その価値をうまく生かして使うこと。**E** put ～ to practical use; make use of. **한** 활용.「空いている倉庫を活用する方法を考える//余暇の活用」②動詞, 形容詞, 形容動詞, 助動詞が, その使われる意味によって決まった形に変化すること。**E** conjugate. **한** 활용.「動詞『来る』は『こ(ない)』『き(ます)』『くれ(ば)』のように活用する//五段活用」

かつら

参①は「利用」と似ているが、「利用」は使う側のつごうのいいように使うという感じが強いのに対して、「活用」はそれが持っている価値を生かすという感じが強い。「あの人を活用する」と言えば、活用された人は喜ぶが、「あの人を利用する」と言えば、利用された人は怒るであろう。

かつら カツラ 頭にかぶるもので、髪の毛が生えているように見せるもの。Ea wig; a hairpiece. 한가발。「時代劇の中で侍のかつらをつける//はげや白髪を隠すためのかつらがよく売れている」

かつりょく 【活力】カツリョク 活動のもとになる力。Evitality; energy. 한활력。「健康は、活力の源だ/たくさん食べて活力をつける//活力がみなぎる」

かてい 【仮定】カテイ〔～する〕現実でないことを、もしそうだったらと考えること。Esuppose; assume. 한가정。「地球上に水がないと仮定したら、生物は生きていけないだろう//80歳まで生きるという仮定で人生の計画を立てる」

かてい 【家庭】カテイ 一緒に生活している家族の集まり。また、その場所。Ea home; a family. 한가정。「結婚したら、明るい家庭をつくりたい//家庭教育」

かてい 【過程】カテイ ものごとが移り変わっていく道筋。Ea process. 한과정。「子供の成長の過程を写真にとって残す//自動車の製造過程を図に示す」

かてい 【課程】カテイ 学校などで、修得することが決められている内容。カリキュラム。Ea course; a curriculum. 한과정。「中学校の課程を修了する//博士課程」

-がてら (動作を表す名詞、動詞の「ます」形について)なにかをするときに、ほかのことも一緒にすること。「買い物がてら街を歩いてみる//ごあいさつがてら、うかがいました(EI

came to see you to pay my respects. 한인사차 뵈러 왔습니다.)」→-かたがた

がでんいんすい 【我田引水】ガデン・インスイ、ガデン・インスイ ものごとを自分のつごうのいいほうに引き寄せて言ったりしたりすること。Eturning things or arguments in one's own favor; self-seeking. 한아전인수。「我田引水になるかもしれませんが、わたしの発見した薬を飲めば、あなたの病気はきっと治ります」

かど 【角】カド ①もののはしなどの、とがった部分。Ea corner; an edge. 한모퉁이, 모서리；귀。「5ページ目の角を折って目印にする//花瓶をテーブルの角にぶつけてこわしてしまった」②道の、折れ曲がった所。Ea corner. 한(길)모퉁이。「信号の角を左に曲がる//角の店」→-隅

角が立つ 他人を怒らせたり、不快にさせたりすることになる。Ecreate bitter feelings. 한모가 나다。「あまりほしくないが、いらないと言うのも角が立つからもらっておこう」
似た表現 角を立てる

角が取れる いろいろ苦労して人格が穏やかになる。Ebecome affable. 한모가 없어지다。「若いころは自分勝手な人だったが、年とともに角が取れて、思いやりが出てきた」

かど 【門】カド 「門」の古い言い方。また、門のあたり。Ea gate. 한대문, 문간。「門に立って帰る客を見送る//門出(→項目)//門松(→項目)」書

かど 【過度】カド ちょうどいい程度をこえているようす。Eexcessive; too much. 한과도。「過度の疲労で倒れる//わが子に過度な期待をかけてはいけない」対適度 書

かとき 【過渡期】カトキ 変化している途中の時期。Ea period of transition. 한과도기。「16歳ごろは、子供から大人に変わる過渡期だ//この国は目下、民主化への過渡

かどで【門出】カドデ, カドデ〔～する〕旅などへ行くこと. また, 新たな気持ちでいままでとは違った世界に出ていくこと. Eone's start in life; go out into the world. 한(새)출발.「結婚した2人の門出を祝う//社会人としての門出」

かどまつ【門松】カドマツ, カドマツ 正月に家の門のところに立てる, 松や竹などでつくった飾り. Ethe New Year's pine decorations. 한(대문간의) 소나무 장식.「門松を立てたり, しめ縄を飾ったりして正月を祝う」

かな【仮名】カナ 漢字をもとにしてつくられた日本の文字. ひらがなとかたかなの2種類あるが, ひらがなだけをさすこともある. かな文字. Ekana; the Japanese syllabary. 한(일본의) 가나.「日本では, 漢字, かな, ローマ字の3種類の文字が使われている//かな書き」

かな(文の終わりについて)①はっきりしないことに対する疑問や質問を表す.「山田くん遅いけど, どうしたのかな//いま何時かな」EI wonder what time it is now. 한지금 몇시일까. ②(「～ないかな」の形で) 希望を表す.「お正月, 早く来ないかな」EI wish the New Year would come soon. 한새해가 빨리 왔으면 (좋겠다.) //いいアルバイトがないかな」▷話

参「かなあ」と長くのばすこともある. そのときは質問の意味は弱くなり, 疑問や希望の気持ちが強くなる.

かない【家内】カナイ ①家の中. また, 家族. Ea family; domestic. 한가내, 집안; 가족.「家内安全//家内工業」②自分の妻を, 夫が他人に話すときの言い方. Emy wife. 한집사람, 내자.「お正月休みは家内と温泉へ行ってきました」対主人 ▷→妻

参②は若い夫はあまり使わない.

かな・うカナウ〔自動五〕(かなって) ①求めているものとちょうど合う. Esuit (one's taste). 한꼭 맞다, 부합하다.「この部屋はわたしの希望にかなっている//目的にかなう」②希望どおりになる. Emeet (one's wishes). 한이루어지다.「望みがかなって留学できた//願いがかなう」③比べるものと同じ水準にある. Ematch; equal. 한필적하다.「足の速さでルイスにかなう人はいない」④(「かなわない」の形で) ⇒かなわない ▷他動 かなえる

かなし・い【悲しい】カナシイ つらいことがあって泣きたいような気持ちだ. Esad. 한슬프다.「あなたと別れるのは悲しい//母に死なれて悲しくてたまらない」対うれしい, 喜ばしい

かなし・む【悲しむ】カナシム〔他動五〕(かなしんで) 悲しい気持ちになる. Egrieve; feel sad. 한슬퍼하다.「友人の死を悲しむ//家族との別れを悲しむ//なげき悲しむ」対喜ぶ 名悲しみ

かなづかい【仮名遣い】カナヅカイ かなでことばを書き表すときの表記のきまり. Ethe rules for the use of kana. 한가나 표기법.「正しいかなづかいで文を書くようにする//かなづかいのまちがいを直す//現代かなづかい」

かなづちカナヅチ, カナヅチ ①頭が鉄でできた, くぎなどを打つときに使う道具. ハンマー. Ea hammer. 한쇠망치.「かなづちでくぎを打つ」②まったく泳げない人. Ea person who can't swim. 한헤엄을 못치는 사람, 맥주병.「かなづちだから, 海には行きたくない」▷話②

注 漢字で書くときは「金槌」.

〔門松〕

〔のこぎり〕

〔かなづち①〕

かなめ カナメ ①扇子の骨を合わせる所に使う小さなくぎ．Ethe rivet. 한사북．「かなめがはずれて扇子が使えない」②いちばんたいせつな場所．Ethe main point. 한요소, 핵심．「ここが論文のかなめだから, しっかり書こう//守備のかなめ」

かなもの【金物】カナモノ なべ, やかん, くぎ, かなづちなど, 金属でできている道具や器具．Ehardware. 한철물．「最近の道具は金物だけでなく, プラスチックでできたものも多い//金物屋」

かならず【必ず】カナラズ まちがいなくそうなったり, そうしたりするようす．確実に．きっと．Ebe sure to; without fail; certainly. 한반드시．「提出期限は必ず守りなさい」→断じて

かならずしも【必ずしも】カナラズシモ, カナラズシモ (「必ずしも～ない」の形で) いつも～というわけではない．Enot necessarily; not always. 한반드시 ～라고는(할 수 없다)．「高級なレストランが必ずしも味がいいとは限らない//お金がある人が必ずしも幸福とはいえない」

かなり カナリ ふつう以上の程度であるようす．Erather; quite; good. 한상당히．「今月中に仕上げるのはかなりむずかしい//駅からかなりの距離があるので, タクシーで行こう」

がな・る ガナル〔自動五〕(がなって) 大声を出してうるさく言う．Eshout; blare. 한고함치다, 떠들다．「部長は, 静かに話せばいいのにすぐがなるから困る//1日じゅう宣伝カーのスピーカーががなっていて, うるさい//がなりたてる」話

かなわない ①勝てない．Ebe no match for. 한당할[이길] 수 없다．「去年優勝したあのチームにはとてもかなわないだろう」②(「～て(は)かなわない」の形で) がまんができない．「あんな下手なスピーチが長く続いてはかなわない//暑くてかなわない(EI cannot bear the heat. 한더워서 견딜 수 없다．)」

かに カニ 海や川の中や水辺にすむ節足動物の一種．かたい殻でおおわれ, 1対のはさみと4対の足を持ち, 横に歩く, ズワイガニ, ガニなど食用になるものが多い．Ea crab. 한게．「海辺でカニを捕まえる//カニコロッケ」数1杯・1匹

かにゅう【加入】カニュー〔～する〕会や団体に入ること．Ebecome a member of; join. 한가입．「生活協同組合に加入する//俳句研究会への加入を申しこむ」対脱退

かね【金】カネ ①金属．Emetal. 한금속；쇠．「雷が鳴っているとき, 金でできたものにさわると危険だ//留め金(＝ものとものをつなぐための小さな金属)」
②金銭．お金．Emoney. 한돈．「このごろはどこへ行くにも, なにをするにも金がいる//金をもうける//金になる仕事」
参①は他のことばの前につくと,「金物」「金具」「金網」などのように「かな」と読み方が変わることが多い．

金がものをいう ふつうの方法ではできないばあいに, 金をたくさん出すことでうまくいくようになる．EMoney talks. 한돈이 말을 한다．「実力もないのに会長になれたのは, 金がものをいったせいだ」似た表現 金にものをいわせる

金に目がくらむ 金に心をうばわれて正しい判断ができない．Ebe blinded by money. 한돈에 눈이 멀다．「金に目がくらんだ二郎は恋人を捨てて, 大金持ちの娘と結婚した」

金の切れ目が縁の切れ目 金でつながっていた人間関係は, 金がなくなるとうまくいかなくなるということ．EMoney gone, friends gone. 한돈 떨어지면 정분도 끊어진다．

金は天下の回りもの 金は人から人へとまわ

っていくものなので、いま金がなくても心配しなくていい、そのうちに自分のところに来るということ。EMoney comes and goes. 한돈은 돌고 도는 것.

かねがね カネガネ, カネガネ 以前から何度もあったよう。Eoften; for a long time. 한진작부터, 그전부터.「かねがねお名前はうかがっておりました//スペインには、かねがね行きたいと思っていた」

かねそな・える【兼ね備える】カネソナエル, カネソナエル〔他動一〕いい性質や要素を2つ以上合わせて持っている。Ehave both. 한겸비하다.「高い知能と健康な体を兼ね備えている//強さとやさしさを兼ね備えた人」自動兼ね備わる

かねつ【過熱】カネツ〔-する〕①熱くなりすぎること。熱くしすぎること。Eoverheat. 한과열.「火事の原因は、こたつの過熱らしい」②競争などが非常に激しいこと。Eheat up; accelerate. 한과열.「受験戦争はますます過熱している」

かねて カネテ 以前から。Ebeforehand; before; long. 한이전부터, 미리.「かねて予想されていたとおり、A銀行とB銀行は来月合併することになった」

かねない (動詞の「ます」形について)～するかもしれない。～しないとはいえない。「このままでは地球は滅びかねないEThe way things are, it's plausible that the earth will be destroyed. 한이대로 가다가는 지구는 멸망할지도 모른다。)//両国が衝突しかねない情勢」

かねもち【金持ち】カネモチ, カネモチ 金をたくさん持っている人。お金持ち。Ea rich person. 한부자.「洋子は金持ちの家に生まれ、ぜいたくな暮らしをしている//なんとかして金持ちになりたい//大金持ち」

か・ねる【兼ねる】カネル〔自他動一〕①2

つ以上の役目を持つ。Eserve both as. 한겸하다.「首相が外相を兼ねる//朝食と昼食を兼ねた食事」②(動詞の「ます」形について)事情があって、そのようにできない、またはしにくい。「値段が高いので買いかねる(EI cannot buy it because it is too expensive. 한값이 비싸서 살 수가 없다。)//荷物が重そうなので見かねて持ってあげた//まことに申し上げかねますが(=言いにくいことを言いだすときの丁寧な言い方)」③(「かねない」の形で)⇒かねない

注②③はひらがなで書く。また、①は他動詞、②③は自動詞。

かねんぶつ【可燃物】カネンブツ よく燃えるもの。燃えやすいもの。Eflammables; combustibles. 한가연물.「紙や木は可燃物だからよく燃える//可燃物と不燃物に分けて、ごみを出す」対不燃物

かのう【化膿】カノー〔-する〕皮膚の、傷になったりはれたりした部分がうみを持つこと。Efester; suppurate. 한화농.「傷口が化膿しないように消毒する//化膿止めの薬」

かのう【可能】カノー できる見込みのあること。Epossible. 한가능.「科学の進歩によって宇宙旅行も可能になった//可能な限り、やってみよう//可能性」対不可能

かのじょ【彼女】カノジョ ①自分と相手以外の女性をさすことば。Eshe. 한그녀.「彼女はとても親切な人だ」対彼 ②恋人である女性。Eone's sweetheart; one's girlfriend. 한연인.「きのう、山田さんの彼女に会った」対彼 ▷話②

かば・う カバウ〔他動五〕(かばって)弱いものを助け、守る。Espeak for; protect. 한감싸다.「仲間をかばって、自分だけが悪いと言いはる//外でいじめられている弟をかばって、うちへ連れて帰った」

がばと ガバト 急に起き上がったり伏せた

りするようす．がばっと．「悪い夢を見て，がばとふとんから起き上がった(Ｅ)Having a nightmare, I suddenly sprang out of bed. 한악몽을 꾸어 잠자리에서 벌떡 일어났다．)」話

かばん カバン 手に持ったり肩にかけたりする入れ物．革，ビニール，布などでできている．Ｅa bag. 한가방．「毎日，教科書や辞書をかばんに入れて持ってくる//旅行かばん」
注 漢字で書くときは「鞄」．

かはんすう 【過半数】カハンスー，カハンスー 全体の半分をこえる数．Ｅthe majority. 한과반수．「クラスの過半数の人の賛成でクラス委員に選ばれた//過半数を占める」

かひ 【可否】カヒ 賛成か反対か．また，いいか悪いか．よしあし．Ｅright or wrong; pros and cons. 한가부．「村民にゴルフ場建設の可否を問う//米の自由化の可否を論じる」

かび 【華美】カビ はなやかで美しく，はでなようす．Ｅgaudy; gorgeous. 한화미．「パーティーには華美な服装の人がたくさん集まった//生活があまり華美になるのはいけない」

かび カビ 食物，衣類，室内の壁などに生える微生物．Ｅmold; mildew. 한곰팡이．「3日前に買ったパンにかびが生えた//かびくさい//青かび」自動かびる

かびん 【花瓶】カビン 花を生けるための瓶や，つぼの形をした器．Ｅa vase. 한꽃병，화병．「花瓶に花を生ける//中国製の古い花瓶を床の間に飾る」

かびん 【過敏】カビン ふつう以上に感じやすいようす．Ｅoversensitive. 한과민．「世の中の動きに過敏に反応する//神経が過敏で，すこしの音にも目を覚ます子供//過敏症(Ｅhypersensitivity. 한과민증．)」

かぶ 【株】カブ ①植物の根のほうのひとまとまり．Ｅroots. 한그루，포기．「花の株を分けて2つの鉢に入れた//木の切り株」② 会社の資本を構成する単位．株式．株券．Ｅstocks. 한주식．「株をやってもうける//株で損をした//株を売買する」

お株を奪われる 自分の得意だったことを，ほかの人がもっと上手にしてしまう．Ｅbe outdone in one's own specialty. 한장기를 가로채이다．「いままで，学校でわたしがいちばん歌が上手だったが，新入生にお株をうばわれてしまった」似た表現 お株を取られる

株が上がる 評判や人気が高くなる．Ｅenhance one's reputation. 한인기가 높아지다．「田中さんは最近いい仕事をしているので，社内で株が上がっている」似た表現 株を上げる

カフェテリア (cafeteria) カフェテリア 客が自分で好きな料理を選んでテーブルに運んで食べる軽食堂．Ｅa cafeteria. 한카페테리아．「きょうは，友達と青山のカフェテリアで食事をした//カフェテリア形式の学生食堂」数 1軒・1店

がぶがぶ ガブガブ 水や酒などを，たくさん，勢いよく飲むようす．「暑くてのどが渇いたので，水をがぶがぶ(と)飲んだ(Ｅ My throat was so dry in the heat that I drank water in large gulps. 한더워서 목이 말랐으므로 물을 벌컥벌컥 들이켰다．)」話

かぶき 【歌舞伎】カブキ 日本の代表的な伝統演劇．江戸時代に発達した劇で，男が

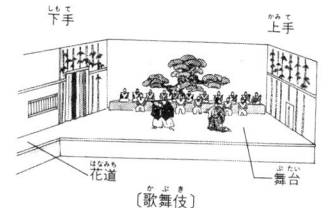

［歌舞伎］

女の役も演じる.Ｅthe *kabuki*.한가부키.「日本へ行ったら,ぜひ歌舞伎を見たい//歌舞伎役者.Ｅa *kabuki* actor.한가부키 배우.)」

かぶしきがいしゃ【株式会社】カブシキガイシャ 多くの人が金を出し合って株主となり,組織した会社.Ｅa joint-stock company.한주식 회사.「友人たちと資本を出し合ってコンピューターの株式会社をつくった」数 1社

かぶ・せる カブセル〖他動一〗①他人の頭や顔をおおうようになにかをつける.Ｅput a thing on.한씌우다.「子供に帽子をかぶせる」②なにかで隠すように表面をおおう.Ｅcover.한씌우다,덮다.「ふとんにカバーをかぶせる//種をまいて土をかぶせる」③他人に罪や責任を負わせる.Ｅlay (the guilt) on another; blame.한덮어씌우다,전가하다.「社長は秘書に罪をかぶせた//責任を他人にかぶせる」▷自 かぶさる

カプセル〖F Kapsel〗カプセル ①ゼラチンでつくった小さな容器に粉の薬を入れたもの.Ｅa capsule.한캅셀,캡슐.「カプセルはとても飲みやすい//1日3回,カプセルを1つずつ飲んでください」②空気が入らないようにしっかりふたをしてある容器.Ｅa capsule; an airtight container.한캅셀,캡슐.「記念の品をカプセルに入れて土に埋めた//タイムカプセル」▷数 1錠 →薬 図

かぶぬし【株主】カブヌシ,カブヌシ 株式会社に金を出して,その株を持っている人.Ｅa stockholder.한주주.「A株式会社に出資している株主は100人ぐらいだ//株主総会//大株主」

かぶりつ・く カブリツク,カブリツク〖自動五〗(かぶりついて) ものを食べようと,大きく口を開けて勢いよくかみつく.Ｅbite into.한덥석 물어 뜯다.「おなかがすいていたので大きいパンにかぶりついた//スイカにかぶりつく」話

がぶりと ガブリト ①大きな口を開けて,かみつくようす.がぶっと.「犬は,しっぽを踏まれてがぶりとかみついた(ＥThe dog, having its tail stepped on, sunk its teeth into me.한개는,꼬리를 밟히자 덥석 나를 물었다.)」②大きな口を開け,いちどにたくさん水などを飲むようす.がぶっと.「波がきて,海水をがぶりと飲んでしまった(ＥStruck by the wave, I took a big mouthful of seawater.한파도가 덮쳐서 바닷물을 벌컥 마시고 말았다.)」

かぶ・る カブル〖他動五〗(かぶって) ①自分の頭や顔をおおうようになにかをつける.Ｅput on.한쓰다.「帽子をかぶる//面をかぶる」対脱ぐ ②なにかで隠れるように表面をおおう.Ｅcover; be covered with.한덮다,덮어 쓰다.「頭からふとんをかぶって寝る//机がほこりをかぶっている」③本当は引き受けなくてもいい罪や責任を負う.Ｅtake (another's guilt) upon oneself.한뒤집어쓰다.「弟が兄の罪をかぶる//秘書が議員の責任をかぶる」

かぶ・れる カブレル〖自動一〗①山の木や薬などが原因で,皮膚が赤くなったり,かゆくなったりする.Ｅget a rash.한(옻이) 오르다;피부가 헐다.「うるしにかぶれる//洗剤にかぶれる」②人がなにかの影響を強く受けて,全面的にそれを認め同じになろうとする.Ｅbe influenced by.한물들다,심취하다.「兄はビートルズにかぶれていた//新しい思想にかぶれる」▷名 かぶれ

≡参 ②はいい意味では使わない.

かふん【花粉】カフン 花の雄しべの中にある粉.雌しべについて実を結ぶ.Ｅpollen.한화분,꽃가루.「春になると,杉の花粉でアレルギーを起こす人が多い//風に吹かれて花

粉が飛んでくる//花粉症(Ｅpollinosis. 한화분증.)」

かべ 【壁】カベ ①建物のまわりをかこんだり室内を区切ったりするための仕切り. Ｅa wall. 한벽.「壁が薄いので,となりの音が聞こえる//壁にペンキをぬる//白壁の家」②越えるのがむずかしい障害. Ｅa barrier. 한벽,장벽.「2人の結婚には,親の反対という壁がある//研究が壁に突き当たってしまって悩んでいる」

壁を破る 障害を越える.スポーツでは,いままでの記録よりいい記録を出す. Ｅcrack the (two-hour) barrier. 한장애를 극복하다; 벽을 깨다.「マラソンで2時間の壁を破ることができるだろうか」

かへい 【貨幣】カヘイ 政府が発行する金.品物と交換する価値がある. Ｅmoney; currency. 한화폐.「インフレが続くと貨幣の価値が下落する//貨幣には硬貨と紙幣がある//日本で最も古い貨幣は8世紀につくられた」 数 1枚

〔貨幣〕

かほご 【過保護】カホゴ 子供などを必要以上に世話すること. Ｅpampered; over-protective. 한과보호.「過保護に育てると,自立心のない人間になる//過保護な親が増えているという」

かぼそ・い 【か細い】カボソイ,カボソイ 細くて弱々しい. Ｅslender; feeble. 한가냘프다.「洋子はか細い体で仕事も勉強もがんばっている//冬が近づいて虫の声もか細くなった//か細い腕」

かま 【窯】カマ ものを高温で焼くための装置. Ｅa kiln; an oven. 한가마.「どんな茶碗ができあがるか,窯から出すときが楽しみでもあり不安でもある//炭焼き窯(Ｅa charcoal kiln.)//パン窯」

かま カマ 湯を沸かしたり,ごはんを炊いたりする道具. Ｅan iron pot. 한솥,가마.「むかしは,なべとかまがあればじゅうぶん生活できたものだ//電気がま//茶がま」
≡注 漢字で書くときは「釜」.

かま・える 【構える】カマエル〔自他動一〕①建物や家庭をつくる. Ｅset up; keep. 한꾸리다,차리다.「娘はもう結婚して一家をかまえています//店をかまえる」②手に持って準備をする. Ｅbe prepared to. 한자세를 취하다.「いつでもシャッターを押せるようにカメラをかまえた」③対応できるように,ものごとや人に向かい合う. Ｅassume a posture. 한태도(태세)를 취하다.「どんな質問にも答えられるようにかまえる//なんとかなると,のんきにかまえる」▷名 構え
≡注 ①②は他動詞,③は自動詞.

-がましい (名詞,動詞の「ます」形について)いかにも~するようだ.「兄は失敗すると,いつも言い訳がましいことを言う//うらみがましい目つき(Ｅa reproachful look. 한원망하는 듯한 눈빛.)」

かまぼこ カマボコ 魚肉をすりつぶして味をつけ,蒸したり焼いたりした食品. Ｅboiled fish paste. 한생선묵,어묵.「弁当のおかずに,切ったかまぼこを入れる」 数 1枚・1本

〔かまぼこ〕

がまん 【我慢】ガマン〔~する〕心に感じているつらいことや苦しいことを,外に出さないでおさえること. Ｅendure; be patient. 한참음,견딤,인내.「親の反対をおして結婚したのだから,どんなに苦しいことがあってもがまんしよう//がまん強い//やせがまん(→項目)」

かみ 【上】カミ ①上と下,前と後ろなど,1つのものを半分に分けたときの先の部分. Ｅthe first half; the upper part. 한윗〔앞〕부분.「上の句//上一段活用//上半期(=前半の期間)」対 下 ②川や風などのもと

になるほう．[E]the top; the upper part.[한]위쪽，상부．「山の上のほうから花のいいかおりがしてくる//風上(→[項目])//川上(→[項目])」[対]下

かみ【神】カミ ①人間以上の力を持ち，すべてを支配するものとして人々が信じるもの．[E]God.[한]신；하느님．「神を信じる//神に祈る//神頼み」②いろいろなものにいる霊．[E]a god.[한]신，신령．「風の神//火の神」

かみ【紙】カミ 植物の繊維などからつくった，薄く平たいもの．字や絵をかいたり，ものを包んだりするのに使う．[E]paper.[한]종이．「メモをするための紙がほしい//プレゼントをきれいな紙で包む//紙くず(→[項目])//ちり紙(→[項目])」[数]1枚

かみ【髪】カミ ①頭に生える毛．[E]hair.[한]머리(털)．「髪をくしでとかす//髪がのびる//髪が薄くなる(=髪が少なくなる)//髪の毛(→[項目])」②①の形．[E]a hairstyle.[한]머리(형)．「気分を変えて新しい髪にしてみた//日本髪(→[項目])」▷[数]①1本

かみあ・う【かみ合う】カミアウ，カミアウ〔自動五〕(かみあって)①たがいにかむ．[E]bite each other.[한]서로 물다．「2匹の犬がかみ合っている」②2つのものがぴったりと合って，まとまった働きをする．[E]mesh with; be in gear with.[한]맞물리다；일치하다．「歯車がうまくかみ合う//議論がかみ合わない」

かみくず【紙くず】カミクズ いらなくなって捨てる紙．[E]wastepaper.[한]종이 부스러기，휴지．「教室の中に紙くずを捨ててはいけない//紙くずかご」

かみざ【上座】カミザ 客や地位の高い人がすわる席．[E]the head seat.[한]상석．「会議のとき，社長は上座にすわる」[対]下座 [参]だいたい，入り口から遠い所で，日本間では床の間の前．また，そこに近い場所．

かみしも カミシモ 江戸時代の武士が改まったときに着る衣服．[E]a ceremonial dress worn by the *samurai* in the Edo period.[한](에도시대 무사의)예복．「テレビの時代劇にかみしもをつけた武士がおおぜい出ている//かみしもをぬぐ(=打ちとける)」

〔かみしも〕

かみそり カミソリ，カミソリ ひげや髪の毛をそるのに使う刃物．[E]a razor.[한]면도칼．「毎朝かみそりでひげをそる//かみそりの刃//電気かみそり」[数]1丁

かみそりのようにきれる 頭の働きなどが非常に鋭いようす．[E]razor-sharp.[한](머리가)면도날 같다．「課長はかみそりのように切れる人だから小さなミスも許されない」

かみつ【過密】カミツ ①その地域に人口が集中してこみすぎていること．[E]overpopulated.[한]과밀．「過密地帯//過密都市」[対]過疎 ②密度が高すぎること．[E]overcrowded; congested.[한]과밀．「社長のスケジュールは非常に過密で，1ヵ月先まで予定がびっしりだ//電車の過密ダイヤ」

かみつ・く カミツク，カミツク〔自動五〕(かみついて)①なにかを歯で強くかむ．[E]bite at.[한]물고 늘어지다．「犬が子供にかみついた」②おもに地位などが上の人を激しく非難する．[E]snap at.[한]대들다．「課長は人事のことで部長にかみついた」

かみて【上手】カミテ，カミテ ①客席から見て舞台の右側のほう．[E]the right side of the stage (seen from the audience).[한]무대의 오른쪽．「舞台の上手から主演の俳優が登場した」[対]下手 ②川の上のほう．水が流れてくるほう．川上．[E]up the river.[한]상류．「この川の上手に小さい滝がある」[対]下手 ▷→歌舞伎図

かみなり【雷】カミナリ，カミナリ ①空が暗くくもっているときに，雲の中で電気が発生

し,稲光や大きな音が出る現象.また,その音.　Ｅthunder; lightening.　한천둥, 벼락.「けさ,大きな雷が鳴った//雷が落ちる//雷に打たれる」②(「雷を落とす」の形で)激しくしかる.　Ｅthunder at.　한호통을 치다.「先生は,隠れてタバコを吸っていた生徒を見つけて雷を落とした」

かみのけ　【髪の毛】カミノケ　頭の毛.　Ｅhair.　한머리털.「髪の毛をきれいにとかす//長い髪の毛」　数１本

かみひとえ　【紙一重】カミヒトエ　紙１枚の薄さほどのすこしの違いしかないこと.　Ｅby a hairsbreadth; only a very slight difference.　한종이 한 장 차이.「運動会の100メートル競走で,紙一重の差で負けてしまった//２人の実力の差は紙一重だ」

か・む　カム〖他動五〗(かんで)　①上下の歯で強くものをとらえる.　Ｅbite.　한물다.「兄は考えるとき親指をかむくせがある//くちびるをかむ(→唇 慣用)」②上下の歯でものを砕く.　Ｅchew.　한씹다.「ものをよくかんで食べる//かんでふくめるように教える(＝よくわかるように丁寧に教える)」

がむしゃら　ガムシャラ　まわりのことや結果を考えずに,自分の思ったことを無理やりにするよう.　Ｅfuriously; recklessly.　한저돌적으로.「自分の店を持つために,日曜も休まず友達ともつきあわず,がむしゃらに働いた」　話

かめ　カメ　背中にかたい殻を持ち,海や川や池にすむ動物.　Ｅa turtle.　한거북.「池のカメにえさをやる//つるは千年,かめは万年」　数１匹　〔かめ〕

かめ[亀]の甲より年の功　長い間の経験がたいせつだということ.　ＥThe older, the wiser.　한오랜 경험이 무엇보다 소중하다.

かめい　【加盟】カメイ〖～する〗団体や組織に入ること.　Ｅbecome a member of; join.　한가맹.「国際連合に加盟する//ＮＡＴＯ加盟国」　対脱退

がめつ・い　ガメツイ　欲が深くて,利益をえることに特に熱心なようす.　Ｅgrasping; greedy.　한악착스럽다.「一郎はがめつくて,友達に金を貸しても利息を取る//叔母は金持ちだが,がめついから寄付などはしない」　話

カメラ　(camera)カメラ　写真を写すための機械.写真機.また,テレビや映画を撮影するための機械.　Ｅa camera.　한카메라.「カメラで写真をとる//胃カメラ//テレビカメラ」　数１台

かもく　【科目】カモク　学校での学科の種類.　Ｅa subject.　한과목.「わたしの高校時代の得意な科目は化学だった//選択科目//必修科目」

かもく　【寡黙】カモク　あまりしゃべらないこと.無口.　Ｅtaciturn; of few words.　한과묵.「姉は寡黙なので,なにを考えているのかよくわからないことがある//寡黙な人」　対饒舌・饒舌　書

かもしれない　(名詞,動詞と形容詞の基本形,形容動詞の語幹について)はっきりしないことなので,断定できないことを表す.「とても寒いから雪になるかもしれない(ＥIt is very cold, and it may snow. 한무척 추우니까 눈이 올지도 모르겠다.)//洋子はきょう来ないかもしれない」

かもつ　【貨物】カモツ　車や船などで運ぶ荷物.　Ｅfreight; cargo.　한화물.「きのう駅へ貨物を受け取りに行った//貨物自動車//貨物列車//貨物船」

がやがや　ガヤガヤ〖～する〗おおぜいの人の話し声などで騒がしいようす.「先生が出ていくと,とたんに教室はがやがやしはじめた(ＥAs soon as the teacher left, the classroom began to get clamorous.〔한〕선생님이 나가자마자 교실이 와자지껄해지기 시작했다.)」

かやく【火薬】カヤク 爆発を起こす薬品.〔E〕gunpowder.〔한〕화약.「火薬を爆発させて建物をこわす//マッチは細い棒の先に火薬をつけたものだ//火薬工場」

かゆ カユ 米を,水を多くしてやわらかく煮たもの.〔E〕rice gruel.〔한〕죽.「病気の子供のためにかゆをつくる//食欲がないので,かゆだけ食べる//七草がゆ//卵がゆ」

かゆ・い カユイ 皮膚がむずむずして,かきたい感じだ.〔E〕itchy.〔한〕가렵다.「蚊に刺されてかゆい//4,5日髪を洗わなかったら,頭がかゆくなった」

かゆい所に手が届く 細かいところまでよく気がついて,世話がいきとどく.〔E〕be very considerate.〔한〕세세한 데까지 생각이 미치다.「日本へ来たばかりのとき,田中さんがかゆいところに手がとどくようにいろいろ教えてくれた」

かよ・う【通う】カヨウ〔自動五〕(かよって) ①同じ地点をいつも行き帰りする.〔E〕go to; commute.〔한〕다니다.「毎日,学校へ通う//病院へ1週間通った」②なにかを通ってものが流れる.〔E〕circulate.〔한〕통하다,흐르다.「地下に空気が通っている//血管に血が通う」③心が温かく伝わり合う.〔E〕be communicated to; be humane.〔한〕통하다.「心の通う友達//血の通った政治(=国民のためをよく考えた政治)」▷〔名〕通い

かようび【火曜日】カヨービ 1週7日の3番目の日.月曜のつぎ,水曜の前の日.火曜.火.〔E〕Tuesday.〔한〕화요일.「毎週火曜日の夜6時半から研究会を開いている」

かよわ・い【か弱い】カヨワイ 力がなくて,いかにも弱そうだ.〔E〕weak; frail.〔한〕가냘프다.「あなたのか弱い体で,よく富士山に登れましたね」

から【空】カラ ①中になにも入っていないこと.〔E〕empty.〔한〕(텅)빔.「たくさん買い物したので,財布が空になった//家を空にする」②(他のことばの頭について)中身がなくて形だけだということ.「疲れているけれど,空元気を出して出かける//空いばり〔E〕bluff; bravado.〔한〕허세를 부림.)//空騒ぎ(→項目)//空つゆ//空まわり〔E〕fruitless effort.〔한〕겉돌기,공전; 헛수고.)」

から【殻】カラ 中身を取ったあとの,残った外側.〔E〕an empty (lunch box); a shell.〔한〕껍데기.「山で食べた弁当の殻を持ち帰る//卵の殻を破ってひなが生まれた」

卵の殻

弁当の殻
〔殻〕

殻に閉じこもる 自分の世界に入りこんでしまって,そこから出ない.〔E〕withdraw into oneself.〔한〕자신만의 세계에 틀어박히다.「ほかの人の意見や考えを聞かないで殻に閉じこもっていても,進歩がない」

から ①動作が起こる場所を表す.「バスは新宿から出発した//山の上のほうから歩いてきた人(〔E〕a person who came down from the summit.〔한〕산 위쪽에서 걸어온 사람.)」対まで
②動作や状態が始まる時を表す.「パーティーは6時から始まる//去年から横浜に住んでいる(〔E〕I have lived in Yokohama since last year.〔한〕작년부터 요코하마에 살고 있다.)」対まで
③動作や状態が起こる原因や理由を表す.「つまらないことから妹とけんかをしてしまった(〔E〕I argued over something trifling with my sister.〔한〕하찮은 일로 여동생과 싸우고 말았다.)//アンケートの結果から人々の政府に対する考え方がわかる」

④原料や材料、成分などを表す。「水は水素と酸素からできている//新聞紙から再生した紙(Erecycled paper from newspaper. 한신문지로 재생한 종이.)」
⑤変化の始まりを表す。「雨から雪に変わった(EIt changed from rain to snow. 한비에서 눈으로 변했다.)//課長から部長になった」
⑥動作、作用の出どころ、もとを表す。「友達から古いワープロをもらった(EI got an old word processor from my friend. 한친구한테서 낡은 워드프로세서를 받았다.)」
⑦(「〜てから」の形で)動作、作用の順序、始まりを表す。「手を洗ってから、食事をする(EAfter washing hands, we eat. 한손을 씻고 나서 밥을 먹는다.)//勉強がすんでから、手紙を書く」
⑧(動詞、形容詞、形容動詞の基本形について)前のことが原因、理由となって後のことがあることを表す。「あとで電話をかけるから、待っていてください(EI'll phone later, so please wait. 한나중에 전화를 할 테니, 기다려 주세요.)//熱が高いから、きょうは寝ていなさい//便利ですから、ここに住みたいです」
▷→ので

がら 【柄】ガラ ①体の大きさ。Ebuild. 한몸집, 체격。「この子は柄は小さいが体は丈夫だ//大柄/小柄(→項目)」②人の性格や態度から感じられる雰囲気。Echaracter; nature. 한성품, 인품。「女性の車にわざわざ近づいていじめる柄の悪いトラック運転手がいる」③布や紙などの模様。Ea pattern; a design. 한무늬。「姉ははでな柄のブラウスを着ている//しま柄」対無地

カラー (color)カラー ①色。色彩。Ea color. 한컬러, 색, 색채。「カラーテレビ//カラーフィルム」対モノクロ ②独特の調子や雰囲気、特色。Ea color; a character. 한특색, 기풍。「出場チームはそれぞれカラーを持っている//スクールカラー」

から・い 【辛い】カライ ①舌をぴりっと刺すような感じだ。Ehot; spicy. 한맵다。「すしのわさびが辛すぎて涙が出た//唐辛子の入った辛い料理」②塩の味がする。また、塩気が強い。塩辛い。Esalty. 한짜다。「塩を入れすぎて料理が辛くなってしまった」対甘い ③いいか悪いかの決め方が厳しい。Estrict. 한엄하다, 짜다。「A先生は点のつけ方が辛い」対甘い

からオケ 【空オケ】カラオケ 伴奏用の音楽が入っていて、それに合わせて歌うためのテープやレーザーディスク。その設備。また、その設備を置いている店。Ekaraoke; a tape or a laser disc with instrumental tunes for singing along, includes specialized stereo equipment. 한가라오케。「パーティーの後、みんなでカラオケへ行って歌を歌った//カラオケ大会」
注「カラオケ」とかたかなで書くことが多い。
参「オケ」は英語の「オーケストラ(orchestra)」を略した言い方で、空の(=歌のない)オーケストラの意味。

からか・う カラカウ〖他動五〗(からかって)相手をちょっと怒らせたり困らせたりして楽しむ。Etease; make fun of. 한놀리다, 조롱하다。「ネズミの鳴き声をまねて、猫をからかった//友達をからかう」名からかい

からから カラカラ、カラカラ ①軽くてかたいものが、続いて何度もぶつかる音を表す。「小石を入れた缶を振ると、からから(と)音がする(EA can with pebbles rattles when I shake it. 한돌멩이를 넣은 깡통을 흔들면 달각달각 소리가 난다.)」②完全に乾いているようす。「1カ月も雨が降らないので、地面がからからに乾いている(EWith no rain for a month, the ground is dried out.㈲한 달이나 비가 오지 않아서 땅이 바싹 말라 있다.)//のどがからからに渇く」▷→がらがら

がらがら ガラガラ、ガラガラ ①かたいものがたがいに当たる大きな音を表す。「岩ががらがら(と)落ちてきた(Ⓔ Rocks came clattering down. ㈲바위가 와그르르 떨어져 내렸다.)//戸をがらがら(と)開ける」②うがいするときの音を表す。「がらがら(と)うがいする(Ⓔ gargle noisily. ㈲거렁거렁하며 양치질하다.)」③中になにもないようす。非常にすいているようす。「電車はがらがらだった(Ⓔ The train was practically empty. ㈲전차는 텅텅 비어 있었다.)」
参 ①は「からから」と似ているが、「がらがら」のほうが音が大きく騒がしい。

からきし カラキシ (後に否定の意味のことばがついて)まったくだめなようす。からっきし。Ⓔ not at all; completely. ㈲도무지, 전혀.「酒はからきし飲めなくて、なめただけで顔が真っ赤になる」話

がらくた ガラクタ いらなくなったいろいろなもの。Ⓔ odds and ends; junk. ㈲잡동사니.「物置の中のがらくたを整理する//この古いおもちゃは、親からみればがらくただが、子供にとっては宝物なのだ」話

からくち 【辛口】カラクチ ①みそや酒などの味の甘くないもの。Ⓔ salty; dry (sake). ㈲쌉쌀함.「どちらかといえば、辛口の酒のほうが好きだ//辛口タイプのビールがよく売れている」対甘口 ②程度を弱めたりせず厳しいこと。Ⓔ harsh. ㈲신랄함.「あの人は辛口の批評をする//辛口のテレビ番組」対甘口

からくも カラクモ 非常にあぶない状態から、やっと抜けだすようす。かろうじて。Ⓔ narrowly; barely. ㈲간신히, 가까스로.「飛行機が爆発する直前に、からくも脱出した//38対37で、からくも勝った」書

からさわぎ 【空騒ぎ】カラサワギ [〜する] 騒ぐ理由もないのに騒ぐこと。Ⓔ make a fuss about nothing. ㈲헛소동.「男女差別をなくす運動が、単なる空騒ぎで終わってはいけない」

からし 【辛子】カラシ カラシナという野菜の種からつくった粉をねったもの。黄色くて辛い。Ⓔ mustard. ㈲겨자.「このサンドイッチは辛子がよくきいている//おでんに辛子をつけて食べる//洋辛子」

からす カラス 鳥の一種。人家の近くの森などにすみ、全身が黒い。Ⓔ a crow. ㈲까마귀.「カラスがカーと鳴いた//カラスの行水(= 短い時間で入浴をすますこと)」数 1羽・1匹
注 漢字で書くときは「烏」。

ガラス (⑩glas) ガラス 窓やコップなどに使う、透明な物質。かたいが割れやすい。Ⓔ glass. ㈲유리.「注意してガラスのコップを洗う//ガラスの食器//くもりガラス」

からだ 【体】カラダ ①人間や動物の首、胴、手足などの全体。Ⓔ the body. ㈲몸, 신체.「ジョギングで体をきたえる」

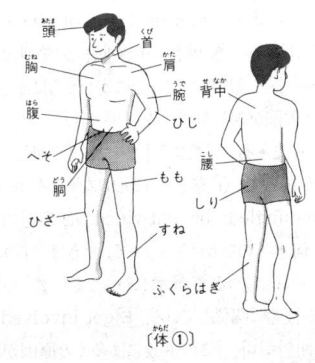

[体①]

からだつき

②胴. 胴体. Ｅthe trunk; the torso. 한몸통.「体のわりに手足が小さい」
③健康の状態. Ｅhealth. 한몸, 건강.「働きすぎて体をこわした」

からだつき 【体つき】カラダツキ, カラダッキ 体の格好. Ｅbuild; physique. 한몸매, 체격.「あの柔道選手はがっしりした体つきをしている//体つきから見ると, あの人はまだ20代だ//ほっそりした体つき」

からっぽ 【空っぽ】カラッポ 中になにもないこと. Ｅempty. 한텅 빔.「1週間買い物をしなかったので, 冷蔵庫の中がからっぽだ//忙しすぎて頭がからっぽになった//からっぽの財布」話

からて 【空手・唐手】カラテ ①手になにも持っていないこと. Ｅempty-handed. 한빈손.「おみやげをと思ったが遅くてなにも買えず, からてで帰った」②沖縄から伝わった, 手や足を使ってする武術. Ｅkarate. 한가라테, 당수.「ジョンは空手を習っている//空手5段」
注漢字で書くときは, ①は「空手」, ②は「空手」「唐手」.

からには (動詞, 形容詞, 形容動詞の基本形について)〜する以上は.「引き受けたからには, 途中でやめるわけにはいかない(ＥSince I took on the matter, I cannot give it up halfway. 한맡은 이상에는 도중에 그만둘 수는 없다.)//こんなに安いからには, なにか欠陥があるにちがいない」

からま・る 【絡まる】カラマル〔自動五〕(からまって) ①巻きついて取れなくなる. Ｅget entangled; be entwined. 한휘감기다.「何本ものひもがからまって, ときほぐすのがたいへんだ//つる草が木にからまる」②ものごとが複雑に関係している. Ｅget involved in. 한얽히다.「この事故には多くの原因がからまっている」▷他動絡める

から・む 【絡む】カラム〔自動五〕(からんで) ①巻きつく. Ｅtwine round; be entangled. 한휘감기다；얽히다.「着物のすそが足にからんで歩きにくい//ブラシに髪の毛がからむ」②関係がある. Ｅbe involved in. 한관계되다, 얽히다.「政治家のからんだ事件//選挙に金がからむ」③人にしつこくなにかを言って離れない. Ｅbe clingy and obnoxious. 한지근덕거리다；시비를 걸다.「兄は酒を飲むとからむので, みんなに嫌われている」▷名絡み

がらりと ガラリト, ガラリト ①引き戸を大きく勢いよく開けて音を立てるようす. がらっと.「戸をがらりと開けて,『ただいま!』と大声で言った(ＥI pulled the sliding door open wide and exclaimed, "I'm home!" 한문을 드르륵 열고「다녀왔습니다!」하고 큰소리로 말했다.)」②以前と比べてすっかり変わるようす. がらっと.「部長はいままでいばっていたのに, 社長が来たとたん, がらりとやさしくなった(ＥThe manager was overbearing, but became soft suddenly when the president came. 한부장은 여태까지 으쓱거리고 있다가 사장이 오자마자 갑자기 상냥해졌다.)」

がらんどう ガランドー 広い部屋や家の中になにもないようす. Ｅempty; hollow. 한휑뎅그렁함.「引っ越しの荷物を出したあとの家の中はがらんどうで, とても広く感じた」話

かり 【仮】カリ 本当のものではなく, 一時的なものであること. Ｅtemporary; assumed. 한임시；가짜.「このアパートは仮の住まいだから, あまり家具は置かないつもりだ//仮の名前//仮契約」

かり 【狩り】カリ ①鳥やけものを銃や弓矢で捕まえること. Ｅhunting; shooting. 한

사냥.「むかしの人は狩りをして生活していた//狩りに行く//ウサギ狩り」②山や海で動物や植物をとること。また、観賞すること。E(fruit) picking; (mushroom, shellfish) gathering; (tree) viewing. 한따기, 잡이; 구경, 놀이.「ブドウ狩りに行く//キノコ狩り//潮干狩り//もみじ狩り」

かり【借り】カリ ①人から借りること。また、借りた金やもの。Ea debt; a loan. 한빌림; 빌린 금품, 빚.「兄に1000円の借りがある//前借り」対貸し ②他人から受けた恩やうらみ。Ebe indebted to a person; an obligation. 한입은 은혜; 원한.「一郎には、このあいだ仕事を手伝ってもらった借りがある//借りができる//借りを返す」対貸し ▷ 他動借りる

かりいれ【刈り入れ】カリイレ 実った稲や麦を刈って、取り入れること。Eharvesting. 한베어 들이기, 수확.「今年は天気がよかったので、刈り入れが早い//近所の人に手伝ってもらって刈り入れをした」他動刈り入れる

かりこ・む【刈り込む】カリコム〔他動五〕(かりこんで)のびた草木や髪を短く切って、形をととのえる。Ecrop; trim. 한깎아서 다듬다, 손질하다.「暑くなったので髪を短く刈りこんだ//庭の木を刈りこむ」名刈り込み

かりだ・す【借り出す】カリダス〔他動五〕(かりだして) ①ものを借りて外へ持って出る。Eborrow; take out. 한빌려 내오다.「これは研究室から借りだした本だ//展覧会のためにルーブル美術館から名画を借りだす」対貸し出す ②銀行などから、期限を決めて金を借りる。Etake out a loan. 한대출받다.「車を買う金を銀行から借りだした」対貸し出す ▷名借り出し

かりに【仮に】カリニ ①そうだと仮定して。Eif; suppose. 한만약, 가령.「仮に原爆が発明されなかったとしたら、歴史は変わっていただろう」②一時的に。Etemporarily; for the present. 한임시로, 일시적으로.「ガラスの割れている所に、仮にテープをはっておく」

がりべん【がり勉】ガリベン 学校の勉強だけを一生懸命することや、そういう人を悪くいう言い方。Ea grind; a swot. 한공부벌레.「兄はがり勉で、学校の成績はいいが友達はいない」話

かりもの【借り物】カリモノ 人から借りたもの。Ea borrowed thing. 한빌린 물건, 남의 물건.「この着物は姉からの借り物だ//借り物の思想」

かりゅう【下流】カリュー ①川の流れの、海に近いほう。Ethe lower reaches of a river; downstream. 한하류.「ライン川の下流にある町に住む//隅田川を下り、下流で釣りをする」②社会で、地位、生活程度などの低い階級。Ethe lower classes. 한하류.「わたしは、子供のころ家が非常に貧しくて下流の社会に育った」▷関連上流, 中流

かりょく【火力】カリョク, カリョク 火の燃える勢い。また、そのエネルギー。Eheating power; thermal power. 한화력.「天然ガスの火力は強い//火力が弱くて魚がなかなか焼けない//火力発電」

か・りる【借りる】カリル〔他動一〕①他人のものを、ある期間使わせてもらう。Eborrow. 한빌리다.「友達に鉛筆を借りる//部屋を借りる」対貸す, 返す ②他人の能力を使わせてもらう。Eask for (advice). 한빌리다.「あなたの知恵を借りたいのです//みんなの助けを借りる//猫の手も借りたい(→猫 慣用)」対貸す ▷名借り

か・る【刈る】カル〔他動五〕(かって)草木や髪などを切り取る。また、切って短くする。

Ⓔtrim; reap; cut. 한베다; 깎다. 「草を刈る//稲を刈る//髪を刈る」

−がる (形容詞と形容動詞の語幹について)〜であるようすだ．〜であるように見せる．「転んでけがをした子供は痛がって泣いている(Ⓔ The child who fell down and hurt himself is complaining of pain and crying. 한넘어져서 다친 아이가 아파하면서 울고 있다.)//口では強がっているが，1人で旅行するのは心細い」

かる・い 【軽い】カルイ ①目方が少ない．Ⓔlight. 한가볍다．「この荷物は軽いから子供でも持てる//旅行に持っていくカメラは軽くて小さいのがいい」対重い
②程度が小さい．Ⓔslight. 한가볍다, 경미하다．「階段から落ちたが, 軽いけがですんだ//軽いかぜだから心配ない」対重い
③重要でない．Ⓔlight. 한가볍다, 대수롭잖다．「新聞は今度の事件を軽く扱っている//軽い役割」対重い
④疲れや悩みがない．Ⓔlight; relieved. 한가볍다, 경쾌하다, 홀가분하다．「元気に足どりも軽く歩く//仕事が無事に終わって心が軽くなった」対重い
⑤簡単で, やさしい．Ⓔeasy. 한가볍다, 손쉽다．「この問題は軽くできる//軽く優勝できた」

かるがる 【軽軽】カルガル ①本当に軽そうに動かすようす．Ⓔeasily; without exertion. 한거뜬히, 가뿐히．「体の大きなトムは, 2人の子供をかるがる(と)抱き上げた」
②体が軽そうなようす．Ⓔlightly. 한가볍게; 훌쩍．「ジョンは塀をかるがる(と)飛び越えた」 ③簡単そうに行うようす．Ⓔwith ease. 한쉽게, 간단히．「むずかしい問題でも兄にきけば, かるがる(と)といてくれる」

カルシウム (calcium) カルシューム 石灰岩, 貝殻, 骨などにふくまれる, 比重が軽い金属. Ⓔcalcium. 한칼슘．「牛乳はカルシウムをたくさんふくんでいる//カルシウムがたりないと歯や骨が弱くなる//カルシウムをとる」

かるた (㋧carta) カルタ 長方形の紙の札に絵や文字をかいたもの．また, 読み手の読んだ札をおおぜいで取り合うゲーム．Ⓔ Japanese card games in which a poem or saying on one card is read aloud and the players find its match. 한놀이딱지．「お正月には, 家族でかるたをする//かるた大会//かるた取り//いろはがるた」数1枚・1組

〔かるた〕

注 もとはポルトガル語だが, 日本語に入ってから長い時間がたっているので, かたかなよりもひらがなで書くことが多い．

カルチャー (culture) カルチャー 文化, 教養．Ⓔculture. 한컬처, 문화．「国際交流を通じて, いろいろな国のカルチャーを知る//カルチャーショック//カルチャーセンター」

かるはずみ 【軽はずみ】カルハズミ, カルハズミ よく考えずに行動すること．Ⓔrash; hasty; thoughtless. 한경솔．「友人に, 誘ってくれればどこへでも行くと軽はずみな約束をしてしまった//軽はずみな発言」

かれ 【彼】カレ ①自分と相手以外の男性をさすことば．Ⓔhe. 한그．「彼はわが社の希望の星だ」対彼女 ②恋人である男性．Ⓔone's sweetheart; one's boyfriend. 한애인．「京子の彼はすてきな男性だ」対彼女 ▷話②

かれい 【華麗】カレイ はなやかで美しいようす．Ⓔsplendid; gorgeous. 한화려．「三島由紀夫の文章はとても華麗だ//オペラの華麗な舞台にうっとりとした」

ガレージ (garage) ガレージ, ガレージ 自動車の車庫．Ⓔa garage. 한개라지, 차고．「ガレージに車を入れる//ガレージから車を

出す//ガレージセール(=ガレージなどで，自分が使わないものを売ること)」

カレーライス (curry and rice) カレーライス 肉や野菜を油でいため，カレーの味をつけて煮こんだものをごはんにかけて食べる料理．ライスカレー．Ⓔcurry and rice. 한카레라이스．「夏はカレーライスのように辛いものがおいしい//お昼は学生食堂のカレーライスにしよう」

かれこれ カレコレ ①{～する}どれと決めないよう．なにやかや．とやかく．Ⓔthis and that; in the meantime. 한이러쿵저러쿵; 그럭저럭．「かれこれ言わずに，やってみたほうがいい//返事を書こうと思いながら，かれこれするうちに1週間が過ぎた」②(数や量を表すことばの頭について)だいたい．およそ．Ⓔabout; nearly. 한대충; 거의．「かれこれ半月近くたつのに，まだ荷物がとどかない//かれこれ5キロほど歩いた所に湖があった」

か・れる 【枯れる】カレル〔自動一〕①草や木が生命力を失って水分がなくなり，色が変わる．Ⓔwither; die. 한마르다, 시들다．「花瓶の中の花が枯れてしまった//秋になると木の葉が枯れて落ちる」②長い間の努力によって，いい味わいになる．Ⓔmature; become refined. 한원숙해지다．「叔父は70歳を過ぎて人間が枯れてきた//あの役者の芸は枯れてすばらしくなった」

かれん 【可憐】カレン かわいらしく，ちょっと弱々しい感じのするよう．Ⓔlovely; tiny; pretty. 한귀여움, 가련함．「ほっそりした姿，かわいい声など，あの人はいまも可憐なところがある//エーデルワイスのような可憐な花が好きだ//純情可憐」

カレンダー (calendar) カレンダー 1年間の月日，曜日，祝祭日などを週や月で区切ってしるしたもの．暦．Ⓔa calender. 한캘린더, 달력．「新年を迎える準備に，各部屋に新しいカレンダーをかける//カレンダーに誕生日のしるしをつける」

かろう 【過労】カロー 働きすぎて非常に疲れること．Ⓔoverwork. 한과로．「今月は仕事が忙しすぎ，過労で倒れる人も出た//過労から病気になる//過労死」

かろうじて カロージテ あぶなかったり無理だったりしたことを，どうにか切り抜けるよう．Ⓔjust barely; by the skin of one's teeth. 한간신히, 가까스로．「ガソリンに火がつく直前に車の窓から逃げだし，かろうじて助かった//2位の人と1票差で，かろうじて当選した」

かろやか 【軽やか】カロヤカ かるがるとしたよう．Ⓔlightly; airy. 한가뿐함, 경쾌함．「馬は軽やかにさくを飛び越えた//試験が終わって，軽やかな気持ちで家に帰った」

カロリー (ⒻKalorie) カロリー ①熱をエネルギーの量として表すときの単位で，1気圧のもとで，水1グラムの温度を1度上げるのに必要な熱量．記号は「cal」．Ⓔa calorie. 한칼로리．「天然ガスはカロリーが高い」②食物が消化吸収されるときに出る熱量．また，その単位．「①」の1000倍で，記号は「Cal」．Ⓔa Calorie. 한칼로리．「ケーキはカロリーが高い//1日1600カロリーでダイエットを始める//低カロリー食品」

参①の単位は1992年から「ジュール」に変わった．1カロリーは約4.2ジュール．

かろん・じる 【軽んじる】カロンジル〔他動一〕人やものの価値を認めず，軽く扱う．軽んずる．Ⓔmake light of. 한얕보다; 가벼이 여기다, 경시하다．「人の命を軽んじる//約束を軽んじる」対重んじる

かわ 【川・河】カワ くぼんでいて，自然の水が流れる所．また，そこを流れる水．Ⓔa river; a stream. 한강．「大雨が降ったので川の流れが速くなった//川を渡る//

ナイル川」 数 1本・1筋
注「河」は「河川」「大河」のように熟語として使うことが多く、単独ではあまり使わない。

かわ 【皮・革】カワ ①動物や植物の表面をおおっているもの. E the skin; a hide; a peel. 韓 껍질; 가죽.「海水浴で日に焼けて、体の皮がむけた//リンゴの皮をむく//毛皮」 ②①」のうちの動物のものを加工してやわらかくしたもの. E leather. 韓 가죽, 피혁.「このバッグは牛の革でできている//ワニ革のベルト//革の財布」
注 漢字で書くときは、①は「皮」、②は「革」.

がわ 【側】ガワ ①考え方や立場がいくつかに分かれているものの１つ. E a side. 韓 측, 편, 쪽.「消費者の側に立って安全な商品をつくる//どちらの側が正しいか公平にみる」②(他のことばの後について)〜のほう.「窓側の席//こちら側//向こう側//反対側(E the opposite side. 韓 반대쪽.)//右側」

かわい・い カワイイ ①小さいもの、弱いものを深く愛し、たいせつにしたいと思うようすだ. E dear. 韓 사랑스럽다, 귀엽다.「かわいいわが子のためならなんでもする」対憎い ②若い人、子供、小動物などの見た感じがいい. E lovely; pretty. 韓 예쁘다, 귀엽다.「歌は下手でも顔がかわいくて人気のある歌手//縫いぐるみのようなかわいい小犬」
参「愛らしい」「かわいらしい」も似ているが、それらが外から見た感じをいうのに対して、「かわいい」は①のように自分の主観的な感情だけでいうばあいもある.

かわいい子には旅をさせよ わが子を本当にかわいいと思うなら、親のそばに置いて甘やかすより、他人の中に出していろいろな経験や苦労をさせたほうがいい. E Spare the rod and spoil the child. 韓 사랑하는 자식에겐 여행을 시켜라.

かわいそう カワイソー 困っている人などに対して気の毒に思うようす. E take pity on; poor. 韓 불쌍함, 가엾음.「捨て猫をかわいそうだと思って拾ってきた//あの人、事業に失敗したんだって、かわいそうに」
参 目上の人のことをいうときには「(お)気の毒」を使う.

かわいらし・い カワイラシイ かわいいようすだ. E lovely; charming; tiny. 韓 사랑스럽다, 귀엽다, 예쁘장하다.「2, 3歳の子のしゃべり方はかわいらしい//赤ちゃんのかわいらしい手」対憎らしい →かわいい

かわか・す 【乾かす】カワカス〔他動五〕(かわかして) 乾くようにする. E dry. 韓 말리다.「ぬれた服を火で乾かす//洗った髪をドライヤーで乾かす」対湿らす 自動乾く

かわかみ 【川上】カワカミ 川の流れてくる上の方向. E upstream; the upper reaches of a river. 韓 강의 상류.「川上までさかのぼって水源をさがす//台風の後は、川上からいろいろなものが流れてくる」対川下

かわ・く 【乾く・渇く】カワク〔自動五〕(かわいて) ①ものや空気などの水分が取れた状態になる. E dry; get dry. 韓 마르다, 건조하다.「冬は空気の乾いた日が多い//洗濯物が乾く」対湿る ②口の中の水分が少なくなって、水がほしくなる. E be thirsty; feel thirsty. 韓 목이 마르다.「汗をかいて、のどが渇いた」▷名乾き・渇き 他動乾かす
注 漢字で書くときは、①は「乾く」、②は「渇く」.

かわしも 【川下】カワシモ 川の流れていく下の方向. E downstream; the lower reaches of a river. 韓 강의 하류.「川下になると流れがゆるやかになる//川下の地域は商業が盛んだ」対川上

かわ・す【交わす】カワス〔他動五〕(かわして) ①たがいにやりとりする. Ⓔexchange. ㉠주고받다；교환하다.「あいさつをかわす//意見をかわす//約束をかわす」②両方から来たものが重なり合う. Ⓔcross; intersect. ㉠교차시키다.「桜の木が枝をかわしている/情をかわす(＝男女が体の関係を持つ)」

かわ・す カワス〔他動五〕(かわして) ①近づいてくるものを，体の向きを変えたりしてよける. Ⓔdodge. ㉠몸을 돌려 피하다.「捕まえようとしたら，ひらりと身をかわして逃げてしまった」②自分に向けられたものをよける. Ⓔevade; parry. ㉠회피하다.「相手の質問をかわす//批判をかわす」

かわせ【為替】カワセ 取り引きをするばあいに，現金ではなく，小切手など代わりのもので受け渡しをする方法. Ⓔa money order. ㉠환.「大学の入学金を為替で送った//郵便為替」

かわら【河原・川原】カワラ 川の水が流れていない部分で小石や砂の多い所. Ⓔa dry riverbed. ㉠강가의 모래밭.「河原で遊んでからお弁当を食べた//河原でキャンプをする」

かわら カワラ 土をかためて窯で焼いたもの. おもに屋根に使う. Ⓔa tile. ㉠기와.「向こうに見える青いかわらの2階建てがわたしの家です//台風の強い風でかわらが飛んだ//屋根がわら」 数1枚

〔かわら〕

かわり【代わり】カワリ ①あるものにかわること. Ⓔinstead of; a substitute. ㉠대신, 대용, 대리.「万年筆の代わりに，ボールペンを使う//代わりの品/身代わり」②利益を受けたことに対するお返し. Ⓔin return for; in exchange for. ㉠대신.「助けていただいたかわりに，なにかお手伝いします//きみが大学で勉強するのにいる金は出してあげよう. かわりに，卒業したらわたしの会社で働いてもらおう」③(「おかわり」の形で) ⇒おかわり ▷自動 代わる

かわりばえ【代わり映え】カワリバエ (「かわりばえが[の]しない」の形で) いままでとすこしもかわらない. Ⓔbe none the better for the change. ㉠바뀐 보람이 없다.「いつも集まるのは同じメンバーで，ちっともかわりばえがしない//通勤用のかわりばえのしないスーツ」

かわりもの【変わり者】カワリモノ 一般の人とどこか違う人. Ⓔan odd fellow; an eccentric person. ㉠괴짜.「あの人は変わり者で，家族と別れて山の中で絵をかいて暮らしている」

かわ・る【代わる・替わる・換わる・変わる】カワル〔自動五〕(かわって) ①あるものと同じ働きを他のものがする. Ⓔtake the place of. ㉠대신하다.「病気の父にかわって，わたしが出席する//愛にかわるものはない」②あるものが，新しいものや価値の同じ他のものになる. Ⓔexchange. ㉠바뀌다, 교체되다.「後ろの席から前の席にかわる//空気が入れかわる」③時, 所, ようすなどが前と違うようになる. Ⓔchange. ㉠바뀌다.「住所が変わる//考えが変わる//天気が変わる」④(「変わった[ている]」の形で) ふつうとは違っている. 珍しい. Ⓔstrange; unusual. ㉠별나다.「あの人の考えは変わっている//変わった名前」

▷名 代わり・替わり・変わり 他動 代える・替える・換える・変える

注 漢字で書くときは，①は「代わる」，②は「替わる」，③④は「変わる」.

かわるがわる カワルガワル 2つ以上のものや2人以上の人が順番に. Ⓔin turn; alternately. ㉠교대로, 번갈아.「将棋では，2人の人がかわるがわるこまを動かす//生

徒たちはかわるがわる立って意見を言った」→交互に

かん【缶】カン　金属製の入れ物．Ⓔa can．韓캔, 깡통．「ジュースの缶を捨てる//缶ビール//缶切り(=缶を開ける道具)//ドラム缶(=ガソリンなどを入れる大きい缶)//空き缶」

かん【巻】カン　①1冊の本．Ⓔa volume; a book．韓권, 책．「この小説は巻が進むにつれて, おもしろくなる//巻頭(=本の始め)//巻末(=本の終わり)」②(数を表すことばの後について)本, フィルム, 雑誌などの数を表す．「その論文は, この雑誌の2巻9号に出ている//全部で11巻の映画フィルム//10巻の全集(Ⓔthe complete works in ten volumes．韓10권의 전집．)」

かん【間】カン　①あいだ．Ⓔduring; between．韓〜동안; 사이．「夫は長く病気をしていた．その間, 妻が働いて生活を支えた//その間, 3キロのへだたりがあった」②(他のことばの後について)(1)〜の間．「3カ月間(Ⓔfor three months．韓3개월 간．)」(2)〜と…との間．「日米間の話し合い//東京・大阪間(Ⓔbetween Tokyo and Osaka．韓도쿄・오사카간．)」▷書①

かん【感】カン　①強く心を動かされること．Ⓔa feeling; a sense．韓느낌, 감．「今昔の感(=いまとむかしを比べて, その差が大きいことをしみじみと感じる気持ち)」②(他のことばの後について)ものごとから受ける感じ, 雰囲気, 気持ち．「この写真には季節感がよく表れている//安心感//満足感(Ⓔa feeling of satisfaction．韓만족감．)」

感極まる　たいへん感動する．Ⓔbe deeply moved．韓몹시 감동하다．「30年ぶりに再会した父と子は, 感きわまって抱き合って泣いた」

感にたえない　非常に感動する．Ⓔadmiring．韓감개무량하다．「ゴッホの絵を見て, 『うーん, 実にすばらしい』と父は感にたえないような声を出した」 似た表現 感にたえる

-かん【-館】(他のことばについて)おおぜいの人が集まる大きな建物．「このビルは1号館から5号館まである//映画館//美術館//体育館(Ⓔa gymnasium．韓체육관．)//本館(Ⓔthe main building．韓본관．)」

がん　ガン　①皮膚や体の中にできる悪性のはれもの．Ⓔcancer．韓암．「タバコを吸いすぎると肺がんになりやすいそうだ//発がん物質(Ⓔa carcinogen．韓발암 물질．)//乳がん」②組織などの中で, じゃまになっている人やもの．Ⓔa cancer; a curse．韓암．「この国では人口問題ががんになって, 経済の発展が遅れている」

かんい【簡易】カンイ, カンイ　簡単で, 手軽なようす．Ⓔsimple; simplified; easy．韓간이．「簡易な方法//簡易書留//簡易宿泊所」

かんいっぱつ【間一髪】カンイッパツ, カン・イッパツ　非常に短い時間の差でうまくいったりいかなかったりすること．Ⓔa narrow escape; a close call．韓아슬아슬함, 간발의 차．「銀行の窓口は午後3時に閉まるので, 急いで自転車で行って間一髪のところで間に合った//車が急に曲がってきたが, 反射的によけて間一髪助かった」

▤参 もとは, 髪の毛1本が入るぐらいのすきまの意味．

かんえん【肝炎】カンエン　ウイルスの感染や中毒などによって起こる肝臓の病気．Ⓔhepatitis．韓간염．「父は手術の輸血のせいで肝炎になった//酒の飲みすぎや過労で肝炎になり, 1カ月間入院した//血清肝炎//B型肝炎」

かんおけ【棺おけ】カンオケ　死体を入れるための木の箱．Ⓔa coffin; a casket．韓관．「棺おけの中に故人の愛用した辞書を入

棺おけに片足を突っ込む もう長くは生きられないということ。Ehave one foot in the grave. 힌관 속에 한 발을 들여 놓다, 여명이 얼마 남지 않았다.「わたしはもう老年で、棺おけに片足を突っこんでいますよ」

かんか 【感化】カンカ〔～する〕影響を与えて、性質や行動を変えること。Einfluence. 힌감화.「読書好きの父の感化を受けて、わたしも本が大好きだ//友達に感化されてロックファンになった」

がんか 【眼科】ガンカ, ガンカ 医学の一分野。目の病気を専門に扱う。Eophthalmology; an eye doctor. 힌안과.「目が痛いので、眼科でみてもらう//眼科医」

かんがい 【感慨】カンガイ 心に深く感じること。Edeep emotion. 힌감개.「むかしの友達に会い、子供時代を思いだして感慨が深かった//感慨にひたる//感慨無量(Ebe filled with deep emotion. 힌감개 무량.)」

かんがい 【灌漑】カンガイ〔～する〕田や畑に人工的に水を引き入れること。Eirrigate; irrigation. 힌관개.「山の田んぼにも灌漑して米の増収をはかる//灌漑用水」

かんがえ 【考え】カンガエ 考えること。考えたこと。Ean idea; discretion. 힌생각.「わたしにいい考えがあります//考えが浅い//考えが甘い(EThat's wishful thinking. 힌생각이 안이하다.)」他動考える

かんがえぶか・い 【考え深い】カンガエブカイ 深く、じゅうぶんに考えているようすだ。Ethoughtful; prudent. 힌생각이 깊다.「田中さんは考え深い人だから、みんなの気持ちをよく思いやって決めてくれるでしょう」

かんが・える 【考える】カンガエル, カンガエル〔他動一〕
①知っていることや経験をもとに、あれこれと頭を働かせる。Ethink; consider. 힌생각하다.「数学の問題を考える//いいか悪いか考える//未来の世界を考える」
②新しいものを工夫する。Ethink up; devise. 힌고안하다；궁리하다.「簡単に使える機械を考えた//安く旅行できる方法を考える」
▷名考え →思う

かんかく 【間隔】カンカク ものごとの間の距離や時間。Ea space; an interval. 힌간격.「壁との間隔を10センチあけて机を置く//植木を1メートル間隔で植える//10分間隔」

かんかく 【感覚】カンカク ①目, 耳, 鼻, 舌, 皮膚などで感じとること。Ea sense; feeling. 힌감각.「冷たい氷に長い時間さわっていたので、手の感覚がなくなった//足の感覚がまひする」②ものごとの感じ方やとらえ方。Ea sense. 힌감각.「感覚をみがく//新しい感覚のデザイナー//美的感覚」

かんかつ 【管轄】カンカツ〔～する〕権限をもって、管理し支配すること。また、その範囲。Ejurisdiction; control. 힌관할.「義務教育に関することは文部省が管轄している//この仕事は区役所の管轄外だ」

かんかん カンカン, カンカン ①金属や石などのかたいものを続けて打つときの高く澄んだ音を表す。「教会の鐘がかんかん(と)鳴っている(EThe church bell is clanging. 힌교회 종이 땡땡 울리고 있다.)」②太陽が非常に暑く強く照っているようす。「外は太陽がかんかん(と)照りつけている(EOutside, the sun is shining relentlessly. 힌바깥은 태양이 쨍쨍 내리쬐고 있다.)」③ひどく怒るようす。「生徒にあだ名で呼ばれた先生はかんかんに怒った(EThe teacher, called by his nickname by his students became infuriated. 힌학생들에게 별명

으로 불린 선생님이 노발대발하였다.)」
▷→がんがん, ぎらぎら

がんがん ガンガン ①非常に大きなうるさい音を表す.「工事現場から, 鉄の柱を打つ音ががんがん(と)響いてくる(ETheの sound of hammering on the pile booms from the construction site. 한공사 현장에서 쇠말뚝을 박는 소리가 쾅쾅 울려 온다.)//となりの部屋でステレオをがんがん(と)鳴らしている」②〔~する〕頭が続けて強く打たれるように激しく痛むようす.「ゆうべ酒を飲みすぎて, 頭ががんがんする(EI have a splitting headache from overdrinking last night. 한어젯밤 과음을 해서 머리가 지끈지끈한다.)」③程度が非常に激しいようす.「がんがん練習して早く上手になろう(ELet's practice like mad and make rapid progress. 한맹렬히 연습해서 빨리 숙달해야지.)//がんがんストーブをたく」▷話③
参 ①は「かんかん」と似ているが,「がんがん」のほうが音が大きく騒がしい.

かんき 【乾期・乾季】カンキ 熱帯などで, 1年のうち特に雨の少ない時期, 季節. Ethe dry season. 한건기.「この地方はいまは乾期なので, ほとんど雨が降らない」対雨期・雨季
注 ふつうは「乾期」を使うが, 特に季節を強調するときは「乾季」.

かんき 【換気】カンキ〔~する〕室内の空気を入れかえること. Eventilation. 한환기.「換気が悪くて頭痛がする//換気扇//換気口」

かんき 【歓喜】カンキ〔~する〕非常に喜ぶこと. Erejoice over; joy. 한환희.「サッカーの試合に勝って歓喜した//歓喜のあまり, 思わず跳び上がった//歓喜の歌」対悲哀

かんきゃく 【観客】カンキャク 演劇やスポーツなどの見物人. Ean audience; the spectators. 한관객.「コンサートは, 舞台と観客とが1つになって盛りあがった//観客席」

かんきょう 【環境】カンキョー 人や生物が生活しているまわりの状態. Eenvironment; surroundings. 한환경.「この住宅は, 緑にかこまれた, とてもいい環境にある//環境が変わる//環境に適応する//環境破壊」

かんきょう 【頑強】ガンキョー 自分の考えをしっかり守り, なかなか相手に負けないようす. Eobstinately; stiff. 한완강.「息子の結婚に母親は頑強に反対した//空港建設は農民の頑強な抵抗にあっている」

かんきょうおせん 【環境汚染】カンキョーオセン 人間が水, 空気, 大地など自然環境をよごすこと. Eenvironmental pollution. 한환경 오염.「いまのままの環境汚染が続いたら, 地球の将来はあやうい//環境汚染防止条例」

かんきん 【監禁】カンキン〔~する〕ある場所に閉じこめること. Econfine; imprison. 한감금.「犯人は社長を監禁して要求を突きつけた//誘拐して監禁する//監禁場所」

かんぐ・る 【勘ぐる】カングル〔他動五〕(かんぐって) 勝手に気をまわして, 表に出ない事情をあれこれ悪く考える. Esuspect. 한의심하며 억측하다.「相手のことばを本心とは違うのではないかと勘ぐる//夫が指輪を買ってくれたのは, なにか悪いことをしているからではないかと勘ぐった」名勘ぐり

かんけい 【関係】カンケイ ①〔~する〕2つ以上のものを結びつけること. また, そのつながり. E(a) relation; be involved in. 한관계.「課長と父とは大学の先輩後輩の関係にある//不正事件に関係した人を取り調べる//関係が深い//人間関係//利害関係」②〔~する〕ほかのものに影響を与えるようなつながり. Ebecause of; influence. 한관계.「天候の関係で工事は1カ月も遅れた//因果関係」③(他のことばの後について)その方面.

「営業関係の仕事をしている(Ebe doing sales work. 한영업 관계의 일을 하고 있다.)」

かんげい 【歓迎】カンゲイ〔～する〕 喜んで迎えること. Ewelcome. 한환영.「社員たちは新入社員を温かく歓迎した//ホームステイの留学生を家族で歓迎する//歓迎会//大歓迎」 対歓送
参迎えるのと送るのを同時にいう言い方は「歓送迎」.

かんげき 【感激】カンゲキ〔～する〕 人の行動やものごとに深く心を動かされること. Ebe deeply moved. 한감격.「外国へはじめて行ったとき、まわりの人々の親切に感激した//友人の温かい励ましのことばに感激した//感激屋(Ean emotional person. 한곧잘 감격하는 사람.)」

かんけつ 【完結】カンケツ〔～する〕 続いていたものがすっかり終わること. Ebe concluded; be completed. 한완결.「1年続いていたテレビドラマがついに完結した//この連載小説は半年で完結する予定だ」

かんけつ 【簡潔】カンケツ 説明などが短くてわかりやすいようす. Ebriefly; concise. 한간결.「報告書を簡潔にまとめる//簡潔な文章」 対冗長

かんげん 【還元】カンゲン〔～する〕①もとにもどすこと. もとにもどること. Ereturn; restore. 한환원.「会社がえた利益の一部を、社会に還元する//白紙還元する(Estart afresh. 한백지로 환원하다.)」②酸化物から酸素を取ること. Edeoxidize. 한환원.「オゾン(O_3)を還元すると酸素(O_2)になる//還元剤」 対酸化

がんけん 【頑健】ガンケン 体ががっしりしていて丈夫なようす. Every strong; robust. 한강건.「弟はスポーツできたえた頑健な体をしている//父は頑健そのもので、病気などしたことがない」書

かんご 【漢語】カンゴ むかし中国から入ってきたことば. また、漢字を音読みにしたことば. Ea Japanese word of Chinese origin. 한한어.「おじいさんの手紙は漢語が多い『生物』は、漢語では『せいぶつ』で、和語では『なまもの』である」 関連和語、外来語
→外来語

がんこ 【頑固】ガンコ 自分の考えを変えないようす. Eobstinately; stubborn. 한완고.「社長は自分の意見を頑固に押し通した//頑固おやじ」

かんこう 【刊行】カンコー〔～する〕 本や雑誌を印刷し出版すること. Epublish; issue. 한간행.「1年に2回、論文集を刊行する//定期刊行物」

かんこう 【慣行】カンコー 前からの習慣として行われること. E(a) custom; (a) traditional practice. 한관행.「歓迎会で新人にスピーチをしてもらうことが、この部の慣行となっている//慣行にしたがう//慣行を破る」

かんこう 【観光】カンコー〔～する〕 よその土地の景色や名所を見物すること. Esightseeing. 한관광.「ここは桜の名所で、観光に来る客が多い//市内をバスで観光する//観光旅行//観光客//観光地」

かんこうちょう 【官公庁】カンコーチョー 国や地方公共団体などの仕事をする役所. Egovernment and municipal offices. 한관공서.「官公庁で働く人を公務員という//大学を卒業したら官公庁に就職したいと思っている」
参「官庁」も似ているが、「官庁」が国の行政の事務をとる所であるのに対して、「官公庁」は国も地方行政の役所もふくむ.

かんこく 【勧告】カンコク〔～する〕 人に、こうしたほうがいいと強くすすめること. Eadvise; recommend. 한권고.「社長は、

かんごく

病気で長く休んでいる社員に退職を勧告した//人事院は公務員の給与を3パーセント上げるように勧告した」

かんごく 【監獄】カンゴク 「刑務所」「拘置所」の古い言い方. Ea prison; a jail. 한 감옥.「監獄で、おかした罪を反省しながら年月を送る//自由のない生活は監獄の中にいるのと同じだ」

かんごふ 【看護婦】カンゴフ けが人や病人の手当てや世話をすることを職業としている女性. Ea nurse. 한 간호사.「入院中は看護婦さんにたいへん世話になった//看護婦を一生の職業としたい//正看護婦//准看護婦」
参 同じ職業の男性は「看護士」という.

かんこんそうさい 【冠婚葬祭】カンコンソーサイ 成人式, 結婚式, 葬式や法事などの, 人生のうちでたいせつな儀式. Eceremonial occasions. 한 관혼상제.「年とともに冠婚葬祭のための費用が増える//冠婚葬祭用に黒い服をつくった」

かんさ 【監査】カンサ〔〜する〕会社や団体などの仕事や会計を監督し, 検査すること. Ean audit; (an) inspection. 한 감사.「今月は監査があるので, 帳簿をきちんとしておく//監査役//会計監査」

かんさい 【関西】カンサイ 京都府, 大阪府, 兵庫県, 和歌山県, 滋賀県, 奈良県の2府4県. Ethe Kansai district. 한 간사이 지방.「日本は, むかしは関西が政治, 経済の中心だった//関西には古い寺や仏像がたくさんある//関西弁」 対 関東

かんさつ 【観察】カンサツ〔〜する〕そのものがどういう状態にあるかをよく見ること. Eobserve. 한 관찰.「昆虫の鳴き方を観察する//朝顔の種をまき, 生長を観察する//観察記録」

かんさん 【閑散】カンサン (「閑散とする」の形で) 人があまりいなくてひっそりしているよ

うす. Ebe almost deserted; quiet. 한 한산.「平日の美術館は, 人が少なくて閑散としている//客がいなくて閑散とした店」
参 人が多いのがふつうであるのに, 人けがなくて静かであるようすをいう.

かんさん 【換算】カンサン〔〜する〕ある単位の数や量を別の単位にかえて計算すること. Econvert. 한 환산.「メートル法に換算すると, 1フィートは約30.48センチである//ドルを円に換算する」

かんし 【監視】カンシ〔〜する〕なにかよくないことが起こらないように注意して見守ること. Ewatch. 한 감시.「海水浴場では係員が, おぼれる人がいないかを監視している//監視の目が厳しい//監視を強める//監視員」

かんじ 【漢字】カンジ 中国でつくられた, 1字1字が意味を持っている文字. Ekanji; a Chinese character. 한 한자.「漢字の音と意味を調べる//ひらがなやかたかなは漢字からつくられた文字だ//漢字練習帳//常用漢字(→項目)」

かんじ 【幹事】カンジ 会合やグループなどで中心になって世話をする人. Ea manager; a secretary. 한 간사.「会社の旅行の幹事なので, ホテルや乗り物の予約で忙しい//クラス会の幹事を決める」

かんじ 【感じ】カンジ ①刺激を受けて, 温度や痛さや味などを体で知ること. Efeeling. 한 느낌, 감각.「冷たい水に長くつけていたら手の感じがなくなった//だるい感じ」②ものごとから受ける印象や感情. Ean impression. 한 인상; 느낌.「この絵は春らしい感じがよく出ている//感じの悪い人//軽い感じ//暗い感じ」▷自他動 感じる

がんじがらめ ガンジガラメ ①ひもを何回も縦や横にまわしてしっかりしばり, 動かないようにすること. Ebind firmly hand and foot. 한 칭칭 얽어맴.「おじいさんは悪いキ

ツネを捕まえて、縄でがんじがらめにしばった」②いろいろなことがあって自由に動けないこと。Ⓔbe hedged about. 한꼼짝 못하게 함.「厳しい規則で生徒はがんじがらめになっている」▷話

がんじつ【元日】ガンジツ 1年の最初の日。1月1日。Ⓔ New Year's Day. 한설날.「毎年元日には近くの神社へ行って、新しい年の家族の健康としあわせを祈る」→元旦

かんしゃ【感謝】カンシャ〔〜する〕よくしてもらってありがたいと思うこと。また、ありがたいと思い礼を言うこと。Ⓔgratitude; thank. 한감사.「近所の人々にいろいろお世話になり、感謝の気持ちでいっぱいです//留学させてくれた両親に感謝する//感謝にたえない(Ⓔ I can never thank you enough. 한감사하기 그지없다.)」

かんじゃ【患者】カンジャ 病気やけがで治療を受けている人。Ⓔa patient. 한환자.「医師は患者を診察して、病状を説明した//入院患者」

かんしゃく【癇癪】カンシャク 気持ちをおさえることができずに、怒りをいちどに出してしまうこと。Ⓔa fit of anger; a temper. 한짜증、뱃성.「ストレスがたまるとかんしゃくを起こしたくなる//かんしゃく玉を破裂させる(Ⓔburst into a fit of rage. 한울화통이 터지다.)」

かんしゅう【慣習】カンシュー 人々の間にむかしから決まって行われていること。Ⓔa custom; a convention. 한관습.「この近所では、結婚したらあいさつにまわる慣習がある//古い慣習を破る」

かんしゅう【観衆】カンシュー スポーツや演劇、祭りなどを見ているおおぜいの人たち。Ⓔspectators; an audience. 한관중.「きょうのこの野球場の観衆は5万人だ//サッカー場で観衆がけんかを始めた//大観衆」

かんじゅく【完熟】カンジュク〔〜する〕くだものなどが完全に熟すること。Ⓔripen fully. 한완숙.「完熟したトマトは甘くておいしい//くだものが完熟するのを待つ」対未熟

かんしょう【干渉】カンショー〔〜する〕自分の思うようにしたくて、他人のことによけいな意見を言うこと。Ⓔinterference; meddle. 한간섭.「子供も中学生になると親の干渉を嫌う//他人に干渉されたくないから、1人で住む//内政干渉」

かんしょう【鑑賞・観賞】カンショー〔〜する〕①絵、彫刻、音楽など芸術作品を理解し、よく味わうこと。Ⓔenjoy; appreciation. 한감상.「パリへ行ったら、ルーブル美術館でゆっくり絵を鑑賞したい//趣味は音楽鑑賞だ」②美しいもの、いいものを見て、ほめたり楽しんだりすること。Ⓔadmire; enjoy. 한관상.「むかしの人は、月や花を観賞して和歌をつくった//部屋に鉢植えの植物を置いて観賞する」

≡注 ①は「鑑賞」、②は「観賞」.

かんじょう【勘定】カンジョー〔〜する〕①数を数えること。また、その結果。Ⓔcount; the figures. 한셈、계산.「箱の中にリンゴがいくつあるか勘定する//勘定が合う」②金を支払うこと。また、その金額。Ⓔan account; a check. 한대금 지불、계산.「きょうの昼食の勘定はわたしがもちます//勘定をみんなで割り勘にする//勘定書//どんぶり勘定(→項目)」

勘定に入れる 前もって考えておく。Ⓔcount in. 계산에 넣다；고려하다.「車の渋滞を勘定に入れて早めに家を出る」

かんじょう【感情】カンジョー 喜び、悲しみ、怒りなどの気持ち。Ⓔfeelings; emotion. 한감정.「感情を理性でおさえる//感情が激しい//感情的になる」

感情が高ぶる 気持ちがいらいらしたり興奮したりする．Eget excited. 한감정이 격해지다, 흥분하다.「父は母と激しい口げんかをしたあとなので, 感情が高ぶっているようだ」

感情を害する 気持ちを傷つける．Ehurt a person's feelings. 한감정을 해치다；기분이 상하다.「どうして失恋したのときいたら, 京子はすっかり感情を害してしまった」

かんじょうだか・い 【勘定高い】カンジョーダカイ なにかをするとき, 自分の損得ばかり考えるようす．Ecalculating; mercenary. 한타산적이다.「兄はとても勘定高いから, 損をしそうなことには決して手を出さない」

≡参 ふつう, いい意味では使わない．

かんしょく 【感触】カンショク ①手や皮膚でさわった感じ．Ethe touch; a feel. 한감촉, 촉감.「このかばんは革がやわらかくて感触がいい//絹の感触」②確かではないが, そのようすから受けた感じ．Ea feelng; an impression. 한느낌.「P大学の入試では, 合格できそうな感触をえた//きのうの会議では交渉がうまくまとまりそうな感触があった」

かん・じる 【感じる】カンジル〔自他動一〕①刺激を受けて, 温度や痛さや味などを体で知る, 感ずる．Efeel; perceive. 한느끼다.「暑さを感じる//痛いと感じる//空腹を感じる」②刺激を受けて, ある気持ちになる, 感ずる．Efeel (emotionally). 한느끼다.「うれしいと感じる//責任を感じる」③なにかに心を動かされる, 感ずる．Esense; be moved. 한감동하다, 느끼다.「青年たちの意気に感じて, 自分もなにか役に立ちたいと思った//心に感じるところがあって仕事をやめた」

▷名感じ

かんしん 【感心】カンシン〔～する〕非常に立派だと感じ, ほめたくなること．Eadmire; admirable. 한감탄；가상(嘉尙).「祖父はジョンがとても熱心に勉強するので感心している//親を助けて働く感心な中学生」

≡参 目上の人のことをいうときには使えない．

かんしん 【関心】カンシン あることに興味を持って, もっと知りたいと思うこと．Einterest; concern. 한관심.「いまいちばん関心を持って読んでいるのは『源氏物語』だ//関心をいだく//関心が高い」対無関心．→興味

かんじん 【肝心・肝腎】カンジン 非常にたいせつで, ないと困るようす．Eessential; important. 한요긴함, 중요함.「文章表現で肝心なのは, だれにでもわかるように書くということだ//運動選手は体をこわさないことが肝心だ」

≡注 以前は「肝腎」を使ったが, 最近は「肝心」のほうを多く使う．

≡参 肝臓と心臓, または肝臓と腎臓が人間の体にとって特にたいせつなものであることからできたことば．

かん・する 【関する】カンスル〔自動する〕あるものごとにかかわる, 関係する．Ebe related to; on; about. 한관하다, 관계하다, 상관하다.「戦争終結に関する話し合いを行う//ことばに関する参考書//われ関せず(＝みんなが問題にしていることに, 自分は関係ない, という態度をとる)」

～に関して ～について．Eon; about. 한～에 관하여.「試験に関して質問がありますか」

かんせい 【完成】カンセイ〔～する〕全部できあがること, 仕上げること．Ebe completed; finish. 한완성.「この家は完成するのに半年かかった//5カ月前からかきはじめていた絵がやっと完成した//完成を急ぐ」対未完成

かんせい 【閑静】カンセイ 街の騒音が聞こえず, 静かで落ちついたようす．Equiet

かんせい【歓声】カンセイ うれしいときに出す「わあ」「わあい」「やった」などという大きい声．Ⓔa shout of joy; a cheer．㋖환호성．「人気歌手が舞台に出てきたら，『きゃあ』という歓声があがった//マラソンで最初の選手が競技場に入ってきたとき，大歓声が起こった」

かんせつ【間接】カンセツ 間になにかを入れてものごとが行われること．Ⓔindirectly．㋖간접．「道子のことは兄から聞いて間接に知っている//間接話法（Ⓔindirect speech．㋖간접 화법．）//間接税」対直接

かんせん【感染】カンセン〔～する〕病気がうつること．Ⓔbe infected with; catch．㋖감염．「体力が弱っているときは病気に感染しやすい//インフルエンザに感染する//感染症」

かんせん【幹線】カンセン 鉄道や道路などで，いくつかの主要な地点を結ぶ線．Ⓔa main line; a trunk road．㋖간선．「道路の混雑を減らすために新しい幹線をつくる//幹線道路//新幹線（→**項目**）」対支線 数1本

かんぜん【完全】カンゼン すべてがそろっていること．Ⓔcompletely; perfect．㋖완전．「きょう約束があったことを完全に忘れていた//会議の準備はもう完全だ//完全を期する//完全無欠」対不完全

かんそ【簡素】カンソ 必要なものだけでよけいなものがないようす．Ⓔsimple; plain．㋖간소．「社長をやめたら山に小さな家を建てて簡素に暮らしたい//簡素な部屋//簡素化」

かんそう【乾燥】カンソー〔～する〕乾いていること．乾くこと．乾かすこと．Ⓔdry．㋖건조．「夏の高原の空気は乾燥していてさわやかだ//ふとんをほして乾燥させる//タバコの葉を乾燥する//乾燥機//無味乾燥（→**項目**）」

かんそう【感想】カンソー あることについて感じたこと．Ⓔone's impressions．㋖감상．「きのう見た芝居の感想を話す//工場見学をした感想を述べる//感想文」

かんぞう【肝臓】カンゾー 内臓の1つ．腹部の右上にあって，胆汁を出し，栄養を蓄え，解毒作用などをする．肝．Ⓔthe liver．㋖간장．「酒の飲みすぎは肝臓に悪い//肝臓がん//肝臓病」→内臓図

かんそく【観測】カンソク〔～する〕①自然のようすを調べること．Ⓔ(an) observation．㋖관측．「天体を観測して新しい星を発見する//観測船//気象観測」②いままであったことをもとにして，たぶんこうなるだろうと予想すること．Ⓔthinking; an opinion．㋖관측．「次期社長はA氏というのが大方の観測だ//希望的観測」

かんたい【寒帯】カンタイ 地球の南緯および北緯66度33分から南極および北極までの地帯．非常に寒い．Ⓔthe Frigid Zone．㋖한대．「南極大陸は寒帯にある」関連温帯，熱帯

かんたい【歓待】カンタイ〔～する〕客を喜んでもてなすこと．Ⓔreceive warmly; treat hospitably．㋖환대．「外国から友達が来たので家族で歓待した//何年ぶりかで叔父の家を訪ねたら，歓待された」

かんだい【寛大】カンダイ 心が広くて，思いやりのあるようす．Ⓔgenerous; broad-minded．㋖관대．「部長はとても寛大な人なので，部下は安心して仕事ができる//寛大な処置」

かんだか・い【甲高い】カンダカイ 声の調子が高くて強い．Ⓔhigh-pitched; shrill．㋖(목소리가) 새되다．「姉の甲高い笑い声が聞こえた//子供たちが甲高い声をあげて騒いでいる」

かんたん【感嘆】カンタン〔～する〕すばらしいと感心すること。Ｅadmiration; wonder. 韓감탄.「友達の歌った歌がすばらしかったので、思わず感嘆の声をあげた//すばらしい絵を見て感嘆した」

かんたん【簡単】カンタン やさしく手間がかからないよう。Ｅsimple; easy. 韓간단.「このビデオは取り扱い方が簡単だ//カレーライスは子供にもつくれる簡単な料理だ」対複雑

かんだん【歓談】カンダン〔～する〕なごやかに楽しく話し合うこと。Ｅa pleasant talk. 韓환담.「会議が終わったあと、出席者たちはくつろいで歓談した//歓談をかわす」

がんたん【元旦】ガンタン １月１日の朝。また、１月１日。ＥNew Year's Day. 韓원단, 설날.「元旦はいつもの朝となにか違うような気がする//一年の計は元旦にあり」参「旦」は朝の意味で、「元旦」はもとは１月１日の朝だけをいったが、いまでは１月１日全体をさし、「元日」と同じ意味で使われている。

かんちがい【勘違い】カンチガイ〔～する〕うっかり思い違いをすること。Ｅmisunderstand. 韓착각.「きょうは日曜日だと勘違いしてゆっくり寝ていたら、会社から電話がかかってきた」

がんちゅう【眼中】ガンチュー, ガンチュー ①(「眼中に（おか）ない」の形で）まったく関心がない。Ｅtake no account of; think nothing of. 韓안중에 없다.「夫はゴルフに夢中で、他のスポーツは眼中にない」②(「眼中には～しかない」の形で）-のことだけを考えている。「父の眼中には病気の母のことしかない（ＥMy father thinks about nobody but my ailing mother. 韓아버지 안중에는 병든 어머니밖에 없다.）」

かんちょう【官庁】カンチョー 国の行政の事務を受け持つ所。Ｅa government office. 韓관청.「国の政治に直接関係したくて、官庁で働く//官庁街//中央官庁」→官公庁

かんつう【貫通】カンツー〔～する〕穴を開けて反対側へ通じること。Ｅbe bored through; go through. 韓관통.「トンネルが貫通した//ピストルの弾が胸を貫通した」

かんづめ【缶詰】カンズメ, カンヅメ ①長く保存するために、食料品などを缶につめ空気が入らないようにしたもの。Ｅcanned food. 韓통조림.「登山には缶詰を持っていくといい//ペットフードの缶詰//くだものの缶詰」②集中的に仕事をさせるため、どこかに入れて出られないようにすること。Ｅbe confined. 韓（집중 작업을 위한）연금.「ホテルで缶詰になって原稿を書く」▷話②

かんてい【鑑定】カンテイ〔～する〕宝石や美術品などの価値や、本物かどうかを見分けること。Ｅjudge; appraise. 韓감정.「この絵が本当にピカソのものかどうか鑑定してもらう//鑑定書//鑑定士」

かんてつ【貫徹】カンテツ〔～する〕考えや行動を思ったとおりに最後までやりとおすこと。Ｅattain; carry out. 韓관철.「市民たちは要求を貫徹して、市の中心に公園をつくらせた//初志を貫徹する」

かんとう【関東】カントー 東京都、茨城県、栃木県、群馬県、埼玉県、千葉県、神奈川県の１都６県。Ｅthe Kanto district. 韓간토 지방.「関東のことばは関西に比べると強く聞こえる//冬、関東地方は晴れの日が多い//関東風の味つけ」対関西

かんどう【勘当】カンドー〔～する〕親や先生が、悪いことをした子や弟子を、縁を切って追いだすこと。Ｅdisinherit; disown. 韓의절.「伯父は、黙って金を持ちだし競馬に使いこんでいた息子を勘当した//恩師に勘当

される」

かんどう 【感動】カンドー〔~する〕 すばらしいものを見たり聞いたりして、心に強く感じること. Ebe impressed; be moved. 韓감동.「目の見えない主人を、命をかけて守った犬の話を聞いて感動した//映画を見て主人公の生き方に感動した//感動を呼ぶ」

かんとく 【監督】カントク〔~する〕 人や仕事を全体的に見て、命令したりまとめたりすること. また、その人. Ea manager; supervise. 韓감독.「兄は会社のバレーボールチームの監督をしている//部下を監督する//工事現場の監督//映画監督」

がんとして 【頑として】ガントシテ、ガントシテ 強く主張して、自分の意見や態度を絶対に変えないようす. Estubbornly; obstinately. 韓완강히.「だれが説得しても、頑として薬を飲もうとしない//頑として主張を曲げない」

かんにん 【堪忍】カンニン〔~する〕 怒りたいのをおさえ、相手を許すこと. Ebe patient with; forgive. 韓참음；용서.「今回だけは堪忍するが、今度ガラスを割ったら許さない//どうぞ堪忍してください//もう堪忍できない」

堪忍袋の緒が切れる いままでおさえてきた怒りががまんできずに、ついに爆発する. Erun out of patience. 韓더 이상 참을 수 없게 되다, 울화통이 터지다.「たびたびのいたずらに堪忍袋の緒が切れて、息子をなぐりつけた」 似た表現 堪忍袋の緒を切らす

カンニング (cunning) カンニング〔~する〕 試験のとき、人の答え、ノートやメモ、本を見るなど不正をすること. Echeat in an examination. 韓커닝, 부정 행위.「三郎はカンニングをして先生にひどくしかられた//カンニングペーパー」

かんねん 【観念】カンネン ①あるものごとについて、こういうものだと考える、その考え. E

a sense; an idea. 韓관념.「子供には時間という観念がない//経済観念/固定観念(Ea fixed idea. 韓고정 관념.)」②〔~する〕もうこれしかないと思って心を決めること. また、あきらめること. Eresign oneself to; give up. 韓체념, 각오.「このままにしておけば命があぶないと言われ、観念して手術を受けた//犯人は逃げられないと観念して自首した」

カンパ カンパ〔~する〕〔←カンパニヤ(⬚ kampaniya)〕 おおぜいの人に呼びかけて資金を集めること. その金を出すこと. また、その金. Ea charity drive; a fund-raising campaign. 韓자금 모금 운동, 유자금.「大地震のあった国へカンパを送る//失業して困っている友人にカンパした//カンパを呼びかける」

かんぱい 【乾杯】カンパイ〔~する〕 祝いの席で、集まった人々が酒の入ったさかずきを持ち、祝いや励ましのことばを言って、いっせいに飲むこと. ETo your health!; a toast. 韓건배.「みなさんの健康を祝して乾杯!//2人の結婚を祝って乾杯した//乾杯の音頭をとる」

かんばし・い 【芳しい】カンバシイ ①においがいい. Efragrant. 韓향기롭다.「梅の花のかおりがかんばしい//お茶のかんばしいかおり」 ②(「かんばしくない」の形で) あまり立派ではない、よくない. Enot good. 韓신통치 않다, 좋지 않다.「努力したが、試験の成績はかんばしくなかった//新しい市長の評判はかんばしくない」

がんば・る 【頑張る】ガンバル〔自動五〕(がんばって) ①努力して最後まで自分の考え、行動をとり続ける. Eexert oneself; work hard. 韓끝까지 노력하다；기를 쓰다.「元気な弟に負けないように、がんばって山を登る//論文を書くために、遅くまで図書館でがんばっている」 ②ある場所から動かない. E

かんばん　【看板】カンバン　①会社, 商店, 医院などが宣伝のために商品名や店名や絵などを大きくかいて外に出したもの. Ea signboard; a billboard. 한간판. 「駅を出るとすぐ薬屋の大きな看板が見えた//よくめだつ看板」②人の関心を集めるためのもの. E big-name; a catchword. 한간판(과 같은 존재); 명분. 「あの教授はこの大学の看板だ//減税を看板にして票を集める」③その日の営業を終わりにして, 店を閉めること. E closing time. 한가게 문을 닫음, 폐점. 「そろそろ看板の時間だ//客もないから, すこし早いけれど看板にしよう」▷数①1枚・1本

看板に偽りあり　外観と中身とがだいぶ違うということ. E under the guise of. 한겉과 속이 다르다, 겉보기와는 딴판이다.

看板を下ろす　商店などが店をやめる. E close up one's shop. 한간판을 내리다, 폐업하다. 「長く続いていたそば屋も後継ぎがいないため, とうとう看板を下ろした」[似た表現] のれんを下ろす

かんぱん　【甲板】カンパン, カンパン　船の上の平らな所, デッキ. Ea deck. 한갑판. 「船の甲板で日光浴をする//船員が甲板を洗っている」

かんび　【甘美】カンビ　非常に気持ちよく, 現実を忘れてしまうほど美しいようす. E sweet; mellow. 한감미. 「甘美なメロディーにうっとりとする//甘美なことば」

かんび　【完備】カンビ〔〜する〕必要なものが全部そろっていること, また, そろえること. E be well supplied; be fully equipped. 한완비. 「このアパートは冷暖房が完備している//大地震に備えて, 缶詰や水, ラジオなどを完備した」対不備

かんびょう　【看病】カンビョー〔〜する〕病人やけが人の世話をすること. E nurse; attend. 한간병. 「きょうだいが順番に, 年とった病気の母を看病する//看病のため会社を休む//看病疲れ」

かんぶ　【幹部】カンブ　団体や会社の中心にいてその組織を動かす人. E the executives; the leaders. 한간부. 「会社の幹部が工場を視察に来た//3月には幹部は全部交代した//幹部候補生/幹部社員」

かんぺき　【完璧】カンペキ　どこにも欠点がないようす. E perfect; flawless. 한완벽. 「あの人のする仕事はいつも完璧だ//世の中に完璧な人などいない//完璧を期する(E aim at perfection. 한완벽을 기하다.)」

かんべん　【勘弁】カンベン〔〜する〕他人のした悪いことや過ちを許すこと. E pardon; forgive; stand. 한용서함. 「知らずにやったことだから, 今度だけは勘弁してあげよう//勘弁できない」

がんぼう　【願望】ガンボー〔〜する〕願い望むこと. E a wish; a desire. 한원망, 소원. 「戦争のない平和な時代が1日も早く来ることを願望する//長年の願望がかなう」

かんぽうやく　【漢方薬】カンポーヤク　古くから中国に伝わる医術に使う薬, 草の根や木の皮, 動物の内臓などからつくる. E Chinese medicine. 한한방약. 「かぜをひいたときは, 漢方薬を飲んで寝る//漢方薬局」

かんむり　【冠】カンムリ　①王や女王が頭にかぶるもの. Ea crown; a coronet. 한관. 「ダイヤをちりばめた冠」②漢字の部首の1つ. 「字」の「宀」, 「笛」の「⺮」, 「花」の「艹」のように上の部分にあるもの. E the crown part of a Chinese character. 한한자의 윗부분을 이루는 부수, ～머리, ～두. 「雨かんむり(=雨)の下に田がくると『雷』になる//穴かん

むり(=灬)／草かんむり(=艹)」

かんめい 【感銘】カンメイ〔～する〕深く感動し、忘れられないこと。Ｅdeep impression. 韓감명。「学校へも行かず、苦労して作家になった人の講演を聞いて感銘を受けた／／感銘を与える」

かんめい 【簡明】カンメイ 簡単ではっきりしているようす。Ｅsimple and plain; briefly and to the point. 韓간명。「課長の仕事の指示のしかたは簡明でわかりやすい／／あの記者は記事を簡明にうまく書く」

かんゆう 【勧誘】カンユー〔～する〕すすめて誘い入れること。Ｅinvite; solicit. 韓권유。「新入生をテニスクラブに勧誘する／／保険のセールスマンが勧誘に来た／／新聞の勧誘員」

かんよ 【関与】カンヨ〔～する〕仕事、事件などに関係を持つこと。Ｅtake a hand in; participate in. 韓관여。「社長は今回のゴルフ場建設の不正事件に関与しているようだ／／国政に関与する」

かんよう 【肝要】カンヨー たいへんたいせつなようす。Ｅmost important; essential. 韓간요、긴요。「人生で成功するには努力が肝要だ／／肝要な箇所に傍線を引く」

かんよう 【寛容】カンヨー 心が広く、他人の意見や行動をよく受け入れるようす。また、他人の失敗をとがめず許すようす。Ｅmagnanimous; tolerant. 韓관용。「Ａ先生はとても寛容で、学生の小さな失敗などなんとも思っていない／／寛容な態度」

かんようく 【慣用句】カンヨーク ２つ以上の単語がつながり、それぞれの意味ではなく、全体として別の意味を表すもの。たとえば、「目と鼻の先」「足を洗う」など。Ｅan idiom; an idiomatic expression. 韓관용구。「慣用句は、もとの語の意味と全然違う意味になっているので注意しなくてはいけない／／慣用句を上手に使うと話や文章がおもしろくなる」

がんらい 【元来】ガンライ 最初から、もともと。Ｅby nature; originally. 韓원래。「元来、話をするのが苦手で、スピーチを頼まれるのがいちばんつらい」書

かんらく 【陥落】カンラク〔～する〕①城や土地を敵にうばわれること。Ｅsurrender; fall. 韓함락。「あの城はむかし徳川氏と戦って陥落したものだ／／首都陥落」②相手の熱意に負けてしまうこと。Ｅgive in. 韓넘어감。「父は京子の熱意に陥落して留学を許した」

かんり 【管理】カンリ〔～する〕仕事や組織、品物などを、責任をもって動かしたり止めたりして、いつも気をつけること。Ｅbe in charge of; be managed. 韓관리。「この土地はＡ社が管理している／／管理のいいマンションは住みやすい／／管理人／／健康管理」

かんりょう 【完了】カンリョー〔～する〕すっかり終わること。すっかり終えること。Ｅbe completed; finish. 韓완료。「きょうの仕事はこれで完了だ／／旅行の準備を完了した」

かんりょう 【官僚】カンリョー 行政の中心の部分で仕事をしている、上級の役人。Ｅa bureaucrat; a government official. 韓관료。「兄は大学を出て官僚になった／／官僚主義／／高級官僚」

かんれき 【還暦】カンレキ 「えと」がひとまわりして６０年後にもどってくること。満６０歳をいう。Ｅone's sixtieth birthday. 韓환갑。「父は今年還暦を迎える／／先生の還暦を祝う会を開く」→古希・古稀

かんれん 【関連】カンレン〔～する〕あることとほかのことがつながりがあること。Ｅ(a) relation; (a) connection. 韓관련。「世界経済と日本の景気は関連がある／／関連会社／／関連性」

かんろく 【貫録・貫禄】カンロク その地位にふさわしい堂々とした体つきや態度。Ｅdignity; (a) presence. 韓관록。「二郎は

かんわ

部長になってから一段と貫禄が出てきた//貫禄がある//貫禄じゅうぶんな人」
注 もとは「貫禄」だったが,「禄」の字は常用漢字表にないので,同じ音の「録」を当てて「貫録」として使うようになった.

かんわ【緩和】カンワ〔～する〕ひどい状態や制限がゆるやかになること.また,ゆるやかにすること.Eease; relax. 韓완화.「電車の本数が増えて混雑が緩和した//国際間の緊張を緩和する政策//金融緩和」

き／キ

き【木】キ ①根,幹,葉が分かれていて,冬も枯れない植物.Ea tree. 韓나무.「庭に花の咲く木がたくさん植えてある//子供が木に登って遊んでいる//松の木」
②材木.Ewood. 韓나무,목재.「木でつくった食器戸棚//木のおもちゃ」
〔木①〕
▷数①1本

木で鼻をくくる 相手に冷淡な態度をとる.Eblunt; curt. 韓무뚝뚝〔냉랭〕하게 대하다.「店に入ろうとしたら,店員は『もう閉店です』と木で鼻をくくったような言い方をした」

き【生】キ ①ほかのものがまじっていないこと.Estraight; neat. 韓잡것이 섞이지 않음;전내기;순수함.「ウイスキーを生で飲む」②(他のことばの頭について)違う性質のものがすこしもまじっていないこと.「生じょうゆ(Eundiluted soy sauce. 韓전국 간장.)//生まじめ(→項目)」

き【気】キ ①その場にただよっている感じ.Eair; atmosphere. 韓기운;분위기.「高原には,はや秋の気がみなぎっている」
②そのものの持つ味やにおい.Eflavor or smell of something. 韓풍미;향기;김.「気の抜けたビール」
③ものごとに対する心の動き.Efeeling or emotion. 韓마음;기분.「この仕事は気が進まない//やる気を起こす」
④人の性質.Ehuman nature. 韓성질.「あの人はとても気がいい人だ」
⑤意識.Econsciousness; mind. 韓의식.「ショックを受けて気を失った//気は確かか」
⑥(他のことばの頭や後について)そういう気持ち,性質であること.「気落ち(→項目)//気苦労(→項目)//きかん気(→項目)//移り気(Ecaprice. 韓변덕.)」

「気」のつく慣用表現

気がある ①しようと思う気持ちがある.Efeel like doing. 韓할 마음이 있다.「行く気があるなら早く支度をしなさい」対気がない ②恋愛の感情がある.Ebe interested in. 韓관심이 있다.「どうも三郎はわたしに気があるらしい」

気が多い 気持ちがいろいろなものに移りやすい.Efickle; capricious. 韓변덕스럽다.「洋子は気が多い人なので,恋愛しても続かない」

気が大きい 心が大きくて,細かいことを気にしない.Efeel quite well-off. 韓마음이

크다.「今月はボーナスが入るので、気が大きくなって、子供に高いおもちゃを買ってやった」対気が小さい

気が置けない 気をつかう必要がなく打ちとけられる.　Ebe easy to get along with.　한스스럼없다, 마음이 쓰이지 않다.「京子は気が置けない人で、だれからも好かれる」

気が重い ①気持ちが暗くて、さっぱりしない.　Ebe heavy-hearted.　한마음이 무겁다.「月末までに仕事を終わらせなければいけないと思うと気が重い」対気が軽い　②する気がしない.　Efeel disinclined to do.　한내키지 않다.「家族に自分の病気のことを知らせるのは気が重い」

気が利く ①相手の気持ちを考えて、細かいことまで気がつく.　Ebe attentive.　한세심한 데까지 생각이 잘 미치다.「洋子はとても気がきくので、看護婦の仕事に向いている」　②(「気がきいた[ている]」の形で) しゃれている.　Esmart; sophisticated.　한멋있다, 세련되다.「気がきいた店を紹介しよう」

気が気でない 心配でじっとしていられない.　Ebe terribly anxious.　한조바심이 나다, 안절부절못하다.「だいじな会議があるのに、電車が遅れてしまって気が気でない」

気がする なんとなくそう思う.　Efeel.　한(~할 것 같은) 느낌이 들다.「きょう、だれかが訪ねてくるような気がする」

気が散る 気持ちが集中できない.　Ecan't concentrate.　한정신이 산란해지다.「となりの部屋のテレビの音がうるさくて、気が散って本が読めない」

気がつく ①細かいところまで注意がとどく.　Ebe attentive.　한세심하다, 주의 깊다.「道子はよく気がつく人なので、なにをまかせても安心だ」　②そうだと認める.　Enotice.　한알아채다.「わたしがいるのに気がつかないらしい」　③意識がもどる.　Eregain consciousness.　한의식이 돌아오다, 정신이 들다.「事故で頭を打ち、意識を失っていたが、3日後に気がついた」

気が遠くなる ①意識がなくなる.　Efeel faint.　한까무러치다.「暑い日に人ごみの中を歩いていたら、気が遠くなって倒れてしまった」　②することがむずかしかったり多かったりして、たいへんだと思う.　Efeel overwhelmed.　한정신이 아찔해지다.「この仕事はとても量が多くて、気が遠くなりそうだ」

気が抜ける ①気持ちがゆるみ、ぼんやりする.　Ebe absent-minded.　한긴장이 풀려 멍해지다.「試験が終わり、ちょっと気が抜けてかぜをひいてしまった」　②ビールや炭酸飲料などのかおりや風味などがなくなる.　Ego flat.　한김이 빠지다.「このビールは栓をあけてから時間がたっているので気が抜けている」

気が早い 気持ちばかりが先に行くようす.　Ebe impatient.　한성급하다.「結婚相手も決まっていないのに新婚旅行のことを考えるなんて、気が早い人だ」

気が短い 怒りっぽい.　せっかちだ.　Ebe short-tempered.　한성미가 급하다, 성마르다.「部長は気が短くてすぐどなるので部下の評判が悪い」対気が長い

気が向く しようという気持ちになる.　Efeel like doing.　한마음이 내키다.「気が向くと、1日じゅう絵をかいている」

気に入る 好みや趣味に合っていて満足する.　Elike; be pleased with.　한마음에 들다.「わたしはこの絵をとても気に入っている」

気にかける 心配する.　Eworry about.　한걱정하다.「母は働きすぎの父のことをいつも気にかけている」似た表現気にかかる

気にする そのことから心が離れず、いつも心配する.　Eworry about; care.　한신경 쓰다, 걱정하다.「失敗したことをいつまでも気にしていると、体によくない」

気になる 関心や不安を持つ. [E]feel uneasy about; worry. [한]신경 쓰이다, 마음에 걸리다.「一郎に言われたことが気になって, なかなか眠れなかった」

気を回す あれこれとよけいなことを考える. [E]be suspicious. [한]억측하다, 쓸데없는 신경을 쓰다.「不景気で, うちの会社もつぶれるのではないかと気をまわして悩んでいる」

気をもむ 悪い結果になるのではないかと心配する. [E]fret about; be anxious about. [한]마음을 졸이다.「2人が離婚するのではないかと, まわりの人は気をもんでいる」[似た表現] 気がもめる

き 【機】ギ ①なにかをするのに, ちょうどいいとき. [E]an opportunity; a chance. [한]시기, 기회.「この機をのがさず, やってしまおう//ものごとは機をみることがたいせつだ」②飛行機. また, その数を表す. [E]an airplane. [한]비행기; ~기.「大統領が専用機から降り立った//一番機が飛んだ//航空機1機([E]an airplane. [한]항공기 1대.)」③(名詞の後について) 動力を持った機械.「自動販売機([E]a vending machine. [한]자동 판매기.)//電気洗濯機//掃除機」

機が熟す ものごとを始めるのにちょうどいいときになる. [E]The time is ripe. [한]기회가 무르익다.「いまこそ機は熟した. 計画を実行しよう」

機に乗じ[ず]る ものごとの状態をよく見て, チャンスをうまく利用する. [E]take advantage of an opportunity. [한]기회를 타다.「三郎は機に乗じてうまく動き, いつのまにか会長に納まってしまった」

機を見るに敏 チャンスをつかむことが速くて, 上手だ. [E]be quick to seize an opportunity. [한]기회를 포착하는 데 재빠르다.「機をみるに敏な道子は, 値上がりしそうな土地を買ってはもうけている」

き- 【既-】(他のことばについて) もう~した. すでに~した.「既発行の貨幣//既発表の論文([E]a previously-published paper. [한]이미 발표한 논문.)」[対]未- [書]

き- 【貴-】(他のことばについて) ①敬意を表す.「貴大学([E]your university. [한]귀대학.)//貴社([E]your company. [한]귀사.)」②身分や価値が高いこと.「貴金属 a precious metal. [한]귀금속.)//貴公子([E]a young noble. [한]귀공자.)」▷[書]①

-き 【-基】(数を表すことばについて) ①置いてあって動かさないものの数を表す.「石油タンク3基//信号灯2基//墓1基([E]a grave; a tomb. [한]무덤 1기.)」②動かしたり運転したりするものの数を表す.「エスカレーター1基//エンジン5基([E]five engines. [한]엔진 5기.)」

きあい 【気合】キアイ しっかりしようと思う強い気持ち. [E]spirit; fight. [한]기합; 기세.「必ず今晩じゅうに仕上げると, 気合を入れて原稿を書く//気合をかける([E]shout at; urge on. [한]기합을 넣다.)」

きあつ 【気圧】キアツ 大気の圧力. また, その単位. 1気圧は1013ヘクトパスカル. [E]atmospheric pressure. [한]기압.「高い山の上は気圧が低い//飛行機に乗っていると, 気圧の変化で耳が痛くなる//高気圧(→[項目])//低気圧(→[項目])」

ぎあん 【議案】ギアン 話し合うために会議に出すことがら. [E]a bill; a measure. [한]의안.「市議会に, 駅前の再開発に関する議案を提出する//その議案は原案どおり可決された」[数] 1件

きい 【奇異】キイ 変わっていて不思議なようす. [E]strange; queer. [한]기이.「小学校のロビーに地獄の絵がかけてあるのは奇異な感じだ//あの人たちの行動は, われわれの

目には奇異に映ることが多い」書

きいろ【黄色】キイロ 色の1つ．レモンの皮や卵の黄身のような色．Eyellow．韓노랑，노란색．「真夏のヒマワリの黄色はとてもあざやかだ//信号が黄色に変わった」

きいろ・い【黄色い】キイロイ 黄色をしている．Eyellow．韓노랗다．「イチョウの葉は秋になると黄色くなる//黄色い菜の花」

黄色い声 若い女性や子供の高い声．E shrill voice．韓새된 목소리．「歌手が登場すると，ファンの女子高生たちが黄色い声をあげた」

ぎいん【議員】ギイン 選挙で選ばれて，国会や都道府県などの議会で国や地方の行政について話し合ったり決めたりする人．E a member (of the Diet, of an assembly)．韓의원．「なりたい人よりなってほしい人を議員に選ぶ/国会議員/市議会議員」

きうん【気運・機運】キウン，キウン ①社会の情勢がある方向へ向かおうとするようす．E a tendency; a trend．韓기운；추세．「戦争が終わりそうな気運が高まってきた//復興の気運が盛りあがる」②なにかをするのに，ちょうどいい時機．E the time．韓시기．「古い制度を改める機運が熟してきた」
注①は「気運」，②は「機運」

き・える【消える】キエル〔自動一〕①火が燃えなくなる．E go out; be extinguished．韓꺼지다．「風が吹いて，ろうそくの火が消えた」対つく ②電気やガス器具の働きが止まる．E go out．韓꺼지다；나가다．「明かりが消えて暗くなった」対つく ③見えるもの，音，におい，感情などがなくなる．E disappear; melt away．韓사라지다．「夜がふけて，公園から人の姿が消えた/雪が消える」▷他動消す

きお・う【気負う】キオウ〔自動五〕（きおって）負けないように張りきる．E get oneself up; be eager．韓분발하다，마음을 단단히 먹다．「必ず勝つと気負って試合に出たが，気負いすぎて緊張して負けてしまった」名気負い

きおく【記憶】キオク〔～する〕忘れないで覚えていること．E (a) memory．韓기억．「古い記憶をたどって，子供のころ住んでいた土地を訪ねてみた/記憶が薄れる/記憶喪失（E loss of memory．韓기억 상실．）」

きおち【気落ち】キオチ〔～する〕がっかりすること．E be discouraged．韓낙담，낙심．「楽しみにしていた外国旅行が中止になり，気落ちしている」

きおん【気温】キオン 大気の温度．E temperature．韓기온．「けさ6時の気温は16度だった/最高気温/最低気温」

ぎおんご【擬音語】ギオンゴ ものの音や声をまねて表したことば．犬の鳴き声「わんわん」や，ものをたたく音「とんとん」など．擬声語．E onomatopoeia．韓의성어．「擬音語を使うと，生き生きした表現ができる」→擬態語

きが【飢餓】キガ 食べ物がなくなり，苦しいほどおなかがすいた状態．飢え．E starvation; hunger．韓기아．「世界には飢餓に苦しんでいる人がおおぜいいる/飢餓地獄（E starvation hell．韓기아 지옥．）/飢餓感」

きかい【奇怪】キカイ 常識ではわからないほど不思議なようす．奇っ怪．E strange; mysterious．韓기괴．「借金ばかりしていた二郎が大金持ちになるとは奇怪なことだ/奇怪な事件/奇怪な人物」

きかい【機会】キカイ なにかをするのに，ちょうどいいとき．E a chance; an opportunity．韓기회．「機会があれば，外国へ行ってみたい/機会に恵まれる/機会をねらう」

きかい【機械】キカイ 人間の代わりに仕事をする，動力を使った装置．E a machine; machinery．韓기계．「いろいろな機械が発

明されて，人間の生活は便利になった//機械化//機械的//産業機械」
参「器械」も似ているが，「器械」は「機械」より規模が小さく，人の力で動かすようなものをいう．

きがい 【危害】キガイ 命をうばったり，体にけがをさせたりするような危険なこと．E(an) injury; harm. 한위해．「この犬はよくしつけてあるので，人に危害を与えることはない//危害を加える//危害をこうむる」

きがい 【気概】キガイ どんなことにも負けない強い気持ち．E spirit; backbone. 한기개．「洋子は気概があるから，どんなにむずかしい仕事でもやりとげるだろう//気概を示す//気概を持つ」

ぎかい 【議会】ギカイ 選挙で選ばれた議員が集まって，国や地方の行政について話し合ったり決めたりする機関．E the Diet; an assembly. 한의회．「毎年12月に議会が開かれる//議会で予算案を審議する」

きがえ 【着替え】キガエ〔~する〕いままで着ていた服や下着を別のものと取りかえること．また，その服や下着．E a change of clothes; change one's clothes. 한옷을 갈아입음；갈아입을 옷．「3日分の着がえを持って旅行に出る//今夜は家で着がえをしてからパーティーに出かけよう」他動着替える

きがかり 【気がかり】キガカリ，キガカリ 心配なこと．E feel anxious about; a worry. 한마음에 걸림, 걱정스러움．「母に手紙を出して3カ月もたつのになんの返事もないので気がかりだ//気がかりなことがある」

きかく 【企画】キカク〔~する〕あることをするために計画を立てること．また，その計画．E a plan; a project. 한기획．「デパートの催し物の1年間の企画を立てる//雑誌の新年号の編集の企画をする」

きがね 【気兼ね】キガネ〔~する〕他人に気

をつかって遠慮すること．E out of regard; constraint. 한신경을 씀；어려워함, 스스러움．「となりの部屋の人に気がねして，小さい音でCDを聞く//家族はみな出かけているから，気がねはいらないよ」

きがる 【気軽】キガル 深く考えないで簡単に行動に移すよう．E with ease; readily. 한선선함；선뜻．「先生は保証人になってくださった//頼まれた仕事を気軽に引き受ける」

きかん 【気管】キカン のどから肺へ通じている，呼吸のための空気の通るくだ．E the trachea; the windpipe. 한기관．「急いで食べたら，食べ物が気管に入って苦しくなった(気管支(E the bronchi. 한기관지.)」

きかん 【季刊】キカン 雑誌などを季節ごとに1年に4回，定期的に刊行すること．E quarterly. 한계간．「季刊の雑誌は春号，夏号，秋号，冬号と分けられることが多い//季刊誌」

きかん 【期間】キカン，キカン ある時期からある時期までの間．E a term; a period. 한기간．「中学と高校の期間，寮で過ごした//試験の期間は金曜日からつぎの週の土曜日まで//期間中//有効期間//短期間」

きかん 【器官】キカン，キカン 動物の目や口，植物の葉や根のように，ある決まった働きをする部分．E an organ. 한기관．「口や胃は食物を消化する器官である//呼吸器官//循環器官」

きかん 【機関】キカン，キカン ①個人，団体が，ある目的のためにつくった組織．E an organ; a system. 한기관．「国連やユネスコのような国際的な機関で働きたい//機関誌//教育機関(E an educational institution. 한교육 기관.)//交通機関(→項目)」
②火力や電力などを使って機械を動かす装置．E an engine; a machine. 한기관.

「列車の機関が蒸気から電気にかわった//機関士/機関車」

きかんき 【利かん気】キカンキ 負けず嫌いな性質. Ⓔspirited; unyielding. 🄷기승스러운 성질.「京子はきかん気だから、どんなむずかしい仕事でも『できない』とは言わない」話

きき 【危機】キキ, キキ あぶないとき. Ⓔa crisis; a critical situation. 🄷위기.「重体におちいっていた患者が、医師の適切な処置で危機を脱した//危機におちいる//危機を乗り越える//危機感」

ききいっぱつ 【危機一髪】キキイッパツ, キキ・イッパツ もうすこしで危険なことになりそうな状態. Ⓔby a hairbreadth. 🄷위기일발.「トラックに衝突しそうになったが、危機一髪のところでブレーキを踏んだ助かった」

ききうで 【利き腕】キキウデ 左右の腕のうち、うまく使えるほう. Ⓔone's dominant hand. 🄷잘 쓰는 쪽의 팔.「利き腕を骨折したので字が書けない」
参「利き腕」が右の人を「右利き」といい、左の人を「左利き」という.

ききおぼえ 【聞き覚え】キキオボエ ①前に聞いたことがあること. Ⓔbe familiar. 🄷귀에 익음, 들은 적이 있음.「このテープの声には聞き覚えがある」②聞いて覚えること. Ⓔpicked-up knowledge. 🄷귀동냥.「わたしの英語は聞き覚えなので、確かではない」▷他動 聞き覚える

ききかじ・る 【聞きかじる】キキカジル〔他動五〕(ききかじって) ものごとの一部分や表面だけを聞いて知っている. Ⓔget a superficial knowledge. 🄷주워듣다；설듣다.「ちょっと聞きかじっただけの知識だから、きちんと説明できない」名聞きかじり

ききぐるし・い 【聞き苦しい】キキグルシイ ①雑音などのため聞き取りにくい. Ⓔhard to hear. 🄷알아듣기 힘들다.「この電話は、雑音が入って聞き苦しい」②話の内容が悪くて、聞いていていやな感じになるようすだ. Ⓔunpleasant to hear. 🄷듣기 거북하다.「遅刻をして、いつも言い訳をするのは聞き苦しい」

ききて 【聞き手】キキテ 話を聞く人. Ⓔa listener; an audience. 🄷듣는 사람.「わたしばかり話していたから、今度は聞き手にまわろう」対話し手, 語り手

ききとが・める 【聞きとがめる】キキトガメル〔他動一〕人の話を聞いて、はっきりしないことやまちがったことがあるのに気づくと、うるさく質問したり非難したりする. Ⓔjump on a person's words; find fault with. 🄷말을 듣고 따지다；말꼬리를 잡다.「母親は子供のことばづかいを聞きとがめて、いちいち言い直させた」

ききとど・ける 【聞き届ける】キキトドケル〔他動一〕相手の願いや申し出を聞いて承知する. Ⓔgrant; listen to. 🄷들어주다.「姉はわたしの頼みを聞きとどけて、セーターを編んでくれた」

ききなが・す 【聞き流す】キキナガス〔他動五〕(ききながして) 人があれこれ言うのを聞いても気にしないでそのままにする. Ⓔtake no notice of; ignore. 🄷흘려 듣다.「父は、日曜ぐらい家族と一緒にいて、という母のことばを聞き流してゴルフに出かけた//人に悪口を言われても、聞き流していればいい」

ききめ 【効き目】キキメ 薬や治療、また、ことばなどによる効果. Ⓔeffect. 🄷효과, 효능.「頭痛止めの薬を飲んだら、1時間後に効き目が現れた//二郎にいくらお酒をやめなさいと言っても効き目がない」

ききょう 【帰郷】キキョー {～する} ふるさとへ帰ること. Ⓔreturn home. 🄷귀향.「今年の夏休みは、帰郷せず論文の準備をす

きぎょう【企業】キギョー 会社や工場などのように、利益を上げる目的でつくられた組織。Ⓔan enterprise; a business. 閑기업。「卒業してから企業で働こうか役人になろうか迷っている//企業研修//中小企業/零細企業/大企業」

ぎきょく【戯曲】ギキョク 劇のせりふなどを書いた文学作品。Ⓔa drama; a play. 閑희곡。「シェークスピアの戯曲が、毎年上演される//小説を戯曲化して芝居を上演する」 数1本

ききわ・ける【聞き分ける】キキワケル〔他動一〕①2種類以上の音や声を聞いて、それぞれ区別する。Ⓔtell (the difference) by hearing. 閑듣고 분간하다。「草の中で鳴くいろいろな虫の声を聞き分ける」②話を聞き、その内容をもっともだとしてしたがう。Ⓔlisten to (one's words); understand. 閑납득하다, 알아듣다。「子供が親の話をよく聞き分ける」▷图聞き分け

ききん【飢饉】キキン、キキン ①農作物ができなくて、食べ物がなくなること。Ⓔa famine. 閑기근。「世界のどこかで、毎年飢饉のため苦しむ人々がいる」②生活に必要なものがたりなくて困ること。Ⓔa shortage. 閑기근, 부족。「6月、7月に雨が少なかったので、この夏は水飢饉が起こりそうだ」

ききん【基金】キキン、キキン 事業や社会活動のもとになる金。Ⓔa fund. 閑기금。「国際交流グループをつくるための基金を集める//国連人口基金」

きく【菊】キク 秋に黄色や白などの花が咲く植物。種類が多く、むかしから栽培されている。Ⓔa chrysanthemum. 閑국화。「庭一面に菊の花が咲いている//玄関に菊の花を飾る」数1輪・1本

き・く【利く・効く】キク〔自他動五〕(きいて) ①じゅうぶんな働きをする。Ⓔwork; act. 閑기능을 잘 발휘하다, 잘 움직이다。「冷たくて指の先がきかない//利き腕(→項目)」②効き目がある。効き目が現れる。Ⓔbe effective; work. 閑듣다, 효력이 나타나다。「すしにわさびが効いていて、涙が出た//宣伝が効いて、お客がおおぜいやってきた//頭痛によく効く薬」③そのことができる。Ⓔbe able. 閑통하다 ; 가능하다。「若いうちは、やり直しがきく//無理のきかない体になった」④(「口をきく」の形で)⇒口 慣用
注 漢字で書くときは、①③④は「利く」、②は「効く」。また、①②③は自動詞、④は他動詞。

き・く【聞く・聴く】キク〔他動五〕(きいて) ①ものの音や声を耳で感じる。Ⓔhear. 閑듣다。「小鳥の鳴く声を聞く」②音やことばを耳にして、その内容を知る。Ⓔhear. 閑듣다。「ラジオでニュースを聞く」③願いや命令や教えなどを受け入れる。Ⓔgrant; listen to. 閑듣다 ; 받아 들이다。「弟の頼みを聞いて野球を見に連れていく」④答えを知るために尋ねる。Ⓔask; inquire. 閑묻다。「駅への道を人にきいた」⑤注意をして音楽や話に耳を傾ける。Ⓔlisten to. 閑(귀담아) 듣다。「講演を聞きに行く//クラシック音楽を聴く」▷自動聞こえる
注 漢字で書くときは、①〜④は「聞く」、⑤は「聞く」「聴く」。

聞いて極楽、見て地獄 話では非常にいい所と聞いていたが、実際に行ってみたらひどい所だ、聞くと見るとでは大違いだということ。Ⓔ A paradise on hearsay, a hell at sight. 閑소문에는 천국, 가 보면 지옥。

聞くは一時の恥、聞かぬは一生の恥 知らないことをきくのは、その時は恥ずかしいが、知

らずにいれば一生恥ずかしい思いをして過ごすことになる。勇気を出して人にききなさいということ。E To ask is but a moment's shame, but not to ask and remain ignorant is an everlasting shame. 한 묻는 것은 한 때의 창피, 묻지 않으면 평생의 수치. 似た表現 聞くは一時の恥, 聞かぬは末代の恥

きぐ 【危惧】キグ〔~する〕悪い結果になるのではないかと心配し恐れること. E apprehensions; misgivings. 한 우려.「環境が悪化しているので、地球の将来を危惧する人は多い//危惧の念をいだく」書

きぐ 【器具】キグ 生活で使う簡単な機械や道具. E an appliance; an apparatus. 한 기구.「ガス屋さんにガスの器具の点検を頼む/暖房器具/電気器具」

きぐう 【奇遇】キグー 思いがけず出会うこと. E an unexpected meeting. 한 기우, 뜻밖의 만남.「きのう銀座で、奇遇にも学生時代の友人に会った//こんな所であなたにお会いするとは奇遇ですね」

ぎくしゃく ギクシャク〔~する〕①ことばや態度がなめらかでないよう. E awkwardly; choppy. 한 어색함.「ロボットがぎくしゃく(と)歩く//ぎくしゃくした話し方」②関係がうまくいかないよう. E become strained. 한 어근버근해짐.「貿易問題をめぐり両国の間はぎくしゃくした」

きくばり 【気配り】キクバリ〔~する〕失敗や手落ちのないように細かいところまで注意をすること. E vigilant attention; be attentive. 한 배려.「細かい気配りができる一郎にパーティーの準備をまかせよう」

ぎくりと ギクリト, ギクリト〔~する〕急なできごとに、一瞬、驚いたり恐れたりするよう. ぎくっと. E be shocked; be startled. 한 움찔, 흠칫.「蛇かと思ってぎくりとして立ち止まったが、よく見たらひもだった」話

きぐろう 【気苦労】キグロー〔~する〕あれこれと気をつかうこと. E worries; cares. 한 잔걱정, 마음 고생.「転職したばかりで、いろいろ気苦労が絶えない//気苦労が多くて胃をこわした」

きげき 【喜劇】キゲキ ①こっけいなおもしろさを中心とした劇. E a comedy. 한 희극.「たまには喜劇でも見て楽しもう//喜劇役者」対悲劇 ②社会や人生の中で起こる、笑いだしたくなるようなできごと. E a comedy. 한 희극.「ダイエットをしすぎてものが食べられなくなったとは喜劇だ」対悲劇

きけん 【危険】キケン あぶないこと. E danger; dangerous. 한 위험.「この川は流れが速いから泳ぐのは危険だ//身に危険がせまる//危険物」対安全

きけん 【棄権】キケン〔~する〕選挙権や出場参加権などの権利を捨てること. E abstain (from voting); drop out of (a race). 한 기권.「A国では、選挙で棄権すると罰せられるという//マラソン大会で、途中で足が痛くなり、レースを棄権した」

きげん 【起源・起原】キゲン ものごとの起こり、始まり. E the origin; the beginning. 한 기원.「日本人の起源をさかのぼって調べる//人類の起源//漢字の起源」

きげん 【期限】キゲン 前もっていつまでと決めた時期. E a term; a deadline. 한 기한.「もうすぐ借金返済の期限がくる//レポートの提出期限は今月中です//期限切れ」

きげん 【機嫌】キゲン ①気分の状態. E (a) humor; a mood. 한 기분, 심기, 비위.「きょうは、社長のきげんがとてもいい. なにかいいことがあったのだろうか//きげんを取る//きげんをそこねる」②(「ごきげん」の形で)気分のいいよう. E be in a good mood. 한 기분이 좋음.「父はゴルフのスコアがよく

てごきげんだ」

きこう 【気候】キコー ある地域の1年を通してみた気象. Ⓔ(a) climate. 햅기후.「来日して2年たってやっと日本の気候に慣れた//温暖な気候の土地に住みたい」
参「天気」「天候」も似ているが,「天気」はそのときどきの空のよう,「天候」は数日から十数日の間の気象をいうのに対して,「気候」はある地域の長期間の平均的な気象をいう.

きこう 【機構】キコー 会社や団体などの組織. また, 組織された活動の仕組み. Ⓔan organization; a system. 햅기구.「経営の合理化のため, 機構を改革する//政治機構/流通機構」

きごう 【記号】キゴー ある決まった意味を持つしるし. 文字, 符号, 標識など, 文字を除いて考える立場もある. Ⓔa symbol; a sign. 햅기호.「『$』はドルを表す記号だ//元素記号/発音記号」

ぎこう 【技巧】ギコー ものをつくったり表現したりするときの技術上の工夫. すぐれた技術. Ⓔart; technique; technical skill. 햅기교.「道子は技巧をこらした美しい文章を書く//すぐれた技巧の彫刻」

きこ・える 【聞こえる】キコエル〔自動一〕①音や声が耳に入る. Ⓔhear; can hear. 햅들리다.「聞こえません, もっと大きな声で話してください//どこからか美しい歌声が聞こえてくる」②意味がそのように受け取れる Ⓔsound. 햅(~으로) 들리다; 받아들여지다.「その話にはうそがあるように聞こえる」③世の中に広く知られている. Ⓔbe well-known; be noted. 햅이름나다, 유명하다.「洋子はすぐれた芸術家として聞こえている」▷名聞こえ 他動聞く

きこく 【帰国】キコク〔~する〕自分の国へ帰ること. Ⓔreturn to one's country. 햅귀국.「マイクは留学を終えて先週帰国した//帰国の途につく/一時帰国」

ぎこちな・い ギコチナイ ことば, 態度, 動作などがじゅうぶん慣れていなくて, なめらかでない. ぎごちない. Ⓔawkward; stiff. 햅어색하다, 어설프다.「改札口で新しい駅員がぎこちない手つきで切符を切っている//ぎこちないあいさつ」

きこな・す 【着こなす】キコナス〔他動五〕(きこなして) 衣服を, 自分によく似合うよう上手に着る. Ⓔhave a flair for dressing well. 햅맵시 있게 입다.「母はいつも着物をすっきりと着こなしていた」名着こなし

きこん 【既婚】キコン すでに結婚していること. 結婚したことがあること. Ⓔmarried. 햅기혼.「わが社は既婚, 未婚を問わず, 意欲のある人を採用する」対未婚

きざ ギザ 服装やことばなどがおしゃれすぎて, 人にいやな感じを与えるよう. Ⓔaffected; conceited. 햅아니꼬움；역겨움.「以前は男性が香水をつけるときざだと思われていた//きざな話し方」話
参 おしゃれな男性, 気取ったふるまいをする男性をからかったり批判したりするときにいい, 女性についてはあまりいわない.

ぎざぎざ ギザギザ, ギザギザ〔~する〕のこぎりの歯のような細かくて鋭い形をしていること. Ⓔnotches. 햅톱니 모양, 깔쭉깔쭉.「ぎざぎざの飾りがついているかばん//ふちがぎざぎざの葉(Ⓔa notched leaf. 햅가장자리가 톱니 모양인 잎.)//ぎざぎざがある模様」

〔ぎざぎざ〕

きさく 【気さく】キサク 性格や態度がさっぱりしていて, 親しみやすいよう. Ⓔfrankly; open-hearted. 햅소탈함；싹싹함.「上司は気さくに相談にのってくれた//市長は気さくな人柄で, 市民に人気がある」

きざし【兆し】キザシ これからなにかが起こることを感じさせるしるし。Ea sign. 한징조, 조짐.「2月になって春のきざしがみえてきた//病気回復のきざし」自動 兆す

きざ・む【刻む】キザム〔他動五〕(きざんで) ①包丁やナイフで細かく切る。Echop up; mince. 한잘게 썰다.「タマネギを細かくきざむ」②木や石に小刀などで彫りこむ。Eengrave; carve. 한새기다.「2人の名前を石にきざんで記念にした//仏像をきざむ」③強く心にとどめる。Eimpress. 한(마음에)새기다.「先輩の忠告をしっかりと胸にきざんでおく」④細かく区切って進む。Etick away. 한새기다;새기며 나아가다.「時をきざむ//目盛りをきざむ」▷ 名 刻み

きし【岸】キシ 海や川や湖などに接している陸地の部分。Ea bank; the shore. 한물가;기슭.「向こうの岸まで泳いで渡ろう//川の岸//岸辺」

きじ【生地】キジ ①衣服などをつくる布。Ecloth; material. 한옷감.「子供服は丈夫なもめんの生地でつくるといい」②自然のままの性質や状態。Ejust as one is; one's true character. 한본성;본바탕.「古い友達なので生地のままでつきあっている//大げんかをしたとき、つい生地が出てしまった」

きじ【記事】キジ 人に知らせるために新聞や雑誌などに書かれた文章。Ean article; a news story. 한기사.「学校の新聞に運動会の記事を書く//新聞記事」数 1本

ぎし【技師】ギシ 会社、工場などで専門的な技術をもって働く人。Ean engineer. 한기사.「洋子は建築設計の技師として働いている//電気技師//機械技師」

ぎしき【儀式】ギシキ 祝いごと、葬式、祭りなどのように、人々が集まって決まったやり方で行われる行事。Ea ceremony; a rite. 한의식.「学校で行われる大きな儀式は入学式と卒業式である//大学の創立100年を祝う儀式を行う」

きしつ【気質】キシツ ①生まれつき人が持っている性質。E(a) disposition; (a) temper. 한기질.「心理学では人間の気質を多血質、胆汁質、粘液質、ゆううつ質の4つの型に分けている」②ある年代、職業、集団などに共通の性格、かたぎ。Ea turn of mind; a trait. 한기질.「サラリーマン気質//学生気質」

きじつ【期日】キジツ そうしなければならないと決められた日。Ea time limit; a due date. 한기일.「宿題は期日までに出すこと//電気料金支払いの期日は毎月25日だ//期日を守る」

きし・む キシム〔自動五〕(きしんで) ①ものとものとがすれ合うとき、なめらかにいかないで、ぎしぎし音を立てる。Ecreak; squeak. 한삐걱거리다.「家が古くて、歩くと床がきしむ//安物なのでベッドがきしむ」②人と人、あるいは2つのものごとなどの間がぴったりといかなくなる。Ebe in discord; be at strife. 한티격태격하다.「国境で紛争が起きて、両国の関係がきしんできた//父の遺産をめぐって、きょうだいの仲がきしむ」▷ 名 きしみ
参 ①は「きしる」と似ているが、「きしる」は「門の扉がきしって、いやな音を立てる」のように、金属などかたいものが強くこすれ合って鋭い音を立てるのをいう。

きしゃ【汽車】キシャ 蒸気の力で線路を走る乗り物。Ea train. 한기차.「バスよりも汽車で旅行するのが好きだ//午後8時発の汽車に乗る//汽車賃」数 1本, 車両 1両
参 前からの習慣で、長い距離を走る電車を「汽車」ということもある。

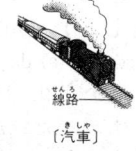
〔汽車〕

きしゃ 【記者】キシャ, キシャ 新聞や雑誌や放送などの材料を集めたり記事を書いたりする人. Ea reporter; a journalist. 한기자.「記者が首相にインタビューをする//記者会見/新聞記者(→項目)」

きしゅ 【機種】キシュ 飛行機や機械などの種類. Ea model; a type. 한기종.「このテレビは古い型の機種だから修理ができない//新しい機種のパソコンが発売された」

きじゅつ 【記述】キジュツ〔〜する〕見たり, 考えたり, 経験したりしたことなどを文章に書き表すこと. Edescribe; a description. 한기술.「思ったことをそのまま記述する//この論文の記述には誤りがある」

ぎじゅつ 【技術】ギジュツ ①ものごとをうまく行う方法. E(a) technique; (a) skill. 한기술.「免許を取ったばかりで運転の技術が未熟だ」②科学理論を実際の生活に役立つようにする方法. Etechnology. 한기술.「科学技術の発達は人々の生活を変えた//技術革新」

きじゅん 【基準・規準】キジュン ①比べるとき, もとになるもの. Ea standard. 한기준.「合格の基準を厳しくする//建築基準を守る」②したがわなくてはならない規則. Ea criterion. 한규준.「判定の規準を設ける」
注 ①は「基準」, ②は「規準」.
参 ①は「標準」と似ているが,「標準」が理想とする水準もふくむのに対して,「基準」は客観的な事実としてよりどころとなるものをいう.

きしょう 【気性】キショー 生まれつきの性質. E(a) disposition; (a) temper. 한성질, 기질, 천성.「道子は穏やかな気性で, けんかをしたことがない//激しい気性」

きしょう 【気象】キショー 晴雨, 風向き, 気温など, 大気の状態. Eweather (conditions). 한기상.「高い山は気象の変化が激しい/気象観測/異常気象」

きしょう 【起床】キショー〔〜する〕目を覚まして寝床やベッドから出ること. Erising; get up. 한기상.「この病院では, 起床は6時と決まっている//毎朝7時に起床する」対就床, 就寝

きしょうてんけつ 【起承転結】キショーテンケツ 漢詩の句の並べ方. 第1句(=起句)で言いはじめたことを第2句(=承句)で展開させ, 第3句(=転句)ではそれを他に転換し, 第4句(=結句)で全体をまとめるという順序. このことから, 文章の組み立て方の意味に使われる. Ethe four-part structure of Chinese poetry: introduciton, development, turn and conclusion. 한(한시의)기승 전결.「起承転結のととのった文章」

ぎじんほう 【擬人法】ギジンホー, ギジンホー 人間以外のものを人間にたとえて表現する方法. たとえば「風が歌う」「泣きだしそうな空」のような言い方. Epersonification. 한의인법.「擬人法を使った, 表情の豊かな文章を書く」

きず 【傷】キズ ①切ったり, ものにぶつけたりして, 体の表面を傷めた所. Ean injury; a wound. 한상처.「指の傷が痛い//傷口を消毒する//かすり傷(→項目)」②心が痛む状態. Ean emotional hurt. 한상처.「裏切られた心の傷をいやす//戦争が心に残した傷」③ものの一部が切れたり欠けたりした所. Ea bruise; a flaw. 한흠.「傷のあるリンゴは安い//机の傷」▷→けが

きすう 【奇数】キスー 1, 3, 5…のように, 2で割りきれない整数. この辞書では右側のページを示す数. Ean odd number. 한홀수, 기수.「クラスの人数が奇数なので, 2人ずつで組むといつも1人あまってしまう//奇数番号」対偶数

ぎすぎす ギスギス〔～する〕①非常にやせているようす。「彼は、病気をしてぎすぎすした体になってしまった(ⓔHe became very thin after his illness. ⓗ그는 병을 앓고 나서 몸이 빼빼 말라 버렸다。)」②人に対する思いやりが全然なく、人間関係が悪くなっているようす。「どちらもゆずらず、会議はぎすぎすした雰囲気になった(ⓔThe atmosphere became very frigid when neither party at the meeting would give way. ⓗ어느 쪽도 양보하지 않아서, 회의는 껄끄러운 분위기가 되었다。)//ぎすぎすした人間関係」

きず・く 【築く】キズク〔他動五〕(きずいて)①土や石を盛りあげ、かためてつくる。ⓔbuild; construct. ⓗ쌓다。「ピラミッドは古代エジプト人が築いた//城を築く」②ものごとを基本からしっかりとつくりあげる。ⓔbuild up; make. ⓗ구축하다；이룩하다。「自由で差別のない社会を築く//明るい家庭を築く//財産を築く」

きずつ・ける 【傷つける】キズツケル〔他動一〕①人の体やものに傷を与える。ⓔinjure; damage. ⓗ상처를 입히다, 다치게 하다；흠내다。「ナイフを落として、足を傷つけた//だいじな銀の皿を傷つけて、しかられた」②人の気持ち、名声、信用などをそこなう。ⓔdisgrace; hurt. ⓗ훼손하다；상처를 주다。「今回の暴力事件は、学校の名を傷つけた//わたしのことばが友達の心を傷つけたらしい」▷自動 傷つく

きずな キズナ、キズナ 親と子のように、切り離すことができない、人と人とのつながり。ⓔbonds; ties. ⓗ유대, 인연。「２人の友情は強いきずなで結ばれている//夫婦のきずな」

き・する 【帰する】キスル〔自他動する〕①最後に、ある１つのところに落ちつく。帰す。ⓔresult in; be reduced to. ⓗ돌아가다；귀착하다。「せっかくの努力も失敗に帰した」②だれかのせいにする。なすりつける。帰す。ⓔattribute (a matter) to. ⓗ돌리다, 전가하다。「事故の責任を課長１人に帰するのは不当だ//罪を人に帰する」▷書

注①は自動詞、②は他動詞。

き・する 【期する】キスル〔他動する〕①日や時を限る。期す。ⓔas of (a date). ⓗ기하다。「１月１日を期して、新しい生活を始める」②あることをやりとげようと、決心する。期す。ⓔbe determined. ⓗ결심하다, 작정하다。「勝利を期して、サッカーの全国大会に出る//心に期するところがある」③望みをかける。期す。ⓔexpect; look forward to. ⓗ기대하다, 기약하다。「クラスメートと再会を期して別れた」▷書

期せずして 申し合わせたわけではないのに、偶然に。ⓔunexpectedly; by accident. ⓗ예기치 않게, 우연히。「期せずして意見が一致した//期せずして全員が集まった」

きせい 【気勢】キセイ 一生懸命にしようとする元気な気持ち。ⓔspirit; vigor. ⓗ기세。「負けているチームの応援団はどうも気勢があがらない//気勢をそぐ」

きせい 【既成】キセイ ものごとがすでにそうなっていること。ⓔestablished; existing. ⓗ기성。「既成のことばだけでは表現できない新しい考え方が生まれている//男は外で働き、女は子供を育てる、という既成概念が変わりつつある//既成事実」書

きせい 【帰省】キセイ〔～する〕休みのときなどに、短い間、ふるさとに帰ること。ⓔgoing home. ⓗ귀성。「夏休みに帰省するのを楽しみにしている//帰省バス/帰省客」

きせい 【規制】キセイ〔～する〕規則や制限をつくってそれを守らせること。ⓔregulation. ⓗ규제。「日本には輸入についての規制がある//行動の自由を規制する//交通規制」

ぎせい　【犠牲】ギセイ　①あることのために命やたいせつなものを投げだすこと．E sacrifice. 한희생．「家庭を犠牲にして仕事に熱中する//犠牲的精神(=進んで犠牲になろうとする気持ち)」②災害，戦争，事故などで死んだり傷ついたりすること．E be sacrificed; a victim. 한희생．「戦争の犠牲となった人はたくさんいる//交通事故で犠牲者が出た」

きせいひん　【既製品】キセイヒン，キセイヒン　注文を受けてからつくるのではなく，売るために前もってつくってある品物．E ready-made goods. 한기성품．「既製品は注文してつくった品物より安い//この服は既製品なので体に合わない」

きせき　【奇跡】キセキ，キセキ　ふつうでは考えられないような不思議なできごと．E a miracle. 한기적．「飛行機が落ちたのに助かったのは奇跡だ//奇跡が起こって，見えなかった目が見えるようになった」

きせつ　【季節】キセツ　1年を気候の変化によって分けたもの．E a season. 한계절．「日本には，春，夏，秋，冬の4つの季節がある//季節の移り変わり//季節はずれの寒さ」

きぜつ　【気絶】キゼツ〔～する〕　少しの間，息ができなくなり死んだようになること．E faint; lose consciousness. 한기절，실신．「子供が交通事故で死んだと聞いて母親は気絶してしまった//なぐられて気絶した」

き・せる　【着せる】キセル〔他動一〕　①衣服などを身につけさせる．E dress; put on. 한입히다．「子供に服を着せる」②喜ばないことを人に押しつける．E lay (the blame) on another. 한뒤집어 씌우다，전가하다．「秘書に罪を着せる//ぬれぎぬを着せる」

きぜわし・い　【気ぜわしい】キゼワシイ　①気持ちが急がされているようで，落ちつかない．E restless. 한어수선하다．「年末は正月の準備で気ぜわしい」②せっかちで落ちつきがない．E hurriedly. 한부산하다．「道子は店を3軒持っていて，その間をいつも気ぜわしく飛びまわっている」

きせん　【汽船】キセン　蒸気などの力で進む，大型の船．E a steamship; a steamer. 한기선．「かつては日本からアメリカへ行くために，汽船で太平洋を渡った」 数 1隻・1艘 〔汽船〕

きぜん　【毅然】キゼン　(「毅然とする」の形で)気持ちや考え方が強くしっかりしていて，すこしのことでは心が動かされないようす．E resolutely; firmly. 한의연．「悪いことに誘われても毅然として断る」
参 改まって「毅然たる態度」のように表現することもある．

ぎぜん　【偽善】ギゼン　本当はそうでないのに表面だけいいことをしているように見せかけること．E hypocrisy. 한위선．「名前をひろめたいだけの二郎の奉仕活動は偽善に満ちている//偽善的行為//偽善者」対偽悪

きそ　【起訴】キソ〔～する〕　人を殺したり，ものを盗んだりした人を，検察官が裁判所に訴えること．E prosecute; indict. 한기소．「強盗事件の容疑者を起訴する//起訴状」対不起訴

きそ　【基礎】キソ　①研究や，いろいろなものごとのいちばんたいせつなもとになる部分．E the basis; the groundwork. 한기초．「外国語をはじめ，なんでも勉強は基礎がたいせつだ//基礎をかためる//基礎知識」②土の中にあって建物をしっかり支えているたいせつな部分．E the foundation. 한기초．「この建物は基礎がしっかりしているから，大きな地震が起こっても大丈夫だ//基礎工事」

きそ・う　【競う】キソウ〔他動五〕　(きそって)負けたくないと思って，たがいに争う．E

contend; vie with. 한겨루다.「競ってコンピューターを開発する//建築中の2つのビルが高さを競っている//母と料理の腕を競う」

ぎぞう【偽造】ギゾー〔～する〕人をだますため、本物に似ているようにつくること. Ｅ**forge; counterfeit.** 한위조.「パスポートを偽造して国外へ逃げる/偽造紙幣」

きそく【規則】キソク しなければならないこと、してはいけないことを決めたもの. Ｅ**a rule; a regulation.** 한규칙.「交通の規則を守る//みなで考えて規則をつくる//規則違反」→規定、おきて
参「きまり」「ルール」も似ているが、「規則」ははっきりと文章で書かれ、「きまり」より厳しい感じ. 守らなかったばあいのことや例外なども決めてあったりする.「ルール」は「野球のルールを守る」のようにスポーツ、ゲームなどに多く使う.

きぞく【貴族】キゾク 社会の上のほうの、特別な力を持つ階級の人々. Ｅ**the aristocracy; a noble.** 한귀족.「日本では第2次世界大戦の後、貴族はなくなった//貴族の出身//貴族階級」

きた【北】キタ、キタ 4つの方角の1つ. 太陽がのぼるほうを向いて左の方角. Ｅ**the north.** 한북、북쪽.「北海道は日本でいちばん北にある//北の風//北向き」対南

ギター（guitar）ギター 楽器の一種. 木などでつくった胴に6本の糸を張り、指先ではじいて音を出す. Ｅ**a guitar.** 한기타.「兄は友達とつくったバンドでギターをひいている//ギターのひき語り」数 1丁

きたい【気体】キタイ 物質の3つの状態の1つ. 空気のように、自由に動いて形がないもの. ガス. Ｅ**(a) gas; (a) vapor.** 한기체.「空気には窒素、酸素、水素などの気体がふくまれている//風船の中の気体を抜く//有毒の気体が発生する」関連固体、液体

きたい【期待】キタイ〔～する〕将来いい結果、いい状態になるだろうと心の中で思い、待つこと. Ｅ**expectation.** 한기대.「大学生活は期待していたとおりすばらしかった//期待はずれ（＝思っていたほどよくないこと）」

きたい【機体】キタイ 飛行機の胴体. また、飛行機のエンジン以外の部分. Ｅ**the body of an airplane; a fuselage.** 한기체.「事故で墜落した機体の一部が見つかった//銀色の機体が飛行場の上空に現れた」

ぎだい【議題】ギダイ 会議で話し合うテーマ. Ｅ**a subject for discussion; the agenda.** 한의제.「貿易の自由化が議題にのぼった//きょうの中心議題は来年度の予算のことだ」

ぎたいご【擬態語】ギタイゴ ものごとの状態の感じを表したことば.「うれしくてわくわくする」の「わくわく」や、「心配でどきどきする」の「どきどき」など. Ｅ**a mimetic word.** 한의태어.「ジョージは日本語の中で擬態語がいちばんわかりにくいと言う」
参 同じことばでも擬音語と擬態語の両方になるばあいがある.「かさかさ」「がたがた」など、「落ち葉をかさかさ踏む」「戸ががたがた鳴る」は擬音語だが、「手が荒れてかさかさになる」「古くてがたがたの家具」は擬態語である.

きた・える【鍛える】キタエル〔他動一〕①金属を熱したり打ったりして強くする. Ｅ**forge; temper.** 한(쇠 등을) 불리다.「鉄をきたえる」②厳しい練習の繰り返しで、体や心を強くしっかりしたものにする. Ｅ**build up; train.** 한단련하다.「若いうちに体をきたえておこう//ジョギングで足をきたえて登山に備える」

きたく【帰宅】キタク〔～する〕自分の家に帰ること. Ｅ**come home; go home.** 한귀가.「会社が遠いので毎日帰宅が遅い//帰

きたない

宅時間」

きたな・い 【汚い】キタナイ ①よごれていて不潔な感じだ．[E]dirty．[韓]더럽다．「部屋にごみが落ちていてきたない//シャツがきたないから洗濯しよう」[対]きれい ②きちんとしていない．[E]poor; bad．[韓]지저분하다．「姉の字はきたなくて読みにくい」[対]きれい ③やり方や気持ちが，よくない．[E]mean; unfair．[韓]더럽다；야비하다．「楽な仕事は自分がして，いやな仕事だけ部下にやらせるとはきたない」

きたならし・い 【汚らしい】キタナラシイ いかにもきたない感じだ．[E]filthy．[韓]지저분하다；추접스럽다．「雑誌や紙くずや空き缶が散らかっているきたならしい部屋//きたならしい格好」

きたる 【来る】キタル もうすぐ来る．[E]this coming; next．[韓]오는，이번．「きたる5月10日の大会にはぜひご出席ください//運動会はきたる10月10日に行う」[対]去る

きち 【既知】キチ，キチ もう知られていること．[E](already) known．[韓]기지．「既知のことについての説明は不要である//既知の情報」[対]未知 [書]

きち 【基地】キチ，キチ 軍隊，探検，登山などの行動のもととなる場所．[E]a base．[韓]기지．「基地の近くに住んでいるので，飛行機の音がうるさい//南極基地」

きち 【機知】キチ，キチ 場面に合わせて頭が速く働き，うまく言える才能．[E]wit．[韓]기지，재치．「洋子の機知に富んだ発言で，会議の沈んだムードが明るくなった//機知を働かせる」

きちがい 【気違い】キチガイ ①心の状態がふつうではないこと．また，その人．[E]crazy; mad．[韓]미치광이．「子供に死なれた母は気違いのようになってしまった」②好きなことにすっかり夢中になっていること．また，その人．[E]a fan; a maniac．[韓]～광．「父は野球気違いで毎日曜日試合を見に行く//映画気違い」

[参] 人を差別する意味があるので，人を呼ぶときに使ってはいけない．

きちょう 【基調】キチョー 考え方や行動などのもとになっているもの．[E]the basis; be based on．[韓]기조，바탕．「人間愛を基調とした小説//赤を基調とした暖かい感じの絵」

きちょう 【貴重】キチョー 価値が高くたいせつであるようす．[E]precious; valuable．[韓]귀중．「30年におよぶ彼との友情はまことに貴重だ//国会図書館には多くの貴重な資料がある//貴重品」

ぎちょう 【議長】ギチョー 会議を進めたりまとめたりする人．[E]the chairperson．[韓]의장．「議長に指名されて発言する//議長は閉会を宣言した//衆議院議長」

きちょうめん 【几帳面】キチョーメン，キチョーメン 細かいことまで気をつかい，いいかげんなところのないようす．[E]regularly; meticulous．[韓]꼼꼼함．「妹は毎日きちょうめんに日記をつけている//弟はきちょうめんな性格で，借りた金はすぐに返す」[対]ずぼら

きちんと キチント〔～する〕①よくととのっているようす．きちっと．[E]neatly．[韓]깔끔히，말끔히．「新聞をきちんとたたむ//机の上をきちんと片づける」②正確なようす．きちっと．[E]accurately．[韓]정확히．「全員，約束の時間にきちんと集まった//きちんと計算する」③規則正しいようす．きちっと．[E]regularly．[韓]꼬박꼬박．「朝晩きちんと歯をみがく」▷→ちゃんと

きつ・い キツイ ①厳しくて，つらい感じだ．[E]hard; severe．[韓]고되다．「仕事がきつくて体をこわしてしまった」

②気が強い．[E]strong-minded; stern．[韓]엄하다．「父はきつい性格で，みんなにこわが

られている//きつい顔つき」

③力の入れ方が強い. ⒠firmly. ㉠꽉 졸리다.「ひもをきつく結ぶ//きつく手をにぎられて痛かった」 対緩い

④すきまやゆとりがなくて窮屈だ. ⒠tight. ㉠꼭 끼다.「この靴はきつくて, 足が痛い//太ったのでズボンがきつい」 対緩い

⑤程度が強い. ⒠strong; intense. ㉠독하다; 강렬하다.「きつい酒//きつい日差し」

きづか・う【気遣う】キズカウ〔他動五〕(きづかって) あれこれ気にかける. ⒠be anxious about; be concerned about. ㉠마음을 쓰다, 걱정하다.「病気の姉を気づかって, いつもそばにいる//友の安否を気づかう」 名気遣い

きっかけ キッカケ あるものごとが始まる直接の原因や機会. ⒠a start; a chance. ㉠계기.「友達に誘われたのがきっかけで, テニスをするようになった//あの人と話するきっかけがほしい」

きっかり キッカリ 時間や数や量などが正確に合うようす. ⒠just; exactly; sharp. ㉠꼭, 딱 ; 정각.「会費はきっかり1000円だ//9時きっかりにバスが出発する」

きづかれ【気疲れ】キズカレ, キズカレ〔~する〕慣れないことや人などに対して, いろいろ思ったり心配したりして心が疲れること. ⒠be mentally fatigued. ㉠정신적 피로, 심로.「勤めはじめたばかりなので, 毎日, 気疲れする//社長と話すと気疲れがする」

きづ・く【気づく】キズク〔自動五〕(きづいて) ①いままで知らなかったことや意識しなかったことを, なにかのきっかけで知ったり意識したりする. ⒠notice; become aware. ㉠깨닫다, 알아채다.「電車に乗ってから, きょうは会社が休みだったことに気づいた//後ろに人がいるのに気づかずに, ドアを閉めてしまった」②正気にもどる. ⒠find oneself; regain consciousness; come to one's senses. ㉠정신이 들다.「気づいたときは, わたしは病院のベッドに寝ていた」

ぎっくりごし【ぎっくり腰】ギックリゴシ 重い荷物を持ち上げようとしたり, 急に腰をひねったりしたときなどに, 突然, 激しい腰の痛みが起こること. ⒠a strained back; a slipped disk. ㉠(허리)디스크 ; 추간판헤르니아.「父は書類の入った箱を持ち上げようとしてぎっくり腰になった」 話

きつけ【着付け】キツケ, キツケ〔~する〕和服をきちんと着ること. また, 人に着せてあげること. ⒠the art of putting on a *kimono*. ㉠기모노를 맵시 있게 입기.「若い人にとって和服の着付けはむずかしい//美容院で着付けをしてもらう//着付け教室」

きっさてん【喫茶店】キッサテン, キッサテン コーヒー, 紅茶などの飲み物や, ケーキ, 軽い食事などを出す店. ⒠a coffee shop; a tearoom. ㉠다방.「すこし話したいことがあるので, 3時に駅前の喫茶店へ来てください」 数1軒・1店

ぎっしり ギッシリ 箱やわくなどの中に, すきまもないほどいっぱいつまっているようす. ⒠closely; tightly. ㉠꽉 ; 빽빽히.「本棚に本がぎっしり(と)並んでいる//ミカンがぎっしり(と)つまった箱」

きっすい【生粋】キッスイ ほかのものがなにもまじっていないこと. ⒠trueborn. ㉠순수.「両親も二郎も東京生まれの東京育ちで, きっすいの東京人だ」

きっちり キッチリ ①〔~する〕すきまやゆるんでいるところが全然ないようす. ⒠tightly; closely. ㉠꽉.「アルコールが蒸発しないように, 瓶のふたをきっちり(と)しめる」②時間や数や量などが正確に合うようす. ⒠precisely; exactly. ㉠꼭, 딱 ; 정확히.「1ミリも違わないように, きっちり(と)はかる//1853円,

きっちり(と)払(はら)う」

きって 【切手】キッテ, キッテ 郵便物(ゆうびんぶつ)の上(うえ)に料金(りょうきん)としてはる小(ちい)さな紙(かみ). Ea stamp. 헌우표. 「わたしの趣味(しゅみ)は切手(きって)を集(あつ)めることだ//封(ふう)をして切手(きって)をはる//記念切手(きねんきって)」数 1枚(いちまい)

きっての (他(ほか)のことばの後(あと)について)~でいちばんの.「クラスきっての勉強家(べんきょうか)(Ethe most diligent student in the class. 헌반(반)에서 으뜸가는 노력가.)//村(むら)きっての働(はたら)き者(もの)」

きっと キット ①確実(かくじつ)に予想(よそう)どおりになるだろうと思(おも)うよう(よう)す. Esurely; undoubtedly. 헌틀림없이.「こんなに寒(さむ)いのだから, あすはきっと雪(ゆき)になるだろう」②強(つよ)く決意(けつい)したり期待(きたい)したりするよう(よう)す. Ecertainly; be sure to. 헌반드시, 꼭.「来年(らいねん)はきっとアルプスに登(のぼ)るぞ//インドに着(つ)いたら, きっと手紙(てがみ)をくださいね」

きつね キツネ 口(くち)が細(ほそ)くとがり, 尾(お)が太(ふと)くて長(なが)い, 犬(いぬ)に似(に)た動物(どうぶつ). 山(やま)や野(の)にすみ, むかし話(ばなし)や伝説(でんせつ)では人(ひと)を化(ば)かすとされた. Ea fox. 헌여우.「キツネにだまされるというむかし話(ばなし)は多(おお)い」数 1匹(いっぴき)

〔きつね〕

きつね[狐]につままれる 考(かんが)えてもみなかったことが起(お)こり, わけがわからずぼんやりする. Efeel bewildered. 헌여우에 홀리다.「旅行(りょこう)しているはずの人(ひと)が目(め)の前(まえ)にいるなんて, きつねにつままれたようだ」

きっぱり キッパリ〔~する〕絶対(ぜったい)に変(か)えないという強(つよ)い意志(いし)を, ことばや態度(たいど)で表(あらわ)すよう(よう)す. Eflatly; decisively. 헌딱 잘라, 단호히.「不正(ふせい)な金(かね)の受(う)け取(と)りはきっぱり(と)断(ことわ)る//きっぱりした返事(へんじ)(Ea definite reply. 헌단호한 대답.)」

きっぷ 【切符】キップ 乗(の)り物(もの)に乗(の)るときや映画(えいが)を見(み)るときなどに, 金(かね)を払(はら)ったしるしとしてもらう券(けん). Ea ticket. 헌표.「音楽会(おんがくかい)の切符(きっぷ)が2枚(まい)あるけど, 一緒(いっしょ)に行(い)きませんか//京都行(きょうとゆ)きの切符(きっぷ)を買(か)う//往復切符(おうふくきっぷ)」数 1枚(いちまい)

きづまり 【気詰まり】キズマリ, キズマリ 気持(きも)ちが通(つう)じ合(あ)わない人(ひと)や知(し)らない人(ひと)などと一緒(いっしょ)にいて, のんびりできないこと. Efeel constrained; feel ill at ease. 헌거북함, 어색함.「校長先生(こうちょうせんせい)のそばにいると, 話(はな)すこともなくて気(き)づまりだ//気(き)づまりな雰囲気(ふんいき)」

きてい 【規定】キテイ〔~する〕ものごとのやり方(かた)などを決(き)めること. また, 決(き)まったこと. Ea regulation; a rule. 헌규정.「会場(かいじょう)を使用(しよう)するには規定(きてい)の料金(りょうきん)が必要(ひつよう)だ//規定(きてい)に反(はん)する//規定(きてい)の手続(てつづ)き」

参「規則(きそく)」も似(に)ているが, 「規定(きてい)」のほうが意味(いみ)が狭(せま)く, 法律的(ほうりつてき)な規則(きそく)をいうときに使(つか)う.

きてん 【起点】キテン ものごとの始(はじ)まる所(ところ). Ethe starting point. 헌기점.「京都(きょうと)を起点(きてん)として歴史的(れきしてき)に有名(ゆうめい)な所(ところ)を歩(ある)く//東海道(とうかいどう)の起点(きてん)は日本橋(にほんばし)だ」対 終点(しゅうてん)

きてん 【機転】キテン なにか起(お)こったとき瞬間的(しゅんかんてき)にいい考(かんが)えが出(で)てくる心(こころ)の働(はたら)き. Equick wit; tact. 헌기지, 재치.「せりふを忘(わす)れたが, 機転(きてん)をきかせて自分(じぶん)でせりふをつくり, その場(ば)を切(き)り抜(ぬ)けた//財布(さいふ)を忘(わす)れて出(で)かけたが, 機転(きてん)のきく子供(こども)だから, なんとかするだろう」

きと 【帰途】キト, ギト 帰(かえ)り道(みち). 帰(かえ)る途中(とちゅう). Eon one's return trip; on one's way home. 헌귀도, 귀로.「ニューヨークからの帰途(きと), ハワイに立(た)ち寄(よ)った//学校(がっこう)からの帰途(きと), 友達(ともだち)に会(あ)った//帰途(きと)につく」書

きどあいらく 【喜怒哀楽】キドアイラク, キド・アイラク 喜(よろこ)びと怒(いか)りと悲(かな)しみと楽(たの)しみ. 人間(にんげん)のいろいろな感情(かんじょう). Efeelings; emotions. 헌희로애락.「仕事場(しごとば)では喜怒哀楽(きどあいらく)を表(あらわ)に出(だ)さない//喜怒哀楽(きどあいらく)の激(はげ)しい人(ひと)」

きどう 【軌道】キドー ①電車(でんしゃ)や列車(れっしゃ)などの

通る道．線路．Ea (railroad) track. 웹궤도．「電車が軌道からはずれる大事故が起こった」②太陽や月などの天体が必ず通る道．Ean orbit. 웹궤도．「人工衛星が軌道を回っている」③ものごとが進んでいく経過．E(a) track. 웹궤도．「店の経営が軌道に乗る」▷数①1本

きとく　【危篤】キトク　病気やけががたいへん重くて，すぐにも死にそうなこと．Ecritical condition. 웹위독．「祖父が危篤との知らせを聞いて，すぐ病院へ行った//危篤におちいる//危篤状態」

きど・る　【気取る】キドル〔自他動五〕（きどって）①自分をよく見せようとして，特別にいい格好をする．Ebe affected; put on airs. 웹젠체하다；멋부리다．「気取って，カメラの前に立つ//異国風のちょっと気取った喫茶店」②そうではないのに，それらしいようすをまねる．Epose as; pretend. 웹～체하다．「芸術家を気取る」▷名気取り

注①は自動詞，②は他動詞．

きなが　【気長】キナガ　気持ちがのんびりしていて，いらいらしないようす．Epatiently. 웹느긋함．「病気の回復を気長に待つ//そんなにあわてないで，気長にやりなさい//10年計画という気長な話」対気短，短気

きにゅう　【記入】キニュー〔～する〕書き入れること．Efill out; (an) entry. 웹기입．「申込書に名前を記入する//記入欄」

きぬ　【絹】キヌ　カイコのまゆからとった糸．また，その糸でつくった織物．Esilk. 웹명주실；비단．「中国から絹を輸入する//絹のネクタイ//絹の着物」

きねん　【記念】キネン〔～する〕思い出に残しておくこと．また，そのもの．Ecommemoration. 웹기념．「卒業を記念して全員で写真をとる//子供の誕生記念に木を植える//結婚記念日」

きのう　【昨日】キノー，キノー　①きょうの前の日．さくじつ．Eyesterday. 웹어제．「きのうの日曜日は忙しかった」②近い過去．Eyesterday; recent. 웹어제．「このバスの混雑はきのうきょうのことではない//きのうの敵はきょうの友」▷関連①今日，あした

注「さくじつ」とも読めるので，区別するためには，ひらがなで書くほうがいい．

きのう　【機能】キノー，キノー〔～する〕そのものの持っている働き．また，その働きを生かすこと．Ea function. 웹기능．「ことばの機能は気持ちや考えを伝えることだ//病気になって胃の機能が低下した//民主主義が正しく機能している国」

ぎのう　【技能】ギノー，ギノー　なにかをつくったり行ったりする能力．Eskill; ability. 웹기능．「特別な技能があれば就職に有利だ//技能をみがいて仕事に役立てる」

きのこ　キノコ　野山のしめった木の陰や落葉の下などに生える植物．傘のような形のものが多い．食べられるものと，毒があり食べられないものがある．Ea mushroom. 웹버섯．「秋には山へキノコをとりに行く//キノコごはん//キノコ汁」

〔きのこ〕

きのどく　【気の毒】キノドク，キノドク　①つらく悲しい思いをしている人に同情するようす．Esympathize with; feel sorry. 웹딱함，가엾음．「火山の爆発で家も畑も失った人たちは本当に気の毒だ」②〔～する〕人に迷惑をかけて悪かったと思うこと．Ebe sorry. 웹미안함．「雨の中を来てもらったのに，留守にしていて気の毒なことをした//頼まれたことを忘れて気の毒した」▷→かわいそう

きのみきのまま　【着の身着のまま】着ているもののほかはなにも持っていないこと．E

with only the clothes on one's back. 한(입은 옷만 걸친 채) 맨몸으로. 「『火事だ！』という声に着の身着のまま逃げだした//旅行中，かばんを盗まれて着の身着のまま帰ってきた」

きば キバ 動物のあごの上下にある，鋭くとがった歯. Ea fang; a tusk. 한엄니. 「きばを見せておそいかかるライオン」数1本

きばを研ぐ 相手を傷つける準備をする. Eprepare to attack. 한엄니를 갈다；공격 준비를 하다. 「きばをといで敵のようすをじっと見ている」

きばをむく 相手を憎む気持ちをはっきり表す. Eexpose one's fangs; snarl. 한엄니(적의)를 드러내다. 「きばをむいて敵におそいかかる」

きはく 【気迫】キハク どんなことにも負けないでやるという激しい気持ち. Espirit; vigor; determination. 한기백. 「『必ずやれ』と強く言う一郎の気迫に押されて，『はい』と言ってしまった/気迫がこもる」

きはく 【希薄・稀薄】キハク ①空気の密度や液体の濃度などが薄いようす. Ethin; diluted. 한희박；묽음, 엷음. 「高い山の上では空気が希薄で息苦しい」対濃厚 ②気持ちや意志が感じられないようす. Elack; weak. 한박약；알팍함. 「病人は生きようという意欲が希薄で，病気がなかなか治らない/人情の希薄な世相」

注 もとは「稀薄」だったが，「稀」の字は常用漢字表にないので，同じ音の「希」を当てて「希薄」として使うようになった.

きはずかし・い 【気恥かしい】キハズカシイ, キハズカシイ なんとなく恥ずかしく感じる. Ebe embarrassed. 한어쩐지 부끄럽다, 쑥스럽다. 「自分が映っているビデオを見るのは気恥ずかしい」

きばつ 【奇抜】キバツ ほかとひどく違って，

あっと驚く意外さがあるようす. Eeccentric; novel. 한기발. 「京子はいつも奇抜な服装をしているので，とてもめだつ//奇抜なアイデア」

きばらし 【気晴らし】キバラシ, キバラシ 〔～する〕暗く沈んでいる気持ちを，なにかほかのことをして明るくすっきりさせること. Ea diversion; a recreation. 한기분 전환, 소창. 「疲れたから音楽でも聞いて気晴らししよう//ずっと勉強していたから気晴らしにちょっと散歩に出る」

きば・る 【気張る】キバル〔自他動五〕（きばって）①息をつめて，体にぐっと力を入れる. Eexert oneself. 한용쓰다. 「気張って重い荷物を持ち上げる」②思いきって，たくさん金を出す. Egive generously; treat oneself to. 한호기를 부리다, 많은 돈을 선뜻 내다. 「結婚祝いを気張る」

注 ①は自動詞，②は他動詞.

きはん 【規範】キハン その社会でなにかをするときの手本となるもの. Ea model; a norm. 한규범. 「大人は子供に，どう生きるかの規範を示さなければならない//規範としての文法//行動規範」

きばん 【基盤】キバン 進歩や発展のために必要なしっかりした基礎. Ea basis; a foundation. 한기반. 「農業の基盤は土地にある//会社が倒産して生活の基盤を失った//基盤をととのえる」

きびきび キビキビ〔～する〕話し方や態度が，元気ではっきりしていてむだがないようす. 「看護婦たちは，きびきび(と)病人の世話をしている(EThe nurses are tending the patients energetically. 한간호사들은 활기차게 환자들을 돌보고 있다.)//店員の応対がきびきびしていて気持ちがいい」

きびし・い 【厳しい】キビシイ ①いいかげんなところで許すということがない. Estrict. 한엄하다, 엄중하다. 「あの先生は厳しいか

ら、宿題を忘れるとたいへんだ//警察が麻薬を厳しく取り締まる」対甘い ②苦労したり、緊張したりするほどひどい. Ehard; stern. 헌빡빡하다；냉엄하다.「収入が少なくて生活が厳しい//厳しい顔で手術を始める」③程度がふつう以上だ. Esevere; intense. 헌엄격하다；혹독하다.「この会社は採用条件が厳しい/気温セ氏35度以上の厳しい暑さが続く」対緩い

きひん 【気品】キヒン 人の顔や行い、また、芸術作品などから受ける、上品な感じ. Edignity; grace; refinement. 헌기품.「気品に満ちたマザー・テレサ/気品にあふれる顔/気品のある態度」

きびん 【機敏】キビン なにか変化があったとき、すばやく行動するようす. Equick. 헌기민.「火事になりかけたが、所員の機敏な処置でカーテンを焼いただけですんだ//機敏に動く」

きふ 【寄付・寄附】キフ, キフ〔~する〕 宗教関係, 公共の団体などに金や品物を差しだすこと. また, その金や品物. Edonation; contribution. 헌기부.「寄付を集めて, 困っている人に送る//バザーに衣類を寄付した/寄付金」

注 以前は「寄附」を使ったが, 最近は「寄付」のほうを多く使う.

きふう 【気風】キフー, キフー ある人々の集まりが共通して持っている考え方や雰囲気. Espirit; characteristics. 헌기풍.「A大学の気風は明るくて学生たちはのびのびしている//自由を尊重する気風」

きぶん 【気分】キブン ①体の調子や, そのときどきの心の状態. Ea feeling; a mood. 헌기분.「気分が悪いので先に帰ります//弟はそのときの気分で勉強したりしなかったりする」②そのあたり全体の雰囲気. Ean atmosphere; a mood. 헌분위기.「街はクリスマス気分でにぎやかだ」

参 ①は「気持ち」と似ているが,「気分」のほうが抽象的でぼんやりした状態を表す.「鳥になったような気分/気持ち」はどちらもいえるが,「外国人の気分を理解する」とはいえない. 具体的な考えまで表すばあいには「外国人の気持ちを理解する」のようにいう. また,「お気持ちはいかがですか」は相手の考えを尋ねているが,「ご気分はいかがですか」は健康状態をふくめた漠然とした心のようすをきいている.

きぼ 【規模】キボ 建物, 計画, 組織などの大きさ. Ea scale. 헌규모.「この小学校は規模が小さくて先生は5人しかない/資本金を増やして会社の規模を拡大する」

きぼう 【希望】キボー〔~する〕 こうしたい, こうなればいいと思うこと. E(a) hope; a wish; a desire. 헌희망.「留学したいという希望が実現してうれしい//希望に燃える/希望を失う」

きほん 【基本】キホン ものごとの中心, また, 基礎となるもの. Ea basis; a foundation. 헌기본.「テニスの練習は基本を守ってやることがたいせつだ//社長が役員会で, 会社の基本となる方針を発表した//動詞の基本形」

きほんてき 【基本的】キホンテキ いちばんもとになるようす. Efundamental; basic. 헌기본적.「人にあいさつするのは基本的な礼儀だ//その考え方は基本的にまちがっている//基本的人権とは, 人が生まれたときから持っている権利のことだ」

きまえ 【気前】キマエ 金や品物などを惜しまず出して使う性質. Egenerous. 헌활수한 기질.「母は気前がいいから, なんでも人にあげてしまう//困っている人のために気前よく寄付する」

きまぐれ 【気まぐれ】キマグレ ①気持ちや

きまじめ

行動が変わりやすいこと．Ecapricious; on a whim. 한변덕스러움．「妹は気まぐれで，勉強したりしなかったりする//気まぐれに練習しても上手にならない」②変わりやすくてこれから先どうなるかわからないこと．Echangeable. 한변덕스러움．「最近の天気は気まぐれだから，傘を持っていきなさい」

きまじめ 【生まじめ】キマジメ まじめすぎて窮屈な感じがするようす．Every serious. 한고지식함．「兄はとても生まじめで冗談がわからない//生まじめな性格」

きまず・い 【気まずい】キマズイ，キマズイ 相手と気持ちが合わないで，いやな感じだ．Eawkward; uncomfortable. 한서먹서먹하다．「先生の論文を批判して以来，先生と気まずくなった//気まずい関係」

きまって 【決まって】キマッテ そのときは必ず．例外なく．Ealways; habitually. 한으레．「図書館の帰りには決まって喫茶店に寄る//かぜをひくと，決まって熱を出す」

きまま 【気まま】キママ 人を気にしないで自分の好きなようにするようす．Eas one likes; selfish; carefree. 한제멋대로 함．「わたしは独身で気ままに暮らしている//気ままな性格//勝手気ままな生活」

きまり 【決まり】キマリ ①守るように決められていること．Ea rule; a regulation. 한규칙．「夜10時までには帰宅するというきまりをつくる」②いつも決まってする習慣．Ea habit. 한습관．「毎朝，体操をするのが父のきまりになっている」③面倒なものごとや問題を終わらせること．Ea conclusion; a settlement. 한결말, 매듭．「仕事のきまりをつける//よし，それで話はきまりだ」▷自動決まる →規則

きまりが悪い なんとなく恥ずかしい．きまり悪い．Efeel embarrassed. 한멋적다, 쑥스럽다．「おおぜいの人の前で話すのはきまりが悪い」[似た表現] ばつが悪い

きま・る 【決まる】キマル〔自動五〕（きまって）①ものごとがはっきりする．Ebe decided. 한정해지다, 결정되다．「予定が決まったら知らせる//委員が決まる」②服装や動作がその場にちょうどよく合う．Elook smart; look chic. 한잘 어울리다．「あの親子はそろいのTシャツが決まっている」③スポーツなどで，技がうまくいく．Esink a shot; shoot a goal. 한성공하다；승부가 나다．「シュートが決まる」▷話②图決まり他動決める

〜に決まっている 当然〜だ．必ず〜する．そうなることが初めからわかっている．Ebe sure; be natural. 한반드시 〜하다, 〜하기 마련이다．「いまやらなければ，あとで後悔するに決まっている」

きみ 【君】キミ 自分と同等か目下の相手をさすことば．Eyou (used when talking to one's equal or junior). 한자네, 너．「ねえきみ，遊びに行かないか//これ，きみの本かい」→お前

きみ 【気味】キミ ものごとから感じる気持ち．Ea feeling; a sense. 한기분．「この道は暗くて，気味が悪い//いつもいばっている兄がしかられていて，いい気味だ」

-ぎみ （名詞，動詞の「ます」形について）そのような傾向があったり，そのような気分だったりすること．「大雨のため電車は遅れぎみだ//かぜぎみ（Ehave a touch of a cold. 한감기 기운．）//疲れぎみ」

きみつ 【機密】キミツ 国や組織などのたいせつな秘密．Ea secret; secret information. 한기밀．「国家の機密をもらしてはならない//軍事上の機密//機密書類」

きみょう 【奇妙】キミョー 理由はわからないがふつうと違って不思議な，または変なようす．Estrange; odd. 한기묘．「いつも2人

の意見は奇妙に一致する//だれもいないのに話し声がするのは奇妙だ//奇妙なことに、わたしと親友の道子は誕生日が同じだ」

ぎむ 【義務】ギム 人間として、あるいは法律で決められていて当然しなければならないこと。 E (a) duty; (an) obligation. 한 의무。「親は子供を育てる義務がある//教員希望者には教育実習を義務づける（＝義務としてせる）//義務教育」 対 権利

きむずかし・い 【気難しい】キムズカシイ、キムズカシイ 自分の考えや気分に合わないと、すぐきげんを悪くする。 E hard to please; testy. 한 성미가 까다롭다。「父は年をとって気むずかしくなった//あそこの本屋の主人は気むずかしそうで、話しかけにくい」

きめこまか 【きめ細か】キメコマカ ①人の皮膚やものの表面などがなめらかなようす。 E smooth; fine-grained. 한 결이 고움。「きめこまかで、きれいな肌//よくみがいた、きめこまかな板」②気がつかないような小さいことまで注意しているようす。 E detailed; careful. 한 세심하고 빈틈이 없음。「1人暮らしや病弱な老人に対しては、家庭訪問や食事サービスなどきめこまかな心づかいが必要だ」

きめつ・ける 【決めつける】キメツケル〔他動一〕相手に言い訳を許すことなく、そうだと決めてしまう。また、厳しく責める。 E take for granted; reproach harshly on some assumption. 한 일방적으로 단정하다； 호되게 꾸짖다。「証拠もないのに犯人ときめつけてはいけない//子供の言うことも聞かず、『悪いのはおまえだ』と一方的にきめつけた」

きめて 【決め手】キメテ 確実な結論を出すための大もとになるものごと。 E a conclusive factor. 한 결정적인 요인（증거）。「残された記録が決め手となって被害者の死亡時刻がわかった//犯人であるという決め手がない」

き・める 【決める】キメル〔他動一〕①ものごとをはっきりさせる。 E decide; determine; elect. 한 정하다。「あすから毎朝ジョギングをすることに決めた//委員を決める」②服装や動作をその場にちょうどよく合うようにする。 E look striking. 한 어울리게 차려 입다。「一郎は黒の背広で決めて式に出た」③スポーツなどで、技をうまく行う。 E sink a shot; shoot a goal. 한 성공시키다。「京子がシュートを決めて、試合に勝った」▷ 話 ② 自動 決まる

〜と決めている 〜と思いこんで疑わない。〜するのを習慣にしている。 E assume; make it a point. 한 〜으로 믿고 있다； 〜하기로 하고 있다。「兄はわたしが一緒に行くものと決めている/夕食には、ビールは2本と決めている」

きも 【肝】キモ ①人や動物の内臓。また、その1つである肝臓。 E the liver. 한 간。「ウナギの肝」②精神力。心の状態。 E courage; guts. 한 간； 담력。「父は肝の小さい人で、他人の目ばかり気にしていた」

「肝」のつく慣用表現

肝が据わる なにがあっても驚かず、落ちついている。 E have iron nerves. 한 배짱이 두둑하다。「社長は肝がすわっているから、倒産しそうになってもあわてず、ゆうゆうとしている」 似た表現 肝を据える

肝が太い どんなことも恐れず、ふつうの人のできないようなこともやる勇気がある。 E have pluck. 한 간이 크다。「あなたは肝が太いから政治家に向いている」 対 肝が小さい

肝に銘じ[ず]る しっかり心にとめて忘れないようにする。 E take (someone's advice) to heart. 한 명심하다、가슴에 새기다。「両親の教えを肝に銘じて努力するつもりだ」

肝をつぶす 息が止まるかと思うほどびっくりする。 E be terribly frightened. 한 간 떨

えじだ.「林の中で死体を見つけて肝をつぶした」

肝を冷やす 危険を感じ,ぞっとするように感じる. Ebe scared half to death. 한간담이 서늘해지다.「車を運転していたら,突然子供が飛びだしてきて肝を冷やした」

きもち 【気持ち】キモチ ①人やものごとに対する感じ方,心の持ち方. Ea feeling; feel (comfortable). 한기분,감정.「子供の気持ちを考えて無理なことはさせない//おふろに入るのは気持ちがいい」②体の状態. Efeel (sick, well). 한몸의 상태;기분.「気持ちが悪いから早く帰って休みたい//薬を飲んだらすこし気持ちがよくなった」
▷→気分

きもの 【着物】キモノ ①身につけるもの. Eclothes. 한옷.「暖かくなったので冬の着物を片づけよう//着物をぬいでふろに入る」②日本人がむかしから着ている衣服. Ea kimono. 한일본옷;기모노.「正月には着物を着るが,ふだんは洋服だ//自分で着物が着られる人は少ない」対洋服
▷数1枚・1着 →和服

〔着物②〕 襟/帯/そで/たもと/足袋

参①はふつう,上着,ズボン,スカートなど,上に着るものをいい,下着はふくまない.

ぎもん 【疑問】ギモン はっきりそうだとわからないこと.また,本当かどうか疑わしいこと. Ea question; (a) doubt. 한의문.「疑問の点を先生に尋ねる//あの人の話が本当かどうかは疑問だ//疑問に答える//疑問をいだく」

きゃく 【客】キャク ①訪ねてくる人. Ea guest; a visitor. 한손님;방문객.「わたしの家はお客が多いのでにぎやかだ//突然の客は困る」②金を払ってものを買ったり,見たり,聞いたり,乗り物に乗ったりする人. Ea customer; a passenger. 한손님;고객.「あそこの食堂は客でいっぱいだ//乗降客/お客さま」

ぎゃく 【逆】ギャク 本来の正しい順序,方向,位置などに反すること. Eopposite; contrary. 한반대,거꾸로임.「行きたいほうとは逆の電車に乗ってしまったらしい//子供が親より先に死ぬのは順序が逆というものだ」

参「反対」も似ているが,「反対」が対立するものごとの一方からみて他方をさしていうのに対して,「逆」は本来の自然な正しい方向,順序に反するばあいをいう.「子供が親より先に死ぬのは順序が逆」には本来の自然な順序に反しているというふくみがあり,「反対」は使えない.「逆方向に走る」は,まちがえて本来行くべき方向ではないほうに向かって走る意味だが,「反対方向に走る」には方向をまちがえたという意識はない.荷物を持っているほうの手が疲れたのでもう一方の手に持ちかえるというときには「反対の手」であり,「逆の手」とはいわない.

ぎゃくじょう 【逆上】ギャクジョー〔~する〕怒りや悔しさのためにひどく興奮して,わけがわからなくなること. E(a) frenzy; fly into a rage. 한격앙함;이성을 잃음.「別れようと言われて逆上した男は恋人を刺した」

きゃくしょく 【脚色】キャクショク〔~する〕①小説などを映画や劇にするためにつくりかえること. Edramatize; adapt ~ for. 한각색.「実際にあった事件を脚色してテレビドラマにする//川端康成の小説を脚色して映画にする」②事実をわざと変えて話をおもしろくすること. Eembellish; color a story. 한각색.「あの人の話は脚色が多いから,どうも信用できない」

ぎゃくせつ【逆説】ギャクセツ 真理に反するようなことを言っているが、よく考えてみると、実は真理を述べていることばや言い方．Ⓔa paradox. 圉역설．「逆説を用いて人の心に強い印象を与える//『急ぐときほどあわてずゆっくりやれ』や『損して得取れ』などは逆説的な言い方だ」

ぎゃくたい【虐待】ギャクタイ〔～する〕弱い立場の人や動物をむごく扱って、いじめ、苦しめること．Ⓔbe cruel to; maltreat. 圉학대．「条約で、戦争で捕虜になった人を虐待してはいけない、と定めている//動物虐待に反対する運動」

ぎゃくてん【逆転】ギャクテン〔～する〕状況がいままでとは逆になること．Ⓔbe reversed; turn the tables. 圉역전．「新しい証拠が見つかり、判決が有罪から無罪に逆転した//逆転勝ち」

きゃくほん【脚本】キャクホン 劇や映画などのせりふ、動作、道具や照明について書いたもの．Ⓔa script; a scenario. 圉각본．「俳優が脚本を手に持ってせりふを練習している//脚本家」数1本

きゃしゃ キャシャ 姿、形がほっそりしていて、弱々しいようす．Ⓔdelicate; fragile. 圉가냘픔；섬약함．「最近の子供は骨がきゃしゃだから、すぐに骨折する//この机はきゃしゃにできているから、乱暴に扱ってはいけない」対頑丈

きやすめ【気休め】キヤスメ、キヤスメ すこしの間だけ気持ちを安心させること．また、そのことばや行い．Ⓔmere consolation; soothing words. 圉일시적인 안심을 위한 행동；안심시키기 위한 말．「気休めかもしれないけれど、毎日、ビタミン剤を飲んでいる//医者はすぐ治るよと言ったが、あれはわたしが心配すると思って気休めを言っているだけだ」

きゃっかんてき【客観的】キャッカンテキ 自分1人の考え方や感じ方によらず、他の多くの人がそのとおりだと思えるような見方をするようす．Ⓔobjective. 圉객관적．「この資料は数字も正確で、客観的な事実だけを書いてあるので信用できる//校長は多くの生徒の話をもとに、今回のできごとを客観的に判断した」対主観的

きゃっこうをあびる【脚光を浴びる】人々から興味を持たれ、関心を集める．Ⓔcome into the spotlight. 圉각광을 받다．「新人俳優が、脚光を浴びる日を夢見ながら練習に励んでいる」

キャッシュカード キャッシュカード 銀行などで、客が、機械で現金を出し入れるとき使うカード．Ⓔa bank card. 圉현금카드．「キャッシュカードで金を引きだす」数1枚

参 英語の「キャッシュ(cash)」と「カード(card)」から日本でできたことば．

キャベツ (cabbage) キャベツ 野菜の一種．薄い緑色の葉が重なって、大きな玉のようになる．Ⓔa cabbage. 圉양배추．「キャベツの千切り//キャベツのサラダ」→野菜図

キャリア (career) キャリア、キャリア 経験や経歴．Ⓔa career; experience. 圉커리어, 경력．「10年のキャリアがあるから、むずかしい仕事でも大丈夫だ//キャリアウーマン」

キャンセル (cancel) キャンセル〔～する〕前もって決めた約束を取り消すこと．Ⓔcancel. 圉캔슬, 취소, 해약．「予定が変わったのでホテルの予約をキャンセルする//キャンセル待ち(=予約が取り消された切符を手に入れようとして待つこと)//キャンセル料」

キャンプ (camp) キャンプ ①〔～する〕山、海岸などにテントを張って、ある期間、生活すること．Ⓔcamp. 圉캠프, 야영．「夏休みに高原でキャンプする//キャンプファイアー」②〔～する〕運動選手や軍隊などの集団が共同

生活をする所．Ea training camp; a camp. 한캠프；합숙소；병영．「野球のキャンプ場//米軍キャンプ//ベースキャンプ」③人を収容する所．収容所．Ea relocation center; an internment camp. 한수용소．「難民キャンプで医師として働く」

ギャンブル (gamble) ギャンブル 金や品物をかけて勝負をすること．かけごと．E gambling; a gamble. 한갬블, 도박．「一郎はギャンブルで財産を全部失った//弟は仕事もせず 競輪，競馬などのギャンブルに夢中になっている」

きゅう 【九】キューⓇ①8に1を加えた数．9．9つ．Enine. 한구, 아홉．「9人でバレーボールをする//3の3倍が9」②順番が8のつぎ．9番目．第9．Ethe ninth. 한구, 아홉번째．「9回の裏のホームランで勝負が決まった//9号車」

参 1, 2, 3…と数えていくとき，8のつぎの9はふつう「く」と言う．しかし，「く」が「苦」と同音であるので，それを避けるために「きゅう」がよく使われる．

きゅう 【急】キュー①急がなければならないこと．Eurgent; pressing. 한급함．「急な用事ができて，いますぐ出かけなければならない//急を要する手術」
②突然のようす．Esudden; abrupt. 한갑작스러움．「急に雨が降りだした//きのうまで元気だった人の急な死に驚いた//急停車」
③速いようす．Erapid; swift. 한빠름．「この川の流れが急だ」
④傾斜が大きいようす．Esteep. 한가파름．「急な坂道を上るのは苦しい//急傾斜の屋根」
⑤危険が起こりそうなこと．Ean emergency; a crisis. 한위급함．「病人の急を知らせる//国家の急を救う」

きゅう 【級】キュー①ものごとの程度や段階．Ea rank; a rate. 한급；등급．「日本語能力試験は4つの級に分かれている//国宝級の仏像//そろばん3級」②学校の学年や同じ学年をいくつかに分けたクラス．組．a class; a grade. 한학급．「道子とは小学校6年のとき同じ級だった」

きゅうえん 【救援】キューエン〔～する〕困った状態から抜けだせるように力を貸すこと．Erescue; relief. 한구원．「水害で住宅に取り残された人々のために救援の飛行機を出す/救援活動/救援物資」

きゅうか 【休暇】キューカ 学校や会社などで，日曜や祝日のほかに認められている休み．Ea vacation; a holiday. 한휴가．「休暇をとって海外旅行をする/有給休暇(=会社などで，休んでも給料がもらえる休暇)」

きゅうがく 【休学】キューガク〔～する〕病気などの理由で，ある期間，学校を休むこと．Etemporary absence from school. 한휴학．「病気で2年間休学したので，勉強が遅れてしまった」

ぎゅうぎゅう ギューギュー，ギューギュー①すこしのすきまもないぐらい，無理に入れてあるようす．「引っ越しのとき，箱の中に洋服をぎゅうぎゅう(に)つめた(EWhen moving, we squeezed our clothes into the boxes. 한이사할 때 상자 속에 양복을 꽉꽉 채웠다.)//電車の中はぎゅうぎゅうで本も読めない」②強く責めたり苦しめたりするようす．「たいせつな書類をなくして，課長にぎゅうぎゅう(と)しぼられた(EHaving lost important papers, I was severely scolded by the chief of my section. 한중요한 서류를 잃어버려서 과장한테 호되게 닦달을 당했다.)」▷話

きゅうきゅうしゃ 【救急車】キューキューシャ 急病の人やけがをした人を急いで病院へ運ぶための，消防署の車．Ean ambulance. 한구급차.「心臓病の発作が起こって夜中に救急車を呼んだ」数1台

きゅうぎょう【休業】キューギョー〔～する〕仕事や商売などを休むこと. Eclose a business; take a holiday. 한휴업.「社員旅行のため臨時に休業する//美容院のドアに『本日休業』の札がかけてある」

きゅうきょく【究極】キューキョク ものごとが最後にいきつくところ. Eultimate; in the end. 한구극.「人類の究極の目的は世界平和の実現にある//究極的には理解し合えた」

きゅうくつ【窮屈】キュークツ ①ものや場所が小さかったり狭かったりして、自由に動けないようす. Ecramped; tight. 한비좁음; 꽉 낌.「親子5人で住むのに2DKの部屋ではあまりに窮屈だ//太ったので去年の服が窮屈になった」②気持ちが自由にのびのびできないようす. Estrict; rigid; ill at ease. 한부자유스러움, 갑갑함; 거북함.「この学校は規則が多くて窮屈だ//ゆうべの会食は上司のとなりの席で窮屈だった」

きゅうけい【休憩】キューケイ〔～する〕なにかをしている途中ですこし休むこと. Ea break; a rest. 한휴게.「疲れたから、ちょっと休憩しよう//休憩時間//休憩室」
参「休息」も似ているが、「休息」は心や体を休めてゆっくりすることで、「休憩」より時間的に長いことが多い.「日曜日はゆっくり休息したい」の「休息」を「休憩」に置きかえることはできない.

きゅうげき【急激】キューゲキ 変化などが急で激しいようす. Erapidly; abrupt. 한급격.「世界情勢は急激に変化している//今週に入って急激な円安になった」

きゅうこう【休講】キューコー〔～する〕教師が休みで講義がないこと. Ecancel a lecture. 한휴강.「学校へ行ったら休講だったので図書館で勉強した//休講にならないよう、代わりの先生が講義する」

きゅうこう【急行】キューコー ①〔～する〕急いで行くこと. Erush to. 한급행, 급히 감.「警官が事故のあった所へ急行する」②「急行電車」「急行列車」を略した言い方. おもな駅だけに止まって目的地に早く着く電車や列車. Ean express. 한급행.「急行で行けば約束の時間に間に合う//急行には特別の料金がいる」対鈍行 ▷数②1本、車両は1両

きゅうさい【救済】キューサイ〔～する〕災害にあったり経済的に苦しかったりして困っている人を助けること. Erelief; aid. 한구제.「戦争で苦しんでいる人々を救済する//救済事業//難民救済」

きゅうし【急死】キューシ〔～する〕突然死ぬこと. Esudden death. 한급사.「友達が水泳中に心臓まひを起こして急死した//叔父の急死の知らせに驚いた」

きゅうしき【旧式】キューシキ 形, 方法, 考え方などが古いこと. Eold-fashioned; out-of-date. 한구식.「旧式なやり方では能率が悪い//この機械は旧式だが, 丈夫で故障が少ない」対新式

きゅうじつ【休日】キュージツ 学校や会社などで、休むことに決まっている日. Ea holiday; a day off. 한휴일.「わたしの会社は土曜と日曜が休日だ//休日はたいてい釣りをして過ごす」対平日

きゅうしにいっしょうをえる【九死に一生を得る】死にそうになったけれども、なんとか助かる. Enarrowly escape death. 한구사일생.「交通事故でひどいけがをしたが, 九死に一生をえて命だけは助かった」

きゅうしゅう【九州】キューシュー 日本列島の中で西南にあり, 本州, 北海道のつぎに大きい島. 福岡, 佐賀, 長崎, 熊本, 大分,

宮崎，鹿児島の7つの県がある．沖縄県をふくめることもある．ⒺKyushu．㉠규슈．「九州はむかしから外国と接触する窓口であった//九州地方」

きゅうしゅう【吸収】キューシュー〔～する〕外にあるものを中に吸いこみ，取り入れること．Ⓔabsorb; assimilate．㉠흡수．「黒い色は光をよく吸収する/外国の文化を吸収して独自の文化の創造に役立てる//養分の吸収」

きゅうしょ【急所】キューショ，キューショ①体の中で，命に関係するたいせつな所．Ⓔa vital part．㉠급소．「大きなけがをしたが，急所をはずれていたので命は助かった」②ものごとのいちばんたいせつな点．Ⓔthe key point．㉠요점, 핵심．「急所を押さえて勉強する//問題の急所をついた意見」

きゅうじょ【救助】キュージョ〔～する〕生命があぶないというような状態にある人を助けること．Ⓔrescue; save．㉠구조．「海でおぼれそうになっている人を救助した/救助訓練/人命救助」

きゅうしょく【休職】キューショク〔～する〕勤めている人が身分はそのままで，ある期間，仕事を休むこと．Ⓔa leave of absence from duty; a sick leave．㉠휴직．「仕事中にけがをして休職している//休職が認められて外国に勉強に行く」

きゅうしょく【求職】キューショク〔～する〕仕事をさがすこと．Ⓔseek employment; job hunting．㉠구직．「大学生は4年になると求職のための活動を始める//求職難(=仕事がなかなか見つからないこと)」対求人

きゅうしょく【給食】キューショク 学校などで，食事を用意してみんなに食べさせること．また，その食事．Ⓔa school lunch．㉠급식．「子供は給食の時間がいちばん楽しいようだ//学校給食」

ぎゅうじ・る【牛耳る】ギュージル〔他動五〕(ぎゅうじって) 仲間や組織を自分の思うように動かす．Ⓔtake the lead．㉠좌지우지하다, 통솔하다．「猿の社会では，ボス猿が集団を牛耳っている//党を牛耳る実力者」

きゅうしん【休診】キューシン〔～する〕病院などが診察や治療を休むこと．Ⓔsee no patients; be closed．㉠휴진．「かかりつけの医院が休診の日に子供が病気になって困った//本日休診」

きゅうじん【求人】キュージン 働く人をさがすこと．Ⓔa job offer; help-wanted．㉠구인．「求人の広告を出す//求人難(=働く人がなかなか見つからないこと)」対求職

きゅうしんてき【急進的】キューシンテキ 理想や目的を急いで実現させようとするようす．Ⓔradical; extreme．㉠급진적．「急進的な改革は，人々の同意をえられない//急進的な考え方の政治家」対漸進的

きゅうしんりょく【求心力】キューシンリョク あるものが回っているとき，その円の中心に向かって働く力．向心力．Ⓔcentripetal force．㉠구심력．「月が地球の周囲を回転するとき，地球が月におよぼす引力は求心力の作用をしている//民族の求心力が働いて国家の統一が実現した」対遠心力

きゅうす キュース お茶をいれるときに，葉を入れて湯をそそぎこむ，小型で，取っ手と口のついた道具．Ⓔa small teapot．㉠찻주전자．「お茶をいれるときは，最初に湯できゅうすを温めておく//きゅうすから湯のみにお茶をつぐ」

〔湯飲み〕

〔きゅうす〕

きゅうせい【急性】キューセイ 症状が急

に現れ進み方が速い，病気の性質．Eacute. 한급성.「急性の胃炎で，はき気と痛みがひどいので会社を休む//急性肺炎」対慢性

きゅうせん 【休戦】キューセン〔~する〕話し合って戦争をしばらくの間やめること．Ea truce; a cease-fire. 한휴전.「住民のために1日も早い休戦を望む//休戦協定」

きゅうそく 【休息】キューソク〔~する〕疲れた心や体をゆっくり休ませること．E(a) rest. 한휴식.「1週間に1度は休息をとる//今度の夏休みには，南の島でゆっくり休息するつもりだ」→休憩

きゅうそく 【急速】キューソク 進み方などが非常に速いようす．Erapid; quick. 한급속.「メアリーの日本語は，日本に来てから急速に進歩した//この統計は国内経済の急速な発展を示している」

きゅうだい 【及第】キューダイ〔~する〕試験や検査に合格すること．また，資格や条件に合うこと．Epass (an examinaton); pass muster. 한급제, 합격.「進級テストに及第して4年に進むことができた//それだけの知識があれば医者として及第だ」対落第, 不合格

きゅうたいいぜん 【旧態依然】キュータイイゼン むかしのままですこしも進歩や変化のないようす．Eremain unchanged; old-fashioned. 한구태 의연.「旧態依然とした考え方では若い社員の心はつかめない//旧態依然の経営方針」

きゅうち 【窮地】キューチ 逃げることのできない苦しい立場．Ea difficult situation; a predicament. 한궁지.「周囲を敵にかこまれて窮地に追いこまれた//全員に反対されて窮地に立っている」

きゅうでん 【宮殿】キューデン 国王，天皇などの住む建物．Ea palace. 한궁전.「イギリスのバッキンガム宮殿//フランスのベルサイユ宮殿」

きゅうてんちょっか 【急転直下】キューテンチョッカ〔~する〕ようすが急に変わって解決に近づくよう．Esuddenly; all at once. 한급전 직하.「犯人がわかって事件は急転直下，解決に向かった//両国の話し合いにより，急転直下，戦争の終結を迎えた」

ぎゅうにく 【牛肉】ギューニク 食用としての牛の肉．Ebeef. 한쇠고기.「すきやきに牛肉は欠かせない//牛肉100パーセントのハンバーガー」

ぎゅうにゅう 【牛乳】ギューニュー 飲み物としての牛の乳．ミルク．Emilk. 한우유.「牛乳はカルシウムの多い食品だ//しぼりたての牛乳を飲む」数1杯・1本

きゅうば 【急場】キューバ 急いでなんとかしなければならないばあい．Ean emergency; a crisis; a pinch. 한위기, 다급한고비, 절박한 상황.「財布を盗まれてしまったので，交番でお金を借りて急場をしのいだ//急場に間に合うように車の準備をしておく」

きゅうはく 【窮迫】キューハク〔~する〕金がなくてたいへん困った状態になること．Ebe reduced to poverty; be in financial difficulties. 한궁박, 궁핍.「生活が窮迫していて本を読む余裕などまったくない//国家財政の窮迫」

きゅうびょう 【急病】キュービョー 急に病気になること．Ea sudden illness. 한급병.「急病でマラソン大会に参加できなくなった」

きゅうへん 【急変】キューヘン〔~する〕状態が急に悪いほうに変わること．Ea sudden turn; a sudden change. 한급변, 돌변.「病状が急変し，医者が駆けつけてきた//天気の急変で登山は中止となった」

きゅうぼう 【窮乏】キューボー〔~する〕金やものがなくて生活に困ること．Edestitu-

きゅうめい【究明・糾明】キューメイ〔～する〕①事実や原因などを調べてはっきりさせること．Ⓔinquire into．圉구명, 규명．「真相を究明する」②事件や犯罪について厳しく質問してはっきりさせること．Ⓔexamine (a matter) closely．圉규명．「責任を糾明する」

▤注 ①は「究明」，②は「糾明」．

きゅうゆ【給油】キューユ〔～する〕機械がなめらかに動くように油をさしたり，燃料としての油を入れたりすること．Ⓔfill up; refuel．圉급유．「つぎのガソリンスタンドで給油しよう//給油所//給油船」

きゅうゆう【旧友】キューユー 古くからの友達．Ⓔan old friend．圉구우, 옛 친구．「旧友と久しぶりに会った//10年ぶりに会った旧友はちっとも変わっていなかった」

きゅうゆう【級友】キューユー 学校で同じクラスの友達．Ⓔa classmate．圉급우, 동급생．「級友と一緒に写真をとる//30人の級友全部でハイキングに出かけた」

きゅうよ【給与】キューヨ 雇っている人が働いている人に払う金．特に公務員や会社員など勤め人に支払われる金．給料．Ⓔa salary; pay．圉급여．「会社からの給与のほかに，部屋を貸して収入をえている//給与所得」

▤参 働いてもらう金のことを公式にいうことば．

きゅうよう【休養】キューヨー〔～する〕病気になったときや疲れがひどいとき，しばらく仕事を休んで体や心をゆっくりさせること．Ⓔ(a) rest; recuperation．圉휴양．「休養のため温泉へ行く//2, 3日休養すれば治ります」

きゅうよう【急用】キューヨー 急ぎの用事．Ⓔurgent business．圉급용, 급한 용무．「急用ができて旅行に行けなくなった//急用だから手紙より電話で知らせたほうがいい」

きゅうよのいっさく【窮余の一策】非常に困ったときに考えだした1つの方法．Ⓔthe last resort．圉궁여일책, 궁여지책．「心境を問われていいことばが思い浮かばず，窮余の一策で漢詩の一節を読みあげた」

きゅうり キューリ 野菜の一種．緑色で細長く，表面にとげのようなものがある．生のまや漬物にして食べる．Ⓔa cucumber．圉오이．「キュウリとレタスでサラダをつくる」数 1本 →野菜図

きゅうりょう【給料】キューリョー「給与」の日常的な言い方．Ⓔa salary; wages; pay．圉급료．「こんな安い給料では生活できない//給料が出る」

きゅうれき【旧暦】キューレキ 月がまるくなったり欠けたりすることをもとにしてつくった，むかしの暦．陰暦．Ⓔthe old calendar．圉구력, 음력．「日本では1872年まで旧暦が使われていた/アジアには旧暦で正月を祝う国がある」対 新暦

きよ・い【清い】キヨイ①よごれていなくて，きれいだ．Ⓔclear．圉깨끗하다, 맑다．「谷川の清い流れで顔を洗う//清く澄んだ秋の月」②心が正しく，けがれていない．Ⓔclean; pure．圉깨끗하다．「選挙には清い1票を入れよう//清く正しく生きる」

きよう【起用】キヨー〔～する〕いままで用いられなかった人を選びだしてたいせつな仕事をさせること．Ⓔappoint; promote．圉기용．「新しい仕事に新人を起用して成功した//世界情勢にくわしい人を外務大臣に起用する」

きよう【器用】キヨー①手を使ってする細

かい仕事が上手なようす. ⒺhandyClever; skillful. 㦻손재주가 있음.「器用な人だからセーターも編むし、シャツも縫う//器用貧乏(=器用なために１つのことに集中できなかったり、人から便利に使われ、いい仕事ができなかったりすること)」対不器用・無器用 ②要領がよく、ものごとをうまく処理するようす. Ⓔcleverly. 㦻요령이 좋음；약삭빠름.「二郎は会社の中で器用に立ちまわって、同期のだれよりも早く課長になった」対不器用・無器用

きょう【経】キョー　仏教の教えを書いた文章. Ⓔa sutra. 㦻경, 불경.「僧が経を読む//寺でお経を唱える」

きょう【今日】キョー　この日、いまの日、こんにち. Ⓔtoday; this day. 㦻오늘.「きょうはきのうより暑い//きょうは忙しいので、あしたにしてほしい」関連昨日、あした

注「こんにち」とも読めるので、区別するためには、ひらがなで書くほうがよい.

きょうい【胸囲】キョーイ　胸のまわりの長さ. Ⓔa chest measurement. 㦻흉위, 가슴둘레.「胸囲をはかってみたら85センチあった//胸囲のゆったりしたブラウス」

きょうい【脅威】キョーイ　力や強さで相手を恐れさせること. Ⓔa menace; a threat. 㦻위협.「各国の話し合いが進んで核戦争の脅威は少なくなった//日本の経済発展がアメリカに脅威を与えている」

きょういく【教育】キョーイク〔~する〕知識、技術、教養などいろいろなことを人に教え、人を育てること. Ⓔeducation; training. 㦻교육.「どんな子供もじゅうぶんな教育を受ける権利がある//家庭教育//義務教育(Ⓔcompulsory education. 㦻의무 교육.)」

きょういくすいじゅん【教育水準】キョーイクスイジュン　教育の平均的な程度. Ⓔthe standard of education. 㦻교육 수준.「国民の教育水準を高める//義務教育でみなが学校へ行くようになり、教育水準が上がった」

きょういくせいど【教育制度】キョーイクセイド　教育を行うために、社会的にきちんと決められた仕組み. Ⓔan educational system. 㦻교육 제도.「初等教育6年、中等教育6年の教育制度をとる国が多い//教育制度を改める」

きょういてき【驚異的】キョーイテキ　ひどく驚くほど珍しいようす. びっくりするほど. Ⓔwonderful; marvelous. 㦻경이적.「この本は驚異的なベストセラーとなった//驚異的な記録」

きょういん【教員】キョーイン　学校で学生、生徒に教えることを職業としている人. Ⓔa teacher. 㦻교원.「母は大学の教員をしている//父は小学校での教員生活が長い」

きょうか【強化】キョーカ、キョーカ〔~する〕もっと強くすること、また、強くしたもの. Ⓔtighten; strengthen. 㦻강화.「交通の取り締まりを強化する//強化ガラス」

きょうかい【協会】キョーカイ　ある目的のために人々が集まり協力して運営していく会. Ⓔa society; an association. 㦻협회.「交通安全協会は交通事故をなくすために活動している」

きょうかい【教会】キョーカイ　宗教、おもにキリスト教を信じる人の組織. また、その人々が集まる建物. Ⓔa church. 㦻교회.「日曜には教会へ行って神に祈る//教会で結婚式をあげる」

きょうかい【境界】キョーカイ　土地やものごとの、向こうとこちらを分ける境目. Ⓔa border; a boundary. 㦻경계.「小さな川がとなりの村との境界になっている//生物学と化学の境界のところを研究する//境界線」

きょうかしょ【教科書】キョーカショ 授業のとき使う本. Ea textbook. 韓교과서.「教科書を教えるのでなく教科書で教えることがたいせつだ//化学の教科書」 数1冊

きょうかつ【恐喝】キョーカツ〔～する〕相手の弱みなどをつかんでこわがらせ, 金や品物を無理やりに取りあげること. Ethreaten; blackmail. 韓공갈.「やくざが小さな店の経営者を恐喝して金を巻き上げた//恐喝罪」

きょうかん【共感】キョーカン〔～する〕他人の考えや感じ方に自分も同じようだと思う感情, 気持ち. Esympathy; a response. 韓공감.「体験をもとにしたトムの話は多くの人の共感を呼んだ//性差別をなくそうという意見に共感する」対反感

きょうき【凶器】キョーキ ナイフやピストルなど, 人を殺したり傷つけたりするのに使う道具. Ea lethal weapon. 韓흉기.「殺人現場に凶器が残されていた//大地震では窓ガラスも凶器になる」

きょうぎ【協議】キョーギ, キョーギ〔～する〕人々が集まって相談すること. Ediscuss; a conference. 韓협의.「3カ国が集まって貿易問題を協議した//会社の経営について協議する//ごみ処理問題協議会」→会議

きょうぎ【競技】キョーギ〔～する〕スポーツの試合などで, 勝ち負けや技を争うこと. Ea game; a race; an event. 韓경기.「水泳大会の競技に出場する//体操の競技種目//競技会//陸上競技」

ぎょうぎ【行儀】ギョーギ 動作や話し方などの作法. Emanners; behavior. 韓예의 범절.「子供のとき, 母に行儀が悪いとよくしかられた//静かに行儀よく食べる」

きょうきゅう【供給】キョーキュー〔～する〕①相手がほしいと言ったとき, ものを与えること. Esupply; provide. 韓공급.「災害地の人に食糧や衣類を供給する」②生産者が商品を市場に出すこと. Esupply. 韓공급.「この商品は買いたい人が多くて供給が間に合わない」対需要

ぎょうぎょうしい【仰仰しい】ギョーギョーシイ 表現などが大げさだ. Eostentatious; exaggerated. 韓호들갑스럽다, 야단스럽다.「小さな傷なのに仰々しく包帯を巻いている//ちょっとしたことを仰々しく騒ぎたてる」

きょうぐう【境遇】キョーグー その人が置かれている家庭環境, 経済, 健康, 職業, 友人関係などの状態. Ecircumstances; environment. 韓경우, 처지; 환경.「洋子は健康でお金があって好きな仕事ができるという恵まれた境遇にいる//不幸な境遇で育つ//さびしい境遇」

きょうくん【教訓】キョークン〔～する〕失敗しないようによく教えわからせること. また, その教え. Ea lesson; a moral. 韓교훈.『イソップ物語』には話の中に必ず教訓がある//今度の失敗はわたしにとっていい教訓となった//教訓を与える」

きょうけん【強健】キョーケン 体が強く丈夫なようす. Erobust; healthy. 韓강건.「身体強健で運動好きな人を求める//強健な肉体の持ち主」対虚弱

きょうげん【狂言】キョーゲン ①日本の古典演劇の1つ. 室町時代に発達したこっけいな劇. 能狂言. Ea farce presented be-

〔狂言①〕

tween *Noh* plays. ㉠교겐(일본 전통 희극).「能楽と能楽の間に狂言を演じる」②いかにも本当のようにして人をだまそうとするたくらみ. ㉔a sham; a mock. ㉠위장, 꾸민 짓.「去っていった恋人を呼びもどしたいために狂言自殺をはかった//狂言強盗(=強盗にやられたようにうそを言うこと)」

きょうこ 【強固】キョーコ しっかりしていて動かされないようす. ㉔firm; strong. ㉠견고, 공고.「強固の意志を持って研究を続ける//強固な信念//強固な地盤」㉕軟弱

きょうこう 【恐慌】キョーコー ①恐れあわてること. ㉔a panic; a scare. ㉠공황.「突然の停電に住民たちはみな恐慌をきたした」②経済が混乱し、会社などがつぶれ、生活が苦しくなること. ㉔a panic; a depression. ㉠(경제) 공황.「1929年にアメリカから始まった恐慌は世界じゅうにひろまった//経済恐慌」

きょうこう 【強行】キョーコー〔~する〕強い反対があってもかまわず無理やり行うこと. ㉔force; enforce. ㉠강행.「反対意見を無視して工事を強行する//強行採決」→断行

きょうこう 【強硬】キョーコー 自分の意見を強く押し通そうとするようす. ㉔firmly; strong. ㉠강경.「国民は公共料金の値上げに強硬に反対した//強硬手段(=主張を実現するために、思いきった方法をとること)」㉕柔軟, 軟弱

きょうざい 【教材】キョーザイ 教えるための材料. ㉔teaching materials. ㉠교재.「新聞は日本語学習のいい教材になる//教科書以外に地図, スライド, ビデオなどを教材として使う」

きょうさく 【凶作】キョーサク 作物のできが非常に悪いこと. ㉔a poor harvest; a crop failure. ㉠흉작.「雨が少なくて米は凶作だ//凶作で作物は去年の半分しかとれない」㉕豊作

きょうざめ 【興ざめ】キョーザメ〔~する〕おもしろみや魅力が、ちょっとしたことからつまらないものに思えること. ㉔be disillusioned; spoil the pleasure. ㉠흥이 깨짐, 기분을 잡침.「きれいな人だと思ったが、ことばが下品で興ざめした//楽しいパーティーで、いない人の悪口を言うのは興ざめなものだ」

きょうし 【教師】キョーシ 学問やいろいろの技術などを教える人. ㉔a teacher. ㉠교사.「中学校で英語の教師をしている//山田さんはわたしにとって人生の教師といえる人だ//ピアノの教師//家庭教師」

ぎょうじ 【行事】ギョージ, ギョージ 学校, 会社, 家庭などで, 日をいつと決めて行う催し. ㉔an event; a function. ㉠행사.「秋は運動会, 見学, 展覧会などの行事で学校は忙しい//ここは, お盆, 月見など, むかしからの行事が盛んだ」

きょうしつ 【教室】キョーシツ ①学校で、授業や勉強をする部屋. ㉔a classroom. ㉠교실.「この学校には教室が12ある//教室で習ったことは忘れない」②希望者を集めて, スポーツ, 芸能, 技術などいろいろなことを教える所. ㉔a ~ school; a ~ class. ㉠교실; 강습(회).「スキー教室で講習を受ける//話し方教室//料理教室」▷数①1室

きょうじゅ 【享受】キョージュ〔~する〕精神的にも物質的にも外のものを受け入れて味わい楽しむこと. ㉔enjoy. ㉠향수, 누림.「健康で文化的な生活を享受する//新しく獲得した自由を享受する//美の享受」書

きょうじゅ 【教授】キョージュ, キョージュ ①〔~する〕人にものを教えること. ㉔teach; give lessons in. ㉠교수.「生け花を教授する//日本語の個人教授」②大学や高等専

門学校などで教育や研究をする最高の職の人．Ｅa professor. 韓교수．「ノーベル賞をもらった物理学の教授//大学教授」

きょうしゅう【郷愁】キョーシュー 故郷や，なくなってしまったもの，古い時代などをなつかしく思う気持ち．Ｅhomesickness; nostalgia. 韓향수．「外国に来て月を見ていると，郷愁を感じる//京都や奈良を歩いて郷愁にふける」

きょうしゅく【恐縮】キョーシュク〔～する〕人に迷惑をかけたり，なにかをしてもらったりして申し訳なく思うこと．Ｅbe much obliged to; be sorry to trouble a person. 韓죄송하게 여김．「たくさんおみやげをいただいて恐縮しています//恐縮ですが，車に一緒に乗せていただけませんか」

ぎょうしゅく【凝縮】ギョーシュク〔～する〕①ばらばらのものがまとまり，小さくかためること，また，かためること．Ｅcondense; consolidate. 韓응축．「これは命への思いを凝縮したすばらしい短歌だ」②気体が液体に変わること，また，変えること．Ｅcondense. 韓응축．「気体が凝縮する//水蒸気を凝縮すると水になる」▷書

ぎょうしょ【行書】ギョーショ 漢字の書き方の1つで，楷書をすこしくずしたもの．Ｅthe semi-cursive style of writing Chinese characters. 韓행서．「色紙に中国の古い詩を行書で書く」関連楷書，草書 →草書図

きょう・じる【興じる】キョージル，キョージル〔自動一〕おもしろがる．ゲームや遊びに夢中になって楽しむ．興ずる．Ｅhave fun; amuse oneself. 韓흥겨워하다；즐기다．「休日の夜は，家族が集まってトランプに興じる//笑い興じる」

きょうじん【強靭】キョージン 精神などが強くて，ねばり強いようす．Ｅstrong; tenacious. 韓강인．「強靭な意志で，多くの難関を突破する」書

きょうせい【強制】キョーセイ〔～する〕相手の気持ちを考えず無理にやらせること．Ｅcompel; force. 韓강제．「子供に勉強を強制するのはよくない//強制執行」

きょうせい【矯正】キョーセイ〔～する〕悪いところを直してよくすること．Ｅreform; straighten; correct. 韓교정．「歯の並び方が悪いので矯正する//矯正視力」

ぎょうせい【行政】ギョーセイ 国家が法律にもとづいて政治を行うこと．Ｅadministration. 韓행정．「国の行政は内閣によって進められる//地方の行政は都道府県，市町村や特別区が単位になっている//行政官庁」関連立法，司法

ぎょうせき【業績】ギョーセキ 仕事や研究などの立派な結果．Ｅresults; achievements. 韓업적．「Ａ教授は学問的な業績により賞を受けた//商品の販売で業績を上げ昇進した//業績を残す」

きょうそう【競争・競走】キョーソー〔～する〕①速さ，強さ，勝ち負け，いい悪いなどについて人と争うこと．Ｅ(a) competition; a contest. 韓경쟁．「どちらが遠くまで泳げるか競争する//競争相手//生存競争」②一緒に走って速さを争うこと，また，その競技．Ｅa race. 韓경주．「100メートル競走で1位になった//自転車競走」
注①は「競争」，②は「競走」．

きょうそん【共存】キョーソン〔～する〕2つ以上のものが，ぶつかり合わずに一緒に生きていくこと．きょうぞん．Ｅcoexist. 韓공존．「人間は，動物や植物とうまく共存していかなければならない//考え方が違う国どうしが平和に共存する」

きょうだい【兄弟】キョーダイ 同じ親から生まれた子

供たち. [E] a brother; a sister. [한] 형제, 형제 자매.「洋子はきょうだいが多い//きょうだいげんか//5人きょうだい」

[参] 兄と弟と姉と妹のすべてについていい, 姉と妹など女だけの「きょうだい」を特に「姉妹」という.

きょうたん 【驚嘆】キョータン〔～する〕すばらしさにたいへん驚いて感心すること. [E] admiration; wonder at. [한] 경탄.「8歳の子供のすばらしいピアノ演奏に驚嘆した//雪景色の美しさに驚嘆の声をあげる」

きょうだん 【教壇】キョーダン 教室で教師が教えるときに立つ, すこし高くなっている所. [E] a (teacher's) platform. [한] 교단.「教室の前のほうに教壇と黒板がある」

教壇に立つ 教師になる. 教師をする. [E] be a teacher. [한] 교단에 서다; 교편을 잡다.「大学卒業後すぐ教壇に立った」

教壇を去る 教師をやめる. [E] retire from teaching. [한] 교단을 떠나다.「A先生は定年で教壇を去られた」

きょうち 【境地】キョーチ ①勉強や経験などの結果, えられた心の状態. [E] a state of mind; ground.「僧のような悟りの境地に達する//新境地を開く」②その人が置かれている立場. [E] a position; a situation. [한] 입장, 처지.「品物が売れず責任者は苦しい境地に立たされている」

きょうちょう 【協調】キョーチョー〔～する〕考え方や立場が違ってもみなで力を合わせること. [E] cooperation. [한] 협조.「社会生活では人と協調することがたいせつだ//労働者と経営者の協調が求められている」

きょうちょう 【強調】キョーチョー〔～する〕強めたり強く言ったりして, あることをめだたせること. [E] emphasize; stress. [한] 강조.「敗戦記念日にあたり平和のたいせつさを強調する//人間の自由と平等については, い

くら強調してもしすぎることはない」

きょうつう 【共通】キョーツー〔～する〕あることがどれにもあてはまること. [E] common. [한] 공통.「わたしたち夫婦には学生時代からの共通の友達が多い//3人とも猫好きという点で共通している//共通の話題」

きょうてい 【協定】キョーテイ〔～する〕組織や団体などの間で, ある問題について約束すること, また, その内容. [E] an agreement; a pact. [한] 협정.「魚をとる量についてのA国との協定を守る//交流協定を結ぶ//協定価格//建築協定書」

[参]「協約」も似ているが,「協約」が正式に約束した内容に中心があり, 文書を取りかわして確認する必要があるのに対して,「協定」は約束することに中心がある. だから, 話し合いによる申し合わせ程度のときにも「協定」ということがある.

ぎょうてん 【仰天】ギョーテン, ギョーテン〔～する〕ひっくりかえりそうになるぐらい非常に驚くこと. [E] be greatly astonished. [한] 대경 실색.「戦争で死んだと聞いていた人が目の前に現れて仰天した//レストランで, ビール1本3000円と言われて仰天した」

きょうど 【郷土】キョード 生まれ育った土地. [E] one's native place; one's hometown. [한] 향토.「郷土を愛する心//郷土の歴史//郷土色(=その郷土独特の特徴)豊かな踊りや音楽」

[参]「故郷」「ふるさと」も似ているが, これらがそこを離れて住んでいるときにいうのに対して,「郷土」はいま住んでいる所にもいう.

きょうどう 【共同】キョードー 2人以上の人が一緒になにかをしたり, 1つのことに同じ立場で関係したりすること. [E] cooperation; collaboration. [한] 공동.「会社を共同で経営する//校内の設備を共同で利用する//共同生活」[対]単独

きょうどうくみあい 【協同組合】キョードーク‌ミアイ 生産者や消費者が経済的利益のためにつくる組織．Ⓔa cooperative (association)．韓협동 조합．「漁業協同組合//生活協同組合(→生協 項目)//農業協同組合」

きょうはく 【脅迫】キョーハク〔～する〕相手をおどして，無理になにかをさせること．Ⓔa threat; intimidate．韓협박．「5000万円出さないと子供の命はないという脅迫の電話があった//いやなら会社をやめてもらうと脅迫されて仕事を引き受けた」

きょうはん 【共犯】キョーハン 2人以上の人が相談して悪いことをすること．また，その罪をおかした人．Ⓔcomplicity．韓공범．「この複雑な事件には必ず共犯がいると思う//共犯者をさがしだす」

きょうふ 【恐怖】キョーフ，キョーフ〔～する〕危険を感じてたいへん恐ろしく思うこと．Ⓔfear; terror; horror．韓공포．「戦争に行って死の恐怖に直面した//高いビルの屋上から下を見て，恐怖におそわれた//恐怖心」

きょうぼう 【凶暴・狂暴】キョーボー ①性質が乱暴で，人に害を与えやすいようす．Ⓔbrutal; ferocious．韓흉포．「あの男は凶暴で，近くにあるものをなんでもこわしてしまう//凶暴性//凶暴犯」②狂ったように乱暴を働くよう す．Ⓔviolent; frenzied．韓광포，미친듯이 난폭함．「兄は酒を飲むと狂暴になって，だれとでもけんかを始める」
注 ①は「凶暴」，②は「狂暴」．

きょうみ 【興味】キョーミ，キョーミ おもしろみを感じて心がひかれること．Ⓔinterest．韓흥미．「絵に興味のある人と一緒に展覧会に行く//興味を失う//興味津々(＝非常に興味があるようす)」
参「関心」も似ているが，「関心」は，「政治に対する関心が高い」「子供の教育にもっと関心を払ってほしい」のように，あることに心をひかれてより深く知ろうとする知的な心の動きがもとになっている．これに対して「興味」は個人的なことがらに用いることが多く，また，知的なことに限らずさまざまな好奇心がもとになっている．

きょうみぶか・い 【興味深い】キョーミブカイ たいへんおもしろく感じる．Ⓔinteresting; with great interest．韓매우 흥미롭다．「アンケートをしたら，興味深い結果が出た//あなたの研究発表はとても興味深く聞かせていただきました」

ぎょうむ 【業務】ギョーム 会社や役所などでの仕事．Ⓔbusiness; duties．韓업무．「日々の業務に追われて全体を見通す余裕がない//業務上の過失は罪が重くなる//業務命令」

きょうめい 【共鳴】キョーメイ〔～する〕ほかの人の考え方や行動に心から賛成すること．Ⓔsympathy．韓공명．「洋子の主張は多くの人の共鳴を呼んだ//教育者としての母の生き方に共鳴する」

きょうやく 【協約】キョーヤク〔～する〕当事者の間で相談のうえ約束すること．また，その文書．Ⓔan agreement; a pact．韓협약．「協約を結ぶ//団体協約//労働協約」→協定

きょうゆう 【共有】キョーユー〔～する〕1つのものを2人以上の人が一緒に使ったり所有したりすること．Ⓔown a thing jointly; common．韓공유．「会社の仲間とヨットを共有する//夫と妻の共有の財産」対専有

きょうよう 【共用】キョーヨー〔～する〕あるものを，2人以上の人や団体で使うこと．Ⓔshare ～ with; for common use．韓공용．「この運動場は小学校と中学校で共用している//家族共用のワープロを買った」対専用

きょうよう【教養】キョーヨー　人間として必要な学問，知識，心の豊かさなど．Ⓔculture; education. 한교양.「子供に高い教養を身につけさせる//教養を高める//教養番組」

きょうらくてき【享楽的】キョーラクテキ　人生を楽しむことをだいじに考え，いつも楽しみを追い求めるようす．Ⓔpleasure-seeking. 한향락적.「京子は現在だけを楽しんで享楽的に生きている//享楽的な生活」

きょうらん【狂乱】キョーラン〔～する〕気が狂って行動がふつうでなくなったり，ものごとが異常な状態になったりすること．Ⓔbecome frantic; be beside oneself. 한광란.「妻と子供の突然の事故死に，老いた叔父は狂乱した//あまりの悲しさに半狂乱（＝半分狂ったような状態）になる//狂乱物価Ⓔskyrocketing prices. 한광란 물가.)」

きょうりょう【狭量】キョーリョー　他人の考えを受け入れられないほど心が狭いこと．Ⓔnarrow-minded. 한협량, 도량이 좁음.「市長は狭量で，市民の意見を聞こうとしない//狭量な人」対広量

きょうりょく【協力】キョーリョク〔～する〕なにかをするとき，2人以上の人が力を合わせること．また，中心となる人に他の人が力をそえること．Ⓔcooperate. 한협력.「友人の事業に協力する//わたし1人ではできないので協力をお願いします」

きょうりょく【強力】キョーリョク　力が非常に強いようす．Ⓔstrong; powerful. 한강력.「原子力は強力なエネルギーだ//環境を守る運動を強力に進める」

きょうれつ【強烈】キョーレツ　強くて激しいようす．Ⓔstrong; intense; severe. 한강렬.「旅先で見た夕日の美しさが強烈に印象に残っている//強烈な個性//強烈なパンチ（Ⓔa crushing punch. 한강렬한 펀치.)」

ぎょうれつ【行列】ギョーレツ〔～する〕人やものなどが順に並んで列をつくること．また，そのような列．Ⓔa line; a queue; a procession. 한행렬.「雨のためにバスが遅れているのか，停留所には長い行列ができている//バーゲンでいいものを買うために，たくさんの人が行列して開店を待っている」

〔行列〕

きょえいしん【虚栄心】キョエイシン　表面だけ飾って自分をよく見せようとする気持ち．Ⓔvanity. 한허영심.「兄はつぎつぎと外国の高級車を買って，虚栄心を満足させている//虚栄心の強い人」

ギョーザ（⊕餃子）ギョーザ　小麦粉をねった薄い皮の中に，細かく切った肉や野菜を包んでつくる，中国の料理．Ⓔa Chinese meat dumpling. 한만두.「中国の北方では，正月にギョーザを食べる習慣がある//焼きギョーザ」

きょか【許可】キョカ〔～する〕願いを聞いて，いいとして認めること．Ⓔpermission; a license. 한허가.「講師の許可をえて講演を録音する//法務省からビザ延長の許可が下りる//許可証」対不許可

きょぎ【虚偽】キョギ　本当でないことを本当のように見せかけること．うそ．Ⓔfalse; untrue. 한허위.「税金の虚偽の申告をする//警察で虚偽の証言をする」対真実 書

ぎょぎょう【漁業】ギョギョー　魚や貝などをとったり育てたりする産業．Ⓔfishery. 한어업.「漁業で暮らしを立てる//漁業組合//沿岸漁業」

きょく【曲】キョク, キョク　音楽のメロディー．音楽作品．Ⓔmusic; a composition; a tune. 한곡, 음악 작품.「静かで

ゆっくりした曲が好きだ∥モーツァルトの曲」

きょく【局】キョク ①役所や会社などの組織をいくつかに分けたものの1つ. 課の上が部, 部の上が局で, いちばん大きい. ⒺA bureau. 㮋국.「市の交通局∥新聞社の編集局」②「郵便局」「放送局」などを略した言い方. Ⓔa post office; a broadcasting station. 㮋우체국; 방송국.「取材に出かけるが, 局へはもどらない予定だ」

きょくげん【極言】キョクゲン〔～する〕極端な言い方をすること. Ⓔspeak boldly; speak in extremes. 㮋극언.「極言すれば, きみは24時間, 会社人間で, 家庭のことはなにも考えていない」

きょくせつ【曲折】キョクセツ ものごとの複雑な事情. Ⓔups and downs. 㮋곡절.「2人はいろいろな曲折をへて離婚した∥両親の死, 交通事故, 失業など, 道子の人生は曲折が多かった」

きょくせん【曲線】キョクセン なめらかに曲がった線. Ⓔa curve. 㮋곡선.「ボールが曲線を描いて飛ぶ∥この建物の美しさは屋根や柱の曲線にある」対直線 数1本 → 線図

きょくたん【極端】キョクタン 考え方や行動が, 常識からはずれてひどくかたよっていること. Ⓔextreme. 㮋극단.「一郎の極端な考えにはだれも賛成しなかった∥母は猫を極端に嫌っている∥両極端の意見」

きょくど【極度】キョクド これ以上ないというほど程度が高いようす. Ⓔextreme; the maximum. 㮋극도.「極度の疲労で動けなくなった∥喜びが極度に達した」

きょくめん【局面】キョクメン, キョクメン ①碁や将棋の勝ち負けのようすを表す盤の上の状態. Ⓔ(*go, shogi*) the position. 㮋국면.「先に始めた人に有利な局面となる」②ものごとがどうなっていくかという, そのときの状態. Ⓔthe situation; a phase. 㮋국면.「世界の情勢は新しい局面を迎えている∥困難な局面の打開(＝解決)に努力する」

きょくりょく【極力】キョクリョク, キョクリョク できる限り. Ⓔto the utmost; as ～ as possible. 㮋극력.「極力荷物を少なくして山に登る∥遅刻は極力避けること」

きょくろん【極論】キョクロン〔～する〕極端な言い方をすること. また, 極端な意見. Ⓔan extreme statement. 㮋극론.「極論すれば, 環境破壊が進んで人類は滅亡する∥あの会社がすぐに倒産するというのは極論だ」

きょじゃく【虚弱】キョジャク 生まれつき体が弱くて病気をしやすいようす. Ⓔweak; delicate. 㮋허약.「弟は虚弱で, 小さいときから病院に通ってばかりいる∥虚弱体質(Ⓔa weak constitution. 㮋허약 체질.)」対強健

きょしゅ【挙手】キョシュ〔～する〕自分の意思を示すために片手をあげること. Ⓔraise one's hand; a show of hands. 㮋거수.「この意見に賛成の方は挙手してください∥挙手によって決める」

きょしんたんかい【虚心坦懐】キョシンタンカイ, キョシン・タンカイ 初めから自分だけのかたよった狭い考えを持たずに, 人の意見やものごとをすなおに受け入れるようす. Ⓔfrankly; open-mindedly. 㮋허심 탄회.「虚心坦懐に人の話を聞けば, その判断が正しいことがわかる∥ものごとに虚心坦懐に接すれば新しい面がみえてくる」

きょせい【虚勢】キョセイ 自信がないのに表面だけ元気があるように見せること. Ⓔa bluff; a false display of power. 㮋허세.「虚勢を張って強がっているけれど, 心の中は不安でいっぱいだ」

きょぜつ【拒絶】キョゼツ〔～する〕相手の要求や要望をどうしてもいやだと言って断るこ

ぎょせん【漁船】ギョセン 魚や貝などをとる船. Ea fishing boat. 한어선.「朝早く漁船が港を出ていく//どの漁船も魚をたくさんとって帰ってきた」数 1隻・1艘

ぎょそん【漁村】ギョソン 漁業で生活している人々が多く住む、海の近くの村. Ea fishing village. 한어촌.「漁村の民宿に泊まって新鮮な魚をたくさん食べた//漁村で生まれたので水泳は得意だ」

きょだい【巨大】キョダイ 非常に大きいようす. Ehuge; gigantic. 한거대.「巨大に発展した都市//巨大な岩//巨大産業」

きょだつ【虚脱】キョダツ〔~する〕気力がなくなり、なにもしたくなくてぼんやりすること. Elethargy; prostration. 한허탈.「戦争に負けて国民はみな、虚脱した表情を見せている/事業に失敗して深い虚脱感におそわれた//虚脱状態」

ぎょっと ギョット,ギョット〔~する〕思いがけないことが起こり、一瞬、非常に驚くようす. Ebe startled; be shocked. 한흠칫、섬뜩.「夜道で突然後ろから肩をたたかれてぎょっとした//請求書に予想の3倍もの金額が書かれていたので、ぎょっとした」話

きょてん【拠点】キョテン 活動をするためのよりどころとなる場所. Ea base; a stronghold. 한거점.「市民センターが消費者運動の拠点になっている//住民たちは近くの学校を拠点にして文化活動を行っている」

きょどうふしん【挙動不審】キョドーフシン 人の動作や行動に変なところがあってあやしいこと. Ebehave suspiciously. 한거동이 수상함.「火事の現場で挙動不審の男を見た//警官が挙動不審の人になにか尋ねている」

きょとんと キョトント,キョトント〔~する〕驚いて、なんのことかわからず、目を大きく開けているようす.「洋子は知らない人に突然親しそうに話しかけられ、きょとんとしている//きょとんとした顔(Ea stupid look of amazement. 한어리둥절한 얼굴.)」話

きょねん【去年】キョネン 今年の前の年、昨年. Elast year. 한작년.「去年は今年より雨が多かった//子供が大きくなって、去年買った靴はもうはけない」関連 今年、来年

きょひ【拒否】キョヒ〔~する〕相手の要求や要望をいやだと言って断ること. Ereject; refuse. 한거부.「海外への転勤の命令を拒否する//拒否権(Ea veto. 한거부권.)//乗車拒否(→項目)」対承諾、受諾 →拒絶

きよ・める【清める】キヨメル〔他動一〕よごれやけがれを取り除いてきれいにする. Epurify; cleanse. 한깨끗이 하다、정하게 하다.「すもうでは、塩をまいて土俵を清める//手を清めてから神社におまいりする」対汚す

きょよう【許容】キョヨー〔~する〕この程度ならいいと認めて許すこと、大目に見ること. Epermit; allow; tolerate. 한허용.「許容の範囲をこえた量の放射線を浴びる//このような規則違反はとても許容できない//許容量」書

きよらか【清らか】キヨラカ よごれがなく、美しくさわやかなようす. Ecleanly; pure. 한맑음、깨끗함; 청순함.「清らかに澄んだ山の空気を吸う//清らかな心//清らかな水」

きょり【距離】キョリ ①離れている2つの地点や2つのものの間の長さ. E(a) distance; an interval. 한거리.「学校までの距離をはかる//急行料金は距離によって違う」②心と心の間が遠く離れていること. E a difference; a gap. 圏거리.「親子の間に距離があって、子供はさびしがっている//よく話し合って、おたがいの距離を縮めるようにしよう」

きょろきょろ キョロキョロ〔～する〕落ちつきがなく、あたりを見まわすようす. 英(look around) restlessly. 圏두리번두리번.「あの人は道に迷ったのか、地図を持ってきょろきょろしている//部屋の中をきょろきょろ(と)見まわす」

きよわ 【気弱】キヨワ 気が弱くて、なにごとにも消極的で自分の主張を押し通すことができないこと. 英timid; fainthearted. 圏심약함.「気弱な性格で反対意見が言えない//年老いてすっかり気弱になってしまった」

きらい 【嫌い】キライ ①そうしたくないようす. また、いやだと思うようす. 英dislike; hate; distasteful. 圏싫음.「人の悪口ばかり言う人は嫌いだ//勉強が嫌いで困る//嫌いな食べ物/食わず嫌い(→[項目])」 対好き
②よくない傾向. 英a smack; a touch. 圏(좋지 않은) 경향.「最近の若者は努力を避けるきらいがある」
▷ 他動 嫌う
注 ②はひらがなで書く.

きら・う 【嫌う】キラウ〔他動五〕(きらって) いやがる. 好まない. 英dislike; hate. 圏싫어하다.「野菜を嫌う子が多いのは、困ったことだ//勉強を嫌う」 対好く、好む、愛する 名 嫌い

きらきら キラキラ〔～する〕美しく光り輝くようす.「雪に朝日が当たって、きらきら(と)光っている(英The snow is sparkling in the morning light. 圏눈이 아침 햇살을 받아서 반짝반짝 빛나고 있다.)//子供は目をきらきらさせて、虫の動きを見ている」→ぎらぎら

ぎらぎら ギラギラ〔～する〕①強く光り輝くようす.「真夏の太陽がぎらぎら(と)輝いている(英The midsummer sun is shining glaringly. 圏한여름의 태양이 이글거리고 있다.)」②感じ悪く光るようす.「川の水の表面に油が浮いて、ぎらぎらしている(英Oil slicks are shining on the surface of the river. 圏강물 표면에 기름이 떠서 번들거리고 있다.)」
参 ①は「かんかん」「きらきら」と似ているが、「かんかん」が熱や暑さを強くいうのに対して、「ぎらぎら」は輝いていることを強くいう. また、「きらきら」のほうが「ぎらぎら」より輝きがやわらかく、「真夏の太陽がきらきら輝く」とはいわない.

きらく 【気楽】キラク 責任や心配がないので、気をつかわなくていいようす. 英comfortably; carefree; easy. 圏속 편함.「老後は仕事からも家族からも解放されて気楽に暮らしたい//気楽な商売」

きらびやか キラビヤカ はなやかで、きらきらと輝くほど美しいようす. 英gorgeously; showy. 圏현란함.「いくつものアクセサリーを身につけ、きらびやかに装う//きらびやかなドレス」

きらめ・く キラメク〔自動五〕(きらめいて) きらきらと光る. 英twinkle; sparkle. 圏반짝이다.「夜空にたくさんの星がきらめいている//ネオンがきらめく盛り場」 名きらめき
→ひらめく

きり 【霧】キリ ①水蒸気が地面近くで水の粒となって集まり、煙のように見えるもの. ガス. 英(a) fog; (a) mist. 圏안개.「霧が深くて先が見えない//霧に包まれたロンドンの街を歩く//霧が晴れる」②水などの液体を細かくして空気中に飛ばしたもの. 英spray. 圏(뿜어낸) 물방울.「アイロンをかける前に衣類に霧を吹く」

参 ①は「もや」「かすみ」と似た現象であるが, 気象用語では, 見える距離が1キロ未満のばあいを「霧」, 1キロ以上のばあいを「もや」という. また, 発生時刻としては「霧」「もや」は昼のものにも夜のものにも使うが, 「かすみ」は昼のものだけをいう. さらに, 古くから春のものは「かすみ」, 秋のものは「霧」と区別して使っている.

きり ①ものごとがそれだけであることを表す.「2人きりで話すのは久しぶりだね(EIt has been a long time since just the two of us talked alone together. 한단둘이서 이야기하는 건 오랜만이군.)//「はい」と言ったきり黙ってつむいている」
②ずっとそのままの状態が続いているようす.「道子は病人につきっきりで世話をしている(EMichiko has taken care of a sick person without leaving him for a moment. 한미치코는 병자에게 꼭 붙어서 간호하고 있다.)」
③(「～きり…ない」の形で)それで終わり, その後の動作がなにも行われない.「わたしは, 朝, 牛乳を飲んだきりでなにも食べていない(EI only drank milk in the morning and haven't eaten anything. 한나는 아침에 우유를 마셨을 뿐으로 아무 것도 먹지 않고 있다.)//外国へ行ったきり帰ってこない」

ぎり 【義理】ギリ ①人とのつきあいで, いやでもしなければならないこと. E(an) obligation; (a) duty. 한의리.「ほしくなかったが, 義理で友達の会社の商品を買った//義理と人情の板ばさみ」②血のつながりのない親子, きょうだいなどの間柄. E ～-in-law. 한인척 관계.「妹の夫はわたしにとって義理の弟に当たる//義理の母」

義理にも お世辞にも. Eeven to be polite. 한빈말로라도.「新しい大臣のスピーチは義理にもうまいとは言えない」

義理を立てる 自分の気持ちよりも, 人とのつきあいや, 人から受けた恩恵にお返しをすることを重視する. Edo one's duty (regardless of personal feelings). 한의리를 지키다.「先輩に義理を立てて, 先輩の出した本を5冊も買った」似た表現義理が立つ, 義理立て

きりあ・げる 【切り上げる】キリアゲル, キリアゲル【他動一】①することが残っていても, 適当なところでやめて, 終わりにする. Eleave off; cut short. 한일단락을 짓다.「授業を早めに切り上げて, 運動会の準備をする//仕事を4時に切り上げて花見に行く」②計算で, ある位より小さいはんぱの数を取り去り, その代わりにその上の位に1を加える. たとえば, 5.3を6とする. Eround up; raise. 한(끝수를)올림하다.「小数点以下を切り上げる」対切り捨てる ③外国の通貨に対して, 自国の通貨の価値を高くする. Erevalue (a currency). 한절상하다.「円を切り上げる」対切り下げる ▷名切り上げ

きりか・える 【切り替える】キリカエル, キリカエル【他動一】いままでのやり方などをやめて, ほかのものにする. Echange; switch. 한바꾸다; 전환하다; 돌리다.「鉄道を廃止して, バス輸送に切りかえる//テレビのチャンネルを切りかえる」名切り替え 自動切り替わる

きりきり キリキリ ①ものが, きしみながら激しく回転するようす.「魚がえさに食いついたので, 釣り糸をきりきり(と)巻き上げた(EA fish caught at the bait so I began to vigorously reel in the line. 한고기가 미끼를 물어서 낚싯줄을 세차게 감아 올렸다.)」②鋭く痛むようす.「急に胃がきりきり(と)痛みだした(ESuddenly my stomach began to hurt acutely. 한갑자기 위가 찌르는 것같이 아프기 시작했다.)」

ぎりぎり ギリギリ 時間, 数や量, 程度な

どが限度いっぱいで、まったくゆとりがないようす。Ejust barely; the utmost possible limit. 한빠듯함.「ぎりぎりで約束の時間に間に合った//ぎりぎりの線で譲歩する」

きりきりまい 【切りきり舞い】キリキリマイ〔〜する〕非常に忙しく働くこと。Ehustle around; have a hectic time. 한눈코 뜰 새 없이 바쁘게 움직임.「いちどにたくさん注文がきて、きりきりまいしている」

きりくず・す 【切り崩す】キリクズス,キリクズス〔他動五〕(きりくずして) ①山ややがけなどをけずって形をこわす。Ecut through; level. 한깎아내다.「山を切りくずして住宅地にする」②相手の結びつきを乱し、力を弱める。Esplit; break. 한와해시키다.「反対派を切りくずす作戦を立てる」▷名切り崩し

きりさ・げる 【切り下げる】キリサゲル,キリサゲル〔他動一〕外国の通貨に対して、自国の通貨の価値を低くする。Edevalue (a currency). 한절하하다.「円を切り下げる」対切り上げる 名切り下げ

きりす・てる 【切り捨てる】キリステル,キリステル〔他動一〕①いらない部分を切って捨てる。Ecut away; cut down. 한잘라내버리다.「魚の頭と尾を切り捨てる//弱者を切り捨てる政策は困る」②計算で、ある位より小さいはんぱの数を取り去り、0とする。たとえば、16.7を16とする。Eomit; discard. 한(끝수를)버리다.「小数点以下を切り捨てる」対切り上げる ▷名切り捨て

キリストきょう 【キリスト教】キリストキョー 西暦30年ごろ十字架にかけられたイエス・キリストが始めた宗教。キリストの福音(EThe Christian gospel. 한그리스도의 복음.)と、神の子としての存在を中心とする。EChristianity. 한그리스도교.「キリスト教を信じる//キリスト教徒」

きりだ・す 【切り出す】キリダス,キリダス〔他動五〕(きりだして) ①切り取って運びだす。Ebring down; quarry. 한베어 내다.「山から木を切りだす」②用意してきた話、相談などを改まって話しはじめる。Ebegin to talk about; broach. 한(이야기를)꺼내다.「来客はあいさつをすますと、さっそく用件を切りだし、資金を援助してほしいと頼んだ//別れ話を切りだす」

きりつ 【規律】キリツ,キリツ 人の行いのもととして決めたもの。一定の秩序。Eorder; discipline; rules. 한규율.「毎日の予定表にしたがって規律ある生活をする//団体生活では規律を守ることがたいせつだ」

きりつ・める 【切り詰める】キリツメル,キリツメル〔他動一〕①一部分を切り取って形を小さくする。Eshorten. 한줄이다.「そで丈を切りつめる」②節約して、出費や使う量を少なくする。Ecut down; reduce. 한절감하다 ; 긴축하다.「収入が減ったので、食費を切りつめている//切りつめた予算」

きりぬ・ける 【切り抜ける】キリヌケル,キリヌケル〔他動一〕あぶないところや苦しいところをやっと抜け出る。Epull through; tide over. 한벗어나다 ; 타개하다.「病人は、危険な容体を切り抜けて、静かに眠っている//不況を切り抜ける」

きりふだ 【切り札】キリフダ ①トランプで、いちばん強い札。Ea trump (card). 한으뜸패.「とっておきの切り札でゲームに勝つ」②最後に使う最も効果的な手段。Eone's last resort. 한비장의 카드.「A国は石油を切り札にして強い姿勢で会議に臨んだ//リレー競走で、最後の切り札として足の速いジョンを起用する」

きりまわ・す 【切り回す】キリマワス,キリマワス〔他動五〕(きりまわして) いろいろこみいった仕事などを、中心になってうまく処

理する．Ërun (a store); manage. 한잘 꾸려 나가다．「父が死んでから，母は1人でこの店を切りまわしてきた」图切り回し

きりょう【器量】キリョー ①地位や役職にふさわしい能力や心の広さ．Ëability; dignity. 한기량, 역량；체면．「A教授は若い研究者や学生の気持ちをよく理解できる器量の大きい人だ//B部長は失敗をなにもかも部下のせいにして器量を下げてしまった」②人の顔形．Ëlooks; features. 한용모．「洋子は器量もいいし心もやさしい//器量よし」

きりょく【気力】キリョク, ギリョク 苦しくても，仕事や運動などを最後までしようとする強い気持ち．Ëenergy; spirit; vitality. 한기력．「体力はあるのに気力がたりなくて試合に負けた//病気を治すには，医者の力だけでなく本人の気力がたいせつだ」図体力

きる【着る】キル〔他動一〕①衣服などを身につけて，体をおおう．Ëput on; wear. 한입다．「上着を着る」図脱ぐ ②いやなことを自分の身に受ける．Ëtake (a crime) on oneself; be grateful. 한뒤집어 쓰다；고맙게 여기다．「人の罪を着る//恩に着る」

参①は，「オーバーを着る」「セーターを着る」など全体か上半身をおおうような衣服を身につけるときに使う．頭，手，足，下半身だけのときは，「帽子をかぶる」「手袋をはめる」「靴下をはく」「ズボンをはく」などと別のことばを使う．

き・る【切る】キル〔他動五〕(きって) ①ひと続きのものを，刃物などで離れ離れにする．Ëcut. 한자르다, 깎다．「はさみで紙を切る//つめを切る」
②刃物などで傷をつける．Ëcut. 베다．「ナイフで指を切る」
③つながりをなくす．終わりにする．Ëdisown (one's son); hang up; switch off. 한(관계를) 끊다；끄다．「親子の縁を切る//電話を切る//スイッチを切る」
④日や時を限る．Ëset a time limit. 한(기한을) 정하다, 한정하다．「図書館は期限を切って本を貸しだす」
⑤ハンドルやかじを動かして，進む方向を変える．Ëturn (the steering wheel). 한(핸들을) 꺾다；돌다．「ハンドルを右に切る//カーブを切る」
⑥新しく始める．Ëbegin anew. 한개시하다；(입을) 열다；끊다．「司会者がまず口を切った//新しい生活のスタートを切る」
⑦決まった数や量にとどかない．Ëgo below; cut under. 한밑돌다；이하가 되다．「原価を切る//体重が50キロを切った」
⑧(動詞の「ます」形について) (1)終わりまで～する，～し終わる．「読みきる(Ëfinish reading. 한끝까지 다 읽다．)//泳ぎきる」(2)完全に～する，ひどく～する．「疲れきる(Ëbe totally exhausted. 한지쳐 빠지다．)//言いきる(Ëassert. 한단언하다．)//弱りきる」

▷图切り 自動切れる

注⑧はひらがなで書く．

きれい キレイ ①美しいようす．Ëbeautiful; pretty. 한아름다움, 고움．「お正月にはきれいな着物を着る//きれいな絵」
②よごれていなくて清潔なようす．Ëclean. 한깨끗함, 청결함．「部屋をきれいにする//コップをきれいに洗う//きれいな水」図汚い
③きちんとしているようす．Ëclear; neat. 한정연함．「ジョンはきれいな漢字を書く」図汚い
④完全なようす．Ëcompletely; thoroughly. 한완전함, 남김없음．「一郎との約束をきれいに忘れていた//お金もカメラも時計も，きれいさっぱり盗まれてしまった」

ぎれい【儀礼】ギレイ 社会の慣習として決められた礼儀. ⒠courtesy; ceremony. 한의례.「儀礼だけのあいさつをする//外交儀礼として贈り物をする」

きれいごと キレイゴト, キレイゴト 見かけだけはきれいだが, 内容をともなわないことがら. ⒠high-sounding ideas; whitewash. 한허울만 번드르르한 일.「きれいごとばかり並べても, 実績がなくては信用できない//あのドラマはきれいごとになりすぎて現実味に欠ける」

きれめ【切れ目】キレメ ①切れた跡, 切れた所. ⒠a cut. 한잘린 곳; 칼집.「魚に包丁で切れ目を入れて煮る」②続いているものが止まったり中途で終わったりしている部分. ⒠a break; a pause; an end. 한단락; 떨어질 때.「話の切れ目を待ってこちらの意見を言う//文の切れ目に句点を打つ//金の切れ目が縁の切れ目(→金 慣用)」

き・れる【切れる】キレル〔自動一〕①ひと続きのものが, 離れ離れになる. ⒠snap; break. 한잘리다, 끊어지다.「糸が切れて, 風船が空に飛んでいく//雲が切れる」
②破れたり, こわれたりする. ⒠break; collapse; wear out. 한무너지다; 해어지다.「堤防が切れる//服のそでが切れる」
③刃物などで傷がつく. ⒠cut; crisp. 한(칼 등으로) 베이다, 베어지다.「ナイフで指が切れた//手の切れるようなお札」
④つながりがなくなる. 終わりになる. ⒠terminate; be cut off. 한(관계가) 끊어지다.「酒やタバコと縁が切れる//話している途中で電話が切れた」
⑤日や時が限られる. ⒠expire; run out. 한(기한 등이) 다 되다, 끝나다.「本の貸し出し期限が切れる」
⑥使い終わって, なくなる. 効き目がなくなる. ⒠run out of; lose its hold. 한떨어지다; 다 되다.「ガソリンが切れそうだから, 給油をしなくては//薬が切れるとまた痛みはじめる」
⑦刃物などの切れ方がいい. 鋭い. ⒠cut well; sharp. 한(칼 등이) 잘 들다; 예리하다.「このはさみはよく切れる//頭が切れる人」
⑧切ることができる. ⒠be able to cut. 한자를 수 있다.「このはさみなら厚い紙でも切れる」
⑨(動詞の「ます」形について)すっかり~することができる.「こんなにたくさんは食べきれない(⒠It's too much to eat. 한이렇게 많이는 다 먹을 수 없다.)」
▷名 切れ 他動 切る
注 ⑨はひらがなで書く.

キロ ⒠(kilo)キロ ①(単位を表すことばの頭について)1000倍であることを表す. 記号は「k」. ⒠a kilo. 한킬로.「キログラム//キロリットル」②「キロメートル」「キログラム」などを略した言い方. ⒠a kilometer; a kilogram. 한킬로미터; 킬로그램.「毎朝, 家から駅まで1キロ歩く//体重が3キロ増えた」

きろく【記録】キロク〔~する〕①後まで伝える必要のあることを書いておくこと. また, そのもの. ⒠a record; a document. 한기록.「演説の要旨を記録する//子供の成長の記録を残しておく」②競技などの結果や成績. 特にその最高のもの. ⒠a (sport's) record. 한(운동 경기 등의) 기록.「水泳でいい記録が出た//過去の記録を破って世界新記録を出す//記録的な暑さ」

ぎろん【議論】ギロン〔~する〕たがいに意見を述べたり批判したりして, 論じ合うこと. また, その内容. ⒠(an) argument; (a) discussion. 한논의, 의론.「政治改革について, 大いに議論を戦わせた//議論が出つくしたようだから採決に移る//議論百出(=非常に多くの意見が出ること)」

「参」「討論」「討議」にも似ているが、これらは討論会、検討会など決められた場で行われるものをいうのに対して、「議論」にはそのような制約はなく、どこでもどんなばあいにもできる.

ぎわく 【疑惑】ギワク 本当はどうなのかと強く疑うこと. Ｅsuspicion; doubt. 韓의혹.「殺人事件の現場にいた男は疑惑の目でみられている//疑惑が晴れる」

きわだ・つ 【際立つ】キワダツ〔自動五〕(きわだって) まわりのものより, はっきりめだつ. Ｅbe conspicuous; stand out. 韓두드러지다.「形のいい松の木が公園の中できわだっている//きわだって美しいバラの花」

きわど・い 【際どい】キワドイ ①もうすこしでだめになったり、危険な状態になったりする. Ｅjust narrowly. 韓아슬아슬하다.「発車1分前にホームに着いて、きわどいところで間に合った//きわどいところで助かった」 ②うすこしで下品になる. Ｅindecent. 韓외설스럽다.「部長は酒を飲むときわどい話をしたがるので困る」

きわまりな・い 【極まりない】キワマリナイ (他のことばの後について)これ以上のことはない. Ｅbe extremely ～. 韓～하기 짝이 없다.「ノックもせずに部屋に入ってくるとは失礼きわまりない//不愉快きわまりない」

きわめて 【極めて】キワメテ それより上がないようす. このうえなく. Ｅextremely; exceedingly. 韓지극히, 더없이.「病人はきわめて危険な状態だから, 家族をすぐ呼んだほうがいい」

きわ・める 【極める・究める・窮める】キワメル〔他動一〕①これ以上はない, というところまでいきつく. Ｅreach (the summit); go to extremes. 韓정상에 다다르다；극하다.「今年こそチョモランマの頂上をきわめたい//ぜいたくをきわめた生活」 ②学問, 芸の道などの奥深いところまでさぐる. Ｅinvestigate thoroughly; master. 韓깊이 연구하다.「真理をきわめる」▷自動 極まる・窮まる

「注」漢字で書くときは, ①は「極める」, ②は「究める」「窮める」.

きん 【金】キン ①黄色くてつやのある, やわらかい金属. 貨幣や装飾品などをつくるのに使われる. Ｅgold. 韓금.「金の首飾り//金の指輪//金貨(→項目)」②色の１つ. 「①」のような色. Ｅgolden. 韓금색.「金の糸で刺繡する//金髪(→項目)」③「金曜日」を略した言い方. Ｅ Friday. 韓금요일.「火, 金はピアノの練習日だ」④かね.「金5万円也//￥50,000. 韓일금 5만엔정.)//金一封」⑤競技会, 競演会などで, 1位の人がもらうもの. Ｅa gold medal. 韓금상.「オリンピックの各国の金の数を比べる//金メダル//金賞」

ぎん 【銀】ギン ①白くてつやのある金属. 貨幣や食器, 装飾品などをつくるのに使われる. Ｅsilver. 韓은.「銀の食器//銀貨」②色の１つ.「①」のような色. Ｅsilver. 韓은색.「銀の靴//銀髪(→項目)」

きんいつ 【均一】キンイツ 金額, 品質などがみな同じであるようす. Ｅuniform; flat. 韓균일.「Ａ社の製品は品質が均一で当たりはずれがない//100円均一の売り場//均一料金」

きんえん 【禁煙】キンエン 〔～する〕タバコを吸うのを禁止すること. また, タバコを吸う習慣をやめること. Ｅ Smoking is prohibited; give up smoking. 韓금연.「病院の中はほとんど禁煙になっている//今年こそ禁煙しようと決心した//禁煙席」→ノースモーキング

きんか 【金貨】キンカ 金をおもな成分とする硬貨. Ｅa gold coin. 韓금화.「古道具の中から江戸時代の金貨が出てきた//記念の

金貨が発売される」[数]1枚

ぎんが 【銀河】ギンガ たくさんの星が集まって銀色の川のように見えるもの．天の川．[E] the Milky Way; the Galaxy. [韓]은하．「銀河を見上げて遠い宇宙を思う」

きんがく 【金額】キンガク 数字で表された金の量．[E] an amount of money; a sum of money. [韓]금액．「金額が大きいので、いちどには支払えない//品物の金額がわからない」

きんがしんねん 【謹賀新年】キンガシンネン「つつしんで新年のお祝いを申し上げます」の意味で、年賀状に書くあいさつのことば．[E] I wish you a Happy New Year. [韓]근하 신년．「年賀状には『謹賀新年』『賀正』『迎春』などの決まった書き方がある」[書]

きんがん 【近眼】キンガン 遠くのものがはっきり見えない目．[E] nearsighted. [韓]근시안．「近眼だから黒板の字がよく見えない//近眼用のめがねをつくる」
[参]「近視」も似ているが、「近視」が医学で使うことばで視力の状態をいうのに対して、「近眼」は日常的な言い方で目そのものについていう．

きんきゅう 【緊急】キンキュー ことがらが重大で急いでしなければならないこと．[E] urgent; pressing. [韓]긴급．「緊急の用事ができたので、日曜だが出社する//負傷者の輸送は緊急を要する//緊急事態」

きんぎょ 【金魚】キンギョ 体の色が赤、白、黒などで、見て楽しむための魚．[E] a goldfish. [韓]금붕어．「ガラスケースの中で金魚が泳いでいる//縁日の夜店で金魚を2匹買ってきた」[数]1匹 〔金魚〕

きんきょう 【近況】キンキョー 近ごろのようす．[E] the present condition; how one is getting along. [韓]근황．「遠くにいる両親に近況を知らせる//近況報告」

きんげん 【謹厳】キンゲン まじめで厳しいようす．[E] serious; solemn. [韓]근엄．「謹厳な二郎の言うことだから、信用していい//謹厳な教師//謹厳実直([E] austere and righteous. [韓]근엄하고 성실 정직함.)」

きんけんせいじ 【金権政治】キンケンセイジ 金の力で動く政治．[E] money politics. [韓]금권 정치．「金権政治は、社会の混乱と腐敗を招く」

きんこ 【金庫】キンコ 盗みや火事などから守るため、現金やたいせつなものを入れておく、鉄などでできた、かぎのかかる入れ物．[E] a safe; a vault. [韓]금고．「金庫にたいせつな書類や現金、宝石が入れてある//金庫破り(=金庫を開けて中のものを盗むこと．また、その人)」

きんこう 【均衡】キンコー〔～する〕つりあいがとれていること．[E] balance; equilibrium. [韓]균형．「力の均衡が破れて戦争が始まった//貿易相手国との均衡を保つ」→釣り合い

ぎんこう 【銀行】ギンコー ①多くの人から金を預かったり、会社などに資金を貸したりする、代表的な金融機関．[E] a bank. [韓]은행．「銀行にお金を預ける//銀行から金を借りて家を建てる//銀行員」
②ないもの、必要なものを貸したり、あげたりする所．[E] a ~ bank. [韓]~ 은행．「血液銀行//人材銀行([E] a talent bank. [韓]인재 은행．)」
▷[数]①1行 →囲み

きんし 【近視】キンシ「近視眼」を略した言い方．遠くのものがはっきり見えない状態．[E] nearsighted. [韓]근시．「わたしの家は親きょうだいみな近視だ//近視の度が進んだので、めがねをつくり直した」[対]遠視 →近眼

きんし 【禁止】キンシ〔～する〕してはいけな

いと命令して止め、やらせないこと．Ⓔprohibit; ban. ㉠금지．「公園内への車の乗り入れを禁止する//工事中のため通行を禁止する//駐車禁止」

きんしがんてき【近視眼的】キンシガンテキ　先のことまで考えることができず，目の前の狭い範囲のことしか見られないようす．Ⓔ shortsighted. ㉠근시안적．「すぐにいい結果が出ないからやめるなどと近視眼的なことを言わず，長期的にみてじっくりやってほしい」

きんしゅ【禁酒】キンシュ〔～する〕酒を飲むのを禁止すること．また，酒を飲む習慣をやめること．Ⓔabstain from alcohol; give up drinking. ㉠금주．「医者から禁酒を言

銀行で使うことば

口座を開く

印鑑，判　Ⓔone's seal. ㉠인감．
健康保険証　Ⓔa health insurance card. ㉠건강 보험증．
パスポート　Ⓔa passport. ㉠여권．
口座　Ⓔan account. ㉠계좌．
口座番号　Ⓔan account number. ㉠계좌 번호．
通帳　Ⓔa bankbook. ㉠통장．

預金をする

普通預金　Ⓔan ordinary deposit. ㉠보통 예금．
定期預金　Ⓔa fixed deposit. ㉠정기 예금．
元金　Ⓔthe principal. ㉠원금．
利息　Ⓔinterest. ㉠이식, 이자．

預金をおろす

キャッシュカード　Ⓔa bank card. ㉠현금 카드．
暗証番号　Ⓔa secret code. ㉠비밀 번호．
現金自動支払機(CD)　Ⓔa cash dispenser. ㉠현금 자동 지급기．
現金自動預入払出機(ATM)　Ⓔan automatic teller machine. ㉠현금 자동 인출·예입기．
手数料　Ⓔa handling charge. ㉠수수료．

支払い，振り込み，送金

自動振り込み　Ⓔautomatic transfer. ㉠자동 이체．
自動引き落とし　Ⓔautomatic withdrawal. ㉠자동 인출．
国内送金　Ⓔdomestic remittance. ㉠국내 송금．
海外送金　Ⓔoverseas remittance. ㉠해외 송금．

金を借りる

ローンを組む　Ⓔfix the loan terms (of payment). ㉠대출금 (상환) 기간을 설정하다．
担保　Ⓔa security; a mortgage. ㉠담보．

両替をする

円にかえる　Ⓔchange into yen. ㉠엔화로 바꾸다．
トラベラーズチェック　Ⓔa traveller's check. ㉠여행자 수표．

い渡された//禁酒を始めてから体の調子がよくなった」

きんじょ【近所】キンジョ 近い所．自分の家から近い所．Ｅthe neighborhood; the vicinity．한근처．「この近所に銀行はありませんか//うちの近所で火事があった」

きん・じる【禁じる】キンジル，キンジル〘他動一〙 してはいけないとして，やらせない．禁ずる．Ｅforbid; prohibit; ban．한금지하다．「無断で部屋に入ることを禁じる//未成年者の喫煙を禁じる」対許す

きんしん【謹慎】キンシン〘～する〙 失敗やおかした罪のために自分の行動やことばをつつしむこと．特に，罰として家の外に出ず，人と会わず，静かに反省すること．Ｅbe on one's good behavior; be confined to one's home．한근신．「酒を飲んで交通事故を起こしてしまったので，しばらくは謹慎だ//学校の規則を破ったために3日間の自宅謹慎を命じられる」

きんせい【近世】キンセイ 時代区分の1つ．中世と近代との間の時代．日本史では江戸時代．安土桃山時代をふくむこともある．Ｅearly modern times．한근세．「近世になって歌舞伎が盛んになった」

きんせい【金星】キンセイ 惑星の1つ．太陽に2番目に近く，水星の外側，地球の内側で太陽のまわりを回る．地球よりすこし小さい．ＥVenus．한금성．「夕方，西の空にのぼる明るい星，また明け方，東の空に白っぽく見えるのが金星だ//金星ロケット」

きんせん【金銭】キンセン「金」のすこし改まった言い方．Ｅmoney．한금전．「金銭の貸し借りで人間関係が悪くなることがある//トラブルを金銭で解決する」

きんぞく【金属】キンゾク 金，銀，鉄，銅，アルミニウムなど，みがくとつやが出て，薄くのばすことができ，熱や電気をよく伝える性質があるもの．Ｅmetal．한금속．「車にはいろいろな金属が使われている//貴金属」

きんぞく【勤続】キンゾク〘～する〙 同じ勤め先に続けて勤めること．Ｅcontinuous service (at the same company)．한근속．「勤続20年の社員に記念品を贈る//勤続年数」

きんだい【近代】キンダイ 時代区分の1つ．近世と現代との間の時代．日本史では明治維新から第2次世界大戦終了まで．Ｅthe modern era; modern times．한근대．「近代になってヨーロッパ文明が日本へどっと入ってきた」

きんだいか【近代化】キンダイカ〘～する〙 封建的な古いものを捨て去り，ものごとを科学的，合理的，民主的なものにすること．Ｅmodernization．한근대화．「いままでの古い考え方が経営の近代化を遅らせている//工場の設備の近代化を進める」

きんちょう【緊張】キンチョー〘～する〙①失敗してはいけない，うまくやらなければいけない，という気持ちになり，心も体もかたくなること．Ｅbecome tense; strained．한긴장．「おおぜいの前で話すときはだれでも緊張する//試験場は緊張した顔つきの人でいっぱいだ」対弛緩 ②いまにも争いが起こりそうになること．Ｅtensions．한긴장．「両国間の緊張がとけて戦争のおそれがなくなった//緊張緩和」

きんとう【均等】キントー どれも同じで，数や量などに差がないこと．Ｅequal; even．한균등．「利益は均等に分配する//男女雇用機会均等法」

きんにく【筋肉】キンニク 骨や内臓のまわりにあって，伸び縮みして体や内臓を動かす働きをする器官．Ｅmuscles．한근육．「運動選手は筋肉が発達している//肩をもんで筋肉をやわらかくする//筋肉労働」

きんねん【近年】キンネン　最近の数年間．Ein recent years．🇰🇷근년, 근래．「近年にない大雪が降った//近年の事務機器の発達は驚くほどだ」

きんぱく【緊迫】キンパク〔～する〕情勢が緊張し，いまにもたいへんなことが起こりそうで気をゆるめられないこと．Etense; acute．🇰🇷긴박．「手術室は緊迫した空気に包まれていた//いまにも軍事衝突が起こりそうな緊迫した国際情勢」

きんぱつ【金髪】キンパツ　金色の髪の毛．ブロンド．Eblond hair．🇰🇷금발．「ジェーンは美しい金髪をなびかせて走ってきた//金髪の少年」

ぎんぱつ【銀髪】ギンパツ　銀色に見えるような白髪．Esilver hair; gray hair．🇰🇷은발．「電車の中で美しい銀髪の女性を見かけた」

きんぴか【金ぴか】キンピカ　金色にぴかぴか光ること．また，品はよくないが新しいもの，はでなもの．Eglittering; gaudy．🇰🇷금빛으로 번쩍거림．「金ぴかの飾りをつけたトラックがやってきた//歌手は金ぴかの衣装を着て舞台に立った」[話]

きんべん【勤勉】キンベン　勉強や仕事などを一生懸命にすること．Ehard; diligent．🇰🇷근면．「兄は長い間勤勉に働いて，やっと自分の家が持てた//勤勉な労働者//勤勉な学生」[対]怠惰，怠慢

ぎんみ【吟味】ギンミ，ギンミ〔～する〕細かく，くわしく調べること．Eexamine closely; select with care．🇰🇷음미, 세밀히 살펴봄．「料理の材料はよく吟味して買う」

きんみつ【緊密】キンミツ　2つの間がうまくいっていて，しっかり結びついているようす．Eclose．🇰🇷긴밀．「両国の首脳は電話で緊密に連絡を取り合っている//小説の内容と形式には緊密な関係がある」

きんむ【勤務】キンム〔～する〕会社や役所などに勤めること．また，その勤め．Ework; service; duty．🇰🇷근무．「姉は郵便局に勤務している//勤務時間//勤務先」

きんもつ【禁物】キンモツ　してはいけないこと，避けなければいけないこと．Ebe prohibited; a taboo．🇰🇷금물．「病気が治ったばかりだからタバコは禁物だ//人の家を訪問したとき，長居(＝長くいること)は禁物だ//油断は禁物」

きんゆう【金融】キンユー　①金を貸したり借りたりすること．Efinance; banking．🇰🇷금융．「銀行，証券会社など金融の関係の仕事がしたい//金融業」②資金の需要と供給の関係．Ethe money market．🇰🇷금융．「不景気で失業者が多いので金融を緩和する//景気が過熱ぎみで物価もどんどん上がっているので，金融を引きしめる」

きんようび【金曜日】キンヨービ　1週7日の6番目の日．木曜のつぎ，土曜の前の日．金曜．金．EFriday．🇰🇷금요일．「金曜日の夜は，映画館や喫茶店がこんでいる」

きんり【金利】キンリ，キンリ　借りたり貸したりした金につく利子．また，利子の率．E(the rate of) interest．🇰🇷금리．「借金の額が多いので金利だけでもたいへんだ//金利が1パーセント上がったので利子がふえた」

きんろう【勤労】キンロー〔～する〕①体を使って一生懸命働くこと．Ephysical labor．🇰🇷근로．「汗を流して働く勤労の喜びを若者に体験させる//勤労感謝の日」②給料をもらって，一定時間決まった仕事をすること．Ework; wage-earning labor．🇰🇷근로．「自分の勤労でえた収入で生活する//勤労所得//勤労青年」

く／ク

く 【九】クキュウ ⇨ 九「ベートーベンの第9を聞きに行く／8，9人／9月(→項目)」

く 【区】ク ①行政上の1つのまとまり．東京など大都市にある．Ea ward; a city. 韓(행정상의)구.「東京には23の区がある／京都の上京区に住む／区議会／区役所」②(他のことばの後について)目的や特色によって土地などをある範囲に分けたもの．Ea district. 韓구.「選挙区／学区」

く 【句】ク ①文章や詩などの1区切り．Ea phrase; a verse. 韓(문장의)구; 시구.「本を一字一句に注意して読む／句点(=「。」のこと)／慣用句(→項目)」②俳句．また，その数を表す．Ea haiku. 韓하이쿠.「芭蕉の句には深い味わいがある／桜を見て1句つくる／句集」

ぐあい 【具合】グアイ ①ものごとの働きや状態．Ea condition; a state. 韓상태, 형편.「ドアのぐあいが悪くて，開かない／懐ぐあい(Eone's financial condition. 주머니 사정.)」②体の調子や状態．Ehealth. 韓건강 상태.「ご病人のぐあいはいかがですか／おなかのぐあいがよくない」③方法．Ea manner; a way. 韓방법.「着物の帯を手早く結ぶには，どういうぐあいにすればいいですか」④なにかをするときの，ほかのことがらとの関係．Econvenience. 韓모양새; 형편.「結婚式にジーンズをはいて行くのは，ぐあいが悪いよ／いいぐあいに雨がやんだ」

くい 【悔い】クイ，クイ 悔いること．Eregret. 韓후회, 회한.「悔いのない学生時代を送る／人生に悔いを残さないようになんでもやってみるつもりだ」他動 悔いる

くいき 【区域】クイキ 目的や特色によって区切った，ある決まった場所．Ean area; a zone; a district. 韓구역.「水泳が禁止されている区域では，泳いではいけない／危険区域／住宅区域」

くいさが・る 【食い下がる】クイサガル，クイサガル〔自動五〕（くいさがって）簡単にあきらめないで強い相手に向かっていく．Epersist; harass. 韓물고 늘어지다.「学生は鋭い質問で先生に食い下がった／野党のA議員は首相の答弁に最後まで食い下がった」

くいしんぼう 【食いしん坊】クイシンボー なんでも食べたがること．また，その人．食いしんぼ．Ea glutton; greedy. 韓게걸스러움; 먹보.「弟は食いしん坊だから，なんでも平気で食べてしまう」話

クイズ (quiz) クイズ ①問題を出して相手に答えさせる知的な遊び．また，その問題．Ea quiz. 韓퀴즈.「クイズを出す／クイズをとく／テレビのクイズ番組」②小さい試験．Ea quiz; a test. 韓간단한 테스트.「毎朝，授業の始めに漢字のクイズをする」▷数1題・1問

くいだおれ 【食い倒れ】クイダオレ ぜいたくな食べ物に金を使いすぎて貧乏になってしまうこと．Ewaste one's money in extravagant food. 韓식도락으로 재산을 탕진함.「京の着倒れ，大阪の食い倒れ(=京都の人は着るものに金を使い，一方，大阪の人は食べるものにぜいたくをして財産をなくすということ)」

くいちが・う【食い違う】クイチガウ，クイチガウ〔自動五〕（くいちがって）一致してほしいものごとがうまく一致しない．[E]have different (opinions); do not meet. [한]어긋나다, 엇갈리다.「家族の意見がくいちがって一緒の旅行ができない//線路のつぎ目がくいちがう//話がくいちがう」[名]食い違い

くいと・める【食い止める】クイトメル，クイトメル〔他動一〕よくないことがそれ以上進むのを止める．[E]check; prevent. [한]막다, 방지하다.「地球上のCO_2の増加をくいとめる//病気の伝染をくいとめる」

くいにげ【食い逃げ】クイニゲ〔~する〕飲食店で, 食事の代金を払わないで逃げること．また, その人．[E]leave without paying the bill. [한]무전 취식하고 도망침, 그런 사람.「店員のいないすきに食い逃げされた」

く・いる【悔いる】クイル〔他動一〕自分のしたことや言ったことが適切でなかったと反省し, 残念に思う．[E]regret. [한]뉘우치다, 후회하다.「母にうそをついたことを悔いる//社会に出てから学生時代の不勉強を悔いても遅い」[名]悔い

く・う【食う】クウ〔他動五〕（くって）①「食べる」の乱暴な言い方．[E]eat; live on. [한]먹다; 먹고 살다.「めしを食う//給料が安くて食うに困る//食うための仕事」 ②虫が刺したりかんだりする．[E]bite; eat. [한](벌레가) 물다, 먹다.「蚊に食われてかゆい//虫が食った野菜」 ③もの, 時間などを多く使う．[E]consume; use up. [한]소비하다；많이 잡아먹다.「大きい車はガソリンをくう//研究費をくう」 ④相手の領分をおかす．また, 相手を負かす．[E]encroach on; upstage. [한]잠식하다；누르다; 깔보다.「選挙で, 相手の票をくう//主役がわき役にくわれる//人をくった話（[E]an insolent story. [한]사람을 깔보고 하는 이야기.）」 ⑤他の人からよくないものを受ける．「小言をくう//割をくう（[E]get the short end of the stick. [한]밑지다, 손해 보다.）//一杯くった（=だまされた）」
▷[話]

くうかん【空間】クーカン ①空いている所．スペース．[E](empty) space; room. [한]공간.「アパートが狭いので, 本棚と天井の間の空間も利用してものを置いている」 ②上下, 前後, 左右へのひろがり．[E](open) space. [한]공간.「都市にも自然を楽しめる空間がほしい//宇宙空間」[対]時間

くうき【空気】クーキ ①地球を取り巻いている気体．[E]air. [한]공기.「部屋の空気が悪いから, 窓を開けて新鮮な空気を入れよう」 ②その場のようす．雰囲気．[E]an atmosphere. [한]분위기.「道子は, 自由な空気の家庭で育った//試験中のクラスの緊張した空気」

くうきょ【空虚】クーキョ 心の中, 生活などに内容がなく意味が感じられないようす．[E]empty; vacant. [한]공허.「希望を失い, 空虚な心で毎日を送っている//空虚な表情」

ぐうぐう グーグー ①深く眠っているようす．また, そのときのいびきの音を表す.「地震だというのにぐうぐう(と)眠っている//疲れた父はぐうぐう(と)いびきをかいて寝てしまった([E]Father was so tired that he slept soundly snoring. [한]피곤해진 아버지는 드르렁드르렁 코를 골며 잠들어 버렸다.）」 ②空腹のときに腹が鳴る音を表す.「朝なにも食べないで学校に行ったら, 11時ごろ, 腹がぐうぐう(と)鳴って困った([E]I went to school without eating any breakfast, and around eleven I was embarrassed when my stomach started growling. [한]아침에 아무 것도 먹지 않

고 학교에 갔다가 11시쯤 배가 꼬르륵거려서 난처했다.)」

くうこう【空港】クーコー 飛行機が出発したり到着したりする所. 飛行場. Ｅan airport. 한공항.「空港に着いたらすぐ飛行機に乗る手続きをする」→囲み

ぐうすう【偶数】グースー 2, 4, 6 …のように, 2で割りきれる整数. この辞書では左側のページを示す数. Ｅan even number. 한짝수, 우수.「偶数番号//偶数月」対奇数

くうぜん【空前】クーゼン これまでに, 同じような例がないこと. Ｅunprecedented. 한공전.「今年の夏は暑かったので, ビールは空前の売れ行きだった//空前絶後(＝これまで例がなく, 今後もないだろうと思われるようなこと. Ｅthe first and probably the last. 한공전 절후, 전무 후무.)」

ぐうぜん【偶然】グーゼン 思いがけないこと, 予想もしなかったことが起こること. 思いがけず. Ｅa chance; by accident; unexpectedly. 한우연.「その新星の発見は, 決して偶然ではなく, アインシュタインの理論にもとづくものであった//きのう, 電車の中で偶然, むかしの友達に出会った//偶然の一致」対必然

くうそう【空想】クーソー〔～する〕実際にありそうもないこと, できそうにないことなどを

空港で使うことば

乗客 Ｅa passenger. 한승객.

パスポート Ｅa passport. 한여권.

ビザ Ｅa visa. 한비자.

搭乗券 Ｅa boarding card. 한탑승권.

ターミナルビル Ｅa terminal building. 한터미널.

チェックインカウンター Ｅa check-in counter. 한탑승 수속대, 체크인 카운터.

出発ロビー Ｅa departure lobby. 한출발 로비.

出入国審査 Ｅimmigration. 한출입국 심사.

搭乗手続き Ｅboarding procedures. 한탑승 수속.

到着ロビー Ｅan arrival lobby. 한도착 로비.

税関 Ｅthe customs. 한세관.

国内線 Ｅa domestic line. 한국내선.

国際線 Ｅan international line. 한국제선.

座席の種類

エコノミークラス Ｅeconomy class. 한이코노미 클래스, 일반석.

ビジネスクラス Ｅbusiness class. 한비즈니스 클래스, 일등석.

ファーストクラス Ｅfirst class. 한퍼스트 클래스, 특등석.

通路側の席 Ｅan aisle seat. 한통로측 좌석.

窓側の席 Ｅa window seat. 한창측 좌석.

喫煙席 Ｅa smoking seat. 한흡연석.

禁煙席 Ｅa nonsmoking seat. 한금연석.

満席 Ｅsold-out; fully reserved. 한만석.

キャンセル待ち Ｅbe on the waiting list. 한캔슬 대기.

考えること．[E]fantasy; fancy. [한]공상.「宇宙旅行は，むかしは空想にすぎなかった//空想にふける」[対]現実

ぐうぞう　【偶像】グーゾー ①神や仏の形をまねてつくった，信仰の対象となる像．仏像，キリストの像など．[E]an idol; an image. [한]우상.「初期のキリスト教では，偶像の崇拝は禁じられた//偶像を破壊する」②あこがれの対象となる人．[E]an idol; a popular person. [한]우상.「そのロック歌手は若者たちの偶像だった//落ちた偶像(＝いまでは尊敬も愛されもしなくなった人)」

ぐうたら　グータラ 怠けて，無気力に暮らすようす．また，そのような人．[E]idle; lazy. [한]무시근함，굼뜨고 게으름；게으름뱅이.「毎日昼ごろに起きて食事をし，テレビを見てまた寝るという，ぐうたらな生活を送っている//ぐうたら息子」[話]

クーデター　([フ]coup d'État) クーデター 武力などを使って，政治の支配権をうばい取ること．[E]a coup d'état. [한]쿠데타.「軍隊がクーデターを起こした//クーデターは失敗した」

[参]「革命」も似ているが，「革命」が政治体制がかわることをいうのに対して，「クーデター」は同じ体制の内部で支配権がかわることをいう．

ぐうのねもでない　【ぐうの音も出ない】失敗やまちがいをほかの人に言われて，そのとおりなのでなにも言えない．[E]be silenced. [한]끽소리도 못하다.「わたしの原稿が遅れたために雑誌が出せず，みなに非難されてぐうの音も出なかった」

くうはく　【空白】クーハク ①書かなければならない所に，なにも書いていないこと．[E]a blank. [한]공백，공란.「氏名の欄は空白のまま提出した」②意味のあることがなにも行われないこと．[E]a blank; a vacuum. [한]공백.「病気中の空白を取りもどすため，必死に勉強する//記憶の空白の部分を埋める」

くうふく　【空腹】クーフク 腹がすくこと．[E]hunger; hungry. [한]공복.「昼食をとるひまもなく，空腹をがまんして働いた//空腹で倒れそうになる」[対]満腹

くうゆ　【空輸】クーユ，クーユ〔～する〕飛行機で人やものを運ぶこと．[E]transport by air. [한]공수.「世界じゅうの珍しいくだものが，東京に空輸されてくる」

クーラー　(cooler) クーラー ①「ルームクーラー」を略した言い方．室内の温度を下げて涼しくする装置．[E]an air conditioner. [한]쿨러，냉방 장치.「クーラーがききすぎて寒い//クーラーを入れる」②釣った魚などを入れて冷やしたまま運ぶ箱．[E]a cooler. [한]휴대용 냉장 용기.「父は日曜日になるとクーラーをかついで魚釣りに行く」▷[数]①1台

くかく　【区画】クカク〔～する〕目的に応じて土地などをいくつかに分けること．また，分けられた所．[E]a division; a lot. [한]구획.「土地を切り開いて，1区画100坪に分けて売りだす//区画整理([E]land readjustment. [한]구획 정리.)」

くがく　【苦学】クガク〔～する〕働きながら苦労して学校に通うこと．[E]work one's way through school. [한]고학.「家が貧しかったので，苦学してやっと大学を出た//苦学生」

くがつ　【九月】クガツ 1年の9番目の月．9月．[E]September. [한]9월.「学校の秋の学期は9月に始まる」

くき　【茎】クキ 草や花の，中心になる細長い部分．葉や花を支え，養分や水分を通す．[E]a stem; a stalk. [한]줄기.「背が高く茎が細い草は，風で倒れやすい」[数]1本 →花[図]

くぎ　クギ 先がとがって細長く，木材などを

とめるために打ちこむもの。金属や木や竹でできている。Ea nail; a peg. 한못。「壁にくぎを打つ∥くぎを抜く」数1本

くぎ[釘]を刺す まちがいのないように念を押す。Eremind a person of something. 한(틀림없도록) 다짐을 두다。「あすは試験があるので、絶対に遅刻しないよう学生にくぎを刺しておく」

くぎり 【区切り・句切り】クギリ、クギリ ①ものごとの切れ目。Ean end; a stop. 한단락。「仕事に区切りをつける∥作業の区切りのいいところでひと休みしよう」②文章や詩などの句の切れ目。Ea period; a pause. 한단락。「文の区切りに句読点をつける」▷ 他動 区切る・句切る

くく・る ククル〔他動五〕(くくって) ①ばらばらのものを、なにかを使って1つにまとめる。Ebind; enclose. 한묶다, 매다。「古新聞をひもでくくって運ぶ∥会話文は、『…』のようにかっこでくくってください」②縄、ひもなどを巻きつける。Etie up. 한묶다, 매다, 동이다。「けがした所を包帯でくくる∥首をくくる(Ehang oneself. 한목을 매다。)」

くぐ・る クグル〔自動五〕(くぐって) ①ものの下や中を通り抜ける。Ego under; pass under. 한(밑을) 빠져 나가다。「小さな門をくぐる∥低い枝の下をくぐって歩く」②小さいすきまを無理に通るように、むずかしいことやよくないことをする。Eslip through. 한뚫다; 빠져 나가다。「むずかしい試験をくぐって弁護士になる∥法の網をくぐる(Eevade the law. 한법망을 빠져 나가다。)」③水などの中にすっかり入る。Eparboil; dive. 한담갔다가 꺼내다; 잠수하다。「食べる前にさっと湯をくぐらせたほうがいい∥水鳥が水中にくぐる」

くさ 【草】クサ ①茎や葉がやわらかい植物。Egrass; a weed. 한풀。「道路に草が生えている∥畑の草を抜く∥草花(→**項目**)」②(他のことばの頭について)娯楽のためにする、本格的でないもの。「草ずもう(Eamateur *sumo* wrestling. 한풋내기 씨름。)∥草野球」▷数①1本

草の根 市民のレベルで地道に活動すること。また、その人たち。E(a) grass roots (movement). 한일반 대중。「この町には外国人が多く住み、草の根の国際交流が盛んである∥草の根の市民運動」

草の根を分けて(も)さがす いなくなった人などを、どんなことをしてでもさがしだす。Eleave no stone unturned. 한무슨 방법을 다 써서라도 찾아내다。「逃げた犯人は草の根を分けてもさがすつもりだ」

くさ・い 【臭い】クサイ ①いやなにおいがする。Esmell; stink. 한구린내 나다。「トイレがくさくならないように、いつもきれいにしておく」②疑わしい。Esuspicious; fishy. 한의심스럽다, 수상쩍다。「この取り引きは条件がよすぎて、どうもくさい」③(名詞、動詞の「ます」形、形容詞と形容動詞の語幹について)(1)そういうにおいがする。「こげくさい(→**項目**)∥汗くさい(Esmell of sweat. 한땀내 나다。)」(2)そのように思える。「しろうとくさい(Eamateurish. 한풋내기 같다。)∥面倒くさい∥古くさい」
三参 ③はふつう、いい意味では使わない。

臭い飯を食う 罪をおかして刑務所に入る。Ego to prison. 한콩밥을 먹다, 감옥살이하다。「強盗の罪で3年間くさい飯を食った」

臭いものにふたをする ぐあいの悪いことを、その場限りの方法で隠す。Ehush up a scandal. 한악취가 나는 것에 뚜껑을 덮다; 의옥 사건 등을 임시 방편으로 숨기다。「市の汚職事件で、市長は担当者を罷免し、くさいものにふたをしようとしたが、市民は納得しなかった」

くさき【草木】クサキ 草や木. 植物. Eplants; vegetation. 韓초목, 식물.「日本の夏は, 雨が多く気温も高いので, 草木がよく生長する」数1本

草木もなびく 他の人を圧倒するような力があるので, どんな人でもしたがう. Ebe carrying everything before one. 韓(위세・덕망에) 초목도 굽실거리다.「あの人は経済界の実力者として, いまや草木もなびく勢いだ」

くさばな【草花】クサバナ 草や花. 花の咲く草. Ea flower; a flowering plant. 韓화초.「珍しい草花をたくさん庭に植えている//春の草花」数1本

くさばのかげ【草葉の陰】墓の中. あの世. Ein one's grave. 韓무덤 속, 저승.「死んだ父が, 草葉の陰からわたしを見守ってくれている」

くさびをうちこむ【くさびを打ち込む】敵の中にせめこんで, その勢力を2つに分ける. Edrive a wedge into. 韓쐐기를 박다, 적진에 쳐들어가 세력을 양분시키다.「敵陣にくさびを打ちこんで, 敵の力を弱くする//若い議員たちの批判に力を貸して, 与党にくさびを打ちこむ」

参「くさび」は, 木や鉄でつくったV字形のもので, むかし木や石を割ったり, もののつなぎ目のすきまをとめたりするのに使った.

くさむら【草むら】クサムラ 草が集まってしげっている所. Ethe grass. 韓풀숲.「草むらで秋の虫が鳴いている//子供のころ, 近所の草むらで遊んだ」

くさり【鎖】クサリ 金属などでできた輪をつないで長くひものようにしたもの. Ea chain. 韓쇠사슬.「逃げないように, 犬を鎖でつないでおく//鎖を切って逃げる//金鎖」数1本

くさ・る【腐る】クサル〔自動五〕(くさって) ①食べ物や死んだ動物などが変化して, いやなにおいを出すようになる. Erot; spoil. 韓썩다, 상하다.「この卵はくさっている//リンゴが古くなってくさる」②木や金属が古くなってくずれるようになる. Edecay; corrode. 韓썩다, 삭다.「木の橋がくさって渡れなくなる//くぎがくさって折れる」③ものごとが思うようにならず, 気持ちが落ちこむ. Ebe depressed. 韓실의에 빠지다.「田中さんは仕事で失敗をしてくさっている//失恋してくさっている友達をなぐさめる」▷話③

腐ってもたい[鯛] 本当にいいものは, すこしぐらい質が落ちても, やはりいいということ. EAn old eagle is better than a young crow. 韓썩어도 준치.

くされえん【腐れ縁】クサレエン 別れようと思っても, どうしても離れられずに長く続いている, あまりよくない関係. Ean undesirable yet unseverable relationship; fatal ties. 韓끊을래야 끊을 수 없는 궂은 인연, 악연.「あいつは悪友だが, 学生時代からの腐れ縁だからしかたない//腐れ縁を断ち切る」

くさわけ【草分け】クサワケ, クサワケ 新しい分野の仕事などを, 他の人より早く始めること. また, その人. Ea pioneer. 韓창시(자).「あの先生は日本語教育の草分けだ//コンピューター開発の草分け」

くし クシ 食べ物を刺し通す細長い棒. 先がとがっていて, 竹や金属などでできている. Ea skewer. 韓꼬챙이, 꼬치.「焼き鳥用に, とり肉とねぎをくしに刺す//くし焼き」〔くし〕数1本

注 漢字で書くときは「串」.

くし クシ 髪の毛の乱れを直し, きれいにそろえる道具. 女の人が髪の飾りに使うこともある. Ea comb. 韓빗.「日本髪を結って美しいくしを

〔くし〕

さす//髪をくしでとかす」 数1枚・1本

くじ クジ 数字やしるしなどをつけた紙や棒などを使って、なにかを決める方法．また、そのもの．Ea lot; lottery. 韓제비．「くじで順番を決める//くじを引いたら、賞品のテレビが当たった//宝くじ（Ea public lottery. 韓복권．）」 数1本

くじ・く クジク〖他動五〗（くじいて）①手や足に強い力がかかって関節を傷める．Esprain. 韓삐다．「転んで手首をくじいた//スキーをして足をくじいた」②勢いを弱める．Ediscourage; crush. 韓（기세를）꺾다、누르다．「しかりすぎて生徒の気持ちをくじいてしまった//強きをくじき、弱きを助ける（＝強いものの力をおさえ、弱いものに力を貸す）//出ばなをくじく（→項目）」 ▷自動 くじける

くしゃくしゃ クシャクシャ、クシャクシャ、クシャクシャ ①紙や布などに、たくさんのしわがよっているようす．「洗濯機で絹のハンカチを洗濯したら、くしゃくしゃになった（EWhen I washed my silk handkerchief in the washer, it got all wrinkled up. 韓세탁기로 실크 손수건을 빨았더니 쪼글쪼글해졌다．）//書きまちがえた紙をくしゃくしゃにして捨てる」②髪などがもつれているようす．「バスの窓を開けていたら、髪がくしゃくしゃになった（EAs I left the bus window open, my hair got all disheveled. 韓버스의 창문을 열어 두고 있었더니、머리카락이 헝클어졌다．）」③顔にしわを寄せて泣いたり笑ったりするようす．「孫から誕生日のプレゼントをもらい、おばあさんは顔をくしゃくしゃにして喜んだ（EThe grandmother wrinkled her face up in joy upon receiving a birthday present from her grandchild. 韓손자한테 생일 선물을 받고、할머니는 만면에 주름살을 잡고 웃으면서 기뻐했다．）」④〔〜する〕不満に思うことなどがあり、気分がすっきりしないようす．「仕事はうまくいかないし部長にはしかられるし、気持ちがくしゃくしゃする（ENow my work didn't go well and then I was scolded by the manager, so I feel wretched. 韓일은 잘 안 되고、부장님한테는 꾸지람을 듣고 해서 기분이 울적하다．）」

くしゃみ クシャミ〔〜する〕鼻の中が刺激されて、急に激しく息を出すこと．Ea sneeze. 韓재채기．「かぜをひいたのか、くしゃみが出る//彼はいまごろ、くしゃみをしているよ．ぼくたちがうわさをしているから」

くしょう 【苦笑】クショー〔〜する〕人から批判されたり皮肉を言われたりして、あまりいい気持ちではないが、怒るほどではなく、笑い顔をしてごまかすこと．苦笑い．Esmile wryly; a bitter smile. 韓쓴웃음．「子供に『ごみを捨ててはいけないよ』と注意されて、思わず苦笑した//苦笑をもらす」

くじょう 【苦情】クジョー 相手から受けた被害や迷惑に対する怒りや不満．Ea complaint. 韓불평、불만．「新聞の配達が遅いので、苦情を言った//工場の騒音に付近の住民から苦情が出た」

ぐしょう 【具象】グショー ものが、実際に見える形や姿を持っていること．形や姿が、そのままだれにでもわかりやすい方法で表現されていること．Erepresentational; concrete. 韓구상．「絵画は具象から抽象へと移り変わった//具象的」 対抽象 書

くしん 【苦心】クシン、グシン〔〜する〕むずかしいことを解決しようと、いろいろ方法を考えること．Epains; efforts; hard work. 韓고심．「エジソンは苦心に苦心を重ねて、電球を発明した//この壁かけは、姉の苦心の作です//苦心談」 →苦労

ぐず グズ 態度がはっきりしなかったり動作がのろかったりすること．また、その人．Ea

dawdler; a shilly-shally. 한꾸물거림, 굼뜸；느림보, 굼벵이.「みんな仕事を終えて帰ったのに、まだ半分もできていないとはぐずなやつだ//わたしはぐずだから、なにも1人で決められない」

ぐずぐず グズグズ ①〔〜する〕動作が遅くて、時間を取るよう。「彼は、行きたくなさそうに、ぐずぐず(と)支度している(Eflatter one's vanity. He is wasting time on getting ready as if he doesn't want to go. 한그는 가기 싫은 듯이 꾸물거리며 채비하고 있다.)」対てきぱき ②(「ぐずぐず〜言う」の形で)あれこれ不満ばかり言う。「いやなら、ぐずぐず言わないではっきりと断ったほうがいい(EIf you don't like it, don't grumble and just say no. 한싫으면, 두덜두덜하지 말고 딱 잘라 거절하는게 낫다.)」③〔〜する〕鼻がつまっているよう。「道子はかぜをひいて、鼻をぐずぐずさせている(EMichiko is sniffling with a cold. 한미치코는 감기에 걸려, 코를 훌쩍거리고 있다.)」

くすぐった・い クスグッタイ, クスグッタイ ①さわられるなど、刺激を受けて、むずむずして笑いたくなる感じだ。Etickle. 한간지럽다.「足の裏やわきの下をさわられるとくすぐったい」②ほめられたりしてなんとなく恥ずかしく感じる。照れくさい。Efeel embarrassed. 한낯간지럽다, 쑥스럽다.「しかたなしに書いた作文がクラスでいちばんうまいと先生にほめられて、くすぐったい気持ちだ」

くすぐ・る クスグル〔他動五〕(くすぐって) ①他人のわきの下や足の裏などを軽くこすって、じっとしていられないような、また、笑いたいような気持ちを起こさせる。Etickle. 한간질이다, 간지럽히다.「父の足の裏をくすぐる」②人の心を刺激するようなことを言って、いい心持ちにさせる。Eflatter. 한아첨하다.「だれよりもよく似合う、などと客

の心をくすぐって、高いものを買わせる//虚栄心をくすぐる(Eflatter one's vanity. 한허영심을 자극하다.)」▷名くすぐり

くず・す 【崩す】クズス〔他動五〕(くずして) ①手や道具で、それまでの形をこわす。Elevel; take down. 한무너뜨리다.「山をくずして道をつくる//壁をくずす」②ととのっていた状態をこわす。Eput into disorder; sit at ease. 한흩뜨리다；편히 앉다.「古い体制をくずす//ひざをくずす(=楽なすわり方をする)//くずした着方をする」③字を1画ずつきちんと書かないで、続けて書く。E(write) in running style. 한흘려 쓰다.「くずして書いた字は読みにくい」④高額の金を小額の金にかえる。Ebreak; change. 한헐다, 잔돈으로 바꾸다.「1万円札を1000円札10枚にくずす」▷自動崩れる

ぐずつ・く グズツク〔自動五〕(ぐずついて) ものごとのよくない状態が続く。Eprogress very slowly; be unsettled. 한뭉그적거리다；꾸물거리다.「貿易の交渉がぐずついている//天気は2、3日ぐずつくでしょう」

くすぶ・る クスブル〔自動五〕(くすぶって) ①ものがよく燃えず煙だけ出る。Esmoke; smolder. 한잘 타지 않고 연기가 나다.「火事の跡がくすぶっている//たき火がくすぶる」②ものごとが解決しないでいる。Esmolder. 한제자리걸음하다.「2国間にくすぶっている問題を解決する//値上げ問題がくすぶっている」③なにをするということなく、むだに時間を過ごす。Epass the time away. 한틀어박히다, 죽치다.「毎日うちの中にくすぶってばかりいないで、外へ出かけたらどうだい」

くすり 【薬】クスリ ①病気や傷などを治すために、飲んだり、ぬったり、注射したりするもの。E(a) medicine. 한약.「医者からもらった薬を飲んだら、すぐ

くすりゆび

に熱が下がった//薬屋//塗り薬/飲み薬」
②害のある虫などを殺すもの. ⒺA poison; an insecticide. 韓薬；殺虫剤.「虫がつかないうちに、庭の木に薬をまく//薬を入れたえさでネズミを殺す」

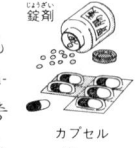
錠剤
カプセル
〔薬①〕

▷数①粉薬は１包，錠剤は１錠・１粒 →薬品

薬が効く ある人に注意した効果が現れる. Ⓔbe an effective dose. 韓効果が現われる.「今度0点を取ったらスキーに行かせないとおどしたら, 薬が効いたのか, 息子は急にまじめに勉強しだした」

薬になる 失敗や困った経験などが, かえってあとでいい結果を生む. Ⓔbe a good lesson. 韓좋은 경험〔교훈〕이 되다.「一郎も, 今度の事故はいい薬になっただろう. 二度とむちゃな運転はするまい」

くすりゆび 【薬指】クスリユビ 手の５本の指の１つ. 親指から数えて４番目の指. Ⓔthe ring finger. 韓약지, 무명지.「左手の薬指に結婚指輪をはめている」→手図

参 むかし, この指で薬をぬったので, この名がついた.

ぐず・る グズル〔自動五〕（ぐずって）子供が泣いたり言うことを聞かなかったりして, きげんが悪い. Ⓔwhine; be peevish. 韓칭얼거리다.「学校へ行きたくないとぐずる//熱があるらしく, 赤ん坊がぐずって困る」話

くせ 【癖】クセ ①繰り返しているうちに, 習慣的にするようになった, その人独特の行動や身ぶり. Ⓔa habit; a vice. 韓버릇.「話しながら髪をさわるくせがある//悪いくせを直す//怠けぐせ」 ②ふつうと違う性格やようす. Ⓔa peculiarity; a mannerism. 韓특징.「三郎の字はくせがあって読みにくい」

くせに （名詞に「の」のついたもの, 動詞と形容詞の基本形, 形容動詞の「な」の形について）①前のこととくいちがうことが後に続くことを表す.「彼は, 知っているくせに教えてくれない（ⒺThough he knows, he won't tell me. 韓그는 알고 있으면서도 가르쳐 주지 않는다.）//金持ちのくせにけちだ」 ②（文の終わりについて）悔しがったり非難したりする気持ちを表す.「必ず行くと言ったくせに（ⒺDidn't you tell me that you would go without fail? 韓꼭 간다고 말한 주제에.）//さっきまであんなに怒っていたくせに」 ▷話

参 「のに」も似ているが, 「のに」が前と後の主語が違っていても使われるのに対して, 「くせに」は前と後が同じ主語のときだけ使われる.「くせに」のほうが非難したり責めたりする気持ちが強い.

くそ クソ ①肛門から出される食べ物のかす. 便. Ⓔshit; dung. 韓똥, 대변.「馬が道でくそをしている」 ②人をののしったり, 悔しく思ったりするときに言うことば.「くそ, いまにみていろ（ⒺHang it! Just you wait! 韓제기랄, 어디 두고 보자.）」 ③（他のことばの頭や後について）見下したり, そのことばの悪い意味を強めたりする.「くそ坊主 You're a useless fool! 韓개告 상놈의 새끼.）//下手くそ（→項目）//やけくそ（→項目）」 ④（他のことばの頭について）程度が極端すぎること.「くそまじめ Ⓔbe too serious. 韓지나치게 성실함, 고지식함.）//くそ力 Ⓔbrute strength. 韓엄청 센 힘.）//くそ勉強」 ▷話

参 ①で, 動物のものはふつう「ふん」という. ③④は, 見下す気持ちがふくまれるので, 他人に向かっては使わないほうがいい.

ぐたいさく 【具体策】グタイサク 内容や, やり方の実際がはっきりわかる問題解決の方

法.Ⓔa concrete measure.⑳구체적인 방책.「土地の値段を下げるための具体策は示されていない//抽象論ばかり言ってないで,具体策を出してください」

ぐたいてき 【具体的】グタイテキ 実際にものごとがはっきりと示されて,だれにでもわかりやすいようす.Ⓔconcrete.⑳구체적.「教育制度について具体的な例をあげて説明する//一般論ではわからないから,もっと具体的に話してください」 対抽象的

くだ・く 【砕く】クダク〔他動五〕(くだいて) ①かたいものをこわして小さくする.Ⓔbreak into pieces.⑳부수다,깨뜨리다.「岩を砕く//氷を砕いてジュースに入れる」②勢いを弱くする.Ⓔcrush; shatter.⑳꺾다,처부수다.「敵の勢いを砕く//野望を砕く」③(「心をくだく」の形で)⇨心 慣用 ④わかりやすい表現にする.Ⓔ(explain) plainly.⑳알기 쉽게 풀다.「むずかしいことばをくだいて説明する」▷自動砕ける

くたくた クタクタ,クタクタ ①非常に疲れて,力が入らないようす.「サッカーの練習を5時間もして,くたくたになった(ⒺAfter five hours of soccer practice, he was completely exhausted.⑳축구 연습을 5시간이나 해서 완전히 녹초가 되었다.)//1日じゅう歩きまわったので,足がくたくただ」②もとの形を保てなくなっているようす.「野菜を煮すぎて,くたくたになってしまった(ⒺThe overcooked vegetables turned to a pulp.⑳야채를 너무 삶아서,흐물흐물해져 버렸다.)//着古してくたくたになった洋服」▷話

ください 【下さい】クダサイ ①自分になにかを与えてほしいときの丁寧な言い方.「すみません,リンゴを3つください//今夜,お電話をください(ⒺPlease call me this evening.⑳오늘밤 전화 주세요.)」②(「~てください」「お[ご]~ください」の形で)人になにかをするように頼んだり,なにかをすすめたりするときの丁寧な言い方.「ちょっと待ってください//どうぞごらんください(ⒺPlease have a look.⑳보아 주십시오.)//芝生の中に入らないでください」
注 ②はひらがなで書く.
参 「くださる」の命令形.

くださ・る 【下さる】クダサル〔他動五〕(くださって) ①「くれる」の尊敬語.Ⓔ(respectful) give (me).⑳주시다.「先生が本をくださる」対差し上げる ②(「~てくださる」「お[ご]~ください」の形で)「~てくれる」の尊敬した言い方.「先生が詩を朗読してくださる(ⒺOur teacher reads aloud a poem for us.⑳선생님께서 시를 낭독해 주신다.)//会長がお話しくださる」
注 ②はひらがなで書く.
参 命令形は「ください」.

くたび・れる クタビレル〔自動一〕①心や体を使いすぎたために元気ではなくなる.疲れる.Ⓔget tired; be fatigued.⑳지치다,피로하다.「長い時間立っていたのでくたびれた//外国語で議論をするとくたびれる//待ちくたびれる」②長く使って,ものが傷む.Ⓔbe worn out.⑳낡아 빠지다.「このかばんは5年も毎日持ち歩いたので,くたびれてきた//くたびれた洋服」▷話

くだもの

【果物】クダモノ 生で食べられる,水分の多い,木や草の実.リンゴ,ミカン,バナナなど.Ⓔ

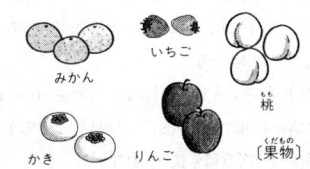

みかん　いちご　桃　かき　りんご　〔果物〕

fruit. 한 과일. 「食事の後にくだものを食べる//くだものナイフ」

くだらな・い クダラナイ 問題にするだけの内容や価値がない。E absurd; trivial. 한 시시하다, 하찮다. 「『声が小さい』と言われて悩むなんて、くだらない話だ//くだらないことからけんかになった」

くだり【下り】クダリ ①下ること、下へ行くこと。また、その道。E a descent. 한 내려감, 내리막길. 「登りは2時間かかったが、下りは30分で歩いた//下り坂」対 上り・登り ②中央から地方へ、また、幹線から支線へ向かうこと。E down; a down train. 한 하행。「連休の初日の朝、下りの道路は車の渋滞がひどい//東京から下りの新幹線で京都へ行く」対 上り ▷自動 下る

くだ・る【下る】クダル〔自動五〕(くだって) ①高い所から下のほうへ移る。E go down; descend. 한 내려가다。「舟で川を下る//長い坂を下って駅に行く」対 上る、登る ②命令や判定などが出る。E be sentenced; be given. 한 (명령・판결 등이) 내리다, 내려지다。「ハイジャック事件の判決が下る//転勤の命令が下る」③中央から地方へ行く。E go away from the center toward the rural areas. 한 (중앙에서 지방으로) 내려가다。「東京を出発して東海道を西へ下る」対 上る ④数や量などがそれより小さい。E be less than. 한 낮아지다, ~이하가 되다。「あしたも30度を下ることはないだろう」⑤時代が現代に近づく。E (the times) pass on; progress. 한 (시대가) 내려오다。「時代が下るにつれて人権思想がひろまってきた」対 上る ⑥下痢をする。E have loose bowels; have diarrhea. 한 설사하다。「きのうから腹が下ってなにも食べられない」⑦(「くだらない」の形で)⇨くだらない ▷名 下り 他動 下す

くち【口】クチ ①顔の、鼻の下にあって、ものを食べたり、ことばを話したりする器官。E a mouth. 한 입。「食べ物を口に入れたまましゃべってはいけない//口を大きく開けて笑う」②「①」のように開いた部分。E an opening like a mouth. 한 주둥이, 아가리。「瓶の口//ホースの口//傷口」③人の出入りする所。E an entrance; an exit. 한 출입구。「この駅には改札口は1つしかない//中央口//非常口(→**項目**)//裏口(→**項目**)」④話すことば。E words; speech. 한 말。「この喜びは口では表せない//口が達者な人」⑤食べ物を味わう感覚。E taste. 한 미각, 입。「日本料理はわたしの口に合わない//口がこえている(=ぜいたくなものを食べていて、味にうるさい)」⑥食べさせなければならない人数。E a mouth to feed. 한 식구。「生活が苦しいので、口を減らすために子供を町へ働きに出した」⑦働く所。E a job. 한 (일) 자리。「通訳なら仕事の口はいくらでもある//就職口//働き口」⑧(数を表すことばの後について) (1)食べたり言ったりする回数を表す。「1口で食べる(E eat with one bite. 한 한 입에 먹다。)」(2)寄付や会員募集の事業などの金を払うときの単位を表す。E a share. 한 몫。「1口5000円だから、3口1万5000円寄付することにした」

▷→顔図

~~~~~ 「口」のつく慣用表現 ~~~~~

口がうまい お世辞を言ったり、ことばでごまかしたりするのが上手だ。E have a honeyed

tongue. 한말솜씨가 좋다.「あの男は口がうまいから、信用できない」

口がうるさい ①いやになるほど同じようなことを何度も言う。口やかましい。口うるさい。Ènagging. 한잔소리가 심하다.「口がうるさい母は、『ハンカチは？ かぎは持った？ 何時に帰る？』と毎朝言う」②あれやこれやとうるさくうわさをする。口うるさい。È(people) will talk. 한세상의 평판이 시끄럽다.「世間の口がうるさいから、夜遊びはしないほうがいい」

口が重い あまりしゃべらない性格だ。Èbe slow of speech. 한말수가 적다, 과묵하다.「あの作家は口が重いから、話を聞きだすのがたいへんだ」

口が堅い 秘密などを簡単にしゃべらない性格だ。Ètight-lipped. 한입이 무겁다.「内緒にしたいから、口がかたい三郎に相談してみよう」対口が軽い

口が軽い 秘密などでも簡単にしゃべってしまう性格だ。Ètalkative. 한입이 가볍다.「あんな口が軽い人には、あぶなくてなにも言えない」対口が堅い

口が滑る 言ってはいけないことを、うっかり言ってしまう。Èlet one's tongue slip. 한말이 잘못 나오다, 실언하다.「つい口がすべって、父に『はげたね』と言ってしまった」
似た表現口を滑らす

口が悪い ほめるよりも悪口や皮肉を言うことが多い性格だ。Èbe sarcastic; have a sharp tongue. 한입이 걸다.「ミニスカートをはいていたら、口が悪い父は『そんな短いスカートなら、きっと安かっただろう』と言った」

口にする ①食べる。Èeat. 한먹다.「おなかのぐあいが悪くて、ゆうべからなにも口にしていない」②話題にする。Ètalk about. 한입에 올리다, 이야기하다.「戦争中のつらい経験は口にしたくない」

口を利く ①話をする。Ètalk to; speak with. 한말을 하다.「京子とけんかして何日も口をきいていない」②間に入ってものごとがうまくいくように話す。Èuse one's influence; recommend. 한주선하다.「叔父が社長に口をきいてくれたので、いまの会社に就職できた」

口を酸っぱくする 注意などを何度も繰り返し言う。Ètell over and over again. 한입에서 신물이 나다.「酒を飲んで運転するなと、口を酸っぱくして忠告したのに、二郎は聞かなかった」似た表現口が酸っぱくなる

口をそろえる 何人かの人が同じことを言う。Èsay in unison. 한입을 모으다.「ジョンは正直なやつだと、友人たちは口をそろえて言う」似た表現口を合わせる

口を出す ①自分には関係ないことに意見を言ったり、指図したりする。Èmeddle in. 한참견하다, 간섭하다.「わたしの問題にあれこれ口を出さないでほしい」②人の会話をじゃまする。Èbutt in; cut in. 한말참견하다.「だいじな話をしているんだから、そばから口を出さないでくれ」▷似た表現口を挟む、くちばしを入れる

口を開く 話しはじめる。Èopen one's mouth to speak. 한입을 열다.「トムは口を開けばいつでも車の話だ」

〰〰〰〰〰〰〰〰〰〰〰〰〰〰〰

ぐち【愚痴】グチ 言ってもしかたがない不満を言うこと。また、そのことば。Èan idle complaint. 한푸념.「仕事がつらいと、いつも愚痴ばかり言う//愚痴ひとつこぼさず、母は寝たきりの祖父の世話をしている//あの人は愚痴っぽい」

くちおし・い【口惜しい】クチオシイ「悔しい」の古い言い方。Èregrettable. 한분하다.「みんなの前で侮辱されて口惜しい」書

くちぎたな・い【口汚い】クチギタナイ ものの言い方が下品で乱暴だ. Ⓔfoul-mouthed; abusive. 㦤입이 걸다, 말이 험하다.「兄と弟はけんかして口ぎたなくののしり合った//口ぎたなくなる」

くちぐせ【口癖】クチグセ くせになっているようによく言うこと. また, そのことば. Ⓔone's favorite phrase. 㦤입버릇.「『努力しなさい』は父の口ぐせで, 『早く, 早く』は母の口ぐせだ」

くちぐるまにのせる【口車に乗せる】うまい話をして人をだます. Ⓔwheedle a person into. 㦤감언 이설로 남을 속이다.「店の人の口車にのせられて, ひどい車を買わされた」対 口車に乗る

くちごたえ【口答え】クチゴタエ, クチゴタエ〔～する〕目上の人の言うことにしたがわないで, 言い返すこと. また, そのことば. Ⓔtalk back; retort. 㦤말대답, 말대꾸.「親が『もっと勉強しなさい』と言うと, 『そんなに勉強したら死んじゃうよ』と子供は口答えをした」

くちコミ【口コミ】クチコミ 新聞やテレビなどを通じてでなく, 人の口から口へと評判, うわさなどが伝わること. Ⓔby word-of-mouth. 㦤입에서 입으로 전해지는 평판, 입소문.「このレストランはおいしいと口コミでひろがって客が増えてきた」話
≡参「マスコミ」をまねてできたことば.

くちごも・る【口ごもる】クチゴモル〔自動五〕(くちごもって) ①ことばが口の中にもって発音がはっきりしない. Ⓔmumble; stammer. 㦤입속에서 중얼거리다.「祖父はいつも口をあまり開けずに口ごもった話し方をするので, 聞き取りにくい」②つごうの悪いことがあってはっきり言わない. Ⓔfalter. 㦤우물거리다.「お金を借りたいとはっきり言えなくて口ごもった」

くちずさ・む【口ずさむ】クチズサム〔他動五〕(くちずさんで) なんとなく心に浮かんだ歌, 詩などを小さな声で出す. Ⓔsing to oneself; hum (a tune). 㦤흥얼거리다, 읊조리다.「掃除をしながら, 好きな歌を口ずさむ//詩を口ずさむ」

くちぞえ【口添え】クチゾエ〔～する〕話し合いなどがうまくいくように他の人が相手になにか言ってくれること. Ⓔrecommend; good offices. 㦤곁에서 말을 거듦, 조언, 알선.「田中教授が『キムさんは, まじめな学生ですよ』と口添えしてくださったので就職することができた//山田氏の口添えのおかげでようやく大臣に面会できた」

くちどめ【口止め】クチドメ, クチドメ〔～する〕ほかの人にしゃべってはいけないと禁じること. Ⓔforbid a person to mention it. 㦤입막음.「その事故の原因については, かたく口止めされている//口止め料（Ⓔhush money. 㦤함구료, 입씻이.）」

くちばし クチバシ 鳥の口の, 突き出てかたい部分. Ⓔa bill; a beak. 㦤부리, 주둥이.「小鳥がくちばしでえさをつついている」→からす図

くちばしが黄色い まだ若く, 経験が少ない. 未熟なことを見下していう言い方. Ⓔbe callow; inexperienced. 㦤애송이다, 미숙하다.「くちばしが黄色いくせに, あの男は偉そうなことばかり言う」

くちばしを入れる 自分に関係ない話やものごとに, また, 意見を求められてもいないのに意見を言う. Ⓔmeddle in; butt in. 㦤말참견하다.「夫婦の間の問題に他人がくちばしを入れてもしかたがない」似た表現 くちばしを挟む, 口を出す

くちばし・る【口走る】クチバシル〔他動五〕(くちばしって) ①言おうと思っていないことを, 調子にのって言ってしまう. Ⓔblurt out; let (a secret) slip out. 한영겁결에 말하다.「仲間(なかま)としゃべっているうちに、会社(かいしゃ)の秘密(ひみつ)を口(くち)ばしってしまった」②意識(いしき)しないでなにかを言(い)う. Etalk unconsciously. 한무의식 중에 지껄이다.「父(ちち)は高(たか)い熱(ねつ)に苦(くる)しみながら『あしたの会議(かいぎ)は…』と口(くち)ばしっていた」

くちびる【唇】クチビル 口(くち)のまわりの、すこし赤(あか)い、しわの入(はい)った、特別(とくべつ)の筋肉(きんにく)の部分(ぶぶん). Ea lip. 한입술.「冬(ふゆ)になるとくちびるが荒(あ)れる//くちびるに紅(べに)をつける//上(うえ)くちびる/下(した)くちびる」

唇(くちびる)をかむ 悔(くや)しさをがまんする. Ebite one's lips (to control one's vexation). 한입술을 깨물다, 분함을 참다.「わずかの差(さ)で試合(しあい)に負(ま)けてくちびるをかむ選手(せんしゅ)たち」

唇(くちびる)をとがらせる[す] 不平不満(ふへいふまん)の気持(きも)ちを顔(かお)に表(あらわ)す. Epout. 한부루퉁해지다.「うるさいのでテレビを消(け)すようにと言(い)われて、妹(いもうと)はくちびるをとがらせた」 似(に)た表現(ひょうげん) 口(くち)をとがらせる[す]

くちぶえ【口笛】クチブエ、クチブエ くちびるをすぼめて、笛(ふえ)のような音(おと)を出(だ)すこと、また、その音(おと). Ewhistle. 한휘파람.「楽(たの)しいときは、口笛(くちぶえ)を吹(ふ)く//口笛(くちぶえ)を吹(ふ)いて犬(いぬ)を呼(よ)ぶ」

くちぶり【口ぶり】クチブリ 話(はな)し手(て)の気持(きも)ちが表(あらわ)れた話(はな)し方(かた). Ethe way one talks. 한말투.「あの口(くち)ぶりでは相当(そうとう)自信(じしん)があるらしい//偉(えら)そうな口(くち)ぶり」

くちべに【口紅】クチベニ 美(うつく)しく見(み)えるように、くちびるにつける赤(あか)い色(いろ)のもの. 紅(べに). Ea lipstick; rouge. 한입술 연지.「薄(うす)いピンクの口紅(くちべに)をつける//口紅(くちべに)を直(なお)す」 数(すう)1本(ぽん)

くちやかまし・い【口やかましい】クチヤカマシイ、クチヤカマシイ 細(こま)かいことにもいろいろうるさく言(い)う. Enagging; faultfinding. 한잔소리가 많다.「課長(かちょう)は鉛筆(えんぴつ)やメモ用紙(ようし)の使(つか)い方(かた)にまで口(くち)やかましく注意(ちゅうい)する」

くちょう【口調】クチョー ①声(こえ)に出(だ)して言(い)ったときのことばの調子(ちょうし). Ea tone. 한어조.「この文章(ぶんしょう)は口調(くちょう)がいいので、暗記(あんき)しやすい」②話(はな)し方(かた)に表(あらわ)れる特色(とくしょく). Ethe tone of one's speech. 한어조.「野党議員(やとうぎいん)は激(はげ)しい口調(くちょう)で大統領(だいとうりょう)を非難(ひなん)した//興奮(こうふん)した口調(くちょう)//命令口調(めいれいくちょう)」

く・ちる【朽ちる】クチル〔自動一〕①木(き)、木材(もくざい)などがくさってだめになる. Erot; decay. 한썩다.「木(き)の橋(はし)が朽(く)ちて渡(わた)れなくなった//柱(はしら)が朽(く)ちはてた」②有名(ゆうめい)だったものが、いつのまにか力(ちから)をなくす. また、世間(せけん)の人(ひと)に知(し)られずに死(し)ぬ. Ebecome obscure; die in obscurity. 한사그라지다; 알려지지 못한 채 죽다.「永久(えいきゅう)に朽(く)ちることのない名作(めいさく)を残(のこ)す//名声(めいせい)が朽(く)ちる」

くつ【靴】クツ 革(かわ)、ゴム、布(ぬの)などでできた、洋風(ようふう)のはきもの. Eshoes. 한신발, 구두.「日本人(にほんじん)は家(いえ)の中(なか)では靴(くつ)をぬいでいる//靴(くつ)をみがく//靴(くつ)ずれ Ea shoe sore. 한구두에 쓸린 상처.//登山靴(とざんぐつ)」 数(すう)1足(いっそく)

くつう【苦痛】クツー ①体(からだ)に感(かん)じるつらさ、痛(いた)み. E(a) pain. 한고통, 아픔.「病人(びょうにん)が苦痛(くつう)を訴(うった)える//薬(くすり)で苦痛(くつう)をやわらげる」②心(こころ)で感(かん)じるつらさ、苦(くる)しみ、an agony. 한고통, 아픔.「冬(ふゆ)の朝(あさ)早(はや)く起(お)きるのは苦痛(くつう)だ//初(はじ)めはことばがわからず、毎日(まいにち)の生活(せいかつ)が苦痛(くつう)だった」

くつがえ・す【覆す】クツガエス、クツガエス〔他動五〕(くつがえして)①大(おお)きなものを裏返(うらがえ)す. Eoverturn; capsize. 한뒤(집어)엎다.「大地(だいち)をくつがえすような大(おお)きな物音(ものおと)が起(お)こった//船(ふね)をくつがえす」②根本(こんぽん)から否定(ひてい)したりこわしたりする. Ereverse; overthrow. 한뒤집다, 전복시키다.「最高裁(さいこうさい)は高裁判決(こうさいはんけつ)をくつがえした//これまでの理論(りろん)をくつがえす//政権(せいけん)をくつがえす」▷自動(じどう) 覆(くつがえ)る

クッキー(cookie)クッキー 洋菓子(ようがし)の一

くっきり クッキリ〔～する〕ものの形がはっきりと、あざやかに見えるようす. Ｅclearly; clear-cut. 韓또렷이, 선명하게.「澄んだ青空に富士山がくっきり(と)浮かんで見える// 大きな黒い目と高い鼻のくっきりした顔だち」

くつした 【靴下】クツシタ, クッシタ 靴をはくときや、寒いときに足を直接おおう袋の形をした衣類. Ｅsocks; stockings. 韓양말.「寒いから、厚い靴下をはいて出かけよう//靴下をぬぐ//毛糸の靴下」数1足
参 短いものは「ソックス」、長いものは「ストッキング」という.

くつじょく 【屈辱】クツジョク 相手の権力や力に無理やりしたがわされて、恥ずかしい思いをさせられること. Ｅhumiliation; an insult. 韓굴욕.「屈辱を受ける//屈辱に耐える//屈辱を味わう//Ｅexperience humiliation. 韓굴욕을 맛보다.)//屈辱感」

ぐっすり グッスリ まわりの音などに気づかないぐらい眠りが深いようす.「ぐっすり(と)眠っていて、地震があったのにも気がつかなかった(Ｅ I was sleeping like a log and did not even notice there was an earthquake. 韓푹 잠들어서 지진이 있었던 것도 몰랐다.)」

くっ・する 【屈する】クッスル, クッスル〔自動する〕外からの力に負けてくじける. また、したがう. Ｅyield to; submit to. 韓굴하다, 굽히다.「貧乏に屈することなく研究を続ける//敵に屈する」書

ぐったり グッタリ〔～する〕体の力が抜けたり疲れたりして元気がないようす. Ｅbe exhausted; be limp; droop. 韓녹초가 됨, 축 늘어짐.「子供がぐったりしているので熱をはかったら40度もあった//旅行から帰ったら、鉢のシクラメンの花がぐったりしていた」

くっつ・く クッツク〔自動五〕(くっついて) すきまが空かないようにつく. また、ついてしたがう. Ｅget stuck; stick to. 韓들러붙다, 달라붙다.「ガムが指にくっついて取れない//2台の車がくっついて走っている//先輩にくっついて飲みに行く」話 他動 くっつける

くってかか・る 【食ってかかる】クッテカカル, クッテカカル〔自動五〕(くってかかって) 激しい言い方で相手に向かっていく. Ｅlash out at. 韓대들다, 덤벼들다.「学生が、先生の言ったことはまちがっていると教師にくってかかった//電車の遅れに怒って乗客が駅員にくってかかった」

ぐっと グット, グット ①勢いをつけて1度でなにかをするようす.「大根を、ぐっと引っぱって抜いた(Ｅ I pulled out the *daikon* with a jerk. 韓무를 힘껏 잡아당겨 뽑았다.)//缶ビールを、ぐっと飲みほした」②急に大きく変化するようす.「家を改築したら、ぐっと住みやすくなった(Ｅ After remodelling, the house was much more comfortable. 韓집을 개조하였더니 훨씬 살기 편리해졌다.)」③強く感情が動くようす.「一郎は、洋子のやさしいことばにぐっときて結婚を決意した(Ｅ Ichiro was struck by Yoko's kind words and made up his mind to marry her. 韓이치로는 요코의 상냥한 말에 감명을 받고 결혼을 결심하였다.)//欲しかったが、ぐっとがまんして買うのをやめた」▷話

くつろ・ぐ クツログ〔自動五〕(くつろいで) 心も体も楽にする. Ｅrelax; have a carefree time. 韓편안히 쉬다.「音楽を聞いてくつろぐ//土曜日の夜は家族とくつろいで過ごす」名 くつろぎ

ぐでんぐでん グデングデン 酒にひどく酔って、頭も体もふつうの状態でなくなるようす.「ゆうべはぐでんぐでんに酔っぱらってしまい、だれとどこで飲んだのか全然覚えていない（Ｅ I was dead drunk last night, and I don't remember who I was with or where I was drinking. 한 간밤에는 곤드레만드레로 취해 버려서, 누구와 어디서 마셨는지 전혀 기억이 나지 않는다.）」話

くど・い クドイ ①同じようなことを何度も繰り返してうるさい.Ｅ wordy; lengthy. 한 지겹도록 장황하다, 집요하다.「１度言えばわかるのに、２度も３度も同じことを言うとはくどい人だ」②味や色などが濃くて、いやな感じだ.Ｅ heavy; gaudy. 한 느끼하다; 칙칙하다.「この料理は味つけが濃すぎてくどい」

くとうてん 【句読点】クトーテン、クトーテン 文の切れ目を示すためのしるし. 句点「。」と読点「、」のこと.Ｅ punctuation marks. 한 구두점.「読みやすいように正しく句読点をつける//句読点を打つ（Ｅ punctuate. 한 구두점을 찍다.）」

くどきおと・す 【口説き落とす】クドキオトス、クドキオトス〔他動五〕（くどきおとして）くどいて自分の思うとおりにすることに成功する.Ｅ persuade; win a person's heart. 한 설득하여 납득시키다.「市長選に立候補するよう叔父をくどきおとす//一郎は道子をくどきおとして結婚の約束をさせた」

くど・く 【口説く】クドク〔他動五〕（くどいて）相手を自分の思うようにさせようと、何度も、または長い時間をかけてあれこれ言う.Ｅ persuade; entreat. 한 끈덕지게 설득하다.「PTA会長になってもらうため、何度も家を訪ねて山田さんをくどいた//親をくどいて、留学を許してもらった」名 口説き

くどくど クドクド 同じことについて、聞くのがいやになるぐらい何度も言うようす.「子供のころ悪い成績をとるたびに、母にくどくど（と）小言を言われた//くどくど（と）説明する（Ｅ explain tediously. 한 장황하게 설명하다.）」

くに 【国】クニ ①国家.Ｅ a state; a nation. 한 나라, 국가.「日本はアジアの国だ//国をあげて、となりの国の大統領の訪問を歓迎した//国を治める」
②生まれ育った土地. 故郷. ふるさと.Ｅ one's home; one's hometown. 한 고향.「国の母へ手紙を書いた//お国はどちらですか//お国ことば（＝方言）」
③ある特色のある地域.Ｅ a country; a region. 한 지역, 지방.「南の国/雪国の暮らし//北国の春/山国」
④むかしの政治的区域の土地の名.Ｅ province. 한 ～지방.「出雲の国/大和の国」
⑤特色を持った１つの世界.Ｅ the realm; a land. 한 나라.「夢の国/不思議の国」
▷数①１カ国・１国、④１国 →国家

くにくのさく 【苦肉の策】非常に苦しいときに、ほかにいい方法がなくて、しかたなくとる手段.Ｅ the last resort. 한 고육지책.「人手不足を解決するために、給料を10パーセント上げるという苦肉の策をとった」

くね・る クネル〔自動五〕（くねって）何度もゆるやかに折れ曲がる.Ｅ wind; wiggle. 한 구불거리다.「谷川が山の間をくねって流れている/体をくねらせる//曲がりくねる」

くば・る 【配る】クバル〔他動五〕（くばって）①ものを必要な所にいきとどくようにする.Ｅ distribute; hand out; deliver. 한 나누어 주다.「みんなに１枚ずつ紙を配る//パーティーの客に飲み物を配る」②注意などがいきとどくようにする.Ｅ be careful; keep an eye on. 한 유의하다；눈여겨 살피다.「栄養に気を配った料理をつくる//小さい子供

に目を配る」

くび 【首】クビ ①頭と胴をつなぐ細い部分．また，それに似た形のもの．Ea neck. 韓目，목 비슷한 부분．「首を曲げて，体操をする//犬の首に首輪をつける//瓶の首/手首(→**項目**)」
②「①」より上の部分．Ea head. 韓머리．「あぶないから，窓から首を出さないでください//あの青年はわたしより首1つ背が高い」
③雇っている人をやめさせること．Edismiss; fire. 韓해고．「欠勤，遅刻続きで，仕事を怠けるようなやつはもう首だ//首にする」
▷→体 図

～～～～～「首」のつく慣用表現～～～～～

首が回らない 借金が多くてどうにもならない．Ebe deeply in debt. 韓빚이 많아 옴쭉 못하다．「会社をひろげた際の多額の借金で首がまわらない」

首を縦に振る 相手の要求などを受け入れる．Enod assent. 韓고개를 끄덕이다，동의하다．「外国に留学したいというわたしの願いに対して，父がようやく首を縦に振った」 対首を横に振る

首を突っ込む 興味を持ち参加する．Eget involved in. 韓깊이 관여하다．「日本では政治に首をつっこむ学者は少ない」

首を長くする まだかまだかと熱心に待つ．Elook forward to; wait eagerly. 韓학수고대하다．「国の家族がわたしの帰国を首を長くして待っている」

首をひねる 原因，理由がわからなかったり，賛成できなかったりして，考えこむ．Ebe puzzled. 韓고개를 갸우뚱하다，궁리하다．「父の病気は原因がわからず，医者も首をひねっている」 似た表現首をかしげる

～～～～～～～～～～～～～～～～～

くびきり 【首切り】クビキリ，クビキリ ①悪いことをした人の首を切り落とすこと．Edecapitation. 韓참수．「むかし，大きな罪をおかした人は首切りの刑になった//首切り役人」②仕事をやめさせること．Edismissal; discharge. 韓면직，해고．「経営が苦しくなって従業員の首切りに踏みきった//首切りに反対する」

くびったけ 【首ったけ】クビッタケ 相手の男性または女性を好きになって，夢中になるよう．Ebe deeply in love with. 韓홀딱 반함．「京子は二郎に首ったけだ」 話

くびっぴき 【首っぴき】クビッピキ あるものを頼りにして，いつもそれを見ながら仕事などをすること．Econstantly referring to. 韓늘 곁에 두고 참조함．「英語の辞書と首っぴきで翻訳した」 話

くふう 【工夫】クフー〔～する〕いい方法はないかといろいろ考えること．また，考えだしたもの．Ea device; an idea. 韓궁리함，고안함．「漢字を速く覚えられるように，カードをつくって工夫している//工夫をこらす(Etax one's ingenuity. 韓골똘히 궁리하다，머리를 짜다．)」

くべつ 【区別】クベツ〔～する〕2つ以上のものや人を比べて，違いによって分けること．また，その違い．Ea difference; a distinction. 韓구별．「政治家は公私の区別をつけるべきだ//この会には，性，年齢，職業の区別なくだれでも参加できる//善悪の区別をする」
→差別

くぼ・む クボム〔自動五〕(くぼんで) まわりよりも低くなる．Esink; cave in. 韓움푹 패다，함몰하다．「重いトラックが通ったあと，地面がくぼんだ//目がくぼむ(Eget sunken eyes. 韓눈이 쑥〔움푹〕들어가다．)」 名くぼみ →へこむ

くま クマ おもに山の中にすみ，体が大きく，足が太くて短い動物．日本には北海道にヒグ

マ，本州や四国にツキノワグマの2種がいる．Ea bear.「クマは，冬の間は穴の中で眠って過ごす」数1頭・1匹
注 漢字で書くときは「熊」．

くまなく クマナク，クマナク 残っているところがないようす．すみずみまで．Eall over; in every nook and corner. 韓구석구석까지，샅샅이．「伝統的な祭りを見るために，日本じゅうくまなく旅をした//くまなくさがす」書

くみ 【組・組み】クミ ①学校などで，勉強のために分けた人の単位．クラス．Ea class. 韓학급，반．「1学年を3つの組に分ける」②一緒に行動する人の単位．Ea group. 韓동아리，조．「5人ずつの組になってゲームをする//2人組の強盗」③〔数を表すことばの後について〕単位．セットになっているものの数を表す．「ふとん2組み（Etwo sets of futon. 韓이부자리 두 채．)//5人分1組みの食器」▷自動 組む
注 ①②は「組」，③は「組み」．

くみあい 【組合】クミアイ 同じ目的を持つ人たちが集まって，利益などを守るためにつくった団体．Ean association; a union. 韓조합．「労働者が組合を組織する//組合に加入する//生活協同組合（→生協項目）」

くみあわ・せる 【組み合わせる】クミアワセル，クミアワセル〔他動一〕①2つ以上のものを合わせて，1つのまとまったものにする．組み合わす．Ecombine. 韓짜맞추다．「ことばを組み合わせて文をつくる//いろいろな色を組み合わせたデザイン」②試合などで，戦う相手を決める．組み合わす．Ematch. 韓편성하다，대전시키다．「初めにAチームとBチームを組み合わせる」▷名組み合わせ
自動 組み合わさる

くみた・てる 【組み立てる】クミタテル，クミタテル〔他動一〕①1つ1つのものをまとめて新しいものをつくりあげる．Eassemble; put together; build up. 韓조립하다，구성하다．「工場で自動車を組み立てる//新しい理論を組み立てる」名組み立て

く・む 【酌む】クム〔自動五〕（くんで）①酒を器に入れて飲む．Ehave a drink. 韓(술을) 따라 마시다．「1人で静かに酒をくむ//くみかわす」②相手の事情や気持ちをよく理解する．Etake ~ into consideration; sympathize with. 韓짐작하다，헤아리다．「友達はわたしの事情をくんで，快く金を貸してくれた//親の気持ちをくむ」

く・む 【組む】クム〔自他動五〕（くんで）①なにかの目的のために仲間になる．Ecooperate; pair with. 韓한패가 되다，짝이 되다．「道子と組んで研究をする//テニスの試合でジョンと組む」
②スポーツで，相手と体をつかみ合う．「すもうで四つに組む（Egrapple with one's opponent in sumo wrestling. 韓스모에서 서로 맞붙다．）//組み合う」
③たがいにからみ合わせる．Efold (one's arms); cross (one's legs). 韓(팔짱을) 끼다，(다리를) 꼬다．「胸の前で，腕を組んで考える//腰かけて足を組む」
④まとまっていないものを集めて1つのものにする．「足場を組む//予算を組む（Emake a budget. 韓예산을 편성하다．）」
⑤金を送ったり借りたりするときに，決められた方法をとる．「為替を組む（Ehave a money order made. 韓취결하다．）//家を買うローンを組む」
▷名組・組み
注 ①②は自動詞，③④⑤は他動詞．

く・む クム〔他動五〕（くんで）水などを，それがたくさんある所から取りだす．Edraw (water); ladle. 韓(물을) 푸다，퍼 올리다．「川の水をバケツにくむ//コップに水をく

くめん 【工面】クメン, クメン〔～する〕必要な数や量の金や品物を集めようと、いろいろ工夫すること. Emanage; raise money. 한변통, 돈 마련.「働いて、日本へ留学する費用をやっと工面した//入学できたが、授業料の工面がつかなくて困っている」

くも 【雲】クモ 水や氷の粒がたくさん集まって空に浮いているもの. 雨や雪を降らす. E(a) cloud. 한구름.「空は灰色の雲におおわれて、いまにも雨が降りそうだ//月が雲に隠れて見えない//入道雲/雨雲」

雲をつかむよう 話や計画などがはっきりしていなくて現実的でないようす. Evague; visionary. 한허황됨, 구름 잡는 것 같음.「石油からパンをつくりたいなどと、ジョンは雲をつかむようなことを言う」

雲をつく 非常に背が高いようす. Etowering. 한키가 매우 큼, 전봇대 같음.「あのバレーボールのチームには、雲をつくばかりの大男がそろっている」

くも クモ 虫の一種. 4対の足を持ち、腹の先から糸を出して網のような巣をつくり、虫を捕まえて食べる. Ea spider. 한거미.「クモが巣をかけている//クモの巣」 数1匹

くもの子を散らすよう 集まっていた人たちが、ばらばらになって逃げだすようす. Ein all directions. 한산지 사방으로 흩어져 달아나는 모양.「弱い子をいじめていた小学生たちは、パトカーの音にくもの子を散らすように逃げた」

くもがくれ 【雲隠れ】クモガクレ〔～する〕逃げて姿を隠すこと. Edisappear; hide oneself. 한종적을 감춤.「会社の金を使いこんだ会計係は、どこかに雲隠れしてしまった」

くもなく 【苦もなく】クモナク ふつうの人にはむずかしいことを、すこしも苦労しないで簡単にするようす. Ewithout any trouble; with ease. 한힘 안들이고, 쉽사리.「力持ちの一郎は、60キロの荷物を苦もなく運ぶ」

くもり 【曇り】クモリ ①雲が多く、太陽や月が見えない天気. Ecloudy weather. 한흐림.「天気予報では、あすはくもりのち晴れだそうだ//くもりがち(Ebe mostly cloudy. 한대체로 흐림.)//くもり空」②ガラスなどすきとおったものについたよごれ. Ea blur; a cloud. 한얼룩.「よくみがかれて、くもりひとつない窓ガラス」▷ 関連①晴れ, 雨 自動曇る

くやしい 【悔しい】クヤシイ 思うようにならなかったり、人にいやな思いをさせられたりして、腹立たしい. Eregrettable; vexing. 한분하다.「試合に1点差で負けて悔しい//親友にボーイフレンドを取られて悔しい」

くやむ 【悔やむ】クヤム〔他動五〕(くやんで) ①自分のしたことや言ったことが適切でなかったと気がつき、後で残念に思う. Eregret. 한후회하다.「買い物に金を使いすぎたと悔やんでいる//努力がたりなかったことを悔やむ」②人の死を惜しみ悲しむ. Emourn over; lament. 한애도하다.「先生の死を悔やむ」▷ 名悔やみ

くよくよ クヨクヨ〔～する〕小さなことや終わってしまったことに、いつまでも悩むようす. Eworry about; brood on. 한사소한 일을 자꾸만 걱정하는 모양, 끙끙거림.「妹はきのうの試験のことでくよくよしている//くよくよ(と)考える」

くら 【倉・蔵】クラ 米や酒, 家具や道具などを安全にしまっておくための建物. Ea warehouse; a storehouse. 한창고, 곳간.「江戸時代, この町は商業が盛んだったので, そのころの倉

〔倉・蔵〕

が多く残っている//酒蔵を訪ねる旅//米倉」
数 1棟
注 漢字で書くときは、米や麦などをしまう建物は「倉」、道具類をしまうのは「蔵」を使うことが多い。
参 「倉庫」も似ているが、「倉庫」のほうが新しいことばで、会社や工場などにある、材料や製品などをしまっておく建物をいうのに対して、「倉」「蔵」は、むかしからある和風の建物をいう。

くらい 【位】クライ ①身分、官職、資格、地位などの上下の関係。E (a) rank. 한 지위, 계급.「将棋の名人の位につく//位が上がる//王の位」
②数を表すために10倍ごとにつけることば。E a digit. 한 자릿수.「10の位から100の位に位が上がる//1000の位」
③(数や量を表すことばの後について)だいたいの数や量や程度を表す。「ここから東京まで1時間くらいかかる(E It takes about one hour from here to Tokyo. 한 여기서 도쿄까지 1시간 정도 걸린다.)//半分くらいの人が欠席した」
④(名詞、動詞と形容詞の基本形、形容動詞の「な」の形について)(1)それが、たいした程度ではない気持ちを表す。「入学試験に落ちたくらいで泣くことはない//すこしくらいの雨なら行くつもりだ(E If it just rains a little, I'll still go. 한 비가 조금 오는 정도라면 갈 생각이다.)」(2)ある例を示して動作や状態の程度を表す。「この町くらいの大きさがちょうどいい(E A town about this size is perfect. 한 이 도시 정도의 크기가 딱 알맞다.)//洋子くらい丈夫になりたい」
⑤(「~くらい…はない」の形で)最高の程度であることを表す。「運動の後のビールくらいおいしいものはない(E There's nothing as tasty as a beer after exercise. 한 운동 후의 맥주만큼 맛있는 것은 없다.)」
⑥(「~くらいなら」の形で)そのようなことなら、むしろ他を選ぶ。「親のお金で結婚式をするくらいなら、しないほうがいい//途中でやめるくらいなら、初めからするな(E You'd better not do it if you give it up in the middle. 한 중도에서 그만둘 바에야 처음부터 하지를 말아라.)」
▷→囲み
注 ③~⑥はひらがなで書く。
参 ③~⑥は「ぐらい」ともいう。

くら・い 【暗い】クライ ①光の量が少なくて、ものがはっきり見えない。E dark; dim. 한 어둡다, 어둑하다, 캄캄하다.「太陽が沈んで暗くなった//暗い夜道」対明るい
②色がくすんでいる。E dark. 한 (색이) 어둡다, 칙칙하다, 우중충하다.「黒や灰色のような暗い色の服が好きだ」対明るい
③性質や表情などがはればれしなくて、沈んでいる。E gloomy; somber. 한 어둡다, 우울하다.「妻の病気のことを思うと、暗い気持ちになる//暗い性格」対明るい
④隠しておきたいことがある。E shadowy. 한 어둡다, 뒤가 켕기다.「暗い過去を持つ男」対明るい
⑤(「~に暗い」の形で)~をよく知らない。E be not familiar with. 한 잘 모르다, 어둡다.「わたしは東京の地理に暗い」対明るい

ぐらぐら グラグラ、グラグラ〔~する〕①液体が沸騰し、中から泡が出てきて激しく動いているようす。「お湯がぐらぐら(と)沸いてきた(E The water came to a rolling boil. 한 물이 부글부글 끓기 시작했다.)」②激しく、不安定に、何度も揺れるようす。「地震で家がぐらぐら(と)揺れた(E The house shook unsteadily in the earthquake.

한) 지진으로 집이 근들근들 흔들렸다.)//歯がぐらぐらになる」③考えなどが, なかなか決まらないようす.「就職しようか父の仕事を手伝おうかと, 気持ちがぐらぐらしている(E) I'm wavering between getting a job and helping with my father's job. 한) 취직을 할까 아버지 일을 도울까 마음이 오락가락한다.)」

くらし【暮らし】クラシ ①暮らすこと. E life. 한) 생활.「都会の暮らしに疲れてしまった//快適な暮らし」②金の面から見た生活. 生計. E a living; a livelihood. 한) 살림살이, 생계.「先月から収入が増えたので, 暮らしが楽になった//暮らし向き(＝生計の状態)//その日暮らし(→項目)」▷自他動暮らす

参 ①は「生活」と似ているが,「生活」が「虫の生活」のように動物についてもいえるのに対して,「暮らし」は人間についてだけいう.

暮らしを立てる 収入をえて, 生活していけるようにする. E make a living. 한) 생계를 세우다, 살림을 꾸려 나가다.「通訳のアルバイトでどうにか暮らしを立てている」
似た表現 暮らしが立つ

クラシック(classic) クラシック, クラシック ①ギリシャ·ローマ時代の芸術作品. また, 評価の定まったすぐれた作品. 古典. E a classic; ancient Greek and Latin literature. 한) 클래식, 고전.「絵は最近のものよりクラシックに興味がある」②現代の多様な音楽に対して, 伝統的, 芸術的な西洋音楽. E classical music. 한) 고전 음악, 클래식.「ジャズよりクラシックをよく聞くが, 特にモーツァルトが好きだ//クラシックコンサート」③古めかしく, 落ちついてしゃれたようす. E classic; classical. 한) 고전적.「この部屋には落ちついたクラシックな家具が似合う」
対 モダン

くら・す【暮らす】クラス〔自他動五〕(くらして) ①食べる, 寝る, 仕事をするなどして, 毎日を生きていく. E live; make a living. 한) 살다, 생활하다.「海で魚をとって暮らす//1人で暮らす」 ②1日を過ごす.

「くらい」と「ほど」

A 「学校の体育館くらい／ほどの広さである」「10分くらい／ほど待ってください」
B 「泣きたいくらい／ほど悲しかった」「川の水があふれるくらい／ほど雨が降った」
C 「旅行くらい／ほど楽しいものはない」「歌があなたくらい／ほど上手な人はいない」

Aのように, だいたいの数や量や程度を表すとき, Bのように, ある例を示して動作や状態の程度を表すとき, そしてCのように, 最高の程度であることを表すときには, それぞれ「くらい」も「ほど」も使うことができる.

「自分の食事くらい自分でつくりなさい」「こんな簡単なことくらいわかるでしょう」など, 程度が軽いものを取りあげていうときは,「くらい」だけを使う.

「あの店は評判ほどおいしくない」「口で言うほど力は強くないようだ」のように, 比較の基準を示し, それを否定するときは「～ほど…ない」の形を使う. また,「お酒を飲めば飲むほど元気になる」「安ければ安いほど客が来る」のように, 一方の程度が高くなるともう一方も比例して上がることを表すときも,「ほど」だけを使う.

くりあげる

Ｅspend a day. 韓하루를 보내다, 소일하다.「きのうは1日じゅう寝て暮らした//遊び暮らす」▷名暮らし
三注①は自動詞, ②は他動詞.

クラス (class) クラス ①学校などで, 生徒, 学生を勉強のために分けた単位. 組. 学級. Ｅa class; a grade. 韓반, 학급.「この学年は, A, B, Cの3つのクラスがある//クラスメート」②順位の上下, 品質のいい悪いなどの基準にしたがって分けたもの. Ｅa class; a rank. 韓클래스, 등급.「ファーストクラスの座席を予約する//このホテルはサービスも設備もＢクラスだ」

グラス (glass) グラス ①ワインやビールなどを飲む, ガラスの器. Ｅa glass. 韓유리잔, 글라스.「グラスを傾ける//グラスを空ける(=グラスの酒を飲んでしまう)//ワイングラス」②めがね. 双眼鏡. Ｅglasses. 韓(쌍)안경, 글라스.「サングラス//オペラグラス」

クラブ (club) クラブ ①同じ趣味, 目的などを持つ人たちが楽しむためにつくった会. また, 集まる場所. Ｅa club. 韓클럽.「ギターのクラブに入会する//クラブ活動//テニスクラブ」②ゴルフで, ボールを打つ用具. Ｅa (golf) club. 韓클럽, 골프채.「クラブのにぎり方から練習する//アイアンクラブ」▷数①1本

グラフ (graph) グラフ ものの数や量の関係や割合などを図に表したもの. Ｅa graph. 韓그래프, 도표.「留学生の国別の割合をグラフにする//折れ線グラフ//円グラフ//棒グラフ」

くら・べる 【比べる】クラベル〔他動一〕2つ以上のものについて, 同じ点, 違う点, いい点, 悪い点などを調べる. Ｅcompare. 韓비교하다, 견주다.「この赤いリンゴと青いリンゴを比べると, 赤いリンゴのほうが大きい//去年に比べて今年は暖かい」

比べものにならない 差が大きすぎて, 比べることができない. Ｅcannot be compared with. 韓비교가 안 되다.「新幹線の速さは, このバスの速さとは比べものにならない」

くら・む クラム〔自動五〕(くらんで)(「目がくらむ」の形で)⇨目慣用

グラム (⑦gramme) グラム メートル法で, 重さの基本になる単位. 1グラムは, セ氏4度の水1立方センチの重さ. 記号は「ｇ」. Ｅa gram. 韓그램.「塩分は1日8グラム以上とらないほうがいい」

くらやみ 【暗やみ】クラヤミ 光がなく, 暗いこと. また, その場所. Ｅdarkness; the dark. 韓어둠, 어두운 곳, 암흑 세계.「停電で, 町は暗やみになった//暗やみの中を手さぐりで歩く」

くり クリ 野山に生える木. 秋に実る, とげのあるいがに包まれた濃い茶色の実は, ごはんと炊いたり, 菓子の材料にしたりする. Ｅa chestnut. 韓밤.「秋になると, 山にクリ拾いに行く//クリごはん//クリ色」数1本
三注漢字で書くときは「栗」.

〔くり〕

くりあ・げる 【繰り上げる】クリアゲル, クリアゲル〔他動一〕①順番を順に前に動かす. Ｅmove up (the order). 韓(차례를)앞당기다.「1番の人がいなくなったので2番を1番に, 3番を2番に, と繰り上げた」対繰り下げる ②日, 時刻を早くする. Ｅadvance (the time); move up (the time). 韓(일시를)앞당기다.「開会の時刻を10時から9時に繰り上げた//帰国の予定を半年繰り上げる」対繰り下げる ③数をたす計算をした結果, けたを上へ移す. Ｅmove up. 韓(자릿수를)위로 올리다.「たして10になったら, 10の位に繰り上げる」対繰り下げる ▷名繰り上げ 自動繰り上

がる

クリーニング (cleaning) クリーニング, クリーニング〔~する〕洗濯. 特に, ドライクリーニング. Ⓔ(send ~ to) the laundry; (have ~) cleaned. 한세탁, 드라이 클리닝. 「スーツをクリーニングに出す∥シャツを急いでクリーニングしてもらう」

クリーム (cream) クリーム ①牛乳からとった脂肪. 洋食やケーキなどをつくるときに使う. また, その状態の食べ物. Ⓔcream. 한크림, 유지(乳脂). 「コーヒーにクリームを入れる∥クリームチーズ」②①のような状態の化粧品. Ⓔa (cosmetic) cream. 한(미용)크림.「日焼けどめクリームをつける∥ナイトクリーム」

クリーン (clean) クリーン ①清潔なようす. Ⓔclean; undefiled. 한청결함, 깨끗함.「クリーンな政治家∥クリーンヒーター(=室内の空気をよごさない暖房器具の商標名)∥クリーン選挙」②あざやかな, また, みごとなようす. Ⓔclean; splendid. 한멋짐, 깨끗함.「クリーンヒット」

くりかえ・す 【繰り返す】クリカエス, クリカエス〔他動五〕(くりかえして) 同じことを2度以上続けてする. Ⓔrepeat. 한되풀이하다, 반복하다.「成功するまで実験を何度も繰り返す∥同じ失敗を繰り返す∥繰り返して読む」图繰り返し

クリスマス (Christmas) クリスマス 12月25日のキリストの誕生を祝う祭り. ⒺChristmas. 한크리스마스.「家族とクリスマスを祝う∥クリスマスプレゼント∥クリスマスイブ(ⒺChristmas Eve. 한크리스마스이브.)」

くりひろ・げる 【繰り広げる】クリヒロゲル, クリヒロゲル〔他動一〕①巻いてあるものや, たたんであるものをはしから順々に見えるようにひろげる. Ⓔunroll; unfold. 한펼치다.「人々の前で, 巻いた布を繰りひろげてみせる」②観客の前につぎつぎとひろげるようになにかを行う. Ⓔdevelop before one's eyes; put on a display. 한벌이다, 전개하다.「選手たちは連日, 熱戦を繰りひろげた」

くる 【来る】クル〔自動くる〕(きて) ①人やものが, 離れた場所からこちらへ動く. Ⓔcome. 한오다.「母から手紙が来た∥台風が来る∥まだ電車が来ない」対行く ②ある時期に近づく. Ⓔ(time) come. 한다가오다, 오다.「春が来る∥来る日も来る日も雨降りだ∥出発のときが来た」対去る ③ある状態になる. Ⓔcome; become; get. 한짚이다 ; 엄습하다.「頼みがあると言われて, 借金の申し込みだとぴんときた∥急に疲れがきた」④なにかが原因で起こる. Ⓔcome from; be caused by. 한~에서 나오다 ;(어떤 원인으로) 생기다.「あの人の落ちついた話し方は自信からきている∥働きすぎからくる病気」⑤(「~ときたら」「~ときては」「~とくると」「そうこなくては」の形で)なにかを話題にするときの強めた言い方.「わたしの兄ときたら, 山の話になると夢中だ(ⒺWhere my brother is concerned, he gets carried away when it comes to mountain talk. 한우리 형으로 말하자면 산에 관한 이야기라면 사족을 못쓴다.)∥ビールに枝豆ときては, 仕事などしていられない∥野球の話とくると, みんな熱中してしまう∥そうこなくてはきみらしくない」⑥(「~てくる」の形で)(1)ある動作がこちらにとどく.「風が吹いてくる∥妹が本を送ってくる(ⒺMy younger sister will send the books here. 한여동생이 책을 보내 온다.)」(2)なにかをしてからもどる.「学校へ行ってくる(ⒺI'm going to school〔after which I'll come back〕. 한학교에 다녀

오겠다.)//ノートを買ってくる」(3)なにかがずっと続く.「30年間生きてきた(EI have lived for 30 years. 한30년간 살아 왔다.)」(4)なにかが始まる.「雨が降ってくる//涙が出てきた(ETears began to flow. 한눈물이 나왔다.)」(5)だんだんある状態になる.「文法がわかってくる(EYou will come to understand the grammar. 한문법을 차츰 알게 될 것이다.)//豆が煮えてきた」
注⑥はひらがなで書く.

くる・う【狂う】クルウ〔自動五〕(くるって)①人やものが異常な状態になる.Ego mad; be out of order. 한미치다, 잘못되다.「悲しく苦しいことばかり続いて,母はとうとう狂ってしまった//時計が狂っているから正しい時間がわからない」②前に考えたこと実際のことが違ってしまう.E(plans) get upset; go wrong. 한어긋나다, 틀어지다.「急に友達が来たので,その日の予定が狂った//天気の予想が狂う」③異常なほどなにかに一生懸命になる.Ebe obsessed with. 한지나치게 열중하다, 미치다.「父は仕事もしないで競馬に狂っている/踊り狂う」

グループ(group) グループ ①同じような性質を持つものの集まり.Ea group. 한그룹, 무리, 집단.「日本語の動詞を3つのグループに分ける」②一緒に行動する人の集まり.Ea group (of people). 한그룹, 집단, 동아리.「グループになって行動する//グループ学習//読書グループ」

くるおし・い【狂おしい】クルオシイ ①気が変になりそうだ.Emad; crazy. 한미칠 것 같다.「恋人に会いたくて狂おしい気持ちだ」②じっとしていられないような気持ちにさせられる.Ewild; frenzied. 한미칠 것 같다.「祭りで人々は1晩じゅう狂おしく踊った//狂おしいリズムの音楽」

くるくる クルクル ①続けて,軽く速く回るようす.「フィギュアスケートの選手は,すごいスピードで体をくるくる(と)回転させる(EFigure skaters spin at a fantastic speed. 한피겨 스케이팅 선수는 엄청난 속도로 몸을 뱅글뱅글 돌린다.)」②長いものを,小さく何回も巻くようす.「ポスターをくるくる(と)巻く(Eroll up a poster. 한포스터를 둘둘 말다.)」③体をよく動かして働くようす.「レストランの店員はくるくる(と)よく働いている(EThe employees of the restaurant are working unceasingly. 한레스토랑의 점원은 부지런히 일하고 있다.)」④考えや決心などが短い時間のうちに何度も変わるようす.「国際情勢の変化につれて会社の方針もくるくる(と)変わった(ECompany policy changed repeatedly in keeping with the changing international circumstances. 한국제 정세의 변화에 따라 회사 방침도 이리저리 변했다.)」 ▷→ぐるぐる

ぐるぐる グルグル ①続けて,大きく回るようす.「ヘリコプターが空をぐるぐる(と)回っていた(EThe helicopter was flying round and round in the sky. 한헬리콥터가 하늘을 빙빙 돌고 있었다.)」②長いものを,大きく何回も巻くようす.「けがをした足に包帯をぐるぐる(と)巻きつける(Ebandage up a wounded foot. 한다친 다리에 붕대를 친친 감다.)」③あちこち動きまわるようす.「郵便局をさがして,駅のあたりをぐるぐる(と)歩きまわった(EI walked all around the station trying to find the post office. 한우체국을 찾아, 역 주변을 빙빙 돌아 다녔다.)」
参①②は「くるくる」と似ているが,「ぐるぐる」のほうが回り方や巻き方が大きい.

くるし・い【苦しい】クルシイ ①体や心に痛みや悩みがあって,がまんすることがむずかし

い. Ｅbe out of breath; painful. 한괴롭다, 고통스럽다, 답답하다.「一生懸命走ったので息が苦しい//苦しい胸の内を語る」②金がたりなくて，困った状態だ. Ｅneedy; hard-off. 한어렵다, 궁색하다.「物価が上がって生活はますます苦しくなった」③なにかをするのがむずかしい．無理がある． Ｅstrained; farfetched. 한난감하다.「2部屋しかない家に大人5人で暮らすのはちょっと苦しい」

くるし・む 【苦しむ】クルシム〔自動五〕（くるしんで）①苦しいと思う. Ｅgroan; suffer from. 한괴로워하다, 고생하다, 시달리다.「国民は重い税金に苦しんでいる//病気に苦しむ」②なにかが簡単にできなくて困る. Ｅbe puzzled; be troubled. 한어렵다, 고심하다.「あなたの行動は理解に苦しむ//論文がうまく書けず，苦しんでいる」▷名苦しみ　他動苦しめる

くるっと　クルット　軽く1回, 回転するよう す. くるりと.「彼女は, バレリーナのように片足でくるっと回った（Ｅ She spun around on one foot like a ballerina. 한그녀는 발레리나처럼 한쪽 다리로 뱅글 돌았다.）」
≡参「グラウンドをぐるっとひとまわりする」のような「ぐるっと」も似ているが,「くるっと」のほうが回り方が軽く小さい.

くるま
【車】クルマ　①軸を中心にして回るようになっている輪. Ｅa wheel; a caster. 한바퀴.「このスーツケースは車がついているから, 運ぶのが楽だ」②乗り物. 特に, 自動車. Ｅa car; an automobile. 한차, 자동차.「駅まで車で迎えに行った//車を運転する//お車代（Ｅa small amount of reward for coming. 한거마비.）」
▷数①1輪, ②1台・1両
車の両輪　どちらが欠けても役に立たなくなる, 両方とも重要だということ. Ｅbe inseparable. 한서로 불가분(불가결)의 관계임.「夫婦は車の両輪のようなものだ」
車を拾う　タクシーを呼び止めて乗る. Ｅget a taxi. 한택시를 잡다.「急に雨が降りだしたので, 途中で車を拾って家に帰った」

くるまいす 【車いす】クルマイス　体の不自由な人が, 腰かけたまま動きまわれるようにした, 車のついたいす. Ｅa wheelchair. 한휠체어.「体が弱った祖父を, 毎日車いすに乗せて散歩する//車いすで移動する人のために, 駅の階段をスロープに直す//電動車いす」数1台

〔車いす〕

≡注漢字で書くときは「車椅子」.

-ぐるみ　（他のことばについて）全部一緒.「町ぐるみで町をきれいにする運動を進める//会社ぐるみの不正（Ｅcompany-wide corruption. 한회사 전체의 부정.）//家族ぐるみのつきあい」

くる・む　クルム〔他動五〕（くるんで）巻くように包む. Ｅwrap in; roll up. 한（감）싸다.「赤ちゃんを毛布でくるんで抱く//花束を紙でくるむ」自動くるまる

ぐるり　グルリ, グルリ　①まわり. 周囲. Ｅaround ~. 한둘레, 주위.「家のぐるりを塀でかこむ」②(「ぐるりと」の形で) (1)人やものなどが円をかくように動くようす. Ｅ(turn) around. 한빙 (돌아감).「大きな木のまわりをぐるりとまわる」(2)人やものなどが円をかくように並ぶようす. Ｅsurround. 한빙 (둘러쌈).「警官が犯人の家をぐるりと取りかこんでいる」
≡参②(1)は,「前を歩いていた道子がくるりと後ろを向いた」のような「くるりと」と似ているが,「ぐるりと」のほうが動きが大きく重い.

くれ【暮れ】クレ ①太陽が沈みかけたころ．Edusk; sunset. 해질녘, 황혼．「暮れの鐘//日の暮れ//夕暮れ(→項目)」②1年や季節の終わりのころ．Ethe end of (a year, a season). 연말, 세모；(계절의) 끝무렵．「年の暮れは，正月の準備で忙しい//暮れも押しつまる(=近づく)//秋の暮れ」 ▷自動 暮れる

くれぐれも クレグレモ，クレグレモ 何度も繰り返し心をこめて．「ご家族のみなさまにくれぐれもよろしくお伝えください(EPlease give my best regards to all your family. 가족 모두에게 부디 안부 전해 주십시오.)//くれぐれもおだいじに」
参 手紙やあいさつでいう．

クレジット (credit) クレジット 後から代金を払ったり，分割払いにしたりする約束で行われる販売．信用販売．Ecredit. 신용(할부) 판매．「クレジットで7万円のスーツを買った//クレジットカード(Ea credit card. 신용 카드.)」

く・れる【暮れる】クレル〔自動一〕①太陽が沈んで暗くなる．Eget dark. (해가)지다, 저물다．「秋は暮れるのが早い//日が暮れる前に家に帰ろう」対明ける ②1年や季節が終わる．E(a year, a season) come to an end. 한 해가(계절이) 끝나가다, 저물다．「今年もあと10日で暮れる//秋が暮れていく」対明ける ③暗い気持ちになったり，考える力をなくしたりする．「悲しみにくれる(Ebe overwhelmed with grief. 슬픔에 잠기다.)//とほうにくれる(→項目)」 ▷名 暮れ 他動 暮らす

く・れる クレル〔他動一〕①人が，自分や自分の側の人になにかを与える．Egive (me). (나에게) 주다．「父がわたしに金をくれることはめったにない//友達が弟に本をくれた」対上げる，やる ②(「～てくれる」の形で) 自分や自分の側の人に対する動作を，好意的に受けとめていることを表す．「京子がわたしに日本語を教えてくれる//荷物を持ってくれて助かった//来てくれる(Ecome for me. (나에게) 와 주다.)」対上げる，やる ③(「～てくれ」の形で) 相手に頼む．「きみも一緒に行ってくれ//言わせてくれ(ELet me speak. 말하게 해 줘.)」

ぐ・れる グレル〔自動一〕正しい生き方からはずれて，悪い方向に進む．Eturn bad; go astray. 빗나가다, 비뚤어지다．「息子がぐれて，学校にも行かず，家にも帰らなくなってしまった」話

くろ【黒】クロ ①色の1つ．日本人の髪やカラスのような色．また，その色のもの．Eblack. 검정, 검은 빛깔．「黒のスーツを着て葬式に行く」対白 ②犯罪の事実があること．また，その人．Eguilty. 유죄；범인．「指紋が一致したから，その男は黒にまちがいない」対白

黒を白と言いくるめる 上手な話し方でごまかす．Ecall black white. 교묘하게 둘러대어 속이다．「あいつは口がうまい男だから，自分につごうがいいように黒を白と言いくるめてしまう」

くろ・い【黒い】クロイ ①黒の色をしている．Eblack. 검다．「洋子の髪は黒くてまっすぐだ」
②黒に似た色をしている．黒っぽい．Edark; tanned. 거무스름하다．「海で日に焼けて顔も体も黒くなった」
③心が正しくない．Eblack-hearted. 검다, 엉큼하다．「A氏は腹が黒いという評判だから信用できない」

くろう【苦労】クロー ①(～する) むずかしいことを解決しようと，頭や心や体を非常に使うこと．E(a) trouble; (a) hardship. 고생, 노고．「学校に近いアパートをさがすの

くろうと

に苦労した//知らない土地での生活は、苦労が多い//苦労性(Eworry about everything. 한잔걱정이 많은 성질.)」②(「ご苦労」の形で)相手が頭や体を使って努力するのをいたわることば. EMany thanks for your trouble. 한수고하셨습니다.「ご苦労をおかけしました//ご苦労さま(→項目)」

参①は「苦心」と似ているが、「苦心」が主として頭を使うのに対して、「苦労」は頭だけでなく心や体も使うばあいにいう.

くろうと 【玄人】クロート、クロート その芸や技術を職業や専門としている人. また、経験の豊かな人. プロ. Ea professional; an expert. 한전문가, 프로.「道子は新聞記者だから、文章を書くことではくろうとだ//くろうと顔負け(Eput a professional to shame. 한전문가 뺨치는 실력.)」対素人

クローズアップ (close-up) クローズアップ [~する]①映画などで、ある部分を大きく写すこと. アップ. Ea close-up (shot). 한클로즈업.「女優の顔をクローズアップする」対ロングショット ②人々の注意をひくように、ものごとを大きく取りあげること. Edo a close-up (report). 한클로즈업.「最近、新聞などで環境問題がクローズアップされてきた」

くろじ 【黒字】クロジ 収入が支出より多いこと. Ethe black; a surplus. 한흑자.「わが社も今年は黒字になった//貿易上の黒字//黒字財政」対赤字

くろぼし 【黒星】クロボシ すもうで、負けたことを示す「●」のしるし. また、負けることや大きな失敗にもいう. E(sumo) a defeat mark; a failure. 한(일본 씨름에서) 졌음을 나타내는 표; 패배, 실패.「あの力士は、きょうも黒星だった//警察は殺人事件の犯人に何度も逃げられて、黒星を重ねている」対白星

くろまく 【黒幕】クロマク 表面には出ないで、陰で人を動かす人. Ea mastermind; a behind-the-scenes strong man. 한흑막; 막후 인물.「あの事件で逮捕されたのはA氏だが、黒幕はB氏らしい//政界の黒幕」

くわ・える 【加える】クワエル、クワエル〔他動一〕①前からあるものになにかをつけたして増やす. Eadd; include. 한더하다, 치다, 보태다.「料理の味が薄いので塩を加える//3に5を加えると8になる//書き加える」②なにかに入れる. Elet ~ join. 한넣다, 가입시키다.「仲間に加える」③人やものなどに対してなにかの働きかけをする. Egive; apply; put. 한가하다.「荷物の重さに制限を加える//治療を加える」▷自動加わる

くわ・える クワエル〔他動一〕口でものをはさむようにする. Ehold a thing in one's mouth. 한(입에)물다.「ストローをくわえてジュースを飲む/タバコをくわえたままメモをとる」

くわし・い 【詳しい】クワシイ ①細かいところまでよくわかるようになっている. Edetailed; in detail. 한상세하다.「くわしい地図があれば、知らない所でも行ける/係員がくわしく説明してくれたのでよくわかった」②細かいところまでよく知っている. Ebe well versed in; know very well. 한정통하다.「道子はフランスの歴史にくわしい//兄はスポーツのことならなんでもくわしい」対疎い

くわずぎらい 【食わず嫌い】クワズギライ ①食べてみないで、嫌いだと決めてしまうこと. また、その人. 食べず嫌い. Edislike some food without having tried it. 한먹어보지도 않고 까닭없이 싫어함, 그런 사람.「一郎は刺身を食べないが、あれは食わず嫌いだ」②そのよさを知らないで、よくないと思いこんで嫌うこと. また、その人. Ehave a silly prejudice. 한(알지도 못하고서)

무턱대고 싫어함, 그런 사람.「食わず嫌いはやめて, 試しに聞いてごらん, ロックもいいよ」

くわだ・てる 【企てる】クワダテル〔他動一〕なにかをしようと思い, それについて計画する. ⓔplan; plot. ⓗ꾀하다, 계획하다, 도모하다.「新しい新聞の発行を企てる//悪事を企てる」名企て

くわわ・る 【加わる】クワワル, クワワル〔自動五〕(くわわって) ①前からあるものになにかがつき, 増える. ⓔincrease; gain. ⓗ더해지다.「7月になって暑さが加わった//スピードが加わる」②なにかに入る. ⓔjoin; take part in. ⓗ가담하다, 가입하다.「会議に加わる//研究グループに加わる」▷他動加える

くん 【訓】クン 漢字の読み方で, 中国の発音をまねたものでなく, 同じ意味の日本語のことばの発音で読むもの. 訓読み. ⓔthe Japanese reading of a Chinese character. ⓗ훈.「漢字の読み方には音と訓がある//『林』という字は訓では『はやし』と読む」対音

-くん 【-君】(友達や目下の人の名前について)軽い敬意や親しみを表す.「田中一郎くんはぼくの中学校時代の同級生//山田くん (ⓔMr. Yamada. ⓗ야마다 군.)」

ぐん 【群】グン 同じ種類のものが多く集まっていること. ⓔa group. ⓗ무리.「群をなして北へ帰る鳥たち//イワシの大群//群島」
群を抜く 同じ種類のものの中で, ほかと比べて非常にすぐれている. ⓔexcel others; come out on top. ⓗ발군이다, 출중하다.「A社のビールの売り上げは同業4社の中で群を抜いている」

ぐんぐん グングン 進み方が速く, 勢いがあるようす.「新幹線は, 駅を出るとぐんぐん(と)スピードをあげた(ⓔThe *Shinkansen* increased its speed steadily after leaving the station. ⓗ신칸센은 역을 벗어나자 부쩍부쩍 속력을 높였다.)//息子は中学生になって, 背がぐんぐん(と)のびた」

くんじ 【訓示】クンジ〔~する〕目上の人が目下の人に仕事上の注意などをすること. また, そのことば. ⓔan admonitory address. ⓗ훈시.「毎朝, 仕事の前に部下に訓示する//ホールで部長の訓示がある」

ぐんしゅう 【群衆・群集】グンシュー ①ある場所に集まったおおぜいの人々. ⓔa crowd of people. ⓗ군중.「大統領は, 数千の群衆を前に演説した//群衆にまぎれる ⓔblend into the crowd. ⓗ군중 속에 휩쓸리다.)」
②〔~する〕人や動物などが, ある場所に自然に多く集まること. また, その集まり. ⓔflock together; throng. ⓗ군집.「電灯のまわりに虫が群集している//群集心理(ⓔmob psychology. ⓗ군중 심리.)」
注 ①は「群衆」, ②は「群集」.

ぐんしゅく 【軍縮】グンシュク〔~する〕「軍備縮小」を略した言い方. 軍備を減らすこと. ⓔarms reduction; disarmament. ⓗ군축.「世界は軍縮の方向に向かっている//軍縮会議」対軍拡(=軍備拡張)

くんしょう 【勲章】クンショー ①国や社会のために立派な仕事をした人に, 国から贈られるしるし. ⓔa decoration; an order; a medal. ⓗ훈장.「勲章を授ける//勲章を胸につける//文化勲章」②身につけたもの, 身近なもので, 特に記念や誇りに思うもの. ⓔa souvenir; a keepsake. ⓗ훈장; 기념품.「このバイクの傷跡は, ぼくの青春時代の勲章だ」

くんせい 【薫製・燻製】クンセイ 塩づけにした魚や動物の肉などを, 煙でいぶし, 乾かした食べ物. ⓔsmoked food. ⓗ훈제.

ぐんたい

「牛の肉を薫製にする//サケの薫製/薫製品」

注 もとは「燻製」だったが、「燻」の字は常用漢字表にないので、同じ音の「薫」を当てて「薫製」として使うようになった.

ぐんたい【軍隊】グンタイ 戦うためにつくられた軍人の集団. Ｅarmed forces; an army. 韓군대.「軍隊の厳しい規律/軍隊に入る//軍隊生活」

ぐんび【軍備】グンビ 戦争のための、兵力や武器などの用意. Ｅarmaments. 韓군비.「軍備のための予算が増えると、国民経済が苦しくなる/軍備を縮小する」

くんよみ【訓読み】クンヨミ〔～する〕漢字を訓で読むこと. 訓. Ｅthe Japanese reading of a Chinese character. 韓훈독.『山』という字は訓読みでは『やま』と読む」 対音読み

くんれん【訓練】クンレン〔～する〕技術などを練習させて、よく覚えさせること. Ｅtraining; (a) drill. 韓훈련.「目が不自由な人の役に立つように犬を訓練する//パイロットになる訓練を受ける//防火訓練」

け／ケ

け【毛】ケ ①人間や動物の体、また植物の表面に生えている糸状のもの. Ｅhair; fur. 韓털.「父は毎朝鏡を見ては、毛が薄くなったとなげいている//猫の毛が抜ける」②羊毛でつくった毛織物. ウール. Ｅwool. 韓모직물.「毛のシャツは暖かい」▷ 数 ①1本

毛の生えたよう 程度が、あるものよりすこしだけいいようす. Ｅbe just a little better than. 韓～보다 조금 나은 정도.「ウサギ小屋に毛の生えたような家に住む」

げ【下】ゲ、ケ ①他と比べて品質や価値などが低いこと. Ｅlower; inferior. 韓하, 열등함.「わたしの成績はクラスでも下のほうだ//中流の下の暮らし」②2冊か3冊でとそろいになっている本の最後の1冊. 下巻. Ｅthe last (second, third) volume. 韓하권.『日本経済史・上』を読み終わったから、今度は下を読もう」▷ 関連 上、中

-げ (名詞、動詞の「ます」形、形容詞と形容動詞の語幹について)そのようなようすだ. Ｅ「京子はなにをやっても上手であぶなげがない//悲しげな声(Ｅa sorrowful voice. 韓슬픈 듯한 목소리.)/満足げに答える//不安げな顔//用ありげなようす」

ケア (care)ケア〔～する〕病人、老人、障害者など、社会による助けの必要な人々を専門家、ボランティアなどが世話すること. Ｅcare for; aid. 韓돌봄.「体の不自由な老人たちをケアする//在宅ケア制度(Ｅan at-home care system. 韓재택 케어 제도.)」

けい【刑】ケイ 国が、法律を守らなかった者に対して加える罰. Ｅa punishment; a sentence. 韓형(벌).「裁判長は被告に懲役15年の刑を言い渡した//重い刑//死刑(→項目)」

けい【計】ケイ ①自分の利益になるようにするための計画. Ｅa plan; a scheme. 韓계획.「一年の計は元旦にあり(Ｅ New Year's Day is the time to make your yearly plans. 韓일년의 계획은 설날에 세운다.)/百年の計(→項目)」②2つ以上の数や量を合わせてえられる数や量. 合計.

Ⓔa total; the sum. 㣴합계.「ホテル代，交通費合わせて，費用は計10万円となる」
参①は「計画」と意味は同じだが，「計画」が一般的に使われるのに対して，「計」は決まった言い方の中でだけ使われる．

げい 【芸】ゲイ 訓練によって身につけた技術．特に，人に見せ，人を楽しませるもの．Ⓔan art; a craft; a trick. 㣴재주，기예．「犬に芸を教える//芸をみがく//芸のうまい役者」

芸が細かい 小さなことにまで注意を払い，よく工夫されているようす．Ⓔbe detailed; be elaborate. 㣴세심한 배려가 기울여져 있다．「このおもちゃの自動車は，動くだけでなくライトまでつくのだから，芸が細かい」

芸がない やり方に工夫がたりず，つまらない．Ⓔunresourceful; boring. 㣴평범하여 재미가 없다．「いつもと同じ歓迎会では芸がないから，今年はなにか違ったことをやろう」

芸は身を助ける 特別の技術を持っていると，生活に困ったとき，金をえるのに役立つ．Ⓔ Accomplishments can help to see us through bad times. 㣴익혀둔 재주가 궁할 때에 도움이 된다．

けいい 【敬意】ケイイ 相手を尊敬する気持ち．Ⓔrespect; honor. 㣴경의．「国民は偉大だった故大統領に敬意を表して，空港にその名前をつけた//敬意のこもった態度」

けいえい 【経営】ケイエイ〔～する〕経済的にうまくいくように，方針，規模などを決めて事業をすること．Ⓔmanage; run. 㣴경영．「先輩は旅行会社を経営している//店の経営が苦しい//多角経営(→**項目**)」

けいえん 【敬遠】ケイエン〔～する〕①表面ではその人を尊敬しているようすを見せながら，実際には避けて親しくしないこと．Ⓔkeep at a respectful distance; shun. 㣴경원．「あの部長は口うるさいので，部下に敬遠されている//近所づきあいを敬遠する」②野球で，打者にヒットを打たれないように，わざとフォアボールにして，1塁に出すこと．Ⓔwalk a batter intentionally. 㣴고의 사구．「投手は好調の4番打者を敬遠した」

けいか 【経過】ケイカ ①〔～する〕時間がたつこと．Ⓔpass; elapse. 㣴경과．「時が経過するにつれて，その事件も忘れられていった//手術が始まって，2時間経過した」②時間とともに変化する，ものごとの進みぐあい．Ⓔprogress; development. 㣴경과．「手術後の経過は順調だ//試合の経過を見守る」

けいかい 【軽快】ケイカイ ①体が楽に動き，すばやいようす．Ⓔlightly; nimble. 㣴경쾌．「山道を軽快に歩く登山者たち//軽快な動作」②気持ちが明るく，楽しくなるようす．Ⓔrhythmical; cheerful. 㣴경쾌．「軽快なサンバのリズムにのって踊る」

けいかい 【警戒】ケイカイ〔～する〕犯罪や災害など悪いことが起こらないように用心すること．Ⓔguard; precaution. 㣴경계．「住民は，大雨で川の水があふれるのを警戒している//このへんは夜間の犯罪が多いので，警官が警戒に当たっている」→注意

けいかく 【計画】ケイカク〔～する〕あることを実行する前に，うまくいくように，方法，手順などを考えること．また，その考え．Ⓔa plan; a project. 㣴계획．「政府は留学生を10万人受け入れることを計画している//夏休みの旅行の計画を立てる//町の将来の計画」→計

けいかん 【警官】ケイカン 「警察官」を略した言い方．警察の仕事をする役人．Ⓔa policeman. 㣴경관，경찰관．「警官が泥棒を追いかけて捕まえた//交通整理の警官//婦人警官//→交番**図**
参「警察官」には階級があり，そのいちばん下が「巡査」．「警官」は特に「巡査」をさ

すことが多い.「巡査」の親しみをこめた言い方が「おまわりさん」.

けいき【景気】ケイキ ①社会の経済活動の状態. ⒺBusiness (conditions). 㻬경기.「今年は景気が悪いが, 来年は回復するだろう//景気が停滞する//不景気(→**項目**)」②商売などで利益が出ているかどうかということ. Ⓔbusiness. 㻬경기.「あの店は客がたくさん来て景気がいい」③元気のいい動きや力があること. Ⓔa lively, roused state. 㻬기운, 기세.「酒を飲んで景気をつける(=元気を出す)//どうしたの? 朝から景気の悪い顔をして」

けいぐ【敬具】ケイグ「つつしんで申し上げます」の意味で, 手紙の終わりに書くあいさつのことば.「拝啓」などと書きはじめた手紙文の終わりに使う. ⒺYours truly; Sincerely yours. 㻬경구, 경백. 書

けいけん【経験】ケイケン〔~する〕実際に見たり, したりすること. また, それによってえた知識や技術. Ⓔexperience. 㻬경험.「外国で暮らして, いろいろ珍しい経験をした//若いうちになんでも経験してみるほうがいい//経験を積む//経験が浅い」→体験

けいこ【稽古】ケイコ〔~する〕音楽, 踊り, お茶などの芸ごとや, 柔道などの武道を習ったり練習したりすること. Ⓔpractice; a lesson. 㻬배움, 익힘, 연습.「京子は毎日, 家でピアノをけいこしている//週に1度, お花のけいこに通う」

けいご【敬語】ケイゴ 聞き手や話の中の人に対し, 敬意を表したり, 丁寧に言ったりすることば. Ⓔan honorific expression. 㻬경어.「目上の人, 親しくない人と話すときは, 敬語を使う」

参「いらっしゃる」などの「尊敬語」,「申し上げる」などの「謙譲語」,「お茶」や「です」「ます」などの「丁寧語」がある.

けいこう【傾向】ケイコー ①ものごとが, ある方向に向かうこと. Ⓔa trend; a tendency. 㻬경향.「若い会社員の間では仕事よりも自分の時間をたいせつにする傾向が出てきている//農村の人口は減少の傾向を示している」②人の考え, 行動, 性質が, ある方向に強く向いていること. Ⓔa tendency. 㻬경향.「洋子は, なんでも悲観的に考える傾向がある//保守的な傾向」

げいごう【迎合】ゲイゴー〔~する〕相手によく思われようとして, 簡単に相手の考えや好みなどに調子を合わせること. Ⓔcater to; go with. 㻬영합.「あの新聞は, おもしろそうなことばかり記事にして読者に迎合している//世論に迎合した政策」

けいこうとう【蛍光灯】ケイコートー 熱を出さないで明るい光を出す照明器具. Ⓔa fluorescent light. 㻬형광등.「蛍光灯をつける」数 1本

けいこく【警告】ケイコク〔~する〕危険などを防ぐため, 強いことばで注意すること. また, その注意. Ⓔwarn; caution. 㻬경고.「石を投げて騒ぐ群衆に, やめなければ逮捕すると, 警官隊は警告した//タバコは肺にも心臓にもよくないと, 専門家は警告している」

けいさい【掲載】ケイサイ〔~する〕新聞, 雑誌などに文章や写真や広告などを載せること. Ⓔcarry; appear; run. 㻬게재.「留学生との交流の記事が雑誌に掲載されている//新聞に広告を掲載する」

けいざい【経済】ケイザイ ①ものの生産から消費までの社会の活動や仕組み. Ⓔeconomy. 㻬경제.「資源も労働力も豊かで, 国の経済は安定している//経済援助//自由経済」②生活の中で, 金に関すること. Ⓔfinance. 㻬경제.「収入が少なくて, わが家の経済は

苦しい//まだ学生で経済力がない」
③金や時間などがかからないこと. Eeconomy; save. 한경제, 절약.「車より飛行機を使ったほうが時間の経済になる//経済観念（Ea sense of economy. 한경제 관념.)」対不経済

けいざいてき【経済的】ケイザイテキ ①経済に関係のあるよう. Eeconomic. 한경제적.「経済的理由で学校をやめた」②むだな金や時間などを使わなくてすむよう. Eeconomical. 한경제적.「学生割引を上手に利用すると経済的だ//一般に、1人より2人で暮らすほうが経済的だ」対不経済

けいさつ【警察】ケイサツ 人々が安心して生活できるように、生命、財産を守り、犯罪などを取り締まる、公の機関. Ethe police. 한경찰.「お金を拾ったので、警察にとどけた//泥棒に入られたので、警察を呼んだ//警察官（→警官項目）」

けいさん【計算】ケイサン〔～する〕①数や量を数えること、または、数学の式などを使って答えを出すこと. Ecalculation; figures. 한계산.「おつりの計算をまちがえる//計算が速い//計算が合う//大型計算機」②予定の中に入れて考えておくこと. Etake a thing into account; figure. 한계산, 고려.「大雪のときは、電車の遅れを計算して早めに家を出る//計算どおりうまくいった」

けいし【軽視】ケイシ、ケイシ〔～する〕軽くみること、だいじではないと思うこと. Emake light of. 한경시.「小さなミスを軽視したため、大きな事故が起こった//人命軽視」対重視

けいじ【刑事】ケイジ ①犯罪を調べ、犯人逮捕などの仕事をする警官. Ea (police) detective. 한형사.「近所の殺人事件のことで刑事が調べにきた」②殺人や強盗など、刑法に関する事件. Ea criminal case.

한형사(사건).「刑事裁判（Ea criminal trial. 한형사 재판.)//刑事事件」対民事

けいじ【掲示】ケイジ〔～する〕多くの人に知らせたいことを書いて、壁などにはりだすこと、また、そのもの. Ea notice; a bulletin. 한게시.「合格者の名前を掲示する//工場の入り口に『立入禁止』の掲示を出す//掲示板」

けいしき【形式】ケイシキ ①なにかをするときの決まった形、やり方. Ea form. 한형식.「試験は面接の形式でする//形式に合わせて手紙を書く」対内容 ②内容に意味がなく形だけのこと. Ea formality. 한형식.「形式だけのあいさつや贈り物なら、しないほうがいい//形式を重んじる」対内容

けいしきてき【形式的】ケイシキテキ ①形式としてはそれでいいよう. Eformally. 한형식적.「書類を形式的にととのえて出す//結婚の届けを出すと、形式的に夫婦として認められる」対実質的 ②形式を重視し、内容がともなわないよう. Esuperficial; conventional. 한형식적.「心のこもらない形式的なスピーチは、聞いていてつまらない」対実質的

けいしゃ【傾斜】ケイシャ〔～する〕斜めになること、また、その程度. Eslope; an inclination. 한경사, 물매.「この坂は15度傾斜している//ゆるやかな傾斜の山をスキーですべっておりる//屋根の傾斜」

げいしゃ【芸者】ゲイシャ 宴会などで、日本髪、着物姿で酒の相手をし、歌や踊りで客を楽しませることを職業としている女性. Ea geisha. 한기생, 예기.「芸者が宴会の席をもりあげる」

げいじゅつ【芸術】ゲイジュツ、ゲイジュツ 音楽、絵、彫刻、文学、演劇、写真など、美の表現を目的とした人間の創作活動. また、その作品. Eart. 한예술.「美しい建築は

空間の芸術といえる//芸術的な写真//芸術家」

けいしょう 【敬称】ケイショー 人を尊敬して呼ぶ言い方．また，そのために名前の後につけて使うことば．「さま」「さん」「殿」など．Ｅan honorific title. 韓경칭, 존칭.「『お父さん』だから，他人に話すときは，『父』と言ったほうがいい//『田中』に敬称をつけて『田中さん』と呼ぶ//敬称略」 対謙称

けいせい 【形成】ケイセイ〔～する〕まとまった形につくること．Ｅform; build up. 韓형성.「いくつかの部族が集まって，古代国家を形成した//青年期に人格が形成される」

けいぞく 【継続】ケイゾク〔～する〕前からの状態や活動が続くこと．また，続けること．Ｅcontinue; go on. 韓계속.「まだまだ審議は継続する予定だ//これまでどおり，相手方と交渉を継続する」

けいそつ 【軽率】ケイソツ なにかをするときに，じゅうぶんに考えないで決めたり行動したりするよう．Ｅrash; hasty; thoughtless. 韓경솔.「相手のことをよく知りもしないで結婚を決めたのは軽率だった//軽率な行動」 対慎重

けいたい 【形態】ケイタイ 組織など，まとまったものの形．Ｅ(a) form; (a) shape. 韓형태.「日本の経済は資本主義の形態をとっている//社会によって家族の形態が異なる」

けいたい 【携帯】ケイタイ〔～する〕身につけて持ち歩くこと．Ｅcarry ～ with one; portable. 韓휴대(용).「車を運転するときは，必ず運転免許証を携帯すること//携帯ラジオ」

けいちょう 【傾聴】ケイチョー〔～する〕話などを熱心に聞くこと．Ｅlisten attentively to. 韓경청.「講演を熱心に傾聴する//あの学者の説は傾聴に値する(＝聞いて理解するだけの価値がある」

けいと 【毛糸】ケイト 羊の毛などからつくった糸．Ｅwoolen yarn. 韓털실, 모사.「毛糸でセーターを編む//毛糸の靴下//毛糸玉」 数 1本・1玉 →編む 図

けいとう 【系統】ケイトー ①関係のあるとがらを，ある１つの考えにしたがって順序正しく並べたもの．Ｅa system. 韓계통.「動物の種類を系統を立てて説明する//バス路線の系統図//電気系統」②同じ血や特徴を持つもののつながり．Ｅa family; descent. 韓혈통, 계통.「イタリア語とフランス語は同じ系統の言語だ//わたしの背が低いのは母方の系統を引いているからだ」

けいとう 【傾倒】ケイトー〔～する〕①あることを高く評価したり，ある人を心から尊敬したりして，すっかり夢中になること．Ｅhave great esteem for. 韓경도, 심취함.「A教授の新しい言語理論に傾倒している」②ある仕事の重要性を認め，それに全部の力を使うこと．Ｅdevote oneself to. 韓진력, 기울임.「この10年，地震予知の研究に全力を傾倒してきた」

げいのう 【芸能】ゲイノー 映画，演劇，歌，踊り，落語など，人々を楽しませるもの．Ｅpublic entertainment; performing arts. 韓예능, 연예.「テレビや映画で活躍している芸能人//大衆芸能//芸能界」

けいば 【競馬】ケイバ 馬に乗ってする競走．特に，プロの騎手が乗って競馬場を走り，観客に順位を予想させるかけごと．Ｅhorse racing. 韓경마.「競馬に金をかける//競馬でもうける//草競馬」

けいはく 【軽薄】ケイハク ことばや態度がふまじめで心がこもっていないよう．Ｅfrivolous; flippant. 韓경박.「軽薄な行動は人に誤解されやすい//軽薄な態度」 対重厚

けいばつ【刑罰】ケイバツ 国が、法律を守らなかった者に加える罰。Ⓔa punishment; a penalty. 🇰🇷형벌。「人を殺した者には、重い刑罰が加えられる//刑罰を受ける」

けいひ【経費】ケイヒ ものごとをするのに必ずかかる金。Ⓔcosts; expenses. 🇰🇷경비。「売り上げから経費を引くと利益はほとんどなくなる//経費を節約する//必要経費」

けいひん【景品】ケイヒン 商品を買ってくれた客に、お礼としてあげる品物。また、催し物に集まった客に無料で配る品物。Ⓔa premium; a free gift. 🇰🇷경품。「ビールを6本買うと、グラスの景品がついてくる//くじで景品が当たる//景品つき大売り出し」

参「おまけ」も似ているが、「おまけ」が、値引きの代わりに商品にそえるものを一般的にいうのに対して、「景品」は、特に商品に最初からつけてあるものや、くじで当たるものについていう。

けいべつ【軽蔑】ケイベツ〔~する〕自分よりもおとっていると決めて、人やものごとを見下すこと。Ⓔcontempt; scorn; disdain. 🇰🇷경멸。「本好きの姉は、漫画はくだらないと軽蔑している//軽蔑したような笑い」対尊敬

けいほう【刑法】ケイホー なにが犯罪になるか決めて、その刑罰を定めた法律。Ⓔcriminal law; the Penal Code. 🇰🇷형법。「刑法に照らして罰する//刑法の解釈」

けいみょう【軽妙】ケイミョー 文章、話し方、演技などが、軽い感じでうまいようす。Ⓔlight and easy; witty. 🇰🇷경묘。「あの作家は、ユーモアのある軽妙な文を書く//気のきいた軽妙な司会で楽しませる//軽妙洒脱(Ⓔsmart and refined. 🇰🇷경묘 쇄탈。)」

けいむしょ【刑務所】ケイムショ、ケイムショ 罪をおかし、裁判で刑の決まった者を、その期間入れておく所。Ⓔa prison; a jail. 🇰🇷교도소。「殺人の罪で15年間刑務所に入っていた」

参 まだ刑の決まっていない者は「拘置所」に入れられる。

けいやく【契約】ケイヤク〔~する〕法律的に効果のある約束をすること。また、その約束。Ⓔa contract. 🇰🇷계약。「アパートを借りる契約をする//契約を結ぶ//契約を取り消す//売買契約」

けいゆ【経由】ケイユ、ケイユ〔~する〕目的地に行く途中、ある場所を通っていくこと。Ⓔvia; by way of. 🇰🇷경유。「この飛行機は、香港を経由してシンガポールへ行く//米原経由金沢行きの列車」

けいようし【形容詞】ケイヨーシ 文法上の単語の分け方の1つ。性質や状態、感情などを表すことばのうち、「~い」で終わり、活用するもの。Ⓔan adjective. 🇰🇷형용사。「『高い』『忙しい』『うれしい』などは形容詞だ」

参 形容動詞を「な形容詞」ということもあるが、そのばあいはふつうの形容詞を「い形容詞」という。

けいようどうし【形容動詞】ケイヨードーシ 文法上の単語の分け方の1つ。性質や状態、感情などを表すことばのうち、「~だ」で終わり、活用するもの。Ⓔan adjective verb. 🇰🇷형용동사。「『きれいだ』『静かだ』『嫌いだ』などは形容動詞だ」

参 名詞に続く形が「きれいな」「静かな」となるので「な形容詞」ということもある。

けいりょう【計量】ケイリョウ、ケイリョー〔~する〕重さ、量などをはかって数字で表すこと。Ⓔweigh; measure. 🇰🇷계량。「試合前に、選手の体重を計量する//米や砂糖を正確に計量する//計量カップ」書

けいりん【競輪】ケイリン 自転車に乗ってする競走。特に、プロの選手が競輪場を走り、観客に順位を予想させるかけごと。Ⓔ

けいれき【経歴】ケイレキ その人がどういう学校を出て、どのような仕事をしてきたか、どんな社会的立場にあったかなどということ。Ⓔone's personal history; a career. 韓経력.「候補者の経歴を紹介する//A氏はB大学を卒業後、教師と会社員をへて、現在は作家という経歴の持ち主だ」

けいれん【痙攣】ケイレン〔～する〕動かすつもりはないのに、筋肉が急にかたくなって震えること。Ⓔbe convulsed; a fit of convulsion. 韓경련.「泳いでいるとき、急に足がけいれんして驚いた//けいれんを起こす//胃けいれん(Ⓔstomach cramps. 韓위경련。)」

ケーキ(cake)ケーキ 洋菓子の一種。小麦粉、牛乳、砂糖、卵などを使って型に入れて焼いたもの。Ⓔa cake. 韓케이크.「クリスマス用のケーキを焼く//イチゴのショートケーキ」

ケース(case)ケース ①入れ物。Ⓔa case. 韓케이스, 상자, 용기.「ビデオテープをケースにしまう//めがねのケース」②実際の例。また、そのことが起きたときの事情。Ⓔa case; an example. 韓경우, 사정, 사례.「若い人の交通事故は、スピードの出しすぎのケースが多い//特殊なケース//ケースバイケース(=それぞれのばあいに合わせること)」
参①は「箱」と似ているが、「箱」が中に入れるものが決まっていないことが多いのに対して、「ケース」は入れるものが決まっているそれぞれの入れ物をいう。

ゲーム(game)ゲーム ①ルールにしたがって、勝ち負けや点を争う遊び。Ⓔa game. 韓게임.「みんなでトランプのゲームをして遊ぶ//テレビゲーム(Ⓔa TV game. 韓텔레비전 게임。)//ゲームセンター(Ⓔa penny arcade. 韓게임 센터。)」②スポーツで勝ち負けを争うこと。試合。Ⓔa game. 韓경기.「きょうのゲームは雨で中止になった//ゲームの開始は10時だ」
参②はスポーツの中でも、おもに野球などボールを使う競技にいう。

けおりもの【毛織物】ケオリモノ、ケオリモノ 羊など動物の毛で織った布。Ⓔwoolen cloth. 韓모직물.「イギリスのヨークシャーは毛織物の生産地として有名だ//毛織物工業」

けが ケガ〔～する〕不注意や事故などで、体に傷がつくこと。Ⓔan injury; a wound. 韓상처；부상.「自転車で転んで、足にけがをした//大けが//けが人」
参「傷」も似ているが、「けが」をした結果、手足などにできたものが「傷」である。「転んでけがをした」の「けが」を「傷」に、「傷が痛い」「傷を縫う」の「傷」を「けが」に置きかえることはできない。また、事故や不注意などで「けが」をするが、手術のとき切ったりした跡は「傷」である。

けがの功名 失敗したと思ったことがいい結果になること。Ⓔa lucky hit; a fluke. 韓실수가 가져온 뜻밖의 좋은 결과.「染色で、入れる薬をまちがえたが、予想以上にいい色に染まり、けがの功名と喜んでいる」

げか【外科】ゲカ 医学の一分野。病気やけがを、手術など、外から手を加えて治す。Ⓔsurgery. 韓외과.「心臓のぐあいが悪く、内科の薬だけでは治らないので、外科で手術してもらう//外科医(=外科の医師)」対内科

けが・す【汚す】ケガス、ケガス〔他動五〕(けがして) 美しいものをきたなくしたり、価値を下げたりする。Ⓔdisgrace; defile. 韓더럽히다.「不名誉なことをして名をけがす//末席をけがす(=地位または会合の席にいることの謙遜した言い方)」対清める 自動汚れる

参「よごす」も似ているが、「よごす」がものをきたなくすることに使うのに対して、「けがす」は精神的な面に使う.

けがらわし・い【汚らわしい】ケガラワシイ 心や行いがきたなくて、近づくと自分まできたなくなりそうで、いやだ. Ⓔdisgusting; odious. 햅더럽다, 추접스럽다.「あの2人の不正な取り引きは口にするのもけがらわしい」

けが・れる【汚れる】ケガレル〔自動一〕清らかなものがきたなくなる. また、純粋さがなくなる. Ⓔbe defiled; be polluted. 햅더러워지다, 더럽혀지다.「人をだまして金もうけすることばかり考えているうちに、心がけがれてしまった//けがれた金(Ⓔill-gotten money. 햅더러운 돈；부정한 돈.)」名 汚れ 他動 汚す

参「よごれる」も似ているが、「よごれる」がものがきたなくなることに使うのに対して、「けがれる」は精神的な面に使う.

げき【劇】ゲキ 舞台で、身ぶりとことばを使って物語などを表現するもの. Ⓔa play; (a) drama. 햅극.「学校で子供たちがクリスマスの劇をする//シェークスピアの劇はおもしろい//喜劇(→**項目**)//悲劇(→**項目**)」

参「演劇」「芝居」も似ているが、「演劇」には芸術的な劇という意味がふくまれる. また、「芝居」は「芝居見物」というように娯楽のための劇という意味が強い. したがって、子供が学校で表現練習の1つとしてするものは「劇」になる.

げきが【劇画】ゲキガ 漫画のように紙面を区切って、写実的な絵で表現した物語. Ⓔcomics with a realistic narrative. 햅극화.「わたしは、ユーモアのある短い漫画よりも、ドラマチックな劇画のほうが好きだ」

げきじょう【劇場】ゲキジョー 演劇、映画などを客に見せるための建物. Ⓔa theater. 햅극장.「新しくできた劇場へ『三人姉妹』を見に行く//オペラ劇場//国立劇場」

げきつう【激痛・劇痛】ゲキツー がまんできないような激しい痛み. Ⓔan acute pain. 햅격통, 극통.「スキーで転んだとたん、足に激痛を感じた//夜中に激痛におそわれた」対 鈍痛

げきてき【劇的】ゲキテキ 劇の一場面のように、人の心を動かしたり、実際にありそうもないことや変化が起こったりするようす. Ⓔdramatic. 햅극적.「アンナは踊り子からデザイナーになり、最後は大統領になるという劇的な生涯を送った//戦争で別れた兄との30年ぶりの再会はまさに劇的だった」

げきど【激怒】ゲキド〔~する〕激しく怒ること. Ⓔwild rage; violent anger. 햅격노.「市長が選挙のときの約束を簡単に破ったので、市民は激怒している//父は激怒のあまり、ものも言えなくなった」

げぎらい【毛嫌い】ケギライ〔~する〕はっきりした理由もなく、感情的にいやだと思うこと. Ⓔhave an instinctive dislike of. 햅까닭없이 괜히 싫어함.「母は聞いたこともないのに、ロックミュージックを毛嫌いしている」

げきれい【激励】ゲキレイ〔~する〕がんばれと人を元気づけること. Ⓔencourage. 햅격려.「優勝するまでがんばってと選手たちを激励する//激励の手紙を書く」

げきれつ【激烈・劇烈】ゲキレツ 非常に激しいようす. Ⓔsevere; fierce. 햅격렬, 극렬.「受験者1000人に対し合格者5人という激烈な競争を勝ち抜いた//激烈な争い」

けさ【今朝】ケサ きょうの朝. Ⓔthis morning. 햅오늘 아침.「けさは、いつもより早く起きた//けさ早く東京に着いた」

げし【夏至】ゲシ、ゲシ 太陽が赤道からいちばん北へ離れたとき. 北半球では1年じゅうで昼間の時間が最も長い日. 毎年6月21

日ごろ. Ethe summer solstice. 한하지.「夏至のころは夕方7時を過ぎてもまだ明るい」対冬至 →残暑

けしか・ける ケシカケル, ケシカケル〔他動一〕①犬などの動物に勢いをつけるように声をかけて, 攻撃させる. Ehound (a dog) on. 한 (개 등을) 부추겨 덤벼들게 하다.「闘犬は, 犬どうしをけしかけて戦わせる」②他の人にいろいろなことを言って勢いづけ, 自分の思っている行動をとらせようとする. Eincite; urge on. 한꼬드기다, 선동하다.「年とった両親をけしかけて, はじめての外国旅行に行かせた」

けしき 【景色】ケシキ 目に映る, 山や海や川などの自然の姿. Escenery; a view; a scene. 한경치, 풍경.「山を登りながら, アルプスの美しい景色に見とれた//雪景色」
参「風景」も人の目に映るまわりのようすという点では似ているが,「風景」が「家庭の団欒風景」「都会の風景」というように自然以外にも使うのに対して,「景色」はおもに自然についていう.

けしゴム 【消しゴム】ケシゴム 鉛筆で書いた字などを消すのに使うもの. Ean eraser. 한지우개.「まちがえた漢字を消しゴムで消して書き直す」→文房具図

けじめ ケジメ, ケジメ はっきりさせる必要のある区別. Ea line; a distinction. 한구분, 구별.「政治家として公私のけじめをつける//テレビを見ながら宿題をするような, 勉強と遊びのけじめがないのはだめだ」

げしゃ 【下車】ゲシャ, ゲシャ〔~する〕電車, バスなどから降りること. Eget off (a train); get out of (a car). 한하차.「大阪へ行く途中, 京都で下車して金閣寺を見てきた//途中下車」対乗車

げしゅく 【下宿】ゲシュク〔~する〕金を払って, よその家の部屋を借りて住むこと. ま た, その家や部屋. 食事をつくってもらうこともある. Eroom; board; a lodging house. 한하숙.「学校の近くの田中さんのところに下宿しています//安い下宿をさがす//下宿人//下宿料」

げじゅん 【下旬】ゲジュン 1月を3つに分けたうちの最後の約10日間, 21日から月の最後の日まで. Ethe end of a month. 한하순.「12月の下旬は, クリスマスや, 正月の用意で忙しい」関連上旬, 中旬

けしょう 【化粧】ケショー〔~する〕①口紅や粉などをぬって, 顔を美しくつくること. Emakeup. 한화장.「化粧してとてもきれいになった//化粧室(Ea dressing room; a rest room. 한화장실.)//化粧品」②外側をきれいに見えるように飾ること. Egive (a building) a face lift. 한단장, 치장.「古い建物の壁をぬりかえて化粧した//雪化粧」

け・す 【消す】ケス〔他動五〕(けして)①火をなくす. Eput out; extinguish. 한 (불을) 끄다.「消防車が駆けつけて火を消した//ろうそくを消す」対つける
②電気やガス器具の働きを止める. Eturn off. 한 (전기·가스 등을) 끄다.「教室の電気を消す//お湯が沸いたらガスを消してください」対つける
③見えるもの, 音, におい, 感情などをなくす. Eerase; counteract; remove. 한지우다, 없애다.「黒板の字を消す//毒を消す//においを消す」
▷自動消える

げすい 【下水】ゲスイ 台所, ふろ場, トイレなどで使ったあとのよごれた水. また, その水を流す設備. Ea drain; sewage. 한하수.「下水がつまって水があふれる//下水管//下水道(Ea sewer system. 한하수도.)」対上水

けず・る【削る】ケズル〘他動五〙(けずって) ①刃物などで、ものの表面を薄く切り取る. Eshave (wood); sharpen (a pencil). 韓깎다.「木の枝をけずってはしをつくる//ナイフで鉛筆をけずる//しのぎをけずる(→項目)」②全体のうちの一部分を取り去る. Edelete; cut down. 韓줄이다, 삭감하다; 삭제하다.「文章が長すぎたので、50字ほどけずった//予算をけずる」

けた ケタ 数の位. 十進法では、10倍ごとにつけていくことばで、2は1けた、22は2けた、222は3けたになる. Ea figure; a digit. 韓자릿수.「1000と100では1けた違う//小数点以下3けたまで計算せよ」

けたが違う 数や量や程度にたいへんな違いがある. Ebe no comparison. 韓차원이다르다, 현격한 차이가 있다.「国の予算と市の予算では、けたが違う」似た表現 けた違い

げた ゲタ 日本のはきもの. 木の板に歯とはなおがついている. Egeta; Japanese wooden clogs. 韓왜나막신.「ゆかたを着てげたをはく//げたばき住宅(=1階が商店などで、2階以上が住宅になっている建物)」数1足 〔げた〕

げたを預ける 問題の解決方法などを、だれかにすっかりまかせる. Eleave everything to; pass the ball. 韓만사를 맡기다, 일임하다.「就職をA社にするかB社にするか決められなくて、父にげたを預けてしまった」

げたを履かせる 実際の得点や数や量よりも多くする. Ejack up (the scores in a test). 韓실제보다 점수를 올리다.「点が悪すぎるから、げたをはかせても合格点にとどかない」話

けたたまし・い ケタタマシイ 人を驚かすような、大きな音や声が突然ようすだ. E screaming; shrill. 韓요란하다.「サイレンをけたたましく鳴らして、消防自動車が走っていく//けたたましい叫び声」

けたはずれ【けた外れ】ケタハズレ ふつうと比べて、程度や数や量が非常に違っていること. Eextraordinary. 韓월등함.「東京の土地の値段は、全国の平均と比べると、けた外れに高い」

けだる・い ケダルイ, ケダルイ なんとなくだるい. Elanguid; lazy. 韓어쩐지 나른하다, 께느른하다.「熱がすこしあって、体がけだるい//けだるい春の日」

けち ケチ ①金やものなどをひどく惜しんで使いたがらないこと. また、その人. Estingy; miserly. 韓인색함; 구두쇠.「三郎はけちだから、姉が結婚するのにプレゼントもしない//1円のお金も出したがらないけちな人」②金がかかっていなくて、そまつに見えるようす. Eshabby; cheap. 韓초라함.「安売りのけちな洋服も、着なれるとよくなる」③心が狭くて、よくないようす. Epetty; narrow-minded. 韓비열함; 편협함.「ほかの人のアイデアを盗むなんて、けちなやつだ」▷他動 けちる

けちがつく なにかを始めるときに、先の見通しを暗くするような悪いことが起こる. Eget an unlucky break; be jinxed. 韓마가끼다.「あの地下鉄工事は、始めた日に事故があって、けちがついた」

けちをつける 人がなにかをするとき、いやなことを言って不安にさせる. Epick flaws with; throw cold water on. 韓트집을 잡다; 찬물을 끼얹다.「飛行機が落ちるかもしれないと、兄はわたしの旅行にけちをつける」

けちくさ・い ケチクサイ ①金やものを惜しんで、出すのをいやがる. Estingy; tight-fisted. 韓다랍다, 인색하다.「残業しても

夕食代も出さないとはけちくさい会社だ」②心が狭くて、小さいようす。Ｅnarrow-minded. 한쩨쩨하다.「目先の利益ばかり気にするようなけちくさい考えでは、大きな仕事はできない」▷話

けちけち ケチケチ〔～する〕金やものを出すのをいやがるようす。Ｅbe stingy; be sparing with. 한몹시 인색함.「兄は、本は高くても買うが、食事にはけちけちしている」

けちんぼう 【けちん坊】ケチンボー、ケチンボー「けちな人」のくだけた言い方。けちんぼ. Ｅa miser; a stingy fellow. 한구두쇠, 노랑이.「あいつはけちんぼうだから、100円だって貸してくれないと思うよ」話

けつあつ 【血圧】ケツアツ 心臓から血液を押しだすときの圧力。Ｅblood pressure. 한혈압.「怒ると血圧が上がる//血圧は上が120で下が90だった//血圧が高い//高血圧(→項目)//低血圧(→項目)」

けつい 【決意】ケツイ、ケツイ〔～する〕あることを実行しようとはっきり考えを決めること。また、その決めた考え。Ｅdetermine; resolution. 한결의、결심.「慎重に考えたうえで、会社をやめることを決意した//ついに離婚を決意した//決意を表明する//かたい決意」
参「決心」も似ているが、「決心」が個人的な問題について心を決めることをいうのに対して、「決意」は公的で重大な問題についてその意志をかためることをいう。

けつえき 【血液】ケツエキ 人や動物の体の中を流れている赤い液体。酸素や栄養分、体内でいらなくなったものを運ぶ。血。Ｅblood. 한혈액.「運動をすると、血液の循環がよくなる//輸血用の血液を集める//血液銀行//血液型」

けつえん 【血縁】ケツエン 親子、きょうだいなど、血のつながりのある関係。また、その人々。Ｅblood relation. 한혈연、혈족.「その社会では能力より血縁が重視される//血縁を頼って就職口をさがす//血縁関係」

けっか 【結果】ケッカ あることがもとで起こったこと。Ｅa result; a consequence. 한결과.「みんなで話し合った結果、旅行は日光へ行くことになった//毎日のトレーニングがいい結果を生む//試験の結果」対原因

けっかく 【結核】ケッカク 結核菌によって起こり、伝染する病気。Ｅtuberculosis. 한결핵(병).「戦前は、結核は治らない恐ろしい病気といわれた//結核にかかる//肺結核(Ｅpulmonary tuberculosis. 한폐결핵。)」

けっかん 【欠陥】ケッカン だいじなことで、ふじゅうぶんだったり悪かったりするところ。Ｅa defect; a flaw. 한결함.「教育制度の欠陥を改める//その車には構造上の欠陥がある//欠陥商品」

げっかん 【月刊】ゲッカン 雑誌などを毎月、定期的に刊行すること。Ｅmonthly. 한월간.「あの雑誌は月刊で、毎月7日に発売される//月刊誌」
参 発行する間隔によって、「日刊」「週刊」「季刊」などがある。

けつぎ 【決議】ケツギ、ケツギ〔～する〕会議で、なにかを決めること。また、その決めたこと。Ｅresolve; a resolution. 한결의.「ごみ処理工場の建設が市議会で決議された//決議案の提出//核兵器使用禁止の決議文」

げっきゅう 【月給】ゲッキュー 1ヵ月ごとに受け取る給料。Ｅa monthly salary; monthly pay. 한월급.「A社では、月給は毎月25日に支払われる//月給取り(＝サラリーマン)//月給日」

けっきょく 【結局】ケッキョク いろいろなことがあって最後として。Ｅafter all; in the end. 한결국.「마침내.「冬休みは国へ帰ろうかスキーに行こうか迷ったが、結局、東京

でアルバイトすることにした」

げっけい【月経】ゲッケイ 成熟した女性に起こる、子宮からの定期的な出血。メンス。生理。[E]menstruation; one's period. [한]월경.「月経が順調にある∥月経が1週間以上遅れている∥月経不順」

けっこう【結構】ケッコー ①たいへんいいよう す。[E]good; nice; splendid. [한]좋음, 훌륭함.「庭も広くて、結構なお住まいですね∥結構な品をいただきまして、恐縮です」② いまの状態でじゅうぶんであり、これ以上はいらないというようす。[E]don't need; No, thank you. [한]충분함, 필요 없음, 만족스러움.「お見送りは結構です∥もうじゅうぶんいただきましたから、おかわりは結構です」③ そうしてもかまわないようす。[E]will do. [한]괜찮음.「印鑑がなければサインでも結構です」④（副詞的に）じゅうぶんではないが、相当に。[E]pretty; fairly. [한]그런대로; 상당히, 제법.「あの映画は、前評判はあまりよくなかったが、けっこうおもしろかったよ」 ▷[話]
[注]④はひらがなで書く。
[参]①②③は丁寧な言い方。

けつごう【結合】ケツゴー〔～する〕別々のものが結びついて1つになること。また、1つにすること。[E]unite; combine. [한]결합.「酸素と水素が結合して水になる∥分子を結合する」

けっこん【結婚】ケッコン〔～する〕男女が正式に夫婦になること。[E]marriage. [한]결혼.「道子はジョージと結婚することに決めた∥結婚を申しこむ∥結婚披露宴（[E]a wedding reception. [한]결혼 피로연。）∥恋愛結婚」[対]離婚

けっさく【傑作】ケッサク ①すぐれたできばえ。また、その作品。[E]a masterpiece. [한]걸작.「この絵はピカソの作品の中でも特に傑作だ∥現代文学の傑作」[対]駄作、愚作 ② すこし変わっていて、笑いたくなるほどおかしいようす。[E]very funny. [한]별나고 우스꽝스러움.「猿の傑作な歩き方に、見ている人は大笑いした」 ▷[数]①1作・1点 [話]②

けっさん【決算】ケッサン〔～する〕会計年度など、ある決まった期間の収入、支出、損得の総計算。[E]settlement of accounts. [한]결산.「決算の結果、かなりの黒字が出ることがわかった∥わが社は3月が決算の時期だ∥決算報告」[対]予算

けっして【決して】ケッシテ（「決して～ない」の形で）どんなことがあっても～ない。[E]never; by no means. [한]결코, 절대로.「道路には、決してごみを捨てないでください∥二郎は約束には決して遅れない」 →断じて

げっしゃ【月謝】ゲッシャ 教えてもらうお礼に毎月払う金。[E]a monthly fee. [한]월사금, 수업료.「ピアノの先生に月謝を1万円払う∥月謝を納める」
[参]「授業料」も意味は同じだが、「授業料」が、ふつう、学校や塾などの組織に払うものであるのに対して、「月謝」は、個人教授などで教師に直接払うときにいう。

げっしゅう【月収】ゲッシュー 毎月の収入の金額。[E]a monthly income. [한]월수(입).「わたしの月収は約30万円だ∥サラリーマンの平均月収」

けっしょう【決勝】ケッショー スポーツやゲームなどの試合で、最後に第1位の人やチームを決めること。また、その試合。[E]the finals. [한]결승.「われわれのサッカーチームは勝ち進んだが決勝で負けてしまった∥決勝戦に出る」

けっしょう【結晶】ケッショー〔～する〕① 原子、分子などが規則正しく並び、形も規則正しい平面でかこまれた固体。また、そのような固体になること。[E]a crystal. [한]결정。

「虫めがねで雪の結晶を見る//ダイヤモンドは炭素が結晶してできたものだ」②愛，努力などの結果，すばらしいものができあがること．[E] a fruit. [韓]결정；결실，성과．「今回の優勝は，選手たちの血と汗の結晶だ//愛の結晶(＝子供)」

けっしん【決心】ケッシン，ケッシン〔〜する〕あることをしようと心を決めること．また，その決めたこと．[E] determine; resolution. [韓]결심．「大学院へ進むか就職するか，まだ決心がつかない//タバコをやめようと決心した//決心をかためる」→決意

けっせい【結成】ケッセイ〔〜する〕ある目的のために，人やグループが集まって組織をつくること．[E] form; organize. [韓]결성．「環境問題に関心のある人々が新しい政党を結成した」

けっせき【欠席】ケッセキ〔〜する〕会合や授業などを休むこと．[E] absence. [韓]결석．「病気で学校を欠席した//きょうの集まりは欠席が多い//欠席届」[対]出席

けつだん【決断】ケツダン〔〜する〕思いきって，はっきり決めること．[E] a decision; determination. [韓]결단．「手術するかどうか決断をせまられている//あらしの中を進むかもどるか意見が分かれたが，最後にリーダーが決断を下した//決断力」

けってい【決定】ケッテイ〔〜する〕ものごとを決めること．また，その決めたこと．[E] decide; determination. [韓]결정．「会社の新しい方針を決定する//先生の1言が，わたしの一生を決定した//決定をせまる//優勝決定戦」

けってん【欠点】ケッテン 性格や品物などの，ふじゅうぶんなところや悪いところ．[E] a fault; a defect. [韓]결점．「この掃除機の欠点は，力が弱いことだ//いい人だが，すこし短気なのが欠点だ//欠点を直す」[対]美点

[参]「短所」も似ているが，「短所」が他に比べておとっていることをいうのに対して，「欠点」はある基準にたりないことをいう．

けっとう【血統】ケットー 先祖から続いている血のつながり．[E] blood; descent; lineage. [韓]혈통．「マリーは13世紀から続く王家の血統を引いている//血統書([E] a pedigree. [韓]혈통서.)」

けっぱく【潔白】ケッパク 心や行いが正しくきれいで，悪いところがないこと．罪のないこと．[E] pure; innocence. [韓]결백．「その不正事件には関係していない．わたしは潔白だ//身の潔白を証明する//清廉潔白([E] integrity. [韓]청렴 결백.)」

げっぷ【月賦】ゲップ 買ったものの代金を，何カ月かに分けて払うこと．[E] a monthly installment plan. [韓]월부．「冷蔵庫を3カ月の月賦で買った//自動車の月賦販売」

けっぺき【潔癖】ケッペキ ①よごれてきたないことをひどく嫌う性質．[E] cleanly; fastidious. [韓]결벽．「一郎は部屋の掃除を，毎日，朝，昼，晩にするほど潔癖だ//潔癖性([E] mysophobia. [韓]결벽증.)」②不正などをひどく嫌い，すこしのまちがいも許せない性質．[E] meticulous; scrupulous. [韓]결벽．「小さな贈り物も決して受け取らない潔癖な役人もいる」

けつぼう【欠乏】ケツボー〔〜する〕必要なものがたりないこと．[E] (a) deficiency; (a) lack. [韓]결핍．「ビタミンAが欠乏すると，目が悪くなる//欠乏症([E] a deficiency disease. [韓]결핍증.)」

[参]「不足」も似ているが，「不足」が基準よりたりない，または，たりなく思うことであるのに対して，「欠乏」は客観的にみても絶対的に少ないこと．

けつまつ【結末】ケツマツ 進んでいたものごとの終わり．[E] an ending; an end. [韓]결

げつまつ【月末】ゲツマツ その月の終わり．Ethe end of the month. 한월말．「クレジットカードで買い物をして月末に支払いをする//月末残高(Emonthly balance. 한월말 잔고.)//月末払い」

げつようび【月曜日】ゲツヨービ 1週7日の2番目の日．日曜のつぎ，火曜の前の日．月曜．月．EMonday. 한월요일．「新学期は月曜日から始まる」

けつれつ【決裂】ケツレツ〔～する〕話し合いや交渉がまとまらないで，途中で終わりになること．Ebreak down; come to a rupture. 한결렬．「両国首脳の会談は，両者とも自国の立場を主張してゆずらず，とうとう決裂した」対妥結

けつろん【結論】ケツロン，ケツロン〔～する〕話し合ったり考えたりして，最後にまとまった考えを出すこと．また，その考え．Ea conclusion. 한결론．「5時間も話し合って，やっと1つの結論に達した//結論を急ぐ」

げてもの ゲテモノ ふつうの人は好まないような変わったもの．Ebizarre things. 한괴상한 것，이상 야릇한 것．「カエル，蛇などを使ったげてもの料理を出すレストラン//げてもの食い(Ea person with bizarre tastes in food. 한괴상한 음식을 즐겨 먹는 사람.)」話

けど ケド「けれども」のくだけた言い方．「『この車，かっこいいね』『けど，ちょっと買えないね，500万円もするんだよ』//冬休みにスキーに行きたいけど，金がないんだ(EI want to go skiing in the winter break, but I cannot afford it. 한겨울 방학 때 스키 타러 가고 싶지만 돈이 없단 말야.)//よくわからないんですけど」話

けとば・す【け飛ばす】ケトバス，ケトバス〔他動五〕(けとばして)①ものをけって飛ばす．けっとばす．Ekick away. 한내차다，걷어차다．「怒りをぶつけるように石をけとばした//思いっきりボールをけとばす」②きっぱりと断る．けっとばす．Ereject flatly. 한일축하다，물리치다．「車を買って，という息子の要求を一郎はけとばした」▷話

けども ケドモ「けれども」のくだけた言い方．「おいしいんだけども，ちょっと高いんだ(EAlthough it is tasty, it is a little bit expensive. 한맛있긴 하지만，좀 비싸다．)」話

けな・す ケナス〔他動五〕(けなして)本当の価値をよく考えずに悪く言う．Espeak ill of; run down. 한헐뜯다，깎아내리다．「友達はわたしの服を，センスがよくないとけなした//弟の絵をけなす」対褒める話

けねん【懸念】ケネン，ケネン〔～する〕悪い結果になりそうな気がして，不安がったり心配したりすること．Efear; be anxious about. 한걱정，근심；불안．「つゆに雨があまり降らなかったので，水不足が懸念される//働きすぎて病気になるのではないかと懸念している」

けはい【気配】ケハイ，ケハイ まわりのものごとから，なんとなくそう感じられるようす．Ea sign; an indication. 한기미，기척；분위기．「足音がして，人が来る気配がした//日が長くなり，春の気配が感じられる」

けばけばし・い ケバケバシイ 服装や飾りなどが非常にはでで，下品な感じだ．Eshowy; garish. 한현란하다，야하다．「夜の盛り場には，けばけばしいネオンが輝いている」

けびょう【仮病】ケビョー 病気でないのに，病気のように見せること．Epretend to be sick. 한꾀병．「かぜをひいたと仮病を使って学校を休む」

げひん 【下品】ゲヒン ことば,動作,趣味などが悪く,ほかの人にいやな感じを与えるようす. Ⓔvulgar; coarse. 한상스러움,천함.「食事中に大きな声で笑ったり,大きな音を立てて食べたりするのは下品だ//下品なことばづかい」対上品

けむ・い 【煙い】ケムイ 煙のために,目を開けたり息をしたりしにくい.煙たい.煙ったい. Ⓔsmoky. 한냅다.「庭で,ぬれた落ち葉を燃やしたら,煙かった//この事務所はタバコを吸う人が多く,煙くて困る」

けむた・い 【煙たい】ケムタイ,ケムタイ ①⇨煙い「落ち葉を燃やしていたら,煙たくて涙が出た」②気軽に話しかけたり近づいたりしにくくて,窮屈だ.煙ったい. Ⓔfeel awkward; unapproachable. 한거북하다.「わたしは子供のころ,厳しい父が煙たくて近づかないようにしていた」▷話

けむにまく 【煙に巻く】ケムニマク 大げさなことや意外なことを言って,相手をぼうぜんとさせたりごまかしたりする. Ⓔmystify; bewilder. 한현혹시키다,어리둥절하게 하다.「伯父はいつも自分の奇妙な発明の話をして,みんなをけむに巻く」

けむり 【煙】ケムリ ①ものが燃えたり焼けたりするときに出る,色がついた気体. Ⓔsmoke. 한연기.「煙突から煙が立ちのぼっている//火事で煙に巻かれて死ぬ」②「①」のように立ちのぼるもの. Ⓔsmokelike substances. 한연기처럼 피어오르는 것;〜김,〜먼지,〜보라.「湯の煙//土煙//水煙//雪煙」▷自動煙る

煙と消える 夢,希望などがまったくなくなる. Ⓔvanish; go up in smoke. 한연기처럼 사라지다.「株で損をして,マイホームの夢は煙と消えた」

煙になる ①焼けてすっかりなくなる. Ⓔgo up in flames. 한연기와 함께 사라지다.「美術館の火事で,名画がすべて煙になってしまった」 ②死んで火に焼かれる. Ⓔbe cremated. 한연기가 되어 사라지다.「わたしをかわいがってくれた祖母も,とうとう煙になってしまった」

けむ・る 【煙る】ケムル〔自動五〕(けむって) ①煙が出る. Ⓔsmoke; smolder. 한연기가 나다,연기를 내다.「たき火が煙って目が痛い//灰皿の中でタバコが煙っている」②煙があるように,かすんで見える. Ⓔlook dim. 한부예지다,흐려 보이다.「雨に煙って,川の向こうがよく見えない」▷名煙

けもの 【獣】ケモノ 体全体に毛が生え,野山にすむ4本足の動物.けだもの. Ⓔa beast; a brute. 한짐승.「山のけものが食べ物をさがしに村に下りてくる//けもの道」数1頭・1匹

げらく 【下落】ゲラク〔〜する〕①値段が低くなること. Ⓔcome down; a fall. 한하락.「豊作で野菜の値段が下落している//物価の下落」対高騰,騰貴 ②程度や段階が下がること. Ⓔdecline; a fall. 한하락.「インフレで生活の質が下落した//権威の下落」

げらげら ゲラゲラ 大きく口を開け,大声で笑うようす.「テレビを見ながら兄はげらげら(と)笑っている(ⒺMy brother is laughing uproariously watching television. 한텔레비전을 보면서 형은 껄껄 웃고 있다.)」

げり 【下痢】ゲリ〔〜する〕大便が水のような状態で出ること. Ⓔdiarrhea. 한설사.「食べた魚が古かったのか,ひどい下痢をした//下痢止め(=下痢を止める薬)」対便秘

け・る ケル〔他動五〕(けって) ①足の先などでものを勢いよく飛ばす. Ⓔkick. 한차다.「ボールをけってゴールに入れる//空き缶をけったら,からからと音がした」②要求や提案などを強い調子で断る. Ⓔrefuse; turn down. 한일축하다.「会社側は労働組合の要求をけった//相手の提案をけって別の案を出す」

けれど ケレド「けれども」のくだけた言い方.「頭は痛いけれど熱はない//ちょっとお願いがあるんですけれど(E I have a favor to ask of you. 한부탁이 좀 있습니다만.)」話

けれども ケレドモ ①(文と文をつないで)前にいったことと違うことを後でいうときに使うことば.「日本経済は確かに発展した. けれども, 国民の生活はあまり豊かでない(E No doubt the Japanese economy has developed. But the daily life of the people is not very comfortable. 한일본 경제는 확실히 발전했다. 그러나 국민 생활은 그다지 풍요롭지 못하다.)」②(動詞, 形容詞, 形容動詞の基本形について)(1)前置きを表す.「わたしの経験から言うんですけれども, 年をとって住む所が変わるのはよくないですね(E It's only my experience, but I don't think it is good for people to move when they get on in years. 한저의 경험에서 말씀드립니다만, 나이 들어서 사는 곳이 바뀌는 것은 좋지 않습니다.)」(2)前のことと反対であることを表す.「髪は白いけれども, 元気そうな女性だ(E Her hair is gray, but she seems energetic. 한머리는 백발이지만, 정정해 보이는 여성이다.)//長い時間働いているけれども, 給料は少ない」(3)(文の終わりについて)表現をやわらかくする.「アパートを借りるために, いますぐ30万円いるんですけれども(E In order to rent an apartment, I need 300,000 yen right away. 한아파트를 빌리기 위해서 지금 당장 30만엔이 필요합니다만.)//早くしないと, 間に合わないんですけれども」

▷→なのに

参 くだけた言い方は「けれど」「けど」「けども」.

けろりと ケロリト〔~する〕なにも起こらなかったように平気でいるようす. けろっと. E as if nothing had happened; just; entirely. 한태연하게；씻은 듯이, 깨끗이.「きのうの頭痛は, 1晩寝たらけろりと治った//けろりと忘れてしまった」話

けわし・い【険しい】ケワシイ ①山や坂などの傾斜が急だ. E steep. 한가파르다.「あの山はけわしくて, わたしには登れない//けわしい坂を上ったので息が苦しい」②きつくて, こわい感じる. E severe; grim. 한험상궂다.「約束の時間に遅れて行ったら, 道子にけわしい目つきでにらまれた」③困難や危険が起こりそうだ. E rocky going; serious. 한험난하다.「時間も費用もかかり, この研究の前途はけわしい」

けん【券】ケン ①切符. E a ticket; a coupon. 한표；～권.「友達から映画の券をもらった//入り口で券をお見せください//券売機(→項目)//回数券/乗車券(→項目)」②(他のことばの後について)金額や条件などを証明する書類.「商品券. E a gift certificate. 한상품권.)//株券/旅券(→項目)」
▷数 ①1枚

けん【県】ケン 行政上の1つのまとまり. 都, 道, 府と同等の地方公共団体. たくさんの市, 町, 村からできている. E a prefecture. 한현.「この体育館は, 県の予算で建てられた//日本の地域は行政上, 1都, 1道, 2府, 43県に分かれている//県知事(E a prefectural governor. 한현지사.)//県庁(→項目)」

-けん【-軒】①(数を表すことばについて)家の数を表す.「去年, 郊外に小さい家を1軒建てた//火事で2軒焼けた(E Two houses were burned in the fire. 韓화재로 가옥 두 채가 불탔다.)」②(名詞について)飲食店などの名前を表す.「西洋軒//中央軒(ＥChuoh Restaurant. 韓주오 식당.)」

けんあく 【険悪】ケンアク ①悪いことが起こりそうな, 危険なようす. Ｅserious; tense. 韓험악.「戦争が起こりそうな, 険悪な国際情勢だ/険悪な空気」②憎んでいるような顔や態度のようす. Ｅhostile; grim. 韓험악.「険悪な目つきでにらむ/険悪な表情」

けんい 【権威】ケンイ ①他の人をしたがわせる強い力. Ｅauthority. 韓권위.「戦前, 父親は一家の主人として尊敬され, 権威があった/権威を失う/権威主義(Ｅauthoritarianism. 韓권위주의.)」②専門知識などがすぐれていると認められていること. また, その人. Ｅan authority. 韓권위(자).「手術は, 心臓外科の権威の田中教授にお願いした//キム博士は地震学の世界的権威である」

げんいん 【原因】ゲンイン〔～する〕あるものごとを起こすもとになること. また, そのもと. Ｅa cause. 韓원인.「運転手の不注意が原因で, 大事故が起きた//火事の原因を調べる/原因不明」対結果

参「理由」も似ているが,「理由」が意志の働く人間の行動を説明するときにいうのに対して,「原因」は人間の意志が関係しないものごとについていう. ただし, 悪い結果になった行動については, わざわざ意識してするわけではないので,「けんかの原因/理由」「失敗の原因/理由」などのように,「原因」も「理由」も使う.

げんえき 【現役】ゲンエキ ①現在, 仕事などをして活動していること. また, その人. Ｅactive service; still working fulltime. 韓현역.「父は75歳だが, まだ現役の医師だ」②上の学校を受験する, 在学中の人. Ｅa student who takes an entrance examination for a school of higher grade for the first time. 韓재학중인 수험생.「弟は現役で大学に入ると, がんばっている」対浪人

けんえつ 【検閲】ケンエツ〔～する〕新聞, 出版物, 映画, 郵便物などの表現や内容を, 国家が認めるかどうか調べること. Ｅcensorship. 韓검열.「戦争中は表現の自由が制限され, 新聞, 放送などにも検閲があった」

参 現在の日本国憲法では禁止されている.

けんえんけん 【嫌煙権】ケンエンケン タバコを吸わない人が, 他人が自分の近くでタバコを吸わないように要求する権利. Ｅthe right to be free from others' smoking. 韓혐연권.「健康を守りたいから嫌煙権を主張する」

けんえんのなか 【犬猿の仲】非常に仲が悪いこと. Ｅbe on cat-and-dog terms; be on very bad terms. 韓견원지간.「あの2人はいつもけんかしていて犬猿の仲だ」

似た表現 犬と猿

参 犬と猿は仲が悪いと考えられていることからいう.

けんか 【喧嘩】ケンカ〔～する〕口で争ったり, なぐり合ったりすること. Ｅa quarrel; a fight. 韓싸움, 다툼.「幼いきょうだいは, おもちゃを取り合ってよくけんかする//けんか両成敗(=けんかした人を, どちらが悪いとは決めずに両方とも罰すること)//夫婦げんか」

〔喧嘩〕

喧嘩を売る 相手を怒らせて, けんかをしかける. Ｅpick a quarrel. 韓싸움을 걸다.「一郎は酔っぱらうと他人にからんで, けんかを売るくせがある」対喧嘩を買う

げんか【原価】ゲンカ ①製品、サービスなどを生みだすのにかかった費用。コスト。Ecost; the prime cost. 한원가。「石油の価格が上がって、製品の原価も上がった//原価計算」②商品を仕入れたときの値段。元値。Epurchasing cost. 한원가。「売れ残った商品を、原価で売る」

けんかい【見解】ケンカイ ある問題に対する考えや意見。Ean opinion; a view. 한견해。「ごみの問題について市長の見解を聞きたい//見解を異にする//見解の相違」

げんかい【限界】ゲンカイ、ゲンカイ それ以上はできない、もう無理だという境のところ。Ea limit; limitation. 한한계。「人間の走る能力の限界は、おそらく100メートル9秒台だろう//年をとって体力の限界を感じている//限界に挑戦する」→限度

げんがい【言外】ゲンガイ、ゲンガイ 直接にことばで表現された以外の部分。Eimplied. 한언외。「外国語で書かれた文の言外の意味を理解するのはむずかしい」

けんがく【見学】ケンガク〔～する〕実際のようすを自分の目で見て、知識をえること。Ea field trip; an observation (tour). 한견학。「自動車工場へ見学に行く//見学旅行//工場見学」→見物

けんかごし【喧嘩腰】ケンカゴシ いまにもけんかを始めそうな強い態度。Ein a defiant manner. 한시비조。「人とちょっと意見が違っても、彼はすぐけんか腰になってどなる」

げんかん【玄関】ゲンカン 建物の正式の出入り口。Ethe front door; the entrance. 한현관。「玄関で靴をぬいで上がる//玄関を入ると、左側に受付がある//成田空港は、いわば日本の空の玄関だ//表玄関」→家図

玄関払いを食う 訪問客が、会いたい本人に会わせてもらえず玄関に立っただけで帰されてしまう。Ebe turned away at the door. 한문간에서 깜살림을 당하다。「寄付を頼みに行ったら、玄関払いをくった」

げんき【元気】ゲンキ ①心と体を動かすもととなる勢いがあって、いろいろなことをしようとする気持ち。また、その気持ちがあるようす。Eenergetic; cheer up; vitality. 한원기(왕성함)；정력적；기력，활력。「京子はとても活動的で元気な女性だ//酒を飲んで元気をつける//元気いっぱいの子供」②健康でいろいろしようとする気持ちがあるようす。Ehealthy; fine; get well. 한건강함。「電話で両親の元気な声を聞いて安心した//早く元気になって外で遊びたい」

けんきゅう【研究】ケンキュー〔～する〕①ものごとを広く調べ深く考えて、法則を発見したり理論化したりすること。Estudy; research. 한연구。「姉は物理学を研究している//研究発表//研究論文//研究所」②どうするかよく調べ、考えること。Einvestigate; look into. 한연구。「どんな車を買うか、いま、研究している」

けんきょ【謙虚】ケンキョ 自分が偉いと思わずに、ほかの人の意見や批判などもすなおに取り入れる態度を持っているようす。Ehumbly; modest. 한겸허。「実力のある人ほど人の意見を謙虚に聞く//謙虚な態度」対高慢、傲慢、横柄

けんぎょう【兼業】ケンギョー〔～する〕本業のほかに別の仕事もしていること。また、その仕事。Ea side job. 한겸업，부업。「あの美容院は、待っている客のための喫茶店も兼業している//兼業農家(Ea farmer who has a second job. 한겸업 농가。)」対専業

けんきん【献金】ケンキン〔～する〕ある目

げんきん【献金】ゲンキン 目的に使ってもらうために、団体などに金を差しだすこと。また、その金。Ea contribution; a donation. 한헌금.「信者の献金によって建てられた教会//政治献金」

げんきん【現金】ゲンキン ①いま手もとにある金。また、小切手などでなく、実際の金。Ecash. 한현금.「支払いはカードでなく現金でする//現金自動支払機//現金書留(Ea Japanese system to send cash by registered mail. 한현금 등기 우편.)」②損か得かを考えて急に態度を変えるようす。Ecalculating; self-interested. 한타산적.「飛行機は嫌いだと言っていたのに、無料招待と聞いて1番に申しこむとは現金な人だ」

げんきん【厳禁】ゲンキン〔～する〕絶対にしてはいけないと、厳しく禁止すること。Eprohibit strictly. 한엄금.「許可なしに実験室に入ることを厳禁する//火気厳禁//土足厳禁」

けんげん【権限】ケンゲン 個人や組織が、法律や規則、また立場などによって、ものごとを実行できる力、範囲。Eauthority; power. 한권한.「決定の権限は、重役や社長が持っている//権限を与える//権限を生かす//職務権限(Ethe authority invested in one's position. 한직무 권한.)」

けんご【堅固】ケンゴ しっかりとしていて、くずれないようす。Estrong; firm. 한견고.「どこからせめても破れない、実に堅固な城だ//意志の堅固な人」

げんご【言語】ゲンゴ 考えていることや感じていることを伝える表現行為。また、その手段として用いられる音声や文字。Elanguage. 한언어.「世界には、5000以上の言語があるといわれている//言語障害(Ea speech disorder. 한언어 장애.)//言語学」

言語に絶する ことばで表すことができない。Ebe beyond words. 한말로 다 표현할 수가 없다.「むかしは、太平洋を船で渡るのに言語に絶する苦労をした」

けんこう【健康】ケンコー ①体や心がいいか悪いかの状態。Ehealth. 한건강.「健康がすぐれない/健康に注意する/健康診断」対不健康 ②体や心がどこも悪くなく、元気であるようす。Ehealthy. 한건강함.「健康な赤ちゃんが生まれた//健康な体」対不健康

げんこう【原稿】ゲンコー ①印刷するために書いた文章。Ea manuscript; a copy. 한원고.「毎月、雑誌に日本の生活について原稿を書いている//原稿用紙(Emanuscript paper; a writing pad. 한원고 용지.)//原稿料」②講演や放送などで話す内容の下書き。Ea draft; a script. 한원고.「大統領は原稿を見ずに演説した//アナウンサーは、ニュースの原稿を読みあげた」▷数①1枚・1本

げんこつ【拳骨】ゲンコツ かたくにぎった手。にぎりこぶし。また、その手で打つこと。Ea fist. 한주먹.「怒った男は少年にげんこつを振り上げた//また同じいたずらをしたら、げんこつだよ//相手にげんこつをくわせる」

けんさ【検査】ケンサ〔～する〕基準に合っているか、悪いところはないかなどを調べること。Einspect; (an) examination. 한검사.「工場で製品の品質を検査し、合格した品には、検査ずみのしるしをする//身体検査//会計検査(Ean audit. 한회계 검사.)」

げんざい【現在】ゲンザイ ①過去と未来の間の時間。いまこの時。Ethe present. 한현재.「現在の時刻は、12時15分です//会社をやめたので、現在、失業中だ」②(時を表すことばの後について)変化するものごとをその時

げんさく 【原作】ゲンサク 翻訳、演劇、映画などのもとになった作品. ⒠the original (work). ㉠원작.「あの映画の原作は、三島由紀夫の小説だ//シェークスピアの英語の原作を読みたい//テレビドラマの原作者」 数1作・1点

けんさつ 【検察】ケンサツ 証拠を集めて、犯罪の事実を明らかにすること. また、その仕事をする役所や役人. ⒠the prosecution. ㉠검찰.「検察はその事件を起訴することにした//検察官(⒠a public prosecutor. ㉠검찰관.)//検察庁」

げんさん 【原産】ゲンサン 動物や植物が最初に生まれたこと. また、そのもの. ⒠come from ～ originally; native to. ㉠원산.「パンダは中国の原産である//メキシコ原産の植物」

けんじ 【検事】ケンジ 検察の仕事をする役人. ⒠a public prosecutor. ㉠검사.「政治家と企業の不正事件を検事が調べている//検事の取り調べに応じる」

げんし 【原子】ゲンシ 物質をつくる最小の単位. ⒠an atom. ㉠원자.「原子記号//原子爆弾(→原爆項目)//原子核(⒠an atomic nucleus. ㉠원자핵.)//原子炉(⒠a nuclear reactor. ㉠원자로.)」
参「陽子(⒠a proton. ㉠양자.)」と「中性子(⒠a neutron. ㉠중성자.)」でできた「原子核」と、そのまわりを回る「電子(⒠an electron. ㉠전자.)」からできている.

げんし 【原始】ゲンシ ものごとの始まり. また、自然のままで発達していないこと. ⒠primitive. ㉠원시.「原始から現代までの人類の歴史を概観する//原始的な生活//原始人」

けんしき 【見識】ケンシキ ものごとを正しく見分ける判断力. また、すぐれた考え方. ⒠judgment; insight. ㉠견식, 식견.「見識のある人を会長に選ぶ//政治に対する見識が高い」

けんじつ 【堅実】ケンジツ 考え方、やり方が確実で、あぶないところがないようす. ⒠steady; sound. ㉠견실.「毎日、まじめに働き、堅実に暮らしている//その野球チームは堅実な守りで勝った//堅実な経営」

げんじつ 【現実】ゲンジツ いま、実際に存在している事実や状態. ⒠reality; actually. ㉠현실.「一郎の言うことは現実とかけ離れている//心配していたことが現実に起こってしまった//現実の厳しさを知る//現実主義者」 対理想、空想

げんじつてき 【現実的】ゲンジツテキ 行いや考え方が現実に合っているようす. ⒠realistic; practically. ㉠현실적.「京子は現実的だから、金のない人とは結婚しない//問題を現実的に解決する」

けんしゅう 【研修】ケンシュー 〔～する〕ある方面の知識や能力を高めるために、特別に勉強や実習などをすること. ⒠training. ㉠연수.「コンピューターの研修を受ける//研修旅行//技術研修生」

げんじゅう 【厳重】ゲンジュー 小さなことも見のがさない、厳しい態度であるようす. ⒠strict; severe. ㉠엄중.「泥棒が入らないように戸締りを厳重にする//厳重な品質検査//厳重な警戒」

げんしゅく 【厳粛】ゲンシュク おごそかで重々しく、特別なようす. ⒠solemn; grave. ㉠엄숙.「生命の誕生の瞬間を見ると、厳粛な気持ちになる//国民の批判を厳粛に受けとめる」

げんしょ 【原書】ゲンショ 翻訳書のもとになる外国語で書かれた本. Ethe original. 한원서.「辞書を引きながら、シェークスピアを原書で読む//原書に忠実に訳した翻訳書」 数1冊

けんしょう 【懸賞】ケンショー 賞金や賞品を与えると約束して、作品やクイズの解答などを出してもらうこと. また、その賞金や賞品. Ea prize contest. 한현상.「海外旅行が当たる懸賞だったので、張りきってクイズの問題をといた//懸賞論文の募集//懸賞当選者//懸賞問題」

げんしょう 【現象】ゲンショー 自然や社会の中に形になって現れ、観察できるものと. Ea phenomenon. 한현상.「地球の温暖化などの異常な現象が起きている//石油の値上がりは一時的な現象だ//社会現象//自然現象」

げんしょう 【減少】ゲンショー〔~する〕数や量などがそれまでよりも少なくなること. また、少なくすること. Edecrease. 한감소.「都市の人口は増加しているが、農村の人口は減少している//交通事故を減少させるのが当面の目標だ」対増加、増大

げんじょう 【現状】ゲンジョー 現在の状態. Ethe present condition. 한현상.「日本の教育の現状では、子供の個性をのばすのはむずかしい//現状を維持する//アジアの現状と将来」

けんじょうご 【謙譲語】ケンジョーゴ 敬語の1つ. 聞き手や話の中の人に敬意を表すために、自分や自分に関係することを低くいうことば.「いただく」「いたす」など. Ea humble expression. 한겸양어.『わたしが行きます』を謙譲語を使って言うと、「私がまいります」になる」関連尊敬語、丁寧語 →敬語

げんしょく 【原色】ゲンショク ①まぜ合わせると、いろいろな色をつくることのできる基本の色. ふつうは、赤、黄、青の3色. Ea primary color. 한원색.「赤、黄、青の原色の絵の具をまぜて、自分の表現したい色をつくる//光の3原色は、赤、緑、青だ」対中間色 ②まぜ合わせた色ではない、はでで、はっきりした色. Ebold colors. 한원색.「歌手のマリーは明るい原色のドレスで舞台に出てきた」対中間色 ③もとのままの色. Eoriginal color. 한원색.「美術品の原色写真//原色図鑑」

げんしりょく 【原子力】ゲンシリョク 原子核の分裂などで生まれるエネルギー. Enuclear energy. 한원자력.「原子力を、電気を起こしたり船を動かしたりするのに使う//原子力の平和利用//原子力発電所//原子力船」

げんすいばく 【原水爆】ゲンスイバク 原子爆弾と水素爆弾. Eatomic and hydrogen bombs. 한원수폭.「原水爆の実験で、近くの住民に放射線による障害が現れた//原水爆禁止運動」

けんせい 【牽制】ケンセイ〔~する〕相手の注意をひきつけて、自由な行動をじゃますること. Echeck; restrain. 한견제.「商品を値下げして、ライバル会社を牽制する//両国は国境に軍隊を送って、牽制し合っている」

けんせつ 【建設】ケンセツ〔~する〕①道路やビルなど大きなものを、新しくつくること. Econstruction; build. 한건설.「新しい鉄道の建設が始まった//この川の上流にダムが建設される」対破壊 ②新しい組織などをつくりあげること. Eestablish. 한건설.「平和な世界を建設する//福祉国家の建設」

けんぜん 【健全】ケンゼン ①体や心が健康であるよう. Ehealthy; sound. 한건전.「子供たちの健全な発育を願う//精神と肉体を健全に保つ」対不健全 ②欠点がなく、安

定していて、望ましいようす.　Ｅsound; wholesome.　韓건전.「平日はまじめに働き、週末はテニスをするという健全な生活をしている//健全な娯楽//健全財政」対不健全

げんせん【原潜】ゲンセン「原子力潜水艦」を略した言い方.原子力を動力とし、海の中にもぐったまま進むことのできる軍事用の船.　Ｅa nuclear submarine.　韓원자력 잠수함.「外国の原潜が日本の港に寄ることには反対だ//原潜が爆発事故を起こした」数1隻

げんそ【元素】ゲンソ　化学的に、それ以上分解できない物質.金、銀、鉄など.　Ｅan element.　韓원소.「水は、水素と酸素の2つの元素からできている//元素記号（Ｅthe symbol of an element.　韓원소 기호.）」

げんそう【幻想】ゲンソー〔～する〕現実と違うことを心の中に思い描くこと.また、その内容.　Ｅan illusion; a fantasy.　韓환상.「わたしが議員になれば議会をよくすることができると考えたのは、甘い幻想だった//幻想的な音楽」

げんぞう【現像】ゲンゾー〔～する〕カメラで写したフィルムを薬の液につけて、映像が見えるようにすること.　Ｅdevelop.　韓현상.「カメラ屋で写真の現像を頼んだ//このフィルムを現像してプリントしてください//現像液」

けんぞうぶつ【建造物】ケンゾーブツ　大きな建物、橋、船などをまとめていう言い方.　Ｅa building; a structure.　韓건조물.「この町には、城や寺などの江戸時代の建造物が多く残っている//歴史的建造物を保存する」書

げんそく【原則】ゲンソク　行動や選択などを決める基本的な考え方.　Ｅa principle; a general rule.　韓원칙.「研修旅行には全員参加するのが原則だ//細かい点では違いがあるが、原則として京子の意見に賛成だ」

けんそん【謙遜】ケンソン〔～する〕自分や自分側のものを実際より低く評価していうこと.また、控えめな態度であること.　Ｅbe modest; be humble.　韓겸손.「パクさんは、日本語は下手だと謙遜するが、本当はとても上手だ」『すてきなおうちですね』とほめたら、二郎は『いえ、ウサギ小屋ですよ』と謙遜した」

げんだい【現代】ゲンダイ　①いまの時代.　Ｅthe present age; today.　韓현대.「現代はコンピューター時代である//現代っ子（Ｅa child of today.　韓현대아.）」②時代区分の1つ.近代のつぎの時代.日本史では第2次世界大戦終了から現在まで.　Ｅthe modern period; contemporary.　韓현대.「現代史//現代文学」

げんち【現地】ゲンチ　実際に行われている土地.また、事件や事故などが起こった土地.　Ｅthe spot; the actual place.　韓현지.「タイで飛行機事故が起きたらしいが、現地からのくわしいニュースはまだ入っていない//自動車の現地生産//現地時間」

けんちく【建築】ケンチク〔～する〕家などをつくること.また、つくられたもの.　Ｅbuild; a building.　韓건축.「駅前にビルを建築する//古い木造建築//50階建ての高層建築」

けんちょう【県庁】ケンチョー、ケンチョー　県の行政の事務などをする役所.　Ｅa prefectural office.　韓현청.「父は県庁に勤めている//神奈川県の県庁は横浜市にある//県庁所在地」

参　都、道、府にはそれぞれ「都庁」「道庁」「府庁」がある.

げんてい【限定】ゲンテイ〔～する〕範囲、数や量などを決めること.限ること.　Ｅlimit; restrict.　韓한정.「会場が狭いので、参加者を30名に限定する//100台限定販売のスポーツカー」

げんど【限度】ゲンド これ以上はこえられないという程度、範囲、数や量。Ea limit; a ceiling. 韓한도。「ワープロはまだ下手だから、1時間に2枚打つのが限度だ//親切にしたくても、限度がある//貸し出し限度額//最小限度」

参「限界」も似ているが、「限界」がそれより先はないという境の線を表すのに対して、「限度」は数や量についても使う。

けんとう【見当】ケントー ①だいたいの方向。Ea direction. 韓방향。「わが家は、あのテレビ塔の見当にある」②だいたいの予想。Ean estimate; a guess. 韓예상、짐작、추측。「参加者は50人ぐらいだろうと見当をつけて、いすを用意する//見当がはずれる」③(数や量を表すことばの後について)だいたい〜ぐらい。「旅行の費用は1人3万円見当になる//50見当の男(Ea man about 50 years old. 韓50세 가량의 사나이。)」

けんとう【検討】ケントー〔〜する〕いろいろな面から調べて、よく考えること。Eexamine; consider. 韓검토。「新しい工場をどこに建設するか、検討している//検討してから、ご返事いたします//再検討」

けんどう【剣道】ケンドー 日本の武道の1つ。けがを防ぐための道具をつけ、ふつうは竹で刀の形につくったものを使って勝負する。Ekendo. 韓검도。「剣道3段の腕前//剣道の道場(Ea kendo school. 韓검도장。)」

〔剣道〕

けんとうちがい【見当違い】ケントーチガイ 考える方向がまちがっていること。Eirrelevant; wrong. 韓엉뚱함。「一郎は人の話をよく聞きもしないで、見当違いな意見ばかり言う」

げんどうりょく【原動力】ゲンドーリョク 機械の運動や人間の行動を起こすもとになる力。Emotive power; driving force. 韓원동력。「この自動車の原動力は太陽電池だ//優勝の原動力となった選手」

げんば【現場】ゲンバ ①事件や事故などが起こった場所。また、その場面。げんじょう。Ethe spot; the scene. 韓현장。「殺人があった現場を刑事が調べている//現場検証(Ean inspection of the scene. 韓현장검증。)」②実際に作業などが行われる場所。Ethe place where the actual work is done; a site. 韓현장。「教育の現場では、教師たちが毎日たいへんな苦労をしている//地下鉄の工事現場」

現場を押さえる 悪いことをしている、その場面で捕まえる。Ecatch somebody in the act. 韓현장을 덮치다。「電車の中で、刑事がすりの現場を押さえた」

けんばいき【券売機】ケンバイキ 乗車券などを売る機械。Ea ticket machine. 韓매표기。「切符は券売機で買う//券売機にお金を入れたが、券が出てこない」数1台

げんばく【原爆】ゲンバク 「原子爆弾」を略した言い方。原子核が分裂するときに出るエネルギーを利用した、非常に強力な爆弾。Ean atomic bomb. 韓원폭、원자 폭탄。「1945年8月、広島と長崎に原爆が落とされた//原爆被爆者//原爆症」

げんぱつ【原発】ゲンパツ 「原子力発電所」を略した言い方。原子核エネルギーを利用して電気を起こしている所。Ea nuclear power plant. 韓원자력 발전소。「いま世界じゅうで、原発に賛成か反対かの議論が盛んにされている//原発反対運動」数1基

けんびきょう【顕微鏡】ケンビキョー レンズを組み合わせて、非常に小さいものや生物などを拡大して観察する器械。Ea microscope. 韓현미경。「1000倍の顕微鏡でか

けんりょく

びを調べる//顕微鏡写真//電子顕微鏡」 数 1台

けんぶつ 【見物】ケンブツ〔~する〕楽しみのため，有名な所やスポーツ，劇などを見ること．また，それを見る人．Ｅsee; a sightseer; a visit. 韓구경，구경꾼．「大阪へ博覧会を見物に行った//京都のお祭りはいつも見物が多い//すもう見物//見物人」
参「見学」も似ているが，「見学」が「工場見学」のように知識をえるために見ることをいうのに対して，「見物」は楽しみのために見ることをいう．

けんぽう 【憲法】ケンポー 国の政治のいちばんもととなるきまり．国の最高の法律．Ｅa constitution. 韓헌법．「戦後，新しい憲法が定められ，日本は民主的な国家に生まれかわった//日本国の憲法の基本原則の1つは平和主義である//憲法記念日」

げんみつ 【厳密】ゲンミツ 細かなところにまで注意して，まちがいがないようす．Ｅstrictly; close. 韓엄밀．「『人』ということばと『人間』ということばを厳密に区別して使う//厳密な調査」

けんめい 【賢明】ケンメイ 賢くて，ものごとを正しく理解することができるようす．Ｅwise; advisable. 韓현명．「正月はホテルがこむから，早めに予約するのが賢明だ//運転手の賢明な判断で，あやうく事故を免れた」

けんやく 【倹約】ケンヤク〔~する〕金やものなどをできるだけ使わないようにすること．Ｅsave; be thrifty. 韓검약．「こづかいを倹約してパソコンを買った//倹約家」対浪費
参「節約」も似ているが，「節約」が上手に使ってできるだけむだをしないことであるのに対して，「倹約」は積極的に使わないようにすることをいう．

げんゆ 【原油】ゲンユ 地下から取りだしたままで，手を加えていない石油．Ｅcrude oil.

韓원유．「西アジアから北アフリカにかけての地域で，世界の原油の約4分の1を生産している//原油価格」対精油

けんよう 【兼用】ケンヨー〔~する〕あるものを，2つ以上の目的のために使うこと．Ｅ~ also serve as …. 韓겸용．「狭いアパートなので，居間と寝室を兼用にしている//晴雨兼用の傘/冷暖房兼用」対専用

けんり 【権利】ケンリ ①法律で，自分の利益を主張して受け取ることのできる力．Ｅa right; a claim. 韓권리．「国民には教育を受ける権利がある//日本の女性は，第2次世界大戦後はじめて政治に参加する権利を持った//権利を主張する」対義務 ②あることを自由にすることのできる資格．Ｅa right. 韓권리．「他人の手紙を勝手に読む権利は，だれにもない//権利金（Ｅa premium; key money. 韓권리금.）」

げんり 【原理】ゲンリ ①自然界で起こっていることを説明する根本的な法則．Ｅa principle; a theory. 韓원리．「鉄でできた船がなぜ水に浮くのか，その原理がわからない//アインシュタインの相対性原理」 ②人間の行動やものの見方を決める，根本的な考え方．Ｅa principle. 韓원칙．「民主主義の原理を守る//多数決の原理（Ｅthe principle of majority rule. 韓다수결의 원칙.）」

げんりょう 【原料】ゲンリョー 加工して品物をつくるとき，そのもとになるもの．Ｅraw materials. 韓원료．「原料を海外から輸入し，加工して製品にしたものを輸出する//日本酒の原料は米だ」

けんりょく 【権力】ケンリョク 組織の中で，他の人を自分の考えにしたがわせる強い力．特に，国家が国民を支配する力．Ｅpower; authority. 韓권력．「ジョンはクーデターを起こして権力の座についた//権力をふ

げんろん

「…う//権力者//国家権力」

げんろん 【言論】ゲンロン 話したり書いたり、ことばによって自分の意見を発表すること。また、その意見. Ｅspeech; discussion; expression of one's ideas. 韓언론.「戦争中は、言論が制限され、自由にものが言えなかった//憲法で言論の自由を保障する//言論機関//言論統制」

こ／コ

こ 【子】コ ① 人間や動物で、親から生まれたもの。子供. Ｅa child. 韓자식, 새끼.「子は年をとると親に似てくる//子に先だたれる//子離れ(Ｅsee one's child become independent. 韓부모가 자식의 독립을 인정하고 뒷바라지를 그만둠.)」対親 ② まだ若い、成熟していない人間や動物. Ｅa boy; a girl; a puppy. 韓아이, 어린아이 ; (짐승의) 새끼.「犬の子を育てる//いたずらっ子」 ③ (名詞、動詞の「ます」形について) 人やものを表す.「江戸っ子(＝東京で生まれ育った人)//売り子//教え子(Ｅone's student. 韓제자.)//振り子」

子はかすがい 子は両親の間柄をつなぎとめるものだ. ＥChildren are a bond between husband and wife. 韓자식은 부부 사이의 꺾쇠.

子を持って知る親の恩 自分の子を育ててはじめて親の苦労がわかり、ありがたいと思うようになるということ. ＥOnly by becoming parents do we appreciate our own. 韓자식을 키워 보고서야 알게 되는 부모의 은혜.

こ 【個】コ ① ひとりひとりの人、１つ１つのもの. Ｅan individual. 韓개인; 개체.「個としての人間をだいじにする//個と全体の関係を考える」 ② (数を表すことばの後について) ものの数を表す.「リンゴ５個で700円だ//時計を１個買った(ＥI bought one watch. 韓시계를 한 개 샀다.)」▷書①
参「１つ、２つ…」と数えられるものは「１個、２個…」と数えることができる.

こ－ 【小－】(他のことばについて) ① 小さい, 細かい.「小部屋(Ｅa small room. 韓작은 방.)//小鳥(→項目)」 ② 少ない, ちょっと, それほどでもない.「小高い所//小ぎれい(Ｅneat; tidy. 韓말쑥함.)//小雨(→項目)」 ③ その数や量にすこしたりない.「小一時間(Ｅalmost an hour. 韓거의 한 시간.)」
参 ③の「小」のつぎにくる数字は「一」だけで、時間、距離などについていう.

－こ 【－戸】(数を表すことばについて) 家や世帯の数を表す.「以前１軒の家が建っていた土地に、４戸の建て売り住宅ができた//一戸建て(Ｅa 〔single〕house. 韓단독 주택.)」

ご 【五】ゴ ① ４に１を加えた数. ５, ５つ. Ｅfive. 韓오, 다섯.「２たす３は５だ//両親と子供３人で５人家族だ」 ② 順番が４のつぎ. ５番目. 第５. Ｅthe fifth. 韓오, 다섯째.「100メートル競走で５等だった//第５交響曲」

ご 【後】ゴ 時間や順番が後、のち. Ｅafter; later; since. 韓뒤; (이)후.「一郎には10年前に会ったが、その後、１度も会っていない//事件後３週間たった」対前

ご【碁】ゴ 縦横19本の線のある盤の上に、2人が黒石と白石を交互に並べて、黒白それぞれの石でかこった場所の広さを競うゲーム。囲碁。Ｅ(the game of) go. 函バドク。「休日に友人と碁を打つのが父の楽しみだ//碁の名人//碁石」

ご【語】ゴ ①ことば。Ｅa word; language. 函말；언어。「語を選びながら、ゆっくり話す」②単語。Ｅa word. 函단어。「語の意味をよく考えなさい」③(他のことばの後について)そのことば。「外来語(→項目)//尊敬語(→項目)//フランス語(Ｅ French. 函프랑스어。)」▷書①

ご-【御-】(おもに名詞について)①尊敬、丁寧の気持ちを表す。「ご両親によろしく//車にご注意ください//ご入学おめでとう(ＥCongratulations on your admission to school. 函입학을 축하합니다。)」②謙遜の気持ちを表す。「駅までご案内します//ご連絡いたしましょう//ご遠慮する(ＥI cannot oblige you. 函사양하겠습니다。)」▷→お-

参 おもに漢語につく。和語には「お」がつくのがふつうだが、「ごゆっくり」など、和語でも「ご」のつくものがある。また、①は相手の動作、相手に関係のあることについていい、②は自分の動作についていう。

こい【恋】コイ 男と女が、特別に好きで一緒になりたいと思う気持ち。恋愛。Ｅlove. 函연애、사랑。「一郎と洋子はいま、激しい恋をしている//恋に破れる(Ｅbe disappointed in love. 函실연당하다。)//恋文(Ｅa love letter. 函연문、연애 편지。)//初恋」

こい コイ 川や池にすむ魚の一種。2対の口ひげがある。Ｅa carp. 函잉어。「庭の池に大きなコイを何十匹か飼っている//コイの滝登り」数1匹

注 漢字で書くときは「鯉」。

こ・い【濃い】コイ ①色が深い。Ｅdark; deep. 函짙다。「春から夏にかけて、木の葉の色がだんだん濃くなる//濃いピンク」対薄い、淡い

②その中にふくまれているものの割合が多い。Ｅstrong; close; thick. 函진하다；충실하다。「濃くて、とても苦いコーヒー//濃い血縁関係//中身の濃い論文//濃い塩水」対薄い

③すきまが少なくて、いっぱいになっている。Ｅheavy; dense. 函(밀도가)짙다。「ひげが濃い/濃い霧」対薄い

④そのようなようすが強く表れている。Ｅstrong; very. 函짙다。「きのうの火事は、放火の疑いが濃い//疲労の色が濃い」

ごい【語彙】ゴイ 使われる時代や場所や分野など、いろいろな基準でまとめたことばの集まり。Ｅa vocabulary. 函어휘。「若者の話しことばの語彙を調べる//夏目漱石の語彙の特徴を研究する//タイ語の語彙」

こいし・い【恋しい】コイシイ 人、ものごと、場所に心が強くひかれる。Ｅbe sick for; long for. 函그립다。「故郷が恋しくて帰りたくてたまらない//夏になると海や山が恋しくなる」

こい・する【恋する】コイスル、コイスル〔他動する〕異性の相手に、特別に好きだという気持ちを持つ。Ｅlove; fall in love with. 函사랑하다。「子供のときから仲のよかった一郎を恋するようになった」

こいびと【恋人】コイビト 恋をしている相手。Ｅa sweetheart; a lover; a love. 函연인、애인。「一郎は恋人の洋子に毎日電話をかけている//恋人とデートの約束をする」

こう【香】コー ①たくといいにおいのする木などからつくったもの。また、たいて出すそのかおり。Ｅincense. 函향、향내。「寺では僧侶が香をたき、経を読む//香炉(=香をたく器)」

②「香道」を略した言い方.「①」のかおりをかぎ分けて楽しむこと.お香. Ⓔthe traditional Japanese ceremony of smelling incense. 한향을 피워 그 향기를 즐기는 일.「お香の会が開かれる//香をきく(=かおりをかぐ)」

こう【高】①(他のことばの頭や後について)高等学校.高校.「小中高の生徒//高一(Ⓔa first-year student in high school. 한고1.)//県立一高」②(他のことばの頭について)(1)高い.「高学歴(Ⓔan advanced education. 한고학력.)//高血圧(→項目)」対低 (2)年が上の.「高学年//高年齢(Ⓔa great age. 한고연령.)」対低 (3)ふくまれる量が多い.「高蛋白(Ⓔhigh-protein. 한고단백.)//高ビタミン//高脂肪」対低

こう コー「このよう(に)」のくだけた言い方. Ⓔso; like this. 한이와 같이, 이렇게.「となりの部屋がこううるさくては勉強もできない//こう考えたんだけど, きみはどう思う?」話→付録 指示語のまとめ

-こう【校】(他のことばについて)学校.また, その数を表す.「わが校の代表を選ぶ//3校を受験する//伝統校//有名校(Ⓔa big-name school. 한유명한 학교.)」

-こう【港】(他のことばについて)みなと.「東京港(ⒺTokyo Harbor. 한도쿄항.)//輸出港」

-ごう【-号】①(他のことばについて)列車や船などの名前を表す.「ひかり号(Ⓔthe *Hikari*. 한히카리호.)//メイフラワー号」②(数や順番を表すことばについて)順番, 大きさを表す.「10号の大きさの絵//5月号の雑誌(Ⓔthe May issue of a magazine. 한5월호 잡지.)//台風12号」

こうい【行為】コーイ 人間がなにかをすること. Ⓔan act; (an) action; a deed. 한행위.「急病人のために列車を止めた運転士の行為は非常によかった//立派な行為//不正行為」

参「行動」「行い」も似ているが,「行動」が人間以外の動物がすることもふくみ,動作そのものに重点があるのに対して,「行為」はすることの中身に重点がある. また,「行い」は「日ごろの行い」「いい行いをしてほめられた」のように個人的で身のまわりのことについていう.

こうい【厚意・好意】コーイ ①相手のためになにかしてあげようという親切な気持ち. Ⓔkindness. 한호의, 후의.「困ったときにまわりの人々が示してくれた厚意は本当にありがたかった//ご厚意まことにありがとうございます」 ②相手を好きだと思う気持ち. Ⓔfriendliness; goodwill. 한호의, 호감.「一郎は道子に好意を持っている//好意的な扱い」対悪意
注①は「厚意」, ②は「好意」.

こういしょう【後遺症】コーイショー ①病気やけがが治ったあとで, どこかにぐあいの悪い所が残っている状態. Ⓔa sequela; an aftereffect. 한후유증.「脳卒中の後遺症でことばがじゅうぶんに話せない//冬になると, けがの後遺症が出て足腰が痛む」②大きなできごとなどの後まで残る悪い影響. Ⓔaftermath. 한후유증.「地震の後遺症で, 訪れる観光客がすっかり減ってしまった」

ごういん【強引】ゴーイン 反対や障害があっても, 無理やり行うようす. Ⓔforcibly; high-handed. 한우격다짐, 억지.「政府は野党の反対を押しきって, 強引に法案を通した//社長は, 古い社員を全部やめさせるという強引なやり方で社内改革を進めた」

こううん【幸運・好運】コーウン 運がいいこと. Ⓔfortunate; good luck. 한행운.「事故にあったが命が助かったのは幸運だった//幸運に恵まれる//幸運を祈る//幸運児」

対 不運, 非運

こうえい【光栄】コーエイ 世間からほめられたり立派だと認められたりして、誇らしく思うこと. Ｅhonor; glory. 한 광영, 영광. 「みなさまからおほめのことばをいただき光栄にぞんじます//光栄の至り」

こうえん【公園】コーエン ①人が休んだり遊んだりするために町の中につくられた場所. 木や草花が植えてあり、ベンチや子供用の遊びの設備などがある. Ｅa park. 한 공원. 「公園を散歩する//児童公園」② 美しい自然を守りながら、同時に人々に自然を楽しんでもらおうという目的で設けられた広い地域. Ｅa (public, national) park. 한 (국립)공원. 「国定公園//国立公園」

こうえん【公演】コーエン〔〜する〕劇場や音楽会場などで、観客を前に劇や踊りなどを演じること. Ｅa public performance. 한 공연. 「この劇団の先月の公演はとても好評だった//ドイツの歌劇団が秋に日本で公演する//海外公演」

こうえん【講演】コーエン〔〜する〕聞きに集まった人々に、あるテーマについてその専門家が話をすること. Ｅa lecture; an address. 한 강연. 「世界情勢についての講演を聞く//講演会」

こうか【効果】コーカ ①なにかをしたために現れる、いい結果. 効き目. Ｅ(an) effect; a result; effectiveness. 한 효과. 「ジョギングの効果が現れて体の調子がよくなった//薬の効果//効果的//宣伝効果」②演劇や映画やテレビなどで、本当らしい感じを出すために音や光などを使うこと. Ｅeffects (in a play). 한 효과. 「弟は劇場の効果の仕事をしていて、波や風の音を出すのに苦労している//効果音(Ｅsound effects. 한 효과음.)」

こうか【硬化】コーカ, コーカ〔〜する〕①ものがかたくなること. Ｅhardening. 한 경화. 「動脈硬化」対 軟化 ②意見や態度が強いものに変わり、ほかの意見などをいっさい聞かなくなること. Ｅstiffen; harden. 한 경화. 「大規模な反政府デモに硬化した政府は武力弾圧を始めた」対 軟化

ごうか【豪華】ゴーカ ぜいたくではなやかなようす. Ｅgorgeous; luxurious. 한 호화로움. 「近ごろは結婚式がどんどん豪華になる//豪華な食事//豪華船」対 粗末

こうかい【公開】コーカイ〔〜する〕広く一般の人が見たり、聞いたり、参加したりできるようにすること. Ｅput 〜 on view; open to the public. 한 공개. 「博物館で国宝の仏像を公開する//大学の公開講座//一般公開」対 非公開

こうかい【後悔】コーカイ〔〜する〕すんでしまったことについて、ああすればよかったなどと残念に思うこと. Ｅregret. 한 후회. 「こんなけわしい山へ来なければよかったと登りながら後悔する//学生のときにもっと勉強しておけばよかったと後悔している」

後悔先に立たず あとで残念に思ってもどうにもならない. Ｅ It's too late to be sorry. 한 후회 막급이다.

こうかい【航海】コーカイ〔〜する〕船に乗って海を渡ること. Ｅa voyage. 한 항해. 「アメリカから日本まで10日間の航海だった//退職したら世界じゅうの海をのんびり航海したい」

こうがい【公害】コーガイ 鉱山, 工場, 自動車などの出す有害な化学物質やうるさい音などが、人々を病気にしたり、いろいろな害を与えたりすること. また、その被害. Ｅ(environmental) pollution. 한 공해. 「経済の発展につれて公害が世界じゅうで問題になっている//水俣病やイタイイタイ病は日本の公害病の代表だ//騒音公害」

こうがい【郊外】コーガイ 都会のまわりの,

田や畑や林が比較的多い所．Ⓔthe suburbs; the outskirts．韓郊外．「郊外に住んでいるので，会社まで1時間半もかかる//郊外にはまだ自然が残っている」

こうかがくスモッグ【光化学スモッグ】コーカガクスモッグ 公害の1つ．自動車の排気ガスなどが，日光で化学反応を起こし，空気中の有害物質が濃くなって発生するスモッグ．Ⓔphotochemical smog．韓광화학 스모그．「光化学スモッグが発生すると，目やのどが痛くなることがある//光化学スモッグ警報」

こうがく【工学】コーガク 自然にあるエネルギーや物質を工業生産に応用するための方法や技術についての学問．また，その方法を人間や社会に適用したもの．Ⓔengineering．韓공학．「工学の分野には土木，機械，建築，電気などがある//工学部//都市工学//人間工学」

ごうかく【合格】ゴーカク〔~する〕①試験や検査に受かること．Ⓔpass (an examination, inspection)．韓합격．「この品はすべての検査に合格したものだ//入学試験に合格する//合格発表」対不合格，落第 ②人やものごとが，ある資格，または条件に合っていること．Ⓔbe found acceptable．韓합격．「今度入社した三郎は，仕事も人とのつきあいもよくできて，社員として立派に合格だ」対不合格，落第

こうかん【交換】コーカン〔~する〕①たがいに取りかえること．Ⓔexchange; replace．韓교환．「部品を交換したら，自転車が軽く走るようになった//ちり紙交換」②たがいにやりとりすること．Ⓔexchange; trade．韓교환．「パーティーで名刺を交換する//意見を交換する」

こうかん【好感】コーカン 相手に与える，また相手から受ける，いい印象．Ⓔa favorable impression; a good feeling．韓호감．「洋子は明るくてしっかりしているので，みんなに好感を持たれている//好感を与える」

こうき【後期】コーキ ある期間をいくつかに分けたばあいの最後の期間．Ⓔthe second semester; the latter period．韓후기．「A大学の後期の授業は9月末から2月初めまでだ//明治後期」関連前期，中期

こうぎ【抗議】コーギ〔~する〕正しいと思えない相手のことばや行動に対して，反対の意見を主張すること．Ⓔa protest; an objection．韓항의．「住民の抗議で，真夜中には飛行機が飛ばないことになった//理由も言われずに首にされて，二郎は会社に抗議した」

こうぎ【講義】コーギ，コ̄ーギ〔~する〕大学などで，学説や研究内容などを話して聞かせること．Ⓔa lecture．韓강의．「A教授はB大学の経済学の講義を受け持っている//集中講義//名講義(Ⓔa famous lecture．韓명강의．)」

こうきあつ【高気圧】コーキアツ 大気中で，まわりに比べて気圧の高い状態．Ⓔhigh atmospheric pressure．韓고기압．「東北地方は高気圧におおわれて天気がいい」対低気圧

こうきしん【好奇心】コーキシン 知りたい，見たいと思う気持ち．Ⓔcuriosity．韓호기심．「京子はなんでも知りたがる，好奇心の強い子供だ//好奇心を満足させる」

こうきゅう【高級】コーキュー 程度，地位，品質などが高いようす．Ⓔhigh-class; high-grade．韓고급．「値段の高いものが高級だというわけではない//高級車//高級品」対低級

こうきょ【皇居】コーキョ 天皇の住まい．Ⓔthe Imperial Palace．韓황궁，천황의 거처．「天皇は中国の首相と皇居で会見した//皇居前広場」

こうきょう【公共】コーキョー　社会全体のこと．Ｅthe public; public.　韓공공．「政治家は公共のことを第一に考えなければならない//公共心(=社会全体のことを考える気持ち)//公共料金(=ガス、水道、電気、郵便、交通など、社会全体に関係する料金)」

こうぎょう【工業】コーギョー　原料や材料を加工して製品にする産業．Ｅ(an) industry.　韓공업．「工業は農業や商業とともに産業の中心である//工業化/重工業」

こうきょうきょく【交響曲】コーキョーキョク　多くの楽器を使って演奏する音楽の曲の種類の１つ．ふつう、４楽章でできている．Ｅa symphony.　韓교향곡．「モーツァルトはたくさんの交響曲を作曲した//ベートーベンの交響曲第５番をCDで聞く」数１曲

こうくう【航空】コークー　飛行機やヘリコプターなどで空を飛ぶこと．Ｅaviation.　韓항공．「航空の安全を守る//航空運賃//航空会社/航空機」

こうくうびん【航空便】コークービン、コークービン　荷物や郵便物を飛行機で運ぶこと．また、その荷物や郵便物．Ｅair cargo or mail.　韓항공편．「航空便で荷物を送る//航空便なら３日で着く」対船便

こうけい【光景】コーケイ　実際に目で見た景色．また、その場のようす．Ｅa scene; a sight.　韓광경．「事故の現場の光景を思いだす//平和な光景」

こうげい【工芸】コーゲイ、コーゲイ　食器、ガラス器、花瓶、置物など、生活でも使い、美術的な価値もあるものをつくること．また、それらの作品．Ｅa craft; a technical art.　韓공예．「こけしは東北地方の伝統的な木の工芸として有名だ//工芸家/工芸品」

ごうけい【合計】ゴーケイ〔～する〕１つ１つの数や量を全部たすこと．また、そのたした全体の数や量．計．Ｅthe sum; a total.　韓합계．「デパートでたくさんの品物を買って、合計５万円払った//みんなの飲んだビールを合計すると30本だ//合計点」

こうげき【攻撃】コーゲキ〔～する〕戦い、試合、交渉などで、相手を負かそうとせめること．Ｅan attack; an assault; an offense.　韓공격．「敵の激しい攻撃を受けて後退した//二郎はボクシングの試合で、積極的に攻撃して勝った」対防御、守備、防衛

ごうけつ【豪傑】ゴーケツ　①むかしの、ふつう以上に勇気と武力がある人．Ｅa hero; a mighty warrior.　韓호걸．「中国の『三国志演義』という小説には関羽をはじめ豪傑がたくさん登場する」②ふつう以上に元気があって、度胸のある人．Ｅa gallant; a hearty person.　韓호걸．「１晩でウイスキーを２本も飲んでしまうとは、すごい豪傑だ//豪傑笑い(=まわりを気にせず大声で笑う笑い方)」▷話②

こうけつあつ【高血圧】コーケツアツ、コーケツアツ　血圧が高くて、成人では最高の血圧が160ミリ以上か、最低の血圧が95ミリ以上の、健康でない状態．Ｅhigh blood pressure.　韓고혈압．「高血圧と診断されて血圧を下げる薬を飲みはじめた」対低血圧

こうけん【貢献】コーケン〔～する〕あることの成功や発展に役立つように、なにかを一生懸命にすること．Ｅ(an) contribution.　韓공헌．「国際連合は世界平和に貢献している//国際貢献」

こうげん【高原】コーゲン　高い山地にひろがる平らな土地．Ｅa plateau; highlands.　韓고원．「高原は夏でも涼しいので、たくさんの人がやってくる//高原地帯/高原野菜」

こうご【口語】コーゴ　話すときに使うことば．毎日の生活の中でふつうに使っていることば．話しことば．口頭語．Ｅcolloquial language.　韓구어．「明治以前は文章を口語

こうこう 【孝行】コーコー〔~する〕子供が親の望むように行動し、また親をたいせつにすること。Edutiful; filial. 한효행、효도。「孝行のしたい時分に親はなし(＝孝行をしたいと思うころにはもう親は死んでしまってこの世にいない)//孝行息子/親孝行」 対不孝

こうこう 【高校】コーコー 「高等学校」を略した言い方。Ea high school. 한고교、고등 학교。「最近は中学卒業生の90パーセント以上が高校へ行く//高校生」 数1校

こうごう 【皇后】コーゴー 天皇の妻。Ean empress. 한황후。「天皇と皇后はヨーロッパ訪問に出発した」

こうこく 【広告】コーコク〔~する〕①人々に広く知らせること。また、その知らせ。Ean announcement; a notice. 한광고。「人手が足りないのでアルバイト募集の広告を出す//死亡広告」②たくさん売るために、商品や会社、店などのよさを広く知らせること。また、そのためのもの。Ean advertisement; a commercial. 한광고。「バーゲンの広告を見て、靴を買いに行く」▷→宣伝

こうこつ 【恍惚】コーコツ ①美しいもの、すばらしいものによって、自分を忘れるほどいい気持ちになっている状態。Erapture; ecstasy. 한황홀。「恍惚の境地//恍惚感」②年をとって記憶力や判断力などがひどく悪くなってしまった状態。ぼけた状態。Esenile. 한망령、노망。「恍惚の人//恍惚老人」③(「恍惚として」の形で)①の状態でなにかをするよう。「浦島太郎は恍惚として乙姫の美しさに見とれていた//恍惚として歌う(Esing with rapture. 한황홀경에 빠져 노래하다。)」

こうごに 【交互に】コーゴニ 2種類のものや2人の人がつぎつぎに順番を変えるようす。Ealternately; by turns. 한교대로。「テニスや卓球では、2人が交互にボールを打ち合う//右手と左手を交互に上げ下げする」

参「かわるがわる」も似ているが、「かわるがわる」が2つ以上、2人以上についていうのに対して、「交互に」は2つのものや2人についていう。

こうさ 【交差】コーサ, コーサ〔~する〕2本以上の線や道などが、ある点で交わること。Eintersect; cross. 한교차。「漢字の『十』は、真ん中で縦の棒と横の棒が交差している//道路と線路が交差している所に踏切がある//交差点(→項目)//立体交差」

こうさい 【交際】コーサイ〔~する〕人といろいろな行動をともにするなど、親しくすること。Eassociation; friendship. 한교제。「2人はもう10年以上も交際している//交際が広い//交際費」

参「つきあい」も似ているが、「交際」のほうが正式なものという感じがある。「つきあい」には「近所とのつきあい」のような日常的なものと「つきあいでゆうべ遅くまで飲んだ」など義理である意味があるが、「交際」にはこのような使い方はない。

こうざい 【功罪】コーザイ 人のしたことやものごとの、いいところと悪いところ。Emerits and demerits. 한공죄、공과。「ナポレオンは歴史的にみて功罪どちらが多いだろうか//科学技術発達の功罪を考える」書

功罪相半ばする いいところと悪いところが半分ずつだ。EThe merits and demerits are evenly balanced. 한공죄가 반반이다。「この政府は経済面では成功し、外交では失敗したから、功罪相半ばするといえる」

こうさく 【工作】コーサク〔~する〕①紙や木や針金などの材料で簡単なものをつくること。また、それを教える科目。Ehandicraft. 한공작。「学校の工作の時間に本箱をつくっ

こうさつ 【考察】 コーサツ〔～する〕そのことがどうであるか、原因はなにかなどを明らかにするために調べ、よく考えること. Ⓔstudy; consideration. 룝고찰.「戦争の原因について考察した論文は多い//考察を加える」

こうさてん 【交差点】 コーサテン、コーサテン 道が交わる所. Ⓔa crossing; an intersection. 룝교차점.「つぎの交差点で左に曲がってください//交差点で信号が変わるのを待った//スクランブル交差点」

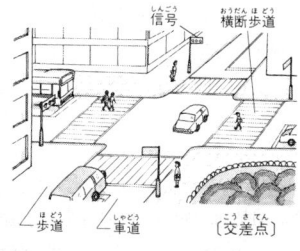
〔交差点〕

こうさん 【降参】 コーサン〔～する〕①戦争やけんかなどに負けて相手にしたがうこと. Ⓔsurrender; capitulate. 룝항복.「第2次世界大戦では連合国に対してイタリアが最初に降参した」②どうすることもできなくて困ってしまうこと. Ⓔbe beaten; can't bear. 룝손듦、질림.「コンピューターにくわしいと言ったら、つぎつぎにむずかしい質問をされて降参した//この蒸し暑さと人ごみには降参だ」

こうざん 【鉱山】 コーザン 役に立つ鉱物を掘りだす山. Ⓔa mine. 룝광산.「ここはむかし金の鉱山だった所だ//ウラン鉱山」

こうし 【公私】 コーシ 社会的なことと個人的なこと. Ⓔofficially and privately; public and private matters. 룝공사.「会社では出張が多く、家では子供が生まれて、公私ともに忙しい//公私混同する」

こうし 【講師】 コーシ ①講習の教師や講演をする人. Ⓔa speaker; a lecturer. 룝강사.「小説家の山田氏を講師に迎えて、文章の書き方について話を聞いた」②学校などで、時間や科目を限って教えることを頼まれた人、非常勤講師. Ⓔa part-time teacher. 룝(시간) 강사.「日本語学校の講師をする//高校の数学の講師として週6時間教える」③大学や高等専門学校などで教育や研究をする、助教授の下の職の人、専任講師. Ⓔan instructor; a lecturer. 룝전임 강사.「講師の田中先生が今度助教授になった」

こうじ 【工事】 コージ〔～する〕建物、道、鉄道、ダムなどをつくったり直したりする仕事. Ⓔconstruction. 룝공사.「橋の工事が終わった//工事中//工事現場//建築工事」

こうしき 【公式】 コーシキ ①公的に決められたやり方. また、そのやり方にもとづいていること. Ⓔofficial; formal. 룝공식.「政府は貿易問題についての公式の見解を発表した//公式訪問」対非公式 ②数学などで、一般的に成立する法則を記号で表した式. Ⓔa formula. 룝공식.「この公式を使って x の値を求めよ」

こうしせい 【高姿勢】 コーシセイ 相手に対して自分のほうが強い立場にあることを示す態度. Ⓔa high-handed attitude. 룝고자세.「A社に資金援助することを決めた伯父は、高姿勢でA社の社長を呼びつけた//交渉に高姿勢で臨む」対低姿勢

こうじつ 【口実】 コージツ ほかの人をいちおう納得させるような表向きの理由. Ⓔan excuse; a pretext. 룝구실.「仕事を口実にして、あまり好きでない人からの誘いを断る//土地の値上がりを口実に家賃を上げる」

こうしゃ 【後者】コーシャ 先に述べた2つのものごとのうち、後のほう. Ethe latter. 韩후자.「日本の代表的な文学には和歌と俳句があり、後者は前者から生まれた」対前者

こうしゃ 【校舎】コーシャ 学校の建物. E a school building. 韩교사.「校舎の前は広い校庭になっている」数 1棟・1棟

こうしゅう 【公衆】コーシュー 社会の一般の人々. Ethe public. 韩공중.「大統領が公衆の前で戦争終結を宣言した//公衆道徳//公衆浴場」

こうしゅう 【講習】コーシュー〔～する〕決まった期間、人を集めて、知識、技術、芸能などを教えること. また、その会. E a training course; a class. 韩강습.「夏休みに手話の講習を受けた//夏期講習」

こうしゅうでんわ 【公衆電話】コーシューデンワ 金やカードを入れればだれでも使える電話. E a public telephone. 韩공중 전화.「公衆電話が近くになくてとても不便だ//公衆電話がふさがっている」数 1台

こうしょう 【交渉】コーショー〔～する〕①なにかを決めるために条件を出し合って話し合うこと. E negotiations. 韩교섭.「労使の賃上げの交渉がまとまらずストライキに入った//団体交渉」②人とかかわりを持つこと. E connection; contact. 韩관계、접촉.「三郎とは仕事の関係で交渉がある」

こうしょう 【高尚】コーショー 考え方、趣味、好みなどの程度が高くて品があるようす. E refined; loftly; noble. 韩고상.「漢詩が好きだとは高尚な趣味をお持ちですね」対低俗

こうじょう 【工場】コージョー 機械などを使って、ものをつくったり、加工したり、修理したりする所. E a factory; a plant. 韩공장.「工場では1日じゅう機械が動いてる//工場長//自動車工場」数 1棟・1棟
→工場

こうじょう 【向上】コージョー〔～する〕質や内容などがよくなること. E raise; improvement. 韩향상.「女性の地位を向上させる//生産性の向上をめざす//教育水準の向上//向上心」対低下

ごうじょう 【強情】ゴージョー 自分の考えをなかなか変えようとしない性質. E stubborn; obstinate. 韩고집이 셈.「父は強情で、ちっとも母の言うことを聞かない//ごうじょっぱり(Ea very obstinate person. 韩고집쟁이.)」

こうしん 【行進】コーシン〔～する〕なにかの行事の1つとして人々が列をつくって進んでいくこと. E march; parade. 韩행진.「音楽に合わせて町内を行進する//行進曲//デモ行進//入場行進」

こうしん 【更新】コーシン〔～する〕①いままであったものが新しくなること. また、新しくすること. E break (a record). 韩갱신.「彼はマラソンの世界記録をつぎつぎと更新した」②契約、許可などの期間をさらに継続すること. E renew. 韩갱신.「期限が来たので、運転免許証を更新した//ビザの更新//更新手続き」

こうすい 【香水】コースイ 服や肌にすこしつけて、いいかおりを出す液体. E perfume. 韩향수.「外出の前に香水をつける//バラのかおりの香水」

こうずい 【洪水】コーズイ、コーズイ ①大雨などで田畑や家などが水につかるほど川の水が増え、あふれ出ること. E a flood. 韩홍수.「台風による大雨のため、あちこちで洪水が起きた//洪水の被害」②なにかがたくさんいちどに押し寄せること. E a deluge of. 韩홍수.「日曜日の海岸は人と車の洪水だ」

こうせい 【公正】コーセイ 公平で正しいこ

こうそく

と、だれでも同じ扱いをすること。Ejust; impartial; fairness. 韓公正.「兄と姉のけんかに母は公正な判断を下した//公正を期する//公正な人事」

こうせい【校正】コーセイ〔～する〕印刷物をつくるときに、ためしに印刷したものと原稿を比べ合わせて、文字のまちがいなどを直すこと。Eproofreading. 韓교정.「校正はふつう赤鉛筆でする//丁寧に校正したのにミスがある//校正刷り」

こうせい【構成】コーセイ〔～する〕いくつかの部分を組み合わせてまとまったものをつくること。また、その組み合わせたもの。Ecompose; form; structure. 韓구성.「各政党から選ばれた2名ずつの議員と事務局員で代表団を構成する//文の構成//構成員」

ごうせい【合成】ゴーセイ〔～する〕①2つ以上のものを合わせて新しい1つのものをつくること。Ecompose; compound. 韓합성.「何枚かの写真を合成して集合写真をつくる//合成語」対分解 ②2種類以上の物質を合わせて新しい化合物をつくること。Esynthesize. 韓합성.「石油を原料としていろいろなものを合成する//合成樹脂(Esynthetic resin; plastic. 韓합성 수지.)//合成繊維//合成洗剤」対分解

ごうせい【豪勢】ゴーセイ 非常にぜいたくで立派なようす。Eluxurious; grand. 韓호화판임.「1年に3回も家族そろって海外に遊びに行くとは豪勢だね//豪勢な金の使い方」

こうせいぶっしつ【抗生物質】コーセイブッシツ かびなどの微生物がつくりだす物質で、他の微生物がふえるのをおさえる働きをするもの。Ean antibiotic. 韓항생 물질.「ペニシリンやストレプトマイシンなどの抗生物質で多くの命が救われた」

こうせき【功績】コーセキ 社会のいろいろな分野での立派な働き。Eservices; achievements. 韓공적.「医学の発展に大きな功績があった人にノーベル医学賞を贈る//キング牧師は黒人差別をなくすために立派な功績を残した」

こうせん【光線】コーセン 光。また、光の筋。Ea beam (of light); a ray. 韓광선.「海や山は太陽の光線が強いので、帽子をかぶったほうがいい//レーザー光線」

こうぜん【公然】コーゼン (「公然と」の形で)隠したりしないで、だれが知っても平気でいるようす。Eopenly; in public. 韓공공연함.「学生たちは校長の前で公然とA先生を批判した」
参 改まって「公然たる態度」のように表現することもある。
公然の秘密 いちおう秘密ということになっているが、本当はだれでも知っていること。Ean open secret. 韓공공연한 비밀.「課長が転勤するということは、公然の秘密である」

こうそう【構想】コーソー〔～する〕しようと思うことやそれを実現するための方法などを考えること。また、その考えや計画。Ea plot; a conception; a plan. 韓구상.「つぎの小説のだいたいの構想ができあがった//構想をねる」

こうぞう【構造】コーゾー 多くの部分が集まってできているものの全体の仕組み。Estructure. 韓구조.「時計を分解してその構造を調べる//分子の構造//耐震構造(Ean earthquake-proof structure. 韓내진 구조.)」

こうそうけんちく【高層建築】コーソーケンチク 高くて、階数が多い建物。Ea high-rise building; a skyscraper. 韓고층 건축.「ニューヨークのマンハッタンには高層建築が集中している」

こうそく【高速】コーソク ①速い速度。high speed. 韓고속.「時速150キロの高速

で走る//高速列車」②「高速道路」を略した言い方．速いスピードで走る車のための専用道路．ハイウエー．Ｅan expressway; a freeway. 韓고속 도로．「高速で行けば、半分の時間ですむ//首都高速」▷数②１本

こうぞく 【皇族】コーゾク 天皇の一族．Ｅthe Imperial family. 韓황족．「皇族を迎えて開会式を行う」

こうたい 【交代・交替】コータイ〔～する〕役目や仕事などを別の人がかわってすること．Ｅtake another's place; by turns; a change. 韓교대，교체．「１晩じゅう働いた看護婦さんが、朝、つぎの看護婦さんと交替する//交替で運転する//政権の交代」注仕事や地位を受けつぐばあいは「交代」，時間的にかわるばあいは「交替」．

こうたい 【後退】コータイ〔～する〕①いままでの場所よりも後ろのほうへ下がっていくこと．Ｅmove backward. 韓후퇴．「あぶないから、みんな10メートルほど後退してください//１歩後退」対前進 ②いままでの状態よりも衰えたり悪くなったりすること．Ｅrecede; (a) recession. 韓후퇴；쇠퇴．「土地税制に対する政府の態度が後退した//景気の後退がひどくて恐慌になった」対前進

こうだい 【広大】コーダイ 広くて大きいようす．Ｅvast; huge; extensive. 韓광대．「広大にどこまでも続く大平原//広大な農園//広大な宇宙//広大無辺」

こうたいし 【皇太子】コータイシ つぎの天皇または王になることになっている人．Ｅthe Crown Prince. 韓황태자．「日本の皇太子がタイの王室を訪問した」

こうちゃ 【紅茶】コーチャ 赤みがかった茶色をしたお茶．Ｅ(black) tea. 韓홍차．「紅茶とコーヒーとどちらが好きですか//紅茶をいれる//紅茶のカップ」数１杯・１缶
参喫茶店などでは「ミルクティー」「レモン

ティー」など「ティー」を使うことが多い．

こうちょう 【好調】コーチョー 仕事や体の調子がいいこと．ものごとがうまくいくこと．Ｅin good condition; good. 韓호조．「仕事も家庭もわたしの体も、すべて好調だ//今年のＡチームは好調なスタートを切った//万事好調」対不調

こうちょう 【校長】コーチョー 学校の中のいちばん上の責任者．Ｅa principal; a headmaster. 韓교장．「入学式は校長のあいさつで始まる//校長先生」

こうつう 【交通】コーツー 人やいろいろな乗り物が行ったり来たりすること．Ｅtraffic; transportation. 韓교통．「技術の進歩によって交通はますます便利になる//交通の激しい通り//交通違反//交通渋滞//交通費」

こうつうきかん 【交通機関】コーツーキカン，コーツーキカン 車、飛行機、鉄道など、人やものを運ぶ働きをするもの．Ｅa means of transportation. 韓교통 기관．「交通機関の発達によって、遠く離れた土地へも簡単に行けるようになった」

こうつうじこ 【交通事故】コーツージコ 車や電車などが衝突したり、人がひかれたりする事故．Ｅa traffic accident. 韓교통 사고．「交通事故で死ぬ人の数は毎年増えている//交通事故を起こす」数１件

こうてい 【肯定】コーテイ〔～する〕そのとおりだと認めること．Ｅaffirm; acknowledge. 韓긍정．「人間はもともと善であるという説を肯定する//肯定的な意見//肯定文」対否定

こうてい 【校庭】コーテイ 学校の庭．運動場．Ｅa schoolyard; a playground. 韓교정．「都心にある学校は校庭が狭い//休み時間は校庭で遊ぶ」

こうてき 【公的】コーテキ 個人ではなく、国家や社会全体と関係があるようす．Ｅ

こうてん【好転】コーテン〔~する〕ものごとがいい方向に変わること．Etake a favorable turn; change for the better. 한호전．「情勢の好転によって戦争は避けられる見通しだ//景気が好転する」対悪化

こうでん【香典】コーデン 人がなくなったときに、死者の霊前に供える金や品物など．Ea monetary offering to a departed spirit. 한부의．「お葬式に5000円の香典を持っていった//香典を包む//香典返し（Ea gift given in acknowledgement of a funeral offering. 한부의에 대한 답례(품).)//香典袋」

こうてんてき【後天的】コーテンテキ 生まれたあとで身についたようす．Eacquired. 한후천적．「個人の性格は環境などによって後天的につくられる面もある」対先天的

こうとう【口頭】コートー 口で話すこと．Eoral; verbal. 한구두．「欠席する人は前日までに口頭で申し出てください//口頭試問(Ean oral examination. 한구두 시험.)」

こうとう【高等】コートー 程度や段階が高いようす．Ehigh; higher; high class. 한고등．「人間は生物学的にみて最も高等な動物だ//高等教育」関連初等，中等

こうとう【高騰】コートー〔~する〕値段が高くなること．Erise suddenly; soar. 한고등，앙등．「戦争が起こりそうになって石油の価格が高騰した//地価の高騰」対低落，下落

こうどう【行動】コードー〔~する〕人間やその他の動物が体を動かしてなにかをすること．E(an) action; behavior. 한행동．「動物学者が野生の猿の行動を観察する//旅行先で自由に行動する//団体行動」→行為

こうどう【講堂】コードー 学校，会社，寺などで，おおぜいの人を集めて集会や講演をする広い部屋，または建物．Ean auditorium; an assembly hall. 한강당．「入学式は講堂で行う//大学の講堂で音楽会を開く」

ごうとう【強盗】ゴートー 他人をおどしたり暴力をふるったりして金や品物をうばうこと，また、その人．Ea robber; burglary. 한강도．「強盗におそわれて現金を取られた//強盗殺人//銀行強盗」

ごうどう【合同】ゴードー〔~する〕いくつかの組織が，なにかをするために一緒になること，また、一緒にすること．Ejoin forces; joint. 한합동．「A社とB社が合同して社員研修会を開く//合同演奏会」

こうとうがっこう【高等学校】コートーガッコー 中学校を卒業したあと，もっと勉強したい人が行くための学校．高校．Ea high school. 한고등 학교．「中学を卒業したら近くのA高等学校に入りたい」数1校

こうどく【講読】コードク〔~する〕本や文章の内容を講義したり質問したりしながら丁寧に細かく読むこと．Eintensive reading and discussion. 한강독．「A教授の指導で古典文学を講読する//漢文学講読」

こうどく【購読】コードク〔~する〕新聞，雑誌などを買って読むこと．Esubscribe to. 한구독．「この雑誌は売り切れることが多いので，予約して購読しよう//定期購読」

こうない【構内】コーナイ たくさんの人が出入りするような建物や施設の敷地の中．Ea yard; the grounds; the campus. 한구내．「東京駅の構内は広くて迷ってしまう//大学の構内に車を乗り入れてはいけない」対構外

こうにゅう 【購入】コーニュー〔~する〕たくさんのものや大きなものなどを買い入れること. Epurchase. 헨구입.「冬に備えて暖房器具の購入を考えている//産地の農家から野菜やくだものを直接に購入する//共同購入」対販売

こうにん 【公認】コーニン〔~する〕①国や公共団体などが正式に資格などを認めること. Eofficial recognition; authorization. 헨공인.「政党の公認を受けて、つぎの選挙に立候補する//オリンピックの公認記録」②まわりの人から了解されること. Eapproved; accepted. 헨공인.「一郎と道子が恋人どうしで、親も公認の仲だ」

こうば 【工場】コーバ 機械などを使って、ものをつくったり、加工したり、修理したりする所. Ea factory; a workshop. 헨공장.「このへんは小さな工場が多い//町工場(=都市の中にある、中小の工場)」数1棟・1棟 参「こうじょう」も意味は同じだが、「こうば」のほうが古い言い方. また、ふつう「こうば」のほうが働く人も少ないし規模も小さい.

こうはい 【後輩】コーハイ 同じ学校や職場、また一般社会で、年齢、地位、経験などが自分より下の人. Eone's junior; younger men. 헨후배.「道子は1980年、一郎は1982年の入学だから、一郎が2年後輩だ//後輩を指導する」対先輩

こうばい 【勾配】コーバイ、コーバイ 平らな面に対する角度があること、また、その角度. Ea slope; an incline. 헨기울기, 경사.「あのスキー場は勾配が急で初心者には無理だ//ゆるい勾配の坂を自転車で下る」

こうばし・い コーバシイ、コーバシイ おいしそうに焼けたような、いいにおいがする. Earomatic; fragrant; nice-smelling. 헨구수하다.「パンの焼けるこうばしいにおいがする//ゴマをするこうばしいかおりがする」

こうはん 【広範】コーハン 関係する範囲が広いようす. Eextensive; wide-spread. 헨광범.「一郎の研究分野は広範にわたる//広範な地域で仏教が信じられている」書

こうばん 【交番】コーバン 大きい交差点や駅前などにあり、いつも警察官がつめている所. Ea police box. 헨파출소.「金を拾って交番にとどけた//交番で道を尋ねる」

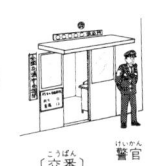
〔交番〕 警官

こうひ 【公費】コーヒ 国や地方公共団体が出す費用. Epublic expense; public money. 헨공비.「公費で海外へ出張する//公費の乱用はやめなければならない//公費留学生」対私費

こうひょう 【公表】コーヒョー〔~する〕世間に知らせること. Eannounce (officially); make public. 헨공표.「20歳未満の犯罪容疑者については名前を公表しない//政府は条約文を公表した」

こうひょう 【好評】コーヒョー 評判がいいこと. Ebe favorably received. 헨호평.「洋子の今度の作品はたいへん好評だ//ご好評にこたえて今年もスキー教室を開きます」対悪評, 不評

こうふく 【幸福】コーフク 喜びが感じられて、満足であること. Ehappy; happiness. 헨행복.「道子と結婚できて本当に幸福だ//子供の幸福を祈る//幸福な家庭」対不幸

こうぶつ 【好物】コーブツ 好きな食べ物や飲み物. Eone's favorite food or beverage. 헨좋아하는 음식〔음료〕.「ジョージの好物はすしだ//大好物」

こうぶつ 【鉱物】コーブツ、コーブツ 石や金属など、地中から取りだす天然の物質. Ea mineral. 헨광물.「鉱物の採取//鉱

物資源」

こうふん 【興奮】コーフン〔～する〕 なにかの刺激で,強く気持ちが動かされたり,心臓が速く打ったりすること. Eget excited. 韓흥분.「9回裏の逆転ホームランに観客はみな興奮して立ち上がった//コーヒー3杯で興奮して眠れない//興奮をしずめる」

こうへい 【公平】コーヘイ 一方にかたよらないで,平等に人やものごとに対すること. Eimpartially; fair. 韓공평.「母はわたしたちきょうだいをいつも公平に扱った//公平な態度//公平無私.Efair and disinterested. 韓공평 무사.)」対不公平

こうほ 【候補】コーホ ある地位や仕事などに選ばれるよう名前があがっている人や場所など. E(a site) proposed; a candidate; a nominee. 韓후보.「2000年のオリンピックは,いくつかの候補の中からシドニーに決まった/A氏はノーベル賞の候補にあげられている//候補者」

こうぼ 【公募】コーボ〔～する〕 世間一般に広く知らせて募集すること. Eaccept applications; invite public participation. 韓공모.「A大学で教員を公募している/新製品の名前を公募することにした//公募に応じる」

こうほう 【広報】コーホー 役所,会社,団体などがその活動について人々に広く知らせること.また,その知らせ. Epublic information; public relations. 韓홍보.「この課では広報の仕事を担当して,毎月お知らせやニュースを発行している//広報活動/広報紙」

ごうほう 【合法】ゴーホー 法律の許すわくの中であること. Elawful; legal. 韓합법.「裁判官は人のしたことが合法かどうかを判断する//合法的に処理する」対非合法,違法

ごうまん 【傲慢】ゴーマン,ゴーマン いばった態度をとって人を見下しているようす. Earrogant; haughty. 韓오만,거만.「姉は傲慢で人に頭を下げることを知らない//どんな高い地位についても傲慢な態度をとるべきではない」対謙虚

こうむいん 【公務員】コームイン 国や地方公共団体の仕事をする人. Ea civil servant; a public employee. 韓공무원.「姉は文部省に勤める公務員だ//公務員はアルバイトを禁止されている」
参中央官庁などで働く「国家公務員」と,都道府県庁や市役所などで働く「地方公務員」がある.

こうむ・る 【被る】コームル〔他動五〕(こうむって) 他からなにかの影響を受ける. Ebe indebted to; suffer. 韓입다.「生物は太陽から多くの恩恵をこうむっている//大雨の害をこうむる」
参「受ける」も似ているが,「こうむる」はなにかを受けて感謝する,迷惑だ,などの評価の気持ちが加わっている.

こうめいせいだい 【公明正大】コーメイセイダイ 隠したりせず,だれがみても公平で正しくて立派であるようす. Efair; fair and square. 韓공명 정대.「裁判官は公明正大でなければならない//学長には公明正大な人を選ぼう」

こうもく 【項目】コーモク ①ものごとをある基準で分けたときの,1つ1つの部分. Ean item; a head. 韓항목.「日本語を,文字,文法,発音などの項目に分けて説明する」②辞書,事典の見出し語. Ean entry. 韓항목.「この辞書の項目は約1万だ」

こうもん 【肛門】コーモン 腸のはしにあって大便を体外へ出す穴. Ethe anus. 韓항문.「赤ん坊は肛門で熱をはかることがある//人工肛門」

こうよう 【公用】コーヨー ①役所や会社,

団体などの用事. Eofficial business. 韓公용.「会社の電話を公用以外に使わないでください//先週, 公用で大阪へ行ってきた」対私用　②国や公共団体などが使うこと. E(for) public use. 韓공용.「国連では 6 種類の言語が公用とされている//公用語//公用車//公用文」

こうよう 【紅葉・黄葉】コーヨー〔～する〕寒くなって, 木の葉が赤や黄色に変わること. また, その葉. もみじ. Eautumn tints; turn red. 韓단풍.「秋になると山は紅葉で本当に美しい//木々が一面に紅葉して真っ赤だ//紅葉を見に行く」

注 赤くなるものには「紅葉」, 黄色くなるものには「黄葉」を使うが, 両方合わせて「紅葉」と書くことが多い.

参「紅葉する」ことを「もみじする」ともいう. 紅葉する木の代表的なものがカエデで, カエデの別の名を「もみじ」というので, いろいろな木の紅葉であっても,「もみじを見に行く」などという.

こうらく 【行楽】コーラク　郊外や観光地などに遊びに行くこと. Ea pleasure trip; an excursion. 韓행락.「きのうの日曜日に行楽に出かけた人は 20 万人にのぼる//行楽客//行楽地」

こうり 【小売り】コウリ〔～する〕品物を消費者に売ること. Eretail. 韓소매.「大型のスーパーが増えて, むかしからの小売りの店は経営が苦しくなった//小売商//小売店」対卸売り

ごうりか 【合理化】ゴーリカ〔～する〕①むだを少なくし, 機械を使うなどして能率を上げること. Erationalize. 韓합리화.「母は, 乾燥機, 皿洗い機などを買い入れて家事をもっと合理化したいと言う」②企業などで, 新しい技術や機械を入れたり, 労働者を減らしたりして, 生産にかかる費用を少なくすること. Erationalize; streamlining. 韓합리화.「A 社は大型コンピューターを導入して事務の合理化をはかっている//合理化で失業者が増えた」③いちおうの理由をつけて自分が正しいと主張すること. Erationalize. 韓합리화.「二郎は, タバコをやめてストレスをためるより, 吸い続けるほうが健康にいい, と自分を合理化している」

こうりつ 【公立】コーリツ　都道府県, 市町村や特別区が設立し, 運営すること. また, 運営している施設. Epublic. 韓공립.「公立の大学には東京都立大学や横浜市立大学がある//公立図書館//公立病院」対私立

参 広い意味では, 国がつくり運営する「国立」も,「公立」の中にふくめることがある.

こうりつ 【効率】コーリツ　仕事の結果と, その結果を生むためにかかった時間や人手や費用などとの割合. Eefficiency. 韓효율.「コンピューターを入れたので作業の効率が上がった//効率を高める//効率が低い」

ごうりてき 【合理的】ゴーリテキ　論理や理屈に合っていて, 無理やむだのないようす. Elogical; rationally. 韓합리적.「数学は合理的な学問である//日本のマンションは狭いが, 合理的につくられている」対非合理的, 不合理

こうりゃく 【後略】コーリャク, コーリャク〔～する〕引用する文章の, 後の部分を略すこと. Eomit the rest. 韓후략.「紙数の関係で後略する」書 関連前略, 中略

こうりゅう 【交流】コーリュー〔～する〕別別の地域, 組織, グループなどの人やものが行ったり来たりすること. Einterchange; exchange. 韓교류.「日本と中国の間には, 2000 年の交流の歴史がある//国際交流//文化交流」

こうりょ 【考慮】コーリョ〔～する〕どうするかということについて, よく考えること. E

consideration. 흰고려.「宿泊する人の経済状態を考慮してホテルを選ぶ//考慮中」参「考慮中」を「ご依頼の件については考慮中です」のように使うときは、相手の依頼を断るつもりだが、すぐに断りを言うと相手に失礼だと思って、時間をすこし引きのばすつもりでそう言っていることが多い.

こうりょく 【効力】コーリョク それが作用して求めている結果を生みだすことができる力. Eeffect; validity; force. 흰효력.「この切符は買った日しか効力がない//薬の効力が現れる//効力を失う」

こうれい 【高齢】コーレイ 年をとっていること. Ean advanced age. 흰고령.「父は85歳の高齢とは思えないほど元気だ//高齢化社会(Ean aging society. 흰고령화사회.)」

こうろん 【口論】コーロン, コーロン〔~する〕ことばで争うこと. Ea quarrel; an argument. 흰말다툼, 언쟁.「料理がまずかったから金を払わないと客が言ったので, 店員が怒って口論になった//長い口論の末に, 洋子の主張が通った」

ごうをにやす 【業を煮やす】ものごとがうまくいかず, がまんできなくなって怒る. Elose one's temper. 흰참다 못해 화를 내다.「製品が予定どおりに完成しないので, 工場長は業を煮やして部下をしかりつけた」

こえ 【声】コエ ①人や動物が口などから出す音. Ea voice; a chirp. 흰(목)소리.「となりの部屋で人の声がする//声をひそめる(Elower one's voice. 흰목소리를 낮추다.)//虫の声//猫の鳴き声//人の泣き声」
②意見やことば. Ean opinion; a voice. 흰소리, 의견.「消費税の税率の引き上げに反対の声が強まっている//新聞に読者の声を反映させる」

声がかかる 誘いを受ける. また, 上の人から特別に指名される. Ereceive an invitation; be designated. 흰부름을 받다;특별히 지명을 받다.「パーティーに来ないかと先輩から声がかかった」似た表現声をかける

声が高い 話す声などが大きい. Eloud; noisy. 흰목소리가 크다.「声が高い, みんな寝ているんだから, もっと小さい声で話しなさい」対声が低い

声を限りに これ以上は出ないというぐらいの声で. Eat the top of one's voice. 흰목청껏.「山で道に迷って声を限りに助けを呼んだ」

声をのむ 声を出そうとしてやめる. また, 非常に驚いたり恐れたり感心したりして声が出せない. Ebe at a loss for words. 흰말문이 막히다.「海に日が沈む光景がとても美しくて, みんな声をのんだ」

こ・える 【肥える】コエル〔自動一〕①食物をよく食べて太る. Egrow fat. 흰살찌다.「草をたくさん食べてよくこえた牛」対やせる ②土地の, 植物を育てる力が強い. Egrow fertile. 흰비옥해지다.「この畑はこえていて野菜がよくできる」対やせる ③いいものをたくさん見たり, 聞いたり, 食べたりした結果, もののいい悪いがよくわかるようになる. Ebe a connoisseur (of food, music, art). 흰(안목이) 높아지다, 고급스러워지다.「舌がこえている父は食べ物にうるさい//目がこえる(→目慣用)」▷他動肥やす →太る

こ・える 【越える・超える】コエル〔自他動一〕①なにかの上を通って向こうへ行く. Ego (over, across). 흰넘다, 넘어가다.「山を越えてとなりの町へ行く//国境を越えるとき, パスポートを見せる//塀を乗り越える」②ある範囲の外に出る. Eexceed; be more than. 흰(기준을) 넘다, 초과하다.

「きのうは30度をこえる暑さだった//マラソン大会の参加者は100人をこえる見込みだ」▷→以上

注 漢字で書くときは，①は「越える」，②は「超える」．また，①は自動詞，②は他動詞．

コース (course) コース ①目的に向かって決められた道や進路．Ea course; a route. 한 코스．「山の頂上へのコースを示す看板が立っている//洋子は入社するとき総合職のコースを選んだ//ハイキングコース//エリートコース」
②競走，競泳などで，各選手に割り当てられる進路．Ea course; a lane. 한 코스．「真ん中のコースは記録のいい選手に与えられる//第3コースを走る」
③教育の課程．Ea course (of study). 한 (교육) 과정．「進学コース//ドクターコース(→ドクター項目)」
④決まった順で出される1組の料理．Ea course (of a meal). 한 (요리의) 코스．「今晩の食事のコースの最後はコーヒーとケーキだった//フルコース」

コーチ (coach) コーチ〔〜する〕スポーツなどで，技術の指導をすること．また，指導をする人．Ea coach. 한 코치．「コーチの適切な指導により，京子はマラソン大会で優勝できた//名コーチ」

コーディネーター (coordinator) コーディネーター ①共同で仕事をするとき，調整や連絡をする役の人．Ea coordinator (of an event). 한 코디네이터, 조정자, 진행자．「シンポジウムのコーディネーターとして講師を頼みに行く」②服装や店や部屋などの全体の調和がとれるように組み合わせを考える人．Ea (fashion) coordinator. 한 (패션) 코디네이터．「コーディネーターとしてデパートの家具売り場で働く」

コート (coat) コート 外出のとき寒さや雨を防ぐためいちばん外側に着る服．Ea coat. 한 코트．「12月になると街を歩く人はほとんどコートを着る//毛皮のコート//レーンコート(→項目)」数 1枚・1着

コート (court) コート テニスやバスケットボールなどの競技をする場所．Ea court. 한 코트．「1セットが終わりコートを交代する//テニスコート」数 1面

コード (cord) コード 電気器具，電話などに使われる，ゴムやビニールでおおわれた電線．Ea cord. 한 코드．「最近はコードのない電話がはやっている//アイロンのコードを忘れずに抜いてください//コードレス(Ecordless. 한 코드가 없는．)」数 1本 →コンセント図

コーヒー (㋺koffie) コーヒー かおりと苦みのある飲み物．また，その材料の豆や粉．Ecoffee. 한 커피．「コーヒーがとても好きで，1日に4，5杯は飲む//コーヒーをいれる//コーヒー豆//インスタントコーヒー」数 1杯・1缶

こおり【氷】コーリ 水がセ氏0度以下で固体になったもの．Eice. 한 얼음．「暖かくなって氷がとける//池に厚く氷が張る//氷のような心」

こお・る【凍る】コール〔自動五〕(こおって) 液体や，ものの中の水分が，低い温度のためにかたまる．Efreeze. 한 얼다．「寒さで池の水が凍る//肉が凍ってかたくなる」

ゴール (goal) ゴール〔〜する〕①運動競技の決勝点．また，そこに到達すること．Ethe goal; the finish line. 한 골, 결승점．「マラソンのランナーは両手を上げてゴールに駆けこんだ//ゴールイン」対 スタート ②サッカー，ホッケーなどで，ボールを入れて点を取る所．また，そこにボールを入れること．Ea goal. 한 골．「ロメオがゴールを決めてイタリア・チームが勝った//ゴールキーパー」

ゴールデンウイーク ゴールデンウイーク 日本で、4月の末から5月の第1週にかけての、休日の多い期間。Ｅthe "Golden Week" holidays. 韓골든 위크, 황금 연휴(기간).「ゴールデンウイークには海外へ旅行に出かける人も多い」
参 英語の「ゴールデン(golden)」と「ウイーク(week)」から日本でできたことば.

ごかい 【誤解】ゴカイ〔～する〕人の言ったことなどを、まちがって理解すること。Ｅmisunderstand. 韓오해.「きみの将来を思って厳しいことを言うのだ。嫌っているなどと誤解しないでほしい//誤解を招く」

ごかく 【互角】ゴカク たがいの実力が同じぐらいであること。Ｅeven; well-matched. 韓호각.「テニスの試合で京子と道子はまったく互角に戦った//あの2人の実力は互角だ」

ごがく 【語学】ゴガク, ゴガク 言語、おもに外国語を学習、研究すること。また、その外国語。Ｅlanguage study; linguistic. 韓어학.「ジョンはドイツ語でも中国語でも、すこし習うとすぐ話せるようになる語学の天才だ//語学教育」

こが・す 【焦がす】コガス〔他動五〕(こがして) 焼いて色を黒くする。Ｅburn; scorch. 韓태우다.「長く焼きすぎて、肉をこがしてしまった//タバコの火でズボンをこがした」自動 焦げる

こがた 【小型・小形】コガタ ①同じ種類のものの大きさを大、中、小、あるいは大、小に分けたときのいちばん小さいもの。また、小さいこと。Ｅsmall-sized. 韓소형.「ポケットに入れられる小型の辞書がほしい//小型自動車」②ものの形がふつうより小さいもの。また、小さいこと。Ｅtiny; small. 韓소형.「小形のハンカチを胸ポケットに入れる//この木は春になると、赤い小形の花をつける」▷
関連①大型、中型、②大形、中形
注 ①は「小型」, ②は「小形」.

ごがつ 【五月】ゴガツ 1年の5番目の月、5月。ＥMay. 韓5월.「日本では、5月の初めは休日が多い//5月は若葉の季節だ」

こがら 【小柄】コガラ 体がふつうより小さいこと。Ｅrather small; of small build. 韓몸집이 작음.「二郎は小柄でやせている//スポーツ選手にしては小柄な人だ」対大柄

こがらし 【木枯らし】コガラシ 秋の終わりごろから冬の初めにかけて吹く冷たい風。Ｅa cold wintry wind. 韓초겨울의 찬 바람.「今年ももう12月、木枯らしの吹くころになった//木枯らしがぴゅうぴゅう吹く」

ごかん 【語幹】ゴカン 文法で、動詞、形容詞など活用をすることばの変化しない部分。Ｅthe stem of a word. 韓어간.『『書く』の語幹は『か』で、『赤い』の語幹は『あか』だ」対語尾

こき 【古希・古稀】コキ 70歳の特別の言い方。Ｅone's seventieth birthday. 韓고희.「父が70歳になったので、古希の祝いをした//古希を迎える」
注 もとは「古稀」だったが、「稀」の字は常用漢字表にないので、同じ音の「希」を当てて「古希」として使うようになった。
参 中国の詩人、杜甫の詩の1節「人生七十古来稀なり」からできたことば。ほかに、日本では60歳を「還暦」、77歳を「喜寿」、88歳を「米寿」、90歳を「卒寿」、99歳を「白寿」などと呼び、長生きした人を祝う。

こきおろ・す 【こき下ろす】コキオロス, コキオロス〔他動五〕(こきおろして) 悪い点ばかりを取りあげて、ひどく悪く言う。Ｅcriticize severely; denounce. 韓헐뜯다, 깎아내리다.「新しい先生を、教え方が下手だし、なにも知らないと言ってこきおろす//その絵は幼稚園の子供より下手だと、みん

なにこきおろされた」[話]

こぎって 【小切手】コギッテ 金額を書いた、現金と同じ価値のある紙。受取人はこれを銀行に持っていけば現金にかえられる。[E]a check. [한]수표。「小切手を切る([E]issue a check; make out a check. [한]수표를 끊다〔発行하다〕。)//旅行者用小切手」[数]1枚

こきゅう 【呼吸】コキュー ①〔~する〕息を吸ったりはいたりすること。[E]respiration; breathing. [한]호흡。「激しい運動の後は呼吸が速くなる//呼吸が止まる//呼吸器//深呼吸(→項目)」②ものごとをうまく行うための微妙な調子。[E]the knack; the hang. [한]호흡。「歌手とピアノの伴奏者との呼吸がよく合っていた//呼吸をのみこむ([E]get the knack of. [한]요령을 터득하다。)」

こきょう 【故郷】コキョー 生まれ育った土地。郷里。[E]one's home; one's hometown. [한]고향。「15歳で故郷を出て大阪へ来てから20年、大阪は第二の故郷だ//生まれ故郷」→郷土、ふるさと

故郷へにしき〔錦〕を飾る 志を立てて故郷を出た人が、成功し、立派になって故郷にもどる。[E]return to one's hometown full of honors. [한]금의 환향하다。「三郎はスイスの研究所で長年続けたがんの研究で賞を受け、今度30年ぶりに故郷へにしきを飾った」

こく 【国】コク ①「国語」を略した言い方。[E]Japanese; [한]국어；일본어。「英、数、国の3科目」②(他のことばの後について)くに。[E]a ~ country. [한]~국、~나라。「2国間の話し合い//相手国//友好国//輸出国」

こ・ぐ コグ[他動五](こいで) ①道具を使って舟を動かす。[E]row; paddle. [한]젓다。「おおぜいで力を合わせてボートをこぐ」②足を曲げたりのばしたりして乗り物を動かす。

[E]pedal; swing. [한](발을) 구르다、페달을 밟다、(그네를) 타다。「自転車をこいで坂を上るのは疲れる//ぶらんこをこぐ」

〔こぐ〕

ごく 【語句】ゴク 語と句、語と語がつながってできることばや句。[E]words and phrases. [한]어구。「『それにもかかわらず』という語句を使って文をつくりなさい//接続語句」

こくがある いい味や味わいがあって深みがある。[E]have plenty of body; be rich in meaning. [한]깊은 맛이 있다；감칠맛나다。「この酒はこくがあって、おいしい//さすが熟練した作家が書いただけあって、こくがあるいい文章だ」

こくご 【国語】コクゴ ①それぞれの国の国民にとっての国家のことば。[E]a national language. [한]국어。「日本の国語は日本語で、チリの国語はスペイン語だ//国語辞典//国語政策」②「国語科」を略した言い方。学校の教育科目の1つで、日本語を勉強する科目。[E]Japanese; the Japanese language. [한]국어과；일본어。「京子は中学校の国語の先生をしている」

こくさい 【国際】コクサイ (他のことばの頭について)数多くの国々と関係のあること。[E]international. [한]국제。「国際会議//国際空港//国際通貨//国際平和」[対]国内

こくさいか 【国際化】コクサイカ〔~する〕文化、経済などの活動を、他の国々との関係を考えながらすること。[E]internationalization. [한]국제화。「日本語の学習者が多くなって、日本語も国際化してきた//国際化を進める」

こくさいてき 【国際的】コクサイテキ 多くの国に関係し、ひろがっているようす。[E]international. [한]국제적。「黒沢明は国際的に有名な映画監督だ//日本の自動車は国

際的な評判をえている」

こくさいもんだい 【国際問題】コクサイモンダイ 1つの国内のことではなく、外国との間に起こる政治、経済、軍事などの、解決しなければならないことがら. Ⓔan international problem. 🇰🇷국제 문제.「新聞をよく読んで国際問題の理解を深める//先進国の首脳が集まって国際問題を話し合う」

こくさいれんごう 【国際連合】コクサイレンゴー ⇨国連「国際連合が紛争の処理に当たる」

こくさん 【国産】コクサン 自分の国で生産すること、また、生産されたもの. Ⓔdomestic production. 🇰🇷국산.「国産の製品の品質を誇る//世界の国々は工業製品の国産化をめざしている//国産品」対舶来

こくし 【酷使】コクシ, コクジ〔~する〕人やものを、病気になったり使えなくなったりする限度までひどく使うこと. Ⓔwork a person very hard; overwork. 🇰🇷혹사.「病院も人手がたりなくて看護婦が酷使されている//体を酷使する」

こくせいちょうさ 【国勢調査】コクセイチョーサ 政府が5年あるいは10年おきなどのある決まった日に、調査員を使って人口や国民の現在の状態を全国で調べること. Ⓔa census. 🇰🇷국세 조사.「10月1日に国勢調査が行われた//1990年の国勢調査によると、日本の人口はおよそ1億2361万人である」

こくせき 【国籍】コクセキ ①その国の国民であるという身分. Ⓔnationality; citizenship. 🇰🇷국적.「日本の国籍を持つ人を日本国民と呼ぶ」②船や飛行機などがその国に属していること. Ⓔregistry. 🇰🇷국적.「国籍のわからない飛行機が飛んできて、大騒ぎになる」

こくそ 【告訴】コクソ, コクソ〔~する〕被害者やその家族などが、犯罪があったことを捜査機関に知らせて犯人の処罰を求めること. Ⓔsue; accuse; a complaint. 🇰🇷고소.「事実と違う記事を載せた雑誌社を、名誉を傷つけたとして告訴した//告訴を取り下げる」→告発

こくち 【告知】コクチ〔~する〕関係する相手に知らせること. Ⓔnotify a person of; a notice. 🇰🇷고지.「病人にがんの告知をするかどうかで悩む//告知書//告知板」

こくど 【国土】コクド その国の土地. Ⓔa country; a territory. 🇰🇷국토.「日本は国土が狭い//戦争で国土は荒れた//国土の開発」

こくない 【国内】コクナイ その国の領土の中. Ⓔdomestic; home. 🇰🇷국내.「旅行が好きで国内はほとんどまわった//国内問題//国内線 (Ⓔa domestic line. 🇰🇷국내선.)」対国外, 国際

こくはく 【告白】コクハク〔~する〕隠していたこと、恥ずかしいことを人に打ち明けること. Ⓔconfess; declare. 🇰🇷고백.「兄は自分の罪を告白した//一郎は道子に愛を告白する手紙を書いた」

こくはつ 【告発】コクハツ〔~する〕①被害者以外の人や組織が、犯罪があったことを捜査機関に知らせて犯人の処罰を求めること. Ⓔaccuse; charge. 🇰🇷고발.「税金を納めなかった会社を国税庁が告発した」②外部の人に向かって、不正を指摘したり、広く知らせたりすること. Ⓔa complaint. 🇰🇷고발.「住民の告発で、工場がよごれた水を近くの河川に流していたことがわかった//内部告発 (Ⓔexposure from within. 🇰🇷내부 고발.)」

参「告訴」も似ているが、「告訴」が被害者やその家族が訴えることをいうのに対して、「告発」はそれ以外の人が訴えることをいう.

こくばん【黒板】コクバン おもに教室でチョークを使って書く，黒や緑の板．Ea blackboard. 한흑판，칠판．「先生が黒板に字を書く//黒板ふき(Ean eraser. 한칠판 지우개.)」
参 最近増えてきた，チョークではないものを使って書く白い板(白板)も「黒板」ということがある．

こくひ【国費】コクヒ，コクヒ 国が出す費用．Epublic funds; national expense. 한국비．「国費を有効に使う//国費のむだづかい//国費留学生」

こくふく【克服】コクフク〔～する〕たいへんで，むずかしいことがらを，がんばって解決すること．Econquer; overcome. 한극복．「洋子は目が見えないという障害を克服して入学試験に合格した//困難を克服する」

こくべつしき【告別式】コクベツシキ 死んだ人に別れを告げるための儀式．葬式．Ea funeral (service). 한영결식．「通夜は今夕6時から，告別式は明日午後1時から行われる//告別式に参列する」

こくほう【国宝】コクホー 文化的な価値があって，法律によって国の宝と指定されたいせつにされる美術工芸品，建物，本など．Ea national treasure. 한국보．「この仏像は日本でいちばん古いもので，国宝に指定されている//人間国宝(=文化的価値の高い技能を持っていて，国の宝と指定された人)」数 1件・1点

こくみん【国民】コクミン その国の国籍を持ち，その国の一員として国家を構成している人々．Ethe people; the nation. 한국민．「税金を払うのは国民の義務だ//国民が政治家を選ぶ//国民主権」

こくもつ【穀物】コクモツ 人間が主食にする米，麦，豆などの作物．Egrain; cereals. 한곡물．「穀物の中では麦がいちばん古くから栽培されている//穀物市場」

こくゆう【国有】コクユー 国が持っているということ．Enational; state-owned. 한국유．「この森林は国有で自由に売買できないことになっている//国有財産//国有地」対私有，民有

ごくらく【極楽】ゴクラク，ゴクラク 仏教の考えでいう，西のほうにあるとされる，すべての苦しみがない楽しく美しい理想の地．また，それにたとえられるような楽しい状態．E paradise (of Buddhism); heaven. 한극락．「死んだら極楽に行きたいものだ//美しい景色を見ながら温泉に入れて，本当にここは極楽だ」対地獄

こくりつ【国立】コクリツ 国が設立し，運営すること．また，運営している施設．E national. 한국립．「国立の大学に入る//国立劇場//国立公園」対私立 →公立

こくれん【国連】コクレン 「国際連合」を略した言い方．1945年につくられた，国際平和を守るために世界の多くの国々が参加している組織．Ethe United Nations. 한국련，국제 연합，유엔．「世界平和のために国連の果たす役割は大きい//国連加盟国//国連決議//国連憲章(Ethe United Nations Charter. 한유엔 헌장.)」

ごくろうさま【ご苦労さま】ゴクローサマ ほかの人の努力や働きに対して言うあいさつのことば．ご苦労さん．EThank you for your trouble. 한수고하셨습니다．「遅くまでご苦労さまだ//遠くまで荷物を運んでくれてご苦労さまでした」話
参 ふつう，目上の人が目下の人に言う．目下の人から目上の人に対しては「お疲れさまでした」「お世話さまでした」「ありがとうございました」などと言う．

こけ コケ 地面や古い木や岩などのしめった所にはりつくように一面に生える植物．花は

咲かず、種類が多い。 Emoss. 韓이끼.「寺の庭一面にコケが生えている//スギゴケ」

ごけいへんか 【語形変化】ゴケイヘンカ 文法で、ことばの形が、その位置や働きによって一部変わること。Einflection. 韓어형 변화.「『読め』は『読む』ということばの語形変化の1つである」

こげくさ・い 【焦げ臭い】コゲクサイ ものの こげるようなにおいがする。Esmell burning. 韓단내가 나다.「なべをガスにかけたままテレビを見ていたら、こげくさいにおいがしてきた//火事は消えたが、あたりはまだこげくさい」

こけし コケシ 木をまるくけずってつくる、日本の伝統的な民芸品の人形。Ea *kokeshi* doll; a traditional Japanese wooden doll. 韓머리가 둥근 목제 인형.「母はこけしが好きで、東北地方へ旅行するといつも買ってくる//こけし人形」〔こけし〕

こげつ・く 【焦げつく】コゲツク、コゲツク〔自動五〕(こげついて) ①なべなどの中のものがこげて底にくっつく。Eburn and stick to. 韓눌어붙다.「電話をかけているあいだに、煮ていた豆がこげついてしまった」②貸した金などが返してもらえない状態になる。Ebe frozen; become uncollectable. 韓(빌려준 돈 등의) 회수가 불가능해지다.「貸した金がこげついて、こちらの経営もあぶなくなってきた」▷名焦げつき

こ・げる 【焦げる】コゲル〔自動一〕焼けて色が黒くなる。Ebe burned; be scorched. 韓눋다, 타다.「すこしこげたパンがおいしい//アイロンが熱すぎて布がこげた」他動焦がす

ごげん 【語源・語原】ゴゲン ことばのもとの古い意味や形。Ethe origin of a word; an etymology. 韓어원.「『魚』の語源は『酒菜(＝酒を飲むときのごちそう)』だそうだ//語源にさかのぼる//語源を調べる」

ここ 【個個】ココ 1つ1つ。ひとりひとり。Eeach; individual. 韓개개 ; 한 사람 한 사람, 각자.「レポートは個々に提出しないで、係でまとめて出すこと//個々の家族にそれぞれの悩みがある」

ここ ココ ①話す人が、いまいる所。話す人に近い所をさすことば。Ehere; this. 韓여기, 이 곳.「ここから大阪まで5時間かかる//ここがわたしの学校です」②話す人が問題にしていることや所をさすことば。Ethis part. 韓여기, 이 점, 이 부분.「あなたの文章はここがおかしい//予定表のここを変えてください」③現在に近い期間。Erecently; for the past ～. 韓요새, 최근 ; 지난.「ここのところ(＝最近)体の調子が悪い//ここ2年ほど連絡がない」④この程度。Eup to here. 韓여기, 이 정도.「わたしのテニスもここまで進歩した//がまんもここまでだ(＝これ以上はできない)」⑤この時。このばあい。Ethis time; now; here. 韓이 때, 이 상태.「ここがチャンスだ//ここでがんばらなければだめだ」
▷→付録 指示語のまとめ

ごご 【午後】ゴゴ ①昼の12時から夜の12時までの時間。Eafternoon. 韓오후.「飛行機が遅れて午後の10時に成田に着いた」対午前
②昼の12時から夕方暗くなるまで。Eafternoon. 韓오후.「午後は外出するが、夜は家にいる」対午前

こご・える 【凍える】コゴエル、コゴエル〔自動一〕寒さのために体の感覚がなくなる。Ebe frozen; become numb with cold. 韓얼다 ; 곱아지다.「雪の山で道に迷い、凍えて死にそうになった//寒くて手が凍える」

ここちよ・い 【心地よい】ココチヨイ 気持ちがいい. Ⓔpleasant; comfortably. 㾮기분이 좋다, 상쾌하다. 「窓を開けると, 心地よい風が入ってきた//母親の腕の中で心地よさそうに眠っている赤ん坊」

こごと 【小言】コゴト 細かいことをいろいろ注意したり, しかったりすること. また, そのことば. Ⓔa scolding; a lecture. 㾮잔소리. 「父は小言が多いので, 家族にうるさがられている//小言をくう(=小言を言われる)」

ここのか 【九日】ココノカ, ココノカ ①その月の9番目の日. 9日. Ⓔthe ninth (of April). 㾮9일. 「4月9日から授業が始まる」 ②日の数が9つあること. 9日. Ⓔnine days. 㾮9일. 「きょうは12月22日, あと9日で今年も終わる//9日間」

ここのつ 【九つ】ココノツ ①8つのつぎの数. 9. 9つ. Ⓔnine. 㾮아홉, 아홉 개. 「1つ, 2つ…8つ, 9つ, 10と数える」 ②9歳. 9つ. Ⓔnine years old. 㾮아홉 살. 「9つの息子は4月から4年生だ」

こころ 【心】ココロ 人間が喜んだり怒ったり感じたり思ったりする, 精神活動の源になるもの. また, そのような精神の働き. Ⓔ(the) mind; the heart; a feeling. 㾮마음; 정성. 「いつでも他人のしあわせを願う心の美しい人になりたい//心をこめて看病する」

〜〜〜〜「心」のつく慣用表現〜〜〜〜

心が広い 人を許し, すべてを受け入れることができる. Ⓔbroad-minded. 㾮마음이 넓다, 관대하다. 「心が広いA先生は, 何度も失敗した生徒をすこしもしからず許した」 [対]心が狭い

心にもない 思ってもいない. Ⓔinsincere; not meant sincerely. 㾮마음에도 없다, 본심이 아니다. 「商売をしていると, 心にもないお世辞を言わなければならないこともある」

心を痛める 心配したり悲しんだりする. Ⓔbe grieved. 㾮가슴 아파하다, 상심하다. 「食べ物もなく飢えて死んでいく子供たちのニュースに心を痛めている」 [似た表現]心が痛む, 胸を痛める

心を打つ 感動を与える. Ⓔimpress. 㾮가슴에 와 닿다, 감동시키다. 「いい音楽はいつでも人の心を打つ」 [似た表現]胸を打つ

心を奪われる 夢中になる. Ⓔbe captivated. 㾮마음을 빼앗기다, 매료되다. 「京子は三郎を一目見ただけで心をうばわれてしまった」

心を鬼にする 相手のためを思って, 非常に冷たく厳しくする. Ⓔharden one's heart against pity. 㾮마음을 모질게 먹다. 「雪が降って練習を休みたがる子供を, 心を鬼にして送りだす」

心を砕く 細かくあれこれ考え, 心配する. Ⓔbe concerned. 㾮부심하다, 고심하다. 「一家の主婦として家族の健康に心をくだく」

心を許す 人を信じる. Ⓔtrust; believe in. 㾮마음을 주다. 「道子は京子にとってたった1人の心を許せる友達だ」

〜〜〜〜〜〜〜〜〜〜〜〜〜〜〜〜〜〜

こころあたり 【心当たり】ココロアタリ 考えてみて, いままでの経験などから思いつくこと. また, その人や場所. Ⓔan idea; every likely place. 㾮짐작, 짐작 가는 곳; 짚이는 데. 「全然心当たりがない人からはがきが来た//子供が夜になっても帰らないので, 心当たりに電話をしてさがした」

こころ・える 【心得る】ココロエル〔他動一〕①まわりの事情やものごとの意味などを理解する. Ⓔknow; understand. 㾮이해하다, 알다. 「会の進行については, 係が心得ていますから, そちらにきいてください」 ②知識や技術を身につける. Ⓔhave knowledge or skill. 한(기예 등의) 소양이 있다, 할 줄 알다.「茶の湯や生け花は心得ている//兄は水泳はいちおう心得ている」▷ 名心得

こころが・ける【心がける】ココロガケル〔他動一〕そのことをいつも忘れないでいようと努める. Ekeep in mind. 한유의하다, 명심하다.「栄養のバランスがとれた食事をするよう心がけている」名心がけ

こころぐるし・い【心苦しい】ココログルシイ 自分だけいい思いをしたり, 相手に迷惑をかけたりして, すまないと思う気持ちだ. Efeel bad; feel sorry. 한(미안해서) 마음이 괴롭다.「いつもごちそうになるばかりで心苦しい//まことに心苦しいのですが, お金を貸していただけないでしょうか」

こころざし【志】ココロザシ, ココロザシ ① なにかをしよう, またはなにかになろうという強い気持ち. Ean aim; (an) ambition. 한뜻.「若者には大きな志を持ってもらいたい//志を立てる」② 親切な気持ち. Ekindness. 한친절, 후의.「応援してくれたみんなの志をむだにしないために一生懸命がんばる」③感謝の気持ちを表すための贈り物. Ea present. 한촌지, 사례의 작은 선물.「ほんの志ですので, どうぞお受け取りください」▷ 他動志す

こころざ・す【志す】ココロザス〔他動五〕(こころざして) あることを実現させようと, その目標に向かって進んでいく. Eintend; aspire to. 한뜻을 두다, 지향하다.「裁判官を志して法律の勉強をする//オペラ歌手を志して留学した」名志

こころづかい【心遣い】ココロズカイ 相手のために, いろいろ考えて, なにかしてあげようとすること. Econsideration; thoughtfulness. 한마음을 씀, 배려.「1人で病気で寝ていたときの友人の親切な心づかいがうれ しかった」

こころづよ・い【心強い】ココロズヨイ 頼れるものがあって安心だ. Efeel encouraged. 한마음 든든하다, 믿음직스럽다.「はじめてのアメリカ旅行だけど, 英語のよくできるあなたと一緒だから心強い」対心細い

こころな・い【心ない】ココロナイ 深い考えや思いやりがない. Ethoughtless; heartless. 한사려・분별이 없다, 인정이 없다.「美しく咲いている桜の枝を折るとは, 心ない行為だ」対心ある

こころぼそ・い【心細い】ココロボソイ 頼れるものがなくて心配だ. Efeel helpless; feel lonely. 한불안하다.「山の中で1人で暮らすのは心細い//今月はお金がたりなくなりそうで心細い」対心強い

こころ・みる【試みる】ココロミル〔他動一〕実際にどうなるか試しにやってみる. Etry; attempt. 한시도해 보다.「弟は自転車で日本一周を試みた//新しい実験を試みる」名試み →試す

こころよ・い【快い】ココロヨイ ①気持ちがいい. Epleasant; comfortably. 한기분 좋다, 상쾌하다.「春の快い日差しを楽しむ//軽く運動して快く疲れた」② 喜んでそうすることができる気持ちだ. Egladly; be pleased with. 한흔쾌하다, 달갑다.「たいへんな仕事を快く引き受けてくれてありがとう//課長は仕事の遅い三郎を快く思っていないようだ」

ございます「ある」の丁寧語. E(polite) be. 한있습니다, ~입니다.「ここに本がございます//わたしは田中でございます//ありがとうございます」

こざっぱり コザッパリ, コザッパリ〔~する〕ぜいたくではないが, 清潔で気持ちのいい感じがするようす. Eclean and tidy; neatly. 한산뜻함, 말쑥함; 깔끔함.「一郎の部屋

はいつもこざっぱり(と)片づいている//こざっぱりした服装」

こさめ 【小雨】コサメ 細かくて、すこし降る雨. Ｅa light rain; drizzle. 韓가랑비.「小雨だったから、傘がなくてもたいしてぬれなかった」対大雨

こし 【腰】コシ ①胴の真ん中より下の、背骨の下の部分. ここを使って体を曲げたり回したりする. Ｅthe lower back; the waist; the hips. 韓허리.「腰をかがめて靴のひもを結ぶ//腰の曲がった老人が歩いてくる//腰が痛い(Ｅ I have a pain in my lower back. 韓허리가 아프다.)」②ものごとをやりとおそうとする姿勢. Ｅdetermination. 韓(일을 해내려는) 자세, 기세.「今度こそ腰を入れて勉強するつもりだ//腰がくだけ(Ｅbreak down. 韓중단, 좌절.)//けんか腰(→項目)」③布や紙、もちやうどんなどに、強さやねばりがあること. Ｅchewy; sturdy. 韓찰기；빳빳함.「このうどんはこしが強くておいしい//この布はこしがあってしっかりしている」
▷→体図

～～～「腰」のつく慣用表現～～～

腰が重い なかなか気軽にものごとをしないようす. Ｅbe slow to act. 韓엉덩이가 무겁다.「家族の腰が重くて、母親が１人で家事をして忙しがっている」対腰が軽い

腰が軽い ①気軽に動いてものごとをするようす. Ｅbe quick to act. 韓몸이 가볍다.「となりのおじいさんは、腰が軽くて買い物でも掃除でもどんどん引き受けている」対腰が重い ②落ちつきがなくて軽はずみにすぐ動くようす. Ｅimprudent; rash. 韓경솔하다, 경망하다.「一郎は誘われるとなんにでも飛びつく腰が軽い男だ」

腰が抜ける 非常に驚いたり、こわかったりして、腰の力がなくなって立てなくなる. Ｅlose one's legs; be paralyzed with fear. 韓깜짝 놀라 주저앉다, 기급을 하다.「暗い夜道でいきなり犬が飛びだしてきたので、腰が抜けてしまった」似た表現腰を抜かす

腰が低い 他人に対して自分のほうが下であるという態度を見せるようす. Ｅmodest; courteous. 韓저자세다, 겸손하다.「あの魚屋の主人は腰が低く商売もうまい」似た表現頭が低い

腰を上げる ①すわっていたのが立ち上がる. Ｅstand up. 韓일어서다.「もう帰ろうと腰を上げた」②ものごとを始めようとする. Ｅtake action; undertake. 韓행동에 옮기다, 착수하다.「ずっと家の仕事だけしていた母も、とうとう腰を上げて近くの会社へ勤めはじめた」▷似た表現みこしを上げる

腰を折る ①腰を曲げる. Ｅbend over. 韓허리를 굽히다.「何度も腰を折っておじぎをする」②言わなくてもいいことを言ったりして、人のしようとする気持ちをなくさせる. Ｅinterrupt; cut in. 韓맥을 끊다, (말의) 허리를 꺾다.「きみが何回も話の腰を折るから、もう話すのはやめるよ」

腰を据える 本気でやろうとする姿勢をとる. Ｅsettle down. 韓마음잡고 앉다.「これから１年間、腰をすえて日本語の勉強をするつもりだ」似た表現腰が据わる、みこしを据える

～～～～～～～～～～～～～～～

こじ 【孤児】コジ 両親を失った子供. Ｅan orphan. 韓고아.「父母を事故でなくし、洋子は孤児になってしまった//戦災孤児(Ｅa war orphan. 韓전쟁 고아.)」

-ごし 【-越し】①(名詞について) それをへだててなにかをすること.「めがねごしに見る(Ｅlook over one's glasses. 韓안경 너머로 보다.)//壁ごしに人の声が聞こえる」②(日、

月, 年などを表すことばについて) 同じ状態が長く続いていること.「5日ごしの話し合い//3年ごしの恋(Ebe in love for three years. 한3년 동안에 걸친 사랑.)」

ごじ【誤字】ゴジ, ゴジ 形や使い方がまちがっている字. Ea wrong character. 한오자.「妹は漢字がよく書けなくて, 作文は誤字が多い//誤字を直す」

こじあ・ける【こじ開ける】コジアケル, コジアケル〔他動一〕すきまなどになにかを入れて, ねじるようにして無理に開ける. Epry open; break open. 한비집어 열다.「金庫をナイフでこじ開けて中の金を盗む//箱をこじ開ける」

こしかけ【腰掛け】コシカケ, コシカケ ①いすやベンチなど, 腰をかけるための台. Ea seat. 한걸상, 의자.「竹でつくった簡単な台を腰かけとして使う」②本当にしたい仕事や身分をえるまで一時的に職につくこと. また, その職. Ea temporary job; a stop-gap job. 한일시적인 직장; 임시직.「道子は大学院に進みたかったが, 経済的に苦しかったので, 2, 3年の腰かけのつもりで会社に勤めた」▷数①1脚 自動腰掛ける

こじき コジキ 働かずに, 住む家がなく, 他人から金や食べ物などをもらって暮らすこと. また, その人. Ea beggar. 한거지.「どんなに貧乏しても, こじきにはなりたくない」

こしたんたんと【虎視眈眈と】コシタンタント, コシ・タンタント 機会を待ちかまえて鋭く見まわしているようす. Evigilantly. 한호시 탐탐.「A社が虎視眈々とわが社の技術の秘密をねらっている」

こしつ【固執】コシツ〔～する〕自分の思ったことや言ったことにしがみついて, 変えようとしないこと. Eadhere to; persist in. 한고집.「京子は自分の意見に固執して, 決して変えようとしない」

注 以前は「こしゅう」といったが, 最近は「こしつ」のほうを多く使う.

こしつ【個室】コシツ 1人の人が使うための部屋. Ea private room; a single room. 한독방.「東京では家が狭くて, 家族が個室を持つのはむずかしい//病院の個室は費用が高い」数1室・1間

こじつ・ける コジツケル, コジツケル〔他動一〕無理になにか理屈をつける. Edistort; force the meaning. 한억지로 갖다 붙이다, 견강부회하다.「電話番号をことばにこじつけて覚える」名こじつけ

ごじっぽひゃっぽ【五十歩百歩】ゴジッポヒャッポ すこしは違っているが, よくないという点でほとんど同じであること. EThere is not much difference between ～. 한오십보 백보.「10分の遅刻も15分の遅刻も五十歩百歩だ」

こしぬけ【腰抜け】コシヌケ, コシヌケ 相手やものごとに立ち向かう気力がなく臆病なこと. また, その人. Ea coward; weak-kneed. 한겁이 많음; 겁쟁이.「彼は上から命令されれば, 悪いことでもいやとは言えない腰抜けだ//腰抜け社員」

ごじゅうおん【五十音】ゴジューオン 日本語の, かなで書き表せる音を整理したもので,「アイウエオカキ…」の50の音. Ethe Japanese syllabary. 한50음.「五十音順(＝あいうえお順)//五十音図(＝5段10行に五十音を整理して表にしたもの)」

参「五十音」の中には「バ」や「パ」のような, 点や丸のついた音, また小さい「ッ」などの音は入らない. 現在, 使われている音としては「や行」「わ行」の中で欠けるものがある.

ごしゅうしょうさま【ご愁傷さま】ゴシューショーサマ, ゴシューショーサマ 人が死んだとき, その家族に対して言うあいさつのこと

こしょう　【胡椒】コショー　コショウという木の実を乾かして粉にした調味料. Epepper. 헌후추.「肉に塩とこしょうを振りかけて焼く//塩こしょうをする」

こしょう　【故障】コショー　①〔～する〕機械などのぐあいが悪くなること. Etrouble; a breakdown. 헌고장.「ステレオが故障したので電気屋に直してもらった//電話が故障で通じない」②ものごとを順調にいかせないようにするなにか. Ean obstacle; a hitch. 헌지장, 장애.「なにか故障が起きたらしく, 京子は約束の時間に来なかった」

ごしょうだいじ　【後生大事】ゴショーダイジ, ゴショー・ダイジ　非常にたいせつに持っていること. Ewith utmost care. 헌(사물을) 소중히 함, 애지중지.「子供のとき, 父に買ってもらった時計を, いまも後生大事に使っている」

こしら・える　コシラエル〔他動一〕①形のあるものにつくりあげる. Emake; build. 헌만들다.「家をこしらえるために金が必要だ//ケーキをこしらえる」②ととのった状態をつくりあげる. Emake up; fabricate. 헌꾸미다, 치장하다 ; 꾸며내다, 날조하다.「顔をこしらえる(＝化粧をする)//話をこしらえる(＝本当らしい話をつくる)」③なにかのために必要なものを用意する. Eraise; make. 헌마련하다, 장만하다.「働いて入学金をこしらえる//仕事を急いで片づけて遊ぶ時間をこしらえる」▷名こしらえ

参「つくる」も似ているが, 「こしらえる」のほうが使い方が狭く, 人や作物などを手をかけて育てあげる意味はない.

こじ・れる　コジレル, コジレル〔自動一〕ものごとが複雑になり, うまく進まなくなる. Ebecome complicated; go sour; grow worse. 헌꼬이다, 뒤틀리다 ; 악화되다.「小さなけんかがもとで恋人との間がこじれた//かぜがこじれてなかなか治らない」名こじれ
他動こじらす

こじん　【個人】コジン　①社会や集団の中のひとりひとり. Ean individual. 헌개인.「個人の生活や意見をたいせつにする社会//個人タクシー(Ean owner-driver taxi. 헌개인 택시.)」対団体　②地位や仕事を離れた, まったく１人の人間. Ea private person. 헌개인.「A社の社員としてでなく, わたし個人としてこの会に参加した//個人的な問題を会議に出すのはまずい」

こじんしゅぎ　【個人主義】コジンシュギ　社会や集団をつくっているひとりひとりの人間の価値を重く考え, その自由や権利をたいせつにしようという考え方. Eindividualism. 헌개인주의.「個人主義は民主的な社会の基礎になる考え方だ//個人主義と利己主義(＝自分のことだけを考える主義)とはまったく別のものだ」対全体主義

こ・す　【越す・超す】コス〔自他動五〕(こして)①あるものを境にしてこちら側から向こう側に位置を移す. Ego over; cross. 헌넘어가다 ; 건너다.「山の頂上を越すと, 遠くに海が見えた//舟で川を越す」②ある時期を過ごす. Epass; spend. 헌나다.「北国では冬を越すために, 燃料をたくさん用意する」③ある範囲の外に出る. Eexceed; be above. 헌초과하다, 웃돌다.「30度を越す暑さがもう10日も続いている//参加者は10万人をこした」④別の所に移る. 引っ越す. Emove. 헌이사하다.「学校の近くに越す//今度越した所は, 静かで気に入っている」

注漢字で書くときは, ①②④は「越す」, ③は「超す」. また, ①②③は他動詞, ④は

≡自動詞.

〜にこしたことはない 〜のがいちばんだ. ⒠It is best to 〜. ㉠〜하는 것이 제일이다；〜보다 좋은 것은 없다.「人に頼まず, 自分でやるにこしたことはない」

こ・す コス〔他動五〕(こして) 必要でないものを取り除くため, 細かいすきまを通す. ⒠filter; strain. ㉠거르다, 여과하다.「水をこして飲む」

コスト (cost) コスト ものを生産するのにかかる費用. 原価. ⒠cost. ㉠코스트, 원가.「石油の値段が上がってコストが増える//生産の合理化によってコストを下げる」

こす・る コスル〔他動五〕(こすって) なにかを別のものに押し当てながら, 前後に動かす. ⒠rub; scrub. ㉠문지르다.「消しゴムでこすって字を消す//タオルで体をこする」

こせい【個性】コセイ, コセイ 人やものがそれぞれ持っている性質や特徴. ⒠individuality; personality. ㉠개성.「個性を生かせる仕事がしたい//個性が強い//個性をのばす教育/個性的」

こせき【戸籍】コセキ 本籍としている市町村や特別区が管理している, 家族の名や関係, 生年月日などをしるした公式の文書. ⒠a family register. ㉠호적.「結婚して親の戸籍から独立した//戸籍上の親子」

こせこせ コセコセ〔〜する〕 心に余裕なく, 小さなことまで気にし, 落ちつかないようす.「店の主人はこせこせした人で, いつも店員に細かく注意している(⒠The store owner is a fussy man and is always giving his employees detailed instructions. ㉠가게 주인은 좀스러운 사람이라, 항상 점원에게 잔소리를 하고 있다.)/こせこせ(と)動きまわる」

こぜに【小銭】コゼニ 10円, 100円のような小額の金. 細かい金. ⒠small money. ㉠잔돈.「小銭の持ち合わせがない//小銭入れ」

ごぜん【午前】ゴゼン, ゴゼン ①夜の12時から昼の12時までの時間. ⒠the morning. ㉠오전；상오.「ゆうべは旧友と午前2時まで語り合った//銀行は午前9時に開く」⊠午後

②朝明るくなってから昼の12時まで. ⒠the morning. ㉠오전；상오.「あしたの午前に会う約束がある//午前中」⊠午後

こそ 前のことばを取りたてて強める気持ちを表す.「今年こそ, 富士山に登りたい(⒠No matter what, I'm going to climb Mt. Fuji this year. ㉠올해야말로 후지산에 오르고 싶다.)/「先日は失礼いたしました」『いいえ, こちらこそ」」

ごそごそ ゴソゴソ〔〜する〕 乾いたもの, 軽いものがふれ合って立てる鈍い音を表す. また, そういう音を立てるようす.「夜中に, ゴキブリがごそごそ(と)はいまわっていた(⒠I heard a cockroach crawling around noisily at midnight. ㉠밤중에 바퀴벌레가 바스락거리며 기어다니고 있었다.)/机の引き出しの中をごそごそ(と)さがす」

≡参「がさがさ」も似ているが,「ごそごそ」のほうが響きが鈍い. また,「がさがさ」が「がさがさ音がする」のようにおもに音そのものを表すのに対して,「ごそごそ」は「ごそごそ動く」「ごそごそさがす」など動作のようすも表す.

こぞって コゾッテ 全員一緒に行動するようす. 1人残らず. ⒠unanimously; all together. ㉠모두, 빠짐없이.「土曜日は休みにしたいという社長の提案に, みんなこぞって賛成した//こぞって参加する」書

ごぞんじ【ご存じ】ゴゾンジ「知っていること」の尊敬語. ⒠(respectful) know. ㉠알고 계심.「ごぞんじのように中国は多民族国家です//仙台という所をごぞんじですか」

こたい【固体】コタイ 物質の3つの状態の1つ．木や金や石のように，形や大きさが決まっていて変わりにくいもの．Ⓔa solid. Ⓗ고체．「水が凍ると固体になる」 関連 液体，気体

こだい【古代】コダイ ①非常に古い時代．Ⓔancient times. Ⓗ고대．「古代の人々の暮らしを想像する」②時代区分の1つ．中世の前の時代．日本史ではおよそ平安時代末まで．Ⓔthe Ancient Ages. Ⓗ고대．「古代ギリシャ文明の遺跡を訪ねる/古代史」

こたえ【答え】コタエ，コタエ ①呼ばれたりきかれたりしたときに動作やことばでする返事．Ⓔan answer; a reply. Ⓗ대답．「いくら呼んでも答えがないから留守らしい/口答え(→項目)」 対 問い ②問題をといた結果．Ⓔan answer; a solution. Ⓗ해답．「答えは全部合っていて100点だった/答えを出す」 対 質問，問い ▷自 答える

こたえられない このうえもなくすばらしい．Ⓔtoo good. Ⓗ더할 나위 없이 좋다．「運動して汗をかいたあとに飲む冷たいビールの味はこたえられない」

こた・える【答える】コタエル，コタエル〔自動一〕①他の人から言われたことや質問に対して，返事をする．Ⓔanswer; reply. Ⓗ대답하다．「自分の名前を呼ばれたので，『はい』と答えた/質問に答える」 対 問う，尋ねる
②問題をといて，結果を言ったり書いたりする．Ⓔanswer; solve. Ⓗ해답하다．「全部の試験問題に答えることができた/つぎの問いに答えなさい」 対 問う，尋ねる
▷名 答え

こた・える コタエル，コタエル〔自動一〕①ほかからの働きかけに対して応じる．Ⓔrespond; live up to. Ⓗ응하다，부응하다．「ピアニストは，人々の拍手にこたえて何度もおじぎをした/親の期待にこたえる」②ほかからの刺激を強く受け，苦痛に感じる．Ⓔbe hard on one; hit home. Ⓗ사무치다．「今年の夏は，暑さが体にこたえた/一郎は仲間の批判がこたえたらしく，元気がない」③ある状態を，がまんして保ち続ける．たえる．Ⓔhold on; endure. Ⓗ견디다．「ひどいけがだったが，2, 3日持ちこたえれば大丈夫だと言われた/踏みこたえる」④(「こたえられない」の形で)⇒こたえられない

こだか・い【小高い】コダカイ まわりよりもすこし高い．Ⓔslightly elevated. Ⓗ조금 높다．「小高い丘に登ると海が見える/町の小高い部分が住宅地になっている」

ごたごた ゴタゴタ，ゴタゴタ ①〔~する〕整理されていないようす．「倉庫の中には，古い道具や家具がごたごた(と)置いてある(ⒺIn the warehouse, old tools and furniture are stored in a disorderly way. Ⓗ창고 안에는 낡은 도구나 가구들이 어수선하게 놓여 있다．)」②(「ごたごた~言う」の形で)いろいろ不平を言う．「ごたごた言うから，二郎に頼むのはやめることにした(ⒺJiro always complains, so I have decided not to ask him anymore. Ⓗ투덜거리기 때문에 지로에게 부탁하는 것은 그만두기로 했다．)」③〔~する〕争いや問題があるようす．また，その争いや問題．「妻の病気や息子の離婚などで家の中がごたごたしている(ⒺOur family is in disarray with my wife's illness and my son's divorce. Ⓗ아내의 병과 아들의 이혼 등으로 집안이 어수선하다．)/社内のごたごたが解決した」

こだち【木立】コダチ，コダチ まとまって何本か生えている木々の集まり．Ⓔa grove; a thicket. Ⓗ나무숲．「木立の向こうに池が見える/杉の木立」

こたつ コタツ 暖房のための器具. 木のわくの中に熱の出るものを入れ,上からふとんをかけて暖かくする. その上に板を載せテーブルとしても使う. Ea *kotatsu*; a table with a heating device covered by a quilt. 한고타쓰, 각로.「家族が集まってこたつに入ってテレビを見る//こたつに当たる」

〔こたつ〕

参 むかしは熱を出すために炭などを使ったが, いまはほとんど電気であり, こたつといえば電気ごたつをさすようになった.

ごたぶんにもれず【ご多分に漏れず】世間の多くの例と同じように. Elike other people; as is usual with. 한남들이 다 그렇듯이, 남들처럼.「うちの娘も, ご多分にもれず, 就職難で困っている」

こだわ・る コダワル〔自動五〕(こだわって) あることを気にして,深く心をつかう. Estick to; be particular about. 한구애되다, 집착하다.「デザインよりも音にこだわってステレオを選んだ//つまらないことにこだわる」 名こだわり

こちこち コチコチ ①乾いたり凍ったりしてかたいようす. Edry and hard; be frozen stiff. 한딱딱함;꽁꽁(얾).「冷凍庫から出したばかりの肉はこちこちですぐには使えない」②ひどく緊張して体がかたくなり, 動作が不自然なようす. Estiff; uptight. 한뻣뻣해짐, 딱딱해짐.「おおぜいの大人の見る中で壇上に立った小学生は, こちこちになって 1 言も話せなかった」③考え方がかたいようす. Estubborn; hardboiled. 한완고함, 융통성이 없음.「校長先生は頭がこちこちで, 生徒の気持ちがすこしもわからない」

ごちそう ゴチソー ①〔~する〕人に酒や料理などおいしいものを提供して食べてもらうこと. Etreat a person to; an entertainment. 한한턱 냄;융숭한 대접.「合格祝いにごちそうしてあげよう//先日はたいへんごちそうになりました」②ふつうより高くておいしい食べ物. Ea nice dish. 한별식.「ボーナスが出たから, 今夜はなにかごちそうを食べよう」

ごちそうさま ゴチソーサマ ①食事の後や, 人にごちそうになったあとに言うあいさつのことば. EThank you for this fine meal. 한잘 먹었습니다.「どうも, ごちそうさまでした. とてもおいしかったです」②恋人どうしや夫婦の仲がいいようすを見せられたとき, ほかの人がからかって言うことば. E Enough! You are making my mouth water. 한못봐 주겠군;작작 좀 하세요.「『妻の京子ほどすばらしい女性はいないと思うよ』『まあ, ごちそうさま. それ以上はもうたくさん』」▷話

ごちゃごちゃ ゴチャゴチャ, ゴチャゴチャ〔~する〕いろいろなものが入りまじっているようす.「部屋がごちゃごちゃしていて, なにがどこにあるのかわからない(EThe room is so messy that I can't find a thing. 한방이 뒤숭숭해서 뭐가 어디 있는지 모르겠다.)//妹の結婚については, 関係のない人たちまでごちゃごちゃ(と)口を出す」

こちょう【誇張】コチョー〔~する〕程度を実際よりもずっと大げさに言うこと. Eexaggerate; overstate. 한과장.「1 万人ぐらいの集会を誇張して 5 万人集まったと発表した//兄の話は誇張が多くて信用できない」

こちら コチラ ①話す人に近い所. また, その方向やそこにあるものをさすことば. Ehere; this. 한여기, 이쪽.「こちらは, いま雨が降っているけど, そちらはどうですか//こちらのほうが安いですよ」②話す人, または話す人に近い人をさすことば. Ethis person; I;

we. 한이 사람；나；우리.「こちらの意見も聞いてくれ//こちらはＡ社の山田さんです//こちらさま」▷→付録 指示語のまとめ

参 ①のくだけた言い方は「こっち」．また，②で他の人をさすばあいは敬意がふくまれ，「この方」と同じような意味になる．

こぢんまり コジンマリ〔～する〕小さいが，必要なものは全部あってよくまとまった，感じのいいよう す. Ｅcozy; compact. 한조촐하고 아담함.「こぢんまりした会で，会員がたがいに親しくなれて楽しい//こぢんまりして落ちついた家に住みたい」

こつ コツ ものごとを上手にするためのたいせつな点ややり方. Ｅa knack; the hang. 한요령，비결.「銀行に入って1年でだいたい仕事のこつを覚えた//満員電車に乗りこむこつを教えてあげよう」

こっか 【国家】コッカ 決まった土地があり，住民がいて，主権者による統治の組織を持つ社会. Ｅa state; a country; a nation. 한국가.「国家は国民の幸福のために存在する//国家権力//国家公務員」

参「国」も意味は同じだが，「国」が「国に帰る」「わたしの国」「大きい国」のように日常ふつうに使われるのに対して，「国家」は法律や学問のことばとして使われる．

こっかい 【国会】コッカイ 日本国憲法で定められた，国の最高の議会．衆議院と参議院がある. Ｅthe Diet. 한국회.「国会で新しい首相を選んだ//国会の会期を延長する//国会議事堂（Ｅthe Diet Building. 한국회 의사당．）//通常国会//臨時国会」

こづかい 【小遣い】コズカイ 生活費ではなくて，遊びなどに自由に使える金. Ｅan allowance; pocket money. 한용돈.「サラリーマンの1月のこづかいの平均は5万円ぐらいだそうだ//祖母にこづかいをもらう」

こっかく 【骨格】コッカク ①動物の体を支え，おおよその形をつくる基本的な骨の組み合わせ. Ｅa build; a skeleton. 한골격.「三郎は背が高く，骨格ががっしりしている//大むかしの動物の骨格が化石で見つかった」②ものごとの形を決める基本的な部分. Ｅa framework; structure. 한골격，뼈대；구성.「建物の骨格ができあがって，だいたいの姿がつかめた//道子は骨格がしっかりした小説を書く」

こっきょう 【国境】コッキョー 国と国とを分ける区切り. Ｅthe (national) border. 한국경.「東西両ドイツの間の国境がなくなり，ドイツは統一された//国境を越える//国境問題」

こづ・く 【小突く】コズク〔他動五〕（こづいて）人や動物の体を指や棒の先などで軽く押す. Ｅpoke; push. 한쿡 찌르다.「足を踏まれて怒った男が，踏んだ男をこづいて，謝れと言った//眠っている犬をちょっとこづいて起こす//こづきまわす」

こっくり コックリ，コックリ〔～する〕①大きくうなずくようす．特に，子供の動作についていう. Ｅnod (in assent). 한끄떡.「小学校の1年生は先生の話ににっこり笑ってこっくりした//こっくり(と)うなずく」②居眠りをして首ががくんと下がるようす. Ｅdoze off. 한꾸벅.「電車の座席でこっくりこっくりしている中年の男」

こっけい 【滑稽】コッケイ ①笑いだしてしまうほどおかしいようす. Ｅfunny; humorous. 한골계，익살맞음.「こっけいなことを言ってみなを笑わせる//こっけいな動作」②あまりにばかばかしくて笑いたくなるようす. Ｅlaughable; ludicrous. 한우스꽝스러움.「あの欲ばりが人に寄付をすすめるなんて，まったくこっけいだ//こっけい千万（Ｅhilarious. 한우스꽝스럽기 그지없음．）」

-ごっこ （他のことばについて）そのまねをす

る遊び.「鬼ごっこ(→項目)//八百屋ごっこ(Eplay greengrocer. 한채소 장수놀이.)/電車ごっこ」

こっこう 【国交】コッコー 国と国との正式な交際.Ediplomatic relations. 한국교.「日本とアメリカは1854年に国交を開いた/国交を断つ/国交回復」

こつこつ コツコツ ①かたいものが,軽く,続けて当たる音を表す.「だれかがドアをこつこつ(と)ノックした(ESomeone knocked on the door. 한누군가가 문을 똑똑 두드렸다.)//階段を上がっていく靴の音が,こつこつ(と)響く」②休まず,まじめに努力し続けるようす.「悲しいことに,こつこつ(と)貯金したぐらいで家は買えない(EIt is sad to say that we cannot buy a house even if we save money assiduously. 한슬프게도 꾸준히 꼬박꼬박 저금한 정도로는 집은 살수 없다.)//こつこつ(と)研究を続ける」
参①に似た言い方で,かたいものが軽く1回当たるだけのばあいは,「こつん」という.

こっそり コッソリ 人に気づかれないように,秘密に行動するようす.Esecretly; on the sly. 한몰래, 살짝.「親に結婚を反対されているが,恋人とは毎日こっそり(と)会っている/学校で宿題の答えをこっそり(と)友達に見せてもらった」

ごっそり ゴッソリ いちどに,全部または大部分を取ったり与えたりするようす.「泥棒に,家の中のものをごっそり(と)盗まれた(EThe thief took almost everything in the house. 한집안의 물건을 몽땅 도둑맞았다.)//砂糖が値上がりしそうなので,スーパーでごっそり(と)買い占めた」話

こっち コッチ「こちら」のくだけた言い方.Ehere; this; I; we. 한이쪽 ; 여기 ; 나 ; 우리.「こっちはいい天気だ/こっちのほうがいい/こっちの負けだ」話 →付録指示語のま

とめ

こづつみ 【小包】コヅツミ「小包郵便」を略した言い方.小さい荷物にして送る郵便.Ea package; parcel post. 한소포(우편).「国の母から小包がとどいた/小包を開ける」

こってり コッテリ ①〔~する〕味や化粧などが非常に濃いようす.「油をたくさん使った,こってりした料理(Erich food using much oil. 한기름을 많이 쓴 진한 맛의 요리.)」対あっさり ②いやになるほど,じゅうぶんにするようす.「先生に,1時間もこってり(と)しかられた(EI got a good scolding for an hour by the teacher. 한선생님께 1시간 동안이나 호되게 야단맞았다.)」▷話②

こっとうひん 【骨董品】コットーヒン 値打ちがある古い美術品や道具.骨董.Ean antique; a curio. 한골동품.「祖父は骨董品を集めて楽しんでいる」

こっぱみじん 【木っ端微塵】コッパミジン, コッパ・ミジン いちどに細かく砕けちること.Ebe smashed into pieces. 한산산조각.「激しい衝突で車の前のガラスはこっぱみじんになった」

コップ ㋺kop コップ ガラスやプラスチックなどでつくられた,水やジュースなどを飲むための器.Ea glass; a cup. 한컵, 잔.「毎朝コップ2杯の水を飲む/コップに冷たい麦茶をそそぐ」

〔カップ〕
〔コップ〕

コップの中のあらし[嵐] 当事者にとってはたいへんなことでも,全体から見れば小さな問題にすぎないということ.Ea storm in a teacup. 한찻잔 속의 폭풍.「だれが社長になるかで,会社の中は2つに分かれて対立しているが,コップの中のあらしにすぎない」

ごつんと ゴツント かたいものに強くぶつかって音を立てるようす.「車がなにかにぶつかったらしく、ごつんと音がした(E)The car seemed to hit something with a bump. 한차가 무언가에 부딪힌 듯 쿵 소리가 났다.)//天井が低くて、立ったら頭がごつんと当たった」

参「小石が塀にこつんと当たった」のような「こつんと」も似ているが、「ごつんと」のほうが当たりが強い.

こてしらべ【小手調べ】コテシラベ 仕事や芸などに取りかかる前に、ちょっと試しにやってみること. (E)a preliminary trial; a warmup. 한사전 연습.「みんなの前でうまく歌えるかどうか、小手調べに、すこし声を出してみる」

こてん【古典】コテン むかしの芸術作品でいまもなおすぐれていると認められているもの. (E)a classic. 한고전.「『源氏物語』は日本文学の古典である//古典音楽/古典芸能」

こと【事】コト ①この世の中で起こる現象や事件、また人の行為などを漠然とさすことば. (E)a thing; a matter; something. 한일, 사건.「ことは重大である//ことが起きてからでは遅すぎる」
②人やものをさして、その人やものに関して漠然ということば.「洋子のことが忘れられない(E)I'll never be able to forget Yoko. 한요코를 잊을 수 없다.)//一郎は車のことにはくわしい」
③(動詞、形容詞の基本形、形容動詞の「な」の形について)行為やことがらを表す.「歌うことは楽しい(E)It's fun to sing. 한노래하는 것은 즐겁다.)//正しいことをする//心配なことがある」
④(「~ことだ」の形で) 話す人の断定の気持ちを強める.「人から手紙をもらうのはうれしいことだ//それはいいことだ(E)That's great. 한그거 좋은 일이다.)」
⑤(「~ことができる」の形で) 可能を表す.「日本語を話すことができる//車を運転することができる(E)I can drive. 한차를 운전할 수 있다.)」
⑥(「~ことがある」の形で) そのようなばあいがある.「日曜日にも会社へ行くことがある(E)There are times when I go to the office on Sunday. 한일요일에도 회사에 가는 경우가 있다.)//歯をみがかずに寝ることがある」
⑦(「~したことがある」の形で) 経験を表す.「京都へ行ったことがある(E)I've been to Kyoto. 한교토에 간 적이 있다.)//スキーをしたことがある」
⑧(「~ことにする」の形で) ~と決める.「洋子と結婚することにした(E)Yoko and I have decided to get married. 한요코와 결혼하기로 했다.)」
⑨(「~ことにしている」「~ことになっている」の形で) ~するのが習慣だ.「彼は、毎朝30分散歩をすることにしている(E)He walks for 30 minutes every morning. 한그는 매일 아침 30분씩 산책하기로 하고 있다.)//授業料は4月に納めることになっている(E)The tuition is to be paid in April. 한수업료는 4월에 납부하는 것으로 되어 있다.)」
⑩(「~ことになる」の形で) ~と決まる.「来週、中国へ出張することになった(E)We're making a business trip to China next week. 한다음 주에 중국으로 출장가게 되었다.)」
⑪(「~ことはない」の形で) ~する必要はない.「まだ30分あるから、急ぐことはない(E)We still have 30 minutes, so there's no need to rush. 한아직 30분 있으니까 서두를 필요는 없다.)//きみが悪いんじゃないか

⑫(「~ということだ」の形で)伝聞を表す.「長期予報によると,今年は雪が少ないということだ(Ⓔ According to the long-range weather forecast, there won't be much snow this year. ㉠장기 예보에 따르면 올해는 눈이 적을 거라고 한다.)」

⑬(「~ないことには」の形で)まず~しなければ,「会ってみないことには,どんな人かわからない(Ⓔ Without meeting him, I can't tell what he's like. ㉠만나 보지 않고서는 어떤 사람인지 알 수 없다.)」

⑭(「~ことは~〔だ〕が」の形で)いちおう~したが,しかし.「その映画は見ることは見たが,つまらなかった(Ⓔ I have seen that movie but I didn't think much of it. ㉠그 영화를 보기는 봤지만, 재미없었다.)//この絵はうまいことはうまいが,暗すぎる」

⑮(形容詞の基本形について)副詞のような働きをする.「一郎とは長いこと会ってない(Ⓔ I haven't met Ichiro for a long time. ㉠이치로와는 오랜 동안 만나지 못했다.)//仕事を早いこと終わらせて食事に行こう」

⑯(文の終わりについて)命令を表す.「パスポートを持ってくること(Ⓔ Bring your passport. ㉠여권을 지참할 것.)//教室でタバコを吸わないこと」

三注 ②~⑯はひらがなで書く.

ことによると そのような可能性があるようす.もしかすると.Ⓔ possibly. ㉠어쩌면, 혹시.「広い宇宙には,ことによると,人間よりすぐれた生物がいるかもしれない」

こともあろうに ほかのやり方もあるだろうに.Ⓔ of all people. ㉠하필이면.「こともあろうに先生をなぐるなんて,とんでもない」

こと【琴】コト 楽器の一種.長い板でつくった胴に13本の糸を張り,特別なつめではじいて音を出す.日本で古くから使われている.Ⓔ a *koto*; a Japanese harp. ㉠거문고.「琴で『春の海』をひく//琴と尺八の合奏」数 1面

[琴]

-ごと ①(名詞,動詞の基本形について)(1) 1つ1つ,全部に.「会う人ごとに『おはよう』とあいさつする//家ごとに新聞を配達する(Ⓔ deliver a newspaper to each house. ㉠집집마다 신문을 배달하다.)」(2)それが繰り返されるたびに.「駅ごとに新しい客が乗ってくる(Ⓔ At each station, new passengers get on the train. ㉠역마다 새로운 승객이 탄다.)//日ごとに寒くなる」②(数や量を表すことばについて)それを単位として,同じことが繰り返されること.「バスは15分ごとに来る(Ⓔ The bus comes every fifteen minutes. ㉠버스는 15분마다 온다.)」▷→おき

ことがら【事柄】コトガラ, コトガラ ものごと.また,ものごとの内容や状態.Ⓔ a matter; circumstances. ㉠일, 사항, 사정.「日本の近代史上で最大のことがらは明治維新である//ことがらがことがらなので(=ことの中身が非常に重大である,あるいは恥ずかしいので)人には言いにくい」

こどく【孤独】コドク 頼れる人がだれもいないで,ひとりぼっちであること.また,心の通い合う人がだれもいないで,さびしいと感じる状態であること.Ⓔ solitary; lonely. ㉠고독.「京子は戦争で親きょうだいをなくし,結婚もせず,孤独な一生を過ごした」

ごとく (名詞に「の」のついたもの,動詞の基本形について)~のように.~のようで.「グラフで示したごとく,この3年間,大学進学率は減少を続けている//当分の間は従来のごとく年2回の発行とする//刃物のごとく鋭い質

ことごとく

間(E a question as sharp as a cutting knife. 한칼날같이 날카로운 질문.)書
参「ようだ」の意味の古いことば「ごとし」の1つの形で、かたい言い方. 名詞が後に続くときは「ごとき」の形をとり、「彼のごとき政治家は非難されるべきだ」のように使う.

ことごとく コトゴトク 残らずすべて. 全部. Eeverything; all; entirely. 한남김없이, 모조리.「息子は反抗期で、わたしの言うことにことごとく反対する//両国間の問題は、ことごとく解決された」書

ことごとに コトゴトニ, コトゴトニ すべてのことに. なにかあるたびに. E in everything; at every chance. 한사사 건건, 매사에; 하나하나 다.「兄は父とことごとに対立し、ついに家を出た/洋子の予想はことごとに当たった」書

ことさら コトサラ, コトサラ ①わざとなにかをするよう. Eintentionally. 한일부러.「課長は、わたしが忙しいことを知っていて、ことさら(に)仕事を増やそうとする」②他と違って特別であるよう. Eespecially; in particular. 한특히, 특별히.「あの日はことさら暑かった」

ことし 【今年】コトシ この年. いまの年. E this year. 한금년, 올해.「今年は学校とアルバイトで本当に忙しい//今年の夏、北海道へ行くつもりだ」関連去年, 来年

ことづ・ける コトズケル〔他動一〕人に頼んで他の人になにかを伝えたり、ものをとどけたりしてもらう. Eleave a message; entrust. 한전갈〔전달〕을 부탁하다.「アリと同室の友人に、アリにあす8時に来るようにとことづけた//友達のアパートに本を返しに行ったが留守だったので、管理人に本をことづけて帰ってきた」 名ことづけ

ことな・る 【異なる】コトナル〔自動五〕(こ

となって) あるものと他のものとが同じではない. Ediffer; be different; vary. 한다르다.「みんなの考えが異なるので、結論を出すのはむずかしい//国と国との関係は、時代とともに異なっていく//異なる文化」書
参「考えを異にする」のように、「~を」の後では「異にする」を使う.

ことに コトニ 同じ種類のものの中でも、程度が特に違っているよう. Eespecially; particularly. 한특히.「日本の食べ物は好きですが、ことにおすしは大好物です//ことに年の暮れは忙しい」

ことのほか コトノホカ, コトノホカ ①程度がふつうよりもずっと高いよう. とりわけ. Eunusually; exceedingly. 한특별히.「今年の冬はことのほか寒く、こたつもストーブも全部売りきれた」②思っていた以上に. Emore than expected. 한뜻밖에, 의외로.「アパートさがしがことのほかうまくいき、安くてきれいな部屋がすぐ見つかった」

ことば 【言葉】コトバ 人が他の人になにかを伝えるために音声や文字を使って表したもの. Elanguage; a word; an expression. 한말, 언어.「ことばが通じない(Ecannot make oneself understood. 한말이 통하지 않다.)//ことばをかわす(Etalk with. 한말을 주고받다.)//ことばの壁(Ea language barrier. 한언어 장벽.)//話しことば(→項目)」

「ことば」のつく慣用表現

ことばがない あまりにも気の毒だったり、ひどかったりして、なにも言えない. Ewords fail one. 한할 말이 없다.「交通事故で子供をなくした母親には、だれもことばがなかった」

ことば巧みに うまいことを言って. Ewith honeyed talk. 한교묘한 말로.「ことば巧

みに人をだまして金を出させる」

ことばに甘える 相手の親切なことばにしたがう. ⒠accept someone's kind offer. ㉠(상대방의) 호의를 받아들이다. 「おことばに甘えてごちそうになります」

ことばを返す 口答えをする. ⒠contradict. ㉠말대답하다. 「ことばを返すようですが, そのことは先日お断りしたはずです」

ことばを濁す はっきり言うのはぐあいが悪いので, あいまいに言う. ⒠speak ambiguously. ㉠말을 얼버무리다. 「途中まで話したとき, 話題の人物が現れたのでことばをにごした」

ことばづかい【言葉遣い】コトバズカイ 相手の人やそれぞれの場面に応じたことばの使い方. ⒠one's manner of speaking; language. ㉠말씨, 말투. 「ことばづかいはあまり乱暴なのも困るが, 丁寧すぎるのもよくない//正しいことばづかいを教わる」

こども
【子供】コドモ ①娘や息子. 子. ⒠a child; a daughter; a son. ㉠아이 ; 아들, 딸. 「一郎には子供が3人ある//子供ができる(⒠have a baby; get pregnant. ㉠아이가 생기다 ; 임신하다.)//子供を育てる」 対親
②2, 3歳ぐらいから小学生ぐらいまでの少年や少女. ⒠a child; a youngster. ㉠아이, 어린이. 「子供たちが元気に遊んでいる//こどもの日(=5月5日の祝日)」 対大人
③考え方や行動などが大人として成長していないこと. ⒠immature; childish. ㉠어린애. 「二郎は25歳なのに, まだ子供だから, だれとでもすぐけんかをする」 対大人

子供は風の子 子供は風の寒さなどに負けず元気に外で遊ぶものだということ. ⒠Children are created to play outdoors. ㉠아이들은 밖에서 뛰놀기 마련이다.

ことり【小鳥】コトリ スズメやウグイスなどの小形の鳥. ⒠a (small) bird. ㉠작은새. 「毎朝, 庭に小鳥が来る//小鳥を飼う//小鳥のえき」 数1羽・1匹

ことわざ コトワザ, コトワザ 世の中や人のありさまを表現したり, 教訓を述べたりする, 古くから言い伝えられてきたことば. たとえば, 「花よりだんご」「ちりも積もれば山となる」「火のない所に煙は立たない」など. ⒠a proverb; a saying. ㉠속담, 격언. 「世界の国々のことわざを比べる//ことわざを上手に使うと, 細かく説明するよりずっとよくわかってもらえる」

ことわ・る【断る】コトワル〖他動五〗(ことわって) ①相手の頼みや申し出を受け入れない. ⒠decline; refuse. ㉠거절하다, 사절하다. 「コンサートに誘われたが, 忙しくて断った」②前もって知らせたり言い訳したりする. また, そうして相手の許しをえる. ⒠excuse oneself; ask permission. ㉠미리 알리다, 사전 양해를 구하다. 「病気で出席できないことを電話で断る//今晩遅くなると断って家を出た」▷名断り

こな【粉】コナ 非常に細かい粒の固体. また, その集まり. ⒠powder; flour. ㉠가루. 「粉と水をこねてギョーザの皮をつくる//粉薬を飲む//粉々(⒠pieces; fragments. ㉠산산조각.)」

参 名詞の前につくときは「粉ミルク」「粉雪」など「粉」を使うが, 名詞の後につくときは「小麦粉」「うどん粉」のように「粉」を使う.

こな・す コナス〖他動五〗(こなして) ①食べたものを消化する. ⒠digest. ㉠소화하다. 「食べたものを胃でこなす」②知識, 技能などを覚えて, 自由に使う. ⒠master; handle. ㉠잘 다루다 ; 구사하다. 「日本語はなんとかこなせるようになったから, つぎは

中国語だ//道具を使いこなす」③仕事などをうまくする.　Efinish; perform.　한해치우다；해내다.「予定の半分の時間で仕事をこなした//むずかしい役をよくこなしている俳優」
▷名こなし　自動こなれる

コネ　コネ〔←コネクション(connection)〕知り合いの関係．縁故．　Econnections.　한연고, 연줄.「道子は叔父の会社にコネで就職した//コネがきく」

こ・ねる　コネル〔他動一〕①水分を加えた粉などを，手に力を入れてよくまぜる．　Eknead.　한반죽하다.「小麦粉をこねてパンをつくる//セメントをこねる」②わけのわからないことを，いろいろ言う．　Echop logic.　한(억지 소리를) 늘어놓다；억지부리다.「理屈をこねてばかりいないで実際に働いたらどうだ//だだをこねる(→項目)」

ご・ねる　ゴネル〔自動一〕不平や文句を言って自分の思いどおりにしようとする．　Ecomplain; insist.　한투덜투덜 떼를 쓰다.「証券会社の窓口で，値下がりした株をなんとかしてくれと客がごねている//ごね得」話

この　コノ　①話す人に近いもの，こと，人をさす．　Ethis.　한이.「この本は父がくれたものです//この建物が市役所です//この人が案内してくれるそうだ」
②自分がすぐ前にいったことをさす．　Ethis (thing, person).　한이.「地球の温暖化，この問題はぜひ解決しなければならない」
▷→付録指示語のまとめ

このあいだ　【この間】コノアイダ，コノアイダ　現在よりすこし前の日．　Ethe other day.　한일전, 요전.「このあいだ，おもしろい映画を見た//このあいだはごちそうさまでした」
参くだけた言い方は「こないだ」．

このごろ　コノゴロ　現在よりすこし前から現在までの期間．　Ethese days; today.　한요사이, 요즘.「このごろはなんでも便利になった//このごろ体の調子がよくない//このごろの若者はおしゃれが上手だ」→近ごろ

このたび　コノタビ　「今度」の改まった言い方．今回．　Ethis time; soon.　한이번, 금번.「このたびのご受賞おめでとうございます//このたび結婚することになりました」

このは　【木の葉】コノハ　①木についている葉　Ea leaf.　한나뭇잎.「秋には木の葉が赤くなったり，黄色になったりする//木の葉を拾う」
②(「木の葉のように」の形で)小さくて軽いものが動くようす．　Elike a leaf.　한나뭇잎처럼.「船は強い風で木の葉のように揺れた//わたしの心は木の葉のように揺れ動く」▷数①1枚　書
参①は「木の葉」と意味は同じだが，「木の葉」は1つのことばで，「木の葉」は「木」「の」「葉」の3つのことばを合わせたもの．詩や文章の中では「木の葉」より「木の葉」のほうを多く使う．

このまえ　【この前】コノマエ　①現在よりすこし前の日．すこし以前．　Ethe other day.　한요전, 일전.「この前，銀座で田中さんに会った」②すこし以前の，同じようなことをしたり，同じような状態であったりしたとき．　Elast time; last.　한전번, 지난번.「この前アメリカへ行ったのは1975年だった//この前の日曜日は姉とテニスをした」

このまし・い　【好ましい】コノマシイ　①感じがよくて，好みに合っている．　Eagreeable; pleasant.　한호감이 가다.「客に対して好ましい感じを与えるように，店員を教育する」②満足できるようすだ．望ましい．　Edesirable; satisfactory.　한바람직하다.「新しく採用する社員は中国語ができる人が好ましい」

このみ　【木の実】コノミ　木になる実．　Ea

この・む【好む】コノム〔他動五〕(このんで) ①なにかを好きだと感じたり、ほしいと思ったりする。Ｅlike. 한좋아하다, 즐기다。「父はビールより日本酒を好む//好むと好まざるとにかかわらず〔Ｅwhether one likes it or not. 좋든 싫든 간에。)」対嫌う ②(「好んで」の形で)自分から進んで。Ｅby choice. 한즐겨, 기꺼이 ; 자진해서。「好んでむずかしい仕事を選ぶ」▷名好み

このよ【この世】コノヨ、コノヨ 現在、人間が生活している世界。Ｅthis world. 한이승, 현세。「この世では幸福になれない//この世を去る(＝死ぬ)」対あの世

こばしり【小走り】コバシリ 短い歩幅で、急いで行くこと。Ｅrun with short steps. 한잔달음질, 종종걸음。「約束の時間が近づいたので、小走りで目的地へ急いだ//小走りに走る」

こば・む【拒む】コバム〔他動五〕(こばんで) ①相手の希望、依頼、要求を断る。Ｅrefuse; decline. 한거부하다。「会員としては適当ではないと思ったので、入会をこばんだ//犯罪者の入国をこばむ」対受け入れる ②進もうとするものを止める。Ｅblock; obstruct. 한저지하다。「道路に落下した大きな石が車の前進をこばんでいる」

ごはん【ご飯】ゴハン ①米に水を入れて煮たもの。Ｅboiled rice. 한밥。「朝食は、いつもごはんとみそ汁だ//ごはんを炊く」②食事。Ｅa meal. 한식사。「ごはんですよ//朝ごはん//昼ごはん」▷数①1膳・1杯

ごばん【碁盤】ゴバン 碁で、黒と白の石を並べる四角い台。表面には、縦横それぞれ19本の線が引いてある。Ｅa go board. 한바둑판。「碁盤の前にすわって、碁を打つ//道路が碁盤の目のようになっている」数1枚・1面 →碁図

ごび【語尾】ゴビ ①話すときのことばの終わりの部分。Ｅthe end of one's words. 한말끝。「このごろの若い人は語尾をのばして話す//あなたのことばは語尾がよく聞こえない」対語頭 ②文法で、動詞、形容詞など活用をすることばの変化する部分。活用語尾。Ｅa conjugational suffix. 한(활용)어미。「『赤い』の語尾は『い』で、『書く』の語尾は『く』だ//語尾変化」対語幹

コピー(copy) コピー ①(〜する)文書や美術品を本物のとおりにつくること。また、つくったもの。Ｅa copy; a photocopy. 한복사 ; 복제。「これはロダンのコピーだが、とてもよくできている//試験問題をコピーする//だいじな書類だからコピーをとっておこう」②広告の文章。Ｅcopy. 한카피, 광고 문안。「このコピーはなかなかうまく書けている//コピーライター」▷数①1部・1枚・1点、②1本

こぶ【昆布】コブ「昆布」を短くした言い方。Ｅkombu; a sea tangle; kelp. 한다시마。「こぶ巻き//こぶ茶」数1枚
参 音が「喜ぶ」に通じるので、お祝いやおめでたいときに使う。

ごぶさた ゴブサタ〔〜する〕ある期間、相手に連絡をとらないでいること。Ｅhaven't seen a person for a long time; one's long silence. 한격조, 적조。「先生には卒業以来ごぶさたしている//長い間のごぶさたをおわびいたします」

こぶし コブシ 5本の指を中に折り曲げてかたくにぎった手。Ｅa fist. 한주먹。「けん

かをしてこぶしを振り上げた//にぎりこぶし」対平手

こふん 【古墳】コフン むかしの墓. 3世紀から7世紀にかけてつくられた天皇や豪族の墓. 小山のように土を盛ったものが多く、その形によって円墳、方墳、前方後円墳などと呼ばれる. [E]an ancient tomb. [韓]고분. 「奈良市の郊外の古墳を見学した//古墳を発掘する」

こぶん 【古文】コブン 江戸時代までに書かれた日本語の文章. [E]Japanese classics up through the Edo period. [韓]고문. 「高校で古文を習った」対現代文

ごぼう ゴボー 野菜の一種. 細長い茶色の根の部分を食べる. [E]a burdock. [韓]우엉. 「畑にゴボウを植える//ゴボウの煮物」[数]1本 →野菜[図]

ごぼうぬき 【ごぼう抜き】ゴボーヌキ ①ものを強く引っぱって抜くこと. たくさんの人の中から1人ずつ、つぎつぎと引き抜くこと. [E]pull (people) out one by one. [韓]단숨에 뽑음；차례차례 한 사람씩 끌어냄.「警官はすわりこんだデモ隊をごぼう抜きにした」②競走で、何人もの人を追い抜くこと. [E]overtake several competitors in a single spurt. [韓](경주에서) 여러 명을 단숨에 앞지름.「1万メートル競走のゴール直前で、6人をごぼう抜きにした」

こぼ・す コボス〔他動五〕(こぼして) ①なにかの中に入っている液体や細かいものを、外に落とす. [E]spill. [韓]엎지르다；흘리다.「コップの水をこぼして服をぬらした//食べ物を床にこぼす」②あふれさせる. [E]shed. [韓]흘리다.「久しぶりに会った母は涙をこぼして喜んだ」③不満などを、人に話す. [E]grumble; complain. [韓]푸념하다, 불평하다.「母は、仕事が忙しくて旅行するひまがないとこぼしている//愚痴をこぼす」▷[自動]こぼれる

こぼ・れる コボレル〔自動一〕①なにかの中に入っている液体や細かいものが、外に落ちる. [E]spill. [韓]넘치다；흘러내리다.「袋に穴が開いていて、米がこぼれた//倒れたコップの水がこぼれる」②あふれ出る. [E]run over; fall. [韓]넘쳐흐르다.「孫の写真を見る祖父の顔に笑みがこぼれた//涙がこぼれる」▷[他動]こぼす

こま コマ 日本に古くからあるおもちゃ. 真ん中の棒を中心にして、ひもや手などで回して遊ぶ. [E]a top. [韓]팽이.「お正月に子供たちがこまを回して遊ぶ//こま回し」

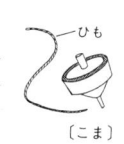
〔こま〕

ごま ゴマ 穀物の一種. 黒、白、茶色の小さい種は、油をとったり、料理に使ったりする. [E]sesame. [韓]참깨.「ゴマをいる([E]parch sesame seeds. [韓]참깨를 볶다.)//ゴマ油/ゴマ塩(→[項目])」

ごまをする 自分の利益になるよう、目上の人にお世辞を言ったり、サービスしたりする. [E]flatter; fawn upon. [韓]아첨하다, 알랑거리다.「あいつは給料を上げてもらいたくて課長にごまをすっている」[似た表現]ごますり)

こまか・い 【細かい】コマカイ ①粒や網目などが非常に小さい. [E]small; fine. [韓]잘다；가늘다；곱다.「タマネギを細かくきざむ//細かい雨が降る//細かい目のざる」対粗い ②貨幣が小さい額だ. [E]small. [韓](금액이) 작다.「細かいお金がない//1000円札を細かくして電話をかける」③くわしい. [E]detailed; minute. [韓]자세하다.「細かいことは会ったとき話します//よく考えて、細かく計画を立てる」④小さいことにまで、よく気がつく. [E]careful; thoughtful. [韓]세심하다.「病人や老

人に対しては、細かい心づかいが必要だ」⑤小さいことまで問題にするようすだ. ⒺtightFisted; particular. 圏꼼꼼하다 ; 인색하다.「道子はお金に細かくて、電話代までいちいちメモしている」

ごまか・す【ゴマカス】〔他動五〕(ごまかして) ①人に気づかれないように、ちょっとした悪いことをする. Ⓔcheat; deceive. 圏속이다.「店がこんでいたので、金をごまかして少なく払って出てきた//おつりをごまかす」②適当なことを言ったりして、自分につごうの悪いことをうまく隠す. Ⓔevade; gloss over. 圏얼버무리다.「わたしはその話は聞いていないからわからないと言って、ごまかした//笑ってごまかしてもだめだよ」▷名ごまかし

こまぎれ【細切れ】コマギレ 細かく切ったもの. Ⓔhashed (meat); small pieces. 圏잘게 썬 조각, 토막.「肉屋でこまぎれの安い牛肉を買う//こまぎれの話」

こまごま【細細】コマゴマ〔~する〕①非常にくわしく丁寧なようす.「試合前、コーチが選手にこまごま(と)注意を与えた(ⒺBefore the game, the coach gave the players detailed advice. 圏시합 전, 코치가 선수에게 자상하게 주의를 주었다.)」②細かいようす.「ボタンのようなこまごましたものは、まとめて箱に入れておく(Ⓔput small things like buttons together in a box. 圏단추 같은 자질구레한 것들은 한데 모아서 상자에 넣어 두다.)」

注「ほそぼそ」とも読めるので、区別するためには、ひらがなで書くほうがいい.

ごましお【ごま塩】ゴマシオ ゴマと塩を合わせたもの. ごはんに振りかけて食べる. 多くは黒いゴマと白い塩でつくるので、黒と白のまざったものの表現にも使う. Ⓔsalt with parched sesame. 圏깨소금.「おかずがないので、ごはんにゴマ塩をかけて食べた//ゴマ塩頭(=半分ぐらい白い髪になった頭)」

こま・る【困る】コマル〔自動五〕(こまって) ①どうしていいかわからずに苦しむ. Ⓔhave trouble; be at a loss. 圏곤란하다, 난처하다.「漢字の読み方がわからなくて困る//部屋のかぎをなくして困った」②貧乏で生活に苦しむ. Ⓔbe in want; be hard up. 圏궁하다, 고생하다, 어렵다.「家族が多いのに給料が少なくて困っている//着るものにも困る」

-こみ【-込み】(他のことばについて) ~を一緒にして.「消費税込みで1000円(ⒺIncluding consumption tax, it's 1,000 yen. 圏소비세 포함하여 1000엔)//1泊5000円は食事代込みの値段だ」

ごみ ゴミ ほこり, 紙くず, 食べ物のくずなど, 捨てるもの. Ⓔgarbage; trash; rubbish. 圏쓰레기.「ごみをごみ箱に捨てる//ごみの山//ごみ収集車//粗大ごみ(→項目)」→囲み

こみあ・う【込み合う】コミアウ, コミアウ〔自動五〕(こみあって) ある場所が人やものでいっぱいになる. Ⓔbe crowded. 圏붐비다, 혼잡하다.「朝の電車は人がこみあって動くこともできない//道がこみあっていて車が前へ進まない」

こみい・る【込み入る】コミイル, コミイル〔自動五〕(こみいって) 複雑でむずかしくからみ合う. Ⓔbe complicated. 圏복잡하게 얽히다.「いろいろとこみいった事情があって、彼と結婚できない//こみいった話」

コミュニケーション (communication) コミュニケーション〔~する〕①通信. 報道. Ⓔcommunication. 圏커뮤니케이션, 통신, 보도.「電話は身近なコミュニケーションの手段である//マスコミュニケーション(→マスコミ項目)」②ことば, 文字, 身ぶりなどで, 考えや気持ちを通じ合わせること. Ⓔcommunication. 한의사 소통.「同じ家に住んでいても、コミュニケーションのない家族がある//会員のコミュニケーションをはかる」

こ・む【込む】コム〔自動五〕(こんで) ①ある場所が人やもので いっぱいになり、すきまのない状態になる. Ebe crowded. 한붐비다, 혼잡하다.「電車がこんでいて乗れない//日曜日なので美術館がこんでいる」対すく ②(「手がこむ」の形で) ⇨手慣用 ③〔動詞の「ます」形について〕(1)~して中に入る. ~して中に入れる.「駆けこむ(→項目)//乗りこむ(Eboard. 한올라타다.)」(2)すっかり~する.「思いこむ(Ebe convinced. 한확신하다.)//使いこむ(→項目)」

ゴム (㋘gom) ゴム ゴムの木からとる液を原料にしてつくった弾力のある物質. 化学的にも合成される. Erubber. 한고무.「靴下のゴムがのびる//ゴム長靴//消しゴム(→項目)//輪ゴム」

こむぎ【小麦】コムギ 穀物の一種. 畑でつくり、粉にしてパンやうどんなどをつくる. Ewheat. 한소맥, 밀.「小麦は世界じゅうで広く栽培されている//小麦色の肌(=日に焼けて、健康そうな肌)」

こむぎこ【小麦粉】コムギコ, コムギコ 小麦を粉にしたもの. パンやうどんなどの原料にする. メリケン粉. E(wheat) flour. 한밀가루.「小麦粉でクッキーをつくる」

こめ【米】コメ 稲の実からもみ殼を取り除いたもの. アジアでは主食としている国が多い. Erice. 한쌀.「大むかしから人間は米を食べている//日本酒は米からつくる」
参「うるち」と「もち米」の2種があり、主食とするのは「うるち」.「もち米」は赤飯、もちなどにして食べる.

ごめんください ゴメンクダサイ, ゴメンクダサイ 人を訪問したとき、また、そこから帰るときに言うあいさつのことば. E(at an entrance) Hello!; Excuse me, is anyone here?; (on leaving) Good-bye; Excuse me (for going first). 한(현관에서) 여보세요; 실례합니다, 계십니까; (떠나면서) 안녕히 계십시오; (먼저) 실

ごみを出すときに使うことば

ごみ袋 Ea bag for garbage. 한쓰레기 봉투.

ポリバケツ Ea plastic bucket for garbage. 한플라스틱 바께쓰.

ごみ集積所, ごみ置き場 Ea garbage collection site. 한쓰레기 하치장.

ごみ収集日 Ea garbage collection day. 한쓰레기 수거일.

ごみ収集車 Ea garbage truck. 한쓰레기 수거차.

清掃事務所 Ethe garbage collection office. 한청소 사무소.

分別収集 Ecollection of garbage by type. 한분리 수거.

ごみの種類

生ごみ Ekitchen garbage. 한음식물 쓰레기.

燃えるごみ, 可燃ごみ Ecombustible garbage. 한가연성 쓰레기.

燃えないごみ, 不燃ごみ Enoncombustible garbage. 한불연성 쓰레기.

粗大ごみ Elarge-sized garbage. 한대형 쓰레기.

れはしごす。「玄関で『ごめんください』と呼んだが、返事はなかった//それではお先にごめんください」話

コメント (comment) コメント〔～する〕あることについて意見を言うこと。また、その意見。Ecomment. 한코멘트, 논평.「会長が大会の成果についてコメントした//首脳会談が終わってコメントが発表された//ノーコメント(=なにも話すことはない)」

ごめんなさい ゴメンナサイ、ゴメンナサイ 人に謝るときに言うあいさつのことば。EI'm sorry; Excuse me. 한죄송합니다.「遅くなってごめんなさい//ごめんなさい、だいじなものをこわしてしまって」話
参 くだけた言い方は「ごめん」.

こも・る コモル〔自動五〕(こもって) ①建物の中に入って外に出ない。Estay indoors; seclude oneself. 한틀어박히다.「京子は1週間も家にこもったままだが、どうしたのだろう//寺にこもって修行をする」②気体などが外に出ない。Ebe full of (smoke); be muffled. 한(연기가) 자욱하다, 가득 차다; (목소리가) 갇히다.「魚を焼いた煙が部屋にこもっている//声が口の中にこもって聞き取りにくい」③感情などがじゅうぶんに入っている。Eheartfelt; with (enthusiasm). 한(감정 등이) 담기다, 깃들이다.「この絵は、父からの心のこもった贈り物だ//応援に力がこもる」▷他動こめる

こもん 【顧問】コモン 会社や団体などで、相談を受けて、意見を述べる役目。また、その人。Ean adviser; a counselor. 한고문.「父は会社の顧問をしている//顧問弁護士」

こや 【小屋】コヤ、コヤ 小さい、そまつな建物。また、映画や演劇のための劇場。Ea hut; a shed; a theater. 한오두막집; 가설 극장.「山に小屋を建てる//掘っ立て小屋(=簡単につくった建物)//芝居小屋/犬小屋」数1軒

こやし 【肥やし】コヤシ ①農作物がよく育つように、田や畑にまくもの。肥料。Emanure; fertilizer. 한거름, 비료.「畑にこやしをまく//トマトにこやしをやる」②仕事、人生、勉強などを成功させるのに役立ついい経験。Ea good experience; a learning experience. 한밑거름.「失敗をこやしにして成長していく」▷他動肥やす

こゆうめいし 【固有名詞】コユーメイシ 人名や地名、国名、本の名前、商品名など、ある1つのものだけにつけた名前。Ea proper noun. 한고유 명사.「固有名詞には『富士山』『ナイル川』『ワシントン』『ハムレット』などがある」対普通名詞

こゆび 【小指】コユビ 手や足の5本の指の1つ。いちばん小さくて、外側にある。Ethe little finger. 한새끼손가락, 새끼발가락.「手の小指は薬指のとなりのいちばん細くて小さい指だ」→手図

ごよう 【誤用】ゴヨー〔～する〕ことばなどを、まちがって使うこと。また、まちがった使い方。Emisuse. 한오용.「この作文は助詞の誤用が多い//誤用を直す//誤用例」

こら コラ 相手をしかったり、おどかしたりするときに言うことば。EHey (there)!; I say! 한야, 이봐; 이놈아.「こら、桜の枝を折ったのはだれだ//こら、うるさいぞ、静かにしろ」話
参 目上の人が目下の人に言う.

こら・える コラエル〔他動一〕体や心に感じるものを外に出さない。Estand; suppress. 한참다, 억누르다.「頭の痛さをこらえて、元気そうにふるまう//笑いをこらえる」

ごらく 【娯楽】ゴラク 仕事や勉強でなく、遊びや楽しみのためにしたり、見たり、聞いた

こらし・める【懲らしめる】コラシメル〔他動一〕罰などを与えて、二度とそのような悪いことはしないようにさせる．Ｅpunish; chastise. 韓징계하다, 응징하다, 혼내주다．「怠ける生徒をこらしめるために、教室の掃除をやらせた//いたずらな子供をこらしめる」 图懲らしめ

こら・す【凝らす】コラス〔他動五〕(こらして) 心, 目, 耳などを１つの所に向ける．Ｅstrain; exert. 韓한곳에 집중시키다．「目をこらして見ると、暗い中になにかが見える//贈り物の包み紙に工夫をこらす」 自動凝る

コラム (column) コラム 新聞や雑誌の, 線でかこった欄に書かれた短い記事．また、その欄．Ｅa column. 韓칼럼．「夕刊のコラムを毎日楽しみに読む」

ごらん【ご覧】ゴラン ①「見ること」の尊敬語．Ｅ(respectful) see; look at. 韓보심．「校長先生がわたしたちの作品をごらんになる//左をごらんください//写真をごらんに入れる」②「ごらんなさい」を略した言い方．見なさい．ＥLook at ～! 韓보세요, 봐요．「辞書をよくごらん、おまえの書いた字は違うだろ？」③(「～てごらん」の形で)～てみなさい．「右を見てごらん、遠くに富士山が見えるよ//食べてごらん(ＥHave a bite. 韓먹어 봐요.)」

注 ③はひらがなで書く．

こりごり コリゴリ, コリゴリ〔～する〕ひどいことにあって、もう絶対いやだと思うようす．「あんな痛い手術はもうこりごりだ(ＥI won't have anything more to do with such a painful operation. 韓그렇게 아픈 수술은 이제 지긋지긋하다.)//あの食堂の定食のまずさにはこりごりしている」

こりつ【孤立】コリツ〔～する〕まわりに仲間や頼りになるものがなく、１人だけ離れていること．Ｅbe isolated. 韓고립．「みなと違う意見を言い続けているうちに、孤立してしまった//孤立無援(＝１人だけで助けてくれる人のいないこと)」

ごりむちゅう【五里霧中】ゴリムチュー 深い霧の中にいるのと同じで、どうしたらいいか判断のつかないこと．Ｅbe in the fog; be at sea. 韓오리 무중．「まったくの新しい仕事を五里霧中の状態でやっている」

こ・りる【懲りる】コリル〔自動一〕ひどい経験をして、もう二度と同じことはするまいと思う．Ｅlearn by experience; have had enough of. 韓넌더리나다, 질리다．「泥棒に入られたのにこりて、ドアと窓にかぎを２つずつ取りつけた//転んで大けがをしたのに、こりずにまたスキーに行く」

こ・る【凝る】コル〔自動五〕(こって) ①１つのことに夢中になる．Ｅbe absorbed in. 韓열중하다, 빠지다．「ジョンは俳句にこって、毎日５句ずつつくっている//弟は一時テレビゲームにこっていたが、いまはサッカーに夢中だ」②細かいところまで心を配って特徴を出す．Ｅelaborate. 韓공들이다, 정교하다．「このレストランのコックはこった料理をつくるので、みんなに喜ばれる//こった模様のセーター」 ③筋肉がかたまったようになる．Ｅgrow stiff. 韓뻐근하다．「大きな荷物を持って歩いたので、肩がこってしまった」▷ 他動凝らす

ゴルフ (golf) ゴルフ 広々とした芝生のコースで、小さなボールをクラブで打って１８の穴に順番に入れていくスポーツ．Ｅgolf. 韓골프．「ゴルフは若い人も高齢の人も楽しめるスポーツだ//ゴルフボール//ゴルフ場」

これ コレ, コレ ①話す人に近いもの, こと, 人をさすことば．Ｅthis. 韓이

けもの;この人, この子.「これは兄の本です//これはわたしの長女です」
②目の前のことで, 話す人も聞く人も知っているもの, こと, 人をさすことば. Ethis. 韓이것.「これはひどい//これがすんだら帰る」
③現在, いま. Enow. 韓이것;지금, 이제.「きょうはこれでおしまいだ//これまでの経過を説明する」
④相手に注意したり怒ったりするときに言うことば. EHey!; Here!; I tell you! 韓야, 이봐.「これ, やめなさい//これ, なにをしているの」
▷話④ →付録指示語のまとめ
参①②で人をさすばあいは目下の人をいう.

これという (後に否定の意味のことばがついて) 特に取りたてて言うほどの. 特にめだつぐらいの. これといった. Enothing particular. 韓이렇다 할, 별다른.「これという用事もないのに呼びだされた」

これから コレカラ, コレカラ いまから後. 将来. Ein the future; now. 韓지금부터, 이제부터, 앞으로.「これからの生活をしっかり考えなさい//これから食事する」

コレクション (collection) コレクション〔〜する〕美術品や切手などを集めること. また, その集めたもの. Ecollection. 韓컬렉션, 수집(품).「切手のコレクションを趣味にしている//浮世絵のコレクション」

これはこれは コレワコレワ, コレワコレワ 感動したり驚いたりしたときに言うことば. EOh!; Well, well. 韓이것 참, 이런.「これはこれは, すばらしい絵だ//これはこれは, よくいらっしゃいました」話

ころ コロ ①だいたいそのとき. Ewhen; season; time. 韓무렵, 때, 경, 쯤.「桜の咲くころ, 日本へ来てください//子供のころ, 京都に住んでいた」②そのことにちょうどいいとき. Ea good chance. 韓기회.「ころを

みてよく話し合ってみよう」

-ごろ ①(時を表すことばについて) だいたいそのとき.「6時ごろ(Eabout six o'clock. 韓6시경.)」②(名詞, 動詞の「ます」形について) そのことにちょうどいいとき.「食べごろ(→項目)//見ごろ(Ein full bloom. 韓구경하기 알맞은 시기.)//年ごろ(→項目)」

ころが・す 【転がす】コロガス〔他動五〕(ころがして) ①ものを, 進む方向に回りながら動くようにする. Eroll. 韓굴리다.「ボールをころがしながら歩く//車を転がす(=自動車を運転する)//土地を転がす(=同じ土地を何度も売り買いして値段を上げていく)」②立っているものを倒す. Ethrow (a person) down. 韓넘어뜨리다.「すもうの相手を転がす」▷自動転がる

ころころ コロコロ ①小さくて軽いものが転がるようす.「ボールが坂道をころころ(と)転がっていった(EA ball went rolling down the slope. 韓공이 비탈길을 대굴대굴 굴러갔다.)」②澄んでいて響きのいい, 高い声や音を表す.「コオロギがころころ(と)鳴いている(EA cricket is chirping. 韓귀뚜라미가 귀뚤귀뚤 울고 있다.)」③簡単に何度も変わるようす.「見たと言ったり見なかったと言ったり, 言うことがころころ(と)変わる(EFirst they say they saw it, then they say they didn't. They keep changing their story. 韓봤다고 했다가 안 봤다고 했다가 말이 자꾸 바뀐다.)」④〔〜する〕まるみがあってかわいらしいようす.「ころころした小犬が転がるように走ってきた(EThe roly-poly puppy came bumbling along. 韓오동통한 강아지가 구르듯이 달려왔다.)//ころころ(と)よく太った赤ちゃん」
▷→ごろごろ

ごろごろ ゴロゴロ ①〔〜する〕大きくて重いものが転がるようす. また, そのときの音を表

す.「山道を歩いていたら,大きな石がごろごろ(と)落ちてきた(EA huge rock came rolling down as I was walking on the mountain path. 한산길을 걷고 있으려니, 커다란 돌이 데굴데굴 굴러 떨어졌다.)」②「①」に似た音を表す.「遠くで雷がごろごろ(と)鳴っている(EThe thunder is rumbling in the distance. 한멀리서 천둥이 우르르거린다.)/おなかがごろごろ(と)いう」③{~する}どこにでもたくさんあるようす.「英語の話せる人は世間にはごろごろいるよ(EThose who can speak English can be found everywhere. 한영어를 할 줄 아는 사람은 세상에 흔해빠졌다.)」④{~する}なにもしないでいるようす.「日曜日は家でごろごろしていた(EI was loafing around at home on Sunday. 한일요일은 집에서 빈둥거리고 있었다.)」

参①は「ころころ」と似ているが,「ごろごろ」のほうが音や動きが大きい.

ころ・す 【殺す】コロス〔他動五〕(ころして)①生きているものを死なせる.Ekill. 한죽이다.「蚊を殺す//たたき殺す//虫も殺さぬ顔つき(=小さな虫さえ殺さないようなやさしそうな顔のようす)」対生かす ②人やものの持つ能力をだめにする.Edestroy; kill. 한죽이다, 썩이다, 망치다.「画一的な指導で子供の才能を殺してしまった//新鮮な魚の味を殺した料理」対生かす ③表面に出ないように押さえる.Esuppress (one's feelings); under one's breath; hold (one's breath). 한억제하다, 억누르다; 죽이다.「感情を殺して静かに話をする//赤ん坊が寝ているので,声を殺して話し合う//息を殺す」④勢いを弱める.また,相手の攻撃を止める.Eslow down; put out. 한줄이다, 꺾다; 잡다.「スピードを殺す//セカンドで走者を殺す」▷名殺し

ごろね 【ごろ寝】ゴロネ{~する}ふとんを敷かないで,また,寝巻きにも着がえないで,その場にごろりと横になって寝ること.Esleep with one's clothes on. 한등걸잠.「ソファでごろ寝をして,朝まで寝てしまった//作業服のままごろ寝する」

ころ・ぶ 【転ぶ】コロブ〔自動五〕(ころんで)①人がなにかにつまずいたり押されたりして倒れる.Efall down. 한넘어지다.「駅の階段で転んでけがをした//すべって転ぶ」②(「どう転んでも」「どちらに転んでも」の形で)どのような結果になっても.「どう転んでも損をすることはない(EWhatever may be the issue, we have nothing to lose. 한어떤 결과가 되더라도 손해를 보는 일은 없다.)」

転ばぬ先のつえ なにをするにも,失敗をしないように事前に注意をすることが必要だということ.EPrevention is better than cure; Look before you leap. 한유비무환.

転んでもただ(で)は起きない[ぬ] 非常に欲が深く,失敗したときでもそれをむだにせず得することを考えるようす.Eturn everything to account. 한넘어져도 그냥은 일어나지 않는다.「叔父は転んでもただは起きない人だから,失敗の経験を本に書いて売りこんだ」

ころも 【衣】コロモ ①僧の着る着物.Ea priest's robe. 한법의; 승복.「黒い衣のお坊さんがやってくる」②着るもの.衣服.Eclothes. 한옷, 의복.「衣をぬぐ//衣がえ」③てんぷらやフライなどをあげるときに,材料をくるむもの.Ea coating. 한(요리 등의) 튀김옷.「エビに衣をつけてあげる//このてんぷらは衣が厚い」▷書②

ころりと コロリト,コロリト ①簡単に転がるようす.ころっと.「大きな体が土俵の上でころりと転がった(EThe big wrestler

was easily rolled over on the *sumo* ring. 한거구의 씨름꾼이 씨름판 위에서 맥없이 넘어졌다.)」
②急に変化するようす．ころっと．「心臓発作でころりと死ぬ/態度がころりと変わる(Eone's attitude changes abruptly. 한태도가 홱 달라지다.)」

こわ・い【怖い】コワイ 危険な感じがして平静でいられない．Edreadful; terrible; be afraid. 한무섭다, 두렵다.「がんはこわい病気だ//子供のころ, 父にしかられるのはこわかった」
参「恐ろしい」も似ていて,「恐ろしい/こわい顔」「ゆうべの火事は恐ろしかった/こわかった」のように，外部の条件，現象からひきおこされる感情を表すときはどちらも使えるが,「合格発表を見に行くのがこわい」のような，悪い結果を予期して心配する意味では，ふつう「こわい」を使う．

こわが・る【怖がる】コワガル〔他動五〕(こわがって) こわいと思う．Efear; be afraid. 한무서워하다, 두려워하다.「小さい子供は暗い所をこわがる//うちの犬は知らない人が来ると，こわがってほえる」

こわごわ コワゴワ, コワゴワ こわいと思いながら行動するようす．「ヘリコプターの窓から，こわごわ(と)下を見た(EI fearfully peered down from the helicopter window. 한헬리콥터 창문으로 조심조심 아래를 내려다 보았다.)」

こわ・す【壊す】コワス〔他動五〕(こわして) ①形のあるものに力を加えて形をなくさせ，使えないようにする．Epull down; break. 한부수다.「古い家をこわして建て直す//花瓶を床に落としてこわしてしまった」
②使い方が悪かったり使いすぎたりして，もとの働きをなくさせる．Eimpair; ruin. 한고장내다, 탈을 내다.「冷たいものを食べすぎて腹をこわした//体をこわす」③いい状態だったものごとをだめにする．Eupset; spoil. 한망치다.「無理な要求を出して，協力関係をこわす//ムードをこわす」▷自動壊れる

こわば・る コワバル〔自動五〕(こわばって) やわらかいものが突っぱったようにかたくなる．Eget stiff; stiffen. 한굳어지다, 뻣뻣해지다.「タオルを何度も洗濯すると，こわばってくる//病名を告げられて表情がこわばった」

こん【紺】コン 色の1つ．濃い青．濃い海の色．Edark blue; navy blue. 한감색.「紺の制服の高校生//紺色/濃紺(=濃い紺の色)」

こんい【懇意】コンイ 親しくつきあっていて，仲がいいようす．Efriendly; be on friendly terms with. 한친히 지냄.「懇意な医者を紹介してあげよう//となりの人と懇意にする」

こんかい【今回】コンカイ「今度」の改まった言い方．Ethis time. 한금회, 금번, 이번.「今回の研修会はとても有意義だった/前回は部長だったが，今回は課長が担当することになった」関連前回, 次回

こんき【根気】コンキ 途中でやめないで，最後までし続ける気力．Eperseverance; patience. 한근기, 끈기.「根気がないと漢字はなかなか覚えられない/根気よく努力する//根気のいる仕事」

こんきょ【根拠】コンキョ 行動や判断の基礎となるもの．Ea basis; grounds. 한근거.「その事実は，わたしの説の正しさを証明する根拠になる//根拠を明らかにする//科学的根拠//根拠地」

コンクール (⑦concours) コンクール 音楽や美術などの能力や価値を比べる競技会．Ea contest. 한콩쿠르, 경연 대회.「チャイコフスキー・コンクールで優勝したピアニス

ト//写真コンクール」

こんくらべ 【根比べ】コンクラベ〔～する〕1つのことを最後まで続ける気力を競争し合うこと. Ⓔan endurance contest. 匿끈기 겨루기.「幼児教育は幼児との根比べだ//相手がいやになるまで, 根比べする」

コンクリート (concrete) コンクリート セメントに砂, 小石, 水を加え, よくまぜ合わせたもの. 建物や橋などをつくるときに使う. Ⓔconcrete. 匿콘크리트.「コンクリートの家は火災に強い//鉄筋コンクリート10階建て//コンクリートを打つ(=流し入れる)」

こんげつ 【今月】コンゲツ この月. いまの月. Ⓔthis month. 匿금월, 이달.「今月の終わりから夏休みに入る//あと数日で今月も終わる」関連先月, 来月

こんご 【今後】コンゴ, コンゴ これから後. 以後. Ⓔfuture; after this; in the future. 匿금후, 이후.「今後の方針を立てる//遅刻しないよう, 今後, 気をつける」

ごんごどうだん 【言語道断】ゴンゴドーダン ことばで言い表せないぐらいひどいようす. とんでもないようす. Ⓔunspeakable; inexcusable. 匿언어도단.「先生が教え子の論文を自分の名で発表するとは言語道断だ//投票用紙を金で買うような言語道断な行為は許せない」

こんこん コンコン ①かたいものを軽く続けてたたく音を表す.「ドアを軽くこんこん(と)ノックする音がした(Ⓔ There was a light knock on the door. 匿문을 가볍게 똑똑 두드리는 소리가 났다.)」②せきをする音を表す.「祖母はかぜをひいたらしく, こんこん(と)せきをしている(Ⓔ My grandmother seems to have caught a cold with a dry cough. 匿할머니는 감기에 걸리신 모양으로 콜록콜록 기침을 하신다.)」

こんこんと 【懇懇と】コンコント 理解しやすいようにくわしく, また繰り返して話すようす.「母親は息子に, 信用がどんなにたいせつであるかをこんこんと話してきかせた(Ⓔ The mother admonished her son repeatedly on how important trust is. 匿어머니는 아들에게 신용이 얼마나 중요한 것인지를 간곡히 들려 주었다.)//こんこんとさとす」

こんこんと コンコント ①意識のないようす. また, そのくらい深く眠っているようす.「交通事故で入院した友達は, 1週間もこんこんと眠り続けている(Ⓔ My friend, hospitalized after a traffic accident, has been in a coma for a week. 匿교통 사고로 입원한 친구는 1주일 동안이나 의식이 없이 계속 자고 있다.)」②水などが絶えることなく出てくるようす.「きれいな水がこんこんとわき出ている(Ⓔ Pure spring water is welling up. 匿깨끗한 물이 콸콸 솟아 나오고 있다.)」

コンサート (concert) コンサート 楽器や歌の演奏会や音楽会. Ⓔa concert. 匿콘서트, 연주회, 음악회.「日本各地でコンサートをする//コンサートを開く//コンサートホール」

こんざつ 【混雑】コンザツ〔～する〕ある場所がたくさんの人やものでいっぱいで, 自由に動けないこと. Ⓔcongestion; be crowded with. 匿혼잡.「年末年始のスキー場は混雑がひどい//買い物客で混雑するデパート」

こんしゅう 【今週】コンシュー この週. いまの週. いまの週の日曜日から土曜日まで. Ⓔthis week. 匿금주.「今週は予定がいっぱいあって忙しくなりそうだ」関連先週, 来週

こんじょう 【根性】コンジョー ①困難なことに対して勇敢に立ち向かっていく, 強い性格や気質. Ⓔfight; guts. 匿근성.「妹は

根性があるので，外国で働きながら勉強している//ど根性」②身にしみついた性質，考え方，生活態度．Ｅnature; disposition. 한근성．「根性が曲がっている(Ｅbe perverse by nature. 한마음보가 비뚤어져 있다.)//貧乏根性//役人根性(Ｅofficialism. 한관리 근성.)」

参②はふつう，いい意味では使わない．

コンセント コンセント 壁や柱などにつけた，プラグの差しこみ口．電気の配線と器具のコードをつなぐ役目をする．Ｅan outlet; a wall socket. 한콘센트．「この部屋にはコンセントがないので，冷蔵庫が置けない」

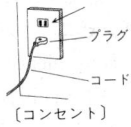
〔コンセント〕

参 明治時代に使われていた英語の「コンセントリックプラグ(concentric plug)」からできたことばという．

こんだて 【献立】コンダテ，コンダテ 食事に出す料理の種類や，その組み合わせ．Ｅa menu. 한식단, 메뉴．「レストランでは季節ごとに新しい献立を用意する//夕食の献立に合わせて，材料を買う//献立表」

こんだん 【懇談】コンダン〔～する〕打ちとけた雰囲気で，自由に話し合うこと．Ｅchat; a friendly talk. 한간담．「講演会の後で，講師と出席者が懇談をした//先生と父母が懇談する//懇談会」

こんちゅう 【昆虫】コンチュー アリ，トンボ，チョウなど，体が頭，胸，腹の３部分に分かれ，胸に３対の脚のある動物．Ｅan insect. 한곤충．「蚊，ハエ，ゴキブリなど，わたしたちの身近にいる昆虫は多い//昆虫採集」数１匹

コンディション (condition) コンディション なにかするときの，体の調子や天候などの状態．Ｅcondition. 한컨디션．「入学試験の当日は頭痛と発熱で，コンディションが悪かった//グラウンドコンディション(＝競技場の地面の状態)がいい//ベストコンディション」

こんど 【今度】コンド ①何度かすることの中で現在していること，また，いますんだばかりのこと．Ｅthis time; recently. 한이번．「今度の計画は失敗だった//今度，となりの部屋に越してきました，よろしく」②近い将来．Ｅnext time; soon. 한이 다음．「今度こそ一生懸命やります//今度，一緒に山へ行きましょう」

こんどう 【混同】コンドー〔～する〕区別しなければならないものを，同じように扱ったり考えたりすること．Ｅconfuse ～ with …. 한혼동．「ひらがなとかたかなを混同する//公私混同(Ｅmix up public and private matters. 한공사 혼동.)」

コントロール (control) コントロール〔～する〕自分の思うようにものごとを動かしたり，自分の気持ちや行動をうまく調節したりすること．Ｅcontrol. 한컨트롤．「マラソンは体力のコントロールがだいじだ//部下をうまくコントロールする」

こんな コンナ 「このような」「このよう」のくだけた言い方．Ｅsuch; like this. 한이런 ; 이처럼．「こんな古い服，もう捨ててしまおう//こんなに土地が高くては，一生，家は持てない」→付録指示語のまとめ

こんなん 【困難】コンナン 実行や解決がむずかしくて，苦しんだり困ったりすること．Ｅ(a) difficulty; difficult. 한곤란．「困難を承知で研究を続ける//困難な仕事だが，なんとか成功させよう//困難に直面する(Ｅbe confronted with a difficulty. 한곤란에 직면하다.)」対容易

こんにち 【今日】コンニチ ①「きょう」の改まった言い方．Ｅtoday. 한금일, 오늘．

「この会は今日ただいま発足いたしました」② このごろ. 現在. 現代. Ｅnow; today. 韓오늘날, 요즘. 「私の今日あるのはひとえに先生のおかげです／／今日の問題」▷関連①昨日, 明日

こんにちは　コンニチワ　昼間, 人に会ったり, 訪問したりしたときに言うあいさつのことば. Ｅ Good afternoon; Hello. 韓안녕하십니까？(낮에 하는 인사말)「こんにちは. いい天気ですね／／こんにちは. 洋子さんはいらっしゃいますか」話

こんにゃく コンニャク, コンニャク コンニャクイモを乾かして粉にしたものからつくった食品. 灰色をしていて, 弾力がある. Ｅa *konnyaku*; a devil's tongue. 韓곤약. 「父はおでんのコンニャクが好きだ／／コンニャク料理／／糸コンニャク」数1枚・1丁

コンパ コンパ〔←コンパニー(company)〕クラスやサークルや気の合うグループで, 学生などが会費を出し合って, 飲んだり食べたりする会. Ｅa (club or class) party. 韓친목회, 다과회. 「きょう, 六本木でコンパをするから, 来てください／／新入生歓迎コンパ／／追い出しコンパ(＝卒業生を送る会)」

こんばん 【今晩】コンバン きょうの晩. 晩になったいま. Ｅtonight. 韓오늘 밤. 「今晩10時ごろ帰る／／今晩の月は, 特別美しい」関連昨晩, 明晩

参「今夜」も似ているが, 「今夜」がきょうの日没から翌日の日の出までをさすのに対して, 「今晩」は夜の初めをさし, ふつう, 人々が起きて活動している時間をいう. しかし, 「病人の看護のため今晩は一睡もできないだろう」のように「今晩」を「今夜」とまったく同じ意味に使うこともある.

こんばんは　コンバンワ　夜, 人に会ったり, 訪問したりしたときに言うあいさつのことば. Ｅ Good evening. 韓안녕하십니까？(밤에 만났을 때 하는 인사말)「こんばんは. いいお月さまですね／／こんばんは. 新聞の集金に来ました」話

コンビ コンビ〔←コンビネーション(combination)〕2つの違ったものの組み合わせ. また, 2人の組. Ｅa combination; a pair. 韓콤비, 짝. 「2人はどこへ行くのも一緒で, いいコンビだ／／漫才のコンビを組む」

コンビニ コンビニ〔←コンビニエンスストア(convenience store)〕食料品や日用品などを扱う, 小規模のセルフサービス方式の店. 夜遅くまで, または24時間営業をする. Ｅa convenience store. 韓편의점. 「コンビニでおにぎりと雑誌を買った／／コンビニには年中無休のチェーン店もある」数1軒・1店

コンピューター (computer) コンピューター 入力, 計算, 記憶, 制御などを電子的に行い, 大量の情報を処理する装置. 電子計算機. コンピュータ. Ｅa computer. 韓컴퓨터. 「コンピューターにデータを打ちこんで処理する／／コンピューターウイルス」数1台・1基

こんぶ 【昆布】コンブ 寒い地方の海中に生える海藻. 乾かしたものを, 煮て食べたり, 料理の味をよくしたりするために使う. こぶ. Ｅ*kombu*; a sea tangle; kelp. 韓다시마. 「昆布とかつおぶしでだしをとる／／昆布をおでんに入れる／／塩昆布」数1枚

〔昆布〕

こんぽん 【根本】コンポン, コンポン ものごとの基本となる, いちばんたいせつなこと. Ｅthe basis; the root. 韓근본. 「人間生活の根本は寝ることと食べることだ／／政治の根本がまちがっている／／根本原理(Ｅthe fundamental principles. 韓근본 원리.)」

コンマ (comma) コンマ ①英語など横書きの文の途中の切れ目につけるもの。また、大きい数字の3つ目ごとにつけるもの。カンマ。記号は「,」。Ⓔa comma. 한콤마(구두점의 하나)。「英文に正しくコンマを打つ」②1より小さい数字の前につける点。小数点。カンマ。記号は「.」。Ⓔa decimal point. 한소수점。「0コンマ5(=0.5)//コンマ以下(=小数点以下。また、価値のない、つまらないもの)」

こんや 【今夜】コンヤ きょうの夜。Ⓔtonight. 한오늘 밤。「今夜、ホテルに泊まる//今夜遅くなってから、雨が降るだろう//今夜は暑くて、眠れそうもない」 関連昨夜、明夜 →今晩

こんやく 【婚約】コンヤク〔~する〕結婚を正式に約束すること。また、その約束。Ⓔan engagement. 한약혼。「妹は大学時代の級友と婚約した//姉は婚約中です//婚約者」

こんらん 【混乱】コンラン〔~する〕ものごとの順序やきまりなどが乱れること。Ⓔbe disrupted; confusion; disorder. 한혼란。「台風のため電車のダイヤが混乱した//つぎつぎに、いろいろなことが起こって、頭が混乱した//混乱を招く」

こんりんざい 【金輪際】コンリンザイ (後に否定の意味のことばがついて)これからあと決して。絶対に。Ⓔnever (again); not at all. 한절대로、결단코。「事故以来、もう金輪際、飛行機に乗るまいと思う//きみとは金輪際、会いたくない」
参 仏教から来たことばで、そこより先に行けない、いちばん奥のところをいう。

こんわく 【困惑】コンワク〔~する〕どうしていいかわからなくて困ること。Ⓔbe at a loss; be embarrassed. 한곤혹。「姉のボーイフレンドに結婚を申しこまれて困惑している//困惑の表情を浮かべる」

さ／サ

さ 【差】 サ ①長さ, 大きさ, 重さ, 品質などの違い. また, その違いの大きさ. Edifference. 한차, 차이. 「兄と弟では身長にずいぶん差がある//実力の差//性格の差//大差」② 数学で, ある数や式から他の数や式を引いて残ったもの. Ethe remainder. 한차, 나머지. 「5と3の差は2だ」 対和

さ ①(文の終わりについて)(1)もう決まっている, 確かにそうだという気持ちを表す.「あしたは雨さ. 天気予報が言ってたよ(EIt's going to rain tomorrow. That's what the weather forecast said. 한내일은 비가 올거야. 일기 예보에서 그랬어.)//生活は苦しいけれど, なんとか暮らせるさ」(2)(疑問を表す語句について) 疑問の気持ちを強める.「どうしてそんなことをするのさ？(EWhy are you doing that? 한왜 그런 짓을 하는 거야.)//だれさ, そんなこと言ったの？」② (ことばをつなぐのに使い)相手の注意をひいたり, 勢いをつけたりする.「だからさ, わたしは反対なのよ(EThat's why I'm against it. 한그러니까 말이야, 나는 반대라는 거야.)//それがさ, ぼくもはじめてなんだ」 ▷話

-さ (形容詞と形容動詞の語幹について) そのような状態, 性質, 程度であること.「スポーツの楽しさを経験する//山の中の静かさを楽しむ//質のよさ(Egood quality. 한질의 양호함.)//歌の上手さ//値段の安さ」 →-み

さあ サー ①相手を誘ったりなにかをさせようとしたりして呼びかけるときに言うことば. ECome on; Now. 한자.「さあ, 行こう//さあ, 元気に走りなさい」②起こったできごとに対する気持ちを表すときに言うことば. ENow. 한야아, 이거 참.「きょうは銀行は休みだ. さあ, 困った//さあ, たいへんだ」③はっきり返事ができないときや, ためらったりするときに言うことば. EWell; Let me see. 한글쎄.「『山田さんはきょう来ますか』『さあ, どうでしょうか』」 ▷話 →おい 囲み

サークル (circle) サークル ①丸や四角でかこんだ所. また, かこむもの. Ea circle. 한원, 권.「このサークルの中から, ボールを投げる//ベビーサークル(Ea playpen. 한보행기.)」②スポーツや文化活動をするためのグループ. 多く趣味で行うものをいう. Ea circle; a club. 한서클, 동호회.「テニスのサークルをつくって楽しむ//サークル活動」

ざあざあ ザーザー ①雨や水などが激しく降ったり流れたりする音を表す.「雨がざあざあ(と)降っている(EIt's raining heavily. 한비가 좍좍 온다.)」②ラジオやテレビなどの雑音を表す.「アンテナがはずれてテレビがざあざあ(と)いっている(EThe antenna's come loose and the TV is full of static. 한안테나가 빠져서 텔레비전이 직직거린다.)」

サービス (service) サービス [～する] ①宣伝のためにただで配ったり, あげたりすること. また, そのもの. Ea giveaway; for free. 한서비스, 무료(봉사), 증정품.「休憩時間にお茶をサービスする//カレンダーをサービスで配る」

②値段を安くしたり, 景品をつけたりして売ること. 奉仕. Egive a discount. 한할인,

염가 판매, 경품부 판매.「すこし値段をサービスしてください//モーニングサービス(Ea morning special. 한모닝 서비스, 싸게 제공하는 간단한 아침 식사.)//サービスセール」

③客が満足するような、心のこもった応対をすること。また、そのやり方や程度.Eservice.한서비스.「あの店はサービスがいい//市役所は市民にサービスする所//サービス業(Ethe service industry. 한서비스업.)//アフターサービス」

さい【際】サイ あることが起こった時。ある状態の時.Eon (this) occasion; when. 한때.「この際、小さいことは問題にしない//車を運転する際は、シートベルトをすること」

さい-【再-】(他のことばについて) 2度目の. 改めて.「学生証をなくして再発行してもらった//再出発する//再開発(Eredevelopment. 한재개발.)//再発見」

さい-【最-】(他のことばについて)いちばん.最も.「最前列の席にすわる//最年少の議員//最優秀賞(Ethe grand prize. 한최우수상.)//最高潮(Ethe climax; the peak. 한최고조.)」

-さい【-祭】(他のことばについて) にぎやかな催し。祭り.「芸術祭//前夜祭//文化祭(Ea cultural festival; a school festival. 한문화제.)」

-さい【-歳】(数を表すことばについて) 年齢を表す.「60歳で定年を迎える//10歳(Eten years old. 한10살.)」

-ざい【-剤】(他のことばについて) 薬.「制がん剤(Ean anticancer drug. 한항암제.)//栄養剤(Ea nutrient. 한영양제.)//ビタミン剤」

さいあく【最悪】サイアク いくつかのものの中で、いちばん悪いこと。これ以上悪くなるとは考えられないこと.Ethe worst. 한최악.「最悪のばあいは、入院して、手術することになる//今度のテストの成績は最悪だ//最悪の事態」対最善、最良

ざいあく【罪悪】ザイアク、ザイアク 人間として、してはいけないこと。道徳、法律、宗教、社会習慣に反する行動.Ea sin; a crime. 한죄악.「人をだますのは罪悪だ//罪悪をおかす」

さいかい【再開】サイカイ〔~する〕中止していたことを、また始めること.Ereopen; resume. 한재개.「雨がやんだので、試合を再開する//会談が再開される」

さいがい【災害】サイガイ 台風、洪水、地震、火事など、大きな被害を起こす悪いできごと.Ea disaster. 한재해.「今年は台風や地震、火山の噴火など、自然の災害が多かった//災害にあって財産を失った//災害地」

ざいかい【財界】ザイカイ 大きな会社や銀行の経営者の団体。また、その社会.Ethe financial world; the business world. 한재계, 경제계.「日本の政界は財界との関係が強い//財界のリーダー//財界人」

ざいがく【在学】ザイガク〔~する〕生徒や学生として、学校に正式に登録されていること.Ebe a student. 한재학.「日本語学校に1年間在学した//在学証明書//在学中」

さいき【再起】サイキ〔~する〕病気、けが、失敗などでだめになった状態から立ち直ること.Ea comeback; recovery. 한재기.「5年前事業に失敗したが、なんとか再起することができた//再起をはかる(=再起しようとする)//再起不能(=再起することができないこと)」

さいきん【細菌】サイキン 顕微鏡でしか見ることのできない微生物。人間生活に役立つものと、病原菌のように害となるものがある。バクテリア.Ebacteria. 한세균.「顕微鏡で細菌の動きを見る//チフスやコレラは細菌に

よって伝染する病気だ」

さいきん 【最近】サイキン 現在よりすこし前から現在までの期間．また，近い過去．Ｅrecently. 한최근．「最近，野菜の値が高くなった//最近のできごとを知らせる//つい最近，中国からもどった」→近ごろ

さいく 【細工】サイク，サイク〔～する〕①手を使って，ものを細かく，上手につくりあげること．また，つくったもの．Ｅwork; workmanship. 한세공(품)．「庭の竹を切って，細工する//貝細工/紙細工」②人の目をごまかすために，小さいうそをついたり，隠したり，陰で工作したりすること．Ｅmanipulate; a trick. 한농간질; 잔꾀(를 부림)．「銀行からうまく借金できるように，報告書を細工する//細工しても，すぐわかってしまう/小細工(Ｅcheap tricks. 한잔꾀, 잔재주.)」

さいけつ 【採決】サイケツ，サイケツ〔～する〕議案が成立するかどうかを，出席者の賛成，反対の意見の数によって決めること．Ｅa vote. 한채결．「投票で採決をする//予算案を採決する」

さいげつ 【歳月】サイゲツ 「年月」の改まった言い方．1年以上の期間をさすことが多い．Ｅyears; time. 한세월．「別れて以来，5年の歳月がたつ//橋ができるまでに10年近い歳月を費やした」

歳月人を待たず 歳月は人の思いとは関係なく，速く過ぎてしまうということ．Ｅ Time and tide wait for no man. 한세월은 사람을 기다리지 않는다．

さいけん 【再建】サイケン〔～する〕いちどこわれた建物，会社，組織などを，新しくたて直すこと．Ｅrebuild; reconstruction. 한재건．「火事で焼けた校舎を再建する//地震で大きな被害を受けた市の再建のために，市民全員が協力する」

さいげん 【再現】サイゲン〔～する〕いちどなくなってしまったものが，人々の前にもういちど見えるようになること．また，見えるようにすること．Ｅreproduce; recreate. 한재현．「原始時代の生活のようすを再現する」

ざいげん 【財源】ザイゲン，ザイゲン 国や県や市，会社や団体が事業などをするための金．また，その金の出てくるもと．Ｅa source of revenue; funds. 한재원．「税金は国の重要な財源だ//新事業を始めるための財源がない//財源が豊かな団体」

さいこ 【最古】サイコ いちばん古いこと．Ｅthe oldest. 한최고．「法隆寺は木造建築で最古のものだ//世界最古の文明」対最新

さいご 【最後】サイゴ ①いくつか並んでいるものの中で，いちばん後であること．いちばん後ろのもの．Ｅthe last; the end. 한최후, 마지막, 맨 뒤．「パーティーの最後に主催者があいさつした//会場の最後の列にすわる//大会の最後を飾るマラソン」対最初 ②(「～したら最後」の形で) いちど～したら，その後はどんなことがあっても，「一郎は話しだしたら最後，いつまでも話し続ける(ＥOnce Ichiro has started to talk, he will never stop talking. 한이치로는 일단 얘기를 꺼내기 시작했다 하면 그칠 줄을 모른다.)」

ざいこ 【在庫】ザイコ 品物が倉庫にあること．また，その品物．Ｅstock. 한재고．「大きいサイズの商品の在庫が切れている//在庫を管理する//在庫品」

さいこう 【最高】サイコー ①いくつかのものの中で，高さ，程度，地位などがいちばん高いこと．Ｅthe highest; the best. 한최고．「きのうは今年最高の暑さだった//この毛布の品質は最高だ//最高学府(Ｅthe highest seat of learning. 한최고 학부.)」対最低 ②非常にすばらしいよう．Ｅreally. 한최고．「頂上に立ったときは最高にいい気分だ」対最低 ▷話②

さいこうさいばんしょ【最高裁判所】サイコーサイバンショ, サイコーサイバンショ 裁判所の中で、いちばん上の裁判所。最後の審理をする所。下級裁判所の判決に不満のある人が、さらに裁判を求めることができる所。また、すべての法律や行政機関の行為が憲法に合っているかどうかを判断する所。最高裁。Ｅ the Supreme Court. 韓 대법원。「最高裁判所が判決を下す//最高裁判所が違憲の判断をした」
参 下級の裁判所としては、高等裁判所、地方裁判所、家庭裁判所、簡易裁判所がある。

さいさん【採算】サイサン 事業や商売で、収入と支出を計算すること。また、計算して、利益が出ること。Ｅ (commercial) profit. 韓 채산。「採算がとれないので、商売をやめる//採算が合う」

ざいさん【財産】ザイサン 個人や団体などが持つ、金、土地、建物、宝石など、経済的に価値があるもの。広い意味では文化遺産など価値のあるものをさす。Ｅ a fortune; property. 韓 재산。「あの人は土地やマンションなどたくさんの財産を持っている//わたしの唯一の財産は健康だ//国有財産（＝国家が持っている財産）」

さいし【妻子】サイシ 妻と子。夫からみたときの家族。Ｅ one's wife and children; one's family. 韓 처자。「国にいる妻子のことを思う//故郷に妻子を残して単身赴任する」

さいじつ【祭日】サイジツ 神社が祭りを行う日。現在では、国が決めた祝日をいうことが多い。Ｅ a festival day; a national holiday. 韓 축제일; 국경일。「神社の祭日には参拝者がおおぜい来る//日曜日と祭日は休む//祝祭日」

さいして【際して】サイシテ（「～に際して」の形で）あるものごとに出あって、そのときに。Ｅ at; in case of. 韓 ~에 즈음하여。「出発に際して、一言ごあいさついたします//別れに際して、思い出の歌を歌う」

さいしゅう【採集】サイシュー〔～する〕資料や標本にするために、多くの種類のものを、自分の手で集めること。また、集めたもの。Ｅ collect (specimens). 韓 채집。「全国の方言を採集する//植物採集」

さいしゅう【最終】サイシュー いちばん終わり。また、そのもの。Ｅ the last; the final. 韓 최종, 마지막。「京都から新幹線の最終の列車に乗って帰ってきた//マラソンの走者は最終のコーナーをまわった」対 最初

さいしょ【最初】サイショ いくつか並んでいるものの中で、いちばん初めであること。いちばん初めのもの。Ｅ the first; the beginning. 韓 최초, 맨 처음。「まず最初に、会長があいさつする//なにごとも最初がたいせつだ」対 最後, 最終

さいしょう【最小】サイショー いくつかのものの中で、いちばん小さいこと。Ｅ the smallest. 韓 최소。「世界で最小のテレビを開発する//最小公倍数（Ｅ the lowest common multiple. 韓 최소 공배수.）」対 最大

さいしょう【最少】サイショー いくつかのものの中で、数や量がいちばん少ないこと。Ｅ the least; the fewest. 韓 최소。「大きい地震だったが、住民の協力で最少の損害ですんだ//最少得点」対 最多

さいじょう【最上】サイジョー いくつかのものの中で、位置などがいちばん上であること。また、品質、程度などがいちばんすぐれていること。Ｅ the best; the highest. 韓 최상。「もういちどやり直すのが最上の方法だ//最上の品//最上段」対 最下, 最低

さいしょうげん【最小限】サイショーゲン それ以上小さくすることができない範囲、限

さいしん　【細心】サイシン　小さいところまで、よく注意するようす。Ⓔvery careful; scrupulous. 倒세심。「細心な計画を立てて冬山登山に出かける//細心の注意を払う」

さいしん　【最新】サイシン　いちばん新しいこと。いちばん進んでいること。Ⓔthe newest; the latest; up-to-date. 倒최신。「最新の技術で新製品を開発する//最新のニュース//最新式」対最古

さいせい　【再生】サイセイ〔~する〕①だめになりそうだったものがもういちど盛んになること。また、もういちど盛んにすること。Ⓔrevive; return to life. 倒재생。「つぶれかけた絹の産業が再生した//赤字の鉄道を観光用に再生させる」
②古くなったものや使用ずみのものを役に立つようにつくりかえること。Ⓔreclaim; recycle. 倒재생。「新聞紙をトイレットペーパーに再生する//再生品」
③生物の、なくなった体の一部がまた生えてくること。また、人工的に新しくつくりだすこと。Ⓔregenerate; implant. 倒재생。「トカゲの尾が再生する//指の再生手術」
④いままでの生活を反省して、生き方を改めること。Ⓔstart over; begin a new life. 倒재생、갱생。「新しい仕事について、再生の一歩を踏みだす」
⑤録音や録画をしたテープ、CDなどを機械にかけて、もとの音や画像を出すこと。Ⓔplay back; reproduce. 倒재생。「録音したテープを再生して聞く//再生装置」

ざいせい　【財政】ザイセイ　①国や都道府県や市区町村などが、収入と支出のバランスをとって活動や事業を行うこと。Ⓔpublic finance. 倒재정。「市の財政は苦しいが、福祉のための費用は減らせない//財政の立て直しをはかる//財政難//赤字財政」　②会社、家庭、個人の経済状態。Ⓔ(company, family) finances. 倒재정。「わが家の財政はいつも火の車だ」

さいぜん　【最善】サイゼン　①いくつかのものの中で、いちばんすぐれていること。Ⓔthe best. 倒최선。「病気になってしまったいまは、帰国するのが最善の方法だ//最善策」対最悪　②与えられた条件や状況の中でできる、いちばんいいこと。できる限りのこと。ベスト。Ⓔthe best one can. 倒최선。「目標を達成するため、最善の努力をする//最善をつくす」

三参　2番目にすぐれていることは「次善」。

さいそく　【催促】サイソク〔~する〕約束や希望がうまく進まないとき、早くそれを実行してくれるよう、相手に要求すること。Ⓔpress; urge. 倒재촉、독촉。「借金を早く返してほしいと催促する//原稿の催促の電話をかける」

さいだい　【最大】サイダイ　いくつかのものの中で、いちばん大きいこと。Ⓔthe largest; the greatest. 倒최대。「カスピ海は世界で最大の湖だ//わたしの最大の不幸は母を早くなくしたことです//最大公約数(Ⓔthe greatest common divisor. 倒최대 공약수。)」対最小

さいだいげん　【最大限】サイダイゲン　それ以上大きくすることができない範囲、限度。Ⓔthe maximum. 倒최대한。「選手たちは最大限の力を出して戦った//最大限に努力して期限内に仕事を終えた」対最小限

さいちゅう　【最中】サイチュー　あることが行われている、いちばん盛んなとき。Ⓔat the height of; in the middle of. 倒~이 한창인 때, 한창 ~하는 중에。「8月の暑い最中に入院する//食事の最中に電話がかかっ

てきた」

さいてい 【最低】サイテイ ①いくつかのものの中で、高さ、程度、地位などがいちばん低いこと。Ethe lowest; the worst. 한최저、최하。「今月のアルバイトの収入はいままでで最低だ//あの映画は今年度、最低の作品だ」対最高、最上 ②非常に悪いようす。Ethe meanest. 한최저、최악。「タクシーに乗って料金も払わずに逃げるとは最低なやつだ」対最高、最上 話②

さいてん 【祭典】サイテン 祭り。また、その儀式。ふつう、おおぜいが参加する大きな催しや行事をいう。Ea festival. 한제전。「オリンピックは世界のスポーツの祭典だ//若者の祭典/歌の祭典」

さいてん 【採点】サイテン 〔~する〕点数をつけて成績を表すこと。Emark; grade. 한채점。「コンテストの出場者の能力を採点する//試験の採点をする」

サイド (side)サイド ①そば。横。側面。Eside. 한사이드、옆、측면。「サイドテーブル//サイドライン//右サイド」②ある一方の側に立つこと。E(take) one side. 한측。「生産者サイドで米の値段を考える」③本業以外。第2番目のもの。あまり重要でないもの。Eside; secondary. 한부(차적)。「サイドテキスト//サイドビジネス(＝副業)」

さいなん 【災難】サイナン 人の身に思いがけなく起こる不幸なできごと。Ea misfortune; an accident. 한재난。「留守中に泥棒に入られるという災難にあった//車に追突されてけがをしたとは、とんだ災難でしたね」

さいのう 【才能】サイノー、サイノー ものごとをよく理解し、うまく処理する能力。Etalent; ability. 한재능。「才能を生かした職業につく//才能をみがく(Ecultivate one's ability. 한재능을 연마하다.)//芸術的才能」

参「能力」も似ているが、「能力」がおもに仕事や運動など実際的なことがらをなしとげる力をいうのに対して、「才能」は芸術や発明、発見など創造的なことにいい、生まれつき持っている力という面が強い。

さいばい 【栽培】サイバイ 〔~する〕野菜、くだものの木などを植えて育てること。Ecultivate; grow. 한재배。「キュウリやナスなど夏野菜を栽培//ハウス栽培//促成栽培(Eforcing culture. 촉성 재배。)」

さいばん 【裁判】サイバン 〔~する〕訴えを受けて、裁判官が法律にしたがって判断すること。Ea trial; try. 한재판。「土地の所有権をめぐって裁判で争う//ロッキード事件を裁判する//裁判を起こす//裁判官(Ea judge. 한법관。)」

さいふ 【財布】サイフ 金を入れるための、布や革でつくった小さい入れ物。Ea wallet; a pocketbook; a purse. 한지갑。「財布を忘れて、とても困った//いつも財布の中に大金を入れている」

参 硬貨を入れる財布を「小銭入れ」「がま口」、札を入れる財布を「札入れ」ともいう。

財布の口[ひも]を締める むだづかいをしないよう、金を使う量を少なくする。Etighten one's purse strings. 한주머니끈을 조르다、돈을 아껴 쓰다。「車を買うお金をためるため財布の口をしめている」対財布の口[ひも]を緩める

財布(の底)をはたく 持っている金を全部使う。Eempty one's purse to the last penny. 한가진 돈을 몽땅 털다。「珍しい古本があったので財布の底をはたいて買ってきた」

さいほう 【裁縫】サイホー 〔~する〕布地を切って、縫って、衣服などをつくること。Esew; needlework. 한재봉。「祖母は縁側

さ

でいつも裁縫していた//姉は裁縫が好きで、自分の着るものはたいてい自分でつくる」
参 和服をつくることを「和裁」、洋服をつくることを「洋裁」という.

さいぼう 【細胞】サイボー 生物の体をつくっている、いちばん小さい単位. Ea cell. 한세포.「顕微鏡で細胞の動きを見る//細胞に異常がある//細胞分裂//がん細胞」

さいまつ 【歳末】サイマツ 年の暮れ.年末. Ethe year-end. 한연말、세모.「歳末の街はあわただしい雰囲気だ//歳末大売り出し」

ざいもく 【材木】ザイモク 家や家具などをつくるために、木を使いやすい大きさに切ったもの. Ewood; lumber. 한재목.「家を建てるための材木を買い集める//材木屋」数 1本 →木材

さいよう 【採用】サイヨー〔~する〕いいと思った意見や計画や人物などを選んで、実際に使うこと. Eadopt (a plan); employ. 한채용.「生徒の作品を記念誌の表紙に採用する//社長が面接して社員の採用を決める//採用試験」

さいりょう 【最良】サイリョー いくつかのものの中で、いちばんいいこと. Ethe best. 한최량、최선、최고.「オリンピックで優勝できて、きょうは人生で最良の日だ//値段は多少高いが、品質は最良だ」対最悪

ざいりょう 【材料】ザイリョー ①なにかをつくるときのもとになるもの. Eingredients; materials. 한재료、소재.「新鮮な材料で料理をつくる//サラリーマン生活を材料にして、小説を書く」②考えたり、なにかが起きたりするもとになるもの. Edata; a factor. 한자료、데이터；요인.「判断の材料が不足している//インフレの起きる材料がそろっている」

さいわい 【幸い】サイワイ ①しあわせであること.運がいいこと. Elucky; happy. 한 행운、행복.「交通事故にあったが、軽いけがですんで幸いだった//不幸中の幸い(Ebe lucky it wasn't worse. 한불행중 다행.)」対災い ②(副詞的に)うまいぐあいに. Efortunately; luckily. 한다행히、운좋게도.「胃の手術を受けたが、幸い、早く退院できた」

さいわい・する 【幸いする】サイワイスル〔自動する〕うまくいく.いい結果になる. Ebe favorable; favor. 한도움이 되다、유리하게 작용하다.「教師として留学生に接するうえで、留学生活を経験したことが非常に幸いしている//天候が幸いして、農作物がよくできた」対災いする

サイン (sign)サイン ①〔~する〕書類などに自分の名前を書くこと. また、書かれた名前. Esign (one's name); an autograph. 한사인、서명.「買い物をして、カードで支払うときは、書類にサインしなければならない//歌手のサインをもらう」②合図.特にスポーツの試合などで、相手のチームにわからないように、体の動きで指示をすること.また、その指示. Ea sign; a signal. 한사인、신호.「監督のサインを見て2塁に走った//サインを送る」

さえ ①極端な例をあげて、他はもちろんだということを表す.「病人は弱っていて、歩くことさえできない(EThe sick person is so weak that he can't even walk. 한환자는 쇠약해져서 걸을 수조차 없다.)//仕事に夢中で食事さえ忘れる」
②さらにつけ加わることを表す.「医学はどんどん進歩して、人工授精さえできるようになった(EWith the advances of modern medicine, even artificial insemination is possible. 한의학은 점점 진보하여 인공 수정까지도 할 수 있게 되었다.)」
③(「~さえ…ば」の形で)それが満たされるだけ

で、ある結果がえられることを表す。「この薬さえ飲めば必ず病気は治る（🇪All you have to do is to take this medicine and you will get well. 🇰이 약만 먹으면 반드시 병은 낫는다.）／あなたがいいと言ってくれさえすれば、すぐ始められるんだが」

さえぎ・る【遮る】サエギル〔他動五〕（さえぎって）①間にじゃまになるものを置いて、向こうを見えなくする。🇪obstruct; shut out. 🇰차단하다, 가리다.「部屋の中は、カーテンで光をさえぎっているので暗い」②相手の動きを途中でじゃまして止める。🇪interrupt; block. 🇰가로막다.「議長は質問者の発言をさえぎって議事を進めた／道をさえぎる」

さえず・る　サエズル〔自動五〕（さえずって）①小鳥がしきりに鳴き続ける。🇪chirp; sing. 🇰（새가）지저귀다.「スズメがさえずる」②子供などが高い声でやかましくしゃべり続けることをからかっていう言い方。🇪chatter. 🇰재잘거리다.「よくさえずる子供たちだなあ」▷話② 名さえずり

さ・える　サエル〔自動一〕①光、色、音などが冷たく澄む。🇪be bright; be clear. 🇰맑아지다, 선명해지다.「月がさえる／さえた笛の音」②頭の働きや神経がはっきりして、鋭くなる。🇪be clear-headed; be wakeful. 🇰예민해지다；말똥말똥해지다.「目がさえて、眠れない／頭がさえる」③腕前のあざやかさがはっきり表れる。🇪become skilled. 🇰능란해지다.「ますます腕がさえる」④（「さえない」の形で）どこかものたりなくて満足できない。🇪dull; depressed. 🇰시무룩하다, 신통치 않다.「きょうは朝からさえない日だ／姉はいつも流行後れのさえない格好をしている」

さお　サオ①細長い竹などの棒。🇪a pole; a rod. 🇰장대.「さおを振りまわすとあぶない／ものほしざお（＝洗濯物をほすさお）／釣りざお」②水の底を突いて小舟を動かすのに使う長い棒。🇪a pole (to propel a boat). 🇰삿대.「長いさおをうまく操って舟を進める／流れにさおさす（→流れ慣用）」▷数1本

さか【坂】サカ①上りか下りになっている状態の道や土地。🇪a slope; a hill. 🇰비탈길.「自転車で坂を上るのは疲れる／坂を下る／下り坂／上り坂」②人生の中で、進むのが苦しくなる時期。🇪time of hardships in human life. 🇰고개.「40の坂を越して体力の衰えを感じるようになった」

さかい【境】サカイ あるものとほかのものとを区切るところ、分かれるところ。🇪a border; a boundary. 🇰경계.「川を境にして、2つの町がある／となりの土地との境に塀をつくる／生死の境」

さか・える【栄える】サカエル、サカエル〔自動一〕人や国などの力や勢いが盛んになる。🇪prosper; flourish. 🇰번성（번창, 번영）하다.「この国は貿易で栄えた／紀元前に栄えた古代都市」対衰える 名栄え

さかさま　サカサマ 順序や位置がふつうと反対であるようす。さかさ。🇪reverse; upside down. 🇰거꾸로임, 반대임.「鏡で見ると、左と右がさかさまだ／『トマト』はさかさまから言っても『トマト』になる」

さが・す【探す・捜す】サガス〔他動五〕（さがして）人やものを見つけようとしていろいろしてみる。🇪look for; search for. 🇰찾다.「わたしは職をさがして1日じゅう歩きまわった／友人のアパートをさがす」

注 漢字で書くときは、ふつう「探す」だが、「ゆくえ不明者をさがす」など、見えなくなった人やものをさがすときは「捜す」。

さかずき【杯】サカズキ 酒を飲むための小さい器。🇪a *sake* cup. 🇰술잔.「さかずきを上げて、乾杯する／さかずきに酒を満たす」

→日本酒図

杯を傾ける 酒を飲む. Ｅdrink *sake*. 韓술잔을 기울이다, 술을 마시다.「秋の夜を1人静かにさかずきを傾けて過ごす」

杯を干す つがれた酒を全部飲む. Ｅdrain one's cup. 韓술잔을 비우다.「すすめられるままに一気にさかずきをほした」

さかだち【逆立ち】サカダチ ①〔~する〕両手を地につけ, 足を上にして立つこと. また, ものが上下反対になること. Ｅstand on one's hands. 韓물구나무서기.「気分を変えるために, 公園で逆立ちする//兄は逆立ちをして階段を上ることができる」②(「逆立ちしても~ない」の形で) どんなにがんばっても~できない.「逆立ちしても今晩じゅうにこのセーターは編めない(Ｅeven if I make every effort, I cannot finish knitting this sweater tonight. 韓아무리 발버둥쳐도 오늘 밤 안으로 이 스웨터를 짤 수는 없다.)」

〔逆立ち①〕

さかな【魚】サカナ ①水の中にすみ, えらで呼吸し, ひれで泳ぐ動物. Ｅa fish. 韓물고기.「毎日, 魚を焼いて食べる//魚を釣る」

②酒を飲むときに食べる料理. また, 酒宴を盛りあげるための歌や踊りなど. Ｅan accompaniment (food or entertainment) when drinking *sake*. 韓술안주; 주흥을 돋우는 노래〔춤〕.「今晩の酒のさかなはイカの塩辛だ//美しい風景をさかなにして飲む」

▷数①1匹 →魚
≡注②はひらがなで書く.

さかのぼ・る サカノボル〔自動五〕(さかのぼって) ①川などを流れと反対の上流のほうに向かって上る. Ｅgo upstream. 韓거슬러 올라가다.「谷川をさかのぼっていくと滝があった」②過去にもどったり, ものごとのもとにもどったりする. Ｅbe retroactive; trace back to. 韓소급하다, 과거〔원점〕로 되돌아가다.「4月にさかのぼって給料の増えた分を支払う//平和の原点にさかのぼる」

さかば【酒場】サカバ サカバ 客に酒を飲ませる店. Ｅa bar; a saloon; a pub. 韓술집.「駅裏の小さな酒場で1人で酒を飲む//銀座に酒場を開く」数1軒・1店

参「バー」も酒を飲ませる所だが,「バー」がカウンターのある比較的小さく, 洋酒をおもに出す店であるのに対して,「酒場」は「バー」より広い意味で使い, 日本酒の店にも洋酒の店にも, また, 大きい店にも小さい店にもいう.

さかや【酒屋】サカヤ ①酒などを売る店. Ｅa liquor store. 韓술 가게.「駅前の酒屋で缶ビールを買った」②日本酒をつくって売る家. また, その職業. 造り酒屋. Ｅa *sake* brewery. 韓술도가, 양조장.「道子のうちは代々酒屋を営んでいる」▷数1軒・1店

さから・う【逆らう】サカラウ〔自動五〕(さからって) ①ものの勢いや流れに反対し, 逆の方向に進む. Ｅgo against; fight against. 韓거스르다.「強い風にさからって歩く//運命にさからう」対なびく ②人の意見や注意, 規則などにしたがわない. Ｅdefy; disobey. 韓거역하다, 반항하다.「親にさからって家を出た」対従う ▷→刃向かう・歯向かう

さかり【盛り】サカリ ものや人がいちばん美しく, 勢いがあり, 最高の状態にあること. また, その時期. Ｅthe best; the prime. 韓한창 (때).「花の盛りは短い//人生の盛りを過ぎた時期//いたずら盛り/食べ盛り(→項目)/働き盛り」

さかりば【盛り場】サカリバ 都会のにぎやかな場所. 飲食店, 酒場, 娯楽場などが多く

て、夜遅くまでにぎわう所. Ⓔamusement quarters. 㶪변화가.「目的もなく盛り場をうろつく∥盛り場を歩いていたら友達に会った」

さが・る【下がる】サガル〔自動五〕(さがって) ①高い所から低い所に移る. Ⓔgo down. 㶪내려가다.「エレベーターが下がる」対上がる ②上で支えられているものが、上から下にたれる. Ⓔhang down; be suspended. 㶪늘어지다, 드리워지다.「前髪が下がってきてうるさい∥入り口にのれんが下がっている」③地位、程度、値段などがこれまでより低くなる. Ⓔdrop; go down; decline. 㶪떨어지다.「遊びすぎて成績が下がった∥物価が下がる」対上がる ④後ろに移動する. Ⓔstep back. 㶪물러서다.「白線の内側に下がる∥1歩下がる」対進む ▷他動下げる

さかん【盛ん】サカン たいへん勢いがいいようす. Ⓔpopular; active; prosperous. 㶪성함, 유행함；활발함；번성함.「日本では野球が盛んだ∥あの火山は盛んに噴火を繰り返している∥商業が盛んな町」

さき【先】サキ ①細長いもののいちばんはしの部分. Ⓔa point; a tip. 㶪끝.「先がとがったナイフ∥舌の先」
②進んでいく方向、目的地. Ⓔahead; the destination. 㶪앞(쪽), 전방；목적지, 행선지；(～하는) 곳.「この先は行き止まりだ∥送り先∥勤務先」対後
③これから起こること. Ⓔthe future. 㶪장래, 앞날.「計画を先にのばす∥先のことはわからない」対前
④順番や時間が前であること. Ⓔthe first; the head. 㶪선두, 앞, 먼저.「先に立って歩く∥どうぞお先に∥先を争う」対後
⑤ある時より前. Ⓔin advance; beforehand. 㶪먼저, 우선.「ホテルは先に予約しておく∥旅行の予定を先に知りたい」対後, 後

さぎ【詐欺】サギ 他人をだまして、金や品物を取ったり、ひどい目にあわせたりすること. Ⓔ(a) fraud; a swindle. 㶪사기.「ブランド商品の偽物を売りつける詐欺が多い∥詐欺を働く∥詐欺師」

さきおとといサキオトトイ、サキオトトイきょうから数えて3日前の日. おとといの前の日. Ⓔthree days ago. 㶪그그저께.「さきおとといは休みだった」

さきごろ【先ごろ】サキゴロ, サキゴロ「このあいだ」の改まった言い方. Ⓔthe other day. 㶪요전, 일전.「母は、さきごろ帰国いたしました」

さきだ・つ【先立つ】サキダツ〔自動五〕(さきだって) ①人の先頭に立って行く. Ⓔgo ahead; lead. 㶪앞장서다.「案内のためグループの人々に先だって歩く」対後れる ②あることがらの前にほかのことが行われる. Ⓔprecede. 㶪앞서다, 선행하다.「A先生の講演に先だって主催者のあいさつがある」③先に死ぬ. Ⓔdie before someone else. 㶪먼저 죽다.「妻に先だたれて悲しみにくれる」④なによりもまず必要だ. Ⓔtake precedence. 㶪우선 필요하다.「先だつものは金だ」

さきどり【先取り】サキドリ〔～する〕①将来を予測して、いいと思うことを、他人より早くすること. Ⓔanticipate. 㶪선취, 앞섬, 앞지름.「機械化時代を先取りして、外国語の翻訳機を開発する∥時代を先取りする企業」②利益や代金を前に受け取ること. Ⓔtake in advance. 㶪미리 받음.「3年間の使用料を先取りする」

さきばし・る【先走る】サキバシル〔自動五〕(さきばしって) よく考えずに、わかったつもりになってものごとをする. Ⓔrush ahead; be too hasty. 한덤벙대고 나서다, 앞질러 나서다.「80歳の祖母が出かけるというので, タクシーを呼んだら, 自分の足で歩く, 先走ってよいなことはするなとしかられた//先走って失敗ばかりしている」

さきほど 【先ほど】サキホド 「さっき」の改まった言い方. Ea little while ago. 한아까, 조금 전.「さきほどお電話いたしました田中です//さきほどのお話はたいへん興味深くうかがいました」対後ほど

さきゆき 【先行き】サキユキ これから先の状況. Ethe future; the prospects. 한전도, 장래, 전망.「工場の製品がだんだん売れはじめ, 先行きが明るい//景気の先行きを見通す」

さぎょう 【作業】サギョー〔~する〕実際に体を動かして仕事をすること. Ework. 한작업.「アルバイトでスーパーの商品を棚に並べる作業をする//作業員/作業服/農作業」

さく 【策】サク, サク ①計画. 人をだまそうとして考えた計画. Ea plan; a scheme. 한계책, 계략.「敵を倒すための策を考える//策をねる//策をめぐらす」②ものごとや事件に対してとる方法や手段. Ea measure; a step. 한대책.「川の水のよごれを防ぐための策がない//策がつきる」③(他のことばの後について)ものごとをうまくするための方法や手段.「いろいろ意見は出るが, 具体策が見つからない//安全策(Ea safety measure. 한안전책.)//改善策(Ea reform measure. 한개선책.)」

さく サク, サク 人や動物が自由に出入りできないように, 木や金属などでつくったかこい. Ea fence; a railing. 한울짱.「馬が牧場のさくを越えて逃げた//危険ですから, さくの中に入らないでください」

さ・く 【咲く】サク〔自動五〕(さいて) 花のつぼみが開く. Ebloom. 한피다.「桜が咲いた//花が咲き鳥が鳴く」

さ・く 【割く】サク〔他動五〕(さいて) 一部分を 分けて, ほかのことにあてる. Espare; allow. 한할애하다.「わたしたちの会のために, たいせつな時間をさいていただいて本当にありがとう//きょうの朝刊は, 首脳会談に紙面を大きくさいている」

さ・く 【裂く】サク〔他動五〕(さいて) ①分け目がまっすぐの線になるように2つに切り離す. Etear; rip. 한찢다.「けがの血を止めるため, ハンカチを裂いて, 傷口をしばった」②人々のいい関係をこわす. Esever; separate. 한갈라 놓다, 떼어 놓다.「2人の仲を裂く//夫婦の間を裂く」▷自裂ける

さく- 【昨-】(日, 年などを表すことばについて)きのうの, 去年の. いまの1つ前の.「メアリーは昨12日に帰国した(EMary returned to her homeland yesterday, the 12th. 한메리는 지난 12일 귀국하였다.)//昨1994年, 事件は起こった//昨秋(Elast autumn; last fall. 한지난 가을.)」関連今-, 明-

さくいん 【索引】サクイン 書物の中に出てくる語句を取りだして, 順番に並べ, その使われている場所を示したもの. 本の最後の部分にあることが多い. Ean index. 한색인.「名簿の索引を見て卒業年度を調べる//この論文にも索引があると便利なのに」

さくげん 【削減】サクゲン〔~する〕決まっている数や量や金額を, なにかの理由で特別に減らすこと. Ecurtail; reduction. 한삭감.「国の予算を大幅に削減する//軍備削減交渉/経費削減/人員削減」

さくじつ 【昨日】サクジツ 「きのう」の改まった言い方. Eyesterday. 한어제.「昨日は失礼いたしました//昨日, 臨時国会が閉会した」関連今日, 本日, 明日

さくしゃ【作者】サクシャ 小説,詩,絵画,彫刻,曲などをつくった人. [E]an author; a writer. [한]작자, 저자, 작가.「『坊っちゃん』の作者は夏目漱石である//作者不明」

さくじょ【削除】サクジョ〔~する〕文章,項目,表などから不必要なものを取り除くこと. [E]strike off; delete; cross out. [한]삭제.「やめた会員の名前を名簿から削除する//この文は長すぎるから,一部削除してほしい/1字削除」

さくせい【作成・作製】サクセイ〔~する〕①計画,案,文書などを自分の考えでまとめあげること. [E]draw up; prepare. [한]작성.「建設計画の作成にとりかかる/卒業論文を作成する/報告書の作成」②品物や図面などをつくること. [E]make; produce. [한]제작.「卒業アルバムを作製する/町のシンボルとして平和の像を作製する」

三注 ①は「作成」, ②は「作製」.

さくせん【作戦】サクセン ①戦争や試合に勝つために,前もって考えておく方法.戦い方. [E]tactics; strategy. [한]작전.「監督の作戦がよかったので,試合に勝てた//作戦をねる([E]elaborate a plan of operations. [한]작전을 짜다.)//作戦を展開する」②軍隊が,ある期間,計画的に行う戦い.広い意味で社会的な活動に対しても使う. [E](military) operations. [한](군사)작전.「都市の包囲作戦/上陸作戦/販売拡張作戦([E]a strategy to increase sales. [한]판매 확장 작전.)」

さくねん【昨年】サクネン「去年」の改まった言い方. [E]last year. [한]작년, 거년, 지난해.「昨年,日本へまいりました/昨年はたいへんお世話になりました」関連 今年, 本年, 明年

さくばん【昨晩】サクバン「ゆうべ」の改まった言い方.昨夜. [E]last night. [한]어젯밤, 간밤.「昨晩の講演のテーマは高齢化社会についてであった」関連 今晩, 明晩

さくひん【作品】サクヒン 小説, 詩, 絵画, 彫刻, 曲など, つくられたもの. [E]a (piece of) work. [한]작품.「いい作品をたくさん残した小説家/ゴッホの作品には風景を描いたものが多い/文学作品」数 1作・1点

さくぶん【作文】サクブン ①文章をつくること. また,その文章. 特に,学校の教育科目で,課題を出されて文章を書くこと. [E](a) composition. [한]작문.「『わたしの家族』という題で作文を書く/自由作文/英作文」②〔~する〕形だけはきちんとしているが,内容のない文章をつくること. また,その文章. [E]the writing which is in correct form but lacks substance. [한]형식만 그럴듯하고 내용이 빈약한 문장.「見学したことにして適当に報告書を作文しておこう」

さくもつ【作物】サクモツ 田や畑でつくる,米, 麦, 野菜など. 農作物. [E]crops; farm products. [한]작물, 농작물.「この畑で,いまいちばんよくとれる作物はトマトだ//作物の収穫」

さくや【昨夜】サクヤ, サクヤ「ゆうべ」の改まった言い方. 昨晩. [E]last night. [한]어젯밤, 간밤.「昨夜はごちそうさまでした/昨夜,大阪に着きました/昨夜来の雨(=昨夜からずっと降っている雨)」関連 今夜, 明夜

さくら【桜】サクラ 春にピンク, 白などの花が一面に咲き, 秋に葉が赤くなって落ちる木. また,その花. 公園や道路にある花が満開のときは,その下で花見をする人も多い. 木は建築材や家具に使われ,実の食べられる種類もある. [E]cherry blossoms; a cherry tree. 한 벚꽃, 벚나무.「日曜日ごろ、桜が満開になるだろう//公園に桜の木を植える//桜の実をさくらんぼという//桜もち(=塩づけした桜の葉で巻いた和菓子)」数 1本、花は1輪

さぐ・る【探る】サグル〔他動五〕(さぐって) ①手足などを動かして、ものをさがす. Ｅfeel about. 한(더듬어) 찾다, 뒤지다.「乗車券が見つからないので、ポケットをあちこちさぐった」②相手に知られないように、そっとようすを調べる. Ｅspy; feel out. 한염탐하다, 탐색하다.「敵のようすをさぐる//さぐるような目つきで見る」③どうなっているか、あれこれ調べる. Ｅprobe; look into. 한알아보다, 조사하다.「事件の原因をさぐる//語源をさぐる」▷名 探り

さけ 〔酒〕サケ 日本酒. また、ウイスキー、ワイン、ビールなど、アルコールをふくんだ飲み物. Ｅsake; liquor; alcoholic drink. 한술.「酒を飲むと気が大きくなる//酒に酔う//酒飲み(=酒が好きで、よく飲む人)//祝い酒」数 1杯・1本
参 他のことばの前につくと、「酒だる」「酒盛り」「酒屋」などのように「さか」と読み方が変わることが多い.

酒に飲まれる 酒を飲みすぎて自分をコントロールできなくなる. Ｅget drunk; be dazed by liquor. 한술에 취해 제정신을 잃다.「楽しみながら飲むのはいいが、酒に飲まれてしまってはいけない」

酒は百薬の長 酒は適当な分量を飲むならば、どんな薬よりいいということ. Ｅ*Sake* is the best of all medicines. 한술은 백약의 으뜸.

さけ サケ 北の海にすむ魚の一種. 川で生まれて海に下り、産卵のため生まれた川にもどる. 体長は1メートルぐらいになる. 焼いたりフライにしたりして食べる. しゃけ. Ｅa salmon. 한연어.「サケをムニエルにして食べる//塩ザケ」数 1匹・1本・1切

さげす・む サゲスム、サゲスム〔他動五〕(さげすんで) 相手が自分よりおとっているものとして見下す. Ｅhold in contempt; look down on. 한깔보다, 업신여기다.「貧しい生活をしている人をさげすむのは大きなまちがいだ」

さけびごえ【叫び声】サケビゴエ 危険を知らせるためや、驚いたときに出す大声. Ｅa scream; a shout. 한외치는 소리 ; 비명.「山道を歩いていたら、蛇が出てきたので、思わず叫び声をあげた//夜中に近くの公園で叫び声がした」

さけ・ぶ【叫ぶ】サケブ〔自他動五〕(さけんで) ①大声を出す. わめく. Ｅshout; cry. 한외치다.「暗がりから『助けて！』と叫ぶ声がした」②自分の考えを世の中に向かって強く主張する. Ｅclamor; advocate. 한부르짖다, 외치다.「戦争反対を叫ぶ」▷名 叫び
三注 ①は自動詞、②は他動詞.

さ・ける【避ける】サケル〔他動一〕①つごうの悪いものごとから離れるようにする. Ｅavoid. 한피하다.「父はラッシュアワーを避けて、早く家を出る//暑さを避ける」
②言わないようにする. やめにする. Ｅtake care not to ~. 한삼가다, 조심하다.「相手を傷つけることばは避ける//失礼な表現を避ける」
▷→よける

さ・げる【下げる・提げる】サゲル〔他動一〕①高い所から低い所に移す. Ｅlower. 한내리다 ; 숙이다.「丁寧に頭を下げておじぎをする//ズボンを下げる」対 上げる
②上で支えられているものを、上から下にたらす. Ｅhang; suspend. 한늘어뜨리다, 드리우다, 내리다.「天井から電灯を下げる//

カーテンを下げる」
③地位，程度，値段などをこれまでより低くする．Ⓔlower; drop; bring down. 㶠낮추다，내리다，떨어뜨리다．「物価を下げるのは，政府の役目だ//テレビのボリュームを下げる」翅上げる
④手ににぎったり，肩にかけたりして，ものを持つ．Ⓔcarry. 㶠들다．「ハンドバッグをさげる」
⑤後ろに移動させる．Ⓔmove back. 㶠(뒤쪽으로) 옮기다，물리다．「教室の机の位置をすこし下げる」
▷自動下がる
注 漢字で書くときは，①②③⑤は「下げる」，④は「提げる」．

さこく　【鎖国】サコク〔～する〕外国とのつきあいや貿易を禁止すること．また，その政策．日本史では，1639年から1854年まで，江戸幕府がオランダと中国と朝鮮以外の国との貿易を禁止したことをさす．Ⓔclose the country; national isolation. 㶠쇄국．「江戸時代，日本は200年間も鎖国していて，世界の進歩から取り残された」翅開国

ささ・える　【支える】ササエル，ササエル〔他動一〕①ものをそえて，倒れないようにする．Ⓔprop up; support. 㶠버티다，떠받치다．「古くて倒れそうな小屋を棒で支える//つえで体を支える」②いまの状態を続けるようにする．Ⓔsupport; provide for. 㶠유지하다，지탱하다．「母が一家の生活を支えている//アルバイトで家計を支える」▷名支え

ささ・げるササゲル〔他動一〕①神仏や尊敬する人にものを差し上げる．Ⓔoffer; consecrate. 㶠바치다；받들어 올리다．「神に祈りをささげる//墓前に花をささげる」②自分が信じている人やものにつくす．Ⓔgive; devote. 㶠(아낌없이) 주다，바치다；헌신하다．「恋人に愛をささげる//貧しい人の医療に一生をささげた」
参 もとは「両手で目の高さに上げて持つ」動作の意味で使ったが，最近は抽象的な意味で使う．

ささやかササヤカ　規模が小さく，控えめなようす．Ⓔin a small way; small. 㶠조출함；자유마함，하찮음．「少数の友人だけを招いて，ささやかに結婚式をあげた//ほんの気持ちだけの，ささやかな品ですが，お受け取りください」
参 人にものをあげたり，人を招いたりするときに，謙遜して使うことがある．相手の行為やものに対して使ってはいけない．

ささや・くササヤク，ササヤク〔他動五〕(ささやいて) 小さな声でそっと話す．Ⓔwhisper. 㶠속삭이다．「耳もとでささやく//恋をささやく2人」名ささやき

ささ・る　【刺さる】ササル〔自動五〕(ささって) 先のとがったものが，他のものに勢いよく入る．Ⓔstick; get stuck. 㶠박히다，꽂히다，찔리다．「魚の骨がのどに刺さって，痛い//鋭いことばが胸に刺さる」他動刺す

さじサジ，サジ　液体や粉などをすくいとる小さな道具．分量をはかるのにも使う．スプーン．Ⓔa spoon. 㶠숟가락．「コーヒーにミルクを入れて，さじでまぜる//砂糖をさじで2杯入れる//大さじ//小さじ//茶さじ」数1本→食器図

さじを投げるこれ以上なにもできないとあきらめてやめてしまう．Ⓔabandon all hope. 㶠(가망이 없어) 포기하다，단념하다．「相手チームに大量の得点を許してしまい，監督はさじを投げた」

さしあ・げる　【差し上げる】サシアゲル，サシアゲル〔他動一〕①手などで持って高く上げる．Ⓔhold up. 㶠쳐들다，들어올리다．「学生たちは卒業証書を高く差し上げて，喜んでいる」②「与える」の謙譲語．Ⓔ(humble)

give. 〖한〗드리다, 바치다.「記念にこの本を差し上げます」対下さる, 頂く ③(「~てさしあげる」の形で)「~てやる」の謙遜した言い方.「ホテルを予約してさしあげましょう(Ｅ) I'll reserve a room in the hotel for you. 〖한〗호텔을 예약해 드리겠습니다.)」
≡注 ③はひらがなで書く.

さしあたり サシアタリ 現在のことだけを問題にするようす. いまのところ. さしあたって. Ｅat present; for the time being. 〖한〗당장은, 당분간, 우선.「家まで建てるお金はないが, さしあたり土地だけ買っておこう」

さしいれ【差し入れ】サシイレ〔~する〕① 刑務所や警察などに拘束されている人に, 食料や日用品をとどけること. また, その品物. Ｅa thing sent in to a prisoner. 〖한〗(수감자에 대한) 차입, 차입물.「警察に留置されている友人に下着の差し入れをする」② ある場所に閉じこもって仕事をしている人に, 食物などをとどけること. また, その品物. Ｅa supply of provisions for a person working. 〖한〗(합숙소 등에) 음식물을 들여 보냄, 그 음식물.「合宿している選手たちにすしの差し入れをする//差し入れの弁当」▷他動 差し入れる

さしおさえ【差し押さえ】サシオサエ 決まった期間中に借金や税金が払えないばあい, 法律の力で, 財産を使ったり売ったりすることを禁止すること. Ｅattachment; seizure. 〖한〗압류.「税金を払わない人の土地の差し押さえをする//国の差し押さえを受ける」他動 差し押さえる

さじかげん【さじ加減】サジカゲン ①薬の調合の程度. Ｅa prescription. 〖한〗(약을 조제할 때의) 분량의 조절(정도).「患者に与える薬のさじかげんをまちがえたらたいへんだ」②うまくものごとを運ぶための特別の手かげん. Ｅdiscretion; allowance. 〖한〗재량, 조절.「税務署の役人のさじかげんひとつで税金が安くなるなどということはない」

ざしき【座敷】ザシキ たたみを敷いた部屋. おもに来客のために使う. Ｅa Japanese-style drawing room; a *tatami*-matted room. 〖한〗다다미방;(특히) 객실.「先生のお宅を訪問したら, 広い座敷に通された//床の間のある座敷」数 1室・1間

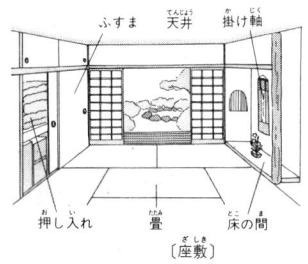
〔座敷〕

さしず【指図】サシズ〔~する〕命令したり指示したりすること. また, その命令や指示. Ｅinstruct; orders. 〖한〗지시; 명령.「引っ越しの荷物を運ぶ順, 置く位置などを指図する//社長の指図を受ける」

さしだしにん【差出人】サシダシニン 手紙やはがきや小包を出すほうの人. Ｅa sender. 〖한〗발신인.「差出人の名前は封筒の裏側に書く//このはがきには差出人の住所が書いてない」対受取人

さしつかえ【差し支え】サシツカエ なにかをするのにつごうの悪い事情. Ｅa previous engagement; (an) objection. 〖한〗지장, 장애.「あすは差しつかえがあって出席できない//差しつかえがなければ, お名前とお年を書いてください」自動 差し支える

さしつかえな・い【差し支えない】サシツカエナイ「~てもいい」「かまわない」のすこし改まった言い方. つごうの悪いことがない. Ｅthere is no harm; it's all right. 〖한〗지장

ない。「1日ぐらいなら、レポートの提出が遅れても差しつかえないようだ//この話はだれに聞かれても差しつかえない」

さしでがまし・い 【差し出がましい】サシデガマシイ, サシデガマシイ　よけいなことをする。Ｅ This is none of my business, but ~; put oneself forward. 韓 주제넘다, 오지랖 넓다.「差し出がましいかもしれませんが、お手伝いしましょうか//家族のことを外から差し出がましくあれこれ言わないでほしい」
話

さしみ 【刺身】サシミ　新鮮な魚などを生のまま、薄く切って、しょうゆ、わさびなどをつけて食べる料理。Ｅ sashimi; slices of raw fish. 韓 생선회.「マグロの刺身が大好きだ//新鮮なイカを刺身にする//刺身包丁」

刺身のつま　①大根やニンジンを細く切って刺身にそえるもの。Ｅ garnishings served with sashimi. 韓 생선회에 곁들이는 무채[해초].「刺身のつまに大根の細切りと海藻をそえる」　②他のものを引きたてるだけで、それ自身には味や値打ちのないもの。Ｅ a tasteless garnish; useless ornament. 韓 있어도 그만 없어도 그만인 장식물.「会議に出ても黙ってすわっているだけなら刺身のつまだ」

さしょう 【査証】サショー　ビザ。Ｅ a visa. 韓 사증, 비자.「大使館の査証が下りる//入国査証」
参 最近は「ビザ」のほうをよく使う。

さ・す 【刺す・指す・差す・挿す】サス〔自他動五〕(さして) ①針など先のとがったものを突き入れる。Ｅ prick; sting; stab. 韓 찌르다, 쏘다.「針で指を刺してしまった//ハチに刺される//短刀で刺し殺す」　②指や棒などで方向や場所を示す。Ｅ point to; call on; indicate. 韓 가리키다.「時計の針が12時をさす//先生にさされて、立ち上がる//さし示す」　③その方向へと向かう。Ｅ head; for. 韓 향하다.「一郎は東をさして旅に出た//めざす(→項目)」　④将棋で、こまを進める。Ｅ play (shogi). 韓 (장기를) 두다.「将棋をさす」　⑤ものの間や中に入れる。Ｅ wear; put ~ in. 韓 차다, 꽂다.「腰に刀を差す//花瓶に花をさす//差しこむ」　⑥傘などを開いて頭の上をおおう。Ｅ put up. 韓 (우산 등을) 쓰다.「傘をさす」　⑦液体を器などにそそぎ入れる。Ｅ pour; put ~ into. 韓 붓다, 따르다, 넣다.「さかずきに酒をさす//目薬をさす」　⑧色や気持ちなどが表面に表れる。Ｅ be tinged with; be tired of. 韓 나타나다, 띠다.「青白かった病人のほおに赤みがさしてくる//いやけがさす(＝いやになる)」　⑨太陽や月の光が当たる。Ｅ shine into. 韓 비치다.「部屋いっぱいに日がさして明るい」
▷自動 刺さる
注 漢字で書くときは、①は「刺す」、②③④は「指す」、⑤は「差す」「挿す」、⑥～⑨は「差す」。また、①～⑦は他動詞、⑧⑨は自動詞。

さすが　サスガ　①予想していたとおりであることを、感心して認めるようす。Ｅ as may be expected; truly. 韓 과연.「原稿なしでマイクの前で話し続けられるとは、さすが(は)プロのアナウンサーだ//名馬の子だけあって、さすが(に)足が速い」②(「さすがの」の形で)特別な事情で、評判どおり、予想どおりにはいかなくなるようす。Ｅ as; though. 韓 그토록 대단한, 평판 높은, 소문이 자자한.「妹がうそをついたとき、さすがのやさしい母も本気で怒った」

さず・ける 【授ける】サズケル〔他動一〕①

目上の人から目下の人にだいじなものを与える。Ⓔgrant; bestow; confer. 㙜하사하다; 수여하다.「王が家来に剣を授ける//卒業証書を授ける」匴受ける ②知識や秘法などを教える。Ⓔteach; instruct. 㙜가르치다; 전수하다.「古典の教養を授ける//茶道の奥義を授ける」匴受ける ▷自動授かる

さす・る サスル〔他動五〕(さすって) 手のひらなどを当てて、表面をすべらせるように軽くこする。Ⓔrub; stroke. 㙜문지르다, 어루만지다.「喘息で苦しむ子供の背をさする」

ざせき 【座席】ザセキ 列車や劇場などにある、すわる場所。Ⓔa seat. 㙜좌석.「新幹線で窓ぎわの座席にすわる//飛行機の座席を予約する//座席指定」

させる (一段動詞、「来る」の「ない」形について) ①他の人になにかをするように言って、言われた人がそのとおりにすることを表す。「試験を受けさせる(Ⓔmake a person take an exam. 㙜시험을 치르게 하다.)//手伝いに来させる」 ②他の人にあることをしていいと言ったり、したいだけすることを許したりする。「来たいなら来させなさい(ⒺLet him come if he wants to. 㙜오고 싶으면 오게 해 주세요.)」 ③ある状態をひきおこすことを表す。「ふろの水をあふれさせる(Ⓔmake water overflow out of a bathtub. 㙜욕조의 물을 넘치게 하다.)」 ④(「〜させていただきます」「〜させてください」の形で) ある動作をすることを相手に許してもらうことを表す。「ちょっと味をみさせてください(ⒺPlease let me just taste it. 㙜맛을 좀 보게 해 주세요.)」
㊷ 五段動詞、「する」動詞には「せる」がつく。

させる 人になにかをやらせる。「弟に留守番をさせた(ⒺI made my brother look after my house while I was away. 㙜남동생에게 집을 보게 했다.)//子供に掃除の手伝いをさせる」
㊷ 「する」動詞の「さ」に「せる」がついたもの.

さぞ サゾ (「さぞ〜だろう」の形で) きっとそうだろうと想像するようす。Ⓔhow; surely. 㙜필시, 틀림없이, 오죽이나.「宇宙から見る地球は、さぞ美しいことだろう//足の骨が折れたときは、さぞ痛かったことでしょう」
㊷ おもに同情や共感の気持ちで使う.

さそ・う 【誘う】サソウ〔他動五〕(さそって) ①一緒に行ったり、したりするようにすすめる。Ⓔinvite; ask. 㙜권유하다, 불러내다.「共同で研究しようと友達を誘う//一郎を海外旅行に誘った」 ②自然にそうなるようにさせる。Ⓔtempt; move. 㙜이끌다, 유혹하다; 자아내다.「春風に誘われて旅に出る//涙を誘う」 ▷匿誘い

さだ・める 【定める】サダメル〔他動一〕 ①規則などをきちんと決める。Ⓔestablish; provide. 㙜정하다, 제정하다.「憲法を定める//国境を定める」 ②揺れ動かないようにする。Ⓔfix; settle. 㙜고정하다, 안정시키다.「ねらいを定める//居を定める」 ▷匿定め 自動定まる

ざだんかい 【座談会】ザダンカイ あるテーマについて、すわったまま自由に話し合う会。Ⓔa discussion meeting; a round-table talk. 㙜좌담회.「雑誌の座談会に出席する//座談会で出た意見をまとめる」

さつ 【札】サツ 紙のお金。Ⓔa bank note; a bill. 㙜지폐.「札を数える//札束//1000円札//お札」 数 1枚

-さつ 【-冊】(数を表すことばについて) 本などの数を表す。「雑誌を1冊買った//本を3

冊注文した(Ⓔ I ordered three books. 趣책을 3권 주문했다.)」

さつえい 【撮影】サツエイ〔～する〕写真や映画などをとること. Ⓔ take a picture; film (a movie). 趣촬영.「映画を撮影する/撮影技師/撮影所/特殊撮影」

ざつおん 【雑音】ザツオン ①いろいろな物音. 不愉快な, 騒がしい音. Ⓔ noise. 趣잡음.「会議の録音をしたが, 雑音がひどくてよく聞き取れない」 ②本来の目的をじゃまするような情報, 忠告, 干渉など. Ⓔ interference; irresponsible criticism. 趣잡음.「周囲の雑音が多いので, 計画がなかなか進まない」▷ 話② →騒音

さっか 【作家】サッカ, サッカ 芸術作品をつくる人. 特に, 小説や随筆, 脚本などの作者. Ⓔ an author; a writer; a novelist. 趣작가.「芥川賞をもらって, 一人前の作家として認められるようになった/明治時代の有名な作家の小説はいま読んでもおもしろい/推理作家/劇作家」

サッカー (soccer)サッカー 11人ずつのチームが, ボールを足でけって相手のゴールに入れて点を取り合う競技. 蹴球. Ⓔ soccer. 趣축구.「ヨーロッパにはサッカーが盛んな国が多い/サッカー選手/サッカーボール」

参「フットボール」ともいうが,「フットボール」は広い意味で使われ,「アメリカン・フットボール」「ラグビー」などもふくむ.

さっかく 【錯覚】サッカク〔～する〕事実とは違ったように, 見たり, 聞いたり, 感じたりすること. 思い違いをすること. Ⓔ an illusion; a hallucination. 趣착각.「あまり静かなので, だれもいないのかと錯覚した/錯覚を起こす」

さっき サッキ いまよりすこし前. さきほど. Ⓔ a little while ago. 趣아까, 조금 전.「田中さんは, さっき帰りましたよ/さっきの話をもういちど聞かせてください」話

さっきょく 【作曲】サッキョク〔～する〕音楽の曲をつくること. 詩や歌に節をつけること. Ⓔ compose (music). 趣작곡.「新しい合唱曲を作曲する/ベートーベン作曲のピアノ曲を演奏する/作曲家」

ざっくばらん ザックバラン 隠しごとをしたり, 形式ばったりしないよう. Ⓔ frankly; outspoken. 趣(탁) 털어 놓음, 숨김없음, 솔직함.「ざっくばらんに話し合ったので, 相手のことがよく理解できた/叔母はざっくばらんな人柄で, 思っていることをなんでも話す」話

さっさと サッサト ほかのことを気にしないで, 急いでするよう.「彼はあいさつもしないで, さっさと帰ってしまった(Ⓔ He left promptly without a single goodbye. 趣그는 인사도 하지 않고 횡허케 돌아가 버렸다.)/さっさと片づけなさい」

ざっし 【雑誌】ザッシ いろいろな記事, 論文, 文学作品, 写真などを載せて, 定期的に発行される出版物. Ⓔ a magazine; a periodical. 趣잡지.「本屋にはたくさんの雑誌が並んでいる/駅の売店で雑誌を買う/科学雑誌/写真雑誌」数 1冊

さつじん 【殺人】サツジン 人を殺すこと. Ⓔ murder; homicide. 趣살인.「現場近くにいた, 血のついたシャツの男を殺人の疑いで取り調べる/戦争は大量殺人だ/殺人事件/殺人罪」

さつじんてき 【殺人的】サツジンテキ 人が殺されるのではないかと思われるほど, ひどいよう. Ⓔ murderous; deadly; horrible. 趣살인적.「朝の地下鉄の混雑は殺人的だ/殺人的な暑さ」

さっ・する 【察する】サッスル, サッスル〔他動する〕人の気持ちや事情を, そうではないかと推しはかる. Ⓔ understand; sympathize with. 한헤아리다, 추측하다, 미루어 알다.「わたしの立場を察してください//友達の胸の内を察する」名察し

ざつぜん【雑然】ザツゼン(「雑然と」の形で)いろいろなものがまじっていて, 整理されていないようす. Ein disorder; messy. 한잡연, 어수선함.「この研究室は本が雑然と積み上げてあって, 目的の本をさがすのがたいへんだ//いろいろなものが置かれて雑然としている部屋」対整然

さっそく【早速】サッソク すばやく行動に移るようす. Eat once; immediately. 한곧, 즉시.「先生が授業ですすめた本を, 放課後さっそく本屋に行って買った//きのうもらったネクタイをさっそくしめて, 会社に行った」

ざつだん【雑談】ザツダン〔~する〕テーマも目的もなしに, 気楽に話し合うこと. Echat; gossip; a small talk. 한잡담.「昼休みに, 会社の仲間と雑談する//友達と雑談をかわす」

ざっと ザット 丁寧にしないようす. だいたいのところ.「ざっと話を聞いたところでは問題ないようだ(EBriefly listening in, it seems there is no problem. 한대강 이야기를 들은 바로는 문제없어 보인다.)//会場にざっと100人はいた」

さっとう【殺到】サットー〔~する〕多くのものや人が, いちどに押し寄せること. Erush to; a rush. 한쇄도.「ロックコンサートに中学生, 高校生が殺到した//電車の入り口に乗客が殺到する//申し込みが殺到する」

さっぱり サッパリ ①〔~する〕余分なものがなく, きれいにととのっているようす. Eneatly. 한말쑥하게, 깔끔하게, 깨끗이.「いらない書類を捨てて, 机の上をさっぱり(と)片づけた//使わないものはきれいさっぱり(と)処分した」

②〔~する〕さわやかな気分になるようす. Efeel refreshed; feel relieved. 한후련하게, 상쾌하게, 시원하게.「シャワーで汗を流したらさっぱりした//前から言いたかったことを言ったらさっぱりした」

③〔~する〕味や性格などがしつこくないようす. Eplain and simple; frank. 한산뜻하게, 담박하게.「酢が入っていて, さっぱりした味だ//さっぱりした性格の人」

④(「さっぱり~ない」の形で)まったく~ない. なにも~ない.「新製品はさっぱり売れない(EThe new product isn't selling at all. 한신제품은 통 팔리지 않는다.)//むずかしすぎてさっぱりわからない」

⑤(「さっぱりだ」の形で)まったくだめなようす.「不景気で商売のほうはさっぱりだ(EBusiness is no good because of recession. 한불경기로 장사가 아주 말이 아니다.)

さつまいも サツマイモ 野菜の一種. 地上につるがのび, 地下に太くて甘い根ができ, その部分を料理して食べる. アルコールの原料にもなる. カンショ. Ea sweet potato. 한고구마.「落ち葉を集めてサツマイモを焼く//畑でサツマイモを掘る」→芋図

さて サテ ①(文と文をつないで)いままでの話につないで, それとは話を変えるときに使うことば. Ewell; by the way. 한그런데, 그건 그렇고 ; 각설하고.「きょうは星について話します. さて, みなさん, 星はどうして光るのでしょう」②なにかを始めるときや, どうしようか迷ったときに言うことば. Ewell; now. 한자, 이제.「さて, 掃除でもするか//たくさんのごちそうですね. さて, なにからいただきましょうか」▷話②

さては サテワ ①(語と語をつないで)前にあげたものに, さらにつけ加えるときに使うことば. そのうえに. Eon top of; besides. 한그리고, 또, 게다가.「テレビ, 冷蔵庫, 電

子レンジ、さては皿洗い機までそろった台所」②(副詞的に)それではきっと。ⒺThen; so. 한그렇다면(틀림없이), 그러고 보니. 「2階で物音がする。さては泥棒か//それはおかしい。さては、きみ、うそをついたな」▷話②

さと【里】サト ①山の間などで、家が集まっている所。Ⓔa village; the country. 한마을.「山の奥に暮らしていると、里が恋しくなる//里に雪が降る//村里」②人やものの生まれた所。Ⓔone's birthplace; one's hometown. 한고향, 고장.「織物の里を訪ねる//里心(=故郷をなつかしく思う心)」③他の家の一員となっている人が、もともと生まれ育った家。実家。Ⓔone's parents' home. 한본가, 친정.「里の両親//里帰り(=結婚した女性や他人の家で働いている人が、しばらく親の家へ帰ること)」

さとう【砂糖】サトー サトウキビや砂糖大根からつくる、甘い味のする調味料。Ⓔsugar. 한설탕.「砂糖としょうゆで魚を煮る//コーヒーに砂糖を入れる//角砂糖」

さどう【茶道】サドー 決まった道具を使い、決まった順序や方法にしたがって、茶をたてること。また、その作法。茶の湯。お茶。ちゃどう。Ⓔthe tea ceremony. 한다도.「スミスは、茶道を習うと日本の心がわかると言う//茶道の家元(Ⓔthe head of a school of tea ceremony. 한다도의 종가.)」
参 室町時代に始まり、千利休が形をととのえ、精神を高める道として大成した。

さと・る【悟る】サトル、サトル〔他動五〕(さとって)①仏教で、心の迷いを去って、真理を自分のものにする。Ⓔbe spiritually enlightened; attain Buddhahood. 한득도하다.「悟って生死をこえた心境になる」②隠れていた事情やわからなかったことをはっきり理解する。Ⓔrealize; understand. 한깨닫다, (분명히) 이해하다.「過ちを悟

る」③感づく。気づく。Ⓔnotice; sense. 한눈치채다, 알아채다.「親に悟られないように家を抜けだす」▷名悟り

さば サバ 海にすむ魚の一種。日本の沿岸で大量にとれるため、煮たり、焼いたり、生のまま酢につけたりして、よく食べる。Ⓔmackerel. 한고등어.「サバをみそで煮る//しめサバ(=新鮮なサバの骨を取り、塩をかけ、酢につけておいたもの)//サバずし」数1匹

さば〔鯖〕を読む ものを数えたりするときに、自分のつごうのいいように数をごまかす。Ⓔcheat in counting. 한이득을 취하려고 수량을 속이다.「本当は45歳だが、さばを読んで40歳と言った」

さばく【砂漠】サバク 雨の少ない、砂や岩ばかりの広い地域。水が少ないので、植物があまり育たず、人もほとんど住まない。Ⓔa desert. 한사막.「砂漠に木を植えて緑化する//砂漠を車で走るレースに出場する//サハラ砂漠//ゴビ砂漠」

さば・く【裁く】サバク〔他動五〕(さばいて)①争いなどで、第三者が、どちらが正しいかを決める。Ⓔsettle. 한중재하다.「2人のけんかを裁く」②法律によって、どちらが正しいかを決める。Ⓔjudge. 한재판하다.「むずかしい事件を裁く」▷名裁き

さば・く サバク〔他動五〕(さばいて)①困難な問題を上手に処理する。Ⓔmanage; deal with. 한잘 처리하다.「ホームにいっぱいになって混乱している乗客を、駅員がうまくさばく」②手でものごとを上手に扱う。Ⓔhandle; manipulate. 한잘 다루다.「手綱をさばく」③商品を全部売ってしまう。Ⓔsell (all). 한(상품을) 팔아치우다, 처분하다.「家族や友人に買ってもらって、音楽会の入場券をやっとさばいた」▷自動さばける

さび【寂】サビ ①古くて、しっとりと落ちつ

いたようす.静かで,葉を落とした木のように飾りのない,奥の深い味わい.Eelegant and quiet simplicity.한예스럽고 아취가 있음.「茶室は,もともと装飾が少なく,さびの精神を生かしたものだ」②渋い深みのあるようす.Epowerful and low; profound.한나직하고 구성짐.「さびのある声で詩を読む//さびのきいたことば」

さび サビ 金属の表面が,空気や水分にふれて酸化し,茶,黒,緑色などに変わったもの.Erust.한녹.「長い間使っていない包丁を出してみたら,ひどいさびが出ていた//緑色のさびのついた古い銅貨」 自動 さびる

さびし・い 【寂しい】サビシイ ①仲間や相手がいなくて心が満たされない.さみしい.Elonely.한쓸쓸하다,고독하다.「友達がいなくてさびしい//1人でさびしく暮らしている」②声も音もせず人がいないような感じで心細い.さみしい.Edeserted.한적막하다,호젓하다.「人も車も通らないさびしい夜道を歩いた//この海岸は夏はにぎやかだが,秋になるとさびしくなる」対にぎやか ③あるといいと思うものがじゅうぶんになくて,心が満たされない.さみしい.Ebe lacking.한허전하다.「懐がさびしい(→懐 慣用)/タバコをやめると,口がさびしい」

さびつ・く サビツク,サビツク〔自動五〕(さびついて) ①長い間使わなかったため,さびがひどくついていて働きが悪くなる.Ebe rusted shut; get rusty.한녹슬다.「空き家の入り口のかぎがさびついて開かない//さびついたナイフ」②才能や技術を長く使わないでいて,質が悪くなる.Elose (its) polish.한(기능이) 녹슬다.「歌手をやめて10年たつので,のどがさびついてうまく歌えない」

ざぶとん 【座布団】ザブトン すわるときに下に敷く,小さいふとん.Ea (Japanese floor) cushion.한방석.「客に座ぶとんをすすめる//座ぶとんを敷いて,すわる」 数1枚 →布団図

さべつ 【差別】サベツ〔~する〕ある相手に対して,他の人より悪い扱い方をすること.Ediscriminate.한차별.「祖母は,きょうだいの中でも特に兄をかわいがり,わたしや妹を差別する/残念なことに,女性を差別する職場がまだ残っている/差別待遇(Ediscriminative treatment.한차별 대우.)」
参「区別」とも似ているが,「区別」が大きさ,形,性質などなにかの基準によってものごとを分けるのに対して,「差別」はあまり根拠のない先入観や偏見によって扱いなどを分けることをいう.

さほう 【作法】サホー あいさつしたり,食べたり,立ったりすわったりするときの,むかしから伝えられているやり方.Emanners; rules of etiquette.한예의 범절.「日常生活の中で食事の作法を身につける//作法にかなう//行儀作法」

サボ・る サボル〔他動五〕(さぼって) しなければいけないことをしないで休む.怠ける.Eskip (a class); play hooky; loaf on.한빼먹다;농땡이치다.「授業をサボって映画を見に行く//仕事をサボる」 話
参 フランス語の「サボタージュ(sabotage)」を略した「サボ」に「る」がついてできたことば.

さま 【様】サマ,サマ ①ようす.形.格好.E(an) appearance; a look.한모양,모습,형상.「トムが川を泳ぐさまはまるで魚のようだ//さま変わり(Ea change in appearance.한모양이 바뀜.)」
②まとまった形.様式.Estyle; (good) form.한(제대로 틀이 잡힌) 모양.「ダンスを習いはじめて1年,ようやくさまになってきた」
③(人の名前や職業などを表すことばの後に

ついて)敬意を表す.「神さま//おばあさま//田中さま(ⒺMr. / Ms. Tanaka. 🇰🇷다나카 씨.)//どちらさま」

④(「お[ご]~さま」の形で)相手の状態や、してくれたことを丁寧に表し、ねぎらいや感謝の気持ちなどを表す.「ご苦労さま(→項目)//お気の毒さま//お世話さま(ⒺThank you for your help. 🇰🇷도와 주셔서 감사합니다.)」

▷→一般

ざま ザマ 見苦しいようすや悪い格好を軽蔑していう言い方. Ⓔa mess; a plight. 🇰🇷꼬락서니.「なんというざまだ//ざまをみろ(ⒺServes you right! 🇰🇷꼴 좋다.)」話

さまざま サマザマ, サマザマ それぞれ違っていて、いくつもの種類があるようす. Ⓔvarious; many kinds of. 🇰🇷여러 가지, 가지각색.「人間の生き方はさまざまだ//世の中にはさまざまな職業がある」

参「いろいろ」も似ているが、「いろいろ」が、同じ質のものが何種類もあるばあいと、異なる質のものがまじっているばあいの両方に使うのに対して、「さまざま」は、1つ1つが異なっているという感じが強い.

さまた・げる 【妨げる】サマタゲル〔他動一〕 なにかをすることのじゃまをする. Ⓔdisturb; obstruct. 🇰🇷방해하다, 지장을 주다.「近所の人々の眠りをさまたげないように、ステレオの音を小さくする//通行をさまたげる路上駐車」名妨げ

さまよ・う サマヨウ〔自動五〕(さまよって)①目的もなく、また、道がわからずに歩きまわる. Ⓔwander; roam. 🇰🇷헤매다, 떠돌다, 방황하다.「あてどもなく山野をさまよい歩く//道に迷い、1日じゅう山の中をさまよった」②同じ所にとどまらずに行ったり来たりする. Ⓔhover; linger. 🇰🇷헤매다, 오락가락하다.「3日間生死の境をさまよっていた」

さむ・い 【寒い】サムイ 火がほしいと思うぐらい、気温が低いと感じる. Ⓔcold; chilly. 🇰🇷춥다.「きのうは雪が降って、とても寒かった//セーターを2枚着ても、まだ寒くてたまらない」対暖かい、暑い

さむけ 【寒気】サムケ 熱があるときや、気分の悪いとき、また、恐ろしいときに感じる、いやな寒さ. Ⓔa chill. 🇰🇷한기, 오한.「朝からかぜぎみで寒気がする//血を見ると、寒気を感じる」

注「かんき」とも読むが、そのときは「寒気が厳しい」「寒気がゆるむ」「寒気団が近づく」などのように使い、冬の寒さのことで、改まった言い方.

さむらい 【侍】サムライ ①むかし、剣や弓矢を使って戦うために、主君につかえた人. また、その階級. Ⓔa *samurai*; a warrior. 🇰🇷무사.「侍はいつも大小の刀を腰につけていた」

②度胸があり、行動力や指導力のある人. Ⓔa man of courage. 🇰🇷기골찬 사람, 호걸.「1人で社長の所へ抗議に行くとは、たいした侍だ」

参①は「武士」と同じ人のことをいうが、「武士」のほうが、かたくて、改まった言い方.

さ・める 【冷める】サメル〔自動一〕①ものの温度が低くなる. Ⓔcool; get cold. 🇰🇷식다.「冷めたスープを温め直す//お茶が冷める」対暖まる・温まる ②感情や興味などが衰える. Ⓔcool down. 🇰🇷식다；가라앉다.「学問に対する情熱が冷める//ほとぼりが冷めるまで待つ」▷他動冷ます

さ・める 【覚める】サメル〔自動一〕①眠りや夢から現実にもどって、心がはっきり働くようになる. Ⓔwake up; come out of. 🇰🇷깨다；제정신이 들다.「となりの部屋の話し声がうるさくて目が覚めた//麻酔から覚める」

さ**も** 対眠る ②冷静で落ちついている．ⓔbe cool. ㉠냉정하다.「妹は若いのに覚めていて、ものごとに熱中することがない//一郎は覚めた目で世の中を見ている」③酒の酔いがなくなる．ⓔbecome sober. ㉠(술이) 깨다.「1時間ぐらい休んだら酔いがさめた」▷ 他動覚ます

≡注③はひらがなで書く．

さも サモ (「さも〜そうだ」の形で) ほかの人が見て、確かにそうだと思えるような態度や動作をするよう．ⓔevidently; as if. ㉠참으로, 자못．「犬のシロに散歩に行こうと言ったら、さもうれしそうにしっぽを振った」

さゆう 【左右】サユー ①左と右．ⓔright and left. ㉠좌우.「道路を渡るときは、左右をよく見て、安全を確かめる//言を左右にする(ⓔuse equivocal language. ㉠말을 이랬다저랬다 하다.)//左右対称(ⓔsymmetry. ㉠좌우 대칭.)」②{〜する}ものごとを思うように、自由に動かすこと．ⓔcontrol; influence. ㉠좌우함, 좌지우지함.「戦争がマリーの運命を左右した//野菜の生育は天候に左右される」

ざゆうのめい 【座右の銘】いつも心にとめておき、自分のいましめとすることば．ⓔone's motto. ㉠좌우명.「『歳月人を待たず』を座右の銘として、いまの時間をたいせつにするようにしている」

さよう 【作用】サヨー〔〜する〕①1つのまとまった働き．ⓔ(an) action. ㉠작용.「胃や腸では消化の作用をする//薬の作用を検査する//排泄作用(ⓔthe excretory process. ㉠배설 작용.)」②ほかのものに影響を与える働き．ⓔan effect. ㉠작용.「鉄は酸の作用を受けるとさびる//副作用(→項目)」

さようなら サヨーナラ、サヨーナラ〔〜する〕別れるときに言うあいさつのことば．さよなら．ⓔGoodbye. ㉠안녕히 가십시오〔계십시오〕.「それではみなさん、さようなら」話

さら 【皿】サラ 食べ物を入れる、浅くて平たい器．陶磁器が多いが、木やガラスや金属のものもある．ⓔa dish; a plate. ㉠접시.「料理を皿に盛る//皿を洗う//刺身皿」数1枚 →食器図

さらいねん 【再来年】サライネン 今年のつぎのつぎの年．明後年．ⓔthe year after next. ㉠내후년．「娘が再来年、小学校に入学する」

さら・う サラウ〔他動五〕(さらって) ①油断しているあいだに、うばって逃げる．ⓔsnatch; sweep away. ㉠채다, 날치기하다.「切符を買っているすきに、となりにいた男がカメラをさらって逃げた//波に帽子をさらわれた」②全部をうばい去る．ⓔcarry off; monopolize. ㉠휩쓸다, 독차지하다.「映画監督のA氏は4つの賞を1人でさらった//若者の人気をさらう歌手」③底にまったものを取り除いてきれいにする．ⓔscrape; clean out. ㉠쳐내다, 준설하다; 긁어내다.「残った料理をさらって食べる//溝をさらって大掃除をする」

さらさら サラサラ、サラサラ ①軽く流れるように進むよう．「指の間からさらさら(と)砂がこぼれる(ⓔGrains of dry sand are quickly falling through my fingers. ㉠손가락 사이로 솔솔 모래가 빠져 나간다.)」②乾いたものがふれ合って音を立てるよう．「風が吹いてささの葉がさらさら(と)音を立てる(ⓔThe bamboo leaves are rustling in the wind. ㉠바람이 불어서 조릿댓잎이 사각사각 소리를 낸다.)」〔〜する〕しめりけやねばりけがなく、さっぱりしているよう．「京子の髪はさらさらしていて、くしが通りやすい(ⓔKyoko's hair is silky and easy to comb. 한교코의 머리카락은 보송보송해서 빗질이 잘 된다.)」

ざらざら ザラザラ, ザラザラ［～する］①表面がなめらかでなく, さわると手にひっかかるようす. 「靴の中に砂が入って, ざらざらして気持ちが悪い(ESome sand got in my shoe and it feels rough and uncomfortable. 한신발 속에 모래가 들어가 까슬까슬해서 기분이 나쁘다.)//長く掃除をしていないので, 部屋がほこりでざらざらだ」対 すべすべ, つるつる

さら・す サラス〔他動五〕(さらして) ①日光や風雨の当たるままにしておく. E expose. 한(비바람을) 맞히다, (햇볕에) 쬐다.「たたみを日にさらす//風雨にさらされて, こわれかけた小屋」②水で洗ったり薬品を使ったりして, 白くしたり, あくを抜いたりする. E soak; bleach. 한바래다, 표백하다.「薄く切ったタマネギを水にさらす//川で布をさらす」③人々の目にふれるようにする. E expose; lay bare. 한(남들의) 눈에 띄게 하다; 드러내다.「みんなの前で恥をさらす」④危険な状態に身を置く. E expose oneself to (danger). 한(위험에) 몸을 내맡기다.「吹雪に身をさらしながら冬山を下った//危険にさらされる」

サラダ (salad) サラダ 生の野菜を主に, ハム, ゆで卵などをそえ, ドレッシングなどをかけて食べる料理. E (a) salad. 한샐러드.「朝食はいつもパンとサラダとミルクに決めている//サラダボウル//野菜サラダ」

さらに サラニ ①程度がいままで以上に高くなるようす. もっと. E furthermore; moreover. 한더욱더.「初級もたいへんだったが, 中級になってさらに準備がたいへんになった」②すでに存在していたことに, 別なことが加わるようす. E furthermore; still more. 한그 위에, 게다가.「雨が降り, さらに風まで吹きはじめた」③(「さらに～ない」の形で) 全然～ない. E far from; not at all. 한조금도, 전혀.「事情はよくわかるので, あなたを非難する気持ちはさらにない」▷書③

サラリーマン サラリーマン 会社や役所などに勤めて, 給料をもらって生活している男性. 月給取り. E a salaried worker; an office worker. 한샐러리맨, 봉급 생활자.「兄は大学を出て, 銀行に勤めるサラリーマンになった//サラリーマンをやめて自分で商売をしたい」

参 英語の「サラリー(salary)」と「マン(man)」から日本でできたことば. また, 会社や役所などに勤めている女性のことは「オフィスレディー(office lady)」「OL」などという.

さらりと サラリト, サラリト［～する］①ふれた感じが, 軽くなめらかで, 湿気やねばりけがないようす. さらっと.「夏服にちょうどいい, さらりとした布地(Ea light, smooth cloth perfect for summer wear. 한여름옷으로 알맞은 살짝하고 매끈한 천.)//さらりとした髪」②ものごとに全然こだわらないようす. さらっと.「いやなことはさらりと忘れる(E completely forget something unpleasant. 한언짢은 일은 깨끗이 잊다.)//言いにくいことをさらりと言う」

さりげな・い サリゲナイ 態度やすることがふつうで, 特別にそうしているふうではない. E casual; nonchalant. 한아무렇지도 않은 듯하다.「困っているときの他人のさりげない親切はたいへんありがたい//さりげなく注意する」

さる 【猿】サル 知能が高く, 群れをつくって山の中にすむ動物. 手足が長く, よく木に登る. E a monkey. 한원숭이.「山道を歩いていたら, 猿の親子に出会った//猿知恵(E shallow cunning. 한얕은 꾀, 잔꾀.)// 手長猿 수1匹

猿も木から落ちる どんなに得意でよくできる人でも、ときには失敗することがある. E Even Homer sometimes nods. 한원숭이도 나무에서 떨어진다. 似た表現 弘法(にも)筆の誤り)

さる 【去る】サル 過ぎ去った. E last; of this month. 한지난, 지나간.「友人の結婚式はさる3日、盛大に行われた」対来る

さ・る 【去る】サル〔自動五〕(さって) ①ある場所から離れて別の所へ行く. E leave; depart from. 한떠나다.「故郷を去って10年になる//この世を去る」
②ある時期が過ぎていく. E pass; be over. 한(때가)지나가다.「青春時代はすでに去った//夏が去る」対来る
③これまでの状態が消えてなくなる. E be gone; disappear. 한없어지다, 사라지다.「台風の危険が去った//痛みが去る」
④ある場所から離れへだたっている. E be away from. 한(공간적으로)떨어져 있다.「東京を去ること100キロの町」
⑤(動詞の「ます」形について)完全に~する.「忘れ去る(E put out of mind. 한완전히 잊어버리다.)//いやな思い出を消し去る」

去る者は追わず 去っていく人は無理に引きとめず、その人の意思にまかせる. E If they want to go, let them go. 한떠나는 사람은 굳이 붙잡지 않는다, 거자막추.

去る者は日日に疎し 死んだ人は月日がたつにつれて、しだいに忘れられてしまう.また、親しかった人も離れてしまうと、だんだん親しみが薄くなってしまう. E Out of sight, out of mind. 한떠난 사람은 세월이 감에 따라 잊혀지기 마련이다.

ざる ザル ①竹や針金を編んだり、金属やプラスチックに穴を開けたりしてつくった入れ物. 野菜などを洗ったり、水分を取ったりするのに使う. E a basket; a colander. 한소쿠리.「ざるで野菜の水を切る//目の粗いざる//ざるそば」 ②①は水がもれることから、いいかげんで抜け穴が多いこと. E have many loopholes. 한엉성함, 허점이 많음.「何回聞いても忘れるとは、きみの耳はざるだね//ざる法(=抜け道が多く、つくられた精神が守られていない法律)」 ▷話② →かご 図

さるまね 【猿まね】サルマネ〔~する〕よく考えないで表面だけほかの人のまねをすること. E an awkward imitation; a copycat. 한허튼 흉내.「服も身ぶりも歌手のリンダにそっくりだが、歌が下手だから、ただの猿まねだ」

さわがし・い 【騒がしい】サワガシイ ①声や音が聞こえて、やかましい. E noisy; boisterous. 한소란스럽다.「となりの教室が騒がしくて、先生の声がよく聞こえない//子供がおおぜいいて騒がしい」②事件や問題などが起こったりして、穏やかでない. E turbulent; troubled. 한뒤숭숭하다.「最近、殺人事件や誘拐事件が多くて、世間が騒がしい//発電所の建設反対運動も起こり、騒がしくなってきた」

さわ・ぐ 【騒ぐ】サワグ〔自動五〕(さわいで) ①やかましい声や音を立てる. E make a noise; make merry. 한떠들다.「広場で少年たちがサッカーをして騒いでいる//酒を飲んで騒ぐ」②あわてて落ちつきがなくなる. E be excited; feel alarmed. 한허둥대다, 동요하다.「火事や地震のときは、騒がないで冷静に行動しなさい//胸が騒ぐ(→胸 慣用)」③おおぜいの人が不平や不満を言いだして、穏やかな状態でなくなる. E make a racket; clamor. 한소동을 피우다.「1時間も電車が来ないのはなぜかと、乗客が駅長をかこんで騒ぎはじめた」 ▷名騒ぎ

ざわざわ ザワザワ〔~する〕①水や木の葉

などがいっせいに揺れ動く音を表す. また, そういう音を立てるようす.「森の木々が, 風でざわざわ(と)音を立てる(EThe forest trees rustle in the breeze. 한숲의 나무들이 바람에 와삭거린다.)」②おおぜいの人の声や物音がまじり合って, 落ちつきのない感じに聞こえるようす.「あした試験をすると言うと, 学生たちは急にざわざわしはじめた(EWhen I announced a test tomorrow, all the students began to fidget. 한내일 시험을 치른다고 말하자 학생들은 갑자기 웅성거리기 시작했다.)」

さわやか サワヤカ 心や体が清められたようで, 気持ちがいいようす. Erefreshed; delightful. 한상쾌함.「山のきれいな空気を吸うと, 気分もさわやかになる//息子のさわやかな笑顔に, 母親は元気づけられた」

さわ·る 【触る·障る】サワル〔自動五〕(さわって) ①手などでなにかに軽くふれる. Etouch; feel. 한손을 대다, 만지다.「猫の毛にさわると, やわらかくて気持ちがいい//店のトマトにはさわらないでください」②ぐあいの悪い状態になる. Ebe bad for; offend. 한해롭다, 방해가 되다.「タバコの吸いすぎは体にさわる//神経にさわる(→神経慣用)//気にさわる」▷名触り·障り →触れる

注 漢字で書くときは, ①は「触る」, ②は「障る」.

触らぬ神にたたりなし 関係しなければ悪い影響も受けずにすむから, よけいなことはしないほうがいい. ELet sleeping dogs lie. 한건드리지 않으면 동티나지 않는다, 긁어 부스럼을 만들지 마라.

さん 【三】サン ①2に1を加えた数. 3, 3つ. Ethree. 한삼, 셋.「5引く2は3だ//三権分立」②順番が2のつぎ. 3番目. 第3. Ethe third. 한셋째.「日本語のスピーチコンテストでマークは4位だった//第3

次産業」

さん 【酸】サン ①酸っぱいもの. 酸っぱい味. Esour; acid. 한산, 신 것, 신 맛.「酸味が強い//酸性」②「酸素」を略した言い方. Eoxygen. 한산소.「酸化(→項目)//酸欠(Ean oxygen shortage. 한산소 결핍.)」③水にとけて水素イオンを出すもの. リトマス紙を赤くする. E(an) acid. 한산.「酸に弱い金属//硫酸(Esulfuric acid. 한황산.)」対アルカリ

-さん 【山】(地名などについて) 山の名前を表す.「白根山//富士山(EMt. Fuji. 한후지산.)」

-さん 【産】(地名について) その土地で生産されたもの.「青森産のリンゴ(Ean apple grown in Aomori. 한아오모리산 사과.)//メキシコ産の石油(Epetroleum produced in Mexico. 한멕시코산 석유.)//アフリカ産の金」

-さん ①(人の名前や職業などを表すことばについて) 軽い敬意を表す.「この方は田中さんです(EThis is Mr. / Ms. Tanaka. 한이 분은 다나카 씨입니다.)//京子さん/肉屋さん」②(「お(ご)~さん」の形で) 相手の状態や, してくれたことを丁寧に表し, ねぎらいや感謝の気持ちなどを表す.「ご苦労さん(EThank you for your trouble. 한수고하셨습니다.)//お疲れさん」▷→氏

参 人の名前などにつけていう一般的な言い方.

さんか 【参加】サンカ〔~する〕会やグループなどのメンバーになること. また, なにかを一緒にする 仲間になること. Eparticipate in; take part in; join. 한참가.「『源氏物語』の研究グループに参加する//テニスの練習に参加する//参加者」

さんか 【酸化】サンカ〔~する〕物質が酸素と化合すること. ものが燃えるときや, 金属が

さびるときなどに起こる．Ⓔoxidize. 한산화．「鉄は空気にふれると，表面が酸化しやすい//酸化カルシウム(Ⓔa calcium oxide. 한산화칼슘.)」対還元

さんかく 【三角】サンカク 3つの角を持つ形．Ⓔa triangle. 한삼각．「紙を三角に折る//三角貿易/三角関係(Ⓔa love triangle. 한삼각 관계.)」

さんかくけい 【三角形】サンカクケイ，サンカクケイ 平面上で3本の直線と3つの角でできる形．さんかっけい．Ⓔa triangle. 한삼각형．「三角形の面積を計算する」

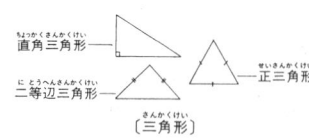

〔三角形〕
直角三角形
二等辺三角形
正三角形

さんがつ 【三月】サンガツ 1年の3番目の月．3月．Ⓔ March. 한3월．「3月になると，雪がとけはじめる//卒業式は3月15日だった」

さんぎいん 【参議院】サンギイン 日本の国会の2つの院のうちの1つ．もう一方の衆議院のいきすぎや誤りを正す機関．解散はなく，議員の任期は6年で，半数ずつ3年ごとに選挙する．参院．Ⓔthe House of Councilors. 한참의원．「参議院で可決された議案を参議院へまわす//参議院議員」対衆議院

さんぎょう 【産業】サンギョー 人間の生活に必要なものをつくりだすための仕事．Ⓔindustry. 한산업．「第1次産業(=動物や植物を育て，ふやす産業)/第2次産業(=ものの製造や加工に関する産業)/第3次産業(=商業, 通信業, 運送業, サービス業など)//産業機械/産業資本」

さんぎょうかくめい 【産業革命】サンギョーカクメイ 商品の生産が，手工業から近代的な機械工業へ大きく変化したこと．Ⓔ the Industrial Revolution. 한산업 혁명．「産業革命によって，製品を安く，大量に生産することができるようになった」

さんぎょうはいきぶつ 【産業廃棄物】サンギョーハイキブツ 工場でものをつくる過程などで出る不用品，ごみ．化学産業や原子力産業のばあい，自然や人間生活に有害なものがあり，処理の方法が問題となる．Ⓔindustrial waste. 한산업 폐기물．「産業廃棄物の処理に企業も政府も困っている//産業廃棄物の再利用を考える」

さんこう 【参考】サンコー 文を書いたり，考えをまとめたり，学習したりするときに，ほかの本や意見の助けを借りること．また，そのための材料．Ⓔreference; consultation. 한참고．「この資料を参考に, 論文をまとめる//京子の意見はとても参考になる//参考文献」

ざんこく 【残酷】ザンコク 人や動物に苦しみを与えて平気でいるようす．Ⓔcruel; brutal. 한잔혹, 참혹．「侵略軍は残酷にも, 逃げ惑う市民や子供に発砲し, 数百人も殺した//残酷な仕打ち(Ⓔcruel treatment. 한잔혹한 처사.)」

さんざん 【散散】サンザン, サンザン ①いやになるほどなにかをするようす．Ⓔso much; severely. 한실컷, 질리도록．「人に迷惑をかけてはいけないと, さんざん言い聞かせたら, もういたずらはしないだろう」②程度などが非常にひどいようす．Ⓔhave a hard time of it. 한끔찍함, 호됨．「今度のスキーでは, リフトから落ちたり木にぶつかったり, さんざんな目にあった」

さんさんごご 【三三五五】サンサンゴゴ 同じようなことをする人が, 数人ずつグループをつくって, あちこちに散らばっているようす. Ⓔby twos and threes. 한삼삼오오.

「桜の木の下に人々が三々五々集まってくる//校庭では学生が、三々五々、記念撮影をしている」

ざんしょ 【残暑】ザンショ 暦の立秋を過ぎても続く暑さ．Ⓔlate summer heat. 한잔서, 늦더위．「残暑お見舞い申し上げます//今年は残暑が厳しい」

参「立秋」は8月8日ごろで、その年によってすこし変わる．むかしの中国の暦では、1年を24に分けて、気候の移り変わりを知るようにした．これを二十四節気と呼び、「立春（2月4日ごろ）」「春分（3月21日ごろ）」「夏至（6月21日ごろ）」「立秋」「秋分（9月23日ごろ）」「冬至（12月22日ごろ）」などがある．

さんしょう 【参照】サンショー〔～する〕もっとくわしく知るために、ほかのものと比べ合わせ、参考にすること．Ⓔrefer to. 한참조．「年表を参照しながら、歴史小説を読む」

さんせい 【賛成】サンセイ〔～する〕他の意見や考えを認めて、同意すること．Ⓔapproval; support; agree. 한찬성．「議員の過半数の賛成がえられず、法案は流れた//改正案に賛成する」対反対

さんせいう 【酸性雨】サンセイウ 大気汚染が原因となり、大気中の硫黄酸化物や窒素酸化物がとけて降る、強い酸性の雨．人の体や植物などに害を与える．Ⓔacid rain. 한산성비．「酸性雨のため、畑の作物が枯れる//酸性雨の被害がひろがる」

さんせいけん 【参政権】サンセイケン 国民が自分の国の政治に参加する権利．選挙権や被選挙権など．Ⓔthe right to vote; suffrage. 한참정권．「19世紀末から、アメリカの女性たちは参政権を要求して闘いはじめた//参政権を行使する//婦人参政権」

さんそ 【酸素】サンソ 気体の一種．色もに

おいもない．空気中の約5分の1を占め、生物の呼吸やものを燃やすのに必要なもの．Ⓔoxygen. 한산소．「人間は空気中の酸素を吸って、炭酸ガスを出す//酸素吸入（Ⓔoxygen inhalation. 한산소 흡입．)」

さんち 【産地】サンチ 野菜やくだものなどがつくられた土地．また、動物などの生まれた土地．Ⓔa producing district. 한산지．「産地から直接、新鮮な野菜を買う//静岡県はお茶の産地として有名だ//産地直送//産地直売」

サンドイッチ (sandwich) サンドイッチ ①パンの間に、ハム、チーズ、野菜などをはさんで食べやすい大きさに切った食べ物．サンドウイッチ．Ⓔa sandwich. 한샌드위치．「昼食は卵のサンドイッチとコーヒーだ」②2つのものの間に他のものをはさむこと．はさまれること．Ⓔbe in a fix. 한샌드위치．「部長と部下の間でサンドイッチになって、課長は悩んでいる」

さんにんしょう 【三人称】サンニンショー 話をしているときの自分と相手以外の人、もの、ことをさすことば．「彼」「彼女」「これ」など．Ⓔthe third person. 한삼인칭．「三人称を主体とした文章を書く」

ざんねん 【残念】ザンネン 期待したようにならなくて、ものたりない気持ちや悔しい気持ちが後まで残るようす．Ⓔbe sorry; regret. 한유감스러움；분함, 아쉬움．「せっかくの旅行が雨になって残念だ//残念ながら、これでお別れです」

さんび 【賛美】サンビ〔～する〕神などのように絶対的に尊いものや、美しいもの、また、すばらしいものごとをほめたたえること．Ⓔpraise; glorify. 한찬미, 찬송．「線路に落ちた客を、危険をおかして助けた駅員の行為を賛美する//賛美歌（Ⓔa hymn. 한찬송가, 찬미가．)」

さんぶつ 【産物】サンブツ ①ある土地でとれたり、つくられたりするものの。Ea product. 한산물.「旅行に行ったら、その土地の産物をみやげに買うことにしている//海産物/農産物(→項目)」②あることの結果として生まれたものごと。Ea fruit; a result. 한산물.「道子の成功は努力の産物だ//時代の産物(＝その時代の社会情勢を背景にして生まれたもの、現象)/副産物(→項目)」

サンプル (sample)サンプル 商品などの見本。また、調べるために取りだした一部分。Ea sample. 한샘플、표본、상품 견본.「サンプルを見て注文する//税関が積み荷の中から２，３のサンプルを取りだして調べる//サンプル調査」

さんぽ 【散歩】サンポ〔～する〕はっきりした目的を持たずに、気分を変えるためや健康のために、ぶらぶら歩くこと。Ea walk; a stroll. 한산책.「日曜日の朝、多摩川の河原を散歩する//犬を散歩させる」

さんま サンマ 海にすむ魚の一種。日本の近海で大量にとれるが、秋のものが特においしい。Ea (Pacific) saury. 한꽁치.「サンマを塩焼きにして、大根おろしをそえて食べる」
数１匹・１本
注 漢字で書くときは「秋刀魚」.

さんまいめ 【三枚目】サンマイメ 映画や演劇などで、こっけいな役をする俳優。また、その役。ふだんの生活で、いつも人を笑わせる愉快な人のこともいう。Ea comedian; a comic actor. 한익살스러운 역의 배우、그런 역；익살꾼.「三枚目の役者が出てくると、観客はどっと笑った」対二枚目
参 歌舞伎の番付面の３枚目に名前が出ていることからできたことば.

さんみゃく 【山脈】サンミャク いくつかの高い山がまとまって、細長い列のように続いているもの。一般に、高くけわしい山々のばあいにいう。Ea mountain range. 한산맥.「飛行機は本州中央部のいくつもの山脈の上を通過した//アルプス山脈」

ざんりゅう 【残留】ザンリュー〔～する〕立ち去ったり消えたりしないで、後に残っていること。Eremain behind; be left behind. 한잔류.「戦争が終わっても、戦場となった国に残留した日本兵がいた//農薬が残留している野菜」

さんれつ 【参列】サンレツ〔～する〕多くの人々と一緒に式に参加すること。Eattend; be present at. 한참렬、참석.「卒業式には両親も参列した//葬儀に参列する//参列者」

し／シ

し 【氏】シ ①前に話題に出た人について、その人を尊敬していう言い方。Ehe; she. 한씨.「氏のお力によって、この事業は成功しました」②(人の名前などの後について) 敬意を表す.「田中一郎氏(EMr. Ichiro Tanaka. 한다나카 이치로씨.)//山田氏」
参 相手に直接呼びかけるときには「さん」を使い、「田中氏、こちらに来てください」とは言わない.

し 【四】シ ⇨四「四角いテーブルをかこんですわる//四方八方(→項目)//４，５人」

し 【市】シ 行政上の１つのまとまり。人口が

5万人以上で、法律で定める条件を備えている地方公共団体. Ⓔa city. 㶠「市の施設を利用する//市議会//市役所//横浜市」

し 【死】シ 命がなくなること. Ⓔdeath. 㶠사, 죽음.「親友の死を悲しむ//事故死//自然死//急死(→項目)//脳死(→項目)//病死」㷤生

し 【紙】①(他のことばの後について)かみ. Ⓔpaper. 㶠종이, 지.「西洋紙//日本紙//包装紙」②(他のことばの頭や後について)新聞. Ⓔa newspaper. 㶠신문, 지.「紙上討論会//英字紙//日刊紙」

し 【詩】シ 作者の気持ちを、一種のリズムを持たせた形式で表した文学. Ⓔpoetry; a poem. 㶠시.「ゲーテの詩の美しさに感動する//詩歌//近代詩//漢詩」数1編

し (動詞, 形容詞, 形容動詞の基本形について)①同じようなことを並べるときに使う.「ここは駅に近いし、買い物も便利だ(Ⓔlt's close to the station and convenient for shopping. 㶠여기는 역도 가깝고, 쇼핑도 편리하다.)//雨は降るし風は吹くし、いやな日だ」
②あることを取りあげて、理由として強調したり、ほかにも理由があることを示したりする.「経済界には知り合いもいるし、いい人を紹介できると思う(ⒺI know some people in financial circles, so I think I can introduce you to someone who will help you. 㶠경제계에는 아는 사람도 있고 하니 좋은 사람을 소개할 수 있을 것으로 생각한다.)//まだ体の調子がよくないし、仕事をするのは無理だと思う」

じ 【地】ヂ, ジ ①土地. Ⓔthe ground; land. 㶠땅, 토지.「地続きの畑//地響き(→項目)」②ある地方. ある地域. Ⓔlocal. 㶠그 지방, 그 고장.「この魚は地のものだからおいしい//地酒」③人のふだんの状態. Ⓔone's usual style; one's nature. 㶠평소의 상태 ; 본성.「緊張しないで地のままでしゃべってください//地が出る」④布や紙などの、模様がかかれていない部分. Ⓔground; field. 㶠(옷감・종이 등의) 바탕.「ピンクの地に花の模様のワンピース//無地の着物」⑤文章の、会話ではない部分. Ⓔa narrative part. 㶠지문, 대화 이외의 부분.「地の文は『だ・である』体で書くこと」

じ 【字】ヂ 文字. Ⓔa character; a letter. 㶠글자, 문자.「日本の字は, おもに漢字, ひらがな, かたかなである//字を書く//字が読めない//むずかしい字」

じ 【次】①(名詞の頭について)つぎの.「次年度(Ⓔthe next (fiscal) year. 㶠다음 연도.)//次号」②(数を表すことばの後について)回数, 順番などを表す.「2次試験(Ⓔthe second examination. 㶠2차 시험.)//2次会(=1つの会の後で、同じメンバーで場所を変えたりしてする会)//第3次産業」

じ 【時】ジ ①時刻の単位. Ⓔo'clock. 㶠시.「会は10時から始まる//午前3時//午後4時」②(他のことばの後について)とき. ばあい.「空腹時//非常時(Ⓔan emergency. 㶠비상시.)」▷書②

じ 【辞】ヂ ことば. Ⓔan address. 㶠사, 말, 글.「歓迎の辞を述べる//開会の辞//送別の辞//接頭辞」

-じ 【-寺】(他のことばについて)寺の名前を表す.「東大寺(Ⓔthe Todaiji Temple. 㶠도다이지.)//法隆寺」

しあい 【試合】シアイ {〜する} スポーツなどで、たがいの技術, 能力などを争って勝ち負けを決めること. また, その競技会. Ⓔa match; a game. 㶠시합.「娘はテニスの試合に勝って大喜びだ//クラス対抗試合」

しあ・げる 【仕上げる】シアゲル, シアゲル

〔他動一〕ものをつくりあげる。また、ものごとをし終える。[E]finish; complete. [한]완성하다、마무리하다、(일을)끝내다.「この作品を1週間で仕上げなければならない//宿題を仕上げる」[名]仕上げ [自動]仕上がる

しあさって シアサッテ きょうから数えて3日あとの日。あさってのつぎの日。[E]three days from today. [한]글피.「しあさってから試験が始まる//きょうは2日だから、しあさっての5日に帰ってくる」

しあわせ 【幸せ】シアワセ ①心が満足していること。[E]happiness. [한]행복.「お2人のしあわせをお祈りします//おいしい食事と美しい音楽があればわたしはしあわせだ」[対]不幸せ、不幸 ②運がいいようす。[E]fortunate. [한]운이 좋음.「しあわせなことに、長い間さがしていた本が見つかった//しあわせな出会い」[対]不幸せ、不幸

しいく 【飼育】シイク〔~する〕家畜などを飼って育てること。[E]breed; raise. [한]사육.「となりの家では豚を飼育している//パンダの飼育はむずかしい」

しいたけ シータケ キノコの一種。茎は短く、かさはこげ茶色をしている。そのまま、あるいはほして保存しておいたものを水にもどして、料理する。[E]a shiitake mushroom. [한]표고버섯.「ちらしずしにシイタケを入れる//生シイタケ//ほしシイタケ」
注 漢字で書くときは「椎茸」。

シーツ (sheet) シーツ 敷きぶとんやベッドの上に敷く布。敷布。[E]a (bed) sheet. [한]시트、침대보.「新しいシーツで寝ると気持ちがいい//毎朝シーツをかえる」[数]1枚

しいて 【強いて】シーテ 無理をして。[E]if anything; against one's will. [한]억지로、굳이.「京子に特に欠点はないが、しいていえばすこし気の弱いところだろう//一緒に行きたくないというのなら、しいて誘う必要はない」

い」

シーディー (CD) シーディー ①「compact disc」を略した言い方。音声をデジタル方式で記録した小さい円盤。レーザー光線を当てて再生する。コンパクトディスク. [E]a compact disc. [한]콤팩트 디스크、CD.「CDは従来のレコードより取り扱いが楽だ」②「cash dispenser」を略した言い方。現金自動支払機. [E]a cash dispenser. [한]현금 자동 지급기.「銀行のCDの機械が故障して、お金を引き出すことができない」▷[数]①1枚、②1台

ジーディーピー (GDP) ジーディーピー「Gross Domestic Product」を略した言い方。国内で1年間に生産したものの合計額から原料費などを引いた金額。その国の経済活動の大きさを知る基準の1つ。国内総生産。[E]GDP. [한]국내 총생산.「日本の1993年のGDPは実質421兆円だ//A国は21世紀までにGDPを2倍にするという」

シートベルト (seat belt) シートベルト 事故のとき体を保護するために、自動車や飛行機の座席につけて、体があまり動かないようにするベルト. [E]a seat belt. [한]시트 벨트、좌석(안전)벨트.「まもなく着陸しますのでシートベルトをおしめください」

ジーパン ジーパン ジーン(=もめんの丈夫な生地)でつくったズボン. [E]jeans. [한]청바지.「体にぴったりのジーパンをはく」[数]1本
参 英語の「ジーンズ(jeans)」と「パンツ(pants)」を合わせたものを略して日本でできたことば。音だけ合わせて「Gパン」と書くこともある。

し・いる 【強いる】シイル〔他動一〕いやがるのに、無理に押しつけてさせる. [E]force; compel. [한]강요하다.「飲めない人に酒を強いるのはよくない//服従を強いる//苦戦を強いられる」

しい・れる【仕入れる】シイレル〔他動一〕①商売する人が品物を、また、製造する人が原料を買い入れる. Ｅbuy; stock. 한사들이다, 매입하다.「洋品店の主人は衣類を仕入れに問屋に行く∥材料を安く仕入れて売る」②手に入れ、自分のものにする. Ｅget. 얻다, 입수하다.「新しい情報を仕入れる」▷名仕入れ

しいん【子音】シイン 発音のしかたによって分けた音の種類の１つ. 日本語では、たとえば「kasa」(カサ)の「k, s」や、「p, b, t, d」など. Ｅa consonant. 한자음.「日本語の音は『ア, イ, ウ, エ, オ』の母音以外は、ほとんど１子音と１母音の組み合わせでできている」対母音

じいん【寺院】ジイン「寺」のすこし改まった言い方. Ｅa temple. 한사원, 절.「京都には仏教の寺院がたくさんある∥イスラム教の寺院∥ノートルダム寺院」書

じえい【自衛】ジエイ〔〜する〕他の人の力を借りずに、自分で自分の安全や利益を守ること. Ｅself-defense. 한자위.「市民の手で町を自衛する∥自衛隊」

しえき【使役】シエキ①〔〜する〕ほかの人に仕事をさせること. Ｅemploy. 한사역.「聖武天皇は人々を使役して奈良の大仏を完成させた」②文法で、他人にある動作をさせる意味を表す決まった形の言い方. Ｅcausative. 한사역.「『子供を買い物に行かせる』の『せる』は使役の助動詞だ」▷書①

しえん【支援】シエン〔〜する〕人や団体の仕事がうまくいくように、力を貸すこと. Ｅsupport; back. 한지원.「多くの人々の支援を受けて国会議員になった∥支援団体」

しお【塩】シオ 塩辛い味のする白い粒で、食べ物に味をつけるいちばんたいせつなもの. 海水にたくさんふくまれている. Ｅsalt. 한소금.「魚に塩を振って焼く∥甘塩∥薄塩(=魚などに塩が少なめに使ってあること)∥薄塩」

しお【潮】シオ①満ちたり引いたりする海の水. Ｅthe tide; a current. 한조수.「潮が満ちてくる∥潮が引く∥潮干狩り(=海水が引いた海辺で貝をとって楽しむこと)」②なにかを始めたりやめたりするのにちょうどいい機会. Ｅan opportunity; a chance. 한기회, 적당한 시기, 호기.「玄関に人が来たのをしおに電話を切った∥しおどき」

しおから・い【塩辛い】シオカライ 塩の味が強い. Ｅsalty. 한짜다.「海の水は塩辛い∥塩辛い料理を食べたので、のどが渇いた」

しおやき【塩焼き】シオヤキ, シオヤギ 魚, 貝, 肉などに塩を振って焼くこと. また、その料理. Ｅgrill (fish) with salt. 한소금구이.「この魚は塩焼きにして食べよう∥アジの塩焼き」

しお・れる シオレル〔自動一〕①花や草木が、水分がたりなくなって弱る. Ｅwilt; wither. 한시들다.「鉢植えの朝顔がしおれる∥しおれた花」②気が弱くなり、しょんぼりする. Ｅbe downcast; be dejected. 한풀이 죽다, 의기 소침해지다.「サッカーの選手になれなくて、弟はしおれている」

しか【歯科】シカ, シガ 医学の一分野. 歯や口の中の病気を専門に扱う. Ｅdentistry. 한치과.「歯が痛くて病院の歯科へ行った∥歯科医(Ｅa dentist. 한치과 의사.)」

しか (名詞, 動詞の基本形, 形容詞の「く」の形、形容動詞の「に」の形について,「〜しか…ない」の形で) あるものごとだけを取りあげて、それ以外は否定することを表す.「駅のホームには３人しかいなかった(Ｅ There were only three people on the station platform. 한역 플랫폼에는 세 명밖에 없었다.)∥道子は勉強しかしない∥がんばるしかない」→だけ

じが　【自我】ジガ　ほかの人とは違う自分ということ．私．エゴ．Ｅself; ego．韓자아．「自我が強い（＝自分の意思を押し通そうとする）//自我を主張する//自我の目覚め」

しかい　【司会】シカイ〔～する〕会などをまとめ，進行させる役をすること．また，その人．Ｅemcee; preside．韓사회．「パーティーの司会をする//テレビ番組の司会者」

しがい　【市外】ジガイ　市の区域の外．都市の周辺．Ｅthe outskirts; the suburbs．韓시외．「市外から市内の学校に通う//市外通話」対市内

じかい　【次回】ジカイ，ジカイ　つぎの回．つぎの機会．つぎの時．Ｅnext time; next．韓다음 회(번)．「今回は忙しくてお目にかかれないが，次回はぜひお会いしましょう//次回のクラス会の幹事を決める」関連前回，今回

しかえし　【仕返し】シカエシ〔～する〕なにかいやなことをされた人が，相手に同じようなことをすること．Ｅrevenge; retaliation．韓복수，앙갚음．「この仕返しはいつか必ずするぞ//兄になぐられた仕返しに，兄の本を破り捨てた」→復讐

しかく　【四角】シカク　4つの角を持つ形．Ｅa square; a quadrilateral．韓사각형．「紙を四角に切る//真四角（＝正方形）」

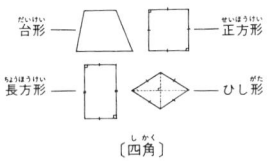
〔四角〕

しかく　【視覚】シカク　ものを見るときの目の感覚．Ｅthe sense of sight; vision．韓시각．「絵や写真などによる表現は見る人の視覚に訴える方法をとっている//視覚芸術」

しかく　【資格】シカク　ある仕事や地位につくために必要な条件．Ｅqualifications．韓자격．「医師の資格は国家試験に合格した者だけに与えられる//資格を取る//受験資格」

じかく　【自覚】ジカク〔～する〕自分の立場や，しなければならないことをはっきりわかっていること．Ｅconsciousness; be aware of．韓자각．「学生としての自覚を持って行動する//自覚がたりない」

しかくば・る　【四角張る】シカクバル，シカクバル〔自動五〕（しかくばって）①堅苦しい態度をとる．Ｅbe formal; be stiff．韓딱딱해지다，진지해지다．「はじめて会った人とは自由に話し合えず，四角ばったものの言い方をしてしまう」②4つの角がはっきりしていて丸みがない．Ｅsquare; squarish．韓네모지다．「四角ばった顔」

しかけ　【仕掛け】シカケ　考えてつくりだした仕組み．Ｅa device; a gadget．韓장치．「この時計は1時間ごとに鳴る仕掛けになっている//電気仕掛け」他動仕掛ける

しかし　シカシ〔文と文をつないで〕①前にいったことと違うことを後でいうときに使うことば．Ｅbut; however．韓그러나．「一郎は会長に選ばれた．しかし，会の全員が彼を支持しているわけではない」
②それにしても．Ｅstill．韓그런데，그렇다치더라도．「どうもお疲れさま．しかし，きょうは暑いですね」
▷→なのに

しかしながら　シカシナガラ〔文と文をつないで〕前にいったことと違うことを後でいうときに使うことば．Ｅhowever; but．韓그렇지만，그렇기는 하지만．「日本は経済大国になったといわれる．しかしながら，われわれひとりひとりの生活の質はまだそれほど高くない」書

しかたな・い　【仕方ない】シカタナイ　①ど

うすることもできない。あきらめるよりほかにない。 Ⓔ It can't be helped; be compelled to. 한 하는 수 없다, 어쩔 도리가 없다. 「先生が病気では休講もしかたない//単位が取れず、しかたなく留年した」②どうすることもできないほど悪い。Ⓔ be beyond any help. 한 어쩔 수 없다, 구제 불능이다. 「給料は全部酒に使ってしまう、しかたない兄」③(「~てしかたない」の形で)本当に~だ。「ゆうべ遅くまでテレビを見ていたので、きょうは眠くてしかたない//かわいそうでしかたない(Ⓔ I can't help myself feeling pity. 한 불쌍해(딱해) 죽겠다.)」
≡注 ③はひらがなで書く.

しがつ 【四月】シガツ、シガツ 1年の4番目の月。4月。Ⓔ April. 한 4월。「日本では、新しい学年は4月から始まる//4月ばか(Ⓔ April Fools' Day. 한 만우절。)」

じかに ジカニ 間にほかの人やものを入れずに、直接に。Ⓔ directly; in person. 한 직접, 바로。「床にじかにすわったら冷たかった//社長とじかに交渉する」

しがみつ・く シガミツク、シガミツク〔自動五〕(しがみついて) 離れないようにしっかりつかまる。Ⓔ hang on to; cling to. 한 매달리다, 달라붙다; 붙들고 늘어지다。「突然建物が大きく揺れたので、そばの手すりにしがみついた//外出しようとする母親にしがみついて離れない子」

しか・める シカメル、シカメル〔他動一〕苦しそうに、不快そうに、まゆのあたりにしわを寄せる。Ⓔ frown; grimace. 한 찌푸리다, 찡그리다。「注射の痛さに、思わず顔をしかめた」

しかも シカモ (文と文をつないで)①前にいったことに、さらにほかのことをつけ加えるときに使うことば。Ⓔ moreover; furthermore. 한 게다가, 더구나。「洋子はコンピューターの専門家だ。しかも、ドイツ語の通訳もしている」②前にいったことから当然そうなると思われることが、後で起こらないときに使うことば。それでもなお。Ⓔ nevertheless; and yet. 한 그럼에도 불구하고, 그런데도。「何度も試験に落ちて、しかも、あきらめない」

じかようしゃ 【自家用車】ジカヨーシャ 自分の家で持っている車。Ⓔ a private car; one's own car. 한 자가용(차)。「名古屋まで自家用車で行くことにした」数 1台 → マイカー

しか・る シカル〔他動五〕(しかって) 相手のやり方のよくないところを強いことばで注意する。Ⓔ scold; reprove. 한 꾸짖다, 야단치다。「母親は、うそをついた子供を厳しくしかった//練習を怠けた部員をしかる」対 褒める

じかん 【時間】ジカン、ジカン ①ある時刻からある時刻までの長さの単位。1日の24分の1。Ⓔ an hour. 한 시간。「1日は24時間だ//毎日7時間寝る」②なにかに使うために決めた、ある時。Ⓔ time for ~. 한 시간。「食事の時間//睡眠時間」③ある長さの時。始めも終わりもなく、いつまでも続く時。Ⓔ time. 한 시간。「毎日忙しくて、ゆっくり休む時間がない//時間のかかる仕事」対 空間 ④ある時刻。Ⓔ the time. 한 시간, 시각。「時計がなくて時間がわからない//約束の時間を守る」

時間の問題 はっきりした日時はわからないが、近いうちに予想されている結果になるということ。Ⓔ be a matter of time. 한 시간문제。「世界の人口が60億になるのも時間の問題だ」

時間を稼ぐ 自分が有利になるまで、時が来るのを待つ。Ⓔ play for time; buy time.

しき

⃝시간을 벌다.「サッカーの試合はあと5分で終わる. なんとか時間をかせいでこのまま勝ちたいものだ」[似た表現]時間稼ぎ

時間を割く 時間の一部をつごうして, 他のことのために使う. Ⓔtake time off. ⃝짬을 내다, 시간을 할애하다.「仕事の時間をさいて展覧会を見に行く」

時間をもてあます 時間をどうやって使っていいかわからないでいる. Ⓔtime hangs heavy on one's hands. ⃝시간이 남아돌다, 시간을 주체하지 못하다.「仕事が予定より早く終わったので, 時間をもてあましてしまった」

しき 【式】シキ ①計算などのやり方を記号や数字で表したもの. Ⓔan expression; a formula. ⃝식.「式を立て数学の問題をとく/化学式/方程式」②決まったやり方でする行事や会. Ⓔa ceremony. ⃝식, 의식.「式を進行させる/式次第/開会式/入学式」

しき 【士気】シキ あることを集団でしようという, 人々の気持ちの盛りあがり. Ⓔmorale. ⃝사기.「仕事が好調なので, 職場の士気は上がっている/チーム全体の士気を高める/士気を失う」

しき 【四季】シキ 春, 夏, 秋, 冬の4つの季節. Ⓔthe four seasons. ⃝사계, 사철.「この庭は木の種類が多く, 四季を通じて楽しめる/四季おりおりの花が植えられた公園」

しき 【指揮】シキ〔~する〕1つの目的のために, 多くの人に指示してやらせること. Ⓔcommand; conduct. ⃝지휘.「この計画の指揮はわたしがとります/カラヤンの指揮したオーケストラの演奏をCDで聞く/指揮者」

じき 【時期・時機】ジキ ①なにかをするための時の区切り. ある期間. Ⓔtime; a season. ⃝시기.「いまは学校が忙しい時期だ/桜の時期」②なにかをするのにちょうどいい時. Ⓔa chance; an opportunity. ⃝기회, 시기.「新しい事業を始める時機をねらっている/時機をのがす」

注 ①は「時期」, ②は「時機」.

じき ジキ 時間や距離が非常に近いようす. すぐ. Ⓔsoon; near at hand. ⃝곧, 바로(코앞).「じきに晩ごはんだから, それまでおやつはがまんしなさい/頂上はもうじきだ, がんばれ」

しききん 【敷金】シキキン 家や部屋を借りるときに, 家賃のほかに家主に渡す保証金. ふつうは, 借り主が出ていくとき返金される. Ⓔa deposit. ⃝보증금.「この部屋の敷金は家賃の2カ月分です/敷金1つ(=1カ月分)」

しきさい 【色彩】シキサイ ①色. 色のぐあい. Ⓔa color; coloring. ⃝색채.「色彩が豊かな絵/色彩に乏しい/あざやかな色彩」②ある傾向や性質. Ⓔa tinge. ⃝경향, 색채.「政治的な色彩が強い芝居」

じきじき ジキジキ ふつう間に人を入れてすることを, 直接するようす. Ⓔin person; directly. ⃝직접.「お会いして, じきじきにお話ししたい/法務大臣にじきじき訴える」

しきち 【敷地】シキチ 建物を建てたり, 庭をつくったりするための土地. Ⓔa site; (a) ground. ⃝부지, 대지.「ジョンの家は敷地が広くて, 庭にテニスコートや池がある/狭い敷地に家が建っている」

しきぶとん 【敷き布団】シキブトン 寝るときに, 体の下に敷くふとん. Ⓔa Japanese sleeping mattress. ⃝요.「敷きぶとんをたたんで押し入れに入れる」対掛け布団 数1枚 →布団図

しきゅう 【子宮】シキュー 内臓の1つ. 女性や動物の雌が子供を宿し, 成長させる所. Ⓔthe womb; the uterus. ⃝자궁.「子

宮で胎児が育っている//子宮がん」

しきゅう【支給】シキュー〔～する〕会社や役所などが金やものを与えること. ⒺSupply; provide; pay. ㉠지급.「この工場では従業員に制服を支給している//社員に給料を支給する//年金の支給を受ける」

しきゅう【至急】シキュー 非常に急ぐこと. Ⓔurgent; immediately. ㉠지급.「至急の仕事なので、いますぐやってください//急ぎの用事があるから、至急、連絡してください//至急の手紙/大至急」

じきゅう【時給】ジキュー 1時間あたりの賃金. 時間給. Ⓔan hourly wage. ㉠시급, 시간급.「時給800円で働く//時給のいい仕事をさがす//時給が安い」

じきゅうじそく【自給自足】ジキュージソク, ジキュー・ジソク〔～する〕自分に必要なものを、自分でつくりだすこと. Ⓔbe self-sufficient. ㉠자급 자족.「あの農家では米と野菜を自給自足している//自給自足の生活」

しきょ【死去】シキョ, ジキョ〔～する〕人が死ぬこと. Ⓔdeath. ㉠사거, 사망.「旧友の突然の死去に驚いた」書

じぎょう【事業】ジギョー ①社会のために意義のある大きな仕事. Ⓔwork. ㉠사업.「福祉事業をすすめる//公共事業//社会事業」②利益をえるためにする仕事. Ⓔa business; an enterprise. ㉠사업.「事業に失敗して会社がつぶれた//事業を大きくひろげる//事業家」

しきり【仕切り】シキリ ①ものとものとを区切ること. また、区切るもの. Ⓔa partition. ㉠칸막음, 칸막이.「部屋と部屋の仕切りにカーテンをつける」②すもうで、勝負を始める前に力士がとる姿勢. Ⓔ(sumo) toeing the mark. ㉠(씨름꾼이) 맞붙을 자세를 취함.「横綱が仕切りに入る」▷他動仕切る

しきん【資金】シキン 事業などを行うためのもとになる金. Ⓔfunds; capital. ㉠자금.「新しい会社をつくるための資金を集める//資金が不足する//結婚資金」

し・く【敷く】シク〔他動五〕(しいて) ①平らにひろげて置いたり、一面に並べたりする. Ⓔspread; gravel. ㉠깔다, 펴다.「ふとんを敷く//砂利を敷いた道」②下に当てたり、押さえつけたりする. Ⓔsit on. ㉠깔다.「座ぶとんを敷いてすわる//下敷きを敷いて書く」③地面などに設備したり、配置したりする. Ⓔlay. ㉠부설하다.「鉄道を敷く」

じく【軸】ジク ①まるいもの, 回転するもの, 巻いたものの中心となる棒. Ⓔan axis; an axle. ㉠축, 굴대.「こまの軸を持って回す//車の軸が折れた」②先のほうにある主要な部分を支えている棒状のもの. Ⓔa holder; a stick. ㉠(붓 등의) 자루, 대; 개비.「筆の軸の下のほうを持って名前を書く//マッチの軸//ペン軸」③活動の中心. Ⓔa key (man); the axis. ㉠중심, 중축.「A氏は会の軸となって活躍している//この町はガラス工業を軸に発展した」④⇒掛け軸「床の間に軸をかける」⑤数学で、対称図形や座標の中心となる直線. Ⓔan axis. ㉠축.「x軸とy軸//座標軸//対称軸」▷数①②⑤1本

しくしく シクシク, シクシク ①あまり声を出さずに弱々しく泣くようす.「子供が、こわれたおもちゃの前でしくしく(と)泣いている(ⒺThe child is sobbing in front of the broken toy. ㉠아이가 망가진 장난감 앞에서 훌쩍훌쩍 울고 있다.)」②〔～する〕おなかや歯などが、激しくはないが続けて痛むようす.「食べすぎて、おなかがしくしく(と)痛む(ⒺI overate and now have a griping stomachache. ㉠과식해서 배가 살살 아

しくじ・る シクジル〔他動五〕(しくじって) 下手なやり方で失敗をする. [E]fail. [한]실패하다, 실수하다, 그르치다.「運転をしくじって前の車にぶつかった//試験をしくじる」[名]しくじり

しくはっく 【四苦八苦】シクハック〔〜する〕ものごとがうまくいかずに非常に苦しむこと. [E]be in agony; have difficulty in. [한]사고 팔고, 온갖 고생〔고통〕.「宿題の作文を書きあげるのに四苦八苦した//資金集めに四苦八苦している」
[参] 仏教から来たことばで、体の苦しみではなく、心の苦しみに使う.

しくみ 【仕組み】シクミ 組み立ててあるものの構造. [E]a mechanism; structure. [한]구조.「この機械の仕組みを知りたい//社会の仕組みは複雑だ」[他動]仕組む

しぐれ 【時雨】シグレ 秋の終わりから冬の初めごろにかけて、降ったりやんだりする冷たい雨. [E]a shower in late fall and early winter. [한]늦가을에 오락가락하는 비.「山道で時雨にあって体が冷えてしまった//せみ時雨(=たくさんのセミの声が時雨が降りそそぐように聞こえること)」[自動]しぐれる

しけい 【死刑】シケイ 非常に重い罪をおかした人の生命を絶つ刑罰. [E]capital punishment; the death penalty. [한]사형.「殺人者は死刑を宣告された//死刑廃止運動//死刑囚」

しげき 【刺激】シゲキ〔〜する〕①外から働きかけて、生き物や人間の体や心に変化を起こさせること. また、その働き. [E]stimulate; irritate. [한]자극.「鼻を刺激する強いにおい」②人間やその集団に働きかけ、力づけたり興奮させたりすること. また、そのもの. [E]stimulate; incite; excite. [한]자극.「姉に刺激を受けてスキーを始めた//あなたは無責任だと言ったのが、夫を刺激したらしい」

し・ける シケル〔自動一〕①雨や風がひどくて海が荒れる. [E]be stormy. [한](폭풍우로) 바다가 거칠어지다.「台風で海がしけ、魚がとれない」[対]なぐ ②(「しけた[ている]」の形で) ものごとがうまくいかなかったり、手持ちの金が少なかったりして、ひどい状態だ. [E]be hard up for money; be gloomy. [한](돈에) 쪼들리다, 궁상맞다.「あいつ、失業してしけているらしい//しけた顔だなあ」
▷[話]② [名]しけ

しげ・る 【茂る】シゲル〔自動五〕(しげって) 草や木が盛んにのびて、葉や枝が重なり合う. [E]grow thick. [한](초목이) 우거지다, 무성하다.「庭の木がよくしげっている//青々としげった草」

しけん 【試験】シケン〔〜する〕①ものの性質を調べるために試してみること. [E]an experiment; a test. [한]시험, 테스트.「機械の正確さを試験する//試験運転」②問題を出して答えさせ、学力や能力を調べること. テスト. [E]an examination; a test. [한]시험.「試験に合格する//試験を受ける//入学試験」

しげん 【資源】シゲン 石油や木材など、自然からとれるもので、産業などの原料や材料になる物質. [E]resources. [한]자원.「石油はたいせつな地下資源だ//資源をむだに使わないこと」

じけん 【事件】ジケン 犯罪や争いごとなど、大きな問題となるできごと. [E]an incident; an affair; a case. [한]사건.「最近、大きな事件がつぎつぎと起こる//事件が発生する//殺人事件」[数]1件 →できごと

じげん 【次元】ジゲン, ジゲン ①数学で、線、面、空間などの広がりを表すもの. [E]a dimension. [한]차원.「直線は1次元、平

面は2次元, 立体は3次元だ」②ものを考えたりなにかをしたりするときの立場や程度. Ⓔa level. 🇰🇷차원.「政治家が金で大臣のポストを買うとは, 次元の低い話だ//次元の違う考え方//多次元」

しけんかん 【試験管】シケンカン, シケンカン 化学の実験などに使う, 底のまるい細長いガラスのくだ. Ⓔa test tube. 🇰🇷시험관. 「試験管の中で化学変化が起きる//試験管ベビー」数1本

じこ 【自己】ジコ 自分自身. Ⓔoneself. 🇰🇷자기, 자신. 「自己をしっかりと見つめる//自己を主張する//自己紹介(→項目)」

じこ 【事故】ジコ 不注意などで起こった悪いできごと. Ⓔan accident. 🇰🇷사고. 「この道路は車の事故が多い//事故を防ぐ//交通事故(→項目)//無事故」数1件

じこう 【時候】ジコー 四季それぞれの気候. Ⓔthe season; the weather. 🇰🇷시후, 절후. 「暑くもなく寒くもなく, いい時候になった//時候に合った服装//時候のあいさつ」

しこく 【四国】シコク, シコク 日本列島の中で西南にある, 4番目に大きい島. 香川, 愛媛, 徳島, 高知の4つの県がある. Ⓔ Shikoku. 🇰🇷시코쿠. 「四国と本州の間に瀬戸内海がある」

しごく 【至極】シゴク, シゴク ①これ以上のものはないよう. きわめて. 非常に. Ⓔquite; extremely. 🇰🇷지극히. 「きみがそう言うのも, しごく, もっともなことだ//しごく, いい気分だ」②(他のことばの後について)このうえなく~なようすであること. 「恐縮至極に存じます//迷惑至極な話(ⒺI am much annoyed by it. 🇰🇷성가시기 그지없는 이야기.)」

注 ①はひらがなで書く.

じこく 【時刻】ジコク 時間の流れの中の, ある一定の時, 瞬間. Ⓔtime; the hour.

🇰🇷시각. 「そろそろ飛行機が到着する時刻だ//開会の時刻を知らせる//時刻表」

じごく 【地獄】ジゴク ①仏教やキリスト教で, この世で悪いことをした人が死んでから行くとされる恐ろしい場所. Ⓔhell. 🇰🇷지옥. 「悪いことばかりしていると地獄に落ちるぞ」対極楽, 天国 ②救いようのない苦しみの状態. Ⓔa hell-like situation. 🇰🇷지옥(처럼 고통스러운 지경). 「戦争中は食べ物も着るものもなく, 地獄の生活だった//通勤地獄」

地獄で仏 (に会ったよう) ひどく困っているときに助けられて, 非常にうれしいよう. Ⓔan oasis in the desert. 🇰🇷지옥에서 부처님을 만난 것 같다.

じこしょうかい 【自己紹介】ジコショーカイ〔~する〕はじめて会った人に, 自分自身で自分の名前, 職業, 趣味などを知らせること. Ⓔintroduce oneself. 🇰🇷자기 소개. 「おたがいを知るために, まず順番に自己紹介をしよう」

しごと 【仕事】シゴト ①〔~する〕家庭や社会で, 体や頭を使って働くこと. Ⓔwork. 🇰🇷일, 할 일, 작업. 「掃除や洗濯などの仕事は家族全員でする//1日の仕事を終えてテレビを見る//畑仕事」②職業. Ⓔa job; business. 🇰🇷직업, 일자리. 「お仕事はなんですか//仕事につく//仕事をさがす」

しこ・む 【仕込む】シコム〔他動五〕(しこんで) ①教えて身につけさせる. Ⓔtrain. 🇰🇷가르치다, 훈련하다. 「犬に芸をしこむ」②商品や原料などを買い入れて準備する. また, 自分のものにする. Ⓔstock; study up on. 🇰🇷구입하다; 습득하다. 「正月料理の材料を市場でしこんでくる//図書館に通って新しい知識をしこむ」③酒, みそ, しょうゆなどの原料をまぜて, たるなどにつめる. Ⓔprepare; ferment. 한(술·간장 등을) 담그다, 빚다.「酒をしこむ」▷名仕込み

じさ【時差】ジサ ①地球上の各地域の標準時を比べたときの時刻の差. Ea difference in time. 한시차.「東京とパリの時差は8時間だ//時差ぼけ」②なにかをする時間をずらすこと. Estaggered (commuting hours). 한시차.「時差出勤//時差通学」

じざい【自在】ジザイ じゃまするものがなく, 自分の思ったとおりになるようす. Eat will; freely. 한자재.「京子は新しいコンピューターを自在に動かせる//自由自在」

しさつ【視察】シサツ〔〜する〕実際にその場に行って調べたり確かめたりすること. E(an) inspection; (an) observation. 한시찰.「大臣は地震の被害にあった地方を視察した//視察旅行」

じさつ【自殺】ジサツ〔〜する〕自分で自分を殺すこと. Ekill oneself; (a) suicide. 한자살.「ビルの屋上から飛び下りて自殺する//自殺をはかる//自殺者」対他殺

じさん【持参】ジサン〔〜する〕持っていくこと, 持ってくること. Ebring a thing with one; take a thing with one. 한지참.「入管に行くときには必ずパスポートを持参する//客が持参したおみやげ」

しじ【支持】シジ〔〜する〕考えややり方をいいと認め, うまくいくように助けること. Esupport; backing. 한지지.「わたしは多くの市民の支持によって市長に選ばれた//支持率」

しじ【指示】シジ〔〜する〕ものごとをさし示したり, 命令したりすること. Edirections; instructions. 한지시.「医者の指示にしたがって薬を飲む//指示代名詞(Ea demonstrative pronoun. 한지시 대명사.)」

じじつ【事実】ジジツ ①実際に起こったこと. 本当のこと. Ea fact; the truth. 한사실, 진실.「いま言ったことはすべて事実だ//事実の確認//事実無根(=まったく事実ではないこと)」②(副詞的に)本当に, まったく. Ein fact; actually. 한사실, 실제로.「あなたが言うとおり, 事実, この計画には無理がある//それは, 事実, きのうここで起こったことだ」

じしゃく【磁石】ジシャク ①南北の方向を知る道具. Ea compass. 한나침반.「登山のときは, 道に迷わないように磁石を持っていく//磁石の針は北をさしている」②鉄を吸いつける性質のある物質. Ea magnet. 한자석.「磁石を使って鉄と砂を分ける」

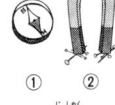
〔磁石〕

ししゃごにゅう【四捨五入】シシャゴニュー, シシャ・ゴニュー〔〜する〕計算するとき, 4以下を切り捨て, 5以上を上の位に入れる扱い方. Eround off. 한사사 오입, 반올림.「小数点以下を四捨五入すると, 4.4は4に, 4.5は5になる//89.5パーセントの出席率を四捨五入して90パーセントとする」

ししゅう【刺繍】シシュー〔〜する〕布地に, いろいろな色の糸を刺して絵や模様を表すこと. また, そのもの. Eembroider. 한자수.「白いハンカチに自分の名前を刺繍する//刺繍入りのブラウス//フランス刺繍//日本刺繍」

しじゅう【始終】シジュー いつも, たえず. Ealways; constantly. 한시종, 언제나.「政治家はしじゅう世論を気にしている//あの人はしじゅうタバコを吸っている」

じしゅう【自習】ジシュー〔〜する〕自分だけで勉強すること. Ea study period; study by oneself. 한자습.「数学の時間は先生が休みで自習となった//家で自習する」

自習時間//自学自習」

じしゅきせい【自主規制】ジシュキセイ〔～する〕自分で自分の行いを制限し、他に迷惑をかけないようにすること. Eself-imposed control. 한자주 규제. 「小売店が安売りを自主規制したので、テレビの価格が安定した//製品の輸出を自主規制する」

じしゅく【自粛】ジシュク〔～する〕自分から進んで行いや態度を控えめにしたり、やめたりすること. Erestrain oneself; refrain from. 한자숙. 「血圧が高いので、酒を自粛している//はでな広告の自粛を促す//深夜営業の自粛」

ししゅつ【支出】シシュツ〔～する〕ある目的のために金を使うこと. また、その金. Eexpenditure; expenses; pay. 한지출. 「今月は支出が多く、お金がたりなくなった//本代は教育費から支出する//収入と支出のバランス」対収入

ししゅんき【思春期】シシュンキ 13、4歳ごろから18、9歳ぐらいにかけて、男性が女性に、女性が男性に対して関心を強く持つようになる時期. Eadolescence; puberty. 한사춘기. 「思春期には初恋に悩む若者が多い//思春期の反抗」

じしょ【辞書】ジショ ことばを決まった順序に並べ、意味や読み方などを説明したもの. Ea dictionary. 한사서, 사전. 「新聞の中のことばの意味がわからなかったので、辞書を引いて調べた//この辞書には英語と韓国語の訳がついている」数1冊
参「辞典」「字引」も似ているが、「辞典」は「辞書」よりかたい感じがあり、「字引」は「辞書」「辞典」よりくだけた言い方. また、「字引」「辞書」が単独で使うのに対して、「辞典」は「漢和辞典」「和英辞典」などのように他のことばの後につけて使うことが多い.

しじょう【市場】シジョー、シジョー 特定の商品や株式が売り買いされる場所. また、その範囲. Ea market. 한시장. 「きょうの株式の市場の動きは活発だった//農家が野菜を市場に出す//市場価格//卸売市場」

じじょう【事情】ジジョー ものごとの状態、細かい内容. また、そうなった理由、わけ. Ecircumstances; reasons; the situation. 한사정. 「先生は生徒ひとりひとりの家庭の事情をよくつかんでいる//国内事情//住宅事情」

じしょく【辞職】ジショク〔～する〕役目や職を自分からやめること. Eresign (one's office or post); resignation. 한사직. 「部下の失敗の責任を取って辞職する//辞職を願い出る」

しじん【詩人】シジン 詩をつくる人. Ea poet. 한시인. 「あの詩人の詩には自然をうたったものが多い//詩人の心」

じしん【自身】ジシン ①自分そのもの. E(one's) self; oneself. 한자신, 자기, 본인. 「これは他人の問題ではなく、自身の問題だ」②(他のことばの後について) その人やものを強める言い方. Eone's own; the thing itself. 한그 자신, 그 자체. 「きみ自身の意見を聞かせてほしい//わたし自身(EI, myself. 한나 자신.)」

じしん【自信】ジシン 自分の力を信じること. Econfidence. 한자신. 「もっと勉強して、自信をつけてから試験を受けようと思う//自信を失う//自信過剰(Eoverconfidence. 한자신 과잉.)」

じしん【地震】ジシン 大地が揺れ動く自然現象. Ean earthquake. 한지진. 「地震で家が大きく揺れた//日本は火山が多いので地震がよく起こる//地震対策」

しずか【静か】シズカ ①音や声がしないようす. Equiet; silent. 한조용함. 「夜の街

は人通りも少なく静かだ//子供が寝ているので、静かにしてください」②動きが少ないようす. ⒠calm. ㉠고요함.「波のない静かな海」③性格がおとなしいようす. ⒠soft; gentle. ㉠차분함, 침착함.「彼はいつも静かにほほえんで人の話を聞く//静かな子」

しずく 【滴】シズク 上から落ちてくる水などの粒. ⒠a drop. ㉠물방울.「雨のしずくが窓ガラスをぬらす//水道の蛇口からしずくがたれている//涙のしずく」 数 1滴

しずけさ 【静けさ】シズケサ, シズケサ 静かなこと. また, そのような状態. ⒠stillness; silence; tranquility. ㉠조용함, 고요함, 정적.「真夜中の静けさを破って, 1台の車が近づいてきた//客が帰って, 部屋はもとの静けさにもどった」
参「静かさ」も似ているが,「静かさ」がおもに静かな程度を表すのに対して,「静けさ」はおもにその状態を表し, 文学的な表現.

システム (system) システム 組織, 制度, 方式. ⒠a system. ㉠시스템.「会社のシステムが複雑でわかりにくい//オンラインシステム//交通システム」

しずま・る 【静まる・鎮まる】シズマル〔自動五〕(しずまって) ①物音がなくなり, 静かになる. また, 落ちつく. ⒠become quiet; become composed. ㉠조용해지다, 잠잠해지다.「会場が静まるのを待って, 講師が話しはじめた//気が静まる」 対荒れる ②勢いが衰え, 穏やかになる. ⒠subside; be put down. ㉠가라앉다, 진정되다.「薬を飲んだら痛みがすこしずつしずまってきた//暴動がしずまった」 ▷他動 静める・鎮める
注 漢字で書くときは, ①は「静まる」, ②は「鎮まる」.

しず・む 【沈む】シズム〔自動五〕(しずんで) ①人やものが水面から下のほうへ行く. また, 水の底につく. ⒠sink. ㉠가라앉다.「大波を受けて船が沈んだ//古い靴が川の底に沈んでいる」 対浮く, 浮かぶ ②太陽や月などが地平線や水平線の下に隠れる. ⒠set; go down. ㉠지다.「夕日が山の向こうに沈む」 対昇る ③よくない状態に落ちこんで, 元気がなくなる. ⒠be downcast; feel depressed. ㉠잠기다, 빠지다, 침울해지다.「悲しみに沈む//気が沈む」 対浮かれる
▷他動 沈める

しせい 【姿勢】シセイ ①なにかをするときの体の形. ⒠(a) posture; a position. ㉠자세.「腰を曲げた姿勢で掃除をする//まっすぐな姿勢で歩く//正しい姿勢で本を読まないと目が悪くなる」 ②心の持ち方. ⒠an attitude. ㉠마음의 자세, 태도.「提案に賛成か反対かの姿勢を明確にする//姿勢を正す(⒠correct one's attitude. ㉠자세를 가다듬다.)//消極的な姿勢」

しせつ 【施設】シセツ, シセツ ある目的のために使われる建物や設備. ⒠facilities; an institution. ㉠시설.「この住宅団地は, 病院, 学校, 公園など, 施設がととのっている//公共施設//娯楽施設//福祉施設」

しせん 【視線】シセン ものを見るときの目の方向. ⒠one's eyes; one's gaze. ㉠시선.「反対意見を述べると, 全員の視線がわたしに集まった//視線が合う//鋭い視線」

しぜん 【自然】シゼン ①山, 川, 海, 森など, 人間の手を加えていない地球上のもの. ⒠nature. ㉠자연.「休日には山や湖に出かけて自然と親しむ//自然観察//自然保護」 対人工 ②(副詞的に)手を加えていないようす. ひとりでに. ⒠naturally. ㉠자연히.「話は自然, むかしの思い出に移っていった//母はよく人の世話をするので, 自然といろいろな人が集まってくる」

③無理がないようす．Ｅnatural．韓자연스러움．「愛し合っている２人が一緒に暮らすのは自然だ//自然なふるまい」対不自然

しぜんかがく 【自然科学】シゼンカガク
科学の一分野．自然のいろいろのことを研究する．数学，化学，生物学，天文学など．Ｅnatural science．韓자연 과학．「高校時代に自然科学に興味を持ちはじめ，のちに物理学者になった」関連人文科学，社会科学

しぜんに 【自然に】シゼンニ
特別になにもしなくても．Ｅnaturally; automatically．韓자연히，저절로．「安くて味のいい店には，自然に客が集まってくる//早く寝たので，目覚まし時計が鳴る前に自然に目が覚めた」

しそう 【思想】シソー
人生や社会などに対する考え．人の生き方や行動の方向を決める考え．Ｅthought; an idea．韓사상．「人間はだれでも平等だという思想をたいせつにす//民主主義の思想/思想の自由/思想家」

じぞく 【持続】ジゾク（～する）
同じ状態がずっと続くこと．また，続けること．Ｅcontinue; last．韓지속．「時速200キロのスピードを持続する/協力関係が持続する/持続時間」

した 【下】シタ
①ある所から見て低いほう．Ｅbelow; under．韓아래，밑．「富士山に登ると，雲が下に見える//机の下」対上

②ものの内側の部分．Ｅunder．韓안，속．「洋服の下にシャツを着る」対上

③地位や能力や年齢などが低いこと．Ｅlower; younger．韓아래，하위：연하．「あの部長は仕事がよくできるので，下の者から尊敬されている//２つ下の妹」対上

④（他のことばの頭について）前から用意すること．「下準備（Ｅpreparations．韓사전준비．）//下調べ（→項目）」

下にも置かない　たいへん気をつかってもてなす．Ｅ(receive a) hearty (welcome)．韓극진하다．「久しぶりにふるさとへ帰り，下にも置かないもてなしを受けた」

した 【舌】シタ
口の中にあって，食べ物を食べやすく動かしたり味を感じたりする器官．また，人間のばあいでは，ことばを発音するときにも使う．Ｅa tongue．韓혀．「犬が舌でわたしの顔をなめた//とても辛くて，舌がひりひりする//二枚舌（→項目）」数１枚

舌が肥える　味のよさがよくわかる．Ｅhave a fastidious taste．韓입이 높다，구미가까다롭다．「舌がこえている客が多いので，材料をよく選んで料理する」似た表現口が肥える

舌の根の乾かぬうち　あることを言ったすぐ後に．Ｅwhile the words were still on one's tongue．韓입에 침도 마르기 전에．「さっき，酒はもう飲まないと言ったのに，その舌の根の乾かぬうちに，また酒を飲んでいる」

舌を巻く　ひどく感心し，驚く．Ｅbe speechless with admiration．韓혀를 내두르다．「10歳の京子が中国語の詩をすらすら朗読するのには舌を巻いてしまった」

したい 【死体】シタイ
人間や動物の死んだ体．Ｅa corpse; a carcass．韓사체，시체．「事故で死んだ馬の死体を解剖する//小犬の死体を土に埋めた」数１体　→亡きがら

しだい 【次第】シダイ
①ものごとの順序．Ｅorder; a program．韓순서．「式次第について話し合う」

②そうなった事情，わけ．Ｅcircumstances．韓사정，경위，유래．「ことの次第については，つぎの機会にくわしく話します//ことの次第によっては，日曜日に出勤してもらうかもしれない」

③（名詞の後について）それによって決まること．「行くか行かないかは天気次第だ（Ｅ

Whether we go or not depends on the weather. 한 가느냐 마느냐는 날씨 나름이다.)/新しいワープロを買うかどうかは性能と金額次第だ」
④(動詞の「ます」形について)そのことが終わったら、すぐに.「家に着き次第、電話をください(EPlease call me as soon as you get home. 한 집에 도착하는 대로 전화 주십시오.)」

じたい 【事態】ジタイ ものごとの状態. Ethe situation; the state of affairs. 한 사태.「戦争という最悪の事態を迎えた//緊急事態//非常事態」
参 悪いこと、好ましくないことについていうことが多い.

じたい 【辞退】ジタイ、ジタイ〔~する〕人からすすめられたことを断ること. Edecline; refuse. 한 사퇴, 사절.「会長になってほしいと頼まれたが辞退した//賞を辞退する」

じだい 【時代】ジダイ ある基準で区切られた年月. Ethe times; a period; an era; days. 한 시대.「日本は、いまものがあふれているが、こんな時代がこれからも長く続くのだろうか//時代後れ//江戸時代//学生時代」

しだいに 【次第に】シダイニ すこしずつ. だんだん. Egradually. 한 점점, 차츰.「事故の話を聞いているうちに、顔色がしだいに変わってきた//朝のうちは涼しいが、午前10時ごろからしだいに暑くなってくる」

した・う 【慕う】シタウ、シタウ〔他動五〕(したって)①一緒にいたくて後を追う. Efollow a person to. 한 뒤를 좇다, 따르다.「外国へ行った恋人をしたって、後から追いかける」②忘れることができなくて、なつかしく思う. Eyearn for; miss. 한 그리워하다, 사모하다.「なくなった母をしたって、その手紙を読み返す/ふるさとをしたう」③人の学問や人柄にひかれる. Ebe attracted by; adore. 한 우러르다, 흠모하다.「わたしは自由な学風をしたってこの学校に入学した//学生にしたわれている教授」

したうけ 【下請け】シタウケ ある会社や人の仕事を、別の会社や人が協力して引き受けること. また、後から引き受けた会社や人. Ea subcontract. 한 하청.「家は建築会社がつくるが、水道や電気の工事は下請けの会社がする」

したが・う 【従う】シタガウ、シタガウ〔自動五〕(したがって)①後についていく. Efollow; accompany. 한 뒤를 따르다, 수행하다.「案内人にしたがって古い城を見て歩く」②人の言うとおりにする. Efollow; obey. 한 따르다, 복종하다.「先輩の意見にしたがって新聞記者になった」対背く、逆らう ③規則、命令などを守り、そのとおりにする. Eobserve; abide by. 한 따르다, 준수하다.「校則にしたがわず罰を受ける」対背く、逆らう ▷他動従える

~にしたがって ~とともに. ~につれて. Eas; in proportion to. 한 ~에 따라, ~와 함께.「登るにしたがって、山道はけわしくなった」

したがき 【下書き】シタガキ〔~する〕文章や絵などを完全にかく前に試しや練習としてかいてみること. また、そのもの. Ea rough copy; a draft. 한 초고, 밑그림.「下書きを先生に見せて、直してもらってから清書する」対清書

したがって シタガッテ、シタガッテ (文と文をつないで) 前にいったことが条件や理由になって、後でいうことが当然起こるときに使うことば. Econsequently; therefore. 한 따라서, 그러므로.「この国は軍事費に予算が多く使われる. したがって福祉や教育関係の予算が少なくなる」
参 「だから」も似ているが、「したがって」の

ほうがかたいことば。論理的な文章や表現に使う。

したぎ 【下着】シタギ シャツやパンツなど、衣服の下に着るもの。多く、肌の上に直接着る。 E underwear. 韓 속옷, 내의. 「運動して汗をかいたので下着を取りかえる//寒いから下着をたくさん着よう」対 上着 数 1枚

したく 【支度】シタク〔～する〕前もって必要なものをそろえておいたり、必要なことをしておいたりすること。 E preparations; arrangements. 韓 준비. 「夕食の支度をする//旅の支度//支度金」

じたく 【自宅】ジタク 自分の家。 E one's home. 韓 자택. 「郊外の自宅から、1時間半かけて会社に通う//客を自宅に招く」

したごしらえ 【下ごしらえ】シタゴシラエ〔～する〕なにかをつくるとき、前もって簡単に準備しておくこと。また、その準備。 E preparations. 韓 사전 준비. 「外出前に、夕食の料理の下ごしらえをしておく」

したし・い 【親しい】シタシイ よく知っていて仲がよく、つきあいが深い。 E friendly; close. 韓 친하다. 「京子とは子供のころから親しくしている//親しい友達を招待してパーティーをする」対 疎い

したし・む 【親しむ】シタシム〔自動五〕（たしんで）① 親しくする。 E make friends with. 韓 친하게 지내다. 「気心の知れた友と親しむ」② いつも接していて、身近に感じる。 E get close; enjoy. 韓 가까이 하다, 좋아하다, 즐기다. 「土に親しんで野菜や草花を育てるのは楽しい//読書に親しむ」▷ 名 親しみ。

したしらべ 【下調べ】シタシラベ, シタシラベ〔～する〕なにかをする前に、そのことについて調べておくこと。 E a preliminary inquiry; preparation. 韓 사전 조사, 예비 조사; 예습. 「旅行に行く前に現地の事情を下調べしておく//授業の下調べ」

したたか シタタカ, シタタカ ① 手ごわく、簡単には扱えないようす。 E tough; difficult to deal with. 韓 만만찮음. 「警官にこれだけ厳しく取り調べられても本当のことを言わない容疑者は、なかなかしたたかだ」② 程度がひどいようす。 E dead; hard. 韓 몹시, 엄청; 호되게. 「今夜はたくさん酒を飲んで、したたか酔ってしまった//自転車で転んで、したたかにひざを打った」

したづつみをうつ 【舌鼓を打つ】おいしいものを食べて舌を鳴らす。 E smack one's lips; eat with relish. 韓 입맛을 다시다. 「とれたばかりの魚の料理にしたづつみを打つ」

参「したつづみを打つ」が変化した言い方。

したづみ 【下積み】シタズミ ① 他のものの下に積むこと。また、積まれること。 E be at the bottom of the heap. 韓 다른 물건 밑에 쌓음〔쌓임〕, 그 물건. 「この箱は下積みになっていたので、ふたが曲がっている//下積み厳禁」対 上積み ② 社会や組織の中で、自分の能力が認められず、責任ある地位や仕事につけないこと。また、その人。 E be in a lower position; remain in obscurity. 韓 남의 밑에서만 일하며 출세를 못함, 그런 사람; 졸때기. 「二郎はいつまでも続く下積みの生活がいやになって会社をやめた//あの歌手は下積みの時代が長かった」

したて 【下手】シタテ 自分が相手より下だという謙遜した態度。したで。 E have a humble attitude. 韓 겸손〔공손〕한 태도. 「相手を怒らせないようにしたてに出る」対 上手

注「へた」「しもて」とも読めるので、区別するためには、ひらがなで書くほうがいい。

したて 【仕立て】シタテ 特別につくったり、用意したりすること。また、そのもの。 E tai-

じたばた

lor; sew; a special ～. 한특별히 재봉(준비)함, 그런 물건.「式に着る服を洋服屋に仕立てに出す//今度の旅行は特別仕立てのバスで行きます」他動仕立てる

じたばた ジタバタ〔～する〕①手足を大きく動かして抵抗するようす.「体を押えつけられ, じたばたする(Ebe pressed down and struggle. 한몸이 꽉 눌리고서 버둥거리다.)」②困難な状態を変えようとして, あわて騒ぐようす.「あしたの試験にいまさらじたばたしても, どうにもならない(EIt's no use struggling now for tomorrow's exam. 한내일의 시험에 이제 와서 발버둥쳐 보았자 어쩔할 도리가 없다.)」▷話

したまち 【下町】シタマチ 大都市の中で, 土地の低いほうにあって, 商業や工業によって生活している人が多く住む地域. E*Shitamachi*; the old districts. 한도시 저지대의 상공업 지구.「下町には, 祖父の代から住んでいる人が多い//一郎は下町生まれだ」対山の手

したまわ・る 【下回る】シタマワル, シタマワル〖他動五〗(したまわって) ものごとが, ある数や量や程度より少なくなる. Ebe less than; be lower than. 한밑돌다, 하회하다.「今年の米の収穫量は, 昨年を下回りそうだ//平均点を下回る」対上回る

じだんだをふむ 【じだんだを踏む】悔しくて, 激しく足を踏み鳴らす. Estamp one's feet in vexation. 한(분해서) 발을 동동 구르다.「大きな魚を釣り上げる直前に糸が切れて, 兄はじだんだを踏んで悔しがった」

しち 【七】シチ ①6に1を加えた数. なな. 7. 7つ. Eseven. 한칠, 일곱.「俳句は5, 7, 5の17音の短い詩だ//七五三(→項目)」②順番が6のつぎ. 7番目. 第7. Ethe seventh. 한일곱째.「7月号//7時//7人目」

しち 【質】シチ 金を借りるとき, 返せないばあいの代わりになるものとして相手に品物を預けること. また, その品物. Epawn. 한저당(물), 담보(물).「腕時計を質に入れて金を借りた//質屋(Ea pawnshop. 한전당포.)//人質(→項目)」

じち 【自治】ジチ 自分たちのことを自分たちで決めて, 組織やグループを動かしていくこと. Eself-government; autonomy. 한자치.「国は大学の自治を尊重して口を出さない//自治会//地方自治体」

しちがつ 【七月】シチガツ, シチガツ 1年の7番目の月. 7月. EJuly. 한7월.「日本では, 7月の末から学校の夏休みが始まる」

しちごさん 【七五三】シチゴサン, シチゴサン 子供の成長を祝う行事. 数え年で男の子は3歳と5歳, 女の子は3歳と7歳の11月15日に祝う. 晴れ着を着て, 神社などにおまいりする. E

(七五三)

the celebration on November 15 of a child's growth at three, five and seven years of age. 한시치고산 축제(아이의 성장을 축하하는 행사로, 남자 아이는 3세와 5세, 여자 아이는 3세와 7세가 되는 해의 11월 15일에 신사 등에 참배함).「5歳の子供の七五三を祝う//七五三に子供に着せる, 新しい着物を用意する」

じちょう 【自重】ジチョー〔～する〕①自分の言うこと, 行うことを控えめにすること. Ebe prudent; be cautious. 한자중.「外部からいろいろと批判を受けないように, 自重して行動する」②自分の体をたいせつにすること. Etake care of oneself. 한자중.「体の調子がよくないので, 自重して酒を控えます」

しつ 【質】シツ ①すぐれているか, そうでな

かという点からみた、そのものが持っている、もともとの性質. Ⓔquality. 한질.「これは質がいい品物だから、値段が高い//この店の商品は、最近、質が落ちた//質より量をとる//質の高い講義」対量 ②(他のことばの後について)そのものをつくっている物質、性質などを表す.「動物質(Ⓔanimal matter. 한동물질.)//蛋白質(→項目)」

-しつ【-室】(他のことばについて)①それをする部屋.「図書室(Ⓔa library. 한도서실.)//待合室(→項目)//診察室(Ⓔa consultation room. 한진찰실.)②組織の中で、ある仕事をする部門.「お客さま相談室/調査室(Ⓔan investigation department. 한조사실.)」

じつ【実】ジツ ①本当であること、本当の中身、内容. Ⓔthe truth; substance. 한사실；실질、알맹이.「実を言うと、この指輪は本物のダイヤではありません//名を捨てて実を取る(→名慣用)//実の娘」②いい結果、実際の成績. Ⓔa satisfactory result. 한실적、성과.「研修の実をあげる」③心がこもっていること. Ⓔsincerity. 한성심、성의.「実のない人とは結婚したくない」

しっかく【失格】シッカク〔~する〕なにかの資格を失うこと. Ⓔbe disqualified. 한실격.「彼はあまりにも常識に欠けているから、社会人として失格だ//失格者」

しっかり シッカリ〔~する〕①かたく、丈夫で、動かないようす. Ⓔfast; tightly. 한단단히、견고히；꽉.「揺れますから、しっかり(と)つり革におつかまりください//ひもをしっかり(と)結ぶ」②強い精神力で、じゅうぶんにするようす. Ⓔsurely. 한똑똑히、정신차려서.「説明をしっかり(と)聞いて、1度で覚える//気をしっかり(と)持つ」③確実で信頼できるようす. Ⓔreliable; sound. 한믿음직함、건전함.「しっかりした子で、頼んだことは必ずやってくれる//しっかりした判断」

じっかん【実感】ジッカン〔~する〕実際にそのように感じること. Ⓔreally feel; feelings. 한실감.「父親になったという実感が、1晩寝てやっとわいてきた//実感がこもったスピーチ」

しっき【漆器】シッキ うるしの木から出る汁をぬった食器などの道具. 日本の伝統的な工芸の1つ. Ⓔlacquer ware. 한칠기.「漆器は傷がつきやすいから丁寧に取り扱うこと//漆器の重箱に、正月料理をつめる//漆器のわん」

しっきゃく【失脚】シッキャク〔~する〕失敗して地位を失うこと. Ⓔlose one's position; a downfall. 한실각.「前首相はクーデターで失脚した//社長の失脚」

しつぎょう【失業】シツギョー〔~する〕それまで働いていた仕事を失うこと. また、働きたくても仕事がないこと. Ⓔlose one's job; unemployment. 한실업.「勤めていた会社が倒産して失業した//失業者」対就業

じっくり ジックリ 満足できる結果になるように、時間をかけて落ちついてするようす. Ⓔthoroughly; without haste. 한차분히、곰곰이.「たがいに納得できるまでじっくり(と)話し合う//じっくり(と)考える」

しつけ シツケ 家庭生活や人とつきあううえでの礼儀、作法. また、それを身につけさせること. Ⓔmanners; discipline. 한예의 범절、예의 범절을 가르침.「母はしつけにうるさく、食事のときはテレビを見させてくれない//しつけが悪い」他動しつける

しっけ【湿気】シッケ、シッケ 空気の中にふくまれている水分. しっき. Ⓔmoisture; humidity; dampness. 한습기.「雨が続いて、部屋の中も湿気が多い//エアコンをつけて湿気を取り除く」→湿り気

じっけい【実刑】ジッケイ 執行猶予がつか

ないで，実際にしたがわなければならない刑罰．Ⓔa prison sentence. 㦈実刑．「人を殺した男が懲役15年の実刑の判決を受けた」対執行猶予

じっけん【実験】ジッケン〔～する〕頭の中で考えたことが正しいかどうかを実際に確かめてみること．Ⓔan experiment; a test. 㦈実험．「教授の考えが正しいことが実験で証明された//新薬を実験的に使ってみる」

じつげん【実現】ジツゲン〔～する〕計画や希望などが本当のものになること．また，本当のものにすること．Ⓔcome true; realization. 㦈실현．「子供時代の夢が実現した//計画の実現を急ぐ//実現可能なプラン」

しつこ・い シツコイ ①いつまでもあきらめずについて来て，うるさく感じられる．しつっこい．Ⓔpersistent. 㦈끈덕지다, 끈끈기다．「ハエが1匹，追っても追っても，しつこく飛んでくる//何度断ってもしつこく同じことを頼みにくる」②色，味，かおりなどが強すぎたり，濃すぎたりする．しつっこい．Ⓔheavy. 㦈(맛・빛깔・냄새 등이) 짙다, 산뜻하지 않다, 느끼하다．「この料理は油をたくさん使っているのでしつこい//しつこい味」

じっこう【実行】ジッコー〔～する〕約束や計画を実際に行うこと．Ⓔcarry out; practice. 㦈실행．「あなたの計画はとてもいいから，ぜひ実行してください//計画を実行に移す//実行委員//実行力」

しっこうゆうよ【執行猶予】シッコーユーヨ ある決まった期間，刑の実行がのばされ，その間に犯罪をおかさなければ，刑が取り消されること．Ⓔa suspended sentence; probation. 㦈집행 유예．「金を盗んだ罪で懲役1年，執行猶予2年の刑を受けた」対実刑

じっさい【実際】ジッサイ ①現実のものであること．事実．Ⓔthe truth; reality. 㦈실제．「この仕事は簡単にみえますが，実際はとてもたいへんなのです//実際の体験」②(副詞的に)本当に．Ⓔreally; actually. 㦈참으로，정말로．「実際，一郎のやり方には腹が立つ//実際，この夏は暑いね」

じっし【実施】ジッシ〔～する〕実際に行うこと．Ⓔpractice; operation. 㦈실시．「新車の試運転を来週実施する//実施を見送る//法律の実施」

じっしつ【実質】ジッシツ 実際の性質や内容，価値．Ⓔsubstance; practically. 㦈실질．「見た目より実質を重んじて，丈夫で燃費のいい車を選ぶ//実質的に考える//実質価格」対名目

しつじつごうけん【質実剛健】シツジツ・ゴーケン 質素でまじめで強くたくましいこと．Ⓔsimple and sturdy. 㦈질실 강전．「この高等学校の校風は質実剛健だ//質実剛健の気風」

じっしゅう【実習】ジッシュー〔～する〕理論や知識だけを学ぶのではなく，実際に体を使って技術などを学ぶこと．Ⓔpractical training. 㦈실습．「勉強したことを実習するために工場へ行く//実習生」

じつじょう【実状・実情】ジツジョー ①実際に見えるありさま．Ⓔthe actual circumstances. 㦈실상．「台風の被害の実状がテレビで報道された」②外部からはわかりにくい本当の事情．Ⓔthe real state of affairs. 㦈실정．「校長は，予算がたりず，生徒が使うボールも買えないという学校の実情を訴えた」

≡注 ①は「実状」，②は「実情」．

しっしん【湿疹】シッシン 皮膚の表面にできる，はれ，赤みなどの症状．熱やかゆみ，痛みがある．Ⓔeczema. 㦈습진．「腕に湿疹ができてきて，かゆくてしかたがない//アレルギー性の湿疹」

じっせき【実績】ジッセキ 仕事や勉強などの成果．また、その積み重ね．Eactual) results; one's achievements. 한실적.「仕事の実績が認められて、課長になった//実績が上がる//販売実績」

じっせん【実践】ジッセン〔～する〕主義や主張を、実際に自分で行うこと．E(actual) practice. 한실천.「早寝早起きを実践している//自然食が健康にいいと聞いて、実践してみた」対理論

しっそ【質素】ジッソ 衣食住に金をかけず、ぜいたくをしないこと．Esimple; frugal. 한질소、검소.「ごはんとみそ汁だけの質素な食事をする//質素な生活」対贅沢

じったい【実態】ジッタイ 本当の状態．Ethe actual conditions. 한실태.「社会の実態に合った制度をつくる//生活の実態//実態調査」

しったかぶり【知ったかぶり】シッタカブリ〔～する〕実際には知らないのに知っているようなようすをすること．Epretend to know; speak knowingly. 한(모르면서도)아는 체함.「友達が知ったかぶりをして教えてくれた花の名は、あとで調べたらまちがっていた」

じっちゅうはっく【十中八九】ジッチューハック 10のうち8か9まで、ほとんど．じゅっちゅうはっく．Eten to one. 한십중팔구.「こんな高いビルから落ちたら、十中八九助からないだろう」

しっと【嫉妬】シット、シット〔～する〕①自分より恵まれている人をうらやみねたむこと．また、その気持ち．Ebe envious. 한질투.「ピアノの国際コンクールに優勝した友人の才能にしっとする」②自分の愛する人の愛情がほかに向くのをうらみ憎むこと．また、その気持ち．Ebe jealous. 한질투.「二郎は妻に恋人ができたと思いこみ、しっとに狂った//しっと深い人」

しつど【湿度】シツド 空気のしめりの程度．パーセントで表す．Ehumidity. 한습도.「つゆどきは雨が多いので、湿度が高くなる//きょうの湿度は60パーセントです」

じっと ジット ①〔～する〕体を動かさないようす．Estill; motionless. 한가만히、꼼짝 않고.「写真をとりますから、しばらくじっとしていてください」②静かに、集中しているようす．Eintently; deeply. 한가만히、골똘히.「相手の顔をじっと見る//じっと考える」③がまんするようす．Epatiently. 한꾹、지그시.「怒りをじっとおさえる//涙をじっとこらえる」

しっとり シットリ〔～する〕①ちょうどよくしめっているようす．「久しぶりの雨で土の表面がしっとり(と)ぬれている(EThe ground is moist after the long-awaited rain. 한오래간만의 비로 땅 표면이 촉촉히 젖어 있다.)//顔を洗ったあとでクリームをつけると肌がしっとりする」②静かで落ちついているようす．「着物姿のしっとりした感じの女性(Ea gentle-looking woman in a *kimono*. 한기모노 차림의 차분한 인상의 여성.)」

しつない【室内】シツナイ 部屋の中．Eindoor; in a room. 한실내.「室内の空気を入れかえる//室内競技//室内楽(Echamber music. 한실내악.)」対室外

じつに【実に】ジツニ 断定や驚きの気持ちを強めるようす．Ereally; very. 한실로、참으로.「実にいい映画だったから、みんなにすすめよう//道子は実に話がうまい」

じつは【実は】ジツワ 本当のことを言うと、打ち明けて言うと．Ein reality; to tell the truth. 한실은、사실은.「会社をやめたと言っているが、実はやめさせられたのだ//実は、折り入ってお願いがあるのですが」

しっぱい【失敗】シッパイ〔～する〕下手

だったり、力がたりなかったりして、目的が果たせないこと. Ⓔfailure; fail. 韓失敗.「ロケットの打ち上げは、1回目は失敗に終わったが、2回目には成功した//事業に失敗して、たくさんの借金ができた」対成功

じっぱひとからげ【十把一からげ】ジッパ・ヒトカラゲ 種類や質の違うものを区別せずに、同じように扱うこと。また、それぞれの特色を認めずにみな同じつまらないものとして扱うこと。じゅっぱひとからげ. Ⓔall together; indiscriminately. 韓한데 싸잡음.「ひとりひとり持っている悩みは違うのだから、じっぱひとからげに解決することはできない」

しつぼう【失望】シツボー〔~する〕ものごとが思ったとおりにならず、がっかりすること. Ⓔbe disappointed. 韓실망.「映画は期待はずれで失望した//人生に失望して自殺する」

しつもん【質問】シツモン〔~する〕わからないこと、知りたいことについて相手に尋ねること. Ⓔa question. 韓질문.「わたしの話の中で、わからないことがあったら質問してください//質問に答える」対回答, 答え

じつよう【実用】ジツヨー 実際に役に立つこと。実際に使用すること. Ⓔpractical use. 韓실용.「このお皿はきれいだが、大きすぎて実用にならない//実用性/実用品」

じつりょく【実力】ジツリョク 本当に持っている力. Ⓔone's (real) ability. 韓실력.「実力を養う//実力行使(Ⓔuse of force. 韓실력 행사.)//実力者(Ⓔan influential person. 韓실력자.)」

しつれい【失礼】シツレイ〔~する〕①礼儀を欠くこと. Ⓔimpolite; rude. 韓실례.「友人はわたしのことを、体は強いが頭が弱いなどと失礼なことを言う//人の足を踏んでも謝らないとは失礼だ」②人と別れるときや、謝るときや、問いかけるときに言うことば. ⒺI must be going now; Excuse me. 韓실례(하겠습니다).「失礼ですが、どちらにお勤めですか/お先に失礼」▷話②

じつれい【実例】ジツレイ 実際の例. Ⓔan example; an instance. 韓실례.「川の水がよごれてきたことは環境悪化を示す実例だ//実例をあげて説明する」

しつれん【失恋】シツレン〔~する〕相手の心が変わったりして、恋が思いどおりにならないで終わること. Ⓔbe disappointed in love; a broken heart. 韓실연.「一郎はとうとう京子に失恋してしまった//失恋の苦しみを忘れたくて旅に出た」

してい【指定】シテイ〔~する〕特にこれと決めること. Ⓔappoint; designate. 韓지정.「あす、指定の場所に指定の時間までに来てください//指定の用紙/指定席」

してき【私的】シテキ 公の立場を離れて、個人とだけ関係があるよう. Ⓔprivate; personal. 韓사적, 개인적.「部長は、会社を離れて私的につきあうと楽しい人//大臣は私的な発言にも注意するべきだ」対公的

してき【指摘】シテキ〔~する〕たいせつなことや問題点などを特に取りあげてさし示すこと. Ⓔpoint out; indicate. 韓지적.「実際に使ってみて、新製品の使いにくい箇所を指摘する//相手のまちがいを指摘する」

してん【支店】シテン 本店の下で、本店から分かれて仕事をしている店. Ⓔa branch (office). 韓지점.「本店から支店に転勤になる//支店長/パリ支店」対本店

じてん【字典】ジテン, ジテン 漢字を決まった順序に並べ、意味や読み方などを説明したもの. Ⓔa dictionary of Chinese characters. 韓자전, 옥편.「字典で漢字の意味を調べる」数1冊

じてん【事典】ジテン, ジテン ものやことに関することばを集めて、決まった順序に並べ、

説明したもの．🇪 an encyclopedia. 🇰사전．「花や木の名前を植物の事典で調べる//百科事典(→項目)」 数 1 冊

じてん 【辞典】ジテン，ジテン ことばを決まった順序に並べ，意味や読み方などを説明したもの．🇪 a dictionary. 🇰사전．「この辞典には用例がくわしく出ている//国語辞典/日韓辞典」数 1 冊 →辞書

じてんしゃ 【自転車】ジデンシャ，ジテンシャ その上にまたがり，両足でペダルをたがいちがいに踏んで走らせる二輪車．🇪 a bicycle. 🇰자전거．「自転車で買い物に行く//自転車をこぐ//自転車置き場//自転車通学」数 1 台

しどう 【指導】シドー〔～する〕ある目的に向かって教え導くこと．🇪 guidance; lead; instruction. 🇰지도．「先生の指導によって，この作品はできあがった//下級生を指導する//スポーツの指導//指導力」

じどう 【自動】ジドー 機械などが自分の力で動くこと．🇪 automatic. 🇰자동．「このドアは自動だから，手で開けなくてもいい//自動販売機//全自動洗濯機」対 手動

じどう 【児童】ジドー 子供．特に，小学校に行っている子供．🇪 a child; a pupil. 🇰아동．「これは 6 歳の児童がかいた絵です//児童文学//児童劇」関連 生徒，学生
参 児童福祉法では，満18歳に満たない男女をいう．

じどうしゃ 【自動車】ジドーシャ，ジドーシャ エンジンの力で，ふつう 4 つの車輪を回して走る車．🇪 a car; an automobile. 🇰자동차．「日本は自動車を世界じゅうに輸出している//大型の自動車//自動車事故」数 1 台

じどうてき 【自動的】ジドーテキ ①人が動かさなくても，ひとりでに動くようす．🇪 (move) automatically. 🇰자동적．「こ

のストーブは，倒れると自動的に火が消える」②自然の動きとしてそういう状態になるようす．🇪 as a matter of course. 🇰자동적．「60歳になると自動的に会社をやめることになる」

しとしと シトシト，シトシト 細い雨が静かに降り続くようす．「雨がしとしと(と)降っている(🇪 It is drizzling; It is raining softly. 🇰비가 부슬부슬 내리고 있다.)」

しとやか シトヤカ 落ちついていて，上品なようす．🇪 graceful; modest. 🇰정숙함，단아함．「祖母はしとやかで，大声でどなったことは 1 度もない//むかしはしとやかな女性が好かれたが，いまは活発な女性のほうが人気がある」

しどろもどろ シドロモドロ，シドロモドロ うまく話せないで，論理が乱れているようす．🇪 faltering; incoherent. 🇰횡설수설．「兄の英語はしどろもどろでよくわからなかった//『は』と『が』の違いを質問したら，若い先生はしどろもどろだった」話

しな 【品】シナ ①品物．🇪 an article; goods. 🇰물품．「けっこうなお品をいただきましてありがとうございました//品切れ//品数」②もののいい悪いの性質．🇪 quality. 🇰품질．「この洋服は品がいいので値段が高い//品が落ちる」

しない 【市内】シナイ 市の区域の中．🇪 in the city. 🇰시내．「市内の交通にはバスが便利だ//市内を案内する//市内見物」対 市外

しな・びる シナビル〔自動一〕みずみずしさがなくなり，しぼんだり，しわが寄ったりする．🇪 wither; shrivel. 🇰시들다，쭈그러들다．「野菜がしなびる//おばあさんのしなびた手」

しなもの 【品物】シナモノ 生活に使われるいろいろなもの．特に，商品．🇪 an article;

しなやか

goods. 한물품.「いい品物をさがして買う//品物を仕入れる//外国製の品物」

しなやか シナヤカ やわらかくて、曲げても折れたりしないよう。また、動作などがなめらかなよう。Ⓔlimber; pliant. 한유연함、낭창낭창함.「若いころはしなやかだった体が、だんだんかたくなってきた//竹はしなやかで、弾力性がある」

しにぎわ【死に際】シニギワ 死ぬ直前、死ぬとき。Ⓔthe hour of death; one's last moments. 한임종(시).「父は死にぎわまで家族のことを心配していた」

しにせ シニセ むかしからずっと続いている店。Ⓔan old, well-established store. 한오래된 가게、노포.「あの店は100年以上も続いている和菓子のしにせだ//しにせの主人//しにせの味」数1軒・1店

しにものぐるい【死に物狂い】シニモノグルイ 死ぬことも恐れないほど一生懸命にすること。Ⓔdesperately. 한필사적.「突然、北京へ転勤を命じられ、死に物狂いで中国語をマスターした」

じにん【辞任】ジニン〔〜する〕それまでしていた仕事や役目を自分からやめること。Ⓔresign (one's post). 한사임.「委員長を辞任する/辞任のあいさつ」対就任

し・ぬ【死ぬ】シヌ〔自動五〕(しんで) ①息が絶えて命がなくなる。この世から消える。Ⓔdie. 한죽다, 숨지다.「祖父は昨年病気で死んだ//死んでも(=どんなことがあっても)離さない」対生きる、生まれる

②生き生きしたようすがなくなる。Ⓔbe lifeless. 한생기가 없다, 죽다.「この絵は目が死んでいる」

③うまく使われていない。Ⓔlie unused. 한활용되지 않다, 놀다, 사장되다.「死んでいる金を上手に使う」対生きる

死んだ子の年を数える 取り返しのつかないことで愚痴を言う。Ⓔcry over spilt milk. 한죽은 자식의 나이를 세다, 쓸데 없는 푸념을 하다.

死んでも死にきれない このまま引き下がるわけにはいかない。Ⓔ I shall have to carry my regrets beyond the grave; I shall never give in. 한이대로 물러설 수는 없다.「社内でいちばんだめな男と言われたままでは、死んでも死にきれない」

じぬし【地主】ジヌシ 土地を持っている人。Ⓔa landowner. 한지주.「地主から土地を借りる//大地主」

しのぎをけずる【しのぎを削る】たがいに激しく戦う。Ⓔfight furiously. 한맹렬히 싸우다.「実力が同じぐらいの両チームがしのぎをけずった」

参「しのぎ」は刀の側面にある高くなった線のこと。刀で切り合うときにそれがぶつかってけずられるようであることからいう。

しの・ぐ シノグ〔他動五〕(しのいで) ①じっとがまんして困難を切り抜ける。Ⓔstave off; keep off. 한참아 내다, 견디어 내다；피하다.「木の実を食べて飢えをしのぐ//雨露をしのぐ」②他より能力や程度が上だ。Ⓔsurpass; exceed. 한능가하다.「80歳の祖父は若者をしのぐ元気がある//京子は先生をしのぐほどピアノがうまくなった」

しのびこ・む【忍び込む】シノビコム〔自動五〕(しのびこんで) 人に見つからないようにこっそり中へ入る。Ⓔsneak into. 한몰래 숨어 들어가다, 잠입하다.「泥棒は裏口からしのびこんだ」名忍び込み

しの・ぶ【忍ぶ】シノブ, シノブ〔他動五〕(しのんで) ①つらいことをじっとがまんする。Ⓔendure; bear. 한참다.「恥をしのんで本当のことを話した//不自由をしのぶ」②人に知られないようにする。Ⓔhide oneself;

じびか

secretly. 핸숨다；남의 이목을 피하다.「木陰にしのぶ//人目をしのんで旅に出る」

しの・ぶ シノブ, シノブ〔他動五〕(しのんで) 過ぎた時や人, 遠い場所などをなつかしく思う. Ｅthink of; recall; reminisce. 핸그리다, 그리워하다.「なき母をしのんで, きょうだいで語り合う/故郷をしのぶ」

しはい 【支配】シハイ, シハイ〔〜する〕上に立ち, 人やものを自分の思うように動かすこと. Ｅmanage; rule; be dependent on. 핸지배.「この会社は社長がすべてを支配している//農業は天候に支配されやすい/支配者/支配人」

しばい 【芝居】シバイ ①演劇. 特に, 歌舞伎や大衆演劇. Ｅa play; the theater. 핸연극.「芝居の切符を手に入れる//芝居見物」 ②〔〜する〕人をだまそうとして, したり言ったりすること. Ｅput on an act. 핸연극.「あの夫婦は親の前では仲がよさそうに芝居をしている」 ▷→劇

じはく 【自白】ジハク〔〜する〕隠していた自分の罪を認めたり, 自分から言ったりすること. Ｅconfession. 핸자백.「自白によると, Aは100万円盗んでいる//犯行を自白する」

しばしば シバシバ あまり間を空けず, 何度も繰り返すようす. Ｅoften; frequently. 핸종종, 자주.「頼まれたことをしばしば忘れるので, 信用されなくなる//小さい地震がしばしば起こる」 書 →時時

しはつ 【始発】シハツ ①電車やバスなどが, そこを最初の場所として出発すること. Ｅthe starting (station). 핸(열차, 버스 등의) 시발(역).「この列車の始発は東京駅だ//始発駅から電車に乗るとすわれる」 対終着 ②電車やバスなどが, 1日のうちでいちばん早く出発すること. また, その乗り物. Ｅthe first (train, bus). 핸시발, 첫차.「始発で行けば, 午前中にそちらに着ける//始発電車」 対終発, 最終

しばふ 【芝生】シバフ 芝という小さな草が一面に生えている所. Ｅgrass; a lawn. 핸잔디밭.「芝生の中に入らないでください//公園の芝生//芝生の手入れ」

しはら・う 【支払う】シハラウ〔他動五〕(しはらって) 買ったものの代金や利用したものの料金を相手に渡す. Ｅpay. 핸지불하다.「商品の代金を支払う//乗り物の料金を支払う」 名支払い

しばらく シバラク ①すこしの間があるようす. Ｅfor a while; for some time. 핸잠시, 잠깐.「社長はいま電話中ですので, しばらくお待ちください//しばらくようすを見てから決めよう」 ②すこし長い間があるようす. Ｅfor a long time; for an age. 핸한동안；오래간만.「二郎にはしばらく会っていないが, どうしているだろう？//しばらくでした. お元気ですか」

じばらをきる 【自腹を切る】自分が払う必要のない金を自分で払う. Ｅpay out of one's own pocket. 핸자기 돈으로 지불하다；생돈을 쓰다.「会社が出してくれないので, 自腹を切って客を接待する」

しば・る 【縛る】シバル〔他動五〕(しばって) ①人やものを, 縄やひもなどで, 離れないようにしっかり結ぶ. Ｅbind; tie. 핸묶다.「長い髪を後ろでしばる//強盗に手足をしばられた」対解く ②自由に行動できないようにする. Ｅrestrict; restrain. 핸속박하다, 얽매다.「親でも子供の自由をしばることはできない//規則にしばられて, 自由に動けない」

しひ 【私費】シヒ, シヒ 個人が出す費用. Ｅone's own expense. 핸사비.「私費を投じて美術館を建てた//私費で留学する」 対公費

じびか 【耳鼻科】ジビカ 医学の一分野. 耳や鼻などの病気を専門に扱う. 耳鼻咽喉科.

Ⓔan ear, nose and throat clinic. 韓이비인후과.「耳の奥が痛いので, 近所の耳鼻科に通っている」

じびき 【字引】ジビキ 「辞典」「字典」のくだけた言い方. Ⓔa dictionary. 韓사전.「わからないことばがあったら, すぐに字引を引きなさい//生き字引(→**項目**)」 数1冊 →辞書

じひびき 【地響き】ジヒビキ〔~する〕重いものが地面に落ちたり動いたりしたときに, 地面が大きな音を立てること. Ⓔa rumbling of the ground; a thud. 韓땅울림.「大型トラックが数台, 地響きを立てて通りすぎた」

しび・れる シビレル〔自動一〕①体全部または一部の感覚がなくなり, 身動きがむずかしくなる. Ⓔgo to sleep; become numb; be paralyzed. 韓저리다, 마비되다.「長くすわっていると, 足がしびれる//脳の血管の病気で左半身がしびれている」②強い刺激に興奮してうっとりする. Ⓔbe caught up. 韓황홀해지다, 도취되다.「ロックミュージックにしびれる」▷名しびれ 話②

しぶ・い 【渋い】シブイ ①渋ガキを食べたときの, 舌がしびれるような味だ. Ⓔbitter; puckery. 韓떫다.「濃くて渋いお茶が好きだ//まだ小さい青いリンゴを取って食べたら渋かった」②地味で落ちついているようだ. Ⓔquiet; sober. 韓수수하다.「一郎は若いけれど, いつも渋い色のネクタイをしている//日本間には渋い色の家具が似合う」③けちだ. Ⓔstingy. 韓인색하다.「あの客はお金に渋くて, 代金をなかなか払ってくれない」

渋い顔 きげんの悪い表情. Ⓔlook sullen. 韓떨떠름한 얼굴.「父は将棋に負けて渋い顔をしている」

しふく 【私服】シフク ①学校や会社, 役所などで, 決められた制服ではなく, 自分で選んで自由に着る衣服. Ⓔplain clothes. 韓사복.「仕事が終わり, 私服に着がえて職場を出る」対制服 ②「私服刑事」を略した言い方. 制服を着ないで仕事をしている警官. Ⓔa plainclothesman. 韓사복 형사.「私服が歩道橋の上からデモ隊を見ている」▷数①1枚・1着

しぶしぶ シブシブ, シブシブ しかたなくするようす.「お母さんにしかられて, しぶしぶ(と)勉強する.(Ⓔ Being scolded by his mother, the child is studying reluctantly. 韓어머니한테 꾸중을 듣고, 마지못해 공부한다.)

しぶと・い シブトイ ①がまん強くてあきらめず, ねばり強い. Ⓔtenaciously. 韓끈질기다.「何度もだめと言われたがしぶとく頼んで, とうとう車を買ってもらった」②最後まで自分の意志を通す. Ⓔstubborn; obstinate. 韓고집이 세다.「何度しかられても隠れてタバコを吸うしぶといやつ」▷話

しぶ・る 【渋る】シブル〔自他動五〕(しぶって) ①なめらかにものごとが進まない. Ⓔfalter; become slack. 韓술술 나아가지 않다.「筆がしぶってなかなか書けない」②しようという気にならないので, ぐずぐずして, なかなかものごとを進めない. Ⓔhesitate to; be reluctant to. 韓머뭇거리다, 뜨악해하다.「返事をしぶる//金を出ししぶる」

≡注①は自動詞, ②は他動詞.

じぶん 【自分】ジブン その人自身. わたし. Ⓔoneself; I. 韓자기, 자신.「あなたに言われなくても, 自分でよくわかっています//自分のことは自分でする//自分をたいせつにする」

じぶん 【時分】ジブン, ジブン だいたいの時. ころ. Ⓔtime; hour; season. 韓무렵, 때.「子供の時分はよく遊んだ//そろそろ東京に着く時分だ//いま時分」

じぶんかって 【自分勝手】ジブンカッテ 自分につごうのいいように考えたり, したりする

こと. Eselfish; (have) one's own way. 韓제멋대로임.「団体で旅行しているのだから、自分勝手な行動をしてはいけない//自分勝手にふるまう」

じへいしょう【自閉症】ジヘイショー 自分以外のものや人に関心を示さなくなる心の病気. Eautism. 韓자폐증.「息子は軽い自閉症で、ほかの子供とあまり遊びたがらない」

しほう【四方】シホー, シホー ①東西南北の4つの方向. Ethe four directions (north, south, east, west). 韓사방.「この家は四方に窓があるので明るい//この道路は四方に通じている」②全部の方向. 周囲. まわり. Eall directions; all around. 韓사방, 모든 방면; 주위.「頂上に立つと、四方が見わたせる」

しほう【司法】シホー, シホー 国家が法律にもとづいて、人々の争いや犯罪を裁くこと. Ejudicature. 韓사법.「司法の独立を守る//司法試験//司法官」関立法, 行政

しぼう【死亡】シボー〔～する〕人が死ぬこと. Edie; death. 韓사망.「交通事故で死亡する若者が増えている//死亡の原因を調べる//死亡者//死亡率」対出生, 生存

しぼう【志望】シボー〔～する〕自分がこれからこのようになりたい、したいと望むこと. Ea desire; an ambition. 韓지망.「卒業後は大学院への進学を志望している//わたしの志望は外交官になることです//志望者」

しぼう【脂肪】シボー 動物や植物の中にふくまれている脂. Efat. 韓지방.「バターやチーズには脂肪がたくさんふくまれている//植物性脂肪」

参 ふつうの温度で固体のものは「脂肪」「脂」、液体のものは「油」という.

しほうはっぽう【四方八方】シホー・ハッポー いろいろな方向. あちらこちら. Ein every direction; high and low. 韓사방팔방.「風が吹いて落ち葉が四方八方に散った//家の猫がいなくなったので、四方八方さがした」

しぼ・む シボム, シボム〔自動五〕(しぼんで)開いていたり、ふくらんでいたりしたものが縮む. Ebecome deflated; wither. 韓시들다, 오그라들다, 사그라지다.「ゴム風船がしぼむ//希望がしぼむ//花がしぼむ」対膨らむ, 開く

しぼ・る【絞る・搾る】シボル〔他動五〕(しぼって)①両端を持ち、強くねじるなどして水気を取り除く. Ewring. 韓쥐어짜다.「タオルを強くしぼる」②力を加えて液を出させる. Esqueeze; press. 韓(액체를) 짜다, 짜내다.「オレンジをしぼってジュースをつくる」③出ないものを無理に出させる. Estrain; rack. 韓(무리하게) 짜다, 짜내다.「声をしぼって助けを呼ぶ//知恵をしぼる」④ひろがったものの範囲を狭くする. Enarrow down; turn down. 韓좁히다, 압축하다, 낮추다.「問題をしぼって話し合いを進める//テレビの音量をしぼる」⑤厳しくしかったりきたえたりする. Escold severely; put ~ through the mill. 韓(호되게) 야단치다, 닦달하다.「宿題を忘れて先生にしぼられた//激しい練習で部員をしぼる」▷名絞り・搾り

注 漢字で書くときは、①③④は「絞る」、②⑤は「搾る」.

しほん【資本】シホン 事業や商売をするのに必要な金. Ecapital. 韓자본.「新しい事業を始めるにはたくさんの資本がいる//資本金」

しほんか【資本家】シホンカ 利益をえるために資本を出す人. また、資本を出して事業をする人. Ea capitalist; the manage-

しほんしゅぎ

ment. 한자본가.「資本家はお金をもうけると、そのお金を使ってまた事業をひろげていく」対労働者

しほんしゅぎ 【資本主義】シホンシュギ 資本家が賃金を払って労働者を働かせ、利益をあげるという経済の仕組み。また、その社会制度。Ecapitalism. 한자본주의.「アメリカや日本は資本主義の国だ//資本主義経済//資本主義体制」対社会主義

しま 【島】シマ 海や湖などにあり、まわりを水でかこまれた土地。Ean island. 한섬.「日本は大きく分けると4つの島からできている//島と島を橋で結ぶ//島国/離れ島」

しま シマ 異なった色の糸で縦や横に織りだした、いくつかの筋。また、そのような模様。Estripes. 한줄무늬.「青と白のしまのセーター//しま模様/しま馬(Ea zebra. 한얼룩말。)」

しまい 【姉妹】シマイ ①姉と妹。女だけのきょうだい。Esisters. 한자매.「あの姉妹は2人とも母親に似ている//わたしは3人姉妹の真ん中だ」②似たところのある、2つ以上のもの。Ea sister ～. 한자매.「北京と東京は姉妹都市だ/姉妹校」→兄弟

しま・う シマウ〔他動五〕(しまって) ①続いていたものを終わりにする。Eclose down; finish. 한(가게 등을) 닫다、 폐업하다；끝내다.「借金ばかり増えるので店をしまうことにした」②出ているものをもとの場所に片づける。Eput away; put ～ in. 한치우다、챙기다.「掃除道具をしまう//書類を引き出しにしまう」③(「～てしまう」の形で)(1)ある動作が終わりまで行われる。「あすまでにこの本を読んでしまうつもりだ/宿題はしてしまった(EI have finished my homework. 한숙제는 다 해 버렸다。)」(2)あることが起こって困ったという気持ちを表す.「財布を落としてしまった(EI have lost my purse.

한지갑을 잃어버렸다。)」▷名しまい

しまつ 【始末】シマツ〔～する〕ものごとをきちんと終わらせること、きちんと片づけること。Edeal with; dispose of; put in order. 한(일의) 매듭, 처리.「この仕事の始末をつけてから、つぎの仕事を始めよう//始末に負えない(=思うようにものごとを片づけることができない)//始末書(=事件や事故など重大な過失をしてしまったことを謝るために、そのいきさつを細かく書いた文書)」

しまった シマッタ 失敗したときに思わず言うことば。EOh no!; Dear me! 한아뿔싸、아차.「しまった、財布を忘れてきた//しまった、道をまちがえたらしい」対しめた 話

しまらない ①失敗して、格好が悪いようすだ。Eembarassing. 한꼴사납다；곤혹스럽다.「外国から買ってきたおみやげが国産品だったとは、しまらない話だ」②緊張感がなくて、ゆるんでいる感じだ。Eloose-looking; stupid. 한흘게늦다；얼뜨다.「電車の中で口を開けてしまらない顔をして寝ている」▷話

しま・る 【締まる・閉まる】シマル〔自動五〕(しまって) ①圧力を加えられたり、引っぱられたりして、ゆるみがなくなる。Etighten; be tight. 한죄어지다.「ねじがかたくしまっていて、はずれない」対緩む ②体や気持ちなどが張りつめた状態になる。Ebecome sober; become tense. 한긴장되다.「講演を聞いて、身がしまる思いがした//しまった顔つき/引きしまる」対たるむ、緩む ③戸などのすきまがなくなる。また、営業などが終わる。Eshut; close. 한닫히다.「風でドアが閉まる//デパートは午後7時に閉まる」対開く・明く、開く ④(「しまらない」の形で)⇒しまらない ▷名締まり 他動締める・閉める

注 漢字で書くときは、①②は「締まる」、③は「閉まる」. ④はひらがなで書く。

じまん【自慢】ジマン〔～する〕自分や自分に関係のあることをほめること. Ｅbe proud of; pride. 韓자랑.「マリーは故郷の自然の美しさを自慢している//弟の自慢は兄より背が高いことだ/自慢話」

しみ【染み】シミ ①布などに液体がこぼれてできる部分的なよごれ. Ｅa stain; a spot. 韓얼룩.「しょうゆをこぼして、洋服にしみがついた//壁のしみ/しみ抜き(Ｅstain removal. 韓얼룩빼기.)」②皮膚にできる、皮膚より濃い色の斑点. Ｅa skin blemish. 韓검버섯, 기미.「日に当たりすぎるとしみができる//顔のしみを化粧で隠す」▷自動染みる

じみ【地味】ジミ はなやかでなく、めだつところがないようす. Ｅplain; quiet; modest. 韓수수함, 검소함.「妹はいつも黒や茶色の地味な洋服を着ている//地味な色/地味な性格」対派手

しみじみ シミジミ ①心の底から深く感じるようす. Ｅkeenly; deeply. 韓통절히, 절실히.「家を離れてみて、親のありがたさをしみじみ(と)感じた」②心を通わせながら、静かに話し合うようす. Ｅ(speak together) with deep feeling. 韓찬찬하고 정겹게.「死んだ父のことを、きょうだいでしみじみ(と)語り合った」

じみち【地道】ジミチ 地味にまじめに落ちついてものごとをするようす. Ｅsteadily; persistent. 韓지멸있음.「毎日、地道に勉強をしたので、日本語が早く上達した//地道な努力」

しみったれ シミッタレ 金をなるべく使わないようにすること。また、そういう性格の人. Ｅstingy; miserly. 韓인색함; 구두쇠.「しみったれの兄はいつもいちばん安いものを食べている」話 自動しみったれる

し・みる【染みる】シミル〔自動一〕①液体やにおいなどが、布や紙にすこしずつひろがって入る. Ｅsoak; spread. 韓스며들다, 배어들다.「汗がシャツにしみる//インクがしみた紙」②刺激されて痛いように感じる. Ｅsting; ache. 韓(자극을 받아)따갑다, 아리다, 아프다.「煙が目にしみる//冷たい水が歯にしみる」③深く心に感じる. Ｅfeel deeply. 韓사무치다, 깊이 스며들다.「困っているときは、人の親切が身にしみてうれしい」▷名染み

注 ②③はひらがなで書く.

しみん【市民】シミン ①その市に住んでいる人. Ｅa resident (of a city); a citizen. 韓시민.「市民の要求を市が受け入れる//市民税」②政治に参加する意識を持った人々. Ｅa citizen. 韓시민.「反原発の市民運動を起こす//市民権」

じむ【事務】ジム おもに机の上でする、会社や役所や店などの仕事. Ｅoffice work. 韓사무.「9時から5時まで、会社で事務をとる//事務用品/事務所」

じむしつ【事務室】ジムシツ 事務をする部屋. Ｅan office. 韓사무실.「学校の事務室でコピーをとる//書類は事務室の机の上にある」数 1室

しめい【氏名】シメイ 人の名字と名前. Ｅone's full name. 韓씨명, 성명.「テスト用紙には氏名を忘れずに書くこと//パスポートに自分の氏名を記入する//住所氏名」→姓名

しめい【使命】シメイ その人に特に与えられた重要な任務. Ｅa mission; a calling. 韓사명.「医者の使命は病人を治すことだ//使命を果たす//使命感」

しめい【指名】シメイ〔～する〕なにかをさせるための人を決めて、その人の名前を言うこと. Ｅdesignate; nomination. 韓지명.「会議の議長として山田さんを指名した//指名を受ける」

しめき・る【締め切る・閉め切る】シメキル，シメキル〔他動五〕(しめきって) ①申し込みや応募などを，予定した日時や数で終わりにする．Eclose; reach a deadline. 한마감하다．「5時で申し込みを締めきる／／参加希望者が100名になったら締めきる」②窓などをぴったり閉める．また，閉めたままにしておく．Eshut up; keep closed. 한꼭 닫다；닫은 채로 두다．「窓を閉めきった部屋で会議を続けて，頭が痛くなった」▷名締め切り・閉め切り

注 漢字で書くときは，①は「締め切る」，②は「閉め切る」．

しめくく・る【締めくくる】シメククル，シメククル〔他動五〕(しめくくって) ものごとにまとまりをつけて，終わりにする．Ebring to a finish; close. 한매듭(결말)을 짓다．「議長が締めくくって，会議は終わった／／話を締めくくる」名締めくくり

じめじめ ジメジメ〔～する〕①湿気が多く，不快なようす．Edamp; wet and sticky. 한눅눅함，축축함．「1週間雨が降り続いたので，部屋の中がじめじめする／／低くて，日の当たらないじめじめした土地」②暗い，陰気なようす．Edepressing; gloomy. 한음침함，음울함．「結婚式に，病気とか借金とかじめじめした話はふさわしくない／／じめじめした性格」

しめ・す【示す】シメス，シメス〔他動五〕(しめして) ①相手にわかるように，ものを実際に出して見せる．Eshow; give (an example). 한제시하다．「例文を示しながら，新しいことばの意味を説明する／／証拠を示す」②感情や意思などを相手にわかるように，外に表して見せる．Eexpress; display. 한나타내다，보이다．「喜びの気持ちを体で示す／／誠意を示す／／態度で示す」③指などでさして教える．Epoint out; indicate. 한가리키다．「地図を開いて目的地を示した」

しめた シメタ ものごとがうまくいって喜んだときに思わず言うことば．EI've done it!; All right! 됐다．「しめた，宝くじが当たったぞ」対しまった 話

しめっぽ・い【湿っぽい】シメッポイ，シメッポイ ①しめりけがある．Edamp. 한눅눅하다，축축하다．「この洗濯物はまだよく乾いていなくてしめっぽい／／雨が降り続いて，家の中がしめっぽい」②気分が沈んで暗い．Edepressing. 한음울하다，침울하다．「病気で死んだ級友の話が出て，クラス会はしめっぽくなった」

しめやか シメヤカ しみじみとしていて，もの静かなようす．Esoftly; quietly; solemn. 한조용함；참참함；구슬픔．「しめやかに降りそそぐ雨が，庭の木々をぬらす／／しめやかに語り合う／／しめやかな通夜」

しめりけ【湿り気】シメリケ 水分をすこしふくんでいること．Edamp; moisture. 한습기．「ゆうべ雨が降ったので，土にしめりけがある／／乾燥機でふとんのしめりけを取り除く／／しめりけのあるシャツ」

参「湿気」も似ているが，「湿気」がおもに空気や風についていうのに対して，「しめりけ」は紙，衣類，ふとん，食べ物など身のまわりのものについていう．

しめ・る【湿る】シメル〔自動五〕(しめって) ①ものや空気などが水分をふくんだ状態になる．Ebecome damp. 한눅눅해지다，습기차다．「この洗濯物はまだしめっている／／鉢の土をしめらせて種をまく」対乾く ②雰囲気が沈む．Efeel depressed; be gloomy. 한우울(침울)해지다，가라앉다．「病人のことを話していると，気分がしめってくる／／しめったムード」

し・める【占める】シメル〔他動一〕①場所，地位，ものなどを自分のものにする．E

take (a seat); win. 한차지하다, 얻다. 「列車の窓ぎわの席を占める//勝ちを占める」②全体の中でそのような位置にある. Eoccupy; account for. 한차지하다. 「日本の工業生産高の中で自動車産業の占める位置は大きい//日本は山林が国土の75パーセントを占めている」

し・める 【締める・絞める・閉める】シメル〔他動一〕①圧力を加えたり, 引っぱったりして, ゆるみやたるみをなくす. Ewind; tighten. 한(꽉) 죄다. 「瓶のふたをしめる//ねじをしめる」 対緩める
②体のまわりをしっかりと巻いたり, なにかで押さえたりして強く力を加える. Eput on (a tie); fasten; strangle. 한매다, 조르다. 「ネクタイをしめて会社に出かける//ベルトをしめる//首をしめる//抱きしめる(Ehug. 한꽉 껴안다, 부둥켜 안다.)//にぎりしめる」
③ものごとや気持ちなどを張りつめた状態にする. Etighten; brace. 한다잡다 ; 조리차하다. 「財布の口をしめる(→財布慣用)//家計をしめる(Eeconomize household spending. 한살림을 조리차하다.)//引きしめる」 対緩める
④戸などを動かして, すきまをなくす. また, 営業などを終える. Eshut; close. 한(문・가게 등을) 닫다. 「寒いから窓を閉めてください//箱のふたを閉める//店を8時に閉める」 対開ける
⑤そこまでで1区切りとして, 勘定などを計算する. Eamount to; total. 한결산(합계)하다. 「かかった費用はしめて5万円だ」
▷自動 締まる・絞まる・閉まる
注 漢字で書くときは, ①②③⑤は「締める」, ④は「閉める」, ②で「首をしめる」ばあいは「絞める」.

しめん 【四面】シメン ①4つの面. Ethe four sides. 한사면. 「壁の四面に白いペンキをぬる//四面体(=面の数が4つある立体)」
②まわり. 周囲. Eall sides. 한사면, 사방. 「四面を山で囲まれた村//四面がすべて白一色の雪景色」

じめん 【地面】ジメン 土地の表面. Ethe ground; the earth. 한지면, 땅바닥. 「雨が降って地面がぬれている//地面に水をまく」

しめんそか 【四面楚歌】シメンソカ, シメン・ソカ まわりが全部敵で味方がいないこと. Ebe surrounded by enemies on all sides. 한사면 초가. 「きのうの会議では全員に提案を反対されて, わたしは四面楚歌だった」

しも 【下】シモ ①上と下, 前と後ろなど1つのものを半分に分けたときの後の部分. Ethe second half; the lower part. 한아래 ; 뒷부분. 「この短歌の下の句の意味がわからない//下一段活用//下半期(=後半の期間)」 対上 ②川や風などの流れていくほう. Edown; downstream. 한하류. 「船で下のほうへ下る//風下(→項目)//川下(→項目)」 対上

しも 【霜】シモ 寒い朝, 空気中の水分が地面やものについて凍って白くなったもの. Efrost. 한서리. 「朝起きると霜が降りていて, 庭が白くなっていた//霜枯れ//霜柱」

しもて 【下手】シモテ, シモテ ①客席から見て舞台の左側のほう. Ethe left side of the stage (seen from the audience). 한(객석에서 보아) 무대의 왼쪽. 「下手から主役が登場する」 対上手 ②川の下のほう. 水が流れていくほう. 川下. Edown the river; downstream. 한하류 쪽. 「小船は下手へ流されていった」 対上手 ▷→歌舞伎図

しもん 【指紋】シモン 手の指先の内側にある, たくさんの筋でできた模様. また, それがものにふれてついた跡. Ea fingerprint. 한

지문.「残(のこ)された指紋(しもん)によって犯人(はんにん)がわかった//指紋をとる」→手(て)図

じもんじとう 【自問自答】ジモンジトー, ジモンジトー〔~する〕自分(じぶん)に尋(たず)ねて, 自分で答(こた)えること. Eanswer one's own question. 한자문 자답.「自分のやったことはこれでよかったのかと自問自答してみる」

しや 【視野】シヤ ①目(め)に見(み)える範囲(はんい). Ea field of vision; one's view. 한시야.「森(もり)を出(で)ると突然(とつぜん)視野が開(ひら)け, 道路(どうろ)や家(いえ)が見えてきた//視野をさえぎる」②ものの見方(みかた)や考(かんが)え方(かた)の範囲. Eone's viewpoint; one's outlook. 한시야, 안목.「古今東西(ここんとうざい)のいろいろな本(ほん)を読(よ)んで, 視野をひろげる//広(ひろ)い視野に立(た)つ」

しゃ 【社】シャ 会社(かいしゃ). また, その数(かず)を表(あらわ)す. Ea company; a corporation. 한사, 회사.「社の計画(けいかく)を会議(かいぎ)で説明(せつめい)する//社の仕事(しごと)で遅(おそ)くなった//就職(しゅうしょく)のために新聞社を2社訪問(ほうもん)した」

-しゃ 【-車】(他(た)のことばについて) ①車輪(しゃりん)を使(つか)った乗(の)り物(もの).「三輪車(さんりんしゃ)(Ea tricycle. 한삼륜차.)//自転車(じてんしゃ)(→項目(こうもく))//人力車(じんりきしゃ)(Ea jinrikisha; a rickshaw. 한인력거.)」②自動車(じどうしゃ).「救急車(きゅうきゅうしゃ)(→項目)//高級車(こうきゅうしゃ)//乗用車(じょうようしゃ)(Ea car; an automobile. 한승용차.)」③列車(れっしゃ). 車両(しゃりょう).「食堂車(しょくどうしゃ)(Ea dining car. 한식당차.)//機関車(きかんしゃ)(Ea locomotive. 한기관차.)//客車(きゃくしゃ)」

-しゃ 【-者】(他のことばについて)~する人(ひと).「教育者(きょういくしゃ)/経営者(けいえいしゃ)(Ea manager. 한경영자.)/責任者(せきにんしゃ)(Ethe person in charge. 한책임자.)//文学者(ぶんがくしゃ)/労働者(ろうどうしゃ)」

じゃ ジャ 「では」のくだけた言(い)い方(かた). Ethen; well; so. 한그럼;~면;~지는.「じゃ, さようなら//死(し)んじゃおしまいだ(EShould you die, you are finished. 한죽으면 끝장이다.)//コーヒーは嫌(きら)いじゃない」話

≡参「じゃあ」と長(なが)くのばすこともある.

ジャーナリスト (journalist) ジャーナリスト 新聞(しんぶん), 雑誌(ざっし), 放送(ほうそう)などの記者(きしゃ), 執筆者(しっぴつしゃ), 編集者(へんしゅうしゃ). Ea journalist. 한저널리스트.「道子(みちこ)は経済(けいざい)雑誌のジャーナリストとして活躍(かつやく)している」

しゃいん 【社員】シャイン 会社(かいしゃ)で働(はたら)いている人(ひと). Ean employee; a staff member. 한사원.「姉(あね)は電力(でんりょく)会社の社員だ//社員教育//社員旅行(りょこう)//新入(しんにゅう)社員」

しゃかい 【社会】シャカイ ①人々(ひとびと)が一緒(いっしょ)に暮(く)らしている場(ば). また, その人々の集(あつ)まり. E(a) society; the world. 한사회.「老人(ろうじん)にも子供(こども)にも住(す)みやすい社会をつくる//社会の批判(ひはん)を浴(あ)びる//社会人(しゃかいじん)」
②同(おな)じような職業(しょくぎょう), 立場(たちば)の人々の集まり. Ethe world; a class. 한사회.「サラリーマンの社会と教師(きょうし)の社会とでは, 教育(きょういく)についての考(かんが)え方(かた)が違(ちが)う//上流(じょうりゅう)社会」

しゃかいかがく 【社会科学】シャカイカガク 科学(かがく)の一分野(いちぶんや). 社会のいろいろなことを研究(けんきゅう)する. 政治学(せいじがく), 社会学(しゃかいがく), 経済学(けいざいがく), 法学(ほうがく)など. Esocial science. 한사회 과학.「わたしは文学(ぶんがく)より政治(せいじ)や経済(けいざい)などの社会科学に興味(きょうみ)がある」関連人文(じんぶん)科学, 自然(しぜん)科学

しゃかいしゅぎ 【社会主義】シャカイシュギ 金持(かねも)ちも貧乏人(びんぼうにん)もいない社会を理想(りそう)とし, 生産(せいさん)手段(しゅだん)を社会全体(ぜんたい)のものとして計画的(けいかくてき)に行(おこな)う経済(けいざい)の仕組(しく)み. また, その社会制度(せいど). Esocialism. 한사회주의.「社会主義では, すべてのことが国家(こっか)の指導(しどう)によって行われる//社会主義政党(せいとう)」対資本主義(しほんしゅぎ)

しゃかいふくし 【社会福祉】シャカイフクシ, シャカイフクシ 人々の暮(く)らしが, 安定(あんてい)したしあわせなものになること. 特(とく)に, 貧(まず)しい人や弱(よわ)い人の生活(せいかつ)を保護(ほご)すること. Esocial welfare. 한 사회 복지.「社会福祉の制度がいきとどいた国では老後も安心して暮らせる//社会福祉の施設をととのえる//社会福祉予算」

じゃがいも ジャガイモ 野菜の一種. まるくてでこぼこした形で, 土の中にでき, 料理して食べたり, でんぷんをつくったりする. バレイショ. E a potato. 한 감자.「カレーライスの中にジャガイモを入れる//ジャガイモをゆでる」→芋 図

しゃが・む シャガム〔自動五〕(しゃがんで) ひざを曲げて, しりがかかとにつくような姿勢をする. E squat down. 한 웅크리다, 쭈그리고 앉다.「しゃがんで草を取る//歩くのに疲れて, しゃがみこむ」〔しゃがむ〕

しゃく 【癪】シャク 腹が立つこと. E can't stand; irritate. 한 울화가 남, 뱈이 꼴림; 괘씸함.「留年するのはしゃくだから進級できるように勉強しよう//他人の家の前にごみを捨てて行くとはしゃくなやつだ」話

癪に障る ものごとが気に入らなくて, むかむか腹が立つ. E be irritated; feel offended. 한 화가 나다.「券売機に金を入れたのに切符が出てこなくて, まったくしゃくにさわる」

じゃくてん 【弱点】ジャクテン, ジャクテン ①ふじゅうぶんでたりないところ. E a weak piont. 한 약점.「このチームの弱点は若い選手が少ないことだ」②他人に知られたくない, その人自身の弱いところ. E a sore spot; a shortcoming. 한 약점.「お金を借りているという弱点があるので, わたしは兄とけんかができない//相手の弱点をにぎる//弱点をつく」

しゃくど 【尺度】シャクド ものごとが正しいかまちがっているか, いいか悪いか, などを決める基準. E a standard; a criterion. 한 척도.「老人の体と若者の体とは, 同じ尺度ではかれない//アメリカ人の尺度からすれば, 日本人は働きすぎだ」

じゃくにくきょうしょく 【弱肉強食】ジャクニクキョーショク, ジャクニク・キョーショク 弱いものが強いものに負け, 強いものの世界になってしまうこと. E The strong prey upon the weak; the law of the jungle. 한 약육강식.「動物たちは弱肉強食の世界に生きている//商売は弱肉強食の世界だから, 大きな店ができると小さな店はつぶれてしまう」

しゃくはち 【尺八】シャクハチ 楽器の一種. 竹でつくった東洋の縦笛で, 日本で古くから使われている. E a *shakuhachi*; a five-holed bamboo clarinet. 한 통소.「尺八の音が聞こえる//尺八を吹く」数 1管・1本
参「尺」は日本の長さの古い単位で, 長さが1尺8寸(約55センチ)あるところからできた名前.〔尺八〕

しゃくや 【借家】シャクヤ 人から借りて住んでいる家. E a rented house. 한 차가, 셋집.「自分の家が持てなくて借家に住んでいる//借家住まい//借家人」対 貸家 数 1軒・1戸

しゃくりあ・げる 【しゃくり上げる】シャクリアゲル, シャクリアゲル〔自動一〕息を急に吸いこむようにして, 肩をふるわせながら泣く. E sob convulsively. 한 흐느껴 울다.「やっとお母さんに会えて, 子供はさらに激しくしゃくりあげた」話

ジャケット (jacket) ジャケット, ジャケット シャツやセーターの上に着る, 前が開いていてボタンでとめる上着. E a jacket. 한 재킷.「きょうはすこし寒かったので, ジャケットを着て外出した」数 1枚・1着

しゃこ【車庫】シャコ 電車や自動車などを入れるための建物。Ⓔa train shed; a garage. 㦮차고。「この電車はこの駅が終点で、車庫に入る//車庫つきの家を買う」

しゃこう【社交】シャコー 世の中での、人と人とのつきあい。Ⓔsociety; sociability. 㦮사교。「社交が上手な姉は、だれとでもすぐ親しくなる//社交ダンス//社交界」

しゃざい【謝罪】シャザイ〔〜する〕まちがったり、悪いことをしたりしたときにわびること。Ⓔan apology. 㦮사죄。「飛行機事故の責任を認め、航空会社は乗客とその遺族に謝罪した//公害の被害者は国に謝罪を要求した//謝罪広告//謝罪文」

しゃしゃり・でる【しゃしゃり出る】シャシャリデル〔自動一〕頼まれもしないのに、自分から好んで人前に出てなにかをする。Ⓔbe officious; assert oneself. 㦮오지랖넓게 나서다。「関係のない人が、集会にしゃしゃり出て発言している」話
参 このような動作や行為を不快に思うときに使う。

しゃしょう【車掌】シャショー 電車、列車、バスなどに乗っていて、発車の合図、車内の管理、切符の販売などをする人。Ⓔa conductor. 㦮차장。「車掌が乗客の切符を調べにきた//車掌に乗りかえの連絡時間をきく」

しゃしん【写真】シャシン カメラで人物や風景などを写すこと。また、写したもの。Ⓔa picture; a photograph. 㦮사진。「子供のときの写真を見てなつかしく思う//写真にこる//写真家//写真屋//記念写真」数1枚

しゃせい【写生】シャセイ〔〜する〕自分の目で見たものや景色そのものを、見たとおりに絵や文章にかくこと。Ⓔsketch. 㦮사생。「あの作家は自然を写生した文章がうまい//花をよく見て写生する」

しゃせつ【社説】シャセツ 新聞社などが、その社の意見として新聞や雑誌に載せる文章。Ⓔan editorial. 㦮사설。「きょうのA新聞は、世界の人口問題に関する社説を載せている//B新聞の社説とC新聞の社説は、言っていることがまったく反対だ」

しゃぜつ【謝絶】シャゼツ〔〜する〕人の申し出を丁寧に断ること。Ⓔrefuse politely; decline. 㦮사절。「インタビューの申し込みを、多忙を理由に謝絶した//面会謝絶」

しゃたく【社宅】シャタク 会社が社員とその家族のために建てた家。Ⓔa company house. 㦮사택。「A社の社宅は会社から歩いて10分の所にある//社宅住まい」数1軒・1戸・1棟

しゃだん【遮断】シャダン〔〜する〕ものの流れをそこでしっかり止めること。Ⓔshut out; blockade. 㦮차단。「厚いカーテンで光を遮断する//道路を遮断する//遮断機(=電車や列車が通るときに、人や車が線路を渡れないようにする装置)が下りた踏切」

しゃちこば・る シャチコバル〔自動五〕(しゃちこばって)緊張して体をかたくし、身がまえる。Ⓔbe stiff and formal. 㦮얼어서 딱딱한 자세를 취하다。「面接の試験で、しゃちこばった言い方をしてしまった」話
参「しゃちほこばる」「しゃっちょこばる」ともいう。頭はトラに似て、背にかたいとげがあると想像されている「しゃちほこ」という魚のようであることからいう。

しゃちょう【社長】シャチョー 会社でいちばん地位が高く、力と責任を持っている人。会長がいれば、2番目の地位になる。Ⓔthe president. 㦮사장。「父は出版社の社長をしている//社長に就任する//副社長」

シャツ(shirt)シャツ ①上半身に着る下着。Ⓔan undershirt. 㦮셔츠, 내의。「汗をかいたので、シャツを取りかえた//ランニ

ングシャツ」②「ワイシャツ」「ポロシャツ」「スポーツシャツ」などを略した言い方。Ｅa shirt. 한셔츠 ; 와이셔츠, 폴로셔츠.「暑いから、上着をぬいでシャツだけになる//シャツスタイル」▷数1枚

じゃっかん 【若干】ジャッカン すこし、いくらか。Ｅsome; a few; a little. 한약간, 얼마간.「若干の意見の差を残して会議は終了した//A市は来年度の福祉予算を若干増額することに決めた//若干名」書

しゃっきん 【借金】シャッキン〔〜する〕金を借りること。また、借りた金。Ｅborrow money; a debt. 한차금, 돈을 빌림 ; 빚.「お金がたりなくて、銀行から借金して家を建てた//借金を返す//借金取り(Ｅa bill collector. 한빚쟁이.)」対貸金

しゃっくり シャックリ〔〜する〕横隔膜(=胸と腹の間にある薄い膜)が突然縮むために、口から空気がすいこまれること。また、そのときの音。Ｅa hiccup. 한딸꾹질.「しゃっくりが長く続いて苦しい/水を飲んでも背中をたいても、しゃっくりが止まらない」

シャッター (shutter) シャッター①カメラのレンズについている、光の穴を開いたり閉じたりする仕掛け。Ｅa shutter. 한(카메라의) 셔터.「シャッターを押しますから『チーズ』と言って笑ってください//シャッターを切る//シャッターチャンス」②車庫や店の入り口につける、上下に開けたり閉めたりする戸。Ｅa shutter. 한셔터, 덧문.「ガレージのシャッターを上げて車を出す//銀行は3時にシャッターが下りる」

しゃどう 【車道】シャドー 車の通る道。Ｅa roadway. 한차도.「人は歩道、車やバイクは車道を通る//車道を横切る」対歩道 数1本 →交差点図

しゃにむに シャニムニ, シャニムニ ほかのことは考えず無理にしてしまうよう。Ｅrecklessly; precipitantly. 한무턱대고, 덮어놓고, 다짜고짜로.「電車は満員だったが、しゃにむに乗りこんだ//雨と霧で前がよく見えなかったが、しゃにむに山道を進んだ」

しゃぶしゃぶ シャブシャブ 薄く切った肉と野菜などを、なべの中の湯に入れて、すぐ取りだし、別の皿の調味料につけて食べる料理。Ｅshabushabu; thin slices of meat boiled briefly, then eaten immediately with a choice of sauces. 한샤부샤부 (얇게 저민 쇠고기와 채소 등을 끓는 물에 살짝 데쳐서, 바로 양념장에 찍어 먹는 요리).「寒いときはしゃぶしゃぶが喜ばれる//しゃぶしゃぶ用に牛肉を薄く切ってもらう」

しゃぶ・る シャブル〔他動五〕(しゃぶって)口の中に入れ、舌の先でなめたり吸ったりする。Ｅsuck. 한(입안에 넣고) 핥다, 빨다.「あめをしゃぶる//指をしゃぶるくせのある子供」話

しゃべ・る シャベル〔他動五〕(しゃべって)気楽にいろいろ話す。Ｅchatter; speak. 한지껄이다, 수다떨다.「あの2人はもう2時間もぺちゃくちゃしゃべっている//英語がよくしゃべれる人」話 名しゃべり

じゃま 【邪魔】ジャマ〔〜する〕①思うようにものごとをできなくすること。また、そうする原因となるものや行動。Ｅa hindrance; disturb. 한방해.「テレビの音がじゃまになって、勉強ができない//お仕事のじゃまをしてすみませんが、ちょっとこの字を教えてください//じゃま者」②(おもに「おじゃまする」の形で)他人を訪問する。Ｅcall on; come and see. 한방문하다.「あしたの朝、お宅におじゃましてもいいですか」

参「おじゃまします」は他人の家や部屋に入るときに言うあいさつのことば、出るときは、「おじゃましました」と言う。

しゃみせん 【三味線】シャミセン 楽器の

一種. 3本の糸を張り, ばちや指先ではじいて音を出す. 日本で古くから使われている. Ｅa *shamisen*; a three-stringed Japanese banjo. 韓샤미센, (일본 고유의) 삼현금.「浄瑠璃に合わせて三味線をひく」数1丁・1棹 〔三味線〕

ジャム (jam) ジャム リンゴやイチゴなどのくだものに砂糖を入れて煮たもの. Ｅjam. 韓잼.「パンにジャムをつけて食べる//紅茶にジャムを入れて飲む」

しゃめん【斜面】シャメン, シャメン 斜めになっている場所, 土地. Ｅa slope; an incline. 韓사면.「山の斜面に木がたくさん植えてある//斜面に建っている家//急斜面」

しゃよう【社用】シャヨー 会社の用事. Ｅcompany business. 韓회사의 용무.「社用で出かけるときは, 会社の車を使ってもいい//社用で海外へ行く//社用族(=接待するために会社の金で飲食したり遊んだりする人)」

じゃり【砂利】ジャリ ①小さい石. また, それの集まったもの. Ｅgravel. 韓자갈.「道に砂利が敷いてあるので歩きにくい//砂利を積んだトラックがビルの工事現場に止まっている」②「子供」のすこし乱暴な言い方. Ｅa kid; a youngster. 韓조무래기, 꼬마.「近所のじゃりがうるさくて困る//じゃりタレント」▷話②
注②はひらがなで書く.

しゃれ シャレ 発音が同じだったり似ていたりするが意味の違うことばを使って言う, その場に合った気のきいたおもしろいこと. Ｅa pun; a joke. 韓신소리; 곁말.「日曜日は『寝てようび』とは, しゃれがうまいね//落語家は, 盛んにしゃれを飛ばして人々を笑わせた」
自動しゃれる
参 たとえば,『あの犬, 真っ白でおもしろいね』『どうして?』『だって尾も白いもん』」「『な

たってもてるそうね』『そう, 持てるんだ. 重い荷物が』」など.

しゃれい【謝礼】シャレイ〔〜する〕感謝の気持ちを表すために金や品物を贈ること. また, その金や品物. Ｅan honorarium; a reward; thanks. 韓사례(금).「講演会が終わって, 講師に謝礼を渡す//就職の世話をしてくれた知人に謝礼する//謝礼金」

しゃ・れる シャレル〔自動一〕①化粧をしたり服装を飾ったりして, よく見せようとする. Ｅdress up. 韓멋을 부리다.「姉はデートだといって, ずいぶんしゃれて出ていった」②(「しゃれた[ている]」の形で)気がきいて, 都会風だ. Ｅstylish; smart. 韓멋지다, 세련되다.「一郎はいつもしゃれたネクタイをしている//しゃれた店」③しゃれをいう. Ｅbe witty. 韓익살을 부리다.「新聞に, 国税局は酷税局だ, などとしゃれて書いてあった」▷名しゃれ

じゃ・れる ジャレル〔自動一〕小犬, 小猫などが, からみつくように, おもしろがって動きまわる. Ｅplay with. 韓재롱떨다, 장난치다.「小猫が毛糸玉にじゃれて遊んでいる」
話

シャワー (shower) シャワー 水や湯が雨のようになって噴きだしてくる装置. また, その水や湯. 体などを洗うのに使う. Ｅa shower. 韓샤워.「シャワーで汗を流す//シャワーを浴びてさっぱりした」

じゃんけん ジャンケン, ジャンケン〔〜する〕片手で石, はさみ, 紙の形をまね, それを同時に出し合って勝ち負けを決める遊び. 石ははさみより, はさみは紙より, 紙は石より強い. 石を「グー」, はさみを「チョキ」, 紙を「パー」という. Ｅ*janken*; the game of "scissors-paper-rock". 韓가위바위보.「じゃんけん 〔じゃんけん〕

で順番を決めよう//じゃんけんして負けた人がビールを買いに行く」

参 勝ち負けを決めるとき「じゃんけんぽん」と掛け声をかける.

しゃんと シャント,シャント〔～する〕姿勢が正しくて元気そうなようす.また,きちんとしているようす.Ⓔstraighten (one's back); be in full vigor. 한단정하게, 꿋꿋하게; 쌩쌩하게.「背筋をしゃんとのばして歩く//病気が治り体力がもどってきたので, 体がしゃんとしてきた」

シャンプー (shampoo)シャンプー〔～する〕髪の毛を洗うときに使う洗剤.また,それを使って洗うこと.Ⓔshampoo. 한샴푸.「シャンプーした髪をドライヤーで乾かす」

しゅ 【主】シュ ①中心となるもの.中心点.おもなこと.Ⓔtake the initiative. 한주(체), 중심.「女性グループが主になって環境問題と取り組んだ」対従 ②キリスト教の神, またはキリスト.Ⓔthe Load. 한주, 예수 그리스도.「わたしたちの主, イエス・キリスト」③(他のことばの頭について)中心となる, たいせつなものであること.「主成分(Ⓔthe chief ingredient. 한주성분.)//主目的」④(他のことばの後について)そのものやことを支配する人, またはその主人.「ブドウ園主(Ⓔa vineyard master. 한포도원 주인.)//造物主(Ⓔthe Creator. 한조물주.)」

しゅ 【種】シュ 種類.Ⓔa kind. 한종, 종류.「わたしは, この種のくだものは, においが強すぎるので好きになれない//改良種(Ⓔan improved variety. 한개량종.)//純血種(Ⓔa thoroughbred. 한순혈종.)」

-しゅ 【-手】(他のことばについて)それを専門, または職業とする人.「運転手//1塁手(Ⓔthe first baseman. 한1루수.)」

-しゅ 【-酒】(他のことばについて)酒の種類を表す.「果実酒(Ⓔfruit liquor. 한과실주.)//純米酒//ブドウ酒(Ⓔwine. 한포도주.)」

しゆう 【私有】シユー〔～する〕個人が持っていること.Ⓔprivate ownership; private. 한사유.「都市の中心部の土地の私有は認めない政策をとる//私有財産//私有地」対公有, 国有

しゅう 【州】シュー ①アメリカ, オーストラリア, ドイツなどの政治上の地域の区分.Ⓔa state. 한(연방 국가의) 주.「アメリカ合衆国には50の州がある」②(地名の後について)その地域を表す.「欧州(Ⓔ Europe. 한구주, 유럽.)//豪州//信州」

しゅう 【週】シュー 日曜日から土曜日までの7日間.また,それをひとまわりした日にちの単位.Ⓔa week. 한주, 1주일.「週のうち3日間働く//母の日は5月の第2週の日曜日だ」

-しゅう 【-周】(数を表すことばについて)もののまわりを回る回数を表す.「地球は1年で太陽のまわりを1周する//グラウンドを3周する(Ⓔrun three laps. 한그라운드를 세 바퀴 돌다.)」

じゆう 【自由】ジユー ①自分の思いのままであること.Ⓔas one likes; freely. 한자유.「けがをして右手が自由に動かせない」対不自由

②法律や規則などの制限を受けないこと.また, 他のものにじゃまされないこと.Ⓔbe free to; freedom; liberty. 한자유.「午前は団体で工場見学だが, 午後は自由に行動できる//表現の自由//自由主義//自由化(Ⓔliberalization. 한자유화.)」

じゅう 【十】ジュー ①9に1を加えた数.とお. 10. Ⓔten. 한십, 열.「2かける5は10だ//十人十色(=人によって考えや好みなどがそれぞれ違うこと)」②順番が9のつぎ. 10

番目. 第10. [E]the tenth. [한]열 번째.「列の10番目に並ぶ」

じゅう 【重】①(名詞の頭について) 重い. ひどい. 激しい.「重金属([E]a heavy metal. [한]중금속.)//重労働//重税」②(数を表すことばの後について) 重ねたものの数を表す.「2重の手間がかかる//五重の塔([E]a five-storied pagoda. [한]오층탑.)」

-じゅう 【-中】(他のことばについて) ①ものごとが, ある期間続くこと.「この公園は1年じゅう美しい花が咲いている//1晩じゅう([E]all night. [한]밤새껏.)」②ある範囲の全部であること.「世界じゅうから代表が集まる//国じゅう([E]throughout the country. [한]전국.)//家じゅう」

しゅうい 【周囲】シューイ ①なにかを取り巻くものの外側. もののまわり. [E]the circumference; around. [한]주위.「家の周囲は畑ばかりだ」②取り巻いている人やもの. 環境. [E]the surroundings; the people around a person. [한]주위.「周囲がやかましいから自由にふるまえない」

じゅういちがつ 【十一月】ジューイチガツ, ジューイチガツ 1年の11番目の月. 11月. [E]November. [한]11월.「11月は菊と紅葉が美しい月だ」

しゅうかい 【集会】シューカイ〔~する〕なにかを一緒にするために, 人々が1つの場所に集まること. また, その集まり. [E]a meeting; an assembly. [한]집회.「学費値上げに反対して, 集会を開いた//市民集会」

しゅうかく 【収穫・収獲】シューカク〔~する〕①農作物のできたものを取り入れること. [E]a harvest; a crop. [한]수확.「東南アジアでは米の収穫が1年に2, 3回もある//先週ブドウを収穫した」②漁業や狩りでえたもの. [E]a catch; game. [한]포획, 어획.「カニの収獲は年々減っている//収獲量」③なにかをしてえた, いい結果. [E]the fruits. [한]수확, 성과.「イギリス旅行での収穫は英語がうまくなったことだ」

≣[注] ①③は「収穫」, ②は「収獲」.

しゅうがくせい 【就学生】シューガクセイ, シューガクセイ 日本語学校などに入って勉強している学生. [E]a person attending a school; a "pre-college student". [한]취학생.「就学生に日本語を教える//就学生ビザ」

≣[参]「留学生」に対して, 日本語学校や各種学校で勉強する外国人をいう.

じゅうがつ 【十月】ジューガツ, ジューガツ 1年の10番目の月. 10月. [E]October. [한]10월.「10月になると木々の葉が色づきはじめる」

しゅうかん 【週刊】シューカン 雑誌などを毎週, 定期的に刊行すること. [E]weekly. [한]주간.「テレビの案内を週刊で出す//週刊誌//週刊紙」

しゅうかん 【週間】シューカン ①7日間を1区切りとして数える期間.「かぜをひいて, 1週間学校を休んだ//2週間旅行する([E]travel for two weeks. [한]2주간 여행하다.)」②特別の行事のための期間.「婦人週間([E]Women's Week. [한]여성 주간.)//交通安全週間//読書週間」

しゅうかん 【習慣】シューカン あることを繰り返し, 長い間行ってきたため, いつもするようになったこと. [E]a custom; a habit. [한]습관.「日本ではお正月にもちを食べる習慣がある//子供が小さいうちに, 毎日歯をみがく習慣をつけなさい」

しゅうき 【周期】シューキ ある決まった時間をおいて同じ現象が繰り返されるときの1回にかかる時間. [E]a cycle. [한]주기.「地球は太陽のまわりを1年の周期で回る」

しゅうぎ 【祝儀】シューギ ①祝いの儀式.

おもに結婚式．Ⓔa wedding; a celebration．囲祝賀の儀式，特に結婚式．「親戚の息子の祝儀に出かける」因不祝儀　②祝いのとき人に贈る金や品物．Ⓔa congratulatory gift; a tip．囲祝儀金．「結婚式に招待されて受付で祝儀を渡す//祝儀袋」

しゅうぎいん【衆議院】シューギイン　日本の国会の2つの院のうちの1つ．国会を解散できるなど，もう一方の参議院よりも権限が大きい．法律を決めたり，国の予算を決めたりする．議員の任期は4年．衆院．Ⓔthe House of Representatives．囲중의원．「予算案はまず衆議院に提出される//衆議院議員//衆議院選挙」因参議院

じゅうきょ【住居】ジューキョ　人が住んでいる家．Ⓔa house; a residence．囲주거．「日本の住居は夏涼しいようにできている//住居をいなかに移す//住居表示」

しゅうきょう【宗教】シューキョー　神や仏など，人間の力をこえた絶対的なものを信じる心の活動．また，その教え．Ⓔa religion．囲종교．「大きな悩みや苦しみにあうと宗教に頼りたくなる//宗教戦争//宗教団体」

しゅうきん【集金】シューキン〔～する〕料金や代金など，金を集めること．また，その集めた金．Ⓔcollect bills．囲수금．「新聞代を集金する//集金係」

しゅうげき【襲撃】シューゲキ〔～する〕敵を突然せめること．Ⓔan attack．囲습격．「夜中に敵を襲撃する//カラスの襲撃」

しゅうごう【集合】シューゴー〔～する〕1つの所に集まること．また，集めること．Ⓔgather; assemble．囲집합．「あす9時に駅に集合してください//集合住宅//集合場所」因解散

じゅうごや【十五夜】ジューゴヤ　陰暦15日の満月の夜．特に8月15日の夜．この夜，日本では，ススキやだんごを月に供える習慣がある．Ⓔa full moon night．囲십오야；한가윗날 밤．「十五夜にお月見をする//十五夜の月を中秋の名月という」

〔十五夜〕

しゅうさい【秀才】シューサイ　学問にすぐれた才能がある人．Ⓔa brilliant person．囲수재．「一郎は学生時代は秀才だったが，社会に出てからめだたなくなった」因鈍才

しゅうし【収支】シューシ　収入と支出．Ⓔincome and outgo．囲수지．「家計簿の収支が合わない//収支決算」

しゅうし【修士】シューシ　①大学卒業後，大学院で2年以上勉強して単位を取り，論文審査に合格した学生に与えられる学位．修士号．また，それを持っている人．Ⓔa master's degree; a master．囲석사．「言語学の修士を取る」　②「修士課程」を略した言い方．Ⓔa master's course．囲석사 과정．「修士に入って中国古代史を研究する」▷関連①学士，博士

しゅうし【終始】シューシ　①〔～する〕始めから終わりまで同じ状態が続くこと．Ⓔcontinue from beginning to end．囲시종．「会議は激しい議論に終始した」　②（副詞的に）始めから終わりまでずっと．Ⓔfrom beginning to end．囲시종．「話し合いは終始笑い声が絶えなかった//終始一貫して（Ⓔconsistently．囲시종 일관하여．)」

じゅうし【重視】ジューシ，ジューシ〔～する〕重くみること．だいじだと思うこと．Ⓔplace importance on．囲중시．「学歴より人物を重視する」因軽視

じゆうじざい【自由自在】ジユージザイ，ジユー・ジザイ　自分の思うままになにかができるようす．Ⓔhave a perfect command

じゅうじつ

of; at will. 한자유 자재.「中国で育った道子は自由自在に中国語を話す//大型機械を自由自在に操る」

じゅうじつ 【充実】ジュージツ〔~する〕内容が豊かで、たりない点がないこと. Efull; substantial. 한충실.「充実した学生生活を過ごす//この論文は内容が充実している」

しゅうしゅう 【収拾】シューシュー〔~する〕混乱した状態をもとの秩序ある状態にもどすこと. Econtrol; settle. 한수습.「みんなが勝手なことばかり言って、事態の収拾がつかない//混乱の収拾をはかる」

じゅうじゅん 【従順】ジュージュン 相手の言うことにさからわないで、おとなしくしたがうこと. Esubmissive; obedient. 한순종, 고분고분함.「むかしは、女は男に従順であることがいいと思われていた//従順な態度」

じゅうしょ 【住所】ジューショ 住んでいる所. Ean address. 한주소.「手帳に友達の住所と電話番号を書いておく//住所録」

じゅうしょう 【重傷・重症】ジューショー ①重いけが. Ea serious injury. 한중상.「交通事故で重傷を負った//重傷者」対軽傷 ②重い病気. Ea serious illness. 한중증.「父の病気はかなり重症だったので、すぐ入院させた」対軽症
≡注 ①は「重傷」、②は「重症」.

しゅうしょく 【修飾】シューショク〔~する〕①美しく飾りたてること. Eembellish; ornament. 한수식.「その話は修飾が多くてどこまで本当なのかわからない」②文法で、語句の前についてその語句を説明したり、限定したりすること. Emodify. 한수식.「『青い空』の『青い』は『空』を修飾している//修飾語/連体修飾/連用修飾」

しゅうしょく 【就職】シューショク〔~する〕職につくこと. 職をえること. Efind employment; get a job. 한취직.「大学を卒業して銀行に就職した//就職試験」対退職

じゅうじろ 【十字路】ジュージロ 2つの道が「十」の文字の形に交差している所. Ea crossroads. 한십자로, 네거리.「駅前の十字路でトラックとタクシーが衝突した//そこの十字路を右に曲がると公園がある」

じゅうしん 【重心】ジューシン 物体の各部分に働く重力が集まって、つりあいのとれる1点. Ethe center of gravity; (a) balance. 한(무게) 중심.「大きな波が来て船の重心が傾いた//重心を失って倒れた」

ジュース (juice) ジュース くだものや野菜などをしぼった汁. また、それに水や砂糖を加えてつくった飲み物. Ejuice. 한주스.「しぼりたての新鮮なジュースを飲む//オレンジジュース」数1杯・1本

しゅうせい 【修正・修整】シューセイ〔~する〕①意見や文章などのよくないところやまちがったところを正しく直すこと. Eamend; revise. 한수정.「この作文は、内容はいいが、字句は修正したほうがいい//修正案」②形などをととのえて直すこと. Eretouch. 한수정.「修整して鮮明になった写真」
≡注 ①は「修正」、②は「修整」.

じゅうたい 【重体・重態】ジュータイ 病気やけがのようすがひどく悪く、危険な状態であること. Ea serious condition. 한중태.「患者が重体になったので、家族や親類を呼び集めた//重体におちいる」

じゅうたい 【渋滞】ジュータイ〔~する〕ものごとがつかえて、なめらかに進まないこと. Ebe congested; a jam. 한정체.「交通が渋滞して、いつもは10分で来られるのに、きょうは30分もかかった」

じゅうだい 【重大】ジューダイ ふつうではない、たいへんなようす. 非常にだいじなようす. Eserious; important. 한중대.「国

民の政治への信頼を失わせた政治家の責任は重大である//選挙の結果が国の将来に重大な影響を与える//重大事件(Ea serious affair. 한중대 사건.)」

じゅうたく 【住宅】ジュータク 人が住む家. Ea house; housing. 한주택.「都会では値段の安い住宅がたりなくて困っている//住宅難」数1軒・1戸・1棟 →住まい

しゅうだん 【集団】シューダン 人,動物,ものなどが多く集まっている1つのかたまり. Ea group. 한집단.「象は集団を組んで生活する動物だ//集団で行動する//集団生活//集団作業」

じゅうたん 【絨緞・絨毯】ジュータン 床に敷くために,羊毛などでつくられた織物. Ea carpet. 한융단.「部屋に赤いじゅうたんを敷く//ペルシャじゅうたん」数1枚

じゅうだん 【縦断】ジューダン〔〜する〕①縦に切ること. Ecut vertically. 한종단.「火山を縦断した模型を見ると,内部のようすがよくわかる//縦断面」対横断 ②広い所を南北の方向に横切って進むこと. Erun through; travel across. 한종단.「台風が日本列島を縦断した//アフリカ縦断旅行」対横断

しゅうちゃく 【執着】シューチャク〔〜する〕あるものごとに心が強くひかれて,離れられないこと. しゅうじゃく. Ebe attached to; tenacity. 한집착.「お金に執着しすぎて,だいじな友達を失った//生命への執着が強い患者は,治るのも早い//執着心」

しゅうちゅう 【集中】シューチュー〔〜する〕1つの所に集まること. また,集めること. Econcentrate. 한집중.「大臣に質問が集中した//注意を集中して話を聞く//集中豪雨(Ea localized torrential downpour. 한집중 호우.)//集中講義」対分散

しゅうてん 【終点】シューテン ものごとの終わる所. 電車やバスなどの終わりの駅,停留所. Ethe end of the line; the terminal. 한종점.「東北新幹線で終点の盛岡まで行く」対起点

じゅうてん 【重点】ジューテン,ジューテン ものごとの重要な点. たいせつな点. Ean important point; priority. 한중점.「工学部へ進みたいので,理科と数学に重点を置いて勉強する//重点政策」

じゅうどう 【柔道】ジュードー 相手と組んで力と技を比べるスポーツ. 日本に古くからある柔術を改良して始められた. Ejudo. 한유도.「ジョンは黒帯をめざして,毎日柔道の練習に励んでいる//柔道の投げ技を,ぜひマスターしたい//柔道着」

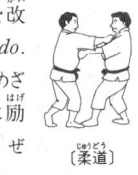
〔柔道〕

しゅうとく 【習得・修得】シュートク〔〜する〕①技術やことばなどを習って覚えること. Elearn; acquire. 한습득.「子供のときタイにいたので,タイ語の習得が速い」②学問や技術などを学んで身につけること. Elearn; study; master. 한수득, 배워서 체득함.「電子工学を修得して,電機メーカーで働くつもりだ」▷書

注①は「習得」,②は「修得」.

じゅうなん 【柔軟】ジューナン ①やわらかなようす. Esupple; pliable. 한유연.「体操の選手たちは柔軟な体をしている//柔軟体操(Ecalisthenics. 한유연 체조.)」②まわりや相手のようすに応じて調節するようす. Eflexible. 한유연.「組合側の要求に,会社側は柔軟な態度を示した//相手の希望に柔軟に対応する//柔軟性」対強硬

じゅうにがつ 【十二月】ジューニガツ,ジューニガツ 1年の最後の月. 12月. EDecember. 한12월.「12月の終わりごろ

は身も心も忙しくなる」

じゅうにし 【十二支】ジューニシ むかし,年,時刻,方角などを表すのに使った12の動物の名で示される呼び名.子(＝ネズミ),丑(＝牛),寅(＝トラ),卯(＝ウサギ),辰(＝竜),巳(＝蛇),午(＝馬),未(＝羊),申(＝猿),酉(＝鶏),戌(＝犬),亥(＝イノシシ)のこと.えと.[E]the twelve (animal) signs of the (Chinese and Japanese) zodiac. [한]십이지, 지지(地支).「正月には十二支の置物を飾る」

しゅうにゅう 【収入】シューニュー 働いたり事業を経営したりして入ってくる金.[E]an income. [한]수입.「収入が増えないのに物価が上がって,生活が苦しい∥1カ月の収入を合計する」[対]支出

しゅうにん 【就任】シューニン〔～する〕与えられた仕事や役目につくこと.[E]assume the office; be inaugurated. [한]취임.「社長がやめて,副社長がつぎの社長に就任した∥就任のあいさつ」[対]辞任

しゅうねんぶか・い 【執念深い】シューネンブカイ いつまでも忘れたりあきらめたりしないで,自分の気持ちを通そうとするようすだ.[E]tenacious; revengeful. [한]집념이 강하다.「会いたくないと断ったのに,執念深く電話をかけてくる」

じゅうばこ 【重箱】ジューバコ 料理を入れる四角い入れ物.ふつう木製で,うるしがぬってあり,何段にも重ねられるようになっている.正月に使うことが多い.[E]a nest of boxes for food. [한]찬합.「おせち料理を重箱につめる∥重箱弁当」

〔重箱〕

重箱の隅をつつく 細かいことまで取りあげてうるさく言う.[E]be hairsplitting; carp at trifles. [한]시시콜콜 캐고 따지다.「研究発表をしたら,重箱のすみをつつくような質問ばかりされていやになった」[似た表現]重箱の隅をほじくる

じゅうばこよみ 【重箱読み】ジューバコヨミ 漢字2字でできていることばで,最初の文字を音で読み,つぎの文字を訓で読む読み方.[E]mixing *on* and *kun* readings in one word which is made of two Chinese characters. [한]두 글자로 된 한자 단어를 윗자는 음(音)으로 아랫자는 훈(訓)으로 읽는 법.「『翌朝』を「よくあさ」と読むのは重箱読みだ」[対]湯桶読み
[参]「重箱」の「重」は「じゅう」と音読みし,「箱」は「はこ」と訓読みすることからいう.ほかに「現場」「新橋」など.

じゅうぶん 【十分・充分】ジューブン たりないものがないようす.[E]enough; sufficient. [한]충분.「1月に20万円あれば,日本でもじゅうぶんに暮らしていける∥地震に備えて,じゅうぶんな食料を用意した」[対]不十分・不充分
[参]強めて「十二分」ともいう.

しゅうへん 【周辺】シューヘン,シューヘン 中心から離れたまわり.[E]the outskirts. [한]주변.「東京の周辺にもまだ自然は残っている∥都会の周辺の土地も値上がりしはじめた」

しゅうまつ 【週末】シューマツ 1週間の終わり.ふつう,金曜の夕方から土曜,日曜にかけてをいう.[E]a weekend. [한]주말.「よい週末をお過ごしください∥週末の天気が気になる∥週末に旅行する」

じゅうみん 【住民】ジューミン その土地に住んでいる人.[E]an inhabitant; a resident. [한]주민.「地域の住民の意見をまとめて役所に申し入れる∥住民運動∥住民票」

じゅうやく 【重役】ジューヤク 会社の経営を指揮する役員.取締役と監査役.[E]

しゅうよう【収容】シューヨー〔~する〕人や荷物などを、建物、部屋など、一定の場所に入れること. Ⓔaccommodate; take to. 翰수용.「事故でけがをした人たちを救急車で病院に収容した//収容人員//収容所(Ⓔan internment camp. 翰수용소.)」

じゅうよう【重要】ジューヨー 非常にたいせつなようす. Ⓔimportant; essential. 翰중요.「だれにとっても健康は重要だ//重要な関心事//重要書類」

じゅうらい【従来】ジューライ 以前からまでで. Ⓔusually; up to now. 翰종래, 종전.「日本では従来、正月の3日間は休みにする会社が多い//従来どおり(Ⓔas usual. 翰종래대로.)」

しゅうり【修理】シューリ〔~する〕こわれたり傷んだりした部分を直すこと. Ⓔrepair. 翰수리.「ラジオがこわれたので修理した//車を修理に出す//分解修理」

しゅうりょう【終了・修了】シューリョー〔~する〕①終わること. 終えること. Ⓔend; finish. 翰종료.「予定を全部終了した//大会が無事に終了した」 対開始 ②決められた課程を学び終えること. Ⓔfinish; complete. 翰수료.「姉は去年修士課程を修了した//修了証書」
≡注 ①は「終了」、②は「修了」.

じゅうりょう【重量】ジューリョー ①ものの重さ. Ⓔweight. 翰중량.「小包の重量は12キロまで許される//重量制限」 ②目方が重いこと. Ⓔheavy. 翰중량.「重量感のある人//重量級」 対軽量

じゅうりょく【重力】ジューリョク 地球がものを引きつける力. Ⓔgravity. 翰중력.「物体が落ちるのは重力のためである」

しゅえい【守衛】シュエイ 学校、会社、役所などで、建物を守り、人の出入りを見張る仕事. また、その役の人. Ⓔa guard; a doorkeeper. 翰수위.「門を入ろうとしたら守衛に呼び止められた//守衛に立つ//守衛所」

しゅえん【主演】シュエン〔~する〕映画や演劇などで、主役を演じること. また、その人. Ⓔplay the leading part; a star. 翰주연.「『独裁者』はチャプリンが主演した映画だ//主演に選ばれる//主演俳優」 対助演

しゅかん【主観】シュカン ものごとをとらえ、考え、判断する心の働き. また、その人個人の考え方. Ⓔsubjectivity; a personal opinion. 翰주관.「主観にとらわれず、公平な立場をとる//三郎の判断は主観が強すぎるようだ」 対客観

しゅかんてき【主観的】シュカンテキ 自分1人の考え方や感じ方にもとづいて、ものごとを判断するようす. Ⓔsubjective. 翰주관적.「それはあくまできみ個人の主観的な判断であって、客観性がない」 対客観的

しゅぎ【主義】シュギ ①行動を決めるときに、その人が持っている考えや主張、方針など. Ⓔa principle; a belief. 翰주의.「弱い立場の人を差別するのは、わたしの主義に反する//菜食主義(Ⓔvegetarianism. 翰채식주의.)//ことなかれ主義(Ⓔa peace-at-any-price principle. 翰무사 안일주의.)」 ②ある特定の思想、学説の立場.「同じ主義の仲間と新しい政党をつくった//実存主義(Ⓔexistentialism. 翰실존주의.)//資本主義(→項目)//社会主義(→項目)」

しゅぎょう【修行】シュギョー〔~する〕仏の教えや武道などを学ぶために苦しい努力を重ねること. Ⓔascetic practices; train oneself. 翰수행.「山にこもって修行を積む//武者修行」

じゅきょう【儒教】ジュキョー 孔子の思想にもとづく，政治，道徳などの教え．Ⓔ Confucianism. 한유교．「儒教では，個人が道徳を守れば，自然に国がよくなり，平和になると教えている//儒教思想」
参 仏教とともに日本の政治，文化，思想に大きな影響を与え，日本の封建道徳の基礎となった．

じゅぎょう【授業】ジュギョー〔～する〕学校などで，学問や技術を教えること．Ⓔ a class; a lesson; school. 한수업．「日本語の授業は朝9時に始まる//授業に出る//授業を休む/授業時間」

しゅくじ【祝辞】シュクジ 祝いの席で祝いの気持ちを述べることば．Ⓔ a congratulatory address. 한축사．「結婚式で祝辞を述べる//先生から祝辞をいただく」対弔辞

しゅくじつ【祝日】シュクジツ 祝いの日．特に，国が決めた休日．Ⓔ a national holiday; a public holiday. 한국경일，공휴일．「日本では，5月3日は憲法記念日の祝日になっている」対平日

しゅくしゃ【宿舎】シュクシャ ①旅行などに出かけたとき泊まる所．Ⓔ lodgings; accommodations. 한숙소．「外国から来る人たちに宿舎を用意する//国民宿舎」②職員などが住むための建物．Ⓔ living quarters; housing. 한사택．「公務員宿舎」

しゅくしょう【縮小】シュクショー〔～する〕形や規模が小さくなること．また，小さくすること．Ⓔ reduce; cut down; reduction. 한축소．「会社と組合の努力により，賃金の格差が縮小した/軍備の縮小// 縮小コピー」対拡大

じゅく・す【熟す】ジュクス〔自動五〕(じゅくして) ①くだものがやわらかくなって，おいしく食べられる状態になる．うれる．熟する．Ⓔ ripen; be ripe. 한잘 익다．「カキが真っ赤に熟す//よく熟しておいしそうなイチゴ」②ちょうどいい時機になる．熟する．Ⓔ be ripe; mature. 한무르익다．「制度の改革は，機が熟しているいまがチャンスだ」

じゅくすい【熟睡】ジュクスイ〔～する〕ぐっすりよく眠ること．Ⓔ sleep well. 한숙면．「酒を飲んで熟睡した//最近，考えごとが多くて熟睡できない」

しゅくだい【宿題】シュクダイ ①学校などで，家に持ち帰ってしてくるように出される問題や課題．Ⓔ homework. 한숙제．「先生は来週までの宿題を出した//漢字の宿題をしてから遊ぶ」②解決されないまま残されている問題．Ⓔ a pending question. 한숙제．「この問題は次回の委員会までの宿題にする」

じゅくどく【熟読】ジュクドク〔～する〕よく読んで内容をじゅうぶん理解したり，味わったりすること．Ⓔ read thoroughly. 한숙독，정독．「哲学の本は熟読しなければ意味がわからない//熟読玩味(Ⓔ read with appreciation. 한숙독 음미．)」

しゅくはく【宿泊】シュクハク〔～する〕旅行などをして，自宅以外の所に泊まること．Ⓔ stay at; lodging. 한숙박．「昨夜は京都のホテルに宿泊した//宿泊客//宿泊料」→外泊

しゅくめい【宿命】シュクメイ 生まれる前から決まっていて人の力で変えることのできない運命．Ⓔ destiny; fate. 한숙명．「がんになったのも宿命と思ってあきらめる」

じゅくれん【熟練】ジュクレン〔～する〕その仕事や技術によく慣れていて上手であること．Ⓔ skilled; expert; skill. 한숙련．「熟練した教師は学生にわかりやすく教えることができる//この仕事はむずかしいので，熟練が必要だ//熟練工(Ⓔ a skilled worker. 한숙련공．)」対未熟

しゅげい【手芸】シュゲイ，シュゲイ　編み物，刺繡，人形づくりなど，手先を使ってする工芸．Ｅhandicrafts．한수예．「洋子は手先が器用で，手芸を趣味としている//手芸品」

しゅけん【主権】シュケン，シュケン　国家が持つ，他の国の意思に支配されない最高権力．Ｅsovereignty．한주권．「日本国憲法では主権は国民にあると定めている//主権在民（Ｅ The sovereignty rests with the people．한주권 재민.)」

じゅけん【受験】ジュケン〔～する〕試験を受けること．Ｅtake an examination．한수험．「大学を受験する//受験のための準備を始める//受験勉強//受験票」

しゅご【主語】シュゴ　文の中で，動作，作用，性質，状態などの主体になるものを表す部分．Ｅthe subject．한주어．「『花が咲く』の文では『花が』が主語である」団述語

しゅさい【主催】シュサイ〔～する〕会などを中心になって計画して行うこと．また，その人や団体．Ｅsponsor．한주최．「学長の主催でパーティーが開かれた//音楽会を主催する//主催者」

しゅざい【取材】シュザイ〔～する〕報道記事や作品などの材料を，関係する人にきいたり，関係の場所へ行ったりして集めること．Ｅcover; gather materials．한취재．「いろいろな国の政治家に会って取材して記事を書く//火山活動の取材のため，現地に行く」

しゅし【趣旨・主旨】シュシ　①あることをしようとするときの目的や理由など．Ｅan aim; an object．한취지．「緑を残そうという趣旨に賛成して，森林を買い取るための金を出した//会の趣旨を説明する」②文章や話などで言おうとしているおもな点．Ｅthe main point．한주지．「考えの主旨をはっきりさせながら話す//この論文の主旨は明快だ」

注①は「趣旨」，②は「趣旨」「主旨」．

しゅしゃせんたく【取捨選択】シュシャセンタク〔～する〕いくつもある中からいいものや必要なものを選び，悪いものや不必要なものを捨てること．Ｅa wise choice．한취사선택．「全部の本を読む時間はないので，取捨選択して読まなければならない」

しゅじゅ【種種】シュジュ　種類や数が多いようす．いろいろ．さまざま．Ｅvarious; all sorts of．한여러 가지，갖가지．「都会には種々の職業を持った人が住んでいる//種々に楽しめるゲーム//種々雑多//種々様々」

しゅじゅつ【手術】シュジュツ〔～する〕けがや病気を治すために傷や病気のある部分を切り開いて処置をすること．Ｅan operation．한수술．「手術してがんを取り除く//目の手術が成功した//手術室//心臓手術」
参「手術する」には，「若い医師が手術しているあいだ，先輩の医師はずっと見守っていた」のように，医師が手術をする意味も，「目を手術してよく見えるようになった」のように，患者が手術を受ける意味もある．

しゅしょう【首相】シュショー　内閣総理大臣．Ｅthe prime minister．한수상．「首相はアジア各国を訪問する旅に出発した//首相官邸」

しゅしょく【主食】シュショク　米やパンなど食事の中心となるもの．Ｅthe staple food．한주식．「日本人の主食は米である//姉は主食のごはんより副食のおかずを多く食べる」団副食

しゅじん【主人】シュジン　①自分がつかえている人．Ｅone's master．한주인．「むかしの家来や女中にとって，主人はこわい存在だった//その犬は主人の言うことをよく聞く」②店や家などのいちばん上の地位にある人．Ｅthe owner; the landlord or landlady．한주인．「近くの肉屋の主人はよく

サービスしてくれる//宿屋の主人」③自分の夫を、妻が他人に話すときの言い方. Ⓔmy husband. 한바깥 양반, 남편.「うちの主人は子供の世話をよくしてくれるので助かります」対家内 ▷→夫

しゅだい【主題】シュダイ ①研究, 論文, 談話などの中心となる問題. テーマ. Ⓔa subject. 한주제.「日本の選挙制度を主題にしてレポートを書く」②芸術作品に作者が最も強く表現しようとしている内容. テーマ. Ⓔa theme; a motif. 한주제.「ベートーベンの交響曲第9番の主題は人生に対する歓喜だ//主題歌(Ⓔa theme song. 한주제가.)」

しゅたいせい【主体性】シュタイセイ 他人の意見に左右されずに, 自分ではっきりした考えを持って行動する性質. Ⓔindependence; individuality. 한주체성.「あの人は主体性がなく, すぐ人の意見に賛成する//主体性を持った生き方」

しゅだん【手段】シュダン 目的を実現するために使う方法. Ⓔa means; a measure. 한수단.「医者は最後の手段として患者の足を切断した//目的のためには手段を選ばない」

しゅちょう【主張】シュチョー〔~する〕自分の持っている意見を言いはること. また, その意見. Ⓔinsist on; (an) assertion. 한주장.「自分の考えを主張するばかりで, 他人の意見を聞こうとしない人は困る//自己主張」

しゅつえん【出演】シュツエン〔~する〕映画や舞台やテレビなどに出て, 劇を演じたり, 歌を歌ったりすること. Ⓔappear; performance. 한출연.「テレビドラマに出演する//出演料//初出演」

しゅっか【出荷】シュッカ〔~する〕商品が市場へ出ること. また, 出すこと. Ⓔship; forward. 한출하.「ミカンを箱につめて市場へ出荷する//桃の出荷が始まった」対入荷

しゅっきん【出勤】シュッキン〔~する〕勤めに出ること. Ⓔgo to work. 한출근.「毎朝9時に出勤する//出勤簿」対欠勤

しゅっけつ【出欠】シュッケツ 出席と欠席. また, 出席か欠席かのどちらかということ. Ⓔattendance. 한출결.「授業を始める前に出欠をとる//月末に出欠の集計を出す」

しゅっけつ【出血】シュッケツ〔~する〕①血管が切れて, 血が出ること. Ⓔbleed. 한출혈.「ひどいけがをして, 出血がなかなか止まらなかった//出血多量//内出血(Ⓔinternal bleeding. 한내출혈.)」対止血 ②必要とした労力や金銭より, 売る値段のほうが安いこと. Ⓔsell below cost; sell at a sacrifice. 한출혈.「近くのスーパーどうしが競争で出血サービスをしている」▷話②

しゅつげん【出現】シュツゲン〔~する〕今まででなかったり, いなかったりしたものが現れること. Ⓔthe advent; appear. 한출현.「家庭電気器具の出現によって家事が楽になった//天才画家が出現した」

じゅつご【述語】ジュツゴ 文の中で, 主語の動作, 作用, 性質, 状態などを表す部分. Ⓔa predicate. 한술어.「『花が咲く』の文で『咲く』は『花が』の述語である」対主語

しゅっさん【出産】シュッサン〔~する〕赤ん坊が生まれること. 赤ん坊を産むこと. Ⓔgive birth to; childbirth. 한출산.「無事に女の子を出産する//夫が妻の出産につきそう」

しゅっし【出資】シュッシ, シュッシ〔~する〕資金を出すこと. Ⓔinvest. 한출자.「新事業を始めるために出資する//出資金」

しゅっしょう【出生】シュッショー〔~する〕人が母体から生まれ出ること. Ⓔbirth. 한출생.「父は孫の出生を待ち望んでいる//出生地主義(=出生した子に, 両親の国籍

とは関係なく，出生地の国籍が与えられるとする考え）//出生届」対死亡 書
注 最近は「しゅっせい」も使うようになった．

しゅつじょう 【出場】シュツジョー〔～する〕演技，競技などをするためにその場所に出ること．Eparticipate in; appearance. 韓출장．「スポーツ大会に出場する//テレビのクイズ番組に出場を申しこむ」対休場，欠場，退場

しゅっしょうりつ 【出生率】シュッショーリツ ある決まった期間の，平均人口1000人に対する生まれた子供の数の割合．しゅっせいりつ．Ea birthrate; a total fertility rate. 韓출생률．「地球規模で考えたばあい，出生率をおさえないと人口が増えすぎて困ることになる//出生率が低下する」
参 最近は，1人の女性が一生の間に産む子供の数の平均（＝合計特殊出生率）をいうことが多い．

しゅっしん 【出身】シュッシン ①その土地の生まれであること．Ecome from. 韓출신．「母は京都の出身である//出身地」②その学校を出ていること．Ebe a graduate of. 韓출신．「父と母は同じ高校の出身だ//出身校」③その団体，職業，身分などの出であること．Eoriginally come from; originally have worked for. 韓출신．「大蔵省出身の重役//農民出身の作家」

しゅっせ 【出世】シュッセ〔～する〕社会での地位が高くなり，世間に名が知られるようになること．Esucceed in life; rise. 韓출세．「出世して総理大臣になる//出世作（＝作家，画家などが世間に認められるようになった最初の作品）」

しゅっせき 【出席】シュッセキ〔～する〕会合や授業などに出ること．Epresence; attendance. 韓출석．「日本語のクラスに出席する//出席カード//出席簿（Ea roll book. 韓출석부．)」対欠席

しゅっちょう 【出張】シュッチョー〔～する〕短期間，仕事のため他の土地や他の職場へ行くこと．Ea business trip; an official trip. 韓출장．「会社の出張で大阪へ行く//1カ月外国へ出張する//出張旅費」

しゅっぱつ 【出発】シュッパツ〔～する〕①目的の場所へ向かって出かけること．Edeparture; leave. 韓출발．「朝早く山小屋を出発して頂上に向かう」対到着 ②新しい生活や仕事を始めること．Ea start. 韓출발．「結婚した2人は新しい人生へ向けて出発した//再出発」

しゅっぱん 【出版】シュッパン〔～する〕書物，絵画などを印刷して，売りだしたり配ったりすること．Epublish. 韓출판．「便利で使いやすい辞書を出版する//出版社//自費出版」

しゅと 【首都】シュト，シュト その国の中央政府のある都市．Ea capital. 韓수도．「日本の首都は東京である//首都圏（＝首都や首都のまわりの地域）」
参 以前は「首府」ともいったが，最近はあまり使わない．

しゅどうけん 【主導権】シュドーケン 中心となってものごとを進めていくことのできる力．Eleadership; an initiative. 韓주도권．「社長は会社経営の主導権を持っている//主導権をにぎる（Etake the initiative. 韓주도권을 잡다(쥐다)．)//主導権を争う」

しゅとして 【主として】シュトシテ，シュトシテ いくつかあるものの中で，中心となるよう．Emainly; chiefly. 韓주로．「この本の読者は，主として高校生だ//会社では，主として企画の仕事をしている」

しゅのう 【首脳】シュノー 政府や会社など、組織の中心となる立場の人。Ea head; a leader. 韓수뇌。「各国政府の首脳が一堂に会する(=同じ所に集まる)//首脳会談//首脳部」

しゅび 【守備】シュビ 〔〜する〕敵の攻撃を防いで守ること。E(a) defense. 韓수비。「国境の守備につく//守備をかためる(E strengthen the defense. 韓수비를 강화하다.) 対攻撃

しゅび 【首尾】シュビ, シュビ ①始めと終わり。E beginning and end. 韓수미, 처음과 끝。「この論文は首尾が一貫していないから書き直したほうがいい」②ものごとの経過、結果。E the outcome; the result. 韓(일의) 경과, 전말。「交渉の首尾は上々だ(=非常にいい)//帰国と同時に新しい仕事が見つかったのは上首尾だ」

しゅびよく 【首尾よく】シュビヨク, シュビヨク 計画したとおりにうまくいくようす。E successfully; smoothly. 韓순조롭게, 성공적으로。「首尾よく合格したら、ワープロを買ってあげよう//研究発表が首尾よく終わってほっとした」

しゅふ 【主婦・主夫】シュフ ①家庭の中心になって、一家の家事と管理をする女性。E a housewife. 韓주부。「主婦の仕事に終わりはない//兼業主婦(E a working housewife. 韓겸업 주부。)//専業主婦(E a full-time housewife. 韓전업 주부。)」②家庭の中心になって、一家の家事と管理をする男性。E a househusband. 韓(가사를 돌보는) 전업 남편。「妻は会社に勤め、わたしは主夫をしている」
三注 ①は「主婦」、②は「主夫」。

しゅみ 【趣味】シュミ ①職業としてするのではなく、楽しみとしてすること。E a hobby; (a) taste. 韓취미。「叔母は、音楽、美術、スポーツと、広い趣味を持っている//趣味として野菜をつくる//無趣味」②その人の好みの傾向。E (a) taste; (a) liking. 韓취미, 취향。「叔父はいつも趣味のいい服を着ている//人を困らせて喜んでいるなんて趣味が悪い//悪趣味」▷→道楽

じゅみょう 【寿命】ジュミョー ①生きていられる長さ。また、その終わり。E a life span. 韓수명。「日本では、女性の寿命は男性の寿命より長い//寿命がのびる//平均寿命(→項目)」②ものの使える期間。また、その終わり。E life; (This watch) has had it. 韓수명。「洗濯機の寿命はだいたい10年だ//この時計もそろそろ寿命だ」

しゅもく 【種目】シュモク, シュモク 種類によって分けた項目。E an event; an item. 韓종목。「わたしたちのクラスはスポーツ大会でバレーボールと野球の2種に優勝した//オリンピックの競技種目」

しゅやく 【主役】シュヤク ①劇の中心となる役。また、その役をする人。E the leading part; the lead. 韓주역。「『人形の家』の主役のノラを演じる役者」対わき役 ②たいせつな役割。また、その役割の人。E the leading figure. 韓주역。「花嫁と花婿が結婚式の主役だ」対わき役

しゅよう 【主要】シュヨー いろいろある中で特にたいせつなようす。E principal; main. 韓주요。「当社の主要な出版物は、児童向けの図書である//主要任務」

じゅよう 【需要】ジュヨー 商品などを買い入れようとする要望。E demand. 韓수요。「夏になるとビールの需要が増す//需要に合わせて生産する」対供給

しゅりゅう 【主流】シュリュー ①川などのおもな流れ。本流。E the mainstream. 韓주류。「ナイル川の主流にそって村がある」対支流 ②学問、思想、グループなどの中心と

なるつながり，傾向．Ⓔthe main current; the dominant power or tendency. 㿞주류．「学生大会では，授業料の値上げに反対する学生が主流を占めた」

しゅりょく【主力】シュリョク，シュリョク 全体の中心となっているもの．Ⓔthe main force; a main (player). 㿞주력．「輸出品の主力は自動車だ//洋子はチームの主力として活躍している」

しゅるい【種類】シュルイ 性質や形などの似たものを，ほかのものから区別してまとめたひとかたまり．Ⓔa kind; a sort. 㿞종류．「豊富な種類の花が公園に植えてある/魚の種類の多い水族館」

じゅわき【受話器】ジュワキ 電話で相手と話すための器具．Ⓔa (telephone) receiver. 㿞수화기．「電話のベルが鳴ったので受話器を取りあげた//受話器をはずす」

しゅわん【手腕】シュワン，シュワン ものごとを思いどおりにする能力．Ⓔability; capability; skill. 㿞수완．「経営の手腕のある京子が社長になり，会社が大きくのびた//手腕を発揮する(Ⓔdisplay one's ability. 㿞수완을 발휘하다．)」

じゅん【順】ジュン どれが先に来て，どれが後に来るかというものごとの並び方．Ⓔorder. 㿞순서，차례．「順をおってできごとを説明する//順を逆にする/アルファベット順/筆順(Ⓔthe stroke order of a Chinese character. 㿞필순，획순．)」
參「順序」も似ているが，「順序」が「順序を守る」「順序よく」のように，決められたもの，正しいものという意味がふくまれているのに対して，「順」は先か後かだけを問題にしている．

じゅんい【順位】ジュンイ ある基準によって順番を決めたばあいに，それが何番目であるかという位置．Ⓔorder; ranking. 㿞순

위．「昨年の各企業の輸出額の順位が発表された//人気投票の順位は1位だった」

しゅんかしゅうとう【春夏秋冬】シュンカシュートー 春と夏と秋と冬．四季．Ⓔthe four seasons; all the year round. 㿞춘하추동．「この高原は春夏秋冬それぞれに楽しめる/春夏秋冬を通して温暖な土地」

しゅんかん【瞬間】シュンカン まばたきをするあいだぐらいの短い時間．Ⓔa moment; an instant. 㿞순간．「乗ろうとした瞬間，ドアが閉まって手をはさまれた//瞬間湯沸かし器/瞬間風速(Ⓔthe instantaneous wind velocity. 㿞순간 풍속．)」

じゅんかん【循環】ジュンカン〔〜する〕ひとまわりしてもとにもどること．また，それを繰り返すこと．Ⓔcirculation; a cycle. 㿞순환．「血液の循環がよくない/市内を循環するバス//循環器(Ⓔa circulatory organ. 㿞순환기．)/悪循環(→**項目**)」

じゅんきゅう【準急】ジュンキュー「準急行電車」「準急列車」を略した言い方．「普通」より速いが「急行」より遅い電車や列車．「急行」より止まる駅が多い．Ⓔa local express (train). 㿞준급행(열차)．「この準急に乗れば普通電車より10分早く着く」**数**1本，車両は1両

じゅんさ【巡査】ジュンサ，ジュンサ 警察官の階級の1つ．また，一般に警察官のこと．Ⓔa policeman. 㿞순경，경찰관．「パトロールの巡査に道をきく//巡査派出所(Ⓔa police box. 㿞파출소．)」→警官

じゅんじゅんに【順順に】ジュンジュンニ 順序のとおりにつぎつぎにものごとをするようす．Ⓔone by one; in order. 㿞차례로，차례차례．「前の人から，順々に名前を言ってください」

じゅんじょ【順序】ジュンジョ ものごとの並べ方のきまり．Ⓔorder; sequence. 㿞순

じゅんじょう

서.「決められた順序どおりに会を進める//順序よく並ぶ」→ 順, 順番

じゅんじょう 【純情】ジュンジョー 相手を疑わない, すなおで純粋な気持ち. ㊀pure in heart; naive; innocence. ㊶순정.「洋子はとても純情で他人のことばをなんでも信じる//純情を売り物にして出てきた若い映画スター」

じゅん・じる 【準じる】ジュンジル, ジュンジル〔自動一〕①正式のものとだいたい同じ扱いをする. 準ずる. ㊀treat similarly to. ㊶준하다.「正社員に準じる」②あるものを基準にして, それにならう. 準ずる. ㊀according to. ㊶준하다.「前例に準じて住宅資金を貸しだす」

じゅんすい 【純粋】ジュンスイ ①他のものがなにもまじっていないようす. ㊀pure. ㊶순수.「純粋なハチみつはとても値段が高い//京子は純粋の京都弁を話す」②欲や悪い考えのない, きれいな心を持っているようす. ㊀genuine; incorrupt. ㊶순수.「一郎と洋子は純粋な愛情で結ばれている//二郎の学問に対する情熱は純粋だ」㊥不純

じゅんちょう 【順調】ジュンチョー ものごとがなににもじゃまされないで, 思ったとおりうまくいくようす. ㊀smoothly; satisfactory. ㊶순조.「計画は予定どおり順調に進んだ//手術の経過は順調で, 予定より早く退院できるだろう」㊥不調

じゅんとう 【順当】ジュントー そうなるのが当然であるようす. ㊀as expected; proper; normal. ㊶순당, 당연.「前評判の高かったチームが順当に勝ち進んだ//姉が妹より先に卒業するのが順当だ」

じゅんに 【順に】ジュンニ 順番でものごとをするようす. ㊀in order. ㊶순서대로, 차례로.「並んだ順にバスに乗る//前の方から順にお入りください」

じゅんのう 【順応】ジュンノー〔~する〕環境や刺激などに合うように, 行動や状態を変えること. ㊀adapt oneself to. ㊶순응.「子供は大人より早く新しい環境に順応するものだ」

じゅんばん 【順番】ジュンバン 順序にもとづいて決められた位置. ㊀a turn; order. ㊶순번, 차례.「長い間待たされて, やっとわたしの順番がまわってきた//1番から順番に並べる」

㊟「順序」も似ているが,「順序」が並べ方のきまりを示しているのに対して,「順番」はそのきまりの中での位置を示している. だから,「順番を待つ」「順番が来る」の「順番」を「順序」に置きかえることはできない.

じゅんび 【準備】ジュンビ〔~する〕あることをすぐ始められるように用意すること. ㊀preparations. ㊶준비.「引っ越しの準備で毎日忙しい//準備がととのう//準備体操(㊀warm-up exercises. ㊶준비 체조.)」

しょ 【書】ショ, ショ ①筆で文字を書く方法. また, 筆で書いた文字. ㊀handwriting; calligraphy. ㊶서법, 글씨.「王羲之の書を鑑賞する//書を習う//書道(→項目)」②本, 書物. ㊀a book. ㊶책, 서적.「古今東西の書に親しむ//新刊書(㊀a new book. ㊶신간 서적.)//文学書」③(他のことばの後について)文書. 書類.「請求書(㊀a bill. ㊶청구서.)//申込書(㊀an application form. ㊶신청서.)」▷書①②

しょ- 【諸-】(他のことばについて)いろいろの, 多くの.「一家の毎月の生活にかかる諸費用を計算する//諸外国(㊀various foreign countries. ㊶제외국.)//諸問題」

-しょ 【-所】(他のことばについて)あることをする場所, 機関.「裁判所(㊀a court. ㊶

법원.)//「事務所」「市役所」「商工会議所」
[参]「試験所」「出張所」「洗面所」などは「じょ」と発音し、「研究所」「発電所」などは「じょ」とも「しょ」とも発音する.

じょ- 【助-】(他のことばについて)主となるものを助けること.「助教授（Ea assistant professor.　한조교수.)/助監督//助動詞(→**項目**)」

しよう 【私用】ショー 自分のための用事. Eprivate business; personal use. 한사용.「私用で会社を休む//会社の車を私用に使う」対公用

しよう 【使用】ショー〔〜する〕使うこと. Euse; employ. 한사용.「このコピー機は故障のため、使用できません//使用説明書//使用者（Ea user; an employer.　한사용자.)」

しょう 【小】ショー ①小さいものごと. Esmall. 한소, 작음.「シャツのサイズには、大と中と小がある//大は小を兼ねる(→**大**[慣用])」対大 ②(他のことばの頭について)(1)小さい.「小企業//小規模（Ea small scale.　한소규모.)//小劇場」対大 (2)似ているもので小さいほう.「小宇宙（Ea microcosm.　한소우주.)//小京都」

しょう 【省】ショー ①内閣の中央官庁. Ea ministry. 한(행정부의) 성, 부(部).「文部省//外務省//法務省（Ethe Ministry of Justice.　한법무성.)」②(他のことばの頭について) 使う量を少なくしたり、節約したりすること.「省エネルギー（Eenergy-saving.　한에너지 절약.)//省資源//省電力」

しょう 【章】ショー 文章の中の大きな1区切り. Ea chapter. 한장.「前の章の要旨をまとめる//第1章//序章（Ea preface; an introduction.　한서장.)」

しょう 【賞】ショー 功績のあった人やすぐれた人をほめて、そのしるしとして与える金や品物. Ea prize; an award. 한상.「マラソンに参加して賞をもらう//ノーベル賞//1等賞」対罰

じょう 【上】ジョー ①他と比べて、品質や価値などが高いこと. Eabove the average; the best. 한상, 고급.「学校の成績は上だった//すしの上を注文する」
②2冊か3冊でひとそろいになっている本の最初の1冊. 上巻. Ethe first volume. 한상권.「『戦争と平和』の上は読み終えた」
③(他のことばの頭について)(1)いい.「上機嫌（Ein good humor.　한매우 좋은 기분.)//上天気（Esplendid weather.　한썩 좋은 날씨.)(2)上の.「上半身（Ethe upper half of the body.　한상반신.)」対下
④(他のことばの後について)(1)〜の関係で.〜において.〜からして.「法律上許されない（Enot permitted by law.　한법률상 허용되지 않다.)//立場上そんなことはできない」(2)〜の上に.「道路上に置かれている車（Ea car left parked on the street.　한도로상에 주차되어 있는 차.)」
▷[関連]①② 中, 下

じょう 【情】ジョー ①ものごとを見たり聞いたりして起こる心の動き. 感情. Efeelings; emotion. 한감정.「国へ帰る友人ともう会えないと思うと、情が高まってことばが出ない」②他人を思いやる気持ち. 愛情. 情け. Elove; sentiment. 한정.「長くつきあうと自然に情が移る//情にもろい」③真心. 誠意. Esincerity; good faith. 한진심, 성심.「情をつくす（Eserve faithfully.　한정성을 다하다.)//情のこもった贈り物」

じょう 【錠】ジョー ①戸、ふたなどにつけて、開けられないようにするための金具. Ea

lock. 한자물쇠.「金庫の錠を開ける//大きな錠がかかった倉庫」②(数を表すことばの後について)錠剤の数を表す.「ビタミン剤を毎日1錠ずつ飲む(Etake a vitamin pill everyday. 한비타민제를 매일 1정〔한 알〕씩 먹다.)」

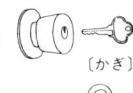
〔かぎ〕

〔錠①〕

- **-じょう**【-状】(他のことばについて) ① 形やようすがそのようだ.「棒状のお菓子(Ea candy stick. 한막대기 모양의 과자.)//板状のチョコレート//液状の薬(Ea liquid medicine. 한물약.)」② 手紙,書いたもの.「案内状(Ean invitation. 한안내장.)//招待状//逮捕状」▷書①

- **-じょう**【-城】(他のことばについて)城の名前を表す.「大阪城(EOsaka Castle. 한오사카 성.)//江戸城//姫路城」

- **-じょう**【-畳】(数を表すことばについて)部屋に敷いたたたみの数を表す.「6畳の部屋(Ea six-mat room. 한다타미 여섯 장의 방.)//4畳半」

- **じょうえん**【上演】ジョーエン〔~する〕劇などを舞台で演じて客に見せること. Estage; present. 한상연.「パリで歌舞伎を上演する//上演時間」

- **しょうか**【消化】ショーカ〔~する〕①食べたものを胃や腸でとかし,吸収できるようにすること. Edigest. 한소화.「赤ん坊に消化のいい食べ物を与える//消化器(Ethe digestive organs. 한소화 기관.)」②読んだり聞いたりしたことをじゅうぶん理解して,自分のものとすること. Eassimilate; digest. 한소화.「この理論はむずかしくてなかなか消化できない」③仕事などを残さず処理すること. Euse up; finish. 한소화.「残業して,1日のノルマを消化した//研究室の予算は半年で消化してしまった」

- **しょうか**【消火】ショーカ〔~する〕火や火事が消えること.また,消すこと. Eextinguish a fire. 한소화.「消防士の活躍ですぐ消火した//消火器(Ea fire extinguisher. 한소화기.)//消火栓(Ea fire hydrant. 한소화전.)」対出火

- **しょうかい**【紹介】ショーカイ〔~する〕①知らない人どうしを引き合わせること. Eintroduce one person to another. 한소개.「友達を両親に紹介する//知人に紹介の手紙を書く//自己紹介(→項目)」②まだ知られていないものごとを,説明したり宣伝したりして知らせること. Eintroduce (something new); present. 한소개.「新製品をパンフレットで紹介する//テレビ番組の紹介」

- **しょうがい**【生涯】ショーガイ 人が生きているあいだ. Ea life; a lifetime. 한생애,평생.「津田梅子は女子教育のために生涯をささげた//幸福な生涯を送る//生涯教育」→一生

- **しょうがい**【障害】ショーガイ ①なにかをするときにじゃまになるものごと. Ean obstacle; a barrier. 한장애.「親の反対という障害を乗り越えて,2人は結婚した//障害物競走(=途中に置いた木のわくやネットなどを乗り越えたり,くぐり抜けたりして走る競技)//電波障害」②体の器官や部分が,本来の働きができないこと. Ea disorder; a (physical or emotional) handicap. 한장애.「心臓に重い障害があるので手術が必要だ//身体障害//精神障害」

- **しょうがくきん**【奨学金】ショーガクキン 勉強することをすすめ,助けるために,学生に貸したり与えたりする金. Ea scholarship. 한장학금.「文部省から奨学金をもらって留学する//奨学金制度」

- **しょうがつ**【正月】ショーガツ,ショーガツ

1年の最初の月. また, 新年を祝う期間. [E] the New Year. [한] 정월；설.「正月を故郷で過ごす//正月の行事//正月休み」

しょうがっこう 【小学校】ショーガッコー 義務教育の初めの6年間の学校. 満6歳で入学する. [E] an elementary school; a primary school. [한] 초등학교.「毎日元気に小学校に通う//小学校の児童」[数] 1校

しょうぎ 【将棋】ショーギ 縦横81の升目がある盤の上に, 2人が20枚ずつのこまを並べ, 交互にそのこまを動かして, 相手の王将を取り合うゲーム. [E] *shogi*; Japanese chess. [한] 장기.「友達と将棋をさす(＝将棋をする)//将棋盤」

〔将棋〕

じょうき 【蒸気】ジョーキ 液体や固体が気体となったもの. 特に, 水が蒸発してできた気体. 水蒸気. [E] steam. [한] 증기.「水を100度に熱すると蒸気が盛んに出てくる//蒸気機関車//蒸気船」

じょうぎ 【定規】ジョーギ 線を引くときに使う器具. [E] a ruler. [한] 자.「定規を当てて, 直線を引く//三角定規」[数] 1本

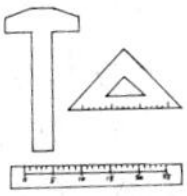
〔定規〕

[参]「ものさし」も似ているが,「ものさし」が長さをはかることがおもな役目であるのに対して,「定規」は線を引くことがおもな役目である.

しょうぎだおし 【将棋倒し】ショーギダオシ おおぜいの中の1人が倒れたことによって, つぎからつぎへと折り重なるように倒れていくこと. [E] fall over like dominoes. [한] 우르르 한데 겹쳐 쓰러짐.「電車が急に止まったので, 乗客が将棋倒しになった」

じょうきゃく 【乗客】ジョーキャク 乗り物にこれから乗る客. また, 乗っている客. [E] a passenger. [한] 승객.「乗客は2列に並んで列車の到着を待った//乗客名簿」

じょうきゅう 【上級】ジョーキュー クラスなどを分けたときの上の等級, 階級, 学年. [E] senior; advanced; upper. [한] 상급.「ジョンは小学校でわたしより2年上級だった//日本語の上級クラスで勉強している//上級生」[関連] 中級, 下級, 初級

しょうぎょう 【商業】ショーギョー 生産者と消費者の間に立って, 商品を売り買いして利益をえる仕事. [E] commerce; business. [한] 상업.「この町は, 交通が便利になり商業が盛んになった//商業都市」

じょうきょう 【状況·情況】ジョーキョー 時とともに変わる, その場のありさまやようす. [E] conditions; the situation; circumstances. [한] 상황, 정황.「経済の状況に応じて社の方針を立てる//そのときの状況をみて考える//状況判断」

しょうきょくてき 【消極的】ショーキョクテキ 自分から進んで行動しないようす. [E] negative; passive. [한] 소극적.「人間関係をよくすることに消極的であってはならない//消極的な性格の人は政治家には向かない」[対] 積極的

しょうけいもじ 【象形文字】ショーケイモジ ものの形に似せてつくった文字. 1文字で単語を表す. [E] a pictograph; a hieroglyph. [한] 상형 문자.「漢字の『木』『月』などは象形文字である//古代エジプトの象形文字」

じょうけん 【条件】ジョーケン, ジョーケン ものごとが成立したり実現したりするために必要とされることや約束. [E] a condition; a requirement; terms. [한] 조건.「週休2日という条件で働くことになった//条件がそろう//条件に合う//必要条件」

しょうこ【証拠】ショーコ 確かにそうだということをはっきりさせるための材料となるもの ごと. Ⓔ(a) proof; evidence. 한증거.「部屋に足跡がついているのは、だれかが靴のまま入った証拠だ//証拠を隠す//証拠品」

しょうご【正午】ショーゴ 昼の12時. Ⓔnoon; midday. 한정오.「ただいまから正午をお知らせします//正午のニュース」

しょうこう【焼香】ショーコー〔～する〕仏や死んだ人の前で香をたいておがむこと. Ⓔburn incense (for the dead). 한분향.「葬式で、参列者が順に前へ進み出て焼香する//お焼香をすませる」

じょうこうきゃく【乗降客】ジョーコーキャク 乗り物に乗る客と、乗り物を降りる客. Ⓔpassengers getting on and off (a train). 한승강객.「ラッシュアワーの駅は乗降客でいっぱいだ」

しょうこうぐん【症候群】ショーコーグン ある病気の特徴として現れるいくつかの症状の全体. 最近は、一般の社会的現象についてもいう. シンドローム. Ⓔa syndrome. 한증후군.「低血圧症候群/燃えつき症候群(Ⓔburnout. 한기력소진 증후군.)」

しょうさい【詳細】ショーサイ 細かいところまでいきわたって、くわしいこと. Ⓔdetails. 한상세.「出席できなかった人に会議の詳細を報告する//詳細に検討する」

じょうざい【錠剤】ジョーザイ 粉の薬をまるい形にかためてつくったもの. Ⓔa pill; a tablet. 한정제.「頭が痛いので、頭痛止めの錠剤を2錠飲んだ」 数 1錠・1粒 → 薬図

しょうさん【称賛・賞賛】ショーサン〔～する〕本当に立派だと心からほめること. Ⓔadmire; praise. 한칭찬, 상찬.「火の中に飛びこんで幼女を助けた一郎の勇気を、人々は称賛した//称賛を浴びる(Ⓔbe showered with praise. 한칭찬을 받다.)//称賛の的(Ⓔthe object of admiration. 한칭찬의 대상.)」

しょうじ【障子】ショージ 木のわくに縦横のさん(=細い木材)を組んで、和紙をはったもの. 部屋の仕切りや、明かりを入れるための窓などに使われる. Ⓔa *shoji*; a paper sliding door. 한장지.「障子を通して朝の光が部屋に入ってくる//障子をはりかえる」 数 1枚 →縁側図

しょうじき【正直】ショージキ, ショージキ ①うそやごまかしのないこと. Ⓔhonest; frank. 한정직.「正直な人はみんなに信頼される//本当のことを正直に話す」②(副詞的に)自分の気持ちを隠さず、そのまま言うようす. Ⓔfrankly speaking. 한솔직히 (말해서), 사실은.「あの2人の結婚には正直びっくりした//人の悪口を聞かされるのは、正直言って、あまりうれしくない」▷話②

じょうしき【常識】ジョーシキ その社会の人々が共通に持っている知識や判断力. Ⓔcommon sense. 한상식.「助けてもらったらお礼を言うのは常識だ//常識に欠ける(=常識がない)//常識はずれ」 対非常識

しょうしゃ【商社】ショーシャ 商品の売り買いや、輸出入の仕事をする会社. 商事会社. Ⓔa trading company. 한상사.「世界各地に日本の商社の支店がある//総合商社」

じょうしゃ【乗車】ジョーシャ〔～する〕電車、自動車などに乗ること. Ⓔtake (a train or a car); get on; get in. 한승차.「大阪から乗車して広島へ行く//乗車口//乗車券(→項目)」 対下車, 降車

じょうしゃきょひ【乗車拒否】ジョーシャキョヒ〔～する〕タクシーの運転手が、空車でも、遠くまで行かない客などの乗車を断ること. Ⓔrefuse to pick up passengers. 한

乗車拒否.「夜遅くタクシーに乗ろうとしたら，その方向へは行けないと言って乗車拒否された」

じょうしゃけん【乗車券】ジョーシャケン 列車, 電車, バスなどに乗るための切符. Ⓔa ticket. 圏승차권.「駅の券売機で乗車券を買う」数1枚

じょうじゅん【上旬】ジョージュン 1月を3つに分けたうちの最初の10日間. 1日から10日まで. 初旬. Ⓔearly in a month; the beginning of a month. 圏초순.「3月の上旬はまだ寒い」関連中旬, 下旬

しょうじょ【少女】ショージョ 7, 8歳から15, 6歳ぐらいまでの女の子. Ⓔa girl. 圏소녀.「少女のころの希望に満ちていた日々がなつかしい//少女時代」対少年

しょうしょう【少々】ショーショー「すこし」「ちょっと」の改まった言い方. Ⓔa little; a minute; a few. 圏조금, 약간.「少々お待ちください//少々のお金ならお貸しできます」

しょうじょう【症状】ショージョー, ショージョー 病気や傷などの状態. Ⓔsymptoms; the condition of a patient. 圏증상.「かぜをひくと, 熱やせきが出たり, のどが痛くなったりというような症状が現れる//自覚症状（Ⓔa subjective symptom. 圏자각증상.）」

じょうしょう【上昇】ジョーショー〔～する〕上に上がること. Ⓔgo up; rise. 圏상승.「飛行機は3000メートルの高さにまで上昇した//インフレで, 物価が上昇する」対下降, 低下 書

しょう・じる【生じる】ショージル, ショージル〔自他動一〕①いままでなかったものごとが現れてくる. 生ずる. Ⓔhappen; occur. 圏생기다, 일어나다.「困った事態が生じて旅行に参加できなくなった//不注意から生じた事故」②いままでなかったものごとをつくりだす. 生ずる. Ⓔcause; create. 圏생기게 하다, 일으키다.「議長の発言は, 別な問題を生じた//無から有を生じる」▷書
注①は自動詞, ②は他動詞.

しょうしん【昇進】ショーシン〔～する〕役や位が上がること. Ⓔbe promoted. 圏승진.「課長から部長に昇進する」

しょうじん【精進】ショージン〔～する〕①他のことを考えず, そのことだけに心を集中して一生懸命にすること. Ⓔdevotion. 圏정진.「若くて横綱になれたのも日ごろの精進のたまものだ」②肉や魚を食べないで, 野菜類だけを食べること. Ⓔabstinence from meat and fish; vegetarianism. 圏육식을 삼가고 채식을 함, 정진.「葬式の後に精進の料理が出た」

しょうしんしょうめい【正真正銘】ショーシンショーメイ, ショーシンショーメイ 本物にまちがいないこと. Ⓔgenuine; authentic; true. 圏틀림없는 진짜.「道子の指輪は正真正銘のダイヤモンドだ」

じょうず【上手】ジョーズ ①ものごとのやり方, 処理のしかたがうまいこと. Ⓔgood; skillful. 圏능숙함.「一郎はピアノが上手だ//困難な問題を上手に片づける//聞き上手（＝受け答えがうまく, 相手によく話をさせることができる人）」対下手, まずい
②（「お上手」の形で）口先だけで相手をほめることば. お世辞. Ⓔflattery. 圏겉치렛말, 발림말.「お上手を言って客に品物を買わせる」

じょうすい【上水】ジョースイ 水道によって家庭などに送るきれいな水. また, その水を供給する設備. Ⓔwater supply; service water. 圏상수(도).「この地域は上水がないので, 井戸の水を使っている//上水道」対

下水

しょうすう【少数】ショースー 数が少ないこと．Ⓔa small number; minority. 한소수．「民主主義では，少数の意見も尊重される//少数民族（Ⓔa minority race. 한소수 민족．)」対多数

しょう・する【称する】ショースル〔他動する〕①名前など自分のことを言う．Ⓔclaim; name. 한칭하다, 일컫다．「母のいとこと称する女性がわたしを訪ねてきた」②うそを言う．Ⓔpretend; feign. 한사칭하다, 거짓말을 하다．「病気と称して会社を休む」③ほめたたえる．Ⓔpraise; admire. 한칭찬(칭송)하다．「むずかしい手術を成功させた医師たちの努力を称する//栄誉を称する」▷書

じょうせい【情勢・状勢】ジョーセイ 変化するものごとのそのときのようす．Ⓔthe situation; the state of affairs. 한정세, 형세．「世界の情勢に目を向ける//情勢の変化//社会情勢」

じょうせき【定石】ジョーセキ ①碁で，いままでの研究で最もいいとされる石の置き方．Ⓔa standard move (in *go*). 한정석．「碁盤のすみから打つのが定石である」②最もいいとされるものごとの処理のしかた．Ⓔthe rudiments; a standard practice. 한정석．「人の流れを見て店の位置を決めるのが，商売の定石だ」

しょうせつ【小説】ショーセツ 人生や社会のようす，作者の考えなどを，作品の中の人物と筋を通して物語の形式で表したもの．Ⓔa novel; a story; fiction. 한소설．「夏目漱石の小説を読む//長編小説//推理小説//小説家」数1編

じょうぜつ【冗舌・饒舌】ジョーゼツ よくしゃべること．Ⓔtalkative; voluble. 한요설, 수다．「会議は社長の冗舌に終始し，具体的な結論は出なかった」対寡黙 書

注 もとは「饒舌」だったが，「饒」の字は常用漢字表にないので，同じ音の「冗」を当てて「冗舌」として使うようになった．

しょうそう【尚早】ショーソー あることをするのにまだ時が早すぎて適当でないこと．Ⓔtoo early. 한상조．「この程度の赤字で事業の中止を決めるのは時期尚早だ」書

しょうそう【焦燥】ショーソー〔～する〕思うようにいかなくて，あせっていらいらすること．Ⓔfret; be impatient. 한초조．「研究がうまく進まなくて焦燥に駆られる」書

しょうぞう【肖像】ショーゾー 人の顔や姿に似せた絵，彫刻など．Ⓔa portrait. 한초상．「イギリスの硬貨には女王の肖像がきざんである//肖像画（Ⓔa portrait. 한초상화．)」

しょうそく【消息】ショーソク ①手紙やことばなどで，無事かどうか，いまなにをしているかなどのようすを知らせること．Ⓔnews; a personal communication. 한소식．「海外にいる息子から年に1, 2度消息がある//海に出たまま消息を絶ったヨットをさがす」②ものごとについての情報．Ⓔinformation. 한소식．「道子は財界の消息に通じている//消息筋」

しょうたい【招待】ショータイ〔～する〕客として来てもらうこと．客を招いて食事などを出してもてなすこと．Ⓔinvite; (an) invitation. 한초대．「留学生をパーティーに招待する//結婚式に招待される//招待状」

じょうたい【状態】ジョータイ 変化するものごとの，そのときのようすやありさま．Ⓔ(a) state; conditions. 한상태．「いつも自分の体の状態に気をつけて健康に暮らす//安定した精神状態」

しょうだく【承諾】ショーダク〔～する〕相手の要求や要望を聞き入れ，認めること．Ⓔconsent; agreement. 한승낙．「上司の承

諾をえて, 長期休暇をとった」対拒絶, 拒否

じょうたつ【上達】ジョータツ〔〜する〕上手になること. Ｅmake progress; improve. 韓(기예・학문이) 향상됨, 숙달.「洋子は夏休みの間にスペイン語がとても上達した//上達が速い」

じょうだん【冗談】ジョーダン 本気でなく, 人を笑わせるために言ったりしたりすることがら. Ｅa joke. 韓농담.「冗談で『UFOが見える』と言ったら, みんな本気にして空を見上げた//冗談にもほどがある(ＥYou carry the joke too far. 韓농담에도 정도가 있다.)//冗談半分」

しょうち【承知】ショーチ〔〜する〕①依頼などを聞き入れ, 引き受けること. Ｅconsent to; agree to. 韓승낙, 동의.「小説家の田中さんに講演を頼んだら承知してくれた//承知しました(ＥCertainly. 韓알겠습니다.)」②事情, ようすなどを知っていること. Ｅknow; understand. 韓알고 있음, 앎.「無理は承知のうえでやったことだ//ご承知のとおり(Ｅas you know. 韓잘 아시는 바와 같이.)」

じょうちょ【情緒】ジョーチョ ①怒ったり, 喜んだり, 悲しんだりする心の動き. Ｅemotion; feeling. 韓정서.「あの子は弟が生まれてから情緒が不安定になり, 突然泣きだしたり大声を出したりする」②感情の動きを誘いだすような雰囲気, 気分. Ｅan atmosphere. 韓정서.「東京の下町にはまだ古い江戸の情緒が残っている」
注 以前は「じょうしょ」といったが, 最近は「じょうちょ」のほうを多く使う.

しょうちょう【象徴】ショーチョー〔〜する〕形がなく, ことばで表しにくいものを, 具体的な姿を持つもの, 色, 音などで表すこと. また, 表したもの. Ｅa symbol. 韓상징.「ハトは平和の象徴である//この絵の空の色は画家の心のさびしさを象徴している//象徴的な表現」

しょうてん【商店】ショーテン 商品を売る店. Ｅa store; a shop. 韓상점.「デパートやスーパーができて, むかしからあった小さい商店が減ってしまった//商店街」数1軒・1店

しょうてん【焦点】ショーテン, ショーテン ①平行な光線がレンズを通って折れ曲がり, 集まる点. Ｅa focus. 韓초점.「レンズの焦点を花に合わせる」②人の注意や関心の集まるだいじなところ. Ｅthe crucial point; the heart; focus. 韓초점.「この論文は焦点がぼやけている//焦点をしぼる//ニュースの焦点」

じょうとう【上等】ジョートー 程度や品質などが他よりすぐれているようす. Ｅof superior quality; very good. 韓상등, 고급.「上等な酒はたくさん飲んでも頭が痛くならない//上等の洋服」関連中等, 下等

しょうどく【消毒】ショードク〔〜する〕薬品や熱湯, 日光などで病気のもととなる菌を殺すこと. Ｅdisinfect; sterilize. 韓소독.「けがをした傷口をアルコールで消毒する//消毒薬//日光消毒」

しょうとつ【衝突】ショートツ〔〜する〕①人やものがたがいにぶつかること. Ｅa collision. 韓충돌.「タクシーとトラックが正面から衝突して大きな事故になった」②意見などが違って争うこと. Ｅa conflict; a clash. 韓충돌.「会社の経営に関して重役の間で意見の衝突があった」

しょうにか【小児科】ショーニカ 医学の一分野. 子供の内科の病気を専門に扱う. Ｅpediatrics. 韓소아과.「赤ん坊が熱を出したので, 小児科の病院へ連れていった//小児科医」

しょうにん【承認】ショーニン〔〜する〕あ

ることがらを正当だとして認めること. Ⓔapprove; recognize. 㧿승인.「総会で、新しい役員を承認する//新しく独立した国を承認する」

しょうにん【商人】ショーニン 商売をする人. Ⓔa merchant; a storekeeper. 㧿상인.「安くて安全でおいしい食品を取り扱う商人になりたい//小売商人」

しょうにん【証人】ショーニン 事実を証明する人. Ⓔa witness. 㧿증인.「90年も生きてきた祖父は、歴史の生きた証人だ//証人は、事件が起きたとき現場にいたのは自分と一郎だけだった、と証言した//証人喚問(Ⓔa summons of a witness. 㧿증인 환문.)」

じょうねつ【情熱】ジョーネツ, ジョーネツ 激しく燃えあがるような気持ち. Ⓔenthusiasm; passion. 㧿정열.「公害の少ない自動車の開発に情熱を燃やす//情熱的な音楽」

しょうねん【少年】ショーネン 7, 8歳から15, 6歳ぐらいまでの男の子. Ⓔa boy. 㧿소년.「少年のころ、パイロットになって空を飛びまわるのが夢だった//少年少女」 対少女
參 少年法では、満20歳に満たない男女をいう。また、児童福祉法では、小学校入学から満18歳に達するまでの男女をいう。

しょうはい【勝敗】ショーハイ 勝つことと負けること. Ⓔvictory or defeat; the issue. 㧿승패.「スポーツは勝敗よりも、参加することのほうがたいせつだ//勝敗を決める」

しょうばい【商売】ショーバイ ①〔~する〕商品を仕入れて売ること. Ⓔbusiness; commerce. 㧿장사.「父は衣料品の商売をしている」②「職業」「仕事」のくだけた言い方. Ⓔan occupation; a job. 㧿직업.「小説家は小説を書くのが商売だ//先生商売も楽じゃない」 ▷話②

じょうはつ【蒸発】ジョーハツ〔~する〕① 液体が気体になること. Ⓔevaporate; vaporize. 㧿증발.「水が蒸発すると水蒸気になる」②だれにも行く先を知らせないで、ある日突然どこかへ行ってしまうこと. Ⓔdisappear into thin air. 㧿증발.「父は1年前に蒸発して、いまでもどこにいるのかわからない」 ▷話②

しょうひ【消費】ショーヒ, ショーヒ〔~する〕もの, 金, 時間, エネルギーなどを使ってなくすこと. Ⓔconsume; spend. 㧿소비.「ガソリンの消費が少なくてたくさん走る車を買う//消費者(Ⓔa consumer. 㧿소비자.)//消費税」 対生産

しょうひん【商品】ショーヒン 売り買いされる品物. Ⓔgoods; merchandise. 㧿상품.「売れ残った商品を安く売る//目玉商品(Ⓔa loss leader. 㧿(백화점 등의) 특매품, 미끼 상품.)」

しょうひん【賞品】ショーヒン 賞として与えられる品物. Ⓔa prize. 㧿상품.「作文コンテストに入賞して、賞品に万年筆をもらった」

じょうひん【上品】ジョーヒン ことば, 動作, 趣味などがよく、ほかの人にいい感じを与えるようす. Ⓔelegant; graceful; refined. 㧿고상함, 품위가 있음.「服はそまつだが上品な顔だちの人が向こうから歩いてきた//上品な話し方」 対下品

しょうぶ【勝負】ショーブ ①勝つことと負けること. 勝ち負け. Ⓔvictory or defeat. 㧿승부.「このすもうはどちらも強くてなかなか勝負がつかない//時間切れで勝負なしに終わる」②〔~する〕勝ち負けを争うこと. Ⓔa game; a match. 㧿승부, 경기.「きのうの野球の試合はいい勝負だった//相手が強すぎて勝負にならない」

じょうぶ【丈夫】ジョーブ ①体に悪いところがなく健康なよ

うす．Ehealthy; robust. 韓건강, 튼튼함.「なにをするにも丈夫な体がいちばんだ//丈夫に育つ」

②ものがしっかりしていて、こわれたりくずれたりしにくいようす．Esolid; firmly. 韓견고, 단단함, 튼튼함.「荷物を送るときは丈夫な箱に入れてください//何年も使えるように丈夫につくってあるかばん」

しょうべん【小便】ショーベン〔～する〕ぼうこうから排泄のためのくだを通って体の外に出される液体．Eurine. 韓소변.「犬が道ばたで小便をする」対大便

参 子供に対して言うときは、幼児語の「おしっこ」を使う．また、医者に自分の健康状態を話すときなどは「尿」「小水」、女性は「お小水」などと言う．

じょうほ【譲歩】ジョーホ〔～する〕自分の主張ばかりを押し通そうとはせずに、相手の意見も受け入れること．Econcede; concession. 韓양보.「会社側は労働組合に譲歩してボーナスの額を増やした//双方の譲歩により交渉が妥結した」

しょうぼう【消防】ショーボー 火事を消したり防いだりすること．Efire fighting. 韓소방.「ふだんから消防の備えをしておかなければいけない//消防車/消防署(Ea fire-house. 韓소방서.)」

じょうほう【情報】ジョーホー 判断や意思決定をする材料になる知らせや知識や資料．Einformation; news. 韓정보.「新聞もラジオもないので、新しい情報が入らない//パソコンで情報を処理する//情報化社会」

じょうほうさんぎょう【情報産業】ジョーホーサンギョー 情報の収集、提供や情報システムの開発などを行う産業．たとえば、出版、広告、放送、新聞など．Ethe information industry. 韓정보 산업.「世の中の動きに関心があるので、情報産業

で働こうと思う」

しょうみ【正味】ショーミ ①入れ物や外側を包んでいるものを除いた、実際に役に立つ部分の重さや量．Enet. 韓정미, 정량.「箱は大きいが、中の牛肉の正味は200グラムだ」②実際に意味のある部分の数や量．実質．Efull. 韓실질, 실제.「1日8時間勤務だが、休み時間を除くと労働時間は正味7時間だ」

じょうみゃく【静脈】ジョーミャク，ジョーミャク 体の各部分をまわってきた血液を心臓に送り返す血管．Ea vein. 韓정맥.「手首のところに静脈が青くすけて見える//静脈注射」対動脈 数1本

しょうめい【証明】ショーメイ〔～する〕ものごとが真実であること、また判断や論理が正しいということを、理由や根拠をあげて明らかにすること．Eprove; testify. 韓증명.「検査の結果、この川のよごれの原因は、近くの工場が出す水にあることが証明された//身分証明書(Ean identification card. 韓신분 증명서.)」

しょうめい【照明】ショーメイ〔～する〕①光を使って明るくすること．Elighting; illumination. 韓조명.「部屋の照明を自然に近い光にする//照明器具」②効果を上げるために、光線を使って舞台などを照らすこと．また、その光線．Estage lighting. 韓조명.「はなやかな照明を受けて主人公が登場した」

しょうめん【正面】ショーメン ①ものの表側．Ethe front. 韓정면.「正面の入り口からお入りください」②まっすぐ前を向いた方向．Ein front of; directly. 韓정면.「駅の正面にデパートがある//問題に正面からぶつかっていく//正面の席」

参 建物では玄関やおもな出入り口のある側、体では顔のあるほうをいう．

正面きって 遠慮しないではっきりと. Ｅoutright. 閑당당히, (서슴없이) 맞대놓고; 정색하고.「学生は先生に正面きって抗議した」

しょうもう 【消耗】ショーモー〔～する〕①もの, 資源などが使われて減ること. また, 減らすこと. Ｅconsume; exhaust. 閑소모.「山道で迷い, 長い時間車で走ってガソリンを消耗した//消耗品(＝使うたびに減る品物. 紙, 鉛筆など)」②体力, 気力などがなくなること. また, なくすこと. Ｅexhaust; be worn out. 閑소모.「休日も休まず働いて体力を消耗し, やせてしまった」

じょうやく 【条約】ジョーヤク, ジョーヤク 国と国との間の, 文書による, 権利, 義務についての約束. また, その文書. Ｅa treaty; a pact. 閑조약.「条約を締結する(Ｅconclude a treaty. 閑조약을 체결하다.)/女子差別撤廃条約」

しょうゆ ショーユ 大豆や小麦に, 塩やこうじをまぜてつくった液体の調味料. Ｅshoyu; soy sauce. 閑간장.「刺身にしょうゆをつけて食べる」 数1本
注 漢字で書くときは「醬油」.

じょうようかんじ 【常用漢字】ジョーヨーカンジ 日常使われる目安となるものとして, 1981年に日本政府が定めた1945字の漢字. Ｅthe Chinese characters in common use. 閑상용 한자.「『爨钄』は2字とも常用漢字ではない//常用漢字表」

しょうらい 【将来】ショーライ これから先の時. Ｅthe future. 閑장래.「将来, 音楽家になりたいと思っている//将来の予想を立てる//将来性(Ｅpromising. 閑장래성.)」
参「未来」も似ているが,「未来」がこれからずっと後の広い範囲の時間をさすのに対して,「将来」は個人など具体的なことについてのこれから先をさし,「未来」よりも現在に近い時を表している. また,「将来」は「将来, 社長になりたい」など副詞的に使うこともあるが,「未来」にはこのような使い方はない.

しょうり 【勝利】ショーリ〔～する〕 戦いや試合に勝つこと. Ｅa victory; a triumph. 閑승리.「激しい練習の結果, 勝利を収めることができた//抱き合って勝利を喜ぶ選手たち」対敗北

じょうりく 【上陸】ジョーリク〔～する〕船や海から陸に上がること. Ｅland; strike. 閑상륙.「1945年4月, アメリカ軍は沖縄に上陸した//台風が本土に上陸する」

しょうりゃく 【省略】ショーリャク〔～する〕簡単にするために一部分を省くこと. Ｅomit; abbreviate. 閑생략.「時間がないので詳細は省略して, 要点だけ話す」

じょうりゅう 【上流】ジョーリュー ①川の流れの, 水源に近いほう. Ｅupstream; up (the river). 閑상류.「川の上流にダムがある」②社会で, 地位, 生活程度などの高い階級. Ｅthe upper classes. 閑상류.「道子は豊かな上流の家庭で苦労なく育った//上流階級//上流社会」▷関連 中流, 下流

しょうりょう 【少量】ショーリョー, ショーリョー 分量が少ないこと. すこし. Ｅa small quantity; a little. 閑소량.「酒は少量なら体に悪くない//少量の塩を料理に加える」対多量 書

じょうるり 【浄瑠璃】ジョールリ 日本の伝統芸能の1つ. 三味線の音楽を伴奏にして物語を語る. これに合わせて人形に芝居を演じさせるものを人形浄瑠璃という. Ｅa joruri; Japanese

〔人形浄瑠璃〕

ballad drama to the accompaniment of a *shamisen*. 🇰🇷 샤미센 반주에 맞추어 옛 이야기를 낭송하는, 일본의 전통 예능의 하나.「祖父は浄瑠璃が好きで、よく聞きに連れていってくれた」

しょうれい【奨励】ショーレイ〔~する〕するようにとすすめること.🇬🇧encourage; promote. 🇰🇷장려.「若い人たちにスポーツを奨励する//農家に, 米ばかりでなく野菜やくだものもつくるように奨励する」

じょおう【女王】ジョオー ①女性の王.🇬🇧a queen. 🇰🇷여왕.「首相は女王に新しい法律について報告した」②その分野でいちばんすぐれた女性.🇬🇧a queen of ~ ; a ~ queen. 🇰🇷여왕.「スケートの女王」

ジョーク(joke)ジョーク 人を笑わせるために言ったりしたりすること. 冗談.🇬🇧a joke. 🇰🇷조유, 농담.「三郎はジョークを言って人を笑わせることが好きだ//ジョークを飛ばす」

ショート(short)ショート ①短いこと.🇬🇧short. 🇰🇷쇼트, 짧음.「髪をショートにする//ショートパンツ」🔄ロング ②野球の遊撃手.🇬🇧a shortstop. 🇰🇷(야구의) 유격수.「打った球はショートのほうへ転がった」③〔~する〕強い電流が, 決められた回路からはずれて流れ, 火花が出ること.🇬🇧short-circuit. 🇰🇷쇼트, 단락.「いちどにたくさん電気器具を使ったらショートしてしまった」

じょがい【除外】ジョガイ〔~する〕そこから取り除くこと.🇬🇧exclude. 🇰🇷제외.「特殊な用法は除外して, まず一般的なものについて説明しよう」

しょかん【書簡】ショカン「手紙」の改まった言い方.🇬🇧a letter; a note. 🇰🇷서간, 편지.「A国大統領に書簡を送る//書簡集/書簡箋(=便箋)/外交書簡」🔢1通·1本

しょき【初期】ショキ 初めの時期. 始まって間もないころ.🇬🇧the early stages; the early years. 🇰🇷초기.「病気は初期のうちに治すことがたいせつだ//日本は, 明治初期に欧米から多くの学問や文化を取り入れた」🔗中期, 末期

しょきゅう【初級】ショキュー クラスなどを分けたときの初めの等級, 階級, 学年.🇬🇧the biginners' class; elementary. 🇰🇷초급.「日本語を初級から勉強する//初級のクラス//初級教科書」🔗上級, 中級, 下級

ジョギング(jogging)ジョギング〔~する〕健康などのために自分の体に合った調子で走るスポーツ.🇬🇧jogging. 🇰🇷조깅.「毎朝, 公園の中をジョギングする//ジョギングシューズ」

しょく【食】ショク ①ものを食べること. 食事.🇬🇧(an) appetite; a meal. 🇰🇷식사.「食が細い(=食べる量が少ない)ので太らない//食中毒/病人食🇬🇧meals for invalids. 🇰🇷환자용 식사.)/健康食」②〔数を表すことばの後について〕食事の回数を表す.「1泊2食つきの料金(🇬🇧a charge for a night including two meals. 🇰🇷1박 2식의 요금.)/3食とも外で食べる」

しょく【職】ショク ①生活のための仕事.🇬🇧a job; work. 🇰🇷일, 직업.「会社が倒産して職を失った//職をさがす」②受け持つ仕事. また, 地位.🇬🇧a post; duty. 🇰🇷직무, 직책, 직위.「部長の職につく//管理職(🇬🇧an administrative post. 🇰🇷관리직.)/専門職」

-しょく【-色】(他のことばについて) ①その色であること.「自然色(🇬🇧natural color. 🇰🇷자연색.)/濃緑色(=濃い緑色)」②そのようなようすであること.「国際色豊かなパーティー(🇬🇧a party with a markedly international character. 🇰🇷국제적 색채가 풍부한 파티.)/地方色を出す(🇬🇧

bring out the regional color. ㉠지방색을 드러내다.）③そのような傾向があること。「日本の経済進出に警戒色を持つ国々（Ⓔcountries having a sematic coloration towards Japan's economic invasion. ㉠일본의 경제 진출에 경계색을 띠는 나라들.）／政党色の濃い団体」

しょくいん【職員】ショクイン　役所、学校、会社などに勤め、仕事を受け持っている人。Ⓔa staff member. ㉠직원.「役所の事務の職員の数を増やす／職員会議（Ⓔa teachers' meeting. ㉠직원 회의.）／職員室」

しょくえん【食塩】ショクエン　食用などにする塩。Ⓔtable salt. ㉠식염.「血圧が高い人は食塩の量を減らしたほうがいい／生理食塩水」

しょくぎょう【職業】ショクギョー　生活していくためにする仕事。Ⓔan occupation; a job. ㉠직업.「専門を生かせる職業につきたい／職業安定所（Ⓔan employment security office. ㉠직업 소개소.）／職業病」

しょくじ【食事】ショクジ（〜する）毎日のこととして、ごはんなどを食べること。また、そのために用意された食べ物。Ⓔa meal. ㉠식사.「休日は夫が食事をつくる／友人と一緒にレストランで食事する」

しょくたく【食卓】ショクタク　食事のときに使うテーブル。Ⓔa (dining) table. ㉠식탁.「久しぶりに家族全員で食卓をかこんだ／食卓につく（Ⓔsit down at the table. ㉠식탁에 앉다.）」[数] 1脚

しょくどう【食堂】ショクドー　①食事をする部屋。Ⓔa dining room. ㉠식당.「この家は食堂と居間が一緒になっている」②代金を取って食事をさせる店。Ⓔa restaurant; an eating house. ㉠식당.「学生たちは昼休みになると近くの食堂へ食事に行く」▷[数] ① 1室・1間, ② 1軒・1店

しょくにん【職人】ショクニン　手先でものをつくったり仕事をしたりする職業の人。大工、植木屋、たたみ屋など。Ⓔa workman; a craftsman. ㉠장색(匠色), 공장(工匠).「息子を10年かかって一人前の職人に育てあげた」

しょくば【職場】ショクバ、ショクバ　会社、工場、役所などで、その人が仕事をする場所。Ⓔone's place of work. ㉠직장.「京子は一郎と同じ会社だが職場は違う／家から職場まで自転車で通う」

しょくひん【食品】ショクヒン　食べ物となる品物。広くは飲み物もふくむ。Ⓔfood. ㉠식품.「牛乳はカルシウムを多くふくむ食品だ／食品添加物／デパートの食品売り場／冷凍食品」

しょくぶつ【植物】ショクブツ　生物のうち、草木、藻、菌類など、多くは動くことができず、空気や水から養分をとって生きているもの。Ⓔa plant; vegetation. ㉠식물.「気温が高く雨の多い地方では植物が早く育つ／植物性蛋白質／植物園／薬用植物」[対] 動物

しょくむ【職務】ショクム、ショクム　仕事で自分の受け持つ務め。Ⓔone's duty. ㉠직무.「父はまじめに自分の職務を果たして、60歳の定年を迎えた／職務質問（Ⓔa police checkup. ㉠불심 검문.）」

しょくもつ【食物】ショクモツ　人や動物が、生き、成長し、健康を保つために食べるもの。広くは飲み物もふくむ。Ⓔfood. ㉠식물, 음식물, 식품.「疲れたときは、栄養があって消化のいい食物を取るといい」

[参]「食べ物」もほとんど同じだが、おもに「食べ物」が料理されていてすぐに食べられるものをいうのに対して、「食物」は米、麦、

野菜，魚，肉など材料のままの状態のものをさす。「食卓にたくさん食べ物が並んでいる」「倉庫にたくさん食物が入れてある」の「食べ物」と「食物」を入れかえると不自然な使い方になる。

しょくよく 【食欲】ショクヨク，ショクヨク 食べたいと思う気持ち．Ⓔ(an) appetite. 한식욕．「健康を回復するにつれて，食欲も徐々に出てきた//食欲がない//食欲の秋//食欲不振(Ⓔlack of appetite. 한식욕부진．)」

しょくりょう 【食料・食糧】ショクリョー ①米や麦，魚肉類，野菜，くだもの，缶詰などの食品．Ⓔfood. 한식료，식품．「日曜日に1週間分の食料を買っておく/生鮮食料品」②主食にする米や麦など．Ⓔfood; provisions. 한식량．「災害地に食糧を送る」
注①は「食料」，②は「食糧」．

しょくん 【諸君】ショクン 自分と同等か目下の人たちおおぜいに呼びかける，敬意と親しみをこめたことば．ⒺLadies and Gentlemen; My friends; you. 한제군，여러분．「諸君，われわれはいま，非常に困難な時代にいます//親愛なる諸君/若い諸君」

しょ・げる ショゲル，ショゲル〔自動一〕失敗したり期待がはずれたりして，がっかりする．Ⓔbe dejected; be disheartened. 한기가 죽다，풀죽다; 낙심하다．「弟は試験に失敗してしょげている//しょげた顔つき」話

〔しょげる〕

しょこ 【書庫】ショコ 書物をしまっておくための建物や部屋．Ⓔa library; stacks. 한서고．「本が増えたので庭に書庫を建てた/図書館の書庫に入って文献を調べる」

じょこう 【徐行】ジョコー〔~する〕電車や列車や自動車などがゆっくり進むこと．Ⓔgo slow; slow down. 한서행．「列車は吹雪のため徐行している//徐行運転」

しょこく 【諸国】ショコク あちこちの国々，多くの国々．Ⓔvarious countries. 한제국，여러 나라．「世界の諸国から若者が集まって友好や交流を深めた//姉はアジア諸国へ旅に出た」

しょさい 【書斎】ショサイ 個人の家の，読書や書き物などをするための部屋．Ⓔa study; a library. 한서재．「母は書斎で本を読んでいる//書斎にこもる」数1室・1間

じょし 【女子】ジョシ ①女の子．Ⓔa girl. 한여자(아이); 딸．「女子が誕生した//6年2組の女子」対男子 ②成人，またはそれに近い女性．Ⓔa woman; a female. 한여자，여성．「A社では女子社員が60パーセントを占めている//女子大学」対男子
参「女性」「婦人」も似ているが，「女性」が年齢を問わず女の人全部をさし，「婦人」が比較的年齢の高い女の人をいうのに対して，「女子」は学校やスポーツ関係などグループの中で使われ，どちらかといえば年齢も低い．

じょし 【助詞】ジョシ 文法上の単語の分け方の1つ．ほかのことばについて，そのことばとの関係を示したり，ある意味をそえたりすることば．活用がない．「が」「を」「に」など．Ⓔa particle. 한조사，토씨．「『バスで行く』の『で』と，『庭で遊ぶ』の『で』はどちらも助詞だが，意味は違う」

じょしゅ 【助手】ジョシュ ①研究や仕事の手助けをする人．Ⓔan assistant; a helper. 한조수．「写真家の助手は，ライトを当てたり，カメラを運んだりする//運転助手」②大学などで，教授の指導で研究をしながら，学生の指導も一部受け持つ人．講師の下

の職名. Ea research assistant. 한조교.「三郎はA大学の助手で、学生の実験の指導もしている」

じょじょに【徐徐に】ジョジョニ ゆっくりとなにかをするようす。また、ゆっくりと変化していくようす. Egradually; by slow degrees. 한서서히, 천천히, 점차.「列車は徐々にスピードを上げた//病人は徐々に回復に向かっている」

しょしん【初心】ショシン ①最初のときの決心。なにかを始めようとしたときに持った張りきった気持ち. Eone's first intention. 한당초의 결심, 초지.「教師になって5年、生徒のための授業をするという初心にもどってやり直そう//初心を忘れるな」②学問や技術などを習いはじめたばかりであること. Einexperienced; green. 한초심, 처음으로 배움.「スキーの初心の人だけ集めて、講習会を開いた//初心者」

じょせい【女性】ジョセイ 女の人. Ea woman; a female. 한여성.「門の前にいる白いスーツの女性はどなたですか//結婚しても仕事を続ける女性が増えてきた」対男性 →女子・婦人

しょぞく【所属】ショゾク〔~する〕ものごとや個人などが、ある組織やグループなどの一員になっていること. Ebelonging to; be with. 한소속.「道子はA研究所に所属してがんを研究している//所属政党//無所属」

しょたい【所帯】ショタイ 1つの家をつくって、独立して生活すること。また、その家の構成. Ea household; a family. 한세대, 가구, 가정.「結婚して新しい所帯を持つ//所帯を切りつめる//男所帯(=女性のいない家族)」

參「世帯」も似ているが、「世帯」が「世帯数」「世帯主」など戸籍や公的なばあいに使われるのに対して、「所帯」は「所帯じみる」「所帯疲れ」のように個人のレベルで使われることが多い.

しょたいめん【初対面】ショタイメン 1度も会ったことのない人とはじめて顔を合わせること. Ethe first meeting. 한초대면, 첫대면.「初対面のあいさつをかわす//初対面なので、ちょっと緊張した」

しょち【処置】ショチ〔~する〕①手続きにしたがって、ものごとにきまりをつけること. Emeasures; disposal. 한처치, 조치, 조처.「被災者に対して緊急の処置をとる//厳しい処置//適切な処置」②傷や病気の手当てをすること。また、その手当て. Etreatment. 한처치, 치료.「けががひどいようなら、病院で処置してもらおう//応急処置(Ean emergency measure. 한응급처치.)」▷→処理

じょちょう【助長】ジョチョー〔~する〕①力を貸して、ものごとの成長や発展を助けること. Eencourage; promote. 한조장.「平等意識を助長するための講演会を開く」②ある状態をさらにひどくすること. Efurther; aggravate. 한조장.「失業者の増加が社会不安を助長する」

しょっき【食器】ショッキ 食事をするときに使う器や道具. Etableware; the dishes. 한식기.「テーブルに食器を並べる//食器を洗う//食器棚」

〔食器〕

ショック (shock)ショック ①急に受ける強い打撃. Ea shock; an impact. 한쇼크, 충격.「シートベルトは衝突のショックをやわらげる」②思いがけないことにあって、心の平静を失うこと. Ea shock; a trauma.

쇼크.「親友の突然の死にショックを受けた//石油ショック(Ethe oil crisis. 한오일쇼크.)」

しょっちゅう ショッチュー 同じことを,短い時間をおいて何回も繰り返すよう. E always; very often. 한늘, 언제나, 부단히. 「しょっちゅう甘いものを食べるので, 虫歯が多い//最近は, しょっちゅうかぜをひく」話

ショッピングセンター (shopping center) ショッピングセンター 駅の近くや郊外の団地などの, 大きな建物の中や地下につくられた商店街. E a shopping center. 한쇼핑 센터.「車で郊外のショッピングセンターへ買い物に行く」

しょてん【書店】ショテン, ショテン 本や雑誌などを売る店. また, 出版社の名前にも使う. E a bookstore; a publisher. 한서점; 출판사.「駅前の書店で本を買う//やさしい日本語」はK書店で発行している」数 1軒・1店

参「本屋」も似ているが,「書店」のほうが改まった言い方. また,「本屋」は店だけでなく,「本屋さんに本を選んでもらった」のように人にも使うが,「書店」は店や会社にだけ使う.

しょとう【初等】ショトー 程度や段階が初めのほうにあること. E elementary. 한초등.「初等教育を修了する//初等科」関連中等, 高等

しょどう【書道】ショドー 学習, または芸術として, 筆と墨で文字を書く技術. E calligraphy. 한서도.「伯母は書道教室を開いて, 小学生に教えている//一郎は書道の大家だ//書道芸術」

じょどうし【助動詞】ジョドーシ 文法上の単語の分け方の1つ. 動詞などについて, 推量, 使役などの意味を加える働きをすることば. 活用がある.「らしい」「られる」など. E an auxiliary verb. 한조동사.「「読むだろう」の「だろう」,「行くまい」の「まい」などは助動詞だ//「らしい」は推量の助動詞だ」

しょとく【所得】ショトク 限られた期間にえた収入や利益. E an income; earnings. 한소득.「1年間の所得は約500万円だ//所得が増える//所得税/給与所得」

しょばつ【処罰】ショバツ, ショバツ〔~する〕 悪いことをした人を罰すること. E a penalty; punish. 한처벌.「飲酒運転をした者は厳しい処罰を受ける//法律に違反すると処罰される」

しょぶん【処分】ショブン〔~する〕 ①いらなくなったものやあまったものを捨てたり売ったりすること. E disposal. 한처분.「古くなったテレビを処分する//都会では, 増えるごみの処分に困っている」②規則などを破った人を罰すること. E punishment. 한처분, 처벌.「試験で不正行為が見つかり, 処分された//退学処分//行政処分//懲戒処分」

しょほ【初歩】ショホ 学問や芸術, 技術などを習う最初の段階. E the rudiments; the elements. 한초보.「先生について初歩から絵を習う//パソコンの初歩//初歩的なミス」

しょぼしょぼ ショボショボ ①細い雨が勢いなく降り続くよう.「朝から雨がしょぼしょぼ(と)降っている(EIt has been drizzling since morning. 한아침부터 비가 부슬부슬 내리고 있다.)」②〔~する〕元気がないよう.「洋子に「もう会いたくない」と言われ, しょぼしょぼ(と)帰った(EAfter Yoko said, "I don't want to see you anymore." I went home depressed. 한요코한테서 "이젠 만나고 싶지 않아요."라는 말을 듣고 풀이 죽어 돌아왔다.)」

③〔～する〕目がはっきり開かず、自然に何度もまばたきするようす。「起きたばかりの妹は、まだ眠そうに目をしょぼしょぼさせている（Ｅ Having just got up, my sister is blinking her eyes sleepily. 韓 막 일어난 여동생은 아직 졸린 듯이 눈을 슴벅거리고 있다.）」

しょみん【庶民】ショミン 特別の地位や財産を持たないふつうの人々．Ｅ the common people; the masses. 韓 서민.「庶民の声を政治に反映させる//戦争でいちばん被害を受けるのは庶民だ//庶民生活」

しょめい【署名】ショメイ〔～する〕自分の名前を書類などに書くこと．また、その名前．サイン．Ｅ a signature; sign. 韓 서명.「ゴルフ場建設反対の住民の署名を集める//保証書に署名する//署名運動（Ｅ a signature-collecting campaign. 韓 서명 운동.）」

しょもつ【書物】ショモツ 文章や絵などを紙に印刷し、とじて表紙をつけたもの．本．Ｅ a book. 韓 책、도서.「この本箱には父が残した書物が入っている//遺伝子工学に関する書物を購入する」数 １冊
参「書籍」「図書」も似ているが、これらが個々の本のことより本のまとまりとしての意味で使うのに対して、「書物」は１冊１冊の本に重点が置かれている.「書籍商」「図書室」とはいうが「書物商」「書物室」とはいわないし、「愛読する１冊の書物」の「書物」を「書籍」「図書」で置きかえることはできない.

しょゆう【所有】ショユー〔～する〕自分のものとして持っていること．Ｅ own; possession. 韓 소유.「当社は社用の車を10台所有している//所有権/所有物」書

しょり【処理】ショリ〔～する〕事件や事務などを片づけて、きちんとすること．Ｅ manage; deal with; disposal. 韓 처리.「難問を１つ１つ処理する//処理が終わった問題//ごみ処理」
参「処置」も似ているが、「処置」が、完全ではないが手続きにしたがって片づけることであるのに対して、「処理」はやり終えてしまうことをいう.

しょるい【書類】ショルイ、ショルイ 連絡や記録のために文字で書いたもの．Ｅ papers; documents. 韓 서류.「会議に必要な書類をそろえる//書類に目を通す//書類審査//秘密書類」数 １枚・１通

しょんぼり ションボリ〔～する〕がっかりして元気がないようす．Ｅ lonely; depressed; dejectedly. 韓 맥없이、풀이 죽어、쓸쓸히.「妹は、仲よしの友達が引っ越してしまってしょんぼりしている//一郎は、しかられてしょんぼり（と）家に帰った」話

しらが【白髪】シラガ 年をとったり、病的な原因があったりして、色素がなくなって白くなった髪の毛やひげ．Ｅ white hair; gray hair. 韓 백발.「最近、白髪が増えた//白髪頭//白髪染め」数 １本 →白髪

しら・ける【白ける】シラケル〔自動一〕楽しい気分がこわれて、明るさやおもしろさがなくなる．Ｅ dampen (the atmosphere); be apathetic. 韓 (흥・분위기가) 가시다、깨지다.「宿題があるから帰る、という二郎の１言で、パーティーがすっかりしらけた//校長先生の熱の入った話を、しらけた顔で聞いている小学生」名 白け

しらじらし・い【白白しい】シラジラシイ ①はっきりうそであることがわかるのに平気でいる．Ｅ transparent; downright. 韓 속이 빤히 들여다 보이다.「店員に『スマートですね』としらじらしいお世辞を言われた」②知っているのに知らないふりをする．Ｅ with feigned ignorance. 韓 시치미를 떼다、천연덕스럽다.「事件の関係者たちは、しら

じらしくなにも知らないと言いはっている」

じら・す ジラス〔他動五〕(じらして) 相手がしてほしがっていることを、遅らせたりしてじらだたせる。Ｅirritate; keep a person in suspense. 韓애태우다, 초조하게 하다, 안달나게 하다.「出かける準備をわざとゆっくりして、待っている妹をじらす」自動じれる

しらずしらず【知らず知らず】シラズシラズ、シラズシラズ 自分では気がつかないうちに。Ｅunconsciously; in spite of oneself. 韓저도 모르게, 어느새, 저절로.「本を読んでいるうちに、知らず知らず眠ってしまった//この曲を聞くと、知らず知らずのうちに涙が出てくる」

しら・せる【知らせる】シラセル〔他動一〕人が知るようにする。通知する。知らす。Ｅlet a person know; inform. 韓알리다, 통지하다.「元気でいることを母に知らせる//手紙で帰国の日を知らせる」名知らせ

しら・べる【調べる】シラベル〔他動一〕①わからないことをはっきりさせるために、本を読んだり、人にきいたりする。Ｅlook up; consult; study. 韓조사하다, 찾다 ; 알아보다.「わからないことばを辞書で調べる//関係資料を調べて論文を書く」②ぐあいが悪いことや誤りがないかなどを確かめる。Ｅexamine; inspect. 韓검사하다, 점검하다.「血液を調べる//エンジンの調子を調べる」③原因がどこにあるか、だれがしたのかなどを、さがしたりきいたりする。Ｅinvestigate; question. 韓조사하다, 심문하다.「事件を調べる//容疑者を調べる」▷名調べ

しり シリ ①腰の後ろ下の、肉が多くついている部分。おしり。Ｅthe hips. 韓궁둥이, 엉덩이, 볼기.「いたずらした息子をしかって、しりをたたいた//頭隠してしり隠さず(＝欠点などの一部分だけを隠して、全部を隠したと思いこんでいること)」②後ろ。後。Ｅthe back; the rear. 韓뒤, 뒤쪽.「うちの娘はアイドル歌手のしりを追いかけている//上級生のしりについて歩く」③順序のいちばん後。Ｅthe tail end. 韓맨 뒤, 끝, 꼴찌.「試験をしたら、しりから3番目の成績だった//しりとり遊び」▷話② →体図

「しり」のつく慣用表現

しりが軽い よく考えずに行動する。Ｅbe imprudent. 韓촐랑거리다, 경솔하다.「わたしはしりが軽くて、すぐ動いては失敗している」

しりが長い 他人の家で話しこんでなかなか帰らない。Ｅstay too long. 韓엉덩이가 무겁다, (남의 집에) 오래 앉아 있다.「あの客はしりが長くて、もう3時間もいる」

しりに敷く 妻が、夫を思いどおりに扱う。Ｅkeep one's husband under one's thumb. 韓아내가 남편을 깔아 뭉개다, 내주장하다.「京子は夫をしりに敷いて、家事を全部やらせている」

しりに火がつく 処理しなければならないことが近づき、あわてる。Ｅbe in a hurry. 韓발등에 불이 떨어지다.「卒論の締め切りを来週に控え、学生たちはしりに火がついた状態だ」

しりをぬぐう 他人の失敗などの後始末をする。Ｅclear up somebody's mess. 韓남의 뒤치다꺼리를 하다.「知人が借金を残して逃げ、結局、保証人であるわたしがしりをぬぐうことになった」似た表現しりぬぐい

しりあい【知り合い】シリアイ つきあって、たがいに知っていること。また、そういう人。Ｅan acquaintance. 韓아는 사이, 친지.「あの人とはあいさつをする程度の知り合いだ//知り合いのドイツ人」自動知り合う

しりきれとんぼ【しり切れとんぼ】シリキレトンボ ものごとが途中で切れて、終わりまでいかないこと．Ⓔbe left unfinished. 圀중간에서 끊어짐, 중동무이．「この文章はしりきれとんぼだから、書いた人の意見がわからない」話

しりぞ・く【退く】シリゾク〔自動五〕(しりぞいて) ①後ろへ下がる．Ⓔtake (a step) backward. 圀물러나다, 후퇴하다．「白線の内側へ1歩退く」対進む ②職をやめる．Ⓔresign; retire. 圀물러나다, 은퇴하다．「父は定年で校長の職を退いた」③試合などで、負けて引き下がる．Ⓔbe defeated. 圀물러나다．「1回戦で退く」▷他動退ける

しりつ【私立】シリツ, シリツ ①個人や民間の団体が設立し、運営すること．また、運営している施設．Ⓔprivate. 圀사립．「山田氏はピカソの絵を集めて、私立の美術館を開いた//私立大学」対国立、公立 ②「私立学校」を略した言い方．Ⓔa private school. 圀사립 학교．「私立の試験を受ける//私立には校風に特徴のあるところが多い」対国立、公立 数1校
参「市立」と同じ音なので、区別するために「私立」を「わたくしりつ」、「市立」を「いちりつ」と呼び分けることがある．

じりつ【自立】ジリツ〔~する〕自分だけの力で行動したり生活したりすること．ひとりだち．Ⓔbecome independent; self-support. 圀자립．「就職して経済的に自立する//障害者の自立を助ける」

しりめつれつ【支離滅裂】シリメツレツ 全体のまとまりがなく、ばらばらになっているようす．Ⓔinconsistent; incoherent. 圀지리멸렬．「寝不足で頭がぼんやりしていて、支離滅裂な文章を書いてしまった//あなたの言うことは支離滅裂だ」

しりもちシリモチ, シリモチ 後ろに倒れてしりを地面に打ちつけること．Ⓔfall on one's behind. 圀엉덩방아．「スケートで転んで氷の上にしりもちをついた」話

しりょ【思慮】シリョ〔~する〕していいことか悪いことか、それはなぜか、するとどうなるかなどをしっかり考えること．Ⓔthought; consideration; prudence. 圀사려．「台風が近づいているのにボートで沖へ出るとは、思慮がたりない//思慮深い(Ⓔthoughtful. 圀사려 깊다．)//思慮分別」書

しりょう【資料】シリョー なにかを調べたり研究したりするときの、もとになる情報や材料．データ．Ⓔmaterial; data. 圀자료．「卒業論文の資料を集める//資料がたりなくて論文が書けない」

しる【汁】シル ①ものにふくまれている液．また、しぼりだした液．Ⓔjuice; sap. 圀즙．「レモンの汁をしぼる//汁を吸う」②吸いもの．みそ汁．つゆ．Ⓔsauce; soup. 圀국(물); 장국．「ざるそばは汁につけて食べる//豚汁」

し・る【知る】シル〔他動五〕(しって) ①ものごとについての知識をえる．理解する．Ⓔknow; learn. 圀알다, 이해하다．「辞書でことばの意味を知る//テレビのニュースでその事件を知った//京子はロシア語を知っている」
②その存在や価値などを認める．Ⓔrealize; know. 圀알다, 인식하다．「親のありがたさを知る//以前からよく知っている人」
③気がつく．Ⓔbe aware of. 圀알다, 깨닫다．「自分の欠点を知る」
④経験する．Ⓔexperience. 圀알다, 경험하다．「若いときに苦労を知っておくほうがいい//戦争を知らない世代」
⑤関係して責任を持つ．Ⓔbe concerned with; have to do with. 圀알다, 상관하다．「あの事件に関してわたしはなにも知らな

い//あのことがどうなろうと、知ったことじゃない」

注⑤は否定的な意味で使うことが多い。

知らぬが仏 知らなければ穏やかでいられ、よけいな苦労をしなくてすむということ。Ｅ Where ignorance is bliss, 'tis folly to be unwise. 韓모르는 게 약.

しるし【印】シルシ ①ほかのものと区別するためや、忘れないためにつけるもの。Ｅ a sign; a mark. 韓표(시)、기호、안표。「まちがっている所に赤鉛筆でしるしをつける//一方通行のしるしがあるから車は入れない//矢印(→項目)」
②証拠となるもの。Ｅ evidence; proof. 韓증거、증표。「展覧会に来たしるしに受付で署名をする//愛のしるしのダイヤの指輪」
③わずかに気持ちを表すもの。Ｅ a token. 韓표시、정표。「アンケートにお答えくださった方には、お礼のしるしに図書券を差し上げます」

注「いん」とも読めるので、区別するためには、ひらがなで書くほうがいい。

しる・す【記す】シルス、シルス〔他動五〕(しるして) ①後に残すために書いておく。Ｅ write down; make a note of. 韓적다、기록하다。「あすの予定をメモにしるす//友達の住所、氏名をしるしたノート」②記憶にしっかりと残す。Ｅ inscribe in one's mind. 韓명심하다、새기다。「きょうの感激を心にしるして忘れない」

注「きす」とも読めるので、区別するためには、ひらがなで書くほうがいい。

ジレンマ (dilemma) ジレンマ 対立する２つのことがらの間にはさまって、どちらとも決められないでいる状態。板ばさみ。Ｅ a dilemma. 韓딜레마、진퇴 양난。「ゴルフはやりたいが、ゴルフ場による環境破壊は困るとジレンマに悩む//ジレンマにおちいる((Ｅ fall into a dilemma. 韓딜레마에 빠지다。)」

しろ【白】シロ ①色の１つ。雪や塩のような色。Ｅ white. 韓백、흰색。「白の制服を着た看護婦が忙しそうに働いている」対黒
②犯罪の疑いがないこと。また、その人。Ｅ innocent. 韓무죄、결백。「友人が盗みの疑いで逮捕されたが、わたしは白だと信じている」対黒

しろ【城】シロ むかし、敵の攻撃を防ぐために山の上などにつくった丈夫な建物。Ｅ a castle. 韓성。「戦に敗れて、敵に城を明け渡した//城を築く//城跡」

〔城〕

城に閉じこもる 他人を近づけないで自分だけの場所に入りこんだまま出てこない。Ｅ shut oneself into one's fort. 韓자기의 아성에 틀어박히다。「Y教授は学会発表などはしないで、自分の城に閉じこもって１人で研究している」

しろ・い【白い】シロイ 白の色をしている。Ｅ white. 韓하얗다、희다。「白い歯を見せて笑う//年とって髪が白くなった」

白い目で見る 冷たい、悪意のある目つきで人を見る。Ｅ give a person a cold look. 韓백안시하다。「いやな仕事のときは休む三郎を、みんなは白い目で見ている」

しろうと【素人】シロート、シロート その芸や技術を職業や専門としていない人。また、経験が少ない人。アマチュア。Ｅ an amateur; a non-professional. 韓아마추어、비전문인；풋내기。「道子のモダンダンスは、しろうとは思えないほど上手だ//しろうと離れ(Ｅ as good as a professional. 韓아마추어답지 않게 능숙함。)」対玄人

しろくろ【白黒】シロクロ、シロクロ ①白

色と黒色. ⓔblack and white. ㉠흑백.「碁は、白黒の碁石をたがいに盤に置いていく遊びだ」「白黒のしまのシャツ」②ものごとのいか悪いか、無罪か有罪かということ.「白」をいいほう、「黒」を悪いほうにたとえる. ⓔgood and bad; guilty or innocent. ㉠흑백, 옳고 그름, 유죄와 무죄.「法廷で白黒を明らかにする」「白黒を決める」③映画や写真などで色のついていないもの. モノクローム. ⓔblack and white; monochrome. ㉠흑백.「映画はカラーより白黒のほうが好きだ」「白黒の写真」「白黒テレビ」

じろじろ　ジロジロ　失礼な態度で、何度も見たり観察したりするようす. ⓔstare at; look up and down. ㉠빤히, 뚫어지게, 말똥말똥.「髪型を変えて学校へ行ったら、じろじろ(と)見られて恥ずかしかった」

しろバイ　【白バイ】シロバイ　警察で交通の取り締まりをするときに使う、白くぬったオートバイ. ⓔa police motorcycle. ㉠(교통경찰의) 백색 오토바이, 백차.「白バイがスピード違反の車を追いかけている」「白バイに捕まる」㉕１台

しろぼし　【白星】シロボシ　すもうで、勝ったことを示す「○」のしるし. また、勝つことや手柄を立てることにもいう. ⓔ(sumo) a victory mark; a victory. ㉠(씨름에서) 승자의 표시, 승리.「横綱は初日から白星が続いている」「犯人を捕らえて、白星をあげる」㊦黒星

じろりと　ジロリト, ジロリト　非難するように、１回、鋭く見るようす. じろっと.「会議で、山田さんと反対の意見を言ったら、彼にじろりとにらまれた(ⓔWhen I expressed an opinion opposite to Mr. Yamada's, he gave me a fierce glare. ㉠회의에서 야마다 씨와 반대의 의견을 말했더니 그는 힐끗 째려봤다.)」

しわ　シワ　紙や布や皮膚などが、たるんだり縮んだりしてできた細かい筋. ⓔwrinkles; lines. ㉠주름(살).「アイロンでシャツのしわをのばす」「ひたいにしわを寄せて考えこむ」㉕１本

しわざ　【仕業】シワザ　あまりよくない行い. ⓔan act; a deed. ㉠소행, 짓.「窓ガラスが割れているが、だれのしわざだろう？」「悪魔のしわざ(ⓔthe work of the Devil. ㉠악마의 소행.)」

じわじわ　ジワジワ　すこしずつではあるが、確実に進んでいくようす.「地球では、砂漠が毎年じわじわ(と)ひろがってきている(ⓔOn the earth, deserts are spreading bit by bit each year. ㉠지구에서는 사막이 매년 조금씩 넓어지고 있다.)」「じわじわ(と)汗がにじみ出る」

しわす　【師走】シワス　12月の別の呼び方. しはす. ⓔDecember; the year-end. ㉠섣달, 12월.「師走になると、クリスマスやお正月の準備で忙しくなる」「師走の大売り出し」

しわよせ　【しわ寄せ】シワヨセ 〔～する〕不利なことや困難などの影響を他におよぼすこと. また、その結果. ⓔbe passed on to. ㉠잘못된 일의 악영향이 다른 곳에 미침, 여파.「不況になると中小企業がしわよせを受ける」「会社がもうからないと、従業員の賃金にしわよせがくる」

しん　【芯】シン　①体やものの中心. また、中心にあるもの. ⓔthe marrow; the core; lead. ㉠심, 속.「体がしんまで冷える」「頭のしんが痛む」「鉛筆のしん」②ろうそくや石油ストーブなどの、火をつける所. ⓔa wick. ㉠(양초 등의) 심.「石油ストーブのしんを切りそろえる」「ろうそくのしん」③ものの根本、本性. ⓔthe core. ㉠속심, 본성.「京子は弱そうに見えても、しんは強い人だ」

しん【真】シン 本当のこと。Etrue; utter; real. 한진(실), 참됨.「あの俳優の演技は真にせまっている∥ほら穴の中は真のやみだった∥真犯人 Ethe actual criminal. 한진범(인).」

しん【新】シン ①新しいこと。新しいもの。Enew. 한신.「新と旧の対立」対旧 ②(他のことばの頭について)新しい。新しくする。「新企画(Ea new plan. 한신기획.)∥新社長∥新勢力(Ea new power. 한신세력.)」▷書

-しん【-心】(他のことばについて)こころ。気持ち。「反抗心(Ea rebellious spirit. 한반항심.)∥向学心(=勉強しようとする気持ち)∥好奇心(→項目)」

-じん【-人】(他のことばについて)①そこに属する人。「社会人(=学生でなく社会で働いている人)∥アメリカ人∥ロシア人(Ea Russian. 한러시아인.)」②それを専門、または職業とする人。「映画人∥財界人∥芸能人(Ean entertainer; a person in show business. 한예능인.)」③それを持っている人。「知識人∥常識人(Ea person of common sense. 한상식인.)∥文化人(Ea cultured person. 한문화인.)」

しんあい【親愛】シンアイ 親しみや愛情を感じているようす。Edear; beloved. 한친애.「犬は飼い主の姿を見ると、すぐ尾を振って親愛の情を表す∥親愛なる友よ∥親愛感」

じんいてき【人為的】ジンイテキ 自然のままではなく、人間が手を加えてそうなったようす。Eartificially; by man. 한인위적.「日本庭園の美しさは人為的につくられたものだ∥今回の災害は人為的な原因によるものだ」

しんいり【新入り】シンイリ 新しく仲間に入ること。また、入った人。Ea newcomer; a freshman. 한신입, 신참.「新入りの山田一郎です、どうぞよろしく∥新入りの部員の歓迎会を開く」

しんえん【深遠】シンエン 論理などの内容が深くて、わかりにくいようす。Eprofound; deep. 한심원.「H氏の理論は深遠で、わたしにはよく理解できない∥深遠な哲学」書

しんか【進化】シンカ〔～する〕①生物が変化、発達して、複雑ですぐれたものになっていくこと。Eevolve. 한진화.「人類は猿から進化した∥進化論(Ethe theory of evolution. 한진화론.)」対退化 ②ものごとがいい方向へ発展すること。Eprogress; development. 한진화.「社会の進化と発展のために努力する」対退化

しんがい【心外】シンガイ, シンガイ ものごとが思っていなかった方向に進み、残念に思うようす。Eunexpected; unthinkable. 한의외, 뜻밖.「一生懸命に働いてきたのに、きみはもう必要ないと言われるとは心外だ」

しんがい【侵害】シンガイ〔～する〕不当なやり方で、人の権利や利益に損害を与えること。Einvasion; infringe. 한침해.「他人にきた手紙を無断で開いて読むのは、プライバシーの侵害だ∥他国の主権を侵害することは許されない」

しんがお【新顔】シンガオ 新しく仲間に入った人。目新しい顔。Ea new face; a newcomer. 한새 얼굴, 신인, 신참.「会社の受付に4月から新顔が入った」対古顔

しんがく【進学】シンガク〔～する〕いままでより上の段階の学校に進むこと。Ego on to (a school of higher grade). 한진학.「中学を卒業し、高校に進学する∥進学希望者∥進学率」

じんかく【人格】ジンカク ①道徳的にみたばあいの、人の性格。人柄。Echaracter; personality. 한인격.「A首相は、立派な人格の持ち主として人々から尊敬された∥人格をみがく∥人格形成(Echaracter building. 한인격 형성.)」②一人前の人間としての資格. Eindividuality; personhood. 한인격.「子供の人格を認める」

しんかんせん 【新幹線】シンカンセン 全国のおもな都市の間を高速で走る新しい幹線鉄道. また、その列車. E the *Shinkansen*. 한신칸센.「新幹線で広島に行く//東北新幹線//上越新幹線」数1本

しんぎ 【審議】シンギ〔～する〕会議などに出された議案について、いいか悪いか、どこをどう直すかなどを話し合うこと. Ediscuss; deliberation. 한심의.「国会で来年度の予算案を審議する//審議を拒否する//国語審議会」

しんきゅう 【進級】シンキュー〔～する〕学年や程度が上へ進むこと. E be promoted to; move up to. 한진급.「どうにか4年に進級できた//日本語の初級のクラスからなかなか進級しない//進級テスト」

しんきょう 【心境】シンキョー そのときの心の状態. Ea mental state; feelings. 한심경.「海に落ちた車の中から助けだされたときの心境を語る//心境の変化//複雑な心境」

しんきんかん 【親近感】シンキンカン 親しみの感じ. 身近な人のように感じること. E a feeling of closeness. 한친근감.「魚屋のおばさんに、いなかの母のような親近感を覚える」

しんきんこうそく 【心筋梗塞】シンキンコーソク 心臓の冠動脈に血のかたまりなどができて、血液の流れがつまったり止まったりして、心臓の筋肉の細胞や組織の一部が死ぬ病気. 生命が危険なばあいもある. Emyocardial infarction. 한심근 경색.「父は心筋梗塞でなくなりました//心筋梗塞の発作が起きる」

しんくう 【真空】シンクー ①空気などの物質がまったくない状態. Ea vacuum. 한진공.「容器の中は真空になっている//真空パック」②ものごとがまったくない、からっぽの状態や場所. Evoid; empty. 한진공, 공백(상태).「突然の大事故を知らされて、頭の中が真空になってしまった」

シングル (single)シングル ①1人のためのもの. Esingle. 한싱글.「シングルベッド//シングルルーム」対ダブル ②独身. 独身者. Esingle. 한싱글, 독신.「二郎は40歳の現在までシングルを通している」対カップル ③上着やコートで、前の合わせる部分が狭く、ボタンが1列のもの. Esingle-breasted. 한싱글.「黒のスーツはシングルにする」対ダブル ④ゴルフで、ハンディキャップが9以下. Ea handicap below 10 in golf. 한싱글.「一郎はゴルフがとてもうまく、シングルの腕前だ」

しんけい 【神経】シンケイ ①脳から体じゅうにつながっている糸のような器官. 体の中の変化や、体に受けるいろいろな感じを伝えたり、命令を体に伝えたりする. Ea nerve. 한신경.「神経をまひさせて虫歯を抜く//運動神経//脳神経外科」②ものを感じとったり考えたりする心の働き. Enerves; sensitivity. 한신경.「会社の得意先の社長の相手をして神経が疲れた//神経質//神経症」

神経が太い 大胆で、ちょっとしたことぐらいでは動揺しない. Ehave a lot of nerve; be bold. 한신경이 두둑하다, 대범하다.「面接試験がもうすぐ始まるというのに、ゆっくり食事ができるなんて、道子は神経が太い」対神経が細い

神経に障る 音や声などちょっとしたことが、いらいらする原因になる. Eget on one's nerves. 한신경에 거슬리다.「となりの部屋の話し声が神経にさわって、眠れなかった」

神経を使う 細かいことまであれこれと気を配

る. Egive careful attention to. 한신경을 쓰다.「三郎はネクタイだけでなく、靴下やハンカチにも神経をつかっている」

しんけん【真剣】シンケン ①木刀や竹刀ではなく、人を切ることのできる本物の刀. Ea real sword. 한진검.「真剣勝負」②本気になってなにかをするようす. Eearnestly; serious. 한진지, 진심.「アンナは1年間で日本語をマスターしたいと、毎日真剣に勉強している//ジョンは真剣な顔でガイドの説明を聞いている」

しんげん【震源】シンゲン, シンゲン ①地震が起こった地下や海底の場所. Ethe seismic center. 한진원.「きのうの地震の震源はかなり深いようだ//震源地」②ある事件などが起こったもと. Ethe origin of the event or disturbance. 한근원.「A社が倒産しそうだといううわさの震源は競争相手のB社らしい」

じんけん【人権】ジンケン 人間が生まれたときから持っている、生命、自由、平等などを保障される基本的権利. Ehuman rights. 한인권.「人権を認めないものと闘う//子供の人権を守る//世界人権宣言//基本的人権」

しんこう【信仰】シンコー〔~する〕神や仏など神聖なものを信じてうやまうこと. Efaith; belief. 한신앙.「祖母は信仰が厚く、朝晩、必ず仏壇をおがむ//信仰を持つ//信仰心」

しんこう【進行】シンコー〔~する〕①ある場所に向かって進んでいくこと. Emove; advance. 한진행.「列車が進行しているときは、窓から顔を出さないように//進行方向」②時がたつにつれて、ある状態を深めながら進んでいくこと. Eprogress; become worse. 한진행; 악화.「子供の病気は進行が速い」③先に進むこと. また, 進ませること. Eprogress; expedite. 한진행, 진

전, 진척.「工事は予定どおり進行している//議事を進行する」

しんごう【信号】シンゴー ①色, 光, 音, 形などを使って, 離れている所へ合図を送る方法. また, その合図. Ea signal. 한신호.「むかしは, 山の上から煙で信号を送った//モールス信号」②鉄道や道路などで, 進んでいいかどうかを知らせる合図. また, その機械. シグナル. Ea traffic signal; traffic lights. 한신호(기).「信号が青になったら渡る//3つ目の信号を左折する//交通信号」▷→交差点図

じんこう【人口】ジンコー 決まった地域に住んでいる人の数. Epopulation. 한인구.「都心では昼間の人口と夜の人口の差が大きい//地球の人口は増え続けている//人口密度(→**項目**)」

じんこう【人工】ジンコー 自然のものに人間の手を加えて別の状態に変えたり, 自然に似せてものや状態をつくりだしたりすること. Eartificial; man-made. 한인공.「山の中に人工の湖をつくる//人工呼吸 Eartificial respiration. 한인공 호흡.)//人工地震」対自然, 天然

じんこうえいせい【人工衛星】ジンコーエイセイ 気象の観測や電波の中継などのために, ロケットで打ち上げ, 地球などのまわりを飛び続けるようにしたもの. Ea man-made satellite. 한인공 위성.「1957年に, 旧ソ連が最初の人工衛星を打ち上げた//人工衛星による中継で, オリンピックの放送を現地と同時に見る」

じんこうじゅせい【人工授精】ジンコージュセイ 人工的に卵子と精子を結合させること. Eartificial insemination. 한인공 수정.「このパンダの子は人工授精で生まれた」

じんこうみつど【人口密度】ジンコーミツ

ド 人口を土地の面積で割ったもの.ふつうは1平方キロ内に住む人口をいう.Ｅpopulation density. 한인구 밀도.「東京の人口密度は北京より高い//人口密度の低い国」

しんこきゅう 【深呼吸】シンコキュー〔～する〕息を大きく吸いこんだりはきだしたりすること.Ｅa deep breath. 한심호흡.「さわやかな朝の空気の中で深呼吸をする//面接試験の前に深呼吸して気持ちを落ちつかせる」

しんこく 【申告】シンコク〔～する〕国民の義務として決められていることがらを役所に文書などで申し出ること.Ｅreport; declare. 한신고.「税務署に所得を申告する//税関に外国で買った指輪の申告をする」

しんこく 【深刻】シンコク 非常に重大で解決がむずかしいようす.Ｅserious; grave. 한심각.「A国の食糧不足は深刻な段階を迎えている//父の病状は深刻になってきた//深刻な顔つき」

しんこん 【新婚】シンコン 結婚したばかりであること.また,その人.Ｅnewly-married. 한신혼.「新婚の夫婦は仲がいい//新婚カップル//新婚旅行/新婚さん」

しんさ 【審査】シンサ〔～する〕人柄や能力,品質などをくわしく調べて,合格不合格,優劣などを決めること.Ｅ(an) examination; judge; inspect. 한심사.「厳密な審査の結果,A氏の博士論文の合格が決定した//書類で審査する」

しんさつ 【診察】シンサツ〔～する〕医者が病人の体を調べて,病名を判断したり,治療法を考えたりすること.Ｅmedical examination; consultation. 한진찰.「医者は患者を診察して,病名を告げた//診察室」→診断

しんし 【紳士】シンシ ①教養があって礼儀正しく,行動も立派な男性.Ｅa gentleman. 한신사.「一郎は紳士だから,酒を飲んでも酔って暴れるようなことはしない//紳士的な態度」対淑女 ②男性を尊敬していう言い方.男性用の商品などに使う.Ｅmen's. 한신사.「紳士服/紳士物」

じんじ 【人事】ジンジ ①会社などの,そこで働く人の地位や配置,評価などに関することがら.Ｅpersonnel administration. 한인사.「K氏は会社で人事を担当している//人事異動/人事課」②人間社会に関すること.Ｅhuman affairs. 한인간사,세상사.「自然には興味があるが,人事には関心がない」

しんしつ 【寝室】シンシツ 寝るために使う部屋.Ｅa bedroom. 한침실.「寝室が2部屋にリビングルームと台所のあるマンションを買いたい//祖母は10時に寝室に入る」数1室・1間

しんじつ 【真実】シンジツ,シンジツ ①うそでない,本当のこと.Ｅtruth. 한진실.「新聞やテレビは真実を報道しなければならない//真実み(Ｅsincerity; reality. 한진실성.)」対虚偽,うそ ②(副詞的に)本当に.まったく.Ｅtruly; really. 한정말로,진실로.「あの人には,真実,ひどい目にあっている//真実,申し訳ない」

じんじふせい 【人事不省】ジンジフセイ 意識がなくなり,なにもわからなくなること.Ｅunconscious. 한인사 불성.「がん末期の患者が人事不省におちいった」

しんじゃ 【信者】シンジャ ある宗教を信じている人.Ｅa believer. 한신자.「姉はキリスト教の熱心な信者だ/信者になる」

じんじゃ 【神社】ジンジャ 日本の神をまつってある所.Ｅa Shinto shrine. 한신사.「初もうでに近くの神社へ行く//神社の鳥居」

しんじゅ 【真珠】シンジュ アコヤガイなどの体内にできる,まるい小さな玉.表面の光が美しいので,装飾用に使う.Ｅa pearl. 한진주.「この湾では真珠を養殖している//真珠のネックレス/真珠貝」数1粒

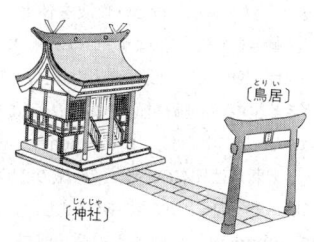
〔鳥居〕
〔神社〕

じんしゅ【人種】シンシュ 体つき, 顔のようす, 皮膚の色, 髪の色など, 生物学的にみた人類の種別. Ⓔa race. 亰인종.「人種差別//人種的偏見(Ⓔracial prejudice. 亰인종적 편견.)//黄色人種(Ⓔthe yellow races. 亰황(색)인종.)」

しんじゅう【心中】シンジュー〔～する〕①愛し合った男女や家族などが一緒に自殺すること. Ⓔa double or family suicide. 亰정사(情死); 동반 자살.「若い男女が雪の中で心中した//親子心中//無理心中」②自分が属している組織などと一緒に滅びること. Ⓔruin mutually. 亰같이 망함, 운명을 같이함.「会社と心中するつもりはない」

しんしゅつ【進出】シンシュツ〔～する〕新しい方面に勢力をひろげたり, 新しい活動の場を求めたりして進んでいくこと. Ⓔbranch out; advance. 亰진출.「この町にも大きなスーパーが進出してきた//決勝戦へ進出する」

しんじょう【心情】シンジョー 心の中で感じたり思ったりしていること. 心の中の思い. Ⓔone's feelings. 亰심정.「1960年代, ビートルズの曲は若者の心情にぴったりだった//心情を語る//心情的(Ⓔemotional. 亰심정적.)」

しんじょう【信条】シンジョー, シンジョー ①かたく信じて守っていることがら. Ⓔa belief; a principle. 亰신조.「小学校教師のわたしの信条は, 児童にうそをつかないことだ」②その宗教の信者として守らなければならないきまり. Ⓔa creed. 亰신조.「イスラム教徒の信条」

しんじょう【真情】シンジョー うそのない気持ち. 真心. Ⓔone's true feelings. 亰진정.「事業に失敗して失望しているときなぐさめてくれた友人のことばには真情がこもっていた//真情を吐露する」書

しんしょく【寝食】シンショク 寝ることと食べること. ふだんの生活. Ⓔsleeping and eating. 亰침식.「京子は寝食を忘れて病気の母親を看病した//洋子はわたしが北京に留学したとき, 2年間寝食をともにした友達だ」

しん・じる【信じる】シンジル〔他動一〕①ものごとを本当だと思う. 信ずる. Ⓔbelieve; trust. 亰믿다, 신용하다.「わたしはあなたのことばを信じています」対疑う ②人間をこえた大きな力に自分をまかせる. 信ずる. Ⓔbelieve in. 亰믿다, 신앙하다.「神を信じる」

しんしん【心身】シンシン, シンシン 心と体. 精神と肉体. Ⓔmind and body. 亰심신.「会社の倒産や職さがしで心身ともに疲れた//若いうちに心身をきたえておく」

しんじん【新人】シンジン その分野に新しく進出してきたり, 新しく仲間に入ったりした人. Ⓔa newcomer; budding; new. 亰신인.「新人の作家がA文学賞をもらった//新人歌手//新人教育」

しんせい【申請】シンセイ〔～する〕許可や認可などを役所などに求めること. Ⓔapply for; (an) application. 亰신청.「トルコ大使館にビザを申請する//レストラン営業の認可を申請する//パスポートの申請//申請書」

しんせい【神聖】シンセイ 清らかでけがれがなく, そばに近づけないような感じがあるようす. Ⓔsacred; divine. 亰신성.「メッカは

イスラム教徒にとって神聖な場所だ//この山は、むかしは神の住む神聖な山とされた」

じんせい【人生】ジンセイ ①人間の, この世での生活. Elife. 韓人生. 「人生は楽しいことばかりではないが, 苦しいことばかりでもない//人生観」②ある個人がこの世に生きている間. 人の一生. Eman's span of life; life. 韓人生. 「以前は人生わずか50年といったが、このごろでは人生80年という//充実した人生を送る」

しんせき【親戚】シンセキ「親類」のすこし改まった言い方. Ea relative. 韓친척. 「娘の結婚式に親戚が集まってくれた//洋子は親戚の伯父さんにお年玉をもらった」

しんせつ【親切】シンセツ 好意を持ってその人のためになるようにすること. Ekind. 韓친절. 「歩いている人に駅を尋ねたら, 親切に途中まで一緒に行ってくれた//他人に親切にする//親切な人」対 不親切

しんせん【新鮮】シンセン ①魚, 野菜, 肉などが新しくて生き生きしているようす. Efresh. 韓신선, 싱싱함. 「この魚は新鮮だから刺身で食べられる//新鮮な野菜でサラダをつくる」②よごれがなく, 気持ちがいいようす. Efresh. 韓신선, 산뜻함. 「窓を開けて新鮮な空気を入れる」③ものごとにそれまでと違った新しさが感じられるようす. Erefreshing; new. 韓신선. 「新入生を迎えて大学のキャンパスも新鮮に感じられる//アイデアが新鮮な広告」対 陳腐

しんそう【真相】シンソー 世間に知られているのとは違う, 事件などの本当の姿や内容. Ethe truth; the real facts. 韓진상. 「三郎の無実を証明するために, 事件の真相を調べる//真相を暴露する」

しんぞう【心臓】シンゾー ①内臓の1つ. 血管の中心となるもので, 使った血液を肺に送ってきれいにし, 新しい血液を体じゅうに送る働きをする, 袋のような形のもの. Ethe heart. 韓심장. 「運動をしたあとは心臓がどきどきする//心臓移植//心臓まひ」②いちばんだいじな中心部. Ethe heart. 韓심장. 「東京は日本の心臓だ//機械の心臓部」③思いきったことができ, あつかましいようす. Eimpudent. 韓뻔뻔스러움, 배짱. 「一郎は心臓だから, はじめて会った人に, おたくの会社で働かせてくれと頼んでいる//心臓が強い (Ehave a lot of nerve. 韓배짱이 두둑하다.)」▷話③ →内臓図

心臓に毛が生えている たいへんずうずうしいようす. Ebe brazen-faced. 韓얼굴에 철판을 깔았다, 아주 뻔뻔스럽다. 「この前の借金を返していないのに, またスキーに行くと金を借りに来た. あいつは心臓に毛が生えているんだ」話

じんそく【迅速】ジンソク 人の行動がすばやいようす. Epromptly; speedy. 韓신속. 「消防士たちは, 火事の現場に着くと, 迅速に消火活動をする//迅速な行動で, おぼれた幼児を救う」書

しんたい【身体】シンタイ「体」の改まった言い方. Ethe body; physical. 韓신체. 「身体と精神の両方をバランスよく発達させる//身体検査//身体測定」

しんたい【進退】シンタイ ①[〜する]進むことと退くこと. Eadvance or retreat. 韓진퇴. 「軍隊の進退を決断するときがきた//進退きわまる (Ebe up against the wall. 韓진퇴 유곡, 진퇴 양난.)」②ふだんの1つ1つの行動. Ebehavior; one's course of action. 韓진퇴; 행동 거지. 「責任ある地位にいる人は, その進退を誤ることのないように注意しなければならない」③その職にとどまるかやめるか, 自分の身の上を決める行動. Ea decision to continue or resign from a job. 한진퇴, 거취.「社長の交代で, 副社長も前社長と進退をともにした//進退うかがい(Ｅan informal resignation. 한(직무상 과실이 있을 때) 진퇴 문제를 상사에게 문의함, 그 문의서, 사표.)」

しんだい【寝台】シンダイ ⇨ ベッド「病人は寝台に静かに横になっている//寝台車」

じんだい【甚大】ジンダイ ものごとの程度がたいへん大きいよう. Ｅserious; great. 한심대, 막심.「台風15号の被害は甚大だ//原子炉の事故は周囲の環境に甚大な影響をおよぼす」
参 悪いこと, 好ましくないことについていう.

しんだん【診断】シンダン〔～する〕①医者が患者を診察して, 病気を判断すること. Ｅdiagnosis. 한진단.「医者の診断ではおなかの赤ん坊は順調に育っているそうだ//健康診断」②今後の方針を決めるために, 現状をよく調べて判断すること. Ｅa diagnostic check. 한진단.「会社の経営状態を診断する」
参 ①は「診察」と似ているが, 「診察」が医者がみることに重点があるのに対して, 「診断」は判断をすることに重点がある.

しんちょう【身長】シンチョー 人間の体の高さ. 背の高さ. Ｅheight. 한신장, 키.「身長が1年間で10センチのびた//身長をはかる//身長の高い人」

しんちょう【慎重】シンチョー なにかをするときに, 注意深くて, かるがるしい行動はしないよう. Ｅprudently; careful. 한신중.「あせらずに慎重に行動する//慎重な運転//慎重論」対軽率

しんてん【進展】シンテン〔～する〕ものごとが新しい方向に進んでいくこと. Ｅprogress; development. 한진전.「領土問題に関する両国首脳の会談はなかなか進展しない//研究の進展を期待する」

しんてん【親展】シンテン 封筒の表のあて名のそばに書いて, その人に直接開けてほしいということを表すことば. ＥConfidential. 한친전.「親展と書いてあるのに, 母親が開けて読んだので, 一郎は腹を立てた」書

しんとう【神道】シントー 天照大神をはじめ, いろいろな神をまつる, 日本に古くからある宗教. ＥShinto; Shintoism. 한신도.「わたしの家の宗教は神道だ//恩師の葬儀は神道によって行われた」

しんとう【浸透】シントー〔～する〕①液体がしだいにしみこむこと. Ｅpermeate. 한침투.「雨水は地面に浸透して地下水となる//浸透作用//浸透圧」②思想などが多くの人の間にしだいにしみこむこと. Ｅpenetrate. 한침투.「憲法の平和主義は国民の中に浸透している」

しんどう【振動・震動】シンドー〔～する〕①揺れ動くこと. 一定の周期で揺れること. また, その揺れ. Ｅvibrate; oscillation. 한진동.「でこぼこ道で, 車体は大きく振動した//体に振動を感じない, いい車//振動数」②震え動くこと. どっしりしたものが揺れ動くこと. Ｅshake; quake; a shock. 한진동.「大型トラックが通ると地面が震動する//地震は震動の大きさで, 強震, 中震, 弱震などと分ける」
注 ①は「振動」, ②は「震動」.

じんどうてき【人道的】ジンドーテキ 人の命や人権をたいせつにして, 温かく人に接するよう. Ｅhumanitarian; humane. 한인도적.「人道的立場から死刑に反対する//人道的な教育のためには, 体罰は許されない」

しんにゅう【侵入】シンニュー〔～する〕他国の領土や他人の家など, 入ってはいけない所に無理に入りこむこと. Ｅbreak into; an invasion. 한침입.「泥棒が2階の窓

から侵入した//敵国の侵入を許さない」

しんねん【信念】シンネン 心の中でかたく信じていること．信じて疑わない心．Ｅbelief; faith. 韓신념．「正しいことが最後には勝つという信念を持って裁判の結果を待つ//信念を曲げない//信念をつらぬく」

しんねん【新年】シンネン 新しい年．年の初め．正月．Ｅthe New Year. 韓신년．「新年を迎える//新年おめでとう//新年会」対旧年

しんぱい【心配】シンパイ〔～する〕①悪いことが起こりはしないか，これからどうなるかなどと気にすること．気がかり．Ｅbe anxious; trouble. 韓걱정, 근심．「最近, 母の顔色が悪いので心配だ//親に心配をかけてはいけない//心配無用」対安心 ②ものごとがうまくいくよう気をつけて世話すること．Ｅhelp; look after. 韓돌보아 줌, 배려, 주선．「息子の就職を心配してくださってありがとう//旅行の宿の心配をする」

しんぱん【審判】シンパン, シンパン〔～する〕①ものごとや事件などを審理し, 判決を下すこと．Ｅjudgment. 韓심판．「力の限り無実を主張したから, あとは法の審判を待つだけだ//審判が下りる」②スポーツ競技で, 勝ち負けや順位などの判定をすること．また, その人．Ｅan umpire; a referee. 韓심판(원)．「野球の審判が『アウト！』と叫んだ//審判の笛を合図に, 試合が始まった」

しんぴ【神秘】シンピ 人間の知恵ではよくわからないような不思議なことがら．Ｅ(a) mystery. 韓신비．「科学の進歩が宇宙の神秘をだんだん明らかにしていく//生命の神秘をさぐる」

しんぷ【神父】シンプ キリスト教のカトリックで, 儀式を行い, 信者を指導する人．Ｅa father. 韓신부．「神父の前で罪を告白し, 神の許しを求める//聖書を手に話をする神父」

じんぶつ【人物】ジンブツ ①「人」の改まった言い方．Ｅa person. 韓인물．「A氏は危険な人物だと思われている//人物画//登場人物」②その人に備わっている性格, 人柄．Ｅcharacter. 韓인물；인품．「道子の人物はわたしが保証します」③才能があるすぐれた人．Ｅa person of talent. 韓인물, 인재．「会社では, きみのような人物を必要としている」
参「人」は一般的, 生物学的にみた人間をいい, 「人物」はその人の持っている性格や能力などを客観的にとらえる立場からいう．

しんぶん【新聞】シンブン ①社会の新しいできごとをすばやく報道したり, 問題の解説や批判をしたりするために定期的に出す刊行物．多くは毎日発行する日刊紙．Ｅa newspaper. 韓신문．「毎朝, 新聞を読んでから学校へ行く//きのうの事件が新聞に載っている//スポーツ新聞」②新聞紙．Ｅ(a sheet of) newspaper. 韓신문(지)．「新聞で弁当を包む//古新聞を集める」
▷数①1部・1紙, ②1枚

じんぶんかがく【人文科学】ジンブンカガク 科学の一分野．人類のつくりあげた文化について研究する．哲学, 歴史学, 文学, 言語学など．じんもんかがく．Ｅthe humanities; cultural sciences. 韓인문 과학．「A大学の講座は人文科学が主である//人文科学部」関連社会科学, 自然科学

しんぶんきしゃ【新聞記者】シンブンキシャ, シンブンキシャ 新聞社で新聞に載せる記事を取材したり書いたりする人．Ｅa newspaper reporter. 韓신문 기자．「新聞記者の道子はペンとカメラを持って世界じゅうを飛びまわっている//この探検隊には, 記事を書くために新聞記者も加わっている」

しんぽ【進歩】シンポ〔～する〕ものごとがいい方向に進んでいくこと. Eprogress; advance. 한진보.「アリの日本語は進歩が速い//科学技術が進歩する//進歩的な考え方」対退歩

しんぼう【辛抱】シンボー〔～する〕がまんすること. また, つらいことでもがまんしてすること. Epersevere; be patient. 한참음; 참을성, 인내(력).「足の痛いのを辛抱して頂上まで登った//辛抱強い」

じんぼう【人望】ジンボー 立派な人として, その人に多くの人が寄せる尊敬や信頼, 期待の気持ち. Epopularity; confidence. 한인망.「一郎は患者の不安な思いを真剣に聞いてくれる医師として人望が厚い//人望を失う//人望のある政治家」

しんまい【新米】シンマイ ①その年にとれたばかりの米. Enew rice. 한신미, 햅쌀.「炊きたての新米のごはんはおいしい//新米でつくった酒」対古米 ②新しい仕事についたばかりで, 慣れていないこと. また, その人. Ea young hand; a beginner. 한신참, 풋내기, 초보.「記者になったばかりの新米だから, まだ記事は書けない//新米の運転する車に乗るのはこわい」対ベテラン

しんみつ【親密】シンミツ 非常に仲がいいようす. Eclose; friendly. 한친밀.「公園のベンチで, 老婦人と孫らしい若い娘が親密に語り合っている//あの２人は親密な関係のようだ//親密の度を加える」対疎遠

しんみょう【神妙】シンミョー, シンミョー すなおで, おとないようす. Edocile; unresisting. 한얌전함.「騒いで授業をじゃましてばかりいた三郎が, 卒業式を前にしてすっかり神妙になっている//神妙な顔で謝る」

しんゆう【親友】シンユー たがいに信頼し合っている仲のいい友達. Ea close friend; a good friend. 한친구.「親友の京子にはなんでも相談できる//無二の親友(Eone's best friend. 한둘도 없는 친구.)」

しんよう【信用】シンヨー〔～する〕①信じて疑わないこと. Etrust; confidence. 한신용.「必ず治るという医者のことばを信用して, 病気と闘う//きみを信用してこのプロジェクトをまかせることにした」②まちがいないと思うこと. Ereputation; credit. 한신용, 신뢰.「品質の悪いものを売ると, 店の信用を落とす」
参①は「信頼」と似ているが, 「信頼」が, 相手に疑いを持たないだけでなく, 相手の力に頼ることであるのに対して, 「信用」は単に相手に疑いを持たないことをいう.

しんらい【信頼】シンライ〔～する〕信じて頼りにすること. Etrust; rely on; expectations. 한신뢰.「妻の実力を信頼して家業の経営をまかせる//国民の信頼にこたえる政治//信頼感」→信用

しんり【心理】シンリ 心の動きやようす. 精神の状態. Ea state of mind; psychology. 한심리.「小学校の先生になるには, 子供の心理がわからないといけない//心理分析」

しんり【真理】シンリ いつどんなときでも変わることのない正しい道理. 本当のこと. Etruth. 한진리.「地球が太陽のまわりを回っているというのは真理だ//学問の究極の目的は真理の探究にある」

しんりゃく【侵略】シンリャク〔～する〕武力を使ってよその国に入りこみ, 土地などをうばい取ること. Einvade; (an) aggression. 한침략.「A国がとなりのB国を侵略して戦争が始まった//侵略者を追い返す」

じんりょく【尽力】ジンリョク, ジンリョク〔～する〕一生懸命に努力すること. 骨折り. Eendeavor; efforts. 한진력, 힘씀.「町

しんりん

長は20年にわたって町の発展のために尽力した/ご尽力に感謝します」

しんりん【森林】シンリン 木がたくさん生えている所. ⒺA forest; woods. 韓삼림.「シベリアは森林がどこまでも続いている//森林は野生動物の天国だ//森林資源//森林浴」
参「森」も「林」も似ているが,「森」は「林」より木がたくさんあり,「森林」は「森」より規模が大きい.

しんるい【親類】シンルイ 祖父母, おじ, おば, いとこなどのように血のつながった人や, 結婚などでつながった人々のうち, 自分の家族以外の人々. 親戚. Ⓔa relative; a relation. 韓친척, 일가.「姉の結婚式にはおおぜいの親類が集まった//親類づきあい」

じんるい【人類】ジンルイ ほかの動物と区別していうときの, 集団としての人間. Ⓔthe human race; humankind. 韓인류.「人類が火を使うようになってから文明が進んだ//人類の幸福と繁栄を願う」

しんれき【新暦】シンレキ 地球が太陽のまわりを1回転する時間を1年とする暦. 1年を365日とし, 4年に1度366日とする. 明治維新後の1873年, 新しく採用されたので, 新暦という. 太陽暦. Ⓔthe solar calendar. 韓양력.「日本では新暦の正月を祝うが, 旧暦の正月を祝う国もある」対旧暦

しんわ【神話】シンワ むかしから人々の間で語り伝えられてきた話のうちで, 人間の姿をした神を主人公にして, 古代の自然や人間世界のいろいろなできごとを物語るもの. Ⓔa myth; mythology. 韓신화.「ギリシャ神話では美の神や知の神が活躍する//古事記は日本の神話を書いた本だ//神話の時代」

す／ス

す【巣】ス, ①けもの, 鳥, 虫などがすみ, 卵を産んだり, 子を育てたりする所. Ⓔa nest; a beehive; a den. 韓집, 둥지.「木の枝に鳥が巣をかける//ハチの巣」②クモが虫をとるために糸を張ってつくった網のようなもの. Ⓔa web. 韓거미집.「クモが巣を張って虫がかかるのを待っている」③人が住んだり, 集まったりする所. Ⓔa (love) nest; a den (of vice). 韓보금자리；소굴.「愛の巣//悪の巣」

す【酢】ス 酸っぱい味の液体の調味料. Ⓔvinegar. 韓초, 식초.「ごはんに酢をまぜてすしの準備をする」

ず【図】ズ ①ものの形やようすなどを一目でわかるように描いたもの. 図表, 地図, 絵など. Ⓔa diagram; a drawing; a figure. 韓그림, 도면, 도.「ことばで表しにくい部分は図で説明する//案内図//略図(→項目)」②その場のありさま. Ⓔa sight; a scene. 韓꼴, 모양, 광경.「転んで泥だらけになり, とても見られた図ではない」▷数①1枚・1点

図に当たる 思ったとおりになる. Ⓔwork out as expected. 韓계획〔예상〕이 들어맞다.「企画が図に当たって大成功だった」

図に乗る ものごとが思うとおりになり, ますます得意になったり, いばったりする. Ⓔbe puffed up. 韓우쭐해지다.「あの子は歌が上手だねとほめられ, 図に乗っていつまでも歌い続けている」

ず （動詞の「ない」形について）否定を表す古い形「ぬ」の活用形の1つ.「どこへも行かず,うちにいる(Ea I'm not going anywhere, I'll be home.) 한아무 데도 가지 않고 집에 있겠다.)//朝ごはんを食べずに出かける」
参「する」動詞のばあいは「勉強もせず遊んでいる」のように「せ」につく.

〜ずにはいられない 〜しないでいることができない。どうしても〜してしまう.「体に悪いとわかっていても,タバコを吸わずにはいられない(E Though I know it's bad for my health, I can't help smoking.) 한 몸에 나쁜 줄은 알고 있어도 담배를 피지 않고는 배길 수가 없다.)//恋人に1日に1度,電話をかけずにはいられない」

ずあん 【図案】ズアン 色,形,模様などを組み合わせて描いたもの。デザイン. E a design. 한도안, 디자인.「ポスターの図案を考える//珍しい図案の切手」

-すい 【-水】（他のことばについて）みず.「化粧水(E face lotion.) 화장수.)//地下水(E subterranean water.) 지하수.)//飲料水」

すいい 【推移】スイイ 〔〜する〕時間が過ぎていくこと。また,時間とともにものごとが移り変わること. E a transition; a change. 한추이, 변화.「時代が推移するとともに人々の考え方も変わる//事態の推移を見守る」

すいえい 【水泳】スイエイ 〔〜する〕水の中を泳ぐスポーツ. E swimming. 한수영.「あの選手は5歳のときから水泳を習っている//水泳競技大会」

すいか スイカ くだものの一種。大きなまるい実で,皮は緑色,中は赤か黄色。水分が多く甘い. E a watermelon. 한수박.「スイカを冷やして食後に食べる//雨の少ない年にできるスイカは甘い」

〔すいか〕

すいがい 【水害】スイガイ 大雨や津波などで起こる災害. E a flood; flood damage. 한수해.「水害で家の中まで水が入り, 2階に逃げた//水害のため鉄道が不通になる」

すいがら 【吸い殻】スイガラ タバコを吸ったあとに残った部分. E a cigarette butt. 한담배 꽁초.「吸い殻を灰皿に捨てる」→灰皿図

すいこう 【推敲】スイコー 〔〜する〕詩や文章などの表現を何度も考え,つくり直してよくすること. E polish; improve. 한퇴고.「この文章は推敲がたりないので読みにくい//推敲に推敲を重ねる」

すいさつ 【推察】スイサツ 〔〜する〕人の気持ちや事情などを,たぶんこうだろうと想像すること. E guess; conjecture. 한추찰, 짐작.「試験や競争で疲れているいまの子供の心を推察する」
参「推量」も似ているが,「推量」が一般に,そうだと断定できないことをそうだろうと思うのに対して,「推察」は相手の心のようすをいろいろなことがらにもとづいて理解しようとすることをいう.

すいさんぎょう 【水産業】スイサンギョー 水産物をとったり育てたり,また,それらを缶詰などに加工したりする産業. E the marine products industry; fisheries. 한수산업.「最近の水産業は魚などをとることより,育て加工するほうに中心が移っている//海にかこまれ,水産業の盛んな国」

すいさんぶつ 【水産物】スイサンブツ 海,川,湖などでとれる魚,貝,海藻など. E marine products; aquatic products. 한수산물.「水産物が豊富にとれる漁村//水産物を扱う店」

すいじ 【炊事】スイジ 〔〜する〕食事をつくること. E cooking; kitchen work. 한

取사.「炊事, 洗濯, 掃除などは家族全員でやる」

すいじゃく【衰弱】スイジャク〔～する〕体が弱くなり, 元気がなくなること. ⒠grow weak; be emaciated. 翰쇠약.「祖父は長い間の病気ですっかり衰弱してしまった//神経衰弱」→衰退

すいじゅん【水準】スイジュン 能力や価値, 品質などを比べるときのもとになる程度. ⒠a standard; a level. 翰수준.「中学生の学力の水準が上がる//生活水準が高くなる//知的水準//文化水準」

すいじょうき【水蒸気】スイジョーキ 水が蒸発してできた気体. また, それが煙のように見えるもの. ⒠vapor; steam. 翰수증기.「水面が温められて水蒸気となる//空気中の水蒸気が温度によって雨になったり雪になったりする」

すいしん【推進】スイシン〔～する〕ものごとが目的に向かって進むようにすること. ⒠promote; push forward with. 翰추진.「平和運動を推進する//計画の強力な推進者」

すいすい スイスイ ①かるがると気持ちよく進むようす.「トンボが空をすいすい(と)飛んでいる//道子は魚のようにすいすい(と)泳ぐ(⒠Michiko swims effortlessly like a fish. 翰미치코는 물고기처럼 쓱쓱 헤엄친다.)」②じゃまになるものがなにもなく, 簡単に気持ちよく進むようす.「きょうは仕事がすいすい(と)はかどって, 早く帰れた(⒠Since my work had progressed smoothly today, I could go home early. 翰오늘은 일이 척척 잘 진척되어 일찍 집에 돌아올 수 있었다.)//難問にすいすい(と)答える」▷話②

すいせん【推薦】スイセン〔～する〕自分がいいと思った人やものをほかの人にすすめるこ

と. ⒠recommend. 翰추천.「一郎を議長に推薦する//推薦状(⒠a letter of recommendation. 翰추천장.)」

すいそ【水素】スイソ 気体の一種. 色もにおいもなく, 物質の中でいちばん軽い. ⒠hydrogen. 翰수소.「水素と酸素が化合して水になる//水素爆弾(→水爆項目)」

すいそく【推測】スイソク〔～する〕わかっていることをもとにして, たぶんこうではないかと考えること. ⒠suppose; guess. 翰추측.「歴史にもとづいて将来のことを推測する//子供の行動はまったく推測がつかない」

すいたい【衰退】スイタイ〔～する〕勢いがなくなり前より悪い状態になること. ⒠decline; decay. 翰쇠퇴.「戦争で国力が衰退する//古代文明の衰退」匢繁栄, 隆盛 書
参「衰弱」も似ているが,「衰弱」が体力など体の衰えをいうのに対して,「衰退」は組織や文化の勢力が弱まるのをいう.

すいちょく【垂直】スイチョク ①数学で, 2つの線や面が直角に交わること. ⒠perpendicular. 翰수직.「直線Aに垂直な線Bを引く」②あるものを糸でつるしたときのその糸の方向. ⒠vertical. 翰수직.「柱を垂直に立てる」匢水平

すいつ・く【吸いつく】スイック〔自動五〕(すいついて) 口や吸盤(=タコの足などの表面にある器官)などが, ものの表面にぴったりついて離れない. ⒠suck; stick to; be attracted to. 翰흡착하다, 달라붙다.「赤ん坊が母親の乳房に吸いついて乳を飲んでいる//鉄が磁石に吸いつく」他動吸いつける

スイッチ (switch) スイッチ, スイッチ 電流を流したり止めたりする装置. ⒠a switch. 翰스위치.「この部屋の電気のスイッチはどこだろう//テレビのスイッチを入れる」

すいてい【推定】スイテイ〔～する〕なにかを根拠にして, たぶんこうにちがいないと決め

ること. [E]presume; assume. [한]추정. 「被害者の腕時計が止まっているのを見て死亡時刻を推定する//推定人口」

すいでん 【水田】スイデン 稲を植えるために浅く水を入れた田. 田んぼ. [E]a paddy; a rice field. [한]수전, 무논. 「初夏に, 水田に稲の苗を植える」 [数]1枚

すいどう 【水道】スイドー 飲み水や工業用の水を送るための設備. [E]water service; tap water. [한]수도. 「村の家に水道を引く//水道の栓をひねって水を出す」

すいばく 【水爆】スイバク 「水素爆弾」を略した言い方. 水素原子核の化学的変化により出るエネルギーを利用した, 非常に強力な爆弾. [E]a hydrogen bomb. [한]수소 폭탄. 「水爆は決して使ってはならない」

すいはんき 【炊飯器】スイハンキ ごはんを炊く器具. [E]a rice-cooker. [한]취반기, 밥솥. 「帰ったらすぐ炊飯器のスイッチを入れてごはんを炊く」 [数]1台

[参]電気を使うものは「電気がま」ともいう.

すいぶん 【水分】スイブン ものの中にふくまれている水. また, その量. [E]water; juice. [한]수분, 물기. 「病気で高熱が続くときは水分をとる必要がある//水分の多い新鮮なくだもの」

ずいぶん ズイブン ①予想した以上に程度が大きいようす. [E]pretty; very; much. [한]상당히, 몹시. 「ちょっと油断しているうちに, ずいぶん(と)太ってしまった//今度の旅行は, ずいぶん(と)お金がかかった」 ②ひどいようす. よくないようす. [E]awful; nice. [한]너무함, 고약함. 「欠陥品なのを知っていて売るなんて, ずいぶんな店だ」 ▷[話]②

すいへい 【水平】スイヘイ ①地球の重力の方向と直角な方向. [E]horizontal. [한]수평. 「飛行機が水平に飛ぶ」 [対]垂直 ②平らなこと. [E]level; flat. [한]수평. 「土地を水平にならして家を建てる」

すいへいせん 【水平線】スイヘイセン, スイヘイセン ①海と空とが遠くで接したようになって見える平らな線. [E]the horizon. [한]수평선. 「水平線から朝日がのぼる」 ②平らに引いた直線. [E]a horizontal line. [한]수평선. 「水平線を引く」 [対]垂直線

すいみん 【睡眠】スイミン 眠ること. [E]sleep. [한]수면. 「じゅうぶん睡眠をとったので頭がすっきりしている//睡眠不足で眠い」

すいめん 【水面】スイメン, スイメン 水の表面. [E]the surface of the water. [한]수면. 「桜の花びらが水面に浮かんでいる//鏡のような静かな水面」

すいようび 【水曜日】スイヨービ 1週7日の4番目の日. 火曜のつぎ, 木曜の前の日. 水曜. 水. [E]Wednesday. [한]수요일. 「水曜日の午後は授業がない」

すいり 【推理】スイリ〔~する〕 わかっていることをもとにして, わからないことを, たぶんこうではないかと考えること. [E]reason; infer. [한]추리. 「推理を働かせて古い資料を読む//事故の原因を推理してみる//推理小説」

[参]「推量」も似ているが, 「推量」が直感的に考えるばあいに使うのに対して, 「推理」は論理的に考えるばあいに使う.

すいりょう 【推量】スイリョー, スイリョー〔~する〕 はっきり断定できないことを, たぶんこうだろうと考えること. [E]guess. [한]추량, 추측. 「子供を病気でなくした友人の心境を推量し, 心を痛める//推量の助動詞」 →推察, 推理

すいりょく 【水力】スイリョク 水の流れる勢い. また, そのエネルギー. [E]waterpower; hydraulic power. [한]수력. 「水力を利用して電気を起こす//水力発電」

すう 【数】スー ①かず. [E]a number. [한]수. 「数をたのむ//出席者数//増加数(=増

す う

えた数)」②「数学」を略した言い方．Ⓔmathematics．㌻수학．「英，数の2科目」③(他のことばの頭について) いくつかの．3，4か5，6ぐらいの．「京都へは数回行った//数か所(Ⓔseveral places．㌻수개소.)//10数人(Ⓔten-odd people．㌻십수 인.)」

す・う 【吸う】スウ〔他動五〕(すって) ①気体や液体を鼻や口から，体の中に引き入れる．Ⓔbreathe in; suck; smoke．㌻들이마시다，빨다．「新鮮な空気を吸う//ハチが花のみつを吸う//タバコを吸う」 対吐く ②ものが，気体や液体を中に引き入れる．Ⓔabsorb．㌻흡수하다，빨아들이다．「綿のシャツはよく汗を吸う//湿気を吸ったふとん」

すうがく 【数学】スーガク 自然科学の一部門で，数や量や図形などについて研究する学問．Ⓔmathematics．㌻수학．「経済学には数学の知識が必要だ//数学の問題をとく」

すうし 【数詞】スーシ 数や量や順序を表すことば．Ⓔa numeral．㌻수사．「1つ，2本，第3位，4匹，5番目などを数詞という」

すうじ 【数字】スージ ①数を表す文字．Ⓔa figure; a numeral．㌻숫자．「数字にはアラビア数字(1, 2, 3…)，ローマ数字(Ⅰ，Ⅱ，Ⅲ…)，漢数字(一，二，三…)などがある」②数で表されることがら．Ⓔfigures．㌻숫자 (계산)．「京子は数字に強く，統計を見て，すぐその内容を理解できる」

ずうずうし・い ズーズーシイ 恥ずかしいと思う気持ちがなく，また，人に迷惑をかけても平気でいる．Ⓔbrazen-faced; impudent．㌻뻔뻔스럽다，낯두껍다．「洋子を食事に誘ったら，道子もずうずうしくついてきた//みんなが並んでいる列に横から入りこむずうずうしい人」話

スーツ (suit) スーツ 上と下を同じ布でつくったひとそろいの洋服．女性用の上着とスカートなどのひとそろいや，男性用の背広の上下をいう．Ⓔa suit．㌻슈트．「改まった場所にはスーツを着て行く//ビジネススーツ」数1枚・1着 →背広

スーパーマーケット (supermarket) スーパーマーケット 食料品や日用品などたくさんの品物をセルフサービス方式で売る店．スーパー．Ⓔa supermarket．㌻슈퍼마켓．「近くのスーパーマーケットで夕食の材料を買う」数1軒・1店

すうはい 【崇拝】スーハイ 〔～する〕立派なものとして心から深く尊敬すること．Ⓔworship; admiration．㌻숭배．「むかしの人は太陽や大きな岩や古い木などを崇拝した//崇拝する人物//英雄崇拝」

スープ (soup) スープ 肉や野菜を煮て味をつけた汁．Ⓔsoup．㌻수프．「スープを音を立てないようにして飲む//コンソメスープ」

すえ 【末】スエ ①ある期間の終わり．Ⓔthe end (of February)．㌻말，끝．「2月の末にスキーに行く//来年の末に帰国する//月末」対初め
②将来．Ⓔthe future．㌻장래，앞날．「あの学生はたいへんな努力家なので末が楽しみだ//末が案じられる」
③ものの先のほう．はしのほう．Ⓔthe tip; the top．㌻끝．「つるの末のほうになったウリはおいしくない」対本
④ものごとの行われたあと．Ⓔafter ～．㌻끝，결과．「いろいろ考えた末，旅行はやめることにした」
⑤きょうだいのいちばん下．Ⓔone's youngest (sister)．㌻막내．「末の妹が大学に入った」

すえおそろし・い 【末恐ろしい】スエオソロシイ 将来どうなるのかと考えると不安だ．Ⓔominous; portentous．㌻앞날이 두렵다，장래가 걱정되다．「小学生なのに人をだますことがうまくて，末恐ろしい子供だ//地

球全体の自然がどんどん破壊されていくことを考えると、末恐ろしくなる」

すえっこ 【末っ子】スエッコ きょうだいの中で年齢がいちばん下の子供. ⒺThe youngest child. 한막내.「わたしは4人きょうだいの末っ子で、甘やかされて育った」

す・える 【据える】スエル〖他動一〗①動かないようにものを置く. Ⓔput; install. 한붙박아 놓다, 설치하다.「公園に彫刻をすえる//クーラーをすえつける」②落ちつかせる. Ⓔsettle down. 한자리잡다, (한 군데에) 고정시키다.「腰をすえて勉強する//目をすえる(=じっと目玉を動かさない)//腹にすえかねる(=がまんできない)」③重要な地位につかせる. Ⓔmake (a person in an important position). 한(중요한 지위에) 앉히다, 모시다.「弟を子会社の社長にすえる」
▷自動 据わる

スカート (skirt) スカート 下半身にはく女性用の衣服. Ⓔa skirt. 한스커트.「短いスカートをはく//ロングスカート」数1枚・1着 →衣類図

すがすがし・い スガスガシイ さわやかで、気持ちがいい. Ⓔrefreshing; fresh. 한상쾌하다, 시원하다.「京子はいつもすがすがしい笑顔できちんとあいさつをする//すがすがしい山の朝の空気//すがすがしい気分」

すがた 【姿】スガタ ①体の形. ものの形. Ⓔa figure; a form. 한모습, 모양, 형체.「話し声はするが姿は見えない//田中さんが久しぶりにクラス会に姿を見せた」②服を着たときの格好. 身なり. Ⓔ(an) appearance. 한모습, 자태, 차림.「京子はパーティーにはでな姿で現れた//着物姿」③ようす. 状態. Ⓔa state; a condition. 한모습, 형편, 상태.「現在の日本の姿を外国に伝える」

すき 【好き】スキ ①心がひかれるようす. また、気に入るようす. Ⓔfavorite; like; be fond of. 한좋아함.「いちばん好きな食べ物はおすしだ//わたしは洋子が好きだ」対嫌い
②自分の思うとおりにするようす. Ⓔas one likes. 한내키는 대로 함, 마음대로 함.「この仕事はあなたの好きなようにやっていい」
▷他動 好く

好きこそもののじょうず（上手）（なれ） どんなことでも好きなことなら熱心にするのですぐ上手になるということ. ⒺWhat one likes, one will do well. 한좋아서 하는 일은 곧 숙달하기 마련이다.

すき スキ ①ものとものとの間の、わずかに空いている部分. また、ほんのすこし空いている時間. Ⓔan opening; a spare moment. 한틈(새기), 짬, 겨를.「ドアのすきから内部をのぞき見る//仕事のすきを見て友達に電話をかける」②わずかな気持ちのゆるみ. Ⓔan unguarded moment. 한허술함, 허점, 방심, 틈탈 기회.「敵にすきを見せてはならない//すきをうかがう//すきをねらう」

すぎ 【杉】スギ 葉が1年じゅう緑色をしていて、針のようにとがり、幹はまっすぐにのびる木. 建築や家具の材料として使う. Ⓔa Japanese cedar. 한삼목.「山から杉を切りだす//杉花粉(Ⓔcedar pollen. 한삼목꽃가루.)//杉並木//杉林//杉山」数1本

スキー (ski) スキー 雪の上をすべるスポーツ. また、そのとき靴の下につける細長い道具. Ⓔskiing; skis. 한스키.「スキーの選手が急な斜面をすべりおりる//スキーをかついでリフトの所まで行く//スキー場」

すききらい 【好き嫌い】スキキライ 人や食べ物などに対して持つ、いいとか悪いとかの感情. Ⓔlikes and dislikes. 한좋아함과 싫어함, 호오.「好き嫌いを言わず、なんでも食べなさい//人に対する好き嫌いが激しい」

すきとお・る 【透き通る】スキトール〖自動

すぎない (「～にすぎない」の形で)～であるだけのことだ。ただ～だけだ。「あなたはまだ学生にすぎないのだから、自動車を買う必要はない//言い訳にすぎない(Eit's merely an excuse. 한변명에 불과하다。)」

すきま 【すき間】スキマ ものとものとの間の、ほんのすこし空いている所。Ean opening; a chink. 한빈틈, 틈(새기)。「戸のすきまから冷たい風が入ってくる」

すきやき 【すき焼き】スキヤキ 鉄なべに牛肉、豆腐、野菜などを入れ、しょうゆや砂糖などで味をつけて、煮ながら食べる料理。E *sukiyaki*. 한전골。「家族ですきやきのなべをかこむ//すきやきパーティー」

す・ぎる 【過ぎる】スギル〔自動一〕①ある場所を通って、その先まで行く。Epass (by). 한지나가다, 통과하다。「列車は大阪駅を過ぎた」
②時間が移る。Epass; elapse. 한지나다。「わたしが東京に住んでから、10年が過ぎた//暑さも盛りを過ぎた」
③ものごとが、程度をこえる。Ego too far. 한도를 넘다, 지나치다。「わがままが過ぎる//冗談が過ぎる」
④(動詞の「ます」形、形容詞と形容動詞の語幹について)ちょうどいい程度をこえている。「食べすぎる//言いすぎる(Esay too much. 한말을 너무 많이 하다。)//熱すぎる//まじめすぎる」
⑤(「～にすぎない」の形で)⇨すぎない
▷他動過ごす

過ぎたるはなお及ばざるがごとし ものごとには程度というものがあり、それをこえてやりすぎるのは、やりたりないのと同じことだ、ちょうどいいところでやめておくのがいいということ。EToo much is no better than too little. 한과유불급(過猶不及), 지나침은 미치지 못함과 같다。

す・く スク〔自動五〕(すいて)①中のものが少なくなる。すきまができる。Eget emptier; have gaps. 한(속이) 비다, 틈이 생기다。「ラッシュアワーを過ぎると、電車がすく//歯の間がすく」対込む ②(「腹がすく」「おなかがすく」の形で)空腹になる。Efeel hungry. 한(배가) 고파지다。「運動したあとは腹がすく」③(「手がすく」の形で)用事が終わって、ひまになる。Ebe free; be unoccupied. 한짬이 나다, (손이) 비다。「仕事も終わり手がすいたから、手伝いましょう」④(「胸がすく」の形で)⇨胸 慣用 ▷他動すかす

すぐ スグ ①時間をおかないで続けてつぎのことをするようす。Eat once; immediately. 한바로, 곧, 즉시。「簡単な仕事だから、すぐできるはずだ//すぐ行きますから門の所で待っていてください」②距離が非常に近いようす。Every close; close by. 한바로, 아주 가까이。「うちのすぐ近くにスーパーがあるので便利だ//図書館は公園のすぐそばにある」

すく・う 【救う】スクウ〔他動五〕(すくって) あぶない状態や苦しい状態にいるものに力を貸して、そこから逃げられるように助ける。Erescue; save; help. 한구하다, 구제하다, 돕다。「3人の中学生が、川でおぼれていた幼児を救った//救いだす」名救い

すく・う スクウ〔他動五〕(すくって) ①液体や粉などを、手のひらやスプーンなどに載せて取りだす。Escoop up; spoon out. 한

뜨다, 떠내다, 퍼내다. 「谷川の冷たい水を手のひらにすくって飲んだ//砂糖をひとさじすくう」②液体の中にあるものを, 手のひらやスプーンや網などで取りだす. Ｅscoop up. 한건져 올리다, 떠내다. 「夜店で金魚をすくう//すくい上げる」

〔すくう①〕

すくな・い 【少ない】スクナイ 数や量がすこしだ. Ｅfew; little; small. 한적다. 「人数が少なくて野球ができない//給料が少ないので, 生活が苦しい」 対多い

すくなからず 【少なからず】スクナカラズ, スクナカラズ 少ないとはいえないぐらい数や量が多かったり, 程度が大きかったりするようす. Ｅnot a few; not a little. 한적잖이, 많이, 매우, 몹시. 「このごろ, 会議で帰宅が遅くなることが少なからずある//今回の事件には少なからず驚かされた」書

すくなくとも 【少なくとも】スクナクトモ, スクナクトモ どんなに少なく考えても. Ｅat least; to say the least. 한적어도; 하다못해. 「この仕事を全部終えるには, 少なくとも10日はかかる//少なくとも買い物ができるぐらいの中国語は身につけたい」

すく・む スクム〔自動五〕(すくんで) 恐れや緊張から体がかたくなって動かない. Ｅcower; cringe at. 한(두려움·긴장 등으로) 얼어붙다, 위축되다. 「目の前で人が殺され, こわくて足がすくんでしまった//立ちすくむ(→項目)」他動すくめる

-ずくめ (他のことばについて) そればかりであること. 「黒ずくめの服装 (Ｅbe dressed all in black. 한검정 일색의 복장.)//規則ずくめの学校生活//いいことずくめ (Ｅall good things happen. 한온통 즐거운 일들뿐.)」

スクリーン (screen) スクリーン ①映画を映す幕. Ｅa screen. 한스크린, 은막. 「スクリーンに映しだされた風景に見入る」②映画, 映画界. Ｅthe screen. 한영화, 영화계. 「この秋のスクリーンの話題を集めた俳優」

すぐ・れる 【優れる】スグレル〔自動一〕①(「すぐれた[ている]」の形で) 才能や力や価値などがほかより上だ. Ｅoutstanding; be superior to. 한뛰어나다, 우수하다, 출중하다. 「アインシュタインはすぐれた理論物理学者//弟は水泳では兄よりすぐれている」 対劣る ②(「すぐれない」の形で) 気分や体がいい状態ではない. Ｅbe not feeling well. 한좋지 않다, 시원치 않다, 언짢다. 「きのうは気分がすぐれなかったので, 家にいた」

スケート (skate) スケート, スケート 氷の上をすべるスポーツ. また, そのために, 靴の底に細くて薄い金属をつけた道具. アイススケート. Ｅskating; skates. 한스케이트. 「スケート競技//スケート靴」

スケジュール (schedule) スケジュール, スケジュール その日や週, 月, 年などの予定. Ｅa schedule. 한스케줄, 일정(표), 예정(표). 「学校では4月に1年間のスケジュールを組む//今週はスケジュールがつまっている」

すご・い スゴイ ①ぞっとするほど恐ろしい. Ｅterrible; dreadful. 한무섭다, 무시무시하다. 「一郎は怒ると, すごい目つきでにらむ//ライオンのうなり声がすごい」②勢いや程度が非常に激しい. Ｅawful; tremendous. 한대단하다, 엄청나다. 「大学に入れてすごくうれしい//朝の電車はすごい混雑だ」③感心するほど, すばらしい. Ｅwonderful; admirable. 한굉장하다, 대단하다. 「あの人はすごい人で, 作家で, 医者で, 会社の社長もしている//すごい腕のコックさん」▷話

②③ →すさまじい

すこし 【少し】スコシ 時間、数や量、程度などが少ないようす. Ea little; a few. 韓조금, 약간, 좀.「初雪で山の頂上がすこし白くなった//漢字はまだすこししか読めない」対たくさん

すこしも 【少しも】スコシモ, スコシモ (「すこしも~ない」の形で)全然~ない. Enot at all; not in the least. 韓조금도, 전혀.「コンピューターの使い方がすこしもわからない//毎日忙しくてすこしも遊べない」

すご・す 【過ごす】スゴス〔他動五〕(すごして) ①時間を費やす. また、生活していく. Epass; spend. 韓(세월을) 보내다, 지내다, 살아가다.「学生時代を外国で過ごした//いかがお過ごしですか」②適当な程度をこす. E(drink) too much. 韓지나치다, 도를 넘다.「酒を過ごす//度を過ごす」③(動詞の「ます」形について)そのままにしておく.「ゆうべ遅くまでテレビを見ていたので、寝すごしてしまった//電車をやりすごす(Elet a train go past. 韓전차를 그냥 보내다.)//見すごす(→項目)」▷自動過ぎる

すごすご スゴスゴ がっかりして元気なく、その場を離れるようす.「サッカーを見に行ったが、満員で入れなくて、すごすご(と)引き返した(EFinding the tickets for the football game were sold out, I went home in dejection. 韓축구 경기를 보러 갔다가 만원이라 들어갈 수 없어 맥없이 발걸음을 돌렸다.)」

すこやか 【健やか】スコヤカ 心も体も健康なようす. Ein good health; sound. 韓튼튼함, 건강함.「娘は重い病気にかかったこともなく、すこやかに育っている//すこやかな精神」

すさまじ・い スサマジイ ①非常に恐ろしい. Eterrible; dreadful. 韓무시무시하다.「交通事故のすさまじい現場を見た」②勢いや程度が恐ろしいほど激しい. Eterrific; amazing. 韓굉장하다, 대단하다.「ゆうべはバイクの騒音がすさまじくて眠れなかった//大都市の近くの土地の値上がりはすさまじい」

参「すごい」も似ているが、「すさまじい」のほうが程度が激しい.

すし スシ 酢、砂糖などで味をつけたごはんに、魚、貝、卵などを載せたりまぜたりした食べ物. Esushi. 韓스시, 초밥.「すしをにぎる//にぎりずし(→項目)//ちらしずし」

すじ 【筋】スジ ①細長くて線のようになったもの. Ea line; a stripe. 韓선, 금, 줄(무늬).「道路に筋を引いて車道と歩道を区別する」②動物の筋肉や植物の繊維. Ea tendon; a string. 韓힘줄, 근육.「運動していて足の筋を痛めた//筋の多いサツマイモ」③血管. Ea vein. 韓혈관, 핏대.「ひたいに筋が浮き出る」④親, 子, 孫と続く血のつながり. Elineage; descent. 韓핏줄, 혈통, 가계.「洋子の家は芸術家の筋で、おばあさんは音楽家、お母さんは画家、本人は彫刻家だ//血筋」⑤素質. E(an) aptitude. 韓소질.「あの子は筋がいいから上達が速い」⑥小説などのだいたいの構成, 内容. Ea plot. 韓줄거리.「その小説の筋を聞いて興味を持った」⑦ものごとの論理. 考え方などの全体をつらぬく道理. Ereason; logic. 韓조리, 사리, 논리.「道子が筋を通してわかりやすく話したので、みな納得した//筋が通らない話」⑧その方面. はっきり名前を出せないときなどにいう. Ea source. 韓관계자, 당국, 소식통.「信用できる筋からの情報//政府筋」⑨(他のことばの後について)道, 川などにそっ

たあたり. Ｅon; along. 한연변, 연도. 「学校へ行く道筋に黄色い花が咲いている//街道筋/川筋」
▷数①②③1本

すしづめ【すし詰め】スシヅメ 狭い所に多くの人やものがぎっしり入っているようす. Ｅjampacked. 한빽빽이 들어참, 초만원.「すしづめの電車で通学する」

すず【鈴】スズ 金属や土でつくった, まるい形で中が空のもの, 中に玉などを入れ, 振って鳴らす. Ｅa bell. 한방울.「猫の首に金色の小さな鈴をつける//ちりんちりんと鈴を鳴らした」〔鈴〕

すす・ぐ ススグ〔他動五〕(すすいで) ①水で口の中を洗い清める. うがいをする. Ｅrinse out (one's mouth); gargle. 한(입을) 가시다, 양치질하다.「口をすすぐ」②水, 湯などでよごれを落としたり, 洗剤を洗い流したりする. Ｅrinse; wash. 한헹구다.「洗濯物を水でよくすすぐ」③恥や悪い評判などを消し去る. Ｅwipe out; remove. 한씻다.「汚名をすすぐ//恥をすすぐ」▷名すすぎ

すずし・い【涼しい】スズシイ ①体にすこし冷たさを感じて, 気持ちがいい. Ｅcool; refreshing. 한시원하다, 선선하다, 서늘하다.「ここは夏でも涼しくて, クーラーはいりません//窓から涼しい風が入ってくる」対暑い

②すっきりしていて, さわやかだ. Ｅclear; bright. 한맑다, 산뜻하다, 상쾌하다.「涼しい声のアナウンサー//涼しい目をした少年」

涼しい顔 自分には関係がないといったすました顔. Ｅlook indifferent. 한무관한 체 하는[시치미떼는] 얼굴.「京子の言ったことが原因でみんなが議論しているのに, 彼女は涼しい顔で漫画を読んでいる」

すす・む【進む】ススム〔自動五〕(すすんで) ①前へ移動する. Ｅgo forward; advance; travel. 한나아가다, 전진하다.「もう1歩前に進んでください//光は音より速く進む」対退く, 下がる

②ものごとがはかどる. Ｅmake progress. 한진척되다, 진행되다.「いま小説を書いているが, なかなかペンが進まない//工事は順調に進んでいる//仕事が進む」対遅れる

③それまでより高い段階に上がる. Ｅgo on to; advance to. 한진학하다, 오르다.「中学から高校へ進む//2回戦に進む」

④他のものより先になる. Ｅprogress; advance. 한앞서다, 진보하다, 발달하다.「技術が進んで新しい方法が開発された//進んだ考えの持ち主」対後れる

⑤志望して, ある方面へ行く. Ｅadvance; enter. 한나아가다, 진출하다.「将来, 医学方面に進みたい//音楽の道に進む」

⑥なにかをする気持ちになる. 調子が出る. Ｅfeel like doing. 한(마음이) 내키다; 나아지다, 증진하다.「かぜが治って食が進むようになった//気が進まない(Ｅbe in no mood for. 한마음이 내키지 않다.)」

⑦さらに悪い状態になる. ひどくなる. Ｅget worse. 한더해지다, 진행되다, 악화되다.「伯父のがんはかなり進んでいる//大気汚染が進む」

⑧時計が, 正しい時間よりも速く動く. Ｅbe fast; gain. 한(시계가) 빠르다.「この腕時計は5分進んでいる//1日に10秒進む時計」対遅れる

⑨(「進んで～する」の形で)積極的になにかをする.「進んでむずかしい仕事を引き受ける//進んで発言する(Ｅspeak voluntarily. 한자진해서 발언하다.)」

▷他動進める

すず・む【涼む】スズム〔自動五〕(すずんで)風に吹かれたり木陰に入ったりして暑さを避ける。Ⓔenjoy the cool air. 한시원한 바람을 쐬다, 납량하다.「畑仕事で汗をかいたあと、大きな木の陰で涼んだ//ベランダで涼む」名涼み

すずめ スズメ 鳥の一種。家の近くでいちばんよく見られる。Ⓔa sparrow. 한참새.「毎朝、スズメの声で目を覚ます//スズメのようによくしゃべる人」数1羽・1匹

〔すずめ〕

すずめ〖雀〗の涙 ほんのすこしで役に立たない量。Ⓔa mere speck. 한새발의 피.「わたしが寄付した金額はすずめの涙にすぎない」

すずめ〖雀〗百まで踊り忘れず 小さいころに習い覚えたことは年をとっても忘れないということ。ⒺWhat is learned in the cradle is carried to the grave. 한세 살 적 버릇 여든까지 간다.

すす・める【進める】ススメル〔他動一〕①前に出す。前のほうへ行かせる。Ⓔmove forward; advance. 한(앞으로) 나아가게 하다, 전진시키다.「岩にぶつからないよう注意して船を進める//人ごみの中をそろそろと車を進める」対退ける、戻す ②ものごとをうまくはかどるようにする。Ⓔproceed with. 한진척시키다, 진행시키다.「給料や労働時間などの条件がまとまれば、入社の話を進める//会議を進める」③ものごとの程度や内容をいいほうに向かわせる。Ⓔpromote. 한진전시키다, 향상시키다; 추진하다.「工場のコンピューター化をさらに進める//国際化を進める」対遅らせる ④時計の針を動かして、時刻を早くする。Ⓔset forward. 한(시계를) 빨리 가게 하다, 앞당기다.「この時計は遅れているから、針を3分進める」対遅らせる ▷自動進む

すす・める【勧める・薦める】ススメル〔他動一〕①自分がいいと思うことを、人にするように言ったり誘ったりする。Ⓔrecommend. 한권하다, 권장하다, 장려하다.「水泳は健康にいいからぜひやりなさい、と友人にすすめた」②人やものごとを採用するように人に言う。Ⓔadvise; recommend. 한추천하다, 천거하다.「地域活動に熱心な洋子を市会議員にすすめる//店員がすすめる新製品を買った」③食べ物や飲み物などを客に差しだす。Ⓔoffer. 한권하다, 권유하다.「客に茶菓子をすすめる//座ぶとんをすすめる」▷名勧め・薦め

注 漢字で書くときは、①③は「勧める」、②は「薦める」。

すす・る ススル〔他動五〕(すすって)①音を立てて、液体やうどん、そばなどを口に吸い入れる。Ⓔsip; slurp. 한훌쩍훌쩍 마시다, 후루룩거리다.「熱いみそ汁をおいしそうにする//うどんをすする」②たれた鼻汁を息と一緒に吸う。Ⓔsniffle. 한(콧물을) 훌쩍거리다.「弟はかぜをひいたらしく、鼻水をすすっている//すすりあげる」

スタート (start) スタート、スタート〔~する〕①出発すること。また、その地点。Ⓔa start; a starting point. 한스타트, 출발(점).「選手たちはいっせいにスタートを切って走りだした//スタートの位置に着く」対ゴール ②始まること。開始。Ⓔstart; begin. 한스타트, 시작, 개시.「新学期がスタートした//新生活のスタート」

スタイル (style) スタイル ①体、服装、髪型などの、外に表れている形。Ⓔa figure; a style. 한스타일, 모양, 모습.「あの踊り手はスタイルもいいし踊りもうまい//いま流行のスタイルの服//ヘアスタイル」②なにかをするやり方。様式。Ⓔa style; a mode. 한스타일, 방식.「洋子は自由に生活のスタイ

ルを変えて楽しんでいる」③建築，音楽，美術，文学などの様式や形式．Ea style (of architecture). 한스타일，(건축 등의) 양식．「古代ヨーロッパのスタイルをまねた建物//文章のスタイル」

すたすた スタスタ，スタスタ 速く歩くようす．「叔母がすたすた(と)歩いていくのを見たので，大声で呼び止めた(EI saw my aunt walking by hastily, so I stopped her by calling loudly. 한숙모가 성큼성큼 걸어가고 있는 것을 보고 큰소리로 불러 세웠다.)」

ずたずた ズタズタ 細かく切ったりこわしたりするようす．「大型台風で，線路も道路もずたずた(EBoth the railroads and the roads were torn to pieces by the large typhoon. 한대형 태풍으로 선로도 도로도 뭉텅뭉텅 끊겼다.)」

スタンド (stand) スタンド ①スポーツ競技場などの，階段のようになっている見物席．Ethe stands; the bleachers. 한스탠드, (계단식) 관람석．「陸上競技に出場する級友を，スタンドから応援する」
②台のついた電灯．電気スタンド．Ea desk lamp; a floor lamp. 한전기 스탠드．「スタンドをつけて本を読む」
③ものを載せたり立てたりするための台や支え．Ea stand; a rack. 한스탠드，대(臺)．「インクスタンド//ブックスタンド」
④軽い食事や飲み物などを出す，カウンター形式の店．Ea (coffee) stand. 한(커피) 판매대．「コーヒースタンド//ミルクスタンド」
⑤駅や街頭にある売店．Ea stall; a station. 한매점, 노점．「ガソリンスタンド」

ずつ (数や量を表すことばの後について) ①同じ数や量を割り当てることを表す．「タクシーに4人ずつ乗る//1000円ずつの会費(Ea fee of thousand yen each. 한1000엔씩의 회비.)」②同じ数や量，程度が繰り返されることを表す．「毎日，3錠ずつ薬を飲む(Etake three pills each day. 한매일 세 알씩 약을 먹다.)//すこしずつ病気が治ってくる」

ずつう【頭痛】ズツー ①頭が痛むこと．また，その痛み．Ea headache. 한두통．「酒を飲みすぎて頭痛がする//ひどい頭痛に悩まされる」②心配や悩みごと．Ea worry; a trouble. 한걱정，근심．「新しい会社の経営のことで頭痛が絶えない」

頭痛の種 心配や悩みごとの原因．Ea cause of anxiety. 한두통거리，걱정거리．「高校にも行かずバイクに夢中になっている息子が，わたしの頭痛のたねだ」

すっかり スッカリ ①残らず全部．Eall; entirely. 한완전히, 전부, 몽땅．「宿題はすっかり終わった//商品はすっかり売りきれた」②完全にそうなるようす．Ecompletely; entirely. 한완전히, 까맣게．「1年たって外国の生活にもすっかり慣れた//約束をすっかり忘れていた」

すっきり スッキリ {〜する} ①むだなものがなく，ととのっていて感じがいいようす．Eneat; tidy. 한산뜻함, 말쑥함．「いらなくなったものを全部捨てたら，部屋の中がすっきりした」②問題になることなどがなくなり，気分がよくなるようす．Erefreshed; neatly. 한상쾌함, 후련함．「弟は，じゅうぶんに眠って，すっきりした顔で起きてきた//疑問がすっきり(と)解決した」

ずっと ズット ①ものごとを比べて，その程度に大きな違いがあるようす．Emuch; by far. 한훨씬, 매우．「船より飛行機で行ったほうがずっと早く着く//自然の風はクーラーよりずっと気持ちがいい」②長い間同じ状態が続くようす．Eall the way; all the time. 한쭉, 내내．「電車がこんでいて，終

点までずっと立っていた」③時間や距離が離れているようす. ⓔfar; long ago. 한훨씬, 아주, 매우.「オーストラリアは日本のずっと南にある」

すっぱ・い 【酸っぱい】スッパイ 酢のような味がする. ⓔsour. 한시다, 시큼하다.「未熟で酸っぱいミカン//酸っぱい梅干し//酸っぱいレモン」話

すっぽか・す スッポカス〔他動五〕(すっぽかして) しなくてはならないことをしないで, そのままほうっておく. ⓔbreak (an appointment); leave (a task) undone. 한(약속을) 어기다, (할 일을) 팽개쳐 두다, 제쳐놓다.「約束をすっぽかして遊びに行く//仕事をすっぽかす」話 名すっぽかし

すっぽり スッポリ ①全体を完全におおうようす. ⓔ(be covered) totally. 한쑥, 폭.「冬の間, 北海道の山々は, すっぽり(と)雪でおおわれる」②完全に抜けたり, はまったりするようす. ⓔ(get caught) completely. 한쏙, 싹, 꽉.「靴のかかとが, 小さな穴にすっぽり(と)入って抜けなくなってしまった」

ステーキ (steak) ステーキ 厚く切った肉を焼いたもの. 特に, ビーフステーキ. ⓔa steak. 한스테이크, (특히) 비프스테이크.「厚いステーキが食べたい//ハンバーグステーキ」数1枚

すてき ステキ 心がひきつけられるほど, たいへんいい. 非常にすばらしい. ⓔlovely; nice; wonderful. 한매우 근사함, 아주 멋짐.「あなたによく似合うすてきな洋服ですね//叔父は庭の広い, すてきな家に引っ越した」

すでに ステニ 基準となるときより前に終わっているようす. ⓔalready. 한이미, 벌써, 이전에.「コンサートの切符を買いに行ったが, すでに売り切れで1枚もなかった//この理論の正しさは, すでに証明されている」書

す・てる 【捨てる】ステル〔他動一〕①いらないものとして投げだす. ⓔthrow away; lay down; dump. 한버리다, 내버리다.「友人は自動車に乗ったまま海に飛びこんで命を捨てた//ごみを捨てる」対拾う
②そのものに対する関心やひかれる気持ちを断ち切る. ⓔabandon; give up. 한버리다, 등지다.「父は15歳で故郷を捨てて, 東京に出た//地位や名誉を捨てて貧しい人々の医療につくす」
③むだだとして努力することをあきらめる. ⓔgive up. 한체념하다, 포기하다.「最後まで試合を捨ててはいけない//希望を捨てる」
④(「捨てておく」の形で)かまわずにほうっておく. ⓔremain indifferent; leave as it is. 한내버려 두다.「困っている人を見たら捨てておくわけにはいかない」
⑤(動詞の「ます」形について) いらないものとして投げだす. ほうっておく.「服をぬぎ捨てる(ⓔcast off one's clothes. 한옷을 벗어 버리다.)/車を乗り捨てる(ⓔabandon one's car. 한차를 버려 두고 가다.)」

ステレオ (stereo) ステレオ 2個以上のスピーカーで再生して, 音を立体的に感じさせる装置. また, その放送や録音など. ⓔa stereo. 한스테레오.「ステレオでCDを聞く//ステレオ放送」対モノラル

スト スト, スト ⇨ストライキ「話し合いによりストを中止する//交通スト」

ストーブ (stove) ストーブ 暖房のための器具. 石油, ガス, 電気などを使う. ⓔa stove; a heater. 한스토브, 난로.「寒いからストーブをつける//ストーブで暖まる」数1台

ストッキング (stockings) ストッキング ①長い靴下. ⓔstockings. 한스타킹.「絹のストッキングをはく//運動選手のしまのストッキング」②①とパンツがひと続きの, ナイロンなどの薄い布地でできた衣類. パン

ティーストッキング．パンスト．Ⓔpanty hose．⒦팬티 스타킹．「ストッキングが伝線する（＝線状にほころびる）」▷数1足→靴下

ストップ (stop) ストップ ①{～する}止まること．止めること．Ⓔstop．⒦스톱, 정지, 중지．「雪で車がストップする//木材の輸入をストップする」②「止まれ」のしるし．Ⓔa stop sign．⒦정지 신호．「交通信号の赤はストップの合図だ」

ストライキ (strike) ストライキ 労働者や学生などが自分たちの要求が通るように，一緒に仕事や学校を休むこと．スト．Ⓔa strike．⒦스트라이크, 동맹 파업(휴교)．「ストライキで交通機関が動かない//学費値上げに反対してストライキをする」

ストレート (straight) ストレート ①まっすぐなようす．Ⓔstraight．⒦스트레이트, 똑바름, 일직선．「ストレートパーマ（Ⓔa straight permanent. ⒦스트레이트 파마.）//ストレートボール（＝野球で，投手の投げるまっすぐなボール）」
②直接的，また，率直なようす．Ⓔstraight; bluntly．⒦스트레이트, 솔직함, 단도 직입적．「思っていることをストレートに言えば誤解も少なくなるだろう」
③競技で，勝ちや負けが続くこと．Ⓔ(win) a straight (victory)．⒦스트레이트, 연속적임．「3回の試合にストレートで勝つ」
④入学試験に1回で合格すること．Ⓔ(pass a college entrance exam) straight from high school．⒦스트레이트, (입학 시험에) 단번에 합격함．「あの大学にストレートで入るのはむずかしい」
⑤コーヒーや酒などを，ほかのものをまぜたり薄めたりしないで飲むこと．Ⓔstraight; neat．⒦스트레이트, (커피·양주 등을) 희석하지 않고 마심．「ウイスキーをストレートで飲む」対ブレンド

ストレス (stress) ストレス ①緊張しすぎたり強い刺激を受けたりして，体や心に表れる病気のような反応．また，その緊張や刺激．Ⓔstress．⒦스트레스．「休日はドライブでストレスを解消する//ストレスがたまる」②音の強さ．Ⓔ(a) stress．⒦스트레스, 강세의 악센트．「『English』は，最初の音にストレスを置いて発音する//ストレスアクセント」

すな 【砂】 スナ 海岸などにある，細かく砕けた非常に小さな石の粒．Ⓔsand．⒦모래．「海岸の砂の上をはだしで歩くのはいい気持ちだ」

砂をかむよう おもしろみや楽しさがまったくなく，あじけないようす．Ⓔtasteless; dull．⒦무미건조함．「妻に去られてからの毎日は，砂をかむような生活だ」

すなお スナオ ①人の言うことをそのまま受け入れ，心がまっすぐで穏やかなようす．Ⓔobedient; gentle．⒦양순함, 순순함．「すなおに人の意見を聞く//先生や親の言うことにしたがう，すなおな子供」②くせのないようす．Ⓔwithout peculiarities; free of mannerisms．⒦(특이한) 버릇이 없음, 자연스러움．「すなおな字だから読みやすい//飾らない，すなおな文章」

スナック (snack) スナック ①{←スナックバー(snack bar)}軽い食事，飲み物，酒類を出すカウンター形式の店．Ⓔa snack bar．⒦스낵 바．「仕事がすんでから友人とスナックで酒を飲む」②「スナック菓子」を略した言い方．ジャガイモ，トウモロコシなどを材料にした塩味の乾いた菓子．Ⓔa snack food; a junk food．⒦스낵 (과자)．「洋子は甘いケーキよりスナックのほうが好きだと言う」▷数①1軒・1店

すなわち スナワチ (文と文をつないで) 前にいったことをもういちど，別のことばで説明す

るときに使うことば.Ⓔnamely; that is to say.㈀즉, 곧, 바꿔 말하면.「6月に降り続く雨, すなわちつゆは日本の農業に必要なものである」

すね スネ 足のひざから足首までの前側の部分.Ⓔthe shin.㈀정강이.「すねを強く打って痛くて歩けない」数1本・一体図

すねにきずを持つ 人に知られては困るような 悪いことをしたことがある.Ⓔhave a guilty conscience.㈀켕기는 데가 있다, 감추고 있는 약점이 있다.「すねにきずを持つ身なので, 警官には近づかない」

すねをかじる 自分は働かないで親から生活費や学費を出してもらう.Ⓔsponge off (one's parents).㈀(자립하지 못하고 부모에게) 얹혀 살다, 신세를 지다.「いつまでも親のすねをかじっていないで独立したらどうだ」似た表現 すねかじり

す・ねる スネル〔自動一〕自分の気持ちがわかってもらえない不満から, 文句を言ったり, さからったりする.Ⓔbecome sulky; pout.㈀삐치다, 토라지다, 앵돌아지다.「おもちゃを買ってもらえなくて, 一郎はすねて部屋から出てこない//すねて1言もしゃべらない」

ずのう 【頭脳】ズノー, ズノー 人間の脳. ものごとを考える頭の働き. また, 頭の働きのすぐれた人.Ⓔbrains; a head.㈀두뇌.「世界の頭脳が集まる//すばらしい頭脳の持ち主/頭脳明晰(Ⓔclear-headed.㈀두뇌명석.)/頭脳流出」

すばしこ・い スバシコイ 動作が非常に速い. すばしっこい.Ⓔquick; nimble.㈀잽싸다, 날쌔다.「あの小柄な卓球選手は, すばしこい動きで試合に勝った//子供はいたずらをして, すばしこく逃げた」話

すばや・い 【素早い】スバヤイ 頭の働きや行動がたいへん速い.Ⓔpromptly; quickly.㈀재빠르다, 날렵하다.「テレビや新聞は世界じゅうのニュースをすばやく報道する//ボールをとって, すばやく投げ返す」

すばらし・い 【素晴らしい】スバラシイ ①感動するほど, 非常にいい.Ⓔwonderful; excellent; great.㈀훌륭하다, 근사하다, 멋지다.「山の上からすばらしい景色が見えた//すばらしい演奏を聞いて感激した」②(「すばらしく」の形で)好ましい程度が非常に高い.「すばらしく広い庭(Ⓔan extremely large garden.㈀굉장히 넓은 정원.)//すばらしくおいしい料理」▷話②

ずばり ズバリ いちばん中心となるだいじなところを, 正確に鋭く言うようす.「問題の核心をずばり(と)つく(Ⓔgo directly to the heart of the problem.㈀문제의 핵심을 정통으로 찌르다.)//思ったことをずばり(と)言う」

スピーカー (speaker) スピーカー ①電気信号を音に変える装置. ラジオ, テレビ, ステレオなどの音が出る所.Ⓔa speaker (on a television).㈀스피커.「このテレビはスピーカーが右と左についている」②音や声を大きくして出す装置. 拡声器.Ⓔa loudspeaker.㈀스피커, 확성기.「宣伝カーのスピーカーの音がうるさくて迷惑している」▷数①1本・1台, ②1台

スピーチ (speech) スピーチ〔~する〕人が集まった席でする, 短い演説やあいさつ.Ⓔa speech.㈀스피치, 연설.「友人の結婚式でスピーチをする//スピーチコンテスト//テーブルスピーチ(Ⓔan after-dinner speech.㈀테이블 스피치.)」

スピード (speed) スピード ①速度. 速さ.Ⓔspeed.㈀스피드, 속력, 속도.「スピードをあげて前の車を追い越した//ブレーキをかけて自転車のスピードを落とす//スピード違反」②速いこと.Ⓔspeedy; quick-processed.㈀스피드, 빠름, 신속함.

「犯人が見つかって、その事件はスピード解決となった//スピード写真」

スプーン (spoon) スプーン 液体や粉などをすくいとる小さな道具。分量をはかるのにも使う。さじ。[E]a spoon. [한]스푼, 숟가락.「紅茶をスプーンでまぜる//ティースプーン」[数]1本

ずぶぬれ ズブヌレ 体全体がすっかりぬれること。[E]be soaked to the skin. [한]흠뻑 젖음.「傘をささずに雨の中を1時間も歩いてずぶぬれになった」[話]

すべて スベテ 全部、残らず。[E]all; everything. [한]전부, 모두, 모조리.「すべての人がしあわせになるように祈る//本に書いてあることがすべて正しいとは限らない」

すべ・る 【滑る】スベル〔自動五〕(すべって) ①ものの表面をなめらかに動く。[E]slide; ski; skate. [한]미끄러지다.「レールにワックスをぬったら、戸がよくすべるようになった//スキーですべる」
②足もとがつるつるして転びそうになる。[E]be slippery. [한]미끄러지다.「この床はすべるから、注意してください//すべって転ぶ」
③つかもうとしたものがすり抜ける。[E]slip (from one's hands). [한](손에서) 미끄러지다.「手がすべって皿を落とした」
④勢いを止めることができなくて、よけいなことをしてしまう。[E]be a slip of (the pen). [한]무심결에 잘못 놀리다.「ペンがすべって失礼なことを書いてしまった//口がすべる(→口[慣用])」
⑤試験に落第する。[E]fail (an examination). [한](시험에) 미끄러지다, 떨어지다.「入学試験にすべって残念だ」[対]受かる
▷[話]⑤ [名]滑り

スポーツ (sports) スポーツ いろいろな運動や競技。[E]sports. [한]스포츠.「テニス、水泳などスポーツならなんでも好きだ//スポーツで汗を流したあとで飲むビールはうまい」

すぼ・む スボム, スボム〔自動五〕(すぼんで) ふくらんでいるものが小さくなったり、大きく開いていたものが閉じたりする。また、ものの先にいくにつれてだんだん狭くなる。つぼむ。[E]close; shrivel. [한]오므라지다, 오그라들다;(끝으로 갈수록) 좁아지다.「この花は夕方に開いて、夜明けにすぼむ//風船がすぼむ」[他動]すぼめる

すぼ・める スボメル, スボメル〔他動一〕ひろがっているものやふくらんでいるものを小さくする。また、体のある部分を小さくするようにする。つぼめる。[E]shut; pucker up; shrug. [한]오므리다, 움츠리다;(우산을) 접다.「雨がやんだので、傘をすぼめる//祖父は口をすぼめて、おいしそうにさかずきの酒を飲む//肩をすぼめる」[自動]すぼまる, すぼむ

〔すぼめる〕

ずぼら ズボラ 無責任でだらしないこと。[E]loose; slovenly. [한]칠칠치 못함, 흐리터분함.「兄はずぼらだから、あてにならない」[対]几帳面 [話]

ズボン (㋒jupon) ズボン 下半身にはく、筒状の衣服。またの下が2つに分かれている。[E]trousers. [한](양복) 바지.「ズボンをはく//替えズボン//半ズボン」[対]上着 [数]1枚・1本 →衣類[図]

[参]「ズボン」「スラックス」「パンツ」はどれも同じものをさすが、「ズボン」は一般に男性用のものをいい、年配の人が多く使うことば。背広の上下ひとそろいのときは、おもに「ズボン」という。

スポンサー (sponsor) スポンサー ①なにかをするとき金を出して援助してくれる人。[E]a sponsor; a backer. [한]스폰서, 후원자.「エジプトの遺跡調査のためのスポンサーをさがしている//卒業記念の海外旅行は父が

スポンサーになってお金を出してくれた」②商業放送で番組を提供する広告主. Ea sponsor; an advertiser. 한스폰서, (상업 방송의) 광고주.「化粧品会社がスポンサーになっているテレビドラマ」

スマート (smart) スマート ①人の体やものの形がすらりとして格好がいいようす. E slim; slender. 한스마트, 날씬함.「太りすぎを直そうと思って運動を続けたら, だいぶスマートになった」②服装, 動作などが気がきいてしゃれているようす. E smart; stylish. 한스마트, 멋짐, 맵시 있음.「A教授は明るい色の上着をスマートに着こなしている//現代的でスマートな雰囲気の人」

すまい 【住まい】 スマイ, スマイ 人が住んで生活する所. E a house; a home; an address. 한주거, 주소.「お住まいはどちらですか//立派なお住まいですね//いなか住まい(E country life. 한시골 생활.)/1人住まい//マンション住まい」 自動 住まう

参「住宅」も似ているが,「住宅」が建物が中心のことばであるのに対して,「住まい」は人が住んで生活しているという人間との関係に中心があることば. したがって, 人が住んでいない家は「住宅」とはいえるが「住まい」とはいえない.

すま・す 【済ます】 スマス〔他動五〕(すまして) ①ものごとを全部してしまう. し終える. すませる. E finish. 한끝내다, 마치다.「夕食をすましてからふろに入る//支払いをすます//借金をすます(=借りた金を返し終える)」②じゅうぶんではないが, その場はそれでいいとしておく. すませる. E make do with. 한때우다.「朝食はパンとミルクですます」③問題が解決されたことにする. すませる. E settle; laugh off. 한해결하다, 때우다.「なんでも金ですまそうとするいやな風潮がある//笑ってすまされることではない」④(「~にな

りすます」の形で)~だと見せかける.「その男は被害者になりすまして, お金をだまし取った//医者になりすます(E pose as a doctor. 한의사 행세를 하다.)」▷ 自動 済む

すまない アヤマッタリ 感謝したりするときに言うことば. 申し訳ない. E I am sorry; Excuse me; Thank you. 한미안하다.「30分も遅れて本当にすまない. 許してくれ//迷惑をかけて, すまないことをした」 話

参丁寧な言い方は「すみません」, くだけた言い方は「すまん」.

すみ 【炭】 スミ 木を蒸し焼きにしてつくった黒い燃料. E charcoal. 한숯, 목탄.「茶道では炭で沸かした湯で茶をたてる//焼き鳥は炭で焼くのがいちばんおいしい//炭火をおこす」

すみ 【隅】 スミ 角の内側の所. また, 中央からはずれてめだたない場所. E a corner; a nook. 한구석, 모퉁이.「部屋のすみにごみ入れが置いてある//洋子はいつもすみのほうにすわっている」

参「すみ」と「角」は似ているが, 内側から見たときは「すみ」といい, 外側から見たときは「角」という.「銀行の角を曲がる」とはいうが「銀行のすみを曲がる」とはいわない. また, 机の「すみ」にノートを置くことはできるが, 机の「角」にものを置くことはできない.

隅に置けない 思いのほか才能や知識などがあってあなどれない. 何かを抜け目なくする人を皮肉っていうこともある. E be a knowing fellow; know a thing or two. 한여간 아니다.「こんなすてきな恋人がいたなんて, きみもすみに置けないね」

すみ 【墨】 スミ ①すす(=煙や炎の中にふくまれている黒い粒)をにかわでかためたもの. また, それをすってつくった黒い液. 書道で使う. E Chinese ink; an ink stick. 한먹.「筆に墨をつけて文字を書く//墨をする」②イカや

タコなどが口から出す黒い液。Eink (of a cuttlefish). 한먹물.「イカを料理していて手を墨でよごした」③なべの底などについたすす。Esoot. 한그을음.「なべの墨をこすりとってきれいにする」▷→書道図

-ずみ 【-済み】(動作を表す名詞について) すんでいること.「お金は支払いずみだ//解決ずみ(Ealready solved. 한해결 필.)//売約ずみ(ESold. 한매약 필.)」

すみずみ 【隅隅】スミズミ, スミズミ すみからすみまで 全部. あらゆる方面. Eall the corners; all over. 한구석구석, 모든 방면;방방곡곡.「教室のすみずみまできれいに掃除する//ピカソの名前は世界のすみずみまで知れわたっている」

すみません スミマセン 謝ったり感謝したりするときに言うあいさつのことば。EI am sorry; Excuse me; Thank you. 한미안합니다, 죄송합니다;감사합니다.「すみません, 駅へはどう行ったらいいでしょうか//こんなにきれいな花をいただいて, どうもすみません」話 →すまない

参 もともとはわびることばだったが, このごろは「ありがとう」の代わりに使う人が増えた.

す・む 【住む】スム〔自動五〕(すんで) ①居所を決めて, そこで生活する. E(people) live; dwell. 한살다.「わたしは東京の郊外に住んでいる//住む家がない」
②動物が巣をつくって, そこで暮らす. E(animals) live; inhabit. 한살다.「森にすむけもの」

注 ②はひらがなで書く.

住めば都 住みなれると, どんな所でもよさがあるものだということ. EEvery bird thinks its own nest charming. 한정들면 고향.

す・む 【済む】スム〔自動五〕(すんで) ①ものごとが全部終わる. Eend; be over. 한끝나다, 완료되다.「仕事がすんだから, 一緒に帰ろう//すんでしまったことはしかたがない」②じゅうぶんあって, それだけで用がたりる. Ecan do; cost only ~. 한되다, 족하다.「きょうは暖かいから, 上着はなしですむ//交通費は200円ですんだ」③問題が解決できる. Ebe settled; get off with; be satisfied. 한해결되다, 결말이 나다；(마음이) 풀리다.「これは金ですむ問題ではない//3000円の罰金ですんだ//気がすむまでやる」④(「すまない」の形で)⇨すまない ▷他動済ます

す・む 【澄む】スム〔自動五〕(すんで) ①液体や気体がすきとおる. Ebecome clear. 한맑다.「空気が澄んでいるので遠くまではっきり見える//よく澄んだ川の水」対濁る ②くもらず, はっきりする. Ebecome clear; shine brightly. 한맑다；밝다.「澄んだ目をしている//月が澄む」対曇る ③音や声や色がきれいだ. Ebecome clear. 한맑다.「澄んだ笛の音が静かに響いてきた//澄んでよく通る声」対濁る ④心配などがなく, 心が清らかになる. Ebecome serene. 한맑아지다, 깨끗해지다.「美しい星空を眺めていると, 心が澄んでくる」対濁る

すもう 【相撲】スモー 日本の伝統的競技の1つ. 2人が土俵の中で戦い, 相手を地につけるか, 土俵の外に押しだしたほうが勝つ. E

(相撲)　土俵

sumo wrestling. 㲿스모, (일본) 씨름. 「テレビですもうを見る∥すもうを取る∥腕ずもう(Earm wrestling. 㲿팔씨름.)」

スモッグ (smog) スモッグ 工場の煙や自動車の排気ガスなどが霧のようになって空気中にひろがったもの. Esmog. 㲿스모그.「スモッグのせいで目が痛い∥光化学スモッグ(→項目)」

すやすや スヤスヤ 気持ちよさそうに, 小さな寝息を立てて眠っているようす.「赤ちゃんが気持ちよさそうにすやすや(と)眠っている(EThe baby is sleeping peacefully. 㲿아기가 새근새근 자고 있다.)」

すら 「さえ」の改まった古い言い方.「研究に夢中になって, 食事すら忘れるほどだった(EShe was so busy with her research that she forgot to eat. 㲿연구에 몰두해서 식사조차 잊어버릴 정도였다.)∥家族すら知らないのだから, 職場の人が気がつくはずがない」書

スライド (slide) スライド ①〔~する〕すべること. すべらせること. また, 数や量の変化に合わせて動かすこと. Eslide. 㲿슬라이드, 연동.「年金額を物価にスライドさせる案を支持する」②顕微鏡で, 調べようとするものを載せるガラス板. スライドガラス. Ea slide. 㲿슬라이드.「スライドの上にかびを置いて, 顕微鏡で見る」③フィルムに光を当て, レンズで拡大して幕に映しだす装置. また, そのフィルム. Ea slide; a slide projector. 㲿슬라이드, 환등기.「部屋を暗くして旅行のスライドを見る」▷数②③1枚

ずら・す ズラス〔他動五〕(ずらして) ①ものを持ち上げないで, すべらようにしてちょっと動かす. Eshift; move. 㲿조금 밀어 놓다.「机をすこし右へずらす」②日時などを, ほかのことと重ならないように動かす. Epostpone; advance. 㲿(겹치지 않도록) 미루다, 물리다.「年末は列車がこむから, 旅行の日にちをずらす∥予定をずらす」▷自動ずれる

すらすら スラスラ 途中で止まったりしないで, 順調に進むようす. Eeasily; smoothly. 㲿술술, 줄줄, 척척.「日本語の本がすらすら(と)読める∥仕事がすらすら(と)運んでいる」

すらりと スラリト, スラリト ①〔~する〕細くて形がいいようす. すらっと. Eslim; slender. 㲿늘씬하게.「背が高く, すらりとした少年∥すらりとのびた脚」②ものごとや動作が, 順調にうまくいくようす. Ewithout trouble; smoothly. 㲿순조롭게 ; 쓱.「商談が, 1度ですらりとまとまった∥攻撃からすらりと身をかわす(Edodge an attack nimbly. 㲿공격으로부터 쓱 몸을 피하다.)」

ずらりと ズラリト, ズラリト たくさん並んでいるようす. ずらっと.「スズメが電線にずらりと並んでとまっている(ESparrows are sitting in a row along the electrical line. 㲿참새들이 전선에 죽 늘어앉아 있다.)∥道路わきに車がずらりと駐車している」

すり スリ 他人が身につけている金やものをこっそり抜き取ること. また, その人. Ea pickpocket. 㲿소매치기.「人ごみですりの被害にあう∥すりに財布をすられた」他動する

すりか・える 【すり替える】スリカエル, スリカエル〔他動一〕人にわからないようにこっそり別のものと取りかえる. 多くは, いいものを悪いものにかえる. Echange one thing for another secretly; substitute fraudulently. 㲿몰래 바꿔치다, 살짝 바꾸다.「ダイヤモンドの指輪を偽物とすりかえた∥問題をすりかえる」名すり替え

スリッパ (slipper) スリッパ, スリッパ 室内用

〔スリッパ〕

の洋風のはきもの. [E]mules; scuffs; slippers. [한]슬리퍼.「ホテルではスリッパをはいたままで部屋の外に出てはいけない」[数]1足

すりばち 【すり鉢】スリバチ 食べ物を細かくすりつぶすために使う鉢. 内側にたくさんのきざみ目がある. [E]an earthenware mortar. [한]양념 절구, 유발.「魚の身をすり鉢ですってつみれをつくる」

〔すり鉢〕

する スル〔自他動する〕(して) ①ある動作やことを行う. [E]do. [한](동작을) 하다.「化学の実験をする//運動をする//なにもしない」

②ある状態にならせる. [E]make; change. [한](어떤 상태가 되게) 하다.「砂糖を入れて甘くする//部屋をきれいにする」

③ある役を務める. [E]be; serve as. [한](~노릇을) 하다.「母は教員をしていた//社長をする」

④ある状態だとみる. そう考える. そう思う. [E]regard as; consider as. [한]~으로 치다, ~으로 생각하다.「子供だといってばかにするな//必要とされている人」

⑤なにかを身につける. [E]wear. [한](넥타이 등을) 매다, 하다, 착용하다.「背広にネクタイをして会社へ行く//金の指輪をする」

⑥(「~を…にする」の形で) 役をさせたり, 地位につけたりする.「木の箱を机にして勉強する//娘を科学者にする([E]make one's daughter a scientist. [한]딸을 과학자로 만들다.)」

⑦(「お[ご]~する」の形で) 自分の動作を謙遜していう言い方.「あす事務所にお訪ねする//駅までお送りしましょう//ご案内します([E]May I show you the way? [한]안내하겠습니다.)」

⑧自然現象が起こる. 体や心に, ある状態が起こる. 起こるのが感じられる. [E]hear; feel. [한](어떤 소리가) 나다 ; (느낌이) 들다.「遠くで雷の音がする//さびしい気がする//頭痛がする」

⑨ある状態になる. ある状態だ. [E]be; keep; stay. [한](상태가) ~하다.「凍った池の底で金魚はじっとしている//堂々とした態度」

⑩時間や値段がどれだけかを表す. [E]elapse; cost. [한](시간이) 지나다 ; (값이 얼마를) 하다.「あと1週間すると夏休みだ//この靴は5000円した」

⑪動作をする人の意思を表す. それに決める.「わたしは会社をやめることにした//わたしはすしにする([E]I'll have *sushi*. [한]저는 스시로 하겠습니다.)」

⑫(「~うとする」の形で)⇨う①(4)

⑬(「~ようとする」の形で)⇨よう②(4)

⑭(「~と[に]すれば」「~と[に]して〔は〕」「~と[に]すると」の形で) その立場に立って考えると. 仮に考えると.「洋子にすれば, 言いたいことがたくさんあるだろう//大家の小説としては, あまりおもしろくない([E]For a master's novel, it's not very interesting. [한]대가의 소설치고는 별로 재미가 없다.)」

⑮(「~と[に]しても」の形で) そのようなばあいでも.「すぐ出たとしても間に合わない([E]Even if we leave here immediately, we will be late. [한]바로 떠난다 해도 늦을 것이다.)」

⑯(「~にしろ[せよ]」の形で) 例にあげて示すばあいにいう.「行くにしろ行かないにしろ返事がほしい([E]Whether she is going or not, we need her reply. [한]가든 가지 않든 대답이 필요하다.)」

[注]①~⑦は他動詞, ⑧~⑯は自動詞.
[参]名詞, 副詞などに直接ついて,「出版する」「アピールする」「ほっとする」のように,「する」動詞をつくることが多い.

することなすこと すること全部. [E]everything one does. 匣하는 일마다.「するとなすこと裏目に出る(=いいようにと思ってやったが,反対にみんな悪い結果になってしまう)」

す・る 【刷る】スル〔他動五〕(すって) ①印刷する. 匣print. 缶인쇄하다, 박다.「名刺を刷る」②版画などで,版木(=字や絵などを彫った板)に紙や布を当て,こすって模様をつける. 匣make a print. 缶찍다.「年賀状に富士山の絵を刷った∥刷りこむ」

す・る 【擦る】スル〔他動五〕(すって) ①ものとものとをふれ合わせてこする. 匣rub; strike (a match). 缶문지르다, 비비다, 긋다.「マッチをする」②押しつぶして細かく砕く. 匣grind. 缶으깨다, 갈다.「すり鉢でゴマをする」③金を全部使ってしまう. 匣gamble away; lose. 缶(돈을) 날리다.「競馬で,持っていた金をみんなすってしまった」▷話③

≡注 ②③はひらがなで書く.

ずる・い ズルイ 自分が得をするために,正しくないやり方をする性質だ. 匣sly; cunning; crafty. 缶교활하다, 간사하다.「おなかが痛いとうそをついて,掃除を怠けるとはずるい」

するする スルスル なめらかに,すべるように動くようす.「するする(と)木に登る(匣climb a tree easily. 缶나무에 쭈르르 올라가다.)∥するする(と)幕が下りる(匣The curtain glides down. 缶스르르 막이 내리다.)」

ずるずる ズルズル, ズルズル ①ものを引きずったり,ものがすこしずつすべり落ちたりするようす.「重い荷物をずるずる(と)引きずって運ぶ(匣drag a piece of heavy baggage. 缶무거운 짐을 질질 끌어서 운반하다.)」②よくない状態が解決しないでそのまま続いていくようす.「ずるずる(と)返事を引きのばす(匣drift into delaying the answer. 缶대답을 질질 끌다.)」

すると スルト (文と文をつないで) ①前にいったことに続いて,後でいうことが起こるときに使うことば. 匣(just) then. 缶그러자.「ドアを開けた. すると,小犬が飛びだしてきた」②前にいったことが理由になって,後でいうことが当然考えられるときに使うことば. 匣then; if so. 缶그러면.『あの店は日曜日は休みだよ』『すると,きょうはだめだね』」

≡参「そうすると」も意味は同じだが,「そうすると」のほうが前のことばを受ける意味が強い. そのため①の意味では「すると」を多く使い,②の意味では「そうすると」を多く使う.

するど・い 【鋭い】スルドイ ①先が細く,とがっている. 匣sharp; pointed. 缶날카롭다.「鋭い針∥猫の鋭いつめ」②ナイフやはさみなどがよく切れる. 匣sharp-edged. 缶날카롭다.「切れ味の鋭いナイフで切る」 対鈍い ③勢いが激しく,恐ろしい. 匣piercing; cutting. 缶예리하다, 날카롭다.「鋭い目つきでにらむ∥鋭いことばで相手を非難する」④頭の働きや感じ方が速くて,すぐれている. 匣keen; quickly. 缶예민하다.「ジョンはことばの感覚が鋭いから,日本語の上達が速い∥鋭く他人の心を見抜く」 対鈍い

すれすれ スレスレ ①もうすこしでさわるほどなにかに近づいているようす. 匣close to. 缶아슬아슬함.「ツバメが地面すれすれに飛ぶ」②もうすこしで限度をこえてしまいそうなようす. 匣barely; just. 缶빠듯함.「すれすれで約束の時間に間に合った∥すれすれの成績で進級できた」

すれちが・う 【擦れ違う】スレチガウ, スレチガウ〔自動五〕(すれちがって) ①たがいに接触するくらい近くを通りすぎて,それぞれ反対の方向へ行く. 匣pass each other. 缶

마주 스쳐 지나가다. 「狭い道で対向車とすれちがうのは技術がいる」 ②出会うはずのものがなにかのつごうで出会わない. ⒠miss each other. ㉠엇갈리다. 「父を迎えに行ったのに, 父は別の道を帰ってきてすれちがってしまった」 ③中心点がかみ合わない. ⒠discord; run counter. ㉠(의견이) 엇갈리다. 「いつまで話し合っても意見がすれちがったままで合意に達しない」 ▷ 图擦れ違い

ず・れる ズレル〔自動一〕①上下や左右にすべり動いて, 正しい位置から移る. ⒠slip out of place. ㉠(정위치에서) 미끄러져 나가다, 벗어나다, 비뚤어지다. 「汗をかくと, めがねがずれるので困る//地震で壁の額がずれた」 ②基準になることからはずれてくいちがう. ⒠be postponed; deviate. ㉠(기준에서) 어긋나다. 「飛行機のつごうで出発が1日ずれた//2人の考えがずれてしまった」 ▷ 图ずれ 他動ずらす

すわ・る 【座る・据わる】スワル〔自動五〕(すわって) ①ひざを折り曲げて席につく. ⒠sit. ㉠앉다. 「いすにすわる//たたみにきちんとすわる」 対立つ ②決まった位置にあって動かなくなる. ⒠hold (its head) up; have guts. ㉠안정되다, 고정되다. 「赤ん坊の首がすわる//腹がすわった人//目がすわる」 ③重要な地位につく. ⒠take (an important position). ㉠(중요한 지위에) 앉다. 「いまの社長が引退したら, だれがそのあとがまにすわるのだろう？//議長のいすにすわる」 ▷ 图座り・据わり 他動据える
注 漢字で書くときは, ①③は「座る」, ②は「据わる」.

ずんずん ズンズン 速く, 力強く進むようす. 「若い二郎は, けわしい岩の山もずんずん(と)登っていった」(⒠Young Jiro climbed the steep rocky mountain vigorously. ㉠젊은 지로는 가파른 바위산도 거침없이 올라갔다.)」

すんなり スンナリ ①〔~する〕細くて形がいいようす. 「道子はすんなり(と)のびた足をしていて, 走ると速そうだ(⒠Having very slim legs Michiko can probably run fast. ㉠미치코는 늘씬한 다리를 하고 있어 달리면 빠를 것 같다.)//すんなりした体つき」 ②じゃまになるものもなく, 順調に進むようす. 「野党の反対もなく, 法案はすんなり(と)国会を通った(⒠With no opposition from the party out of power, the bill was easily passed by the Diet. ㉠야당의 반대도 없이, 법안은 순조롭게 국회를 통과했다.)」

すんぽう 【寸法】スンポー 体やものの, 長さや大きさ. ⒠a size; the measure. ㉠치수, 길이, 척도. 「姉のワンピースを借りて着たいが寸法が合わない//机の寸法をはかる」

せ／セ

せ 【背】セ, セ ①⇨背中① 「馬の背に乗る」対腹 ②人やものの後ろ側. ⒠the back. ㉠뒤, 등. 「駅を背にして右側のビル」 ③⇨背 「キリンは動物の中でいちばん背が高い//弟は1年間に15センチも背がのびた」

背に腹はかえられない[ぬ] たいせつなことのためには, ほかのものが少々だめになってもしかたがない. ⒠Necessity knows no law.

ぜ 한당면한 중요한 일을 위해서는 약간의 다른 희생이 있어도 어쩔 수 없다.「電車が不通で試験に遅刻しそうだ. 背に腹はかえられないから, 高くてもタクシーで行こう」

ぜ (文の終わりについて) 相手に知らせたり, 念を押したりする気持ちを表す.「バスが来たぜ//1本ホームラン頼むぜ(Ｅ All I'm asking for is one home run. 한흠런 한 방 부탁하네.)/あの映画, とてもよかったぜ」[話]
≡参 親しい人に使う.

せい 【正】セイ ①ものごとの筋道に合った正しいこと, 狂いがないこと. Ｅright; justice. 한올바름, 정도.「正は勝ち, 邪は負ける」対邪 ②主となるもの. Ｅthe original; regular. 한주된 것, 정본 ; 정식.「書類を正と副の２通つくる//正社員」対副 ③数学で, ０より大きいこと. プラス. 記号は「＋」. Ｅplus; positive. 한정수, 플러스.「１, ２, ３は正の整数だ」対負 ④(他のことばの頭について) ちょうど, 本当に.「正反対(Ｅthe exact opposite. 한정반대.)/正比例(Ｅdirect proportion. 한정비례.)」
▷書①

せい 【生】セイ ①生きていること, 生きること. 命. Ｅlife; living. 한생, 삶, 생명.「生あるもの, いつかは必ず死ぬ//この世に生を受ける」対死 ②(他のことばの後について) 勉強している人. 学生. 生徒.「１年生//研究生(Ｅa research student. 한연구생.)//門下生」▷書①

せい 【姓】セイ 家の名前. Ｅa family name; a surname. 한성.「この村には同じ姓の人が多い//結婚しても姓を変えない女性が増えてきた//姓名(→項目)」対名前 → 名字

せい 【性】セイ ①生まれつき持っている性質. Ｅnature. 한천성.「人の性は善である」②生物の雄と雌, 人間の男と女の区別. Ｅa sex. 한성, 성별.「性による差別をしてはいけない」③男と女が異性を求めて, ふれ合ったり肉体的に交わったりすること. セックス. Ｅsex. 한섹스, 성교.「性に目覚める//性教育//性体験」④(他のことばの後について) そのような性質であること.「動物性蛋白質(Ｅanimal protein. 한동물성 단백질.)//安全性//可能性(Ｅpossibility. 한가능성.)」▷書①

せい 【背】セイ, セー 足もとから頭の上までの高さ. 身長. せ. Ｅheight; stature. 한키, 신장.「もっと背が高くなりたい//背比べ」

せい 【精】セイ ①人の心や体を動かすもとになる力. Ｅenergy; vitality. 한기력, 정력, 원기.「栄養のあるものを食べて精をつける//精も根もつきはてる」②自然物が持つと思われている魂. 人の姿をして現れるという. Ｅa spirit; a sprite. 한정령.「水の精が現れて舟を沈めるという言い伝えのある池//森の精」

精を出す 一生懸命に勉強や仕事をする. Ｅwork hard. 한열심히 일하다.「日曜日は１週間分の洗濯や買い物など家事に精を出す」 似た表現 精が出る

せい セイ その結果を生んだ原因. Ｅput the blame; because of; owing to. 한탓, 원인, 이유.「失敗を他人のせいにしてはいけない//気のせいか, みんながわたしを嫌っているようだ」
≡参 ふつう, 結果があまりよくないときに使う.

-せい 【-製】(他のことばについて) 〜でつくったもの.「ドイツ製の車(Ｅa car made in Germany. 한독일제 자동차.)//日本製のカメラ//金属製のいす(Ｅa metal chair. 한금속제 의자.)//プラスチック製の箱」

ぜい 【税】ゼイ 国や都道府県や市区町村などがその運営のために国民, 住民から強制

的に集める金やもの。税金。Ⓔa tax. 한세、세금。「税が重い//税を徴収する//税収入//消費税//所得税」

せいい 【誠意】セイイ うそを言ったりだましたりせず、まじめにものごとについて考え、行動しようとする気持ち。真心。Ⓔgood faith; sincerity. 한성의。「誠意をもって問題を解決する//誠意を見せる//誠心誠意」

せいいく 【生育・成育】セイイク〔～する〕①植物が育つこと。植物を育てること。Ⓔgrowth; grow. 한생육、키움。「今年は稲の生育が速い//高原で寒さに強い野菜を生育する」②人や動物が育つこと。Ⓔgrow. 한성장、자람。「子牛がすくすくと成育する」
≡注①は「生育」、②は「成育」

せいいっぱい 【精いっぱい】セイイッパイ、セイイッパイ 出すことができる力を全部出すようす。Ⓔwith all one's might; to the best of one's ability. 한힘껏、최대한으로。「精いっぱいがんばったが負けてしまった//精いっぱいサービスしますから、うちの店でお買いください」

せいえい 【精鋭】セイエイ 精力や気力がいっぱいあって、すぐれた能力を持つこと。また、そういう人。Ⓔthe pick; the best. 한정예。「社員の中の精鋭を集めて新製品開発のグループをつくる」

せいおう 【西欧】セイオー ①ヨーロッパの国々。欧州。Ⓔ Europe; the West. 한서구、서양、유럽。「西欧の首脳が集まって会議を開いた//西欧文明」②ヨーロッパの中で西にある国々。また、その地方。西ヨーロッパ。Ⓔ Western Europe. 한서유럽。「ベルリンの壁がなくなって、東欧と西欧の行き来が簡単になった」対東欧

せいおん 【清音】セイオン、セイオン 日本語で、濁点「゛」や半濁点「゜」をつけないなどで表す音。Ⓔa voiceless sound. 한청음。「『カ、サ、タ、ハ』などは清音で、『ガ、ザ、ダ、バ』などは濁音だ」関連濁音、半濁音

せいか 【成果】セイカ 努力をしてえられた、いい結果。Ⓔthe result; the fruit. 한성과。「研究の成果を論文に書いて発表する//期待していた成果を収めることができた//成果が上がる」

せいかい 【正解】セイカイ ①〔～する〕問題や質問に正しく答えること。また、正しい答え。Ⓔa correct answer. 한정해、정답。「入試問題の正解をきく//正解を出す」②結果からみたとき、そうしたことが正しかったと言えるやり方。Ⓔbe right to ～。한옳은 일、적절한 판단。「あ、雨が降りだした。傘を持ってきたのは正解だった」▷話②

せいかく 【正確】セイカク まちがいなく正しいこと。Ⓔ correct; accurate; exact. 한정확。「正確を期して何度も計算する//正確な時刻」対不正確

せいかく 【性格】セイカク ①人の考え方、感じ方、行動のしかたなどにみられる傾向。Ⓔcharacter; personality. 한성격。「2人は性格が合わずに離婚した//やさしい性格で人とけんかしたことがない」②ものごとの持つ特徴、傾向。Ⓔa characteristic; a nature. 한성격。「性格の違ういろいろな団体が会合に参加した//問題の性格が違う」

せいかつ 【生活】セイカツ〔～する〕①生きて活動すること。Ⓔlive; life. 한생활。「土の中で生活しているアリのようすを見る」②社会の中で人間が毎日を生きていくこと。Ⓔlife; a living. 한생활。「健康で幸福な人間らしい生活をする//毎日の生活に追われる/生活費」
▷→暮らし

ぜいかん 【税関】ゼイカン 国境を越えて運ばれるものを検査したり、その税金を扱ったり

する役所. Ｅthe customs. 한세관.「空港の税関で荷物を調べられた∥税関で手続きをすませる」

せいき 【世紀】セイキ ①西暦で, 100年を1単位として区切った年代. Ｅa century. 한세기.「20世紀には科学が非常に発達した∥世紀末的な現象」②(「世紀の」の形で)100年に1度というほどめったにない. Ｅof the century. 한세기적인.「世紀の偉業をなしとげる∥世紀の大事業を計画する∥世紀の大発見」

せいぎ 【正義】セイギ 人間として行うべき正しい道, 道理. Ｅjustice. 한정의.「正義は必ず勝つ∥正義を守る∥正義感」

せいきゅう 【請求】セイキュー〔～する〕正当な権利として, 金やものをもらうことを相手に求めること. Ｅdemand; claim. 한청구.「出張の費用を会社に請求した∥飲食代の請求が来た∥請求書」

せいきょ 【逝去】セイキョ〔～する〕「死去」の丁寧語. Ｅdeath. 한서거.「先生は昨年逝去された∥お父上のご逝去を心からお悔やみ申し上げます∥逝去の報に接する」書

せいぎょ 【制御】セイギョ〔～する〕①いきすぎのないように意志の力でおさえること. Ｅcontrol; restrain. 한제어.「激しい感情を制御する」②機械や装置などを適切な状態で動くように調節すること. Ｅcontrol; regulate. 한제어.「新幹線の運転をコンピューターで制御する∥原子炉の自動制御装置」

せいきょう 【生協】セイキョー, セイキョー「生活協同組合」を略した言い方. 消費者が日常生活に必要な品物を合理的に買い入れるために, 共同で資金を出してつくった組織. Ｅa cooperative; a co-op. 한생협, 생활 협동 조합.「生協に加入する∥生協の組合員∥生協の売店」

ぜいきん 【税金】ゼイキン 税として納める金. Ｅa tax. 한세금.「収入が増えれば税金も増える∥高い税金に苦しむ∥税金を滞納する(＝期日が過ぎても納めない)」

せいけい 【生計】セイケイ 生活をしていく方法, 手段. Ｅa living; a livelihood. 한생계.「病気で働けないので, 生活保護を受けて生計を立てている∥アルバイトをして生計を助ける」

せいけつ 【清潔】セイケツ ①よごれがなく, きれいであること. Ｅcleanliness; clean. 한청결.「衣服は清潔が第一だ∥台所は清潔にしておく∥清潔な部屋」対不潔 ②道徳的で, 清く, いさぎよいようす. Ｅclean; honest. 한깨끗함.「清潔な政治を考える∥清潔な人物」対不潔

せいけん 【政権】セイケン 国の政治を行う権力. Ｅpolitical power; a government; an administration. 한정권.「軍部が政権をにぎった∥多数党が政権を取る∥政権を争う」

せいげん 【制限】セイゲン〔～する〕ある範囲を決めてそこから出ないようにすること. また, その範囲. Ｅa limit; restrict. 한제한.「小論文の字数の制限は800字だ∥病気のため食事を制限している∥スピード制限」

せいこう 【成功】セイコー〔～する〕①仕事などがうまくいくこと. Ｅ(a) success. 한성공.「手術の成功で命が助かった∥7000メートルの山に酸素なしで登るのに成功した」対失敗 ②努力の結果, 社会的な地位や財産が手に入ること. Ｅsucceed in the world. 한성공, 출세.「30年前に町へ出た一郎は, 成功して村に帰ってきた∥成功者」

せいこう 【精巧】セイコー 細かいところまで丁寧に上手につくってあるようす. Ｅelaborate; delicate. 한정교.「造花が実に精巧にできているので本物かと思った∥精巧な計

せいじゅく

せいざ【正座】セイザ,セイザ〔～する〕ひざをそろえて折り曲げ、きちんとすわること. Ⓔsit straight in Japanese style. 韓정좌.「道場で正座をして先輩の柔道を見る//たたみの上で長時間正座していたので、足がしびれた」

[正座]

せいさく【制作・製作】セイサク〔～する〕①絵画や彫刻などの作品をつくること. Ⓔproduce; make. 韓제작.「展覧会に出す作品の制作に取りかかる//仏像を制作する//卒業制作」②機械や器具などの品物をつくること. Ⓔmanufacture; make. 韓제작.「精密機械を製作している//大型の医療器具の製作に取りかかる//製作所」③演劇や映画や放送番組などで、1つの作品をつくるために計画や進行や宣伝などの仕事をすること. Ⓔproduce. 韓제작.「テレビドラマの制作に加わる//宣伝映画を製作する」

注 ①は「制作」,②は「製作」,③は「制作」「製作」.

せいさく【政策】セイサク 政治を行うための方針とそのやり方. Ⓔa policy. 韓정책.「首相が今後の政策を発表する//円高に対する政策を立てる//外交政策」

せいさん【生産】セイサン〔～する〕人間が生活するために必要なものをつくりだすこと. Ⓔproduction. 韓생산.「米の生産を減らす//自動車の生産量が増える//大量生産」対消費

せいさん【清算・精算】セイサン〔～する〕①いままでの貸し借りや関係にすっかり結末をつけること. Ⓔclear off; break up with. 韓청산.「長年の借金を清算する//悪友との関係を清算する」②金額などを後からくわしく計算して、不足分、余分の調節をすること. Ⓔpay the adjusted amount. 韓정산.「降りた駅の窓口で電車賃の精算をする」対概算

注 ①は「清算」,②は「精算」.

せいし【生死】セイシ 生きることと死ぬこと. また、生きるか死ぬかということ. Ⓔlife and death; one's fate. 韓생사.「大病をして生死の境をさまよった//戦場で生死をともにした仲間/生死不明」

せいし【精子】セイシ 雄が体内に持っている細胞の一種. 卵子と結合して子供をつくる. Ⓔa sperm. 韓정자.「精子と卵子が結合することを受精という」対卵子

せいじ【政治】セイジ 国や地方などを主権者が治めること. Ⓔpolitics; government. 韓정치.「民主主義にもとづく政治//生活に結びついた政治/政治家/政党政治」

せいしき【正式】セイシキ 正しいやり方に合っていること. Ⓔformal; official. 韓정식.「2人は5年も一緒に住んでいるが、まだ正式に結婚の届けを出していない//正式な手続き//正式裁判」対略式

せいしつ【性質】セイシツ ①人が生まれつき持っている感情、意思の表れ方を型に分けたもの. Ⓔnature; disposition. 韓성질.「気が短いのは持って生まれた性質だ//激しい性質」②そのものがもともと持っていて、他と区別できる特徴. Ⓔa property; a nature. 韓성질.「水にとけにくい性質の薬品//問題の性質が違う」

せいじつ【誠実】セイジツ まじめで正直なこと. Ⓔsincerity; honest. 韓성실.「人間は誠実が第一だ//約束したことを誠実に実行する//だれからも信用される誠実な人」対不誠実, 不実

せいじゅく【成熟】セイジュク〔～する〕①くだものなどがじゅうぶんに熟すこと. Ⓔripen; mature. 韓성숙, (과일 등이) 익음.「成熟したカキは甘くておいしい//今年は

せいしゅん

稲の成熟が遅い」对未熟 ②じゅうぶんに成長、発達すること．Ｅmature; achieve full growth. 韓성숙．「心身ともに成熟した大人になった//21世紀には、もっと成熟した社会になるだろう」对未熟 ③ものごとを行うのにちょうど適当なときになること．Ｅbe ripe. 韓성숙, (시기가) 무르익음．「時機が成熟するのを待って改革の運動を始める」

せいしゅん【青春】セイシュン ふつう、二十前後の、若く元気で希望に燃える時期．Ｅyouth; the springtime of life. 韓청춘．「バラ色の青春//第二の青春//青春期」

せいしょ【清書】セイショ〔～する〕下書きした文字、文章などを丁寧に書き直すこと．また、その書き直したもの．Ｅa fair copy. 韓청서, 정서．「研究論文をワープロで清書して提出した//原稿の清書は人に頼んだ」对下書き

せいしょ【聖書】セイショ キリスト教の教えが書かれている本．Ｅthe (Holy) Bible. 韓성서, 성경．「日曜日には聖書を持って教会へ行く//旧約聖書//新約聖書」数1冊

せいじょう【正常】セイジョー 変わったところがなく、ふつうであること．Ｅnormal. 韓정상．「交通機関は正常に動いている//体の状態は正常だ//正常な行動」对異常

せいしん【精神】セイシン ①人間の心．また、心の働き．Ｅmind; spirit. 韓정신．「１つのことに精神を集中させる//精神をきたえる//精神年齢」对肉体, 物質 ②ものごとの基本となっている考え方．Ｅthe spirit. 韓정신．「政治に憲法の精神を生かす//愛社精神」

せいじん【成人】セイジン〔～する〕心身がじゅうぶんに成長して大人になること．また、その人．Ｅcome of age; an adult. 韓성인．「成人して家を出て独立した生活をする//成人教育//成人式//成人病」

参 少年法では、満20歳以上の男女をいう．

せいしんか【精神科】セイシンカ 医学の一分野．人間の心の病気を専門に扱う．Ｅpsychiatric division. 韓정신과．「社会が複雑になり、精神科へ通う人も増えてきた//精神科で不眠症の治療を受ける」

せいせい セイセイ〔～する〕いやだと思っていたことがなくなり、気分がよくなるようす．Ｅfeel relieved. 韓(기분 등이) 개운함, 후련함．「借金を全部返してせいせいした//試験が終わって、気がせいせいした」

せいぜい セイゼイ ①できるだけ努力するようす．Ｅas much as possible. 韓힘껏, 가능한 한．「せいぜいお安くしておきますから、買ってください」②どんなに多く見積もってもそれが限界であるようす．Ｅat most; at the longest. 韓기껏, 고작, 겨우．「どんなに甘くみても、せいぜい70点ぐらいしか取れないだろう//祖父の命は長くてもせいぜい半年だと医者に言われた」

せいせいどうどう【正正堂堂】セイセイドードー, セイセイ・ドードー やり方や態度が、正しく立派なようす．Ｅfair and square. 韓정정 당당．「正々堂々と自分の意見を述べる//正々堂々と戦う」

参 改まって「正々堂々たる態度」のように表現することもある．

せいせき【成績】セイセキ 仕事、勉強、試験などの結果．点数などで表す．Ｅa grade; a result; performance. 韓성적．「今学期はがんばって勉強したので成績が上がった//１番の成績で入社した//成績表//営業成績」

せいぜん【整然】セイゼン（「整然と」の形で）乱れず、きちんととのっているようす．Ｅorderly; logically. 韓정연．「人々は整然と並んで地下鉄を待っている//筋道を追って理路整然と説明する」对雑然

(参) 改まって「整然たる行進」のように表現することもある.

せいせんしょくりょうひん 【生鮮食料品】セイセンショクリョーヒン 野菜, くだもの, 肉, 魚など, 新しいうちに食べるとおいしいもの. Ⓔfresh foods; perishable foods. 㳠신선함이 요구되는 식료품.「夕方になるとスーパーでは, 生鮮食料品の値段を下げる//正月前には生鮮食料品が値上がりする」

せいそう 【清掃】セイソー〔~する〕きれいに掃除すること. Ⓔclean. 㳠청소.「住民が公園や道路の清掃を行う//乗客が降りたあと, 車内を清掃する//清掃車」

せいぞう 【製造】セイゾー〔~する〕原材料に手を加えて商品をつくること. Ⓔmanufacture; produce. 㳠제조.「この工場では家庭電化製品を製造している//製造年月日」

せいぞん 【生存】セイゾン〔~する〕生き続けること. また, 生き残ること. Ⓔlive; survive. 㳠생존.「今回の飛行機事故で生存していた者はいなかった//生存競争//生存者」対死亡

せいだい 【盛大】セイダイ 会や式などの規模が大きくて, 立派なようす. Ⓔwith great enthusiasm; grand. 㳠성대.「多くの客を招いて, 会社創立10周年を盛大に祝った//有名ホテルで盛大なパーティーが開かれた」

ぜいたく 【贅沢】ゼイタク, ゼィタク〔~する〕①衣食住にふつうよりずっとたくさん金をかけること. Ⓔluxurious; extravagant. 㳠사치.「二郎は若いのにドイツ製の新車に乗り, 流行のスーツを何着も持ってぜいたくな生活をしている//ぜいたく品」対質素 ②必要以上に金やものを使っていること. Ⓔdeluxe; sumptuous. 㳠사치, 호화스러움.「有名俳優をぜいたくに使ったドラマ//ぜいたくにつくった家」

せいちょう 【生長・成長】セイチョー〔~する〕①植物が育つこと. Ⓔgrow. 㳠생장.「春は草木の生長が目に見えるように速い」②人や動物, また産業などが育って大きくなること. Ⓔgrowth; grow. 㳠성장.「子供の成長は速い//経済が大きく成長した//成長産業」
(注) ①は「生長」, ②は「成長」.

せいてんのへきれき 【青天の霹靂】突然起こった思いがけないできごと. Ⓔa bolt from the blue. 청천 벽력.「父の交通事故死は, わたしたち一家にとって青天の霹靂だった」書
(参) 晴れた青空に突然鳴る雷のことからいう.

せいと 【生徒】セイト ①中学校, 高等学校で勉強している人. Ⓔa student; a pupil. 㳠생도, (중·고교) 학생.「4月になると中学校の生徒が新しい制服で登校するのが目につく//生徒会」②塾, 各種学校などで勉強している人. Ⓔa student. 㳠학생.「50歳で英会話学校の生徒になった//そろばん塾の生徒」▷関連①児童, 学生

せいど 【制度】セイド 国や社会, 団体などの仕組みやきまり. Ⓔa system. 㳠제도.「老後を安心して暮らせる制度をつくる//社会保障制度//選挙制度//封建制度」

せいとう 【正当】セイトー 道理に合っていて, 正しいこと. Ⓔjust; fair. 㳠정당.「わたしの仕事を正当に評価してほしい//正当な主張//正当防衛」対不当

せいとう 【政党】セイトー 政治について同じような考え, 理想を持つ人が集まってつくった団体. Ⓔa political party. 㳠정당.「政治家になりたくて政党に入った//政党政治//革新政党//保守政党」

せいとん 【整頓】セイトン〔~する〕ものごとがきちんとした状態になること. また, そうす

ること. [E] put in order; proper arrangement. [한] 정돈. 「部屋の中に散らかっていたものを整頓してさっぱりした//整頓が終わった図書館の本棚//整理整頓」

せいねん 【青年】セイネン 20歳前後の若い男女. [E] a young person; a youth. [한] 청년. 「村の青年が集まって祭りの準備をする//青年社長 //文学青年」

せいねんがっぴ 【生年月日】セイネンガッピ 生まれた年と月と日. [E] the date of one's birth. [한] 생년 월일. 「書類に氏名と生年月日を記入すること」

せいのう 【性能】セイノー 機械や器具などの働きの面からみた性質と能力. [E] performance; efficiency. [한] 성능. 「各社のワープロの性能を比べる//すぐれた性能の機械//性能テスト」

せいび 【整備】セイビ〔~する〕調子や状態をととのえて, 悪い部分や故障がないようにすること. [E] maintenance; service; repair. [한] 정비. 「整備の終わった飛行機に乗組員が乗りこんだ//自動車整備工場 //環境整備」

せいふ 【政府】セイフ 国の政治を行う最高の機関. 内閣とその下にある行政機関をいう. [E] the government. [한] 정부. 「国会で議員の質問に対して政府としての考えを述べる//A国の要求に対し政府は公式の見解を伝えた」

せいふく 【制服】セイフク 学校や会社, 役所などで, 規則で着るように決められた衣服. [E] a uniform. [한] 제복. 「この高校の生徒は, 個性が表現できないからと制服を着たがらない//スチュワーデスの制服にあこがれて入社した」 [対] 私服 [数] 1枚・1着

せいふく 【征服】セイフク〔~する〕①力の強いものが敵や相手に勝って自分の支配下に置くこと. [E] conquer. [한] 정복. 「ナポレオンは, 一時はヨーロッパのほとんどを征服した」 ②むずかしいことを最後までがんばってなしとげること. [E] conquer; overcome. [한] 정복. 「悪天候と闘って冬のヒマラヤを征服した」

せいぶつ 【生物】セイブツ, セイブツ 動物や植物など, 生命を持ち, 育ち, ふえていくもの. [E] a living thing; a creature. [한] 생물. 「砂漠でも多数の生物が生きている//海の中の生物を研究する//生物学([E] biology. [한] 생물학.)」 [対] 無生物

せいぶん 【成分】セイブン ものを組み立てている各部分の物質, 元素. [E] an ingredient; a component. [한] 성분. 「このかぜ薬には眠くなる成分がふくまれている//食品の成分を分析して調べる//主成分」

せいほうけい 【正方形】セイホーケイ, セイホーケイ 四角形の1つ. 4つの辺の長さが同じで, 4つの角が直角のもの. [E] a square. [한] 정방형, 정사각형. 「碁盤は正方形だ//紙を正方形に切る」 →四角 [図]

せいみつ 【精密】セイミツ 細かいところまで正確なようす. [E] in detail; precise. [한] 정밀. 「精密につくられた地図は安心できる//精密な時計をつくる//精密機械//精密検査」

せいめい 【生命】セイメイ ①生物が生きるための力のもとになるもの. 命. [E] life. [한] 생명. 「戦争で多くの生命がうばわれた//生命の危険を感じる//生命保険」 ②あるものごとのもとになる最もだいじなもの. [E] the life; the soul. [한] 생명. 「新聞の報道は正確さが生命だ//政治生命をかける」 ▷[書]①

せいめい 【声明】セイメイ〔~する〕個人や団体の意見, 意思を広く世間に発表すること. また, その内容. [E] a declaration; a statement. [한] 성명. 「平和大会で核兵器反対の声明を発表する//大統領は空港に着くとすぐ声明を読み上げた//共同声明」

せいめい 【姓名】セイメイ 人の名字と名

前．家の名前と個人の名前．[E]one's full name. [한]성명.「姓名を書くとき，日本では姓を先に名を後に書く//姓名判断([E]fortune-telling from the letters of a name. [한]성명 판단.)」

[参]「名字と名前」の意味では「氏名」と同じで，書類，用紙などの名前を書く欄の指示では「氏名」を使うことが多い．

せいもん 【正門】セイモン　建物などの正面にある正式な門．表門．[E]the main entrance; the front gate. [한]정문.「工場の正門を入った右側に案内板がある//学校の正門から入る」[対]裏門，通用門

せいやく 【制約】セイヤク〔~する〕制限や条件をつけて，自由にさせないこと．また，その制限や条件．[E]a restriction; a limitation. [한]제약.「公共の図書館を利用したいが，時間の制約があってできない//制約が厳しい//制約を受ける」

せいよう 【西洋】セイヨー　ヨーロッパやアメリカの国々．[E]the West. [한]서양.「西洋の料理には，肉やバターをたくさん使う//西洋医学//西洋音楽」[対]東洋

せいよう 【静養】セイヨー〔~する〕心や体をゆっくり休養させて病気を治したり，仕事や勉強を休んだりすること．[E]recuperation; rest. [한]정양.「病後の静養のために温泉へ行く//夏休み中は涼しい高原で静養したい」

せいり 【生理】セイリ　①生物が生きていくための体の働き．[E]physiology. [한]생리.「生理現象//生理学」②月経．[E]menstruation. [한]생리, 월경.「生理が不順で困る//生理休暇」

せいり 【整理】セイリ〔~する〕①散らかったものや混乱したものごとを正しい状態にすること．[E]put in order; arrange. [한]정리.「机の上を整理してから勉強を始めよう//問題点を全部出して整理してみる//整理だんす」②いらないものやむだなものを，捨てたり必要な人にあげたりすること．[E]dispose of; reduction. [한]정리, 처분.「引っ越す前に衣類や家具を整理する//人員整理」

せいりつ 【成立】セイリツ〔~する〕ものごとがある形にできあがること．また，話し合いや相談がまとまること．[E]be approved; be concluded. [한]성립.「来年度の予算案が国会で成立する//大型の輸出契約が成立する」[対]不成立

せいりょく 【勢力】セイリョク　他のものをおさえつける勢いや力．[E]force; power. [한]세력.「台風の勢力は弱まってきた//反対派の勢力をおさえて政権を取った」

せいれき 【西暦】セイレキ　キリストが誕生したといわれる年を紀元1年とする西洋式の年数の数え方．[E]the Christian Era; Anno Domini (A.D.). [한]서기, 서력.「西暦2001年から21世紀になる//日本には西暦と元号の年数の数え方がある」

セーター (sweater) セーター　毛糸などで編んだ上着．[E]a sweater. [한]스웨터.「古いセーターを編み直して着る//カシミヤのセーターはとても暖かい」[数]1枚　→衣類[図]

セーフ (safe) セーフ　野球で，打った人や走った人がうまく生きたり，塁を進めたりできること．また，一般的に，なにかに間に合うこと．[E]safe; be in time for. [한]세이프; 시간에 대어 감.「いい球が返ってきたが，足が速かったのでセーフになった//遅刻しそうだったが，走ったらセーフだった」[対]アウト

せお・う 【背負う】セオウ〔他動五〕(せおって) ①人やものを背中にのせる．[E]carry on one's back. [한]업다; 짊어지다.「兄は足をけがした母を背負って病院へ行った//リュックサックを背負って山を登る」②苦しい仕事や条件などを引き受けて責任を持つ．[E]

bear; shoulder (a heavy burden). 한(책임 등을) 지다, 떠맡다.「A国会議員は国を背負う気持ちで働くと言う//一家を背負う」参話しことばでは,「ランドセルをしょった１年生」のように,「背負う」を短くして,「しょう」ともいう.

せかい【世界】セカイ,セカイ ①地球全体.その上にあるすべての国々. Ｅthe world; the earth. 한세계.「いつ世界は平和になるのだろうか//世界地図」
②ある限られた範囲の中の社会. Ｅa world; a realm. 한(어떤 특정한) 세계.「旅をして世界をひろげる//勝負の世界は厳しい」

せかいてき【世界的】セカイテキ 規模が世界全体にわたっているようす.また,世界じゅうに知られているようす. Ｅworldwide; international. 한세계적.「世界的に日本語ブームとなり,学習者の数が増えた//マリー・キュリーは世界的な科学者だ」

せか・す セカス〔他動五〕(せかして) 急いでするように言う.せかせる. Ｅhurry; press. 한재촉하다, 독촉하다.「のんびりテレビを見ている妹をせかして,学校へ行く準備をさせる//仕事をせかす」自動せく

せかせか セカセカ〔~する〕急いでいて落ちつかないようす.「夫がせかせか(と)動きまわるので,ゆっくりコーヒーを飲む気分になれない(ＥWith my husband moving about restlessly, I can't enjoy a quiet cup of coffee. 한남편이 부산하게 돌아다녀서, 느긋하게 커피를 마실 기분이 안든다.)//せかせか(と)歩く」対のんびり

せが・む セガム〔他動五〕(せがんで) 甘える気持ちで無理に頼む. Ｅpester; press. 한조르다.「三郎は船員の叔父さんに船に乗せてくれとせがんだ//父に車を買ってほしいとせがむ」→ねだる

せき【席】セキ ①すわる場所. Ｅa seat. 한자리, 좌석.「バスの中で老人に席をゆずる//指定席//自由席」②人が集まってなにかをする場所. Ｅa place; an occasion. 한(모임의) 자리; 석상.「会議の席で意見を述べる」

せき セキ のどがなにかの刺激を受けたときに,音と一緒に急に出る,激しく短い息. Ｅa cough. 한기침.「煙を吸ってせきが出た//かぜをひいて,ゆうべはせきが止まらなかった」

せきじゅうじ【赤十字】セキジュージ ①「赤十字社」を略した言い方.戦争や災難で病気やけがをした人を助ける組織. Ｅthe Red Cross (Society). 한적십자사.「赤十字の採血車//赤十字募金」②白い地の中にある赤の十字形などのしるし.「①」や医療のチームのマーク. Ｅa red cross on a white background. 한적십자.「戦争中でも赤十字の旗をつけた船は攻撃を受けない」

せきた・てる セキタテル,セキタテル〔他動一〕急いでするように繰り返して言う. Ｅhurry; urge. 한재촉하다, 독촉하다, 다그치다.「駅員が,列車が出るから早く乗るように乗客をせきたてる//返事をせきたてられる」

せきたん【石炭】セキタン 地中からとる黒くてかたい石のような燃料.大むかしの植物が深い土の中で,熱と圧力のために変化してできたもの. Ｅcoal. 한석탄.「むかしの汽車は石炭をたいて走った//石炭を掘る//石炭ストーブ」

せきどう【赤道】セキドー 地球上の,北極点と南極点から同じ距離の点を結んだ線.地図上では緯度０度の線. Ｅthe equator. 한적도.「赤道を通過して南半球の国へ行く//赤道上にある地域は１年じゅう暑い」

せきとり【関取】セキトリ 職業としてすもうを取る人で,十両以上の人. Ｅa ranking *sumo* wrestler. 한(일본 씨름에서) 十両 이상의 씨름꾼.「早く関取になりたいと, けいこに励む若い力士」

せきにん【責任】セキニン 仕事や役目としてしなければならないこと. Eresponsibility. 한책임.「会社が赤字になった責任を取って社長が辞任した//責任を果たす/責任の重い仕事//連帯責任(Ejoint responsibility. 한연대 책임.)」

せきゆ【石油】セキユ 地中からとる黒くてどろどろの液体. また, それを精製したもの. 燃料や化学製品の原料となる. Epetroleum; oil. 한석유.「石油は大むかしの動物や植物が地中で変化してできたものだ//石油コンビナート」

せ・く セク〔自動五〕(せいて) 早くしようと思ってあせる. Ebe in a hurry; be impatient. 한조급하다, 서두르다.「遅刻しないようにと 気はせくのだが, かばんが重くて走れない//心がせく」他動せかす

せいては事を仕損じ[ず]る 急いで行うと不注意から失敗することが多い. EHaste makes waste. 한서두르면 일을 그르친다.

セクハラ セクハラ〔←セクシュアルハラスメント(sexual harassment)〕性的いやがらせ. おもに男性が職場などで, 男性であることを武器にして女性を困らせ, いじめること. Esexual harassment. 한성희롱, 성적 괴롭힘.「上司をセクハラで裁判所に訴える」

せけん【世間】セケン 人が生活している社会. Ethe world; the public. 한세간, 세상.「世間の目がうるさい//世間知らず//世間並み//世間体(Eappearances; reputation. 한세상 사람들에 대한 체면.)」
参「世の中」も似ているが,「世間」は「世の中」より狭い範囲をいい,「世間の目」「世間の口」などの「世間」は, おもにその人の周囲の人間関係を主とした社会をさす.

セし【セ氏】セシ 1気圧のときに水が凍る温度を0度, 沸騰する温度を100度とし, その間を100に分けた温度のはかり方. 記号は「℃」. 摂氏. ECelsius; centigrade. 한섭씨.「人間の体温はセ氏36度ぐらいだ」対カ氏

せしゅう【世襲】セシュー〔~する〕その家の持っている地位, 職業, 財産などを, 親から子へと代々受けついでいくこと. Ehereditary. 한세습.「歌舞伎など日本の伝統芸能の世界では世襲の役者が多い//世襲制度」

せすじがさむくなる【背筋が寒くなる】恐ろしくぞっとする. Esend a cold shiver down one's spine. 한등골이 오싹해지다.「つごうで乗ることができなかった飛行機が墜落したと聞いて, 背筋が寒くなった」

せせこまし・い セセコマシイ, セセコマシイ ①狭くて, 窮屈だ. Econfined; small. 한비좁고 답답하다.「せせこましい都会を離れて, 広いいなかへ行きたい」②細かいことを気にして, 気持ちにゆとりがない. Efussy; narrow-minded. 한좀스럽다, 옹졸하다.「100円や200円のことにこだわるのは, せせこましくていやだ」

せせらわら・う【せせら笑う】セセラワラウ, セセラワラウ〔他動五〕(せせらわらって)人をちょっと見下すように, 鼻先でふふんと笑う. Esneer at. 한코웃음치다, 비웃다.「兄は『こんなむずかしい漢字は, おまえなどに読めるはずがない』とせせら笑って言う」名せせら笑い

せたい【世帯】セタイ, セタイ 生活や住居をともにする集団. Ea household; a family. 한세대, 가구.「1世帯あたりの平均の人数が4人以下になった//世帯主の名を書く//世帯数」→所帯

せだい【世代】セダイ, セダイ 同じような

歴史体験を持つ同じ年ごろの人々. Ea generation. 한세대.「この本は若い世代によく読まれている//戦争を知らない世代が増えてきた//同世代の人々/世代交代」

せちがら・い セチガライ 性格が計算高く, 抜け目ない. また, 世の中の人情が感じられなくて暮らしにくい. Estingy; hard to live. 한각박하다；야박해서 살아가기가 힘들다.「おもちゃを貸して金を取るとは, 子供の世界もせちがらい」

せつ 【説】セツ, ゼツ ①あることについての論理的な説明, 考え方, 意見. Ea theory; an opinion. 한설, 의견.「経済の専門家の説によれば, いまの景気はあまり続かないということだが, わたしの説はまた違う」②(他のことばの後について)学説.「性善説(Ethe view that human nature is fundamentally good. 한성선설.)/性悪説/地動説(Ethe Copernican theory. 한지동설.)//天動説」

せっかく セッカク 時間や労力, 金などをかけたことが, むだにならないようにしたいと思うようす. Eall the way. 한모처럼.「せっかく訪ねていったのに会えなくて残念だった//せっかく京都に来たのだから, 金閣寺を見て帰ろう」

せっかち セッカチ 先を急いで落ちつかないようす. また, そういう性格の人. Eimpatient; hasty. 한성급함.「母はせっかちで, 出発の30分も前から玄関に出て待っている」話

せっきょう 【説教】セッキョー, セッキョー〔〜する〕①神や仏など, 宗教上の教えを話して聞かせること. また, その話. Ea sermon. 한설교.「お寺の坊さんのありがたい説教を聞く//あの牧師さんの説教はわかりやすい」②注意したり, しかったりすること. また, その内容. Ea scolding; a lecture. 한설교, 잔소리.「授業中に漫画を読んでいて先生に説教された//またおやじの説教が始まった」

せっきょくてき 【積極的】セッキョクテキ 自分から進んで行動するようす. Epositively; active. 한적극적.「積極的に日本語を使う学生は, 日本語の進歩が速い//積極的な性格の人は友達が多い」対消極的

せっきん 【接近】セッキン〔〜する〕すぐ近くに寄ること. Eapproach; be almost equal. 한접근.「台風が九州に接近しているそうだ//両チームの力は接近しているので, どちらが勝つかわからない」

せっく 【節句】セック, セック むかしから行われていた, 季節の変わり目などにする祝いの日. 1年に5日あって, 5節句といわれたが, いまではふつう3月3日と5月5日の節句をいう. それぞれ季節のものを食べて祝う. Eseasonal festival. 한계절적인 명절.「桃の節句はひな祭りともいう//端午の節句にはこいのぼりを立てる//初節句」
参 5節句とは, 1月7日(七草), 3月3日(桃の節句), 5月5日(端午の節句), 7月7日(たなばた), 9月9日(菊の節句)の5つ.

セックス (sex) セックス ①男性と女性の体のうえでの違い. Ethe sexes. 한성, 성별.「セックスアピール//セックスチェック」②〔〜する〕男女が性的な交わりをすること. Esex. 한섹스, 성교.「セックスを楽しむ//セックスによって伝染する病気もある」

せっけい 【設計】セッケイ〔〜する〕①建物や機械などをつくるとき, 初めにそのできあがりの形や構造, 材料などについての計画を立て, それを図面などで示すこと. Ea design; a plan. 한설계.「この家は友人の設計によるものだ//設計図」②自分の生き方などについての計画を立てること. Ea plan. 한설계.

「人生設計//生活設計」

せっけん セッケン 体や衣服などについたよごれやあかを除くために使う，水にとけやすいもの．Ｅsoap．韓비누．「せっけんを泡立てる//洗濯せっけん//粉せっけん」

ぜっこう【絶交】ゼッコー〔～する〕人と仲が悪くなって，いままでのつきあいをやめてしまうこと．Ｅhave nothing more to do with; break up with．韓절교．「ぼくとの約束を破って，ほかの人とドライブに行った京子とはもう絶交だ//一郎とは絶交したから口もきかない」

ぜっこう【絶好】ゼッコー あることをするのに非常につごうがいいこと．Ｅideal; perfect; the best．韓절호．「よく晴れて運動会には絶好の日だ//絶好のチャンス」

せっしょく【接触】セッショク〔～する〕①２つのものがたがいにふれること．Ｅtouch．韓접촉．「２台の自動車が接触して事故を起こした」②人，団体，国などとつきあうこと．Ｅcome into contact．韓접촉．「知人を通してライバル会社との接触を試みる//世界各国の同じ専門の学者と接触をもつ」

せっ・する【接する】セッスル，セッスル〔自他動する〕①ものがほかのものとほとんど間をおかずにつながる．また，となり合う．Ｅborder on; be next to．韓접하다，인접하다．「この町はとなりのＡ国に接していて，Ａ国の人々との交流が盛んだ//湖に接して立つホテル」
②ものごとに出あう．Ｅreceive; come in contact with．韓접하다．「悪い知らせに接する//わたしは高校時代にはじめてゴッホの絵に接した」
③人と交わる．応対する．Ｅattend to．韓응접하다，응대하다．「客に接する態度が悪いと店長にしかられた」
④数学で，直線，曲線，平面，曲面などが，ほかの曲線や曲面と１つの点だけで出あう．Ｅtouch．韓(한 점에서) 만나다．「円と直線が接する点」
⑤ものとほかのものとを，ふれ合うぐらいに近づける．また，くっつける．Ｅclose; side by side．韓맞대다；잇대다．「ひたいを接して話し合う（＝人に聞かれては困るような話をする）//軒を接して並ぶ家々」
≡注①～④は自動詞，⑤は他動詞．

せっせと セッセト 休まず，一生懸命にするよう．Ｅdiligently; hard．韓부지런히，열심히．「妹の誕生日に間に合わせようと，せっせとセーターを編んでいる」

せつぞく【接続】セツゾク〔～する〕ものとものがつながること．また，つなぐこと．Ｅconnect; connection．韓접속．「ストーブをガス管に接続する//電車とバスの接続が悪くて遅刻してしまった」

せつぞくし【接続詞】セツゾクシ，セツゾクシ 文法上の単語の分け方の１つ．単独で使われ，活用がない．前の文，語句，語を，後ろの文，語句，語につないで両方の関係を示すことば．Ｅa conjunction．韓접속사．「『だから』『しかし』『そして』『また』などの接続詞を上手に使って文章を書く」

せったい【接待】セッタイ〔～する〕食事やお茶などで客にサービスをしたり世話をしたりすること．Ｅentertain; receive．韓접대．「会社の接待で歌舞伎に招待する//接待を受ける//接待ゴルフ//接待係」

ぜったい【絶対】ゼッタイ ①ほかに比べるものがない，ただ１つのものであること．Ｅabsolute．韓절대．「この命令は絶対だから，反対はできない//絶対安静//絶対評価」対相対 ②どんなことがあっても，必ず．Ｅby all means．韓반드시，단언코，무슨일이 있어도．「あすの試合は絶対勝つぞ」③（「絶対（に）～ない」の形で）決して～ない．Ｅ never. 〔韓〕결코 ~않다.「父は絶対に大きな声を出さない」

ぜったいぜつめい 【絶体絶命】ゼッタイゼツメイ あぶないことや非常にむずかしい問題に直面して、そこから逃げる方法がないこと. 〔E〕a desperate situation; the last extremity. 〔韓〕절체절명, 벗어날 길이 없는 막다른 처지.「前には敵, 後ろは川の絶体絶命の窮地に追いこまれた」

せっち 【設置】セッチ, セッチ〔~する〕①機械, 設備などを備えつけること. 〔E〕install; furnish. 〔韓〕설치.「各研究室に冷房装置を設置する//消火器の設置を義務づける」②施設, 組織, 機関などを新しくつくること. 〔E〕establish; found; set up. 〔韓〕설치.「区内に図書館を設置する//事故の調査委員会を設置する」

せってい 【設定】セッテイ〔~する〕新しくものごとを決めること. 〔E〕establish; set up. 〔韓〕설정.「目標を設定して, それに向かって努力する//買い物の場面を設定して会話の練習をする」

せっとく 【説得】セットク〔~する〕よくわかるように話して, 相手にその考えを納得させること. 〔E〕persuasion; persuade. 〔韓〕설득.「教師の説得で, 生徒たちは雨の中の登山をあきらめた//両親を説得して留学を許してもらった」

せつな・い セツナイ 悲しかったり恋しかったりしてつらい. 〔E〕sorrowful; painful. 〔韓〕애달프다, 안타깝다.「留学のため国を出るとき, 妻や子との別れがせつなかった//長い間入院している幼い息子のことを思うとせつない」

せつに 【切に】セツニ 心の底から強く願うようす. 〔E〕earnestly; sincerely. 〔韓〕간절히, 진심으로.「投票日には, 私に1票入れてくださいますよう, せつにお願いいたします//交流の促進をせつに希望する」

せっぱく 【切迫】セッパク〔~する〕①時刻や期限などがすぐそばまで来ていること. 〔E〕draw near; press. 〔韓〕임박.「金を返す日が切迫しているのに, まだ用意できない」②ものごとが緊張した状態になること. 〔E〕become tense. 〔韓〕절박, 긴박.「対立が激しくなって, いまにも戦争が起こりそうな切迫した事態になっている」

せつび 【設備】セツビ〔~する〕ある目的にしたがって, 必要な建物, 機械, 道具などを備えつけること. また, 備えつけたもの. 〔E〕accommodation; facilities; equipment. 〔韓〕설비.「この町には負傷者を全員収容する設備はない//設備投資/宿泊設備」

せっぷく 【切腹】セップク〔~する〕自分で自分の腹を刀などで切って死ぬこと. 〔E〕*harakiri*; self-disembowelment. 〔韓〕할복 자살.「殿に切腹を命じられた//切腹しておわびする」
〔参〕鎌倉時代以降, 武士の間で, 責任をとるなどのために行われた.

ぜつぼう 【絶望】ゼツボー〔~する〕希望がまったくなくなること. 〔E〕despair; give up hope. 〔韓〕절망.「絶対に治らない病気だと聞いて絶望した//人生に絶望する」

ぜつみょう 【絶妙】ゼツミョー 非常にすぐれ, 上手なようす. 〔E〕marvelous; exquisite. 〔韓〕절묘.「体操競技で絶妙な演技が続く//手品師は絶妙な腕を見せた」

せつめい 【説明】セツメイ〔~する〕意味や内容が相手によくわかるように順序よく述べること. 〔E〕(an) explanation. 〔韓〕설명.「機械の使い方を説明する//もっとくわしい説明がほしい/取り扱い説明書」

せつやく 【節約】セツヤク〔~する〕金や時間やものなどをむだに使わないようにすること. 〔E〕cut down; economize. 〔韓〕절약.「経

費を節約して会社の赤字を減らす//電気や水の節約に心がける」対浪費 →倹約

せつりつ 【設立】セツリツ〔～する〕新しく会社や団体などの組織、機関をつくること. Eestablish; organization. 韓설립.「この会社は祖父が50年前に設立したものだ//組合の設立に賛成して準備委員になる」

せともの 【瀬戸物】セトモノ 土を焼いてつくった茶碗や皿など. Echina; porcelain. 韓도자기.「瀬戸物の皿を落として割ってしまった//瀬戸物の人形」
参 もとは、愛知県の瀬戸地方でつくられた焼き物の意味であったが、現在では土を焼いてつくった容器の全般をさす.

せなか 【背中】セナカ ①胸や腹と反対側で肩から腰までの部分. 背. Ethe back (of a body). 韓등.「背中に赤ん坊をおぶって働く//猫が背中をまるくして寝ている」②後ろ. 後ろ側. Ethe back. 韓뒤, 뒤쪽, 배후.「床の間を背中にしてすわる//本の背中」▷→体図

せば・める 【狭める】セバメル〔他動一〕範囲や間を狭くする. Eshorten; narrow. 韓좁히다.「2位のランナーは1位のランナーとの距離をどんどんせばめてきた//試験の範囲をせばめる」対広げる, 広める 自狭まる

ぜひ 【是非】ゼヒ ①いいことと悪いこと. 正しいか正しくないか. Eright or wrong. 韓시비, 옳고 그름.「あの子はまだ幼くて, 自分のしていることの是非がわからない」②(副詞的に)強く願うようす. どうしても. Ereally. 韓부디, 아무쪼록, 꼭.「冬の北海道にぜひ行ってみたい」
注 ②はひらがなで書く.

ぜひとも ゼヒトモ, ゼヒトモ 非常に強く願うようす. どんなことがあっても. Eby all means; at any cost. 韓꼭, 무슨 일이 있어도, 반드시.「真犯人をぜひとも捕まえたい」

せびろ 【背広】セビロ 男性が勤めに行くときなどに一般的に着る洋服. 同じ生地の上着とズボンで, 正式にはベストがつく. ふつう, 下にワイシャツを着て, ネクタイをしめる. Ea business suit. 韓신사복.「新入社員が慣れない背広で出社した//定年退職して背広とネクタイから解放された」数1枚・1着
参 最近は「スーツ」のほうをよく使う.

せま・い 【狭い】セマイ ①面積や幅にゆとりがない. Esmall; narrow. 韓좁다.「部屋が狭いので, ベッドが置けない//この道は狭いから, タクシーも通れない」対広い
②範囲が小さい. Esmall; limited. 韓좁다.「わたしは交際が狭くて, 友人が少ない//知識が狭い」対広い
③考え方や気持ちにゆとりがない. Enarrow-minded; short-sighted. 韓좁다.「心が狭い人は, 自分のことしか考えられない」対広い

せま・る 【迫る】セマル〔自他動五〕(せまって) ①時期や時刻が近づく. E(time) approach; draw near. 韓다가오다, 닥치다.「約束の日がせまっているのに, 製品はまだ仕上がっていない//結婚式が3日後にせまる」②なにかに近づく. また, なにかが近づく. 特に悪い状態が近づいてくる. E(distance) approach; close in on. 韓다가가다, 닥쳐오다 ; 직면하다.「事件の核心にせまる//危険が目の前にせまっている//飢えが身にせまる」③強い態度で催促したり, なにかを求めたりする. Ecompel; press. 韓강요하다, 다그치다 ; 재촉하다.「返事をあいまいにしている担当者に, はっきりした回答をせまる//A国はB国に条約を結ぶようせまった//辞職をせまられる」
注 ①②は自動詞, ③は他動詞.

セミナー (seminar) セミナー ①大学で,少人数の学生が専門的なテーマで研究をする形式の授業.また,そのグループ.Ea seminar. 한세미나.「大学では歴史学のセミナーに属している//セミナーの指導教授//セミナーハウス」②一般の社会で①の形をとる研究会.Ea research meeting. 한세미나.「夏休みには市の開く考古学のセミナーに参加して勉強した」

参 ドイツ語で「ゼミナール(Seminar)」といい,これを略した「ゼミ」もよく使われる.

せめて セメテ ①満足ではないが,少なくともこれだけはそうなってほしいと願うようす.Eat least. 한적어도, 하다못해.「会えないのなら,せめて声だけでも聞きたい//せめて合格点だけは取りたい」②(「せめてもの」の形で)満足ではないが,これだけのことはできてよかったと思うようす.Eonly; sole. 한적으나마, 그나마.「家は焼けたが,たいせつなものは持ちだせたのがせめてもの救いだ」

せ・める【攻める】セメル〔他動一〕①進んで敵や相手を攻撃する.Eattack. 한공격하다, 치다.「相手の弱い所を見つけてせめる//敵の城をせめる//せめこむ」対守る,防ぐ ②目的を達するために自分から進んで働きかける.Euse (various ways) to achieve (one's goal). 한(비유적으로) 공략하다.「父と母をいろいろな手でせめて,海外旅行のお金を出してもらった」

せ・める【責める】セメル〔他動一〕①相手の過ちや失敗などを強く非難する.Ereproach; blame. 한책망하다, 비난하다.「寝床で吸ったタバコが原因で火事になった,と二郎はわたしを責めた//公約違反を責める」②いじめ苦しめる.Etorment; harass. 한고문하다, 괴롭히다.「なぐったり水をかけたり,いろいろな手段で責めて本当のことを言わせる//借金の取り立てに責められる」▷

名責め

せりふ セリフ,セリフ ①演劇などの中で俳優が言うことば.Eone's lines. 한대사.「せりふを全部覚えて舞台の練習に臨む//せりふまわし(Etheatrical elocution. 한대사의 표현 기법.)//名せりふ」②ものの言い方.また,ことば.Ewords. 한말, 언사.「『金を出せ』とは親に向かって言うせりふじゃない」

せる (五段動詞の「ない」形について) ①他の人になにかをするように言って,言われた人がそのとおりにすることを表す.「一郎は弟に仕事を手伝わせた(EIchiro made his younger brother help him with the work. 한이치로는 남동생에게 일을 돕게 했다.)//課長は部下を報告に行かせた」
②他の人にあることをしていいと言ったり,したいだけすることを許したりする.「疲れて帰ってきた子をゆっくり休ませる(EI let my son relax when he comes home tired. 한지쳐서 돌아온 아이를 푹 쉬게 한다.)//学校の食堂はコーヒーを飲みたいだけ飲ませる」
③ある状態をひきおこすことを表す.「娘の死は両親を悲しませました(EThe girl's death caused her parents great sadness. 한딸의 죽음은 부모를 슬프게 했다.)//学生たちの贈り物は先生を喜ばせた」
④(「~せていただきます」「~せてください」の形で)ある動作をすることを相手に許してもらうことを表す.「早く帰らせていただきます(EI'd like to be excused to go home early. 한집에 일찍 돌아가겠습니다.)//部屋に入らせてください」

参「する」動詞のばあいは「仕事をさせる」のように「さ」につく.また,一段動詞,「来る」は「ない」形に「させる」がつく.

セルフサービス（self-service）セルフサービス．商店や飲食店などで，店員のサービスを受けずに客が自分で物品を運び，代金を支払うやり方．Eself-service．햄셀프서비스．「セルフサービスの店では，自分で料理を運ばなくてはいけない//休み時間のお茶はセルフサービスでお願いします」

ゼロ（zero）ゼロ．①数字の0．正でも負でもない数．Ezero．햄(숫자의) 0, 영．「1億はゼロが8個並ぶ」②なにもないこと．Enothing．햄무．「ゼロから出発して社長になった」

せろん【世論】セロン，セロン．ある問題についての，非常におおぜいの人々の意見や考え．Epublic opinion．햄여론．「原子力発電所建設について世論は2つに分かれている//政府は世論を取り入れた新政策を打ちだした//世論調査」→世論

せわ【世話】セワ［〜する］人や生き物に気を配って面倒をみること．Ecare; help．햄보살핌, 도와줌, 시중．「病気の母の食事の世話をする//よけいな世話をやかないでくれ（EDon't meddle with other people's business．햄쓸데없는 참견은 말아 줘．)//世話役（Ea manager; an agent．햄(단체 등의) 매니저; 대리인．)」

せわし・い　セワシイ　①つぎからつぎへと，いろいろなことをしなくてはならず，ひまがない．忙しい．Ebusy．햄바쁘다, 다망하다．「いろいろな仕事があって，せわしい1日だった//年末はすることが多くてせわしい」②せかせかして，落ちつきがない．Erestless; jumpy．햄조급하다, 성급하다．「見る所が多くて，せわしい旅行だった//ちっともじっとしていないせわしい子供」▷語

≡参 強めて「せわしない」ともいう．

せん【千】セン．100の10倍の数．1000．Ea thousand．햄천．「500円の本を2冊買って1000円払った//千変万化（＝さまざまな変化）」

せん【線】セン．①糸のように細長く続いているもの．Ea line．햄선．「紙の上にまっすぐ線を引く//点と線」
────────　直線
②鉄道など，交通機関の通っている道筋．E(transportation) a line; a route．햄선, 노선．「つぎの駅で別の線に乗りかえる//国道1号線//地下鉄線//国際線」
～～～～　曲線
③ものごとを進めていく方針．Ea line; a policy．햄선, (정해진) 방침．「今度の企画はきのう話した線でいくことにした」
・・・・・・　点線
〔線①〕
④人について，外見やことばなどから受ける感じ．Ean external impression．햄(외관, 말씨 등에서 받는) 인상, 선．「今度出た新人俳優は，線が太くて頼もしい//線が細い（Edelicate．햄선이 가늘다．)」
▷数①②1本

-せん【-船】（他のことばについて）ふね．汽船．「大型船//貨物船//客船（Ea passenger boat; a liner．햄객선．)」

-せん【-戦】（他のことばについて）①戦争．「局地戦（Ea local war．햄국지전．)//長期戦（Ea prolonged war．햄장기전, 지구전．)」②試合．「将棋の名人戦//決勝戦（Ethe final match．햄결승전．)//5戦全勝」③競争．「情報戦（Ean intelligence war．햄정보전．)//販売戦」

ぜん【善】ゼン．正しいこと．いい行い．Egood; right．햄선．「弟はまだ子供で，善と悪の区別がつかない//善を行う」対悪

善は急げ　いいことだと思ったらすぐ実行しなさい．ENever hesitate to do good．햄좋은 일은 서둘러 하라．

ぜん-【前-】（他のことばについて）①順序

が1つ前であること.「前社長/前首相(Ｅ the ex-prime minister. 한전수상.)」対現-　②時間的にそうなる前であること.「前近代的(Ｅpre-modern. 한전근대적.)//前世紀」③2つに分けたもののうちの前のほうであること.「前半生(Ｅthe first half of one's life. 한전반생.)」対後-

せんい 【繊維】センイ　①動物や植物をつくっている細い糸のようなもの. Ｅa fiber. 한섬유.「繊維を多くふくむ野菜を食べると体にいい」②紙や織物などの原料になる非常に細い糸のようなもの. Ｅa fiber. 한섬유.「絹は繊維が細い//繊維製品/化学繊維(→項目)」

ぜんい 【善意】ゼンイ　いい心. ほかの人, ものがよくなるようにと思う心. Ｅgood intentions; good faith. 한선의.「災害地に善意の贈り物がたくさんとどいた//善意で注意したのにかえってうらまれてしまった//善意が実る/善意に解釈する」対悪意

ぜんかい 【全快】ゼンカイ〔〜する〕病気が完全によくなって, もとのように健康になること. Ｅcomplete recovery. 한전쾌, 완쾌.「全快まで半年かかる//1日も早いご全快を祈ります//全快祝い」→全治

ぜんかい 【前回】ゼンカイ, ゼンカイ　この前の時. 1つ前の時. Ｅlast time; last. 한전회, 전번.「前回は学生として日本へ来たが, 今回は仕事で来た//前回の試験は失敗したから今度はがんばろう」関連今回, 次回

ぜんき 【前記】ゼンキ〔〜する〕1つの文章の中で前に書いたこと. また, その部分. Ｅmentioned above; the said. 한전기, 전술.「前記のとおりご報告いたします//前記の住所にお送りください」対後記　書

ぜんき 【前期】ゼンキ　①ある期間をいくつかに分けたばあいの最初の期間. Ｅthe first semester; the first half year. 한전기.「前期の試験が終わって後期が始まるまで休みだ」②ある期間のすぐ前の期間. Ｅthe preceding term. 한전기.「前期から今期まで続けて係を引き受ける//前期決算報告」▷関連①中期, 後期, ②今期, 来期

せんきょ 【占拠】センキョ〔〜する〕許可をえないで, ある場所にいすわって, 他人を入れないこと. Ｅoccupy; capture. 한점거.「デモ隊に建物を占拠された//学生が図書館を占拠して学校側と交渉する」

せんきょ 【選挙】センキョ〔〜する〕何人かの人の中からその目的に合った人を選びだすこと. Ｅan election. 한선거.「ふつう, 4年に1度, 衆議院議員の選挙が行われる//選挙に立候補する//選挙運動/選挙演説/選挙権(Ｅthe right to vote. 한선거권.)」

せんぎょう 【専業】センギョー　職業として1つの仕事だけをすること. また, その仕事. Ｅa full-time 〜. 한전업.「最近, 専業の農家が減って兼業農家が多くなった//うちの母は勤めを持たない専業主婦だ」対兼業

せんぎり 【千切り】センギリ, センギリ　おもに野菜をできるだけ細く切ること. また, 切ったもの. Ｅcut 〜 into fine strips; shred. 한채침, 채친 것.「キャベツを千切りにして肉料理にそえる」

せんげつ 【先月】センゲツ　今月のすぐ前の月. Ｅlast month. 한지난달.「先月から今月にかけて3週間入院した」関連今月, 来月

参「前月」も似ているが,「前月」が「父は昨年の10月に死んだが, その前月までは元気で旅行をしたりしていた」のように, ある月からみてすぐ前の月をいうのに対して,「先月」はいまの月からみてすぐ前の月をいう.

せんげん 【宣言】センゲン, センゲン〔〜する〕考え, 意見などを広く他に向かって言う

せんご【戦後】センゴ、センゴ 戦争が終わったあと。特に、第2次世界大戦が終わった1945年からあと。Eafter the war; postwar, esp. the post-World War II period. 韓전후；제2차 세계 대전 종전 후.「戦後しばらくはみんな生活が苦しかった//戦後処理//戦後派（Ethe postwar generation. 韓전후파.）」関連 戦前、戦中

ぜんご【前後】ゼンゴ ①時間、場所などの前と後ろ、先と後。Ethe front and the rear; before and after; the consequences. 韓전후, 앞뒤.「前後に注意して車を運転する//前後の考えもなく家を飛びだした//前後左右を見まわす」
②〔〜する〕ものごとの順序が逆になること。Ebe reversed; get mixed up. 韓순서가 뒤바뀜.「説明が前後してわかりにくかった」
③〔〜する〕ものごとが短い時間の間に起こること。E(things happen) almost simultaneously. 韓전후.「2人は前後して事業を始めた//父と兄は前後して帰ってきた」
④〔数や量を表すことばの後について〕だいたい〜ぐらい。「70歳前後の男性に駅への道をきかれた（EI was asked the way to the station by a man of about seventy. 韓70세 전후의 남자가 역으로 가는 길을 물었다。）//その会社は1950年前後につくられた」
▷→内外

せんこう【専攻】センコー〔〜する〕学問の中のある部門を専門に研究すること。また、その部門。Eone's specialty; major in. 韓전공.「大学の専攻は経営学だった//ギリシャ文学を専攻する」

せんこく【宣告】センコク〔〜する〕重大なことを相手にはっきりと言うこと。Etell; sentence. 韓선고.「医師は家族に病人の死を宣告した//無罪の宣告をする」

ぜんこく【全国】ゼンコク その国じゅう。の国全体。Eall over the country; national. 韓전국.「そのニュースはただちに全国に伝わった//全国大会//全国放送」

せんさい【繊細】センサイ ①ほっそりして細かいようす。Edelicate; fine. 韓섬세.「繊細で美しいデザインのガラス製品」②感情が細やかで鋭いようす。Edelicate; sensitive. 韓섬세.「神経が繊細な人は、人ごみに出るとすぐ疲れる」

せんざい【洗剤】センザイ 衣類や食器などのよごれを洗い落とすときに使う粉や液体。Ea detergent; a cleanser. 韓세제.「洗剤を入れて洗濯機をまわす//洗剤で食器を洗う//中性洗剤」

せんざいいちぐう【千載一遇】センザイイチグー、センザイ・イチグー 1000年のうちで1回あるかないかというぐらいの、めったにない機会。Ethe chance of a lifetime. 韓천재일우.「ヒマラヤ旅行ができるなんて千載一遇のチャンスだから、ぜひ参加しよう」

せんさばんべつ【千差万別】センサバンベツ、センサ・バンベツ ものごとはたくさんあってもそれぞれ違いがあるということ。Ean infinite variety of; various kinds of. 韓천차만별.「みんなの意見は千差万別で、なかなかまとまらない//千差万別の生き方」

せんじつ【先日】センジツ きょうのすこし前の日。数日前。Ethe other day. 韓일전, 요전날.「先日はお見送りありがとう//先日、大阪へ出張した//先日からかぜをひいている」

参「前日」も似ているが、「前日」が「出発の前日、荷物を調べた」のように、ある日か

らみてすぐ前の日をいうのに対して,「先日」はきょうからみてすこし前の日をいう.

ぜんじつ 【前日】ゼンジツ ある日のすぐ前の日. Ｅthe previous day; the day before. 韓전날.「旅行の前日に熱が出て,出発を遅らせた//母が死ぬ前日に父は外国から帰ってきた」関連当日,翌日 →先日

せんじつ・める 【せんじ詰める】センジツメル,センジツメル〔他動一〕最後のところまで考えを進め,論じる. Ｅwhen boiled down; after all. 韓끝까지 따져 보다; 요약하다.「失敗したのは,せんじつめれば,計画の立て方が悪かったからだ」

ぜんしゃ 【前者】ゼンシャ 先に述べた2つのものごとのうち,前のほう. Ｅthe former. 韓전자.「国会には衆議院と参議院があり,前者には解散があるが,後者にはない」対後者

せんしゅ 【選手】センシュ スポーツなどの競技に出るために選ばれた人. 職業として競技をする人. Ｅa player; an athlete. 韓선수.「選手権試合(Ｅa title match. 韓선수권 시합.)//オリンピック選手//野球選手」

せんしゅう 【先週】センシュー 今週のすぐ前の週. Ｅlast week. 韓전주, 지난 주.「きょうは10日で月曜日,先週の月曜日は3日だった//先週に続いて今週も毎日暑い」関連今週,来週

せんしゅうがっこう 【専修学校】センシューガッコー 職業や生活に必要な実技,教養などを教える学校. Ｅa professional training school. 韓전수 학교.「専修学校で英会話とコンピューターを勉強する」数1校

ぜんしょ 【善処】ゼンショ〔～する〕ものごとをいちばんいい方法で処理すること. Ｅdeal properly with; do one's best. 韓선처.「その件は係の者と相談して善処します//前向きに善処します」
参役所や会社,また会議などで,すぐ実行する気持ちはないが,相手にそれをはっきり言わずにすむつごうのいいことばとしてよく使われる.

せんしょく 【染色】センショク〔～する〕色をつける材料を使って糸,布,紙などを染めること. また,染めた色. Ｅdyeing. 韓염색.「洋石の染色は色の扱いがすぐれている//染色工芸(Ｅdyeing technology. 韓염색 공예.)」

ぜんしん 【全身】ゼンシン 体全部. 体じゅう. Ｅthe whole body; all over. 韓전신.「安心すると同時に全身の力が抜けたようになった//雨に降られて全身びしょぬれだ//全身全霊(＝体も心もすべて)//全身麻酔」

ぜんしん 【前進】ゼンシン〔～する〕①いままでの場所よりも前のほうへ進むこと. Ｅadvance; move forward. 韓전진.「ブレーキをゆるめると車はゆっくり前進した」対後退 ②いままでの状態よりもよくなること. Ｅprogress. 韓전진.「交渉が1歩前進して解決に近づいた」対後退

ぜんしん 【漸進】ゼンシン〔～する〕すこしずつゆっくり先へ進むこと. Ｅmove forward step by step; progress gradually. 韓점진.「はっきりみえないが改革は漸進している//漸進主義」対急進 書

せんしんこく 【先進国】センシンコク 国土の開発が進み,近代産業が発達して,国民の生活水準が高い国. Ｅan advanced (a developed) country. 韓선진국.「経済が発展して先進国の仲間入りをした」対発展途上国 数1か国・1国

せんす 【扇子】センス 手に持って動かし風を起こす道具. 竹などの骨に紙や布などがはってあり,折りたためるようになっている. 儀式や舞などにも使う. 扇. Ｅa (folding)

fan. 한 쥘부채, 접선.「会場が暑くて、扇子であおぎながら講演を聞く//扇子をひろげる」 数 1面・1本 →うちわ図

せんせい【先生】センセイ 学問や技術、知識などを持っていて、それを人に教えたり指導したりする人. E a teacher; an instructor. 한 선생, 교사.「母は小学校の先生をしている//中学生時代は先生によくしかられた」
参 尊敬していう言い方で、職業としての「先生」のほかに、芸術家, 政治家, 医師, 学者, 弁護士などを呼ぶときにも使うことがある.

ぜんせい【全盛】ゼンセイ, ゼンセイ 勢いがいちばん盛んなときであること. E the height of prosperity. 한 전성.「江戸時代は町人文化が全盛をきわめた//全盛を誇った独裁政権がくずれ去った//全盛時代」

ぜんせん【前線】ゼンセン ①戦争で、敵と向かい合っているいちばん前の所. E the front (line). 한 전선.「戦争が終わって、前線から兵士がもどってきた//前線で戦う」 ②気象で、冷たい空気と温かい空気のかたまりがふれ合う所. E a front. 한 (기상의) 전선.「前線が通過すれば天気がよくなるだろう//温暖前線//寒冷前線」

ぜんぜん【全然】ゼンゼン ①(「全然~ない」の形で)まったく~ない. まるで~ない. E not at all; absolutely not. 한 전연, 전혀.「このドラマは全然おもしろくない//この2カ月間, 雨が全然降らない」 ②完全に. まったく. E totally; completely. 한 전혀, 전적으로, 완전히.「想像していたのとは全然違っていたので驚いた//お酒は全然だめなんです」
参 ②はふつう、否定的な内容のばあいに使うが、最近では「非常に」の意味で、会話などで「全然いいね」「全然すてきだ」のように使われることがある.

せんせんきょうきょう【戦戦恐恐】センセンキョーキョー, センセン・キョーキョー (「戦々恐々と」の形で) こわがってびくびくするようす. E in fear and trembling. 한 전전긍긍.「火山がいつ爆発するかと, ふもとの住民たちは戦々恐々と過ごしている」

せんぞ【先祖】センゾ その家の血のつながりのいちばん初めの人. また, その人から, いま生きている人の前の代までの人. E an ancestor; a forefather. 한 선조, 조상.「お盆には先祖の墓まいりをする//わが家の先祖には有名な学者がいた//先祖代々」 対 子孫

せんそう【戦争】センソー ①[~する]国と国とが武力によって戦うこと. E a war. 한 전쟁.「戦争ではたくさんの人が死ぬ//戦争が終わってやっと平和になった//戦争責任」 対 平和 ②激しい競争や悪い状態. E warlike competition or conditions. 한 전쟁.「交通戦争//受験戦争」

せんぞく【専属】センゾク [~する]ある1つの会社, 団体とだけ約束して仕事をすること. また, している人. E attached to; under exclusive contract with. 한 전속.「洋子はA社の専属の俳優だから, B社の仕事はできない//専属契約を結ぶ//専属歌手」

ぜんそく【喘息】ゼンソク 急に激しいせきが出て, 息が苦しくなる病気. E asthma. 한 천식.「夜中に喘息の発作が起きて眠れなかった//気管支喘息//小児喘息」

センター(center)センター ①中心になって活動する場所, 建物など. E a center. 한 센터.「市民センターでダンスの講習会がある//交通情報センター」 ②ボールを使う競技で, 中央部を守る人. また, その場所. E a center fielder; a center. 한 센터, 중견수.「打球がピッチャーの頭上を越えてセンターへ飛んだ//センターライン」

ぜんたい【全体】ゼンタイ, ゼンタイ ①ものごとの全部. Ethe whole; all over. 한전체.「クラス全体の意見がまとまる//地震の被害は市の全体におよんだ」対部分 ②(副詞的に)(1)初めからそうであるよう. もともと. Efrom the beginning. 한애당초, 원래.「80歳でマラソンをするなんて, 全体, 無理だとわかっていた」(2)強い疑問の気持ちを表す. E(why, what) on earth. 한도대체.「いったい全体なにが起こったんですか」

せんたく【洗濯】センタク〔～する〕よごれた衣類などを, 水や洗剤などを使って洗ってきれいにすること. Ewash; laundry. 한세탁.「洗濯したらこんなに縮んでしまった//洗濯ばさみ//洗濯機」

せんたく【選択】センタク〔～する〕いくつかのものの中から目的に合うものを選ぶこと. Echoose; select. 한선택.「自分の進む道は自分で選択したい//聞きたい講義が多く, 選択に迷ってしまう//取捨選択(→項目)」

せんたん【先端】センタン いちばん先. Ethe forefront; the point. 한선단, 첨단.「時代の先端を行く//電柱の先端に鳥がとまっている//先端技術を取り入れた設備」

ぜんち【全治】ゼンチ〔～する〕けがが完全によくなること. Eheal completely. 한전치, 완치.「駅の階段で転んで全治1ヵ月の大けがをした//けがが全治するまで練習を休む」
参「全快」も似ているが, ふつう, 「全快」は病気が治ったときにいうのに対して, 「全治」はけがが治ったときにいう.

センチメートル ⑦(centimètre) センチメートル 長さの単位. 1センチメートルは1メートルの100分の1. センチ. 記号は「cm」. Ea centimeter. 한센티미터.「わたしの身長は160センチメートルです」

せんちゃ【煎茶】センチャ 緑茶の葉に湯を入れて飲む飲み物. また, その茶の葉. Egreen tea. 한전차, 달인 차.「色, かおり, 味のいい煎茶は和菓子によく合う//濃く入れた煎茶を飲む」数 1杯・1缶

せんでん【宣伝】センデン〔～する〕団体や個人の考え, 商品の名前や特徴などを, 多くの人に知らせること. Eadvertisement; publicity; propaganda. 한선전.「新車の宣伝をする//宣伝ポスター//宣伝効果(E the effectiveness of advertising. 한선전 효과.)」
参「広告」も似ているが, 「宣伝」は商品だけでなく, 主義, 思想など, 考え方のいい面を積極的にわかってもらおうとすることもふくむ.

せんてんてき【先天的】センテンテキ 生まれたときから身についているよう. Eby nature; inborn. 한선천적.「わたしは先天的に酒が飲めない体質だ//道子の歌のうまさは先天的なものだ」対後天的

ぜんと【前途】ゼント ①これから進んでいく道. また, その目的地. Ethe journey before one. 한전도.「目的地までやっと半分来た. 前途はまだ遠い//下車前途無効(E No stopover on this ticket. 한도중)하차 전도 무효.)」②これから先の運命. 将来のよう. Ea future; prospects. 한전도; 장래.「前途洋々とした人生//前途多難(Ehave many difficulties ahead of one. 한전도 다난.)」

せんとう【先頭】セントー ひと続きになって動いているものの中でいちばん先にいるもの. Ethe head; the lead. 한선두.「マラソンで先頭を切って走る//課長が先頭に立って仕事をするので, みなも熱心に働く」対後尾

せんとう【銭湯】セントー 料金を取って利用させるふろ屋. Ea public bath. 한공중

목욕탕.「銭湯は広くてゆったりできるからいい//1日おきに銭湯に行く」[数]1軒

せんどう【船頭】センドー 船をこぐことを職業としている人. また, その人たちを指揮する人. [E]a boatman; a ferryman. [한]뱃사공.「年とった船頭さんが船をこいでいる」

船頭多くして船山に登る なにかをするときに指導したい人が多すぎるとうまくいかず, 目的の方向へ進まないということ. [E]Too many cooks spoil the broth. [한]사공이 많으면 배가 산으로 간다.

せんにゅうかん【先入観】センニューカン あることについて, 実際に見聞きする前にこうだと思ってしまう考え. [E]a preconception; a prejudice. [한]선입관.「先入観にとらわれると本当の姿はみえなくなる」

せんねん【専念】センネン〔～する〕ある1つのことだけに心身を集中すること. [E]devote oneself to. [한]전념.「京子は研究に専念していて, 家のことは夫にまかせきりだ//子供が生まれてしばらくの間, 育児に専念した」

せんぱい【先輩】センパイ 同じ学校や職場, また一般社会で, 年齢, 地位, 経験などが自分より上の人. [E]one's senior. [한]선배.「2年早く入社した先輩に仕事を教えてもらう//大学の先輩に就職を頼む」[対]後輩

せんばつ【選抜】センバツ〔～する〕多くのものの中からすぐれたものを選びだすこと. [E]select; pick out. [한]선발.「部員の中から, 足の速い者を選抜してチームをつくる//選抜にもれて残念だ//選抜試験」

ぜんぱん【全般】ゼンパン あることがらの全体. [E]on the whole; generally. [한]전반.「今年の夏は全般に雨が少ない//全般にわたって調査する//全般的」

ぜんぶ【全部】ゼンブ あるものごとのすべて. [E]all; whole; total. [한]전부.「100万円全部を使ってしまい, いまは1円もない//出された料理を全部食べた//数えたら全部で50本あった」[対]一部, 一部分

せんぷう【旋風】センプー, センプー ①突然, 激しく渦を巻きながら吹く強い風. [E]a cyclone; a whirlwind. [한]선풍.「旋風が空へ舞い上がっていくように見えた」②ものごとが突然起きて, 人々を驚かすこと. [E](create) a sensation. [한]선풍.「京子の発表した報告は学界に旋風を巻き起こした」

せんぷうき【扇風機】センプーキ プロペラのような羽根をモーターで回して風を送る器具. [E]an electric fan. [한]선풍기.「部屋の中が暑いので扇風機をつけた//ふろから出て扇風機に当たる」〔扇風機〕[数]1台

せんべい センベイ 米や小麦の粉に水を加え, 薄くのばしてかたく焼いた菓子. [E]a Japanese (rice) cracker. [한]얇고 바삭바삭한 일본 과자, 센베이.「祖母は歯が悪いのでせんべいが食べられない//塩せんべい」[数]1枚 →菓子[図]

せんべつ【餞別】センベツ 引っ越していく人や長い旅行に出かける人に, 金や品物を贈ること. また, その金や品物. [E]a farewell gift. [한]전별(금품).「国へ帰る友達のせんべつに, 日本の着物をあげた//旅行に出るとき, 祖母が5000円のせんべつをくれた」

せんぺんばんか【千変万化】センペンバンカ〔～する〕ものごとが, つぎつぎといろいろに変わること. [E]everchanging. [한]천변 만화.「千変万化する国際情勢//千変万化の風景」[書]

せんぽう【先方】センポー ①自分が向かっている方向. また, 向かう先. [E]there; one's destination. [한]저쪽, 앞쪽, 전방.「先方に見える建物が銀行だ//先方に着

せんめい【鮮明】センメイ 色, 形などがあざやかではっきりしているようす. ⒺClear; distinct; vivid. 韓선명.「新しいテレビは画面が鮮明で細かい部分もよく見える//鮮明な印象/鮮明な記憶」対不鮮明

せんめんじょ【洗面所】センメンジョ, センメンジョ 顔や手を洗い, きれいにととのえる所. また, 便所. Ⓔa washroom; a lavatory. 韓세면실, 화장실.「洗面所で歯をみがく//洗面所でこっそりタバコを吸う」

せんもん【専門】センモン ある１つの部門だけを研究したり仕事にしたりすること. また, その学問や仕事. Ⓔa specialty; a major. 韓전문.「専門は物理だが, 学校では数学も教えている//専門分野//専門家//専門店」

せんよう【専用】センヨー〔~する〕①決まった人や団体だけが使うこと. Ⓔexclusive; private. 韓전용.「部屋に専用の電話を引いた//歩行者専用道路」対共用 ②ある決まった目的のためだけに使うこと. Ⓔfor ~ only. 韓전용.「布地専用のはさみだから紙は切らないでください」対兼用

ぜんりゃく【前略】ゼンリャク, ゼンリャク ①手紙で, 時候のあいさつを書かずに用件から書くとき, その始めに書くことば. Ⓔa heading used in Japanese letters: "dispensing with formalities". 韓전략.「改まった手紙は『前略』で書きはじめてはいけない」②〔~する〕引用する文章の, 前の部分を略すこと. Ⓔas stated above. 韓전략.「前略としてある部分の内容を知りたい」▷書 関連②中略, 後略

せんりゅう【川柳】センリュー, センリュー 5, 7, 5の３句, 17の音でできた短い詩. 江戸時代に生まれて, 俳句よりさらに直接的に庶民の生活感情やユーモアや風刺などを表現したもの. Ⓔa *senryu*; a humorous or satirical Japanese poem consisting of seventeen syllables. 韓5·7·5 형식의 풍자와 익살을 주로 한 짧은 시.「川柳を読むと江戸時代の庶民の生活がよくわかっておもしろい」数１句
参「孝行をしたいときには親はなし」「役人の子はにぎにぎをよく覚え」などがある.

せんりょう【占領】センリョー〔~する〕人または国などが, ある場所を自分だけのものとして使うこと. Ⓔoccupy; have ~ all to oneself. 韓점령.「沖縄は戦後27年間, アメリカ軍に占領されていた//広い部屋を１人で占領する//占領軍」

ぜんりょう【善良】ゼンリョー 正直でまじめなようす. Ⓔgood-natured; good. 韓선량.「祖父は善良な人柄でだれからも好かれていた//善良な市民」対不良

ぜんれい【前例】ゼンレイ ①それより前にもあった同じようなことがら. また, のちの見本になるような例. Ⓔa precedent. 韓전례, 선례.「自分のつごうで２年間も休職した前例はないが, 特別に許可する」②前にあげた例. Ⓔthe above example. 韓앞에 든 예.「前例は中学生の会話から採集したものである」

せんれん【洗練】センレン〔~する〕(おもに「洗練された」の形で) 上品できちんとしてとのっている. Ⓔpolished; refined. 韓세련.「洗練された, 味わいの深い文章//洗練された服装//洗練された文化」

せんろ【線路】センロ 電車や列車などが通るための道. また, そこに敷いたレール. Ⓔa railroad track; a railroad line. 韓선로.「道がわからなくなり, 線路にそって歩いた//線路工事」数１本 →汽車図

そ／ソ

ぞ （文の終わりについて）自分に言い聞かせたり，相手に自分の考えを押しつけたりする気持ちを表す．「そんなことはないぞ(Ｅ)That's not true!（韓）그런 일은 없는 거야.)//あした，必ず来るんだぞ//がんばるぞ」話
≡参 自分と同等か目下の人に使う．

そう ソー，ソー ①「そのよう(に)」のくだけた言い方．(Ｅ)so; like that.（韓）그렇게, 그리.「あしたは休んでもいいよと言われたので，そうするつもりだ」②相手のことばに同意するときに言うことば．(Ｅ)yes; really; oh.（韓）응, 그래.「そう．それはいい//そう，うまくいってよかったね」話 →付録 指示語のまとめ

そ・う 【沿う・添う】ソウ，ソウ〔自動五〕(そって) ①長くつながっているものなどのわきを離れないように進む．また，離れないで続いている．(Ｅ)along; line.（韓）따르다.「線路にそって歩く//川にそって工場が並んでいる」②ある方針や基準から離れないようにして行動する．(Ｅ)in line with; according to.（韓）따르다.「初めの計画にそって工事を進める」③もとになるものに合う．(Ｅ)meet; serve.（韓）부응하다, 부합되다.「ご期待にそうよう努力します//目的にそう」▷他動 添える
≡注 漢字で書くときは，①②は「沿う」，③は「添う」．

そう− 【総−】（他のことばについて）すべての．全体の．「総まとめ(Ｅ)put everything together and in order.（韓）총정리.)//総選挙(→項目)」

ぞう 【象】ゾー 陸にすむ動物の中でいちばん大きい草食の動物．灰色で，大きい耳，長い鼻，1対の長いきばを持つ．(Ｅ)an elephant.（韓）코끼리.「象が太い材木を鼻で運んでいる//象は鼻が長い」数 1頭・1匹

ぞう 【像】ゾー ①目や画面などに映る人やものの姿，形．(Ｅ)an image; a picture.（韓）상.「なき父の像が目に浮かぶ//台風のせいか，テレビの像が不鮮明だ」②人やものの形をまねてつくったもの．(Ｅ)a statue; an image.（韓）상.「学校の創立者の像を建てる//銅像(→項目)」

そうい 【相違】ソーイ〔〜する〕 2つ以上のものを比べて違っていること．また，その違い．(Ｅ)differ from; (a) difference.（韓）상위, 상이.「その新聞記事は事実と相違している//意見の相違を明らかにする//右のとおり相違ありません」

そうい 【創意】ソーイ ほかのもののまねではなく新しく考えだすこと．また，その考え．(Ｅ)originality.（韓）창의.「この建物には使いやすいような創意がいくつも見られる//創意に富む((Ｅ)inventive; creative.（韓）창의성이 풍부하다.)//創意工夫((Ｅ)inventive ideas.（韓）창의적인 고안.)」

そうい 【総意】ソーイ あることがらに関係のある全部の人の考えや意見．(Ｅ)the general will; the concensus.（韓）총의.「平和への願いは人類の総意だ//会員の総意にもとづく決定」

そうおん 【騒音】ソーオン うるさくてやかましくじゃまになる音．(Ｅ)(a) noise.（韓）소음.「すばらしいピアノ曲も，夜遅いと近所には騒

音//騒音公害.〔E〕noise pollution. 〔한〕소음 공해.)//「工場騒音」

〔参〕「雑音」も似ているが、「雑音」がなんの音かわからない、いろいろまじった音そのものであるのに対して、「騒音」はなんの音であるかは問題ではなく、聞く人が不快に思う音をいう.

ぞうか 【増加】ゾーカ〔~する〕数や量などがそれまでよりも増えること。また、増やすこと。〔E〕increase; grow. 〔한〕증가.「世界の人口は毎日増加している」「野菜の生産量を増加することに決めた」〔対〕減少 →増大

そうかい 【爽快・壮快】ソーカイ ①さっぱりして気持ちのいいよう. 〔E〕refreshing; invigorating. 〔한〕상쾌.「プールで泳いでシャワーを浴びると心身ともに爽快になる//爽快な気分」②元気がよくて気持ちのいいよう. 〔E〕thrilling; stirring. 〔한〕장쾌.「真っ赤な服のスキーヤーが壮快にすべってきた//スポーツ大会の壮快な入場行進曲」

〔注〕①は「爽快」、②は「壮快」.

そうかい 【総会】ソーカイ ある組織、団体に入っている全部の人が集まって話し合う会合. 〔E〕a general meeting. 〔한〕총회.「重要な問題は総会で話し合って決める//株主総会(〔E〕a general meeting of stockholders. 〔한〕주주 총회.)//国連総会」

そうかつ 【総括】ソーカツ, ソーカツ〔~する〕①ばらばらの考え、意見などをまとめて整理すること. 〔E〕summarize; generalize. 〔한〕총괄.「部会で出た意見を各部長が総括して報告する//総括質問(〔E〕an overall interpellation. 〔한〕총괄 질문, 총괄 질의.)」②ひと続きのことがらが終わったあとで見直して評価、反省すること. 〔E〕assess. 〔한〕총괄.「今年の学会活動を総括して来年の参考にする」

そうぎ 【争議】ソーギ たがいに違う立場の人が意見を主張して争うこと. 〔E〕a dispute; a strike. 〔한〕쟁의.「長期間続いた争議が解決した//家庭争議(〔E〕a family dispute. 〔한〕가정 쟁의, 집안 싸움.)//労働争議」

そうぎ 【葬儀】ソーギ「葬式」の改まった言い方. 〔E〕a funeral (service). 〔한〕장의, 장례식.「前社長の葬儀に参列した//葬儀委員長//葬儀社」

ぞうき 【臓器】ゾーキ 肺, 胃, 腸, 肝臓など, 胸や腹の部分にある器官. 〔E〕internal organs. 〔한〕장기.「父から子へと臓器の移植手術がされた//臓器提供者(〔E〕an organ donor. 〔한〕장기 제공자.)」

そうきゅう 【早急】ソーキュー 非常に急ぐよう. さっきゅう. 〔E〕immediate; without delay. 〔한〕조급, 조속.「外交問題の早急な解決が望まれる//早急に対策を講じる」

ぞうきん ゾーキン よごれた所をふいてきれいにするために使う布切れ. 〔E〕a duster; floorcloth; a mop. 〔한〕걸레.「机の上をぞうきんでふいてきれいにする//ぞうきんをかける(〔E〕wipe with a damp cloth; mop 〔the floor〕. 〔한〕걸레질하다.)」〔数〕1枚

ぞうげ ゾーゲ, ゾーゲ 象のきば. 白に近い黄色で, かつては加工してさまざまな道具や装飾品をつくった. 〔E〕ivory. 〔한〕상아.「象を守るためにぞうげの輸出を禁止する//ぞうげの塔(〔E〕an ivory tower. 〔한〕상아탑.)」〔数〕1本

そうけん 【壮健】ソーケン 体が元気で丈夫なようす. 〔E〕healthy; in good health. 〔한〕장건, 건강.「おかげで家族そろって壮健に暮らしています//先生にはご壮健でなによりです」〔書〕

ぞうげん 【増減】ゾーゲン〔~する〕増えることと減ること. 増やすことと減らすこと. 〔E〕increase and decrease; vary. 〔한〕증감.「10年ごとの人口の増減を調べる//ふろの水の

量を増減してちょうどいい温度にする」

そうこ 【倉庫】ソーコ 商品や生産されたものをしまっておく建物. Ea warehouse; a storehouse. 韓창고.「港には貿易会社の倉庫が並んでいる//収穫した米を倉庫にしまう」数1棟 →倉・蔵

そうご 【相互】ソーゴ それぞれ. たがいに. かわるがわる. Emutual. 韓상호.「会員が相互に協力して研究会を発展させる//相互乗り入れ(=電車などの交通機関がたがいに相手の線に乗り入れて運転すること)//相互作用(E(an) interaction. 韓상호 작용.)//相互理解」

そうごう 【総合】ソーゴー〔~する〕いくつかのものを大きく全体的にまとめあげること. Esynthesize; put ~ together. 韓종합.「関係者の意見を総合して考えると, この計画を実現させるのは無理のようだ//総合商社(Ea general trading company. 韓종합 상사.)//総合大学」対分析

そうごん 【荘厳】ソーゴン 立派で重々しい雰囲気のようす. Esolemn; sublime. 韓장엄.「森の奥の古い寺院が荘厳な姿を見せていた//葬儀は荘厳に行われた」書

そうさ 【捜査】ソーサ〔~する〕警察官や検察官が犯人をさがしたり, 犯罪を調べたりすること. Ea criminal investigation. 韓수사.「麻薬事件を捜査する//捜査は順調に進んでいる//捜査活動/強制捜査」

そうさ 【操作】ソーサ〔~する〕①機械などをうまく動かして仕事をすること. Eoperate; handle. 韓조작.「この機械はボタン1つで操作できる//遠隔操作(Eremote control. 韓원격 조작.)」②ものごとを自分の思うとおりに動かすこと. Emanipulate. 韓조작.「資金をうまく操作して利息をふやす」

そうさく 【創作】ソーサク〔~する〕①はじめてつくりだすこと. Ecreate. 韓창작.「漢字のテストをすると, ときどき自分勝手に創作した文字が見つかる」②小説などの芸術作品を書くこと. また, その作品. Ewrite (a novel); creative (activity). 韓창작.「文学部に入ったのは, 創作に興味があるからだ//創作活動」③つくり話. Ea made-up story. 韓꾸며낸 이야기.「一郎の少年時代の話は創作で, 聞くたびに内容が変わっている」▷数②1作・1点

そうじ 【掃除】ソージ〔~する〕ごみ, ほこり, その他のよごれを取り除いてきれいにすること. Eclean; cleaning. 韓청소.「となりの家の主人は毎朝ほうきで庭を掃除している//ふき掃除//大掃除/電気掃除機」

そうしき 【葬式】ソーシキ 死んだ人を葬るための式. 告別式. Ea funeral (service). 韓장례식.「友達のお父さんのお葬式に行く//葬式を出す」

そうして ソーシテ (文と文をつないで) ①前にいったことに続いて, 後でいうことが起こるときに使うことば. Eand; then; and now. 韓그리고, 그리하여.「世界は平和になった. そうして人々は, こわされた家や橋を直しはじめた//気温が急に下がった. そうして雪も降りはじめた」②あるものにつけ加えるときに使うことば. Eand. 韓그리고, 그리고 나서.「10時まで講義を聞き, 12時まで図書館で調べる. そうして午後はゼミで発表する予定になっている」

参「そして」も同じ意味でよく使われるが, 「そうして」のほうがもとの形.「そして」よりゆっくりした気分のときに使われ, やや丁寧な感じがある.

そうじて 【総じて】ソージテ, ソージテ 細かいところは違っても, 全体としてみると. Egenerally; in general. 韓대개, 대체로.「最近の住宅は, 総じて洋風のものがめだつ//この村の人は, 総じてよく働く」書

そうじゅう 【操縦】ソージュー〔～する〕① 自分の思うように機械を動かすこと. Ⓔoperate; pilot; steer. 🇰🇷조종.「洋子はヘリコプターの操縦ができる//操縦士(Ⓔa pilot. 🇰🇷조종사.)/無線操縦(Ⓔradio control. 🇰🇷무선 조종.)」② 自分の思うように人を使うこと. Ⓔmaneuver. 🇰🇷조종.「部員を上手に操縦して部をまとめていく」
参 ①はおもに飛行機類を動かすことについていう.

そうしょ 【草書】ソーショ 漢字の書き方の1つで, 速く続けて書くようにしたもの. Ⓔthe cursive style of writing Chinese characters. 🇰🇷초서.「草書で書かれた古い書物はとても読めない」関連楷書, 行書

田 右 多 〔楷書〕
田 右 多 〔行書〕
田 右 多 〔草書〕

参「楷書」→「行書」→「草書」の順に書き方がくずされている.

ぞうしょ 【蔵書】ゾーショ 個人または団体, 公共の機関などが本を持っていること. また, その本. Ⓔa collection of books; one's library. 🇰🇷장서.「この図書館には約100万冊の蔵書がある//珍しい本を買って, 自分の蔵書に加える//蔵書目録(Ⓔa library catalogue. 🇰🇷장서 목록.)」数 1冊

そうしょく 【装飾】ソーショク〔～する〕見える所をものを使って美しく飾ること. また, その飾り. Ⓔ(an) ornament; (a) decoration. 🇰🇷장식.「12月になると, クリスマスの装飾で街は美しくなる//装飾の多い建物//室内装飾(Ⓔinterior decoration. 🇰🇷실내 장식.)」

ぞうしょく 【増殖】ゾーショク〔～する〕ものがそれまでよりも多くなること. また, 多くすること. Ⓔincrease; multiply. 🇰🇷증식.「検査でがん細胞が増殖しているのがわかった//青かびを増殖してペニシリンをつくる//増殖炉(Ⓔa breeder reactor. 🇰🇷증식로.)」書

ぞうしん 【増進】ゾーシン〔～する〕力や勢いが大きくなること. また, 大きくすること. Ⓔincrease; promote. 🇰🇷증진.「食事の前に軽く運動すると食欲が増進する//国民の勤勉な労働により国力を増進する」対減退
参 よくなるほうへ進むときにいう.

そうすかん 【総すかん】ソースカン 関係するみんなからいやがられ, 反対されること. Ⓔget the cold shoulder from everybody. 🇰🇷전원이 싫어하고 반대함.「猫を飼いたいと言って家族の総すかんをくった//前会長は会員から総すかんをくって辞任した」話
参「すかん」は「好かん(＝好きではない)」の意味.

そうすると ソースルト (文と文をつないで) 前にいったことが理由になって, 後でいうことが当然考えられるときに使うことば. Ⓔthen; if so. 🇰🇷그러면; 그러자.「あしたは1日アルバイトなんですか. そうすると, 研究室には来られませんね」→すると

そうぜん 【騒然】ソーゼン 騒しく, やかましいようす. また, なんとなくさわざわしてなにかが起こりそうなようす. Ⓔrestless; in uproar. 🇰🇷소연.「世の中が騒然として戦争でも起こりそうだ//火災報知のベルの音に館内は一時騒然となった//物情騒然(Ⓔpublic unrest. 🇰🇷세상 인심이 어수선함.)」
参 改まって「騒然たる世相」のように表現することもある.

そうせんきょ 【総選挙】ソーセンキョ 衆議院議員の全員を選びだす選挙. Ⓔa general election. 🇰🇷총선거.「国会が解散され, 総選挙が行われることになった//総選挙が近づいて候補者のポスターが目につきだし

た」

そうそう【早早】ソーソー ①あることが始まってすぐのとき．Eas soon as; soon after. 한~하자마자, ~하자 곧.「新学期早々かぜをひいて休んでしまった」②(「早々に」の形で)ある動作を急いでするようす．Ehurriedly; in haste. 한부랴부랴, 서둘러.「先輩を訪ねたが, 忙しそうだったので, 早々に引きあげた」

そうぞう【創造】ソーゾー〔~する〕いままでにない新しいものをつくりだすこと．Ecreate. 한창조.「神が天地を創造した//この地方にしかない文化を創造しよう//創造的活動(Ecreative activity. 한창조적 활동.)」対模倣

そうぞう【想像】ソーゾー〔~する〕まだ見たり経験したりしていないことを心の中で思い描くこと．Eimagine; guess. 한상상.「旅行記を読んで, まだ見ぬ国のようすを想像する//想像を絶する(Ebe beyond one's imagination. 한상상을 초월하다.)//想像をたくましくする(Egive full play to one's imagination. 한마음껏 상상하다.)」

そうぞうし・い【騒騒しい】ソーゾーシイ ①音や声が大きくて, うるさい．Enoisy; boisterous. 한시끄럽다.「宣伝カーの声が騒々しい//騒々しかった子供たちが寝て静かになった」②事件や大きなできごとなどがあってうるさく, 落ちつかない．Eturbulent; upsetting. 한떠들썩하다, 어수선하다.「大きな地震が起こるといううわさで, 世間が騒々しい」

そうぞく【相続】ソーゾク, ソーゾク〔~する〕死んだ人の財産や権利などを受けつぐこと．Einherit; succeed to. 한상속.「妻が夫の遺産の半分を相続する//相続税(Ean inheritance tax. 한상속세.)//遺産相続(Esuccession to property. 한유산상속.)」

そうだ ①(動詞, 形容詞, 形容動詞の基本形について)他から聞いたということを表す.「天気予報によると, あすは晴れるそうだ(EAccording to the weather report, tomorrow will be fine. 한일기 예보에 의하면, 내일은 맑을 것이라고 한다.)//新聞によると, 東京の物価は他の都市と比べて, 高いそうだ」
②(動詞の「ます」形, 形容詞と形容動詞の語幹について) (1)そのようなようすだということを表す.「この店はきれいだけど, 高そうだね(EThis store is nice, but it looks expensive. 한이 가게는 깨끗하지만 비쌀 것 같군.)//顔色もよくなって, 健康そうだ」(2)いまにもそのようになるようすだということを表す.「先生にしかられて, 洋子は泣きそうになった(EYoko almost burst into tears when the teacher scolded her. 한선생님에게 꾸중을 듣고 요코는 울 것 같이 되었다.)//空が暗くなって, 雨が降りそうだ」(3)いろいろな条件から考えて, そのようになるだろうと予想できる状態であることを表す.「工事を急いでいるので, このビルは今年じゅうにできそうだ(ESince they're working fast, the building will probably be completed this year. 한공사를 서두르고 있어서 이 빌딩은 올해 안에 완공될 것 같다.)//今週は会議はなさそうだ」
注 ②で形容詞の「ない」「よい」は,「金がなさそうだ」「あすは天気がよさそうだ」のように「なさそうだ」「よさそうだ」の形になる.

そうたい【早退】ソータイ〔~する〕学校や職場などから, 決まった時間より早く出ること．Eleave ~ earlier than usual. 한조퇴.「会社へ行ったが頭が痛くなり, 早退して帰ってきた//道子は体が弱くて遅刻や早

そうだい

退が多い」

そうだい【壮大】ソーダイ　大きくて立派で、堂々としているようす。Egrand; magnificent. 한장대, 웅대.「100年かけて首都を新しく建設しようという壮大な計画を立てる∥アルプスの山々が続く壮大な眺め」

ぞうだい【増大】ゾーダイ〔～する〕数や量などがそれまでよりも増えること。また、増やすこと。Eincrease; enlarge. 한증대.「不景気で社会不安が増大した∥大統領の権力を増大するように法律を改めた」対減少
参「増加」も似ているが、「増加」が実体のあるもののときに使うのに対して、「増大」はおもに抽象的なことがらのときに使う。

そうたいてき【相対的】ソータイテキ　ほかのものと比べて、そうであるようす。Erelative. 한상대적.「幸福とは相対的なもので、Aにとって幸福だと思われることがBにとっても幸福だとは限らない」対絶対的

そうだん【相談】ソーダン〔～する〕ある問題についてほかの人の意見を聞いたり、自分の考えを言ったりして、どうすればいいか話し合うこと。Econsult; talk over. 한상담.「友達と旅行の相談をする∥就職のことで先生に相談した∥相談にのる(Egive advice; counsel. 한상담에 응하다.)」

そうち【装置】ソーチ〔～する〕機械や道具などをある目的のためにつくっておくこと。また、その機械や道具。Eequipment; (an) apparatus. 한장치.「冷房の装置が故障して、電車の中がとても暑くなった∥安全装置(Ea safety device. 한안전 장치.)∥舞台装置」

そうちょう【荘重】ソーチョー　重々しく立派で、圧倒されるようなようす。Esolemn; grave. 한장중.「荘重な鐘の音に身が引きしまる思いがする∥裁判長の声が荘重に響いた」書

そうちょう【総長】ソーチョー　団体や機関などのいちばん上に立つ人。Ea president. 한총장.「大学の入学式で、1万人の新入生に向かって総長が話をした∥検事総長」

ぞうてい【贈呈】ゾーテイ〔～する〕人にものを贈ること。Epresent; presentation. 한증정.「退職する部長に記念品を贈呈する∥花束贈呈」

そうとう【相当】ソートー　①〔～する〕別のものにちょうどあてはまること。つりあうこと。Ebe equivalent to; worth. 한상당, 상응, 해당.「チンパンジーは4歳ぐらいの子供に相当する知恵がある∥5万円相当の品物」②ものごとの程度がかなり高いようす。Epretty; considerable. 한상당히, 제법.「あすは相当寒くなりそうだ∥先日の地震で相当な被害があった」

そうどう【騒動】ソードー　ある問題や事件について人々が集まって騒ぐこと。また、その騒ぎ。Ea disturbance; confusion. 한소동.「つぎの社長のいすをめぐって騒動が起きている∥政界は議員の汚職事件で大騒動だ」

ぞうとうひん【贈答品】ゾートーヒン，ゾートーヒン　人に贈ったり、また、そのお返しにしたりする品物。Ea gift; a present. 한증답품, 선물.「お中元、お歳暮のときの贈答品の数はたいへんなものだ∥贈答品の配達」

そうなめ【総なめ】ソーナメ　①対抗する競争相手の全部に勝つこと。Ewin a sweeping victory. 한(상대를) 모조리 이김.「秋のシーズンで、対戦したチームを総なめにした」②災害などが、ある範囲の全部をおおいつくすこと。Emake a clean sweep. 한모조리 휩쓺.「火事が町を総なめにした」▷話

そうなん【遭難】ソーナン〔～する〕海、山、空などで、命がなくなるような危険な事故に

あうこと. Ebe wrecked; meet with a disaster. 韓조난.「あらしの海で船が遭難して, 乗組員がゆくえ不明になっている//冬山に登った息子から1週間たっても連絡がない. 遭難したのではないか」

ぞうに【雑煮】ゾーニ, ゾーニ みそやしょうゆで味をつけた汁に, 肉, 野菜などとともにもちを入れた正月料理. Ezoni; rice cakes and vegetables cooked in soup. 韓(정초에 먹는) 떡국.「雑煮を食べて正月気分を味わう//地方によって雑煮の味も材料も違う」

そうば【相場】ソーバ ①品物が市場で売り買いされるときの値段. Ethe market price. 韓시세, 시가.「世界的な豊作で小麦の相場が下がった//株式相場」②実際に品物のやりとりをしないで価格の変動によって利益をえるやり方. Especulation. 韓투기 거래, 도박, 미두.「金の相場に手を出して大損をした//米相場」③世間一般の評価や考え方. Ea matter of course. 韓(일반적) 통념.「猫はよく寝るものと相場が決まっている」▷話③

そうべつかい【送別会】ソーベツカイ, ソーベッカイ 別れていく人を送る会. Ea farewell party. 韓송별회.「九州へ引っ越していく洋子の送別会を開く」対歓迎会

そうめい【聡明】ソーメイ ものごとの理解が速くて, 賢いようす. Eintelligent; wise. 韓총명.「一郎は積極的で聡明だから, リーダーとして適任だ//聡明な判断」

ぞうよ【贈与】ゾーヨ〔~する〕人に品物や金を与えること. Edonate; present. 韓증여.「祖父から贈与された土地に住む//財産贈与/贈与税(Ea donation tax. 韓증여세.)」

そうらん【騒乱】ソーラン おおぜいの人が騒ぐような事件が起きて世の中が乱れること.

また, その騒ぎ. Ea riot; a disturbance. 韓소란, 소요.「小さな抗議運動に労働者や市民が加わり, ついに騒乱にまでひろがった//騒乱をしずめる」

ぞうり【草履】ゾーリ 日本のはきもの. 長円形で, はなおがついている. わら, ゴム, 革, 布などでつくる. Ezori; Japanese sandals. 韓(일본) 짚신.「むかしの人は, わらでつくったぞうりをはいていた」数1足

〔草履〕

そうりだいじん【総理大臣】ソーリダイジン 国会議員の中から選ばれて内閣をつくる, 政府の最高責任者. 内閣総理大臣. 総理. 首相. Ethe Prime Minister. 韓총리대신.「総理大臣の施政方針演説が国会で行われた//総選挙後, 総理大臣がかわり, 内閣も新しくなった」

そうりつ【創立】ソーリツ〔~する〕学校, 会社などをはじめてつくること. Efound; establish. 韓창립.「山田氏が中心になってこの会社を創立した/創立記念日(Ethe anniversary of the founding. 韓창립기념일.)」

そうりょ【僧侶】ソーリョ 仏教の教えを説いてひろめる人. ふつう髪の毛をそり, 寺院に住んでいる. Ea priest. 韓승려, 중.「お寺の庭を歩いていると, 僧侶が経を読む声がした」書

〔僧侶〕

参 日常の話しことばでは「(お)坊さん」を使う.

そうりょう【送料】ソーリョー, ソーリョものを送る費用. Epostage; carriage. 韓송료.「送料をそえて本を注文した//この荷物を上海へ送りたいんですが, 送料はいくらですか」

参 郵便で送る「送料」は「郵送料」とい

い,自動車や鉄道などで送る「送料」は「運送料」という.

そ・える 【添える】ソエル〔他動一〕①おもなものにつけ加える. Ｅadd; together with. 한더하다, 첨부하다.「カードをそえて誕生日に花束を贈る//一言書きそえる」②そのものの助けとなるようなものをつけ加える. Ｅlend one's aid. 한(받침대 등을) 덧대다; 거들다.「風で倒れないように庭木に棒をそえる//口をそえる(Ｅrecommend. 한말을 거들다, 조언하다.)」▷自動添う

そえん 【疎遠】ソエン あまり交際せず親しくないこと.手紙のやりとりや会うことをしなくなること. Ｅone's long silence; become estranged from. 한소원.「日ごろの疎遠をおわびする//卒業後10年,級友ともしだいに疎遠になっていく」対親密

ソース (sauce)ソース 黒っぽい液体の調味料.洋風の料理で使う. Ｅsauce. 한소스.「フライにソースをかけて食べる//ウスターソース」

そがい 【疎外】ソガイ〔～する〕仲間に入れないこと. Ｅalienate; leave out. 한소외.「閉鎖的な集団では,部外者を疎外し排除する傾向が強い//疎外感」書

-そく 【足】(数を表すことばについて)靴,靴下,げたなどのひとそろいの数を表す.「スリッパ1足(Ｅa pair of scuffs. 한슬리퍼 1켤레.)//靴下2足(Ｅtwo pairs of socks. 한양말 2켤레.)」

ぞく 【俗】ゾク ①世間で一般的に行われたり言われたりしていること.また,一般的な世間. Ｅcommonly; the world. 한흔함, 일반적; 속세.「俗にいうエスニック料理を1度食べてみたい//俗を離れる」②品性があまり高くなく,風流でないようす. Ｅlow; vulgar. 한속됨, 저속함.「俗なわたしには上品なお香の世界は理解できない//俗な趣味(Ｅcheap taste. 한속된 취미.)」

-ぞく 【-族】(他のことばについて)①同じ先祖につながっている仲間.「一族//血族//種族(Ｅa race; a tribe. 한종족.)」②どこかで共通の性格,行動を持つ仲間.「マイカー族(Ｅcar owners. 한마이카족.)//ながら族(=他のことをしながら,あることをする人たち)//社用族」

ぞくあく 【俗悪】ゾクアク 下品でいやらしいようす. Ｅvulgar; lowbrow. 한속악.「兄はいつも俗悪な週刊誌を見ている//俗悪漫画」

そくざに 【即座に】ソクザニ すこしの時間もおかずに,すぐ行うようす.すぐその場で. Ｅimmediately; at once; on the spot. 한즉석에서, 즉각, 바로.「会が終わると即座に退場する//質問に即座に答える」書

そくしん 【促進】ソクシン〔～する〕ものごとが速く進んで効果が出るようにすること. Ｅpromote; promotion. 한촉진.「予算を増やしてがんの治療薬の研究を促進する//社員のやる気が販売の促進につながる」

そくせき 【即席】ソクセキ 前から準備をしないで,その場ですぐになにかをすること. Ｅimpromptu; instant. 한즉석.「突然指名されて即席のスピーチをした//即席の料理//即席ラーメン」

ぞくぞく 【続続】ゾクゾク,ゾクゾク 多くのものごとが続くようす.「通勤電車からぞくぞく(と)人が降りてきた(Ｅpeople got off the commuter train one after another. 한통근 전차에서 잇달아 사람들이 내려왔다.)//被災地に見舞いの品やお金がぞくぞく(と)送られた」

ぞくぞく ゾクゾク〔～する〕①寒かったり恐ろしかったりして体が震えるようす.「体が冷えてぞくぞくしてきた(Ｅas my body is cooling down, I've gotten a bit chilled. 한

そくたつ【速達】ソクタツ「速達郵便」を略した言い方. 特別料金を取って, ふつうより速くとどける郵便. ⒺSpecial delivery; express delivery. 한속달.「合格の知らせが速達でとどいた//締め切りに間に合うように速達で出す」数1通

ぞくっぽ・い【俗っぽい】ゾクッポイ, ゾクッポイ 高級でなく, 品がなくて, ありふれている. Ⓔnot high quality; lowbrow. 한속되다, 통속적이다.「有名な哲学者のK氏は, パチンコとカラオケの好きな, 意外に俗っぽい人だ」話

そくてい【測定】ソクテイ〔~する〕ものの長さ, 重さ, 広さ, 速さ, 温度などをはかること. Ⓔmeasure; weigh. 한측정.「海水の透明度を測定して水質汚染のようすを調べる//体重測定」

そくど【速度】ソクド ものが進む速さ. また, その程度. スピード. Ⓔspeed. 한속도.「電車はしだいに速度を上げた//速度を落とす(Ⓔslow down. 한속도를 늦추다.)//光の速度/速度制限/最高速度」

そくばく【束縛】ソクバク〔~する〕行動や考え方に制限を加えて自由にさせないこと. Ⓔrestraints; restrict. 한속박.「旅行すると, 生活や仕事の束縛から解放されて, いい気分になる//だれにも束縛されず自由に暮らしたい」対解放

そくめん【側面】ソクメン, ソクメン ①もの

の面のうちの左右の面. Ⓔthe side; the flank. 한측면.「この建築物は, 夜になると, 正面だけでなく側面からも照明を当てて美しく見せている」②ものごとの多くある面のうちの1つ. 別の方面, 見方. Ⓔa side face; the sidelines. 한측면.「一緒に出張したときに, 部長のふだん知られていない側面を見た//側面から援助する」

そくりょう【測量】ソクリョー, ソクリョー〔~する〕山林, 土地などの広さ, 高さなどをはかること. Ⓔa survey. 한측량.「最近の測量で, この山の本当の高さがわかった//測量技師」

そくりょく【速力】ソクリョク 走る速さ. スピード. Ⓔspeed. 한속력.「大型タンカーが20ノットの速力で進んでいる//速力を出す(Ⓔspeed up. 한속력을 내다.)//全速力」

そこ【底】ソコ ①瓶や箱などの容器や, まわりより低くなっているもののいちばん下の所. Ⓔthe bottom; the sole. 한바닥, 밑.「瓶の底にすこしだけ酒が残っている//川の底の泥をさらう//靴の底」②表面に見えないいちばん深い部分. Ⓔthe bottom (of one's heart). 한(깊은) 속.「心の底から感謝している//底の浅い人間では困る」③物価, 相場などの最も下がった値. 底値. Ⓔrock bottom. 한바닥 시세.「株価が底をつく」対天井

そこ ソコ ①聞く人が, いまいる所. 聞く人に近い所をさすことば. Ⓔthere. 한거기, 그 곳.「そこで待っていてください//消しゴムはそこにありますよ」②話題になっていたり, 前に問題にしたりしたことや所をさすことば. Ⓔthat; that place. 한그것, 그 곳, 그 점.「洋子も言っていたが, そこが問題だね//まっすぐ行くと信号がありますから, そこを右に曲がってください」▷→付録指示語のまとめ

そこここ ソコココ そちらこちら. Ⓔhere

and there. 한여기저기, 이곳 저곳.「町のそこここに公園がある//そこここに人が集まって、祭りのみこしが来るのを待っている」

そこそこ ソコソコ, ソコソコ ①(「～もそこそこ〔に〕」の形で)急いで簡単にものごとをすませるようす. Erush through; hurriedly. 한~하는 둥 마는 둥.「寝坊をして朝食もそこそこに家を出た//あいさつもそこそこに別れる」②(数や量を表すことばの後について)せいぜいそれぐらい.「10人そこそこのパーティー(Ea party of about 10 people. 한열 명이 될까 말까 한 파티.)//60点そこそこの成績」

そこぢから【底力】ソコジカラ, ソコジカラ ふだんは見せないが、なにか重要なことがあると出せる力. Epotential energy. 한저력.「あのチームは底力があるから優勝できるだろう//底力を発揮する」

そこで ソコデ (文と文をつないで)①前にいったことがあるので、後でいうことが起こるときに使うことば. Eso; therefore. 한그래서.「医者にもっと運動するようにと言われた. そこで、日曜ごとに泳ぐことにした」②後のことを言いだすときに使うことば. Enow. 한그런데, 그래서.「株が下がって会社の経営が苦しくなりました. そこで、お願いがあるのですが」▷→囲み

そこな・う【損なう】ソコナウ〔他動五〕(そこなって)①ものをこわしたり傷つけたりする. そこねる. Edamage; spoil. 한훼손하다, 손상하다.「無計画な開発で自然をそこなう//器物をそこなう」
②人の感情や健康を悪くする. そこねる. Eruin; hurt. 한상하게 하다, 해치다.「働きすぎて健康をそこなう//きげんをそこなう(Eoffend a person. 한기분을 상하게 하다.)」
③(動詞の「ます」形について)その動作に失敗したり機会を失ったりする. そこねる.「試験中だったので、その展覧会を見そこなった//ボールを受けそこなう(Emiss the ball. 한볼을 잡지 못하다.)//食べそこなう」

そこぬけ【底抜け】ソコヌケ 常識をはるかにこえて限度がないこと. Eextremely; to the core. 한한이 없음, 더할 나위 없음.「二郎は底抜けに明るい性格で、どんなに困ったときでも暗い顔を見せない//底抜けのお人よし」

そこのけ(他のことばの後について)専門家も負けるほどすぐれていること.「プロそこの

「そこで」と「それで」

「かぜをひいた. そこで/それで, 学校を休んだ」「道に迷ってしまった. そこで/それで, 散歩中の老人に尋ねた」では、「そこで」「それで」の両方を使うことができる.

しかし、「教科書に意味のわからないことばがあった. そこで, 辞書を引いてみた」「食堂は満員だった. そこで, パンを買いに行くことにした」のばあいは「そこで」のほうが自然である. 「そこで」が使われると、後でいうことがどんな状況で起こったかを、前でいうことになる. 一方、「それで」が使われると、前でいうことと後でいうことが原因と結果の関係を示すことになる.

「電車が遅れた. それで、遅刻したのだ」「お父さんが重病らしい. それで、道子は元気がないのだ」のように、原因、理由とその結果を強調して表す文では「それで」が使われる.

けのすばらしい技術(Ｅskill surpassing that of a professional. 韓프로 뺨치는 훌륭한 기술.)//「先生そこのけの腕前」

そこら ソコラ ①そのあたり. そのへん. Ｅaround there. 韓그 근방.「ちょっとそこらを散歩してくる//『はさみはどこ？』『そこらにあるだろう』」②(「～かそこら」の形で)その程度. Ｅ～ or so. 韓그 정도, 그쯤.「1000円かそこらで買えるだろう//30分かそこらで帰ってくる」③ものごとをはっきりさせないで表すことば.「そこらの事情はわかりませんが, よろしくお願いしますよ(ＥI don't know exactly what the circumstance is, but please take care of it. 韓저간의 사정은 모르겠습니다만 잘 부탁드립니다.)」▷話

そざい 【素材】ソザイ あるものをつくるときに, もとになる材料. Ｅmaterial; a subject matter. 韓소재.「素材のよさを生かした料理をつくる//集めた素材を上手に使って, いい記事を書く」

そざつ 【粗雑】ソザツ 大ざっぱでいいかげんなようす. 荒っぽいようす. Ｅcrude; rough. 韓조잡, 거칠고 엉성함.「洋子の計算のしかたは粗雑でまちがいが多い//粗雑な考え方」対緻密

そしき 【組織】ソシキ ①〔～する〕ある目的のために人やものを集めて, 1つのまとまりにつくりあげること. また, そのもの. Ｅan organization; organize. 韓조직.「緑を守る市民運動の組織に入る//同じ職業の人々で組織した組合をつくる」②生物の体内にある, 同じ性質を持った細胞の集まり. Ｅtissue. 韓조직.「胃の組織をとりだして検査する//筋肉組織(Ｅmuscular tissue. 韓근육 조직.)//神経組織」

そしたら ソシタラ (文と文をつないで)前にいったことがあって, 続いて後でいうことが起こるときに使うことば. そうしたら. Ｅand then. 韓그랬더니.「かぜで気分が悪くて, ゆうべ早く寝たんだ. そしたら, けさはすっかり治ってた」話

そしつ 【素質】ソシツ 人が生まれたときから持っている性質, 能力. Ｅthe makings; talent. 韓소질.「プロの選手になるには, 努力と素質が必要だ//この子には画家になる素質がある」

そして ソシテ (文と文をつないで)①前にいったことに続いて後でいうことが起こるときに使うことば. Ｅand; then; and now. 韓그리고.「8時にうちを出る. そして, 8時15分のバスに乗る//雨がやんだ. そして, 青空が出てきた」

②あるものにつけ加えるときに使うことば. Ｅ

「そして」と「それから」

A 「午後から雨が降りだした. **そして**, 夕方には雪になった」

B 「ハンバーガーを2つ食べた. **それから**, コーヒーを飲んだ」

Aの「そして」, Bの「それから」とも, 前にいったことに続いて後でいうことが起こることを表すが, 「それから」は時間的な順番を表す気持ちが「そして」より強い.

また, 「そして」が「胸が白く, **そして**背中が青い鳥」「静かで, **そして**便利な場所」のように単に並べていくばあいに使われるのに対して, 「それから」は, 「田中さんは, 英語とドイツ語とフランス語と**それから**ロシア語も話せる」のように「それだけでなく」という気持ちで使われる.

そしな

and. 函 そして.「靴は1階で売っている.そして,靴下は2階だ」
▷→そうして →囲み

そしな【粗品】ソシナ, ソシナ 高価でない, ちょっとした品物. Ⓔa small gift. 函 조품, 변변치 못한 물건.「くじ引きではずれた方には粗品を差し上げます//粗品ではございますが, お受け取りください」
参 人にものを贈るときに謙遜していう言い方.

そしらぬ ソシラヌ, ソシラヌ 知っているのに, 知らないふりをするよう. Ⓔpretend not to know. 函 (알면서도) 모르는 체하는.「息子の学校へ授業を見に行ったが, 息子はそしらぬ顔でわたしを見ようともしない」

そせん【祖先】ソセン ①ある家系の中で, いま生きている人の代より前の代の人々. また, そのいちばん初めの人. 先祖. Ⓔan ancestor; a forefather. 函 선조.「うちの祖先には強い武士もいたようだ」対子孫 ②生物が進化してきたその始まり. Ⓔan ancestor. 函 선조.「人類の祖先は猿の仲間だという」対子孫

そそ・ぐ【注ぐ】ソソグ〔自他動五〕(そそいで) ①水が流れこんだり, 光がさしこんだりする. Ⓔflow into. 函 흘러들다.「わたしの生まれた町は川が海にそそぐ所にある」②液体を流しこむ. Ⓔflood; pour into. 函 (물을) 대다 ; 따르다.「田に水をそそぐ//ワインをグラスにそそいで乾杯する」③液体を流しかける. Ⓔpour on; water. 函 (물을) 주다, 뿌리다.「花壇のバラに水をそそぐ」④目や心などを1つのものごとに集中する. Ⓔconcentrate 〜 on. 函 쏟다, 집중시키다.「あの学者はモンゴル語辞書の完成に全力をそそいだ//愛情をそそぐ」
注 ①は自動詞, ②③④は他動詞.

そそっかし・い ソソッカシイ 考えや行動に落ちつきがなく, 注意がたりない. Ⓔcareless; hasty. 函 덜렁대다, 경망스럽다.「洋子はそそっかしくて, 待ち合わせの場所や時間をよくまちがえる」話

そそのか・す【唆す】ソソノカス〔他動五〕(そそのかして) うまいことばでいい気持ちにさせ, 自分でするのがいやなことや, 自分の利益になるようなことをさせる. Ⓔegg a person on; tempt. 函 꼬드기다, 부추기다.「妹をそそのかして, 戸棚からチョコレートの箱を持ってこさせた」名 唆し

そそりた・つ【そそり立つ】ソソリタツ, ソソリタツ〔自動五〕(そそりたって) 山や絶壁などが, まっすぐに高く立つ. Ⓔrise precipitously. 函 우뚝 솟다.「目の前に岩壁がおおいかぶさるように高くそそりたっている」
参 「そびえる」も似ているが,「そびえる」が高さに重点があるのに対して,「そそりたつ」はけわしいことに重点がある.

そだいごみ【粗大ごみ】ソダイゴミ 古くなったりこわれたりして使わなくなり, 捨てられた, たんす, 電気器具, ベッドなど大型の家庭用品. Ⓔlarge-sized garbage. 函 대형 쓰레기.「粗大ごみに出されている品物には, まだじゅうぶん使えるものがある」

そだ・つ【育つ】ソダツ〔自動五〕(そだって) ①生命のあるものが, 生まれてからだんだん大きくなる. 成長する. 生長する. Ⓔgrow (up). 函 자라다, 성장하다.「パンダの赤ちゃんが順調に育っている//子供が育つ」②実力や知識を身につけて一人前になる. 成長する. Ⓔbe brought up. 函 자라다, 성장하다.「あの研究所では, いい指導者のもとに優秀な研究者が育っている」▷名 育ち 他動 育てる

そだ・てる【育てる】ソダテル〔他動一〕①生まれたものを, 世話をしたり助け導いたりして大きくする. Ⓔbring up; raise. 函 양육

하다, 기르다, 키우다.「若い両親が助け合って子供を育てている//朝夕水をやって草花を育てる」②一人前にするために, 能力などをのばすように教え導く. [E]educate; train. [한]육성하다, 양성하다.「叔父は教育者として多くの若者を育てた//すぐれた技術者を育てる学校」▷[自動]育つ

そちら ソチラ ①相手に近い所. また, その方向やそこにあるものをさすことば. [E]there; that; your place. [한]그쪽, 거기.「そちらの天気はどうですか//そちらにまいります」②相手, または相手に近い人をさすことば. [E]you; that person. [한]당신, 댁 ; 그 분.「そちらの意見を聞かせてください//そちらはお変わりございませんか//そちらさま」▷→[付録]指示語のまとめ

[参]①のくだけた言い方は「そっち」. また, ②には敬意がふくまれ,「あなた」「その方」と同じような意味になる.

そつぎょう 【卒業】ソツギョー〔~する〕①決められた学業を全部終えて学校を出ること. [E]graduation; graduate. [한]졸업.「卒業の記念に校庭に木を植える//三郎は7年かかって大学を卒業した//卒業証書」[対]入学 ②ものごとをじゅうぶんにして, もうしなくなること. [E]have had enough of. [한]졸업.「大学生になったので漫画はもう卒業だ」

そっくり ソックリ ①すこしも残さずに, 全部. [E]altogether; as; all. [한]전부, 몽땅, 모조리.「友達のノートをそっくり写す//食卓の料理はそっくり平らげた」②よく似ているようす. [E]just like. [한]꼭 닮음.「あの子はお母さんにそっくりだ」

そっけな・い ソッケナイ 思いやりや親しさがなく, 冷たい感じだ. [E]cold; blunt. [한]푸접없다, 쌀쌀맞다.「京子に仕事を頼んだら, そっけなく断られた//ものの言い方はそっけないが, 心の温かい人」[話]

ぞっこう 【続行】ゾッコー〔~する〕ものごとが休んだりやんだりせずに続いて行われること. また, 続けて行うこと. [E]continue; go on with. [한]속행.「これ以上戦争が続行しても双方の死者が増大するだけだ//昼休みもとらずに会議を続行した」[対]中止

そっせん 【率先】ソッセン〔~する〕ほかの人の先頭に立ってものごとを行うこと. [E]take the lead in. [한]솔선.「学長が率先して大学の改革に乗りだした//運動部の主将が厳しい訓練を率先してやる」

そっち ソッチ「そちら」のくだけた言い方. [E]there; your place; that. [한]그쪽, 거기.「そっちのようすはどう?//そっちに連絡するよ//そっちのほうがよさそうだね//そっちはみんな元気?」[話] →[付録]指示語のまとめ

そっちょく 【率直】ソッチョク 自分の考えを隠したりせずに, ありのままに表すようす. [E]candid; frankly. [한]솔직.「この作品に対する率直な意見が聞きたい//率直に言うと, きみは気が短すぎる」

そっと ソット〔~する〕①静かに行動するようす. [E]quietly; softly. [한]살짝, 가만히.「ピアノ演奏の途中で, そっと会場を出た//ガラスの花瓶をそっと置く」②人に気づかれないように行動するようす. [E]stealthily. [한]몰래.「講演中, となりの人にメモをそっと渡す」③刺激しないようにそのままに. [E]leave alone. [한]그대로, 가만히.「失恋したらしいので, しばらくそっとしておこう」

そっとう 【卒倒】ソットー〔~する〕突然意識がなくなって倒れること. [E]faint; fall unconscious. [한]졸도.「息子が交通事故で入院したと聞いて母親は卒倒した//とても暑い野外の集会だったので, 卒倒する人も出た」

そで ソデ ①衣服で, 肩から先の腕の部分. [E]a sleeve. [한]소매.「暑くなってきたから,

そでの短いシャツを着よう//むかしは、恥ずかしいときは着物のそでで顔を隠したという//そでなし/振りそで(→項目)/半そで」②舞台,机,門などの左右のわきの部分. Ⓔa wing. 㘝(舞台、大門등의) 옆자락.「歌い終わった歌手が舞台のそでに引っこんだ//両そで机」
▷→着物、ワイシャツ図

そで[袖]の下 わいろ. Ⓔa bribe. 㘝뇌물.「A工務店は、役人にそでの下を使って市民ホールの建築工事を引き受けたそうだ」

そで[袖]振り合うも多生の縁 道を歩いているときに知らない人とすこしでがふれ合うのも、偶然ではなく前世から決められていることなのだから、人と人との関係はたいせつにしなければならないということ. ⒺEven a chance meeting is due to the Karma in a previous life. 㘝소매가 서로 스치는 것도 전생의 연분. 似た表現 そですり合うも他生の縁

そと 【外】ソト ①かこみや仕切りなどでかこまれていないほうの側. Ⓔthe outside; out of. 㘝바깥.「本が多すぎて部屋の外に積んである//絹のハンカチが胸のポケットの外にすこし出ている」対内
②建物や敷地の中ではない所. Ⓔout of doors; outside. 㘝바깥, 옥외.「天気がいいから外で遊びなさい//窓の外にある大きな木」対内
③自分の家、会社、学校など以外の所. Ⓔthe outside; an outsider. 㘝외부.「家族のことは外の者にはわからない//外の人に見せてはいけない書類」対内
④表から見える部分. Ⓔthe surface; an appearance. 㘝겉, 겉모양.「洋子は喜びや悲しみの気持ちを外に出さない//化粧や服装で外を飾る」対内

そなえ 【備え】ソナェ, ノナェ 病気、災害、事故などがあるときを考えて、被害が少なくてすむような方法をとること. Ⓔpreparation; provision. 㘝준비, 대비.「大地震の備えとして保存用の水や食料品を買っておく//備えあれば憂いなし(ⒺProviding is preventing. 㘝유비 무환.)//老後の備え」他動 備える

その ソノ ①話す人から離れていて、聞く人に近いもの、こと、人をさす. Ⓔthat. 㘝그.「あなたの前のその辞書を取ってください//その子はとなりの子です」
②相手または自分がすぐ前にいったことをさす. Ⓔthat (thing, person); it. 㘝그.「その話は前に聞いたよ//その人はわたしもよく知っています」
③ことばがすぐ出てこないとき、話をつなぐために言うことば. Ⓔuh; er; um. 㘝저…, 그….「きょうは、その、用があるので、早く帰りたいのですが」
▷話③ →付録 指示語のまとめ
≡参 ③は「そのう」と長くのばすことが多い.

そのうえ ソノウエ (文と文をつないで)前にいったことに加えて. Ⓔbesides; moreover. 㘝더구나, 게다가, 또한.「保証人を引き受けてくれ、そのうえ、学費も半分出してくれた//雨が強く降っていた. そのうえ、風まで吹いてきた」

そのうち ソノウチ 近い将来. すこし後. Ⓔbefore long; some day; by and by. 㘝가까운 시일 안에, 머지않아, 곧.「一郎は若いから世の中を知らないが、そのうち、いろいろなことがわかってくるだろう//ごはんを食べてからテレビを見ていたが、そのうち眠ってしまった」

そのかわり ソノカワリ (文と文をつないで)前にいったことと引きかえに. Ⓔinstead; but. 㘝그 대신.「きょうは忙しくて行けません. そのかわり、あすは必ず行きます//値段はすこし高いですが、そのかわり品物は保証で

そのくせ ソノクセ (文と文をつないで)前にいったこととは反対に. それでいて. Ⓔand yet; for all that. 한그런데도, 그럼에도 불구고."体の調子が悪いと言いながら, そのくせ夜遅くまで起きている//口では立派なことを言って, そのくせちっとも実行しないんだ" 話

そのた 【その他】 ソノタ 前にいったことのほか. それ以外. そのほか. Ⓔthe others; and so on. 한기타, 그 밖에."きょうのバザーには, 衣類や食料品や食器その他いろいろなものがあります"

そのひぐらし 【その日暮らし】 ソノヒグラシ その日の収入でその日を暮らすような余裕のない生活. Ⓔlive from day to day; a hand-to-mouth existence. 한하루살이 생활."定職もなくその日暮らしなので, 将来のことはまったく考えられない//その日暮らしも気楽でいいものだ"

そのまま ソノママ ①いままでの状態を続けるよう. Ⓔleave a thing as it is; and never ~. 한그대로."机の上はさわらないで, そのままにしておいてください//兄はアルプスに出かけて, そのまま帰ってこなかった" ②よく似ているよう. そっくり. Ⓔjust as it is; exactly the same. 한꼭 같음."寺はむかしの建物そのままの姿に再建された//本物そのままのコピー" ③時間をおかずにすぐに. Ⓔas soon as. 한즉시, 바로, 곧."子供はかばんを置くと, そのまま遊びに出かけた"

そば ソバ ①すぐ近い所. Ⓔby; beside. 한곁, 옆."銀行のそばにデパートがある//そばに立っているのに気がつかない" ②(「～そばから」の形で)～するのに続いて. Ⓔas soon as. 한～하자마자, 금방."覚えたそばから忘れていく"

そば ソバ ①穀物の一種. 畑でつくり, 茎が赤く, 花は白または赤. その実をひいて粉にして食用とする. Ⓔbuckwheat. 메밀."この地方はそばの産地として有名だ" ②①の実を粉にして, 水でこねて薄くのばし細長く切ったもの. ゆでて, しょうゆ味のつゆにつけたりして食べる. Ⓔsoba; buckwheat noodles. 한메밀국수."わたしはうどんよりそばが好きだ//年越しそば(Ⓔbuckwheat noodles eaten on New Year's Eve. 한섣달 그믐날 밤(입춘 전날 밤)에 먹는 메밀국수.)//月見そば" ▷数②1把・1束

〔そば②〕

そび・える ソビエル〔自動一〕山や建物などが, ほかのものよりずっと高く立つ. Ⓔtower high; rise high. 한우뚝 솟다, 치솟다."東京には多くの高層ビルがそびえている//空高くそびえる富士山"→そそり立つ

そふ 【祖父】 ソフ 自分の父の父, また母の父. Ⓔa grandfather. 한조부, 할아버지."母方の祖父は元気で, 山歩きが趣味だ//きみのおじいさんとぼくの祖父は将棋の友達だ" 対祖母
参 人と話すときに自分の身内をさして使うことで, 親しい気持ちをこめて,"おじいちゃん""じいさん"などともいう. 他人の"祖父"に向かって, またその人を話題にしていうときは,"おじいさん"を使う.

ソフト (soft) ソフト ①(←ソフトウエア(software))コンピューターを動かすためのプログラムや, それを利用する技術. Ⓔ(computer) software. 한소프트웨어."コンピューターの学校を卒業してソフトの会社に入った//コンピューターはあってもソフトがなければ使いものにならない" 対ハード ②やわらかいよう. Ⓔsoft. 한소프트, 부드러움."ソフトな肌ざわりのふとん//ソフトタッチ" 対ハード ③穏やかなよう. Ⓔcalm; gentle.

そぼ

ハンソフト、温和さ.「ソフトなムードの曲」

そぼ【祖母】ソボ 自分の母の母、また父の母.Ea grandmother. ハン조모、할머니.「この指輪は祖母から母へ、母からわたしへとゆずられてきた//うちの祖母はあなたのおばあさんと同じ年のはずだ」対祖父

参 人と話すときに自分の身内をさして使うことばで、親しい気持ちをこめて、「おばあちゃん」「ばあさん」などともいう.他人の「祖母」に向かって、またその人を話題にしていうときは、「おばあさん」を使う.

そぼく【素朴】ソボク ①自然のままで飾り気のないようす.Esimple; artless; naive. ハン소박.「素朴な絵だが見る人を感動させる//山の中の素朴な温泉宿/素朴な人」②発達していないで単純なようす.Esimple; unsophisticated. ハン소박.「5歳の息子は、サンタさんはどこから来るのかという素朴な疑問を持っている」

そまつ【粗末】ソマツ ①つくり方やできあがりが丁寧でなく、品質があまりよくないようす.Ehumble; small; little. ハン변변치 않음、허술함.「そまつでもいいから自分の家を持ちたい//そまつなものですが、お受け取りください」対豪華 ②たいせつにしないようす.Ewaste; neglect. ハン낭비함、소홀히 함.「食べ物をそまつにしてはいけない//親や友達をそまつにする人間は信用できない」対大切 ③(「おそまつ」の形で)⇒お粗末

そむ・く【背く】ソムク〔自動五〕(そむいて) ①人の考えやきまりなどに反対してしたがわない.Edisobey; break. ハン어기다、거스르다.「道子は親の意見に背いて芸能界に入った//法律に背く行為」対従う ②予想とは別のほうに向く.Ebe contrary to. ハン어긋나다、어그러지다.「支持してくれた人々の期待に背いて落選してしまった」▷他動背ける

そ・める【染める】ソメル〔他動一〕①色のある液にひたしたり、絵の具や墨、紅などをぬったりして色をつける.Edye; tinge. ハン물들이다、염색하다.「Tシャツを友達のと同じ色に染める//夕日が山々を赤く染めている」②恥ずかしさや熱で顔やほおを赤くする.Eblush. ハン붉히다.「はじめて会ったとき、洋子は恥ずかしそうにほおを染めた」③なにかを新しく始める.Estart; begin. ハン손을 대다；시작하다.「ゴルフは手を染めたばかりだが、おもしろくて夢中になりそうだ//筆を染める」▷名染め 自動染まる

そもそも ソモソモ ①ものごとの最初.ものごとの起こり.初めから.Ethe very beginning; to begin with. ハン처음、시작、애초에.「事件のそもそもからお話ししましょう//その計画がそもそも甘かったのだ」②(文の初めにきて)改めて説明を始めるときに使うことば.Enow; well. ハン무릇、대저.「そもそも明治維新というのは…//そもそも日本の近代文学を語るならば…」▷書②

そよそよ ソヨソヨ 気持ちいい風が静かに吹くようす.「春風がそよそよ(と)吹いている(EThere is a gentle spring breeze blowing. ハン봄바람이 산들산들 불고 있다.)」

そら【空】ソラ ①地面のかなり上のほうにひろがっている空間.Ethe sky; the air. ハン하늘.「真っ青な空を鳥が飛んでいく//夕焼け空/青空/夜空」②天候.Ethe weather. ハン날씨、일기.「秋の空は変わりやすい//空模様(Ethe look of the sky. ハン날씨.)」③なにも見ずに言うこと.Eby heart; from memory. ハン(보지 않고) 말함、욈.「せりふをよく覚えてそらで言えるようになった」④(他のことばの頭について)(1)確かではない.真実ではない.うその.「そら耳(Ebe hearing things. 한잘못 들음, 환청.)//そら頼み(Ea vain hope. 한부질없는 기대.)」(2)なんとなく.「そら恐ろしい(Efeel a vague fear. 한어쩐지 두렵다.)//そら似(Ea chance likeness. 한(남남인데도) 얼굴이 무단히 닮음.)」

注③はひらがなで書く.

そら・す【反らす】ソラス〔他動五〕(そらして) 後ろの方へ曲げる. Ebend backward. 한(뒤로) 젖히다.「胸を反らして息を深く吸いこむ//体を反らして空を見る//身を反らす」自動反る

そらぞらし・い ソラゾラシイ うそだとはっきりわかるようすだ. Eempty; transparent. 한빤하다, 속이 들여다 보이다.「悲しくもないのに, そらぞらしい涙を流す//そらぞらしいうそを言う」

そ・る ソル〔他動五〕(そって) 髪やひげなどを, かみそりなどで根もとから切り取る. Eshave. 한깎다, 면도하다.「毎朝ひげをそる//むだな毛をそる//そり落とす」

参「ひげをする」のように,「そる」がなまって,「する」ともいう.

それ ソレ ①話す人からはすこし離れていて, 聞く人のほうに近いもの, こと, 人をさすことば. Eit; that. 한그것.「ちょっとそれを取ってください」
②話す人や聞く人が前にいったもの, こと, 人, 時をさすことば. Ethat. 한그, 그것, 그때, 그 일.『おなかが痛いんです』『それはいけませんね. この薬をすぐお飲みなさい』//先月日本へ来て, それ以来ずっと忙しい」
③前にいったことばを繰り返すかわりに使うことば. Ethat. 한그것.「西洋の論理と日本のそれとは, 非常に異なっている」
④注意させたり励ましたりするときに言うことば. ENow!; There! 한자, 이봐.「それ, 行け//それ, あぶないぞ」

▷話④ →付録指示語のまとめ
参①②で人をさすばあいは目下の人をいう.

それから ソレカラ (文と文をつないで) ①前にいったことに続いて後でいうことが起こるときに使うことば. Eand then; since then. 한그리고, 그 다음에; 그 뒤로.「友達に会った. それから一緒に映画を見た//三郎には3カ月前に会った. それから全然, 連絡がない」
②あるものにつけ加えるときに使うことば. Eand; also. 한그리고, 또.「ビールがある. それからワインもある//パンを買ってきてください. それから牛乳も」

▷→そして囲み

それじゃ ソレジャ, ソレジャ ①「それでは」のくだけた言い方. Ethen; if so. 한그러면, 그럼.「みんな集まったね. それじゃ, 始めようか」②別れるときに言うあいさつのことば.「それじゃ, さよなら(EWell, good-bye. 한그럼, 안녕.)」▷話

参「それじゃあ」と長くのばすこともある.

それぞれ ソレゾレ, ソレゾレ 2人以上の人のひとりひとり. また, 2つ以上のものの1つ1つ. Eeach; respectively. 한각자, (제) 각기, 각각.「セルフサービスの食堂ではそれぞれが食べ物を運ぶ//学生がかいた作品にそれぞれ題をつける」

それで ソレデ (文と文をつないで) ①前にいったことが原因, 理由で, そのために後でいうことが起こるときに使うことば. Eso; and; therefore. 한그래서, 그 때문에.「今月は授業料を払わなければなりません. それでお金がたくさんいります//家の前の道路が広くなった. それで車の量が増えた」
②相手の話を先に進めさせようとするときに使うことば. Eso; then; well. 한그래서,

それでは　ソレデワ〔文と文をつないで〕①相手のいったことを受けるときに使うことば. そういうことなら. では. Ｅthen; if so. 한그러면, 그렇다면. 「『こんなに遅くては電車はありませんよ』『それでは, タクシーで行きましょう』」②前の話を終えて, つぎにものごとを始めたり終えたりするときに使うことば. では. Ｅwell; then. 한그럼, 그러면. 「きょうの話について質問はありませんか. それでは, これで終わりましょう//時間になりましたね. それでは, これからテストを始めます」▷→それなら

それでも　ソレデモ〔文と文をつないで〕前にいったことがあっても, なお後でいうことが実現するときに使うことば. Ｅbut; still; and yet. 한그런데도, 그래도. 「わたしは財産を全部なくしてしまった. それでも, 事業は続けるつもりだ」

それどころか　ソレドコロカ〔文と文をつないで〕①前にいったことより, もっと程度の低いことさえしないことを後でいうときに使うことば. Ｅfar from that. 한그건 고사하고. 「わたしは車の運転はできない. それどころか自転車にも乗れない」②前にいった程度ではなく, それ以上に. Ｅon the contrary. 한그렇기는 커녕 오히려. 「わたしはきみの意見に反対ではない. それどころか協力したいと思っている」

それとなく　ソレトナク はっきり言ったりしたりしないで. Ｅindirectly; in a roundabout way. 한슬며시, 넌지시. 「洋子に, 転職する気があるかどうかそれとなくきいてみた」

それとも　ソレトモ〔文と文をつないで〕前か後のどちらかを選ぶときに使うことば. Ｅor. 한그렇지 않으면, 아니면; 혹은. 「この話, 進めますか, それとも断りましょうか//大阪まで新幹線で行きますか, それとも飛行機にしますか」

参「あるいは」も似ているが, 「あるいは」がふつうの文でも疑問の文でも使えるのに対して, 「それとも」はおもに疑問の文で使う.

それなら　ソレナラ〔文と文をつないで〕相手のいったことを受けるときに使うことば. そういうわけなら. そんなら. Ｅthen; if so; if that's the case. 한그렇다면, 그러면. 「『来年度の事業計画をまとめてきました』『それなら, すぐ見せてくれ』」

参 後には命令や意志を表す表現がくる. 「それでは」も似ているが, 「それでは」が前のことが終わったという気持ちが強いのに対して, 「それなら」は『『きょう, 一郎は来ないかもしれない』『それなら会議は中止にしよう』」のようにまだ終わっていないこともある. そのばあい, 「それでは」で置きかえることはできない.

それに　ソレニ〔文と文をつないで〕前にいったことに, さらになにかをつけ加えるときに使うことば. Ｅand also; moreover. 한게다가, 더욱이. 「頭が痛いんです. それに熱もあるんです//ここは交通が便利だ. それにとても静かだ」

そ・れる　ソレル〔自動一〕①ねらいがはずれて, 思ってもいなかった方向へ進んでいく. Ｅgo astray. 한빗나가다, 비껴가다. 「ボールがそれて, となりの家のガラスを割ってしまった//台風の進路がそれる」②ものごとが行くべき筋道からはずれる. Ｅwander; stray from. 한빗나가다, 벗어나다, (옆길로) 빠지다. 「注意がそれる//話がわき道にそれる」▷他動 そらす

そろ・う　ソロウ〔自動五〕(そろって) ①1カ所に集まる. Ｅbe all present; have a collection of. 한(모두) 모이다; 구비되

だ。「メンバーがそろったから会議を始めよう//K書店にはパソコンの本がそろっている」②みんな同じになる。一致する。Ⓔagree with; be uniform. 🇰🇷일치하다；맞다, 고르다.「全員の意見がそろって, 修学旅行は広島に行くことになった//左右がそろっていない」③あるべきものが全部ととのった状態になる. Ⓔhave the whole set of. 🇰🇷갖추어지다.「5人分の食器がそろっている//この全集は全部そろっていない」▷名そろい 他動そろえる

そろそろ ソロソロ ①ゆっくり, 静かに行動するようす.「塀の上を, 落ちないようにそろそろ(と)歩く(Ⓔinch one's way along the top of the fence so as not to fall. 🇰🇷담장 위를 떨어지지 않도록 천천히 걷다.)//車庫から車をそろそろ(と)出す」②あまり時間がたたないうちに. ぼちぼち.「そろそろ始まる時間だ//遅くなりましたので, そろそろ失礼します(Ⓔ It's getting late, so I have to be going soon. 🇰🇷늦어졌으므로, 이만 슬슬 실례하겠습니다.)」

ぞろぞろ ゾロゾロ ①たくさんの人やものが, 続いてゆっくりと動くようす.「音楽会が終わり, 会場から人がぞろぞろ(と)出てきた((Ⓔ A large audience streamed out of the hall after the concert. 🇰🇷음악회가 끝나자 홀에서 사람들이 꾸역꾸역 나왔다.)」②長いものをだらしなく引きずるようす.「着物の帯がほどけて, ぞろぞろ(と)引きずって歩いた(Ⓔ The *kimono obi* came undone and she walked trailing it along. 🇰🇷기모노의 허리띠가 풀어져서 질질 끌면서 걸었다.)」

そろばん ソロバン ①おもに日本や中国で, むかしから計算に使っている道具. Ⓔan abacus. 🇰🇷주판.「そろばんと電卓とで

〔そろばん①〕

計算の速さを比べる」②得をするか損をするかの計算. Ⓔcalculations of one's profit or loss. 🇰🇷수지 타산.「内容がよければ, そろばんは無視して出版する」▷数① 1丁・1面

そろばんをはじく 得をするか損をするかを考える. Ⓔcalculate profit or loss. 🇰🇷이해 타산을 따지다.「何度もそろばんをはじいてみたが, あまり利益がなさそうなので, その話は断った」

そわそわ ソワソワ〔~する〕落ちつかないようす.「きょうはボーナス日で, 社員たちは朝からそわそわしている(Ⓔ Today bonuses will be given out, so the employees have been restless since morning. 🇰🇷오늘은 보너스 지급일이라 사원들은 아침부터 들썽거리고 있다.)」

そん 【損】ソン 利益を失うこと. 不利なこと, また, 努力がむくいられないこと. Ⓔ(a) loss; unfavorable. 🇰🇷손, 손해.「宝くじをたくさん買ったが 1 枚も当たらなくて損をした//友達を待っていて遅刻したのに, 自分だけしかられるとは損な話だ」対得, 益

そんがい 【損害】ソンガイ 損をしたり, 事故や事件のために被害を受けたりすること. Ⓔ damage; a loss. 🇰🇷손해.「自動車事故でわたしの車が損害を受けた//損害をこうむる//損害賠償(Ⓔcompensation for damages. 🇰🇷손해 배상.)」対利益

そんけい 【尊敬】ソンケイ〔~する〕ほかの人を立派だと思ってうやまうこと. Ⓔrespect. 🇰🇷존경.「他人のしあわせのために生涯をささげた父を, 心から尊敬している//尊敬の念をいだく」対軽蔑

そんけいご 【尊敬語】ソンケイゴ 敬語の1つ. 聞き手や話の中の人, またはそれに関係するものごと, 行為, 性質, 状態などに対して, 話し手の敬意を表すことば.「お子さま」

「あの方」「お名前」「お元気ですか」「ごらんになる」など. Ⓔa respectful expression. 㦮존경어.「目上の人と話すとき, また, 目上の相手のしたことについて話すときには尊敬語を使う」関連 謙譲語, 丁寧語 →敬語

そんざい 【存在】ソンザイ〔～する〕そこにあること, そこにいること. また, そこにあるもの. そこにいるもの. Ⓔexistence; exist. 㦮존재.「宇宙から見たら, 人間なんて小さな存在だ//神はどこに存在するのか//存在理由」

ぞん・じる 【存じる】ゾンジル, ゾンジル〔他動一〕①「考える」「思う」の謙譲語. 存ずる. Ⓔ(humble) think. 㦮생각하다, 여기다.「お招きいただき光栄にぞんじます//お目にかかりたくぞんじます」②「知る」「承知する」「心得る」の謙譲語. 存ずる. Ⓔ(humble) know. 㦮알다.「お名前はよくぞんじております//いいえ, ぞんじません」

そん・する 【損する】ソンスル〔他動する〕利益を失う. また, 自分にとって不利だ. Ⓔsuffer a loss; lose. 㦮손해 보다.「株が暴落してひどく損した//1時間も待たされて時間を損した」対 得する

損して得取れ 一時的には損をしても, 最終的に利益をえるようにしたほうがいい. Ⓔ Lose a dime and win a dollar. 㦮우선은 손해를 보더라도 나중의 이익을 도모하라.

そんぞく 【存続】ソンゾク〔～する〕いまあるものごとがそのままの状態で続いていくこと. また, そのままの状態を残すこと. Ⓔcontinue (to exist); continuation. 㦮존속.「この鉄道は赤字だが, 地元の住民のために存続することに決めた//会員が減ると, 会の存続は困難になる」対 廃止

そんだい 【尊大】ソンダイ いばって, 自分は偉いという態度を見せるようす. Ⓔarrogant; haughty. 㦮거만함, 오만함.「社長は大きないすに尊大にかまえてすわっている//子供に尊大な態度で接する教師」

そんちょう 【尊重】ソンチョー〔～する〕そのものの価値を認めてたいせつにすること. Ⓔ have a high regard for; respect. 㦮존중.「相手の文化や国民性を尊重して外国の友人たちとつきあう//少数意見を尊重する//人命尊重」

そんとく 【損得】ソントク 利益を失うことと利益をえること. Ⓔloss and gain; self-interest. 㦮손익.「損得を考えてから仕事を引き受けるかどうか決める//損得を無視して働く//損得計算」

そんな ソンナ「そのような」「そのよう」のくだけた言い方. Ⓔsuch; like that; so. 㦮그러한, 그런.「そんなことは言った覚えがない//そんなに早く起きられない」→付録 指示語のまとめ

た／タ

た【他】タ ①あるものごとと別であること，また，その別のものごと．Ⓔanother; the other; others. 한다름, 다른 것.「他に方法をさがす／／アマゾンほど大きい川は他にない」②自分以外の人．Ⓔothers; another person. 한다른 사람, 남.「秘密を他へもらしてはいけない」対自 ③その所と関係ない別の場所．Ⓔanother place. 한다른 곳.「住居を他へ移す」▷書

た【田】タ 稲などを植えるために水を入れるようにした土地．田んぼ．Ⓔa rice field; a paddy. 한논.「田の草を取る／／田に水を引く」数1枚

た（動詞の「て」に続く形，形容詞の「かっ」の形，形容動詞の「だっ」の形について）①動作，作用が過去のことであることを表す．「ぼくはきのう新宿へ行った（Ⓔ I went to Shinjuku yesterday. 한나는 어제 신주쿠에 갔다.）母は歌がとても上手だった」②動作，作用が完了したことを表す．「仕事はもう終わった（ⒺMy work has already been finished. 한일은 이제 끝났다.）／／準備ができた」③（名詞の前について）現在の状態を表す．「川にかかった橋（Ⓔa bridge that spans the river. 한강에 가설된 다리.）／／庭に生えた草」

だ ①（名詞について）(1)ある人やものがなにかと同じである，なにかに属するということを表す．「日本は島国だ（ⒺJapan is an island country. 한일본은 섬나라다.）／／道子はこの会社の社員だ」(2)あるものごとを取りあげて示す．「さあ，夏休みだ（ⒺHey, it's summer break. 한야, 여름 휴가다.）」(3)前後の関係で述語の意味がわかるときに，その述語の代わりになる．「『みんな，なにを食べる？』『ぼくはてんぷらだ』／／兄は野球，弟はサッカーだ（ⒺOlder brother plays baseball, and younger brother plays soccer. 한형은 야구, 동생은 축구다.）」②形容動詞の基本形の語尾．「春は桜の花がきれいだ（ⒺThe cherry blossoms are beautiful in spring. 한봄에는 벚꽃이 아름답다.）／／駅の前はいつもにぎやかだ」③（「お～だ」の形で）尊敬を表す．「先生がお着きだ（ⒺThe teacher has arrived. 한선생님이 도착하신다.）／／お客さまがお帰りだ」④（「～のだ」の形で）⇒のだ①②③ ⑤⇒た①「ビールを5杯飲んだ／／海で泳いだ」⑥⇒た②「その本はもう読んだ」参①～④の丁寧な言い方は「です」，改まった言い方は「である」．

ターゲット（target）ターゲット 的．ねらい．商品などを売りこむ相手．Ⓔa target. 한타깃, 표적；대상.「ターゲットを大学生にしぼって，海外旅行を企画する」

ターミナル（terminal）ターミナル 電車，列車，バスなどの交通機関が多く集まって発着する駅．終着駅，または始発駅．Ⓔa terminal. 한터미널, 종착역；시발역.「渋谷はターミナルだから，乗り降りする人で，いつも混雑している／／バスターミナル」

たい【対】タイ ①2つのものの力やようすな

たい どが同じこと．Ｅeven; equal. 団대등함．「この子は碁で大人と対で戦える力を持っている//対の力量」②組み合わせになるものを示すことば．Ｅversus; between ~ and …. 団대．「東軍対西軍の試合/自然対人間」③数や量などを比べて示すことば．Ｅto. 団대．「試合は５対３で勝った//コーヒーとミルクを２対１の割合で入れる」④(他のことばの頭について)~に対する．~への．「対がん運動(Ｅan anticancer campaign. 団항암운동．)/対米交渉」

たい 【隊】 タイ ある目的を果たすために行動する人々の集まり．また，一団となって整列したり組み分けたりなどしたもの．Ｅa party; a body. 団대, 대열．「隊を組んで行進する//登山隊」

たい タイ 海にすむ魚の一種．多くは薄紅色で美しく，味がいい．マダイ，クロダイ，サクラダイなど．Ｅa sea bream. 団도미．「タイは『めでたい』に通じるところから，お祝いの料理に使われる」 数１匹
注 漢字で書くときは「鯛」．

たい (動詞の「ます」形について)①話す人の希望を表す．「コーヒーが飲みたい(ＥI want to drink coffee. 団커피가 마시고 싶다．)//パーティーを開きたい」②話す人以外の希望を表す．「食べたいだけ，食べなさい(ＥEat as much as you want. 団먹고 싶은 만큼 먹어요．)//どこへ行きたいの？」
参①で他動詞のばあい，対象を示す助詞は「が」と「を」の両方を使う．「コーヒーが飲みたい」のように「が」のときは名詞だけが対象であり，「コーヒーを飲みたい」のように「を」のときは動作全体が対象と考えられる．また，②のばあいは，質問の形や，修飾句の中で使い，「たい(です)」で文を終わらせることはできない．

-たい 【-帯】 (他のことばについて)①かなり広い範囲の，ある特徴を持った地域．「火山帯(Ｅa volcanic zone. 団화산대．)/地震帯/熱帯(→項目)」②ある長さの時間る広さの場所など．「このあたり一帯は東と西の方言がまじっている所//時間帯(Ｅa time zone; a time slot. 団시간대．)」

だい 【大】 ダイ ①大きいものごと．Ｅbig; large. 団큼, 큰 것．「大は工場の機械から小は家庭の電灯まで，電気を使うものはたくさんある//声を大にする」対小 ②程度が高いこと．Ｅgreat; extreme. 団아주, 대단히．「洋子とは大の仲よしだ//数学は大の苦手だ//大好き」③(他のことばの頭について)(1)大きい．「大企業//大規模(Ｅlarge-scale. 団대규모．)」対小 (2)非常な．立派な．「大失敗(Ｅa terrible failure. 団대실패．)/大成功」

大の字 上向きに寝て，両手両足をのばし，「大」という字のような形になること．Ｅbe spread-eagled. 団큰대자．「20キロも走ったあと，疲れきって草の上に大の字になって寝た」

大は小を兼ねる 大きいものは小さいものの代わりになる．ＥA large thing will serve for a small one. 団대는 소를 겸한다．「このかばんは大きいけれど，大は小を兼ねるから，荷物の多いときには便利だ」

だい 【代】 ダイ ①家や地位を受けついでいる期間．Ｅone's time; a generation. 団대．「祖父の代に買った土地」②品物や仕事に対して払う金．Ｅa charge; (room) rent. 団대금, 값, 세．「お代は後でいいです//部屋代」③(年を表すことばの後について)時代．「1960年代，日本の学生運動は非常に盛んだった//1950年代(Ｅthe 1950's. 団1950년대．)」④(数を表すことばの後について)(1)年齢の範囲を表す．「10代の若者//60代前半の人(Ｅ a person in his / her early 60's. 한60대 전반의 사람.)」(2)家や地位を受けついだ人の順番を表す.「6代続いた店//5代目団十郎(Ｅ Danjuro, the fifth. 한5대째 단주로.)」

だい 【台】ダイ ①ものを載せたり，仕事をしたりするための平らなもの．Ｅa rest; a stand. 한대.「台に乗って本棚のいちばん上の本を取る//テレビ台//仕事台」②(数を表すことばの後について) 車や大きな機械の数を表す.「トラック１台(Ｅone truck. 한트럭 1대.)//ワープロ３台(Ｅthree word processors. 한워드프로세서 3대.)」③(数を数えることばの後について) だいたいの範囲を表す.「1000円台の品物(Ｅan article priced between one and two thousand yen. 한1000 엔대의 물건.)//9時台の電車がいちばんこむ」

だい 【題】ダイ ①作品，文章，書物，講演などの内容や主題を表した短いことば．Ｅa title; a subject; a theme. 한제(목).「『世界の平和』という題で話す//論文に題をつける」②(数を表すことばの後について) 問題の数を表す．Ｅa question; a problem. 한문제.「数学の問題は5題のうち3題できた」

だい- 【第-】(数を表すことばについて) 順番を表す.「この本の第2章には，ヨーロッパの現代史が書かれている//第3回大会(ＥThe Third Conference. 한제3회 대회.)//第1巻(Ｅthe first volume. 한제1권.)」

たいあたり 【体当たり】タイアタリ〔～する〕①自分の体を勢いよく相手にぶつけること．Ｅhurl oneself at. 한(자기) 몸을 상대에 힘껏 부딪침.「デパートの警備員は，体当たりして泥棒を捕らえた」②持っている力をすべて出して，目的にぶつかっていくこと．Ｅthrow oneself into. 한혼신의 힘을 다함.「本当たりで仕事に取り組む//本当たりの演技」

たいあん 【対案】タイアン 相手の案や先に出ている案に対抗して出す別の案．Ｅa counterproposal. 한대안.「反対するなら対案を出しなさい//対案をねる」

たいいく 【体育】タイク，タイイク ①丈夫な体をつくり，運動の能力を高めて，健康な生活をする態度を養うことを目的とする教育．Ｅphysical training. 한체육.「10月10日は体育の日だ//体育祭」②運動や競技の実技や理論を教える，学校の教育科目の１つ．Ｅphysical education. 한체육.「雨が降っているから，体育の時間は自習にする//体育館」▷関連①知育，徳育

だいいちいんしょう 【第一印象】ダイイチインショー 最初に受けた感じ．Ｅone's first impression. 한첫인상.「日本に来たときの第一印象を話す//第一印象の悪い人」

だいいちにんしゃ 【第一人者】ダイ・イチニンシャ，ダイイチニンシャ ある分野で最もすぐれている人．Ｅa leading figure; a recognized authority. 한제일인자.「道子は，若いころから大阪方言の研究を続け，いまではその方面の第一人者だ」

たいいん 【退院】タイイン〔～する〕入院していた病人やけが人が，病気やけがが治って病院から出ること．Ｅbe discharged from the hospital; leave the hospital. 한퇴원.「医師から退院の許可が出た//退院したばかりでまだ体力がない」対入院

ダイエット (diet) ダイエット〔～する〕健康のため，また美容のために，栄養やカロリーを調節すること．Ｅa diet. 한다이어트.「太りすぎだから運動をし，ダイエットをするようにと医者に言われた//ダイエットしているの

たいおう

で，甘いお菓子は食べない//ダイエット食品」

たいおう 【対応】タイオー〔～する〕①たがいにつりあいがとれていること．Ebe equivalent to; correspond to. 韓対応．「日本語の『平和』に対応する中国語は『和平』である」②相手の動きや周囲のようすを見ながら，それに応じてふさわしい行動をとること．Ecope with; deal with. 韓対応，対処．「東西の緊張緩和に対応した防衛政策を考える」

たいおん 【体温】タイオン，タイオン　動物や人の体の温度．E(body) temperature. 韓体温．「人の体温はふつう セ氏36度から37度だ//運動の後は体温が上がる//体温計」

たいか 【大家】タイカ　学問や芸術の1つの方面で，特にすぐれた力を持つと認められた人．Ean authority; a master. 韓大家．「この建物は，建築工学の大家のS氏が設計した//日本画の大家」
参「巨匠」も似ているが，「巨匠」は「映画界の巨匠黒沢明監督の作品」などというように，おもに芸術方面の「大家」をいう．

たいか 【退化】タイカ，タイカ〔～する〕生物の器官があまり使われないために，小さくなったり，なくなったりすること．また，ものごとの進歩が止まり，もとの状態にもどること．Eatrophy; degenerate. 韓退化．「蛇の手足は退化してなくなった//文明が退化する」対進化

たいかい 【大会】タイカイ①多くの人が1つの目的で集まる会合．Ea mass meeting; a rally. 韓大会．「看護婦をもっと増やすことを要求するための大会を開く//マラソン大会」②ある組織や団体の会合で最も大きいもの．Ea convention; a conference. 韓大会．「組合の大会を大阪で開く//党大会」

たいがい 【大概】タイガイ①ほとんど全部．大部分．Emost of; generally. 韓大概，大部分．「会員の中のたいがいの人が，会長はもうやめたほうがいいと思っている//日曜日はたいがい家にいる」②(「たいがいにする」の形で）適当な程度にする．Emoderately; not too much. 韓適当함, 어지간함．「あの人とつきあうのはたいがいにしておいたほうがいい」

たいかく 【体格】タイカク　身長，骨格，栄養の状態などからみた体の格好．E(a) build. 韓체격．「食生活が変わって，日本人の体格がよくなった」

たいがく 【退学】タイガク〔～する〕学生や生徒が学校を中途でやめたり，罰などでやめさせられたりすること．Eleave school; quit school. 韓퇴학．「学生生活がつまらなくて，大学を退学した//中途退学」

だいがく 【大学】ダイガク　学校の中で，いちばん高いレベルの研究と教育をする所．ふつう，修業年限は4年．Ea university; a college. 韓대학．「弟は大学の2年生で，経済学を専攻している//大学教授//総合大学//単科大学//短期大学」数 1校

だいがくいん 【大学院】ダイガクイン　大学を卒業した人がもっと深く専門的に研究する所．ふつう，修士課程が2年，その上の博士課程が3年．Ea graduate school; a postgraduate school. 韓대학원．「大学卒業後は大学院に進んで，心理学の研究を続けるつもりだ」

たいかくせん 【対角線】タイカクセン，タイカクセン　多角形のとなり合っていない2つの角，また多面体の同一平面上にない2つの角の頂点を結ぶ直線．Ea diagonal line. 韓대각선．「町の中を対角線のように国道が通っている//対角線を引く」数 1本

たいがんのかじ 【対岸の火事】重大なことが起こっても，自分には関係のないことと

してのんびりしていること．Ⓔlook on (a trouble) as something that have nothing to do with one. 한강 건너 불, 자기와는 무관한 일. 「友人の会社の倒産を対岸の火事とみていたが，自分の会社があぶなくなった」
参 川をへだてた向こう岸で火事が起こっていることからいう．

たいき　【大気】タイキ　地球を取り巻く空気の層．Ⓔthe air; the atmosphere. 한대기. 「大気の汚染を防ぐ必要がある∥大気圏」

たいきおせん　【大気汚染】タイキオセン　工場の煙，自動車の排気ガス，放射性物質などで，大気がよごれること．Ⓔair pollution. 한대기 오염. 「大気汚染で喘息の患者が増えている∥大気汚染防止法」

だいぎし　【代議士】ダイギシ　国民から選ばれ，国民を代表して国の政治を行う人．国会議員のうちの衆議院議員をさす．Ⓔa member of the House of Representatives. 한국회 의원, 중의원 의원. 「道子は頼りになる立派な代議士だ∥郷土選出の代議士」

たいきばんせい　【大器晩成】タイキバンセイ，タイキ・バンセイ　本当に立派な才能のある人物は，若いころはあまりめだたないが，年をとってから実力が現れるということ．Ⓔa latebloomer. 한대기 만성. 「K氏は，学生時代はめだたなかったが，40歳すぎて才能を発揮しだした大器晩成の人だ∥大器晩成型の人間」

たいぎめいぶん　【大義名分】タイギメイブン，タイギ・メイブン　人として守らなければならない根本的道理．また，筋の通った理由．Ⓔa great cause; a good reason. 한대의 명분. 「民族の独立を守るという大義名分のもとに軍隊を出す∥大義名分が立つ」

たいきゅう　【耐久】タイキュー　長い間，使い続けられること．長くもちこたえられること．Ⓔdurable; endurance. 한내구. 「耐久消費財∥耐久力」書

たいきょ　【大挙】タイキョ〔～する〕多数がそろって立ち向かうよう. Ⓔin crowds; in great mass. 한대거. 「市長との対話集会に市民が大挙，押しかけた∥サケが大挙して川を上る」

たいきょ　【退去】タイキョ〔～する〕ある場所からいなくなること．Ⓔevacuate; expulsion. 한퇴거. 「戦争を避けて国外に退去する∥退去命令」

だいきん　【代金】ダイキン，ダイキン　品物に対して払う金．Ⓔthe price; the money. 한대금. 「商品の代金は1週間以内に払ってください∥代金と引きかえに品物をお渡しします」

だいく　【大工】ダイク　家を建てたり修理したりする人．また，その職業．Ⓔa carpenter. 한목수, 대목. 「優秀な大工がおおぜい集まり，3年かかってこのお寺を建てた∥日曜大工」

たいぐう　【待遇】タイグー，タイグー〔～する〕①客などをもてなすこと．Ⓔservice; be received. 한대우. 「このホテルは待遇がいい∥冷たく待遇される」②会社などでの，勤める人に対する地位や給与などの取り扱い．Ⓔtreat; working conditions. 한대우, 처우. 「この会社では男性も女性も同等に待遇している∥待遇を改善する」

たいくつ　【退屈】タイクツ〔～する〕①なにもすることがなく，ひまで困ること．Ⓔbe bored. 한지루함, 따분함. 「定年になって毎日が退屈だ∥かぜをひいて外へ遊びに行けず退屈する」②興味をひくものがなくてつまらないこと．Ⓔmonotonous; tedious. 한지루함, 무료함. 「退屈な仕事ばかりさせられるので，会社をやめたくなった∥きのうの映画は退

屈で, 途中で寝てしまった」

たいけい【体系】タイケイ 同じ種類の中の別々のものを1つの考え方でまとめた全体. Ⓔa system; an organization. 廿체계.「日本語文法の体系を立てる//体系づける//賃金体系」

たいけつ【対決】タイケツ, タイケツ〔~する〕向き合って, どちらが正しいか, どちらがすぐれているかなどを決めること. また, 困難なことと闘うこと. Ⓔa showdown; confront. 廿대결.「与党と野党が防衛問題で対決する//がんと対決する」

たいけん【体験】タイケン〔~する〕自分で実際に経験すること. また, その経験. Ⓔ(personal) experience. 廿체험.「若いときの体験はあとで必ず役に立つ//肉体労働を体験する//体験談」
参「経験」も似ているが,「経験」が見たり聞いたりしたことや, そのようにしてえた知識や技能もふくむのに対して,「体験」は自身が実際に体で経験したことに限る.

たいこ【太鼓】タイコ 楽器の一種. 木製, 金属製の胴の両面か片面に革を張り, 手やばちでたたいて音を出す. Ⓔa drum. 廿북.「祭りの太鼓が響く//太鼓をたたく」数1面・1張
〔太鼓〕

たいこう【対抗】タイコー〔~する〕たがいに競争し合うこと. 張り合うこと. Ⓔcompete with; interclass. 廿대항.「B社に対抗して新製品をつくる//クラス対抗のバレーボールの試合」

だいこう【代行】ダイコー〔~する〕他人の仕事などを, その人にかわってすること. また, その人. Ⓔact for another. 廿대행.「三郎は, 酒を飲んだ人の車をその人の家まで運ぶ運転代行の仕事を始めた//学長を代行する」

たいこうしゃ【対向車】タイコーシャ 反対側の車線をこちらに向かって走ってくる車. Ⓔan oncoming car. 廿마주 오는 차.「対向車のライトがまぶしい//対向車に気をつけながら右側のドアを開ける」数1台

たいこばんをおす【太鼓判を押す】確かにまちがいないと保証する. Ⓔvouch for; guarantee. 廿틀림없다고 보증을 하다.「この青年は将来きっといい医者になる, と院長は太鼓判を押した」

だいこん【大根】ダイコン ①野菜の一種. 地中に育つ白くて太い根や葉を食べる. Ⓔa daikon; a Japanese radish. 廿무.「大根を細長く切って, 刺身と一緒に皿に並べる//大根おろし(Ⓔgrated radish. 廿(강판에 간) 무즙.)」②「大根役者」を略した言い方. 芝居が下手な役者. Ⓔa poor actor. 廿연기가 서투른 배우.「あの役者は大根だから, だいじな役はつけられない」▷数①1本 →野菜図

たいざい【滞在】タイザイ〔~する〕よその土地に行って, そこに, ある期間いること. Ⓔstay. 廿체재.「日本には2年ぐらい滞在する予定だ//滞在期間//滞在費」

だいざい【題材】ダイザイ 作品や研究などの内容となる材料. Ⓔa subject matter; (a) material. 廿제재, (작품 등의) 소재.「芭蕉には自然を題材にした俳句が多い//山を題材にした絵をかく」

たいさく【対策】タイサク あることがらに対して立てる手段, 方法. Ⓔmeasures; a countermeasure. 廿대책.「違反駐車に対策を講じる//高齢化社会への対策を立てる//入試対策」

たいさん【退散】タイサン〔~する〕①集まっていた人たちがばらばらにその場を離れ, 帰っていくこと. Ⓔdisperse; go home. 廿퇴산, 흩어져 돌아감.「街頭演説が終わる

と, 人々は退散した//夜も遅い, そろそろ退散しよう」②逃げ去ること. Ⓔrun away; flee. 㦮도망침, 달아남.「強盗は非常ベルの音にあわてて退散した」

だいさんしゃ【第三者】ダイ・サンシャ あることがらに直接関係しない人. また, 公平な立場にある人. Ⓔa third party; an outsider. 㦮제삼자.「これはあなた方2人の問題だが, 第三者としてわたしにも意見を言わせてほしい//第三者が公平な判断を下す」対当事者

たいし【大使】タイシ「特命全権大使」を略した言い方. 一国の代表として外国に派遣され, その国との外交の仕事をする人. Ⓔan ambassador. 㦮대사.「Y氏は大使としてチリに赴任することになった//駐日大使」

たいじ【退治】タイジ, タイジ〔~する〕悪者や害を与えるものを打ち負かして, いないようにすること. Ⓔconquer; get rid of. 㦮퇴치.「桃太郎は悪い鬼を退治した//ゴキブリを退治する薬品」

だいじ【大事】ダイジ, ダイジ ①たいへんなできごと. 重大なことがら. Ⓔa crisis; serious. 㦮큰일, 대사, 중대사.「国の大事ともいえるような事件が起こった//大事にならずにすんでよかった」対小事 ②たいせつにするよう. 丁寧に扱うよう. Ⓔwith care; carefully. 㦮소중함.「花をだいじに育てる//こわれやすいので, だいじに扱う」③価値のあるよう. 重要なよう. Ⓔimportant; precious. 㦮중요함.「だいじな約束を忘れていた//だいじな品」④(「おだいじに」の形で)⇨お大事に

大事をとる 注意深くものごとをする. Ⓔas a precaution. 㦮신중을 기하다, 신중하게 대처하다.「かぜで, 熱はないが, 大事をとって会社を休んだ」

ダイジェスト (digest) ダイジェスト〔~する〕内容のたいせつな部分を短くまとめること. また, まとめたもの. Ⓔa digest. 㦮다이제스트, 요약.「スポーツの試合をダイジェストにして, テレビで放送する//ベートーベンの一生をダイジェストしてレポートに書く//ダイジェスト版」

たいしかん【大使館】タイシカン 大使が駐在する国で公務をとる公館. Ⓔan embassy. 㦮대사관.「外国を旅行中パスポートをなくしたら, 大使館へ行きなさい//大使館でビザを発行する//駐日タイ大使館」

たいした【大した】タイシタ ①ふつうに考えられる程度をこえていて, 驚いたり感心したりあきれたりするよう. Ⓔquite; great; something. 㦮굉장한, 대단한, 엄청난.「歩いて日本を1周するとは, たいした人だ//ゆうべの地震に気がつかないで寝ていたとはたいしたものだ」②(「たいした~ない」の形で)特に騒ぐほどの大きなことではない.「たいした病気ではないから心配ない(ⒺIt's not a severe illness, so there's no need to worry. 㦮대단한 병은 아니므로 걱정 없다.)//入試に失敗するぐらい, たいしたことじゃない」

たいしつ【体質】タイシツ ①生まれつき持っている体の性質. Ⓔa constitution. 㦮체질.「一郎は酒が飲めない体質だ//アレルギー体質」②組織や機構などが持っている性質. Ⓔthe nature. 㦮체질.「男尊女卑の企業の体質を改めないと, 優秀な女性社員は集まらない//政党の体質」

たいして タイシテ(「たいして~ない」の形で)特別にいうほどではない. Ⓔnot very; not so much. 㦮그다지, 별로.「たいしておもしろい映画ではないから, おすすめしません//あなたがいなくてもたいして困らない」

たいしゃ【退社】タイシャ〔~する〕①それまで勤めていた会社をやめること. Ⓔretire

たいしゃく

(from a company). 韓退社.「12月末で退社する//退社を決意する」対入社 ②勤務時間が終わって会社から出ること. Eleave the office. 韓退勤.「5時に退社する/退社時間」対出社

たいしゃく【貸借】タイシャク〔~する〕貸すことと借りること. 特に金についていう. 貸し借り. Ea loan; debit and credit. 韓貸借.「A社とB社との間には貸借関係がある//貸借対照表」書

たいしゅう【大衆】タイシュー 多くの人. 社会の大多数を占める一般の人々. Ethe general public. 韓대중.「A氏は大衆の気持ちがわかる政治家//大衆食堂」

たいじゅう【体重】タイジュー 体の重さ. Eone's weight. 韓체중.「わたしの体重は60キロです/体重が増えた//体重計」

たいしょ【対処】タイショ〔~する〕問題や事件が起きたとき, 情勢が変化したときなどに, 適切な処置をとること. Ecope with; deal with. 韓대처.「原子力発電所の事故は, 対処が遅れたらたいへんなことになる」

たいしょう【対象】タイショー ①見たり考えたりする活動の向けられる相手となるもの. Ea subject; an object. 韓대상.「道子はタバコとがんの関係を研究の対象にしている」②働きかける目標や相手となるもの. Ea target; for. 韓대상.「大学生を対象にして読書の調査をする//野球ファンを対象とする新聞」

たいしょう【対照】タイショー ①〔~する〕2つのものを比べ合わせること. Ecompare; contrast. 韓대조.「原文と対照すると, 訳本の誤りがよくわかる/対照言語学」②性質が違う2つのものごとを並べたとき, 違いをはっきりさせること. E(a) contrast. 韓대조.「にぎやかなことの好きな父と静かに考えるのが好きな母で, 2人の性格はいい対照だ//色の対照を考えてポスターをデザインする」

だいしょう【代償】ダイショー ①人に与えた損害の代わりに支払う労力や金. Ecompensation. 韓대상, 보상.「客のズボンをよごした代償として, クリーニング代を払った//こわしたカメラの代償に金を払う」②あることをするために払った犠牲や損害. E(a) cost. 韓대가.「人の命という貴重な代償を払って, この橋は完成した」

だいじょうぶ【大丈夫】ダイジョーブ しっかりしているので, 安心できるようす. Esafe; all right. 韓끄떡없음, 괜찮음, 걱정 없음.「病気のことは医者にまかせておけば大丈夫だ/重いものを載せても大丈夫なように, しっかりとした棚をつけた」

たいしょく【退職】タイショク〔~する〕それまで勤めていた職をやめること. Eretire (from office). 韓퇴직.「母は定年で退職した/65歳まで働いたら退職するつもりだ//退職金// 退職願」対就職

たいじん【退陣】タイジン〔~する〕重要な地位や役目から去ること. Eresignation; retire (from a position). 韓퇴진.「汚職議員の退陣を要求する//社長は若い人たちに会社をまかせようと退陣した」

だいじん【大臣】ダイジン 内閣を構成し, 国の政治を行う人. 国務大臣. Ea (Cabinet) minister. 韓대신, 장관.「首相が大臣を任命する//大蔵大臣(Ethe Minister of Finance. 韓대장 대신.)//文部大臣」

だいず【大豆】ダイズ, ダイズ 穀物の一種. 畑でつくり, みそ, しょうゆ, 豆腐などをつくったり, 油をとったりする. 豆が緑色のうちにゆでて食べるものを枝豆と呼ぶ. Ea soybean. 韓대두, 콩.「大豆は畑でとれる肉だといわれるほど, 栄養がある//大豆油」

たい・する【対する】タイスル〔自動する〕

①2つのものが向き合う．Eface each other．韓마주 보다, 대하다．「警察署は消防署に対している」②たがいに反対の関係だ．また，あれとこれとを比べる．Eas opposed to; compared with．韓상반되다；비하다．「この商品は品質に対して値段が安い」③あるものに向かう．Eto; toward．韓대하다．「出席者に対して自分の考えを述べる//困っている人に対して親切にする」

たいせい 【大勢】タイセイ 全体からみた世の中やものごとのだいたいのなりゆき．Ethe general outcome; the general situation．韓대세．「選挙の大勢は，夜中までにははっきりするだろう//世界の大勢を見守る」

たいせい 【体制】タイセイ ①社会や集団の全体としての仕組み．Ea system; a structure．韓체제．「経済の体制の違う国と友好関係を結ぶ//資本主義体制/社会主義体制/戦時体制」②政府など，権力をにぎっている側を反対勢力からいうことば．Ethe Establishment．韓체제．「体制側/反体制運動」対反体制

たいせい 【態勢】タイセイ あることに対して準備し身がまえる状態．Epreparations; a condition．韓태세．「飛行機が着陸の態勢に入る//会社は破産しかけたが，態勢を立て直して再出発した//受け入れ態勢」

たいせき 【体積】タイセキ 立体の大きさ．立方メートル，立方センチなどの単位で表す．Evolume; capacity．韓체적．「1辺が2センチの立方体の体積は8立方センチだ//箱の体積を計算する」

たいせつ 【大切】タイセツ 非常に重要なようす．また，よく気をつけるようす．Ewith care; take care of; precious．韓중요, 귀중, 소중；조심．「この本は先生にお借りしたものだから，たいせつにしてください//体をたいせつにする//わたしのたいせつな宝物」対粗末

たいそう 【体操】タイソー ①{~する}体を発達させたり丈夫にしたり，健康を保つために行う規則正しい運動．Egymnastics．韓체조．「朝早く起きて体操するのはいい気持ちだ//準備体操」②①を運動競技にしたもの．体操競技．跳馬，鉄棒，平均台などの種目がある．Egymnastics competition．韓체조 경기．「アジア大会の体操で金メダルを獲得した」

たいそう タイソー ①程度が非常に大きいようす．Every much．韓대단히, 매우, 몹시．「10月になると, 紅葉を見に来る人たちで山はたいそうにぎわう」②大げさなようす．Eexaggerated．韓야단스러움, 거창함．「たいそうな宣伝をしていたので見に行ったが，つまらない映画だった」
注漢字で書くときは「大層」．
参すこし古い言い方．

だいそれた 【大それた】ダイソレタ その人の立場や能力をこえた．まったく不可能な．とんでもない．Ebold; audacious．韓당치 않은, 엉뚱한, 가당찮은．「小学生のころ，総理大臣になりたいというだいそれた望みを持っていた//だいそれた考え(Ea wild idea．韓당치 않은 생각.)//だいそれた計画(Ean outrageous plan．韓엉뚱한[가당찮은] 계획.)」

たいだ 【怠惰】タイダ 気持ちがゆるみ，勉強や仕事などをしないで怠けること．Eidle; lazy．韓나태, 태만．「ぶらぶらと遊びまわって怠惰な生活を送る//怠惰に過ごす」対勤勉

だいたい 【代替】ダイタイ {~する} ほかのものでかえること．Esubstitute．韓대체．「石油の代替エネルギーを準備する//代替地」書

だいたい ダイタイ ①ほとんど全部．また，

細かい部分を除いたたいせつなところ. Ⓔan outline; almost. 翰대체(로), 대강.「時間がないので、だいたいの話だけ聞かせてください//きょうの講義はだいたい理解できた」② 全体の数を大きくつかんでいうようす. Ⓔabout; in the rough. 翰대략, 대충.「集会の参加者はだいたい300人だった」③ もとはといえば. Ⓔto begin with; first of all. 翰애당초, 본래.「だいたいふだんの生活が不規則だから病気になったりするのだ」
注 漢字で書くときは「大体」.

だいだいてき 【大大的】ダイダイテキ 規模が非常に大きいようす. Ⓔwidely; large-scale. 翰대대적.「妹の学校のことが雑誌に大々的に紹介された//入管をめぐるトラブルは大々的な問題となった」

たいだん 【対談】タイダン〔～する〕あることがらについて、2人で向かい合って話すこと. また、その話. Ⓔa talk; talk with. 翰대담.「ゆうベラジオで音楽家と建築家の対談を聞いた//科学者の責任というテーマで対談する//対談の相手」

だいたん 【大胆】ダイタン 恐れず、思いきったことをするようす. Ⓔboldly; daring. 翰대담.「他人の目を気にせず、大胆に生きてみたい//背中が大きく開いた大胆なデザインの服」対臆病・臆病

たいちょう 【体調】タイチョー 健康の状態. 体の調子. Ⓔphysical condition; in (good or bad) shape. 翰몸의 상태, 컨디션.「かぜぎみで、きょうは体調が悪い//働きすぎて体調をくずした」

たいてい タイテイ ①ほとんど全部. Ⓔmost; usually. 翰대개, 대체로.「花をプレゼントされると、たいていの人は喜ぶ//昼はたいてい外で食事する」② ふつう考えられるぐらいであるようす. Ⓔproperly; ordinary. 翰적당히, 작작; 보통.「勉強や研究もたいていにして、すこしは遊んだほうがいい//外国で1人で暮らすのはたいていの苦労ではない」
注 漢字で書くときは「大抵」.

たいど 【態度】タイド ①人やものごとに対するときの対応のしかた. Ⓔan attitude. 翰태도.「賛成か反対か態度を明らかにする//あいまいな態度」②人やものごとに対したときの感情などが、ことばや表情、身ぶりなどに表れたもの. Ⓔbehavior; a manner. 翰태도.「洋子は真剣な態度で、自分の体験を発表した//態度が大きい(Ⓔbe arrogant. 翰태도가 거만하다.)」

たいとう 【台頭】タイトー〔～する〕新しい勢力が力をつけて、のびてくること. Ⓔgain power; become influential. 翰대두.「政治の世界に、若い勢力が台頭してきた」

たいとう 【対等】タイトー 2つのものに、地位や実力などの差がないこと. Ⓔon equal terms; equal. 翰대등.「親と子が対等に話し合う//対等なつきあいをする//対等の立場」
参「同等」も似ているが、「同等」が「この試験に合格すれば高校卒業と同等の資格を与える」のように、権利や等級などが等しいことをいうのに対して、「対等」は同じ立場に立っていることをいう.

だいどうしょうい 【大同小異】ダイドーショーイ すこし違うだけで、ほとんど同じであること. Ⓔnearly alike; much the same. 翰대동 소이.「学園祭の学生たちのアイデアは、どれも大同小異で、めだったものはなかった」

だいとうりょう 【大統領】ダイトーリョー 共和国で国を代表する人. 国民の選挙によって選ばれ、行政権を取りまとめる最高の地位の人. Ⓔa president. 翰대통령.「ワシントンはアメリカの初代の大統領であった//大統領選挙」

だいどころ 【台所】ダイドコロ ①家の中

で、料理をする所。Ea kitchen. 한부엌, 주방.「台所から魚を焼くにおいがしてくる//家の中を改築して、台所を広くした//台所仕事」

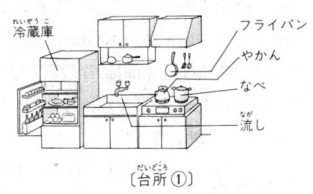
冷蔵庫　フライパン　やかん　なべ　流し
〔台所①〕

②金のやりくり。Efinances. 한살림; 재정.「町の台所を預かる」

参①は「キッチン」と同じ役をする場所だが、「キッチン」のほうが新しく明るい洋風な感じがする.

タイトル (title) タイトル、タイトル ①本や映画の題名。記事の見出し。Ea title. 한타이틀, 제목.「タイトルを『ことば雑感』とつけた随筆集を出版した//戦争と平和というタイトルの映画」②スポーツ競技の大会などで、優勝した選手や団体に与えられる資格。選手権. Ea title; a championship. 한타이틀, 선수권.「世界チャンピオンのタイトルを争う//タイトルマッチ」

だいなし【台なし】ダイナシ だめになること、役に立たなくなること。Espoil; be destroyed. 한아주 망침, 엉망이 됨.「買ったばかりの服を、雨で台なしにしてしまった//客が酔ってけんかを始めたので、パーティーは台なしになった」

ダイナミック (dynamic) ダイナミック 動的で、力強いようす。Edynamic. 한다이내믹, 역동적.「洋子は波のようすをダンスでダイナミックに表現した//三船敏郎のダイナミックな演技は世界的な注目を浴びた」

だいにじせかいたいせん【第二次世界大戦】ダイニジ・セカイタイセン 1939年から1945年までの間、日本、ドイツ、イタリアなどの枢軸国がイギリス、フランス、アメリカ、ソ連、中国などの連合国と戦い、日本などが負けた戦争。EWorld War II. 한제2차 세계 대전.「第2次世界大戦で世界の情勢は大きく変わった//日本は第2次世界大戦後、平和憲法をつくり、軍隊も持たないことを宣言した」

たいはいてき【退廃的】タイハイテキ 健康的な考え方や雰囲気がなく、乱れたようす。Edecadent. 한퇴폐적.「人間は生きる目的がなくなると、退廃的になりがちだ//毎日酒を飲んでばかりいるような退廃的な生活はすぐやめなさい」

たいはん【大半】タイハン、タイハン 全体の半分をはるかにこえた数や量。Ethe greater part; the majority. 한태반, 과반, 대부분.「出席者の大半の人が賛成した」

たいひ【対比】タイヒ、タイヒ〔〜する〕2つのものを比べ、同じか違うかはっきりさせること。Ecompare; contrast. 한대비, 대조.「A社とB社の車を対比すると、B社製のほうが燃費がいいことがわかる//理想と現実との対比」

だいひつ【代筆】ダイヒツ〔〜する〕手紙や書類などを、本人にかわって書くこと。Ewrite for another. 한대필.「たいせつな書類なので、文字に自信のある姉に代筆を頼んだ//改まった手紙が書けなくて、母に代筆してもらった」対自筆、直筆

だいひょう【代表】ダイヒョー ①〔〜する〕多数の人にかわって意見などを外に表すこと。また、その人。Erepresent; on behalf of. 한대표.「結婚式で、友人を代表してスピーチをする」②〔〜する〕一部分で、全体の性質や特徴を表すこと。また、そのような一部分。Erepresentative; typical. 한대표.「京都は日本を代表する古い都市の1つだ//代

表作」③能力がすぐれているために選ばれた人．ⒺＡ representative; a delegate. 韓대표．「テニスの試合で優勝して、日本の代表になった//代表選手」

だいぶ ダイブ ものごとの程度が進んでいるようす．だいぶん．Ⓔmuch; pretty; rather. 韓상당히, 제법, 꽤．「だいぶ寒くなってきたので、ストーブを用意しよう//けがはだいぶよくなった」
注 漢字で書くときは「大分」．

たいふう 【台風】タイフー 北太平洋の南西部に発生する熱帯低気圧で、最大風速が毎秒 17.2 メートル以上のもの．7月から11月にかけて最も多く発生し、フィリピン、中国、日本などをおそい、風や豪雨で大きな被害をもたらす．Ⓔa typhoon. 韓태풍．「台風で新幹線が不通になっている//台風が九州に上陸した」

台風の目 ①台風の中心近くにできる、雨や風のない晴れた円形の地域．Ⓔthe eye of a typhoon. 韓태풍의 눈．「東京は台風の目に入ったらしく、急に風がやんだ」②社会に大きな影響を与えるもとになるもの．騒ぎの中心となることがらや人をいう．Ⓔa social movement or person who creates a terrific sensation. 韓태풍의 눈．「動きの激しい世界情勢の中で、G大統領は台風の目となっている」

だいぶつ 【大仏】ダイブツ，ダイブッ 大きな仏像．Ⓔa great statue of Buddha. 韓대불．「東大寺には、高さ約15メートルの大仏がある//鎌倉の大仏は美男で有名だ」
数 1基・1体
〔大仏〕

だいぶぶん 【大部分】ダイブブン 数や量などのほとんど全部．Ⓔmost; the greater part of. 韓대부분, 태반．「台風のため、大部分の電車が運転を取りやめた//彼女の話の大部分はうそだから、信用しないほうがいい」
対 一部分

タイプライター （typewriter）タイプライター 指先でキーを打って文字を紙にしるす機械．タイプ．Ⓔa typewriter. 韓타이프라이터, 타자기．「新聞記者のアリスはタイプライターで記事を書く//手紙をタイプライターで打つ」
数 1台

たいへん 【大変】タイヘン ①重大であるようす．また、程度がひどいようす．Ⓔvery; so; terrible. 韓매우, 대단히, 몹시．「たいへんお待たせしました//たいへんな事故が起きた//たいへんな暑さだ」
②苦労や問題が多いようす．Ⓔdreadful; serious. 韓힘들, 고생스러운, 험난한．「夏休みは宿題が多くてたいへんだ//わが国の経済はいま、たいへんな状態にある」

だいべん 【大便】ダイベン ［～する］肛門から出される食べ物のかす．便．Ⓔexcrement; feces. 韓대변．「健康診断で大便を検査する」対 小便

たいほ 【逮捕】タイホ ［～する］警察が犯人や容疑者を捕らえること．Ⓔarrest. 韓체포．「警察は、選挙で金を配った、候補者の秘書を逮捕した//逮捕状（Ⓔa warrant of arrest. 韓체포 영장.）」
参「検挙」も似ているが、「検挙」は体の自由をうばわずに書類だけで処理することもあり、また、「逮捕」のような法律用語ではない．

たいまん 【怠慢】タイマン 怠けていて、勉強や仕事などをしないこと．Ⓔnegligent; inattentive. 韓태만．「このレストランの店員は怠慢で、おしゃべりばかりして注文を取りに来ない//期限を過ぎてもレポートを出さない怠慢な大学生」対 勤勉

だいみょう【大名】ダイミョー 日本の平安時代末期から中世にかけて多くの領地を支配した有力な武士. また, 江戸時代, 将軍につかえた1万石以上の領主. Ea *daimyo*; a feudal lord. 한(일본 봉건 시대의) 영주, 다이묘.「江戸幕府は大名に土地を分け与えて, その領地を治めさせた//金沢の前田家は, 加賀百万石の大名であった// 大名旅行(=ぜいたくな旅行)」

タイミング(timing)タイミング あることをするのにちょうどいい時機, 瞬間. E timing. 한타이밍.「スキーのジャンプでタイミングが狂って足首を折った//停留所に着いたとき バスが来た. いいタイミングだった//グッドタイミング」

タイム(time)タイム ①時刻, 時間. E time. 한타임, 시간.「タイムスイッチ(Ea time switch. 한타임 스위치.)//タイムカード」②競走や競泳などで, 決まった距離を進むのにかかった時間. E time. 한타임, 소요 시간.「一郎の100メートルのタイムは12秒だ//いいタイムで優勝する」③球技などで, 試合を一時中止すること. Ea time-out. 한타임.「監督はタイムを要求し, 選手を呼んで励ました」

たいめん【体面】タイメン 自分の地位や立場にふさわしいものとして, まわりの人たちに見てほしいと思う自分の姿. E honor; appearances. 한체면.「親の体面を傷つける//体面をけがす//体面を保つ」

だいもく【題目】ダイモク, ダイモク ①書物や作品などの題. Ea title. 한제목.「完成した作品に題目をつける//論文の題目」②問題として取りあげる点. 主題. Ea subject; a theme. 한주제.「新しく始める研究の題目について述べる」③(「お題目」の形で)口で言うだけで実行できそうもないこと. E an empty slogan. 한공염불, 구두선.「あの政治家は『政治改革, 政治改革』とお題目ばかり唱えている」

タイヤ(tire)タイヤ 自転車や自動車などの車輪の外側にはめる, 空気の入ったゴムの輪. Ea tire. 한타이어.「パンクしたタイヤを取りかえる//地面に残されたタイヤの跡から, ひき逃げの車をさがしだす//スノータイヤ」 数1本

たいやく【対訳】タイヤク〔~する〕翻訳した文ともとの文とが, 比べられるように並べて書いてあること. また, そのもの. Ea translation printed side by side with the original. 한대역.「『ハムレット』を英語と日本語の対訳で読む」

ダイヤモンド(diamond)ダイヤモンド 宝石の1つ. 炭素を成分とした結晶で, 美しい光があり, たいへんかたい. ダイヤ. ダイアモンド. E(a) diamond. 한다이아몬드.「ボーナスで思いきってダイヤモンドの指輪を買った//夜空の星がダイヤモンドのように輝いている」

たいよう【太陽】タイヨー ①朝から夕方まで地球を照らし, 生物に光と熱を与えている, 位置の変わらない星. 地球はそのまわりを回っている. E the sun. 한태양.「雲の間から太陽が出て, 明るくなる//夏の太陽//太陽系」②いつも明るく輝いて希望の中心となるもの. E the life of the party; hope. 한태양.「道子は明るく元気で, 人柄も温かなので, 職場の太陽といわれている//心に太陽を持つ」

たいら【平ら】タイラ 表面がまっすぐで, 高い所と低い所のないようす. E level; flat. 한평평함, 평탄함.「でこぼこの道を平らにする//日本は山が多く, 平らな土地が少ない」対凸凹

たいら・げる【平らげる】タイラゲル, タイラゲル〔他動一〕①敵や反抗する者を全部負かして, したがわせる. E conquer; subju-

だいり【代理】ダイリ〔~する〕ほかの人にかわってものごとを処理すること. また, その人. ⒠on behalf of；act for. ㉠대리.「部長の代理で会議に出席する//代理を務める/代理店⒠an agency. ㉠대리점.)」

たいりく【大陸】タイリク ①地球上の広くて大きい陸地. ⒠a continent. ㉠대륙.「大陸を横断する鉄道をつくる//大陸性気候」②日本から見た中国, またはイギリスから見たヨーロッパ. ⒠China (from the standpoint of Japan) or Europe (from the standpoint of England). ㉠(일본에서 본) 중국；(영국에서 본) 유럽.「日本人の祖先は大陸から渡ってきた」
※参①は,「ユーラシア大陸」「アフリカ大陸」「北アメリカ大陸」「南アメリカ大陸」「オーストラリア大陸」「南極大陸」の 6 つをさす.

たいりつ【対立】タイリツ〔~する〕立場や意見などの違うものどうしが, たがいに主張し合ってゆずらないこと. ⒠be opposed to；antagonism. ㉠대립.「ゴルフ場の建設で, 賛成側と反対側とが激しく対立している//与野党の対立が深まる//民族的対立」

たいりょく【体力】タイリョク 人間の体が持っている, 仕事や運動などをする力. また, 病気に耐える力. ⒠(physical) strength；stamina. ㉠체력.「わたしは体力に自信があるから, 徹夜の仕事でも大丈夫だ//年をとって体力が衰えた//体力をつける//体力測定」
対気力, 精神力

ダイレクトメール(direct mail) ダイレクトメール デパート, 商店, 会社などが, 客に直接に郵便で送る広告物. DM. ⒠direct mail. ㉠다이렉트 메일, 우편 광고물.「デパートから, セールを知らせるダイレクトメールが来た」数1通

だいろっかん【第六感】ダイロッカン, ダイ・ロッカン 見る, 聞く, においをかぐ, 味わう, ふれるの5つの感覚のほかにある, 直感したり判断したりする感覚. 勘. ⒠the sixth sense；intuition. ㉠제육감, 육감.「宝くじに当たるという第六感が働いたので買ったら, 本当に当たった」

たいわ【対話】タイワ〔~する〕相手と向かい合っていろいろな話をすること. また, その話. ⒠a dialogue；a conversation. ㉠대화.「市長と住民との対話集会が開かれた//対話するうちにたがいの理解が深まる」

ダウン(down) ダウン ①〔~する〕下がること. 下げること. ⒠go down；fall. ㉠다운, 내림, 내려감.「勉強不足で成績がダウンした」対アップ ②〔~する〕ボクシングなどのスポーツで, 倒れること. また, 体の調子が悪くて元気がなくなること. ⒠be downed；come down (with an illness). ㉠(권투 등에서) 다운；녹초가 됨.「チャンピオンは第5ラウンドでダウンした//道子はかぜでダウンして, 寝こんでしまった」③鳥のやわらかい羽毛. 布団や衣料の中に入れて使う. ⒠down. ㉠다운, (오리 등의) 솜털.「暖かいダウンのジャケットがほしい」

たえがた・い【堪え難い】タエガタイ がまんできない. ⒠unbearable；intolerable. ㉠참기 어렵다, 견딜 수 없다.「この蒸し暑さはたえがたい//たえがたい苦痛を体験する」

たえか・ねる【堪えかねる】タエカネル, タエカネル〔自動一〕がまんしきれなくなる. ⒠cannot bear. ㉠참지 못하다, 견디지 못하다.「悲しみにたえかねて大声をあげて泣く//痛みにたえかねる」

たえず【絶えず】タエズ 止まることなく続いているようす．何度も繰り返すようす．Ｅconstantly; continually. 뀨끊임없이, 줄곧．「大通りはたえず車が走っている／／約束があるらしく，京子はたえず時計を気にしていた」

たえない（「～にたえない」の形で）①その気持ちが強くてがまんできないほどだ．ＥIt is a great (joy) that～. 뀨（～하기）그지없다．「市民の長年の夢であったコンサートホールが完成したのは喜びにたえない／／感にたえない（→感慣用）」②仕事，地位，責任などが重すぎてできない．Ｅbe unequal to. 뀨감당 수 없다．「高齢で，社長の任にたえない／／重職にたえない」③～する価値がない．「見るにたえない映画（Ｅa movie not worth seeing. 뀨볼 가치도 없는 영화．）／／聞くにたえない悪口」▷書

たえまない【絶え間ない】タエマナイ 長く続いているものや同じ状態でいるものの切れ目がない．Ｅconstant; without a break. 뀨끊임없다, 부단하다．「たえまない努力が実を結んだ／／たえまなく降る雪」

た・える【耐える・堪える】タエル〔自動一〕①ほかから加えられる力や作用などにも同じ状態を保ち続ける．もちこたえる．Ｅstand up to; stand. 뀨견디다, 버티다．「古い建物だから大地震には耐えられないだろう／／高熱に耐える食器」②つらさや苦しさをがまんする．こらえる．Ｅendure; bear. 뀨참다．「雪の中を寒さにたえて，村まで10キロの道を歩いた／／さびしさにたえる／／たえぬく」③それをするのに値する．それをすることができる．Ｅbe worth doing. 뀨～할 만하다．「この小説は読むにたえる」④（「～にたえない」の形で）⇒たえない

注 漢字で書くときは，①は「耐える」，②③は「堪える」．④はひらがなで書く．

た・える【絶える】タエル〔自動一〕①続いてきたものがそこでしばらく切れる．Ｅcease; discontinue. 뀨끊어지다, 끊기다．「夜もふけ，人通りが絶えた／／心配が絶えない」②続いてきたものがそこで切れて，なくなる．Ｅbe cut off; die out. 뀨끊어지다, 끝나다．「親からの送金が絶える／／血筋が絶える／／息が絶える（→息慣用）」③（「たえて～ない」の形で）すこしも～ない．いっさい～ない．「国へ帰った友達からは，たえて連絡がない（ＥI have never heard from my friend who went back to his country. 뀨고국에 돌아간 친구로부터는 전혀 연락이 없다．）」▷他動 絶やす, 絶つ

たお・す【倒す】タオス〔他動五〕（たおして）①立っているものを横にする．Ｅtip over; fell; knock down. 뀨넘어뜨리다, 쓰러뜨리다．「ジュースの瓶を倒してこぼしてしまった／／木を倒す／／切り倒す」②殺す．命をうばう．Ｅkill. 뀨죽이다．「猛獣を銃で倒す／／敵を倒す」③勝負して負かす．Ｅbeat; defeat. 뀨넘어뜨리다, 격파하다．「相手チームを倒す／／横綱を倒す」④政府などを滅ぼす．Ｅoverthrow; topple. 뀨무너뜨리다, 진복하다．「国民の力で，独裁政権を倒す／／幕府を倒す」▷自動 倒れる

タオル（towel）タオル ①布の表面に糸を輪のように織りだした，やわらかくて厚いもめんの織物．Ｅterry cloth; toweling. 뀨타월 천．「タオルのパジャマ／／タオルケット」②「①」でつくった，顔や体をふくための布．Ｅa towel. 뀨타월, 수건．「タオルで顔をふく／／タオルをしぼる／／バスタオル」▷数 1枚・1本 →手ぬぐい

だが ダガ（文と文をつないで）前にいったことを受けて，後で反対のことをいうときに使うことば．Ｅbut; however. 뀨그러나, 그렇지만．「台風の危険は去ったようだ．だが，ま

だ安心はできない//わたしは年をとった。だが、心はまだ若いつもりだ」

たか・い 【高い】タカイ ①位置が上のほうにある。Ehigh. 詳(位置が)높다。「太陽が高くのぼった//高い空」対低い

②下から上までの長さが長い。Etall; high. 詳(높이가)높다。「60階建ての高いビル//高い山」対低い

③地位や身分などが上だ。Ehigh. 詳(지위 등이)높다。「地位が高くなると責任も重くなる//身分の高い人」対低い

④能力や価値がすぐれている。Ehigh; superior. 詳(능력 등이)높다, 뛰어나다。「知能が高い//芸術的価値の高い絵」対低い

⑤数や量や程度が大きい。Ehigh. 詳(수치·정도 등이)높다。「熱が高くて40度ある//気温が高い」対低い

⑥音や声の振動数が多い。Ehigh. 詳(목소리·음이)높다。「男性に比べて女性の声は高い」対低い

⑦かかる金が多い。Ehigh; expensive. 詳(값이)비싸다。「物価が高くなる//値段が高い」対安い

⑧よく知られている。Ewell-known; notorious. 詳(명성 등이)높다。「女優の道子は特に演技がうまいことで評判が高い//ずるくて悪名の高い政治家」

⑨(「お高い」の形で)人を見下している。Ebe proud; be haughty. 詳거만하다。「お高くとまる//お高い人」

たがいちがいに 【互い違いに】タガイチガイニ, タガイチガイニ 異なる2つのものがかわるがわるの順番で並ぶようす。Ealternately. 詳서로 엇갈리게, 번갈아。「赤と白のバラをたがいちがいに植える」

たがいに 【互いに】タガイニ 関係のある人たちが同じ立場にあるようす。おたがいに。Emutually; each other; one another. 詳서로。「親が死んだあと、きょうだいはたがいに助け合って暮らした」

たかが タカガ, タカガ, タカガ 小さくて、問題にするほどではないようす。Eonly; merely. 詳고작, 겨우, 기껏해야。「たかがカキを1個盗まれたぐらいで、そんなに怒ることはない」

たかくけいえい 【多角経営】タカクケイエイ 1つの会社や個人が、いろいろ違った事業や商売をすること。Ediversified management. 詳다각 경영。「このビール会社は、映画をつくったりホテルを営業したり、多角経営をしている」

たかのぞみ 【高望み】タカノゾミ, タカノゾミ〔～する〕自分の能力や身分をこえて大きすぎる望みを持つこと。Ebe too ambitious; unattainable ambition. 詳분에 넘치는 소망, 지나친 욕심。「土地も財産もないのだから、庭つきの家に住みたいという高望みはやめよう」

たかびしゃ 【高飛車】タカビシャ 強い態度で、相手の言うことをおさえつけるようす。E(act) high-handedly; overbearing. 詳고압적, 고자세임。「父はだれに対しても高飛車に出て自分の意見を通してしまう//役人が高飛車な態度をとるので、不愉快になった」

たかぶ・る 【高ぶる】タカブル〔自動五〕(たかぶって)①心や感覚の働きが鋭くなる。Ebe on edge; get excited. 詳흥분하다。「入学試験の前の晩は、神経が高ぶって眠れなかった//高ぶる気持ちを無理におさえる」②自分が偉いという態度をとる。Ebe arrogant; be self-important. 詳우쭐거리다, 뽐내다。「あの人は社長になっても、高ぶらないところがいい//高ぶった態度//おごり高ぶる」

たかま・る【高まる】タカマル〔自動五〕(たかまって) 程度や状態が高くなる。また、強くなる。Ⓔrise; go up. 한높아지다；향상되다.「台風が接近するにつれて、波が高まってきた//女性の地位が高まった」名高まり 他動高める

たかみのけんぶつ【高みの見物】安全な場所で、ものごとのなりゆきをなにもせずに見ていること。Ⓔremain an idle spectator. 한강 건너 불구경, 수수방관.「世界の食糧不足の問題に対して、日本は高みの見物を決めこむわけにはいかない」

たがや・す【耕す】タガヤス〔他動五〕(たがやして) 野菜の種をまいたり、苗を植えたりするために、田畑を掘り返して土を細かくする。Ⓔtill; cultivate; plow. 한(논밭을) 갈다.「畑をたがやして大根の種をまく//深くたがやす」

たから【宝】タカラ ①世の中に数が少なく、非常に価値のある品物。Ⓔa treasure. 한보물, 보배.「宝の山を掘り当てる//宝物」②なにものにもかえられない人やものごと。Ⓔan irreplaceable person or thing. 한가장 소중한 것, 보물.「家族の健康がなによりの宝だ//子宝(Ⓔa child. 한소중한 자식。)」

宝の持ち腐れ 価値のあるものを持っているのに役に立てようとしないこと。Ⓔbe wasted; a useless possession. 한훌륭한 물건이나 재능을 활용하지 못하고 썩힘.「大型コンピューターを入れたが、だれも使えないから宝の持ちぐされだ」

だから ダカラ〔文と文をつないで〕①前にいったことが、後に起こることの原因になっているときに使うことば。Ⓔso; therefore. 한그러므로, 그러니까, 그래서.「きのうは頭が痛くて熱もあった。だから、宿題ができなかった//国の主権は国民にある。だから、国民のひとりひとりがしっかり考えて行動しなければならない」②当然、予想された結果になったときに使うことば。Ⓔthat's why~. 한그러니까.「かぜをひいたの？だから、上着を着なさいと言ったでしょう」▷話② →したがって

たか・る タカル〔自動五〕(たかって) ①おおぜいの人が、興味のあるところに集まる。Ⓔgather; crowd. 한꾀다, 모여들다.「事故の自動車のまわりに見物人がたかる」②食べ物やえさに虫などが集まってくっつく。Ⓔswarm; infest. 한꾀다.「アリが砂糖に真っ黒にたかる//食べ物にハエがたかる」③無理を言ったり、おどしたりして、相手の持っている金や品物を手に入れる。Ⓔbum off; extort. 한떼쓰다；등치다, 갈취하다.「先輩にたかって、おごってもらう//悪い友人たちにたかられる」▷話③ 名たかり

たがる 〔動詞の「ます」形について〕①話す人以外の人が、それを希望することを表す。「子供はお菓子を食べたがった(Ⓔthe child wanted to eat cake. 한아이는 과자를 먹고 싶어했다。) // 若い人は流行の服を着たがる」②話す人が客観的な立場で、それを希望することを表す。「わたしが都会へ出たがっても、両親は許さなかった(Ⓔthough I wanted to move to the city, my parents wouldn't let me. 한내가 도시로 나가고 싶어했지만, 부모님은 허락하지 않았다。) // わたしが子供のころはなんでも知りたがって両親を困らせたものだ」

たかをくくる【高をくくる】たいしたことはないだろうと、ものごとを軽くみる。Ⓔmake light of; underestimate. 한대수롭잖게 여기다, 얕보다.「たいした火事ではないと高をくくっていたら、だんだん燃えひろがってきたので、心配になった」

たかん【多感】タカン, タカン ものに感じや

すく,すこしのことにも傷つきやすいようす.Ⓔsensitive; sentimental.函多感.「多感な年ごろに読んだ本はいつまでも忘れられない」

たき【滝】タキ がけなどの高い所から流れ落ちる水の流れ.また,その場所.Ⓔa waterfall; a cascade.函瀑布.「ひたいから汗が滝のように流れる/滝つぼ」数1本・1筋

だきこ・む【抱き込む】ダキコム〔他動五〕(だきこんで) うまい話で相手をごまかし,味方に引き入れる.Ⓔwin a person over to one's side.函(자기 편으로) 끌어들이다, 포섭하다.「反対派をうまく抱きこんで,道路の拡張に成功した」图抱き込み

だきつ・く【抱きつく】ダキツク〔自動五〕(だきついて) 両手で抱くようにして相手に取りつく.Ⓔcling to; throw one's arms around.函그러안고 매달리다, 부둥켜안다.「離れまいとして,子供は母親の足に抱きついた」

たきび【たき火】タキビ 庭や道で落ち葉や古い紙などを燃やすこと.また,その火.Ⓔa bonfire.函모닥불, 화톳불.「冬の朝,たき火をかこんで冷たい手を温める/たき火の煙が目にしみる」

だきょう【妥協】ダキョー〔~する〕 たがいにゆずり合って,穏やかにものごとを処理すること.Ⓔcompromise.函타협.「何度も話し合ったが,あの2人は最後まで妥協せず自分の意見を主張し続けた/妥協案を出す」

たく【宅】タク ①住んでいる所.Ⓔa home; a house.函집, 주거, 댁.「宅へもお寄りください/田中さん宅/社長宅」②(「お宅」の形で)相手の家や家庭.または相手.Ⓔyour home; you.函귀댁; 당신(네), 댁.「お宅ではみなさんお元気ですか/お宅の会社は給料がいいそうですね」

た・く【炊く】タク〔他動五〕(たいて) 食べ物,特に穀物を煮て食べられるようにする.Ⓔboil; cook.函(밥을) 짓다.「夕方6時にごはんを炊く」

た・くタク〔他動五〕(たいて) まきや石炭,石油などの燃料を燃やす.Ⓔlight; make a fire.函(불을) 때다, 지피다.「ストーブをたいて部屋を暖める/たきつける」

だ・く【抱く】ダク〔他動五〕(だいて) 腕にかかえて,ぴったり胸につける.Ⓔhold ~ in one's arms; embrace.函안다, 껴안다.「子供を抱く/恋人の肩を抱く/抱きしめる」

〔抱く〕

参 もとの形「いだく」の「い」が落ちてできたことば.「いだく」は「疑いをいだく」のように考えなどを心の中に持つ意味としても使うが,「抱く」は実際に手と胸で人をかかえるばあいにだけ使う.

たくあんタクアン 漬物の一種.ほした大根をぬかと塩でつけ,上から重いものを載せて押しつけたもの.たくあんづけ.たくわん.Ⓔpickled radish.函단무지.「たくあんを薄く切って食卓に出す」数1本・1切

参 江戸時代,「沢庵」という名の僧がつくったので,その名がついたという.

たくえつ【卓越】タクエツ〔~する〕 ほかのものよりはるかにすぐれていること.Ⓔexcellent; be distinguished in.函탁월.「S博士の卓越した理論に人々は感心した/卓越した指導力の持ち主」

だくおん【濁音】ダクオン 日本語で,ガ行,ザ行,ダ行,バ行のそれぞれの音.Ⓔa voiced sound.函탁음.「テープの発音を聞きながら,濁音の発音練習をする」関連清音,半濁音

たくさん タクサン,タクサン ①数や量が多いようす.Ⓔa lot of; many.函많음.「宿題がたくさんあってたいへんだ/車がたくさん走っている」対少し

②じゅうぶんで、これ以上は必要でないようす. Eenough; be fed up with. 한충분함；질력이 남.「簡単な仕事だから、3人もいればたくさんだ//勉強はもうたくさんだ」

タクシー (taxi) タクシー 客の注文に応じて目的地まで走り、走った距離と時間で料金を取る営業用の乗用車. Ea taxi. 한택시.「遅くなったからタクシーで帰る//タクシーを拾う//タクシー乗り場」数 1台 →囲み

たく・す【託す】タクス〔他動五〕(たくして) ①自分にできないことやものなどをほかの人に頼んだり預けたりする. 託する. Eentrust a thing to a person. 한맡기다, 위탁하다；의탁하다.「帰国する友達に両親へのみやげ物を託した//若者に未来を託す」②気持ちなどをそのままでなく別の形で表現する. かこつける. 託する. Eexpress (one's feelings) in (verse). 한(어떤 형식을) 빌어 표현하다.「悲しみを歌に託す//恋心を詩に託す」

たくち【宅地】タクチ 家が建っている土地. また、住宅のために用意された土地. Eresidential land; a housing lot. 한택지.「林を切り開いて宅地の開発を進めている//農地を宅地にする//宅地造成」

だくてん【濁点】ダクテン, ダクテン かなの右上につけて、濁音であることを表すしるし「゛」. Ea sonant mark. 한탁음 부호.「『か』に濁点がつくと『が』になる」

たくはい【宅配】タクハイ〔~する〕新聞, 牛乳, 荷物などを家まで配達すること. Edeliver a thing to one's home. 한택배.「デパートで家具を買って宅配にしてもらう//宅配便」

たくまし・い タクマシイ ①体が立派で, 強そうだ. Esturdy; robust. 한건장하다, 실팍하다, 튼실하다.「スポーツできたえたたくましい体」②力強くて, どんなことにも負けない. Estout; vigorous. 한억척같다, 강인하다；굳건하다.「一郎はたくまし

タクシーで使うことば

タクシー乗り場 Ea taxi stand. 한택시 승차장.
空車 Ean empty taxi. 한빈 차.
料金 Ea fare. 한요금.
夜間割増料金 Ethe late night extra charge. 한야간 할증 요금.

運転手に指図する言い方

~まで行ってください EPlease take me to ~. 한~까지 가 주세요.
つぎの角を右へ曲がってください EPlease turn to the right at the next corner. 한다음 모퉁이에서 오른쪽으로 돌아 주세요.
そこを左へ曲がってください EPlease turn to the left a little way ahead. 한그 곳에서 왼쪽으로 돌아 주세요.
まっすぐ行ってください EPlease go straight on. 한곧장 가 주세요.
ここで止めてください EPlease stop here. 한여기서 세워 주세요.
信号 Ea signal. 한신호.
交差点 Ean intersection; a crossing. 한교차로.
丁字路 Ea T-junction. 한정자로, 삼거리.
突き当たり Ethe end (of a street). 한막다른 곳.

い精神力の持ち主だから、こんな失敗でやめてしまうことはない//道子は高校生だが、自分の力だけでたくましく生活している」

たくみ【巧み】タクミ, タクミ 技術ややり方がたいへんすぐれているようす. [E]skillfully; clever. [한]능란함, 교묘함. 「ヘミングウェーの『老人と海』は海のようすを巧みに描いている//宝石屋は巧みなことばで、客に高い指輪を売りつけた」

たくら・む タクラム〔他動五〕(たくらんで) 人に気づかれないように、よくないことなどを計画する. [E]plot; scheme. [한]계획하다, 꾀하다, (못된 일을) 꾸미다. 「宝石店の宝石を盗もうとたくらむ//悪事をたくらむ」[名]たくらみ

たぐ・る【手繰る】タグル〔他動五〕(たぐって) ①両手をかわるがわる動かして、糸や綱などを手もとに引き寄せる. [E]pull in; reel in. [한](양손으로 번갈아) 끌어당기다. 「たこの糸をたぐる//魚がかかったと思って釣り糸をたぐる//たぐり寄せる」②記憶に残っていることを１つ１つたどって引っぱりだす. [E]trace back. [한](기억 등을) 더듬다, 되살리다. 「記憶をたぐりながら子供のころの村のようすを書く」

たくわ・える【蓄える】タクワエル, タクワエル〔他動一〕①金, もの, 力, 知識などを, のちになって役に立てるために, 残してためておく. [E]store; save. [한]비축하다, 저축하다, 저장하다. 「災害に備えて食糧を蓄える//老後のために金を蓄えておく」②ひげや髪を切らずに, 生やしておく. [E]wear (a beard). [한](수염 등을) 기르다. 「長いひげを蓄えた紳士」▷[名]蓄え

たけ【丈】タケ ①身長. また, 立っているものの高さ. [E]height. [한]키. 「息子は, この１年で丈が急にのびた//丈の高い草/背丈」②服や着物の長さ. [E]length (of clothes). [한]기장, 길이. 「スカートの丈をひざまでにする//丈をつめる([E]shorten the length. [한]기장을 줄이다.)//そで丈」③あるだけ. 全部. [E]all; everything. [한]모두, 전부. 「二郎は洋子への思いのたけを手紙に書いた//ありったけ(→項目)」

たけ【竹】タケ 林や庭に生え, １年じゅう葉がある植物. 茎にはかたい節があり, 中は空でまっすぐにのびる. 若い芽は「竹の子」といい, 食用になる. [E]a bamboo. [한]대나무. 「青々とした竹が風に揺れている//竹細工([E]bamboo work. [한]죽세공.)」[数]１本

〔竹〕竹の子

竹を割ったよう ものごとにこだわらず, さっぱりした性格をしているようす. [E]straightforward; openhearted. [한]성미가 대쪽같음. 「母は竹を割ったような性格で, 迷ったり悩んだりせず思いきりがいい」

だけ ①(名詞, 動詞と形容詞の基本形, 形容動詞の「な」の形について) (1)ものごとをその程度や範囲内に限ることを表す. 「わたしがなんでも話せるのは, あなただけだ([E]You are the only one with whom I can talk freely. [한]내가 무엇이든지 다 말할 수 있는 건 당신뿐이야.)//新聞だけは毎日読む」(2)最高の程度, 分量を表す. 「好きなだけ料理を取っていいですよ([E]You can take as much food as you like. [한]먹고 싶은 만큼 요리를 드셔도 됩니다.)//できるだけ速く走る」(3)一方の動きにもう一方が比例することを表す. 「働けば働くだけ, お金がたくさんもらえる([E]The more you work, the more you'll earn. [한]일하면 일하는 만큼 돈을 많이 받을 수 있다.)//魚は新鮮なら新鮮なだけおいしい」(4)(「～だけに」「～だけ(のことは)ある」の形で)

能力などがじゅうぶんに発揮されている, また, それにふさわしいということを表す. 「二郎は法律の専門家だけのことはあって, 交通事故の相手とうまく話し合ってくれた//ジョンは若いだけに元気がいい(Ｅ Youth explains John's health. 한존은 젊은 만큼 건강하다.)//ここは高原だけあって, 夏でも涼しい」 ②(「これ」「それ」「あれ」「どれ」について)程度を強める. 「あれだけ言ってわからないのなら, もう知らない(Ｅ If you don't understand after all I've said, I give up. 한그렇게까지 말을 했는데도 모른다면, 이젠 모르겠다.)//これだけ練習すれば, 試合で負けても満足だ」

參「しか」も, ものごとを限定する点で似ているが, 「しか」が「教室に学生が1人しかいない」のように, いつも否定のことばと一緒に使われるのに対して, 「だけ」は「教室に学生が1人だけいる」と肯定の形になる. 「学生が1人だけいない」と言うこともあるが, このばあいは意味が違って, ほかの学生はいるが1人の学生だけがいないことになる. また, ①(1)の改まった言い方は「のみ」.

だげき 【打撃】ダゲキ ①強く打つこと, また, 野球で, ボールを打つこと. Ｅ a blow; batting. 한타격. 「洋子は頭部に打撃を受けて気を失った//あの野球チームは打撃のうまい選手がそろっている」 ②精神的なショックや物質的な損害. Ｅ damage; a shock. 한타격. 「台風で農作物が打撃を受けた//その事件は, 姉の家族に大きな打撃を与えた」

たけだけし・い タケダケシイ ①非常に強そうで, 荒々しい感じだ. Ｅ fierce; ferocious. 한사납다, 용맹스럽다. 「ライオンがたけだけしくほえた//たけだけしい顔つき」 ②ずうずうしい. Ｅ shameless; audacious. 한뻔뻔스럽다. 「盗っ人たけだけしい(＝泥棒が自分のことを悪いとも思わず, 平気でいる)とは, おまえのことだ」

だけつ 【妥結】ダケツ 〔～する〕たがいがゆずり合って, 話し合いや交渉がまとまること. Ｅ a settlement; an agreement. 한타결. 「よく話し合った結果, 賃上げ交渉が妥結した//妥結にこぎつける(Ｅ manage to reach an agreement. 한타결에 이르다.)」 対決裂

だけど ダケド (文と文をつないで)前にいったことを受けて, それでもそのことにしたがえない気持ちのときに使うことば. だけれども. Ｅ however; nevertheless. 한그러나, 그렇지만. 「家は買えないとわかっている. だけど, やはりあきらめきれない//父は早く結婚しろと言う. だけど, わたしはまだそのつもりはない」 話

たけなわ タケナワ ものごとのいちばん盛んなとき. Ｅ at its height; in full swing. 한절정, 한창. 「宴会がたけなわになって, カラオケが始まった//投票日を目前にして, 選挙戦もたけなわだ」

たけのこ 【竹の子】タケノコ 夏の初め, 竹の地下茎から出る若芽. 何枚もの茶色の皮に包まれていて, その皮をぬぎながら生長する. やわらかいうちに食べる. Ｅ a bamboo shoot. 한죽순. 「竹やぶで竹の子を掘る//竹の子のようにすくすく育った中学生」 数 1本 →竹図

たこ タコ 細くけずった竹でいろいろな形に骨組みをつくり, 紙をはり糸をつけ, 風の力を利用して空にあげるおもちゃ. Ｅ a kite. 한연. 「お正月は, 野原でたこをあげて遊ぶ」 数 1枚

たこ タコ 軟体動物の一種. 海底の岩の間にすみ, いぼのようなものがついた足が8本ある. 体はやわらかく, 茶または灰色で, ゆでると赤くな

〔たこ〕 〔いか〕

る。食用にする。Ean octopus. 한낙지, 문어.「タコは海の底につぼを沈め、そこに入りこんだところを捕まえる//ゆでダコ」数1杯・1匹

たさい 【多彩】タサイ ①いろいろな色があって、美しいようす. Ecolorful; varicolored. 한다채로움.「春の公園には多彩な花々が咲きそろっている」②種類が多く、はなやかなようす. Evariegated; of all sorts. 한다채로움.「市制50年を記念して、多彩な催しが行われる」

たさつ 【他殺】タサツ 他人に殺されること. Emurder. 한타살.「この死体には他殺の疑いがある//他殺死体」対自殺

ださんてき 【打算的】ダサンテキ 損得ばかりを考えて行動するようす. Ecalculating; self-centered. 한타산적.「打算的になっては、いい教育はできない//打算的な性格の人間は、友情が長続きしない」

たし 【足し】タシ たりないところを補って、役に立てること. また、そのもの. Ea part; satisfy; help. 한보탬, 보충, 도움.「祖母が、旅費のたしにしなさいと、5000円くれた//せんべい1枚では腹のたしにならない」他動足す

たしか 【確か】タシカ ①まちがいなく信じられるようす. Esurely; positive. 한확실함, 틀림없음.「本は確かにきみに返した//彼が犯人だという確かな証拠をつかんだ」対不確か ②まちがっているかもしれないが、たぶん. Eif I remember correctly; I believe. 한아마, 틀림없이.「きみはたしか、今年30だったね//いますれちがった人はたしか山田さんという名前だったと思う」
注②はひらがなで書く.

たしか・める 【確かめる】タシカメル〔他動一〕あることについて、はっきりさせたり、まちがいはないか調べたりする. Emake sure; check. 한확인하다.「番号を確かめて電話をかける//事実を確かめてから批判する」

たしざん 【足し算】タシザン〔～する〕ある数や式にある数や式をたして和を求める計算. 寄せ算.「5+3」「8x+2y」など. Eaddition. 한덧셈.「347+689の足し算の答えは1036だ//そろばんで足し算をする」対引き算

たじたじ タジタジ〔～する〕相手の気力や力が自分よりずっと上だと感じ、気が弱くなるようす.「すもう大会に参加したら、150キロぐらいの人が出てきたのでたじたじとなってしまった(EWhen I participated in the *sumo* tournament, I lost all confidence when a 150 kilogram guy came out. 한스모 대회에 참가하였는데, 150킬로 정도의 사람이 나타나서 기가 질려 버렸다.)」

たしな・む タシナム〔他動五〕(たしなんで) ①芸ごとなどを習い覚えてすこしはできる. Elike; have a liking for. 한(조금 배워서) 만지작거리다.「妹はピアノをたしなんでいる」②酒, タバコなどを、ある程度好む. E(drink) a little. 한즐기다.「酒はたしなむ程度で、そんなに強くありません」▷名たしなみ

たしな・める タシナメル〔他動一〕それはいけないことだと、穏やかにしかる. Ereprove; warn. 한나무라다, 타이르다.「お客に乱暴なことばを使った店員をたしなめる」

だしぬ・く 【出し抜く】ダシヌク, ダシヌク〔他動五〕(だしぬいて) 他人のすきを利用したりだましたりして、自分が先に得になるようなことをする. Eoutwit; get the jump on. 한(남의 방심을 틈타서) 따돌리다, 앞지르다.「仲間を出し抜いて、先に仕事を仕上げて上司にほめられた//競争相手を出し抜く」

だしぬけ 【出し抜け】ダシヌケ 突然なにか

が起こるようす. ⓔsuddenly; unexpectedly. ⓗ느닷없음, 갑작스러운.「街を歩いていたら, だしぬけに英語で道をきかれてあわてた∥ジョンの帰国があまりにだしぬけだったので, みんなが変に思った」

たしゅたよう【多種多様】タシュタヨー, タシュ・タヨー それぞれに違っていて, さまざまであるようす. ⓔvarious; a great variety of. ⓗ다종다양.「人の考え方は多種多様だから, 1つに決めつけてしまってはいけない∥留学生は, 多種多様な目的で日本にやってくる」

たしょう【多少】タショー ①数や量が多いか少ないかということ. ⓔmany or few; more or less. ⓗ다소.「出席者の多少に関係なく会議を始める∥金額の多少は問わない(ⓔregardless of the amount of money. ⓗ금액의 다소는 불문하다.)」 ②(副詞的に)すこし, いくらか. ちょっと. ⓔsomewhat; a little. ⓗ약간, 다소.「けさ, 体に多少感じるぐらいの地震があった∥わたしは中国語には多少自信がある」

たじろ・ぐ タジログ〔自動五〕(たじろいで) 相手の力や勢いに押されて, その場で立ち止まる. また, 後ろに下がる. ⓔshrink back; recoil. ⓗ(압도되어) 멈칫(주춤)하다; 질리다, 위축되다.「物陰から飛びだした大きな犬にたじろいで, 2, 3歩後ろに下がった∥相手の勢いにたじろいで, なにも言い返せなかった」

だしん【打診】ダシン〔~する〕前もって相手のようすをみて, 意向を調べておくこと. ⓔsound out. ⓗ타진.「会員の考えを打診してから, 会議に提案する」

た・す【足す】タス〔他動五〕(たして) ①たりない分を補う. ⓔadd; make up for. ⓗ더하다, 더 넣다.「このスープは味が薄いから塩をすこしたしたほうがいい」②足し算をする. ⓔplus; add ~ to …. ⓗ더하다, 보태다.「2たす5は7」⇔引く ③(「用をたす」の形で)⇨用 慣用 ▷名足し 自動足りる

だ・す【出す】ダス〔他動五〕(だして) ①中から外に移す. ⓔtake out; put out. ⓗ내다, 꺼내다.「かばんから本を出す∥ポケットから手を出す」⇔入れる ②ある場所に行くようにさせる. 送る. ⓔsend out; mail. ⓗ보내다, 부치다.「息子を旅に出す∥手紙を出す」③代表としてだれかを送りこむ. ⓔsend. ⓗ(대표로) 보내다.「山田くんをサッカーの世界選手権に出す∥われわれで田中さんを国会に出そう」④ある所へ持っていく. ⓔsend in; hand in. ⓗ내다, 제출하다.「入学願書を出す∥レポートを出す」⑤金を支払う. ⓔpay. ⓗ(돈을) 지불하다, 내다.「500円出して入場券を買う」⑥中に隠れていたものなどを外に表す. ⓔshow; utter. ⓗ나타내다, 드러내다, 내다.「喜びを顔に出す∥声を出して泣く」⑦本をつくったり, 発表したりして, 人に知れるようにする. ⓔpublish; issue. ⓗ(책·기사 등을) 내다, 출판하다.「写真集を出す∥手記を新聞に出す」⑧発生させる. 起こす. ⓔ(lives) be lost; get up (speed). ⓗ(사고·속력 등을) 내다.「今年度は交通事故の死者を多く出した∥スピードを出す」⑨(動詞の「ます」形について)~はじめる.「雨が降りだす(ⓔIt begins to rain. ⓗ비가 오기 시작하다.)∥笑いだしたら止まらない」 ▷自動出る

≡注⑨はひらがなで書く.

たすう【多数】タスー 数が多いこと. ⓔa large number of; the majority. ⓗ다수.「小学校の先生は, 女性が多数を占めている∥予防注射で多数の子供の命が救われ

る」/**大多数** 対**少数**

たすうけつ 【多数決】タスーケツ 賛成する人が多いほうの意見でものごとを決めること。Edecision by majority. 한다수결.「多数決で決まったことは守らなくてはならない」

たす・ける 【助ける】タスケル〔他動一〕①危険や死からのがれさせる。救う。Esave; rescue. 한구조하다, 살리다.「川でおぼれていた子供を助けた//命を助けてもらった」②力などを貸して、うまくいくようにする。Ehelp; promote. 한돕다, 거들다.「アルバイトをして家計を助ける//唾液や胃液が食物の消化を助ける」▷名助け 自動助かる

たずさ・える 【携える】タズサエル, タズサエル〔他動一〕①手にさげたり身につけたりして、ものを持っていく。Ecarry a thing with one. 한휴대하다, 지니다.「小型のパソコンをたずさえて通勤する」②手を取り合うようにして、一緒にする。E(walk) hand in hand. 한(손을) 맞잡다.「老夫婦が手をたずさえて、散歩している」▷自動携わる

たずさわ・る 【携わる】タズサワル, タズサワル〔自動五〕(たずさわって) あることがらと関係を持ったり、それを仕事にしたりする。Eparticipate in; be concerned with. 한관계하다, 종사하다.「父は退職後、ミニコミ紙の編集にたずさわっている//農業にたずさわる」他動携える

たず・ねる 【尋ねる・訪ねる】タズネル〔自他動一〕①居場所のわからないものや先に行ったものをたどってさがし求める。Esearch for; ask after. 한찾다, 묻다.「幼いころ別れた母を尋ねて日本へ来た//安否を尋ねる」

②ものごとの真理や筋道をさぐって明らかにする。Etrace; inquire into. 한더듬어 밝히다, 탐구하다.「人類の進化の跡を尋ねる//歴史を尋ねる旅」

③わからないことを、手がかりを求めて質問する。Eask; inquire. 한묻다, 질문하다.「美術館への道順を通行人に尋ねる//名前を尋ねる」対答える

④人に会うなどの目的があって、そこへ行く。おとずれる。Ego to see; visit. 한(만나려고) 찾아가다, 방문하다.「先生を見舞いに病院を訪ねた//晩秋の古都を訪ねる」

注 漢字で書くときは、①②③は「尋ねる」、④は「訪ねる」。また、①②③は他動詞、④は自動詞。

だせい 【惰性】ダセイ いままで続いてきて、なかなかやめられない習慣やくせ。Eforce of habit. 한타성.「タバコが体に悪いのはよくわかっているが、惰性でつい吸ってしまう」

たぜいにぶぜい 【多勢に無勢】戦争や議論などで、おおぜいの人に対して、少ない人数で対抗しても勝てないこと。Ebe outnumbered; be overwhelmed by the opposition in number. 한중과 부적.「クラス旅行でわたしは京都へ行きたかったが、スキーに行きたい人がずっと多く、多勢に無勢で京都はあきらめた」

たそがれ タソガレ ①太陽が沈んで、あたりが薄暗くなったころ。Edusk; twilight. 한황혼.「たそがれになると、街はネオンがついて、はなやかになる//たそがれどき」②人生の盛りが過ぎて、衰えはじめる年代。Ethe twilight years of one's life. 한(인생의) 황혼기.「人生のたそがれの日々を、妻と2人で静かに暮らしたい」▷書①自動たそがれる

参 ①は「夕方」「夕暮れ」とほとんど同じころをさすが、「たそがれ」は文学的な表現。

だそく 【蛇足】ダソク 後からつけられた、いらないもの。Ebe superfluous; unnecessary additions. 한사족.「立派なお話の後で、蛇足かもしれませんが、1言話させてください//蛇足ながら、つけ加えます」

参 むかし、中国で蛇の絵をかく競争をして、早くかき終えた人が、蛇にはない足をかいてしまい負けた、という話からきたことば。

ただ タダ

①代金や報酬がないこと。E free; for nothing. 한 무료, 공짜。「5歳以下の子供はバスにただで乗れる//ただ働き」

②ふつうであること。E common; ordinary. 한 보통, 예사。「ただのかぜですから、あまり心配しないでください//これはただの石で、宝石ではない」

③ほかのことでなく、それだけ。E only; just. 한 단지, 다만。「遠くにいる老いた両親の健康をただ祈るだけだ//ただ珍しいというだけの食べ物」

④数や量などが非常に少ないようす。たった。E only. 한 단, 단지。「その人とはただ1度会っただけです」

⑤(文と文をつないで) 前にいったことを受けて、それに条件や例外をつけ加えるときに使うことば。E but; however. 한 다만, 그러나。「この靴は足にぴったりでちょうどいい。ただ、値段が高すぎる//きょうはいい天気だ。ただ、風がちょっと強い」
▷→無料

ただいま タダイマ, タダイマ

①「いま」「現在」の改まった言い方。E now; at present. 한 지금, 현재, 목하。「社長はただいま外出しております//ただいま会議中でございます」

②たったいま。ほんのすこし前。E just now. 한 방금, 이제 막。「ただいまお話ししたとおりです//母はただいま出かけたところです」

③いますぐ。E right away; in a minute. 한 지금 곧, 바로。「ただいま部屋にうかがいます」

④帰ったときに言うあいさつのことば。E Hi, I'm home! 한 다녀왔습니다。「外出から帰ると『ただいま』と言って家に入る」
▷話④

たた・える タタエル, タタエル 〔他動一〕

立派な行いやすぐれた人格などをほめる。E praise; extol. 한 칭찬하다, 찬양하다, 기리다。「政治家としての業績をたたえる//ほめたたえる」

たたか・う 【戦う・闘う】 タタカウ 〔自動五〕 (たたかって)

①相手と力を比べ合って勝とうとする。また、戦争をする。E fight; make war. 한 싸우다, 전쟁하다。「世界を相手に戦う//50年前、日本はアメリカなどの連合国と戦って負けた」

②競技などで、たがいに力や技をふるって、優劣を争う。E contend; play. 한 (힘과 기량을) 겨루다, 싸우다。「力いっぱい相手チームと戦う//正々堂々と戦う」

③困ったことや苦しいことなどをなくそうと努力する。E struggle against; fight against. 한 맞서다, 싸우다。「古い考えの会社と闘って、女性社員に対する差別をやめさせた//貧困と闘う」▷名戦い・闘い

注 漢字で書くときは、①②は「戦う」、③は「闘う」。

たた・く タタク 〔他動五〕 (たたいて)

①手などで打つ。特に、続けて打つ。E tap; spank; knock. 한 두드리다, 때리다。「母の肩をとんとんたたく//子供のおしりをたたく//戸をたたく」

②2つのものを打ち合わせて音を出す。E clap; beat. 한 치다, 두드리다。「手をたたく//太鼓をたたく」

③厳しく非難する。また、攻撃する。E criticize; attack. 한 (호되게) 비난하다, 공격하다。「政治家のスキャンダルを週刊誌がたたく//相手のミサイル基地をたたく」

④値段を安くつけさせる。E beat down. 한 (값을) 마구 깎다, 후려치다。「値段をたたいて買う//買いたたく(→項目)」▷名たたき →殴る

ただし タダシ (文と文をつないで) 前にいっ

たことを受けて、それに条件をつけたり、例外のあることを示したりするときに使うことば. Ebut; provided that. 한단, 다만. 「この道路は大型車は通行禁止だ. ただし、救急車や消防自動車は除かれる」

ただし・い 【正しい】タダシイ ①本当だ. 事実に合っている. Eright; correct. 한옳다, 바르다；정확하다. 「正しい時刻は9時5分です//見たままを正しく伝える」②きまりに合っている. ととのっている. Eproper; good. 한바르다, 올바르다. 「漢字を正しく書く//姿勢が正しい/礼儀正しい」

ただ・す 【正す】タダス〔他動五〕(ただして) ①まちがっているものを正しく直す. Ecorrect; rectify. 한바로잡다, 고치다. 「現行の制度を正す//つぎの漢字の誤りを正せ」②ゆがんでいるものや乱れているものなどをきちんとする. Estraighten; mend. 한바로잡다, 바로하다. 「背中をぴんとのばして姿勢を正した//列を正す」

たたずまい タタズマイ, タタズマイ その場のありさまから感じとれるようす. ものの姿. Eappearance; shape. 한모습, 모양；(그 장소의) 분위기. 「雪が薄く積もった庭のたたずまいはすばらしかった//雲のたたずまいも春らしくなってきた」書

たたず・む タタズム〔自動五〕(たたずんで) 同じ場所でしばらくじっと立ち止まる. Estand still; linger. 한잠시 멈추어 서다, 가만히 서 있다. 「夕日の美しさに見とれて、門の前にしばらくたたずんでいた」

ただちに 【直ちに】タダチニ なにかの後、ほとんど時間をおかないで. Eat once; immediately. 한곧, 즉각, 바로. 「山にけがをした人がいるという連絡がきたので、ただちにヘリコプターを飛ばして救助した」書

だだっぴろ・い 【だだっ広い】ダダッピロイ, ダダッピロイ ものがなにもなくて、むやみに広い. Eunnecessarily large; too big. 한휑뎅그렁하다, 덩그렇다. 「だだっ広いホールに、わずかの参加者しかいなくてさびしい」話

ただでさえ タダデサエ, タダデ・サエ ふつうの状態でもそうであるのに. E~ even normally; to add to ~. 한그렇지 않아도, 가뜩이나. 「急いで書いたら、ただでさえ下手な字がますますきたなくなった」

たたみ 【畳】タタミ 和室に敷きつめて、その上で暮らす敷物. わらでつくったしんをイグサの茎で織った表でおおったもの. Etatami; a tatami mat. 한다타미. 「日本にいるあいだは、たたみの部屋で暮らしたい//たたみを敷いた部屋」数 1畳・1枚 →座敷図
参 和室は、敷いたたたみの数で「3畳間」「4畳半」「6畳間」などという. ふつうのたたみの大きさは180センチ×90センチ.

たた・む 【畳む】タタム〔他動五〕(たたんで) ①ひろがっているものを、折って小さくする. Efold (up). 한개키다, 접다. 「ふとんをたたんで押し入れにしまう//洗濯物をたたむ」②開いたものを、折り重ねるようにして閉じる. Eclose; fold. 한접다. 「傘をたたむ//扇子をたたむ」対広げる ③そこでの商売や生活をやめる. Eclose down; shut up (one's house). 한걷어 치우다, 그만두다. 「魚屋の老夫婦は店をたたんで、生まれ故郷に帰っていった」

ただよ・う 【漂う】タダヨウ〔自動五〕(ただよって) ①空中や水面に浮かんで、あちこち揺れ動く. Edrift; float. 한떠돌다, 표류하다. 「ボートが波間にただよっている//空にただよう雲」②ある雰囲気が感じられる. Efill the air; hang in the air. 한감돌다. 「パーティーの会場には、楽しそうな気分がただよっていた//悲しみをただよわせた顔」③あたりににおいがひろがる. E(smell) float in the air. 한(향기 등이) 감돌다, 풍기다. 「夜道を歩いていると花のかおりがただよってきた」

ただ・れる タダレル〔自動一〕皮膚病やけがのために皮膚や傷口がくさってとけてくる. Ebe inflamed. 한문드러지다, 짓무르다. 「放射線で焼かれて赤くただれた皮膚」 图ただれ

だだをこねる【駄駄をこねる】子供などが, 甘えて, 人の言うことを聞かないで, 自分のわがままを通そうとする. Ebe fretful; talk peevishly. 한떼를 쓰다. 「おもちゃ売り場で, 買ってくれなきゃ帰らないと子供がだだをこねて親を困らせている」

-たち（人を表すことばについて）2人以上であること. 「きみたちどこから来たの？//学生たち(Estudents. 한학생들.)/わたしたち」 参「森の中の動物たちが集まった」「小鳥たちが歌っている」などのように動物に使うこともあるが, そのばあいは動物を人間のように考えている.

たちあが・る【立ち上がる】タチアガル, タチアガル〔自動五〕(たちあがって) ①体を起こしてまっすぐ立つ. Estand up; rise. 한일어서다, 일어나다. 「大きな揺れを感じて, 部屋の中の全員がいすから立ち上がった」 ②決心して, ある行動を始める. Estand up against; take action. 한(행동을 위해) 일어서다, 나서다. 「近所の林がなくなっては困ると, 住民たちはマンション建設反対に立ち上がった//暴力追放に立ち上がる」 ③病気や困難な状態を切り抜けて元気を取りもどす. Erecover; get back on one's feet. 한기운을 되찾다, 다시 일어서다. 「どん底の生活から立ち上がる」 ▷图立ち上がり

たちうち【太刀打ち】タチウチ, タチウチ〔～する〕正面から向かっていって実力で勝負すること. Ecompete with; be a match for. 한(실력으로) 맞섬, 맞붙음, 대결. 「いくら泳ぎが得意でも, オリンピック選手には太刀打ちできない」

たちおうじょう【立ち往生】タチオージョー〔～する〕途中で止まったまま, 進むこともどることもできないこと. また, ものごとがきづまってどうにもならない状態になること. Ebe held up; stand speechless. 한(선채로) 오도 가도 못함; 난감하여 벙벙해짐. 「大雪で列車が立ち往生している//劇の途中でせりふを忘れてしまい, 立ち往生した」

たちおく・れる【立ち後れる・立ち遅れる】タチオクレル, タチオクレル〔自動一〕ものごとを始めるのが遅くなる. また, その結果として, おとっている状態になる. Eget a late start; lag behind. 한출발[시작]이 늦다, 뒤(떨어)지다. 「公害対策が立ち後れたため, 公害病患者が多く出た」 图立ち後れ・立ち遅れ

たちぎえ【立ち消え】タチギエ ものごとがいつのまにかとだえてしまうこと. Ecome to nothing; fall through. 한흐지부지됨. 「この前の転勤の話はそのまま立ち消えになった//計画が立ち消えになる」

たちこ・める【立ち込める】タチコメル, タチコメル〔自動一〕霧や煙などがあたり一面にいっぱいになる. Ehang over; be filled with. 한(안개 등이) 자욱이 끼다. 「山の頂上は霧がたちこめて, 1メートル先も見えない//会議が長く続いて部屋じゅうにタバコの煙がたちこめている」

たちさ・る【立ち去る】タチサル, タチサル〔自動五〕(たちさって) その場を去り, よそへ行く. Eleave; go away. 한떠나가다, 물러가다. 「少年は本と雑誌を見比べていたが, 結局, なにも買わずに立ち去った//黙って立ち去る」

たちすく・む 【立ちすくむ】タチスクム, タチスクム〔自動五〕(たちすくんで) 驚きや恐ろしさに体がかたくなり, 立ったまま動けなくなる. Ebe petrified; stand paralyzed. 한(두려움에) 선 채 움직이지 못하다, 그 자리에 못박히다.「山道でクマに出あって, 恐ろしさに立ちすくんでしまった」

たちどころに タチドコロニ, タチドコロニ その場すぐに. Einstantly; on the spot. 한당장, 즉시, 곧.「発見が早かったので, 水をかけただけで火はたちどころに消えた」書

たちどま・る 【立ち止まる】タチドマル, タチドマル〔自動五〕(たちどまって) 歩くのをやめて止まる. Estop; stand still. 한멈추어 서다.「後ろから名前を呼ばれてその場に立ち止まった」

たちなお・る 【立ち直る】タチナオル, タチナオル〔自動五〕(たちなおって) 悪い状態からもとのいい状態にもどる. Erecover; get back on one's feet. 한다시 일어서다, 회복하다.「仕事に失敗して毎日酒ばかり飲んでいた弟が立ち直って, まじめに働くようになった」名立ち直り 他動立て直す

たちの・く 【立ち退く】タチノク, タチノク〔自動五〕(たちのいて) いままで住んでいた所を去って, よそに行く. Emove; vacate; evacuate. 한퇴거하다, 물러가다, 떠나다.「道路をひろげるために, 長年住んだ土地を立ち退かされた」名立ち退き

たちば 【立場】タチバ, タチバ ①その人が置かれている社会的な, または心理的な場所. Ea position; a situation. 한입장, 처지.「医者の立場からは, いますぐ手術をしたいところだ」②ものの見方や考え方のよりどころ. Ea standpoint; a viewpoint. 한입장, 관점.「2人は親友だが, 政治的立場は違う//自分の立場をはっきりさせる」

たちまち タチマチ 非常に短い間に. Ein a moment; immediately. 한순식간에, 금세.「電子レンジに入れてスイッチを押すと, たちまち料理ができあがる//火はたちまち燃えひろがった」

たちよみ 【立ち読み】タチヨミ〔～する〕本屋で, 本や雑誌を買わずに立ったまま読むこと. Estand reading in a bookstore. 한(서점에서) 서서 읽음.「あの大学生は学校の帰りに, 必ず漫画の立ち読みをしに来る」

たちよ・る 【立ち寄る】タチヨル, タチヨル〔自動五〕(たちよって) ある場所に行く途中で, ちょっとおとずれる. Estop at; drop in. 한들르다.「仕事の帰りに友人の家に立ち寄る//ついでのときに, お立ち寄りください」

た・つ 【立つ】タツ〔自動五〕(たって) ①すわったり横になったりしているものが起きてまっすぐになる. Estand; stand up. 한일어서다, 일어나다.「いすから立つ//立って話す//立ち上がる(→項目)」対座る, 寝る
②まっすぐ縦の状態で存在している. Estand. 한서다, 서 있다.「丘の上に木が1本立っている//街角に立つポスト」対横たわる, 寝る
③あるものが形になったりしてはっきり現れる. Erise; lather; spread. 한(김・거품이) 나다, 일다 ; (소문이) 퍼지다.「湯気が立つ//泡が立つ//うわさが立つ」
④穏やかだったものが, 激しい状態になる. Erun high; get angry. 한(파도 등이) 일다 ; (감정이) 치밀다.「沖のほうに波が立っている//腹が立つ(→腹慣用)//気が立つ」
⑤ものごとが立派にできる. Ebe useful; live on. 한(도움이) 되다 ; (생계가) 유지되다 ; (솜씨가) 뛰어나다.「役に立つ(→役慣用)//暮らしが立つ//腕が立つ」
⑥出発する. Eleave; start. 한출발하다.「空港を10時にたつ」

⑦(動詞の「ます」形について)盛んに~する.「沸きたつ(Eboil up; seethe. 한끓어오르다.)//燃えたつ(Eblaze. 한활활 타오르다.)」
▷他動 立てる

立つ鳥跡を濁さず 立ち去るときは、きれいに後の始末をすることがたいせつだ. EIt is an ill bird that fouls its own nest. 한떠나는 새는 뒤를 어지르지 않는다.

た・つ 【建つ】タツ〔自動五〕(たって) ある場所に建物などができる. Ebe built; be set up. 한(건물이) 서다, 세워지다.「郊外につぎつぎに住宅が建つ//銅像が建つ」他動 建てる

た・つ 【断つ・絶つ・裁つ】タツ〔他動五〕(たって) ①続いているものを途中で切って終わらせる. Egive up; quit. 한끊다, 그만두다.「健康のためタバコを断つことにした//酒を断つ」②人と人, 国と国との関係を break off. 한끊다, 단절하다.「国境紛争で両国は外交関係を絶った//交際を絶つ」③続いてきたものをそこで終わらせる. Ebring to an end; take a person's life. 한끝내다 ; (목숨을) 끊다.「命を絶つ」④布や紙を型に合わせて切る. Ecut. 한(옷감 등을) 마르다, 재단하다.「型紙に合わせて布を裁つ」▷自動 絶える
注 漢字で書くときは、①は「断つ」、②③は「絶つ」、④は「裁つ」.

た・つ タツ〔自動五〕(たって) 時が過ぎる. Epass; go by. 한경과하다, 지나다.「日本に来てから5年たった//いつまでたっても帰ってこない」

たっきゅう 【卓球】タッキュー 台の中央にネットを張り、1人対1人、または2人対2人で、セルロイド製の小さいボールをラケットで打って点を取り合う競技. ピンポン、テーブルテニス. Eping-pong; table tennis. 한탁구.「日曜には家族で卓球を楽しむ//卓球台」

だっこ ダッコ〔~する〕「抱くこと」「抱かれること」の幼児の言い方. Ehold (a baby) in one's arms. 한안음, 안김.「赤ちゃんをだっこしたお母さんが来る//ぼくもだっこして!」話

だつサラ 【脱サラ】ダツサラ〔~する〕「脱サラリーマン」を略した言い方. 勤めていた会社などをやめて独立し、自分で事業を始めること. Eleave the company and start one's own business. 한탈 샐러리맨, 봉급 생활에서 벗어나 자영업을 시작함.「脱サラをして喫茶店の経営を始めた」

たっしゃ 【達者】タッシャ ①健康で元気なようす. Ein good health. 한건강함.「老人は達者なのがいちばんだ//お達者にお暮らしください」②非常に上手なようす. Etalkative; skillful. 한능숙함, 능란함.「三郎は口が達者だから、セールスマンには向いている//ヤンの達者な日本語に驚く」▷話

ダッシュ (dash)ダッシュ ①ことばとことば、文と文の間に入れる短い線「―」、また、「3'」「b'」など、数字や文字の右上につける記号「'」. Ea dash; a prime. 한대시(「―」「'」의 기호).「補足することばをダッシュではさむ」②〔~する〕全速力で走ること. Ea dash. 한돌진, 전력 질주.「マラソンで最後の500メートルをダッシュした//電車に間に合うようにダッシュした」

たつじん 【達人】タツジン 学問、技術、武術などに特にすぐれた人. Ea master; an expert. 한달인.「叔父は鶏のひなが雌か雄かを見分ける達人で、まちがえたことはない//剣道の達人」

たっ・する 【達する】タッスル〔自他動する〕①ものごとが、ある場所、程度、数や量などまでいきつく. Ereach; get to. 한(도)달하

だ, いたる.「20歳に達すると選挙権がえられる//山頂に達する」②目的や望みなどをなしとげる. Eachieve; accomplish. 한이루다, 달성하다.「姉は弁護士になって長年の希望を達した」

≡注 ①は自動詞, ②は他動詞.

だっ・する 【脱する】ダッスル, ダッスル〔自動する〕あぶない所や状態からのがれ出る. Eescape from; get out of. 한벗어나다.「ようやく熱が下がって, 病人は危機を脱した//不況から脱する」

たっせい 【達成】タッセイ〔~する〕計画や目的をやり終えること. Eaccomplish; attain; achieve. 한달성.「今期の販売目標を期限前に達成した//使命を達成する(Eaccomplish the mission. 한사명을 달성하다.)」

だっせん 【脱線】ダッセン〔~する〕①電車や列車などの車輪が線路からはずれること. Ederail. 한탈선.「けさ, 近くの駅で電車が脱線する事故があった」②話や行動が, 本題や目的から離れること. Edigress from the subject. 한옆길로 빠짐.「三郎の話はすぐ脱線してしまい, なかなか先に進まない」

たった タッタ 数や量などが非常に少ないようす. ただ. Eonly; no more than. 한겨우, 단지.「朝からたった1匹しか釣れなかった//たった10分待たされたぐらいで, そんなに怒るなよ」 話

だったら ダッタラ ①(文と文をつないで)前にいったことを受けて, 後で, それならばこうするということをいうときに使うことば. Ein that case. 한그렇다면.「きみ, 行かないの? だったら, ぼくも行かない」②(名詞, 動詞と形容詞の基本形に「の[ん]」のついたもの, 形容動詞の語幹について)~だとしたら. Eif. 한~다면, ~이라면.「はさみだったらここにあるよ//お金がないんだったら貸してあげる」 話

タッチ (touch)タッチ ①〔~する〕手でふれること. Ea touch. 한터치, (손을) 댐, 건드림.「水泳の100メートル自由形競技で, タッチの差で2位になった//このワープロのキーのタッチは軽い//ワンタッチ」②〔~する〕関係すること. Ehave a hand in; be concerned with. 한터치, 관여.「今年から父の会社の経営にタッチすることになった」③絵画, 文章などで, 筆の使いぐあい. また, 彫刻で, のみの使いぐあい. Ea touch. 한터치, (그림・문장 등의) 필치, (조각에서) 끌의 사용법.「やわらかなタッチでかいた絵//力強いタッチの彫刻」

たって タッテ, タッテ 無理をしてでもぜひ. Eurgently; earnest. 한굳이, 꼭, 무리하게 ; 간절히.「たいせつなものだが, たってお貸しくださいと頼まれては断れない//たってのお願い」

たって ①(名詞, 動詞と形容詞の基本形, 形容動詞の語幹, 動詞の命令形について)もし~ても. ~といっても.「車を買うったって中古車だ(EIf I buy a car, it will be a used car. 한차를 산다고 하더라도 중고차야.)//寒いったってアラスカほどではない」②(動詞の「て」に続く形, 形容詞の「く」の形について)どんなに~ても.「走ったって間に合わないよ(EIt will be too late even if you run. 한달려가 보았자 시간에 대어 가지 못할 거야.)//スキーのウエアは古くたってかまわない」 話

≡参 「ったって」ともいう.

だって ダッテ ①(文と文をつないで)どうしてかというと. その理由は. Ebecause. 한왜냐하면.「『どうして食べないの?』『だって, おなかが痛いんだもの』//いやならいやとはっきり言ったほうがいいよ. だって, 相手は待っているんだから」②「でも」のくだけた言い方.「簡単

な料理なら子供だってつくれる(Ｅ Even a child can fix a simple meal. 한 간단한 요리라면 어린아이라도 만들 수 있다.)//1円だってむだには使わない//いつだっていいよ」③⇨たって②「酒なら、いくら飲んだって平気だ」▷話

たっぴつ【達筆】タッピツ　文字がのびのびとして上手なこと．また，その文字．Ｅ a skillful hand; good handwriting. 한 달필．「老教授から達筆な年賀状をいただいた//祖父が筆で書いた手紙は，達筆すぎてわたしには読めない」対悪筆

たっぷり　タップリ　①数や量がじゅうぶんにあるようす．Ｅ plenty of; good. 한 듬뿍, 많이；족히．「時間はたっぷり(と)あるので、よく考えて答えてください//砂糖のたっぷり(と)入ったケーキ//ここから駅まで歩くと、たっぷり１時間はかかる」②(〜する)大きさなどがじゅうぶんであるようす．Ｅ flowing and comfortable. 한 (크기 등이) 넉넉히, 낙낙하게．「たっぷりしたセーターは着やすくて暖かい」

たて【縦】タテ　①上下，前後ろの方向．また，その長さ．Ｅ length; vertical. 한 세로．「紙に縦20センチの線を引く//縦2列に並びなさい//横のものを縦にもしない(→横慣用)」対横　②親子，師弟，役職，先輩後輩などの上下の人間の関係．Ｅ vertical (relationships). 한 상하 (관계)．「２人は先輩後輩の縦の関係で結ばれている」対横

-たて　(動詞の「ます」形について)動作が終わったばかりであること．「焼きたてのパン(Ｅ bread fresh from the oven. 한 갓 구운 빵．)//できたての料理」

-だて【-建て・-立て】①(階数などを表すことばについて)家などの建て方．「コンクリート建ての家//５階建てのビル(Ｅ a five-story building. 한 5층 빌딩．)//一戸建て」②(通貨名について)その通貨で支払われること．

「ドル建てで輸入する//円建て(Ｅ in yen. 한 엔화 표시.)」③(本数を表すことばについて)作品などの数を表す．「３本立ての映画(Ｅ a triple bill. 한 세 편 동시 상영의 영화.)」▤注 漢字で書くときは，①②は「建て」，③は「立て」．

たていたにみず【立て板に水】つぎつぎとことばが出てよくしゃべるようす．Ｅ(speak) very fluently. 한 청산유수．「新発売の品を見せながら、セールスマンは立て板に水の話し方で宣伝を始めた」

たてうり【建て売り】タテウリ　家を建てて売ること．また，売る目的で建てだ家．Ｅ a readybuilt house. 한 (장삿속으로) 집을 지어서 팖, 그런 집．「注文建築より建て売りのほうが安い//建て売り住宅」

たてか・える【立て替える】タテカエル、タテカエル〔他動一〕すこしの間、その人の代わりに金を支払う．Ｅ pay for another. 한 입체하다, 대신 치르다．「金がたりなくて友人に本代を立てかえてもらった」名立て替え

たてがき【縦書き】タテガキ　縦の方向に並べて書く文字の書き方．Ｅ write vertically. 한 종서, 세로쓰기．「日本文はふつう縦書きだが、最近横書きのものが増えてきた」対横書き

たてぐ【建具】タテグ　戸，障子，ふすまなど、開けたり閉めたりして部屋を仕切るもの．Ｅ fittings; fixtures. 한 건구, 창호．「この家は上等な建具を使っている//建具屋」

たてこ・む【立て込む・建て込む】タテコム、タテコム〔自動五〕(たてこんで)①ある場所に人がたくさん入ってこみあう．Ｅ be crowded. 한 붐비다, 북적대다．「バーゲンに集まった客で店の中がたてこんでいる」②狭い場所に家がたくさん建ってこみあう．Ｅ be crowded with houses. 한 집이 빽빽

い 들어차다.「このへんは家がたてこんでいるので, 火事になったらたいへんだ」③用事がたくさん重なる. Ebe very busy with. 韓(일이) 쌓이다, 겹치다.「年末は仕事がたてこむので, 新しい仕事は引き受けられない」
注 漢字で書くときは, ①③は「立て込む」, ②は「建て込む」.

たてつ・く 【盾突く】タテツク, タテツク〔自動五〕(たてついて) 親や目上の人にすなおにしたがわず, 反抗する. Eoppose; defy. 韓반항하다, 대들다.「当然のことを言っただけなのに, 上司にたてついたとみられてしまった//親にたてつく子供」

たてつけ 【建てつけ】タテツケ 戸や障子などを 開けたり 閉めたりするときのぐあい. E(do not) fit right. 韓(문・미닫이 등의) 여닫히는 상태.「戸の建てつけが悪いので, すきまから風が入って寒い」

たてふだ 【立て札】タテフダ 人々に注意したり知らせたりすることを書いて立てる札. Ea notice board. 韓팻말.「道路に『工事中』の立て札が立っていて車は通れない」数 1枚・1本 →札図

たてまえ 【建前】タテマエ, タテマエ 本当の気持ちではなく, 表向きの方針や主義. Ea principle; one's official stand. 韓(표면상의) 방침, 원칙.「田中社長は, エネルギーをむだに使わないという建前で毎朝電車で通勤している//建前でなく本音を言い合って討論しよう」対本音

たてもの 【建物】タテモノ, タテモノ 人が住んだり仕事をしたり, またはものを置いたりするために建てたもの. Ea building; architecture. 韓건물.「駅前に新しい建物ができた//古い建物を取りこわす」数 1戸・1棟・1棟

た・てる 【立てる】タテル〔他動一〕①横になっているものを, 縦にまっすぐ起こす. Eset up; put up. 韓세우다.「屋根の上にテレビのアンテナを立てる//柱を立てる」対たえる, 寝かす

②ある役割を持たせて表に出す. Eplace (a guard); send (a messenger). 韓(내) 세우다; 보내다.「見張りを立てる//使者を立てる」

③ある現象を起こさせる. Eraise (one's voice); spread (a rumor); send up (steam). 韓(소리・소문을) 내다, 퍼뜨리다; (김을) 내다.「声を立てる//うわさを立てる//湯気を立てる」

④穏やかだったものを激しい状態にする. Emake (waves); get angry. 韓(물결을) 일으키다; 화를 내다.「波を立てる//腹を立てる」

⑤ものごとを立派に果たす. Ebe serviceable; make (a living). 韓(도움이) 되게 하다; (생계를) 세우다.「役に立てる//生計を立てる」

⑥はっきりわかるようにする. Evow; prove. 韓(맹세를) 하다; (증거를) 세우다.「誓いを立てる//証拠立てる」

⑦権威を持たせたり, 名誉を保たせたりする. Epay due respect; save a person's face. 韓(선배로) 대우하다; (체면을) 세워 주다.「先輩を立てる//顔を立てる」

⑧(動詞の「ます」形について)盛んに~する.「呼びたてる(Ecall out. 韓불러대다.)//書きたてる(Ewrite up. 韓써대다.)」

▷自動立つ

注 ⑧はひらがなで書く.

た・てる 【建てる】タテル〔他動一〕建物などをつくる. Ebuild; construct. 韓짓다, 세우다, 건조하다.「市の中心に高層ビルを建てる」自動建つ

た・てる タテル〔他動一〕茶の湯で, 抹茶と湯を入れてかきまぜる. Emake ceremonial tea. 한(차를) 끓이다.「お茶をたてて客をもてなす」

だとう【妥当】ダトー 判断が適切で、うまくあてはまるようす. Ereasonable; appropriate. 한타당.「きみの能力、経験からすると、日給7000円というのは妥当だ//住宅問題は深刻だが、妥当な解決策が見つからない」

たとえ タトエ, タトエ もし, 仮に. Eeven if; no matter if. 한설령, 가령, 설사, 비록.「たとえ貧乏しても、他人の世話にはなりたくない//たとえ雨が降っても、あした水泳大会は行います」

たとえば【例えば】タトエバ 具体的な例をあげると. Efor example; for instance. 한예를 들면, 예컨대.「お見舞いには、たとえばリンゴやメロンのようなくだものがいい」

たと・える【例える】タトエル〔他動一〕① わかりやすいことを例に引いていう. Euse a metaphor. 한예를 들다.「油断していると失敗することがあるよと、猿も木から落ちる、のことわざにたとえて忠告する」② 似ていることがらと比べていう. Ecompare to; liken to. 한비유하다.「人生を旅にたとえる」▷ 名例え

たどたどし・い タドタドシイ まだ, あまり上手でなく、あぶなげなようすだ. Efaltering; unsteady. 한더듬거리다, 불안하다.「日本語を習いはじめたばかりのパブロの話し方はまだたどたどしい」

たどりつ・く タドリツク, タドリツク〔自動五〕(たどりついて) 進みにくい道を苦労しながら進んで、やっといきつく. Efind one's way to a place at last. 한(고생 끝에) 간신히 다다르다.「深い雪の道を3時間も歩いて、ようやく駅にたどりついた」

たど・る タドル〔自動五〕(たどって)①知らない道を確かめながら進む. Efollow. 한더듬다, 더듬어 가다.「地図を頼りに山道をたどる//足跡をたどって雪の中を進む」② はっきりしない筋道を確かめながら考え求める. Etrace; search. 한더듬다.「残された資料をもとに歴史をたどる//幼いころの記憶をたどる」③ある方向へ進んでいく. Etread; go. 한(경로를) 밟아 가다, 나아가다.「手術後は順調な経過をたどっている//家路をたどる」

たな【棚】タナ 板を横に渡し、その上にものを載せる所. Ea shelf. 한선반.「台所に棚をつる//本棚」

棚からぼたもち 思ってもいなかった幸運がやってくること. Ea windfall; a godsend. 한굴러 들어온 호박, 뜻밖의 행운.
[似た表現]棚ぼた

たなあげ【棚上げ】タナアゲ〔~する〕問題としてすぐに取りあげないで、解決を後にのばすこと. Eshelve; table. 한유보, 보류.「その計画はいったん棚上げして、来年になったらまた考えよう//不況のため昇給を棚上げする」

たなばた【七夕】タナバタ 7月7日の夜, 天の川にへだてられた織姫と彦星が年に1度だけ会うという中国の伝説にもとづいて行う星の祭り. ささ竹に願いごとを書いた短冊などを結びつけて、字や絵などが上手になることを祈る. たなばた祭り. Ethe Star Festival. 한칠석(제).「たなばたの飾りに『早く日本語が上手になりますように』と願いを書いた」→節句

〔七夕〕

たに【谷】タニ ①山と山にはさまれた細長くくぼんだ土地. Ea valley. 한산골짜기.「がけで足をすべらし、谷に落ちてしまった//谷川」対山 ②「①」のように、落ちこんだ所, 高いものにはさまれた低い所. Ea figurative "valley"; a trough. 한골짜기; 골.「あすは気圧の谷が近づくので天気が悪くなる」

だに ダニ ①虫の一種。体は小さく1ミリ以下で、人、動物、食品などにつく。Ea tick; a mite. 한진드기。「ダニに刺される//イエダニ」②追い払われてもつきまとって悪いことをする人。E a hoodlum; a punk. 한(비유적으로) 기생충, 불량배。「あの連中はこの町のダニだ」▷数①1匹 話②

たにま 【谷間】タニマ, タニマ ①山と山にはさまれて、谷になっている地帯。谷あい。E a ravine; a gorge. 한(산)골짜기。「谷間に春がきて、雪の下から青い草が現れた」②「①」のような、まわりよりも低い所。E a figurative "valley". 한(비유적으로) 골짜기。「一郎が住んでいる所はまるでビルの谷間だ」③援助や勢力などのおよばないところや取り残されたところ。E a place which cannot be reached by assistance or power. 한(원조의 손길에서 소외된) 응달。「福祉の谷間で病気と貧困に苦しんでいる人は多い」

たにん 【他人】タニン ①自分以外の人。また、関係のない人。E others; an outsider. 한타인。「他人の言うことは気にせずに、自分の意見で決めなさい//夫婦の問題に他人は口出ししないほうがいい」②血のつながりのない人。E an unrelated person. 한남。「電車の中で洋子そっくりの人に会ったが、他人のそら似だった//赤の他人(→赤慣用)」

たにんぎょうぎ 【他人行儀】タニンギョーギ 親しい関係なのに、距離をおいてよそよそしくふるまうこと。E be unduly formal. 한(남남처럼) 서먹서먹하게 행동함。「わたしたちは親戚なのだから、他人行儀につきあうのはよそう//他人行儀なあいさつ」

たぬき タヌキ ①毛は濃い茶色で、尾が太く、足が短い動物。山や草原にすみ、むかし話や伝説では人を化かすとされた。E a raccoon dog. 한너구리。「夜になるとタヌキの親子が農家の庭へやってくる」②ずる賢くて、ゆだんのできない人。E a cunning person. 한간사(교활)한 사람。「値下がりすることを知っていて株を人に売りつけるなんて、あいつは相当のたぬきだ//たぬきおやじ」▷数①1匹
注 漢字で書くときは「狸」。

たぬきねいり 【たぬき寝入り】タヌキネイリ〔～する〕つごうの悪いときなどに眠ったふりをすること。E pretend to be asleep. 한자는 체함, 괴잠。「男性が自立するには、掃除や洗濯や料理ができなければと話していると、夫はたぬき寝入りをしている//たぬき寝入りをきめこむ」
注 漢字で書くときは「狸寝入り」。

たね 【種】タネ ①植物が芽を出すもとになるもの。E a seed. 한종자, 씨。「朝顔の種をまく//種まき」
②血筋、血統を伝えるもとになるもの。また、その子。E a breed; a stock; a child. 한씨, 혈통; 자식。「たねを宿す//種つけ馬//一粒だね」
③ものごとが起こる原因。E a cause; a source. 한원인, 불씨。「石油が国際紛争のたねになっている//悩みのたね」
④手品などのしかけ。E a trick; a secret. 한수, 술법, 비법。「この手品はたねもしかけもありません//たねあかし」
⑤話や小説、記事などの材料。E a subject; a topic. 한(소설・기사 등의) 소재, 거리。「うわさのたねになる//話のたねがつきた//新聞だね//特だね(→項目)//たね切れ」
⑥料理の材料。E materials; ingredients. 한(요리의) 재료, 거리。「きょうのすしのたねは新鮮だ//おでんのたね」
参 ⑤⑥のくだけた言い方で、「記事のねた」「すしのねた」のように、「たね」をさかさ読みにして「ねた」ということもある。

だの (名詞、動詞と形容詞の基本形、形容動詞の語幹、動詞の命令形について)いろいろなものごとを例として並べて示す。「イワシだのサバだの、青い色の魚は体にいい(Ⓔ Bluish fish such as sardines or mackerels are good for the health. ㉠ 정어리라든가, 고등어라든가 푸른 색의 생선은 몸에 좋다.)//お茶をくれだの灰皿を出せだのと、うるさい父」

たのし・い
【楽しい】タノシイ 愉快で、気持ちがいい。Ⓔ pleasant; delightful; happy. ㉠ 즐겁다。「友達と楽しく遊ぶ//先週の旅行は楽しかった」

たのし・む【楽しむ】タノシム〔他動五〕(たのしんで)①楽しい気持ちになる。Ⓔ have fun; enjoy (oneself). ㉠ 즐기다。「旅行に連れていって、両親を楽しませました//青春を楽しむ若い人たち」②趣味として好きなことをする。Ⓔ enjoy; take pleasure in. ㉠ (취미를) 즐기다。「ゴルフを楽しむ//釣りを楽しむ」③将来のいい状態を期待する。Ⓔ look forward to. ㉠ 낙으로 삼다。「わが子の成長を楽しむ」▷**名** 楽しみ

たの・む
【頼む】タノム〔他動五〕(たのんで)①あることをしてもらうよう願う。Ⓔ ask; beg. ㉠ 부탁하다, 당부하다。「兄に頭を下げて金を貸してくれと頼む//学校での失敗を親に言わないでくれと友達に頼んだ」
②それを力として頼りにする。Ⓔ rely on. ㉠ 믿다, 의지하다。「数を頼んで意見を通そうとする」
③人や車に来てもらう。Ⓔ call. ㉠ (와 달라고) 부르다, 부탁하다。「タクシーを頼む//医者を頼む」
④信用して、あることをしてくれるのをまかせる。Ⓔ place under a person's care; entrust. ㉠ (일을) 맡기다, 부탁하다。「赤ん坊の世話を頼む//後を頼むと言って、父は息を引き取った」
▷**名** 頼み

たのもし・い【頼もしい】タノモシイ 心や体がしっかりしていて、なにかのときに頼れそうな感じだ。Ⓔ reliable; promising. ㉠ 믿음직하다, 미덥다。「体も大きく、お母さんの相談相手にもなれる頼もしいお子さんですね」

たば【束】タバ ①細長いものや平らで薄いものをそろえて、ひとまとめにしたもの。Ⓔ a bundle; a bunch; a sheaf. ㉠ 다발, 뭉치。「古新聞を束にして積む//束になった手紙//花束」②(数を表すことばの後について)①の数を表す。「1束200円のホウレンソウ(Ⓔ spinach 200 yen a bunch. ㉠ 한 다발에 200엔의 시금치.)」

束になってかかる おおぜいが一緒になっておそいかかる。Ⓔ attack all at once. ㉠ 떼지어 (한꺼번에) 덤벼들다。「子供たちが束になってかかっても、横綱はびくともしない」

タバコ(㊥ tabaco) タバコ ①畑で栽培する植物。卵形の大きな葉はニコチンをふくむ。Ⓔ tobacco. ㉠ 담배。「タバコをつくる農家は霜や雹の害に気をつかう」②①の葉をほしてつくったもの。巻きタバコ、きざみタバコ、葉巻などがあり、火をつけて煙を吸う。Ⓔ a cigarette; a cigar; smoke. ㉠ 담배。「タバコの吸いすぎに気をつけよう//未成年者はタバコを吸ってはいけない//タバコ屋」▷**数**②1本・1箱

注「煙草」と漢字で書くこともあるが、ふつうは、かたかなかひらがなで書く。

たば・ねる【束ねる】タバネル〔他動一〕細長いものや髪や紙などをひとまとめにして、ひもなどでくくる。束にする。Ⓔ bundle; tie up. ㉠ 묶다, 다발을 짓다。「書類を束ねる//髪を後ろで束ねる」

たび【度】タビ ①そのことが繰り返されると

きはいつも。Eevery time; whenever. 한때마다。「この絵を見るたびに、若くしてなくなったあの人を思いだす」②回数。Ethe number of times. 한번、回、爻수。「山田氏は3たび立候補して3たび落選した//たび重なる事故」

たび【旅】タビ 自分が住んでいる所を離れて、よその土地をまわり歩くこと。Ea trip; a journey; travel. 한여행。「来週、北海道への旅に出る//旅の宿//旅立つ」

参「旅行」も意味は同じだが、「旅」には、乗り物を使わずに歩いて出かけたむかしの意味が残っており、また、「心の旅」のような精神的な意味でも使う。

旅の恥はかき捨て 旅先では知った人もいないから、ふつうならしないような恥ずかしいことでも平気でするということ。EOnce over the border, one may do anything. 한여행지에서는 아는 사람도 없으니 부끄러운 짓도 예사로 한다。

旅は道連れ世は情け 旅先では一緒に行く人がいると楽しいし心強い、同じように、生活するにもたがいに思いやりを持つのがだいじだということ。EOn the road a companion, in life sympathy. 한여행에는 길동무、세상살이에는 인정이 소중하다。

たび【足袋】タビ 和服を着るとき足首から下にはくもの。先は親指とほかの4本の指との2つに分かれていて、かかとでとめる。Etabi; Japanese socks. 한일본식 버선。「着物を着て白い足袋をはく」数1足 →着物、羽織図

たびたび タビタビ 何回も繰り返されるよう。Eoften; over and over. 한자주、여러 번。「この車はたびたび故障するから買いかえよう//道子は体が弱いので、たびたび学校を休む」→時時

タフ (tough)タフ 体力があり、どんなに忙しくても疲れて途中でやめてしまうことのないよう。Etough. 한터프、강건함、강인함。「体がタフにできているので、すこしぐらいのことでは病気にならない//毎日遅くまで残業し、土曜、日曜はゴルフとは、タフな人だ」

タブー (taboo)タブー ①ある社会で、宗教上、または習慣上してはならないとされていること。Etaboo. 한터부、금기。「イスラム教では豚肉を食べるのはタブーになっている//タブーをおかす」②ある社会や仲間の間で、言ったりしたりしてはいけないこと。Etaboo; a topic not allowed to be discussed. 한터부、금기。「兄を雪山で失っている京子の前では登山の話はタブーだ//わたしの家ではかけごとはタブーだ」

だぶだぶ ダブダブ、ダブダブ〔〜する〕①たくさん入っている液体が中で揺れ動くよう。「水を3杯も飲んだので、おなかがだぶだぶしている(EAfter drinking three glasses of water, my insides are sloshing. 한물을 석 잔이나 마셔서 뱃속이 출렁출렁한다。)」②洋服などが大きすぎるよう。「だぶだぶのズボン(Ea pair of baggy pants. 한헐렁헐렁한 바지。)」

参②は「ぶかぶか」と似ているが、「ぶかぶか」が外側と中身とのすきまに注目した表現であるのに対して、「だぶだぶ」は大きすぎる外側のものに注目した表現である。

たぶらか・す タブラカス〔他動五〕(たぶらかして) うまいことを言って、相手をだます。Eswindle; deceive. 한속이다、어루꾀다。「セールスマンは老人をたぶらかして、1000円の品物を5000円で買わせた」

ダブ・る ダブル〔自動五〕(だぶって) ①同じものが重なる。二重になる。Ebe doubled; fall on. 한겹치다、중복되다。「自分で買ったあとに招待券をもらって音楽会の券がダブった//日曜日と祝日がダブる」②落第し

て原級にとどまる. Ⓔrepeat a grade. 퀀유급하다, 낙제하다.「１年ダブったので, 友達より遅く卒業した」▷話

参英語の「ダブル(double)」を略した「ダブ」に「る」がついてできたことば.

ダブル (double) ダブル ①二重. 2倍. また, 2人用であること. Ⓔdouble. 퀀더블, 이중, 2배；2인용.「人気のある２人の女優がダブルで出演する芝居//ダブルプレー(Ⓔa double play. 퀀더블 플레이.)//ダブルベッド」対シングル ②上着やコートで, 前の合わせる部分が深く, ボタンが２列のもの. Ⓔdouble-breasted. 퀀(양복 저고리의) 더블브레스트.「ダブルの背広を着て友人の結婚式に出席する」対シングル

たぶん 【多分】タブン, タブン ①(「たぶん〜だろう」の形で) 可能性が大きいと思うようす. Ⓔprobably; perhaps. 퀀아마.「説明書どおりにつくったから, たぶん動くだろう」②数や量や程度が大きいこと. Ⓔvery strong. 퀀다분, 많음.「火山の付近の地震が多くなってきたので, 噴火のおそれが多分にある」▷書②

注①はひらがなで書く.

たべごろ 【食べごろ】タベゴロ, タベゴロ 食べるのにいちばんおいしいとき. また, その時節. Ⓔbe ripe for eating; be in season. 퀀먹기에 가장 적당함, 제철.「このメロンはちょうど食べごろだ」

たべざかり 【食べ盛り】タベザカリ, タベザカリ 盛んに食べる成長期の年ごろ. また, その年ごろの子供. Ⓔgrowing; have a good appetite. 퀀한창 먹을 나이, 그런 때인 아이.「食べ盛りの子供が３人いるから食費がかかる//二郎はちょうど食べ盛りなので, いつも腹をすかしている」

たべもの 【食べ物】タベモノ, タベモノ 人や動物が成長し, 健康でいるために食べるもの. Ⓔfood. 퀀음식, 먹을 것.「この店の食べ物は, 味が塩辛くて口に合わない」→食物

た・べる 【食べる】タベル〔他動一〕①食べ物を口に入れて, かんで飲みこむ. Ⓔeat. 퀀먹다.「ごはんを食べるのが速い//リンゴを食べる」
②生活する. Ⓔlive on. 퀀먹고 살다.「月給がこんなに安くては, 食べていけない」

たほう 【他方】タホー ①ほかの方向, 方面. Ⓔanother side. 퀀다른 한쪽, 다른 방면.「あの人は一方で恐れられているが, 他方ではやさしいところがある人だと頼られている」②(副詞的に)別の面からみると. もう一方からみると. Ⓔon the other hand. 퀀한편.「妹は明るいが, 他方, わがままなところもある」

たぼう 【多忙】タボー 非常に忙しいこと. Ⓔvery busy. 퀀다망.「仕事が多忙で日曜日も休めない//田中さんは多忙な人だから, なかなか連絡がつかない//多忙をきわめる毎日」

たま 【玉・球・弾】タマ ①真珠や宝石など. また, そのように美しいもの, たいせつなもの. Ⓔa gem; a jewel. 퀀옥, 보석；진주.「大粒の玉の真珠のネックレスがほしい//玉のような赤ちゃん」②まるい形をしたもの. Ⓔa ball; a bulb. 퀀공；구, 전구.「速い球を投げる//電灯の球が切れた」③弾丸. Ⓔa bullet; a shell. 퀀총알.「ピストルの弾が飛んできた」④レンズ. Ⓔa lens. 퀀렌즈, (안경) 알.「めがねを落として玉を割ってしまった」⑤まるい状態にまとめたもの. Ⓔa ball; a one-portion pile. 퀀(털실) 뭉치；(국수) 사리.「毛糸の玉//うどんの玉」▷数④１枚

注漢字で書くときは, ①④⑤は「玉」, ②は「球」, ③は「弾」.

玉にきず ほとんど完全だが１つだけ欠点があるということ. Ⓔthe only defect. 퀀옥

えテ.「明るくていい人だが、しゃべりすぎるのが玉にきずだ」

たまご【卵】タマゴ ①鳥、魚、虫などの雌が産む、球の形をしたもの. Ｅan egg; spawn; roe. 韓卵.「タラの卵を『たらこ』、サケの卵を『イクラ』という//卵をかえす(Ｅhatch an egg. 韓알을 까다, 부화시키다.)」②①で、特に鶏が産んだもの. Ｅan egg. 韓달걀, 계란.「旅館の朝ごはんには、たいてい卵の料理が出る//ゆで卵」③まだ修業中の人、一人前でない人. Ｅin the making; budding. 韓아직 제구실을 못하는 사람, 햇병아리.「いまはまだ医者の卵だが、勉強と経験を積んで立派な医者になりたい」
注 ②は「玉子」とも書く.

たましい【魂】タマシー ①生物の体の中で精神の働きをし、体を離れても存在すると考えられているもの. 霊魂. Ｅa soul. 韓혼, 영혼, 넋.「あまりのショックに魂が抜けたようになった//死者の魂」②心、精神、性質. また、それらの型. Ｅspirit; will; heart. 韓정신, 기력, 마음, 얼.「きのうまでの自分を反省し、魂を入れかえてやり直す//詩人の魂」

だま・す ダマス〔他動五〕(だまして) ①うそを言ったり偽物を使ったりして、本当のことと思わせる. Ｅdeceive; cheat; trick. 韓속이다.「新品だとだまして中古品を売りつける//甘いことばでだます」②うまく話したり、ものを与えたりして、なだめる. Ｅcoax. 韓달래다, 어르다.「体にいいからと病人をだまして食べさせる」③(「だましだまし」の形で)あまり調子よくないものをなんとか動かすようす.「古い機械をだましだまし使う(Ｅnurse an old machine. 韓낡은 기계를 조심조심 사용하다.)」

たまたま タマタマ 思いがけず、偶然に. Ｅhappen to do; by chance. 韓우연히.「たまたま通りかかった店のセーターが気に入って買ってしまった」

たまに タマニ 非常に長い間をおいて、なにかをしたり、なにかが起こったりするようす. Ｅonce in a while; rarely. 韓어쩌다가, 간혹, 이따금.「この電車はふだんは正確に時刻表どおりに来るが、たまに遅れることもある//会にはたまにしか出席しないので、なかなか会員の名前が覚えられない」

たまらない ①(「~て(は)たまらない」の形で) がまんできない. Ｅbe unbearable; cannot stand. 韓참을 수 없다, 견딜 수 없다.「夜遅くまで、こんなにうるさく騒がれてはたまらない//毎日、こう暑くてはたまらない」②その気持ちが非常に強い. Ｅunbearably; irresistibly. 韓더할 나위 없다, 그지없다.「ビートルズが好きでたまらない//洋子と別れて、たまらなくさみしい」▷話②

たまりかねて がまんできなくなって. Ｅunable to bear. 韓참을 수 없어, 견딜 수 없어.「強いガスのにおいにたまりかねて、窓やドアを開け放した」

たま・る タマル,タマル〔自動五〕(たまって) ①じっとがまんできる. Ｅendure; bear up. 韓참다, 견디다.「こう暑くてはたまったもんじゃない//病気なんかに負けてたまるか//死んでたまるものか」②(「たまらない」の形で)⇨たまらない

たま・る タマル〔自動五〕(たまって) 同じ所に多く集まる. Ｅbe saved up; there is (water). 韓모이다, 괴다, 쌓이다.「金がたまったら旅行したい//道路のわきに水がたまる//疲れがたまる」名たまり 他動ためる

だま・る【黙る】ダマル〔自動五〕(だまって) ①ものを言うのをやめる. また、ものを言わない. Ｅbecome silent; hold one's tongue. 韓말을 하지 않다, 잠자코 있

다.「2人はけんかをして，2日間黙ったままでいる／うるさいから，すこし黙っていなさい」②(「黙って」の形で) 相手の許可を取らないで．Ewithout a word; without permission. 한말없이, 무단으로.「親に黙って出かける／人のものを黙って借りる」③(「黙っている」の形で) 特に方法を用いないでほうっておく．「黙っていてもおもしろいように金が入ってくる(EMoney flows in like a magic without doing anything. 한가만히 있어도 재미있게 돈이 들어온다.)」

ダム (dam) ダム 水力発電や水道などのため，川の流れをせきとめて水をためておく所．Ea dam. 한댐.「最近，雨が降らなくてダムの水も半分に減った／多目的ダム」

たむろ・する タムロスル〔自動する〕人が集まっている．Ehang around; gather. 한사람들이 떼지어 모이다.「あの喫茶店はいつも学生たちがたむろしている」

ため タメ ①役に立つこと．利益．Efor; for the sake of. 한위함; 유익함.「将来の子供たちのために広場を残しておく／人々のためになる仕事がしたい」②(名詞に「の」のついたもの，動詞の基本形について) 目的を表す．「旅行のための費用を貯金している／みんなを笑わせるために冗談を言う(Etell a joke to make everybody laugh. 한모두를 웃기기 위해 농담을 하다.)」③(名詞に「の」のついたもの，動詞と形容詞の基本形，形容動詞の「な」の形について) 原因，理由を表す．「雨のために，運動会は中止になった／値段が高いため，だれも買わない(ENobody buys it because of its high price. 한값이 비싸기 때문에 아무도 안 산다.)」

だめ 【駄目】ダメ ①むだだ．Euseless; be no use. 한소용 없음.「いまになって後悔してもだめだ」 ②いけない．Emust not. 한안됨, 못씀.「自分勝手な行動をしてはだめだ」 ③不可能だ．無理だ．Eimpossible; unreasonable. 한불가능함.「1晩で100ページの論文を仕上げるなんて，とてもだめだ」 ④役に立たない．Espoil; good-for-nothing. 한못쓰게 됨, 쓸모없음.「カメラを落として，だめにしてしまった／だめな人間」

駄目を押す ほとんどじゅうぶんであるのに，さらに念を入れる．Emake doubly sure. 한다짐을 하다.「あの人にはよく頼んでおきましたが，あなたからもだめを押しておいてください」[似た表現]駄目押し

ためいき 【ため息】タメイキ 失望したり悩んだりしたときなどにする，長い息．Ea sigh. 한한숨.「試験の結果が悪くて，思わずため息が出た／ため息をつく(Eheave a sigh. 한한숨을 쉬다.)」

ためしに 【試しに】タメシニ どのような結果になるかを試みるようす．Eon trial; try on. 한시험삼아.「おいしいかどうか，試しに1個食べてみよう／友達の靴を試しにはいてみたら小さかった」

ため・す 【試す】タメス〔他動五〕(ためして) 確かめるために，実際にしてみる．Etry; attempt. 한시험하다, 실지로 해 보다.「自分の能力を試すためにテストを受けてみる／洋服を買うときは，似合うかどうか着て試してみる」[名]試し

[参]「試みる」も似ているが，「試みる」が，どんな結果が出るか知りたくてやってみるときに使うのに対して，「試す」は，本当かどうかなどを知るためにやってみるときに使う．

ためら・う タメラウ〔他動五〕(ためらって) 決心がつかないで，ぐずぐずする．Ehesitate; think twice about. 한주저하다, 망설이다.「部屋の中がとても静かだったので，入るのをためらった／返事をためらう」[名]

ためらい

たも・つ【保つ】タモツ〔他動五〕(たもって) ①そのままの状態をもち続ける. Ekeep; maintain. 한유지하다.「精密機械を扱う部屋では,温度をいつも同じに保つことが必要だ」②いまの状態が衰えたり失われたりしないようにする. Ekeep up; preserve. 한지키다, 보전하다.「3位に入賞し,どうにか面目を保つことができた//健康を保つ」

たもと タモト ①着物のそでの,袋のようになっている部分. Ea (*kimono*) sleeve. 한소맷자락.「たもとで涙を押さえる//たもとからハンカチを出す」②すぐ近く. Ethe foot; the edge. 한옆, 곁.「橋のたもとでボートに乗る」▷→着物 図

たやす・い タヤスイ,タヤスイ むずかしくない. 簡単にできる. Eeasy; simple. 한쉽다, 용이하다.「この問題はたやすくできた//言うのはやすいが,実行するのはたいへんだ」対むずかしい

たよう【多様】タヨー 違った状態のものや反応がいろいろあるよう. Evarious; diverse. 한다양.「ふろしきは用途が多様でとても便利だ//現代社会は複雑で多様な問題をかかえている」対一様

たより【便り】タヨリ〔~する〕①手紙. 手紙を出すこと. Ea letter. 한편지.「ふるさとの両親から便りがとどいた//お便りありがとう」②知らせ. 連絡すること. Ehear from; news. 한소식.「息子は,中国旅行に出かけたきり,なんの便りもよこさない//風の便りに聞く」▷数①1通·1本 →通信

たより【頼り】タヨリ 頼る人やもの. Edepend on; support; help. 한의지; 의지하는 사람·물건.「いつまでも親を頼りにしていてはいけない//はじめての場所なので,地図だけが頼りだ//懐中電灯の明かりを頼りに,夜道を歩いた」自他動頼る

たよ・る【頼る】タヨル〔自他動五〕(たよって) ①助けてくれるものとして,あてにする. Ecount on; rely on. 한의지하다, 믿다.「叔父を頼ってドイツへ行く//近くに頼る人がいない」②よりどころにする. 依存する. Ewith the help of; resort to. 한의존하다, 의지하다.「懐中電灯の明かりに頼って,暗い道を歩く//記憶に頼ってむかし住んでいた家をさがす」▷名頼り

≡注①は他動詞,②は自動詞.

たら (動詞の「て」に続く形,形容詞の「かっ」の形,形容動詞の「だっ」の形について) ①もし,そのようなことがあったばあいには.「雨が降ったらハイキングは中止だ(EIf it rains, the hike will be called off. 한비가 오면 하이킹은 중지한다.)//値段をきいて,安かったら買おう」②あることをしたとき.「うちに帰ったら友達が来ていた(EWhen I came home, my friend had already come. 한집에 돌아왔더니 친구가 와 있었다.)//京都に着いたら,電話してください」③実際に起こったことと違うことを表す.「もっと早く家を出ていたら間に合ったのに(EIf you had left home earlier, you could have been in time. 한좀더 빨리 집에서 나왔다라면 시간에 대어 갈 수 있었을 텐데.)」④(文の終わりについて)~てはどうか.「学生なんだから,もっと勉強したら?//そろそろ出かけたら?(EWill you go out now? 한슬슬 나가는 게 어때?)」⑤⇨ったら

▷→囲み

だら ⇨たら「日曜日ぐらい遊んだら//雨がやんだら外出しよう//新聞を読んだら知人の話が載っていた」

たらいまわし【たらい回し】タライマワシ

〔～する〕人、ものごとなどを、つぎつぎにほかの人や場所に移すこと。Ⓔpass from one to the next. 㿥차례로 돌림。「委員長のポストをたらいまわしする」

だらく 【堕落】 ダラク〔～する〕生活や考え方や行動が悪くなること。Ⓔcorrupt; degenerate. 㿥타락。「仕事もせず酒ばかり飲むような堕落した生活を送る」

-だらけ（他のことばについて）いやなものが非常にたくさんあること。「この部屋の中はほこりだらけだ//まちがいだらけの答え（Ⓔan answer full of mistakes. 㿥틀린 것투성이의 답。)//泥だらけ（Ⓔcovered with mud. 㿥진흙투성이。)//傷だらけ」

だら・ける ダラケル、ダラケル〔自動一〕緊張がゆるんで、心や動きにしまりがなくなったり怠けたりする。Ⓔbecome listless; be lazy. 㿥해이해지다、게을러지다。「同じ作業を繰り返していると、仕事もだらける//遊んでばかりいて、だらけた生活を送る」

だらしな・い ダラシナイ ①生活態度などがきちんとしていない。Ⓔslovenly; untidy. 㿥단정하지 못하다、칠칠치 못하다。「ぬいだ服が部屋じゅうにだらしなく散らかっている」②弱くて意気地がない。Ⓔweak; poor-spirited. 㿥야무지지 못하다、무기력하다。「泣かされて帰ってくるなんて、だらしないやつだ」▷話

-たらず 【-足らず】（数や量を表すことばについて）～より少ない。「ジョージは3カ月たらずの間に日本語がとてもうまくなった//10人たらず（Ⓔfewer than ten people. 㿥10명이 채 못됨。)/1年たらず（Ⓔless than a year. 㿥1년이 채 안됨。)」

「ば」「たら」「と」「なら」

「ば」は、「春になれば暖かくなる」「読めばわかる」のように後のことの成立する条件を表し、どうすれば後で示されることが成立するかを述べる表現である。一般的な真理や判断を表す用法に多く使われ、「打てば響く」「住めば都」など慣用句やことわざにも多くみられる。

さらに、「ば」は「雨が降れば行かない」「7時になれば、父も帰ってくる」のように、前で具体的な状況や場面を示し、それが成立したばあいには、という表現にも使われるが、このばあいには「たら」も使え、話しことばでは、むしろ「たら」が多く使われる。

「たら」は「書き終わったら出してください」「向こうに着いたら、すぐ電話します」のように、前のことが完了したときに後のことが成立するという時間的な順序を問題にするばあいに使われる。また、「新宿へ行ったら、偶然友達に会った」のように過去のことを述べるばあいでも、前のことが後のことより時間的に先行するばあいには「たら」が使われる。

「と」には、同時に、または続いて起こる動作や作用を結びつける働きがあるので、「このボタンを押すとふたが開く」「銀行の角を曲がるとバスの停留所がある」のように、前のことが成立するとき、自動的に、また必然的にそのような状態になることが後で示される。なお、後に命令、許可、希望、意志などの表現がくるばあいには「と」は使えない。

「なら」の特徴的な用法は、「『田中さんを見ませんでしたか』『田中さんなら帰りましたよ』」のような、相手のことばを受けての発言に使われるものである。また、「スポーツならサッカーがいい」のように、特定のものごとを主題として提示するばあいにも使われる。

だらだら ダラダラ ①血, 汗, よだれなどが止まらずに流れ出るようす.「汗をだらだら(と)流しながらジョギングをした(EI jogged perspiring profusely. 한땀을 뻘뻘 흘리면서 조깅을 했다.)//赤ん坊がよだれをだらだら(と)流している」②〔~する〕ゆるやかな坂などが長く続くようす.「友達の家は, だらだらした坂道を上っていった所にあった(EMy friend's house was at the top of a long gentle slope. 한친구 집은 길게 뻗은 완만한 비탈길을 올라간 곳에 있었다.)」③〔~する〕長く続くわりに内容のないようす.「会議は結論が出ないまま, だらだら(と)続いた(EThe meeting dragged on without reaching any conclusion. 한회의는 결론이 나지 않은 채 질질 끌었다.)」④〔~する〕目的もなく, 緊張もせず時間を過ごすようす.「夏休みをだらだら(と)過ごす(Espend the summer vacation idly. 한여름 방학을 빈둥빈둥 보낸다.)」

参 ①は, 「たらたら」と似ているが, 「だらだら」のほうが量が多い.

だらりと ダラリト 力なく, または, やわらかなものが, たれ下がっているようす. だらっと.「いすにすわって眠っている人の両手が, だらりと下がっている(EBoth hands of the person sleeping in a chair hang down limply. 한의자에 앉아 자고 있는 사람의 양손이 축 늘어져 있다.)」

たり (動詞の「て」に続く形, 形容詞の「かっ」, 形容動詞の「だっ」の形について)①2つ以上の動作や状態を並べるときに使う.「みんなで食べたり歌ったりして楽しかった//血圧が高かったり低かったりで, 体の調子がよくない(EMy health is poor because my blood pressure rises and falls. 한혈압이 높았다 낮았다 해서 몸 상태가 좋지 않다.)」②1つの動作や状態を例としてあげ, ほかにもあることを示す.「どうしたの? そんなに泣いたりして(EWhat has happened? Why are you crying and carrying on like that? 한무슨 일이야? 그렇게 울기나 하고 있으니.)」

だり ⇨たり「泳いだり, 浜辺で遊んだりした//休みの日には本を読んだりしています」

たりょう 【多量】タリョー 分量が多いこと. Ea large quantity; a great deal. 한다량.「その土地から, 多量の放射能が検出された//出血多量」対少量 書

た・りる 【足りる】タリル〔自動一〕①じゅうぶん必要なだけある. Ehave enough; do. 한족하다, 충분하다.「忙しいのに人がたりなくて困る//わざわざ行かなくても電話で用がたりる」②(「~するにたりる」の形で)~するだけの値打ちがある.「恐れるにたりない(Eno need to be afraid of. 한무서워할 것이 없다.)//信頼するにたりる人物」 ▷他動足す

たる タル 酒などを入れ, 貯蔵しておく木製のまるい入れ物. Ea barrel; a cask. 한(중배부른) 나무통.「倉庫には, ビールのたるが並んでいる//12年もののウイスキーをたるから出す//たる酒」→おけ図

だる・い ダルイ, ダルイ 疲れや病気などで元気がなくなり, 動くのも面倒に感じる. Efeel sluggish; feel heavy. 한나른하다.「熱があるらしく, 体がだるい//1日じゅう立っていたので足がだるい」

だるま ダルマ ①禅宗を開いたインドの僧のすわった姿に似せてつくった人形. Ea Dharma doll. 한오뚝이.「願いどおり大学に合格できたので, だるまに目を入れた//正月にだるまを買う」②「①」に似たまるい形のもの.「だるまストーブ(Ea potbellied stove. 한(중배가 부

〔だるま①〕

る）둥근 눈로．）「雪だるま(→**項目**)」

参 ①はふつう，顔以外は赤く，倒れても起き上がるようになっている．一般に目がかかれていなくて，願いごとをするとき，初めに片目だけ自分でかき，願いが実現したとき，もう一方の目もかき入れる．

た・るむ タルム〔自動五〕(たるんで) ①ぴんと張っていたものが，ゆるんでたれ下がる．Eget loose; slacken. 한느슨해지다.「卓球台のネットがたるんだので張り直した//たこの糸がたるむ」②体や気持ちなどにしまりがなくなる．Ebecome lazy; go soft. 한느즈러지다.「休みが続くと気持ちがたるむ」対締まる ▷名たるみ

参 ①は「ゆるむ」と似ているが，「ゆるむ」が，「ねじがゆるむ」「ベルトがゆるむ」など，すきまができるばあいに使うのに対して，「たるむ」は，張りきっていたものが，たれ下がった状態で形に現れるときに使う．

だれ ダレ ①はっきりわからない人や，名前を知らない人などをさすことば．Ewho; someone. 한누구.「きのうはだれが欠席しましたか/部屋にだれかいますか」②すべての人．Eeveryone. 한아무, 그 어떤 사람.「そのことは，だれも知らない//だれにも話さないでください」

参 丁寧な言い方は「どなた」「どちらさま」．

だれも彼も どの人もみんな．だれでも．だれもかも．Eanyone; everyone. 한누구나 다, 모두가 다.「若い人はだれもかれも車を持ちたがる」

た・れる【垂れる】タレル〔自他動一〕①液体がしずくとなって下に落ちる．Edrip. (물방울이) 떨어지다, 듣다.「ひたいから汗がたれる//水がたれる」②一方が上についたまま，もう一方のはしがだらりと下がる．Ehang down; dangle. 한드리워지다.「雨雲が低くたれる//幕がたれる」③下のほうにだらりと下げるようにする．Elower; drop. 한숙이다；드리우다.「頭をたれてじっと聞く//釣り糸をたれる」④目上の人が目下の人に模範などを実際に示す．Eset (an example). 한(모범을) 보이다, (가르침을) 주다.「教えをたれる」⑤大便や小便やへをする．Eevacuate (the bowels, bladder); fart. 한(대소변을) 보다；(방귀를) 뀌다.「小便をたれる」▷書④ 話⑤ 名垂れ

注 ①②は自動詞, ③④⑤は他動詞.

だ・れる ダレル〔自動一〕①緊張した気分がなくなる．だらける．Ebecome inattentive; become listless. 한(긴장이) 풀리다, 해이해지다.「あまり暑いと気分がだれる//だれた生活はよくない」②興味が薄くなって飽きてくる．Ebecome bored. 한싫증나다.「長くてつまらない演説に，聴衆はすっかりだれてしまった」

タレント (talent)タレント, タレント テレビやラジオなどに出演する芸能人．Ea talent; an entertainer; a personality. 한탤런트.「一郎は若者の間で人気があるタレントだ//テレビタレント」

だろう ①(名詞, 動詞と形容詞の基本形, 形容動詞の語幹について) (1)話す人の推量の気持ちを表す．「あしたはいい天気だろう(ELooks like it will be nice tomorrow. 한내일은 날씨가 좋을 것이다.)//バスはもう来るだろう」(2)相手に確かめたり，なにかを思いださせたりするときに使う．(今度の旅行, きみも行くだろう？(EYou will join us on our next trip, won't you? 한이번 여행, 너도 가겠지？)//あれが三原山だろう？」

②(「～の[ん]だろう」の形で) 疑いながら, 理由や原因を推量することを表す．「なぜ食べないんだろう？(EI wonder why she doesn't eat. 한왜 안 먹는 걸까？)」

▷→囲み
⦅参⦆丁寧な言い方は「でしょう」．また，①(2)はことばの終わりを上に上げて言う．

たわい・な・い タワイナイ ①簡単すぎて，手ごたえがない．Ｅeasy. 韓손쉽다．「洋子はお人よしで，たわいなくだまされてしまう」②たいしたことではない．くだらない．Ｅsilly; trifling. 韓시시하다, 하찮다．「身のまわりのことや世間話など，たわいない話で時間をつぶしてしまった//たわいないことでけんかをする」③無邪気だ．Ｅinnocent. 韓천진하다．「母は孫から誕生日の祝いをもらってたわいなく喜んでいる」

だん 【団】ダン 目的を持った人々の集まり．Ｅa group; a party. 韓단．「劇団を結成する//応援団(Ｅa cheering party. 韓응원단.)//視察団//消防団(Ｅa fire brigade. 韓소방단.)」

だん 【段】ダン ①階段や石段など，高さが違う面が順に並んでいる場所．Ｅa step. 韓단, 층계．「段があるから注意しなさい//講演者は，舞台のはしの段を上って演壇に立った」②棚などで上下に分けられたもの．Ｅa shelf. 韓(선반 등의) 단．「本棚の，上から2番目の段に辞書がある//押し入れの上の段」③武道，将棋などで，技量や能力の差を表す等級．Ｅa dan; a grade. 韓(무예・바둑 등의) 단．「1つ段が上がって3段になった」④文章や話の1つの区切り．段落．Ｅa paragraph. 韓단락．「論文を4つの段に分ける」

だんあつ 【弾圧】ダンアツ〔～する〕権力，武力でおさえつけること．Ｅoppression; suppression. 韓탄압．「政府が国の政策に反対する人々を弾圧する//不当な弾圧を受ける//弾圧を加える」

たんい 【単位】タンイ ①ものの重さ，長さ，広さ，量などをはかるときの基準にするもの．グラム，メートル，坪，リットルなど．Ｅa unit. 韓단위．「日本の面積の単位は，以

「ようだ」「らしい」「だろう」

「ようだ」「らしい」「だろう」とも推量を表す．「店をひとまわりしてみたが，ここの品物はほかの店より1割ぐらい高い**ようだ**」のように，話す人が自分の直接の経験を根拠に推量するときは，ふつう「ようだ」を使う．一方，「近所の人の話によると，この店はほかの店より値段が1割ぐらい高い**らしい**」のように「近所の人」という間接的な根拠をもとに推量するときは「らしい」を使う．

A「どうもかぜをひいた**ようだ**」
B「どうもかぜをひいた**らしい**」
両方とも話す人がかぜをひいたことを言っているのだが，Aがかぜをひいたことを自分自身のこととして身近にとらえているのに対して，Bは自分の症状から客観的に判断している．「ようだ」と「らしい」の違いは，ものごとを自分に近いものとして表すか，自分から遠いものとして表すかにある．

「だろう」は，話す人が自分自身で推量の根拠を持っているときに使う．そのため，「だろう」には「7時ごろには二郎も来る**だろう**と思う」のように，自分の立場を表す「と思う」をつけることができる．しかし「ようだ」「らしい」に「と思う」をつけ加えると不自然である．

また，疑問を表す文では，「いったい，だれだ**ろう**？」「どうして，できないの**だろう**？」のように，「だろう」だけを使い，「ようだ」「らしい」は使わない．

前は坪だったが、いまは平方メートルを使う//貨幣の単位」②組織などの、基本的なまとまり. Ⓔa unit. 㦮단위.「クラス単位に分かれて校外授業に行く」③高校、大学などで、いろいろな科目を学習した量の基準. Ⓔa credit. 㦮학점.「欠席が多くて、数学の単位が取れなかった//単位がたりなくて卒業できない」

たんか 【短歌】タンカ 5、7、5、7、7の5句、31の音でできた定型詩. Ⓔa tanka; a 31-syllable Japanese poem. 㦮단카(와카의 한 형식).「美しい景色を見て、その感動を短歌にした//短歌を詠む(Ⓔcompose a tanka. 㦮단카를 짓다.)」対長歌 数1首

だんかい 【段階】ダンカイ ①ものごとが進んでいくときの、1つの区切り. Ⓔa stage; a phase. 㦮단계.「交渉は最終の段階に入った//初歩の段階」②ある基準によって分けられた、ものごとの順序. Ⓔa rank; a grade. 㦮단계.「4つの段階に分ける//段階を追って進む」

たんかをきる 【たんかを切る】勢いのある調子で相手に鋭く激しいことばをぶつける. Ⓔdeclare defiantly; hurl defiance. 㦮거센 어조로 날카롭게 쏘아붙이다.「『こんなけちな会社にはいられない。きょうでさよならだ』とたんかを切って飛びだした」

たんき 【短気】タンキ 気が短く、すぐに怒ること. Ⓔshort-tempered; impatient. 㦮성마름, 성급함.「弟は短気な性格で、気に入らないことがあると、すぐに怒りだす//短気を起こす」対気長

たんき 【短期】タンキ 短い期間. Ⓔa short term. 㦮단기.「病気が早く治って短期の入院ですんだ//短期大学(=2年または3年制の大学。短大)」関連長期、中期

たんきゅう 【探求・探究】タンキュー〔～す

る〕①さがしもとめること、尋ねさがすこと. Ⓔsearch for; pursue. 㦮탐구.「古美術品を探求する」②ものごとをはっきりさせるために深く調べること. Ⓔinvestigate; (a) search. 㦮탐구.「人間の本質を探究する//真理の探究」
注①は「探求」、②は「探究」.

だんけつ 【団結】ダンケツ〔～する〕多くの人々がまとまること、また、まとまって力を合わせ、ものごとをすること. Ⓔunite; solidarity. 㦮단결.「市民が団結して市長と交渉する//団結がかたい//一致団結」

たんけん 【探検・探険】タンケン〔～する〕まだよく知られていない地域へ実際に行き、調査すること. Ⓔexplore; an expedition. 㦮탐험.「南極を探検する/探検家」

だんげん 【断言】ダンゲン、ダンゲン〔～する〕はっきりと言いきること. Ⓔaffirm; declare. 㦮단언.「検事はその男が犯人だと断言した//そうだとは断言できない」

たんご 【単語】タンゴ まとまった意味を持ち、それ以上分けることができない、ことばのいちばん小さい単位. Ⓔa word. 㦮단어.「新しい単語の意味を調べる//現代用語辞典」は「現代」『用語』『辞典』の3つの単語でできている」

だんこ 【断固】ダンコ 困難や反対があっても、強い決意で行うようす. Ⓔfirmly; flatly. 㦮단호히、단연코.「反対されても、断固やりぬくつもりだ/情報を流してくれたら100万円やると言われたが、断固として断った」→断然
参改まって「断固たる態度」のように表現することもある.

だんこう 【断行】ダンコー〔～する〕反対を押しきってすること、また、思いきってすること. Ⓔcarry out resolutely. 㦮단행.「政府は、国民の反対にもかかわらず、法律の

改正を断行した//ストライキ断行中//値下げ断行」

参「強行」も強い意志で行うという点では似ているが、「断行」のほうが「思いきって」という意味が強い.

たんこうぼん【単行本】タンコーボン それだけで1冊の本として出版される本. **E**a book. **한**단행본.「図書館で『日本の文化』という単行本を借りた//単行本で評判のよかった小説が文庫本になった」**数**1冊

たんさんガス【炭酸ガス】タンサンガス 気体の状態の二酸化炭素. **E**carbon dioxide. **한**탄산 가스.「ものが燃えると炭酸ガスが出る//炭酸ガスは、人や動物のはく息の中にもふくまれる」

だんし【男子】ダンシ ①男の子. **E**a boy. **한**남자(아이).「男子が誕生した//6年1組の男子」**対**女子 ②成人、またはそれに近い男性. **E**a man; a male. **한**남자、남성.「テニスの男子の試合に出場する//男子社員//男子服//男子用」**対**女子

参「男性」も似ているが、「男性」が年齢を問わず男の人全部をさすのに対して、「男子」は学校やスポーツ関係などグループの中で使われ、どちらかといえば年齢は低い.

だんじて【断じて】ダンジテ、ダンジテ ①強い決意で行うようす. **E**absolutely; positively. **한**단연코、기필코、반드시.「いちど立てた計画は、どんなことがあろうと断じて実行する」②(「断じて～ない」の形で)絶対に～ない. **E**never; by no means. **한**결단코、단연코.「人をおどして金を取るなどという行為は断じて許せない」▷→断然

参①は「必ず」と、②は「決して」と似ているが、「断じて」のほうが意志の強い言い方.

たんしゅく【短縮】タンシュク〔～する〕時間や距離などが短くなること、また、短くする

こと. **E**reduce; shorten. **한**단축.「週休2日になって社員の労働時間が短縮された//短縮授業」**対**延長

たんじゅん【単純】タンジュン ①いりくんでいなくて簡単なようす. **E**simple. **한**단순.「単純な仕事でつまらない//単純な計算のまちがい」**対**複雑 ②ほかのものがまじっていないようす. **E**pure. **한**단순、순수.「この楽器は素朴で単純な音がする//単純語」**対**複合 ③考え方が浅く、深く考えないようす. **E**simple-minded. **한**단순、숙맥.「弟は単純な人間だから、他人の言うことをすぐ信じる//単純な発想」

たんしょ【短所】タンショ 人やものの特によくない点. **E**a fault; shortcomings. **한**단점、결점.「田中さんはいい人なのだが、怒りっぽいのが短所だ//短所を補う」**対**長所 →欠点

だんじょ【男女】ダンジョ 男と女. **E**men and women. **한**남녀.「店員は男女合わせて20人いる//男女共学(**E**coeducation. **한**남녀 공학.)//男女同権(**E**equal rights for men and women. **한**남녀 동(등)권.)」

たんじょうび【誕生日】タンジョービ 生まれた月、日. また、それと同じ月と日. **E**one's birthday. **한**탄생일、생일.「わたしの誕生日は3月15日です//誕生日のパーティー」

だんじょびょうどう【男女平等】ダンジョビョードー、ダンジョ・ビョードー 男性と女性の法律的権利、社会的待遇などが同じで差別がないこと. **E**equality between men and women. **한**남녀 평등.「男女平等の原則を守る//男女平等社会の実現をめざす」

たんす タンス 木でつくった、引き出しや棚のついた家具. 服や道具などを整理して入れ

る。Ⓔa wardrobe; a chest of drawers. 㚻옷장, 장롱.「たんすの中にコートやスーツがかけてある//靴下は, たんすのいちばん上の引き出しに入っている//洋服だんす」数１棹 →家具図

ダンス (dance)ダンス 西洋式の踊り. Ⓔa dance. 㚻댄스.「リズムに合わせてダンスをする//ダンスパーティー//社交ダンス(Ⓔa social dance. 㚻사교 댄스.)//ディスコダンス」

たんすいかぶつ 【炭水化物】タンスイカブツ 炭素, 水素, 酸素の化合物. Ⓔa carbohydrate. 㚻탄수화물.「炭水化物は人間に必要な栄養の１つで, 芋や米にふくまれている」

たんすう 【単数】タンスー １つの数. Ⓔsingular. 㚻단수.「日本語には,『人がいる』『本がある』など, 単数か複数かはっきりしない文が多い//英語の単数形」対複数

たんせい 【端正】タンセイ, タンセイ 姿や動作がととのっているようす. Ⓔnoble; handsome. 㚻단정.「端正な容姿の若い俳優が人気を集めている//ひな人形はどれも端正な顔だちをしている」

だんせい 【男性】ダンセイ 男の人. Ⓔa man; a male. 㚻남성.「林さんという男性から電話があった//理想の男性」対女性 →男子

だんぜつ 【断絶】ダンゼツ〔〜する〕関係や結びつきが続かず, 切れること. また, 切ること. Ⓔbreak off; a gap. 㚻단절.「政府は, 軍人が独裁政治を行うＡ国との国交を断絶した//親と子の断絶」

だんぜん 【断然】ダンゼン ①他と比べて, 大きな違いがはっきりと表れているようす. Ⓔby far; much. 㚻단연.「自転車と比べたら電車のほうが断然速い//ワープロよりパソコンのほうが断然おもしろい」②強い決意で行うようす. Ⓔflatly; absolutely. 㚻단호히, 결연히.「ドライブに誘われても, 答えは断然『ノー』だ」▷話 参①は改まって「断然たる強み」のように表現することもあるが, その形以外は話しことばで多く使われる. ②は「断固」「断じて」と似ているが,「断然」のほうが軽い感じで, 日常の話しことばでも使う.

だんたい 【団体】ダンタイ 同じ目的を持った人々の集まり. Ⓔa group; an organization. 㚻단체.「20人以上の団体には, 入場料が割引になる//団体交渉(Ⓔcollective bargaining. 㚻단체 교섭.)//団体旅行//政治団体」対個人

たんたん 【淡淡】タンタン (「淡々と」の形で)話し方や態度があっさりしているようす. Ⓔdispassionately; quiet. 㚻담담함.「道子は過去の悲惨な体験を淡々と語った//作家は淡々とした態度で受賞の喜びを述べた」 参改まって「淡々たる心境」のように表現することもある.

だんだん ダンダン すこしずつ行われたり変化したりするようす. しだいに. Ⓔless and less; gradually. 㚻차차, 점점.「体に悪いと言われだしてから, タバコを吸う人の数がだんだん(と)減ってきた//だんだん(と)涼しくなってきた」→ますます

だんち 【団地】ダンチ, ダンチ 住宅や工場などを計画的に集めた区域. Ⓔa housing complex. 㚻단지.「新しく開発された団地に住む//工業団地//住宅団地」

たんちょう 【単調】タンチョー 同じ調子で変化が少ないようす. Ⓔmonotonous; dull. 㚻단조로움.「Ａ先生の授業は単調で退屈だ//職場と家を往復するだけの単調な毎日」

たんてい 【探偵】タンテイ〔〜する〕他人にわからないようにひそかに事情や犯罪事件を調べること. また, その職業やその職業の人. Ⓔ

a detective. 한탐정.「シャーロック・ホームズが登場する探偵小説が好きだ//私立探偵(Ea private detective. 한사립探偵.)」

だんてい 【断定】ダンテイ〔~する〕それ以外のものではないと、はっきりと判断すること。Econclude; decide. 한단정.「警察は、あの男が今回の事件の犯人だと断定した」

たんとう 【担当】タントー〔~する〕仕事や任務を受け持つこと。また、その人。Ebe in charge of. 한담당(자).「兄は会社でコンピューターの管理を担当している//その患者の担当は田中先生です」

たんとうちょくにゅう 【単刀直入】タントーチョクニュー, タントー・チョクニュー 遠回しに言わず、直接重要な話に入るよう。Estraightforwardly; point-blank. 한단도직입.「単刀直入におうかがいしますが、あなたの年収はいくらですか」

たんどく 【単独】タンドク ただ1つであること。ただ1人であること。Eindividually; independent. 한단독.「『さ』『的』『お』などの語は単独では使えない//冬山では、単独の行動はたいへん危険だ」対共同

だんどり 【段取り】ダンドリ, ダンドリ ものごとの手順や順序。Earrangements. 한(일의) 진행 순서, 절차.「新入社員に仕事の段取りを説明する//パーティーの段取りを相談する」

たんなる 【単なる】タンナル 他のことはふくまず、ただそれだけの。ただの。Emere; simple; only. 한단순한.「あの2人の結婚話は単なるうわさにすぎない//それは単なる誤解だ」

たんに 【単に】タンニ ものごとをただそれだけと限るよう。Eonly; merely; simply. 한단지, 다만, 그저.「差別は、単に差別される人だけの問題ではなく、差別する人、また、それを黙って見ている人の問題でもある」

たんねん 【丹念】タンネン 細かく注意し、丁寧に行うよう。Ecareful; painstaking. 한공들임, 정성 들여 함, 꼼꼼함.「今晩、客が来るので部屋を丹念に掃除しておく//丹念な調査」

だんねん 【断念】ダンネン, ダンネン〔~する〕あきらめること。Egive up; abandon. 한단념.「資金不足で海外旅行を断念した」

たんのう 【堪能】タンノー, タンノー, タンノー ①〔~する〕じゅうぶん満足すること。Eenjoy every bit; to one's heart's content. 한실컷 즐김, 충분히 만족함.「パリでは毎晩オペラ座に通って、オペラを堪能した//堪能するまで酒を飲みたい」②技術などがすぐれているよう。Ebe proficient in; be good at. 한뛰어남, 능숙함.「道子はドイツ語とロシア語に堪能だ//ワープロに堪能な人を社員に採用したい」

たんぱく 【淡泊・淡白】タンパク, タンパク ①味や色などが薄くて、あっさりしているよう。Elightly (seasoned). 한담박, 산뜻함.「淡泊な味の料理」対濃厚 ②性格がさっぱりしているよう。Eindifferent. 한담박, 깔끔함.「叔父は欲がなく金に淡泊な人だ」

たんぱくしつ 【蛋白質】タンパクシツ, タンパクシツ 炭素、酸素、窒素などからできる化合物。Eprotein. 한단백질.「蛋白質は人間に必要な栄養の1つだ//肉や魚、大豆などには蛋白質がふくまれている//植物性蛋白質//動物性蛋白質」

ダンピング (dumping)ダンピング〔~する〕利益が出ないほど安い値段で売ること。Edumping. 한덤핑, 투매.「暖冬で売れ残った衣類をダンピングして売る//ワープロの新型が出ると旧型はダンピングされる」

ダンプカー ダンプカー 荷物を載せる台を

傾けて積み荷を下ろすことができるトラック．ダンプ．Ea dump truck. 韓덤프트럭．「ダンプカーで工事現場へ土砂を運ぶ」数1台

〔ダンプカー〕

参 英語の「ダンプ(dump)」と「カー(car)」から日本でできたことば．

だんぺんてき 【断片的】ダンペンテキ きれぎれで、大きなまとまりのないようす．Ebits and pieces; fragmentary. 韓단편적．「子供のころ住んでいた町のことは、断片的にしか覚えていない//作家がまだ無名のころ書いた断片的な作品が発見された」

だんぼう 【暖房】ダンボー〔〜する〕部屋の中を暖めること．また、その装置．Eheating; a heater. 韓난방．「朝起きるとすぐ暖房を入れる//暖房がよく効いて、暖かい部屋//暖房装置」対冷房 数1台

だんボール 【段ボール】ダンボール ボール紙に、さらに、波形にしたボール紙をはって厚くしたもの．また、それでつくった箱．Ecorrugated cardboard. 韓골판지．「割れやすいガラスの食品を、段ボールで包んで片づけた//引っ越し荷物を段ボールに入れる」

たんまつ 【端末】タンマツ 「端末装置」を略した言い方．コンピューターなどの入出力のための装置．Ea terminal. 韓단말 장치．「会社へ行かなくても家に端末を備えれば仕事ができる//端末機」数1台

たんまり タンマリ 「たくさん」「じゅうぶん」のくだけた言い方．Elarge. 韓듬뿍、많이、잔뜩．「二郎は土地を売ってたんまり(と)もうけた//たんまり(と)ボーナスをもらった」話

たんらく 【短絡】タンラク〔〜する〕ものごとを論理的に考えないで、単純，簡単に結論づけてしまうこと．Esimplistic. 韓단락적．「よく売れる本はいい本だというのは短絡した考えだ//短絡的思考」

だんらく 【段落】ダンラク，ダンラク まとまった意味を持つ文章の1区切り．行を変えて1字下げて書いたひとまとまり．Ea paragraph. 韓단락．「この文章は、3つの段落でできている//段落ごとの要約をする」

だんらん 【団欒】ダンラン〔〜する〕家族など親しい人どうしが集まって楽しく過ごすこと．Egather and have a nice chat; the pleasure of a happy home. 韓단란．「家族全員が居間で団欒する//一家団欒」

だんりょくせい 【弾力性】ダンリョクセイ ①外からの力によって形が変えられるとき、もとの形にもどろうとする性質．Eelasticity. 韓탄력성．「弾力性の強いボール」②状況の変化にうまく対応できる性質．Eflexibility; adaptability. 韓탄력성、유연성．「年をとると、社会に対する弾力性を失いがちだ//弾力性に富む考え方」

たんれん 【鍛練・鍛錬】タンレン〔〜する〕厳しい修行や練習をして、体、精神、技能をみがくこと．Ediscipline; training. 韓단련．「座禅やジョギングをして、心身を鍛練する//激しい鍛練を重ねる」

だんわ 【談話】ダンワ ①〔〜する〕これといった目的もなくくつろいで話し合うこと．E(a) talk; (a) conversation. 韓담화、대화．「友達と楽しく談話する//談話室」②責任ある地位の人が述べる意見．Ea comment. 韓담화．「首相の談話を発表する」

ち／チ

ち 【地】チ ①天に対して地上．海に対して陸上．多くの動物や植物が生きている場所．Ｅthe earth; the ground. 한땅, 육지. 「天に鳥が鳴き, 地に草木が育つ／／天と地ほどの差があるから勝てる見込みはない」対天 ②土地．場所．Ｅa place; a spot. 한지방, 장소.「寒冷の地に生きる／／目的地」

地に足のついた 落ちついて1歩1歩確実にするようす．Ｅrealistic; steady. 한차분하고 안정된.「夢のようなことばかり言わず, 毎日の仕事をきちんとして, 地に足のついた生活をしなさい」

地に落ちる 勢いのあったものがすっかり衰え弱くなる．Ｅbe completely ruined. 한땅에 떨어지다, 완전히 쇠퇴하다.「A氏は汚職事件を起こし, 政治家としての名声も地に落ちた」

ち 【血】チ ①人や動物の体の中を流れている赤い液体．酸素や栄養分を体内でいらなくなったものを運ぶ．血液．Ｅblood. 한피, 혈액.「足にけがをして血が出た／／戦争でたくさんの若者の血が流れた」②血筋．血統．Ｅblood; lineage. 한혈통, 핏줄.「音楽家の母の血をひいて, 息子の一郎もすばらしいピアニストに成長した」「京子と洋子は血はつながっていないが, 本当の姉妹のように仲がいい」

〜〜〜〜〜「血」のつく慣用表現〜〜〜〜〜

血で血を洗う 肉親どうし, 仲間どうしなどで殺し合う．また, 激しく争う．Ｅfor the violence with more violence. 한피로써 피를 씻다；골육 상쟁하다.「となり合った民族が, 宗教が違うために血で血を洗う争いをしている」

血の気が多い 興奮しやすい．すぐ腹を立てたり, けんかをしたりしやすい．Ｅhot-blooded. 한혈기 왕성하다.「弟は血の気が多くて, だれとでもすぐけんかを始める」

血の出るよう 非常に苦しくつらい思いをするようす．Ｅstrenuous. 한피나는 (고생).「金もなく助けてくれる人もなく, 血の出るような努力をして, やっと自分の会社を持った」似た表現血のにじむよう

血の巡りが悪い 理解力が鈍く, 気づくのも遅い．Ｅslow-witted. 한머리가 둔하다.「あいつは血のめぐりが悪いから, よほどきちんと話さないとわかってくれないよ」

血も涙もない やさしい心や同情心がすこしもない．Ｅcold-blooded. 한피도 눈물도 없다.「保険金を取るために家に火をつけて妻と子を殺すとは, 血も涙もない男だ」

〜〜〜〜〜〜〜〜〜〜〜〜〜〜〜〜〜〜〜

ちあん 【治安】チアン, チアン 国家や社会のきまりが守られ, 世の中が穏やかであること．Ｅpublic peace; public order. 한치안.「この国は治安がいいので, 女性も夜1人で歩ける／／治安が乱れる」

ちい 【地位】チイ 社会や組織の中で置かれている立場や役割．Ｅa position; a post. 한지위.「会の重要な地位につく／／社長の地位を去る」

ちいき 【地域】チイキ なんらかの意味でひとまとまりのものとして他から区切った土地．Ｅan area; a region. 한지역.「この地域は

静かな住宅地だ//保健所は地域の住民の健康について指導,助言をする」

ちいさ・い
【小さい】チーサイ ①広さ,長さ,体積などがふつう以下だ.Ｅsmall.韓작다.「小さい公園//小さい家//小さい机」対大きい
②年齢が下だ.Ｅlittle; young.韓어리다.「弟は小さいころ,体が弱かった//わたしは姉より2つ小さい」対大きい
③数や量や程度などがふつう以下だ.Ｅlow; small.韓작다,적다.「先生の声が小さくて聞こえない」対大きい
④心が狭い.Ｅsmall-minded; timid.韓(마음·도량이) 좁다,작다.「姉は気が小さくて,ちょっとのことでも心配する//一郎は社長としては人間が小さい」対大きい
▷→小さな

ちいさな
【小さな】チーサナ 小さいようす.Ｅsmall; little; low (voice).韓작은.「小さな声で話すと聞こえない//小さな家//小さなお金」対大きな

参「小さい」が「小さい子」「小さくなる」「家が小さい」のように活用したり,述語として使ったりするのに対して,「小さな」は「小さな子」と名詞の前でだけ使う.また,「小さい」が,一般的,客観的に,ある基準をこえているものについていうのに対して,「小さな」は話し手の主観的な判断による.

チーム
(team)チーム 団体競技や同じ仕事をするためにつくられた人の集まり.Ｅa team.韓팀.「チームを組んで研究する//野球のチーム//チームプレー」

チームワーク
(teamwork)チームワーク あることをチームでするときの気持ちの通じ合い.Ｅteamwork.韓팀워크.「チームワークがとれているので能率がいい//この部の人たちはチームワークがいい」

ちえ
【知恵】チエ ものごとを正しく判断し,うまく処理できる頭の働き.Ｅwisdom; intelligence; wits.韓지혜.「みなで知恵をしぼればいい考えが出るだろう//5歳の子供にしてはよく知恵がまわる」

チェック
(check)チェック ①小切手.Ｅa check.韓수표.「支払いはチェックです る//トラベラーズチェック」②縦横の線を直角に交差させた模様.格子じま.Ｅa check.韓체크 (무늬).「白と黒のチェックの上着」③{~する}照らし合わせること.検査すること.また,それがすんだしるし.Ｅcheck; mark.韓체크,조회,검사,대조.「会計のノートのチェックをする//赤ペンで誤字をチェックする」▷数①1枚

ちか
【地下】チカ,チカ ①地面の下.Ｅbelow the ground; underground.韓지하.「このデパートは地下3階まである//地下資源」対地上 ②世の中から隠れた所.Ｅunderground.韓지하.「地下にもぐって反政府活動を続ける//地下組織」

ちか・い
【近い】チカイ ①空間的,時間的へだたりが小さい.Ｅnear; close to.韓(거리·시간이) 가깝다.「家から駅までは近い//もう夏に近い」対遠い
②関係が深い.Ｅnear; close to.韓(관계가) 가깝다.「社長に近い人から聞いた話」対遠い
③性質や内容が似ている.Ｅbe like; be similar to.韓(성질·내용이) 가깝다.「猿は人間に近い動物だ//白に近い灰色」
④だいたいそのくらいだが,すこしたりない.Ｅnearly.韓(수량이) 가깝다.「駅まで1キロ近い距離がある//500人近い人が集まった」

ちがいない
(「~にちがいない」の形で)確かにそうだと思われる.Ｅmust; certainly.韓틀림없다.「星がたくさん出ているから,あすはいい天気にちがいない//「警察へ来い」と言わ

れたら，だれでも驚くにちがいない」

ちか・う 【誓う】チカウ，チカウ〔他動五〕（ちかって）神仏や他人や自分自身に対して，あることを必ず守るとかたく約束する．Ｅ swear; vow; pledge. 한 맹세하다，서약하다．「禁煙を心に誓う//愛を誓う」 名 誓い

ちが・う 【違う】チガウ〔自動五〕（ちがって） ①考えや価値や数などが，同じでない．Ｅ be different; differ. 한 다르다．「関東と関西ではことばのアクセントが違う//意見が違う」
②正しいもの，正常なものと異なる．Ｅ be wrong; be incorrect. 한 틀리다, 잘못되다．「電話がなかなかかからないと思ったら，電話番号が違っていた//きみの計算の答えは違う」
③ほかと異なってすぐれている．Ｅ be special; be a class apart. 한 다르다．「さすが名人の作品はわれわれのとは違う//頭のできぐあいが違う」
④（「～にちがいない」の形で）⇒ちがいない
▷ 名 違い 他動 違える

ちかく 【近く】チカク ①近い所．Ｅ near; near by. 한 근처，가까운 곳．「わたしの家は駅の近くにある//工場の近くを通る」対 遠く ②（数や量を表すことばの後について）そこまではいかないが，ほとんど同じぐらいであること．Ｅ nearly; almost. 한 ～가까이．「このコートは 5 万円近くした//50 人近く出席した」 ③（副詞的に）もうすぐ．Ｅ shortly; soon. 한 머지않아，곧，일간．「姉は近くタイへ行く//近く法律が変わる」

ちかごろ 【近ごろ】チカゴロ すこし前から現在までの間．Ｅ recently; today. 한 최근，요즈음．「近ごろ，アレルギーで困っている人が増えている//近ごろの若者はことばづかいが」と，いつの時代でも言われる」
参「このごろ」「最近」も似ていて，「近ごろ/このごろ/最近，悪いかぜがはやってい

る」のように，ある状態が続くことをいうばあいはどれも使える．「最近，結婚した」のように 1 回きりのことをいうばあいは「最近」しか使えない．「近ごろ」と「このごろ」では「このごろ」のほうが現在に近く，「近ごろにない大雪」のようなばあい，「このごろ」は使えない．

ちかぢか 【近近】チカヂカ，チカヂカ あまり日がたたないうちに．Ｅ shortly; before long. 한 머지않아，일간．「昨日帰国しましたので，ちかぢかご報告にうかがいます//ちかぢか結婚する予定なので，アパートをさがしている」
注「きんきん」とも読めるので，区別するためには，ひらがなで書くほうがいい．

ちかづ・く 【近づく】チカズク〔自動五〕（ちかづいて） ①だんだん近くなる．Ｅ approach; draw near. 한 접근하다，가까이 가다，다가오다．「船が陸に近づく//帰国の日が近づいた」対 遠ざかる，遠のく ②親しくなろうとする．Ｅ become acquainted with. 한 가까이하다．「悪い仲間には近づく//近づきにくい人」対 遠ざかる，遠のく
▷ 名 近づき 他動 近づける

ちかてつ 【地下鉄】チカテツ 地面の下を走る電車．Ｅ subway; an underground (railway). 한 지하철．「道路がこんでいる都心では地下鉄がいちばん便利だ」 数 1 本，車両は 1 両

ちかどう 【地下道】チカドー，チカドー 地面の下につくられた道．Ｅ an underground passage. 한 지하도．「駅の東と西を地下道で結ぶ/地下道で火事が起こったらたいへんだ」 数 1 本・1 筋

ちかみち 【近道】チカミチ ①【～する】ある所へ行くのにいちばん距離の短い道．また，その道を行くこと．Ｅ a shortcut. 한 지름길．「遅刻しそうだから近道して行こう//駅への近

ちかよ・る【近寄る】チカヨル, チカヨル〔自動五〕(ちかよって) 近くへ寄る. そばに行く. Eget near; approach. 한접근하다, 가까이 가다.「この犬にあまり近寄るとかみつかれる//あのグループには近寄らないほうがいい/近寄ってよく見る」他動 近寄せる

ちから【力】チカラ ①人や動物の体内にあって, 自分自身が動いたり他のものを動かしたりする働きのもとになるもの. Estrength; might. 한힘.「若い男は力がある//力を入れてにぎる」
②それを使ってものを動かしたり変化させたりするなど, なにかに役立つ働き. Epower; energy; force. 한힘.「電車は電気の力で動く//風の力を利用する」
③能力や実力. Eability; faculty. 한힘, 능력, 실력.「日本語の力をつける//組織を動かす力がある」
④元気や勢い. Espirits; vigor. 한힘, 기력.「きみの1言で力が出た」
⑤自分の思うとおりにすることのできる働き. Epower; influence. 한힘, 세력, 영향력.「住民の力で地方政治を動かす」
⑥目的を達成させるための助けとなる働き. Ehelp; aid. 한힘, 도움, 조력.「新しい事業を始めるので力を貸してほしい」

力を入れる 一生懸命になにかをする. Ework with zeal. 한힘을 쏟다, 주력하다.「勉強に力を入れる」

力を落とす がっかりしてやる気をなくす. Efeel disappointed. 한낙심하다, 실망하다.「叔母は子供に死なれて力を落としている」

ちからづよ・い【力強い】チカラズヨイ ①力がこもっている. Epowerful; vigorous. 한힘차다.「男声合唱団の力強い歌声が響いている」②頼ることができて, 安心だ. Ereassuring. 한마음 든든하다.「道子は頭もいいし, 知識も広いし, 力強い味方だ」

ちからまかせ【力任せ】チカラマカセ 力を全部出して思いきりするようす. Ewith all one's strength. 한힘껏 함, 전력을 다함.「いいボールが来たので力まかせにバットを振った//なかなか抜けない雑草を力まかせに引っぱった」

ちかん【痴漢】チカン 暗い所や乗り物の中などで女性にいたずらする男. Ea molester. 한치한.「満員電車の中で若い女性にさわっている痴漢を見つけてやめさせた」

ちきゅう【地球】チキュー 惑星の1つ. 太陽に3番目に近く, 金星の外側, 火星の内側にある. 人間をはじめ多くの生物がすむ. 1日に1回自転し, 1年で太陽のまわりを公転する. Ethe earth; the globe. 한지구.「宇宙から見た地球は青くて美しいという」

ちぎ・る【千切る】チギル〔他動五〕(ちぎって) ①指などで細かく切り離す. Etear to pieces; shred. 잘게 뜯다, 갈가리 찢다.「パンを細かくちぎって, 小鳥のえさにまく//紙をちぎる」②引っぱったりねじったりして, ものを取る. もぎ取る. Epluck off; tear off. 한(비틀어) 뜯다(따다).「ミカンを枝からちぎる//引きちぎる//食いちぎる」▷自動 千切れる

ちく【地区】チク, チク ある目的のために人が決めた, ある範囲の土地. Ea district; a zone; an area. 한지구.「この地区は3階以上の建物は建てられない//地区大会//アジア地区」

ちくしょう【畜生】チクショー ①人間以外の動物. 特に全身に毛の生えた4本足のけものをさげすんで言う. Ea beast; a brute.

囲畜生、けだもの。「人の親切を忘れたあいつの行動は畜生以下だ」②相手をののしったり、悔しがったりするときに言うことば、ちきしょう。EDamn you!; Damn it! 囲빌어먹을, 개새끼, 젠장.「ちくしょう、よくもうそをついたな//ちくしょう、また失敗した」▷話②

ちくせき 【蓄積】チクセキ〔~する〕ものごとがたまること、ためること。また、たまったもの。Eaccumulation. 囲축적.「この仕事には長年の経験の蓄積が役に立っている」

ちくちく チクチク、チクチク〔~する〕①先のとがったもので繰り返し、軽く刺すようす。また、刺されるように痛むようす。「シャツを着ないで毛糸のセーターを着ると、ちくちくする(EWhen I wear the woolen sweater without an undershirt, I feel itchy. 囲셔츠를 입지 않고 털 스웨터를 입으면 따끔따끔하다。)」②「①」のような痛みを、心で感じるようす。「小さなうそをついて母をだましたとき、胸がちくちく(と)痛んだ(EWhen I deceived my mother with a small lie, I felt a prick in my heart. 囲작은 거짓말을 해서 어머니를 속였을 때, 가슴이 콕콕 찌르듯이 아팠다。)//ちくちく(と)皮肉を言う」

ちぐはぐ チグハグ、チグハグ そろうはずのものや合うはずの話がくいちがっているようす。Eodd; incoherent. 囲짝이 맞지 않음, 짝짝이; 뒤죽박죽.「左右の靴下をちぐはぐにはく//2人の話はちぐはぐで、どちらが本当かわからない」

ちこく 【遅刻】チコク〔~する〕決められた時刻に遅れること。Ebe late; be behind time. 囲지각.「朝寝坊して学校に遅刻した//遅刻届を出す」

ちじ 【知事】チジ 都道府県の行政を行う最高責任者。任期は4年で、住民によって選ばれる。Ea governor. 囲지사.「選挙で新しい知事が選ばれた」

ちしき 【知識】チシキ ものごとについてよく知り、わかっていること。また、その内容。Eknowledge; information. 囲지식.「本から多くの知識をえる//若いときにたくさん知識を吸収することがだいじだ」

ちじん 【知人】チジン、チジン たがいに知っている人、知り合い。Ean acquaintance. 囲친지.「知人にアルバイトを紹介してもらう」

ちず 【地図】チズ ①海、陸、川、山など地球の表面のようすを平面に縮めてかいたもの。Ea map; an atlas. 囲지도.「地図をひろげてA国の首都をさがす」②道案内のための図。Ea map; a plan. 囲지도.「地図を見ながら観光地を歩く//駅から学校までの地図をかく」
▷数1枚

ちせい 【知性】チセイ、チセイ 感情的にならずきちんと考えたり判断したりする頭の働き。Eintellect; intelligence. 囲지성.「教養があって知性があふれている人」

ちたい 【地帯】チタイ、チタイ ある共通の性質を持って続いている広い範囲の土地。Ea zone; an area; a belt. 囲지대.「安全地帯//工業地帯//非武装地帯」

ちち 【父】チチ ①男のほうの親。Ea father. 囲아버지.「わたしは父が28歳、母が25歳のときに生まれた//二郎は3人の子の父だ//父親」対母
②新しいことを始めた偉い人。Ethe father. 囲선구자, 창시자.「現代医学の父」
参①は人と話すときに自分の身内をさして使うことば。配偶者の男の親のこともいう。他人の父親に向かって、またその人を話題にしていうときは、「お父さん」を使う。自分の父を他人にいうばあいは、子供は「ぼくのお父さん」というが、成人は「わたし

の父」という．また，客観的に他人の父親をいうときも「川端康成は幼いころ父をなくした」のように「父」を使う．

ちち 【乳】チチ ①乳房から出る白い液で，子供が育つための栄養となるもの．Ｅmilk. 한젖．「牛の乳をしぼって飲む／赤ちゃんは乳を飲みながら眠ってしまった」②乳房．Ｅthe breasts. 한유방．「牛の乳は大きい」

ちぢ・む 【縮む】チヂム〔自動五〕（ちぢんで）①広さや長さや高さ，または時間や距離などが小さくなる．縮まる．Ｅshrink; narrow. 한줄어들다，오그라들다．「洗濯機でセーターを洗ったら縮んでしまった／トップとの差が縮んだ」対伸びる・延びる ②こわくなったり緊張したりして，体や気持ちが小さくなる．縮まる．Ｅcringe; cower. 한움츠러들다，위축되다．「恐ろしさで身が縮む思いだった／縮みあがる」▷名縮み 他動縮める

ちぢ・める 【縮める】チヂメル〔他動一〕①広さや長さや高さ，または時間や距離などを小さくする．Ｅshorten; cut down. 한줄이다，단축시키다．「ズボンの丈が長すぎるので縮める／夏休みを1週間縮める」対伸ばす・延ばす ②こわくなったり緊張したりして，体や気持ちを小さくする．Ｅduck (one's head). 한움츠리다．「しかられそうだったので首を縮めていた」▷自動縮まる，縮む

ちぢ・れる 【縮れる】チヂレル〔自動一〕髪や布などが，しわが寄ったり細かく波うったりする状態になる．Ｅcrinkle; become curly. 한주름이 지다，쪼글쪼글〔곱슬곱슬〕해지다；오그라들다．「雨が降らないので，朝顔の葉が縮れてしまった／生まれつき縮れた髪をしている」

ちつじょ 【秩序】チツジョ，チツジョ 全体をきちんとした状態にするための順序やきまり．Ｅorder. 한질서．「警察は社会の秩序を守るのが仕事だ／秩序の乱れ」

ちっそく 【窒息】チッソク〔～する〕酸素がなくなったりのどがつまったりして，息ができなくなること．Ｅsuffocation; choke. 한질식．「もちがのどにつまって老人が窒息死した／煙で窒息しそうになる」

ちっとも チットモ（「ちっとも～ない」の形で）すこしも～ない．全然～ない．Ｅnot at all; not a bit. 한조금도，전혀；잠시도．「このごろ雨がちっとも降らない／きのうの映画はちっともおもしろくなかった」話

ちっとやそっと チットヤソット（後に否定の意味のことばがついて）すこしぐらい．すこしばかり．ちょっとやそっと．Ｅjust a little. 한웬만큼，어지간한 정도．「ちっとやそっと英語ができてもそれだけでは生活できない／ちっとやそっとの努力では成功しないだろう」話

ちてき 【知的】チテキ 知識や知性が豊かなようす．Ｅintellectual; intelligent. 한지적．「若くてハンサムで，知的な感じのする先生が赴任してきた」

ちなまぐさ・い 【血なまぐさい】チナマグサイ，チナマグサイ 血のにおいがするような，残酷なようすだ．Ｅbloody; sanguinary. 한피비린내 나다；참혹하다．「血なまぐさい事件が続く／血なまぐさい光景」

ちなみに チナミニ，チナミニ（文と文をつないで）前にいったことと関係があるが，話の本筋とはすこし離れた別の面からつけ加えるときに使うことば．ついでにいえば．Ｅby the way; in this connection. 한덧붙여서 말하면；이와 관련하여．「毎年10万人の人がスキーでけがをするという．ちなみに日本のスキー人口は1200万人だそうだ／夫婦がそれぞれ自分の姓を名乗るのがいいという意見がある．ちなみに韓国ではむかしから夫婦別姓だ」

ちのう 【知能】チノー，チノー ものごとを見

分けたり、記憶したり、処理したりする頭の働き。 Eintelligence. 한지능.「動物の中でも猿は知能が高い//知能指数(Ean intelligence quotient. 한지능 지수.)」

ちぶさ 【乳房】チブサ 女性や動物の雌にある、乳を出す器官。乳. Ethe breasts. 한유방.「猫の子が母猫の乳房に吸いついている//がんの手術で乳房を取る」

ちへいせん 【地平線】チヘイセン、チヘイセン 地面と空とが遠くで接したようになって見える線. Ethe horizon; the skyline. 한지평선.「広い大陸で地平線に沈む太陽を見た」

ちほう 【地方】チホー ①都会から遠く離れた所. Ethe country; the provinces. 한지방.「地方から都会に出て就職する」対中央 ②ある広い範囲をさす言い方. Ea district; a region. 한지방.「関東地方//熱帯地方」

ちほうこうきょうだんたい 【地方公共団体】チホーコーキョーダンタイ、チホー・コーキョーダンタイ 都道府県、市町村や特別区など、法が許す範囲でその地域だけの政治を行うことができる団体. Ea local public body. 한지방 공공 단체.「地方公共団体の長は、その地域の住民から選挙で選ばれる」

ちまちま チマチマ ①{~する}小さくまとまっているようす.「いなかと違って都会は、ちまちましたつくりの家が多い(EUnlike the country, the city has many compactly built houses. 한시골과 달리 도시는 오밀조밀한 구조의 집들이 많다.)」②非常に節約しているようす.「彼は、少ない給料の中からちまちま(と)貯金している(EHe saves a little bit of his small salary. 한그는 적은 급료 중에서 푼푼이 저금하고 있다.)」

ちまなこ 【血眼】チマナコ、チマナコ 興奮のために赤くなった目. 必死でなにかをするようす. Efrantically; desperately. 한혈안.「なくしたパスポートを血眼でさがす」

ちみつ 【緻密】チミツ ①注意がいきとどいて、丁寧なようす. Eclose; precisely. 한치밀.「緻密な調査と分析にもとづいた論文を書く//緻密に作業を進める」対粗雑 ②非常に細かくて、ととのっているようす. Eminute; fine. 한치밀.「緻密な刺繍//緻密な模様」対粗雑

ちみどろ 【血みどろ】チミドロ 血をたくさん流してよごれるようす. また、血をたくさん流すほど苦労するようす. Ebloody; desperate. 한피투성이 ; 필사적.「交通事故の現場には血みどろの人が倒れていた//血みどろの努力が実を結ぶ//血みどろの戦い」

ちめいしょう 【致命傷】チメイショー、チメイショー ①死の原因となるようなひどい傷. Ea fatal wound. 한치명상.「頭に受けた傷が致命傷となって2週間後に死亡した//致命傷を負う」②取り返しのつかない大きな失敗. Ea fatal mistake; a deathblow. 한치명상.「多額の借金が致命傷となって社長をやめることになった」

ちゃ 【茶】チャ ①1年じゅう緑色の葉をつけている低い木. 若い葉を加工して飲料として使う. また、その葉. Ea tea plant. 한차나무 ; 찻잎.「茶畑//茶つみ」②①でつくった飲み物. お茶. Etea. 한차.「茶をいれる//緑茶(→項目)//抹茶(→項目)」③⇨お茶②「茶の湯//茶会(→項目)」④茶色. Ebrown. 한갈색.「茶の背広に茶の靴をはいて出かける」▷数①1本、②1杯

ちゃ 「ては」のくだけた言い方.「あぶないから、1人で行っちゃいけないよ//もう帰らなくちゃ(EI must be going now. 한이제 (그만) 돌아가야겠다.)」話

三参「ちゃあ」と長くのばすこともある。

チャーハン 〘炒飯〙チャーハン 肉,野菜,卵などをごはんと一緒に油でいためて味をつけた,中国の料理。焼き飯。Ｅfried rice. 韓(중국 요리의) 볶음밥。「残りごはんがあるから昼はチャーハンにしよう」

ちゃいろ 【茶色】チャイロ 色の１つ。黒っぽい赤黄色。Ｅbrown. 韓다색,갈색。「葉が茶色になって散ってしまった//茶色の靴」

ちゃかい 【茶会】チャカイ 茶室に客を招き,決まったやり方で茶をたててもてなす会。Ｅa tea-ceremony party. 韓다화회,차를 마시는 모임。「秋の夜に月見の茶会を開く」

ちゃか・す チャカス〔他動五〕(ちゃかして) まじめなことを冗談のようにして,からかったりごまかしたりする。Ｅmake fun of; mock. 韓농으로 돌리다,얼버무리다。「自分の頭で考えないとばかになるぞと言われたので,もうなってるよとちゃかして答えた//人の話をちゃかす」話

-ちゃく 【-着】①(時刻や地名について) その時刻や場所に着くこと。「成田着２時の飛行機(Ｅan airplane due at Narita at two. 韓나리타착 ２시의 비행기。)」対-発 ②(数を表すことばについて) (1)到着する順番を表す。「マラソンで１着となる(Ｅfinish first in the marathon. 韓마라톤에서 １착이 되다。)」(2)洋服の数を表す。「背広２着(Ｅtwo business suits. 韓양복 ２벌。)」

ちゃくじつ 【着実】チャクジツ 落ちついて１歩１歩確実にものごとを進めるようす。Ｅsteady; sound. 韓착실。「営業の部員がよくがんばっているので,売り上げは着実にのびている//着実な進歩」

ちゃくしゅ 【着手】チャクシュ,チャクシュ〔～する〕研究や仕事を始めること。Ｅstart; set about. 韓착수。「新しい研究に着手する/大事業に着手する」書

ちゃくせき 【着席】チャクセキ〔～する〕席にすわること。Ｅbe seated; take a seat. 韓착석。「みなさま,どうぞご着席ください//全員が着席して会が始まった」対起立

ちゃくちゃくと 【着着と】チャクチャクト 順序よく,または予定どおり,確実に進むようす。Ｅsteadily; step by step. 韓착착。「ロケットの打ち上げの準備が着々と進められた//計画を着々と実行に移す」

ちゃくりく 【着陸】チャクリク〔～する〕飛行機などが地上に下りること。Ｅlanding. 韓착륙。「この飛行機はあと10分ほどで着陸する//着陸に失敗して大きな事故となった」対離陸

ちゃしつ 【茶室】チャシツ 茶道を行うための部屋。Ｅa tea-ceremony room. 韓다실。「茶室は茶道のわび,さびの精神を表すために,ごく小さく簡素につくられている//庭園の茶室で茶会を開く」数１室・１間

ちゃち チャチ 安っぽくて,質のよくないようす。Ｅjerry-built; poorly-made. 韓싸구려임,날림；엉성함。「最近の家はちゃちにできているので,長もちしない//1週間でこわれるようなちゃちな時計では困る」話

ちゃっかり チャッカリ〔～する〕自分の利益になることはなんでも利用するようす。「京子は試験前になると,ちゃっかり(と)1000円取って友達にノートを貸している(ＥBefore a test, Kyoko cunningly loans out her notes to her friends for a thousand yen. 韓교코는 시험 전이 되면 약삭빠르게도 1000엔을 받고 친구에게 노트를 빌려 준다。)//一郎はちゃっかりしているから自分に損なことはしない」話

ちゃづけ 【茶漬け】チャズケ ごはんに熱いお茶をかけたもの。上にのり,梅干しなどをの

せたりする.お茶づけ.Eboiled rice with tea poured over it. 한뜨거운 찻물에 만 밥.「昼は残りごはんのお茶づけですました//サケ茶づけ」

ちゃのま 【茶の間】チャノマ 家族が集まって食事をしたりくつろいだりする,たたみの部屋.伝統的な日本の家にある部屋で,場所はふつう台所のとなり.Ea (Japanese) living room. 한거실.「茶の間でお茶を飲みながらテレビを見る//毎朝,家族そろって茶の間で食事する」数1室・1間

参「居間」も似ているが,「居間」が,家族がふだんいる部屋で,食事をしないのがふつうであるのに対して,「茶の間」は食事もする.しかし,和風のたたみの部屋では「居間」「茶の間」が同じ部屋であることも多い.洋風の家には「茶の間」という呼び名の部屋はない.

ちやほや チヤホヤ〔~する〕必要以上にほめたり,大切にして甘やかしたりするようす.「一郎はファンにちやほやされて,いい気分になっている(EIchiro is enjoying having a lot of attention lavished upon him by his fans. 한이치로는 팬들이 추어올리는 바람에 기분이 좋아져 있다.)」

ちゃらんぽらん チャランポラン 決まった考えがなくていいかげんなようす.Ehalfheartedly; irresponsible. 한건성으로 함, 무책임함, 아무렇게나 되는 대로 함.「時間を1時間もまちがえるとは,ちゃらんぽらんに話を聞いているからだ//あの男はいつもちゃらんぽらんなことを言うから信用できない」話

チャリティー (charity) チャリティー 困っている人に金や品物をあげて,助けること.慈善.Echarity. 한채리티, 자선.「今度の事業は,もうけを考えずチャリティーの精神で行う//チャリティーバザー」

チャレンジ (challenge) チャレンジ, チャ レンジ〔~する〕むずかしいものごとでも恐れず向かっていくこと.挑戦.Echallenge. 한챌린지, 도전.「司法試験にチャレンジする//今年は3000メートル級の山にチャレンジする//チャレンジ精神」

ちゃわん 【茶碗】チャワン お茶を飲んだりごはんを食べたりする食器.Ea (rice) bowl; a teacup. 한찻종, 밥공기.「茶碗にごはんを盛る//湯のみ茶碗//紅茶茶碗」→食器図

-ちゃん (人の名前などについて)親しみを表す.「京子ちゃん,学校へ行こう//父ちゃん//おばあちゃん(E〔dear〕grandma. 한할머니.)」話

参小さい子供が使ったり,子供に対して使ったりすることが多い.

チャンス (chance) チャンス あることをするのに偶然おとずれた,ちょうどいい時機.Ea chance. 한찬스, 기회, 호기.「強い選手が出場していないので,わたしにも勝つチャンスがありそうだ//株が値上がりしているいまが売りのチャンスだ」

ちゃんと チャント〔~する〕①ととのっているようす.Eneatly; properly. 한단정하게, 빈틈없이.「字は読みやすいようにちゃんと書いてください//ちゃんとした服装で面接試験を受けに行く」②しなければならないことを確実にするようす.Enever fail to; duly. 한어김없이, 정확하게.「品物はきょうじゅうにちゃんととどけてくださいね」③世間の信用があったり,不正がなかったりするようす.Ereputable; well-known. 한확실한, 어엿한, 정평 있는.「ちゃんとした店で買った宝石だから偽物ではないだろう」▷話

参①は「きちんと」と似ているが,「きちんと」のほうがよくととのっているようすを表す.

チャンネル (channel) チャンネル, チャン

ネル ①各放送局の電波がまじらないように区切って割り当てた電波を受ける回路. Ⓔa channel. 한채널. 「新しい放送局ができて, チャンネルが増えた」②テレビ受像機で, 放送を切りかえる装置. Ⓔa channel. 한채널. 「ドラマを見ていたが, つまらなくなってチャンネルをかえた」

ちゅう 【中】チュー ①程度が極端でないこと. ふつうであること. Ⓔaverage; medium. 한가운데, 중간. 「成績は中だ//中ぐらいのしあわせ」②3冊でひとそろいになっている本の真ん中の1冊. 中巻. Ⓔthe second volume of a three-volume book. 한중권. 「上と中を読み終えて, 下が出版されるのを待っている」③(他のことばの後について)(1)～のうち, ～の中. 「10人中6人が賛成した(ⒺSix out of ten agreed. 한열 명 중 여섯 명이 찬성했다.)//血液中(Ⓔin the blood. 한혈액 중.)」(2)ちょうどいまなにかをしている最中だ. 「営業中(ⒺOpen. 한영업 중.)//仕事中(Ⓔat work. 한작업〔근무〕중.)」(3)～の間. 「夏休み中に運転免許を取った//今月中(Ⓔwithin this month. 한이달 중.)」▷関連①②上, 下

ちゅう 【宙】チュー, チュー ①地面から離れた空間. Ⓔthe air. 한하늘, 허공, 공중. 「粉雪が宙に舞う」②書いてあるものを見ないで記憶だけに頼ること. Ⓔfrom memory. 한외어서 말함. 「きのう習った詩をすらすらと宙で言う」

宙に浮く きまりがつかない. Ⓔbe pending. 한공중〔허공〕에 뜨다. 「空港建設案は住民の反対で宙に浮いている」

ちゅうい 【注意】チューイ〔～する〕①よく気をつけること. Ⓔcare; caution. 한주의. 「交通事故を起こさないよう注意して運転する//注意深く行動する//すりに注意」②気をつけるように人に言うこと. Ⓔadvice; a warning. 한주의. 「店員に, もっと丁寧なことばを使うよう注意する//注意を受ける」
参①は「用心」「警戒」と似ているが,「注意」→「用心」→「警戒」の順で程度が強まる.「健康に注意する」「用心して, かぜをひいている人のそばに行かない」「A国大統領の車が通るので, 警官がおおぜい出て警戒している」のように使い分ける.

ちゅういぶか・い 【注意深い】チューイブカイ 細かいところまで, 特によく気をつけるようすだ. Ⓔcareful; cautious. 한주의 깊다. 「医者は患者の舌やのどを注意深く見た//注意深い人」

ちゅうおう 【中央】チューオー, チューオー ①四方にひろがっているものの真ん中. Ⓔthe center; the middle. 한중앙, 한가운데. 「工業地帯は県の中央に位置する」図末端 ②国の政治, 経済, 文化の中心地. また, 国の政府. Ⓔa metropolis; the government. 한(정치・경제 등의) 중앙. 「各地の政治家たちは中央の動きをいつも注意している//中央集権(Ⓔcentralization of power. 한중앙 집권.)」図地方 ③中心になる働きをする部分. 「中央で方針を決定する//中央郵便局//中央官庁(Ⓔcentral government organs. 한중앙 관청.)」図末端
参「中心」「真ん中」と似ている. 一直線上の両端から同じ距離の場所をいうときは,「道路の真ん中/中央を走る」のように,「真ん中」「中央」を使い,「中心」は使えない. 回転している車輪などについては「中心」を使う. 時間の流れの中でいうときは,「その番組の真ん中あたりで出演する」のように「真ん中」を使い,「中央」「中心」は使えない.

ちゅうか 【中華】チューカ ①むかし, 中国人が自分の国を世界の中心であるとして呼ん

ちゅうがっこう

だことば．Ｅ China．韓 중화．「中華人民共和国//中華思想」②「中華料理」を略した言い方．中国風の調理法による料理．Ｅ Chinese food．韓 중국 요리．「ゆうべの会食は中華だった」

ちゅうがっこう【中学校】チューガッコー 小学校を卒業したあとで，3年間勉強する学校．満12歳で入学する．小学校とともに義務教育になっている．中学．Ｅ a junior high school．韓 중학교．「娘は来年，中学校に入る」数 1校

ちゅうかん【中間】チューカン ①2つのものの中ほど．Ｅ the middle; halfway．韓 중간．「わたしの家と学校の中間に図書館がある」②ものごとが続いている途中．Ｅ midway; interim．韓 중간．「学期の中間に試験がある//研究の中間発表」③程度や性質などがかたよっていないこと．Ｅ moderate; neutral．韓 중간．「大学側と学生側の中間の考え方をする//中間色」

ちゅうきゅう【中級】チューキュー クラスなどを分けたときの中の等級，階級，学年．中ぐらいの程度．Ｅ intermediate; medium．韓 중급．「初級の勉強はすんでいるので，中級か上級のクラスに入りたい//中級の規模の会社」関連 上級，下級，初級

ちゅうけい【中継】チューケイ〔～する〕①途中で受けつぐこと．Ｅ relay．韓 중계．「2塁手が外野からのボールを中継して本塁へ送る//中継点」②「中継放送」を略した言い方．その場のありのままのようすを，放送局が中つぎして放送すること．Ｅ relay broadcast．韓 중계 방송．「衛星中継//生中継」

ちゅうこ【中古】チューコ 使ってすこし古くなっているが，まだじゅうぶん使えるもの．ちゅうぶる．Ｅ used; secondhand．韓 중고．「ガレージセールで中古のテレビを買った//中古車だが性能はいいので満足している」

ちゅうこく【忠告】チューコク〔～する〕親切な気持ちから，その人のまちがっている点などを言ってあげること．また，そのことば．Ｅ advice．韓 충고．「親の忠告に耳を貸していれば失敗しなかったのに//忠告に背く（Ｅ act against a person's advice．韓 충고를 거스르다．)」

ちゅうさい【仲裁】チューサイ〔～する〕争っている人の間に入って両方の話をよく聞き，争いをやめさせること．Ｅ mediation; arbitration．韓 중재．「2人の言い分を聞いて，夫婦げんかの仲裁をする//仲裁役を引き受ける」

参「調停」も似ているが，「調停」が裁判所での争いや国家間の争いなど公的なことにいうのに対して，「仲裁」は私的な争いにいうことが多い．

ちゅうし【中止】チューシ〔～する〕進行中のものごとや予定を取りやめること．Ｅ stop; call off; cancel．韓 중지．「雨が強くなり，運動会は途中で中止になった//台風が接近しているので，旅行を中止する」対 続行 →中断

ちゅうじつ【忠実】チュージツ ①目上の人に言われたとおりに，まじめに務めを果たすよう．Ｅ devotedly; faithful．韓 충실．「社長の命令どおり忠実に仕事をする//犬は主人に忠実な動物だ」②ありのままで，もとのものとすこしも違わないよう．Ｅ faithfully．韓 충실．「この小説は実際にあった事件を忠実に描いている」

ちゅうしゃ【注射】チューシャ〔～する〕針を刺して液体の薬を体の中に入れること．Ｅ an injection; a shot．韓 주사．「薬を飲むよりも注射したほうが早く効く//腕に注射を2本打つ//予防注射（Ｅ an inoculation．韓

〔注射器〕

〔注射〕

予防 注射.)//注射器」 数 1本

ちゅうしゃ 【駐車】チューシャ〔~する〕自動車などを、止めたその場所にしばらくの間置いておくこと. E park. 韓 주차.「駅の前には駐車できない//駐車違反(E a parking violation. 韓 주차 위반.)/駐車禁止(E No Parking. 韓 주차 금지.)」

ちゅうじゅん 【中旬】チュージュン 1月を3つに分けたうちの真ん中の10日間. 11日から20日まで. E the middle of a month. 韓 중순.「来月中旬までに仕事を終わらせる」 関連 上旬, 下旬

ちゅうしょう 【中傷】チューショー〔~する〕事実ではないことや悪口を言って人の名誉を傷つけること. E (a) slander. 韓 중상.「わたしが当選したのは金を配ったからだと言う人がいるが、それはまったくの中傷だ」

ちゅうしょう 【抽象】チューショー〔~する〕1つ1つ違うものから、どれにも共通する性質を抜きだして、一般的な考え方をつくること. E abstraction. 韓 추상.「抽象名詞/抽象画」 対 具象, 具体 書

ちゅうしょうてき 【抽象的】チューショーテキ 別々のものから似ているものを集めて、一般化するようす. E abstract. 韓 추상적.「数学は抽象的な考え方を必要とする学問だ/抽象的な議論ばかりで、具体的になにも決まらなかった」 対 具体的

ちゅうしょく 【昼食】チューショク 昼の食事. E lunch. 韓 주식, 점심.「昼食はなになさいますか//忙しくて昼食をとるひまもなかった」 関連 朝食, 夕食

ちゅうしん 【中心】チューシン ①ものの真ん中. E the center; the middle. 韓 중심.「病院は市の中心にある/円の中心」 ②最も重要な位置にあるものや人. E a key role; the center; the core. 韓 중심.「洋子はサークルの中心となって活躍している//東京 は日本の政治, 文化の中心だ」 対 末端 ▷→中央

ちゅうすう 【中枢】チュースー ものごとの中心となる重要な部分. E the mainstay; the center. 韓 중추.「社会の中枢となって働く/東京に日本の政治の中枢がある//中枢神経」 書

ちゅうせい 【中世】チューセイ 時代区分の1つ. 古代と近世との間の時代. 日本史では鎌倉時代と室町時代. E the Middle Ages; the Medieval Period. 韓 중세.「中世から封建制度が始まった/中世文学の研究」

ちゅうせい 【中性】チューセイ ①酸性でもアルカリ性でもない性質. E neutrality. 韓 중성.「食塩水は中性だ/中性洗剤」 ②男性にも女性にもつかない性質. また、そのような人. E the neuter gender; a sexless person. 韓 중성.「最近, 男性語と女性語の区別がくずれ, 中性的なことばづかいをする人が増えてきた」

ちゅうせい 【忠誠】チューセイ 国や上の人に対して、決して裏切ることなく真心をもってつくすこと. E allegiance; loyalty. 韓 충성.「国家に対する忠誠を示す//忠誠を誓う/忠誠心(E spirit of loyalty. 韓 충성심.)」

ちゅうせん 【抽選】チューセン〔~する〕くじを引くこと. E a lot; a lottery. 韓 추첨.「抽選に当たって海外旅行に行けることになった//残念ながら抽選にははずれた//抽選にもれる(E draw a losing number. 韓 추첨에 떨어지다.)」

ちゅうたい 【中退】チュータイ〔~する〕「中途退学」を略した言い方. 学校を卒業しないまま途中でやめること. E drop out of school; quit school. 韓 중퇴.「授業も先生も友達もみんなつまらないと言って、息子

は高校を中退してしまった」

ちゅうだん　【中断】チューダン〔～する〕続いているものごとが途中で切れること．また，切ること．Ｅinterrupt; discontinue. 헌중단．「ビルの建設は材料不足のため中断したままだ//全集の刊行を中断する」
参「中止」も似ているが，「中止」が進行中でも始まる前でもやめるばあいに使うのに対して，「中断」は進行中にやめるときに使い，また，あとで再開する見通しが強い．

ちゅうちょ　【躊躇】チューチョ〔～する〕決心ができなくて迷うこと．Ｅhesitate; hesitation. 헌주저，망설임．「親の反対にあい，二郎との結婚をちゅうちょする//給料が高いので，ちゅうちょなくその会社で働くことに決めた」

ちゅうと　【中途】チュート　どこかへ向かっていく道の中ほど．また，進行しているものごとの中ほど．Ｅhalfway; in the middle of. 헌중도．「忘れ物に気がついて中途で引き返してきた//話の中途で電話が切れてしまった」
参「途中」も似ているが，「途中」が，「学校へ行く途中で京子と会った」「食事の途中で立ってはいけない」のように動作の中ほどをいうのに対して，「中途」は，「中途採用」「中途退学」のように，ある期間の中ほどをいう．

ちゅうとう　【中東】チュートー　アラビア半島からパキスタンにかけての地域．Ｅthe Middle East. 헌중동．「中東にはイスラム教が盛んな国が多い//首相は中東の国々を訪問している//中東の石油問題」関連近東，極東

ちゅうどく　【中毒】チュードク〔～する〕毒性のものが体に入ってぐあいが悪くなること．Ｅpoisoning; addiction. 헌중독．「くさったものを食べて中毒を起こした//アルコール中毒//ガス中毒//食中毒」

ちゅうとはんぱ　【中途半端】チュートハンパ　途中までしかできていなかったり，徹底していなかったりするようす．Ｅhalfway; unfinished. 헌중도무이．「中国語もドイツ語もタイ語も習ったが，どれも中途はんぱで役に立たない//大会は中途はんぱなまま終わった」

ちゅうねん　【中年】チューネン　青年と老年の間の年ごろ．また，その年ごろの人．ふつう，40代から50代後半ぐらいまでをさす．Ｅmiddle age. 헌중년．「中年になって，あちこち体に故障が出てきた//生活体験の豊富な中年の女性を店員に採用する」

ちゅうふく　【中腹】チューフク　山の頂上とふもとの中間の所．Ｅhalfway up (down) a mountain. 헌중복，산 중턱．「中腹の山小屋に1泊し，翌朝早く頂上をめざす//中腹と頂上あたりでは植物の種類が違う」

ちゅうぶらりん　【宙ぶらりん】チューブラリン　宙に浮いたように，どちらにもつかず中途はんぱなようす．Ｅindecisive. 헌어중간함，엉거주춤함．「研究者になろうか企業に勤めようかと迷いながらアルバイトで過ごす，宙ぶらりんな日々を送っている」

ちゅうもく　【注目】チューモク〔～する〕関心を持ってよく注意して見ること．Ｅnotice; attention. 헌주목．「話をやめてこちらに注目してください//道子のすぐれた研究は注目に値する//注目の的」
注目を浴びる　多くの人々の関心を集める．Ｅdraw attention. 헌주목을 받다．「新首相の政策が世界の注目を浴びる」

ちゅうもん　【注文】チューモン〔～する〕①いろいろ希望を言って品物をつくらせたり，とどけさせたりすること．Ｅorder. 헌주문．「喫茶店でコーヒーを注文する//注文した洋服があしたできあがる」②条件や希望を言うこと．また，その条件や希望．Ｅa request; a demand. 団희망, 요구, 조건.「80歳の老人に元気な子供と一緒に富士山に登れというのは、無理な注文だ／いろいろ注文をつける」

ちゅうりつ【中立】チューリツ〔～する〕対立しているもののどちらにも味方したり反対したりしないこと. Eneutrality. 団중립.「戦争中の両国に対して中立の立場を守る／／中立主義／／中立国」

ちゅうりゅう【中流】チューリュー ①川の流れの中間のあたり. Ethe middle reaches. 団중류.「中流まで来ると川の流れもゆるやかになる」②社会で、地位、生活程度などが中ぐらいの階級. Ethe middle classes. 団중류.「調査によると、日本人の多くが自分を中流だと思っているそうだ／／中流階級／／中流家庭」▷関連上流、下流

ちゅうわ【中和】チューワ〔～する〕性質の違うものがまざり合ってそれぞれの性質を失うこと. Eneutralize. 団중화.「酸をアルカリで中和する／／中和剤」

ちょいちょい チョイチョイ「たびたび」のくだけた言い方. ちょくちょく. Eoften; now and then. 団가끔, 종종, 이따금.「友達が近所に引っ越してきたので、ちょいちょい会っている／／近くの本屋にちょいちょい行く」話

ちょう【兆】チョー 数の単位. 1億の1万倍の数. Ea trillion. 団조.「今年の予算は1兆10億円だ」

ちょう【長】チョー ①集団の中でいちばん上に立つ人. Ethe chief; the head; the manager. 団장, 우두머리.「学会の長を選挙で決める／／工場長／病院長」②(「一日の長」の形で)他の人よりすこしだけすぐれていること. Ebe a little ahead of. 団(능력이) 약간 앞섬[나음].「兄の作品は弟のより一日の長がある」▷書②

ちょう【腸】チョー 内臓の1つ. 腹部の胃の下にあって、食べ物の消化と吸収の働きをする. 大腸と小腸に分かれる. Ethe intestines; the bowels. 団장.「腸が弱くてすぐ下痢をする」→内臓図

ちょう チョー 昆虫の一種. きれいな色や模様のついた2対の羽を持ち、花のみつを吸う. ちょうちょう. ちょうちょ. Ea butterfly. 団나비.「白や黄色のチョウがたくさん花のまわりに集まっている／／モンシロチョウ」数1匹

〔が〕
〔ちょう〕

注 漢字で書くときは「蝶」.

-ちょう【-調】①(「ハ、ニ、ホ、ヘ、ト、イ、ロ」について)音楽で、その音をもとにした音階.「ヘ長調の曲(Ea music in F major. 団F장조의 곡.)」②(名詞について)そのようなリズム、ようす、特色を持っていること.「日本のむかしの歌には、七五調のものが多い／現代調の室内装飾(Econtemporary interior decoration. 団현대풍의 실내 장식.)／ロック調の音楽(Erock music. 団록조의 음악.)」

ちょうえつ【超越】チョーエツ〔～する〕ずっと高い立場に立つこと. ふつう考えられる程度、範囲などをはるかにこえること. Etranscend; rise above; stand aloof. 団초월.「利害を超越して他人のために働く／／世俗を超越した僧侶」

ちょうか【超過】チョーカ〔～する〕時間や数や量の限度をこえること. Eexceed; be more than. 団초과.「話し合いは1時間の予定だったが、30分超過した／／超過料金(Ean excess charge. 団초과 요금.)」

ちょうかい【聴解】チョーカイ ことばや文章を聞いて内容を理解すること. Elistening comprehension. 団청해.「聴解のテ

ちょうかく 【聴覚】チョーカク，チョーカク 音を聞き取ったり聞き分けたりする耳の感覚．Ⓔ(the sense of) hearing. 한청각.「犬は人間より聴覚が鋭い」

ちょうかん 【朝刊】チョーカン 毎日出る新聞で朝発行されるもの．Ⓔa morning paper. 한조간.「朝刊にゆうべの火事のことが出ていた//朝刊に目を通してから出勤する」対夕刊 数1部・1紙

ちょうき 【長期】チョーキ 長い期間．Ⓔa long term; long-range. 한장기.「今回の交渉は長期におよびそうだ//長期にわたる計画//長期予報」関連中期，短期

ちょうけし 【帳消し】チョーケシ，チョーケシ ①金や品物の貸し借りの関係をなくすこと．Ⓔwrite off; cancel. 한삭침, 탕감.「その宝石をくれれば，貸した金を帳消しにしてやってもいい」②たがいに差し引いて，なかったことにすること．Ⓔcancel out. 한상쇄.「お母さんの手伝いをして，きのうの失敗を帳消しにしてもらった」

ちょうこう 【兆候・徴候】チョーコー ものごとの起こりそうな感じ．きざし．Ⓔa sign; a symptom. 한징후.「病人に回復の兆候が現れる//地震の兆候を察知する」

ちょうこう 【聴講】チョーコー〔～する〕講義を聞くこと．Ⓔattend (a lecture); audit. 한청강.「今年は経済学を聴講することにした//A大学へB教授の講義を聴講に行く//聴講生」

ちょうこく 【彫刻】チョーコク〔～する〕木，石，金属などに絵や文字を彫ったり，ものの形に仕上げたりすること．また，そのもの．Ⓔa sculpture; a carving. 한조각.「美術館の庭にロダンの彫刻が置いてある//彫刻家//彫刻刀」

ちょうさ 【調査】チョーサ〔～する〕ものごとや事情をはっきりさせるため調べること．Ⓔinvestigation. 한조사.「事故の原因を詳細に調査する//市場調査(Ⓔmarket research. 한시장 조사．)//人口調査」

ちょうし 【銚子】チョーシ 酒を入れて温めたりさかずきについだりするのに使う入れ物．とっくり．Ⓔa sake bottle. 한(목이 잘쑥한) 술병.「毎晩，ちょうしに1本の酒を飲むのが楽しみだ」数1本 →日本酒図

ちょうし 【調子】チョーシ ①音楽のリズムやテンポ．音の高さ，低さ．Ⓔa tone; a tune; a pitch. 한가락, 곡조, 장단.「調子のいい歌だから，すぐ覚えられる」②話し方や文章から受ける感じ．Ⓔa tone. 한어조, 논조.「今度の事件に関しては，どの新聞の書き方も同じ調子だ」③体や機械など動くものの状態．Ⓔ(a) condition. 한상태.「毎朝散歩しているから体の調子がいい//ブレーキの調子が悪い」④ものごとの行われる勢い．Ⓔa rate; a way. 한기세, 방식.「きのうの調子でがんばればきっと優勝できる」

調子がいい その場だけ相手に合わせてうまくやるようす．Ⓔbe all talk. 한비위를 잘 맞추다.「彼は調子がいいだけだから，責任ある仕事をさせるわけにはいかない」

調子に乗る ①周囲の影響を受けていい気になってものごとをする．Ⓔget carried away. 한우쭐해지다, 신명나다.「調子にのってふざけていたらストーブを倒してしまった」②ものごとが順調に進む．Ⓔgo well. 한일이 순조롭게 진행되다.「景気がいいこともあって会社経営は調子にのり，かなりの業績を上げている」

調子を合わせる 本心からではないが，しばらく相手の気に入るようにする．Ⓔget along with. 한장단을 맞추다.「課長とは違う意

見だったが，その場では調子を合わせておいた」

ちょうじ【弔辞】チョージ 人の死を悲しみ，悔やむ気持ちを述べることば．Ea memorial address. 한조사．「葬儀に参列して，友人代表として弔辞を読んだ」対祝辞

ちょうじゅ【長寿】チョージュ ①長く生きること．Ea long life; longevity. 한장수．「この地方には，90歳をこえた長寿の人が多い//不老長寿(Eeternal youth and long life. 한불로장수．)②長い期間続くこと．Elong-lived; continue for a long time. 한장수．「10年も続いている長寿番組」

ちょうしょ【長所】チョーショ 人やものの特にすぐれている点．Ea strong point; a merit. 한장점．「洋子の長所は，だれとでもすぐ親しくなれることだ//長所を生かす(Emake the best use of one's talents. 한장점을 살리다．)」対短所

ちょうじょ【長女】チョージョ 第1番目に生まれた女の子．Ethe oldest daughter. 한장녀，맏딸．「4人きょうだいの長女として生まれる//京都で生まれた長女に『京子』と名をつけた」対長男

ちょうしょう【嘲笑】チョーショー〔～する〕見下して笑うこと．Ederision; ridicule. 한조소．「三郎の発表は他人の引用ばかりだったので学会の嘲笑を買った//嘲笑の的になる(Emake oneself a laughing stock. 한조소거리가 되다．)」

ちょうじょう【頂上】チョージョー ①山のいちばん高い所．Ethe top; the summit; the peak. 한정상．「山の頂上に立つと遠くに海が見える//頂上の雪が消えたら登山しよう」対ふもと ②ものごとの最高の状態．Ethe peak; the zenith; the summit. 한

절정，최상．「わが社の繁栄もいまが頂上だろう」

ちょうしょく【朝食】チョーショク 朝の食事．Ebreakfast. 한조식，아침 식사．「朝食をきちんととると体の調子がいい//朝食はパンとミルクで簡単にすます」関連昼食，夕食

ちょうせい【調整】チョーセイ〔～する〕調子をととのえ，つりあいのとれた正しい状態にすること．Eadjust; coordinate. 한조정．「関係官庁の意見の調整をはかる//みんなのつごうを聞いてスケジュールを調整する」

ちょうせつ【調節】チョーセツ〔～する〕ものごとがちょうどいい状態になるようにととのえること．Eregulate; adjust. 한조절．「ラジオの音を調節する//いすの高さを調節する/温度調節」

ちょうせん【挑戦】チョーセン〔～する〕困難なことに勇気をもって立ち向かうこと．チャレンジ．Ea challenge; try. 한도전．「敵の挑戦を受けて立つ//世界新記録に挑戦する/挑戦状」

ちょうだい【頂戴】チョーダイ，チョーダイ ①〔～する〕「もらうこと」「食べること」「飲むこと」の謙譲語．E(humble) receive; eat; drink. 한받음，먹음，마심．「先生からおみやげをちょうだいした//食事までちょうだいし」②「ください」のくだけた言い方．ECan I have ～?; give me. 한주세요．「お母さん，お菓子ちょうだい//パンを買ってきてちょうだい」

ちょうちんもち【ちょうちん持ち】チョーチンモチ 命令のままに動いたり他人の宣伝をしてまわったりすること．また，そうする人．Egive ～ a big buildup. 한앞잡이가 되어 남을 치켜세워 선전함; 앞잡이．「今回の首相の演説は歴史に残るものだと，新聞はちょうちん持ちの記事を載せている」話

参「ちょうちん」は持ち運びができるむかしの照明器具.

ちょうてい 【朝廷】チョーテイ むかし, 天皇が政治をした所. また, 天皇を中心とする政府. Ethe Imperial Court. 한조정.「京都は長い間朝廷のあった所だ//平安時代の終わりごろ, 武士の力が朝廷より強くなった」

ちょうてい 【調停】チョーテイ〔~する〕対立する両者の間に入って争いをやめさせること. Emediation; arbitration. 한조정, 중재.「国連が, 両国間の紛争の調停に乗りだす//離婚の調停は家庭裁判所で行う」→仲裁

ちょうてん 【頂点】チョーテン, チョーテン ①いちばん高い所. Ethe top; the summit. 한정점, 정상, 꼭대기.「山の頂点に立つ」②ものごとの最高の状態. Ethe peak; the climax. 한정점, 절정.「あの歌手の人気もいまが頂点だろう」

ちょうど チョード ①時刻, 数や量などが, 完全に合うようす. Ejust; exactly. 한꼭, 정확히.「デパートは, 10時ちょうどに開店した//電車の中で読むのにちょうどいい本をさがす」②よく似ているようす. Ejust like. 한마치, 흡사.「兄はわたしにとって, ちょうど父親のような存在だった//姉がつくったクッキーは, ちょうど星の形をしていた」

ちょうなん 【長男】チョーナン, チョーナン 第1番目に生まれた男の子. Ethe oldest son. 한장남, 맏아들.「むかしは長男がたいせつにされたが, いまはどの子供も平等だ//長男に「一郎」と名づけた」対長女

ちょうふく 【重複】チョーフク〔~する〕同じものごとが重なること. じゅうふく. Erepeat; overlap. 한중복.「名簿に一郎の名前が重複して出ている//道子の報告書は長くて重複している部分が多い」

ちょうほう 【重宝】チョーホー〔~する〕便利で役に立つようす. また, そういうものとしてよく使うこと. Econvenient; useful. 한편리함, 유용함; 요긴하게 씀.「ワープロは文章の編集も保存も印刷もできる重宝な機械だ//いただいたかばんは, 大きくてなんでも入れられるので重宝しています」

ちょうほうけい 【長方形】チョーホーケイ, チョーホーケイ 縦と横の辺の長さが違い, 全部の角が直角である四角形. Ea rectangle. 한장방형, 직사각형.「はがきは長方形である/縦75センチ, 横90センチの長方形の机」→四角図

ちょうみりょう 【調味料】チョーミリョー 砂糖, 塩, みそ, しょうゆなど, 食べ物に味をつけるもの. Ea seasoning; a condiment. 한조미료.「調味料を上手に使って, おいしい料理をつくる//化学調味料」

ちょうり 【調理】チョーリ〔~する〕料理すること. Ecooking. 한조리.「調理の技術を身につけて店を1軒持ちたい//調理師(Ea cook. 한조리사.)/調理台(Ea kitchen table. 한조리대.)」

ちょうわ 【調和】チョーワ〔~する〕2つ以上のものごとが, たがいにつりあいがとれていること. Eharmony; match. 한조화.「カーテンと壁の色の調和がとれている//この建物は色がはでで, 静かな住宅街とは調和しない」

チョーク (chalk) チョーク 黒板に字や絵をかくための道具. 白墨. Echalk. 한분필, 백묵.「先生が黒板にチョークで漢字を書く//チョークの粉が洋服についた」数1本

ちょきん 【貯金】チョキン〔~する〕金を使わないでためたり, 郵便局や銀行に預けたりすること. また, その金. Esavings; save. 한저금.「貯金をおろして車を買う//しばらくの間使わないお金は貯金する//貯金通帳」→貯蓄

参 法律のうえでは，郵便局に預けるばあいは「貯金」，銀行に預けるばあいは「預金」．

ちょくげき【直撃】チョクゲキ〔～する〕爆弾や台風のように非常に大きな力を持つものが，直接，まともに当たること．Ea direct onslaught. 한직격．「台風の直撃を受けた九州地方の被害は大きかった//直撃弾(Ea direct hit. 한직격탄.)」

ちょくご【直後】チョクゴ，チョクゴ ①あるものごとが起こったすぐ後．Eimmediately after; right after. 한직후．「手術の直後は面会できない」対直前 ②もののすぐ後．Eimmediately behind. 한바로 뒤．「車の直前，直後を横断するのはとても危険だ」対直前

ちょくせつ【直接】チョクセツ 間になにも入れないでものごとが行われること．Edirectly; immediate. 한직접．「電話ではなく，直接会って話したほうが誤解がない//労働条件について社長と直接交渉する」対間接

ちょくせん【直線】チョクセン まっすぐな線．2つの点を結ぶいちばん短い線．Ea straight line. 한직선．「ものさしで直線を1本引いた//直線距離」対曲線 数1本→線図

ちょくぜん【直前】チョクゼン ①あるものごとが起こるすぐ前．Ejust before; immediately before. 한직전．「父が死の直前に言い残したことばを思いだす」対直後 ②もののすぐ前．Eimmediately in front of. 한바로 앞．「車の直前に，ボールを追いかけて子供が飛びだしてきた」対直後

ちょくめん【直面】チョクメン〔～する〕あるものごとがすぐ目の前にあって避けることができないこと．Eface; be confronted with. 한직면．「経営の危機に直面する//困難に直面しても負けない//死に直面する」

ちょこ チョコ 酒を飲むときに使う陶器の小さな器．おちょこ．Ea sake cup. 한작은 사기 술잔．「お酒をちょこで1杯飲んだだけなのに顔が赤くなった」

ちょこちょこ チョコチョコ ①〔～する〕小さいものが，歩いたり走ったり動きまわるようす．「2歳の子が，母親を見つけてちょこちょこ(と)走ってきた(EThe two-year-old child spotted his mother and came toddling toward her. 한두 살 된 아이가 엄마를 발견하고 종종걸음으로 달려왔다.)」②わずかな動作で簡単にすますようす．「機械をいじるのが好きな姉は，こわれたラジオをちょこちょこ(と)直してしまった(EMy sister who likes to fool around with machines fixed the broken radio in no time at all. 한기계 만지기를 좋아하는 누나는 고장난 라디오를 힘 안들이고 간단히 고쳐 버렸다.)」▷話

チョコレート (chocolate) チョコレート カカオの実の粉に砂糖やミルクなどをまぜてかためてつくった菓子．Echocolate. 한초콜릿．「誕生日にチョコレートをもらった//チョコレートケーキ」

ちょしゃ【著者】チョシャ その本を書いた人．Ea writer; an author. 한저자．「この本の著者は山田教授だ//本を買って著者にサインしてもらう」

ちょしょ【著書】チョショ その人が書いた本．Ea book; a work. 한저서．「A教授には著書がたくさんある//あの人の著書は，経済関係のものが多い」数1冊

ちょぞう【貯蔵】チョゾー〔～する〕品物を蓄えておくこと．Estore; preserve. 한저장．「冬に備えて燃料を貯蔵する//貯蔵庫//貯蔵品//貯蔵量」

ちょちく【貯蓄】チョチク〔～する〕金など

を使わないでためること。また、そのためた財産。Ｅsavings; save. 韓저축。「貯蓄があるから、仕事をやめても生活は心配ない//老後のために貯蓄する」
参「貯金」も似ているが、「貯蓄」が金だけをためることであるのに対して、「貯蓄」は株や品物もふくみ、金だけとは限らない。

ちょっかい チョッカイ わきからよけいなことを言ったりしたりすること。Ｅmeddle in; make a pass at. 韓쓸데없는 간섭, 참견。「兄の宿題にちょっかいを出してけんかになった//職場の女性にちょっかいをかけていやがられる」話

ちょっかく【直角】チョッカク ２つの直線が垂直に交わってできる角度。90度。Ｅa right angle. 韓직각。「正方形や長方形の角は全部直角である//２本の道路が直角に交わっている所を右に曲がる」→角度図

ちょっかん【直感】チョッカン〔〜する〕説明や理屈によらず心に感じとること。Ｅintuition. 韓직감。「証拠はないが直感で、いたずらの犯人は弟だと思う//ことばは理解できないが相手の気持ちは直感でわかった」

ちょっけい【直径】チョッケイ 円や球の中心を通ってそのまわりの２点を結ぶ直線の長さ。Ｅa diameter. 韓직경, 지름。「直径600キロの大型の台風が来た//地球の直径は約１万2756キロだ//直径10センチの円をかく」→円図

ちょっと チョット, チョット, チョット ①時間、数や量、程度などが少ないようす。Ｅa little; a minute. 韓조금, 약간; 잠깐。「ちょっと右へ寄ってください//ちょっと待って」
②かなりの程度であるようす。Ｅpretty; quite. 韓꽤, 상당히。「ちょっとこわい先生//ちょっといい話」
③(「ちょっと〜ない」の形で)簡単には〜できない。Ｅnot easily. 韓좀처럼, 쉽사리。「すぐにはちょっと答えられない//ちょっとやそっとでは終わらない(Ｅlt won't be done so easily. 韓여간해서는 끝나지 않는다。)」
④相手に呼びかけるときに言うことば。Ｅ Excuse me!; Hey! 韓이봐요, 잠깐만。「ちょっと、ハンカチが落ちましたよ//ちょっと、こっちへ来て」
▷話

ちょっぴり チョッピリ「すこし」のくだけた言い方。Ｅa little bit. 韓좀, 조금, 약간。「こんなちょっぴりの酒じゃ酔えない//お金がちょっぴりたりない」話

ちょめい【著名】チョメイ 名前が人によく知られているようす。Ｅfamous; well-known. 韓저명。「大江健三郎はノーベル賞作家として海外でも著名だ//著名な学者を招いて講演会を開いた」

ちょろちょろ チョロチョロ〔〜する〕①すこしの液体が流れるようす。「雪どけの水がちょろちょろ(と)流れている(ＥWater is trickling from the melting snow. 韓눈석임물이 졸졸 흐르고 있다。)」②小さな炎を上げて火が燃えるようす。「落ち葉を焼いた残りの火が、ちょろちょろ(と)燃えている(ＥThe remains of the burnt leaves are smoldering. 韓낙엽을 태우고 남은 불이 홀홀 타고 있다。)」③小さな生物がすばやく動きまわるようす。「バスの前を小犬がちょろちょろしているので、なかなか発車できない(ＥThere is a little dog darting about in front of the bus, so it can't get started. 韓버스 앞을 강아지가 졸랑졸랑 돌아다니고 있어 좀처럼 발차할 수 없다。)」▷話

ちらか・す【散らかす】チラカス〔他動五〕(ちらかして)ものを、あちこちに乱雑にひろ

げる. Ⓔscatter about; litter. 🄷흩뜨리다, 어지르다.「部屋じゅうに本を散らかす//ごみを散らかす」自動散らかる

ちらし【散らし】チラシ ①宣伝文や広告を印刷して配る紙. Ⓔa handbill; a leaflet. 🄷전단, 삐라, 광고지.「バーゲンのちらしを配る」②「ちらしずし」を略した言い方. すし飯の上に卵焼き, 魚, 野菜などを載せたもの. Ⓔunrolled *sushi*. 🄷식초와 소금으로 간을 맞춘 밥에 달걀부침, 생선, 야채 등을 얹은 요리.「ちらし2人前, にぎり1人前お願いします」▷数①1部・1枚 他動散らす

ちら・す【散らす】チラス〔他動五〕（ちらして）①ばらばらに散るようにする. Ⓔscatter; strew. 🄷흩뜨리다, 흩뿌리다;(불꽃을)튀기다.「くもの子を散らすように逃げる//花びらを散らす//火花を散らす(→火花慣用)//気を散らす」②〔動詞の「ます」形について〕やたらに~する. さかんに~する.「本を読みちらす Ⓔskip from book to book. 🄷책을 닥치는 대로 읽다.//書きちらす//どなりちらす(Ⓔshout right and left. 🄷고함을 쳐대다.)」▷名散らし 自動散る

ちらちら チラチラ〔~する〕①小さいものが落ちるようす.「雪がちらちら(と)降ってきた(Ⓔ A light snow has begun to fall. 🄷눈이 푸슬푸슬 내리기 시작했다.)」②ものが見えたり, 隠れたりするようす.「夕方, 山道を歩いていると, 里の明かりがちらちら(と)見えた//下着がちらちら(と)見える(Ⓔ Her underwear is showing. 🄷속옷이 언뜻언뜻 보인다.)」③めだたないように, たびたび見るようす.「電車の中で, こちらをちらちら(と)見る人がいた(Ⓔ In the train there was a person kept glancing at me. 🄷전차 안에서 이쪽을 힐끔힐끔 보는 사람이

있었다.)」

ちらば・る【散らばる】チラバル〔自動五〕（ちらばって）ものが, あちこちに散っている. ばらばらになる. Ⓔbe scattered; be located (in all parts). 🄷어지러지다, 흩어지다, 산재하다.「机のまわりに本が散らばっている//全国に散らばる支店」

ちらほら チラホラ〔~する〕あちこちに, すこしずつあるようす.「公園の桜がちらほら(と)咲きはじめた(Ⓔ The cherry trees in the park have begun to blossom here and there. 🄷공원의 벚꽃이 드문드문 피기 시작했다.)」

ちらりと チラリト 一瞬, すこしだけ見たり聞いたりするようす. ちらっと.「電車の窓から, むかし住んでいた家がちらりと見えた(Ⓔ I caught a glimpse of the house I used to live in from the train window. 🄷전차의 창문 밖으로 예전에 살았던 집이 언뜻 보였다.)」

ちり【地理】チリ ①地球上の海, 山, 陸, 川, 気候, 産業, 都市, 交通, 人口などのようす. Ⓔgeography; geographical features. 🄷지리.「世界の地理を勉強したら外国へ行きたくなった//地理学」②ある土地の状態. Ⓔthe conditions of a local area. 🄷지리.「このへんの地理にくわしい人に案内してもらう」

ちり チリ, チリ ①細かい土や砂. また, 目に見えないぐらい小さくてきたないもの. Ⓔdust. 🄷먼지.「この庭はきれいに掃除してあって, ちりひとつ落ちていない」②たいへん少ないこと Ⓔa bit. 🄷티끌.「悪い心はちりほどもない」

参①は「ほこり」と似ているが, 「ほこり」が「ほこりが立つ」「ほこりが舞う」というように細かく軽いものの集まりであるのに対して, 「ちり」は「ちりを拾う」というように「ほ

こり」より大きくて個々の形がわかるようなものをいう.

ちりも積もれば山となる ほんのわずかなものでも,長い間ためれば山のように大きなものになる. ⒺMany a little makes a mickle. 한티끌 모아 태산.

ちりがみ 【ちり紙】チリガミ 鼻紙などに使う,やわらかでそまつな紙. Ⓔtissue paper. 한휴지.「外出のときはハンカチとちり紙を必ず持っていく//ちり紙で口をふく」 数1枚

ちりぢり 【散り散り】チリジリ もとは集まっていたものが,ほうぼうに分かれてしまうようす. Ⓔbe scattered. 한뿔뿔이, 산산이.「戦争で散り散りになっていた家族が,戦後また集まった//ネックレスの糸が切れて,玉が散り散りばらばらになった」

ちりば・める チリバメル〔他動一〕飾りをして,金銀や宝石などをあちこちにはめこむ.また,文章などに美しいことばをはさみこむ. Ⓔinlay; set; stud. 한아로새기다, 여기저기 박아 넣다.「宝石をちりばめた時計が飾ってある//美しいことばをちりばめた詩」

ちりょう 【治療】チリョー〔~する〕手当てをして病気やけがを治すこと. Ⓔtreat; medical treatment. 한치료.「けがの治療のため病院に通う//歯を治療する」

ち・る 【散る】チル〔自動五〕(ちって) ①離れ離れになって落ちたり飛んだりする. Ⓔfall; scatter. 한(꽃・잎이) 지다, 떨어지다, 흩어지다.「桜の花が散る//ガラスの破片が散る」②ものごとや人があちこちに離れる. Ⓔdisperse; break up. 한뿔뿔이 흩어지다.「映画が終わると,観客は散っていく」対集まる ③(「気が散る」の形で)⇨気 慣用 ▷ 他動散らす

-ちん 【-賃】(他のことばについて)そのことに対して支払う金.「借り賃(Ⓔrent; hire. 한임차료.)/手間賃(Ⓔpay; wages. 한

품삯.)//電車賃」

ちんあつ 【鎮圧】チンアツ〔~する〕反乱や暴動などを警察や軍隊が力でしずめること. Ⓔsuppress; put down. 한진압.「政府に対する反乱を武力で鎮圧する」

ちんぎん 【賃金】チンギン 労働者が働いたことに対して受け取る金. Ⓔwages. 한임금.「経営者に賃金の引き上げを要求する//最低賃金の保障」

ちんじょう 【陳情】チンジョー〔~する〕実際の状態を述べて,役所や政治家になんとかしてくれるよう頼むこと. Ⓔpetition; make an appeal. 한진정.「米の生産者価格を上げるよう農民が政府に陳情する//高校の数を増やしてほしいと陳情する」

ちんせい 【沈静・鎮静】チンセイ〔~する〕①落ちついて静かなこと.静かになること. Ⓔsettle down. 한침정, 가라앉음, 차분해짐.「インフレが沈静に向かう」②気持ちなどがしずまり落ちつくこと.激しく動いていた状態をしずめること. Ⓔsoothe; tranquilize. 한진정.「この薬には痛みを鎮静する作用がある//鎮静剤」 ▷書

三注①は「沈静」,②は「鎮静」.

ちんたい 【沈滞】チンタイ〔~する〕人の気持ちやものごとに活気がなくなり,底のほうに沈んでいるような状態であること. Ⓔdull; become depressed. 한침체.「負けが続いてチーム全体が沈滞した空気になっている//景気が沈滞する」書

ちんたい 【賃貸】チンタイ〔~する〕料金を取って,あるものを貸すこと. Ⓔrent; lease. 한임대.「道子は都心の賃貸マンションに住んでいる//賃貸契約(Ⓔa lease contract. 한임대 계약.)」対賃借

ちんちょう 【珍重】チンチョー, チンチョー〔~する〕珍しいものとしてたいせつにすること. Ⓔprize highly; think much of. 한

珍重, 貴重に思うこと.「パンダは中国四川省の山地にしかいない動物として珍重されている」

ちんでん 【沈殿・沈澱】チンデン〔～する〕液体にとけないで底に沈んでたまること. ⓔsettle; precipitate. ⓚ침전.「食塩水の温度を上げて, 沈殿している塩を全部とかす//沈殿物」
注 もとは「沈澱」だったが,「澱」の字は常用漢字表にないので, 同じ音の「殿」を当てて「沈殿」として使うようになった.

ちんぷ 【陳腐】チンプ どこにでもあって, 新しさに欠け, つまらないようす. ⓔcommonplace; trite. ⓚ진부.「この小説は見かけは新しいが, 内容は陳腐でつまらない//陳腐な意見ばかりで, 退屈してしまう」対 新鮮

ちんぷんかんぷん チンプンカンプン, チンプンカンプン わけがわからなくてまったく理解できないようす. ⓔgibberish; nonsense. ⓚ종잡을 수 없음, 횡설수설.「アンナの話すことばは, わたしにはちんぷんかんぷんだ//三郎はちんぷんかんぷんな話ばかりする」話

ちんぼつ 【沈没】チンボツ〔～する〕船などが水中に沈むこと. ⓔsink. ⓚ침몰.「台風で漁船が沈没した//沈没船を引きあげる」

ちんもく 【沈黙】チンモク〔～する〕黙ってなにも言わないこと. ⓔsilence. ⓚ침묵.「さっきから一郎は沈黙したまま1言も口をきかない」
沈黙は金 沈黙は最も価値が高いということ. ⓔSilence is golden. ⓚ침묵은 금.
沈黙を破る いままで黙っていた人がものを言う. また, ふたたび行動を始める. ⓔbreak the silence. ⓚ침묵을 깨다.「病気で作家活動を休んでいた道子が, 長い間の沈黙を破って小説を発表した」

ちんれつ 【陳列】チンレツ〔～する〕人々に見せるために品物を並べておくこと. ⓔexhibit; display. ⓚ진열.「新製品をよくめだつ所に陳列する//陳列棚//陳列品」

つ／ツ

ツアー (tour) ツアー 観光やスポーツをするための団体旅行. また, 小旅行. ⓔa tour; a group tour. ⓚ투어, (관광 등의) 단체여행.「古都の仏像を見てまわるツアーに申しこんだ//スキーツアーに参加する」

つい 【対】ツイ ①同じ種類のものが2つそろって1組になっているもの. 材料, 色, 形などが同じであること. ペア. ⓔa pair; a couple. ⓚ한 쌍, 짝.「結婚のお祝いに対のモーニングカップを贈る//対のセーター」②(数を表すことばの後について) 2つで1組のものの数を表す.「座敷に1対の屏風を飾る//3対(ⓔthree pairs. ⓚ세 쌍.)」

つい ツイ しようと思わないのにしてしまうようす. ⓔbefore one knows it; in spite of oneself. ⓚ자신도 모르게, 무의식중에, 무심코.「ダイエット中なのにケーキを見るとつい食べてしまう//ついテレビを見すぎる」

ついか 【追加】ツイカ〔～する〕後からつけ加えること. 不足しているものなどを補うこと. ⓔadd; supplementary. ⓚ추가.「ビールがたりなくなったら, あとで追加すればいい//追加予算」

ついきゅう 【追及】ツイキュー〔～する〕問

いつめて責めること．Ｅquestion closely; criticize. 한추궁．「警察は容疑者を厳しく追及した//責任を追及されて辞職した」

ついきゅう【追求・追究】ツイキュー〔～する〕①ほしいものをどこまでも追い求めること．Ｅpursue; pursuit. 한추구．「幸福を追求する//利益の追求を目的とする企業」②わからないことを深く研究すること．Ｅinvestigate; inquire into. 한추구．「真理を追究する」
≡注 ①は「追求」，②は「追究」．

ついしん【追伸】ツイシン　手紙を書き終わったあとで書き加えることが出てきたとき，その始めに書くことば．また，その書き加えた文章．二伸．Ｅa postscript. 한추신．「書き忘れたことを思いだして追伸を書いた」書

ついせき【追跡】ツイセキ〔～する〕逃げる者の後を追いかけること．また，あるものごとの結果がその後どうなったかを調べること．Ｅpursue; chase; follow up. 한추적．「逃げた犯人をどこまでも追跡する//卒業後の学生の状況を追跡調査する」

ついたち【一日】ツイタチ　その月のいちばん初めの日．１日．Ｅthe first (of July). 한초하루．「７月の１日に引っ越しをする//１月１日」対みそか
参「ついたち」は月の最初の日の意味にだけ使い，日数を表すときは「１日かかって部屋の掃除をした」のように「いちにち」という．「ついたち」以外の日は，「今月の４日に出発する」「旅行で４日（間）留守にした」のように，月の何番目の日であるかを示すときと，日数を数えるときの両方に使われる．

ついで【次いで】ツイデ，ツイデ（文と文をつないで）前のことに引き続いて．Ｅand then. 한그다음에，이어서．「あいさつが終わり，ついで乾杯に移った」

ついで　ツイデ　あることをするとき，ほかのことも一緒にできるちょうどいい機会．Ｅan opportunity; a chance. 한(마침) 좋은 기회, 계제．「わざわざ返しに来なくても，ついでのときで結構です//ついでがあったので，京都の叔母を訪ねた」

ついでに　ツイデニ，ツイデニ　なにか別のことをする機会を利用して行うようす．Ｅwhile; when; as well. 한～하는 김에, 계제에．「銀行へ行ったついでに，近くの本屋に寄った//コピーするなら，ついでにわたしの分も１枚お願いします」→かたがた

ついとつ【追突】ツイトツ〔～する〕乗り物が別の乗り物の後ろにぶつかること．Ｅcollide with ~ from behind. 한추돌．「バスにトラックが追突して大事故となった//追突事故」

ついに　ツイニ　長い間どうなるかわからなかったことの結果が出るようす．Ｅat last; in the end; after all. 한드디어，마침내，결국．「ついに，島と島とを結ぶ橋が完成した//２時間もさがしたのに，ついに会えなかった」

ついほう【追放】ツイホー〔～する〕①害を与えるものを社会から追い払うこと．Ｅbanish; deport; proscribe. 한추방．「犯罪を起こした外国人を国外へ追放する//暴力や麻薬を追放する」②不適当として公務員などの公職をやめさせること．Ｅpurge; remove from office. 한추방．「戦争に協力した人は，戦後，公職から追放された」

ついや・す【費やす】ツイヤス，ツイヤス〔他動五〕（ついやして）金や時間や力などを使って減らす．Ｅspend; take; waste. 한쓰다，소비하다．「この橋は完成までに10年の年月を費やした//全財産を費やして，事業を再建した//むだなことに時間を費やす」自動費える

ついらく【墜落】ツイラク〔~する〕高い所から落ちること.Ⓔfall; crash.㈲추락.「ビルの窓ふきをしていた人が誤って墜落して死んだ//飛行機が海に墜落した//墜落事故」

つう【通】ツー ①あるものごとについてよく知っていること.また、その人.Ⓔknow a lot; an authority.㈲통, 정통함, 정통한 사람.「歌舞伎に関してはなかなかの通だ//今度の駐日 A 国大使は日本通だ」②(数を表すことばの後について)手紙や書類の数を表す.「1通の手紙も来ないのでさびしい//3通の書類(Ⓔthree documents.㈲세 통의 서류.)」

つうか【通貨】ツーカ その国で使われている金.Ⓔcurrency.㈲통화.「国内の通貨の供給量を調節して経済を安定させる」

つうか【通過】ツーカ〔~する〕①ある場所を、止まらないで通り過ぎること.Ⓔpass (without stopping).㈲통과.「この駅は小さいから、急行は通過してしまう」②いいと認められること.Ⓔpass.㈲통과.「1次試験を通過して2次試験を受ける資格をえた//議案が議会を通過した」

つうがく【通学】ツーガク〔~する〕勉強のために学校に通うこと.Ⓔgo to school.㈲통학.「わたしは電車で通学している//通学路/徒歩通学」

つうかん【痛感】ツーカン〔~する〕心に強く感じること.Ⓔfeel keenly; fully realize.㈲통감.「教師としてじゅうぶんに指導できなかった責任を痛感している」

つうきん【通勤】ツーキン〔~する〕勤め先に通うこと.Ⓔcommute; go to work.㈲통근.「通勤に時間がかかるので、朝早く起きる//満員電車で通勤する」

つうこう【通行】ツーコー〔~する〕人や車が行ったり来たりすること.Ⓔtraffic; passage.㈲통행.「そこに車を止めたら通行のじゃまになる//工事のため通行禁止」

つうじょう【通常】ツージョー これまでと同じで、ふつうの状態であること.Ⓔusually; ordinary.㈲통상, 보통.「勤務時間は、通常は9時から5時までだ//通常郵便物/通常勤務」対特別

つう・じる【通じる】ツージル〔自他動一〕①道がつながって、ある所まで行ける.通ずる.Ⓔlead to; be connected.㈲통하다.「駅に通じる地下道//やっと通じた電話」②意思やことばが相手にわかる.通ずる.Ⓔbe understood; make oneself understood.㈲통하다.「覚えたばかりの外国語が通じるのはうれしい//若い人と気持ちが通じない」③くわしい知識がある.通ずる.Ⓔbe well informed about.㈲정통하다.「洋子は東アジアの情勢によく通じている」④広くいきわたる、および.通ずる.Ⓔbe common to.㈲공통되다.「子供を戦争で失いたくないのはだれにも通じる思いだ」⑤連絡をとる.連絡する.通ずる.Ⓔcommunicate secretly with; inform.㈲내통하다, 전달되다.「敵のスパイと通じる//先方に話が通じていなかった」⓪(「~を通じて」の形で)(1)~の間ずっと、広く~全体に.Ⓔthroughout; all.㈲~에 걸쳐, 통하여.「この町では四季を通じておいしい魚が食べられる//津田梅子は一生を通じて女子教育につくした」(2)~を手段として.~を通して.Ⓔthrough; via.㈲~을 통하여.「いろいろな機会を通じて、自然保護を訴える//旅行社を通じて北京のホテルを予約する」

㊟①~⑤は自動詞,⑥は他動詞.

つうしん【通信】ツーシン〔~する〕①ようすやできごとを文書で知らせること.Ⓔcorrespondence; news.㈲통신.「学校から今週の通信がとどいた」②郵便、電話、ファッ

クスなどで知らせること. Ecommunication; correspondence. 한통신.「地震のため通信がとだえている//通信衛星 Ea communications satellite. 한통신 위성.)/通信販売」

参「便り」も似ているが,「便り」が手紙などおもに紙を使って知らせるのに対して,「通信」は郵便,電話,ファックスなど伝える手段が多い.

つうせつ 【痛切】ツーセツ 非常に強く身にしみて感じるようす. Ekeenly; poignant. 한통절.「若い研究者と話していると,自分の勉強不足を痛切に感じる//作曲家は,なくした妻に対する痛切な思いを曲に表した」

つうぞくてき 【通俗的】ツーゾクテキ 深い内容はないがわかりやすく,多くの人に受け入れられるようす. Ecommon; popular. 한통속적.「有名な女優が出演して評判になった映画だが,内容は通俗的だ//愛だの恋だのという通俗的な歌がはやっている」

つうち 【通知】ツーチ〔～する〕必要なことを知らせること,また,その知らせ. Ea notice; notify. 한통지.「合格の通知を出す//出席を通知する」

つうちょう 【通帳】ツーチョー 貯金,預金などの出し入れや,商品の売り買いなどを記録しておくノート. Ea bankbook; a passbook. 한통장.「銀行の通帳を見れば金の出入りがわかる//預金通帳」数 1冊・1通

つうやく 【通訳】ツーヤク〔～する〕使うことばが違う人の間に立って,一方のことばを他方のことばに言いかえて話を通じさせること.また,それをする人. Einterpret; an interpreter. 한통역.「アモンさんにプラサート氏のタイ語を通訳してもらう//国際会議で通訳として働く//同時通訳」

つうよう 【通用】ツーヨー ①〔～する〕世間に広く用いられたり認められたりしていること. Ebe widely used; be accepted; hold good. 한통용.「英語は多くの国で通用している//勉強しなくても卒業できるだろうという甘い考えは通用しない」②いつも出入りすること. Ea side gate. 한통용.「毎日出入りするのは正門ではなく通用門のほうだ//通用口」

つうれつ 【痛烈】ツーレツ ひどく激しく,手厳しいようす. Eseverely; hard. 한통렬.「マスコミは痛烈に政府を批判した//右の目に痛烈なパンチを受けて倒れた」

つえ ツエ 手に持ち,歩くときの助けにする細長い棒. Ea cane; a stick. 한지팡이.「年をとって足が弱くなったので,つえを使っている//つえをつきながらゆっくりと階段を上った」数 1本

〔つえ〕〔松葉づえ〕

つえとも柱とも頼む 非常に頼りにする. Edepend on as the sole support. 한크게 의지하다.「つえとも柱とも頼む人に死なれて,本当に困っている」

つがい ツガイ 2つそろって1組のもの.特に,雌と雄. Ea pair; a couple. 한한 쌍, 특히 암수 한 쌍.「つがいで鳥を飼い,雌は『ピー子』,雄は『ピー吉』と名前をつけた」

つかいがって 【使い勝手】ツカイガッテ 使ってみたときの調子. Eease of use. 한사용하기 편리한 정도.「デザインはいいが使い勝手の悪い食器」

つかいこな・す 【使いこなす】ツカイコナス〔他動五〕(つかいこなして)自由に思いのままに使って役立たせる. Emaster; get used to using; have a good command of. 한잘 다루다, 능숙하게 구사하다.「コンピューターを使いこなす//ベトナム語を使いこなす人」

つかいこ・む 【使い込む】ツカイコム〔他動

五】(つかいこんで) ①勤め先などの金を自分のために使う. Ｅembezzle. 한(공금 등을) 사적으로 쓰다, 유용하다.「会社の金を使いこんだのが知られてくびになった」②予定以上に金を使う. Ｅuse more money than planned. 한예산 이상으로 쓰다.「予算以上にお金を使いこんだから, 赤字になった」③使いなれて, ぐあいよく感じるまで長い間使う. Ｅuse for a long time. 한오래 써서 길들이다.「使いこんで書きやすくなった万年筆」▷名使い込み

つかいすて 【使い捨て】ツカイステ 1度またはすこし使ったら捨てること. Ｅdisposable; throwaway. 한한 번 쓰고 버림, 일회용.「使い捨ての下着は旅行のとき便利だ//使い捨てライター」他動使い捨てる

つかいわ・ける 【使い分ける】ツカイワケル〔他動一〕同じものを, 目的によってうまく分けて使う. Ｅhave a good command of; use properly. 한가려 쓰다, 구분하여 쓰다.「A記者は3カ国語を自由に使い分けてインタビューする//米を食用と加工用に使い分ける」名使い分け

つか・う 【使う・遣う】ツカウ〔他動五〕(つかって) ①ある目的のために役に立てる. Ｅuse; make use of. 한쓰다, 사용하다.「もっと頭を使いなさい//はさみを使って紙で箱をつくる」
②人を働かせる. Ｅemploy; manage. 한쓰다, 부리다.「この工場は従業員を300人使っている//こき使う」
③ふつうの人にできないことをうまくする. 操る. Ｅmanipulate; do. 한(술법 등을) 부리다.「操り人形をつかう//手品をつかう」
④時間やもの, 金などを費やす. Ｅspend. 한쓰다, 소비하다.「時間をむだに使う」
⑤心をあれこれ悩ませる. Ｅworry about. 한쓰다.「気をつかう//神経をつかう(→神経

慣用)」
▷名使い・遣い →用いる
注漢字で書くときは, ①②④は「使う」, ③⑤は「使う」「遣う」.

つかつか ツカツカ, ツカツカ 遠慮しないで勢いよく近寄るようす.「授業中, わたしが漫画を読んでいたら, 先生がつかつか(と)やってきて取りあげた(ＥWhen I was reading a comic book in class, the teacher came right up to me and took it away. 한수업 중에 내가 만화를 보고 있었는데, 선생님이 성큼성큼 다가와서 빼앗았다.)」

つかぬこと それまでの話と関係のないこと. また, 突然のこと. Ｅan abrupt question; something irrelevant. 한관계없는 일, 엉뚱한 일.「つかぬことをうかがいますが, ごきょうだいは何人ですか」

つかのま 【つかの間】ツカノマ ほんのすこしの間. Ｅa brief moment; transient. 한잠깐 동안, 한 순간.「星を見ていると, 長い人生もつかのまのように思えてくる//つかのまの喜び」

つかま・える 【捕まえる】ツカマエル〔他動一〕①逃げないようにしっかり取り押さえる. Ｅcatch; capture. 한잡다, 붙잡다, 붙들다.「池で大きな魚を捕まえた//泥棒を捕まえる」②しっかりにぎって離さない. Ｅseize. 한꽉 잡다.「腕をつかまえて離さない」▷自動捕まる
注②はひらがなで書く.

つかみあい 【つかみ合い】ツカミアイ たがいに相手の体や服をつかんでけんかすること. Ｅfight hand to hand; grapple with each other. 한맞잡고 싸움, 드잡이.「酒を飲んでつかみ合いの大げんかをした」自動つかみ合う

つかみどころ ツカミドコロ, ツカミドコロ

(「つかみどころが[の]ない」の形で) そのことを理解したり評価したりするときの手がかりがない。Ｅpointless; evasive. 헌요령 부득이다, 종잡을 수가 없다.「つかみどころがない話なので返事のしようがない」

つか・む ツカム〔他動五〕(つかんで) ①手でしっかり持つ. Ｅcatch; grasp; seize. 헌잡다, 쥐다.「髪の毛をつかんで引き寄せる//木の枝や岩をつかんでけわしい山を登る」②自分のものにする. 理解する. Ｅget; grasp. 헌잡다 ; 파악하다.「つかんだ幸運は放さない/話の要点をつかむ」

つか・れる 【疲れる】ツカレル〔自動一〕心や体を使いすぎて元気がなくなる. くたびれる. Ｅget tired; tire. 헌지치다, 피로해지다.「5時間も歩き続けて疲れた//テレビを長い間見ていると目が疲れる」图疲れ

つき 【月】ツキ ①地球のまわりを回っている衛星. Ｅthe moon. 헌달.「太陽が西に沈むころ, 東の空にまるい月が出てくる」②1年を12に分けたその1つ. Ｅa month. 헌월, 달, 한 달.「月の終わりに給料をもらう//月の半ば//月初め」

月とすっぽん 2つのものがひどく違うこと. Ｅas different as day and night. 헌천양지차.

つき 【付き】ツキ ①ものがつくこと. また, そのついた状態. つきぐあい. Ｅlight; stick. 헌(불이) 붙음, 켜짐 ; 부착성.「しめっているらしくて, マッチのつきが悪い//つきがいい口紅」②いい運. Ｅluck. 헌운.「つきがまわってきてゲームに勝った//つきが落ちる」③(他のことばの後について)(1)なにかが, あるものについていること.「先生の保証つきの人物だから信用できる//1泊2食つき(Ｅtwo meals included in the room charge. 헌2식 포함 1박 요금.)」(2)そのもののようす.「目つきが鋭いと思ったらやはり刑事だった//顔つき(→項目)//手つき(Ｅa way of using one's hands. 헌손놀림.)」▷自動付く

つぎ 【次】ツギ 順番や時間などが, すぐ後であること. また, すぐ後のもの. Ｅnext. 헌다음.「こんでいるからつぎの電車にしよう//このつぎ一緒に食事しましょう//つぎからつぎへと客が来る」自動次ぐ

-づき (他のことばについて)団体や組織に所属していること.「大使館づきの事務職員//社長室づき(Ｅattached to the president's office. 헌사장실 소속.)」

つきあい 【付き合い】ツキアイ, ツキアイ ①人となにかを一緒にしたり, 仲よくしたりすること. Ｅassociation; acquaintance. 헌교제, 사귐.「引っ越してきたばかりなので, まだ近所とつきあいがない//二郎とは長いつきあいだ」②自分の意思からではなく, 人がいるので一緒にすること. Ｅfor (business) reasons; to be sociable. 헌교제상, 의리상.「今度の日曜日は仕事のつきあいでゴルフに行かなくてはならない//つきあいで酒を飲む」▷自動付き合う →交際

つきあたり 【突き当たり】ツキアタリ 道などで, それ以上進めなくなった所. Ｅthe end (of a street). 헌막다른 곳.「病院はこの道をまっすぐ行った突き当たりにある」自動突き当たる

つききり 【付ききり】ツキキリ いつもそばにいて離れないこと. つきっきり. Ｅbe in constant attendance on; stay with ～ the whole time. 헌꼬박(들) 옆에 붙어 있음.「1晩じゅうつききりで病気の子供を看病した//先生がつききりで生徒に字を教える」

つぎこ・む 【つぎ込む】ツギコム〔他動五〕(つぎこんで) なにかのために多くの金や人を

使う。Einvest ~ in; put ~ into. 韓(돈 등을) 쏟아 넣다, 투입하다.「彼は事業でえた全財産を, 美術館の建設につぎこんだ//調査に予算をつぎこむ//競馬につぎこむ」

つきそ・う【付き添う】ツキソウ, ツキソウ〔自動五〕(つきそって) 世話や保護をするために, 人のそばについている。Eaccompany; attend. 韓곁따르다, 곁에서 시중들다.「目の不自由な父につきそって旅行する//入院患者につきそう」名付き添い

つぎつぎ【次次】ツギツギ つぎからつぎへと続くよう。Eone after another. 韓차례차례, 잇달아.「つぎつぎ(に)新しいビルが建つ//学生はつぎつぎ(と)立って質問した」

つきなみ【月並み】ツキナミ 平凡で新しさがないよう。Ecommonplace; hackneyed. 韓평범함, 진부함.「わざわざ講演を聞きに来る人は, 月並みな話では満足しないだろう//月並みな表現」

つぎはぎ【継ぎはぎ】ツギハギ〔~する〕①服などの破れた所に別の布を当てて修理すること。Epatch up. 韓덧대어 기움.「つぎはぎだらけの服だが, よく洗濯して清潔にしている」②いろいろなものをつなぎ合わせて1つのものにすること。Epatch together; piece together. 韓(남의 문장 등을) 그러모아 짜집기함.「あの人の論文は, 他人の論文のいいところだけをとってつぎはぎしたものだ」

つきはな・す【突き放す】ツキハナス〔他動五〕(つきはなして) ①突いて離れさせる。Ethrow off. 韓밀쳐 내다, 뿌리치다.「組みついた相手をどんと突き放す」②関係を切ったり, 強く断ったりする。Eforsake; detached; cool. 韓떼치다; 내치다.「子供にあまり手や口を出さないで, すこし突き放したほうがいい//突き放したものの言い方」

つきまと・う【付きまとう】ツキマトウ, ツキマトウ〔自動五〕(つきまとって) いつもそばについていて離れない。Ehaunt; follow a person about; hang around. 韓붙어 다니다, 따라 다니다; 떠나지 않다.「日本の社会では, まだ学歴がつきまとう//子供につきまとわれて自分のことができない//不安がつきまとう」

つ・きる【尽きる】ツキル〔自動一〕①減っていってすっかりなくなる。また, 続いていたものがそこでなくなる。Ebe exhausted; come to an end. 韓다하다, 바닥나다; 끝나다.「とうとう資金もつきてしまった//林がつきて広い野原に出た//話がつきない//命がつきる(=死ぬ)」②(「~につきる」の形で) ~がいちばんだ。「芝居のおもしろさはシェークスピアにつきる(EOf all the plays ever written, Shakespearian plays are the best to represent the essence of drama. 韓연극의 재미는 세익스피어가 제일이다。)」
▷他動尽くす

つ・く【付く】ツク, ツグ〔自動五〕(ついて) ①取れなくなる。Estick to; be stained with. 韓붙다, 묻다.「けがをしてズボンに血がついた//インクが手につく//こびりつく(Estick to. 韓달라붙다。)」②なにかに, ほかのものが加わる。Eacquire; gain; come with. 韓붙다.「先輩に教わって技術が身についた//よく食べ, よく運動したので体力がついた//面倒な条件がつく」③離れないで一緒にいる。Eaccompany; attend. 韓따르다, 딸리다.「社長についてアメリカに行く//案内人がつく」④いままで決まらなかったことが決まる。Edecide; be settled. 韓(결심 등이) 서다; 타결되다.「やっと決心がついた//話がつく」⑤ある値に当たる。Ecost. 韓(값이) 치이다.「この卵は, 1個20円につく//きょうの夕食は安くついた」⑥目, 耳, 心などに感じる。Enotice; ring (in one's ears). 韓(眼に)띄다, (귀에) 울리다, (정신이) 들다.「車の音が耳について眠れない/気がつく(→気慣用)/目につく(→目慣用)」

⑦(「ついている」の形で) 運が向く. Ebe lucky. 韓운이 따르다.「もらった宝くじが当たるとはついている」

▷話⑦ 名付き 他動付ける

≡注⑦はひらがなで書く.

~につき ①~に関して. Eabout; on. 韓~에 관하여.「例の件につきご説明します」②~のために. ~のゆえに. Ebecause of. 韓~때문에.「病気につき会議は欠席します」③~ごとに. ~を単位として. Eper; for. 韓~당, ~에 (대하여).「自転車1台につき1000円の預かり料/3個につき500円のリンゴ」

つ・く 【突く】ツク, ツク, ツグ〔他動五〕(ついて) ①先の細いものをなにかに当てて強く押す. Epoke; prick. 韓찌르다.「棒で突いてカキの実を落とす/針で突いて小さな穴を開ける/突き刺す」

②細長いものの先を, ほかのものに当てて支えとする. Eon (one's knees); with (a stick). 韓짚다.「手をついて謝る/つえをついて歩く」

③強く打ち当てて音を出す. Estrike (a bell). 韓(종을) 치다.「お寺の鐘をつく」

④困難な状態でもかまわずにやる. Ein spite of; through. 韓무릅쓰다.「あらしをついて船を進める/吹雪をついて出発する」

⑤鋭くせめる. おそう. Eseize upon; catch a person (off guard). 韓찌르다, 공격하다.「相手の弱点をつく/不意をつかれる」

⑥感覚などを鋭く刺激する. Epierce; assail. 韓찌르다.「飢えのため死んでいく人々の姿に胸をつかれた/悪臭が鼻をつく」

つ・く 【就く】ツク, ツグ〔自動五〕(ついて) ①ある仕事や地位に身を置く. Ehold; take; get. 韓지위에 오르다(앉다), 취임하다.「京子は会社の重要なポストについている/会長の職につく」②ものごとを始める. Eget to; start. 韓(잠자리에) 들다; (귀로에) 오르다.「眠りにつく/帰途につく」③その人に教えを受ける. Etake ~ lessons from. 韓~밑에서 배우다.「日本画を習うために先生についた」▷他動就ける

~について ~に関して. Eabout; on; concerning. 韓~에 관하여, ~에 대해서.「自分の生き方について考える/新製品についての説明会」

つ・く 【着く】ツク, ツク〔自動五〕(ついて) ①移動して, ある場所まで行く. Earrive at; reach. 韓닿다, 도착하다.「飛行機が空港に着く/けさ着いた荷物」

②ある場所に身を置く. Esit down; take (a seat). 韓앉다, 자리잡다.「家族そろって夕食のテーブルに着いた/会議の席に着く」

③とどいてふれる. Ereach; touch. 韓닿다.「川が深くて, 底に足が着かない」

つ・く ツク, ツク〔自動五〕(ついて) ①火が燃えだす. Ecatch fire. 韓불이 붙다.「ストーブの火がカーテンについて火事になった」対消える ②電気やガス器具のスイッチが入る. Ebe lighted; be turned on. 韓켜지다.「1日じゅう明かりがついている/テレビがつく」対消える ▷他動つける

つ・ぐ 【次ぐ】ツグ〔自動五〕(ついで) ①後に続く. Ecome after; follow. 韓뒤를 잇다.「昨年について今年も洋子がマラソン大会で優勝した/地震につぐ津波が被害を大きくした」②地位や役職などの順位がすぐ下だ. Ebe next to. 韓다음 가다, 버금 가다.「一郎は学長につぐ地位についた/富士山について2番目に高い山」▷名次

つ・ぐ 【継ぐ・接ぐ】ツグ〔他動五〕(ついで) ①後を受けて続ける. Esucceed (to); inherit. 한잇다, 계승하다.「父の跡をついで医者になる//王位をつぐ/受けつぐ(→項目)」②後からまた加える. Eresume. 한잇다.「おばあさんはちょっと考えていたが、またことばをついで話しだした」③破れたものに、布地などを当てつくろう. Epatch. 한깁다.「ズボンの破れたところをつぐ/靴下をつぐ」④つなぎ合わせる. Eset (a broken bone). 한잇다, 이어 붙이다.「骨をつぐ」 ▷名継ぎ・接ぎ
注漢字で書くときは、①②③は「継ぐ」、④は「接ぐ」.

つ・ぐ ツグ〔他動五〕(ついで) 液体を器に流し入れる. Epour; fill. 한따르다, 붓다.「お茶を1杯ついでください//ビールをグラスにつぐ」

つくえ 【机】ツクエ 本を読んだり文字を書いたりするときに使う台. Ea desk. 한책상.「遊んでばかりいないで机に向かいなさい//姉と机を並べて勉強する」数1脚

〔机〕 引き出し

つく・す 【尽くす】ツクス〔他動五〕(つくして) ①ある限り全部出しきる. Eexhaust. 한다하다.「ことばをつくして頼む//ぜいたくの限りをつくす//最善をつくす」②ほかのもののためにじゅうぶん努力する. Edevote oneself to; serve. 한(남을 위해) 진력하다.「学問の進歩につくす//社会福祉のためにつくす」③(動詞の「ます」形について) その動作や作用を、これ以上進められない状態までする.「雪は、野山を白く埋めつくした//言いつくす(Etell everything. 한죄다 말하다.)//出しつくす」 ▷自動尽きる

つくづく ツクズク ①注意深く見たり考えたりするようす.「母の寝顔をつくづく(と)見て、ずいぶん年をとったなあと思った(EI gazed intently at my mother's face while she was sleeping, and thought that she had aged greatly. 한어머니의 잠든 얼굴을 물끄러미 바라보고, 무척 나이드셨구나하고 생각했다.)」②心に深く感じるようす.「働きながら大学に通っている友を見ると、自分はつくづく(と)しあわせだと思う(EWhen I look at my friend who attends university while working, I keenly realize how well off I am. 한일하면서 대학에 다니는 친구를 보면 나 자신이 행복하다는 것을 절실히 느낀다.)」

つぐな・う 【償う】ツグナウ〔他動五〕(つぐなって) ①相手にかけた損害を金やもので補う. Ecompensate for; make up for. 한갚다, 보상하다, 변상하다.「あなたに損をさせた100万円はわたしが償います//損害を償う」②金や労力を出したり刑務所に入ったりして、自分のおかした過ちや罪を埋め合わせる. Eatone for; expiate. 한속죄하다.「いくら謝っても、戦争で多くの人を殺した罪は償いきれない//懲役刑に服して罪を償った」 ▷名償い

つくり 【作り・造り】ツクリ ①つくること. また、つくられたもののできぐあい. Ebe made; built of. 한만듦(새); 만든 것.「この机は古いものだが、つくりがしっかりしているのでまだまだ使える//れんがづくり」②身なりや化粧のようす. Ebe dressed; make-up. 한몸단장, 화장.「地味なつくりにする//若づくりの人(Ean older person dressed and made-up to look young. 한젊어 보이게 단장한 사람.)」③魚などの刺身. Esashimi; slices of raw fish. 한생선회.「マグロのおつくり」④(他のことばの頭について) わざとそのようにすること. Efeigned;

forced. 한 일부러 꾸밈, 가장, 거짓. 「いやな客の前でつくり笑いをする//つくり声で話す」▷他動 作る・造る

つくりばなし 【作り話】ツクリバナシ 事実ではないことを本当のようにつくった話. E a made-up story; a fabrication. 한 꾸며낸 이야기. 「子供のとき両親に死に別れ, 苦労して大学を出た, という二郎のつくり話にすっかりだまされていた」

つく・る 【作る・造る】ツクル〖他動五〗(つくって) ①いままでになかった新しいものを生みだす. E establish; compose. 한 만들다, 설립하다, 짓다. 「会社をつくる//俳句をつくる」
②材料や素材などを使って別のものをこしらえる. E make; prepare. 한 만들다, 빚다；뜨다. 「米から日本酒をつくる//弁当をつくる」
③人や作物などを手をかけて育てあげる. E train; raise; grow. 한 만들다, 육성하다, 재배하다. 「21世紀に役立つ人間をつくる//野菜をつくる」
④工夫して表情や話などをこしらえる. E force; make up. 한 꾸미다, 지어내다. 「苦しいけれど笑顔をつくって母を安心させる/顔をつくる(=化粧をする)」
▷名 作り・造り →こしらえる
注 漢字は「作る」を一般的に使う. 自動車, 船, 酒など, 機械や道具を使ったりして規模の大きいものをこしらえあげるときには「造る」と書くが, 「作る」と書いてもまちがいではない.

つくろ・う 【繕う】ツクロウ〖他動五〗(つくろって) ①衣服などの破れたり傷んだりしたところを直す. E mend; patch. 한 수선하다, 깁다. 「ズボンの破れたところをつくろう」
②見た目や身なりをととのえて, よく見えるようにする. E save (the scene); adjust (one's clothes). 한 미봉하다；가다듬다, 매만지다. 「社長の質問にその場をつくろって適当に答えた//身なりをつくろう//取りつくろう(→項目)」▷名 繕い

つけ 【付け】ツケ ①品物や飲食の代金をあとで払うことにして帳簿につけておくこと. また, その請求書. E a credit account; a bill. 한 (장부에) 달아 둠, 외상, 그 청구서. 「お金を持っていなかったので, つけにしてもらった//つけを払う」②(動詞の「ます」形について) いつも～している. 「かかりつけの医者//行きつけの喫茶店 E one's favorite coffee shop. 한 단골 다방.)」▷他動 付ける
注 ②はひらがなで書く.

付けが回る よくないことをしたむくいが現れる. E have to pay for. 한 잘못을 저지른 응보가 나타나다. 「彼は若いころ遊びすぎたつけがまわってきて, いまでは毎日の暮らしにも困っている」

っけ (文の終わりについて) ①むかしのことを思いだしてなつかしく思う気持ちを表す. 「子供のころよく川で遊んだっけ(E I used to play at the river when I was a child. 한 어릴 적에 자주 강에서 놀았지.)//宿題を忘れて, 先生にしかられたっけ」②相手に確かめたり, きいたりする気持ちを表す. 「どなたでしたっけ？(E What's your name again? 한 누구시더라？)//きみ, いくつだったっけ？」▷話

-づけ 【-付け】①(名詞について)それをつけること. 「先輩を『山田さん』と『さん』づけで呼ぶ//位置づけ(E placement; positioning. 한 자리 매김.)」②(日を表すことばについて)その日であること. 「1日づけで課長になった/5月5日づけの手紙(E a letter dated May 5. 한 5월 5일자 편지.)」

-づけ 【-漬け】(他のことばについて)①その

ものの漬物であること。「大根づけ//白菜づけ（Ｅpickled Chinese cabbage. 한배추절임.）」②そのものの中につけること。また、つけてできあがったもの。「みそづけ（Ｅvegetables preserved in miso. 한된장절임.）//塩づけ③そのもののつけ方。「一夜づけ/浅づけ（Ｅlightly pickled vegetables. 한얼절이 채소.）」④それが多すぎること。「アルコールづけの生活//薬づけ医療（Ｅtreatment by excessive use of medication. 한약물 과용의 의료.）」

つけあが・る【付け上がる】ツケアガル、ツケアガル〔自動五〕（つけあがって）相手のやさしい思いやりにいい気になる。Ｅget puffed up; get big ideas. 한버릇없이 굴다, 기어오르다.「弟はほめられるとすぐつけあがって、自分がとても偉いと思いこんでしまう」

つけい・る【付け入る】ツケイル、ツケイル〔自動五〕（つけいって）自分の利益のために、機会をうまく利用する。つけこむ。Ｅtake advantage of; presume on. 한기회를 잘 타다, 틈타다.「上役の弱みにつけいって、いいポストにつけてもらう//つけいるすきのない人」

つげぐち【告げ口】ツゲグチ〔～する〕人の失敗や隠していることをこっそりほかの人に知らせること。Ｅtell on a person; tell tales. 한고자질.「先生に、山田くんが校門のそばでタバコを吸っていると告げ口をした」
参「密告」も似ているが、「密告」が公的なことに使うのに対して、「告げ口」は私的なことに使う。警察に知らせるのは「密告」で、きょうだいのことを親に言うのは「告げ口」である。

つけくわ・える【付け加える】ツケクワエル、ツケクワエル〔他動一〕あるものにさらに後からそえる。Ｅadd to. 한보태다, 덧붙이다.「写真に説明文をつけ加える//論文に注と参考文献をつけ加える」自動付け加わる

つけもの【漬物】ツケモノ 野菜を塩、みそ、ぬかなどの中につけてつくった食品。おしんこ。Ｅpickles; pickled vegetables. 한야채절임.「父は、外国旅行は好きだが、白いごはんと漬物が食べられなくて困る、と言う」

つけやきば【付け焼き刃】ツケヤキバ 急に必要になって、そのときだけのために覚えた知識や技術など。Ｅa thin veneer. 한벼락치기로 익힌 지식(기술), 임시변통.「つけやきばの知識しかないので、深く質問されると答えられない」

つ・ける
【付ける】ツケル〔他動一〕
①取れないようにする。Ｅfix; put; apply. 한붙이다, 달다, 바르다.「胸に名札をつける//パンにジャムをつけて食べる//傷口に薬をつける」
②なにかに、ほかのものを加える。Ｅseason; add to. 한덧붙이다, 첨가하다.「塩としょうでスープに味をつける//つけたす」
③離れないようにさせる。Ｅlet someone (something) attend to. 한(사람을) 붙이다, 딸리게 하다.「はじめてスキーをする子供に指導員をつける//目の不自由な人に盲導犬をつける」
④いままで決まらなかったことを決める。Ｅsettle; set. 한짓다, 내다；매기다.「論争に結末をつける//値段をつける」
⑤書きこむ。Ｅenter; keep. 한쓰다, 기입하다.「収支を帳簿につける//３年間つけた日記」
⑥目、耳、心などで注意を集中する。Ｅwatch out; keep an eye on. 한조심하다, 주목하다.「夜遅く帰るときは気をつけなさい//目をつける」
⑦追跡する。Ｅfollow; trail. 한뒤를 밟다, 미행하다.「あやしい行動をする男をつける」

⑧(動詞の「ます」形について)(1)~することに慣れる. いつも~する.「ふだん行きつけている店で食事をする(Ehave a meal at the restaurant that one patronizes. 한평소 단골로 다니는 식당에서 식사를 하다.)//食べつけないものを食べておなかをこわした」(2)動作の勢いが強いことを表す.「どなりつける(Ethunder at. 한호통치다.)//なぐりつける」(3)動作が相手に向けられることを表す.「言いつける(→項目)//送りつける(Esend forward. 한송부하다.)」
▷名付け 自動付く
注⑦⑧はひらがなで書く.

つ・ける【漬ける】ツケル〔他動一〕①水などの液体に入れておく. Esoak in. 한담그다.「洗濯物をせっけん水につけておく」②野菜などをぬかみそや塩などに入れて, 漬物にする. Epickle. 한절이다, 담그다.「ぬかみそにキュウリとナスをつける」▷自動漬かる →浸す

つ・ける ツケル〔他動一〕①火を燃えさせる. Elight. 한(불을) 붙이다.「落ち葉に火をつけて燃やす//タバコをつける」対消す ②電気やガス器具のスイッチを入れて, 使えるようにする. Eturn on; switch on. 한켜다.「テレビをつけよう//電気をつける」対消す ▷自動つく

つ・げる【告げる】ツゲル〔他動一〕①ことばで伝え知らせる. Esay; announce. 한고하다, 알리다.「家族に別れを告げて飛行機に乗りこんだ//駅員が列車の到着を告げる」②知らせ教える. Einform; proclaim. 한알리다.「医師が患者に病名を告げる//ラジオが正午を告げた」

つごう【都合】ツゴー, ツゴー ①あることをするときのぐあい. 事情. Econvenience; circumstances. 한형편, 사정.「あしたはつごうが悪くて行けない//好つごう」②{~する}なんとか工夫してぐあいのいいようにすること. Emake time; manage. 한변통, 융통, 둘러댐.「時間のつごうがつけば行く//なんとかつごうしてうかがいます」③(副詞的に)全部で. Ein all. 한도합, 총계.「参加者は男3人, 女5人, つごう8人です」

つじつまがあう【つじつま が合う】前後や筋道に矛盾がなく, よく合う. Ebe consistent. 한조리가 서다, 이치에 닿다.「プールに行ったというのに水着がぬれていないのは, つじつまが合わない//話のつじつまが合う」
似た表現 つじつまを合わせる

つた・える【伝える】ツタエル, ツタエル〔他動一〕①熱や音などを一方からもう一方へ移す. 順々に送る. Etransmit; conduct. 한전하다, 전도하다.「この金属は熱をよく伝える」
②ことばで広く知らせる. Etell; convey. 한전하다, 알리다, 전언하다.「7時のニュースをお伝えします//みなさんによろしく伝えてください」
③ものごとをゆずったり教えたりして後に残す. Eteach; hand down. 한물려주다, 전수하다.「弟子に技術を伝える//語り伝える」
④遠くから持ってきてひろめる. Eintroduce into. 한전파하다.「フランシスコ・ザビエルがキリスト教を日本に伝えた」
▷自動伝わる

つたな・い ツタナイ 下手だ. Epoor; unskillful. 한서투르다.「わたしのつたない英語では, なかなか通じない//子供が書いたつたない字」
参自分のことをいうときには, 謙遜の気持ちが加わる.

ったら(名詞, 動詞と形容詞の基本形, 形容動詞の語幹, 動詞の命令形について)「といったら」のくだけた言い方. ①相手を軽く悪く言う気持ち, 親しい気持ち, 命令や驚きの

気持ちなどを表す。「早くしろったら、遅れるよ(Ｅ)Hurry up! We'll be late. (韓)빨리 하라니까, 늦겠어.)/「一郎ったら、いつまで寝てるの」②(文の終わりについて)呼びかけ、意味の強め、命令などの気持ちを表す。「早く帰ってきてよ。お父さんったら//わかったってら(Ｅ)All right, all right! (韓)알았다니까.)」▷話

つち【土】ツチ 岩や石が雨や風で小さな粒になったもの。Ｅearth; soil; the ground. 韓땅, 흙。「土をたがやして種をまく//雪がとけて黒い土が見えてきた//土を深く掘って木を植える」

つつ(動詞の「ます」形について)①ある動作と同時にほかの動作も行われることを表す。「なくなった友をしのびつつ思い出を語る//メモをとりつつ話を聞く(Ｅlisten to a person as one takes notes. 韓메모를 하면서 이야기를 듣다.)」②前のことと後のことが反することを表す。「悪いとは知りつつ、お金を盗んでしまった(ＥI've stolen some money though I knew it was wrong. 韓나쁜 줄을 알면서도 돈을 훔치고 말았다.)」③(「～つつある」の形で)その動作が現在進行していることを表す。「滅びつつある文化(Ｅa dying culture. 韓사라져 가고 있는 문화.)」▷書

参 ①②は「ながら」と似ているが、「つつ」のほうが改まった言い方。

つっー【突っー】(動詞について)意味やことばの調子を強める。「交差点をまっすぐ突っ切ってください//突っ放す(Ｅthrust away; reject. 韓밀쳐 내다, 뿌리치다。)//突っ走る」

参 「突き」の変化した形。カ行、タ行、ハ行の音で始まることばにつく。また、「走る」「放す」などの「は」は「突っ」がつくと「ぱ」になる。

つつうらうら【津津浦浦】ツツ・ウラウラ, ツツ・ウラウラ 全国あらゆる所。つづうらうら。Ｅfar and wide; all over the country. 韓방방곡곡。「そのニュースは、テレビやラジオで全国の津々浦々まで広がった」

参 全部の「津(＝港)」や「浦(＝海岸)」の意味。

つつ・く ツツク〔他動五〕(つついて) ①ひじや指で軽く突く。Ｅpoke; nudge. 韓(가볍게) 쿡쿡 찌르다。「居眠りしている友達の背中をつついて起こす」②細いもので何度も突く。また、そのようにして食べる。Ｅpeck at; pick. 韓쿡쿡 쪼다, 쪼아 먹다；(젓가락으로) 집어 먹다。「スズメが、落ちた米をつついて食べている//すきやきをつつく」③欠点などをわざわざ取りだす。Ｅfind fault with. 韓들추어 내다, 들쑤시다。「会費の使い方が変だとつついて会長を困らせる//欠点をつつく」

参 「つっつく」ともいうが、「つっつく」のほうがはっきりしていて強い動作。

つづ・く【続く】ツズク〔自動五〕(つづいて) ①そのままずっと同じ状態だ。Ｅcontinue; go on. 韓계속하다(되다), 이어지다。「松林の向こうに白い砂浜が続いている//休みが３日続くのでうれしい//雨が降り続く」②つぎつぎに起こる。また、すぐ後にくる。後にしたがう。Ｅin succession; follow. 韓잇달다; 뒤따르다。「電車が続いてくる//師の後に続く」▷名続き 他動続ける

つづ・ける【続ける】ツズケル〔他動一〕 ①そのままずっと同じ状態にする。Ｅcontinue; keep on. 韓계속하다。「ダイエットを続けているが、なかなかやせない//会議を続ける//待ち続ける」②すぐ後になにかをする。Ｅproceed. 韓계속하다。「山田さん、後を続けて読んでください」▷自動続く

つっけんどん ツッケンドン ことばや態度にやさしさがなく、とげとげしいようす。Ｅ

curtly; abrupt. E한통명스러움, 무뚝뚝함.「窓口の駅員はつっけんどんにつりを投げて返した//店員はにこりともせず, つっけんどんな態度で注文をきいた」話

つっこ・む【突っ込む】ツッコム〔自他動五〕(つっこんで) ①激しい勢いで中に入る. E run into; plunge into. 한돌입하다, 돌진하다.「居眠り運転のトラックが商店に突っこんだ」②中に入れる. E thrust into; stuff in. 한쑤셔 넣다.「ポケットに手を突っこむ//なんでも引き出しに突っこむ」③深く入りこんで相手の弱みなどを鋭くせめる. E question closely. 한(약점 등을) 날카롭게 찌르다, 추궁하다.「大臣の答えがはっきりしないので, もういちど突っこんできく」▷ 名突っ込み
注 ①は自動詞, ②③は他動詞.
参「突きこむ」からできたことば.

つつし・む【慎む・謹む】ツツシム〔他動五〕(つつしんで) ①過ちのないように気をつける. E be careful; be discreet. 한삼가다, 조심하다.「知らず知らずに人を傷つけることがないように, ことばをつつしむ」②やりすぎないようにする. E abstain from; refrain from. 한삼가다.「健康が心配なので酒をつつしむ//夜ふかしをつつしむ」③(「つつしんで~する」の形で)相手をうやまって~する.「つつしんで新年のお喜びを申し上げます (E I wish you a Happy New Year. 한삼가 새해의 축하 인사를 올립니다.)」▷ 書③ 名慎み・謹み
注 漢字で書くときは, ①②は「慎む」, ③は「謹む」.

つつぬけ【筒抜け】ツツヌケ ①話し声, 音などがそのまま他の人に聞こえること. E be distinctly heard. 한(말소리 등이) 그대로 다 들림.「壁が薄いので, となりの部屋の話し声がつつぬけに聞こえる」②隠しておいたことが全部人に知られること. E leak out to. 한곧바로 누설됨.「企業秘密がライバルの会社につつぬけだった」

つっぱ・る【突っ張る】ツッパル〔自動五〕(つっぱって) ①筋肉などが強く張ってかたくなる. つる. E become stiff. 한(근육 등이) 땅기다, 경직되다.「プールに飛びこんだら, 急に足が突っぱった/欲の皮が突っぱる (=非常に欲が深い)」②社会や組織のあり方に抵抗する. また, 強く見せようとして無理になにかをする. E persist in (doing an act of defiance). 한뻗대다.「長髪を禁じた校則に反発して, 一郎は1人だけ髪をのばして突っぱっている」▷ 話② 名突っ張り

つつまし・いツツマシイ ①遠慮深くて, しとやかだ. E modest. 한조신하다, 얌전하다.「ふだんは活発な姉が, きょうは和服を着てつつましくすわっている」②ぜいたくでない, ましい. E frugal; humble. 한검소하다.「結婚式は親戚の者だけでつつましく行った//必要以外のお金は使わないつつましい生活」

つつ・む【包む】ツツム〔他動五〕(つつんで) ①布や紙などの中にものを入れて, 全体をおおう. E wrap. 한싸다, 포장하다.「プレゼントをきれいな紙に包んで渡す」②心の中などに隠す. 秘密にする. E conceal; keep secret. 한감추다, 숨기다.「悲しみを胸に包む」③まわりを取りかこむ. E envelop; fill with. 한둘러싸다, 에워싸다; 휩싸다.「森や林が町を包んでいる//興奮に包まれた会場」▷ 名包み

つづ・るツヅル, ツズル〔他動五〕(つづって) ①つなぎ合わせて, ひと続きのものにする. E file; bind. 한철하다.「書類をつづる」②文章や詩歌をつくる. E write; compose. 한(글을) 짓다, 기술하다.「旅行の思い出をつづる」③アルファベットなどの文字を続けて単語を書く. E spell. 한쓰다, 철자하

つとめる

だ。「単語をまちがってつづる」▷**名**つづり

って ①動作、作用の内容を表す。と。「医者に退院していいって言われた(EThe doctor said that I could go home. 韓의사가 퇴원해도 좋다고 말했다.)//来いって言われたから来た」
②つぎに来ることばを説明する。という。「田中一郎って俳優知ってる? (EDo you know the actor whose name is Ichiro Tanaka? 韓다나카 이치로라는 배우 알아?)」
③相手の発したことばを受けて、それに否定的に答える。といっても。「どこへ行くかって、まだ決めてないよ(EYou ask me where I'm going, but I haven't decided yet. 韓어디로 갈 거냐지만, 아직 정하지 않았어.)//すぐしろって、それは無理だよ」
④ものごとの意味や内容の説明をするときの主題を表す。とは。というものは。「人生ってなんだ?//道子っていい人ね(EMichiko is really good-natured. 韓미치코란 좋은 사람이군.)」
⑤(文の終わりについて)(1)ほかから聞いた話であることを表す。ということだ。「あの2人、結婚したって(EThey say those two have gotten married. 韓저 두 사람, 결혼했대.)//京都のもみじ、きれいだって」(2)相手の話、またはほかから聞いた話などを相手に確かめる。「きみ、アメリカに行くんだって?//田中さん、病気ですって?(EMr. Tanaka is sick, isn't he? 韓다나카씨가 아프다고요?)」
⑥(動詞、形容詞、形容動詞の基本形について)反対の条件を表す。といっても。としても。「いくら説明したって、父はわかってくれない(ENo matter how much I explain, my father just won't understand. 韓아무리 설명을 해도 아버지는 이해하질 못해.)//テレビがおもしろいからって、1日に7時間は見すぎだ」

▷**話**

参⑤(2)はことばの終わりを上に上げて言う。

つど 【都度】ツド そのたびごと。Eevery time; whenever. 韓그 때마다, 할 때마다. 「わからないことがあったら、そのつど質問するほうがいい」

つとめ 【勤め・務め】ツトメ ①勤めること。また、その仕事。Ework; a job. 韓근무; 업무. 「勤めが終わってからビールを飲みに行く//朝8時に勤めに出る」②当然しなければならないこと。Eone's duty. 韓의무, 임무. 「子供を教育するのは親の務めだ//務めを果たす」▷**他動**勤める・務める

注 漢字で書くときは、①は「勤め」、②は「務め」。

つとめて 【努めて】ツトメテ すこし無理でも努力してするようす。Eas much as one can; make an effort to do. 韓가능한 한, 되도록. 「仕事が忙しいが、健康のため努めて運動するようにしている」**書**

つと・める 【努める】ツトメル〔他動一〕①一生懸命力をつくす。努力する。Eexert oneself; try hard. 韓힘쓰다, 노력하다. 「三郎は島の子供たちの教育に努めている//問題の解決に努める」②がまんしてなにかをする。Etry; endeavor. 韓애쓰다. 「悲しかったが泣き顔を見せないように努めた」

つと・める 【勤める・務める】ツトメル〔他動一〕①役所や会社などで、給料をもらって決まった仕事をする。勤務する。Ework for; be employed in. 韓근무하다. 「姉は銀行に勤めている」②頼まれた役目や任務を受け持つ。Eserve as. (소임을) 맡다, 수행하다. 「国際会議の案内係を務める//クラスの担任を務める」▷**名**勤め・務め **自動**勤まる・務まる

注 漢字で書くときは、①は「勤める」、②は「務める」。

つな【綱】ツナ ①繊維，針金などを材料として長く太くより合わせたもの．ものを結びつなぐのに使う．ロープ．Ⓔa rope; a cord. 한밧줄，줄．「ボートを綱で岸につなぐ//綱渡り(Ⓔtightrope walking. 한줄타기．)」②頼りにするもの．Ⓔsomething to depend on. 한의지할 대상．(생명)줄．「山で遭難したときチョコレート1枚が命の綱だった//災害のときの頼みの綱は小型ラジオだ」▷数①1本

参①は「ひも」や「縄」と似ているが，材料，太さ，強度などが違う．「ひも」は太い糸のようなもので，あまり重いものをしばって支えることはできないが，「綱」はいちばん丈夫で強くつくってある．「縄」はその中間になる．

つなが・る ツナガル〔自動五〕(つながって) ①離れているものが結びついてひと続きになる．Ⓔbe connected; come through. 한이어지다，연결되다．「工場と宿舎が廊下でつながっている//やっと電話がつながった」②関係，関連がある．Ⓔbe connected with; be related to. 한관계가 있다，관련되다；이어지다．「国の安全につながる問題//血のつながった姉妹」▷名つながり 他動つなぐ

つな・ぐ ツナグ〔他動五〕(つないで) ①ひもや綱などでものを結んで離れないようにする．Ⓔchain; keep; tie. 한매다，묶어 두다．「犬を鎖でつなぐ」②離れているものを結びつけてひと続きにする．Ⓔhand in hand; connect. 한(손을) 맞잡다；연결하다．「仲よしの友達と手をつないで散歩する//田中先生の研究室に電話をつないでください」③長く続けて絶やさないようにする．Ⓔcling to; sustain oneself. 한이어 나가다，유지하다．「わずかな望みをつなぐ//パン1個で命をつなぐ」▷名つなぎ 自動つながる

つなみ【津波】ツナミ 地震などのために突然海岸へ押し寄せる高い波．Ⓔa tsunami; a tidal wave. 한해일．「津波におそわれて，海岸にいた子供たちが海の中に連れ去られた」

つねに【常に】ツネニ いつも変わらないようす．いつでも．Ⓔalways; at all times. 한항상，늘，언제나．「親は常に子供の幸福を願っているものだ//常に努力する」書

つね・る ツネル〔他動五〕(つねって) つめや指の先で皮膚を強くはさんでひねる．Ⓔpinch. 한꼬집다．「はしを置いたままテレビに夢中になっていたら，母に手をつねられた//つねられた跡」

つの【角】ツノ 牛など動物の頭に突き出ている，かたくて先が細いもの．Ⓔa horn; an antler. 한뿔．「シカの角を切る//角が生えている」数1本

角突き合わせる 仲が悪くていつもけんかしている．Ⓔbe at odds with each other. 한티격태격하다．「あの2人が角突き合わせているので，仕事が進まない」

つの・る【募る】ツノル〔自他動五〕(つのって) ①ますますひどくなる．激しくなる．Ⓔgrow on one; gather force. 한점점 심해지다．「イレーヌの手紙を読むと，パリへ飛んでいきたい思いがつのる//あらしがつのる//吹きつのる」②広い範囲に呼びかけて集める．募集する．Ⓔinvite; collect. 한모으다，모집하다．「工場見学の参加者をつのる//寄付金をつのる」

注①は自動詞，②は他動詞．

つば ツバ 口の中に出る液．食べ物の消化を助ける働きをする．つばき．Ⓔspit; saliva. 한침．「おいしそうなものを見るとつばが出る//つばを飛ばして議論する//つばをはく」

つばをつける 他人に取られないように，前もってこれは自分のものだとはっきり言っておく．Ⓔreserve a thing for oneself. 한침을 묻히다，남이 건드리지 못하게 미리

手を打つ。「いい茶碗を見つけたので, つばをつけておいた」

つばさ 【翼】ツバサ 鳥が飛ぶために動かす羽. 形が似ているので飛行機の両側についているものにもいう. Ｅthe wings. 韓날개.「白い鳥がつばさをひろげて飛んでいった//銀色のつばさを輝かせて飛行機が下りてきた」数 1枚

つぶ 【粒】ツブ ①小さくてまるい形をしたもの. Ｅa drop; a grain. 韓알, 방울; 낱알.「ひたいに汗の粒が光っている//大粒の雨//ごはん粒」②(数を表すことばの後について) 小さくてまるい形のものの数を表す.「1粒の涙 (Ｅa teardrop. 韓한 방울의 눈물.) //2粒の米//3粒の真珠」

粒がそろう ①集まっている人やものの大きさ, 質などがだいたい同じだ. Ｅbe all of a size; be of even quality. 韓크기가 모두 고르다.「このミカン畑のミカンは, 粒がそろっていて味がいい」②集まった人やものの性質, 能力がみなすぐれている. Ｅbe all very good. 韓모두 하나같이 우수하다.「選手の粒がそろっているから, きっと優勝するだろう」▷似た表現 粒をそろえる, 粒ぞろい

つぶ・す ツブス〖他動五〗(つぶして) ①力を加えて形をくずす. Ｅcrush; smash. 韓으깨다, 찌그러뜨리다.「空き缶をつぶして捨てる//古い自動車を機械でつぶす」②なくしたり, 役に立たないようにしたりする. Ｅlose; ruin. 韓못쓰게 만들다, 손상하다, 망가뜨리다; 무산시키다.「長い時間演説を続けて声をつぶした//チャンスをつぶす//車を乗りつぶす」③別のことに使うために, もとの形を変える. Ｅdemolish (and use in another way). 韓(다른 용도로 쓰기 위해) 변형시키다.「山林をつぶして住宅地にする」④すきまを埋める. Ｅfill in; fill up. 韓메우다, 埋うだ.「すっかり水がかれてしまったので, 井戸をつぶす//穴をつぶす//ぬりつぶす」⑤空いている時間をほかのことをして過ごす. Ｅkill (time). 韓(시간을) 때우다.「約束の時間まで喫茶店で時間をつぶす//ひまをつぶす(→暇慣用)」
▷名 つぶし 自動 つぶれる

つぶや・く ツブヤク, ツブヤク〖他動五〗(つぶやいて) 口の中でぶつぶつとひとりごとを言う. Ｅmurmur; mutter. 韓중얼거리다, 투덜대다.「平和を願ってひとりひとりがつぶやく声も, 集まれば大きな叫び声となる」名 つぶやき

つぶ・れる ツブレル〖自動一〗①力を加えられて形がくずれる. Ｅbe destroyed; be crushed. 韓찌부러지다, 깨지다, 부서지다.「地震で家がつぶれる//つぶれた卵」②なくなったり, 役に立たなくなったりする. Ｅlose; be ruined. 韓없어지다, 손상되다.「チャンスがつぶれる//面目がつぶれる(Ｅlose one's face. 韓체면을 잃다, 면목이 없어지다.) //声がつぶれる」③使おうと思っていた時間が, なにかのために使えなくなる. Ｅwaste (time). 韓(시간을) 허비하다.「日曜日は客が訪ねてきたので, 1日つぶれてしまった」▷他動 つぶす

つべこべ ツベコベ いろいろうるさく言うようす.「一郎は, 仕事がつらいとか給料が安いとか, つべこべ(と)文句ばかり言っている(Ｅ Ichiro is always complaining that his job is hard or his salary is low. 韓이치로는 일이 고되다느니 급료가 적다느니, 이러쿵저러쿵 불평만 늘어놓고 있다.) //つべこべ(と)言うな」話

つぼ 【坪】ツボ 尺貫法の面積の単位. 1坪は1辺が約1.8メートルの正方形で, 約3.3平方メートルの広さ. Ｅa *tsubo*; a unit for measuring land. 韓평.「30坪の家

を建てる//「坪あたり50万円の土地」

つぼ ツボ ①口の部分が細く、胴の部分がまるくふくらんだ形の入れ物. Ea jar; a pot. 한단지, 항아리.「このつぼは400年前につくられたもので、色も形もすばらしい」②ものごとのたいせつな点. Ethe main point. 한급소, 요점.「つぼを押さえた話でわかりやすかった」③(「思うつぼ」の形で)期待どおりになること. Ebe nothing but what a person wanted. 한예상(짐작)했던 바.「ここで短気を起こして会社をやめたら、社長の思うつぼだ」

-っぽい (名詞、動詞の「ます」形について)～の感じが強い。～する傾向がある.「大人っぽい感じの中学生//水っぽい(Ewatery. 한물기가 많다.)//熱っぽい(Efeverish. 한열정적이다.)//忘れっぽい(Eforgetful. 한잘 잊어버리다.)」

つぼみ ツボミ ①花が咲く前の、すこしふくらんだ状態. Ea bud. 한꽃봉오리.「暖かくなって桜のつぼみがふくらんできた//枝にたくさんつぼみをつけている梅」②大人として認められる前の将来性のある若い人. Ebefore one's bloom. 한(전도 유망한) 꽃봉오리.「弟は病気で17歳のつぼみのまま死んでいった」▷→花図

つま 【妻】ツマ 結婚している男女の、女性のほう. Ea wife. 한아내.「妻と夫が協力して、いい家庭をつくる//妻の誕生日に、ランの花をプレゼントした」対夫
参 第三者や自分の妻をさすときに使う。くだけた言い方は「女房」、自分の妻を改まった場面などで謙遜していう言い方は「家内」。また、自分の妻だけでなく、きょうだいや伯父(叔父)の妻、友人や知人など他人の妻をさしていう言い方に「つれあい」がある。なお、「つれあい」は妻の側から夫の側についていうこともできる。「奥さん」は、他人の妻をさしていい、また直接呼びかけるときにも使う.

つまさき 【つま先】ツマサキ 足の指やはきものの先の所. Ethe tip of a toe; tiptoe. 한발(가락)끝.「赤ちゃんが寝ているので、そっとつま先で歩く//靴下のつま先に穴が開いた」→足・脚図
注 漢字で書くときは「爪先」.

つまず・く ツマズク〔自動五〕(つまずいて)①歩いているとき、足先がものに当たって、よろけたり前にのめったりする. Estumble over; trip on. 한발이 걸려 넘어지다, 비틀거리다.「山を歩いていて、木の根につまずいて転んだ//石につまずく」②うまく進んでいたのに、中途で障害にあって失敗する. Efail; meet with a setback. 한좌절하다, 실패하다.「資金がたりなくなり、事業につまずいた//実験の失敗で研究がつまずく」▷名つまずき

つまはじき ツマハジキ〔～する〕嫌ったり軽蔑したりして仲間に入れないこと. Eshun; disdain. 한따돌림, 배척함.「弟はわがままで自分勝手なことをするので、みんなのつまはじきになっている」

つまみ ツマミ ①つまむこと。また、つまんだ量. Ea pinch. 한손 끝으로 집음, 그 분량.「ひとつまみの塩」②なべや器具などの、指先ではさんで持つ部分. Ea knob. 한손잡이.「なべのふたのつまみがこわれて不便だ」③ビールや酒を飲むときに食べる簡単な食べ物. Ea snack with a drink. 한안주.「チーズをつまみにしてビールを飲む」▷他動つまむ

つまみぐい 【つまみ食い】ツマミグイ〔～する〕①はしなどを使わないで指先ではさんで食べること. Eeat with one's fingers. 한(손가락으로) 집어 먹음.「台所で料理している父親のそばで子供がつまみ食いしてい

る」②隠れてこっそり食べること. Eeat in secret. 한숨어서 몰래 먹음.「ダイエットしているのに効果がないのは, つまみ食いのせいだ」③会社などの金を隠れて使うこと. Eembezzle. 한공금 횡령.「会社の金をつまみ食いしたのがわかって首になった」▷話③

つま・む ツマム〔他動五〕(つまんで) ①指先やはしではさんで持つ. Epinch; hold. 한(손가락・젓가락으로) 집다; 쥐다.「シャツのよごれた部分をつまんで洗う//いやなにおいがするので鼻をつまんだ//つまみだす」②指先やはしで取って食べる. Eeat with one's fingers or chopsticks. 한집어 먹다.「豆をつまみながらテレビを見る//すしをつまむ」③要点などを抜きだす. 要約する. Esum up. 한요약하다, 간추리다.「要点をつまんで書きだす//かいつまむ」▷名つまみ

つまらな・い ツマラナイ ①おもしろくない. 興味が持てない. Edull; boring. 한재미없다, 흥미 없다.「テレビのドラマがつまらないので, 途中で消してしまった//つまらない小説」対おもしろい ②重要でない. 価値がない. Esilly; a little (something). 한하찮다, 시시하다.「1行抜かして読むというつまらないミスで試験に落ちた//つまらないものですが, 召し上がってください」
参②で自分のものやことについていうときには, 謙遜の気持ちが加わる.

つまり ツマリ ①(文と文をつないで) 前にいったことを簡単にまとめたり, 言いかえたりするときに使うことば. Ein short; in other words. 한결국, 요컨대, 다시 말하면.「二郎はわたしの父の兄の息子だから, つまりいとこだ//財政困難, つまりお金がたりないという問題はどこの国にもある」②要するに. 結局.「きみはつまり, なにがほしいんだ？(EWhat do you want, after all? 한자네는 요컨대 무얼 원하는 거지？)」

つま・る 【詰まる】ツマル〔自動五〕(つまって) ①空いている所にものが入っていっぱいになる. Ebe filled with; be tight. 한(빈틈없이) 꽉 차다.「箱にぎっしり本がつまっている//2カ月先まで予定がつまっている」②途中でふさがって, 通じない. Ebe stuffy; be stopped up. 한막히다, 메다.「かぜをひいたためか, 鼻がつまる//ごみで下水がつまった」③余裕や逃げ道がなくなる. Ebe hard up; be at a loss. 한궁해지다; 막히다.「資金につまって, 経営が困難になる//鋭い質問で答えにつまる//ことばにつまる」④小さくなる. 短くなる. 少なくなる. Eshrink; become shorter. 한작아지다, 짧아지다, 줄어들다.「ズボンを洗ったら, たけがつまった//差がつまる//煮つまる (→項目)」⑤(「つまらない」の形で)⇒つまらない
▷他動詰める

つまるところ 要するに. 結局. Ein short; to sum up. 한요컨대, 결국.「落第したのは, つまるところ, きみが怠けたからだ」

つみ 【罪】ツミ ①法律, 宗教, 道徳などに反すること. Ea crime; a sin. 한죄, 범죄.「盗みの罪で警察に捕まる//罪の意識(Ea sense of guilt. 한죄의식.)」②悪いことをした罰. Ethe blame; punishment. 한죄, 잘못, 책임.「あの子の病気は, 雨の中で無理に働かせたわたしに罪がある//他人に罪を着せる(Eput the blame on someone else. 한남에게 책임을 전가하다.)」③人の心を傷つけたり, 悲しませたりするよう す. Ecruel; inhuman. 한못할 짓, 무자비함, 심함.「病人の前で, 『今晩, ホテルでフランス料理を食べるのが楽しみだ』などと言うのは罪な話だ」

つみがない 悪い心がない. 無邪気だ. Ewhite (lie); harmless. 한악의가 없다,

順1たり．「罪がないうそだから、とがめる気にならない」

つみき 【積み木】ツミキ いろいろな形の小さな木を積み重ねてものの形をつくる遊び．また、そのおもちゃ．Ebuilding blocks. 한집짓기 놀이, 그 장난감．「積み木で家をつくって遊ぶ」

つみた・てる 【積み立てる】ツミタテル〔他動一〕なにかの目的のために何回かに分けて預金や貯金をする．Esave (money). 한적금하다, 적립하다．「開業のための資金を積み立てる」图積み立て

つみほろぼし 【罪滅ぼし】ツミホロボシ〔～する〕前にした悪いことを償うためにいい行いをすること．Eatonement for one's sins. 한속죄．「戦争で損害を与えた罪滅ぼしに経済援助をする」

つ・む 【摘む】ツム〔他動五〕(つんで) 指先でつまんで取る．Epick; pluck. 한(손으로) 뜯다, 따다．「茶の新芽をつむ//花をつむ//つみ取る」

つ・む 【積む】ツム〔他動五〕(つんで) ①なにかの上に重ねる．Epile up; lay. 한쌓다．「机の上に本を積む//いくら金を積まれても断る//れんがを積んでつくった塀」②船や車などに荷物を載せる．Eload. 한싣다．「荷物を山のように積んだトラック」対下ろす ③すこしずつふやしてためる．また、繰り返すことにより豊かにする．Eaccumulate; gain (experience). 한축적하다；(경험 등을) 쌓다．「巨万の富を積む//経験を積む」▷自動積もる

つむじ ツムジ 頭の上のほうで髪の毛が渦のように巻いて生えている所．Ea hair whirl. 한(머리의) 가마．「つむじに合わせて髪の分け方を決める」

つむじを曲げる きげんを悪くし、わざと意地悪くしたりして相手を困らせる．Eget perverse. 한심술부리다．「道子につむじを曲げられると、仕事が予定どおり進まなくなる」
|似た表現|つむじ曲がり

つめ ツメ ①人間や動物の指の先に生えるかたいもの．Ea nail; a claw. 한손톱, 발톱．「猫のつめでひっかかれて痛い//つめを短く切る」②琴をひくときに指にはめるもの．Ea plectrum; a pick. 한(거문고의) 가조각．「つめをはめて琴をひく」③ものをひっかけたり、とめたりするしかけのもの．Ea hook; a tab. 한갈고랑이, 멈춤쇠, 미늘고리．「カセットテープのつめを折り取ると録音できなくなる」▷数①1本 →手図
|参|他のことばの前につくと、「つま先」「つまはじき」などのように「つま」と読み方が変わることが多い．

つめ[爪]に火をともす 倹約して暮らすようす．Every frugal. 한지독히 인색하다．「失業して収入がなくなり、つめに火をともすような生活をしている」

つめ[爪]のあかほど ほんのすこし．Eat all. 한눈곱만큼, 아주 적음．「あの人は正直だから、つめのあかほどもうそが言えない」

つめ[爪]のあかをせんじて飲む 立派な人のまねをして、すこしでもその人と同じになれるようにする．Elearn a lesson from. 한손톱 때를 달여서 먹다, 훌륭한 사람을 닮으려 노력하다．「怠け者の兄に努力家の弟のつめのあかをせんじて飲ませたい」

-づめ 【詰め】①(名詞について) その中に入っていること．「箱づめのリンゴ(Eapples packed in a box. 한상자들이 사과．)// 瓶づめのジャム(Ebottled jam. 한병조림의 잼．)」
②(数や量を表すことばについて) その数や量だけ入れること．「ケーキを10個づめにする(Eput 10 pieces of cake in one box. 한케이크를 한 상자 10개들이로 하다．)」

③（場所を表すことばについて）そこで仕事をすること．「警察署づめの新聞記者〔Ｅa newspaper reporter assigned to the police station. 한경찰서 출입 기자.）」
④（動詞の「ます」形について）動作を長く続けること．「電車では立ちづめだった//歩きづめ〔Ｅkeep walking. 한계속 걸음.）//食べづめ」

つめか・ける 【詰めかける】ツメカケル, ツメカケル〔自動一〕その場所がいっぱいになるほど人が集まってくる．Ｅthrong to; crowd. 한몰려[밀려]들다．「大統領を見に, 広場に市民がつめかけた//重大な発表があると聞いて新聞記者やカメラマンがつめかけた」

つめこ・む 【詰め込む】ツメコム, ツメコム〔他動五〕（つめこんで）できるだけたくさん押し入れる．Ｅpack; cram. 한가득 채우다, 밀어 넣다, 쑤셔 넣다．「かばんに衣類や本をつめこんで旅に出る//若い間に知識をつめこむ」 名詰め込み

つめた・い 【冷たい】ツメタイ ①肌にふれたときに, そのものの温度が低く感じる．Ｅcold; cool; chilly. 한차갑다．「冷蔵庫から出した冷たいビールを飲む//冷たい風」 対温かい, 熱い ②やさしさや思いやりがない．Ｅcold; cold-hearted. 한냉정하다, 매몰차다．「助けてくれるように頼んだが, 冷たく断られた//心の冷たい人」 対温かい, 熱い

つ・める 【詰める】ツメル〔自他動一〕①空いている所にものを入れていっぱいにする．Ｅpack; sit closer. 한채우다, 채워 넣다．「トランクに衣類をつめる//順に座席をつめてください」
②途中でふさがるようにし, 通じなくする．Ｅstuff ~ with; hold (one's breath). 한메우다, 틀어막다；（숨을）죽이다．「耳に綿をつめる//息をつめる」
③そのことばかり休みなく続ける．Ｅdo continuously; concentrate on. 한꾸준히 계속하다, 골똘히 ~하다．「朝から晩までつめて勉強する//根をつめる//思いつめる」
④余裕や逃げ道がないようにする．Ｅ(live) frugally; (question) closely. 한조리차하다, 궁지에 몰아넣다；추궁하다．「暮らしをつめる//問いつめる//追いつめる(→**項目**)」
⑤小さくする．短くする．少なくする．Ｅshorten; narrow. 한줄이다, 좁히다．「ズボンの丈をつめる//差をつめる」
⑥最後の段階にまで進める．Ｅboil down. 한결말을 내다, 매듭짓다；졸이다．「条約案をつめる//話をつめる//煮つめる」
⑦自分の受け持ちの場所にいて, いつでも仕事にかかれるように準備して待つ．Ｅbe in attendance; be on duty. 한대기하다．「救急病院では, 24時間医者がつめている//首相官邸につめる記者」
▷自詰まる
三注①～⑥は他動詞, ⑦は自動詞．

つもり 【積もり】ツモリ ①前もってそうしようと思っていること．Ｅintend to; expect. 한속셈, 생각, 작정, 의도．「今夜は一郎とディスコへ行って踊るつもりだ」②本当はそうではないのにそうであるような気持ちになること．Ｅimagining that; as if. 한~한 셈침．「死んだつもりで働けば借金も返せるだろう」

つも・る 【積もる】ツモル, ツモル〔自動五〕（つもって）①なにかの上に重なる．Ｅlie; accumulate. 한쌓이다, 많이 모이다．「ちりも積もれば山となる(→ちり 慣用)//雪が積もる」②すこしずつ増えてたまる．Ｅlong (talk); grow. 한쌓이다, 누적되다．「学生時代の友人と久しぶりに会って, 積もる話をし合った//うらみが積もる」▷他動積む

つや 【通夜】ツヤ 葬式をする前に家族や

親しかった人が、死んだ人のそばで1晩過ごすこと．ⓔa wake. ⓗ（초상집에서의）밤샘, 경야(經夜)．「通夜は今夜7時から、告別式は明日午後1時から行われる//通夜を営む」

つや ツヤ ①表面がきれいで美しく光ること．ⓔgloss; luster; polish. ⓗ윤기, 광택．「靴にクリームをぬってつやを出す」②若々しく、みずみずしい美しさ．ⓔmellow; bright. ⓗ생기, 윤기．「あの歌手は70歳なのに、むかしのままのつやのある声をしている//肌につやがあって健康そうだ」

つやつや ツヤツヤ, ツヤツヤ〔～する〕つやがあって美しいようす．「けさ洗ったばかりなので、髪がつやつやしている（ⓔI just washed my hair this morning, so it is nice and shiny. ⓗ오늘 아침에 막 감아서 머리가 반지르르하다.）」

つゆ 【露】ツユ ①空気中の水分が冷えて細かい粒となり、ものの表面についたもの．ⓔdew. ⓗ이슬．「夏草に露が降りている//朝露で靴がぬれる//夜露」②短い時間で形が変わり、すぐ消えてしまうもの．ⓔfleeting; transient. ⓗ이슬, 초로．「人の命は露のようなものだから、いまをたいせつにしたい//露と消えた命」③たいへん少ないこと．ⓔvery little. ⓗ조금, 약간．「露ほどの親切心でも、ないよりましだ」④（後に否定の意味のことばがついて）すこしも～ない、まったく～ない．ⓔnot in the least. ⓗ전혀, 추호도．「引っ越したとはつゆ知らず友達の家に遊びに行った//そんなことはつゆ考えたことはありません//つゆほども疑わない」
三注 ④はひらがなで書く．

つゆ 【梅雨】ツユ 日本で6月から7月にかけて降り続く雨．また、その季節．ばいう．ⓔthe rainy season. ⓗ장마, 장마철．「米をつくる農家にとって、つゆはたいせつな時期だ//つゆ入り//つゆ明け//空つゆ（＝つゆの時にほとんど雨が降らないこと）」

つゆ ツユ ①ごはんにそえる汁で、豆腐、ワカメ、野菜などを入れ、しょうゆや塩などで味をつけたもの．吸い物．おつゆ．ⓔsoup. ⓗ국．「夕食はごはんにおつゆに魚だ」②そば、うどん、てんぷらなどにつけたりかけたりする汁．ⓔsauce; soup. ⓗ（메밀국수, 우동 등의）맑은 장국, 국물．「コンブでだしを取ってそばのつゆをつくる」

つよ・い 【強い】ツヨイ ①力がすぐれている．ⓔstrong; powerful. ⓗ강하다, 세다．「兄は腕力が強い//強いチーム」 対弱い
②丈夫だ、こわれにくい．ⓔstrong; stand. ⓗ튼튼하다, 단단하다．「運動して体を強くする//火事にも地震にも強い建物をつくる」 対弱い
③精神的にしっかりしている．ⓔstrong; brave. ⓗ（정신력이）굳세다, 강하다．「道子は意志が強く、決めたことは最後までやる//強い心」 対弱い
④勢いが激しい．ⓔstrong; intense. ⓗ강력하다, 세차다．「この花はにおいが強い//強い風」 対弱い
⑤そのことが得意だ、その能力を持っている．ⓔbe good at; be strong in. ⓗ～에 능하다, 실력이 있다, 잘하다．「洋子は数字に強いから計算をまかせても大丈夫だ」 対弱い

つよき 【強気】ツヨキ, ツヨキ 成功を信じて、強い気力で行動すること．ⓔpositive; aggressive. ⓗ강경함, 적극적．「強気で攻撃に出たのが勝利につながった」 対弱気

つよ・める 【強める】ツヨメル〔他動一〕強くする．ⓔstrengthen; intensify. ⓗ강화하다, 강하게 하다, 세게 하다．「警戒を強める//関心を強める」 対弱める 自動強

will not answer anything I asked. 한 딸은 뾰로통해서 무얼 물어봐도 대꾸하지 않는다.)」②強いにおいが鼻を連続的に刺激するようす.「トイレのにおいがつんつん(と)鼻にくる(E The smell of the toilet assails my nostrils. 한 화장실 냄새가 콱콱 코를 찌른다.)」

つんと ツント, ツント〔~する〕①きげんが悪かったり, 自分が上だと考えたりして, 相手を無視するようす.「その色は似合わないよと言ったら, 道子はつんとして横を向いてしまった(E Michiko turned to the side and stuck her nose in the air when I said she didn't look good in that color. 한 그 색은 어울리지 않는다고 말했더니, 미치코는 새치름해져서 고개를 옆으로 돌려 버렸다.)//つんとすます」②強いにおいが鼻を刺激するようす.「すしのわさびがききすぎて, 鼻の奥につんときた(E There was too much *wasabi* in the *sushi*, and my nostrils began to burn. 한 초밥의 와사비가 너무 매워서 콧속을 쿡 찔렀다.)」

て／テ

て【手】テ ①人間の体の, 肩から先の部分. E an arm. 한 팔.「手や足をよく動かして体操をする」
②手首から先の部分. E a hand. 한 손.「自転車に乗るときは手が冷たいので手袋をはめる」
③②の指先. E the fingertips. 한 손가락 끝.「手が器用なので, 刺繡が上手だ」
④道具, 器具などの持ちやすいように突き出ている部分. E a handle. 한 손잡이.「手のついたコップ//なべの手」
⑤労働力. E a hand; a helper. 한 일손, 노동력.「忙しいのでみんなの手を借りる//手があまっている」
⑥手段. 方法. 策略. E a means; a way. 한 수, 수단, 수법.「わたしをだまそうとしても, その手には乗らない//すもうの四十八手(E the forty-eight tricks of *sumo* wrestling. 한 스모의 48종의 수.)」
⑦腕前. E ability; skill. 한 솜씨, 수완.「習字をよく練習したので手が上がった」
⑧方向. E a direction. 한 방향.「行く手に海が見えてきた//駅の右手の建物//山の手//上手(→**項目**)」
⑨種類. E a kind; a sort. 한 종류.「この手の品がほしいんです//厚手のオーバー」
⑩(動詞の「ます」形について) その動作をする人.「話し手(→**項目**)//踊り手(E a dancer. 한 춤추는 사람, 댄서.)」
⑪(形容詞の頭について) 後のことばの意味を強める.「手厳しい批評(E harsh criticism. 한 호된 비평.)//手ぬるい処置」
▷**数**①②1本

「手」のつく慣用表現

手が込む 手間がかかっていて細かいようす. Eelaborate. 韓잔손이 많이 가서 품이 들다.「時間がないから手がこんだ料理はつくれない」

手がつけられない なんとかしようとしてもどうすることもできない. Ebe out of control. 韓손쓸 방도가 없다, 처리할 길이 없다.「火事を発見したときは, もうあちこちに燃えひろがっていて手がつけられなかった」

手が出ない 自分の能力以上にむずかしかったり値段が高すぎたりして, どうすることもできない. Ecannot afford to buy. 韓(살) 엄두를 못내다.「すてきな茶碗だが, 高すぎて, わたしにはとても手が出ない」

手取り足取り 1つ1つ世話をするようす. Eteach step by step. 韓자상하게 돌봄〔가르침〕.「先生はみんなに泳ぎ方を手取り足取りして教えてくれた」

手に汗を握る 緊迫した場面や危険な場面などを見たり聞いたりして, はらはらする. Every exciting; breath-taking. 韓손에 땀을 쥐다.「サッカーの決勝戦は手に汗をにぎる試合だった」

手に入れる 自分の持ち物にする. Eget. 韓입수하다, 수중에 넣다, 손에 들어오다.「前からほしかった本をやっと手に入れた」
[似た表現] 手に入る

手に負えない 自分の力ではどうすることもできない. Ebe unmanageable. 韓힘에 부치다, 감당할 수 없다.「学生数が増えて, 教師1人ではとても手に負えなくなった」
[似た表現] 手に余る

手につかない 落ちついてすることができない. Ecannot settle down to. 韓(일이) 손에 잡히지 않다.「あすのデートのことが気になって, 勉強が手につかない」

手に手に みんなが同じようなものを手に持って. Ein every hand. 韓손에 손에.「人々は手に手にろうそくを持ってクリスマスキャロルを歌った」

手の内 ①心の中. Eone's intentions. 韓심중, 속셈.「トランプで相手に手のうちを読まれる」②勢力, 支配のおよぶ範囲. Ethe scope of one's power. 韓세력 범위, 손안, 수중.「反乱ゲリラは軍隊の手のうちにあった」

手も足も出ない 力がたりなくて, どうすることもできない. Ebe at a complete loss. 韓어쩔 도리가 없다, 손을 쓸 엄두도 못내다.「試験の問題はむずかしくて手も足も出なかった」

手を打つ ①交渉, 話し合いで意見をまとめる. Estrike a bargain. 韓타결짓다, 매듭짓다.「まだ高いが, どうしてもほしい絵だから100万円で手を打とう」②ものごとがうまくいくように対策を立てる. Etake measures. 韓손을 쓰다, 대책을 강구하다.「両国間の摩擦が大きくならないうちに手を打たなくてはならない」

手をかえ品をかえ いろいろな方法を使って. Eby all possible means. 韓온갖 수단을 다 써서.「店員は手をかえ品をかえ客を説得して, 商品を買わせようとした」

手を切る それまであった関係をやめる. 特に, 好ましくない関係をやめる. Ecut one's connection with. 韓관계를 끊다.「条件の悪いいまの会社とは早く手を切って, どこかへ移りたい」[似た表現] 手が切れる

手を加える ①加工する. Ework. 韓손질하다, 가공하다.「宝石は天然の石に人の手を加えて美しくしたものだ」②修正する. Eamend; revise. 韓손보다, 수정하다.「部下の作成した原案に課長が手を加えて部長に提出した」▷[似た表現] 手が加わる

まる

つら 【面】ツラ ①「顔」のくだけた言い方. Ea face. 한얼굴, 낯짝.「大げんかして出ていったのに、どの面下げてもどってきたんだ//横っ面」②ものの表面. Ethe surface. 한표면.「上っ面だけのことばでは人を動かすことはできない//文字面」▷話①
参①は嫌ったり見下したりしていうときに使う.

面の皮が厚い 恥ずかしいことをしてもなにも感じないようす. ずうずうしい. Eimpudent; brazen-faced. 한낯가죽이 두껍다, 뻔뻔스럽다.「一郎は面の皮が厚いから、自分の失敗を同僚のせいにして平気でいる」

つら・い ツライ ①心や体が、がまんできないぐらい苦しい. Epainful; bitter. 한괴롭다, 고통스럽다.「恋人と別れるのがつらい//妹は熱が高くてつらそうだ」②人に対する思いやりがない. Eharshly; cruel. 한모질다, 가혹하다.「子供につらくあたる//つらい仕打ちを受ける」

-づらい (動詞の「ます」形について)～するのが困難だ. ～しにくい.「父の手紙は字がくずしてあって、とても読みづらい//使いづらい (Edifficult to use. 한쓰기 불편하다.)」

つらな・る 【連なる】ツラナル〔自動五〕(つらなって) ①たくさんのものが1列に並び続く. Estretch in a row; range. 한(한 줄로) 늘어서다, 줄지어 있다.「車が何十台もつらなって走る//つらなる白い峰々」②会合などの場に出る. Eattend. 한참석하다.「新しい橋の開式につらなる」▷名連なり 他動連ねる

つらぬ・く 【貫く】ツラヌク〔他動五〕(つらぬいて) ①はしからはしまで、また、表から裏へ突きとおす. 貫通する. Ego through; bore through. 한관통하다, 꿰뚫다.「弾丸が胸をつらぬく//海底をつらぬいたトンネル」②終わりまでやりぬく. Ecarry through. 한관철하다, 일관하다.「基本方針をつらぬく//志をつらぬく」

つり 【釣り】ツリ ①魚を釣ること. Efishing. 한낚시.「きのう兄と近くの川に釣りに行った//アユ釣り//釣りざお」②⇨お釣り「つりはいらない. とっておいてくれ」▷他動釣る

つりあい 【釣り合い】ツリアイ 2つのものの力、重さ、性質、状態などが同じぐらいでうまく合っていること. Ebalance; proportion. 한균형, 조화.「セーターとスカートの色のつりあいがいい//つりあいを保つ」自動釣り合う

参「バランス」「均衡」も似ている.「均衡」が抽象的なことに多く使われるのに対して、「つりあい」「バランス」は具体的なこと、私的なことにも使われる.「つりあい」「バランス」は日常で使うことばだが、「バランス」のほうがすこし新しくしゃれた言い方.「つりあい/バランスのとれた夫婦」といえるが「均衡」は使えない.「A国との貿易はバランス/つりあい/均衡がとれている」では3語とも使える.

つりかわ 【つり革】ツリカワ 乗り物の中で立っている人がつかまる、上からつるされた輪. Ea strap. 한(달것의) 손잡이.「揺れるからつり革につかまりなさい//満員電車の中でつり革につかまる」

〔つり革〕

つる ツル 鳥の一種. 首や足が細長い. 古くから「つるは千年、かめは万年」といわれ、長生きするおめでたい動物とされている. Ea crane. 한학, 두루미.「冬になるとシベリアのツルが日本へやってくる//ツルが北へ帰るために飛びたってい

〔つる〕

つる[鶴]の一声 それによってすべてが決まるような力のある人の1言. Ejust one word from the top. 한권위자(권력자)의 한 마디.「なかなか結論が出なかったが，社長のつるの一声で方針が決まった」

つる ツル ①茎が長くのびて，地面をはったりものに巻きついたりしているもの. Ea vine. 한덩굴.「朝顔のつるがどんどんのびる」②めがねの，耳にかける細長い部分. Ean earpiece. 한안경다리.「転んで，めがねのつるが折れた」▷数1本 →朝顔図

つ・る【釣る】ツル〔他動五〕(つって) ①魚を針にかけて捕る. また，似た方法で捕る. Efish; catch. 한낚다.「池で魚を釣る/トンボを釣る」②人をうまくだまして，自分の思うようにさせる. Eallure; entice. 한꾀다, 유혹하다；끌다.「甘いことばで釣る/広告に釣られて新型カメラを買う」▷名釣り

つ・る ツル〔自他動五〕(つって) ①引っぱられたように片方に寄る. Eraise (one side upwards). 한(한 쪽이) 치켜 올라가다.「まゆがつる/目のつった表情/つり上がる」②筋肉が急にかたくなり，引っぱられたようになる. Ehave a cramp. 한(근육이) 경련하다, 쥐가 나다.「泳いでいたら足が急につった/引きつる」③上からぶら下げる. つるす. Ehang; put up. 한매달다, 달아매다.「天井からランプをつる/棚をつる/電車の中につられた雑誌の広告」
≡注①②は自動詞，③は他動詞.

つる・す ツルス〔他動五〕(つるして) ものを上からつって下げる. ぶら下げる. Esuspend; hang. 한매달다, 달아매다.「木の枝にえさをつるして小鳥を呼ぶ/天井から電灯をつるす」

つるつる ツルツル, ツルツル〔〜する〕表面がなめらかでよくすべるよう.「地面が凍って，つるつるしているからあぶない(EThe ground is frozen and is slippery, so be careful. 한땅바닥이 얼어서 미끌미끌하기 때문에 위험하다.)/クリームをぬったら，肌がつるつるになった」対ざらざら

つれ【連れ】ツレ 一緒に行くこと. また，一緒に行ったり，行動したりする人. Ea companion; a mate. 한동행, 동반자.「1人じゃありません. 連れがいます」他動連れる

-づれ【-連れ】(他のことばについて) その人を連れていること. また，一緒であること.「子供連れの旅行は疲れる/5人連れ/親子連れ(Eparents with children. 한부모와 아이들 일행.)」

つれあい【連れ合い】ツレアイ, ツレアイ 結婚した男女の一方. 自分または他人の，夫や妻をさす言い方. Eone's spouse; one's husband; one's wife. 한배우자.「兄は昨年つれあいをなくした/おつれあいさまにもよろしく」→夫, 妻

つれな・い ツレナイ 頼ってくる相手に対して思いやりの気持ちがなく, 冷淡だ. Eflat; hardhearted. 한무정하다, 냉정하다.「銀行に事業資金を貸してくれるように頼んだが，つれなく断られた」

つ・れる【連れる】ツレル〔他動一〕ともなって一緒に行く. Etake; bring. 한데리고 가다, 동반하다.「社員を連れて出張する/犬を連れて散歩する/引き連れる」名連れ

〜につれて あるものごとが変化するのに合わせて，他のものごとも変化するよう. Eas 〜; with 〜. 한〜함에 따라.「寒くなるにつれて，かぜをひく人も増える」

つんつん ツンツン〔〜する〕①非常にきげんが悪かったりして，かたい態度をとるよう.「娘はつんつんしていて，なにをきいても返事をしない(EMy daughter is in a pout and

手を出す ①かかわりを持つ。ⒺdabbIe in. 㽃손을 대다.「いろいろな商売に手を出して失敗した」②暴力をふるう。なぐる。Ⓔhit. 㽃폭력을 휘두르다, 손찌검을 하다.「口でけんかをするのはいいが, 手を出してはいけない」③盗んだりうばったりする。Ⓔsteal; rob. 㽃훔치다, 빼앗다, 손을 대다.「自分の借金を払うために会社の金に手を出した」▷ 似た表現 手が出る

手を抜く しなくてはならないことの一部をしないですます。Ⓔcut corners. 㽃(일을) 겉날리다, 건성으로 하다.「橋がこわれたのは, 工事のとき手を抜いたことが原因だった」 似た表現 手抜き

手を引く ①手をとって導く。Ⓔlead a person by the hand. 㽃(손을 잡고) 이끌다.「老いた母の手を引いて道路を渡る」②関係することをやめる。Ⓔback out of. 㽃손을 떼다.「会社の経営から手を引く」

手を広げる 商売などの, 関係する範囲をひろげる。Ⓔexpand one's business. 㽃(사업 등에서) 관계하는 범위를 넓히다.「小さな店から手をひろげて, いまでは外国にも支店をつくった」 似た表現 手を伸ばす

手を結ぶ 同じ目的のために協力する。Ⓔjoin hands with. 㽃손을 잡다, 협력하다.「自動車の輸出をのばすため, A社はB国のC社と手を結んだ」 似た表現 手を握る

手を焼く どう扱っていいかわからず, 取り扱いに困る。Ⓔbe quite annoyed; cannot control. 㽃애를 먹다.「いくら注意してもなくならない違法駐車に, 警察は手を焼いている」 似た表現 手が焼ける

て ①(動詞の「て」に続く形, 形容詞の「く」の形について)(1)動作や状態が続いて起こることを表す。「朝6時に起きて, ジョギングをする(Ⓔwake up at six in the morning and jog. 㽃아침 6시에 일어나서 조깅을 하다.)//まっすぐ行って, 銀行の角を右へ曲がる」(2)動作や状態を並べて示す。「パーティーでは, 歌って踊って大騒ぎだった(ⒺWe were having a great time at the party, singing and dancing. 㽃파티에서는 노래하고 춤추며 야단법석이었다.)//大きくてきれいな花」(3)ある動作の状態を表す。「いすにすわって本を読む(Ⓔsit in a chair reading a book. 㽃의자에 앉아서 책을 읽다.)」(4)手段や方法を表す。「電話をかけて知らせる(Ⓔinform by telephone. 㽃전화를 걸어서 알리다.)//電車に乗って行く」(5)原因, 理由を表す。「父が職を失って, 生活が苦しい(ⒺAfter my father lost his job, life has been hard for us. 㽃아버지가 직장을 잃어서 생활이 어렵다.)//駅から遠くて不便だ」

②(動詞の「て」に続く形について)(1)(その動詞と「いる」「ある」「おく」「いく」「くる」「あげる」「くれる」「しまう」などの動詞をつないで)状態の内容を表す。「黒板に字が書いてある//かぎをかけておく(Ⓔleave it locked up. 㽃열쇠를 잠가 두다.)//写真を見せてあげる」(2)(文の終わりについて)軽い命令を表す。「ちょっと待って(ⒺWait a second. 㽃잠깐 기다려!)//それを持ってきて」

で ①⇨そこで「時間が全然たりなくてね。で, 半分しかできなかったんだ」
②⇨それで「停電になって電車が動かないんじゃ大変だったね。で, どうしたの?」
③場所を表す。「会社で働く(Ⓔwork at a company. 㽃회사에서 일하다.)//学校で勉強する//日本では野球が盛んだ」
④時間, 期限, 限度, 範囲を表す。「申し込みは明日で締めきります(ⒺTomorrow is the closing date for applications. 㽃신청은 내일로 마감합니다.)//世界でいち

⑤動作を行う組織、団体を表す.「市では海外派兵反対を決めた(Ｅ The city has decided to oppose the sending of troops overseas. 韓시에서는 해외 파병 반대를 결정했다.)//事故の原因は警察で調べている」

⑥手段、材料を表す.「自転車で学校へ行く(Ｅ go to school by bicycle. 韓자전거로 학교에 가다.)//花で部屋を飾る」

⑦原因、理由を表す.「台風で新幹線が動かない(Ｅ The *Shinkansen* is not running because of the typhoon. 韓태풍으로 신칸센이 운행되지 않는다.)//心臓病で死んだ」

⑧動作、作用の行われるときの状態を表す.「悲しい気持ちで別れた(Ｅ They parted in sad spirits. 韓슬픈 마음으로 헤어졌다.)//みんなで歌を歌った」

⑨⇨て「靴をぬいで上がる//薬を飲んで寝る」

⑩「だ」の活用形の1つ.「ここがあなたの部屋で、あそこがわたしの部屋です//日本は資源の少ない国である(Ｅ Japan is poor in natural resources. 韓일본은 자원이 적은 나라다.)//信号が青でないから、渡ってはいけない」

⑪形容動詞の活用形の1つ.「静かで便利なところに部屋を借りたい//元気で明るい人(Ｅ a lively and cheerful person. 韓활달하고 명랑한 사람.)」

▷話①② →囲み

であ・う【出会う・出遭う】デアウ, デアウ〔自動五〕(であって) 偶然に人に会ったり事件などにあったりする. Ｅmeet with; happen to meet. 韓우연히 만나다, 마주치다.「地下鉄に乗っていて、事故に出あった//2人がはじめて出会った湖」名出会い
注 漢字で書くときは、人に会うときは「出会う」、事件などにあうときは「出遭う」.

であし【出足】デアシ ①催しなどに人が集まる、その集まり方. また、ものごとの始まりの状態. Ｅa turnout. 韓(집회 등에) 사람이 모여드는 상태, 그 사람의 수; (사업 등의) 첫출발의 상황.「あいにくの雨で、観客の出足が悪い//新事業の出足は好調だ」 ②出発のときの速さ. Ｅstart (easily). 韓(자동차 등의) 발진 속도.「この新型の車は、出足がいいので若い人に人気がある」

てあたりしだい【手当たり次第】テアタリシダイ 目につくものや手にふれるものならなんでも. Ｅanything that comes one's way; anything one can lay one's

---

「に」と「で」

ものの存在する場所を表すときは、「机の上に辞書がある」「両親は京都にいる」のように、「に」を使う.

動作が行われたり、なにかが起きたりする場所を表すときは、「部屋でテレビを見る」「あす、ここで音楽会がある」のように、「で」を使う.

「に」を使うか「で」を使うかは、おもに後にくる動詞の意味によって決まる.

しかし、「そこに／で車を止める」「草の上に／で寝る」「旅館に／で泊まる」「切手は郵便局に／で売っている」などの文の動詞「止める」「寝る」「泊まる」「売っている」は、「に」を使うと状態を表し、「で」を使うと動作を表す. たとえば「車を止める」が、「駐車する」意味であれば「に」を、「停止させる」意味であれば「で」を使う.

てあつ・い 【手厚い】テアツイ，テアツイ　心がこもっていて，丁寧だ．Ｅcordial; warm; with great care. 韓극진하다, 융숭하다.「手厚い看護を受けて早く退院できた//客を手厚くもてなす」

てあて 【手当て・手当】テアテ　①〔~する〕病気やけがの治療．Ｅtreat. 韓치료, 처치.「どんな病気でも早くに手当てしたほうがいい//応急手当て(Ｅfirst aid. 韓응급 처치.)」②〔~する〕用意，準備．Ｅprovide; prepare. 韓준비, 마련.「事業を始めるためにまず資金の手当てをする」③基本給以外に払う金．Ｅan allowance; extra pay. 韓수당.「給料のほかに年に2回特別の手当が出る//超過勤務手当(Ｅovertime pay. 韓초과 근무 수당.)」

≡注 ①②は「手当て」，③は「手当」．

てあら 【手荒】テアラ　取り扱いが乱暴なようす．Ｅroughly; rudely. 韓(취급이) 거칢, 난폭함.「たいせつな花瓶だから，手荒に扱わないでください//ここの歯医者は手荒だから，治療されるとき痛くて困る」

てあらい 【手洗い】テアライ　①便所．トイレ．Ｅa rest room; a bathroom. 韓화장실.「駅で手洗いに行く//お手洗いはどちらでしょうか」②〔~する〕手で洗うこと．Ｅhandwash. 韓손빨래, 손세탁.「このブラウスは洗濯機で洗わないで，手洗いしてください」▷→便所

である　「だ」の改まった言い方．「東京は日本の首都である(ＥTokyo is the capital of Japan. 韓도쿄는 일본의 수도다.)//平和は全世界の人々が望むものである」書

ていあん 【提案】テイアン〔~する〕相手の意見を求めるために，ある案を出すこと．また，その案．Ｅpropose; a proposal. 韓제안.「クラスで1泊旅行をしようと提案する//議事の進め方について提案があった」

ティーシャツ　(T-shirt) ティーシャツ　形がＴの字に似た，丸首で半そで，または長そでのシャツ．もめんのものが多い．Ｅa T-shirt. 韓티셔츠.「胸に『PEACE』と大きく書いたＴシャツを着て出かける」数1枚 →ワイシャツ図

ていいん 【定員】テイイン　規則などによって決められた人数．Ｅa fixed number; a capacity. 韓정원.「研究室の定員を増やす//定員8名のエレベーター」

ていえん 【庭園】テイエン　人が手を加えてつくった広い庭．Ｅa garden. 韓정원.「京都へ銀閣寺の庭園を見に行った」

ていか 【低下】テイカ，テイカ〔~する〕①低いほうへ下がること．Ｅfall; drop. 韓저하.「上空に冷たい空気が入りこみ，気温が急激に低下する」対上昇　②質や内容などが悪くなること．Ｅdecline. 韓저하.「運動不足で体力が低下してしまった//モラルの低下」対向上

ていか 【定価】テイカ　品物を売るときの決まった値段．Ｅa fixed price. 韓정가.「夏の終わりには，定価を割引して夏物を売る店が出る//定価で売る//定価をつける」

ていき 【定期】テイキ　①ある一定の期間，期限．Ｅperiodical; regular. 韓정기.「定期刊行物を購読する//定期試験」対不定期　②「定期券」「定期預金」「定期保険」を略した言い方．Ｅa commuter pass; a fixed deposit; term insurance. 韓정기권(예금・보험).「改札口で定期を忘れたことに気がついた//ボーナスが入ったので半年の定期にして銀行に預けた」

ていき 【提起】テイキ〔~する〕問題などを

ていぎ【定義】テイギ, テイギ〔~する〕ものごとやことばなどの意味をはっきりと定めること. また, その述べられたもの. Ea definition. 한정의.「辞書によって, あることばの定義が違うことがある//憲法の理念を定義する」

ていきあつ【低気圧】テイキアツ ①大気中で, まわりに比べて気圧の低い状態. Elow atmospheric pressure. 한저기압.「関東地方は低気圧におおわれて天気が悪い」対高気圧 ②きげんが悪いこと. Ebe in a bad temper. 한저기압.「きょうは, 先生は低気圧だから近くへ行かないほうがいい」▷話②

ていきけん【定期券】テイキケン 通学や通勤のためなどに, 電車やバスなどの決まった区間で決まった期間使える割引乗車券. 定期. Ea commuter pass; a season ticket. 한정기권.「毎日同じ所に通うなら定期券を買ったほうがいい」

ていきゅう【低級】テイキュー 程度, 地位, 品質などが低いようす. Elow-grade; vulgar. 한저급, 저속.「弟は低級なテレビ番組を見て喜んでいる//人の趣味を低級だときめつけるのはよくない」対高級

ていきゅうび【定休日】テイキュービ 商店などで, 毎月または毎週決まった休みの日. Ea regular holiday. 한정기 휴일.「このあたりは, 理髪店は月曜日, 美容院は火曜日が定休日になっている」

ていきょう【提供】テイキョー〔~する〕①自分の持っているものを, 他の人の役に立てるために差しだすこと. Eoffer; provide. 한제공.「大けがをした友人の輸血のために血液を提供する」②テレビ, ラジオなどで, 番組制作のために金を出し, その番組を視聴者に差しだすこと. Ebe sponsored. 한제공.「ただいまの番組はA社の提供でした」

ていけつ【締結】テイケツ〔~する〕条約などを結ぶこと. Econclude. 한체결.「2国間で平和条約を締結する」

ていけつあつ【低血圧】テイケツアツ 血圧が低くて, 成人では最高の血圧が100ミリ以下の状態. Elow blood pressure. 한저혈압.「低血圧で朝はなかなか起きられない//低血圧症」対高血圧

ていこう【抵抗】テイコー ①〔~する〕外から加わる力, 権力, 古い道徳などにさからうこと. Eresistance. 한저항.「敵の攻撃を受けて必死で抵抗する//病気に対する抵抗力をつける//抵抗運動」対服従 ②すなおに受け入れられない気持ち. Eunacceptable. 한저항감, 거부감.「この服装は働きやすくて好きだが, このまま結婚式に行くには抵抗がある」③物理で, 作用する力に対して反対の方向に作用する力. また, 導体の, 電気を通しにくい働き. Eresistance. 한(물리에서) 저항.「乗り物の速度が増すと空気の抵抗も増える//抵抗器(Ea resistor. 한저항기.)//電気抵抗」

ていさい【体裁】テイサイ ①外から見たようす. E(an) appearance. 한외양, 겉모양.「この本は, 体裁は立派だが内容はつまらない」②他人に見られたときの自分の姿. E(an) appearance. 한모양새, 겉모양.「みんなスーツにネクタイで来ているのに自分だけTシャツで体裁が悪かった//体裁をつくろう(Ekeep up appearances. 한외관을 꾸미다.)」③あることを満足させるための内容と形式. Erequired content and form. 한체재, 형식.「実験結果もその分析も述べてなくて, これでは研究論文の体裁をなしていない」

ていし【停止】テイシ〔～する〕①途中で止まること.途中で止めること. Ｅstop. 한정지, 멈춤.「車は踏切で一時停止しなければならない//停止線」②しばらくの間, 禁止すること. Ｅsuspend. 한정지.「食中毒が出たレストランの営業を１週間停止する」

ていしせい【低姿勢】テイシセイ 相手に対して自分のほうが弱い立場にあることを示す態度. Ｅa modest attitude. 한저자세.「人種差別発言を非難された大臣は, 低姿勢で事情を説明した」対高姿勢

ていしゅ【亭主】テイシュ①宿屋, 茶屋, 茶席などの主人. Ｅan innkeeper; a host. 한(여관·찻집 등의) 주인.「父の跡をついで宿屋の亭主になる//亭主がお茶をたてて客をもてなす」②「夫」のくだけた言い方. Ｅa husband. 한남편.「うちの亭主はこのごろゴルフにこっているの//亭主をしりに敷く//亭主関白（Ｅ He is the boss in his home. 한폭군 같은 남편.）」対女房 ▷書① 話②

ていしゅつ【提出】テイシュツ〔～する〕差しだすこと. Ｅintroduce; turn in. 한제출.「会議に議案を提出する//レポートは月末までに提出すること//提出期限を守る」

ていしょう【提唱】テイショー〔～する〕意見や考えを述べて, そうするように人々に呼びかけること. Ｅpropose; bring forward. 한제창.「ごみの量を減らすために, リサイクル運動を提唱する」書

ていしょく【定食】テイショク 食堂などの, 前もって決まっている献立の食事. Ｅa set meal. 한정식.「昼は学生食堂で定食を食べた//焼き肉定食」

ディスカウント (discount) ディスカウント〔～する〕定価より安くして売ること. 割引. Ｅa discount. 한디스카운트, 할인.「どの店も２月になると冬物をディスカウントして売るようになる//ディスカウントストア」

ディスカッション (discussion) ディスカッション〔～する〕話し合い. 討論. Ｅa discussion. 한디스커션, 토론, 토의.「問題提起の後, ディスカッションに移った//激しいディスカッションが展開される」

ディスコ (disco) ディスコ(←ディスコテーク⑦discothèque)〕音楽を流し, ダンスを楽しませる店. Ｅa disco. 한디스코텍.「ゆうべは友達と六本木のディスコへ行った//ディスコパーティー」

ていせい【訂正】テイセイ〔～する〕まちがいを正しく直すこと. Ｅcorrect. 한정정.「プリントの漢字のまちがいを訂正する」

ていぞく【低俗】テイゾク 考え方, 趣味, 好みなどの程度が低くて品がないようす. Ｅvulgar; lowbrow. 한저속.「子供に見せられないような低俗なテレビ番組は困る」対高尚

ていたい【停滞】テイタイ〔～する〕ものごとがうまく進まないで１カ所にとどまっていること. Ｅbe delayed; pile up. 한정체.「ストのため郵便物の配達が停滞した//景気の停滞（Ｅeconomic stagnation. 한경기정체.）」

いた・い【手痛い】テイタイ 受けた損害などの程度が大きい. Ｅserious; hard. 한심하다, 호되다.「手痛いミスが続いて, 試合に負けてしまった//この夏の悪天候で農作物は手痛い打撃を受けた」

ていちゃく【定着】テイチャク〔～する〕①あるもの, 場所などにしっかりついて離れないこと. Ｅfix; anchor. 한정착.「庭をつくって４, ５年たち, やっと植木が定着してきた//社員が定着する」②ある考え, 学説などが社会的に認められるようになること. Ｅbecome established; take root. 한정착.「男女平等の考えはまだこの国の社会に定着してい

ていちょう【丁重】テイチョー　心がこもっていて礼儀正しいようす．Ecourteous; politely．한정중．「丁重なあいさつを受けて恐縮した//丁重にお断りする」
参「丁寧」も似ているが，「丁重」のほうが重々しい感じがする．

ていちょう【低調】テイチョー　調子が悪く，盛りあがらないこと．Esluggish; dull．한저조．「円高のために輸出産業は低調が続いている//盛りあがりに欠けた低調な試合」

ティッシュペーパー（tissue paper）ティッシュペーパー　よごれをふき取るときに使う，やわらかくて薄い紙．ティッシュ．Etissues．한티슈 페이퍼, 화장지．「ティッシュペーパーを出して鼻をかむ」数1枚

ていど【程度】テイド，テイド　①他のものと比べたときの大小，高低，強弱などの度合い．Ea degree．한정도．「けがの程度はたいしたことはない」②適当な度合い．水準．レベル．Ea level; a standard．한정도, 수준．「この問題は高校生には程度が高すぎて無理だ」③ここまではいいという限度．Ea limit．한정도, 한도．「酒を飲んでもいいが程度を越さないように」④（数や量を表すことばの後について）だいたい．およそ．「5000円程度のワイシャツ/3時間程度のドライブ（Eabout a three-hour drive．한3시간 정도의 드라이브．）」

ていとう【抵当】テイトー　借金をするとき，もし借金が返せなかったら貸し手が自由に処分してもいいという約束で，借り手が差しだす品物，土地，権利など．Ea mortgage．한저당, 담보．「自分の家と土地を抵当に入れて，銀行から金を借りた」

ていねい【丁寧】テイネイ　①ことばや行動などが礼儀正しく，きちんとしているようす．Epolitely; courteous．한공손함, 정중함．「道で先生に会ったので，丁寧にあいさつした//目上の人には丁寧なことばづかいをする」対乱暴　②仕事のやり方が，細かい点まで注意がいきとどき，念入りなようす．Ecareful; thorough．한꼼꼼함．「道子は仕事が丁寧でミスが少ない//丁寧な字で書いたノート」対乱暴　▷→丁重

ていねいご【丁寧語】テイネイゴ　敬語の1つ．話し手が聞き手に対して敬意を表すために丁寧にいうことば．「ます」「です」「ございます」「お茶」「お値段」など．Ea polite expression．한공손한 말．「『雨が降ります』の『ます』や，『田中でございます』の『ございます』は丁寧語だ」関連尊敬語, 謙譲語　→敬語

ていねん【定年】テイネン　会社員, 公務員などが退職する一定の年齢．ふつう60歳前後．Ethe retirement age．한정년．「定年で会社をやめて年金で暮らす//定年退職」

ていひょう【定評】テイヒョー　多くの人が認めている，変わることのない評判．Ean established reputation．한정평．「あの医者は手術がうまいことでは定評がある」

ていへん【底辺】テイヘン　①三角形の頂点に対する下の辺．Ethe base．한저변, 밑변．「三角形の面積は底辺の長さに高さをかけて2で割ったものである」②社会のいちばん下の層．Ethe bottom．한하층 사회．「社会の底辺で暮らす//底辺からはい上がる」

ていめい【低迷】テイメイ〔～する〕①雲などが低くただよっていること．Ehang low．한저미, (구름이) 낮게 떠돌아다님．「暗雲が低迷する」②悪い状態から抜けだせないこと．Ebe sluggish; be inactive．한(나쁜 상태에서) 헤어나지 못하고 헤맴．「景気が長い間低迷して，失業者が増えてきた」▷書

ていよく【体よく】テイヨク　うわべだけうま

く理由をつけて. [E]tactfully. [한]좋은 말로, 보기 좋게, 체면 깎이지 않게.「二郎にプロポーズされたが, 病気の母の世話をするという理由で, 体よく断った」

でいりぐち 【出入り口】デイリグチ, デイリグチ 建物などで, 人が出たり入ったりする所. [E]an entrance; a doorway. [한]출입구.「映画館の出入り口はおおぜいの人で混雑していた//出入り口に止まらないで中に入ってください」

ていりゅうじょ 【停留所】テイリューゾョ, テイリュージョ 客の乗り降りのため, 市内電車, バスなどが止まる, 決まった場所. [E]a stop; a depot. [한]정류장.「停留所でおおぜいの人がバスを待っている」

〔停留所〕

ていれ 【手入れ】テイレ, デイレ〔~する〕①修理や世話をすること. [E]care for. [한]손질.「毎朝, 庭の花の手入れをしてから朝食にする」②警察が犯人の捜査や逮捕のために, 関係する場所に入りこむこと. [E]a raid; a crackdown. [한](경찰이) 현장을 덮침; 단속.「暴力団の本部に警察の手入れがあった」

てうす 【手薄】テウス 人手や手持ちの品物などが少ないようす. [E]weak; short. [한](일손이) 모자람, 허술함; (수중에 가진 것이) 적음, 부족함.「マンションの警備が手薄で心配だ//店の人気商品が手薄になったので補充する」

データ (data) データ ①ものごとを決めたり判断したりするもとになる資料, 情報. [E]data. [한]데이터, 자료.「研究のためのデータを集める//データを分析する」②コンピューターで処理し, 計算するためにそろえた数値や文字や記号. [E]data (for computer). [한](컴퓨터의 프로그램 운용을 위한) 데이터.「コンピューターに大量のデータを記憶させる」

データバンク (data bank) データバンク 多くのデータをコンピューターで整理, 保管しておき, 必要に応じて取りだし, 利用者に提供する機関. [E]a data bank. [한]데이터뱅크.「会員の名前をすべてデータバンクに入れる//データバンクを利用して新製品の宣伝をする」

データベース (data base) データベース ある目的のために多くのデータを整理, 保管し, いつでも取りだせるようにした情報のファイル. [E]a data base. [한]데이터 베이스.「会社では客のデータベースをつくっている//データベースで各支店の売り上げ状況を調べる」

デート (date) デート〔~する〕2人の男女が前もって時間と場所を決めて会うこと. また, その約束. [E]a date. [한]데이트.「恋人とデートする//デートを申しこむ」

テープ (tape) テープ 紙, 布, ビニール, アルミなどでできた, 幅の狭い, 長く, 薄いもの. [E]a tape. [한]테이프.「400メートル競走のゴールに白いテープを張る//カセットテープ(→項目)//ビデオテープ(→ビデオ項目)//磁気テープ([E]magnetic tape. [한]자기 테이프.)」[数]1本

テーブル (table) テーブル 平らな板に脚のついた家具. おもに食事をする. [E]a table. [한]테이블.「食事の時間になったので, みんなはテーブルについた//テーブルクロス([E]a tablecloth. [한]테이블 보.)//テーブルマナー([E]table manners. [한]테이블 매너. 식사 예법.)」[数]1脚 →家具図

テープレコーダー (tape recorder) テープレコーダー テープ式録音機. 音を磁気テープに録音して再生する機械. [E]a tape recorder. 한테이프 리코더, 녹음기.「大学の講義をテープレコーダーで録音し、家で聞いて復習する」数1台

テーマ (⑪Thema) テーマ 主題. 題目. Ea theme; a subject. 한테마, 주제.「男女の愛をテーマにして小説を書く//論文のテーマがまだ決まらない//テーマ音楽」

ておくれ【手遅れ・手後れ】テオクレ 病気の手当て、事件の処置などをする時機が遅れて間に合わないこと. Etoo late. 한시기를 놓침, 때늦음.「医師が駆けつけたときはもう手遅れで、けが人は助からなかった//留年は確実で、いまから先生に頼んでも手遅れだ」

ておち【手落ち】テオチ 方法や手続きなどにじゅうぶん注意がされず、欠点があること. また、その欠点. Ea fault; an oversight. 한실수, 부주의, 소루.「書類をなくしたのは役所側の手落ちだ//手落ちのないように心がける」

てがかり【手掛かり】テガカリ ①手でつかまる所. Ea handhold. 한손으로 잡을 곳, 손 붙일 곳.「この木は枝がなくて、登る手がかりがない」②ものごとの始まる最初のいとぐち. Ea clue; a lead. 한단서, 실마리.「タイヤの跡を手がかりにして、逃げた車をさがした」

でか・ける【出かける】デカケル〔自動一〕家から外へ出ていく. Eset out; go out. 한나가다, 외출하다；떠나다.「母は毎年海外へ出かける//散歩に出かける//ちょっと出かけてきます」

でかせぎ【出稼ぎ】デカセギ〔~する〕故郷から他の土地に出かけて、しばらくそこに住んで働き、収入をえること. Ework away from home. 한집을 떠나 타향에서 돈벌이를 함.「毎年冬になると、父は東京へ出かせぎに行く//出かせぎ労働者(Elaborers living away from home. 한타향에서 돈벌이하는 노동자.)」

てがた・い【手堅い】テガタイ、テガタイ 確実で、あぶなげがない. Esafe; steady; reliable. 한견실하다.「あの会社は手がたいやり方で、確実に利益を上げている//手がたくせめる//手がたい仕事」

てがみ【手紙】テガミ ①あいさつや用事などを書いて、他人に送るもの. Ea letter; a note; mail. 한편지.「国の母に手紙を書く」
②「①」で封筒に入ったもの. Ea (sealed) letter. 한편지.「はがきより手紙で出すほうが丁寧だ」
▷数 1通・1本

てがる【手軽】テガル 手間がかからず、気楽で便利なようす. Elight; easy. 한손쉬움, 간단함.「忙しいときにも間に合う手軽な料理を覚える//手軽に持ち運びのできるパソコンを買う」

てき【敵】テキ ①戦争の相手方. また、害となるので戦わなければならない相手. Ean enemy. 한적.「50年前、日本は連合国を敵として戦った//がんは人類の敵である」対味方 ②試合や競争などの相手. Ean opponent; a competitor. 한적, 상대편.「すばらしいプレーに敵も味方も拍手を送った」対味方

-てき【-的】(他のことばについて)①~に似ている.「父のいないわたしにとって、兄は父親的な存在だ/サラリーマン的発想(Ea businessman-like idea. 한샐러리맨적 발상.)/家庭的な雰囲気のレストラン」②~のような状態にある.「現実的な態度(Ea realistic attitude. 한현실적인 태도.)//定期的(Eregular; periodic. 한정기적.)」③~からみて、~についての.「学問的に価値がある/芸術的才能(Eartistic talent. 한예술적 재능.)」④~にかなう. ~に合った.

「論理的に正しい(Ebe logically correct. 한논리적으로 바르다.)//人道的立場」

でき 【出来】デキ ①できあがった状態. Eworkmanship; make. 한완성된 상태, 만듦새.「この絵はすばらしいできだ//あまりできがよくない映画」②農作物が育ち, 実ったよう. Ea crop. 한(농산물의) 작황, 결실, 수확.「今年はリンゴのできがよく, 甘くて大きい実がたくさんなった」③成績. Eone's grades; the result. 한성적.「わたしは高校時代, 数学のできが悪かった」▷自動出来る

できあがる 【出来上がる】デキアガル, デキアガル〔自動五〕(できあがって)すっかりつくられる. 完成する. Ebe completed. 한완성되다.「新しい橋が2年かかってできあがった」名出来上がり

てきおう 【適応】テキオー〔〜する〕①ある条件や状況にうまくあてはまること. Ewell-suited; appropriate. 한적응.「子供の能力に適応した教育をする」②環境に合うように変わること. Eadapt oneself to. 한적응.「生活の変化に適応できない人は, 外国で暮らすことはむずかしい」

てきかく 【的確・適確】テキカク ①判断や指摘が, 的をはずれず, 正確なようす. てっかく. Eaccurate; exact. 한적확, 정확.「京子の批評は的確で, 反論の余地がない//この訳者は的確な訳語をあてている」対不的確 ②よくあてはまって確かなようす. てっかく. Eprecisely. 한적확.「経済の動きを適確に予想するのは困難だ」対不適確
≡注①は「的確」, ②は「適確」.

てきぎ 【適宜】テキギ, テキギ ①その時と場に最もふさわしいようす. Eappropriately; suitably. 한적의, 적당.「時間や人数を考えて仕事を適宜分担する」②思うとおりにするようす. Eas one sees fit; as one pleases. 한임의로, 재량껏.「事務所の中のものは, 適宜お使いください」

できごころ 【出来心】デキゴコロ ふと起こったよくない考え. Ea sudden impulse. 한우발적인 충동.「机の上にあった1万円札を, ついできごころでポケットに入れてしまった」

できごと 【出来事】デキゴト 世の中で起こったいろいろなこと. Ean event; an incident; a happening. 한일어난 일, 사건.「新聞を読むと世界のできごとがよくわかる//今年のわが家のいちばん大きなできごとは引っ越しだった」
≡参「事件」も似ているが, 「事件」が社会で話題になるような変わったことが起こったときにいうのに対して, 「できごと」は社会のレベルだけでなく, 個人のレベルで日常生活の中で思いがけず起こったことなどもふくむ. また, 「事件」が好ましくないことに使うのに対して, 「できごと」はいいことにも悪いことにも使う.

てきざいてきしょ 【適材適所】テキザイテキショ 人の能力や才能を評価して, その人にふさわしい仕事をさせたり地位に置いたりすること. Ethe right person in the right place. 한적재적소.「組織の中では適材適所に人を配置することがたいせつだ」

テキスト (text)テキスト, テキスト ①〔←テキストブック(textbook)〕教科書. Ea textbook. 한텍스트, 교과서, 교재.「初級のテキスト」②本文. Ethe text. 한텍스트, 본문.「最初にテキストを読み, つぎに文法説明を見る」③原文. 原典. Ethe text. 한텍스트, 원문, 원전.「シェークスピアのテキストと現代語訳を比べる」▷数①1冊

てき・する 【適する】テキスル〔自動する〕①ちょうどうまくあてはまる. 適す. Ebe suitable for. 한알맞다, 적당하다.「この地方の気候はくだものをつくるのに適している//水泳に適した海岸」②あることをするのにふさわしい資格や能力がある. 適す. Ebe qualified; be suited to. 한적합하다, 적격이다.「議長には洋子がいちばん適している//能力に適した仕事」

てきせい 【適性】テキセイ 人の質質, 能力などがそのことに適していること. また, その性質, 能力. Efitness; aptitude. 한적성.「職業を選ぶのには自分の適性を知ることがだいじだ//適性検査」

てきせつ 【適切】テキセツ その場に正しくあてはまるようす. Esuitably; proper. 한적절.「通訳する人は状況に合わせて適切に訳さなければならない//医者の適切な手当てで命を取りとめた」対不適切

できそこない 〖出来損ない〗デキソコナイ ①品物の性能や作品のできばえがひどく悪いもの. Ea failure; a waste product. 한실패작, 불량품.「このパンはかたくてできそこないだ//できそこないの茶碗」②能力などがひどくおとる人. Ea good-for-nothing. 한불출, 팔푼이.「『おまえはきょうだいの中のできそこないだ』と兄に言われてけんかしてしまった」▷自動出来損なう

できたて 【出来たて】デキタテ 品物や食べ物などができたばかりであること. また, その品物や食べ物. Ejust made; brand-new; fresh. 한갓(막) 만들어 냄, 그런 것.「みそ汁はできたてがおいしい//できたてのほやほや (Epiping hot; steaming hot. 한갓 만들어 따끈따끈함.)」

てきど 【適度】デキド ちょうどいい程度. Emoderate; temperate. 한알맞음, 적당한 정도.「健康のためには適度の飲食と適度の運動が必要だ」対過度

てきとう 【適当】テキトー ①ちょうどいいようす. Eappropriate; suitable. 한적당.「適当なことばを補って文を完成しなさい//タイ語を習いたいが, 適当な学校はないだろうか」対不適当 ②いいかげんなようす. Eirresponsible; whimsical. 한무책임함, 슬쩍 얼버무림.「あの人はいつも適当なことばかり言うので信用できない」▷話②

てきぱき デキパキ〔~する〕すばやく, つぎつぎと, 適切に行うようす. Ein a crisp manner; efficiently. 한척척, 재깍재깍.「道子は部下にてきぱき(と)指示を与え, 仕事をうまく処理している//用事をてきぱき(と)片づける」対ぐずぐず

てきびし・い 【手厳しい】テキビシイ 処置のしかたが非常に厳しい. Eharsh; severe. 한준엄하다, 호되다.「国民の手厳しい批判を浴びて, 政府は政策を変更した」対手ぬるい

で・きる 【出来る】デキル〔自動一〕①ものごとが新しく起こる. 生まれる. Ecome up; form; be born. 한생기다; 태어나다.「急用ができた//しわができる//赤ん坊ができる」
②ものごとが新しくつくられる. 完成する. Ebe built; be completed. 한생기다; 완성되다.「駅前にレストランができた//橋ができる」
③能力がある. 得意だ. Ebe good at; be capable of. 한능력이 있다, 잘하다.「二郎はタイ語ができる//洋子は数学がよくできる」
④なにかをすることが可能だ. Ecan do; be able to do. 한할 수 있다, 가능하다.「このテニスコートはだれでも利用できる//できる相談とできない相談がある」
⑤(「できた[ている]」の形で)人柄などがすぐれている. Emature. 한(인품이) 드레지다, 되다.「道子は若いのに, なかなかできた人だ」

▷ 名 出来

≡ 注 ③④⑤はひらがなで書く.

できるだけ デキルダケ 可能な限り. Ⓔas ~ as possible; do one's utmost. 핸가능한 한, 되도록.「あすの集まりにはできるだけ早く来てください//老いた両親に、できるだけのことはするつもりだ」

てぎわ【手際】テギワ, テギワ ものごとを処理する方法. Ⓔefficiency; skill. 핸솜씨, 수완.「会場に集まったおおぜいの人を手ぎわよく入場させた//引っ越しの準備の手ぎわがいい」

てぐすねひく【手ぐすね引く】じゅうぶんに準備して機会を待つ. Ⓔbe on the lookout for; be ready for. 핸만단의 준비를 하고 기다리다.「子供たちは、けんかの相手を手ぐすね引いて待っていた」

でぐち【出口】デグチ 建物などの外へ出る所. Ⓔan exit. 핸출구.「駅の出口で友達と待ち合わせる」 対 入り口

てくてく テクテク 遠くまで、同じ調子で歩き続けるようす.「駅までバスで15分だが、健康のため毎朝てくてく(と)歩いている(Ⓔ It's fifteen minutes to the station by bus, but every morning I walk it for my health. 핸역까지 버스로 15분 걸리지만, 건강을 위해 매일 아침 서뿐서뿐 걷고 있다.)」

テクノストレス (techno-stress) テクノストレス コンピューターなどの新しい技術が要求されるようになった労働者が、対応しきれなくて感じる精神的な負担. Ⓔtechno-stress. 핸테크노스트레스.「新しい事務機器がつぎつぎに導入されて、テクノストレスを感じる人が増えた」

テクノロジー (technology) テクノロジー 科学技術. Ⓔtechnology. 핸테크놀로지, 과학 기술.「テクノロジーの発達で日常生活も大きく変化してきた//バイオテクノロジー(→項目)」

てくび【手首】テクビ 腕と手のひらがつながっている部分. Ⓔa wrist. 핸손목.「左の手首に腕時計をはめる//そでが手首までくるシャツ」→手図

でくわ・す【出くわす】デクワス, デクワス〔自動五〕(でくわして) 偶然に行き合う. 出っくわす. Ⓔmeet with; come across. 핸우연히 만나다, 맞닥뜨리다.「思ってもいなかったことに出くわす//町でむかしの友達に出くわした」

てこいれ【てこ入れ】テコイレ〔~する〕事業などのうまくいかないところを助けるために外部から援助すること. Ⓔbolster up; beef up. 핸(난국 타개를 위한) 지원〔보강〕조치.「倒産しそうな会社に、力のある人を送っててこ入れする」

てごころをくわえる【手心を加える】相手の事情を考えに入れて、ふつうよりゆるやかな処置をとる. Ⓔtake into consideration; make allowances for. 핸(사정을 참작하여) 후하게 봐주다.「どんな理由があっても、試験の結果に手心を加えることは許されない」

てこず・る テコズル〔自動五〕(てこずって) うまくいかないで取り扱いに困る. Ⓔhave much trouble. 핸애먹다, 속을 썩이다.「質問の意味がわからず、答えを書くのにてこずった//母はわがままな弟にてこずっている」

てごたえ【手ごたえ】テゴタエ ①打ったりさわったりしたときに手に受ける感じ. Ⓔa tug; a reaction. 핸손에 전해지는 감촉〔느낌〕; 손맛.「釣りざおに手ごたえがあったからリールを巻いた」 ②働きかけに対する反応や効果. Ⓔa response; an effect. 핸반응; 보람.「一生懸命教えても、学生たちの手ごた

えがさっぱりない」

でこぼこ 【凸凹】デコボコ, デコボコ〔~する〕①表面に高い所と低い所があり、平らでないこと. ⒺUneven; bumpy. 圏요철, 울퉁불퉁.「工事用のトラックが毎日通るので、道でこぼこになっている」対平ら ②数や量のつりあいがとれていないこと. Ⓔinequality. 圏불균형, 들쭉날쭉.「みんな同じ仕事をしているのに給料にでこぼこがある」

てごわ・い 【手ごわい】テゴワイ, テゴワイ 強くて、油断ができない. Ⓔtough; formidable. 圏만만찮다, 벅차다.「二郎は実力があるので、競争相手としては手ごわい//手ごわい敵と戦う」

デザート (dessert)デザート 食後に食べる菓子やくだものなど. Ⓔ(a) dessert. 圏디저트, 후식.「デザートはチーズケーキにする//イチゴのデザート」

デザイン (design)デザイン〔~する〕工芸、製品などの色や形についての工夫. また、それを考えること. Ⓔa design. 圏디자인.「はなやかなデザインのパーティードレスを注文する//シンプルなデザインの家具」

でし 【弟子】デシ 先生について教えを受ける人. Ⓔa pupil; a disciple. 圏제자.「山田教授は弟子を厳しく育てるので有名だ//イエスと12人の弟子//弟子入り(Ⓔbecome the pupil of. 圏제자가 됨, 입문.)」

てしおにかける 【手塩にかける】初めからたいせつに世話をする. Ⓔwith tender care. 圏손수 돌보아 기르다, 공들여 기르다.「手塩にかけて育てた子牛を市場に出す」

デジタル (digital)デジタル 数や量やデータを数字で表すこと. 計数式. Ⓔdigital. 圏디지털.「デジタル時計//デジタル表示(Ⓔa digital indicator. 圏디지털 표시.)」対アナログ

てじな 【手品】テジナ ハンカチ、トランプなどの小道具を使って不思議なことをしてみせる芸. Ⓔmagic; a conjuring trick. 圏요술, 마술.「ハンカチを消す手品を習って忘年会でやってみた//手品のたねを明かす(Ⓔdisclose magic technique. 圏마술의 비밀을 밝히다.)」

でしゃば・る 【出しゃばる】デシャバル〔自動五〕(でしゃばって) するべきでないことまで、よけいに口出ししたり手出ししたりする. また、ほかの人を押しのけてまでする(Ⓔpush oneself forward; poke one's nose into. 圏주제넘게 나서다.「彼は議長でもないのに、でしゃばってどんどん議事を進めてしまう//子供のけんかに親がでしゃばって、ことが大きくなった」話 名出しゃばり

てじゅん 【手順】テジュン, テジュン ものごとを行う順序. Ⓔ(a) procedure; arrangements. 圏수순, 순서, 절차.「仕事が多くても、みんなで手順よく片づければ早く終わる//手順が悪くて準備に時間がかかる」

です ①「だ」「である」の丁寧な言い方.「この方が山田先生です(Ⓔthis is Professor Yamada. 圏이분이 야마다 선생님입니다.)//わたしの家はここです//ニュースの時間です//買いたいんですが、お金がないんです」
②(形容詞の基本形について)その状態、性質などを丁寧にいう.「きょうはとても暑いです(ⒺIt is really hot today. 圏오늘은 매우 덥습니다.)」

てすう 【手数】テスー ものごとをするのにかかる労力や時間. てかず. Ⓔtrouble. 圏수고, 귀찮음 ; 시간.「お手数ですが、あすもういちど来てください//入国手続きに手数がかかる」

ですから デスカラ 「だから」の丁寧な言い方. Ⓔso; therefore. 圏그러니까, 그래서.「文章を書くことが好きでした. ですか

ら、小説家になりたいと思いました//コンピューターの世界は進歩が速いのです。ですから、いつも勉強しなければなりません」

テスト (test) テスト〔～する〕①試験をすること。また、その試験。Ea test; an examination. 한테스트、시험.「5課と6課を来週テストします//きょうの数学のテストはやさしかった」②試してみること。Ea test. 한테스트.「新しい製品のテストをする//テストケース(Ea test case. 한테스트 케이스.)」▷数①1題・1問

てすり 【手すり】テスリ 階段や橋や窓などについている、人がつかまったり、落ちないようにしたりするための横木。Ea handrail. 한난간.「足が悪いので階段の手すりにつかまって下りる」

階段　　手すり

てだすけ 【手助け】テダスケ〔～する〕人の仕事などの手伝いをして助けること。Ehelp; assistance. 한도움、조력、거듦.「ボランティア活動で、老人ホームの手助けをする//子供たちも家事の手助けができるようになった」

でたらめ デタラメ いいかげんなその場だけの思いつき。また、無責任で、筋が通らないこと。Enonsense; at random. 한엉터리, 아무렇게나 함.「裏の山を掘ると石油が出るなどというでたらめな話は信用できない//でたらめに答えを書いたら合っていた」

てちがい 【手違い】テチガイ ものごとの手順をまちがえること。Ea mistake; a hitch. 한착오、차질.「準備に手違いが起こって出発が遅れた」

てちょう 【手帳】テチョー 予定やメモなどを書き入れるために使う、小型のノート。Ea (pocket) notebook. 한수첩.「1週間の予定を手帳に書いておく」数1冊

てつ 【鉄】テツ ①銀白色のかたい金属。丈夫で重い。Eiron. 한철、쇠.「鉄でできたなべ」②①のようにかたいこと。Eiron ～. 한철(과 같이 단단함).「鉄の意志を持って目標に向かう」

てっかい 【撤回】テッカイ〔～する〕いちど出した意見、提案などを取り下げること。Ewithdraw; take back. 한철회.「状況が変わったので、先日出した案を撤回したい」

てつがく 【哲学】テツガク、テツガク ①理性の力で人生、世界、ものごとのあり方の根本原理を求めようとする学問。Ephilosophy. 한철학.「大学で哲学を専攻する//実存哲学(Eexistential philosophy. 한실존 철학.)」②自分の経験からえた、ものごとの基本的な考え方。Ethe philosophy (of life); one's way of thinking. 한철학.「すわって待っていてもなにも変わらない、というのがわたしの人生の哲学だ//経営哲学」

てっきり テッキリ きっとそうだと思っているようす。Esurely; no doubt. 한틀림없이、꼭.「てっきり落としたと思っていたかぎが、古いハンドバッグの中にあった//とてもよく似ているので、てっきり親子だと思った」

てっきんコンクリート 【鉄筋コンクリート】テッキンコンクリート コンクリートに鉄の棒を埋めこんで補強した構造物。地震、火事、台風などに強く、長持ちする。Ereinforced concrete; ferroconcrete. 한철근 콘크리트.「木造の家を鉄筋コンクリートに建て直す//鉄筋コンクリート3階建ての事務所」

てづくり 【手作り】テズクリ 自分の手でつくること。また、そのつくったもの。Ehandmade; homemade. 한수제(품)、손수 만듦.「客を手づくりの料理でもてなす」

てつけ 【手付け】テツケ 契約をするときなどに、そのことを実行する保証として先に渡しておく金。Ea deposit; earnest money. 한

계약금, 착수금.「マンションを買う契約をして、手付けを払った∥手付金」

てっ・する 【徹する】テッスル, テッスル〖自動する〗①最後まで１つのことをやりとおす. ⒺPut one's heart into. 韓철저하다, 일관하다.「きょうだけはお客のサービス係に徹して働こう∥わき役に徹する」②(「夜を徹して」の形で) １晩じゅう１つのことをして通すようす. Ⓔall night. 韓밤을 지새우다, 철야하다.「夜を徹して論文を書く」

てったい 【撤退】テッタイ〖～する〗軍隊や企業などが, 活動している場所から退くこと. Ⓔwithdraw from; evacuate. 韓철퇴, 철수.「軍隊は前線から撤退した∥事業を縮小するので海外から撤退する」

てつだ・う 【手伝う】テツダウ〖自他動五〗(てつだって) ①ほかの人の仕事を助けて, 自分もする. 手助けをする. Ⓔhelp; assist. 韓돕다, 거들다.「友達に引っ越しを手伝ってもらった∥父の農業を手伝う」②ある原因のうえにそれも加わって影響がある. Ⓔhelp; have a hand in. 韓겹치다, 가세하다.「山でけがをして動けなくなり、寒さも手伝って死んだ」▷ 名手伝い

≡注 ①は他動詞, ②は自動詞.

でっちあ・げる 【でっち上げる】デッチアゲル, デッチアゲル〖他動一〗①事実でないことを事実のようにつくりあげる. Ⓔframe up; make up. 韓날조하다, 조작하다, 꾸며내다.「警察はまじめな会社員を強盗犯人ででっちあげた」②間に合わせに急いでつくりあげる. Ⓔslap together. 韓벼락치기로 그럭저럭 만들어내다.「宿題の作文を30分ででっちあげる」▷ 語 名でっち上げ

てつづき 【手続き】テツヅキ〖～する〗ものごとを行うときに順序を踏んでしなければならないこと. Ⓔ(a) procedure; formalities. 韓수속.「合格通知を持って入学の手続きをしに行った∥出国手続き」

てってい 【徹底】テッテイ〖～する〗①行動, 考え, 態度などが中途はんぱでなく, 最後までじゅうぶんにいきとどいていること. Ⓔthorough; out-and-out. 韓철저.「京子は徹底した合理主義者だ」②すみずみまできわたること. Ⓔmake ～ generally known. 韓두루 미침, 철저히 알려짐.「休講の知らせが徹底していなかったらしく, 何人かの学生が教室へ来た」

てっていてき 【徹底的】テッテイテキ 徹底するようす. Ⓔthorough. 韓철저함.「多くの警官がやってきて, 家の中を徹底的に調べた∥徹底的な調査の結果, 事故の原因がわかった」対不徹底

てつどう 【鉄道】テツドー レールを敷き, 車両を走らせて人やものを運ぶ機関. Ⓔa railroad; a railway. 韓철도.「全国に鉄道が網の目のようにひろがっている∥国内を鉄道で旅行する∥大陸横断鉄道」数１本

てっとりばや・い 【手っ取り早い】テットリバヤイ 手間がかからない. Ⓔquick and easy; practical. 韓민첩하다, 재빠르다, 손쉽다.「他人に説明してやってもらうより, 自分でやったほうが手っ取り早い」

でっぷり デップリ〖～する〗非常に太っているようす. Ⓔbig and heavy; obese. 韓뚱뚱함.「あのおすもうさんは, でっぷり(と)太っている」

てつや 【徹夜】テツヤ〖～する〗夜の間ずっと寝ないで起きていること. Ⓔstay up all night. 韓철야, 밤새움.「試験勉強のため２晩徹夜した∥徹夜で看病をする」

てどり 【手取り】テドリ, テドリ 収入から税金などを引いた, 実際に自分の受け取る金額. Ⓔa net income; take-home pay. 韓(세금 등을 공제한) 순수입, 실수령액.「税金が高くなって, 去年より手取りが減っ

てなおし 【手直し】テナオシ〔～する〕不完全な部分を直すこと. Erevise; correct. 한불완전한 곳을 고침, 수정, 손질.「20年前に出した本を手直しして, 改めて出版する//現状に合わなくなった規定の手直しが必要だ」

でなお・す 【出直す】デナオス, デナオス〔自動五〕(でなおして) ①いちど帰って, もういちど出る. Ecome again; call again. 한(일단 되돌아갔다가) 다시 나오다.「財布を忘れたから, 出直してこよう」②初めから全部やり直す. Emake a fresh start. 한(처음부터) 다시 시작하다, 재출발하다.「事業に失敗したが, 気分を新しくして出直すつもりだ」▷名出直し

てなみ 【手並み】テナミ 仕事などをやりとげる能力, 技能. Eskill; performance. 한솜씨, 기량.「道子の乗馬の手並みはすばらしかった//お手並み拝見」

テニス (tennis) テニス 1人対1人, または2人対2人で, ネットをはさんでボールをラケットで打って点を取り合う競技. 庭球. Etennis. 한테니스.「テニスの合宿に伊豆へ行く」

てにをは テニオハ ①助詞の「て」「に」「を」「は」のこと. また, 助詞全体のこと. Eparticles. 한조사 て・に・を・は, 조사의 총칭.「日本語の勉強で『てにをは』はとてもたいせつだ//緊張して『てにをは』をまちがえてしまった」②基本的なことばの使い方. Egrammar; word usage. 한기본적인 말의 용법.「日本語を習うなら『てにをは』からきちんとやりなさい」

てぬき 【手抜き】テヌキ〔～する〕しなければならない手数や工程をはぶくこと. Ecorner-cutting; skimp. 한필요한 공정의 생략; 날림; 일품을 덞.「工事の手抜きが大事故のもとになった//きょうの夕食は手抜きして残り物でしました」

てぬぐい 【手ぬぐい】テヌグイ 顔, 手, 体などをふく, もめん製の長方形の布. Ea towel; a facecloth. 한수건.「植木屋は仕事が終わると手ぬぐいを出して汗をふいた」数1枚・1本

参「タオル」も似ているが,「タオル」が洋風で織り方も厚くけばだっているのに対して,「手ぬぐい」は和風で織り方も薄い.

てぬる・い 【手ぬるい】テヌルイ, テヌルイ 処置のしかたに厳しさがたりない. Emild; lenient. 한미온적이다, 미적지근하다.「麻薬に対する警察の取り締まりが手ぬるい」対手厳しい

てのひら 【手のひら】テノヒラ, テノヒラ 手首から先の部分で, ものをつかむほうの面. Ethe palm of the hand. 한손바닥.「桜の花びらを手のひらに載せて眺める」対手の甲 →手図

手のひらを返すよう 人に対する態度を急に変えるようす. Echange one's attitude abruptly. 한손바닥을 뒤집듯 (태도를 표변함).「仕事を断ったら, 相手は手のひらを返すように冷たくなった」似た表現手の裏を返すよう

ては (動詞の「て」に続く形, 形容詞の「く」の形について) ①それをするとあとでよくないことが起こる条件を表す.「いくらカラオケが好きでも, そんなに歌っては声が出なくなるよ (ENo matter how much you may enjoy *karaoke*, if you keep singing like that, you're going to lose your voice. 한아무리 가라오케를 좋아해도 그렇게 노래를 하다가는 목소리가 나오지 않게 될 거야.)//そんなに食べては, 体に悪いよ」②同じ動作を繰り返すことを表す.「何度も書いては消して, やっと作文を書き終えた

(E)After writing and erasing over and over again, I've finished writing a composition at last. 한몇 번이고 썼다가는 지우면서 간신히 작문을 다 썼다.)」

では デワ ①〈文と文をつないで〉話題を変えるとき, ものごとを始めたり終えたりするとき, 別れるときに使うことば. Eｔhen; well; so. 한그러면, 그럼.「では, つぎの話に移りましょう//では, さようなら」
②⇒ては「そんなに酒を飲んでは病気になる」
③〈名詞, 形容動詞の語幹について〉～であっては. ～だとすると.「こんなに下手では, テニスの相手は見つからない//病気では働けない(E You can't work if you get sick. 한병에 걸려서는 일할 수 없다.)」

デパート デパート〔←デパートメントストア (department store)〕広い売り場でいろいろな商品を部門に分けて売っている大型の小売店. 百貨店. Eａ department store. 한백화점.「新宿のデパートへ買い物に行く//デパートのバーゲンセール」数１軒・１店

てはい 【手配】テハイ, テハイ〔～する〕①なにかを行うために必要な準備や連絡をすること. Earrangements; preparations. 한수배, 준비.「外国から客が来るのでホテルを手配した」②犯人を捕まえるために必要な処置をすること. E(a) search. 한수배.「警察は犯人を手配中である//指名手配(E put a criminal on the wanted list. 한지명 수배.)」

てばな・す 【手放す】テバナス〔他動五〕〔てばなして〕①だいじに持っていたものを他人に売ったり与えたりする. Epart with; sell. 한내놓다, 팔다, 처분하다.「事業に失敗して, 家や土地を手放した//これはわたしが手放した絵だ」②手もとにいたものを遠くへやる. Esend away. 한(자식 등을) 멀리 보

내다.「ピアニストにするために幼い娘を外国へ手放した」▷名手放し

でばなをくじく 【出ばなをくじく】相手がなにかをしようとしているときじゃまをして, 相手の気力をなくさせる. 出はなをくじく. Ebaffle a person at the start. 한초장에 기를 꺾다, 기선을 제압하다.「母にセーターを買ってと言おうとしたら, 今月は弟の受験と親戚の結婚式でお金がかかってたいへんだと言われ, 出ばなをくじかれてしまった」

てびき 【手引き・手引】テビキ, テビキ ①〔～する〕人を導くこと. 案内すること. Eguidance; lead. 한인도함, 안내함.「産業スパイは, 内部の者の手引きで秘密書類を持ちだした」②わかるように教え, 指導すること. また, そのための文書. Ea guide book; a handbook. 한알기 쉽게 가르쳐 이끎；안내서, 입문서.「海外旅行の手引きを読む//学習の手引」③引き合わせて, 力を貸すこと. Ean introduction; an influence. 한소개함；연줄, 주선.「伯父の手引きでＡ社に就職できた」
≡注 ①③は「手引き」, ②は「手引」.

てひど・い 【手ひどい】テヒドイ 与える打撃の程度が強いようすだ. Eheavy; severe. 한혹심하다, 호되다, 매섭다.「株の値下がりで手ひどい損害を受けた//この町は地震で手ひどい打撃を受けた」

てぶくろ 【手袋】テブクロ 寒さやけがから守るため, また, 飾りのために, 手にはめたり, 持ったりするもの. Egloves. 한장갑.「冬は寒いので手袋が必要だ//手袋をはめてスケートをする」数１組

てぶら 【手ぶら】テブラ 手になにも持たないこと. えものやみやげを持っていないこと. Ewithout taking a present (with one); empty-handed. 한빈손, 맨손.「人のうちに行くのに手ぶらはまずいから, 花でも買って

行こう//荷物は宅配便に頼んで，手ぶらで帰る」[話]

てほん【手本】テホン ①習いはじめの人が見てまねをして練習するための絵や字．[E]a copybook. [한]글씨본, 그림본.「手本を見ながら筆で字を書く」②行動や判断の見習うべき例．[E]a model; an example. [한]본보기, 모범.「スウェーデンの社会福祉行政を手本として，日本の老人福祉対策を考える」

てま【手間】テマ なにかをするのにかかる労力や時間．[E]time; labor; trouble. [한]품, 수고.「洗濯機や掃除機のおかげで，家事の手間がかからなくなった//手間を省く」

てまえ【手前】テマエ ①自分に近いほう．[E]this side; before. [한](자기의) 바로 앞, 눈앞; 이쪽.「手前にあるケーキを取って//郵便局の手前を右へ曲がる」②他の人に対する自分の立場，体裁．[E]since; out of consideration for. [한]체면, 면목.「はっきり約束した手前，いまさらいやだとは言えない」③自分のことを謙遜していう言い方．[E]I. [한]저.「手前がこの店の主人でございます」

でまえ【出前】デマエ {～する} 料理を，注文した人の家にとどけること．また，その料理．[E]home delivery of food to order. [한](주문한) 요리 배달, 배달 요리.「すし屋に電話して出前を頼む//急な客なので出前をとる」

てまえみそ【手前みそ】テマエミソ 自分のつくったものやしたことを自分でほめること．[E]blow one's own trumpet. [한]자화자찬.「手前みそになるが，わが社の製品は最高のものだ」

でまかせ【出任せ】デマカセ 思いつくままによく考えもしないで言うこと．[E]talk without thinking; speak at random. [한]입에서 나오는 대로 아무렇게나 말함.「一郎はよくでまかせの話をするから信用できない//二郎は，この薬を飲むと20歳は若くなるなどと口からでまかせを言う」

てまど・る【手間取る】テマドル〔自動五〕(てまどって) 思ったより時間がかかる．ひまがかかる．[E]take time; be delayed. [한]시간이 걸리다, 품이 들다.「入国の手続きにてまどる//準備にてまどって，遅刻してしまった」

でまわ・る【出回る】デマワル，デマワル〔自動五〕(でまわって) 品物があちこちの店に出る．[E]appear on the market. [한]출회하다, 나돌다.「白菜が大量に出まわる季節になった//偽物のブランド商品が出まわっている」

てみじか【手短】テミジカ 話などを簡単に短くするようす．[E]briefly; in short. [한]간략함, 간단함.「現在の状況を手短に説明する//きみの話は長すぎる．もっと手短にやってくれ」

でむかえ【出迎え】デムカエ ある場所まで人を迎えに行くこと．[E]go to meet someone. [한]출영, 마중.「ジョンは日本がはじめてだから，出迎えが必要だ//出迎えの人々」[対]見送り [他動]出迎える

ても(動詞の「て」に続く形，形容詞の「く」の形について) ①ある条件を示して，それと反対のことと結びつける．「この問題はいくら考えてもわからない[E]No matter how hard I think, I can't understand this problem. [한]이 문제는 아무리 생각해도 모르겠다．)//多少古くても住みやすい部屋がいい」②(「～ても…ても」の形で)いろいろしたが，効果がないことを表す．「家へ行っても電話をかけても，いつもいない([E]Whether I go to the house or call him, he is never home. [한]집에 가도, 전화를 걸어

でも デモ ①(文と文をつないで)(1)前にいったことと反対のことを後でいうときに使うことば。Ebut; however. 韓그러나, 하지만, 그렇지만. 「魚は好きです。でも、刺身は嫌いです」(2)相手の言ったことに対して弁解や言い訳を言うときに使うことば。Ebut. 韓그러나, 그런데. 「『もっと早く来なくちゃだめじゃないか』『でも、バスがなかなか来なくて』」
②それを例としてあげ、それがそうだから、ほかのものはもちろんそうだろうということを表す。でさえも。だって。「夏でもこんなに涼しいのだから、冬はさぞ寒いだろう(EWith summer this cool, it must be very cold in winter. 韓여름에도 이렇게 시원하니까 겨울은 필시 무척 추울 것이다.)//はじめての人でもつくれる料理だ」
③たとえ〜であっても。だって。「1人でも行きます(EI'll go even if I'm the only one. 韓혼자라도 가겠습니다.)//下手でも練習すればうまくなる」
④(「だれ」「どこ」「いつ」「どれ」「どんな」などについて)全部そうであることを表す。だって。「だれでも参加できる(EAnyone can participate. 韓누구든지 참가할 수 있다.)//どれでも好きなのを取りなさい」
⑤軽く一例として示す。「コーヒーでも飲もう(EHow about a cup of coffee or something? 韓커피라도 마시자.)//公園でも散歩しませんか」
⑥⇒ても「雨がやんでも傘をさしている//薬を飲んでも会社を休んでも、なかなかかぜが治らない」
▷話①

デモ デモ〔←デモンストレーション(demonstration)〕〔〜する〕要求を通すために集団で集会を持ったり行進したりすること。Ea demonstration. 韓데모. 「自衛隊機の海外派遣に反対するデモに参加する//デモ行進(Ea demonstration parade. 韓데모 행진.)//抗議デモ」

てもち 【手持ち】テモチ, テモチ 商品, 材料, 金銭などを手もとに持っていること。また, そのもの。Eon hand; with one; holdings. 韓(현재) 수중에 가지고 있음, 그 물건. 「手持ちの商品が売りきれたので, 工場から取り寄せる//手持ち外貨」

てもちぶさた 【手持ちぶさた】テモチブサタ なにもすることがなくて時間をどう過ごしていいかわからず困ること。Efeel ill at ease. 韓할 일이 없어 따분함, 무료함. 「父の代理でパーティーに出たが, 知らない人ばかりで手持ちぶさただった」

てもと 【手元】テモト ①手のそば。Eat hand; on hand. 韓바로 옆, 곁, 신변. 「辞書を手もとに置いて調べながら読む」②手の働き。Ehand movement. 韓손놀림. 「料理をしているとき, 手もとが狂って指を切ってしまった」

デモンストレーション (demonstration) デモンストレーション〔〜する〕①⇒デモ「大がかりなデモンストレーションで, 政府の方針に反対する意思を表明する」②宣伝などのために行う実演。Ea demonstration. 韓(상품 등의 선전을 위한) 실연(實演). 「講習会で新しい製品の使い方のデモンストレーションをする」

てら 【寺】テラ 仏教の僧が住み, 仏像をまつり, 仏事を行ったり修行をしたりする所。Ea (Buddhist) temple. 韓절. 「京都には寺がたくさんある//寺まいり」

てら・す 【照らす】テラス〔他動五〕(てらして) ①光を当てて明るくする。Eshine; light up. 韓비추다, 빛을 비추어 밝히다. 「夜道が暗いので, 足もとを懐中電灯で

照らして歩く//ライトで照らされた舞台」②見比べる. Ecompare with; check with. 한대조하다, 참조하다.「原文に照らして1語1語検討する//照らし合わせる」▷自動照る

デラックス (⑦de luxe) デラックス 高級で豪華なようす. Edeluxe. 한디럭스, 고급, 호화스러움.「デラックスなホテルに泊まって, 一流のレストランで食事をする//高価な家具や置物で飾ったデラックスな部屋」

デリケート (delicate) デリケート, デリケート ①感じやすいようす. Esensitive. 한델리키트, 섬세함.「相手はデリケートな神経の持ち主だから, ことばに気をつけよう」②細かいところに重要な意味があるようす. Edelicate. 한델리키트, 미묘함.「デリケートな問題なので慎重に取り扱う」

てりやき 【照り焼き】テリヤキ 魚の切り身を, みりんとしょうゆなどをまぜた汁につけてから焼くこと. また, その料理. Ebroil fish with sweetened soy sauce. 한생선 토막에 양념장을 발라서 구움, 그 생선구이.「ブリの切り身を照り焼きにする」

てる「ている」のくだけた言い方. 動作や状態がずっと続くことを表す.「いま, お弁当つくってるから, もうちょっと待って(EI'm making your lunch right now. Just wait a minute. 한지금 도시락을 만들고 있으니까 잠깐 기다려.)//まだ雨が降ってる」話

て・る 【照る】テル〔自動五〕(てって) ①太陽や月などが光って明るくなる. Eshine. 한비치다, 빛나다.「きょうも朝から日が照って暑くなりそうだ//月が照る夜//照りつける」②晴れる. Eshine; be fine. 한(날이) 개다.「降っても照っても旅行に出発する」他動照らす

でる 【出る】デル〔自動一〕①中から外へ移る. Eleave; go out. 한나가다, 나오다, 나서다.「5時に会社を出る//庭に出る」対入る
②出発や発車をする. Edepart; leave; start. 한출발하다, 떠나다.「汽車は上野駅を出た//旅に出る」対戻る
③卒業する. Egraduate from. 한졸업하다.「大学を出て10年になる」対入る
④いきつく. Elead to; come to. 한다다르다, 도착하다.「つぎの角を左に行けば公園に出る」
⑤外に現れる. Erise; come up; show on. 한나타나다, 드러나다.「月が出る//喜びが顔に出ている」
⑥仕事や活動をするために, ある場所に現れる. Ego to; attend. 한나가다, 출근하다, 출석하다.「病気が治ったから, 会社に出る//クラス会に出る」
⑦出版されたり出版物に載ったりする. Ebe published; appear in. 한출판되다, (기사 등이) 게재되다.「雑誌の1月号が出る//新聞に出た広告」
⑧産出する. Ebe found; produce. 한나다, 산출되다.「この地帯は石油が出る」
⑨生じる. Erise; arise. 한생기다, 일어나다.「風が出る//欲が出る」
⑩売れる. Esell; be in demand. 한팔리다.「よく出る品をたくさん仕入れる」
▷他動出す

出るくいは打たれる めだったことをしたり才能を出しすぎたりすると, 憎まれたり, じゃまされたりする. EThe nail that sticks out will be hammered down. 한모난돌이 정 맞는다.

出る所へ出る 警察や裁判所などに訴え出て, ものごとを解決させる. Esettle a matter in court. 한법원(경찰)에 호소하여 일을 해결하다.「そんなに自分が正しいと言いはるなら, 出る所へ出てはっきりさせよう」

出る幕ではない 口を出すばあいではない. [E] It's none of your business. [한] 나설 자리가 아니다.「ここはおまえさんの出る幕ではない, 引っこんでいなさい」

てるてるぼうず【照る照る坊主】テルテルボーズ 天気が晴れるように願って, 軒先につるす, 紙でつくった人形. [E] a paper doll as a charm to bring fine weather. [한] 날씨가 개기를 기원하여 추녀 끝에 매다는 종이 인형.「あした遠足なので, 照る照る坊主をつくって窓の外につるした」

〔照る照る坊主〕

てれくさ・い【照れくさい】テレクサイ 自 自分のことを話題にされたり, 注目を浴びたりして, 恥ずかしい. [E] feel embarrassed. [한] 멋쩍다, 겸연쩍다.「みんなの前でたいへんほめられて照れくさかった//こんなにめだつ服を着て学校へ行くのは照れくさい」

テレビ テレビ〔←テレビジョン(television)〕①実際の景色ようすを電気信号に変え, 無線または有線で送ったものを受けて画像に再生する仕組み. また, その受像機. [E] a TV; a television. [한] 텔레비전.「画面の大きいテレビを買う//カラーテレビ」
②「①」の放送番組. [E] a TV program. [한] TV 프로그램.「今夜のテレビはおもしろかった」▷数①1台, ②1本

テレホンカード (telephone card) テレホンカード 公衆電話で, 硬貨の代わりに使う磁気カード. [E] a (prepaid) telephone card. [한] 전화 카드.「テレホンカードを使って国際電話をかける」数 1枚

て・れる【照れる】テレル〔自動一〕自分のことを話題にされたり, 注目を浴びたりして, 恥ずかしくなる. きまりが悪くなる. [E] feel embarrassed; feel awkward. [한] 수줍어하다, 쑥스러워하다.「困っていた人を助けただけなのに, いちばん勇敢な人だとほめられて, すっかり照れてしまった//照れて頭をかく」[名]照れ →はにかむ

〔照れる〕

てん【天】テン ①大空. [E] the sky; the heavens. [한] 하늘.「天には無数の星がきらめいている//絶望して天を見上げる」対地 ②神, 精霊などのいる所. 天国. [E] Heaven; Paradise. [한] 천국.「死んだ母が天からわたしを見守っていてくれる」③神. [E] God. [한] 신, 하느님.「天の声を聞く//天の守りがある」

天高く馬肥ゆる秋 秋になって空が青くきれいに晴れて高く感じられ, 農作物もできて馬も太るということ, 秋がいい季節であることをいう. [E] in autumn, when the sky is high and clear, and horses grow fat and sturdy. [한] 천고마비지 추.

てん【点】テン ①小さなしるし. [E] a dot; a point. [한] 점.「空の飛行機が点になって消えた//点と点を結ぶ」
②文を区切って読みやすくするしるし. 読点. 記号は「、」. [E] a punctuation mark. [한] (문장에서) 쉼표.「点のところで文を区切って読む」
③漢字の「犬」や「玉」についている「、」. [E] the small mark like a comma in Chinese characters. [한] (한자의 한 획으로서의) 점.「点をつけるのを忘れると, 別の字になってしまう」
④成績, 得点, 評価などを表す数. [E] a mark; a point. [한] 평점, 점수.「点がたりなくて合格できなかった//なかなか点が入らない//甘い点をつける」
⑤特に問題として取りあげるところ. [E] a

point; a respect. 한(특정한) 사항, 점. 「新しい計画書の中でこの点がたいせつだ//わからない点が2つある//問題点」
⑥(名詞の後について) ある決まった場所. 「出発点(Ea starting point. 한출발점.)//到着点」
⑦(数を表すことばの後について) (1)試験や競技などでえたものの数を表す.「試験は100点だった(EI got 100 marks on the test. 한시험은 100점이었다.)//野球の試合で8点取って勝った」(2)品物の数を表す.「きょうはこの商品が5点売れた//品物が2点残った(EThere are two pieces of merchandise left. 한물건이 두 점 남았다.)」

-てん 【-店】(他のことばについて) みせ.「喫茶店(→項目)//小売店(Ea retail store. 한소매점.)//書店(→項目)」

-てん 【-展】(他のことばについて) 展覧会.「フランス美術展(EA French art exhibit. 한프랑스 미술전.)//日本画展//書道展(Ea calligraphy exhibit. 한서도전, 서예전.)」

てんい 【転移】テンイ, テンイ〔~する〕がんなどがほかの場所へ移ること. Emetastasize; spread. 한전이.「手術したら, がんが体じゅうに転移していることがわかった」

てんいん 【店員】テンイン 商店に勤めている人. Ea salesclerk. 한점원.「デパートの店員に, ガラスケースの中の商品を出してもらった」

てんか 【天下】テンカ ①世の中. 世界. Ethe world. 한천하, 세계.「天下を驚かすような大事件が起こる」②その国全体. 全国. Ethe whole country. 한전국.「徳川家康は天下にその名を知られた//天下を治める」③実権をにぎって思うままにふるまうこと. Ebe in one's element; have one's own way. 한~이 마음대로 하는 세상.「現代は子供の天下の時代だ//かかあ天下(→項目)」④(「天下の」の形で)世の中で有名であること. Eworld-famous. 한세계적으로 유명함.「洋子は天下のピアニストとして各国を演奏旅行している」

天下を取る 全国を治める権利を自分のものにする. Econquer the whole country. 한천하를 제패하다, 정권을 장악하다.「激しい争いののち, 豊臣秀吉が天下を取った」

てんか 【添加】テンカ, テンカ〔~する〕他のものがつけ加わること. また, つけ加えること. Eadd. 한첨가.「ジャムに保存料を添加する//食品添加物(Efood additives. 한식품 첨가물.)」

てんか 【転嫁】テンカ, テンカ〔~する〕罪や責任などを他人のせいにすること. Eshift (responsibility) to a person. 한전가.「A大臣は, 金を受け取ったのは妻で自分ではないと, 責任を転嫁している」

てんかい 【展開】テンカイ〔~する〕①目の前につぎつぎと繰りひろげられること. Eunfold; develop. 한전개.「舞台の上でははなやかな場面が展開されている//熱戦を展開する」②ものごとがどんどん動き, 発展すること. Eexpand; develop. 한전개.「事件は意外な方向に展開した//論理的に文章を展開する」

てんかいっぴん 【天下一品】テンカイッピン, テンカ・イッピン 他に比べるものがないほどすぐれているものごと. Eunequaled; unparalleled. 한천하 일품.「あの店のウナギは天下一品だ//天下一品のすばらしい風景」

てんかん 【転換】テンカン〔~する〕ものごとや気分などがほかの方向に変わること. また, 変えること. Echange; convert. 한전환.「疲れたときは好きな音楽を聞いて気分を

転換する//配置転換(Ⓔreshuffle of personnel. 한배치 전환.)」

てんき 【天気】テンキ ①風, 雨, 温度などの状態. 空のようす. Ⓔthe weather. 한일기, 날씨.「きょうは蒸し暑い天気だ//天気予報(→項目)//天気図」②晴れ. Ⓔfine weather. 한맑은〔좋은〕날씨.「きのうは雨だったが, きょうは天気になった」③きげん. 気分. Ⓔa mood; a feeling. 한기분.「父の天気が変わらないうちに野球を見に行く約束をしておこう//お天気屋(Ⓔa moody person. 한변덕쟁이.)」
▷話③ →気候

でんき 【伝記】デンキ 個人の一生のできごとを書いたもの. Ⓔa biography. 한전기.「アインシュタインの伝記を読む//伝記文学」

でんき 【電気】デンキ ①エネルギーの一種. 電車を動かしたり, 電気器具を働かせたりするもとになるもの. 電力. Ⓔelectricity. 한전기.「電気でモーターを動かす//電気洗濯機/電気工学(Ⓔelectrical engineering. 한전기 공학.)」②電灯. Ⓔan electric light. 한전등.「部屋の電気をつけたまま寝てしまった」

でんきゅう 【電球】デンキュー 電灯の球. Ⓔa light bulb. 한전구.「クリスマスツリーにつけた小さな電球がついたり消えたりしてきれいだ//電球が切れたので新しいのにかえた」

てんきょ 【転居】テンキョ, テンキョ〔~する〕 住まいを別の場所に変えること. Ⓔmove; a change of address. 한전거, 이사.「都心から郊外に転居する//転居通知」 書

てんきよほう 【天気予報】テンキヨホー これからの天気のようすを予想して知らせること. また, その知らせ. Ⓔa weather forecast. 한일기 예보.「天気予報では, あすは晴れるそうだ//天気予報が当たった」

てんきん 【転勤】テンキン〔~する〕 1つの会社, 役所などの中で, 勤める場所が変わること. Ⓔbe transferred to. 한전근.「大阪の本社から広島の支社へ転勤になった//転勤が多い職場」

てんぐ 【天狗】テング ①人間の姿をしているが, 顔が異常に赤く, 鼻は高く, 自由に空を飛んで, 山奥に住むという, 想像上の生き物. Ⓔa tengu; a longnosed goblin. 〔天狗①〕 한사람의 형상을 한, 코가 큰 상상의 괴물.「この山にはむかし力の強い天狗が住んでいたそうだ」②自慢すること. また, その人. Ⓔget conceited. 한자랑하며 우쭐댐, 그런 사람.「弟は大学の試験に受かって天狗になっている//釣り天狗」

てんけいてき 【典型的】テンケイテキ 同じ種類の中で, その特徴をいちばんよく表し, その種類を代表しているようす. Ⓔtypical. 한전형적.「うちの子猫は毛が短く顔のまるい, 典型的な日本猫だ//この台風は, 短時間に集中的に雨を降らす典型的な夏型台風だ」

でんげん 【電源】デンゲン, デンゲン ①電流を回路に流す源. Ⓔa power supply; an outlet. 한전원.「電気工事をする前に電源を切っておく//電源がないと電気器具が使えない」②電気をつくりだし, 供給する源. Ⓔa power source. 한전원.「このダムが市民の電源になっている//電源開発(Ⓔdevelopment of power resources. 한전원 개발.)」

てんこう 【天候】テンコー ある期間を通しての天気の状態. Ⓔthe weather. 한일기, 날씨.「天候が不順だから, 体をこわさないように気をつけてください//天候に恵まれて農作物がよく育った」→気候

でんこうせっか【電光石火】デンコーセッカ 非常に短い時間。また、非常にすばやいこと。Elike a shot; as quick as lightning. 韓電光石火。「首相は電光石火の早業で内閣改造を行った//電光石火の決定」
参「電光」は稲妻の光、「石火」は石を打ったときに出る火。どちらも一瞬のものであることから、非常に速い意味を表す。

てんごく【天国】テンゴク ①神の国。天上にあるという理想的な世界。E Heaven; Paradise. 韓天国、天堂。「多くの人たちが、死後、天国へ行けると信じている」対地獄 ②悩みや危険のない楽しい所。E a paradise. 韓天国、楽園。「この遊び場は、車も通らないし、緑も多いし、子供の天国だ//歩行者天国(Es street temporarily converted to pedestrian use; a vehicle-free promenade. 韓歩行者天国。)」

でんごん【伝言】デンゴン〔~する〕人に頼んで相手に用件を伝えてもらうこと。また、そのことば。E a message. 韓伝言、伝喝。「電話をしたが、相手が留守だったので、家の人に伝言を頼んだ//駅の伝言板」

てんさい【天才】テンサイ 生まれつき持っている特別すぐれた才能。また、そういう才能を持った人。E a genius. 韓天才。「モーツァルトは小さいときから天才といわれた//天才教育(E education of gifted children. 韓天才教育。)」「天才児」対凡才

てんさい【天災】テンサイ 台風、地震、雷などの自然現象によって起こされる災害。E a natural calamity. 韓天災。「大雨による住宅地の山くずれは天災とも人災ともいえる//天災は忘れたころにやってくる」対人災

てんさく【添削】テンサク〔~する〕他人の文章や答案などを直すこと。E correction. 韓添削。「学期末は、試験の答案の採点と添削で忙しい//作文の添削をしてもらう」

てんじ【点字】テンジ 目の不自由な人が指でさわって読む、文字の代わりになる立体的な符号。E braille. 韓点字。「新聞記事を点字に訳す//点字本」

てんじ【展示】テンジ〔~する〕商品、作品などを並べて、一般の人に見せること。E exhibit; display. 韓展示。「ショールームにワープロの新しい製品が展示されている//民芸品を展示する//展示会」

でんしけいさんき【電子計算機】デンシケイサンキ ⇒コンピューター「電子計算機の発達によって事務処理が簡単にできるようになった//大型電子計算機」

でんしゃ【電車】デンシャ、デンシャ 電気の力でレールの上を走る乗り物。E a train; a streetcar. 韓電車。「電車で学校へ通う//朝の電車はこんでいて乗れないことがある//電車賃//特急電車」数1本、車両は1両

てんじょう【天井】テンジョー ①部屋の上の、板などを張った部分。E the ceiling. 韓天井。「天井から電灯が下がっている//天井裏」対床 ②物価、相場などの最高値。E the ceiling price. 韓最高時勢。「株はいまが天井だろう//天井知らず(E sky-rocketing. 韓天井不知。)」対底 ▷→座敷図

でんしレンジ【電子レンジ】デンシレンジ 高周波を熱に変え、短時間に食品を調理する器具。E a microwave oven. 韓電子レインジ。「冷めたスープを電子レンジで温めてから食卓に出す」数1台

〔電子レンジ〕

てんしんらんまん【天真爛漫】テンシンランマン ことばや行いが自然で無邪気なようす。E simple and innocent; naive and

でんせつ 【伝説】デンセツ むかしから言い伝えられてきた話. Ea legend; a tradition. 한전설.「この松原には天から女の人が舞いおりたという伝説がある//伝説上の人物」

でんせん 【伝染】デンセン〔~する〕①病気が他の人にうつること. Ebe infectious; be contagious. 한전염.「かぜは伝染するから、冬は人ごみの中に行かないほうがいい//伝染病」②ある状態が他の人にうつること. Einfect another person. 한전염.「わたしのあくびがとなりにすわっていた人に伝染した」

てんたい 【天体】テンタイ 太陽、月、星など、宇宙にある物体. Ea celestial body. 한천체.「天文学は天体を研究する学問だ//天体観測」

でんたく 【電卓】デンタク 「電子式卓上計算機」を略した言い方. 足し算、引き算、掛け算、割り算などの計算をするための小型計算機. Ean electronic (pocket) calculator. 한탁상용 전자 계산기.「外国の旅行客が電卓で計算しながら買い物をしている」数 1台

でんたつ 【伝達】デンタツ〔~する〕①連絡したいことなどを他の人に伝えること. Etransmit; notify. 한전달.「社長の指示を社員に伝達する」②話す人が自分の気持ちや考えを、聞く人に伝えること. Ecommunicate. 한전달.「外国語で自分の気持ちを伝達することは容易ではない」▷書

てんち 【天地】テンチ ①天と地. Eheaven and earth; the world; nature. 한천지, 하늘과 땅.「春になり天地は生き生きとしてきた//広々とした天地」②世界、世の中. Ea world; a land. 한세계, 세상.「新しい天地を求めて海外へ旅立つ//自由の天地」③本や荷物などの上の部分と下の部分. Etop and bottom. 한(책・짐 등의) 위아래.「今度出す本は天地を縮めて小型にしよう//天地無用(=箱や荷物などの上下をさかさまにしてはいけないということ)」

でんち 【電池】デンチ 化学作用によって電流を起こす装置. Ea battery. 한전지.「小型ラジオの電池をとりかえる//乾電池(Ea dry battery. 한건전지.)/蓄電池(Ea storage battery. 한축전지.)」数 1本

でんちゅう 【電柱】デンチュー 電線を支えている柱. 電信柱. Ea utility pole; a telephone pole. 한전주, 전신주.「電柱に広告がはってある//電柱にトラックが衝突した」数 1本

〔電柱〕

てんてき 【点滴】テンテキ〔~する〕つり下げた瓶から薬液をすこしずつ血管に送りこむこと. Ean intravenous drip. 한점적 주사.「栄養をつけるため毎日患者に点滴を行う」

てんてこまい 【てんてこ舞い】テンテコマイ〔~する〕休むひまもなく忙しく動きまわること. Ebe tremendously busy; be in a bustle. 한(몹시 바빠서) 이리 뛰고 저리 뜀, 눈코 뜰 새 없이 바쁨.「急におおぜいの来客があって、てんてこまいした//会議の準備で、きょうはてんてこまいの忙しさだ」

てんでに テンデニ、テンデニ ひとりひとり自由に行動するようす. Eeach of ~ in one's own way. 한제각기, 각자, 저마다.「会員がてんでに要求を出すので、なかなか会の意見がまとまらない」話
　参「手に手に」からできたことば.

てんてん 【点点】テンテン、テンテン ①2つ以上の点. Edots; spots; specks. 한몇 개의 점；얼룩, 반점.「テントウムシには

点々がある」②(「点々と」の形で)(1)あちこちに散らばっているようす. E scattered; here and there. 한 띄엄띄엄, 점점이.「暗い海に船の灯が点々と見える」(2)上からしずくが落ちてくるようす. E in drops. 한 방울방울, 뚝뚝.「けがの傷口から点々と血がしたたり落ちた」

てんてんと【転々と】テンテント, テンテント〔～する〕①まるいものが転がるようす.「ボールが転々と転がっていった(E The ball went rolling. 한 볼이 데굴데굴 굴러갔다.)」②つぎつぎと移っていくようす.「転勤が多く, 日本じゅうを転々としている(E I get transferred often and have been all over Japan. 한 전근이 많아 일본 각지를 전전하고 있다.)//転々と職を変える」

でんと　デント ①大きくて重いものが置いてあるようす.「部屋の中央に, 大きなテーブルがでんと置いてある(E There is a big table sitting in the middle of the room. 한 방 중앙에 큰 테이블이 육중하게 놓여 있다.)」②落ちついていて動かないようす.「社長室のいすに, でんとすわっている(E He is sitting firmly planted in a chair in the company president's office. 한 사장실의 의자에 의젓하게 앉아 있다.)」▷話

てんとう【転倒】テントー〔～する〕①転んでひっくりかえること. E fall down. 한 전도, 넘어짐, 쓰러짐.「オートバイに乗っていて転倒した」②上と下や順序が反対になること. また, 反対にすること. E reverse. 한 전도.「本末転倒(→項目)//主客転倒」③ひどくあわてて心の落ちつきを失うこと. E lose one's presence of mind; be upset. 한 어쩔 줄을 모름, 당황함.「交通事故を起こして気が転倒し, 道路にすわりこんでしまった」

でんとう【伝統】デントー　前の時代からずっと伝えられてきた, 精神的, 文化的なものや風俗, 習慣など. E (a) tradition. 한 전통.「新しい文化の波に押され古い伝統を持つ芸能が消えていく//伝統を受けつぐ//伝統文化」

でんとう【電灯】デントー　電流を通して光を出す明かり. E a light; an electric light. 한 전등.「夕方, 玄関の電灯をつける//懐中電灯(→項目)」

てんとりむし【点取り虫】テントリムシ　学校の成績で, いい点を取ることだけを考えている学生を悪くいう言い方. E a grind; a swot. 한 점수 따기에만 급급하는 학생, 점수벌레.「道子は点取り虫だから, 試験の2カ月も前から準備を始める」

てんねん【天然】テンネン, テンネン　人間の手を加えていない自然のままの状態. E natural. 한 천연.「天然の色を人工的につくりだすことはむずかしい//天然記念物(E a protected plant〔animal〕. 한 천연 기념물.)//天然資源」対人工

てんのう【天皇】テンノー ①日本国憲法で決められた, 日本国および日本国民統合の象徴の地位にある個人. E the Emperor. 한 천황.「天皇が国会を召集する//天皇陛下(E His Majesty the Emperor. 한 천황 폐하.)//天皇制」②ある分野で非常な勢力や権力を持っている人. E an emperor; a leading figure. 한 (그 분야의) 황제.「財界の天皇と言われるK氏には, こわいものはない」

でんぱ【電波】デンパ　赤外線より波長が長い電磁波. テレビ, ラジオ, 通信などを送るのに使う. E a radio wave. 한 전파.「ニュースを電波に乗せて国じゅうに伝える//電波を流す//電波障害(E jamming. 한 전파 방해.)」

てんびき【天引き】テンビキ〔～する〕給

料などの支払いのときに，税金や保険料などを前もって引いておくこと．Ⓔdeduct．🇰🇷공제．「毎月，給料から税金が天引きされる//天引き貯金」

でんぴょう【伝票】デンピョー 銀行，会社，商店などで，金銭や品物の出し入れを記録して，関係者の間の連絡や責任をはっきりさせる小さな用紙．Ⓔa slip; a chit．🇰🇷전표．「品物を会社に納めるとき，伝票を一緒に渡す//伝票を整理する」 数1枚

てんびんにかける 2つのうちのどちらか1つを選ぶとき，両方のいい点と悪い点，損か得かを比べる．Ⓔweigh ～ against …; compare ～ with …．🇰🇷(우열·득실을) 저울질하다．「道子は結婚の相手として一郎と二郎をてんびんにかけている」 似た表現 はかりにかける

参「てんびん」は，はかりのこと．

電話をかけるときに使うことば

電話 Ⓔa telephone． 🇰🇷전화．
公衆電話 Ⓔa public telephone． 🇰🇷공중 전화．
電話番号 Ⓔa telephone number． 🇰🇷전화 번호．
市外局番 Ⓔan area code． 🇰🇷시외 국번．
内線番号 Ⓔan extension number． 🇰🇷내선 번호．
国際電話 Ⓔan international call． 🇰🇷국제 전화．
コレクトコール Ⓔa collect call． 🇰🇷수신자 부담 전화．
テレホンカード Ⓔa (prepaid) telephone card． 🇰🇷전화 카드．
留守番電話 Ⓔan answer-phone． 🇰🇷자동 응답 전화．
話し中 ⒺThe line is busy． 🇰🇷통화 중．

電話をかけるときの言い方

A もしもし，山田さんのお宅ですか ⒺHello, is this Mr. Yamada's residence? 🇰🇷여보세요, 야마다 씨 댁입니까?

B はい，そうです ⒺYes, it is. 🇰🇷예, 그렇습니다.

A 私，ヤンですが，一郎さんいらっしゃいますか ⒺThis is Yan speaking. Is Ichiro there? 🇰🇷저는 양이라고 합니다만, 이치로 씨 계십니까?

B ただいま外出中ですが ⒺI'm sorry, he is out now. 🇰🇷지금 외출 중입니다만.

A では，あとでかけ直します ⒺThen I'll call again later. 🇰🇷그럼 나중에 다시 걸겠습니다.

A はい，東西銀行です ⒺHello, this is Tozai Bank. 🇰🇷예, 도자이 은행입니다.

B 田中さんをお願いします ⒺMay I speak to Mr. Tanaka? 🇰🇷다나카 씨를 부탁합니다.

A どちらさまですか ⒺWho's calling, please? 🇰🇷누구십니까?

B 山田と申します ⒺThis is Yamada speaking. 🇰🇷야마다라고 합니다.

A 少々お待ちください ⒺJust a moment, please. 🇰🇷잠시만 기다려 주세요.

てんぷく【転覆】テンプク〔～する〕ひっくりかえること．ひっくりかえすこと．Ⓔoverturn; overthrow. 㞬전복．「列車が脱線して転覆した//軍人が政府を転覆して実権をにぎった//転覆事故」

てんぷら（㋺tempêro）テンプラ 魚, 貝, 野菜などに, 水と卵でといた小麦粉をつけて, 油であげた料理．Ⓔ*tempura*; deep-fried food. 㞬튀김．「てんぷらはあげてすぐ食べるのがおいしい//てんぷらそば」
㊟もとはポルトガル語だが, 日本語に入ってから長い時間がたっているので, かたかなよりもひらがなで書くことが多い．

でんぶん【伝聞】デンブン〔～する〕他人から伝え聞くこと．Ⓔhearsay; a rumor. 㞬전문, 전해 들음．「伝聞でえられた情報だけでは正しい判断はできない//『メアリーは国へ帰るそうだ』の『そうだ』は伝聞の言い方だ」㊟

テンポ（㋺tempo）テンポ ①音楽の曲の速さ．Ⓔa tempo. 㞬템포, (악곡의) 연주 속도．「速いテンポの曲に合わせて踊る」②ものごとの進む速さ．Ⓔa pace. 㞬템포, (사물의) 진행 속도．「社会の変化のテンポが速くなって, なかなかついていけない」

てんぼう【展望】テンボー〔～する〕①広く遠くのほうまで見わたすこと．また, その眺め．Ⓔa view. 㞬전망, 조망．「高層ビルにある展望のいいレストランへ行く//展望台（Ⓔan observatory. 㞬전망대.）」②社会, 文化, 世界の動きなどについて広く見わたすこと．Ⓔa prospect; a survey. 㞬전망, 앞날을 내다봄．「日本経済の展望を語る//世界情勢を展望する」

でんぽう【電報】デンポー 電信によって文字などを送ること．また, その通信文．Ⓔa telegram; a wire. 㞬전보．「結婚のお祝いに電報を打つ//電報で知らせる」㟢1本

てんめつ【点滅】テンメツ〔～する〕明かりがついたり消えたりすること．また, つけたり消したりすること．Ⓔflash on and off; blink. 㞬점멸．「クリスマスツリーの明かりが点滅している//灯台の光の点滅で位置を知る」

てんやもの【店屋物】テンヤモノ 飲食店から出前を頼んで取り寄せた食べ物．Ⓔa dish delivered from a restaurant. 㞬음식점에서 시켜 온 음식．「食事の支度ができないので, 店屋物で間に合わせる//店屋物を取る」

でんらい【伝来】デンライ〔～する〕祖先から代々伝わっていること．また, 外国から伝わってくること．Ⓔbe handed down; be introduced. 㞬전래．「仏教は6世紀に日本へ伝来した//先祖伝来の宝物（Ⓔone's family treasure. 㞬조상 전래의 보물.）」

てんらんかい【展覧会】テンランカイ 広い場所に芸術作品などを並べて多くの人に見せる会．Ⓔan exhibition; an exhibit. 㞬전람회．「上野の美術館で日本画の展覧会をしている//菊の花の展覧会に出品する」

でんわ【電話】デンワ ①音を電波や電流に変えて, 離れている人と話せるようにした装置．電話機．Ⓔa telephone. 㞬전화(기)．「電話のベルが鳴った//電話番号//電話帳」
②〔～する〕①で話すこと．Ⓔa telephone call. 㞬전화 통화．「さっき道子から電話があった//留守番電話//長電話」
▷㟢①1台 →囲み

と／ト

と【戸】ト 建物や部屋の出入り口や窓などに, 開けたり閉めたりできるように取りつけたもの. Ⓔa door. 韓문.「午後8時には店の戸を閉める∥玄関の戸をたたく」數1枚

開き戸　〔戸〕　引き戸

と【都】ト 行政上の1つのまとまり. 道, 府, 県と同等の地方公共団体. 現在あるのは東京都だけなので, 東京都をさす. たくさんの市, 区, 町, 村からできている. ⒺTokyo Metropolis. 韓도, 도쿄도.「都の予算で文化センターをつくる∥都議会(Ⓔthe Metropolitan Assembly. 韓도의회.)∥都知事(Ⓔthe Governor of Tokyo. 韓도쿄도 지사.)」

と ト ①(文と文をつないで)前にいったことに続いて, 後でいうことが起こるときに使うことば. Ⓔwhen; then. 韓그러자, 그러니까.「玄関のベルを押した. と, ドアが静かに開いた」
②動作, 作用の相手を表す.「日曜日は子供と遊ぶ∥どうしても洋子と結婚したい(ⒺI want to marry Yoko, no matter what. 韓어떻게든 요코와 결혼하고 싶다.)」
③比べる対象を表す.「わたしは母と似ている(ⒺI resemble my mother. 韓나는 어머니와 닮았다.)∥日本と違って, わたしの国では車は右を走る」
④変化の結果を表す.「ジェームズはついに大統領となった∥江戸は名を東京と改めた(ⒺThe name "Edo" was changed to "Tokyo". 韓에도는 이름을 도쿄로 바꿨다.)」
⑤言ったり書いたり考えたりした内容を表す.「『おはよう』と言った(ⒺHe said, "Good morning". 韓"안녕하십니까"라고 말했다.)∥『禁煙』と書いた紙がはってある」
⑥動作, 作用の行われるようすを表す.「電車の乗りかえも, 2度3度と繰り返すうちに慣れてきた∥山と積まれた引っ越し荷物(Ⓔpackages for moving piled like a mountain. 韓산더미처럼 쌓인 이삿짐.)∥ころころと転がる」
⑦2つ以上のものを並べあげる.「掃除と洗濯と料理がおもな家の仕事だ∥リンゴとミカンを買った(ⒺI bought some apples and mandarin oranges. 韓사과와 귤을 샀다.)」
⑧(動詞, 形容詞, 形容動詞の基本形について) (1)動作, 作用が同時に, または続いて行われることを表す.「家の中に入ると, カレーのにおいがしてきた(ⒺUpon entering the house, the smell of curry was evident. 韓집 안에 들어서자 카레 냄새가 났다.)∥玄関のベルを押すと, 若い女の人が出てきた」
(2)あることが起こると, 必ずもう1つのことが起こることを表す.「人が前に立つと, ドアが開きます(ⒺIf someone stands in front of the door, it opens. 韓사람이 앞에 서면 문이 열립니다.)∥夏になると, 海はにぎやかになる」(3)条件を表す.「戦争になると, た

いへんだ(EIf it comes to war, it will be terrible. 한전쟁이 나면 큰일이다.)//雨が降らないと、米ができない」(4)前置きを表す.「はっきり言うと、日本の政治には哲学がない(ETo put it bluntly, there is no philosophy in Japanese politics. 한분명히 말하면 일본의 정치에는 철학이 없다.)//表によると、出生率は下がっている」▷→たら、なる 囲み

ど 【度】ド ①程度. Ean extent. 한도, 정도.「会うたびに親しさの度が増す」②回数. Ea time. 한횟수, 번.「外国旅行も最初は緊張したが、度を重ねるうちに平気になった//仏の顔も三度(→仏慣用)」③めがねのレンズの強さを表す単位. Ea degree. 한도수.「目が悪いので度の強いめがねをかけている」④酒にふくまれるアルコールの割合をパーセントで表す単位. Epercent; proof. 한도.「中国の酒とタイの酒の度の強さを比べる//35度のウイスキー」⑤温度の単位. Ea degree. 한도.「けさの気温は10度だった」⑥角度の単位. Ea degree. 한도.「直角は90度である」⑦経度、緯度の単位. Ea degree. 한도.「北緯35度」

度が過ぎる 程度がふつうの状態をこえる. Ego too far. 한도가 지나치다.「冗談もユーモアのあるうちはいいが、度が過ぎると失礼になる」似た表現 度を過ごす

度を失う 落ちつきをなくす. Elose one's composure. 한허둥거리다, 당황하다.「留守中に家が火事で焼けてしまったと聞いて、度を失った」

ど- (名詞, 形容詞について) ①すごい. たいへんに.「ど偉い(Eamazing; awful. 한매우 훌륭하다, 굉장하다.)//ど根性」②まさにそのものであること.「ど真ん中(Eright in the middle. 한한복판.)」」話
参 もともとは関西地方のことば.

ドア (door) ドア 洋風の戸や扉. Ea door. 한도어, (서양식) 문, 문짝.「ドアをノックする//ドアボーイ//自動ドア(Ean automatic door. 한자동문.)」数1枚

どあい 【度合い】ドアイ ものごとの程度. Ea degree; an extent. 한도, 정도.「試合が近づくにつれて、選手たちの緊張の度合いが高まってくる//対立の度合いが深まる」

とい 【問い】トイ ①尋ねること. 質問. Ea question; an inquiry. 한물음, 질문.「『元気にしているか』という国の父の問いに『もちろん』と答えた」対答え ②試験などの問題. Ea question. 한물음, 문제.「つぎの問いに答えなさい//3番の問いはやさしかった」対答え ▷他動 問う

といあわ・せる 【問い合わせる】トイアワセル, トイアワセル〔他動一〕よくわからないことなどをきいて確かめる. 問い合わす. Einquire; refer to. 한문의하다, 조회하다.「電話で会合の日時を問い合わせる」名問い合わせ

というのは トユーノワ, トイウノワ (文と文をつないで) 前にいったことを受けて、原因、理由の説明をするときに使うことば. なぜならば. Efor; because. 한왜냐하면, 그 이유는.「わたしは一生、結婚はしないつもりだ. というのは、現在の結婚は仕事を続ける女性にとっては負担が重すぎるからだ」

といただ・す 【問いただす】トイタダス, トイタダス〔他動五〕(といただして) よくわからない点がはっきりするまで、厳しく尋ねる. Equestion a person closely. 한물어 밝히다, 따지다, 추궁하다.「課長は部下の報告書を読んで、さらに細かい点を問いただした」

どいつもこいつも「だれも」「みんな」をのしっていう言い方. [E]everyone; all. [韓]이놈 저놈 모두 다, 어느 누구 할 것 없이.「どいつもこいつも 意気地のないやつだ∥どいつもこいつも怠け者で困ったもんだ」[話]

トイレ トイレ〔←トイレット(toilet)〕便所. 手洗い. [E]a toilet; a rest room. [韓]토일렛, 화장실, 변소.「トイレはどこですか∥トイレに行く∥男子トイレ/女子トイレ」→便所

とう【党】トー 目的, 利害などを共通に持っている人たちの集団. 特に, 政治上の目的で集まった集団. 政党. [E]a party. [韓]당, 정당.「選挙演説で党の主張をはっきりと述べる∥新しい党をつくる∥党の方針∥党員∥党首」

とう【塔】トー ①細く高くそびえたつ建築物. [E]a tower. [韓]탑.「市の中心にある塔に上って周囲を見る∥テレビ塔∥管制塔」②仏教で, 宗教的な意味をもって建てられた高い建物. [E]a pagoda. [韓]탑.「寺に五重の塔がある∥平安時代に建てられた塔」▷数 1基

① ②
〔塔〕

とう【等】①(数を表すことばの後について)賞の順番を表す.「1等賞([E]the first prize. [韓]1등상.)∥勲3等([E]the Third Order of Merit. [韓]훈3등.)」②(名詞の頭について)同じだ.「等距離∥等間隔([E]at equal intervals. [韓]등간격.)」③「など」の改まった言い方. [E]and so on. [韓]등, 따위.「音楽, 演劇, 絵画等の芸術活動を盛んにする」

と・う【問う】トウ, トウ〔他動五〕(とって)①わからないことやはっきりしないことを人に尋ねる. [E]ask; inquire. [韓]묻다, 문의하다.「列車事故にあった乗客の安否を問う電話が絶えない∥出席者の意見を問う」[対]答える ②責任や罪, 事実などを取りあげて調べ, 責める. [E]charge; accuse. [韓]묻다, 문초하다, 추궁하다.「火事の責任を問う∥罪に問われる」③問題にする. [E]matter; care about. [韓]묻다, 문제삼다.「性別を問わず社員を採用する([E]employ workers regardless of sex. [韓]성별을 묻지 않고 사원을 채용하다.)∥新しい大臣の力量を問う」▷名問い

-とう【-頭】(数を表すことばについて)牛, 馬など大きな動物の数を表す.「ライオンが5頭いる∥2頭の象([E]two head of elephants. [韓]두 마리의 코끼리.)」

どう【同】ドー ①前にいったことばを繰り返すかわりに使うことば. [E]the same. [韓]동.「A大学学生山田洋子, 同田中京子の2名を派遣する」②(前のことばを受けて)その. [E]the same; the said. [韓]동, 그와 같은, 그.「千葉県知事は同県の福祉政策について語った」③(他のことばの頭について)同じであること.「同規模∥同時刻([E]the same time. [韓]동시각.)∥同世代」▷書①②

どう【胴】ドー ①体の手足, 頭を除いた部分. 胴体. [E]the trunk; the body. [韓]몸통, 동체.「胴が太い∥金入れを胴に巻きつける」②ものの中央のおもな部分. 胴体. [E]the body; the frame. [韓]동체, (악기의)향동.「飛行機の胴に穴が開いて大事故になった∥太鼓の胴」→体図

どう【堂】ドー ①神や仏をまつる建物. [E]a temple; a shrine. [韓]신불을 모신 건물, 당집.「山の上のお堂に花を供える∥寺の御堂∥聖堂」②おおぜいの人が集まる建物. [E]a hall. [韓]큰 건물, 당.「人が堂にあふれている∥議事堂∥公会堂([E]a public hall. [韓]공회당.)」③(他のことばの後について)店や建物などの名前を表す.「哲学堂

ニコライ堂(Ethe Nikolai Cathedral. 한니콜라이 성당.)」|書②

堂に入る ものごとや役割などに慣れて、じゅうぶん身についている。Ebe a master of; be an expert in. 한몸에 배어 있다, 탁월하다, 나무랄 데가 없다.「30年間、この役を演じてきた俳優の演技はさすがに堂に入ったものだった」

どう 【道】ドー ①行政上の1つのまとまり。都、府、県と同等の地方公共団体。現在あるのは北海道だけなので、北海道をさす。たくさんの市、町、村からできている。EHokkaido. 한홋카이도.「道知事の選挙//道議会」②むかしの地域の分け方の1つ。京都から通じる道によって分けた。「東海道 ETokaido. 한도카이도.)//山陰道//南海道」③(他のことばの後について)(1)道路。「自転車道(Ea bicycle route. 한자전거 도로.)//国道//地下道(→**項目**)」(2)専門の学問、技能、やり方。「合気道(Eaikido. 한합기도.)//茶道(→**項目**)//書道(→**項目**)」

どう 【銅】ドー 茶色っぽい赤色のつやのある金属。電気や熱をよく通す。Ecopper. 한동, 구리.「銅でできた硬貨//銅メダル//銅線(Ecopper wire. 한동선.)」

どう ドー ①「どのよう(に)」のくだけた言い方。Ehow; what. 한어떻게.「あなたの名前はどう発音するのですか//顔色が悪いけれど、どうしたの?」②相手の気持ちを確かめたり、ものをすすめたりするときにいうことば。「どう、うまいだろう(E"How is it? Good, isn't it?" 한어때, 맛있지?)//食後のデザートはどうですか」③(「どう~ても」の形で)すべての方法、手段をつくすよう。Eno matter how; however. 한아무리 ~해도.「どう考えてもわからない」▷話①②→**付録**指示語のまとめ

どうあげ 【胴上げ】ドーアゲ、ドーアゲ{~する} スポーツで勝ったときなど、それを祝って、中心になる人をみんなで投げ上げること。E toss a person into the air. 〔胴上げ〕 한헹가래.「優勝を祝って選手たちは監督を胴上げした」

とうあん 【答案】トーアン 試験で一定の用紙に書いた答え。また、その用紙。Ean answer; an examination paper. 한답안(지).「試験の答案をペンで書く//答案用紙/模範答案」数1枚

どうい 【同意】ドーイ ①{~する}相手の意見や求めに賛成すること。Eagree; consent. 한동의, 찬성.「委員長の提案に全員が同意する//同意書」②同じ意味。Ethe same meaning 한동의, 같은 뜻.「『ピッチャー』と『投手』は同意のことばだ//同意語」▷書②

どういたしまして ドーイタシマシテ、ドーイタシマシテ 相手のお礼や謝罪のことばを軽く否定しながら受け入れて、謙遜の気持ちをこめて返事するときに言うあいさつのことば。ENot at all; You're welcome; Never mind. 한천만에요, 별말씀(을 하십니다).「『いろいろお世話になりました』『どういたしまして。あまりお役にも立ちませんで』//『ご迷惑をおかけしてすみませんでした』『どういたしまして。これからもなにかありましたら、いつでもどうぞ』」話

とういつ 【統一】トーイツ{~する} 2つ以上のものを1つにまとめあげること。Eunite; unification. 한통일.「いくつかのグループを統一して大きい組織にした//南北朝鮮の統一//意思統一」対分裂、不統一

どういつし 【同一視】ドーイッシ、ドーイッシ{~する} 同じもの、同じこととみなすこと。E identify a thing with another. 한동일시.「社会主義と共産主義を同一視するの

とうおう 【東欧】トーオー ヨーロッパの中で東にある国々．また，その地方．東ヨーロッパ． Ⓔ Eastern Europe. 韓 동구, 동유럽. 「東欧の社会は1990年代に大きく変わった」 対西欧

どうか ドーカ ①相手に丁寧に頼むときや，願うときにいうことば．Ⓔ please. 韓 제발, 부디, 아무쪼록．「いい解決方法がありましたら，どうか教えてください//父の病気が，どうか早く治りますように」 ②(「どうかして」の形で) どうしても．Ⓔ by all means; at any cost. 韓 어떻게 해서든, 꼭．「どうかして，戦争をやめさせたい」 ③なにか変だと思うときにいうことば．Ⓔ something wrong. 韓 어떻게．「顔色が悪いですが，どうかしたのですか」 ④疑問に思うことを表すことば．Ⓔ whether ~ or not. 韓 어떤지, 어떨지．「いいかどうかわからない」

とうかくをあらわす 【頭角を現す】学問や才能が人よりすぐれていて，めだってくる．Ⓔ distinguish oneself. 韓 두각을 나타내다．「彼は入社したときはめだたなかったが，記者として最近めきめき頭角を現してきた」
≡参 「頭角」は頭の先のこと．

とうかしたしむこう 【灯火親しむ候】明かりをつけて，本を読むのにいちばんいい季節．涼しくて，夜の長い秋のことをいう．灯火親しむべき候．Ⓔ the best season for reading. 韓 등화가친의 계절.

どうかすると ①ときどきそうなりやすいよう．Ⓔ sometimes; tend to. 韓 때때로, 툭하면．「どうかすると電車の中で寝てしまう//最近はどうかすると，人の名前を忘れがちだ」 ②場合によると，もしかすると．Ⓔ if anything goes wrong; possibly. 韓 자칫하면, 어쩌면．「どうかすると，戦争になるかもしれない//どうかすると，夕方から山のほうでは雪になるだろう」

とうがらし 【唐辛子】トーガラシ 野菜の一種．畑でつくり，実は細長く，熟すると赤くなる．乾燥して漬物や料理に香辛料として使う．Ⓔ red pepper. 韓 고추．「キムチには唐辛子がたくさん入っている//七味唐辛子」

どうかん 【同感】ドーカン {~する} 同じように感じること．賛成すること．Ⓔ agree with; sympathy. 韓 동감．「あなたのおっしゃることに同感です//同感の気持ちを表明する」

とうき 【投機】トーキ 確実ではないが，うまくいけば大もうけができることをねらってする行為．特に，株などの相場の変動を利用してもうけようとする取り引き．Ⓔ speculation. 韓 투기．「投機で大損をして財産を失う//投機の目的で土地を買う」

とうき 【陶器】トーキ 土で形をつくり，うわぐすりをかけて焼いたもの．Ⓔ earthenware; china. 韓 도기．「庭を掘ったら，割れた陶器が出てきた//陶器の馬の置物を玄関に飾る」
≡参 「磁器」も同じ材料で同じ作り方をするが，「磁器」のほうが高い温度で焼かれて質がいい．「陶器」と「磁器」を合わせて「陶磁器」という．また，「陶器」だけで「陶磁器」全体をさすこともある．

とうき 【騰貴】トーキ {~する} 値段が上がること．Ⓔ rise; appreciation. 韓 등귀．「インフレで物価が騰貴する//地価の騰貴//株の騰貴」 対下落 書

とうぎ 【討議】トーギ {~する} あることがらについて結論を出すために，意見を出し合って話し合いをすること．Ⓔ (a) debate; (a) discussion. 韓 토의．「委員会で討議して新しい方針を決めた」 →議論

どうき 【動悸】ドーキ 心臓の動きがふだんより強く速いこと．Ⓔ beat; (a) palpitation.

韓動悸，심장의 두근거림．「走ったあと，しばらくは動悸が激しい」

どうき【動機】ドーキ あることをしようと思わせた，直接の原因．英a motive. 韓동기．「わたしが医学の道を選んだ動機は妹の難病だった//この殺人事件の動機を推理する//動機づけ（英motivation. 韓동기 부여．)」

どうきょ【同居】ドーキョ〔～する〕①夫婦，親子などが同じ所に住むこと．英live in the same house. 韓동거．「結婚しても両親と同居する」対別居 ②同じ家に家族以外の人が一緒に住むこと．英live with. 韓동거．「姉は東京の伯父の家に同居している//同居人」

とうきょく【当局】トーキョク そのことを扱う責任と権限を持つ所や人．英the authorities. 韓당국．「学校当局は警察の介入を拒否した//事務当局が検討する」

どうぐ【道具】ドーグ ①生活したり，ものをつくったり，仕事をしたりするときに使う器具．英a tool; an instrument. 韓도구．「はさみやナイフなどの道具を使って紙で箱をつくる//大工道具」②他の目的のための手段として利用されるもの．英a tool; a means. 韓도구，수단．「父親の地位を，政界に出るための道具に使う」

とうげ【峠】トーゲ ①山道を登りきって，そこからは下りになる境の所．英a mountain pass. 韓산마루，고개．「峠でひと休みする//峠の茶屋」②いちばん盛んな，またはたいへんな時．英the crisis; the peak. 韓절정기，고비．「病気は峠を越して熱も下がりはじめた//寒さもいまが峠で，これからはすこしずつ暖かくなる」

とうけい【統計】トーケイ 社会での人やもの，できごとなどのようすを種類に分けて，それぞれの性質や特色などを数字，表，グラフなどあらわすこと．また，表したもの．英statistics. 韓통계．「各国の出生率の統計をとる//結婚する人と離婚する人の割合を統計で調べる」

とうけつ【凍結】トーケツ〔～する〕①凍りつくこと．英freeze. 韓동결，얼어붙음．「路面が凍結していて車の運転は危険だ//池が凍結する」②資産や賃金などの現在の状態を，ある期間変えないでそのままにしておくこと．英freeze (assets). 韓(자산 등의) 동결．「政府は海外資産を凍結した//賃金を凍結する」

とうこう【登校】トーコー〔～する〕生徒が授業を受けるために学校へ行くこと．英go to school. 韓등교．「登校の途中で先生に会った//登校拒否（英refusal to attend school. 韓등교 거부．)」対下校

とうごう【統合】トーゴー〔～する〕いくつかのものを1つにまとめること．英unite; unify; combine. 韓통합．「生徒の数が減ったので，2つの中学校を統合した」

どうこう【動向】ドーコー 人や社会の動く方向．英a movement; a trend. 韓동향．「国際社会の動向をさぐる//世論の動向」

とうざ【当座】トーザ なにかが必要になったそのとき．あることがあったあと，しばらくの間．英when; for the moment. 韓그 당시；당분간．「日本へ来た当座は，生活習慣が違うので困った//当座の費用」

どうさ【動作】ドーサ，ドーサ〔～する〕体の動き．英(a) movement. 韓동작．「身軽な動作で仕事をすばやく片づける//動作がのろい（英be slow in one's movements. 韓동작이 느리다．)」

とうざいなんぼく【東西南北】トーザイナンボク ①東と西と南と北．英north, south, east and west. 韓동서남북．「京都では道が東西南北に走っている」②方角．

Ea direction. 한방향. 동서남북.「磁石を使って東西南北を知る」

どうさつ 【洞察】ドーサツ〔~する〕よく観察してものごとの内部, または将来まで見抜くこと. Ean insight; see into. 한통찰.「世界の将来に対して鋭い洞察を行う//若者の心情を深く洞察した小説//洞察力」書

とうさん 【倒産】トーサン〔~する〕財産を使ってしまって会社などがつぶれること. E go bankrupt. 한도산.「不景気でたくさんの会社が倒産した//倒産をくいとめる」

とうし 【投資】トーシ, トーシ〔~する〕利益をえるために資金を出すこと. Einvest. 한투자.「新しい事業に投資する//設備投資(Einvestment in plant and equipment. 한설비 투자.)」

とうし 【闘志】トーシ 闘おうとする強い気持ち. Efighting spirit. 한투지.「サッカーの選手たちは, 試合を前にして闘志にあふれていた//闘志を燃やす(Ebe highly combative. 한투지를 불태우다.)//闘志満々」

とうじ 【冬至】トージ 太陽が赤道からいちばん南へ離れたとき. 北半球では1年じゅうで昼間の時間が最も短い日. 毎年12月22日ごろ. Ethe winter solstice. 한동지.「冬至も近づき昼が短くなった」対夏至 → 残暑

とうじ 【当時】トージ そのころ. Eat that time; in those days. 한당시.「新幹線は1964年に開通した. 当時, わたしは大阪に住んでいた//戦争当時のことを母にきく」

どうし 【同志・同士】ドーシ ①考え方, 志が同じである人々. Ea comrade; a likeminded person. 한동지.「同志を集めて抗議運動を起こす」②(他のことばの頭や後について)同じ仲間, 同じ関係であること.「あの2人はいとこどうしだ//かたきどうし(Eenemies; rivals. 한원수지간; 호적

수, 라이벌.)//同士討ち」
≡注①は「同志」, ②は「同士」.

どうし 【動詞】ドーシ 文法上の単語の分け方の1つ. 人間やものごとの動き, 状態を表すことば. 日本語では, 50音図のウ段の音で言いきり, 決まった規則によって語の終わりが変化する. Ea verb. 한동사.「動詞『行く』は, 『行かない』『行きます』『行って』のように, 使い方によって形が変わる//動詞の活用(Econjugation. 한동사의 활용.)//自動詞(Ean intransitive verb. 한자동사.)//他動詞((Ea transitive verb. 한타동사.)//一段動詞//五段動詞」

どうじ 【同時】ドージ ①同じ時刻. Ethe same time. 한동시.「道子と一郎が到着したのは同時だった//同時通訳(Esimultaneous interpretation. 한동시 통역.)」②(「~と同時に」の形で) (1)~と同じ時に. Eat the same time; simultaneously. 한~와 동시에.「一郎と同時に二郎もゴールインした」(2)~とともに. 一方では. Ewhile; on the other hand. 한~임과 동시에, 한편으로는.「わたしにとって山歩きは, スポーツであると同時に友達とのおしゃべりを楽しむ場でもある」(3)~するとすぐに. Eas soon as. 한~하자마자.「疲れていたので, ベッドに入ると同時に眠ってしまった」

とうじしゃ 【当事者】トージシャ あることがらに直接関係のある人. Ethe person concerned; the party concerned. 한당사자.「事件の当事者から事情をきく//当事者どうしで話し合う」対第三者

とうじつ 【当日】トージツ, トージツ その日. Ethe very day; that day. 한당일.「試験の当日, かぜをひいて欠席してしまった//当日売りの切符//当日限り(Eonly for the designated day. 한당일에 한함.)」
関連前日, 翌日

どうして ドーシテ ①どんな方法で．どうやって．Ehow; in what way. 한어떻게(해서)．「この魚はどうして調理すればいいかわからない」②どんな理由や原因で．なぜ．Ewhy; for what reason. 한어째서，왜．「どうしてしかられたのかわからない」③驚いたり感心したりする気持ちを表す．Efar from it; on the contrary. 한웬걸，오히려．「失敗作と聞いていたが，どうしてなかなかすばらしい絵だ」

どうしても ドーシテモ，ドーシテモ ①どんなことがあっても．どうやってでも．Eat any cost; by all means. 한무슨일이 있어도，꼭．「みんなにどうしてもきいてもらいたいことがある」②(「どうしても～ない」の形で) どんな方法でも～ない．Ejust cannot; for the life of one. 한아무리 해도．「『に』と『へ』の使い方の違いがどうしてもわからない」

とうしょ 【投書】トーショ〔～する〕自分の意見や作品を新聞，雑誌または公共機関などに書いて送ること．また，その意見や作品．Econtribute; write a letter to. 한투서，투고．「新聞に意見を投書する//投書欄(Ea readers' column. 한투고란．)」数1通・1本

とうじょう 【登場】トージョー〔～する〕①舞台や小説などに現れること．Eappear on the stage or in the novel. 한등장．「幕が開くと舞台に1人の男が登場した//登場人物(Ethe characters. 한등장 인물．)」対退場 ②世間に現れること．Emake an appearance. 한등장．「新しいタイプの政治家が登場した」

どうじょう 【同情】ドージョー〔～する〕他人の苦しみや悲しみなどを心から気の毒に思うこと．Esympathy; compassion. 한동정．「交通事故で父をなくした子供に同情が集まった//戦争で苦しんでいる人々に同情する」

とう・じる 【投じる】トージル，トージル〔他動一〕①投げる．投げ入れる．投ずる．Ecast; throw. 한던지다．「池に石を投じる//海に身を投じる」②惜しまないで払う．つぎこむ．投ずる．Esink; invest. 한쾌척하다；투입하다．「大金を投じて名画を買う//資本を投じる」③選挙などで，票を入れる．投ずる．Ecast. 한던지다，투표하다．「清き1票を投じる//反対票を投じる」④自分をその中に置く．投ずる．Edevote (one's life) to. 한투신하다，헌신하다．「母は福祉活動に一生を投じた」▷書

どう・じる 【動じる】ドージル，ドージル〔自動一〕驚いて，どうしていいかわからなくなる．動ずる．Ebe upset; be perturbed. 한당황하다，동요하다．「どんなことが起こってもすこしも動じるようすがない//ものに動じない人」書

とうすい 【陶酔】トースイ〔～する〕酒に酔ったときのような，うっとりとしたい気持ちになること．Ebe intoxicated; rapture. 한도취．「モーツァルトの美しい音楽に陶酔する//陶酔から覚める//陶酔感」書

どうせ ドーセ なにをしても結果は変わらないと思い，あきらめるようす．Eanyhow; in any case. 한어차피．「どんなに働いてもどうせ家は買えないんだから，がんばるのはやめよう」

とうせい 【統制】トーセイ〔～する〕①ばらばらにならないように1つにまとめること．Econtrol; regulation. 한통제．「みなが勝手なことをしては，グループの統制がとれない//統制のとれた団体」②ある目的のために制限したり，きまりをつくったりして取り締まること．Econtrol. 한통제．「物価を下げるために食料品の価格を統制する//統制経済//言論統制」

どうせい【同性】ドーセイ　男女の性が同じであること．Ⓔthe same sex．韓同性．「道子には京子，洋子など同性の友達が多い//同性愛（Ⓔhomosexuality．韓同性愛．）」対異性

どうせい【同棲】ドーセイ〔〜する〕　1つの家に一緒に住むこと．特に，法的に結婚していない男女が一緒に住むこと．Ⓔcohabitation; live together．韓동서, 동거．「最近，結婚より同棲を選ぶ若者が増えてきた//同棲生活」

とうせん【当選】トーセン〔〜する〕①選挙などで選ばれること．Ⓔbe elected．韓당선．「国会議員に当選する」対落選　②くじや懸賞に当たること．Ⓔwin a prize; a winning (number)．韓당선, 당첨．「懸賞に当選する//宝くじの当選番号を発表する」

とうぜん【当然】トーゼン　まったくそのとおりであるようす．Ⓔnaturally; as a matter of course．韓당연．「都市の人口が増えると，当然水の需要も多くなる//困っている人を助けるのは当然のことだ」

どうぞ　ドーゾ　①人に非常に丁寧に頼むときや，願うときにいうことば．Ⓔplease．韓부디, 제발, 아무쪼록．「どうぞよろしくお願いします//どうぞ宝くじが当たりますように」②人にすすめるときや，許可を与えるときにいうことば．Ⓔplease．韓부디, 아무쪼록; 어서．「好きなものをどうぞお取りください//どうぞお入りください」

とうそう【闘争】トーソー〔〜する〕　相手に勝とうとして争い，闘うこと．Ⓔstrife; a fight; a struggle．韓투쟁．「A国内では民族の間の激しい闘争が続いている//黒人たちは差別をなくすための闘争を続けている//賃上げ闘争（Ⓔa struggle for higher wages．韓임금 인상 투쟁．）」

どうぞう【銅像】ドーゾー　銅，特に青銅でつくった像．Ⓔa bronze statue．韓동상．「学内に創立者の銅像が建っている//渋谷駅前の犬の銅像」数 1基

どうそうせい【同窓生】ドーソーセイ　同じ学校で学んだ人．Ⓔa schoolmate．韓동창생．「久しぶりに小学校の同窓生に会ってなつかしかった」

とうだい【灯台】トーダイ　船が安全に航海できるように，港の出入り口やみさきなどに設けられた，光を出す高い建物．Ⓔa lighthouse．韓등대．「船はあらしの中を灯台の光を目当てに進んだ」数 1基

灯台下暗し　身近なことはかえって気がつきにくいということ．ⒺIt's often difficult to see what is right in front of your eyes．韓등잔 밑이 어둡다．

とうたつ【到達】トータツ〔〜する〕　いきつくこと．ある点に達すること．Ⓔarrive at; reach．韓도달．「全員が努力した結果，売り上げ目標に到達した//結論に到達するまで徹底的に議論する」

とうち【当地】トーチ　自分がいまいるこの土地．Ⓔthis place; here．韓당지, 이 지방．「当地は気候がよく，住みやすい」

とうち【統治】トーチ〔〜する〕　主権者が国土や国民を治めること．Ⓔrule; govern．韓통치．「むかし，この国は王が統治していた//委任統治（Ⓔa mandate．韓위임 통치．）」

とうちゃく【到着】トーチャク〔〜する〕　目的の場所に着くこと．Ⓔarrive at; arrival．韓도착．「列車が駅に到着した//到着時刻//到着駅」対出発

とうてい　トーテイ（「とうてい〜ない」の形で）どんなことをしても〜ない．Ⓔcannot possibly; absolutely not．韓도저히, 아무리 해도．「会社の給料だけでは，とうてい家

は買えない//いまから行っても，とうてい時間に間に合わない」

どうでも ドーデモ, ドーデモ, ドーデモ ①たとえどのようであっても，問題にはならないようす. Eas one pleases; do not matter. 한아무러나, 아무래도.「どうでも好きなようにしなさい//そんな小さなことはどうでもいい」②どんなことがあっても，そうする必要がある，そうしたいというようす．どうしても．Eby all means; no matter what. 한어떻게 해서든지, 기어코, 꼭．「あの会議にはどうでも出席しなければならない//あの人にはどうでも会いたい//どうでも今週中に仕上げてください」

とうと・い 【尊い・貴い】トートイ ①立派で，重んじなければならないようす．たっとい．Enoble; holy. 한거룩하다, 귀중하다．「この寺には尊い仏像がある//先祖の尊い教えを守る」対卑しい ②価値や地位や身分が高い，貴重だ．たっとい．Eprecious; irreplaceable. 한존귀하다, 고귀하다, (신분이) 높다．「おおぜいの人から集められた貴いお金でつくられた施設//貴い命を失う//貴い身分のお坊さん」対卑しい

注 漢字で書くときは，①は「尊い」，②は「貴い」．

とうとう トートー いろいろなことがあったあとで最終的に．Eat last; finally; in the end. 한드디어, 결국, 마침내．「12年前に買ったテレビが，とうとうこわれた//とうとう病気になってしまった」

どうどう 【堂堂】ドードー, ドードー 恥ずかしがったりしないで，態度が立派であるようす．Eboldly; in a dignified manner. 한당당．「おおぜいの観客の前で，堂々と演説する//正しいと思うなら，堂々としていなさい」

参 改まって「堂々たる態度」のように表現することもある．

どうどうめぐり 【堂堂巡り】ドードーメグリ〔～する〕①議論などが同じところをまわるだけで進展しないこと．Ego round in circles and get nowhere. 한(논의 등의) 공전, 개미 쳇바퀴 돌듯함．「これ以上話し合っても堂々めぐりをするばかりだから, このへんで結論を出そう」②議会で，議員が席を立ち列をつくってつぎつぎに投票すること．Efile round to vote. 한(의회에서) 의원이 줄을 지어 차례차례로 투표함．「決選投票のために堂々めぐりが始まった」

どうとく 【道徳】ドートク 人が生活したり行動したりするとき，守らなければならないこと．Emorality; morals; manners. 한도덕．「みんなが道徳を守れば，社会はもっと住みやすくなるだろう//道徳が乱れる//交通道徳」

とうとつ 【唐突】トートツ 言い方や動作がその場にふさわしくなく，突然であるようす．Eabruptly; unexpected. 한느닷없음, 돌연．「会議中，社長が唐突に笑いだしたので驚いた//唐突な発言」

とうと・ぶ 【尊ぶ・貴ぶ】トートブ〔他動五〕〔とうとんで〕①尊いものとしてあがめ，たいせつにする．たっとぶ．Erespect; honor. 한공경하다, 존경하다．「神仏をとうとぶ//先祖をとうとぶ」②価値の高いものとみて，うやまってたいせつにする．たっとぶ．Evalue; esteem. 한존중하다．「年長者をとうとぶ//少数意見をとうとぶ」

注 漢字で書くときは，①は「尊ぶ」，②は「貴ぶ」．

とうなん 【盗難】トーナン 金や物が盗まれること．E(a) robbery; (a) theft. 한도난．「旅行中に盗難にあい，電車賃もなくなり困った//盗難にご注意ください//盗難品」

とうに トーニ ずっと前に．とっくに．Elong ago; quite a while ago. 한벌써, 이미．「息子はとうに大学を卒業して, もう

2人の子の父です//準備はとうにできている」

どうにか ドーニカ, ドーニカ ①じゅうぶんではないが、なんとかできるよう. Esomehow; in some way. 한그럭저럭, 그런대로, 겨우겨우.「つえを使ってどうにか歩けるようになった」②苦労したあとに、やっとできるよう. Emanage to. 한간신히, 가까스로.「いすの上に乗って手をのばしたら、どうにかとどいた//徹夜して、どうにかレポートを書きあげることができた」

どうにも ドーニモ ①(「どうにも~ない」の形で) どんな方法でも~ない. Ejust cannot. 한아무리 해도, 어떻게 해도.「物価が高くて給料だけではどうにも暮らしていけない//一郎の本心はどうにもわからない」②非常に困難な状態であるよう. Ereally; truly. 한참으로, 정말.「山の中をドライブしていたときガソリンがなくなり、電話もないし、だれも通らないし、どうにも困った」

どうにゅう【導入】ドーニュー〔~する〕①外部から新しく取り入れること. Eintroduce; introduction. 한도입.「工場に大型機械を導入する//外国資本の導入」②授業で、学生に新しい学習内容を示すこと. Eintroduce. 한도입.「新しい文型を導入する」

とうにん【当人】トーニン そのことに直接関係を持つ人. 本人. Ethe person concerned; the said person. 한당사자, 본인.「結婚は当人どうしが決めることだ//当人から事情をきく」

とうのむかし【とうの昔】ずっとむかし. ずっと以前. Elong ago. 한벌써 오래 전, 오랜 옛날.「初恋の人のことなんか、とうのむかしに忘れていた」

とうばん【当番】トーバン なにかの仕事をする順番に当たること. また、その人. Eduty; a turn. 한당번.「教室の掃除をする当番を決める//炊事当番(Ea turn to cook. 한취사 당번.)」対非番

どうはん【同伴】ドーハン〔~する〕一緒に連れていくこと. Ego with; be accompanied by. 한동반.「海外旅行に妹を同伴する//同伴者(Ea companion. 한동반자.)」

とうひょう【投票】トーヒョー〔~する〕選挙をしたりものごとを決めたりするとき、選びたい人の名や、賛成、反対などを紙に書いて、決められた箱に入れること. Evote. 한투표.「委員を投票によって決める//投票率//記名投票」

どうびょうあいあわれむ【同病相あわれむ】同じ病気や苦しみを持つ人は、たがいに同情し合ったり、なぐさめ合ったりする. EFellow sufferers pity each other. 한동병상련.

とうふ【豆腐】トーフ, トーフ 大豆をつぶして汁をしぼり、その汁をかたまらせた、白くてやわらかい食べ物. Etofu; bean curd. 한두부.「豆腐のみそ汁をつくる//絹ごし豆腐//もめん豆腐」数1丁

どうぶつ【動物】ドーブツ ①生物のうち、人、けもの、鳥、魚、虫など、自由に動くことができ、他の生物を食べて生きているもの. Ean animal. 한동물.「人間は火を使う動物である//高等動物(Ethe higher animals. 한고등 동물.)//下等動物(Ethe lower animals. 한하등 동물.)」対植物

②①で、人間以外のもの. 特に、けもの. Eall animals except humans; beasts. 한동물, 짐승.「野生の動物を保護する//動物学(Ezoology. 한동물학.)//動物性蛋白質」対植物

▷数②1頭・1匹

どうぶつえん【動物園】ドーブツエン いろ

いろな動物を集め, 飼育し, 人々に見せる施設. Ea zoo. 한동물원.「日曜日に子供を連れて動物園へ行く//上野動物園」

とうぶん 【当分】トーブン これからしばらくの間. Efor the present; for some time. 한당분간, 얼마 동안.「転勤することになったので, 当分, 会えなくなる」

とうぼう 【逃亡】トーボー {～する} 義務, 束縛, 逮捕などから逃げて隠れること. Eescape; run away. 한도망.「犯人が逃亡しないよう警戒する」書

とうほんせいそう 【東奔西走】トーホンセイソー {～する} 用事があって, あちこち忙しく動きまわること. Ebe on the run; busy oneself about something. 한동분서주.「事業の資金を集めるために東奔西走する」書

どうみゃく 【動脈】ドーミャク, ドーミャク ①血液を心臓から体の各部分へ送る血管. Ean artery. 한동맥.「コレステロールがたまって動脈が細くなる//動脈硬化/大動脈 (Ethe main artery. 한대동맥.)」対静脈 ②たいせつな道. Ean important traffic way. 한동맥.「新幹線は日本の動脈だ」▷数①1本

どうみゃくこうか 【動脈硬化】ドーミャクコーカ ①動脈の血管が厚くなって弾力を失うこと. 心臓や脳の病気の原因となる. Ehardening of the arteries. 한동맥 경화.「老人になると動脈硬化が起こりやすくなる」②人や団体の考え方が柔軟でなくなること. Ebecome too inflexible. 한사고 방식의 경직, 동맥 경화.「動脈硬化を起こしている組織は, 新しい時代の流れについていけない」

とうめい 【透明】トーメイ すきとおっていて, 向こうが見えるようす. Etransparent. 한투명.「最初はにごっていた水も, しばらく置いておいたらだんだん透明になってきた//窓に透明なガラスを入れる」対不透明

どうめい 【同盟】ドーメイ {～する} 共同の目的のために, 国家, 団体, 個人が同じ行動をとると約束すること. Ean alliance. 한동맹.「となりの国と同盟を結ぶ//同盟を破棄する//同盟国」

どうも ドーモ ①(「どうも～ない」の形で) どうしても～ない. Ejust cannot. 한아무리 해도, 도무지.「どうもうまく説明できない」②はっきりわからないが. なんだか. Esomehow. 한어쩐지, 어딘가.「どうも変なにおいがすると思ったら, 魚がくさっていた//あの子のようすがどうも気になる」③感謝したり謝ったりする気持ちを強めることば. 本当に. Every much; very. 한정말, 참으로.「どうもありがとう//どうもすみません」

どうやって どんな方法で. どのようにして. Ehow; in what way. 한어떻게, 무슨 수로.「どうやってこの厚いタイ語の本を訳そうか//1人残されて, これからどうやって生きていこう」話

どうやら ドーヤラ ①確かな理由はないが, そうだろうと思うようす. Eseem; probably. 한어쩐지, 아마, 아무래도.「笑い声が聞こえるので, どうやら交渉はうまく進んでいるようだ」②じゅうぶんではないが, なんとかできそうなようす. Esomehow; barely. 한그럭저럭, 간신히.「少ない収入だが, どうやら暮らしていける//この3月にはどうやら卒業できそうだ」

とうよう 【東洋】トーヨー アジアの国々. また, アジアの東部と南部の地域. Ethe East; the Orient. 한동양.「最近, 東洋の思想が見直されている//東洋医学」対西洋

どうよう 【動揺】ドーヨー {～する} ①動いて揺れること. Eshaking; tossing. 한동요.「山道を車で走ったら, その動揺で気分

どうらく

が悪くなった」②不安を感じて気持ちが落ちつかなくなること. ⒺBe agitated; become restless. 한동요, 불안함.「夫の会社が倒産そうだと聞いて動揺した//心が動揺する」

どうらく 【道楽】ドーラク, ドーラク ①気分を変えたり楽しんだりするために, 好きですること. Ⓔa hobby. 한도락, 취미.「父の道楽は魚釣りだ」②〔~する〕酒やばくちなどの悪い遊び. また, その遊びに夢中になること. Ⓔdissipation. 한난봉, 방탕, 주색잡기에 빠짐.「道楽におぼれて地位と財産を失う//道楽者」

參「趣味」も, 実用や利益を考えずに好きでするという点では同じだが,「道楽」にはそのほかに, 周囲のことも考えず勝手気ままに熱中する, 金をかける, などの意味もある.

どうり 【道理】ドーリ ①ものごとや, 人の行いの正しい筋道. Ⓔreason; truth. 한도리.「叔父はものの道理がわかった人だ」「無理が通れば道理が引っこむ」②(「道理で」の形で) 原因や理由に思いあたることがあるようす. ⒺNo wonder that ~; It's natural that ~. 한어쩐지, 그래서, 그러니까.「外は雪が降っているのか. 道理で寒いはずだ」「きみがぼくの辞書を使っていたのか. 道理でさがしても見つからないわけだ」

道理にかなう もっともだ. Ⓔstand to reason. 한도리에 맞다, 당연하다.「学生たちの要求は道理にかなったものだ」

どうりょう 【同僚】ドーリョー 同じ所に勤めていて, 地位などがだいたい同じ人. Ⓔa colleague; a co-worker. 한동료.「職場の同僚と昼休みにバレーボールをする//同僚と酒を飲む」

どうりょく 【動力】ドーリョク, ドーリョク 機械を動かす力. 電力, 水力, 風力, 原子力など. Ⓔ(motive) power. 한동력, 원동력.「動力の供給を電力に頼る//動力資源」

どうろ 【道路】ドーロ 人や車などが通るための道. Ⓔa road; a street. 한도로.「日本では車は道路の左側を走る//道路工事//道路標識(Ⓔa road sign. 한도로 표지.)」
數1本・1筋

とうろく 【登録】トーロク〔~する〕公式の帳簿や名簿に記入すること. また, とどけ出て記入してもらうこと. Ⓔregistration. 한등록.「市役所に新しい住所を登録する//外国人登録済証明書//住民登録」

とうろん 【討論】トーロン, トーロン〔~する〕ある問題についてたがいに意見を出して論じ合うこと. Ⓔ(a) debate; (a) discussion. 한토론.「戦争に参加するかどうかについて激しい討論が行われた//公開討論会(Ⓔan open forum. 한공개 토론회.)」
→議論

どうわ 【童話】ドーワ 子供のための話. Ⓔa fairy tale; a children's story. 한동화.「子供にグリムの童話を読んで聞かせる//夢のある童話を書きたい//童話作家」數1編

とうわく 【当惑】トーワク〔~する〕どうしていいかわからず, 困ってしまうこと. Ⓔbe perplexed; embarrassment. 한당혹.「パーティーで, 突然, 歌を歌えと言われて当惑した//当惑の表情を見せる」

とお 【十】トー, トー ①9つのつぎの数. 10. Ⓔten. 한열, 10 ; 열 개.「1つ, 2つ… 9つ, 10と数える//リンゴを10ください」②10歳. 10. Ⓔten years old. 한열 살.「子供はこの3月で10になる」

とお・い 【遠い】トーイ ①空間的, 時間的へだたりが大きい. Ⓔfar; distant. 한멀다.「わたしの家から会社までは遠くて, 1時間半もかかる//遠い日の思い出」対近い

②関係が薄い. Ｅdistant; remote. 한(관계가) 멀다, 소원하다. 「いとこの結婚式で遠い親戚の人たちと会った」対近い

③内容や数や量に差がある. Ｅbe far off. 한차이가 많다, 멀다. 「目標の100万円にはまだ遠い」

④よく聞こえない. Ｅbe hard of hearing; can't hear. 한잘 들리지 않다, (귀가) 멀다. 「年をとって, 耳が遠くなった//電話が遠くて聞き取りにくい」

とおか 【十日】トーカ ①その月の10番目の日. 10日. Ｅthe tenth (of October). 한 10일. 「10月10日は体育の日で休みだ」②日の数が10あること. 10日. Ｅten days. 한열흘(간). 「小学校の春休みは10日ぐらいだ//10日間」

とおく 【遠く】トーク, トーク 遠い所. Ｅdistant; far away. 한먼 곳. 「遠くの山がかすんで見える//遠くの親戚より近くの他人」対近く

とおざか・る 【遠ざかる】トーザカル, トーザカル〔自動五〕(とおざかって) ①だんだん遠くへ離れる. Ｅbecome distant; go away. 한멀어지다. 「飛行機が遠ざかっていく//危険が遠ざかる」対近づく ②つきあいが薄くなる. Ｅdrift apart from; become estranged. 한멀어지다. 「結婚後, 親から遠ざかっている//社会に出て学問から遠ざかってしまった」対近づく ▷他動遠ざける

-どおし 【-通し】(動詞の「ます」形について) ずっとそれをし続けること. 「働きどおしで疲れた//歩きどおし(Ｅkeep walking. 한내내 걸음.)//食べどおし」

とお・す 【通す】トース〔他動五〕(とおして) ①一方から他方にとどかせる. Ｅlay (a subway); thread (a needle). 한통하게 하다, 개통시키다; 꿰다. 「A市からB市まで地下鉄を通す//針の穴に糸を通す」

②導いて室内に入れる. Ｅshow into. 한안으로 들이다, 안내하다. 「お客さんを応接間に通してください」

③認めさせる. Ｅstick to; have one's own way. 한관철하다. 「ずっと無抵抗主義を通す//わがままを通してきた」

④終わりまで続ける. Ｅkeep; through. 한계속하다 ; (표 한 장으로 목적지까지) 계속 통용되다. 「1週間通して雨が降る//札幌まで通して買った乗車券」

⑤(「~を通して」の形で) ~を間にして. 「先輩を通して就職を頼む//テレビを通して知る(Ｅknow through TV. 한텔레비전을 통해 알다.)」

⑥(動詞の「ます」形について) その動作をずっとし続ける. 「1晩じゅう本を読みとおす(Ｅkeep reading a book all night. 한밤새 내내 책을 읽다.)//歩きとおす」

▷名通し 自動通る

とおまわし 【遠回し】トーマワシ, トーマワシ 直接的でなく, それとなくわかるように言うこと. Ｅindirectly; roundabout. 한에두름, 완곡함. 「となりのピアノの音がうるさいので, 遠まわしに注意してみたが, 通じなかった」

ドーム (dome) ドーム まる天井. まる屋根. また, その形をした建物. Ｅa dome. 한돔. 「イスラム寺院のドーム//屋内競技場のドーム」

とおり 【通り】トーリ, トーリ ①人や車が通るための, 街の中の道. Ｅa street; an avenue. 한길, 도로, 거리. 「デパートはにぎやかな通りにある//左右を見て通りを横切る」②空気や水などの流れ. Ｅdrainage; passage. 한(공기・물 등의) 흐름, 유통, 소통. 「下水の通りが悪く, 水がよく流れない」③他の人によく通じること. また, 世間の人が受ける感じ. Ｅbe recognized; reputation. 한통함, 통용. 「クラスでは本名よりもあだ名のほうが通りがいい」④同じようであること. Eas; like. 한~한 대로, ~와 같이. 「先生の言うとおりにする//見たとおりに話す//右のとおり相違ありません」⑤(数を表すことばの後について)種類, 組などの数を表す. 「ふたとおりのやり方(Etwo ways of doing things. 한두 가지의 방법.)」▷数①1本・1筋 自動通る

注④⑤はひらがなで書く.

-どおり 【-通り】①(他のことばについて)(1)道の名前などを表す. 「すずらん通り(ESuzuran Street. 한스즈란 거리.)//海岸通り//大通り(→項目)//裏通り」(2)前のことばの内容と同じようであること. 「予想どおり(Eas expected. 한예상대로.)//もとどおり」②(「~分どおり」の形で)~割ぐらい. ~割程度. 「仕事は8分どおりできあがった(EThe job is eighty percent completed. 한일은 8할 정도 완성됐다.)」

注①(2)②はひらがなで書く.

とおりいっぺん 【通り一遍】トーリイッペン 表面だけのことで, 真心からではないようす. Esuperficially; perfunctory. 한형식적, 피상적; 안면 치레. 「通り一遍に読んだだけでは, この詩のよさはわからない//A氏とは, 会えば通り一遍なあいさつをするだけの関係だ」

とおりすがり 【通りすがり】トーリスガリ 偶然そこを通ること. また, 通ったついで. Ea passer-by; on the way. 한지나는 길. 「道で転んだが, 通りすがりの人に助けられた//通りすがりに本屋へ寄る」

とお・る 【通る】トール〔自動五〕(とおって)①一方から他方へとどく. Erun; make sense. 한통하다; (조리가) 닿다, 서다. 「林の中に1本の道が通っている//京子の話は筋が通っている」

②ある所を過ぎて先へ進む. Epass; run. 한지나다, 통과하다. 「汽車が鉄橋を通る//学校の前を通るバス」

③導かれて室内に入る. Ecome in. 한(안내되어) 방 안으로 들어가다. 「どうぞ奥までお通りください」

④むずかしいところを無事に過ぎる. Epass. 한합격하다, 통과하다. 「試験に通る//議案が通る」

⑤認められたり知られたりする. Ebe accepted; well-known. 한통하다, 알려지다. 「会議でわたしの意見が通った//建築では広く名の通った人」

▷名通り 他動通す

とか (名詞, 動詞と形容詞と形容動詞の基本形, 動詞の命令形について)いくつかのものごとを例として並べて示す. 「リンゴとかミカンとかカキとか, くだものならなんでも好きだ(EI like any kind of fruit such as apples, mandarin oranges, persimmons, and so on. 한사과라든가 귤이라든가 감이라든가, 과일은 무엇이든 좋아한다.)//音楽会に行くとか, 展覧会をのぞくとか, 映画を見るとかがわたしの楽しみだ」話

とかい 【都会】トカイ 人々がおおぜい住み, 経済が活発で, また文化的設備などもととのっている大きな都市. Ea city. 한도회, 도시. 「都会は便利で働く場所も多いが, 静かに暮らすにはいなかのほうがいい//都会人//大都会」対田舎

とかく トカク ①〔~する〕いろいろあったことなどをまとめていうようす. Ethis and that; in the meantime. 한이것저것, 이럭저럭. 「夏休みはアルバイトをしたり, 引っ越しをしたりで, とかく忙しく過ごした//とかくするうちに日が暮れた」②(「とかくの」の形で)いろいろよくないようす. Eunfavorable; unsavory. 한이러니저러니 뭣한, 이러쿵

저러쿵。「洋子は、とかくの評判があるが、わたしにはたいせつな親友だ」③よく起こることであるようす。Ⓔbe apt to; tend to. 뒌자칫하면。「雪に慣れていない人は、とかく雪道ですべりやすい」

とか・す 【解かす・溶かす】トカス〔他動五〕(とかして) ①雪や氷などを水にする. Ⓔmelt. 뒌녹이다.「冬山では雪をとかして飲み水にする」②凍っているものを凍る前の状態にする. Ⓔdefrost; thaw. 뒌녹이다, 해동하다.「冷凍した魚をとかして料理する」③かたまったものを熱などによって液体のようにする. Ⓔmelt; fuse. 뒌녹이다.「炉で鉄をとかして加工する//とかした鉛」④液体の中にほかのものを入れて、まぜ合わせる. Ⓔdissolve. 뒌녹이다, 풀다.「油でとかした絵の具で色をつける//食塩をとかした水」▷自解ける・溶ける
注 漢字で書くときは、①②は「解かす」、③④は「溶かす」.

とか・す トカス〔他動五〕(とかして) くしなどで髪の乱れを直したりととのえたりする. とく. Ⓔcomb; brush. 뒌(머리를) 빗다.「鏡に向かって髪をとかす」

とが・める トガメル〔自他動一〕①相手の過ちや欠点を非難する. Ⓔblame; rebuke. 뒌책망하다, 비난하다.「だいじな書類をタクシーの中に置き忘れた部下を、部長は厳しくとがめた」②あやしんで問いただす. Ⓔquestion. 뒌수하하다, 검문하다.「工場の門を入ろうとしたら守衛にとがめられた」③反省して心が痛む. Ⓔhave a guilty conscience. 뒌가책을 받다, 속이 켕기다.「息子のほおをなぐったあとで、気がとがめた//良心がとがめる」▷名とがめ
注 ①②は他動詞、③は自動詞.

とがら・す トガラス〔他動五〕(とがらして) ①ものの先を細く鋭くする. とがらせる.

Ⓔsharpen; pout. 뒌뾰족하게 하다; 뾰루퉁하게 내밀다.「鉛筆をとがらす//口をとがらす」②(「声をとがらす[せる]」の形で) 怒ったようなとげとげしい言い方をする. Ⓔspeak sharply. 뒌(언성을) 거칠게 하다, 날카롭게 하다.「いつまでも寝ていないで早く起きなさい、と声をとがらして言う」③(「神経をとがらす[せる]」の形で) 細かいことに神経をつかう. Ⓔget nervous. 뒌(신경을) 날카롭게 하다, 곤두세우다.「コンピューターにほこりがつかないように、いつも神経をとがらしている」▷自とがる

とき 【時】トキ ①時間. Ⓔtime. 뒌시간.「なにもしないあいだにも時は過ぎていく//年をとると時のたつのを速く感じる」②時刻. Ⓔtime; the hour. 뒌시각, 시간.「時計台の鐘が時を知らせる」③ある期間. Ⓔwhen; while. 뒌때, 시절, 무렵.「若いときは夜も寝ないでがんばったものだ//寝ているときにだれか来たらしい」④場合. 時機. Ⓔa time; an opportunity. 뒌때, 시기.「いまこそ平和に向かって世界じゅうが努力するべきときだ」⑤(「時の」の形で) その時代の、いま評判の. Ⓔthen; ~ of the time; ~ of the day. 뒌그 때, 그 당시의, 당대의.「時の総理大臣//時の人//時の話題」

時は金なり 時間は金と同じようにたいせつなものだから、むだにしてはいけない. ⒺTime is money. 뒌시간은 돈이다.

時を移さず すぐ. Ⓔpromptly; without a moment's delay. 뒌지체 없이, 곧바로, 즉시.「悪い病気だとわかり、時を移さず入院した」

-どき 【-時】(他のことばについて) ①時刻.「会社のひけどき(Ⓔthe closing time of a company. 뒌회사가 파할 때.)//たそがれどき(Ⓔdusk; twilight. 뒌황혼녘.)//夕

暮れどき」②季節.「麦の取り入れどき//つゆどき(Ethe rainy season.)한장마철.)//花見どき」

ときおり 【時折】トキオリ, トキオリ すこし, またはすこし長めの間を空けて, 同じことを繰り返すようす. Eat intervals; sometimes. 한때때로, 이따금, 가끔.「ときおり, 珍しい鳥が庭の木の実を食べに来る」

ときたま 【時たま】トキタマ 非常に長い間を空けて, 同じことを繰り返すようす. Eat long intervals; occasionally. 한때때로, 이따금, 가끔.「ときたま小学校時代の友達と会う//ときたま魚釣りに出かける」

ときどき 【時時】トキドキ すこし間を空けて, 同じことを繰り返すようす. Esometimes; now and then. 한때때로, 가끔.「駅前の交差点でときどき交通事故が起こる//ときどきかぜをひく」
参「しばしば」「たびたび」も似ているが,「ときどき」のほうが繰り返して起こる回数が少ない.

どきどき ドキドキ〔～する〕心臓が激しく速く打つようす.「走ったあとは心臓がどきどきする(EMy heart pounds after I run. 한달린 뒤에는 심장이 두근거린다.)//たくさんの人の前で話をするときはどきどきする」

ときに 【時に】トキニ ①(文と文をつないで)急に別の話題に変えるときに使うことば. E by the way; well. 한그런데.「報告書はあした持ってきます. ときに, 昼ごはんはおすみですか」②ちょうどその時. EThe time (day) was ～. 한그 때, 때마침.「2人は結婚した. ときに戦争の始まる3日前のことであった」③⇒時には「いつも時間に正確な京子も, ときに遅れることがある」▷書②③

ときには 【時には】トキニワ いつもは違うが, あるときには. ばあいによっては. ときに. E at times; once in a while. 한때로는, 가끔은.「ふだん丈夫な一郎も, ときにはかぜをひくことがある」

ときふ・せる 【説き伏せる】トキフセル, トキフセル〔他動一〕事情をよく説明して自分の意見にしたがわせる. Epersuade. 한설복하다, 설득하다.「友人を説き伏せて参議院議員に立候補することを決意させる」

どぎまぎ ドギマギ〔～する〕予想していなかったことが起きて, 落ちつきを失うようす.「予習していなかった所を先生に急に当てられ, どぎまぎした(ENot having prepared for the subject, I felt very nervous and confused when the teacher called on me. 한예습하지 않은 곳을 선생님이 지적당해서 당황했다.)」

ときめ・く トキメク〔自動五〕(ときめいて) 喜びや期待などで胸がどきどきする. Ethrob; beat fast. 한설레다.「散歩の途中であの人に会えるかもしれないと思うと, 胸がときめいた」名ときめき 他動ときめかす

どぎもをぬく 【度肝を抜く】非常に驚かせる. Etake a person aback; dumbfound. 한깜짝 놀라게 하다.「中国を旅行して, 皇帝の墓の大きさにはどぎもをぬかれた」

どきょう 【度胸】ドキョー ものごとを恐れない心. あわてたり迷ったりしない心. E courage; nerve; guts. 한담력, 배짱.「一郎は度胸があるから, 社長に直接会って給料を上げてほしいと頼んだ」

どきりと ドキリト〔～する〕突然起きた思いがけないことに驚いて, 心臓が1回, 強く打つようす. どきっと. Ebe shocked; be startled. 한철렁, 덜컥.「横合から出てきた車にひかれそうになり, どきりとした」

とぎ・れる 【途切れる】トギレル〔自動一〕続いていたものが途中で切れる. Ecome to an end; be interrupted. 한끊어지다, 끊

기다, 중단되다.「森の中を歩いていったら、途中で道がとぎれていた//人が入ってきて、話がとぎれた」

とく【得】トク 利益をえること. また, 有利なこと. Ⓔ(a) profit; (an) advantage. 한이익, 이득; 유리함.「高い品物を安い値段で買って得をした//三郎はだれにも好かれる得な性格だ」対損

と・く【解く・溶く】トク〔他動五〕（といて）
①結んであったりしばってあったりするものをほどく. Ⓔunlace; undo. 한끄르다, 풀다.「靴のひもをとく//小包をとく」対結ぶ, 縛る
②縫ってあるものなどをほどく. Ⓔunstitch. 한(솔기를) 뜯다.「母の着物をといて, ふとんにつくり直す」対縫う
③約束などを取りやめにする. Ⓔcancel. 한취소하다, 해약하다.「契約をとく」
④禁止や制限, 役目などを取り除く. Ⓔlift; raise. 한해제하다, 풀다.「1年続いた戒厳令をとく//かこみをといて逃げる」
⑤人の気持ちをほぐす. Ⓔdispel; appease. 한풀다.「事実がはっきりして, 京子への誤解をやっととといた//怒りをとく」
⑥問題や疑問の答えを出す. Ⓔsolve; answer. 한풀다.「むずかしい事件をとくかぎが見つかった//とき明かす」
⑦粉やかたまりを液体の中に入れて, まぜ合わせた状態にする. Ⓔdissolve. 한풀다, 개다.「小麦粉を水と卵でといてケーキをつくる//絵の具を油でとく」
▷自動 解ける・溶ける
注 漢字で書くときは, ①〜⑥は「解く」, ⑦は「溶く」.

と・く【説く】トク〔他動五〕（といて）よくわかるように, また相手に承知させようとして説明する. Ⓔexplain; persuade; preach. 한설명하다, 설득하다.「きみのやったことはまちがっていると説いて聞かせる//道理を説く」

と・ぐ【研ぐ】トグ〔他動五〕（といで）①刃物を他のものにすりつけて, よく切れるように鋭くする. Ⓔsharpen; whet; grind. 한갈다.「切れなくなった包丁をとぐ//とぎすます」②米を水の中で洗う. Ⓔwash (rice). 한(쌀을) 씻다, 닦다.「米をといでごはんを炊く」

どく【毒】ドク ①健康, 生命, 心などに害のあるもの. Ⓔharm. 한독.「酒やタバコは体に毒だ//平気で人を殺すような映画は子供には毒だ」②生命をうばう物質. 毒物. 毒薬. Ⓔpoison; venom. 한독, 독물, 독약.「ソクラテスは毒を飲んで死んだ//毒を消す//毒蛇」③悪いもの. 心を傷つけるもの. Ⓔmalice; evil. 한독, 해악.「あの人のことばには毒がある//社会に毒を流す」

毒にも薬にもならない 害にもならないが, そうかといって役にも立たない. Ⓔbe neither useful nor harmful. 한무해 무득하다, 아무런 도움이 되지 않다.「新しくできた法律は, 国民にとって毒にも薬にもならない」

毒をもって毒を制する 悪いことや悪い人をなくすため, 他の悪いことや悪い人を利用する. ⒺPoison quells poison. 한독으로써 독을 제어하다, 이독제독.

とくい【得意】トクイ, トクイ ①望みが実現し満足に思うこと. Ⓔelated; complacent. 한득의, 만족스러움.「仕事が世間に認められて, たいへん得意な気分だ//得意の絶頂 (Ⓔbe at the height of one's glory. 한득의의 절정.) 対失意
②自慢するようす. Ⓔproud; triumphant. 한자랑스러움, 득의양양.「自分のかいた絵を得意になってみなに見せる//得意顔」
③上手であるようす. Ⓔbe good at; favorite. 한능숙함, 잘함.「二郎はスペイン語が

とくい」対不得意, 苦手
④自分の店に特別に力を入れてくれる客. Ea customer. 한단골 (손님).「お得意に中元を贈る//お得意さま//得意先」

とくぎ【特技】トクギ その人が自信を持つ特別の技能. Eone's special ability. 한특기.「兄の特技は暗算で, わたしが電卓でやるよりも速い//特技を身につける」

どくさい【独裁】ドクサイ〔～する〕君主や権力を持った者が自分の考えだけで政治や会社, 団体などを支配すること. Eautocracy; dictatorship. 한독재.「社長の独裁ですべてが決まる//独裁政治//独裁者」

どくじ【独自】ドクジ, ドクジ ほかにはない自分だけのものを持っているようす. Eindependently; one's own. 한독자적.「この薬はわが社が独自に開発したものだ//父は独自の考えで子供を教育してきた」

とくしつ【特質】トクシツ そのものだけが持つ特別の性質. Ea characteristic. 한특질, 특성.「江戸文化の特質を研究する」

とくしゅ【特殊】トクシュ, トクシュ ふつうのものと違っているようす. Especial; peculiar. 한특수.「特殊な技術を持っていると就職に有利だ//地域の特殊性を尊重する」対一般, 普遍

どくしょ【読書】ドクショ〔～する〕本を読むこと. Ereading. 한독서.「読書の秋//読書家(Ea great reader; a well-read person. 한독서가.)」

とくしょく【特色】トクショク 他と違った点. おもに, いい点. Ea characteristic; a special feature. 한특색.「それぞれの大学の特色を調べて, 自分に合った学校を選ぶ//特色を生かす//特色を出す」

どくしん【独身】ドクシン 結婚しないでいること. また, その人. Esingle; unmarried. 한독신.「兄は独身を楽しんでいる//独身生活」

とく・する【得する】トクスル〔自動する〕利益をえる. もうかる. また, 自分にとって有利だ. Eprofit; gain; benefit. 한득을 얻다, 이득을 얻다.「この品はいま買っておけば得するだろう//2割まけてもらって5000円得した」対損する

どくぜつ【毒舌】ドクゼツ 手厳しい皮肉や悪口. Ea spiteful tongue; malicious language. 한독설.「部長は毒舌をふるって部下の失敗を攻撃した//先輩の毒舌に自信をなくしてしまった//毒舌家」

どくせん【独占】ドクセン〔～する〕①自分だけのものにして他人には与えたり使わせたりしないこと. Ehave a thing to oneself. 한독점.「赤ん坊は両親の愛を独占した//弟はパソコンを独占してだれにも使わせない」②経済で, 決まった個人や団体だけが市場を支配して, 利益をえること. Emonopolize. 한독점.「少数の会社が鉄の生産を独占している//独占企業//独占禁止法(Ethe Antimonopoly Law. 한독점 금지법.)」

どくぜんてき【独善的】ドクゼンテキ 自分の考えだけが正しいと信じて, 他人の気持ちを考えないようす. Eself-righteous. 한독선적.「部長は独善的な態度でなんでも押しつけるので, 部下に嫌われている」

どくそうてき【独創的】ドクソーテキ ほかの人にはつくれない, 新しいものをつくりだす力を持ったようす. Eoriginal; creative. 한독창적.「ピカソは独創的な画家だ//独創的でだれにもまねのできない作品を生みだす」

ドクター(doctor)ドクター ①医者. Ea doctor. 한닥터, 의사.「家族が病気になったら近くのドクターにみてもらう//ホームドクター」②博士. 博士号. Ea doctor; a doctor's degree. 한닥터, 박사.「経済学のドクターの資格を取る」③〔←ドクターコー

ス(doctoral course)〕大学院で博士号を取るための課程。Ⓔa doctoral course. 한박사 과정.「来年の春, A大学のドクターの試験を受けるつもりだ」

ドクターストップ ドクターストップ ①ボクシングなどで, 試合中にけがをした選手に対して医者が診察して試合を中止するようにすすめること。Ⓔthe stopping of a fight by a (ring) physician. 한닥터 스톱, (권투 등에서) 의사의 경기 중단 권고.「ボクシングの試合で, 目のけががひどくてドクターストップがかかった」②健康上の理由で医者が禁じること。Ⓔa doctor's orders not to do something. 한닥터 스톱, 의사의 금지 명령.「ドクターストップがかかっているので, 酒はしばらく飲めない」
▤参 英語の「ドクター(doctor)」と「ストップ(stop)」から日本でできたことば。

とくだね 【特種】トクダネ 新聞や雑誌, 放送などで, その社だけが特別に手に入れた材料やニュースなど。Ⓔa scoop; an exclusive news story. 한특종.「新聞記者は特だねを手に入れようと走りまわっている//特だね記事」

どくだん 【独断】ドクダン〔〜する〕人の意見を聞かず, 自分の考えだけで決めること。Ⓔan arbitrary decision; one's own discretion. 한독단.「家族の考えも聞かずに, 父が独断で引っ越しを決めた//独断と偏見(Ⓔarbitrary decision and prejudice. 한독단과 편견。)」

とくちょう 【特徴・特長】トクチョー ①他のものと比べて特にめだつ点。Ⓔa characteristic; a distinctive feature. 한특징.「一郎の顔の特徴は目が大きいことだ//洋子の声は特徴があるから, 電話で『もしもし』と言うだけですぐわかる」②特にすぐれた点。Ⓔa strong point; a merit. 한특장, 장점.

「監督はひとりひとりの特長を生かして強いチームをつくった//この辞書の特長は説明がわかりやすいことだ」
▤注 ①は「特徴」, ②は「特長」。

とくてい 【特定】トクテイ〔〜する〕特にそのように決めること。Ⓔspecific; specify. 한특정.「一般の人は入れないが, 特定の人に限って見学が許される//証拠がなくて犯人を特定することができない」

どくとく 【独特・独得】ドクトク そのものだけが特別に持っているようす。Ⓔunique; peculiar. 한독특.「どの国もそれぞれ独特の文化を持っている//ジョンは独特な話し方をする」
▤注 本来は「独得」だが, 最近は「独特」と書くのがふつう。

とくに 【特に】トクニ ほかのものと区別して, それだけを取りあげて扱うようす。特別に。Ⓔespecially; particularly. 한특히, 특별히.「母の誕生日のために, 特においしいケーキを用意した」

とくばい 【特売】トクバイ〔〜する〕品物を特別に安く売ること。Ⓔa (bargain) sale. 한특매.「年末大売り出しでどの店も特売をしている//特売品/特売日」

とくべつ 【特別】トクベツ これまでのことや, 一般のものとは違うようす。Ⓔspecial; particularly. 한특별.「誕生日だからといって, 特別なことをするわけではない//あなたには特別(に)大きいリンゴをあげる//特別国会」対普通, 一般, 通常

とくゆう 【特有】トクユー そのものや人だけが特に持っているようす。Ⓔpeculiar; characteristic. 한특유.「これはこの地方に特有な風習である//英語特有の言い方」

どくりつ 【独立】ドクリツ〔〜する〕①他人に頼ったりしばられたりしないで, 自分の力で行動し, 生活すること。Ⓔbecome self-supporting; become independent of. 한독립.「就職して親から独立して生活できるようになった」対従属 ②他の権力にしたがわないで主権を行使できること. Ebecome independent of. 한독립.「インドは1947年にイギリスから独立した//独立宣言（Ethe Declaration of Independence. 한독립 선언.）」③他のものとははっきり別になっていること. Eone's own; detached. 한독립.「家族が1人ずつ独立した部屋を持っている//独立家屋」

とげ トゲ ①植物の茎や葉，また魚のひれなどにある，短くてかたくとがったもの. Ea thorn; a spine. 한(동식물의) 가시.「バラの木にはとげがある」②肌に突き刺さる，木や竹などのとがった小さな切れはし. Ea splinter. 한(나무・대나무 등의) 거스러미, 가시.「指にとげが刺さって痛い//とげを抜く」③人の心を突き刺すもの. Ea harsh (tongue); bitter (words). 한가시.「あの人のことばにはとげがある//とげのある言い方」
▷数①②1本 →ばら図

とけい 【時計】トケイ 時刻を示したり，時間をはかったりする機械. Ea watch; a clock. 한시계.「父にもらった時計は古いが正確だ//この時計は5分進んでいる//腕時計//砂時計」

とけこ・む 【溶け込む】トケコム，トケコム〔自動五〕（とけこんで）①液体の中にほかの物質が完全にまじった状態になる. Ebe dissolved in. 한녹아 들다, 용해되다.「山からわく水には，鉄分などがとけこんでいる」②ほかの人々の中に入って，うまく調和するようになる. Eadapt oneself to. 한융화하다, 동화하다.「アンナは日本の社会にとけこんで生活している」

とげとげし・い トゲトゲシイ ことばや態度がきつくて，心を突き刺すようだ. E harsh; unconcealed hostility. 한가시돋치다, 표독스럽다, 험악하다.「母親がとげとげしい声で子供をしかっている//2人はとげとげしい顔つきで言い争っている」

と・ける 【解ける・溶ける】トケル〔自動一〕①結んであったりしばってあったりするものが，ゆるくなってほどける. Ecome loose; come untied. 한풀리다, 끌러지다.「荷物のひもがとける//帯がとけた」
②禁止や制限，役目などが取り除かれる. Ebe removed; be lifted. 한풀리다, 해제되다.「立入禁止がとける//戒厳令がとける」
③かたくなっていた人の気持ちがほぐれる. Erelax; clear up. 한(감정 등이) 풀리다.「手術が成功に終わってやっと緊張がとけた//誤解がとける」
④問題や疑問の答えが出る. Ebe solved. 한풀리다, 해결되다.「むずかしい問題がとけてうれしい//なぞがとける」
⑤かたまったものが，熱などによって液体のようになる. Emelt; thaw. 한녹다, 녹아 물크러지다.「家に着くまでにアイスクリームがとけてしまった//バターがとける」
⑥液体の中にほかのものが入って，まぜ合わさった状態になる. Edissolve; be soluble. 한녹다, 풀리다.「コーヒーがぬるくて砂糖がとけない」
▷他動解く・溶く，解かす・溶かす
注 漢字で書くときは，①〜④は「解ける」，⑤⑥は「溶ける」.

と・げる 【遂げる】トゲル，トゲル〔他動一〕①しようと思っていたことを実際にやり終える. Eaccomplish; fulfill. 한이루다, 성취하다.「一郎は自転車で日本一周をするという目的を遂げた//思いを遂げる」②最後にある結果になる. Edie; make progress. 한마치다；이루다.「船長は沈む船とともに悲壮な最期を遂げた//よく練習してすばらし

い進歩を遂げた」

ど・ける ドケル〔他動一〕じゃまなものをほかの場所に移す。のける。Ⓔremove; get out of the way. 한치우다, 비키다.「じゃまだから車をどけてくれ//荷物を横にどける」 話 自動どく

とこ 【床】トコ ①寝床。Ⓔa bed. 한잠자리.「疲れたのでいつもより早く床についた//床をとる(=ふとんを敷く)」②床の間。Ⓔa *tokonoma*. 한도코노마.「床に花が生けてある」

とこ トコ「ところ」のくだけた言い方。Ⓔa place; a point. 한곳, 데; 점.「旅行はどんなとこへ行きたいの?//そこのとこが知りたい//わからないとこを教えて」 話

どこ ドコ ①はっきりわからない場所をさすことば。Ⓔwhere. 한어디, 어느 곳.「どこに住んでいますか//事務所はどこですか」②どの点。なに。Ⓔwhat. 한어떤 점, 어디.「この本のどこがおもしろいの?//この絵のどこに価値があるかわからない」▷→付録指示語のまとめ

≡参 ①の丁寧な言い方は「どちら」。

どこの馬の骨 どういう人か, どこから来たのかわからない人に対して, 悪口として言うことば。Ⓔ(not know) where a person sprang from. 한어디서 굴러먹던 말뼈다귀.「どこの馬の骨かわからないやつに, だいじな仕事をさせるわけにはいかない」 話

どこ吹く風 人のことばやすることを, 自分には関係ないという態度で全然気にしないようす。Ⓔquite indifferent. 한아랑곳하지 않음.「あの子は親の苦労もどこ吹く風で遊びまわっている」

どこをたたいても いろいろな場所をさがしても。Ⓔno matter where one looks for. 한어느 구석을 찾아 보아도.「どこをたたいてもお金なんて出てこないよ」

どこか ドコカ ①はっきりわからない場所をさすことば。Ⓔsomewhere. 한어딘가.「どこかで会ったような気がする//財布をどこかに落としたらしい」②はっきり言うことはできないが, そうだと思うときにいうことば。どことなく, なんとなく。Ⓔsomething; somehow. 한어딘지, 어쩐지.「この子はどこか祖母に似ている//この音楽はどこかなつかしい感じがする」

≡参 くだけた言い方は「どっか」。

どことなく ドコトナク はっきりどことはいえないが。Ⓔsomehow; something. 한어딘지 모르게.「弟は祖父にどことなく似ている//どことなくようすが変だ」

とことん トコトン 最後の最後。どこまでも。Ⓔthoroughly; to the bitter end. 한최후, 막다른 곳; 끝까지, 철저히.「自分の正しさが証明されるように, 裁判でとことんまで争うつもりだ//事故の責任をとことん追及する」 話

とこのま 【床の間】トコノマ 和室の正面にある, 床を1段高くした所。床。Ⓔa *tokonoma*; an alcove for paintings or flower arrangements. 한도코노마, 일본식 방의 상좌(上座) 쪽에 바닥을 한층 높게 만든 곳.「客に床の間の前の席をすすめた//床の間に花を生ける」→座敷図

どこまでも 終わりがないようす。徹底的に。Ⓔendlessly; to the end. 한어디까지나, 철저하게, 끝까지.「海はどこまでも続いている//どこまでもがんばるぞ」

とこや 【床屋】トコヤ 理髪店, 理髪師。Ⓔa barbershop; a barber. 한이발소; 이발사.「床屋へ行って髪を短くしてもらう//父は腕のいい床屋だった」 数1軒

どこやら ドコヤラ どこなのか, はっきりしないようす。Ⓔin some way or other. 한어딘지 모르게.「2人はきょうだいでも親戚で

もないのに, どこやら似たところがある」

ところ 【所】トコロ, トコロ ①場所. ⓔa place; a spot. ⓗ곳, 장소.「東京でいちばんおもしろい所はどこだろう」
②位置. ⓔa position. ⓗ위치.「所を変えてもう1枚写真をとる」
③土地. 地域. ⓔa locality; an area. ⓗ고장, 지역.「所が変わると習慣も違う」
④もののある場所. ⓔa location. ⓗ~이 있는 곳, ~께.「門の所に大きな木がある」
⑤人のいる場所. 家庭, 会社など. ⓔone's home; one's place. ⓗ집, 댁, 회사.「わたしのところは5人家族だ∥先生のところへすぐ行ってください」
⑥住所. ⓔan address. ⓗ주소.「この紙に所と名前を書いてください」
⑦場合. その時点. ⓔjust this once; a case. ⓗ경우; ~인 것.「きょうのところはこれで許してやる∥1万円のところを8000円にまけてもらった」
⑧点. 部分. ⓔa point; a part. ⓗ점, 부분.「自分の悪いところを直そうと努力する」
⑨(動詞の基本形について) その状況, 状態の場面にあることを表す.「いま, 終わったところだ(ⓔThis is the ending. ⓗ지금 끝난 참이다.) ∥食事をしているところに客が来た」
⑩(「~したところ」の形で) ~した結果.「友達に聞いたところ, すぐ教えてくれた(ⓔA friend of mine told me about it when I asked him. ⓗ친구에게 물어 보았더니 바로 가르쳐 주었다.)」

≡注 ⑦⑨⑩はひらがなで書く.

所変われば品変わる 土地が変われば, ことば, 風俗, 習慣などが違うものだ. ⓔMany countries, many customs. ⓗ고장이 다르면 풍속·습관 등도 다른 법이다.

どころ 【所】①(「~どころ…で(は)ない」の形で) そんなことが可能な程度ではない.「頭が痛くてテレビを見るどころではない(ⓔI've got a terrible headache and I can't watch TV. ⓗ머리가 아파서 텔레비전을 볼 형편이 아니다.) ∥研究するどころの話ではない忙しさだ」
②(名詞の後について) 生産地を表す.「秋田は日本の米所だ(ⓔAkita is a place famous for its rice production in Japan. ⓗ아키타는 일본의 유명한 쌀 생산지다.) ∥酒所」
③(動詞の「ます」形について) ~する価値のあるところ.「ここががまんのしどころだ(ⓔThis is where your patience is needed most. ⓗ여기가 꼭 참아야만 할 대목이다.) ∥見どころ(→項目)」

≡注 ①③はひらがなで書く.

ところが トコロガ ①(文と文をつないで) 前に予想したり期待したりしていたことと反対のことをいうときに使うことば. ⓔbut; however. ⓗ그런데, 그러나.「老後はのんびりと暮らせるはずだった. ところが, 病気で長期入院ということになってしまった∥会の準備は完全だと思っていた. ところが, 出席者に時間を知らせるのを忘れていた」
②(「~したところが」の形で) ⑴前のことが起こったあとで, 続いて後のことが起こることを表す.「京子に会の司会を頼んだところが, 気持ちよく引き受けてくれた(ⓔWhen I asked Kyoko to preside at the meeting, she accepted my request with alacrity. ⓗ쿄코에게 모임의 사회를 부탁했더니 기분좋게 수락해 주었다.)」⑵前に予想したことに反した結果になってしまうことを表す.「洋子に結婚を申しこんだところが, 断られてしまった(ⓔWhen I asked Yoko to marry me, I was refused. ⓗ요코에게 청혼했지만 거절당해 버렸다.)」

どころか〔名詞，動詞と形容詞の基本形，形容動詞の「な」の形について〕前のことを否定して，後に続くことを強調することを表す．「貯金するどころか，毎月借金をしている//しかられるどころか，ほめられた（Ｅ Far from being scolded, I was praised. 한 꾸중을 듣기는커녕 칭찬을 받았다.）」

ところで トコロデ ①〔文と文をつないで〕話題を変えて話を始めるときに使うことば．Ｅ well; by the way. 한 그런데, 그건 그렇고．「いい天気ですね．ところで，どちらへお出かけですか//きょうの話は資源の再利用についてです．ところで，このジュースの缶はなにでできているか知っていますか」②〔「～したところで」の形で〕前のことが実現しても，結果は別であることを後で表す．～ても．「いまから行ったところで，間に合わないだろう（Ｅ Even if we leave now, we can't get there on time. 한 지금 떠난다고 해도, 제시간에 갈 수는 없을 것이다.）//貯金したところで，家も土地も買えない」

ところどころ トコロドコロ, トコロドコロ あちらこちら．Ｅ here and there. 한 여기저기, 군데군데．「公園のところどころにベンチが置いてある//壁のところどころに字が書いてある」

どさくさ ドサクサ 混乱していること．Ｅ confusion. 한 혼잡, 북새통．「出発のどさくさで，あいさつもせず家を出てしまった//引っ越しのどさくさにまぎれて，だいじな本をなくしてしまった」話

とざ・す【閉ざす】トザス, トザス〔他動五〕（とざして）①戸や門を閉める．Ｅ shut; close. 한 닫다；다물다．「雨戸を閉ざす//口を閉ざす（＝なにも言わない）//国を閉ざす」②出口や通路をふさいで通れなくする．Ｅ block off; close off. 한 막다, 폐쇄하다．「事故のため道路を閉ざす」③外側をおおって中に閉じこめる．Ｅ be bound in; be immersed. 한 가두다；잠그다．「この村は1年の半分は雪に閉ざされる//悲しみに胸を閉ざされる」

とざん【登山】トザン, トザン〔～する〕山に登ること．Ｅ mountain climbing. 한 등산．「夏休みには友達と登山をするつもりだ//富士登山//登山家//登山者」対下山

とし【年】トシ ①1月1日から12月31日まで．1年間．Ｅ a year. 한 해, 년．「年の初めに1年の計画を立てる//年がかわると気分も改まる」②特定の1年間．Ｅ a specific year. 한 (특정한) 해．「来年はうま年だ//うるう年（＝1年の日数が365より1日多い年）」③年齢．Ｅ age. 한 나이．「履歴書に家族の年を書く」④特定の年齢．Ｅ around a certain age. 한 (특정한) 나이．「年のせいか, よく物忘れをする」⑤月日．Ｅ years. 한 세월．「あっという間に年がたってしまった」

年が明ける 新年になる．Ｅ the new year begins. 한 새해가 되다．「年が明けて，周囲の景色も新しくなったような気がする」

年の暮れ その年の終わり．年末．Ｅ the end of the year. 한 연말, 세모．「年の暮れはいろいろ用事があって忙しい」

年の功 年をとって経験が豊かになること．また，その経験の力．Ｅ the wisdom of age. 한 연공(年功), 나이 들어 경험이 풍부해짐, 그 경험의 힘．「60歳の山田先生は年の功で教え方がうまい」

年を取る 年が多くなる．老年になる．Ｅ get old. 한 나이를 먹다．「年をとってもスキーだけは続けたい」

とし【都市】トシ 人口が多く，その地方の政治, 文化, 経済などの中心となっている所．

Ｅa city. 한도시.「都市には子供の遊び場が少ない//都市銀行」

としけいかく【都市計画】トシケイカク 都市の道路, 交通, 土地利用などについての計画. Ｅcity planning. 한도시 계획.「名古屋は戦後, 都市計画にもとづいて, 新しい町をつくった//都市計画基本法」

としこし【年越し】トシコシ, トシコシ〔~する〕その年を送って新しい年を迎えること. Ｅsee the old year out and the New Year in. 한송구영신.「家族そろって年越しをする//年越しそば」

とじこ・める【閉じ込める】トジコメル, トジコメル〔他動一〕戸などを閉めて外に出られないようにする. Ｅshut up; confine. 한가두다, 감금하다.「犬がうるさくほえるので, 物置小屋に閉じこめた//あらしに閉じこめられて, 船が出せない」自動閉じこもる

としごろ【年ごろ】トシゴロ ①だいたいの年齢. Ｅage. 한(대략 그만한) 나이.「50歳ぐらいの年ごろの男が訪ねてきた//遊びたい年ごろ」②結婚するのにちょうどいいぐらいの年齢. Ｅof marriageable age. 한결혼하기 알맞은 나이; 과년.「娘や息子が年ごろになる」

として ①~の資格で. ~の立場で.「留学生として日本へ来た//社長として責任をとる(Ｅtake the responsibility as the president. 한사장으로서 책임을 지다.)」②(「1」のつくことばについて,「として~ない」の形で)例外なく~ない. 全部~ない.「その光景には1人として泣かない者はなかった//1つとして自信のある作品はない(Ｅthere is not even a piece of work which I am proud of. 한어느 것 하나 자신 있는 작품은 없다.)」

どしどし ドシドシ ①力強く地面などを踏んで歩く音を表す.「体の大きな弟が廊下を歩くと, どしどし(と)音がする(Ｅmy large-built brother walks down the hall with heavy footsteps. 한몸집이 큰 동생이 복도를 걸으면 쿵쿵 소리가 난다.)」②続けて, 積極的に行うようす.「わからないことがあったら, どしどし質問してください(Ｅif there is something you don't understand, please ask as many questions as you like. 한모르는 것이 있으면 바로바로 질문해 주세요.)」

とじまり【戸締まり】トジマリ, トジマリ〔~する〕用心のために, 建物の門, 戸, 窓などを閉め, かぎをかけること. Ｅlock up; lock the doors. 한문단속.「外出するときは戸締まりを忘れないようにする//全部戸締まりして寝る」

どしゃぶり【どしゃ降り】ドシャブリ 雨が激しく降ること. また, その雨. Ｅa heavy rain; a downpour. 한억수(같은 비).「途中でどしゃ降りにあい, 全身がぬれた」

としょ【図書】トショ 本をまとめていう言い方. また, 公共の場所に備える本など. Ｅbooks. 한도서.「日本語を勉強している人たちのために図書を用意する//図書閲覧室(Ｅa reading room. 한도서 열람실.)//図書券」書→書物

としょかん【図書館】トショカン 図書, 資料, フィルムなどを集め保存して, 多くの人に見せたり貸したりする所. Ｅa library. 한도서관.「図書館で本を借りる//国会図書館」→囲み

としより【年寄り】トシヨリ, トシヨリ 年をとった人. Ｅan old person; old people. 한늙은이, 노인.「父は80歳の年寄りだが, 気持ちは青年のように若い」

と・じる【閉じる】トジル〔自他動一〕①開いていたものがふさがる. 閉まる. Ｅshut; close. 한닫히다; 감기다.「眠くて知らず

知らずにまぶたが閉じてしまう」対開く, 開く ②会合や営業などが終わりになる. 閉まる. ⒠close; end. 韓끝나다, 닫히다.「図書館が閉じる時間になる」対開く, 開く ③開いていたものをふさぐ. 閉める. ⒠shut; close. 韓덮다 ; 닫다, 다물다.「読み終わった本を閉じる//口を閉じる」対開ける, 開く ④会合や営業などを終わりにする. 閉める. ⒠close; end; shut. 韓닫다, 끝내다.「大会の幕を閉じた//店を閉じる」対開ける, 開く

注 ①②は自動詞, ③④は他動詞.

と・じる トジル〔他動一〕紙などを重ね合わせて, はしのほうを糸やホチキスなどでとめる. ⒠bind; file. 韓철하다.「新聞を1週間分ずつとじる//作文をとじて文集にする」

としん 【都心】トシン 大都市, 特に東京都の中心部. ⒠the center of Tokyo (a city). 韓도심, 특히 도쿄도의 중심부.「都心には高いビルがたくさん建っている//副都心(⒠a newly-devel-oped city center. 韓부도심.)」

どすぐろ・い 【どす黒い】ドスグロイ, ドスグロイ 色が黒くてきたない感じだ. ⒠blackish; dark red. 韓거무칙칙하다, 거무튀튀하다.「大掃除をしたら顔がどす黒くなった//交通事故の現場にはどす黒い血の跡があった」

とそ トソ ①サンショウ, ニッケイなどの薬草をまぜ合わせたもの. とそ散. ⒠spices for *toso*. 韓도소, 도소산.「とそをみりんにひたす」②「①」をひたしたみりんや酒. おとそ. ⒠*toso*; the New Year's spiced *sake*. 韓도소주.「年始の客にとそをすすめる」

〔とそ②〕

どそく 【土足】ドソク 外ではくきものをはいたままの足. また, 泥のついた足. ⒠with one's shoes on; muddy feet. 韓구둣발, 흙발.「土足でうちの中に入る//土足厳禁(⒠Remove your shoes before entering. 韓신을 신은 채 들어가지 마시오.)」

どだい 【土台】ドダイ ①建物などの基礎. ⒠a foundation. 韓기초.「この建物は土台がしっかりしているから, 地震がきても大丈夫だ」 ②ものごとのもとになるもの. ⒠a basis; a foundation. 韓토대.「若いころ受けた教育が, わたしの現在の考え方の土台になっている」③(後に否定の意味のことばがついて)もともと, 初めから. ⒠utterly; from the start. 韓본시, 원래, 애당초.「1カ月で外国語をマスターしろといっても, どだい無理な話だ」 ▷話③

注 ③はひらがなで書く.

図書館で使うことば

図書館員 ⒠a librarian. 韓도서관원.
入館証 ⒠an admission certificate. 韓열람증.
書庫 ⒠stacks. 韓서고.
開架式 ⒠open-access; open-stack. 韓개가식.
閉架式 ⒠closed-access; closed-stack. 韓폐가식.
閲覧 ⒠reading; inspection. 韓열람.
複写 ⒠copying. 韓복사.
貸し出し ⒠checking out. 韓대출.
返却 ⒠returning. 韓반환.

とだ・える【途絶える】トダエル〔自動一〕続いていたものが途中で切れる.とぎれる.Ⓔstop; cease. 㱿끊어지다, 두절되다.「このへんは夜になると交通がとだえる//高校時代の級友との行き来がとだえている」

とだな【戸棚】トダナ 前に戸があり, 中に棚がある, ものを入れる家具.Ⓔa cupboard; a cabinet. 㱿찬장.「戸棚にお菓子をしまう//ガラス戸棚//食器戸棚」

どたばたドタバタ【～する】騒がしい音を立てて乱暴な行動をするようす.また, そのときの音を表す.「子供たちが2階でどたばた(と)すもうを取っている(Ⓔ The children are wrestling noisily upstairs. 㱿아이들이 2층에서 우당탕거리며 씨름을 하고 있다.)//あの夫婦は, 離婚したり, また結婚したり, どたばた喜劇を演じた」

とたん【途端】トタン ①(「～したとたん(に)」の形で)~したちょうどその時.~するとすぐに.「スイッチを入れたとたんに, 温風が出てくる(Ⓔ As soon as the switch is turned, warm air comes out. 㱿스위치를 켠 순간에 온풍이 나온다.)//部屋に入ったとたん電話のベルが鳴った」②(「とたんに」の形で)急に.「社長からの電話だとわかると, 三郎はとたんにことばが丁寧になった(Ⓔ Saburo knew the telephone call was from the president, and then immediately his language became polite. 㱿사장에게서 걸려 온 전화임을 알자, 사부로는 갑자기 말이 공손해졌다.)」

どたんば【土壇場】ドタンバ ものごとが決まろうとする最後の時.Ⓔat the last moment; (be driven) to the wall. 㱿마지막 순간, 막다른 곳.「1対1の同点だったが, 土壇場でシュートが決まって勝った//土壇場に追いつめられる」

とち【土地】トチ ①土. 大地.Ⓔground; soil. 㱿토지, 땅, 대지.「土地をたがやす//土地を切り開く」②人間が利用する地面.地所.Ⓔland; real estate. 㱿땅, 토지, 택지.「土地の値段が高くなった//郊外に土地を買った」③その地方.Ⓔa locality; region. 㱿그 지방, 고장.「旅行した土地の名産を買って帰る」

とちゅう【途中】トチュー ①出発してから目的地に着くまでの間.Ⓔon the way. 㱿도중.「駅へ行く途中で友達に会った//途中下車(Ⓔa stopover. 㱿도중 하차.)」②ものごとを始めてから終わるまでの間.Ⓔin the middle of; halfway. 㱿도중.「試合の途中で雨が降りだした//話の途中に電話がかかった」▷→中途

どちらドチラ ①「どこ」の丁寧語.Ⓔ(polite) where. 㱿어디, 어느 곳.「お国はどちらですか//どちらにお住まいですか」②2つ以上のものの中から1つを選ぶときに使うことば.Ⓔwhich. 㱿어느 쪽, 어느 것.「リンゴとミカンとどちらがお好きですか//どちらかといえば和食が好きだ」③(「どちらさま」の形で)「だれ」の丁寧語.Ⓔ(polite) who. 㱿어느 분, 누구.「失礼ですが, どちらさまでいらっしゃいますか」▷→**付録**指示語のまとめ ≡**参**②のくだけた言い方は「どっち」.

とち・るトチル〔他動五〕(とって)①俳優が舞台などでせりふやしぐさをまちがえる.Ⓔmuff (one's lines). 㱿대사(연기)를 틀리다.「はじめての舞台で上がってしまい, せりふをとちった」②ものごとをやりそこなう.Ⓔfail; mistake. 㱿실수하다.「試験をちる//運転をとちる」▷**話 名**とちり

とっ‐【取っ‐】(動詞について)意味やことばの調子を強める.「泥棒をとっ捕まえる(Ⓔcatch a thief. 㱿도둑을 붙잡다.)//とっ払う(Ⓔget rid of. 㱿걷어치우다, 철거하다.)」

参「取り」の変化した形．カ行，タ行，ハ行の音で始まることばにつく．また，「払う」などの「は」は「とっ」がつくと「ぱ」になる．

どっかい 【読解】ドッカイ〔～する〕文章を読んで，その意味を理解すること．Ereading comprehension. 韓독해．「日本語の長文を読解する力をつける//読解練習」

どっかり ドッカリ ①重いものをおろして置くようす．Eplump down; (put down) heavily. 韓털썩．「疲れたと言いながら，どっかり(と)ソファに腰を下ろす」②大きなものが場所を占めて動かないようす．E(sit) unmovingly. 韓떡 버티고．「お客が居間にどっかり(と)すわっているので，テレビを見ることができない」

とっきゅう 【特急】トッキュー ①「特別急行電車」「特別急行列車」を略した言い方．「急行」や「快速」よりさらに速度が速く，止まる駅の少ない電車や列車．Ea limited express. 韓특급，특급 열차．「夜行の特急で九州へ行く//特急券//超特急」②特に急いですること．Eat express speed. 韓대지급，화급．「この仕事は特急でやってくれ」▷数①1本，車両は1両

どっきょろうじん 【独居老人】ドッキョロージン 1人暮らしの老人．Ean old person living alone 韓독거 노인．「この市には独居老人を訪問するヘルパー制度がある」

とっくに トックニ，トックニ ずっと前に．とうに．Equite a while ago. 韓훨씬 전에，벌써，이미．「年賀はがきはとっくに売りきれたから，いまごろ買いに行ってもむだだよ」話

とっくり トックリ ①陶器でつくった，細長くて首の部分が狭くなっている，酒の容器．とくり．ちょうし．E*a sake* bottle. 韓(목이 잘쏙한) 술병．「毎晩とっくり1本の酒を飲む」②「①」の首の形をしたえり．Ea turtleneck. 韓자라목 깃．「とっくりのセーターは首が暖かい」▷数①1本

どっこいしょ ドッコイショ 力を入れてなにかをするときの掛け声．EWell, here goes! Heave ho! 韓이영차．「太った母が『どっこいしょ』と言って立ち上がる//『どっこいしょ』と力を出して重い石を動かす」話

とっこうやく 【特効薬】トッコーヤク その傷や病気にだけ特別によく効く薬．Ea special remedy. 韓특효약．「ストレプトマイシンやパスなど，特効薬のおかげで結核はとても減った//がんの特効薬はまだない」

とっさ トッサ，トッサ あっという間．短い間．考える間もなく，反射的になにかをするようす．Einstinctively; unexpected. 韓순간，순간적；돌연．「横の道から自転車が飛びだしてきたので，とっさにハンドルを右に切った//とっさのことで返事に困った」

とつじょ 【突如】トツジョ，トツジョ まったく予想していないことが急に起こるようす．Esuddenly; all of a sudden. 韓돌연，갑자기．「ハワイへ向かった飛行機から，突如ハイジャックされたという連絡が入った」

参「突然」も似ているが，「突如」のほうが変化が大きく意外に思う気持ちが強い．

どっしり ドッシリ〔～する〕重そうで立派な感じがするようす．Edignified; massive. 韓든직하게，육중하게．「父は，どんなことが起きてもどっしり(と)かまえて，決してあわてない//どっしりした石の仏像」

とつぜん 【突然】トツゼン 予想していないことが急に起こるようす．Esuddenly; unexpected. 韓돌연，갑자기．「歩いていたら突然雨が降りだしたので，本屋に飛びこんだ//突然の指名にあわてた」→突如

どっち ドッチ 「どちら」のくだけた言い方．Ewhere; which. 韓어느 쪽，어디．「こ

れからどっちへ行くの？//コーヒーと紅茶とどっちがいい？//きみのかばんはどっち？」 話 → 付録 指示語のまとめ

どっちみち ドッチミチ どの方法を選んでも結果は決まっているようす．どのみち．Ein any case; anyway. 한어떻든, 어차피．「経済を学ぶにしろ経営を学ぶにしろ，どっちみち統計の知識が必要だ」

とって 【取っ手】トッテ，トッテ 家具や扉や食器などについている，手で持つための突き出た部分．Ea handle; a knob. 한손잡이．「ドアの取っ手を引く」

とっておき 【取っておき】トッテオキ 必要なときのために，たいせつにしまっておいたもの．Etreasured; best. 한소중히 간직해 둠, 그런 물건．「最後まで残ってくれたきみのために，とっておきの話をしよう//とっておきの酒を出して客をもてなす」

どっと ドット，ドット ①おおぜいの人が，いちどに声や音を立てるようす．「先生の冗談に，学生たちはどっと笑った(EThe students burst out laughing at the teacher's joke. 한선생님의 농담에 학생들은 와 하고 웃었다．)//演奏が終わると，どっと拍手が起こった」②多くの人やものが，いちどに動くようす．「ショーが終わり，観客がどっと出てきた(EThe show ended and the audience exited all at once. 한쇼가 끝나자 관객이 우르르 몰려나왔다．)//疲れがどっと出る」

とっぱ 【突破】トッパ，トッパ〔〜する〕①困難や障害を越えて，先に進むこと．Ebreak through; overcome. 한돌파．「戦車で敵の防衛線を突破する//大学入試の難関を突破する//突破口(Ea breakthrough. 한돌파구．)」②ある決まった数や量をこえること．Eexceed; rise above. 한돌파．「世界の人口が50億を突破した」

とっぱつ 【突発】トッパツ〔〜する〕事件などが突然起こること．Ebreak out; occur suddenly. 한돌발．「戦争が突発する//突発的に起こる病気//突発事故」

とっぴ トッピ 人が驚くほど変わっているようす．Eextraordinary; eccentric. 한기발함, 엉뚱함, 이상야릇함．「とっぴな服装や髪型の若者に，老人たちはびっくりしている//彼のデザインはとっぴだから人の注目をひく」

トップ (top)トップ ①競争する人やものの中の第1番．いちばん初め．Ethe top; the lead. 한톱, 첫째, 선두, 최상．「マラソンでトップを走る//トップクラス//トップレベル」②新聞，雑誌などの紙面，誌面の最初．Etop space on a newspaper or magazine page. 한톱, 최상단, 첫머리．「そのニュースは新聞のトップに載った//トップニュース」③国家，団体，会社などの，いちばん高い地位の人．最高幹部．Ethe top executives. 한정상, 최고위층．「会社のトップが来年度の方針を発表した//トップ会談(Ea summit conference. 한정상 회담．)」

とてつもない 常識では考えられない．Epreposterous; exorbitant. 한터무니없다, 엄청나다．「とてつもない大きな計画//とてつもない金額」 似た表現 途方もない

とても トテモ ①(「とても〜ない」の形で)どんな方法ででも〜ない．Enot at all. 한아무리 해도, 도저히．「オペラ歌手のようには，とても歌えない//熱が高くて，あすの遠足にはとても行けそうにない」②非常に．Every; very much. 한대단히, 몹시, 무척．「朝から1日じゅう歩きまわって，とても疲れた//とてもおいしいケーキ」

とどうふけん 【都道府県】トドーフケン，トドーフケン 都と道と府と県．日本には1都1道2府43県がある．Ethe metropolis and districts; prefectures. 한(일본의 행정 구역인) 도(都)・도(道)・부(府)・현(縣). 「都道府県議会//都道府県知事」

とど・く 【届く】トドク〔自動五〕(とどいて) ①差しだしたものが到着する. Ereach; arrive. 한닿다, 도착하다. 「送った本がとどいたという手紙が父から来た//請求書がとどく」 ②離れたところ, ある点にまでいきつく. Ereach; be close to. 한닿다, 이르다. 「手が天井にとどく//年が90にとどくほどの高齢の人」 ③すみずみまでよくいきわたる. Ekeep; reach. 한두루 미치다. 「この保育園は保母が多いので, 子供によく目がとどく//注意がとどく」 ④望むとおりの結果がえられる. Ebe attained; be heard. 한이루어지다. 「人々の平和を望む気持ちがとどいて, 戦争は終わった//願いがとどく」 ▷他動 届ける

とどこお・る 【滞る】トドコール, トドコール〔自動五〕(とどこおって) ①ものごとがうまく進まないで, つかえたりたまったりする. Ebe delayed; hindered. 한정체되다, 밀리다, 막히다. 「かぜで会社を休む人が多くて, 事務がとどこおっている//車の流れがとどこおる」 対はかどる ②支払わなければいけない金がたまる. Ebe overdue; be in arrears. 한밀리다. 「病気で働けず, 部屋代が3カ月分もとどこおってしまった」 ▷名 滞り

ととのえる 【整える・調える】トトノエル, トトノエル〔他動一〕①きちんとした形や状態にする. Emake ~ tidy; fix. 한정리(정돈)하다, 단정히 하다, 가지런히 하다. 「服装をととのえて式に出席する」 対乱す ②必要なものを用意する. そろえる. Eprepare; get ready. 한갖추다, 마련하다. 「災害に備えて1週間分の食料をととのえておく」 ③相談などをまとめる. 成立させる. Earrange; settle. 한성립시키다, 마

무리짓다. 「商談をととのえる」 ▷自動 整う・調う

注 漢字で書くときは, ①は「整える」, ②③は「調える」.

とどのつまり トドノツマリ, トドノツマリ 途中にいろいろあっても, 最後には悪い結果や平凡な結果になるようす. Ein the end; after all. 한결국, 필경. 「クラス会は北海道がいい, いやハワイにしようとにぎやかだったが, とどのつまりは近くの温泉に落ちついた//とどのつまりは実力がものをいう」

参 「とど」はボラという魚の呼び名の1つ. ボラは成長するにつれて何度も名前が変わり, 最後にトドになることからいう.

とどま・る トドマル, トドマル〔自動五〕(とどまって) ①1ヵ所に長い間いる. 後に残る. Estay; remain. 한머물다, 뒤에 남다. 「アリスは大学卒業後も日本にとどまって会社で働いている//内閣を改造したが, 外務大臣のA氏はそのままとどまった」 ②一定のわくから出ない. Ebe limited to; be confined to. 한(범위 내에) 그치다. 「物価の値上がりは1パーセント以内にとどまってほしい/うわさはとどまるところを知らない」 ▷書 他動 とどめる

とどめをさす 【とどめを刺す】①人を殺すとき, 生き返らないようにのどをもういちど刺す. Egive a person the final stroke. 한숨통을 끊다. 「殺人者はとどめをさして立ち去った」 ②相手が立ち直れないように完全にやっつける. Egive a coup de grâce. 한(재기하지 못하게) 최후의 일격을 가하다. 「野球の試合でわがチームは5対1でリードしていたが, 9回に3点入れてとどめをさした」

とどろ・く トドロク〔自動五〕(とどろいて) ①低くて大きな音が響きわたる. Eroar; resound. 한울려 퍼지다. 「突然, 雷がと

**どろいた//観客席の中にとどろく歓сь」②広く世間に知られる.有名になる.Ebecome well-known. 한널리 알려지다,유명해지다.「すぐれた物理学者として,アリスの名は世界にとどろいている」▷名とどろき

とな・える【唱える】トナエル,トナエル〔他動一〕①決まった文句を,節をつけて読んだり大声で言ったりする.Echant; cheer. 한외다,읊다,부르다.「念仏を唱える//万歳を唱える」②口に出して言う.人の先に立って主張する.Eadvocate; oppose. 한외치다,주창하다.「人々は海を埋め立てて工場をつくるのに反対を唱えた//異議を唱える」

どなたドナタ「だれ」の丁寧語.E(polite) who. 한어느 분.「これはどなたの傘ですか//どなたが山田さんですか//どなたさまですか」

となり【隣】トナリ①横に並んでいるもの.また,その位置.Enext; neighboring. 한이웃.「ドイツはフランスのとなりの国だ//となり合わせ(Eside by side. 한서로 이웃함,이웃이 됨.)」②自分のすぐ右,または左の家.Ethe house next door. 한이웃집.「となりから子供たちの声が聞こえてくる//となり近所」

どな・る【怒鳴る】ドナル〔自他動五〕(どなって)①大声で叫ぶ.Ecry out; roar. 한소리치다,고함치다.「そんなにどならなくても聞こえる」②大声でしかりつける.Eshout at; yell at. 한호통치다,야단치다.「もっと勉強しろと生徒をどなる//どなりつける」
≡注①は自動詞,②は他動詞.

とにかくトニカク①いろいろな事情はあるにしても.Eanyway; in any case. 한아무튼,어쨌든,좌우간.「間に合うかどうかわからないが,とにかく行ってみよう//とにかく,いくらかかるか聞いてから考えよう」②(「~はとにかく」の形で)~は別にして.「予習はとにかくとして,復習は必ずしなさい(ESetting aside preparation, you must be sure to review the lesson. 한예습은 여하간에,복습은 반드시 해라.)」

どのドノ①はっきりわからなかったり,決められなかったりするものをさす.Ewhich; what. 한어느,어떤,무슨.「この写真のどの山に登ったの?//きょうはどの洋服を着て行こうか」②(「どのくらい」の形で)量や程度がわからないことを表す.「駅までどのくらいありますか(EHow far is it from here to the station? 한역까지 거리가 어느 정도 됩니까?)//シベリアがどのくらい寒いか想像できない」③(「どの~も」の形で)全部がそうであることを表す.どれも.「どの作品もすばらしい(EAll works are wonderful. 한어느 작품이나 다 훌륭하다.)//どの先生も生徒に親切だ」▷→付録指示語のまとめ

-どの【-殿】(人の名前や職業などを表すことばについて)敬意を表す.「田中一郎殿(EMr. Ichiro Tanaka. 한다나카 이치로 씨(님).)//科学技術庁長官殿」
参事務的,公式的に使うことが多く,堅苦しくいばった感じを与えるので,最近,役所などでは「様」に変える所が増えている.

とは①ものごとの意味や内容の説明をするときの主題を表す.「幸福とは人の考え方によって違うものである(EThe concept of happiness varies from person to person depending on one's way of thinking. 한행복이란 사람의 생각에 따라 다른 것이다.)//化学とは物質の性質や変化を研究する学問である」②(文の終わりについて)驚きや怒り,感動などの気持ちを表す.「あんな人が会長に選ばれるとは(EWhat a surprise that a person like him has been elected president! 한저런 사람이

会長으로 뽑히다니.)//「こんな美しい場所が地球上にあったとは」③「と」を強めた言い方.「一郎とはもうつきあわない(ⒺI'm not going to see Ichiro any more. 한이치로와는 더 이상 사귀지 않을 거야.)//京子とは30年来の友達だ」

とはいうものの トワユーモノノ, トワイウモノノ ①(文と文をつないで)前にいったことをいちおう認めておいて, 後で否定するようなことをいうときに使うことば. Ⓔbut; however. 한그렇기는 하나, 그렇지만.「漱石も芥川も全部読んだ. とはいうものの, 学生時代に読んだので忘れているものも多い」②(名詞, 動詞と形容詞の基本形, 形容動詞の語幹, 基本形について)どんなに～といっても. Ⓔalthough. 한～하다고는 하나, ～이라 하더라도.「むずかしいとはいうものの, 大学生ならできるはずの問題だ//努力しているとはいうものの, まだたりない」
参「とはいえ」も似ているが,「とはいうものの」のほうが前にいったことと対立する気持ちが強い.

とはいえ トワイエ ①(文と文をつないで)前にいったことをいちおう認めておいて, 後で否定するようなことをいうときに使うことば. Ⓔbut; however. 한그렇다고 하더라도, 그렇지만.「京子は能力のある人だ. とはいえ, もうすこし広い考え方ができるほうがいい」②(名詞, 動詞と形容詞の基本形, 形容動詞の語幹, 基本形について)そういっても. Ⓔalthough. 한～라고는 하지만.「外国とはいえ, ここはわたしにとって第二の故郷だ」
▷書 →とはいうものの

とばっちり トバッチリ 直接には関係のない事件や災難の影響を受けること. Ⓔbe involved in; be caught in the wake of. 한연결(입음), 말려듦.「戦争のとばっちりで, 海外出張が中止になった//けんかのとばっちりをくってけがをした」話

とびいり 【飛び入り】トビイリ〔～する〕予定していなかった人が急に参加すること. また, その人. Ⓔparticipate in ~ from the outside. 한불쑥 끼어들어 참가함, 그런 사람.「飛び入りでマラソンに参加した」

とびきり トビキリ ほかと比べてはるかにいようす. Ⓔvery; exceptionally. 한특출하게, 월등히.「とびきり上等のすしを注文する//二郎はクラスの中でとびきり歌がうまい」

とびこ・む 【飛び込む】トビコム〔自動五〕(とびこんで) ①高い所から身を躍らせて入る. Ⓔjump into; dive into. 한뛰어들다.「沈みそうな船を捨てて海中に飛びこんだ//プールに飛びこむ」②突然, また勢いよく入る, 駆けこむ. Ⓔrush into; burst into. 한(급히) 뛰어들다.「急に雨が降ってきたので, 近くの本屋に飛びこんだ//交番に飛びこんで助けを求める」③自分から進んで事件などとかかわりを持つ. Ⓔplunge into; get oneself involved in. 한뛰어들다, 투신하다.「S氏はカメラをかついで戦場に飛びこんでいく//事件現場に飛びこむ新聞記者」▷名飛び込み

とびつ・く 【飛びつく】トビツク〔自動五〕(とびついて) ①勢いよく身を躍らせてかかっていく. Ⓔjump at; fly at. 한덤벼들다, 달려들다.「犬が喜んで飛びついた//母親の背に飛びつく子」②ほしいと思ったり興味を持ったりしたものを, すぐに手に入れようとする. Ⓔjump at; leap at. 한반색을 하고 덤비다; 재빨리 따르다.「金もうけの話にはすぐに飛びつく//流行に飛びつく」

とびとび 【飛び飛び】トビトビ ものが離れて, あちこちにあるようす. また, 間が抜けて, 続いていないようす. Ⓔat intervals; at random. 한띄엄띄엄, 드문드문.「庭石がとびとびに置いてある//とびとびに読んだの

で、くわしいことはわからない」

とびひ 【飛び火】トビヒ ①〔~する〕火事が離れた所へ移ること. Ea fire leaps to another place. 핸비화, 불똥이 튐.「火事は道路の向かい側の家に飛び火した」② 〔~する〕事件などが思いがけないところにまでひろがること. Ethe trail of ~ leads to …. 핸(사건이) 엉뚱한 곳으로 번짐, 비화함.「地方の汚職事件は政府の内部に飛び火した」③子供によくできる、うつりやすい急性の皮膚病. Eimpetigo. 핸농가진.「体じゅうに飛び火ができて、とてもかゆい」

どひょう 【土俵】ドヒョー 土をつめた俵でまるくかこった、すもうの勝負をする場所. Ethe (sumo) wrestling ring. 핸씨름판.「力士が土俵に上がり、いよいよすもうが始まる/土俵ぎわ(Ethe edge of the ring; the critical moment. 핸씨름판의 경계；막판, 마지막 순간.)」 数1面 →相撲図

とびら 【扉】トビラ 外から中、または中から外に向かって開くようになっている戸. Ea door. 핸문, 문짝.「扉を開けて中に入る/扉を閉ざす」 数1枚

と・ぶ 【飛ぶ・跳ぶ】トブ〔自動五〕(とんで) ①空中を移動する. Efly. 핸날다, 날아가다.「鳥が群れをなして飛んでいる/飛行機で大阪へ飛ぶ/飛びまわる」

②空中に勢いよく散らばる. Ebe blown off; splash. 핸날아가다, 흩날리다.「台風で屋根のかわらが飛んだ/ミカンの汁が飛ぶ/飛びちる」

③情報やうわさなどが速くひろまる. Efly; spread at once. 핸퍼지다.「タクシー料金の値上げのうわさが飛ぶ」

④速く走る. Edash; hurry. 핸나는 듯이 달려가다.「遅刻しそうになって、学校に飛んでいった」

⑤間を越えたり順番を抜かしたりして先へ行く. Ebe missing; jump. 핸건너뛰다, 빠지다.「この本はページが飛んでいる/話が飛ぶ」

⑥地面をけって跳ねて空中に上がる. また、跳ねてものを越える. Ejump; leap; clear. 핸뛰어오르다, 뛰어넘다.「うれしそうにぴょんぴょん跳びながら歩く/棒高跳びで、5メートルを跳んだ」

注 漢字で書くときは、①~⑤は「飛ぶ」、⑥は「跳ぶ」.

飛ぶ鳥を落とす勢い 勢力が盛んなこと. Eat the zenith of one's power. 핸나는 새도 떨어뜨리는 권세.「大きな会社を3つも買い取って、飛ぶ鳥を落とす勢いのA氏にはこわいものはなにもない」

飛んで火に入る夏の虫 死んだり失敗したりすることが明らかなのに、わざわざ災いに向かって進むこと. EIt is a case of a moth flying into the flame. 핸불속에 날아드는 여름의 벌레, 스스로 재앙 속에 뛰어드는 사람의 비유.

どぶ ドブ よごれた水や雨水の流れる溝. Ea ditch; a gutter. 핸도랑, 시궁창, 하수구.「道の両側をどぶが流れている/酔って歩いていてどぶに落ちた/どぶ川」

とほ 【徒歩】トホ 乗り物に乗らず、足で歩くこと. Eon foot; walking. 핸도보.「駅から家まで徒歩で20分かかる/徒歩旅行」

とほうにくれる 【途方に暮れる】いい方法が見つからず、どうしたらいいかわからなくなる. Ebe at a loss; be bewildered. 핸어찌할 바를 모르다.「知らない町で、暗くなるし道はわからないし、とほうにくれてしまった」

とほうもない 【途方もない】常識では考

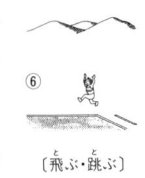

〔飛ぶ・跳ぶ〕

えられない.　Eextraordinary; absurd; incredible.　톙터무니없다, 얼토당토않다.「高校生が結婚したいなんてとほうもないことを言う//チョモランマからスキーですべりおりるというとほうもない計画」　似た表現 とてつもない

とぼ・ける　トボケル〔自動一〕①相手がなにかをきいているのに, わざと知らないふりをする. しらばくれる.　Epretend not to know; feign ignorance.　톙(짐짓) 시치미를 떼다, 몽따다.「『そこにいるのはだれ?』ときかれた父は, 『だれもいないよ』ととぼけて答えたが, 声でわかってしまった//兄はとぼけるのがうまい」　②こっけいな表情や動作をする.　Eplay the fool.　톙익살스런(명청한) 짓을 하다.「とぼけたことを言って, みんなを笑わせる//とぼけた顔」

とぼし・い　【乏しい】トボシイ, トボシイ 少なくてたりない.　Epoor; scarce; have little (experience).　톙부족하다, 모자라다, 적다.「日本は地下資源が乏しい//まだ経験が乏しくて, うまくできない」対豊か, 富む

とぼとぼ　トボトボ 元気なくさびしそうに歩くようす.「仕事が見つからず, 疲れきってとぼとぼ(と)家に帰った(ENot Being able to find a job and totally exhausted, I trudged home wearily.　톙일자리는 구하지 못하고, 지쳐빠져서 터벅터벅 집으로 돌아왔다.)」

トマト　(tomato)トマト 野菜の一種. 実は赤くてまるく, 水分が多い. 生で食べることが多い.　Ea tomato.　톙토마토.「レタスとトマトでサラダをつくる//トマトケチャップ」

とまど・う　【戸惑う】トマドウ〔自動五〕(とまどって) どうしたらいいかわからずまごつく.　Ebe at a loss; be puzzled.　톙어쩔 줄을 몰라 망설이다, 곤혹스러워하다.「コンピューターが入って, 仕事のしかたがすっかり変わり, とまどっている//返事にとまどう」名戸惑い

とま・る　【止まる・留まる】トマル〔自動五〕(とまって) ①動いていたものが動かなくなる.　Estop; be halted.　톙멈추다, 서다.「バスが止まって客が降りてきた//台風で電車が止まる」対動く

②続いていたものがやむ. 終わる.　Estop; cease.　톙멎다, 그치다.「おかしくて笑いが止まらない//息が止まる」

③通じていたものが通じなくなる.　Ebe cut off; fail.　톙끊어지다.「電気代を払わなかったので電気が止まってしまった//工事のため水道が止まる」

④鳥や虫などがものにつかまって休む.　Eperch on.　톙앉다.「ハトが木の枝にとまっている」

⑤目や耳や心に印象として残る.　Enotice, remain.　톙(눈에) 띄다; (인상에) 남다.「2人が親しそうに話しているのが目にとまった//子供のころ心にとまった光景をいまでもときどき思いだす」

▷名止まり・留まり　他動止める・留める

注漢字で書くときは, ①②③は「止まる」, ④⑤は「留まる」.

とま・る　【泊まる】トマル〔自動五〕(とまって) ①よその家や宿で夜を過ごす.　Estay at; stay with.　톙묵다, 숙박하다.「京都では駅前のホテルに泊まった」②船がいかりを下ろして休む.　Elie at anchor.　톙정박하다.「港に, 白い大きな客船が泊まっている」

▷名泊まり　他動泊める

と・む　【富む】トム〔自動五〕(とんで) ①財産などをたくさん持つ.　Ebe rich.　톙부유하다, 재산이 많다.「富んでいる人がしあわせとは限らない」対貧しい ②(「～に富む」の形で)～が多い. ～が豊かだ.「日本は海にかこ

まれていて,海産物に富んでいる//経験に富ん だ人(Ea well-experienced person. 한 경험이 풍부한 사람.)」 対乏しい ▷名富

とむら・う 【弔う】トムラウ〔他動五〕(とむ らって) ①人の死を悲しみ,遺族をなぐさめ る. Eexpress one's sympathy with. 한 조상하다, 문상하다. 「ご遺族をとむらう」 ②死者の霊をなぐさめるために法事をする. 供 養する. Emourn for; hold a funeral. 한명복을 빌다, 추선 공양하다. 「家族,友 人,同僚が集まって死者をとむらう//先祖の 霊をとむらう」 ▷名弔い

とも 【友】トモ,トモ ①「友達」の古い言い 方. Ea friend. 한친구. 「いい友を持っ てしあわせだ//終生の友(Eone's lifelong friend. 한평생의 친구.)」②いつも親しん でいるもの. Ea companion. 한벗,동 무.「花鳥風月を友として暮らす」 ▷書①

とも 【共】トモ,トモ ①同じ. Ethe same. 한같은 (재료), 동일한 (소재). 「着物ととも の羽織をつくる//ともぎれ」②(他のことばの 頭について)一緒に. たがいに. 「共食い(E devour one another. 한서로 잡아먹 음.)//共倒れ」③(他のことばの後について) 〜はすべて. 〜をふくめて. 「一郎と京子は2人 ともテニスがうまい(EIchiro and Kyoko are good tennis players. 한이치 로와 교코는 두 사람 모두 테니스를 잘 친 다.)//送料とも」

-ども ①(他人を表すことばについて)2人 以上であることを表す.「者ども,よく聞け(E Everyone, listen to me! 한모두들, 잘 듣게.)//家来ども集まれ//野郎ども」②(自 分を表すことばについて)謙遜の気持ちを表 す.「私どものまちがいでした(EI was wrong. 한저희 잘못이었습니다.)//手前 どもの店にはございません」

三参①は見下していうときに使う乱暴な言い 三方.

ともかく トモカク ①結果や細かい事情は 別にして. Eat all events; at any rate. 한여하튼, 어쨌든.「あとで使うかどうかわか らないが,ともかく捨てないでとっておこう// ともかくすぐ医者にみてもらいなさい」②別な問 題であるよう. Eanything but; aside from. 한〜은 어쨌든 간에, 〜은 그만두 고.「ほかのことはともかく,これだけは許すわ けにはいかない//きらいならともかく,いちどく らい食べてみなさい」

ともすると トモスルト いつもではないが, ある状態になりやすいよう. ともすれば, Ebe apt to; quite easily. 한자칫하면, 걸핏 하면, 툭하면.「雨の日は,ともすると傘を 電車の中に忘れそうになる//人は,ともすると他 人の苦しみや悲しみに気がつかないものである」

ともだち 【友達】トモダチ 一緒に 勉強したり遊んだり仕事 をしたりして,仲よくしている人. Ea friend. 한친구. 「わたしには中国人とドイ ツ人の友達がいる//京子とはスキー場で知り 合って友達になった//遊び友達」

ともな・う 【伴う】トモナウ〔自他動五〕(と もなって) ①同時に起きる. Eaccompany; involve. 한따르다, 수반하다. 「は じめての1人旅には不安がともなう」②だれ かを一緒に連れていく. Etake ~ with one. 한동반하다, 데리다.「娘をともなっ て旅行する」③同時に起こさせる. つきまと わせる. Ebe accompanied by. 한동반 하다, 수반하다. 「この工事は危険をともな う//大雨をともなう台風」

三注①は自動詞,②③は他動詞.

ともに トモニ ①両方とも. Eboth. 한다 같이, 모두.「夫も妻もともに高校の教師を している」②一緒に. Eshare; together. 한같이, 함께.「運命をともにする//ともに学

んだ仲間」③(「~とともに」の形で)~と同時に. Eas; with. 한동시에.「年とともに体力が弱ってくる」▷書②

ともばたらき【共働き】トモバタラキ〔~する〕夫婦の両方が働いて暮らしを立てること. 共かせぎ. E(They) both work for a living. 한맞벌이.「子供が生まれても2人はずっと共働きを続けた」

とも・る トモル,トモル〔自動五〕(ともって) 電灯やランプなどがつく. Ebe lit; burn. 한(불이) 켜지다.「夕暮れになって家々に灯がともりはじめた//街灯がともる」

ども・る ドモル〔自動五〕(どもって) なめらかに発音できないで、つかえたり同じ音を何度も繰り返したりする. Estammer; stutter. 한말을 더듬다.「弟は緊張するとどもってしまい、うまく話せなくなる」名どもり

とやかく トヤカク いろいろなことを並べたてて、うるさく言うようす. Eall kinds of things; this and that. 한이러니저러니, 이러쿵저러쿵.「親でも、二十を過ぎた子供にはとやかく言わないほうがいい//とやかく注文をつける」

どやどや ドヤドヤ おおぜいの人が騒がしく、一緒に出たり入ったりするようす.「首相の記者会見が終わり、記者たちがどやどや(と)出てきた(EThe prime minister's press conference ended, and the reporters thronged out. 한수상의 기자 회견이 끝나자 기자들이 우르르 몰려 나왔다.)」

どようび【土曜日】ドヨービ 1週7日の最後の日. 金曜のつぎ、日曜の前の日. 土曜, 土. ESaturday. 한토요일.「土曜日も休みの会社が増えてきた」

どよめ・く ドヨメク〔自動五〕(どよめいて) たくさんの音や声が1つになって鳴り響く. Ebe stirred; resound. 한와글와글 떠들어대다; 울려 퍼지다.「1位でもどってきたマラソンのランナーに観衆がどよめいた//満場が笑いでどよめく」名どよめき

とら トラ ①全身が黄色で、黒いしまがある、体長2メートルほどの動物. 鋭いきばとつめを持ち、性質は荒く、ほかの動物を捕らえて食べる. Ea tiger. 한호랑이, 범.「トラはインドや中国に多い」②酔っぱらい. Ea drunk. 한주정뱅이, 취한.「飲みすぎてトラになる」▷数①1頭・1匹 話②

とら[虎]の威を借るきつね[狐] 偉い人の力を借りていばっている人. Ean ass in a lion's skin. 한호가호위, 남의 권세를 빌어 위세를 부리는 사람.

とら[虎]の子 非常にたいせつにしているもの. Eprecious savings; one's treasure. 한끔찍이 아끼는 것, 애지중지하는 것, 비장의 금품.「祖母はとらの子の100万円を悪い男にだまし取られた」話

ドライ (dry) ドライ ①⇨ドライクリーニング「背広の洗濯はドライでやってもらう」②乾いているようす. Edry; dried. 한건조함, 물기가 없음.「ドライアイス//ドライフラワー」③洋酒で、甘くないようす. Edry (alcohol). 한(양주 등이) 단맛이 없고 쌉쌀함.「ドライシェリー//ドライジン」④義理や人情にこだわらず、割りきるようす. Ebusinesslike. 한(인정에 끌리지 않고) 사무적, 드라이함.「最近の若者は職場の人間関係をドライに考えているようだ//ドライな性格(Ebe hard-boiled.* 한매몰찬 성격.)」対ウエット ▷話④

ドライクリーニング (dry cleaning) ドライクリーニング〔~する〕水の代わりにベンジンなどの薬を使ってよごれを落とす洗濯. ドライ. Edry cleaning. 한드라이 클리닝.「コートをドライクリーニングに出す」

ドライバー (driver) ドライバー, ドライバー ①自動車を運転する人. Ea driver.

ドライブ

�㈯ドライバー，(自動車の)運転者．「初心者のドライバーは自動車にマークをつけることになっている//ペーパードライバー(Ⓔa licensed driver who does not drive. �한운전 면허증은 있으나 운전을 거의 하지 않는 사람.)」②ねじの頭に差しこんでまわし，ねじを入れたりはずしたりする道具．ねじまわし．Ⓔa screwdriver. �한드라이버，나사돌리개．「ドライバーで機械のねじをしめる」③ゴルフで，ボールを遠くへ飛ばすためのクラブ．Ⓔ(golf) a driver. �한드라이버，원거리용 골프채．「ドライバーで300ヤードも飛ばした」▷数②③1本

ドライブ (drive) ドライブ〔~する〕自動車を運転すること．自動車で郊外や観光地などに遊びに行くこと．Ⓔa drive. �한드라이브．「天気がいいので箱根までドライブした//ドライブイン(Ⓔa roadside restaurant. �한드라이브인．차에 탄 채로 이용할 수 있는 식당(극장).)」

ドライヤー (dryer) ドライヤー，ドライヤー ①洗濯物などを乾燥させる機械．乾燥機．Ⓔa dryer. �한드라이어，건조기．「シーツをドライヤーで乾かす」②〔←ヘアドライヤー(hair dryer)〕熱い空気を出して髪の毛を乾かす電気器具．Ⓔa hair dryer. �한(헤어)드라이어．「毎朝ドライヤーで髪型をととのえる」▷数1台

とら・える【捕らえる】トラエル，トラエル〔他動一〕①「捕まえる」のすこし改まった言い方．Ⓔcatch; capture. �한잡다，붙잡다．「網でチョウを捕らえる//電車の中で他人の財布を取ろうとしていたすりを捕らえた」②しっかりつかむ．Ⓔseize; get. �한꽉 잡다；포착하다．「腕をとらえて離さない//機会をとらえて留学する」③抽象的なことがらを理解する．Ⓔgrasp; catch. �한파악하다，포착하다．「問題を正しくとらえる目が必要だ」

▷書①

≡注②③はひらがなで書く．

トラック (track) トラック 陸上競技で，競走する所．また，そこで行われる競技．Ⓔa track. �한트랙，트랙 경기．「トラックを全力で走る」対フィールド

トラック (truck) トラック 荷物を運ぶ自動車．貨物自動車．Ⓔa truck. �한트럭，화물 자동차．「トラックで引っ越しの荷物を運ぶ//トラックの運転手//大型トラック」数1台

トラブル (trouble) トラブル，トラブル ①争いなど面倒な問題．Ⓔtrouble; a complicated problem. �한트러블，분쟁，말썽．「家賃の値上げのことで家主との間にトラブルがあった」②機械などの故障や事故．Ⓔ(engine) trouble. �한트러블，(기계 등의) 고장．「自動車のエンジンにトラブルが起きたので，ドライブを中止した」

ドラマ (drama) ドラマ 劇．Ⓔa drama. �한드라마，극，연극．「テレビのドラマを見る//ホームドラマ」数1本

どらむすこ【どら息子】ドラムスコ 遊ぶことが好きで，金をよく使う怠け者の息子．Ⓔa prodigal son. �한방탕한 아들．「金づかいの荒いどら息子に困っている」話

トランジスター (transistor) トランジスター ゲルマニウムやシリコンなどでできた半導体でつくった小さな部品．ラジオ，テレビなどに使う．Ⓔa transistor. �한트랜지스터．「トランジスターを組み立てる工場//トランジスターラジオ」

トランプ (trump) トランプ ハート，ダイヤ，スペード，クラブの4組13枚ずつにジョーカーを入れた，全部で53枚のカードでできた遊び道具．また，そのゲーム．Ⓔcards. �한트럼프，카드(놀이)．「お正月にトランプをして遊んだ//トランプ占い」数1枚・1組

とり 【鳥】トリ ①つばさを持ち，体が羽毛でおおわれた，2本足の動物．卵を産む．Ea bird. 한새, 조류. 「外で鳴く鳥の声で目が覚める」②鶏．また，その食用肉．E(a) chicken. 한닭, 닭고기. 「ゆうべはとりのからあげを食べた」 数1羽・1匹

とり- 【取り-】〔動詞について〕ことばの調子をととのえたり強めたりする．「取りかこむ(Esurround; gather around. 한에워싸다, 포위하다.)//取り決める」

とりあえず トリアエズ ほかのことは別にして，まず初めに．Efirst of all. 한우선, 일단. 「料理はまだ来ないが，とりあえずビールで乾杯しよう」

とりあ・げる 【取り上げる】トリアゲル，トリアゲル〔他動一〕①ものを手に取って持ち上げる．Epick up; take up. 한집어 들다, 들어올리다. 「ベルが鳴ったので受話器を取りあげた」②意見や提案を受けつける．Etake up; accept. 한채택하다, 받아들이다. 「会議の議題に取りあげる//わたしの意見が取りあげられた」 対取り下げる ③ほかの人の持っているものをうばい取る．Etake away; confiscate. 한몰수하다, 빼앗다. 「授業中，生徒が漫画の本を読んでいたので，取りあげた」

とりあつか・う 【取り扱う】トリアツカウ，トリアツカウ〔他動五〕(とりあつかって)①ものを動かしたり使ったりする．Ehandle. 한다루다, 취급하다. 「図書館の本はたいせつに取り扱うこと//危険物を取り扱う係」②人をもてなす．Etreat. 한응대하다. 「病人を丁寧に取り扱う」③調べたり裁いたりする．Edeal with. 한다루다, 처리하다. 「いま，裁判所では公害訴訟を取り扱っている」④ある仕事を受けて行う．Eaccept. 한취급하다. 「この郵便局では外国への小包も取り扱っている」 ▷名取り扱い

とりい 【鳥居】トリイ 神社の入り口に立てる門．Ea torii; a shrine gate. 한도리이, 신사 입구의 기둥문. 「鳥居をくぐって神社におまいりに行く//赤い鳥居」→神社図

とりい・れる 【取り入れる】トリイレル，トリイレル〔他動一〕①取って中へ入れる．取りこむ．Etake in. 한안으로 집어 넣다, 걷어 들이다. 「雨が降りだしたので，あわてて洗濯物を取り入れた」②他のいい点を受け入れて利用する．Eintroduce; adopt. 한받아들이다, 도입하다. 「A国の法律制度の一部を取り入れる//みんなの意見を取り入れて旅行先を決める」③稲や麦などの農作物を収穫する．Eharvest. 한거두어 들이다, 수확하다. 「稲が実ったので，あすは取り入れよう」 ▷名取り入れ

とりえ 【取り柄】トリエ すぐれた点．長所．Ea merit; a good point. 한장점, 쓸모. 「まじめに働くのが三郎のとりえだ//どんな人にもなにかとりえはあるものだ」

とりかえしがつかない 【取り返しがつかない】失敗して，もうもとにもどすことはできない．Eirrevocable; irreparable. 한돌이킬 수 없다, 회복할 수 없다. 「もし万一，核戦争が起こったら，取り返しがつかない//高価な花瓶を割ってしまって，取り返しがつかないことをした」

とりかえ・す 【取り返す】トリカエス，トリカエス〔他動五〕(とりかえして)①取られたものをふたたび自分の手もとに持ってくる．取りもどす．Eget back; take back. 한되찾다. 「お金に困って手放した絵をやっと取り返すことができた」②ふたたびもとのようにする．取りもどす．Erecover; make up for. 한복원하다, 회복하다. 「いちど失った信用は，なかなか取り返せない」 ▷名取り返し

とりか・える 【取り替える】トリカエル〔他

動一〕①いままでのものを，新しいものや別のものにかえる。Echange; replace. 한교환하다, 갈다.「テレビが故障したので，部品を新しく取りかえた」②たがいに自分の持っているものを相手のものとかえる。交換する。Eexchange. 한바꾸다, 교환하다.「姉と妹は服を取りかえて着ている」▷名取り替え

とりかか・る【取りかかる】トリカカル，トリカカル〔自動五〕(とりかかって) 新しく始める。しはじめる。Ebegin; set to. 한시작하다, 착수하다.「昼休みが終わったら，午後の仕事に取りかかる」

とりきめ【取り決め】トリキメ 話し合って決めること。また，その内容。Ean agreement; a decision. 한협정, 결정.「両国は貿易に関する取り決めを結んだ」他動取り決める

とりく・む【取り組む】トリクム，トリクム〔自動五〕(とりくんで) 熱心に，ある問題や仕事に当たる。Etackle; grapple with. 한씨름하다, 몰두하다.「洋子はエイズの予防薬の研究に取り組んでいる//難問に取り組む」名取り組み・取組

とりけ・す【取り消す】トリケス，トリケス〔他動五〕(とりけして) 前に言ったり書いたりしたことを後になってからなかったことにする。Ecancel; take back. 한취소하다.「結婚の約束を取り消す//前回の発言を取り消します」名取り消し

とりこしぐろう【取り越し苦労】トリコシグロー〔〜する〕どうなるかわからない先のことをあれこれと考えて，心配すること。Eworry needlessly about the future. 한쓸데없는 걱정, 기우.「姉は, 子供がまだ小学生なのに, いい大学に入れるだろうかと取り越し苦労をしている」

とりしき・る【取り仕切る】トリシキル，トリシキル〔他動五〕(とりしきって) 全部の仕事を引き受けて行う。仕切る。Ehave charge of; manage (all by oneself). 한혼자 도맡아 하다, 관리하다.「この会の運営は洋子が取り仕切っている//店の移転を取り仕切る」

とりしまりやく【取締役】トリシマリヤク，トリシマリヤク 会社の方針を決め，運営を担当する重要な役職。最高の決議機関である取締役会を構成する。Ea director. 한중역, 이사.「会社の取締役に選ばれる//取締役社長」

とりしま・る【取り締まる】トリシマル，トリシマル〔他動五〕(とりしまって) 悪いことが起きないよう見張ったり監督したりする。Ecrack down on; control. 한단속하다, 관리하다, 감독하다.「選挙違反を厳しく取り締まる」名取り締まり

とりしら・べる【取り調べる】トリシラベル，トリシラベル〔他動一〕調べて実情を明らかにする。特に，犯罪の容疑者をいろいろと調べる。Einvestigate; examine. 한(자세히) 조사하다, 문초하다.「事故の原因を取り調べる//事件の関係者を呼んで取り調べる」名取り調べ

とりた・てる【取り立てる】トリタテル，トリタテル〔他動一〕①催促して強制的に金を取る。Ecollect; levy; exact. 한(강제적으로) 거두다, 징수하다.「税金を取り立てる//家賃を取り立てる」②特別のものとして数えあげる。Ebe worth mentioning. 한특별히 내세우다.「軽い気持ちでしたことだから，取り立てて言うほどのこともない」▷名取り立て

トリック(trick)トリック 人をだますしかけや方法。Ea trick. 한트릭, 속임수.「この手品のトリックはだれにもわからない//あの写真にはなにかトリックがある」

とりつ・ぐ【取り次ぐ】トリツグ，トリツグ

〖他動五〗(とりついで) ①両方の間に立って, ものごとを一方から他方に伝えたり受け渡しをしたりする. ⒺConvey; act as an agent. 한중개하다.「あなたの希望を先方に取りついであげよう//品物の注文を取りつぐ」②間にいて, 客が来たことや電話がかかったことを伝える. Ⓔannounce (a guest); get a person on the phone. 한손님이 왔음을 전하다, 전화를 대주다.「秘書が社長に来客を取りついだ//電話を取りつぐ」▷名取り次ぎ

とりつくろ・う【取り繕う】トリツクロウ, トリツクロウ〖他動五〗(とりつくろって) うまくごまかして, その場を切り抜ける. Ⓔsmooth over; keep up. 한(그 자리를) 얼버무려 넘기다 ; (체면을) 차리다.「失言したことに気づいて, あわてて取りつくろった//体面を取りつくろう」

とりとめのない 話や文章などにまとまりがない. とりとめもない. Ⓔrambling; incoherent. 한두서가 없다, 종잡을 수 없다.「とりとめのないことばかり言っていても, 時間のむだだ//とりとめのないお話で失礼しました」

とりなお・す【取り直す】トリナオス, トリナオス〖他動五〗(とりなおして)①(「気を取り直す」の形で)もとの元気を取りもどす. Ⓔtake heart; pull oneself together. 한(기분을) 새로이 하다.「試験に失敗してがっかりしていたが, 友達に励まされて気を取り直した」②すもうで, 勝敗がはっきりしないので, もういちどやり直す. Ⓔ(*sumo*) wrestle the bout again. 한(스모에서) 다시 맞붙다, 재경기를 하다.「横綱と大関はどちらが勝ったかわからなくて, 取り直すことになった」▷名取り直し

とりのぞ・く【取り除く】トリノゾク, トリノゾク〖他動五〗(とりのぞいて) いらないものを取り去る. Ⓔremove; get rid of. 한없애다, 제거하다.「排気ガス中の有毒な物質を取り除く装置を開発する//不安を取り除く」

とりひき【取り引き・取引】トリヒキ, トリヒキ〔～する〕①品物を売ったり買ったりすること. Ⓔbusiness; dealings. 한거래, 상행위.「A社は契約を守らないから, 取り引きをやめることにした」②たがいの利益になるような条件を出し合って, ものごとを解決すること. Ⓔa deal. 한흥정, 협상.「与党は野党との取り引きで法案を可決した//裏取引」

注 1語だけで使うばあいは「取り引き」,「信用取引」「取引所」のようなばあいは「取引」.

とりま・く【取り巻く】トリマク, トリマク〖他動五〗(とりまいて)①まわりをかこむ. 取りかこむ. Ⓔsurround. 한둘러싸다, 포위하다.「デモ隊が建物を取り巻いている」②きげんを取ろうとして, 権力や金のある人などのそばにいつもいる. Ⓔcluster around; fawn upon. 한(추종자들이) 둘러싸다, 빌붙다.「スターはファンたちに取り巻かれて上きげんだ」▷名取り巻き

とりみだ・す【取り乱す】トリミダス, トリミダス〖自他動五〗(とりみだして)①ものを散らかす. Ⓔmess up; scatter about. 한어지르다, 흩뜨리다.「片づけるひまがなくて, 部屋の中を取り乱したまま旅行に出た」②突然の不幸なできごとに, 心の落ちつきを失って, 見苦しいふるまいをする. Ⓔlose one's composure; be upset. 한이성을 잃고 불성 사나운 행동을 하다 ; 흐트러지다.「子供の事故死を知らされて, 母親はすっかり取り乱してしまった//取り乱した姿を人に見せたくない」

注 ①は他動詞, ②は自動詞.

とりも・つ【取り持つ】トリモツ, トリモツ

とりもつ〖他動五〗(とりもって) ①両方の間に立って、うまくいくよう世話する。Ｅmediate; act as a go-between. 한중재하다, 주선하다.「田中さんがわたしたち２人の仲を取りもってくれた//スキーが取りもつ縁」②人の気をそらさないようにもてなす。Ｅentertain; treat. 한접대하다, 응대하다.「歌やクイズでパーティーの座を取りもつ//兄は客を取りもつのが上手だ」▷名取り持ち

とりもなおさず【とりも直さず】トリモ・ナオサズ、トリモナオサズ 前にいったことが、そのまま後にいうことの原因や証拠になるようす。言いかえると。Ｅwhich means; in other words. 한곧, 즉, 바꿔 말하면.「議員のレベルが低いということは、とりもなおさず選挙民の意識が低いということだ」

どりょく【努力】ドリョク〔～する〕目標を実現するために一生懸命することＥ(an) effort; (an) endeavor. 한노력.「長い間の努力が実って文学全集が完成した//ごみを少なくするよう努力する」

とりよ・せる【取り寄せる】トリヨセル、トリヨセル〖他動一〗品物などを注文して、とどけさせる。Ｅorder; send for; get. 한(주문하여) 배달시키다, 들여오다.「出版社から本を取り寄せる//すしを取り寄せる」名取り寄せ

ドリル (drill) ドリル ①回転させて穴を開ける道具。Ｅa drill. 한드릴, 송곳.「ドリルで板に穴を開ける//電気ドリル」②繰り返してする練習。Ｅdrills; exercises. 한반복 연습.「新しい文型のドリルをする//漢字ドリル」▷数①１本

とりわけ トリワケ 同じ種類、同じような程度のものの中でも特に。Ｅespecially; particularly. 한특히, 유난히.「ポピュラー音楽の中でも、ビートルズがとりわけ好きだ//近所においしいケーキ屋は何軒かあるが、角の店のがとりわけおいしい」

と・る【取る・執る・採る・捕る】トル〖他動五〗(とって) ①手でにぎったりして持つ。Ｅtake. 한잡다, 집다, 쥐다, 들다.「郵便箱から新聞を取る//手に取ってごらんください」
②その仕事を行う。Ｅperform. 한맡다, 하다, (일을) 보다, 잡다.「オーケストラの指揮をとる//事務をとる//ペンをとる(＝書く)」
③もとあったところからはずす。Ｅtake off; weed. 한벗다, 뽑다.「帽子を取ってあいさつする//めがねを取る//雑草を取る」
④ほしいものを集めたり、選んだりする。Ｅgather. 한따다, 캐다, 채취하다.「森へキノコをとりに行く」
⑤えものを捕まえる。Ｅcatch. 한잡다, 포획하다.「魚を捕る//ネズミを捕る猫//生け捕る」
⑥採用する。Ｅemploy; take on. 한뽑다, 채용하다.「１学科に50名の学生をとる//新しく大学を出た人を社員にとる」
⑦金や品物をうばう。盗む。Ｅrob; steal. 한빼앗다, 훔치다.「泥棒に金を取られた」
⑧記憶するために必要なことを書いて残す。Ｅtake (notes); write (a memo). 한기록하다, 적다, 하다.「A教授の講義はむずかしくて、ノートを取るのがたいへんだ//メモを取る」
⑨決められた金額を集める。Ｅcharge. 한받다, 거두다, 징수하다.「この音楽会は入場料を取らない//税金を取る」
⑩自分がそれを引き受ける。Ｅtake (the trouble, responsibility). 한(책임을) 지다, 맡다.「紹介の労を取る//責任を取る」
⑪手に入れる。自分のものにする。Ｅget; obtain. 한얻다, 따다, 취득하다.「運転免許をやっと取った//学位を取る//買い取る (→項目)」

⑫注文して持ってこさせる. Ⓔtake; order. 한주문하여 배달시키다, 시키다.「新聞を取る//出前のすしを取る」

⑬解釈する. Ⓔtake; interpret. 한해석하다, 받아들이다, 이해하다.「親切で言われたことを悪く取ってはいけない」

⑭数を知る. Ⓔtake (the measure, a person's pulse). 한(치수를) 재다; (맥을) 짚다; (출석을) 부르다.「服の寸法を取る//脈を取る//出席を取る」

⑮時間, 空間, 手間などを必要とする. Ⓔspare (time); take up. 한(시간・공간・수고 등을) 필요로 하다, 들다, 차지하다.「ちょっと時間を取ってほしい//荷物で場所を取り, 寝る所もない//手間を取る仕事」

⑯場所を確保する. Ⓔsecure; save. 한(자리를) 잡다, 차지하다.「花見の場所を取る//席を取る」

▷自取れる・執れる・採れる・捕れる

注 漢字で書くときは, ①③⑦～⑯は「取る」, ②は「執る」, ④⑥は「採る」, ⑤は「捕る」.

捕らぬたぬき[狸]の皮算用 まだ確かでないことを期待して計画を立てること. Ⓔ Don't count your chickens before they are hatched. 한너구리굴 보고 피물 돈 내어쓴다.

取るに足りない 取りあげるだけの値打ちがない. Ⓔtrivial; of no account. 한하잘 것없다, 하찮다.「命が助かったのだから, 自転車がこわれたことなど取るにたりないよ」

取るものも取りあえず じゅうぶんな準備もできず大急ぎで. Ⓔwithout a moment's delay. 한득달같이, 황급히.「祖母の危篤の知らせを聞いて, 取るものも取りあえず駆けつけた」

～にとって ～の立場からは. Ⓔto; with; for. 한～에 있어서는, ～로서는.「わたしにとっていちばんたいせつな人をなくした//子供たちにとっていい先生」

と・る 【撮る】トル【他動五】(とって) ①写真を写す. Ⓔtake (a photograph). 한(사진을) 찍다.「全員で記念写真をとる」②映画をつくる. Ⓔfilm (a movie). 한(영화를) 찍다, 촬영하다.「駅前の広場で映画をとっている」

ドル (dollar) ドル アメリカ合衆国の金の単位. 1 ドルは100 セント. 記号は「$」. Ⓔa dollar. 한달러.「ドルを売って円を買う//ドル相場(Ⓔthe dollar exchange rate. 한달러 시세.)」

参 カナダ, オーストラリア, シンガポール, 香港などでも「ドル」を貨幣の単位としている.

ドルばこ 【ドル箱】ドルバコ 金をもうけさせてくれるものや人. また, 金を出してくれる人. Ⓔa gold mine; a financial supporter. 한달러 박스, 돈을 벌어 주는 물건(사람), 돈줄.「あの小説家の本はよく売れるので, 出版社にとってはドル箱だ//A氏はこの学会のために毎回多額の寄付をしてくれるドル箱だ//ドル箱歌手」

どれ ドレ ①はっきりわからなかったり, 決められなかったりするものをさすことば. Ⓔwhich. 한어느 것, 어느 쪽.「これらの本の中で, どれがいちばんおもしろいだろうか//先生のかばんはどれですか」②思いたってなにかをしようとするとき, また, 他人をうながすときに言うことば.「どれ, 行こうか(Ⓔ OK, let's go. 한자, 갈까.)//どれ, パパに見せてごらん(Ⓔ Well, show Dad. 한어디, 아빠한테 보여 줘 봐.)」

▷話② →おい囲み →付録指示語のまとめ

どれい 【奴隷】ドレイ ①むかし, 主人の私有物とされ, 人としての権利もなく, 牛や馬のように働かされた人. Ⓔa slave. 한노예.

「ジョンの祖先はアフリカから奴隷としてアメリカに渡ってきた//奴隷解放(Ｅthe emancipation of slaves. 한노예 해방.)」②あるものに心をうばわれて、それにしばりつけられている人. Ｅa slave. 한노예.「金銭の奴隷となる」

トレーナー (trainer) トレーナー、トレーナー ①スポーツで、選手の体調を管理し、練習を指導する人. Ｅa trainer. 한트레이너.「トレーナーが科学的な方法で選手のコンディションをととのえる」②運動用の長そでのシャツ. Ｅa sweat shirt. 한운동복 셔츠.「トレーナーを着てジョギングをする」▷数②1枚

トレーニング (training) トレーニング〔～する〕訓練. 練習. Ｅtraining. 한트레이닝, 훈련, 연습.「厳しいトレーニングの結果、100メートルを10秒台で走れるようになった//頭のトレーニング//トレーニングウエア」

どれも ドレモ いくつかあるもののすべて. 全部. Ｅall; every. 한모두 다, 어느 것이나 다, 전부.「いろいろあるけれど、どれもいやだ//どれもきれいな花で、ほしくなる//どれもいい」

と・れる 【取れる・採れる・捕れる】トレル〔自動一〕①ついていたものが離れて落ちる. Ｅcome off; fall off. 한떨어지다, 빠지다.「シャツのボタンが取れた//表紙が取れた本」
②よくない状態がなくなる. Ｅbe gone; be removed. 한없어지다, 가시다, 사라지다.「薬を飲んだら痛みが取れた//疲れが取れる」
③取ることができる. Ｅbe got; can get. 한잡을(줄) 수 있다; 얻을 수 있다.「特急の指定席が取れた//台に乗れば高い棚の本が取れる」
④役立つものがえられる. Ｅbe produced; be caught. 한생산되다, 수확되다; 잡히다.「今年は小麦がたくさんとれた//魚がよく捕れる海」
⑤解釈できる. Ｅcan be interpreted. 한해석되다, 받아들여지다.「先生のことばはほめているともしかっているとも取れる」
▷他動 取る・採る・捕る
注 漢字で書くときは、①②③⑤は「取れる」、④は「採れる」「捕れる」.

どろ 【泥】ドロ 水がまじってやわらかい土. Ｅmud; mire. 한진흙.「子供は外で泥だらけになって遊んだ//靴の泥を落とす//泥んこ(Ｅmuddy. 한진흙투성이.)」

泥のように眠る 疲れて、ぐっすり眠る. Ｅsleep like a log. 한곯아떨어져서 자다.「2晩徹夜して仕事を終えたあと、泥のように眠った」

泥を塗る 名誉をけがす. Ｅdisgrace. 한욕을 보이다, 먹칠을 하다.「警察官の息子が泥棒をして、親の顔に泥をぬった」話

どろくさ・い 【泥くさい】ドロクサイ 洗練されていない. Ｅunrefined; uncouth. 한촌스럽다, 세련되지 못하다.「この服は材質はいいが、デザインが泥くさい」

どろじあい 【泥仕合】ドロジアイ たがいに相手の秘密、悪い点、失敗などを言って非難し合い、みにくい争い方をすること. また、そのような争い. Ｅmudslinging. 한추잡한 싸움, 이전투구(泥田闘狗).「同じ党の2人が市長選挙に立候補して泥仕合になった//泥仕合を演じる」

ドロップアウト (dropout) ドロップアウト〔～する〕学校や社会などにいられなくなり、その外へ出ること. Ｅa dropout. 한드롭아웃, 낙오(자), 탈락(자).「高校生のドロップアウトが年々増加している」

どろどろ ドロドロ, ドロドロ〔～する〕①強

いねばりけのあるよう す. 「高い熱で鉄をどろどろにとかす(Esoften iron into a muddy consistency with an intense heat. 한높은 열로 철을 곤죽같이 녹이다.)//どろどろしたシロップをパンケーキにかける」②泥がたくさんついてよごれたよう す. 「畑の中を歩いて靴がどろどろになった(EMy shoes became muddy from walking through the field. 한밭을 걸어서 신발이 진흙투성이가 되었다.)」③人間関係が複雑で,すっきりしないよう す. 「職場でのどろどろした人間関係がいやになって仕事をやめた(EI quit my job because the group dynamics among the staff were very bad. 한직장에서의 복잡하고 개운찮은 인간 관계가 싫어져서 일을 그만 두었다.)」

どろなわ【泥縄】ドロナワ ものごとが起こってからあわてて準備をしたり, 対策を考えたりすること. Ea last-minute cramming. 한때늦음, 벼락치기. 「泥縄で試験勉強をしても, いい点が取れるはずがない」
参「泥棒を見て縄をなう(=縄をつくる)」を縮めてできたことば.

どろぬま【泥沼】ドロヌマ ①泥が深い沼. Ea bog. 한수렁. 「泥沼に美しいハスが咲いた」②抜けだすことがむずかしい状況. Ea morass. 한진구렁, 수렁. 「借金と病気続きの泥沼から早く抜けだしたい」

どろぼう【泥棒】ドロボー{~する} 他人のものを盗むこと. また, その人. Ea thief; a burglar. 한도둑. 「ゆうべ, となりのアパートに泥棒が入った//火事場泥棒(Ea thief at a fire. 한화재 현장의 혼란을 틈탄 도둑.)//泥棒猫」

どろまみれ【泥まみれ】ドロマミレ 泥がたくさんついてよごれること. Emuddy all over. 한진흙투성이. 「雨の中でラグビーをして泥まみれになった」

トン (ton) トン ①重さの単位. 1トンは1000キログラム. 記号は「t」. Ea (metric) ton. 한톤. 「2トン積みのトラック」②船の大きさを表す単位. 記号は「t」. Ea ton. 한톤. 「10万トンのタンカーをつくる」

とんカツ【豚カツ】トンカツ 厚く切った豚肉に, 小麦粉, 卵, パン粉をつけて, 油であげた料理. Ea breaded pork cutlet. 한돈가스. 「晩ごはんは豚カツとサラダとみそ汁だ//豚カツ定食」数 1枚

どんかん【鈍感】ドンカン 感じ方や頭の働きが鈍く遅いよう す. Edull; insensitive. 한둔감. 「鈍感で, 人にいやなことを言われてもあまり気にならない//長い間暑い国で暮らしたので, 暑さに対して鈍感になった」対敏感, 鋭敏

どんじり ドンジリ, ドンジリ いちばん終わり. 最後. Ethe tail end. 한맨 끝, 꼴찌. 「100メートル競走でどんじりになった//テストではいつもクラスのどんじりだった」話

どんぞこ【どん底】ドンゾコ いちばん悪い状態. Ethe very bottom; the depths. 한(맨) 밑바닥; 최악의 상태, 구렁텅이. 「長い戦争が終わったとき, 人々はどん底の生活をしていた//失意のどん底//不景気のどん底」

とんだ トンダ ①まったく思いがけない. Eterrible; fatal. 한뜻밖의, 엉뚱한, 얼토당토않은. 「トラックに追突されるとは, とんだ災難でしたね//図書館の本をなくすという, とんだ失敗をしてしまった」②まったく非常識な. あきれた. Eawful; dumbfounded. 한어처구니없는; 엄청난. 「まじめそうな顔をしていたけれど, とんだうそつきだった//とんだいんちきにひっかかった」▷話

どんちゃんさわぎ【どんちゃん騒ぎ】ドンチャンサワギ 酒を飲み, 歌ったり踊ったりして大騒ぎをすること. また, その騒ぎ. E

とんでもな・い トンデモナイ ①まったく思いがけない．常識では考えられない．Ⓔinconceivable; incredible. 뒹당치도 않다, 터무니없다．「浪人してやっと入った大学をやめたいなんて，とんでもないことを言う子だ」 ②あってはならない．Ⓔoutrageous; preposterous. 뒹있을 수 없다, 발칙하다．「国宝の仏像に傷をつけるとは，とんでもないいたずらだ」 ③相手の言うことを強く否定するときに言うことば．ⒺImpossible!; Oh, no! 뒹당치않아요, 천만에(요)．「わたしが天才だなんて，とんでもない∥とんでもない．わたしが盗んだなんて」 ▷話③

とんとん トントン，トントン ①収入と支出がだいたい同じぐらいで損得がないようす．Ⓔbe even in profit and expense. 뒹수지가 균형 잡힘, 어금버금함．「この前はもうけたが，今度は損をしたので収支はとんとんだ」 ②同じぐらいで，どちらが上とも下ともいえないようす．Ⓔbe even. 뒹엇비슷함．「一郎と二郎の実力はとんとんだ」 ③ものを続けて軽くたたくときに出る音を表す．Ⓔtap, tap! 뒹똑똑．「ドアをとんとん(と)たたく」 ④ものごとが順調に進むようす．Ⓔsmoothly. 뒹착착, 척척．「商売の話がとんとん(と)進んだ∥とんとん拍子(→項目)」 ▷→どんどん

どんどん ドンドン ①ものを続けて強くたたくときに出る低い大きな音を表す．「ドアをどんどん(と)乱暴にたたく(Ⓔbang at a door violently. 뒹문을 탕탕 난폭하게 두드리다.)」 ②止まらずに勢いよく進むようす．「病気がどんどん悪くなっていく(ⒺHe is getting worse rapidly. 뒹병이 자꾸자꾸 악화되어 간다.)∥意見をどんどん言ってくださ

い」

参 ①は「とんとん」と似ているが，「どんどん」のほうが音が大きく騒がしい．

とんとんびょうし 【とんとん拍子】トントンビョーシ ものごとが速く, うまいぐあいに進むこと．Ⓔrapidly; by leaps and bounds. 뒹순조롭게 척척．「一郎は，係長，課長と，とんとん拍子に昇進した」

どんな ドンナ ①「どのような」「どのよう」のくだけた言い方．Ⓔany (kind of); how. 뒹어떤, 어떠한．「わたしはどんな食べ物でも食べられる∥きのうのパーティーはどんなだった？」 ②(「どんなに」の形で)その程度が高かったり，量が多かったりすることを強める意味を表す．「どんなにさがしてもコンタクトレンズは見つからなかった(ⒺHowever hard I looked for the contact lens, I could not find it. 뒹아무리 찾아도 콘택트 렌즈는 보이지 않았다.)∥どんなに貧乏でも好きな仕事ができるなら満足だ」 ▷→付録 指示語のまとめ

トンネル (tunnel) トンネル 山腹，海底，川底，地下などを掘り抜いて，鉄道，道路，水路などを通すためにつくった穴．Ⓔa tunnel. 뒹터널．「列車がトンネルに入って外が見えなくなった∥トンネルを抜ける」 数 1本

どんぶり ドンブリ ①厚手で深い，陶器の鉢．ごはん，うどん，そばなどを盛るのに使う．Ⓔa (porcelain) bowl. 뒹사발．「高校生の息子はいつもどんぶりに2杯ずつごはんを食べる」 ②「①」にごはんを盛り，上に肉，魚，野菜，卵などの具を載せたもの．Ⓔa bowl of rice topped with cooked meat, fish, vegetable or eggs. 뒹덮밥．「ウナギどんぶり∥親子どんぶり(=とり肉と卵を煮てごはんの上に載せたもの)」 ▷→食器 図

どんぶりかんじょう 【どんぶり勘定】ドンブリカンジョー 収入と支出を正確に計

算しないで，いいかげんに金銭のやりとりをすること．また，そのような会計．[E]without keeping books; slipshod accounting. [한]주먹구구식 회계〔금전 출납〕.「この店の経営はどんぶり勘定なので，もうかっているのか損をしているのかわからない」

とんぼ トンボ 昆虫の一種．体は細く，2対の羽を持ち，目はまるくて大きい．[E]a dragonfly. [한]잠자리.「高原で子供がトンボを追いかけている//赤トンボ」[数]1匹

〔とんぼ〕

とんや 【問屋】トンヤ 生産者などからいちどに商品をたくさん買い入れて，小売店に卸売りをする店．[E]a wholesale store. [한]도매상.「問屋から商品を仕入れる//衣料問屋//問屋街」[数]1軒・1店

どんよく 【貪欲】ドンヨク，ドンヨク 金銭やものなどに対して欲が深いようす．[E]avaricious; greedy. [한]탐욕.「立場の弱い患者から取れるだけ金を取ろうとする貪欲な医者がいる//知識を貪欲に吸収する」[対]無欲

どんより ドンヨリ｛〜する｝①空がくもって薄暗いようす．[E]gloomy; overcast. [한]어둠침침함, 우중충함.「空がどんより(と)くもり，いまにも雨が降りだしそうだ」②元気がなくて目が死んだように見えるようす．[E]dull; glazed. [한](눈이) 흐리멍덩함.「テレビゲームで疲れてどんよりした目の小学生」

な／ナ

な 【名】ナ ①たくさんのものごとを、ほかとの違いをはっきりさせるように言い表す呼び方. 名前. Ⓔa name. 㗊이름, 명칭.「新しい機械や道具の名は外来語が多い//道ばたの花の名を尋ねる」②人や土地などのそれぞれにつけて、ほかと区別する呼び方. 名前. Ⓔa (given) name. 㗊이름, 호칭；성명.「はじめての男の子の名を『一郎』とつけた//『花子』という名の象が動物園にいた」③世間によく知られている名前. Ⓔreputation; fame. 㗊이름, 명성.「名もない主婦のグループだが立派な活動をしている//新しい薬を発見して名をあげる」▷→名称

參 ②の人のばあい、「名」は、「山田一郎」という姓名をさすときと、姓を除いて「一郎」という名だけをさすときとがある.

名は体を表す 名を聞いただけでそのもののようすがよくわかることがある. Ⓔ Names and natures do often agree. 㗊이름은 그 실체를 나타낸다, 명실상부하다.「朝顔の花は朝咲いて昼にはしぼんでしまう. 名は体を表している, いい例だ」

名を捨てて実を取る うわべの立派さよりも実際に自分に役に立つものを選ぶ. Ⓔ choose substance over appearance. 㗊명성보다는 실리를 택하다.「有名ではないが自分の力を出せる会社を選んだ兄は、名を捨てて実を取ったのだ」

名をなす ある仕事、研究などで立派な成果を上げて、世間によく知られるようになる. Ⓔ make a name for oneself. 㗊유명해지다.「つぎつぎに性能のいい自動車の設計をして、三郎はその分野で名をなした」

な ①(文の終わりについて)(1)(動詞の基本形について)してはいけないという禁止を表す.「そんなに大きい声で泣くな(Ⓔ Don't cry so

---

「ね」「よ」「な」

「きょうはいい天気だね／よ／な」のように、「ね」「よ」「な」は、どれも文の終わりについて、話す人の気持ちを表す.

「ね」は、「このほうがいいね」「きっと来てくださいね」「会議は10時からですね」のように、自分の判断について相手に同意を求めたり、念を押したり、確かめたりするときに使う. なお、同意を求めるばあいなどで「きょうは寒いですねえ」のように、感情をこめて「ねえ」とのばして言うこともある.

「よ」は、「ぼくは好きですよ」「あぶないよ」「早く行こうよ」のように、自分の判断や意見などを相手に強く言うときに使う.「これ、おもしろいね」が単に相手に同意を求めているのに対し、「これ、おもしろいよね」にすると、自分の意見を相手に押しつける感じになる.

これら「ね」や「よ」が相手に働きかけているのに対して、「な」は「もう春なんだな」「きれいだな(あ)」などのように、自分の感動を直接的に表す点に特徴がある.

loudly.㉠그렇게 큰 소리로 울지 마라.)//お酒を飲みすぎるな」(2)(動詞の「ます」形について)親しい人や目下の人に対する軽い命令を表す.「中に入りな(ⒺCome in.㉠들어오너라.)もっと食べな//こちらへいらっしゃいな」(3)感動や詠嘆の気持ちを表す.「いい絵だな(ⒺIt's a good picture, isn't it?㉠좋은 그림이구나.)//国へ帰りたいな」(4)自分の考えをはっきり言ったり,相手に返事や同意を求めたりするときに使う.「腹が減ったな(ⒺI'm hungry.㉠배가 고픈 걸.)//もう,きょうは遅いな,やめよう」②(ことばをつなぐのに使い)相手の注意をひいたり,勢いをつけたりする.「この本な,きみにあげるよ(ⒺThis book, I'll give it to you.㉠이 책 말야,너한테 줄게.)//となりの犬のシロな,あいつ死んだんだって」③形容動詞の活用形の１つで,名詞に続く形.「元気な子供(Ⓔa cheerful child.㉠건강한 어린이.)//有名な小説」

▷話①② →囲み

参 ①(2)(3)(4)②はくだけた言い方.①(3)(4)②は「なあ」と長くのばすこともある.

なあ 「な」を長くのばして強めた言い方.「きれいな景色だなあ(ⒺA lovely view, isn't it?㉠아름다운 경치로구나.)//旅行に行きたいなあ//あの仕事なあ,うまくいかなかったんだ(ⒺThat business, it really didn't go very well.㉠그 일 말야,잘 안됐어.)」話

なあに ナーニ「なに」を長くのばした言い方.「お母さん,今夜のおかずはなあに?(ⒺMam, what do you cook for dinner tonight?㉠엄마,오늘 저녁 반찬은 뭐예요?)//なあに,これぐらいのことに負けないよ(ⒺAll right, I won't give in.㉠아니,이 정도에 지지 않아.)」話

な・い 【無い・亡い】ナイ ①存在しない.ⒺThere is no ~.㉠없다.「この部屋にはベッドがない//１つの雲もない青い空」対有る
②持っていない.Ⓔhave no.㉠없다,가지고 있지 않다.「お金がない//才能がない」対有る
③行われない,起こらない.Ⓔbe no; not be held.㉠없다,일어나지 않다.「午後は授業がない//去年は大きな地震はなかった」対有る
④生きていない.Ⓔdead; the late.㉠(죽고) 없다.「いまはない恩師の思い出を語る」
⑤(形容詞の「く」の形,形容動詞の「で」の形について)否定を表す.「この本は高くない(ⒺThis book isn't expensive.㉠이 책은 비싸지 않다.)//おもしろくない映画だ//あまり好きでない人」
⑥(動詞の「ない」形について)(1)否定を表す.「旅行には行かない(ⒺI don't go on a trip.㉠여행은 가지 않는다.)//朝からなにも食べていない」(2)誘ったり頼んだりすることを表す.「映画を見に行かない?(ⒺWon't you come with me to the movies?㉠영화 보러 가지 않을래?)//ちょっと手伝ってくれない?」

注 漢字で書くときは,①②③は「無い」,④は「亡い」.⑤⑥はひらがなで書く.

参 ⑥(2)はことばの終わりを上に上げて言う.

無いそで[袖]は振れない[ぬ] ないものは出せない.ⒺOne can make nothing out of nothing.㉠없는 물건은 내놓을 도리가 없다.

ないか 【内科】ナイカ, ナイカ 医学の一分野.心臓,肺,胃,腸など内臓の病気を,手術をしないで,薬などで治す.Ⓔinternal medicine.㉠내과.「おなかが痛くて内科に入院したが,手術をすることになって外科に移った//内科医(=内科の医師)」対外科

ないか ①(動詞の「ない」形について)(1)誘う気持ちを表す.「旅行に行かないか(Ｅ Won't you come on a trip with us?) 한 여행 가지 않을래?)//コーヒーを飲まないか」(2)軽い命令を表す.「早くしないか(Ｅ Can't you hurry up? 한 빨리 하지 않을래?)//もう起きないか」②(「〜てくれないか」の形で)頼む気持ちを表す.「手伝ってくれないか(Ｅ Won't you help me? 한 도와 주지 않을래?)//教えてくれないか」

ないがい【内外】ナイガイ ①内側と外側.国の中と外国. Ｅthe inside and the outside; at home and abroad. 한 내외, 국내외.「展覧会は評判が高く,会場の内外に人があふれている//フランスをはじめ,内外から注目されている映画監督」②(数や量を表すことばの後について) だいたい〜ぐらい.「会場に集まった人は50人内外だった//5000円内外の品物(Ｅan article around 5,000 yen. 한 5천엔 안팎의 물건.)」

▤参 ②は「前後」と似ているが,「1カ月前後かかる仕事」「10歳前後の子供」のように時間や年齢をいうばあいには「内外」は使えない.「前後」のほうが使う範囲が広い.

ないかく【内閣】ナイカク 国の行政を受け持つ最高の機関で,内閣総理大臣とそのほかの国務大臣とでなりたっている. Ｅa cabinet. 한 내각.「ノルウェーの内閣には女性の大臣が半数近くいる//内閣改造」

ないがしろ ナイガシロ, ナイガシロ (おもに「ないがしろにする」の形で) 人やものを,まるで存在しないかのようにそまつに扱うようす. Ｅmake light of; slight. 한 소홀히 함, 업신여김.「長い間ないがしろにされていた1円玉も最近は大もてだ//一郎は会員をないがしろにしてなんでも1人で決めてしまう」

ないし ナイシ ①(数や量を表す2つのことばをつないで) 〜から…までの間. Ｅfrom 〜 to …. 한 내지, 〜에서 …까지.「今度の海外出張は2週間ないし3週間の予定だ//15万ないし20万の給料」②(語と語をつないで) 前か後のどちらかを選ぶときに使うことば. または. あるいは. Ｅor; either 〜 or. 한 또는, 혹은.「社員として,中国語ないしタイ語ができる人をさがしている//大学卒業者ないしそれと同等の学力がある者」
▷書

▤参 ②は強めて「ないしは」ともいう.

ないしょ【内緒】ナイショ, ナイショ 他の人には知らせず,その人たちだけの秘密にすること. Ｅwithout a person's knowledge; a secret. 한 비밀, 은밀.「父はときどき母に内緒でおこづかいをくれる//内緒話(Ｅa private talk. 한 비밀 이야기, 은밀한 이야기.)」

▤参 「秘密」も似ているが,「秘密」が「国家間の秘密」など公的な大きなことがらから,「わたしの秘密」のように小さなことまでふくむのに対して,「内緒」は小さな個人的なことについていう.

ないしょく【内職】ナイショク〔〜する〕収入を増やすために,自分のもともとの仕事のほかに,別の仕事をすること. また, その仕事. Ｅa side job; piecework at home. 한 내직, 부업.「姉は中国語が得意なので,会社から帰ると翻訳の内職をしている//封筒のあて名書きの内職をする」 対 本職

ないしん【内心】ナイシン 心の中. Ｅone's mind; at heart. 한 내심.「あの人は黙っているが,内心ではどう思っているかわからない//内心おもしろくなかった」

ナイス (nice) ナイス すばらしい. 見事だ. Ｅnice. 한 나이스, 훌륭함, 멋짐.「ナイス, いい調子//ナイスキャッチ(Ｅa nice catch. 한 나이스 캐치.)//ナイスガイ(Ｅa nice guy. 한 멋진 사나이.)」

なお

ないぞう 【内臓】ナイゾー 人や動物の胸や腹の中にあるいろいろな器官．心臓，胃，腸，肺など．Ⓔthe internal organs. 🇰🇷내장．「健康な人はたいがい内臓が丈夫だ//内臓の病気」

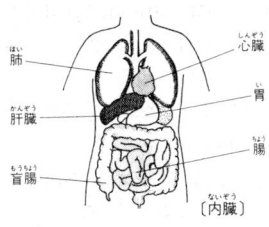

肺　心臓　肝臓　胃　腸　盲腸　〔内臓〕

ナイター ナイター 夜行うスポーツ．特に野球の試合についていうことが多い．Ⓔa night game. 🇰🇷나이터, 야간 경기．「父と弟と3人でナイターを見に行った//ナイターの設備のあるスキー場」
参 英語の「ナイト (night)」から日本でできたことば．

ないてい 【内定】ナイテイ〔～する〕あることが正式に発表される前にほとんど決まっていること．また，決めること．Ⓔan unofficial decision. 🇰🇷내정．「銀行の試験を受けたら内定の知らせが来た//まだ新聞には出ないが，A氏が文部大臣に内定したそうだ」

ナイフ (knife) ナイフ 切ったりけずったりするための小さい刀．Ⓔa knife. 🇰🇷나이프, 칼．「西洋式の食事にはナイフとフォークを使う//ジャックナイフ//ペーパーナイフ」数 1丁・1本 →食器 図

ないぶ 【内部】ナイブ ①ものの内側．中の部分．Ⓔthe inside; the interior. 🇰🇷내부．「建物の内部はいくつもの部屋に分かれていた//内部構造 (Ⓔthe internal construction. 🇰🇷내부 구조.)」対外部 ②ある組織の内側．また，組織に入っている人．Ⓔinside an organization; an insider. 🇰🇷내부．「市役所の不正事件は内部では早くから知られていた」対外部

ないものねだり 【無い物ねだり】ナイモノネダリ 現在そこにないものごとをほしがること．Ⓔcrying for the moon. 🇰🇷없는 것을 달라고 조름, 생떼(거리)．「まじめで無口な人に冗談を上手に言えというのは，ないものねだりだ」

ないゆうがいかん 【内憂外患】ナイユー・ガイカン 国の内部に心配ごとがあるところに，外国から受ける心配ごとが重なること．また，内と外両方からの心配ごと．Ⓔtroubles at home and abroad. 🇰🇷내우외환．「19世紀中ごろの日本は，国内は混乱し，外国は開国を求め，内憂外患の状態が続いた」

ないよう 【内容】ナイヨー ものごとの中身．ものごとの価値を表す実質．Ⓔcontent(s); substance. 🇰🇷내용．「外見だけでなく内容も充実した立派な図書館だ//内容のないスピーチ」対形式

ナイロン (nylon) ナイロン 石油などを原料とする人工の繊維．軽くて丈夫で，絹に似た性質がある．Ⓔnylon. 🇰🇷나일론．「ナイロンは水に強いが熱には弱いといわれていた//ナイロンの靴下」

なえ 【苗】ナエ 種から芽が出てすこし育った植物．Ⓔa seedling; a young plant. 🇰🇷모종, 모．「日曜日に花の苗を庭に植えた//水田に稲の苗を植える」数 1本・1株

なお ナオ ①前の状態が続いているようす．Ⓔstill; yet. 🇰🇷여전히, 역시．「いまもなおむかしの風習が残っている」②前と比べて程度が進んだり，増えたりするようす．Ⓔstill more; still less; further. 🇰🇷한층, 더욱．「入院したのに，病状はなお悪くなった」③（文と文をつないで）つけ加えるときに使うことば．Ⓔand. 🇰🇷그리고．「午前に総会を行います．なお，午後は講演会を予定しています」

なおさら ナオサラ 前にいったことに比べて程度が一段と上になるよう. Eall the more; still more. 한더욱더, 한층 더.「秘密だといわれるとなおさら知りたくなる//先生に出す手紙なら, なおさらきれいに書かなければいけない」

なお・す【直す・治す】ナオス〔他動五〕(なおして) ①ぐあいの悪い状態を変え改める. Ecorrect; break. 한고치다.「スピーチの原稿を書いて先生に直してもらった」
②こわれたりしたものに手を加えて, もとの状態にする. 修理する. Erepair; mend. 한고치다, 수리하다.「時計がこわれたので直してもらう//靴を直す」
③別のものに変える. Etranslate; convert. 한번역하다; 바꾸다.「ベトナム語を日本語に直す//マイルをメートルに直す」
④病気やけがを治療して健康な状態にもどす. Eheal; cure. 한치료하다, 고치다.「けがを治すのに2カ月かかった//病気を治す」
⑤(動詞の「ます」形について) もういちど〜する.「古くなった家を建て直す//読み直す(Ereread. 한다시 읽다.)/やり直す(Estart over again. 한다시 하다.)」
▷名直し 自動直る・治る
注 漢字で書くときは, ①②③⑤は「直す」, ④は「治す」.

なお・る【直る・治る】ナオル〔自動五〕(なおって) ①ぐあいの悪い状態が改まる. Eget over; get rid of. 한고쳐지다.「仕事を始めてから, 夜ふかしのくせが直った」②こわれたりしたものに手を加えられて, もとの状態になる. Ebe mended; be repaired. 한복구되다, 수리되다.「台風でくずれた道路は1週間たっても直らない//テレビの故障が直る」③病気やけがが, 治療してよくなり, 健康な状態にもどる. Erecover; get over. 한치료되다, 낫다.「かぜがやっと治ったので, きょうから学校へ行く//けがが治る」④(動詞の「ます」形について) もういちど〜になる. 改まる.「開き直る(→項目)//立ち直る(→項目)//居直る(Echange suddenly to a threatening attitude. 한갑자기 태도를 바꾸어 협박조로 나오다.)」 ▷名直り 他動直す・治す
注 漢字で書くときは, ①②④は「直る」, ③は「治る」.

なか【中】ナカ ①かこみや仕切りなどでかこまれた内側. Ein; the inside. 한안, 속.「公園の中に池がある//他人の心の中はわからない」対外
②ある範囲のうち. Eof; in; among; out of. 한중, 가운데.「兄は家族の中でいちばん背が高い」
③3つあるばあいの2番目. また, 両端から同じ距離にある部分. Emidway; halfway. 한가운데, 중간.「友人が40万円で売りたいという車を20万円で買おうとしたが, 結局, 中を取って30万円で買った//中指(→項目)」

なか【仲】ナカ 人と人との関係. Eterms; relations. 한사이.「わたしたちは学生時代から親友の仲だ//仲のいい夫婦」

なが−【長−】(他のことばについて) 長いこと.「長わずらい(Ea long illness. 한오랜병.)/長そで(Elong sleeves. 한긴 소매.)//長電話//長話」

なが・い【長い・永い】ナガイ ①はしからはしまでの間が, 大きく離れている. Elong. 한(공간적으로) 길다.「世界でいちばん長い川//馬のように長い顔」対短い
②ある時からある時までの間が, 大きく離れている. Elong. 한(시간이) 오래다, 길다.「このトンネルをつくるのに長い年月がかかった//永い眠りにつく(=死ぬ)」対短い

注 漢字で書くときは「長い」だが、②で特に「いつまでも続く」の意味のときは「永い」.

長い目で見る ものごとを現在の状態だけで判断せずに、将来のことなどを考える. Ⓔtake a long-range view of. 㻋긴 안목으로 보다.「値段は高くても10年も使えるなら、長い目でみて得といえる」

長いものには巻かれろ 強いものには反抗しないで、言うとおりにしたほうが得だということ. ⒺYield to the powerful. 㻋힘 있는 자에게는 굽혀 주어라.

ながいき【長生き】ナガイキ, ナガイキ〔〜する〕 長い年月生きて、高齢になること. Ⓔlong-lived; live long. 㻋장수.「この地域は長生きの人が多い//わたしの祖母は95歳で長生きした」対早死に, 若死に

ながぐつ【長靴】ナガグツ 足首からひざぐらいまで隠れる靴. 雨の日や、釣り、乗馬などのときにはく. Ⓔboots. 㻋장화.「大雨になりそうなので長靴をはいて出かける」数1足 →雨具図

ながし【流し】ナガシ, ナガシ ①水を使ってものを洗うようにした場所. 台所の食器や野菜を洗う台や、浴室の体を洗う所. Ⓔa sink; a draining floor. 㻋(부엌 등의) 개수대; (욕실의) 몸을 씻는 곳.「流しで皿を洗う//流し場」②客を求めて移動しながら商売をすること. Ⓔa strolling (musician); a cruising (cab). 㻋(악사·택시 등이) 손님을 찾아 돌아다님.「流しの歌手//流しのタクシー」▷他動流す→台所図

なが・す【流す】ナガス〔他動五〕(ながして) ①液体を低いほうへ移動させる. Ⓔpour; drain; shed. 㻋흘려 보내다, 흘리다.「工場廃水を川に流す//涙を流して喜ぶ」②液体が低いほうへ動いていくときの力で、ほかのものを移動させる. Ⓔwash away; carry away. 㻋떠내려 보내다.「大雨が家を流した//道路が流された//押し流す」③ひろめ伝える. Ⓔair (the news); spread (a rumor). 㻋(뉴스를) 내보내다; (소문을) 퍼뜨리다.「ラジオで臨時ニュースを流す//悪いうわさを流す」④体に水や湯をかけて、よごれを洗い落とす. Ⓔwash; wash away. 㻋씻어 내다.「ふろで背中を流してもらう//汗を流す」⑤会合や計画などが成立しないようにする. Ⓔcancel; call off. 㻋유회시키다.「出席者が半分以下なので、会議を流した」▷名流し自動流れる

なかたがい【仲たがい】ナカタガイ〔〜する〕 人と人とのつきあいの状態が悪くなること. Ⓔa quarrel; fall out with. 㻋사이가 틀어짐, 불화.「約束の時間に遅れて、恋人と仲たがいをしてしまった」対仲直り

ながたらし・い【長たらしい】ナガタラシイ いやになるほど長い. 長たらしい. Ⓔlengthy; long-winded. 㻋장황하다.「長たらしい話で、いやになった//この文章は長たらしいから、もっと簡単に書き直しなさい」話

なかだるみ【中だるみ】ナカダルミ〔〜する〕 途中で、慣れてきたり飽きたりして緊張がゆるむこと. Ⓔa slump; become less active. 㻋도중에 긴장이 풀림, 중도에 시들해짐.「こう暑くては、受験勉強も中だるみになる//3年計画の仕事も2年目に入って中だるみのようだ」

なかでも【中でも】たくさんのものの中で特に. Ⓔespecially; above all. 㻋그 중에서도, 특히.「わたしは中国料理が好きだ. 中でも北京ダックは大好きだ//ビートルズの曲ならなんでも聞きたい. 中でも『イエスタデイ』がいい」

なかなおり【仲直り】ナカナオリ〔〜する〕

悪くなっていたつきあいの状態がまたよくなること. ⒠(a) reconciliation; make up with. 한화해. 「けんかをしていた友達と仲直りをした」 ⃞対仲たがい

なかなか ナカナカ ①標準的な程度をかなりこえているようす. ⒠very; quite; rather. 한상당히. 「このデパートはなかなかいい家具を置いている//兄がくれた切手は, なかなか珍しいものだ」②考えていた以上であるようす. ⒠more than one expected. 한꽤, 예상외로. 「子供が焼いたケーキだが, なかなかおいしくできている//着てみたら, なかなかよく似合う」③(「なかなか~ない」の形で)簡単には~ない. ⒠not easily; not readily. 한좀처럼, 쉽사리. 「ゆうべは暑くて, なかなか眠れなかった//電車がなかなか来ない」

ながなが 【長長】ナガナガ, ナガナガ ①時間が非常にかかるようす. ⒠lengthily; for a long time. 한오랫동안, 장황하게. 「電話でながなが(と)話していたら, 出かけるのが遅くなってしまった//病院でながなが(と)待たされた」②ものが長くのびているようす. ⒠at full length. 한길게, 기다랗게. 「父は疲れたらしく, たたみの上になかなか(と)寝そべっている」

なかば 【半ば】ナカバ, ナカバ ①半分ぐらい. ⒠half. 한절반 정도, 반쯤. 「きのうのコンサートは聴衆の半ばが高校生だった//半ばばかにしたような口調で言った」②半分ぐらい進んだところ. ⒠the middle; halfway. 한중간, 중도. 「もう半以上来ているから, あと20分あれば着くだろう//仕事半ばで病気で倒れた」

ながびく 【長引く】ナガビク 〔自動五〕(ながびいて) 予定や予想していたより長い時間がかかる. のびのびになる. ⒠be prolonged; drag on. 한오래 끌다, 지연되다. 「インフレが長引くと, 人々の生活は苦しくなる//会議が長引く」

なかほど 【中ほど】ナカホド, ナカホド 真ん中あたりの時や場所. ⒠the middle; halfway. 한가운데쯤, 중간 정도, 도중. 「用事があったので宴会の中ほどで帰ってきた//乗りになりましたら, バスの中ほどにつめてください」

なかま 【仲間】ナカマ 気持ちが合って, 仕事や遊びなどを一緒にする人. ⒠a companion; a fellow worker. 한동료. 「職場の仲間と旅行する//仲間割れ(=気が合わなくなったり意見が違ったりして, 仲間が別れてしまうこと)」

なかまはずれ 【仲間外れ】ナカマハズレ 仲間に入れてもらえないこと. また, その人. ⒠be shunned; be left out of. 한동료들의 따돌림을 받음, 그런 사람. 「引っ越してきた子供はしばらく仲間はずれだった//反対の意見を言って仲間はずれにされた」

なかみ 【中身・中味】ナカミ 中に入っているもの. また, 実際の内容. ⒠content(s); substance. 한알맹이, 내용. 「缶の中身は紅茶だ//三郎は見かけは立派だが中身がない人間だ」

注 漢字で書くときは, ふつう「中身」だが, 「箱の中味」のようなばあいは「中味」とも書く.

ながめる 【眺める】ナガメル〔他動一〕①遠くのほうをゆっくり見わたす. ⒠view; look out. 한바라보다, 조망하다. 「屋上から眺める町の景色はすばらしい//あたりを眺める」②それだけをじっと見つめる. ⒠look at; stare at. 한응시하다, 물끄러미 보다. 「鏡の中の顔をつくづく眺める//花を眺める」 ▷名眺め

なかゆび 【中指】ナカユビ 手の5本の指の1つ. 5本の指の真ん中にある. ⒠the middle finger. 한중지, 가운뎃손가락.

「中指は人さし指と薬指の間のいちばん長い指だ」→手図

なかよく 【仲良く】ナカヨク 仲がいいようす. Ehappily; make friends with. 한사이좋게.「子供たちは外で仲よく遊んでいる/だれとでもすぐ仲よくなる」

なかよし 【仲良し】ナカヨシ 仲がいいこと. また, その人. Ebe good friends with; a good friend. 한사이가 좋음, 그런 사람, 친한 친구.「子供のころ仲よしだった京子は, おとなになったいまもいちばんの親友だ」

ながら ①(動詞の「ます」形について)ある動作と同時にほかの動作も行われることを表す.「楽しく話しながら歩いた(EThey walked along, talking happily. 한즐겁게 이야기하면서 걸었다.)/テレビを見ながらごはんを食べる」②(名詞, 動詞の「ます」形, 形容詞の基本形, 形容動詞の語幹について) 前のことと後のことが反することを表す.「小型ながら大型と同じ性能のカメラ/知っていながら知らないような顔をしている(EKnowing full well, she looks as though she didn't know. 한알면서도 모르는 것 같은 얼굴을 하고 있다.)」▷→つつ

ながらく 【長らく】ナガラク 長い間. Efor a long time. 한오랫동안, 오래.「長らくごぶさたいたしました/長らく続いた紛争がやっと解決した」

ながれ 【流れ】ナガレ ①流れること. 流れるもの. Ea flow; a stream. 한흐름; 행렬.「流れがゆるやかな川/観光地へ向かう車の流れ」②学問, 芸術などで, それぞれの派のつながり. Ea school (of thought). 한유파, 계통.「この音楽はロマン派の流れをくんでいる/江戸時代の古典研究の流れを受けつぐ学者」▷自動流れる

流れにさおさす 時流に乗って, ものごとがさらに思うように調子よく進む. Eply with the current. 한시류에 편승하다, 대세에 따르다.

ながれさぎょう 【流れ作業】ナガレサギョー 仕事をいくつかの段階に分けて受け持ち, 順々に渡しながら製品を完成していくやり方. Ean assembly line. 한전송대 작업, 컨베이어 시스템.「流れ作業の工場では製品がベルトに載って運ばれてくる」

なが・れる 【流れる】ナガレル〔自動一〕①液体が低いほうへ移動する. Eflow; run. 한흐르다.「市内を美しい川が流れている/流れる汗をぬぐう/流れ落ちる」②液体が低いほうへ動いていくときの力で, ほかのものも移動する. Efloat; be carried away. 한떠내려가다.「丸太が川を流れてくる/桜の花びらが流れていく」③水が動いていくようにものが動く. Edrift; be charged with. 한흐르다, 흘러가다.「ゆったりと雲が流れる/電気が流れる」④時が過ぎていく. Epass away. 한(시간이) 흐르다, 경과하다.「入社して5年の月日が流れた」⑤ひろまり伝わる. Ebe spread. 한널리 알려지다, 퍼지다.「クーデターが起きたというニュースが流れた/うわさが流れる」⑥会合や計画などが成立しないようになる. Ebe canceled; be called off. 한유회되다, 중지되다, 취소되다.「雨で運動会が流れた」
▷名流れ 他動流す

なきおとし 【泣き落とし】ナキオトシ 泣いて相手に同情させ, 自分の頼みを聞いてもらおうとすること. Etearful entreaty. 한눈물로 호소하여 뜻을 이루려 함, 읍소.「泣き落としの戦術でうまく先生に単位をもらうことができた」他動泣き落とす

なきがら 【亡きがら】ナキガラ 死んだ人の体. Eone's remains; the corpse. 한유

해, 시체.「母のなきがらにつきそって1晩過ごした//なきがらを棺に納める」数 1体 書
参「死体」「遺体」も意味は同じだが、「死体」が虫でも鳥でも動物全体についていうのに対して、「遺体」「なきがら」は人についていう。また、「遺体」と「なきがら」では、「遺体」が「犠牲者の遺体を運ぶ」「遺体の収容作業」のように事務的、一般的にも使うのに対して、「なきがら」は肉親など個人的な関係のあるばあいに使う。

なぎさ ナギサ, ナギサ 海岸などの、波が寄せてくる所. Ea beach; a shore. 한 (물결이 밀려 오는) 물가, 바닷가.「なぎさで貝殻を拾う」

なきじょうご【泣き上戸】ナキジョーゴ 酒に酔うと泣くくせがある人. また、そのくせ. Ea maudlin drinker. 한술이 취하면 우는 버릇이 있는 사람, 그 술버릇.「三郎は泣き上戸で、酔うと泣きだして、くどくど同じことばかり言う」対笑い上戸

なきつらにはち【泣き面にはち】悪いことに悪いことが重なること. 泣きっ面にはち. EMisfortunes never come singly. 한엎친 데 덮치기, 설상가상.
注漢字で書くときは「泣き面に蜂」.
参泣いている顔をハチが刺して、痛くてもっと泣くということからいう.

なきねいり【泣き寝入り】ナキネイリ, ナキネイリ〔~する〕①幼い子供などが、泣いているうちに眠ってしまうこと. Ecry oneself to sleep. 한울다가 잠듦.「赤ちゃんはベッドで泣き寝入りをしたようだ」②ひどいことをされても、相手が強いのであきらめてしまうこと. Egive in (to another); let a matter drop. 한(불만스러우면서도) 할 수 없이 단념함.「事故でけがをしたが、相手が暴力団だったので泣き寝入りしてしまった」

なきむし【泣き虫】ナキムシ, ナキムシ なにかあるとすぐ泣く人. Ea crybaby. 한울보.「涙が出そうだったが、泣き虫と言われたくなくてがまんした」

な・く【泣く】ナク〔自動五〕(ないて) ①悲しいときや痛いときなどに、がまんできずに涙を流し声に出す. Ecry; weep. 한울다.「交通事故で死んだ親友の遺体を見て、声をあげて泣いた//泣き叫ぶ」対笑う
②深い悲しみを味わう. Ecry over (one's misfortune). 한비탄에 젖다；울다.「倒産に続いて火事という重なる不運に泣いた」
③がまんして承知する. Emake a concession. 한손해를 참고 응낙하다.「友人はバイクを3万円で売ると言ったが、金がたりなくて2万円で泣いてもらった」
▷話③ 名泣き

泣いても笑っても どんな方法をつくしても、いずれにしても. ELike it or not. 한아무리 기를 써도, 이러나 저러나.「泣いても笑っても今年もあと3日だけとなった」

な・く【鳴く】ナク〔自動五〕(ないて) 鳥やけものや虫などが声や音を出す. Esing; chirp. 한(새・벌레・짐승 등이) 울다.「春になるとウグイスが鳴く//草の中で虫が鳴いている」

鳴かず飛ばず なんの活躍もしないで人から忘れられたようになっているようす. Eremain obscure. 한감감 무소식.「しばらく前に売れっ子だったタレントのAも、このごろは鳴かず飛ばずだね. どうしたんだろう」

なぐさ・める【慰める】ナグサメル, ナグサメル〔他動一〕①さびしさや悲しみ、苦しみなどをまぎらして、心をやわらげる. Ebe pleasing. 한위안하다, 달래다.「電車の窓から見える美しい花々が通勤の人の目をなぐさめている」②苦しんだり悲しんだりしている人をなだめいたわる. Econsole; comfort. 한위로하다, 달래다.「航空機事故の遺族

をなぐさめる」▷名慰め　自動慰む

なく・す【無くす・亡くす】ナクス〔他動五〕（なくして）①落としたりして失う．Elose．한잃다,잃어버리다．「たいせつにしていたネクタイピンをなくした//なくした本が出てきた」②身近な人に死なれる．Elose (someone close to one)．한여의다,사별하다．「交通事故で親友をなくす//去年母をなくした」▷自動無くなる・亡くなる

注 漢字で書くときは，①は「無くす」，②は「亡くす」．

なくてはならない①なかったら困る．必要だ．Eindispensable．한없어서는 안되다．「空気は生物にとって，なくてはならないものだ//世の中で，なくてはならない人になりたい」②〔動詞の「ない」形，形容詞の「く」の形，形容動詞の「で」の形について〕なければならない．「もう帰らなくてはならない（EI must go home now．한이제 돌아가야만 한다．）//この仕事はあすまでに終えなくてはならない」

なくな・る【無くなる・亡くなる】ナクナル〔自動五〕（なくなって）①見当たらなくなる．ないようになる．Ebe lost; be missing．한없어지다,분실되다．「電車の網棚に置いた書類の袋がなくなった」②すっかり使われてしまう．つきる．Erun out; be used up．한다하다,다 떨어지다．「給料をもらって1週間で，もう金がなくなった//ガソリンがもうすぐなくなる」③「死ぬ」というのを避けて，遠まわしにいう言い方．Edie; pass away．한돌아가다,죽다,작고하다．「父がなくなってから10年になります//先生のお母さんがなくなった」▷他動無くす・亡くす

注 漢字で書くときは，①②は「無くなる」，③は「亡くなる」．

なぐ・る【殴る】ナグル〔他動五〕（なぐって）げんこつや棒で人や動物を強くぶつ．Ehit; club; strike．한때리다,치다．「酔ってけんかをして二郎の顔をなぐってしまった//だれかに後ろから棒で頭をなぐられた//なぐりかかる」

参「たたく」も似ているが，人をぶつばあい，「たたく」がふつう手のひらを使うのに対して，「なぐる」は「バットでなぐる」のように勢いが強い．また，「たたく」は，「ドラムをたたく」「戸をたたく」のように道具を使ったり，ものを続けて打ったりする意味でも用い，腕力を使うとは限らない．

なげうり【投げ売り】ナゲウリ〔〜する〕利益を考えないで，非常に安く売ること．Ea sacrifice sale; a clearance sale．한투매,덤핑．「夕方，魚屋の店先でサンマの投げ売りをしていた//商売をやめるので在庫品を投げ売りする」

なげかわし・い【嘆かわしい】ナゲカワシイ非常に残念で，情けなくなる．Edeplorable; regrettable．한한심스럽다,한탄스럽다．「電車の中で，老人に席をゆずる若者が少ないのはなげかわしい」

なげ・く【嘆く】ナゲク〔他動五〕（なげいて）①悲しいことや腹の立つことに出あって，ため息をついたり声やことばに出したりする．Eheave a sigh; lament．한한탄하다,슬퍼하다．「京子は試合の前日に病気になり，『なんて運が悪いんだろう』となげいていた//身の不幸をなげく」②不合理なことなどを憤慨し悲しく思う．Edeplore．한분개하다,개탄하다．「貧富の差が大きくなるのをなげく//政治の腐敗をなげく」▷名嘆き

なげだ・す【投げ出す】ナゲダス，ナゲダス〔他動五〕（なげだして）①ものなどを投げるように乱暴に置く．ほうりだす．Ethrow out; stretch out．한내던지다,팽개치다；내뻗다．「息子は学校から帰ると，かばんを投げだして遊びに行ってしまう//足を投げ

だしてすわる」②命や財産などを全部差しだす. Ｅoffer; sacrifice (one's life). 한(생명, 재산 등을) 내놓다, 바치다.「美術館を建てるのに全財産を投げだした//K牧師は命を投げだして人種差別と闘った」③やりかけたことを完成しないうちにあきらめてやめる. ほうりだす. Ｅabandon; give up. 한중도에서 그만두다, 포기하다.「朝早く起きるのがつらくて, 新聞配達の仕事を投げだした」

なけなし ナケナシ, ナケナシ 金などが, あるとはいえないほどすこしであること. Ｅwhat little (money) one has. 한거의 없음, 있을까 말까 함.「なけなしの金をはたいて子供におもちゃを買ってやった//なけなしの知恵をふりしぼって考えた」話

なげやり 【投げやり】ナゲヤリ どうなってもかまわないということ. Ｅleave unfinished; negligent. 한(일을) 아무렇게나 함, 되는 대로 함.「家庭がうまくいかず, 仕事もなげやりになっている」

な・げる 【投げる】ナゲル〔他動一〕①手に持っているものを遠くへ飛ばす. ほうる. Ｅthrow; pitch. 한던지다.「石を投げて, 畑を荒らす鳥を追う//ボールを投げる」②あきらめて見捨てる. Ｅgive up; abandon. 한포기하다.「強い相手だから勝てるはずがないと, 試合を投げてしまった//さじを投げる(→さじ慣用)」③(「身を投げる」の形で) 水の中や谷などへ飛びこんで自殺する. Ｅdrown oneself in. 한투신 자살하다.「生きる望みをなくして海に身を投げた」

なければならない ①(動詞の「ない」形, 形容詞の「く」の形, 形容動詞の「で」の形について) なにかをする義務がある. それをするのが当然だ. Ｅhave to. 한하지 않으면 안 된다.「法律は守らなければならない(Ｅ We must obey the law. 한법률은 지키지 않으면 안 된다.)//裁判官は公平でなければならない」②あるべきだ. ぜひ必要だ. 한필요하다.「政治には正義がなければならない//家庭には温かさがなければならない(ＥIt is necessary to be warm at home. 한가정에는 포근함이 있어야만 한다.)」

なこうど 【仲人】ナコード 男女の間に立って, 結婚の約束をまとめるなど, 世話をする人. 媒酌人. Ｅa go-between; a matchmaker. 한중매인, 중매쟁이.「勤め先の社長に仲人をしてもらう」

なご・む 【和む】ナゴム〔自動五〕(なごんで) 気持ちや顔つきが穏やかになる. Ｅsoften; calm down. 한온화해지다, 부드러워지다, 누그러지다.「堅苦しい会議だったが, 三郎の冗談で雰囲気がなごんだ//心がなごむ」書

なごやか 【和やか】ナゴヤカ 静かでやわらかなようす. みんなが仲よく穏やかな気持ちでいるようす. Ｅcalm; harmonious. 한부드러움, 온화함.「子供の笑顔は人の気持ちをなごやかにさせる//なごやかな雰囲気のパーティー」

なごり 【名残】ナゴリ ①ものごとが終わってからも, まだなにかが残っていると感じさせるもの. Ｅremains; traces. 한자취, 흔적, 여운.「山にはまだ冬の名残の雪がある//名残をとどめる」②別れを惜しむ心. Ｅfarewell; the sorrow of parting. 한이별, 석별의 정.「転勤する人と名残の宴会をした//名残がつかない」

なごりおし・い 【名残惜しい】ナゴリオシイ 心がひかれて, 別れるのがつらい. Ｅbe reluctant to part. 한헤어지기 섭섭하다, 이별이 아쉽다.「名残惜しいが, ここでお別れしなければなりません//国へ帰るのですか, 名残惜しいですね」

なさい ナサイ 軽い命令の言い方.「もっと練習をしなさい//早くなさい//日記を書きなさい

((E)Keep a diary. (한)일기를 쓰세요.)//お帰りなさい(→項目)//おやすみなさい(→項目)」

≡参「なさる」の命令形.

なさけ 【情け】ナサケ, ナサケ 人のためを思うやさしい心. 人に親切にすること. (E)sympathy; compassion; mercy. (한)인정, 동정, 자비.「苦しいとき, まわりの人の情けに元気づけられた//情けをかける」

情けは人のためならず 親切は人を助けるだけではなく, 必ず自分にいいこととなって返ってくるということ. (E)One good turn deserves another. (한)남에게 인정을 베풀면 반드시 자신에게 보답이 돌아온다.

なさけな・い 【情けない】ナサケナイ ①思いどおりにならず, 残念だ. (E)shameful; deplorable. (한)한심하다.「試合で1点も取れなかったとは情けない//勉強してもすぐ忘れてしまうので情けなくなる」②哀れでみじめだ. (E)miserable; pitiable. (한)비참하다.「仕事も家も家族もなく, 情けない状態で暮らしている」

なさけぶか・い 【情け深い】ナサケブカイ 相手の立場や気持ちを思う心が強い. (E)compassionate; kindhearted. (한)인정이 많다, 동정심이 많다.「店の主人は情け深い人で, 店員の住居や食事のことまでいろいろ心配してくれる」

なさ・る ナサル〔他動五〕(なさって) ①「する」の尊敬語. (E)(respectful) do. (한)하시다.「部長はゴルフをなさいますか」②(「お[ご]~なさる」の形で) 他人の動作を尊敬していう言い方.「お父さんがご心配なさるから早く帰ったほうがいい//お出かけなさいますか(E)Are you going out? (한)외출하십니까?)」

なし 【無し】ナシ ない状態. ないこと. (E)no ~; without. (한)없음.「この前の約束はなしにしてください//断りもなしに入ってきては困る//意気地なし」対有り

なしのつぶて 手紙などを書いても返事がこないこと. (E)haven't heard a word in reply. (한)편지를 내도 회답이 없음, 종무소식.「息子に手紙を何度書いてもなしのつぶてだ」

≡参「つぶて」は「投げた小石」のこと.「なし」はくだものの「ナシ」と「無し」をかけている. 投げた小石のように返ってこないという意味.

なじ・む ナジム〔自動五〕(なじんで) ①慣れて窮屈な感じがなくなる. 慣れて親しくなる. (E)become familiar with; get used to. (한)정들다, 친숙해지다.「10年も住んで, この町にすっかりなじんだ//新しい環境になじむ」②ほかのものととけ合って, しっくりした感じになる. (E)get to fit. (한)익숙해지다, 길들다.「この靴は毎日はいているうちに足になじんで歩きやすくなった//子供のころからなじんだ味」▷名なじみ

ナショナリズム (nationalism) ナショナリズム 自分の属する国や民族の独立, 利益を第一とする考え方. 国家主義. 民族主義. (E)nationalism. (한)내셔널리즘, 국가(민족)주의, 국수주의.「独立したばかりの国はナショナリズムの傾向が強い」

な・す ナス〔他動五〕(なして)「する」の古い言い方. (E)do. (한)하다, 행하다.「することなすことみんなだめだ//災いを転じて福となす(→災い慣用)//害をなす」書自動なる

なせばなる やればできる. (E)You can do it if you try hard enough. (한)하면 된다.「『なせばなる』は父の口ぐせで, できないのは努力がたりないからだとよく言われた」

なすりつ・ける ナスリツケル, ナスリツケル〔他動一〕①こすりつける. ぬりつける. (E)rub; smear. (한)문질러 바르다.「クレヨン

を画用紙になすりつける//新しい服に泥をなすりつけられた」②自分につごうの悪いことを人のせいにする. Elay the blame on a person. 한남에게 덮어씌우다, 전가시키다.「社長は交通事故の責任を秘書になすりつけた」

なぜ ナゼ どんな理由や原因で. どうして. Ewhy; for what reason. 한왜, 어째서.「戦争が避けられなかったのはなぜだろう//なぜ失敗したのかわからない」

なぜか ナゼカ 理由や原因がわからないが, ある状態になったり, あることが起こったりするよう. Esomehow; for some reason. 한웬일인지, 왜 그런지, 어쩐지.「この写真を見るとなぜか悲しくなる//3時に帰ると言ったのに, なぜか6時になっても帰ってこない」

なぜなら ナゼナラ (文と文をつないで) 前にいったことの原因, 理由を説明するときに使うことば. なぜかというと, そのわけは. Ebecause; since. 한왜냐하면.「どんなに危険が多くてもぜひ登りたい. なぜなら, そこに山があるのだから//やがて若い労働力が不足するだろう. なぜなら, 出生率が下がっているから」書

なぞ ナゾ ①はっきり知ることができない不思議なものごと. Ea mystery. 한신비, 수수께끼.「宇宙から来たなぞの物体を見た//生命のなぞ」②ことばの中に意味を隠しておいて, 相手にそれを答えさせる遊び. なぞなぞ. Ea riddle. 한수수께끼(놀이).「『初めに4本足で, つぎに2本足で, おしまいに3本足で歩くものは?』のなぞに答えてごらん//なぞをかける(=遠回しに言う)//なぞとき」

なぞなぞ ナゾナゾ ⇨ なぞ②「なぞなぞ遊び」

なぞら・える ナゾラエル〖他動一〗①似ているほかのものに引き比べて考えてみる. E

liken to. 한비(교)하다, 비기다.「人生を旅になぞらえる」②似せる. まねる. Eimitate; copy. 한본뜨다.「ベルサイユ宮殿になぞらえた建物」▷書

なだか・い 【名高い】ナダカイ 人々に名前がよく知られている. 有名だ. Efamous; noted. 한유명하다.「学長室には名高い画家の作品がかけてある//青森県はリンゴの産地として名高い」

なだ・める ナダメル〖他動一〗泣いたり怒ったりしている人の心をなごやかにする. Eappease; calm. 한달래다.「けんかして腹を立てている2人をなだめて仲直りさせる//なだめすかす(Esoothe. 한달래고 어르다.)」

なだらか ナダラカ けわしさがなく, ゆるやかなようす. Egentle; smoothly. 한완만함 ; 순조로움, 원활함.「なだらかな坂の両側には桜並木が続いている//話し合いはなだらかに進む」

なだれ 【雪崩】ナダレ, ナダレ 山の斜面などになくさん積もった雪が, いちどにくずれて落ちること. Ea snowslide; an avalanche. 한눈사태, 사태.「なだれが起こって鉄道の線路が埋まってしまった//兄は冬山でなだれに巻きこまれて遭難した」自動 なだれる

雪崩を打つ おおぜいの人がいちどに押し寄せる. Esurge in crowds. 한(많은 사람들이) 와르르 밀어닥치다.「火事だ, の叫びに, 人々はなだれを打って出口へ向かった」

なつ 【夏】ナツ 四季の1つ. 春のつぎに来る, 1年でいちばん暑い季節. 日本では6, 7, 8月ごろに当たる. Esummer. 한여름.「夏になったら海水浴に行く//夏祭り//真夏」関連 春, 秋, 冬

なつかし・い 【懐かしい】ナツカシイ 以前にあったことなどが思いだされて, 心がひかれる. Eyearn for; nostalgic; dear. 한그립다 ; 반갑다.「年をとると子供のころのこと

なつ・く【懐く】ナツク〔自動五〕（なついて）子供が大人に、また動物が人間に、安心して近づいて親しむ。Etake to; be tamed. 한따르다.「この子はすぐ人になつって、だれとでも親しそうに話す//猫はあまり人になつかない動物だ」

なづ・ける【名付ける】ナズケル〔他動一〕名をつける。Ename. 한이름을 짓다, 명명하다.「長女は京都で生まれたので『京子』と名づけた//新しいワープロを『カンジスキー』と名づけて売りだした」

なっとう【納豆】ナットー 煮た大豆を発酵させてつくった食品。ねばって独特の味とにおいがある。Enatto; fermented soybeans. 한낫토, 삶은 메주콩을 띄운 식품.「ごはんに納豆をかけて食べる」

なっとく【納得】ナットク〔～する〕人のすることや考えをよくわかって認めること。Esatisfaction; consent to. 한납득.「納得がいくまで何度でも質問する//部屋代を来月から2倍にすると言われても納得できない」

なつばて【夏ばて】ナツバテ〔～する〕夏の暑さで体が弱り元気がなくなること。夏負け。Ebe weary from the summer heat. 한여름을 탐.「じゅうぶんに栄養と休みをとって夏ばてを防ぐ//夏ばてで食欲がない」話

なつやすみ【夏休み】ナツヤスミ 学校などが夏の暑いときに授業を休みにすること。その期間。また、会社員などが夏にとる休暇。Ethe summer vacation. 한여름 방학, 여름 휴가.「夏休みには家族と旅行をする//8月初めに夏休みをとる」

な・でる ナデル〔他動一〕手のひらなどでやさしくこする。そっとさわってする。Estroke; pat; fan. 한어루만지다, 쓰다듬다.「いい子いい子と頭をなでる//春の風がほおをなでていく」

など ①同じようなものごとを並べあげて、まだほかにもあることを示す。Eand so on. 한등, 등속.「一郎は絵や音楽やスポーツなど趣味が広い//ごみや排気ガスや水のよごれなどの問題が起きている」
②同じようなものごとの中から1つを例としてあげる。Esuch as. 한등, 따위.「ホウレンソウなど青い野菜は体にいい」
③表現を強くしたりやわらかくしたりする。「コーヒーなどを飲むと眠れなくなるよ//おみやげにケーキなどはどうでしょうか（EHow about something like cake for a present? 한선물로 케이크 같은 건 어떠세요.）」
④（後に否定の意味のことばがついて）謙遜や見下した気持ちを表す。「ぼくなどとても選手になれない（EI never could be chosen as an athlete. 한나 같은 건 도저히 선수가 될 수 없다.）//おまえなど、いくらがんばっても入賞できない」
三参③④のくだけた言い方は「なんて」。

なな【七】ナナ ⇒七「7色のにじ//七転び八起き（→項目）」

ななくさ【七草】ナナクサ 春や秋に咲く7種類の草花。Ethe seven spring herbs; the seven autumn flowers. 한봄〔가을〕에 피는 일곱 가지 화초.「1月7日には春の七草を入れた七草がゆを食べる//秋の七草を飾って十五夜の月を見る」→節句

ななころびやおき【七転び八起き】ナナコロビ・ヤオキ、ナナコロビ・ヤオキ 7回転んだら8回立ち上がる、というように、何回失敗しても負けずにやり直して努力すること。Ethe ups and downs of life; If you fall down seven times, get up eight. 한칠전 팔기.「七転び八起きで、けがや病気から立派に立ち直った選手」

ななつ 【七つ】ナナツ ①6つのつぎの数．7．7つ．Eseven．한일곱, 일곱 개．「ミカンが2つとリンゴが5つで, 全部で7つだ」②7歳．7つ．Eseven years old．한일곱 살．「7つのとき父に死に別れた」

ななめ 【斜め】ナナメ 垂直, 水平の方向に対して縦横に傾いていること．Eslant; diagonally; be in a bad mood．한비스듬함；(기분이) 저기압임．「高い窓から日光が斜めにさす//道を斜めに横切る//ごきげん斜め(＝きげんが悪いようす)」

なに 【何】ナニ, ナニ ①名前やどんなものかがわからないものをさすことば．Ewhat．한무엇．「あれはなに？//なにをしようか//なにからなにまでわからないことばかりだ」②相手のことばを軽く否定して答えるときに言うことば．Ewhy．한아니．「なに, あきらめることはない, 大丈夫だ」③強い意志, 決意を表すときに言うことば．Eall right; OK．한좋아, 아니．「なに, きっと勝てるさ」④驚いて質問したり, 命令したりするときに言うことば．「なに, 失敗したって？//なに, 連絡がない？じゃあこちらから連絡しろ(EWhat? They haven't called? Then you call them．한뭐？연락이 없어？그럼 이쪽에서 연락해．)」⑤(「なに～ない」の形で) すこしも～ない, まったく～ない．Enot at all; never．한전혀 ～않다．「なに不自由ない生活をしている」
▷ 話②③④
≡参≡ ④はことばの終わりを上に上げて強く言う．①②③は「なあに」と長くのばすこともある．

何がなんでも どんなことが起きても, 自分の考えを実現させようとするようす．Eno matter what; at any cost．한세상 없어도, 어떤 일이 있어도．「なにがなんでも卒論だけは書きあげるつもりだ」

何はさておき ほかのことは後にしても, まず第一に．Ebefore anything else．한무엇보다 먼저, 우선, 다른 것은 제쳐놓고．「なにはさておき, まず食事にしよう」

なにか 【何か】ナニカ ①決まっていないもの, わからないものをさすことば．「なにか食べるものない？//箱の中になにかいる(EThere's something in the box．한상자 속에 무엇인가가 있다．)②(「～か[や]なにか」の形で) 同じような不特定なものをさすことば．「ケーキかなにかないの？(EDon't you have any cake or something? 한케이크나 뭐 없어？)//日曜日は掃除やなにかで忙しい」③なぜだかわからないが, なんとなく．「このごろなにかさびしい(ESomehow, I've been feeling lonely recently．한요즘 어쩐지 쓸쓸하다．)//この事件はなにか変だ」

なにかと ナニカト 1つだけでなく, たくさんのことがあるよう, なにかにつけて．Ein various ways; with one thing or another．한이것저것, 여러 가지로．「新学期はなにかとお金がかかる//年末はなにかと忙しい」

なにくわぬかお 【何食わぬ顔】知っているのに, なにも知らないような顔つき．Efeign innocence．한시치미를 떼는 표정, 모르는 체하는 얼굴．「兄は父のカメラをこわしたのに, なにくわぬ顔をしている」

なにげな・い 【何げない】ナニゲナイ 特別な考えや気持ちがない．Ecasually; careless．한무심하다, 아무렇지도 않다．「なにげなく窓から外を見たら, 木の枝にスズメが2羽とまっていた//なにげないことばが人を傷つけることがある」

なにごと 【何事】ナニゴト ①どんなこと．Ewhat; whatever．한무슨 일, 어떤 일．「人が騒いでいるが, なにごとが起こったのだろ

う//なにごとがあってもこの箱を開けてはいけない」②(「~とはなにごとだ[か]」の形で)どういうわけでそうするのだと、とがめる気持ちを表す.「呼ばれても返事をしないとはなにごとだ//黙って休むとはなにごとか(EThat you should be absent without notice! 한무단 결석을 하다니 무슨 짓이냐.)」③(「なにごとも」の形で)すべてのことは、どんなことでも.「なにごともがまんがたいせつだ(ENo matter what you are doing, hang in there. 한무슨 일이든 참는 것이 중요하다.)」

なにしろ ナニシロ 他の事情は別にして現実をそのまま認め、強調するようす. Eanyway; at any rate. 한아무튼, 여하튼, 어쨌든.「ゴルフを習いたいと思うが、なにしろ時間がないのでまだ始められないでいる」

なにとぞ ナニトゾ 相手に非常に強く丁寧に頼むときや、願うときにいうことば. E please; I beg you. 한제발, 부디, 아무쪼록.「息子がいろいろご迷惑をおかけしましたことを、なにとぞお許しください//先月、大阪から転勤してまいりました. なにとぞよろしくお願いいたします」
≡参 手紙やあいさつでいう.

なにひとつ 【何一つ】(「なにひとつ~ない」の形で)「なにも~ない」「ひとつも~ない」を強めた言い方. E nothing; none at all. 한무엇 하나, 아무것도, 하나도.「この町は戦争で全部焼けて、むかしのものはなにひとつ残っていない//なにひとつ嫌いな食べ物はない」

なにぶん ナニブン ①相手に丁寧に頼むときにいうことば. E please; kindly. 한부디, 아무쪼록.「子供が夏休みの間お世話になりますが、なにぶんよろしくお願いします」②よく考えたり努力したりしても. E as you know; anyway. 한아무래도, 워낙, 여하튼.「先祖のことを知りたいが、なにぶんむかしのことなので調べるのはむずかしい」

なにも 【何も】ナニモ, ナニモ ①(「なにも~ない」の形で)(1)すこしも~ない. まったく~ない. ひとつも~ない. E nothing; not at all. 한아무것도, 전연.「社長からはなにも聞いていない//まだ、準備はなにもしていない」(2)特別に~しなくてもいい.「なにも行く必要はない(EThere's no particular need to go. 한특별히 갈 필요는 없다.)//なにもそんなに怒らなくてもいいだろう」②(「~もなにも」の形で)それもふくめて全部.「パスポートもなにもなくした(EI lost everything, including my passport. 한여권이고 뭐고 몽땅 다 잃어버렸다.)//火事で本もなにも焼いてしまった」
≡参 ①(1)は強めて「なんにも」「なにひとつ」ともいう.

なにもかも 【何もかも】どんなことも全部. E everything; all. 한일체, 모두, 모조리.「なにもかもはじめてのことばかりだ//部屋の中のものはなにもかも盗まれてしまった」

なにやかや 【何やかや】1つ1つ取りあげないが、いろいろ. E this and that; one thing and another. 한이것저것, 여러 가지로.「親がなにやかやと言ってくるのでうるさい//なにやかや、することはたくさんある」

なにやら 【何やら】ナニヤラ 正確なことはわからないが、なにかである、またはなにかがあると思われるようす. E something. 한무엇인가, 뭔지, 어쩐지.「なにやら変なにおいがすると思ったら、冷蔵庫の奥で野菜がくさっていた」

なにより 【何より】ナニヨリ, ナニヨリ 他のどんなものごとにも比べものにならないようす. E above all; the best. 한무엇보다도, 최상(으로), 최고(로).「なにより悪いのは暴力をふるうことだ//なによりも健康がたいせつだ」

なのか 【七日】ナノカ ①その月の7番目の日. 7日. Ｅthe seventh (of July). 한초이렛날.「7月7日はたなばただ」②日の数が7つあること. 7日. Ｅseven days. 한7일간.「1週間は7日だ」

≡参 もとは「なぬか」といった.

なのに ナノニ ①(文と文をつないで)前にいったことから予想されることと反対のことを後でいうときに使うことば. Ｅbut; yet; all the same. 한그런데도, 그럼에도 불구하고.「ぼくは京子のために, 車を運転したりプレゼントをしたり一生懸命だ. なのに, 彼女はほかの男友達とスキーに行ってしまった//毎日, 薬を飲んでいる. なのに, 病気は治らない」②(名詞, 形容動詞の語幹について) ～であるが. Ｅthough. 한～인데도, ～는데도.「歌が下手なのに歌いたがって困る//学生なのに勉強しない」

≡参 ①は「けれども」「しかし」と似ているが,「けれども」「しかし」が, 一般的, 客観的に反対と思われる2つの文をつなぐのに対して,「なのに」は感情がこもった主観的な判断の文が後に続く.

なの・る 【名乗る】ナノル, ナノル〔他動五〕(なのって) ①自分から名前や職業などを言う. Ｅintroduce oneself. 한자기 이름을 대다.「公の場では, 自分の名を名乗ってから発言する」②名前としてつける, 称する. Ｅtake ～ name. 한칭하다, 자기 이름으로 삼다.「妻の姓を名乗って旧姓の『山田』を『田中』にした」③それを自分だと申し出る. Ｅsurrender oneself to. 한자기가 당사자임을 밝히다.「自転車を盗んだのはわたしですと, 警察に名乗って出た」▷名名乗り

なび・く ナビク〔自動五〕(なびいて) ①風や水などの力に押されて横に動く. Ｅbend; stream. 한너불거리다, 나부끼다.「稲穂が風になびいて, 金色の波のようだ//旗がなびく」②強い力や魅力にひかれてしたがう. Ｅbow to; yield to. 한복종하다, 따르다.「金の力になびく」対逆らう

ナプキン (napkin) ナプキン ①食事のときに, 服をよごさないように胸やひざにかけたり, 口をふいたりする布. Ｅa napkin. 한냅킨.「白いナプキンをきちんとたたんでテーブルに置く「紙ナプキン」」②女性が生理のとき使う紙製品. Ｅa napkin. 한생리대.「薬局でナプキンを買う」▷数①1枚

なふだ 【名札】ナフダ 名前を書いた札. Ｅa name card; a nameplate. 한이름표, 명찰, 문패.「最初の会合のときは名札をつけることにした//部屋の入り口に名札をはる」数1枚 →札図

なべ ナベ ①食べ物を入れ, 火にかけて料理をつくる道具. Ｅa pot; a pan. 한냄비.「ふたがある深いなべでシチューをつくる//中華なべ」②⇒なべ物「今晩は寒いから, なべにする//ちりなべ/寄せなべ」▷→台所図

≡注 漢字で書くときは「鍋」.

なべもの 【なべ物】ナベモノ なべで煮ながら食べる料理. なべ料理. なべ. Ｅone-pot cookery. 한냄비 요리.「寒い晩には温かいなべ物がいちばんのごちそうだ」

〔なべ物〕

≡注 漢字で書くときは「鍋物」.

なま 【生】ナマ ①煮たり焼いたりしていないこと. Ｅraw. 한날(것), 생(것).「大根をサラダにして生で食べる//生ビール(→項目)」②手を加えず自然のままの. Ｅcandid. 한가공하지 않음, 있는 그대로임.「住民の生の声を聞く」③録音や録画, 印刷などしていないもの. Ｅlive ～. 한(녹음・녹화가 아닌) 생.「生の音楽//生放送」

④(名詞の頭について)(1)完全でないこと, いいかげんなこと.「生乾きの洗濯物(Ehalf-dried laundry. 한덜 마른 빨래.)//生返事(→**項目**)」(2)できてまだ新しいこと.「生傷(Ea fresh wound. 한새 상처, 갓 입은 상처.)」

⑤(形容詞の頭について) なんとなく, すこし.「生暖かい(Edisagreeably warm. 한뜨뜻미지근하다.)//生ぬるい(→**項目**)」

なまいき 【生意気】ナマイキ じゅうぶんな力もないのに, 偉そうな態度をとったり, 偉そうなことを言ったりして憎らしいよう. Eimpertinent; cheeky. 한건방짐, 주제넘음.「妹は先生にも先輩にも遠慮せず自分の意見をはっきり言うので, 生意気だと思われている//上級生のあいさつも無視する生意気な新入生」

なまえ 【名前】ナマエ ①ほかのものと区別するために, 人, もの, 場所などにつけられた呼び方. 名. Ea name. 한이름.「白い子犬をもらって, 名前を『シロ』とつけた//世間に知られた名前」

②人の姓名のうち, 家族に共通の姓ではなく, それぞれが生まれたときにつけられた呼び方. 名. Ea given name; a first name. 한(성에 대하여) 이름.「最初に生まれたので『一郎』と名前をつけた」**対**名字, 姓

③氏名. 姓名. Eone's full name. 한성명.「山田京子という名前の人が訪ねてきた」
▷→**名称**

なまぐさ・い 【生臭い】ナマグサイ ①生の魚や肉のにおいがする. Esmell fishy. 한비린내가 나다, 비릿하다.「魚を料理したので, 手が生ぐさくなった」②血のにおいがする. Ebloody. 한피비린내가 나다.「あの映画には, 兵士たちが殺し合う生ぐさい戦場の場面が多い」③世俗的で生々しい感じがする. Eunholy. 한세속적이다, 느끼하다.「A氏は金で会長のポストについたという生ぐさい話がひろまっている」

なまけもの 【怠け者】ナマケモノ, ナマケモノ いつも怠けている人. Ea lazy person. 한게으름뱅이.「一郎は怠け者で, 病気でもないのに働かず家でぶらぶらしている」**対**働き者

なま・ける 【怠ける】ナマケル〔他動一〕仕事や勉強など, しなければならないことをしない. Ebe lazy; play truant. 한게으름피우다, 땡땡이부리다.「兄はきょうも怠けて, 部屋でごろごろしている//学校を怠けて, 友達とスケートに行った」

なまじ ナマジ 中途はんぱでかえって悪い結果が起こるよう. なまじっか. Ehalfway; imperfectly. 한어설피 ; 공연히, 선불리.「なまじロシア語ができるばかりに, ロシア人が会社に来ると通訳に使われてしまう」

なまじっか ナマジッカ「なまじ」のくだけた言い方. Ehalfway; imperfectly. 한어설피 ; 공연히, 선불리.「なまじっかピアノがひけるばかりに, パーティーのたびにひいてくれと言われて困る」

なまなまし・い 【生生しい】ナマナマシイ いま, 目の前で起こったできごとのように感じられるようすだ. Efresh; vivid; graphic. 한생생하다.「去年の火事はまだ記憶に生々しい//事故現場の生々しい写真」

なまぬる・い 【生ぬるい】ナマヌルイ, ナマヌルイ ①すこしぬるい. Elukewarm. 한미적지근하다.「時間がたって, 料理が生ぬるくなってしまった//夏は庭の池の水も生ぬるい」②厳しさがたりない. Ehalfhearted; too lenient. 한느슨하다, 미적지근하다, 미온적이다.「そんな生ぬるい練習ではとても優勝はできない//取り締まりが生ぬるいので交通違反が減らない」

なまビール 【生ビール】ナマビール できあ

がってから熱を加える処理をしていないビール.生.ⒺdraftCASE beer.한생맥주.「暑いときは,よく冷えた生ビールがいちばんだ」数1杯・1本

なまへんじ　【生返事】ナマヘンジ〔～する〕はっきりしない,いいかげんな返事.Ⓔa vague answer; a reluctant answer.한건성으로 하는 대답.「用事を頼まれたが,やりたくないので生返事をしておいた」

なまめかし・い　ナマメカシイ　異性の心をひきつけるようで,魅力的だ.Ⓔcoquettish; amorous.한요염하다.「歌舞伎役者のなまめかしい目つき」

なまもの　【生物】ナマモノ　煮たり焼いたりなど熱を加えていない食べ物.特に魚類や菓子.Ⓔraw food; perishables.한생것,날것;생선류.「夏,生物はくさりやすいから,よく気をつけてください」
注「せいぶつ」とも読めるので,気をつけること.

なまやさし・い　【生易しい】ナマヤサシイ（後に否定の意味のことばがついて）簡単にできることではない.Ⓔbe no easy (task).한쉬운 일이 아니다,여간 어려운 일이 아니다.「オリンピックで優勝するのは,生やさしいことではない」

なまり　ナマリ　発音のしかたや言い方が標準と違うこと.Ⓔan accent.한사투리,방언.「ことばのなまりで出身地がわかる//関西なまり」自動なまる

なみ　【並・並み】ナミ　①よくも悪くもなくふつうのもの.また,その程度.Ⓔordinary; average.한보통,평균.「並の人間に育ってくれればいい//並の成績」②（他のことばの後について）(1)同じ程度であること.「家族並みの待遇//例年並み（Ⓔas in other years.한예년과 같음.）」(2)それがそろって並んでいること.「毛並みの美しい馬//町並み（Ⓔa row of stores and houses on a street.한시가지의 건물들이 늘어선 모습.）」
注①は「並」,②は「並み」.

なみ　【波】ナミ　①風などで起こる,水面の高低の動き.Ⓔa wave; surf.한파도,물결.「波の荒い所で泳ぐのは危険だ//岸に打ち寄せる波」②高低の動きのある連続しているものごと.Ⓔa wave of.한물결;기복.「仕事はいま好調の波にのっている//感情の波が激しい人」③連続して押し寄せるものごと.Ⓔthe tide; the crowd.한파동,물결.「新しい時代の波にのる//人の波をかき分ける」

なみき　【並木】ナミキ　道路のはしにそって1列に植えてある木.Ⓔa row of trees.한가로수.「この通りは柳の並木が美しい//並木道」

なみだ　【涙】ナミダ　①泣いたり刺激されたりしたときに目から出る水分.Ⓔtears.한눈물.「悲しいドラマを見て涙を流す」②泣くこと.人間らしい感情,思いやりなど.Ⓔsympathy.한동정심,인정.「事故で死んだ人を笑うなんて,血も涙もない人だ//涙もろい（＝気がやさしくて,すこしのことで泣いてしまう）」▷数①1滴・1粒

涙に暮れる　深い悲しみに毎日泣いて暮らしている.Ⓔweep night and day.한눈물로 세월을 보내다.「1人娘をなくした夫婦は,外出もせず涙にくれる日々を過ごした」

涙をのむ　悔しさをじっとがまんする.Ⓔswallow one's tears.한눈물을 삼키다,억울함(분)을 참다.「もうすこしで勝てるところだったのに,最後に逆転されて涙をのんだ」

なみたいてい　【並たいてい】ナミタイテイ（後に否定の意味のことばがついて）ふつうの.～でない.ふつうではない.Ⓔbe no easy (task).한이만저만한 ～이 아니다;여간해서는 ～ 못하다.「現在の地位を手に入れ

るまでの苦労はなみたいていではなかった//なみたいていの努力では東京に家を持てない」

≡注 漢字で書くときは「並大抵」.

なみだきん 【涙金】ナミダキン,ナミダキン 同情して人に与えるわずかな金.特に,つきあいを終わりにしたいために,相手に渡すわずかな金. Ea small sum of consolation money. 한동정하여 주는 소액의 돈, 위자료.「退職金というよりは,ほんの涙金を渡されて会社を首になった」

なみだぐまし・い 【涙ぐましい】ナミダグマシイ 同情したり感動したりして,涙が出そうになるようすだ. Epainful; pathetic. 한눈물겹다.「優勝するために,酒もタバコもやめて,涙ぐましい努力をする」

なみだぐ・む 【涙ぐむ】ナミダグム〔自動五〕(なみだぐんで) 目に涙を浮かべる. Ebe moved to tears. 한눈물이 글썽하다,눈물을 머금다.「立派になって留学から帰ってきた娘を見て,父親は涙ぐんだ//先生と別れるのがつらいと涙ぐむ生徒」

なみだながら 【涙ながら】ナミダナガラ 涙を流しながら. Ein tears; tearful. 한눈물을 흘리면서, 울면서.「洋子は首相に,原爆で受けた苦しみを涙ながらに訴えた//涙ながらの別れ」

なみなみ ナミナミ 入れ物のふちまでいっぱいに液体を入れるようす. Eto the brim. 한넘칠 듯이 가득함, 자란자란, 차란차란.「グラスにビールをなみなみ(と)ついで乾杯した」

なみなみならぬ 【並並ならぬ】ふつうのことではない.たいへんな. Eextraordinary; remarkable. 한보통이 아닌, 예사롭지 않음.「先生にはなみなみならぬお世話になり,本当にありがとうございました//なみなみならぬ親切/なみなみならぬ苦労」

なみはず・れる 【並外れる】ナミハズレル〔自動一〕ふつうの程度と大きく違う. Euncommon; extraordinary. 한유별나다, 남다르다, 뛰어나다.「A先生の声はなみはずれて大きいので,学校じゅうどこにいてもわかる」

なめらか 【滑らか】ナメラカ ①表面がでこぼこしていなくて,つるつるしているようす.また,すべるように平らなようす. Esmooth; velvety. 한매끈매끈함, 매끄러움.「つきたてのもちのようななめらかな肌」②順調に進むようす. Efluently. 한순조로움, 거침이 없음;유창함.「洋子は英語をとてもなめらかに話す」

な・める ナメル〔他動一〕①舌の先でなでる.また,舌でさわってゆっくりと味わう. Elick; lap; suck. 한핥다.「猫は体をなめてきれいにする//あめをなめる」②つらいことや悲しいことを経験する. Eexperience. 한(쓰라림을) 맛보다, 겪다, 체험하다.「貧乏の苦しみをなめる//世の中の辛酸をなめる」③建物などを燃やす. Elick up. 한불태우다.「火が町の3分の1をなめつくした」④軽くみる.見下す. Eunderrate. 한우습게 보다, 얕보다, 깔보다.「低い山だから簡単に登れるとなめていたら,けわしくてたいへんだった//なめてかかる」▷話④

なやまし・い 【悩ましい】ナヤマシイ 性的な刺激を受けて,落ちつかなくさせられる. Eseductive; heady. 한선정적이다, 뇌쇄적이다.「恋愛映画には悩ましい場面が多い//洋子がそばに来ると,悩ましい香水のかおりがする」

なやみ 【悩み】ナヤミ 悩むこと. Eworries; troubles. 한고민, 걱정.「家族が病気になって,新しい悩みが増えた//悩みを打ち明ける//恋の悩み」 自動悩む

なや・む 【悩む】ナヤム〔自動五〕(なやんで) ①どうしたらいいのか,わからなくて困る.

あれこれ考えて苦しむ. Ebe troubled with; be worried about. 한고민하다, 괴로워하다.「自分のやりたい仕事が見つからなくて悩んでいる//物価高に悩む//恋に悩む」②病気や痛みに苦しむ. Esuffer from. 한고생하다, 시달리다.「頭痛に悩む//神経痛に悩む」③(動詞の「ます」形について)その動作が順調に行われない.「収入がのび悩む(EMy income fails to increase as expected. 한수입의 증가가 여의치 않다.)//雪が深くて行き悩む」▷名悩み

なら ナラ ①(名詞, 動詞と形容詞の基本形について) もし, そうだとすると. Eif; in case; supposing. 한~면.「あなたが行くなら, わたしも行きます//反対意見が多いなら, この計画はやめよう」②(名詞について) あるものごとを特にとりあげて示す.「電気製品なら, 秋葉原がいいね(EAs for electric appliances, you had better go to buy at Akihabara. 한전기 제품이라면 아키하바라가 좋지.)//旅行なら京都にしよう」③(文と文をつないで) そういうことであれば, それなら. Ethen; if so. 한그렇다면.「銀座へ行くんですか? なら, 地下鉄がいちばん便利ですよ//かぜをひいたんだって? なら, 早く寝たほうがいいよ」④形容動詞の活用形の1つ.「まじめなら信用されるだろう(EIf you are serious, you will be trusted. 한착실하다면 신용을 얻을 것이다.)」▷話③ →たら 囲み

なら・う 【倣う】ナラウ〔自動五〕(ならって) あるものを見本として, まねて同じようにする. Efollow; imitate. 한따르다, 본뜨다, 모방하다.「結婚する先輩へのお祝いは, 前例にならって2万円とする//父にならって酒を飲んでみた」

なら・う 【習う】ナラウ〔他動五〕(ならって) 教えてもらって知識や技術などを身につける. Elearn; study. 한익히다, 배우다.「きのう習ったばかりなのにもう忘れた//車の運転を習う」 対教える 名習い

なら・す ナラス〔他動五〕(ならして) ①でこぼこのないよう平らにする. Elevel. 한고르다, 고르게 하다.「土をならして種をまく//練習を始める前にテニスコートをならす」②数や量を平均する. Eaverage. 한평균하다.「アルバイト収入を月にならすと10万円になる」

ならない ①(「~てはならない」の形で) ~てはいけない.「中を見てはならない//酒を飲んで運転してはならない(EYou must not drink and drive. 한술을 마시고 운전하면 안 된다.)」②(「なくてはならない」の形で)⇨なくてはならない. ③(「なければならない」の形で)⇨なければならない. ④(「~てならない」の形で) がまんができないほど, そのように思う.「つらくてならないときは家族の写真を見る//帰りたくてならない(EI'm dying to go home. 한돌아가고 싶어 못 견디겠다.)」

参「なる」の「ない」形「なら」に否定の「ない」がついたことば.「なりません」はこれの丁寧な言い方. かたい書きことばとしては「ならぬ」の形でも使う.

ならば ナラバ「なら」のすこし古い言い方.「いやならば食べなくていい(EYou may not eat if you don't want to. 한싫다면 안 먹어도 좋다.)//勉強を続けたいのか. ならば大学院に進んだらどうだ?」

ならび 【並び】ナラビ ①並ぶこと. 並んだもの. Ea side; a row; a line. 한늘어섬, 늘어선 모양, 줄.「わたしの家と同じ並びに, 京子の家がある//きれいな歯並び//横並び」②(「並び{も}ないの形で) 同じようなものがない. 比べるものがない. Eunrivaled; incomparable. 한유례가 없다, 비할 것이

없다.「この学校で並びもない秀才//並びない人気者」▷自動並ぶ

ならびに ナラビニ〔語と語をつないで〕同じ種類のものを並べあげるときに使うことば. Ｅand. 한및.「議長ならびに副議長を選出する//市長ならびに教育長の出席をえて卒業式を挙行した」書
参「および」も似ているが、「および」が前のことばと後のことばが同じ重さであるのに対して、「ならびに」は前のことばに重点がある.

なら・ぶ【並ぶ】ナラブ〔自動五〕(ならんで)①前後や左右の位置を占める.Ｅstand in a line; (walk) side by side. 한줄을 서다, 나란히 서다.「乗客が1列に並んでバスを待つ//2人で並んで歩く」②程度が同じぐらいだ.Ｅrank with; equal. 한비견하다, 필적하다.「全社をあげて努力した結果, A社の業績は1位のB社に並ぶことができた」▷名並び 他動並べる

なら・べる【並べる】ナラベル〔他動一〕①前後や左右に置く.Ｅarrange; line up; set. 한줄 세우다, 나란히 하다〔세우다〕, 늘어놓다.「机を1列に並べる//本棚に本を並べる//テーブルにごちそうを並べる」②同じようなことをつぎからつぎへと言う.Ｅenumerate; set forth. 한열거하다, 주워섬기다.「不平を並べる//欠点を並べたてる」▷自動並ぶ

ならわし【習わし】ナラワシ, ナラワシ 前からしてきたこと. 慣習. Ｅa custom; a practice. 한습관, 관례, 풍습.「毎朝, 家族そろって食事をするのがわが家のならわしです」

なり ①(動詞の基本形について) あることをすると, すぐに.「妹は家に入るなり, 泣きした(ＥMy little sister burst into tears as soon as she came in the house. 한

여동생은 집에 들어오자마자 울음을 터뜨렸다.)」
②(「～したなり」の形で) その状態のままで, つぎに予期される動作が行われない状態であることを表す.「国を出たなり, 10年も帰らない//寝巻きを着たなり外へ飛びだした(ＥShe ran out of the house in her pajamas. 한잠옷을 입은 채 밖으로 뛰어 나갔다.)」
③(名詞, 動詞の基本形について,「～なり…なり」の形で) いくつかの例をあげて, どれかを選ぶことを表す.「電話するなり手紙を書くなりして連絡してください(ＥWhether you phone or write letters, please keep in touch with me. 한전화를 하든지 편지를 쓰든지 해서 연락 주세요.)//アパートなりなんなり, まず住む所を決めよう」
④(名詞の後について)(1)それに相応すること.「部長は部長なりの判断をしたはずだ//子供なりに考えたのでしょう(ＥShe must have thought about it in her own way as a child. 한아이 나름대로 생각한 거겠지요.)」(2)その形であること.「道なりに進むと駅の前に出る//弓なり(Ｅa bow shape. 한궁형, 활 모양.)」

なりきん【成金】ナリキン 急に金持ちになった人を見下していう言い方.Ｅthe new rich; an upstart. 한벼락부자, 졸부.「土地の値上がりで成金が増え, この町にも高級車と豪邸がめだつようになった//成金趣味//土地成金」
参将棋で, 位の低いこまが相手の勢力範囲に入って位の高い「金」に変わることからできたことば.

なりた・つ【成り立つ】ナリタツ, ナリタツ〔自動五〕(なりたって)①まとまって, ある形をとる. できあがる.Ｅbe concluded. 한이루어지다, 성립하다, 체결되다.「契約がなりたつ//商談がなりたつ」②いくつかのも

のからできあがっている. 構成される. Econsist of; be made up of. 한구성되다, 이루어지다.「この組織は800人の会員でなりたっている」③経済的にやっていける状態になる. Ebe dependent on; make a living. 한(장사 등이) 되다, 유지되다.「この町は観光でなりたっている//生活がなりたたない」▷名成り立ち

なりて 【なり手】ナリテ ある役割につこうとする人. Ea person who is willing to hold a certain position. 한될 사람, 되고자 하는 사람.「会員はみんな忙しくて会長のなり手がない」

なりふり ナリフリ ①身なりと態度. 服装や動作. Eappearance; costume. 한옷차림과 태도, 외양.「なりふりに気をつける//なりふりが立派な人」②(「なりふりかまわず〔ぬ〕」の形で) 自分が人からどのようにみられても気にせず, 一生懸命になにかをするようす. Eregardless of one's appearance. 한외양 따위는 개의치 않음.「わたしも若いころは, なりふりかまわず働いたものだ//なりふりかまわぬ宣伝競争」

なりゆき 【成り行き】ナリユキ ものごとが自然に変わりながら進んでいくこと. また, その結果. Ethe course (of events); the outcome (of a matter). 한되어가는 형편, 경과, 추세, 그 결과.「なりゆきにまかせて自分はなにもしない//3年生の正選手が新人部員に負けるとは意外ななりゆきだった」

な・る 【成る】ナル〔自動五〕(なって)
①していたことができあがる. 仕上がる. Ebe accomplished. 한완성되다, 이루어지다, 끝나다.「新薬の開発がなる//新装なったビルディング//なっていない(=問題にならない)」

②組み立てられている. Econsist of. 한구성되다.「前編と後編からなるテレビドラマ」

③あるものが, 前と違った形やようすに変わる. Ebecome; get. 한되다, 변하다; 걸리다.「娘は大学生になった//病気になる」

④時間がたつ. その時期や季節が来る. EIt has been ~; come. 한되다.「この町に住んで10年になる//冬になる」

⑤役に立つ. 役目をする. Eserve as; in-

「になる」と「となる」

A 「京子は大学を卒業して, 会社員になり, やがて結婚した」
B 「一郎は30年の政治家生活ののち, ついに総理大臣となった」

Aでは「会社員になる」ことを人生の自然ななりゆきとして述べているが, Bでは「総理大臣となる」ことを特別な結果として強調して述べている.

「になる」が変化の結果を特別のことではなく, 単なる事実として述べるのに対して, 「となる」のばあいは, 変化の結果に特別の意味や気持ちが加えられている.

「に」が「大阪に行く」「社長になる」のように動作のいきつく先や目標を表すことばであるのに対して, 「と」は「『禁煙』と書いてある」のように特に内容を表すのに使われる. この違いが「になる」と「となる」の違いとして残っている. ふつうは「になる」が使われるが, 「先月の人事異動で, ニューヨーク事務所長となった」「王制が廃止されて, 議会制民主主義国家となった」など, 特に取りあげて強調するばあいには「と」が使われる.

structive. 韓되다.「この草は薬になる//ためになる本」

⑥植物が実を結ぶ. 実る. Ebear fruit. 韓열리다, 맺히다.「今年は梅がたくさんなった//実がなる」

⑦(「お[ご]~になる」の形で)他人の動作を尊敬していう言い方.「社長が書類をごらんになる(EThe president looks over the papers. 韓사장님이 서류를 보신다.)//お休みになる」

▷書①② 他動成す →囲み

注③~⑦はひらがなで書く.

な・る【鳴る】ナル〔自動五〕(なって)①音がする. 響く. Ering; sound. 韓울리다, 소리가 나다.「電話が鳴る/鳴りわたる」②世間に広く知られる. Eknown as; famous. 韓떨치다, 널리 알려지다.「秀才をもってなる山田氏//全国になる名選手」

▷書② 他動鳴らす

なるべく ナルベク, ナルベク 無理なくできる範囲内で, よくしたい, または, よくしてほしいと思うよう. Eif possible; as ~ as one can. 韓가능한 한, 되도록.「あしたの会議には, なるべくご出席ください」

なるほど ナルホド ①他人の意見や他からえた知識を実際にあてはめて, 確かにそうだと思うよう. Ebe convincing; indeed. 韓과연, 정말, 참으로.「おもしろいからとすすめられた本だが, 読んでみて, なるほどと思った」②相手のいうことに感心したり同意したりするときに言うことば. Eindeed; I see. 韓과연, 그렇군, 아무렴.「なるほど, あなたのアイデアはすばらしい. ぜひ実現させましょう」▷話②

参②は自分と同等か目下の人に使う.

なれっこ【慣れっこ】ナレッコ 何度も経験しているうちに, すっかり慣れてしまうこと. E get used to; grow accustomed to. 韓 아주 익숙해져서 아무렇지도 않음, 이골남.「線路のそばに住んでいるので, 電車の音には慣れっこになった」話

なれなれし・い ナレナレシイ 不愉快に感じるほど, 遠慮がなく, 親しそうにする. E over-friendly; over-familiar. 韓사뭇 친한 듯하다.「三郎ははじめて会った人にも, なれなれしく話しかける//なれなれしい態度を見せる」

なれのはて【なれの果て】ナレノハテ, ナレノハテ 落ちぶれていきついた結果. また, その姿. E the shadow of one's former self; the ruins of a person. 韓영락한 모습, 몰락한 말로.「駅の地下道で暮らしているわたしが会社社長のなれの果てだとだれが信じようか」

な・れる【慣れる】ナレル〔自動一〕①何度も繰り返して, 特に変わったことととは感じなくなる. Ebecome used to; acclimate to. 韓익숙해지다, 예사로워지다.「入社して2年たち, 会社にも仕事にも慣れてきた//早起きに慣れている」②(名詞, 動詞の「ます」形について)何度も繰り返した結果, ぐあいがよくなる.「はきなれた靴(Eshoes that fit well with wear. 韓길들어 발이 편한 신발.)//使いなれたペン//旅なれた人」▷名慣れ 他動慣らす

なわ【縄】ナワ わら, 麻の繊維, 化学繊維などを細く長くより合わせて丈夫にしたもの. Ea rope; a cord. 韓새끼, 밧줄, 줄.「となりの土地との境に縄を張る//縄跳び」数1本 →綱

なわばり【縄張り】ナワバリ, ナワバリ 自分の勢力のおよぶ範囲. Eone's territory; one's sphere of influence. 韓세력권, 영역.「縄張りを荒らされて怒ったやくざが押しかけてきた//縄張り争い」

なん【何】ナン ①「なに」の変化した言い方.

「この字はなんと読むのですか//なんの話をしているのですか(E)What are you talking about? 한무슨 이야기를 하고 있습니까?)」②(他のことばの頭について)数や量, 時間, 順序, 程度などがわからなかったり, はっきりしなかったりすることを表す.「お客は何人, 来るのですか(E)How many guests will come? 한손님은 몇 분 오실 겁니까?)//何メートル//何センチ//何回(E)how many times. 한몇 번.)//何時」▷話①

なん 【難】ナン ①自分の身に振りかかる災い. よくないこと. (E)danger; a disaster. 한재난, 난리.「戦争になったので難を避けて自分の国へ帰ってきた//難をのがれる」②性格や作品などの欠点. (E)a defect; a fault. 한결점, 난점.「立派な人だが, 難を言えばすこし気が短い//文章はいいが論の進め方に難がある」③解決できなくて困ること. (E)difficulty; shortage. 한어려움, 곤란, 난.「進んで難に当たる//就職難//住宅難」

なんか 【軟化】ナンカ〔~する〕ものや人の態度などが, やわらかく穏やかなものに変わること. (E)become soft; soften. 한연화, 부드러워짐;완화.「高熱にあうとプラスチックの部品が軟化する//犬を飼うのに反対していた父も, 弟の必死の頼みで軟化してきた」対硬化

なんか ナンカ ①「など」のくだけた言い方.「くだものではリンゴなんか好きだ(E)I like fruit, for example, an apple. 한과일 중에서는 사과 같은 것을 좋아한다.)//結婚の贈り物にはテーブルクロスなんかどうでしょう(E)How about something like a tablecloth for a wedding present? 한결혼 선물로는 식탁보 같은 게 어떨까요?)//わたしなんか生まれてこないほうがよかったんだ((E)It would have been better if someone like me had never been born. 한나 같은 건 태어나지 않는 편이 좋았어.)」⇨何か「なんかおもしろいことない?ジュースかなんか飲みたい//なんかつまらない毎日だ」▷話

なんかい 【難解】ナンカイ 内容がむずかしくてわかりにくいよう す. (E)difficult to understand; abstruse. 한난해.「この文章は子供には難解だ//数学の難解な問題をとく」対平易

なんかん 【難関】ナンカン 通り抜けたり乗り越えたりするのが非常にむずかしい場所やもの ごと. (E)a difficulty; a hurdle. 한난관.「2度の大手術という難関を越えて生きのびた//公務員試験の難関を突破した」

なんぎ 【難儀】ナンギ〔~する〕①非常に苦労すること, 苦しむこと. (E)hardship; difficulty. 한고생, 어려움.「重い荷物を持って坂を上るのに難儀した//難儀な思いをする」②面倒なこと, 迷惑なこと. (E)trouble; a nuisance. 한폐, 번거로움, 성가심.「仕事に失敗して家族にも難儀をかけた」

なんぎょうくぎょう 【難行苦行】ナンギョーク゜ギョー 〔~する〕ないへんむずかしいことや苦しいことをすること. また, そういう努力. (E)go through severe hardships; practice asceticism. 한난행 고행.「仏教の修行は, 寒さやそまつな食事に耐えなければならない難行苦行の毎日だ//こんな暑い日に黒い上着を着て出かけるのは難行苦行だ」

なんきょく 【南極】ナンキョク ①地球の南のはしに当たる所. 磁石で南をさしているうのはし. (E)the South Pole. 한남극.「2つの磁石の南極と北極は引き合っている//南極点」対北極 ②南極点を中心にひろがる大陸. 南極大陸. (E)Antarctica. 한남극 대륙.「南極はいつも雪と氷におおわれている//南極観測基地」

なんきょく 【難局】ナンキョク 解決したり

切り抜けたりするのが非常にむずかしい情勢. ⓔa grave situation; a crisis. 한난국. 「現在の態勢でこの難局がはたして乗りきれるだろうか//難局を打開する」 書

なんくせをつける 【難癖をつける】わざわざ小さな欠点を見つけて悪く言う. ⓔfind fault with. 한트집을 잡다. 「客にコーヒーがぬるいと難くせをつけられた」
参 「文句をつける」も似ているが, 「難くせをつける」はもっと細かい点を悪意をもって指摘することをいう.

なんこう 【難航】ナンコー 〔～する〕ものごとが思うように進まないこと. ⓔ(face) rough going; hardly progress. 한난항. 「事件の捜査は難航しそうだ//意見がいくつにも分かれて会議は難航した」

なんざん 【難産】ナンザン 〔～する〕①赤ん坊が生まれるときに, 困難があったり時間が長くかかったりすること. ⓔhave a difficult delivery. 한난산. 「難産だったが元気な赤ちゃんが生まれた」 対安産 ②ものごとがまとまるまでに, いろいろな理由で時間がかかること. ⓔhave a great deal of difficulty. 한난산. 「反対意見が強くて新しいプロジェクトは難産している」

なんじゃく 【軟弱】ナンジャク ①質がやわらかくてしっかりしていないようす. ⓔsoft. 한연약. 「軟弱な地盤だから大雨が降ったら危険だ」 対強固 ②意志, 性質などがしっかりしていないようす. ⓔweak-kneed; spineless. 한연약, 나약. 「人に言われて意見を変えるような軟弱な態度では困る//最近の男の子は軟弱で, 頼りにならない」 対強固, 強硬

なんしょく 【難色】ナンショク 賛成できないという態度. ⓔreluctance; disapproval. 한난색. 「家を建て直してマンションにしたいという父の案に, 祖父は難色を示した」

なんだい 【難題】ナンダイ なかなか答えが出せないむずかしい課題. 無理な要求. ⓔa hard problem; an unreasonable demand. 한난제, 무리한 요구, 생트집. 「いままでどおりの教師数で, 2倍に増えた学生を教えなければならないという難題をかかえている//難題に取り組む//無理難題をふっかける」

なんだか ナンダカ ①なんであるか. なんのことか. 「あそこに置いてあるものがなんだかわかりますか//なにがなんだかわからない(ⓔI can't make out what it's all about. 한뭐가 뭔지 모르겠다.)」 ②どうしてだかわからないが, そう感じるようす. ⓔsomehow; I don't know why, but ～. 한어쩐지, 왜 그런지. 「かばんがなんだか軽いと思ったら, 辞書を入れるのを忘れていた」

なんて ナンテ ①どう. どのように. 「いま, なんて言ったの？(ⓔWhat did you say now? 한지금 뭐라고 말했어？)」 ②簡単なこと, はっきりわからないことを表す. 「足首の手術など, なんてこともないさ//きみ, なんて名前だったっけ(ⓔYou, what's your name? 한너, 이름이 뭐였지？)」 ③ふつうの程度をこえていることに感心したり驚いたりしたときにいうことば. なんとまあ. 「なんて美しい景色でしょう(ⓔWhat a beautiful landscape it is! 한이 얼마나 아름다운 풍경인가.)//なんてひどい人だろう」 ④「など」のくだけた言い方. 「彼がうそをつくなんて信じられない//コンピューターなんて簡単だよ(ⓔIt's easy to operate the computer. 한컴퓨터라는 건 간단하다네.)」 ⑤(文の終わりについて) 驚きや怒り, 感動などの気持ちを表す. 「台風が来るのに, 出かけるなんて(ⓔWhy should you go out when the typhoon is coming? 한태풍이 오는데 외출을 하다니.)」

▷話

なんで ナンデ ①「なぜ」のくだけた言い方. Ewhy. 한왜, 어째서.「こんなにがんばって練習しているのに, なんでうまくならないのだろう//なんできのう休んだの?」②どんな手段や方法で. なにで. Ehow. 한어떻게, 무엇으로.「はしもフォークもないときは, なんで食べるの?」▷話

なんでも ナンデモ ①どんなものでも. どんなことでも. Eanything; whatever. 한무엇이든, 무슨 일이나.「この店にはスポーツ用品はなんでもそろっている//なんでも相談できる人」②はっきりしないがという気持ちを表すことば. どうも. どうやら. EI hear. 한잘은 모르지만, 듣건대.「なんでも, 山田さんのお父さんがなくなったそうだ//なんでも, 田中という人が責任者らしい」

なんでもない ①特別にいうほどのことではない. たいしたことではない. Enothing; a trifle. 한아무 것도 아니다.「試験なんてなんでもない//なんでもないことで騒ぐな」②(「~でもなんでもない」の形で)「~ではない」を強めた言い方. Eabsolutely not. 한~도 아니다.「病気でもなんでもないのに会社を休んでいる」

なんと ナント ①どのように. どう. Ehow; what. 한어떻게, 뭐라고.「このむずかしい問題をなんと解決したらいいものか//なんと答えていいかわからない」②非常に驚いたり感動したりあきれたりしたときにいうことば.「なんと大きな建物だろう//なんと美しい音楽だ//なんと親切な人だろう(EWhat a kind person he is! 한이 얼마나 친절한 사람인가.)」

なんといっても ほかのものと比べてみて, それが特にきわだっていることを表す. Eafter all; when all is said and done. 한뭐니뭐니 해도.「温泉で有名なのは, なんといっても箱根だ//ことばを調べるなら, なんといってもこの辞書だ」

なんとか ナントカ ①考えられるいろいろな方法を使ってなにかをするようす. Esomething; somehow. 한어떻게든.「いまのうちになんとかしないと, 地球はたいへんなことになる//なんとかやってみる(EI'll try to do it somehow or other. 한어떻게든 해보겠다.)」②完全ではないが, どうにか目的を達することができるようす. Emanage to; somehow. 한간신히, 가까스로.「走って, なんとか終電車に乗れた//成績は悪いが, なんとか卒業できそうだ」③(「なんとかいう」の形で) はっきりしないことを表す.「その薬はなんとかいう会社でつくっているらしい(EThat medicine is produced by a company called something-or-other. 한그 약은 뭐라든가 하는 회사에서 만들고 있는 모양이야.)」④(「~とかなんとか」の形で) いろいろあるようす.「彼は, 仕事だとかなんとか言って, 忙しがっている(EHe makes himself busy on the pretext of his business. 한그는 일이니 뭐니 하며 바빠하고 있다.)//わからなければ人にきくとかなんとかすればいいのに」

なんとなく ナントナク ①はっきりした原因や理由もなく, そう感じるようす. Esomehow; without knowing why. 한어쩐지, 왠지 모르게.「冬が近づくと, なんとなくさびしくなる」②はっきりした目的を持たずになにかをするようす. Eaimlessly. 한무심코, 아무 생각 없이.「来ようと思ったわけではないのに, なんとなく公園に来てしまった」

なんとも ナントモ, ナントモ ①(「なんとも~ない」の形で)(1)どのようにも~ない. Enot at all; nothing. 한아무렇지도 않다.「人を殺してもなんとも思わないひどい人間」(2)

はっきり~ない。Ecannot. 한뭐라고 ~할 수 없다.「来週の予定が決まらないので、行けるかどうかはなんとも言えない」②表現のしようがないほど。Ereally; incredibly. 한참으로, 정말, 아무튼.「あの2人は、飲むとけんかばかりして、なんとも困ったものだ//なんともすばらしい」

なんにも ナンニモ (「なんにも~ない」の形で)「なに~ない」を強めた言い方.「食べ物がなんにも残っていないEThere's nothing left to eat. 한먹을 게 아무 것도 남아 있지 않다.)//ここで失敗したら、いままでの努力はなんにもならない」 話

なんぱ 【難破】ナンパ〔~する〕あらしなどにあって、船がひどくこわれて走れなくなったり沈んだりすること。Ebe shipwrecked. 한난파.「難破した船を救助する//難破して島に流れついた船」

ナンバー (number)ナンバー①番号。順番。Ea number. 한넘버, 번호.「ひき逃げした車のナンバーを覚えている//図書館で新しい本にナンバーを書き入れる//ナンバーワン」②雑誌の号数。Ea number; an issue. 한(잡지 등의) 호수.「古いナンバーの雑誌もそろっている//バックナンバー」

なんみん 【難民】ナンミン, ナンミン 戦争や災害などで安定した生活の場を失い、よその土地や国へ逃げこんだ人々。Erefugees; displaced persons. 한난민.「難民の乗ったボートが助けを求めている//定住する難民に仕事や家の世話をする」

なんら ナンラ (「なんら~ない」の形で) すこしも~ない。Enot at all; not in the least. 한아무런, 조금도.「たがいに自分の主張を繰り返すだけで、なんら進展がない//準備は完全だから、なんらの心配もない」書

に ／ ニ

に 【二】ニ ①1に1を加えた数。2. 2つ。Etwo. 한둘, 2.「2たす3は5だ//切手を2枚はって出す」②順番が1のつぎ。2番目。第2。Ethe second. 한둘째, 두 번째.「ロケットの打ち上げは2度目に成功した//第2次試験」

二の足を踏む どうしようかと迷うようす。Ebe reluctant to; hesitate to. 한망설이다, 주저하다.「海外転勤をすすめられたが、妻が病気なので二の足を踏んでいる」

二の句が継げない 非常に驚いたり、あきれたりして、ことばが出ない。Ebe struck dumb; be at a loss for words. 한(기가 막혀) 다음 말이 안 나오다.「となりの小学生は学習塾に週4日通い、そのほかピアノと絵と水泳の教室に行っていると聞いて、二の句がつげなかった」

に 【荷】ニ ①運んだり送ったりするようにまとめた品物。荷物。Ea load; freight; a package. 한짐, 화물.「荷を車に積む//注文した荷を受け取る//積み荷」②自分が責任を負うもの。自分の負担となるもの。Ea burden; a load. 한짐, 부담.「会長の役はわたしには荷が重い//委員をやめて肩の荷が下りた」

に ①ものの存在する場所を表す。「机の上に本がある(EThere's a book on the desk. 한책상 위에 책이 있다.)//家の

前に車が止まっている//まもなく東京に着く//電車に乗る//会社に勤める//壁に地図をはる」
②時を表す.「午前9時に授業が始まる(ⒺClass begins at nine. 쥡오전 9시에 수업이 시작된다.)//日曜日にテニスをする」
③目的を表す.「彼は,日本へ機械の勉強に来た(ⒺHe came to Japan to study machinery. 쥡그는 일본에 기계 공부를 하러 왔다.)//図書館へ本を読みに行く」
④相手や対象を表す.「先生に相談する(Ⓔconsult the teacher. 쥡선생님께 상담하다.)//日本に比べて,物価が安い」
⑤変化の結果を表す.「氷がとけて水になる(ⒺWhen ice melts, it becomes water. 쥡얼음이 녹아서 물이 된다.)//信号が青になったら渡る」
⑥受身の文の動作をする人や,また,動作の出所を表す.「宿題を忘れて,先生にしかられた(ⒺI was scolded by the teacher because I forgot to do my homework. 쥡숙제를 안해서, 선생님께 꾸중을 들었다.)//父にもらった腕時計(Ⓔa watch from my father. 쥡아버지한테서 받은 손목 시계.)」
⑦原因,理由などを表す.「雨にぬれる(Ⓔget wet in the rain. 쥡비에 젖다.)//おみやげに人形をもらう」
⑧比べたり,割合を示したりするときの基準を表す.「このセーターはわたしには大きすぎる(ⒺThis sweater is too big for me. 쥡이 스웨터는 나에게는 너무 크다.)//1 カ月に 15 万円の収入がある」
⑨ある状態の内容を表す.「この子は才能に恵まれている(ⒺThis child is gifted with talent. 쥡이 아이는 재능을 타고났다.)//資源に乏しい国」
⑩動作の行われるようすを表す.「横に1列に並んでください(ⒺPlease stand in a row. 쥡옆으로 한 줄로 서 주세요.)//左右に揺れる//窓ごしに見る」
⑪(同じ動詞2つの間に使って)その動作を強める.「待ちに待った夏休みが始まった//ボートは揺れに揺れた(ⒺThe boat pitched and rolled. 쥡보트는 흔들리고 또 흔들렸다.)」
⑫形容動詞の活用形の1つで,動詞に続く形.「静かに話す(Ⓔspeak softly. 쥡조용히 이야기하다.)//元気になる」
▷→へ →で, なる 囲み

に あ・う 【似合う】ニアウ〔自動五〕(にあって) 2つのものが,つりあいがとれていてふさわしく感じられる. Ⓔsuit; match well. 쥡어울리다, 걸맞다.「その服はきみによく似合う//家具に似合ったカーテン」 名似合い

ニーズ (needs) ニーズ 必要とされていること. 要望. 要求. 需要. Ⓔneeds. 쥡니즈, 필요성, 요구, 수요.「企業は消費者のニーズに合わせた製品をつくる//若い人たちにニーズがある商品」

にえきらな・い 【煮えきらない】ニエキラナイ 考えや態度がはっきりしない. Ⓔdubious; in decisive. 쥡분명치 않다, 모호하다, 흐리터분하다.「相手の返事が煮えきらなくていらいらする//結婚すると言ったり,やめると言ったり,煮えきらない人だ」

に・える 【煮える】ニエル〔自動一〕食品に水などを加え,火にかけたものに,熱がよく通って食べられるようになる. Ⓔbe boiled; be cooked. 쥡삶아지다, 삶기다, 익다.「芋がやわらかく煮えた//豆が煮える」他動煮る

におい ニオイ 鼻から入ってくる感覚. Ⓔ(a) smell; (an) odor; (a) scent. 쥡냄새, 향기.「台所からおいしそうなにおいがしてくる//よごれた川のいやなにおい」自動におう

にお・う ニオウ〔自動五〕(におって) ①いいにおいが鼻に感じられる。かおる。Ⓔsmell; be fragrant. 한냄새가 나다, 향기가 풍기다.「夜道を歩いていたら梅の花がにおってきた」②悪い刺激が鼻に感じられる。Ⓔstink. 한악취가 나다.「冷蔵庫の中がにおっている//この魚はにおう」③色が美しく輝くように見える。Ⓔglow; be bright. 한색이 아름답게 빛나다.「朝日ににおう山桜花//におうように美しい」▷書③ 名におい

にかい【二階】ニカイ 建物の、下から2番目の階。また、家が2層になっていること。Ⓔthe second floor; two-story. 한2층.「建物の1階は商店で、2階から上は住宅になっている//一郎の家は2階建てだ」→家図

二階から目薬 むだが多くて効果が上がらないということ。Ⓔbe a totally ineffective method. 한대청에 앉아서 마당 쓸기; 도무지 효과가 없음.

にが・い【苦い】ニガイ ①濃すぎるお茶のような、いやな味だ。Ⓔbitter. 한쓰다.「苦い薬をがまんして飲む」対甘い ②つらくて、苦しい。Ⓔhard; trying. 한괴롭다, 쓰라리다.「無理をして体をこわした苦い経験がある//失恋の苦い思い出」③不愉快だ。Ⓔsour; sullen. 한씁쓸하다, 언짢다, 불쾌하다.「お金を貸してくれと言ったら、苦い顔をされた」

にが・す【逃がす】ニガス〔他動五〕(にがして) ①捕まえていたものを放して自由にしてやる。Ⓔset free. 한놓아 주다.「釣った魚が小さいときは、逃がすことにしている」②捕まえそこなう。のがす。Ⓔfail to catch; miss. 한놓치다.「惜しいところで泥棒を逃がした//チャンスを逃がす」▷自動 逃げる

逃がした魚は大きい 手に入りかけてもうすこしのところで失ったものは、いっそう惜しく思われるということ。Ⓔ Every fish that escapes appears greater than it is. 한놓친 고기가 더 크다, 놓친 것은 더 아쉽게 생각되게 마련이다.

にがつ【二月】ニガツ, ニガツ 1年の2番目の月。2月。Ⓔ February. 한2월.「2月はふつうは28日までだが、4年ごとに29日の月になる。その年をうるう年という」

にがて【苦手】ニガテ, ニガテ やりにくくてうまく自分の力が出せないこと。また、その相手やものごと。Ⓔan undesirable opponent; be poor at. 한거북한〔버거운〕상대; 잘하지 못함, 서투름.「これまでいつも負けている苦手の選手と、また対戦することになった//科目の中では数学と歴史が苦手だ」対得意

にがみばしった【苦みばしった】顔つきが引きしまって、きりっとしている。Ⓔstern and handsome. 한(용모가) 야무지고 옹골찬.「新しく来た課長は苦みばしったいい男だ」

≡参 大人の男性だけについていう。

にがわらい【苦笑い】ニガワライ〔~する〕失敗したり気に入らなかったりするときなど、気持ちは不愉快なのに表面だけ笑い顔をつくること。また、その笑い。苦笑。Ⓔa bitter smile; a wry smile. 한쓴웃음, 고소.「子供にまちがった字を見つけられて、苦笑いでごまかした」

にきび ニキビ 若い人の顔などにできる小さいはれもの。Ⓔ a pimple; a blackhead. 한여드름.「高校生になって、にきびがいくつも出てきた//にきびは青春のしるしともいう」

にぎやか ニギヤカ ①人やものが多く、活気があるようす。Ⓔbustling; lively. 한활기참, 번화함.「祭りがあるので町がにぎやかだ//にぎやかな商店街」対寂しい ②陽気でよくしゃべるようす。Ⓔcheerful; merrily. 한(명랑하게) 왁자지껄함, 떠들썩함.「に

ぎやかな弟がいないので家が静かだ//家族そろって,にぎやかに話しながら食事をする」

にぎり 【握り】ニギリ ①にぎること.また,にぎって持つ所. Ea grip; a handle. 韓잡음, 잡는 법;손잡이,자루.「ラケットのにぎりをいろいろ変えて練習する//ステッキのにぎり」②にぎったときの長さ,太さ,量. Ea handful. 韓(길이,굵기,양의)움큼,줌,주먹.「庭の草花にひとにぎりずつ肥料をやった」③⇨握りずし「すし屋でにぎりを注文する」▷他動握る

にぎりずし 【握りずし】ニギリズシ 酢をまぜた飯を手でかためて形をつくった上に,魚,貝などを載せたもの.にぎり. Ehand-rolled sushi. 韓생선초밥.「にぎりずしを1口で食べる//のこ店のにぎりずしは上に載せるたねが新しくていい」

にぎりつぶ・す 【握りつぶす】ニギリツブス〔他動五〕(にぎりつぶして) ①強くにぎってつぶす. Ecrush ~ in one's hand. 韓움켜쥐어 으스러뜨리다.「横綱どうしの熱の入ったすもうを見ていて,思わずトマトをにぎりつぶしてしまった」②提案や意見などを,わざと自分の手もとに置いて出さずにとどめておく. Eshelve; pigeonhole. 韓묵살하다,깔아뭉개다.「市立の『平和資料館』を建ててほしいと要望書を出したが,にぎりつぶされた」

にぎ・る 【握る】ニギル〔他動五〕(にぎって) ①手の指5本を内側に曲げる.また,そのように曲げてなにかを持つ. Egrasp; clasp. 韓쥐다,잡다.「久しぶりに会った祖母は喜んでわたしの手をにぎって離さなかった//ハンドルをにぎる(Etake the wheel. 韓핸들을 잡다.)//にぎりしめる」②だれにも渡さないようにしっかりと自分のものにしておく. Ecome to (power); know (a secret). 韓장악하다,잡다,쥐다.「だれ

でも,いちど権力をにぎると,いつまでも持ち続けたくなるものらしい//競争相手の秘密をにぎった」③にぎりずしやにぎり飯をつくる. Emake *sushi* or a rice ball. 韓생선초밥〔주먹밥〕을 만들다.「すしを1人前にぎってください」▷名握り

にぎわ・う ニギワウ〔自動五〕(にぎわって) ①人が多く集まってにぎやかになる. Ebe crowded; be bustling. 韓북적거리다,흥청거리다.「町は秋祭りでにぎわっている」②商買がうまくいって客も多く入っている. Eprosper. 韓번성하다,번창하다.「年の暮れでどの店もにぎわっている」▷名にぎわい 他動にぎわす

にぎわ・す ニギワス〔他動五〕(にぎわして) 盛んにし,活気づかせる.にぎわうようにする. Ebe played up; enliven. 韓흥청거리게 하다,활기차게 하다,떠들썩하게 하다;푸짐하게 하다.「最近,ある映画俳優の結婚が週刊誌をにぎわした//食卓をにぎわす数々の料理」自動にぎわう

にく 【肉】ニク ①人や動物の体で,皮膚の下にあり,骨を包んでいるやわらかい部分. Eflesh. 韓살.「以前はやせていたが,最近すこし肉がついてきた//贅肉(Efat; flab. 韓군살.)//筋肉(→項目)」②牛,豚,鶏,鳥,魚などの,食用にする部分. Emeat. 韓고기.「肉と野菜をいためる//ステーキ用の肉」

参 ②では,豚肉,とり肉は「豚を300グラムととりを200グラムください」のように「豚」「とり」ともいうが,牛肉のばあいは「今晩は牛肉にする」とか,「牛を200グラム買った」とはいっても,「牛」とはいわない.

にく・い 【憎い】ニクイ ①許せないと思うほど,腹の立つようすだ. Ehateful; detestable. 韓밉다.「信用していたのに裏切ったあいつは本当に憎いやつだ//人の命をうばう憎

いがん」対かわいい ②感心するほど，よく気がきいているようすだ．Ｅtasteful; admirable. 韓(반어적으로) 얄밉다；기특하다，깜짝하다．「誕生日を覚えていて花を贈ってくれるとは，憎いね」▷話②

-にくい (動詞の「ます」形について)〜するのがむずかしい．「靴が大きくて歩きにくい」「書きにくい(Ｅdifficult to write. 韓쓰기 어렵다．)//読みにくい字(Ｅscript that is difficult to read. 韓읽기 어려운 글자．)」対-やすい，-いい

にくしみ【憎しみ】＝ニクシミ，ニクシミ 憎いと思う気持ち．Ｅhatred; hate. 韓미움, 증오．「父をうばった戦争への憎しみは消えない//憎しみをやわらげる//憎しみの目で見る」

にくしん【肉親】＝ニクシン 親子，きょうだいのように，血が濃くつながっている人．また，その関係．Ｅa blood relation. 韓육친．「結婚式には両方の肉親だけが出席した//肉親の愛情」

にくたい【肉体】＝ニクタイ 生きている人間の体．Ｅthe body; the flesh. 韓육체．「健康な肉体を与えてくれた両親に感謝している//肉体労働」対精神

にくたらしい【憎たらしい】＝ニクタラシイ 「憎らしい」を強めた言い方．Ｅspiteful; hateful. 韓밉살스럽다, 얄밉다．「花壇をめちゃめちゃにしてしまった憎たらしい犬//弱い子をいじめて喜んでいる憎たらしい中学生」話

にくまれぐち【憎まれ口】＝ニクマレグチ 人に憎まれるようなことばやものの言い方．Ｅ(say) spiteful things; malicious language. 韓미움을 살 말, 얄미운 말．「小さな子供が，おばさんがつくったお菓子はまずいと憎まれ口をきく//憎まれ口をたたく」

にくまれっこよにはばかる【憎まれっ子世にはばかる】みんなに憎まれるような人が，かえって世の中では力を持ち大きな顔をするものだ．ＥIll weeds grow apace. 韓미움받는 사람이 세상에서는 오히려 행세를 한다.

にく・む【憎む】＝ニクム〔他動五〕(にくんで) 憎いと思う．ひどく嫌う．Ｅhate; detest. 韓미워하다, 싫어하다．「わたしたちの命と平和な暮らしをうばう戦争を憎む//罪を憎んで人を憎まず」対愛する

にくらし・い【憎らしい】＝ニクラシイ 憎い気持ちにさせるようすだ．Ｅspiteful; provokingly. 韓밉살스럽다, 얄밉다．「わたしが通るといつもほえる憎らしい犬//憎らしいほど頭のいい人」対かわいらしい

にげごし【逃げ腰】＝ニゲゴシ 責任などからのがれようとするようす．Ｅshrink; get cold feet. 韓발뺌을 함, 꽁무니를 뺌．「旅行の費用がとても高いと聞いて逃げ腰になった」

に・げる【逃げる】＝ニゲル〔自動一〕①捕えられないように，その場を離れたり身を隠したりする．また，捕まっている所から抜けだす．Ｅrun away; flee; escape. 韓도망치다, 달아나다．「犬にほえられてあわてて逃げた//ろうから逃げる」②ものごとを避けて，関係しないようにする．Ｅevade; back out of. 韓회피하다．「田中さんに会長を頼もうと思ったら，健康を害しているからと，うまく逃げられた」▷他動逃がす →逃れる

逃げるが勝ち 勝負をしたり面倒なことになるよりは逃げるほうが得だ．ＥThe best of all tactics is to run away. 韓도망치는 것이 이득이다, 삼십육계 줄행랑이 제일이다.

にご・す【濁す】＝ニゴス〔他動五〕(にごして) ①液体や気体に他のものをまぜて不透明にする．Ｅmake muddy; make foul. 韓흐리게 하다, 탁하게 하다．「工場の廃液

を流して川をにごす//タバコの煙で部屋の空気をにごす」対澄ます ②あいまいにしてはっきりさせない. ごまかす. Ｅ(speak) ambiguously. 한애매하게 하다, 얼버무리다.「お金を貸してほしいと頼まれたが, ことばをにごしておいた」▷自動濁る

にこにこ ニコニコ〔～する〕声を出さないで, 楽しくうれしそうに笑うようす. Ｅsmile; (look) cheerful. 한생글생글, 방글방글.「祖母はいつもにこにこしていて, 1度も怒ったことがない」

にこやか ニコヤカ にこにこ笑っているようす. Ｅsmiling; with a smile. 한생글거림, 방글거림, 상냥함.「二郎は, 会うといつもにこやかな顔であいさつする//にこやかに話しかけてきた」

にご・る【濁る】ニゴル〔自動五〕(にごって)①液体や気体などに他のものがまじって透明でなくなる. Ｅbecome muddy; become foul. 한탁해지다, 흐려지다.「大雨で川の水が茶色くにごっている//タバコの煙で部屋の空気がにごる」対澄む ②音や声や色などがはっきりしない. Ｅbe vague; be dull. 한(소리・빛깔 등이) 둔탁해지다, 흐려지다.「このラジオは音がにごっていて聞きにくい//にごった目をしている//にごった色」対澄む ③悪い考えがまじる. 正しくない. Ｅbecome impure. 한(정신 등이) 흐려지다, 혼탁해지다.「どんな社会も, 同じ人物が長く支配していると, にごってくる//にごった心」対澄む ④濁音に発音する. Ｅhave a voiced pronunciation. 한탁음으로 발음하다.「『カ・サ・ク』をにごって発音すると, 『ガ・ザ・ダ』になる//最近は『3階』を『さんかい』とにごらないで言う人が多い」対澄む ▷名濁り 他動濁す

にし【西】ニシ 4つの方角の1つ. 太陽が沈む方角. Ｅthe west. 한서, 서쪽.「太陽は東から出て西に沈む//新幹線で西へ向かう」対東

にじ【二次】ニジ ①1回で終わらず何度もあるものごとの2番目. 第2回. Ｅthe second. 한이차, 두 번째.「忘年会の2次会//2次試験」
②(「二次的な」の形で)本来のもの, たいせつなものに比べれば, それほど重要でないようす. Ｅsecondary. 한이차적, 부차적(副次的).「論文の内容が重要なのであって, 字が上手か下手かは二次的な問題だ」
注 ①は「1次, 2次…」のような数え方の1つで「2次」と書くが, ②は決まった言い方なので「二次」と書く.

にじ ニジ 雨がやんで晴れた空や, 滝, 噴水などの所に, 半円の形で現れる美しい7色の光. Ｅa rainbow. 한무지개.「にじの色は赤, だいだい, 黄, 緑, 青, あい, 紫の7色だ//にじがかかる」
注 漢字で書くときは「虹」.

にしき ニシキ いろいろな色の糸, また金や銀の糸を使って美しい模様を織りだした, 地の厚い絹織物. また, そのように美しいもの. ＥJapanese brocade. 한비단; 비단같이 아름다운 것.「薄い色の着物ににしきの帯をしめる//ニシキゴイ(Ｅa colored carp. 한비단잉어.)」

にしき[錦]の御旗 だれも反対できない権威のあるものだということを示すもの. Ｅa noble cause. 한관군의 깃발; 대의 명분.「福祉のため, というにしきの御旗を掲げて税金を取る」

にじ・む ニジム〔自動五〕(にじんで)①液体がものにしみてひろがる. Ｅrun; blot. 한번지다.「泣きながら手紙を書いたら涙でインクがにじんだ//墨がにじむ」②液体が表面にうっすらと出る. Ｅbe stained; ooze. 한배다, 스미다.「ひどい傷で, 包帯に血がにじん

でいる//山を登っていると、ひたいに汗がにじんでくる」

にしゃたくいつ【二者択一】ニシャタクイツ 2つのものごとのどちらかを選ばなければならないこと. Ea choice between two things. 한양자 택일.「大学で勉強を続けるか親の仕事をつぐかの二者択一をせまられている」書

にじゅう【二重】ニジュー 同じ種類のものごとが2つ重なること. ふたえ. Edual; double. 한이중.「二重国籍//二重人格//二重生活」

にせ【偽】ニセ 本物と思わせるように似せてつくったもの. また、そのようにつくること. Ean imitation; a fake; counterfeit. 한가짜, 위조, 모조.「似た署名にだまされて偽の絵を買ってしまった//偽札//偽物」

にせい【二世】ニセイ ①王の国などで、同じ名で2代目の王になった人. また、歌舞伎俳優などで、名前や地位を2番目についだ人. Ethe second. 한2세.「エリザベス二世//二世市川団十郎」②親からみて子供. Ea son; junior. 한2세, 자식.「二世が誕生した//二世議員」③親が移民した国で生まれた子で、その国の市民権を持つ人. Ea *Nisei*; a second-generation Japanese. 한(이민) 2세.「ハワイ生まれの二世」

にそくのわらじをはく【二足のわらじを履く】1人の人が両立しにくい2つの職業、立場に同時につく. Ebe engaged in two trades at the same time. 한겸하기 어려운 두 가지 직업을 겸하다.「銀行員と小説家の二足のわらじをはいてきたが、小説に専念することにした」

にたにた ニタニタ〔～する〕声を出さずに、よくないことを心の中で楽しむように笑うようす. Esmile lewdly; grin lewdly. 한히죽히죽.「兄がテレビを見ながらにたにた(と)笑っていて、いやな感じだ」

にち【日】ニチ ①「日本」を略した言い方. EJapan. 한일본, 일.「日米関係//イギリス首相の訪日//在日外国人学生」②「日曜日」を略した言い方. ESunday. 한일요일, 일.「毎週土日は休みだ//2月12日(日)に出発する」③(数を表すことばの後について)日付, 日数を表す.「誕生日は11月29日です EMy birthday is November 29. 한생일은 11월 29일입니다.)//1日は24時間ある」

にちじ【日時】ニチジ、ニ̄チジ あることが行われる日と時刻. Ethe time and date. 한일시.「つぎの会議の日時は後で知らせます//到着の日時を知らせる」

にちじょう【日常】ニチジョー いつも変わらず自分のまわりにある状況. 同じように繰り返す毎日. Edaily; everyday. 한일상, 평소.「わたしの日常は平凡なものだ//日常生活」

にちじょうさはんじ【日常茶飯事】ニチジョーサハンジ 毎日お茶を飲み食事をするのと同じで、すこしも珍しくないこと. Ea daily occurrence. 한일상 있는 평범한 일, 일상 다반사.「わたしの家では、父や兄が洗濯や掃除をすることなど日常茶飯事だ」書

にちぼつ【日没】ニチボツ 太陽が西に沈むこと. 日の入り. Esunset; sundown. 한일몰.「冬と夏では日没の時刻が2時間も違う」

にちや【日夜】ニ̄チヤ、ニ̄チヤ 昼と夜. また、昼も夜も、いつでも. Enight and day; always. 한주야, 밤낮；언제나, 늘.「心配ごとが日夜頭を離れない//日夜工夫を重ねる」書

にちようび【日曜日】ニチヨービ 1週7日の最初の日. 土曜のつぎ, 月曜の前の日.

日曜.日.ЕSunday.한일요일.「日曜日は会社も学校も休みだ//日曜日には家族でハイキングに出かける」

にちようひん【日用品】ニチヨーヒン,チヨーヒン 毎日の生活に使う身のまわりの品物.Еdaily necessities.한일용품.「日用品を売る店が近くにあると便利だ」

にっか【日課】ニッカ 自分で決めて毎日することにしている仕事や勉強.Еdaily work; a daily task.한일과.「犬を連れて散歩するのが朝の日課だ」

につかわし・い【似つかわしい】ニツカワシイ よく似合っている.ぴったり合っている.Еsuitable; becoming.한딱 알맞다,잘 어울리다.「静かで落ち着いた道子の結婚相手には,一郎のようなまじめな青年が似つかわしい//楽しいドラマに似つかわしい,明るい音楽」

にっかん【日刊】ニッカン 新聞,雑誌などを毎日刊行すること.Еdaily.한일간.「A社は日刊の新聞のほかに,週刊誌も出している」

にっき【日記】ニッキ その日のできごとや感想などを記録すること.また,その記録.日記帳.Еa diary.한일기.「毎晩,日記をつけてから寝る」

ニックネーム (nickname) ニックネーム 親しみを表したり,からかったりするために,本名のほかにつける呼び名.あだ名.Еa nickname.한닉네임,별명,애칭.「ベルが鳴るとすぐ教室へ来る先生に,『消防自動車』というニックネームをつけた//友達をニックネームで呼ぶ」

にっけい【日系】ニッケイ 日本人の血統を引いていて外国籍を持っていること.また,その人.Еa person of Japanese descent.한일계,일본계.「日系三世はもうほとんど日本語を話さない//日系のブラジル人」

にっこう【日光】ニッコー 太陽の光線.日

の光.Еsunshine; sunlight.한일광,햇빛.「窓からいっぱいに日光が入る//壁に日光が当たっている//日光浴/直射日光」

にっこり ニッコリ〔~する〕声を出さずに,一瞬,楽しくうれしそうに笑うようす.Еsmile; a happy smile.한생긋,방긋.「美しい花をプレゼントされ,思わずにっこりした//にっこり(と)ほほえむ」

にっしょうけん【日照権】ニッショーケン 住む家の日当たりや風通しを確保する権利.Еthe right to sunshine.한일조권.「家の前に高いビルが建ちそうになったが,日照権を主張して建設計画を変更させた」

にっしょく【日食】ニッショク 月が太陽と地球の間に入って陰になり,地球から太陽の一部や全部が見えなくなる現象.Еa solar eclipse.한일식.「日食が始まって,あたりがすこし暗くなってきた//皆既日食(=太陽が全部隠れる日食)/部分日食」

にっしんげっぽ【日進月歩】ニッシンゲッポ〔~する〕日ごとに月ごとに止まらず進歩すること.進歩が速いこと.Еrapid progress; ever-advancing.한일진월보,일취월장.「コンピューターの世界は日進月歩で,ついていくのがたいへんだ//日進月歩の医療技術」

にっちもさっちもいかない どのように考えても,してみても,できないようす.Еbe in a fix; get bogged down.한이러지도 저러지도 못하다.「毎月赤字で,銀行もお金を貸してくれず,事業はにっちもさっちもいかなくなった」

にっちゅう【日中】ニッチュー 太陽が高い間.朝と夕方を除いた昼間.Еin the daytime; by day.한주간,낮.「日中は暑かったが,夕方になって涼しくなった」

にってい【日程】ニッテイ 仕事や行事,旅行などの,その日その日の予定.Еa day's

program; a day's schedule. 한일정.「今度の旅行はかなり日程がつまっている//合宿の日程を終える」

にっとう 【日当】ニットー 1日分の仕事労働に対して払われる給料. Ea daily allowance; daily wages. 한일당.「日当が高いアルバイトをさがす」

にっぽん 【日本】ニッポン ⇨日本「日本晴れ」

につま・る 【煮詰まる】ニツマル〔自動五〕(につまって) ①煮すぎて水分や汁が少なくなる. Eboil down. 한바짝 졸아들다.「みそ汁が煮つまって辛くなった」②交渉が重ねられたり意見が出つくしたりして、まとめの段階に近づく. Eboil down; get close to a conclusion. 한(충분한 논의 끝에) 결론을 내릴 단계가 되다.「話もだいぶ煮つまったから、そろそろ結論を出そう//交渉が煮つまる」▷他動煮詰める

にどあることはさんどある 【二度あることは三度ある】2度起こった同じようなことは3度起こる、ものごとは繰り返すものだということ. EWhat happens twice will happen three times. 한두 번 있었던 일은 세 번 있게 마련이다, 일이란 몇 번이고 되풀이되기 마련이다.

にどと 【二度と】ニドト(「二度と~ない」の形で) もう~ない、決して~ない. Enever ~ again. 한두 번 다시 ~않다.「あなたとは二度と会いたくない//二度と見られないようなすばらしい景色」

にとをおうものはいっとをもえず 【二兎を追う者は一兎をも得ず】同時に2つのことをしようとすると、どちらも成功できない. EHe who pursues two hares catches neither. 한두 마리의 토끼를 쫓는 자는 한 마리도 잡지 못한다. 似た表現 あぶはちとらず

にな・う 【担う】ニナウ〔他動五〕(になって) ①ものを肩にかけて運ぶ、かつぐ. Ecarry ~ on one's shoulder. 한짊어지다, 메다.「大きな荷物をになって山を登る」②自分の責任として、身に引き受ける、負担する. Eassume; bear. 한(책임 등을) 떠맡다, 짊어지다.「一郎は社長の責任をになうにはまだ若すぎる//21世紀をになう若者たち」

ににんさんきゃく 【二人三脚】ニニンサンキャク 2人が並んで肩を組み、それぞれの内側の足首をひもで結んで1本の足のようにして、足並みをそろえて走る競技. また、強い協力関係. E a three-legged race; in cooperation with. 한이인 삼각.「呼吸を合わせて二人三脚で走る//この仕事は友達との二人三脚で、ここまでうまくやってくることができた」

にぶ・い 【鈍い】ニブイ ①ナイフやはさみなどがよく切れない. Edull. 한무디다.「包丁が古くなって、切れ味が鈍くなった」対鋭い ②頭の働きや感じ方が遅い. Edull; slow-witted. 한(머리 회전이) 둔하다.「寝不足のため、頭の働きが鈍い」対鋭い ③動きが遅い. Eslow; sluggish. 한느리다, 굼뜨다.「このごろ太りすぎて、動作が鈍くなった」④光や音がはっきりしない. Edull; dim. 한(빛·소리가) 희미하다, 둔탁하다.「柱に頭をぶつけたら、ごつんと鈍い音がした」

にぶ・る 【鈍る】ニブル〔自動五〕(にぶって) ①鋭さがなくなる. Ebecome dull; become blunt. 한무디어지다.「包丁の切れ味が鈍る」②力や勢いが弱くなる、衰える. Ebe numb; be shaken. 한둔해지다, 약해지다.「冷たいものを持っていたら、指先の感覚が鈍ってきた//とてもつらい仕事だと聞いて決心が鈍った//眠くて頭の働きが鈍る」

にべもない まったく思いやりを見せず、冷たく扱うようす。Eflatly; point-blank. 한 쌀쌀없다, 쌀쌀하다, 매정하다.「借金を友達に申しこんだが、にべもなく断られた」

にほん 【日本】ニホン アジア大陸の東、太平洋の西にある島国。面積は約38万平方キロで、人口は約1億2000万。首都は東京。にっぽん。EJapan. 한일본.「日本の国土は、4つのおもな島といくつもの小さな島とでできている//日本の歴史//日本人」

参「にほん」と「にっぽん」は両方使われているが、ほかのことばと一緒に使うときは「日本語」「日本列島」のように「にほん」になることが多い。

にほんが 【日本画】ニホンガ 日本でむかしからかかれてきた絵。紙や絹の布などに、毛の筆で、墨や岩絵の具を使ってかく。Ea Japanese-style painting. 한일본화.「墨で風景をかいた日本画を床の間にかける」対洋画 数1枚・1点・1幅

にほんがみ 【日本髪】ニホンガミ 日本の女の人が長い髪を結い上げていた髪型。Ea traditional Japanese hair-style. 한여자의 일본식 머리 모양.「お正月だから、着物を着て日本髪に結ってみよう」対洋髪

〔日本髪〕

にほんご 【日本語】ニホンゴ おもに日本で、そこに住む人たちによって使われていることば。特徴は、発音が単純であること、文をつくるのに助詞や助動詞が大きな役割を持つこと、文字はひらがな、かたかな、漢字の3種類を使うこと、など。EJapanese; the Japanese language. 한일본어.「ジョンは日本語で買い物ができるようになった」

にほんしゅ 【日本酒】ニホンシュ 米などからつくるアルコール飲料。日本でむかしから独特の方法でつくっている。Esake. 한일본술、청주。「日本料理にはやはり日本酒が合う」対洋酒 数1杯・1本

〔日本酒〕

にほんま 【日本間】ニホンマ 和風につくった、畳のある部屋。和室。Ea Japanese-style room. 한일본식 방.「日本間にふとんを敷いて寝る」対洋間 数1室・1間

にまいじた 【二枚舌】ニマイジタ 前と違うことやうそを言って平気でいること。また、その人。Ebe double-tongued. 한한 입으로 두 말 하기、일구이언.「市長は、農民には農地を守ると言い、家のない人には農地を宅地にして住宅を建てると言う。まったくの二枚舌だ」

にまいめ 【二枚目】ニマイメ 映画や演劇などで、若くて美しい男の役をする俳優。また、その役。顔や姿の美しい男の人のこともいう。Ea lover's part; a handsome man. 한미남역의 배우；미남자.「二枚目の役者が登場すると、舞台は一段とはなやかになった//娘の結婚相手はなかなかの二枚目だ」対三枚目

参歌舞伎の番付面の2枚目に名前が出ていることからできたことば。

にもかかわらず ニモカカワラズ、ニモ・カカワラズ ①(文と文をつないで)前にいったことを受けて、後ろに反対のことをいうときに使うことば。Enevertheless. 한그런데도 불구하고.「市民たちは戦争反対を叫んだ。にもかかわらず、戦争は始まってしまった」②(名詞、動詞と形容詞の基本形、形容動詞の語幹について)〜なのに。「自分の卒業式にもかかわらず遅刻してきた学生がいる//全力をつくしたにもかかわらず、負けてしまった」E

Though we did our best, we lost the game. 㦞전력을 다하였는데도 불구하고 지고 말았다.」▷書

にもつ 【荷物】ニモツ ①運んだり送ったりするようにまとめた品物. 荷. Ｅbaggage; personal effects; a package. 㦞짐, 화물.「旅行するときは荷物が少ないほうがいい//荷物を駅のロッカーに預けて買い物をする」②(「お荷物」の形で) 負担になっているやっかいなものごとや人. Ｅa burden; a drag. 㦞짐, 부담.「わたしはいちばん理解が遅くて, 先生のお荷物だった」

にやにや ニヤニヤ〔～する〕声を出さずに, まわりの人にはわからない理由で笑うようす. Ｅgrin; smirk; simper. 㦞히죽히죽, 싱글싱글.「姉は1人で写真を見ながら, にやにや(と)思いだし笑いをしている」

ニュアンス (⑦nuance) ニュアンス 絵, 音楽, ことばなどで, すこし変わるだけで違った印象になる微妙な特色. Ｅa nuance. 㦞뉘앙스.「ことばのニュアンスで同じ話が別の話のように感じられることがある」

ニュー (new) ニュー 新しいこと. 新しいもの. Ｅnew. 㦞뉴, 새로움, 새것.「ニュースタイル//ニューモデル」対オールド

にゅういん 【入院】ニューイン〔～する〕病気やけがなどを治すために, ある期間病院に入っていること. Ｅbe hospitalized. 㦞입원.「けがをして, 1週間, 入院した//入院患者」対退院

にゅうがく 【入学】ニューガク〔～する〕学校に入って, 児童, 生徒, 学生になること. Ｅenter a school. 㦞입학.「日本では6歳の4月に小学校に入学する//入学式」対卒業

にゅうかん 【入管】ニューカン 「入国管理局」を略した言い方. 外国から日本へ来る人や日本へ行く人の審査, また, 日本に滞在する外国人についての事務をする政府の役所.

Ｅthe Immigration Bureau. 㦞출입국관리국.「入管でビザを更新する」→囲み

にゅうさつ 【入札】ニューサツ〔～する〕工事の請負の相手や美術品の買い手などを決めるとき, 契約したい業者に希望の金額や条件を示させること. Ｅa tender; a bid. 㦞입찰.「大きなビルの仕事なので, たくさんの業者が入札している//入札価格」対落札

にゅうし 【入試】ニューシ, ニューシ 「入学試験」を略した言い方. Ｅan entrance examination. 㦞입시, 입학 시험.「今年の入試は受験する人が多いので厳しい//入試問題集」

にゅうじ 【乳児】ニュージ 生まれてから1年ぐらいまでの, 母乳やミルクで育てられている時期の子供. Ｅa suckling; an infant. 㦞유아, 젖먹이.「乳児も生後10カ月ごろになると歩きだす//乳児期」
参 児童福祉法では, 満1歳に満たない男女をいう.

にゅうしゃ 【入社】ニューシャ〔～する〕会社に入ってその社員になること. Ｅenter a company. 㦞입사.「給料が高くて休みの多い会社に入社したい//入社試験」対退社

にゅうしょう 【入賞】ニューショー〔～する〕芸術の展覧会やスポーツの競技会などで, いい成績をあげて賞をもらうこと. Ｅwin a prize. 㦞입상.「洋子はバイオリンのコンクールで1等に入賞した//あすのマラソン大会ではぜひ入賞したい」

にゅうじょう 【入場】ニュージョー〔～する〕ものごとが行われている場所に入ること. Ｅenter; admission. 㦞입장.「博覧会に入場した人は10万人をこえた//入場券」対退場

ニュース (news) ニュース 起こったばかりのできごと. また, その知らせ. Ｅnews. 㦞뉴스.「火山の大噴火を伝えるテレビのニュー

にゅうせん

スに見入る//A先生とB先生の婚約のニュースは学校じゅうにひろまった//「臨時ニュース」

にゅうせん 【入選】ニューセン〔～する〕募集に応じて出した作品が審査に合格すること. [E]be accepted; be selected. [한]입선.「美術の展覧会ではじめて入選した//新聞に出した短歌が入選した」[対]落選

にゅうもん 【入門】ニューモン〔～する〕ある人を先生として選び弟子になること. また, あることを学びはじめること. [E]become a pupil of; an introduction. [한]입문.「空手の道場に入門を申しこむ//入門書//哲学入門」

にゅうよく 【入浴】ニューヨク〔～する〕ふろに入ること. [E]take a bath. [한]입욕, 목욕(을 함).「毎日入浴を欠かさない//寝る前に入浴して体を温める//入浴剤」

にゅうりょく 【入力】ニューリョク, ニューリョク〔～する〕機械などの装置を働かせるために, 外から動力や情報などを入れること. イ

入管で使うことば

学生が在留期間更新のときに使うことば

留学生 [E]a "college student". [한]유학생.

大学院生 [E]a postgraduate student. [한]대학원생.

大学生 [E]a university student. [한]대학생.

短期大学生 [E]a junior college student. [한]단기〔초급〕대학생.

高等専門学校生 [E]a college of technology student. [한]고등 전문 학교생.

聴講生 [E]an auditor. [한]청강생.

専修学校生 [E]a professional training school student. [한]전수 학교생.

就学生 [E]a "pre-college student". [한]취학생.

在留期間更新許可申請書 [E]Application for extension of period of stay. [한]재류 기간 갱신 허가 신청서.

在学証明書 [E]a certificate of enrollment or registration. [한]재학 증명서.

身元保証書 [E]a letter of guarantee. [한]신원 보증서.

保証人の職業証明書 [E]the guarantor's certificate of employment. [한]보증인의 직업 증명서.

保証人の納税証明書 [E]the guarantor's certificate of tax payment. [한]보증인의 납세 증명서.

保証人の住民票 [E]a guarantor's residency registration. [한]보증인의 주민 등록표.

身元引受経緯等説明書 [E]documents describing the relationship between the applicant and the guarantor. [한]신원 인수 경위 등 설명서.

保証人の印鑑登録証明書 [E]a certificate of the guarantor's seal. [한]보증인의 인감 증명서.

履修証明書(成績書) [E]a certificate of course completion (or a certificate of university or school record). [한]이수 증명서〔성적표〕.

出席・成績証明書 [E]certificates of attendance and university or school record. [한]출석・성적 증명서.

ンプット．Einput．한입력．「この資料はコンピューターに入力してある∥入力装置」対出力

にゅうわ【柔和】ニューワ 態度や性質がやさしくて，穏やかなようす．Egently; mild; tender．한온화．「この仏像は柔和にほほえんでいるように見える∥一郎は人柄が柔和だ」

にょう【尿】ニョー ぼうこうから排泄のためのくだを通って体の外へ出される液体．おしっこ．Eurine．한소변，오줌．「尿を調べて病気を判断する∥尿の検査」→小便

にょうぼう【女房】ニョーボー「妻」のくだけた言い方．Ea wife．한처，아내，마누라．「うちの女房は陽気で，おしゃべりだ∥あいつは女房とカラオケへよく行くそうだ」対亭主 →妻

参 もとは身分の高い家の女の使用人のことをいったが，だんだん「女の人」の意味になり，「妻」の意味に変わってきた．

にょじつに【如実に】ニョジツニ，ニョジツニ 現実がはっきりわかるように，そのとおりに表現するようす．Evividly; realistically．한여실히．「1階がくずれて傾いているビルの写真は，工事が手抜きであったことを如実に表している」書

にら・む ニラム〔他動五〕(にらんで) ①こわい目つきでじっと見る．Eglare at; stare fiercely．한쏘아보다，노려보다．「電車の中で，わたしの足を踏んで謝りもしない相手をにらんでやった∥にらみ合う∥にらみつける」② 注意してよく見る．また，見当をつける．Esuspect; estimate．한주시(주목)하다；짐작하다，어림잡다．「花畑を荒らしたのはとなりの犬だとにらんでいる∥あすの会の出席者は50人とにらんでいる」③悪いことをしそうな人だと，特別に注意を向ける．Ekeep an eye on．한(요주의 인물로) 감시하다，점찍다．「弟は1年生のときから先生ににらまれている」▷名にらみ

参③は受身の形で使うことが多い．

にらめっこ ニラメッコ〔～する〕子供の遊びの１つ．向かい合っていろいろな表情をつくって，相手を先に笑わせたら勝ちになる．また，必要があってなにかをじっと見続けること．Ea staring game; constantly referring to．한눈싸움놀이；계속 참조함．「子供はにらめっこを始めるとすぐ笑いだした∥辞書とにらめっこで翻訳する」

に・る【似る】ニル〔自動一〕形や性質がたがいに同じように見える．Elook like; resemble．한닮다，비슷하다．「このくだものは，形はトマトに似ているが，味はすこしも似ていない∥母親によく似た娘」他動似せる

似たり寄ったり よく似ていて，ほとんど違いがわからないようす．Ebe much the same．한비슷비슷함，엇비슷함，대동소이함．「どれもこれも似たり寄ったりの小説だ」

似ても似つかない[ぬ] 少しも似ていない．Edo not bear the slightest resemblance．한조금도 닮지 않은，아주 딴판인．「背の低い父と，190センチもある二郎とは似ても似つかない親子だ」

に・る【煮る】ニル〔他動一〕食品に水などを加え，火にかけて熱を通す．Eboil; cook．한삶다，끓이다，조리다．「魚を甘辛く煮る∥肉と野菜を一緒に煮る∥煮こむ」自動煮える

煮ても焼いても食えない まったく手に負えない．Ebe too much for one．한이러지도 저러지도 못하다，도무지 어거할 수가 없다．

にわ【庭】ニワ 家の敷地の中で，建物がなく空いている部分．木や花を植えることが多い．Ea garden; a yard．한정원，뜰，마당．「庭に季節の花を植えて楽

しむ//庭の小鳥の声で目が覚める//庭仕事」

にわか ニワカ ①急に起こるようす. 急に変わるようす. Ⓔsuddenly; abruptly. 한갑작스러움, 별안간.「いい天気だったのに, にわかに雷が鳴りだした//にわか雨(Ⓔa shower. 한소나기.)」②すぐに, または必要になってから急いで対応するようす. Ⓔreadily; hastily. 한갑자기, 당장, 급히.「いますぐと言われても, にわかに賛成はできない//にわか仕立て(=急いでつくること)」

にわとり【鶏】ニワトリ むかしから庭に放したり小屋に入れたりして飼ってきた飛ばない鳥. 卵や肉を食用にする. Ⓔa chicken; a hen. 한닭.「子供の飼っている鶏がはじめて卵を産んだ」 数 1羽・1匹

-にん【人】①(数を表すことばについて) 人間の数を表す.「1万人(Ⓔten thousand people. 한1만 명.)//3人//何人」②(動作を表す名詞について) ~する人.「受取人(Ⓔa recipient. 한수취인.)//管理人(Ⓔa manager; a janitor. 한관리인.)//保証人(→項目)」▷→名

にんい【任意】ニンイ, ニンイ ものごとをそれぞれが自分の思うとおりに自由に考えて決めること. Ⓔoptional; voluntary. 한임의.「各団体が任意に代表を選ぶ//任意参加//任意保険」

にんき【人気】ニンキ 人々が好きだと思い, もてはやすこと. 高い評判. Ⓔpopularity. 한인기.「短いスカートはまだ人気がある//子供たちに人気のある漫画」

にんき【任期】ニンキ, ニンキ 役職など, 仕事についていられる, 決められた期間. Ⓔa term (of office). 한임기.「知事の任期は4年だ//3年の任期を果たして取締役をやめた」

にんぎょう【人形】ニンギョー ①布, 木, プラスチックなどで人や動物の形をつくり, 子供のおもちゃや飾りにするもの. Ⓔa doll. 한인형.「古い人形を抱いて寝る子供//人形遊び//ひな人形」②芝居や劇で使う, 人の姿につくったもの. Ⓔa puppet; a marionette. 한꼭두각시, 인형.「人形浄瑠璃では三味線と浄瑠璃に合わせて人形を操る//人形劇//操り人形」▷ 数 1体

にんげん【人間】ニンゲン ①社会生活をするおおぜいの中の1人としての人. Ⓔa human being; a person. 한인간, 사람.「人間は動物たちのすむ自然を破壊してきた//人間関係//人間嫌い」②ほかの人やものに対してやさしい心を持つものとしての人. 人柄. Ⓔcharacter; human. 한사람, 인간.「二郎も苦労して人間ができてきた//人間味」

にんげんせい【人間性】ニンゲンセイ 人としてもともと持っているはずのいい性質. Ⓔhuman nature; humanity. 한인간성.「人の言動にはその人の人間性が表れるものだ//人間性を失う」

にんげんてき【人間的】ニンゲンテキ 人間らしい心のあるようす. Ⓔhuman; like of a human being. 한인간적.「自然や芸術に親しんで人間的な感情を育てる//コンピューターの相手ばかりでない, 人間的な生活がしたい」

にんしき【認識】ニンシキ〔~する〕ものごとをはっきり見定めて理解すること. また, その理解した内容. Ⓔrecognize; understanding. 한인식.「事件の重大さを認識する//認識不足」

にんじょう【人情】ニンジョー 人間がもともと持っているいろいろな心の動き. 特に思いやりややさしさ. Ⓔhuman feelings; human nature. 한인정.「1人暮らしで病気をしたとき, 世話をしてくれたまわりの人たちの

人情がとてもうれしかった//厚い人情」

にんしん 【妊娠】ニンシン〔~する〕おなかの中に子供ができること. Epregnancy. 한임신.「妻の妊娠を聞いて、とてもうれしかった//妊娠中絶(Eabortion. 한임신 중절.)」

にんじん ニンジン 野菜の一種. 細長い黄色がかった赤色の根の部分を食べる. Ea carrot. 한당근.「ニンジンを切ってカレーに入れる」数1本

にんそう 【人相】ニンソー 性格や運勢が表れているといわれる、その人の顔つき. E looks; physiognomy. 한인상.「病気でやせて人相まで変わってしまった//人相を見て人の運命を占う」

にんたい 【忍耐】ニンタイ〔~する〕つらいことや服が立つことなどをじっとがまんすること. Eendure; patience. 한인내.「下積みの苦労が長かったので忍耐することを覚え

た//忍耐強い//忍耐心(Eendurance. 한인내심.)」

にんてい 【認定】ニンテイ〔~する〕役所などが、ものごとがあるかないか、条件に合っているかいないかなどを調べて決めること. Efind; qualify; authorize. 한인정.「裁判所は証拠によって事実を認定する//講習を受けた人に上級の資格を認定する」

にんにく ニンニク 野菜の一種. 球形になった地下の茎の部分を食べる. かおりが強いので、おもに肉料理などの味をととのえるのに使う. Egarlic. 한마늘.「ニンニクを上手に使った中華料理はとてもうまい//ニンニクを食べると、口の中がくさくなるからいやだ」

にんむ 【任務】ニンム 組織の一員としてまかせられた、責任を持ってしなければならない仕事. Ea duty; a task; a mission. 한임무.「一郎は新しい支店をつくる任務を与えられた//任務を果たす//重大な任務」

ぬ／ヌ

ぬ (動詞の「ない」形について) 否定を表す古い形.「まだ見ぬ景色を心に描く//見て見ぬふりをする//見知らぬ人(Ea stranger. 한모르는 사람, 낯선 사람.)」書
参「する」動詞のばあいは「驚きもせぬ」のように「せ」につく.

ぬいぐるみ 【縫いぐるみ】ヌイグルミ 布を縫い合わせて中に綿などを入れ、動物などの形にしたおもちゃ. 芝居などで、人が中に入る大きいものもある. E a stuffed toy animal; an animal costume. 한봉제 인형.「クマ

〔縫いぐるみ〕

の縫いぐるみを抱いて寝る//遊園地で、ミッキー・マウスの縫いぐるみの中に入って入場者を迎える」

ぬ・う 【縫う】ヌウ〔他動五〕(ぬって) ①糸を通した針で布などを細かく刺していって、つなぎ合わせたり、刺繍したりする. Esew; stitch. 한집다, 꿰매다, 바느질하다.「ミシンで洋服を縫う//半そでのブラウスを手で縫った//縫い直す」対解く ②傷口を糸と針で閉じる. Esew up (a wound). 한(상처를) 꿰매다.「けがの傷口を5針

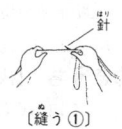
〔縫う①〕

縫った」③ものともし、人と人の間などを折れ曲がりながら進む。Ein the intervals; thread one's way through; meander through. 한누비다, 누비고 나아가다, 굽이치며 흐르다.「仕事の合間を縫って、入院中の母を見舞う//少年は自転車で人ごみを縫って走っていく//平野を縫って流れる川」▷名縫い

ぬか・す【抜かす】ヌカス〔他動五〕(ぬかして) ①順序があって並んでいるものの間を飛ばす。Eskip; omit. 한빠뜨리다, 빼다, 거르다.「今週は火曜と水曜を抜かして毎日雨が降った//あいさつのことばは抜かして必要なことだけ言う」②「言う」「しゃべる」の乱暴な言い方。「生意気なことをぬかすな(E How dare you say that to me? 한건방진 소리 하지 마.)/なにをぬかすか」▷話②
注②はひらがなで書く.
参②は相手の言ったことをののしって返すときに使う.

ぬかみそ ヌカミソ 米のぬかに塩水を入れて発酵させたもの。野菜の漬物に使う。Esalted rice-bran paste (for pickling). 한쌀겨 된장.「キュウリとナスをぬかみそにつける//ぬかみそくさい(=台所仕事など家事が忙しく、身なりをかまわなくなったようす)」

ぬかるみ ヌカルミ 雨や雪が降ったあと、土がやわらかくなって、通るのに苦労する所。Emud; a muddy spot. 한진창, 진흙탕.「道路工事の現場のぬかるみを歩いて、靴とズボンがよごれてしまった」自ぬかるむ

ぬきうち【抜き打ち】ヌキウチ 相手に前もって知らせず、不意になにかをすること。Ea surprise (inspection). 한기습적으로〔불시에〕실시함.「警察はときどき抜きうちの交通取り締まりをやる//抜きうち検査」
参武士が刀を抜くと同時に相手に切りつけたやり方からいう.

ぬきがき【抜き書き】ヌキガキ〔~する〕本や報告書などの中から必要な部分だけ抜きだして書くこと。また、その書いたもの。Eextract. 한발초, 초록.「本を読んでうまいと思う表現を抜き書きしておく」

ぬ・く【抜く】ヌク〔他動五〕(ぬいて) ①はまっていたものを引っぱりだして取り除く。Eopen; weed; draw. 한뽑다, 빼다.「ビールの栓を抜く//庭に生えた雑草を抜く//刀を抜く//歯を抜く//引き抜く(→項目)」
②なければならないものを省いたり、なしですませたりする。Eskip; omit. 한거르다, 생략하다, 줄이다.「けさは、胃の検査のために朝食を抜いた//手を抜く(→手慣用)」
③追い越す。Eoutrun; overtake. 한앞지르다.「最後の1周で3人抜いて1位でゴールインした//追い抜く」
④(動詞の「ます」形について)最後まで~する、すっかり~する。「考え抜いた末、離婚することにした//マラソンを全部走り抜いた//勝ち抜く(Ewin one's way. 한(경기에서)내리 이기다；끝내 이겨내다.)//困り抜く」
▷自動抜ける

ぬ・ぐ【脱ぐ】ヌグ〔他動五〕(ぬいで) 身につけているもの、特に衣服を体から取り去る。Etake off; undress. 한벗다.「部屋の中ではコートをぬぎなさい//靴をぬいで上がる//ぬぎ捨てる」対着る、履く、はく、かぶる 自動脱げる

ぬぐ・う ヌグウ, ヌグウ〔他動五〕(ぬぐって) よごれや水分をふいて取り去る。Ewipe off. 한닦다, 훔치다.「ハンカチで涙をぬぐう//口のまわりをきれいにぬぐう」

ぬくぬく ヌクヌク, ヌクヌク〔~する〕①暖かくて気持ちがいいようす。Esnugly; comfortably. 한따뜻하게, 훈훈하게.「寒い朝、いつまでもふとんの中でぬくぬく(と)

温まっている」②苦労がなく，のんきなようす．Ecomfortably; easily. 한편안하게, 태평스레.「一郎は父からゆずり受けた社長のいすにぬくぬく(と)納まっている」

ぬけあな【抜け穴】ヌケアナ 人に知られずに向こう側へ通っていくことができる穴．また，きまりなどからうまく逃げるやり方．Ea secret passage; a loophole. 한빠져나갈 구멍, 비밀 통로.「城には地下を通って外へ出られる抜け穴があった//法律の抜け穴をさがし, 裁判を自分のつごうのいいように運ぶ」

ぬけだ・す【抜け出す】ヌケダス〔自動五〕(ぬけだして)①人に気づかれないように中から外へ抜けて出る．Eslip out of. 한(몰래) 빠져 나가다, 살짝 도망치다.「授業中にこっそりと教室を抜けだす//入院中の病院を抜けだして, 映画を見に行く」②ある状態や考えから離れる．抜け出る．Ebreak away from. 한빠져 나오다.「古い考え方から抜けだす//不況を抜けだす」

ぬけぬけ ヌケヌケ, ヌケヌケ ふつうなら恥ずかしくてできないことを, 平気でするようす．Ehow dare ~; impudently. 한뻔뻔스럽게, 천연덕스럽게, 태연히.「金をだまし取っておきながら, よくもぬけぬけ(と)来られたものだ//ぬけぬけ(と)うそをつく」

ぬけみち【抜け道】ヌケミチ あまり人が知らない, ふだん通っていく道より近い道．また, きまりなどからうまく逃げるやり方．Ea byroad; a secret path; a loophole. 한샛길; 빠져나갈 방법(수단).「この抜け道を通ると駅まで3分早く行ける//脱税の抜け道をさがす」

ぬけめがない【抜け目がない】自分の利益になることによく気がついて, うまく行動する．Eshrewd; smart. 한빈틈이 없다, 약삭빠르다.「抜け目がない社長は, 倒産する

る前に自分の財産をスイスの銀行に預けたそうだ」

ぬ・ける【抜ける】ヌケル〔自動一〕①はまっていたものが離れて取れる．Ecome out; lose. 한빠지다.「歯が抜けて食べにくくなった//ストレスのため髪の毛がよく抜ける」②組織や団体などをやめて退く．Equit; leave. 한빠지다, 이탈하다.「ジョンはサッカーチームから抜けた」③ととのっているべきもの, なくてはならないものがない．もれる．Ebe left off; be missing. 한빠지다, 누락되다.「卒業生名簿にわたしの名前が抜けている//このコピーは3ページ目が抜けている」④知恵や注意がたりない状態だ．Ebe half-witted; be careless. 한모자라다, 얼빠지다.「ドアにかぎをつけたまま外出するとは, 抜けたことをしたものだ」⑤消える．少なくなる．Ebe gone; disappear. 한빠지다, 사라지다.「においの抜けた香水」⑥ある場所の中を通り過ぎて向こうへ出る．Epass through; (a typhoon) blow out into. 한지나가다, 빠져 나가다.「列車はやっと長いトンネルを抜けた//台風は日本海へ抜けた」

▷他動 抜く

ぬし【主】ヌシ ①中心になる人．主人．Ethe head; the lord. 한터주, 주인, 주.「池の主のような大きな魚//主のいない家//雇い主」②あるものを持っている人．Ethe owner. 한임자, 소유자.「うちの門の前に止めた車の主をさがして, のけてもらう//飼い主(→項目)//地主(→項目)//家主(→項目)」③あることをした本人．Ethe person who ~. 한당사자, 장본인.「財布の落とし主//拾い主」

ぬすみ【盗み】ヌスミ 盗むこと．また, 人に

隠れてなにかをすること.Ⓔtheft; stealing. 〔韓〕도둑질, 몰래 함.「となりの家に盗みに入った男が逮捕された/盗み聞き(Ⓔeavesdropping.〔韓〕엿듣기, 도청.)/盗み撮り(Ⓔtake a picture stealthily.〔韓〕몰래 촬영.)」〔他動〕盗む

ぬす・む【盗む】ヌスム〔他動五〕(ぬすんで)①ほかの人の持ち物を,人に気づかれないように取る.Ⓔsteal.〔韓〕훔치다.「だれもいない家に入って金や品物を盗む/店の本を盗む/盗みだす」②人の目をごまかしてなにかをする.また,うまくやりくりしてなにかをする.「先生の目を盗んでカンニングする(Ⓔcheat in the examination behind the teacher's back.〔韓〕선생님의 눈을 속여 커닝을 하다.)/ひまを盗む(→暇[慣用])」▷〔名〕盗み

ぬの【布】ヌノ 糸を縦と横に平らに織ったもの.織物.Ⓔcloth; fabric.〔韓〕천, 옷감, 피륙.「ブラウスにする絹の布を買う/厚い布でかばんをつくる/布を張ったいす」〔数〕1枚

ぬま【沼】ヌマ 自然に水がたまってできた大きな池.Ⓔa swamp; a marsh.〔韓〕늪.「火山の噴火でできた沼/五色沼/泥沼(→項目)」

〔参〕「沼」も「湖」も,「池」の大きなもので,その区別はあまりはっきりしていない.一般に「沼」は泥が多く水中や岸辺に植物があることが多い.また,「池」や「湖」は人造のものもあるが,「沼」は自然にできたものだけ.

ぬり【塗り・塗】ヌリ ぬること.また,ぬったもの.Ⓔcoating; painting; varnishing; lacquering.〔韓〕칠, 칠한 것.「塗りのはげた古い家具/塗りのおわん/春慶塗/朱塗り」〔他動〕塗る

ぬ・る【塗る】ヌル〔他動五〕(ぬって)ものの表面に,延びのいい液状のものやクリーム状のものをのばしつける.Ⓔpaint; put on. 〔韓〕바르다, 칠하다.「壁を白くぬる/口紅をぬる/ペンキをぬったばかりのベンチ」〔名〕塗り・塗

ぬる・いヌルイ 湯などの温度が,ふつうより低い.Ⓔtepid; lukewarm.〔韓〕미지근하다.「あまりぬるいふろに入ると,かぜをひく/スープがぬるくて,おいしくない/ぬるいお茶」

ぬるぬるヌルヌル,ヌルヌル〔～する〕ねばりつく感じがするようす.また,すべりやすいようす.Ⓔgreasy; slippery.〔韓〕미끈미끈.「油のついた瓶を持つとぬるぬるする/ウナギはぬるぬるしていて,捕まえにくい」

ぬるまゆ【ぬるま湯】ヌルマユ,ヌルマユ 熱い湯と水との中間ぐらいの温度の湯.ぬるい湯.Ⓔtepid water.〔韓〕미지근한 물, 미온수.「ぬるま湯でセーターを洗う」

ぬるま湯につかる それほど苦労もせず,また,外から危害を加えられるようなこともなく,安心して毎日をのんびりと過ごす.Ⓔlead an easy, but monotonous life.〔韓〕미지근한 물에 몸을 담그다;무사 안일하게 하루하루를 지내다.「特にがんばらなくてもじゅうぶん給料をくれる会社で働いていて,ぬるま湯につかっているような30年だった」

ぬれぎぬヌレギヌ,ヌレギヌ ほかから自分に関係のない罪を着せられること.本当でないうわさ.無実の罪.Ⓔan unfounded accusation; an unjust charge.〔韓〕누명, 무고한 죄.「自分がお金を置き忘れたのに,わたしが取ったとはひどいぬれぎぬだ/ぬれぎぬを着せられる」

ぬれてであわ【ぬれ手であわ】 苦労しないで利益をえること.Ⓔmake easy money. 〔韓〕불로소득.「安く買った土地が10倍の値段で売れて,ぬれ手であわの大もうけをした」

〔参〕「あわ」はイネ科の黄色くて粒が小さい穀物.ぬれた手でアワをつかむとたくさんくっついてくることからいう.

ぬれねずみ ヌレネズミ, ヌレネズミ 服を着たまま全身びしょぬれになること. また, その姿. Ebe as wet as a drowned rat. 韓물에 빠진 생쥐, 옷을 입은 채 흠뻑 젖음.「ボートから池に落ちてぬれねずみになった//夕立にあって, ぬれねずみで家に帰った」

ぬ・れる ヌレル〔自動一〕ものの表面に水などがかかって水分をふくんだ状態になる. Eget wet; be damp. 韓젖다.「にわか雨に降られてすっかりぬれてしまった//ゆうべ雨が降ったらしく道がぬれている」 他動ぬらす

ね／ネ

ね 【音】ネ 心をひかれるような音や声. Ea sound; a note. 韓음, 소리.「秋の夜はいろいろな虫の音が聞こえる//鐘の音」

音を上げる 苦しいことやむずかしいことに, これ以上耐えられないと言い, 自分が負けたことを認める. Eadmit one's defeat; give in. 韓죽는 소리를 하다; 손들다.「山の登り道があまりけわしいので音を上げた」

ね 【値】ネ ①商品についている金額. 値段. Ea price. 韓값, 가격.「値は高いが品がいいから買おう//値上げ(→項目)//値札」②そのものの価値. Evalue. 韓값어치, 가치.「まだ無名の画家の絵だが, そのうちに値が出てくるだろう」

値が張る 売値の金額が大きい. Ebe expensive. 韓값이 비싸다.「きょうは和服とか帯とか値が張るものばかり買った」

ね 【根】ネ ①植物の, 地面より下にのびる部分. 植物が倒れないように支え, また, 水や栄養をとる役目をするもの. Ea root. 韓뿌리.「草も木も, 根がなければ枯れてしまう//しっかりと根を張る大木」②ものを支えている下の部分. Ethe base; the root. 韓밑동, 뿌리.「この柱は根がくさっている//寒くて歯の根が合わない」③ものごとのもととなること. 終わっても後に残ること. 本当の性質. Ea cause; nature. 韓근원, 근본, 뿌리; 본성, 천성.「簡単なようにみえるが事件の根は深い//無口だが根は親切な人だ」▷数①1本 →木図

根が生える 人が同じ場所にいて動かない. Ebe rooted. 韓뿌리가 내리다; 붙박이가 되다.「しばらくのつもりでこの家に住みはじめたが, 根が生えて, もうほかへ引っ越すのはいやになった」 似た表現根を生やす

根に持つ 心の中でずっとうらみに思っている. Ebear a grudge against a person. 韓앙심을 품다, 꽁하게 생각하다.「以前わたしがしかったのを根に持って, 一郎は会ってもあいさつもしない」

根も葉もない 話になんの根拠も目に見える事実もない. でたらめなようす. Eground-less. 韓아무 근거도 없다.「うちの会社がつぶれそうだという根も葉もないうわさが流れている」

根を下ろす ①考えなどがしっかり動かないものとなる. Etake root; take firm hold. 韓뿌리를 내리다; 확고해지다.「政治家になるという決意は, 高校生のころから洋子の心にしっかり根を下ろしていた」②ある土地に住みつく. Esettle. 韓정착하다, 자리잡다.「8年前東京から越してきた一郎も, こ

の土地に根を下ろして市会議員になった」

ね ①(文の終わりについて)(1)軽い感動を表す。「きみはほんとにやさしい人だね//きれいな花ね(Ｅ)Beautiful flowers, aren't they? (한)아름다운 꽃이군요.)」(2)軽く確かめる気持ちを表す。「みんなの意見で決めていいね(Ｅ)It would be nice to consider everyone's opinion in deciding, wouldn't it? (한)모두의 의견으로 결정해도 좋은 거지?)//出席者は25名だね」(3)自分の考えをはっきり表す。「それは無理だと思うね(Ｅ)I'm afraid that is impossible. (한)그것은 무리라고 생각하네.)//ぜひあの車を買いたいね」(4)相手に同意を求める気持ちを表す。「この小説あまりおもしろくないね(Ｅ)This novel is not so interesting, is it? (한)이 소설 별로 재미가 없지?)//どう、このほうがいいわね」(5)(疑問を表す語句について)質問する意味を強めることを表す。「みんな、どこへ行くのかね(Ｅ)So, where is everyone going? (한)모두 어디에 가는 거야?)//どうしてうまくいかないんだろうね」②(ことばをつなぐのに使い)調子をととのえたり強めたりする。「あのね、ジョンがね、病気なんだって(Ｅ)Guess what! I hear John got sick. (한)저 말이야, 존이 말야, 아프다는군.)//これはね、わたしが好きな絵なんだけどね、あなたにあげる」

▷話 →な 囲み

≡参 ①(1)(3)(4)(5)②は「ねえ」と長くのばすこともある。

ねあがり 【値上がり】ネアガリ〔～する〕値段や料金がそれまでより高くなること。(Ｅ)a rise in price; rise. (한)값이 오름, 가격 상승, 요금 인상.「悪い天候が続くと野菜が値上がりする//バス代が180円から200円に値上がりした」対値下がり

ねあげ 【値上げ】ネアゲ〔～する〕値段や料金をそれまでより高くすること。(Ｅ)a price increase; raise. (한)값을 올림, 가격〔요금〕인상。「ビール会社がいっせいにビールの値上げをした//大家さんに部屋代を値上げすると言われて困っている」対値下げ

ねいろ 【音色】ネイロ 楽器の種類や演奏する人によってそれぞれ違って出てくる音の感じ。おんしょく。(Ｅ)(a) tone; (a) timbre. (한)음색。「きょうのコンサートでは笛の音色が特にすばらしかった//美しいバイオリンの音色にうっとりする」

ねうち 【値打ち】ネウチ 人やものごとの立派さや役に立つ程度。ものの価値。(Ｅ)value; worth. (한)가치, 값어치。「父にもらった時計は古いが値打ちがある//遠くから聞きに来るだけの値打ちのある演奏会だった」

ねえ ネー ①相手に親しみをこめて呼びかけるときに言うことば。念を押したり同意を求めたりする気持ちを表す。「ねえ、お父さん、あした海へ連れてって(Ｅ)Dad, please take me to the sea tomorrow. (한)있잖아요, 아빠, 내일 바다에 데리고 가줘요.)//ねえ、これ、食べてもいいでしょ?」②「ね」を長くのばした言い方。「このお菓子おいしいねえ//あしたは晴れるといいねえ(Ｅ)I hope it will be fine tomorrow. (한)내일은 맑았으면 좋겠는데.)//きみねえ、これはまちがってるよ」 ▷話

ネームバリュー ネームバリュー 有名な人の、その名前が持っている価値。(Ｅ)(have) an established reputation. (한)네임 밸류。「いい絵でもネームバリューがない画家のはなかなか売れない」

≡参 英語の「ネーム(name)」と「バリュー(value)」から日本でできたことば。

ネオンサイン (neon sign) ネオンサイン 文字や模様の形につくったガラスのくだに電気を通して、いろいろな色で光らせるもの。広告

や装飾に使う。ネオン。Ⓔa neon sign. 㲌ネオン サイン。「夕暮れになると商店街のあちこちにネオンサインがともる//ネオンサインが輝く」

ねが・う【願う】ネガウ〔他動五〕(ねがって) ①そうなってほしい、こうあってほしい、と心の中で強く望む。Ⓔwish; desire. 㲌원하다、바라다。「母の病気がよくなってくれるように願う」②ほかの人に、こうしてほしい、と丁寧に頼む。Ⓔwish; ask. 㲌청하다、부탁하다。「病人がいますから、静かに願います//どうかよろしく願います」③神や仏に頼む、祈る。Ⓔpray for; ask God for. 㲌기원하다、기도하다。「神に交通安全を願う」▷**名**願い

願ったりかなったり こちらの望みどおりに願いがかなうようす。ⒺThis is just what I wanted. 㲌바라던 대로 다 되는 셈、더 바랄 것이 없음。「公費で留学できるとは、願ったりかなったりだ」

ねがえり【寝返り】ネガエリ、ネガエリ〔~する〕①寝ていて体の向きを変えること。Ⓔturn in bed. 㲌자면서 몸을 뒤척임。「赤ちゃんが寝返りができるようになった」②それまでの味方を離れて敵の側についてしまうこと。Ⓔchange sides; betray. 㲌배반。「軍隊の一部の寝返りで、クーデターは失敗した」▷**自動**寝返る

参②は「裏切り」と似ているが、「裏切り」が信頼関係に背くことであるのに対して、「寝返り」はそれまでの味方との関係をこわして敵についてしまうことをいう。

ねか・す【寝かす】ネカス〔他動五〕(ねかして) ①立っているものを横に倒す。寝かせる。Ⓔlay down. 㲌누이다、눕히다。「ワインの瓶は寝かしておくほうがいい//けが人をその場に寝かしておいて、救急車を呼んだ」**対**起こす、立てる ②眠りにつかせる。寝かせる。Ⓔput a person to bed. 㲌재우다。「赤ん坊を寝かす//寝かしつける」**対**起こす ③じゅうぶんに役立てずに手もとにとどめる。ねかせる。Ⓔlet (goods, money) lie idle. 㲌묵히다、사장시키다。「夏物をひと冬ねかしておく//資本をねかす」▷**自動**寝る

ねぎネギ 野菜の一種。細長い葉の緑色の部分と白い部分を食べる。春に小さい白い花がまるく集まって咲く。Ⓔa Welsh onion. 㲌파。「今夜の食事は、牛肉と豆腐とネギですきやきだ」**数**1本・1束 →野菜**図**

ねぎら・うネギラウ〔他動五〕(ねぎらって) 相手がした苦労に対し、感謝してやさしくいたわる。Ⓔthank a person for his/her trouble. 㲌치사를 하며 위로하다。「大統領が無事地球に帰った宇宙飛行士たちをねぎらう//ご苦労さんと労をねぎらう」**名**ねぎらい

参 ふつう、自分より目下の人に使う。

ねぎ・る【値切る】ネギル、ネギル〔他動五〕(ねぎって) 値段を割り引かせる。まけさせる。Ⓔbeat down the price. 㲌값을 깎다。「1万円のものを8500円に値切って買う//20パーセント値切る」

ネクタイ (necktie)ネクタイ ワイシャツのえりにまわして結び、飾りにする細長い布。Ⓔa tie; a necktie. 㲌넥타이。「ネクタイは絹でつくったものが多い//しまの模様のネクタイ//ネクタイピン」**数**1本

ねぐるし・い【寝苦しい】ネグルシイ 気持ちよく眠ることができない。Ⓔcannot sleep well. 㲌잠들기 어렵다、제대로 잘 수 없다。「ゆうべは暑くて寝苦しかった//熱があって寝苦しい」

ねこ【猫】ネコ 体が小さく、顔はまるく、毛がやわらかい動物。むかしから人に飼われている。Ⓔa cat. 㲌고양이。「猫がこたつでまるくなって寝ている//野良猫Ⓔa stray cat.

[한]도둑 고양이.)」 [数] 1匹

~~~~~~~「猫」のつく慣用表現~~~~~~~

猫に小判 どんないいもの，その価値がわからない人には役に立たないということ．[E] That's like casting pearls before swine. [한]고양이에게 금화, 돼지에 진주. [似た表現]豚に真珠

猫の手も借りたい 非常に忙しいようす．[E] be very busy and short-handed. [한]고양이 손이라도 빌리고 싶다, 매우 바쁘다.「引っ越しのときはあれこれ用事が多くて, 猫の手も借りたいぐらいだ」

猫の額 非常に狭いようす．[E] a bit (of field). [한]고양이 마빡; 손바닥만함.「庭のすみの, 猫のひたいほどの畑で野菜をつくっている」

猫の目 ものごとが変わりやすいようす．[E] change like a chameleon's color. [한](변화 무쌍한) 고양이 눈.「大学入試のやり方が毎年猫の目のように変わって, 受験生が当惑している」

猫もしゃくしも だれでもみな．[E] everyone and anyone. [한]어중이떠중이 모두다, 너나 할 것 없이.「このごろは猫もしゃくしも海外旅行に行きたがる」

猫をかぶる 本当の性質を隠し, おとなしうにふるまう．[E] play the hypocrite. [한]본성을 숨기고 얌전을 떨다.「あの子は家では大声を出して弟とけんかしているのに, 教室では猫をかぶって1言も話さない」
[似た表現]猫かぶり

ねこかわいがり 【猫かわいがり】ネコカワイガリ, ネコカワイガリ〔~する〕子供などをむやみに甘やかすかわいがり方. [E] dote on; show excessive affection. [한]맹목적으로 귀여워함.「末っ子を猫かわいがりして, だめな子にしてしまった」[話]

ねこそぎ 【根こそぎ】ネコソギ, ネコソギ ①根まで全部抜き取ること. [E] (pull out) root and all. [한]뿌리째 뽑음.「洪水で, 畑の作物が根こそぎにされた」②すこしも残さずに全部. [E] all; completely. [한]몽땅, 송두리째.「泥棒に根こそぎ盗まれ, 部屋の中は空になっていた」

ねごと 【寝言】ネゴト ①眠っているときに無意識に言うことば. [E] talk in one's sleep. [한]잠꼬대.「となりに寝ている弟の寝言で目が覚めた」②なにを言っているのかはっきりわからない話. [E] nonsense. [한]잠꼬대 같은 소리.「おまえの言うことは寝言だ. もっとく現実をみて言え」

ねこなでごえ 【猫なで声】ネコナデゴエ 人によく思われたくて出す, 表面だけやさしそうな声. [E] a soft coaxing voice. [한](비위를 맞추려는) 간살스러운 목소리.「いつもいばっている姉が, 用事を頼むときだけ猫なで声になる」

ねこばば 【猫ばば】ネコババ〔~する〕拾ったものなどを, こっそり自分のものにすること. [E] pocket. [한](주운 물건 등을) 슬쩍 가로챔.「会の金がすこしあまったのを会計係が猫ばばしてしまった」[話]

ねころ・ぶ 【寝転ぶ】ネコロブ〔自動五〕(ねころんで)体を横たえる. 横になる. 寝っころがる. [E] lie down; throw oneself down. [한]드러눕다, 누워 뒹굴다.「夫は休みの日は寝ころんでテレビを見ている//芝生に寝ころぶ」

ねさげ 【値下げ】ネサゲ〔~する〕値段や料金をそれまでより低くすること. [E] a reduction in price. [한]가격 인하, 요금 인하.「冬物の衣類は春になると値下げされる//石油が安くなって電力会社は料金を値下げした」[対]値上げ

ねざめがわるい【寝覚めが悪い】①寝て目が覚めたときの気分が悪い.また,なかなか起きられない.Ｅhave a hard time getting up in the morning. 韓자고 난 기분이 개운하지 않다.「わたしは低血圧なので朝の寝覚めが悪い」②悪いことをしたのが気になって気持ちがよくない.Ｅhave a guilty conscience; feel re-morseful. 韓(양심의 가책으로) 뒷맛이 개운치 않다.「勝つには勝ったが,ひきょうなやり方だったと思うと,どうも寝覚めが悪い」

ねじ ネジ 渦になったきざみがついていて,回しながら押しこんで,ものをしっかり固定するもの.また,そのきざみ.Ｅa screw. 韓나사.「いすの脚は木のわくにねじでとめてある//ねじ回しでねじをしっかりしめる//ねじくぎ」〔ねじ〕 数1本

ねじを巻く しっかり努力するように励ます. Ｅencourage. 韓정신을 차리게 하다. 「怠け者の弟のねじを巻いて働かせる」話

ねじこ・む【ねじ込む】ネジコム,ネジコム〔自他動五〕(ねじこんで)①ねじって中に入れる.Ｅscrew into. 韓비틀어 넣다,박다.「ボルトをねじこむ」②無理に押しこむ.Ｅthrust into. 韓억지로 쑤셔 넣다.「一郎はお礼の金はいらないと言ったが,わたしは,いや受け取ってくれと言って彼のポケットにねじこんだ」③他人のしたことや言ったことに,強く文句を言いに行く.Ｅmake a strong complaint. 韓거세게 따지다,항의하러 몰려가다,공박하다.「お宅の猫がうちの金魚を食べたと,となりの人がねじこんできた」注①②は他動詞,③は自動詞.

ねじりはちまき【ねじり鉢巻き】ネジリハチマキ 手ぬぐいなどをかたくねじって,頭に巻いて結んだもの.また,その姿.Ｅa tightly twisted towel worn around one's head; as hard as one can. 韓수건을 비틀어서 이마에 동여맨 머리띠.「そろいの着物にねじり鉢巻きで祭りのみこしをかついで町内をまわる//試験の前になると,ねじり鉢巻きでがんばる」

〔ねじり鉢巻き〕

ねじ・る ネジル〔他動五〕(ねじって)①細長いもののはしとはしを持って,たがいに逆の向きに回す.Ｅtwist; wrench. 韓비틀다,뒤틀다.「手ぬぐいをねじって頭に巻く//針金をねじる」②1つの方向にだけ力を入れて回す.Ｅscrew; twist. 韓비틀어 돌리다,틀다.「瓶詰のふたをねじって開ける//けんかをして,腕をねじられる//首をねじって後ろの人を見る」▷自動ねじれる

参②は「ひねる」と似ているが,「ひねる」が指先でものをつまんで回したり,軽く向きを変えたりすることであるのに対して,「ねじる」は力を入れて何回も回したり,大きく向きを変えたりすることを表す.

ねじ・れる ネジレル〔自動一〕①まっすぐであったものが曲がったようになる.Ｅbe twisted; be distorted. 韓뒤틀리다,꼬이다,비틀어지다.「鏡を見たらネクタイがねじれていたので,急いで直した//腸がねじれる」②性質がすなおでなくなる.ひねくれる.Ｅbe warped; get crooked. 韓(심성이) 비뚤어지다.「いじめられ続けて,心がねじれてしまった弟には,他人の親切も親切と思えなくなっている」▷名ねじれ 他動ねじる

ねずみ ネズミ 尾が長く,体が毛でおおわれた小さい動物.家の中にすむ種類と野山にすむ種類があり,ものを食べ荒らして害を与える.Ｅa rat; a mouse. 韓쥐.「ネズミが壁に穴を開けて,夜になると台所に出入りしている//ネズミ色」数1匹

ねずみざん【ねずみ算】ネズミザン ネズミが短い間にふえるように,急に数や量が増える

こと．Ⓔgeometrical progression. 㑮기하급수적．「不潔にしていると、ばいきんがねずみ算式にふえる」

ねぞう【寝相】ネゾー 眠っているときの格好．Ⓔone's sleeping posture. 㑮잠자는 모습．「寝相が悪いと、ふとんがずれてかぜをひく//寝相がいい」

ねそべ・る【寝そべる】ネソベル〔自動五〕（ねそべって）腹を下にしたり横にしたりして体を長くのばして横たわる．Ⓔlie down; lie sprawled. 㑮드러눕다, 엎드리다．「寝そべって本を読む//犬が木陰に寝そべっている」

ねたきり【寝たきり】ネタキリ 病気などで長い間、寝たままになっていること．Ⓔbed-ridden. 㑮내내 누워 있음, 자리 보전．「長い病気で入院しているうちに体が動かなくなって寝たきりになってしまった//寝たきりの生活」

ねたまし・い ネタマシイ ねたみたくなるような気持ちだ．Ⓔbe envious; be jealous. 㑮샘이 나다, 질투가 나다．「努力もしないのにどんどん出世する二郎がねたましい//きれいで人気のある洋子がねたましい」

ねた・む ネタム〔他動五〕（ねたんで）相手が自分よりすぐれていたり、しあわせだったりするのがうらやましくて、心の中で憎く思う．Ⓔbe jealous; envy. 㑮샘하다, 질투하다．「うちの犬を散歩に連れて出かけると、となりの犬はねたんで大声でほえる//人のしあわせをねたむものではない」 图ねたみ

ねだ・る ネダル、ネダル〔他動五〕（ねだって）ほしいものを手に入れようとして、甘えて無理を言い、頼む．Ⓔpester; coax; beg. 㑮조르다, 보채다．「子供が母親におもちゃを買ってとねだる//親戚の子供たちにこづかいをねだられた」

参「せがむ」も似ているが、「せがむ」が何度も繰り返して要求をきいてもらおうとすることをいうのに対して、「ねだる」は相手に甘えてものを要求することを表す．

ねだん【値段】ネダン 商品についている金額．Ⓔa price. 㑮값, 가격．「値段を見比べながら買い物をする//バーゲンでふつうの値段の2割引きで買う//値段表」

ねちねち ネチネチ〔~する〕①ねばりけがあって、くっつくようす．「手にハチみつがついてねちねちする（Ⓔsome honey got on my hand and it feels a little sticky. 㑮손에 벌꿀이 묻어서 끈적끈적하다.）」②必要以上にしつこく、いつまでも言ったり、したりするようす．Ⓔtenaciously; persistently. 㑮치근치근, 깐족깐족; 지적덕지근덕．「1時間もねちねち（と）弁解を聞かされていやになった」

ねつ【熱】ネツ ①高い温度．また、温度を高くするエネルギー．Ⓔheat. 㑮열, 열기．「太陽の熱で雪がとける//熱を加える」②病気などでふだんより高くなった体温．Ⓔa fever; a temperature. 㑮신열, 열, 체온．「かぜをひいて熱がある//熱が下がる」③ものごとに夢中になること．Ⓔpassion; enthusiasm. 㑮열정, 열의, 열성함．「すこし会わないうちに、恋人への熱が冷めてしまった」

熱に浮かされる ①高い熱が出たために、意識がはっきりしなくなる．Ⓔbe delirious with fever. 㑮고열로 의식이 혼미해지다．「母は病気のとき、熱に浮かされて、戦争が始まる、と叫んでいた」②ものごとに夢中になる．熱中する．Ⓔbe crazy about. 㑮열중하다, 몰두하다．「サッカーの熱に浮かされて、毎週、競技場に通っている」

熱を上げる ものごとや人の魅力にひきつけられて、夢中になる．Ⓔbe smitten with. 㑮열을 올리다, 열광하다, 흥분하다．「ロック歌手に熱を上げ、学校を休んでコンサートに

行く」

ねつい【熱意】ネツイ 目的のものごとに対する強く真剣な気持ち. Ezeal; enthusiasm. 韓열의.「生徒たちの熱意に先生も動かされて, 修学旅行は広島と決まった//自然保護に熱意を持つ市民団体」

ねっから【根っから】ネッカラ, ネッカラ ①生まれたときから備わっているようす. Eby nature; through and through. 韓애초부터, 나면서부터, 선천적으로.「根っからの悪人で, 人を傷つけてもなんとも思わない」②(「根っから〜ない」の形で) 全然〜ない. Enot at all. 韓조금도, 도무지, 전혀.「三郎はいつもうそをつくので, 今度の話も根っから信用できない」▷話

ねっきょう【熱狂】ネッキョー〔〜する〕ものごとに夢中になり, まわりのこともかまわず騒ぎたてること. Ego wild with excitement; enthusiastic. 韓열광.「コンサートで熱狂したファンが舞台に駆け上がった//熱狂的なカーニバル」

ネック(neck) ネック ①人の頭と肩の間の細くなった所. 首. また, 服の首まわり. えり. Ea neck. 韓넥, 목; (양복의) 칼라, 깃.「ネックライン(=服の首まわりの線)/ハイネック」②狭くなっていて通りにくい場所. なにかをするときにじゃまになるものごと. Ea bottleneck. 韓좁은 통로[가로]; 애로, 장애.「道路工事の場所がネックになって, 車が渋滞する//仕事の遅い1人がネックになって, グループの作品が完成できない」

ネックレス(necklace) ネックレス 金, 銀, 真珠などいろいろな材料を輪にして首にかけるアクセサリー. 首飾り. Ea necklace. 韓네크리스, 목걸이.「絹のブラウスに真珠のネックレスをする」数1本 →アクセサリー図

ねっしん【熱心】ネッシン, ネッシン ものごとに心を打ちこみ, 一生懸命であること. Eenthusiastically; hard. 韓열심.「この市はごみ処理の問題に熱心に取り組んでいる//姉は仕事熱心ということで有名だ」

ねっ・する【熱する】ネッスル, ネッスル〔自他動詞〕①熱を加える. 熱くする. Eheat; make hot. 韓뜨겁게 하다, 가열하다.「水をなべに入れて熱する/鉄を熱して加工する」②熱心になる. そのことに夢中になる. Ebe enthusiastic; get excited. 韓열중하다.「道子は熱しやすいので, やりはじめるとすぐ一生懸命になる//熱しやすく冷めやすい」
≡注 ①は他動詞, ②は自動詞.

ねつぞう【捏造】ネツゾー〔〜する〕自分のつごうのために事実ではないことを事実のようにつくりあげること. Efabricate; invent. 韓날조.「おもしろそうな話をねつぞうして, 雑誌社に売りこむ//ねつぞう記事」

ねったい【熱帯】ネッタイ 地球の赤道を中心として南緯および北緯23度27分にはさまれた地帯. 1年の気温の平均が20度以上になる. Ethe Torrid Zone; the tropics. 韓열대.「熱帯では雨期と乾期の区別がはっきりしている//熱帯雨林」関連寒帯, 温帯

ねっちゅう【熱中】ネッチュー〔〜する〕1つのものごとに夢中になること. Ebe lost with; be absorbed in. 韓열중.「弟はテレビゲームに熱中していて, 呼んでも返事をしない」

ネットワーク(network) ネットワーク ①テレビやラジオで, 同じ番組を同じ時間に放送できるようにあちこちの放送局を結んだ組織. Ea (broadcasting) network. 韓네트워크, 방송망.「中央の放送局がつくった番組をネットワークで地方に流す」②同じ目的などを持つ人々が連絡し, 協力し合う組織. Ea network; a cooperative organization. 韓네트워크, 사람 간의 연

락망.「環境保護運動の団体が全国にネットワークをつくる∥パソコンのネットワーク」

ねつべん【熱弁】ネツベン 相手を説きふせるような力がこもった話し方. 心を打つ力のある演説. ⒺAn impassioned speech. 한 열변.「市議会で熱弁をふるい, 提案を認めさせた」

ねづよ・い【根強い】ネズヨイ ものごとの基礎がしっかりしていて, 簡単には変わらない. Ⓔdeep-rooted; firmly. 한 뿌리 깊다 ; 탄탄하다.「あの歌手は若い人から老人にまで, 根強い人気がある∥この地方には, いろいろな古い習慣が根強く残っている」

ねつれつ【熱烈】ネツレツ 夢中になって興奮しているようす. Ⓔardently; enthusiastic; passionate. 한 열렬.「A国大統領の訪問を国民は熱烈に歓迎した∥B氏は熱烈なサッカーファンだ∥熱烈な恋愛」

ねどこ【寝床】ネドコ 眠ったり, 横になって休んだりするためのふとんやベッド. また, その場所. Ⓔa bed. 한 침상, 잠자리.「頭が痛くて1日じゅう寝床を出られなかった∥泊まっていく客のために寝床の用意をする」

ねばならない ⇨なければならない①「どうしてもきょうの試合には勝たねばならない∥早く行かねばならない」

ねばねば ネバネバ, ネバネバ〔～する〕くっついてなかなか離れないようす. また, そういうもの.「接着剤がくっついて指がねばねばする∥わたしは納豆のねばねばが嫌いだ(ⒺI don't like the stickiness of *natto*. 한 나는 낫토(納豆)의 끈적끈적함이 싫다.)」

ねばり【粘り】ネバリ ①ねばること. また, その程度. Ⓔstickiness. 한 찰기.「小麦粉と水を, ねばりが出るまでまぜる∥ねばりのないもち」②長くかかってもあきらめずに続ける態度. Ⓔperseverance; tenacity. 한 끈기.「二郎は頭はいいがねばりがないので, 長期の研究には向かない∥ねばり勝ち」▷自動 粘る

ねばりづよ・い【粘り強い】ネバリズヨイ あきらめないで, 最後までしようとするようすだ. Ⓔpersistently; tenacious. 한 끈기 있다, 끈질기다, 끈덕지다.「ねばり強く何度も頼んで, 会長を引き受けてもらった∥道子はねばり強い性質だから, 何年かかってもやるだろう」

ねば・る【粘る】ネバル〔自動五〕(ねばって) ①やわらかで, ふれたものによくくっつく. Ⓔbe sticky; be adhesive. 한 잘 달라붙다, 끈적거리다.「油がついて手がねばる∥よくねばる納豆∥ねばりつく」②根気よく持ちこたえて, がんばる. Ⓔstay long; persevere. 한 끈질기게 버티다.「三郎はコーヒー1杯で3時間も喫茶店にねばった∥道子との結婚は早すぎると父に反対されたが, ねばってとうとう許してもらった」▷名粘り

ねびえ【寝冷え】ネビエ〔～する〕眠っているあいだに体が冷えて, かぜをひいたり, 腹をこわしたりすること. Ⓔget chilled while sleeping. 한 차게 자서 감기가 듦[배탈이 남].「窓を開けたまま寝て寝冷えしてしまった」

ねびき【値引き】ネビキ〔～する〕ついている値段より安くすること. Ⓔreduce the price; discount. 한 값을 깎음, 깎아 줌.「たくさん買い物をしてくれた客の合計金額から10パーセント値引きする」

ねぼう【寝坊】ネボー〔～する〕朝起きる時間に起きずに眠っていること. また, その人. Ⓔoversleep; get up late. 한 늦잠, 잠꾸러기.「けさは寝坊して会社に遅れてしまった∥朝寝坊(→項目)」

ねぼ・ける【寝ぼける】ネボケル〔自動一〕①目を覚ましたばかりで, まだぼんやりしている. Ⓔbe half asleep. 한 잠이 덜 깨서 멍하다.「寝ぼけたまま目覚まし時計を止めた」

②眠ったままのような状態で起き上がって、わけのわからないことをする. ⓔbe disoriented as if half asleep. 한잠결에 일어나서 엉뚱한 짓을 하다.「弟はゆうべ寝ぼけて部屋の中をうろうろ歩きまわっていた」

ねほりはほり【根掘り葉掘り】ネホリハホリ、ネホリ・ハホリ 細かいところまでしつこく尋ねるようす. ⓔto the minutest details; be inquisitive. 한꼬치꼬치, 미주알고주알.「新聞記者に、事件のようすを根掘り葉掘り尋ねられた//他人の家庭のことを根掘り葉掘りきくのは失礼だ」

参「葉掘り」はつけたしで、特別な意味はない. 穴をすこしずつ掘っていって奥深い根まですっかり出してしまうことからいう.

ねまき【寝巻き・寝間着】ネマキ 寝るときに着る衣服. ⓔnightclothes; pajamas. 한잠옷.「寝巻きに着がえてベッドに入る」 数1枚

注漢字は、もともとは体に巻きつける意味の「寝巻き」だが、寝室で着る意味で「寝間着」も使うことがある.

ねまわし【根回し】ネマワシ〔〜する〕交渉などがうまくいくように、事前に関係者に話しておくこと. ⓔlay the groundwork; maneuver behind the scenes. 한사전교섭(공작).「議長がうまく根回しをしておいたので、会議はスムーズに運ばれた//おもな人に根回ししてあるから、今度の人事はこちらの希望どおりに決まるはずだ」

参植木を移したり、実をよくならせたりするために、根のまわりを掘って細い根を切り、掘り起こす用意をすることからいう.

ねみみにみず【寝耳に水】突然のことに驚くこと. ⓔcompletely unexpected; a bolt from the blue. 한아닌 밤중에 홍두깨, 청천벽력.「親友が急死したという寝耳に水の知らせにびっくりした」 似た表現 やぶから棒

ねむ・い【眠い】ネムイ 眠りたい気持ちだ. ⓔsleepy. 한졸리다, 졸음이 오다.「きのう3時間しか寝なかったので、きょうはとても眠い//A先生の話はつまらなくて、授業中、眠くなる」

ねむた・い【眠たい】ネムタイ「眠い」のくだけた言い方. ⓔsleepy. 한졸리다.「眠たければ寝ていいよ」話

ねむ・る【眠る】ネムル〔自動五〕(ねむって) ①目が閉じられて、心や体の活動が一時休んだ状態になる. ⓔsleep; fall asleep. 한자다, 잠들다.「授業がつまらなくて眠ってしまった//ゆうべはよく眠った//眠りこける」 対覚める ②「死ぬ」というのを避けて、遠まわしにいう言い方. ⓔdie; rest in the grave. 한잠들다, 영면하다.「父は戦死して異国の土の下に眠っている//永遠に眠る」 ③活用されない状態で、ほうっておかれる. ⓔlie idle; lie untapped. 한잠자다, 사장되다.「倉庫の中に、いろいろな機械が使われないままねむっている//地中にねむる資源」▷ 名眠り →寝る

ねもと【根元】ネモト 草木の根に近い部分や、立っているもののいちばん下の部分. ⓔthe root; the base. 한뿌리, 밑동.「花を根もとから折る//大きな地震で電柱が根もとから倒れた」

ねら・う ネラウ〔他動五〕(ねらって) ①目標を決めて、銃や弓などをかまえる. ⓔaim at. 한겨누다, 겨냥하다.「的をねらって矢を放つ」②あるものに目をつけて、手に入れる機会を待つ. ⓔwatch for; have an eye on. 한노리다, 엿보다.「テニスで、相手のすきをねらってボールを打ちこむ//ライオンはねらったえものを捕まえた」③あることがらを目標としてめざす. ⓔaim for; be targeted at. 한목표로 하다, 노리다, 겨냥하다.

「上位入賞をねらって，練習に励む//中学生，高校生をねらった映画」▷ 名 ねらい

ねる 【寝る】ネル〔自動一〕①立っているものが横になる．Ⓔ lie down. 韓 눕다．「たたみに寝て手足をのばす//寝ころぶ(→項目)」対 起きる，立つ
②眠りにつく．また，眠るために寝床に入る．Ⓔ go to bed; sleep. 韓 자다, 잠자다．「わたしは夜11時に寝ることにしている//ゆうべはほとんど寝ていない//寝つく」対 起きる
③病気になって床につく．Ⓔ be sick in bed. 韓 앓아 눕다, 몸져 눕다．「かぜで1週間寝ていた//寝こむ」
④商品が売れないでいる．ものが利用されていない．Ⓔ lie idle. 韓 자다, 묵다, 사장되다．「倉庫で古い米がねている」
▷ 他動 寝かす
参 ②は「眠る」と似ているが，「眠る」が体が横になっているとは限らないのに対して，「寝る」は横になっている動作を表す．実際には「寝る」を「眠る」の意味に使うばあいも多い．

寝た子を起こす せっかく収まっていることがらに手を出して，かえって悪い結果を招くようなことをする．Ⓔ invite an unwelcome outcome. 韓 긁어 부스럼을 만들다．「禁酒している夫を，友達が酒を持って訪ねてきて，寝た子を起こすことになってしまった」

寝ても覚めても 眠っているときも起きているときも．いつでも．Ⓔ awake or asleep. 韓 자나 깨나, 언제나, 항상．「京子は寝ても覚めても研究のことばかり考えている」

ね・る 【練る】ネル〔他動五〕(ねって) ①粉などをまぜてねばらせる．Ⓔ knead. 韓 반죽하다, 이기다．「小麦粉に水をまぜてねり，うどんをつくる//ねり合わせる」②文章や芸，精神，また計画などを立派なものにするためにいろいろ工夫する．Ⓔ polish; work on. 韓 다듬다, 닦다, 연마하다．「手紙の文章をねる//よくねられた計画」

ねわざ 【寝技・寝業】ネワザ ①柔道やレスリングで，寝た姿勢で相手をせめるやり方．Ⓔ groundwork techniques; pinning techniques. 韓 (유도・레슬링에서) 누운 자세로 거는 기술．「寝技に持ちこんで点を取る」対 立ち技 ②政治家などの，人目につかない裏側でのかけひき．Ⓔ behind the scenes negotiations. 韓 이면 공작, 막후 흥정．「あの議員はよく寝業を使うから信用できない//寝業師(Ⓔ a person skilled in secret manipulation. 韓 막후 공작을 잘 하는 사람, 모사．)」
注 ①は「寝技」, ②は「寝業」．

ねん 【年】ネン ①地球が太陽のまわりを1周する時間．とし．Ⓔ a year. 韓 년, 한 해．「年に1度のお祭りだ」②(数を表すことばの後について) (1)①の数を表す．「この辞書を完成するのに10年かかった//人生80年(Ⓔ Man's span of life is eighty years. 韓 인생 80년．)」(2)西暦や年号，学年などの何番目の年であるかを表す．「昭和60年，すなわち1985年に大学を卒業した(Ⓔ I graduated from college in the sixtieth year of Showa, namely 1985. 韓 쇼와 60년, 즉 1985년에 대학을 졸업했다．)//大学4年のとき，インドへ行った」

ねん 【念】ネン, ネン ①心にいつもある考え．心に強く残る思い．Ⓔ a sense; a feeling. 韓 생각, 마음．「感謝の念を持ち続ける//尊敬の念をいだく」②じゅうぶん気をつけること．また，注意深い心．Ⓔ care; attention. 韓 주의, 조심．「失敗しないよう準備に念を入れる」▷ 書 ①

念のため 大丈夫だとは思うが，さらに注意して確実なものにするため．Ⓔ by way of precaution; in case. 韓 만약을 위해, 보

だ確実にしておくために.「寝る前に, 念のためガスの元栓を調べる」

念を押す 相手が言ったことについてまちがいがないかどうか, もういちど確かめる. Ⓔremind a person of; make sure of. 㲖다짐하다, 확인하다.「こわれたら必ず修理に来てくれるように念を押して冷蔵庫を買った」

ねんいり【念入り】ネンイリ, ネンイリ よく注意して, 丁寧になにかをするようす. Ⓔwith great care; elaborately. 㲖정성들임, 공들임.「きょうは客が来るので, 念入りに掃除した//舞台に出る前に念入りに化粧をする」

ねんがじょう【年賀状】ネンガジョー, ネンガジョー 新しい年を祝って友人や知り合いに出す手紙やはがき. Ⓔa New Year's card. 㲖연하장.「年賀状に, あけましておめでとう, と書いた」 数 1枚・1通

ねんがらねんじゅう【年がら年中】ネンガラネンジュー, ネンガラ・ネンジュー いつも同じことをしているようす. Ⓔall the year round; always. 㲖1년 내내, 언제나, 늘.「年がら年じゅう忙しくて, 家族とゆっくり話すひまもない」

ねんきん【年金】ネンキン 決まった年月の間, 毎年支払われる一定の金. 年をとって仕事をやめたときのために, 若いうちから金を積み立てておくことが多い. Ⓔa pension; an annuity. 㲖연금.「年金だけでは豊かな老後は送れない//年金生活者/老齢年金」

ねんごう【年号】ネンゴー 日本やむかしの中国などで, 天皇や王が位についている期間を基準にして年を数えるためにつけた名. 元号. Ⓔthe name of an era. 㲖연호.「『昭和』は日本の歴史の中でいちばん長く続いた年号である//年号を改める/年号を廃止する」

ねんこうじょれつ【年功序列】ネンコージョレツ 1つの職場に勤めた年数や年齢によって決まる地位や賃金. Ⓔthe seniority system. 㲖연공 서열.「日本では年功序列の制度を採用している会社が多い」

ねんざ【捻挫】ネンザ〔~する〕無理な動き方をして, 足, 腕, 肩などの関節を痛めること. Ⓔsprain; twist. 㲖염좌, 관절을 삠.「スキーで足をねんざした//転んで手首をねんざした」

ねんし【年始】ネンシ ①年の初め. 1月の7日ごろまでをいう. Ⓔthe beginning of the year. 㲖연시, 연초, 연두.「年始は仕事がないから家でゆっくりする//年末年始の休暇」 対年末 ②新年のあいさつ. Ⓔa New Year's call. 㲖세배, 신년 인사.「祖父の家へ年始に行く」

ねんしゅう【年収】ネンシュー 1年間の収入の金額. Ⓔan annual income. 㲖연수, 연간 수입.「年収が増えて生活が楽になった//東京では, わが家の年収の10倍も出さないと家が買えない」

ねんじゅう【年中】ネンジュー ①年の初めから終わりまでの間. Ⓔthroughout the year; all the year round. 㲖연중, 일년 내내.「年中無休(=店などが休みの日をつくらずいつでも開いていること)」 ②いつでも. Ⓔalways. 㲖연중, 항상, 언제나.「都会の盛り場は年じゅうにぎやかだ//母は年じゅう忙しがっている」

ねんしょう【燃焼】ネンショー〔~する〕①ものが燃えること. Ⓔburn; combustion. 㲖연소.「ものが燃焼するためには酸素が必要である//不完全燃焼」 ②自分のあるだけの力を使ってなにかをすること. Ⓔput all one's energy into. 㲖불태움.「青春を燃焼させた大学生活だった//芸術家は自分の生命を燃焼しつくして作品を生みだす」

ねんだい【年代】ネンダイ ずっと過ぎてきて積み重なった年月．歴史をある分け方で区切った期間．Ean age; an era; a period. 韓연대．「シェークスピアと徳川家康は同じ年代に西と東で活躍していた//年代物(=古いことで価値が大きくなっているもの)」

ねんちゅうぎょうじ【年中行事】ネンチューギョージ 1年のうちで時期を決めて，毎年行われる行事．Ean annual event. 韓연중 행사．「節分，ひな祭り，お月見などの年中行事は季節と深く結びついている」
注 以前は「ねんじゅうぎょうじ」といったが，最近は「ねんちゅうぎょうじ」のほうを多く使う．

ねんとう【念頭】ネントー 心の中．E one's mind. 韓염두．「安全をいつも念頭に置いて車の運転をする//仕事に熱中すると家族のことなど念頭になくなる」書

ねんねん【年年】ネンネン 1年ごとに変化していくようす．E from year to year; year by year. 韓연년，매년，해마다．「庭のカキの木は，年々大きくなり，実もたくさんつけるようになった//科学者たちは，年々地球が暖かくなってきていると言っている」

ねんぱい【年配・年輩】ネンパイ ①だいたいの年齢．Eage. 韓연배．「わたしと同じ年配の男性//30年配の人」②世間のことがよくわかる程度に年をとった人．中年以上の人．Ean elderly person. 韓지긋한 나이，중년．「道子は一緒にいた年配の紳士を，父です，と紹介した」
注 以前は「年輩」を使ったが，最近は「年配」のほうを多く使う．

ねんぴょう【年表】ネンピョー 歴史の中のおもなことがらを古い順に並べて表にしたもの．Ea chronological table. 韓연표，연대표．「教室の壁に，絵がついた世界史の年表がはってある//世界と日本の文学史が一目でわかる年表」

ねんぶつ【念仏】ネンブツ，ネンブツ〔～する〕仏を心に思い浮かべながら，仏の名を声に出して言うこと．特に「なむあみだぶつ」と唱えること．Ea prayer to Buddha. 韓염불．「念仏を唱えれば極楽へ行けると親鸞(=13世紀の有名な僧侶)は説いた」

ねんまつ【年末】ネンマツ 1年の終わりのころ．年の暮れ．歳末．Ethe year-end. 韓연말，세밑．「年末は，いろいろ用事があってとても忙しい//デパートでは年末の大売り出しをやっている」対年始

ねんりょう【燃料】ネンリョー 石炭，石油，ガスなど熱や光やエネルギーを利用するために燃やす材料．Efuel. 韓연료．「冬になる前に燃料を確保しておく//食料と燃料をじゅうぶんに準備して冬山に向かう」

ねんりん【年輪】ネンリン ①木を横に切ったときに見える輪になった筋．Ean annual ring. 韓(나무의) 나이테．「年輪を数えると木の育った年数がわかる//年輪の模様を利用してつくった家具」②人が年をとるにつれて深く広くなる経験．Ethe wisdom of age; the effect of the years. 韓연륜．「年輪を感じさせる穏やかな人柄//年輪を重ねた芸」

ねんれい【年齢】ネンレイ 生まれてからの年数．年．Eage. 韓연령，나이．「申込書に名前と住所と年齢を書いてください//精神年齢(Emental age. 韓정신 연령．)//平均年齢」

の／ノ

の【野】①自然の中の広くて平らな土地．Ea field; a plain. 핸들, 들판.「雪が降って野も山も真っ白になる//秋の野を散歩する」②(動物や植物の名前の頭について)野生のものであること．「野ウサギ/野ネズミ(Ea field mouse. 핸들쥐.)//野バラ(Ea wild rose; a briar. 핸들장미.)」

の ①持ち主やそこに属していることを表す．「道子のかばん(EMichiko's bag. 핸미치코의 가방.)//本屋の店員/中国の歴史(Ethe history of China. 핸중국의 역사.)」
②性質, 状態, 材料, 数や量, 場所, 時などを表す．「赤の信号(Ea red light. 핸빨간 신호.)/絹の糸(Esilk thread. 핸명주실.)//1キロの肉/新宿のビル/朝の散歩」
③前と後のことばが同じ人であることを表す．「姉の京子(Emy older sister, Kyoko. 핸누나[언니]인 쿄코.)//学長の山田先生(EProfessor Yamada, the president. 핸학장인 야마다 선생님.)」
④名詞を修飾することばの中で使い,「〜が」の代わりの役をする．「わたしのつくった料理//お酒の強い人(Ea heavy drinker. 핸술이 센 사람.)」
⑤(「〜のようだ」「〜のとおり」「〜のこと」などの形で)内容を表す．「雪のように白い//きょうの試験の時間割はつぎのとおりだ(EThe schedule for today's exams is as follows. 핸오늘의 시험 시간표는 다음과 같다.)//よろしくとのことだ(EShe sends you her regards. 핸안부 전해 달라고 하더군.)」
⑥それに属するものを表す．「あなたのはあるけど, わたしのがない(EYours is here, but mine isn't. 핸당신 것은 있는데 내 것이 없다.)//こっちより, あっちのほうがいい」
⑦(動詞, 形容詞の基本形, 形容動詞の「な」の形について)行為やことがらを表す．「ぼくがかいたのはこの絵だ(EThis is the picture I've drawn. 핸내가 그린 것은 이 그림이다.)//寒いのと暑いのとどちらがいい？//立派なのができた」
⑧(文の終わりについて)(1)はっきり言う気持ちを表す．「もう全部, 終わったの//二郎とは別れたの(EI've broken up with Jiro. 핸지로하고는 헤어졌어.)」(2)尋ねる気持ちを表す．「どうしたの？(EWhat's wrong？핸무슨 일이야？)//もう読んだの？早いね」(3)確かめる気持ちを表す．「その話, 本当だったの？(EWas it a true story？핸그 얘기, 정말이었어？)//あの電話, あなただったの？」(4)命令を表す．「おなかをこわすから, もう食べないの(EYou can't have any more or you'll upset your stomach. 핸배탈이 날라, 더 이상 먹지 말아요.)//早く起きるの. 遅刻だよ」

▷話⑧

参 ⑧(2)(3)はことばの終わりを上に上げて言う．

ノイローゼ (⑥Neurose) ノイローゼ 심배 등 심리적인 것이 원인으로 불안정해진 정신의 상태. 神経症. Eneurosis. 핸노이

ロゼ，신경 쇠약증.「会社の同僚にいつも悪口を言われているような気がして，ノイローゼになってしまった」

のう 【能】ノー，ノー 日本の古典演劇の1つ．室町時代に発達した劇．面や衣装をつけた演技者が楽器の拍子などに合わせてうたいながら舞う．能楽．[E]a Noh play. [한]일본의 고전 연극의 하나.「能は特別の形につくった舞台で演じられる//能狂言」

〔能〕

のう 【脳】ノー 頭の骨の中にあって神経を働かせ，精神と肉体の活動の中心になっている部分．また，その働き．[E]the brain; cerebral; brains. [한]뇌.「父は脳の血管が破れて倒れた//脳が弱い//大脳/小脳」

のうか 【農家】ノーカ 農業を職業としている家．その人々．また，その人たちの住んでいる建物．[E]a farmer; a farmhouse. [한]농가.「農家の仕事は季節や天候と関係が深い」[数]1軒・1戸 →百姓

のうぎょう 【農業】ノーギョー，ノーギョー 田や畑で米や野菜などの作物を育てたり，牛，豚などを飼い育てたりする産業．[E]agriculture. [한]농업.「農業の機械化を進める//農業協同組合」

のうこう 【濃厚】ノーコー ①味や色などが濃いようす．また，行動などがあっさりしていないようす．[E]thick; rich; hot. [한]농후.「牧場のしぼりたての牛乳は味が濃厚だ//濃厚なラブシーン」[対]希薄・稀薄，淡泊・淡白 ②そうなる可能性が強く感じられるようす．[E]deepen; strong; certain. [한]농후.「彼が犯人である疑いが濃厚だ/敗色(=負ける気配)が濃厚だ」

のうさんぶつ 【農産物】ノーサンブツ 農業によってつくりだされるもの．米，麦，野菜，くだもの，牛乳，肉など．[E]agricultural products. [한]농산물.「農産物の値段は天候に影響されやすい//農産物の自由化」

のうし 【脳死】ノーシ，ノーシ 脳の働きが止まること．心臓の働きが止まる心臓死と同時でないばあいがあるので区別していう．[E]brain death. [한]뇌사.「脳死の判定が下されてのち，臓器移植の準備にかかる」

のうしゅく 【濃縮】ノーシュク〔～する〕いろいろな方法で水分を抜いて液体の成分を濃くすること．[E]concentrate. [한]농축.「天然果汁を濃縮して保存する//濃縮加工」[書]

のうぜい 【納税】ノーゼイ〔～する〕税金を納めること．[E]payment of taxes. [한]납세.「納税は国民の義務である//納税通知書/納税者」[対]徴税

のうそっちゅう 【脳卒中】ノーソッチュー 脳の血管に異常があって突然起こる病気．意識を失ったり，まひしたりする．卒中．[E]cerebral apoplexy; a stroke. [한]뇌졸중.「父は脳卒中で倒れたが，手当てが早かったので命は取りとめた」

のうそん 【農村】ノーソン 農業で生活している人々が多く住む村．[E]a farm village. [한]농촌.「都会と違って農村の生活は朝早くから始まる」

のうたん 【濃淡】ノータン，ノータン 色や光などの濃いことと薄いこと．[E]light and shade. [한]농담, 짙음과 옅음.「墨の濃淡でかき分ける//同じ色で濃淡をつけて染めた布」

のうど 【濃度】ノード 液体や空気などにまじっている成分の示す割合．濃い，薄いの度合い．[E]density; concentration. [한]농도.「人がたくさんいる部屋は炭酸ガスの濃度

が高い//3パーセントの濃度の食塩水」

のうのうと ノーノート〔~する〕心配がなくて、のんびりした気分でいるようす. [E]free from care; in easy circumstances. [한]태평스럽게, 유유히.「国王だからといって、いまはのうのうと暮らせる時代ではない」

ノウハウ (know-how) ノーハウ 製品の開発や製造などに必要な技術や知識と、それについての情報. [E]know-how. [한]노하우, 제조 기술, 기술 정보.「A社が開発した新技術のノウハウをなんとかして手に入れたい」

のうみそ 【脳みそ】ノーミソ「脳」のくだけた言い方. [E]brains. [한]뇌, 뇌수.「子供のころ、脳みそがいっぱいつまっている子は頭がいい、などと言ったものだ」[話]
[参]脳が食品のみそのようにやわらかいものであることからいう.

のうみん 【農民】ノーミン 農業を職業としている人. [E]a farmer; a peasant. [한]농민.「農民の苦労が実る収穫の季節がやってきた」→百姓

のうりつ 【能率】ノーリツ ある時間の中でどのくらい仕事が進むかの割合. [E]efficiency. [한]능률.「新しい機械を入れたので仕事の能率が上がってきた//疲れてくると能率が下がる」

のうりょく 【能力】ノーリョク ものごとを仕上げることができる体や頭の働き. [E]ability; capacity. [한]능력.「この動物は地震を予知する能力を持っているらしい//自分の能力を生かせる仕事をしたい//能力の限界」→才能

ノースモーキング (no smoking) ノースモーキング その場所でタバコを吸ってはいけないということ. [E]No smoking. [한]노 스모킹, 금연.「待合室に『禁煙』と『ノースモーキング』の両方の札がはってある」

[参]「禁煙」も意味は同じだが、「禁煙」がタバコを吸ってはいけないという知らせと、自分自身にタバコを吸う習慣をやめさせるという意味があるのに対して、「ノースモーキング」はその知らせの意味だけである.

ノート (note) ノート ①〔~する〕覚えておきたいことを書きとめること. また、書きとめたもの. [E]take notes. [한]노트, 적어 놓음, 필기.「講義のノートをとる//話の重要な部分をノートしておく」②〔←ノートブック(notebook)〕書きとめるための、紙をとじたもの. 帳面. [E]a notebook. [한]노트, 공책, 필기장.「ノートに作文を書く//大学ノート」▷[数]①1冊 →文房具[図]

ノーモア・ヒロシマ ノーモアヒロシマ 広島の悲劇を2度と繰り返してはならない、というスローガン. [E]No more Hiroshima! [한]노 모어 히로시마 ; 히로시마의 비극을 두번 다시 되풀이하지 말자.「8月の平和大会に集まった人々はノーモア・ヒロシマを世界に訴えた」
[参]2度と繰り返さない、もういらない、という意味の英語(no more)に原爆の被害を受けた都市広島の名をつないだことば.

のが・す 【逃す】ノガス〔他動五〕(のがして) ①捕まえたものを放してしまったり、捕まえそこなったりする. 逃がす. [E]have (a fish) get away; miss. [한]놓치다.「釣り糸が切れて、大きな魚をのがした//チャンスをのがす」②〈動詞の「ます」形について〉~する機会をつかみそこなう.「せっかくのコンサートを聞きのがした//見のがす([E]miss; pass up. [한]못보고 지나치다, 볼 기회를 놓치다.)」▷[自動]逃れる

のが・れる 【逃れる】ノガレル〔自動一〕①逃げて捕まらないようにする. 危険から遠ざかる. [E]escape; retreat. [한]달아나다, 도망치다.「火山の噴火をのがれて避難した//

新聞記者の取材をのがれて山の中に住む」②面倒な状態から離れ、遠ざかる．Ｅevade; shirk. 한면하다，벗어나다，피하다．「委員長をやめて責任をのがれることができた//罪をのがれる」▷他動 逃す

参「逃げる」も似ているが，「逃げる」が目の前の危険から身を避ける動作を表すのに対して，「のがれる」は危険がおよぶ範囲の外に脱出することをいう．

のき【軒】ノキ 建物の屋根の，壁より外に突きだしている部分．Ｅthe eaves. 한처마．「店の軒の下で雨がやむのを待った//わたしの家の軒にツバメが毎年巣をつくる//軒先」→雨宿り図

軒を連ねる 同じような家がすきまなく並んでいる．Ｅstand side by side. 한처마를 잇대고 있다，집들이 즐비해 있다．「この有名な温泉町には，大きい旅館が軒をつらねている」 似た表現 軒を並べる

のけもの【のけ者】ノケモノ 同じ集団に入れてもらえず仲間はずれにされる人．Ｅboycott; exclude. 한따돌림을 당한 사람．「よく時間に遅れるのでグループからのけ者にされてしまった」

の・ける ノケル〔他動一〕①その場所から他の場所に移す．どける．Ｅmove aside; get ～ out of one's way. 한옮기다，치우다．「荷物をわきにのけて通り道をつくる//人をのけて前へ出る//押しのける」②取って別にする．除外する．Ｅexclude; get rid of. 한빼놓다，제외하다．「いらない本はのけておく//魚の骨をのけて調理する//取りのける」③（「～てのける」の形で）ふつうはしにくいことを見事にしてしまう．「スケートの選手はむずかしい演技を楽々とやってのけた//言ってのける（Ｅsay boldly. 한거리낌없이 말하다．）」▷自動 のく

のこぎり ノコギリ，ノコギリ 薄い金属板にぎざぎざの歯をつけた，木などかたいものを切るのに使う道具．Ｅa saw. 한톱．「のこぎりで木を切る//電気のこぎり」数１丁・１本 →かなづち図

のこ・す【残す】ノコス〔他動五〕（のこして）①後に残るようにする．Ｅleave behind; set aside; keep in. 한남기다，남겨 두다．「帰りの遅い洋子のためにごはんを残しておく//テニス部の練習の後，一郎だけ残して特別に教えた//やり残す」②後世に伝える．Ｅleave; hand down. 한남기다，후세에 전하다．「ピカソは『ゲルニカ』というすぐれた作品を残した//残された宝物」▷自動 残る

のこのこ ノコノコ 出てきては困る場所などに，気にせずに，または知らないで出てくるようす．「お客がいる部屋に，夫が下着のまま，のこのこ（と）入ってきた（ＥMy husband came nonchalantly into the room where the guests were in his underwear. 한손님들이 있는 방에 남편이 속옷 바람으로 어슬렁어슬렁 들어왔다．）」

のこり【残り】ノコリ 残ること．残ったもの．Ｅthe rest; the remainder. 한남은 것，나머지．「残りの仕事はあしたやろう//残りものには福がある（＝残ったものの中に意外にいいものがある）//５から３を引くと残りは２だ」自動 残る

参「あまり」も似ているが，「あまり」が多すぎて残った部分をいうのに対して，「残り」は使ったものを取り去って残った部分をいう．

のこ・る【残る】ノコル〔自動五〕（のこって）①おもなものがなくなったあとに，一部がとどまる．Ｅremain; stay; be left. 한남다．「会社に残って仕事をする//ボーナスでパソコンを買って，５万円残った//バザーの品物が売れ残る」②消えないで，後まで続く．Ｅ linger; persist. 한(사라지지 않고) 남아 있다.「旧友の顔には幼いころの面影が残っていた//傷が後に残る」③後世に伝わる. Elive on; be handed down. 한남다, 후세에 전해지다.「歴史に名が残る」名残り 他動残す

のさば・る ノサバル〔自動五〕(のさばって) いばって勝手気ままにふるまう. Eact overbearingly; domineer. 한제멋대로 날뛰다, 함부로 설치다.「あの子は、クラスでいちばん力が強くだれにも負けないと言ってのさばっている//悪徳商法が世の中にのさばる」

のし ノシ 贈り物の表に, めでたいことのしるしとしてそえる飾り. Ea decoration put on a congratulatory gift. 한축하의 선물에 곁들이는 육각 색종이 장식.「のしは色がついた正方形の紙をたたんでつくる//のし袋に祝儀を入れる//のし紙」

の・せる 【乗せる】ノセル〔他動一〕①人などを乗り物や台の上に上がらせたり, 中に入らせたりする. Egive a person a ride; help a person to get on. 한태우다.「休日に家族を車に乗せて, ドライブする//船に乗せる」対降ろす・下ろす ②なにかが起こる前から準備をして, 相手を計略にかける. だます. Etake in; cheat. 한계략을 쓰다, 속이다.「おだてにのせて, 金を出させる//うまい話にのせられて失敗した//口車にのせる(→項目)」③仲間に加える. Elet a person have a share. 한(한 패에) 끼워 주다, 참가시키다.「ぼくも１口のせてくれ」④調子を合わせる. Eto (the rhythm). 한가락에 맞추다.「リズムにのせて歌う」⑤ある手段でものごとを運ぶ. Ebroadcast; stage. 한싣다, 실리다, 올리다.「首脳会談の模様を電波にのせて世界に送る//反戦をテーマとしたドラマを舞台にのせる」⑥感動させたり興奮させたりして, 調子づかせる. Eexcite; thrill. 한신명나게 하다.「司会者は聴衆をうまくのせて, コンサートを盛りあげた」▷自動乗る

の・せる 【載せる】ノセル〔他動一〕①車など, ものを運ぶ道具に荷物などを積む. Eload ~ with. 한(짐을) 싣다.「汽船に貨物を載せる」②なにかの上にものを置く. Eput a thing on. 한위에 놓다, 얹다.「電車の網棚に荷物を載せる//テーブルになべを載せる」③文章や写真などを雑誌や新聞などに出す. 掲載する. Epublish; carry. 한싣다, 게재하다.「読書の感想文を雑誌に載せる」▷自動載る

のぞ・く 【除く】ノゾク〔他動五〕(のぞいて) ①よけいなものなどを取りのける. Eremove. 한없애다, 제거하다.「歩くじゃまになるものは除く//老後の不安を除く政策を期待する//取り除く(→項目)」②はずして別にする. Eexclude; except. 한빼다, 제외하다.「学生のわたしを除いて, ほかはみんな社会人だ//定員は30名. ただし幼児は除く」

のぞ・く ノゾク〔自他動五〕(のぞいて) ①すきまや小さな穴などから見る. また, ようすを見る. Epeep through; look through. 한들여다 보다, 엿보다.「となりの部屋のようすが変なので, 戸のすきまからのぞいてみた//顕微鏡をのぞく」②高い所から, 体を乗りだして下を見る. Elook down at; look into. 한(밑을) 내려다 보다.「ビルの上から下をのぞく//のぞきこむ」③すこし見たり, ちょっと立ち寄ったりする. Edrop in. 한잠깐 들르다, 잠깐 들여다 보다.「学校の帰りに古本屋をのぞいてみた」④ものの一部分だけが外に現れる. Epoke out; stick out.

㋞一部が드러나 보이다, 살짝 보이다. 「雲の間から月がのぞく//セーターのえりから赤いスカーフがのぞいている」▷名のぞき
≡注①②③は他動詞、④は自動詞.

のそのそ ノソノソ〔～する〕はうように、鈍く遅く進むようす. 「カメがのそのそ(と)歩いている(EThe turtle is walking along sluggishly. ㋞거북이가 느릿느릿 걷고 있다.)//弟は母に起こされて、のそのそ(と)ふとんから出た」

のぞまし・い 【望ましい】ノゾマシイ, ノゾマシイ そうあってほしい. Edesirable; advisable. ㋞바람직하다, 소망스럽다. 「困っている人を見たら、すぐ助けるのが望ましい態度だ//研究会には全員の参加が望ましい」

のぞ・む 【望む】ノゾム〔他動五〕(のぞんで) ①こうしたい、こうあってほしいと思う. 願う. Ewish; want; hope. ㋞바라다, 기대하다, 소망하다. 「世界じゅうの子供たちがしあわせになることを望む//望んでいたものが手に入った//待ち望む」②遠くから眺める. Ecommand; overlook. ㋞바라다보다, 조망하다. 「頂上からはるかに太平洋を望む//四方の山々を望む見晴らし台」▷書② 名望み

のぞ・む 【臨む】ノゾム〔自動五〕(のぞんで) ①向いている. 面する. Eface; overlook. ㋞면하다, 향하다. 「湖に臨んだホテル」②集まりなどに出る. Eattend; take part in. ㋞출석하다, 출장하다. 「服装をととのえて開会式に臨む//試合に臨む」③ある場面に出あう. あることにぶつかる. Emeet; at (parting); in the face of. ㋞만나다, 직면하다, 즈음하다. 「別れに臨んで全員で記念の写真をとった//死に臨んで家族に言い残す」▷書

のだ (動詞、形容詞の基本形、形容動詞の「な」の形について) ①ものごとの事情を説明する. 「ねばり強い交渉の結果、ついにこちらの主張が認められたのだ(EAt last our claim was accepted after persevering negotiaion. ㋞끈기 있는 교섭의 결과, 마침내 이쪽의 주장이 받아들여진 것이다.)//そのころ日本は戦争をしていたのだ」②原因、理由、根拠などを説明する. 「火事が起きたのは、タバコの火が原因だったのだ(EA cigarette butt was the cause of the fire breaking out. ㋞화재가 난 것은 담뱃불이 원인이었던 것이다.)」③話す人の強い意志、相手に対する強い要求を表す. 「どんなことがあっても、成功させるのだ//みんな、ここから出ていくのだ(EEveryone, you must leave from here. ㋞모두 여기에서 나가는 거다.)」④(「～のだった」の形で) 事情の説明を感情をこめてする. 「親から離された子牛は、悲しそうに鳴き続けるのだった(EA calf which had been separated from its mother was mooing sadly. ㋞어미소로부터 떨어진 송아지는 슬픈듯이 계속 우는 것이었다.)」
≡参くだけた言い方は「んだ」、丁寧な言い方は「のです」.

のたれじに 【野垂れ死に】ノタレジニ〔～する〕飢えや病気で、道の途中で倒れて死ぬこと. また、何の役にも立たないみじめな死に方. Edie destitute; die by the roadside. ㋞행려병사；개죽음. 「貧乏な生活の中でのたれ死にをした俳人が、死後30年もたって見直されてきた」

のち 【後】ノチ, ノチ ①あることが終わった後. ある時より後. Eafter; and then. ㋞뒤, 후. 「A氏は政界を退いてのち、悠々自適の生涯を送った//くもりのち雨」対前, 先 ②これから先. ずっと後. Efrom now; in. ㋞훗날, 후. 「10年のちの社会がどうなって

いるか想像もつかない//のちの世(=死後)」

注「あと」「ご」とも読めるので，区別するためには，ひらがなで書くほうがよい．

のちほど【後ほど】ノチホド 時間がすこしたってから．Ⓔlater; afterward. 㳠나중에, 조금 지난 뒤에.「係の者がいませんので，のちほどこちらからお電話します」対先ほど

ノック(knock)ノック〔～する〕部屋の入り口で戸を軽くたたいて，入ってもいいかと尋ねること．また，その合図．Ⓔa knock. 㳠노크.「ノックの音がしたので戸を開けた//ノックしても返事がない」

のっそりノッソリ〔～する〕①動作が非常に遅いようす．Ⓔsluggishly; slowly. 㳠느릿느릿, 꾸물꾸물, 어슬렁어슬렁.「象がのっそり(と)歩いている」②ぼんやりと立っているようす．Ⓔstolidly. 㳠우두커니, 멍하니.「門の前に大きな男がのっそり(と)立っていた」

のっと・る【乗っ取る】ノットル〔他動五〕(のっとって)うばい取って自分のものにする．また，自分の支配のもとにおく．Ⓔhijack; take over. 㳠납치하다；접수하다, 빼앗다.「旅客機を乗っ取って国外に脱出する//株を全部買って会社を乗っ取った」名乗っ取り

のっぴきならない避けることも逃げることもできない．どうにもならない．Ⓔbe in a bad fix; unavoidable. 㳠어찌할 도리가 없다；피할 수가 없다.「敵にまわりをかこまれて，のっぴきならない事態に追いつめられた//のっぴきならない用事があるので，あすの会議は欠席する」

のっぺりノッペリ〔～する〕平らで変化が少なく，しまりがないようす．「のっぺりした顔(Ⓔa smooth, expressionless face. 㳠넓데데한 얼굴.)」

のっぽノッポ やせて，背が高いこと．また，その人．細くて高い建物などについてもいう．Ⓔvery tall. 㳠키가 큼；키다리.「父に似たのか，兄もわたしものっぽだ//のっぽ煙突//のっぽビル」対ちび 話

ので(動詞，形容詞の基本形，形容動詞の「な」の形について)原因，理由などを表す．「彼は，あまり働いたので，体をこわした(Ⓔbecause he's worked too hard, he's ruined his health. 㳠그는 너무 일했기 때문에 건강을 해쳤다.)//忙しいので，行かれない//ここは静かなので，よく眠れる」対のに

参「から」も似ているが，「から」が後に命令，希望，意志など話す人の気持ちを表す文がくるのに対して，「ので」は事実をそのまま表す文がくることが多い．また，「から」には理由をはっきり表す文末の「～からだ」の形があるが，「ので」は文中でしか使わない．さらに，「ので」のほうがやわらかい表現なので丁寧な言い方になることがある．

のどノド ①口の奥にあって，呼吸をしたり食べ物を飲みこんだりする入り口．声が出る所．Ⓔthe throat. 㳠목, 목구멍.「かぜをひいてのどがとても痛い//のどが渇く(Ⓔbe thirsty. 㳠목이 마르다.)」②歌う声．Ⓔa singing voice. 㳠(노래하는) 목소리, 목청.「自慢ののどを聞かせる」

のどから手が出るほしくてがまんできない．Ⓔcovet; be badly in need of. 㳠몹시 탐이 나다.「この茶碗は色も形もすばらしくて，のどから手が出るほどほしいが，値段が高すぎる」

のどかノドカ 急ぎのことがなかったり心配ごとがなかったりしてのんびりしたようす．また，天気がよくてうららかなようす．Ⓔpeacefully; mild. 㳠(마음이) 편안하고 한가로움；(날씨가) 화창함.「老後はいなかでのど

のどもと

かに暮らしたい//小鳥のさえずるのどかな春の日」

のどもとすぎればあつさをわすれる

【のど元過ぎれば熱さを忘れる】苦しいときにあったことがらも、またそのときに人から受けた恩も、楽になるとすぐ忘れてしまう。[E]Danger past, God forgotten. [한]고통도 은혜도 제 몸 편해지면 잊어버리기 마련이다.

のに

(動詞、形容詞の基本形、形容動詞の「な」の形について) ①前のことから考えて、当然そうなるだろうという予想に反したことが後に続くことを表す。「健康なのに、薬を飲んでいる//おいしいのに、だれも食べない([E]Although it's delicious, nobody's eating any. [한]맛있는데도 아무도 먹지 않는다.)//手紙を出したのに、返事が来ない」[対]ので

②(文の終わりについて) 意外な結果に対する不満や残念な気持ちを表す。「お金が必要なら、貸してあげたのに([E]If you needed money, why didn't you ask me? [한]돈이 필요하면 빌려 주었을 텐데.)//ここはむかしは静かだったのに」

▷→くせに、ものを

ののし・る

ノノシル〖他動五〗(ののしって) 大声で相手の悪口を言う。[E]abuse; curse. [한]큰소리로 욕을 해대다, 매도하다.「おまえのせいでひどい目にあった、謝れ、と男はののしっている//口きたなくののしる//ののしり合う」[名]ののしり

のば・す

【伸ばす・延ばす】ノバス〖他動五〗(のばして) ①長さや高さを増やす。[E]let ~ grow; crane; enlarge. [한]펴다; 기르다, 늘이다, 키우다.「髪を肩までのばす//首をのばす//写真をのばす」[対]縮める

②縮んだり曲がったりしているものをまっすぐにする。[E]iron out; straighten; stretch. [한]펴다, 곧게 하다.「アイロンでズボンのしわをのばす//針金をのばす//腰をのばす体操」[対]縮める、曲げる

③勢いなどを盛んにする。[E]increase; develop. [한]늘리다; 개발하다, 증진시키다.「商品の売り上げをのばす//才能をのばす」

④時間や距離を長くする。[E]extend; prolong. [한]늘리다, 연장하다.「授業時間を10分のばす//道路を10キロのばす」[対]縮める

⑤時期を後にする。[E]put off; postpone. [한]미루다, 연기하다.「給料の支払日をのばす//準備ができなくて出発をのばした」[対]早める

⑥とかしたりやわらかくしたりして、よくひろげる。[E]dilute; thin out. [한]묽게 하다; 풀다, 펴다.「絵の具を水でのばす//クリームをのばす」

▷[自動]伸びる・延びる

[注]漢字で書くときは、①②③は「伸ばす」、④⑤⑥は「延ばす」。

のはら

【野原】ノハラ 平らで広く、草が生えている場所。[E]a field; a plain. [한]들판.「目の前に緑の野原がずっと続いていた//野原にピクニックに行った」

のびのび

【伸び伸び・延び延び】ノビノビ、ノビノビ ①{~する}じゃまをするものがなく、自由でゆったりしているようす。「大きくて勢いのある、のびのびした字だ([E]The letters are large, powerful and facily written. [한]크고 힘차면서 시원스러운 글씨다.)//のびのび(と)育った子」②予定されていた時期が、何度も遅れていくようす。「運動会が雨でのびのびになっている([E]The field day has been postponed again and again due to rain. [한]운동회가 비 때문에 자꾸 연기되고 있다.)」

[注]漢字で書くときは、①は「伸び伸び」、②は「延び延び」。

の・びる　【伸びる・延びる】ノビル〔自動一〕
①長さや高さが増える．Ⓔgrow．🇰🇷자라다，「この1年で身長が10センチのびた」対縮む
②縮んだり曲がったりしているものがまっすぐになる．Ⓔbe straightened; stretch．🇰🇷(곧게) 펴지다, 뻗다．「背筋がぴんとのびている人」対縮む，曲がる
③長くなったまま弾力を失う．Ⓔgo slack; get soggy．🇰🇷늘어지다, 탄력이 없어지다, 붇다．「ゴムがのびる//のびたそば」
④勢いなどが盛んになる．Ⓔincrease; develop．🇰🇷증가하다, 신장되다．「今回の選挙で野党の得票率が大きくのびた//のび悩む」
⑤ひどく疲れたりなぐられたりして動けなくなる．Ⓔbe exhausted; be worn out．🇰🇷녹초가 되다, 뻗다．「山を1日じゅう歩きまわって，すっかりのびてしまった」
⑥時間や距離が長くなる．Ⓔbe prolonged; be extended．🇰🇷길어지다, 연장되다．「平均寿命がのびる//地下鉄がとなりの市までのびた」対縮む
⑦時期が後になる．Ⓔbe put off．🇰🇷연기되다．「雨で遠足が1週間のびた」対早まる
⑧とけたりやわらかくなったりして，よくひろがる．Ⓔspread．🇰🇷퍼지다, 먹다．「よくのびるクリーム」
▷話⑤　名のび・延び　他動伸ばす・延ばす
注漢字で書くときは，①〜⑤は「伸びる」，⑥⑦⑧は「延びる」．

の・べ　【延べ】ノベ，ノベ　あることについて数を数えるとき，同じものが出てくるたびに，そのそれぞれを1として数えてたすやり方．Ⓔa total; a man-day．🇰🇷연, 합계．「3人で4日間働くと延べ12人働いたことになる//延べ人数」

の・べる　【述べる】ノベル〔他動一〕　自分の考えを口で言ったり，文章に書き表したりする．Ⓔstate; express; mention．🇰🇷말하다, 진술하다, 기술하다．「堂々と意見を述べる//前のページで述べたとおりです」

のぼ・せる　ノボセル〔自動一〕①頭に血がのぼって顔が熱くなり，くらくらする．Ⓔbecome dizzy．🇰🇷상기되어 어질어질해지다, 현기증이 나다．「湯に長く入っていたので，すっかりのぼせた」②興奮して，正しい判断ができなくなる．Ⓔget upset．🇰🇷흥분하다, 울컥하다．「ののしられ，かっとのぼせて，相手をなぐってしまった」③夢中になる．Ⓔbe crazy about．🇰🇷열중하다．「アイドル歌手にのぼせて，コンサートについてまわる」
④自分だけが偉いと思う．思いあがる．Ⓔbe puffed up with pride．🇰🇷우쭐하다, 으스대다．「コンクールに入選したぐらいでのぼせてはいけない」▷名のぼせ

のぼり　【上り・登り】ノボリ　①上ること．上へ行くこと．また，その道．Ⓔgo uphill; an ascent．🇰🇷오름, 올라감；오르막．「道は途中から上りになった//登りはつらいが下りは楽だ//上り坂」対下り　②地方から中央へ，また支線から幹線へ向かうこと．Ⓔup; an up train．🇰🇷상행(열차)．「連休の最後の日には，上りの道路は東京へ帰る車でいっぱいになる//大阪から上りの列車に乗って名古屋へ行く」対下り　▷自動上る・登る
注漢字で書くときは，①は「上り」「登り」，②は「上り」．

のぼりおり　【上り下り】ノボリオリ　〔〜する〕上のほうへ行ったり下のほうへ行ったりすること．のぼりくだり．Ⓔgo up and down; ascend and descend．🇰🇷오르내리．「足をけがしたので階段の上り下りに苦労している//駅までの坂を毎日自転車で上り下りする」

のぼ・る　【上る・登る・昇る】ノボル〔自動五〕(のぼって) ①低

い所から上のほうへ移る．Ⓔgo up; ascend; climb. 한오르다, 올라가다.「船で川を上っていく//坂を上る//富士山に登る」対下りる・降りる, 下る
②太陽や月などが地平線や水平線の上に出る．また,高く上がる．Ⓔrise. 한(해・달이)뜨다, 떠오르다; 올라가다.「朝日がのぼる//天にものぼるような気持ち」対沈む
③地位が進む．Ⓔrise to. 한(지위가)오르다.「大臣の位にのぼる」
④地方から中央へ行く．Ⓔgo from the rural areas to the center. 한올라가다, 상경하다.「都に上る」対下る
⑤数や量などが増えて,あるところに達する．Ⓔamount to; reach. 한(어떤 수량에)이르다, 달하다.「利益は5億円にのぼる//交通事故による死者は,毎年1万人以上にのぼっている」
⑥話などに出る．Ⓔbe talked about. 한(화제 등에)오르다.「休日の過ごし方が話題にのぼった」
▷名上り・登り・昇り
注漢字で書くときは，①は「上る」「登る」,②③は「昇る」,④⑤⑥は「上る」．

のみ「だけ」の改まった言い方．「みんな帰ってしまって,残っているのは社長のみだ(ⒺEveryone's gone home, only the boss is left. 한모두 돌아가 버리고, 남아 있는 사람은 사장님뿐이다.)//こうなったらストライキあるのみだ」書

のみこ・む【飲み込む】ノミコム, ノミコム〔他動五〕(のみこんで)①飲んでのどの奥深くに入れる．Ⓔswallow; gulp down. 한삼키다.「びっくりした拍子にあめを飲みこんだ//つばを飲みこむ」②理解して,受け入れる．Ⓔunderstand; grasp. 한이해하다, 납득하다.「話の要点をすばやくのみこんで適切な助言をした//事情をのみこむ」▷名飲み込み
注②はひらがなで書く．

のみもの【飲み物】ノミモノ　お茶, コーヒー, 酒など, 味を楽しんだり, のどの渇きを止めたりするために飲むもの．Ⓔa drink; beverage. 한마실 것, 음료.「のどが渇いたからなにか飲み物がほしい//寒い日は温かい飲み物がいちばんいい」

の・む【飲む】ノム〔他動五〕(のんで)①水などを口から体の中へ送りこむ．Ⓔdrink; take. 한마시다, 먹다, 피우다.「コーヒーを飲む//茶を飲む//薬を飲む//タバコをのむ」
②酒を口から胃へ送りこむ．Ⓔhave a drink. 한(술을)마시다.「ここでちょっと飲んでいこう」
③不満でも受け入れる．Ⓔaccept. 한받아들이다, 수용하다.「会社は組合の要求をのんだ」
④相手を軽くみる．圧倒する．Ⓔmake light of; overwhelm. 한얕보다; 압도하다.「敵をのんでかかってはいけない//相手の勢いにのまれる」
注③④はひらがなで書く．

のめりこ・む【のめり込む】ノメリコム〔自動五〕(のめりこんで)①前に倒れるようにして入りこむ．Ⓔpitch forward. 한앞으로 고꾸라지다.「演説をしている人が,急にのめりこむようにして前のほうに倒れた」②ある状況や環境,考えの中にすっぽり入りこむ．Ⓔbe completely absorbed in. 한끌려 들어가다, 빠져들다.「妹は大学のクラブ活動にのめりこんで,勉強しない//二郎は映画にのめりこんで,毎日映画館に通っている」

のら【野良】ノラ　①田や畑．Ⓔa field; a farm. 한들, 논밭.「朝早くから野良へ出て働く//野良仕事//野良着」②犬や猫に決

まった飼い主がいないこと．また、その犬や猫．Ea stray dog (cat). 한들개, 도둑고양이．「わたしの家の子犬はえさを近くの野良に食べられてしまう//野良猫」

のらりくらり ノラリクラリ〔～する〕質問や要求に対してはっきり答えず、責任ある態度をとろうとしないよう．「野党の質問に対して大臣は、のらりくらり(と)答えている(E The Minister gives evasive answers to the opposition party's questions. 한야당의 질문에 대해 장관은 어물어물 대답하고 있다.)」

のり ノリ ものをはり合わせたり、布や服に張りを持たせたりするときに使うねばりのあるもの．Epaste; starch. 한풀．「ポスターを壁にのりではる//のりのきいたシーツ」

のり ノリ 食用になる海藻の一種．また、それを紙のように薄く広げてほした食品．Elaver; seaweed. 한김．「旅館の朝ごはんはのりと卵とみそ汁だった//のり巻きずし//焼きのり//アサクサノリ」数１枚

のりい・れる 【乗り入れる】ノリイレル〔自他動一〕①乗ったままで車などを中に入れる．Edrive (a car) into. 한타고 들어가다．「車を大学構内に乗り入れる」②バスや電車などを、別の会社や土地の路線に入れて運転する．Ejoin. 한(버스・전철 등을 다른 회사 노선에) 연장 운행하다．「郊外電車に地下鉄が乗り入れている」▷名乗り入れ
≡注 ①は他動詞、②は自動詞．

のりか・える 【乗り換える】ノリカエル, ノリカエル〔他動一〕①１つの乗り物から降りてほかの乗り物に乗る．Echange; transfer. 한바꿔 타다, 갈아 타다．「バスを乗りかえて行く//新宿駅で中央線に乗りかえる」②いままで頼ってきたものをやめてほかのものにする．Eswitch. 한(소신 등을) 바꾸다, 전환하다．「社会主義から資本主義に乗りか

える」▷名乗り換え

のりき 【乗り気】ノリキ あることに興味を持って、してみようという気持ち．Eenthusiasm; interest. 한마음이 내킴, 솔깃해짐．「兄の結婚の話に母はとても乗り気になっている」

のりこし 【乗り越し】ノリコシ 乗り物で、切符を買ってある駅より先まで乗っていくこと．Eriding past the destination for which one has purchased a ticket. 한내릴 역을 지나침．「乗り越しの方は、車掌が車内で精算いたしますのでお申しつけください」自動乗り越す

のりだ・す 【乗り出す】ノリダス〔自他動五〕(のりだして)①船などに乗って出ていく．Esail out. 한(배 등을) 타고 나아가다, 출범하다．「大海に乗りだす」②自分から進んでものごとをする．Ego into. 한(적극적으로) 나서다, 착수하다, 개입하다．「祖父は60歳を過ぎて、政界に乗りだした」③体を前のほうへぐっと出す．Elean out of; lean forward. 한몸을 앞으로 쑥 내밀다．「京子が２階の窓から身を乗りだしてわたしを呼んだ//ひざを乗りだして聞く」
≡注 ①②は自動詞、③は他動詞．

のりもの 【乗り物】ノリモノ 自動車や電車など、遠くへ行くときや急いでいるときなどに乗っていくもの．Ea means of transportation. 한탈것, 교통 기관．「いちばん速い乗り物は飛行機だ//乗り物に酔う」

の・る 【乗る】ノル〔自動五〕(のって)①乗り物など移動するものの上に上がったり、中に入ったりする．Etake; get on; get into. 한타다．「毎朝9時ごろ電車に乗る//飛び乗る//乗りこむ」対降りる
②低い所から高い所に移る．Eget on; step on. 한올라서다, 올라타다(앉다)．「台に乗っていちばん上の棚の本を取る//ひざに乗っ

てくる猫」対下りる・降りる
③知らずに計略にかかる。だまされる。Ebe taken in. 韓속다, 말려들다, 넘어가다.「うかうか相手のやり口にのってしまった//口車にのる」
④相手になったり仲間に加わったりする。Egive some advice; show an interest in. 韓한몫 끼다, 응하다.「相談にのってください//計画にのる」
⑤調子にうまく合う。Eto (the rhythm). 韓(가락에) 맞추다, 어울리다.「リズムにのって踊る」
⑥勢いよく進む。Ebe on the crest of; concentrate on. 韓(시류 등을) 타다;(마음이) 내키다.「景気が好調の波にのる//仕事に気がのらない」
⑦ある手段でものごとが運ばれる。Ego into (orbit); be broadcast. 韓(궤도 등에) 오르다;(전파 등을) 타다, 실리다.「人工衛星がうまく軌道にのった//電波にのる」
⑧感動したり興奮したりして、調子づく。Ebe thrilled; be excited. 韓신명이 나다, 흥이 오르다.「聴衆は大いにのって、舞台の歌手と一緒に歌いはじめた」
⑨ひろがって、ものによくつく。Estick; put on. 韓잘 묻다〔먹다〕, (기름이) 오르다.「おしろいがよく顔にのる//脂がのった肉」
▷名乗り 他動乗せる

乗りかかった船 なにかをやりはじめたら、もう途中でやめることができないこと。EOnce we have set out, we can't turn back. 韓이미 배에 올라탔으니 중간에 내릴 수 없음; 일단 착수한 일이니 도중에 그만둘 수 없음.「この計画の実行には困難なことが多いが、乗りかかった船だから、やりとおさなければならない」

の・る 【載る】ノル〔自動五〕(のって)①なにかの上にものが置かれる。Ebe on. 韓(위에) 놓이다, 얹히다.「本が机の上に載っている」②文章や写真などが雑誌や新聞などに出る。Eappear; be in. 韓실리다, 게재되다.「郷里のことが新聞に載った//辞書に載っていないことば」▷他動載せる

ノルマ (㋶norma)ノルマ 個人、職場などの単位ごとに割り当てられる仕事の量。Ea norm; a quota. 韓노르마, 할당된 노동의 기준량.「ノルマが終わらないので工場に残って仕事をする//ノルマをこなすEfill one's quota. 韓노르마를 소화하다。)」

のれん ノレン ①商店の軒に店の名前を書いてつるしたり、部屋の仕切りや飾りとしてつるしたりする布. Ea shop curtain. 韓포렴(布簾).「『一番ずし』と書かれたのれんをくぐって店に入った」②信用ある店として世間に知られた名前。Ecredit; reputation. 韓상점의 신용(명성).「悪い品物を売ればのれんに傷がつく//古いのれんを守る」

〔のれん①〕

のれんに腕押し こちらからなにを言っても手ごたえがないようす。EIt is like beating the air. 韓아무런 반응이 없음, 우이독경.「父にピアノを買ってほしいと頼んでも、『わかった、そのうちに』というだけで、のれんに腕押しだ」似た表現馬の耳に念仏

のれんを分ける 長く働いた店員が独立して店を開くときに、同じ店の名で商売をすることを認める。Eset an employee up in business. 韓분점을 차려 주다.「二郎が『一番ずし』ののれんを分けてもらって、駅前に店を開いた」

のろ・い ノロイ ①速度が非常に遅い。Eslow. 韓느리다.「わたしは書くのがのろくて、人より時間がかかる//カメはのろく、ウサギは速い」②動作や頭の働きが鈍い。E dull-witted; dense. 한둔하다. 「年をとって, 頭の働きがのろくなったようだ」▷話

のろ・う ノロウ〔他動五〕(のろって) ①嫌いな人や憎く思う人に悪いことが起こるように, 神や仏に祈る. E curse; wish ill of. 한저주하다.「飲酒運転で夫をひき殺した男をのろう//のろい殺す」②思うようにならなくて, 強い不満を感じる. E curse; feel extreme displeasure toward. 한저주하다, 몹시 원망하다.「一生懸命に働いても生活が楽にならない世の中をのろう//運命をのろう(E lament one's fate. 한운명을 저주하다.)」▷名のろい

のろ・ける ノロケル, ノロケル〔他動一〕自分と恋人, または夫婦の間の仲のいい話を遠慮なく, うれしそうに他人に話す. E talk fondly of one's sweetheart or spouse. 한자기 아내〔남편·애인〕의 이야기를 남에게 자랑삼아 늘어 놓다.「新婚の道子は, 夫のことをのろけてばかりいる」名のろけ

のろのろ ノロノロ〔~する〕ふつうよりずっと進み方や動作が遅いようす.「渋滞で, 車がのろのろ(と)動いている(E The cars are inching along in the traffic jam. 한정체로 차가 느릿느릿 움직이고 있다.)」

のろま ノロマ 体を動かしたり頭を働かせたりするのが遅いこと. また, その人. E stupid; a brockhead. 한동작〔머리 회전〕이 둔함; 느림보, 아둔패기.「妹はのろまで, 2時間たっても1枚のはがきがまだ書けない」話

のんき ノンキ ①なにごともあまり気にかけず, のんびりしているようす. E easy-going; happy-go-lucky. 한낙천적이고 느긋함, 무사 태평함.「父はのんきなたちで, 貧乏暮らしもまったく気にしない」②心配ごともなく, 苦労しなくていいようす. E carefree. 한근심·걱정이 없음, 만사 태평임.「年をとったら, 気候のいい所でのんきに暮らしたい」

のんびり ノンビリ〔~する〕気持ちや体に余裕があるようす. E feel at ease; leisurely; carefree. 한유유히, 한가로이, 태평스럽게.「試験が終わったので, 家でのんびり(と)過ごした//景色を見ながら, のんびり(と)歩く//のんびりした性格」対せかせか →悠悠

のんべえ【飲んべえ】ノンベー 酒が好きで, いつでも酒を飲みたがっている人. E a heavy drinker; a souse. 한술꾼, 술부대, 모주.「叔父は飲んべえで, いつも赤い顔をしている//飲んべえの集まりで酒の瓶がすぐ空になる」話

のんべんだらりと ノンベンダラリト, ノンベンダラリト〔~する〕だいじなことはなにもしないで, 時間をむだに過ごすようす. E idly; idle away. 한빈둥빈둥.「宿題もせず, 本も読まず, のんべんだらりと夏休みを過ごしてしまった」話

は／ハ

は 【刃】ハ ナイフやはさみなど、ものを切る道具の、切るための部分. Ⓔan edge; a blade. 칸(칼 등의) 날.「かみそりの刃を取りかえる//鋭い刃//包丁の刃//替え刃」数1枚

は 【派】ハ 考え方や立場の同じ人たちがつくるグループ. Ⓔa group; a school; a faction. 칸파.「原子力発電に賛成する派と反対する派が選挙で戦う//多数派//少数派//印象派//学派」

は 【葉】ハ 植物の枝や茎から出ている、ふつう緑色の平たく薄いもの. Ⓔa leaf. 칸잎(사귀).「秋になると木の葉が落ちる//青々と葉がしげる//葉っぱ(=『葉』のくだけた言い方)//枯れ葉」数1枚 →木, 花 図

は 【歯】ハ ①口の中の上と下に並んでいる、食べ物をかむための器官. 白くてかたい. Ⓔa tooth. 칸이(빨).「毎朝起きるとすぐ歯をみがく//歯が痛い//歯が生える」②①の形に並んでいるもの. Ⓔa tooth (of a comb, saw). 칸(기구 등의) 이 모양의 부분;톱니;빗살.「髪をとかしていたら、くしの歯が1つ欠けた//のこぎりの歯」▷数①1本

歯が浮く ①歯の根もとがゆるみ、不快な感じがする. Ⓔhave a loose tooth. 칸이가 들뜨다(흔들거리다).「歯が浮いて、食べ物がよくかめない」②すぐうそとわかるようなことばに、不快な気持ちになる. Ⓔput a person on edge. 칸역겹다, 아니꼽다.「洋子は気に入られようとして、歯が浮くようなお世辞を言う」

歯が立たない ①食べ物がかたくて、かむことができない. Ⓔbe too hard to bite. 칸단단하여 이빨이 안 들어가다.「とてもかたいせんべいで歯が立たない」②相手が強すぎたり、ものごとがむずかしかったりして、かなわない. Ⓔbe over one's head. 칸감당할 수 없다, 버겁다, 벅차다.「この哲学の本はむずかしすぎて、わたしには歯が立たない」

歯にきぬ[衣]着せない[ぬ] 自分の思ったとおりをそのまま言う. Ⓔdo not mince matters. 칸서슴없이 솔직히 말하다, 탁 까놓고 말하다.「A教授は、歯にきぬ着せないで学長を批判するので学生に人気がある」

歯を食いしばる つらいとき、苦しいとき、怒ったとき、それをがまんする. Ⓔclench one's teeth. 칸이를 악물다.「アルバイトの収入だけで生活費と学費をまかなう苦しい生活だったが、歯を食いしばってがんばった」

は ①1つのものごとを取りあげて示し、後に、それについての説明が続く.「この大学は7つの学部を持っている(Ⓔ This university has seven colleges. 칸이 대학은 7개의 학부가 있다.)//わたしは田中です//学問の自由は、これを保障する」
② 1つのものごとを対比的に取りあげて示す.「もう日本語の授業は終わった//教室ではタバコを吸ってはいけない(Ⓔ Smoking is prohibited in the classroom. 칸교실에서는 담배를 피워서는 안 된다.)」
③ 2つ以上のものごとを比べて示す.「肉は好きだが、魚は嫌いだ//建物はできたが、家具はなにもない(Ⓔ The building is complete

but there's still no furniture. 한건물은 완성되었으나 가구는 아무것도 없다.)」
④(「~は…ない」の形で)前にあることだけを否定する.「まだ全部はできない(EI haven't finished yet. 한아직 전부는 끝내지 못했다.)//学校へは行かない//あいさつだけで，話はしなかった」
▷→囲み
≡参「わ」と発音する.

ば 【場】バ ①なにかをする所. また, なにかがある所. Ea place; a spot. 한곳, 자리, 공간.「父が倒れたとき, その場にいたのは母だけだった//宝くじの抽選の結果を公の場で発表する」②テレビ, 映画, 演劇などでの進行している物語の一部分. 場面. Ea scene. 한(연극 등의) 장면.「親子が対面する場では観客はみな泣いた//見せ場(=観客にいちばん見てもらいたいと力を入れている場面)」

ば (動詞, 形容詞, 形容動詞の「ば」に続く形について)①もし, そのようなばあいには.「雨が降れば行かない(EIf it rains, I won't go. 한비가 오면 가지 않겠다.)//「安ければ買おう」

②前のことが後のことのきっかけ, 根拠となることを表す.「よく考えれば, 簡単なことだった(EWhen I thought carefully about it, it was a simple matter. 한잘 생각하면 간단한 일이었다.)//新聞によれば, 景気はよくなりはじめたらしい」
③前のことが起こったばあいには, 必ず後のことが起こることを表す.「春になれば, 桜の花が咲く(EWhen spring comes, cherry blossoms are in bloom. 한봄이 되면 벚꽃이 핀다.)//この道を左に行けば駅があります」
④同じようなものごとを並べることを表す.「歌も歌えばダンスも踊る(EHe sings songs and dances. 한노래도 부르고 춤도 춘다.)//ビールもあれば日本酒もある」
⑤(「~ば~ほど」の形で)⇒程⑤
▷→たら囲み
≡参「ならば」「たらば」のばあい, 「ば」がとれて「なら」「たら」になることが多い.

はあ ハー, ハー ①相手の質問などに答えるときに言うことば. Eoh; I see; well. 한예, 네.「洋子さんはいらっしゃいますか」「はあ, おりますが, どちらさまですか」」②疑問の

「は」と「が」

A 「京子は先生だ」
B 「京子が先生だ」

Aは, 「京子について説明するならば職業は先生だ」ということを表しているが, Bは, 「だれが先生ですか」という質問に対しての答えの文である. つまり, Aの「XはY」の文では, 「X」は主題で, 「Y」はその主題についての説明や解説である. 一方, Bの「XがY」の文では, 「X」は問われているものの答えを表している. したがって, このような文は常に質問に対する答えの文となり, 単独では使われない.

C 「公園の桜が満開になったよ」
D 「公園の桜は満開になったよ」

Cは, 「公園の桜が満開になった」という情報を相手に伝えており, 全体が1つの伝達内容になっている. Dのように「は」を使うと, 「このへんの桜はまだ五分咲きだが, 公園の桜はどうだろう?」というような「公園の桜」についての疑問に対して, 「満開になった」の部分だけが情報として与えられていることになる.

気持ちなどを表すときに言うことば．Ｅwhat? 한예？，네？「はあ？ すみませんが，もういちどおっしゃってください」▷話
参「はい」よりもはっきりしない言い方．また，①はことばの終わりを下に下げて，②は上に上げて言う．

ばあい 【場合】バアイ ①ある特定の状況の時．Ｅa case; an occasion. 한경우，때．「非常のばあいはこのボタンを押してください∥雨天のばあいは運動会を中止する」②そのときの事情．Ｅcircumstances; conditions; the situation. 한경우, 사정．「場合によっては学校をやめるかもしれない∥時と場合でやり方が違う」

はあく 【把握】ハアク，ハアク［〜する］ものごとを完全に理解すること．Ｅunderstand; grasp. 한파악．「この論文はとても難解で，正確な内容の把握は困難だ∥世界情勢を把握する∥現状の把握」

バーゲン バーゲン〔← バーゲンセール(bargain sale)〕定価より安い値段で品物を売ること．Ｅa (bargain) sale. 한바겐 세일, 염가 판매．「このセーターはバーゲンで定価の半額で買った∥春物のバーゲン」

パーセント (percent) パーセント 全体を100として，その中で占める割合．記号は「％」．Ｅpercent. 한퍼센트．「定価4万円のコートを25パーセント引きの3万円で買った∥きみの考えは100パーセントまちがっている」

パーティー (party) パーティー ①祝いごとや話し合いなどの集まり．Ｅa party. 한파티．「山田氏が社長になったのを祝って友人たちがパーティーを開いた∥誕生日のパーティーに招かれる」②仲間．特に一緒に登山するグループ．Ｅa party; a group. 한(등산 등의) 동아리；그룹．「A大学の登山部のパーティーがヒマラヤに登る計画を立てている」

ハード (hard) ハード ①［← ハードウエア(hardware)］コンピューターの機械装置．Ｅ(computer) hardware. 한(컴퓨터의) 하드웨어．「コンピューターのハードは以前に比べると小型になってきた」対ソフト ②かたいようす．Ｅhard. 한하드, 딱딱함, 굳음．「ハードカバー」対ソフト ③激しいようす．Ｅhard; heavy. 한하드, 고됨, 힘듦, 격심함．「1日に13時間も歩くハードな登山∥ハードスケジュール」

パート (part) パート ①全体の中の一部分．部分．Ｅa part; a portion. 한파트, 부분, 부서．「ここは会社の中ではめだたないパートだが，仕事はおもしろい」②音楽で曲の一部．合奏曲の中の楽器別の部分や，合唱で分かれて歌うときの1つの部分．Ｅa part (of a musical score). 한파트, (음악에서) 성부, 음부．「合唱でアルトのパートを受け持つ」③「パートタイム」「パートタイマー」を略した言い方．1時間の単位で賃金をもらい，比較的短い時間働くこと．また，そうして働く人．Ｅa part-time job; a part-timer. 한파트 타임, 시간제 근무 ; 파트타이머, 시간제 근무자．「近所の店で10時から3時までパートで働いている」

バーベキュー (barbecue) バーベキュー 野外で肉や野菜を焼いて食べる料理．Ｅa barbecue. 한바베큐．「今晩は肉, ピーマン, タマネギなどを買ってきて, 庭でバーベキューをしよう」

パーマ パーマ〔← パーマネントウエーブ(permanent wave)〕熱や薬品によって髪の毛にくせをつけ, 髪全体の形をととのえること．また, その髪型．パーマネント．Ｅa permanent wave; a perm. 한파마．「髪がのびたのでパーマをかけに行く」

はい【灰】ハイ ものが燃えたあとに残る粉のようなもの. Eashes. 韓재.「タバコの灰は床に落とさないで、灰皿に入れてください//灰になる(=焼けてなくなる。また、火葬されて骨になる)//ストーブの灰//火山灰」

はい【肺】ハイ 内臓の1つ. 胸の左右に1つずつあり、呼吸するときに使う. Ethe lungs. 韓폐.「レントゲン写真で、肺に影があることがわかった//肺がん//肺結核」→内臓図

はい ハイ 相手の言うことを認めたり承知したりするときに言うことば. Eyes. 韓예、네.「『あなたはこの学校の卒業生ですか』『はい、そうです』//『行かないんですか』『はい、行きません』」E"Won't you go?" "No, I won't." 韓「안 가세요?」「예, 안 갑니다.」」対いいえ 話 →はあ、ええ

-はい【杯】(数を表すことばについて) 液体などをコップや茶碗に入れた数を表す.「ごはんを2杯食べる//コーヒーを3杯飲む(Edrink three cups of coffee. 韓커피를 석 잔 마시다.)//コップ1杯の水(Ea glass of water. 韓컵 한 잔의 물.)」

ハイ (high) ハイ ①気持ちが盛りあがっているよう. Ein high spirits. 韓(기분이) 고조되어 있음, 흥쾌함.「きょうの気分はとってもハイだ//酒を飲んでハイな気分になった」②高いこと、高いもの.「ハイジャンプ(Ea high jump. 韓하이 점프, 높이뛰기.)//ハイヒール(Ehigh heels. 韓하이힐.)」③程度が高い. 高級な.「ハイクラスの品物(Ehighclass goods. 韓고급 상품(물품).)//ハイスピード//ハイレベル(=程度が高いこと)」

ばい【倍】バイ、バイ ①ある数に同じ数を加えること. 2倍. Edouble; twice. 韓배, 2배.「10年前に比べると物価が倍になっていて、50円だったパンがいまは100円だ//倍の人数」対半分 ②(数を表すことばの後について) 同じ数を何回か加える度数を表す.「5倍の時間がかかる(EIt takes five times longer than ~. 韓5배의 시간이 걸린다.)//7,8倍の競争率」

はいいろ【灰色】ハイイロ ①色の1つ. 灰のような色. 黒と白をまぜた色. Egray. 韓회색, 잿빛.「くもった灰色の空から雨が降りだした」②気持ちが明るくないこと. 希望がないこと. Egloomy; dreary. 韓암울함, 우울함.「火事で財産を全部失ってから、灰色の人生を歩いてきた」③罪となるかならないか、はっきりしないこと. Egray; questionable. 韓죄가 있는지 결백한지 의심스러움.「A議員は灰色のまま選挙に立候補している//灰色高官」▷話③

ばいう【梅雨】バイウ ⇨梅雨「梅雨前線(Ea seasonal rain front. 韓장마 전선.)」書

はいえん【肺炎】ハイエン 肺に悪い細菌やウイルスなどがついて起こる病気. Epneumonia. 韓폐렴.「かぜから肺炎になって入院した//肺炎のために体温が40度近くまで上がった」

バイオテクノロジー (biotechnology) バイオテクノロジー 生物の細胞や遺伝子などを、医療、農業生産などに利用する技術. 生命工学. 生物工学. バイオ. Ebiotechnology. 韓바이오테크놀로지, 생명 공학, 생물 공학.「バイオテクノロジーを使って、白菜とキャベツの両方の性質を持つ野菜をつくる」

バイオリン (violin) バイオリン 楽器の一種. 木でつくった胴に4本の糸を張り、馬の尾の毛をつけた弓でこすって音を出す. ヴァイオリン. Ea violin. 韓바이올린.「ベートーベンのバイオリンの曲は熱情的なものが多い//バイオリン協奏曲(Ea violin con-

ばいかい 【媒介】バイカイ〔～する〕関係のなかった2つのものの間に立って、それらになにかの関係をつけること. Ｅmediation; agency; be carried. 韓매개.「X銀行の媒介によってA社とB社が合併することになった//マラリアはハマダラカが媒介する」

はいきガス 【排気ガス】ハイキガス 車のエンジンなどから出される、いらなくなったガス.排ガス. Ｅexhaust gas. 韓배기가스.「車の排気ガスのために、道に植えた木が枯れた」

ばいきん 【黴菌】バイキン 人間に害を与える細菌. Ｅgerms; bacteria. 韓세균、박테리아.「けがをしたときは、ばいきんが入らないように傷口をよく消毒する//ばいきんを殺す」

ハイキング (hiking)ハイキング〔～する〕山や野などを楽しみながら歩くこと. Ｅa hike; hiking. 韓하이킹.「日曜日に友達と近くの山へハイキングに行く」

はいく 【俳句】ハイク、ハイク 5、7、5の3句、17の音でできた定型詩. Ｅa *haiku*; a seventeen-syllable Japanese poem. 韓하이쿠; 17음절로 된 일본 고유의 단시(短詩).「古池や蛙飛びこむ水の音」は多くの人々に知られている、芭蕉の有名な俳句だ//名月を俳句に詠む」数１句

参ふつう、季語(＝季節を表すことば)を入れてつくる.

はいぐうしゃ 【配偶者】ハイグーシャ 結婚している相手.夫からみた妻、妻からみた夫. Ｅa spouse; a wife; a husband. 韓배우자.「一郎はよい配偶者をえて、しあわせな毎日を送っている//調査票に配偶者の有無を書く」

はいけい 【拝啓】ハイケイ「つつしんで申し上げます」の意味で、手紙の始めに書くあいさつのことば.ふつう、「敬具」で終わる. ＥDear ～; My dear ～. 韓근계(謹啓). 書

はいけい 【背景】ハイケイ ①舞台や絵、写真などで、中心となるものの後ろにある風景やもの. Ｅa background; scenery. 韓(무대 등의) 배경.「京都ではお寺を背景にして写真をとった//舞台の背景//背景画」② あるできごとの、表に表れないで裏に隠されている事情. Ｅthe background. 韓(사건 등의) 배경.「この事件の背景には、社長のグループと会長のグループとの対立がある//犯罪の背景」

はいけん 【拝見】ハイケン〔～する〕「見ること」の謙譲語. Ｅ(humble) see; look at. 韓배견、삼가 봄.「お手紙を拝見いたしました//家の中を拝見させてください」

はいざら 【灰皿】ハイザラ タバコの灰や吸い殻を入れる皿. Ｅan ashtray. 韓재떨이.「灰皿でタバコの火をもみ消す//ガラスの灰皿を父の誕生日に贈る」

はいし 【廃止】ハイシ〔～する〕いままでしていたことをやめること. Ｅabolish; abolition. 韓폐지.「この中学校では制服を廃止して、服装は自由とした//国民は消費税の廃止を望んでいる」対存続

はいしゃ 【歯医者】ハイシャ 悪い歯を治す医者.また、その医院.歯科医. Ｅa dentist. 韓치과 의사.「歯が痛いので、歯医者に行く//歯医者で虫歯を治療してもらう」

はいしゃく 【拝借】ハイシャク〔～する〕「借りること」の謙譲語. Ｅ(humble) borrow. 韓빌림.「拝借したお金は必ずお返しします//あなたの辞書を拝借できますか//お知恵を拝借したいのですが」

ハイジャック (hijack)ハイジャック〔～する〕乗り物、特に、飛んでいる飛行機を、武器などを使って乗っ取ること. Ｅhijack.

한 하이잭, (항공기 등의) 공중 납치.「太平洋の上で旅客機がハイジャックされ, 犯人の命令で近くの島に着陸させられた」

ばいしゅう【買収】バイシュー〔～する〕①土地や建物など金額の大きなものを買い取ること. Epurchase. 한매수.「市は公園をつくるために土地を買収した//A社はB国のC社を買収してB国に進出した」②相手に金などを与えて, ものごとが自分に有利になるようにしてもらうこと. Ebribe; buy off. 한매수.「役人を買収して県の土地を安い値段で買う//金で市民を買収して選挙に当選する」

ばいしゅん【売春・買春】バイシュン〔～する〕①女性が金をえる目的で性行為をすること. Eprostitution. 한매춘, 매음.「家が貧しいために売春する女性が数多くいる//売春防止法」②男性が女性に金を与えて性行為の相手をさせること. Ebuy a prostitute. 한매춘.「夫の買春が原因で離婚した//買春ツアー」
注①は「売春」, ②は「買春」.

はいじょ【排除】ハイジョ〔～する〕じゃまなもの, いらないものを取りのけること. Eexclude; removal. 한배제.「猿のリーダーは自分にしたがわない若い猿をグループから排除した//危険物の排除」

ばいしょう【賠償】バイショー〔～する〕相手に与えた損害に対して金やもので法的に償うこと. Ecompensation; reparations. 한배상.「A国との戦争に勝ったB国は, A国に賠償を要求した//損害の賠償」

はいすい【排水・廃水】ハイスイ①〔～する〕いらない水を外に出すこと. Edrain; displacement. 한배수.「台風の後, 運動場にたまった水を排水する//排水の悪い土地/排水口/排水量」②使ったあとの, よごれていらなくなった水. Eeffluent; waste water. 한폐수.「工場廃水」
注①は「排水」, ②は「廃水」.

はいすいのじん【背水の陣】1歩も下がれない立場でなにかをしなければならないこと. Estake everything on; with one's back to the wall. 한배수진.「背水の陣で会社の再建に努力する」
参 川や海などを背にして軍隊をかまえることからいう.

はいせき【排斥】ハイセキ〔～する〕人やものを嫌って受け入れないようにすること. Eboycott; reject. 한배척.「学生たちは, 企業から不正な金を受け取ったA教授を排斥する運動を起こした」

はいせつ【排泄】ハイセツ〔～する〕動物が体に必要な栄養をとったあと, 必要でないものを体の外に出すこと. Eexcrete; discharge. 한배설.「水を飲むと, 大部分は汗と尿になって排泄される//排泄物(=大便, 小便)」

はいせん【敗戦】ハイセン 戦争や試合に負けること. E(a) defeat. 한패전.「B国は敗戦から立ち直って新しい国を建設した//敗戦処理」

はいたつ【配達】ハイタツ〔～する〕手紙, 荷物, 商品などを目的の場所まで届けること. Edeliver. 한배달.「新聞は毎朝6時ごろ配達される//デパートで買ったものを家に配達してもらう//郵便配達」

はいたてき【排他的】ハイタテキ 自分の認める考え方や仲間以外の人を受け入れないようす. Eexclusive; unfriendly. 한배타적.「島国の人間は外国人に対して排他的だといわれる//排他的な人がいると周囲は迷惑だ」

バイタリティー (vitality) バイタリティー 生き生きとした力強い生命力. 元気な力. Evitality. 한바이탤리티, 활기,

生命力.「洋子は朝早くから夜遅くまで仕事をしているが, 疲れたようすがない. すごいバイタリティーだ」

はいち 【配置】ハイチ, ハイチ〔~する〕人やものを適当な場所や地位に置くこと. Earrangement; station. 한배치.「荷物を入れる前に家具の配置をよく考えておこう//配置転換(=会社などで, 働く人の仕事や場所をかえること)」

ハイテク ハイテク〔←ハイテクノロジー(high technology)〕高い知識を必要とする, いちばん進んだ電子工業や生物科学の分野の技術. 先端技術. Ehigh technology. 한하이테크, 첨단 기술.「ハイテク技術//ハイテク産業」

ばいばい 【売買】バイバイ〔~する〕売ったり買ったりすること. Ebuying and selling. 한매매.「不動産屋のおもな仕事は土地や建物の売買だ//魚の売買は魚市場で行われる」

バイバイ (bye-bye) バイバイ〔~する〕子供や若い人など, 親しい人どうしが別れるときに言うあいさつのことば. さようなら. Ebye-bye. 한바이바이, 안녕.「バイバイ, またあしたね//ここで別れよう. じゃ, バイバイ」話

はいふ 【配布・配付】ハイフ, ハイフ〔~する〕①広く人々に配ること. Edistribute. 한배포.「週に1回, 区役所の広報紙が家庭に配布される」②関係のある人々に配ること. Ehand out. 한배부.「学生に試験用紙を配付する//資料の配付」▷書
注①は「配布」, ②は「配付」.

パイプ (pipe) パイプ, パイプ ①水やガスなどを通すための, 中が空いている細長い形のもの. Ea pipe. 한파이프, 관(管).「ふろ場のパイプがつまったらしく, 水の流れが悪い」②タバコの葉をつめ火をつけて吸うもの. Ea (tobacco) pipe. 한파이프, (서양식) 담뱃대.「パイプを口にくわえてゆっくりと吸う」③人や組織をつなぐ役割をするもの. Ea pipeline; a go-between. 한파이프라인, 중개자.「仕事をさがしている人と, 人を求めている会社とのパイプになる」▷数①②1本

はいぼく 【敗北】ハイボク〔~する〕戦いや試合に負けること. Ebe defeated; (a) defeat. 한패배.「きのうの試合は10対0で敗北した//この戦争でわれわれの敗北は決定的になった//敗北を喫する//敗北感」対勝利

はいゆう 【俳優】ハイユー 映画, テレビ, ラジオ, 舞台などで, 劇の中の人物を演じることを職業としている人. Ean actor; an actress. 한배우.「あのハムレット役の俳優はとてもうまい//二枚目俳優//映画俳優//舞台俳優」

はいりょ 【配慮】ハイリョ〔~する〕人のためになるよう, またものごとがうまくいくよう, いろいろ気をつかうこと. Econsideration; concern. 한배려.「いろいろな国の人が集まる会なので, 特に食事に配慮して準備を進めてほしい//この計画は子供や老人に対する配慮がたりない」

バイリンガル (bilingual) バイリンガル 2つの言語を話せること. また, その人. Ebilingual. 한바일링궐, 2개 국어 사용(자).「道子はバンコクで育って10歳で日本へ帰ってきた, タイ語と日本語のバイリンガルだ」

はい・る 【入る】ハイル〔自動五〕(はいって) ①外から中へ移る. Eenter; go into; get into. 한들어가다, 들어오다.「列車はトンネルに入った//目にごみが入る//茶の間に入る//入りこむ」対出る
②団体, 組織などに加わる. Eget a job in;

go into. 한(단체 등에) 들어가다, 가입하다.「会社に入る//政界に入る」対出る
③あるものの中に収まる. Ecan accommodate; hold. 한수용되다, 들어가다.「この会場は700人入る//1リットル入る瓶」
④自分の手のとどく範囲のものになる. Eget; learn. 한(손・머리・눈 등에) 들어오다.「珍しい品が手に入る//むずかしくなかなか頭に入らない//目に入る(=見える)//耳に入る(=聞こえる)」
⑤ものが取りつけられ使えるようになる. Ehave ~ installed. 한설치되다, 들어오다.「事務所に新しいコピー機とファックスが入った//都市ガスが入る」
⑥収入がある. Eget; have an income of. 한(돈 등이) 들어오다, 수입이 있다.「月々30万円入る//アルバイトで5000円入った」
⑦ある時期となる. Ebegin; set in. 한(어느 시기에) 접어들다.「12月に入ると、忙しくなる//きょう関東地方はつゆに入った」
▷他動 入れる

パイロット (pilot) パイロット, パイロット 航空機を操縦する人. Ea pilot. 한파일럿, 조종사.「パイロットは地上と連絡をとりながら着陸の態勢に入った」

は・う ハウ〔自動五〕(はって) ①手と足を地面や床などにつけて進む. Ecreep; crawl. 한기다, 기어가다.「赤ん坊がはうようになった//床をはいまわってぞうきんをかけた」②虫などが体を地面や壁に密着させて進む. Ecrawl. 한기다, 기어가다.「蛇がはって木に登っていった//青虫がはう」③植物の根やつるなどが, 地面や壁にそってのびる. Etrail. 한(덩굴이) 뻗다, 뻗어 나가다.「壁一面にツタがはっている図書館」

〔はう①〕

はえ ハエ 昆虫の一種. 1センチ前後の大きさで黒く, 羽があり, 食べ物などにとまる. はい. Ea fly. 한파리.「皿の上の刺身にハエが1匹とまっていた//ハエたたき(=ハエをたたいて殺す道具)」数1匹

はえぬき 【生え抜き】ハエヌキ ①生まれてからずっとその土地で暮らしていること. Eborn and bred. 한토박이.「京子は生え抜きの大阪人で, 大阪以外の場所に住んだことがない」②最初から1つの会社で働き続けていたり, 同じ内容の仕事を続けたりしていること. Ea person who has spent all his／her life with ~. 한한 회사에 줄곧 근속하고 있음.「会社創設のときからの生え抜きの社員が社長に選ばれた」

は・える 【生える】ハエル〔自動一〕①植物の芽や根などが出る. Ecome up; grow. 한나다, 자라다.「春になって庭にいろいろな草が生えてきた//かびが生えたパン」②毛や歯などがのびて出る. Ecut (one's teeth); develop. 한나다, 돋다.「子供は1歳になって歯が2本生えてきた//ひげが生える」▷他動 生やす

は・える 【映える】ハエル〔自動一〕①光に照らされて輝く. Eglow; shine. 한빛나다.「新緑が映える//夕日に映える雪山」②まわりと調和していっそうよく見える. Elook attractive. 한잘 어울리다, 돋보이다.「背広がグレーだから, 赤いネクタイがよく映える」

はおり 【羽織】ハオリ 着物の上に着る, 前あきで, 2本のひもで左右を結ぶ短い上着. Ea *haori*; a Japanese half-coat worn over a *kimono*. 한하오리, 기모노 위에 입는 짧은 겉옷.「羽織とはかまの正装で式に出る//黒い絹の羽織」数1

〔羽織〕

枚 [他動] 羽織る

はお・る 【羽織る】ハオル〘他動五〙(はおって) 衣服のそでに腕を通さないで上から軽くかけて着る. [E] put on; fling on. [한] (소매에 팔을 꿰지 않고) 걸치다, 걸쳐 입다.「部屋の中が寒いので, カーディガンをはおる//コートをはおる」[名] 羽織

はか 【墓】ハカ 死体や遺骨を埋めた所. [E] a grave; a tomb. [한] 묘, 무덤.「毎年父の命日(=その人の死んだ日と同じ日付の日)には墓にまいることにしている//墓を建てる//墓を掘る」[数] 1基

ばか バカ ①知能が低く, 頭の働きが鈍いこと. また, その人. [E] a fool; foolish; stupid. [한] 바보, 어리석음.「右と左をまちがえるなんて, わたしはなんというばかだろう//ばか息子」[対] 利口 ②常識をはずれているようす. [E] foolish; thoughtless. [한] 상식에서 벗어남, 당치도 않음.「雨の中を傘もさずに2時間も歩きまわるなんて, ばかなことをしたものだ」[対] 利口 ③程度がはなはだしい. [E] terribly. [한] 몹시, 지나치게, 터무니없이.「きょうはばかに暑い//ばか高い値段([E] a ridiculously high price. [한] 터무니없이 비싼 값.)//ばか正直//ばか丁寧」④(他のことばの後について)その仕事, 身分以外についての常識がまったくない人.「役者ばか([E] an actor who has no common sense outside the world of stage. [한] 연기밖에 모르는 배우.)//専門ばか」▷[話] ③④

「ばか」のつく慣用表現

ばかにする 自分よりおとったものとして軽くみる. [E] look down on. [한] 깔보다, 업신여기다.「子供だと思ってばかにしてはいけない. あの子はきみよりずっと力がある」

ばかにできない 軽くみることはできない. [E] not to be trifled with. [한] 얕볼 수 없다, 우습게 볼 수 없다.「安い時計だからといってばかにできない. 高級品と同じぐらい正確に動くし, 丈夫だ」

ばかにならない 軽く考えることはできない. [E] not to be treated lightly. [한] 가볍게 생각할 수 없다, 무시할 수 없다.「コーヒー代だってばかにならない. 1杯300円のコーヒーを毎日飲めば, 1カ月で9000円になる」

ばかになる だめになる. 働きが鈍くなる. [E] do not work properly. [한] 망가지다, 멍청해지다.「かぜをひいて, 鼻がばかになる」

ばかを見る つまらない思いをする. [E] feel like a fool. [한] 헛다리 짚은 꼴이 되다, 헛수고하다.「父がほしがっていた本をさがして買って帰ったら, 父はもう買って持っていた. 一生懸命さがしてばかをみた」

はかい 【破壊】ハカイ〔〜する〕こわれること, こわすこと. [E] destroy; demolish. [한] 파괴.「戦争で建物や道路などが破壊された//家庭を破壊する//破壊力」[対] 建設

はがき 【葉書】ハガキ 相手の住所, 氏名と, 知らせたいことを書いてポストに入れることができる, 郵政省発行の長方形の紙. また, 切手をはって, それと同じように使えるもの. [E] a postcard. [한] 엽서.「お世話になった人にお礼のはがきを書く//往復はがき//年賀はがき//絵はがき」[数] 1枚・1通

ばか・げる バカゲル〘自動一〙(「ばかげた[ている]」の形で) ばからしく感じられる. つまらなくみえる. [E] be absurd; be ridiculous. [한] 바보스럽게 느껴지다; 말도 안 되다.「入場券を買うのに前の晩から並ばなくてはいけないとは, まったくばかげている//こんな絵1枚に3000万円も払うなんて, ばかげた話

だ」話

はが・す ハガス〔他動五〕(はがして) くっついているものをめくって取る. Ｅpeel off; tear off. 韓벗기다, 떼다.「珍しい切手を封筒からはがして集める//塀にはられたポスターをはがす」自動はがれる

ばか・す 【化かす】バカス〔他動五〕(ばかして) 人をだまして心を迷わせる. Ｅbewitch. 韓호리다.「この山には人を化かすキツネがいるそうだ」自動化ける

はかせ 【博士】ハカセ ①あることについてよく知っている人. Ｅa learned person; an expert. 韓박사.「物知り博士//お天気博士」②⇨博士「博士号を取る」

はかど・る ハカドル〔自動五〕(はかどって) ものごとが順調に進んでいく. Ｅmake good progress. 韓순조롭게 진척되다.「きみが手伝ってくれたから, 作業がはかどって時間内に終わった//勉強がはかどる」対滞る

はかな・い ハカナイ ①消えてなくなりやすい. 長く続かない. Ｅtransient; shortlived. 韓덧없다, 허무하다, 무상하다.「人の命ははかないものだ//はかない恋」②実現しそうもない. 確かでない. Ｅempty; vain. 韓헛되다, 부질없다.「宝くじが当たるかもしれないというのは, はかない夢だった//はかない望みをいだく」

はかばかし・い ハカバカシイ (「はかばかしく~ない」の形で) ものごとが順調に進まない. Ｅdo not make much progress; do not have a good (appetite). 韓순조롭게 진척되지 않다; 시원찮다.「雨が多くて, 工事がはかばかしく進まない//暑さのせいで食欲がはかばかしくない」

ばかばかし・い バカバカシイ ①まったく価値がなくて, つまらない. ばからしい. Ｅsilly; absurd. 韓아주 어리석다, 바보 같다, 어이없다.「タクシーに乗ったら, 地下鉄より時間もお金もかかって, ばかばかしいことをしてしまった」②程度をこえている. Ｅawful; extreme. 韓엄청나다, 터무니없다.「ゆうべは送別会で, 遅くまでばかばかしい大騒ぎをした」

はかま ハカマ 着物の上からはく, 腰から足首までの長さの, ゆったりした衣服. Ｅa *hakama*; a Japanese long pleated skirt worn over a *kimono*. 韓하카마, 기모노 곁에 입는 치마와 같은 하의.「大学の卒業式には, はかまをはいて出席する」→羽織図

ばかやろう 【ばか野郎】バカヤロー, バカヤロー けんかしたときなどに, 怒ったり相手を見下したりして大声で言うことば. Ｅ You fool!; Idiot! 韓바보 새끼, 멍청한 놈.「ばかやろう. 黙って見てないで, さっさと手伝え!」話

≡参 ふつうの会話では使わない.

はがゆ・い 【歯がゆい】ハガユイ 思いどおりにならないで, いらいらする. Ｅfeel impatient; feel irritated. 韓안타깝다, 속이 타다, 답답하다.「漢字がなかなか覚えられなくて, 自分でもはがゆい//相手が悪いのに, 怒らず, ただがまんしている父を, はがゆく思う」

はかり ハカリ ものの重さを調べる道具. Ｅa balance; a scale. 韓저울.「荷物をはかりにかけて重さを調べる//はかりが狂っている//はかりの目盛り」

ばかり ①(数や量を表すことばの後について) だいたいの数や量や程度を表す.「この道を100メートルばかり行くと銀行があります//10年ばかり前に引っ越してきた(Ｅ We moved in about ten years ago. 韓10년쯤 전에 이사 왔다.)」
②(名詞, 形容詞の基本形, 形容動詞の「な」の形について, 動詞は「~てばかり」の形で)

そのことだけということを表す.「お金のことばかり言う(EHe only talks about money. 韓돈 이야기만 한다.)//テレビを見てばかりいる//値段が高いばかりで,全然よくない」
③(動詞の基本形について)ほかは全部準備ができているが,そのことだけが残っていることを表す.「部屋もテーブルも客を待つばかりになっている(EThe rooms and tables are ready and just waiting for the guests. 韓방도 테이블도 손님을 기다리는 일만 남아 있다.)//あとは出発するばかりだ」
④(「~したばかり」の形で)そのことが終わって時間がたっていないことを表す.「いま,ここに着いたばかりだ(EI've just arrived here. 韓지금 막 여기에 도착하였다.)//日本に来たばかりで,なにもわかりません」
⑤(「~んばかり」の形で)~しそうだ.~とほとんど同じ状態だ.「子供は泣かんばかりになって,広い公園で親をさがしている(EThe child is on the verge of tears, searching the big park for his parents. 韓아이는 울음을 터뜨릴 것만 같은 얼굴이 되어 넓은 공원에서 부모를 찾고 있다.)//いやだと言わんばかりの顔」
⑥(「~ばかりに」の形で)ただそれだけが原因や理由であることを表す.「試験に遅刻したばかりに,その科目は不合格になってしまった(EI missed the examination just the reason for being late. 韓시험에 지각한 탓으로 그 과목은 불합격이 되어 버렸다.)//スキーがしたいばかりに,スキー場でアルバイトする」

参 ②④⑥は強めて「ばっかり」ともいう.

はかりしれな・い 【計り知れない】ハカリシレナイ, ハカリシレナイ どれぐらいか想像もできない. Eimponderable; immeasurable. 韓헤아릴 수 없다.「戦争は人々にはかり知れないほどの苦しみと悲しみを与える//この作品の完成の陰にははかり知れないほどの努力と苦労があった」

はか・る 【計る・測る・量る・図る】ハカル〔他動五〕(はかって)①はかりやものさし,時計などを使って,重さ,量,長さ,時間などを知る. Eweigh; measure; time. 韓(길이・무게 등을) 재다, 달다, 되다.「体重をはかる//距離をはかる//時間をはかる//面積をはかる」②心の中で想像する. Eguess. 韓헤아리다, 짐작하다, 가늠하다.「テニスの試合に優勝できて大喜びしているだろうと娘の気持ちをはかる//推しはかる(→項目)」③工夫する. くわだてる. Estrive for; attempt. 韓생각하다, 도모하다, 꾀하다.「問題の解決をはかる//自殺をはかる」▷名計り・量り

注 漢字で書くときは,①は「計る」「測る」「量る」,②は「量る」,③は「図る」.なお,①で,「計る」は時間や数や量,「測る」は面積,高さ,距離など,「量る」は重さをはかるときに使う.

はか・る 【諮る・謀る】ハカル〔他動五〕(はかって)①自分の意見を人に検討してもらう. 相談する. Erefer (a plan) to; consult. 韓상담하다, 자문하다.「新しい企画を審議会にはかる//親にはかって決める」②計画的に人をだます. あざむく. Edeceive; take in. 韓속이다, 기만하다.「敵をはかって捕まえた//まんまとはかられた」

注 漢字で書くときは,①は「諮る」,②は「謀る」.

はき 【破棄】ハキ〔~する〕①破って捨てること. Edestroy. 韓파기.「会社でいらなくなった書類を破棄する」②いちど決めたことを,こちらのつごうで一方的に取り消すこと. Eannul; cancel. 韓파기, 취소.「契約を破棄する//婚約を破棄する//条約を破棄する」▷書

はきけ【吐き気】ハキケ 食べたものをはきたくなること。また，そのような不快な気持ち。Enausea; feel sick. 한구역질, 욕지기.「酒を飲みすぎて，はき気がする//ひどい交通事故の現場を見て，はき気を催した」

はきだ・す【吐き出す】ハキダス，ハキダス〔他動五〕(はきだして) ①口や胃の中に入れたものを口から外へ出す。Evomit; spit out. 한토해 내다, 뱉어 내다.「嫌いなものを食べさせると，赤ん坊ははきだしてしまう」②中から外へ出す。Esend up; emit. 한내보내다, 내뿜다.「煙突から煙をはきだす」③蓄えている金やものを出す。Erelease. 한털어내다.「ためていた金をはきだしてマンションを買う」④思っていることを全部言う。Espeak out one's mind. 한털어놓다, 토로하다.「上司にいままでの不満を全部はきだして，会社をやめた」

はきはきハキハキ〔～する〕ことばや態度が明るくはっきりしているようす。Ebriskly; clearly. 한시원시원, 또렷또렷.「係員がはきはきした応対をして仕事を処理している//はきはき(と)ものを言う」

はきもの【履物】ハキモノ 靴，げた，スリッパなど，歩くために足にはくもの。Efootwear. 한신(발).「玄関で，はきものをぬいで家の中に入る//はきもの屋」数1足

は・く【吐く】ハク〔他動五〕(はいて) ①呼吸するために息を口や鼻から出す。Ebreathe out. 한내쉬다.「走り終わった選手たちは荒い息をはいている//ゆっくりと息をはく」対吸う ②口や胃の中にあるものを口から外へ出す。Evomit. 한토하다, 뱉다.「バスに酔って食べたものをはく//血をはく」③中にあるものを外へ出す。Ebelch out. 한내뿜다.「火山が煙をはいている」④口に出して言う。Edisclose. 한토로하다, 실토하다.「とうとう本音をはいた」

は・く【掃く】ハク〔他動五〕(はいて) ほうきやブラシなどでごみなどを除く。Esweep. 한쓸다.「庭を掃いて落ち葉を集める//ほうきで部屋を掃く//掃きだす」

は・く【履く】ハク〔他動五〕(はいて) 靴やげたなどのはきものを足につける。Eput on. 한신다.「ゆかたを着てげたをはく//ジョギングシューズをはいて走る」対脱ぐ

は・くハク〔他動五〕(はいて) 衣類を腰から下につける。Eput on; wear. 한(하의를) 입다;(양말을) 신다.「長いスカートをはく//靴下をはく」対脱ぐ

はぐき【歯茎】ハグキ 歯の根もとを包んでいる肉。Ethe gums. 한잇몸, 치경.「歯をみがいていたら，歯茎から血が出た//歯茎をむきだしにする」

はぐく・むハグクム〔他動五〕(はぐくんで) ①親鳥がひなを羽で包んで育てる。また，人が子供をたいせつに養い育てる。Ebrood over; bring up. 한품에 안고 기르다；감싸안고 키우다, 양육하다.「夫婦のハトがひなをはぐくんでいる//両親の愛にはぐくまれて大きくなった」②発展するように保護する。Ecultivate; foster. 한키우다, 보호 육성하다.「子供の独立心をはぐくむ//自由の精神をはぐくむ社会」

はくさい【白菜】ハクサイ，ハクサイ 野菜の一種。葉先が薄い緑色で根もとが白く，葉が重なり合ってかたまっている。日本料理，中華料理によく使う。Ea Chinese cabbage. 한배추.「なべ料理やキムチに白菜は欠かせない」

はくし【白紙】ハクシ ①なにも書いていない紙。Ea blank sheet of paper. 한백지.「きょうの試験はとてもむずかしく，白紙のまま出した」②あることについて，前もって知ったり考えたりしないこと。Ean open mind. 한백지, 선입관이 없는 상태.「話し合い

には白紙の状態で出席し、両方の意見を聞いてから結論を出したい」③なにもなかったとのままの状態. ⒠the original condition. 한백지, 본래의 상태.「地元住民の反対が強いので、道路をひろげる計画は白紙にもどした//白紙撤回(⒠go back to square one. 한백지 철회.)」▷数①1枚

はくし【博士】ハクシ ①専門の学問について深く研究し、論文審査に合格した人に与えられる学位. 博士号. また、それを持っている人. はかせ. ⒠a doctor's degree; a doctor. 한박사.「道子は女性教育史に関する論文で博士を取った//博士論文」②「博士課程」を略した言い方. ⒠a doctoral course. 한박사 과정.「来年、修士を終えたら、博士に進むつもりだ」▷関連②学士, 修士

はくしき【博識】ハクシキ いろいろな知識を、広く持っていること. ⒠learned; wide knowledge. 한박식.「祖父はとても博識で、なにをきいても知らないことはない」

はくしゃをかける【拍車をかける】ものごとの速度や勢いをいっそう速めたり強めたりする. ⒠spur on; accelerate. 한박차를 가하다.「結婚したがらない女性の増加が、出生率の減少にさらに拍車をかけている」
≡参「拍車」は、馬に乗るときにはく靴のかかとにつける歯車のようなもの.

はくしゅ【拍手】ハクシュ〔〜する〕両手を何度も打ち合わせて音を出し、ほめたり喜んだりする気持ちを表すこと. ⒠applause; clap one's hands. 한박수.「人々は勝ったチームをあらしのような拍手で迎えた//拍手喝采(⒠cheering and clapping. 한박수 갈채.)」

はくじょう【白状】ハクジョー〔〜する〕自分の罪や人に隠していたことを正直に言うこと. ⒠confess; own up. 한자백.「男は警察官の取り調べに、人をひいて逃げたことを白状した//一郎はみなの前で洋子が好きだと白状した」

はくじょう【薄情】ハクジョー 心が冷たく、相手のことを考える気持ちが少ないこと. ⒠coldhearted; heartless. 한박정.「薄情にも青年は、助けを求めている老人を見捨てて行ってしまった」

ばくぜん【漠然】バクゼン(「漠然と」の形で)話の内容や、考え、気持ちなどがはっきりしないようす. ⒠vague; obscurely. 한막연.「漠然とした説明だったので、具体的なことはなにもわからなかった//将来のことを漠然と考える」
≡参 改まって「漠然たる不安」のように表現することもある.

ばくだい【莫大】バクダイ 数や量が非常に多いようす. ⒠huge; enormous. 한막대.「地下鉄工事には莫大な費用がかかる//戦争で消費される金額は莫大だ」

ばくだん【爆弾】バクダン 落としたり投げたりして、中につめた火薬を爆発させ、人やものを破壊するもの. ⒠a bomb. 한폭탄.「戦争中、爆弾でたくさんの人が殺された//原子爆弾(→原爆項目)」

爆弾を抱える 危険や心配ごとを持っている. ⒠have some danger or worry. 한폭탄을 안다.「心臓病という爆弾をかかえているので、毎日、養生に努めている」

ばくだんはつげん【爆弾発言】バクダンハツゲン 人を非常に驚かすことを突然言うこと. ⒠a bombshell remark. 한폭탄 발언.「社長は、今年じゅうに社員を半分に減らすと爆弾発言をした」

ばくち バクチ ①金や品物をかけて勝負をすること. ⒠gamble. 한도박, 노름.「ジョンはラスベガスでばくちをして500ドルもうけた//ばくちを打つ(=ばくちをする)」②成功する可能性は低いが、もし成功すると大きな利

益になるようなやり方．Ea risk; a gamble. 韓모험, 도박．「新人の京子を映画の主役に選んだのは，会社にとって大きなばくちだ」

はくちゅう【伯仲】ハクチュー〔～する〕２つのものの実力がだいたい同じで，どちらがすぐれているか，おとっているか判断がつけられないこと．Ebe equally matched. 韓백중, 어금버금함．「選挙の結果，保守党が158名，革新党が155名で，両党の勢力は伯仲している」書

はくはつ【白髪】ハクハツ 白くなった髪の毛．Ewhite hair; gray hair. 韓백발．「心配ごとがたくさん重なって，父はすっかり白髪になってしまった//白髪の老人」

参「しらが」も意味は同じだが，「しらが」が全体についても，「しらがを１本見つけた」のように１本だけにもいうのに対して，「はくはつ」は白くなった髪全体についていう．

ばくはつ【爆発】バクハツ〔～する〕①大きなエネルギーが熱，音，光などと一緒に瞬間的に噴き出ること．Ean explosion. 韓폭발．「花火工場で爆発があって，工場の屋根が吹き飛んだ//爆発物//核爆発」②おさえていた感情がいっぺんに外に出ること．E(dissatisfaction, anger) explode. 韓폭발．「国民の不満が爆発して大きな反政府デモが起こった//怒りを爆発させる」

ばくふ【幕府】バクフ 鎌倉，室町，江戸時代に将軍が政治をした所．また，その政治組織．Ethe shogunate. 韓막부．「源頼朝は1192年に鎌倉に幕府を開いた//江戸幕府が倒れてから日本の近代化は始まった」

はくぶつかん【博物館】ハクブツカン，ハクブツカン 歴史，自然，芸術，科学など人間の暮らしに関係のあるいろいろなものを並べて多くの人に見せる所．Ea museum. 韓박물관．「外国を旅行したら，その国の歴史や生活を知るために博物館を見ることにしている//自然博物館//大英博物館」

はぐらか・す ハグラカス〔他動五〕（はぐらかして）正面から答えようとせず，中心点をはずして言いのがれる．Edodge; evade. 韓얼버무리다, 딴청을 부리다．「『優勝の自信は？』ときかれた横綱は，『すもうは取ってみなければわかりません』とはぐらかした//答えをはぐらかす」

はくらんかい【博覧会】ハクランカイ １つのテーマを決めて，それに関するものを並べたり催し物をしたりして，多くの人々に見せる会．Ean exposition; an exhibition; a fair. 韓박람회．「交通と通信をテーマとする博覧会が開かれている//万国博覧会（→項目）」

はくりょく【迫力】ハクリョク 人の心に強く働きかける力．Epower; appeal. 韓박력．「あの映画の戦争の場面は本物以上の迫力があって，とてもこわかった//迫力に欠ける//迫力のある演技」

はぐるま【歯車】ハグルマ ①まわりにとがった歯のようなものを持つ車．②つの車の歯と歯をかみ合わせて，ものの動きの速さを変えたり，動きをほかに伝えたりするのに使う．Ea gear. 韓톱니바퀴．「この工場ではたくさんの歯車を使って重いものを動かしている」②組織などの全体をつくっている１つ１つの部分．Ea cog. 韓(하나의) 톱니, 미미한 일부분．「歯車の１つにはなりたくないので，独立して自分の会社をつくった//歯車がかみ合わない（＝ものごとがうまく進んでいかない）」

歯車①

はぐ・れる ハグレル〔自動一〕①連れの人を見失って離れ離れになる．Elose sight of; get separated from. 韓일행과 떨어지다, 일행을 놓치다．「人ごみの中で，友達とはぐれてしまった//親にはぐれて迷子になった

子が泣いている」②〔動詞の「ます」形について〕～しそこなう．失敗する．「遅くまで飲んでいて終電車に乗りはぐれた(E) I drunk until late at night and missed the last train.(한)늦게까지 술을 마셨다가 전철 막차를 놓쳤다．)//仕事に追われて夕食を食いはぐれた」

ばくろ 【暴露】バクロ，バクロ〔～する〕隠していたことや，つごうの悪いことが表れてしまうこと．また，他人の秘密などを外に表し出すこと．(E)reveal; disclose.(한)폭로．「おまえの過去を暴露するぞとおどして金を取る//暴露記事」

はげし・い 【激しい】ハゲシイ①勢いがたいへん強い．(E)violent; fiery.(한)세차다，격심하다，격렬하다．「外は激しい風が吹いている//三郎は気性が激しくて，すぐ大声でどなる」②程度がたいへんひどい．(E)acute; rapid.(한)극심하다；급격하다．「歯の激しい痛みで1晩じゅう眠れなかった//世界情勢が激しく変化する」

バケツ (bucket)バケツ 水などを入れて手にさげて運ぶ容器．(E)a bucket.(한)버킷，물통．「このバケツの水を使って掃除をしてください//雨もりをバケツで受ける」

ばけのかわがはがれる 【化けの皮がはがれる】いままで隠していた，よくない本当の性格や素じょうが知られてしまう．(E)betray oneself; be unmasked.(한)가면이 벗겨지다，정체가 드러나다．「大金持ちだと言っていた伯父の化けの皮がはがれて，本当はかなりの借金をかかえていることがわかった」

はげま・す 【励ます】ハゲマス〔他動五〕(はげまして) ①元気をつけてやる．ふるいたたせる．(E)encourage; cheer up.(한)북돋우다，격려하다．「疲れて歩けないという生徒を，もうすぐ頂上だ，がんばれ，と励ます//病気の妹を励ます」②(「声を励ます」の形で)

声を強くする．(E)raise one's voice.(한)목청을 돋우다．「試合に負けそうなので，声を励まして応援する」▷名励まし自動励む

はげ・む 【励む】ハゲム〔自動五〕(はげんで) 一生懸命に努力する．精出す．(E)devote oneself to.(한)힘쓰다，정진하다．「休日も休まず仕事に励む」対怠る 名励み 他動励ます

は・げる ハゲル〔自動一〕①髪の毛が抜け落ちて，頭の皮膚が見えるようになる．(E)get bald.(한)(머리가)벗어지다．「父は50歳を過ぎて頭がはげてきた」②山などに草木がなくなって地面が現れる．(E)become bare.(한)민둥산이 되다．「緑だった山々が開発ですっかりはげてしまった//はげた山に木を植える」▷名はげ

は・げる ハゲル〔自動一〕①ぬってあるものや，はってあるものが取れて離れる．(E)peel off; come off.(한)벗겨지다．「めっきがはげて，ネックレスが金でないことがわかった//おしろいがはげる//ペンキがはげたベンチ」②日光にさらされて色が薄くなる．(E)fade.(한)퇴색하다，바래다．「このジーンズは何度も洗濯をして色がはげてきた」▷他動はぐ

ば・ける 【化ける】バケル〔自動一〕①形を変えて，ほかの姿になる．(E)take the shape of.(한)둔갑하다，변신하다．「キツネが娘に化けて旅人をだました//化けて出る」②本当の自分を隠してふるまう．また，姿を変えて別の人のように見せる．(E)disguise oneself as; pretend.(한)가장하다，변장하다．「警官に化けて現金輸送車をうばう//三郎は学生に化けて，A大学で講義を聞いている」③まったく違ったものに変わる．(E)change itself into.(한)엉뚱한 것으로 바뀌다，둔갑하다．「ボーナスがオートバイに化けた」▷名化け 他動化かす

はけん 【派遣】ハケン〔～する〕人をある目

的のために決められた場所に行かせること. Ⓔdispatch; send. 한파견.「政府はパリで開かれる国際会議に代表を派遣した//オリンピックに選手を派遣する//派遣団」対召還

はこ【箱】ハコ 木や紙などでつくった、ものを入れてしまっておくための器. Ⓔa box; a case. 한상자, 궤짝, 박스.「この箱の中にはたくさんの本が入っている//箱入りのチョコレート//箱のふた//ごみ箱」→ケース

はこ・ぶ【運ぶ】ハコブ〔自他動五〕(はこんで) ①ものごとが調子よく進む. Ⓔprogress; go on well. 한순조롭게 진행되다, 진척되다.「会議がうまく運んで予定より早く終わった」②ものを持ったり車に積んだりしてほかの場所に移す. Ⓔcarry; transport. 한나르다, 운반하다.「荷物をトラックで運ぶ//客間へお茶を運ぶ」③ものごとを進める.はかどらせる. Ⓔpromote. 한진행시키다, 진척시키다.「計画どおりに仕事を運ぶ」④(「足を運ぶ」の形で)そこまで行く. Ⓔgo. 한발걸음을 옮기다, 가다.「毎日図書館へ足を運ぶ」▷名運び
≡注 ①は自動詞、②③④は他動詞.

バザー(bazaar)バザー 金を集めるために、人々から寄付されたものや自分たちでつくったものを売る催し. Ⓔa bazaar. 한바자, 자선시(慈善市).「生活に困っている人を助けるためにバザーを開く//衣類や食器をバザーに出す」

はさみハサミ 2枚の刃でものをはさんで切る道具. Ⓔscissors. 한가위.「このはさみでは厚い紙は切れない//花ばさみ」数1丁

はさ・む【挟む】ハサム〔他動五〕(はさんで) ①ものとものとの間に置く. Ⓔsandwich ~ between; across. 한사이에 두다(끼다).「川をはさんで2軒の家が建っている//ビルにはさまれて、日が当たらない部屋」②ものとものとの間に入れて落ちないようにする. Ⓔput (under one's arm); pick up. 한끼(우)다;집다.「体温計をわきの下にはさむ//はしではさむ」③ものを間に差し入れる. Ⓔput ~ in; put ~ between. 한끼(우)다.「本の間に写真をはさむ//パンにハムと野菜をはさむ//はさみこむ」④間に差し入れて両側から強く押さえる. Ⓔcatch ~ in. 한끼다.「ドアに指をはさんでしまった」⑤(「耳にはさむ」の形で)⇨耳慣用 ⑥(「口をはさむ」の形で)途中でことばを入れる. Ⓔbreak in; put in a word. 한말참견하다.「関係のない人は口をはさまないでほしい」
▷自動挟まる

はさん【破産】ハサン〔~する〕財産を全部なくしてしまうこと. Ⓔbankruptcy. 한파산.「財産を全部使って会社をつくったが、失敗して破産してしまった//破産宣告//破産者」

はし【端】ハシ ①ものや場所の、中心からいちばん遠く離れた部分.はじ. Ⓔthe edge; the border. 한끝, 선단, 가장자리.「会場のはしのほうにすわったため、真ん中で話している人の声がよく聞こえなかった」②細長いものや場所の、真ん中から離れた部分. Ⓔan end; a side. 한끝, 가장자리.「建物のはしからはしまで10メートルある//ことばのはし(=話しているときに使われたちょっとしたことば)」

はし【橋】ハシ 川や湖、道路、谷などの一方から他方へかけて人や車が横切れるようにしたもの. Ⓔa bridge. 한다리.「川に橋をかける//橋を渡る//橋のたもと//石橋」数1本

はしハシ 食べ物などをはさむための2本の細い棒. Ⓔchopsticks. 한젓가락.「豆を1つずつはしでつまんで食べる//はしをつける(=食べはじめる)//割りばし(→

項目)」 数1膳　→食器図

はし【箸】にも棒にもかからない　問題にもならないほど能力や程度がひどくおとっている．Ebe below criticism. 韓국거리도 탕거리도 못되다；아무 짝에도 쓸모가 없다．「展覧会に出したいと見せにきた絵だが，下手ではしにも棒にもかからない」

はじ【恥】ハジ　常識のない，名誉を失うようなことをしてしまうこと．また，それを他人に見られたくないと思う心．Eshame; disgrace. 韓부끄러움，수치，창피，치욕．「他人のものを盗むようなことをすれば，家族全体の恥だ」 自動恥じる

恥をかく　恥と思われることをして情けない思いをする．Edisgrace oneself. 韓창피를 당하다．「コーラスで，１人だけ先に歌いはじめてしまって恥をかいた」 対恥をかかせる

はじ・く　ハジク〔他動五〕（はじいて）①はねかえす力でものを打つ．Eflip; rebound. 韓튀기다．「車が小石をはじきとばして走り去った」②寄せつけない．はねかえす．Erepel. 韓튀겨 내다，겉돌게 하다．「水をはじくレーンコート」▷ 自動はじける

はしくれ【端くれ】ハシクレ　グループの中にはいるが，いてもいなくてもいいような役に立たない存在．Ea piece of ～; a petty ～. 韓명색이 ～의 한 사람，～의 말단．「医者のはしくれとしてこの病院に勤めはじめてから５年になります」「芸術家のはしくれ」 話
三 参 おもに謙遜していうときに使う．

はしご　ハシゴ　①高い所に上るための道具．２本の棒の間に直角にいくつもの横棒をつけたもの．Ea ladder. 韓사다리．「はしごをかけて屋根に上る//はしご段」
②「はしご酒」を略した言い方．酒場をつぎからつぎへと飲み歩くこと．Ebarhopping. 韓술집을 옮겨 가며 연이어 마

〔はしご①〕

심．「ゆうべは４軒もはしごをして，家に帰ったのは午前２時だった」▷ 数①１台

はじさらし【恥さらし】ハジサラシ　恥となることをして多くの人に知られ，関係者にも不愉快な思いをさせること．また，その人．Edisgrace; a shame. 韓망신，망신스러운 짓；망신가마리．「なにをしてもいいが，悪いことをして警察に捕まるような恥さらしなことだけはしないでくれ」

はしたな・い　ハシタナイ　礼儀にはずれていて，品がない．Evulgar; shameful. 韓상스럽다，천덕스럽다，버릇없다．「『あんた』と呼ぶのははしたないから，『あなた』と言いなさい」

はじま・る【始まる】ハジマル〔自動五〕（はじまって）①ものごとが新しく起こる．Ebegin; start. 韓시작되다．「新学期が始まる//戦争が始まる」 対終わる
②（おもに「始まった」の形で）習慣のようになっている動作が起こる．くせが出る．「また始まった．つめをかむのはやめなさい//またきみのくせが始まった（EThere you go again! 韓또 네 버릇이 나오는군．）」
③（「～ても始まらない」の形で）そんなことをしてもむだだ．「いまごろ後悔しても始まらない（EIt's too late to regret now. 韓이제 와서 후회해도 소용없다．）」
▷ 名始まり　他動始める

はじめ【初め・始め】ハジメ　①始めること．続いていくことの最初のところ．Ethe beginning. 韓첫머리，처음，시작，시초．「８月の初めは30度以上の日が続き，とても暑かった//年の初め//仕事始め（＝正月休みが終わり，新しい年になってはじめて仕事をする日．また，仕事をすること）」 対終わり，末　②（「～をはじめ」の形で）多くあるものの中で，～を中心として．E～ and; from ～

down. 한~을 위시하여, ~을 비롯하여. 「校長先生をはじめ先生方によろしくお伝えください」 ▷他動 始める

注 漢字で書くときは、①で時間的な順序として先のほうをいうばあいは「初め」、動作に関係のあるばあいは「始め」。②はひらがなで書く。

はじめて 【初めて】ハジメテ 第1回目に、そのとき新しく。Efor the first time; do not ~ until. 한처음으로, 비로소. 「はじめて飛行機に乗って、とても緊張した」「子供を持ってはじめて、親の苦労がよくわかった」

はじめまして 【初めまして】ハジメマシテ はじめて会う人に言うあいさつのことば。E How do you do? 한처음 뵙겠습니다. 「はじめまして、山田と申します。どうぞよろしくお願いします」 話

はじ・める 【始める】ハジメル〔他動一〕① ものごとを新しく起こす。Estart; begin. 한시작하다. 「来年から新しい仕事を始める」 対終える、終わる ②(動詞の「ます」形について) その動作を起こす。「咲きはじめる (Ebegin to bloom. 한(꽃이) 피기 시작하다.)//遊びはじめる//書きはじめる」 対終える、終わる ▷名始め 自動始まる

はしゃ・ぐ ハシャグ、ハシャグ〔自動五〕(はしゃいで) うれしくて浮かれて騒ぐ。E romp about; make merry. 한들떠서 떠들어대다, 신이 나서 떠들다. 「子供たちは出かけるのがうれしくてはしゃいでいる//はしゃぎまわる」

ばしょ 【場所】バショ ①なにかがある所。なにかをする所。Ea place; a location. 한장소, 곳. 「通勤に便利な場所にアパートを見つけた//荷物の置き場所」 ②いる所、すわる所。Ea seat; a place. 한좌석, 자리. 「今夜の音楽会は自由席だから、早く行っていい場所を取っておこう//場所をゆずる」

はしょ・る ハショル〔他動五〕(はしょって) ①着物のすそを持ち上げて、帯などにはさみこむ。Etuck up; hitch up. 한옷자락을 걷어 지르다. 「歩きやすいように着物のすそをはしょる//しりをはしょった姿」 ②省いて短くする。Ecut short. 한줄이다, 생략하다. 「前後をはしょって、要点だけ説明する//話をはしょる」 ▷話

はしら 【柱】ハシラ、ハシラ ①建物の屋根など、上のほうにあるものを、まっすぐに立てて支える棒。Ea pillar; a post. 한기둥. 「このお寺の柱には直径30センチもの太い木が使われている」 ②ものごとの中心となるものや人。Ea support; a stay. 한기둥, 지주. 「父が死んだあと、母が一家の柱として働いている」 ▷数①1本

はしりがき 【走り書き】ハシリガキ 〔~する〕急いで字を書くこと、また、その書いたもの。Ewrite hurriedly; scrawl. 한휘갈겨 씀, 그렇게 쓴 것. 「時間がないから走り書きで要点だけ書く//走り書きなので読みにくい」

はし・る 【走る】ハシル〔自動五〕(はしって) ①人や動物が足を速く動かし、後ろへけるようにして進む。E run. 한달리다, 뛰다. 「草原を馬が走る//運動場を3周走る」

②速いスピードで動き進む。Etravel; run. 한빠르게 나아가다, 달리다. 「光は1秒間におよそ30万キロ走る//この新車はよく走る」

③逃げていく。Eflee; go to live with. 한달아나다, 도망치다. 「家を出て恋人のもとへ走る」

④ある方向へかたよって進む。Ebe carried away by. 한치우치다. 「感情に走って子供をなぐってしまった//空想に走る」

⑤道など細長いものが、ある方向にのびる。E

run; stretch. 한 뻗다, 통하다.「平野を鉄道が走っている//日本列島を南北に山脈が走っている」
▷ 名 走り）

は・じる 【恥じる】ハジル〔自他動一〕① 自分のしたことを恥ずかしく思う. E feel ashamed. 한 부끄러워하다.「子供にうそをついてしまったことを恥じている//良心に恥じる」 ②(「恥じない」の形で) 期待を裏切らない. 背かない. E be worthy of; well deserve. 한 ～에 부끄럽지 않다.「専門家の名に恥じない豊富な知識//横綱として恥じないすもうを取る」▷ 名 恥 →にはかむ

はず ハズ そのようになるのが当然であるということ. また, そのような推測. E ought to; be supposed to. 한 ～할 예정, ～할 리, ～할 터, 당연히 ～할 것.「1週間前に国の妻に手紙を出したのだから, もう着いているはずだ//社長はあすタイへ出発するはずだ」

バス (bath) バス 洋風の, 体を横にして入る浅いふろおけ. また, ふろ場. E a bath. 한 욕실, 욕조.「バスを使ったあとはお湯を流しておく//このホテルのバスは広くて, のびのびできる//バス, トイレつき//バスタオル」

バス (bus) バス 多くの人を乗せる大型の自動車. E a bus. 한 버스.「家から電車の駅までバスで15分かかる//バス旅行//観光バス」数 1台 →停留所 図

バスに乗り遅れる 世の中の移り変わりに遅れる. E miss the bus. 한 시류(時流)에 뒤지다.「久しぶりに都会へ出ると, なにもかも目まぐるしくて, バスに乗り遅れてしまった自分を感じる」

パス (pass) パス ①〔～する〕スポーツ 競技で, ボールを味方に送り渡すこと. E pass (the ball). 한 패스, (구기 경기에서) 송구.「ラグビーではボールは自分より後ろにいる人にパスする//パスが決まる」 ②〔～する〕試験などに合格すること. E pass (an examination). 한 합격, 통과.「やっと卒業試験にパスできた//入管の審査にパスして1年間のビザ延長が認められた」③〔～する〕自分の順番がきても, 休んでつぎの人にまわすこと. また, ほかの人と一緒に行動しないこと. E pass. 한 자기 순번을 거르고 다음 차례로 돌림; 참석을 포기함.「頭が痛いから今夜の忘年会はパスする」④ 建物や施設などに入るときいつでも使える入場券. また, 定期券. E a pass; a commuter pass. 한 무료 승차권(입장권), 정기 승차권.「プールに無料で入れるパスがあるから, 毎日泳ぎに行こう//無料パス//老人パス」▷ 数 ④ 1枚 話 ③

はずかし・い 【恥ずかしい】ハズカシイ ① 自分の欠点や失敗を恥に思って, 他人に顔を見られたくないような気持ちだ. E be ashamed. 한 부끄럽다, 창피하다.「駅で転んで, おおぜいの人に見られて恥ずかしかった」② うれしいような, 困ってしまうような気持ちだ. E be shy; be embarrassed. 한 멋쩍다, 수줍다, 겸연쩍다.「ダンスは好きだが, 人の前で踊るのは恥ずかしい//みんなの前ではめられて恥ずかしかった」

はずかし・める 【辱める】ハズカシメル〔他動一〕① 恥をかかせる. E put to shame; humiliate. 한 모욕하다, 창피를 주다.「級友の前で『おまえのようなばかはクラスのじゃまだ』と先生にはずかしめられた」② 名誉や地位などを傷つける. E disgrace; dishonor. 한 손상시키다, 욕되게 하다, 더럽히다.「集団で万引きをして, 学校の名をはずかしめた//この器は名人の名をはずかしめない作品だ」▷ 名 辱め

バスケットボール (basketball) バスケットボール 5人ずつのチームが, 網をつけた輪の中にボールを入れて点を取り合う競技. バ

スケット. Ebasketball. 헌농구.「バスケットボールの選手は背の高い人が多い」

はず・す 【外す】ハズス〔他動五〕(はずして) ①固定されているものを取って離す. Etake off; remove. 헌떼다, 떼어 내다; 벗다, 끄르다.「泥棒は外から雨戸をはずして侵入した//めがねをはずす//ボタンをはずす」②当たらないようにそらす. Eupset; evade. 헌피하다, 빗나가게 하다.「相手の攻撃のタイミングをはずす//ねらいをはずす」③捕まえそこなう. 逃がす. Emiss. 헌놓치다, 잃다.「この機会をはずすと2度と留学はできないだろう」④その中から取り除く. Eremove from. 헌빼다, 제외하다.「欠席した人の名前を名簿からはずす//練習を怠けている部員を試合のメンバーからはずす」⑤その場所から離れる. Eleave; be not at. 헌(자리를) 뜨다, 비우다.「2人だけで話したいようだったので, その場をはずした//課長はただいま席をはずしております」
▷自動外れる

パスポート (passport) パスポート 外国へ旅行する人について, 国籍, 身分などを証明するために国が出す書類. 旅券. Ea passport. 헌패스포트, 여권.「外国旅行中にパスポートをなくして, とても困った」数1通

はず・む 【弾む】ハズム〔自他動五〕(はずんで) ①弾力のあるものが, 地面や床などに当たって勢いよくはねかえる. Ebounce. 헌뛰다.「空気がいっぱい入ったボールはよくはずむ」②喜びなどのために, 勢いにのる. 調子づく. Ebecome lively; be in high spirits. 헌활기를 띠다, 신바람이 나다, 들뜨다.「久しぶりに会った友達と話がはずんだ//心がはずむ//はずむ声」③思いきって金をたくさん出す. Efork out (a big sum). 헌(돈을)

듬뿍 주다[내놓다].「今度の運動会では社長が賞金をはずむそうだ//チップをはずむ」
▷名弾み
三注①②は自動詞, ③は他動詞.

はず・れる 【外れる】ハズレル〔自動一〕①固定されているものが取れて離れる. Ebe disconnected; come off. 헌빠지다, 떨어지다, 벗겨지다, 끌러지다.「テレビが映らないと思ったら, プラグがはずれていた//ドアの取っ手がはずれた」②ある決まったものの外にある. Ebe out of; don't meet; be against. 헌빗나가다, 안 맞다, 어긋나다.「父の歌は, いつも調子がはずれているのでおかしい//規格にはずれた製品//人の道にはずれた行い」③ものごとが思っていたことと違う. Eprove wrong; miss; fail. 헌안 맞다, 어긋나다, 떨어지다, 누락되다.「天気予報がまたはずれた//宝くじがはずれて残念だ//予想がはずれる」対当たる
▷名外れ 他動外す

パソコン パソコン〔←パーソナルコンピューター(personal computer)〕個人用の小さい電子計算機. Ea personal computer. 헌퍼스널 컴퓨터, PC.「会社にパソコンを入れたら給料の計算が簡単に速くできるようになった//パソコン通信」数1台

はた 【旗】ハタ 布や紙でつくり, なにかを表したり知らせたり, 飾りにしたりするもの. Ea flag. 헌기, 깃발.「国の旗を立てて独立記念日を祝う//旗を振ってマラソンの走者を応援する」1枚・1本

はだ 【肌】ハダ ①人の体やものの表面をおおっている部分. Ethe skin. 헌피부, 살갗, 살결.「北風が肌を刺すように冷たい//肌が荒れる」②その人が持っている性質, 気質. Edisposition; character. 헌기질, 성질, 성미.「洋子とは肌が合わなくて, 話

をしていてもすぐにけんかになる//天才肌」

バター (butter)バター 牛乳の脂肪をかためてつくった食品. Ebutter. 韓버터.「パンにバターをぬって食べる//肉をバターで焼く」

はだか 【裸】ハダカ ①体になにもつけていず, 肌が全部見える状態. Enaked; bare. 韓알몸, 나체, 벌거숭이.「はだかになってふろに入る//はだかで寝る」②持っているものは自分の体のほかにはなにもないこと. Ebecome penniless. 韓무일푼, 빈털터리.「旅行中, 持ち物を全部盗まれ, はだかになって帰ってきた」③他人に対して, 隠したり飾ったりしないこと. Efrankly; heart-to-heart. 韓탁 까놓음, 솔직함, 허심탄회함.「一郎とははだかのつきあいができる」

はたけ 【畑】ハタケ ①野菜やくだものなどをつくるための土地. Ea field; a garden. 韓밭.「畑をたがやしてトマトを植える//花畑」②仕事や学問の専門とする範囲. Ea field; one's specialty. 韓영역, 전문 분야.「わたしは経理部で, あなたは営業部, 同じ会社でも畑が違う//外交畑」▷数①1枚

はださわり 【肌触り】ハダザワリ ものが肌にさわったときの感じ. Ethe touch; feel (smooth). 韓촉감, 감촉.「このブラウスは肌ざわりがなめらかで, 着ていて気分がいい//絹の下着は肌ざわりがいい」

はだし ハダシ ①はきものなどをはいていないこと. Ebarefoot. 韓맨발.「突然の地震に驚いて, はだしのまま外へ飛びだした」②(他のことばの後について) 専門家にも負けないほど上手にすること. Eput even (a professional) to shame. 韓(전문가를) 뺨침, 무색하게 함.「父は料理をつくるのが好きで, 専門家はだしのフランス料理をつくる//くろうとはだし」

はたして 【果たして】ハタシテ ①予想していたとおりだと思うようす. Ejust as one thought; sure enough. 韓과연, 역시, 생각했던 대로.「5時までにはたして終わらないと思ったら, はたして夜中までかかった」②疑う気持ちを強調するようす. Ereally; ever. 韓과연, 정말로.「20年後に, はたして宇宙旅行ができるようになるだろうか」

はた・す 【果たす】ハタス 〔他動五〕(はたして) すっかりなしとげる. Eaccomplish; carry out; fulfill. 韓다하다, 완수하다, 달성하다.「博士の果たした役割は大きい//目的を果たす//約束を果たす」

はたち 【二十・二十歳】ハタチ 20歳. Etwenty years of age. 韓20세, 스무 살.「日本の法律では二十から大人の扱いになる」

ばたばた バタバタ ①{〜する}布などが風に吹かれたり, 鳥が翼を動かしたりするときの音を表す. また, そういう音を立てるようす.「強い風に吹かれて, 旗がばたばた(と)音を立てている(EThe flag is flapping in the high wind. 韓강한 바람에 휘날리어 깃발이 펄럭펄럭 소리를 내고 있다.)//廊下をばたばた(と)走る」②つぎつぎに続いて起こるようす.「景気が悪くなり, 小さな会社がばたばた(と)倒産した(EWith the economic downturn, a lot of small companies have gone bankrupt one after another. 韓경기가 나빠져 작은 회사들이 잇따라 도산하였다.)」③{〜する} 忙しそうに落ちつきなく行動するようす.「あした引っ越しで, うちじゅうがばたばたしている(EWith the move tomorrow, our house is chaotic. 韓내일 이사라서 온 집안이 부산하게 돌아가고 있다.)」

はため 【はた目】ハタメ 直接関係ない人から見た感じ. Eto others; another's eyes. 韓옆에서 보는 눈, 남의 눈.「2人の結婚生活ははた目には幸福そうに見えたが, 突然離婚してしまった//はた目を気にする」

はためいわく【はた迷惑】ハタメイワク まわりの人が迷惑して困ること。Ea nuisance to others. 한주변 사람에게 끼치는 폐.「となりの夫婦が毎日はでにけんかするので、はた迷惑だ//はた迷惑も考えず、となりの学生は下手な歌を毎晩大声で歌う」

はたらき【働き】ハタラキ ①働くこと、働いて収入をえること。Ework. 한일, 노동.「わたしの働きによって家族は生活している//働きがある(=たくさんの収入をえる能力がある)//働きすぎ//働き者」②機能、効果。Ea function; (an) effect. 한작용, 기능, 효과.「起きたばかりなので、まだ頭の働きが鈍い//緑茶にはがんをおさえる働きがあるそうだ」▷自他動 働く

はたら・く【働く】ハタラク〔自他動五〕（はたらいて）①体を動かして仕事をする。Ework; labor. 한일하다, 노동하다.「母は工場で働いている//汗水たらして働く」②知能などがよく活動する。Ework. 한활동하다, 움직이다, 잘 돌아가다.「二郎は頭がよく働いていて、つぎつぎにアイデアを出す//悪知恵が働く」③ほかに作用する。影響をおよぼす。Eact on; function. 한작용하다, 기능하다, 효과를 발휘하다.「月の引力が働いて、潮が満ちたり引いたりする//タイマーが働いてエアコンが止まった」④悪いことなどをする。Ecommit. 한(나쁜 짓을) 하다, 저지르다.「強盗を働く」▷名 働き

注 ①②③は自動詞、④は他動詞。

はち【八】ハチ ①7に1を加えた数。8。8つ。Eeight. 한팔, 8, 여덟.「2かける4は8//8ミリビデオ」②順番が7のつぎ。8番目。第8。Ethe eighth. 한여덟째, 팔.「会議室が8階にある」

参「八」の字は下がひろがっているので、末ひろがりといって喜ばれる。

はち【鉢】ハチ 皿より深くて口が広い入れ物。Ea bowl; a pot. 한주발, 사발；화분.「小さい鉢に卵を入れて食卓に出す//鉢に花を植える//どんぶり鉢//金魚鉢」

はち ハチ 昆虫の一種。体の長さは数センチ。2対の羽があり、雌は毒のある針で人を刺すことがある。Ea bee. 한벌.「林の中でハチに刺されて顔がはれてしまった//ハチの巣//ハチみつ」数 1匹

はち〔蜂〕の巣をつついたよう たいへん騒ぎになるようす。Ebe in a state of utter confusion. 한벌집을 들쑤셔 놓은 듯.「火事だという声に、買い物客があわてて逃げだそうとして、店内ははちの巣をつついたようになった」

ばち【罰】バチ 神や仏などが、人間のした悪い行いに対して与える精神的、肉体的苦しみ。E(a) punishment; pay for. 한벌, 천벌.「若いとき遊んで暮らした罰が当たって、年をとったいま苦労をしている」

はちあわせ【鉢合わせ】ハチアワセ、ハチアワセ〔～する〕①2人の人の頭と頭がぶつかること。Ebump heads; bump into each other. 한머리를 맞부딪침, 박치기.「急いで廊下を曲がろうとして、向こうから来た先生と鉢合わせしそうになった」②思いがけなく人に出会うこと。Ecome across; run into. 한(우연히) 딱 마주침, 맞닥뜨림.「道子と公園を散歩していたら、前の恋人と鉢合わせしてしまった」

ばちがい【場違い】バチガイ その場にふさわしくないこと。Eout of place; improper. 한그 자리에 어울리지 않음.「洋子のはでなドレスは葬式には場違いな服装だ//場違いな発言」

はちがつ【八月】ハチガツ、ハチガツ 1年の

8番目の月．8月．ⒺAugust．㉠8월．「8月は夏の盛りで，東京では気温がセ氏30度をこえる日が続く」

ぱちくり パチクリ〔～する〕驚いて，数回大きく目を開けたり閉じたりするようす．「しかられると思っていたらほめられたので，目をぱちくりさせた(ⒺI blinked my eyes in surprise when I was praised instead of being scolded. ㉠야단맞을 거라고 생각했었는데 칭찬을 들어 눈을 끔뻑거렸다.)」

ぱちぱち パチパチ〔～する〕①何度もまばたきするようす．「映画館から外へ出たらまぶしくて，目をぱちぱちさせた(ⒺAs I left the movie theater, I had to blink my eyes in the light. ㉠영화관에서 밖으로 나오자 눈이 부셔서 눈을 깜빡거렸다.)」②熱せられてはじけたり，火花が飛んだりするときの音を表す．また，そういう音を立てるようす．「熱い油に水が入り，ぱちぱち(と)飛んだ(ⒺWater drops sputtered in the hot oil. ㉠뜨거운 기름에 물이 들어가 탁탁 튀었다.)//木がぱちぱち(と)燃える」③小さくてかたいものを続けて何度も打ち合わせるときの音を表す．また，そういう音を立てるようす．「ぱちぱち(と)手をたたく(Ⓔclap one's hands. ㉠짝짝 손뼉을 치다.)」

パチンコ パチンコ たくさんのくぎを打った盤をガラスの板でおおって立て，その盤の穴に玉をはじき上げて入れる遊び．Ⓔpachinko; a pinball game. ㉠빠찡꼬．「パチンコの玉を景品にかえる」

はつ 【初】ハツ ①はじめてのこと．最初．Ⓔthe first. ㉠처음，최초．「列車を時速500キロで走らせようという世界でも初の実験が行われた」②(他のことばの頭について)(1)その年になってはじめての．「初氷が張る//初日の出(Ⓔthe sunrise on New Year's Day. ㉠새해 첫 해돋이.)」(2)人が生まれてはじめての．「初歩き//初体験//初舞台//初恋(Ⓔone's first love. ㉠첫사랑.)」

-はつ 【-発】①(時刻や地名について)出発すること．「6時発の新幹線(Ⓔthe 6:00 *Shinkansen*. ㉠6시발 신깐센.)//成田発の飛行機(Ⓔa plane from Narita. ㉠나리타발 비행기.)」対-着 ②(地名について)通信を発すること．「ワシントン発の新聞記事(Ⓔa newspaper article from Washington. ㉠워싱턴발 신문 기사.)//北京発のニュース」③(数を表すことばについて)弾丸などの発射数を表す．「ピストルの音が2発聞こえた(ⒺI heard two shots of pistol. ㉠권총 소리가 2발 들렸다.)」

ばつ 【罰】バツ 悪いことをしたり罪をおかしたりしたときに，受けなくてはならない精神的，肉体的苦しみ．Ⓔ(a) punishment; a penalty. ㉠벌．「酔っ払い運転の罰として，免許を取り消す//罰を与える//罰を受ける//罪と罰」対賞

ばつ 【閥】バツ 学校や出身地や利害が同じ人たちの集まり．Ⓔa faction; a clique. ㉠벌，문벌，파벌．「わたしの会社には，A大学出身者の閥とB大学出身者の閥がある//学閥//派閥(→**項目**)」

ばつ バツ まちがっているものや否定することにつけるしるし．ばってん．記号は「×」．Ⓔa cross; an X. ㉠가위표，「×」．「正しいものには丸，まちがっているものにはばつをつけなさい//ばつ印」対丸

はついく 【発育】ハツイク〔～する〕動物や植物が大きく育つこと．Ⓔgrowth. ㉠발육．「この木は日陰に植えられているので，発育が悪い//発育ざかり」

はつおん 【発音】ハツオン〔～する〕くちびるや舌などを動かして声や音を出すこと．また，その出し方．Ⓔpronunciation. ㉠발음．「ジョージの英語の発音はとてもきれいで

正確だ//日本人にはLとRの発音の区別がむずかしい」

はつか【二十日】ハツカ ①その月の20番目の日．20日．Ethe twentieth (of July). 한(그 달의) 20일．「7月20日から夏休みが始まる」②日の数が20あること．20日．Etwenty days. 한 20일, 스무날．「この仕事は2週間から20日あればできる//20日間」

ばつがわるい【ばつが悪い】その場にいることが困るような感じになる．Efeel awkward. 한거북하다, 난처하다．「演奏会で，まだ曲の終わらないうちに大きな拍手をしてしまい，とてもばつが悪かった」似た表現 きまりが悪い

はっき【発揮】ハッキ, ハッキ〔~する〕人の能力やものの価値をわかるように示すこと．Edisplay; demonstrate. 한발휘．「われわれの持つ力をじゅうぶんに発揮すれば，必ず相手チームに勝てる//実力を発揮する」

はっきり　ハッキリ〔~する〕①ものの形やものごとの違いがよくわかるようす．Eclearly; distinctly. 한분명히, 확실히, 또렷이．「めがねをかけると，はっきり(と)見える」対ぼんやり　②態度や状態などが，他からもよくわかるようす．Edefinitely; unsettled. 한확실히, 분명히．「自分の気持ちをはっきり(と)相手に伝える//はっきりしない天気だ」対ぼんやり

ばっきん【罰金】バッキン 罰として払う金．Ea fine; a penalty. 한벌금．「駐車違反をしたために罰金を払った//罰金刑」

バック（back）バック ①背景．後ろ．Ethe background; the back. 한배경, 뒤, 배후．「海をバックに写真をとる//バックミラー//バックネット」②他の人には見えない形で支援すること．また，その人．Ebacking; support. 한후원, 후원자．「この事業は銀行のバックがあったから成功したのだ」③〔~する〕後ろへ下がること．Eback. 한후진, 후퇴．「車をバックさせる」

バッグ（bag）バッグ かばん．手さげ袋．Ea bag. 한백, 가방．「バッグを手に持つ//ゴルフバッグ//ハンドバッグ」

ばつぐん【抜群】バツグン 多くのものの中で特にすぐれているようす．Eexcellent; outstandingly. 한발군, 월등함．「クラスの平均点が55点だったのに，道子は95点も取って抜群の成績だった//足が抜群に速い人」

はっけん【発見】ハッケン〔~する〕それまで人が知らなかったものごとを見つけだすこと．Ediscover; discovery. 한발견．「飛行機の機体に小さな穴が開いているのを発見した//がんの新しい治療法が発見されることを期待する//歴史的な発見」

はつげん【発言】ハツゲン〔~する〕会議などで，意見を言うこと．また，その意見．Espeak; a remark. 한발언．「教育問題について，わたしにも発言させてください//会議中の発言を記録する//発言権//発言力」

はっこう【発行】ハッコー〔~する〕本, 新聞などを印刷して世の中に出すこと．Epublish; issue. 한발행．「サークルの雑誌を月に1回発行する//発行年月日//発行所」

ばっさり　バッサリ 思いきって勢いよく切ったり減らしたりするようす．「長い髪をばっさり(と)切る(Echop off long hair. 한긴머리를 싹둑 자르다.)//予算をばっさり(と)けずられた」

はっさん【発散】ハッサン〔~する〕光や力などが勢いよく, ひろがるように出ること．また，出すこと．Ework off; emission. 한발산．「仕事でたまったストレスをスポーツで発散させる//地震は地の中にたまったエネルギーの発散と考えられる」

バッジ (badge) バッジ えりや帽子などにつけて、自分の属している会社、身分、グループなどを表すしるし。Ea badge. 韓배지, 휘장.「会場にはバッジをつけた人しか入れません//国会議員のバッジ」

はっしゃ 【発車】ハッシャ〔～する〕電車、列車、バスなどの乗り物が出発すること。E departure; start. 韓발차.「新幹線の発車までに15分あるから、家に電話をしておこう//発車のベルが鳴る」対停車

ばっすい 【抜粋】バッスイ〔～する〕文章などの必要な部分を抜きだすこと。また、その部分。E extract; excerpt. 韓발췌.「この本の重要な部分だけを抜粋する//オペラの名場面を抜粋して1枚のCDをつくる」

はっ・する 【発する】ハッスル〔他動する〕①起こす。始める。E originate; rise. 韓발하다, 발단(발원)하다, 시작하다.「人々の抗議に端を発して大きな騒動になった//富士山の雪どけ水に源を発する川」②音や光などを外に向かって出す。E give; give out; send out. 韓발하다, 발산하다.「大声を発する//悪臭を発する//光を発する物体」③公に発表する。E issue; announce. 韓발하다, 발표하다.「警官は駅前に止まっている車に、早く移動するよう警告を発した//区役所がスモッグ注意報を発する」▷書

ばっ・する 【罰する】バッスル, バッスル〔他動する〕違反者に法律で刑を与える。E punish. 韓벌하다.「裁判所は法律に違反した者を罰する//人を殺せば罰せられる」

はっせい 【発生】ハッセイ〔～する〕なにもないところからなにかが生まれること。ものごとが起こること。E break out; appear; occurrence. 韓발생.「村に原因のわからない病気が発生した//台風が発生する//事故の発生を防ぐ」

はっそう 【発想】ハッソー〔～する〕学問、芸術などに関する考えが心の中に思い浮かんでくること。また、その考え。アイデア。E an idea; a way of thinking. 韓발상.「首都を東京から別の都市に移そうというのは思いきった発想だ//発想の転換//自由な発想」

はったつ 【発達】ハッタツ〔～する〕①ものごとや人の心、体が完全な形に近づくように変化していくこと。E develop; growth. 韓발달.「科学は20世紀になって急速に発達した//心身の発達」②勢いよく、大きくなっていくこと。E develop; make progress. 韓발달.「台風が急速に発達しながら九州に近づいている//交通が発達して便利になる」

はったり ハッタリ 相手に強い印象を与えようとして、実際以上に自分自身やものごとを大げさに言ったり、したりすること。E bluff. 韓허세, 허풍, 흥감.「100万円も自由にできないのに、1億円ぐらいすぐ集められると社長ははったりを言っている」話

ばっちり バッチリ 時期的に、または内容的に、非常によく合うようす。また、うまくいったと喜ぶようす。E perfectly; with perfect timing. 韓여축없이, 기막히게; 용하게도.「予想がばっちり(と)当たったから、今度のテストは100点だ//洋子が怒って二郎をなぐった瞬間を、ばっちり(と)カメラにおさめた」話

ばってき 【抜擢】バッテキ〔～する〕多くの人の中から選びだしてたいせつな仕事をさせること。E select; single out; promote. 韓발탁.「京子はまだ若いが、新しい事業の責任者にばってきされた」

はってん 【発展】ハッテン〔～する〕ものごとの勢いが盛んになって、のびひろがること。E develop; expand. 韓발전.「会社の事業を発展させるために、海外に支店を出す」

はっと ハット, ハット〔～する〕急に思いついたり驚いたりするようす。E come to oneself; be startled. 한 퍼뜩, 문뜩; 흠칫, 깜짝.「小説に夢中になり, はっと気づいたときは夜中の２時だった//急に車が曲がってきたので, はっとしてよけた」

ぱっと パット, パット ①急に動いたり変化したりするようす.「電車のドアが閉まりそうになったので, ぱっと飛び乗った(E I jumped on the train just as the door was closing. 한 전차 문이 닫히려고 해서 얼른 뛰어 탔다.)//カーテンを開けたら, 部屋の中がぱっと明るくなった」②{～する}めだつようす.「洋子は, 黄色やオレンジ色のようなぱっとした色が好きだ(E Yoko likes bright colors such as yellow and orange. 한 요코는 노란색이나 오렌지색과 같이 눈에 확 띄는 색을 좋아한다.)//あの選手は, 今年はぱっとしないがどうしたんだろう」

はつばい 【発売】ハツバイ〔～する〕商品を売りだすこと. E put ～ on sale; sell. 한 발매.「新しいビールが発売された//発売禁止//新発売」

はっぱをかける 【発破をかける】ほかの人に強い励ましのことばをかける. E urge on; spur on. 한 독려하다, 기합을 넣다.「このごろ一郎は練習を怠けている. がんばるようにはっぱをかけよう」
参「発破」は, 大きな工事のときなどに岩や石を火薬でこわすこと.

はっぴょう 【発表】ハッピョー〔～する〕広く人々に知らせること. E announce; publish. 한 발표.「試験の結果, 合格者は４人と発表された//研究発表会//公式発表」

はっぽうスチロール 【発泡スチロール】ハッポースチロール ものを入れたり熱をさえぎったりするために使う, 小さな泡のような空間のある物質. 石油を原料にしてつくり, 白くて軽い. E styrene foam. 한 발포 스티롤, 발포 스티렌 수지, 스티로폼.「肉や野菜を発泡スチロールの皿に載せて売る//魚を発泡スチロールの容器に氷と一緒に入れて運ぶ」

はっぽうふさがり 【八方ふさがり】ハッポーフサガリ どの方面にもつごうがあって, どうしようもないこと. なにもできないこと. E Everything goes against me. 한 운수가 꽉꽉 막힘, 사방이 삼살방이라 어찌할 방도가 없음.「赤字続きで事業の資金が続かない. 銀行にも知人にも融資を断られ, 八方ふさがりで工場を閉鎖するしかない」

はっぽうやぶれ 【八方破れ】ハッポーヤブレ どこからでもせめ入られるような, でたらめなようす. E haphazard; hit-or-miss. 한 허점투성이, 허술하기 그지없음.「前後のこともまわりのことも考えず八方破れの意見を言う」

はつめい 【発明】ハツメイ〔～する〕いままでだれも考えつかなかったものをはじめてつくりだすこと. ふつう, 機械や科学的な技術についていう. E invent; invention. 한 발명.「近眼の治療法が発明されたら, めがねがいらなくなる//電話の発明が生活を大きく変えた」

はつもうで 【初もうで】ハツモーデ 新年になってはじめて神社や寺にまいること. E the first visit of the year to a shrine or temple. 한 새해의 첫 참배.「わたしの家では, 毎年元日に家族そろって初もうでに行くことにしている」

はつゆめ 【初夢】ハツユメ １月１日か２日の夜に見る夢. E the first dream of the New Year. 한 (새해) 첫 꿈.「富士山の初夢を見た. 今年はなにかいいことがありそうだ」
参 富士山, タカ, ナスの夢を見るといいとされている.

はつらつ 【潑剌】ハツラツ(「はつらつと」の形で)明るく元気いっぱいのようす. E lively;

full of life. 㦿발랄.「洋子は, 希望していた会社で好きな仕事ができるので, 毎日はつらつと通勤している//元気はつらつとした若者」

はて 【果て】ハテ ①ものごとの最後のところ. Ｅafter; the end. 㦿끝；종착지.「長い議論の果てにやっと結論に達した//旅路の果て」②ここから先はもう行けないという, いちばんはしの場所. Ｅthe end; the extremity. 㦿끝, 끝간 데.「珍しい動物をさがして世界の果てまで旅をする//宇宙の果てはどうなっているのだろう？」▷自動 果てる

はで 【派手】ハデ 色や行動などがはなやかだったり, 大げさだったりして, 人目をひくようす. Ｅshowy; colorful; loudly. 㦿화려함, 야함；요란스러움.「うちのおばあさんは赤や黄色のはでな服がよく似合う//妹はちょっとけがをしただけでも大声ではでに泣く//はで好き」対地味

はてしな・い 【果てしない】ハテシナイ いつまでも終わりがない. Ｅendless; boundless. 㦿끝없다, 한없다.「子供たちには果てしない未来がある//果てしなく続く線路//果てしなくひろがる海」

は・てる 【果てる】ハテル〔自動一〕①ものごとが終わりになる. つきる. Ｅend; be finished. 㦿끝나다.「宴が果てる//父の小言はいつ果てるとも知れない」②命がつきる. 死ぬ. Ｅdie; pass away. 㦿죽다.「外交官の父は祖国を遠く離れた任地で果てた//みずから果てる」③(動詞の「ます」形について)すっかり~する. ~しきる.「あきれはてる(Ｅbe thoroughly disgusted. 㦿어이가 없어지다, 질려 버리다.)//困りはてる//絶えはてる」▷書①② 名果て
≡注③はひらがなで書く.

ば・てる バテル〔自動一〕動けなくなるほど疲れる. Ｅbe exhausted; be done in. 㦿지치다, 녹초가 되다.「8時間休まず歩き続けて, すっかりばてた//徹夜したので, きょうはばててしまった」話

パトカー パトカー〔←パトロールカー(patrol car)〕警察官が事故を防いだり, 事件を調べたりするために乗る車. Ｅa police car; a patrol car. 㦿패트롤 카, 순찰차.「パトカーが交通事故の現場に急行した//スピード違反の車をパトカーが追いかける」数1台

バドミントン (badminton) バドミントン 1人対1人, または2人対2人で, ネットをはさんで羽根のついた球をラケットで打って点を取り合う競技. Ｅbadminton. 㦿배드민턴.「昼休みに会社の中庭でバドミントンをする」

はどめ 【歯止め】ハドメ, ハドメ ものごとが悪い方向に進んでいくのをくいとめること. また, その方法. Ｅa brake. 㦿제동.「土地の値上がりに歯止めをかける」

パトロール (patrol) パトロール〔~する〕警官などが犯罪や事故を防いだり調べたりするために街や建物を見てまわること. Ｅpatrol. 㦿패트롤, 순찰.「無人のアパートに盗みに入った泥棒がパトロールの警官に捕まった」

はな 【花】ハナ ①植物が枝や茎に咲かせて実や種をつくるもの. 美しい色や形をしているものが多い. Ｅa flower; a blossom. 㦿꽃.「春になると, 赤や黄色のチューリップの花が咲く//花が散る//花畑」②桜. Ｅcherry blossoms. 㦿벚꽃.「吉野は花の名所だ//花見(→項目)//花便り」③①のように美しく, めだつもの. Ｅthe gaiety (of the party). 㦿화사함, 꽃다움.「洋子のピアノの演奏がパーティーに花をそえた」

〔花①〕

④いちばん盛んでいい時期. Eone's best days. 한전성기.「天才少年と騒がれたあのころがぼくの花だった」
▷数①②1本・1輪
≡注③④は「華」とも書く.

「花」のつく慣用表現

花と散る 劇的な形でものごとがこわれ,滅びる. Edie dramatically. 한꽃처럼 지다, 극적으로 죽다, 산화하다.「道子は劇の主役を演じている最中に倒れて,舞台の花と散った」

花も実もある 見て美しいだけでなく,内容も充実している. Einteresting and complete. 한꽃도 있고 열매도 있다, 명실 겸비하다.「1度だけなのだから花も実もある人生を送りたい」

花よりだんご 風流よりも,実際的な利益のほうがいいということ. EA dumpling is better than a flower. 한금강산도 식후경, 허울보다는 실속을 차리는 게 좋다.

花を咲かせる 注目されるような成果を上げる. Emake a noteworthy achievement. 한꽃을 피우다, 성공하다, 이름을 날리다.「叔父は定年後に書きはじめた小説が認められて,第二の人生に花を咲かせている」似た表現花が咲く

花を持たせる 相手に勝ちや功績をゆずる. Elet a person have the credit for. 한(상대방에게) 영광(공)을 돌리다.「先輩に花を持たせて,共同研究の成果を,先輩の名前で発表した」

はな 【鼻】ハナ 顔の真ん中の高い部分. 息をしたり,においをかいだりする働きをする. Ea nose. 한코.「いやなにおいがするので,鼻をつまんだ//鼻をかむ//鼻の穴/鼻かぜ」→顔図

「鼻」のつく慣用表現

鼻が高い 他人に自慢できる. また,得意なようすだ. Ebe proud of. 한콧대가 높다, 우쭐하다.「娘の書いた小説がベストセラーになって,鼻が高い」似た表現鼻を高くする

鼻であしらう 相手のことばをまじめに取りあげず,冷たい態度をとる. Eturn up one's nose at. 한코방귀를 뀌다, 시답잖게 보고 냉대하다.「柔道を習いたいと夫に言ったら,きみにはとうてい無理だと鼻であしらわれてしまった」

鼻にかける 相手が不快に感じるような自慢をする. Eboast haughtily. 한내세우다, 눈꼴시게 자랑하다.「あの子は自分の父が大会社の社長であることを鼻にかけている」

鼻につく ①いやなにおいがつきまとう. Ebe offensive to the nose. 한(역겨운 냄새가) 코를 찌르다.「便所のにおいが鼻につく」②飽きて,いやになる. Eget sick of. 한질력이 나다.「すしは好きだが,1週間も食べ続けていたら,鼻についてきた」

鼻の下が長い 女性に対する関心が強く,態度が甘い. Ebe soft on women. 한여자에게 무르다, 색을 밝히다.「鼻の下が長い課長は,女子社員にはだれにでも声をかけ,お茶に誘う」

鼻を明かす できるわけはないと他人が思っていることをしてみせてびっくりさせる. Eoutwit. 한의표를 찔러 깜짝 놀라게 하다.「兄はいつもぼくの走るのが遅いとばかにするから,100メートルを11秒台で走って鼻を明かしてやろう」

はないき 【鼻息】ハナイキ 鼻でする息. Ea snort. 한콧숨.「馬が荒い鼻息をしながら全力で走ってきた」

鼻息が荒い なにかをしようとする気持ちが強く、勢いのいいようす。Ｅbe arrogant. 韓기세가 당당하다.「一郎は仕事がすべてうまくいっているので、近ごろはとても鼻息が荒い」

はながた【花形】ハナガタ，ハナガタ はなやかで人気があり、よくめだつ人やもの. Ｅa star; leading. 韓스타, 인기 있는〔잘 나가는〕존재.「二郎は足も速くシュートもうまく、わがサッカーチームの花形だ//花形産業」

はなくそ【鼻くそ】ハナクソ 鼻汁とほこりがまじって鼻の中にかたまったもの. Ｅnose dirt. 韓코딱지.「鼻くそをほじる(Ｅpick one's nose. 韓코딱지를 후비다.)」

はなごえ【鼻声】ハナゴエ，ハナゴエ ①甘えたときに出す、鼻のほうへ抜けるような声. Ｅa wheedling nasal tone. 韓콧소리.「妹は父に『洋服を買って』と鼻声を出してねだった」②かぜをひいたときなどの鼻がつまったような声. Ｅa nasal voice. 韓코멘 소리.「かぜをひいて鼻声なので、聞きにくいかもしれませんが許してください」

はなし【話】ハナシ ①話すこと. Ｅa conversation; a talk. 韓이야기, 말, 대화.「洋子は話が上手だから会の司会をしてもらう」②物語. Ｅa story. 韓이야기.「子供のころ、父はよくお化けの話をしてくれた//おとぎ話(Ｅa fairy tale. 韓옛날 이야기.)//むかし話」③話題. Ｅa topic; a subject. 韓이야기, 화제.「久しぶりに中学時代の友人と会って話がはずんだ//話を変える」▷ 他動話す

話がつく 話し合ってたがいにそれでいいと決める. Ｅreach an agreement. 韓합의를 보다, 타협이 되다.「交通事故を起こしたが、わたしが50万円支払うことで被害者と話がついた」似た表現話をつける

話にならない 話題にする価値がない. 問題にならない. Ｅbe beyond discussion. 韓이야깃거리가 못되다, 문제삼을 일이 못되다.「あの人の無責任さは話にならない」

話に花が咲く 話している人たちが、楽しみ、おもしろがって、つぎからつぎへと会話が続いていく. Ｅhave a lively discussion. 韓이야기에 꽃이 피다, 흥겨운 화제가 계속되다.「ゆうべは旅行の話に花が咲いて、気がついたら午前1時だった」似た表現話に花を咲かせる

はなしあ・う【話し合う】ハナシアウ，ハナシアウ〔他動五〕(はなしあって) ①たがいに話をする. Ｅtalk together; talk with. 韓이야기를 나누다〔주고받다〕.「親と子が仲よく話し合っている」②相談する. Ｅdiscuss; consult with. 韓의논하다.「よく話し合って、みんなにわかってもらう//大学祭について話し合う」▷ 名話し合い

はなしことば【話し言葉】ハナシコトバ ふだんの生活の中で話していることば. Ｅspoken language; a colloquial expression. 韓구어, 대화체의 말.「この文章はことばがむずかしくてわかりにくいから、話しことばで説明してほしい」対書き言葉

はなして【話し手】ハナシテ，ハナシテ 話をする人. Ｅa speaker. 韓말하는 사람, 화자(話者).「話し手の顔を見ながら話を聞く」対聞き手

はな・す【放す】ハナス〔他動五〕(はなして) ①にぎったりつかんだりしているのをやめる. Ｅlet go; take off. 韓놓다.「人ごみの中では、子供の手を放さないようにしなさい//電車のつり革から手を放す」②しばったりつないだりしていた動物などを自由に行動させる. Ｅlet loose; turn out. 韓풀어놓다, 놓아주다.「捕まえた魚を川に放してやる//牛を牧場に放す」③(動詞の「ます」形について) すっかり~する. きっぱり~する.「窓を開け放す(Ｅopen the window wide. 韓창

文を活っと開く｡)//突き放す(→項目)」▷
自動 放れる

はな・す 【話す】ハナス〔他動五〕(はなして) ①ことばを声に出して言う｡ Ｅtell; speak; talk. 韓이야기하다, 말하다.「夏休みに経験したことを先生に話す//人前で話す//話しかける」
②たがいに話る｡ 話し合う｡ Ｅtalk with. 韓이야기를 나누다, 상의(의논)하다.「ゆっくり話す時間がない//話しこむ」
▷名 話
参①は「言う」と似ているが,「言う」が, 相手が聞くかどうかは問題にしないのに対して,「話す」は聞く相手が必ずいるばあいに使う｡

はな・す 【離す】ハナス〔他動五〕(はなして) ①くっついているものを分ける｡ Ｅremove; take off. 韓떼다.「ハンドルから手を離して運転する//小さい子から目を離してはいけない//切り離す」②距離をおく｡ 間を空ける｡ Ｅbe ahead of; set ~ away. 韓거리를 벌리다, 사이를 띄우다.「2位を10メートル離してゴールインする//机を離して並べなさい//引き離す」▷自動 離れる

はな・つ 【放つ】ハナツ〔他動五〕(はなって) ①「放す」の古い言い方｡ Ｅlet loose. 韓풀어놓다, 놓아주다.「犬を野原に放つと勢いよく駆けだした」②光やにおい, 声などを出す｡ Ｅgive; give off. 韓발하다.「立候補の第一声を放つ//悪臭を放つごみ捨て場」③矢や銃丸などを発射する｡ Ｅhit; shoot. 韓쏘다, 발사하다.「弾丸のようなホームランを放った//矢を放つ」▷書

はなっぱしらがつよい 【鼻っ柱が強い】他人に負けたくなくて, 無理をしても自分の主張を通そうとするよう｡ Ｅoverconfident; pushing. 韓콧대가 세다.「鼻っ柱が強い道子は, 今度のコンクールで必ず優勝すると宣言している」話

はなっぱしらをへしおる 【鼻っ柱をへし折る】相手の自慢したい心や負けまいとする心をくじく｡ Ｅknock a person off his perch. 韓콧대를 꺾어 놓다.「一郎が切手を1万枚集めたと自慢したので, ぼくは1万5000枚持ってると言って鼻っ柱をへし折ってやった」話

はなつまみ 【鼻つまみ】ハナツマミ, ハナツマミ 人からいやがられ嫌われること｡ また, その人｡ Ｅa nuisance; be detested. 韓남들이 싫어함, 미움을 받음 ; 미움 가마리.「彼はいつも同級生の悪口ばかり言っているので, クラスの鼻つまみになっている」

はなはだ 【甚だ】ハナハダ 程度が非常に大きいよう｡ Ｅgreatly; very. 韓매우, 몹시.「住民は暴走族の騒音にははなはだ迷惑している//事態ははなはだ深刻な局面を迎えている」書

はなはだし・い 【甚だしい】ハナハダシイ ふつうの程度をはるかにこえている｡ Ｅextreme; too. 韓극심하다, 대단하다.「砂漠では昼と夜の気温の差がはなはだしい//相手の名前を忘れるのは, はなはだしく失礼だ」書

はなばなし・い 【華華しい】ハナバナシイ 人を驚かせるほどはなやかで, 立派だ｡ Ｅbrilliant; gorgeous. 韓눈부시다, 찬란하다, 화려하다.「きょうの試合で, 一郎は3回もシュートを決めてはなばなしく活躍した//2人ははなばなしい結婚式をあげた」

はなび 【花火】ハナビ 火薬に色を出す材料をまぜて細長い形や球の形をした入れ物に入れたもの｡ 火をつけて空中で爆発させ, 色や形を楽しむ｡ Ｅfireworks. 韓불꽃, 폭죽.「夜空に大きな菊の花のような花火が上がった//花火大会//線香花火」数大きいものは1発, 小さいものは1本

はなびら 【花びら】ハナビラ, ハナビラ 数枚が集まって1つの花を形づくっているその1枚. Ⓔa petal. ㉠꽃잎.「桜の花びらが庭一面に散っている」❽1枚・1片 →ばら図

はなみ 【花見】ハナミ 桜の花を見て楽しむこと. Ⓔcherry blossom viewing. ㉠벚꽃놀이.「今度の日曜日は花見に行こう//花見の客が桜の木の下で宴会を始めた//花見気分」

はなみち 【花道】ハナミチ ①歌舞伎で, 客席の間につくられた, 舞台と客席の後ろの出入り口を結ぶ道. 役者の出入りに使われる. Ⓔ(kabuki) an elevated passage running through the audience. ㉠(가부키에서) 관람석 뒤쪽 출입구와 무대 사이에 만든 배우들의 통로.「役者が花道から登場し, 舞台へゆっくりと歩いていった」②すもうで, 力士が土俵へ出たり引っこんだりする道. Ⓔ(sumo) a passage leading to the ring. ㉠(스모에서) 씨름꾼이 씨름판으로 드나드는 통로.「東西2つの花道に力士が姿を現し, 土俵に向かった」③仕事や地位から人が退くのをはなやかにする場面. Ⓔ(adorn) one's retirement or one's way out. ㉠은퇴하는 사람의 화려한 마지막 길.「部長が定年で会社をやめる前に, 部の営業成績を上げて引退の花道を飾ってあげよう」▷❽①②1本 →歌舞伎図

はなむけ ハナムケ, ハナムケ 遠くへ旅立つ人に贈る金や品物や励ましのことば. Ⓔa farewell gift or greeting. ㉠전별금, 전별 선물;전별사.「帰国する友人にはなむけとして, わたしのかいた絵を贈った//はなむけのことばを贈る」📖

はなむこ 【花婿】ハナムコ 結婚式をあげたばかりの男性. また, これから式をあげる男性. Ⓔa bridegroom. ㉠신랑.「白いタキシードの花婿が緊張した顔で式場に入ってきた//花婿は花嫁の指に指輪をはめた」㊥花嫁

はなもちならない 【鼻持ちならない】言ったりしたりすることが不愉快で, がまんできない. Ⓔdisgusting; intolerable. ㉠아니꼽다, 역겹다.「彼女が鼻もちならないのは, なんでも自分1人でやったように自慢して話すからだ」

📖 もとの意味の「くさくてがまんできない」が「いやでがまんできない」の意味で使われるようになったもの.

はなやか 【華やか】ハナヤカ 美しくあざやかだったり, 勢いが盛んだったりして, 人目をひくようす. Ⓔgorgeously; brilliant. ㉠화려함, 화사함, 눈부심.「お正月にははなやかに着飾った和服姿の女性が多く見られる//はなやかな活躍」

はなよめ 【花嫁】ハナヨメ 結婚式をあげたばかりの女性. また, これから式をあげる女性. Ⓔa bride. ㉠신부.「白いウエディングドレスの花嫁が父親に手を引かれて式場に入ってきた//花嫁は花婿と並んで写真をとった」㊥花婿

はなればなれ 【離れ離れ】ハナレバナレ 2つ以上のもの, または2人以上の人が分かれてばらばらになること. また, ばらばらに存在すること. Ⓔseparately. ㉠따로따로 떨어짐, 뿔뿔이 흩어짐.「父は大阪, 母とわたしは東京, 兄はアメリカと, 家族が離れ離れに住んでいる」

はな・れる 【離れる】ハナレル〔自動一〕①くっついていたものが分かれる. Ⓔpart from; leave. ㉠(붙어 있던 것이) 떨어지다.「親のもとを離れて独立する//その考えが頭から離れない」②距離がある. 間が空く. Ⓔbe away from. ㉠(거리・간격이) 떨어지다;차이가 나다.「わたしの家は駅から1キロ離れている//兄とは10歳離れている//すこし離れて歩く」③関係がなくなる. Ⓔbe apart from; digress from. 한떠나다, 벗어나다.「利害を離れて仕事に打ちこむ∥本筋から離れた議論」▷名離れ 他動離す

はなれわざ【離れ業】ハナレワザ ふつうの人にはまねのできない、人を驚かせるような思いきった行動. Ea feat; a stunt. 한귀신이 곡할 재주〔일〕.「一郎が6カ月間に3カ国語をマスターするという離れ業をやって、みなを驚かせた」

はにか・む ハニカム〔自動五〕(はにかんで) 恥ずかしそうな表情や身ぶりをする. Ebe shy; be bashful. 한수줍어하다, 부끄러워하다.「知らない人に声をかけられて、はにかんで母親の後ろに隠れる子供」名はにかみ

参「恥じる」「照れる」も似ているが、「恥じる」が恥とする理由があって人目を避けたがる感じがあり、「照れる」が人前でほめられたりしたときに恥ずかしがっている気持ちを行動で示すのに対して、「はにかむ」はつむいたり、ちょっとほほえんだりして遠慮深いようすを示す. 子供や若い人などによく見られる.

はね【羽・羽根】ハネ ①鳥や虫などの体の両側から出ている、飛ぶための器官. Ea wing. 한날개.「鳥が大きく羽をひろげて空を飛んでいる∥チョウが花の上で羽を休めている」②鳥の体全体に生えている毛. 羽毛. Ea feather. 한새털, 깃털, 깃.「2羽の鶏がけんかしたあとの地面に、羽がたくさん落ちていた∥羽ぶとん」③ものに取りつけられた「①」の形をしたもの. E(airplane) wings; a blade (of an electric fan). 한(기계・기구 등의) 날개.「空港にはたくさんの飛行機が羽を休めていた∥扇風機の羽根」▷数①1枚, ②1枚・1本

注①②は「羽」, ③は「羽根」. ただし, 飛行機のばあいは「羽」.

羽が生えて飛ぶよう つぎからつぎへとその場からものが離れていくようすす. E(sell) like hot cakes. 한날개 돋친 듯이 〔팔린〕.「戦争開始を伝える新聞が, 羽が生えて飛ぶように売れている」似た表現羽が生えたよう

羽を伸ばす いままでの思うようにならなかった状態から解放されて, のびのびと自由に行動する. Ehave a good time; live it up. 한두 다리 쭉 뻗다, 자유롭고 느긋하게 행동하다.「1週間休みがとれたので, 仕事のことを忘れて羽をのばした」

ばね バネ ①細長い金属を連続した輪の形に巻いたり, 曲げたりしたもの. 押さえると縮み, 放すともどる力がある. Ea spring. 한용수철, 스프링.「このいすはばねがきいているので, 立ち上がるとき, 体がはね上がるような感じになる」②人の足や腰の跳ねるような力. Espring. 한탄력.「A選手が高く跳べるのは, 腰のばねが強いからだ」

〔ばね①〕

はねあが・る【跳ね上がる】ハネアガル, ハネアガル〔自動五〕(はねあがって) ①勢いよく跳び上がる. Esplash; jump up. 한뛰다, 뛰어오르다.「自動車とすれちがうとき, スカートに泥が跳ね上がった」②値段などが急激に上がる. Eshoot up; rise sharply. 한(값이) 폭등하다.「中東で紛争が起こると, 石油の値段が跳ね上がる∥物価が跳ね上がる」③指示にしたがわず自分勝手な行動をする. Eact rashly. 한종작없이 날뛰다, 제멋대로 굴다.「新入部員が跳ね上がった行動をするので, 先輩たちは困っている」▷名跳ね上がり 他動跳ね上げる

ハネムーン〔honeymoon〕ハネムーン ①結婚後の約1カ月間. Ea honeymoon. 한허니문, 밀월.「ハネムーンはあっという間に過ぎた」②結婚式をあげたばかりの男女が

出かける旅行．新婚旅行．Ea honey-moon．한신혼 여행，밀월 여행．「午前中に結婚式をして，午後の飛行機でハネムーンに出かける」

は・ねる【跳ねる】ハネル〔自他動一〕①跳び上がる．躍り上がる．Eleap; jump．한뛰다，뛰어오르다．「ウサギがぴょんぴょん跳ねている//跳ねまわる子供たち」②飛びちる．ほとばしる．Espit; spatter．한튀다．「てんぷらをあげていて油が跳ねた//水が跳ねる」③ぶつかってはじきとばす．Esplash; hit．한튀기다，들이받다．「自動車が泥水をはねて走り去った//タクシーにはねられてけがをした」
注③はひらがなで書く．また，①②は自動詞，③は他動詞．

はは【母】ハハ ①女のほうの親．Ea mother．한어머니．「わたしは母が25歳のときに生まれた//道子は3人の子の母だ//母の日//母親」対父
②ものごとを生みだすもと．Ethe mother．한근원，어머니．「必要は発明の母」
参①は人と話すときに自分の身内をさして使うことば．配偶者の女の親のこともいう．他人の母親に向かって，またその人を話題にしていうときは，「お母さん」を使う．自分の母を他人にいうばあいは，子供は「ぼくのお母さん」というが，成人は「わたしの母」という．また，客観的に他人の母親をいうときも「太宰治の母は病弱だった」のように「母」を使う．

はば【幅】ハバ ①横のはしからはしまでの長さ．Ewidth; breadth．한폭，나비，너비．「川の幅は下流に行くほど広くなる//横幅」②2つの数や量が示すものの間の差．Ea (numerical) difference．한차이，폭．「きのうの最高気温は25度，最低気温は13度で，1日の気温の幅は12度だった//値上げの幅が大きい」③自由にできる部分．ゆとり．E(become) a broad-minded person; latitude．한여유; (포용성 등의) 폭．「兄は結婚してから人間に幅が出てきた」
幅が利く 自分の思うように他人を動かす力を持っている．Ehave influence (over others)．한세력(영향력)이 미치다，말발이 서다．「道子は銀行の関係者に幅がきくので，お金のことで相談したかったら彼女のところへ行くといい」似た表現幅を利かせる〔す〕

パパ（papa）パパ 父．また，子供が父親に呼びかけることば．お父さん．Epapa; dad; daddy．한파파，아빠．「ぼくの家族はパパ，ママ，ぼくの3人です//パパ，今度の日曜日，動物園に連れていってよ」対ママ

はばか・る ハバカル，ハバカル〔自他動五〕（はばかって）①他人に対して遠慮する．Ebe afraid of; hesitate．한꺼리다，삼가다．「人前をはばかって小声で話す//人目をはばかる仲」②周囲にかまわず勝手にふるまう．Ebehave selfishly．한위세를 떨치다，활개치다．「憎まれっ子世にはばかる（→項目）」▷名はばかり
注①は他動詞，②は自動詞．

はばた・く【羽ばたく】ハバタク〔自動五〕（はばたいて）①鳥が両方の翼をひろげて上下に動かす．Eflap the wings．한날개치다，홰치다．「ツルが大きくはばたいて空へ飛んでいった//鶏がばたばたはばたく」②広い社会に出て活躍する．Espread one's wings．한사회에 나가 활약하다．「大学卒業後は社会で大いにはばたいてください」▷名羽ばたき

はばつ【派閥】ハバツ 1つの集団の中にできたグループ．同じ学校を出た人，同じ地方から来た人，同じ考え方の人などがつくったもの．Ea faction; a clique．한파벌．「こ

の会社は社長派と副社長派の2つの派閥がある//派閥争い」

はば・む 【阻む】ハバム〔他動五〕(はばんで) ほかのものがのびたり進んだりできないようにじゃまをする. 防ぎとめる. Ehinder; obstruct. 한막다, 저지하다, 방해하다.「よごれた空気が草木の生長をはばむ//台風で倒れた木に通行をはばまれる」

はびこ・る ハビコル〔自動五〕(はびこって) ①草木などがしげってひろがる. Ebe overgrown with; grow wild. 한무성하다, 만연하다.「庭に雑草がはびこる//枝がはびこる」②悪いものの勢いが強くなって, いっぱいにひろがる. Espread; thrive; be rampant. 한횡행하다, 널리 퍼지다.「エイズがはびこるのを防ぐ//悪人がはびこる//暴力がはびこる世の中」

はぶ・く 【省く】ハブク〔他動五〕(はぶいて) ①よけいなものを取り除いて, 少なくする. Eavoid; save. 한덜다, 줄이다.「生活のむだを省く//手間を省く」②必要でないものとして取り除く. Eomit; leave out. 한생략하다.「くわしい説明を省く//主語を省いた文」▷自動省ける

ハプニング (happening) ハプニング 思いがけないできごと. Ea happening; an incident. 한해프닝, 뜻밖의 사건, 우발적인 사건.「野球の試合中, 観客の1人がグラウンドに飛び下りるというハプニングが起こった」

バブル (bubble) バブル 株や不動産の取り引きによって, 実際の中身より大きな価値がつくこと. Ethe "bubble economy". 한거품 경제.「バブルがはじけて株価が暴落した//バブル経済」

はま 【浜】ハマ 海や湖の, 水のある所にそった砂の部分. 浜辺. Ethe beach; the seashore. 한바닷가 (모래밭), 호숫가.「泳いだあと, 浜を散歩した//浜で貝を拾う//浜風」

はみだ・す 【はみ出す】ハミダス, ハミダス〔自動五〕(はみだして) 押されたり, 決められた範囲に入りきれなかったりして外へ出る. はみ出る. Estick out; be crowded out. 한비어져 나오다; 밀려나다.「ワイシャツのすそがズボンからはみだしている//講演会の会場からはみだした満員の聴衆」

ハム (ham) ハム ①豚肉を塩づけにして, 薫製にしたもの. Eham. 한햄, 돼지고기를 훈제한 식품.「ハムと卵でハムエッグをつくる//ロースハム」②アマチュア無線. また, その免許証を持っている人. Ea (radio) ham. 한햄, 아마추어 무선가.「ゆうべ九州のハムと通信した」▷数①1枚・1本

はむか・う 【刃向かう・歯向かう】ハムカウ〔自動五〕(はむかって) 敵意をむきだしにして反抗する. Erise against; resist. 한맞서다, 반항하다, 덤벼들다.「権力に鋭くはむかう//親にはむかって家を出る//飼い主にはむかう犬」

〔参〕もともとは, 刃物を持ったり, かみつこうと歯をむきだしたりして向かってくる意味で, 物理的, 肉体的に直接力を使うことになる. また, 「さからう」も似ているが, 「さからう」は精神的に反抗する意味で使われることが多い.

はめ 【羽目】ハメ ①板を並べてはった壁. Ea panel board. 한판벽, 판자벽.「この羽目には杉の板が使ってある」②自分にとってつごうのよくない状態. Ea plight; be compelled. 한 (곤란한) 처지, 궁지.「あなたが飛行機の時間に遅れたために, 旅行を中止するはめになったのだ」

羽目を外す 調子にのって, ふつうではしないようなことをして騒ぐ. Ewhoop it up; pull out all the stops. 한흥겨운 나머지 도를

지나치다.「10年ぶりに大学時代の友人と会って,うれしくて羽目をはずして騒いでしまった」

はめつ 【破滅】ハメツ〔~する〕2度ともとにもどせないほどひどくこわれること. Eruin. 한파멸.「核戦争が起こったら,人類は破滅する//ギャンブルにのめりこんで身の破滅を招いた」

は・める ハメル〔他動一〕①ある形のものの中に,ぴったり合うように入れる.また,外側からかぶせ合わせる. Eput on; fit in. 한끼우다,끼다,박다,채우다.「手袋をはめる//戸にガラスをはめる//型にはめる」②おとしいれる.だます. Eentrap; take in. 한빠뜨리다,속이다,걸려들게 하다.「敵の計略にはめられる」▷話② 自動はまる

ばめん 【場面】バメン,バメン ①テレビ,映画,演劇などの中の1つの情景. Ea scene. 한(영화 등의) 장면.「きのう見た映画の恋人たちが別れる場面がとても美しかった//場面が変わる」②ものごとが行われているときの情景. Ea sight. 한정경,광경.「電車の中ですりが乗客の財布を盗む場面を見てしまった」

はもの 【刃物】ハモノ 刃がついている,ものを切ったりけずったりする道具.包丁,ナイフなど. Ean edged tool; a knife. 한날붙이,칼.「男が刃物で通行人をおどし,金を取って逃げた//刃物をとぐ//鋭い刃物」

はもん 【波紋】ハモン ①水面に石などを投げたときにできる波の輪. Ea ripple. 한파문,잔물결.「池に木の実が落ちて,小さな波紋ができた」②他の方面にまでおよぶ影響. Ea stir; a sensation. 한파문.「A大統領の発言は全世界に波紋を呼んだ//B社長の辞任で内外に大きな波紋がひろがった」

はや 【早】ハヤ ①早くものごとが進むようす. Ealready; now. 한이미,벌써.「高校を卒業してから,はや5年たった//はや,日が暮れた」②(他のことばの頭について)早い.「早起き(→**項目**)//早咲き(Eearly-blooming. 한(꽃이) 예년보다 일찍 핌, 그런 꽃.)//早死に」▷書①

はや・い 【早い・速い】ハヤイ ①時刻や時期が前だ. Eearly. 한(시간적으로) 이르다,빠르다.「約束の時間より5分早く来た//朝早く起きる」対遅い
②時間がかからないようすだ.決まった時間に遠くまで行く. Equick; fast; speedy. 한(속도・동작이) 빠르다,신속하다.「飛行機のほうが電車より速い//速く走る」対遅い
注 漢字で書くときは,①は「早い」,②は「速い」.

はやおき 【早起き】ハヤオキ〔~する〕朝,早く起きること.また,その人. Eget up early; an early riser. 한조기,일찍 일어남,그런 사람.「早起きして近所を散歩する//あしたは6時出発だから早起きしなくてはいけない」対朝寝,朝寝坊

早起きは三文の得 早起きをすれば,チャンスに恵まれることも多いということ. EThe early bird catches the worm. 한일찍 일어나면 이득이 있다.

はやがてん 【早合点】ハヤガテン〔~する〕相手の話をよく聞かないうちにわかったつもりになってしまうこと.はやがってん. Ejump to a conclusion. 한지레짐작,속단.「早合点しないで最後までわたしの話を聞けば,わたしがあなたと同じ考えだということがわかったはずだ」

はやし 【林】ハヤシ 木がたくさん生えている所. Ea grove; a thicket. 한숲,수풀.「林の中には小鳥や小さな動物がすんでいる//雑木林/松林」→森林

はや・す 【生やす】ハヤス〔他動五〕(はやし

て）生えるようにする．のばす． Egrow．圏自らたてる，きらす。「父はひげを生やしている//庭の手入れができず、雑草を生やしたままだ//根を生やす」自動生える

はやてまわし 【早手回し】ハヤテマワシ 実際に必要になるときより前に、早く準備をしておくこと．Eearly preparations．圏미리미리 준비해 둠, 일찌감치 손을 씀．「旅行すると決めたら、早手まわしに準備をするほうがいい」

はやとちり 【早とちり】ハヤトチリ〔～する〕早合点してしまい、失敗すること．Ejump to a (wrong) conclusion．圏지레짐작했다가 실패함．「荷物を家に送るように頼んだのに、一郎は早とちりして会社に送ってしまった」話

はやばや 【早早】ハヤバヤ ふつうよりも早いときに行うようす．Every early; quickly．圏일찌감치．「冬休み1週間前に、京子はスキー旅行にはやばや(と)出かけた//11月初めに、クリスマスカードがはやばや(と)とどいた」
注「そうそう」とも読めるので、区別するためには、ひらがなで書くほうがよい。

はや・める 【早める・速める】ハヤメル〔他動一〕①期日や時刻などを予定より早くする．Eadvance．圏(기일·시각을) 앞당기다．「仕事が順調に終わったので、帰国を早める//飛行機に乗り遅れないように出発を早めた」対延ばす ②速度を速くする．促す．Ehasten; quicken．圏가속하다, 촉진하다, 재촉하다．「夜も光を当てて、植物の生長を速める//足を速めて歩く」▷自動早まる・速まる
注漢字で書くときは、①は「早める」、②は「速める」．

はやりすたり ハヤリスタリ，ハヤリスタリ 人気が出てはやることと、人気を失ってはやらなくなること．Ebe subject to changes in fashion．圏유행의 성쇠〔기복〕．「現代は商品のはやりすたりが激しく、春に流行したものが秋にはもう流行後れになっている//ことばにもはやりすたりがある」

はや・る ハヤル〔自動五〕(はやって) ①人気があって、その時期にもてはやされる．Ebe popular; come into fashion．圏유행하다, 인기가 있다．「若者の間でゴルフがはやっている//今年の冬はミニスカートとブーツがはやりそうだ」対廃れる ②商売などが繁盛する．Edo a good business．圏번창하다, 번성하다．「この八百屋は安くて品物がいいので、よくはやっている」対廃れる ③病気がひろがる．Eprevail; rage．圏(병이) 유행하다, 만연하다．「悪いかぜがはやっている」▷名はやり

はやわざ 【早技・早業】ハヤワザ，ハヤワザ 人々が驚くほど速くて上手な技術．Ea feat of agility; quick work．圏재빠르고 능숙한 솜씨〔재주〕．「またたく間に1頭の羊の毛を刈っていくその早技に、人々は感心して見入っていた//電光石火の早業」

はら 【腹】ハラ ①体の中で胃や腸などの内臓が入っていて、顔と同じ方向を向いている部分．おなか．Ethe stomach; the abdomen．圏배, 복부．「食べすぎて腹がいっぱいだ//腹が減る//腹をこわす」対背 ②生まれる前の子供がいる母親の体の中．Ethe womb．圏(모태로서의) 배．「腹違いのきょうだい」 ③心の中．Eone's heart; one's mind．圏(속)마음, 내심, 심중．「三郎は口では道子のことをほめるが、腹ではよく思っていない//腹を決める」
▷→体図

〜〜〜〜「腹」のつく慣用表現〜〜〜〜

腹が立つ なにかに対して怒りの心が起こって

くる.Eget angry.한화가 나다.「飲んだあとの空き缶をどこにでも捨てる人には本当に腹が立つ」似た表現腹を立てる

腹が減っては戦ができぬ　腹が減っていたのでは、満足な働きができない.EOne cannot work on an empty stomach.한배가 고파서는 싸울 수가 없다, 배가 든든해야 일을 해낸다.

腹を痛める　子供を産む.Egive birth to.한자기 자식을 낳다.「自分の腹を痛めた子は、どんなに悪い子でもかわいい」

腹を抱える　大笑いをする.Ehold one's sides with laughter.한(우스워서) 배꼽을 쥐다.「わたしの冗談に父は腹をかかえて笑った」

腹をくくる　覚悟を決める.Emake up one's mind.한단단히 각오를 하다.「この仕事は人のためになることだから、損してもいいと腹をくくった」似た表現腹を決める、腹を据える

腹を下す　下痢をする.Eget diarrhea.한설사를 하다.「なにか悪いものでも食べたのか腹を下してしまい、何度も便所に通った」似た表現腹が下る

腹を探る　他人が考えていることを知ろうとする.Etry to read another's mind.한남의 마음을 떠보다.「交渉をどのあたりでとめるか、たがいに腹をさぐっている」

腹を据える　決心したことに対しては結果がどうなろうとかまわないと覚悟する.Ebe prepared for the worst.한각오를 하다.「新しい土地での生活にはいろいろむずかしいことがあるから、腹をすえてがんばろう」似た表現腹が据わる、腹を決める、腹をくくる

腹を割る　隠さずに自分の気持ちを言う.E(talk) frankly.한흉금을 털어놓다.「一郎、一緒に仕事をしないかと腹を割って話

してみた」

ばら　バラ　かたまっていないで1つ1つが分かれていること.Eloose.한낱개.「箱入りの鉛筆をばらにして1人2本ずつ配る//ばら売り」

ばら　バラ　幹や枝にとげがあり、色や形が美しくてかおりのいい花が咲く木.Ea rose.한장미.「バラの花からお茶や香水をつくる//赤いバラの花束をもらった//バラ色」数1本、花は1輪

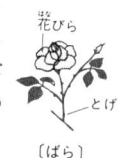
〔ばら〕

はら・う　【払う】ハラウ〔他動五〕(はらって)①じゃまなものを、勢いよく取り除く.Elop off; sweep (one's feet) out from under.한(나뭇가지 등을) 치다, 제거하다; 후려치다.「木の小枝を払う//つえで相手の足を払う」②軽くたたいて、ちりやくずを取り除く.Edust off; brush away.한(먼지 등을) 털다, 털어 내다.「上着についたチョークの粉を払う//本棚のほこりを払う//払い落とす」③金を渡す.Epay.한(돈을) 치르다, 지불하다.「入場料を払って美術館に入る//賃金を払う//支払う(→項目)」④気持ちや態度をそちらに向ける.Epay; show.한(마음을) 기울이다, 나타내다, 표하다.「四方に注意を払う//敬意を払う//努力を払う」▷名払い

はらぐろ・い　【腹黒い】ハラグロイ　心の中に悪い考えを持っている.Ecrafty; deceitful.한속이 검다, 엉큼하다, 음험하다.「腹黒い不動産屋が、客をだまして不便な土地を高い値段で売った」

はらげい　【腹芸】ハラゲイ, ハラゲイ　ことばに出さず、度胸や経験で自分の意思を伝え、思うように相手を動かすこと.Ea knack for making one's views felt; the force of one's personality. 한목시적 의사 표현〔전달〕.「有力(ゆうりょく)な政治家(せいじか)の腹芸(はらげい)で政治(せいじ)が動(うご)くことがある」

はらごしらえ 【腹ごしらえ】ハラゴシラエ〔~する〕なにかをする前(まえ)に食事(しょくじ)をしておくこと. Ehave a meal (before starting). 한(일에 착수하기 전에)배를 채워 둠.「もうすぐ昼(ひる)だから,出(で)かける前(まえ)に腹(はら)ごしらえをしておこう」

はらごなし 【腹ごなし】ハラゴナシ 食(た)べたものを消化(しょうか)させるために軽(かる)い運動(うんどう)などをすること. E(go for a walk) to help one's digestion. 한소화 촉진 운동.「晩(ばん)ごはんを食(た)べすぎてしまった. 腹(はら)ごなしに散歩(さんぽ)してこよう」

ばら・す バラス〔他動五〕(ばらして)①ばらばらにこわす. Etake a thing to pieces. 한분해하다, 해체하다.「息子(むすこ)は機械(きかい)をばらして組(く)み立(た)てるのが好(す)きだ//時計(とけい)をばらす」②殺(ころ)す. Ekill. 한죽이다, 살해하다.「声(こえ)を立(た)てるとばらすぞ, と強盗(ごうとう)におどされた」③人(ひと)の秘密(ひみつ)などをほかの人(ひと)に教(おし)える. Elet out; expose. 한폭로하다.「ぼくの言(い)うとおりにしないなら, きみの秘密(ひみつ)をばらすよ」▷話 自動 ばれる

はらだたし・い 【腹立たしい】ハラダタシイ 怒(おこ)りたい気持(きも)ちだ. Eexasperating; provoking. 한화가 나다, 역정이 나다.「女(おんな)は家(いえ)で子供(こども)を育(そだ)てていればいいという部長(ぶちょう)の考(かんが)えには, 本当(ほんとう)に腹(はら)立(だ)たしくなる」

はらっぱ 【原っぱ】ハラッパ 草(くさ)が生(は)えている広(ひろ)い場所(ばしょ). Ean open field; an empty lot. 한들, 들판.「子供(こども)たちが原(はら)っぱを走(はし)りまわって遊(あそ)んでいる//ここは10年前(ねんまえ)は原(はら)っぱだったのに, いまは大(おお)きなビルが建(た)っている」話

はらはちぶんめ 【腹八分目】ハラ・ハチブンメ, ハラ・ハチブンメ 腹(はら)いっぱいになるまで食(た)べず, もうすこし食(た)べたいと思(おも)うところでやめておくこと. 腹八分(はらはちぶ). Ebe moderate in eating. 한조금 양이 덜 차게 먹음.「健康(けんこう)を保(たも)つには腹八分目(はらはちぶんめ)にしておくのがだいじだ」

はらはら ハラハラ ①木(き)の葉(は)や花(はな)びらなどが続(つづ)いて散(ち)って落(お)ちるようす.「紅葉(こうよう)した木(き)の葉(は)が, 風(かぜ)ではらはら(と)散(ち)った(EThe autumn leaves fluttered down, blown by the wind. 한단풍든 나뭇잎이 바람에 날려 팔랑팔랑 떨어졌다.)」②涙(なみだ)やしずくなどが静(しず)かに続(つづ)いて落(お)ちるようす.「兄(あに)は友(とも)の死(し)を知(し)り, はらはら(と)涙(なみだ)を落(お)とした(EThe news of his friend's death drew silent tears from my brother. 한형은 친구의 죽음을 알고 주르르 눈물을 흘렸다.)」③〔~する〕悪(わる)い結果(けっか)になりそうで, 非常(ひじょう)に心配(しんぱい)するようす.「デパートの火事(かじ)で, お客(きゃく)がヘリコプターで救出(きゅうしゅつ)されるのをはらはらしながら見(み)た(EI watched in suspense as customers were rescued by a helicopter from the department store fire. 한백화점 화재로 손님이 헬리콥터로 구출되는 모습을 조마조마해하면서 지켜보았다.)」

ばらばら バラバラ, バラバラ ①小(ちい)さな粒(つぶ)のものが, 勢(いきお)いよく続(つづ)いて落(お)ちる音(おと)を表(あらわ)す. また, そういう音(おと)を立(た)てるようす. Ecome pelting down; fall in drops. 한(빗방울・우박 등이)소리를 내며 연달아 떨어짐, 후두두 후두두.「雨(あめ)が突然(とつぜん), ばらばら(と)降(ふ)りだした」②いくつかに分(わ)かれるようす. また, まとまりのないようす. Ebe scattered; be divided. 한뿔뿔이; 제각각.「卒業後(そつぎょうご), 級友(きゅうゆう)たちはばらばらに分(わ)かれてしまった//意見(いけん)がばらばらで, いつまでも結論(けつろん)が出(で)ない」参 ①は「ぱらぱら」と似(に)ているが,「ばらばら」のほうが粒(つぶ)がすこし大(おお)きく, 落(お)ちる音(おと)も大(おお)きい.

ぱらぱら パラパラ, パラパラ ①小(ちい)さな粒(つぶ)の

ものが続いて落ちる音を表す.また,そういう音を立てるよう.「雨がばらぱら(と)降ってきた(Eit has begun to sprinkle. 韓비가 후두둑후두둑 내리기 시작했다.)」②本などを続けてめくる音を表す.また,そういう音を立てるよう.「辞書をぱらぱら(と)めくって,ことばの意味を調べる(Eleaf through a dictionary, looking up the meanings of the words. 韓사전을 훌훌 넘겨 말의 뜻을 알아보다.)」③間がすこしずつ空いているよう.「秋の海岸は,人がぱらぱら(と)しかいない(Ethere is only a sprinkling of people on the beach in autumn. 韓가을의 해안은 사람이 드문드문 있을 뿐이다.)//塩をぱらぱら(と)振りかける」▷→ばらばら

はらぺこ 【腹ぺこ】ハラペコ 「空腹」のくだけた言い方.Ebe starving. 韓배가 몹시 고픔.「ぼく腹ぺこなんだ.なにか食べるものない?//朝ごはんを食べてこなかったので腹ぺこだ」話

ばらま・く バラマク,バラマク〔他動五〕(ばらまいて)①勢いよく振りまく.Escatter. 韓흩뿌리다,퍼뜨리다.「屋上から宣伝ビラをばらまく//節分に豆をばらまく//うわさをばらまく」②気前よく金を使ったり品物を与えたりする.Escatter; give ~ generously. 韓(금품을) 마구 뿌리다.「選挙で金をばらまき,票を集める//海外旅行のみやげを周囲の人たちにばらまく」▷名ばらまき

はらわたがにえくりかえる 【はらわたが煮えくりかえる】非常に腹が立ってがまんができないほどだ.Efeel outraged at. 韓화가 나서 견딜 수가 없다.「わたしは,父をひき殺したトラックの運転手が,はらわたが煮えくりかえるほど憎い」

はらん 【波乱・波瀾】ハラン,ハラン 変化や事件などが多いこと.Eups and downs; troubles. 韓파란;풍파.「波乱を呼ぶ//波乱に富んだ人生を送る//波乱万丈(Estormy; full of ups and downs. 韓파란만장.)」

注 もとは「波瀾」だったが,「瀾」の字は常用漢字表にないので,同じ音の「乱」を当てて「波乱」として使うようになった.

バランス (balance)バランス 全体の中での量や質のつりあい,調和.Ebalance. 韓밸런스,균형.「栄養のバランスを考えた食事をする//バランスがくずれる」対アンバランス→釣り合い

はり 【針】ハリ ①先のほうがとがった,細長くてかたいもの.縫ったり,とめたりするのに使う.Ea needle. 韓바늘.「厚い布を縫うには太い針のほうがいい//針の穴に糸を通す//ミシン針」②①に形,または使われ方が似ているもの.Ea hand; a (hypodermic) needle; a hook. 韓(시계・낚시・주사 등의) 바늘.「時計の針が8時をさしている//注射針/釣り針」③人の心を傷つけるようなことばや視線.Estinging (words). 韓(사람의 마음을 찌르는) 가시.「課長は,部下の報告書を読みながら『きみは大学出てたはずだよ』と針をふくんだ言い方をした」▷数①②1本 →縫う図

はり 【張り】ハリ ①たるまないで,ぴんと張りきった状態.Etension. 韓팽팽하게 당김,당김새.「バイオリンの糸の張りを調節する//張りのある声(Ea voice full of life. 韓생기 있고 힘찬 목소리.)」②ものごとをしようという意欲.Echallenge; interest. 韓의욕.「子供が生まれてから仕事に張りが出てきた//張りがある生活」▷自動張る

はりあい 【張り合い】ハリアイ ①たがいに競い合うこと.Ecompetition; rivalry. 韓서로 겨룸,경쟁.「意地の張り合い」②ものごとをしようという意欲.張り.E(a)

will; interest. 한의욕.「戦争で家族も仕事も失って、生きる張り合いがなくなった」
▷他動 張り合う

はりあ・う 【張り合う】ハリアウ〔自動五〕(はりあって) 1つの目標をめざして競争する. Ecompete with; vie with. 한겨루다, 경쟁하다.「二郎は三郎とテニスで技を張り合っている//優勝をめざして張り合う」名張り合い

はりがね 【針金】ハリガネ 金属をひものように長く、針のように細くのばしたもの. E(a) wire. 한철사.「盆栽は針金で枝の形をととのえる//針金で材木をしばる」数1本

ばりき 【馬力】バリキ ①決まった時間の中でできる仕事の量を表す単位. 1馬力は75キログラムのものを1秒間に1メートル動かす力. Ehorsepower. 한마력.「この車は馬力が強いから山道でも楽に上れる//5馬力のモーター」②人の活動力. 体力. Eenergy; power. 한체력, 정력.「わたしは馬力があるから、1日ぐらい徹夜をしても平気だ」

はりき・る 【張り切る】ハリキル〔自動五〕(はりきって) なにかをしようという気力に満ちている. Ebe enthusiastic; be full of energy. 한힘이 넘치다, 의욕이 충만하다.「兄は、今度の研究はぜひ成功させると張りきっている//生徒たちはマラソンコースを完走するのだと張りきって出発していった」

はりこ・む 【張り込む】ハリコム〔自他動五〕(はりこんで) ①犯人などを捕まえようとして、現れそうな場所で待つ. 見張る. Ebe on the lookout. 한잠복하다, 감시하다.「駅の改札口に刑事が張りこんでいる」②思いきって高い値段のものを買ったり、たくさん金を出したりする. Etreat oneself to; give a generous (tip). 한호기를 부리다, 호기 있게 돈을 쓰다.「今晩は張りこんでビーフステーキにしよう//祝儀を張りこむ」

▷名 張り込み
三注①は自動詞、②は他動詞.

はりつ・める 【張り詰める】ハリツメル〔自動一〕①すきまがないように一面に張る. Ebe covered all over; be frozen over. 한빈틈 없이 깔리다, 온통 덮이다.「池に氷が張りつめる」②非常に心が引きしまる. 緊張する. Estrain; make tense. 한(극도로) 긴장되다.「いまにも戦争になりそうな張りつめた情勢が続いている//入学試験が近づき、張りつめた気持ちになる」

ばりばり バリバリ、バリバリ ①板や厚い紙などを破ったりする音を表す. また、そういう音を立てるよう.「壁の板をばりばり(と)はがす(Etear the boards off the wall. 한벽의 판자를 쩍쩍 뜯어내다.)」②かたいものをかみ砕く音を表す. また、そういう音を立てるよう.「せんべいをばりばり(と)食べる(E crunch on a rice cracker. 한센베이 과자를 와삭와삭 먹다.)」③勢いよく行うよう.「元気にばりばり(と)働く(E work like a horse. 한활기차게 열심히 일을 하다.)//若くてばりばりの新聞記者」④〔～する〕表面がかたく、張りのあるよう.「洗濯物が凍ってばりばりになった(EThe laundry froze solid. 한빨래가 얼어서 뿌둑뿌둑해졌다.)」

はりめぐら・す 【張り巡らす】ハリメグラス〔他動五〕(はりめぐらして) まわり一面に張る. Erope off; stretch around. 한빙 두르다, 둘러치다.「工事現場にロープを張りめぐらす//金網を張りめぐらした軍事基地」

はる 【春】ハル ①四季の1つ. 冬のつぎに来る季節. 日本では3, 4, 5月ごろに当たる. Espring. 한봄.「今年の春はぜひ吉野の桜を見に行きたい//春めく//春先(Ein early spring. 한초봄, 조춘.)」
②活動が盛んで順調な時期. Ethe spring

(of one's life). 한전성기, 한창때. 「結婚して子供もできたし, 仕事も順調だし, わたしにとって, いまが人生の春だ」
▷関連①夏, 秋, 冬

は・る 【張る】ハル〔自他動五〕(はって) ①のびてひろがる. Ebe rooted; spread. 한뻗다, 뻗어 나가다. 「木の根が張る//クモの巣が張る」
②ふくれて表面が突っぱる. Efeel bloated; be bursting. 한부풀다, 팽팽해지다.「下腹が張って苦しい//乳が張る」
③一面におおう. E(a skin) form; be frozen over. 한(온통) 덮이다, 깔리다.「牛乳を温めると表面に膜が張る//氷が張る」
④ひもなどがゆるむところがない. Estretch. 한팽팽해지다.「ぴんと張った電線に鳥がとまっている」
⑤緊張する. Ebe tense. 한긴장하다.「気が張る」
⑥(「値が張る」の形で) ⇨値慣用
⑦のばしひろげる. Espread out; pitch. 한뻗치다 ; (텐트 등을) 치다.「大地にしっかり根を張る//キャンプ場にテントを張る」
⑧ひろげるように突きだす. Ethrow out; stick out. 한펴다, 뻗치다.「胸を張って歩く//ひじを張る」
⑨水などを器にいっぱいに入れる. Efill. 한(물 등을) 가득 채우다.「洗面器に水を張る」
⑩手のひらで打つ. Eslap. 한(손바닥으로) 때리다.「ほっぺたを張る//張り倒す」
⑪一面に平らに打ちつけたり, のりでつけたりする. Eput; put up. 한붙이다, 바르다.「封筒に切手をはる//びらを壁にはる//はりつける」
⑫ひもなどを, 一方から他方に引き渡す. Estretch; extend. 한(끈 등을) 건너질러 매다, 치다.「木と木の間に綱を張ってシャツをほす//電線を張る」
⑬犯人などを捕まえようとして, 注意して見ている. Ebe on the lookout; stake out. 한감시하다, 망보다.「刑事が張っているから, いまは出るな//張りこむ(→項目)」
⑭気持ちなどを押し通す. Ebe obstinate. 한부리다, 마음 먹다.「強情を張る//意地を張る(→意地 慣用)」
⑮見せかける. Eshow off. 한허세를 부리다.「見えを張る(→見え 慣用)」
▷話⑬ 名張り
三注 ①~⑥は自動詞, ⑦~⑮は他動詞.

はるいちばん 【春一番】ハル・イチバン 2月末から3月の初めごろ, その年ではじめて吹く強い南風. 春が来たことを知らせるもの. Ethe spring's first south gale. 한이른봄에 처음으로 부는 강한 남풍.「春一番が吹いた. これからは1日1日と暖かくなる」

はるか ハルカ ①時間, 距離が, 非常に離れているようす. Efar away; a long time ago. 한아득함, 아득히.「ロケットは, はるか遠く, 金星へ向けて飛びたった//はるかむかし」②(「はるかに」の形で) 違いが大きいようす. Emuch; by far. 한훨씬, 월등히.「マニの日本語は1年前に比べてはるかにうまくなった//相手チームのほうがはるかに強かった」

はるさめ 【春雨】ハルサメ ①春に降る細かい雨. Espring rain. 한봄비.「音もなく降る春雨が庭の木々をぬらす」②豆や芋のでんぷんからつくる, 透明で糸のように細長い食品. ゆでて酢の物やサラダにしたり, 肉などと煮たりする. Egelatin noodles. 한당면, 호면.「今晩のおかずは春雨とキュウリの酢の物にしよう」

はるばる ハルバル, ハルバル 非常に遠くまで移動するようす. Eall the way. 한멀리, 먼 길을 마다 않고.「九州にいる友達

が, はるばる(と)東京まで見舞いに来てくれた」

はるやすみ 【春休み】ハルヤスミ 3月末から4月初めにかけての, 1学年が終わったときの休み. また, その期間. Ｅthe spring vacation. 한봄방학.「春休みが終わって新学年が始まる」

はれ 【晴れ】ハレ ①天気がいいこと. Ｅfine weather. 한(날씨가) 맑음.「朝のうちは晴れだが, 午後からはくもるそうだ//晴れの日が続く」(「晴れの」の形で) ②多くの人から祝福されたり注目されたりするようす. Ｅgrand; formal. 한공식적임, 경사스러움.「あすはコーラスの晴れの舞台だ//晴れの結婚式」▷関連曇り, 雨 自動晴れる

バレエ (⑦ballet)バレー ある物語を, 音楽に合わせた踊りで表現する芸術. Ｅ(a) ballet. 한발레.「『白鳥の湖』は何度見てもすばらしいバレエだ//バレエ音楽//バレエ団」

バレーボール (volleyball)バレーボール 6人ずつのチームが, ネットをはさんで, 地面に落とさないようにボールを打って点を取り合う競技. 9人制のもある. バレー. Ｅvolleyball. 한배구.「バレーボールの試合では一方が1セット取るとコートを交代する」

はれがまし・い 【晴れがましい】ハレガマシイ たいへん立派で, はなやかだ. また, そのような場所にいるのが恥ずかしい気がする. Ｅgrand; splendid. 한성대하고 화려하다；너무 생광스러워서 쑥스럽다.「社長の就任式という晴れがましい席であいさつさせられて困った」

はれぎ 【晴れ着】ハレギ 結婚式, パーティーなど特別にはなやかな場所に着ていく衣服. Ｅone's best clothes. 한나들이옷, 외출복.「正月に着る晴れ着を準備する//入学式の晴れ着」対ふだん着 数1枚・1着

はれつ 【破裂】ハレツ〔～する〕内や外から大きな力が加わったために破れて裂けること. Ｅburst; explode. 한파열.「風船に空気を入れすぎると破裂する//水が凍って水道管が破裂した」

はればれ 【晴れ晴れ】ハレバレ〔～する〕心配なことが全然なく, 気持ちが非常に明るいようす. Ｅcheerful; lighthearted. 한상쾌함, 후련함.「借金を全部返して, はればれした気持ちになった」

はれぼった・い ハレボッタイ, ハレボッタイ はれて, ふくらんでいる感じだ. Ｅswollen; bloated. 한(부어서) 부석부석하다.「寝不足ではれぼったい目をしている//1日じゅう立っていたので, 足がはれぼったい感じだ」話

はれものにさわるよう 【はれものに触るよう】おそるおそる, するようす. Ｅmost tenderly; with utmost care. 한종기를 건드리듯 아주 조심스럽게；행여나 비위를 건드릴까 봐 조심조심.「失恋して悲しんでいる妹に, 家族ははれものにさわるように接している」

参「はれもの」は, ばいきんなどによって皮膚の一部がはれたもの.

はれやか 【晴れやか】ハレヤカ 心配ごとがなかったり, いいことがあったりして, 明るい気持ちでいるようす. Ｅcheerful; beaming. 한(마음이) 명랑함, 밝음.「心配していた弟の手術がうまくいったので, 心は晴れやかだ//妹は晴れやかな笑顔で世界一周へと旅立った」

は・れる 【晴れる】ハレル〔自動一〕①雲や霧などが消えたり, 雨や雪などがやんだりして青い空が出る. Ｅclear up. 한(하늘이) 개다.「台風が通り過ぎ, 晴れた空がひろがる//霧が晴れると, 山頂が目の前に見えた//晴れあがる」対曇る ②心をおおっていたものがなくなって, さっぱりする. Ｅfeel refreshed; cheer up. 한(마음이) 상쾌해지다, 명랑해지다.「山に向かって大声で叫んだら,すっかり心が晴れた//気が晴れる」 対 曇る ③疑いなどが消える. Ｅbe cleared of. 한(의심·혐의 등이) 풀리다.「二郎への疑いは,10年たってやっと晴れた」▷名晴れ 他動 晴らす

は・れる ハレル〔自動一〕病気やけがなどで皮膚の一部が赤くふくれる. Ｅswell; get swollen. 한붓다.「かぜをひいて,のどがはれている//ねんざで足首がはれた」名はれ 他動 はらす

ば・れる バレル〔自動一〕悪いたくらみや隠していたことが,ほかの人に知られる. Ｅcome to light; be discovered. 한발각되다, 탄로나다, 들통나다.「会社の金でマンションを買ったのがばれて,会社をやめさせられた//弟のうそはすぐばれる//しまった,ばれたか!」話 他動 ばらす

バロメーター (barometer) バロメーター ①気圧をはかる器械.気圧計. Ｅa barometer. 한바로미터,기압계,청우계.「気圧をバロメーターではかる」②ものごとを判断するときの1つの基準. Ｅa barometer; an index. 한기준,척도.「出版される本の種類や量がその国の文化水準のバロメーターといえる//食欲は健康のバロメーターだ」

パワー (power) パワー ①力. Ｅpower; strength. 한파워,힘.「この車は小さいがパワーがあるから,急な坂道も楽に上れる//パワーアップ」②人や社会に与える影響力. Ｅpower; influence. 한파워,영향력,세력.「高速道路をつくる計画を住民パワーでやめさせた//ウーマンパワー」

はん 【半】(他のことばの頭や後について)半分. Ｅ(a) half. 한반,절반,반쪽.「2年半東京に住んだ//半時間//半年//2カ月半//8時半//1つ半//1キロ半」(2)(他のことばの頭について)(1)ものごとが全部進行してしまわない状態.「半製品 Ｅsemi-processed goods. 한반제품.)//半解凍」(2)だいたい.ほとんど.「半永久的 Ｅsemi-permanent. 한반영구적.)」

はん 【判】ハン ①「印」「印鑑」のくだけた言い方.はんこ. Ｅone's seal; a stamp. 한도장,인감.「書留を受け取るときは判を押す//三文判(=値段の安い判)」②紙や本の大きさの規格.判型. Ｅsize. 한판.「A3判//B5判//大判」

判で押したよう 同じことを繰り返すようす. Ｅstereotyped; cut and dry. 한판에 박은 듯.「わたしは毎朝8時に家を出,9時から5時まで働いて6時に家に帰るという,判で押したような生活をしている」

はん 【版】ハン ①文字や写真などに凹凸をつけて,印刷できるようにした板のようなもの. Ｅa plate. 한판.「活字を版に組む」②印刷して出版すること.またその回数を表す.「版を重ねる//第5版 Ｅthe fifth edition. 한제5판.)//初版」

はん 【班】ハン 人々をいくつかのグループに分けたもの. Ｅa group. 한반.「このクラスを5つの班に分けて,班ごとに発表させる//近所の人と班をつくって生協に入る//班長」

はん- 【反-】(他のことばについて) それに反対する.それに対立する.「反社会的行動(Ｅantisocial behavior. 한반사회적 행동.)//反政府デモ//反革命(Ｅa counter-revolution. 한반혁명.)」

ばん 【晩】バン 日が暮れてから,しばらくの間. Ｅan evening; a night. 한저녁(때),밤.「月曜日の晩8時ごろ電話します//きのうは朝から晩まで山を歩いて疲れた//晩ごはん」 対朝 →夜

ばん 【番】バン ①順番を決めてなにかをすること.また,そのときの順番. Ｅa turn;

order. 한 차례, 순서.「病院で待たされて、やっとわたしの番が来たのは11時半だった」②注意してなにかを見ていること. Ewatch; guard. 한 망을 봄, 파수봄, 파수꾼.「家の者が外出しているあいだは犬が家の番をしている//番人//留守番(→項目)//店番」

-ばん【-版】(他のことばについて)①印刷して出版されたものの内容や形.「カラー版 E color edition. 한 컬러판.)/改訂版/縮刷版 (E a pocket edition. 한 축쇄판.)」②新聞、雑誌などの、特定の地域で発行されるもの.「地方版/大阪版 E the Osaka edition. 한 오사카판.)」③~における、~の.「現代版徳川家康/ビートルズの日本版 E a Japanese version of the Beatles. 한 비틀즈의 일본판.)」

パン (㊉pão) パン 小麦粉を水でこねて発酵させて焼いた食べ物. E bread. 한 빵.「朝食はパン2枚と卵とコーヒーに決めている//パンにバターをぬる//パンを焼く」 数 1枚・1切, 食パンは1斤

はんい【範囲】ハンイ ある決まった広さ. E a range; an extent; a circle. 한 범위.「試験の範囲は教科書の3ページから30ページまでだ/この法律が適用される範囲は20歳以上の成人だ//交際範囲/守備範囲」

はんえい【反映】ハンエイ〔~する〕考えなどが別のものの上に目に見える形で表れること. E reflect. 한 반영.「国の豊かさを反映して、ごみの量も増えてきた/政治に世論を反映させる」

はんえい【繁栄】ハンエイ〔~する〕栄えること. E prosper; prosperity. 한 번영.「この町は19世紀に貿易都市として繁栄した/一家の繁栄を祈る」 対衰退

ばんかい【挽回】バンカイ〔~する〕失った力や名誉などを取りもどすこと. E recover; reestablish. 한 만회.「試合の前半は1対2で負けていたが、後半は挽回して4対2で勝った//犯人と疑われていたが、本当の犯人が捕まってやっと名誉が挽回できた」

はんかがい【繁華街】ハンカガイ たくさんの店があり、人が多く集まってにぎわっている所. E a shopping and amusement district. 한 번화가.「買い物やデートを楽しむために、若者たちが繁華街に集まってくる」

ハンカチ ハンカチ, ハンカチ〔←ハンカチーフ (handkerchief)〕外出するときなどに持って歩く、手や顔をふくための四角い布. ハンケチ. E a handkerchief. 한 행커치프, 손수건.「ハンカチで汗をふく//ハンカチを振る」 数 1枚

はんかん【反感】ハンカン 他人の考えや感じ方に反対したくなる感情、気持ち. E (an) antipathy; ill feeling. 한 반감.「先生が京子ばかりかわいがるので、生徒たちは反感を持っている//反感を買う」 対共感

はんぎゃく【反逆】ハンギャク〔~する〕政府や国王や自分の主人にさからうこと. E revolt against; treason. 한 반역.「軍隊が政府に反逆して、政府の建物に武器を持って侵入した/反逆罪」

はんきょう【反響】ハンキョー ①〔~する〕音がものにぶつかってはねかえって聞こえること、また、その音. E echo; resound. 한 반향, 메아리.「人々の叫び声が会場に反響して大きく聞こえた」②あるもの、人、できごとなどに影響された結果として現れる、人々の意見や動き. E a sensation; repercussions. 한 반향.「アメリカ大統領の発言について全世界から大きな反響があった//反響を巻き起こす」

パンク (puncture) パンク〔~する〕①自動車や自転車のタイヤが破れて、中の空気が外へ出てしまうこと. E a puncture; a flat tire. 韓 구멍남, 펑크.「自転車のタイヤがパンクしたので押して帰った」②ものや人が多く入ってふくれすぎて役に立たなくなること. E exceed (its) capacity. 韓 기능 마비, 터져 나감.「200人の定員のホールに300人も入ってしまって、会場はパンクしそうだ」▷話②

ばんぐみ【番組】バングミ, バングミ テレビ, ラジオなどの放送の１つ１つ. また, 演芸, 勝負ごとなどの組み合わせ. E a program. 韓 (방송・경기 등의) 프로그램.「番組を編成する／つまらない番組／スポーツ番組／クイズ番組」数１本

ばんくるわせ【番狂わせ】バンクルワセ 勝負が多くの人の予想とは大きく違った結果になること. E an upset; a surprise. 韓 (승부 등에서) 뜻밖의 결과, 이변.「横綱が新入幕の力士に負けるという番狂わせが起こった／大番狂わせ」

はんけい【半径】ハンケイ 円や球の中心からそのいちばん外側までの直線の長さ. E a radius. 韓 반지름, 반경.「地球の半径は約6378キロだ／都心から半径15キロの地域に人口が集中している」→円図

はんげき【反撃】ハンゲキ〔〜する〕せめてくる敵に対してこちらからも反対に攻撃すること. E a counterattack. 韓 반격.「攻撃を受けて、その翌朝から反撃に転じた」

はんけつ【判決】ハンケツ〔〜する〕裁判所が裁判の判断を示すこと. E (a) judgment; a judicial decision. 韓 판결.「裁判長は被告に有罪の判決を言い渡した／判決を下す／無罪判決」

はんこう【反抗】ハンコー〔〜する〕自分の気に入らない人や組織に対して反対するような行動をとること. E disobey; resist. 韓 반항.「親に反抗して、吸いたくもないタバコを吸う／反抗期(E a rebellious age. 韓 반항기.)／反抗心」対 服従

はんこう【犯行】ハンコー 罪になる行動. 犯罪行為. E a crime; an offense. 韓 범행.「盗みや暴力などたくさんの犯行を重ねた末、警察に捕まった／犯行を認める／犯行の動機」

ばんごう【番号】バンゴー 順番を表す数字. E a number. 韓 번호.「宝くじには全部違った番号がついている／番号順／受験番号／電話番号」

ばんこくはくらんかい【万国博覧会】バンコク・ハクランカイ 世界の国々が参加して開かれる博覧会. 万博. E an international exposition; a world fair. 韓 만국 박람회.「今回の万国博覧会には世界じゅうから多くの国が参加した」

はんざい【犯罪】ハンザイ 罪をおかすこと. おかした罪. E a crime; an offense. 韓 범죄.「不景気になり、失業が増えると犯罪も多くなる／凶悪な犯罪／軽犯罪」

ばんざい【万歳】バンザイ〔〜する〕①めでたいこと、うれしいことを祝って叫ぶ喜びのことば. また, そのことばを言うこと. E banzai; hurrah; cheers. 韓 만세.「苦しい試合に勝てて、選手たちは万歳を叫んだ／万歳を三唱する」②どうすることもできなくなること. E be finished. 韓 속수무책, 두 손 들기, 항복.「もうこれ以上走れない. 万歳だ」▷話②

はんざつ【煩雑・繁雑】ハンザツ ①こみいっていて、面倒で、わずらわしいようす. E complicated; troublesome. 韓 번잡.「ビザの更新には煩雑な手続きが必要で面倒だ」②ものごとが多くて、ごたごたしているようす. E entangled; confused. 韓 번거로움, 번잡.「繁雑な礼儀作法」
三注①は「煩雑」,②は「繁雑」.

ハンサム(handsome) ハンサム 男性の

顔だちがいいようす.　Ehandsome.　韓핸섬, 잘생김.「映画スターのAは背が高くてハンサムなので、ファンが多い//わたしの恋人はハンサムでとてもやさしい//ハンサムボーイ」

ばんじ　【万事】バンジ　すべてのこと、全部.　Eeverything; all.　韓만사.「結婚式の準備は万事すんだ//あとはきみに万事まかせる」

万事休す　悪い結果が出てしまって、もうどうすることもできない.　EIt's all over for me.　韓만사휴의, 이제 끝장임.「金を借りられるところからは全部借り、できることは全部したが、経営の状態はよくならず、万事休すだ」

はんしゃ　【反射】ハンシャ〔〜する〕①光や電波などがものに当たってはねかえること.　Ereflect.　韓반사.「日の光が川に反射して、川が光って見える//反射鏡」②なにかの刺激を受けて、自分の意思には関係なく、瞬間的に体の部分が反応を起こすこと.　Ea reflex.　韓자극에 의한 기계적인 반응.「車がすごいスピードで走ってきたので、反射的に身をよけた//反射神経//条件反射」

はんじょう　【繁盛】ハンジョー〔〜する〕商売や仕事がうまくいき、人々がたくさん出入りし、活気があること.　Eprosper; have a large practice.　韓번성, 번창.「店が繁盛して売り上げも増えてきた//あの医院は患者がおおぜい来て繁盛している」

はんしょく　【繁殖】ハンショク〔〜する〕生物がつぎつぎにふえること.　Ebreed; propagate.　韓번식.「春は繁殖の季節で、家畜に子供がたくさん生まれる//細菌が繁殖する」

はんしんはんぎ　【半信半疑】ハンシンハンギ　半分信じているが、半分は疑っていること. 完全には信じられないこと.　Ehalf in doubt; dubious.　韓반신반의.「合格の知らせを聞いても、半信半疑の気持ちでいた」

はん・する　【反する】ハンスル〔自動する〕①実際とくいちがう. 反対だ.　Ebe contrary to.　韓반하다, 상반되다, 반대다.「期待に反する結果に終わる//約束に反する行い」②法律、規則などと違う.　Ebe against.　韓위반되다, 어긋나다.「男女差別は憲法に反する」

はんせい　【反省】ハンセイ〔〜する〕自分のしたこと、言ったことなどについて、それでよかったかどうかを考えてみること.　Ereflect on; reconsideration.　韓반성.「冷静さを失って子供をなぐってしまったことを反省している//企業は環境や自然の破壊に対する反省がたりない」

ばんぜん　【万全】バンゼン　完全にものごとを行って、すこしの手落ちもないこと.　Eall possible; sure.　韓만전.「冬山は天気が変わりやすいから、万全の準備をして登ろう//万全を期する（＝すこしの手落ちもないように完全な準備をする）」

ばんそう　【伴奏】バンソー〔〜する〕歌ったり、楽器を演奏したりするときに、それに合わせて補うように他の楽器を演奏すること.　Eaccompaniment.　韓반주.「ピアノの伴奏で歌を歌う//一郎は妻のコンサートで伴奏した」

ばんそうこう　【絆創膏】バンソーコー　傷をした所を保護するために皮膚にはるもの.　Ean adhesive plaster.　韓반창고.「傷口にばいきんが入らないようにばんそうこうをはる」数1枚

はんたい　【反対】ハンタイ　①あるものと逆の関係にあること.　Ethe opposite; the reverse.　韓반대.「北半球と南半球では夏と冬が反対になる//反対側//反対語」②〔〜する〕ある意見や考えを受け入れず、逆の態度をとること.　Eobject to; opposition.　韓반대.「憲法を変えようという意見には絶対に反対する//反対運動//反対派」対賛成

▷→ 逆

はんだくおん 【半濁音】ハンダクオン, ハンダクオン　日本語で,「パ, ピ, プ, ペ, ポ, ピャ, ピュ, ピョ」の音. Ｅ a p-sound in Japanese. 韓 반탁음.「半濁音は外来語に多く使われる∥『パイプ』には半濁音が２つ使われている」関連 清音, 濁音

はんだん 【判断】ハンダン, ハンダン〔～する〕はっきりした結論を出すこと. Ｅ a judgment; a decision. 韓 판단.「この計画を進めるか中止するかの判断はあなたにまかせる∥適切な判断を下す∥判断力」

ばんち 【番地】バンチ　住所を示す番号. また, それを手紙や名刺などに書いたもの. Ｅ a house number; an address. 韓 번지.「番地を書き忘れて手紙がもどってきた∥番地を見ながら家をさがす」

パンチ (punch) パンチ　①相手をなぐること. Ｅ a punch. 韓 펀치, 주먹질.「強烈なパンチで相手を倒した」②相手に強い印象や刺激を与えること, 迫力があること. Ｅ punch. 韓 박력.「カラオケで叔母が歌う演歌はパンチがきいている」

パンツ (pants) パンツ　下半身につける, 足の部分で２つに分かれている衣服. 下着用, 上着用, 短いもの, 長いもの, 女性用, 男性用などいろいろある. Ｅ underpants; pants. 韓 팬티; 팬츠, 바지.「毎日パンツをはきかえる∥70歳の母も, このごろはスカートをやめて, パンツをはいている∥もめんのパンツ∥水泳パンツ」数 １枚　→ズボン

はんてい 【判定】ハンテイ〔～する〕判断して, いい悪いなどを決定すること. Ｅ judge; a decision. 韓 판정.「写真で見ただけでは, このつぼが古いものかどうか判定できない∥試合では審判の判定にしたがう」

ハンディキャップ (handicap) ハンディキャップ　①他の人よりも不利な条件を負っていること. ハンディ, ハンデ. Ｅ a handicap. 韓 핸디캡, 불리한 조건.「三郎は目がよく見えないというハンディキャップを克服して, 立派に仕事を続けている」②スポーツで, 強い人と弱い人との間の勝負の差を縮めるために, 強い人に不利に, 弱い人に有利になるようにつける条件. ハンディ, ハンデ. Ｅ a handicap. 韓 (경기 등에서의) 핸디, 핸디캡.「ハンディキャップをつけて, 50歳以上の人は10キロ, 50歳未満の人は15キロ泳ぐことにしよう∥ゴルフのハンディキャップ」

はんとう 【半島】ハントー　海に向かって大きく突きだした陸地. Ｅ a peninsula. 韓 반도.「イタリアは国全体が半島である∥房総半島を自転車で１周した」

はんどう 【反動】ハンドー　①ある方向に力が働いたとき, それと反対の方向に動こうとする力が働くこと. Ｅ (a) reaction. 韓 반동, 반작용.「電車が突然動いたので倒れそうになった∥勉強ばかりしてきた反動で, 大学に入学してからは毎日遊んでいる」②歴史の動きにさからい, 古い考え方にもどろうとすること. Ｅ reactionary. 韓 반동.「天皇主権を復活させるというのは反動的な考えだ∥保守反動」

はんどうたい 【半導体】ハンドータイ　電気をよく通す導体と全然通さない絶縁体の中間の性質を持つもの. Ｅ a semiconductor. 韓 반도체.「テレビ, 電気冷蔵庫など, ほとんどの電気製品に半導体が使われている」

ハンドブック (handbook) ハンドブック　あることについての知識やものの使い方などをわかりやすく書いた小さな本. Ｅ a handbook. 韓 핸드북, 안내서.「機械の使い方や部品の名前がわからなければ, ハンドブックを見るといい」数 １冊

ハンドル (handle) ハンドル　自動車, 自転車, 機械を運転したり動かしたりするとき手

で操作する部分. Ea steering wheel; a handlebar. 韓ハンドル；손잡이.「子供が飛びだしてきたので，あわてて車のハンドルを切ってよけた」

はんにん 【犯人】ハンニン 罪をおかした人. Ea criminal; an offender. 韓범인.「わたしのお金を盗んだ犯人が捕まった//犯人を逮捕する//殺人犯人」

ばんねん 【晩年】バンネン 人の一生の中で，終わりのころの時期. Eone's later years. 韓만년, 늘그막.「父は若いときは苦労が多かったが，晩年はしあわせそうだった」

はんのう 【反応】ハンノー〔〜する〕①相手になにかを働きかけた結果，相手がそれに対してこたえること. Ea response; a reaction. 韓반응.「病院に駆けつけて『お父さん』と何度も呼んだが，父の反応はなかった//反応が鈍い」②化学で，2種類以上の物質が影響し合って起こす変化. Ea reaction. 韓반응.「鉄が酸素と反応して酸化する//化学反応」

ばんのう 【万能】バンノー ①なんでもよくできること. Eall-round; almighty. 韓만능.「道子はスポーツが万能で，できないものはない//万能の神//万能選手」②なににでも効き目があること. Eall-purpose; be everything. 韓만능.「金が万能の世の中はよくない//万能薬」

はんぱ 【半端】ハンパ ①たりなかったり，あまったりすること. Ea fragment; an odd piece. 韓끄트러기, 자투리.「9人いて4人ずつのグループをつくると1人はんぱになる」②どちらともつかず，はっきりしないようす. Eindecisive; irresolute. 韓어중간함.「結婚したいとも思うし，まだしばらくはひとりでいたいとも思うし，なんとなくはんぱな気持ちだ//中途はんぱ(→項目)」

ハンバーガー (hamburger) ハンバーガー パンの間にハンバーグ(=ひき肉と細かく切ったタマネギをパン粉と卵でかため，油で焼いたもの)をはさんだもの. Ea hamburger. 韓햄버거.「昼食は近所のスナックでハンバーガーを食べた//大きな口を開けてハンバーガーをかじる」

はんばい 【販売】ハンバイ〔〜する〕品物を売ること. Esale; sell. 韓판매.「酒や米の販売には役所の許可が必要だ//商品を販売する」対購入

はんぱつ 【反発】ハンパツ〔〜する〕おさえつけられると感じて，はねかえそうとすること. Erepel; repulsion. 韓반발.「厳しい学校の規則に反発して，学校に行くのをやめてしまった//反発を覚える」

はんぴれい 【反比例】ハンピレイ〔〜する〕①数学で，2つの数や量の一方が2倍，3倍と増えるにつれて，他方が2分の1倍，3分の1倍と減っていく関係. Einverse proportion. 韓반비례.「温度が一定のとき，気体の体積は圧力に反比例する」正比例, 比例 ②2つのものの一方が増えるにつれて他方が減る関係が一定していること. Ein inverse proportion to. 韓반비례.「物価が高くなるのと反比例して消費が減る」対比例

パンフレット (pamphlet) パンフレット, パンフレット 宣伝や紹介のためにつくった簡単な本. Ea pamphlet. 韓팜플렛, 소책자.「いろいろな旅行会社のパンフレットを比べて旅行の計画を立てる」数1部・1冊

はんぶん 【半分】ハンブン, ハンブン ①2つに等しく分けたものの1つ. E(a) half. 韓반, 절반.「リンゴを半分に分けて2人で食べる」対倍 ②(副詞的に) その状態に完全にはなっていないようす. Ehalf; almost. 韓반쯤, 어느 정도.「半分あきらめていたが，合格できた」③(他のことばの後について)

はんめい　全部ではないが、いくらかその気持ちであること．Ehalf in ～; partly for ～. 한～ 삼아, ～ 반.「遊び半分で仕事をするならやめなさい//おもしろ半分//冗談半分」

はんめい　【判明】ハンメイ〔～する〕原因, 理由, 本当のことなどがはっきりわかること．Eturn out; become clear. 한판명.「この交通事故の原因は居眠り運転だと判明した」

はんめん　【反面】ハンメン, ハンメン ①反対の面．Ethe other side; the reverse. 한반면, 반대쪽 면.「この鏡の反面には、きれいな花の模様が彫ってある//反面教師(＝欠点を見せることによって、相手にそうなってはいけないという気持ちを起こさせる人)」②(副詞的に)もう一方では．Eon the other hand. 한한편, 다른 면에서는.「ワープロの文字はきれいで読みやすい反面, 個性がなくてつまらない」

はんもく　【反目】ハンモク〔～する〕仲が悪くて、対立すること．Ebe hostile to. 한반목.「親の財産の分配について意見が分かれ, きょうだいが反目し合っている」

ばんらいのはくしゅ　【万雷の拍手】おおぜいの人がほめたり祝福したりするとき, いっせいにする大きな拍手．Ethunderous applause. 한우레와 같은 박수.「講演が終わったとたん, 万雷の拍手が起こった//ピアニストの演奏のすばらしさに聴衆は万雷の拍手を送った」書

はんらん　【反乱】ハンラン〔～する〕政府や軍隊などのやり方に反対して、武力で行動を起こすこと．Ea rebellion; a revolt. 한반란.「人民が反乱を起こしたが、まもなく軍隊によってしずめられた//反乱軍」

はんらん　【氾濫】ハンラン〔～する〕①川などの水がいっぱいになりすぎてまわりに流れだすこと．Eflood; overflow. 한범람.「台風による大雨で川が氾濫し、道路や家が水につかった」②あふれるほど出まわること．Ebe overflowing with; be flooded with. 한범람, 넘쳐남.「マスコミの発達で、現代の社会には情報が氾濫している」

はんろん　【反論】ハンロン〔～する〕ある意見に対して反対の考えを持ち、それを述べること．また、その議論．E(an) objection; argue against. 한반론.「国際化のために外国語教育に力を入れるという校長に、わたしは、日本をよく知ることが国際化の第一歩だと反論した」

ひ／ヒ

ひ　【日】ヒ, ヒ ①太陽, 太陽の光．Ethe sun; sunlight. 한해, 태양, 햇빛.「日がのぼる//日が沈む//日が当たる//日の出(→項目)//西日 Ethe afternoon sun. 한석양.)//夕日(→項目)」
②太陽が出てから沈むまでの間．Ethe days; the daytime. 한낮, 주간.「11月になると、とても日が短くなる//日が暮れる」対夜
③昼と夜を合わせた丸1日．Ea day. 한하루, 날.「日に3度, 食事をする//日を数える//日がたつ」
④ものごとを行う、ある1日．Ethe date. 한(특정한) 날, 날짜.「結婚式の日を友達

に知らせる//日をのばす(Epostpone. 한날짜를 미루다.)//記念日」

⑤(「~した日には」の形で) そのようなばあいには,「この暑さで電気が止まった日には,食べ物がくさってしまう(EIf the electricity is cut on a day as hot as this, all our food will spoil. 한이런 더위에 전기가 나가면 음식이 상해 버린다.)」

⑥(「~ときた日には」の形で) 前のことばを取りたて,それについて不満や驚きの気持ちなどを表す.「二郎ときた日には,いくらタバコをやめろといってもきかない(EThat Jiro! No matter how often I ask him to stop smoking, he never listens. 한지로로 말할 것 같으면, 아무리 담배를 끊으라고 해도 듣지 않는다.)」

▷話⑤⑥

「日」のつく慣用表現

日が浅い そのことがあってからの期間が短い. Eit is only recently that ~. 한일천하다, 얼마 되지 않다.「引っ越してきて日が浅いので,町のようすがよくわからない」

日の当たる場所 社会的に恵まれた立場. Ea privileged position. 한양지바른 곳; 복받은 처지.「日の当たる場所にいる人には, 弱い立場の人のことがわからない」

日の高いうち 夕方になる前に. Ebefore dusk. 한어두워지기 전에.「日の高いうちに山を下りないと道がわからなくなる」

日の目を見る それまで世に出ていなかったものが,広く世間に知られるようになる. Esee the light of day; be realized. 한햇빛을 보다, 세상에 알려지다.「20年前に企画を立てた辞書が出版されてやっと日の目を見た」

日を改める 別の日にする. Eanother day. 한날을 다시 잡다.「きょうは用事があるので,日を改めて会いましょう」

日を追って 日がたつにつれて. Eday by day. 한나날이, 날이 갈수록.「母の病気は日を追って悪くなった」

日を切る 何日までと期限を決める. Eset a deadline. 한기한을 정하다.「日を切って, 三郎に金を貸した」似た表現日を限る

ひ **【比】**ヒ 同じ種類の数や量を比べて, 片方が他方の何倍になるかという関係. Ea ratio. 한비, 비율.「日本と中国の人口の比は1:10である//面積比」

~の比ではない 同じ種類のものではあるが, 比べることもできないぐらい違う. Ebe no match for. 한비교가 안 되다, 비할 바가 아니다.「学生ずもうで1位の強さといっても, 横綱の比ではない」

ひ **【火】**ヒ ①ものが燃えて出る熱や光や炎. Efire. 한불.「風で火が消える//火が強い//火の粉(Esparks. 한불똥, 불티.)」

②火事. Ea fire. 한불, 화재.「夜中に火が出て近所の家が2軒燃えた//火の用心」

③激しい気持ち. Estrong feelings; a flame (of emotion). 한마음의 불꽃, 열정.「独立を求める人々の胸の火を消すことはできない」

▷数②1件

「火」のつく慣用表現

火に油を注ぐ 激しいものをいっそう激しくする. Eadd fuel to the fire. 한불에 기름을 붓다, 불난 데에 부채질하다.「人がけんかをしているときに,『がんばれ』『もっとやれ』などと火に油をそそぐようなことを言ってはだめだ」

火の消えたよう 急に静かになって, にぎやかな明るさがなくなってしまうようす. Ebecome still as death. 한(불이 꺼진 듯이)

火の車　経済的に非常に苦しいこと．Ｅbe very hard up．韓몹시 쪼들림, 몹시 궁색함．「家のローンと子供の教育費で, わが家の経済は火の車だ」話

火の気がない　全然火を使っていない．Ｅnot using fire of any kind．韓불기가 없다．「火事が起こったのは火の気がない所だから, 放火らしい」

火のない所に煙は立たない[ぬ]　うわさが流れるのには必ず原因となる事実がすこしはあるはずだ．ＥThere is no smoke without fire．韓아니 땐 굴뚝에 연기 나랴．

火を通す　煮たり焼いたりして熱を加える．Ｅheat; cook．韓익히다, 가열하다．「この貝は生で食べないで, 必ず火を通して食べてください」

火を吐くよう　非常に激しく気持ちを言うようす．Ｅfiery; furious．韓불을 내뿜음, 열변을 토함．「三郎の火をはくような訴えに, みんなは心を打たれた」

火を見るより(も)明らか　このうえなく確かではっきりしているようす．Ｅbe as clear as day．韓불을 보듯 뻔함, 명약관화함．「もっと働かなければ生活できなくなるのは火を見るより明らかだ」

ひ　【灯】ヒ　電灯やろうそくなど, あたりを明るくするもの．明かり．Ｅa light．韓불, 등불, 불빛．「飛行機の窓から夜の東京の灯が見えた//山小屋の灯」

ひ　【非】ヒ　①不正や欠点．Ｅinjustice; a fault; an error．韓부정, 잘못, 결점．「新聞の役目の1つは社会の非をあばくことだ//会社側は非を認めて謝罪した」対是　②(他のことばの頭について)否定を表す．「非民主的．Ｅundemocratic．韓비민주적．//非常識(→項目)」

非の打ちどころがない　欠点がなにもない．Ｅbe flawless; be perfect．韓흠잡을 데가 전혀 없다．「京子は落ち着いて, 礼儀正しく, その態度には非の打ちどころがなかった」

-ひ　【費】(他のことばについて) そのためにかかる金．「交通費．Ｅtransportation expenses．韓교통비．//宿泊費//会費(→項目)//公費(→項目)//食費//旅費(→項目)」

び　【美】ビ　見たり聞いたりして感じられる調和のとれたよさ, きれいさ．Ｅbeauty．韓미, 아름다움．「自然の美に勝てるものはない//美を感じとる心//美の追求//古都の美」対醜　書

ひあたり　【日当たり】ヒアタリ　太陽の光の当たりぐあい．Ｅsunlight exposure．韓볕이 드는 상태．「この家は南に面していて, 日当たりがいい//日当たりの悪くてしめっぽい部屋」

ピアノ　(piano) ピアノ　楽器の一種．指で小さい鍵盤をたたくと, 鍵盤につながったハンマーが, 大きな木の箱に張った弦をたたいて音を出す．Ｅa piano．韓피아노．「ピアノをひく//ピアノを習う//グランドピアノ」数1台

ピーアール　(PR) ピーアール〔～する〕「public relations」を略した言い方．いろいろな方法で世間に広く知ってもらうようにすること．ＥPR．韓피아르, 선전, 광고, 홍보．「ビール会社が競争で, 新製品のPRをしている//PR誌」

ピーク　(peak) ピーク　ある状態がいちばん盛んなとき．Ｅa peak．韓피크, 정점, 절정．「ラッシュアワーのピークは朝8時と夕方6時だ//インフレのピークはもう過ぎた//ピークを越える」

ヒーター (heater) ヒーター 暖房のための器具, 設備. Ea heater. 韓히터, 난방장치, 전열기.「寒くなったから, この部屋にもヒーターを入れよう」数1台

ピーティーエー (PTA) ピーティーエー「Parent-Teacher Association」を略した言い方. 小学校, 中学校, 高等学校で, 親と教師が協力して, 子供の教育のために活動する団体. Ea PTA. 韓사친회(師親會).「PTAの会員として子供の教育環境をよくするために努力する//PTA会長」

ピーピーエム (ppm) ピーピーエム「parts per million」を略した言い方. 数字の後につけて, 100万分のいくつかということを表す. Eppm. 韓피피엠, 백만분율.「河川のよごれはppmの単位で表す//空気中の二酸化窒素の濃度が0.03ppmをこえると体によくない」

ビーフステーキ (beefsteak) ビーフステーキ 牛肉の厚切りを焼いた料理. ビフテキ. ステーキ. E(a) beefsteak. 韓비프스테이크.「ちょうどいい程度に焼いた, 厚くてやわらかいビーフステーキが食べたい//今晩はビーフステーキにする」数1枚

ビール (㋭bier) ビール 大麦などからつくる, すこし苦みのあるアルコール飲料. Ebeer. 韓맥주.「毎日, 夕食時にビールを1本飲む//缶ビール//生ビール(→項目)」数1杯・1本

ビールス (Ⓕ Virus) ビールス ⇒ ウイルス「ビールスは電子顕微鏡でしか見えない」

ひえこ・む 【冷え込む】ヒエコム, ヒエコム〔自動五〕(ひえこんで) 温度が急に下がる. Egrow cold; become chilly. 韓갑자기 기온이 내려가다, 부쩍 추워지다.「けさはひどく冷えこんで, 氷が張った」▷名冷え込み

ひえびえ 【冷え冷え】ヒエビエ〔~する〕① 非常に冷えた感じのするようす.「朝, 窓を開けると冷え冷えした空気が入ってくる(EIn the morning, when I open the window, chilly air pours in. 韓아침에 창문을 열면 쌀쌀한 공기가 들어온다.))//だれもいない学校の中は冷え冷えしている」② 心が冷たくさびしくなると感じるようす.「話し声も笑い声もしない冷え冷えした家庭(Ea desolate family with no sound of chatting nor laughing. 韓이야기 소리도 웃음소리도 들리지 않는 썰렁한 가정.)」

ひ・える 【冷える】ヒエル〔自動一〕① 温度が下がって, 冷たいと感じる. Egrow cold; feel cold. 韓차가워지다, 쌀쌀해지다.「この部屋は日が当たらないので, 冬は冷える//足が冷える//よく冷えだジュース」対暖まる・温まる ② 熱中する気持ちがなくなる. 冷淡になる. Egrow cool; grow indifferent. 韓식다, 냉담해지다.「夫婦の仲がだんだん冷えてきた」▷他動冷やす

ひがい 【被害】ヒガイ ものがこわされたり使えないようにされたり, 人が傷つけられたり殺されたりするような, さまざまな害を受けること. また, その損害. Edamage; (an) injury. 韓피해.「西日本は台風で大きな被害を受けた//泥棒に入られたが, 幸い被害はなかった//被害者」対加害

ぴかいち 【ぴか一】ピカイチ, ピカイチ 多くの人, ものの中で断然すぐれていること. Ethe top; No. 1; the star. 韓가장 출중함, 단연 결출함.「一郎の絵は, 展覧会に出品されたものの中でぴか一だった」話

ひかえめ 【控えめ】ヒカエメ, ヒカエメ ① じゅうぶんな程度よりすこし少ないようす. Emoderately; temperate. 韓줄잡음; 약간 적은 듯함.「家の修理には, 控えめに見積もっても100万円かかる//酒は控えめにすること」② おとなしくして, めだたないようにする

ようす. Ereserved; self-effacing. 朝조심스러움, 소극적.「課長は, 部長の案は実現の可能性が薄いと思うと, 控えめな言い方で反対した」

ひがえり【日帰り】ヒガエリ〔~する〕どこかへ行ってその日のうちに帰ること. Ea one-day trip. 朝당일치기.「新幹線ができて日帰りの出張が多くなった//日帰り旅行」対泊まりがけ

ひか・える【控える】ヒカエル, ヒカエル〔自他動一〕①すぐ行動できるように準備して, 近くで待つ. Ewait; be in attendance. 朝대기하다.「会議中はとなりの部屋に控えていた//社長のそばに秘書が控えている」
②事情を考えて, 自分の行動を制限したり, なにかの量を減らしたりする. Erefrain from; cut down. 朝삼가다, 절제하다.「委員長はなるべく発言を控え, まずみんなの意見を聞いたほうがいい//塩分を控えた食事」
③すぐ近くにそのような場所を持つ. Ehave nearby; behind. 朝(어떤 장소가 가까이에) 있다.「A小学校は後ろに山を控えている//近くに温泉街を控えた別荘地」
④ある特別な時を目前にする. Ebe near at hand. 朝앞두다.「受験を1週間後に控えて緊張している」
⑤後のために書きとめる. Ewrite down. 朝적어 두다.「住所と電話番号を手帳に控える」
▷名控え
≡注①は自動詞, ②~⑤は他動詞.

ひかく【比較】ヒカク〔~する〕共通のところがあるいくつかのものごとを, 違う点や似ている点などをあげて比べ合わせること. Ecompare; comparison. 朝비교.「北海道と九州を気候の面から比較する//わたしがオリンピック選手と一緒に泳いでも比較にならない」

ひかくてき【比較的】ヒカクテキ ふつうの, または他の状態と比べてみると. Ecomparatively; relatively. 朝비교적.「息子は10歳にしては比較的大きいほうだ//この車種は小型乗用車の中では比較的売れているほうだ」

ひかげ【日陰】ヒカゲ 太陽の光が当たらない場所. Ethe shade. 朝응달, 그늘.「日がかんかん照って暑いから日陰に入った//日陰で休む」対ひなた

ひがし【東】ヒガシ, ヒガシ 4つの方角の1つ. 太陽ののぼる方角.
Ethe east. 朝동, 동쪽.「太陽は東から出て西に沈む//日本は中国の東にある//東日本//東側」対西

ぴかぴか ピカピカ, ピカピカ, ピカピカ〔~する〕①何度も続けて光るようす.「救急車の赤いランプがぴかぴか(と)光る(EThe red ambulance light flashes. 朝구급차의 빨간 불이 번쩍번쩍 빛난다.)」②つやがあって美しいようす.「床を何度も布でこすってぴかぴかにする//ぴかぴかにみがいた靴(Eshoes polished shining. 朝반짝반짝 광을 낸 구두.)」③非常に新しいようす.「買ったばかりの, ぴかぴかの万年筆(Ea brand-new fountain pen. 朝산 지 얼마 안 되는 아주 신품 만년필.)//ぴかぴかの1年生」

ひが・む ヒガム〔自動五〕〔ひがんで〕ものごとをすなおに考えずに, 自分だけ悪く扱われていると思いこむ. Efeel oneself unfairly treated. 朝비뚤어진 생각을 하다, 옥생각하다.「母が病弱の妹を世話するのを見て, 京子は『妹ばかりかわいがる』とひがんでいる」名ひがみ

ひから・びる【干からびる】ヒカラビル, ヒカラビル〔自動一〕乾燥してかさかさになる. Edry up; shrivel. 朝메마르다, 바싹 마르다.「冷蔵庫の奥からひからびたニンジンが

出てきた」

ひかり 【光】ヒカリ ①太陽や火や電灯などから出て、明るく見えるもの。また、その反射したもの。Ｅ(a) light; a ray. 韓빛, 광선。「カーテンを開けると朝の光がまぶしかった//月の光」②心を明るくするもの。Ｅa ray (of hope). 韓광명, 빛。「人間は心に光を求めて生きる//希望の光」▷自動光る

ひか・る 【光る】ヒカル〔自動五〕(ひかって) ①光を出したり反射したりして輝く。Ｅshine; twinkle; glitter. 韓빛나다, 비치다, 반짝이다。「星が光る//ガラスが光る」②すぐれていて、めだつ。Ｅshine; be outstanding. 韓뛰어나다, 출중하다, 빛나다。「新入社員の中では洋子が特に光っている//ひときわ光る演技」▷名光

ひかん 【悲観】ヒカン〔～する〕ものごとが自分の希望や期待どおりに進まず暗い沈んだ考え方になること。Ｅbe discouraged; be pessimistic. 韓비관。「二郎は将来を悲観して、死にたいと言う//いちど失敗したぐらいで悲観してはいけない」対楽観

ひかんてき 【悲観的】ヒカンテキ ものごとが悪い結果になると予想するよう。Ｅpessimistic; gloomy. 韓비관적。「一郎は車の事故で父をなくしてから、すべてのことに悲観的になっている」対楽観的, 楽天的

-ひき 【-匹】(数を表すことばについて) 獣、虫、魚、カエルなどの小動物、ときには鳥などの数を表す。「あそこに犬が2匹と猫が1匹いる//池に金魚が3匹いる(Ｅthere are three goldfishes in the pond. 韓연못에 금붕어가 세 마리 있다。)」

ひきあ・げる 【引き上げる・引き揚げる】ヒキアゲル〔自他動一〕①引っぱって高い所へ上げる。Ｅpull up; draw up. 韓끌어올리다。「川に落ちた車をクレーンで引き上げた」対引き下ろす ②値段や率を高くする。Ｅraise; increase. 韓인상하다。「公定歩合を引き上げる//家賃を4月から引き上げる」対引き下げる ③出かけていた先から、もとの所へ帰る。Ｅbe repatriated; return. 韓돌아오다, 귀환하다, 철수하다。「田中さん一家は去年中国から引きあげてきた」④もとの所へもどす。Ｅtake back. 韓되찾다, 회수하다。「転勤のとき一時預けてあった荷物も全部引きあげた//出資金を引きあげる」▷名引き上げ・引き揚げ

注 漢字で書くときは、①②は「引き上げる」、③④は「引き揚げる」。また、①②④は他動詞、③は自動詞。

ひき・いる 【率いる】ヒキイル〔他動一〕多くの人を連れていく。Ｅlead; command. 韓이끌다, 인솔하다, 통솔하다。「学生をひきいて見学旅行に行く//兵をひきいて戦う」

ひきう・ける 【引き受ける】ヒキウケル〔他動一〕①責任を持って受け入れる。Ｅtake (responsibility); take on. 韓(책임지고) 떠맡다, 인수하다。「その結果の責任はわたしが引き受けよう//役員を引き受ける」②大丈夫だと保証する。Ｅguarantee; vouch for. 韓보증하다。「損害は会社が引き受ける//身元を引き受ける」

ひきおと・す 【引き落とす】ヒキオトス〔他動五〕(ひきおとして) 金融機関が、支払いに必要な金額を口座から差し引く。Ｅwithdraw ～ from a customer's account. 韓(공공 요금 등을) 자동 이체하다。「電話料金を銀行の口座から引き落とす」名引き落とし

ひきかえ・す 【引き返す】ヒキカエス〔自動五〕(ひきかえして) もとの所へもどる。引っ返す。Ｅturn back; return. 韓되돌아가다, 되돌아오다。「忘れ物をしたので、家に引き返す」

ひきか・える 【引き換える】ヒキカエル, ヒ

キカエル〔自他動一〕①ものとものとを取りかえる、交換する。Eexchange. 한바꾸다，교환하다．「当たりくじを景品と引きかえる//代金と引きかえて品物を渡す」②(「～に引きかえ〔て〕」の形で)～に比べて、～に反して．「去年の夏に引きかえて、今年の夏は暑かった(ECompared to last year's summer, this year was hot. 한작년 여름에 비하여 금년 여름은 더웠다．)//勤勉な兄に引きかえ、弟は怠け者で困る」▷名引き換え 注①は他動詞、②は自動詞．

ひきがね 【引き金】ヒキガネ ①ピストルなどを撃つとき指で引く部分．Ea trigger (of a gun). 한방아쇠．「ピストルを空に向けて、引き金を引く」 ②重大なことを起こさせるきっかけ．Etrigger. 한계기、원인．「暗殺事件が第１次世界大戦の引き金となった//汚職事件が首相交代の引き金になった」

ひきさが・る 【引き下がる】ヒキサガル〔自動五〕(ひきさがって) その場から退く．Ewithdraw; retreat; back down. 한물러나다、물러서다．「けんかに負けて、引き下がる//予算の増額を要求したが、説得されて引き下がった」他引き下げる

ひきざん 【引き算】ヒキザン〔～する〕ある数や式からある数や式を引いて差を求める計算．「5－3」「8x－2y」など．Esubtraction. 한뺄셈．「689－347の引き算の答えは342だ//そろばんで引き算をする」対足し算

ひきずりこ・む 【引きずり込む】ヒキズリコム、ヒキズリコム〔他動五〕(ひきずりこんで) ①引きずって無理に中へ入れる．Edrag a person into. 한(안으로) 끌어들이다．「かぜをひいているから寒い外で遊んではいけないと、子供を家の中へ引きずりこんだ」対引きずり出す ②無理に仲間に入れる、引っぱりこむ．Eentice a person into. 한(억지로)

한패에) 끌어들이다．「気の弱い一郎を麻薬のグループに引きずりこむ」

ひきず・る 【引きずる】ヒキズル〔他動五〕(ひきずって) ①地面や床にふれたままで、足やものを引っぱる．Edrag; trail. 한(질질) 끌다．「重いテーブルを引きずって動かしたら、床に傷がついてしまった//けがをして、足を引きずって歩く」②いやがるのを無理に引っぱる．Edrag a person (against his／her will). 한(억지로) 끌고 가다、연행하다．「木に登りかけた二郎を引きずり下ろす」

ひきだし 【引き出し】ヒキダシ 机やたんすについていて、引きだせるようになっている箱．Ea drawer. 한서랍．「たんすの引き出しに衣類を入れる//事務所の机には引き出しが3つある」他動引き出す →机図

ひきだ・す 【引き出す】ヒキダス〔他動五〕(ひきだして) ①中にあるものを外へ出す．また、隠れていたものを外へ出す．Epull out; draw out. 한꺼내다、끌어 내다．「小屋から牛を引きだす//先生は生徒の隠れた才能を上手に引きだす」対引き入れる ②銀行などから預金をおろす．また、資金などを出させる．Ewithdraw; get ～ out of. 한(예금 등을) 찾다、인출하다；(자금 등을) 끌어내다．「貯金を引きだす//Ａ社から資金を１億円引きだした」▷名引き出し

ひきた・てる 【引き立てる】ヒキタテル〔他動一〕①無理に引っぱって連れていく、引ったてる．Ehaul; march off. 한(억지로) 끌고 가다、연행하다．「警官が容疑者を引きたてていった」②元気を出させる、励ます．Echeer up; encourage. 한북돋우다、격려하다．「気を引きたてて試験場に入る」③特にめだつようにする．Eshow ～ off to advantage. 한돋보이게 하다、두드러지게 하다．「形のいい松の木が庭を引きたてている」④よく注意し、世話をして特別に扱

ひきつ・ぐ【引き継ぐ】ヒキツグ〖他動五〗（ひきついで）前の人にかわって、後の人が受けつぐ。Ｅtake over; succeed to. 한이어받다, 인계받다, 계승하다. 「父親の仕事を引きついで、病院を経営する//伝統を引きつぐ」 名引き継ぎ

ひきつ・ける【引き付ける】ヒキツケル〖自他動一〗①引っぱって近くへ寄せる。Ｅdraw; attract. 한끌어당기다. 「走りだそうとする犬を体の横に引きつけて歩く//鉄を引きつける磁石」②魅力で誘い寄せる。Ｅcharm; attract. 한마음을 끌다, 사로잡다, 매혹하다. 「おばあちゃんのむかし話は子供たちをひきつけた//少年をひきつける漫画家」③特に子供などが、全身にけいれんを起こす。Ｅhave a convulsive fit. 한（어린이가）경풍을 일으키다. 「急に子供がひきつけたので、救急車で病院へ運んだ」▷名引き付け

注②はひらがなで書く。また、①②は他動詞、③は自動詞。

ひきつづき【引き続き】ヒキツズキ ずっと続けるようす。また、すぐつぎのことが続くようす。Ｅcontinuously; be followed by. 한계속해서, 잇달아서；이어서. 「ひきつづき10年校長を務めた//会議にひきつづき忘年会がある」 自動引き続く

ひきど【引き戸】ヒキド, ヒキド 横に引いて開けたり閉めたりする戸。Ｅa sliding door. 한미닫이, 가로닫이. 「日本の家の障子や雨戸は、たいてい引き戸だ//引き戸を開ける」 対開き戸 数1枚 →戸図

ひきと・める【引き止める】ヒキトメル〖他動一〗なにかしようとするのをやめさせる。特に、帰ろうとするのをやめさせる。Ｅprevent; detain. 한말리다, 만류하다, 붙들다. 「父親とけんかして家を出ていこうとする息子を母親は懸命に引きとめた//帰るという客を、まだ話があるからと引きとめた」

ひきと・る【引き取る】ヒキトル〖自他動五〗（ひきとって）①その場から帰る。Ｅleave; withdraw. 한물러가다；돌아가다. 「父は留守ですから、きょうはお引き取りください」②自分のほうへ受け取る。Ｅreceive; take back. 한인수하다, 되찾다. 「預けていた品物を引き取る」③自分のところへ引き受けて世話をする。Ｅtake charge of; look after. 한떠맡다. 「戦争で親をなくした子供たちを引き取って育てる」④（「息を引き取る」の形で）死ぬ。Ｅbreathe one's last; die. 한숨을 거두다, 죽다. 「母は昨夜、息を引き取りました」▷名引き取り

注①は自動詞、②③④は他動詞。

ひきにく【ひき肉】ヒキニク 豚肉や牛肉などを機械にかけて細かくしたもの。Ｅground meat. 한기계로 간 고기. 「牛のひき肉でハンバーガーをつくる//豚のひき肉を300グラム買う」

ひきぬ・く【引き抜く】ヒキヌク〖他動五〗（ひきぬいて）①引っぱって抜く。引っこ抜く。Ｅpull out. 한뽑다, 뽑아 내다. 「大根を引き抜く//くぎを引き抜く」②ほかの団体に入っている人を誘って、自分のほうへ来させる。引っこ抜く。Ｅpoach; pick. 한（다른 조직의 사람을）빼내다, 스카우트하다. 「A社から優秀な技術者を引き抜く」▷名引き抜き

ひきのば・す【引き伸ばす・引き延ばす】ヒキノバス〖他動五〗（ひきのばして）①写真などを大きくする。Ｅenlarge. 한（사진 등을）확대하다. 「B5判の原稿をB4判に引きのばす//写真を引きのばして額に入れる」②

時間や期限を長引かせる。Eprolong; delay. 한(시간 등을) 끌다, 지연시키다.「いくつも質問を出して会議を引きのばす」▷ 名引き伸ばし・引き延ばし
注 漢字で書くときは、①は「引き伸ばす」、②は「引き延ばす」.

ひきはら・う 【引き払う】ヒキハラウ〔他動五〕(ひきはらって) 跡を片づけて、ほかの場所へ移る。Emove from; clear out. 한(정리를 하고) 떠나다, 퇴거하다.「東京を引き払って、母の待つ故郷へ帰る//下宿を引き払う」

ひきょう 【卑怯】ヒキョー 勇気がなかったり、ずるかったりして、やり方がよくないようす。Emean; cowardly; unfair. 한비겁.「自分の名前も言わずにおどしの電話をかけてくるとはひきょうだ//本人のいない所で悪口を言うようなひきょうなことはするな」

ひきわけ 【引き分け】ヒキワケ 勝ち負けを争うゲームやスポーツなどで、勝ち負けが決まらないままでやめること。Ea draw; a tie. 한비김, 무승부.「試合は同点のまま延長戦になったが、結局、引き分けに終わった//引き分け試合」自動引き分ける

ひきわた・す 【引き渡す】ヒキワタス〔他動五〕(ひきわたして) ほかの人の手に渡す。Ehand over; deliver. 한넘겨주다, 인도하다.「迷子を、迎えに来た母親に引き渡す//商品を引き渡す」名引き渡し

ひ・く 【引く】ヒク〔自他動五〕(ひいて) ①向こうからこちらへ寄せる。引っぱる。Epull; tug; draw. 한끌어당기다, 잡아당기다.「ドアを引いて開ける//綱を引く//引き寄せる」対押す

②人の心を誘う。注意を呼ぶ。Edraw; attract. 한(남의 마음·주의를) 끌다.「人々の関心をひくニュース//人目をひくふるまい」

③線や図面をかく。Edraw. 한(선을) 긋다, (도면을) 그리다.「線を引く//家の図面を引く」

④電灯やガスなどを設備する。Elay; install. 한(전기·가스 등을) 끌다, 가설하다.「電話を引いた//水道を引く」

⑤続いているものを受けつぐ。Einherit; be descended from. 한이어받다, 계승하다.「一郎は父親の血を引いて、穏やかな性格をしている」

⑥のばしてひろげる。Eoil; draw. 한두르다; 치다.「フライパンに油を引く//幕を引く」

⑦仕事や職をやめる。Eretire. 한그만두다, 은퇴하다.「会社の第一線から身を引く」

⑧多くの中から選んで取りだす。Elook up; give; draw. 한(예를) 들다; (사전을) 찾다; (제비를) 뽑다.「わからないことばは辞書を引いて調べる//例を引いて説明する//くじを引く」

⑨数や量を減らす。Ededuct. 한빼다, 덜어내다, 감하다.「月給から住宅ローンを引くと、少ししか残らない」対足す

⑩引き算をする。Esubtract. 한뺄셈하다, 빼다.「10引く3は7だ」対足す

⑪もとにもどったり少なくなったりする。Ego down; leave. 한(열 등이) 내리다, 가시다.「熱がやっと引いた//汗が引く」

注⑧はひらがなで書く。また、①〜⑩は他動詞、⑪は自動詞.

ひ・く 【弾く】ヒク〔他動五〕(ひいて) ピアノ、バイオリンなどの楽器を演奏する。Eplay. 한연주하다, 켜다, 타다, 치다.「ギターをひきながら歌う//ピアノをひく」

ひ・く ヒク〔他動五〕(ひいて) 車が人などを車輪の下じきにして通る。Erun over. 한(차 등으로) 치다.「トラックが老人をひいてそのまま走り去った//子供がタクシーにひか

れた」

ひく・い 【低い】ヒクイ ①位置が下のほうにある. Ⓔlow. 倒낮다.「ヘリコプターがビルにぶつかりそうな低いところを飛んでいる」対高い
②下から上までの長さが短い. Ⓔshort; low. 倒낮다, 작다.「わたしは背が低い//低い山」対高い
③地位や身分などが下だ. Ⓔlow. 倒(지위 등이) 낮다.「江戸時代, 商人は身分が低かった//低い地位からだんだん上がっていく」対高い
④能力や価値がおとっている. Ⓔlow; poor. 倒(능력・가치가) 낮다, 떨어지다.「この機械は古くて, 生産能力が低い//おもしろいが文学的価値は低い小説」対高い
⑤数や量や程度が少ない. Ⓔlow. 倒(수치・정도가) 낮다.「気温が低い//生活水準が低い」対高い
⑥音や声の振動数が少ない. Ⓔlow. 倒(소리・음성이) 낮다.「女性に比べて男性の声は低い」対高い

ひくつ 【卑屈】ヒクツ 自信がないために, まわりに対して小さくなり, いじけた態度をとるようす. Ⓔsubservient; servile. 倒비굴.「相手が金持ちだからといって, 卑屈になる必要はない//卑屈な笑いでごまかす」

びくともしない すこしも動かない. また, 驚かない. Ⓔdon't move an inch; be undaunted. 倒꿈쩍(끄떡)도 하지 않다; 조금도 놀라지 않다.「この箱には本が100冊も入っていて, 持ち上げようとしてもびくともしない//A社は経営が安定しているから, 1億円ぐらいの損害ではびくともしない」

ピクニック (picnic) ピクニック, ピクニッ ク 郊外や野山などにみんなで遊びに出かけて楽しむこと. Ⓔa picnic. 倒피크닉, 소풍, 들놀이.「日曜日にはクラスの友達とピクニックに行く」

びくびく ビクビク〔～する〕悪いことが起きそうだと不安に思い, こわがるようす.「強い台風で, 家が倒れるのではないかと1晩じゅうびくびくしていた(ⒺI was on tenterhooks all night wondering if the big typhoon would blow down my house. 倒강한 태풍으로 집이 무너지는게 아닌가하고 밤새도록 조바심을 하였다.)//試験の点が悪かったので, 卒業できるかどうかびくびくしている」

ひぐれ 【日暮れ】ヒグレ 太陽が沈んで暗くなるころ. Ⓔsunset; dusk. 倒저녁때, 해질녘.「朝出発して日暮れにやっと目的地に着いた」対夜明け

ひげ ヒゲ ①おもに男性の顔の, 口のまわりやほおからあごのあたりに生える毛. Ⓔa mustache; a beard. 倒수염.「ひげを生やす(Ⓔgrow a mustache. 倒수염을 기르다.)//ひげがのびる//ひげそり(Ⓔa razor; a shaver. 倒면도기.)」②動物の口のまわりに生える特別の毛. Ⓔwhiskers. 倒(동물의) 수염.「猫のひげを切る//ヤギのひげ」▷数1本

〔ひげ①〕

ひげき 【悲劇】ヒゲキ ①悲しい結果に終わる劇. Ⓔa tragedy. 倒비극.「シェークスピアの『ハムレット』『オセロー』『リア王』『マクベス』は4大悲劇と呼ばれる//悲劇を上演する」対喜劇 ②社会や人生の中で起こる, 悲しくてひどいできごと. Ⓔa tragedy. 倒비극.「戦後, 国が2つに分断されるという悲劇が起こった//受験競争はさまざまな悲劇を生む」対喜劇

ひけつ 【否決】ヒケツ〔～する〕議会, 会議などで, 出された案に反対する人のほうが多いと認めて, 承認しないと決めること. Ⓔreject; vote down. 倒부결.「市議会で,

税金を増やすという案は否決された」対可決

ひけつ【秘訣】ヒケツ ものごとをうまくやるための最もいいやり方．Ｅthe secret; the key．韓비결．「試験に合格する秘訣があったら教えてください／／先生の健康の秘訣はなんですか」

ひけめ【引け目】ヒケメ 自分が人よりおとっているように感じて恥ずかしく思う気持ち．Ｅfeel small; feel inferior to．韓열등감, 약점．「サークルの友達がみんな英語がうまいので，京子は引け目を感じている」

ひこう【非行】ヒコー 社会のきまりに反する行いをすること．また，その行い．Ｅdelinquency; misconduct．韓비행．「他人のものを盗んだり，シンナーを吸ったり，非行に走る少年が増えている」

びこう【備考】ビコー 参考のために書き加えて，本文を補うこと．また，そのことがら．Ｅa note; remarks．韓비고．「備考の欄に書き忘れたことを書いておく」

ひこうき【飛行機】ヒコーキ 翼を持ち，エンジンの力で空を飛ぶ乗り物．Ｅan airplane．韓비행기．「北京から成田まで飛行機で約4時間かかる／／飛行機の切符を予約する／／飛行機事故」数1機

ひこく【被告】ヒコク 訴えられて裁判にかけられている人．被告人．Ｅa defendant; the accused．韓피고．「殺人罪で訴えられている被告を弁護する」対原告

ひごと【日ごと】ヒゴト，ヒゴト 毎日．1日1日と．Ｅday by day．韓매일, 날마다．「日ごとに寒くなる／／日ごとに春めく／／日ごと夜ごと」

ひざ ヒザ ①足の中ほどにあり，足を曲げたりのばしたりできる部分の前側．Ｅa knee．韓무릎．「ひざを曲げていすにすわる／／ひざをそろえてすわる」②すわったときのももの上側．Ｅa lap．韓무릎．「赤ん坊をひざに抱く／／ひざ掛け」▷→体図

ひざを打つ 思わず感心したり思い当たったりするときに，自分の手のひらでひざをたたく．Ｅpat one's lap (realizing that something is right)．韓무릎을 치다．「兄はなにを思いついたのか，はたとひざを打って立ち上がった」

ひざを崩す 正座から楽なすわり方に変える．楽な姿勢ですわる．Ｅsit at ease．韓편히 앉다．「どうぞひざをくずしてお楽になさってください」

ひざを交える 集まって親しく接する．Ｅhave a heart-to-heart talk．韓무릎을 맞대다, 허물없이 이야기하다．「教師と親がひざをまじえて，子供たちのことを話し合う」

ビザ (visa) ビザ 外国へ行くときに，行く先の国の役所が出す，その国に入っていいという許可証．Ｅa visa．韓비자, (입국) 사증．「ビザの申請に領事館に行く／／ビザを延長する／／留学生ビザ／／観光ビザ」→査証

ピザ (イ pizza) ピザ 小麦粉をこねてつくった薄くてまるい形の生地の上に，トマトの入ったソースを敷き，ハムや野菜などとチーズを載せて，オーブンで焼いたイタリアの食べ物．ピザパイ．ピッツァ．Ｅa pizza．韓피자．「昼食はピザにしよう」数1枚

ひざし【日差し】ヒザシ 太陽の光線．Ｅthe sunlight．韓햇볕, 햇살．「夏の強い日差しを防ぐため日傘をさす／／日差しがまぶしくて目を細める」

ひさし・い【久しい】ヒサシイ あることがあってから，長い時間がたっている．Ｅlong; for a long time．韓오래다, 오래간만이다, 오래 되다．「一郎とは学校を卒業してから久しく会っていない／／道子が北海道へ引っ越してからもう久しい」

ひさしぶり【久しぶり】ヒサシブリ，ヒサシ

ブリ以前に会ってから、またはなにかが起こってから長い時間がたっているようす。Eafter a long time. 한오래간만임.「久しぶりにお目にかかれてうれしい//久しぶりのクラス会」

ひざまず・く ヒザマズク〔自動五〕（ひざまずいて）両ひざを地面や床などにつけて体を低くする. Ekneel (down). 한무릎을 꿇다.「神殿でひざまずいて祈る//墓前にひざまずく」

ひさん【悲惨】ヒサン 見るのがつらくなるほど、むごくみじめなひどいようす. Etragic; miserable. 한비참.「つぎつぎに子供を誘拐して殺すという悲惨な事件が起こった//沖縄戦では多くの母親が、悲惨にも、わが子を殺して自分も死んだ」

ひじ ヒジ 腕の中ほどにあり、腕を曲げたりのばしたりできる部分の外側. Ean elbow. 한팔꿈치.「ひじをついてごはんを食べてはいけない//ひじで人をつつく//ひじかけ(=いすの、ひじを置く所)」→体図

ひしがた【ひし形】ヒシガタ 4つの辺の長さが等しく、どの角も直角でない四角形. E a lozenge; a diamond. 한마름모꼴.「3月3日のひな祭りには、ひし形のもちを飾る」→四角図

ひじでっぽう【ひじ鉄砲】ヒジデッポー ひじで人を強く突く意味から、人の誘いなどをいやだと厳しく断ること. ひじ鉄. Erefuse bluntly; give a rebuff. 한팔꿈치로 내지름 ; 퇴짜, 딱지놓음.「京子は二郎に、あなたと映画を見ても楽しくないから行かないと言って、ひじ鉄砲をくわせた//ひじ鉄砲をくらう」

ビジネス（business）ビジネス 事業, 仕事. Ebusiness. 한비즈니스, 사업.「コンピューター関係や、人材の派遣など新しいビジネスが増えている//ビジネスとして、割りきって話をする//ビジネスマン」

ひしひし ヒシヒシ, ヒシヒシ しだいにせまってくるものを、心や感覚で強く感じるようす.「倒産の話を聞くたびに、景気が悪化してきているのをひしひし(と)感じる(EWhenever I hear about a bankruptcy case, I strongly feel that the economic conditions are changing for the worse. 한도산에 관한 이야기를 들을 때마다 경기가 악화되고 있음을 뼈저리게 느낀다.)//手紙を読むと、母のさびしさがひしひし(と)伝わってくる」

びしびし ビシビシ 遠慮しないで、非常に厳しく行うようす.「スピード違反の車をびしびし(と)取り締まる(Ecrack down on driving over the speed limit. 한속도 위반 차량을 가차없이 단속하다.)//部下をびしびし(と)しかる」

ひしめ・く ヒシメク〔自動五〕（ひしめいて）人や動物が、多く集まって押し合い混雑する. また, 押し合って騒がしい声をあげる. Ejostle; throng. 한북적거리다, 득실거리다.「劇場の楽屋口では、ファンがひしめいて、スターが出てくるのを待っている//ひしめき合う」

ぴしゃりと ピシャリト ①戸や窓などを乱暴に閉めるようす. また, そういう音を立てるようす. ぴしゃっと.「道子は怒って戸をぴしゃりと閉めて出ていった(EMichiko slammed the door in anger as she went out. 한미치코는 화 나서 문을 쾅 닫고 나갔다.)」②肌などを強く打つようす. また, そういう音を立てるようす. ぴしゃっと.「腕にとまった蚊を、ぴしゃりとたたきつぶした(EHe swatted the mosquito that had landed on his arm. 한팔에 앉은 모기를 찰싹 때려 잡았다.)」③強い態度で、相手を完全におさえるようす. ぴしゃっと.「『何度頼みに来てもだめなものはだめ』と、彼はぴしゃ

りと断った(Ｅ"No matter how many times you ask, the answer will still be no." he said flatly. 韓"몇 번을 부탁하러 와도 안 되는 건 안 돼." 하고 그는 딱 잘라 거절했다.)」

ひじゅう 【比重】ヒジュー ①同じ体積のセ氏4度の水と比べたときの,ものの重さの割合. Ｅspecific gravity. 韓비중.「油は水より比重が小さいので水に浮く」②他のものと比べたときの重要さの程度. Ｅweight. 韓비중, 중점.「この会社は,能力よりも人柄に比重を置いて人を採用する」

びじゅつ 【美術】ビジュツ 絵や彫刻や工芸など,描いたりつくったりしたものの美しさで人を感動させる芸術. Ｅart; fine arts. 韓미술.「イタリアへ留学してルネサンスの美術の研究をしたい//美術鑑賞(Ｅviewing works of art. 韓미술 감상)//美術館//東洋美術」

ひしょ 【秘書】ヒショ,ヒショ 重要な地位にある人のそばで,連絡やスケジュールの調整,書類の管理などをする人. また,その職業. Ｅa secretary. 韓비서.「秘書が仕事を上手に処理するので社長は楽に働ける//議員秘書」

ひしょ 【避暑】ヒショ 〔～する〕暑さを避け,涼しい海辺や高原などで過ごすこと. Ｅsummering; go to ～ for the summer. 韓피서.「夏はいつも高原に避暑に行くことにしている//避暑客/避暑地」

ひじょう 【非常】ヒジョー ①ふつうよりも程度がずっと高いようす. Ｅvery; extreme. 韓비상, 대단함.「東京は非常に大きい都市だ//毎日非常な暑さが続いている」②地震などの天災や,火事など,ふだんと違う危険なことのある状態. Ｅan emergency. 韓비상(사태), 위급.「非常の際には冷静に行動することだ//非常手段(=非常のときだけに使う特別の方法)//非常口(→ 項目)」 対平常

ひじょう 【非情】ヒジョー 人間らしい感情を持たないようす. Ｅcold-hearted; heartless. 韓비정, 매정함.「犯人は非情にも子供を殺して逃げた//飼っている動物にえさもやらないとは非情な人だ」 書

びしょう 【微笑】ビショー 〔～する〕声を出さずににっこり笑うこと. Ｅa smile. 韓미소.「母親は口もとに微笑を浮かべて, やさしく子供を見守っていた//京子が微笑しながら近づいてくる」

ひじょうぐち 【非常口】ヒジョーグチ 火事や地震などの事故のときに, 建物や乗り物などから逃げだすための出口. Ｅan emergency exit. 韓비상구.「着陸に失敗した飛行機の客たちは非常口から脱出した//旅館の非常口を確かめてから寝る」

ひじょうしき 【非常識】ヒジョーシキ 世の中のふつうのやり方に反し, みんなをあきれさせるようようす. Ｅthoughtless; absurd. 韓비상식, 몰상식.「こんな狭い道をスピードを出して走るとは非常識なドライバーだ//非常識な人」 対常識

びしょびしょ ビショビショ, ビショビショ ①すっかりぬれるようす.「家に帰る途中に雨が降りだして, びしょびしょにぬれてしまった(ＥI got drenched when it suddenly started raining on my way home. 韓집에 돌아오는 도중에 갑자기 비가 내리기 시작해서 흠뻑 젖어 버렸다.)」②雨が降り続くようす.「雨がびしょびしょ(と)降っているので, 長靴をはいて出かけた(ＥIt was drizzling, so I went out in rainboots. 韓비가 주룩주룩 내리고 있어서 장화를 신고 나갔다.)」

参 びしょびしょにぬれることを「びしょぬれ」という.

ピストル (pistol) ピストル 片手で弾を発射できる小型の武器。拳銃. Ⓔa pistol; a gun; a revolver. 🇰🇷피스톨, 권총.「日本ではふつうの人がピストルを持つことは禁じられている//ピストルを撃つ//ピストル強盗」 数 1丁

ひずみ ヒズミ 外からの力を受けて、もとの正しい形が失われた状態. Ⓔ(a) strain; a warp. 🇰🇷비뚤어짐, 일그러짐, 뒤틀림.「あまり急に豊かになると、人々の考え方にひずみが出てくる//柱のひずみを直す」自動ひずむ

びせいぶつ 【微生物】ビセイブツ 細菌やウイルスなど、顕微鏡でなければ見えないような非常に小さい生物. Ⓔa microbe; a microorganism. 🇰🇷미생물.「微生物の動きを顕微鏡で見る//人間の役に立つ微生物も多い」

ひそう 【皮相】ヒソー ものの表面だけをみて、考えや判断が浅いようす. Ⓔsuperficial; shallow. 🇰🇷피상.「円の強さだけで日本を大国だとみるのは皮相な見方である」 書

ひそう 【悲壮】ヒソー 困難が予想されるので、悲しいけれども、一生懸命がんばろうとするようす. Ⓔtragic but heroic. 🇰🇷비장.「兵士たちは悲壮な顔つきで家族に別れを告げた//目的を達するまでは国に帰らぬと、悲壮な決意で留学した」

ひそか ヒソカ、ヒソカ 人に知られないようにするようす. Ⓔstealthily; secret. 🇰🇷은밀함;몰래.「兄はひそかに会社の金を使いこんでいた//母のひそかな楽しみは、宝くじを買うことだ」

ひそひそ ヒソヒソ 話し相手以外には聞こえないように小さな声で話すようす.「2人は顔を寄せてひそひそ(と)なにかを話している（ⒺThe two people are whispering something to each other in an undertone. 🇰🇷둘은 얼굴을 맞대고 소곤소곤 무언가를 이야기하고 있다.//ひそひそ話」

ひそ・む 【潜む】ヒソム、ヒソム〔自動五〕(ひそんで) 隠れていて、姿を見せない. Ⓔbe in hiding; lie concealed. 🇰🇷숨다, 잠재하다, 잠복하다.「動物園から逃げたトラは近くの林の中にひそんでいるらしい//健康な体 にいつのまにか病気がひそんでいた」他動 潜める

ひだ ヒダ 布を折りたたんでできる細長い折り目の山. また、それに似たもの. Ⓔa pleat; a fold. 🇰🇷(옷 등의) 주름.「制服のスカートのひだにアイロンをかける//厚いひだのあるカーテン//山ひだ」

〔ひだ〕

ひたい 【額】ヒタイ 顔のまゆから上、髪の生えている所から下の部分. おでこ. Ⓔthe forehead; the brow. 🇰🇷이마.「父は髪が減って、若いころよりひたいが広くなった//前髪でひたいを隠す」→顔図

額に汗する 一生懸命働く. Ⓔearn with the sweat of one's brow. 🇰🇷이마에 땀을 흘리다, 열심히 일하다.「20年もひたいに汗して、まだ自分の家が持てない」

額を集める 集まって、顔を寄せ合って相談する. Ⓔput one's heads together. 🇰🇷이마를 맞대고 의논하다.「みんなでひたいを集めて、いい方法はないかと考えた」

ひた・す 【浸す】ヒタス、ヒタス〔他動五〕(ひたして) ①全体が隠れるぐらいに、水などの液体に入れる. Ⓔdip; soak. 🇰🇷(액체에) 담그다.「谷川の冷たい水に手をひたす//洗濯物をぬるま湯にひたしておく」②じゅうぶんに液体をふくませる. Ⓔmoisten. 🇰🇷(흠뻑) 적시다.「アルコールをひたした布で消毒する」▷自動浸る

参 ①は「つける」と似ているが、「つける」が

ひたすら ヒタスラ, ヒタスラ 1つのことだけに集中して一生懸命にするよう.「40年間、会社のためにひたすらつくしてきた(EI have worked for the company single-mindedly for forty years. 韓40년간 회사를 위해서 일편단심 일해 왔다.)//手術の成功をひたすら祈っている」

ひたひた ヒタヒタ, ヒタヒタ, ヒタヒタ ①波が静かに繰り返し当たるようす. また、そのときの音を表す.「岸辺の小舟に波がひたひた(と)寄せている(EWaves are lapping against the boat in shore. 韓물가의 작은 배에 파도가 찰싹찰싹 밀려오고 있다.)」②静かにせまってくるようす.「戦争の足音がひたひた(と)近づいてくる(EThe tread of war quietly advanced. 韓전쟁의 발소리가 슬몃슬몃 다가온다.)」③中のものが隠れる程度に水が入っているようす.「ひたひたに水を入れ、その水がなくなるまで煮てください(EAdd just enough water to cover, then boil until all the water is gone. 韓물을 찰랑찰랑하게 붓고 그 물이 다 없어질 때까지 끓여 주세요.)」

ビタミン (ⓕVitamin) ビタミン, ビタミン 人間の体に必要なおもな栄養の1つ. 体の中ではつくれず、食物からとる. Evitamin. 韓비타민.「ビタミンが不足して病気になる//ビタミン剤//ビタミンC」

ひたむき ヒタムキ 1つのことに一生懸命なようす. Eearnest; devotedly. 韓한결같음, 열중함, 외곬임.「若い2人のひたむきな愛情に心を打たれて、親たちは結婚を許した//ひたむきに研究に励む」

ひだり 【左】ヒダリ ①横の方向や位置を2つに分けたときの1つで、この辞書では偶数のページの側. Ethe left. 韓왼쪽, 왼편.「日本では車は道の左を走る//心臓は体の左のほうにある」対右 ②革新的な政治的立場. Ethe Left; liberal; leftist. 韓좌익.「道子の考え方は左寄りだ」対右

ひだりうちわ 【左うちわ】ヒダリウチワ, ヒダリウチワ 経済的に豊かで、働かなくても楽に暮らせること. Elive in ease and luxury. 韓(일하지 않고도) 여유롭고 안락하게 지냄.「叔父は商売がうまくいって、いまでは左うちわで暮らしている」

ひだりきき 【左利き】ヒダリキキ, ヒダリキキ ①字を書いたり道具を使ったりするのに、右手より左手のほうが使いやすいこと. また、そういう人. Eleft-handed. 韓왼손잡이.「京子は左利きだから、はしは左手で持つ」対右利き ②酒好きの人. Ea drinker. 韓애주가.「山田氏は全然飲めないが、洋子夫人は左利きだ」▷→利き腕

ひだりまえ 【左前】ヒダリマエ, ヒダリマエ ①商売や仕事が経済的にうまくいかなくなること. Ebe on the wane; go downhill. 韓사업이 부진해짐, 경제적으로 곤란해짐.「会社が左前になると、銀行も金を貸さなくなる」②和服を着るときの前の左右の重ね合わせ方が、ふつうとは反対に、相手から見て左側が上になった着方. E(wear a kimono) with the right side overlapping the left. 韓옷 섶이 안으로 들어가게 입음.「着物の着方を知らないのか、左前に着ている」

ひた・る 【浸る】ヒタル, ヒタル 〔自動五〕 (ひたって) ①全体が隠れるぐらいに、水などの液体に入る. Esoak; be flooded with. 韓잠기다, 침수되다.「疲れを取る

ために, ふろにゆっくりひたる//川の堤防が切れて, 田畑が水にひたった」②その思いに深く入りこむ. Ebe immersed in. 한빠져들다, 잠기다.「優勝の喜びにひたる//思い出にひたる」▷他動 浸す

ぴちぴち ピチピチ, ピチピチ〔～する〕①元気よく跳ねたり動きまわったりするようす.「網から出た魚がぴちぴち(と)跳ねている(EThe fish that got out of the net is flip-flopping about. 한그물에서 나온 물고기가 팔딱팔딱 뛰고 있다.)」②洋服などが体に合って, まったく余裕のないようす.「ぴちぴちの, すわると破れそうなズボン(Etight slacks ready to burst at the seams when one sits down. 한꽉 끼어서 앉으면 터질 것 같은 바지.)」

ひっ- 【引っ-】〔動詞について〕意味やことばの調子を強める.「机の中をひっかきまわして, かぎをさがす//ひっ捕まえる(Ecatch; seize. 한확 잡다.)//ひっかける(→項目)//ひっつく(Estick to. 한착 달라붙다.)//ひっぱたく」話
参「引き」の変化した形. カ行, タ行, ハ行の音で始まることばにつく. また,「はたく」などの「は」は「ひっ」がつくと「ぱ」になる.「曲がる」「むく」などには「ひん」がつく.

ひつう 【悲痛】ヒツー 非常に悲しくてつらいようす. Egrievous; sorrowful. 한비통.「事故で子をなくした母の悲痛な表情が, テレビに大きく映しだされた//悲痛な叫び」

ひっかか・る 【引っ掛かる】ヒッカカル〔自動五〕(ひっかかって)①ものにかかってそこに止まる. Ecatch; be caught. 한걸리다.「風で飛んできた洗濯物が木の枝にひっかかっている」②途中でとめられる. Ebe involved in; be caught. 한걸려들다.「交通渋滞にひっかかって, 遅くなった//検査にひっかかる」③計略などにはまる. だまされる.

Ebe taken in; be tricked. 한(사기 등에) 걸려들다, 속다.「悪いセールスマンにひっかかって高い化粧品を買わされる//詐欺にひっかかる」④納得できなくて気になる. Ebe a bit suspicious. 한미심쩍다, 석연치 않다.「京子の話にはなにかひっかかるところがある. 本心をきいてみよう」▷話③ 名 引っ掛かり 他動 引っ掛ける

ひっか・く 【引っかく】ヒッカク〔他動五〕(ひっかいて)つめや先のとがったもので強くかいて傷をつける. Escratch; claw. 한할퀴다.「猫のひげを切ろうとしたら, わたしの手をひっかいて逃げた」

ひっか・ける 【引っ掛ける】ヒッカケル〔他動一〕①かけて下げる. Ehang; hook. 한걸다.「シャツを木の枝にひっかけておく」②体にちょっとつける. Eslip into; slip on. 한(아무렇게나) 걸치다, 꿰지르다.「サンダルをひっかけて, 飛びだす//急いでカーディガンをひっかけて外へ出た」③布をくぎなどにかけて破り裂く. Ecatch ~ on. 한걸려 찢어지다, 긁히다.「スボンを枝にひっかけて, 破ってしまった」④うまく仕組んで計略にはめる. だます. Etrick; deceive. 한속이다.「弟をひっかけてこづかいを取りあげた」⑤水などを浴びせる. Esplash. 한(물 등을) 뒤집어 씌우다, 끼얹다.「車に泥水をひっかけられた」⑥酒などを一息に飲む. また, 軽く飲む. Ehave a drink. 한단숨에 들이켜다; 가볍게 한잔하다.「そのへんで熱いのを1杯ひっかけていこう」
▷話④⑥ 自動 引っ掛かる

ひっき 【筆記】ヒッキ〔～する〕書くこと, 書き取ること. Etake notes; write down. 한필기.「講義を聞いて筆記する//入学試験は筆記と口頭で行う//筆記用具」

ひっきりなし ヒッキリナシ, ヒッキリナシ 間をおかずにつぎつぎと続くようす. Ⓔcontinuously; incessantly. 한끊임없음, 쉴새없음.「きのうは1日じゅうひっきりなしに客が来て忙しかった//電話がひっきりなしにかかってくる」

びっくり ビックリ〔~する〕突然起こったことや考えてもいなかったことに驚くようす. Ⓔbe surprised; be astonished. 한깜짝 놀람.「大きな雷の音にびっくりした//びっくり箱(Ⓔa jack-in-the-box. 한도깨비 상자(장난감).)」話

ひっくりかえ・す【引っくりかえす】ヒックリカエス〔他動五〕(ひっくりかえして) ①順序や上下を反対にする. 裏返す. Ⓔturn over. 한뒤집다, 뒤엎다.「フライパンのオムレツをひっくりかえす」②横に倒す. Ⓔknock over; overturn. 한넘어뜨리다, 쓰러뜨리다.「つまずいてバケツをひっくりかえした」③それまでの状態や関係を, 逆または別のものにする. Ⓔreverse; upset. 한번복하다.「村民たちが強く反対して, ゴルフ場建設の計画をひっくりかえした」▷話 自動 引っくりかえる

ひっくる・める【引っくるめる】ヒックルメル〔他動一〕1つにまとめる. Ⓔinclude; in all; altogether. 한일괄하다, 통틀다, 뭉뚱그리다.「出産費用は, 入院費から赤ちゃんのミルク代までひっくるめて30万円かかった//全部ひっくるめて話す」話

ひづけ【日付】ヒズケ 手紙, 書類などに書きこむ年月日. Ⓔa date. 한(편지, 서류 등의) 연월일, 날짜.「申込書に名前ときょうの日付を書いた//日付変更線(Ⓔthe international date line. 한일부 변경선, 날짜 변경선.)」

ひっこ・す【引っ越す】ヒッコス〔自動五〕(ひっこして) 住んでいる家や事務所などが別の所に移る. Ⓔmove. 한이사하다.「名古屋から東京に引っ越す//職場の近くへ引っ越してきた」名引っ越し

ひっこ・める【引っ込める】ヒッコメル〔他動一〕①外に出したものを中へ入れる. Ⓔwithdraw; pull back. 한(내밀었던 것을) 당겨 넣다, 움츠리다.「握手しようと出した手を引っこめる」②いちど出した意見や前から出ていた提案などをもとへもどす. 取り消す. Ⓔwithdraw; retract. 한철회하다, 번복하다, 취하다.「会費値上げの案を会員の反対で引っこめた」▷話 自動 引っ込む

ひっし【必死】ヒッシ 死んでもかまわないほど全力でがんばるようす. Ⓔfor one's life; desperate. 한필사.「突然海に投げだされ, 必死になって泳いだ//必死の覚悟でやる」

ひっし【必至】ヒッシ 必ずそうなるにちがいないこと. Ⓔinevitable; unavoidable. 한필지, 필연적임, 불가피함.「両方の国がまったくゆずらないので, このままでは戦争が起こるのは必至だ」

ひっしゃ【筆者】ヒッシャ, ヒッシャ その本や文章を書いた人. Ⓔthe writer. 한필자.「この論説の筆者は事実をよく調べて書いている//筆者の言いたいことが読む人によく伝わる」

ひっしゅう【必修】ヒッシュー 学校で, 必ず全員が学ばなければならないこと. また, その科目. Ⓔrequired; compulsory. 한필수.「この高校ではドイツ語が必修だ//必修科目」

ひつじゅひん【必需品】ヒツジュヒン, ヒツジュヒン なにかをするために絶対に必要な品物. Ⓔnecessaries; necessities. 한필수품.「このごろはキャッシュカードが旅の必需品になっている//生活必需品」

びっしり ビッシリ 空いている所がすこしも

ないぐらい，たくさんあるよう．Eclosely; be jam-packed. 韓꽉, 빽빽이.「葉の裏に，たくさんの小さな虫がびっしり(と)ついていた//社長の予定は来月までびっしり(と)つまっている」

ひつぜん【必然】ヒツゼン　必ずそうなると決まっている方向へものごとが向かっていくこと．Einevitable; natural. 韓필연.「不正事件を起こした議員が落選するのは必然の結果だ//必然性//必然的」対偶然

ひっそり　ヒッソリ〔～する〕①動くものがなく，静かなよう．「日曜日のオフィス街は，人通りもなくひっそりしている(EThe business district is deserted and quiet on Sundays. 韓일요일의 사무실 거리는 사람 통행도 없어 쥐죽은 듯 조용하다.)」②人に知られないようにしているよう．「叔父は社長をやめたあと，山奥の別荘でひっそり(と)暮らしている(EAfter retiring as company president, my uncle has led a quiet life at his country home in the mountains. 韓숙부는 사장을 그만둔 뒤 산속의 별장에서 조용히 살고 있다.)//庭のすみに，小さな白い花がひっそり(と)咲いている」

ひったく・る【引ったくる】ヒッタクル〔他動五〕(ひったくって)他人の持っているものを無理にうばい取る．Esnatch away. 韓낚아채다, 날치기하다.「自転車の男がハンドバッグをひったくって逃げた」話 名引ったくり

ぴったり　ピッタリ①〔～する〕すきまが全然ないよう．Etightly; closely. 韓빈틈이 없음, 꼭, 착, 꽉, 바싹.「外からのぞかれないように，カーテンをぴったり(と)閉める」②〔～する〕完全に合うよう．Eperfectly fitting; exactly. 韓꼭 맞음, 딱 일치함.「足にぴったりした靴なので，歩きやすい//お金の計算が，いちどでぴったり(と)合ってよかった」③突然，または完全に止まるよう．Eonce and for all; completely. 韓갑자기〔완전히〕멈춤, 딱, 뚝.「病気をしてから，酒をぴったり(と)やめた//台風の中心が来たとき，風がぴったり(と)やんだ」

ひってき【匹敵】ヒッテキ〔～する〕ほかと比べたときに同じぐらいすぐれていること．Ebe a match for; be equal to. 韓필적.「速さで飛行機に匹敵する交通機関はない//洋子の働きは，新しく入った社員3人分に匹敵する」

ひっぱりだこ【引っ張りだこ】ヒッパリダコ　喜ばれてみんなからほしがられること．また，その人やもの．Ebe in great demand. 韓인기가 있어 세가 남, 그런 사람・물건.「人手不足で，今年の卒業生は引っぱりだこだ」

ひっぱ・る【引っ張る】ヒッパル〔他動五〕(ひっぱって)①ひものようなものを強く引いてぴんと張る．Epull; stretch. 韓팽팽히 잡아당기다.「ゴムひもだから，引っぱればのびる」②つかんで引き寄せる．Epull; drag. 韓잡아당기다, 잡아끌다.「一郎が帰ろうとするので，手を引っぱって引きとめた」③力を入れて引いたり，無理に連れていったりする．Etake a person to. 韓억지로 끌고 가다, 연행하다.「東京を見物させようと，あちらこちら引っぱって歩く//警察に引っぱられる//引っぱりまわす」

ひつよう【必要】ヒツヨー　どうしても欠かせないこと．なくてはならないこと．Enecessary; have to. 韓필요.「この料理をつくるには大きいなべが必要だ//わざわざ行く必要はない，電話でたりる」対不要

ひてい【否定】ヒテイ〔～する〕そうではないと打ち消すこと．また，ものごとを認めないこと．Edeny; negative. 韓부정.「戦争は

いいことかと問われたら、だれでもすぐ否定するはずだ//否定的/否定文」対肯定

ビデオ (video) ビデオ ①〔←ビデオテープ(videotape)〕テレビで、映像や音声を記録するための、またはすでに映画や放送番組の内容を記録してある磁気テープ。Ea videotape. 한비디오테이프。「夜中に古い映画のビデオを見た//レンタルビデオ(Ea rented video. 한렌털 비디오, 임대 비디오。)」②〔←ビデオテープレコーダー(videotape recorder)〕①に映像や音声を記録したり、記録したものをテレビ画面に再生したりする装置。VTR. Ea videotape recorder. 한비디오테이프 리코더。「見たいテレビ番組の時間に家にいないので、ビデオで録画しておく//ビデオデッキ(Ea video player. 한비디오 플레이어, 비디오테이프 리코더。)」▷数①1本、②1台

びてん 【美点】ビテン 性格や品物などの、すぐれたところやいいところ。Ea merit; a virture. 한미점, 장점。「京子の美点は、明るくて、はっきりものを言うところだ」対欠点

ひと 【人】ヒト、ヒト ①生物としての人類。Ethe human race. 한사람、인류。「人が猿と違うところは火を使うことだ」
②人間。Ea human being; a person. 한사람、인간。「人はなんのために生きるか//道子はすばらしい人だ」
③自分以外の人間。他人。Eothers; other people. 한남、남들。「人がなんと言ったって自分のしたいようにする」
④話し手である自分。Eme. 한나、사람。「兄が『きみにちょうどいいよ』と、小学生の本をくれたので、『人をばかにするな』と言って突き返した」
⑤ある決まった人物。Ea certain person.

한(특정한) 사람。「これから約束の場所へ行って人と会うことになっている」
⑥人間の性質。人柄。Enature; character; personality. 한인품, 성품, 성격, 사람。「京子は人がよくてみんなに好かれる」
▷数②1人 →人物、者

人のうわさも七十五日 人々がうわさをするのもすこしの間だけで、世間は忘れっぽいということ。EA wonder lasts but nine days. 한세상 소문은 석달 열흘을 못 간다。

人のふり見てわがふり直せ 他人のすることはよくわかるのだから、他人の悪い行動を見て自分の行動に気をつけなさいということ。ELearn from the mistakes of others. 한남의 언행을 거울삼아 자기의 언행을 반성하여 고쳐라。

人を食う 他人を人間と思っていないような、見下した態度をとる。Eimpertinent; insolent. 한남을 사뭇 깔보다。「大臣の人をくった返事に、記者たちは抗議した」

ひど・い ヒドイ ①思いやりがなくて、残酷だ。Ecruel; harsh. 한심하다、가혹하다、잔혹하다。「老人をだましてお金を取りあげるとはひどい話だ//小さい子を力いっぱいなぐるひどい親」②程度が大きい。Esevere; violent. 한심하다、지독하다。「雨がだんだんひどくなる//ひどい熱だと思ってはかったら、40度もあった」③非常に悪い。Eterrible; dreadful. 한형편없다、엉망이다。「全然勉強しなかったので、試験はひどい成績だった」

ひといき 【一息】ヒトイキ ①1回の呼吸。また、短い間に休まずなにかをすること。Ea breath; a draft. 한단숨, 한 번의 숨。「誕生日のケーキのろうそくを一息で吹き消す//ビールを一息に飲みほす」②目的まであとすこしであること。Eone more effort. 한

얼마 안 남음, 거의 다 됨.「ゴールまであと一息だ、がんばれ」

一息入れる ちょっと休む。Ⓔtake a rest. 한한숨 돌리다, 잠깐 쉬다.「3時だ。一息入れてお茶でも飲もう」

ひといちばい 【人一倍】ヒトイチバイ、ヒトイチバイ ふつうの人以上であるようす。Ⓔmore than others; uncommonly. 한남보다 더함, 남다름.「選手になるには人一倍の練習が必要だ//一郎は人一倍寒がり屋だ」

ひとえに ヒトエニ ①理由がほかにはなく、ただそれだけ。Ⓔentirely; a great deal. 한오로지, 전적으로.「私が当選できたのは、ひとえにみなさまのご支援のおかげです」②そのことだけ。Ⓔearnestly. 한그저, 다만.「息子がたいへんご迷惑をおかけしましたことを、ひとえにおわびいたします」▷書

ひとかげ 【人影】ヒトカゲ、ヒトカゲ ①人の姿。Ⓔa (human) figure. 한사람의 모습.「夜10時を過ぎると、通りに人影がなくなる//人影が絶える」②鏡や水や障子などに映った人の影。Ⓔa silhouette; the shadow of a person. 한사람의 그림자.「障子に人影がさす」

ひとがら 【人柄】ヒトガラ 人とのつきあいの中で表れる人間の性質。Ⓔnature; personality. 한인품, 사람됨.「1年間つきあって、道子の人柄がよくわかった//人柄がにじみ出ている文章」

ひときわ ヒトキワ、ヒトキワ ほかの多くのものと比べて、違いがはっきりしているようす。Ⓔconspicuously; remarkably. 한한결, 두드러지게, 유달리.「はでなドレスを着ているので、おおぜいの中でもひときわめだつ」

ひとくち 【一口】ヒトクチ ①いちどに口に入れること。Ⓔa mouthful. 한한 입.「ライオンは肉のかたまりを1口で食べた」②すこし食べたり、飲んだりすること。Ⓔa bite; a sip. 한조금(한 입) 먹음, 조금(한 모금) 마심.「1口飲んだけれど、苦いから捨ててしまった」③短い簡単なことば。Ⓔa word. 한한 마디.「いまのわたしの気持ちは、1口では申し上げられません//1口で言えば」④寄付や会員募集の事業などの金を払うときの最小の単位。Ⓔa share. 한계좌, 한 몫.「寄付は1口 1000円で、何口でもけっこうです」

ひとこと 【一言】ヒトコト ことば1つ。また、短いことば。Ⓔa word; something. 한일언, 한 마디.「会議中、社長は1言も言わなかった//出発する前に1言言っておきたいことがある」

ひとごと 【人事】ヒトゴト 自分には関係のない、よその人の問題。Ⓔother people's affairs. 한남의 일.「両親が年をとってくると、老人問題もひとごとではなくなってきた」 注「他人事」と書くこともある。しかし、「人事」は「じんじ」、「他人事」は「たにんごと」とも読めるので、区別するためには、ひらがなで書くほうがいい。

ひとごみ 【人込み】ヒトゴミ 人がたくさんいてこんでいること。また、その場所。Ⓔa crowd. 한(사람으로) 붐빔, 인파.「クリスマスのデパートはたいへんな人ごみだ//人ごみにまぎれる(Ⓔbe lost in the crowd. 한인파 속에 종적을 감추다.)」

ひとさしゆび 【人指し指・人差し指】ヒトサシユビ 手の5本の指の1つ。親指と中指の間にある。Ⓔa forefinger; an index finger. 한집게손가락, 인지.「『あれはなに?』と人さし指で右のほうをさしながらきいた」→手図

ひとし・い 【等しい】ヒトシイ ①2つ以上のものの数や量、程度、性質などが同じだ。Ⓔequal. 한같다, 동일하다.「2つの荷物はどちらも5キロで、重さが等しい//この部

屋にある机といすの数は等しい」②あるものの状態と同じようだ. ⓔas good as; almost. ⓗ마찬가지다, 다름없다.「他人のものを黙って借りて返さないのでは盗んだに等しい」▷書

ひとしお ヒトシオ, ヒトシオ 特別な事情のために, 前よりも強く感じられるようす. ⓔall the more; much more. ⓗ한층 더, 한결더, 더욱더.「失業した年の暮れは, 寒さがひとしお身にしみる」

ひとしきり ヒトシキリ しばらくの間, 盛んに続くようす. ⓔfor a while. ⓗ한동안, 한바탕.「雷が鳴り, ひとしきり激しく雨が降ったが, また太陽が出てきた」

ひとじち 【人質】ヒトジチ 相手にこちら側の要求を認めさせる１つの方法として, 無理やりこちら側にとめておく相手側の人. ⓔa hostage. ⓗ인질, 볼모.「銀行強盗が客を人質にして, 金を要求した//子供を人質にとる」

ひとしれず 【人知れず】ヒトシレズ 人に知られないように. こっそり. ⓔsecretly. ⓗ남몰래, 속으로.「妹は人知れず背の低いことを悩んでいる//人知れず泣く」

ひとすじなわではいかない 【一筋縄ではいかない】ふつうの方法ではうまくものごとが運ばない. ⓔbe very difficult to deal with; be a tough customer. ⓗ보통 방법(수단)으로는 안 되다.「交渉の相手は経験が豊富なベテランだから, 一筋縄ではいかないだろう」

ひとつ 【一つ】ヒトッ ①初めの数. 1. １つ. ⓔone. ⓗ하나, 한 개.「頭は１つ, 手は２本//１つずつ」
②1歳. 1つ. ⓔone year old. ⓗ한 살.「この子も誕生日がきて１つになった」
③同じということを強める言い方. ⓔin a body; the same. ⓗ하나, 한, 한가지.「心をひとつにしてがんばろう//ひとつ屋根の下に暮らす」
④それだけでほかにないということを強める言い方. ⓔjust; only. ⓗ하나.「きみの気持ちひとつで, まだ仲直りできるんだよ//ひとつ覚え(ⓔthe one and only ~. ⓗ하나만 앎, 하나밖에 모름.)」
⑤いくつもの中から取りあげて述べることがら. ⓔpartly because. ⓗ한편, 일방, 일면.「三郎が参加できなかったのは, ひとつには金のせいだし, またひとつには母の反対のせいでもあった」
⑥(副詞的に) ためしにちょっとやってみるようす. ⓔjust. ⓗ(어디) 한번.「結論が出せなくて困っているらしい. ひとつ相談にのってやろうか」
≡注 ⑥はひらがなで書く.

ひとで 【人手】ヒトデ ①働く人. また, その労働力. ⓔa hand. ⓗ일손, 일꾼.「仕事が増えて人手がたりなくなった//人手を借りる」②他人がすること. また, 他人が持つこと. ⓔother hands. ⓗ남의 손, 남의 수중.「仕事に失敗して, 土地も家も全部人手に渡ってしまった」

ひとでなし 【人でなし】ヒトデナシ, ヒトデナシ 人とは思えないほど, 他の人の気持ちや恩のわからないようす. また, その人. ⓔan inhuman wretch; a brute. ⓗ비인간, 사람답지 않은 사람, 사이비 인간.「山で歩けなくなった友人を見捨てて帰るとは, なんという人でなしだ//親をなぐるような人でなしになるな」

ひとなつっこ・い 【人懐っこい】ヒトナツッコイ 人にすぐ慣れて, 親しみの気持ちを見せる. 人なつこい. ⓔaffable; take kindly to people. ⓗ사람을 잘 따르다, 붙임성이 있다.「あの子は人なつっこくて, だれにでもにこにこしながら話しかける//しっぽを振っ

て走り寄ってくる人なつっこい小犬」話

ひとなみ 【人並み】ヒトナミ ふつうの人と同じようす. Eaverage; common; decent. 한보통 정도, 남과 같음.「小さいころは体の弱かった娘も, 人並みの健康な体になった//人並みな生活ができるだけの金があればいい」

ひとにぎり 【一握り】ヒトニギリ 片手でにぎれるぐらいの量. ほんのわずかの量. Ea handful; very few. 한한줌; 극소수.「袋の中にひとにぎりの米しか残っていない//ひとにぎりの反対意見で計画は中止になった」

ひとはたあげる 【一旗揚げる】他人から認められるような新しい事業を始める. Emake a fortune; make a name in the world. 한새로운 사업을 시작하다.「父の会社で働いていたが, 一旗あげようと思ってニューヨークへ飛んですし屋を開いた」

ひとはだぬぐ 【一肌脱ぐ】他人のために, 自分が積極的に出ていって助けてやる. Elend someone a helping hand. 한적극적으로 나서서 도와 주다, 힘이 되어 주다.「資金がたりなくて困っている友人に, 一肌ぬいで金を貸すことにした」

ひとまず ヒトマズ ①つぎのことを始める前に. Efirst; anyway. 한우선.「ひとまず家へ帰って着がえてから, パーティーへ出かけよう」②ふじゅうぶんではあるが, いちおう. Efor the present. 한일단.「手術の後, 思ったより早く退院できたので, ひとまず安心した」

ひとまね 【人まね】ヒトマネ〔~する〕他人のようすや仕事などをまねること. Eimitate; mimic. 한남의 흉내.「人まねではなく自分にしか書けない文章を書きなさい」

ひとみ ヒトミ, ヒトミ 目の真ん中の部分. Ethe pupil (of the eye). 한눈동자.「ひとみをこらす(Estrain one's eyes. 응시하다, 주시하다.)//澄んだひとみ(E clear eyes. 한맑은 눈.)」→目図

ひとみしり 【人見知り】ヒトミシリ, ヒトミシリ〔~する〕見なれていない人に対して, 恥ずかしがったり, 近づくのをいやがったりすること. Ebe shy of strangers. 한낯가림.「友達の赤ん坊を抱いたら, 人見知りをして泣きだした//わたしは人見知りするほうで, はじめての人とは話もできない」

ひとめ 【一目】ヒトメ ①1回見ること. ちょっと見ること. Ea glance; a look. 한한번 봄, 한눈, 일별.「一目でその絵が偽物とわかる//一目ぼれ(=1回見て好きになってしまうこと)」②いちどに全体を見わたすこと. Ea panoramic view. 한한눈.「この山の上から一目で町が見下ろせる」

ひとめ 【人目】ヒトメ 他人や世の中の人々が見ていること. Epublic attention; the eyes of others. 한남의 눈.「人目があるから, 恰好かしい格好で街を歩くな//人目を気にしていたら, なにもできない」

人目につく 他人に見られる. Eattract attention. 한남의 눈에 띄다.「人目につかないように夜出発しよう//人目につく場所」
[似た表現]人目に立つ

人目を忍ぶ 他人に見られないように注意する. Ein secret. 한남의 눈을 피하다.「2人は人目をしのんで毎日会った」

人目を盗む 他人が見ていないあいだをねらってなにかをする. Esecretly. 한남의 눈에 띄지 않도록 몰래 하다.「勤務時間中に, 人目を盗んで近くの喫茶店にコーヒーを飲みに行く」

人目を引く 他人が見るような動きやようすをする. めだつ. Eattract a lot of attention; eye-catching. 한남의 이목을 끌다.「一郎はいつも人目をひくヘアスタイルをしている」

ひとり 【一人・独り】ヒトリ ①1個の人. いちにん. Eone person. 한한 사람.「あす

客が1人来る//1人の学生」②その人だけで他にだれもいないこと. [E]alone; by one-self; only. [한]혼자.「1人で留守番をする//1人暮らし//1人娘」③結婚していないこと. [E]single; unmarried. [한]독신.「洋子は仕事に夢中で, まだひとりだ//ひとり者(→[項目])」④(副詞的に) ただ. 単に. [E]only; merely. [한]다만, 단지.「交通事故はひとり運転手が謝ればすむ問題ではない」▷[書]④
[注]漢字で書くときは, ①②は「一人」, ③は「独り」. ④はひらがなで書く.

ひどり 【日取り】ヒドリ なにかをする日を決めること. また, その日. [E]the date. [한]날을 잡음; (잡은) 날짜.「結婚式の日取りが決まる//出発の日取りをずらす」

ひとりごと 【独り言】ヒトリゴト, ヒトリゴト 相手に言うのではなく, 自分ひとりで声を出して言うこと. また, そのことば. [E]talk to oneself. [한]혼잣말, 독백.「年をとると, ひとりごとを言うことが多くなる」

ひとりっこ 【一人っ子·独りっ子】ヒトリッコ 兄も姉も弟も妹もいない子供. 1人だけの子供. [E]an only child. [한]외아들, 외딸, 독자, 독녀.「1人っ子はわがままになるからと, 両親はわたしを厳しく育てた//中国は人口問題解決のため, 1人っ子政策を取っている」

ひとりでに 【独りでに】ヒトリデニ だれもなにもしないのに, また, しようとしないのにそうなるようす. [E]by itself; automatically. [한]저절로, 자연히.「風もないのに, ひとりでにドアが開いた//楽しい音楽を聞くと, ひとりでに体が動きだす」

ひとりぼっち 【独りぼっち】ヒトリボッチ そばにいる人や頼りにできる人がだれもいなくて, さびしい状態. [E]alone; lonely. [한]외톨이, 고독함.「親もきょうだいも死んで, ひとりぼっちになってしまった」

ひとりもの 【独り者】ヒトリモノ, ヒトリモノ 結婚していない人. [E]an unmarried person; a single person. [한]독신자, 홀몸인 사람.「ひとり者どうしが一緒に暮らす//ひとり者は気楽でいい」

ひとりよがり 【独りよがり】ヒトリヨガリ 人がどう思うかを考えず, 自分の行動や考えをいいと思いこむこと. [E]self-satisfied; self-complacent. [한]독선(적).「二郎のひとりよがりの旅行の計画にはだれも賛成しなかった//ひとりよがりな人とはつきあえない」

ひな ヒナ ①卵から出たばかりの幼い鳥の子. [E]a chick; a young bird. [한]날짐승의 새끼, 병아리.「ひながかえる//ひな鳥」②3月3日の女の子の祭りに飾る人形. ひな人形. [E]fancy dolls for the Doll's Festival on March 3. [한]히나마쓰리의 인형.「ひなを飾る//ひな祭り」③(他のことばの頭について) 小さいこと.「ひな型(=本物と同じ形で小さくつくったもの)//ひな菊([E]a daisy. [한]데이지.)」▷[数]①1羽·1匹, ②1体

〔ひな②〕

ひなた ヒナタ 太陽の光が当たって明るい場所. [E]in the sun. [한]양지, 양달.「冬でもひなたは暑いぐらいだ//ひなたぼっこ(=寒いときに日に当たって暖まること)」[対]日陰

ひなん 【非難】ヒナン〔~する〕まちがいや欠点を悪いといって責めること. [E]criticism; blame. [한]비난.「大臣が差別発言をして人々の非難を浴びる//アメリカは日本を貿易の問題で非難している」

ひなん 【避難】ヒナン〔~する〕あぶない場所から別の安全な場所へ移ること. [E]refuge. [한]피난.「津波が来ると聞いて, 住民は山へ避難した//避難訓練([E]a fire drill. [한]피난 훈련.)」

びにいりさいにわたる【微に入り細にわたる】 非常に細かい点にまでおよぶ．Ⓔminutely; in thorough detail. 한매우 세세한 데까지 미치.「洋子は交通事故にあったときのようすを微に入り細にわたって説明した」似た表現微に入り細をうがつ

ビニール（vinyl）ビニール 石油などから合成されるプラスチックの中で，やわらかいもの．袋などをつくるのに使う．Ⓔvinyl; plastic. 한비닐．「ビニールは加工しやすく水や空気を通さないので，いろいろなものに使われる//ビニールハウス（Ⓔa plastic greenhouse. 한비닐 하우스.）」

ひにく【皮肉】ヒニク ①直接ではなく，遠まわしに意地悪く批判すること．また，そのことば．Ⓔsarcasm; irony. 한빈정거림, 비꼼, 야유．「遅刻をしたら，重役並みだねと皮肉を言われた」②あいにくなこと，思いどおりにいかないこと．Ⓔironical. 한얄궂음, 짓궂음．「皮肉にもハイキングの日は雨で，つぎの日はいい天気だった/皮肉な運命」

ひにち【日にち】ヒニチ ①あることをすることに決めた日．Ⓔthe date. 한날짜, 예정일, 기일．「結婚式の日にちが決まったら知らせてください/出発の日にちは未定です」②日の数．Ⓔ(many) days. 한날수, 시일．「食べ物は日にちがたつとまずくなる」

ひにひに【日に日に】ヒニヒニ 1日ごとに程度が進んでいくようす．Ⓔday by day. 한날마다, 나날이, 날로．「庭の竹は日に日にのびて，屋根より高くなった//日に日に春めいてくる」

参「日増しに」も似ているが，「日増しに」が変化が速いことに重点を置いているのに対して，「日に日に」は1日ずつの変化としてみている．

ひにん【否認】ヒニン〔～する〕事実だと認めないこと．Ⓔdeny; refuse to admit. 한부인．「企業から金を受け取ったということを，政治家A氏は否認した//被告は殺人を否認している」対是認

ひにん【避妊】ヒニン〔～する〕妊娠しないようにすること．Ⓔcontraception; birth-control. 한피임．「避妊は世界の人口問題のためにもたいせつだ//避妊手術」

ひねく・れる ヒネクレル〔自動一〕性質や考え方がすなおでなく，曲がっている．Ⓔget warped; become distorted. 한(성질이) 비뚤어지다, 뒤틀리다．「『そのネクタイすてきね』とほめたら，弟は『無理してほめなくていいよ，安物なんだから』とひねくれて答えた」

びねつ【微熱】ビネツ いつもの体温よりもすこし高い熱．Ⓔa slight fever. 한미열．「37度ぐらいの微熱が続くので，いちど病院へ行ってみよう//微熱がとれない」対高熱

ひね・る ヒネル〔他動五〕（ひねって）①指先でつまんで回す．Ⓔturn; switch. 한돌리다, 비틀다．「水道の栓をひねる//スイッチをひねる」②体の一部をねじって向きを変える．Ⓔtwist; bend. 한(몸을) 뒤틀다．「前を向いたまま首をひねって後ろの人と話す//腰をひねる」③工夫してつくりだす．Ⓔintricate; work on. 한(궁리하여) 특이하게 만들어 내다；짓다．「この学校は入学試験にひねった問題を出す//俳句をひねる//頭をひねる（＝いろいろ考えて工夫する）」▷名ひねり →ねじる

ひのいり【日の入り】ヒノイリ 夕方，太陽が沈むこと．また，その時刻．Ⓔsunset; sundown. 한일몰, 해넘이．「冬が近づいて，日の入りが早くなる//日の入りまで田で働く」対日の出

ひので【日の出】ヒノデ 朝，太陽が出ること．また，その時刻．Ⓔsunrise. 한일출, 해돋이．「富士山の頂上で，日の出を待つ//初日の出（＝元日の日の出）」対日の入り

日の出の勢い 新しい人や組織が、急速に力をのばしてくること。Eon the rise. 한욱일승천의 기세.「情報産業では、いまやA社が日の出の勢いだ」

ひばくしゃ 【被爆者】ヒバクシャ、ヒバクシャ 原爆で被害を受けた人。Ean atomic-bomb victim. 한원자탄 피폭자.「広島や長崎には外国人の被爆者もたくさんいた//被爆者援護法」

ひばな 【火花】ヒバナ かたいものがぶつかったときや電気関係で、一瞬飛びちる火や光。Ea spark. 한불꽃, 불똥, 불티.「ライターは、まず火花が散ってから火がつく」

火花を散らす きっと勝つという強い気持ちで激しく対立する。Efight desperately. 한불꽃을 튀기다.「サッカーの世界一をめざして、両チームが火花を散らす」 似た表現 火花が散る

ひはん 【批判】ヒハン、ヒはン〔~する〕人の意見、主張、行動について、いいか悪いかを明らかにして、悪い点を改めるよう主張すること。Ecriticize; criticism. 한비판.「田中教授の学説を批判する//厳しい批判を受ける」

ひび ヒビ ガラスや陶磁器などかたいものにできる細かい割れ目。Ea crack. 한금.「ひびのある茶碗//ひび割れ(Ea crack. 한(도자기 등이) 금이 감;금.)」

ひびが入る ①細かい割れ目ができる。Ecrack. 한금이 가다.「コップをちょっとつけたら、割れなかったけれどひびが入った」②うまくいっていた関係がうまくいかなくなる。Ecause a rift. 한금이 가다.「友達に金を貸したが、なかなか返してくれなくて、友情にひびが入るようになった」

ひび・く 【響く】ヒビク〔自動五〕(ひびいて) ①音がひろがり、遠くまで聞こえる。Esound; ring. 한울리다, 울려 퍼지다.「夕方の空に鐘の音が響く//教室じゅうに響く声で話す」
②音が反響する。Eresound; echo. 한울리다, 메아리치다.「この会場は声がよく響く//こだまが響く」
③悪く影響する。Etell on; have an influence on. 한(나쁜) 영향을 주다.「徹夜の仕事は体にひびく//消費税が家計にひびく」
④心に強く感じる。Emove; impress. 한(심금을) 울리다.「卒業生代表のあいさつは出席者の胸にひびいた」
⑤評判がひろまる。Eecho; become well-known. 한유명해지다, 널리 알려지다.「ピカソの名は世界じゅうにひびいている」
▷名響き 他動響かす

ひひょう 【批評】ヒヒョー〔~する〕人の行動、作品などについて、どこがいいか悪いかなど根拠のあるきちんとした感想を述べること。Ecriticize; criticism; a notice. 한비평.「展覧会の作品を批評する//演奏会の批評」

びび・る ビビル〔自動五〕(びびって) 相手の勢いや、その場の雰囲気に押されて気が弱くなる。Eget nervous; get cold feet. 한위축되다.「試合の相手の選手が、体が大きくてとても強そうなのでびびった」 話

ひふ 【皮膚】ヒフ、ヒフ 人や動物の体の表面をおおっている皮。Ethe skin. 한피부.「人間は皮膚でも呼吸している//皮膚の色で人を差別してはいけない//皮膚科/皮膚病」

ひぼん 【非凡】ヒボン ふつうの人よりもずっとすぐれているようす。Eextraordinary; uncommon. 한비범.「あの子はバイオリンに非凡な才能を見せはじめた」 対平凡

ひま 【暇】ヒマ ①用がなくて、自由な時間。Espare time. 한틈, 짬.「二郎はひまがあると寝ている」②なにかをする時間。Etime.

(소요되는) 시간.「年をとった祖母は外出の準備にひまがかかる//忙しくて手紙の返事を書くひまもない」③仕事を休むこと. Eleave. 한휴가.「1週間ひまをもらう」④することがなくて, のんびり過ごしているようす. Efree; not busy. 한한가함.「ひまなら手伝ってください//午前中に仕事が終わって, 午後はひまだ」対忙しい

暇をつぶす 用がない時間を過ごすために, 無理になにかをする. Ekill time. 한시간을 보내다.「約束の時間にまだ1時間もあるから, 散歩してひまをつぶそう」似た表現暇つぶし

暇を盗む 忙しいときに, なんとか時間をつくる. Esnatch; in one's spare moments. 한틈〔짬〕을 내다.「商売のひまを盗んで勉強する」

ひましに 【日増しに】ヒマシニ, ヒマシニ 日がたつにつれて程度が進んでいくようす. Eday by day; from day to day. 한날로, 나날이, 날이 갈수록.「手術の後, 日増しに体力がついてきているので, 退院も近いだろう//日増しに暖かくなってきた」→日に日に

ひみつ 【秘密】ヒミツ 人に知られないように隠すこと. 公開しないこと. また, そのものごと. Ea secret. 한비밀.「だれにだって人に知られたくない秘密がある//秘密を守る//秘密をもらす//秘密外交」→内緒

びみょう 【微妙】ビミョー 簡単には扱えないほど細かくて複雑なようす. Edelicate; subtle. 한미묘.「ワインの味は年代や産地によって微妙に違う//微妙な音の違いを聞き分けられる耳」

ひめ 【姫】ヒメ ①むかしの, 身分が高い人の娘. お姫さま. Ea princess. 한공주.「国王には3人の姫があった//かぐや姫//眠り姫(Ethe Sleeping Beauty. 한잠자는 공주.)」②「女の子」の美しい言い方. Ea

girl. 한공주.「一姫二太郎(=子を持つなら1番目が女で2番目が男だといいということ)」③(他のことばの頭について) そのものが小さくてかわいいこと.「姫ユリ(Ea red-star lily. 한하늘나리.)//姫リンゴ(Ea tiny apple. 한작은 사과.)」

ひめい 【悲鳴】ヒメイ ①驚いたり痛かったりしたときに出す叫び声. Ea scream. 한비명.「キャーという女の悲鳴が聞こえた//ラッシュアワーの電車で, 押されて思わず悲鳴をあげた」②あまりたいへんで, もう無理だと思って出す声. Ea cry for help; a cry of despair. 한비명.「最近は仕事が多く, 忙しくて悲鳴をあげている」

ひ・める 【秘める】ヒメル 他動一 隠しておいて人に見せない. Ekeep ~ to oneself; hide. 한숨기다, 감추다, 간직하다.「悲しみを胸に秘めて, いつもと変わらないようすで話す//深く秘めた愛情」

ひめん 【罷免】ヒメン 〔~する〕 公の職をやめさせること. Edismiss (from office). 한파면.「最高裁は刑事事件を起こしたD判事を罷免した」書

ひも ヒモ 結んだりたばねたりするのに使う, 紙, 布, ゴム, ビニールなどでできた細長いもの. Ea string; a cord. 한끈.「女性が着物を着るときは, ひもをたくさん使う//ひもでくくる//ひもを結ぶ//ひもをほどく//靴のひも」数1本 →綱 →こま図

ひもじ・い ヒモジイ 非常におなかがすいて, 食べ物がほしい. Ehungry. 한배고프다, 시장하다.「子供のころ, 家が貧乏だったので, よくひもじい思いをした//戦争中は食べ物がなくて, いつもひもじかった」

三参 すこし古い言い方.

ひもつき 【ひも付き】ヒモツキ, ヒモツキ 条件がついていて自由にできないこと. Ewith strings attached. 한조건이 붙음, 조건

早.「金を出すから、その金でこちらの製品を買えというひもつきの援助ではありがたくない//ひもつきの金」

ひやあせ 【冷や汗】ヒヤアセ 恥ずかしかったりこわかったりしたときに出る、冷たく感じる汗. Ⓔa cold sweat. 한식은땀.「舞台に立って歌いだしたが、歌の文句を忘れて冷や汗をかいた」

ひやか・す 【冷やかす】ヒヤカス〔他動五〕(ひやかして) ①冗談を言ってからかう. Ⓔtease; make fun of. 한놀리다, 희롱하다.「あなたたちほど仲のいい夫婦は見たことがないと言って、となりの夫婦をひやかす」②買う気がないのに品物を手に取って見たり、値段をきいたりする. Ⓔwindow-shop; browse in the stores. 한(살 생각도 없으면서) 물건을 구경하며 값을 물어보다.「夜店をひやかして歩く」 ▷名冷やかし

ひやく 【飛躍】ヒヤク〔〜する〕①急速にのびたり発展したりすること. Ⓔa leap; by leaps and bounds. 한비약.「今年こそ新しいシステムを取り入れて飛躍をめざす//飛躍的に発展する」②話の内容などにつながりがなくて、別のほうへ行ってしまうこと. Ⓔa leap in logic. 한(논리 등의) 비약.「山田さんの話は飛躍が多くて、どうもよくわからない//論理の飛躍」

ひゃく 【百】ヒャク ①10の10倍の数. 100. Ⓔa hundred. 한백, 100.「100の100倍は1万だ/百人一首(→項目)」②数や種類が多いこと. Ⓔa large number or variety. 한다수, 많음, 백.「人間100人集まれば100の意見があるものだ//百科事典(→項目)」

百も承知 じゅうぶんよくわかっていること. Ⓔknow all too well. 한익히[충분히] 알고 있음.「むずかしい交渉であることは百も承知だが、とにかく話し合ってみよう」

ひゃくしょう 【百姓】ヒャクショー 農業を職業としている人. また、その家. Ⓔa farmer; farming. 한농민, 농가.「うちはずっとむかしから百姓をしている//江戸時代の百姓は重い税金に苦しんでいた」

参「お百姓さん」などと親しみをこめていうことはあるが、すこし古い言い方で、いまは、ふつう「農民」「農家」を使う. また、「ぼくには百姓が向いている」「百姓に誇りを持つ」などともいうが、「二郎はいなかで百姓をしている」など他人のことをいうときは、差別的に聞こえることがあるので注意が必要.

ひゃくにんいっしゅ 【百人一首】ヒャクニンイッシュ ①鎌倉時代に藤原定家が、7世紀から12世紀の間にすぐれた和歌をつくった100人の和歌を1首ずつ選んでまとめたもの. Ⓔthe Hundred Poems by One Hundred Poets. 한백인일수, 백명의 가인(歌人)의 와카 한 수씩을 뽑아 모은 것.「百人一首を全部暗記した//小倉百人一首」②「①」の和歌を覚えて取り合うゲーム. また、そのゲームのために、下の句だけを印刷した100枚の取り札と、和歌を全部印刷した100枚の読み札を合わせた200枚の札. Ⓔthe playing cards of one hundred famous poems. 한백인일수 가투놀이; 그 카드.「お正月には、家族そろって百人一首をして遊んだものだ」 ▷数②1組

ひゃくねんのけい 【百年の計】遠い将来のことまで考えた計画. Ⓔa far-sighted policy. 한백년지계.「政治家は目先のことだけではなく、百年の計を立てて政治を行わなくてはならない」

ひゃくぶんはいっけんにしかず 【百聞は一見にしかず】何度も聞くよりも実際に見たほうがよくわかるということ. Ⓔ Seeing is believing. 한백문이 불여 일견.

ひゃくぶんりつ 【百分率】ヒャクブンリツ

全体の中でどのくらいの割合になるかを,パーセントを単位にして表したもの.パーセンテージ.記号は「％」.🇪a percentage. 🇰백분율, 퍼센티지.「留学生の出身国別の比率を百分率で表す」

ひやけ【日焼け】ヒヤケ〔～する〕太陽の光を浴びて皮膚の色が変わったり,やけどのようになったりすること.また,太陽の光でものの表面の色が変わったり薄くなったりすること.🇪a suntan; a sunburn. 🇰(피부가) 햇볕에 탐, 그을림 ; 햇볕에 바램.「海水浴に行って真っ黒に日焼けした//障子が日焼けして黄色っぽくなる//日焼け止めクリーム(🇪suntan cream. 🇰자외선 차단 크림, 선탠 크림.)」

ひや・す【冷やす】ヒヤス〔他動五〕(ひやして)冷えるようにする.🇪cool; chill. 🇰차게 하다, 식히다.「川の水でスイカを冷やす//頭を冷やす」🔄暖める・温める 🔄冷える

ひゃっかじてん【百科事典】ヒャッカジテン 自然と社会のあらゆることがらを,五十音順など決まった順序で並べて解説した書物.🇪an encyclopedia. 🇰백과 사전.「わからないことがあったら,すぐ百科事典を引く」数1巻・1冊

ひやひや【冷や冷や】ヒヤヒヤ〔～する〕①体に冷たさを感じるよう.「汗が引いて背中がひやひやする(🇪become chilled when sweat on one's back dries up. 🇰땀이 말라서 등이 선들선들하다.)」②悪いことが起こりそうだと心配し続けるよう.「凍った道路を,ひやひやしながら運転する(🇪nervously drive on the frozen street. 🇰얼어붙은 도로를 조마거리며 운전하다.)」

ひややか【冷ややか】ヒヤヤカ 関心や同情の気持ちがなく,冷たいよう.🇪cold; indifferently. 🇰차가움, 쌀쌀함, 냉담함.「アパートの住民たちは,新しく引っ越してきた人に冷ややかな態度をとった//人の不幸を冷ややかに眺める」

ひゆ【比喩】ヒユ ものごとを説明するときに,その特徴をよく表している別のものを例にして表現すること.🇪a metaphor; a figure of speech. 🇰비유.「『火のように熱い』や『火のように赤い』など,熱さや赤さを表すときの比喩として『火』を使う//比喩を上手に使うと文章が生きてくる」

びゅうびゅう ビュービュー 風が強く吹くときの音を表す.また,細長いものや薄いものなどが強い風にあおられたときの音を表す.「北風がびゅうびゅう吹きつける(🇪The north wind is howling. 🇰북풍이 씽씽 세차게 분다.)//電線が風でびゅうびゅう鳴る」

参「ぴゅうぴゅう」も似ているが,「ぴゅうぴゅう」は「びゅうびゅう」より鋭い音を表すときに使う.

ヒューマニズム(humanism)ヒューマニズム いいことも悪いこともふくめて,人間の人間らしさをいちばんたいせつなものとし,人間ひとりひとりを尊重することをめざす考え方.人道主義.🇪humanism. 🇰휴머니즘, 인도주의.「ヒューマニズムの立場から死刑に反対する」

ひよう【費用】ヒヨー なにかをするために必要な金.🇪expenses; cost. 🇰비용.「入院の費用は10万円ぐらいかかりそうだ//費用を見積もる」

ひょう【表】ヒョー ものごとの内容をまとめて分類し,一目でわかるような形に並べて書き表したもの.🇪a list; a table; a chart. 🇰표.「年代を縦に,国名を横にして,20世紀の歴史を表にする//時刻表」

ひょう【票】ヒョー 選挙で選ぶ人の名を書いたり,なにかを決めるときに賛成か反対かを表したりする札.また,その数を表す.🇪a vote. 한표, 투표지.「反対の票は3票だけだった∥票を読む(=何票とれるか予想をする)∥無効票(Ean invalid vote. 한무효표.)」

びょう【秒】ビョー 時間, 時刻の単位. 1分の60分の1. Ea second. 한초.「1分は60秒だ∥一郎は100メートルを13秒で走る∥発射5秒前(E5 seconds to blast-off. 한발사 5초 전.)」

びよういん【美容院】ビヨーイン 顔や髪などを美しくする店. 特に, 髪を切ったりパーマをかけたりする店. Ea beauty salon. 한미장원.「美容院でカットをしてもらう∥1カ月に1回, 美容院へ行く」 数1軒 →囲み

びょういん【病院】ビョーイン 病気やけがを治すための施設. Ea hospital. 한병원.「病院へ行って医者にみてもらう∥足にけがをして病院に運ばれた∥総合病院(Ea general hospital. 한종합 병원.)」 →囲み

ひょうか【評価】ヒョーカ, ヒョーカ〔〜する〕①ものや人や人の仕事などをよく見, 考えて, 価値や価格を決めること. Eestimate; evaluation. 한평가.「社長は京子の能力を高く評価している∥芸術作品の評価」②すぐれたものと認めること. Eappreciate. 한평가.「政府はA国の新提案を評価して賛同の意を表した」

ひょうき【表記】ヒョーキ〔〜する〕①ことばを文字や句読点などを使って書き表すこと. Ewriting. 한표기.「正しい表記で文章を書く∥現代表記」②封筒などの表に書くこと. また, 書いたもの. Ementioned on the face. 한표기.「表記の金額をお支払いください∥表記のあて先に送る」▷書②

びょうき【病気】ビョーキ ①〔〜する〕体や精神のぐあいが悪くなって, 痛く感じたり苦しく感じたりすること. また, その状態. Esickness; illness. 한병, 질병.「病気になって, しばらく会社を休んだ∥病気が重い∥病気が治る∥心の病気」②困ったくせ. Ea weakness; a mania. 한병, 악습.「金が入るとつい病気が出て, ギャンブルに使ってしまう」

ひょうきん【剽軽】ヒョーキン おもしろい

美容院や理髪店で使うことば

シャンプーしてください EI want to have a shampoo, please. 한샴푸해 주세요.

カットしてください EI want to have my hair cut, please. 한커트해 주세요.

3センチぐらい短くしてください EI want to have my hair cut around 3 centimeters, please. 한3센티 정도 짧게 해 주세요.

セットしてください EI want to have my hair set, please. 한세트해 주세요.

パーマをかけてください EI want to have my hair permed, please. 한파마 해 주세요.

トリートメントしてください EI want to have my hair given a treatment, please. 한트리트먼트해 주세요.

ひげをそってください EGive me a shave, please. 한면도해 주세요.

着付けをしてください EPlease help me dress (a *kimono*). 한기모노 입는 것 도와 주세요.

病院で使うことば

受付 Ea reception desk. 한접수.
初診 Ea first-time visit. 한초진.
健康保険証 Ea health insurance card. 한건강 보험증.
診察券 Ea consultation card. 한진찰권.
待合室 Ea waiting room. 한대기실.
医者 Ea doctor. 한의사.
看護婦 Ea nurse. 한간호사.
患者 Ea patient. 한환자.
診察室 Ea consultation room. 한진찰실.
会計 Ean accounting section. 한회계.
薬局 Ea dispensary. 한약국.
検査 Ea test; examination. 한검사.
レントゲン EX-rays. 한X 레이.
採血 Etake a blood sample. 한채혈.
尿検査 Eurinalysis. 한소변 검사.
注射 Ean injection. 한주사.
手術 Ean operation. 한수술.
入院 Ebe hospitalized. 한입원.
退院 Eleave the hospital. 한퇴원.
通院 Evisit a hospital for treatment. 한통원.

内科

熱がある Ehave a fever. 한열이 있다.
寒気がする Ehave a chill. 한오한이 나다.
頭が痛い Ehave a headache. 한머리가 아프다.
せきが出る Ehave a cough. 한기침이 나다.
貧血 Eanemia. 한빈혈.
めまいがする Efeel dizzy. 한어지럽다.
血圧が高い Ehave high blood pressure. 한혈압이 높다.
腹が痛い Ehave a pain in one's abdomen. 한배가 아프다.
はき気がする Efeel sick. 한구역이 나다.
胃が痛い Ehave a stomachache. 한위가 아프다.
胃が重い Efeel heavy in one's stomach. 한위가 더부룩하다.
食欲がない Ehave no appetite. 한식욕이 없다.
便秘している Ebe constipated. 한변비가 있다.
下痢している Ehave diarrhea. 한설사를 하다.
血尿が出る Ehave bloody urine. 한혈뇨가 나오다.
尿が出にくい Ebe difficult to urinate. 한소변이 잘 안 나오다.
体がだるい Efeel sluggish. 한몸이 나른하다.
足がむくむ Eone's legs are swollen. 한다리가 붓다.
胸がどきどきする Eone's heart is palpitating. 한가슴이 두근거리다.
脈が速い Ehave a fast pulse. 한맥박이 빠르다.
脈が少ない Ehave a slow pulse. 한맥박이 약하다.
胸が痛い Ehave a pain in one's chest. 한가슴이 아프다.

胸が苦しい ⒺBfeel pressure in one's chest. 한가슴이 답답하다.

外科

切り傷 Ⓔa cut. 한베인 상처.
刺し傷 Ⓔa stab wound. 한자상, 찔린 상처.
腰が痛い Ⓔhave a pain in one's lower back. 한허리가 아프다.
骨折する Ⓔbreak a bone. 한골절되다.
突き指する Ⓔsprain one's finger. 한손가락을 삐다.
ねんざする Ⓔsprain; twist. 한삐다.

皮膚科

やけどする Ⓔburn; scald. 한화상을 입다.
皮膚がかゆい Ⓔhave itchy skin. 한피부가 가렵다.
湿疹 Ⓔeczema. 한습진.
おでき Ⓔa boil; an abscess. 한부스럼, 종기.
ふきでもの Ⓔan eruption. 한부스럼, 뾰루지, 여드름.
じんましん Ⓔa nettle rash. 한두드러기.
虫さされ Ⓔbe bitten or stung by an insect. 한벌레에 물림.

眼科

目がかすむ Ⓔone's eyesight is dim. 한눈이 침침하다.
目が充血する Ⓔone's eyes are bloodshot. 한눈이 충혈되다.
目が疲れる Ⓔone's eyes get tired easily. 한눈이 피로하다.
目が見えない Ⓔcan't see clearly. 한눈이 보이지 않다.
目やにが出る Ⓔhave eye mucus. 한눈곱이 끼다.
近眼 Ⓔnearsighted. 한근시(안).
ものもらい Ⓔa sty. 한다래끼.

耳鼻科

声がかれる Ⓔhave a hoarse voice. 한목이 쉬다.
のどが痛い Ⓔhave a sore throat. 한목이 아프다.
のどがはれる Ⓔone's throat is swollen. 한목이 붓다.
耳が痛い Ⓔhave an earache. 한귀가 아프다.
耳鳴りがする Ⓔhave a ringing in one's ears. 한이명이 나다, 귀가 울다.
耳だれがする Ⓔhave running ears. 한귀고름이 나다.
耳が聞こえない Ⓔbe hard of hearing. 한귀가 들리지 않다.
鼻水が出る Ⓔhave a runny nose. 한콧물이 나오다.
鼻血が出る Ⓔhave a nosebleed. 한코피가 나다.
鼻がつまる Ⓔone's nose is stuffed. 한코가 막히다.

歯科

歯が痛い Ⓔhave a toothache. 한이가 아프다.
虫歯がある Ⓔhave a cavity. 한충치가 있다.
歯茎が痛い Ⓔhave painful gums. 한잇몸이 아프다.
入れ歯 Ⓔa false tooth. 한의치.

ことをしたり言ったりして，よく人を笑わせるようす．Ecomical; funny. 韓익살스러움, 우스꽝스러움.「猿のひょうきんなしぐさにみんな笑った//ひょうきんな顔で人を笑わせるタレント//ひょうきん者」

ひょうげん【表現】ヒョーゲン, ヒョーゲン〔～する〕思ったことや感じたことなどを，ことばや音楽，絵画，あるいは身ぶり，表情などで人に伝わるようにすること．Erepresent; (an) expression. 韓표현.「この絵は人生の悩みを表現している//それはうまい表現だ//表現手段//表現力」

ひょうご【標語】ヒョーゴ 人々にわかりやすく知らせるために，行事や主義，主張などを短くて調子のいいことばで表したもの．Ea motto; a slogan. 韓표어.「選挙のポスターに各政党の主張が標語で出ている」
参 交通安全の標語「注意1秒，けが一生」「飲んだら乗るな，乗るなら飲むな」
防火の標語「マッチ1本火事のもと」
防犯の標語「お出かけは一声かけてかぎかけて」「気をつけよう甘いことばと暗い道」
選挙の標語「出たい人より出したい人を」
戦争中の標語「ほしがりません勝つまでは」

ひょうこう【標高】ヒョーコー 平均の海の表面からの高さ．Eabove sea level. 韓표고, 해발.「富士山は標高3776メートルだ/標高が低い山/標高差(Edifference in elevation. 韓표고차, 해발차.)」
参「海抜」も意味は同じだが，「海抜」が「海抜ゼロメートル」「海抜2000メートル」のように高さの数字と一緒に使うだけであるのに対して，「標高」には「標高をはかる」「標高が高い」などの使い方もある．

ひょうさつ【表札】ヒョーサツ ほかの人にわかるように，その建物に住んでいる人や，そこを使っている団体，会社などの名前を書いて門や入り口に掲げておく札．Ea nameplate; a doorplate. 韓표찰, 문패.「表札を見ながら郵便物を配達する」数1枚

[表札]

ひょうざん【氷山】ヒョーザン 南極や北極の海に浮かんでいる氷の大きなかたまり．Ean iceberg. 韓빙산.「地球の温暖化が進むと，氷山がとけて海水が増え陸地が減るという//船が氷山にぶつかって沈んだ」

氷山の一角 実際に見えているのはほんの一部にすぎないということ．明らかになった悪いことの陰にもっと大きな悪いことがあるということ．Ebe only the tip of the iceberg. 韓빙산의 일각.「今度明らかになった汚職事件は，実は氷山の一角だ」

ひょうし【拍子】ヒョーシ, ヒョーシ ①音楽のリズムをつくる，強い音と弱い音の組み合わせ．Etime; measure. 韓박자.「この曲は3拍子だ」②音楽や踊りに合わせて手をたたいたり声をかけたりすること．Ebeat time. 韓박자, 장단.「歌手が歌うと観客も手を打って拍子をとる/足拍子」③ちょうどそのとき，はずみ．Ethe moment; chance. 韓～한 찰나(순간).「重い荷物を持ち上げた拍子に腰を痛めた//なにかの拍子で怒らせるようなことを言ってしまった」▷数①1拍

ひょうし【表紙】ヒョーシ, ヒョーシ 本などの，いちばん外側につけてある，厚い紙でつくったり布や革をはったりしてあるもの．Ea cover. 韓표지.「表紙に本の題名と著者名が印刷してある//裏表紙」

ひょうじ【表示】ヒョージ, ヒョージ〔～する〕①人にわかるように示すこと．Eindicate; express. 韓표시.「缶詰の製造年月日は缶に表示してある//表示価格//意思表示」②ものごとを表にして示すこと．Eshow ～ on a chart. 韓표로 나타냄.「最近5

年間の賃金と物価の変化を表示する」▷書

ひょうしき 【標識】ヒョーシキ 見てわかるように字や記号などをかいて道や駅の構内などに出す目印. Ea sign; a mark. 한표지.「標識に気がつかないで通り過ぎてしまった//案内標識//交通標識」

〔標識〕

びょうしゃ 【描写】ビョーシャ〔～する〕文章や絵や音楽などで,ものごとのようすや感じたことなどを表現すること. Edescribe; description. 한묘사.「この童話は子供の心理をうまく描写している//心理描写」

ひょうじゅん 【標準】ヒョージュン ①ものごとを判断したり決めたりするときの手本となるもの. Ea standard; a norm. 한표준.「世界の時間はイギリスのグリニッジ天文台を標準にして決められている//標準価格//標準語(Ethe standard language. 한표준어.)」②平均的でごくふつうの程度であること. Eaverage; normal. 한표준.「家族4人の標準の家庭を例にとってその生活を調査する//標準寸法」 ▷=基準・規準

ひょうじょう 【表情】ヒョージョー ①心の中の感情の変化が体,特に顔に表れたもの. E(an) expression; a look. 한표정.「ほめられて,京子はうれしそうな表情をした//表情がかたい(Elook stern. 한표정이 딱딱하다.)//暗い表情」②特色が表れている姿やようす. Ea scene. 한표정,모습.「テレビが各地の新年の表情を伝える」

ひょうたんからこまがでる 【ひょうたんからこまが出る】冗談で言ったことが本当になるなど,考えてもみなかったことが実現する. EUnexpected things often happen. 한표주박에서 망아지가 나오다, 될 듯싶지도 않은 일이 실현되다.「友達がわたしの写真をテレビ局に送ったら,ひょうたんからこまが出て,ドラマの主役に選ばれてしまった」

参「ひょうたん」は植物の実からつくった,酒を入れる器.「こま」は馬. ヒョウタンから馬が出るはずがないことからいう.

びょうどう 【平等】ビョードー 差別がなく,みんな同じこと. Eequal. 한평등.「会員が費用を平等に分担する//人種や男性の差別のない平等な社会//悪平等(=形の上での平等を重んじた結果,実は平等ではないこと)」

ひょうはく 【漂白】ヒョーハク〔～する〕色を抜いて,白くすること. Ebleach. 한표백.「よごれたシャツを漂白して真っ白にする//漂白剤」

ひょうばん 【評判】ヒョーバン ①世間にひろまった評価. Ereputation; fame. 한평판,세평.「あの店は品物がよくて安いという評判だ//評判がいい」②世間の話題になること. Ebe much talked about; become the talk of. 한소문남,유명함.「これがいま評判の本だ//町じゅうの評判になる」

ひょうめい 【表明】ヒョーメイ〔～する〕自分の考えなどを人にはっきりとわかるように示すこと. Eexpress; manifest; declare. 한표명.「反対意見があれば,きちんと表明するべきだ//戦争反対の態度を表明する//決意表明」

ひょうめん 【表面】ヒョーメン ①もののいちばん外側の面. Ethe surface; the face. 한표면.「池の表面に落ち葉が浮かんでいる」対裏面 ②他人の目に見える部分. Ean appearance; the surface. 한표면.「表面だけ見たのでは,実際の人々の暮らしはわからない//内部の争いが表面化してきた」対裏面

ひょうりいったい【表裏一体】2つのものごとが強く関連し合っていて、切り離せないこと. ⒠one and indivisible; intimately connected. ㉠표리 일체.「車の増加と空気の汚染とは表裏一体の関係にある」
≡參「表裏」は表と裏.

ひょうりゅう【漂流】ヒョーリュー〔~する〕船などが風や波に流されるままになること. ⒠drift. ㉠표류.「船は3週間の漂流ののち、ある小さな島に着いた//漁船がボートで漂流している人を助けた」

ひょうろん【評論】ヒョーロン〔~する〕政治、社会、芸術、生活などのいろいろな分野について論じること. また、その文章. ⒠criticism; a review. ㉠평론.「最近は教育問題についての評論が盛んだ//評論家/政治評論」

ひよこ ヒヨコ ①卵からかえったばかりの鳥の子. 特に鶏の子. ひよっこ. ⒠a chick. ㉠새 새끼; 병아리.「ひよこを飼っている//黄色いひよこ」②未熟な人. ひよっこ. ⒠a greenhorn. ㉠햇병아리, 풋내기.「一郎は先生になったばかりのひよこで、教え方がまだ下手だ」▷数①1羽・1匹 →鶏図

ひょっこり ヒョッコリ 突然現れたり、思いがけなく会ったりするようす. ⒠unexpectedly; happen to. ㉠느닷없이, 불쑥, 뜻밖에.「小学校時代の友達が、なんの連絡もなしにひょっこり(と)訪ねてきた//映画館の前でひょっこり(と)友達に出会った」

ひょっとしたら もしかしたら. ひょっとすると. ⒠it's possible; possibly. ㉠어쩌면, 혹시.「三郎もここに来ると言っていたから、ひょっとしたら会えるかもしれない//この夏ひょっとしたらインドへ行けるかもしれない」

ひょろひょろ ヒョロヒョロ, ヒョロヒョロ〔~する〕①細長くのびて、すぐ倒れそうなほど弱い感じがするようす.「日当たりの悪い裏の庭の松は、ひょろひょろしている(⒠The pine tree in the poorly lit back garden looks feeble. ㉠볕이 잘 들지 않는 뒷마당의 소나무는 키만 크고 가냘프다.)//やせてひょろひょろな男(⒠a lanky man. ㉠야위고 호리호리한 남자.)」②弱々しく、倒れそうになりながら歩くようす.「父は、病後でまだ体に力がなく、ひょろひょろ(と)歩いている(⒠My father walks with faltering steps because his strength was sapped by his illness. ㉠아버지는 병을 앓고 나서 아직 몸에 힘이 없어 비실비실 걷고 있다.)」

ひよわ【ひ弱】ヒヨワ ①いかにも体が弱く、病気になりやすそうなようす. ⒠frail; sickly. ㉠가냘픔, 허약함.「最近の子供はひ弱で、すぐに熱を出す//わたしはひ弱な赤ん坊だったので、母は苦労したそうだ」②精神的に弱いようす. ⒠delicate. ㉠(정신적으로) 허약함.「先生にしかられたと言って、ひ弱な息子は学校を休んだ//甘やかされてひ弱に育った」

ひら【平】ヒラ 会社などの組織の中で、部長や課長というような管理職の地位にないこと. また、その人. ⒠common. ㉠평사원, 평직원.「二郎はいまはまだ平だが、もうすぐ係長になるはずだ//平社員」

ひらがな【平仮名】ヒラガナ, ヒラガナ かなの1つ. 漢字の形をくずしてできた「あ、い、う…」などの文字. ⒠*hiragana*; the cursive form of *kana*. ㉠히라가나.「ひらがなで名前を書いてやわらかい感じを出す」

ひらきど【開き戸】ヒラキド 自分のほうに引くか向こうに押すかして、前後に開け閉めする戸. ⒠a hinged door. ㉠여닫이문.「洋風の家では玄関はほとんど開き戸になっている」対引き戸 数1枚 →戸図

ひらきなお・る 【開き直る】ヒラキナオル, ヒラキナオル〔自動五〕(ひらきなおって) 急に態度を変えて, 厳しい態度になったり, 反抗的になったりする. ⒺsuddenIy take a defiant attitude. 한갑자기 태도를 바꾸어 강하게 나오다, 반항적인 태도로 돌변하다.「そんなに批判ばかりするなら, わたしを解任してくれ, と開き直った」

ひら・く 【開】ヒラク〔自他動五〕(ひらいて) ①閉じていたものが開く. Ⓔopen. 한열리다.「電車のドアが開いて乗客が降りてきた//門が開く」対閉じる, 閉まる
②花などが大きく咲く. Ⓔbloom; come out. 한피다, 개화하다.「桜の花がぱっと開く」対しぼむ
③間が空く. へだたりができる. Ⓔ(the distance) become greater. 한벌어지다.「マラソンの1位の走者と2位以下との差が大きく開いた」対縮まる
④閉じていたものを開ける. Ⓔopen; unfold. 한열다, 펴다.「店を10時に開く//扇子を開く//本を開く」対閉じる
⑤ものごとを始める. 起こす. Ⓔset up; found; open. 한열다, 시작하다, 일으키다.「福沢諭吉が慶応義塾を開いた//新しい店を駅前に開く」対閉じる
⑥会合などを催す. Ⓔhold. 한개최하다, 열다.「市の美術館で展覧会を開く」対閉じる
⑦新しくつくりだす. Ⓔopen; clear. 한개척하다.「後進のために道を開く//原野を開く」▷名開き →開催
注①②③は自動詞, ④~⑦は他動詞.

ひらた・い 【平たい】ヒラタイ ①平らで横に広い. また, 平らで薄い. Ⓔflat; level. 한평평하다, 넓적하다, 납작하다.「つきあがったもちを平たくのばす//平たい皿」②わかりやすい. Ⓔplain. 한알기 쉽다.「条約というのは, 平たく言えば国と国との約束だ」

ひらひら ヒラヒラ, ヒラヒラ ①{~する}薄くて軽いものが空中で動くようす.「桜の花びらがひらひら(と)舞い落ちる(ⒺThe cherry blossom petals are fluttering down. 한벚꽃잎이 팔랑팔랑 흩날려 떨어진다.)//チョウがひらひら(と)飛ぶ」②「①」のような動き方をする薄くて軽いもの.「レースのひらひらのついたワンピース(Ⓔa dress with ruffles of lace. 한나풀거리는 레이스가 달린 원피스.)」

ひらべった・い 【平べったい】ヒラベッタイ, ヒラベッタイ「平たい」を強めた言い方. Ⓔflat; level. 한납작하다; 펑버짐하다, 넓적하다.「肉をたたいて平べったくする//平べったい顔」話

ひらめ・く ヒラメク〔自動五〕(ひらめいて) ①一瞬, 強く光る. Ⓔflash. 한번쩍이다, 번득이다.「稲妻がひらめいたと思ったら大きな雷の音がした」②ある考えや思いつきなどが突然頭に浮かぶ. Ⓔflash into one's mind. 한(생각이) 문득 떠오르다.「つぎの研究テーマがひらめいたので, さっそくメモをしておいた」③旗などが風にひらひらする. Ⓔflutter; flap. 한나부끼다, 펄럭이다.「競技場にオリンピックの旗がひらめいている」▷名ひらめき
参①は,「輝く」「きらめく」と似ているが,「輝く」が続いて強く光ることをいい, また,「きらめく」がとぎれたりしながら続いて光ることをいうのに対して,「ひらめく」は瞬間的に鋭く光ることをいう.

ひらりと ヒラリト, ヒラリト 飛ぶように体を1回大きく動かすようす.「京子は, 馬にひらりと飛び乗って駆けていった//猿が, 木から木へひらりと飛び移る(ⒺThe monkey jumps nimbly from tree to tree. 한원

ピリオド (period) ピリオド 英語など横書きの文の終わりにつけるもの．終止符．記号は「．」．Ea period; a full stop. 韓ピリオド，終止符，마침표．「日本語文の句読点に当たるものが英語文のピリオドとコンマだ」

ピリオドを打つ ずっと続けてきたことを完全にやめる．Ebring to an end. 韓종지부를 찍다，끝맺다．「一郎と道子は，10年間の結婚生活にピリオドを打って離婚した」 似た表現 終止符を打つ

ひりつ 【比率】ヒリツ 2つ以上の数や量の多い少ないを比べた割合．Ea ratio; a percentage. 韓비율．「社員の中の女性の比率が増えてきた」

ひりょう 【肥料】ヒリョー 植物の生長をよくするために土にまぜる，栄養になるもの．Emanure; fertilizer. 韓비료．「いい肥料をやったので，大きくてきれいなバラが咲いた//畑に肥料をまく/化学肥料」

びりょく 【微力】ビリョク，ビリョク わずかな力．Elittle influence; poor ability. 韓미력．「微力ながらお手伝いいたします//微力をつくす」
参 謙遜していうときに使う．

ひる 【昼】ヒル ①太陽が出てから沈むまでの間．Eday. 韓낮．「冬至の日は1年じゅうでいちばん昼が短い」 対夜
②午前10時ごろから太陽が沈むころまでの，1日のうちの明るいとき．昼間．Ethe daytime. 韓낮，주간．「あしたの昼はひまだから映画でも見よう」
③正午．Enoon. 韓정오．「昼から出かける//もう昼になった/昼過ぎ(Eafternoon. 韓오후．)」
④正午ごろの食事．昼ごはん．お昼．E

lunch. 韓점심．「昼はすませてきた//12時過ぎだからお昼にしましょう」

ビル ビル〔←ビルディング(building)〕コンクリートなどでつくった，高い建物．Ea building. 韓빌딩．「新宿には高いビルが立ち並んでいる//高層ビル/駅ビル」

ひるがえ・す 【翻す】ヒルガエス〔他動五〕(ひるがえして) ①旗などを風になびかせる．Ewave; fly. 韓(바람에) 나부끼게 하다．「旗をひるがえして先頭に立って進む」 ②考えや態度などを急に変える．Etake back; change. 韓뒤집다，번드치다．「三郎が意見をひるがえしたので，賛成と反対の数が逆になった//決心をひるがえす」 ③体を躍らせるようにする．Eturn around; dodge. 韓몸을 날리다．「身をひるがえしてプールに飛びこんだ」 ▷書② 自動 翻る

ひるがえ・る 【翻る】ヒルガエル〔自動五〕(ひるがえって) ①旗などが風になびく．Ewave; flutter. 韓나부끼다，펄럭이다．「こいのぼりが5月の空にひるがえっている」 ②(「ひるがえって」の形で，文と文をつないで)前にいったことから別の話題に切りかえるときに使うことば．EAnd now, turning to ～. 韓입장을 바꾸어，눈을 돌려서，돌이켜，그런데．「ひるがえって国内情勢をみると，経済状況は深刻なところにきている」 ▷書② 他動 翻す

ひるま 【昼間】ヒルマ 1日のうち，太陽が出ていて明るい間．Ethe daytime; day. 韓주간，낮(동안)，대낮．「昼間はいい天気だったが夜になって雨が降った//昼間から寝ていないで，仕事をしろ」 対夜間

ひる・む ヒルム〔自動五〕(ひるんで) こわくて勢いが弱くなる．Ewince; flinch. 韓기가 죽다，질리다．「庭に入ったボールを取りに行ったら，大きな犬にほえられてひるんでしまった//ひるまず進む」

ひれい 【比例】ヒレイ〔〜する〕①数学で、たがいに関連して変わる2つの数や量が同じ割合で増えたり減ったりする関係。正比例。Ⓔproportion. 한비례.「xが2倍、3倍になるとyも2倍、3倍になるとき、xとyは比例するという」対反比例 ②2つのものが、増えたり減ったりする関係が対応していること。Ⓔin proportion to. 한비례.「物価が上がるのに比例して年金が上がる//冬の寒さに比例して、オーバーが売れる」

ひれつ 【卑劣】ヒレツ 正々堂々としないで、やり方がずるくてきたないようす。Ⓔdirty; mean. 한비열.「人をだまして金を手に入れるのは卑劣だ//競争相手に薬物を飲ませて失格させるとは、卑劣なやり方だ」

ひろ・い 【広い】ヒロイ ①面積や幅にゆとりがある。Ⓔlarge; wide; broad; spacious. 한(면적이) 넓다.「海は広い//一郎の家の庭は広くて、プールもある//広い道路」対狭い

②範囲が大きい。Ⓔwide; broad. 한(범위가) 넓다.「道子は知識が広くて、なんでもよく知っている//二郎は交際が広くて、いろいろな国の友達がいる」対狭い

③考え方や気持ちにゆとりがある。Ⓔgenerous; broad-minded. 한(도량이) 넓다, 너그럽다.「謝ったら、心の広い一郎は、これから気をつけろと言って許してくれた」対狭い

ひろいよみ 【拾い読み】ヒロイヨミ〔〜する〕①文章の全体を読まないで、たいせつな部分や読みたいところなどをあちこち読むこと。Ⓔskim through. 한여기저기 골라서 읽음.「電車の中で雑誌を拾い読みする」②字を1つ1つ拾うようにしてゆっくり読むこと。Ⓔread letter by letter. 한글자를 한자한자 더듬어 읽음.「5歳の洋子は絵本を拾い読みして楽しんでいる」

ひろう 【披露】ヒロー〔〜する〕みんなに広く見せたり知らせたりすること。Ⓔannounce; introduce. 한피로, 널리 알림, 공표.「新しいビルが完成したので、関係のある人々を呼んで披露した//結婚披露宴(Ⓔa wedding reception. 한결혼 피로연.)」

ひろう 【疲労】ヒロー, ヒロー〔〜する〕疲れること。Ⓔfatigue; exhaustion. 한피로.「洋子は肉体的疲労と精神的疲労が重なって倒れた//疲労が回復する//疲労がたまる」

ひろ・う 【拾う】ヒロウ〔他動五〕(ひろって)①下に落ちているものを取って手に入れる。Ⓔpick up. 한줍다, 습득하다.「道を歩いていて財布を拾った//ごみを拾う」対落とす, 捨てる ②多くの中から選び取る。Ⓔselect; pick out. 한골라내다, 뽑아내다.「辞書の中から適当なことばを拾って手紙を書く」③思いがけなく、手に入れる。Ⓔpick up an unexpected (victory); have a narrow escape. 한(뜻밖에) 차지하다, 얻어걸리다；(목숨을) 건지다.「優勝を拾う//命を拾う」対落とす ④(「車を拾う」の形で)⇨車慣用

ひろが・る 【広がる】ヒロガル〔自動五〕(ひろがって)①閉じてあったりしたものが開いた状態になる。Ⓔopen; flare. 한펼쳐지다, 퍼지다.「傷口が広がる//すそが広がったスカート」対狭まる, 縮まる ②広い面積や範囲にいきわたる。Ⓔspread; get around. 한넓어지다, 퍼지다, 번지다.「一郎がつぎの社長になるといううわさがひろがっている//火がひろがる」③規模が大きくなる。Ⓔexpand. 한확장되다.「事業がひろがる」対狭まる, 縮まる ▷名広がり 他動広げる

ひろば 【広場】ヒロバ ①広い場所。特に、人がいろいろな目的で集まり、行き来する公共の広い場所。Ⓔan open space; a square; a plaza. 한광장.「団地の広場で

子供たちが野球をしている//駅前の広場からタクシーに乗った」②人々の交流の場. Ea place where people gather for public activities. 韓(比喩的に)광장.「新聞の投書欄は読者の広場になっている」

ひろびろ【広広】ヒロビロ〔〜する〕非常に広く感じられるようす. Espacious; open; extensive. 韓널찍함, 광활함.「家具を全部運びだしたあとの部屋は, 広々している//広々した牧場を, 馬が自由に駆けまわっている」

ひろま【広間】ヒロマ おおぜいの人が入れる広い座敷. Ea hall. 韓큰 방, 홀.「広間で祖父の誕生日を祝う夕食会を開いた//旅館の広間//大広間」

ひろ・める【広める】ヒロメル〔他動一〕①範囲や間を広くする. Eenlarge; extend. 韓넓히다.「旅行をして見聞をひろめる//研究分野をひろめる」対狭める ②広く知らせるようにする. Epopularize; spread. 널리 알리다, 퍼뜨리다.「新しいことばをつくり, マスコミを通してひろめる//教えをひろめる」▷自動広まる

ひん【品】ヒン ①人やものに備わっている価値. Edignity; grace. 韓품위, 품격, 기품.「道子は品がよくて, しかも活発な女性だ//品がない動作」②(他のことばの後について)品物.「食料品//高級品 Esuperior quality goods. 韓고급품.」

びん【便】ビン そこまで行く交通, 運輸, 郵便の手段. Eservice; a flight; mail. 韓편.「このへんは夜遅くなってもバスか電車の便がある//つぎの便で追いかける//定期便//船便(→**項目**)」

びん【瓶】ビン ガラスやプラスチックなどでできた, 液体などを入れる器. Ea bottle. 韓병.「化粧品の瓶が並んでいる//瓶の栓を抜く//空き瓶//ビール瓶」数1本

ピン (pin) ピン ものを刺したりはさんだりしてとめるための, 針のようなもの. Ea pin; a hairpin. 韓핀.「名札を上着にピンでとめる//髪をピンで押さえる//ネクタイピン//安全ピン」数1本

ひんい【品位】ヒンイ 人やものに備わっている, 品のよさ. Edignity; grace. 韓품위.「議員が下品なやじを飛ばして, 議会の品位を下げた」

ピンからキリまで いちばん上等なものから最低のものまで. また, 始めから終わりまで. Eall sorts of; from the top to the bottom. 韓최상급에서 최하급까지 ; 처음부터 끝까지.「毎年たくさんの本が出版されるが, 内容はピンからキリまである」話

びんかん【敏感】ビンカン 感じ方や頭の働きが鋭く速いようす. Esensitive. 韓민감.「火災報知器は, わずかの煙にも敏感に反応する//警察犬は敏感な鼻をしている」対鈍感

ピンク (pink) ピンク ①色の1つ. 桃の花の色. 桃色. Epink. 韓핑크, 분홍색.「ピンクのセーター//ピンク色」②性愛を中心とすること. Esexual; erotic. 韓색정적, 호색적.「ピンク映画//ピンクムード」

ひんけつ【貧血】ヒンケツ〔〜する〕血が薄くなって, 顔色が悪くなったりめまいがしたり頭痛がしたりすること. Eanemia. 韓빈혈.「2晩続きの徹夜で, 貧血を起こした//貧血症//脳貧血 Ecerebral anemia. 韓뇌빈혈.)」

ひんこん【貧困】ヒンコン ①金がなくて生活が苦しいこと. Epoverty. 韓빈곤.「貧困をなくすのが政府の仕事だ//貧困に苦しむ人々を救う」②内容がたいしたことがなくそまつなこと. Elack; poverty. 韓빈곤, 빈약.「固定観念からは貧困な発想しか生まれない」

ひんしつ【品質】 ヒンシツ　品物のよしあし．Ｅquality．韓품질．「いくら安くても品質が悪くては困る／／品質を保つ／／高品質」

ひんじゃく【貧弱】 ヒンジャク　①量や程度がじゅうぶんでなく，見おとりするようす．Ｅmeager; poor．韓빈약, 볼품 없음．「きょうの夕食会は，食事が貧弱だった／／貧弱な体格」②内容がじゅうぶんでないようす．Ｅpoor; scanty．韓빈약, 보잘것 없음．「こんな貧弱な内容の論文で卒業できるわけがない／／貧弱な知識」

ひんしゅくをかう【顰蹙を買う】 言ったりしたりすることが人々から批判され，いやがられる．Ｅbe frowned on．韓빈축을 사다．「二郎は会議中居眠りをしていびきをかき，出席者全員のひんしゅくを買った」

びんしょう【敏捷】 ビンショー　動作や反応がすばやいようす．Ｅnimbly; agile．韓민첩．「猿は敏捷に木に登っていく／／三郎は敏捷な身のこなしで卓球の試合に優勝した」

びんじょう【便乗】 ビンジョー〔～する〕①他人の車などについでに乗せてもらうこと．Ｅget a lift．韓편승．「ちょうど友達が車で駅まで行くというので便乗させてもらった」②機会を自分につごうがいいように利用すること．Ｅtake advantage of．韓편승．「土地ブームに便乗して大もうけする／／便乗値上げ」

びんせん【便箋】 ビンセン　手紙を書くための用紙．Ｅletter paper; a letter pad．韓편지지．「便箋を10枚も使って長い手紙を書いた／／便箋と封筒」数1枚

ひんそう【貧相】 ヒンソー　顔や服装などが，いかにも貧乏そうなようす．Ｅpoor-looking; shabby．韓빈상；초라함, 궁상맞음．「忙しくて長い間本も読まないでいたら，顔が貧相になったと父に言われた／／そんな貧相な服ではパーティーでめだたないよ」

ヒント (hint) ヒント　問題をといたり，なにかを考えたりするときの助けになるもの．Ｅa hint．韓힌트, 암시, 시사．「きみのことばが今度の小説のヒントになった／／ヒントを与える」

ぴんと ピント, ピント　①強く引っぱったりのばしたりするようす．「高くあがったこの糸が，ぴんと張っている（Ｅ The string of the kite high in the air is stretched tautly. 韓높이 올라간 연줄이 팽팽하게 당겨져 있다．)」②（「ぴんとくる」の形で）直感でわかる．また，自分の感じや気持ちに合う．「『もしもし』という声を聞いただけで，母が怒っているとぴんときた（Ｅ Hearing my mother's voice answering, "Hello," I knew at once that she was angry. 韓"여보세요" 하는 목소리를 듣기만 하고도 어머니가 화나 있다는 걸 얼른 알 수 있었다．)友人は名画だとほめるが，どうもわたしにはぴんとこない」

ピント (㋺brandpunt) ピント　①レンズの焦点．Ｅa focus．韓핀트, (렌즈의) 초점．「このカメラはピントが自動的に合うようになっている／／ピントがぼける」②ものごとの中心になる所．Ｅthe point．韓핀트, (사물의) 초점．「首相の答えは，いちばん聞きたいことに答えず，どうもピントがはずれている／／ピントが狂う（Ｅmiss the point．韓핀트가 어긋나다．)」

ピンはね ピンハネ〔～する〕他人の賃金やもうけの一部を自分のものにしてしまうこと．Ｅpocket a kickback; take a rake-off．韓(남의 수입의 일부를) 미리 떼어 가로챔, 삥땅침．「Aは外国人に仕事を世話してやって，その給料をピンはねしているらしい」話

参「ピン」はポルトガル語の「pinta(＝点)」の変化したもの．

ひんぱん【頻繁】ヒンパン 何度も何度も起こるようす. Ⓔfrequent; very often. 한빈번.「最近, 頻繁に地震があるが, 大地震が近いのではないだろうか//頻繁なまちがい電話に腹を立て, 番号を変えてしまった」

ぴんぴん ピンピン〔～する〕非常に元気なようす. また, 相手の心などが強くひびくようす.「祖父は90歳だが, ぴんぴんしていて, 毎朝外で体操している(ⒺMy grandfather is ninety, but is still full of life, exercising outside every morning. 한할아버지는 90세이지만 정정해서, 매일 아침 밖에서 체조를 하고 있다.)//洋子の気持ちがぴんぴん(と)伝わってくる」

びんぼう【貧乏】ビンボー〔～する〕金や財産がなくて生活が苦しいこと. Ⓔpoverty; poor. 한가난함, 빈한.「きょう食べる米もないほど貧乏している//貧乏な生活//貧乏人」対裕福

貧乏暇なし 貧乏なため金をかせぐのに忙しく, ひまがないということ. ⒺPoor men have no leisure. 한가난에 쫓겨 숨돌릴 틈이 없다.「貧乏ひまなしで, 旅行にも行けない」

びんぼうくじ【貧乏くじ】ビンボークジ, ビンボークジ いちばん損な役割. Ⓔbe the most unlucky of all. 한제일 손해 보는 역할.「ドライブ旅行に行くことにしたが, 5人しか車に乗れないので, 二郎が貧乏くじを引いて家に残った」

ピンぼけ ピンボケ〔～する〕①写真のピントが合わないでぼやけてとれること. Ⓔbe out of focus. 한핀트가 맞지 않아 화면이 흐림.「せっかくとったのにピンぼけの写真ばかりだ」②話題などが中心の点からずれていること. Ⓔbe off the point. 한(화제 등이) 핵심을 벗어남, 요점에서 빗나감.「話をちゃんと聞いていなかったらしく, 一郎はピンぼけな質問をした」▷話

参「ピン」は「ピント」を略したもの.

ピンポン (ping-pong) ピンポン ⇨卓球「ピンポン球」

ひんやり ヒンヤリ〔～する〕気持ちのいい冷たさを感じるようす.「冷蔵庫から出したばかりのトマトは, ひんやり(と)冷たくておいしかった(ⒺThe tomato just taken out of the refrigerator was cool and tasty. 한냉장고에서 막 꺼낸 토마토는 아주 시원하고 맛있었다.)//山の朝の空気は, ひんやりしてさわやかだ」

ふ／フ

ふ【府】フ ①行政上の1つのまとまり. 都, 道, 県と同等の地方公共団体の1つ. たくさんの市, 区, 町, 村からできている. Ⓔa prefecture. 한행정 구획의 하나, 부.「現在, 大阪府, 京都府の2つの府がある」②ものごとの中心となる所. Ⓔthe center; the seat. 한중심이 되는 곳, 부.「大学は学問の府である//立法の府(Ⓔthe legislature. 한입법부.)」▷書②

ふ【負】フ 数学で, 0より小さいこと. マイナス, 記号は「－」. Ⓔminus; negative. 한음수, 부, 마이너스.「この方程式の答えは負になる//負号//負数」対正

ふ-【不-】(他のことばについて) ①～でな

い．~しない．「不合格//不完全(Eimperfect; incomplete. 한불완전.)//不必要(Eunnecessary. 한불필요.)」②~が悪い．~がよくない．「不機嫌(→項目)//不景気(→項目)//不出来(Efailure; poor. 한됨됨이가 변변찮음.)」

ぶ【分】ブ ①うまくいく度合い．Ean advantage. 한우열의 비율, 승산．「あすのサッカーの試合は日本チームに分がない//こちらに分がある」
②利益の割合．Ea profit. 한이익의 비율．「分がいい仕事」
③全体を10として，その中で占める割合．Eone-tenth of whole. 한전체의 10분의 1, 할．「彼の病気が治るかどうかは5分5分だ(EThere is a fifty-fifty chance of his recovery from the disease. 한그의 병이 나을지 어떨지는 반반이다.)//収入を2人で6分と4分に分ける」
④割合の単位．1分は1割の10分の1．Ea percent. 한100분의 1, 분, 푼．「定価の5分しか引けない//3割3分の打率」
⑤温度の単位．1分は1度の10分の1．Eone tenth of one degree. 한1도의 10분의 1, 분, 푼．「けさ6時の気温は11度3分だった//39度の熱が5分だけ下がった」
分が悪い 不利だ．Ebe at a disadvantage. 한불리하다．「北海道の高校生とスキーの競争をしたら，沖縄の高校生は分が悪い」

ぶ【部】ブ ①全体をある基準で分けたものの1つ1つ．Ea section; a part. 한부, 부분．「昼の部の歌舞伎を見る//第1部」②役所や会社などの，仕事によって分けた区分の1つ．ふつう，課の上．Ea department. 한부, 부서．「会社に今度新しい部ができた//人事部」③学校や職場などにつくられた趣味のグループ．Ea club. 한부, 동아리．

「コーラス部に入る//囲碁部」④(数を表すことばの後について)新聞，本などの数を表す．「この本は10万部売れた(EThis book sold a hundred thousand copies. 한이 책은 10만 부 팔렸다.)」

ぶ-【不-】(他のことばについて)①~でない．~しない．「不器用(→項目)//不調法(Ea blunder. 한서투름；실수.)」②~が悪い．~がよくない．「不器量(Eplain; homely. 한재능이 부족함；얼굴이 못생김.)//不格好(→項目)//不作法(→項目)//不用心(→項目)」
注「無」とも書く．

ぶ-【無-】(他のことばについて)~がない．「無愛想(Eunsociable. 한상냥치 못함, 무뚝뚝함.)//無遠慮(Erude; unreserved. 한버릇없음, 거리낌없음, 제멋대로 행동함.)//無礼(→項目)」

ファースト (first) ファースト ①第1番目．最初．Efirst. 한퍼스트, 첫째, 최초．「飛行機のファーストクラス//レディーファースト(=女性優先)」②野球で，1塁のこと．1塁手．Efirst base. 한(야구에서) 1루, 1루수．「わたしは野球でファーストを守っている」

ファーストフード (fast food) ファーストフード 注文するとすぐできあがってくる，簡単な食べ物．Efast food. 한패스트 푸드, 즉석(간이) 식품．「きょうのお昼はファーストフードの店でハンバーガーを食べよう//郊外にファーストフード店が進出している」

ファイル (file) ファイル ①書類をはさんで入れるもの．Ea file; a holder. 한파일, 서류철．「だいじな書類をファイルにはさむ」
②新聞や書類のとじたもの．Ea file. 한파일．「先月の新聞のファイルの中からおもしろい記事を見つけた」③{~する}後から見やす

いように分類して整理すること.Ⓔfile.㉠분류 정리함.「留学生関係の記事をファイルする」▷数①1冊

ファシズム (fascism) ファシズム 自由を認めない独裁的な全体主義.Ⓔfascism.㉠파시즘.「第2次世界大戦中,ドイツや日本にファシズムのあらしが吹き荒れていた」

ぶあつ・い 【分厚い】ブアツイ,ブアツイ ものの厚みがかなりあるようす.Ⓔthick.㉠두툼하다, 두껍다.「ぶあつい板で丈夫な棚をつくる//ぶあつくて重い辞書」㊥薄っぺら

ファックス (fax) ファックス〔←ファクシミリ(facsimile)〕文字,絵,写真などを電送する通信装置.Ⓔa fax; a facsimile.㉠팩스, 팩시밀리.「原稿をファックスで送る//ファックスの番号を知らせる」数1台

ファッション (fashion) ファッション 服装などの流行.Ⓔ(a) fashion.㉠패션, 유행.「新しいファッションの洋服を着て街を歩く//ファッションショー//ファッションモデル」

ファミリー (family) ファミリー ①家族.Ⓔa family.㉠패밀리, 가족.「ニューファミリー」②家族と親類, 同族.Ⓔthe whole family; the same family.㉠패밀리, 집안, 일족.「あの店はファミリーで経営している//マフィアのファミリー」

ふあん 【不安】フアン 心配で心が落ちつかないこと.Ⓔuneasy; anxious.㉠불안.「手術を受ける前は,だれでも不安な気持ちになる//不安におそわれる(Ⓔbe attacked by anxiety.㉠불안에 사로잡히다.)//不安がつきまとう//不安感」㊥安心

ファン (fan) ファン ①風を起こすもの.扇風機,送風機.また,換気扇.Ⓔa (ventilation) fan.㉠팬, 선풍기, 송풍기, 환풍기.「タバコの煙がひどいのでファンを回した」②映画,演劇,スポーツ,またその俳優や選手などを好きで夢中になっている人.Ⓔa fan.㉠팬,(스포츠 등의) 열렬한 애호가.「わたしはビートルズのファンだった//サッカーファン」

ふあんてい 【不安定】フアンテイ ものごとが動きやすく,しっかりしていないようす.Ⓔunstable; insecure.㉠불안정.「為替レートが不安定で,商売しにくい//不安定な姿勢でものを取ろうとして,いすから落ちた」㊥安定

ふい 【不意】フイ なにかが起こるのを予期していないこと.Ⓔunexpected; suddenly.㉠불의, 뜻밖; 불시.「先生の不意の訪問であわてた//不意に後ろからなぐられた」

ふい フイ たいせつなものごとがだめになること.Ⓔcome to nothing; waste.㉠허사, 헛일, 무효.「急用ができて音楽会の切符はふいになった//チャンスをふいにした」話

ブイアイピー (VIP) ブイアイピー「very important person」を略した言い方.最も重要な人物.要人.ビップ.Ⓔa VIP.㉠브이 아이 피, 중요 인물, 요인.「重要会議に出席するVIPを警護する」

ふいうち 【不意打ち】フイウチ〔~する〕相手が予期していないときにすること.Ⓔa surprise attack.㉠기습, 기습 작전.「二郎は日曜の朝早く,京子に不意打ちをかけてドライブに誘った」

ブイティーアール (VTR) ブイティーアール「videotape recording」「videotape recorder」を略した言い方.磁気テープを使ってテレビ映像を記録,再生すること.また,その装置.Ⓔvideotape recording; a videotape recorder.㉠브이 티 아르, 비디오테이프 리코더.「サッカーの決勝戦をVTRで録画した//VTRで再生する」数1台

フィルター (filter) フィルター, フィルター ①いらないものを取り除くための装置.

Ｅa filter. 韓필터, 여과 장치.「コーヒーを紙のフィルターでこす」②必要な光だけを通すためにカメラのレンズにつけるガラス. Ｅa filter. 韓(카메라의) 필터.「カメラにフィルターをつけて、雪の写真をとる」③紙巻きタバコの吸い口で、ニコチンやタールを取るためのもの. Ｅa (cigarette) filter. 韓(궐련의) 필터.「フィルターがついているタバコを買う」

フィルム (film) フィルム 光を感じさせる薬をぬった、薄い膜のようなもの. 映画や写真に使う. Ｅ(a) film. 韓필름.「旅行に36枚どりのフィルムを2本持っていく//映画のフィルムを編集する」数 1枚・1本

ふう 【封】フー 入れ物や、手紙を入れた封筒などの口を閉じること. Ｅseal. 韓봉함.「手紙を封筒に入れ、しっかり封をする//お茶の袋の封を切る」

ふう 【風】フー ①あるものごとについてのやり方. Ｅa way; a manner. 韓방식, 방법, 식.「その問題はこんなふうに考えたらどうか」②ようす. 態度. Ｅa look; an attitude. 韓상태, 태도.「妹はいつも他人に頼っているが、あんなふうでは大人になったとき困る」③(他のことばの後について)生活のうえのやり方や様式. Ｅa style; a type. 韓～풍, ～식.「洋子は10年もアメリカにいたので、家の中はアメリカ風だ//東洋風/都会風」
注 ①②はひらがなで書く.

ふうか 【風化】フーカ〔～する〕①岩石が雨や風に当たって時間がたつうちに土や砂になること. Ｅweather. 韓풍화.「岩が風化してだんだん小さくなる//風化作用」②記憶や印象が時間がたつにつれて薄れ、忘れられること. Ｅfade. 韓(기억・인상의) 퇴색.「広島、長崎の悲劇は風化させてはならない」

ふうかく 【風格】フーカク その人の人格や態度から感じられる独特のよさ. Ｅa distinctive character; a style. 韓풍격.「道子は中年になって風格が出てきた//一郎は風格のある字を書く」

ふうがわり 【風変わり】フーガワリ 考え方、性質、行いなどがふつうとは違っているようす. Ｅstrange; eccentric; odd. 韓색다름, 별남, 특이함.「みんなが楽しみにしている祭りを大嫌いだと言う風変わりな人もいる//風変わりな格好で街を歩く若者」

ふうけい 【風景】フーケイ ①目の前に見える自然の景色. Ｅscenery; a landscape. 韓풍경, 경치.「紅葉した山々とそれを映した湖とのすばらしい風景に見とれる//風景写真」②その場のようす. Ｅa scene; a sight. 韓풍경, 광경.「テレビが年末のあわただしい町の風景を伝えている」▷→景色

ふうし 【風刺】フーシ〔～する〕世の中や人間の悪いところをおもしろおかしく批評すること. Ｅ(a) satire; satirize. 韓풍자.「この漫画にかかれた、口がとても大きく耳の小さい人は政治家を風刺したものだ//風刺劇」

ふうしゅう 【風習】フーシュー その土地にむかしから伝わっている習慣や行事. Ｅcustoms; manners. 韓풍습.「転勤してきたばかりなので、土地の風習がわからない//その土地の風習にしたがう」

ふう・じる 【封じる】フージル, フージル〔他動一〕①出入り口を閉じる. 封をする. 封ずる. Ｅblock (up). 韓봉하다.「古くなった蔵を封じる」②ある活動ができないようにする. 封ずる. Ｅsilence; forbid; blockade. 韓막다, 금하다, 봉쇄하다.「圧力をかけて自由な発言を封じる」

ふうせん 【風船】フーセン 紙やゴムでできた袋に、空気やヘリウムなどを入れてふくらませたもの. Ｅa balloon. 韓풍선.

〔風船〕

「赤い風船をふくらませて空に飛ばす//ゴム風船//紙風船」

ふうぜんのともしび 【風前のともしび】危険が近づいてきて，もうすぐだめになりそうなようす．Ebe in a precarious state; hang by a thread. 韩풍전 등화．「たくさんの借金をかかえて，会社の運命はいまや風前のともしびだ」
参 火の明かりが風に吹き消されそうであることからいう．

ふうぞく 【風俗】フーゾク その時代や地域の特徴を表す服装や食べ物や生活のしかたなど．Ecustoms; manners. 韩풍속．「原宿へ行くと，いまの若者の風俗がわかる」

ふうちょう 【風潮】フーチョー その時代の世の中の傾向．Ea trend; a current. 韩풍조．「最近，結婚しないで自由を楽しみたいという風潮が強くなってきた//世の中の風潮」

ふうど 【風土】フード その土地に住んでいる人々に影響を与える気候や地形などの自然環境．Eclimate; natural features. 韩풍토．「ロルフはドイツから来て10年になり，すっかり日本の風土に慣れた//恵まれた風土//風土病」

ふうとう 【封筒】フートー 手紙や書類を入れる紙の袋．Ean envelope. 韩봉투．「手紙を封筒に入れて送る//封筒にあて名を書く」数 1枚

ふうふ 【夫婦】フーフ 結婚している1組の男女．夫と妻．Ehusband and wife; a (married) couple. 韩부부．「わたしの家は夫婦と子供2人の4人家族だ//仲のいい夫婦//夫婦げんか」→夫妻

ふうみ 【風味】フーミ，フーミ その食べ物のもっている独特な味やかおり．Etaste; flavor. 韩풍미．「生のお菓子は早く食べないと風味が落ちる//新茶の風味を楽しむ」

ブーム (boom) ブーム ある時期だけ流行したり，人気が出たりすること．Ea boom. 韩붐，벼락 경기，유행．「いまはカラオケがブームで，日本じゅうどこへ行っても盛んだ//海外旅行ブーム」

ふうりゅう 【風流】フーリュー 上品で，日常の生活を忘れさせてくれるような雰囲気．また，そういうものを与えてくれる詩歌や趣味の世界．Eof refined tastes; elegant arts. 韩풍류；풍아스러움．「社長はとても風流な人で，花を生けたり，お茶をたてたりする//風流を楽しむ」

プール (pool) プール ①コンクリートなどでつくった人工の水泳場．Ea (swimming) pool. 韩풀，수영장．「日曜日に友達とプールへ行く//学校のプールで水泳を習う」② 〔~する〕蓄えること．Epool (money). 韩비축．「将来店を持つために，資金をプールしておく」▷数①1面

ふうん 【不運】フウン 運が悪いこと．Eunfortunately; ill-fated. 韩불운．「テニスの試合で，不運にも第1回戦で優勝候補に当たってしまった//不運な生涯」対 幸運

ふえ 【笛】フエ ①楽器の一種．木や竹や金属の長いくだに穴を開けてつくる．口で吹き，指で穴を押さえて音を出す．縦にして使うものと，横にして使うものがある．Ea flute; a pipe. 韩피리，저．「さびしそうな笛の音が聞こえてくる//縦笛//横笛」②合図のために吹いて鳴らすもの．Ea whistle. 韩호각，호르라기．「笛の合図で集合する」▷数① 1本

笛吹けど(も)踊らず すっかり準備して人を誘っても，それにのって動きだす人はだれもいないということ．Edo not dance to another's tune. 韩피리를 불어도 춤추지 않다，온갖 수를 써서 꼬드겨도 응하지 않다．「車に乗らないで歩こうと政府が呼びかけ

フェスティバル (festival) フェスティバル 祭り．Ea festival. 한페스티벌, 축제, 제전．「デパートでおもちゃのフェスティバルをやっている//きのうロックフェスティバルに行った」

ふえて 【不得手】フエテ, フエテ 得意でないようす．Ebe poor at; weak. 한잘하지 못함, 서투름．「車の運転が不得手で, よく事故を起こす//不得手な科目は体育です」対得手

フェミニズム (feminism) フェミニズム 女性の, 社会や政治や法律上の権利をひろげ, 女性差別をなくそうとする主張．Efeminism. 한페미니즘, 여성 해방론, 여권 신장론．「フェミニズムがひろまって, 性差別がすこしずつなくなってきた」

ふ・える 【増える・殖える】フエル〔自動一〕①数や量が多くなる．Eincrease. 한늘다, 불어나다, 증가하다．「市の人口はこの1年で急に増えた//税金が増える//体重が増える」対減る ②財産や動物や植物などが多くなる．Ebreed; multiply. 한늘다, 증가하다 ; 증식하다．「雨が続いたために, 稲の害虫がふえた//がん細胞がふえる//貯金がふえる」対減る ▷他動増やす・殖やす →増す 注漢字で書くときは, ①は「増える」, ②は「殖える」．

フォーク (fork) フォーク 西洋料理で, 肉や野菜を刺して食べる食器．おもに金属でできている．Ea fork. 한포크．「ナイフとフォークを使ってビーフステーキを食べる」数1本 →食器図

ふおん 【不穏】フオン よくないことが起こりそうで, 穏やかでないようす．Ethreatening; disquieting. 한불온．「軍人の姿が多くて, 町は不穏な空気に包まれている//いまにも戦争が起こりそうな不穏な状況だ」対平穏

ぶか 【部下】ブカ 組織の中で, ある人の下に所属して命令を受けて行動する人．Ea subordinate; one's men. 한부하．「課長は誠実で責任感のある人なので, 部下にとても信頼されている」対上司

ふかい 【不快】フカイ, フカイ いやな気持ちになること．Eunpleasant; disagreeable. 한불쾌．「友達にだまされて不快だ//不快指数(Ea temperature-humidity index. 한불쾌 지수.)」

ふか・い 【深い】フカイ ①底や奥までの間が長い．Edeep; thick. 한깊다．「この川は深いから, 子供が泳ぐのはあぶない//この洞窟は深くて, 奥まで行った人はだれもいない//深い森で迷う」対浅い ②程度や量が多い．Edeep; strong. 한(정도가) 깊다, 많다, 크다．「この本を読んで, 深く感動した//A国文化に対する理解が深い」対浅い ③(名詞, 動詞の「ます」形について)程度が高い．「考え深い(→項目)//毛深い(Ehairy. 한털이 많다.)//用心深い(Ecareful. 한신중하다, 조심성이 많다.)//遠慮深い人」

ふがいな・い フガイナイ よくできなかったり, 力がたりなかったりして, 情けない．Ecowardly; be ashamed. 한기개가 없다, 무기력하다, 한심스럽다．「ふがいないことに, 引き受けた仕事が半分しかできなかった//1点も取れないで負けるとは, われながらふがいない」

ふかかい 【不可解】フカカイ 複雑だったり, なぞが多かったりして, どうにもよくわからないようす．Emysterious; baffling. 한불가해, 이해할 수 없음．「人生は不可解だ, と言って自殺した青年がいた//弟は毎晩遅くに外出したり金づかいが荒くなったりして, 不可解な行動がめだつ」

ふかくをとる 【不覚を取る】ちょっとした

油断のために思いがけない失敗をする．Ebe defeated unexpectedly. 한방심하여 낭패를 보다, 뜻밖의 실수를 하다．「相手は新人だと安心していたが，試合では思わぬ不覚を取った」

ふかけつ 【不可欠】フカケツ 絶対欠くことのできないようす．Eindispensable; essential. 한불가결．「生命にとって水は不可欠である//いいアイデアを生むには, 適当な睡眠と休養が不可欠な条件だ」

ふかこうりょく 【不可抗力】フカコーリョク 人の力では止めることができないこと．Einevitable; unavoidable. 한불가항력．「ボートの転覆はいきなり突風におそわれたためで，まったくの不可抗力だった」

ふか・す 【吹かす】フカス〔他動五〕（ふかして）①タバコを吸って煙をはきだす．Esmoke. 한(담배를) 피우다, (담배 연기를) 내뿜다．「おいしそうにタバコを吹かす」 ②エンジンを速く回転させる．Erev up. 한(엔진을) 고속 회전시키다．「バイクがエンジンを吹かして坂を上っていく」③「~風を吹かす」の形で）人の前で，わざとそれらしいようすをする．「新任の教師は先生風を吹かすので，生徒たちにばかにされている//先輩風を吹かす Eput on an air of seniority. 한선배 티를 내다．）

ぶかっこう 【不格好・無格好】ブカッコー ものの姿や形が悪いようす．Eill-shaped; unsightly. 한볼품 없음, 꼴이 흉함, 모양이 나쁨．「母の若いころの服を着てみたら，体に合わないし，センスも古く，不格好だった//破れて形がくずれた不格好な靴」

ふかのう 【不可能】フカノー したくてもできないこと．Eimpossible. 한불가능．「ピザが切れて，これ以上日本にいることは不可能になった//日本で夏に雪を降らせるなんて，不可能なことだ」対可能

ふかふか フカフカ, フカフカ〔~する〕やわらかくふくらんでいるようす．Esoft and fluffy. 한폭신폭신, 말랑말랑．「ふとんを日にほしたら, ふかふかになった//ふかふかしたベッド」

ぶかぶか ブカブカ, ブカブカ〔~する〕大きすぎて，体にぴったり合わないようす．「すこし大きな靴を買ったら，ぶかぶかして歩きにくい//ぶかぶかの服 Every loose-fitting clothes. 한헐렁한 옷．）」→だぶだぶ

ふかぶかと 【深深と】フカブカト 非常に深いようす．Efar back; low. 한깊숙이, 푹．「居間のソファに深々と腰かけてテレビを見る//帽子を深々とかぶる」

ふか・める 【深める】フカメル〔他動一〕程度を進める．深くする．Edeepen; promote. 한깊게 하다; 증진시키다．「よく話し合って, たがいの理解を深める//親善を深める」自動深まる

ぶき 【武器】ブキ ①鉄砲, ピストル, 刀など, 戦いに使う道具．Ea weapon; arms. 한무기．「武器を取って戦う//武器弾薬 Earms and ammunition. 한무기 탄약．）②組織や個人が持っている有力な手段．Ea weapon; a powerful means. 한무기．「洋子は上手な話術を武器にして商売をひろげている//わが社の武器は有能な人材だ」

ふきげん 【不機嫌】フキゲン なにか気に入らないことがあって，楽しくないようす．Ecross; displeased. 한불쾌함, 기분이 언짢음, 심기가 좋지 않음．「父は応援しているチームが負けるとふきげんになる//授業に遅刻したら先生はふきげんな顔をした」対上機嫌

ふきそく 【不規則】フキソク, フキソク 規則正しくないこと．Eirregular. 한불규칙．「一郎は昼まで寝ていたり, 夜中から朝まで働いたり, 不規則な生活をしている」対規

則的

ふきだ・す【吹き出す・噴き出す】フキダス, フキダス〔自他動五〕(ふきだして) ①気体や液体や粉などが勢いよく内から外へ出る. Egush out; spout out. 한내뿜다, 분출하다.「岩と岩の間から温泉が噴きだす」 ②風などが吹きはじめる. Ebegin to blow. 한불기 시작하다.「12月になると冷たい北西の風が吹きだす」 ③がまんしきれず, ぷっと息を出すようにして笑う. Eburst out laughing. 한웃음을 터뜨리다.「弟とにらめっこをしたが, がまんできずにわたしのほうが先に噴きだしてしまった」 ④気体や液体や粉などを勢いよく内から外へ出す. Eblow out; belch out. 한내뿜다, 뿜어내다.「機関車が蒸気を噴きだして走っている」▷名吹き出し・噴き出し
注漢字で書くときは, ①③④は「噴き出す」, ②は「吹き出す」. また, ①②③は自動詞, ④は他動詞.

ふきつ【不吉】フキツ よくないことが起こりそうなようす. Eill-omened; ominous. 한불길.「カラスの声は不吉で気味が悪い//不吉な予感がする」

ぶきみ【不気味・無気味】ブキミ, ブキミ なにが起こるかわからなくて, 気味が悪いようす. Eweird; uncanny; eerie. 한어쩐지 기분이 나쁨, 어쩐지 으스스함.「夜の学校はだれもいなくて不気味だ//台風が近づいているというのに, 不気味な静けさだ」

ふきゅう【不朽】フキュー 価値があって, いつまでも滅びないこと. のちの世まで伝わること. Eimmortal; eternal. 한불후.「この映画は60年前につくられたのだが, いまでも人気があり, 不朽の名画だ//不朽の名作」書

ふきゅう【普及】フキュー〔~する〕広くいきわたること. Ecome into wide use; spread. 한보급.「ビデオやワープロがどんどん普及している//教育を普及させる」

ふきょう【不況】フキョー 社会の経済の状況が悪いこと. 不景気. Ea depression; recession. 한불황.「不況のため製品が売れなくて, 会社は倒産した//不況を乗りきる」対好況

ぶきよう【不器用・無器用】ブキヨー ①手を使ってする細かい仕事が下手なようす. Eawkward; clumsy. 한손끝이 어설픔, 손재주가 없음.「手先が不器用で, ボタンえもつけられない//不器用な手つきでリンゴの皮をむく」対器用 ②要領が悪く, ものごとの処理が下手なようす. Eawkward; inept. 한선부름, 요령이 없음.「兄は不器用に生きてきたので, 出世はできなかった//不器用な言い方で相手を怒らせる」対器用

ふきん【付近】フキン ある場所の近く. Enear; the neighborhood. 한부근, 근처.「家の付近にはまだ畑がたくさん残っている//学校の付近を散歩する//東京付近」

ふきん フキン 食器などをふくための布. Ea dish towel. 한행주.「真っ白なふきんで皿をふく//台ぶきん」数1枚

ふく【服】フク 体につけて着る洋風の衣類. Eclothes; wear. 한옷, 양복.「寒くなったので冬の服を出す//子供服//紳士服//婦人服」数1枚・1着

ふく【副】フク あるものに対して補助となるものやつけ加わるもの.「正と副の議長を選ぶ//副社長(Ea vice-president. 한부사장.)//副産物(→項目)」対正

ふく【福】フク 金やものに恵まれること. 運のいいこと. しあわせ. Egood luck; fortune; happiness. 한복.「むかし話に, ネズミが正直者の家に福を持ってくるというのがある//福の神」対禍

福は内, 鬼は外 節分のとき, 豆をまきながら言うことば. しあわせは家の中に入れ, 悪いこ

とは家から出ていけということ。Ｅ Happiness in! Ogres out! 한복은 들어오고, 귀신은 나가거라.

ふ・く 【吹く・噴く】フク, フク〔自他動五〕（ふいて）①風が起こる。風が動いて通る。Ｅ blow. 한불다。「春風が吹く//吹き荒れる」
②沸騰して湯や汁がこぼれる。Ｅ boil over. 한(물 등이)끓어 넘치다。「ガスこんろの上でなべが噴いている//噴きこぼれる」
③息を出して楽器などを鳴らす。Ｅ blow; play; whistle. 한불다。「フルートを吹く//口笛を吹く」
④大げさなことを言う。Ｅ brag; boast. 한떠벌리다。「ほらを吹く(Ｅ talk a lot of hot air. 한허풍 떨다。)」
⑤内から外へ出す。Ｅ put forth; spit. 한뿜어 내다, 돋아나다, 트다。「木々が芽を吹いて若い緑の季節を迎えた//カニが泡を吹いている」
⑥勢いよく内から外へ出す。Ｅ spew out; spout. 한내뿜다, 뿜어 내다。「三原山が火を噴いて火山活動を始めた//鯨が潮を噴く」
注 漢字で書くときは、①③④⑤は「吹く」、②⑥は「噴く」。また、①②は自動詞、③〜⑥は他動詞。

ふ・く フク〔他動五〕（ふいて）布や紙などを当てて、よごれや水分を取り除いたり、こすってきれいにしたりする。Ｅ wipe; dry; rub. 한닦다, 훔치다。「ふきんでテーブルの上をふく//流れる汗をふく//ふき取る」

ふぐう 【不遇】フグー　能力や才能があるのに運が悪く、世間に認められないこと。Ｅ obscurity; misfortune. 한불우。「シューベルトは病気と貧しさのため才能が発揮できず、不遇な一生を送った」

ふくぎょう 【副業】フクギョー　自分の本来の仕事のほかにしている仕事。アルバイト。Ｅ a side job; a sideline. 한부업。「三郎は高校の教師だが、副業に塾の先生をしている//農家が副業に花をつくって売る」 対本業

ふくざつ 【複雑】フクザツ　いろいろからみ合っていて簡単ではないこと。Ｅ intricate; complicated. 한복잡。「この推理小説の筋は複雑なので、なかなか犯人がわからない//複雑な事情//複雑な表情」 対簡単, 単純

ふくさよう 【副作用】フクサヨー　ある薬を使った結果、効き目のほかに出てくる有害な作用。Ｅ a bad reaction; a side effect. 한부작용。「がんをおさえる薬を飲んだら、副作用で髪が抜けてきた//この薬には、飲むと眠くなるという副作用がある」

ふくさんぶつ 【副産物】フクサンブツ　①ものを生産する途中でできる別のもの。Ｅ a byproduct. 한부산물。「石油から化学繊維をつくるときに、肥料やガスが副産物としてできる」 対主産物　②なにかをするときに関連してできる他のもの。Ｅ a resulting benefit. 한부산물。「新聞配達のアルバイトを続けた副産物で、体がとても丈夫になった」

ふくし 【副詞】フクシ　文法上の単語の分け方の１つ。おもに動詞, 形容詞, 形容動詞を修飾することば。Ｅ an adverb. 한부사。「『ぴかぴか』『きらきら』『ぎらぎら』『きらりと』は、どれも『光る』を修飾する副詞だ」

ふくし 【福祉】フクシ　社会の人々の幸福な環境。特に老人や病人など弱い人々が生きやすい環境。Ｅ welfare. 한복지。「道子は福祉の充実をスローガンにして、国会議員に選ばれた//福祉国家//社会福祉」

ふくしゅう 【復習】フクシュー〔〜する〕いちど学習したところをもういちど勉強すること。Ｅ review. 한복습。「きょう学校で勉強したところを家で復習する」 対予習 →おさらい

ふくしゅう 【復讐】 フクシュー〔~する〕相手からひどいことをされた人が、その相手に同じようにひどいことをすること。Ⓔrevenge. 㿌복수.「ハムレットは父を殺した叔父に復讐した//復讐の念に燃える」
参「仕返し」も似ているが、「仕返し」が日常生活の中での軽い動作もいうのに対し、「復讐」は相手の命をうばうような大きなことをいう。

ふくじゅう 【服従】 フクジュー〔~する〕他人の言ったことや、命令のとおりにすること。Ⓔobedience; obey. 㿌복종.「一郎は父親の言うことに絶対服従する//命令に服従する」対反抗、抵抗

ふくしん 【腹心】 フクシン 心の底から信頼できる、同等か目下の人。Ⓔconfidential; devoted. 㿌심복.「二郎は課長の腹心の部下だ」書

ふくすう 【複数】 フクスー 2つ以上の数。Ⓔplural; more than one. 㿌복수.「市長選挙に複数の人が立候補している//複数の企業の中から就職先を選ぶ」対単数

ふくせい 【複製】 フクセイ〔~する〕絵や彫刻、写真、書物などで、本物とまったく同じものをつくること。また、つくったもの。Ⓔa duplicate; a reproduction; a replica. 㿌복제.「この絵はルノワールの複製だ//複製なら買えるが本物は無理だ」

ふくそう 【服装】 フクソー 衣服や装飾品を身につけた姿。身なり。Ⓔdress; clothes. 㿌복장.「洋子の服装はとてもセンスがいい//服装をととのえる」

ふくつ 【不屈】 フクツ どんな困難にも負けないで、最後まですること。Ⓔunconquerable; indomitable. 㿌불굴.「父は病気に倒れたあとも、不屈の意志で仕事を最後までやりとげた//不屈の精神/不撓不屈(Ⓔunyielding; indomitable. 㿌불요 불굴.)」

書

ふくつう 【腹痛】 フクツー おなかが痛くなること。はらいた。Ⓔa stomachache. 㿌복통.「腹痛のため仕事を休む//腹痛を起こす」

書

ふくびき 【福引き】 フクビキ くじ引きで当たった人に景品をあげること。また、そのくじ。Ⓔa lottery. 㿌경품 추첨, 복첨.「年末の商店街の福引きで1等賞が当たり、ステレオをもらった」

ふく・む 【含む】 フクム〔他動五〕(ふくんで)①内に包み持つ。中に持っている。Ⓔcontain; include. 㿌포함하다, 함유하다, 내포하다.「牛乳はカルシウムを多くふくんでいる//この値段は消費税がふくまれていない」②口の中に入れている。Ⓔhold something in one's mouth. 㿌머금다.「水を口にふくむ」③事情を理解して心の中にとめる。Ⓔbear in mind. 㿌(마음속에) 품다, 유념하다.「来年は海外勤務になりそうだということをふくんでおいてほしい」▷名含み

ふく・める 【含める】 フクメル〔他動一〕ふくむようにする。中へ入れる。中に持たせる。Ⓔinclude. 㿌포함시키다.「宿泊料にはサービス料をふくめてあります//言いふくめる(=よくわかるように言って聞かせる)」

ふくよか フクヨカ やわらかそうにふくらんでいるようす。Ⓔample; plump. 㿌몽실몽실함, 보동보동함; 복스러움.「胸をふくよかに見せる下着が売れている//ふくよかな微笑」

ふくらはぎ フクラハギ ひざから下の裏側の、筋肉のあるふくらんだ部分。Ⓔthe calf. 㿌장딴지.「運動したあと、ふくらはぎをマッサージする」→体図

ふくら・む 【膨らむ】 フクラム〔自動五〕(ふくらんで)①ものが内からの力で、外側にまるみをもって大きくなる。Ⓔbecome inflated; swell. 㿌부풀어 오르다, 불룩해지

だ.「風船が大きくふくらむ//桜のつぼみがふくらんだ」対しぼむ ②考えや計画などが大きくなる. Eincrease; swell. 한부풀다, 팽창하다.「国家の予算が毎年ふくらんでいく//夢がふくらむ」対しぼむ ▷名膨らみ 他動膨らます →膨れる

ふくれっつら【膨れっ面】フクレッツラ 怒ってほおをふくらませた顔. Ea sulky look; a pout. 한부루퉁한 얼굴, 볼멘 얼굴.「母親に, テレビを見るのをやめて手伝いなさいと言われ, 子供はふくれっ面をした」

ふく・れる【膨れる】フクレル〔自動一〕①内から外へ張りだす. 盛りあがってくる. Ebe full; become inflated. 한부풀다, 불룩해지다.「たくさん食べて腹がふくれた」②不満の気持ちを顔に表す. ふきげんな顔つきをする. Eget sulky. 한뾰로통해지다.「洋子はしかられるとすぐふくれる」

参①は「ふくらむ」と似ているが,「ふくらむ」が盛りあがったものが, やわらかでまるくなっている状態をいうのに対して,「ふくれる」はただ盛りあがった状態になることをいう.

ふくろ【袋】フクロ ①布, 紙, 革などでつくった入れ物. Ea bag; a sack. 한자루, 주머니.「サンタクロースは大きな袋にプレゼントをつめてやってきた//ごみ袋//ポリ袋」②①に似たもの.「胃袋(Ethe stomach. 한밥통, 위.)//戸袋」▷数①1枚

袋のねずみ どうやっても逃げることのできない状態. Ea mouse in a trap. 한독 안에 든 쥐.「銀行強盗は逃げまわったが, まわりを警官にかこまれ, もう袋のねずみだ」

ふくろだたき【袋だたき】フクロダタキ おおぜいで1人をさんざんたたくこと. また, みんなで1人を非難すること. Ebeat up. 한뭇매질.「いんちきな商品を売っていた会社の社長は, 世間から袋だたきにあった」

ふけいき【不景気】フケイキ ①ものをつくっても売れないなど, 経済活動が活発でないこと. 不況. Ea depression; a recession. 한불경기, 불황.「不景気が続き, 倒産する企業が多くなった」対好景気 ②商売が繁盛しないこと. Edull; stagnant. 한불경기.「不景気な店」③元気がないようす. Egloomy; cheerless. 한우울함, 까라짐.「どうしたの, 不景気な顔をして」

ふけいざい【不経済】フケイザイ 金や時間などがむだになること. Euneconomical; wasteful. 한불경제, 비경제적, 낭비.「1人分の料理をつくるのは材料のむだだが出て不経済だ」対経済的, 経済

ふけつ【不潔】フケツ ①きたならしいようす. Eunclean; dirty. 한불결, 더러움.「台所を不潔にしておくとゴキブリがふえる//不潔な手で目をさわると病気になる」対清潔 ②道徳的でなく, けがらわしいようす. Edirty; immoral. 한불결, 비도덕적.「これは決して不潔な金ではない//不潔な考え」対清潔

ふけ・る フケル〔自動五〕(ふけって) 1つのことに, すっかり夢中になる. Ebe lost in; be absorbed in. 한열중하다, 빠지다, 몰두하다.「あの子は最近考えごとにふけっていることが多い//読書にふける」

ふ・ける【老ける】フケル〔自動一〕年をとった感じが表れる. Eage; grow old. 한늙다, 나이를 먹다.「久しぶりに会った伯母はずいぶん老けていた//京子は年のわりに考え方が老けている//老けこむ」

参「老いる」も似ているが,「老いる」が実際に年をとっている人のことをいうのに対して,「老ける」は,「三郎は25歳だが, 年齢より老けている」のように, 若いのに年をとってみえることもいう.

ふ・ける【更ける】フケル〔自動一〕時がた

って、夜が遅くなる。Eget late. 한(밤이)깊어지다, 이슥해지다.「夜がふけたから急いで帰ろう」

ふげんじっこう 【不言実行】フゲンジッコー, フゲンジッコー あれこれ言わずに実行すること。Eaction before words. 한불언실행, 말없이 실행함.「山田さんは不言実行の人で, だれにも言わないが, 毎朝, 近くの公園の掃除をしている」書

ふけんぜん 【不健全】フケンゼン 体やものあり方が病的で好ましくないようす。Eunhealthy; unsound. 한불건전.「子供が遊びもせず1日じゅう勉強しているのは不健全だ」対健全

ふこう 【不孝】フコー 子供が親をたいせつにしないで, 心配させたり悲しませたりすること。Eunfilial; undutiful. 한불효.「親の反対を押しきって結婚したわたしは親不孝だと思う」対孝行

ふこう 【不幸】フコー ①しあわせでないこと。Eunhappy; unfortunate. 한불행, 불운.「一郎は両親を交通事故でいちどに失った不幸な子//不幸中の幸い」対幸福, 幸せ ②人の死。Ea death; a loss. 한초상.「きのう, となりの家に不幸があったのでお悔やみに行った」

ふごう 【符号】フゴー 文字や数字以外の記号。「+」や「-」など。Ea sign; a code. 한부호, 기호.「数学に使う『×』や『÷』は世界共通の符号だ//モールス符号」

ふこうへい 【不公平】フコーヘイ 扱いが平等でないこと。Eunfair; partial. 한불공평.「職場で, 人種, 性, 学歴などによる不公平な扱いは許されない//不公平な税制」対公平

ふごうり 【不合理】フゴーリ 道理や理屈に合わないこと。Eirrational; unreasonable. 한불합리.「同じ仕事で同じ時間働いても女性は男性より給料が安いとは不合理な話だ」対合理, 合理的

ふさ 【房】フサ ①糸や毛糸などをたばねて先をばらばらにしたもの。Ea tassel; a tuft. 한(실・털실로 만든) 술.「スキー帽に白い毛糸の房をつける」②花や実が1つの茎にたくさんついてたれ下がっているもの。また, その数を表す。Ea bunch; a cluster. 한송이.「ブドウの房をもぎ取る//バナナを1房買った」

〔房②〕

ブザー (buzzer)ブザー 電磁石を使って音を出す装置。呼び出しや警報の合図に使う。Ea buzzer. 한버저.「玄関のブザーが鳴ったので出てみる//ブザーを押す」

ふさい 【夫妻】フサイ 他人の夫婦。ふつう, 人の名前の後につけて使い, 軽い敬意を表す。Ehusband and wife; Mr. and Mrs. ~. 한부처, 부부.「先生ご夫妻はインド旅行に出かけられた//山田夫妻をパーティーに招く」参「夫婦」も似ているが,「夫婦」が「わたしたちは仲のいい夫婦です」「妹夫婦が遊びに来た」のように自分や自分の身近な人についていうのに対して,「夫妻」は他の人についていう。

ふざい 【不在】フザイ ①いるはずの所にいないこと。Ebe out; be absent. 한부재.「友達の家を訪ねたが, 残念ながら不在だった//社長はただいま不在でございます//不在者投票」②存在しないこと。Ebe unconcerned with. 한부재.「国民不在の政治」

ふさが・る フサガル〔自動五〕(ふさがって)①ものなどがいっぱいにつまった状態になる。Ebe clogged by; be filled with. 한막히다.「金曜日は, 都心の道路はどこも車でふさがってしまう//悲しみで胸がふさがる//穴がふさがる」②閉じる。Eclose. 한닫히다,

感じだ。「眠くて眠くて目が自然にふさがる//開いた口がふさがらない(→開く慣用)」③ほかのことに使われていて、使えない状態になる。Ebe occupied; be engaged. 韓차다, 이미 점유되어 있다, 사용중이다.「たくさんの荷物で両手がふさがっている//席がふさがる」対空く ▷他動ふさぐ

ふざ・ける フザケル〔自動一〕①子供などが騒ぎまわる。Eromp about. 韓(아이가) 장난치다, 까불다.「プールのまわりでふざけてはいけない」②冗談を言ったりおもしろいことをしたりする。Ejoke. 韓농담하다, 장난치다, 히히덕거리다.「ふざけて机に落書きをしていたら先生にしかられた」③人を見下したり、からかったりする。Emake fun of. 韓업신여기다, 놀리다.「ふざけたことを言うな」▷名ふざけ

ふさふさ フサフサ, フサフサ〔~する〕髪、ひげ、糸、くだものなどが、たくさん集まって房のようになっているようす。「毛がふさふさした犬(Ea dog with shaggy hair. 韓털이 북실북실한 개.)」

ぶさほう 【不作法・無作法】ブサホー 礼儀を知らず、行儀の悪いこと。Erude; bad manners. 韓무례함, 예의에 벗어남, 버릇없음.「トムは不作法なのではなく、日本の習慣を知らないだけだ//他人の家に行ってあいさつもしないのは不作法だ//不作法をお許しください」

ぶざま ブザマ, ブザマ 見える態度や形などがよくないようす。見ていられないほど格好が悪いようす。Eawkwardly; unsightly. 韓보기 흉함, 꼴사나움, 추태.「30対0というぶざまな負け方をした//ぶざまな格好で転んだ」

ふさわし・い フサワシイ ちょうどよく似合っている。条件に合っている。Esuitable; right. 韓어울리다, 걸맞다.「季節にふさわしい服装をする//二郎はまじめでよく努力するし、子供が好きなので、教師としてふさわしい」

ふし 【節】フシ ①竹やアシなどの茎の区切りの所。Ea joint. 韓마디.「竹を節の所で切った」②木の幹の枝の出ている所。Ea knot; a knob. 韓옹이.「木の節の所はかたくて切りにくい」③人間や動物の、骨と骨をつなぐ部分。関節。Ea joint. 韓관절.「きのう山登りをしたので体の節々が痛い」④区切り目。Ea turning point. 韓단락, 구획.「結婚はわたしにとって大きな節になった」⑤音楽の、音の高低や長短によってつくりだされるもの。旋律、メロディー。Ea tune; a melody. 韓(음악의) 가락, 선율.「うれしくて、思わず大好きな歌の節を口ずさむ//節をつけて読む」→竹図

ぶし 【武士】ブシ 平安時代から江戸時代にかけて、戦うことを職業にした身分の人。Ea *samurai*; a warrior. 韓무사.「江戸時代は、武士の身分がいちばん高かった//武士の情け(Ethe *samurai* chivalry. 韓무사의 정.)//武士道(E*Bushido*; the code of the *samurai*. 韓무사도.)」→侍

ぶじ 【無事】ブジ 病気や事故など、変わったことがないこと。Ewell; in good health; without a hitch. 韓무사, 평온함.「国の両親が無事に暮らしていると聞いて安心した//結婚式が無事に終わった//旅の無事を祈る」

ふしぎ 【不思議】フシギ どう考えてもわからないこと。Ea wonder; strange; mysterious. 韓불가사의, 이상함, 괴이함.「重い金属製の飛行機が空を飛べるのは本当に不思議だ//不思議な現象//不思議な事件」

ふしぜん 【不自然】フジゼン わざとらしくて、自然でないようす。Eunnatural. 韓부자연.「ふだん敬語を使ったことがない人が急

に敬語を使うと、不自然に聞こえる//不自然な姿勢で本を読むと、肩がこる」対自然

ぶしゅ【部首】ブシュ　漢字を組み立てのうえから分類する目印となっているもの.「へん」「つくり」「かんむり」「あし」「にょう」「かまえ」「たれ」の7つがある. [E]a radical (of a Chinese character). [한](한자의) 부수.「読み方のわからない字を、部首をもとにして漢字辞典で調べる//『林』『字』『都』の部首はそれぞれ『木(=木へん)』『宀(=うかんむり)』『阝(=おおざと)』である」

ふじゆう【不自由】フジュー、フジュー〔～する〕自分の思うようにできないこと. [E]have weak (eyes); needy. [한]부자유.「祖母は目が不自由なので、あまり外出しない//金に不自由しない生活をしたい」対自由

ふじゅん【不順】フジュン　順調でないこと. [E]unseasonable; changeable. [한]불순.「今年の天候は不順で、4月に雪が降ったり、11月に台風が来たりした//生理不順([E]menstrual irregularity. [한]생리 불순.)」

ふしょう【負傷】フショー〔～する〕けがをすること. [E]an injury; be injured. [한]부상.「地震で負傷した人を病院に運ぶ//交通事故による負傷者が増えている」

ぶしょう【無精・不精】ブショー〔～する〕面倒がって怠けること. [E]lazy; indolent. [한]게으름을 부림, 귀찮아 함.「疲れて食事の準備もいやなので、無精をしてハンバーガーで夕食をすませた//無精ひげ//出無精」対まめ

ぶじょく【侮辱】ブジョク〔～する〕人を見下して恥ずかしい思いをさせること. [E]insult; contempt. [한]모욕.「年をとったらおとなしく子や孫にしたがえというのは、老人を侮辱するものだ//侮辱を受ける」

ふしん【不信】フシン　信じられないこと. [E]distrust; disbelief. [한]불신.「口先だけで、公約をすこしも実行しない政治家に不信の念をいだく//大人に不信感を持つ子供」

ふしん【不振】フシン　調子や成績が悪いこと. [E]do very badly; a slump; a decrease. [한]부진.「今年はけがの選手が多く出て、チームは不振だった//経営不振//食欲不振」

ふしん【不審】フシン　動作などが変で、あやしいと思うこと. [E]doubtful; suspicious. [한]불신, 의심스러움, 수상함.「今度となりへ越してきた人は、昼間は家にいて夜遅く出かけていく、どうも不審な人物//不審尋問」

ふじん【夫人】フジン　他人の妻を尊敬していう言い方. [E]a person's wife; Mrs.; Madam. [한]부인.「社長は夫人とともにパーティーに出席した//夫人同伴//首相夫人」
参「奥さま」も似ているが、「奥さま」は話しことばで、また、相手に呼びかけるばあいにも使う.

ふじん【婦人】フジン　大人の女の人. [E]a woman; a lady. [한]부인, 여성.「きょうの会に集まったのは、5、60歳代の婦人ばかりであった//婦人科//家庭婦人」→女子
参　比較的年齢の高い女性をさすことと、対応する男性側のことばがないことから、最近、組織名や施設名などで「婦人」を「女性」に変える自治体が多くなっている.

ふすま　フスマ、フスマ　部屋の仕切りや押し入れの戸にする、木のわくに和紙や布をはったもの. からかみ. [E]a *fusuma*; Japanese sliding door. [한]맹장지.「大掃除をして部屋のふすまをはりかえた//ふすまはり」数1枚→座敷図

ふせい【不正】フセイ　正しくないこと. [E]injustice; unjust; wrong. [한]부정.「試験のとき他人の答案を見るのは不正な行為

だ//不正を働く//不正乗車」

ふぜい 【風情】フゼイ そのものが持っている独特の味わいや趣. Ｅtaste; elegance; charm. 囲풍치, 운치, 정취. 「茶道の先生のお宅は風情のある和風の家だ//すこし色づいたイチョウ並木には秋の風情が感じられる」

ふせ・ぐ 【防ぐ】フセグ〔他動五〕（ふせいで）①せめてきた敵をそこでくいとめる. Ｅdefend; protect. 囲막다, 방어하다. 「村じゅうの人が海岸に集まって、海からせめてくる敵を防いだ」対攻める ②悪いことが起こらないようにさえぎり守る. Ｅprevent; keep away. 囲방지하다, 예방하다. 「水害を防ぐために山に木を植える」

ふ・せる 【伏せる】フセル〔他動一〕①表を下にして置く. Ｅturn down; put a thing upside down. 囲엎어 놓다, 뒤집어 놓다. 「読んでいた本を机に伏せて立ち上がる//グラスを伏せる」②体の正面や体の一部が下を向くようにする. Ｅlie down; lower. 囲숙이다, 엎드리다. 「敵の弾が当たらないように身を伏せる//恥ずかしそうに顔を伏せる」③ほかに知られないように隠しておく. 秘密にする. Ｅkeep secret. 囲숨기다. 「この話が知られると会社の信用を傷つけるから伏せておこう」

ふそく 【不足】フソク〔～する〕①たりないこと. Ｅlack; be short of. 囲부족, 불충분함, 모자람. 「最近, 仕事が忙しくて, 睡眠が不足している//練習不足」対過多 ②不満なこと. Ｅdissatisfaction; a complaint. 囲불평, 불만. 「あのチームなら相手として不足はない」▷→欠乏

ふぞく 【付属・附属】フゾク〔～する〕おもなものについていること. Ｅbe attached to. 囲부속. 「この病院は大学に付属している//大学の付属の高校に入る//付属品」

注 以前は「附属」を使ったが、最近は「付属」のほうを多く使う.

ふた 【蓋】フタ 瓶や箱などの入れ物の口に上からかぶせるもの. Ｅa cap; a lid; a cover. 囲뚜껑, 덮개. 「ジャムの瓶詰のふたがなかなか開かない//なべのふたを取る」

ふたを開ける ①なにかを始める. Ｅopen; begin. 囲막을 올리다. 「明日の舞台のふたを開ける」②なにかをした結果を確かめる. Ｅsee the outcome. 囲뚜껑을 열다, 결과를 확인하다. 「市長選挙は接戦で、ふたを開けてみるまでまったくわからない」

ふだ 【札】フダ ①小さく切った紙, 布, 木などに文字や記号を書きつけたもの. Ｅa card; a label; a tag. 囲표, 표찰, 팻말. 「新しいクラスが始まる前に, 学生の名前を書いた札を準備しておく」②トランプやかるたなどのカード. Ｅa (playing) card. 囲(화투 등의) 패. 「トランプの札を配る//切り札（→項目）」▷数 1枚

ぶた 【豚】ブタ 家畜の一種. 体が太っていて鼻が大きく足が短い. 肉は食用に, 皮は皮革製品にする. Ｅa pig. 囲돼지. 「豚はブーブーと鳴く//豚肉を焼く//豚小屋」数 1頭・1匹

豚に真珠 価値のわからない人には, どんなにすばらしいものでも役に立たないということ. Ｅ It's like casting pearls before swine. 囲돼지에 진주. 似た表現 猫に小判

ぶたい 【舞台】ブタイ ①劇場などの芝居や踊りなどをする場所で, 客席よりもすこし高くなっている所. Ｅa stage. 囲무대. 「はじめて舞台に立ったときは足が震えた//舞台装置（Ｅstage setting. 囲무대 장치.）//初舞台」②力を発揮する場. Ｅone's sphere (of activity). 핸무대.「ヨーロッパを舞台に活躍する//晴れ舞台(Ea grand occasion. 핸화려한 무대.)」▷→歌舞伎図

ふたえ【二重】フタエ, フタエ 2つ重なっていること. にじゅう. Edouble; twofold. 핸이중, 두 겹.「小包にひもをふたえにかける//ふたえまぶた」

ふたご【双子】フタゴ 同じ母親から同時に生まれた2人の子供. 双生児. Etwins. 핸쌍둥이.「わたしと妹とはふたごだが, そんなに似ていない//ふたごのきょうだい」

ふたたび【再び】フタタビ 2度目に. もういちど. Eagain; once more. 핸재차, 다시.「大学を卒業して働いていたが, また勉強したくなってふたたび大学の門をくぐった」書

ふたつ【二つ】フタツ, フタツ ①1つのつぎの数. 2. 2つ. Etwo. 핸둘, 두 개.「口が1つ, 目が2つ」②2歳. 2つ. Etwo years old. 핸두 살.「この子はまだ2つなのに, 自分のことはなんでも自分でやる」

二つとない 1つしかなく, 非常に価値がある. Ematchless; unique. 핸둘도 없다, 다시 없다.「二つとないほどすばらしい茶碗」

ふだつき【札付き】フダツキ, フダツキ 悪いという評判があること. また, その人. Enotorious. 핸악평이 나 있음, 그런 사람.「うちの息子は札つきの飲んべえで, 酒代だけで破産しそうだ」

ふたつへんじ【二つ返事】フタツヘンジ なにかを頼まれて,「はいはい」と快く返事をして, 承知すること. Ewillingly; readily. 핸(기분 좋게 대답하며) 쾌히 승낙함.「面倒な仕事なのに, 一郎は二つ返事で引き受けてくれた」

ふたん【負担】フタン〔~する〕仕事や責任を引き受けること. また, その仕事や責任. Ea burden; bear; pay. 핸부담.「会長の役はわたしには負担が重い//費用を負担する」

ふだん フダン 日常. いつも. Eusually; always; everyday. 핸일상, 평상시, 평소.「病気にならないように, ふだんから健康に気をつけている//ふだんはおしゃべりなのに, きょうはどうして黙っているのだろう//ふだん着」

注 漢字で書くときは「普段」.

ふち【縁】フチ ①もののはし. Ean edge; a border. 핸가장자리, 가.「机のふちに頭をぶつけて, けがをした//がけっぷち(=がけのふち)に立つ」②なにかをかこむまわりの部分. Ea brim; a rim; a frame. 핸둘레, 언저리 ; 테두리.「洋子は泣いているらしく, 目のふちが赤い//めがねのふち」

ぶち- (動詞について)意味を強めたり, その動作が勢いよく行われたりすること.「電気がついていない暗い部屋の中に入ったら, 柱にぶち当たった//ぶちこわす(Ebreak to pieces; demolish. 핸때려부수다.)//ぶち抜く」話 →ぶっ-

参 荒い感じの言い方.

ぶちま・ける ブチマケル, ブチマケル〔他動一〕①入れ物をひっくりかえして, 中のものを勢いよく外へまきちらす. Ethrow out. 핸모조리 털어내다, 몽땅 쏟아 내다.「ごみ箱をぶちまけて, なくしたメモをさがした」②たまっていた感情やことばを全部表に出す. Emake a clean breast of. 핸(쌓인 감정을) 확 털어 놓다.「いままでがまんしてきたが, きょうは最後だから全部ぶちまけた」▷話

ふちょう【不調】フチョー ①調子が悪いこと. Ein a slump; in bad condition. 핸부조, 상태가 나쁨, 고르지 못함.「テニス選手の三郎は今年は不調で全然勝てない//エンジンが不調だ」対好調, 快調 ②うまくとまらないこと. Eend in failure; fall through. 핸성립되지 않음, 난항함.「A

②困難な問題と直接関係を持つ. Enegotiate directly with; meet with. 한부딪치다, 맞닥뜨리다.「考えているだけでは進まないから, まず先方にぶつかってみよう//難題にぶつかる」
③2つのものごとが一緒になる. Efall on. 한겹치다, 합치다.「祝日と日曜日がぶつかると月曜日が休みになる//この道をまっすぐ行くと大通りにぶつかる」
④考えが合わなくて衝突する. Eclash with; quarrel with. 한(의견이) 대립하다, 충돌하다.「上司とぶつかって, 会社をやめた//親と意見がぶつかる」▷話 他動 ぶつける

ぶっきょう 【仏教】ブッキョー, ブッキョー 紀元前5世紀の初め, 釈迦がインドで始めた宗教. 信仰することによって苦しみがなくなり悟りを開くという教え. EBuddhism. 한불교.「仏教は中国, 朝鮮をへて日本に伝わった//仏教を信じる//仏教芸術//仏教徒」

ぶっきらぼう ブッキラボー, ブッキラボー 話し方や態度が丁寧でなく, 愛想のないようす. Eblunt; curt. 한무뚝뚝함, 퉁명스러움.「兄は心はやさしいが, 話し方はぶっきらぼうだ//わたしは嫌いな人の前では, ぶっきらぼうに話す」話

ブック (book)ブック ①本. 書籍. 書物. Ea book. 한북, 책, 서적.「ブックカバー//ガイドブック」②とじて表紙をつけてあるもの. Ea ~ book. 한~북.「スクラップブック//スケッチブック」▷数 1冊

ふっくら フックラ〔~する〕ふくらんでいて, やわらかそうなようす.「買ってきたばかりのふとんは, ふっくらしている(EThe new *futon* is fluffy. 한새로 산 이불은 폭신폭신하다.)//ふっくらした赤ちゃんのほお」

ふっこう 【復興】フッコー〔~する〕いちど衰えたものが, ふたたび盛んになること. また, 盛んにすること. Erevive; reconstruction. 한부흥.「日本経済は, 敗戦後, 急速に復興した//地震で破壊された町の復興を急ぐ」

ぶっしつ 【物質】ブッシツ ①見たりさわったりして, 存在していることがわかるもの. Ematerial; matter. 한물질.「いろいろな物質にかこまれて生活する//物質文明//物質欲」対精神 ②物体をつくっているもとになるもの. Esubstance. 한물질.「本は紙という物質からできている//有機物質」

プッシュホン プッシュホン〔←プッシュボタンホン (push-button phone)〕指で番号を押す型の電話機. Ea push-button phone. 한푸시 폰, 버튼식 전화기.「プッシュホンは番号を指で押して電話をかける」数 1台

ぶっしょく 【物色】ブッショク〔~する〕なにかいいものがないか, いい人がいないかとさがすこと. Ehunt around; search for. 한물색.「わたしの留守中に, だれかが部屋を物色した跡がある//不動産屋で, アパートを物色する//つぎの選挙の候補者を物色する」

ぶっそう 【物騒】ブッソー あぶないことが起こりそうなようす. Eunsafe; dangerous; troubled. 한위험함, 어수선함, 뒤숭숭함.「夜の街は物騒だから, 歩かないほうがいい//凶悪事件の多い物騒な世の中」

ぶつぞう 【仏像】ブッゾー 彫刻されたり絵にかかれたりした仏の像. Ean image of Buddha. 한불상.「ここにある仏像は1000年前につくられたといわれている//奈良と京都の寺へ古い仏像を見に行く」数 1基・1体

ぶったい 【物体】ブッタイ 形があって存在しているもの. Ean object. 한물체.「空を飛ぶ, なぞの物体を『UFO』と呼ぶ//月にはどんな物体が存在しているのだろうか」

ぶっつけ ブッツケ 準備や予告なしにいきな

国との貿易交渉が不調に終わった」対順調

ふつー【吹っ-】(動詞について)意味を強めたり,その動作が勢いよく行われたりすること.「台風の強い風で,屋根の上のアンテナが吹っ飛んだ//気持ちが吹っきれる//吹っ飛ばす Eblow away. 한세차게 날려 버리다.)」話
参「吹き」の変化した形.カ行,タ行の音で始まることばにつく.

ぶ・つ ブツ〔他動五〕(ぶって)①手で強くたたく. Ehit; strike. 한때리다, 치다.「5歳の息子がいたずらをしたので,おしりをぶってしかった//けんかしてぶたれた」②威勢よく演説などをする. Emake (a speech). 한연설하다.「学生を集めて最近の世界の動きについて一席ぶった」▷話

-ぶつ【-物】(他のことばについて)もの.「食品添加物には体に有害なものもある//危険物/水産物(→項目)//農産物(→項目)//郵便物(Email; post. 한우편물.)」

ぶっー(動詞について)意味を強めたり,その動作が勢いよく行われたりすること.「高速道路を時速120キロでぶっとばしたら,気分がすっきりした(EWhen I got to 120 km on the expressway, I felt refreshed. 한고속 도로를 시속 120 km로 내달렸더니 기분이 상쾌해졌다.)//ぶっ倒す(Eknock down. 한후려쳐서 쓰러뜨리다.)/ぶっちぎる」話
参「ぶち」の変化した形.カ行,タ行,ハ行の音で始まることばにつく.また,「なぐる」「投げる」「回す」などには「ぶん」がつく.

ふつう【不通】フツー 交通や通信が通じないこと. Ebe interrupted; be cut off. 한불통.「台風のため,けさから電車が不通になっている//音信不通(Ehave heard nothing from. 한소식 불통.)」

ふつう【普通】フツー ①世間によくあることで,他と違うことが少ないこと. Eordinary; common. 한보통.「客が来てもふつうの食事を出し,ふつうの生活を見てもらう」対特別 ②平均の水準であること. Eaverage. 한보통, 평균.「息子は学校の成績はふつうだが,車の知識は専門家以上だ」対特別 ③(副詞的に)いつも,たいてい. Eusually. 한보통, 대개, 일반적으로.「父はふつう夕方6時に帰ってくる//わたしはふつう8時間は寝る」

ふつか【二日】フツカ ①その月の2番目の日. 2日. Ethe second (of March). 한2일, 초이튿날.「3月2日はわたしの誕生日だ」②日の数が2つあること. 2日. Etwo days. 한이틀, 2일.「週に2日,火曜日と木曜日にアルバイトをしている//2日間」

ぶっか【物価】ブッカ ものの値段. Eprices. 한물가.「東京はニューヨークよりも物価が高い//物価が安定する//物価が上がる//物価高」

ふっかつ【復活】フッカツ〔〜する〕①いちどだめになったものが,またよくなること. Erevival; come back. 한부활.「客が減っていた映画の人気が,最近また復活してきた//敗者復活戦」②いちど死んだ人が生き返ること. Eresurrection. 한부활.「キリストの復活を祝う」

ふつかよい【二日酔い】フツカヨイ 酒を飲みすぎて酔いがつぎの日まで続き,はき気や頭痛やめまいなどがすること. Ea hangover. 한숙취.「きょうは二日酔いで,頭が痛くて仕事ができない」

ぶつか・る ブツカル〔自動五〕(ぶつかって)①強い勢いで突き当たる. 衝突する. Ehit; run into; collide. 한부딪치다, 충돌하다.「バスが電柱にぶつかって,けが人が出た//交差点でタクシーとトラックがぶつかった」

りすること.　Ewithout preparation. 한(준비 없이) 즉석에서 함.「パーティーで突然歌を歌えと言われ、ぶっつけで1曲歌った//ぶっつけ本番(Eacting without rehearsal. 한(예행 연습 없이 하는) 즉석 공연.)」話

ぷっつり プッツリ ①ひもなどが切れるようす.「たこの糸がぶっつり(と)切れた(EThe kite string snapped. 한연줄이 뚝 끊어졌다.)」②続いていたことが、突然、完全に終わるようす.「肺がんの話を聞いてから、ぶっつり(と)タバコをやめた(EAfter hearing about lung cancer, I totally quit smoking. 한폐암에 관한 얘기를 듣고 나서 담배를 딱 끊었다.)」

ふっとう【沸騰】フットー〔〜する〕①水などが煮えたつこと. Eboil. 한비등, 끓어오름.「やかんのお湯が沸騰して音を立てている/水が沸騰したら野菜を入れる」②人気や世論などが沸きたつほど盛んになること. Ebecome aroused; be heated. 한비등, (여론 등이) 들끓음.「人の心を揺さぶるような美しい声を持つ歌手のアンに人気が沸騰している」

ぶつりがく【物理学】ブツリガク　自然科学の一部門で、あらゆる自然現象の根本法則をはっきりさせ、それを、物質を構成するものと、その間に働く相互作用として研究する学問. Ephysics. 한물리학.「道子は大学で物理学を専攻している/理論物理学(Etheoretical physics. 한이론 물리학.)」

ふで【筆】フデ　①竹や木の先に毛の束をつけ、墨や絵の具をつけて文字や絵をかく道具. Ea writing brush; a paintbrush. 한붓.「祖母はいつも筆で手紙を書く//筆ペン//絵筆」②文章や絵をかくこと. Ethe act of writing or drawing. 한붓, 필치.「70歳の名人が筆をふるった作品//筆がさえる」▷数①1本　→書道図

筆が立つ　文章を書くのが上手だ. Ewrite well. 한글을 잘 쓰다.「筆が立つ洋子に、この本の推薦文を書いてもらう」

筆を折る　作家などが、文章を書く仕事をやめる. Eend one's literary career. 한붓을 꺾다, 문필 활동을 그만두다.「若いころのようないい小説が書けなくなって、一郎はついに筆を折った」似た表現筆を断つ、ペンを折る

筆を執る　文章や絵をかく. Ewrite; take up one's pen. 한붓을 잡다, 집필하다.「あなたにお知らせしたいことがあって、筆をとりました」似た表現ペンを執る

ふてぎわ【不手際】フテギワ　やり方が完全でなく、なにか抜けていること. Eclumsiness; a mistake. 한소루함, 실수.「卒業式でふてぎわがないように、じゅうぶんに準備する//わたしのふてぎわでお客に迷惑をかけた」

ふてくさ・れる　フテクサレル、フテクサレル〔自動一〕目上の人からの命令などに反抗的になったり、わざと怠けたりする. ふてくさる. Ebecome sulky. 한퉁명부리다, 부루퉁해지다, 토라지다.「弟はサッカーの試合に出られなかったので、ふてくされて寝てしまった」

ふてってい【不徹底】フテッテイ　中途はんぱで、じゅうぶんでないようす. Enot thorough; incomplete. 한불철저, 철저하지 못함.「きょうの新入生歓迎会は、連絡が不徹底だったため半分しか集まらなかった//不徹底な調査ではいい資料はえられない」対徹底的

ふでぶしょう【筆無精・筆不精】フデブショー　手紙など文章を書くのを面倒がること. Ea bad correspondent. 한편지(글) 쓰기를 귀찮아함(싫어함).「わたしは筆無

精だから，いつも電話で用をすませてしまう」 [対]筆まめ

ふてぶて・しい [フテブテシイ] 憎らしいと思うほどずうずうしいようすだ．[E]impudent; saucy．[한]뻔뻔스럽다，유들유들하다．「あの乗客は，禁煙席だからやめるようにと言っても，ふてぶてしくタバコを吸い続けている//先生にしかられているのに，笑って横を向いている，ふてぶてしい中学生」

ふでまめ【筆まめ】[フデマメ] 手紙など文章を面倒がらずに書くこと．[E]a good correspondent．[한]편지(글) 쓰기를 좋아함．「母は筆まめで，家のようすをよく知らせてくれる」 [対]筆無精・筆不精

ふと [フト，フト] 偶然，または特別に意識しないで，そうなったりそうしたりするようす．[E]suddenly; casually．[한]우연히, 문득, 갑자기, 뜻밖에．「仕事の途中でふと病気の母のことが気になり，昼休みに電話をかけた//授業中に漫画を読んでいて，ふと目を上げると，先生がわたしのほうを見ていた」

ふと・い【太い】[フトイ] ①棒などのまわりや，線のようなものの幅が大きい．[E]thick; wide; bold．[한]굵다．「3人が腕をのばしてやっとかこめるほどの太い木//太いベルト//太い線」 [対]細い ②声が低くて，大きい．[E]deep．[한](목소리가) 낮고 굵직하다．「運動場で体操の先生が太い声でどなっている//腹の底から出るような太い声」 [対]細い ③小さいことにこだわらず，力強い．[E]bold; sturdy．[한]통이 크다, 굵다, 두둑하다．「京子は神経が太いから，皮肉を言われても平気だ//線が太い人([E]a tough-minded person．[한]선이 굵은 사람, 통이 큰 사람．)」 [対]細い

ふとう【不当】[フトー] 道理にはずれていて，正しくないようす．[E]unjustly; unfair．[한]부당．「障害者だからといって不当に扱われる理由はない//A社は鉱物の輸入で不当な利益をえていた」 [対]正当

ぶどう [ブドー] くだものの一種．枝がつるになってのびる低い木にできる．秋に房になった実が実る．[E]grapes．[한]포도．「このブドウは甘くておいしいので，1房全部食べてしまった//ブドウからワインをつくる」 [数]1房 →房 [図]

ふどうさん【不動産】[フドーサン，フドーサン] 土地や建物など，簡単に動かすことのできない財産．[E]real estate．[한]부동산．「三郎はアパートや別荘などあちこちに不動産を持っている//不動産屋」 [対]動産 →囲み

ふところ【懐】[フトコロ] ①服や着物の胸の部分の内側．[E]the breast; one's inside pocket．[한]품．「祖父はたいせつなものは懐に入れていた//懐に手を入れる」 ②持っている金．[E]one's purse; one's pocket．[한]가진 돈, 주머니에 있는 돈．「一郎はいつも他人の懐をあてにしている//懐ぐあいが悪い」 ③まわりをかこまれた所．[E]the bosom．[한](무엇에) 둘러 쌓인 곳．「わたしの故郷は山の懐にある」

懐が痛む 自分の金がたくさん出ていく．[E]be a strain on one's budget．[한]돈이 많이 나가다．「年末は，忘年会がいくつもあるので懐が痛む」 [似た表現]懐を痛める

懐が寂しい 持っている金が少なくて，心細い．[E]be short of money．[한]가진 돈이 적다．「毎月，月給日前になると懐がさびしくなる」 [似た表現]懐が寒い

懐を肥やす 正しい方法によらないでたくさんの利益をえる．[E]feather one's own nest．[한]부당 이득을 얻다, 사복을 채우다．「不当な土地の売買で懐をこやす」 [似た表現]私腹を肥やす

ふとっぱら【太っ腹】[フトッパラ，フトッパラ] 心が広く，すこしのことでは驚いたり怒ったりしないようす．[E]broad-minded; gen-

erous. 翰통이 큼, 배짱이 두둑함.「社長は太っ腹だから，あの程度の損害では驚かない」話

ふと・る【太る】フトル〔自動五〕(ふとって) 体に肉や脂肪がついて, 体重が増える. Eput on weight; get fat; plump. 翰살찌다.「甘いものばかり食べていると太るよ//まるまる太った赤ちゃん」対やせる

参「こえる」も似ているが，人間についてはふつうは「太る」を使う. 関西では人間についても「こえる」をよく使う.

ふとん【布団】フトン 袋にした布の中に綿や羽毛などを入れて平らにしたもの. 敷いたり, かけたりする. Efuton; bedding. 翰이

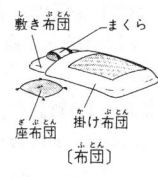
〔布団〕
敷き布団 / まくら / 座布団 / 掛け布団

부자리, 이불, 요.「ゆうべは疲れていて，ふとんに入るとすぐ寝てしまった//ふとんを敷く//ふとんをたたむ」数1枚・1組

ふなびん【船便】フナビン, フナビン 荷物や郵便物を船で運ぶこと. また, その荷物や郵便物. Esea cargo or mail. 翰선편, 배편.「ヨーロッパから荷物を船便で送った//船便のほうが航空便より安い」対航空便

ふなれ【不慣れ】フナレ 経験が少ないので，うまくできないようす. Einexperienced. 翰익숙하지 않음, 서투름, 낯섦.「新し

不動産屋で使うことば

アパート Ean apartment. 翰아파트.

マンション Ea condominium. 翰맨션.

大家 Ea landlord; a landlady. 翰셋집 주인.

家賃 Erent. 翰집세.

管理費 Ea maintenance fee. 翰관리비.

敷金 Ea deposit. 翰보증금.

礼金 Ekey money. 翰사례금.

契約期間 Ethe term of a contract. 翰계약 기간.

更新 Erenewal of a contract. 翰갱신.

更新料 Ea renewal fee. 翰갱신료.

仲介料 Ean agent's fee. 翰중개료.

保証人 Ea guarantor. 翰보증인.

部屋の条件を示すことば

和 Ea Japanese-style room. 翰일본

식 방.

洋 Ea Western-style room. 翰서양식 방.

1K Eone room and a kitchen. 翰방 하나에 부엌 하나(원룸).

1DK Eone room and a kitchen-dining room. 翰방 하나에 식당 딸린 부엌 하나.

1LDK Eone room, a living room and a kitchen-dining room. 翰방 하나에 식당 딸린 부엌 하나와 거실 하나.

～畳 E~ tatami mats. 翰~조.

バス・トイレつき Ehaving a bath and a toilet. 翰욕실 및 화장실 딸림.

新築 Ea newly built (apartment). 翰신축.

築～年 Ebuilt ~ years ago. 翰지은 지 ~년.

徒歩～分 E~ minute(s) walk. 翰도보로 ~분.

い機械に不慣れで,仕事が進まない//司会という不慣れな役を命じられて困っている」対慣れ

ぶなん 【無難】ブナン, ブナン 特にいいわけではないが,めだった欠点もないようす. Ｅsafe; secure; passable. 韓무난.「父は公務員になって無難な人生を送った//どこにでも着ていけて,どんな靴とも合う無難なスーツをつくった」

ふにおちない 【ふに落ちない】納得できない. Ｅcan't quite understand; do not go down with one. 韓납득이 가지 않다.「三郎の話には変なことが多くて,ふに落ちない」

ふにん 【赴任】フニン〔～する〕任命された土地へ働くために出かけること. Ｅleave for one's new post. 韓부임.「二郎はきのう東京から名古屋へ赴任した//赴任先//単身赴任」

ふね 【船・舟】フネ ①人やものをのせて水の上を行くもの. Ｅa ship; a boat. 韓배.「退職してひまになったら船で世界旅行をしよう//湖を船で1周する//舟をこぎだす//釣り舟」
②水などを入れる箱形の入れ物.「湯船(Ｅa bathtub. 韓욕조, 목욕통.)//刺身の舟」
▷数①1隻・1艘
注漢字で書くときは,大きいものは「船」,小さいものは「舟」.
参①は他のことばの前につくと,「船便」「船賃」「舟歌」などのように「ふな」と読み方が変わることが多い.

舟をこぐ すわったまま居眠りをする. Ｅnod. 韓꾸벅꾸벅 졸다.「つまらない講演だったので,舟をこぐ人が多かった」

ふねんぶつ 【不燃物】フネンブツ 燃えないもの. 燃えにくいもの. Ｅnonflammables; incombustibles. 韓불연물.「ごみの不燃物を地中に埋める//プラスチックやガラスは不燃物だ」対可燃物

ふのう 【不能】フノー 能力のないようす. できないようす. Ｅimpossible. 韓불능.「地震で通信が不能になった//再起不能におちいる」

ふはい 【腐敗】フハイ〔～する〕①ものがくさること. Ｅrot; spoil. 韓부패.「冷蔵庫に入れておいても食品の腐敗は防げない」②精神が堕落して不正や悪いことが行われること. Ｅgrow corrupt. 韓부패.「自分の地位や利益ばかり考える政治家が増えると,政治は腐敗する」

ふび 【不備】フビ 必要なものがそろっていないこと. Ｅinadequate; incomplete. 韓불비.「ビザを申請したが,書類が不備で受け取ってもらえなかった//設計に不備な点があったため,工事が遅れている」対完備

ふひょう 【不評】フヒョー 評判が悪いこと. Ｅunpopular; a bad reputation. 韓평판이 나쁨, 악평.「旅行を計画したが,遠いし費用が高いしと不評だった//今晩の料理は辛すぎて不評だった」対好評

不評を買う 人からよくないという評価を受ける. Ｅbe received unfavorably. 韓악평을 받다(사다).「新しく発行された雑誌は,写真がよくなくて不評を買った」

ふびん 【不憫】フビン かわいそうなようす. 助けてあげたいと思わせるようす. Ｅpity; poor. 韓불민, 측은함, 딱하고 가엾음.「捨て猫をふびんに思って拾ってきた//一夜にして両親を失ったふびんな姉妹」

ぶひん 【部品】ブヒン 機械や器具などをつくりあげている1つ1つの部分. Ｅparts. 韓부품.「自分で本棚を組み立てようと思ったら部品が1つたりなかった//古いテレビの部品を取りかえて,はっきり映るようにした」

ふぶき 【吹雪】フブキ 強い風とともに雪が

激しく降ること．Ｅa snowstorm; a blizzard. 한눈보라．「吹雪でスキー場のリフトが止まってしまった//紙吹雪（Ｅconfetti. 한흩뿌리는 색종이 조각．)/花吹雪（Ｅa shower of falling cherry blossoms. 한꽃보라．)」

ふふく 【不服】フフク　納得できず，したがえないこと．Ｅdissatisfaction; an objection. 한불복．「突然の転勤の命令に不服で会社をやめた//不服がある//不服を申し立てる//不服を言う」

ぶぶん 【部分】ブブン　全体を小さく分けた１つ．Ｅa part; a section; a portion. 한부분．「この論文は部分部分はよく書けているが全体としてまとまりがない//交通規則を部分的に改正する//大部分（→項目）」対全体

ふへい 【不平】フヘイ　満足できず，なにか言いたいような気持ち．Ｅdiscontent; complaint. 한불평．「点のつけ方が公平でないと洋子は先生に不平があるようだ//勤め先の給料が安くて，休みが少ないと不平を言う//不平を鳴らす//不平不満」

ふべん 【不便】フベン　役に立たないで，手間がかかること．Ｅinconvenient. 한불편．「わたしの家は駅から遠くて通勤に不便だ//自転車に乗れないのは不便だ」対便利

ふへんてき 【普遍的】フヘンテキ　すべてのものにあてはまるよう．Ｅuniversal. 한보편적．「葬式はどの民族にも普遍的に存在する儀式である//この映画は愛という普遍的なテーマを取りあげて成功した」

ふぼ 【父母】フボ　父と母．両親．Ｅone's parents. 한부모．「久しぶりに父母に手紙を書いた//父母会」書

ふま・える 【踏まえる】フマエル，フマエル〔他動一〕①動かないように強く踏んで立つ．Ｅstand firm. 한꽉 밟고 서다，힘차게

踏む．「両足をしっかりと踏まえてチョモランマ山頂に立った」②ある考え方や事実をよりどころにする．Ｅbe based on. 한근거로하다，입각하다．「事実を踏まえて論じる//伝統を踏まえたやり方」

ふまん 【不満】フマン　満足できないこと．Ｅdissatisfaction. 한불만．「いまの会社は給料が安いので不満だ//不満をいだく//欲求不満（→項目）」対満足

ふみきり 【踏切・踏み切り】フミキリ　①列車や電車の線路と道路が交わる所．Ｅa (railroad) crossing. 한(철로의) 건널목．

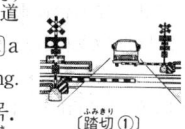
〔踏切①〕

「踏切の手前では車は必ず一時停止をすること//踏切を渡る//無人踏切」②走り高跳び，走り幅跳びで，走っていって踏みきること．Ｅa takeoff. 한(도약경기에서) 땅을 박차고 뛰어오름．「きょうの走り幅跳びは，踏み切りに失敗して，いい記録が出なかった」▷自動踏み切る
≡注①は「踏切」，②は「踏み切り」．

ふみき・る 【踏み切る】フミキル〔自動五〕（ふみきって）①高く跳んだり遠くに跳んだりするために地面を強く踏む．ふんぎる．Ｅtake off. 한땅을 박차고 뛰어 오르다．「力強く右足で踏みきって，跳び上がる」②思いきって，そのことに乗りだす．ふんぎる．Ｅmake up one's mind and do; decide. 한결단을 내리다，단행하다．「定年にはまだ早いが，自分で事業を始めようと退社に踏みきった//結婚に踏みきる」▷名踏切・踏み切り

ふみこ・む 【踏み込む】フミコム〔自動五〕（ふみこんで）①入ったらすぐには出られないような所へ入りこむ．Ｅstep into. 한발을 들여 놓다，빠지다．「山深く踏みこんで，道がわからなくなった//泥沼に踏みこむ」②断り

なしで,人の家に入る.Ｅraid.韓(남의 집에) 무단으로 들어가다, 덮치다.「容疑者は寝ているところを刑事に踏みこまれた」③ものごとの深いところまで考える.Ｅreflect deeply on.韓(본질에) 깊이 파고들다.「もう1歩踏みこんで考えてみよう∥事件の核心に踏みこむ」

ふみだい 【踏み台】フミダイ ①高い所にあるものを取ったり, 高い所に上がったりするために乗る台.Ｅa footstool.韓발판, 디딤판.「踏み台に乗って電球を取りかえた」②目的のためにそのときだけ利用するもの.Ｅa stepping-stone.韓발판.「彼は多くの同僚を踏み台にして社長になった」

ふみたお・す 【踏み倒す】フミタオス〔他動五〕(ふみたおして) ①足で踏んで倒す.Ｅtrample down.韓밟아 쓰러뜨리다.「公園の花を踏み倒して2匹の犬が走りまわっている」②代金や借金を払わないままにしてしまう.Ｅdo not pay.韓(대금·빚을) 떼어먹다.「東京から横浜まで乗った客がタクシー代を踏み倒して逃げた∥部屋代を踏み倒す」

ふみにじ・る 【踏みにじる】フミニジル〔他動五〕(ふみにじって) ①足で踏みつけてめちゃめちゃにする.Ｅtrample underfoot.韓밟아 뭉개다, 짓밟다.「野に咲いている花を踏みにじる」②名誉, きまり, 人の気持ちを無視して傷つける.Ｅtrample on; completely ignore.韓(남의 명예 등을) 짓밟다, 유린하다.「二郎は道子に編んでもらったセーターを友達にあげてしまい, 道子の好意を踏みにじった」

ふみんしょう 【不眠症】フミンショー, フミンショー よく眠れなくなる状態.Ｅinsomnia.韓불면증.「不眠症の治療には運動がいちばんだという∥不眠症にかかる」

ふ・む 【踏む】フム〔他動五〕(ふんで) ①ものの上に足をのせ, 上から押すようにする.Ｅstep on.韓밟다.「電車が急停車して, となりの人の足を踏んでしまった∥車のブレーキを踏む」②実際に行う. 経験する.Ｅexperience.韓밟다, 경험하다.「初舞台を踏む∥場数を踏む(=いろいろな経験を重ねる)」③ものごとを決まった順序にしたがって進める.Ｅgo through.韓밟다, 순서에 따라 진행하다.「手続きを踏んで願い出る∥段階を踏んで進む」

ふむき 【不向き】フムキ 性格や能力が合っていないこと.Ｅnever do as; unsuitable.韓맞지 않음, 어울리지 않음.「きみは気が短いから, 教師には不向きだ∥漢字が多くて子供には不向きな本」対向き

ふめい 【不明】フメイ ①はっきりわからないようす.Ｅunknown; unconscious.韓불명.「原因の不明な病気が流行している∥意識不明におちいる∥ゆくえ不明」②才能がないこと. 先を読む力がないこと.Ｅignorance; lack of foresight.韓어리석음, 식견이 없음.「自分の不明を恥じる」▷書②

ふめつ 【不滅】フメツ いつまでもなくならないこと.Ｅimmortal; eternal.韓불멸, 불후.「2人の愛は不滅だ∥不滅の名曲(Ｅan immortal famous music.韓불후의 명곡.)」書

ふもう 【不毛】フモー ①その土地に, 植物を育てるための栄養分がないようす.Ｅbarren.韓불모.「不毛な土地を改良して農地にする∥不毛の原野」対肥沃 ②成果がないようす.Ｅfruitless.韓성과가 없음.「たがいに自分の主張だけを繰り返す不毛な議論が続いた」

ふもと フモト 山の下のほう.Ｅthe foot; the base.韓산기슭.「ふもとまではバスで行って, そこから登りはじめる∥あの山のふもと

には人家が1軒しかない」対頂，頂上

ぶもん【部門】ブモン，ブモン 全体をある基準で分けたそれぞれの部分．Ea section; a department. 韓부문．「洋子は歌のコンクールのシャンソンの部門で優勝した」

ふや・ける フヤケル〔自動一〕①水につかってやわらかくふくれる．Eswell up; become sodden. 韓(물에) 붇다，불어나다．「長い間ふろに入っていたら手足がふやけた//ふやけた豆」②気持ちがだらける．Egrow lazy. 韓게을러빠지다，느즈러지다．「息子は25歳にもなって，まだ，困ったときは親が助けてくれるなどとふやけた考えでいる」▷他動 ふやかす

ふや・す【増やす・殖やす】フヤス〔他動五〕（ふやして）①数や量を多くする．Eincrease. 韓늘리다，불리다．「これ以上仕事を増やしたくない//会員を増やす」対減らす ②財産や動物や植物などを多くする．Eadd to; breed. 韓(재산을) 늘리다；번식시키다．「財産をふやす方法をいろいろ考える//家畜をふやす」対減らす ▷自動 増える・殖える →増す

注 漢字で書くときは，①は「増やす」，②は「殖やす」．

ふゆ【冬】フユ 四季の1つ．秋のつぎに来る，1年でいちばん寒い季節．日本では12，1，2月ごろに当たる．Ewinter. 韓겨울．「冬はスキーを楽しみたい/厳しい冬//冬枯れ（Ewinter decay. 韓겨울의 황량함．)//冬休み」関連 春，夏，秋

ふゆかい【不愉快】フユカイ いやな気持ちで楽しくないようす．おもしろくないようす．Edispleased; unpleasant. 韓불쾌．「あいさつしても相手が返事をしないので，不愉快だった//酔って遅く帰った父を見て，母は不愉快な顔をした」対愉快

ふよう【不要・不用】フヨー ①なくてもいい

こと．いらないこと．Eunnecessary; needless. 韓불요，불필요．「暖かくなって暖房器具は不要になった//不要不急」対必要 ②使わないこと．また，使ってしまっていらなくなること．Edisused; useless. 韓쓰지 않음，불용．「不用になった子供の衣類をバザーに出す//不用品」対入り用，入用

注 ①は「不要」，②は「不用」．

ふよう【扶養】フヨー〔～する〕助けて生活の面倒をみること．Esupport. 韓부양．「親は子供を扶養する義務がある/年とった親を扶養する//扶養家族」書

ぶようじん【不用心・無用心】ブヨージン 危険に対する注意がたりないようす．Eunsafe; careless. 韓경계가 소홀함，조심성이 없음．「かぎをかけないで外出するのは不用心だ//財布を後ろのポケットに入れる不用心な人」対用心

ぶよぶよ ブヨブヨ，ブヨブヨ〔～する〕しまりなくやわらかくふくらんでいるようす．「ナシがくさってぶよぶよになった（EThe pear was rotten and became soft. 韓배가 썩어서 물컹물컹해졌다．)//運動もしないで食べてばかりいたので，ぶよぶよ(と)太ってしまった」

プライド （pride）プライド 誇り．自尊心．Epride. 韓프라이드，자존심，긍지．「妹とけんかをしたとき，ずいぶんひどいことを言って妹のプライドを傷つけたと思う//プライドの高い人」

プライバシー （privacy）プライバシー 他人に知られたくないような個人の生活の内容．Eprivacy. 韓프라이버시，사생활．「京子は，年齢，収入，家族などプライバシーに関することは言いたがらない//プライバシーを守る//プライバシーの侵害（Ean invasion of privacy. 韓프라이버시 침해，사생활 침해．)」

フライパン (frying pan) フライパン 焼いたりいためたりするときに使う, 底が浅くて平らな, 柄のついたなべ. Ⓔa frying pan. 韓프라이팬.「フライパンで肉をいためる」→台所図

ブラウス (blouse) ブラウス 上半身に着る, シャツに似た女性用の薄地の上着. Ⓔa blouse. 韓블라우스.「もめんのブラウスにアイロンをかける//このスーツには白いブラウスが合う」数1枚 →衣類図

ぶらさが・る 【ぶら下がる】ブラサガル〔自動五〕(ぶらさがって) ①ぶらりと揺れるようにたれ下がる. Ⓔhang; dangle. 韓매달리다.「鉄棒にぶら下がる//軒下に赤いちょうちんがぶら下がっている」②いまにも手に入りそうなほどすぐ近くにある. Ⓔbe almost near enough to grasp. 韓(손에 잡힐 듯이) 눈앞에 어른거리다.「優勝が目の前にぶら下がっている」▷話 名ぶら下がり 他動ぶら下げる

ブラシ (brush) ブラシ 動物の毛やナイロンでできた毛を柄に植えつけてつくった道具. 髪をととのえたり, ほこりを取ったりするときに使う. Ⓔa brush. 韓브러시, 솔.「ブラシで服のほこりを落とす//長い髪をブラシでとかす//歯ブラシ」数1本

プラス (plus) プラス, プラス ①{〜する} たすこと. 加えること. Ⓔplus; add to. 韓플러스, 더하기, 가산.「遅くまで働かせたので, 時間給に深夜手当をプラスして払った//5プラス3は8」対マイナス ②0より大きい数を表す. 正. 記号は「+」. Ⓔplus. 韓플러스, (수학의) 양수.「けさの気温はプラス3度だ」対マイナス ③物理で, 電極の陽極を表す. 記号は「+」. Ⓔthe positive pole. 韓플러스, (음전기에서) 양극.「乾電池のプラスとマイナスを線でつなぐと電流が流れる」対マイナス ④たりること. 黒字. Ⓔa surplus; the black. 韓잉여, 흑자.「本年度の収支決算はプラスだった」対マイナス ⑤利益になること. Ⓔan advantage. 韓이익, 플러스.「外国で勉強することは, 将来きっとプラスになる」対マイナス

プラスチック (plastics) プラスチック, プラスチック 石油などから化学的に合成される物質. 熱や圧力で形を変えることができる. 合成樹脂. Ⓔplastics. 韓플라스틱.「プラスチックのコップは丈夫で色もきれいだ//プラスチック容器」

ふらつ・く フラツク〔自動五〕(ふらついて) ①足もとが不安定で, 体がふらふらする. Ⓔfeel giddy; stagger. 韓휘청거리다, 비틀거리다.「高い熱が続いたので, 歩くとまだふらつく//酒に酔って足がふらつく」②気持ちが不安定で揺れ動く. Ⓔwaver; be unsteady. 韓(생각이) 흔들리다.「大学受験しようか就職をしようかと考えがふらついている」③目的もなく歩きまわる. ぶらつく. うろつく. Ⓔloiter. 韓어슬렁거리다, 배회하다.「こんなに遅くまでどこをふらついていたの？」

ぶらつ・く ブラツク〔自動五〕(ぶらついて) 目的もなくのんびり歩きまわる. Ⓔstroll; ramble. 韓어슬렁거리다, 어정거리다, 배회하다.「子供を連れて公園をぶらついてくる//ショーウインドーをのぞきながら銀座通りをぶらつく」

ブラック (black) ブラック ①黒い色. 黒. Ⓔblack. 韓블랙, 검정, 흑색.「この部屋にはブラックの家具が合う//ブラックペッパー(=黒こしょう)」②ミルクや砂糖を入れないコーヒー. Ⓔblack. 韓블랙 커피.「わたしはコーヒーをブラックで飲む」

ブラックユーモア (black humor) ブラックユーモア 人のみにくさや悪さを鋭くつく, こわさのあるユーモア. Ⓔblack humor.

한 블랙 유머, 인간의 추악성을 날카롭게 찌르는 유머.「人生と社会を深くみているA先生のブラックユーモアは人の心に突き刺さる」

ブラックリスト (blacklist) ブラックリスト 注意が必要な人物の, 名前や住所などを書いた名簿. Ⓔa blacklist. 한블랙 리스트, 요주의 인물 명단.「その強盗は警察のブラックリストに載っていた」

フラッシュ (flash) フラッシュ ①暗い所で写真をとるときに発する, 瞬間的な強い光. また, それを出す装置. Ⓔa flash. 한(카메라의) 플래시, 섬광 (장치).「フラッシュがまぶしくて目をつぶった//フラッシュをたく」②映画やテレビなどの瞬間的な場面. また, 短い速報. Ⓔa flash. 한플래시, (영화 등의) 순간적인 장면; 짤막한 속보.「ニュースフラッシュ//フラッシュ写真」

ふらふら フラフラ, フラフラ〔~する〕①頭や体が揺れるようす.「熱が高いのに, 急に起き上がったらふらふらした//酒を飲みすぎて, ふらふら(と)歩いている(Ⓔ He drank too much and is staggering about. 한술을 너무 마셔서 휘청거리며 걷고 있다.)」②〔~する〕考えや態度がはっきり決まらないようす.「別の会社に移ろうかどうしようかとふらふらしている(Ⓔ I am wavering between changing companies or not. 한다른 회사로 옮길까 어쩔까 망설이고 있다.)」③よく考えずに行動してしまうようす.「高い車をふらふら(と)買ってしまい, いまそのローンで苦しんでいる(Ⓔ Before I knew it I had bought an expensive car, and now I am having the trouble to pay the car loan. 한비싼 차를 얼떨결에 사 버리고서 지금 그 할부금을 갚느라고 고생하고 있다.)」▷→よろよろ

ぶらぶら ブラブラ, ブラブラ〔~する〕①すこし重いものが下がって揺れ動くようす.「子供が高いいすにすわり, 足をぶらぶらさせている(Ⓔ The child sat in the big chair dangling his feet. 한아이가 높은 의자에 앉아 다리를 흔들거리고 있다.)」②目的もなく, ゆっくり歩くようす.「時間があまったので, 公園をぶらぶらした(Ⓔ Having plenty of time I wandered in the park. 한시간이 남아서 공원을 어슬렁거렸다.)」③怠けて過ごすようす.「失業してから, ずっと家でぶらぶらしている(Ⓔ Since I lost my job, I've just been idling my time away at home. 한실직하고 나서 계속 집에서 빈둥거리고 있다.)」

プラン (plan) プラン 計画, 案. Ⓔa plan. 한플랜, 계획, 안.「友達と春休みの旅行のプランを立てる//プランを出す//プランをねる(Ⓔ work on a plan. 한계획을 짜다.)」

フランク (frank) フランク 隠しごとをしないで, 率直なようす. Ⓔfrank. 한솔직함.「なんでもフランクに相談できる人がほしい//だれとでも友達になれるフランクな性格」

ブランド (brand) ブランド 有名なデザイナーや会社の名前やマーク. Ⓔa brand. 한브랜드, 상표.「有名なブランドのバッグを母にプレゼントした//ブランド品ばかり身につけたがる」

ふり【不利】フリ 負けそうであったり, 損をしそうであったりすること. Ⓔdisadvantageous; handicapped. 한불리.「日本語ができないと, アルバイトをしても不利だ//不利な条件//不利な立場」対有利

ふり【振り】フリ, フリ ①振ること. Ⓔa swing; a wave. 한흔듦, 휘두름.「バットの振りが鈍い//腕の振りが小さい//旗振り」②ほかの人から見えるようす. Ⓔappearance; pretence. 한외양, 행색, 거동; 체.「悲

しくても楽しいふりをする//見て見ないふりをする」③音楽に合わせた動き. ⒠postures. ㈲춤 동작, 몸짓, 연기.「アイドル歌手のふりを見てまねをする//ふりをつける」▷他動 振る

-ぶり ①(名詞, 動詞の「ます」形について)ようす, 動作のしかたなど.「枝ぶりのいい木(⒠a gracefully-shaped tree. ㈲가지의 뻗은 모양새가 좋은 나무.)/暮らしぶり(⒠the way one lives. ㈲생활 방식, 사는 모양.)/仕事ぶり/話しぶり」②(時を表すことばについて)それだけ時がたって, また前と同じようにしたりなったりすること.「10年ぶりに小学校のときの先生に会った//1週間ぶりにお酒を飲む(⒠drink *sake* for the first time in a week. ㈲1주일 만에 술을 마시다.)」
㊂①は「話しっぷり」「飲みっぷり」のように「っぷり」になることもあり, そのばあいはことばにもっと勢いがつく.

フリー (free) フリー 自由. ⒠free. ㈲프리, 자유로움.「出版社勤めをやめて, いまはフリーの記者をしている//フリーのカメラマン//フリーな立場」

ふりかえ 【振り替え・振替】フリカエ ①あるものを他のものと取りかえること. ⒠substitute; transfer. ㈲대체, 엇바꿈.「日曜日と祝日が重なると, 月曜日は振り替え休日になる//振り替え輸送」②直接, 金を動かさないで, 帳簿の上での移しかえによって支払うこと. ⒠(postal) transfer. ㈲우편 대체.「郵便振替で代金を支払う」▷他動 振り替える
㊂①は「振り替え」, ②は「振替」.

ふりかえ・る 【振り返る】フリカエル〔自他動五〕(ふりかえって) ①頭をまわして後ろを見る. ⒠look back; turn around. ㈲뒤돌아보다.「後ろから名前を呼ばれて振り返った」②すんだことを思いだす. 顧みる. ⒠look back on. ㈲돌이켜 보다, 회고하다.「大みそかの夜に, 過ぎていく1年を振り返る」
㊂①は自動詞, ②は他動詞.

ふりかざ・す 【振りかざす】フリカザス〔他動五〕(ふりかざして) ①頭の上に勢いよく上げてかまえる. ⒠brandish; raise aloft. ㈲(머리 위로) 번쩍 쳐들다, 치켜 들다.「刀を頭上に振りかざす」②自分の主義や主張などを正面から押しだす. ⒠insist on. ㈲(주장을) 내세우다.「理想を振りかざして進む」

ふりがな 【振り仮名】フリガナ, フリガナ 漢字の読み方を示すために, わきや上, 下に書く小さなかな. ⒠letters of the Japanese syllabary written next to or above Chinese characters. ㈲한자 읽는 법을 가나로 단 토, 루비.「お名前にふりがなをつけてください//漢字にふりがなをつけて読み方を覚える」

ふりこ・む 【振り込む】フリコム〔他動五〕(ふりこんで) 相手の口座に金を払いこむ. ⒠pay money into a person's account. ㈲(대체 계좌 등에) 불입하다.「給料を社員の口座に振りこむ」名 振り込み

ふりしぼ・る 【振り絞る】フリシボル〔他動五〕(ふりしぼって) あるだけの力や声や涙などを出す. ⒠(shout) at the top of one's voice; exert all one's strength. ㈲(목소리를) 한껏 내지르다; (힘·눈물 등을) 쥐어짜다.「離れていく船に向かって声を振りしぼって叫ぶ//最後の力を振りしぼる」

ふりそで 【振りそで】フリソデ, フリソデ 未婚の女性がお祝いの席などに着ていく長いそでの和服. ⒠a long-sleeved *kimono*. ㈲긴 소매의 기모노.「友人の結婚式に, 母にもらった振りそでを着る」対 留めそで 数 1

枚

注 漢字で書くときは「振り袖」.

ふりむ・く 【振り向く】フリムク〔自動五〕（ふりむいて）後ろを向く. Eturn around; turn one's head. 한뒤돌아보다, 돌아다보다.「後ろから名前を呼ばれて振り向いたら, 中学時代の級友がそこにいた」他動振り向ける

ふりょう 【不良】フリョー ①質や状態がよくないようす. Ebad; poor. 한불량.「このテレビは音声が不良//今年は冷害で稲作は不良のようだ」対良好 ②性質や行いが悪いこと. また, その人. Ebad; delinquent. 한(품행) 불량, 불량자.「あの人は若いころ不良の仲間に入っていたそうだ//不良少年//不良少女」対善良

ふりん 【不倫】フリン 道徳的ではないこと. 特に, 結婚している人との許されない恋愛. Eillicit liaison; immoral. 한불륜.「彼女は妻のある上司と不倫の関係にある」

プリント (print) プリント〔〜する〕①印刷すること. また, 印刷したもの. Eprint. 한프린트, 인쇄(물).「研究論文をプリントしてみんなに配る」②布に模様をかいた紙を当てて染めること. また, その染めたもの. Eprint. 한날염, 날염한 천.「あなたには大柄のプリントのブラウスがよく似合う//花柄プリント」③写真や映画のフィルムを, ふつうに見るように焼きつけること. また, 焼きつけたもの. Eprint (a film). 한프린트, 인화.「旅行の写真を大きくのばしてプリントしてもらう//同時プリント(Einstant developing and printing. 한동시 프린트.)」数①1部·1枚, ③1枚

ふる 【古】フル ①(「お古」の形で)⇒お古 ②(他のことばの頭について) (1)古い.「古道具屋//古新聞(Ean old newspaper. 한현 신문.)//古株(Ean old-timer. 한고

참.)」(2)以前の. むかしの.「10年ぶりに古巣の会社にもどった(EAfter ten years, I returned to my old company. 한10년만에 옛 직장이었던 회사로 돌아왔다.)//古なじみ(Ean old friend. 한오랜 친구, 옛 친구.)」

ふ・る 【振る】フル〔他動五〕（ふって）①一方のはしを動かないようにして, もう一方のはしを前後, 左右, 上下に揺り動かす. Eshake; wave; swing. 한흔들다, 휘두르다.「首を横に振って, いやだと言う//バットを振る」②手の中にあるものをまきちらすようにする. Esprinkle; throw. 한흩뿌리다, 치다; 흔들어서 던지다.「肉に塩とこしょうを振る//さいころを振る」③わきに小さくそえる. Eadd (kana) to (kanji); number. 한토를 달다;(번호를) 매기다.「むずかしい漢字にかなを振る//番号を振る」④手に入っていたものや手に入ることになっているものをむだにする. Elose; waste. 한날리다, 잃다, 버리다.「前大臣は差別発言をして, その地位を振った//一生を棒に振る」⑤それを嫌って相手にしないようにする. Ereject; jilt. 한뿌리치다, 거절하다, 퇴짜놓다.「就職が決まった会社を振って大学院に進む//二郎は洋子に振られた」

▷話⑤ 名振り

ふ・る 【降る】フル〔自動五〕（ふって）空から雨や雪などの水の粒が落ちてくる. Esnow; rain. 한(비·눈 등이) 내리다, 오다.「あすは山のほうでは雪が, 平野部では雨が降るでしょう」名降り

降ってわいたよう まったく思いがけないようす. Equite unexpected. 한느닷없음, 난데없음.「降ってわいたような留学の話に驚き, また喜んだ」

フル (full)フル ①限度いっぱいまでのようす. Ⓔfull. 한풀, 최대한.「学資をつくるため、夏休みはフルにアルバイトをする//フルタイムの仕事//フルスピード//フル回転(Ⓔoperating at full capacity. 한풀 회전.)」②全部そろっている.「フルセット//フルネーム(Ⓔone's full name. 한풀 네임, (생략하지 않은) 성명.)」

-ぶる (名詞, 形容詞と形容動詞の語幹について)いかにもそれであるかのように見せたり行動したりする.「兄は物知りぶっていろいろ教えてくれる//偉ぶった態度//上品ぶる(Ⓔact refined. 한고상한 체하다.)//利口ぶる(Ⓔtry to appear intelligent. 한똑똑한 체하다.)」

ふる・い 【古い】フルイ ①いままでのものと同じで、時代後れだ. Ⓔold-fashioned; out-of-date. 한구식이다, 시대에 뒤지다, 낡다.「女性が家を守るなどというのは古い考え方だ//父は頭が古い」対新しい
②長い時間がたっている. Ⓔold. 한오래 되다, 낡다, 헐다.「祖父が使っていた古い時計//300年前に建てられた古い寺//古い友達」対新しい

ふる・う 【振るう・奮う】フルウ〔自他動五〕(ふるって) ①力がわき出てくる. 勢いが盛んになる. Ⓔthrive; do well (at school). 한떨치다, 성해지다, 번창해지다; (사기·성적 등이) 오르다.「軍備を増やさず、生活を豊かにすれば、国力はふるう//成績があまりふるわない」
②(「ふるった[ている]」の形で)変わっていて, 人の目をひく. Ⓔunique; impressive; original. 한기발하다, 색다르다.「道子の外国旅行をしない理由がふるっていて、飛行機がこわいのだそうだ//ふるった趣向」
③思うままに振り動かす. Ⓔwield (a pen, a sword). 한(마음껏) 휘두르다.「筆をふるって書きたいだけ書く//刀をふるう」
④持っている力をじゅうぶん発揮する. Ⓔshow off (one's ability). 한(능력을) 발휘하다.「妻の誕生日には、毎年わたしが料理の腕をふるう」
⑤自分の心を沸きたたせる. Ⓔsummon up (one's courage). 한용기를 북돋우다, 분발하다.「勇気をふるって困難に立ち向かう//ふるいたつ」

注 漢字で書くときは、①~④は「振るう」、⑤は「奮う」. また、①②は自動詞、③④⑤は他動詞.

ブルー (blue)ブルー 青い色. 青. Ⓔblue. 한블루, 파랑, 청색.「わたしはブルーが好きで、洋服も持ち物もブルー系のものが多い//ブルージーンズ」

ふるえあが・る 【震え上がる】フルエアガル〔自動五〕(ふるえあがって) 恐ろしかったり寒かったりして体がひどく震える. Ⓔshiver; be thoroughly frightened. 한부들부들 떨다, 전율하다.「山頂でケーブルカーを降りて外へ出たら、とても寒くて震えあがってしまった//あまりにむごい犯罪に世間が震えあがった」

ふる・える 【震える】フルエル〔自動一〕①細かく揺れ動く. Ⓔshake; tremble. 한흔들리다, 진동하다.「基地に近い家では、ジェット機が飛ぶときガラス窓が震える」②恐れや寒さや病気などで、体の筋肉が細かく動く. Ⓔtremble; shudder. 한떨리다.「高い熱のため体が震えて止まらない」▷名震え 他動震わせる

ふるさと フルサト 生まれ育った土地. Ⓔone's home; one's hometown. 한고향.「30年ぶりにふるさとへ帰った//ふるさとの山や川がなつかしい」→郷土

参「故郷」も似ているが、「ふるさと」のほう

が山や川や海などの具体的な風景を思う気持ちが強く、詩や歌によく使われる。また、「ふるさと」には、「こけしのふるさと」「民謡のふるさと」のように、あるものを育てた源となるものの意味がある.

ふるって 【奮って】フルッテ 自分から進んで積極的に行うようす. ⒠cordially; willingly. ㉠自진해서、분발하여、적극적으로.「クイズに、ふるってご応募ください」

ふるぼ・ける 【古ぼける】フルボケル〔自動一〕古くなって、色が消えたり、見た感じがきたなくなったりする. ⒠grow old. ㉠낡아서 빛바래다, 오래 되어 너저분해지다.「引き出しから古ぼけた写真が出てきた」

ふるほん 【古本】フルホン いちどだれかが読んでいらなくなり、手放した本. ⒠a second-hand book. ㉠고본, 고서, 헌 책.「古本の山の中から長年さがしていた本を見つけだした//古本をあさる//古本市/古本屋」 対新本 数1冊

ふるま・う 【振る舞う】フルマウ〔自他動五〕(ふるまって) ①人の前でなにかを行う. ⒠behave. ㉠행동하다, 거동하다.「茶道の先生は、もの静かにふるまう//洋子は自分の生きたいように自由にふるまっている」② 人にごちそうする. 客をもてなす. ⒠treat; entertain. ㉠대접하다, 향응하다.「ボーナスが出たら後輩に夕食をふるまってやろう//酒をふるまう」 ▷ 名振る舞い
≡注 ①は自動詞、②は他動詞.

ふるめかし・い 【古めかしい】フルメカシイ いかにもむかしのもののような感じだ. ⒠old-fashioned; ancient-looking. ㉠예스럽다, 고풍스럽다.「あの古めかしい建物は、江戸時代につくられた旅館です/姉は、祖母の使った古めかしいたんすをいまもたいせつに使っている」

ふるわ・せる 【震わせる】フルワセル〔他動一〕震えるようにする. 震わす. ⒠shake; quaver. ㉠떨다, 진동시키다.「A先生は、ガラス窓を震わせるような声で生徒をしかりつける//声を震わせて事故のひどさを報告する」 自動 震える

ふれあ・う 【触れ合う】フレアウ〔自動五〕(ふれあって) ①たがいにふれる. ⒠touch each other. ㉠(서로) 맞닿다, 스치다, 접촉하다.「肩と肩がふれ合う」②親しくきあう. 気持ちが通う. ⒠come in contact with. ㉠교제하다, 교류하다;(마음이)통하다.「同じ建物の中に保育園と老人会館をつくって、子供と老人がふれ合う機会を多くする」 ▷名 触れ合い

ぶれい 【無礼】ブレイ 失礼なこと. ⒠rude; impolite. ㉠무례.「ぶつかっても謝らないのは無礼だ/手紙に返事も書かない無礼な人//無礼を働く//無礼者」

プレー (play) プレー ①〔~する〕遊ぶこと. 遊び. ⒠play. ㉠플레이, 놀이.「プレーボーイ//プレーガール」②〔~する〕競技をすること. 競技. ⒠play. ㉠플레이, 경기.「家族でゴルフのプレーをする//プレーボール//ファインプレー」③演劇. 演奏. ⒠a play; theater. ㉠연극, 연주.「プレーガイド//ミュージカルプレー」

ブレーキ (brake) ブレーキ 車の回転や動きを止める装置. ⒠a brake. ㉠브레이크,(차량의)제동기.「横の道から子供が飛びだしてきたので、急いでブレーキを踏んだ//この自転車はブレーキがきかない//急ブレーキをかける」

ブレーキになる ものごとの進行を止める. じゃまな存在になる. ⒠be a drag. ㉠장애가 되다, 걸림돌이 되다.「きのうの試合では、足を痛めていたわたしがブレーキになって負けてしまった」

ブレーキをかける ものごとの進行をおさえ

ブレーン

る. Eput a stop to. 한브레이크를 걸다, 제동을 걸다.「父は、19歳のわたしが結婚するのは早すぎると言ってブレーキをかけた」
[似た表現] ブレーキがかかる

ブレーン (brain) ブレーン 政治家や企業などの相談相手になる専門家や学者. Ea brain trust; brains. 한브레인, 두뇌 (집단), 고문.「A教授は首相のブレーンの1人だ//会社のブレーンとして助言する」

プレゼント (present) プレゼント〔～する〕贈り物をすること。また、贈り物。Ea present. 한프레젠트, 선물.「入学のプレゼントにもらった時計をして学校へ行く//父の誕生日にセーターをプレゼントする」

フレッシュ (fresh) フレッシュ 新鮮なようす. Efresh. 한프레시, 신선함, 참신함.「このオレンジはとてもフレッシュだ//新学期からはフレッシュな気分で勉強しよう」

ふ・れる【振れる】フレル〔自動一〕①揺れ動く. Eoscillate; swing. 한흔들리다.「時計の振り子が左右に振れる」②正しい方角からはずれる、かたよる. Elean. 한쏠리다, 치우치다.「進む方向が西に振れる」

ふ・れる【触れる】フレル〔自他動一〕①人やものがちょっと当たる. 接触する. Etouch. 한닿다, 접촉하다.「そっとほおにふれる//肩にふれる」
②軽く目や耳や心で感じる. Esee; reach. 한(눈에) 띄다; (귀에) 들리다; (마음으로) 느끼다.「旅行中、目にふれた景色をかきとめておく//耳にふれるやさしい音楽」
③あることに関係する. あることがらについて話す. Erefer to; touch. 한관계하다, 언급하다.「遺族は事件にふれるのをいやがっている//問題の核心にふれる」
④規則などに反する. さからう. Eviolate; be against. 한저촉되다, 걸리다; 거슬리다.「法律にふれる行為をしてはいけない」

⑤人やものにちょっと当てる. Etouch. 한대다, 건드리다, 만지다.「作品に手をふれないでください」
▷名触れ
注①～④は自動詞、⑤は他動詞.
参①は「さわる」と似ているが、「さわる」が、接触する両方または一方が人間であるばあいにいうのに対して、「ふれる」は、ものともの、気体などとの接触のばあいにもいう。また、「さわる」は「ふれる」より接触の程度が強く、時間も長い.

ブレンド (blend) ブレンド, ブレンド〔～する〕コーヒーや酒などで、味やかおりをよくするために違う種類のものをまぜ合わせること. また、そのもの. Eblend. 한블렌드, (커피·위스키 등의) 종류가 다른 것을 혼합함, 그렇게 만든 것.「コーヒー豆3種類をブレンドして、わが家独特のコーヒーをいれる//ブレンドコーヒー」対ストレート

ふろ フロ ①体を洗うための湯を沸かす設備. また、その場所. Ea bath. 한목욕탕, 목욕통, 목욕물.「ゆっくりとふろに入って旅行の疲れを取る//ふろを沸かす//ふろ場」
②銭湯. Ea public bath. 한공중 목욕탕, 대중탕.「ふろの帰りにコンビニに寄る//ふろに行く//ふろ屋」
注漢字で書くときは「風呂」.

〔ふろ〕

プロ プロ〔←プロフェッショナル (professional)〕専門家としての知識や技術を持ち、それを職業としている人. くろうと. Ea professional. 한프로, 전문가.「一郎はプロのサッカー選手になろうと練習に励んでいる//プロ野球(→項目)」対アマ, アマチュア, ノンプロ

ブローチ (brooch) ブローチ 衣服のえりや胸につける女性用の小さなアクセサリー. E

a brooch. 한브로치.「星の形のブローチを胸につける//真珠のブローチ」→アクセサリー図

ふろく【付録】フロク ①本文の後についている参考のための資料. Ｅan appendix. 한부록.「付録として,本文に関係のある地図や年表を載せる」②雑誌などについているおまけのもの. Ｅan extra. 한부록.「付録のカレンダーがほしくて雑誌を買った//今月号には3つも付録がついている」

プログラム (program) プログラム ①映画,音楽,演劇,パーティーなどの催しで,出演者や出し物の順番などを書いたもの. また,その出し物. Ｅa program. 한프로그램, (연예물・방송의) 편성표.「劇場に着いたら,まずプログラムを買って劇のあらすじを読んでおく//二郎はきのうのコンサートのプログラムの最後に歌った」②予定. 計画. Ｅa plan; a schedule. 한예정, 계획, 예정표.「夏期講習会のプログラムを組む」③〔〜する〕コンピューターが読み取れる手順,方式を指示したもの. また,それをつくること. Ｅa (computer) program. 한(컴퓨터의) 프로그램.「コンピューターで将来の人口を予測するためのプログラムをつくる」▷数①1部

プロジェクト (project) プロジェクト 特定の計画を実行するための事業. また,その計画. Ｅa project. 한프로젝트, 계획, 기획, 연구 과제.「国際博覧会に参加するためのプロジェクトを組む//プロジェクトチーム」

ふろしき フロシキ ものを包んだり,持ち歩いたりするための四角い布. Ｅa furoshiki; a wrapping cloth. 한보자기.「ふろしきにおみやげを包んで持っていく//ふろしき包み」▷数1枚

注 漢字で書くときは「風呂敷」.

〔ふろしき〕

プロパンガス (propane gas) プロパンガス 天然ガスや石油から取れるガス. 燃料に使う. プロパン. Ｅpropane gas. 한프로판 가스.「プロパンガスが切れたので,新しいボンベと取りかえた」

プロポーズ (propose) プロポーズ〔〜する〕相手に結婚してほしいと言うこと. Ｅa marriage proposal. 한프로포즈, 청혼, 구혼.「道子にプロポーズしたが断られた//プロポーズの手紙を書く」

プロやきゅう【プロ野球】プロヤキユー 職業として行う野球. Ｅprofessional baseball. 한프로 야구.「わたしは子供のころプロ野球の選手になるのが夢だった//父の楽しみはテレビでプロ野球を見ることだ」

フロン フロン, フロン 塩素とフッ素をふくむ炭化水素の気体. 液体化して,ヘアスプレーや殺虫剤,冷蔵庫やエアコンの冷却機に使う. Ｅchlorofluorocarbon. 한프레온 가스.「フロンはオゾン層を破壊し,その結果,皮膚がんが増えるといわれている//フロンを規制する」

参 正式の名前は「クロロフルオロカーボン (chlorofluorocarbon)」.

ふわ【不和】フワ 仲が悪いこと. Ｅdiscord; trouble. 한불화.「家庭の不和は子供に悪い影響がある//性格の違いが不和のもととなった」

ふわふわ フワフワ, フワフワ〔〜する〕①軽いものが浮かんで,ゆっくり動いているようす.「風船がふわふわ(と)飛んでいる Ｅ A balloon is drifting aloft. 한풍선이 둥실둥실 떠 다니고 있다.)」②やわらかくふくらんでいるようす.「ふわふわの羽根ぶとんで寝る (Ｅsleep in a fluffy down quilt. 한푹신푹신한 새털 이불에서 자다.)」③1つの

ところに落ちつかず、よく動くようす.「決まった職業を持たず、ふわふわ(と)暮らす(Ea) drift through life without a set profession. 한일정한 직업을 가지지 않고 떠돌면서 살다.)/ふわふわした気持ち」

ふわらいどう【付和雷同】フワライドー, フワ・ライドー〔~する〕自分でしっかりと考えずに、他人の意見に賛成し、同じように行動すること. Efollow others blindly. 한부화뇌동.「付和雷同ばかりして自分の考えを持たない人は尊敬されない」書

ふん【分】プン ①時間、時刻の単位. 1時間の60分の1. Ea minute. 한분.「2分//9時15分すぎ」②経度、緯度の単位. 1度の60分の1. Ea minute. 한분.「北緯36度5分//東経135度9分」

ぶん【分】プン ①分けて割り当てられたもの. Ea share; a portion. 한몫.「姉がわたしの分も払ってくれた//人の分まで食べる//取り分」
②全体の中の一部、部分. Ea part. 한부분.「休んで遅れた分を取りもどす/収入の増えた分を貯金する/残りの分」
③ものごとの程度. Ejudging from; so long as. 한(사물의) 상태, 정도.「雪もこの分ならまもなくやむだろう/アルバイトを週に1回する分には勉強にさしつかえないだろう」
④(他のことばの後について)(1)ものの成分.「アルコール分//栄養分((Enutriment. 한영양분.)」(2)それに相当する身分.「兄貴分(Ea sworn brother. 한형님뻘 되는 사람, 의형.)//親分(Ea boss. 한두목, 우두머리.)//子分」

ぶん【文】プン まとまった考えや気持ちを表すために、いくつかのことばをつないで書いたもの. 終わりに「。」がくる. Ea sentence. 한문、문장、글.「『できる』を使って短い文をつくりなさい/受身の文/文の成分/命令文」

ふんいき【雰囲気】フンイキ 人や場所から自然に出てくる独特な気分. Ean atmosphere; an air. 한분위기.「京子はとても優雅な雰囲気を持っている//この店の雰囲気が気に入った//家庭的な雰囲気」

ふんか【噴火】フンカ〔~する〕火山が爆発して、とけた岩や灰などを噴きだすこと. Eerupt; an eruption. 한분화.「地震が続いたあと、火山が噴火した//大きな噴火で山の形が変わった//噴火口」

ぶんか【文化】ブンカ ①世の中が進歩し、人々の生活が豊かになること. Ecivilization. 한문화.「文化が発達して生活が便利になった//文化の向上をはかる」
②学問や芸術など、人が長い時間をかけてつくりだしたもの. また、人に知恵や知識を伝えたり、人を感動させたりするもの. Eculture. 한문화.「外国へ行ったらその国の文化に直接にふれるのがたいせつだ//文化交流/古代文化」

ふんがい【憤慨】フンガイ〔~する〕不正や不当な扱いに対してひどく怒ること. Eindignation; be indignant at. 한분개.「選手は審判のまちがった判定に憤慨して、駆け寄って抗議した」

ぶんかい【分解】ブンカイ〔~する〕①ものが部分に分かれること. また、分けること. Etake ~ to pieces. 한분해.「こわれたラジオを分解して修理する/空中分解(Ebreak up to pieces in the air. 한공중분해.)」対組み立て ②化合物が2種類以上の物質に分かれること. また、分けること. Edissolve; resolve. 한분해.「食べたものは消化酵素の働きにより、胃の中で分解する//水を分解すると酸素と水素になる」対合成 ▷→解体

ぶんがく【文学】ブンガク ①小説、随筆、詩など、ことばによって表現される芸術. E

literature. 한문학.「文学は，その時代の人の心のあり方を映すものだ//文学者//古典文学」②「①」について研究する学問. Eliterary studies. 한문학.「大学では文学を専攻するつもりだ//文学入門」③学問で，自然科学，社会科学以外の，宗教学，哲学，心理学，文芸学，言語学などをまとめていう言い方. Ethe humanities. 한인문학.「文学部//文学博士」

ぶんかざい【文化財】ブンカザイ，ブンカザイ 文化によって生みだされた，価値のあるもの. Ecultural properties. 한문화재.「この寺の仏像は文化財として保護されている//重要文化財//無形文化財(Eintangible cultural properties. 한무형 문화재.)」

ぶんかつ【分割】ブンカツ〔～する〕いくつかに分けること. Edivide; partition. 한분할.「遺産を子供たちに公平に分割する//分割された国土//分割払い」

ぶんぎょう【分業】ブンギョー〔～する〕１つの仕事を分けてすること. Edivide the work. 한분업.「近代的な工場では，仕事はすべて分業で行われている//分業すると能率がいい//医薬分業」

ふんぎり【踏ん切り】フンギリ 思いきって決心すること. Etake a decisive step; make up one's mind. 한결심을 함, 결단을 내림.「会社をやめようかどうしようか迷っていたが，やっとふんぎりがついた//ふんぎりをつける」話

ぶんけい【文型】ブンケイ 文のいろいろな型. Ea sentence pattern. 한문형.「外国語を勉強するときは文型をしっかり覚えなければならない//否定の文型とは，『ない』『ありません』などで文が終わるものをいう」

ぶんげい【文芸】ブンゲイ，ブンゲイ ①音楽や美術などに対して，詩，小説など，ことばによって表現された芸術. Eliterature; literary arts. 한문예.「わたしはスポーツよりも文芸のほうが好きだ//文芸欄」②学問と芸術. Eliberal arts and fine arts. 한문예, 학문과 예술.「江戸時代の文芸について調べる//文芸復興」

ぶんけん【文献】ブンケン 知りたいことを調べるのに役立つ記録や印刷物. Eliterature; documentary records. 한문헌.「歌舞伎の歴史を調べるために図書館で文献をさがした//文献学(Ephilology. 한문헌학.)//参考文献」

ぶんご【文語】ブンゴ 日本の古典のことばで，おもに平安時代のことばを基本にしたもの. Ea literary word; literary language. 한문어.「『忘れずに』の『ず』は『ない』の文語だ//文語文法//文語体」対口語

ぶんごう【文豪】ブンゴー 非常にすぐれた文学者，特に小説家. Ea great writer. 한문호.「学生時代は漱石や鷗外など文豪たちの作品をたくさん読んだ//文豪シェークスピア」

ぶんし【分子】ブンシ ①物質の性質を失わないままで分けることのできるいちばん小さい粒子. Ea molecule. 한분자.「物質を分子式で表す」②数学で，分数の横線の上にある数や式. Ea numerator. 한(분수의) 분자.「$\frac{3}{10}$の分子は３だ//分子で分母を割って割合を出す」対分母 ③集団の中の一部の者. Ean element. 한분자, 집단 중의 일원.「反対分子//不満分子(Ediscontented elements. 한불만 분자.)//異分子」

ふんしつ【紛失】フンシツ〔～する〕ものがなくなること．ものをなくすこと. Eloss; lose; be missing. 한분실.「学生証を紛失したので，再発行を依頼した//重要な書類が紛失して困っている//紛失物」

ぶんしょう【文章】ブンショー いくつかの

ぶんじょう　文がつながって全体として考えや感情を表しているもの．Ⓔwriting; a composition. 翰文章．「この作家の文章はとても簡潔でわかりやすい//文章がうまい//論理的な文章」

ぶんじょう【分譲】ブンジョー〔～する〕広い土地や多くの家，マンションなどを分けて売ること．Ⓔsell (land) in lots; (a house) on its own lot. 翰分양．「不動産会社が住宅地を分譲する//分譲住宅//分譲マンション」

ふんすい【噴水】フンスイ　公園などにある，水が高く噴き出るようにした設備．また，その水．Ⓔa fountain. 翰분수．「噴水から水がいろいろな形になって噴き上がっている」

ぶんすう【分数】ブンスー　数学で，横線の上と下に数や式を書き，上の数や式を下の数や式で割ることを表したもの．$\frac{2}{9}$, $\frac{1}{10}$など．Ⓔa fraction. 翰분수．「小学校のころは分数の計算が苦手だった//10パーセントを分数で表すと$\frac{1}{10}$となる」

ぶんせき【分析】ブンセキ〔～する〕ものごとを単純な要素に分けて整理し，その構成を調べること．Ⓔanalyze; (an) analysis. 翰분석．「井戸水を分析して飲み水に適しているかどうかを調べる//選挙の敗因を分析する」 対総合

ふんそう【紛争】フンソー〔～する〕話し合いで解決できなくてたがいに争うこと．Ⓔa dispute; trouble. 翰분쟁．「紛争をひきおこす//紛争を解決する//民族紛争」

ぶんたい【文体】ブンタイ　①文章の形式．文語体と口語体，「です・ます」体と「だ・である」体などいろいろある．Ⓔa literary style; language. 翰문체．「作文を書くときは文体を統一すること//話しことばの文体」②文章に表れている，書く人の表現のしかたの特徴．Ⓔa style. 翰문체．「あの作家の文体はリズム感があって，読んでいて楽しい」

ふんだく・る　フンダクル〔他動五〕（ふんだくって）①乱暴にうばい取る．Ⓔsnatch. 翰홱 낚아채다，탈취하다．「若い男が，銀行から出てきた老人のかばんをふんだくって逃げた」②無理に高い金額を支払わせる．Ⓔcharge exorbitantly. 翰바가지 씌우다，폭리를 취하다．「ビール1本で5000円もふんだくるバーがある」▷話

ぶんたん【分担】ブンタン〔～する〕仕事や責任を，いくつかに分けて受け持つこと．Ⓔdivide; share. 翰분담．「この仕事を3人で分担して引き受ける//家事の分担を決める//費用を分担する」

ふんとう【奮闘】フントー〔～する〕力いっぱい戦うこと．Ⓔa hard struggle. 翰분투．「研究所の所員たちの奮闘で，心臓病を治す薬が開発できた//孤軍奮闘Ⓔunaided effort; fight alone. 翰고군 분투．）」

ぶんど・る【分捕る】ブンドル〔他動五〕（ぶんどって）他人のものを力ずくでうばい取る．Ⓔplunder; capture. 翰노획하다；탈취하다，빼앗다．「となりの部にはコピー機が2台あるから1台ぶんどってきた//敵の武器をぶんどる」話

ぶんぱい【分配】ブンパイ〔～する〕分けて配ること．Ⓔdistribute; divide. 翰분배．「仕事も，それでえた収入も，全員に公平に分配する」

ふんぱつ【奮発】フンパツ〔～する〕思いきって多くの金を出すこと．Ⓔtreat oneself to; splurge on. 翰큰마음 먹고 돈을 씀．「ボーナスが出たので，奮発して大型テレビに買いかえた」

ふんば・る【踏ん張る】フンバル〔自他動五〕（ふんばって）①開いた足に力を入れて，倒れないようにする．Ⓔstand firm. 翰뻗대어 서다．「電車が急ブレーキをかけたので，倒れないように足をふんばった」②じっと

ぶんり

がまんして負けないようにする。がんばる。Ⓔhold out; make an effort. 한지멸있게 버티다；지발하다。「仕事は厳しくつらいが、家族のためにふんばって働く」▷話 名踏ん張り

注 ①は他動詞、②は自動詞。

ぶんぴつぶつ【分泌物】ブンピツブツ 生物体の細胞が体の活動に役に立つ液体をつくって細胞の外へ出したもの。ぶんぴぶつ。Ⓔa secretion. 한분비물。「成長しているときは分泌物も多く出る//汗も涙も分泌物の一種だ」

ぶんぷ【分布】ブンプ、ブンプ〔～する〕あちこちにひろがっていること。また、分かれて存在すること。Ⓔbe distributed; distribution. 한분포。「シラカバの木は寒い地方に分布している//方言の分布状況を調べる」

ぷんぷん プンプン、プンプン〔～する〕①強いにおいがするようす。「父は酒のにおいをぷんぷんさせて帰ってきた(ⒺMy father came home reeking of alcohol. 한아버지는 술 냄새를 물씬 풍기면서 집에 돌아왔다。)//香水がぷんぷん(と)におう」②非常に怒っているようす。「父の帰りが遅いので、母はぷんぷん(と)怒っている(ⒺMy mother is in an angry mood as my father is late coming home. 한아버지의 귀가가 늦어서 어머니는 잔뜩 화가 나 있다。)//しかられてぷんぷんしている」

ふんべつ【分別】フンベツ、フンベツ〔～する〕ものごとのよしあしを正しく判断すること。また、その能力。Ⓔdiscretion; good sense. 한분별、철。「二郎は分別があるから、自分や会社に損なことは引き受けない//他人のものを盗むとは、分別のないことをしたものだ」対無分別

ぶんべつ【分別】ブンベツ〔～する〕種類ごとに分けること。Ⓔseparate; by type. 한분별、분류。「燃えるごみと燃えないごみに分別する//ごみの分別収集」

ぶんぼ【分母】ブンボ 数学で、分数の横線の下にある数や式。Ⓔa denominator. 한(분수의)분모。「$\frac{3}{10}$の分母は10である」対分子

ぶんぽう【文法】ブンポー ことばの使い方やきまり。文章の構成の方法。Ⓔgrammar. 한문법。「ドイツ語とフランス語の文法を比較する//文法書」

ぶんぼうぐ【文房具】ブンボーグ 紙、ノート、ペン、鉛筆、消しゴムなど、なにかを書くときに使うもの。文具。Ⓔstationery; writing materials. 한문방구、문구。「新学期には新しい文房具を買いたい//文房具屋」

〔文房具〕

ぶんめい【文明】ブンメイ 知識や技術が進み、精神的、物質的な文化に恵まれ、生活が豊かなこと。Ⓔcivilization. 한문명。「文明の進歩によって人間が失ったものも多い//文明開化(Ⓔcivilization and enlightenment. 한문명 개화。)//現代文明」対野蛮

ぶんや【分野】ブンヤ ものごとの全体をある基準で分けた1つの部分。Ⓔa field; a sphere. 한분야。「道子は自然科学の分野の知識が豊かだ//田中先生と山田先生は同じ心理学でも専門分野が違う」

ぶんらく【文楽】ブンラク 浄瑠璃に合わせ、人形を操って演じる芝居。人形浄瑠璃の1つ。Ⓔ*Bunraku*; Japanese puppet theater performed with *joruri* ballad drama. 한분라쿠、조루리(淨瑠璃)에 맞추어 하는 인형극。「国立劇場で文楽を見る//文楽の人形はふつう3人で操る」

ぶんり【分離】ブンリ、ブンリ〔～する〕分か

ぶんりょう

れ離れること，分け離すこと．Ⓔseparate; divide．㉠분리．「仕事が増えたので，開発部を企画部と研究部に分離した//この調味料は酢と油が分離している」

ぶんりょう【分量】ブンリョー　重さ，体積，数，仕事などの，分けることのできる量．Ⓔa quantity; an amount．㉠분량．「患者の体重によって薬の分量を変える//食事の分量を減らす」

ぶんるい【分類】ブンルイ〔〜する〕種類によって分けること．Ⓔclassify; sort．㉠분류．「本を専門分野別に分類する//分類学（Ⓔtaxonomy．㉠분류학．)」

ぶんれつ【分裂】ブンレツ〔〜する〕1つのものがいくつかに分かれること．また，その状態．Ⓔsplit; divide．㉠분열．「政党が分裂する//分裂国家//核分裂（Ⓔnuclear fission．㉠핵분열．)」㉻統一

ふんわり　フンワリ〔〜する〕①軽いものが浮かんだり，非常にゆっくり動いたりするようす．「白い雲が空にふんわり（と）浮かんでいる（ⒺWhite clouds are floating gently in the sky．㉠흰 구름이 하늘에 두둥실 떠있다．)」②やわらかくふくらんでいるようす．「ふんわりしたセーター（Ⓔa fluffy sweater．㉠폭신폭신한 스웨터．)」

へ　へ　肛門から出る腸の中の気体．ガス．Ⓔwind．㉠방귀．「へをする」[話] →おなら

へとも思わない　すこしも問題にしない．Ⓔthink nothing of．㉠아무렇지도 않게 여기다，문제시하지 않다．「金のために友人を裏切ることをへとも思わないやつ」[話]

へ　①動作などが向けられる方向を表す．「新幹線は西へ向かって発車した（ⒺThe *Shinkansen* departed, west-bound．㉠신칸센은 서쪽을 향해 발차하였다．)//国連は世界平和への道をさがしている」②動作の目的の場所を表す．「来月，国へ帰るつもりだ（ⒺI'm planning to go home next month．㉠다음 달 고향에 돌아갈 예정이다．)//ここへ来るのが楽しみだ」③動作が向けられる相手を表す．「いなかの母へ暖かい下着を送った（ⒺI sent some warm underwear to my mother in the country．㉠시골의 어머니에게 따뜻한 속옷을 보냈다．)」④（「〜ところへ」の形で）ある動作をしているとき，ほかの動作が行われることを表す．「ごはんを食べているところへ客が来た（ⒺA guest arrived just when I was having dinner．㉠밥을 먹고 있는데 손님이 왔다．)//用意ができたところへ人々が集まってきた」

[参] ①②は「に」と似ているが，「に」が目的地そのものに重点が置かれているのに対して，「へ」は方向を示す気持ちが強く，目的地に着くまでの途中に重点がある．また，「友への手紙」のように「〜への」の形はあるが，「〜にの」の形はない．「え」と発音する．

ヘア　(hair) ヘア　①髪の毛．Ⓔhair．㉠헤어，머리털．「ヘアスタイル//ヘアスプレー（＝髪に吹きつけて髪型を保つための液）//ヘアサロン（＝美容院）」②陰毛．Ⓔpubic hair．㉠음모．「ヘアの部分をぼかした映画」▷[数]

1本

ペア (pair) ペア 2つ、2人で1組になること。また、そのもの。Ea pair; matching. 韓페어、쌍、짝。「結婚のお祝いにペアのティーカップを贈る//ペアでワルツを踊る//ペアを組む」

へい 【塀】ヘイ 家や土地などの境界に建てる、板、ブロック、れんが、石などのかこい。Ea wall. 韓담、울타리。「塀があって家の中が見えない//板塀//ブロック塀」→垣根

へいおん 【平穏】ヘイオン なにも起こらず、平和で静かなようす。Equiet; peaceful. 韓평온。「家族そろって平穏に暮らす//戦争が終わって、平穏な日々がもどってきた//平穏無事」対不穏

へいかい 【閉会】ヘイカイ〔~する〕集会、会議などが終わること。また、終えること。E(a meeting) be closed. 韓폐회。「国連総会が閉会し、各国の代表が国へ帰る//閉会のあいさつ//閉会式」対開会

へいがい 【弊害】ヘイガイ 長く続いたり、改めなかったりしたために起こる、よくないこと。Ea harmful effect; an evil influence. 韓폐해。「1人の人物が長く権力をにぎると、弊害が生じやすい//弊害を取り除く」

へいき 【平気】ヘイキ 変わったことがあっても、気にかけないようす。Edon't mind; indifferent; cool. 韓태연함、아무렇지도 않음、개의치 않음、끄떡없음。「わたしはどんなけわしい山道でも平気です//弟は何度しかられても平気な顔で遅刻する」

へいきん 【平均】ヘイキン〔~する〕①違いがないこと、違いがないようにすること。Eon the average; equally. 韓평균。「今年の稲は平均してよく育っている//1つのリンゴを3人の子供に平均に分ける」②大小の差のある数を計算して、中間の値を出すこと。また、その値。Ean average. 韓평균값。「国民所得の平均を求める//平均気温//平均点」③傾かないで、つりあっていること。Ebalance. 韓균형、평형。「後ろから急に押されて体の平均を失った//片足で平均をとって立つ//平均台(=体操競技で使う、木の長い台)」

へいきんじゅみょう 【平均寿命】ヘイキンジュミョー 0歳の赤ん坊が平均して何歳まで生きるかを計算して出した値。Ethe average life span. 韓평균 수명。「日本人女性の平均寿命は80歳をこえた//平均寿命のびる」

へいこう 【平行・並行】ヘイコー〔~する〕①2つ以上の線や面などが、交わらないで続いていること。Eparallel. 韓평행。「直線Aに平行する直線Bを引く//平行線(→項目)」②2つ以上のものが並んで続いていること、並んで行くこと。Eside by side; in parallel with. 韓병행、나란히 감。「線路に並行して走っている道路//並行して走る3台のレーシングカー」③2つ以上のことが同時に進行すること。Eat the same time. 韓병행、동시 진행。「陸上競技場で、走り幅跳びと400メートル競走を並行して行う//2つのビルの建築を並行して進める」
注①は「平行」、②③は「並行」。

へいこう 【閉口】ヘイコー〔~する〕困ること、まいってしまうこと。Ebe annoyed; get fed up with. 韓난처함、골치를 앓음、질림、손듬。「アパートのとなりの人が、毎晩遅くまでギターをひいているので閉口している//父の長いお説教には閉口する」

へいこうせん 【平行線】ヘイコーセン、ヘイコーセン 交わらないで続く、2本以上の線。Eparallel lines. 韓평행선。「2組の平行線でできた四角形を平行四辺形という」
参 幾何学では直線についてだけいうが、一般的には、交わらない曲線についてもいう。
平行線をたどる 話し合っても意見が一致し

へいさ【閉鎖】ヘイサ, ヘイサ〔~する〕①入り口などを閉じること. また, 閉ざすこと. Eclose. 한폐쇄.「交通事故のため, 高速道路の入り口を閉鎖する//閉鎖社会(=他のものを受け入れようとしない社会)」対開放 ②学校, 工場などの活動が停止すること. また, 停止させること. Eshut down. 한폐쇄.「製品が売れないので, 工場を閉鎖する//学級閉鎖」

へいじつ【平日】ヘイジツ 日曜や祝日以外の日. Ea weekday. 한평일.「遊園地は, 平日の午前中はすいている//平日会員(=ゴルフやテニスなどのクラブで, 平日だけ利用できる会員)//平日料金」対休日, 祝日 参土曜も平日だとする考え方と, 週休2日制がひろまったので, 土曜は日曜と同じく「平日」ではないとする考え方がある.

へいじょう【平常】ヘイジョー いつもと同じ状態. Enormal; usual. 한평상, 평소, 일상.「戦争が終わり, 国民の生活は平常にもどった//正月も平常どおり営業する//平常運転(=列車やバスなどが時刻表どおりに走ること)」対非常

へいせい【平静】ヘイセイ 気持ちやものごとが, いつもと変わらず, 落ちついているようす. Ecalm; quiet; peaceful. 한평정.「平静な心で判決を待つ//オリンピックでにぎやかだった町も, 1か月後は平静にもどった」

へいたい【兵隊】ヘイタイ 武器を持って戦うために訓練された人. また, その組織. Ea soldier; troops. 한군인, 병사; 군대.「今回の戦争で2万人の兵隊が死んだ//兵隊に入って訓練を受ける」

へいたん【平坦】ヘイタン, ヘイタン 土地などが平らなこと. Eflat; level. 한평탄.「平坦な場所に飛行場をつくる//平坦な道」書

へいち【平地】ヘイチ 山などがなく, 平らな土地. Eflatland; a plain. 한평지.「日本の平地は, ほとんどがたがやされて畑や田になっている」対山地

へいねつ【平熱】ヘイネツ 健康なときの体温. Enormal temperature. 한평열, 정상 체온.「熱が下がり, 平熱になったから, もう安心だ//子供の平熱は大人よりも高い」

へいはつ【併発】ヘイハツ〔~する〕なにかがもとになって, 同じようなことが続いて起こること. また, 起こすこと. Ea complication; concur. 한병발.「かぜから肺炎を併発する//事故が併発する」

へいほう【平方】ヘイホー ①〔~する〕2つの同じ数や式をかけあわせること. 2乗. 自乗. Ea square. 한평방, 제곱, 자승.「5の平方は25だ//平方根(=2つの同じ数をかけあわせてできた数に対する, もとの数. たとえば, 25の平方根は±5)」②(長さの単位を表すことばの頭について) その数の大きさの面積であることを表す. 1cm×1cm=1cm²で, 1平方センチメートルと読む. Esquare measure. 한제곱.「日本の国土は約38万平方キロだ」③(長さの単位を表すことばの後について) その長さを1辺とする正方形であることを表す.「5メートル平方の部屋(Ea room five meters square.) 한5미터 제곱의 방.)」

へいぼん【平凡】ヘイボン 特別にすぐれたところもなく, ふつうであるようす. Ecommonplace; ordinary. 한평범.「ハッピーエンドに終わる恋愛小説は平凡でつまらない//父は平凡なサラリーマンとして, 30年間まじめに働いた」対非凡

へいめん【平面】ヘイメン, ヘイメン 平らな

面. ⒺA plane. 㲔平面.「地図は地形を平面にかき表したものだ//平面的な見方/平面図」対立体

へいや 【平野】ヘイヤ 山などがなく, 広くて平らな土地. 長い間に自然の作用ででき, 各地の呼び名がついている. Ⓔa plain. 㲔평야.「関東平野は日本でいちばん広い平野だ」対山地

へいよう 【併用】ヘイヨー〔~する〕いくつかのものを一緒に使うこと. Ⓔuse together; take at the same time. 㲔병용.「かなと漢字を併用して日本語を書き表す//2種類の薬を併用して治療する」書

へいわ 【平和】ヘイワ 争いや災難などがなく穏やかなこと. Ⓔpeace. 㲔평화.「話し合いで世界の平和を実現したい//平和的解決//平和共存」対戦争

へえ ヘー, ヘー 感心したり, 驚いたり, あきれたり, 軽い疑問を感じたりするときに言うことば. ⒺDear!; Indeed! 㲔허, 어, 저런.「へえ, これがディズニーランドか//へえ, 道子, 結婚するの」話

ページ (page) ページ ①本, ノートなどの紙の片面. また, その数を表す. Ⓔa page. 㲔페이지.「最初のページに写真が載っている//絵本のページをめくる//320ページの本」②人生を本にたとえたばあいの, その一場面. Ⓔa page (in one's life). 㲔(인생의) 한 페이지.「人生の新しいページを開く//思い出の1ページ」

ベースアップ ベースアップ〔~する〕給料を上げること. ベア. Ⓔa raise of basic wages. 㲔베이스 업, 임금 인상.「物価が高くなったので, ベースアップする//従業員がベースアップを要求する」

参 英語の「ベース(base)」と「アップ(up)」から日本でできたことば.

べからず (動詞の基本形について, 文の終わりにきて)~してはいけない.「無用の者, 中に入るべからず(ⒺAuthorized Personnel Only. 㲔무용자는 들어오지 말 것.)//ここに駐車するべからず」書

参 基本形「べし」の否定形で, 古い言い方だが, 立て札などで使うことがある.「するべからず」はもとは「すべからず」の形を使った.

べき (動詞の基本形について) ①そうしなければならないということを表す.「会議では, 自分の意見をはっきり言うべきだ(ⒺIn a meeting, one must state one's opinion clearly. 㲔회의에서는 자신의 의견을 분명히 말해야만 한다.)//男女, 国籍, 思想などによって人を差別するべきではない」②当然, そうなるはずだということを表す.「来るべきときが来た(ⒺThe time came as it had to. 㲔올 때가 왔다.)//人間はだれでも, いつかは死ぬべき運命にある」

参 基本形「べし」は「きょうの会には全員出席すべし」「練習は3時間続けるべし」のように命令の意味で使う, 古い言い方.「するべき」はもとは「すべき」の形を使った.

へきえき 【辟易】ヘキエキ〔~する〕相手の勢いにうんざりすること. Ⓔbe bored by. 㲔질력이 남, 질림.「先生があまり自分の息子を自慢するので, 辟易した」

へこた・れる ヘコタレル〔自動一〕つらさや疲れで元気をなくす. Ⓔbe tired out; lose heart. 㲔기진하다, 녹초가 되다; 주저앉다.「かぜをひいているのに山登りをして, 途中でへこたれてしまった//1度や2度の失敗でへこたれてはいけない」話

ぺこぺこ ペコペコ, ペコペコ ①腹が減っているようす. Ⓔbe very hungry. 㲔배가 몹시 고픔.「朝からなにも食べていないので, おなかがぺこぺこだ」②〔~する〕必要以上に

相手のきげんを取るよう．[E]behave humbly to; (bow) low repeatedly. [한]굽실굽실．「あの助教授は教授の前ではぺこぺこしているが，助手や学生の前ではとてもいばっている//ぺこぺこ(と)おじぎをする」▷[話]

へこ・む ヘコム〔自動五〕(へこんで) ①平らな表面の一部が低くなる．[E]be dented; cave in. [한]움푹 들어가다，꺼지다，우그러지다．「自動車が電柱にぶつかって，車体がへこんだ//踏まれてへこんだ帽子」[対]出っ張る ②負けて相手の言うとおりになる．[E]give in; yield. [한]굴복하다，꺾이다．「話がうまい道子と議論するといつもへこまされる」▷[話]② [名]へこみ
[参]①は「くぼむ」と似ているが，「くぼむ」が，周囲より低くなって，そのままであることをいうのに対して，「へこむ」は低くなったあと，またもとにもどることができるばあいにもいう．

ベスト (best) ベスト ①最もいいよう．[E]the best. [한]베스트，최상，최고．「旅行に行くなら秋がベストだ//ベストドレッサー//ベストテン」[対]ワースト ②最善，全力．[E]one's best. [한]베스트，최선，전력．「ベストをつくす」

へそ ヘソ ①腹の中心にある，くぼんだ部分．[E]the navel. [한]배꼽．「あの子はズボンが小さくて，へそが出ている」②ものの真ん中にあるもの．[E]the center; a navel. [한]한가운데；중심지．「この町の位置は日本のへそに当たる//あんぱんのへそ」▷→体図

へそを曲げる なにかできげんを悪くし，人の言うことをすなおに聞かない．[E]get cross. [한]토라져서 심통을 부리다．「弟は自分の誕生日を忘れられてへそを曲げ，ごはんを食べようとしなかった」[似た表現]へそ曲がり

へそくり ヘソクリ，ヘソクリ 人に知られないように，こっそりためた金．[E]secret savings; pin money hidden away. [한]사천，봉창돈．「辞書の間に隠しておいたへそくりを見つけられてしまった」[他動]へそくる

べそをかく 子供などが泣きだしそうになって顔をゆがめる．泣きべそをかく．[E]sob; blubber. [한]울상을 짓다．「デパートで親の姿が見えなくなってべそをかいている子」

へた 【下手】ヘタ ものごとのやり方，処理のしかたがまずいこと．[E]poor; unskillful. [한](솜씨가) 서투름．「教え方が下手だと，学習者の日本語はうまくならない//カラオケで部長の下手な歌を聞かされた」[対]上手，うまい

下手の横好き あまり上手ではないのに熱心なよう．[E]be enthusiastic but poor at something. [한]서투른 주제에 몹시 좋아함．「父の絵は下手の横好きで，いくらかいても上手にならない」

下手(を)すると 運が悪ければ．場合によっては．[E]if one is unlucky; if one is not careful. [한]자칫 잘못하면，섣불리 하다가는．「転んで頭を打っただけでも，下手をすると死んでしまう」

ベター (better) ベター なにかに比べ，そのほうがいい．[E]be better; the better 〜. [한]베터，더 좋음，비교적 좋음．「いまの時間なら，タクシーより地下鉄で行くほうがベターだ//ベターハーフ(＝妻．特に愛妻)」

へたくそ 【下手くそ】ヘタクソ，ヘタクソ 非常に下手なこと．また，そういう人を軽蔑していう言い方．[E]lousy; pathetic. [한]몹시 서투름，서툴러 빠짐，그런 사람．「こんな下手くそな絵が100万円もするなんて，ばかばかしい」[話]

べたつ・く ベタツク〔自動五〕(べたついて) ①ねばってくっつく．[E]be sticky; stick to. [한]끈적거리다，찐득거리다．「汗で体じゅうがべたつき，気持ちが悪い」②人にまと

いつくようにする。Ehang on each other. 달라붙다.「あの新婚の2人はどこででもべたついている」▷話②

へだ・てる【隔てる】ヘダテル〔他動一〕① 2つのものの間になにかを置く。Eseparate; partition. 사이에 두다.「道路をへだてて小学校と中学校が向き合っている//壁をへだてて話す」②間を引き離す。遠ざける。Eseparate; estrange. 사이를 가르다 〔떼어 놓다〕.「親が娘と恋人の仲をへだてる」③間に時間をおく。長い時間を過ごす。Ehave an interval of. 세월을 격하다, 시간이 경과하다.「旧友の一郎とは10年をへだてて再会した」▷名隔て 自動隔たる

へたば・る ヘタバル〔自動五〕(へたばっ て)疲れて体が動かせなくなる。へばる。Ebe exhausted; be tired out. 지쳐서 주저앉다, 녹초가 되다.「力をふりしぼって走り続けたが、ゴールのすぐ前でとうとうへたばった」話

べたべた ベタベタ、ベタベタ ①〔～する〕くっついて気持ち悪く感じるよう。「アイスクリームをこぼしたところがべたべたする(EIt's sticky where the ice cream fell. 아이스크림을 엎지른 데가 끈적끈적하다.)//のりがついて手がべたべただ」②必要以上にたくさんぬったりはったりするよう。「壁にポスターがべたべた(と)はってある(EThere are many posters pasted up over the wall. 벽에 포스터가 덕지덕지 붙어 있다.)」③〔～する〕そばに来て何度もふれたりするよう。「電車の中で若い男女がべたべたしている//母親にべたべた(と)甘える子(Echildren fawning on their mothers. 엄마에게 착 달라붙어 어리광을 부리는 아이.)」

ぺちゃくちゃ ペチャクチャ 会話が休みな く続くようす。「まわりの学生たちがぺちゃくちゃ(と)しゃべるので、先生の話がよく聞こえない(EThe surrounding students chatter away, so I can't hear the teacher well. 주위의 학생들이 재잘재잘 지껄여서 선생님의 말이 잘 들리지 않는다.)」話

ぺちゃんこ ペチャンコ 強い力で押されて、もとの形がわからないほどつぶれたようす。ぺしゃんこ。ぺっちゃんこ。Esquash ~ flat; be flattened. (눌려서) 납작해짐.「知らずに帽子の上にすわって、ぺちゃんこにしてしまった//かかとがぺちゃんこの靴」話

べつ【別】ベツ ①それ以外のものであること。Eanother; other. 다름, 별개.「これはすこし小さいから、別の靴を見せてください//教師をやめて別な仕事に変わる」対同じ ②区別すること。Eeach; respective. 별도, 따로.「紙幣と硬貨は別の財布に入れている」③(他のことばの後について)それによって分けること。Eclassified by. ～별.「年齢別のチーム//職業別電話帳」

べっきょ【別居】ベッキョ〔～する〕夫婦、親子などが別な所に住むこと。Elive apart from; (a) separation. 별거.「妻とは3年前から別居している//別居生活」対同居

べっし【蔑視】ベッシ、ベッシ〔～する〕軽蔑した目でみること。見下げること。Edespise; look down upon. 멸시.「『女のくせに』『女のくさったような』などは女性蔑視の表現である」書

べっそう【別荘】ベッソー、ベッソー ふだん住む家のほかに、暑さ寒さを避けるために山や海の近くなどに建てた家。Ea cottage; a villa. 별장.「別荘でのんびり休養する//山の中に別荘を建てる」数1軒

べったり ベッタリ〔～する〕①たくさん、ひ

どく，くっついているようす．「青いインクがべったり(と)洋服についてしまった(Ｅ)I got a big blotch of blue ink on my clothes. (韓)파란 잉크가 양복에 잔뜩 묻어 버렸다．)」②くっついているように見えるようす．「べったり(と)すわりこむ(Ｅ)flop down．(韓)털썩 주저앉다．)//子供が母親にべったり(と)くっついている//体制にべったりの人(Ｅ)a blind follower of the Establishment. (韓)체제에 밀착된 사람．)」

(参)「ぺったり」も似ているが，「べったり」のほうがくっつき方が強い．

ベッド (bed) ベッド その上に寝るようにつくられた長四角の台．寝台．(Ｅ)a bed．(韓)베드, 침대．「寝るときはベッドですか，ふとんですか//ベッドルーム(=寝室)」(数)1台

ペット (pet) ペット かわいがるために飼う動物．(Ｅ)a pet．(韓)페트, 애완 동물．「このマンションでは犬や猫などのペットを飼うことはできない//ペットショップ//ペットフード」

ベッドタウン ベッドタウン 大都市のまわりの，通勤できる範囲にある住宅地．(Ｅ)a bedroom town; a dormitory suburb. (韓)베드 타운, (대도시 주변의) 주택 지역．「都心へ1時間ほどで行ける所には，つぎつぎにベッドタウンができる」

(参)英語の「ベッド(bed)」と「タウン(town)」から日本でできたことば．

ヘッドホン (headphone) ヘッドホン ステレオなどを1人で聞くために両耳に当てる装置．(Ｅ)headphones．(韓)헤드폰．「弟はヘッドホンで音楽を聞いていて，呼んでも返事しない」

べつに 【別に】ベツニ, ベツニ (「別に〜ない」の形で) 特別に関心を持ったり言ったりするほどのことではない．(Ｅ)not particularly; not especially．(韓)별로, 별반, 특별히．「別に用はないですが，声が聞きたくて電話をしま

した//あなたがいなくても，別に困らない」

へっぴりごし 【へっぴり腰】ヘッピリゴシ, ヘッピリゴシ 腰を後ろに突きだした不安定な格好．また，不安で自信がなさそうな態度．(Ｅ)with one's back bent; irresolutely. (韓)구부정하고 엉거주춤한 자세, 불안하고 자신 없는 태도．「そんなへっぴり腰で柔道をやっても勝てるわけがない//へっぴり腰で組織の改革に取り組む」(話)

べつべつ 【別別】ベツベツ 1つ1つ分かれていること．また，分けて扱うこと．(Ｅ)separate; each．(韓)따로따로임, 제각기임, 각각임．「トイレとふろは各部屋に別々についている//卒業後は別々の道に進む」

へつら・う ヘツラウ〔自動五〕(へつらって) 相手に気に入られるようにふるまう．(Ｅ)flatter; butter up．(韓)아첨하다, 알랑거리다．「業者が役人にへつらって品物を売りこもうとしている//権力者にへつらう」(名)へつらい

ベテラン (veteran) ベテラン 長い間の経験があって，能力が高かったり，そのことについてよく知っていたりする人．(Ｅ)a veteran; an expert．(韓)베테랑, 노련한 사람．「ワープロの使い方はベテランの道子に教えてもらった//ベテラン選手」(対)新米, 駆け出し

ぺてん ペテン いかにもそれのように見せて人をだますこと．(Ｅ)a trick; a swindle．(韓)속임, 속임수, 사기．「客が偽の札束で店員をぺてんにかけ，宝石を持ち去った//ぺてん師」(話)

へど ヘド, ヘド 食べたり飲んだりしたものを口から出すこと．また，その出したもの．(Ｅ)vomit．(韓)구토, 욕지기; 토한 것．「酔って電車の中でへどをはいた」

へどが出る 非常に嫌いで，見るのもいやな気持ちになる．(Ｅ)be nauseating．(韓)욕지기가 나다, 비위가 상하다．「戦争中, 芋ば

かり食べたので、芋のことを考えただけで、へどが出る」 [似た表現] へどを吐く

へとへと ヘトヘト 非常に疲れたようす.「彼らはへとへとになるまで議論を続けた(Ⓔ They continued arguing until they were worn out. Ⓗ그들은 녹초가 될 때까지 논의를 계속했다.)//へとへとで1歩も歩けない」

へどろ ヘドロ 川や海などの底に沈んでいる泥のようなもの。きたない排水などが原因でできる。Ⓔsludge. Ⓗ(강바닥 등의) 오니, 슬러지.「川の底のへどろを取り除いて、きれいな川にもどす」

へばりつ・く ヘバリツク、ヘバリツク〔自動五〕(へばりついて) 離れないようにぴったりくっつく. Ⓔcling to; stick to. Ⓗ찰싹 달라붙다.「登山者が岩にへばりつくようにして登っていく//外出しようとする母親にへばりついて離れない幼児」 [話]

へび 【蛇】ヘビ 細長くて手足のない動物. Ⓔa snake. Ⓗ뱀.「山道で、ひもが落ちていると思ったら蛇だった//毒蛇」 [数]1匹

ベビー (baby) ベビー 赤ん坊。赤ちゃん。Ⓔa baby. Ⓗ베이비, 갓난아기, 유아.「マリーにベビーが生まれた//ベビーベッド//ベビー服」

へま ヘマ 気がきかなかったり、間が抜けたりしたこと。つまらない失敗. Ⓔstupid; a blunder. Ⓗ멍청함, 바보스러움, 실수.「お客が抱いている女の子を見て、『かわいい坊やですね』と、へまなことを言ってしまった」 [話]

へや 【部屋】ヘヤ 建物の中をいくつかに区切ったものの1つ。Ⓔa room. Ⓗ방.「6畳の部屋を借りて住む//子供部屋」 [数]1室・1間

へら・す 【減らす】ヘラス〔他動五〕(へらして) 数や量などを少なくする. Ⓔcut down; reduce. Ⓗ줄이다, 감하다.「もう少しタバコを減らしたほうがいい//体重を減らす」 [対]増やす・殖やす、増す [自動]減る

ぺらぺら ペラペラ、ペラペラ ①外国語を上手に話すようす.「キムは日本語がぺらぺらで、よく日本人とまちがえられる(Ⓔ Kim is fluent in Japanese and is often mistaken for being Japanese. Ⓗ김은 일본어가 유창해서 곧잘 일본인으로 오인받는다.)」 ②深く考えずに、よく話すようす.「三郎は他人の秘密をぺらぺら(と)話してしまうから、気をつけたほうがいい(Ⓔ Saburo has a loose tongue, so be careful with your secrets. Ⓗ사부로는 남의 비밀을 나불나불 지껄여 버리기 때문에 조심하는 게 좋다.)」 ③〔~する〕薄くて弱いようす.「ぺらぺらの紙はすぐ破れる(Ⓔ Flimsy paper tears easily. Ⓗ흐르르한 종이는 쉽게 찢어진다.)//ぺらぺらした安物のコート」 ④重なった紙などを続けて何枚もめくるようす.「週刊誌をぺらぺら(と)めくって、読みたい記事をさがす(Ⓔ flip through the pages of the weekly magazine searching for a good article to read. Ⓗ주간지를 팔락팔락 넘기면서 읽고 싶은 기사를 찾다.)」 [参]②は「ぺらぺら」と似ているが、「ぺらぺら」が、「会議の席で、他の人の意見も聞かず、1人でぺらぺら(と)しゃべり続けた」のようにつぎからつぎへとよく話すようすを表すのに対して、「ぺらぺら」は話し方が軽薄なようすを表す.

ベランダ (veranda) ベランダ 洋風の建物で、部屋の外に張りだしている所. Ⓔa veranda; a porch. Ⓗ베란다.「ベランダにテーブルを出して食事をする」

へりくだ・る ヘリクダル、ヘリクダル〔自動五〕(へりくだって) 相手を尊敬するために、自分や自分側のものを低く扱う。謙遜する. Ⓔbe humble; humble oneself. Ⓗ자기

へりくつ【屁理屈】ヘリクツ 自分または自分の意見が正しいと言いはるために無理に考えた理屈. Ⓔquibble. 한생떼 같은 이론, 억지 논리.「自分の不注意で事故を起こしたのに、車がうまく止まらなかったからとへ理屈を言う」

「祖母はだれに向かっても、へりくだった言い方をする」를 낮추다, 겸손하다.

ヘリコプター (helicopter) ヘリコプター 機体の上の大きなプロペラを回転させて空を飛ぶ乗り物. ヘリ. Ⓔa helicopter. 한헬리콥터.「災害地にヘリコプターで食糧をとどける//大統領専用ヘリコプター」 数1機

へる【経る】ヘル〔自動一〕①時間がたつ. Ⓔpass. 한(시간이) 흐르다, 지나가다, 경과하다.「日本に来て、半年をへてやっと生活に慣れた」②そこを通っていく. Ⓔpass through; by way of. 한지나가다, 통과하다, 거치다.「マルコ・ポーロはイタリアから中央アジアをへて中国へやってきた」③あるところまで行くのに、いくつかの段階を通る. Ⓔexperience; go through. 한겪다, 거치다.「何回もの失敗をへて新しい方法を完成させた」

へ・る【減る】ヘル〔自動五〕(へって)数や量などが少なくなる. Ⓔlose; decrease. 한줄다, 적어지다.「病気をして体重が3キロ減った//遊びすぎて貯金が減ってしまった」対増える・殖える、増す 他動減らす

ベル (bell) ベル 合図に鳴らすもの. Ⓔa bell. 한벨, 종, 방울.「電話のベルが鳴る//非常ベル(Ⓔan alarm bell. 한비상벨.)//ポケットベル(→項目)」

ベルト (belt) ベルト ①革などでつくった、ズボンやスカートを腰のところでしめるためのもの. Ⓔa belt. 한벨트, 혁대.「やせてベルトがゆるくなった//ベルトをしめる」②機械で、回転する軸から動力を伝える、ひもの形をしたもの.「ファンベルト(Ⓔa fan belt. 한팬 벨트, 피대.)」③細長い地帯.「グリーンベルト(Ⓔa green belt. 한그린 벨트, 녹지대.)//太平洋ベルト工業地帯」▷数①②1本

ベルトコンベヤー (belt conveyor) ベルトコンベヤー ものを載せて運ぶベルト式の装置. Ⓔa belt conveyor. 한벨트 컨베이어.「ベルトコンベヤーで部品を送る//飛行場では乗客の荷物をベルトコンベヤーで運ぶ」

ヘルパー (helper) ヘルパー 手伝いをする人. 体の不自由な人の身のまわりを助ける人. Ⓔa helper. 한헬퍼, 돕는 사람, 도우미.「1人暮らしの老人の家をまわってヘルパーとして働く//ホームヘルパー」

ヘルメット (helmet) ヘルメット, ヘルメット 頭を危険から守るための、金属やプラスチック製のかたい帽子. Ⓔa helmet. 한헬멧.「オートバイに乗るときはヘルメットを着用すること」

〔ヘルメット〕

べろ ベロ 「舌」のくだけた言い方. Ⓔa tongue. 한혓바닥.「べろを見せてごらん//犬が、暑くてべろを出しているよ」話

へん【辺】ヘン, ペン ①数学で、多角形や多面体を形づくっている直線. Ⓔa side. 한변.「三角形は辺が3つある」②(「この」「その」などの指示語や地名の後について)場所や程度がそのあたりであること. Ⓔaround; vicinity. 한근처, 근방, 언저리, 쯤, 정도.「このへんは木が多い//横浜へんまでドライブする」

参②は「あたり」と似ているが、「あたり」は1語でも使え、また、「へん」のほうがくだけた感じがする.「ここ」「そこ」「あそこ」「どこ」につくときは「ら」と一緒に使って「こらへん」「そこらへん」「あそこらへん」「どこらへん」となる.

へん【変】ヘン ①ふつうでなかったり、世の中の常識からはずれていたりするようす. Ｅstrange; crazy. 圏이상함, 변. 「酒に酔っているので歩き方が変だ//暑すぎて頭が変になる//変死」②突然のできごと、事件. Ｅan incident; a disturbance. 圏변, 변고, 사건. 「桜田門外の変」
参 ①はくだけた会話では、「変てこな格好」のように「変てこ」を使うこともある.

へん【偏】ヘン 漢字の部首の1つ.「村」の「木」,「話」の「言」のように左の部分にあるもの. Ｅa left-hand radical of a Chinese character. 圏변, 한자의 왼쪽 부수.「へんで意味を表し、つくりで音を表す漢字が多い//手へん(=扌)//人ベン(=亻)」

べん【弁】ベン ①液体や気体を通す装置の途中にあって、流れの調節をするもの. Ｅa valve. 圏판, 밸브.「ガスの弁を閉めてガスを止める//心臓の弁/安全弁」②多くの人の前でする話. Ｅa speech. 圏변, 언변, 변설.「優勝者が喜びの弁を述べる//弁が立つ(=話し方がうまくて、説得力がある)」③その地方のことばづかい. Ｅa dialect; an accent. 圏사투리, 방언, 말투.「彼は関西弁を話す//東北弁」

べん【便】ベン ①なにかをするときの便利さ. Ｅconvenience. 圏편, 편리함.「駅に近くて交通の便がいい//水の便が悪くては水田はつくれない」②大便や小便. 特に大便. Ｅfeces. 圏변; 대변.「けさは、すこしやわらかい便が出た//便の検査」

ペン (㊅pen)ペン インクを使って文字などを書く道具. Ｅa pen. 圏펜.「履歴書をペンで書く//ペンを折る(=ものを書くことをやめる)//ボールペン(→項目)」数 1本

へんか【変化】ヘンカ〔~する〕性質や状態などがこれまでと違うようになること. Ｅ(a) change; variety. 圏변화.「昼と夜とでは気温の変化が大きい//30年前といまとでは、人々の生活は非常に変化した//動詞の変化(=動詞の活用)」

べんかい【弁解】ベンカイ〔~する〕失敗や過失などを非難されたとき、自分の正しさを説明すること. また、その説明. Ｅan excuse; justification. 圏변명.「交通渋滞のため遅くなったと弁解する//弁解の余地がない」

へんかん【返還】ヘンカン〔~する〕いちど手に入れたものを、もとの持ち主に返すこと. Ｅreturn; restore. 圏반환.「1972年にアメリカは沖縄を日本に返還した//領土の返還」

へんかん【変換】ヘンカン〔~する〕別なものに変わること. また、変えること. Ｅconvert; transform. 圏변환.「ワープロでひらがなを漢字に変換する//図形を変換する」

べんぎ【便宜】ベンギ つごうがいいこと. つごうのいい扱い. Ｅconvenience; accommodation. 圏편의.「友人と部屋がとなりになるよう、ホテルが便宜をはかってくれた//便宜上、離婚しても姓はそのままにしておく」

ペンキ (㊅pek)ペンキ 色のついた粉を油などにとかした液体で、木や金属などにぬるもの. Ｅpaint. 圏페인트.「古くなって門のペンキがはがれてきた//ペンキぬりたて(Ｅ Wet Paint. 圏칠(페인트) 주의.)//油性ペンキ」

へんきゃく【返却】ヘンキャク〔~する〕借りたものを返すこと. Ｅreturn. 圏반환, 되돌려 줌.「借りた本は、2週間以内に返却すること」書

べんきょう【勉強】ベンキョー〔~する〕①知識や技術を身につけるために励むこと. Ｅstudy; work. 圏공부.「絵の勉強をしにパリへ行く//遊ぶことは好きだが、勉強は嫌いだ//受験勉強」
②本人のためになる経験をすること. Ｅ

instructive; a good lesson. 谭공부, 경험.「外国を旅行するのはいい勉強になる//なにごとも勉強だから、やってみるといい」
③「値段を安くすること」のくだけた言い方. Ecome down. 谭값을 깎아 줌, 할인.「『5000円のを4500円に勉強するから買ってくださいよ』『もっと勉強できないの?』」
▷話③

へんけん【偏見】ヘンケン 正しい理由がないのに一方的にこうだと決める見方. 公正でない考え方. E (a) prejudice. 谭편견.「女性は男性より弱いというのは偏見だ//偏見が強い//偏見を捨てる//人種的偏見」

べんご【弁護】ベンゴ〔~する〕その人がなぜそうしたかなどを説明して、その人の立場を守ること. E defend; justify. 谭변호.「弁護士は、被告には悪意がなかったと弁護した//自己弁護(=自分で自分のためにする弁護)」

へんこう【変更】ヘンコー〔~する〕決まっていたものを変えること. E change; alter. 谭변경.「飛行機が遅れたので、予定を変更する//日付変更線」

べんごし【弁護士】ベンゴシ 裁判のとき、依頼した人の利益を守る意見を言ったり、人々の法律上の相談にのったりすることを職業としている人. E a lawyer; an attorney. 谭변호사.「弁護士は、被告の無罪を証明したり罪を軽くしたりするために、証拠をそろえる」

へんさい【返済】ヘンサイ〔~する〕借りた金や品物を返すこと. E pay back; (a) repayment. 谭반제, 빚을 갚음.「借りたお金に利子をつけて返済する//返済をせまる(=早く返せと言う)」

へんじ【返事】ヘンジ〔~する〕呼びかけ、問いなどに答えること. また、そのことばや手紙. E an answer; a reply. 谭대답, 응답, 답장.「名前を呼ばれたら『はい』と返事をしなさい//手紙を出したが、返事がない」

へんしゅう【編集】ヘンシュー〔~する〕
①いろいろな材料を集めたり整理したりして、本, 新聞, 雑誌などの形にまとめること. E edit; compile. 谭편집.「週刊誌を編集する//編集会議」②放送や映画などで、記録したテープやフィルムを整理して、まとまりのある作品にすること. E edit; cut. 谭편집.「街でとった8ミリビデオを、教材用に編集する」

べんじょ【便所】ベンジョ 大便や小便をするための場所. E a toilet; a washroom. 谭변소, 화장실.「おなかをこわして何度も便所に行く//公衆便所//水洗便所」
参「便所」をさすことばは、それをいう人の性別、年齢などにより、いろいろある. 現在は「(お)便所」より「(お)手洗い」「(お)トイレ」などのほうがよく使われている.

べんしょう【弁償】ベンショー〔~する〕相手に与えた損害と同じ価値のものや金を相手に渡して償うこと. E compensation; reparation. 谭변상.「図書館の本をなくしたので、同じ本を買って弁償した//事故でこわした車の弁償を要求された」
参「補償」も似ているが、「弁償」のほうが損害の規模が小さい.

へんしょく【偏食】ヘンショク〔~する〕食べ物の好き嫌いが多く、好きなものだけを食べること. E an unbalanced diet; eat only what one likes. 谭편식.「偏食するのは体によくない//偏食を直す」

へんせい【編成】ヘンセイ〔~する〕ばらばらのものを一緒にして、まとまりのあるものをつくること. E organize; make up. 谭편성.「仲間が集まって楽団を編成する//サッカーは11人でチームを編成する//番組の編成」

ベンチ (bench) ベンチ 横に長いいす. E

a bench. 㩕벤치.「公園のベンチにすわる//駅のホームのベンチ」数 1 脚

へんちょう【偏重】ヘンチョー〔～する〕特定のものだけを重んじること. Eattach too much importance to. 㩕편중.「学歴を偏重するから受験競争が激しくなるのだ」書

べんとう【弁当】ベントー 入れ物に入れて持ち運びができるようにした食事. Ea box lunch. 㩕도시락.「会社へ弁当を持っていく//弁当箱」

へんぴ【辺鄙】ヘンピ 都会から遠く離れていて不便なようす. Eremote; out-of-the-way. 㩕궁벽함, 외짐, 벽지.「バスが1日に3本しかない, へんぴな村に住んでいる//電気も来ていないへんぴな山小屋」

べんぴ【便秘】ベンピ, ベンピ〔～する〕大便が順調に出ないこと. Econstipation. 㩕변비.「便秘したときは冷たい牛乳を飲むといい//便秘の予防」対下痢

べんめい【弁明】ベンメイ〔～する〕自分のしたことについて, その理由や事情をじゅうぶんに説明すること. Edefend oneself; an explanation. 㩕변명.「暴力事件を起こした選手が, 自分は友人を助けるために相手をなぐったんだと弁明した//弁明を求める」

べんり【便利】ベンリ 役に立ち, 手間が省けること. Econvenient; handy. 㩕편리.「洗濯機や電子レンジができて, 家事が便利になった//駅から近くて便利だ//持ち運びに便利なワープロ」対不便

ほ／ホ

ほ【歩】ホ ①歩くこと. 歩み. Ea step; a pace. 㩕걸음, 걷기.「校長先生は生徒たちのほうへゆっくり歩を進めた」②〔数を表すことばの後について〕歩くときの, 足を動かす回数を表す.「1歩後ろに下がる//2歩歩く(Etake two steps. 㩕2보 걷다.)」▷書①

ほ【穂】ホ 長い茎のまわりに花や実がかたまってついたもの. ススキ, 稲, 麦などに見られる. Ean ear; a head. 㩕이삭.「麦の穂がまっすぐにのびている//よく実った稲穂」数 1 本 →稲図

ほいくえん【保育園】ホイクエン 乳児や幼児を預かり, 保護し育てる所. 保育所. Ea day nursery; a nursery school. 㩕보육원.「子供を保育園に預けて働く//保育の庭で遊ぶ保母と子供たち」

ほいほい ホイホイ 頼まれたことを簡単に引き受けるようす.「おじいさんは孫にはなんでもほいほい(と)買ってやる(EGrandfather is soft and buys his grandchildren anything they want. 㩕할아버지는 손자한테는 무엇이든지 선뜻선뜻 사 준다.)」

ぼいん【母音】ボイン 発音のしかたによって分けた音の種類の1つ. 日本語では「ア, イ, ウ, エ, オ」の5つの音. Ea vowel. 㩕모음, 홀소리.「日本語には子音だけで発音することばはなく, 必ず母音とともに発音される//『愛』『家』は母音だけのことばである」対子音

ポイント(point)ポイント ①特に重要な部分. 特に定められた部分. Ethe point. 㩕포인트, 요점.「このページの1行目が文章全体のポイントである//ポイントをつか

②スポーツなどで、えた点数。Ea point. 한포인트, 점수, 득점. 「二郎はサッカーの試合で大活躍をして、1人でポイントをかせいだ//ポイントゲッター」

③活字の大きさの単位。1ポイントは約0.35ミリ。E~ point (type). 한포인트, 활자의 크기 단위. 「この本の文字の大きさは9ポイントだ//広告の見出しのポイントを大きくする」

ほう【方】ホー ①方角. 方向. また、その方向に当たる場所やもの。Ea direction. 한방향, 방면, 쪽. 「駅は交差点を右のほうへ曲がった所にある//教室の前のほうにすわる」
②比べられるもののうちの1つをさすことば. 「わたしはパンよりごはんのほうが好きだ(EI like boiled rice better than bread. 한나는 빵보다 밥 쪽이 좋다.)//行くのがいやならやめたほうがいい」
③表現をやわらげ、あいまいにするときに使うことば. 「姉はテレビのほうの仕事をしている//弟は性質はおとなしいほうだ(EMy brother has rather a quiet nature. 한남동생은 성격이 얌전한 편이다.)」

ほう【法】ホー ①社会生活をするのに守らなければならないきまり. 法律. Ethe law; a rule. 한법, 법률. 「すべての人々は法のもとでは平等だ//法に背く//法にしたがう//国際法」
②ものごとのやり方に関するきまり. 手段. 手順. Ea way; a method. 한법, 방법. 「車の通らない山道だから、歩くしか法がない//教授法//料理法」

ぼう【棒】ボー 木や金属などでできた細長い形のもの。Ea stick; a pole; a baton. 한막대기, 몽둥이, 봉. 「高い所になっているカキの実を棒で落とす//指揮棒//マッチ棒//平行棒」 数1本

棒に振る いままでの努力や苦心をむだにする. Eruin; waste. 한헛되게 하다, 날려버리다. 「A氏は差別発言で大臣の地位を棒に振った」

ぼういんぼうしょく【暴飲暴食】ボーインボーショク, ボーイン・ボーショク〔~する〕むやみにたくさん飲んだり食べたりすること. Eeat and drink too much. 한폭음 폭식. 「ゆうべ暴飲暴食して、きょうは頭と胃が痛い」

ぼうえい【防衛】ボーエイ〔~する〕戦い, 試合, 交渉などで防ぎ守ること. Edefend; defense. 한방위. 「どこの軍隊も自国を防衛するためにあるというが, 本当にそうなら戦争は起こらないはずだ//防衛手段//防衛策」 対攻撃

ぼうえき【貿易】ボーエキ〔~する〕国家間で, 品物を売ったり買ったりの取り引きをすること. E(foreign) trade. 한무역. 「貿易会社//自由貿易//保護貿易」

ぼうえんきょう【望遠鏡】ボーエンキョー レンズを組み合わせて, 遠くのものを大きく, はっきり見る器具. Ea telescope. 한망원경. 「望遠鏡で見ると, 山の頂上にいる人がはっきりわかる//天体望遠鏡」 数1台・1本

ほうか【放火】ホーカ〔~する〕火事を起こそうとして, 家などにわざと火をつけること. Earson; set fire to. 한방화. 「ゆうべの火事の原因は放火らしい//放火犯人」 対失火

ぼうか【防火】ボーカ 火事にならないようにすること. また, 火事がひろがらないようにすること. Efire prevention; fireproof. 한방화. 「大きなビルには, 防火のためのシャッターが備えてある//防火設備//防火建築」

ほうかい【崩壊】ホーカイ〔~する〕建物や組織などがくずれこわれること. Ecollapse; fall down. 한붕괴. 「地震で古いアパート

が崩壊した//封建制度の崩壊//家庭の崩壊」🔖

ほうがい【法外】ホーガイ, ホーガイ 常識の範囲を大きくこえているようす. Ｅunreasonable; exorbitant. 🇰🇷터무니없음, 엄청남, 지나침.「タクシーに乗ったら, 法外な料金を請求された//法外に高い値段で売りつける」🔖

ぼうがい【妨害】ボーガイ〔～する〕他人の行動のじゃまをすること. Ｅobstruct; disturb. 🇰🇷방해.「大声で騒いで会議の進行を妨害する//安眠妨害//営業妨害」

ほうがく【方角】ホーガク 目的のもののある場所が, ある点をもとにしてどちらのほうにあるかという向き. Ｅa direction; one's bearings. 🇰🇷방위, 방향.「磁石で方角を調べる//駅の方角に向かう」
参「方向」も似ているが,「方向」が「車の方向を変える」のように, 移動するばあいの向きをもいうのに対して,「方角」は位置を示すばあいに多く使う.

ぼうかん【傍観】ボーカン〔～する〕そのことに関係を持たず, ただ見ているだけであること. Ｅlook on; remain a spectator. 🇰🇷방관.「電車の中で, 1人の青年が数人の男に乱暴されているのに, まわりの乗客は傍観しているだけだった」

ほうき【放棄】ホーキ〔～する〕自分から投げ捨てること. Ｅrenounce; abandon. 🇰🇷포기.「日本は憲法で戦争を放棄すると表明している//権利を放棄する//試合を放棄する」🔖

ほうき ホーキ, ホーキ ごみやちりなどを掃いて, きれいにするための道具. Ｅa broom. 🇰🇷비, 비짜루.「ほうきで玄関の掃除をする//庭の落ち葉を竹ぼうきで掃く」数 1本

〔ほうき〕

ほうげん【方言】ホーゲン, ホーゲン ある地方だけで使われることば. Ｅa dialect. 🇰🇷방언, 사투리.「大阪に生まれ育った祖母は, 東京に移ってからも関西の方言で話している//方言調査//東北方言」対標準語, 共通語

ほうげん【放言】ホーゲン, ホーゲン〔～する〕思うままに無責任なことを言うこと. また, そのことば. Ｅindiscreet remarks; bombastic talk. 🇰🇷방언, 함부로(무책임하게) 지껄임, 그런 말.「三郎は『おれが彼を大臣にしてやったんだ』と放言した」

ぼうけん【冒険】ボーケン〔～する〕危険や不成功を覚悟して, ものごとをすること. Ｅan adventure; risky. 🇰🇷모험.「徒歩でサハラ砂漠を横断するという冒険に挑戦する//資金もないのに会社をやめて事業を始めるのは冒険だ//冒険小説」

ぼうげん【暴言】ボーゲン, ボーゲン 相手の立場を考えない, 無礼で乱暴なことば. Ｅviolent language; harsh words. 🇰🇷폭언.「以前,『貧乏人は麦を食え』と暴言をはいた大臣がいた」

ほうけんしゅぎ【封建主義】ホーケンシュギ 身分や階級による差別をし, 権力のある者がほかの者の自由や権利を認めないで強い権力でおさえつけるようなやり方. Ｅfeudalism. 🇰🇷봉건주의.「日本では, 鎌倉時代から江戸時代まで, 封建主義の社会が続いた」

ほうこう【方向】ホーコー ①ものが動いていくとき, 向かっていく方角. 向き. Ｅa direction. 🇰🇷방향.「人々は別々の方向に歩いていく//風の方向が変わる」②目的. 方針. Ｅa course; a policy. 🇰🇷방향, 방침.「A社とB社は合併する方向で話し合っている//方向転換(Ｅa change of course. 🇰🇷방향 전환.)」▷→方角

ぼうこう 【暴行】ボーコー〔～する〕相手の体に傷をつけるような乱暴な行い．また、相手の意志に反して無理に性的交渉を行うこと．Ⓔviolence; attack; rape. 諱폭행．「彼は友達とけんかして、なぐるけるの暴行を加えた//彼女は夜道で知らない男に暴行されそうになったが、空手の技を使って切り抜けた」

ほうこく 【報告】ホーコク〔～する〕途中経過や結果を知らせること．Ⓔreport. 諱보고．「調査した内容を係長に報告する//報告書/経過報告」

ほうさく 【豊作】ホーサク 作物がよく実って、たくさんとれること．Ⓔa good crop. 諱풍작．「稲は3年続きの豊作だ」対凶作、不作

豊作貧乏 作物がとれすぎて値段が下がり、かえって収入が減ること．Ⓔtake a huge cut in profits because a glut on the market brought the selling price down. 諱풍년 기근．「今年はキャベツがとれすぎて、これでは豊作貧乏になる」

ぼうさん 【坊さん】ボーサン「僧侶」を親しみ尊敬していう言い方．お坊さん．Ⓔa priest. 諱스님．「坊さんに来てもらって、死んだ人をとむらう//お坊さんにお経をあげて(=読んで)いただきましょう」話→僧侶

ほうし 【奉仕】ホーシ、ホーシ〔～する〕①社会や人のために力をつくすこと．Ⓔservice. 諱봉사．「娘は週に1度、体の不自由な人たちに奉仕する仕事をしている//奉仕活動」②⇨サービス②「奉仕品//奉仕値」

ぼうし 【防止】ボーシ〔～する〕よくないことが起こらないように、起こる前から防いでおくこと．Ⓔprevent; check. 諱방지．「交通事故を防止するために運転者を教育する//伝染病がひろがるのを防止する//犯罪の防止」

ぼうし 【帽子】ボーシ 寒さ、暑さを防いだり、身を飾ったりするために頭にかぶるもの．Ⓔa cap; a hat. 諱모자．「外は暑いから帽子をかぶって出かけなさい//ドレスに合わせた白い帽子でパーティーに出かける//帽子かけ」

ほうしき 【方式】ホーシキ ものごとをするときの、ある決まったやり方や手続き．Ⓔa form; a system. 諱방식．「試合のルールはこれまでの方式にしたがう//工場に新しい生産方式を取り入れる」

ぼうじゃくぶじん 【傍若無人】ボージャクブジン まわりの人の迷惑を考えず、勝手に行動するようす．Ⓔoutrageously; impudent. 諱방약 무인．「アジアの国へ行って傍若無人にふるまう日本の若者が増えた//電車の中で騒いだり走りまわったりする傍若無人な子供たち」

ほうしゃせん 【放射線】ホーシャセン ウランやプルトニウムのような放射能を持つ元素がこわれるときに出される粒子の流れ．Ⓔradiation. 諱방사선．「祖母は原爆の放射線による障害に苦しんでいる//父は退院後も放射線の治療を受けている」
参 α線、β線、γ線をいうが、広く赤外線やX線などをふくめることもある．

ほうしゅう 【報酬】ホーシュー その人のした仕事や努力に対して与えられる金や品物．Ⓔa reward; pay; a fee. 諱보수．「つらい仕事だが報酬がいいのでがまんする//無報酬で働く(Ⓔwork for nothing. 諱무보수로 일하다．)」

ほうしょく 【飽食】ホーショク〔～する〕飽きるほどじゅうぶん食べること．Ⓔsatiation. 諱포식．「飽食で、太りすぎの子供が増えている//飽食の時代」

ほうしん 【方針】ホーシン ものごとを進めるときの、基本的な考え方や方向．Ⓔa policy; a course. 諱방침．「会社の方針

がはっきりしないので社員は困っている//外交方針」

ほうしん【放心】ホーシン〔～する〕意外なできごとに驚いたり他のことに気を取られたりして、ぼんやりすること。Eabsent-mindedly. 한명해짐, 어리벙병함.「火事で焼けた校舎を見て、生徒たちは放心したように立っている」書

ほうじん【法人】ホージン 会社や団体など、人間ではないが、法律のうえで1人の人間と同じように権利と義務を持つことが認められた組織。Ea juridical person; a corporation. 한법인.「研究会の組織が今年から法人になる//財団法人(Ea foundation; a nonprofit corporation. 한재단법인.)」

ぼうず【坊主】ボーズ ①「坊さん」のくだけた言い方。Ea priest. 한중.「あの寺の坊主とは幼なじみで、子供のころはよく遊んだものだ」②髪の毛を刈って頭にほとんど残っていないこと。また、その頭。Ehave one's head shaved; a shaven head. 한중대가리, 까까머리.「坊主にしたら頭が寒い//坊主頭//坊主刈り」③男の子を親しみをこめていう言い方。Esonny. 한꼬마 (녀석), 개구쟁이.「うちの坊主はいたずらばかりして困る」

参 ①③は見下した言い方になるばあいもあるので、他人に対して使うときは注意が必要。

ぼうすい【防水】ボースイ〔～する〕水が布、紙、機械などの中まで入りこまないようにすること。Ewaterproof. 한방수.「レーンコートの生地は防水してあるから雨に降られても大丈夫だ//防水の腕時計//防水加工」

ほうせき【宝石】ホーセキ 色や光が美しく珍しいために装飾用にされる、かたい鉱物。ダイヤモンド、エメラルドなど。重さの単位はカラット。Ea jewel; a gem. 한보석.「道子がつけている宝石の指輪は、お母さんの形見だ」

ぼうせん【傍線】ボーセン 縦書きの文章で、読む人の注意をひくために語句や文の右側に引く線。サイドライン。Ea side line. 한방선, 옆줄.「3行目の文は重要なので傍線を引いておこう//傍線の部分を中国語に訳しなさい」数1本→アンダーライン

ぼうぜん【呆然・茫然】ボーゼン (「ぼうぜんと」の形で) 全然予想しなかったことが起き、どうしたらいいか、なにも考えられないようす。Ein a state of shock; absent-mindedly. 한망연, 어리둥절함, 멍함.「火事で焼けてしまった自宅の前に、ぼうぜんと立っていた」

参 改まって「ぼうぜんたる顔つき」のように表現することもある。

ほうそう【包装】ホーソー〔～する〕荷物や品物を包むこと。Ewrap; pack. 한포장.「デパートでプレゼントを買って、きれいな紙で包装してもらう//包装紙」

ほうそう【放送】ホーソー〔～する〕ラジオやテレビなどで、ニュース、音楽、演劇、スポーツなどを伝え送ること。Ebroadcasting; telecast. 한방송.「国会の審議のようすをテレビの放送で見る//すもうの実況を放送する」

ぼうそう【暴走】ボーソー〔～する〕①規則を無視した乱暴な運転をすること。Edrive recklessly. 한폭주.「制限速度50キロの道路を100キロのスピードで暴走していた車が警察に捕まった//暴走族(Ea motorcycle gang; hotrodders. 한폭주족.)」②運転する人のいない車がひとりでに動きだすこと。Estart moving without its driver. 한폭주, 운전자가 없는 차량이 내달림.「坂道に止めてあったトラックが、突然、暴走

ほうそく「した」③自分だけが勝手に行動すること. Ⓔdoatoneʼsowndiscretion. 㱐자기재량으로 멋대로 행동함.「一郎は株の取引きで暴走し, 会社に大きな損害を与えた」

ほうそく【法則】ホーソク①決まった条件のもとで, いつもなりたつ根本的な原理. Ⓔa law. 㱐법칙.「ニュートンは万有引力の法則を発見した//遺伝の法則」
②守らなければならないきまり. おきて. Ⓔa rule; a law. 㱐법칙, 규칙, 규정.「送りがなの法則にしたがうと, 『いきる』は『生きる』になる」

ほうたい【包帯】ホータイ〔〜する〕傷口などをおおったり守ったりするために使う細長い布やガーゼ. また, それで巻くこと. Ⓔa bandage. 㱐붕대.「洋子はけがをしたのか, 足に包帯している/傷口に包帯を巻く/伸縮性のある包帯」〔数〕1本

-ほうだい【-放題】(動詞の「ます」形, 形容動詞の語幹について) するまま, なるままにして制限をしないこと.「言いたい放題(Ⓔspeak without reserve. 㱐말하고 싶은 대로 실컷 지껄임.)/食べ放題(Ⓔeat as much as one likes. 㱐먹고 싶은 대로 양껏 먹음.)/わがまま放題」

ぼうだい【膨大】ボーダイ 規模や量が非常に大きいよう. Ⓔenormous; vast. 㱐방대.「貿易赤字が膨大にふくれあがった//膨大な量の資料を1年かけて読み終わった」〔書〕

ほうち【放置】ホーチ, ポーチ〔〜する〕ほうってそのままにしておくこと. Ⓔleave alone; leave a thing as it is. 㱐방치.「けが人は事故の現場に放置されていた//道路の穴はこのまま放置しておくと危険だ//放置自転車」→放任

ほうちょう【包丁】ホーチョー 料理に使う薄くて平たい刃物. Ⓔa kitchen knife. 㱐부엌칼, 식칼.「包丁で野菜をきざむ//出刃包丁」〔数〕1丁・1本 →まないた図

ぼうちょう【傍聴】ボーチョー〔〜する〕会議や裁判などを, 直接には関係のない人が許可を受けてわきで聞くこと. Ⓔattend; hear. 㱐방청.「住民生活に関することが審議されるので, 市議会を傍聴に行く//裁判を傍聴する//傍聴席」

ぼうちょう【膨張・膨脹】ボーチョー〔〜する〕①ものの体積が大きくふくれること. Ⓔexpand. 㱐팽창.「暑い所に風船を置いておいたら, 中の空気が膨張して破裂した//水は温度が上がると膨張する」対収縮
②全体の数や量や面積などが非常に大きくなること. Ⓔincrease; grow. 㱐팽창.「この町は大きな工場ができてから人口が急に膨張した//国の予算は昨年に比べてかなり膨張した」
注以前は「膨脹」を使ったが, 最近は「膨張」のほうを多く使う.

ぼうっと ボーット①火が炎を上げて急に燃えあがるようす. また, そういう音を立てるようす.「たき火の火が, 突然ぼうっと燃えあがった(ⒺA bonfire suddenly burst into flames. 㱐모닥불의 불길이 갑자기 확 타올랐다.)」
②〔〜する〕形がはっきり見えないようす.「霧で, あたりの景色がぼうっとしている(ⒺThe scenery is hazy with fog. 㱐안개로 근처의 경치가 뿌옇다.)」
③〔〜する〕頭の中がはっきりしないようす.「昼寝から覚めたばかりで, まだぼうっとしている(ⒺWaking up from a nap, Iʼm in a complete daze. 㱐막 낮잠에서 깨어나서 아직 멍하다.)」

ほうてい【法廷】ホーテイ 裁判官が裁判を行う場所. Ⓔa (law) court. 㱐법정.「法廷で証言する//法廷に出頭する」

ほうどう【報道】ホードー〔~する〕新聞, ラジオ, テレビなどで, できごとを広く一般の人々に知らせること. また, そのニュース. Ereport; news. 한보도.「テレビは毎日のできごとをすばやく報道する//報道機関//報道写真」

ぼうとう【冒頭】ボートー 文章や演説などのいちばん初めの部分. Ethe beginning; the opening. 한모두, 서두.「島崎藤村の『夜明け前』の冒頭は『木曾路はすべて山の中である』だ//講演は冒頭から冗談の連続で, 聴衆は大笑いして聞いている」対末尾書

ぼうどう【暴動】ボードー 集団で社会の秩序を乱すような大きな騒ぎを起こすこと. Ea riot; an uprising. 한폭동.「住民の暴動で, 建物が破壊されたり燃えたりしている//暴動の鎮圧(Ethe suppression of a riot. 한폭동 진압.)」

ぼうとく【冒瀆】ボートク〔~する〕神聖なもの, 清らかなものを精神的にけがし, 傷つけること. Eblasphemy; profane. 한모독.「地動説を唱えることは神への冒瀆だとされた//国旗を冒瀆する」

ほうにん【放任】ホーニン〔~する〕ほうっておいて, したいようにさせておくこと. Elet a person do as he / she likes. 한방임.「子供を放任する//放任主義//自由放任」
参「放置」もほうっておくことでは同じだが, 「放置」がなにかする必要があるのにしないでいることをいうのに対して, 「放任」は相手に自由にさせて干渉しないことをいう.

ぼうねんかい【忘年会】ボーネンカイ 1年の終わりに, 仕事仲間や友人たちと一緒に食べたり飲んだりして, その年にあった苦労やいやなことを忘れてしまおうとする会. Ea year-end party. 한망년회.「会社の忘年会は12月27日, Aレストランで開かれる//忘年会の会場を予約する」

ほうび【褒美】ホービ いい行いをほめること. また, ほめて与える品物や金. Ea reward; a prize. 한포상.「川でおぼれそうになっていた子供を助けたほうびに, 自転車を買ってもらった」

ほうふ【抱負】ホーフ, ホーフ 心の中に持っている希望や計画. Ean ambition; one's hopes. 한포부.「一郎は, 自分の半生をもとにした小説を書きたいという抱負を持っている//新年の抱負を語る」

ほうふ【豊富】ホーフ, ホーフ 必要なものがたくさんあるようす. Erich; abundant. 한풍부.「食糧が豊富にあると安心だ//豊富な水を使って水力発電を行う//豊富な経験」

ぼうふうう【暴風雨】ボーフーウ 激しい雨と風. あらし. Ea rainstorm. 한폭풍우.「東京地方をおそった激しい暴風雨で交通が止まってしまった//暴風雨による被害」

ほうふく【報復】ホーフク〔~する〕ひどい目にあわされた人が仕返しをすること. Eretaliation; revenge. 한보복.「A電力会社は電気料金不払いの報復として, 電気を止めた//報復を企てる//報復手段」

ほうほう【方法】ホーホー なにかをしたり, つくったり, 目的を果たしたりするためのやり方. Ea way; a method; a means. 한방법.「狭い道路で車を運転する方法を身につける//方法論(Emethodology. 한방법론.)」

ほうぼう【方方】ホーボー いろいろな方角, 場所. あちこちら. Eeverywhere; various places. 한여기저기, 사방.「かぎをなくしてしまい, ほうぼうさがしまわった//夏休みにはほうぼうを旅行したい」

ぼうぼう ボーボー ①火が勢いよく燃えるようす. また, そのときの音を表す. Eburst

into flames. 韓活活.「空気が乾燥していたので,火はほうほう(と)燃えひろがった」②髪やひげや草が盛んにのびているようす. Eovergrown; shaggy. 韓더부룩이, 텁수룩이.「草がほうほう(と)しげっている」

ほうほうのてい 【ほうほうの体】ひどい目にあって,立って歩けないほどあわてるようす. Eprecipitately; hurriedly. 韓허겁지겁, 허둥지둥.「山に木の実をとりに行ったら大きなクマが出てきたので,ほうほうのていで逃げ帰った」

ほうむ・る 【葬る】ホームル〔他動五〕(ほうむって) ①死体や遺骨を土の中に埋める.埋葬する. Ebury. 韓매장하다.「父の遺骨を故郷の墓に葬る//死者を葬る」②人に知られないように隠してしまう. Ehush up. 韓감추다, 묻어 버리다.「新聞などに知られたくない事件をやみに葬る」③二度とその社会に出られないようにする. Efall into oblivion. 韓(사회적으로) 매장시키다.「人気歌手が殺人事件を起こして社会から葬られた」

ぼうめい 【亡命】ボーメイ〔~する〕政治的,思想的な理由で自分の国を出て,他の国へ逃げること. Eexile oneself; defect. 韓망명.「自分の国の政府を激しく批判したA氏は,逮捕されそうになってB国へ亡命した//亡命政権(Ean exiled regime. 韓망명정권.)」

ほうめん 【方面】ホーメン ①その方向の地域. Ea direction; an area. 韓방면.「九州方面のいい温泉をさがす」②そのほうの分野,領域. Ea field; a line. 韓방면, 분야.「将来は美術の方面に進みたい」

ほうもん 【訪問】ホーモン〔~する〕人や人のいる所を訪ねること. Ecall on; a visit. 韓방문.「中学校の恩師を訪問した//見知らぬ人の訪問を受ける//訪問販売(Edoor to door sales. 韓방문 판매.)」

ぼうや 【坊や】ボーヤ 他人の男の子を親しみをこめていう言い方. Eson; kid; sonny. 韓아가, 아가야 ; 아기.「坊やのおうちはどこ?//うちの子ととなりの家の坊やとは仲がいい」
≡参 丁寧な言い方は「坊ちゃん」.

ぼうよみ 【棒読み】ボーヨミ〔~する〕文章の意味や句読点を考えないで,リズムやアクセントをつけずに同じ調子で声を出して読むこと. Eread in a monotone. 韓단조로운 어조로 내리읽음.「下手なアナウンサーは棒読みでニュースを読むので,聞いていてわかりにくい//せりふを棒読みする新人の俳優」

ぼうらく 【暴落】ボーラク〔~する〕物価や株価などが急に大きく下がること. Edecline heavily; a sharp fall. 韓폭락.「倒産のうわさがひろまって,A社の株は暴落した//ミカンができすぎて,値段が暴落した」対暴騰

ほうりこ・む 【ほうり込む】ホーリコム〔他動五〕(ほうりこんで) 乱暴に投げて入れる. Ethrow into; fling into. 韓던져 넣다, 아무렇게나 처넣다.「寮の部屋に先生が来るというので,なにもかも押し入れにほうりこんで隠した」対ほうり出す

ほうりだ・す 【ほうり出す】ホーリダス〔他動五〕(ほうりだして) ①乱暴に投げて外に出す.また,投げるようにしてものを乱暴に置く. Ethrow out; fling out. 韓밖으로 내던지다 ; 팽개치다.「二郎は学校から帰ると,玄関にかばんをほうりだして遊びに行ってしまった」対ほうり込む ②仕事や勉強を途中でやめてしまう. Egive up; lay aside. 韓중도에 단념하다, 집어치우다.「勉強をほうりだしてアルバイトに熱中する」③人をかまわないでおく. Eneglect. 韓방치하다, 내팽개치다.「母親が子供をほうりだしてパチンコに夢中になっている」

ほうりつ【法律】ホーリツ 社会生活を保つために国家が決めた，国民のしたがうべききまり．Ｅthe law．㊧법률．「法律に違反すると罰せられる//法律を改正する」

ぼうりょく【暴力】ボーリョク，ボーリョク なぐったりけったりして，他人に乱暴なことをすること．Ｅviolence; force．㊧폭력．「道子は夫の暴力にがまんができなくて離婚した//暴力に訴える(Ｅresort to violence．㊧폭력에 호소하다．)//暴力団(Ｅan organized group of gangsters．㊧폭력단．)」

ボウル(bowl) ボール 料理に使う，底の深まるい入れ物．Ｅa bowl．㊧볼，(조리용의) 사발，주발．「ボウルの中に卵を割って入れる//サラダボウル」

ほうろう【放浪】ホーロー〔～する〕目的もなく広い範囲を旅行してまわること．Ｅwander about．㊧방랑．「祖父は若いころ世界じゅうを放浪したそうだ//放浪の旅に出る//放浪癖(Ｅwanderlust．㊧방랑벽．)」

ほうわ【飽和】ホーワ〔～する〕①決まった条件のもとで，ある量をそれ以上ふくむことができない状態にあること．Ｅsaturation．㊧포화．「食塩の飽和した溶液をつくる」②これ以上，入れられないほどいっぱいになった状態．Ｅbe at its peak of congestion．㊧포화．「東京の人口はすでに飽和の状態だ」▷書②

ほ・えるホエル〔自動一〕ライオンなどの猛獣や犬が大声で鳴く．Ｅbark; roar．㊧짖다，으르렁거리다．「1匹の犬がほえると，近所の犬がいっせいにほえる」

ほおホー 顔の目の下から鼻の両わきの，ふくらんだやわらかい部分．ほほ．ほっぺ．ほっぺた．Ｅa cheek．㊧볼，뺨．「ほおに手を当てて考えこむ//元気そうな赤いほお//ふっくらしたほお」→顔図

ほおを染める ほおをぽっと赤くする．Ｅblush．㊧볼을 붉히다．「京子はおおぜいの人の前でほめられて，恥ずかしそうにほおを染めた」

ボーイ(boy) ボーイ ①男の子．Ｅa boy．㊧보이，소년，사내아이．「ボーイスカウト//ボーイソプラノ//ボーイフレンド」対ガール ②ホテルや船の中，レストランなどで客の応対をする若い男性．Ｅa porter; a bellboy; a waiter．㊧보이，사환．「ボーイに荷物を部屋まで運んでもらう//ボーイを呼ぶ」

ほおかぶりホーカブリ〔～する〕①手ぬぐいや布などで，頭からあごの下にかけて包むようにすること．ほおかむり．ほっかぶり．Ｅwrap one's cheeks with a towel．

〔ほおかぶり①〕

㊧(수건 등으로) 머리와 볼을 둘러쌈．「母は手ぬぐいでほおかぶりして，畑で働いている」②知っていながら知らないふりをすること．ほおかむり．ほっかぶり．Ｅfeign ignorance．㊧모르는 체함．「宣伝カーの騒音を取り締まってほしいと頼んでも，警察はほおかぶりを決めこんでなにもしない」

ポーズ(pose) ポーズ ①〔～する〕体をいろいろな形に曲げて，ある姿勢をつくること．また，その姿勢．Ｅa pose．㊧포즈，자세．「踊るときのポーズをして見せる//自然なポーズを取る」②表面だけの見せかけの態度．Ｅpretense．㊧포즈，태도．「洋子はあなたに冷たいポーズを取っているが，本当はあなたが好きなのだ」

ボート(boat) ボート 小さな舟．Ｅa boat．㊧보트．「公園の池でボートをこぐ//ボートレース//モーターボート」数1隻・1艘

ボーナス(bonus) ボーナス 給料をもらって働く人に，月給のほかに年に数回与えられる金．賞与．一時金．Ｅa bonus．㊧보너스，상여금．「今年の夏のボーナスは月給の

ほおば・る ホーバル〖他動五〗(ほおばって) 口いっぱいにつめこむ。また、口いっぱいにつめこんで食べる。Ⓔcram one's mouth. 한입안 가득 음식을 넣다, 그렇게 하고 먹다.「腹をすかしていた子供は、ごはんを口いっぱいにほおばって、夢中で食べた//お菓子をほおばる」

ホーム ホーム〖← プラットホーム(platform)〗駅の一部で、電車や列車に乗り降りする所。Ⓔa platform. 한홈, 플랫폼.「毎朝、新宿駅のホームはたいへん混雑する//列車がホームに入る」

ホーム (home) ホーム ①家庭。自分の家。Ⓔa home. 한홈, 집, 가정.「ホームドラマ//マイホーム(→項目)」②保護者のいない子供や老人が住む施設。Ⓔa home. 한홈, (무의탁 노인・아동) 수용 시설.「老人ホーム」③本国。故郷。Ⓔone's home. 한본국, 고향.「ホームタウン」④野球の本塁。ホームベース。Ⓔthe home plate. 한홈(베이스).「ホームイン」

ホームシック (homesick) ホームシック 故郷を離れて１人でいる人が、自分の家庭や故郷を恋しく思う状態。Ⓔhomesick. 한홈식, 향수(병).「マリーはホームシックにかかって元気がない」

ホームステイ (homestay) ホームステイ〖～する〗外国へ行ったとき、その国の家庭に泊まり、家族の１人として一緒に生活すること。Ⓔhomestay. 한홈스테이, (유학생 등이) 일반 현지 가정에 체류함.「家に留学生をホームステイさせる」

ボール (ball) ボール、ボール ①スポーツに使う、球の形をしたもの。Ⓔa ball. 한볼, 공.「ボールをける//ボールを投げる//テニスのボール」②野球で、打者が打たなくてもいいとされる、コースをはずれた投球。Ⓔa ball. 한볼、스트라이크 존을 벗어난 투구.「ボールに手を出さないで、いい球を待つ」対ストライク

ボールペン ボールペン〖← ボールポイントペン(ball-point pen)〗文字などを書く道具。インクのついた小さい球が軸の先についたもの。Ⓔa ball-point pen. 한볼펜.「ボールペンのインクがなくなって書けなくなった」数１本 →文房具図

ほか 【外】ホカ ①それではないものごと。別。別のもの。Ⓔanother; something else; but; others. 한다른 것, 이외, 그 밖.「これでなくほかのものを見せてください//あなたのほかに適当な人はいない//部長ほか５名」
②そこではない所。別の所。Ⓔanother place; somewhere else. 한다른 곳.「ほかの所をさがす//ほかへ行ってみよう」
③程度やものごとがある範囲をこえていること。Ⓔbeyond; besides. 한밖, 외.「病人は思いのほか元気だった」
④(動詞の基本形について、「～ほか…ない」の形で)～以外にはない。「みんなで協力するほかない//あきらめるほかない(ⒺWe have no choice but to give up. 한단념할 수밖에 없다。)」

ほかでもない それ以外のことではない。まさに、そのことだ。Ⓔthe very; what I want to say is. 한다름 아니다.「ほかでもない、山田くんのことなんだが、いい就職口はないかね」

ぼか・す ボカス〖他動五〗(ぼかして) ①色の濃い所と薄い所の境目をはっきりさせないようにする。Ⓔshade off; gradate. 한바림하다, 선염하다.「ほお紅をぼかしてぬる//墨絵は墨をぼかして景色をかく」②はっきりさせず、あいまいにする。Ⓔvague (answer); blur. 한얼버무리다；흐리다.「実験は成功したかときかれて、成果がなかったわけでは

ほかならない ①(「～にほかならない」の形で)～以外のものではない.まちがいなく～だ.「優勝できたのは、長い間の努力の結果にほかならない(ⒺIt's nothing but the result of our efforts for a long time that we could win the championship. 圏우승할 수 있었던 것은 오로지 오랜 동안의 노력의 결과이다.)」②特にだいじな.Ⓔno one but (you). 圏다름 아닌.「ほかならないあなたのお申し出ですから、協力しましょう」

≡参 古い言い方は「ほかならぬ」.

ほかほか ホカホカ、ホカホカ[～する] 気持ちよく、暖かいようす.「日にほしたふとんがほかほかして、いい気持ちだ(ⒺThe sunned *futon* feels warm and comfortable. 圏볕에 말린 이부자리가 따끈따끈해서 기분이 좋다.)//焼きたてで、ほかほかのパン」→ぽかぽか

ぽかぽか ポカポカ ①[～する] 体の中まで気持ちよく、暖かく感じるようす.「温泉にゆっくりつかったので、体がぽかぽかする(ⒺI soaked leisurely in the hot spring bath, so I feel nice and toasty. 圏온천에 느긋하게 몸을 담갔더니 몸이 따끈따끈하다.)//ぽかぽかした春の日」
②かたいもので続けてたたくようす.「げんこつでぽかぽか(と)なぐる(Ⓔhit repeatedly with one's fists. 圏주먹으로 탁탁 때리다.)」

≡参 ①は「ほかほか」と似ているが、「ほかほか」が、あるものが暖かいようすを表すのに対して、「ぽかぽか」は空気や光などが暖かくて気持ちのいいようすを表す.また、②に似た言い方で、1回だけのばあいは「ぽかり」や「ぽかっと」という.

ほがらか 【朗らか】ホガラカ はればれして、明るいようす.Ⓔcheerful; merry. 圏명랑함、쾌활함.「京子はいつもにこにことほがらかで楽しそうだ//ほがらかな性格//ほがらかに笑う」

ほかん 【保管】ホカン[～する] こわしたりなくしたりしないように、たいせつにしまっておくこと.Ⓔkeep; safekeeping. 圏보관.「だいじな書類を金庫に保管する」書

ほきゅう 【補給】ホキュー[～する] たりなくなった分を補うこと.Ⓔsupply; furnishing. 圏보급.「ガソリンを補給して出発する//栄養の補給」

ぼく 【僕】ボク 自分をさすことば.男性が同等か目下の人に対して使う.Ⓔ(masculine) I (used when talking to one's equal or junior). 圏나.「ぼくときみとは小学校の同級生で、もう10年以上のつきあいだ//ぼくはきょうは授業がないから学校に行かない」

ぼくし 【牧師】ボクシ、ボクシ キリスト教のプロテスタントで、教会の管理や信者の教育、指導をする人.Ⓔa clergyman; a minister. 圏목사.「日曜に教会で聞いた牧師の話はとてもよかった//神学校を出て牧師になる」

ぼくじょう 【牧場】ボクジョー 牛、馬、羊などの家畜を飼うための草の生えている広々とした場所.まきば.Ⓔa stock farm; a ranch. 圏목장.「山のふもとにある牧場で牛がのんびりと草を食べていた」

ボクシング (boxing) ボクシング 2人の選手がリングと呼ばれる正方形の試合の場で、両手に革でできた手袋のようなものをはめて打ち合う競技.拳闘.Ⓔboxing. 圏복싱、권투.「ボクシングの試合で、チャンピオンが顔を打たれて目にけがをした//ボクシングは、ヘビー級、ミドル級、バンタム級などの階級に分かれている」

ほぐ・す ホグス〖他動五〗(ほぐして) ①もつれたものをほどいたり、かたまりになっているものを細かく分けたりする。ほごす。Ⓔdisentangle; break up ~ into pieces. 한풀다；뜯다.「もつれた毛糸をほぐす∥カニの身をほぐしてサラダに入れる」②かたくなっているものをやわらかくする。ほごす。Ⓔrelax; ease. 한풀다.「緊張をほぐすために、軽い体操をする∥肩のこりをほぐす」▷自動ほぐれる

ほくそえ・む 【ほくそ笑む】ホクソエム〖自動五〗(ほくそえんで) ものごとが思ったとおりにいったときなどに、1人こっそり笑う。Ⓔgloat over; chuckle to oneself. 한회심의 미소를 짓다, 혼자 싱글거리다.「株が値上がりして株主たちはほくそえんだ∥陰でほくそえむ」

ぼくちく 【牧畜】ボクチク 牛、馬、羊などの家畜を飼ってふやす仕事。また、それらの動物から衣類や食品の材料をつくる仕事。Ⓔstockfarming; cattle breeding. 한목축.「牛乳をしぼることは牧畜の仕事のたいせつな部分だ∥将来、スイスの山のふもとで牧畜をして暮らすつもりだ」

ぼくとつ 【朴訥】ボクトツ 話し方は上手でないが、誠実さがよく表れているようす。Ⓔunaffected; simple and good-natured. 한목눌, 말재주가 없고 성실함.「ぽつりぽつりと、ぼくとつにインタビューに答える若い力士∥飾り気のない、ぼくとつな人柄」

ほくほく ホクホク、ホクホク〖～する〗①調理した芋、クリ、カボチャなどが、水分が少なくてやわらかいようす。「このサツマイモはほくほくして、とてもおいしいⒺThis sweet potato is delicious, being soft but not soggy. 한이 고구마는 파삭파삭해서 아주 맛있다.)」②うれしくて自然に笑いが出てきてしまうようす。「ボーナスをたくさんもらって、社員たちはほくほくしているⒺHaving received large bonuses, the employees are all smiling complacently. 한보너스를 잔뜩 받아서 사원들은 싱글벙글하고 있다.)∥魚がたくさんとれて、漁師たちはほくほく顔だ」

ほくろ ホクロ 皮膚の表面にある黒い小さな点。Ⓔa mole. 한검은 점, 검정 사마귀.「京子は口もとにほくろが2つある∥泣きぼくろ(Ⓔa mole under one's eye. 한눈밑(눈가)의 검정 사마귀。)」

ほけつ 【補欠】ホケツ 欠けてたりないものや人員を補うこと。また、そのために用意された人。Ⓔan alternate; a substitute. 한보결, 보결.「道子はA大学に補欠で合格した∥二郎は補欠の選手だ∥補欠選挙」

ポケット (pocket)ポケット 洋服などについている、小さな物入れ。Ⓔa pocket. 한포켓, 호주머니.「胸のポケットにハンカチを飾る∥ポケットサイズ∥ポケットマネー(Ⓔpocket money. 한포켓 머니, 용돈。)」→ワイシャツ図

ポケットベル ポケットベル 遠くにいる相手を無線の信号で呼び出す、ポケットに入るぐらいの小型の機械。ポケベル。Ⓔa beeper; a pager. 한무선 호출기, 삐삐.「ポケットベルが鳴りだしたので、会社に電話して用件をきいた」
参 英語の「ポケット(pocket)」と「ベル(bell)」から日本でできたことば。

ぼけつをほる 【墓穴を掘る】自分で自分を破滅させるようなことをする。Ⓔbe suicidal; dig one's own grave. 한제 무덤을 파다.「病気なのに酒を飲み続けるのは、墓穴を掘るようなものだ」

ぼ・ける ボケル〖自動一〗①頭の働きが鈍くなって、ぼんやりする。Ⓔbecome senile. 한(머리가) 둔해지다, 흐려지다, 멍청해

じだ。「祖父は90歳になって、すこしぼけてきた／／最近、ぼけて忘れっぽくなった」②形や色がはっきりしなくなる。Ｅfade; be out of focus. 한바래다, 퇴색하다；흐려지다.「色がぼける／／ピントがぼける」▷图ぼけ

ほけん【保険】ホケン ①火事や事故などの災難にあったときや、病気になったり死んだりしたとき金をもらうために、前から契約して金を払っておく制度. Ｅinsurance. 한보험.「海外旅行に出る前に保険をかける／／火災保険／／生命保険」②「健康保険」を略した言い方. 病気やけがをしたときなどにかかる費用を、本人、国、会社などで分担する仕組みの保険. Ｅhealth insurance. 한건강 보험.「この病院は保険でみてくれる／／保険医」

ほけんじょ【保健所】ホケンジョ、ホケンジョ 医師や保健婦がいて、住民の健康を守るための相談や予防注射、衛生の指導などを行う公的な機関. Ｅa (public) health center. 한보건소.「保健所でエイズの正しい知識を教わる」

ほけんしょう【保険証】ホケンショー「健康保険証」を略した言い方. 健康保険などに加入していることを示す証明書. Ｅa health insurance card. 한건강 보험증.「医院に行くときは保険証を忘れないように」

ほご【保護】ホゴ〔〜する〕危険などから守ったりかばったりすること. Ｅprotection; conservation. 한보호.「ひな鳥は親鳥の保護のもとにたいせつに育てられた／／保護貿易／／自然保護／／過保護(→項目)」

ぼご【母語】ボゴ 学習して覚えた言語ではなく、幼いとき家族などを通じて最初に自然に覚えた言語. Ｅone's native language. 한모어, 모국어.「日本で生まれ育ち、教育も日本語で受けたマリーの母語は日本語だ」書

ぼこう【母校】ボコー 自分が卒業した、または、いま学んでいる学校. 出身校. Ｅone's old school; one's Alma Mater. 한모校.「10年ぶりに母校をおとずれたが、A先生は10年前と同じように元気に数学を教えていた／／母校の野球チームを応援する」

ぼこく【母国】ボコク 自分の生まれた国. Ｅone's native country. 한모국, 조국.「ジョンは2歳のとき父の仕事のため、母国のアメリカを離れてイギリスに渡った／／母国語(Ｅone's native language. 한모국어.)」

ほごしゃ【保護者】ホゴシャ 児童などを保護する義務のある親、または親にかわる人. Ｅone's parents; a guardian. 한보호자.「生徒が学校でけがをしたので、校長は保護者に連絡した」

ほこらし・い【誇らしい】ホコラシイ 得意で、自慢したい気持ちだ. Ｅproud; triumphant. 한자랑스럽다.「どんな苦しいときでも明るさを失わない母を誇らしく思う／／娘がオリンピックの代表に選ばれて誇らしい気持ちだ」

ほこり【誇り】ホコリ、ホコリ 誇る気持ち. プライド. Ｅpride. 한자랑, 긍지, 자부심.「この町が生んだ作曲家A氏は、町の人々の誇りだ／／誇りを傷つける(Ｅhurt a person's pride. 한자부심을 손상시키다.)」他動誇る

ほこり ホコリ 飛びちる粉のようなごみ. Ｅdust. 한먼지.「自動車が通るとほこりが舞い上がる／／テーブルの上のほこりをふく／／ほこりっぽい／／砂ぼこり」→ちり

ほこ・る【誇る】ホコル、ホコル〔他動五〕（ほこって）自慢する気持ちをことばや態度に表す. 名誉に思う. Ｅbe proud of; boast of. 한자랑하다, 뽐내다.「両国の代表は、軍縮交渉の成果を誇った／／日本が世界に誇る美術品」名誇り

ほころ・びる ホコロビル〔自動一〕①縫い目の糸がとけて、すきまができる。ほころぶ。 Ⓔbe ripped; come apart. 한실밥이 풀리다, 터지다.「ズボンがほころびる」②つぼみが開きはじめる。ほころぶ。 Ⓔbegin to bloom. 한(꽃망울이) 벌어지다, (꽃이) 피기 시작하다.「梅の花がほころびる」③口もとがすこしゆるんで笑い顔になる。ほころぶ。 Ⓔsmile. 한입이 벌어지다, 미소를 띠다.「ボーナスが考えていたより多かったので、社員の顔もほころびた」▷名ほころび

ぼさぼさ ボサボサ, ボサボサ〔~する〕①するべきことをしないでぼんやりしているようす。「ぼさぼさしていないで手伝いなさい(ⒺDon't be idle. Help me with finishing the work. 한멍하니 있지 말고 좀 거들어 다오.)」②髪などがととのっていないようす。「起きたままのぼさぼさの頭(Ⓔthe hair left disheveled since morning. 한일어난 그대로의 부스스한 머리.)」▷話

ほし 【星】ホシ ①晴れた夜空に少さく輝いて見える、宇宙空間の物体。 Ⓔa star. 한별.「夜空に星が光っている//流れ星(Ⓔa shooting star. 한유성, 별똥별.)」
②「①」で、その人の生まれや生き方に関係があるといわれるもの。 Ⓔone's star. 한별자리, 운수.「洋子はしあわせな星のもとに生まれた//星まわり」
③すもうの勝ち負けをしるす、まるいしるし。「○」は勝ち、「●」は負け。 Ⓔa score in sumo. 한(스모에서) 승패의 표시.「もう1つ星を取れば大関になれる//星取り表//白星(→項目)//黒星(→項目)」

星が降る 星が空一面に輝く。 Ⓔstars fill the sky. 한별이 총총 빛나다.「星が降る街を恋人と歩いた」

ほじ 【保持】ホジ〔~する〕その状態を保ち続けること。 Ⓔhold; maintain. 한보지, 보유.「S氏は走り高跳びの日本記録を保持している//公務員は国の機密を保持する義務がある」書

ほし・い 【欲しい】ホシイ ①自分のものにしたい気持ちだ。 Ⓔwant; wish. 한갖고 싶다, 탐나다.「お金がほしい//ほしかったカメラがやっと買えた」
②(「~てほしい」の形で)~てもらいたい。「わたしの話を聞いてほしい(ⒺI want you to listen to me. 한내 말을 들어 주기 바란다.)//両親にはいつまでも元気でいてほしい」
≡注②はひらがなで書く。

ポシェット (㋺pochette) ポシェット 財布やハンカチなどを入れて、肩からかけて持って歩く小さなバッグ。 Ⓔa pochette. 한(소형) 핸드백.「ポシェットを肩からかけて本を手に持って出かける」

ほしゅ 【保守】ホシュ〔~する〕①ものごとを急に変えることに反対し、いままでのやり方を守っていこうとすること。 Ⓔstick to; conservatism. 한보수.「現状を保守する//保守主義//保守政党」対革新 ②いい状態をもち続けること。 Ⓔmaintenance. 한보수.「エレベーターの保守の仕事を引き受ける//保守点検(Ⓔmaintenance inspection. 한보수 점검.)」

ほじゅう 【補充】ホジュー〔~する〕たりない分や減った分を補って、もとのとおりにすること。 Ⓔfill up; replenish. 한보충.「病気でやめた先生の補充として、道子を採用した」

ぼしゅう 【募集】ボシュー〔~する〕求めていることを人々に広く知らせて人や作品などを集めること。 Ⓔadvertize; recruit; invite. 한모집.「新聞広告で社員を募集する//展覧会のための作品を募集する//募集

人員」

ほしゅてき【保守的】ホシュテキ いままでの状態を守って、変えようとしないようす。Ⓔconservative. 한보수적.「保守的な人は新しいものごとを取り入れたがらない//父は保守的だから、男は外、女は内の役割分担を守るべきだと言う」対革新的, 進歩的

ほじょ【補助】ホジョ〔〜する〕不足しているところを補って助けること. また, その助けとなるもの. Ⓔaid; help; assistance. 한보조.「父の死後は伯父から学資の補助を受けた//補助金//補助いす」

ほしょう【保証】ホショー〔〜する〕①大丈夫だ, まちがいないと責任を持って請け合うこと. Ⓔguarantee; assure. 한보증.「一郎はしっかりした青年です, わたしが保証しよう//身元を保証する(Ⓔguarantee a person's identity. 한신원을 보증하다.)」②将来の結果や損害に対して責任を取ること. Ⓔguarantee. 한보증.「このカメラは1年間の保証がついている//保証金//保証書」▷→保障

ほしょう【保障】ホショー〔〜する〕保護して, 不安やほかからの害がおよばないようにすること. Ⓔsecure; security. 한보장.「社員としての身分を保障する//社会保障(Ⓔsocial security. 한사회 보장.)」
参「保証」も似ているが, 「保証」が, 確かだと請け合うことを意味し, 「連帯保証」「保証つき」などと使うのに対して, 「保障」は不安や害がないよう請け合うことで, 「最低生活を保障する」「安全保障」などと使う.

ほしょう【補償】ホショー〔〜する〕相手に与えた損害と同じ価値のものや金を相手に渡して償うこと. Ⓔcompensation. 한보상.「T氏は無実の罪で刑務所にいた15年間の補償を国に求めた」→弁償

ほしょうにん【保証人】ホショーニン, ホショーニン ある人物の身元や行為について責任を負う人. Ⓔa guarantor; a surety. 한보증인.「伯父が, 就職するときの保証人になってくれた//連帯保証人(Ⓔa joint surety. 한연대 보증인.)」

ほ・す【干す】ホス〘他動五〙(ほして)①しめりけを取り除くために, 日光や風に当てる. Ⓔdry; air. 한말리다.「きょうは天気がいいからふとんをほそう//洗濯物をはす」②水をすっかり取り除いて空にする. Ⓔdraw off. 한물을 죄다 빼다.「池の底の泥を取り除くために, 水をほす」③残らず飲んでしまう. Ⓔdrink up; empty. 한전부 마셔 버리다, 비우다.「さあ, さかずきをほしてください//飲みほす」④仕事を与えない. Ⓔbe left out in the cold. 한일거리를 주지 않다.「あの俳優はこのごろはされているらしく, テレビに出ない」
参 ④は受身の形で使うことが多い.

ポスター(poster)ポスター 広報や宣伝用に, 絵や文字などを組み合わせてつくったはり紙. Ⓔa poster. 한포스터.「選挙が近いので, 候補者の名前と顔の入ったポスターが町のあちこちに見られる//映画のポスター」 数 1枚

ポスト(post)ポスト ①道路わきなどにある, 郵便物を入れる箱. また, 配達された郵便物を受け取る箱. Ⓔa mailbox; a pillar box. 한포스트, 우체통, 우편함.「校門の前のポストに手紙を入れる//家のポストに父からの手紙が入っていた」②地位. 職. Ⓔa position; a post. 한포스트, 지위, 직.「一郎は4月に社長のポストについた//重要なポスト」③以後.「ポストモダン//ポスト冷戦(Ⓔafter the Cold War. 한냉전 이후.)」

ホスピス(hospice)ホスピス 重病で死

期が近い人の苦痛をやわらげ、穏やかに死を迎えられるようにする施設.Ⓔa hospice. 🏷호스피스, 임종이 가까운 환자를 위한 의료 시설.「伯母はホスピスで死を迎える心の準備をしている」

ほそ・い 【細い】ホソイ ①棒などのまわりや、線のようなものの幅が小さい.Ⓔthin; narrow. 🏷가늘다, 좁다.「すぐ折れそうな細い枝//車の入れない細い道」対太い ②やせている.Ⓔslender; slim. 🏷마르다, 여위다.「道子は細いけれど丈夫だ」対太い ③声が高いが、あまり響かない.Ⓔthin; weak. 🏷(목소리가) 가늘다;가냘프다.「先生にしかられた中学生は、蚊の鳴くような細い声で話した」対太い ④勢いがなくて、弱々しい.Ⓔsensitive; delicate. 🏷여리다, 잠세하다.「二郎は神経が細くて、ちょっと注意されてもとても気にする」対太い

ほそく 【補足】ホソク〔～する〕ふじゅうぶんなところをつけたして補うこと.Ⓔsupplement; complement. 🏷보족, 보충.「部長の報告は簡単すぎたので、次長が補足した補足説明」

ほそぼそ 【細細】ホソボソ 続けるのがむずかしい状態だが、なんとか続いているようす.Ⓔbarely; scantily. 🏷겨우겨우, 근근이, 그럭저럭.「病気で働けなくなり、わずかな貯金をおろして細々(と)暮らしている//読者が減ってしまったが、雑誌を細々と発行し続けている」

ぼそぼそ ボソボソ, ボソボソ ①低く小さな声で話すようす.「先生は1人ぼそぼそ(と)話している(ⒺThe teacher is talking in a subdued tone. 🏷선생님은 혼자 속삭속살 이야기하고 있다.)」②〔～する〕乾いて水分が少ないようす.「おととい買ったパンは、もうぼそぼそでおいしくない(ⒺThe bread I bought the day before yesterday is dry and crumbling, so it's no longer tasty. 🏷그저께 산 빵은 벌써 퍼석퍼석해서 맛이 없다.)」

ほそ・める 【細める】ホソメル〔他動一〕細くする.Ⓔnarrow; turn down. 🏷가늘게 하다;약하게 하다.「祖父は孫たちの顔を目を細めて見ている//ガスの火を細める」自動 細まる

ほぞん 【保存】ホゾン〔～する〕そのままの状態を保つようにして取っておくこと.Ⓔpreserve; keep. 🏷보존.「遺跡を保存するため、市が土地を買いあげることになった//保存食(Ⓔpreserved food. 🏷보존 식품.)」

ぽたぽた ポタポタ 水などが1滴ずつ続いて落ちるようす.「天井からぽたぽた(と)雨がもる(ⒺThe rainwater drips down from the ceiling. 🏷천장에서 똑똑 비가 샌다.)」

ボタン (㊨botão)ボタン ①洋服などの合わせ目につけて一方の穴に入れてとめるもの.まるくて平たい形のものが多い.Ⓔa button. 🏷단추.「ワイシャツのボタンが取れる//ボタンをはめる//ボタンをはずす//カフスボタン」②機械を動かしたり、人を呼んだりするとき、押すもの.Ⓔa button. 🏷버튼, 누름단추.「ボタンを押すと、エレベーターのドアが閉まる//ボタン戦争(Ⓔa button war. 🏷버튼 전쟁.)」▷→ワイシャツ図

ぼち 【墓地】ボチ 死者を埋葬してある場所.墓場.Ⓔa graveyard; a cemetery. 🏷묘지.「大統領が、戦争でなくなった人たちの墓地に花輪を供えた//墓地におまいりに行く」

ホチキス ホチキス 押すと「」の形の金属製の針が1つずつ出て、紙などをとじる事務用品.ホッチキス.Ⓔa stapler. 🏷호치키스, 스테이플러.「3枚の資料を、ホチキス

でとめて配る」

参「ホチキス(Hotchkiss)」は発明した人の名前で、商標名でもある.

ぼちぼち ポチポチ 急がずにすこしずつするようす. そろそろ. Ｅsoon; little by little. 韓슬슬、조금씩.「ぼちぼち(と)帰ってくるころだろう//客がぼちぼち(と)来るようになった」

参「ぽつぽつ」も似ているが、「ぼちぼち」のほうがくだけた言い方.

ほちょう【歩調】ホチョー ①歩くときの速さなどの調子. Ｅa pace; a step. 韓보조.「歩調をそろえて行進する//老人はゆっくりとした歩調で散歩している」②多くの人が一緒に行動するときの調子. Ｅpace. 韓보조, 페이스.「みんなが歩調を合わせて仕事をすると早くできる」

ぼつ【没】ボツ ①死んだこと. 死んだ年月日を表すときに多く用いる. Ｅdied ~ (used with date). 韓몰、죽음.「川端康成 1972年没/没後200年」②投書、提案などが採用されないこと. Ｅbe rejected. 韓(원고 등이)채택되지 않음.「Ａ新聞に投書したが、1ヵ月たっても出ないから、没になったのだろう//旅行の計画は没になった」③(他のことばの頭について)全然ない.「没個性(Ｅlack of individuality. 韓몰개성.)//没交渉(Ｅhave no connection with. 韓몰교섭、교섭이 없음.)//没趣味」▷書①

ほっかいどう【北海道】ホッカイドー 日本列島の中でいちばん北にあり、本州のつぎに大きい島. 地方公共団体の1つ. Ｅ Hokkaido. 韓홋카이도.「夏は涼しく冬はスキーができる北海道に住みたい//北海道でいちばん大きい市は札幌だ」

ぽっかり ポッカリ ①はっきりと、めだつように浮かんでいるようす.「青い空に、白い雲がぽっかり(と)浮かんでいる(Ｅ One white cloud is floating conspicuously in the blue sky. 韓파란 하늘에 하얀 구름이 두둥실 떠 있다.)」②突然、大きな穴が開くようす.「工事現場に大きな穴がぽっかり(と)開いていた(Ｅ There was a large gaping hole at the construction sight. 韓공사 현장에 큰 구멍이 뻥 뚫려 있었다.)//母が死んで心の中にぽっかり(と)穴が開いたような気がする」

ほっきょく【北極】ホッキョク 地球の北のはしに当たる所. 磁石で北をさしているほうのはし. Ｅthe North Pole. 韓북극.「探検隊は北極を犬ぞりで走って北極点に達した//北極圏(Ｅthe Arctic Circle. 韓북극권.)//北極星」対南極

ホック(㋭hoek)ホック ①洋服などの留め金. かぎ状の小さな金具でひっかけてとめる. Ｅa hook. 韓훅.「えりのホックをはずして汗をふく//ホックをかける//かぎホック」②凹凸1組になった円形の小さな留め金. 押し合わせてとめる. Ｅa snap. 韓훅、똑딱단추.「太ってそでロのホックがとまらなくなった」

ぽっくり ポックリ 人が突然死ぬようす.「きのうまで元気に仕事をしていた二郎が、ぽっくり(と)死んでしまった(Ｅ Though Jiro was working just fine until yesterday, he suddenly died. 韓어제까지 건강하게 일하던 지로가 갑자기 죽어 버렸다.)//ぽっくり病」

ほっさ【発作】ホッサ 病気の激しい痛みや苦しみが急に起こること. Ｅan attack; a fit. 韓발작.「心臓の発作に苦しめられる//喘息の発作を起こす」

ほっさてき【発作的】ホッサテキ ものごとが思いがけなく急に起こるようす. Ｅby fits and starts. 韓발작적.「ときどき、発作的に旅行がしたくなる//発作的な犯行(Ｅa spasmodic crime. 韓발작적인 범행.)」

ぼっしゅう　【没収】ボッシュー〔～する〕強制的に財産や権利などを取りあげること．Ｅconfiscate; seize; forfeit. 한몰수.「空港の税関は、輸入を禁止されている珍しい動物を没収した//10年間税金を払わなかったので、土地と建物を没収された」

ほっそく　【発足】ホッソク〔～する〕団体や会などがつくられ活動が始まること．Ｅstart; form. 한발족.「A市に「町の緑を守る会」が発足した」書
注　最近は「はっそく」も使うようになった．

ほっそり　ホッソリ〔～する〕細くて形が美しいようす．「あの女優の指は、長くてほっそりしている（ＥThat actress' fingers are long and slender. 한저 여배우의 손가락은 길고 가느스름하다.）//縦じまの濃い色の服は、体をほっそり（と）見せる」

ほったらか・す　ホッタラカス, ホッタラカス〔他動五〕（ほったらかして）中途でやめて、そのままにする．また、なにもしないままにする．Ｅneglect; lay aside. 한내버려 두다, 내팽개치다, 방치하다.「仕事をほったらかして、テレビばかり見ている//けが人をほったらかして逃げる」話　名ほったらかし

‐ぽっち　（数や量を表すことばや、「これ〔っ〕」「それ〔っ〕」「あれ〔っ〕」について）わずかに～だけ．ぽち．ほっち．ぽち．「10円ぽっちじゃなにも買えない（ＥWe can buy nothing for only ten yen. 한10 엔만으로는 아무것도 살 수 없다.）//これっぽっち（Ｅonly this much. 한이것뿐, 요만큼.）」話

ぼっちゃん　【坊ちゃん】ボッチャン①他人の男の子を丁寧にいう言い方．Ｅa person's son. 한도련님, 도령, 아드님.「おたくの坊ちゃんは今年小学校を卒業なさったのですね」対（お）嬢ちゃん②世の中をあまり知らず苦労せずに成長した男性を、すこし軽蔑していう言い方．Ｅa greenhorn. 한궁도령.「兄は甘やかされてのんびり育った坊ちゃんで、世間の苦労がわからない//坊ちゃん育ち」▷→坊や

ほっと　ホット, ホット①いちどに軽く息をはきだすようす．Ｅheave a sigh of relief. 한후유.「部長の長い話が終わって、みなほっとため息をついた」②〔～する〕安心するようす．Ｅfeel quite relieved. 한한숨 돌림, 안도의 한숨을 내쉼.「母の手術が無事に終わったと聞いてほっとした」

ホット　（hot）ホット①熱い．温かい．Ｅhot. 한핫, 뜨거움, 따뜻함.「コーヒーをホットで飲む//ホットケーキ（Ｅa pancake. 한핫케이크.）//ホットミルク」対アイス②いちばん新しく、話題になっているようす．Ｅhot; absolutely new. 한화끈함, 생생함.「ニューヨークのホットな話題を伝える雑誌//ホットニュース」

ぼっとう　【没頭】ボットー〔～する〕1つのことに夢中になってそのことしか頭の中にないこと．Ｅbe absorbed in; devote oneself to. 한몰두.「京子は読書に没頭していて、呼んでも気がつかない//A博士はいま、がんの治療薬の研究に没頭している」

ほっと・く　ホットク〔他動五〕（ほっといて）なにもしないで、そのままにしておく．ほうっておく．Ｅleave a thing as it is; leave alone. 한내버려 두다.「疲れたから食事の後片づけはあしたまでほっとこう//うるさい、ほっといてくれ」話

ホットライン　（hot line）ホットライン2つの国の首脳の間をつなぐ非常用の直通電話．また、大きな組織の長が直接他の組織の長と話す電話．Ｅa hot line. 한핫 라인.「ホットラインは、事故などによる核戦争の突発を防ぐために設けられた」

ほっぺた　ホッペタ「ほお」のくだけた言い方．Ｅa cheek. 한뺨, 볼따구니, 귀싸대

キ.「幼児がほっぺたを真っ赤にさせて走ってきた」話

ほっぺたが落ちる おいしくてたまらない. Ebe surprisingly delicious. 韓혓바닥이 녹을 것 같다, 아주 맛있다.「きみがつくったケーキは，本当においしくてほっぺたが落ちそうだ」似た表現ほおが落ちる

ぼつぼつ ボツボツ，ボツボツ ①急がずにすこしずつするよう.「来月引っ越しなので，ぼつぼつ(と)荷づくりを始めている//まだ時間はあるが，ぼつぼつ(と)出かけよう（EThere is still time, but let's get going. 韓아직 시간은 있지만 슬슬 나가자.)」②ちょっと大きい点や小さい穴のようなもの. Epimples; spots. 韓뾰루지；여드름；점.「顔にぼつぼつができた」▷→ぼちぼち

ぽつぽつ ポツポツ，ポツポツ ①すこしずつ間をおくよう.「雨がぽつぽつ(と)降りはじめた（EIt has begun to sprinkle. 韓비가 뚝뚝 내리기 시작했다.)//会の始まる30分前になり，ぽつぽつ(と)人が集まってきた」②小さい点のようなもの. Epimples; spots. 韓뾰루지；여드름；점.「皮膚にぽつぽつが出ている」

参①は「ぽつりぽつり」と似ているが，「ぽつりぽつり」は「ぽつぽつ」より，場所も時間も間が離れているようすを表す.

ぼつらく 【没落】ボツラク〔～する〕栄えていたものが衰えて力を失ってしまうこと. Efall; ruin. 韓몰락.「繁栄の絶頂にあったローマ帝国もやがて没落した//没落貴族（Ea ruined nobility. 韓몰락한 귀족.）」

ほつ・れる ホツレル〔自動一〕編んだものや結んであるものがほどける. Efray; become loose. 韓풀리다，흐트러지다.「セーターのそで口がほつれる//ほつれた長い髪」名ほつれ

ボディー （body）ボディー ①人の体. ま

た，その形. Ethe body. 韓보디，신체，몸.「ボディーチェック//ボディーガード」②機械などの胴体に当たる部分. Ethe body. 韓보디，동체，몸체.「交通事故にあって，新車のボディーに傷がついた」

ボディーランゲージ （body language）ボディーランゲージ 意思や感情を伝えるための身ぶりや表情や態度. 身体言語. Ebody language. 韓보디 랭귀지，신체 언어.「母はどこの国へ行っても，ボディーランゲージを使ってコミュニケーションしている」

ポテト （potato）ポテト ジャガイモ. Ea potato. 韓포테이토，감자.「夕食にポテトのサラダをつくる//ポテトチップス//フライドポテト」

ほて・る 【火照る】ホテル〔自動五〕（ほてって）顔や体が熱く感じられる. Ebe flushed; be in a glow. 韓화끈해지다，달아오르다.「アルコールに弱いので，ビールを1口飲むと，もうほおがほてってくる//熱が出てほてった体」名火照り

ホテル （hotel）ホテル 洋風の旅館. Ea hotel. 韓호텔.「ホテルのロビーで会う//ホテルを予約する//一流ホテル」数1軒 →旅館 →囲み

ほど 【程】ホド ①能力や身分などの限度. Ebounds; the limit. 韓한계，한도，분수.「力のほどをつくす//身のほどを知らない」

②ものごとの程度，ぐあい，ようす. Edegree; extent. 韓정도，쯤，만큼.「真偽のほどはわからない//年のほど30ぐらいの男性」

③（数や量を表すことばの後について）だいたいの数や量や程度を表す.「レポートを半分ほど書いたとき，電話がかかってきた//5分ほど行くと郵便局がある（EIf you go about five minutes, you will come to a post

ほどう

office. 한5분 정도 가면 우체국이 있다.)」
④(動詞, 形容詞の基本形, 形容動詞の「な」の形について) ある例を示して動作や状態の程度を表す. 「時計が止まっているのかと思うほど, 時間がたつのが遅い(ETime passes so slowly that I feel the clock has stopped. 한시계가 멈췄나 하는 생각이 들 정도로 시간 가는 것이 더디다.)//あの2人は不思議なほど似ている」
⑤(「~ば~ほど」の形で) ~するにつれてますます. 「考えれば考えるほどわからなくなる//高い所へ上がれば上がるほど気温が下がる(EThe higher you ascend, the lower the air temperature becomes. 한높은 곳에 올라가면 올라갈수록 기온이 내려간다.)」
⑥(「~ほど…ない」の形で) (1)比較の基準を示し, それを否定する. 「ビールはウイスキーほど強くない(EBeer is not as strong as whisky. 한맥주는 위스키만큼 독하지 않다.)//わたしの英語は人に教えるほどではない」(2)最高の程度であることを表す. 「これはどすばらしいピアノは聞いたことがない(EI've never heard such wonderful piano playing. 한이렇게 훌륭한 피아노 연주는 들은 적이 없다.)//健康ほどありがたいものはない」
▷→位囲み
≣注③~⑥はひらがなで書く.

ほどがある 限度をこえてひどすぎる. Ebe beyond the limit; go too far. 한~에도 한도[정도]가 있다. 「二郎はきょうも1日じゅう寝ていた. 怠けるにもほどがある」

ほどう 【歩道】ホドー 人が歩くために車道と分けて, 区切ってある部分. Ea sidewalk 한보도, 인도. 「歩道が狭くて歩きにくい//歩道橋(Ea pedestrian overpass. 한육교.)//横断歩道(Ea crosswalk. 한횡단 보도.)」 対車道 数1本→

ホテルや旅館で使うことば

予約する Emake a reservation. 한예약하다.

宿泊する Estay at (a hotel). 한숙박하다.

チェックイン Echeck-in. 한체크인.

チェックアウト Echeck-out. 한체크아웃.

宿泊カード Ea registration card. 한숙박 카드.

部屋のかぎ Ea room key. 한방 열쇠.

ルームサービス Eroom service. 한룸 서비스.

モーニングコール Emorning call. 한모닝 콜.

1泊2日 Etwo days and one night. 한1박 2일.

1泊2食つき Eone night with two meals. 한1박 2식.

部屋の種類

和室 Ea Japanese-style room. 한일본식 방.

洋室 Ea Western-style room. 한서양식 방.

シングル Ea single room. 한싱글 룸.

ツイン Ea twin room. 한트윈 룸.

ダブル Ea double room. 한더블 룸.

交差点⃝図

ほど・く ホドク〔他動五〕(ほどいて) 縫ったものや結んであるものをとく。Euntie; unknit. 헨풀다.「ひもをほどいて荷物を開ける/古いセーターをほどいて編み直す」对結ぶ
自動ほどける

ほとけ 【仏】ホトケ, ホトケ ①仏教を開いた人. 仏陀. 釈迦. また, 仏教の正しい悟りをえた人. Ethe Buddha. 헨부처, 석가모니.「仏の教えをひろめる//仏の道を学ぶ」
②①の像. 仏像. Ean image of Buddha. 헨불상.「仏をおがむ/東大寺の仏さまはとても立派だ」
③仏教のやり方で葬られる死者. Ea dead person; the dead. 헨고인.「この仏は酒が好きだった//仏になる」▷数②1基・1体, ③1体

仏作って魂入れず ものごとをほとんど完成しておきながら, いちばんたいせつなことを抜かしている。Ehave the form but not the spirit. 헨부처를 만들고 혼을 넣지 않다; 가장 중요한 것을 빠뜨리다.

仏の顔も三度 どんなにやさしく情け深い人も, 何度もひどいことをされれば, 最後には怒るものだ。EEven the patience of a saint has limits. 헨부처님 얼굴도 세번; 아무리 인자한 사람이라도 심한 짓을 여러 번 당하면 끝내는 화를 낸다.

ほどとお・い 【程遠い】ホドトーイ, ホドトーイ 時間, 距離, 程度などがかなり離れている。Ehave a long way to go; be far from. 헨꽤〔한참〕멀다.「地下鉄の工事は始まったばかりで, 完成にはほど遠い/すこしは貯金があるが, 家を買うにはほど遠い金額だ」对程近い

ほとばし・る ホトバシル〔自動五〕(ほとばしって) 勢いよく飛びちる。Egush out; spurt. 헨세차게 내뿜다, 용솟음치다, 샘솟다.「水道の蛇口を強くひねったら, 水がほとばしって出てきた//情熱がほとばしるピアノ演奏」

ほとほと ホトホト, ホトホト どんなやり方をしてもよくならず, 本当にいやになったり困ったりしているようす。「いつまでも泣きやまない子供には, ほとほと手を焼いた(EI found it utterly impossible to deal with the child who didn't stop crying the whole time. 헨언제까지나 울음을 그치지 않는 아이 때문에 진절머리나게 애를 먹었다.)/外国旅行中にパスポートをなくし, ほとほと困った」

ほどほど ホドホド, ホドホド ちょうどいい程度. 適度. Emoderate. 헨적당, 알맞은 정도, 정도껏.「仕事もほどほどにしないと体をこわす//冗談もほどほどにしろ(ELet's not carry jokes too far. 헨농담도 정도껏 해라.)//ほどほどの成績」

ほとぼり ホトボリ, ホトボリ 感情や興奮の名残. 事件が終わったあとの世間の関心. Ethe public excitement; the rumors. 헨(흥분의) 여열, 잔열; (사건 후의) 세간의 관심.「選挙のほとぼりも冷めて, これからが新市長の腕の見せどころだ/事件のほとぼりが収まるまで待とう」

ほとり ホトリ, ホトリ すぐそば. 近い所. Ealong; on; near. 헨근처, 부근.「川のほとりを散歩する// 湖のほとりのホテル」

ぽとりと ポトリト 軽いものが1つ落ちるようす.「涙が, 1粒, ぽとりと落ちた(EThe tear fell with a tiny plop. 헨눈물이 한 방울 똑 떨어졌다.)/ボールをつかんだと思ったが, ぽとりと落としてしまった」

ほとんど ホトンド ①すこしの例外はあるが, 全部といっていいほど. 大部分. Emost; almost; hardly. 헨거의, 대부분.「給

料のほとんどがアパート代と食費に消えてしまう//日曜日はテレビを見る以外、ほとんどなにもしない」②もうすこしで。「ほとんど死にかけたが、奇跡的に助かった(Ｅ)He was almost dying, but he survived miraculously. 韓거의 죽을 뻔했는데 기적적으로 살아났다。)」

ほね【骨】ホネ ①人やけもの、鳥、魚などの体の中にあるかたいもの。内臓を守り、体を支えたり運動を助けたりする。Ｅa bone. 韓뼈。「転んで足の骨を折る」

②「①」の、死んだ人のもの。こつ。Ｅashes; remains. 韓뼈、유골。「戦争で死んだ兄は骨になって帰ってきた//骨を拾う」

③道具などの内部にあって、全体を支える細いもの。Ｅa rib; a stick. 韓(기구의)살、뼈대。「強い風で傘の骨が曲がる//扇子の骨」

④ものごとに耐えるしっかりした気持ち。Ｅspirit; backbone. 韓기골、기개。「骨のある人間」

⑤むずかしいこと、苦労を必要とすること。Ｅhard. 韓힘듦、수고(스러움)。「漢字の多い文章を読むのは骨だ//骨を惜しむ」

▷数①③１本

骨が折れる 苦労がいる。困難だ。Ｅhard; laborious. 韓힘들다、고생스럽다。「会社まで２時間かかるのだから、通勤だけでも骨が折れる」似た表現 骨を折る

骨と皮 肉がなくなるほどやせていること。Ｅbecome all skin and bones. 韓피골이 상접함。「洋子は長い病気で骨と皮になってしまった」

骨をうずめる ①その土地で死ぬ。Ｅmake the land one's last home. 韓뼈를 묻다、죽다。「いろんな土地で暮らしたが、やはり最後は故郷に骨をうずめたい」②職場などに一生をささげる。Ｅdevote the rest of one's life to. 韓그 일에 일생을 바치다、뼈를 묻다。「入社式で、社長は、会社に骨をうずめるつもりで働いてほしいとあいさつした」

ほねおりぞん【骨折り損】ホネオリゾン、ホネオリゾン 苦労して努力したのにむだになること。Ｅa waste of effort. 韓헛수고。「せっかくワープロを打ったのに、機械の故障で全部消えてしまった。まったくの骨折り損だ」

骨折り損のくたびれもうけ 苦心して力をつくしたのにむだになって、くたびれただけのこと。Ｅgain nothing for all one's trouble. 韓고생만 실컷 하고 얻은 것은 피로뿐。

ほねぐみ【骨組み】ホネグミ、ホネグミ ①体の骨の構造。骨格。Ｅa build; a frame. 韓뼈대、골격。「兄はがっしりした骨組みの体で、柔道部で活躍している」②建造物やものごとの、全体を支える組み立て。Ｅframework; an outline. 韓뼈대。「体育館の骨組みができた//計画の骨組み」

ほねぬき【骨抜き】ホネヌキ、ホネヌキ ①計画や構想などのいちばん重要な部分をなくしてしまうこと。Ｅmutilated. 韓골자(알맹이)를 뺌。「政治改革の法案は骨抜きにされ、効果のないものになった」②しっかりした心がまえや主義などがないこと。Ｅspineless. 韓줏대〔기개〕가 없음。「野党の代表は与党の接待を受けて、骨抜きにされてしまった」

ほねみ【骨身】ホネミ、ホネミ 骨と肉、体。Ｅflesh and bones; the body. 韓뼈와 살、몸。「骨身にしみる寒さ」

骨身にこたえる 心に強く感じる。Ｅcome deeply home to one. 韓뼈에 사무치다。「いつも温かい目で見守ってくれた先生の忠告は骨身にこたえる」似た表現 骨身にしみる

骨身を削る 体がやせるほど苦労する。Ｅtoil; slave. 韓뼈를 깎다。「骨身をけずって小説を書く」

ほの- (動詞, 形容詞について) すこし. ぼんやり.「ほの見える(Ebe vaguely visible. 国희미하게 보이다.)//ほの暗い(Edusky; dim. 国어두컴컴하다, 어슴푸레하다.)//ほの白い」書

ほのお 【炎】ホノオ, ホノオ ①ろうそくやガスなど, ものが燃えているときに見える火の先. Ea flame; a blaze. 国불꽃, 불길.「ろうそくの炎を吹き消す//炎に包まれて逃げ遅れる//マッチの炎」②激しく燃えたつ感情. E the heat of; the flame of. 国격정; 불길.「わが子をひき殺した戦車を見る母親の目には, 怒りの炎が燃えていた//胸の炎を消す」▷→ろうそく図

ほのか ホノカ すこしだけ感じられるようす. Efaint; dim. 国희미함, 아련함, 어렴풋함.「バラの甘いかおりがほのかにただよってくる//ほのかな期待をいだく//ほのかな光がさしこむ」

ほのぼの ホノボノ〔~する〕①夜が明けるときに, 空がすこしずつ明るくなるようす.「東の空がほのぼの(と)明るくなってきた(EThe eastern sky has begun to lighten up a bit. 国동쪽 하늘이 어슴푸레 밝아 왔다.)」②明るく, 温かみのあるようす.「世界各国の学生たちの仲のいい姿を見ると, ほのぼのした気持ちになる(EIt warms my heart to see students from all over the world friendly with each other. 国세계 각국 학생들의 사이 좋은 모습을 보면 마음이 훈훈해진다.)//ほのぼのした雰囲気」

ほのめか・す ホノメカス〔他動五〕(ほのめかして) ことばや行動でそれとなく知らせる. Eallude to; hint. 国암시하다, 넌지시 말하다.「腕時計を見たりして, もう時間がきたことをほのめかす」

ポピュラー (popular) ポピュラー ①多くの人に広く知られていて, 人気があること. E popular. 国포퓰러, 대중적.「ビートルズの曲はとてもポピュラーで, 世界じゅうの人から愛されている」②〔←ポピュラーミュージック (popular music)〕大衆音楽. Epopular music; pop. 国포퓰러 뮤직, 대중 음악.「クラシックよりポピュラーのほうが好きだ//ポピュラー歌手」

ほふ 【保父】ホフ 保育所や養護施設などで乳児や幼児を保育する男性. Ea male kindergarten teacher; a male nurse. 国(탁아소 등의) 남자 보모.「二郎は子供が好きで, 将来, 保父になりたいと言っている」対保母

ほぼ 【保母】ホボ 保育所や養護施設などで乳児や幼児を保育する女性. Ea kindergarten teacher; a nurse. 国보모.「道子は保母になりたくて, 幼児教育の専門学校で勉強している」対保父

ほぼ ホボ 完全な状態に近いようす. Ealmost; nearly; for the most part. 国거의, 대부분, 대강.「日本は石油を, ほぼ100パーセント輸入に頼っている//注文の服はほぼできあがり, あとはボタンをつけるだけだ」

ほほえまし・い ホホエマシイ 感じがよくて, 思わずほほえみたくなるようすだ. E heartwarming. 国호감이 가다, 흐뭇하다.「老夫婦が手をつないで仲よく歩いているのは, ほほえましい光景だ」

ほほえ・む ホホエム〔自動五〕(ほほえんで) 声を出さずに, やさしくかすかに笑う, ほおえむ. Esmile. 国미소짓다.「電車で席をゆずったら, おばあさんはありがとうと言ってほほえんだ//にっこりとほほえむ」名ほほえみ

ほめちぎ・る 【褒めちぎる】ホメチギル, ホメチギル〔他動五〕(ほめちぎって) これ以上ほめられないぐらい盛んにほめる. Epraise very highly. 国극구 칭찬하다.「やっぱり社長の息子さんだけあってしっかりしている,

将来は立派な経営者だ、とほめちぎる」

ほ・める 【褒める】ホメル〘他動一〙すぐれている、立派だと、相手または世間に向かって言う。Epraise; admire. 칭찬하다.「あなたの料理は有名レストランで食べるのと同じぐらいおいしい、とほめられた//ほめたえる」対けなす、しかる
参 ふつう、自分より目下の人に使う。

ぼや ボヤ 一部を焼いただけの小さな火事。Ea small fire. 작은 불〔화재〕.「石油ストーブの火が机に燃え移ったが、ぼやですんだ//ぼやの原因はタバコの消し忘れだそうだ」

ぼや・く ボヤク〘自動五〙(ぼやいて)不平や愚痴を言う。Egrumble; complain. 투덜거리다、불평하다.「夫は日曜日も休めないとぼやきながら会社へ行った//生徒が勉強しない、とA先生はいつもぼやいている」話

ぼや・ける ボヤケル〘自動一〙ものの形や色がはっきりしなくなる。ぼんやりする。Ebecome dim; blurred. 흐릿해지다、부예지다.「新聞の字がぼやけてきたので老眼鏡をつくった//涙でとなりの人の顔がぼやけて見えた」他動 ぼやかす

ぼやっと ボヤット〔~する〕①ぼやけてはっきりしないようす。「めがねをはずすと、字がぼやっとする(EIf I take my glasses off, the letters become blurry. 안경을 벗으면 글자가 희미해진다.)//涙であたりの景色がぼやっとしてきた」②なにも考えないでいるようす。「ぼやっとしていて、友達がそばに来たのも気づかなかった(EI was absent-minded and wasn't aware that my friend had come closeby. 멍하게 있어서 친구가 옆에 온 것도 몰랐다.)」

ほやほや ホヤホヤ できたばかりで、温かいようす。また、その状態になったばかりのようす。Enewly; piping hot. (갓 만들어서) 따끈따끈함;방금、막、갓.「姉たちは新婚ほやほやだから仲がいい//焼きたてのほやほやのパン//入学ほやほやの1年生(Ea new first grader. 갓 입학한 1학년생.)」

ぼやぼや ボヤボヤ〔~する〕注意がたりなくて気づかないようす。「空港で、ぼやぼやしていて飛行機に乗り遅れた(EAt the airport I was careless enough to miss the plane. 공항에서 멍하니 있다가 비행기를 놓쳤다.)」

ほよう 【保養】ホヨー〔~する〕①心や体を休ませて、健康を保つこと。Epreservation of one's health; recuperate. 보양.「病気が治って退院したら、しばらく海辺で保養する//保養所」
②いいものや美しいものを見て、心を楽しませること。Edelight (one's eyes). 보양、눈요기.「展覧会ですばらしい絵を見て、目の保養になった」

ほら ホラ ものごとを実際よりずっと大きく言ったり、なかったことをあったように言ったりすること。また、その話。Ebig talk. 떠벌림、허풍.「弟は10センチぐらいの魚を釣って、30センチもの魚を釣り上げたとほらを吹いた//ほらふき(Ea braggart. 허풍쟁이、떠버리.)」

ほら ホラ 相手の注意をなにかに向けようとするときに言うことば。ELook! 이봐、자.「ほら、早くしないと遅れるよ//ほら、あっちを見てごらん(ELook! Look over there. 이봐、저쪽을 봐.)」話

ボランティア (volunteer)ボランティア 自分の意思で他人のために報酬なしで働く人。また、そのこと。Ea volunteer. 자원 봉사(자).「週に2回老人ホームでボランティアとして働く//ボランティア活動」

ほり 【堀】ホリ 地面を細長く掘って水を通した所。Ea moat. 수로、도랑;(성 둘

れい)해자.「日本の城はまわりに堀を掘って水をため、敵が入りにくいようにしてある//堀をめぐらす/堀ばた」

ほりだしもの【掘り出し物】ホリダシモノ 期待していなかったのに手に入れることができた珍しいものや貴重なもの。また、思いがけないほど安い値段で手に入れた品物。Ⓔa lucky find; a good buy. 圐우연히 입수한 진귀한 물건, 의외로 싸게 산 물건.「世界でも珍しい切手を偶然見つけて安く買った。すごい掘り出し物だった//このセーターが5000円なら掘り出し物だ。別の店では1万円で売っていた」

ほりゅう【保留】ホリュー〔~する〕ものごとや態度をその場では決めないでおくこと。Ⓔreserve; defer. 圐보유.「賛成と反対がそれぞれ半数ずつなので、決定を保留にした//はっきりした条件がわからないから、返事を保留する」

ボリューム(volume) ボリューム、ボリューム ①量。また、見た目の大きさ、多さ。Ⓔsubstantial. 圐양, 분량; 부피.「このカレーライスは、大きな皿にたっぷり盛ってあってボリュームがある」②音の大きさ、豊かさ。Ⓔvolume. 圐음량.「もう夜遅いのでステレオのボリュームを下げて聞く」

ほ・る【彫る】ホル〔他動五〕(ほって)①ものの表面にきざみつける。Ⓔcarve; engrave; inscribe. 圐새기다.「表札に名前を彫ってもらう」②ものをきざんで形につくる。Ⓔcarve; sculpt. 圐조각하다.「心をこめて仏像を彫る」▷图彫り

ほ・る【掘る】ホル〔他動五〕(ほって)①地面や岩などに穴を開ける。Ⓔdig; bore. 圐파다, 구멍을 뚫다.「山にトンネルを掘って新しい道路をつくる//犬が庭に穴を掘る」②地面に穴を開けて、中のものを取りだす。Ⓔmine; dig up. 圐캐다.「石炭を掘る//芋を掘る」

ホルモン(ⒻHormon)ホルモン 動物の分泌物で、体の機能を調節し、進めたりおさえたりする働きをするもの。Ⓔa hormone. 圐호르몬.「若いときはホルモンの働きが活発だ//女性ホルモン//男性ホルモン」

ほれぼれホレボレ〔~する〕まわりのことを忘れるほどすばらしいと思うようす。「美しい色が出せて、自分でもほれぼれするようないい絵がかけた(Ⓔ I was fascinated by the picture I painted with such lovely colors. 圐아름다운 색조를 낼 수 있어서 스스로도 황홀해질 만큼 훌륭한 그림이 되었다。)//美しい民族衣装のアンナを、級友たちはほれぼれ(と)見ていた」

ほ・れるホレル〔自動一〕①人やものなどに感心して強く心がひかれる。Ⓔadmire; be impressed with. 圐마음이 끌리다；매료되다, 심취하다.「スタイルや学歴にではなく、人柄にほれて採用を決めた//聞きほれる」②異性を好きになって夢中になる。Ⓔfall in love with. 圐반하다.「一郎は洋子にほれている//ほれた弱み」▷暦②

ぼろボロ ①破れたり、よごれたり、古くなったりして着られなくなった衣類。Ⓔrags; tatters. 圐넝마, 누더기.「ぼろを着ていても心は美しい//ぼろきれ(Ⓔa rag. 圐넝마조각。)」
②古くなって形が悪くなったり、使えなくなったりすること。また、そうなったもの。Ⓔworn-out; dilapidated. 圐낡은 것, 고물.「ぼろのかばんだが、愛着があって捨てられない//ぼろ家//おんぼろ(→項目)」
③欠点や失敗。Ⓔa defect; a fault. 圐결점, 흠.「京子は中国語が話せると言っていたが、中国人からの電話に答えられず、ぼろを出した//ぼろを隠す」
④(他のことばの頭について)程度がはなはだし

いこと.「ぼろもうけ(Eeasy money; a killing. 한떼돈 벌이.)//ぼろ負け」

ぼろ・い ボロイ ①労力に比べて利益が多い. Elucrative; profitable. 한수지맞다.「電話を1本かけて10万円ももうかるとは, ぼろい商売だ」②古かったり, こわれかけたりしている. Edilapidated; run-down. 한낡다.「この車はずいぶん乗ってぼろくなったから買いかえたい」▷話

ぼろくそ ボロクソ 強い調子でののしるようす. Espeak of ~ in the most disparaging terms; speak very ill of. 한형편없음, 호됨;호되게 욕함.「先輩に自作の小説を見せたら, ぼろくそにけなされた//姉は別れた夫のことをぼろくそに言う」話

ほろにが・い 【ほろ苦い】ホロニガイ, ホロニガイ ①すこし苦みがある. Eslightly bitter. 한씁쓰레하다, 쌉쌀하다.「ビールはほろ苦いところがおいしいのだ」
②二度と経験はしたくないが, なつかしいような気持ちだ. Ebittersweet. 한쓰라리고 감미롭다.「中学生のころの初恋や失恋は, ほろ苦い思い出だ」

ほろ・びる 【滅びる】ホロビル, ホロビル〔自動一〕 勢いが衰えて, なくなってしまう. 滅ぶ. Ego to ruin; perish; die out. 한망하다, 멸망하다, 멸종되다.「日曜も休日も働いていたら, 自分の身が滅びてしまう//環境が大きく変化して滅びてしまった動物も多い//国が滅びる」他動滅ぼす

ぼろぼろ ボロボロ, ボロボロ ①小さなものが続けて落ちるようす.「はしの使い方が下手で, ごはんをぼろぼろ(と)こぼす Ehis rice falls in clumps because he can't use chopsticks well. 한젓가락질이 서툴러서 밥을 뚝뚝 흘린다.)」
②隠れていた悪いことなどが, つぎつぎに出てくるようす.「過去の悪事がぼろぼろ(と)明るみに出る(Ehis past evil deeds come to light one after another. 한과거의 악행이 줄줄이 밝혀 진다.)」
③ものや気持ちがひどく弱くなっているようす.「疲れて身も心もぼろぼろだ(EI am worn out like a rag. 한지쳐서 몸도 마음도 녹초가 되었다.)//ぼろぼろの服」

参 ①②は「ほろほろ」と似ているが,「ほろほろ」のほうが, 量が多かったり, 程度が重く大きかったりする.

ほろりと ホロリト〔~する〕①涙が1粒落ちるようす. また, そのときのように同情したり感動したりするようす. ほろっと.「涙がほろりとこぼれ落ちた(Ea teardrop trickled down her face. 한눈물이 쪼르륵 흘러내렸다.)/傷ついた子犬を必死で守る母犬の姿にほろりとした」
②軽く, 気持ちよく酔うようす.「ほろりと酔って, いい気分だ(EI'm slightly drunk, and it feels good. 한얼근하게 취해서 기분이 좋다.)」

ほん 【本】ホン ①文章や絵などを印刷し, 世間の人に読んでもらうように, 表紙をつけてまとめたもの. Ea book. 한책.「『社会とことば』という本を書く//図書館に本を借りに行く//本棚」
②(他のことばの頭について)(1)いまの, 問題にしている.「本事件(Ethis case. 한이 사건.)//本大会」(2)正式の. 本格的な.「本放送(Eregular broadcasting. 한본방송.)//本採用」
③(数を表すことばの後について)(1)細長いものの数を表す.「ボールペンを3本ください//2本の桜の木(Etwo cherry trees. 한두 그루의 벚나무.)」(2)バスや電車などの運行の数を表す.「青森行きの急行は1日に3本ある(EThere are three express trains a day to Aomori. 한아오모리행 급행은

はるに3編ある.)」(3)映画や戯曲などの数を表す.「先月は映画を3本見た(Ｅ)I saw three films last month. 韓지난 달은 영화를 3편 봤다.)」
▷数①1冊

ぼん 【盆】ボン, ポン ①食器などを載せて運ぶための, 浅くて平たい, 木や金属などでできた道具. Ｅa tray. 韓쟁반.「コップを盆に載せて運ぶ」
②⇒お盆「盆の休みには, いなかに帰る//盆暮れ//盆踊り」 数①1枚

ほんかくてき 【本格的】ホンカクテキ 本当にそのものらしいよう. Ｅfull-scale; real; orthodox. 韓본격적.「つゆが明けて本格的に夏がきた//たくさんのスパイスを使って長い時間煮こんだ本格的なカレー」

ほんき 【本気】ホンキ 真剣でまじめなよう す. Ｅseriously; in earnest. 韓진지함; 진심.「剣道の練習は本気でやらないとけがをする//結婚してほしいなんて冗談では言えないよ, ぼくは本気で言っているのだ」

本気にする 本当にそうだと思う. Ｅtake ~ seriously. 韓진지하게 받아들이다, 곧이듣다.「冗談に世界一周旅行を計画していると言ったら, 友人は本気にして, 無事に帰ってこいと言ってくれた」

ほんごし 【本腰】ホンゴシ 真剣な取り組み. Ｅseriously; in earnest. 韓진지한 마음가짐, 본격적인 자세.「世界全体が環境問題に本腰を入れて取り組まないと, 地球は滅びてしまう」

ぽんこつ ポンコツ 古くなったりこわれたりして使えなくなること. また, 使えなくなったもの. Ｅjunk; an old jalopy. 韓고물, 폐품.「交通事故にあって車がぽんこつになってしまった」 話

ぼんさい 【盆栽】ボンサイ 鉢などに小さな草木を植え, 枝や葉を形よく刈って見て楽し

むようにしたもの. Ｅa bonsai; a dwarf tree in a pot. 韓분재.「盆栽の松の形をととのえる//父の趣味は盆栽の手入れをすることだ」 数1鉢

〔盆栽〕

ほんしつ 【本質】ホンシツ そのものをつくりあげている中心となる性質. Ｅtrue nature; essence. 韓본질.「政治家は, 国民のしあわせを第一に考えるという政治の本質を忘れてはいけない//問題の本質をさぐる」

ほんじつ 【本日】ホンジツ 「きょう」の改まった言い方. Ｅtoday. 韓금일, 오늘.「雨のため, 本日予定していたスポーツ大会は中止いたします//本日はお忙しい中をご出席くださいましてありがとうございます//本日休業」
関連 昨日, 明日

ほんしつてき 【本質的】ホンシツテキ そのものの本質に関係しているようす. 最も重要であるようす. Ｅessential. 韓본질적.「くだものと肉とでは, 栄養に本質的な違いがある//仏教信者のきみと無神論者のぼくとでは宗教に対する考え方が本質的に異なる」

ほんしゃ 【本社】ホンシャ 会社の組織の中心となっている所. Ｅthe head office. 韓본사.「わたしの会社は東京に本社があり, 全国各地に20の支社がある//本社勤務」 対支社, 出張所

ほんしゅう 【本州】ホンシュー 日本列島の中でいちばん大きい島. ＥHonshu. 韓혼슈.「日本列島は主として本州, 北海道, 四国, 九州の4つの島からなっている//本州を縦断する道路」

ほんしょく 【本職】ホンショク ①いくつか持っている職業の中で, その人が主としている職業. Ｅone's regular job. 韓본직, 본업.「京子は本職は大学の教授だが, 小説家としても有名だ」 対内職
②それを専門の職業としていること. また, その

ほんしん 【本心】ホンシン 本当の気持ち. 本当の考え. Ｅone's real intention. 한본심, 진심.「一郎はわたしの意見に表面上は賛成しているが, 本心はわからない//本心を明かす(Ｅreveal one's real intention. 한본심을 밝히다〔털어놓다〕.)」

ぼんじん 【凡人】ボンジン, ボンジン 特にすぐれたところのない, ふつうの人. Ｅan ordinary person. 한범인, 보통 사람.「天才の胸の中は, わたしのような凡人にはわからない」

ほんせき 【本籍】ホンセキ, ホンセキ その人の戸籍を登録してある所. Ｅone's legal domicile. 한본적.「わたしは東京に住んでいるが, 本籍は大阪にある//本籍地」

ほんそう 【奔走】ホンソー〔~する〕ものごとがうまくいくように, 走りまわって努力すること. Ｅmake every effort; busy oneself. 한뛰어다니며 노력함, 동분서주.「国連の事務総長は, 戦争を早く終わらせるために奔走している//三郎が銀行や関係者の間をまわって奔走した結果, B 社と C 社の合併が決まった」

ぼんち 【盆地】ボンチ まわりを山にかこまれた平らな場所. Ｅa basin. 한분지.「京都は盆地なので, 風が通りにくく, 夏はとても暑い//甲府盆地」

ほんとう 【本当】ホントー ①事実, 真実であること. Ｅin fact; true. 한사실, 정말, 진짜.「二郎は独身だと言っているが, 本当は結婚していて子供もいる//アリスが帰国したというのは本当だ」対うそ
②もともとの状態であること. Ｅbe fully recovered. 한정상.「退院したばかりで, 体がまだ本当ではない」
③(「本当に」の形で) 非常に, たいへん. Ｅreally; very. 한진정으로, 정말로, 참으로.「本当におもしろいビデオだった//本当にありがとう」
三参 くだけた言い方は「ほんと」.

ほんにん 【本人】ホンニン 代わりの人ではなく, その人自身. Ｅthe person himself/herself. 한본인, 당사자.「写真では見たことがあるが, 本人には会ったことがない//代理人ではなく, 本人が出頭すること//本人次第(Ｅdepend on the person himself/herself. 한본인에게 달려 있음, 본인 나름.)」

ほんね 【本音】ホンネ 本当の気持ちから出たことば. Ｅone's heart; one's real intention. 한본심, 본심에서 우러나온 말.「パブロは, 日本が好きだとわたしには言っているが, 本音はあまり好きではないらしい//本音をはく//本音で話し合う」対建前

ほんねん 【本年】ホンネン「今年」の改まった言い方. Ｅthis year. 한금년.「昨年はいろいろとお世話になりました. 本年もよろしくお願いいたします//本年限り//本年度」
関連昨年, 明年

ほんの ホンノ 本当の. まったくの. ただそれだけの.「まだほんの子供だから, むずかしいことを言ってもわからない//ほんのすこし(Ｅjust a little. 한아주 조금.)」

ほんのう 【本能】ホンノー, ホンノー 動物が生まれたときから持っている能力, 性質. Ｅinstinct. 한본능.「鳥には自分の巣に帰る本能がある//食べたいときに食べ, 寝たいときに寝て, 本能のままの生活をする」

ほんのうてき 【本能的】ホンノーテキ 生まれつき持っている能力や性質によるよう す. Ｅinstinctively. 한본능적.「動物は本能的に火をこわがる」

ほんのり ホンノリ〔~する〕色, 光, にお

い, ものの影などがわずかに現れるようす. Ⓔfaintly; slightly. 🇰🇷희미하게, 어슴푸레하게.「東の空がほんのり明るくなった//ほおをほんのり赤くする//ほんのりにおう梅の花」

ほんば【本場】ホンバ あるものごとが盛んにつくられたり行われたりしている所. Ⓔthe best place; the home. 🇰🇷본산지, 본고장.「さすがに本場の宇治から送られてきたお茶はおいしい//ラグビーの本場/本場仕込み」

ほんばん【本番】ホンバン 映画, テレビ, ラジオなどで, 練習ではない実際の撮影, 放送, 演技. Ⓔa take; when it counts. 🇰🇷(연습이 아닌) 정식 촬영(방송); 실전.「練習はここまで, これから本番に入ります//本番に強い選手//ぶっつけ本番」

ほんぶん【本文】ホンブン 本などの, おもな内容が書かれている中心の部分. ほんもん. Ⓔthe text; the body. 🇰🇷본문.「この本の本文は洋子が書き, 写真は二郎がとった//本文の内容について感想を言う」

ほんぽう【奔放】ホンポー 常識などを気にせず, 好きなように行動するようす. Ⓔfree; uninhibited. 🇰🇷분방.「なにものにもとらわれない奔放な生き方から本物の芸術が生まれる//自由奔放」📖

ぽんぽん ポンポン ①続けて打ったり, たたいたり, 破裂したりするときの軽い感じの音を表す.「乾杯のため, シャンパンの栓をぽんぽん(と)抜く(Ⓔuncork the champagne bottles for the toast. 🇰🇷건배하기 위해 샴페인 마개를 펑펑 터트린다.)//神社の前で手をぽんぽん(と)打つ」
② 勢いよく, 続けて言ったり, したりするようす.「思ったことをなんでもぽんぽん(と)言う(Ⓔbe outspoken in one's remarks. 🇰🇷생각한 것을 무엇이나 기탄없이 말한다.)」

参②は,「ぽんぽん」と似ているが,「ぽんぽん」が,「あの人は友達の欠点をぽんぽん言って非難する」のように遠慮なく言うようすを表すのに対して,「ぽんぽん」は勢いよく言うようすを表す.

ほんまつてんとう【本末転倒】ホンマツテントー, ホンマツテントー ものごとの重要な部分と, 重要ではない部分とを取り違えること, 逆になっていること. Ⓔputting the cart before the horse. 🇰🇷본말 전도.「軍隊の役割は平和を守ることであって, 戦争をすることではない, 戦争をするために軍隊があるというのは本末転倒の考え方だ」

ほんみょう【本名】ホンミョー 戸籍に載っている本当の名前. Ⓔone's real name. 🇰🇷본명, 실명.「珍しい名だが, ペンネームではなく本名だ//夏目漱石の本名は夏目金之助である」対偽名, 仮名

ほんめい【本命】ホンメイ 競馬など順位を争う勝負ごとや競争で, 優勝する可能性がいちばん高いと思われている馬, チーム, 人. Ⓔthe favorite; the probable winner. 🇰🇷우승 후보 선수(말·팀).「新聞に本命だと書かれた馬に1万円かけた//マラソン大会では, 本命とされた山田が新人の田中に負けた」
対ダークホース

ほんもう【本望】ホンモー, ホンモー 長い間の心からの望みが実現して満足すること. Ⓔbe quite satisfied; one's long-cherished desire. 🇰🇷숙원(을 이루어 만족함).「若いときから行きたいと思っていたアフリカに行けて本望だ//本望がかなった」

ほんもの【本物】ホンモノ まちがいなく本当のもの. また, 見せかけだけではない, しっかりした実力がついているもの. Ⓔa genuine thing; lifelike. 🇰🇷진짜.「このダイヤの指輪は偽物なので1万円だが, 本物なら50万円はする//まるで本物のようによくできた造

花//本物の絵」 对偽物

ほんやく 【翻訳】ホンヤク〔～する〕あることばで書かれたり, 話されたりしたことを他のことばにかえること. Etranslation. 한번역.「聖書は世界じゅうのことばに翻訳されている//いい翻訳とは原作の内容を完全に伝えるものだ//翻訳小説」

ぼんやり ボンヤリ〔～する〕①はっきりしないようす.「暗くて, 人の顔がぼんやりとしか見えなかった(EIt was dark and I could only see the people's faces vaguely. 한어두워서 사람의 얼굴이 희미하게밖에 보이지 않았다.)//説明を聞いて, 原子の仕組みがぼんやり(と)わかってきた」对はっきり ②なにも考えない, または集中できないようす.「電車の窓からぼんやり(と)外を眺めていた(EI was looking out of the train window vacantly. 한전차의 창을 통해 멍하니 밖을 바라보고 있었다.)」

ほんらい 【本来】ホンライ ①もともとそうであること. 元来. Eby nature; original. 한본래.「象は本来は暑い地方の動物だ//本来の姿」②一般的にそうするのがあたりまえであること. Eessentially; rightful. 한보통, 정상적.「6歳になって, 本来なら小学校に行くところだが, 三郎は難病のため病院にいる//本来のやり方」

ほんりょう 【本領】ホンリョー その人がもとから持っている部分. Eone's line; one's real ability. 한본령, 본래의 특성.「道子の本領は歌より芝居にある. それを生かすべきだ//本領を発揮する」

ま／マ

ま【真】マ ①本当のこと．Ｅtruth．韓정말, 진실, 참말．「冗談を真に受ける」②(他のことばの頭について)(1)だれが見ても正しいということ．「真人間(Ｅan honest man. 韓성실한 사람．)／真心(Ｅsincerity. 韓진심．)」(2)正確な．「真四角(Ｅa true square. 韓정사각형．)／真正面(Ｅdirectly in front of. 韓바로 정면．)」(3)純粋な．「真新しい(Ｅbrand-new. 韓아주 새롭다．)／／真水(Ｅfresh water. 韓담수, 민물．)」▷→真っ-, 真-

ま【間】マ ①ものとものとの間の部分．Ｅspace; room．韓사이, 공간, 간격．「となりの人との間を空けてすわる」②こととこととの間の時間．Ｅtime．韓(시간적인) 사이, 동안, 겨를, 짬．「日本に来て間がない／／あっという間のできごと」③演劇, 日本の音楽, 踊りなどで, 動作を休んでいる時間．Ｅa pause; an interval．韓(동작·가락의) 끊음새．「うまく間を取る」④部屋．また, その数を表す．Ｅ~ room; a room．韓방, ~실．「茶の間(→項目)／／ぼたんの間／／1間だけの家」

間が抜ける ①だいじなものが抜け落ちている．Ｅbe missing something important．韓중요한 것이 빠지다．「なにが言いたいのかわからない, 間が抜けた感じのポスター」②ばかげている．Ｅbe stupid．韓얼빠지다．「寝坊して試験が受けられないなんて, 間が抜けている」

間が持てない ある時間の扱いに困る．Ｅbe unable to fill up the time．韓시간을 때우기가 곤란하다．「父が帰るまで, 年配のお客さまを相手に, 間が持てなかった」 似た表現 間が持たない

間が悪い ①運が悪い．なにかをしたときが, 適当でない．Ｅbe unlucky．韓운이 나쁘다．「ほしい本が見つかったのに, 間が悪いことに金を持っていなかった」②そこにいるのが恥ずかしい．Ｅfeel awkward．韓어색하다, 겸연쩍다．「2人がキスをしているところに入っていったので, 間が悪かった」

ま【魔】マ, マ ①人の心を迷わせて, 悪いことをさせる神．Ｅa demon; an evil spirit．韓악귀．「魔の手をはらいのける」②人の力では避けられない, よくない力を持つもの．Ｅan evil influence．韓마．「病魔／／睡魔／／魔物」③何度も同じ悪いことが起こる場所や時間．Ｅdangerous; fatal．韓마, 불길한 곳〔시간〕．「魔の踏切／／魔の時刻」④(他のことばの後について)同じことを病的なほどに繰り返す人．Ｅan addict; a maniac．韓~광, ~마．「電話魔／／投書魔／／放火魔」

魔がさす ふと悪い考えを起こしてしまう．Ｅbe possessed by some evil spirit．韓마가 씌다．「まじめで評判だった先生が万引きしたということだが, きっと魔がさしたのだろう」

まあマー ①相手になにかをさせようとしたり, 気持ちを落ちつかせようとしたりするときにいうことば．Ｅ Just; Please．韓자, 이봐; 글쎄．「まあ, 見てごらん. きれいなにじだよ／／まあ, そんなに怒らないで」②じゅうぶんとはいえないが, 認めてもいい程度であるようす．Ｅwell; say．韓그런대로, 그럭저럭．「いま

の暮らしにも，まあがまんしています」③驚いたり感心したりするときに言うことば．ⒺOh!; Goodness! 㲁어머(나)，정말．「まあ，驚いた∥まあ，きれいな星空」▷話③ →まあまあ

マーガリン (margarine) マーガリン，マーガリン　動物の脂肪や植物の油を使ってつくった，バターのような食品．Ⓔmargarine. 㲁마가린．「バターよりマーガリンのほうが値段が安く，健康にもいい∥パンにマーガリンをつける」

マーク (mark) マーク〔～する〕①しるし．記号．また，それをつけること．Ⓔa mark. 㲁마크，상표，기호．「会社のマークの入ったタオルを配る∥マークシート方式∥トレードマーク」②ある人の行動をいつも注意していること．また，スポーツで，相手ナームのある選手の動きに注意すること．Ⓔkeep watch over; be careful with. 㲁감시；견제．「警察は暴力団の動きをマークしている∥5番の選手をマークする」③競技などで，記録に残るようないい成績を出すこと．Ⓔset (a record). 㲁기록을 세움．「100メートル競走で9.8秒の世界記録をマークする」

マーケット (market) マーケット，マーケット　①日用品や食料品などの店が何軒も集まっている所．市場．Ⓔa market. 㲁마켓，시장．「マーケットへ夕飯の買い物に行く∥スーパーマーケット（→項目）」②商品が売り買いされる場所．経済的活動の行われる場所．市場．Ⓔa market. 㲁마켓，시장．「新製品のマーケットを開拓する∥マーケットリサーチ（＝市場調査）」

マージャン (㊥麻雀) マージャン，マージャン　中国から伝わった室内のゲーム．4人で136枚のパイを使って勝負する．Ⓔmahjongg. 㲁마작．「徹夜でマージャンをする∥マージャンのパイをかきまぜる∥かけマージャン」

まあまあ マーマー，マーマー　①相手になにかをさせようとしたり，気持ちを落ちつかせようとしたりするときにいうことば．ⒺNow, now; Come, come. 㲁자자，이봐．「まあまあ，そんなに怒るなよ」②じゅうぶんとはいえないが，がまんできる程度であるよう．Ⓔnot so bad; passable. 㲁그런대로，그럭저럭．「ぜいたくはできないが，まあまあ暮らしていけるだけの給料だ∥まあまあの成績」③驚いたり感心したりするときに言うことば．ⒺOh!; Goodness! 㲁어머(나)，정말．「まあまあ，ずいぶん背が高くなりましたね」▷話③
參①は「まあ」と意味は同じだが，「まあまあ」のほうが相手の気持ちをなだめる程度が強い．

まい　(動詞の基本形について)①しないだろうという推量を表す．「あすは雨は降るまい（ⒺI don't think it will rain tomorrow. 㲁내일은 비가 오지 않겠지.）∥専門が違うからA先生の講義は聞いてもわかるまい」②しないようにしようという意志を表す．「笑うまいと思っても，おかしくて笑ってしまう∥（ⒺI tried not to laugh, but it was so funny, I couldn't help myself. 㲁웃지 않으려고 해도，우스워서 웃어 버린다.）∥あんな失礼な人とは二度と会うまい」③（「～まいし」の形で）後でいう理由を否定の形で強く言うことを表す．「学者じゃあるまいし，そんなにむずかしいこと知らないよ∥やくざじゃあるまいし，そんな格好するなよ（ⒺSince you're not a gangster, don't dress like that. 㲁불량배도 아닌 터에 그런 옷차림 하지 마라.）」 ▷書①
參　本来，一段動詞は「見まい」「寝まい」，「する」動詞は「しまい」，「来る」は「来まい」のように，「ない」形に続いた．しかし，最近では，「見るまい」「寝るまい」「するまい」「来るまい」のように基本形に続く形が多い．

まい-【毎-】(他のことばについて)それぞれの,そのたびごと.「毎日曜日,テニスをする(Ｅ)I play tennis every Sunday. (韓)일요일마다 테니스를 친다.)//毎時間//毎晩//毎回」

-まい【-枚】(数を表すことばについて)紙や布など,薄いものの数を表す.「原稿用紙600枚の小説を書く(Ｅ)write a novel of six hundred sheets of manuscript paper. (韓)원고 용지 600장짜리 소설을 쓰다.)//ブラウスを2枚買った」

マイカー マイカー 自分のうちで使うために持っている自動車.(Ｅ)one's own car. (韓)마이 카, 자가용 차.「マイカーで家族と旅行をする//洋子はマイカー通勤をしている」〔数〕1台
〔参〕英語の「マイ(my)」と「カー(car)」から日本でできたことば.「自家用車」ともいうが,「自家用車」がすこし古く重々しい感じがするのに対して,「マイカー」は軽い感じで言いやすい.

まいきょにいとまがない【枚挙にいとまがない】1つ1つ数えあげられないほど多い.(Ｅ)be too numerous to mention. (韓)일일이 셀 수 없을 정도로 많다.「小さなことが原因で大きな戦争になった例は枚挙にいとまがない」

マイク マイク〔←マイクロホン(microphone)〕音,声を電流に変えて送る装置.(Ｅ)a microphone; a mike. (韓)마이크로폰.「教室が広いので,マイクを使って授業をする//性能のいいマイクで録音する」〔数〕1本

マイクロフィルム(microfilm)マイクロフィルム 保存するために,新聞,文献などを縮めて写したフィルム.マイクロ.(Ｅ)a microfilm. (韓)마이크로필름.「マイクロフィルムに入っている50年前の新聞を,器械で映して読む//マイクロフィルムに収める」〔数〕

1枚・1本

まいご【迷子】マイゴ 一緒にいた人と離れてしまった子供.また,どの方向に行ったらいいのかわからなくなった人.(Ｅ)a lost child; get lost; lose one's way. (韓)미아.「道子はパンダを見ているうちに迷子になってしまった//地下街では,方向がわからなくて迷子になることがよくある」

まいこ・む【舞い込む】マイコム〔自動五〕(まいこんで) ①小さく軽いものが,舞うように入ってくる.(Ｅ)come in fluttering. (韓)날아 들(어오)다.「教室の窓から桜の花びらが舞いこんできた//風とともに雪が舞いこむ」 ②予想しなかったものが入りこむ.(Ｅ)receive ~ unexpectedly. (韓)난데 없이 날아들다.「ある日,知らない人からの手紙が舞いこんだ//しあわせが舞いこむ」

まいそう【埋葬】マイソー〔~する〕死んだ人の体または骨を土の中に埋めて葬ること.(Ｅ)bury; inter. (韓)매장.「お墓に祖母の遺骨を埋葬して,別れを告げた」

まいぞう【埋蔵】マイゾー〔~する〕 ①埋めて隠すこと.(Ｅ)bury in the ground. (韓)매장.「埋蔵してあったむかしのお金が,工事現場の土の中から出てきた//埋蔵物」 ②天然資源などが地中に埋まっていること.(Ｅ)a reserve; a deposit. (韓)매장.「中東には,多くの石油が埋蔵されている//埋蔵量」

まいった【参った】実力,勝負などで負けたと思ったときに言うことば.「まいった.この試合はぼくの負けだ(Ｅ)I give up. I've lost this match. (韓)항복이다. 이 시합은 내가 졌다.)//京子の記憶のよさにはまいった.5年前の約束をちゃんと覚えているんだから」〔話〕

まいど【毎度】マイド ①あることをするときにはいつも.(Ｅ)every time. (韓)매번.「妹は食事のとき,毎度毎度,はしの持ち方を注意される」 ②いつも.(Ｅ)always. (韓)번번

い,항상.「三郎の遅刻は毎度のことだ//毎度ありがとうございます」

マイナス (minus) マイナス ①(〜する)引くこと. ⒺMinus; subtract. 한마이너스, 빼기.「5マイナス3は2だ」圀プラス ②0より小さい数を表す. 負. 記号は「−」. Ⓔminus; below zero. 한음수, 0보다 작은 수.「気温がマイナスの日が続いて,とても寒い」圀プラス ③物理で,電極の陰極を表す. 記号は「−」. Ⓔthe negative pole. 한(전기의) 음극.「乾電池のプラスとマイナスをまちがえて入れたので,機械が動かない」圀プラス ④たりなくなること. 赤字. Ⓔa deficit; the red. 한결손, 적자.「今月はお金を使うことが多くて,収支はマイナスだ//マイナス決算」圀プラス ⑤よくないこと. Ⓔa disadvantage. 한불리함.「いいと思ってしたことがマイナスの結果となった」圀プラス

まいにち 【毎日】マイニチ,マイニチ どの日もどの日も. Ⓔevery day. 한매일, 날마다.「毎日,6時に起きる//犬の散歩が毎日の仕事だ」

マイペース マイペース まわりからの影響を受けないで,自分に合ったやり方や速さでものごとをすること. Ⓔone's own way. 한마이 페이스, 자기 나름의 방법(속도).「他人にどう思われようとも,マイペースで生きていく//マイペースのやり方」
参 英語の「マイ(my)」と「ペース(pace)」から日本でできたことば.

マイホーム マイホーム 自分の家庭. また,自分の家. Ⓔone's own house. 한마이 홈, 자신의 가정, 자신의 집.「長い間の夢だったマイホームを,やっと持つことができた//マイホーム主義(=仕事よりも家庭を第一に考える生き方)」
参 英語の「マイ(my)」と「ホーム(home)」から日本でできたことば.

まい・る 【参る】マイル〔自動五〕(まいって) ①「行く」「来る」の謙譲語,丁寧語. Ⓔ(humble, polite) go; come. 한가다, 오다.「私がそちらへまいります//首相,お車がまいりました」
②(「〜てまいる」の形で)「〜ていく」「〜てくる」の謙遜した言い方.「おみやげにはなにを持ってまいりましょうか//父を呼んでまいります(ⒺI'll go and get my father. 한아버지를 불러 오겠습니다.)」
③神社,寺,墓などへおがみに行く. Ⓔvisit (a shrine). 한참배하다.「元日の朝は,家族で近くの神社にまいることにしている」
④(「まいった」の形で)⇨参った
⑤困る. 閉口する. Ⓔbe stumped. 한질리다, 손들다.「彼のおしゃべりにはまいってしまう」
⑥弱る. Ⓔbe overcome. 한맥을 못 추다.「暑さで体がまいる」
⑦すっかり心をうばわれる. Ⓔbe gone on. 한홀딱 반하다.「三郎は道子にまいっている」
注 ②はひらがなで書く.

ま・う 【舞う】マウ,マウ〔自他動五〕(まって) ①音楽や拍子に合わせて手足や体を美しく動かす. Ⓔdance. 한춤추다.「日本の古い曲に合わせて舞う//舞い踊る」 ②まわるように空中を飛ぶ. Ⓔfly; whirl. 한날다; 흩날리다.「事故現場の上をたくさんのヘリコプターが舞っている//落ち葉の舞う季節になった」▷名・舞い
注 ①は他動詞, ②は自動詞.
参 ①は「踊る」と似ているが,「踊る」はどんな音楽やリズムにでも合わせて手足や体を動かすことで,「ダンスを踊る」「盆踊りを踊る」など幅広く使う. それに対して,「舞う」は優雅な音楽に合わせて手足や体を美しく動かすことをいう.

まえ 【前】マエ ①顔や体が向いているほう. [E]the front; ahead. [한]앞.「電車が止まったので白線の前に出た//前向き(→[項目])」[対]後ろ
②ものの正面のほう. [E]in front of. [한]전면, 앞.「駅の前の本屋へ行く//テレビの前にすわる」[対]後ろ, 裏
③並んでいるものの始めに近いほう. [E]the beginning; the head. [한]앞쪽, 앞부분.「中に入ったとき映画はもう始まっていて, 前のほうは見られなかった//行列の前のほうにいる」[対]後ろ, 後
④ある時より早いとき. [E]before; former; previous. [한](순서에서) 전, 앞.「食事の前に手を洗う//いまの先生の前の先生//出発の前の日」[対]後, 後
⑤過去. [E]before; previously. [한]전, 이전.「この本は, 前に読んだことがある//前から知っている人」[対]先
⑥だれかいる所. [E]in the presence of. [한]앞.「おおぜいの人の前で話す//子供の前でする話ではない」
⑦(他のことばの後について) ⑴その人の身についているもの.「腕前(→[項目])//持ち前([E]one's nature. [한]천성.)」⑵ある基準になる量.「1人前(→[項目])//分け前([E]a share. [한]몫.)」

まえおき 【前置き】マエオキ, マエオキ〔~する〕本論に入る前に述べること. また, そのことばや文章. [E]introductory remarks; an introduction. [한]서론.「山田さんの話は前置きが長すぎる//前置きを省いて直接本題に入る」

まえかけ 【前掛け】マエカケ 仕事をするときに, 服をよごさないように体の前にかけるもの. [E]an apron. [한]앞치마.「魚屋さんは長いゴムの前かけをしている//着物に前かけをして働く」[数]1枚

まえぶれ 【前触れ】マエブレ, マエブレ ①なにかをする前に, そのことを人々に知らせること. [E]previous notice. [한]예고.「なんの前ぶれもなく故郷の母が訪ねてきたので, 驚いた」②なにかが起こる前に, それを知らせるように起こるできごと. [E]a sign; a forerunner. [한]전조, 조짐.「台風の前ぶれの強い雨がときどき降る//地震の前ぶれ」

まえむき 【前向き】マエムキ ①前のほうを向くこと. [E]facing front. [한]정면으로 향함.「前向きの写真をとる」[対]後ろ向き ②ものを考えるとき, 積極的, 発展的であること. [E]positive; constructive. [한]적극적, 진취적, 발전적.「交渉をまとめるために, 両者が前向きに話し合う//前向きの生き方」[対]後ろ向き

まえもって 【前もって】マエモッテ, マエモッテ なにかが起こる前に. なにかをする前に. [E]in advance; beforehand. [한]미리, 사전에.「到着の時刻を前もって連絡しておく」→あらかじめ

まか・せる 【任せる】マカセル〔他動一〕①自分ではなにもせず, だれかに全部やらせる. まかす. [E]entrust ~ to …; leave ~ to …. [한]맡기다, 일임하다.「仕事を息子にまかせて旅行に行く//運を天にまかせる」②(「~にまかせ[し]て」の形で) そのものが持つ力をじゅうぶんに活用する. [E]regardless of (expenses); make use of (one's leisure). [한]~을 마음껏 쓰다(활용하다).「金にまかせて美術品を買い集める//ひまにまかせて本を読む」

まかな・う 【賄う】マカナウ〔他動五〕(まかなって) ①限られた費用や人などで処理する. [E]cover the expenses. [한]조달하다; 꾸려 나가다.「道子は, 学費も生活費も全部アルバイトでまかなっている//会費で会の運営をまかなう」②決まった費用の中で食

事をつくり食べさせる．Eprovide with board. 한식사를 마련해 주다．「学生寮では月3万円の食費でまかなってくれる」▷ 名賄い

まがり 【間借り】マガリ〔～する〕他人の家の部屋を，金を払って借りること．Erent a room. 한셋방을 얻음；셋방살이．「学校の近くの家に，毎月5万円を払って間借りしている//間借り生活//間借り人」対間貸し

まかりとお・る 【まかり通る】マカリトール〔自動五〕(まかりとおって) 正しくないことが堂々と行われる．Ebe unchallenged; go on openly. 한(버젓이) 통하다, 활개치다．「暴力や不正がまかり通る世の中では困る」書

まがりなりにも 【曲がりなりにも】じゅうぶんではないが．不完全ではあるが．Esomehow or other; though not quite satisfactorily. 한그럭저럭, 그런대로．「A博士の話はむずかしかったが，前もって博士の本を読んでおいたので，まがりなりにも理解できた」

まが・る 【曲がる】マガル〔自動五〕(まがって) ①まっすぐでなくなる．また，位置や方角が正しくない．Ecurve; be awry; be crooked. 한구부러지다, 굽다；비뚤어지다．「川の流れにそって道が曲がっている//壁の絵が曲がっている//ネクタイが曲がる」対伸びる
②進む方向を変える．Eturn. 한돌다, 꼬부라지다．「つぎの角を右へ曲がると駅が見える」
③(「曲がった[ている]」の形で) 性質や考えが正しくない．Edishonest; wrong. 한부정하다, 비뚤어지다．「父は曲がったことの大嫌いな性格だ」
▷他動曲げる

まきあ・げる 【巻き上げる】マキアゲル〔他動一〕①巻いて上に上げる．Eroll up. 한말아 올리다, 감아 올리다．「朝, 研究室に入ったら，まずブラインドを巻き上げる」②相手をおどしたりだましたりして，金やものを取る．Echeat a person out of. 한빼앗다, 우려내다, 등치다．「兄はまじめに働かず，親から金を巻き上げることばかり考えている」

まきかえし 【巻き返し】マキカエシ 相手に押されていた状態から，逆に反撃すること．Erebound; rollback. 한반격．「前の選挙で負けたので，巻き返しをはかっている//巻き返し作戦」他動巻き返す

まきこ・む 【巻き込む】マキコム〔他動五〕(まきこんで) ①巻いて中に入れる．Ecatch ～ under. 한말려들게 하다．「トラックの車輪に巻きこまれて大けがをした」②その人が望まない状態に引き入れる．Einvolve in; drag into. 한휘말리게 하다, 끌어 들이다．「外国旅行中に戦争に巻きこまれて，帰国できなくなった」

まきぞえ 【巻き添え】マキゾエ 他人の事件などに巻きこまれて，ひどい目にあうこと．Ebe involved in; be entangled in. 한(남의 일에 말려들어) 골탕먹음, 얽덩먹음；휘말림．「交通事故の巻きぞえになって，軽いけがをした//巻きぞえをくう」

まぎらわし・い 【紛らわしい】マギラワシイ よく似ていて，まちがえやすい．Ehardly distinguishable; confusing. 한헷갈리기 쉽다, 혼동하기 쉽다．「同じクラスに田中という生徒が3人いるのでまぎらわしい//わたしの傘はあなたのと色が同じでまぎらわしい」

まぎれもない 【紛れもない】まちがいない．非常にはっきりした．Eplain; obvious; unmistakable. 한틀림없다, 명백하다．「地球上から緑が減っていることはまぎれもない事実だ//とてもよく似ているこの2人は，まぎれもなくきょうだいだ」

まぎ・れる【紛れる】マギレル〔自動一〕①まわりのものといりまじって区別ができなくなる. Ｅdisappear among; be lost in. 한~속에 휩쓸려 종적이 없어지다.「一緒にいた友達が人ごみにまぎれて見えなくなってしまった//暗やみにまぎれる」②そのことに注意が向いて, ほかのことを忘れる. Ｅbe diverted. (그 일에) 정신이 팔려서 다른 것을 잊다.「忙しさにまぎれて手紙を出し忘れた//ピアノをひいていると悲しみがまぎれる」▷ 他動 紛らす

まぎわ【間際】マギワ なにかが起こるすぐ前. Ｅjust before; on the point of. 한직전, 막 ~하려는 찰나.「電車のドアが閉まるまぎわに, 駆けこんだ//出発のまぎわになって中止と決まった」

まく【幕】マク①仕切りや飾りなどに使う大きい布. Ｅa curtain. 한막, 장막, 휘장.「お祝いの会場に赤と白の幕を張る」②舞台と客席との間の布の仕切り. Ｅa curtain. 한(무대) 막.「幕が上がって芝居が始まった//幕を引く」③演劇などで,「②」が開いてから閉まるまでのひと続きの場面. Ｅan act. 한(연극 등의) 막.「つぎの幕はこの芝居のいちばんおもしろいところだ//3幕目」④(「出る幕ではない」の形で)⇨出る 慣用 ▷ 数 ①②1張

ま・く【巻く】マク〔他動五〕(まいて)①長いものを, 一方のはしを中心に回すようにして, まるい形にする. Ｅroll up; wind. 한말다, 감다.「古いじゅうたんを巻いて物置にしまう//カメラのフィルムを巻いた」②なにかのまわりを広いもので包む. また, なにかのまわりに長いものを回してつける. Ｅwear ~ around; wind ~ around. 한두르다, 감다.「首にマフラーを巻く//指に包帯を巻く」

ま・くマク〔他動五〕(まいて)①植物の種を地面に散らして, 土をかける. Ｅsow; plant. (씨를) 뿌리다, 파종하다.「庭に朝顔の種をまく//畑に豆をまく」②ものをまわりに散らす. Ｅscatter; sprinkle. 한뿌리다, 살포하다.「暑いので道路に水をまいた」③自分と一緒にいる人や自分を追ってきた人から, うまく離れるようにする. Ｅdodge; shake off. 한따돌리다.「泥棒は, 警官をまいて逃げた」

まかぬ種は生えぬ なにもしないでいては, なにも手に入れることはできない. Ｅ Nothing comes from nothing. 한뿌리지 않은 씨는 나지 않는다, 아무 일도 하지 않고 있으면 아무 것도 생기지 않는다.

まくあい【幕あい】マクアイ, マクアイ 演劇などの演技の1幕が終わって, つぎの幕が始まるまでの時間. Ｅan intermission. 한막간.「第2幕と第3幕の幕あいに食事をする//幕あいのおしゃべりを楽しむ」

注 漢字で書くときは「幕間」. そこから「まくま」と読む人もいるが, これは誤り.

まくぎれ【幕切れ】マクギレ, マクギレ 演劇などで, 1幕の終わり. また, ものごとの終わり. Ｅthe end of an act; an end. 한막의 끝; (일의) 끝, 마지막.「きょうの芝居の最後の幕切れがよかった//オリンピックの幕切れを飾るマラソンが始まった」対 幕開き

まくしたてる マクシタテル〔他動一〕激しい勢いで1人が続けて話す. Ｅtalk one's mouth off; argue furiously. 한입심 좋게 몰아붙이다.「ぶつかった2台の車のドライバーが, たがいに相手が悪いとまくしたてた」

まぐち【間口】マグチ①土地や家や家具などの, 前から見たときの横の長さ. Ｅa frontage; width. 한(정면의) 폭, 너비.「店の間口を広くとる//間口が狭い土地」対 奥行き ②知識や仕事の範囲. Ｅa range; a scope. 한범위, 영역.「仕事の間口をひろげすぎて, 忙しい//専門以外にもいろんなこ

マグニチュード (magnitude) マグニチュード, マグニチュード 地震そのものの大きさを表す数。記号は「M」。Ｅmagnitude. 韓매그니튜드.「マグニチュード7以上は、A級の大地震である」

参 地震のときに「マグニチュード5.7、震度3」などというが、「震度」はその場所での揺れ方の度合いを表し、「マグニチュード」はその地震の地中でのエネルギーの大きさをいう。

まくら マクラ ①寝るときに、頭の下に置くもの。Ｅa pillow. 韓베개.「ホテルのまくらが高すぎてよく眠れなかった//腕まくら(=腕をまくらにすること)」②話の本論に入る前にする短い話。Ｅpreliminary remarks. 韓서두의 짧은 이야기.「おもしろいまくらで客を笑わせてから本論に入る//落語のまくら」▷→布団図

まくら[枕]を高くして寝る 安心して寝る。Ｅsleep in peace. 韓다리를 뻗고 자다, 안심하고 자다.「放火犯人が捕まったので、今晩からはまくらを高くして寝られる」

まくらもと 【まくら元】マクラモト 寝ている人のまくらのそば。Ｅone's bedside. 韓베갯머리, 머리맡.「病人のまくらもとにすわって世話をする//目覚まし時計をまくらもとに置く」

注 漢字で書くときは「枕元」。

まく・る マクル〔他動五〕(まくって) ①おおっているものを、巻くようにして上げる。Ｅturn up; roll up. 韓걷다, 걷어 올리다.「ズボンをひざまでまくって川を渡る//シャツのそでをまくる」②(動詞の「ます」形について)激しく～する。「書きまくる(Ｅwrite off. 韓마구 써젖히다.)//しゃべりまくる(Ｅtalk away. 韓계속 지껄여대다.)」

まぐれ マグレ, マグレ 特に理由がないのに、いい結果になること。Ｅa fluke; pure luck. 韓우연, 요행.「いちばん上に丸をつけたら、まぐれで正解だった//まぐれ当たり」

まぐろ マグロ 海にすむ魚の一種。肉の部分が赤く、刺身やすしにして食べることが多い。Ｅa tuna. 韓다랑어, 참치.「マグロの刺身」数1匹

まけ 【負け】マケ ①負けること。Ｅa defeat; a loss. 韓짐, 패배.「この試合は負けだ//負けがこむ(=負けた回数が多くなる)」対勝ち ②(「おまけ」の形で)⇒おまけ ▷自他動 負ける

まけおしみ 【負け惜しみ】マケオシミ 自分が負けたことや失敗したことなどをすなおに認めないで、いろいろな理屈を言うこと。Ｅrefuse to admit one's defeat; (be) a bad loser. 韓패배를 순순히 받아들이지 않고 억지를 부림.「相手がかわいそうだから負けてやった、と負け惜しみを言う//負け惜しみの強い人」

まけずおとらず 【負けず劣らず】マケズオトラズ たがいに同じ程度で、どちらがすぐれているかを決められないようす。Ｅequally; as ～ as. 韓막상 막하로.「2人とも、負けずおとらず足が速いので、どちらが勝つかわからない」

まけずぎらい 【負けず嫌い】マケズギライ 人に負けるのが、特に嫌なこと。また、その人。Ｅbe never content to be the second best. 韓유달리 지기 싫어함, 그런 사람.「洋子は負けず嫌いで、競走に負けると、泣いて悔しがる」

ま・ける 【負ける】マケル〔自他動一〕 ①戦って、その結果が相手よりおとる。Ｅlose; be defeated. 韓지다, 패하다.「テニスの試合は6対3で負けた//選挙で負ける」対勝つ

②苦しいこと, むずかしいことに抵抗できない. ⒺBe overcome; be affected. 翰못 이기다, 못 견디다.「ダイエットしようと思うのだが, いつも食欲に負けて食べてしまう//暑さに負ける」 対勝つ
③皮膚が刺激を受けて, 赤くなったりかゆくなったりする. Ⓔbe poisoned with; get a rash. 翰(옻 등을) 타다, 피부염을 일으키다.「うるしに負ける//かみそりに負ける」
④ものの売り買いで, 売り手が買い手の得になるようにする. Ⓔthrow ~ in extra; take off. 翰값을 깎아 주다, 덤으로 주다.「リンゴを1つまけてもらった//500円まけて3000円にします」
▷名負け
注①②③は自動詞, ④は他動詞.

ま•げる 【曲げる】マゲル〔他動一〕①まっすぐなものを曲がった状態にする. Ⓔbend. 翰구부리다, 굽히다 ; 기울이다.「ひざを曲げる運動をする//首を横に曲げて考える」対伸ばす ②意味, 考え, きまりなどを無理に変える. Ⓔdepart from; distort. 翰왜곡하다.「どんな理由があっても規則は曲げられない//事実を曲げて報告書を書く」▷自動曲がる

まけんき 【負けん気】マケンキ どんなことがあっても負けたくない, という気持ち. Ⓔan unyielding spirit. 翰기승스러운 기질, 오기.「あの子は負けん気が強くて最後までねばるから, きっと勝つだろう」

まご 【孫】マゴ ①子供の子供. Ⓔa grandchild. 翰손자.「娘に子供が生まれて, わたしははじめて孫を持った」②(他のことばの頭について) 間を1つおいてつぎの.「孫弟子(=弟子の弟子)//孫引き(Ⓔrequotation. 翰재인용.)」

まごつ・く マゴツク, マゴツク〔自動五〕(まごついて) どちらへ行けばいいのか, どうすればいいのかわからないで迷う. Ⓔbe at a loss; be confused. 翰당황하다, 갈팡질팡하다, 망설이다.「はじめて学校へ行ったとき, 教室がわからずまごついた//電車の切符を買おうとして, 券売機の前でまごついた」

まこと 【誠】マコト ①うそでない, 本当のこと. Ⓔtruth; a fact. 翰진실, 사실.「まことの友情//うそかまことか, わからない」対偽り, うそ ②相手のためになろうとする, うそや飾りのない心. Ⓔsincerity; faithfulness. 翰진심, 성심.「恋人にまことの愛情をささげる//主人にまことをつくす家来」③(「まことに」の形で)「本当に」の改まった言い方. Ⓔvery; really. 翰정말로, 대단히.「まことにありがとうございます」▷書

まことしやか マコトシヤカ いかにも本当であるようなようす. Ⓔquite as if it were true; plausible. 翰아주 그럴 듯함, 정말 같음, 천연덕스러움.「兄は自分のつくり話をまことしやかに弟に話して聞かせた//まことしやかにうそをつかれて, みんな信じてしまった」

まごまご マゴマゴ〔~する〕どうしたらいいかがわからず困っているようす.「たまに東京へ行くと, 地下鉄の乗りかえにまごまごしてしまう(Ⓔwhen I go to Tokyo occasionally, I get confused changing trains on the subway. 翰가끔 도쿄에 가면 지하철 환승할 때 갈팡질팡한다.)」

まさか マサカ ①(「まさか~ない」の形で)(1)そのような可能性はないだろう. Ⓔsurely not. 翰설마, 아무런들.「道で転んだぐらいで, まさか足の骨が折れるとは思わなかった//まさか弟に負けるようなことはないだろう」(2)そのようなことはできない. Ⓔcan't possibly. 翰설마, 아무리 그렇더라도.「出された料理を, おいしくないから食べないとはまさか言えない//みんなの前でまさかどなるわけに

もいかない」②予想できないような特別の事態. ⒺShe worst; an emergency. 韓만일(의 경우).「まさかのときのために, 水と食料を準備しておく」

まさつ 【摩擦】マサツ ①〔~する〕ものとものがこすれること. あるもので, あるものをこすること. Ⓔrubbing. 韓마찰.「木の枝と枝との摩擦から山火事が起こった//毎朝, 乾いた布で皮膚を摩擦する」②ものが動くとき, その動きをじゃまするように働く力. Ⓔfriction. 韓마찰.「自動車は, 地面とタイヤとの摩擦で止まる」③人と人, 国と国との間に意見や感情の行き違いがあって, ものごとがうまくいかないこと. Ⓔfriction; trouble. 韓마찰, 알력.「貿易の問題で, 両国の間に摩擦が生じる//三郎は部の人たちと考え方が違って摩擦を起こすことがよくある」

まさに マサニ ①まちがいがないと認めたことを強くいうよう. Ⓔperfectly; certainly. 韓확실히, 정말로.「まさにあなたのおっしゃるとおりです// 10万円, まさに受け取りました」②いま始まるということを強くいうよう. Ⓔbe just about to. 韓지금 바로, 바야흐로.「まさにのぼろうとしている太陽を山頂から眺める」③そうするのが当然だということを強くいうよう. Ⓔduly; surely. 韓마땅히.「責任者のきみこそ, まさに辞任するべきだ」▷書

まざまざ マザマザ, マザマザ 実際に目で見ているように, はっきりとしているよう. Ⓔclearly; vividly. 韓또렷이, 똑똑히, 생생하게.「目を閉じると, 元気だった祖父の姿がまざまざ(と)目に浮かぶ//衝突事故の現場の悲惨なようすをまざまざ(と)思いだす」

まさ・る 【勝る】マサル, マサル〔自動五〕(まさって) 程度がほかより上だ. Ⓔbe superior to; far more ~ than. 韓~보다 낫다, 우수하다.「三郎はクラスの中のだれよりも体力が勝っている//聞きしに勝る(=人から聞いていた以上だ)」匴劣る

勝るとも劣らない 比べるものと同じかそれ以上だ. Ⓔbe in no way inferior to. 韓나으면 낫지 못하지 않다.「父の将棋は, プロに勝るともおとらない腕前だ」

まざ・る 【交ざる・混ざる】マザル〔自動五〕(まざって) ⇨交じる・混じる「中学生の三郎も大人にまざって働いた//米にまざった砂を取り除く」

まじ・える 【交える】マジエル〔他動一〕①ほかのものを中に一緒に入れる. Ⓔmix; include. 韓끼게 하다, 섞다.「記者の主観をまじえて書いた記事」②たがいに組み合うようにする. Ⓔcross. 韓교차시키다, 맞대다.「木が枝をまじえて重なるように生えている//ひざをまじえる(→ひざ慣用)」③たがいにやりとりする. Ⓔexchange. 韓주고받다.「となりの人と, はじめてことばをまじえた//一戦をまじえる」▷自動交わる

マジック (magic) マジック, マジック ①魔法. 手品. 不思議な力. Ⓔmagic. 韓마술, 요술, 마법.「二郎はトランプのマジックが得意で, 相手の札を全部当ててしまう//マジックショー」②「マジックペン」「マジックインキ」などの商標名を略した言い方. ペンの一種で, インクはすぐ乾き, 水にぬれてもにじまない. Ⓔa felt pen; a marker. 韓매직 펜, 매직 잉크.「赤のマジックでポスターをかく」

まして マシテ 2つものを並べて, 前のものでさえそうなのだから, 後のものはもちろんということを表す. Ⓔstill more; to say nothing of. 韓하물며, 더구나.「飛行場から1キロ離れていてもこんなにうるさいのだから, まして, すぐ近くではとてもがまんできないだろう//ワープロも使ったことがない. ましてコンピューターなんてさわったこともない」

まじない マジナイ,マジナイ 神や仏や,その他の不思議な力を借りて,災難をのがれたり起こしたりすること.また,そのことば.おまじない.Ea charm; an incantation. 한주문,주술.「飛行機に乗るときはいつも,落ちないようにと,まじないを唱える//いつまでも止まらないしゃっくりを,まじないで止める」

まじまじ マジマジ,マジマジ 目を離さず,まっすぐに見つめ続けるようす.Elook hard at. 한말똥말똥,말끄러미.「来月スペインへ移住すると突然言いだした友達の顔を,驚いてまじまじ(と)見た」

まじめ マジメ ①うそや冗談ではなく,本気であるようす.Eearnestly; serious. 한진심임,진지함.「うちの両親は子供の言うことをまじめに聞いてくれる//叔父はまじめな顔で冗談を言う」対不まじめ ②心をこめて,一生懸命にするようす.誠実なようす.Ediligent; hard. 한성실함,착실함.「わが社としてはまじめで積極的な人物を採用したい//一郎は学生時代,まじめによく勉強した」対不まじめ

まじ・る 【交じる・混じる】マジル〔自動五〕(まじって) ほかのものが入って一緒になる.Ebe mixed; be mingled. 한섞이다.「黄色に青がまじると緑色になる//この毛のセーターにはナイロンがすこしまじっている」他動交ぜる・混ぜる

注 漢字で書くときは,一緒になってもそれぞれもとの形が残っていたり独立していたりするものは「交じる」,もとの形がなくなったり一体になったりしているものは「混じる」.

参 「まざる」も意味は同じで,「～て」の形のときは「まざって」「まじって」のどちらも使うが,「～ない」「～ます」の形のときは「まじる」の活用の「まじらない」「まじります」を多く使う.

まじわ・る 【交わる】マジワル〔自動五〕(まじわって) ①交差する.Ecross; intersect. 한엇갈리다,교차하다.「道路が交わる所を交差点という」②人とつきあう.Eassociate with. 한사귀다,교제하다.「いろいろな友人と交わって視野をひろげる//朱に交われば赤くなる(＝悪い友と交わっていると自分も悪くなっていく)」③性交する.Ehave sex with. 한살을 섞다.「愛する異性と交わる喜び」▷名交わり 他動交える

ます (動詞の「ます」形について)相手に対する,話す人の丁寧な気持ちを表す.「手紙を書きます//その本は,ここにはありません(EThere isn't the book here. 한그 책은 여기에는 없습니다.)//きのう,コンサートに行きました//妹を行かせます」

ま・す 【増す】マス〔自他動五〕(まして) ①数や量や程度などが大きくなる.Eincrease; grow; rise. 한더해지다,늘다,불어나다.「7月も暑いが,8月はもっと暑さが増す//大雨が降って川の水が増した」対減る ②数や量や程度などを大きくする.Eincrease; pick up. 한더하다,늘리다,불리다.「乗客が増えたので,電車の数を増すことにした//前の車を追い越すため速度を増した//勢いを増す」対減らす

注 ①は自動詞,②は他動詞.

参 ①は「増える」と,②は「増やす」と似ているが,「増える」「増やす」が具体的な数や量にだけ使うのに対して,「増す」は抽象的な程度にも使う.

まず マズ ①第1番目に.Efirst; first of all. 한먼저,우선.「まず電話をして,いるかどうかを確かめてから行こう」②絶対ではないが,だいたい.Efairly; almost. 한아마도,거의.「かぎをかけたし犬もいるから,まず泥棒に入られることはないだろう」

ますい 【麻酔】マスイ 薬などを使って,体の一部または全身の感覚をなくすこと.E

まずい

anesthesia. 〔韓〕마취.「全身に麻酔をかけて手術をする//麻酔から覚める//麻酔薬」

まず・い マズイ ①味が悪い。おいしくない。〔E〕don't taste good. 〔韓〕맛이 없다.「料理をつくったが，まずくて食べられなかった」〔対〕うまい，おいしい ②下手だ。〔E〕poor. 〔韓〕서투르다.「この手紙は文も字もまずい//まずい歌は聞きたくない」〔対〕うまい，上手 ③ぐあいが悪い。〔E〕awkward; unwise. 〔韓〕거북하다，재미없다.「この話はほかの人に知られるとまずいから，だれにも言わないでください」▷〔話〕③

マスコミ マスコミ〔←マスコミュニケーション(mass communication)〕新聞やテレビ，ラジオなどを通じて，いちどに多くの人に多くの情報を伝えること。また，その機関。〔E〕mass communication; the mass media. 〔韓〕매스컴.「世界じゅうのマスコミが今回の首脳会談に注目している//マスコミが世論をつくることがある」〔対〕ミニコミ

まずし・い【貧しい】マズシイ ①生活に必要な金やものがすこししかない。〔E〕poor; needy. 〔韓〕가난하다，빈곤하다.「家が貧しくて，高校時代からアルバイトをした//着るものも食べるものもない貧しい生活」〔対〕豊か，富む ②少ない。ふじゅうぶんだ。〔E〕poor; scanty. 〔韓〕부족하다，빈약하다.「知識が貧しい//貧しい経験」〔対〕豊か ③心が狭い。〔E〕narrow-minded. 〔韓〕마음이 좁다，편협하다.「他人の成功を喜べないのは心の貧しい証拠だ」〔対〕豊か

マスター (master)マスター ①店の主人。特に喫茶店やバーなどの経営者。〔E〕an owner; a proprietor. 〔韓〕주인，지배인，경영자.「この店のマスターがいれるコーヒーはおいしい」〔対〕マダム ②大学院の修士。修士号。〔E〕a master; a master's degree. 〔韓〕석사.「政治学のマスターの資格を取る」③〔←マスターコース(master's course)〕大学院で修士号を取るための課程。〔E〕a master's course. 〔韓〕석사 과정.「大学を卒業したらマスターに進むつもりだ」④〔~する〕ことばや技術を勉強して，自由に使えるようにすること。〔E〕master. 〔韓〕숙달함.「日本語をマスターして，日本の会社に就職する//ワープロの使い方をマスターした」

マスプロ マスプロ〔←マスプロダクション(mass production)〕ものの形や質などを同じにして，機械などでいちどにたくさん安い品物をつくること。大量生産。〔E〕mass production. 〔韓〕대량 생산.「マイクを使ったマスプロ式授業//マスプロ製品」

ますます マスマス 数や量や程度が，前よりもっと増えたり減ったりしていくようす。〔E〕more and more; less and less. 〔韓〕점점 더，더욱더.「交通機関の発達で，外国かますます近くなってきた//仕事を持つ女性がますます増えてきている」

〔参〕「だんだん」も似ているが，「ますます」は程度がすこし大きくなったときから始まり，その変化のしかたが「だんだん」より速く大きいときに使う。

まずまず マズマズ 完全ではないが，かなり満足できるようす。〔E〕fairly good; not so bad. 〔韓〕그런대로 괜찮음，그저 그만함.「はじめてつくったケーキは，形がすこし悪いが，まずまずのできだ//試験の結果はまずまずだった」

ませ ①(「いらっしゃる」「おっしゃる」「くださる」「なさる」などの「ます」形について)相手に対してその動作をするようにと丁寧に希望することを表す。「はっきり，おっしゃいませ(〔E〕Please speak clearly. 〔韓〕분명하게 말씀하십시오.)//しばらくお待ちくださいませ」②あいさつのことばに使って，ことばの調子を丁寧にする。「お帰りなさいませ(〔E〕Welcome home!; Hello, dear! 〔韓〕어서 오세요！)// いらっしゃいませ」▷話

参「ます」の命令形．すこしくだけて，「いらっしゃいまし」のように，「まし」と言うこともある．

まぜこぜ マゼコゼ いろいろなものがいりまじること．〔E〕mix up; jumble together. 〔韓〕뒤범벅, 뒤죽박죽．「本棚にいろいろな種類の本がまぜこぜに並んでいる//日本語と英語と中国語を，まぜこぜにして話す」話

ま・ぜる【交ぜる・混ぜる】マゼル〔他動一〕2つ以上のものを一緒にする．また，なにかを他のものに加える．〔E〕mix; blend. 〔韓〕섞다, 뒤섞다, 혼합하다．「米に麦をまぜて炊く//いろいろな花をまぜて花束をつくる//コーヒーと牛乳をまぜる」自動 交じる・混じる

注 漢字で書くときは，一緒になってもそれぞれもとの形が残っていたり独立していたりするものは「交ぜる」，もとの形がなくなったり一体になったりしているものは「混ぜる」．

また マタ ①1つのもとから2つ以上に分かれている所．また，そのもの．〔E〕a fork (of a road, tree). 〔韓〕갈래．「またになっている枝の一方を折る//ふたまた」②足が分かれて出ている所の内側のあたり．〔E〕the crotch; the thigh. 〔韓〕가랑이, 샅．「またを開いて体を曲げる//また下の長いズボン」

またにかける 広い範囲で活躍する．〔E〕all over. 〔韓〕두루 돌아다니다, 널리 활약하다．「世界をまたにかけて音楽活動をする」

また マタ ①同じことが繰り返されるようす．〔E〕again. 〔韓〕또, 또다시, 재차．「また地震が起こった//また，あの人が来た」

②さらに別のことがあるようす．〔E〕also; as well. 〔韓〕또한, 역시．「医者である道子は，またピアニストとして有名だ」

③ことばの調子をととのえたり，驚きや感心する気持を表したりする．〔E〕ah. 〔韓〕또, 참．「それはまた困ったことだ」

④（語句と語句をつないで）それが重なっているときに使うことば．〔E〕on; and. 〔韓〕그리고 또．「山また山の道を歩く//さびしくまた苦しく思われた旅だった」

⑤（文と文をつないで）前にいったことにさらにつけ加えるときに使うことば．〔E〕as well as; too. 〔韓〕또한．「京子は生徒にとって，よき教師であり，またよき先輩でもあった」

⑥（他のことばの頭について）間にほかのものが入っていること．直接でないこと．「またいとこ（〔E〕a second cousin. 〔韓〕육촌, 재종 형제〔자매〕．）//また聞き（→項目）」

まだ マダ ①話し手が考えている状態や時期になっていないようす．〔E〕(not) yet; only. 〔韓〕아직, 여태껏．「手紙はまだとどかない//まだ子供だ」対 もう

②前の状態が終わらずに続いているようす．〔E〕still; yet. 〔韓〕아직（까지）도．「山にはまだ雪がある//教室にまだ学生が残っている」対 もう

③同じようなものごとがほかにもあるようす．〔E〕more; still. 〔韓〕그 외에도, 아직도．「話したいことは，ほかにもまだたくさんある」

④じゅうぶんではない2つのものを比べて選ぶようす．〔E〕a little better. 〔韓〕차라리, 오히려．「冬はまだがまんできるが, 蒸し暑い夏はがまんできない//このアパートは古くて狭いが, 寮よりまだましだ」

またがし【又貸し】マタガシ〔～する〕借りたものを，またほかの人に貸すこと．〔E〕lend a borrowed thing to another. 〔韓〕빌린 것을 다시 남에게 빌려 줌, 전대．「図書館の本は，また貸しをしてはいけない//テープをまた貸しする」対 又借り

またが・る マタガル〔自動五〕（またがって）①またを開いて乗る．〔E〕ride; sit

astride. 圏걸터앉다, 올라타다. 「馬の背にまたがって野原を駆ける」②２つ以上の場所, 時などにかかわる. Eextend over. 圏걸치다. 「富士山は静岡と山梨の２つの県にまたがっている」▷他またぐ

またぎき 【又聞き】マタギキ〔～する〕話を自分が直接に聞くのではなく, ほかの人を通して聞くこと. Esecondhand information; hearsay. 圏(간접적으로) 전해 들음. 「また聞きだから, 正確かどうかわからない」

また・ぐ マタグ〔他動五〕(またいで) またを開いてなにかの上を越える. Estep over; stride over. 圏(위를) 넘다；가로지르다. 「ドアの前で寝ている犬をまたいで外に出た//隅田川をまたいで橋がかかっている」│自またがる

またた・く 【瞬く】マタタク〔自動五〕(またたいて) ①目を何度も開けたり閉じたりする, まばたく. Eblink; wink. 圏눈을 깜박이다. 「大きく目を開けて目薬をさしてからまたたいた」②光が強くなったり弱くなったりする. Etwinkle. 圏반짝이다. 「晴れた空に星がまたたく」▷图瞬き

またたくま 【瞬く間】マタタクマ 非常に短い時間. Ein an instant; in the twinkling of an eye. 圏눈 깜짝할 사이, 순식간. 「みんなおなかがすいていたので, 料理はまたたく間になくなった//学生たちに手伝ってもらったら, 仕事がまたたく間に片づいた」

または マタワ, マタワ（語句と語句をつないで）前か後のどちらかを選ぶときに使うことば. Eor; either ～ or. 圏또는, 혹은. 「万年筆またはボールペンで書かなければならない//欠席のばあいは, 友達に伝えるか, または電話で連絡すること」─あるいは, もしくは

まち 【町・街】マチ ①行政上の１つのまとまり. ちょう. Ea town. 圏지방 자치 단체의 하나, 읍. 「この島には町が２つと村が１つある」②家が多く集まっている地域. Ea city. 圏도시, 도회지. 「いなかから町に来ると, 人が多くて驚く//港町」対田舎 ③「②」の中で, 特に商店などが並んでいるにぎやかな区域. Etown; a street. 圏거리, 번화가. 「街の灯をめざして人々が集まってくる//六本木は若者の街だ」
≡注①②は「町」, ③は「街」.

まちあいしつ 【待合室】マチアイシツ 駅や病院などで, 時間や順番などを待つ部屋. Ea waiting room. 圏대합실. 「駅の待合室で, 電車が来るのを待つ」

まちあわ・せる 【待ち合わせる】マチアワセル, マチアワセル〔他動一〕時間と場所を決めておいて, ２人以上の人が会うようにする. 待ち合わす. Earrange to meet. 圏(미리 약속하고) 만나기로 하다, 기다리다. 「道子と, あしたの12時に学校の門の前で待ち合わせることにした」图待ち合わせ

まぢか 【間近】マジカ, マジカ ある時間や場所に近づいていること. Enear at hand; close up. 圏아주 가까움, 임박함. 「帰国の日が間近なので, 忙しい//富士山が間近に見えてきた」

まちがい 【間違い】マチガイ ①正しくない結果になること. Ea mistake; an error. 圏틀림, 잘못, 실수. 「戦争を始めたのは最大のまちがいだ//生徒の文章の字のまちがいを直す//言いまちがい」②よくないできごと. Ean accident; trouble. 圏사고, 말썽. 「妻の帰りが遅いが, なにかまちがいがあったのだろうか」▷自他間違う →過ち

まちが・える 【間違える】マチガエル, マチガエル〔他動一〕①やり方が悪くて, 正しくない結果を出す. Emake a mistake. 圏틀리다, 실수하다. 「電話番号をまちがえ

まちか・ねる【待ちかねる】マチカネル, マチカネル〔他動一〕長い間待って, それ以上待てなくなる. Ｅcan't wait any longer. 韓더 이상 기다릴 수 없다.「バスが20分以上も来ないので, 待ちかねて歩きはじめた//返事を待ちかねて電話で問い合わせた」

まちかま・える【待ち構える】マチカマエル, マチカマエル〔他動一〕じゅうぶんに準備をして相手などが来るのを待つ. Ｅbe prepared for; be on the watch for. 韓(만반의 준비를 하고) 기다리다, 대기하다.「いい写真をとろうと, チャンスが来るのを待ちかまえている」

まちどおし・い【待ち遠しい】マチドーシイ 早くと望んでいるため, 待時間が長く感じられる. Ｅwait impatiently for; be looking forward to. 韓몹시 기다려지다.「寒い地方では特に春の来るのが待ちどおしい//子供のころはお正月が待ちどおしかった」

まちにまった【待ちに待った】長い間期待して待っていた. Ｅlong-awaited. 韓기다리고 기다리던, 학수고대하던.「きょうは待ちに待ったロケットの打ち上げの日だ//山田さん夫婦は結婚して5年目に, 待ちに待った子供が生まれた」

まちぶせ【待ち伏せ】マチブセ〔~する〕相手の来るのを隠れて待つこと. Ｅlie in wait; an ambush. 韓숨어서 기다림.「暗い所で待ち伏せして, 金をうばう//曲がり角で待ち伏せる」他動待ち伏せる

まちまち マチマチ, マチマチ それぞれが違っていて, そろわないようす. Ｅdifferent; various. 韓구구함, 각기 다름.「意見がまちまちで, 相談がなかなかまとまらない//レストランで, みんなまちまちなものを注文した」

まちわ・びる【待ちわびる】マチワビル, マチワビル〔他動一〕なかなか来ない人などを心配しながら待つ. Ｅwait anxiously for. 韓애타게 기다리다.「家族の帰りを待ちわびる//春が来るのを待ちわびる」

まつ【松】マツ ①葉が1年じゅう緑色で針のように細く, 野山に生えたり, 庭木として植えたりする木. Ｅa pine (tree). 韓소나무.「庭に松の木を植える//松林」②門松. Ｅthe New Year's pine decorations. 韓설날 대문 앞의 소나무 장식.「松が取れる(＝正月が終わる)//松の内//松飾り」 ▷数①1本
参 冬も葉が緑色をしているので, 竹, 梅とともに「松竹梅」といって, めでたい木とされている. 実は「松かさ」と呼ぶ.

ま・つ【待つ】マツ〔他動五〕(まって) ①ものごとが早く来るのを願いながら時を過ごす. Ｅwait. 韓기다리다.「毎朝バスを待つあいだ新聞を読む//自分の順番が来るのを待つ」
②相手がどう行動するかがわかるまで, なにもしないで時を過ごす. Ｅwait and see. 韓기다리다, 기다려 보다.「今後どうするかは実験の結果を待って決めよう//相手の出方を待つ」
③(「~に待つ」の形で)~に期待をする. ~を必要とする. Ｅdepend on; rely on. 韓기대하다, 의지하다.「この計画の成功は, みんなの協力に待つところが大きい」
▷書③

-まつ【-末】(時を表すことばについて) 終わり, 終わりに近い.「学期末(Ｅthe end of a term. 韓학기말.)//年度末//世紀末//年末(→項目)」

まっ- 【真っ-】(名詞,形容詞について)完全にそうだ,本当にそのとおりだということ.「真っ白い//真っ赤(→項目)//真っ青(→項目)//まっぱだか(=完全なはだか)//まっぷたつ(Eright in half. 한두 동강,딱 절반.)」
参「真」を強めた形.ア行,カ行,サ行,タ行,ハ行の音で始まることばにつく.また,「はだか」「ふたつ」などの「は」「ふ」は「まっ」がつくと「ぱ」「ぷ」になる.

まっか 【真っ赤】マッカ ①非常に赤いようす.Edeep red; crimson. 한새빨감.「ビールを1杯飲んで真っ赤になる//真っ赤になって怒る//真っ赤な夕日」②まちがいなくそのとおりであるようす.Eout-and-out; downright. 한갈데없음,순전함;새빨감.「500年前の茶碗だと言って買わされたが,真っ赤な偽物だった//真っ赤なうそ」

まつげ マツゲ まぶたのふちにある毛.Eeyelashes. 한속눈썹.「涙にぬれたまつげ//長いまつげ」 数1本 →目図

マッサージ (massage) マッサージ〔~する〕手のひらや指で体をもんだりさすったりして,血液の流れをよくし,かたくなった筋肉をやわらかくすること.Ea massage. 한마사지.「働きすぎて疲れた体をマッサージしてもらう//顔のマッサージをする」

まっさお 【真っ青】マッサオ ①非常に青いようす.Edeep blue. 한새파람.「台風が去って,真っ青な空がひろがった//真っ青な海」②ひどく驚いたりこわかったりして,顔の血の色がなくなるようす.Edeadly pale. 한해쓱함,창백함.「田中さんは家が火事だと聞いて,真っ青になって帰っていった」

まっさき 【真っ先】マッサキ,マッサキ いちばん先であること.Efirst; the head. 한맨먼저,맨 앞.「ドアが開くと真っ先に電車に乗る//列の真っ先に立つ」

まっしぐら マッシグラ 目的に向かって,まっすぐに勢いよく進んでいくようす.Eat full speed; at breakneck speed. 한맹렬한 기세로 곧장,쏜살같이.「飼い主が呼ぶと,犬はまっしぐらに走ってきた//出世コースをまっしぐらに進んできた一郎は,10年後には重役の地位についた」

まっしょうてき 【末梢的】マッショーテキ だいじな部分から離れていて,重要でないようす.Etrivial; trifling. 한말초적,지엽적.「受付をだれがするか,マイクはどうするかなど末梢的な問題は後にして,まず講演会のテーマを検討しよう//末梢的なことにこだわる」対根本的 書

まっすぐ 【真っすぐ】マッスグ ①曲がっていないようす.Estraight. 한똑바름.「この道は駅までまっすぐに続いている//まっすぐな線」②どこへも寄らないようす.Edirectly. 한곧장,곧바로.「この飛行機はまっすぐパリへ行く//会社からまっすぐに帰る」③人の心がすなおで正しいようす.Eupright; honest. 한솔직함,올곧음.「道子はまっすぐな性格だから,話をしていて気持ちがいい」

まったく 【全く】マッタク,マッタク ①完全に肯定するようす.Ereally; indeed. 한정말,참으로,실로.「今年の夏はまったく暑くて,すわっていても汗が出てくる//となりの犬は夜中に鳴くので,まったく困ったものだ//まったくの事実」②(「まったく~ない」の形で)完全に~ない.すこしも~ない.Enot at all; not in the least. 한전혀,조금도.「コンピューターのことはまったくわからない//この色はわたしにはまったく似合わない」

まつたけ マツタケ キノコの一種.赤松の林に生え,かおりがよく,秋の食べ物の代表とされる.Ea *matsutake* mushroom. 한송이(버섯).「すきやきにマツタケを入れる//

マツタケごはん」 数1本
注 漢字で書くときは「松茸」.

まったん 【末端】マッタン ①いちばんはしの部分. Ｅthe end; the tip. 한끝, 말단. 「髪の毛の末端まで白くなる」対中央 ②組織の中心からいちばん遠い部分. Ｅthe lowest levels; the end ~. 한말단. 「中央の方針が末端にまでなかなか伝わらない//末端価格」対中央, 中心

マッチ (match) マッチ ①先に薬のついた細い木をすって, 火をつくるもの. Ｅa match. 한성냥. 「マッチをすって, タバコに火をつける//マッチ箱//マッチ棒」②試合. Ｅa match. 한매치, 시합, 경기. 「マッチポイント//タイトルマッチ」③(~する)2つ以上のものの色や形などが, たがいによく合って好ましい状態であること. Ｅmatch; go with. 한조화, 어울림.「スカートとコートの色がよくマッチしている//まわりの景色にマッチした建物」▷数①1本・1箱

まっちゃ 【抹茶】マッチャ 質のいい緑茶を粉にしたもの. また, それに湯を入れて飲む飲み物. Ｅpowdered tea. 한분말 녹차, 말차.「抹茶をたてて, 和菓子と一緒にいただく」数1杯・1缶
参 多く茶道に使う. 茶碗に入れて湯をそそぎ, 茶筅という道具でかきまぜ, 泡を立てたものを飲む.

まっとう・する 【全うする】マットースル〔他動サ〕最後まで完全にやり終える. Ｅaccomplish; fulfill. 한완수하다, 다하다.「二郎は海外での仕事をまっとうして, あす帰国する//責任をまっとうする」書

まつばづえ 【松葉づえ】マツバズエ 足の不自由な人が体を支えるために使うつえ. Ｅa crutch. 한목발.「スキーで足を痛めて, 松葉づえをついて歩く」数1本 →つえ図

まっぴら マッピラ 絶対にいやだというよ

うす.「寒いのは嫌いだから, スキーに行くなんてまっぴらだ(Ｅ I hate cold, and I wouldn't go skiing for anything. 한추운건 싫으니까 스키는 딱 질색이다.)」話

まつり 【祭り】マツリ ①神に供え物などをして霊を慰め, 祈る儀式. その日に行ういろいろな行事. また, その日. Ｅa festival; a fete. 한제사, 제례.「近くの神社から祭りの太鼓が聞こえてくる//秋祭り//花祭り」②祝いや記念, 宣伝などのために行う, にぎやかな行事. Ｅa festival; a gala. 한축제.「東京祭り//桜祭り」▷他動祭る

まつわりつ・く マツワリツク〔自動五〕(まつわりついて)くっついて離れようとしない. まとわりつく. Ｅfollow about; cling to. 한달라붙다, 매달리다 ; 휘감기다.「3歳の弟は, 出かけようとする父にまつわりついて離れない//丈の長い服は, すそが足にまつわりついて歩きにくい」

まで ①場所, 時間, 量の限界を表す.「京都まで行く(Ｅgo to Kyoto. 한교토까지 가다.「朝から夜中まで働く//食事は1日2000カロリーまでにしなさい」対から

②程度の限界を表す.「動けなくなるまでがんばるぞ(Ｅ I will go on till I can move no more. 한움직이지 못하게 될 때까지 열심히 할 거야.)//わかるまで何度も説明しよう」

③そこまでおよんだことに驚く気持ちを表す.「妹にまでばかにされるとは思わなかった(Ｅ I never imagined that I would be made fun of even by my younger sister. 한여동생한테까지 바보 취급을 당하리라고는 생각지도 않았다.)//母さんまでそんなふうに思っていたのか」

④もうこれで終わりということを表す.「きょうの授業はこれまでにします(Ｅ That's all for

today's class. 한오늘 수업은 여기까지 하겠습니다.)」 対から
⑤(「~までもない」の形で) その必要はないということを表す. "比べるまでもなく, 兄のほうが強い(ETere's no need to compare, but the older brother is stronger than his younger brother. 한비교할 것까지도 없이 형이 더 세다.)」
⑥その範囲のものだと限定することを表す. 手紙の最後に使う慣用的な言い方."以上, お知らせまで(EThat's all. Just to let you know. 한이상, 알려드립니다.)//まずは, 御礼まで」
▷書⑥

まと 【的】マト ①矢, 弾などを当てる目標. Ea mark; a target. 한과녁, 표적.「弾が的の中心に当たる//矢で的を射る」②なにかをするときの対象になるもの. Ean object; a target. 한대상, 목표.「A先生は村の人たちの尊敬の的である//差別発言をした大臣は攻撃の的となった//的をしぼる」
的を射る たいせつな点をつかむ. Ebe to the point; relevant. 한정곡을 찌르다.「的を射た, いい質問だ」

まど 【窓】マド 光を入れたり空気を出し入れしたりするために, 壁や屋根に開けた部分. ふつう, ガラスが入っている. Ea window. 한창, 창문.「窓を開けて, 外の空気を入れる//窓ガラス//天窓」数1枚 →家図

まどぎわぞく 【窓際族】マドギワゾク 肩書きは与えられているが, あまりたいせつな仕事はまかされなくなったサラリーマン. Ean office worker who is given little work to do as a form of indirect pressure to retire. 한한직으로 밀려난 고령 사원들.「30年間勤めたが, いまは窓ぎわ族になってしまい, 毎日がつまらない」
三参 この人たちの机が窓ぎわにあるばあいが多いことからつけられた.

まどぐち 【窓口】マドグチ ①金を扱う所や役所などで, 窓やカウンターを通して金や書類の受け渡しをする場所. また, その係. Ea window. 한창구.「役所の外国人登録の窓口で手続きをする//郵便局の窓口」②連絡や交渉などを直接するための場所. また, その係. Ea window; a person in charge. 한창구 (역할).「話し合いのための窓口をつくる//洋子が受験相談の窓口になる」

まと・める マトメル〔他動一〕 ばらばらになっているものを, 1つのものにする. Ecollect; gather together; complete. 한통합(정리)하다, 한데 모으다, 완성하다.「荷物はみんなまとめて, ここに置いてください//今月中に論文をまとめる」名まとめ 自ましまる

まとも マトモ ①正面から向かうようす. Edirectly; straight. 한정면, 똑바름.「トラックにまともにぶつかったのだから, 助かるはずがない//2度も留年して, 親の顔をまともに見られない」②きちんとしていて, 特に変なところのないようす. Enormal; honest. 한정상적, 착실함, 건실함.「まともな神経では通勤ラッシュに耐えられない」

まどろっこし・い マドロッコシイ 手間がかかって, 遅い. まだるい. まどろっこい. まだるっこい. Etedious; slow-going. 한갑갑하다, 굼뜨다.「郵送ではまどろっこしいから, すぐ持っていきます」話

まどわ・す 【惑わす】マドワス〔他動五〕(まどわして) 正しい判断力を失わせる. Emislead; delude. 한혼란시키다, 현혹하다; 유혹하다.「大金は人の心を惑わして, その人生を変えてしまうことがある//流行に惑わされる」自動惑う

まないた マナイタ, マナイタ 包丁でものを切るときに下に置く, 木やプラスチックの台.

Ea cutting board. 한도마.「まないたの上でパンを切る//まないたを洗って水を切る」数1枚

〔まないた〕

まないたの(上の)こい[鯉] どうされてもしかたないとあきらめて、静かにしている人. Ea person who is entirely left to his fate. 한도마에 오른 고기.「まないたのこいの気持ちで手術台に上る」

まなざし マナザシ, マナザシ なにかを見る, 目の表情. Ea look. 한눈빛, 눈길.「やさしいまなざしで人を見る//鋭いまなざし」書

まな・ぶ【学ぶ】マナブ〔他動五〕(まなんで) 見たり聞いたり考えたりして、知識や技術などを身につける. Estudy; learn. 한배우다, 익히다.「経済学を学ぶために日本に来た//わたしは父を見て、その生き方を学んだ」対教える

まにあ・う【間に合う】マニアウ〔自動五〕(まにあって) ①決まった時間に遅れずにすむ. Ebe in time. 한시간에 대어 가다.「走ったので授業に間に合った//急がないと飛行機に間に合わない」②その場の必要を満たす. たりる. Ebe enough; make do with. 한충분하다, 족하다.「あしたの旅行は、2万円あれば間に合うだろう」

まぬか・れる【免れる】マヌカレル〔他動一〕 悪いことを身に受けないですむ. まぬがれる. Eescape; avoid. 한면하다, 벗어나다, 피하다.「電車は急ブレーキをかけて止まったので、大事故を免れた//責任を免れてほっとする」

まぬけ【間抜け】マヌケ ばかげた失敗をすること. また, その人. Estupid; foolish. 한얼빠진 짓을 함, 얼간이, 멍청이.「自転車のかぎをなくして引っぱって帰るとは、きみも間抜けだね//買ったものを店に忘れてきた

間抜けなわたし」

まね マネ ①〔~する〕まねること. E(an) imitation. 한흉내, 시늉, 모방.「先生のまねをして発音する//親のまねをする子供」②ふるまい. 行い. Ean action; behavior. 한짓, 행동.「妹のケーキを取るなんて、ひどいまねはよしなさい//ばかなまねをする」▷話②他動まねる

マネージャー (manager) マネージャー, マネージャー ①店や会社などで, 仕事を指図したり取り締まったりする人. 支配人. Ea manager. 한지배인, 관리인.「叔父はAホテルのマネージャーをしている」②学校の運動部やスポーツクラブなどで, 選手やチームの世話をする人. Ethe team's caretaker. 한(스포츠 팀의) 서무 담당자.「野球部のマネージャーは、チームの食事や試合の連絡などで忙しそうだ」③芸能人の予定を決めたり, 世話をしたりする人. Ean agent. 한(연예인의) 매니저, 섭외 담당.「歌手のマネージャーとして、劇場と交渉をする」

まね・く【招く】マネク〔他動五〕(まねいて) ①手で, こちらへ来るようにという合図をして, 自分のそばに呼ぶ. Ebeckon. 한손짓하여 부르다.「客を部屋に招き入れる」②客として呼ぶ. Einvite. 한초대하다.「おおぜいの友達を招いて新年を祝った//友達の結婚式に招かれる」③能力のある人を, 仕事をしてもらうために呼ぶ. Ecall in; engage. 한초빙하다.「専門家を招いて戦争の見通しを聞いた//副社長として田中氏を招く」④よくない結果をひきおこす. Ecause; bring about. 한초래하다, 야기하다.「車のスピードの出しすぎが事故を招いた//世間の疑惑を招く//誤解を招く」▷名招き

ま・ねる マネル〔他動一〕 ほかのものと同じ

になるようにする．Ⓔimitate; copy. 🇰🇷흉내내다, 모방하다.「先生の発音をまねて発音する//動物の鳴き声をまねる」图まね

まのあたり 【目の当たり】マノアタリ, マノアタリ 自分の目の前．また, カメラなどを通さずに直接に．Ⓔwith one's own eyes. 🇰🇷눈 앞, 목전; 직접.「交通事故を目の当たりにして事故の恐ろしさを知った//宇宙飛行士は目の当たりに見る地球の美しさに感動した」

まばたき マバタキ｛〜する｝すばやく目を閉じたり開けたりすること．またたき．Ⓔa blink; a wink. 🇰🇷눈을 깜박임, 깜짝임.「カーテンを開けながら, 朝日のまぶしさにまばたきをした//まばたきもせずじっと見つめる」自動まばたく

まばゆ・い マバユイ 光が強くて, 目を大きく開けていられないほどだ．Ⓔdazzling; blinding. 🇰🇷눈부시다.「まばゆい夏の太陽が照りつける//パーティー会場にはまばゆいほどの電灯が輝いている」書

まばら マバラ 間を空けて, 人やものがすこしだけいたり, あったりするようす．Ⓔonly a few; sparsely. 🇰🇷성김, 드문드문함, 듬성듬성함.「朝夕は通勤客でこんでいる電車も, 昼間は人がまばらだ//木がまばらに生えている林」

まひ 【麻痺】マヒ, マヒ｛〜する｝①神経の働きが悪くて, 感覚がなくなったり, 体を動かせなくなったりすること．Ⓔbe paralyzed; be numbed. 🇰🇷마비.「脳の病気の後, 右半身がまひし歩けなくなった//感覚がまひする//心臓まひ」②なにかが正常に動かなくなること．Ⓔbe paralyzed; be dead. 🇰🇷마비.「車が非常にこんで道路がまひ状態だ//良心がまひする」

まび・く 【間引く】マビク〔他動五〕（まびいて）①つまって生えている野菜や木などの苗を, よく育てるために間をおいて抜き取る．Ⓔthin out. 🇰🇷솎아내다.「若い木を間引いて, いい杉林をつくる」②本来あるはずのものを省く．Ⓔreduce. 🇰🇷（횟수를）줄이다.「客の少ない時期には電車を間引いて運転する」▷图間引き

まぶし・い マブシイ ①光が強くて, 目を開けていられない．Ⓔdazzling; blinding. 🇰🇷눈부시다.「空を見上げたら, 太陽の光がまぶしくて, 思わず目を閉じた//夜の野球場はまぶしいほど明るい照明で照らされている」②相手が非常に立派だったり美しかったりして, まっすぐ見られない感じだ．Ⓔradiant; dazzling. 🇰🇷눈부시다.「すべての欲を捨てて, 研究に打ちこんでいる姿がまぶしい//まぶしいほどの美人」

まぶた マブタ 目を上下からおおう皮膚．Ⓔan eyelid. 🇰🇷눈꺼풀.「まぶたを閉じると, 母の顔が浮かんでくる//まぶたが重くなる（＝眠くなる）//下まぶた」→目図

マフラー (muffler) マフラー ①首に巻く, 長方形の布や, 毛糸であんだもの．Ⓔa muffler. 🇰🇷머플러, 목도리.「寒い朝はマフラーを巻いて出勤する」②オートバイや自動車などの排気音を小さくする装置．Ⓔa muffler; a silencer. 🇰🇷(자동차 등의) 머플러, 소음 장치.「マフラーをはずしたオートバイが騒音を立てて走りまわる」▷数①1枚

まほう 【魔法】マホー ふつうでは考えられない不思議なことをする技．Ⓔmagic; sorcery. 🇰🇷마법, 마술, 요술.「空飛ぶ魔法のじゅうたんで世界じゅうをまわりたい//魔法使い(Ⓔa magician; a witch; a wizard. 🇰🇷마술사, 마술사.)」

まぼろし 【幻】マボロシ ①本当はないのに, あるように見えるもの．Ⓔa vision; an apparition. 🇰🇷환영, 환상.「戦争に行ってい

る恋人の幻を見て、思わず名前を呼んだ//いま見ているのは夢か幻か」②実際にあるといわれているのに、見た人がいないもの. Ea phantom; an illusion. 환환상, 미확인 존재.「ネス湖には幻の怪物『ネッシー』がいると信じられていた」

まま ママ ①ものごとがそうなるようにさせておくこと.「地球上のCO_2を、増えるままにしておいてはいけない//病人の望むままにさせる (Elet a sick person do as he wants. 환환자가 원하는 대로 하게 하다.)」②なにかを変えないで、そのときの状態にしておくこと.「自分が見たままを絵にかいた//靴のままで入ってください(EPlease come in with your shoes on. 환신발을 신은 채 들어오세요.)」

ままにならない 思うようにならない. 不自由だ. ままならぬ. Ehave trouble in ～. 환뜻대로 되지 않다.「仕事がなくて、生活費もままにならない」

ママ (mama) ママ ①母. また、子供が母親に呼びかけることば. お母さん. Emom; mommy. 환마마, 엄마.「ぼくのママは走るのが速いんだよ//ママ、おなかすいたよ」対パパ ②酒場の女主人. Ea bar proprietress. 환(술집의) 마담, 여주인.「あのバーのママは人気がある」

まみ・れる マミレル〔自動一〕きたないものが、一面につく. Ebe covered with; be smeared with. 환～투성이가 되다.「激しい運動をして汗とほこりにまみれた//泥にまみれたシャツ」

まめ 【豆】マメ ①食べるためにつくったマメ科の植物の種. 特に大豆をさすこともある. Ea bean; a soybean. 환콩, 대두.「豆ごはん//豆まき//枝豆」②「①」の形をしていて、手や足のこすれる所にできる、水のたまったもの. Ea blister. 환물집.「靴が合わなくて、足にまめができた//まめがつぶれて痛い」③(他のことばの頭について)小さい.「豆台風//豆電球(Ea miniature bulb. 환꼬마 전구.)//豆博士」

≡注②はひらがなで書く.

まめ マメ どんなことも面倒だと思わずに進んでするようす. Ediligent; good. 환부지런함, 근면함.「父はとてもまめな人で、家事も趣味もうまくこなす//手紙の返事をまめに書く」対無精・不精

まもなく 【間もなく】マモナク, マモーナク あまり時間がたたないあいだに. Esoon; before long. 환곧, 이윽고, 머지않아.「父はまもなく帰ってきますから、ここでお待ちください」

まも・る 【守る】マモル〔他動五〕(まもって) ①悪いことが起きないように防ぐ. Eprotect; defend. 환지키다, 방비하다.「車の事故から身を守るために、シートベルトをしめる//敵の攻撃から国を守る」対攻める ②ある状態をそのまま続ける. また、きまりなどにしたがう. Ekeep; obey. 환유지하다; 지키다.「平和を守る//約束を守る」対破る ▷名守り

まやかし マヤカシ, マヤカシ 人の目をごまかそうと、本当らしく見せること. また、そのもの. Ea fake; a counterfeit. 환속임수, 사기, 가짜.「有名な商品に似ているが、これはまやかしのものだ//大学教授だと言っていたが、まったくのまやかしだった」

まやく 【麻薬】マヤク 感覚をなくさせたり、酔ったような心持ちにさせたりする、習慣性のある薬. ヘロイン、コカインなど. Ea drug; a narcotic. 환마약.「麻薬から抜けられない//麻薬患者//麻薬中毒(Edrug addiction. 환마약 중독.)」

まゆ マユ 目の上の、弓の形に生えている毛. Ean eyebrow. 환눈썹.「まゆをつり

上げる//まゆを開く(=心配ごとがなくなる)//まゆ墨(Ｅ)an eyebrow pencil. (한)눈썹 그리는 먹.)//まゆ毛」→顔, 目図

まゆにつばをつける だまされないように用心する. (Ｅ)be on one's guard. (한)속지 않도록 조심하다.「あいつはよくうそをつくから、この話もまゆにつばをつけて聞いておこう」
[似た表現]まゆつば

まゆをひそめる 心配ごとや不快なことのために、まゆを寄せる. (Ｅ)knit one's brows; frown. (한)눈살을 찌푸리다.「父の病気は治らないかもしれないという医者の話を、母はまゆをひそめて聞いた」[似た表現]まゆを曇らせる[す]

まゆつばもの マユツバモノ 本物かそうでないか、だまされないように用心が必要なもの. (Ｆ)a fishy story. (한)수상쩍은 것, 의심스러운 것.「江戸時代の絵だから価値が高いと画商は言うが、どうもまゆつばものだ」

まよ・う 【迷う】マヨウ〔自動五〕(まよって) ①行く方向がわからなくなる. (Ｅ)get lost; be lost. (한)방향을 잃다, 헤매다.「駅へ行く途中、道に迷って、30分も歩きまわった」②どうしたらいいのかがわからなくなる. (Ｅ)be puzzled; cannot decide. (한)망설이다, 갈피를 못 잡다.「どの辞書が使いやすいのか、買うときに迷った」③心をうばわれて正しい判断ができなくなる. (Ｅ)be tempted. (한)혹하다, 미혹되다.「金に迷って、わいろを受け取った」▷名迷い

マヨネーズ (㋺mayonnaise) マヨネーズ 卵の黄身に、酢、塩、サラダ油などをまぜ合わせてつくったソース. 野菜や魚にかけて食べる. (Ｅ)mayonnaise. (한)마요네즈.「ジャガイモをマヨネーズであえて、サラダにする」

マラソン (marathon) マラソン ①陸上競技で、42.195キロを走る競走. (Ｅ)a marathon. (한)마라톤.「オリンピックのマラソンに出るのが夢だ//マラソンコース」②長い時間や期間をかけてする仕事や行事. (Ｅ)a marathon (concert). (한)마라톤.「チャリティーのための24時間マラソンコンサートを開く」

まる 【丸】マル ①円の形. (Ｅ)a circle. (한)원, 동그라미.「砂の上に丸をかく//写真の顔を丸でかこむ」②欠けていない全体. (Ｅ)whole. (한)통째, 전체.「芋を丸のまま煮る//リンゴを丸ごと食べる」③文の終わりにつけるしるし、句点. 記号は「。」. (Ｅ)a period; a full stop. (한)마침표.「文の終わりには必ず丸をつけなさい」④正しいものや肯定することにつけるしるし. 記号は「○」. (Ｅ)a circle (mark used as an affirmative reply). (한)동그라미, 공표.「正しい答えに丸をつける」対ばつ ⑤(他のことばの頭について)完全な. まったくの.「丸2年間(Ｅ)for two whole years. (한)만 2년간.)//丸暗記//丸見え」⑥(他のことばの後について) 船や人、刀などの名前を表す.「第五福竜丸(Ｅ)The Fifth Fukuryu Maru. (한)제5 후쿠류호.)//牛若丸」

まる・い 【丸い・円い】マルイ ①平面的な円の形をしている. (Ｅ)round; circular. (한)(평면적으로) 둥글다.「まるいテーブルをかこんですわる//まるい輪を描く」②立体的な球の形をしている. (Ｅ)spherical; round. (한)(입체적으로) 둥글다; 굽다.「地球はまるい//年をとって背中がまるくなった」③穏やかだ. 円満だ. (Ｅ)amicable; amialbe. (한)원만하다, 모나지 않다.「けんかがまるく収まってよかった//だれとでも仲よくできるまるい人柄の人」

[注]漢字で書くときは、①③は「丸い」「円い」、②は「丸い」.

まるだし 【丸出し】マルダシ 隠さないで、全部出すこと. (Ｅ)bare; exposed. (한)(숨김

まるっきり マルッキリ ①まったくその状態であるようす. Ⓔentirely; completely. 韓완전히.「きのうの数学の試験はまるっきりだめだった//まるっきりのしろうと」②(「まるっきり～ない」の形で) まったく～ない. 完全に～ない. まるきり. Ⓔabsolutely not; not at all. 韓전연, 전혀, 도무지.「すこし習った中国語も上海ではまるっきり通用しなかった」

参「まるで」も似ているが、「まるっきり」のほうが強い気持ちが入っている.

まるで マルデ ①(「まるで～ようだ」の形で) すべての点で似ているようす. Ⓔjust like; just as if. 韓마치.「2月なのに、まるで春のような暖かさだ//まるで生きているように見える彫刻」②完全に. すっかり. Ⓔentirely; completely. 韓전혀, 완전히.「洋子は兄とはまるで違う性格だ」③(「まるで～ない」の形で) まったく～ない. 完全に～ない. Ⓔabsolutely not; not at all. 韓전연, 전혀, 조금도.「アンナは日本語がまるでわからない」
▷→まるっきり

まるまる 【丸丸】マルマル, マルマル ①(～する)よく太っているようす.「まるまる(と)太った健康そうな赤ん坊(Ⓔa plump healthy-looking baby. 韓포동포동 살이 찐 건강해 보이는 아기.)」②完全にその状態であるようす. Ⓔwhole. 韓완전히, 전부; 꼬박.「機械の故障を直すのにまるまる1日かかった」

まるめこ・む 【丸め込む】マルメコム〔他動五〕(まるめこんで) ①ものをまるくしてなにかの中に入れる. Ⓔstuff into. 韓말아서〔뭉쳐〕넣다.「ハンカチを手の中にまるめこむ」②他人にうまいことを言って自分の思うようにする. Ⓔcajole; wheedle. 韓교묘하게 설득하다, 구슬리다, 회유하다.「人々をうまくまるめこんで高い品物を買わせる」

まるもうけ 【丸もうけ】マルモーケ, マルモーケ 入った金の全部がもうけになること. Ⓔa clear profit. 韓고스란히 이득이 됨, 전액이 벌이가 됨.「捨ててある本を集めて売れば丸もうけだ」 対丸損

まれ マレ, マレ たまにしかなくて、珍しいようす. Ⓔrare; unusual; seldom. 韓드뭄, 좀처럼 없음.「最近、6人きょうだいというのはまれだ//この静かな山の中は、人もまれにしか通らない」

まろやか マロヤカ ①まるいようす. Ⓔround. 韓둥그스름함.「東の空にまろやかな月が姿を見せた//まろやかな顔だち」②口に入れたときの感じのいいようす. Ⓔdelicately; mellow. 韓(맛이) 부드러움, 순함.「アイスクリームはまろやかに口の中でとけた//この酒はまろやかな味がする」

まわ・す 【回す】マワス〔他動五〕(まわして) ①まるい形を描くように動かす. Ⓔturn; revolve; spin. 韓돌리다, 회전시키다.「かぎを右に回すとドアが開く//こまを回して遊ぶ」
②ものを順に送る. Ⓔpass around. 韓차례로 돌리다.「1枚の紙をまわして全員に名前を書いてもらう」
③役立てるために、ものを必要な所へ動かす. Ⓔsend around for; use for. 韓(필요한 장소로) 보내다; (다른 용도에) 돌리다, 전용하다.「朝早くて電車がないので、迎えの車をまわす//食費を本代にまわす」
④(動詞の「ます」形について) 全体にわたって～する.「新しい車を乗りまわす(Ⓔdrive about in a new car. 韓새 차를 몰고 돌아다니다.)//周囲を見まわす」
▷自動 回る

まわり 【回り・周り】マワリ

①まわること。Ⓔspread; revolving. 翰돎, 회전；번짐。「火のまわりが速くて、消すことができなかった∥まわり舞台∥右まわり」

②ものの外側のふち。Ⓔthe circumference; around. 翰둘레, 주위。「池のまわりを散歩する∥テーブルのまわりに集まる∥腰まわり」

③人やものの近くのこと。Ⓔthe neighborhood; around. 翰부근, 주변, 근처。「ビルの屋上からまわりの景色を見る∥身のまわりのできごと」

④(数を表すことばの後について)(1)回る数を表す。「時計の針が1回りする(ⒺA hand on the clock goes round once. 翰시계 바늘이 한 바퀴 돌다)」(2)だいたいの大きさの違いを表す。「これより1回りほど大きい皿を見せてください(ⒺCould I see a plate a size larger than this? 翰이것보다 한 치수 큰 접시를 보여 주세요。)」(3)十二支をもとにした年の言い方の12年の1区切り。「兄とわたしは、年が1回り違う(ⒺMy brother is twelve years older than me. 翰오빠와 나는 (나이가) 열 두 살 차이다。)」

▷自動 回る

注 漢字で書くときは、①④は「回り」、②③は「回り」「周り」。

まわりくど・い 【回りくどい】マワリクドイ

話などが、同じことを繰り返していたりしてなかなか中心に行かず面倒だ。Ⓔroundabout; circuitous. 翰(말 등을) 빙 둘러서 하다, 에두르다。「まわりくどい言い方をしないで、必要なことをはっきり言ってください∥まわりくどい返事だったが、だめということだった」

まわりみち 【回り道】マワリミチ, マワリミチ{〜する}

遠くなるほうの道。また、その道を行くこと。Ⓔa roundabout way; a detour. 翰돌아서 가는 길, 우회로；돌아서 감。「まわり道だが、用事があるので、新宿経由で帰る∥まわり道して郵便局へ行ったので遅くなった」対近道

まわ・る 【回る】マワル〔自動五〕(まわって)

①まるい形を描くように動く。Ⓔturn; revolve; circle. 翰돌다, 회전하다。「地球は太陽のまわりを回る∥頭の上でヘリコプターが輪をかいて回っている」

②別の場所へ行く。Ⓔgo around to. 翰돌다, 돌아가다。「建物の裏側へまわる∥駅の北口から南口へまわる」

③順に行く。Ⓔgo the rounds. 翰차례로 돌다。「得意先をまわる」

④全体にいきわたる。Ⓔget around to; take effect. 翰퍼지다, 미치다；돌다。「忙しくて、家事にじゅうぶん手がまわらない∥酒がまわっていい気持ちだ」

⑤ある時刻を過ぎる。Ⓔbe past. 翰지나다。「もう5時をまわったから、帰ろう∥時計は夜中の12時をまわるところだ」

⑥(動詞の「ます」形について)あちこちを〜する。「犬が庭を走りまわる(ⒺA dog runs about in the garden. 翰개가 정원을 뛰어다닌다。)∥泥棒は追われて逃げまわった」

▷名 回り 他動 回す

まん 【万】マン

①数の単位。1000の10倍の数。Ⓔten thousand. 翰만。「万の位まで数える∥人口100万人の都市に住む」②数が多いこと。Ⓔa large number. 翰만。「万に1つの幸運をめざして、ピアノのコンクールに出る∥万病に効く薬」

注 他のことばの頭について、「万国旗」「万里の長城」のように、「ばん」と読むことがある。

まん【満】マン ①じゅうぶんな状態であること.Efull. 한충분함, 충만함.「満を持す(=じゅうぶんに準備して機会を待つ)」②生まれてからの,実際の年齢の数え方.Ethe way to express one's age. 한(나이를 셀 때의) 만.「娘は今月,満で5歳になる」③(月,年を表すことばの頭について)不足がなく,ちょうどその月,年であること.「満10年(Efull ten years. 한만 10년.)」▷→数え年

まん-【真ん-】(名詞,形容詞について)完全にそうだ,本当にそのとおりだということ.「真ん中(→項目)//真ん前//真んまるい(Eperfectly round. 한아주 둥글다.)」
≡参「真」を強めた形.

まんいち【万一】マンイチ 1万に1つあること.可能性が非常に小さいこと.もしも.E(in case of) an emergency; by any chance. 한만일, 만약, 만에 하나.「わたしに万一のことが起こったら,本は母校に寄付してほしい//万一,宝くじが当たったらどうしよう」

まんいん【満員】マンイン ①定員になること.Ea full house. 한만원.「定員1000人の会場が満員になった」②人がいっぱい入ること.Ebe jammed full; packed. 한만원.「バスは満員で,もう1人も乗れない//満員電車」

まんえん【蔓延】マンエン〔~する〕よくないことがどこまでもひろがること.Espread. 한만연.「コレラが蔓延してたくさんの死者が出た//麻薬の蔓延を防ぐ」書

まんが【漫画】マンガ 単純な線で,おかしさ,風刺などを表した絵.また,簡単な絵と短いことばとで内容を表していく絵物語.Ecomics; a cartoon. 한만화.「小学生の息子は,新聞はまず漫画から見る//漫画雑誌//漫画家」

まんかい【満開】マンカイ 花がすっかり開くこと.Efull bloom. 한만개, 만발.「桜の花が満開になる//満開のバラ」

まんげつ【満月】マンゲツ 欠けたところのない,まるい月.十五夜の月.Ea full moon. 한만월, 보름달.「秋の満月の夜にお月見をする」対新月 →月図

まんざい【漫才】マンザイ 2人の芸人が,こっけいなことを言い合って客を笑わせる演芸.Ea comic dialogue. 한(둘이서 주고 받는) 만담.「社会を風刺する漫才を聞いて,大笑いする//漫才師(Ea comic duo. 한만담가.)」

まんざら マンザラ(「まんざら~ない」の形で)必ずしも~ない.Enot altogether; not entirely. 한반드시(꼭) ~한 것만은 아니다.「駅前のビルを借りて本屋を開くというのは,まんざら悪くない話だ」

まんざらでもない 不満なところがあっても,結局のところは満足なようす.Ebe not so bad. 한그다지 나쁜 것만은 아니다, 그런대로 괜찮다.「新しい職場は遠くて仕事もつらいが,給料と人間関係はまんざらでもないので続けられそうだ」

まんじゅう マンジュー 小麦粉をこねてつくったものに,あんなどを包み入れ,蒸した菓子.Ea bean-jam bun. 한만두.「母は甘いものが好きで,毎日まんじゅうを2個ずつ食べる//中華まんじゅう」→菓子図

まんじょう【満場】マンジョー 会場に人がいっぱいに入ること.また,会場の中にいる人全部.Ethe whole audience; the whole house. 한만장.「満場の拍手に迎えられて舞台に上がる//満場一致(=場内のみんなの意見が合うこと)」書

マンション(mansion)マンション 中高層の1つの建物をいくつかに分けて,それぞれ独立した住宅にしたもの.Ea condominium; an apartment house. 한맨션.「公園のそばのマンションに住む//10階建てのマンション」 数1戸・1棟・1室

参「アパート」も似ているが,「マンション」には高級な建物というイメージがある.

まんじりともしない 不安,心配などのために,すこしも眠ることができない. Edo not sleep a wink. 한한 잠도 못 자다, 뜬눈으로 지새우다.「国で大地震があったようだが,家族と連絡がとれず心配で,まんじりともしなかった」

まんしんそうい【満身創痍】マンシンソーイ ①体じゅうがひどく傷ついていること. Ebe wounded all over. 한만신창이.「映画の主人公はおおぜいの敵にかこまれ,満身創痍になって倒れた」②さんざん非難を受けること. Ebe severely criticized. 한만신창이.「その議案は何度も修正されたあげく,満身創痍となって議会を通った」

まんせい【慢性】マンセイ ①激しい変化はないが長い間続く,病気の性質. Echronic. 한만성.「叔母は慢性の胃の病気で,ずっと薬を飲んでいる//慢性化」対急性 ②よくないことが長く続くこと. Echronic; creeping. 한만성.「この道路は交通渋滞が慢性になっている//慢性インフレ」

まんぜん【漫然】マンゼン (「漫然と」の形で)ぼんやりとして目的のないようす. Eaimlessly; rambling. 한만연히, 막연히, 멍청히.「夏休みは,勉強もせずアルバイトもせず,漫然と過ごしてしまった//目標を持たない漫然とした生き方」

まんぞく【満足】マンゾク〔~する〕①自分の思うような状態にあって,気分がいいこと. Esatisfaction; be satisfied. 한만족.「満足のできる論文が書けた//いまの生活に満足している」対不満,不満足 ②欠けているところがなく,じゅうぶんであるようす. E

properly. 한만족스러움, 온전함.「社会人になって満足にあいさつもできないようでは困る」

まんてん【満点】マンテン ①決められた点数の全部. Ea perfect score. 한만점.「試験で満点を取る//100点満点」対零点 ②たりないところがないこと. 完全であること. Eperfect. 한만점, 완벽함.「一郎のピアノ演奏は満点のできだった//栄養満点」

まんなか【真ん中】マンナカ ものや場所の中央の部分. また,両端から同じ距離の点. Ethe middle; the center. 한한가운데, 중앙.「部屋の真ん中にテーブルを置く//3人きょうだいの真ん中」→中央

マンネリ マンネリ〔←マンネリズム(mannerism)〕同じやり方が繰り返されて,新しさがなくなること. Emannerism; stereotyped. 한매너리즘.「あの画家の絵は,マンネリでおもしろくない」

まんねんどこ【万年床】マンネンドコ 片づけないで,敷いたままにしてある寝床. Ebedding which is continually unmade. 한밤낮 깔아 두는 이부자리.「わたしの部屋は万年床にしてあるから,急に客に来られると困る」

まんねんひつ【万年筆】マンネンヒツ 中にインクが入っていて,長い時間続けて書けるペン. Ea fountain pen. 한만년필.「この万年筆でサインしてください」数1本 →文房具図

まんびき【万引き】マンビキ, マンビキ〔~する〕買い物をするように見せて,店の品物を盗むこと. また,その人. Eshoplift. 한물건을 사는 체하고 슬쩍 훔침, 몽태치기, 그런 사람.「スーパーでお菓子を万引きしようとしている子供を見つけてやめさせた」

まんぷく【満腹】マンプク〔~する〕腹がいっぱいになること. E(have) a full stomach; be full. han 만복, 배가 부름.「満腹で、もう食べられない」対 空腹

まんべんなく 【満遍なく】マンベンナク どこも抜けたところがなく、全体にわたって。E all over; equally. han 구석구석까지, 빠짐없이, 골고루.「選挙のときには、選挙区をまんべんなくまわって投票を頼む」

まんまと マンマト, マンマト 相手をだましたりして、自分の思いどおりになったようす。E successfully; nicely. han 감쪽같이, 보기좋게.「本を買うお金を落としたとうそをついて、まんまと兄から1000円だまし取った」

まんまん 【満満】マンマン, マンマン あふれるほどいっぱいのようす。E filled; brimming. han 만만, 차서 넘침.「満々と水をたたえたプール//不平満々//自信満々(E full of selfconfidence. han 자신만만.)」
参 改まって「満々たる自信」のように表現することもある。

み／ミ

み 【身】ミ ①動物や人の体。E the body. han 몸, 신체.「長い間病人の世話をして、身も心も疲れた//身の軽い京子は川をひょいと飛び越えた」②自分自身。E oneself. han 자기 자신, 몸.「農業がどんなにたいへんか、身をもって体験する//身の危険を感じる」③社会生活の中での、その人の立場。E one's place. han 입장, 처지.「わたしの身にもなってください//身のほどを考える」④魚やけものの肉の部分。E flesh; meat. han 살, 살코기.「魚の身を骨からはがして食べる//赤身(→項目)」

～「身」のつく慣用表現～

身が入る なにかに一生懸命になる。E concentrate. han 정성을 쏟아서 하다, 열심히 하다.「4月から課長になったので、仕事にも身が入る」似た表現 身を入れる

身が持たない 無理を続けて、健康が保てない。E ruin one's health. han 건강을 유지할 수 없다.「いくら忙しくても、休みなしに働いていては身が持たない」

身から出たさび 自分が悪いことをしたことによって、自分が苦しみを受けること。E take the consequences for one's action. han 자업자득, 자작지얼.「落第したのは、アルバイトに夢中になって授業をサボっていたからで、身から出たさびだ」

身に余る 自分の価値以上であるようす。E more than one deserves. han 분에 넘치다, 과분하다.「首相に選ばれるとは、身にあまる光栄だ」

身にしみる ①心に強く感じる。E touch one to the heart. han 가슴에 사무치다.「病気のとき、よく世話をしてくれる友達の親切が身にしみた」②体に感じる。E be piercing; cut one to the bone. han 몸에 스미다, 살을 에는 듯하다.「北風の冷たさが身にしみる」

身につく 知識や技術などが自分のものになる。E acquire; master. han 몸에 배다, 익숙해지다.「京子は看護婦の仕事がすっかり身についたから、もう安心だ」似た表現 身につける

身につまされる 人の不幸を自分のこととして感じ、同情する。Ehit close to home; be moved in sympathy. 한남의 일 같지 않아서 동정이 가다.「わたしは親が早く死んでさびしかったので、事故で両親をなくした子供を見ると、身につまされる」

身の毛がよだつ 恐ろしさに体じゅうの毛が逆立つ。Emake one's hair stand on end; shudder. 한모골이 송연해지다.「砂漠の戦場での兵隊どうしの殺し合いは、想像しただけで身の毛がよだつ」

身の程を知らない 自分の能力の程度や身分などを考えない。Efail to know oneself. 한자기 분수를 모른다.「いちど歌をほめられただけで歌手になれると思うとは、身のほどを知らない人だ」 似た表現 身の程知らず

身もふたもない はっきりとしすぎてよくない。Ebe altogether too frank. 한너무 노골적이라 정나미가 떨어지다.「道子の料理はおいしくなかったけれど、洋子のように、『まずい』と言ってしまっては身もふたもない」

身を誤る 人生の正しい道からはずれて、まちがった生き方をする。Ego astray. 한길을 잘못 들다、타락하다.「弟はしあわせな少年時代を過ごしていたのに、ふとしたことから身を誤って、悪い友達のグループに入ってしまった」

身を固める 結婚して家庭を持つ。Eget married and settle down. 한결혼하여 가정을 이루다.「二郎は独身生活を楽しんでいたが、先月ようやく身をかためた」

身を粉にする 苦労をいやがらずに、一生懸命に働く。Ework oneself to a frazzle. 한고생을 마다 않고 열심히 일하다, 분골쇄신하다.「身を粉にして働いて、店を持つためのお金をためる」

身を立てる 社会に出て、そのことで生活していけるようになる。Eestablish oneself. 한생계를 세워 나가다.「音楽家として身を立てることを夢見て、練習に励む」

身を投じる ①自分の身を投げる。自殺する。Ejump to one's death; drown oneself in. 한투신 자살하다.「倒産の責任を感じたA社長は、ビルの屋上から身を投じた」②役に立とうと決心して、自分からその中へ入っていく。Ethrow oneself into. 한몸을 던지다, 투신하다.「自分の考えるような政治をしたいと思って、政界に身を投じた」

身を引く 現在の職や地位を離れる。Eretire from. 한물러나다, 은퇴하다.「年をとったので会長の仕事から身を引いた」

み 【実】ミ ①植物の種、または種とそのまわりを包んでいる部分。Efruit; a nut. 한씨; 열매.「秋になると、カキの実が赤くなる//クリの実」②汁の中に入れる野菜や肉など。Eingredients. 한국건더기.「実の多いみそ汁をつくる」③ものごとの内容、成果。Esubstance; fruit. 한알맹이, 내용; 열매.「実のない話は、聞いてもつまらない//努力が実を結ぶ」

み- 【未-】(他のことばについて)まだ～ない、まだ、そのことが実現していない。「未解決(Eunsolved. 한미해결.)//未開発//未発表」対既-

-み ①(形容詞と形容動詞の語幹について)そういう状態が見られたり感じられたりすること。「学生の話し方には真剣みが感じられた//弱みを見せる//ありがたみ(Ethe value; the blessing. 한고마움.)// 甘み(Esweetness; a sweet taste. 한단맛, 단 정도.)」②(形容詞の語幹について)その状態のところ。「高みの見物(→項目)//深み(Edepth; a deep place. 한깊이, 깊은 맛; 깊은 곳.)」

みあい【見合い】ミアイ〔～する〕結婚の相手を決めるために、たがいに知らない男女が他の人の世話で会うこと. Ea meeting arranged for prospective marriage partners. 한맞선.「一郎は2度目の見合いの相手と結婚した∥見合い結婚」

みあた・る【見当たる】ミアタル〔自動五〕(みあたって) さがしていたものが見つかる. Efind; be found. 한(찾던 것이) 발견되다, 눈에 띄다, 보이다.「けさの新聞をさがしているのだけれど、見当たらなくて困っている∥ほしい本が本屋に見当たらない」
三参 否定の形で使うことが多い.

みあわ・せる【見合わせる】ミアワセル、ミアワセル〔他動一〕①たがいに相手を見る. 見合わす. Elook at each other. 한서로 마주 보다.「急に大きな音がしたので、驚いて夫と顔を見合わせた」②しようと思っていたことを、事情を考えてやめる. 見合わす. Egive up; put off. 한보류하다, 미루다.「大雨が降るというので、旅行の計画を見合わせた」

みいだ・す【見いだす】ミイダス、ミイダス〔他動五〕(みいだして) さがしていたもの、隠れていたものを見つけだす. Efind out; discover. 한발견하다, 찾아내다.「娘の絵の才能を見いだして、美術の学校へ行かせた∥生きがいを見いだす」書

ミイラ (㊞mirra) ミーラ 人間や動物の死体が乾燥して、もとの形に近い状態で残っているもの. Ea mummy. 한미라.「中国のむかしの貴族の墓から女性のミイラが発掘された∥エジプトのミイラ」数 1体

ミイラ取りがミイラになる 他の人をさがしに行った人が、自分も帰ってこなくなったり、説得しようとした人が、逆に説得されたりする. Ego for wool and come home shorn. 한사람을 찾으러 간 사람이 감감 무소식이 되다; 남을 설득하려던 사람이 오히려 설득당해 버리다.

みうしな・う【見失う】ミウシナウ、ミウシナウ〔他動五〕(みうしなって) いままで見えていたものが見えなくなる. Elose sight of; lose. 한(보이던 것을) 시야에서 놓치다; 잃다.「人ごみで姉の姿を見失った∥人生の目標を見失う」

みうち【身内】ミウチ 家族や親類の人. Ea relative; a family. 한가족, 집안, 일가.「身内に不幸があったので、学校を休む」

みえ【見え】ミエ ①実際以上によく見せようとすること. うわべを飾ること. Evanity; show. 한허식, 허세, 겉치레.「そばにいた友人に対する見えで、高いものを買ってしまった∥見え坊(Ea showoff. 한겉치레꾼, 허영꾼.)」②芝居のだいじな場面で役者がする、大きな動きや表情. Ea spectacular pose. 한(연극의 중요 장면에서 배우가 취하는) 유달리 눈에 띄는 동작(표정).「弁慶役の役者は舞台の中央で見えを切った∥大見え」

見えを張る 実際以上によく見られたいと思ってうわべを飾る. Eshow off. 한허세를 부리다, 겉치레를 하다.「友達に見えを張り、叔父から借りた外車を自分のだと言ってドライブに誘った」似た表現 見えっ張り

み・える【見える】ミエル〔自動一〕①ものの形、色、ようすなどを目に感じる. Esee. 한보이다.「遠くに山が見える∥窓から海が見える」
②見ることができる. Ecan see. 한보이

だ, 볼 수 있다.「晴れた日には, ここから富士山が見える//めがねをかけると遠くのものもよく見える」
③状況からみて, そのように思われる. Ⓔlook; seem. 한보이다, 여겨지다.「この花瓶は, とても高そうにみえる//一郎は困っているようにはみえない」
④「来る」の尊敬語. Ⓔ(respectful) arrive; come. 한오시다.「もうすぐお医者さまがみえるでしょう」
▷他動 見る

みおく・る【見送る】ミオクル, ミオクル〔他動五〕(みおくって) ①離れていく人, ものを目で追い続ける. Ⓔsee off; send off. 한배웅하다, 전송하다.「毎朝, 父を門の前で見送る//船が岸から離れていくのを, 港で見送る」対出迎える ②いますのをやめて, 別の機会を待つ. Ⓔput off; let something go. 한보류하다, 연기하다.「反対意見もあるので, 決定は次回まで見送ろう」
▷名 見送り

みおとり【見劣り】ミオトリ〔~する〕同じ仲間のものと比べておとって見えること. Ⓔcompare unfavorably with; do not look as good as. 한(다른 것에 비해) 못해 보임.「うちの愛犬シロは, となりの大きなクロと比べると, どうも見おとりがする//5年前に買った車なので新車には見おとりする」

みかい【未開】ミカイ ①文明が, まだ開けていない状態. Ⓔuncivilized; primitive. 한미개.「未開の種族の人たちは, それぞれ独特の生活様式を持っている//未開社会」②まだ開拓されていないこと. Ⓔundeveloped; unexplored. 한미개척.「未開の地をたがやして畑にする//未開の分野の研究に手をつける」

みかく【味覚】ミカク 甘い, 塩からい, 苦いなど舌で感じる味の感覚. Ⓔthe (sense of) taste; the palate. 한미각.「味覚が衰える//味覚が発達する//味覚が鈍い」

みが・く【磨く】ミガク〔他動五〕(みがいて) ①なにかでこすって光らせたり, きれいにしたりする. Ⓔpolish; shine; brush. 한닦다, 윤(광)을 내다.「窓ガラスをみがいたので, 外がよく見えるようになった//靴をみがく」②努力していっそう立派にする. Ⓔimprove; refine. 한갈고 닦다, 연마하다.「料理の腕をみがくために, フランスで勉強してこよう//技をみがく」▷名 磨き

みかけ【見かけ】ミカケ 外から見たようす. Ⓔ(an) appearance; looks. 한외관, 겉보기.「見かけはおいしそうだが, 食べるとおいしくないケーキ」他動 見かける

見かけによらない〔ぬ〕 見かけと違う. Ⓔ Appearances are deceptive. 한겉보기와(는) 다르다.「いつももの静かな洋子があんなにテニスが強いとは, 人は見かけによらないものだ」

みかけだおし【見かけ倒し】ミカケダオシ 見かけは立派だが, 中身はよくないこと. Ⓔdeceptive; showy but worthless. 한겉만 번드르르함, 허울 좋은 하눌타리.「外側は立派だが, 内部はたたみも床もなくてきたない, 見かけ倒しの家だった//見かけ倒しの人」

みかた【見方】ミカタ, ミカタ ①見る方法. Ⓔa way of looking. 한보는 방법.「地図の見方がわからないと, 山道では危険だ」②ものごとを, どうみて, どう考えるかということ. Ⓔa point of view. 한견해, 관점.「これは政治問題であるが, 見方を変えれば経済問題でもある//柔軟なものの見方」

みかた【味方】ミカタ〔~する〕自分の属しているほう. 仲間. また, 仲間として助けること. Ⓔa friend; an ally; take sides with. 한자기편, 아군; 편을 듦.「味方の

失敗をみんなで補って試合に勝った//弱いほうに味方する」対敵

みかづき【三日月】ミカズキ 細長く，弓のようにすこしまるみのある形の月．Ea new moon; a crescent (moon). 한초승달．「西の山に三日月がかかっている//三日月形の美しいまゆ毛」→月図

みがって【身勝手】ミガッテ 他人のことは考えないで，自分のつごうのいいようにするよう．Eselfish. 한제멋대로임，염치없음，방자함．「グループで旅行しているときに，1人になりたいというのは身勝手だ//身勝手なふるまい」

みか・ねる【見かねる】ミカネル，ミカネル〔他動一〕ひどい，かわいそう，などと思って，黙って見ていられなくなる．Ecannot remain indifferent. 한차마 볼 수 없다，보다 못하다．「子供を連れて，両手にたくさんの荷物を持っている人がいたので，見かねて荷物を持ってあげた//見るに見かねて(→見る慣用)」

みがる【身軽】ミガル ①体が楽に動くようす．Enimbly; agile. 한몸이 가벼움，경쾌함．「少年は身軽に窓から飛び下りた//猿は身軽な動作で木に登った」②荷物や家族などがなくて，気楽に行動できるようす．Efree (to move around); carefree. 한몸이 홀가분함，가뿐함．「荷物をロッカーに入れて身軽になった//あの夫婦は子供がいなくて身軽だから，よく旅行に出かける」

みかん ミカン くだものの一種．赤みのある黄色で，甘酸っぱい味がする．秋の終わりに，暖かい地方で実る．Ea mikan; a mandarin orange. 한귤．「冬の夜は，こたつでミカンを食べながら家族と話すのが楽しみだ//ミカン畑」→果物図

みき【幹】ミキ，ミキ 木の，地上に立っている太い部分．Ea trunk. 한(나무의) 줄기．「庭の松は幹の先が3本の枝に分かれている//幹に穴を開ける鳥」数1本 →木図

みぎ【右】ミギ，ミギ ①横の方向や位置を2つに分けたときの1つで，この辞書では奇数のページの側．Ethe right. 한우，오른쪽，우측．「わたしは右の手で，はしや鉛筆を持つ//道の右を歩く//右足//右側」対左

②能力などで，すぐれたほう．上の位置．Ebe above; surpass. 한나은 쪽，우위．「計算の速さで，一郎の右に出る者はいない(=計算は一郎がいちばん速い)」
③縦書きの文章で，それまでに書いたこと．Ethe foregoing; the aforementioned. 한(세로쓰기 문장에서) 앞에 적은 글，위，이상．「右のとおり，まちがいありません//右に同じ」
④保守的な政治的立場．Ethe Right; conservative. 한우익．「きみの支持する政党は右ですか左ですか//洋子の考え方は，少し右寄りだ」対左
▷書③

みぎうで【右腕】ミギウデ ①右側の腕．Ethe right arm. 한오른팔．「右腕の骨を折ってしまって，字が書けない」対左腕 ②いちばん頼りになる部下．Eone's right-hand person. 한심복，오른팔．「一郎は，どんなときでもわたしの右腕となって働いてくれる」

ミキサー(mixer)ミキサー ①セメントと砂利と砂と水をまぜる機械．Ea mixer. 한콘크리트 믹서，레미콘．「ミキサー車//コンクリートミキサー」②くだものや野菜などを細かく砕いてジュースなどをつくる電気器具．Ea blender. 한믹서．「ミキサーで，リンゴのジュースをつくる」▷数1台

みきり【見切り】ミキリ これ以上どうしようもないと考えて，終わっていないのを途中

でやめること．Ⓔgive up; wash one's hands of. 㦮단념함, 포기함．「姉は女優になりたがっていたが，30歳を過ぎて，自分の才能に見切りをつけ，ふつうの会社に就職した/援助に見切りをつける//見切り品(Ⓔclearance goods. 㦮투매품．)」他動見切る

みきわ・める 【見極める】ミキワメル, ミキワメル〔他動一〕ものごとの状況を，じゅうぶんに確かめて判断する．Ⓔsee through; ascertain; grasp. 㦮끝까지 지켜보다；확인하다, 판별하다．「経済の動きを見きわめて会社の方針を決める//本質を見きわめる」 名見極め

みくだ・す 【見下す】ミクダス, ミクダス〔他動五〕(みくだして) 自分のほうが地位も能力も上だ，という態度で相手を軽くみる．Ⓔlook down upon; despise. 㦮깔보다, 멸시하다．「人を見下すような態度では客商売はできない」 対見上げる

みくび・る 【見くびる】ミクビル, ミクビル〔他動五〕(みくびって) 相手の力やものごとを軽くみる．Ⓔbelittle; make light of. 㦮얕보다, 경시하다, 업신여기다．「相手は新人だと見くびっていたら, 自分のほうが負けてしまった」

みぐるし・い 【見苦しい】ミグルシイ 態度, 外観などが, 見ていていやな感じだ. Ⓔdisgraceful; dishonorable. 㦮보기 흉하다, 꼴사납다．「自分の失敗を認めないで言い訳ばかりするのは見苦しい//人々が帰ったあと, 公園にごみがたくさん残っていて見苦しかった」→みっともない

みこし ミコシ 祭りのときにおおぜいでかつぐ, 神の乗り物. Ⓔa portable shrine. 㦮신여, 신위를 모신 가마．「近くの神社のみこしが, にぎやかに通る//みこしをかつぐ」 数1基

みごと 【見事】ミゴト ①結果が非常にすばらしいようす. Ⓔexcellently; beautiful. 㦮훌륭함, 멋짐, 뛰어남．「むずかしい曲を見事に演奏して拍手を浴びる//見事な工芸品」 ②すっかり, 完全に. Ⓔcompletely; really. 㦮완전히, 보기 좋게．「はじめてのスキーで見事に転んでしまった//碁の先生には見事に負けた」

みこみ 【見込み】ミコミ ①結果が出る前に, こうなるだろうと考えること. Ⓔbe expected to; calculation. 㦮예상, 전망．「この仕事は, 1週間で終わる見込みだ//見込み違い」 ②将来, 有望であること. 可能性があること. Ⓔpromise; hope. 㦮가망, 장래성．「この会社は, 見込みのある社員を海外に送って勉強させている//父の病気は治る見込みがないようだ」▷他動見込む

みごろし 【見殺し】ミゴロシ, ミゴロシ 人が死にかけたり困ったりしているのに, 助けないでそのままにしておくこと. Ⓔstand by and watch (a person in need of help) die. 㦮죽게 내버려 둠；(남의 곤경을) 못 본 체함．「火事で燃えている家の中の人を助けようとしたが, 熱くて近寄れず, 見殺しにしてしまった//困っている友人を見殺しにすることはできない」

みじか・い 【短い】ミジカイ ①はしからはしまでの間が, あまり離れていない. Ⓔshort. 㦮짧다．「髪を短くした//短い小説だからすぐ読める」 対長い ②ある時からある時までの間が, あまり離れていない. Ⓔshort. 㦮짧다．「冬休みは短いからすぐ終わってしまう//冬は日が短くて暗くなるのが早い」 対長い

みじめ 【惨め】ミジメ 耐えられないほどひどくて, つらいようす. Ⓔmiserable; wretched. 㦮비참함, 참담함．「入学試験に全部失敗して, みじめな思いをしている//着るもの

も食べるものもないみじめな生活」

みじゅく【未熟】ミジュク, ミジュク ①くだものなどが, まだ熟していないようす. ⒺunripE. 한미숙, 덜 익음.「このカキは青くて未熟だ//未熟なブドウは甘みがない」対完熟, 成熟 ②成長や発達がじゅうぶんでないようす. Ⓔimmature.「考え方が未熟だ//未熟児(Ⓔa premature baby. 한미숙아.)対成熟 ③芸, 仕事, 技術などにまだ経験や練習がたりないようす. Ⓔunskilled; inexperienced. 한미숙, 서투름.「技が未熟でなかなか勝てない//未熟な者ですが, どうぞよろしく」対熟練, 円熟

みしらぬ【見知らぬ】見たり会ったりしたことがなくて知らない. Ⓔstrange; unknown. 한알지 못하는, 낯선.「玄関のドアを開けると見知らぬ女性が立っていた//見知らぬ国」

ミシン (machine) ミシン 布地などを縫ったり刺繍をしたりする機械. Ⓔa sewing machine. 한미싱, 재봉틀.「ミシンで夏のワンピースを縫う//ミシンをかける((Ⓔsew ~ with a sewing machine. 한재봉틀을 돌리다.)数1台

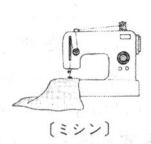
〔ミシン〕

ミス (Miss) ミス ①まだ結婚していない女性. Ⓔan unmarried woman. 한미쓰, 미혼 여성, 독신 여성.「来年結婚するので, ミス最後のクリスマスだ」対ミセス ②「①」を尊敬していう言い方. 姓の前につける. ⒺMiss. 한(성 앞에 붙이는 경칭) 미쓰, 양.「ミス・ウィリアムズをご紹介いたします」対ミセス, ミスター

ミス (miss) ミス〔~する〕うまくできないこと. 失敗すること. Ⓔa mistake. 한미쓰, 실수, 과오.「つまらないミスを重ねて, テニスの試合に負けてしまった//仕事のミスの責任を取って会社をやめた」

みず【水】ミズ 色, 味, においのない, すきとおった液体. Ⓔwater. 한물.「山で飲んだ谷川の水は冷たくておいしかった//水で洗う//水が出る(=洪水になる)//雨水」

～～～「水」のつく慣用表現～～～

水があく 競技や競走などで, 相手と大きく差がつく. ⒺThere is a distance. 한큰 차가 벌어지다.「相手のボートとの間に, 5メートルも水があいた」[似た表現]水をあける

水と油 たがいに調和しないようす. Ⓔbe like oil and water. 한물과 기름, 상극.「子供の育て方についての夫婦の考えは水と油で, 夫はしつけがだいじだと言い, 妻は自由にさせたいと言う」

水に流す 過去にあった面倒なことなどを全部ないことにして, 気にしない. Ⓔlet bygones be bygones. 한지나간 일을 없었던 것으로 하다.「過去のことは水に流して出発し直す」

水の泡 努力などがむだになること. Ⓔcome to nothing. 한물거품, 수포.「どんなに一生懸命に勉強しても, 入学試験の当日に病気になったら, それまでの努力が水の泡になってしまう」[似た表現]水泡に帰する

水も漏らさぬ 非常に厳しくて, すこしのすきもないようす. Ⓔclosely. 한물샐틈이 없음.「外国のVIPを迎えるので, 道路などは, 水ももらさぬ警戒をしている」

水を打ったよう そこにいるおおぜいの人たちが, なんの音も立てないで, 非常に静かなようす. Ⓔa hush (falls over). 한쥐죽은 듯이 조용함.「大きな拍手で迎えられたピアニストがいすにすわると, 大ホールは水を打ったように静かになった」

水を得た魚 人がふさわしい環境に身を置いて、生き生きと活躍するようす. Ebe in one's element. 한물을 만난 물고기.「一郎は、新しい職場に変わってから、水をえた魚のように元気に働いている」

水を差す 仲のいい関係や、うまくいっている状態のじゃまをする. Ethrow cold water on. 한훼방을 놓다; 이간질하다.「『彼はほかに好きな人がいる』と、兄はわたしの結婚に水を差そうとした」 似た表現 水をかける

みずいらず 【水入らず】ミズイラズ 家族や親類などだけで、他人が入っていないこと. E by ourselves. 한집안끼리임.「お正月の客が帰ったあと、久しぶりに家族水入らずで食事をした//親子水入らずの生活」

みずうみ 【湖】ミズウミ 陸にかこまれて、水がたくさんたまっている所. 池より大きく深い. Ea lake. 한호수.「湖にボートを出して遊ぶ//火山の爆発でできた湖」→沼

みずかけろん 【水掛け論】ミズカケロン たがいに自分の言いたいことばかりを言い続け、結論が出せそうにない議論. Ea fruitless argument. 한결론이 나지 않는 논쟁, 결말 없는 입씨름.「きみは本を返したと言う. 彼は受け取っていないと言う. いつまで話し合っていても、水かけ論だ」

みずから 【自ら】ミズカラ 自分. 自分自身. また、自分で直接に行うようす. Eone's own; oneself. 한몸소, 자기 자신, 스스로.「みずからの目で確かめて善悪を判断する//みずから責任を取って、社長をやめる」書

みずくさ・い 【水くさい】ミズクサイ, ミズクサイ 親しい間柄なのに、他人のようによそよそしい. Etoo reserved; treat a person like a stranger. 한서먹서먹하다, 서름서름하다.「夫婦なのにそんなに丁寧に礼を言うなんて水くさい」話

みすご・す 【見過ごす】ミスゴス, ミスゴス 〔他動五〕(みすごして) ①見ているのに、それに気がつかないままでいる. Eoverlook; fail to notice. 한빠뜨리고 못보다, 놓치다.「こんないい本が図書館にあったのに、いままで見すごしていた」②見て知っているのに、それに対してなにもしないままにする. Eoverlook; turn a blind eye to. 한못 본 체하다, 간과하다, 묵과하다.「飢えで苦しんでいる子供たちをこのまま見すごすことはできない」

みずしょうばい 【水商売】ミズショーバイ 客に気に入られるかどうかによって、収入が増えたり減ったりする不安定な商売. 飲食店や酒場など. Ethe bar or restaurant business; a chancy trade. 한물장사, 접객업.「サラリーマンをやめて水商売を始めた」

みずしらず 【見ず知らず】見たことも会ったこともなくて、まったく知らないこと. Estrange. 한생면부지, 전혀 모름.「財布を落として困っていたら、見ず知らずの人が電車の切符を買ってくれた」

みずっぽ・い 【水っぽい】ミズッポイ, ミズッポイ 食べ物、飲み物などの水分が多くて、おいしくない. Ewatery; washy. 한싱겁다, 심심하다, 묽다.「今年は雨が多かったので、くだものの味が水っぽい//水っぽい酒」

ミステリー (mystery) ミステリー ①不思議. 神秘. E(a) mystery. 한미스테리, 신비, 불가사의.「まだ若くて給料も安い一郎に、あんな大きな家が買えるとは、これはミステリーだ」②推理小説. Ea mystery novel. 한추리 소설.「読みはじめたミステリーがおもしろくて、徹夜してしまった」▷数 ②1編

みすぼらし・い ミスボラシイ, ミスボラシイ

見たようすが貧しそうだ. [E]shabby; seedy. [한]초라하다, 볼품 없다, 몰골스럽다.「古いよごれたシャツを着たみすぼらしい格好の男が地下道に寝ていた」

みずまし 【水増し】ミズマシ〔~する〕実際の数字や予定の数よりも大きな数字に直すこと. [E]pad (a figure). [한]실제〔예정〕보다 부풀림.「実際の発行部数は2万部なのに, 水増しして5万部と発表する//水増し入学」

みすみす ミスミス 悪い結果になるのがわかっているのに, どうすることもできず, 残念なようす. [E]though one is aware of it. [한]빤히 보면서, 빤히 알고 있으면서.「病院に行くひまがなくて, みすみす病気をひどくしてしまった」

みずみずし・い ミズミズシイ 若くて, 新鮮な感じだ. [E]fresh; young and fresh. [한]싱싱하다, 신선하다.「畑からとってきたばかりのみずみずしいキュウリをサラダにする//デビューして間もない, みずみずしい新人歌手//みずみずしい感覚」

みずわり 【水割り】ミズワリ〔~する〕ウイスキーなどの強い酒を水で薄めること. また, そのようにした酒. [E]watered; ~ and water. [한]물을 타서 묽게 함 ; 물탄 술.「ウイスキーを水割りで飲む//ウオツカの水割り」

みせ 【店】ミセ 商品を, 人に見えるように並べて売る所. [E]a store; a shop. [한]가게, 상점, 점포.「近くの店へ酒を買いに行く//将来は自分の店を持ちたい//店先(=店の前)」[数]1軒・1店

みせいねん 【未成年】ミセイネン 大人になっていないこと. また, その人. 日本では20歳未満の人をいう. [E]be under age; a minor. [한]미성년.「きみは未成年だから, 酒を飲んではいけない//未成年者」[対]成年

みせか・ける 【見せかける】ミセカケル, ミセカケル〔他動一〕表面だけを, そう見えるようにする. [E]pretend; make ~ look like …. [한]~인 것처럼 보이게 하다, 가장하다.「病気の父は, 元気に見せかけて家族を安心させようとする//おいしそうに見せかけた料理」[名]見せかけ

みせしめ 【見せしめ】ミセシメ 他の人が同じような悪いことをしないように, みなに見せるように罰すること. [E]a warning; a lesson. [한]본때를 보임, 본보기.「タバコを吸った高校生を, 見せしめのために, 校庭を10周走らせた」

みぜにをきる 【身銭を切る】自分の金で払う. [E]pay out of one's own pocket. [한]자기 돈을 들이다, 제 돈으로 지불하다.「働く母親たちのために身銭を切って保育園を建てる」

みせびらか・す 【見せびらかす】ミセビラカス〔他動五〕(みせびらかして) 自慢そうに人に見せる. [E]show off; display. [한]자랑삼아 내보이다, 과시하다.「ビートルズのサインの入ったアルバムを友達に見せびらかす//子供が新しいおもちゃをみんなに見せびらかしている」

みせもの 【見世物】ミセモノ, ミセモノ ①見物料を取って, 珍しいものや芸を見せる催し. [E]a show; an exhibition. [한](곡예나 마술 등의) 흥행, 쇼.「お祭りで見世物をやっているから見に行こう//見世物小屋」②多くの人からおもしろがって見られること. また, そのもの. [E]make a show of a thing. [한]구경거리.「二郎は歌が下手なのに得意になって歌うので, 宴会のいい見世物になっている」

み・せる 【見せる】ミセル〔他動一〕①なにかを人の目に入るようにする. [E]let ~ see; show. [한]보게 하다, 보이다.「子供を動

み

物園に連れていって、珍しい動物を見せてやろう//パスポートを見せる」②(「～てみせる」の形で)(1)人にわかるように、その動作をする. ⒺShow how to do. 韓(시범을)～하고야 말겠다.「漢字の書き順を書いてみせる//ダンスをしてみせる」(2)話し手の意志を強く表す. Ⓔcannot fail to do. 韓(강한 의지를 나타내어)～하고야 말겠다.「必ず試合に勝ってみせる」

≡注 ②はひらがなで書く.

みぜんにふせぐ 【未然に防ぐ】まだそのことが起こらないうちに防ぐ. Ⓔprevent ～ from happening; nip ～ in the bud. 韓미연에 방지하다.「機械の故障を未然に防ぐためにじゅうぶんに点検する//災害を未然に防ぐ対策を考える」

みそ ミソ ①大豆や麦を蒸して細かくし、こうじや塩を入れて発酵させてつくった調味料. やわらかい固体で、おもにみそ汁に使う. Ⓔmiso; soybean paste. 韓된장.「キュウリにみそをつけて食べる//みそ漬け」②①に似たもの.「カニのみそ(Ⓔthe spongy gills in crabs. 韓게장.)/脳みそ(→項目)」③特別に工夫されていること. Ⓔthe charm; the beauty. 韓자랑거리, 특색.「このレーンコートは、小さくたためるのがみそだ//安いのがみそ」

みそ[味噌]もくそ[糞]も一緒(にする) いいも悪いも区別しないで、全部を同じに扱う. Ⓔmix up good things and bad. 韓옥석을 혼효하다, 좋은 것과 나쁜 것을 한데 뒤버무리다.「みそもくそも一緒にされてはかなわない」

みそ[味噌]をつける 失敗をして、面目を失う. Ⓔmake a mess of it. 韓실수하여 체면을 잃다, 얼굴에 똥칠하다.「立派な仕事をしてきた人なのに、汚職をしてみそをつけた」

みぞ 【溝】ミゾ ①水を流すために、地面に細長く掘ったもの. Ⓔa drain; a ditch. 韓도랑, 개천.「溝にごみがつまって、雨水が流れない」②なにかを通すために掘られた細長いへこみ. Ⓔa groove. 韓(홈고 긴) 홈.「雨戸の溝にたまったごみを取り除く」③気持ちや考えなどが離れて、人と人との間にできるすきま. Ⓔa gap; a gulf. 韓(인간 관계의) 틈, 골, 장벽.「子供のことが原因で、夫婦の間に溝ができた」

みぞう 【未曾有】ミゾウ、ミゾウ いままで1度もなかったようす. Ⓔunprecedented. 韓미증유.「未曾有の大洪水で多くの死者が出た」書

みそぎ ミソギ 罪やけがれを取るために、川などの水で体を清めること. また、汚職などの疑いをかけられた議員が、つぎの選挙に立候補して当選し、国民の信任をえたとすること. Ⓔa purification ceremony; be "purified". 韓목욕 재계; 부정 씻기.「むかしの人は川でみそぎをしてから神殿に上がった// 3年前に汚職で議員をやめたAは今回の選挙で当選して、みそぎはすんだと大いばりで議会にもどってきた」

みそこな・う 【見損なう】ミソコナウ、ミソコナウ〔他動五〕(みそこなって)①なにかをまちがって見る. Ⓔmisread. 韓잘못 보다, 오인하다.「手帳の電話番号を見そこなって、違う人にかけてしまった」②評価をまちがえる. Ⓔmisjudge. 韓잘못보다, 평가를 잘못하다.「きみがそんな無責任なやつだったとは見そこなったよ」③見る機会を失う. Ⓔmiss. 韓못보다, 볼 기회를 놓치다.「テレビを見そこなって、そのニュースを知らなかった」

みそしる 【みそ汁】ミソシル 野菜などを入れて煮て、みそで味をつけた汁. Ⓔmiso soup. 韓된장국.「朝食はごはんとみそ汁に決めている//豆腐のみそ汁」

みそっかす ミソッカス 遊びの仲間に, 対等に入れてもらえない子供. Ea good-for-nothing. 翰놀이 동무들의 따돌림을 당한 아이.「おまえはみそっかすだから, お兄ちゃんたちの遊びを見ていなさい」話

みたいだ（名詞, 動詞と形容詞の基本形, 形容動詞の語幹について）①はっきりしないが, たぶんそうらしいということを表す.「かぜをひいたみたいだから, 薬を飲んでおく//洋子はきみのことが好きみたいだよ（EIt seems that Yoko likes you. 翰요코는 너를 좋아하는 것 같애.）」②あるものごとがほかと似ていることを表す.「羊みたいな雲（Ea cloud looking like a sheep. 翰양처럼 생긴 구름.）//子供みたいに話す」③１つの例としてあげる.「きみみたいに若い人にはわからないことだ（EThe young people like you can't understand it. 翰너같이 젊은 사람은 알 수 없는 일이다.）//ケーキみたいな甘いものが食べたい」▷話

参「ようだ」も似ているが,「みたいだ」のほうがくだけた言い方.

みだし【見出し】ミダシ ①新聞や雑誌などで, 内容が一目でわかるように, 大きな字で簡単に書き表した部分. Ea headline; a caption. 翰표제, 헤드라인.「朝は忙しいから, 新聞の見出しだけ見て会社へ行く//大見出し」②辞書で, 項目として出ていることば. 見出し語. Ean entry. 翰표제어, 엔트리.「この辞書は, 見出しが約１万語ある//ローマ字見出し」

みだしなみ【身だしなみ】ミダシナミ 服装や髪, 態度などを, きちんととのえること. Eattentiveness to one's personal appearance. 翰단정한 몸가짐, 차림새.「着るものや持ち物に気を配るのは, 社会人としての身だしなみだ//身だしなみのいい人」

みた・す【満たす】ミタス〔他動五〕（みたして）①いっぱいにする. Efill. 翰가득 채우다.「池に水を満たす//腹を満たす」②ほしがっているものを与えて満足させる. Emeet; satisfy. 翰충족시키다, 만족시키다.「わたしの条件を満たす部屋が見つかった//要求を満たす」▷自動満ちる

みだ・す【乱す】ミダス〔他動五〕（みだして）ととのっている状態を, そうでなくなるようにする. Ebreak; disturb. 翰흐트러뜨리다, 어지럽히다, 혼란시키다.「電車が来ると, 人々は列を乱して入り口に急いだ//平和を乱す」対整える 自動乱れる

みだりに ミダリニ 理由もなしに. 勝手に. Ewithout reason; without permission. 翰함부로, 멋대로.「バスの運行中は, みだりに運転手に話しかけないでください//高山植物をみだりにとってはならない」書

みち【道】ミチ ①人や車が通る所. a road; a street. 翰길, 도로, 거리.「通勤の車で道がこんでいる//道を横切る」
②目的地へ行く途中. Eon one's way. 翰도중, 길.「学校へ行く道で, 忘れ物に気がついた」
③目的地までの道のり. E(a) journey; (a) distance. 翰거리, 도정（道程）, 길.「頂上への道は遠い//完成への道」
④目的地までの行き方. Ethe way; the course. 翰길.「公園へ行く道をまちがえる//道を尋ねる」
⑤人が取るべき生き方. Ea moral code; teachings; the right way of life. 翰（윤리적인）길, 도리.「他人のものを盗むのは人の道に反することだ//道を説く」
⑥あることのために必要な方法. Ea way; a means. 翰길, 수단, 방법.「しあわせに生きる道をさがす//生計を立てる道」

⑦専門の分野．Ｅa line; a subject. 헌분야, 방면.「自分で将来の道を選ぶ//道をきわめる//その道の大家」
▷数①１本・１筋

道が開ける なにかを解決するための方法や進むべき方向が見つかり, 将来に希望が持てるようになる．Ｅfind a way of. 헌길이 열리다(트이다).「話し合いにより和平への道が開けてきた」似た表現 道を開く

道をつける いままでだれもしなかったことをはじめてしたり, 進むべき方向を示したりして, 後に続く人が進みやすいようにする．Ｅcut a path; lead the way. 헌길을 트다.「道子が, 女性パイロットへの道をつけた」似た表現 道がつく

みち 【未知】ミチ まだ知らないこと．Ｅunknown; strange. 헌미지.「火星には, 未知のことが多い//未知の世界//未知数」対既知 書

みちくさ 【道草】ミチクサ〔〜する〕目的地や目標に向かっている途中で, 別のなにかをして時間を使ってしまうこと．Ｅtarry on the way; fool around on the way. 헌도중에 딴 짓으로 지정거림.「学校の帰りは道草をしないでまっすぐ帰っていらっしゃい//道草をくう」

みちのり 【道のり】ミチノリ 目的地までの距離, 遠さ．Ｅ(a) distance. 헌도정, 행정, 거리.「家から駅まで５キロの道のりを自転車で通う//学校までは 30分ばかりの道のりだ」

みちばた 【道端】ミチバタ 道のはしのあたり．Ｅthe roadside. 헌길가, 노변.「道ばたで友達と立ち話をする//道ばたに財布が落ちていた」

みちび・く 【導く】ミチビク〔他動五〕(みちびいて) ①目的の場所へ迷わずに行かせるようにする．案内する．Ｅshow into; conduct; guide. 헌안내하다, 인도하다.「社長に面会を求めると, 応接室に導かれた//出口に導く」②よくしようとして教育する．Ｅguide. 헌이끌다, 지도하다.「先生が導いてくださったおかげで, この子も立ち直りました」③ある結果を引きだすようにする．Ｅlead. 헌이끌다, 이끌어내다.「話し合いによって問題を解決に導いた」▷名導き

み・ちる 【満ちる】ミチル〔自動一〕①いっぱいになる．Ｅbe full of; expire. 헌가득차다；다 되다.「湖に水が満ちる//会長の任期が満ちて, 交代する」②月がまるくなる．Ｅbe full. 헌(달이) 차다, 만월이 되다.「月が満ち, 十五夜を迎える」対欠ける ▷他動満たす
参 否定形は, 古い言い方「満つ」の活用形からできた「満たない」を使う．

みつ 【密】ミツ ①すきまがないようす．Ｅdense; thick. 헌빽빽함, 꽉 들어참.「木が密に生えている//いちばん人口が密な地域」対疎 ②関係が深いようす．Ｅclose. 헌긴밀함, 밀접함.「仲間との連絡を密にする//友人との関係を密にする」対疎 ③(他のことばの頭について) 他人に知られないよう, また, 隠れてなにかをすること．「密入国．Ｅsmuggle oneself into a country. 헌밀입국.)//密貿易」▷書①

みつ 【蜜】ミツ 甘くて, ねばりけのある液体．Ｅnectar; honey. 헌꿀.「ハチが, 花のみつを集める//パンにみつをぬる//ハチみつ」

みっか 【三日】ミッカ ①その月の３番目の日．３日．Ｅthe third (of May). 헌초사흘, 3일.「５月３日は憲法記念日で休みだ」②日の数が３つあること．３日．Ｅthree days. 헌사흘, 3일.「１週間に３日アルバイトをしている//土, 月と３日間の休み」③非常に短い日数.「三日天下．Ｅa very brief reign. 헌삼일천하.)」

みっかぼうず 【三日坊主】ミッカボーズ 飽きやすくて、ものごとを長く続けられないこと。また、その人。Eone who can't stick to anything. 韓작심삼일, 무슨 일이나 곧 싫증을 냄, 그런 사람.「なにごとも三日坊主の兄は、朝のジョギングも1週間続けただけだった」

みつか・る 【見つかる】ミツカル〔自動五〕(みつかって) ①さがしていたものが、あるとわかる。Ebe found; be discovered. 韓(찾던 것이) 발견되다, 눈에 띄다, 찾아내다.「自分のやりたい仕事が見つかった//友達の家はなかなか見つからなかった」②人の目にとまる。Ebe caught (doing). 韓들키다, 발각되다.「授業中に漫画を読んでいるところを先生に見つかった」▷他動 見つける

みつ・ぐ 【貢ぐ】ミツグ, ミツグ〔他動五〕(みついで) 自分にとって特別の価値があると思う相手に、金やものを贈る。Esupply a person with money. 韓금품을 증여하다.「政治家に資金をみつぐ」

みつ・ける 【見つける】ミツケル〔他動一〕さがしだす。発見する。Efind. 韓찾아내다, 발견하다.「新しい仕事を見つける//100円玉が落ちているのを見つけた」自動 見つかる

みっこく 【密告】ミッコク〔～する〕他人のした悪いことや秘密などを、その人に知られないように警察や他の人に知らせること。Einform secretly. 韓밀고.「となりの人が犯人らしいと、警察に密告した//密告者」→告げ口

みつごのたましいひゃくまで 【三つ子の魂百まで】小さいころのくせや性格は年をとっても変わらないということ。EThe child is father of the man. 韓세 살 적 버릇 여든까지 간다.

みっしゅう 【密集】ミッシュー〔～する〕たくさんのものが、すきまもないほど集まっていること。Estand close together. 韓밀집.「建物が密集している地域」

みっせつ 【密接】ミッセツ ①{～する} 他と、すきまがないぐらい近く接していること。Ebe very close. 韓밀접.「壁と壁が密接して建っている2軒の家」②関係が深いようす。Eclose. 韓밀접.「自動車の数と空気のよごれには、密接な関係がある//密接に結びつく」▷書①

みっちゃく 【密着】ミッチャク〔～する〕離れないように、つくこと。Eadhere closely to; stick fast to. 韓밀착.「大臣に密着して取材する//生活に密着した雑誌」

みっちり ミッチリ 時間をかけて、じゅうぶん行うようす。「きょうは時間があるので、みっちり(と)練習できる//ファッションモデルは、歩き方をみっちり(と)訓練させられる(EA fashion show model is obliged to take hard training in how to walk. 韓패션 모델은 걸음걸이를 철저하게 훈련받는다.)」

みっつ 【三つ】ミッツ, ミッツ ①2つのつぎの数。3。3つ。Ethree. 韓셋, 3, 세 개.「1つ、2つ、3つ、4つ…と数える//車輪が3つある子供の乗り物を三輪車という」②3歳, 3つ。Ethree years old. 韓세 살.「子供が3つになったので、七五三のお祝いをした」

みつど 【密度】ミツド ①決まった範囲に、人やものがつまっている度合い。Edensity. 韓밀도.「この国は人口の密度が非常に高い」②物理で、物質の単位体積あたりの質量。Edensity. 韓밀도.「水の密度は1立方センチあたり、1グラムだ」③内容が充実している度合い。Esubstantial; rich in content. 韓밀도, 충실도.「短いが密度の濃い文章だ//密度の高い講義」

みっともな・い ミットモナイ 体裁が悪くて, 恥ずかしい. Eshabby; shameful. 韓꼴사납다, 몰골스럽다; 창피하다.「よごれたシャツはみっともないから, 早く着がえなさい//社会人になって, あいさつもできないとはみっともない」話
参「見苦しい」も似ているが,「見苦しい」が他人が外から見ていやな感じであるのに対して,「みっともない」は他人の目を意識して自分が恥ずかしいと感じることに重点がある.

みっぺい 【密閉】ミッペイ〔～する〕すきまのないように閉じること. Eclose up tightly. 韓밀폐.「中の水がこぼれないように, 容器を密閉する//部屋を密閉して消毒する」

みつ・める 【見つめる】ミツメル, ミツメル〔他動一〕1つのものをじっと見続ける. Egaze at; watch intently. 韓응시하다, 빤히 들여다보다.「10年ぶりに帰ってきた息子の顔を, 母親はものも言わずに見つめた//穴の開くほど見つめる」

みつもり 【見積もり】ミツモリ〔～する〕なにかを行う前に, だいたいの量や金額を計算すること. また, その計算. Ean estimate. 韓어림짐, 견적.「家を建てる前に建築費の見積もりを出してもらう//見積書」他動見積もる

みつゆ 【密輸】ミツユ〔～する〕法律にしたがわず, 隠れてする輸入や輸出. Esmuggling. 韓밀수.「靴の中に隠して麻薬を密輸しようとして, 税関で捕まった」

みてい 【未定】ミテイ まだ決まっていないこと. Ebe not fixed. 韓미정.「歓迎会の日時は未定です」対既定

みてくれ 【見てくれ】ミテクレ 外側から見えるよう. Eoutward appearance. 韓외관, 겉모양, 겉보기.「このリンゴは, 見てくれはよくないが, 味はいい//見てくれを気にする」話

みとおし 【見通し】ミトーシ ①遠くまで見えること. Eperspective; visibility. 韓먼데까지 내다보임; 시계, 시야.「激しい雨で, 見通しが悪い//まっすぐで見通しのいい道」②将来のことを, こうだろうと考えること. Ea prospect; an outlook. 韓예측, 전망.「5年先までの見通しを立てて, 計画する//明るい見通し」③(「お見通し」の形で) 隠していたこともすべてわかっていること. Esee through; see into. 韓꿰뚫어봄, 간파함.「神は, すべてをお見通しだ」▷他動見通す

みどころ 【見どころ】ミドコロ, ミドコロ ①見る価値のあるところ. Ethe highlight. 韓볼 만한 대목.「この映画の見どころは後半の部分にある」②その人のいいところや, 将来よくなるだろうと思えるところ. Epromise; strong points. 韓장래성, 싹수.「見どころのある生徒だから, 将来が楽しみだ」

みとど・ける 【見届ける】ミトドケル, ミトドケル〔他動一〕終わりまで見て, 確かめる. Emake sure; see with one's own eyes. 韓끝까지 보고 확인하다, 마지막까지 지켜보다.「学生が全部帰るのを見とどけて, 図書室のかぎをかける//火が消えるのを見とどける」

みと・める 【認める】ミトメル〔他動一〕①状況から, そうだと判断する. Eacknowledge; admit. 韓인정하다.「事務員の要求を正当と認めてコピー機を買い入れた//賛成多数と認める」②それだけの価値があるとして評価する. Erecognize. 韓인정하다, 평가하다.「才能を認めてデザイナーとして採用する//世界的な科学者として認められる」③適当だと判断し許す. Epermit; allow. 韓허가하다, 용인하다.「10日間の休暇を認める//入国を認める」▷名認め

みどり 【緑】ミドリ ①色の1つ. 木や草の葉のような色. 黄と青の中間の色. Ⓔgreen. 韓녹색, 초록(빛).「夏も近づき, 木の葉の色が濃い緑になってきた」②「①」の色の葉をつけた木や草. Ⓔverdure; greenery. 韓푸른 초목.「このへんは緑が多くて環境がいい/部屋に緑を置く」

みとりず 【見取り図】ミトリズ 土地や建物, 機械などを, ある位置から見て, 全体のようすが一目でわかるようにかいた図. Ⓔa plan; a (rough) sketch. 韓겨냥도.「簡単な見取り図をかいて, 部屋のようすを説明する」数1枚

みと・れる 【見とれる】ミトレル, ミトレル〔自動一〕あまりの美しさやすばらしさに, 自分を忘れてしばらく見ている. Ⓔbe fascinated; be lost in admiration of. 韓정신없이 보다, 넋을 잃고 보다.「夜明けの空の美しさに, しばらく見とれていた」

みな 【皆】ミナ, ミナ 全部の人. 全部のものごと. みんな. Ⓔeveryone; everything; all. 韓모두, 전부.「みなが喜ぶ/品物がみな売れた/きょうの仕事はみな終わった」

みなぎ・る ミナギル〔自動五〕(みなぎって) ①水などがあふれるほどいっぱいになる. Ⓔbe swollen. 韓(물이) 그득 차다.「湖に青々と水がみなぎっている」②気持ちや力などが, あふれるほどいっぱいにある. Ⓔoverflow with; be full of. 韓넘처 흐르다, 충만하다.「スポーツ大会の会場は, 若さがみなぎっていた」

みなさん 【皆さん】ミナサン 全部の人. また, ある場所にいる人全部に呼びかけること. Ⓔall of you; all; everybody. 韓여러분.「みなさんのご協力をお願いします/ご家族のみなさんによろしく/みなさん, こんにちは」

みな・す 【見なす】ミナス, ミナス〔他動五〕(みなして) 実際のことには関係なく, そうだと決める. Ⓔregard as; consider. 韓간주하다, 치다.「9時までに来ない人は欠席と見なす」

みなと 【港】ミナト 船を安全に出入りさせたり, 泊まったりできる設備のある所. Ⓔharbor; a port. 韓항구.「大きな船が港に入ってきた/港へ船を見に行く/港町」

みなみ 【南】ミナミ 4つの方角の1つ. 太陽がのぼるほうを向いて右の方角. Ⓔthe south. 韓남, 남쪽.「窓が南に向いている部屋だから, 冬は暖かい/南の国/南風」対北

みなもと 【源】ミナモト 川が流れ出す, いちばんもとの所. また, ものごとの始めの部分. Ⓔthe source; the origin. 韓수원; (사물의) 기원, 근원.「川の源をさがして川を上る/文明の源」

みならい 【見習い】ミナライ 技術ややり方をじゅうぶんにわかっていない人が, これからその仕事をするために, 実際の場でそれを習うこと. また, 習っている人. Ⓔprobation; an apprentice. 韓견습, 견습생.「病院で看護婦の見習いをする/見習い期間/教師見習い」他動 見習う

みなり 【身なり】ミナリ 衣服をつけた姿. Ⓔdress; one's appearance. 韓옷차림, 복장.「朝起きたらすぐに身なりをととのえる/身なりにかまわない人」

ミニ (mini) ミニ ①(←ミニスカート(miniskirt))丈がひざより上の, 短いスカート. Ⓔa miniskirt. 韓미니스커트.「今年はミニがはやっている」対ロング ②小型であること. 小さいこと.「ミニカー(Ⓔa minicar; a miniature car. 韓미니카, 소형 자동차; 모형 자동차.)/ミニシアター(Ⓔa tiny theater. 韓미니 시어터, 소극장.)」▷数①1枚・1着

みにく・い 【醜い】ミニクイ ①形がよくなくて、見ていやな感じがする. Eugly; plain; unsightly. 한보기 흉하다, 추하다.「にきびがたくさんできて, みにくい顔になってしまった∥山が半分けずられて, みにくい姿を見せている」対美しい ②心や行いなどが正しくなくて、いやな感じだ. Escandalous; ignoble. 한추악하다.「父親の遺産の取り合いで、きょうだいがみにくい争いをしている∥みにくい心」対美しい

みぬ・く 【見抜く】ミヌク, ミヌク〔他動五〕(みぬいて) 表に表れていない本当のことを見て知る. Esee through. 한꿰뚫어 보다, 간파하다.「弟がうそを言っていることを, すぐに見抜いた∥本質を見抜く」

みのう 【未納】ミノー 決められたときまでに金やものを納めていないこと Ehave not yet paid; be in arrears. 한미납.「授業料が未納の人は, すぐに納めてください∥去年の税金が未納だ」

みのうえ 【身の上】ミノウエ, ミノウエ ある人がいままで過ごしてきた人生のさまざまなことや現在の状態. また、将来の運命. E one's circumstances; one's lot. 한신세, 신상, 운명.「道子は両親に早く死に別れ、きょうだいもいない、さびしい身の上だった∥これからの身の上を占ってもらう∥身の上話」

みのしろきん 【身代金】ミノシロキン, ミノシロキン 誘拐した人を返すかわりに、犯人が要求する金. Ea ransom. 한(인질의) 몸값.「犯人が身代金を取りに来たところを警官が取り押さえた」

みの・る 【実る】ミノル, ミノル〔自動五〕(みのって) ①植物に実ができる. Ebear fruit; ripen. 한열매를 맺다, 여물다.「秋になると、いろいろな木の実が実る∥稲が実って黄色くなった」②いい結果になって表れる. E(one's efforts) bear fruit; be rewarded. 한결실하다.「3年間の努力が実って、試験に合格した」▷名実り

みばえ 【見栄え・見映え】ミバエ, ミバエ 外観が立派に見えること. Elook nice; nice-looking. 한볼품이 좋음, 돋보임.「安い服だが、着ると見ばえがする∥見ばえのする家」

みはから・う 【見計らう】ミハカラウ, ミハカラウ〔他動五〕(みはからって) ちょうどいい時機やものを選ぶ. Etime (one's visit); at the proper time. 한(적당한 시기를) 가늠하다, 적당한 것을 고르다.「約束の時間に遅れないように、時間を見はからって家を出る」

みはらし 【見晴らし】ミハラシ ある場所から広く見わたせること. また、その景色. Ea view; an outlook. 한전망, 조망.「山の頂上からの見晴らしはすばらしかった∥見晴らしがきく∥見晴らし台」他動 見晴らす

みは・る 【見張る】ミハル〔他動五〕(みはって) ①なにか変わったことが起きないかと、注意して見ている. Ewatch; look out for. 한망보다, 지키다, 감시하다.「警官が, スピード違反の車を見張っている」②(「目を見張る」の形で) 目を大きく開き、驚く. E open one's eyes wide. 한눈이 휘둥그래지다.「洋子はその光景に目を見張った」▷名見張り

みぶり 【身振り】ミブリ, ミブリ 気持ちや考えを表す体の動き. Ea gesture; a motion. 한몸짓, 거동.「三郎はいつも大きな身ぶりで話をする∥身ぶり手ぶりで意思を伝える」

みぶん 【身分】ミブン 人が社会や団体の中で持っている地位. Ea social position; one's identity. 한신분.「むかし, 武士は身分が高く、商人は身分が低かった∥身分を

証明するものを示す」

みぼうじん【未亡人】ミボージン 夫が死んで，その後，結婚していない女性．Ea widow. 한미망인．「夫が戦死して，わたしは若くして未亡人になった」

参 もとの意味は「夫が死んだのにまだ死なないでいる人」で，夫をなくした人が自分のことを謙遜していうとき使った．だから他人についていうのは失礼になる．

みほん【見本】ミホン ①あるものの状態を人に知らせるために，代表として見せる品物．Ea sample; a specimen. 한견본，샘플．「レストランで料理の見本を見て注文する∥見本刷り(Ea specimen page. 한견본쇄．)」
②適切な例．いい手本．Ea model; an example. 한본보기．「スキー学校の先生が，まずすべり方の見本を示す」

みまい【見舞い】ミマイ 災害にあったり病気になったりした人を訪ねたり，手紙を出したりして，ようすを聞き，なぐさめること．また，そのための手紙や贈り物．Ean inquiry; an expression of sympathy. 한위문，문병，위문품〔편지〕．「花を持って，病院へ友達の見舞いに行く∥見舞いの手紙」他動 見舞う

みまん【未満】ミマン その数や量に達しないこと．Eunder; less than. 한미만．「18歳未満の人は入れない∥10円未満を切り捨てる」→以下

みみ【耳】ミミ ①頭の両側にある，音を聞き取る器官．Ean ear. 한귀．「耳に手を当てて相手の声をよく聞こうとする」
②聞く能力．Ehearing. 한귀，청력．「二郎は耳がいいから演奏の小さなミスも聞き取れる」
③食パンのはしのかたい所．また，紙や織物のはしなど．Ethe crust; (a) selvage. 한(식빵의) 껍질 부분；(직물의) 변폭；(종이의) 귀．「パンの耳を切り落とす」
▷→顔図

〰〰〰「耳」のつく慣用表現〰〰〰

耳が痛い 自分の欠点を言われて，聞くのがつらい．Ehit a sore spot. 한귀가 쓰라리다，(약점을 찔려) 듣기에 괴롭다．「努力もしないでいい成績を望んでもだめだという先生の話は耳が痛かった」

耳が遠い 音を聞き取る能力が弱い．Ebe hard of hearing. 한귀가 멀다，귀가 어둡다．「最近耳が遠くなり，人の話がよく聞こえなくなった」

耳が早い うわさなどを，すばやく聞いて知る．Ehave sharp ears. 한귀가 밝다，(소문 등을) 듣는 것이 빠르다．「となりの山田さんは耳が早いから，近所のできごとはなんでも知っている」

耳にたこができる 同じことを何度も聞かされて，聞き飽きる．Ebe sick and tired of hearing. 한귀에 못이 박히다．「父からも母からもいつもいつも『勉強しなさい』と言われ，もう耳にたこができた」

耳に挟む ある機会に，ちょっとだけ聞く．Ehappen to hear. 한얼핏 듣다，귓결에 듣다．「ちょっと耳にはさんだのだが，田中さんが会社をやめるらしい」似た表現小耳に挟む

耳を疑う 信じられないようなことを聞いて驚く．Ecan hardly believe one's ears. 한귀를 의심하다．「旅行中の父が死んだと聞いて，あまり突然のことなので耳を疑った」

耳を貸す 人の話を聞く．Elend one's ear to. 한(남의 말에) 귀를 기울이다．「相談したいことがあるので耳を貸してほしい」

耳を傾ける 熱心に聞く．Elisten to. 한귀를 기울이다．「ショパンの曲に耳を傾け

る」

耳を澄ます 注意を集中して聞く．Ⓔstrain one's ears．⑰귀를 잔뜩 기울이다．「変な音がしたので，耳を澄ましてようすをうかがう」

耳をそろえる 必要な金額を全部用意する．Ⓔ(pay off) in full．⑰필요한 금액의 아구를 맞추다．「借りた金を，耳をそろえて返す」

みみうち 【耳打ち】ミミウチ，ミミウチ〔〜する〕まわりの人に聞かれたくないことを，相手の耳のそばで小さい声で話すこと．Ⓔwhisper into a person's ear．⑰귓말, 귓속말．「記者会見中の大臣に秘書が，『もう時間です』と耳打ちをした」

みみざわり 【耳障り】ミミザワリ 声や音が不愉快に聞こえるようす．Ⓔharsh to the ear; jarring．⑰귀에 거슬림．「図書館では，友達どうしで話し合っている小さい声がとても耳ざわりだ//耳ざわりな急ブレーキの音」

みみっち・い ミミッチイ わずかな金や細かいことを気にする．けちくさい．Ⓔstingy; mean．⑰쩨쩨하다, 다랍다, 인색하다．「電話を借りたから10円払うなどとみみっちいことを言うな」[話]

みみより 【耳寄り】ミミヨリ 聞く価値があるようす．Ⓔwelcome (news)．⑰솔깃함, 그럴싸함．「職をさがしていたところ，友達が，条件のいい，耳寄りな話を持ってきてくれた」

みむきもしない 【見向きもしない】そのほうをすこしも見ない．すこしもそちらに興味を示さない．Ⓔdo not even glance at; take no notice of．⑰거들떠보지도 않다, 전혀 무관심하다．「京子は，怒ってわたしのほうは見向きもしないで，さっさと行ってしまった//あの子は学校の本には見向きもしないで，漫画ばかり読んでいる」

みもと 【身元】ミモト，ミモト ①住所, 氏名, 年齢, 家族など, その人がどんな人であるかを示すもの．Ⓔone's identity．⑰신원．「被害者の身元がわかった//身元を証明する」②その人に関係のあるすべてのこと．Ⓔcharacter．⑰신원．「身元を引き受ける//身元保証人」

みや 【宮】ミヤ 日本の神をまつってある所．神社．Ⓔa (Shinto) shrine．⑰신사．「初もうでに近所のお宮に行く//宮まいり」

みゃく 【脈】ミャク ①動物の体の中を通っている, 血液などが流れているくだ．Ⓔa blood vessel．⑰맥, 혈관．「動脈(→項目)//静脈(→項目)」②心臓の動きが動脈に伝わった動き．Ⓔthe pulse．⑰맥박．「走ったあとで脈をはかる//脈が速い//脈拍」③(他のことばの後について) 筋となってつながっているもの．「山脈(→項目)//水脈(Ⓔa water vein．⑰수맥．)//文脈」

脈がある 将来に希望がある．Ⓔthere is some hope．⑰희망이 있다．「第1回の実験は失敗だったが, まだ脈がある」[対]脈がない

みやげ 【土産】ミヤゲ ①旅行や外出のときに, そこで手に入れて, 家族や知人のために持ち帰る品物．Ⓔa souvenir．⑰기념 선물 [토산품]．「外国へ行った父が, おみやげに人形を買ってきた//みやげ物屋」②人を訪ねるときに持っていく品物．手みやげ．Ⓔa present．⑰(남의 집을 방문할 때의) 선물．「ケーキをおみやげに持っていく」

みやこ 【都】ミヤコ ①政府のある所．首都．Ⓔa capital．⑰수도．「1000年ほど前の平安時代には, 都は京都にあった」②人が集まり, 文化の中心となっている所．都会．Ⓔa city．⑰도회지, 도시．「都にあこがれる//水の都」

みやぶ・る 【見破る】ミヤブル, ミヤブル〔他動五〕(みやぶって) 相手が隠したり, うそをついたりしていることに気づき, その事実を感じとる. Ⓔsee through. 한간파하다, 꿰뚫어 보다.「1万円札を偽物だと見破る//うそを見破る」

ミュージカル (musical) ミュージカル 音楽や踊りを中心とした, 映画や演劇. Ⓔa musical. 한뮤지컬.「今夜, テレビでおもしろそうなミュージカルの番組がある//ミュージカル映画」

みょう 【妙】ミョー ①非常にすぐれていて, 人間の力ではなかなかできないこと. Ⓔ(a) mystery; bright (idea). 한묘, 절묘, 오묘, 신비.「凍った霧が木についてできた樹氷は, 天然の妙としか言いようがない//妙案」②ふつうと違った, 変な感じがするようす. Ⓔunusually; strange; extraordinary. 한묘함, 이상함.「この冬, 妙に暖かいのは, 地球の温暖化のせいだろうか//マイケルは, はじめて食べた刺身は妙な味だった, と言った」 ▷書①

みょう- 【明-】(日, 年などを表すことばについて) つぎの. 明くる.「明4月15日(Ⓔtomorrow April 15. 한내일 4월 15일.)//明朝//明晩(→項目)」書 関連 昨-, 今-

みょうごにち 【明後日】ミョーゴニチ「あさって」の改まった言い方. Ⓔthe day after tomorrow. 한명후일, 모레.「明後日の会議の資料を作成する//本日の会合は, 2日延期して明後日に行う」書

みょうじ 【名字】ミョージ 家族全体を表す呼び名. Ⓔa family name; a surname. 한성씨, 성.「名字は山田といいます//名字と名前を書く」対 名前
参「姓」も意味は同じだが,「姓」が「姓名」「改姓」など他のことばとも組み合わせて使うのに対して,「名字」はこれだけで使う.

みょうにち 【明日】ミョーニチ「あした」の改まった言い方. Ⓔtomorrow. 한내일.「明日, おうかがいいたします」書 関連 昨日, 今日, 本日

みょうねん 【明年】ミョーネン, ミョーネン「来年」の改まった言い方. Ⓔnext year. 한명년, 내년.「明年の半ばには完成の運びとなっております//明年度の予算」書 関連 昨年, 今年, 本年

みょうばん 【明晩】ミョーバン あしたの夜. あしたの晩. Ⓔtomorrow night. 한내일 밤.「明晩の会合の出席予定者は約50名だ」書 関連 昨晩, 今晩

みようみまね 【見よう見まね】人のすることを見てまねをすること. Ⓔby following the example of others. 한보고 흉내냄, 눈동냥.「見よう見まねでやっているうちに, いつのまにか本職のコックになった//見よう見まねで覚えた芸」

みより 【身寄り】ミヨリ 親, 子, きょうだいや親類などの頼りになる人. Ⓔa relative. 한친척.「身寄りがないので, いざというときに困る」

みらい 【未来】ミライ これから先の時. Ⓔthe future. 한미래.「地球の未来を考える//未来の乗り物//未来都市」関連 過去, 現在 →将来

ミリ (⑦milli)ミリ ①(単位を表すことばの頭について) 1000分の1であることを表す. 記号は「m」.「ミリメートル//ミリグラム(Ⓔa milligram. 한밀리그램.)//ミリリットル(Ⓔa milliliter. 한밀리리터.)」②「ミリメートル」を略した言い方. Ⓔa millimeter. 한밀리미터.「厚さ5ミリに切る//8ミリビデオ」

みりょく 【魅力】ミリョク, ミリョク 人の気持ちをひきつける不思議な力. Ⓔ(a) charm;

(an) appeal. 한매력.「生き生きとして温かい叔母には、だれもが魅力を感じている//この会社は、休みが多いのが魅力だ」

みる 【見る・診る】ミル〔他動一〕①ものの形、色、ようすなどを目で感じる。Esee; look at; watch. 한(눈으로) 보다.「空を見たら、鳥が飛んでいた//映画を見る」
②なにかを調べたり、評価したりする。Eexamine; see. 한보다, 조사하다, 평가하다.「ドアにかぎがかかっているかどうかをみる//人をみる目がある(Ebe a good judge of character. 한사람을 보는 눈이 있다.)」
③なにか理由があって、そのように考える。そうだと判断する。Eregard as; judge. 한보다, 생각하다, 판단하다, 간주하다.「バスでは間に合わないとみてタクシーに乗った//世間を甘くみる」
④世話をする。Elook after; take care of. 한돌보다, 보살피다.「友人の子供の勉強をみてあげる//家で年とった母をみている」
⑤自分で体験する。Eexperience. 한당하다, 겪다, 경험하다.「つらい目をみる//ばかをみる(→ばか慣用)」
⑥医者が患者の体のようすを調べる。Eexamine. 한(환자를) 보다, 진찰하다.「医者にみてもらったほうがいい」
⑦(「~てみる」の形で)ためしに~する。Etry. 한~(해)보다.「このコートを着てみてもいいですか//やってみたら簡単だった」
▷自見える
注漢字で書くときは、①~⑤は「見る」、⑥は「診る」、⑦はひらがなで書く。

見る影もない むかしの立派なようすが思い浮かべられないほどひどい。Ebe utterly unrecognizable. 한(옛 모습을 찾아볼 수 없을 정도로) 처참하다, 볼품없다.「大地震のあった町に行ってみたら、美しい建物が見る影もなくこわれていた」

見るに忍びない 相手がとても気の毒だったりして、見ていることができない。Ecannot bear to see. 한차마 눈뜨고 볼 수 없다.「病気で苦しんでいる友人を見るにしのびなくて、まだ見舞いにも行っていない」

見るに見かねて 黙って見ていられなくて。Eunable to remain indifferent. 한보다 못해, 가만히 보고 있을 수 없어서.「ことばがわからなくて困っている外国人を見るに見かねて、通訳をしてあげた」

ミルク (milk)ミルク ①牛乳。Emilk. 한밀크, 우유.「毎朝コップに1杯、冷たいミルクを飲む//ミルクコーヒー//ホットミルク」
②「①」の粉の状態のもの。粉ミルク。また、それをとかしたもの。Edried milk. 한분유.「赤ちゃんにミルクを飲ませる」▷数①1杯・1本

みるみる 【見る見る】ミルミル 見ているあいだに。Ebefore one's eyes; in an instant. 한보고 있는 동안에, 금세, 순식간에.「飛行機はみるみる小さくなった//大雨で、川の水がみるみるうちに増えてきた」

みれん 【未練】ミレン、ミレン いつまでも心をひかれて、あきらめられないこと。E(feel) reluctant; lingering attachment. 한미련.「死んだ母の残したものは古くて使えないが、未練が残って捨てられない//未練がましい」

みわ・ける 【見分ける】ミワケル、ミワケル〔他動一〕見て区別をする。Edistinguish. 한분간하다, 분별하다, 가리다.「あのふたごのきょうだいはそっくりで、見分けるのがむずかしい//偽物を見分ける」名見分け

みわた・す 【見渡す】ミワタス、ミワタス〔他動五〕(みわたして)広い範囲を見る。E

みんかん 【民間】ミンカン ①ふつうの人々が暮らしている社会. Eamong the people; popular. 한민간.「むかしから民間で行われている方法で、かぜを治す//民間信仰」②公の組織に属していないこと. Eprivate; civilian. 한민간.「役所をやめて民間の会社に移る//民間放送(→民放[項目])」

みんげいひん 【民芸品】ミンゲイヒン、ミンゲイヒン 人々の生活の中から生まれ、つくり続けられている工芸品. Ea folkcraft article. 한민예품.「こけし人形は東北地方の民芸品として有名だ//一郎は各地の民芸品を集めている」

みんしゅう 【民衆】ミンシュー 世の中の一般の人々. Ethe people; the masses. 한민중、대중.「民衆の声をよく聞く政治家」

みんしゅく 【民宿】ミンシュク 一般の民家が許可をえて客を泊めること. また、そのための施設. Ea private lodging house. 한민박、민박 시설.「景色がよくて観光客が多いので、副業に民宿を始めた//民宿に泊まって海水浴をする」数 1軒

みんしゅしゅぎ 【民主主義】ミンシュシュギ 国民が主権を持ち、国民のために政治を行うという考え方. Edemocracy. 한민주주의.「民主主義のもとでは、自由と平等がたいせつにされる//民主主義の考え方をひろめる」

みんしゅてき 【民主的】ミンシュテキ ひとりひとりの意見をたいせつにして、みんなで相談しながらものごとを決めていくようす. Edemocratic. 한민주적.「民主的な選挙で大統領を選ぶ//民主的に話し合って会の方針を決めた//民主的な組織」対独裁的

みんぞく 【民族】ミンゾク 同じ言語、文化、歴史、宗教、生活様式などを持つ、ひとまとまりの集団. Ea race; a people. 한민족.「この国はいくつもの民族が集まってできている//民族独立運動」

みんな ミンナ、ミンナ「みな」のくだけた言い方. Eeveryone; everything; all. 한모두、전부、다.「みんな集まったら出発しよう//みんな聞いちゃった」話

みんぽう 【民放】ミンポー、ミンポー「民間放送」を略した言い方. 放送番組に広告を入れ、その料金を取ることによって経営している、ラジオやテレビの放送. また、その放送局. Ecommercial broadcasting. 한민방、민간 방송.「妹は民放のほうをよく見る」

みんぽう 【民法】ミンポー 個人の財産や相続についての権利や義務、家族関係などを定めた法律. Ecivil law; the Civil Code. 한민법.「結婚や離婚などについてのきまりは民法に定められている」

みんよう 【民謡】ミンヨー それぞれの土地で、人々の生活の中から生まれ伝えられてきた歌. Ea folk song. 한민요.「民謡は、喜びや悲しみのとき、また働くときなどに各地で歌われてきた」数 1曲

みんわ 【民話】ミンワ それぞれの土地で、人々の生活の中から生まれ語りつがれてきた話. Ea folktale; a folk story. 한민화、민간 설화.「むかしの子供たちは、おばあさんから民話を聞きながら大きくなった//民話絵本」

む／ム

む【無】ム, ム ①なにもないこと. Ｅnothing. 韓무, 없음.「相手に約束を守るつもりがなければ, その約束は実際に無に等しい／／無から有は生じない」対有 ②むだであること. Ｅnothing; a waste. 韓무, 허사, 헛됨, 보람 없음.「いま仕事をやめたら, これまでの努力が無になってしまう／／厚意を無にする」③(他のことばの頭について) そのものがない. その状態がない.「無関係(Ｅunrelated. 韓무관계, 관계 없음.)／／無抵抗(Ｅnonresistance. 韓무저항.)／／無資格／／無試験」

無に帰する もとの, なにもなかった状態になる. むだになる. Ｅcome to nothing. 韓무로 돌아가다, 허사가 되다.「ついに戦争が始まり, 人々の平和への努力は無に帰した」

むいか【六日】ムイカ ①その月の6番目の日. 6日. Ｅthe sixth (of June). 韓초엿새, 6일.「6月6日は, 母の誕生日だ」②日の数が6つあること. 6日. Ｅsix days. 韓엿새, 6일.「この会社では, 社員は月曜日から土曜日まで6日働く」

むいしき【無意識】ムイシキ ①意識を失っていること. Ｅunconscious. 韓무의식, 의식을 잃음.「事故で頭を強く打ってから, 一郎はずっと無意識のままだ」②気がつかないで, なにかをするようす. Ｅmechanically; unconsciously. 韓무의식, 저도모르게.「日本に来て2年, 日本語で話しかけられると, 無意識のうちに日本語が出るようになった／／火事だという声を聞いて半ば無意識で走りだした」

ムード (mood) ムード ①その場所やそこにいる人たちがつくりだす感じ. 雰囲気. Ｅan atmosphere; a mood. 韓무드, 기분, 분위기.「ダンスが始まって, パーティーのムードはいっそう盛りあがってきた／／明るいムードの職場／／ムード音楽(＝甘くやさしい感じの音楽)」②なんとなく感じられる社会の動き. 風潮. Ｅa predominant mood of the public. 韓풍조.「貯金よりも消費, というムードが, 国民の間にひろまっている／／社会にひろがるあきらめムード」

むえき【無益】ムエキ することがなんの役にも立たないようす. Ｅuseless; futile. 韓무익.「両国は無益な戦争を始めた／／無益な人殺し」対有益

むかい【向かい】ムカイ たがいの正面が向き合った位置にあること. Ｅopposite; across the street. 韓맞은편, 건너편.「電車の中で向かいにきれいな白髪の老人がすわっていた／／郵便局の向かいにある銀行／／お向かい(＝向かいの家)」自動向かう

むか・う【向かう】ムカウ〔自動五〕(むかって) ①そのもののほうに正面が向く. Ｅface. 韓향하다, 면하다, 마주 보다.「鏡に向かってひげをそる／／黒板に向かって右側の壁」②ある方向や場所へ進んでいく. Ｅhead toward; leave for. 韓향해 가다.「北へ向かって船を進める／／今夜, 大阪へ向かう」③ある状態に近づく. Ｅget; approach. 韓(경향 등을) 보이다, ～으로 나아가다.「病人は快方に向かっている／／話し合いは解決に向かっている」▷名向かい

むか・える 【迎える】ムカエル〔他動一〕① 来る人を待ち，受け入れる．Ｅwelcome; invite; meet. 한(사람을) 맞이하다, 맞다；모시다.「家に客を迎える//副社長として田中氏を迎える//敵を迎えて撃つ//迎え入れる」対送る ②ある時になるのを待ち，受け入れる．Ｅgreet (the New Year); approach (death). 한(때를) 맞이하다.「正月を迎える準備をする//静かに死を迎える」▷名迎え

むかし 【昔】ムカシ ①時間的に過ぎてしまった，ずっと前．Ｅthd old days; long ago. 한옛날, 예전.「むかしの人は，石で道具をつくった//むかしは畑だったが，いまは家が建っている//むかしなじみ(Ｅan old friend. 한옛 친구.)//むかし話」対今 ②過ぎた年月を10年を単位として数える言い方．Ｅa decade. 한10년(의 세월).「大学生だったのは，ふたむかし前のことだ//10年ひとむかし」

昔取ったきねづか むかし身につけた得意の技術．しばらく使っていないが自信のあるものをいう．Ｅutilizing one's experience of younger years. 한예전에 익힌 솜씨.

むかつ・く ムカック〔自動五〕(むかついて) ①食べたものをはきそうな，いやな感じがする．Ｅfeel sick; be sick at the stomach. 한메슥거리다, 역하다.「ゆうべ酒を飲みすぎて，胃がむかつく//胸がむかつくような，いやなにおいだ」②腹が立っていらいらす る．Ｅfeel offended; be disgusted. 한화가 치밀다, 울컥거리다.「先生に告げ口をした京子のことを考えると，むかついて眠れない//自分が悪いのに謝ろうともしないあいつには，本当にむかつく」▷話②

むかむか ムカムカ〔～する〕①はきたい感じがするようす．「船に酔って胸がむかむかする(ＥI am seasick and feel queasy. 한

뱃멀미를 해서 속이 메슥메슥하다.)//酒を飲みすぎてむかむかする」②不愉快で，いまにも怒りだしたくなるようす．「平気でうそをついているのを聞くと，むかむかしてくる(ＥI get irritated when I hear a person lying with no scruples. 한태연하게 거짓말을 하고 있는 것을 들으니 화가 치밀어 오른다.)」

むかんしん 【無関心】ムカンシン あることに興味がないこと．Ｅunconcerned; indifferent. 한무관심.「二郎は子供の学校の名前も知らないほど，教育には無関心だ//政治に無関心ではいられない//異性に無関心を装う」対関心

むき 【向き】ムキ ①人やものが向いている方向．Ｅa direction. 한향, 방향.「飛行機はゆっくり北に向きを変えた//南向きの部屋」②ちょうど合っていること．ふさわしいこと．Ｅfor; suitable for. 한적합함, 알맞음；～用.「大学に近くて家賃も安い学生向きのアパート//初心者向きのやさしい登山コース」対不向き ③考え方などの傾向．Ｅa tendency. 한경향.「二郎は人のことばを悪くとる向きがある//洋子はなんでもむずかしく考えすぎる向きがある」▷自動向く

向きになる 必要以上に本気になったり怒ったりする．Ｅget upset; fiercely. 한정색을 하다.「ちょっと冗談を言ったら，田中さんは向きになって怒りだした」

むぎ 【麦】ムギ 小麦，大麦，ライ麦などをまとめていう言い方．畑で栽培し，粉にしてパンやうどんなどをつくる．Ｅwheat; barley; rye. 한보리, 밀, 호밀.「畑に麦の種をまく//ビールは麦からつくる//麦畑//麦踏み」→稲図

むきだし 【むき出し】ムキダシ ふつうは隠したり見えないようにしたりするものを，そのまま表に出すこと．Ｅunwrapped; openly.

ドレナゲ, ノチュッハム.「お祝いのお金をむきだしのままあげるのは失礼だ//感情をむきだしにする」[他動]むき出す

むきふむき【向き不向き】ムキ・フムキ 適していることと, 適していないこと. [E]one's own forte and foible. 한적성에 맞는 것과 맞지 않는 것.「人には向き不向きがあって, 自分に向いたことだと, 上達が速い」

むきりょく【無気力】ムギリョク 積極的になにかをしようという気持ちがなく, 元気がないよう. [E]spiritless; nerveless. 한무기력.「交通事故で息子をなくしてから, 二郎はすっかり無気力になってしまった//無気力な生き方」

む・く【向く】ムク〔自動五〕(むいて)①そのほうに面している. [E]look; turn; face. 한향하다, 보다, (얼굴을) 돌리다.「黒板のほうを向いて話を聞く//上を向いて歩く//南に向いた窓」②その方向に進む. [E]lead; feel like. 한향하다, 내키다, 쏠리다.「足が向くまま散歩をする//気が向いたら行く//わたしに運が向いてきた([E]Luck has come my way. 한내게 운이 트이어 왔다.)」③うまく合う. [E]be suited for. 한적합하다, 어울리다.「子供に向くようにつくられた本//病人に向く食べ物」▷[名]向き [他動]向ける

む・く ムク〔他動五〕(むいて) 内側のものを出すために, 外側のものを薄く取る. [E]pare; peel. 한(껍질 등을) 벗기다, 까다.「ナイフでリンゴの皮をむいて食べる//バナナの皮を手でむく//ゆで卵の殻をむく//目をむく(→目[慣用])//皮むき器」[自動]むける

〔むく〕

むく・いる【報いる】ムクイル, ムクイル〔自他動一〕人から受けたことに対して, それにちょうど合うことをして返す. [E]reward; repay. 한보답하다; 보복하다.「社員の努力にむくいて, 社長は給料を上げた//恩にむくいる//一矢をむくいる(=相手からの攻撃に対して, こちらもやり返す)」[名]報い

むくち【無口】ムクチ あまりしゃべらないよう. [E]of few words; reticent. 한과묵함, 말수가 적음.「無口な少年だった弟も, いまでは人が変わったようによくしゃべる」

むく・む ムクム〔自動五〕(むくんで) 体の中に水気がたまって, はれたようになる. [E]swell; become swollen. 한붓다, 부어오르다.「1日じゅう立っていたら, 足がむくんできた//病気で体がむくむ」[名]むくみ

-むけ【-向け】(他のことばについて) そちらに送ったり, それを対象としてつくったりすること.「海外向けのラジオ放送//子供向けのテレビ番組([E]a TV program for children. 한어린이 대상의 TV 프로그램.)」

む・ける【向ける】ムケル〔他動一〕①そのもののほうに正面が向くようにする. [E]turn toward. 한향하다, 향하게 하다; 돌리다.「アンテナを北に向けて立てる//壁に背を向けてすわる」②使いとして行かせる. [E]send (a messenger) to. 한보내다, 파견하다.「交渉の相手国に使者を向けて, 首相の考えを伝える」③ある目的のために割り当てる. [E]allot. 한돌려 쓰다, 충당하다.「アルバイトの収入を本代に向ける」▷[自動]向く

むげん【無限】ムゲン 数や量, 時間, 空間などに終わりがなく続くこと. [E]infinitely; limitless. 한무한.「人類の宇宙への夢は無限にひろがる//子供には無限の可能性がある」[対]有限

むこ【婿】ムコ ①結婚したばかりの男の人. [E]a bridegroom. 한신랑.「白いタキシードのお婿さん//花婿(→[項目])」[対]嫁 ②娘の夫. [E]a son-in-law. 한사위.「婿がイギ

リスに転勤になって、娘や孫も一緒に行くそうだ」対嫁

むご・い ムゴイ ①見ていられないぐらいひどい. Ⓔgruesome; terrible. 韓비참하다, 끔찍하다, 참혹하다.「つぶれた車のそばに血を流した人が倒れていて、事故の現場はむごいありさまだった」②思いやりがなく、ひどい. 残酷だ. Ⓔmerciless; cruel. 韓잔인하다, 잔혹하다, 무자비하다.「病気が治ったばかりの洋子に、課長は、休んだ分までよく働けとむごいことを言った」

むこう 【向こう】ムコー、ムコー ①話し手から見て、間にあるものを越えた先のほう. Ⓔthe other side; the opposite side. 韓건너편, 맞은편.「地下鉄の入り口は通りの向こうにある//テーブルの向こうから話しかけられた」
②話し手の前のほう. Ⓔtoward (us); over there. 韓저쪽.「向こうから来るのは三郎のようだ//向こうに見えるのが富士山です」
③話題になっている離れた土地. Ⓔthere. 韓그곳, 그쪽, 거기.「ハワイに着くのは9時の予定だが、向こうに着いたら電話する」
④現在、または未来のある時点から先. Ⓔnext; coming. 韓이후, 향후.「今年の9月から向こう2年間バンコクで働く予定だ」
⑤相手側. Ⓔthe other party; he; she; they. 韓상대(방); 그쪽, 저쪽.「向こうのつごうを聞いてから、お見舞いに行こう」

向こうに回す 戦う相手にする. Ⓔfight with; in opposition to. 韓상대로 하다, 대적하여 겨루다.「優勝候補のチームを向こうにまわしてよく戦った」似た表現敵に回す

むこうみず 【向こう見ず】ムコーミズ あとでどうなるかを考えないで、思ったことをすぐにしてしまうようす. Ⓔrecklessly; rash. 韓(앞뒤 생각 없이) 무턱대고 함, 무모함.「相手は強そうな大男だったのに、向こうみずにけんかしてしまった//向こうみずの勇気」

むごん 【無言】ムゴン 黙っていること. Ⓔsilence; tacit. 韓무언.「大事故の報告を、首相は無言のまま聞いていた//無言の抵抗 (Ⓔsilent resistance. 韓무언의 저항.)//無言の了解」書
参「無言の帰宅」「無言の対面」などの言い方で、その人が死んでいることを表すことがある.

むさくるし・い ムサクルシイ 家の中や身なりなどがきちんとしていなくて、きたならしい. Ⓔsqualid; untidy; shabby. 韓지저분하다, 누추하다.「むさくるしい所ですが、どうぞお入りください//ひげがのびたむさくるしい顔」話

むさぼ・る ムサボル〖他動五〗(むさぼって) 満足せずに、いつまでもなにかをし続ける. Ⓔbe greedy; indulge in; devour. 韓탐하다, 욕심부리다; 탐욕스럽다.「山で3日も道に迷っていた登山者は、むさぼるように水を飲み、ものを食べた//眠りをむさぼる//本をむさぼり読む」

むざむざ ムザムザ、ムザムザ なんの努力も抵抗もしないで、不利な結果にしてしまうようす. Ⓔeasily; willy-nilly. 韓호락호락, 어이없이, 쉽사리.「注意深く契約書を読んでいれば、むざむざ(と)だまされることもなかったはずだ」

むざん 【無残・無惨】ムザン 見ていられないほどむごいようす. Ⓔtragic; horrible. 韓끔찍함, 무참, 참혹.「叔父は戦争で無残な死に方をした//地震の後の街は、見るも無残なようすだった」

むし 【虫】ムシ ①昆虫などの小さな動物. アリ、蚊、ゴキブリ、チョウ、クモなど. Ⓔan insect; a bug. 韓벌레.「畑

の草を取っていたら, あちこち虫に刺された//住宅がつぎつぎに建って, 鳥も虫も少なくなった」
②「①」の中の, 特に, 秋に美しい声で鳴くもの. コオロギ, 鈴虫, 松虫など. Ea singing insect. 한(가을에 소리내어 우는) 벌레, 곤충.「秋の夜は, 庭に鳴く虫の声を聞きながら読書を楽しむ」
③本や布を食ったり, 動物の体にすみついたりする小さな動物. Ea moth. 한벌레, 좀, 회충.「たいせつな着物や本を外に出して日光や風に当て, 虫がつかないようにする//虫干し(Eairing. 한거풍, 옷・책 등을 햇볕에 쬐고 바람에 쐬어 좀・곰팡이를 방지함.)」
④(「~の虫」の形で)(1)あることに熱中している人. Ea devotee of ~. 한(어떤 일에) 열중하는 사람, ~벌레.「道子は仕事の虫で, ほかに楽しむということを知らない//芸の虫」(2)気持ちの状態を変化させる原因と思われているもの. Ea source of changes in mood. 한감정, 기분, 예감.「みんなの前でさんざんばかにされて腹の虫がおさまらない」

▷数①②③1匹 話④

※※※※※「虫」のつく慣用表現※※※※※

虫がいい 自分につごうのいいように考えて, ずうずうしい. Eimpudent. 한뻔뻔스럽다 ; 염체 같다.「遊んでいてもお金がたくさんもらえる仕事につきたいとは, 虫がいい話だ」

虫が知らせる 悪い予感がする. Ehave a hunch. 한어쩐지 불길한 예감이 들다.「急に不安になって家に電話したら, 父が交通事故で入院したと言われた. 虫が知らせたのだろう」 似た表現 虫の知らせ

虫が好かない なんとなく好きになれない. E just don't like; disgusting. 한어쩐지 마음에 안 들다, 주는 것 없이 밉다.「あいつはいつもぼくを見張っているようで, どうも虫が好かない」

虫の息 いまにも死にそうなよう. Ebe dying. 한실낱같은 숨결.「救急車が来たときは, 車にはねられた人はもう虫の息だった」

虫の居所が悪い きげんが悪くて, つまらないことにもすぐ怒りだしそうなよう. Ebe in a bad mood. 한심기가 불편하다, 저기압이다.「いつもは愛想のいい人なのに, けさは虫のいどころが悪いらしく, あいさつもしない」

※※※※※※※※※※※※※※※※※※※※※

むし 【無視】ムシ {~する} 人やものごとを軽く考えて, まるでないか, またはないように思って行動すること. Eignore; pay no attention to. 한무시.「話しかけても一郎はわたしを無視して返事もしない//少数意見も無視してはいけない/信号無視(Erun a red light. 한신호 무시.)」

むじ 【無地】ムジ 布や紙などで, 全体が同じ色で模様がないこと. Eunfigured; plain-colored. 한무지, 전체가 한 빛깔로 무늬가 없음.「スカートは, 模様のあるものより無地のほうが好きだ//無地のカーテン」 対柄

むしあつ・い 【蒸し暑い】ムシアツイ 湿度が高く, 風がなくて暑い. Ehumid; sultry; muggy. 한무덥다.「ゆうべは蒸し暑くてよく寝られなかった//日本の夏は蒸し暑い」

むじつ 【無実】ムジツ ①罪がないのに罪があるとされること. Einnocent; false. 한무고함 ; 억울함.「一郎にはアリバイがあるから無実だと思う//無実の罪を着せられる(Ebe falsely charged. 한억울한 죄를 뒤집어쓰다.)」②中身のないこと. Enominal.

한 알맹이가 없음, 내용이 없음. 「有名無実」

むしば 【虫歯】ムシバ 口の中で細菌がつくる酸におかされて穴が開いた歯. Ea decayed tooth; a cavity. 한 충치. 「歯医者で虫歯を治してもらう//虫歯が2本ある」 数 1本

むしば・む ムシバム〔他動五〕(むしばんで) すこしずつ悪くする. Eundermine; eat away. 한 좀먹다; 침식하다, 침윤하다. 「酸性雨が建物や植物をむしばむ//がんにむしばまれた体」
三 参 もとは, 虫が食う意味.

むしむし ムシムシ〔〜する〕暑くて湿度が高いようす. 「むしむし(と)暑くて, すわっているだけでも汗が出る(EIt's so sultry, I sweat even when I am just sitting. 한 푹푹 찌는 듯이 더워서 앉아 있기만 해도 땀이 난다.)//きょうは朝からむしむしするが, 雨でも降るのだろうか」

むしめがね 【虫眼鏡】ムシメガネ 目ではっきり見えない小さなものを, レンズで拡大して見る道具. Ea magnifying glass. 한 돋보기, 확대경. 「字が小さすぎて, 虫めがねで見ないと読めない」 数 1枚

むじゃき 【無邪気】ムジャキ 悪気がなくて, すなおでかわいらしいようす. Einnocently; naive. 한 악의가 없음, 천진함, 순진함. 「カメラを向けると赤ん坊は無邪気に笑った//子供の無邪気な疑問が, 大きな発見につながることもある」

むしゃくしゃ ムシャクシャ〔〜する〕気持ちが落ちつかず, ちょっとのことでも怒りだしそうなようす. Ebe irritated; be annoyed. 한 짜증스러움, 속이 부글거림. 「ゆうべはむしゃくしゃしたので, ごはんも食べずに寝てしまった」

むしゃむしゃ ムシャムシャ 勢いよく食べるようす. 「パンダが竹の葉をむしゃむしゃ(と)食べている(EThe panda is munching on the bamboo leaves. 한 판다가 대나무 잎을 우적우적 먹고 있다.)」

むじゅん 【矛盾】ムジュン〔〜する〕論理的に合わないこと. Ebe inconsistent with; (a) contradiction. 한 모순. 「京子の思想と実際の行動は矛盾している//社会の矛盾をつく//矛盾だらけの話」

むじょう 【無上】ムジョー 最高であるようす. このうえないようす. Esupreme; the highest. 한 무상, 최상, 더없음. 「このたび, A文学賞をいただきましたことは, 無上の光栄であります」 書

むじょう 【無情】ムジョー 人間らしい, やさしい気持ちがどこにもないようす. Eheartless; pitiless. 한 무정, 박정, 비정. 「道に倒れている老人を, 無情な都会の人々は助けようともしなかった//大地震で家を失った人々の上に無情の雨が降っている」

むしょうに 【無性に】ムショーニ 理性ではおさえられないほどに気持ちが高まるようす. Ebe dying to; very much. 한 못 견디게, 한없이, 몹시, 무턱대고. 「むしょうにだれかと話がしたくなり, 真夜中に友達に電話をした//職場での性差別には, むしょうに腹が立つ」

むし・る ムシル〔他動五〕(むしって) ①つかんで引き抜く. Epluck; pull. 한 쥐어뜯다, 잡아뽑다. 「鳥の羽をむしって料理する//庭の草をむしる」 ②かたまりになっているものの一部を, はがすように取る. Epick off. 한 뜯어내다, 발라내다. 「焼いた魚をむしって食べる」

むしろ ムシロ 同じような程度と考えられる2つのものを比べて, そのうちの1つを選ぶようす. Erather (than). 한 차라리, 오히려. 「三郎は, 小説家というよりむしろ詩人

だ//夏は海で泳ぐよりも，むしろ山を歩きたい」

むしん 【無心】ムシン ①ほかのことを考えないで，夢中でなにかをするようす．Ebe absorbed in. 한무심함, 아무런 잡념이 없음.「公園では子供たちが無心に遊んでいる」②{～する}ずうずうしく金やものをねだること. Eask for. 한염치없이 금품을 요구함.「久しぶりに会った叔父にお金を無心してしかられた」

むしんけい 【無神経】ムシンケイ 感じ方が鈍いようす．また，そのため人のいやがることを平気でするようす．Eindifferent; insensitive. 한무신경.「着るものに無神経な兄は，いつも同じ服を着て平気でいる//病人に聞こえる所で死後の話をするなんて無神経な人だ」

む・す 【蒸す】ムス〔自他動五〕(むして) ①蒸気を当てて熱する．Esteam. 한찌다.「ごはんを蒸して温める」②蒸し暑い感じがする．Ebe muggy; be sultry. 한찌다, 무덥다.「きょうは朝から蒸しますね//ゆうべは蒸して眠れなかった」

注 ①は他動詞, ②は自動詞.

むすう 【無数】ムスー，ムスー 数えられないほど多いようす．Einnumerable; countless. 한무수, 수없이 많음.「この地球には無数の生物がいる//夜空に輝く無数の星」

むずかし・い 【難しい】ムズカシイ，ムズカシイ ①簡単にできない．簡単に理解できない．Ehard; difficult. 한어렵다.「相手が強いので，勝つのはむずかしい//この本はむずかしくて読めない」対 易しい, たやすい
②不満や文句が多くて，相手にするのがたいへんだ．Eparticular. 한까다롭다, 투정이 많다.「食べ物にむずかしい病人の世話はたいへんだ」
③きげんが悪い．Esour; sullen. 한심기가 언짢다, 찌무룩하다.「仕事がうまくいかないので，夫はむずかしい顔をしている」
④病気やけがが治りにくい．Eintractable. 한(병세가) 회복하기 힘들다, 어렵다.「父の病気はむずかしくて，医者も手を焼くほどだ」

むすこ 【息子】ムスコ ①自分の，男の子供．Eone's son. 한아들, 사내 자식.「わたしには息子が2人と娘が1人いる//うちの息子は中学の教師をしている//1人息子」対娘 ②よその家庭の，男の子供．Ethe son of another family. 한아들, 자제.「あの人は自慢の息子を事故でなくした//あいつは金持ちの息子だ」対娘

参 ①のくだけた言い方は「せがれ」, ②の改まった言い方は「ご子息さま」など．

むすび 【結び】ムスビ ①結ぶこと．Ea knot. 한맺음, 매듭.「こま結び//結び目」②終わり．最後．Eclosing; the final (bout). 한끝맺음, 결말.「お礼の気持ちを述べて講演の結びのことばとした//結びの一番(=すもうの最後の取組)」③(おもに「おむすび」の形で)ごはんを両手でかたくにぎってかためたもの．にぎり飯．Ea rice ball. 한주먹밥.「お弁当におむすびを2つ持っていく」▷他動結ぶ →お握り

むすびつ・く 【結びつく】ムスビツク〔自動五〕(むすびついて) 2つ以上のものが1つになる．近い関係を持つ．Eunite with; link. 한결부되다, 결합하다.「酸素と水素が結びついて水になる//会員の顔と名前がなかなか結びつかない」名 結びつき 他動 結びつける

むす・ぶ 【結ぶ】ムスブ〔他動五〕(むすんで) ①ひものようなものや布などのはしをからめてしばる．Etie. 한매다, 묶다.「靴のひもを結ぶ//リボンを結ぶ//結び合わせる」対 解く, ほどく ②離れているものをつなぐ．Elink; establish. 한잇다, 연결하다.「新

幹線は東京と大阪を2時間半で結ぶ//A国と国交を結ぶ//手を結ぶ(→手[慣用])」③まとまったものをつくる。また、終わりにする。Ebear (fruit); conclude. 한끝맺다；(열매를) 맺다.「長年の努力が実を結ぶ//感謝のことばで文を結んだ」▷[名]結び

むずむず ムズムズ〔～する〕①虫が皮膚をはうときのような、かゆい感じがするよう.「靴下の中に虫でもいるのか、足がむずむずする(EMy foot feels as if a bug is creeping round in my sock. 한양말 속에 벌레라도 있는지, 발이 근질근질하다.)」②したいことがあるのにすぐにはできなくて、落ちつかないよう.「早くやりたくて、自分の番がくるのをむずむずして待っている(EI am impatiently waiting for my turn to do. 한빨리 하고 싶어서, 자기 차례가 오기를 안달하며 기다리고 있다.)//腕がむずむずする」▷うずうず

むすめ 【娘】ムスメ ①自分の、女の子供. Eone's daughter. 한딸、여식.「わたしには娘が2人と息子が1人いる//うちの娘は薬の研究所で働いている//1人娘」[対]息子 ②よその家庭の、女の子供. Ethe daughter of another family. 한딸、영애「一郎には、たしか中学生の娘がいたはずだ//田中さんの娘さんは、高校の先生をしているそうだ//箱入り娘(=たいせつに育てられた娘)」[対]息子 ③若い女の人。特に、まだ結婚していない女の人. Ea girl. 한처녀、아가씨.「その青年と娘は愛し合うようになった//母の娘時代」
[参]②の改まった言い方は「お嬢さま」など.

む・せる ムセル〔自動一〕煙や飲み物や食べ物が気管に入って、息がつまりそうになる. Ebe stifled with; be choked with. 한숨이 막히다、목이 메다.「部屋の中は、むせるような花のかおりでいっぱいだった//タバコの煙にむせる」

むぞうさ 【無造作】ムゾーサ 注意を払わず簡単にするよう. Ecarelessly; simply; with ease. 한대수롭지 않음、아무렇지 나함；손쉬움、간단함.「ダイヤの指輪がテーブルの上に無造作に置いてある//ゴムで無造作にまとめた髪」

むだ 【無駄】ムダ ①なにかをしても、役に立たないこと. Euseless; futile. 한헛일、소용 없음.「覚えるつもりがない子供に教えてもむだだ//若いときに苦労するのは、むだなことではない」②役に立たない使い方をすること. E(a) waste. 한낭비、허비；군더더기.「つまらない映画を見て時間をむだにした//むだのない表現//お金のむだづかい(Ea waste of money. 한돈의 낭비.)」

むだあし 【無駄足】ムダアシ わざわざ行ったのに、その用事ができないこと. Ea fruitless errand. 한헛걸음.「銀座のデパートに出かけたが、定休日でむだあしになった//むだあしを踏む(Emake a useless trip. 한헛걸음하다.)」

むだん 【無断】ムダン、ムダン 相手に知らせたり断ったりしないですること. Ewithout permission; without notice. 한무단.「あなたの自転車を無断で使ってごめんなさい//無断立入禁止(ENo Trespassing. 한무단 출입 금지.)」

むち 【無知】ムチ 知識がないこと、知恵がないこと. Eignorant. 한무지、무식.「法律に関してはまったく無知だ//無知をさらけだす(Ebetray one's ignorance. 한무지를 드러내다.)」

むちうちしょう 【むち打ち症】ムチウチショー、ムチウチショー 自動車に追突されたりして、首の骨や神経などを痛めたときに出る症状. むち打ち. Ea whiplash (injury).

むちゃ

㉠경부 손상 증후군.「信号で止まっているときに追突されて、むち打ち症になってしまった」

むちゃ ムチャ ①ふつうでは考えられないような、とんでもないこと. ⓔabsurd; reckless. ㉠당치 않음, 무모함；엉뚱한 짓.「高い熱があるのに会社へ行ったりして、二郎はよくむちゃをする」 ②程度がひどいよう. ⓔexorbitant. ㉠터무니 없음；지나침.「ほかの店の3倍も取るなんてむちゃな値段だ」▷話

むちゃくちゃ ムチャクチャ 混乱したり、程度がひどかったりするよう. めちゃくちゃ. ⓔexcessively. ㉠당치않음, 터무니없음.「今年の夏はむちゃくちゃに暑い//むちゃくちゃに酒を飲む」話

むちゅう 【夢中】ムチュー ほかのことを忘れてしまうほど、あることに心が集中するよう. ⓔdesperately; be crazy about. ㉠열중함, 몰두함；정신 없음.「『火事だ!』の声に夢中で飛びだした//京子はあの歌手に夢中になっていて、写真集もCDも全部買っている//無我夢中 ⓔfrantically; with all one's might. ㉠정신 없이.)」

むっくり ムックリ 突然、黙って起き上がるよう. ⓔ(get up) abruptly. ㉠벌떡.「猫が近づいてきたら、それまで寝ていた犬がむっくり(と)起き上がった」

むっつ 【六つ】ムッツ, ムッツ ①5つのつぎの数. 6. 6つ. ⓔsix. ㉠여섯, 6；여섯 개.「1つ、2つ、3つ、4つ、5つ、6つ、7つ…と数える//3人の家族が卵を2つずつ食べると6つ いる」 ②6歳. 6つ. ⓔsix years old. ㉠여섯 살.「6つになったら小学生だ」

むっつり ムッツリ 〔～する〕あまり話さず、きげんが悪いように見えるよう. ⓔtaciturn; sullen. ㉠뚱함, 무뚝뚝함.「兄はいつもむっつり(と)黙っているが、頼んだことは必ずやってくれる」

むっと ムット, ムット 〔～する〕①腹が立って、一瞬、黙ったり表情が変わったりするよう.「兄に下手な字だと言われて、むっとした(ⓔI took offense when my brother called my handwriting poor. ㉠오빠한테 못 쓴 글씨라는 소리를 듣고 불끈했다.)」 ②暑さやよごれた空気などで、一瞬、息がつまりそうに感じるよう.「夏は、外に止めておいた車に乗ると暑さでむっとする(ⓔIn summer, when you get into a car parked outside, the heat is stifling. ㉠여름에는 밖에 세워둔 차에 타면 더위로 후끈해진다.)」

むつまじ・い ムツマジイ たがいに気が合って、仲がいい. ⓔ(be) happily (married); harmonious. ㉠의가 좋다, 화목하다；금실이 좋다.「姉夫婦は仲がむつまじくて、見ていて気持ちがいい」

むてき 【無敵】ムテキ, ムテキ 非常に強くて、どんな競争相手にも負けないこと. ⓔcannot be matched; unrivaled. ㉠무적.「わが社の車は多くの国際レースで優勝し、スピードでも耐久性でも無敵だ//無敵を誇る(ⓔbe proud of one's invincibility. ㉠무적임을 자랑하다.)」書

むてっぽう 【無鉄砲】ムテッポー 結果を考えずに、無理な行動をするよう. ⓔrash; reckless. ㉠무모함, 분별 없음.「夏目漱石の『坊っちゃん』は『親譲りの無鉄砲で小供の時から損ばかりして居る』という書き出しで始まる//いきなり家出するなんて、それは無鉄砲というものだ」

むとんちゃく 【無頓着】ムトンチャク 関心がないので、人にどう思われようと、気にしないよう. むとんじゃく. ⓔindifferent; nonchalant. ㉠무관심함, 무신경함.「服

装に無頓着だった三郎が, 結婚後はおしゃれになった∥父は金に無頓着で, 自分の給料の額もよく知らない」

むなさわぎ 【胸騒ぎ】ムナサワギ, ムナサワギ〔～する〕悪いことが起こりそうな気がして, ひどく不安になること. Ｅuneasiness; a presentiment. 韓가슴이 울렁거림.「予定時間をはるかに過ぎても父の乗った飛行機が着かない. 事故ではないかと胸騒ぎがする」

むなし・い ムナシイ, ムナシイ ①形だけで内容がともなわない. からっぽだ. Ｅempty; meaningless. 韓공허하다.「愛する妻を失ってからは, むなしい日々を送っている∥実りのない, むなしい議論が続いた」②したことの結果が役に立たなくて, がっかりした気持ちになる. むだだ. Ｅbe in vain; fruitless. 韓허무하다, 보람 없다.「努力しても成果が上がらないのでむなしい」▷書①

むに 【無二】ムニ 比べるものがないほどよかったり, たいせつであったりすること. Ｅbosom; peerless. 韓무이, 둘도 없음.「無二の親友を飛行機の墜落事故で失った∥唯一無二」書

むね 【旨】ムネ ①伝えようとする内容. Ｅthe effect; the purport. 韓취지, 뜻.「会議は来週に延期する旨, 本社から連絡があった∥欠席する方は, その旨, 前日までにご連絡ください」②第一に考えること. 目的とすること. Ｅthe main purpose; a principle. 韓으뜸, 기본.「祖父は倹約を旨として, 実に質素な生活をしていた∥当社の製品は, 高品質, 低価格を旨としております」▷書

むね 【胸】ムネ ①体の前の部分で, 首と腹の間. Ｅthe chest; the breast. 韓가슴.「スポーツマンだから, がっしりと胸が厚い∥名札を胸につける」
②「①」の中にある内臓. Ｅthe vital organs of the chest. 韓가슴; 심장; 폐.「全力で走ったので胸がどきどきする∥胸の病気(Ｅlung trouble. 韓폐병.)」
③心. Ｅone's heart; one's mind. 韓가슴(속), 마음.「うれしくて胸がいっぱいだ∥胸にしまって, だれにも話さない」
▷→体図

参 他のことばの前につくと,「胸毛」「胸騒ぎ」などのように「むな」と読み方が変わることが多い.

〰〰〰〰「胸」のつく慣用表現〰〰〰〰

胸が騒ぐ 悪いことが起こりそうで不安になる. Ｅfeel uneasy. 韓가슴이 울렁거리다.「国の両親からしばらく手紙が来ないので, 病気ではないかと胸が騒ぐ」似た表現胸騒ぎ

胸がすく 心につかえていたものが取れて, 気持ちがすっきりする. Ｅfeel refreshed; feel satisfied. 韓속이 후련해지다.「いつも負けている相手チームにはじめて勝って, 胸がすく思いがした」

胸がつぶれる ひどく悲しむ. Ｅbe choked with sorrow. 韓(슬퍼서) 가슴이 미어지다.「飛行機事故でいちどに両親を失った友を見ると, 胸がつぶれる思いだ」似た表現胸がふさがる

胸が焼ける 胃に焼けるような痛みなどがある. Ｅhave heartburn. 韓가슴이〔위가〕쓰리다.「油の多いものを食べすぎたので, 胸が焼けてむかむかする」似た表現胸焼け

胸に一物 心の中に, 悪い計画を持っていること. Ｅhave some plot in one's mind. 韓속이 엉큼함, 꿍꿍이속이 있음.「あの男は胸に一物ありそうな顔をしているから, 用心したほうがいい」似た表現腹に一物

胸に迫る 非常に強くこちらの心にひびいてくる. Ｅbe deeply moving. 韓가슴에 와닿다, 깊은 감동을 주다.「病気と闘いながら新しい発見をした学者の話には, 聞く人の

胸にせまるものがあった」
胸を痛める　自分のことのように心配する．[E] be deeply worried about．[한]애를 태우다．「手足の不自由な子供の将来のことを考え，親は胸を痛めている」[似た表現]胸が痛む，心を痛める

胸を打つ　感動させる．[E] move; touch．[한]심금을 울리다．「あの映画は，主人公の勇気ある行動が，見る人の胸を打つ」[似た表現]心を打つ

胸をたたく　自信があることを示す．[E] accept with confidence．[한]자신 만만하게 말하다．「パーティーの司会を二郎に頼んだら，『大丈夫，まかせておけ』と胸をたたいた」

胸をなでおろす　危険や心配がなくなり，安心する．[E] feel relieved．[한]가슴을 쓸어내리다，안심하다．「大地震のニュースを聞いてとても心配したが，家族の無事を知って胸をなでおろした」

胸を張る　自信のあるようすを見せる．[E] hold one's head high．[한]가슴을 펴다．「優勝チームの選手たちは，元気よく胸を張って行進した」

胸を膨らます　喜びや希望で心をいっぱいにする．[E] be filled with (happy expectations)．[한](희망 등으로) 가슴이 부풀다．「一郎は，夢と希望に胸をふくらまして大学生活を始めた」[似た表現]胸が膨らむ

〰〰〰〰〰〰〰〰〰〰〰〰〰〰〰〰

むねん　【無念】ムネン　①悔しがるようす．[E] really regret; feel vexed at．[한]원통함，분함．「親の死に目にあえなかったのが無念だ//無念の涙をのむ([E] swallow tears of vexation．[한]원한의 눈물을 삼키다．)/残念無念」②なにも考えないようす．[E] thoughtfree．[한]무념，무상，아무 생각이 없음．「無念の境地で試合に臨んだ//無念無想([E] freedom from all ideas and thoughts．[한]무념 무상．)」▷書②

むのう　【無能】ムノー　その仕事をする能力がないようす．[E] incompetent．[한]무능．「学生時代に秀才だった彼も，政治家としては無能だ//会社の仕事はよくできるが，家事や育児に無能な父親」[対]有能

むふんべつ　【無分別】ムフンベツ　判断力がないこと，また，よく考えないで行動するようす．[E] indiscreet; thoughtlessly．[한]무분별．「仕事上の重大な秘密を記者に話してしまうとは，無分別もはなはだしい//無分別にブランド品を買いまくってカード破産とは情けない」[対]分別

むぼう　【無謀】ムボー　結果を考えないで，むちゃな行動をするようす．[E] thoughtless; reckless．[한]무모．「じゅうぶんな準備をせずに冬山に登るのは無謀だ/道子は1カ月で10キロやせるという無謀な計画を立てた」

むみかんそう　【無味乾燥】ムミ・カンソー　味わいやおもしろみのないようす．[E] uninteresting; dull; boring．[한]무미건조．「一郎の演奏は，技術は正確だが無味乾燥で人を感動させない//趣味もなく忙しいだけの無味乾燥な生活ではつまらない」

むめい　【無名】ムメイ　①名前がわからないこと．[E] unknown; nameless．[한]무명，이름을 알지 못함．「その国の独立は，多くの無名の人々の血と涙によって勝ち取られた//無名戦士の墓([E] the tomb of the unknown soldier．[한]무명 용사의 묘．)」②世間に名前を知られていないこと，有名でないこと．[E] obscure; unknown．[한]무명，유명하지 않음．「これは無名の画家の絵だが，気に入っている//A氏の無名のころの小説」[対]有名　▷書

むやみ　ムヤミ　①よく考えないでするようす．[E] thoughtlessly; indiscriminately．[한]함부로 함，덮어놓고 함，무턱댐．「地図も

見ずにむやみに歩きまわっても目的地に着くことはできない//むやみに薬を飲んでもだめだ」②ふつうの程度をこえているようす. ﾖexcessively; awfully. 한터무니없음, 과도함, 지나침.「病気なのか, 暑くもないのに, むやみに汗が出る//きょうはむやみに寒い」

むよう 【無用】ムヨー, ムヨー ①役に立たないこと. また, 必要や用件のないようす. ﾖunnecessary; without business. 한불필요함, 쓸데없음；볼일이 없음.「計画的に支出して, 無用な出費をおさえる//当マンションに無用な者の立ち入りを禁止します//心配無用」対有用 ②してはいけないこと. ﾖDon't ~. 한금지.「他言は無用//天地無用」▷書

無用の長物 あっても役に立たないで, じゃまなもの. ﾖa useless object; a white elephant. 한무용지물.「狭い部屋には, 大きくて立派な家具は無用の長物だ」書

むら 【村】ムラ ①行政上の１つのまとまりで, 最小単位のもの. ﾖa village. 한행정구역으로서 최소 단위, 면.「村は農業の近代化を計画している//村役場」②農業, 漁業などで生活している家がおもに集まっている地域. また, その社会. ﾖa village; a rural community. 한마을, 시골, 촌락.「一郎は海のそばの小さな村に生まれた//村八分(ﾖostracism. 한마을에서 못 살게 따돌려서 내침.)//村祭り」

むらが・る 【群がる】ムラガル〔自動五〕(むらがって) 多くのものが１つの場所に集まる. ﾖcrowd; swarm. 한떼지어 모이다, 군집하다, 꾀다.「あちらに人が群がっているから行ってみよう//アリが砂糖に群がっている」

むらさき 【紫】ムラサキ ①色の１つ. 赤と青をまぜた色. 紫色. ﾖpurple; violet. 한자색, 보랏빛.「庭に紫の朝顔が咲いている//寒さで体が冷えて, くちびるが紫になっている//薄紫」②「しょうゆ」をすし屋や料理屋などでいう言い方. ﾖshoyu; soy sauce. 한간장.「刺身には, この紫をつけて食べると, おいしいですよ」

むり 【無理】ムリ ①理由や道理が通らないようす. ﾖunreasonable; unnatural. 한무리, 도리에 어긋남.「働かないで楽に生活したいというのは無理な話だ//５年も帰国してないのだから, 帰りたがるのも無理はない(=当然だ)」②実行することがむずかしいようす. ﾖimpossible. 한무리, 불가능함.「金もない者に車を買えと言っても無理だ」③〔~する〕むずかしくても, それでもすること. ﾖoverwork; do something excessively. 한무리, 도를 지나침.「休日も休まず無理して働いて体をこわしてしまった」

むりやり 【無理やり】ムリヤリ できそうもないことを行おうとするようす. また, 相手がいやがっていることを知っていてやらせようとするようす. ﾖforcibly; excessively; against one's will. 한억지로, 강제로.「荷物を無理やり(に)つめたら, バッグがこわれてしまった//いやがる子供を無理やり(に)歯医者へ連れていった」

むりょう 【無料】ムリョー, ムリョー 料金がいらないこと. ﾖfree (of charge). 한무료.「市内は無料で配達いたします//この展覧会は入場無料です//無料サービス」対有料

参「ただ」も似ているが,「ただ」は「無料」よりくだけた言い方. また,「無料」が特に料金についていうのに対して,「ただ」は,「ただでもらう」「ただで働く」のように, 料金以外のことにも使う.

むれ 【群れ】ムレ たくさんの人や動物が集まっている状態. また, その集団. ﾖa school; a crowd. 한떼, 무리.「魚の群れが川を下っ

ていく//通勤する人々の群れで,駅は非常に混雑している//群れをなす」**自動**群れる

むろん 【無論】ムロン あたりまえだと思うようす. Eof course; needless to say. 한물론.「あなたが計画した旅行なのだから,むろんあなたも行きますよね?」→もちろん

むんむん ムンムン〔~する〕においや熱気やよごれた空気などがいっぱいで,息苦しいほどに感じるようす.「会場は,ショーを見に来たおおぜいの人たちの熱気でむんむんしていた (EThe hall was sultry from the heat of all the people coming to see the show. 한회장은 쇼를 보러 온 많은 사람들의 열기로 후텁지근하였다.)」

め／メ

め 【目】メ ①顔にあって,ものを見る器官. Ean eye. 한눈.「赤ちゃんが目を開けた//寝不足で目が赤い//目を伏せる//目薬」

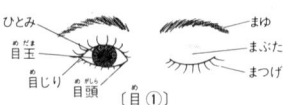
〔目①〕

②ものを見るときの目のようす.目つき. Ea look; eyes. 한눈짓,눈빛,눈초리.「なにもしゃべるなと,京子はわたしに目で合図した//こわい目でにらむ//鋭い目 Ea piercing glance. 한날카로운 눈.)//白い目で見る(→白い**慣用**)」

③ものの形を見分ける力.視力. Eeyes; sight. 한눈,시력.「細かい作業をして目が疲れた//年をとって目が悪くなる」

④見ること.注意して見ること.注目すること. Enotice; attention. 한눈,주목,주시.「目を離したすきに,かばんを盗まれた//世間の目がうるさい(EThe world is censorious. 한세상의 눈이 무섭다.)//目をつける(Ekeep one's eye on. 한주시하다,착안하다.)」

⑤もののよしあしを見抜く力. Ean eye; judgment. 한눈,안목.「うちの社長は人をみる目がないから,仕事のできない男を雇ってしまった//ものをみる目を養う」

⑥ものの見方. Ea viewpoint. 한눈,관점.「教育は長い目でみる必要がある//記者の目で見た東京の生活をレポートする」

⑦体験. Eexperience. 한경험;변.「空港でパスポートを盗まれて,ひどい目にあった//いい目をみる(Ebe fortunate. 한일이 잘되다.)//つらい目にあう」

⑧(「見た目」の形で)目に映るようす. Elook ~. 한외견,겉보기.「この店の料理は,見た目はきれいだが,おいしくない//見た目は悪いが,味のいいミカン」

⑨線と線の間.中心に開いた穴. Ea mesh; the eye. 한(그물)눈,코;(바늘)귀,구멍;(빗)살.「網の目が粗い//針の目に糸を通す//くしの目」

⑩(数を数えることばの後について)順序を表す.「姉に3人目の子供が生まれた//右から4番目の男(Ethe fourth man from the right. 한오른쪽에서 네 번째 남자.)」

⑪(形容詞と形容動詞の語幹について)ふつうよりすこしその程度が多いようすを表す.「学校に早めに来る//はでめの化粧//厚め//多め」

少なめ(Eslightly less. 한약간 적음, 적은 듯함.)」
⑫(名詞, 動詞の「ます」形について)特にめだった時や箇所を表す.「季節の変わり目//親の死に目(Ebe present at a parent's death. 한부모의 임종.)//折り目(→項目)//結び目//境目」
▷→顔図

≡注⑪はひらがなで書く.

~~~~~「目」のつく慣用表現~~~~~

目が利く 本物か偽物か, いいか悪いかなど見分ける力がある. Ehave a sharp eye. 한감식력이 있다, 안목이 있다.「この浮世絵が広重のものかどうか, 目がきく人に見てもらおう」 似た表現 目が高い

目がくらむ ①まぶしくて目が見えなくなる. Ebe dazzled. 한눈이 부시다.「車の強いライトを浴びて, 一瞬, 目がくらんだ」②めまいがする. Efeel dizzy. 한현기증이 나다.「ホテルの窓から下を見ると, 目がくらむような高さだった」③夢中になって判断力がなくなる. Ebe blinded. 한눈이 어두워지다, 눈에 헛거미가 잡히다.「欲に目がくらんで, 親友を裏切った」

目が肥える いいものを見なれて, 見分ける力がある. Ehave a good eye. 한사물을 보는 눈이 높다.「若いときから多くの名画を見てきたので, 目がこえている」 似た表現 目を肥やす

目がない 非常に好きだ. Ebe very fond of. 한무척 좋아하다.「妹は甘いものに目がないから, お菓子ならなんでも食べる」

目が回る ①めまいがする. Efeel dizzy. 한눈이 핑핑 돌다, 현기증이 나다.「酒を飲みすぎて, 目がまわる」②ひどく忙しい状態だ. E(be so busy that) one's head is in a spin. 한눈코 뜰 새 없이 바쁘다.「注文がつぎつぎに来て, 目がまわるような毎日だ」 似た表現 目を回す

目からうろこが落ちる 突然はっきりものごとがわかるようになる. Ebe suddenly awakened to the truth. 한갑자기 확연하게 알게 되다, 눈앞이 환해지다.「講義を聞いて, 国際経済と暮らしの関係がよくわかり, 目からうろこが落ちる思いだった」

目から鼻へ抜ける 利口で気がきいている. Every clever. 한매우 영리하다.「道子は目から鼻へぬけるような人だから, 簡単な計画書を見ただけで, プロジェクトの全体のことがすぐつかめる」

目から火が出る 頭や顔を強く打ったときのよう. Esee stars. 한눈에서 불이 번쩍나다.「急に閉まったドアに頭を思いっきりぶっつけて, 目から火が出た」

目と鼻の先 非常に近い所にあること. Every close to. 한엎드리면 코 닿을 데.「そのデパートなら, わたしのうちと目と鼻の先にあります」 似た表現 目と鼻の間

目に余る 許せないほどひどい. Ebe beyond endurance. 한묵과할 수 없다.「あの男の乱暴な態度は目にあまる」

目に角を立てる とがめる. Enag at. 한눈에 쌍심지를 켜다.「子供がまちがってこわしたんだから, そんなに目に角を立てることもないだろう」

目につく よくめだつ. Ecatch one's eye. 한눈에 띄다, 돋보이다.「大きな看板だから, すぐ目につく」 似た表現 目に立つ

目には目(を), 歯には歯(を) 人からなにかされたのと同じように, こちらからも仕返しをする. EAn eye for an eye, a tooth for a tooth. 한눈에는 눈, 이에는 이.

目に触れる 自然と目に見える. Esee. 한눈에 띄다, 보이다.「はじめての外国旅行だったので, 目にふれるものがなにもかも珍し

かった」[似た表現]目に留まる

目に見えて はっきり違いがわかるほど変化するようす.[E]visibly.[한]눈에 띄게, 두드러지게, 현저하게.「その薬を飲んでから, 病気が目に見えてよくなった」

目の色を変える 一生懸命になにかをする.[E]like mad.[한]기를 쓰다.「国家試験をめざして, 京子は目の色を変えて勉強している」[似た表現]目の色が変わる

目の上の(たん)こぶ 目ざわりな人.[E]an eyesore.[한]눈엣가시.

目の敵 見るたびに憎く思うこと. また, その相手.[E]loathe the very sight of.[한]눈엣가시.「同僚の山田さんはわたしを目の敵にして, ちょっとしたミスにも大騒ぎをする」

目(の玉)が飛び出る ひどくびっくりするようす. 程度がひどいようす.[E]staggeringly.[한]눈알이 튀어나오다.「目が飛び出るほど高いカメラ」

目(の玉)の黒いうち 元気に生きているあいだ.[E]while one is alive.[한]눈에 흙이 들어가기 전, 살아 있는 동안.「おまえたちがなんと言っても, わたしの目の黒いうちは, 決して畑を売らない」

目(の中)に入れても痛くない 子供などを非常にかわいく思うようす.[E]be the apple of one's eye.[한]눈에 넣어도 아프지 않다.「祖父は孫のわたしを, 目に入れても痛くないほどかわいがってくれた」

目の前が暗くなる がっかりして望みを失う.[E]be thrown into despair.[한]눈앞이 캄캄해지다.「来月から会社に来なくていいと言われて, 目の前が暗くなった」

目も当てられない まともに見られないほどひどい.[E]too terrible to look at.[한]차마 눈 뜨고 볼 수 없다, 목불인견.「勉強不足だったので, 今度の試験は目も当てられない成績だった」

目もくれない まったく興味を示さない.[E]pay no attention to.[한]거들떠보지도 않다.「洋子はテレビには目もくれないで, 毎日, 朝から晩まで勉強している」

目を奪われる すっかり注意をひきつけられる.[E]be fascinated.[한]넋을 잃고 보다.「お祭りのはなやかな行列に観光客は目をうばわれた」

目を覆う あまりひどいので見ないようにする.[E]can hardly bear to look at.[한]눈을 가리다.「列車事故の現場は, 目をおおいたくなるような光景だった」

目をかける 目下の人をかわいがる.[E]take a kindly interest in.[한]보살피다, 총애하다.「三郎はまじめで実験もよくできるので, 教授に目をかけられている」

目を皿にする さがすときや驚いたときに, 目を大きく開く.[E]open one's eyes wide.[한]눈이 휘둥그래지다; 눈에 불을 켜다.「落としたコンタクトレンズを目を皿にしてさがしたが, 見つからなかった」

目を三角にする 怒ってこわい目つきをする.[E]open one's eyes in anger.[한]도끼눈을 뜨다.「怒った兄は, 目を三角にして弟をどなりつけた」

目を白黒させる 苦しがったり驚いたりしたときのようす.[E]be dumbfounded.[한]눈을 희번덕거리다; 눈을 껌벅거리다.「食べ物がのどにつかえて, 目を白黒させる」

目をつぶる 見て見ないふりをする. 目をつむる.[E]turn a blind eye to.[한]눈감아 주다; 묵인하다.「きみはいつも熱心に仕事しているから, 今回のミスは目をつぶることにしよう」

目を通す ざっと読む.[E]skim over.[한]대강 훑어보다.「毎朝, 新聞に目を通してから出勤する」

目を盗む 見つからないようにする.[E]do ~

behind a person's back. 한남의 눈을 피해 몰래 하다.「親の目を盗んでタバコを吸う」

目を光らせる 注意して見る。Ekeep a watchful eye on. 한눈을 번뜩이다.「年末はすりが多いので、警察が目を光らせている」似た表現目が光る

目を細める うれしくて、ほほえむ。Esmile with pleasure. 한눈웃음을 지으며 흐뭇해하다.「孫が遊んでいるのを見て、おばあさんは目を細めた」似た表現目を細くする

目を丸くする 驚いて目を大きくする。Eopen one's eyes wide in surprise. 한눈이 휘둥그래지다.「ピアノをひくロボットを見て、子供たちは目をまるくした」

目をむく 怒ったり驚いたりして目を大きく開く。Eglare at. 한눈을 부릅뜨다.「黙って仕事を休んだら、店のおやじが目をむいて怒った」

め 【芽】〆 ①これからのびて葉、花、茎になる、植物の若い部分。Ea bud; a sprout. 한싹、움。「朝顔の種をまいてから、約2週間で芽が出た//暖かくなって、庭の木の芽がふくらんできた//芽を吹く(Eput out new buds. 한움이 트다.)」②これからのびようとするもの。Ethe first signs of growth. 한싹。「子供の成長の芽をつぶしてはならない//悪の芽をつむ(Enip crime in the bud. 한악의 싹을 잘라내다.)」

芽が出る 成功のチャンスが来る。Ecome into luck. 한싹수가 보이다；성공의 기회가 오다.「アルバイトをしながら一生懸命小説を書いているが、なかなか芽が出そうにない」似た表現芽を出す

めあたらし・い 【目新しい】〆アタラシイ いままでのものとは違った感じだ。Enovel; new; original. 한새롭다、색다르다、진기하다.「つぎつぎに目新しい電気製品が売りだされる//店に若い客をひきつけるように、目新しい企画を考える」

めあて 【目当て】〆アテ ①進んでいくとき、目標とするものや場所。Ea guide; a landmark. 한목표.「その本屋は、東京タワーを目当てにしてまっすぐ行くと右側にある//山で道に迷い、遠くの町の明かりを目当てに歩いた」②心の中でめざしていること、ねらっているもの。Ean aim; an object. 한목적、노림.「財産を目当てに金持ちの1人娘と結婚する//金目当ての殺人(Ea murder for money. 한돈을 노린 살인。)」

めい 【名】①(他のことばの頭について)有名な。すぐれた。「名演奏//名演説(Ea superb speech. 한명연설。)//名ピアニスト(Ea celebrated pianist. 한명피아니스트。)」②(他のことばの後について)名前。呼び名。「会社名//学校名//駅名(Estation name. 한역명。)」③(数を表すことばの後について)人間の数を表す。「定員8名のエレベーター//50名の参加者((E)50 participants. 한50명의 참가자。)」

参 ③は「人」と似ているが、「名」のほうが改まった言い方。「定員」「定数」をいうときは「名」のほうを多く使う。

めい 【銘】メイ ①金属、石などに彫った文。Ean inscription; an epitaph. 한명、명문.「墓石にきざまれた漢文の銘を読む」②刀や器などに彫られた作者の名前。Ea signature. 한(작품에 새긴) 명、서명.「この茶腕はすばらしい作品だが、不思議なことに銘がない//刀の銘の文字を読み取る」③人の生き方、守るべき道などを短くまとめたことば。Ea motto. 한(교훈적인) 명.「座右の銘(→項目)」▷書

めい 〆イ 自分のきょうだいの、女の子供。Ea niece. 한질녀、조카딸.「洋子は兄の

娘なので、わたしのめいに当たる//めいの結婚式に出席する」[対]おい
[注]漢字で書くときは「姪」．
[参]くだけた言い方は「めいっ子」、丁寧な言い方は「めいごさん」．

めいあん【名案】メイアン いい考えや、うまい方法．[E]a good idea; an excellent plan. [한]명안．「学生の遅刻を減らすのに、なにか名案はないだろうか//いろいろ考えたが、名案が浮かばない」

めいあん【明暗】メイアン ①明るいことと暗いこと．[E]light and shade. [한]명암．「絵をかくときは、明暗をつけて立体的な感じを表現する//明暗のはっきりしない写真」②喜ばしいことと悲しいこと．[E]the bright and dark sides. [한]명암．「交通事故のニュースや5つ子の誕生など、新聞は社会の明暗を伝えている//喜びも悲しみも人生のさまざまな明暗を経験した」

明暗を分ける 幸不幸、勝ち負けの分かれ目となる．[E]decide one's fate. [한]명암이 갈리다．「今回の飛行機事故では、前の座席の人は助かり、後ろの人は全員死んで、座席の位置が生死の明暗を分けた」

めいう・つ【銘打つ】メイウツ〔自動五〕(めいうって) もっともらしい理由をつける．[E]label as. [한]그럴 듯한 명목을 내걸다．「安全な食品と銘打って売りだされたが、本当に安全だろうか」

めいが【名画】メイガ ①多くの人がすぐれていると認めている絵．[E]a famous picture. [한]명화．「美術館で、ピカソやゴヤなどの名画を鑑賞する」
②人の心を打つようないい映画．[E]a good film. [한]명화．「『モダン・タイムス』や『エデンの東』など古い名画をビデオで見た」▷[数]①1枚・1点、②1本

めいかい【明快・明解】メイカイ ①気持ちがいいほど、論理的でわかりやすいよう す．[E]clear; explicit. [한]명쾌．「A先生は価格と需要供給の関係を、明快に説明した//単純明快な論理」②はっきりしていてわかりやすい解釈．また、よくわかるよう す．[E]clear; lucid. [한]간명．「語句の明解な説明//明解な法解釈」
[注]①は「明快」、②は「明解」．

めいかく【明確】メイカク はっきりしていて、まちがいのないよう す．[E]clear; definite. [한]명확．「政府は米の輸入に対する態度を明確にした//質問をしても明確な答えは返ってこなかった」[対]曖昧

めいき【銘記】メイキ〔～する〕心にしっかりきざんで忘れないこと．[E]keep in mind. [한]명기、명심．「先生の忠告を深く心に銘記する」[書]

めいぎ【名義】メイギ、メイギ 所有や責任などを明らかにする書類に書かれている名前．[E]a person's name. [한]명의．「この家は夫婦で働いて買ったので、2人の共同名義になっている//子供の名義の預金通帳をつくる//名義を変更する」

めいげつ【名月】メイゲツ 陰暦で、8月15日、9月13日の夜の月．[E]a full moon; a bright moon. [한]명월；주중〔국추〕명월．「むかしの人は、名月を観賞し、歌を詠んだ//名月や池をめぐりて夜もすがら(芭蕉)//中秋の名月(=陰暦の8月15夜の月)」

めいげん【明言】メイゲン〔～する〕考えなどを隠さないで、はっきり言うこと．[E]declare; a definite statement. [한]명언．「理事長は来年度の授業料は上げないと明言した//市長は、ごみ問題については明言を避けた」[書]

めいさい【明細】メイサイ 細かいところまで、はっきりしてくわしいこと．また、くわしく

書いてあるもの. Ｅdetails; particulars. 韓명세, 자세함.「費用の合計額だけでなく、なににどれだけ使ったか、明細をはっきりさせる//給与明細(Ｅthe details of a salary. 韓급여 명세.)」

めいさく 【名作】メイサク 多くの人がすぐれていると認めている作品. Ｅa masterpiece. 韓명작.「川端康成の『雪国』は、心に残る名作だ//世界名作文学全集」 数１作・１点

めいさん 【名産】メイサン その土地でできる有名な産物. Ｅa special product. 韓명산.「この地方の名産はリンゴだ//北海道名産のサケ//陶器の名産地」→名物

めいし 【名刺】メイシ 名前、勤め先などを印刷した長方形の小さな紙. Ｅa business card; a calling card. 韓명함.「『私が田中です. どうぞよろしく』と言って、課長は客に名刺を差しだした//名刺代わり//名刺入れ」 数１枚

参 仕事で、はじめて会う人に渡して、自分を紹介するために使う. 所属、肩書きなども書いてあるので、立場や仕事上の責任などもわかりやすい. 人を紹介するとき、紹介状の代わりに自分の名刺に紹介文を書くこともある.

めいし 【名詞】メイシ 文法上の単語の分け方の１つ. ものやことがら、人、数などを言い表すことば. Ｅa noun. 韓명사.「『日本』『犬』『心』『学校』などを、文法では名詞という」

参 普通名詞(「海」「花」「平和」など)、固有名詞(「日本」「夏目漱石」など)、数詞(「１つ」「２つ目」など)、代名詞(「わたし」「あれ」など)、形式名詞(「ところ」「こと」など)などがある.

めいじいしん 【明治維新】メイジイシン 江戸幕府が滅び、明治政府が成立する過程で起きた、1868年を中心とする大きな改革. Ｅthe Meiji Restoration. 韓메이지 유신.「明治維新後、日本は近代的な統一国家になった」

めいじつ 【名実】メイジツ いい評判と実際の内容. Ｅname and reality. 韓명실.「『源氏物語』は名実ともに日本を代表する文学作品だ」

めいしょ 【名所】メイショ、メイショ 景色の美しさや歴史上のできごとなどで有名な所. Ｅa noted place; the sights. 韓명소.「京都には、古い寺や美しい庭などの名所が多い//名所案内//名所見物」

めいしょう 【名称】メイショー 呼び名. Ｅa name. 韓명칭.「新しい会社の名称を『オリエント』とする//名称変更」

参 「名」「名前」も似ているが、それらが一般的に広く使うことばで、人間についてもいうのに対して、「名称」は個人には使わない. また、「会社の名前」というより「会社の名称」というほうが、改まった言い方.

めい・じる 【命じる】メイジル、メイジル〔他動一〕①人になにかをしろと言う. 命ずる. Ｅorder; command. 韓명하다, 명령하다.「部長は二郎に１週間のアメリカ出張を命じた//騒いだ人に退場を命じる」②ある地位につくように言う. 命ずる. Ｅappoint; nominate. 韓임명하다.「大使に命じられる」

めいしん 【迷信】メイシン、メイシン むかしから人々の間に伝わる、科学的でない、理屈に合わない考え. Ｅa superstition. 韓미신.「子供のころ、蛇を指さすとその指がくさるという迷信を信じていた//病室が４号室だったから死んだ、というのは迷信にすぎない」

めいじん 【名人】メイジン ①ある方面で、立派な技術などを持っている人. Ｅan expert; a master. 韓명인, 명수.「名人

がつくったバイオリンは音色がすばらしい//一郎は釣りの名人だ//名人かたぎ(Ethe spirit of a master artist. 한명인 기질.)」
②将棋や碁で,いちばん強い人に与えられる呼び名.Ea (grand) champion. 한(타이틀로서의) 명인.「将棋の名人と対戦する」

めいせい 【名声】メイセイ いいという評判.Efame; (a) reputation. 한명성.「世界的に名声のあるオペラ歌手の独唱を聞いた//名声を博する」

めいせき 【明晰】メイセキ あいまいなところがなく,はっきりしているようす.Eclear. 한명석.「道子の文章は論理がしっかりしていて明晰だ//科学者の明晰な頭脳で考えだされた計画」書

めいそう 【瞑想】メイソー〔～する〕目を閉じて,静かに深く考えること.Emeditation; contemplation. 한명상.「人生や死についていろいろ考え,瞑想にふける」

めいちゅう 【命中】メイチュー〔～する〕ねらったものに見事に当たること.Ehit. 한명중.「投げた石が命中して鳥が落ちてきた//矢が的の真ん中に命中する」

めいはく 【明白】メイハク はっきりしていて,疑いのないようす.Eobvious; clear; evident. 한명백.「事故の責任が居眠り運転の兄にあることは明白だ//地球の汚染が進んでいることは明白な事実である」

めいぶつ 【名物】メイブツ ①その土地や社会の特に有名なものやことがら.Ea feature; an attraction. 한명물.「仙台の名物,たなばた祭りを見に行く//霧はロンドン名物だ//名物教授」②その土地の有名な産物.Ea noted product; a local specialty. 한(ユ 고장의) 명산물,명물.「名物にうまいものなし//水戸名物の納豆//富山名物のマスずし」

参②は「名産」と似ているが,「名産」が食べ物だけでなく工芸品などについてもいうのに対して,「名物」は食べ物についていうことが多い.

めいぼ 【名簿】メイボ ある目的で,多くの人の名前や住所などを集めて書いてあるもの.Ea list (of names). 한명부.「同じ大学を卒業した人たちの名簿をつくる//選挙人名簿//会員名簿」数1部・1冊

めいめい 【銘銘】メイメイ ひとりひとり.E each; individually. 한각자,각각,제각기;개별적.「入場券はめいめいで持って,入り口で係にお見せください//めいめいが得意な料理を持ち寄ってパーティーをしよう//めいめい皿」

めいもく 【名目】メイモク ①表向きの理由.Ea pretext. 한명목,구실.「新製品の説明会に来てくれた人に,交通費の名目でお礼を渡す//市場調査という名目の観光旅行」②形式的なもので,実際に力がないこと.Ea name; nominal. 한명색,명목.「二郎は名目だけの社長で,実際に会社を動かしているのは妻の道子だ//名目賃金」対実質

めいもん 【名門】メイモン 何代も続いた歴史があって,すぐれた人物を出している家や学校など.Ea distinguished family; (a school) famous for ～. 한명문.「田中家は,この地方では300年も続く名門で,市長や知事も出している//全国大会で何度も優勝した,野球の名門校」

めいよ 【名誉】メイヨ ①社会からすぐれていると認められ,誇りに思うこと.Ehonor. 한명예,영예.「国の代表に選ばれてオリンピックに出場できることは,名誉なことである//あの社員は不正を行って,社の名誉を傷つけた」対不名誉
②立派な仕事をした人に尊敬のしるしとして贈る名.Ehonorary. 한명예 ～.「名誉

博士号//名誉市民//名誉教授」

めいりょう【明瞭】メイリョー はっきりしているようす. Eclear; plain; lucid. 한명료, 분명.「アナウンサーは明瞭な発音で話す//祖父は死の直前まで意識が明瞭だった//論旨が明瞭な論文」対不明瞭, 曖昧

めい・る メイル〔自動五〕(めいって) 元気がなくなり, 気持ちが沈む. Ebe depressed; feel gloomy. 한맥이 풀리다, 풀이 죽다, 우울해지다.「1週間は雨が降り続いて, 気がめいる//病気で苦しんでいる親のことを考えると, めいってしまう」

めいれい【命令】メイレイ〔〜する〕目上の人が目下の人に, 自分がしてほしいことをするように言うこと. また, そのことば. Ean order; a command. 한명령.「会社の命令でカナダに行くことになった//命令にしたがう」

めいろう【明朗】メイロー ①性格が明るくてほがらかなようす. Ebright; cheerful. 한명랑.「洋子はとても明朗な性格で, 冗談を言って人を笑わせるのが好きだ//明朗活発」 ②ごまかしがなくて公正なようす. Eclean; fair. 한공명함, 공정함.「公約どおりの明朗政治//不正のない明朗会計」対不明朗

めいわく【迷惑】メイワク〔〜する〕あることが原因で, 困ったりいやな思いをしたりすること. Ebe annoyed; a nuisance. 한폐, 성가심, 귀찮음.「工事の音がうるさくて, 近所の人たちが迷惑している//ありがた迷惑(Ean unwelcome favor. 한달갑잖은 호의〔친절〕.)」

めうえ【目上】メウエ, メウエ 自分より年齢, 地位などが上であること. また, その人. Eone's superior; one's senior. 한윗사람, 웃어른.「近ごろの若い社員は, 目上に対する礼儀を知らない//目上の人を尊敬する」対目下

メーカー (maker) メーカー ①品物を製造している会社. また, 特に有名な製造会社. Ea manufacturer; name-brand (goods). 한메이커, 유명한 제조 회사.「修理の部品をメーカーに注文する//メーカー品だから, 値段が高い」対ユーザー ②ものごとを生みだす人. Ea maker. 한제조(업)자.「チャンスメーカー//トラブルメーカー(Ea troublemaker. 한트러블메이커, 말썽꾸러기.)」▷数①1社

メーデー (May Day) メーデー 労働者の団結を示すため, 毎年5月1日に世界各地で行われる, 労働者の祭り. EMay Day. 한메이 데이, 노동절.「メーデーには仕事を休んで集会とデモに参加する」

メートル (⑦mètre) メートル 長さの基本になる単位. 1メートルは100センチメートル. 記号は「m」. Ea meter. 한미터.「この道路の幅は5メートルだ//100メートル競走」

メーン (main) メーン 主要なもの. 中心になるもの. メイン. Ethe main 〜. 한메인, 주요함, 중심.「通訳もときどきするが, メーンの仕事は翻訳だ//メーン会場(Ethe main hall. 한메인 홀, 주회장.)//メーンストリート(Ethe main street. 한메인 스트리트, 중심가, 대로.)」

めがしら【目頭】メガシラ 目の, 鼻に近いほうのはし. Einside corner of the eyes. 한눈구석.「目頭に涙がにじむ//ハンカチで目頭を押さえる」対目じり →目図

目頭が熱くなる 深く感動して, 涙が出そうになる. Ebe moved to tears. 한눈시울이 뜨거워지다.「息子との30年ぶりの再会を喜ぶ友人を見て, 思わず目頭が熱くなった」似た表現目頭を熱くする

めかた【目方】メカタ はかりではかったものの重さ. Eweight. 한무게, 중량.「小包

の目方をはかったら、2キロあった//病気をして、目方が10キロ減った」

メカニズム (mechanism) メカニズム ①機械の構造。Ｅmechanism. 韓메커니즘, (기계) 장치.「新しいエンジンのメカニズムを勉強する//精巧なメカニズムのロボット」②ものごとの仕組み。Ｅmechanism; a device. 韓기구, 구조.「地震のメカニズムを、模型を使ってわかりやすく説明する」

めがね 【眼鏡】メガネ ①ものがよく見えるようにする、レンズのついた器具。Ｅglasses. 韓안경.「姉は近視で、度の強いめがねをかけている//めがねをはずす」②もののよしあしなどを見分ける力。Ｅjudgment. 韓눈; 감식안, 식별력, 판단.「洋子の絵の才能を見抜いたわたしのめがねに狂いはなかった」

眼鏡にかなう 目上の人に認められる。Ｅgain one's master's confidence. 韓(윗사람의) 눈에 들다.「社長のめがねにかなって、一郎は社長の娘と結婚できた」

めがねちがい 【眼鏡違い】メガネチガイ ものをうまく見分けることができなかったこと。見込み違い。Ｅmisjudgment. 韓잘못된 판단, 오판.「まじめな青年だと信用していたのに、金を持って逃げるとは、とんだめがね違いだった」

めきめき メキメキ 見てはっきりわかるぐらいに急速に成長、進歩するようす。「マイクは日本人の恋人ができてから、日本語がめきめき(と)上達した(Ｅ)Mike's Japanese improved rapidly after he got a Japanese girlfriend. 韓마이크는 일본인 애인이 생기고부터 일본어가 눈에 띄게 늘었다。)//手術後1週間もたったら、めきめき(と)元気になってきた」

-めく (名詞、形容詞と形容動詞の語幹について) ～のように感じる。～のようになる。「春めく(Ｅbecome springlike. 韓봄다워지다。)//ざわめく(Ｅbe astir. 韓웅성거리다。)//皮肉めいた言い方」

めくじらをたてる 【目くじらを立てる】ちょっとしたことを、うるさく非難する。Ｅfind fault with; get angry about. 韓트집을 잡다, 눈을 흘깃거리다.「足を踏まれたぐらいで目くじらを立てて怒ることはない」

めぐま・れる 【恵まれる】メグマレル〔自動一〕いいこと、いい状態が自然に与えられる。Ｅbe blessed with; be favored with. 韓～의 혜택을 누리다, ～이 많다；～을 타고나다.「この寮は、緑も多く環境に恵まれている//わたしはいい友人に恵まれてしあわせだ//天候に恵まれる」他動恵む

めぐみ 【恵み】メグミ 恵むこと。Ｅa blessing; welcome (rain). 韓은혜, 은총, 자비, 혜택.「太陽、土、水などの自然の恵みを受けて、植物は育つ//恵みの雨」他動恵む

めぐ・む 【恵む】メグム〔他動五〕(めぐんで) 相手をかわいそうに思って、金やものを与える。Ｅgive (in charity). 韓(동정하여) 금품을 베풀다, 구제하다, 은혜(자비)를 베풀다.「貧しい人々に金を恵む//他人から食べ物を恵んでもらう」名恵み 自動恵まれる

めぐら・す 【巡らす】メグラス, メグラス〔他動五〕(めぐらして) ①まわりをかこむ。Ｅencircle; surround. 韓두르다, 에워싸다.「家のまわりに木をめぐらして風を防ぐ//塀を張りめぐらす」②いろいろな角度からものを考える。Ｅthink over; ponder. 韓이리저리 생각하다, 궁리하다.「家族の健康や毎日の暮らしを、あれこれと思いめぐらす//考えをめぐらす」▷自動巡る

めく・る メクル〔他動五〕(めくって) 薄い

ものを，はしのほうから裏返す．Eturn over; pull off. 囲넘기다, 젖히다, 들추다.「本のページをめくる//毛布をめくってベッドに入る」

めぐ・る【巡る】メグル〔自動五〕(めぐって) ①まわりを回る．また，回ってもとにもどる．Etravel around; come around. 囲돌다, 순환하다.「地球は太陽のまわりをめぐり，月は地球のまわりをめぐっている//また桜の季節がめぐってきた」②あちこちを動きまわる．Emake a tour of. 囲여기저기 들르다, 돌아다니다.「京都のお寺をめぐって歩いた//世界の国々をめぐる旅」③あることを中心に，それに関連することを取りあげる．Econcerning; over. 囲둘러싸다, 에워싸다.「世界の人口問題をめぐって議論をする」▷名巡り　他動巡らす

め・げる　メゲル〔自動一〕気持ちが弱くなり元気がなくなる．Ebe discouraged; succumb to. 囲기가 꺾이다, 풀이 죽다.「1度の失敗にめげないで，またやっこみよう//寒さにめげる」話

めさき【目先】メサキ ①目のすぐ前．Ejust in front of one. 囲목전, 눈앞.「冬山で道に迷ったとき，母の顔が目先にちらついた」②ごく近い将来．Eimmediate; the present. 囲목전, 당장, 현재.「観光客を集めるという目先の利益のために，海岸にホテルをつぎつぎ建てて，美しい自然を破壊している//目先のことにとらわれる」

目先が利く　先のことを予測でき，それに合った行動ができる．Ehave foresight. 囲앞일을 잘 내다보다, 선견지명이 있다.「一郎は目先がきく男で，まだだれもやらないうちからスーパーを開いて成功した」

目先を変える　違った印象を与えるために，見た目を変える．Edo something new. 囲외양을 바꾸다, 취향을 달리하다.「タバコの箱のデザインを新しくして，目先を変えて売りだす」似た表現目先が変わる

めざ・す【目指す】メザス〔他動五〕(めざして) なにかを目標，または目的にする．Eaim at; try for. 囲목표로 하다, 지향하다, 노리다.「登山者たちは頂上をめざして山道を登っていく//優勝をめざして，毎日厳しい練習を続けている」

めざと・い【目ざとい】メザトイ ①見つけるのが早い．Equick-eyed; sharp-eyed. 囲눈밝다, (눈이) 재빠르다.「子供をスーパーに連れていくと，好きなお菓子を目ざとく見つける//母は落とした針を目ざとく見つけた」②小さな音などですぐ目が覚める．Ebe easily awakened. 囲잠귀가 밝다.「祖父は目ざとくて，夜中に何度も起きる」

めざまし・い【目覚ましい】メザマシイ 目を見張るほどすばらしい．Eremarkable; conspicuous. 囲눈부시다, 놀랍다.「三郎の研究はめざましい成果を上げている//道子のめざましい活躍によって，わがチームは優勝した」

めざましどけい【目覚まし時計】メザマシドケイ 予定の時刻にベルが鳴るようにすることのできる時計．目覚まし．Ean alarm clock. 囲자명종.「目覚まし時計を6時にかけておく」

めざ・める【目覚める】メザメル〔自動一〕①眠りから覚める．Ewake up. 囲잠에서 깨다.「毎朝目覚めるとすぐテレビをつける」②それまで意識しなかったことに気づく．Eawaken to. 囲깨닫다, 각성하다; 눈뜨다.「民族の意識に目覚めた人々は，自分たちの国をつくろうとしている//性に目覚める」▷名目覚め

めざわり【目障り】メザワリ 見て，不愉快でじゃまだと感じるようす．Ean eyesore; an offensive sight. 囲눈에 거슬림.「美

しい公園にきたないごみ箱があるのは目ざわりだ」

めし 【飯】メシ ①「食事」「ごはん」の乱暴な言い方. Ea meal. 한밥, 식사.「そろそろ昼だから, 飯にしよう//兄は『釣りが3度の飯より好きだ』と言っている//昼飯」②米や麦を炊いたもの. Eboiled rice. 한밥.「貧しかったので, 米の飯を食べられなかった//飯を炊く//麦飯」▷数②1膳・1杯 話

飯の食い上げ 生活ができなくなること. Estarve; lose one's means of livelihood. 한밥줄이 끊어짐, 생계의 길이 막힘.「仕事の注文が来なくなったら, 飯の食い上げだ」

飯の種 生活するための収入をえる手段. Ea means of making a living. 한밥줄, 생계의 수단.「新聞や雑誌などに映画の批評を書いて飯のたねにしている」

めしあが・る 【召し上がる】メシアガル〔他動五〕(めしあがって)「食べる」「飲む」の尊敬語. E(respectful) eat; drink. 한드시다, 잡수시다.「どうぞたくさん召し上がってください// 朝食はなにを召し上がりますか」

めした 【目下】メシタ, メシタ 自分より年齢, 地位などが下であること. また, その人. Eone's junior; one's subordinate. 한손아래, 아랫사람.「『ご苦労さま』は, ふつう, 目下の人に対して言う//目下の者の面倒をみる」対目上

めじるし 【目印】メジルシ 見つけやすくしたり, 区別したりするためのしるし. Ea guide; a landmark; a mark. 한표적, 표지, 안표.「わたしの家へは, 電器店の大きな看板を目印にしておいてください//目印の黄色いハンカチ」

めす 【雌】メス 動物で, 卵子を持つほう. Ea female. 한(동물의) 암컷.「雌の猫を拾ってきた//雌の鳥が卵を温めている//雌犬」対雄

参 人間についてはいわない.

めずらし・い 【珍しい】メズラシイ ふつうと変わっている. そのようなことはめったにない. Eunique; rare; unusual. 한드물다, 희귀하다.「動物園にはいろいろな珍しい動物がいる//この地方にしては珍しく大雪が降った」

メスをいれる 【メスを入れる】問題になっているものごとを, もとから正すために思いきった調査や処置をする. Econduct a thorough investigation into. 한메스를 가하다 ; 과감한 수술을 단행하다.「国際的な麻薬組織にメスを入れ, ふたたび活動できないようにした//腐敗政治にメスを入れる」

参「メス(mes)」はオランダ語で, 医者が手術などで使う小刀.

めそめそ メソメソ [〜する] 声を出さないで弱々しく泣くようす. また, 泣きそうになるようす. Esob; whimper. 한훌쩍훌쩍 ; 울먹울먹.「父にしかられてめそめそ(と)泣いている妹をなぐさめる」

めだ・つ 【目立つ】メダツ〔自動五〕(めだって) ほかのものとはっきり違って見える. Ebe conspicuous; stand out. 한눈에 띄다, 두드러지다, 돋보이다.「京子はとてもめだつ赤いセーターを着ているので, すぐわかる// 二郎は有能で, 会社の中でもめだっている」

めだま 【目玉】メダマ ①目の中心にある球形のもの. 目の玉. Ean eyeball. 한눈알, 안구.「図書館で大声で話していたら, 係の人に大きな目玉でにらまれた//目玉焼き(Ea sunny-side up. 한노른자위를 살린 달걀 프라이.)」

②しかられること. Ea scolding. 한야단, 꾸지람.「遅刻して, 先生からお目玉をちょうだいした//大目玉をくう(→項目)」

③中心になるもの. Ean eyecatching item. 한중심 종목, 주요 항목.「新しく見

つかった温泉を観光の目玉にする//目玉商品（＝客を集めるために，特別に安くした商品）」
▷話③ →目図

メダル (medal) メダル 賞や記念品として与える，金属の小さい板．Ⓔa medal. 한메달, 기장．「マラソンで３位になってメダルをもらった//日本は柔道でメダルを獲得した//金メダル」

めちゃくちゃ メチャクチャ ①混乱したり，程度がひどかったりするようす．むちゃくちゃ．Ⓔbe all screwed up; excessively. 한뒤죽박죽；터무니없음, 엉청남．「あの会社の経営はめちゃくちゃだ//ひどいインフレで，物価がめちゃくちゃに上がった」②ひどくこわれたり，だめになったりするようす．Ⓔbe broken to pieces; mess up. 한풍비 박산, 엉망(진창)．「台風で山小屋がめちゃくちゃになった//酔った人が騒ぎだして，パーティーがめちゃくちゃになった」 ▷話

めつき 【目つき】メツキ なにかを見るときの目のようす．Ⓔa look. 한눈초리, 눈매．「学生たちが真剣な目つきで講義を聞いている//心配そうな目つき//鋭い目つき」

めっき メッキ〔～する〕さびを防いだり，美しくしたりするために，金属の表面に金，銀などを薄くかぶせること．また，そのもの．Ⓔplating. 한도금．「古くなって，自転車のめっきがはげてしまった//銀めっきのスプーン」

めっきがはげる 美しく見せていた表面がはげて，悪い中身がわかってしまう．Ⓔprove to be a thin veneer. 한정체가(본색이) 드러나다．「外見は立派な紳士だが，話をすると，すぐめっきがはげてしまう」

めっきり メッキリ はっきりわかるぐらいに，急に変化が進むようす．「開発が進み，東京周辺の緑はめっきり(と)少なくなった//父は白髪がめっきり(と)増えた(Ⓔ)Dad's hair has really turned gray now. 한아버지는 흰머리가 눈에 띄게 많아졌다.)」

メッセージ (message) メッセージ ①人に頼んだりして相手に伝えることば．伝言．Ⓔa message. 한메시지, 전언, 전갈．「電話したら会議中だったので，メッセージを頼んだ//メッセージをそえて花束を贈る」②人々に伝えたい意見．Ⓔa message; an opinion communicated to an audience. 한메시지, 성명(서), 인사말．「新年に当たって，大統領は国民へのメッセージを発表した//この曲には，地球を守ろうというメッセージがこめられている」

めった メッタ ①よく考えないで，むやみになにかをするようす．いいかげんなようす．Ⓔreckless; thoughtless. 한분별 없음, 함부로 함, 마구 함．「A記者の前ではめったなことは言えない//めった打ち」②(「めったに～ない」の形で) たまにしか～ない．「兄は遠くに住んでいて，めったに会えない//めったに見られない芝居(Ⓔa play which one can seldom see. 한좀처럼 볼 수 없는 연극.)」

めつぼう 【滅亡】メツボー〔～する〕滅びること．Ⓔfall; ruin; extinction. 한멸망．「476年，西ローマ帝国は滅亡した//鎌倉幕府の滅亡//民族の滅亡」書

めでた・い メデタイ ①喜ばしくて，祝いたい感じだ．Ⓔhappy; joyous. 한경사스럽다, 축하할 만하다．「きょうは一郎と道子のめでたい結婚式だ//めでたい正月」②⇒おめでた②「義理の拍手に気がつかずに歌い続けるめでたい男」

めどがつく どうなるかわからなかったものごとが，こうなるだろうという予想ができるようになる．見通しがつく．Ⓔtake on a definite prospect; become foreseeable. 한전망이 서다, 예상이 서다．「何回かの話し合いの結果, ようやく停戦のめどがついた//年末ま

でに発行できるめどがついた」 [似た表現]めどが立つ

メニュー (㋺menu) メニュー ①料理の種類や組み合わせ．また，それを書いたもの．Ea menu. 힌메뉴, 식단, 차림표．「メニューを見て，料理を注文する∥夕飯のメニューを考える」②予定してある内容．Ea schedule. 힌예정표．「具体的な政策のメニューを示す」

めぬきどおり 【目抜き通り】メヌキドーリ 町の中心にある，いちばんにぎやかな通り．E the main street. 힌번화가, 중심가．「銀行やデパートは，町の目抜き通りにある∥目抜き通りを，祭りの行列が行く」

めば・える 【芽生える】メバエル, メバエル 〔自動一〕①植物の芽が出る．Esprout; bud. 힌(초목이) 싹트다, 움트다．「庭の木々も春になるとつぎつぎに芽生える」②なにかが新しくできはじめる．Egrow up; bud out. 힌(사물이) 새로 시작되다, 싹트다．「友情が芽生える∥恋が芽生える」▷名芽生え

めはなだち 【目鼻だち】メハナダチ, メハナダチ 目，鼻の形や，それらがついているようす．Efeatures; looks. 힌이목구비．「洋子は目鼻だちがはっきりしている∥この子は目鼻だちが父親に似ている」

めぼし 【目星】メボシ, メボシ 目標とするもののだいたいの見当，見込み．Ean aim; a mark. 힌목표, 표적, 어림, 짐작．「いろいろ調べて，やっと犯人の目星がついた∥カタログで目星をつけておいた品を買いに行く」

めぼし・い メボシイ 値打ちがありそうで，めだっている．Evaluable; attractive. 힌두드러지다, 눈에 띄다, 값지다．「開店から1時間ぐらいで，めぼしい品物は売りきれた∥古本屋をまわったが，めぼしい本は見つからなかった」

めまい メマイ 見ているものが回るように感じられ，じっと立っていられなくなること．Edizzy; giddiness. 힌현기증．「熱のせいか，めまいがする∥高い所に登って下を見たら，急にめまいにおそわれた」

めまぐるし・い 【目まぐるしい】メマグルシイ ものごとの変化や動きが速くて，目がまわるようだ．Ebewildering; bustling. 힌눈이 팽팽 돌다, 어지럽다．「バスのスピードが速くて，窓の外の景色が目まぐるしく変わる∥政権がつぎつぎに変わって，目まぐるしい世の中だ」

メモ (memo) メモ ［～する］忘れないように書きとめること．また，その書きとめたもの．Ea memo; notes. 힌메모．「講演会に来た人々は，話を聞いて熱心にメモをとっていた∥相手の電話番号をメモする∥メモ帳（Ea scratch pad. 힌메모장．）」

めもり 【目盛り】メモリ, メモリ はかりやものさしなどの，数や量を表すしるし．Ea graduation; a scale. 힌(저울・자 등의) 눈금．「熱をはかってみたら，37度の赤い目盛りをはるかにこえていた∥1目盛りが10ccの計量カップ」

めやす 【目安】メヤス, メヤス ①だいたいの見通し．Ean aim; an outlook. 힌목표, 대중．「新しい仕事の目安がついたら，いちど帰国するつもりだ∥工事が大幅に遅れて，完成の目安が立たない」②大まかな基準．Ea standard; a yardstick. 힌기준, 표준．「健康をチェックするときは，体重の増減が1つの目安となる∥判断の目安」

メリット (merit) メリット 有利な点．すぐれているところ．E(a) merit; an advantage. 힌메리트, 이점, 장점．「うちの会社は輸出がおもなので，円高のメリットはない∥メリットが大きい」 [対]デメリット

めりはり メリハリ 強くしたり弱くしたりし

て調子に変化をつけること. ⒺModulation; vary the pace of. 翰강약[억양]의 변화; 완급의 조정. 「메리하리의 있는 소리로, 詩를 朗讀する//遊びや休みをうまく取り入れて, 生活にめりはりをつける」

メロディー (melody) メロディー 音の高低, 長短でつくられる音楽の流れ. Ⓔa melody; a tune. 翰멜로디, 선율, 가락. 「曲名は知らないが, よく聞くメロディーだ//子供のころ歌った歌のメロディーをふと思いだした」

めん 【面】メン, ヅン ①人の顔. Ⓔa face. 翰얼굴, 낯. 「面が割れる (=顔が知られる)//面食い(Ⓔhave a weakness for a pretty face. 翰얼굴이 예쁜 사람만 좋아함, 그런 사람.)」
②劇などで, ある役になるために顔につけるもの. Ⓔa mask. 翰탈, 가면. 「面をかぶる//鬼の面//能面」
③剣道で, 頭の部分を打つ技. Ⓔa men; a blow on the head. 翰(검도에서) 머리치기. 「面を1本取られた」
④ひろがりを持った部分. Ⓔthe surface; a side. 翰면, 표면. 「テーブルの面を傷つけないようにする//ざらざらした面を裏にする」
⑤ものごとのある部分. Ⓔan aspect; a side. 翰면, 방면, 부분. 「仕事の面では頼りになる人だ//生徒のいい面をのばす」

面と向かって 直接, 顔を合わせて. Ⓔface to face. 翰마주 대면하고, 맞대 놓고. 「親しいからといって, 面と向かって『白髪が増えましたね』とは言えない」

めん 【綿】メン 綿からつくった糸や布地. Ⓔcotton. 翰면, 면사, 면포. 「この生地は, 綿にすこし化学繊維がまじっている//綿100パーセントのシャツ//綿織物」

めん 【麺】メン そば, うどんなど, 粉をねって細長く切ったもの. また, その料理. Ⓔnoodles. 翰면, 국수. 「たっぷり湯を沸かしてめんをゆでる//めん類」 [数]ゆでたものは1玉, ほしたものは1把・1束

めんえき 【免疫】メンエキ ①ある病気に対して抵抗力ができ, かかりにくくなること. Ⓔimmunity. 翰면역. 「予防注射をしたので, インフルエンザの免疫がある//免疫ができる//免疫不全(Ⓔimmune deficiency. 翰면역 결핍.)」 ②慣れて平気になること. Ⓔbecome accustomed to. 翰면역. 「いつもしかられているから, しかられるのには免疫ができている」

めんかい 【面会】メンカイ {〜する} 直接会って話をすること. Ⓔsee; an interview. 翰면회. 「入院中の母に面会に行く//大臣に面会を求める//面会謝絶(ⒺNo Visitors. 翰면회 사절.)」

めんきょ 【免許】メンキョ ①国などが許可を与えること. Ⓔa license; a certificate. 翰면허. 「車の免許を取るため, 自動車教習所に通っている//教員の免許を持っている//免許証」
②芸能などで, 先生が弟子に資格を与えること. Ⓔqualify a pupil in an art form. 翰스승이 제자에게 오의(奥義)를 전수하고, 자격을 수여함. 「お花を習って, 免許をもらった//免許皆伝の腕前(Ⓔfull mastership. 翰스승의 오의(奥義)를 전부 전수받은 실력.)」

めんくら・う 【面食らう】メンクラウ, メンクラウ 〔自動五〕(めんくらって) 予想していなかったことに出あい, あわてる. Ⓔbe confused. 翰당황하다, 허둥대다. 「電話に出たら, 早口の英語だったので面くらってしまった」[話]

めんじょ 【免除】メンジョ {〜する} 義務などをしなくてもいいようにすること. Ⓔexemption. 翰면제. 「成績が優秀な学生は,

授業料が一部免除される//税金を免除する//兵役免除(Eexemption from military service. 헌병역 면제.)」

めん・じる 【免じる】メンジル, メンジル〔他動一〕①本来はその人がしなければならないことを, なにかの理由でしなくてもいいとする. 免ずる. Eexempt. 헌면제하다.「成績優秀な学生の授業料を免じることがある//税金を免じる」②職をやめさせる. 免ずる. Edismiss. 헌면직하다, 해직하다.「仕事で大きな失敗をしたために, 課長の職を免じられた」③(「~に免じて」の形で)その人, またはその人に関係ある人やことを考えに入れて. Eout of respect for. 헌(관계자의) 체면을 보아서.「父親に免じて息子の失敗を許す」▷書②

めん・する 【面する】メンスル〔自動する〕①正面がなにかに向く. Eface; look out on. 헌면하다, 향하다.「この部屋は窓が南に面していて暖かい//海に面して建っているホテル」②あることが避けられない状態になる. Ebe faced with. 헌마주치다, 직면하다.「死に面して, 自分の人生を振り返る//危機に面したとき, その人の真の姿が表れる」▷書

めんぜい 【免税】メンゼイ〔~する〕税金をかけないこと. 税金を払わなくてもいいこと. Etax exemption; duty-free. 헌면세.「パスポートを見せて免税の品を買う//酒やタバコを免税にする//免税店」

めんせき 【面積】メンセキ 面の広さ. 平方メートル, 坪などの単位で表す. E(an) area. 헌면적.「三角形の面積を計算する//日本の国土の面積は約38万平方キロです」

めんせつ 【面接】メンセツ〔~する〕相手の能力や考えを調べるために会うこと. Einterview. 헌면접.「人事部長が, 入社を希望する人に面接して採用を決める//面接試験」

メンツ (⊕面子)メンツ, メンツ 世間から受ける評価や信用をだいじに思う気持ち. Eface; honor. 헌체면, 면목.「入社してすぐやめられたのでは, きみを紹介したわたしのメンツが立たない//メンツを保つ(Esave one's face. 헌체면을 지키다.)」

めんどう 【面倒】メンドー ①手間がかかって, いやなこと. E(a) bother; troublesome. 헌귀찮음, 성가심, 번거로움.「年賀状を100枚も書くのは面倒だから, 印刷する//きょうは疲れて, 夕食の準備をするのも面倒だ」
②困ることや, 小さな争い. Ecomplicated; trouble. 헌난처한 문제, 말썽.「課長に頼まれていた飛行機の予約を忘れて, 面倒なことになった//一郎は入社したばかりで, さっそく面倒を起こした」

面倒見がいい 人の世話をよくする. Etake good care of. 헌(남을) 잘 돌보아 주다, 잘 보살펴 주다.「あの課長は面倒見がいいから, 困ったことがあったら相談に行くといい」

面倒をかける 人にいろいろなことをしてもらって迷惑をかける. Etrouble a person. 헌폐를 끼치다.「子供のころは, 病気をしたり事故でけがをしたりして, 親にいろいろ面倒をかけた」

面倒を見る 世話をする. Etake care of. 헌돌보아 주다, 보살피다.「道子は, アパートを紹介したり相談相手になったりして, よく留学生の面倒をみている」

めんどくさ・い メンドクサイ「面倒くさい」のくだけた言い方. 手数がかかってやっかいだ. Etroublesome; reluctant. 헌아주 귀찮다, 몹시 성가시다.「行って話そうかと思ったが, めんどくさいから電話にした//手紙の返事を書くのがめんどくさくて, まだのばしている」話

メンバー (member) メンバー 会やグループに参加している人. Ea member. 핸멤버, (단체의) 구성원, 일원.「世界大会の代表チームのメンバーに選ばれる//メンバーがたりない」

めんぼく 【面目】メンボク 世間の評価. めんもく. Ehonor; face. 핸면목, 체면.「今度失敗したら, 面目が立たない//面目を失う//面目を保つ(Esave one's honor. 핸체면을 유지하다.)」

面目次第もない 人の期待を裏切って, 非常に恥ずかしい. Ebe really ashamed of oneself. 핸참으로 면목이 없다.「部下がたびたび自動車事故を起こして, 上司として面目次第もない」

面目を一新する すっかり改めて新しくする. Eundergo a complete change. 핸면목을 일신하다.「この町は, 国際会議場やホテルがつぎつぎと建って, 面目を一新した」

めんぼくな・い 【面目ない】メンボクナイ 自分に対する期待にこたえられなくて, 恥ずかしい. めんもくない. Ebe ashamed of oneself. 핸면목없다, 남부끄럽다.「自分の家に泥棒に入られて, 警官として面目ない//学校の代表として試合に出たのに, 大差で負けて面目ない」

めんみつ 【綿密】メンミツ 細かくてよく考えられているようす. Eminutely; detailed. 핸면밀.「時刻表を綿密に調べて旅行の計画を立てた//綿密な記録」

も／モ

も ①同じようなものをいくつか取りあげて, 並べる.「コーヒーもジュースもビールもあります(EWe have coffee, juice and beer. 핸커피도 주스도 맥주도 있습니다.)//英語も中国語も勉強した」
②あるものが, ほかのものと同じようであることを表す.「きょうはいい天気だ. あすもそうだろう(EIt's fine today. Tomorrow, it'll probably be fine, too. 핸오늘은 날씨가 좋군. 내일도 그렇겠지.)//あなたが行くなら, わたしも行きます」
③極端な例をあげて, ほかのばあいはもちろんそうだということを表す.「駅の階段も上れないのだから富士山に登れるはずがない(ESince you cannot even go up the stairs in the station, neither can you climb Mt. Fuji. 핸역 계단도 못 오르는데 후지산에 오를 수 있을 리가 없다.)」
④(「どれ」「だれ」「いつ」などについて) 全部そうであることを表す.「どれも1000円です(EThese are one thousand yen each. 핸어느 것이나 다 1000엔입니다.)//だれも来なかった(ENobody came. 핸아무도 오지 않았다.)//いつも朝ごはんを食べない」
⑤程度が高いことを表す.「この木は高さが30メートルもある(EThis tree is as high as 30 meters. 핸이 나무는 높이가 30미터나 된다.)//二郎はカメラを何台も持っている」
⑥それが最高でそれ以上はないということを表す.「この部屋は100人も入ればいっぱいだ(EIf you put 100 people in this room, it will be packed. 핸이 방은 100명 정도 들어가면 꽉 찬다.)//1つ500円もしな

いだろう」」
⑦感動の気持ちで取りあげていることを表す.「今年もいよいよ終わろうとしています(EAt last this year is almost over. 翰올해도 드디어 저물어 가고 있습니다.)」
⑧(動作を表す名詞,動詞の「ます」形について,「〜も…ない」の形で)否定の意味を強める.「いい本を貸してあげたのに,三郎は読みもしないで返した(EThough I lent Saburo a good book, he returned it without reading. 翰좋은 책을 빌려 줬는데, 사부로는 읽지도 않고 돌려 주었다.)//手紙を出したのに,返事もくれない」

もう モー, モー ①話し手が考えていた状態や時期になっているようす. Enow; already. 翰벌써, 이미, 이제.「もう寝る時間だ//朝刊はもう読みましたか」対まだ
②話し手が考えている状態や時期に近づいているようす. Esoon; almost. 翰곧, 머지 않아.「約束の時間になったから,もうそろそろ来るだろう//もう春だ」対まだ
③現在の状態にさらに加わるようす. Emore; another. 翰더, 또.「おもしろい映画だったので,もういちど見たい//もう1つほしい」
④感情が高まっているようすを強めるときに言うことば. Ejust; really. 翰정말로.「夏休みにハワイへ行けるなんて,もう,最高!//もう,悔しくて悔しくて」
⑤非難する気持ちを強めるときに言うことば. Ejust; really. 翰정말, 참.「30分も待たせるなんて,あの人ったら,もう」
▷話④⑤

もうけもの モーケモノ, モーケモノ 運がよくて,偶然,得すること.また,そのえたもの. Ea godsend; a find. 翰횡재.「選手の調子が悪かったから,雨で試合が延期になったのはもうけものだった」

もう・ける 【設ける】モーケル〔他動一〕なにかの目的のために,適当な状況や設備などをととのえたりする. Eestablish; set up. 翰설치하다;마련하다, 제정하다.「新しい奨学金制度を設ける//都心に事務所を設ける」

もう・ける モーケル〔他動一〕①利益をえる,得をする. Emake money; make a profit. 翰벌다, 이익을 보다.「新しいアイデアの製品を売ってもうける//株でもうける」②子供をえる. Ehave (a child). 翰(자녀를)얻다, 두다.「結婚して一男一女をもうけた」▷書② 名もうけ 自動もうかる

もうしあ・げる 【申し上げる】モーシアゲル, モーシアゲル〔他動一〕①「言う」の謙譲語. E(humble) say. 翰말씀드리다.「会場のみなさまにごあいさつを申し上げます//お気の毒で,申し上げることばもございません」②(「お[ご]〜申し上げる」の形で)「〜する」の非常に謙遜した言い方.「私がご案内申し上げます(ELet me show you the way. 翰제가 안내해 드리겠습니다.)//お願い申し上げます」
三参「申す」よりもさらに高い敬意を表す.

もうしあわせ 【申し合わせ】モーシアワセ 話し合って決め,約束すること.また,その決めた約束. Ean arrangement; (an) agreement. 翰합의, 협약.「このマンションでは,夜8時すぎはピアノをひかないという申し合わせがある」他動申し合わせる

もうしいれ 【申し入れ】モーシイレ 正式に意見や希望を相手側に言うこと.また,その内容. Ea proposal; a request. 翰신청, 제의.「子供向けの番組にひどい暴力場面は入れないよう,テレビ局に申し入れをした//申し入れを拒否する」他動申し入れる

もうしこ・む 【申し込む】モーシコム, モー

シコム〔他動五〕(もうしこんで) 自分の希望や要求を特定の相手に伝える. [E]propose; apply for. [한]신청하다.「二郎は京子に結婚を申しこんだが, 断られた//セミナーへの参加を申しこむ」[名]申し込み

もうしぶん 【申し分】モーシブン, モーシブン (「申し分〔が〕ない」の形で)不平や不満を言ったり, 注文をつけたりするところがない. たいへんいい. [E]perfect; satisfactory. [한]나무랄 데 없다, 더할 나위 없다.「ジョンの日本語は, 発音もアクセントも正しいし, 敬語も上手に使って, 申し分がない//申し分ない生活」

もうしわけな・い 【申し訳ない】モーシワケナイ 言い訳できない. 弁解できない. 相手に対して, たいへんすまない気持ちだ. [E]I'm sorry; Please pardon me. [한]할 말이 없다, 면목이 없다, 미안하다.「たいへんお待たせして, 申し訳ないことをしました//諸君には, 心配をかけて申し訳ない」
≣[参] 丁寧な言い方は「申し訳ありません」.

もう・す 【申す】モース〔他動五〕(もうして) ①「言う」の謙譲語. [E]《humble》 say. [한]말씀드리다, 말하다.「弟が, 伯父さまによろしくと申しておりました//私は田中と申します」②(「お[ご]～申す」の形で)「～する」の謙遜した言い方.「おいでになるのをお待ち申しております([E]We'll be waiting for you to visit us. [한]오시는 것을 기다리고 있겠습니다.)//社長にもご報告申しておきました」

もうすぐ ①いまからすこしだけ後に. [E]soon; in a little while. [한]이제, 곧.「もうすぐ映画が始まるから, 急いで行こう//日本に来てから, もうすぐ1年になる」②向かっている目的地が, いまいる所から近い. [E]very close; close by. [한]아주 가까움, 코앞.「山の頂上はもうすぐだから, 休まずに登ろう//ここまで来れば, 駅はもうすぐだ」

もうちょう 【盲腸】モーチョー ①内臓の1つ. 大腸の始めの部分. 下に虫垂という細いくだがつく. [E]an appendix. [한]맹장.「手術をして盲腸を取る」②「①」が炎症を起こす病気. 盲腸炎. 虫垂炎. [E]appendicitis. [한]맹장염, 충수염.「おなかがひどく痛かったので病院に行ったら, 急性の盲腸と言われた」▷→内臓[図]

もうてん 【盲点】モーテン, モーテン 完全だと思っているため気づかない弱点. [E]a blind spot; a weak point. [한]맹점, 허점.「コンピューター管理の盲点をついて, 犯人はデータを盗んだ//法の盲点をつく」

もうとう 【毛頭】モートー (「毛頭～ない」の形で) すこしも～ない.「いまの会社は小さくて給料も安いが, 仕事がおもしろいからやめようとは毛頭考えない//あなたをだまそうなどという考えは毛頭ありません([E]I have no intention whatever of deceiving you. [한]당신을 속이려는 그런 생각은 털끝만큼도 없습니다.)」

もうふ 【毛布】モーフ 寝るときなどに体にかける, 毛織りの厚い布. [E]a blanket. [한]모포, 담요.「寝ている子供に毛布をかけてやる//寒いので毛布にくるまって勉強する」[数]1枚

もうら 【網羅】モーラ〔～する〕関連するものを全部集めること. [E]cover all; include all. [한]망라.「この本は,『万葉集』の和歌をすべて網羅している//日本の現代作家を網羅した全集」[書]

もうれつ 【猛烈】モーレツ 勢いや行動が非常に激しいようす. [E]very hard; breakneck. [한]맹렬.「猛烈に勉強して, 1年間で日本語をマスターした//パトカーが猛烈な勢いで犯人の車を追いかけている」

もうろう 【朦朧】モーロー (「もうろうと」の

形で)ぼんやりとしていて,はっきりしないようす.Ebe fuddled; grow faint. 한몽롱.「かなり酒を飲んでもうろうとしていたので,なにを話したか覚えていない//麻酔をかけられて意識がもうろうとしてきた」

も・える 【燃える】モエル〔自動一〕①火がついて,炎や煙が出る.Eburn; blaze. 한타다,불타다.「炎をあげて家が燃えている//燃えないカーテン」②火がついて炎が立つように,気持ちが高まる.Eburn. 한불타다,타오르다.「希望に燃えて留学する//怒りに燃える」▷他動 燃す,燃やす

モーター (motor)モーター ①機械などを動かす装置.Ea motor. 한모터,발동기,전동기.「このおもちゃの自動車には,モーターがついている//モーターで水をくみ上げる//モーターボート」②自動車.「モーターショー(Ea motor show; an auto show. 한모터 쇼, 신형차 전시회.)」▷数①1基

もが・く モガク〔自動五〕(もがいて)①苦しさのために手足を盛んに動かす.Eflounder; struggle. 한발버둥치다,몸부림치다.「川に落ちてもがいている小犬を助けた//泥棒にしばられた縄をほどこうとして,もがいた」②あせってなんとかしようとする.Ebe impatient. 한초조해 하다,안달하다.「入学試験はあしたから,もうもがいてもむだだ」

も・ぐ モグ〔他動五〕(もいで) それがついている所から引っぱったり,ねじったりして取る.もぎる.Epick; pluck. 한비틀어 떼다(따다),잡아 떼다.「リンゴを木からもぐ//もぎ取る」〔自動〕もげる

もくげき 【目撃】モクゲキ〔~する〕事件などが起こった場所にいて,それを実際に見ること.Ewitness; see ~ with one's own eyes. 한목격.「車を運転中,事故を目撃した//目撃者の証言」

もくざい 【木材】モクザイ,モクザイ 建築や工作などに使う,木の材料.Ewood; lumber. 한목재,재목.「山小屋は,鉄やコンクリートを使わず木材だけでつくりたい//建築用木材」
参「材木」も似ているが,「材木」が「材木3本」というように具体的な材料をいうのに対して,「木材」は「木材は水に弱い」「鉄材より木材のほうが安い」というように,材質の面からみた言い方.

もくさつ 【黙殺】モクサツ〔~する〕他人の意見,行動などを無視すること.Etake no notice of; ignore completely. 한묵살.「部長は部下の意見を黙殺した//教員を増やしてほしいという要求は,大学側に黙殺された」書

もくじ 【目次】モクジ ふつう,本や雑誌の始めにある,内容の見出しとその載っているページを示したもの.E(a table of) contents. 한목차,차례.「雑誌の目次を見て,おもしろそうだと思ったら買う//総目次」

もくぞう 【木造】モクゾー 建物など大きなものを木でつくること.また,そのもの.Ewooden; built of wood. 한목조.「日本の住宅は,木造が多い//古い木造の旅館から火が出て,大きな火事になった//木造校舎」
参「木製」も似ているが,「木製」は「木製の机」「木製のドア」などのように小さなものについて,材料が木であることをいう.

もくてき 【目的】モクテキ しようと思ってめざしていること.Ea purpose; an aim; a goal. 한목적.「金をもうけることがわたしの目的ではない//この会は,国際交流を目的としてつくられた//目的を達成する//研究目的」

もくにん 【黙認】モクニン〔~する〕なにも言わずそのままにさせておくこと.また,見のが

もくひょう【目標】モクヒョー ①そこまで到達したいと決めたこと。Ea goal; an aim. 한목표。「わたしの目標は、だれにでも公平な裁判官になることだ//今月は100台売ったので、売り上げの目標は達成した//生産目標」②さがしたり、ねらったりするときの目印。Ea landmark. 한목표。「10階建てのビルを目標にして、叔母の家をさがす」

もくもく【黙黙】モクモク(「もくもくと」の形で)黙っているようす。Ewithout saying anything; in silence. 한묵묵히。「電話のベルや話し声のうるさい部屋で、一郎はもくもくと仕事をしている」

もぐもぐ モグモグ〔~する〕①口をあまり開けずに食べるようす。「牛がもぐもぐ(と)草を食べている(EThe cow is munching on the grass. 한소가 우물우물 풀을 먹고 있다。)//かたい肉を口の中でもぐもぐ(と)かむ」②口をあまり開けずに話すようす。もごもご。「祖父は口の中でもぐもぐ(と)話すからよくわからない(EMy grandfather mumbles his words, so I can't understand him. 한할아버지는 입 안에서 우물우물 말씀하시기 때문에 잘 알아들을 수가 없다。)」

もくようび【木曜日】モクヨービ 1週7日の5番目の日。水曜のつぎ、金曜の前の日。木曜。木。EThursday. 한목요일。「木曜日は週の後半だから、疲れが出てくる」

もぐ・る【潜る】モグル〔自動五〕(もぐって)①全身、水の中に入る。Edive; remain underwater. 한잠수하다。「海に潜って美しい魚を見る//水に潜って、1度も顔を出さずにプールのはしまで泳ぐ」②なにかの中や下に入る。Ehide oneself under; get into. 한아래에 숨다；기어들다。「大きい地震のときは、机の下に潜るといい//ふとんに潜って寝る」③世の中から隠れる。Ego underground. 한숨어들다。「殺人犯人は地下に潜ったらしい」

もくろく【目録】モクロク 品物の名前や種類などを整理して書き並べたもの。Ea list; a catalogue. 한목록。「展示した作品の目録をつくる//記念品の目録/蔵書目録/図書目録」

もけい【模型】モケイ 実際のものの形をまねてつくったもの。Ea model. 한모형。「飛行機の模型をつくって飛ばす//火山の模型を使って説明する//人体模型(Ean anatomical model. 한인체 모형。)」

もさく【模索】モサク〔~する〕わからないことを知ろうとして、いろいろとしてみること。Egrope for. 한모색。「病気の原因がわからないままに、治療法を模索している//人口問題に悩む国々は、解決方法の模索を続けている//暗中模索(→項目)」書

もし モシ 確実ではないことや、事実と違うことを仮定して。もしも。Eif. 한만약, 만일, 혹시。「もしつごうが悪くなったら、連絡してください//もしわたしが鳥だったら、空を自由に飛びまわれるのに」

もじ【文字】モジ 点、線などを使って、ことばの発音や意味を書き表した記号。Ea character; a letter. 한문자, 글자。「中国から漢字が伝わるまで、日本には文字がなかったという//かな文字//表意文字//表音文字//横文字(Ea European language. 한알파벳；서양 언어。)」対音声

もしかしたら はっきりとはわからないが~と考えられる。もしかすると。Eperhaps; maybe. 한어쩌면, 혹시。「おかしいな。もしかしたら道をまちがえたのかもしれない//天気がいいから、もしかしたら屋上から富士山が見

えるかもしれません」

もしくは モシクワ〔語句と語句をつないで〕前か後のどちらかを選ぶときに使うことば. ⒠or; either ~ or. ㉠또는, 혹은, 그렇지 않으면.「来年の発表会は京都もしくは大阪で開く//歌舞伎もしくは文楽の切符を手に入れてほしい」書

参「または」も意味は同じだが,「もしくは」のほうがすこし古い言い方.

もじどおり【文字どおり】モジドーリ ことばの意味のとおりであるよう. ⒠literally; word for word. ㉠문자(글자) 그대로, 그야말로.「かぎを落として, 文字どおり目を皿にしてさがしたが, 見つからなかった」

もしもし モシモシ 電話で相手に呼びかけるときや, 知らない人に, 後ろなどから呼びかけるときに言うことば. ⒠Hello!; Excuse me! ㉠여보세요.「もしもし, 山田さんのお宅ですか//もしもし, 財布が落ちましたよ」話 →おい 囲み

もじもじ モジモジ〔~する〕遠慮や恥ずかしさのために, どうしようかと迷って落ちつかないようす. ⒠squirm; fidget. ㉠쭈뼛쭈뼛, 머뭇머뭇, 꾸물꾸물.「学長の前でもじもじして, あいさつもじゅうぶんにできなかった」

もたもた モタモタ〔~する〕動作やものごとがうまく進まず, 遅れたり, はっきりしなかったりするようす.「もたもたしていると電車に乗り遅れるよ(⒠You had better not be so slow or you'll miss the train. ㉠우물쭈물하고 있다가는 전차를 놓치게 될 거야.)//交渉がもたもたしているうちに, ほかの会社と契約されてしまった」

もたら・す モタラス〔他動五〕(もたらして)①持ってくる. ⒠bring; take. ㉠가져오다.「水不足の地方に, 台風が恵みの雨をもたらした//幸福をもたらす鳥」②ある状態を生じさせる. ⒠cause; bring about. ㉠초래하다, 야기하다.「2国間に対立をもたらした原因は貿易の不均衡である」▷書

もた・れる モタレル〔自動一〕①支えになるものに体の重みをかける. ⒠lean back; lean against. ㉠기대다, 의지하다.「いすの背にもたれて, テレビを見る//電車のドアにもたれる」②食べたものが消化しないで胃が重いように感じる. ⒠sit heavy (on one's stomach). ㉠더부룩하다, 트릿하다.「油の多いものを食べすぎて, 胃がもたれる」▷話

② 名もたれ

モダン (modern) モダン, モダン 現代的で新しい感じがするようす. ⒠modern. ㉠모던, 현대적.「新しい美術館は, 若手の建築家が設計したモダンな建物だ//モダンなデザインのセーター//モダンバレエ」対クラシック

もち モチ もち米を蒸してついた, ねばりのある食べ物. ⒠rice cake. ㉠떡.「正月には, もちを飾ったり食べたりする//むかしは, 自分の家でもちをついたものだ//もちを焼く// 鏡もち(→項目)/のしもち(⒠flattened rice cake. ㉠장방형의 납작한 떡.)」

もち〔餅〕はもち屋 しろうとは専門家にはかなわないということ. ⒠Every man to his trade. ㉠무슨 일이나 제각기 전문이 있는 법.「もちはもち屋というから, 新しく建てる家の設計は建築家にお願いしよう」

もちあ・げる【持ち上げる】モチアゲル, モチアゲル〔他動一〕①手で持ったり機械を使ったりして, ものを上に上げる. ⒠lift; raise. ㉠들어올리다, 쳐들다.「クレーンで鉄の柱を持ち上げて運ぶ//両手で庭石を持ち上げる」②相手を盛んにほめる. ⒠flatter; cajole. ㉠치켜세우다, 추어주다.「『この仕事ができるのはあなただけだ』と持ち上げて仕事をさせる」▷自動持ち上がる

もちあじ【持ち味】モチアジ, モチアジ ①料理の, その材料にだけある味. ⒠the natural flavor. 한본래의 맛, 제 맛.「味つけを薄くして、野菜の持ち味を生かした料理をつくる」②その人や作品などが持つ独特のよさ. Ea distinctive personality. 한독특한 맛(멋), 특성.「自分の持ち味を生かせる仕事をさがす」

もち・いる【用いる】モチール, モチイル〔他動一〕①なにかのために使う. Euse. 한쓰다, 사용하다.「ボールペンを用い、楷書で記入すること」②人や、人の考えなどを取り入れて使う. Eadopt; take. 한채용하다, 채택하다.「三郎を秘書として用いようと思う」③(「心を用いる」「意を用いる」の形で)特に注意を払う. Ebe careful about; pay attention to. 한신경을 쓰다, 마음을 쓰다, 배려하다.「家族の健康には、いつも心を用いている//誤解のないように意を用いる」▷書

参「使う」も似ているが、「人を使う/用いる」では、「使う」がその人を労働力と見なしく働かせるのに対して、「用いる」はその人の能力を尊重し生かして、ある働きをさせるという違いがある.

もちきり【持ち切り】モチキリ 人々の話がずっと１つの話題ばかりであること. Ebe the sole topic of conversation. 한(화제가) 한 가지 일에 집중됨.「わが社では、今度出した新製品の話題でもちきりだ」

もちつもたれつ【持ちつ持たれつ】たがいに助けたり助けられたりして、両方がうまくいくよう. Ehelp each other; interdependent. 한서로 도움, 상부상조함.「夫婦は、持ちつ持たれつ助け合っていくのがいい//問屋と小売店は、持ちつ持たれつの関係にある」

もちなお・す【持ち直す】モチナオス, モチナオス〔自他動五〕(もちなおして)①いちど悪くなった状態が、またいいほうへ向かう. E change for the better; recover; improve. 한회복되다.「死ぬかと思われた病人が持ち直して、顔色がすこしよくなった//天気が持ち直す」②いままで持っていたものを、持つ手を変えたり、持ち方を変えたりして持つ. 持ちかえる. Ecarry in another way. 한고쳐 잡다, (손을) 바꾸어 들다.「かばんが重いので、何度も下に置いて持ち直した」

注 ①は自動詞、②は他動詞.

もちぬし【持ち主】モチヌシ そのものを自分のものとして持っている人. Ethe owner; the proprietor. 한주인, 임자, 소유자.「持ち主のわからない自転車が、家の前に止めてある//鋭いセンスの持ち主」

参「所有者」も似ているが、「所有者」がかたい言い方で、「住宅の所有者と直接、賃貸契約をする」のように、使う場面が限られるのに対して、「持ち主」は広い範囲に使える日常のことばで、ものだけでなく、人の持つ特徴などについてもいう.

もちまわり【持ち回り】モチマワリ 関係する人の間で、順番で役目などをすること. E in turn among the members. 한윤번제, 관계자에게 차례로 돌려 의견을 물음.「その国際会議の議長は、各国が持ちまわりで務める//持ちまわり閣議(Emake a Cabinet decision by obtaining the approval of each minister in turn. 한정례 각의를 열지 않고 의안을 각 장관에게 돌려서, 그 의견을 묻는 약식 각의.)」

他動 持ち回る

もちゅう【喪中】モチュー 人の死後、家族などが他人との交際を控えて暮らしている期間. Ebe in mourning. 한상중.「父の喪中なので、結婚式には出ない//喪中につき年末年始のごあいさつはご遠慮申し上げます」

もちろん モチロン いう必要もないほどはっ

きりしていると思うようす．Eof course; needless to say. 韓물론, 말할 것도 없이.「仕事の場では，能力はもちろん，人間性も重視される∥事故の責任は私にあるので，もちろん全額弁償します」

参「むろん」も似ているが，「もちろん」のほうが強い気持ちを表す．

も・つ【持つ】モツ〔自他動五〕(もって) ①手の中に入れて保つ．手に取る．Ehave; hold. 韓쥐다, 들다.「一郎は手に本を持っている∥この荷物は重いけれど，1人で持つことができる」

②身につける．Ehave; carry. 韓지니다, 가지다.「いま，時計を持っていますか∥ハンカチを持ってくるのを忘れた」

③自分のものにする．所有する．Ehave; own. 韓가지다, 소유하다, 보유하다.「わたしは東京に家を持っている∥長い歴史を持つ国」

④心にいだく．その中にふくむ．Ehave. 韓마음에 품다, 갖다.「目標を持って生きる∥持って生まれた性格」

⑤仕事として引き受ける．また，負担する．Etake charge of; pay. 韓맡다, 담당하다；부담하다.「1年生のクラスを持つのははじめてだ∥医療費を国が持つ」

⑥ある状態が変わらずに続く．Ekeep; be durable. 韓(오래) 가다, 지속되다, 지탱하다.「冷蔵庫に入れれば1週間ぐらいはもつだろう∥このかばんは丈夫だから一生もちますよ」

注 ①〜⑤は他動詞，⑥は自動詞．

もっか【目下】モッカ 現在のところ．Enow; at present. 韓목하, 현재, 지금.「家を建てたので，目下ローンの支払いに追われている∥事故の原因は目下調査中である」書

もったいな・い モッタイナイ 役に立つ人やものが，見捨てられたり，だいじにされなかったりして惜しい．Ewasteful; too good. 韓아깝다, 죄스럽다.「古くてもまだちゃんと映るテレビを捨てるのはもったいない∥仕事のよくできる洋子に，コピーやお茶くみをさせるのはもったいない」

もったいぶ・る モッタイブル〔自動五〕(もったいぶって) 重々しく，格好をつけてふるまう．Eassume an air of importance. 韓거드름피우다, 점잔빼다.「社長はもったいぶった態度で社員ひとりひとりにボーナスを渡した」話

もったいをつける 必要以上に重々しい態度や，偉そうなようすを見せる．Egive something too much weight; assume an air of importance. 韓대단한 체하다；젠체하다, 재다.「伯父は『これは家宝でだれにも見せたことがないんだが』ともったいをつけて，古い本を取りだした∥大臣は胸を張ってゆっくりと，もったいをつけて歩いている」

もって (「〜をもって」の形で) ①方法や材料などを示す．〜を使って．〜によって．「調査の結果は，書面をもって通知する∥だれの力をもってしても，彼を助けることができない(ENo one can help him. 韓누구의 힘으로써도 그를 살릴 수 없다.)」 ②原因となるものを示す．〜を根拠として．〜があったから．「道子は努力家をもって知られている(EEveryone knows that Michiko is a hard worker. 韓미치코는 노력가로 알려져 있다.)∥おかげをもって，バザーは無事に終了した」 ③区切りを表す．で．「3月をもって，校長を退職する(Eresign as school principal at the end of March. 韓3월로 교장직을 사임하다.)」▷書

もってこい モッテコイ これ以上のものはないと思われるほど，そのものにぴったり合ってい

るようす. Eideal; excellent; the very. 한안성맞춤, 절호.「風もないし, 温度も高すぎず, テニスをするにはもってこいの天気だ//住むにはもってこいの環境」

もってまわった はっきり言わないで, 間接的に表現するようす. Eroundabout; circuitous. 한에두른, 빙 돌리는.「課長のもってまわった言い方では, 若い部下には真意が伝わらない//もってまわった言い方をしないで, いやならいやと, はっきり言いなさい」

もっと ┌モット 数や量や程度が, いまより多く, または少なくなるようす. Emore; less. 한더, 좀더, 더욱, 한층.「車を買うには, もっとお金が必要だ//うるさいから, テレビの音をもっと小さくしてください」

もっとも 【最も】モットモ, モットモ 比べたものの中で, 程度が1番であるようす. E(the) most. 한가장, 제일.「世界で最も高い山はチョモランマだ//あの部長は, いま社内で最も忙しい人です」

もっとも モットモ, モットモ ①道理に合っているようす. Enatural; reasonable. 한지당함, 당연함, 사리에 맞음.「30分も待たせたら, 怒るのはもっともだ//男女同一賃金にしろというのはもっともな要求だ」②(文と文をつないで) 前にいった意見に反するような条件をつけ加えるときに使うことば. Ebut; though. 한하긴, 다만.「海を見ると心が落ちつく. もっとも, 最近の海はよごれてしまったけれど」

もっぱら 【専ら】モッパラ, モッパラ 1つのことだけに集中するようす. Eexclusively; mostly. 한오로지, 한결같이, 전적으로.「きのうのパーティーでは, 知り合いもいなかったので, もっぱら食べていた//部内では, 道子と一郎が結婚するというもっぱらのうわさだ」

もつ・れる モツレル, モツレル〔自動一〕①細長いものや布がからんで, とけなくなる. E get entangled. 한얽히다, 엉클어지다.「靴のひもがもつれてほどけない//長い髪がもつれる」②いろいろの事情があって, 解決や最後のきまりなどがつかなくなる. Ebecome complicated. 한(일이) 얽히다, 꼬이다; 결말이 나지 않다.「交渉がもつれて, なかなか結論が出せない//試合がもつれて延長戦になる」③舌や足などが思うように動かなくなる. E(speak) thickly; get caught up (in one's own feet). 한(혀가) 꼬부라지다; (다리가) 꼬이다.「酒の飲みすぎで舌がもつれて, はっきり話せない//足がもつれて歩けない」▷ 名もつれ

もてあそ・ぶ モテアソブ, モテアソブ〔他動五〕(もてあそんで) ①手に持ってさわったり動かしたりする. Eplay with; toy with. 한가지고 놀다, 만지작거리다.「新しいカメラをもてあそんでいるうちに, 落としてこわしてしまった」②強いものが, 力のないものを思うようにする. Emake sport of. 한희롱하다, 놀리다.「あらしの海で, 舟が波にもてあそばれる」③自分のもののように扱う. Efool with; trifle with. 한휘두르다; 농락하다.「権力をもてあそんで独裁政治を行う//愛情をもてあそぶ」▷ 書

もてあま・す モテアマス, モテアマス〔他動五〕(もてあまして) どう扱ったらいいかわからなくて困る. Edo not know what to do with. 한처치 곤란해하다, 주체스러워하다.「大きなケーキが食べきれなくて, もてあましている//時間をもてあます(→時間 慣用)」

もてな・す モテナス, モテナス〔他動五〕(もてなして) 客として大切に扱う. また, 飲み物, 食べ物をごちそうする. Eentertain; show a person hospitality. 한대접하다, 향응하다.「客をもてなすために, おいしい酒と料理を用意する」名もてなし

もてはや・す モテハヤス, モテハヤス〔他動五〕(もてはやして) 多くの人々が盛んにほめる. ⒠talk much about; make much of. ㉗입을 모아 칭찬하다; 인기가 있다.「あの作家はＡ賞を受賞して、マスコミにもてはやされるようになった」

も・てる モテル〔自動一〕多くの人に好かれる. 人気がある. ⒠be popular with; be a favorite with. ㉗인기가 있다.「二郎は、なぜか中年の女性にもてる」

もと 【下】モト ①立っているものや高いものの下. ⒠under. ㉗밑, 아래.「桜の花のもとで、人々は楽しそうに飲んだり踊ったりしている」②影響のおよぶところ. ⒠under. ㉗슬하; 아래.「親のもとを離れる//山田教授のもとで研究を続ける//法のもとの平等」③(「～のもとに」の形で) ～の条件で. ～の状態で.「独立と自由の名のもとに戦う(⒠fight for independence and freedom. ㉗독립과 자유라는 이름 아래 싸우다.)」

≣注「した」「しも」とも読めるので、区別するためには、ひらがなで書くほうがよい.

もと 【元】モト, モト, モト ①ものごとの起こり. ⒠the origin. ㉗기원, 근본.「漢字がもとになって、ひらがなやかたかながてきた//席がないと怒っているが、もとはといえば、遅れてきたあなたが悪い」
②原因. ⒠the cause. ㉗원인.「85歳の祖母はちょっとしたかぜがもとでなくなった//タバコの吸い殻は火事のもとになるから気をつけること」
③ずっと前. 前の状態. ⒠once; former; ex-. ㉗원래, 본래; 전, 전직.「いまは住宅地だが、もとは畑だった//使ったものは、もとの場所にもどす//元大臣」
④原料. 材料. ⒠materials. ㉗원료, 재료.「大豆をもとにして、しょうゆをつくる」
⑤利益を生むために必要な金. 元手. また、仕入れたときの値. ⒠capital; cost. ㉗자본; 원가, 본전.「このシャツは１枚5000円で売らないともとがとれない//もとを割る(⒠below cost. ㉗본전을 밑지다.)」

元の木阿弥 苦労していい状態にしたものが、また前の悪い状態になってしまうこと. ⒠lose all that one has gained. ㉗도로아미타불.「株でもうけていたが、今度の大暴落で元の木阿弥になった」

元も子もない 利益も元手も失う. すべてを失う. ⒠lose everything. ㉗본전도 이자도 없어지다; 모두 허사가 되다.「働きすぎて病気になったら、元も子もない」

もと 【本】モト, モト ①木などの根もと. ⒠the base. ㉗밑동.「大きな桜の木をもとから切り倒す」対末 ②いちばんだいじなところ. ⒠the root; the basis. ㉗근본, 기초.「もとをたださなければ、選挙違反はなくならない」

もと 【基】モト, モト ものごとの土台. 基礎. ⒠a basis; a foundation. ㉗토대, 기초, 바탕.「留学したときの体験をもとに小説を書く//事実をもとにして判断する」

もどかし・い モドカシイ 思うようにならなくて、いらいらする. ⒠feel irritated; be impatient. ㉗안타깝다, 답답하다.「英語がまだ下手なので、思っていることがうまく話せなくてもどかしい//父は病気が長びいて仕事にもどれないので、もどかしがっている」

もとづ・く 【基づく】モトズク〔自動五〕(もとづいて) あるものをもととする. よりどころとする. ⒠be based on. ㉗기초를 두다, 의거하다, 입각하다.「外務省の資料にもとづいて記事を書いた」

もとで 【元手】モトデ ①商売などを始めるのに必要な金. ⒠capital; funds. ㉗밑천, 자금, 자본.「父から借りた500万円を元手にして、店を開いた//元手がかかる」②

利益を生むもとになるもの. Ecapital; asset. 한밑천.「スポーツ選手にとっては,体が元手だ」

もと・める【求める】モトメル〔他動一〕① ほしいと心の中で望む. Ewant; wish for; desire. 한구하다, 바라다, 갈망하다.「人々は長い戦いに疲れて, 平和を強く求めている//きれいな空気を求めて, 都会からいなかに移る」
② 人になにかをほしいと頼む. Erequest; ask for. 한요구하다, 청하다.「会の進め方について会員に意見を求めた//助けを求める」
③ ほしいと思い, さがす. Esearch for; pursue. 한찾다, 구하다.「石油にかわる新しいエネルギー源を求める//人材を求める」
④「買う」の改まった言い方. Ebuy; purchase. 한사다.「それは, どこでお求めになりましたか//何軒もの古本屋をさがしてやっと目的の本を求めることができた」
▷名求め

もともと モトモト ① 初めから. もとから. Eoriginally; by nature. 한원래, 본디.「北海道は, もともとアイヌが住んでいた土地だ//ジョンはもともと頭がいいから, むずかしい漢字でもすぐ覚えてしまう」② 損も得もしないこと. Ebe none the worse for. 한본전(치기).「失敗してももともとだから, やるだけやってみよう//だめでもともとだから, とにかく試験だけ受けてみる」

もとより モトヨリ ① 初めから. Efrom the beginning. 한처음부터, 원래.「たいへんな仕事になることは, もとより予想されていた//失敗はもとより覚悟している」② 改めていうまでもなく. もちろん. Enot to mention; as well as. 한말할 것도 없이, 물론.「石炭はもとより, 石油も掘りつくされる日が来るだろう」▷書

もど・る【戻る】モドル〔自動五〕(もどって) ① もとの場所に帰る. Ego back; come back. 한되돌아가다(오다).「海に出ていたボートが岸にもどってきた//自分の席にもどる」対出る
② もとの状態に返る. Ereturn; be restored. 한돌아오다(가다).「戦争が終わり, 静かな生活にもどった//春になったのに, 寒さがまたもどってきた」
③ もとの場所に返る. Ebe returned. 한(물건이) 되돌아오다.「落とした財布がもどってきた」
▷名戻り 他動戻す
参 ① は「帰る」とよく似ていて, どちらももとの場所にもういちど移動する動作であるが, もとの場所を移動の出発点, 自分の属する場所と考えるときは「帰る」, 最初いた地点, 通過中の地点と考えるときは「もどる」を使う.

もぬけのから【もぬけの殻】いるはずの人がいなくなってしまったあとの家や寝床などのよう. Enobody was found there. 한(사람이 빠져나가 버리고) 텅 비어 있음.「密輸グループのアパートに警察が踏みこんだときは, 中はもぬけの殻だった」

もの【物】モノ, モノ ① 見たり, さわったりできる物体. Ethings; goods. 한물품, 물자, 물건.「戦争中は, ものが不足していた//デパートでは, いろいろなものを売っている」
② 動作の対象となるなにか.「怒ってものも言わない(Eget too angry to speak. 한화가 나서 말도 안 하다.)//ものを書くのが仕事だ」
③ いろいろなものごと.「ものは試しだ, やってみよう//ものには順序がある(EThere is a proper order in doing everything. 한일에는 순서가 있다.)」

④1度名前をいったあとで、またそれをさすときにいうことば。「この野菜は庭でつくったものです(ⒺThese vegatables are grown in my garden. 한이 야채는 뜰에서 가꾼 것입니다.)//この本は前に1度読んだものだ」
⑤(「～というもの」の形で)(1)話題を一般化する言い方。「親切というものは人の心を明るくする(ⒺOne's kindness makes other people happy. 한친절이라는 것은 사람들의 마음을 밝게 만든다.)」(2)前に述べたものごとのことばだけ知っているが、実態は知らないことを表す。「オーロラというものをいちど見てみたい(ⒺI want to see what is called aurora for once in my life. 한오로라라는 것을 한번 보고 싶다.)」
⑥(「～ものだ」の形で)(1)一般的な傾向を表す。「年をとると目が悪くなるものだ(ⒺVision degenerates with age. 한나이가 들면 눈이 나빠지는 법이다.)//人間はとかく楽なことをしたがるものである」(2)～するのが当然だ。～するべきだ。「人の意見は聞くものだ(ⒺYou'd better listen to others' opinions. 한남의 의견은 들어봐야 한다.)//人が困っているときは、助けてやるものだ」(3)過去の習慣を表す。「子供のころはよく川で遊んだものだ(ⒺWhen I was young, I used to play at the river. 한어릴 적에는 곧잘 강에서 놀곤 했다.)//学生時代はよく映画を見に行ったものだ」(4)感情を表す。「さすがにプロはうまいものだ//あの男には本当に困ったものだ(ⒺThat man really troubles me. 한저 남자 때문에 정말 골치가 아프군.)」
⑦(形容詞と形容動詞の頭について)なんとなく。「もの静かな人(Ⓔa quiet person. 한차분한 사람.)//ものさびしい//もの悲しい(→項目)」
⑧(他のことばの後について)その種類。それ

に値すること。「時代物のたんす//冬物の衣服//冷や汗もの(Ⓔbreak into a cold sweat. 한식은땀 나게 하는 것.)」
三注③～⑦はひらがなで書く。

「もの」のつく慣用表現

ものともしない 困難などまったく気にしない。Ⓔmake nothing of. 한문제시하지 않다, 개의치 않다, 아랑곳하지 않다.「台風をものともしないで出かける」

ものにする ①技術などを身につける。Ⓔmaster. 한숙달하다.「しっかり勉強して日本語をものにする」②自分の手に入れる。Ⓔwin; get. 한손에 넣다, 제 것으로 만들다.「1位になって賞金をものにした」③まとまった形にする。Ⓔwrap up; systematize. 한완성하다.「今年こそはなんとかしてこの方言研究をものにしたい」

ものになる ①一人前の人間になる。Ⓔbe a success. 한상당한 인물이 되다.「洋子は仕事熱心だから、きっと幹部社員としてものになる」②技術などが身につく。Ⓔbecome skilled at. 한숙달되다, 익숙해지다.「3年間フランス語を勉強したが、ものにならなかった」

ものの数ではない たいしたことではない。Ⓔbe nothing. 한대수롭지 않다, 별볼일 없다.「きのうの優勝候補に比べたら、きょうの試合相手はものの数ではない」

ものをいう 効力がある。Ⓔcarry weight; mean a lot. 한효력을 발휘하다, 유용하다.「この仕事は経験がものをいう」
似た表現 ものをいわせる

もの 【者】モノ 人。Ⓔa person. 한자, 사람.「私はA銀行の山田と申す者です//家の者を駅まで迎えにやりましょう//あわて者//怠け者(→項目)」

参「人」も意味は同じだが、「人」がこのことばだけでも使えるのに対して、「者」はそれだけで使うことはなく、「～(の)者」というように必ず前に説明がついて、謙遜したり軽視したりする気持ちのあるときや、法律などで客観的に表すときに使う。話し相手に関係のある人や、尊敬する人については使えない。

もの (文の終わりについて) 不平や不満、または甘えの気持ちを表す。「だって忙しかったんだもの。忘れたのもしかたないよ(Ｅ But I was busy. It's just too bad that I forgot it. 한하지만 바빴단 말야, 잊어버린 것도 어쩔 수 없어。//わからなかったんだもの。答えられないよ」話

ものいり 【物要り・物入り】モノイリ, モノイリ 費用がかかること。Ｅ expenses. 한출비, 비용이 많이 듦。「今月は、子供の入院で物いりが多かった//年末はなにかと物いりだ」

ものおき 【物置】モノオキ, モノオキ ふだん使わない道具などをしまっておく所、または小屋。Ｅ a storeroom; a shed. 한헛간, 곳간, 광。「暑くなってきたから、そろそろ扇風機を物置から出そう//物置小屋」

ものか (文の終わりについて) ①感動を表す。「なるほど、そういうものか(Ｅ I see! That's why ～ . 한그렇군, 그런 것이로구나。)」②強く否定する気持ちを表す。「あんな所に二度と行くものか(Ｅ Would I go there a second time? 한그런 곳에 두 번 다시 가나 봐라。)//そんなことがこの子にわかるものか」▷話

ものがたり 【物語】モノガタリ ①できごとなどを順序にしたがって説明した長い話。Ｅ a story; a tale. 한이야기。「祖母の貧しい子供時代の話は、聞けば涙の物語だ//世にも不思議な物語」②日本の古典文学の形式の1つ。Ｅ a form of Japanese classical literature. 한일본 고전 문학의 한 형식。「『伊勢物語』と『源氏物語』を読んだ//物語文学」③一般的に, 筋を持った, つくられた話。また, その作品。Ｅ a story; a fiction. 한소설。「悲しい恋の物語」 ▷数③ 1編
他動物語る

参②は, 平安時代から室町時代にかけて発達した文学形式。作者の見聞きしたこと、想像などをもとにして, 人物, 事件について人に語る形で書かれたもの。

ものがなし・い 【もの悲しい】モノガナシイ, モノガナシイ はっきりした理由はないが, なんとなく悲しい。Ｅ plaintive; sad. 한어쩐지 슬프다, 구슬프다, 서글프다。「もの悲しい笛の音が聞こえる//もの悲しい秋の夕暮れ」

ものぐさ モノグサ なにをするのも面倒がること。また、その人。Ｅ a lazybones; lazy. 한게으름을 부림; 게으름뱅이。「あいつはものぐさだから, ふとんも上げず, 掃除もしない//こたつに入ると, 動くのがいやでものぐさになる」

ものごころ 【物心】モノゴコロ 周囲のできごとや人の気持ちを理解する力。Ｅ discretion; understand what is happening; remember. 한철, 분별력。「物心がつくかつかないころ父親に死なれた//物心がついてからずっと, 東京に住んでいる」

ものごと 【物事】モノゴト ものとこと。形のないもの、形のあるもの、それらすべてのこと。Ｅ things; everything. 한사물, 매사。「ものごとを論理的に考えて意見を言う//きみはものごとをまじめに考えすぎる」

ものさし 【物差し】モノサシ ①長さをはかる道具。Ｅ a measure; a ruler. 한자。「家具の大きさをものさしではかる」②人やものごとを評価する基準。Ｅ a standard; a yardstick. 한척도, 기준。「ふつうのものさ

ものしずか　【もの静か】モノシズカ　①態度やことばなどが穏やかで落ちついているようす. Ⓔgently; quiet; gentle-natured. 한차분함, 온전함.「山田先生は, 美しい日本語でもの静かにお話しになる//和服の似合うもの静かな人」②ひっそりとしていて, 本当に静かだと感じられるようす. Ⓔquiet. 한조용함, 고요함.「もの静かな山のホテル//もの静かな1日」

ものしり　【物知り】モノシリ, モノシリ　広くものごとを知っていること. また, その人. Ⓔa learned person; know a lot of things. 한박식함, 그런 사람.「となりのおじさんは物知りだから, ちょっと世界の国の数と名前をきいてみよう//物知り顔(=なんでも知っているような, 得意そうな顔)//物知り博士」

ものずき　【物好き】モノズキ, モノズキ　変わったものごとが好きなようす. また, その人. Ⓔcurious; an eccentric person. 한별난 것을 좋아함; 별자, 괴짜.「東京からわざわざ人も住まない山奥に引っ越してくるなんて, 物好きな人だ//この寒さの中, 町じゅうの物好きが集まって, 水泳大会をした」

ものすご・い　モノスゴイ　①非常に恐ろしい. Ⓔfierce; dreadful. 한끔찍하다, 무섭다.「だまされたと知って, ものすごい顔で怒った」②勢いや程度が非常に激しい. Ⓔterrible; terrific. 한엄청나다, 굉장하다.「台風が近づき, ものすごい雨と風になった//ものすごいスピードで走る車」▷話

ものたりな・い　【もの足りない】モノタリナイ, モノタリナイ　なんとなく満足できない. じゅうぶんでない. Ⓔbe unsatisfactory; feel dissatisfied. 한어쩐지 불만스럽다〔섭섭하다〕, 뭔가 미흡하다.「今年はボーナスが少なくてものたりない//スキーに行ったが, 雪不足であまりすべれなくてものたりなかった」

ものなら　①(「〜(よ)うものなら」の形で) その動作, 状態が実現したばあいには, よくない結果になることを表す.「ちょっと注意をしようものなら, すぐ怒るんだから. Ⓔ Just when I'm about to warn him to be careful, he easily gets angry. 한조금 주의를 주기라도 하려 하면 금방 화를 낸단 말이야.)//ビールをコップ1杯飲もうものなら, 顔が真っ赤になる」②(可能の意味のことばの後について) 不可能だと思われることを条件として示し, 相手を突き放すような気持ちを表す.「1人で生活できるものなら, やってみなさい(Ⓔ If you think you can live alone, go ahead and try it. 한혼자 생활할 수 있을 것 같으면 해 봐라.)」

ものの　モノノ　①それが少ないことを表す. Ⓔonly; mere. 한기껏, 불과, 겨우.「ものの100メートルも歩いたら, にぎやかな商店街に出た//新製品はものの30分で売りきれた」②非常に. Ⓔreally. 한정말, 대단히, 매우.「道子はテニスの大会に初出場ものの見事に優勝した」

ものの　①(動詞, 形容詞の基本形, 形容動詞の「な」の形について) あることや状態がいちおう認められるとしても, それから予想されることとは違ったことが起こることを表す.「病気は治ったものの, まだ仕事はできない(Ⓔ Although he's recovered from the illness, he can't work yet. 한병이 낫긴 했지만 아직 일은 못한다.)//このへんは雪は降るものの, 多くはない」
②(「〜ようなものの」「〜とはいうものの」の形で) 前のことは認めるとしても, そのまま後のことも認めることはできないことを表す.「けがが軽かったからいいようなものの, 交通事故は本当にこわい(Ⓔ Although I'm glad the injury was slight, I'm really afraid of

traffic accidents. 한부상이 가벼워서 다행이긴 하지만, 교통 사고는 정말 무섭다.)//「お金はあるとはいうものの、家を買うほどはない」

ものみだか・い 【物見高い】モノミダカイ なんでも珍しがって見たがる. Ecurious. 한호기심이 많다, 구경하기 좋아하다. 「近所に火事があったときは, 物見高い人がおおぜい集まってきた」

ものものし・い モノモノシイ ①厳重だ, 厳しい. Eheavy; strict. 한삼엄하다. 「A国の大統領が通るので, 警官が朝からものものしい警戒をしている」②大げさだ. Eexaggerated; showy. 한어마어마하다, 거창하다. 「ハイキングなのに, 田中さんはヒマラヤ登山をするようなものものしい格好で来た//小さな傷にものものしく包帯を巻いている」

モノレール (monorail) モノレール 1本のレールにつり下がったり, またがったりして走る電車. Ea monorail. 한모노레일, 단궤 철도. 「羽田空港に行くには, 浜松町からモノレールを使うのが便利です」 数 1本

〔モノレール〕

ものわかり 【物分かり】モノワカリ, モノワカリ 人の考えや行動などを理解すること. Ean understanding; intelligent. 한이해, 이해심, 이해력. 「物わかりの悪い客で, 何度説明してもわかってくれない//この子は物わかりが速い」

ものわかれ 【物別れ】モノワカレ, モノワカレ 交渉などで, 両方の意見が合わないまま別れる結果になること. Ebe broken off; fail to reach an agreement. 한결렬. 「両国の会談は, 結局, 物別れに終わった」

ものわらい 【物笑い】モノワライ 人々から見下され, 笑われること. Ea laughing-stock. 한비웃음, 조소. 「試験日をまちがえて入学試験が受けられなかったとは, 学校じゅうの物笑いだ//物笑いのたねになる」

ものを (動詞, 形容詞の基本形, 形容動詞の「な」の形について) ①前のことがあるので, ほかの結果を期待していたのに, 後のことが起きて不満だという気持ちを表す. 「窓を開ければいい風が入るものを, クーラーばかり使っている (EEven though a nice breeze comes in if you open the window, you only use the AC. 한창문을 열면 시원한 바람이 들어올 텐데, 에어컨만 가동하고 있다.)//会議で意見を言えばいいものを, あとで文句を言ってもしかたがない」②(文の終わりについて) 不平や不満, 後悔の気持ちを強く表す. 「知らせてくれれば, すぐに行ったものを (EIf you had only told me, I would have gone right away. 한알려 줬더라면 바로 갔을 텐데.)//この薬を飲めば, 治ったものを」

参「のに」も似ているが, 「ものを」のほうがすこし古い言い方.

もはや モハヤ いまとなっては. Enow; by now; already. 한이제, 이미, 어느새, 벌써. 「便利な生活に慣れてしまい, もはや洗濯機や掃除機なしの暮らしは考えられない//はや会社の再建は不可能だ」書

もはん 【模範】モハン まねるのにふさわしい, すぐれたものや人. Ea model; an example. 한모범. 「明治以降, 日本の近代化は, 西洋の制度や文化を模範として進められた//模範解答/模範生 (Ea model student. 한모범생.)」

もほう 【模倣】モホー 〔~する〕 いままでにあるもののまねをすること. Eimitate; copy. 한모방. 「幼児は周囲の人々のことばを模倣することによって言語を獲得していく//この作品はピカソの模倣だ」対創造, 独創 書

もみくちゃ モミクチャ おおぜいの人にはさ

もみじ　【紅葉】モミジ ①[〜する] 寒くなって木の葉が赤や黄色に変わること.また,その葉.Eautumnal tints; colored leaves. 韓단풍(잎).「秋の山は,木々のもみじが美しい//京都に出かけて,もみじを楽しんだ//もみじ狩り(Ean excursion to see the autumn leaves. 韓단풍놀이.)」②カエデ.葉が手のひらの形をして,秋に紅葉する木.Ea maple. 韓단풍,단풍나무.「庭にもみじの木を植えた//もみじのような赤ちゃんの手」▷数①1本　→紅葉・黄葉

も・む　モム[他動五](もんで) ①手でつかんだり,こすり合わせたりする.Emassage; rub. 韓주무르다,안마하다.「テニスで疲れた腕をもんでもらう//キュウリを薄く切って塩でもんで食べる」②(「もまれる」の形で)まわりからの力で激しく動かされる.Ebe jostled; be shoved about. 韓시달리다,시련을 겪다.「満員電車にもまれて,会社へ行くまでに疲れてしまう//世間の荒波にもまれる(Ebe buffeted about in the world. 韓험한 세파에 시달리다.)」③(「気をもむ」の形で)⇨気 慣用　▷自動 もめる

も・める　モメル[自動一] 意見が合わなかったりして,結論が出ない.また,争いが起こる.Ehave a dispute; get into trouble. 韓분쟁이 일어나다,분규가 일어나다,옥신각신하다.「だれが会長になるかでもめている//毎年,ボーナスの交渉では何日ももめる」他動 もむ

もめん　【木綿】モメン 綿からつくった糸や布地.Ecotton. 韓무명(실),면직물.「子供の服には,洗濯しやすくて丈夫なもめん

もも　【桃】モモ くだものの一種.夏に実り,淡いピンク色で甘い.春に美しい白やピンク色の花が咲く.Ea peach. 韓복숭아,복숭아나무.「デザートに桃を食べる//桃の節句(=ひな祭り)//桃色」→果物 図

もも　モモ 足の,ひざより上の部分.Ea thigh. 韓넓적다리,허벅다리.「久しぶりに運動したので,ももの筋肉が痛む//鳥のもも肉//太もも」→体 図

もや　モヤ 空気中に水の粒が浮いて,遠くがかすんで見える状態.E(a) haze; (a) mist. 韓안개,연무.「朝起きて窓を開けると,あたり一面,もやが立ちこめていた//もやがかかって,まわりの山がぼんやり見える」→霧

もやし　モヤシ,モヤシ 大豆などの植物の種を水にひたして,光を当てずに芽を出させたもの.Ebean sprouts. 韓콩나물;숙주나물.「もやしをいためて食べる//もやしっ子(=外であまり遊ばない,体力のない子供)」

もやもや　モヤモヤ,モヤモヤ[〜する] 気持ちなどがはればれしないようす.また,その気持ち.「ゆうべは徹夜したので,眠くて頭の中がもやもやしている(EMy mind is hazy because I'm sleepy having worked all night. 韓어제 철야를 한 탓에 졸려서 머릿속이 몽롱하다.)//戦争が終わったばかりの両国民の間には,もやもやが残っている」

もよう　【模様】モヨー ①飾りにする図案.Ea pattern; a design. 韓무늬,도안.「自分でつくった皿に,魚の模様をつけた//水玉模様のブラウス//しま模様」

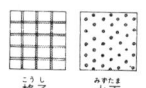

格子　水玉　矢がすり　ペーズリー
〔模様①〕

②ようす. Ea look; seem. 한모양, 상황, 형편.「事故の模様を知らせる//大統領の乗った飛行機は, 到着が遅れる模様です//模様替え Eremodel; alter. 한외양〔설계〕변경 ; 실내 장식의 개비 ; 새로 단장함.)空模様」

もよお・す【催す】モヨオス, モヨオス〔自他動五〕(もよおして) ①会などを計画して行う. Ehold; give. 한개최하다, 열다, 베풀다.「来月, 東京でピカソの展覧会を催す予定だ//チャリティーショーを催す」②そういう気持ちを起こさせる. Efeel. 한불러일으키다, 자아내다.「悲しい映画に思わず涙を催した//はき気を催す」③ものごとが起ころうとする. Efeel. 한느끼다 ; 오다.「授業中, 眠気が催した」▷名催し
≡注①②は他動詞, ③は自動詞.

もより【最寄り】モヨリ いちばん近い所. Ethe nearest; nearby. 한가장 가까움, 근처.「ここから最寄りの駅まで, 歩いて10分です//年賀はがきを, 最寄りの郵便局で買う」書

もら・う モラウ〔他動五〕(もらって) ①人から与えられたものを受ける. Eget; receive. 한받다, 얻다.「中学に入るとき, 兄から辞書をもらった//いい返事をもらう」対上げる, やる
②試合やかけで, 勝ちを自分のものにする. Ewin; take (a game). 한이기다.「この試合はもうわたしがもらったようなものだ」③(「~てもらう」の形で) 他人から利益を受ける.「日本語を友達に教えてもらう(EI have my friend teach me Japanese. 한친구에게 일본어를 배우다.)//熱があるので, 医者に来てもらう」対上げる, やる
▷名もらい

もら・す【漏らす】モラス〔他動五〕(もらして) ①液体や光などをすきまや穴から外に出す. Elet leak out. 한흘러나오게 하다, 새게 하다.「建物の外に光をもらしたら, 敵に見つかるぞ」
②外に出してはいけないことを, ことばや行動に出す. Ereveal; let out; express. 한누설하다, 입밖에 내다.「家族にも会社の秘密をもらしてはいけない//不平をもらす」
③衣服を着たまま, 大便や小便をしてしまう. Ewet one's pants. 한(똥・오줌을) 싸다.「子供が遊びに夢中になっていて, 小便をもらした」
④(動詞の「ます」形について) そのことを, うっかりして, しないでしまう.「言いもらす(Eforget to say. 한깜빡 잊고 할 말을 빠뜨리다.)//聞きもらす」
▷自動漏れる

モラル (moral) モラル 人として正しい行いをしようとする気持ち. また, 社会的に正しいとされる生き方. Emorals. 한모랄, 윤리, 도덕.「この地方で選挙違反が多いのは, 政治家と選挙民のモラルが低いからだ//戦後, 農村の女性たちも古いモラルから解放された」

もり【森】モリ 大きな木がたくさんしげって, 薄暗い所. Ea wood; a forest. 한숲, 삼림.「深い森の奥には, いろいろな動物がすんでいる//神社の森」→森林

もりあが・る【盛り上がる】モリアガル〔自動五〕(もりあがって) ①なにかを盛ったように高くなる. Ebe swollen; rise; bulge. 한부풀어 오르다, 솟아 오르다 ; 불거져 나오다.「きのう庭にごみを埋めたので, 土が盛りあがっている//筋肉が盛りあがった腕」②人々の気持ちがおさえることができないほど盛んになる. Earise; grow lively. 한높아지다, 고조되다, 비등하다.「オリンピックが近づいて, 街の人たちのムードが盛りあがってきた//パーティーが盛りあがる」▷名盛り上が

もりもり

り [他動] 盛り上げる

もりもり モリモリ 勢いよく,盛んにするようす.「泳いだあと,おなかがすいてもりもり(と)食べた(EAfter swimming I was hungry and ate like a wolf. 韓수영한 뒤에,배가 고파서 음쑥음쑥 먹었다.)//意欲がもりもり(と)わく」

も・る 【盛る】モル〔他動五〕(もって) ①山の形にものを積む.Epile up; fill. 韓쌓아 올리다,(그릇에) 수북이 담다.「大きな皿にくだものを盛って客に出す//茶碗にごはんを盛る」[名]盛り

もれなく 【漏れなく】モレナク,モレナク ①一つも残さないようす.Ewithout exception; without omission. 韓빠짐없이,전부,죄다.「参加した人にはもれなく賞品を差し上げます//書類には,もれなく記入してください」

も・れる 【漏れる】モレル〔自動一〕①液体や光などがすきまや穴から外に出る.Eleak; be heard outside. 韓(물·빛 등이) 새다.「ふろ場から水がもれて,となりの部屋に流れてきた//音が外にもれる」②外に出してはいけないことが,ことばや行動に出る.Eleak out; be disclosed. 韓누설되다.「会社の秘密がもれないように,資料は必ず金庫にしまう」③入っていたほうがいいものが,入っていない.Ebe omitted; be left out. 韓누락되다,빠지다.「会員の名簿に副会長の名前がもれていた」▷[名]漏れ [他動]漏らす

もろ・い モロイ ①こわれやすい.くずれやすい.Efragile; brittle. 韓부서지기 쉽다,잘 부스러지다.「その岩はもろいから,登るとあぶない//何百年もむかしの布はもろくなって,さわるとくずれてしまう」②がんばる力が弱い.Eweak; lacking in persistence. 韓무르다,취약하다.「すぐやめようかと思うようなもろい精神力ではだめだ」③心が動かされやすい.Ebe easily moved. 韓(마음이) 여리다.「わたしは涙もろくて,テレビドラマを見ていてもすぐ泣いてしまう//情にもろい人」

もろに モロニ 全面的,直接的に影響を受けるようす.Estraight; directly; squarely. 韓정면으로,직접.「熱湯をもろに浴びて,大やけどをした//不況の波をもろにかぶって倒産した」[話]

もろもろ モロモロ いろいろなもの.たくさんのものや人.Evarious; every sort of. 韓여러 가지,갖가지,제반.「その病気の原因については,もろもろの説がある//歓迎会には,市長をはじめ,その他もろもろの人が集まった」[書]

もん 【門】モン ①建物の外側にある出入り口.Ea gate. 韓문,대문.「学校の門を入った所に,大きな桜の木があった//10時に門を閉める」②入るところ.Ean entrance. 韓(통과하여야 할) 문.「今年の入学試験は,受験生の数が多く,狭き門になりそうだ//登竜門(Ea gateway to success. 韓등용문.)」③教えを受ける先生を中心としたグループ.Ea group of pupil studying under their teacher. 韓(스승의) 문하(생),동문.「彼は18歳のとき,日本画の横山大観の門をたたいた(=弟子にしてもらえるように頼んだ)//夏目漱石の門下(=漱石に教えを受けた人)」

▷[書]③ →家[図]

≡[参]③はすこし古い言い方.

もん 「もの」のくだけた言い方.「ほしいもんがあったらあげるよ//だって寒いんだもん(EBut it's cold. 韓하지만 춥단 말이야.)」[話]

もんか 「ものか」のくだけた言い方.「そんなこと 知るもんか(EHow would I know such a thing? 韓그런 것 알 게 뭐야.)」

もんがいかん 【門外漢】モンガイカン その分野に関係がなく, 知識がない人. Ⓔan outsider; a layman. 䤸문외한. 「法律のことは門外漢だから, よくわからない」

もんく 【文句】モンク ①文章の中のことばや語句. Ⓔwords; a phrase. 䤸문구, 글귀. 「その歌の文句ははっきり覚えていないが, 故郷を歌ったものだった//きまり文句(Ⓔa set expression. 䤸상투어, 틀에 박힌 말.)」
②不平, 不満. また, その気持ちを表すことば. Ⓔa complaint. 䤸불평, 이의. 「いまの生活に, なにも文句はない//アパートで犬を飼ったら, となりから文句を言われた」

もんくなし 【文句なし】完全で, 非難したり欠点を言ったりするところがないこと. Ⓔperfect; absolute. 䤸완전함, 불평・불만의 여지가 없음, 무조건. 「きょうの洋子の演技は文句なしのできだった//文句なしにわたしの負けだ」

もんぜんばらい 【門前払い】モンゼンバライ 会わずに追い返すこと. Ⓔshut the door in a person's face; fail candidates. 䤸문간에서 깝살림; 사전에 제외시킴. 「市長に面会を申しこんだが, 忙しいことを理由に門前払いをくった//この大学は, 2次試験の志願者が多いときは, 1次の成績の悪い者を門前払いにすることがある」

もんだい 【問題】モンダイ ①知識などを調べるために出す質問. Ⓔa question; a problem. 䤸문제. 「入学試験の問題はむずかしかった//クイズの問題に答える」 対解答
②解決しなければならないことがら. Ⓔa question; a problem; an issue. 䤸문제. 「一小学生の自殺事件が, 社会に大きな問題を投げかけた//人口問題//住宅問題」 対解答
③うわさや批判などを呼び起こすことがら. 面倒なことがら. Ⓔtrouble. 䤸문제, 말썽. 「兄はいつも金のことで問題を起こしている//問題の多いタレント」
▷ 数①1題・1問

問題にならない ①取りあげる価値がない. Ⓔmatter little. 䤸문제가 안 되다. 「今度の作品は失敗作で, 問題にならない」 ②差が大きすぎて, 比べるのがむだだ. Ⓔbe out of the question. 䤸비교가 안 되다. 「いくら野球が上手だといっても, プロの選手と比べたら, 問題にならない」

もんどう 【問答】モンドー〔~する〕 質問することと答えること. また, その議論. Ⓔquestions and answers; a dialogue. 䤸문답. 「教師は学生との問答で学生が理解したかどうかを知る//問答無用(=話し合う必要はないという態度で相手の意見を聞かないこと)//禅問答(Ⓔa Zen dialogue used to free the mind of logical thought. 䤸선문답.)」

もんなし 【文なし】モンナシ 金をすこしも持っていないこと. また, その人. 一文なし. Ⓔpenniless; broke. 䤸무일푼, 빈털터리. 「給料日前はいつも文なしだ//競馬で負けて, 文なしになった」 話
参「文」はむかしの通貨の単位.

もんもん 【悶悶】モンモン (「もんもんと」の形で) 非常に激しく, 悩んだり苦しんだりするようす. Ⓔsuffer mental anguish; worry very much. 䤸애간장을 태움. 「事業に失敗して家を売ることになり, 家族になんと言おうかともんもんとしている」 書

や／ヤ

や【矢】ヤ 弓を使って射るもの．細い棒の一方に羽根が，他方に矢じりという先のとがったものがついている．Ｅan arrow. 韓화살.「矢を射る／／弓矢」数1本 →弓図

矢の催促 続けて何度も，早くするように言うこと．Ｅpress a person hard for. 韓성화같은 재촉．「原稿をなかなか送らないので，出版社から矢の催促が来る」

矢も盾もたまらず どうしても，がまんができなくて．Ｅbe dying to. 韓도저히 참고 견딜 수가 없어．「京都にいる恋人に会いたくて，矢も盾もたまらず，新幹線に乗る」

や ①いくつかのものを並べあげることを表す．「すきやきや刺身やてんぷらなど日本の食べ物が好きだ（Ｅ Whether it is *sukiyaki* or *sashimi* or *tempura*, I like Japanese food. 韓전골이나 생선회나 튀김 등 일본 음식을 좋아한다．）」 ②（文の終わりについて）(1)親しい人，目下の人に対する誘い，軽い命令を表す．「一緒に行こうや（Ｅ Let's go together. 韓같이 가세나．）／／早くしろや」(2)ひとりごとのように自分の気持ちを軽く言う．「まあ，いいや（Ｅ All right. 韓어쨌든, 좋아(괜찮아)．）／／しかたがないや」 ③（動詞の基本形について）あることに続いてすぐほかのことが起こることを表す．「父は手紙を読み終わるや，電話をかけはじめた／／京子はわたしの顔を見るや話しだした（Ｅ Kyoko began to talk as soon as she saw me. 韓교코는 내 얼굴을 보자마자 말하기 시작했다．）」 ④意味を強める．「注意したのに，またもや失敗してしまった（Ｅ Though I had been careful, I failed again. 韓조심했는데도 또다시 실패하고 말았다．）／／このご恩は必ずやお返しいたします」 ▷話②

〜やいなや 〜したかと思うとすぐに．「火事の知らせを聞くやいなや，消防車は出発した（Ｅ No sooner had the fire alarm sounded than the fire truck set out. 韓화재 통보를 듣기가 무섭게 소방차는 출발했다．）」書

-や【-屋・-家】（他のことばについて）①その職業の家．「菓子屋／／八百屋（→項目）／／肉屋（Ｅ a meat shop. 韓고깃간, 정육점．）」②それを専門にする人．また，そのことしか知らないという意味で，謙遜したり，他人を見下したりする言い方．「機械屋／／技術屋（Ｅ a machinist. 韓기술자．）／／事務屋」 ③ある性質の人．「さびしがり屋（Ｅ a person who gets lonely easily. 韓외로움을 많이 타는 사람．）／／がんばり屋」 ④商店や歌舞伎俳優などの呼び名を表す．「木村家／／音羽屋」 ⑤人が住むための建物．「一軒家（Ｅ a solitary house. 韓외딴집．）／／空き家／／2階屋」

≡注 ①②③は「屋」，④⑤は「屋」「家」．

やあ ヤー 人に会ったとき軽く呼びかけたり，ちょっと驚いたりしたときなどに言うことば．Ｅ Hi!; Hey!; Oh! 韓야, 여．「やあ，しばらく，元気かい／／やあ，たいへんだ，遅刻するぞ」話 →おい 囲み

やい ヤイ 乱暴に相手に呼びかけるときに言うことば. ⒠Hey, you! ⑰야, 이봐.「やい, そこの若いの, うるさいぞ//やい, ちょっとどけよ」話

やいのやいの ヤイノ・ヤイノ, ヤイノヤイノ 何度も, または, あちこちから催促するようす.「借金の返済を, やいのやいの(と)責めたてられている(⒠I am being hounded to repay the debt. ⑰빚 갚으라고 바득바득 졸리고 있다.)」話

やえ 【八重】ヤエ, ヤエ 花びらなどが, いくつも重なっていること. また, そのもの. ⒠multilayered; double. ⑰여러[여덟] 겹으로 겹침; 천엽.「庭の八重のツバキが美しい//八重桜//八重歯(⒠a double tooth. ⑰덧니.)」

やおちょう 【八百長】ヤオチョー 試合などで, 真剣に戦うように見せながら, 本当は前に勝ち負けを決めておくこと. ⒠a fixed fight (game). ⑰협잡 시합.「八百長ずもう//八百長試合」

やおや 【八百屋】ヤオヤ おもに野菜の小売りをする店. また, それを職業としている人. ⒠a vegetable store; a greengrocer's. ⑰야채 가게, 야채 장수.「駅前の八百屋は, いつも野菜が新鮮で, 値段も安い」數 1軒・1店

やがて ヤガテ ①ある時からあまり時間がたたないで, その状態になるようす. ⒠soon; before long; almost. ⑰머지않아, 이윽고.「雨はやがて雪に変わった//日本に来てから, やがて 1 年になる」②最終的な結果として. ⒠in due course; eventually. ⑰곧, 결국.「看護婦の待遇を改善しないと, やがて深刻な看護婦不足になるだろう//勉強もせず遊び続けていると, やがて後悔することになるだろう」

やかまし・い ヤカマシイ ①音や声が大きくて, うるさい. ⒠noisy; loud. ⑰시끄럽다, 요란하다.「この通りは車の音がやかましい//テレビの音がやかましくて電話が聞こえない」②細かいところまで, いろいろ言う. ⒠particular; fastidious. ⑰잔소리가 심하다, 까다롭다.「父はみそ汁の味にやかましい//母はことばづかいをやかましく注意する」▷話

やかん ヤカン アルミニウム, ステンレス, 銅などでつくった, 湯を沸かすための道具. ⒠a kettle. ⑰주전자.「やかんで湯を沸かして, お茶をいれる」→台所図

やき 【焼き・焼】ヤキ ①焼くこと. また, 焼きぐあい. ⒠baking; roasting. ⑰구움, 구운 정도.「パンの焼きがたりない//焼き芋」②(地名などの後について)その土地の, また, そういう特色のある焼き物であること.「清水焼(⒠Kiyomizu ware. ⑰기요미즈 도자기.)//九谷焼//益子焼」▷他動 焼く

≡注 ①は「焼き」, ②は「焼」.

焼きを入れる 緊張がたりなかったり 怠けたりしている者を厳しくしかって, しっかりさせる. ⒠discipline; chastise. ⑰기합을 넣다, 호되게 닦달하다.「野球部の練習をサボったので, 先輩から焼きを入れられた」

やきつ・く 【焼きつく】ヤキツク〔自動五〕(やきついて) ①高い熱でものがとけて, 他のものについて離れない. ⒠be burnt onto. ⑰눌어붙다.「工場の火事で, パイプがとけて床に焼きついている」②見たり聞いたりしたものが, 自分の中に強く残る. ⒠be burnt on one's memory. ⑰뇌리에 강렬하게 새겨지다.「おととい見た交通事故のようすが目に焼きついて忘れられない」▷他動 焼きつける

やきもき ヤキモキ{〜する} なかなか自分の思うようにならず, どうなるだろうかと心配して気持ちが落ちつかないようす. ⒠get impa-

やきもち

tient; get nervous. 한안달함, 안달복달함, 안절부절못함.「火事の現場で, やきもきしながら消防車の来るのを待つ//電車に乗り遅れそうだとやきもきしているのに, 母はゆっくり切符を買っている」

やきもち ヤキモチ, ヤキモチ 自分の愛する人がほかの人に好意を寄せるのをうらむ気持ち. しっと. Ejealousy. 한질투, 시샘.「三郎は, ガールフレンドが兄の二郎と仲よく話しているのを見て, やきもちをやいている」話

やきゅう 【野球】ヤキュー 9人ずつのチームが, せめと守りを交代にし, 相手が投げるボールを1人ずつ打って点を取り合う競技. ベースボール. Ebaseball. 한야구.「となりのクラスと野球の試合をする//野球選手//野球場」

やく 【役】ヤク ①割り当てられた仕事. E a role; a part; duty. 한역, 직무, 직책, 소임.「司会の役を務める//紹介の役を引き受ける」
②演劇などで, 俳優の受け持つ人物. E a part; a role. 한역(할), 배역.「刑事の役をやる//大きい役をもらってうれしい//主役(→項目)」
③人の上に立ち, 責任を負う任務. E an office; a post. 한높은 지위, 관리직.「委員長の役についてから責任が重くなった//役職//上役(→項目)」

役に立つ ものや人が, じゅうぶんな働きをする. 役立つ. Ebe useful. 한쓸모 있다, 도움이 되다.「カナダ旅行で, 大学ですこし習ったフランス語が役に立った//役に立つ人物」

やく 【約】ヤク (数や量を表すことばの頭について) だいたい. E about; around. 한약, 대략.「家から学校まで約1時間かかる//約100人集まった//約半分」

やく 【訳】ヤク あることばをほかのことばに直したり, 古いことばを現代のことばに直したりすること. また, その直したもの. Etranslation. 한역, 번역, 번역물.「この本には, 英語の訳がついている//訳が悪くて読みにくい翻訳書//古典の現代訳訳」

や・く 【焼く】ヤク〔他動五〕(やいて) ①灰になるまで燃やす. Eburn; set fire to. 한태우다.「ごみを焼いて捨てる//落ち葉を集めて焼く」②火を当ててすこしこがしたり, 熱を通したりする. Efry; grill; broil. 한굽다, 부치다, 지지다.「フライパンで卵を焼く//魚を焼いて食べる」③窯やオーブンの中で熱を加えて, ものをつくりあげる. Ebake; make. 한(가마나 오븐에) 굽다.「窯で茶碗を焼く//炭を焼く//パンを焼く」④日光に当たって体を黒くする. Eget a tan. 한(볕에) 그을리다, 태우다.「海辺で, 体を小麦色に焼く」⑤写真で, フィルムから紙に写して仕上げる. Eprint. 한(사진을) 인화하다.「このフィルムをあすまでに焼いてください」▷名焼き・焼 自動焼ける

やくいん 【役員】ヤクイン ①ある役を持った人. Ean officer. 한임원.「講演会の役員を引き受けて, 会の世話をする」②会社や団体などで, 運営の責任を持つ人. 重役, 幹部など. Ean executive. 한중역, 임원.「会社の役員になり, 給料が上がったが責任が重くなった」

やくざ ヤクザ ①きちんとした職業を持たず, 暴力で人をおどしたり, ばくちを打ったりして生活している人. Ea gangster; a gambler. 한불량배, 깡패 ; 노름꾼.「やくざが仲間どうしのけんかで銃を撃ち合い, 市民がけがをした//やくざ者」対堅気 ②役に立たないようす. Euseless. 한너절함, 쓸모없음, 그런 물건.「ちっとも切れなくて, やくざなナイフだ」▷話②

やくしゃ【役者】ヤクシャ 演劇などで、役を演じる人。Ean actor; an actress. 한배우。「歌舞伎の役者は全部男で、女の役も男が演じている//人気役者」

やくしょ【役所】ヤクショ 国, 県, 市, 区などの公の仕事をする所。Ea government office. 한관청, 관공서。「近くの役所へ税金の相談に行った//役所に勤める//区役所//市役所」→囲み

やく・す【訳す】ヤクス〔他動五〕(やくして)①あることばをほかのことばに直したり, 古いことばを現代のことばに直したりする。翻訳する。訳する。Etranslate. 한번역하다。「リーさんに中国語を訳してもらう」②わかりにくいことばをわかりやすく言いかえる。訳する。Eput into similar language. 한해석하다, 번역하다。「この子のことばを訳せば『ぼくはおなかがすいた』ということになる」

やくそく【約束】ヤクソク〔~する〕必ずそうすると, たがいに取り決めること。また, 取り決めたこと。Ea promise; an engagement. 한약속。「あした返すからと約束して, 金を借りる//結婚の約束をする//約束を守る」

やくにん【役人】ヤクニン 国, 県, 市, 区, 町などの公の仕事をする人。Ea government official; a public servant. 한관리, 공무원。「一郎は堅実な性格だから役人に向いている//文部省の役人//区役所の役人」

やくひん【薬品】ヤクヒン 化学的な働きをさせるための薬。E(a) medicine; a drug. 한약품。「薬品の検査をする//化学薬品//医薬品」

参「薬」も似ているが, 「薬」が, 「薬が効く」「飲み薬」など, 日常のことばとして具体的なものをさすときに使うのに対して, 「薬品」は「薬品会社」「医療用薬品」など, 広い範囲の薬をまとめていうときに使う。

やくめ【役目】ヤクメ 責任を持ってしなければならない務め。Ea duty; a role. 한임무, 책임。「国民の生活を安定させるのは政府の役目だ//役目を果たす//重い役目」

やくわり【役割】ヤクワリ, ヤクワリ 割り当てられた仕事。Ea part; a role. 한역할, 임무。「集会の受付や司会などの役割を決める//会長の役割は重い」

やけ ヤケ ものごとが思うようにならないで, もうどうなってもいいという態度をとること。Edesperation. 한자포자기。「妻と子供を交通事故で失った二郎は, やけを起こして会社もやめてしまった//やけ酒」話

やけいしにみず【焼け石に水】援助や努力が少なくてあまり効果がないこと。EIt's a mere drop in the bucket. 한언 발에 오줌누기。「食料不足に苦しんでいる地方に, トラック5台の食料援助では焼け石に水だ」

市役所や区役所で使うことば

外国人登録 Eforeign registration. 한외국인 등록.

国民健康保険 Enational health insurance. 한국민 건강 보험.

婚姻届 Ea notification of one's marriage. 한혼인 신고.

出生届 Ea notification of a birth. 한출생 신고.

手続き Eprocedures. 한수속.

届け出る Eregister. 한신고하다.

加入する Ejoin. 한가입하다.

負担する Ebear. 한부담하다.

参 焼けた石にちょっと水をかけても冷やせないことからいう.

やけくそ ヤケクソ「やけ」を強めた言い方. E utter desperation. 한 자포자기.「会社は首になるし, 競馬では大損をするし, やけくそになって酒を飲み続けた」話

やけど ヤケド〔〜する〕火や熱湯などにさわって, 皮膚を傷めること. また, その傷. E a burn; a scald. 한 화상, 덴 상처.「火事を消そうとして, やけどした//熱い湯がかかって全身にやけどを負った」

やさい 【野菜】ヤサイ 食べるために畑などでつくる植物. E vegetables; greens. 한 야채, 채소.「趣味と実益を兼ねて野菜をつくる//野菜サラダ」

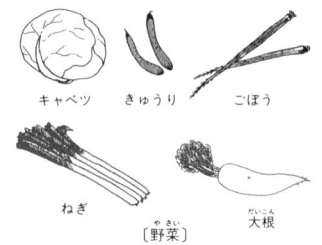

キャベツ　きゅうり　ごぼう

ねぎ　大根

〔野菜〕

やさし・い 【易しい】ヤサシイ 簡単にできる. 簡単に理解できる. E easy; simple. 한 쉽다, 간단하다.「この機械の扱い方はやさしい//試験はやさしかったので, 全部できた」対 難しい

やさし・い 【優しい】ヤサシイ ①心が温かで, 親切だ. 思いやりがある. E kind; kind-hearted. 한 상냥하다, 다정하다.「お母さんは, 泣いている子供をやさしく抱きしめた//入院中の友達を毎日見舞いに行くやさしい二郎」
②性質がおとなしく, 見た感じが穏やかだ. E gentle; tender. 한 온순하다, 숙부드럽다.「やさしい三郎は人と争うのが大嫌いだ//洋子は, 顔つきや声はやさしいが, 性格は強い」

やじ ヤジ 人が話しているときなど, それをからかったり非難したりして, 声やことばをかけること. また, そのことば. E jeering; heckling. 한 야유.「首相の演説に, 野党がやじを飛ばす」他動 やじる

やじうま 【やじ馬】ヤジウマ 自分に関係のない事件をおもしろがって見物したり, 騒ぎたてたりする人たち. E curious onlookers. 한 덩달아 떠들어대는 구경꾼들.「けんかが始まると, すぐにおおぜいのやじ馬が集まってきて, 『よし, もっとやれ』などと声をかけた」

やしき 【屋敷】ヤシキ ①家の建っている, ひとまとまりの土地. E the premises. 한 대지, 집의 부지.「一郎の家は屋敷が広くて, 中にプールやテニスコートがある//家屋敷を売る」
②大きくて, 立派な家. E a mansion; a residence. 한 저택.「京子は, むかしからの屋敷の多い高級住宅地に住んでいる//となりのお屋敷からピアノの音が聞こえてくる」▷ 数②1軒

やしな・う 【養う】ヤシナウ, ヤシナウ〔他動五〕(やしなって) ①子供や病人, また動物などに食事をさせ, 面倒をみたり, 育てたりする. E nurse; bring up; feed. 한 기르다, 양육하다, 돌보다.「病人を養っているので忙しい//子牛を養う」
②生活できるようにする. E support; provide for. 한 부양하다.「おおぜいの家族を養うために, 朝から晩まで働く//親が早く死んだので, わたしが妹や弟を養った」
③時間をかけて, なにかの力や習慣などをつくりあげていく. E develop; cultivate. 한 (실력 등을) 기르다, 함양하다.「適当な食

事と運動をして，体力を養う∥実力を養う」

やじるし【矢印】ヤジルシ　方向や場所などを示す矢の形のしるし．「→」「⇨」など．Ｅan arrow. 韓화살표．「この辞書では矢印で参照ページを示している∥矢印にそって歩く」

やしん【野心】ヤシン，ヤシン　その人にとっては大きすぎるような望み．Ｅ(an) ambition. 韓야심．「将来は大臣になりたいという野心を持つ∥野心家」

やすあがり【安上がり】ヤスアガリ　安い費用ですむこと．Ｅcheap; economical. 韓싸게 먹힘，싸게 치임．「今度の旅行は，友達のうちに泊めてもらったので安上がりだった」

やす・い【安い】ヤスイ　かかる金が少ない．Ｅcheap; inexpensive; low-priced. 韓(값이) 싸다．「安くておいしいレストランで食事をする∥お金があまりないから，安いかばんを買おう」対高い

やす・い　ヤスイ　①簡単な，特別に努力しなくてもそうできる．Ｅeasy. 韓쉽다，간단하다．「わたしはむかし大工でしたから，棚つくりなどおやすい御用です∥言うはやすく，行うはかたし（＝言うのは簡単だが，実行するのはむずかしい）」②（動詞の「ます」形について）(1)～するのが楽だ．～するのが簡単だ．「この靴ははきやすい（ＥThese shoes are comfortable. 韓이 구두는 발이 편하다．）∥書きやすいボールペン」対-にくい，-難い (2)すぐ～する．～する可能性が高い．「こわれやすい（Ｅfragile. 韓깨지기 쉽다．）∥燃えやすい（Ｅburn easily. 韓타기 쉽다．）」対-にくい

やすうり【安売り】ヤスウリ〔～する〕①安い値段で売ること．Ｅa cut-rate price; a bargain sale. 韓싸게 팖，염가 판매．「１月の終わりごろには，どこのデパートでも冬物の衣料の安売りをする∥大安売り」②相手の気持ちも考えずに簡単にどんどん与えること．Ｅgive away too much too easily. 韓무턱대고 베풂．「理解できない子供に知識を安売りしても意味がない」

やすっぽ・い【安っぽい】ヤスッポイ　①いかにも値段が安い感じだ．Ｅcheap; tawdry. 韓싸구려 같다．「安っぽい食器に入れると料理がまずそうに見える∥安っぽい服」②品格がない．Ｅcheap; mean. 韓천하다，천격스럽다．「自分の考えがなく，他人の言いなりになるような安っぽい人間にはなるな」▷話

やすみ【休み】ヤスミ　休むこと．また，その時間や日，期間．Ｅa holiday; a vacation; (a) rest. 韓휴식，쉬는 시간；휴일，휴가．「１週間の休みをとる∥夏休み（→項目）∥休み時間∥ずる休み」自動動休む

やす・む【休む】ヤスム〔自他動五〕（やすんで）①仕事や，そのときしていることをある時間やめて，心や体を楽にする．Ｅtake a rest. 韓쉬다，휴식하다．「授業の間に１０分休む∥すこし休んでから，またやろう」
②ずっと続けていることを，ある期間やめる．Ｅbe away from; be closed. 韓쉬다，휴업〔휴무〕하다．「夏は，１週間仕事を休む∥正月は５日まで店を休む」
③その人のつごうで，学校，勤めなどに行かない．Ｅbe absent from; take a day off. 韓결석하다，결근하다．「かぜをひいて学校を休んだ∥急用のため会社を休む」
④寝る．Ｅgo to bed; sleep. 韓자다．「もう１２時だから，やすみましょう∥おやすみなさい（→項目）」
▷名休み
注①④は自動詞，②③は他動詞．

やすもの【安物】ヤスモノ　値段が安く，よくない品物．Ｅa cheap article. 韓값싼

物、싸구려.「安物のシャツは、いちど洗うとだめになる//ちょっと使うだけだから、安物でいい」

安物買いの銭失い 買うときは安くても、安いものは質が悪くて長く使えないから、結局は金がむだになるということ. ⒺPenny wise and pound foolish. 한싼 것이 비지떡.

やすやす ヤスヤス 非常に簡単にするようす. Ⓔvery easily; without effort. 한거뜬히, 손쉽게.「この大型コンピューターはどんなに複雑な計算もやすやす(と)やってしまう//相手が弱かったので、やすやす(と)勝てた」

やすらか 【安らか】ヤスラカ 心配がなく、穏やかなようす. Ⓔin peace; peaceful. 한편안함, 평화로움, 안온함.「死者が安らかに眠る墓地//赤ん坊の安らかな寝顔」

やせい 【野生・野性】ヤセイ ①[〜する] 動物や植物が、自然に野や山で育つこと. Ⓔwild. 한야생.「野生のブドウは酸っぱいが、かおりがいい//野生の馬」②自然のままの性質. Ⓔwild nature. 한야성.「洋子は都会育ちだが、どこか野性を感じさせる//野性的/野性味」

≡注①は「野生」、②は「野性」.

やせがまん 【やせ我慢】ヤセガマン〔〜する〕無理にがまんして平気そうに見せること. Ⓔendure for pride's sake; play the martyr. 한억지로 태연한 체함, 오기로 버팀.「寒いのにやせがまんをして、シャツ1枚でいる」

や・せる ヤセル〔自動一〕①体の肉や脂肪が少なくなって、体重が減る. Ⓔbecome thin; lose weight. 한여위다, 마르다, 살빠지다.「病気をしてやせてしまった//息子からの連絡がとだえて、やせるほど心配している」対太る、肥える ②土地の、植物を育てる力が弱くなる. Ⓔbecome sterile. 한(땅이) 메마르다, 척박해지다.「土地がやせていて、

米があまりとれない」対肥える

やたら ヤタラ ふつうに考えられている程度を大きくこえているようす. Ⓔexcessively; immoderately. 한터무니없이, 함부로, 무턱대고, 마구.「いつ起こるかわからない地震のことをやたら(と)心配してもしようがない//やたらに騒ぎたてる(Ⓔraise a clamor. 한마구 소란을 피우다.)」

やちん 【家賃】ヤチン 家を借りるために払う金. Ⓔrent. 한집세.「毎月10万円の家賃を払う//家を貸して、その家賃の収入で生活する」

やつ ヤツ ①「人」「もの」の乱暴な言い方. Ⓔa fellow; a guy; a thing. 한녀석, 놈, 자식; 것.「二郎はいいやつだ//もっと安いやつはないかなあ」②「あの男」の乱暴な言い方. Ⓔthat fellow; that guy. 한그 자식, 그 녀석.「やつが来たらなぐってやる//やつを連れてこい」▷話

やつあたり 【八つ当たり】ヤツアタリ、ヤツアタリ〔〜する〕関係のない人やものに、自分のいらいらした気持ちをぶつけること. Ⓔtake it out on. 한관계 없는 사람에게 화풀이를 함, 엉뚱한 화풀이.「会社でいやなことがあったので、家族に八つ当たりをしてどなりちらした」

やっかい 【厄介】ヤッカイ ①手数がかかり、簡単には解決できないようす. Ⓔtroublesome; annoying. 한귀찮음, 성가심.「時間も労力もかかる厄介な仕事を引き受けた//電車を何度も乗りかえるのは厄介だ」②世話をしてもらうこと. 迷惑をかけること. Ⓔtrouble; care. 한폐, 신세.「長い間病気をして家族に厄介をかける//今晩、ご厄介になります」

やっき 【躍起】ヤッキ、ヤッキ (「やっきに[と]なる」の形で) うまくいくように、必死に努力する. Ⓔbe very eager to; frantically. 한기를 쐼.「母親は娘をピアニストにしようとやっきになっている//外国旅行の費用をつくるために, やっきとなって働いた」

やっきょく【薬局】ヤッキョク ①薬を調合する資格のある人が薬を管理し, 売る店. Ea pharmacy; a drugstore. 한약국, 약방.「近くの薬局でかぜの薬を買う」②病院などで, 薬を調合する所. Ea dispensary. 한(病院의) 약제실.「病院の薬局に勤める」▷數①1軒・1店

やった ヤッタ ものごとがつごうよくいってうれしいと思う気持ちを表すときに言うことば.「やった, 合格したぞ(EI did it. I passed the exam. 한해냈다, 합격했어!)/優勝おめでとう, やったね(ECongratulations! You won. 한우승 축하해, 해냈군.)」話
≡參「やったあ」と長くのばすこともある.

やっつ【八つ】ヤッツ, ヤッツ ①7つのつぎの数. 8. 8つ. Eeight. 한여덟, 여덟 개, 8.「四角い箱は, 角が8つある」②8歳. 8つ. Eeight years old. 한여덟 살.「8つの夏休みに, はじめて1人で祖父の家へ旅をした」

やっつ・ける ヤッツケル〔他動一〕①いいかげんにやり終える. Efinish (a slipshod job). 한후딱 해치우다.「5時までに, この仕事をやっつけてしまおう」②相手をひどい目にあわせる. また, 負かす. Edefeat; beat. 한혼내 주다; 꼼짝 못하게 하다, 꺾다.「筋の通らないことを言う親を, 子供たちが理論でやっつけている//魚をくわえて逃げる猫を捕まえてやっつけた」▷話

やっと ヤット, ヤット 時間をかけたり, 苦労や努力をしたりして, どうにかできるようす. Eat last; finally; barely. 한마침내; 겨우, 가까스로.「何度も説明を聞いて, やっとわかった//走っていって, やっと急行に間に合った//年金でやっと生活している」

やっぱり ヤッパリ「やはり」を強めた言い方. Etoo; as expected; after all. 한여전히, 역시, 예상대로, 결국.「今年こそ優勝したいと思っていたが, やっぱりだめだった//やっぱり, 最初にいいと思ったネクタイに決めた」話

やつ・れる ヤツレル〔自動一〕病気や苦労をしたために, やせて疲れたように見える. Ebecome thin; waste away. 한여위다, 수척해지다, 까칠해지다.「長い病気をしてすっかりやつれた//子供のことで心配が続き, 親はやつれた顔をしている」

やとう【野党】ヤトー, ヤトー 政党の中で, 現在, 政権を担当していない党. Ethe opposition party. 한야당.「政府の提案に野党が反対する//野党議員」対与党

やと・う【雇う】ヤトウ〔他動五〕(やとって) 金を払って, 人や乗り物などを, ある期間使う. Eemploy; hire. 한고용하다, 세내다.「人を雇うために, 新聞に求人広告を出す//船を1日雇って海釣りに行く//雇い入れる」

やどや【宿屋】ヤドヤ「旅館」のすこし古い言い方. Ea (Japanese-style) hotel. 한여관, 여인숙.「京都へ行くと, いつも同じ宿屋に泊まる//落ちついた宿屋」數1軒→旅館

やなぎ【柳】ヤナギ しなやかな枝がたれ下がり, 街路樹として, また川や堀のそばに植える木. Ea willow. 한버드나무.「春になって, 川のほとりの柳が芽を吹いた」數1本

柳の下にいつもどじょうはいない いちどいいことがあったからといって, いつも同じようにうまくいくわけではない. EGood luck does not always repeat itself. 한장마다 맹꽁이 날까.

やにわに ヤニワニ 急に, 予想もできないような行動をするようす. Eabruptly; all of

a sudden. 韓 느닷없이, 돌연, 갑자기.「自転車に乗った男が、やにわにわたしのハンドバッグをうばおうとした//門を開けたら、犬がやにわに飛びかかってきた」

やぬし【家主】ヤヌシ, ヤヌジ 貸すための家や部屋を持っている人. E a landlord; a landlady. 韓 (셋집 등의) 집주인.「家主に毎月家賃を払う」

やね【屋根】ヤネ ①建物の上につけた, 日光や雨, 風などを防ぐためのおおい. E a roof. 韓 지붕.「屋根の上にテレビのアンテナを立てる//1つ屋根の下で3家族が一緒に暮らす」
②ものの上の部分をおおうもの. E the roof (of a car). 韓 덮개, 지붕.「自動車の屋根がへこんだ」
③いちばん高く, 四方が見える所. E the roof (of the world). 韓 지붕.「世界の屋根, ヒマラヤ」▷→家図

やば・い ヤバイ ぐあいが悪くて, 危険な状況だ. E will be in trouble; chancy. 韓 위태롭다, 위험하다.「教室でタバコを吸っているのを先生に見つかるとやばい//やばい仕事だが, もうかるからやる」話

やはり ヤハリ ①同じであるようす. E as ever; too; as well. 韓 역시.「ふるさとの自然は, いまもやはり美しい//両親が音楽家で, 息子もやはりピアニストをめざしている」②予想どおりであるようす. E as expected. 韓 역시, 예상한 대로.「1カ月旅行して帰ってみたら, 鉢植えの花はやはり枯れていた」③いろいろ考えたりやってみたりしたが, 結局, 前と同じになるようす. E after all; all the same. 韓 역시, 결국.「高級なホテルや旅館に泊まってみたが、やはり自分の家がいちばんいい」

やばん【野蛮】ヤバン ①知識や技術がふじゅうぶんで, 文明が開けていないようす. E barbarian; savage. 韓 야만, 미개함.「野蛮な生活//野蛮な土地」対 文明 ②教養がなく, 乱暴なようす. E barbarous; rude. 韓 야만, 난폭함.「池の水鳥に石を投げて殺すという野蛮な行いは許せない」

やぶ ヤブ 草や低い木, 竹などが, いっぱいに生えている所. E a thicket. 韓 덤불, 대金.「やぶの中は、昼間でも薄暗くしめっぽい//竹やぶ」

やぶから棒 だしぬけ. 突然. E abruptly; all of a sudden. 韓 아닌 밤중에 홍두깨.「食事のとき『お父さん, 10万円ください』と言ったら, 『やぶから棒になにを言うんだ』としかられた」似た表現 寝耳に水

やぶをつついて蛇を出す しなくてもいいことをしたために, 面倒なことをひきおこす. E Let a sleeping dog lie. 韓 긁어 부스럼, 자는 범에 코침 주기.「先生に質問をしたら, おもしろい問題だから調べてレポートを書くように言われた. やぶをつついて蛇を出したようだ」似た表現 やぶ蛇

やぶ・る【破る】ヤブル〔他動五〕(やぶって) ①紙や布, また平たいものなどを引き裂いたり, 穴を開けたりする. E break; tear. 韓 깨다; 찢다, 째다.「窓ガラスを破って, 部屋にボールが飛びこんできた//手紙を破って捨てる」②それまで続いていた状態をこわす. E break. 韓 깨다, 깨뜨리다.「夜の静けさを破って, 救急車のサイレンが聞こえる//記録を破る」③決められたことを守らない. E violate; break. 韓 (규칙 등을) 어기다, 깨다.「三郎は法律を破って警察に捕まった//約束を破る」対 守る ④敵を負かす. E beat; defeat. 韓 무찌르다, 물리치다, 꺾다.「強い相手を破って優勝した」▷自 破れる

やぶれかぶれ【破れかぶれ】ヤブレカブレ うまくいかなくて, どうにでもなれという気持ち

になるようす.　Ｅutter desperation.　韓自暴自棄、なるようになれという心情.「追いつめられて破れかぶれになった犯人は、店員を人質にたてこもった」話

やぶ・れる　【敗れる】ヤブレル〔自動一〕勝負で負ける。また、失敗する。Ｅbe defeated; be beaten.　韓(승부에) 지다, 패배하다；실패하다.「日本は、第２次世界大戦で連合軍に敗れた//強敵に敗れる//人生に敗れる」対勝つ　書

やぼった・い　ヤボッタイ　洗練されていない。Ｅunfashionable; unrefined.　韓촌스럽다, 세련되지 못하다.「この服の柄はどうもやぼったい//カーテンがやぼったくて、部屋の感じがよくない」話

やま　【山】ヤマ　①土地が、まわりよりも非常に高くなっている所. Ｅa mountain.　韓산.「富士山は、日本でいちばん高い山だ//山に登る//雪山」対谷

②①の形に盛りあげたもの. Ｅa heap; a pile.　韓무더기.「砂で山をつくって遊ぶ//１山500円のリンゴ」

③ものごとが、たくさんたまっていること. Ｅa pile of; a mountain of.　韓산더미.「仕事の山をかかえて困っている//借金の山」

④ものごとの経過の中で、いちばんだいじなとき. 山場. Ｅthe crisis; the climax.　韓절정、정점、고비、클라이맥스.「病気が山を越して、すこしずつよくなってきた//話の山にさしかかる」

⑤もしかしたら当たるかもしれないと思ってしてみること. Ｅa guess.　韓(요행수를 노린) 예상.「中世の歴史だけ勉強していったら、山が当たって試験でいい点を取った//山がはずれる//山をかける」

▷数①１座・１山

山が見える　ものごとの見通しがつく. Ｅ The end of ～ is in sight.　韓(사물의 어려운 고비를 넘겨) 앞으로의 전망이 서다.「大きな仕事だったが、ようやく山がみえてきて、今年じゅうには終わりそうだ」

やまい　【病】ヤマイ　①「病気」の古い言い方. Ｅsickness; a disease.　韓병.「胸の病//不治の病(＝治らない病気)」②悪いくせ. Ｅa bad habit.　韓나쁜 버릇, 고질.「盗みの病が出る」▷書

病膏肓に入る　病気が、治らないほど悪くなる。また、どうしようもないほどなにかに夢中になる。Ｅbecome a slave to.　韓병이 고황에 들다；어떤 일에 열중하여 빠져나올 수 없게 되다.

やまし・い　ヤマシイ　自分のしたことがよくないと思って、心に恥じる気持ちだ. Ｅhave a guilty conscience; be ashamed of.　韓양심의 가책을 느끼다, 뒤가 켕기다, 꺼림칙하다.「正当な理由があってもらったお金だから、やましいところはない」

やまづみ　【山積み】ヤマズミ〔～する〕山のように積み上げたり、たくさんためたりすること. 山積. Ｅpiles; heaps; too much.　韓산더미처럼 쌓여 있음, 산적.「旅行から帰ると、机の上に郵便物が山積みになっていた//未解決の問題が山積みだ」

やまば　【山場】ヤマバ　ものごとの経過の中で、いちばんだいじなとき. 山. Ｅthe critical stage; the climax.　韓고비、절정.「裁判の山場を迎え、検察側も弁護側も熱のこもった論戦を展開している//山場を越す」

やまびこ　【山びこ】ヤマビコ、ヤマビコ　声や音が山や谷にぶつかって返ってくること. また、その音. Ｅan echo.　韓메아리.「山に登って『おーい』と叫んだら、『おーい』と山びこが答えた」

やまやま　【山山】ヤマヤマ、ヤマヤマ　①多くの山. Ｅmany mountains.　韓많은 산、산들.「遠くに山々がつらなって見える」②

やみ

(副詞的に)そうしたい気持ちがたくさんあるようす.　Ⓔwould very much like to; a lot of.　한굴뚝 같음；태산 같음.「ハイキングに行きたいのはやまやまですが、かぜが治らなくて行けないのです//言いたいことはやまやまある」

三注 ②はひらがなで書く.

やみ　ヤミ　①光がなく、暗いこと.　Ⓔdarkness.　한어둠, 암흑.「やみの中で、タバコの火だけが見える//やみ夜/暗やみ(→**項目**)」②人に知られないこと.　Ⓔthe dark.　한어둠 속, 비밀리.「事件をやみからやみに葬る(=事件を人に知られないように始末する)」③正しい手続きをとらない、ものの売り買い. また、その品物.　Ⓔthe black market.　한암시장, 암거래(품).「Ａはやみで麻薬を買って逮捕された//やみ取引」

やみくも　ヤミクモ　結果や効果のことを考えないで、ただ行動するようす.　Ⓔblindly; at random; recklessly.　한무턱대고, 닥치는 대로, 덮어놓고, 맹목적.「父は30年間やみくもに働くだけで、自分の幸福について考えもしなかった//海中に投げこまれ、やみくもに手を動かしていたら泳げるようになった」話

やみつき　【病みつき】ヤミツキ　なにかに非常に夢中になって、やめられなくなること.　Ⓔgive oneself up to; be crazy about.　한고질이 됨, 푹 빠짐.「若いときにビートルズを聞いて病みつきになり、いまでも毎日聞いている」自動病みつく

や・む　【病む】ヤム〔自他動五〕(やんで)①病気になる.　Ⓔget sick; fall ill.　한병들다, 앓다.「祖父は長い間病んでいる」②悩む. 心配する. また、病気をする.　Ⓔworry about; suffer from.　한고민하다, 걱정하다；앓다.「京子は受験の失敗を気に病んで、最近元気がない//胸を病む」

三注 ①は自動詞, ②は他動詞.

や・む　ヤム〔自動五〕(やんで)続いていたことが終わりになる.　Ⓔstop; cease.　한멈추다, 그치다.「外から聞こえていた子供たちの声がやんで静かになった//きのうから降っていた雨がやんだ」他動やめる

やむをえず　ヤムオエズ　ある理由のために、しかたなく.　Ⓔunavoidably; of necessity; reluctantly.　한할 수 없이, 어쩔 수 없이, 부득이.「頂上まで登りたかったが、雨と風がひどくなり、やむをえず引き返した//両親に結婚を反対され、やむをえず2人だけで式をあげた」

やむをえない　いいことではないが、そうしないわけにはいかない.　Ⓔunavoidable; inevitable.　한할 수 없다, 어쩔 수 없다, 부득이하다.「資金が集まらなければ、計画を中止することもやむをえない//やむをえない理由で進学をあきらめた」

や・める　【辞める】ヤメル〔他動一〕続けてきた仕事から離れる.　Ⓔretire; resign; quit.　한그만두다, 사직하다.「定年になって会社をやめる//教員をやめて、小説家になる」

や・める　ヤメル〔他動一〕①続けてきたことを終わりにする.　Ⓔstop; give up.　한중지하다；그만두다, 끊다.「暗くなったのでテニスをやめて、家に帰った//正月から、タバコをやめることにした」②しようとしていたことを、しないことにする.　Ⓔcancel; call off.　한취소하다.「病気で旅行をやめる//取りやめる」▷名やめ 自動やむ

やもめ　ヤモメ　①夫に死なれた女性. 寡婦.　Ⓔa widow.　한과부, 미망인.「姉はつれあいに死なれてやもめになった」②妻に死なれた男性. 男やもめ. 寡夫.　Ⓔa widower.　한홀아비.「兄がやもめになって3年になる//やもめ暮らし」

やや　ヤヤ　程度の違いがすこしであるようす.　Ⓔa little; rather; more or less.　한약

간, 얼마쯤, 다소.「午後から天気はやや回復に向かい, 小雨になるでしょう//やや大きめの上着」

ややこし・い ヤヤコシイ 複雑で, わかりにくい. Ecomplicated; intricate. 한복잡하다, 까다롭다.「２つの話を一緒にするとややこしくなるから, １つずつ話してください//この地図はややこしくてよくわからない」話

やら ①(名詞, 動詞と形容詞の基本形について) 同じようなものごとをいくつか並べあげることを表す.「お弁当やら飲み物やら持って, ハイキングに出かけた(EI packed a lunch and drinks, and went hiking. 한도시락이랑 음료수랑 가지고, 하이킹을 갔다.)//帰国するのは, うれしいやらさびしいやら, 複雑な気持ちだ」 ②(「どれ」「だれ」「いつ」などについて) はっきりしないということを表す.「この橋が完成するのは, いつのことやらわからない(EWe don't know when this bridge will be finished. 한이 다리가 완성되는 것이 언제가 될지 알 수 없다.)//ここがどこやら, さっぱりわからない」

やりあ・う 【やり合う】ヤリアウ〔自動五〕(やりあって) たがいに相手を負かそうとして争う. Eargue with; have a quarrel. 한서로 다투다; 논쟁하다, 언쟁하다.「新しい法案について与党と野党がやり合っている//仲間どうしでやり合う」

やりきれな・い ヤリキレナイ ①終わりまですることができない. Ecan't finish. 한끝낼 수가 없다.「こんなにたくさんの仕事は, 今週中にはやりきれない//試験の問題が多くて全部はやりきれなかった」 ②がまんできない. Eunbearable; can't stand. 한참을 수 없다, 견딜 수 없다.「子供たちの飢えた姿を見るとやりきれなくなる//毎日蒸し暑くてやりきれない」

やりくり ヤリクリ, ヤリクリ〔~する〕 いろいろと工夫をして, つごうをつけること. Emanage; make shift. 한주변, 변통, 둘러댐.「少ない収入をやりくりして, 生活を楽しむ//時間をやりくりして, 映画を見に行く」

やりこ・める 【やり込める】ヤリコメル〔他動一〕議論して相手を言い負かす. Etalk a person down. 한(말로 상대를) 꼼짝 못하게 하다, 꾁소리도 못하게 하다.「父に『怠け者でだめなやつだ』としかられた兄は, 『子供を見れば親がわかる』と父をやりこめた」

やりて 【やり手】ヤリテ ものごとを, うまく進める人. Ea tactician; an enterprising person. 한수완가, 민완가.「道子はやり手だから, 新しく始めた会社もうまくいくだろう」

やりとり 【やり取り】ヤリトリ〔~する〕 与えたり受け取ったりすること. Eexchange. 한주고받음, 교환함.「外国の友達と手紙のやりとりをする」

や・る ヤル〔他動五〕(やって) ①行かせる. 進ませる. Esend. 한보내다.「３人の子供を学校にやっているので, 教育費がたいへんだ//使いをやる」対よこす
②目下の人や動物になにかを与える. Egive. 한주다.「給料をもらったとき, 妹にこづかいをやる//犬にえさをやる」対もらう, くれる
③「行う」「する」のくだけた言い方. Edo; hold; be open; have. 한하다.「すきやきパーティーをやるから, みんな来てくれ//この店は夜10時までやっている//一杯やる(=酒をすこし飲む)」
④(「~てやる」の形で) 目下の人のためになにかをする.「妹に夕食をつくってやった//書いてやる(EI'll write for you. 한써 주겠다.)//見てやろう(EI'll check it for you. 한봐 줄게.)」対もらう, くれる

やっていく 人の助けを借りないで生活する. Eget along; manage to live. 韓(남의 도움을 받지 않고) 꾸려 나가다, 살아가다.「1月10万円でやっていかなければならない」

やれやれ ヤレヤレ ほっとしたとき, 疲れたとき, 困ったときなどに, 思わず言うことば. EWell, well; Oh, my!; Thank Heaven! 韓아이구, 맙소사, 후유, 어휴.「やれやれ, きょうの仕事も終わった//やれやれ, くたびれた」話

やわらか【柔らか・軟らか】ヤワラカ ①押すと, 簡単に形が変わるようす. 簡単に曲げたり, のばしたりできるようす. Esoft; tender; supple. 韓말랑말랑함, 부드러움, 나긋나긋함.「やわらかになるまで, よく煮る//やわらかな新芽//やわらかな体」
②穏やかなようす. Egently; soft; mild. 韓온화함, 부드러움.「やわらかに降る雨//やわらかな声//お手やわらかに(→項目)」
③適応性があり, 堅苦しくないようす. Eflexible. 韓융통성이 있음, 유연함.「外からの批判にやわらかに対応する//やわらかな心」
注 漢字の使い方は「やわらかい」と同じ.

やわらか・い【柔らかい・軟らかい】ヤワラカイ ①押すと, 簡単に形が変わる. 簡単に曲げたり, のばしたりできる. Esoft; tender. 韓말랑말랑하다, 부드럽다, 나긋나긋하다.「芋をやわらかく煮る//つきたてのやわらかいもち」対固い・硬い
②穏やかだ. Egentle; mild. 韓온화하다, 부드럽다.「深刻な問題を解決して, 道子は表情がやわらかくなった//やわらかい春の日ざし」対硬い
③適応性があり, 堅苦しくない. Eflexible. 韓융통성이 있다, 유연하다.「頭のやわらかい社長は, 若い者の気持ちもよく理解してくれる」対固い・堅い・硬い
注 漢字で書くときは, 人の態度や, しなやかで力を加えて形が変わってもすぐもとにもどる状態のものは「柔らかい」, 鉱物や, 形が変わるともとにもどりにくい状態のものは「軟らかい」.

やわら・ぐ【和らぐ】ヤワラグ〔自動五〕(やわらいで) 激しさや厳しさがなくなって, 穏やかになる. Ebe eased; be pacified; abate. 韓누그러지다, 완화되다, 가라앉다, 부드러워지다.「薬を飲んだら, 痛みがやわらいだ//講師のユーモアで, 会場の空気がやわらいだ//寒さがやわらぐ」他動和らげる

やんちゃ ヤンチャ, ヤンチャ 子供が元気でいたずらをしたり, わがままで勝手なことをしたりすること. また, その子供. Enaughty; mischief; a tomboy. 韓(어린아이가) 응석을 부림, 떼를 씀 ; 개구쟁이, 장난꾸러기.「子供のころ, わたしも弟もやんちゃをして母を困らせたものだ」話

ゆ／ユ

ゆ【湯】ユ ①温度が高くなった水. Ehot water. 韓뜨거운(더운) 물.「毛のセーターは, 30度ぐらいの湯で洗うといい//湯を沸かしてコーヒーをいれる//ぬるま湯(→項目)」②ふろ. また, ふろ屋. Ea bath; a public bath. 韓목욕물, (대중) 목욕탕.「湯に

ゆあがり 【湯上がり】ユアガリ ふろに入ったあと. Eafter a bath. 한목욕을 마치고 나옴, 목욕 후. 「湯上がりに飲むビールは本当にうまい//湯上がりタオル(=体をふく大きいタオル)」

ゆいいつ 【唯一】ユイイツ 同じようなものが他になく, ただ1つであること. Eonly. 한유일. 「これは, わたしが子供のときにかいた, 唯一の絵だ//唯一の相談相手を失った」書

ゆいごん 【遺言】ユイゴン〔～する〕自分の死後のことを決めて言い残しておくこと. また, そのことば. Ea will; one's last words. 한유언. 「父の遺言にしたがって財産を分ける//葬式は簡単にするように, と遺言する//遺言状」

ゆいしょ 【由緒】ユイショ, ユイショ ものごとのいちばん初めや歴史など, 伝えきたことがら. Ea history; lineage. 한유서, 유래, 내력. 「歴史の古い学校の由緒を尋ねる//由緒が明らかな刀//由緒ある寺」

ゆいのう 【結納】ユイノー 結婚の約束をたしるしに, 金や品物をやりとりすること. また, その金や品物. Ebetrothal presents. 한약혼 예물의 교환, 납폐, 납채. 「姉はきのう結納をして, 婚約の指輪を受け取った//結納をかわす」

ゆ・う 【言う】ユー〔自他動五〕(ゆって) ⇒ 言う 「失礼なことをゆうもんじゃない//それはどうゆうつもり?」話
参「言う」を, 耳で聞いた音のとおりに書いたことば.

ゆ・う 【結う】ユー〔他動五〕(ゆって) 糸, ひも, 縄などで, なにかを結んだり束ねたりして形をつくりあげる. Etie; do (one's hair). 한매다, 묶다, 엮다; (머리를) 땋다. 「竹を縄で結って, 垣根をつくる//正月に日本髪を結う」

ゆういぎ 【有意義】ユーイギ 意義や価値があるようす. Emeaningful; (make) good use; helpful. 한의의가 있음, 값어치가 있음. 「人々の役に立つ, 有意義なことをしたい//夏休みを有意義に過ごす//有意義な話」対無意義

ゆううつ 【憂鬱】ユーウツ 気持ちが重苦しく, 晴れないこと. 心がふさがったように感じること. Egloomy; depressed. 한우울. 「毎日雨が降って, ゆううつだ//母の病気がよくならないので, ゆううつな気分だ」

ゆうえつかん 【優越感】ユーエツカン, ユーエツカン 自分が他人よりすぐれていると思いこんで持つ感じ. Ea sense of superiority. 한우월감. 「ジョンは, だれよりも速く走れると優越感を持っていた//三郎は, 新しい外車で他の車を楽に追い越すとき優越感を覚えるのだという」対劣等感

ゆうが 【優雅】ユーガ 上品でゆとりのあるようす. Eelegantly; graceful. 한우아. 「海辺の別荘で優雅に暮らす//優雅な手つきで茶をたてる」

ゆうかい 【誘拐】ユーカイ〔～する〕人をだまして誘いだしたり, 無理に連れていったりすること. Ekidnap; abduct. 한유괴. 「公園で遊んでいた子供を誘拐した犯人が, 金を要求してきた//誘拐事件」

ゆうがい 【有害】ユーガイ あるものが, 他に悪い影響を与えるようす. Eharmful; noxious. 한유해. 「こんな映画は子供には有害だ//有害な食品//有害無益」対無害

ゆうがた 【夕方】ユーガタ 太陽が沈みはじめてから暗くなるまでの間. Eevening. 한저녁때, 해질녘. 「夕方になると, 公園から子供たちがいなくなる//昼間は暑いが, 夕方は

すこし涼しくなる」対朝方 →たそがれ

ゆうかん 【夕刊】ユーカン 毎日出る新聞で夕方発行されるもの. Ｅan evening paper. 韓석간.「会社の帰りに駅で夕刊を買う//夕刊を配達する」対朝刊 数1部・1紙

ゆうかん 【勇敢】ユーカン 勇気があり, 逃げないで行動するようす. Ｅbravely; courageous. 韓용감.「市民たちは軍隊と勇敢に戦って, クーデターを失敗させた//勇敢な消防士」

ゆうき 【勇気】ユーキ むずかしいことや危険なことを, 積極的にしようとする気持ち. Ｅcourage; bravery. 韓용기.「消防士は非常な勇気を持って, 火の中から子供を助けだした//自分が正しいと思ったことを言うには勇気がいる//勇気ある行動」

ゆうぐう 【優遇】ユーグー〔～する〕他よりもいい扱いをすること. Ｅtreat ～ very well. 韓우대.「洋子は, いい地位と高い給料を与えられて, 会社の中で優遇されている//国が高齢者を優遇する」対冷遇

ゆうぐれ 【夕暮れ】ユーグレ 太陽が沈みはじめて, 暗くなるころ. Ｅevening; dusk. 韓해질녘, 황혼.「太陽が西に傾き, 夕暮れの空が美しい//秋の夕暮れはさびしい」→たそがれ

ゆうげん 【有限】ユーゲン 数や量, 時間, 空間などに限度があること. Ｅlimited. 韓유한.「石油は有限なものだから, たいせつに使いたい//有限の時間//有限会社(Ｅa corporation; a limited company.)」対無限 書

ゆうげん 【幽玄】ユーゲン 心の非常に深いところで感じる美しさ. Ｅthe mysterious profundity; subtle and profound. 韓유현, (정취가) 깊고 그윽함.「日本の古い詩や歌, 能などには, 幽玄な味わいがある//京都の, 石だけの庭に幽玄の美しさを感じる」書

ゆうこう 【友好】ユーコー 友達として, 仲よくつきあうこと. Ｅfriendship; friendly. 韓우호.「いろいろな国の人々と友好を深めるための集まりを開く//友好国//友好的」

ゆうこう 【有効】ユーコー 効き目があるようす. Ｅvalid; effective. 韓유효.「この契約は1年間有効である//時間を有効に使う//頭痛に有効な薬//有効性」対無効

ゆうし 【融資】ユーシ, ユージ〔～する〕事業などに必要な金を貸しだすこと. Ｅa loan; finance. 韓융자.「店をつくるために, 銀行から融資を受ける//会社に融資する」

ゆうしゅう 【優秀】ユーシュー 非常にすぐれているようす. Ｅexcellent; brilliant. 韓우수.「道子は優秀な成績で入社した//多くの発明をした優秀な科学者」対劣悪

ゆうしゅうのび 【有終の美】ものごとを最後までやりとおして, 立派な成果を上げること. Ｅa fine finish. 韓유종의 미.「洋子はマラソンの日本記録を更新して, 選手生活に有終の美を飾った」

ゆうじゅうふだん 【優柔不断】ユージューフダン, ユージューフダン ぐずぐずして, なかなかものごとを決められないようす. Ｅirresolute; indecisive. 韓우유부단.「弟は優柔不断で, いつも『はい』か『いいえ』かはっきり言わないのでいらいらさせられる//優柔不断な性格」

ゆうしょう 【優勝】ユーショー〔～する〕競技などで, 1位になること. Ｅa championship; a victory. 韓우승.「マラソン大会で優勝してメダルをもらった//二郎はピアノのコンクールで優勝した//優勝杯(Ｅa championship cup. 韓우승배.)」

ゆうじょう 【友情】ユージョー 友達としての愛情. Ｅfriendship. 韓우정.「いつも励ましたり力になってくれたりする京子の友情が, とてもうれしい//友情に厚い//温かい

友情」

ゆうしょく 【夕食】ユーショク 夕方の食事．夕飯．[E]dinner; supper. [한]저녁 식사, 저녁밥.「今晩，夕食をご一緒にいかがですか//寮の夕食の時間は，6時から9時までだ」[関連]朝食，昼食

[参] 夜遅く軽く食べる食事は「夜食」．

ゆうじん 【友人】ユージン「友達」の改まった言い方．[E]a friend. [한]우인, 친구.「友人代表としてあいさつする//学生時代からの友人」

ゆうずう 【融通】ユーズー ①変化に合わせて，ものごとをうまく処理すること．[E]flexibility. [한]융통.「出発の時間は9時と伝えたが，30分ぐらいは融通を持たせてある//融通がきく([E]flexible; adaptable. [한]융통성이 있다.)」

②〔~する〕金やものを，つごうをつけて貸したり借りたりすること．[E]lend; accommodate. [한](돈의) 융통.「来月まで10万円融通してください」

ゆうせい 【優勢】ユーセイ 勢いや力が相手より強く，勝てそうなこと．[E]lead; superior. [한]우세.「初めから優勢に試合を進めて，勝った」[対]劣勢

ゆうせん 【優先】ユーセン〔~する〕他のものは後にして，いちばん先にすること．[E]priority; precedence. [한]우선.「なによりも人命の安全が優先される//速さより正確さを優先させる//優先権([E]priority. [한]우선권.)」

ゆうぜん 【悠然】ユーゼン（「悠然と」の形で）まったく気にしないで落ちついているようす．[E]calmly; with perfect composure. [한]유연.「飛行機が大きく揺れても，道子は悠然と本を読んでいる//国会での野党の追及に，大臣は悠然とかまえて笑顔さえ見せている」[書]

[参] 改まって「悠然たる態度」のように表現することもある．

ゆうせんてき 【優先的】ユーセンテキ ほかのものよりも先にするようす．[E]preferential; with priority. [한]우선적.「公共の乗り物では，障害者や老人を優先的にすわらせなさい//開発に際しては，地元の人に優先的な権利を認める」

ゆうだい 【雄大】ユーダイ 非常に規模が大きくてすばらしいようす．[E]grand; majestic. [한]웅대.「雄大にそびえる山//雄大な自然//雄大な計画」

ゆうだち 【夕立】ユーダチ 夏の午後，急に激しく降ってくる雨．雷が鳴ることが多い．[E]a shower. [한]소나기.「家に帰る途中で夕立にあって，びしょぬれになった//夕立が上がるのを待つ//夕立が来る」

ゆうちょう 【悠長】ユーチョー 気長で，のんびりしたようす．[E](take things) easy; leisurely. [한]유장.「出発まで10日もないのに，悠長にかまえてビザも取っていない//『入試に失敗したらどうするの？』ときいたら，弟は『どうにかなるさ』と悠長な返事をした」

ゆうとうせい 【優等生】ユートーセイ 学校の成績が，ほかの生徒よりも特にいい生徒．[E]an honor student. [한]우등생.「道子は1年生のときからずっと優等生で，クラス委員をやっている」[対]劣等生

[参] まじめなばかりでおもしろくない人という意味で，社会人に対しても皮肉をこめて使うことがある．また，特にすぐれているということから，「卵は物価の優等生(＝卵はずっと値段が上がらない)」などと使うこともある．

ゆうはん 【夕飯】ユーハン 夕方のごはん．夕食．[E]dinner; supper. [한]저녁 식사, 저녁밥.「夕飯を食べながら，その日のできごとを話す」[対]朝飯

ゆうひ【夕日】ユーヒ 夕方の太陽。また、その光。Ⓔthe evening sun. 㧏석양。「西の空に夕日が沈んでいく//夕日に照らされて建物が赤く輝いている」対朝日

ゆうび【優美】ユービ 上品で美しいようす。Ⓔgraceful; elegantly. 㧏우미。「美しい衣装とゆっくりした動きの、優美な踊り//優美にふるまう」

ゆうびん【郵便】ユービン ①手紙やはがき、小包などを集め、あて先に送りとどける制度。Ⓔmail; post. 㧏우편。「本を郵便で送る」②①で送られる手紙やはがき、小包など。郵便物。Ⓔmail; post. 㧏우편물。「きょうは郵便の来るのが遅い//郵便を出す//郵便番号(Ⓔpostal code. 㧏우편 번호。)//郵便箱」▷数②1枚・1通・1本

ゆうびんきょく【郵便局】ユービンキョク 郵便物を集めたり配ったりするほか、貯金、保険、為替などの仕事をしたり、はがきや切手などを売ったりする所。Ⓔa post office. 㧏우체국。「郵便局へ行って、小包を出す」→囲み

ゆうふく【裕福】ユーフク、ユーフク 金や財産があって生活が豊かなようす。Ⓔwell-off; rich. 㧏유복。「伯父の家は裕福で新車が3台もある//裕福に育って苦労を知らない子供//裕福な家庭」対貧乏

ゆうべ【夕べ】ユーベ、ユーベ ①きのうの夜。きのうの晩。昨夜。昨晩。Ⓔlast night. 㧏어젯 밤、어제 저녁、간밤。「ゆうべは夕飯の後、テレビの映画を見て寝た//ゆうべ見た夢」②なにかの催し物を行う夜。Ⓔan evening. 㧏(~의) 밤。「市民ホールへクラシックの夕べを聞きに行く」▷話①
≡注①はひらがなで書く。

ゆうべん【雄弁】ユーベン、ユーベン 聞き手をひきつけ、心を打つように上手に話すこと。Ⓔeloquence. 㧏웅변。「首相は会場にいっぱいの人に向かって、政治改革の進め方を雄弁に話った//雄弁をふるう」対訥弁

郵便局で使うことば

郵便の種類

封書 Ⓔa (sealed) letter. 㧏봉서。
はがき Ⓔa postcard. 㧏엽서。
官製はがき Ⓔa government-printed postcard. 㧏관제 엽서。
往復はがき Ⓔa return postcard. 㧏왕복 엽서。
小包 Ⓔparcel post. 㧏소포。
速達 Ⓔspecial delivery. 㧏빠른 우편。
書留 Ⓔregistered mail. 㧏등기 우편。
船便 Ⓔsea mail. 㧏선편、선편 우편。
航空便 Ⓔair mail. 㧏항공편、항공 우편。

切手 Ⓔa stamp. 㧏우표。

お金に関することば

郵便為替 Ⓔpostal money order. 㧏우편환。
郵便振替 Ⓔpostal transfer. 㧏우편 대체。
郵便貯金 Ⓔpostal savings. 㧏우편 저금。
現金自動支払機(CD) Ⓔa cash dispenser. 㧏현금 자동 지급기。
現金自動預入払出機(ATM) Ⓔan automatic teller machine. 㧏현금 자동 입출금기。

ゆうぼう 【有望】ユーボー　将来に期待が持てそうなようす. [E](have) bright prospects; promising. [韓]유망.「あの新入社員は才能があるうえに, よく努力するので有望だ∥コンピューター技師 はこれから有望な職業だ∥前途有望」

ゆうめい 【有名】ユーメイ　多くの人に知られているようす. [E]famous; well-known. [韓]유명, 저명.「富士山は日本を代表する山として有名だ∥テレビに出演して有名になった∥有名人」[対]無名

ユーモア (humor)ユーモア　上品に表現されるおかしみ. [E]humor. [韓]유머.「重苦しい雰囲気が, 二郎のユーモアで明るくなった∥ユーモアを理解する∥ユーモア小説」

ゆうやけ 【夕焼け】ユーヤケ　太陽が沈むころ, 西の空が赤く見えること. [E]the sunset glow. [韓]저녁 노을.「学校の帰りにきれいな夕焼けが見えたから, あしたはきっと晴れるだろう∥夕焼け雲∥夕焼け空」[対]朝焼け

ゆうゆう 【悠悠】ユーユー, ユーユー　①急がず, ゆっくりと落ちついているようす. [E]serenely; calmly. [韓]유유함, 느긋함.「午後に試合があるのに, ゆうゆう(と)昼寝をしている」②じゅうぶん余裕があるようす. [E](be) well (in time); with ease. [韓]너끈함.「早く家を出たので, ゆうゆう(と)間に合った∥広い部屋だから, 100人はゆうゆう(と)入れる」③限りなくひろがっていたり, へだたっていたりするようす. [E]endlessly; calmly. [韓]유유함.「ゆうゆう(と)流れる大河」▷[書]③
[参]①は「のんびり」と似ているが,「のんびり」が気持ちがゆるみリラックスしているようすを表すのに対して,「ゆうゆう」は自信があって落ちついているようすを表す. また, 改まって「ゆうゆうたる歩み」のように表現することもある.

ゆうゆうじてき 【悠悠自適】ユーユージテキ, ユーユー・ジテキ　心配なことも義務としてしなければならないこともなく, 自分のしたいことをして, ゆったりと暮らすこと. [E]live in comfort. [韓]유유자적.「父は定年で会社をやめたあと, 詩を書いたり草花を育てたり, 悠々自適の生活を送っている」

ゆうよ 【猶予】ユーヨ〔~する〕①どうしたらいいかと, ためらっていること. [E]hesitation; delay. [韓]유예, 주저, 지체.「猶予せず, ただちに手を打つ必要がある∥一刻の猶予も許されない」②なにかを行う日時を, 相手のために予定より先にのばすこと. [E]postponement; grace. [韓]유예, 기한을 연기함.「論文の提出期限を3日間猶予する∥執行猶予(→項目)」

ゆうり 【有利】ユーリ　利益があるようす. ほかよりも得であるようす. [E]advantageous; profitable. [韓]유리.「背の高い人は, バスケットボールをするときにとても有利だ∥利率が高くて有利な定期預金にする∥有利な条件」[対]不利

ゆうりょ 【憂慮】ユーリョ〔~する〕心配し, 考えること. [E]be anxious; concern. [韓]우려.「父の病状の悪化を憂慮し, 専門医に相談する∥アフリカでは, 食糧の不足が憂慮すべき状態にある」[書]

ゆうりょう 【有料】ユーリョー　料金がかかること. [E]charged. [韓]유료.「この展覧会は小学生以上は有料だ∥有料駐車場∥有料道路」[対]無料

ゆうりょう 【優良】ユーリョー　品質などが水準以上にすぐれているようす. [E]superior; excellent. [韓]우량, 우수.「優良な製品をつくる∥健康優良児」[対]劣悪 [書]

ゆうりょく 【有力】ユーリョク　①実力を持ち, 他への影響力があるようす. [E]powerful; influential. [韓]유력.「あの人はわたし

ゆうれい

たちの運動の有力な理解者だ//有力者」対無力 ②実現の可能性や効力が高いようす. Eprevailing; convincing. 韓유력.「労働時間を減らして個人の生活をだいじにしようという意見が有力になってきた//有力な証拠」

ゆうれい 【幽霊】ユーレイ ①死んだ人の霊が, 生きていたときの姿で現れるというもの. Ea ghost; a phantom. 韓유령.「あの家は数年前に自殺した持ち主の幽霊が出るといううわさで, 住む人がいない//幽霊屋敷」② 本当にはないのに, あるように見せかけたもの.「幽霊会社(Ea bogus company. 韓유령 회사.)//幽霊人口(Ea bogus population. 韓유령 인구, 서류상의 가공 인구.)」

ゆうれつ 【優劣】ユーレツ, ユーレッ すぐれているか, おとっているか, ということ. Esuperiority and inferiority. 韓우열.「この2台の車は, どちらも同じようによく走り, 優劣がつけられない」

ゆうわく 【誘惑】ユーワク〔~する〕人の心を迷わせて, よくないことに誘いこむこと. E(a) temptation. 韓유혹.「タバコを1週間やめていたが, 誘惑に負けて, また吸いはじめた//誘惑に勝てず, 会社の金を盗んだ」

ゆえ 【故】ユエ そうする理由. わけ. Ea reason; a cause. 韓까닭, 이유.「ゆえあって, いまの仕事を選んだ//ゆえなく入場を断られた//貧乏ゆえの苦しみ」書

ゆえに ユエニ (文と文をつないで)前にいったことが原因や理由になって, 後でいうことが起こるときに使うことば. こういうわけで. したがって. Etherefore; so; consequently. 韓그러므로, 따라서, 고로.「AとBは等しく, AとCは等しい. ゆえに, BとCは等しい//われ思う. ゆえに, われあり」書

ゆえん ユエン 理由となっていることがら. E a reason; (the reason) why. 韓소이(所以), 까닭, 연유, 이유.「事態の複雑さが, 解決を遅らせているゆえんだ」書

ゆか 【床】ユカ 建物の中の, 人が歩ける平らな部分. Ea floor. 韓마루.「石の床を歩く靴音が, こつこつと聞こえる//床をみがく」対天井

ゆかい 【愉快】ユカイ 気持ちがよく, 楽しいようす. おもしろいようす. Epleasant; happy; amusing. 韓유쾌.「きょうは久しぶりに友達と飲んだり話したりして愉快に過ごした//愉快な映画で, 笑いが止まらなかった」対不愉快

ゆが・く 【湯がく】ユガク〔他動五〕(ゆがいて)野菜のあくを取り除くために, 煮立っている湯の中を通す. Eblanch; scald. 韓(야채 등을) 데치다.「ホウレンソウを湯がく」

ゆかた 【浴衣】ユカタ 入浴後, または夏に着るもめんの着物. Ea *yukata*; an informal summer *kimono*. 韓(목욕 후 또는 여름철에 입는) 무명 홑옷.「ゆかたを着て盆踊りを見に行く//ふろから出てゆかたでくつろぐ」数1枚・1着

ゆが・む ユガム〔自動五〕(ゆがんで) ①ものの形が, 曲がったり, ねじれたりして変わる. Ebe distorted; be contorted. 韓비뚤어지다, 일그러지다.「あまり辛くて口がゆがむほどのカレーだった//安い鏡を買って映したら, 顔がゆがんで見えた」②考え方や性格などがふつうでなくなる. Ebe perverted; be warped. 韓비뚤어지다, 엇나가다.「うそをついたり, 悪いことを平気でしたりする子は心がゆがんでいる//ゆがんだ性格」▷名ゆがみ 他動ゆがめる

ゆき 【雪】ユキ 冬, 空から降ってくる, 白い冷たいもの. 大気中の水蒸気が冷えてきた細かい氷の結晶. また, その天気. Esnow.

訓눈.「夜中に雪が降って、朝起きたら外は真っ白だった/雪が積もる//雪景色」

ゆき【行き】ユキ「行き」のすこし古い言い方.Ego.訓감, 가는 편, 갈 때 ; ~행.「行きはバスにしよう//つぎの列車は大阪行きです//新宿行き(Efor Shinjuku. 訓신주쿠행.)」自動行く

ゆきさき【行き先】ユキサキ 進んでいく目的の所. いきさき. Eone's destination; the place where one is going. 訓행선지, 목적지.「このバスの行き先はどこですか/行き先も言わずに出かけた」

ゆきずり【行きずり】ユキズリ どこかへ行く途中で出あった、そのときだけの関係. Ecasual; passing. 訓가다오다 만남 ; 일시적임.「新幹線でとなりにすわったゆきずりの人と、京都に着くまで話をした//ゆきずりの恋」

ゆきだるま【雪だるま】ユキダルマ 雪のかたまりを転がして、だんだん大きくしたものを重ねて、だるまの形にしたもの. Ea snowman. 訓눈사람.〔雪だるま〕「ゆうべ積もった雪で、庭に雪だるまをつくろう//雪だるまがとけてしまった」

雪だるま式に なにかが急速に大きくなるようす. Esnowball into. 訓눈덩이처럼.「つぎつぎと借りて、借金が雪だるま式に増える」

ゆきどけ【雪解け】ユキドケ, ユキド゚ケ①冬の間積もっていた雪が、春になってとけること. Ea thaw; thawing. 訓눈이 녹음, 눈석임.「今年は春になっても寒かったので、雪どけが遅い//雪どけ水」②対立していたものの緊張がゆるみはじめること. Ea thaw; détente. 訓해빙, 긴장 완화.「1950年代の終わりごろから、米ソ間の雪どけが始まり、東西の緊張がとけてきた」

ゆ・く【行く】ユク〔自動五〕①「行く」のすこし古い言い方.Ego. 訓(목적지로) 가다.「あす仙台にゆきます」②過ぎ去る. Epass; depart. 訓가다, 지나가다.「ゆく夏を惜しむ//ゆく年くる年」▷名行き
参「~て」の形のときは「行って」を使う.

ゆくえ【行方】ユクエ①進んでいく先. また、去っていった先. Eone's whereabouts. 訓행방.「空港で荷物のゆくえがわからなくなって、さがしまわった//ゆくえ不明(Emissing. 訓행방 불명.)」②将来どうなるか、ということ. Ethe future. 訓장래, 전도.「新しく独立した国々のゆくえを見守る」▷書②
参いつも、行く先や行った先がはっきりしていないときに使う.「道子のゆくえがわからない」とはいうが、「道子のゆくえは学校です」とはいわない.

ゆげ【湯気】ユゲ 湯などの表面から立ちのぼった水蒸気が、冷えて水滴となり、白い煙のように見えるもの. Esteam. 訓김, 수증기.「ふろ場の中は湯気でなにも見えない//頭から湯気を立てて怒る//湯気が立っている温かい料理」

ゆけつ【輸血】ユケツ〔~する〕病人やけが人に、健康な人の血液を入れること. Ea blood transfusion. 訓수혈.「けがをした人に輸血をしたら、元気を取りもどした//B型の血液を輸血する」

ゆしゅつ【輸出】ユシュツ〔~する〕外国へ品物や技術などを売るために送りだすこと. Eexport. 訓수출.「日本は、いろいろな電気製品を多くの国に輸出している//武器の輸出を禁止する//輸出品」対輸入

ゆす・ぐ ユスグ〔他動五〕(ゆすいで)①水の中でものを揺り動かして、よごれを取る. Ewash out; rinse out. 訓헹구다.「シャツ

をせっけんで洗ったあと、よく水でゆすぐ//コップを水でゆすぐ」②口の中で水をあちこち動かして、口の中をきれいにする。Erinse out (one's mouth). 한양치질하다、(입을)가시다.「歯をみがいたあと口をよくゆすいでおく」▷名ゆすぎ

ゆす・る 【揺する】ユスル〔他動五〕(ゆすって) ものを前後、左右、上下などに動かす。Eshake; rock. 한흔들다.「弟はいすに腰かけると、体を前後にゆするくせがある//赤ん坊をゆすって寝かせる」

ゆす・る ユスル〔他動五〕(ゆすって) 人をおどして、金やものを出させ、うばう。Eextort; blackmail. 한등치다、갈취하다.「暴力団が会社をゆすって、金を出させる//中学生が先輩にゆすられて、金を取られた」 名ゆすり

ゆそう 【輸送】ユソー〔~する〕まとまった数の人やものを運ぶこと。Etransport; conveyance. 한수송.「新しい地下鉄ができて、たくさんの人を速く輸送できるようになった//海上輸送」

ゆたか 【豊か】ユタカ ①必要なものがじゅうぶんに、満足できるほどあるようす。Eabundant; rich; affluent. 한풍족함, 풍부함, 유복함.「地球は太陽から豊かな光と熱を受けている//外国人の出席者が多く、国際色豊かなパーティーだった//暮らしが豊かになる//豊かな才能」 対貧しい、乏しい ②のびのびと、おおらかなようす。Egenerous; abundant. 한너그러움; 풍요로움.「子供には豊かな心を持ってほしい//北海道の豊かな大地」 対貧しい

ゆだ・ねる ユダネル〔他動一〕ものごとの処置、解決などを他の人や集団にまかせる。Eentrust; leave. 한맡기다, 위임하다.「意見がまとまらないので、決定を議長にゆだねた//病人の世話を看護婦にゆだねる」

ゆだん 【油断】ユダン〔~する〕うっかりして、注意や警戒をしないこと。Ebe careless; be off guard. 한방심, 부주의.「ちょっと油断をして、部屋にかぎをかけずに出かけたら、泥棒に入られた//油断して薄着をしていたので、かぜをひいた」

油断もすきも(なら)ない すこしの油断もできない。Ecannot be too careful. 한조금도 방심할 수 없다.「かばんを下に置いて切符を買っていたら、盗まれてしまった。本当に油断もすきもない」

ゆだんたいてき 【油断大敵】ユダンタイテキ 油断は失敗のもとになるから、油断そのものがこわい敵だ、決して油断をしてはいけないということ。EOverconfidence is our greatest enemy. 한방심은 절대 금물.「相手が弱いといっても、油断大敵だ。気持ちを引きしめていこう」

ゆちゃく 【癒着】ユチャク〔~する〕①皮膚などの一部が、なにかの理由でたがいにくっついてしまうこと。Eheal up; adhesion. 한유착.「ひどいやけどをして、皮膚が癒着を起こした//検査の結果、腸に癒着があることがわかった」②利害を共通にするものどうしが、不正な関係を持つこと。Ehave a cozy relationship. 한유착.「政界が財界と癒着していると、清潔な政治はできない//役人と業者の癒着が、汚職につながる」

ゆっくり ユックリ〔~する〕①速度が遅いようす。Eslowly; without haste. 한천천히, 서서히.「足が痛かったのでゆっくり(と)歩いた」②時間的、空間的、また気持ちに余裕があるようす。Eenough; as long as one likes. 한넉넉히, 너끈히; 느긋하게.「この会場なら50人はゆっくり(と)入れる//どうぞごゆっくり」

ゆったり ユッタリ〔~する〕①大きさに余裕があるようす。Eloose. 한헐겁게, 낙낙

ゆめうつつ

하게, 넉넉히.「ゆったりした洋服なので体を動かしやすい」②気持ちに余裕があるようす. Ⓔrelaxed; at ease. 韓마음 편히, 느긋하게.「温泉に入ると、ゆったりしたしあわせな気分になる」

ゆ・でる ユデル〔他動一〕食べ物などを熱湯の中で煮る. Ⓔboil. 韓삶다, 데치다.「ジャガイモをゆでてサラダをつくる//卵をゆでる」 自動ゆだる

ゆとり ユトリ 時間や空間、また、金などがじゅうぶんにあること. Ⓔtime (to spare); space; comfort. 韓여유.「時間にゆとりを持たせて、すこし早めに家を出る//まだ紙面にゆとりがあるから、この記事を載せよう//ゆとりのある暮らし」

ユニーク (unique) ユニーク ほかとは異なっていて、そのものだけが持っているようす. Ⓔunique. 韓유니크, 독특함, 독자적임.「この絵は色の使い方がユニークで、新しい感覚を表現している//二郎はとてもユニークな考え方をする」

ユニホーム (uniform) ユニホーム、ユニホーム 制服. 特にスポーツで、同じチームの人たちが着る、色や形が同じ服. ユニフォーム. Ⓔa uniform. 韓유니폼, 제복.「バレーボールの両チームの選手が、それぞれのユニホームを着て入場した//ユニホームで働く、ハンバーガーの店の店員たち」 数1枚・1着

ゆにゅう 【輸入】ユニュー〔~する〕外国から品物や技術などを買い入れること. また、外国の文化や制度、思想などを取り入れること. Ⓔimport. 韓수입.「日本は、国内で使う石油の大部分を輸入している//戦後、民主主義の考え方をアメリカから輸入した//輸入品」 対輸出

ゆのみ 【湯飲み】ユノミ「湯のみ茶碗」を略した言い方. お茶などを飲むための茶碗. Ⓔteacup; a cup. 韓찻잔, 찻종.「湯のみにお茶をつぐ//すし屋の湯のみは大きい」→きゅうす図

ゆび 【指】ユビ 手足の先の、細かく分かれている部分. Ⓔa finger; a toe. 韓손가락, 발가락.「指をさして道を教える//指先」 数1本 →手図

⚫手の指の名前は、甲を上にしたときの内側から外に向かって、親指、人さし指、中指、薬指、小指.

指をくわえる ほしいのに手を出せないでいる. Ⓔ(look on) enviously. 韓손가락을 입에 물다, 갖고 싶지만 엄두를 못 내고 있다.「家がほしいが、あまり高いので指をくわえて見ているしかない」

ゆみ 【弓】ユミ ①竹や木を曲げてつるを張った武器. つるに矢を当てて射る. また、その術. Ⓔa bow. 韓활.「弓で的を射る//弓を引きしぼる//弓矢」②「①」の形をした、弦楽器をひくのに使う道具. Ⓔa bow (of a musical instrument). 韓활, 악궁(楽弓).「洋子は弓をバイオリンに当て、静かに演奏を始めた」▷数1丁・1本

〔弓①〕

ゆめ 【夢】ユメ ①眠っているあいだに、ある状況を実際に経験しているように感じる現象. Ⓔa dream. 韓꿈.「ゆうべ、寝ていて空を飛ぶ夢を見た//夢から覚める」対うつつ ②実現させたくて、いつも心に持っている大きな希望. Ⓔdream; an ambition. 韓꿈, 희망, 포부.「子供のころからの夢がかなってオリンピックで優勝できた//道子の考えには夢がある」

ゆめうつつ 【夢うつつ】ユメウツツ、ユメウツツ 夢を見ているのか現実のことなのか、よくわからない状態. Ⓔa trance; half asleep. 한비몽사몽.「母がわたしを呼ぶ声を, ふとんの中で夢うつつで聞く//高い熱のために, 1日じゅう夢うつつで過ごす」

ゆゆし・い ユユシイ そのままにしておくと, たいへんなことになる. Eserious; grave. 한중대하다, 용이하지 않다, 예삿일이 아니다.「学校嫌いの子供が増えているのは, ゆゆしい問題である//血液型をまちがえて輸血したとは, ゆゆしいミスだ」

ゆらい 【由来】ユライ, ユライ〔～する〕古くからあるものごとが, どのようにして始まり, どうなってきたかということ. また, その歴史. Ethe history; the origin. 한유래.「近くにある古い寺の由来を調べる//日本のお茶は, 中国に由来する」

ゆら・ぐ 【揺らぐ】ユラグ, ユラグ〔自動五〕(ゆらいで) ①揺れ動く. Eswing; sway. 한흔들리다, 너울거리다.「旗が風に吹かれて, 揺らいでいる」
②心が揺れるようになる. Ewaver; be shaken. 한흔들리다, 동요하다.「タバコをやめようと思うが, 人が吸っているのを見ると, 決心が揺らぐ」
③いちばん基礎のところが不安定になる. Ebecome unsteady. 한흔들리다, 불안정해지다.「大国の経済が揺らぐと, 多くの国に影響が現れる//地位が揺らぐ」▷名揺らぎ

ゆらゆら ユラユラ〔～する〕ゆっくりと, 何度も揺れるようす.「つり橋を渡るとき, ゆらゆらしてこわかった(EWhen I crossed the suspension bridge, the swaying frightened me. 한출렁다리를 건널 때 흔들흔들거려서 무서웠다.)//地震のとき, 超高層ビルがゆらゆら(と)揺れていた」

ゆる・い 【緩い】ユルイ ①しめ方がきつくない. Eloose. 한느슨하다, 헐겁다.「苦しくないようにベルトをゆるくしめる//ねじがゆる

くなって抜けそうだ」対きつい
②厳しくない. Elax; lenient. 한느슨하다, 엄하지 않다.「交通違反に対する取り締まりがゆるい」対厳しい
③速度や傾きが少ない. Eslow; gentle. 한완만하다, 느리다.「車のスピードをゆるくする//ゆるい流れの川//ゆるい坂」

ゆる・す 【許す】ユルス〔他動五〕(ゆるして) ①願いなどを受け入れて, そうしていいとする. Epermit; allow. 한허가하다, 허락하다, 허용하다.「病人との面会を許す//5分以上の遅刻は許されない」対禁じる
②人を罪や義務などから自由にする. Eforgive; excuse. 한용서하다.「本を万引きした少年が心から謝ったので, 店の主人は許してやった//罪を許す(Eforgive a sin. 한죄를 용서하다.)」
③他の人に対する緊張をゆるめる. Ebe off one's guard; trust. 한방심하다 ; 마음을 주다.「電車の中で, ちょっと気を許したすきに財布をすられた//心を許し合った友人」
④制限しない. Epermit. 한허용하다.「時間とお金が許せば, いろいろな地方を旅行したい//体力が許す限り登山を続ける」
▷名許し

ゆる・む 【緩む】ユルム〔自動五〕(ゆるんで) ①ゆるくなる. Ebecome loose. 한느슨해지다, 헐거워지다.「使っているうちにねじがゆるんで部品がはずれた//ゴムがゆるむ」対締まる
②ものごとに対する強い態度が弱くなる. Erelax. 한완화되다, 해이해지다.「大仕事が終わって気がゆるんだ//規律がゆるむ」対締まる
③暑さや寒さなどの厳しさがやわらぐ, 穏やかになる. Eabate. 한풀리다, 누그러지다.「3月に入って寒さがゆるんできた//痛みがゆるむ」▷名緩み 他動緩める →たるむ

ゆる・める【緩める】ユルメル〔他動一〕① ゆるくする。Ｅloosen; unfasten. 韓느슨하게 하다, 헐겁게 하다.「おなかがいっぱいになったので、ベルトをゆるめた//三味線の糸をゆるめる」対締める ②ものごとに対する強い態度を弱くする。Ｅrelax. 韓늦추다, 완화하다.「取り締まりをゆるめると、スピード違反の車が増える//緊張をゆるめる」対締める ③速度を遅くする。Ｅslow down. 韓(속도를) 늦추다.「新幹線は速度をゆるめて、停車の準備に入った//歩みをゆるめる」▷自動緩む

ゆるやか【緩やか】ユルヤカ ①速度や勢いが急でないようす。Ｅslow. 韓느릿함.「曲のテンポがゆるやかになる//ゆるやかに流れる大河」②坂の傾きぐあいやカーブの曲がりぐあいがあまり急でなく、なだらかなようす。Ｅgentle. 韓완만함.「ゆるやかに下る山道//ゆるやかなカーブ」③ゆとりがあって、規則などが厳しくないようす。Ｅslack; lenient. 韓느슨함, 엄하지 않음.「金利規制をゆるやかにすると、インフレが起こる//校則はゆるやかなほうがいい」

ゆ・れる【揺れる】ユレル〔自動一〕①前後、左右、上下などに動いて安定しない。Ｅroll; shake; tremble. 韓(물체가) 흔들리다.「飛行機が揺れて、飲み物がこぼれた//木の葉が風に揺れる」
②心が不安定だ。Ｅwaver. 韓(마음이) 흔들리다, 오락가락하다.「大学院へ行こうか、就職しようかと心が揺れている//気持ちが揺れ動く」
③状態が不安定だ。Ｅbe unstable. 韓(상태가) 흔들리다, 불안정하다.「ことばの形が揺れていて、『見られる』という人も『見れる』という人もいる」▷名揺れ 他動揺らす

よ／ヨ

よ【世】ヨ ①人が実際に生活してつくっている社会。Ｅthe world; the public. 韓세상, 사회, 세간.「定年後は世のため人のために働きたい//世を去る(Ｅdie. 韓세상을 떠나다, 죽다.)//世の中(→項目)」②ある権力者、また、その人から続いて、その子孫が支配している時代。Ｅan age; a reign. 韓시대.「平安時代は貴族の世として栄えた」
世に出る いい仕事をしてたくさんの人に名が知られるようになる。出世する。Ｅrise in the world. 韓출세하다, 유명해지다.「あの小説家は20代でＡ賞を受賞して世に出た」
世を忍ぶ 本当は世間に名を知られている人が、なにかの事情で身元を隠す。Ｅavoid public notice. 韓남의 눈을 피하다, 세상의 이목을 피하다.「有名な俳優が、世をしのぶ仮の名で福祉施設にたくさんの寄付をした」

よ【余】ヨ (数や量を表すことばの後について、また、「～の余」の形で) その数や量よりもすこし多いこと。あまり。Ｅover; more than. 韓～남짓, ～여.「きょうの集会には50人余の人が出席した//半年の余も入院していた」▷書

よ【夜】ヨ 「夜」のすこし古い言い方。Ｅnight; evening. 韓밤.「東の空が白くなり夜が明けてきた//夜がふけるまで本を読んでい

た//夜遊び//月夜」

夜も日も明けない ものごとに夢中になって,それなしには時を過ごすことができない. Ebe unable to do without. 韓그것 없이는 잠시도 지낼 수 없다.「三郎はカラオケに夢中で,カラオケなしには夜も日も明けないようだ」

夜を明かす 1晩じゅう寝ずに朝になる. Esit up all night. 韓밤을 새우다, 철야하다.「台風による大雨の後,洪水が心配で,川のようすを見ながら夜を明かした」
|似た表現| 夜が明ける, 夜明かし

よ (文の終わりについて)①相手に知らせたり教えたりするときに, その気持ちを強めることを表す.「先に出かけるよ//雨が降っているよ(EIt's raining. 韓비가 오고 있어.)//それ, きのうの新聞だよ」
②命令や禁止を強めることを表す.「早くしろよ(EHurry up! 韓빨리 해.)//すぐ行きなさいよ//忘れるなよ」
③(「~〔よ〕うよ」の形で) 誘う気持ちを強めることを表す.「早く行こうよ(ELet's go quickly. 韓빨리 가자.)//もう起きようよ」
④(疑問を表す語句について) 不満や非難の気持ちを強めることを表す.「なんだよ, こんなによごして(EWhat's the matter with you? You made this so dirty. 韓뭐야, 이렇게 더럽혀 놓고.)//どうしたのよ, 遅刻して」
▷話 →な 囲み

よあけ 【夜明け】ヨアケ ①太陽が出る前の, あたりが明るくなりはじめるころから, 太陽がのぼりはじめるころまで. Edawn; daybreak. 韓새벽.「夜明けの空に小鳥の声が聞こえる//夜明けが近い」対日暮れ ②新しい時代の始まり. Ethe dawning (of a new age). 韓여명기, 새벽.「明治維新は近代日本の夜明けだった//アジアの夜明け」

よい 【酔い】ヨイ, ヨイ 酔うこと. また, 酔った程度. Edrunkenness; (motion) sickness. 韓취함, 취기; 멀미.「酔いがまわって頭がふらふらする//酔いをさます//乗り物酔い」自動酔う

よ・い 【良い・善い】ヨイ 「いい」の改まった言い方. Egood; right; need not. 韓좋다, 바르다, 괜찮다.「お行儀のよいお子さんですこと//あすは来なくてもよい」→いい

よいしょ ヨイショ 重いものを持ち上げたり動作を始めたりするときの掛け声. EHeaveho! 韓영차, 이영차.「母は立ち上がるとき, いつも, 『よいしょ』と言う//『よいしょ, よいしょ』と段ボール箱を運ぶ」話
参 最近は,「あの人はよいしょするのがうまい」のように, 相手にお世辞を言ったりして喜ばせることの意味で, 動詞の形で使うこともある.

よいっぱり 【宵っぱり】ヨイッパリ いつも夜遅くまで起きていること. また, その人. Esit up late at night. 韓밤늦도록 자지 않음, 그런 사람.「両親がいつまでも起きていると, 赤ん坊まで宵っぱりになる//宵っぱりの朝寝坊(=夜遅くまで起きていて, 朝はいつまでも寝ていること. また, その人)」

よいん 【余韻】ヨイン ①金属のものを打ったときなどに, 後に残る響き. Ea lingering sound. 韓여운, 여음(餘音).「寺の鐘の音が長い余韻を引いて聞こえる」②なにかが過ぎ去ったあとに心に残る感じ. Eaftertaste. 韓(감정 등의) 여운, 뒷맛.「コンサート会場にはすばらしい演奏の余韻がまだ残っている」③ことばや文章などの奥にある味わい. Esubtle overtones; significance. 韓(시문 등의) 여운, 여정(餘情).「この詩は結びの1行に深い余韻がある」

よう 【用】ヨー ①する必要があることがら. しなければならないこと. 用事. Eone's

work; business. 图불일, 용건, 용무.「用がすんだらすぐ家へ帰る//急ぎの用で出かける」②役に立つこと. Euseful; necessary. 图쓸모, 필요.「新しいのを買ったから,古いテレビは用がなくなった」③(他のことばの後について)~に使うもの. ~が使うもの.「登山用の靴(Emountain climbing boots. 图등산용 신발.)/社員用の出入り口(Ea staff entrance. 图사원용 출입구.)」

用を足す ①しなければならないことをすませる. Edo one's business. 图볼일을 보다.「用をたしてから買い物をする」②大便や小便をする. Ego to the bathroom. 图용변을 보다.「出かける前に用をたしておく」▷似た表現用足し

よう ヨー ①人に呼びかけるときに言うことば. EHi!; Hey! 图이봐, 어이, 야.「よう, しばらく//よう, テレビゲーム貸してよ」②(一段動詞,「する」動詞,「来る」の「ない」形について)(1)話す人の意志を表す.「仕事が終わったら, ごはんを食べよう//あすは早く起きよう(EI'll get up early tomorrow morning. 图내일은 일찍 일어나야지.)//部屋を掃除しよう」(2)相手を誘う気持ちを表す.「もう遅いから寝ようよ(EIt's so late. Let's go to bed. 图이미 늦었으니까 그만 자자.)」(3)(「~ようじゃないか」の形で)やわらかい誘い, 命令を表す.「諸君, 人生を楽しく生きようじゃないか(EMy Friends! Let us all enjoy life. 图제군, 인생을 즐겁게 살아 가자꾸나.)」(4)(「~ようとする」の形で) そのことが行われるすぐ前であることを表す.「シャワーを浴びようとしたら, 電話がかかってきた(EJust as I stepped in the shower, the phone rang. 图막 샤워를 하려는 참에 전화가 걸려 왔다.)」
▷話①→おい囲み

参②で五段動詞は「お」の段に「う」がつく.

よ・う【酔う】ヨウ〔自動五〕(よって) ①酒を飲んでアルコール分が体にまわり, 体や心がふつうでなくなる. Eget drunk. 图술에 취하다.「ビール1杯で酔う//酒に酔うと父はおしゃべりになる」
②船や車などに揺られて, 気持ちが悪くなる. Efeel motion sickness. 图멀미하다.「洋子は船に酔って青い顔をしている//バスに酔う」
③心をうばわれ, うっとりする. Ebe spellbound; be enraptured. 图도취하다, 황홀해지다.「スカイダイビングのすばらしい演技に酔う//名曲に酔う」▷名酔い →酔っ払う

ようい【用意】ヨーイ(~する) あることのために, 前もって支度しておくこと. Epreparations; take ~ with. 图준비, 용의.「今夜の客のために食事を用意する//雨具の用意をして出かける//用意周到(Every careful. 图용의 주도.)」

ようい【容易】ヨーイ 実行や解決がやさしいようす. 簡単. Eeasy; simple. 图용이, 손쉬움, 간단함.「容易な仕事から先に片づけよう//1日でこれだけの書類を処理するのは容易ではない」対困難

よういん【要因】ヨーイン ものごとが起こったおもな原因. Ea (primary) factor; a cause. 图요인.「物価値上がりの要因を調べる//工場廃水がこの川のよごれの要因になっている」書

ようか【八日】ヨーカ ①その月の8番目の日. 8日. Ethe eighth (of April). 图8일, 초여드렛날.「4月8日は花祭りだ」②日の数が8つあること. 8日. Eeight days. 图8일간, 여드레.「8日会社を休んだ//8日間」

ようき【容器】ヨーキ ものを入れるための器．Ea container．[韓]용기，그릇．「野菜をプラスチックの容器に入れて冷蔵庫にしまう//ふたがついた容器//紙の容器」
参「入れ物」も似ているが，「入れ物」が，袋などもふくめて，なにかを入れるものという意味で広く使われるのに対して，「容器」は入れるものに合わせて形が決まっているものについていう．

ようき【陽気】ヨーキ ①気候，天気の感じ方についていう言い方．E(the) weather．[韓]기후，날씨．「秋らしくさわやかな陽気になった//陽気がいい」②性格や雰囲気が，明るくて楽しい感じがするよう．Ebright; cheerful．[韓]쾌활함，명랑함．「文化祭の会場に陽気な音楽が流れている//父は酒を飲むと陽気になる」対陰気

ようぎしゃ【容疑者】ヨーギシャ 罪をおかした疑いのある人．Ea suspect．[韓]용의자．「警察は強盗事件の容疑者を逮捕した//容疑者を取り調べる」

ようきゅう【要求】ヨーキュー〔～する〕あることが実現するように，相手に強くせまり，望むこと．また，その望み．Edemand; request．[韓]요구．「市民は情報の公開を市に要求している//給料の引き上げを強く要求する」

ようけん【用件】ヨーケン，ヨーケン しなければならないことがら．また，その内容．Ebusiness．[韓]용건．「急ぎの用件から片づけていく//どんなご用件でしょうか」

ようご【養護】ヨーゴ〔～する〕弱い人をたいせつに養い守ること．特に，体や心の弱い子供を学校教育の中で守り育てること．Eprotect and care for．[韓]양호．「老人や体の弱い子供を養護する//養護学級」

ようご【擁護】ヨーゴ〔～する〕たいせつだと思う人やものごとを助け守ること．Epro-tect; support．[韓]옹호．「弱い立場にいる人を擁護する//犯罪の容疑者の人権を擁護する//憲法擁護」書

ようこう【要項】ヨーコー 必要とするたいせつなことがら．また，それを書いたもの．Eessential points; guidelines．[韓]요항，중요한 사항，그것을 적은 문서．「渡された要項をよく見て申込書に記入する//学生募集要項」

ようさい【洋裁】ヨーサイ 洋服を縫うこと．洋服の形を考え，布を切り，縫い合わせてつくる技術．Edressmaking．[韓]양재．「洋裁を習う//洋裁学校」対和裁 →裁縫

ようし【用紙】ヨーシ，ヨーシ 決まった目的のために使う紙．Ea (blank) form; paper．[韓]용지．「用紙の大きさをそろえる//レポート用紙//原稿用紙」数1枚

ようし【要旨】ヨーシ 講義や論文などの中心になるたいせつな論やだいたいの内容．また，それを書いたもの．Ethe gist; the point; a summary．[韓]요지．「要旨を100字ぐらいにまとめる//講演の要旨を印刷して配る」→要点，要約

ようし【養子】ヨーシ 自分が産んだのではないが，法律上，子となった人．Ean adopted child．[韓]양자．「子供がないので，戦争で親をなくした子を養子にして育てる//養子に財産をゆずる//養子縁組」対実子

ようじ【幼児】ヨージ 2歳から6歳ぐらいまでの幼い子供．Ea little child; an infant．[韓]유아．「洋子は幼児のとき大病をしたそうだ//幼児教育//幼児語」
参児童福祉法では，満1歳から小学校入学前までの男女をいう．

ようじ【用事】ヨージ しなければならないことがら．用．Ebusiness; things to do．[韓]볼일，용건．「市役所へ証明書を取りにいく用事がある//用事をすませてから映画を見る」

ようしき【様式】ヨーシキ 同じ種類のものに共通な型ややり方. ⒺA way; a style. 韓양식.「日本人の生活の様式は, 第2次世界大戦の前と後とでずいぶん変わった//建築様式//表現様式」

ようしつ【洋室】ヨーシツ 洋風につくった部屋. 床は板, または, じゅうたんを敷き, 壁が多く, ドアを出入り口とする. 洋間. ⒺA Western-style room. 韓양실, 서양식 방.「洋室にベッドを置いて寝室にする」対和室 数1室・1間

ようしょ【要所】ヨージョ, ヨーショ ①たいせつな場所. ⒺAn important position; a strategic point. 韓요소.「この駅は鉄道やバスが集まっている交通の要所だ//警備の要所をかためる」②全体の中で中心となるいせつな箇所. ⒺAn important point. 韓요점.「要所をおさえて話す」

ようじょう【養生】ヨージョー〔~する〕健康を保つように食物などいろいろなことに気をつけること. また, 病気などをしたあと, 健康を回復するように気をつけること. ⒺRecuperate oneself; take good care of oneself. 韓양생, 섭생.「手術の後, 体力を回復するため温泉で養生する//養生して長生きしてください」対不養生

ようしょく【洋食】ヨーショク 洋風の食事. 西洋料理. ⒺWestern food; Western dishes. 韓양식, 서양 요리.「洋食はナイフやフォークで食べる//部長においしい洋食をごちそうになった」対和食

ようしょく【養殖】ヨーショク〔~する〕魚, エビ, 貝, 海藻などを人工的に育ててふやすこと. ⒺCulture. 韓양식.「養殖のエビを輸入する//養殖真珠」

ようじん【用心】ヨージン〔~する〕いつ, なにが起こっても困らないように気をつけること. ⒺPrecaution; care. 韓조심, 주의, 경계.「用心のために戸口にかぎを2つつけた//用心深い//火の用心」対不用心・無用心 →注意

ようす【様子】ヨース ①見てわかる状態. ⒺA look; (an) appearance. 韓모습, 상태, 상황.「いまにも雨が降りだしそうなようすだ//街のようすが変わった」②人やものごとの状態. ⒺThe state of affairs; a state. 韓상황, 형편, 정세.「手紙で家族のようすがわかった//となりの部屋のようすをうかがう」

ようするに【要するに】ヨースルニ まとめてわかりやすく言いかえれば. ⒺIn short; to sum up. 韓요컨대, 결국.「『考えておきます』とは, 要するにだめだということだ」

ようせい【要請】ヨーセイ〔~する〕そうしてほしいと相手に強く頼むこと. また, その頼み. ⒺRequest; demand. 韓요청.「外国の首脳に来日を要請する//時代の要請にこたえる」書

ようせい【陽性】ヨーセイ ①明るく楽しいことが好きな性質. ⒺCheerful. 韓양성, 명랑하고 적극적인 성질.「京子はどちらかといえば陽性で, 悲しいことがあってもすぐ立ち直る」対陰性 ②病気などの検査で, 反応がはっきり表れること. ⒺPositive. 韓양성 (반응).「ツベルクリン反応は陽性だった//陽性反応」対陰性

ようせい【養成】ヨーセイ〔~する〕技術などを教えて一人前に仕事ができるように育てること. ⒺTraining. 韓양성.「機械化に合わせて技術者の養成を急ぐ//人材を養成する//教員養成」

ようそ【要素】ヨーソ ものごとをつくりあげるためのたいせつな部分や条件となっているもの. ⒺAn element; a factor. 韓요소.「音の3つの要素は, 強さ, 高低, 音色だ//不安な要素を取り除く」

ようだ ①(名詞に「の」のついたもの, 動詞と形容詞の基本形, 形容動詞の「な」の形について)(1)はっきりしないけれど, たぶんそうだということを表す.「玄関のベルを押してもだれも出てこない. どうやら留守のようだ//頭が痛くて熱もある. かぜをひいたようだ(EI have a headache and fever, it must be a cold. 한머리가 아프고 열도 있다, 감기에 걸린 것 같다.)」(2)あるものごとが, ほかのものと似ていることを表す.「道子は小鳥のようによくしゃべる(EMichiko chatters away like a little bird. 한미치코는 작은 새처럼 잘 재잘거린다.)//氷のような, 冷たい手」(3)例としてあげる.「ピーマンやニンジンのような色のついた野菜は体にいい(EHighly-pigmented vegetables like a sweet pepper and a carrot are good for the health. 한피망이나 당근과 같은 색깔 있는 야채는 몸에 좋다.)」(4)ものごとをはっきり言わないでやわらかく言う.「田中先生がいらっしゃるようなら, 私もまいります(EIf Professor Tanaka goes, I will, too. 한다나카 선생님이 가신다면 저도 가겠습니다.)//むずかしいようなら, しなくてもいい」(5)内容を示す.「ごぞんじのように, わが社の経営は非常に苦しい状態です(EAs you know well, our company's management is in dire straits. 한아시다시피, 우리 회사의 경영은 매우 어려운 상태입니다.)//つぎのような理由で, わたしはその意見に反対です」
②(動詞の基本形について,「~ように」の形で)目的を表す.「時間に遅れないようにしてください(EDon't be late, please. 한시간에 늦지 않도록 해 주세요.)//7時にスイッチが入るようにしておく」

▷→ごとく, みたいだ →だろう 囲み

ようだい 【容体・容態】ヨーダイ, ヨーダイ 病気やけがのようす. Ethe condition (of a patient). 한용태, 병세, 병상(病狀).「救急車で運ばれたあと, 容体は落ちついている//病人の容体が急変して家族が駆けつけた」

ようち 【幼稚】ヨーチ, ヨーチ 考え方などが未熟で子供っぽいようす. Einfantile; childish. 한유치.「自分のことしか考えられない幼稚な大人が増えている//幼稚な質問」

ようちえん 【幼稚園】ヨーチエン 小学校へ入る前の子供たちが一緒に遊びながら団体の生活を経験する所. 期間は1年から3年. Ea kindergarten. 한유치원.「近くの幼稚園からかわいい歌声が聞こえてくる」

ようてん 【要点】ヨーテン 文章や話の中心となるたいせつな部分. Ethe main point. 한요점.「時間がないので簡単に要点だけ報告する//要点を押さえた質問をする」
参「要旨」も似ているが,「要旨」が文章や話のたいせつな部分をふくんだいたいの内容をいうのに対して,「要点」はその中のたいせつな部分だけをいう.

ようと 【用途】ヨート ものを生かす使い方. 使い道. E(a) use. 한용도.「食器にはコーヒー茶碗のように用途が限られたものと, 小皿のように用途が広いものとがある//用途に合った道具を買う」

ようび 【曜日】ヨービ, ヨービ 日曜日, 月曜日などの, 1週間のそれぞれの日. Ea day of the week. 한요일.「曜日を決めて水泳教室に通う//みんなのつごうのいい曜日に集まろう」

ようひん 【用品】ヨーヒン (他のことばのあとについて) その仕事などのつかう品物. Eequipment; supplies; utensils. 한용품.「スポーツ用品//事務用品// 台所用品」

ようひんてん 【洋品店】ヨーヒンテン 洋風の衣類や, 身につけるものを売る店. Ea

shop selling Western clothing and accessories. 한양품점.「近くの洋品店で靴下とシャツを買った」数 1軒・1店

ようふう【洋風】ヨーフー 西洋のやり方でつくられ,または,行われているものこと. ⒠Western style; foreign style. 한양풍, 서양식.「若い人の食生活はすっかり洋風に変わった//洋風の家具をそろえた部屋//洋風庭園」対和風

ようふく【洋服】ヨーフク ズボン,スカートなど西洋から伝わった衣服. ⒠Western clothes. 한양복.「流行の洋服を上手に着こなす//洋服だんす」対和服,着物 数 1枚・1着 =和服

ようぶん【養分】ヨーブン 生物が育ち,生きていくために必要な栄養となるもの. ⒠nourishment. 한양분, 자양분.「草や木は根から水分や養分を吸い上げる//人間の体は胃と腸で養分を吸収する//養分を取る」

ようま【洋間】ヨーマ 洋風につくった部屋. 洋室. ⒠a Western-style room. 한서양식 방, 양실(洋室).「この家で洋間は応接間だけだ//ピアノを洋間に置く」対日本間 数 1室・1間

ようやく【要約】ヨーヤク〔～する〕文章や話をわかりやすく短くまとめること. また,そのまとめたもの. ⒠sum up; a summary. 한요약.「5巻もある小説を,友達に要約して話してくれた」
参「要旨」も似ているが,「要旨」が主張や説明などをまとめたものであるのに対して,「要約」は長い文章や話を短くまとめること,また,そのまとめたもの.

ようやく ヨーヤク そうなってほしいと思っていた事態にやっとなるよう. ⒠at last; barely; gradually. 한마침내, 간신히, 가까스로.「新しいビルがようやく完成した//走っていってようやく間に合った//ようやく春らしくなった」

ようりょう【要領】ヨーリョー ものことを処理したりするのにたいせつな点. また,その処理のしかた. ⒠the point; the knack. 한요령.「車の運転も要領がわかれば簡単だ//生徒に小論文の書き方の要領を教える」

要領がいい ① ものごとを手ぎわよくする. ⒠sharp; skillful. 한요령이 좋다.「今年の新入社員は仕事の要領がいい」対要領が悪い ② あまり苦労しないでいい結果を手に入れてずるい. ⒠shrewd. 한요령을 잘 부리다.「すこしも勉強しないで大学院の試験に合格するとは要領がいいやつだ」対要領が悪い

要領を得ない 話し方が下手で,なにが言いたいのかよくわからない. ⒠be not to the point. 한요령 부득이다.「子供が先生のことばを伝えるのだが,さっぱり要領をえないので,しかたなく電話できき直した」

ようれい【用例】ヨーレイ あることばが文の中で実際に使われている例. 使い方の見本. ⒠an example (of the actual usage of a word). 한용례.「むかしの書物の中から古い用例を見つけだす//辞書に書かれた用例で,ことばの意味と使い方を知る」

よか【余暇】ヨカ あまりの時間. 仕事と仕事の間で自分の思うように使える時間. ⒠spare time; leisure. 한여가, 겨를, 틈, 짬.「いつも仕事が忙しいので,余暇にはじゅうぶんに休養をとりたい//余暇を楽しく過ごす//余暇の利用」

よかれあしかれ いい結果になろうと悪い結果になろうと. よくても悪くても. どちらにしても. ⒠right or wrong; for better or for worse. 한좋든 나쁘든, 어찌 되었든, 잘됐든 못됐든.「よかれあしかれ,結果をみてからつぎのことを考えよう//よかれあしかれ,テレビの影響は大きい」

よかん【予感】ヨカン〔~する〕こんなことがあとで起こりそうだとなんとなく感じること。また、その感じ。Ea hunch; a premonition. 韓예감。「なにかいいことが起こるような予感がする//死を予感する」

よきん【預金】ヨキン〔~する〕金を銀行などに預けること。また、その預けた金。Ea bank account; a deposit. 韓예금。「銀行の預金を引きだす//毎月5万円ずつ預金する//定期預金」→貯金

よく【欲】ヨク ほしいと思う心。そうなりたいと思う心。Egreed; (a) desire. 韓욕심, 욕구。「あんなにお金があってまだたりないとは欲が深い人だ//欲を出す//出世欲/知識欲」

よく ヨク ①じゅうぶんなようす。念を入れてするようす。Efully; well; properly. 韓잘, 충분히。「食事の前には、手をよく洗いましょう」②程度が高いようす。Esoundly; well. 韓잘。「疲れたので、よく眠っている//よく売れる品物」③回数の多いようす。Eoften; frequently. 韓자주, 곧잘。「顔が似ているので、名前をよくまちがえる」④ふつうではできないことに対して、ほめたり非難したりするようす。EIt is a wonder that ~; I'm surprised that ~. 韓잘도, 용케도。「毎朝4時に、よく起きられるね//よくあんなに上手にうがつけるものだ」

≡参 ④は強めて「よくも」ともいう。

よく-【翌-】〔日、月、年などを表すことばについて〕つぎの。明くる。「翌翌日(Ethe day after tomorrow. 韓다음다음 날。)//翌1956年//翌朝(Ethe next morning. 韓다음날 아침。)//翌月/翌週」

-よく【-浴】〔他のことばについて〕体をひたしたり、体に浴びたりすること。「海水浴(→項目)//森林浴/日光浴(Ea sunbath. 韓일광욕。)」

よくしつ【浴室】ヨクシツ 体を洗ったり湯船の中につかったりできるようになっている部屋。ふろ場。Ea bathroom. 韓욕실。「この旅館の浴室からは正面に富士山が見える」数1室・1間 書

よくじつ【翌日】ヨクジツ ある日のつぎの日。Ethe next day; the day after. 韓이튿날, 다음 날, 익일。「台風の翌日は雨も風もやんで、いい天気になった//近い所なら手紙は翌日のうちにとどく」関連前日, 当日

よくせい【抑制】ヨクセイ〔~する〕ものごとが悪いほうに進んでいるばあいに、その勢いを止めようとすること。Econtrol; restrain. 韓억제。「物価の上昇を抑制する//地球の人口が増えるのを抑制する//感情を抑制する」

よくねん【翌年】ヨクネン ある年のつぎの年。よくとし。Ethe next year; the year after. 韓이듬해, 다음 해, 익년。「結婚した翌年にこの子が生まれた」関連前年, 当年

よくば・る【欲張る】ヨクバル〔自動五〕(よくばって)必要以上に、なにかを求めようとする。Ebe greedy. 韓욕심을 부리다, 탐내다。「いくら欲ばっても、1日に5冊の本は読めない//バーゲンで安いからと欲ばって買ったら、持てなくなった」名欲張り

よくふか・い【欲深い】ヨクフカイ ものや金などをほしがる気持ちがたいへん強い。よくぶかい。Egreedy; avaricious. 韓욕심이 많다, 탐욕스럽다。「利益を全部自分のものにして、従業員には安い給料しか払わない欲深い経営者」

よくぼう【欲望】ヨクボー 自分の思うとおりにしたい、ほしいものを手に入れたい、という強い望み。E(a) desire. 韓욕망。「野生の動物は欲望をむきだしにして闘う//人間としての欲望を捨てて仏道の修行に励む」

よくも ヨクモ「よく」を強めた言い方. ⒺIt is a wonder that ~. 㪅잘도, 용케도; 감히. 「南極に残された犬が, よくも1年間生きていたものだ//よくもだましたな(ⒺHow dare you trick me! 㪅감쪽같이 속였겠다.)」

よくよく ヨクヨク じゅうぶんにするようす. 程度が非常に高いようす. Ⓔcarefully; compelling. 㪅곰곰이; 어지간히; 만부득이; 이만저만하지 않게. 「よくよく考えた結果, 市長選挙に立候補することにした//いつも穏やかなあなたが怒るとは, よくよくのことがあったにちがいない」

よけい 【余計】ヨケイ ①必要以上に多くて, いらないようす. Ⓔtoo much; unnecessarily. 㪅너무 많음, 쓸데없음, 불필요함. 「よけいに料理をつくりすぎて, たくさん残ってしまった//子供のことでよけいな心配はしないほうがいい」②ふつうより多めであるようす. Ⓔmore. 㪅좀더, 한층 더. 「夏休みはふだんよりよけいに本が読める」③程度が大きくなるようす. ますます. Ⓔall the more. 㪅그만큼 더, 더욱더. 「タバコを吸うなと言われると, よけい吸いたくなる」

よ・ける ヨケル〔他動一〕近づいてきて自分に被害を与えそうなものから, 体を離すようにする. Ⓔget out of the way; avoid. 㪅피하다, 비키다. 「狭い道なので, 向こうから来た車を, 体を横にしてよけた//にわか雨をよけるために, 大きな木の下に入った」
⦅参⦆「避ける」も似ているが,「避ける」が抽象的なものや遠くのものから離れることにもいうのに対して,「よける」はすぐ近くにあるものから離れることにいう.

よこ 【横】ヨコ ①前後に対して左右の方向. 上下に対して水平の方向. また, その長さ. Ⓔthe side; horizontal; width. 㪅가로, 옆. 「道をまっすぐ歩いていって, つぎの角で横へ曲がる//横に線が引いてあるノート」⦅対⦆縦 ②もののわきの側. また, 並んだとなり側. Ⓔthe side; beside. 㪅측면, 옆쪽. 「建物の正面にも横にも入り口がある//本屋は交番の横にある//横顔」③そば, 中心となるもの以外. Ⓔaside. 㪅곁, 옆. 「ボールを横へそらす//横から口を出す」

横になる 体を横にする. 寝て休む. Ⓔlie down; take a rest. 㪅모로 눕다; 자다. 「疲れていたので長いすの上で横になった」

横のものを縦にもしない ひどいものぐさで, なにもしようとしない. Ⓔdo not even raise one's little finger. 㪅손가락 하나 까딱하지 않다, 게을러빠지다. 「横のものを縦にもしないような息子だったが, 店の仕事をまかせたらよく働くので驚いた」⦅似た表現⦆縦のものを横にもしない

よこがき 【横書き】ヨコガキ 横の方向に並べて書く文字の書き方. Ⓔwrite sideways. 㪅횡서, 가로쓰기. 「ローマ字は左から右へ横書きにするが, アラビア文字は右から左への横書きだ//横書きの原稿用紙」⦅対⦆縦書き

よこぎ・る 【横切る】ヨコギル〔自動五〕(よこぎって) 横の方向に通り抜ける. Ⓔcross; fly across. 㪅가로지르다, 횡단하다. 「道を横切って, 向こう側のバスの停留所へ行く//わたしの目の前を, きれいな鳥が横切った」

よこく 【予告】ヨコク〔~する〕前もって相手に知らせること. また, その知らせ. Ⓔ(previous) notice; a preview. 㪅예고. 「社員をやめさせるばあいは, 会社は30日前に予告しなければならない//来週のテレビ番組の予告」

よこぐるまをおす 【横車を押す】相手の迷惑も考えず, 道理に合わないことを無理に押しとおす. Ⓔforce one's unreasonable ideas. 㪅억지를 쓰다. 「彼はいつも横車を

押して無理やり自分の主張を通そうとするので、人に嫌われている」
≡参 縦に進む車を横に押すことからいう.

よこ・す ヨコス〔他動五〕(よこして) ①人やものを、こちらへ送ってくる. Ⓔsend; give. ㉠보내다.「だれか機械の故障を直せる人をよこしてください//月に1度は手紙をよこしなさい」対やる ②(「~てよこす」の形で)こちらに向けて~する.「書いてよこす(Ⓔwrite to say ~. ㉠써 보내다.)//送ってよこす(Ⓔforward; send. ㉠보내 오다.)」

よご・す 【汚す】ヨゴス〔他動五〕(よごして) きたなくする. Ⓔmake ~ dirty; pollute; stain. ㉠더럽히다.「泥んこ遊びで服をよごしてしかられた//工場の廃液が海をよごしている//手をよごす」自動 汚れる →汚す

よこすべり 【横滑り】ヨコスベリ, ヨコスベリ〔~する〕①体の向きに対して横の方向にすべること. Ⓔskid; sideslip. ㉠옆으로 미끄러짐.「凍りついた道を車で走ったら横すべりしてあぶなかった」②同じぐらいの地位で役職が変わること. Ⓔbe shifted; change from one position to a similar one. ㉠(인사 이동에서) 수평 이동함.「辞任した大蔵大臣の後に通産大臣が横すべりした」

よこたわ・る 【横たわる】ヨコタワル〔自動五〕(よこたわって) ①横になる. 寝ている状態になる. Ⓔlie (down). ㉠드러눕다, 모로 눕다.「ベッドに横たわる//地面に横わったまま動かない」対立つ ②横にのびろがっている. Ⓔlie; stretch out. ㉠가로 놓이다.「盆地の北にゆるやかな丘が横たわっている」③前をふさいだ状態で存在する. Ⓔlie; be an impediment. ㉠(앞을) 가로막다.「新大統領の前途には、インフレ対策、失業対策などむずかしい問題が横たわっている」▷他動 横たえる

よこづな 【横綱】ヨコズナ すもうで、いちばん上の地位. また、いちばん上のすもう取り. Ⓔa *yokozuna*; a grand champion (*sumo*) wrestler. ㉠요코즈나, 일본 프로 씨름꾼의 최고 지위(자).「2度続けて優勝した大関が横綱になった//横綱はさすがに強くて、初日からずっと勝ち続けだ」
≡参 もともとは、いちばん強いすもう取りが腰にしめる太い綱のことをいったが、それをしめる人の意味に変わってきた.

よこやり 【横やり】ヨコヤリ かかわりのない人が途中で口を出してじゃまをすること. Ⓔan interruption; an interference. ㉠옆에서 해살을 놓음.「まとまりかけていたところへ、横やりが入って交渉がだめになってしまった」

よご・れる 【汚れる】ヨゴレル〔自動一〕きたなくなる. Ⓔbecome dirty; be polluted. ㉠더러워지다, 오염되다.「雨の日に公園を歩いて、靴が泥でよごれた//排気ガスで、都会の空気はよごれている」名 汚れ 他動 汚す →汚れる

よさん 【予算】ヨサン 目的のために前もって計算した費用. 国や団体などがつくる、決まった期間の収入と支出の見積もり. Ⓔa budget; an estimate. ㉠예산.「家族旅行のために、今月の予算は先月よりも多くとってある//政府は来年度の予算の編成を始めた」対 決算

よし ヨシ 相手のことばに対して、承知したり決意を表したりするときに言うことば. Ⓔ OK.; All right; Good. ㉠좋아.「よし、わかった. 一緒にやろう//よし、わたしが行こう」話

よしあし ヨシアシ, ヨシアシ ①いいか悪いかということ. Ⓔgood or bad; quality. ㉠좋고 나쁨, 선악; 품등.「美術品のよしあしを見分けることはなかなかむずかしい」②そ

れがいいばあいもあるし、よくないばあいもあり、簡単には決められないこと。Ebe not always good. 헌좋은 점도 있고 나쁜 점도 있음, 한마디로 단정할 수 없음, 고려해 볼 문제임.「遠慮ばかりしているのもよしあしだ」

よじのぼ・る【よじ登る】ヨジノボル、ヨジノボル〔自動五〕(よじのぼって) けわしい場所や壁などを、手でつかむようにして登る。Eclimb up; scramble up. 헌기어 오르다, 타고 오르다.「大きい岩をよじ登ったら頂上だった//木によじ登る」

よしゅう【予習】ヨシュー〔〜する〕これから学習するところを先に勉強しておくこと。Eprepare one's lessons. 헌예습.「あした学校で習うところの予習をする」対復習

よじ・れる ヨジレル〔自動一〕細長いものが、ねじれた状態になる。Ebe twisted; be convulsed (with laughter). 헌꼬이다, 뒤틀리다, 비틀어지다.「電話のコードがよじれている//とてもおかしくて、腹の皮がよじれるほど笑った」▷名よじれ 他動よじる

よ・す ヨス〔他動五〕(よして)「やめる」のくだけた言い方。Egive up; stop. 헌그만두다, 중지하다.「かぜをひいたので、旅行はよして家にいる//もう、けんかはよそう」

よせ【寄席】ヨセ 落語家などが、客を集めて芸を演じる場所。Ea Japanese variety hall; a storytellers' hall. 헌(만담 등의) 대중 연예 공연장.「寄席は江戸時代から庶民が楽しむ所だった//落語を聞きに毎日寄席に通う」

よ・せる【寄せる】ヨセル〔自他動一〕①ある所に近づく。Eapproach; surge. 헌밀려오다, 다가오다, 접근하다.「寄せてくる波を避けながら船を進める」②なにかを、ほかのものに近づける。Epull (a car) to; take (interest in). 헌바싹 다가붙이다；(마음을) 기울이다.「車を道のはしに寄せて止める//政治に関心を寄せる//心を寄せる」③1つの所に集める。Egather; knit (one's brows). 헌한군데로 모으다.「ごみをほうきで1ヵ所に寄せる//ひたいにしわを寄せる」④意見などを送る。Esend. 헌(의견 등을) 보내다, 기고하다.「アンケートに回答を寄せる」▷自動寄る

≡注①は自動詞、②③④は他動詞.

よせん【予選】ヨセン スポーツ、芸術などで、いちばんすぐれた人や団体を決めるために、前もって候補を選んでおくこと。Ea preliminary heat; a qualifying round. 헌예선.「予選を通って決勝に進出する//予選に残る//第1次予選」

よそ ヨソ、ヨソ ①ほかのところ。また、自分の家以外のところ。E(look) away; another place. 헌딴 곳, 남의 집.「授業中はよそを見ないで、先生の話を聞きなさい//子供はよその家ではおとなしい//よそいきの洋服(Eone's Sunday best. 헌외출복, 나들이옷.)」対内 ②(「〜をよそに」の形で) 〜を顧みないで。Eignoring; indifferent to. 헌〜을 아랑곳하지 않고, 〜을 개의치 않고.「あの子は親の心配をよそに、遅くまで遊び歩いている」

よそう【予想】ヨソー〔〜する〕先のことについてだいたいこうなるだろうと考えること。Eexpect; anticipation. 헌예상.「つぎの総理大臣はだれだろうかと予想する//予想がはずれる//予想どおり//予想外」

よそお・う【装う】ヨソオウ〔他動五〕(よそおって) ①人からよく見られるように、身なりをととのえる。Ebe dressed. 헌치장하다, 차려 입다.「夜のパーティーのために、はなやかに装う」②本当はそうではないのに、そのように見えるようにする。Epretend; feign. 헌그런 체하다, 가장하다.「とても

頭が痛かったのだが、元気そうに装った//警官を装って悪いことをする」▷名装い

よそく 【予測】ヨソク〔〜する〕先のことがどうなるかを、いろいろな状況をもとにして見当をつけること. Ｅforecast; an estimate. 韓예측.「台風の進む方向を予測する//10年後の世界の人口の予測を出す」

よそよそし・い ヨソヨソシイ 親しいはずなのに、他人のように親しみのない態度だ. Ｅcold and distant; frigid. 韓서먹서먹하다, 서름서름하다, 쌀쌀하다, 냉담하다.「恋人がよそよそしくなったのは、ほかに好きな人がいるからだろうか//よそよそしいあいさつ」

よたよた ヨタヨタ, ヨタヨタ〔〜する〕足が体を支えることができず、ふつうに歩けないようす. Ｅtotter; unsteadily. 韓비틀비틀, 비척비척.「赤ん坊が大きなおもちゃを持って、よたよたしている//疲れきってよたよた(と)歩く」→よろよろ

よだれ ヨダレ 口から自然に流れだすつば. Ｅsaliva; drool. 韓(흘러내리는) 침, 군침.「たくさんのごちそうを見たら、思わずよだれをたらしそうになった//赤ちゃんのよだれをふく」

よだれを流す ほしいという気持ちをおさえられないようす. Ｅdrool with desire. 韓군침을 흘리다.「絵の好きな人が見たらよだれを流しそうな有名な画家の絵が売りに出された」[似た表現]よだれを垂らす

よち 【余地】ヨチ, ヨチ ①あまっている土地. あまっている面積. Ｅspace; room. 韓여지, 남아 있는 땅.「家のまわりにはまだ車を置く余地がある//部屋にベッドを入れると机やいすを置く余地がなくなる」②それをするために残されている部分. Ｅroom. 韓여지.「証拠がはっきりしていて疑う余地がない//再検討の余地がある」

よちよち ヨチヨチ〔〜する〕歩きはじめたばかりの子供がたどたどしく歩くようす.「赤ちゃんがよちよち(と)歩いてきて、わたしの前で転んだ(ＥThe baby came toddling and fell down in front of me. 韓아기가 아장아장 걸어와서는 내 앞에서 넘어졌다.)」

よっか 【四日】ヨッカ ①その月の４番目の日. ４日. Ｅthe fourth (of May). 韓초나흗날, 4일.「5月4日は、3日の憲法記念日と5日のこどもの日の祝日にはさまれるので休みだ」②日の数が４つあること. ４日. Ｅfour days. 韓나흘, 4일간.「週に4日働いて、3日休む//4日間」

よっきゅうふまん 【欲求不満】ヨッキューフマン, ヨッキューフマン 自分の望みや願いが実現できないために、いらいらして落ちつかないこと. Ｅfrustration. 韓욕구 불만.「一郎はバイクで走ることで欲求不満を解消している//欲求不満のはけ口をさがす(Ｅlook for an outlet for one's frustration. 韓욕구 불만의 배출구를 찾다.)」

よっつ 【四つ】ヨッツ, ヨッツ ①３つのつぎの数. ４. ４つ. Ｅfour. 韓넷, 네 개.「1つ、2つ、3つ、4つ、5つ…と数える//リンゴを4つに切る」②４歳. ４つ. Ｅfour years old. 韓네 살.「長女が4つのとき次女が生まれた」

ヨット (yacht) ヨット 三角の布を張って、風力や動力で走る小型の船. スポーツや遊びに使う. Ｅa yacht. 韓요트.「湖に色とりどりのヨットが浮かんでいる//ヨットレース//ヨットハーバー」[数]１隻・１艘・１艇

〔ヨット〕

よっぱら・う 【酔っ払う】ヨッパラウ〔自動五〕(よっぱらって) 酒を飲んですっかり酔い、ふつうの話し方や動作などができなくなる. Ｅget drunk. 韓만취하다, 곤드레만드

レ 취하다.「おなかがすいているところに酒を飲みすぎて, 酔っぱらってしまった//酔っぱらって車を運転してはいけない」**名**酔っ払い **参**「酔う」のくだけた言い方として使うこともある.

よっぽど ヨッポド 「よほど」を強めた言い方. **E** much; on the verge of. **한**훨씬; 웬만하면; 차라리.「あんなつまらない映画を見るぐらいなら, 家で寝ていたほうがよっぽどましだ//よっぽど声をかけようかと思ったが, 人違いだと困るのでやめた」

よてい 【予定】ヨテイ〔~する〕行事や自分の行動などについて前もって決めておくこと. また, その決めたこと. **E** a plan; a schedule. **한**예정.「今度の日曜は予定があるから一緒に遊べない//あの橋は11月に完成する予定だ」

よとう 【与党】ヨトー, ヨトー 政党の中で, 現在, 政権を担当している党. **E** the government party. **한**여당.「与党の議員の賛成で法案が成立した//選挙で与党が負けて政権が変わった」**対**野党

よど・む ヨドム〔自動五〕(よどんで) ①水や空気などの流れが止まって動かない. **E** stagnate. **한**괴다, 흐르지 않다.「川の流れがよどんでいる所で水遊びをする//空気がよどんでいるようだから, 窓を開けよう」②水にまじっているものが底に沈む. **E** settle; deposit. **한**(앙금이) 바닥에 가라앉아 있다.「池の底に, 落ち葉がよどんで見える//川底によどんでいる泥を取り除く」③生き生きとしていない. **E** be inactive. **한**생기가 없다, 활기가 없다, 정체되다.「政界のよどんだ空気を新しくする//よどんだ目」▷**名**よどみ

よなか 【夜中】ヨナカ 夜の真ん中あたり. **E** the middle of the night. **한**밤중.「ゆうべ夜中の2時ごろに, 大きい地震があった//真夜中(**E** midnight. **한**한밤중.)」

よねん 【余念】ヨネン (「~に余念が[の]ない」の形で) ほかのことを忘れて, そのことだけに夢中になる. **E** be absorbed in; devote oneself completely to. **한**여념.「読書に余念のない学生たちで図書室はいっぱいだ//研究に余念がない」

よのなか 【世の中】ヨノナカ ①おおぜいの人が実際に生活している社会. また, 社会の中のいろいろな人間関係. **E** the world; life. **한**세상, 세간, 사회.「拾った財布をわざわざとどけるとは, 世の中には親切な人もいるものだ//世の中を騒がせる事件」②時がたつにつれて変わっていく社会のありさま. 世相. **E** times; an age. **한**시대, 세상.「4, 5日も新聞を読まないでいると, 世の中に後れてしまいそうだ」▷→世間

よび 【予備】ヨビ 前もって用意しておくこと. また, その用意したもの. **E** reserve; spare. **한**예비.「旅行先で費用がたりなくなるといけないから, 予備のお金を持っていこう//予備知識(**E** preliminary knowledge. **한**예비 지식.)//予備校(**E** a cramming school. **한**예비교, 입시 학원.)」

よびか・ける 【呼びかける】ヨビカケル〔他動一〕①直接, 人に声をかけて, 注意をひく. **E** call out to. **한**(소리쳐) 부르다.「部屋を出ていく先生に,『あの, すみません』と呼びかけた//後ろから『もしもし』と呼びかけられた」②多くの人に自分の意見を言って, 賛成してくれるように求める. **E** appeal to. **한**호소하다.「テレビを通じて, 自然保護への協力を呼びかける//マラソン大会への参加を, 人々に呼びかける」▷**名**呼びかけ

よびすて 【呼び捨て】ヨビステ 呼びかけるときやその人の話をするときに,「さん」「くん」などをつけず名前だけ言うこと. **E** call a person without any polite address. **한**

경칭 없이 이름을 부름.「A先生は, わたしを『田中』と呼び捨てにする」

よ・ぶ【呼ぶ】ヨブ〔他動五〕(よんで) ①注意をひくために, 相手に向かって声を出す. Ecall. 한부르다.「わたしの名前を呼ぶ声で目が覚めた//子供が,『お母さん』と呼んだ」 ②自分の所に来てもらおうと, 誘ったり, 頼んだりする. Einvite; call; call in. 한부르다, 초대하다, 초빙하다.「家に客を呼んで食事をする//タクシーを呼ぶ//医者を呼ぶ」 ③引き寄せる. Earouse; cause. 한끌다, 불러 모으다, 불러 일으키다.「あの店は, おいしくて安いと人気を呼んで, いつも客でいっぱいだ//反響を呼ぶ」 ④名づける. Ename; call. 한일컫다, 부르다.「子供たちは, ひげの長い先生を『ヤギ先生』と呼んで, 親しんでいる//東京は, むかし江戸と呼ばれた」

よふかし【夜更かし】ヨフカシ, ヨフカシ〔~する〕夜遅い時間までなにかをして起きていること. Esit up late. 한밤늦게까지 자지 않음.「読みはじめた本がおもしろくて夜ふかしをしてしまった//ゆうべの夜ふかしのせいで, けさはまだ眠い」

よふけ【夜更け】ヨフケ 夜になってだいぶ時間がたったころ. Elate at night. 한밤이 이슥한 때, 심야.「静かな秋の夜ふけに虫の声が聞こえる//夜ふけの電車には眠っている客が多い」

よぶん【余分】ヨブン ①あまった部分. 必要以上でいらないもの. Ean excess; an extra. 한여분, 군더더기.「旅行するときは余分な荷物は持たないほうがいい」 ②(「余分に」の形で) ふつうより多く. Eextra; more than usual. 한평소보다 많이, 넉넉히.「今月は参考書を買うので, こづかいを余分にください//野菜が安かったので, すこし余分に買ってきた」

よほう【予報】ヨホー〔~する〕天気などについて, 前もって知らせること. また, その情報. Ea forecast. 한예보.「あすの予報を聞いてから山登りに行くかどうかを決める//予報が当たる(EThe forecast proves right. 한예보가 들어맞다.)//天気予報(→項目)」

よぼう【予防】ヨボー〔~する〕病気や災害などが起こらないように, 前もってするべきことをしておくこと. Eprevention. 한예방.「交通事故の予防のため信号機をつける//予防注射//火災予防」

よほど ヨホド ①ふつう考えられる程度や, 他と比較したばあいの程度を, 大きくこえているようす. Emuch; very; considerably. 한훨씬;어지간히.「ニューヨークより東京のクリスマスのほうが, よほどにぎやかだ//おなかをすかした弟も食べないんだから, よほどまずいんだろう」 ②しようとしたことを, もうすこしのところでやめたようす. Eon the verge of. 한웬만하면;차라리.「捨て猫をよほど拾って帰ろうかと思ったが, 猫嫌いの母を思いだしてやめた」

よぼよぼ ヨボヨボ, ヨボヨボ〔~する〕年をとって体力が衰えたり, しっかり歩けなかったりするようす.「90歳の祖父は, かぜで熱を出してから急によぼよぼしてきた(EAfter getting a fever from a cold, my ninety-year-old grandfather suddenly became decrepit. 한아흔인 할아버지는 감기에 걸려 열이 나고부터 갑자기 쇠약해지셨다.)//よぼよぼ(と)歩く」

≡参 相手に向かって直接言うと失礼になる.

よみがえ・る ヨミガエル, ヨミガエル〔自動五〕(よみがえって) ①いちど死んだり, 死んだようになったりしたものが, 生き返る. Efreshen up; be brought back to life. 한되살아나다, 소생하다.「枯れかけていた草

木が、ゆうべの雨ですっかりよみがえった」②いちど失われた力や状態が戻る。Ⓔrevive; come back. 韓되살아나다.「写真を見ているうちに、子供のころの記憶がよみがえってきた//戦争が終わって、人々に笑顔がよみがえった」

よ・む【読む・詠む】ヨム〔他動五〕(よんで) ①文字で書いたものの音を表す。Ⓔread. 韓읽다.「『今日』と書いて、『キョー』または『コンニチ』と読む」②書かれた文章を、声に出して言う。Ⓔread (aloud). 韓(소리내어) 읽다.「目の見えない人のために、新聞を読んであげる//子供に本を読んで聞かせる」③文字や図表などを見て、意味を理解する。Ⓔread; understand. 韓읽다, 알아보다, 이해하다.「本を読んで、感想を書く//このグラフから、人口の変化を読むことができる」④表に表れていないものを、こうではないかと思う。Ⓔread; guess. 韓알아차리다, 잡파하다.「黙っている人の気持ちを読むのはむずかしい//相手の作戦を読む」⑤短歌や俳句などをつくる。Ⓔcompose; write. 韓(시가 등을) 짓다, 읊다.「桜の花のようすを和歌に詠む」
▷名読み・詠み
注 漢字で書くときは、①〜④は「読む」、⑤は「詠む」。

よめ【嫁】ヨメ ①結婚したばかりの女の人。Ⓔa bride. 韓신부, 신혼 여성.「真っ白なウエディングドレスのお嫁さん//花嫁(→項目)」対婿 ②息子の妻。Ⓔa daughter-in-law. 韓며느리.「嫁に子供ができて、わたしもおばあさんになった」対婿
参 結婚が家を中心として行われていた時代を反映して「嫁に行く」「嫁をもらう」「嫁入り」などという表現が生まれたが、戦後、結婚は男女2人の間で行われるようになり、これらの表現は適当でなくなってきている。

よもやヨモヤ (「よもや〜ない」の形で) そのようなことは実現しないだろう。Ⓔsurely not; It's not likely that 〜. 韓설마.「5回も言ったのだから、よもや忘れてはいないだろう//この点数ではよもや合格できまい」書
参 自分の意志ですることについては使わない。

よやく【予約】ヨヤク〔〜する〕ものを買ったり利用したりすることについて、前もって約束しておくこと。また、その約束。Ⓔa reservation. 韓예약.「会合のために会場を予約する//予約を取り消す(Ⓔcancel a reservation. 韓예약을 취소하다.)」

よゆう【余裕】ヨユー 必要な分より多くあって、ゆったりしていること。Ⓔtime to spare; room; a margin. 韓여유.「電車が出るまでにまだ15分の余裕がある//庭が狭くて木を植える余裕はない//余裕のある生活」

よりヨリ ①それ以上であるようす。Ⓔmore; better. 韓보다, 한결, 더욱더.「よりよい生活を望む//よりいっそう努力する」②ものごとを比べるときの基準を表す。「500円玉は100円玉より大きい//試験は思ったよりやさしかった(ⒺThe exam was easier than I had expected. 韓시험은 생각했던 것보다 쉬웠다.)」③「から」の改まった古い言い方。「会議は3時より行われる(ⒺThe meeting begins at three. 韓회의는 세 시부터 시작된다.)//この線より中に入るな」④(「〜より…ない」の形で) ほかのものを否定し、それ以外にないことを表す。「本人が行くより方法がない(ⒺThere is nothing for it but to go to the place in person. 韓본인이 가는 수밖에 방법이 없다.)//こちらが悪いのなら、謝るよりしかたがない」▷書③

-より【-寄り】(他のことばについて) それに

近いほう、立場.「駅の南寄りの入り口(Ｅthe southerly entrance of the station. 한역의 남쪽 입구.)//市長寄りの意見を持つ議員(Ｅassembly members whose opinions are close to those of the mayor. 한시장 측의 의견을 가진 의원.)」

よりかか・る【寄りかかる】ヨリカカル〔自動五〕(よりかかって) ①人やものに体を預けてもたれる. Ｅlean against. 한기대다.「1日の仕事に疲れて、帰りの電車ではドアに寄りかかっていた//いすに寄りかかる」②他人にすっかり頼る. Ｅdepend on. 한의존하다, 의지하다.「いつまでも親に寄りかかっていてはいけない」

よりどころヨリドコロ, ヨリドコロ ①考えたり行動したりするときのもとになるもの. Ｅthe foundation; the ground. 한근거.「世論調査の数字をよりどころに選挙の結果を予測する//主張のよりどころはこの資料だ」②頼りにするところ, 支えにするもの. Ｅanchor; support. 한기댈 곳, 기반, 지주.「夫に死なれ、心のよりどころを失った」

よりみち【寄り道】ヨリミチ〔〜する〕ある所へ行き帰りする途中で、そこに近い別の場所へも行くこと. また, その道. Ｅstop somewhere on the way. 한가는 길에 들름; 돌아서 가는 길.「学校の帰りに寄り道をして図書館へ行く//東京へ来る途中, 広島に寄り道をしてきた」

よりょく【余力】ヨリョク, ヨリョク 仕事などをし終わって, まだほかのことができるほど残っている力. Ｅreserve power; remaining energy. 한여력.「会社を定年退職したが, まだじゅうぶんに仕事をする余力がある」

よる【夜】ヨル 太陽が沈んでからまたのぼるまでの、1日のうちの暗いとき. Ｅnight; evening. 한밤.「夜にならないうちに早く帰ってきなさい//昼は働いて、夜は学校へ行く」 対昼, 日

参「晩」も似ているが、「夜」のほうが時間が長く, 12時を過ぎてつぎの日の明るくなる前までをもふくむ.

よ・る【寄る】ヨル〔自動五〕(よって) ①ある所へ近づく. Ｅstep to; come near. 한접근하다, 다가가다.「道のはしに寄って, 車をよける//花のそばに寄って、においをかぐ」②1つの所に集まる. Ｅgather; get together. 한(한 곳에) 모이다.「正月には祖父の家に家族が寄って、新年を祝う//三人寄れば文殊の知恵(=1人ではだめでも, 3人集まればいい知恵が生まれるということ)」③目的の所へ行く途中で、別の所にちょっと行く. Ｅdrop in. 한들르다.「花屋に寄って花を買ってから見舞いに行く//学校の帰りに本屋に寄る」④もたれかかる. Ｅlean over. 한기대다, 의지하다.「駅の階段の手すりに寄って話をする//寄りかかる」▷他動寄せる

よ・るヨル〔自動五〕(よって) ①それを根拠とする. それにもとづく. Ｅaccording to; by. 한의하다, 따르다.「天気予報によれば、あしたは雨が降るらしい//そのことは多くの事例により証明される」②手段, 方法を表す. Ｅby; with. 한의하다, 의지하다, 의존하다.「アルバイトによる収入を、生活費のたしにする//話し合いによる解決」③そこに原因がある. Ｅbe caused by; be due to. 한의하다, 기인하다, 말미암다.「この川のよごれは、工場廃水によるものだ//不注意による事故」

〜によって 〜に応じて. Ｅwith (individuals). 한〜에 따라.「顔も性格も人によって異なる」

よれよれヨレヨレ 服や着物などが古くなって, 生地が傷んだり形がくずれたりしているよ

うす. Eworn-out; threadbare. 한후줄근함, 너덜너덜함.「祖母はよれよれの着物をたいせつに着ている//父のコートがよれよれになったので、新しいのをプレゼントした」

よろこばし・い【喜ばしい】ヨロコバシイ 喜びたい気持ちだ. めでたくてうれしい. Ehappy; joyous; desirable. 한기쁘다, 즐겁다, 경사스럽다.「われわれの研究会がどんどん発展するのは喜ばしいことだ//両親が年をとっても元気なのは喜ばしい」対悲しい 書

よろこ・ぶ【喜ぶ】ヨロコブ〔他動五〕(よろこんで) ①いいことがあって、うれしいと思ったり、その気持ちを態度に表したりする. Ebe pleased; be glad. 한기뻐하다, 좋아하다, 즐거워하다.「試験に合格したという知らせを聞いて、跳び上がって喜んだ//子供の誕生を喜ぶ//喜び合う」対悲しむ ②(「喜んで~する」の形で)相手のために自分から進んで~する.「喜んでお手伝いします(EI'll gladly help you. 한기꺼이 도와 드리겠습니다.)//喜んで参加させていただきます」
▷名喜び

よろし・い ヨロシイ, ヨロシイ「よい」の改まった言い方. Emay; can. 한좋다, 괜찮다.「もう帰ってもよろしいでしょうか//きょうの試験は辞書を見てもよろしい」
参「いい」→「よい」→「よろしい」の順で、改まった言い方になる.

よろしく ヨロシク ①頼んだり、自分の好意を伝えてもらったりするときにいうことば.「田中です. どうぞよろしくお願いします(EMy name is Tanaka. I'm glad to see you. 한다나카입니다. 잘 부탁드립니다.)//ご家族のみなさんにもよろしくお伝えください」
②状況に合わせて適当に判断したり行動したりするよう. Eas one thinks fit; properly. 한적당히, 적절히.「後のことはきみにまかせるので、よろしくやっておいてくれ」
参①は手紙やあいさつでいう.

よろよろ ヨロヨロ〔~する〕足が体を支えきれず、倒れそうになるようす. Estagger; reel; unsteadily. 한휘청거림, 비틀비틀, 비칠비칠.「電車が急に止まったのでよろよろした//よろよろ(と)歩く」
参「よたよた」「ふらふら」も似ているが、「よたよた」は、足はしっかりしていないがなんとか歩き続けられる状態、「ふらふら」は、足だけではなく体全体が揺れながら歩くようすを表す.

よろん【世論】ヨロン 一般の人たちの意見. 多くの人の考え. Epublic opinion. 한여론.「政府は世論の支持を期待している//世論調査(Ea public opinion survey. 한여론 조사.)」
注 もともとの「よろん」を表す漢字「輿論」を使わなくなったので、それに意味が近い字の「世論」をあてて「よろん」と読むことにした. 「世」は「よ」と「せ」の両方の読み方があるので「よろん」と同じ意味で「せろん」ということもある.

よわ・い【弱い】ヨワイ ①力がおとっている. Eweak. 한약하다.「わたしは力が弱いから、こんな重いものは持ち上げられない//あのチームは弱くて、負けてばかりいる」対強い
②丈夫でない. こわれやすい. Eweak; frail. 한약하다, 허약하다；취약하다.「体が弱くて、よく病気をする//ビタミンCは熱に弱い」対強い
③精神的にしっかりしていない. Eweak; timid. 한약하다, 여리다, 소심하다.「意志が弱くてなにをやっても長続きしない//気が弱い」対強い

④勢いがない．Ｅgentle; low. 한약하다；뭉근하다．「台風が通り過ぎて、風が弱くなった//シチューは弱い火で長い時間煮る」対強い

⑤そのことが苦手だ．その能力がない．Ｅweak; poor. 한서투르다，능숙하지 않다．「酒に弱くて、1口飲んだだけで頭が痛くなる//機械に弱い」対強い

よわき　【弱気】ヨワキ、ヨワキ　仕事などを始める前から、失敗するのではないかと、弱い気持ちを持つこと．Ｅtimid; faint-hearted. 한무기력함，심약함，소심함．「病気をしてから弱気になって、旅行に誘われても断ってしまう」対強気

よわたり　【世渡り】ヨワタリ〔～する〕人々の間でうまく生活していくこと．Ｅ(know) how to get on in the world. 한처세，세상살이．「父は世渡りが下手で、いつまでたっても平社員のままだ」

よわねをはく　【弱音を吐く】苦しさやつらさにがまんができなくなり、意気地がないことばを言う．Ｅcomplain; whine. 한나약한 소리를 하다．「弟は、こんなにたくさんの宿題を今晩じゅうにはできないと弱音をはいている」

よわむし　【弱虫】ヨワムシ　勇気のない人．また、けんかなどですぐ負ける子供．Ｅa coward; a chicken. 한겁쟁이；약골．「わたしは子供のころは弱虫で、いつもいじめられて泣いていた」

よわよわし・い　【弱弱しい】ヨワヨワシイ　いかにも弱そうにみえる．Ｅfeeble; frail-looking. 한가냘프다，연약하다，허약하다．「病人は弱々しい声で痛みを訴えた//細くて弱々しい感じの人」

よわ・る　【弱る】ヨワル〔自動五〕(よわって)
①体が衰える．体力がなくなる．Ｅgrow weak; weaken. 한약해지다，쇠약해지다．「ひどい暑さで体が弱って動けない//年をとって脚が弱ってきた」②どうすればいいかわからなくて困る．Ｅbe perplexed; be troubled. 한난처해지다，곤란해지다．「部屋のかぎをなくして弱っている//約束の時間に間に合わない．弱ったなあ」

よん　【四】ヨン　①3に1を加えた数．4．4つ．Ｅfour. 한사，넷，네 개．「自動車のタイヤは4個だ//4拍子//4分」②順番が3のつぎ．4番目．第4．Ｅthe fourth. 한네 번째．「100メートル競走で4等になり、メダルをもらえなかった//4学年」

参 漢語の言い方で、1, 2, 3…と数えていくとき、3のつぎの4は「し」と言う．しかし、和語の言い方で数えるときは「ひい、ふう、みい、よ」と言う．この「よ」が「よん」に変わったものが「し」の発音よりはっきりしていて言いやすく聞きやすいので、また、「し」が「死」と同音であるので、それを避けるために「よん」がよく使われる．

ら／ラ

-ら ①(人やものを表すことばについて)人が2人以上,また,ものが2つ以上であること.「きみら(Eall of you. 한너희들.)//子供ら//これら」
②(人を表すことばについて)謙遜したり,他人を見下したりする気持ちを表す.「わたしらにはわからない(ENone of us knows. 한우리들은 모른다.)//おまえらには無理だ(EIt's impossible for you. 한너희들에겐 무리야.)」
③(人の名前などについて)おもな人をあげてほかの人を略すことを表す.「田中氏ら5名(EMr. Tanaka and four others. 한다나카 씨 등 5명.)//山田さんらのグループ」
参①で人についていうときは,自分と同等か目下の人をいう.

ラーメン (拉麵)ラーメン 中国風の料理.スープの中にそば,豚肉,野菜などを入れて,塩,しょうゆ,みそなどで味をつけたもの.EChinese noodles. 한라면.「昼は学生食堂でラーメンを食べた//即席ラーメンをつくる」
参「中華そば」ともいうが,材料にするのはそばの粉ではなく,小麦粉である.

らい 【来】①(時などを表すことばの頭について)つぎの.「あの選手の来シーズンの活躍が楽しみだ//来学期(Enext school term. 한다음 학기.)②(場所を表すことばの頭について)そこへ来ること.「大統領が来日した//来阪(Ecome to Osaka. 한오사카에 옴.)」③(時を表すことばの後について)その時からいままで,それ以後.「数日来,かぜをひいている//昨夜来の雨//昨年来(Esince last year. 한작년 이래.)」▷書③
関連①先-,今-

らいう 【雷雨】ライウ 雷が鳴るのと一緒に降る雨.Ea thunderstorm. 한뇌우.「天気予報によると,夕方,雷雨があるそうだ//山を歩いていて激しい雷雨におそわれた」

ライオン (lion)ライオン 毛が黄色に近い茶色で,体長2メートルほどの,鋭いきばとつめを持っている動物.性質は荒く,ほかの動物を捕らえて食べる.Ea lion. 한라이온,사자.「ライオンは強くて姿が立派なので,けものの王といわれている」数1頭・1匹

らいきゃく 【来客】ライキャク 人が家などに訪ねてくること.また,その人.Ea guest; a visitor. 한내객,손님.「午後に来客があるので,出かけられない//父は来客と話している」

らいげつ 【来月】ライゲツ 今月のつぎの月.Enext month. 한내월,다음 달.「来月,引っ越すので,その準備を始めた//来月の末に帰国する」関連先月,今月

らいしゅう 【来週】ライシュー 今週のつぎの週.Enext week. 한내주,다음 주.「今週から来週にかけてとても忙しい//来週の予定」関連先週,今週

ライター (lighter)ライター タバコを吸うときなどに火をつける道具.Ea lighter. 한라이터.「すみません,ライターをお借りしてもいいですか//使い捨てのライター」

らいにち 【来日】ライニチ {～する}外国の人が日本にやってくること.Ecome to

らいねん 【来年】ライネン 今年のつぎの年. 明年. Ｅnext year. 韓내년, 명년.「来年の春, わたしは学校を出て就職する//一郎は来年30歳になる//来年度」関連去年, 今年

ライバル (rival) ライバル 同じぐらいの力で争う相手. 競争相手. Ｅa rival. 韓라이벌, 경쟁 상대, 호적수.「道子とは子供のときから勉強でも運動でもライバルだった」

ライフ (life) ライフ 生命. 生涯. 生活. Ｅlife. 韓라이프, 생명, 생애, 생활.「ライフスタイル(=それぞれの人の生活のしかた)//ライフワーク(=人が一生かけて仕上げるような大きな仕事)//カレッジライフ」

ライブ (live) ライブ 音楽や芸能を, 観客を前にした会場で直接に演奏, 上演すること. また, テレビやラジオで, その場所から放送すること. Ｅlive. 韓라이브, 생방송, 생연주.「学園祭で, ロックバンドのライブを聞いた//ライブ出演/ライブ録音」

らく 【楽】ラク ①心や体に苦しいこと, つらいこと, 困ったことなどがないよう. また, ゆったりしているよう. Ｅcomfortable; easy. 韓편안함, 안락함.「足をのばして楽にしてください//タクシーは自分で運転しないですむから気が楽だ」対苦 ②経済的にゆとりのあること. Ｅbe well off; live comfortably. 韓넉넉함, 유복함, 편안함.「妻が働くようになって生活が楽になった//老いた両親に楽をさせたい」対苦 ③たやすいよう. Ｅeasily; light. 韓쉬움, 수월함, 용이함.「楽に勝てる相手//1日3時間の楽な仕事」

楽は苦の種, 苦は楽の種 楽と苦はつながっているから, いま楽をすればあとで苦労し, いま苦労すればあとで楽ができるということ. ＥNo pleasure without pain. 韓낙이 있으면 고생이 있고 고생이 다하면 낙이 온다；낙과 고생은 돌고 도는 것. 似た表現楽あれば苦あり

らくがき 【落書き】ラクガキ〔～する〕かいてはいけない所に字や絵などをかくこと. また, そのかいたもの. Ｅdoodle; scribble. 韓낙서.「試験用紙に先生の顔を落書きして出したらしかられた//落書き帳(Ｅa scratch pad. 韓낙서장, 잡기장.)」

らくご 【落語】ラクゴ 古くからある, 1人で演じる話の芸. 身ぶりをしながらこっけいな内容の話を語る. Ｅ*rakugo*; a comic story. 韓라쿠고, 만담.「寄席へ落語を聞きに行く//落語を聞くと, 江戸時代の町人の生活のようすがよくわかる」

らくせい 【落成】ラクセイ〔～する〕工事をしていた建物などができあがること. Ｅcompletion; be finished. 韓낙성, 준공.「市民図書館は11月に落成の予定だ//あの橋が落成すると駅に近くなる//落成式」書

らくだい 【落第】ラクダイ〔～する〕①試験や検査に不合格になること. また, 進級できないこと. Ｅrepeat the same class; fail. 韓낙제, 불합격, 유급.「学年末の試験の点がたりず落第と決まった」対合格, 及第 ②人やものごとが, ある資格, または条件に合わないこと. Ｅa failure; no good. 韓낙제, 부적합.「子供の先生の名前も知らないのでは父親として落第だ」対合格, 及第

らくたん 【落胆】ラクタン〔～する〕期待が裏切られるできごとがあって, がっかりして気力をなくすこと. Ｅbe discouraged; be disappointed. 韓낙담.「頼りにしていた息子に死なれて, 一郎はひどく落胆している」書

らくてんてき 【楽天的】ラクテンテキ くよ

くよしたり心配したりしないで、明るくものを考えるようす. Eoptimistic; cheerful. 韓낙천적.「妹は楽天的で、いつでものんびりかまえている//楽天的な母のおかげで、どんなに苦しいときも一家に笑いが絶えない」対悲観的 →楽観的

ラグビー (rugby) ラグビー 15人ずつのチームが、ボールを相手のゴールに入れて点を取り合う競技. Erugby. 韓럭비.「サッカーのボールはまるいが、ラグビーのボールは細長い」→サッカー

らくらく 【楽楽】ラクラク 非常に簡単にできるようす. Ewith great ease. 韓쉽게、가볍게.「前に1度やったことのある問題なので、楽々(と)とけた//辞書を引かなくても楽々(と)読める本」

ラケット (racket) ラケット、ラケット テニス、卓球、バドミントンなどで、手に持ってボールなどを打つ道具. Ea racket. 韓라켓.「卓球のラケットはテニスのよりずっと小さい//こんな大きなラケットにどうしてボールが当たらないのだろう」数1本

らしい ①(名詞、動詞と形容詞の基本形、形容動詞の語幹について)(1)客観的な根拠のある推量を表す.「声が聞こえるから、となりの部屋にはだれかいるらしい//ジョンは暖かい国から来たので、雪が珍しいらしい(EBecause John came from a warm climate country, he seems to find snow an oddity. 韓존은 따뜻한 나라에서 왔기 때문에, 눈이 신기한 듯하다.)」(2)ものごとをはっきり言わないでやわらかく言う.「どうもぼくの負けらしいね(EI have apparently lost this game. 韓아무래도 내가 진 것 같군.)//きみはいつも帰りが遅いらしいね」
②(名詞、形容詞と形容動詞の語幹について)~としての特徴をよく持っているということ

とを表す.「子供らしい表情(Ea childlike expression. 韓아이다운 표정.)//わざとらしい態度」
▷→だろう 囲み

ラジオ (radio) ラジオ ①電波を使って広い地域に音声を流して聞かせる仕組み. また、その電波を受ける装置. Ea radio. 韓라디오.「ラジオの音楽を聞きながら勉強する//カーラジオ」②「①」の放送番組. Ea radio program. 韓라디오 프로그램.「ラジオに出演する」▷数①1台、②1本

ラジカセ ラジカセ ラジオとカセットレコーダーを、1つにまとめたもの. Ea radio cassette recorder. 韓라디오카세트.「方言の調査にラジカセを持っていく」数1台
参 英語の「ラジオ(radio)」と「カセット(cassette)」を合わせたものを略して日本でできたことば.

らちがあかない 【らちが明かない】ものごとのきまりがつかなくて、先に進まない. Eget nowhere; remain unsettled. 韓결말이 나지 않다, 진척이 안 되다.「みんなでいつまで話し合っていても、らちが明かない. このへんで結論を出そう」

らっかん 【楽観】ラッカン〔~する〕ものごとが自分の希望や期待どおりに進むと思い、明るい見通しを持つこと. Ebe optimistic. 韓낙관.「お金がなくてもなんとかなるだろうと楽観している//父の病気は熱も下がり、山を越したが、まだ楽観できない」対悲観

らっかんてき 【楽観的】ラッカンテキ ものごとがうまく進むだろうと考えて、心配しないようす. Eoptimistic; hopeful. 韓낙관적.「わたしは将来を楽観的にみている//当日でも切符が買えると楽観的に考えていたら、全部売り切れだった」対悲観的
参「楽天的」も似ているが、「楽天的」が性格や人柄の特徴などをいうのに対して、「楽

観客的」はものの見方，考え方，ものごとに対する態度などをいう．

ラッシュアワー (rush hour) ラッシュアワー 通勤や通学の人がいっせいに集まって，乗り物や道路がこみあう朝夕の時間．ラッシュ．EＥthe rush hour. 한러시 아워．「ラッシュアワーの電車の中は身動きもできない//夕方のラッシュアワーで車の渋滞が始まった」

ラブレター (love letter) ラブレター 恋している気持ちを相手に伝えるために書いて出す手紙．Ｅa love letter. 한러브 레터, 연애 편지．「妹はラブレターをこっそり隠れて読んでいる//1晩かかってラブレターを書いた」 数 1通

られつ 【羅列】ラレツ〔〜する〕文字や数字などをたくさん並べること．また，ずらりと並んでいること．Ｅenumeration. 한나열．「この文章は，ことばを羅列しただけでおもしろみが全然ない」

られる (一段動詞，「来る」の「ない形について」) ①他からの動作や働きを受けることを表す．「家の前に車を止められて迷惑だ(ＥThe car left in front of my house is a nuisance. 한누가 집 앞에 차를 세워 두어서 성가시다.)//先生に作文をほめられた//夜遅く友達に来られて困った」
②動作をする人に対する敬意を表す．「社長が来られました(ＥThe president has arrived. 한사장님이 오셨습니다.)」
③あることができるということを表す．「この切符で映画が見られます(ＥYou can see a movie with this ticket. 한이 표로 영화를 볼 수 있습니다.)」
④しようと思わなくても自然にそうなるということを表す．「吹く風に秋が感じられる(ＥI can feel autumn in the breeze. 한부는 바람에 가을이 느껴진다.)」
参 五段動詞，「する」動詞には「れる」がつく．

らん 【欄】ラン ①書類などの中で，ある決められたことを書くために用意されたかこい．Ｅa blank. 한(서류 등의) 난．「調査書には家族の状況を書きこむ欄がある」 ②新聞や雑誌などで，種類によって記事を別にした紙面．またはかこんだところ．Ｅa column; a section. 한(신문・잡지 등의) 난; 섹션; 칼럼．「兄は新聞のスポーツの欄だけ読んで会社へ行く//雑誌の投書欄に知人の文が載った」

らんざつ 【乱雑】ランザツ 散らかっていて，きたないようす．Ｅdisorderly; untidy. 한난잡．「弟の部屋は乱雑で，なにがどこにあるかわからない//乱雑な字の書き方」

らんし 【卵子】ランシ 雌が体内に持っている細胞の一種．精子と結合して子供をつくる．Ｅan ovum. 한난자．「子供ができない夫婦の精子と卵子とで人工授精をする」 対 精子

ランチ (lunch) ランチ 昼食．また，食堂などで用意する洋風の簡単な食事．Ｅlunch. 한런치, 점심 식사; 간단한 양식．「本日のランチは焼き肉とスープとサラダで，サービスにコーヒーがつきます」

ランドセル (㊅ransel) ランドセル 小学生が通学に使う，背負う形になっているかばん．Ｅa satchel. 한란도셀．「妹はランドセルを買ってもらって，1年生になる日を待っている」
〔ランドセル〕

らんぱつ 【乱発・濫発】ランパツ〔〜する〕紙幣や債券，布告などをきちんとした計画もなくむやみに出すこと．Ｅan excessive issue; issue recklessly. 한난발, 남발．「通貨の乱発はインフレの原因になる//社長は

商品の欠陥を認め、おわびと反省のことばを乱発した」

注 以前は「濫発」を使ったが、最近は「乱発」のほうを多く使う.

らんぼう 【乱暴】ランボー ①ことばや考え方, 行動などが荒々しいようす. むちゃなようす. Ereckless; rough. 한난폭, 무모함; 조잡함.「お金もなしで旅行するとは乱暴な話だ//乱暴な字で書いてあるので、なかなか読めない」対丁寧 ②{~する}荒っぽく激しい動作で、ほかに迷惑をかけたり人を傷つけたりすること. Euse violence. 한행포를부림.「酒に酔った客が乱暴して, いすやテーブルをこわした」

らんよう 【乱用・濫用】ランヨー {~する} きちんとした理由もなくむやみに使うこと. E(an) abuse; (an) overuse. 한남용.「警官でも理由も言わずに持ち物を調べるのは職権の乱用だ/敬語の乱用は日本語を複雑にするだけだ」書

注 以前は「濫用」を使ったが、最近は「乱用」のほうを多く使う.

らんりつ 【乱立・濫立】ランリツ {~する} 計画性がなくむやみに立ち並ぶこと. Etoo many (candidates) run for; be jumbled up. 한난립.「同じ党の候補者が乱立して、みな落選してしまった//駅前はビルの乱立で景色が変わった」書

注 以前は「濫立」を使ったが、最近は「乱立」のほうを多く使う.

り／リ

リアル (real) リアル いかにも本当らしいようす. Ereal; realistic. 한리얼, 현실적, 사실적.「この似顔絵は, 本人の表情をよく写していて、とてもリアルだ//戦争のようすをリアルに描いた小説//リアルな描写」

リース (lease) リース {~する} おもに機械類などを、月や年の単位で契約して、借りたり貸したりすること. Ea lease. 한리스, (기계류 등의) 장기 임대차.「事務所のコピー機はリースだから、新型が出たら取りかえる//パソコンをリースで入れた」

リーダー (leader) リーダー 先に立ってする人. 指導する人. Ea leader. 한리더, 지도자, 통솔자.「グループの山歩きにはリーダーが必要だ//リーダーシップ//ニューリーダー」

りえき 【利益】リエキ ①ためになること. 役に立つこと. Einterests; benefit. 한이익.「あの人は自分の利益だけを考えて行動する」対損失, 損害, 不利益 ②商売をして手に入るもうけ. E(a) profit. 한이익, 수익.「今月は品物がよく売れて利益も上がった」対損失, 損害, 不利益

りかい 【理解】リカイ, リカイ {~する} ものごとの筋道や意味を知ること. Eunderstand; understanding. 한이해.「新聞を読んで国際情勢を理解する//わたしの苦しい立場を理解してほしい//相互理解」

りがい 【利害】リガイ 得と損. 得になるか損になるかということ. Einterests. 한이해.「利害が一致する2つの会社が, 協力関係を結ぶことになった//利害をよく計算して交渉を

進める//利害関係」

りきせつ 【力説】リキセツ〔~する〕自分の考えを熱心に話すこと.相手を説得しようと一生懸命になること. Ⓔemphasize; stress. 韓역설.「村長は過疎の村を救うには道路建設しかないと力説した」

りき・む 【力む】リキム〔自動五〕(りきんで) ①息を止めて,体に力を入れる. Ⓔstrain oneself. 韓힘주다,힘을 몰아 쓰다,용을 쓰다.「力んで顔を赤くしながら重い荷物を運ぶ」②自分は力や能力があると張りきる. Ⓔbrag; put on a bold front. 韓힘이 있는 체하다,허세를 부리다.「この仕事はわたしにしかできないと力んで,1人でがんばった」

りく 【陸】リク 地球上で,土や砂や岩が水におおわれていない所. Ⓔland. 韓육지,뭍.「1週間の航海の後,やっと陸が見えたときはうれしかった//大陸(→項目)//着陸(→項目)//陸地」 対海

りくじょう 【陸上】リクジョー ①陸地の上. Ⓔon land. 韓육상,땅위.「父は船で働いているので,陸上には年に2ヵ月しかいない//陸上輸送」 対海上,水上 ②「陸上競技」を略した言い方.おもに運動場で行われる,走る,跳ぶ,投げる,などの競技. Ⓔtrack and field. 韓육상 경기.「この高校はむかしから陸上が強い//グラウンドで練習しているのは陸上の選手たちだ」 対水上

りくつ 【理屈】リクツ ①ものごとの筋道.もっともな論. Ⓔreason; (a) theory. 韓이치,도리,사리.「理屈に合った話なら,反対する人はいないだろう//自動車が動く理屈はわかるが,実際には動かせない」②自分につごうのいいことがものごとの筋道であるかのようにいう無理な論. Ⓔ(an) argument; a strained interpretation. 韓억지 이론,구실,핑계.「弟は理屈は並べるが,すこし

も現実をみていない//精いっぱい努力したんだから15点でも合格にしてくれという理屈は通らない」

理屈をこねる 自分の考えをしつこく繰り返す. Ⓔput up an argument. 韓끈질기게 억지를 쓰다.「昨日の大会は,会の進め方について理屈をこねる人がいて,肝心の討論はできなかった」

りこう 【利口】リコー ①賢くてものごとを理解するのが速いようす. Ⓔclever; wise; intelligent. 韓영리함,똑똑함.「クロはわたしが顔を見ただけで新聞を持ってくる利口な犬だ」 対ばか ②ずるいぐらい要領がいいようす. Ⓔshrewd; smart. 韓요령이 좋음,영악함.「A課長は社内で利口に立ちまわって,社長のお気に入りになった」③(おもに「お利口」の形で)子供が大人の言うことをよく聞き,おとなしいようす. Ⓔa good boy / girl. 韓착하고 얌전함.「赤ちゃんはきょうはあまり泣かなくてお利口だった//1人でお留守番をしてお利口ね」

リコール (recall)リコール〔~する〕①選挙で選んだ議員や市長などを任期の途中でやめさせること.また,それを要求すること.解職請求. Ⓔrecall. 韓리콜,소환,해직 청구.「建設業者からわいろを取っていたことがわかった市長をリコールした//議会のリコールが成立し,選挙が行われることになった」②製品に製造上の欠陥があることがわかったとき,公表して無料で回収し,修理する制度. Ⓔrecall. 韓리콜,결함 제품의 회수·수리.「新型車Xにブレーキの欠陥が発見され,A社はその車のリコールを決めた」

りこてき 【利己的】リコテキ 自分の利益ばかりを考えているようす. Ⓔselfish; egoistic. 韓이기적.「会社の利益だけを考える利己的な企業は社会に受け入れられない//利己的な考え方」

りこん 【離婚】リコン, リコン〔~する〕結婚を解消すること. 夫婦でなくなること. ⓔdivorce. 한이혼.「夫婦は性格が合わなくて離婚した//迷った末に離婚に踏みきった」 対結婚

リサイクル (recycle) リサイクル〔~する〕いらなくなったものをそのまま捨てず, もういちど利用できるようにすること. ⓔrecycle. 한리사이클, 재활용.「リサイクルの店で, 修理してきれいにしたテレビを5000円で買った//子供の服をバザーに出してリサイクルする//リサイクル運動」

りし 【利子】リシ 銀行などに預けたり人に貸したりした金に対し, 決まった割合で支払われる金. 利息. ⓔinterest. 한이자.「借金を早く返さないと利子がふえる//利子をつけて返す」 対元金, 元金

りじ 【理事】リジ 団体などで, 代表して事務を行う役. また, その役の人. ⓔa director; a trustee. 한이사.「会の理事を選挙で決める//理事会/理事長/専務理事(ⓔa managing director. 한전무 이사.)」

りしゅう 【履修】リシュー〔~する〕それぞれの学校で決められた学科や課程の勉強をすること. また, その勉強を終わること. ⓔfinish; take. 한이수.「当大学では128単位以上履修しないと卒業できない//必修科目を履修する」 書

りじゅん 【利潤】リジュン, リジュン 企業の売り上げからいろいろな費用を引いた残りの金額. ⓔ(a) profit; (a) gain. 한이윤.「企業は利潤を追求するだけではなく社会的な責任も考えなければならない//利潤を配分する」

リスト (list) リスト ある目的のために, 人の名前, 品物などを並べて表にすること. また, その表. ⓔa list. 한리스트, 목록, 일람표, 명부.「会に出席する人のリストをつくる//買い物のリストをつくって出かける//ブラックリスト(→**項目**)」

リズム (rhythm) リズム 音の強弱, 長短などを規則正しく繰り返すこと. また, 繰り返しから生まれる調子. ⓔ(a) rhythm. 한리듬, 율동.「リズムにのって踊る//音楽が2拍子から3拍子のリズムに変わった//生活のリズム」

りせい 【理性】リセイ, リセイ ものごとの筋道, 道理を考える能力. また, 道理によって正しい判断をする能力. ⓔreason. 한이성.「感情に走らず, 理性で判断する//興奮して理性を失った」 対感情

りそう 【理想】リソー 考えられるいちばん立派で, 完全な状態. 最高の目的. ⓔan ideal. 한이상.「自然の中で暮らすのがわたしの理想の生活だ//理想を高く掲げる(ⓔhold high ideals. 한이상을 높이 내세우다.)」 対現実

りそうてき 【理想的】リソーテキ 最も望ましい状態であるようす. ⓔideal. 한이상적.「誠実で行動力のある人が政治家として理想的だ//国境も戦争もないのが理想的な世界だ」

リゾート (resort) リゾート 行楽, 休養, 暑さ寒さを避ける, などの目的で人が集まる所. ⓔa resort. 한리조트, 휴양지, 행락지, 피서지.「週末をリゾートの温泉で過ごす//夏休みのリゾート地は若い人たちでにぎわっている//リゾートホテル」

りそく 【利息】リソク「利子」を銀行などでいう言い方. ⓔinterest. 한이식, 이자.「定期預金の利息を元金に入れる」 対元金, 元金

りつ 【率】リツ あるものごとが全体の中で占めている割合. ⓔa rate; a percentage. 한율, 비율.「同じ年代の女性の中で, 結婚しない人の率が以前より高くなってきた//競争率(ⓔa competitive rate. 한경쟁

量.)//割引率」

りっきゃく【立脚】リッキャク〔～する〕あるものごとを自分の考え、態度のよりどころとすること. Ⓔbe based on. 한입각.「仏教思想に立脚した生き方を考える//A教授の経済理論に立脚して今後の経済の見通しを立てる//立脚点」書

りっこうほ【立候補】リッコーホ〔～する〕選挙があるとき、候補者として名乗り出ること. Ⓔrun for; candidacy. 한입후보.「三郎は26歳の若さで市会議員に立候補した//立候補の届け出をしてすぐ選挙運動を始めた」

りっしょう【立証】リッショー〔～する〕証拠を提出して事実をはっきりさせること. Ⓔprove. 한입증.「川の水を分析して、その工場が汚水を流したことを立証する//信頼できる証言により、犯罪と無関係だという立証ができた」書

りったい【立体】リッタイ 横幅、高さ、奥行きがあるもの. Ⓔa solid. 한입체.「高層ビルも、ごみ箱も、まるいボールも、みな立体だ//立体交差//立体感」対平面

リットル〔仏litre〕リットル メートル法で、液体の量などの基本になる単位. 1リットルは、縦、横、高さが10センチの容器に入る量. 記号は「l」. Ⓔa liter. 한리터.「水が2リットル入るやかん//1リットル入りの容器に入った牛乳//200リットル入る冷蔵庫」

りっぱ【立派】リッパ 欠点がなく、すぐれているようす. Ⓔsplendid; admirable; excellent. 한훌륭함, 뛰어남.「新しくできた美術館は、とても広くて立派だ//叔母は働きながら4人の子供を立派に育てあげた//立派な成果を上げる」

りっぷく【立腹】リップク〔～する〕腹を立てること. 怒ること. Ⓔget angry; be offended. 한역정을 냄, 화를 냄.「一方的な契約解除の通知に関係者は全員立腹している//ご立腹はもっともだと思います」書

りっぽう【立方】リッポー ①〔～する〕3つの同じ数や式をかけあわせること. 3乗. Ⓔa cube. 한입방, 세제곱, 삼승.「2の立方は8だ」②(長さの単位を表すことばの頭について) その数の大きさの体積であることを表す. 1 cm×1 cm×1 cm＝1 cm³で、1立方センチメートルと読む. Ⓔcubic measure. 한세제곱.「1辺が10センチの箱の体積は1000立方センチで、1リットルに当たる」③(長さの単位を表すことばの後について) その長さを1辺とする立方体であることを表す.「10センチ立方の容器(Ⓔa container ten centimeters cube. 한10센티 세제곱의 용기.)」

りっぽう【立法】リッポー 法律をつくること. Ⓔlegislation. 한입법.「日本では国会が立法を行う//立法機関」関連行政、司法

りてん【利点】リテン 便利なところ. また、すぐれたところ. Ⓔan advantage. 한이점, 장점.「カードでの買い物は、現金を持たなくていいという利点がある//この家の利点は日当たりがいいことだ//利点を生かす」

リニアモーターカー リニアモーターカー 磁気が反発する力を利用して走る乗り物. 特に、車輪を使わずに非常に速いスピードで走るものをいう. Ⓔa linear motor train. 한리니어 모터 카, 자기 부상 전동차.「リニアモーターカーの実験で、時速500キロのスピードが出たそうだ」数1本, 車両は1両

りねん【理念】リネン ものごとの最高の姿はどうであったらいいかという判断のもとになる考え. Ⓔan idea; a principle. 한이념.「日本の憲法の理念は、ふたたび戦争をしないという第9条に表れている」

リハーサル〔rehearsal〕リハーサル 演劇

や演奏会,放送などで,本番の前にするけいこ. Ea rehearsal. 한리허설, 예행 연습, 총연습.「リハーサルでは失敗ばかりしていた洋子が,本番ではいちばんうまかった」

りはつてん【理髪店】リハツテン,リハッテン おもに男性や子供の髪を切る店. 理容店, 床屋. Ea barbershop. 한이발소.「公園の前にしゃれた理髪店が開店した」 数 1軒 →美容院 囲み

リハビリ リハビリ〔←リハビリテーション(rehabilitation)〕病気やけがで体の動きが不自由になった人がする, 社会に復帰するためのいろいろな訓練. Erehabilitation. 한리허빌리테이션, (장애자 등의) 사회 복귀 요법, 재활 지도.「リハビリのおかげで,動かなかった左手が使えるようになった」

リビングルーム(living room) リビングルーム 洋風の居間. 家族がふだん集まる部屋. リビング. Ea living room. 한리빙룸, 거실.「夕食の後, リビングルームでみな一緒にテレビドラマを見た」 数 1室・1間

リベート(rebate) リベート 受け取った金の一部を,金を払った人や取り引きの世話をしてくれた人に,謝礼の意味でももどすこと. また, その金. Ea rebate; a bribe. 한리베이트, 사례금; 수수료.「建設担当の役人が建設業者からリベートを取っていた」

リベラル(liberal) リベラル 政治の上で自由主義的な立場をとったり,社会の中でいろいろな制約にとらわれない考え方をするようす. Eliberal. 한리버럴, 자유주의적.「リベラルな校風をしたってこの大学を選んだ」

リボン(ribbon) リボン 飾ったり結んだりするのに使う色のきれいな細長い布. Ea ribbon. 한리본.「子供の髪をリボンで結ぶ//花束を赤いリボンで飾って贈る」 〔リボン〕 数 1本

リモコン リモコン〔←リモートコントロール(remote control)〕機械などを離れた所から動かすこと. また, その装置. Eremote control. 한리모컨, 원격 조작, 원격 제어(장치).「工事現場では,大きくて危険な機械はリモコンで操作する//リモコンを使ってテレビの画面を変える」

りゃくご【略語】リャクゴ 長いことばの一部分を省いて,短くしたことば. Ean abbreviation. 한약어, 준말.「『高校』は『高等学校』の, 『入試』は『入学試験』の略語だ//長い外来語は『ハイテク』『リモコン』のように略語になることが多い」

りゃくじ【略字】リャクジ 漢字の中で形が複雑なものを,その一部分を省いたりして簡単にした字. Ean abbreviated Chinese character. 한약자.「『応』は『應』の, 『学』は『學』の略字だ」 対本字, 正字

りゃく・す【略す】リャクス〔他動五〕(りゃくして)①そのときに必要でない部分を取り去る. 略する. Eomit. 한생략하다.「文の前後を略して,必要な部分だけを読みあげる//手紙の前文を略す」②長いものや複雑なものを簡単にする. 略する. Eabbreviate; shorten. 한축약하다.「『生協』は『生活協同組合』を略したものだ//急ぐときは, むずかしい漢字を略して書く」

りゃくず【略図】リャクズ 目的に合わせて必要な部分だけをかき抜いた絵や地図. Ea rough map; a sketch. 한약도.「駅から家までの略図をかいて渡す//展覧会の会場のようすを略図で説明した」 数 1枚

りゆう【理由】リユー ものごとがそうなったわけ. ものごとを決めるよりどころになるもの. Ea reason; a cause. 한이유.「本当のタイ料理を食べてみたいという理由でバンコクへ行ってきた//会社をやめた理由は言えない」 →原因

りゅうがく【留学】リューガク〔~する〕ある場所、特に外国へ、ある期間行って勉強すること。Ｅstudy abroad. 韓유학。「最近、日本へ留学を希望する人が増えている//音楽を学ぶためにヨーロッパへ留学する//留学期間」

りゅうがくせい【留学生】リューガクセイ、リューガクセイ　留学して勉強する人。Ｅa student studying abroad; a foreign student; a "college student". 韓유학생。「マイクは建築学科の留学生として来日し、和風建築を学んでいる//留学生会館//国費留学生」→就学生

りゅうかん【流感】リューカン「流行性感冒」を略した言い方。ウイルスによって伝染するかぜ。インフルエンザ。Ｅinfluenza; the flu. 韓유행성 감기, 독감。「流感は毎年1, 2月ごろ流行する//どうも流感にかかったらしい」

りゅうぎ【流儀】リューギ　それぞれの人の独特のやり方。特に芸能などの派で、それぞれがむかしから伝えてきたやり方。Ｅa way; a manner; a style. 韓방식, 방법, (기예 등의) 유파의 법식。「この仕事はだれにも指図されず自分の流儀でやる//流儀が違うと生け花もずいぶん感じが変わる」

りゅうこう【流行】リューコー〔~する〕あるものごとが一時的に世間にひろまり、はやること。Ｅ(a) fashion; spread. 韓유행。「今年はまた短いスカートが流行しているようだ//悪いかぜが流行している//流行語」

りゅうざん【流産】リューザン〔~する〕①妊娠して24週にならないうちに、赤ちゃんが死んで生まれること。Ｅ(a) miscarriage. 韓유산。「前に流産したので、今度は体をとてもだいじにしている」②計画などが、いろいろな理由で、実現しないこと。Ｅfail; miscarry. 韓(계획 등의) 유산。「計画案は資金の予定が立たなくて流産した」

りゅうしゅつ【流出】リューシュツ〔~する〕中から外へ流れて出ていくこと。Ｅflow out; a spill. 韓유출。「明治の初めごろ、刀や絵など美術工芸品がたくさん国外へ流出した//原油の流出//頭脳の流出(Ｅa brain drain. 韓두뇌 유출。)」対流入 書

りゅうせい【隆盛】リューセイ　ものごとが栄えて勢いがいいこと。Ｅprosperity. 韓융성。「現在の会社の隆盛は社員全員の努力によるものだ」対衰退 書

りゅうちょう【流暢】リューチョー　話し方が上手で、ことばがすらすらと流れるように続くようす。Ｅfluent. 韓유창。「洋子は3カ国語を流暢に操る//ジョンは流暢な日本語を話す」

りゅうつう【流通】リューツー〔~する〕①空気などが同じ所に止まらずに動くこと。Ｅventilation. 韓유통, (공기 등의) 흐름, 통풍。「窓を開けて空気の流通をよくする」②商品が生産、卸、小売り、消費者へと、一定のやり方にしたがって動いていくこと。Ｅdistribution. 韓(상품의) 유통。「流通の段階の工夫で物価を下げることもできる//流通機構//流通経済」③貨幣などが社会に広く使われること。Ｅcirculation; currency. 韓(화폐 등의) 유통, 통용。「現在日本で流通しているお札の最高額は1万円だ//流通貨幣」

りゅうとうだび【竜頭蛇尾】リュートーダビ　ものごとが初めだけ勢いがよく、終わりに近づくにつれ勢いがなくなること。Ｅanti-climactic; promising start but poor finish. 韓용두사미。「この夏はチョモランマに登ろうと計画を立てたが、資金と訓練の不足で北アルプスに変更し、竜頭蛇尾に終わった」

りゅうにゅう【流入】リューニュー〔~す

る）外から中へ流れて入ること．Ⓔflow in; an inflow. 㱞유입．「この湖にはいくつもの谷川の水が流入している//都会に流入する人口/外資の流入」対流出 書

りゅうねん【留年】リューネン〔~する〕学生が卒業や進級に必要な単位が取れず，同じ学年をもういちど繰り返すこと．Ⓔstay in the same class. 㱞유급, 낙제．「卒業論文が書けなくて留年した」

りよう【利用】リヨー〔~する〕①ものごとを役に立つように使うこと．Ⓔmake use of; utilize. 㱞이용．「通勤にはバスと電車を利用している//公園や図書館，市民センターなど市の施設は無料で利用できる」
②自分の得になるようにうまく使うこと．Ⓔtake advantage of. 㱞이용．「課長の地位を利用して，情報を早く手に入れる」▷→活用

りょう【両】リョー ①2つで組みになるものの2つとも，2つ一緒．また，2つ，Ⓔboth; two. 㱞양, 두 (개)．「別れを悲しんで両の目に涙を浮かべた//両手両足/両家族/両親(→項目)」②（数を表すことばの後について）電車，客車，貨車などの数を表す．「7両編成の列車」Ⓔa 7-car train. 㱞7량 편성의 열차．)」

りょう【量】リョー ものごとの数や多さ．Ⓔ(a) quantity; (an) amount. 㱞양, 수량, 분량．「仕事の量が多くてつらい//駅で交通量を調査する//量より質」Ⓔ Quality is more important than quantity. 㱞양보다 질．)」対質

りょう【漁】リョー 海や川などで，魚や貝や海藻をとること．また，そのとれたもの．Ⓔfishing; a catch. 㱞고기잡이, 어로; 어획물．「毎日小さい舟で沖へ漁に出る//サケ，マス漁//大漁/不漁」

りょう【寮】リョー 学校，会社などで，学生や社員の住居として用意する共同の建物．Ⓔa dormitory; a dorm. 㱞기숙사, 사택．「道子は，学生時代に寮の同じ部屋で暮らした友人だ//寮生活/学生寮」数 1棟・1室

-りょう【-料】（他のことばについて）なにかに使うことになっているもの．また，なにかに必要な金額．「調味料(→項目)/授業料」Ⓔtuition; school fees. 㱞수업료．)/入場料」

りょういき【領域】リョーイキ，リョーイキ 勢力がとどく広さの範囲．よく知っているものごとの範囲．Ⓔa territory; a sphere. 㱞영역．「国内線の飛行機は自国の領域の中だけ飛ぶ//内科の医者には外科の領域はよくわからない」

りょうかい【了解】リョーカイ〔~する〕話などがよくわかって認めること．Ⓔconsent; understand. 㱞요해, 양해．「上役の了解をとって休暇をとる//相手の立場を了解する」

りょうがえ【両替】リョーガエ，リョーガエ〔~する〕ある種類の金を，同じ金額のほかの種類の金と取りかえること．Ⓔchange; exchange. 㱞환전．「1万円札を1000円札10枚に両替する//使い残したドルを円に両替した」

りょうきん【料金】リョーキン，リョーキン ものなどを使ったり，なにかをしてもらったりしたことに対して払う金．Ⓔa toll; a charge; a fare. 㱞요금．「高速道路の料金が値上がりした//電話の料金/タクシー料金」

りょうこう【良好】リョーコー 質や状態がいいようす．Ⓔsatisfactory; good; fine. 㱞양호．「手術の後の経過は良好だと医者が言った/感度が良好なマイクをさがす//体調は良好だ」対不良

りょうじ【領事】リョージ 外国のおもな都市にいて，その国との貿易を進めたり，自国

民の保護, 監督をしたりする役人. Ⓔa consul. 한영사.「A氏は上海の領事をしたこともある外交官だ//総領事/領事館」

りょうしき 【良識】リョーシキ 社会一般に認められるような落ちついたものの考え方と判断力. Ⓔgood sense; wisdom. 한양식.「参議院は良識の府とされている//市民の良識に期待する/良識を備えた社会人」

りょうしゅうしょ 【領収書】リョーシューショ, リョーシューショ 金を受け取ったというしるしに相手に渡す書類. 領収証. Ⓔa receipt. 한영수증.「領収書に名前を書いて判を押す//大金を払って領収書をもらった」

りょうしょう 【了承】リョーショー〔～する〕話をよく理解して受け入れること. Ⓔconsent to; approval. 한승낙함, 납득함.「会長になることを了承する//本人の了承なしには決められない」

りょうしん 【両親】リョーシン 父と母. お父さんとお母さん. 父母. Ⓔparents. 한양친, 부모.「両親そろって健康でいてくれるのがうれしい//ご両親はお元気ですか」

りょうしん 【良心】リョーシン 人間がもともと持っている, 善と悪を見分ける力. また, 正しい行動をしようとする心の働き. Ⓔconscience. 한양심.「うそをつくのは良心が許さない/良心がとがめる(ⒺMy conscience pricks me. 한양심의 가책을 받다.)」

りょうほう 【両方】リョーホー, リョーホー 2つあるものごとの2つとも. Ⓔboth. 한양쪽, 쌍방, 양자.「会社と自宅の両方に電話をかけたが, どちらにもいなかった//両方の言い分を聞いてから判断する」 対片方, 一方

りょうほう 【療法】リョーホー 病気やけがを治すやり方. Ⓔ(a method of) medical treatment; a cure. 한요법.「病院で最新の療法によって治療してもらう//コバルト療法//自然療法/民間療法」

りょうやくはくちににがし 【良薬は口に苦し】いい忠告は聞くのがつらいが, ためになる. ⒺGood medicine tastes bitter. 한양약은 입에 쓰다, 진정한 충고는 귀에 거슬린다.

参 よく効く薬は苦くて飲みにくいことからいう.

りょうよう 【療養】リョーヨー〔～する〕病気やけがの手当てをしながら, 弱った体力を回復させるため休んだり栄養をとったりすること. Ⓔrecuperate; medical treatment. 한요양.「手術の後, 温泉で療養する//療養所/自宅療養」

りょうり 【料理】リョーリ〔～する〕材料に火を通したり味をつけたりして, 食べられるようにすること. また, その食べ物. Ⓔcooking; a dish. 한요리.「家事の中では料理がいちばん楽しい//料理学校//お正月料理//日本料理」

りょうりつ 【両立】リョーリツ〔～する〕2つのものごとがうまくいくこと. Ⓔdo well both in ～ and …; go together. 한양립.「夫婦が協力し合って職業と育児を両立させる//アルバイトと研究の両立はむずかしい」

りょかっき 【旅客機】リョカッキ 旅行客を乗せて運ぶ飛行機. りょかくき. Ⓔa passenger plane; an airliner. 한여객기.「最近の旅客機には500人もの乗客を運べるものもある//大型旅客機」 数1機

りょかん 【旅館】リョカン 旅行する人を泊めることを職業としている家. Ⓔa (Japanese-style) hotel. 한여관.「温泉地の旅館に泊まる//旅館の従業員として働く」 数1軒 → ホテル 囲み

参「ホテル」「宿屋」も仕事の内容は同じだが、建物や宿泊のしかた、食事などが和風のものを「旅館」「宿屋」、洋風のものを「ホテル」という。また、「宿屋」はすこし古い言い方で、一般に「旅館」より規模が小さいものについていう。

りょくち【緑地】リョクチ, リョクチ 草や木がたくさんあり、緑が多い土地. Ea green tract of land. 韓녹지.「都市の緑地を増やす//緑地帯」

りょくちゃ【緑茶】リョクチャ 薄い緑色の茶. 茶の木の若葉を蒸して乾燥させてつくる. お茶. Egreen tea. 韓녹차.「その年最初に出た葉でつくった緑茶を新茶という//和菓子には紅茶より緑茶が合う」数1杯・1缶

りょけん【旅券】リョケン パスポート. Ea passport. 韓여권.「国を出るときと帰ってくるとき、税関で旅券を見せる//外国旅行中に旅券をなくして、とても困った」数1通

りょこう【旅行】リョコー〔~する〕いろいろな目的でよその土地へ出かけていくこと. Ea trip; a journey; travel. 韓여행.「夏休みに家族で北海道へ旅行をした//旅行案内書/観光旅行/修学旅行(Ea school excursion. 韓수학 여행.)」→旅

りょひ【旅費】リョヒ 旅行をするのに必要な金. Etraveling expenses. 韓여비.「来年外国へ行きたいので旅費を積み立てている/出張旅費」

リラックス (relax) リラックス〔~する〕体や心が緊張しているのをゆるめ、楽にすること. Erelax. 韓릴랙스, 긴장을 풂, 편안히 쉼.「仕事の後, リラックスするためにタバコを吸う//上着のボタンをはずしてリラックスする」

りりく【離陸】リリク〔~する〕飛行機などが地上を離れて飛びたつこと. Ea takeoff. 韓이륙.「いま飛行機が離陸したところだ//離陸のサインが出てベルトをしめる」対着陸

りりし・い リリシイ 引きしまっていて, 勇ましい. Egallant; imposing. 韓늠름하다, 씩씩하다.「馬に乗った, りりしい若い武士がテレビに映っている//行進する高校生たちの姿はりりしく頼もしかった」

りりつ【利率】リリツ, リリツ 銀行などに預けたり, また, 人に貸したり人から借りたりした金に対する利息の割合. Ethe rate of interest. 韓이율.「利率は経済の動きによって変わる//定期預金は普通預金より利率が高い」

りれきしょ【履歴書】リレキショ, リレキショ 現在までに学んだ学校や, ついた職業などを書いた書類. Ea personal history; a curriculum vitae. 韓이력서.「先輩のところへ履歴書を持って就職を頼みに行く//履歴書を見ながら面接する」数1通

りろん【理論】リロン 原理, 原則にもとづいて筋道を立てて説明することのできる考え. Ea theory. 韓이론.「アインシュタインの理論を応用する//机の上だけの理論では役に立たない/理論家」対実践

りんかく【輪郭】リンカク ①ものの形を表す線. 外側のふち. Ean outline. 韓윤곽.「ほおのあたりの輪郭がお母さんにそっくりだ//霧で建物の輪郭がぼやけて見える」②ものごとのだいたいのようす. Ean outline; a sketch. 韓윤곽, 개요, 개략.「調べるうちに事件の輪郭が浮かび上がってきた」

りんきおうへん【臨機応変】リンキオーヘン, リンキ・オーヘン いつも同じではなく, その場のようすに合わせたいちばんいいやり方をすること. Eas the occasion demands; temporary. 韓임기응변.「山の天気は変わりやすいので臨機応変の判断が必要だ//臨機応変の処置」

りんぎょう 【林業】リンギョー, リンギョー 苗木を植え森林を育てて、木材などを生産する産業. Eforestry. 햔임업.「この町は林業が盛んで、たくさんの木材を生産している」

りんご リンゴ くだものの一種. 秋に実り、まるくて甘ずっぱい、色は赤いものが多いが、黄色、緑色のものもある. Ean apple. 햔사과.「朝食はパンと牛乳とリンゴに決めている//リンゴを煮てジャムをつくる」→果物図

りんじ 【臨時】リンジ いつもではなく、必要なときだけすること. Eextra; special; temporary. 햔임시.「正月は初もうでの客のために臨時のバスが出る//臨時ニュース//臨時休業」対定時, 定例, 常時

りんじゅう 【臨終】リンジュー 人が命を終わろうとするとき. 死ぬまぎわ. Eone's last moments; one's death. 햔임종.「病人の脈をとっていた医者は、『ご臨終です』と家族に告げた//わたしは父の臨終に間に合わなかった」

りんしょう 【臨床】リンショー 医者が病人の診察や治療をすること. Eclinical. 햔임상.「研究室から臨床の仕事に移る//臨床医学」

りんり 【倫理】リンリ 人間として守らなければならない道徳. Eethics; morals. 햔윤리.「買春は人としての倫理に反する行いだ//倫理学//企業倫理//政治倫理」

る／ル

-る 名詞、形容動詞などを動詞にするときにつけることば.「けちる(Ebe stingy. 햔인색하게 굴다.)//サボる(→**項目**)」

るい 【類】ルイ 性質などが似ているところがあること. また、その同じようなものの集まり. Ea sort; a kind. 햔종류, 부류, 동아리, 유례.「夏はジュースの類がよく売れる//他に類をみない」

類は友を呼ぶ 同じような考えのものは自然に集まる. EBirds of a feather flock together. 햔유유상종, 끼리끼리 모인다.

るいじ 【類似】ルイジ〔~する〕あるものとあるものとがよく似ていること. Eresemble; similar. 햔유사.「今度の事件に類似した詐欺事件が前にもあった//意味の類似したことばを類義語という//類似品」

るいすい 【類推】ルイスイ〔~する〕わかっていることをもとにして、ほかもたぶんこうだろうと考えること. Eanalogy; judge from. 햔유추, 미루어 짐작함.「兄のいつもの行動から類推して、1人で山登りに行ったとは思えない」

るいせき 【累積】ルイセキ〔~する〕ものごとが積み重なること. Eaccumulate. 햔누적.「外交交渉に追われているあいだに、国内の問題が累積した//累積赤字」

ルーツ (roots)ルーツ ものごとの起こり. 遠い祖先. Eroots; an origin; ancestors. 햔루트, 근원, 기원；선조, 시조.「船のルーツは、太い木の中をくり抜いたものだ//自分の家のルーツを調べる」

ルート (route)ルート 目的地までの通り道. 道筋. Ea route; a channel. 햔루트, 길, 경로, 통로.「あすの登山のルートを調べる//情報が伝わる秘密のルートがある」

数 1本

ルール (rule) ルール 社会生活などの中で守らなければならない約束. Ea rule. 한룰, 규칙, 규정.「サッカーでは、ゴールキーパー以外はボールを持って走ってはいけないルールになっている//ルール違反」→規則

るす 【留守】ルス ①よそへ出かけて家にいないこと. Eabsence. 한집에 없음, 집을 비움, 부재중.「友達の家を訪ねたが、留守で会えなかった」
②人が出かけたりしたあと、そこを守ること. Elook after ~ during a person's absence. 한빈 집을 지킴, 집보기, 그런 사람.「社長が海外に出張中は、副社長が留守を預かる//となりに留守を頼む」
③(「お留守になる」の形で) 心がほかのほうに向いて、たいせつなことをしなくなる. Eneglect (one's task). 한(다른데 정신이 팔려) 할 일을 소홀히 함.「テレビを見ながら皿を洗っていると、手がお留守になるよ」

るすばん 【留守番】ルスバン 家の人が出かけているあいだ、その代わりに家を守ること. また、その人. Elook after the house during a person's absence; a caretaker. 한빈 집을 지킴, 그런 사람.「子供に留守番をさせて買い物に行く//海外旅行をする叔父の家の留守番を頼まれた//留守番電話」

れ／レ

れい 【礼】レイ, レイ ①礼儀. Ecourtesy; etiquette; manners. 한예의.「礼をつくして頼む」②尊敬の気持ちを表す動作. おじぎ. Ea bow; salute. 한절, 인사, 경례.「帽子を取って礼をする//挙手の礼」③感謝の気持ちを表すこと. また、そのために贈る金や品物. お礼. Ea reward; thanks. 한사례(금품).「就職の世話をしてくれた人に礼として酒を送った//『どうもありがとう』と礼を言う」

れい 【例】レイ ①いつも同じようなこと. Eusual; a habit. 한여느 때와 같음, 언제나 그러함, 관례.「会社の帰りに、例のとおり駅で夕刊を買った//電話をかけたいが、例によって息子が長電話している」②これまでにあったこと、またはいまあることで、参考や見本にできるもの. Ean example; a case. 한예, 보기；선례.「例にならって問題に答えなさい//社長は、努力した人が最後に成功するといういい例だ」③(「例の」の形で) 話している人の間でわかっている. 世間によく知られている. Ethat; in question. 한바로 그, 그때 그.「例の話はその後どうなりましたか//向こうに見えるのが例の事件のあったビルだ」

れい 【零】レイ なにもないことを表す数. ゼロ. 0. Ezero; nothing. 한영, 제로.「3から3を引くと0になる//試験の成績が0点だった」

れい 【霊】レイ 人間の肉体の中にあって肉体を動かし、死んだあとも残ると考えられているもの. Ethe spirit; the soul. 한영, 영혼, 넋.「あの女性は、死んだ人の霊を呼びだして会話をすることができるそうだ//先祖の霊をまつる」

れいか 【零下】レイカ セ氏の温度計で、温度が0度より下であること. Ebelow zero.

[한]영하.「冷えてきたから外は零下になっているだろう//零下25度」

れいがい【冷害】レイガイ 夏の気温がいつもの年より低いために農作物が受ける悪い影響. [E]cold-weather damage. [한]냉해.「冷害で今年は稲の収穫量が少ない//夏が涼しいと冷害のおそれがある」

れいがい【例外】レイガイ 一般的なまわりの状態と違うものごと. [E]an exception. [한]예외.「わたしの家族はみな背が高いが、わたしだけ例外で背が低い//例外のない規則はない([E]There are no rules without exceptions. [한]예외 없는 규칙은 없다.)」

れいかん【霊感】レイカン ふつうは感じられないことを感じとる、説明できない心の働き. [E]inspiration. [한]영감.「天才芸術家は霊感によってつぎつぎと作品を生みだす//霊感がひらめく」

れいぎ【礼儀】レイギ 社会生活の中で決められている、ほかの人との関係をよく保つための態度や動作. 礼. [E]courtesy; etiquette; manners. [한]예의.「電車やバスでは、年をとった人が前に立ったら席をゆずるのが礼儀だ/礼儀作法」

れいきゃく【冷却】レイキャク〔～する〕冷たくなること. 冷たくすること. [E]refrigerate; cool. [한]냉각.「最近、両国の関係は冷却している//血液を冷却して保存する//エンジンの冷却装置」

れいきゃくきかん【冷却期間】レイキャクキカン、レイキャクキカン 争いごとなどがうまく解決しないときに、しばらく休んで、両方の気持ちを落ちつかせる期間. [E]a cooling-off period. [한]냉각 기간.「どちらも自分の主張を通そうとして交渉がまとまらないので、冷却期間をおいて考え直すことにした」

れいこく【冷酷】レイコク 人情がなく、むごいようす. [E]cruel; coldhearted. [한]냉혹.「息子たちは、老いた両親を寒い部屋に住まわせて、じゅうぶんな世話もせず冷酷に扱っている//冷酷な仕打ち(＝ひどいやり方)」

れいさいきぎょう【零細企業】レイサイキギョー 規模が非常に小さく、資金なども少ない会社や工場. [E]a small business. [한]영세 기업.「円高になると、輸出の仕事をしている零細企業は苦しくなる」

れいじ【例示】レイジ〔～する〕わかりやすいように例をあげること. [E]illustrate by example; exemplify. [한]예시.「これらの材料でできる料理を例示してほしい//そのことばの実際の用法を例示する」

れいじ【零時】レイジ 午前と午後の12時. 0時. [E]twelve o'clock; noon; midnight. [한]영시, 12시.「真夜中の12時は午前0時ともいう//午後0時とは昼の12時のことだ/0時半」

れいじょう【礼状】レイジョー 相手に感謝の気持ちを伝える手紙. [E]a letter of thanks. [한]사례 편지.「お世話になった人に礼状を書く//贈り物をした相手から礼状がとどいた」数1通

れいせい【冷静】レイセイ 落ちついていて、感情的にならないこと. [E]coolly; (keep) cool; calm. [한]냉정.「事故のときはあわてず、冷静に判断することがたいせつだ//冷静を保つ/冷静な態度」

れいそう【礼装】レイソー〔～する〕儀式などに出席するときに正式の服を着ること. また、その服. [E]full dress. [한]예장, 정장, 예복 차림.「葬式の礼装は男も女も黒がふつうだ//友人の結婚式に礼装して出かける」対略装

れいぞうこ【冷蔵庫】レイゾーコ 食品などを新鮮にしておくために、温度を低くできるようにした箱形の入れ物. [E]a refrigerator. [한]냉장고.「買ってきた卵や牛乳や野

菜を冷蔵庫にしまう//ビールを冷蔵庫に入れて冷やしておく」 数 1台 →台所 図

れいたん 【冷淡】レイタン 関心や同情心がなく，冷たく接するようす．Ⓔcoldly; show little interest; indifferent. 韓냉담.「銀行で金を借りようとしたが，年収が低いからだめだと冷淡に断られた//弱者に冷淡な社会制度//冷淡な返事」

れいだんぼう 【冷暖房】レイダンボー 冷房と暖房．Ⓔair conditioning and heating. 韓냉난방.「このアパートは冷暖房の設備がある//冷暖房のおかげで夏も冬も楽に過ごせる//冷暖房完備」

れいとう 【冷凍】レイトー〔～する〕食品などを長く保存しておくため凍らせること．Ⓔfreeze. 韓냉동.「食品を急速に冷凍すれば味が悪くならない//血液の冷凍保存//冷凍食品」 対解凍

れいねん 【例年】レイネン いつもの年．Ⓔan average year; usual. 韓예년.「今年の冬は例年に比べて暖かい//運動会は例年のとおり10月10日に行う//今年の夏は例年になく雨が多い」

れいぶん 【例文】レイブン 使い方の例を示すための短い文や文章．Ⓔan illustrative sentence; an example. 韓예문.「いくつも例文をあげて説明する//例文にならって文をつくる」

れいぼう 【冷房】レイボー〔～する〕部屋の中を涼しくすること．また，その装置．Ⓔair conditioning; an air conditioner. 韓냉방.「とても暑くて冷房のない部屋では仕事ができない//冷房したまま寝るのは体によくない」 対暖房 数 1台

レーザー (laser) レーザー まっすぐで広がらない強力な光を出す装置．精密な測定，材料の加工，通信，印刷，医療などに使う．Ⓔa laser. 韓레이저.「レーザー光線//半導体レーザー」

レーザーディスク (laser disc) レーザーディスク 音声と画像が記録された光学式のビデオ用円盤．レーザー光線を当てて再生する．LD．Ⓔa laser disc. 韓레이저 디스크.「レーザーディスクには非常に多くの情報が記録できる//レーザーディスクの百科事典が売りだされた」 数 1枚

レーダー (radar) レーダー 電波を出して物体に当て，その反射で飛行機や船などの位置を知る装置．Ⓔradar. 韓레이더, 전파탐지기.「レーダーで飛行機の機種や位置をとらえる//レーダーで魚の群れをさがす」

レール (rail) レール ①電車や列車などが走るための細長い鉄の道．線路．Ⓔa rail. 韓레일, 궤도, 선로.「夜中にレールを取りかえる作業を行う//モノレール(→項目)」②引き戸やカーテンなどを動かすために取りつける細い棒．Ⓔa rail; a rod. 韓(미닫이 등의) 레일, 가로대.「雨戸のレールにごみがたまって戸が閉まらない//カーテンレール」 ▷数 1本

レールを敷く ものごとが思うとおりに進むように，早くからその方向に準備をしておく．Ⓔmake arrangements. 韓레일을 깔다, 순조로운 진전을 위한 기초 작업을 하다.「祖父がつくり，父や叔父たちがレールを敷いてくれた会社を引きついだ」

レーンコート (raincoat) レーンコート 雨にぬれないように上着の上に着る服．レインコート．Ⓔa raincoat. 韓레인코트, 비옷.「雨が降りそうだからレーンコートを着て出かけよう」 数 1枚・1着 →雨具 図

れきし 【歴史】レキシ むかしからいままでの世の中の動きや，ものごとの移り変わり．また，それを書いた記録．Ⓔhistory. 韓역사.「中国は古い歴史を持つ国だ//歴史に残るような大きなできごと//歴史が浅い//本の歴史」

れきぜん 【歴然】レキゼン （「歴然と」の形で）非常にはっきりしているようす. [E] obvious; unmistakable. [한] 역연, 분명함, 뚜렷함.「中学生のチームと高校生のチームの実力の差は歴然としていた//この遺跡にはむかしの生活の跡が歴然と残っている」[書] [参] 改まって「歴然たる事実」のように表現することもある.

レギュラー (regular) レギュラー ①スポーツの試合で, 選手としていつも出る人. また, ラジオやテレビで, ある番組に決まって出る人. [E] a regular. [한] 레귤러, 정규 선수; 고정 출연자.「野球部で, 早くレギュラーになりたくて一生懸命に練習する//クイズ番組のレギュラーに選ばれた」②ふつうの.「レギュラーガソリン([E] regular gasoline. [한] 레귤러 가솔린, 보통 휘발유.)//レギュラーポジション」[対] スペシャル

レクリエーション (recreation) レクリエーション 仕事や勉強の合間に, スポーツやいろいろな楽しみをして体や心の疲れを治すこと. また, そのスポーツや楽しみ. リクリエーション. [E] recreation. [한] 레크리에이션, 소창, 오락.「会社は社員のレクリエーションとして毎年運動会を開く//レクリエーション施設」

レコード (record) レコード, レコード ①音楽演奏などを録音してある円盤. [E] a record. [한] 레코드, 음반.「ショパンのレコードをたくさん集めている//レコードコンサート」②運動競技などの最高の記録. [E] a record. [한] (경기 등의) 최고 기록.「100メートル競走のレコードを更新する//1年間無遅刻のレコードをつくった」▷[数] ① 1枚

レジ レジ〔← レジスター(register)〕受け取ったり払ったりする金を計算, 記録し, レシートを出したりする機械. また, それを扱う人や仕事や場所. [E] a cash register; a cashier; a checkout counter. [한] 금전 등록기; 금전 출납담당(원); 계산대.「スーパーマーケットでレジのアルバイトをする//パンと牛乳を持ってレジに並ぶ」

レシート (receipt) レシート レジで, 金の計算をしてそれを打ちだした小さい紙. 受け取り. [E] a receipt. [한] 리시트, 영수증.「お金を払って品物とレシートを受け取る」

レジャー (leisure) レジャー 仕事や勉強をしない自由な時間. また, その時間にする遊び. [E] leisure. [한] 레저, 여가, 여가를 이용한 행락.「この冬のレジャーはスキーと温泉に決めた//レジャー産業//レジャーランド([E] a vacation resort. [한] 레저 랜드, 휴양지.)」

レストラン ([フ] restaurant) レストラン 西洋料理を出す食堂. [E] a restaurant. [한] 레스토랑, 서양 요리점, 양식점.「兄はフランスで料理の勉強をしてきて, 東京でレストランを開いた//ファミリーレストラン」[数] 1軒・1店

レスリング (wrestling) レスリング マットの上で2人で組み合って闘う競技. 先に相手の両肩を床につけたほうが勝ち. [E] wrestling. [한] 레슬링.「レスリングは体重によっていくつかの階級に分けられる//プロレスリング」

れつ 【列】レツ ①ものや人が長く並んだ形. [E] a row; a line; a queue. [한] 열, 줄, 행렬.「鳥が列をつくって飛んでいく」②(数を表すことばの後について)「①」の数を表す.「机が3列に並べてある([E] There are three rows of desks. [한] 책상이 3열로 배열되어 있다.)//横に1列に並んでください」

れっきょ 【列挙】レッキョ, レッキョ〔～する〕ある目的のためにことがらをつぎつぎに並べあげて示すこと. [E] enumerate; list. [한] 열거.「学生にすすめる本の題名を列挙する」

れっしゃ【列車】レッシャ, レーッシャ 人や貨物を運ぶために, いくつもつないだ形で鉄道の線路を走る電車や汽車. Ｅa train. 한열차.「長い列車が鉄橋を渡っていく//貨物列車/夜行列車」数1本, 車両は1両

レッスン (lesson) レッスン 決められた課題の練習. また, 個人が時間を決めて受けるけいこ. Ｅa lesson. 한레슨, 개인 교수.「午後にピアノのレッスンがある//友達と2人でフランス語のレッスンを受ける//レッスン料」

れっせい【劣勢】レッセイ 勢いや力が相手より弱く, 負けそうなこと. Ｅinferior. 한열세.「選挙は新人の候補者が劣勢のようだ//試合は途中で劣勢だったが, 後半がんばって勝てた」対優勢

れっとう【列島】レットー 長く列になって並んでいる島. Ｅan archipelago; (a chain of) islands. 한열도.「地図を見ると鎖のように続いている列島がある//日本列島」

れっとうかん【劣等感】レットーカン 自分が他人よりおとっていると思いこんで持つ不安や無力感. Ｅan inferiority complex. 한열등감.「わたしは若いとき自分の顔についての劣等感に悩んでいた//妹は自分の運動能力に劣等感をいだいている」対優越感

レディー (lady) レディー 動作やことばづかいなどが上品な女の人. また, 一般に女の人. Ｅa lady. 한레이디, 귀부인, 숙녀; 여성.「レディーファースト//オフィスレディー//ファーストレディー」対ジェントルマン

レパートリー (repertory) レパートリー ①劇団や俳優, 音楽家などが, いつでも上演や演奏ができるように準備している劇や役, 曲など. Ｅa repertory. 한레퍼터리, 연주 곡목, 공연 제목.「クラシックからポピュラーまで, 洋子のピアノのレパートリーは広い」②得意にしていることや, よくできる範囲. Ｅa repertory. 한자신 있게 할 수 있는 분야.「父のカラオケのレパートリーは演歌ばかりだ//料理のレパートリーを増やす」

レポート (report) レポート ①調査や研究などの報告書. 学生が課題に対して提出する短い論文. リポート. Ｅa report; a paper. 한리포트, 조사(연구) 보고서; (학생이 제출하는) 소논문.「出張のレポートを書くのに夜中までかかった//レポートを出さないと単位がもらえない」②{～する} 新聞, 雑誌や放送などで, 現地から報告を送ること. また, その報告. リポート. Ｅreport (news). 한(신문・방송 등의) 현지 취재 보도, 리포트.「台風の状況を, ずぶぬれになってレポートするアナウンサー」▷数①1通

レモン (lemon) レモン, レーモン くだものの一種. 黄色で, ラグビーのボールのように両端がとがり, かおりがよく, 酸っぱい. Ｅa lemon. 한레몬.「レモンを薄く切って紅茶に入れる//レモンはビタミンCをたくさんふくんでいる」

れる (五段動詞の「ない」形について) ①他からの動作や働きを受けることを表す.「電車の中で足を踏まれた(ＥI was stepped on my foot in the train. 한전차 안에서 발을 밟혔다.)//みんなにかわいがられる//雨に降られて困った」
②動作をする人に対する敬意を表す.「先生はもう帰られました(ＥThe teacher has already gone home. 한선생님은 벌써 귀가하셨습니다.)」
③あることができるということを表す.「ここから駅まで歩いていかれる(ＥYou can walk to the station from here. 한여기서 역까지 걸어갈 수 있다.)」
④しようと思わなくても自然にそうなるということを表す.「国の家族のことが思いだされる(ＥThe thought of my family back in

れんあい【恋愛】レンアイ〔～する〕男性と女性がたがいに相手を好きになり、離れたくないと思うこと。また、その気持ち。恋。Ｅlove. 韓연애。「妹は二郎と恋愛している//恋愛結婚」

れんが　レンガ　粘土に砂などをまぜてねり、焼いてかためたもの。赤茶色で直方体のものが多く、建物の外側や道路などに使う。Ｅa brick. 韓벽돌。「銀行はあの茶色のれんがの建物です//れんがを敷いた道//れんがづくり」

れんきゅう【連休】レンキュー　休みの日が２日以上続くこと。また、その続いた休日。Ｅconsecutive holidays. 韓연휴。「祝日と日曜日が続いて連休になった//連休で乗り物がこんでいる//飛び石連休〔Ｅa series of holidays with working days in-between. 韓징검다리 연휴。〕」

れんこ【連呼】レンコ〔～する〕①同じことばや名前などを大きな声で何度も続けて言うこと。Ｅshout repeatedly. 韓연호, 되풀이하여 외침。「候補者の名前を連呼して宣伝カーが通っていった」②同じ音を重ねて発音すること。Ｅreduplication (of a sound). 韓같은 음의 연속 발음。『ちち』は『ち』の、『つづく』は『つ』の連呼だ」

れんごう【連合】レンゴー〔～する〕２つ以上の組織や団体などが一緒になって協力し合うこと。また、協力してつくったその組織や団体。Ｅcombine; unite; an alliance. 韓연합。「いくつかの商店街が連合して大売り出しをする//国際連合(→国連 項目)」

れんさはんのう【連鎖反応】レンサハンノー　ある現象やきっかけで変化が起こり、つぎつぎにその変化が続いていくこと。Ｅa chain reaction. 韓연쇄 반응。「不景気になると、連鎖反応で倒産も失業者も増える//核分裂は連鎖反応で進む」

れんしゅう【練習】レンシュー〔～する〕よくできるようになるために、１つのことを繰り返してすること。Ｅtraining; practice; (an) exercise. 韓연습。「毎日３時間ずつテニスの練習をする//練習問題」

レンズ　(lens)レンズ　ガラスなど透明なものを球面にみがき、光を集めたり散らしたりするもの。Ｅa lens. 韓렌즈。「望遠鏡にもカメラにもレンズが使われている//めがねのレンズ//凹レンズ//凸レンズ」 数１枚

れんそう【連想】レンソー〔～する〕あるのことから、それと関係があるものごとを思い浮かべること。また、その浮かんだ考え。Ｅassociate ～ with…; remind ～ of …. 韓연상。「救急車の音を聞くと不吉な連想をしてしまう//太くて黒い線を描いた絵から力を連想する」

れんぞく【連続】レンゾク〔～する〕終わらずにずっと続くこと。また、続けること。Ｅ(a) succession; consecutive. 韓연속。「朝から会議の連続で疲れてしまった//不幸が連続して起こる//３時間連続の講演//失敗の連続」

れんたい【連帯】レンタイ〔～する〕２人以上の人が１つの目的に向かって協力すること。また、あるものごとについて一緒に責任を持つこと。Ｅsolidarity; joint. 韓연대。「核兵器をなくすには、世界じゅうの人々の連帯が必要だ//連帯保証人//連帯感」

レンタカー　(rent-a-car)レンタカー、レンタカー　時間単位で料金を取って貸しだす自動車。Ｅa rent-a-car; a rental car. 韓렌터카, 임대 자동차。「自分の車が故障

しているあいだ、レンタカーを使った//九州旅行はレンタカーで楽しんだ」 [数]1台

レンタル (rental) レンタル【～する】車、ビデオテープ、スキーなどを料金を取って貸しだすこと. [E]rental; rented. [한]렌털, 임대.「海外旅行のスーツケースはレンタルで借りた//レンタルのパーティードレス//レンタルスキー」

れんちゅう【連中】レンチュー 一緒にいて同じようなことをしている人たちを、親しみをこめ、またはすこし軽くみていう言い方. [E]a party; a bunch; a group. [한]일당, 한패, 패거리.「無責任な連中の言うことを気にしなくてもいい//陽気な連中」[話]

レントゲン (ⓇRöntgen) レントゲン、レントゲン 不透明なものを通す力のある電磁波. エックス線. 目には見えないが写真に写るので医療などに使う. また、その写真. [E]X-rays. [한]엑스레이, 엑스선.「胃のレントゲンでがんが見つかった//レントゲン撮影」
[参]この電磁波を発見したドイツの物理学者の名前で、照射された放射線などの量の単位にも使われる.

れんぱつ【連発】レンパツ【～する】①弾などを続けて撃つこと. また、同じことばなどを続けて何度も使うこと. [E]fire in rapid succession; use one ～ after another. [한]연발, 잇달아 쏨.「空に向けてピストルを連発する//外国語を連発する評論家」②同じようなものごとが続いて起こること. [E]occur in rapid succession. [한]연발, 잇달아 일어남.「この1年、火山性の地震が連発している」[対]散発

れんぽう【連邦】レンポー それぞれの政府や法律を持つ国や州が、いくつか集まってつくっている国家. [E]a federation; a commonwealth; a union. [한]연방.「外交の権利は連邦の中央政府が持つ//アメリカ、スイスなどは連邦の形をとっている//連邦国家」

れんめい【連盟】レンメイ 国家や団体、個人どうしが共通の目的のために組織をつくって約束を結ぶこと. また、その組織. [E]a league; a federation. [한]연맹.「大学野球の連盟に加入する//国際連盟」

れんらく【連絡】レンラク【～する】①別々なものがつながること. つなぐこと. また、そのつながり. [E]connect with. [한]연락, 접속.「この電車はつぎの駅で急行電車に連絡する//連絡船」
②関係のある人などに、ものごとを知らせること. [E]let a person know; contact; hear from. [한]연락, 통보.「会合の時間を電話で連絡する//外国に住む息子からしばらく連絡がない」

ろ／ロ

ろ【労】ロー 苦労してなにかをすること. また、その苦労. [E]trouble; pains. [한]노고, 노력, 수고.「友達が紹介の労をとってくれたので、すぐ面会できた//退職した父の長い間の労をねぎらう」[書]

労多くして功少なし 苦労して力を使ったわりに結果があまりよくない. [E]laborious but fruitless. [한]수고에 비해 얻은 것이 적다, 고생만 실컷 하고 성과가 없다. [書]

ろう ロー 罪をおかした人などを閉じこめて

おく場所. Ea prison; a jail. 한감옥.「ろうに入れられる//ろうを破る//ろう屋」

ろう ロー 動物や植物からとる, 油に似た物質. ろうそく, 薬品, 化粧品などの原料に使う. Ewax. 한밀랍, 밀.「ろうはふだんはかたまっていて, 熱するととける//ろう人形」

ろうか 【老化】ローカ〔～する〕年をとるにつれて体や心の働きが弱くなること. また, ものが古くなって性能が落ち, 役に立たなくなること. Eaging; age. 한노화.「できるだけ歩いて, 足の老化を防ごう//ゴムは老化するとかたくなって割れる//老化現象」

ろうか 【廊下】ローカ 部屋と部屋をつなぐ細長い通路. Ea corridor; a hallway. 한복도.「廊下の片側は窓で, 片側には部屋が並んでいる//廊下は走らないこと//渡り廊下 (Ea connecting corridor. 한두 건물을 잇는 복도.)」 数 1本

ろうきゅう 【老朽】ローキュー〔～する〕長い間使われたり古くなったりして役に立たなくなること. Esuperannuation; decrepit. 한노후.「建物の老朽が激しいので修理する//老朽した機械を新しいのと取りかえる」書

ろうく 【労苦】ローク 体や心のひどい疲れや苦しみ. Ehardships; pains. 한노고, 수고.「トンネルを掘った人たちの, 口では言い表せない労苦を思う//80年の労苦がきざまれた母の顔」書

ろうご 【老後】ローゴ, ローゴ 年をとって老人になってからのち. Eone's remaining years; one's old age. 한노후.「老後の生活には健康と経済の面で不安がある//老後を安楽に暮らす//老後の楽しみ」

ろうさく 【労作】ローサク 手間をかけ苦しんで仕上げた作品や仕事. Ea laborious work. 한노작, 애써 만든 작품.「この教会の壁画は一郎が5年もかけてかきあげた労作だ//何度も書き直した姉の労作が作文コンクールに入選した」

ろうし 【労使】ローシ 労働者側とその使用者側. 会社や事業所で賃金を受け取って仕事をする側と, 賃金を支払う側. Elabor and management. 한노사.「労使の話し合いがつかないときはストが行われる//ボーナス期を前に労使が対立している」

ろうじん 【老人】ロージン, ロージン 年をとった人. Ean old person; old people. 한노인.「公園を散歩する老人に若いころの話をきく//老人に席をゆずる//老人病」

ろうすい 【老衰】ロースイ〔～する〕年をとって心や体, 特に体力がひどく弱ること. Einfirmity of old age; become senile. 한노쇠.「祖父は老衰で死んだ//犬のシロは老衰して目が見えなくなった」

ろうそく ローソク, ローソク 糸や紙をしんにして, ろうをかためたもの. しんに火をつけ, ろうを燃やして明かりとして使う. Ea candle. 한초, 양초.「台風で電気が消えて, あわててろうそくをさがした//仏前にろうそくをともす」数 1本 〔ろうそく〕

ろうどう 【労働】ロードー〔～する〕生活に必要なものをえるために体や頭を使って働くこと. Elabor; work. 한노동.「つらい労働だが生活のためだとがまんする//労働条件/労働者/頭脳労働/肉体労働」

ろうどうくみあい 【労働組合】ロードークミアイ 労働者が, 労働の条件をよくし自分たちの地位を高めるために, 集まってつくる団体. 労組. 労組. Ea labor union; a trade union. 한노동 조합.「労働組合の代表が会社と賃金引き上げの交渉をしている//労働組合を結成する」

ろうどく 【朗読】ロードク〔～する〕はっき

ろうにん【浪人】ローニン〘~する〙①武士がつかえていた主人の家を離れて給料も地位もなくなること. また, その武士. Ⓔa masterless *samurai*. 🇰🇷떠돌이 무사, 낭인.「江戸時代の浪人は生活に困っていろいろ内職をした」②ある職業をやめてからつぎの職業につけずにいること. また, その人. Ⓔa person out of work. 🇰🇷실직자, 실업자.「上役とけんかをして会社をやめて, 1年ほど浪人した」③上の学校の試験に失敗した人が, 翌年受験するために勉強すること. また, その人. Ⓔa student who failed one set of entrance examinations but is studying for the following year. 🇰🇷재수생.「1年浪人して志望の大学に入った」 対現役

ろうねん【老年】ローネン 高い年齢になったころ. Ⓔold age. 🇰🇷노년.「最近では, 70歳でもまだ老年といえない元気な人が増えた」 対若年

ろうばい【狼狽】ローバイ〘~する〙急なできごとにどうしたらいいかわからずあわてること. Ⓔbe confused; be flustered. 🇰🇷당황함, 허둥지둥함.「友達と思って後ろから声をかけたら違う人だったのでろうばいした」

ろうひ【浪費】ローヒ, ローヒ〘~する〙金や時間やものなどをむだに使ってしまうこと. Ⓔ(a) waste; extravagance. 🇰🇷낭비.「だらだらと会議を続けるのは時間の浪費だ//エネルギーの浪費を防ぐ//浪費家」 対倹約, 節約

ろうりょく【労力】ローリョク ①働くのに使う力. また, 力を使って働くこと. Ⓔlabor; efforts. 🇰🇷노력, 수고.「電気製品を入れて家事の労力を減らす」②ある仕事に必要な力. Ⓔlabor forces. 🇰🇷노동력, 일손.「工場を大きくすると, いまの2倍の労力がいる」

ロープ(rope)ロープ わらや針金などをより合わせてつくった縄. 綱. Ⓔa rope. 🇰🇷로프, 밧줄.「ロープで小舟を岸につなぐ//故障した車をロープで引いて運ぶ//ロープウエー(Ⓔa ropeway. 🇰🇷로프웨이, 케이블카, 가공 삭도(架空索道).)」 数1本

ローン(loan)ローン 銀行などが, 決められた利息を加えた金額を分けて定期的に返すという条件で貸しつける金. Ⓔa loan. 🇰🇷론, 대부(금).「家のローンの支払いがまだ10年残っている//車を買って2年のローンで払う」

ろく【六】ロク ①5に1を加えた数. 6. 6つ. Ⓔsix. 🇰🇷육, 여섯.「6人で食卓をかこむ//2の3倍は6だ」②順番が5のつぎ. 6番目. 第6. Ⓔthe sixth. 🇰🇷여섯 번째, 제6.「小学校では6年生がいちばん上の学年だ//6等」

ろく ロク ①(「ろくな~ない」の形で)たいした~ない.「この店にはろくなものがない(Ⓔ There is nothing good in this store. 🇰🇷이 가게에는 변변한 물건이 없다.)//客にろくなあいさつもできない店員」②(「ろくに~ない」の形で)じゅうぶんには~ない.「仕事が忙しくて, ろくに食事をするひまもない(Ⓔ I've been so busy with work that I haven't had time to have a decent meal. 🇰🇷일이 바빠서 제대로 식사할 시간도 없다.)//ろくに調べないで書いた論文」

ろくでもない 全然役に立たない. つまらない. Ⓔuseless; worthless. 🇰🇷변변치 않다, 아무 소용도 없다, 하찮다.「父はろくでもない古い家具を集めて楽しんでいる」 話

ろくおん【録音】ロクオン〔～する〕テープやCDなどに音を入れて後まで残るようにすること．また，残るようにしたもの．Ⓔ(a) recording; tape. 한녹음．「いくつかの録音を編集して放送番組をつくる//会議を録音しておいて議事録を整理する//録音テープ」

ろくがつ【六月】ロクガツ，ロクガツ 1年の6番目の月．6月．Ⓔ June. 한6월．「6月はつゆの季節で雨が多い」

ロケット（rocket）ロケット，ロケット 燃料を爆発させてたくさんのガスを出し，その力で非常に速く進むようにした装置．Ⓔ a rocket. 한로켓．「ロケットを打ち上げる//気象観測用のロケット」

ろこつ【露骨】ロコツ むきだしで，あからさまにするよう．Ⓔ plainly; openly; indecent. 한노골적．「友人に借金を頼んだら，露骨にいやな顔をされた//露骨に悪口を言う//露骨な表現」

ろしゅつ【露出】ロシュツ〔～する〕① 隠れていて見えなかったものが現れること．また，ふつうなら隠しておく部分を隠さずに外に出すこと．Ⓔ (an) exposure. 한노출．「京子はすぐ怒ったり泣いたりして感情の露出が激しい人だ//海岸で肌を露出して体を焼く」② 写真を写すときなどにフィルムに光を当てること．Ⓔ exposure (of films). 한(カメラの)노출．「部屋の中で写真をとったら，露出がたりなくて顔がぼんやりしている」

ロッカー（locker）ロッカー かぎがかけられる，衣類や持ち物などを入れる小さな戸棚．Ⓔ a locker. 한로커，소지품 보관함．「会社で着る上着はいつもロッカーに入れておく//コインロッカー(Ⓔa coin-operated locker. 한코인 로커，유료 보관함．)」

ロビー（lobby）ロビー 劇場，ホテル，会社など人の出入りが多い建物の中の，入り口に続いて広くなった部分．Ⓔ a lobby. 한로비．「友達と劇場のロビーで待ち合わせて芝居を見る//ホテルのロビーで新聞を読む」

ロボット（robot）ロボット，ロボット ① 人間にかわって仕事をするようにつくられた機械．特に人間の形に似たようにつくったものをいうことが多い．Ⓔ a robot. 한로봇，인조인간．「子供はロボットが活躍するテレビ番組が好きだ//この工場では高熱の危険な作業はロボットにさせている」② 自分の意見を持たず，他人の言うとおりに行動する人．Ⓔ a puppet. 한로봇，허수아비，꼭두각시．「この会社では，専務が実力者で，社長はロボットだ」▷数①1台

ロマン（㋛roman）ロマン ① おもに恋愛，冒険などを内容とする物語や小説．ロマンス．Ⓔ a romantic novel; a romance. 한로망，장편 연애(모험)소설．「強くて心やさしい主人公が活躍するロマンを胸を躍らせて読んだ」② 日常生活とは違ったことにあこがれ，夢を追うこと．また，そうする人々を満足させるものごと．Ⓔ adventure; romanticism. 한낭만．「ロマンを求めて1人旅に出る//ロマン主義//ロマン派」▷数①1編

ロマンチック（romantic）ロマンチック 現実を離れて，夢や空想にひたるよう．Ⓔ romantic. 한로맨틱，낭만적，공상적．「ロマンチックな恋にあこがれる//ロマンチックな雰囲気」

ろん【論】ロン ものごとについて，または学問の分野で筋道を立てて述べること．また，その述べた考え．Ⓔ a theory; an opinion. 한이론，의견，견해．「A教授の論はこれまでの学説を否定する新しいものだ//あなたの論にわたしも賛成だ//進化論」

ろんぎ【論議】ロンギ〔～する〕問題になっていることについて意見を述べ合い，正しい考えを求めようとすること．Ⓔ (a) discussion; (a) debate. 한논의．「開発と自然保護を

めぐって真剣な論議が行われた//論議をつくす(Ehave a full discussion. 한충분한 논의를 하다.)」

ろんし【論旨】ロンシ 述べている考えの中心になること. Ethe point of an argument. 한논지.「新しい著書の論旨を要約して雑誌に載せる//市長の演説は論旨が明快で説得力があった」

ろん・じる【論じる】ロンジル, ロンジル〔他動一〕①順序や方法などを正しく使って自分の考えを言う. 論ずる. Edeal with; argue. 한논하다.「新聞の社説で, 人口問題を論じている//現代文学を論じる講演会を開く」
②たがいに意見を戦わせる. 論ずる. Ediscuss; debate. 한토론하다, 논쟁하다.「原子力エネルギーがいいか悪いかを, じゅうぶんに論じる必要がある」

ろんせつ【論説】ロンセツ〔～する〕ある問題に対して自分の立場をはっきりさせて意見を述べること. また, その意見. 特に新聞の社説. Ean article; an editorial. 한논설, (신문의) 사설.「この雑誌のA氏の論説はわたしの考えと同じだ//いくつもの新聞の論説を読み比べる//論説委員」

ろんそう【論争】ロンソー〔～する〕意見が違う人の間で相手を批判し, それぞれの考えを言い合うこと. Ea dispute; (a) controversy. 한논쟁.「A氏は天皇制をめぐってB氏と論争している//激しい論争を展開する」

ろんぶん【論文】ロンブン 1つの問題について考えた結論を順序正しく論理的に述べた文章. 学問の分野で, 研究した成果を報告する文章. Ea paper; a thesis; a dissertation. 한논문.「調査をもとにして若者の新しいことばづかいに関する論文を書く//卒業論文//博士論文」數1編

ろんり【論理】ロンリ 考えや議論を進めていくときの, 正しい筋道. Elogic. 한논리.「民主主義を守るために, 力で国民をおさえるとは論理に合わない考え方だ//論理学//論理的」

わ／ワ

わ 【和】ワ ①たがいに仲よくすること. [E] harmony; peace. [한]화목, 화평.「家族の和をだいじにする//2国間で和を結び相互に協力する」②数学で, ある数や式をある数や式に加え合わせたもの. [E]the sum; the total. [한]합, 합계.「113と256の和を求める」[対]差 ③(他のことばの頭や後について) 日本. 日本語.「中国語の小説を和訳する//和英辞典([E]a Japanese-English dictionary. [한]일영 사전.)//和室(→[項目])」▷[書]①

わ 【輪】ワ ひものように細長いもののはしをつないでまるくしたもの. また, その形. [E]a circle; a ring; a loop. [한]고리, 원형.「オリンピックのマークは5つの輪を組み合わせたものだ//輪ゴム//指輪」

輪をかける さらに程度がひどくなる. [E]be worse; be more ～. [한]한층 더 ～하다, 한술 더 뜨다.「父親もけちだが, 子供たちはそれに輪をかけてけちだ」

わ (文の終わりについて) ①感心したり驚いたりすることを表す.「これは立派だわ([E]Oh, this is splendid! [한]이거 훌륭하군.)//あるわ, あるわ, 読みたい本がたくさんある」
②いくつかのことを並べて大げさに表す.「熱は出るわ, 頭は痛いわ, せきは出るわで, 本当に苦しかった([E]I had a fever and I had a headache and I had a cough—I was just miserable. [한]열은 나지, 머리는 아프지, 기침은 나오지, 정말 괴로웠다.)」
③軽く主張する気持ちを表す.「ぼくはやめておくわ([E]I'd rather not do it. [한]난 그만 둘래.)」
④やわらかく言うときに使う.「わたしは行かないわ([E]Oh, I don't think I'll go. [한]나는 안 갈래.)」
⑤軽い感動を表す.「おいしいわ. とても([E]Oh, so delicious. [한]맛있네, 정말로.)」

-わ 【-羽】(数を表すことばについて) 鳥やウサギの数を表す.「スズメが1羽飛んできた//ウサギが2羽いる([E]There are two rabbits. [한]토끼가 두 마리 있다.)」

ワーカホリック (workaholic) ワーカホリック 仕事をしていないと落ちつかなくて, 仕事ばかりしている一種の病的な状態. また, その人. 仕事中毒. [E]a workaholic. [한]워커홀릭, 일벌레, 일 중독.「日曜日も出勤するとは, きみもワーカホリックにかかったね」

ワープロ ワープロ〔← ワードプロセッサー(word processor)〕打ちこんだことばを漢字に変えたり, 文章を記憶したり, 印刷したりする装置. [E]a word processor. [한]워드프로세서, 문서 작성기.「ワープロでレポートを書く//ワープロを打つ//ワープロ原稿」[数]1台

ワイシャツ ワイシャツ 背広の下などに着る, えりのついた前開きのシャツ. [E]a shirt;

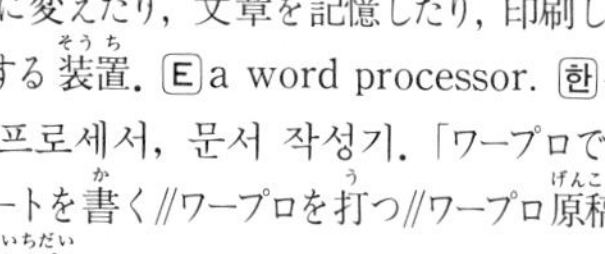

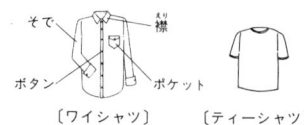

〔ワイシャツ〕　〔ティーシャツ〕

a dress shirt. 한와이셔츠. 「ワイシャツにアイロンをかける//ワイシャツにネクタイを合わせる」 数 1枚
参 英語の「ホワイト(white)」と「シャツ(shirts)」を合わせたものを略して日本でできたことば. 音だけ合わせて「Yシャツ」と書くこともある.

わいろ 【賄賂】ワイロ 相手の地位や立場を利用して自分に有利な情報をえたいときなどに, その相手に贈る不正な金や品, そこの下. E a bribe. 한 뇌물, 회뢰.「政治家にわいろを贈って, 公共事業の注文を取りやすくしてもらう//わいろを受け取って, 罪に問われる//わいろを使う」

わいわい ワイワイ ①おおぜいの人たちが, いちどに話したり騒いだりするよう.「ゆうべは遅くまで, クラスの友達と酒を飲んで, わいわい(と)騒いだ(E I drank and made a lot of noise with classmates until late last night. 한 어젯밤은 늦게까지 반친구들과 술을 마시며 왁자지껄 떠들었다.)」②おおぜいの人たちやマスコミなどが, 問題にするよう.「スターの結婚や離婚を, マスコミはわいわい(と)書きたてる(E The press makes a great fuss about movie stars' marriages or divorces. 한 스타의 결혼이나 이혼을 매스컴은 떠들썩하게 써댄다.)」

ワイン (wine) ワイン ブドウからつくるアルコール飲料. ブドウ酒. E wine. 한 와인, 포도주.「食事前にワインを飲む//ワインの栓を抜く//ワイングラス//赤ワイン」 数 1杯・1本

わか 【和歌】ワカ 5音と7音を組み合わせてできた定型詩. 5, 7, 5, 7, 7の「短歌」と, 5, 7, 5, 7…5, 7, 7と自由に長くのばす「長歌」, 5, 7, 5, 7, 7の「旋頭歌」などがある. 現在は「短歌」をさす. E a waka; a 31-syllable Japanese poem. 한 와카, 5구 31음의 단시(短詩).「『万葉集』『古今集』『新古今集』などは和歌を集めた歌集として有名だ//和歌を詠む」 数 1首

わが 【我が】ワガ 自分の. わたしの. わたしたちの. E my; our. 한 나의, 우리의.「わが子を思う親の心//わがふるさと//わが母校//わが国」書

わかい 【和解】ワカイ 〔~する〕仲直りをすること. E reconciliation; be reconciled. 한 화해.「両国間で和解が成立した//長くけんかしていた兄と和解した」書

わか・い 【若い】ワカイ ①生まれてからの時間が少ない. 年齢が少ない. E young. 한 어리다.「このリンゴの木はまだ若くて実がならない//田中さんはわたしより3つ若い」②青年期にいる. E young. 한 젊다.「若い人と話していると, 刺激が多くて楽しい//若くて柔軟な考え方」③元気で, 生き生きしている. E youthful. 한 젊다, 원기 왕성하다.「スポーツを続けている父の体は, 本当の年齢よりずっと若い//気が若い」④数や番号が小さい. E low; small. 한 (수치・번호가) 적다, 빠르다, 이르다.「番号の若い順に並んでください」

わかて 【若手】ワカテ, ワカテ あるグループの中で, 若くて盛んに働く年代の人. E a young person. 한 한창때의 젊은이 ; 소장파.「兄は若手の作曲家として期待されている//若手政治家」

わかば 【若葉】ワカバ, ワカバ 生え出たばかりの, やわらかくて薄い緑色の葉. E young leaves; fresh green. 한 새잎, 어린 잎.「若葉が雨にぬれて美しい//若葉色//若葉マーク(=初心者が運転する車にはるしるし)」

わがまま ワガママ, ワガママ 自分のしたいことをして, 他人のことを考えないこと. E selfish; willful. 한 제멋대로임, 버릇없

음, 방자함.「親に甘やかされて育った子供はわがままだ」

わかもの 【若者】ワカモノ 年の若い人. 青年. Ea young person; the young. 한 젊은이, 청년.「大会を成功させるため, 若者の力に期待している//若者向けの商品を開発する」

わかりきった 【分かりきった】人にきいたりしなくても, よくわかっている. Eevident; obvious. 한 뻔한, 자명한.「わかりきったことだから説明はいらない//使えば古くなることはわかりきったことだ」

わか・る 【分かる】ワカル〔自動五〕(わかって) ①はっきりしなかったことが, 明らかになる. Efind; know. 한 알다, 판명되다, 밝혀지다.「さがしていた友達の住所がわかった//まだ結果がわからない」
②ものごとの意味や価値を知ることができる. Eunderstand; appreciate. 한 알다, 이해하다, 감식안이 있다.「わたしの言っている意味がわかりますか//絵を買うときは, 絵がよくわかる人に見てもらうのがいい」
③世の中のことや人の気持ちなどを, よく知っている. Eknow; understand. 한 알다, 잘 헤아리다, 이해심이 있다.「道子はなんでもわかっているから, いい相談相手になってくれるだろう//話のわかる人」

わか・れる 【別れる・分かれる】ワカレル〔自動一〕①一緒にいた人たちが, 別々になる. Epart; divorce. 한 헤어지다, 갈라지다.「友達と駅で別れた//姉夫婦は, 性格が合わないといって別れた」対会う ②1つのものが, 2つ以上になる. Ebranch off; split up. 한 갈리다, 갈라지다.「この道をまっすぐ行くと3つに分かれるから, 右の道を進んでください//枝の先が, 2つに分かれている」 ③別々のものとして区別される. Ebe divided; be sorted out. 한 구분되다, 구별되다.「病院の中は, 病気の種類によって, 内科, 外科などに分かれている」▷名 別 自動 分ける
注 漢字で書くときは, ①は「別れる」, ②③は「分かれる」.

わかれわかれ 【別れ別れ】ワカレワカレ たがいに別れてしまうこと. 別々. 離れ離れ. Ebreak up; seperately. 한 따로따로 떨어짐, 뿔뿔이 헤어짐.「戦争で親子が別れ別れになる//夫は大阪, 妻は東京で別れ別れに暮らす」

わかわかし・い 【若若しい】ワカワカシイ 非常に若く見える. Eyouthful; young. 한 젊디젊다, 생기 발랄하다, 싱싱하다.「社長は65歳だが, 白髪もなく青年のように若々しい//母は声が若々しいので, 電話でよくわたしとまちがえられる」

わき ワキ ①人の胸の側面で, 腕のつけねから下の部分. Ethe armpit; the side. 한 겨드랑이.「荷物をわきにかかえる//わきの下//わき毛」 ②そば, すぐ横. Eby; the side. 한 옆, 곁.「机のわきに荷物を置く//わきから口を出す」③目的からはずれた方向. Eanother direction. 한 딴데, 엉뚱한 데.「話がわきにそれる//わき見運転」④映画, 演劇などで, 主役を引きたてる役. Ea supporting role. 한 조연(자), 보조역.「この映画はわき役の女優がすばらしい」

わきかえ・る 【沸き返る】ワキカエル〔自動五〕(わきかえって) ①激しい勢いで, 湯などが沸く. Eseethe; boil up. 한 (물 등이) 펄펄 끓다.「やかんの湯が沸きかえって, 口からこぼれている」②おおぜいの人が興奮して騒ぐ. Ebe in an uproar; be highly excited. 한 열광하다, 들끓다.「サッカー場の中は興奮した人たちで沸きかえっている//勝利の喜びで, 国じゅうが沸きかえった」

わきま・える ワキマエル, ワキマエル〔他動

一〕ものごとが正しいか正しくないか、いいか悪いかなどを見分ける。また、いろいろなことについてじゅうぶん理解し、よくわかっている。Ⓔknow; learn to distinguish. 한판별하다, 분별하다, 변별하다.「自分の能力をわきまえて、将来の計画を立てる//善悪をわきまえる」名わきまえ

わきめもふらず 【わき目もふらず】ほかのことに気をとられないで一生懸命に。一心不乱に。Ⓔdevote oneself completely to. 한한눈도 팔지 않고.「就職してから20年、わき目もふらずに働いてきた」

わく 【枠】ワク ①外側をふちどるかこみ。Ⓔa frame. 한테두리, 테, 틀.「記事をわくでかこむ//黒わく//窓わく」②中身を規定する制限や範囲。Ⓔa limit; a framework. 한범위, 제한, 제약; 틀.「子供をわくにはめて育てるのはよくない//予算のわくをこえる」

わ・く 【沸く】ワク〔自動五〕(わいて) ①水が熱せられて、高い温度になる。Ⓔboil; grow hot. 한끓다.「やかんの湯が沸いたから、お茶をいれよう//おふろが沸く」②おおぜいの人が興奮する。Ⓔbe in an uproar. 한(흥분으로) 들끓다, 열광하다.「ロックのコンサートで、歌手も客も１つになって沸いた//歓迎に沸く人波」▷他動沸かす

わ・く ワク〔自動五〕(わいて) ①地中にある水などが、中から表面に出る。Ⓔspring out; gush forth. 한샘솟다.「岩の間からわく冷たい水を飲む//石油井戸から石油が勢いよくわいて出る」②心の中にある気持ちなどが、自然に出る。Ⓔstir (in one's mind). 한(기운・기분이) 솟아나다.「とても疲れていたが、よく眠ったら、また元気がわいてきた//勇気がわく」③虫などが、いちどにたくさん生まれる。Ⓔbreed; grow. 한(벌레 등이) 꾀다, 잔뜩 생겨나다.「動物の死体にうじむしがわく」

わくせい 【惑星】ワクセイ 太陽のまわりを公転する天体。水星、金星、地球、火星、木星、土星など。Ⓔa planet. 한혹성, 유성.「太陽には9個の惑星がある//惑星は太陽の光を反射して光って見える」対恒星

ワクチン (ⒹVakzin)ワクチン 伝染病の予防のために、死んだ病原菌などからつくった薬。これを注射して病気を防ぐ。Ⓔvaccine. 한왁친, 백신.「インフルエンザのワクチンを注射する//予防ワクチン」

わくわく ワクワク〔～する〕期待や喜びで、落ちついていられないようす。Ⓔtrembling with expectation; be all excited. 한(기쁨・기대 등으로) 가슴이 설렘, 두근두근.「はじめてのボーナスの袋を、わくわくしながら開ける//京都旅行のことを考えると、胸がわくわくしてくる」

わけ 【訳】ワケ ①そのことばの持つ意味。Ⓔ(a) meaning. 한의미, 뜻.「赤ん坊がすこしずつわけのわかることばをしゃべり始めた//古いことばのわけを辞書で調べる」②ものごとの事情や理由。Ⓔcircumstances; a reason. 한원인, 이유, 사정, 까닭.「きのうの会に欠席したのには深いわけがある//どういうわけで先生にしかられたのかわからない」③あたりまえと考えられること、ものごとの筋道。Ⓔreason. 한도리, ～할 리; 수.「練習しないで、上手になるわけがない//黙って会社を休むわけにはいかない」

≡注③はひらがなで書く。

わ・ける 【分ける】ワケル〔他動一〕①１つのものを、2つ以上にする。Ⓔdivide; part. 한나누다, 가르다, 분류하다.「クラスを3つのグループに分ける//髪を真ん中から分ける」②なにかの一部分を、ほかの人に与える。Ⓔshare; divide. 한분배하다, 나누어 주다.「いなかから送ってきたリンゴを、となりの人にすこし分けてあげた//財産を子供に分け

る」③たくさんあるものを,種類によって区別する. Eclassify; sort out. 한구분하다,분류하다.「卵を大きさによって分けて箱に入れる//雑誌と辞書類に分けた本棚」④進むためにじゃまなものを,両側に押し開く. Epush apart. 한헤치다.「船が波を分けて進んでいく//人ごみを分けながら歩く」▷自動分かれる

わご 【和語】ワゴ 漢語などが伝わる前から日本にあったことば. Ea native Japanese word. 한일본어;일본 고유의 말.「『白鳥』は,和語では『しらとり』で,漢語では『はくちょう』だ//漢字に同じ意味の和語を当てたものが訓読みだ」関連漢語,外来語

わざ 【技・業】ワザ ①スポーツや工芸などで,訓練して身につけた技術や腕前. Ean art; a skill. 한기술,기법,솜씨.「大会では,一流の選手がスピードと技を競った//京都の彫刻師としての技をみがいた」②すもう,柔道,剣道などで,相手を負かすための決まった型の動作. Ea waza; a technique. 한기술,수.「得意の技が決まって勝った//技をかける//技あり(EWaza-ari! (유도의 판정에서) 절반.)」③その人にできる仕事.また,やり方. Ea task; a work. 한일,작업.「容易な業ではない//至難の業//人間業(Ehuman power. 한인간의 행위.)」注漢字で書くときは,①②は「技」,③は「業」.

わざと ワザト 特別に意識して行うようす. Eintentionally; on purpose. 한고의로,일부러.「先生に話しかけてもらいたくて,わざとまちがった答えを書いた//仕事を増やされそうになったので,わざとゆっくり仕事をした」

わさび ワサビ 山の水のきれいな所に生える草.根,茎をすりおろして,すしや刺身などにつけて食べる.強い辛みがある. Ewasabi; Japanese horseradish. 한고추냉이.「わさびがつんと鼻にくる//わさびが効きすぎた」

わざわい 【災い】ワザワイ 病気,けが,天災などの害を受けること.また,それらのできごと. Ea disaster; a misfortune. 한화,재앙,재난.「村に,地震につぐ津波という大きな災いが振りかかった//口は災いのもとだから,しゃべりすぎないように」対幸い

災い(を)転じて福となす 自分の身に振りかかった災いを,うまく処理して逆にいいものに変えてしまう. Eturn a misfortune into a blessing. 한전화위복,재난을 바꾸어 복이 되게 하다. 書

わざわざ ワザワザ ふつうは行わないことを,特別に,時間,労力,金などを使って行うようす. Eespecially; take the trouble to. 한특별히,일부러.「忙しいのに,わざわざ家まで書類をとどけてくれた//わざわざ見送りにきてくださってすみません」

参 他人が自分にしてくれた行為を感謝したり,すまないと思ったりするときに言う.だから,他人に対して「わざわざ見送りに来ました」とは言えない.

わしつ 【和室】ワシツ 和風につくった部屋.たたみを敷き,障子やふすまを多く使う.日本間. Ea Japanese-style room. 한일본식 방,다타미 방.「和室にふとんを敷く//4畳半の和室」対洋室 数1室・1間

わしょく 【和食】ワショク 和風の食事.日本料理. EJapanese food; Japanese cuisine. 한일식,일본 요리.「外国に長くいると,刺身やすしのような和食が食べたくなる」対洋食

わずか ワズカ 数や量,程度などが非常に少ないようす. Ea few; a little; a bit. 한불과;조금,약간,근소함.「財布を忘れて,わずか10円の金もなく電話もかけられなかった//わずかな人数で仕上げた作品」

わずら・う【患う・煩う】ワズラウ, ワズラウ〔他動五〕(わずらって) ①病気をする. Ebe sick; suffer from. 한앓다, 병치레를 하다.「母は長い間患って, すっかりやせてしまった//がんを患う」②(動詞の「ます」形について)どうしたらいいかと苦しむ.「思い煩う(Eworry about. 한고민하다, 걱정하다.)」▷名思い煩い・煩い
注 漢字で書くときは,①は「患う」,②は「煩う」.

わずらわし・い【煩わしい】ワズラワシイ, ワズラワシイ いろいろ気をつかったり複雑だったりして, 面倒だ. Ecomplicated; troublesome; annoying. 한번거롭다, 귀찮다, 성가시다.「ビザを更新するには煩わしい手続きが必要だ//職場の人間関係が煩わしくていやだ」

わす・れる【忘れる】ワスレル〔他動一〕①覚えたことや経験したことを, 思いだせなくなる. Eforget. 한잊다, 잊어버리다.「相手の名前を忘れて困った//つらいことは早く忘れたい」対覚える ②なにかに夢中になって, あることに気がつかない. Eforget; slip one's memory. 한잊다, 깜빡하다, 깨닫지 못하다.「本がおもしろくて, 時間がたつのも忘れて読んだ//食事も忘れて実験を続けた」③注意がたりなくて, しなければいけないことをしない. Eforget; leave. 한잊어먹다; (소지품을) 놓아두고 가다.「約束を忘れて, 友達を待たせてしまった//電車の中に傘を忘れた//電灯を消し忘れる」

わた【綿】ワタ ①実の白い毛を糸や織物の原料にする植物. もと, インドやエジプトでつくられた. ワタノキ. Ea cotton plant. 한목화.「綿を栽培して綿織物の工場に売る//綿の実から食用油をつくる」②おもに ①からとるやわらかい繊維のかたまり. 温かいのでふとんや衣服に入れて使う. Ecotton. 한솜.「綿を入れたふとんは日に当てるとふくらむ」

綿のように疲れる 非常に疲れる. Ebe tired to death. 한녹초가 되다, 기진맥진하다.「1日じゅう働き続けて綿のように疲れた」

わだい【話題】ワダイ 話の中心になることがら. Ea topic (of conversation). 한화제.「一郎は本をたくさん読んでいるので話題が豊富だ//話題にのぼる//話題をさがす」

わたくし【私】ワタクシ ①個人に関することがら. Eprivate; personal. 한사적(私的), 개인적, 사사로움.「社長は社員に対して決して私の感情を表さない人だ」対公 ②「わたし」を謙遜していう言い方. EI. 한저, 나.「これから私がみなさまをご案内いたします//私がご紹介いただいた田中でございます//私ども」

わたくしごと【私事】ワタクシゴト 自分や身内に関係があるだけで, ほかの人には関係のないこと. Ea private matter. 한사사로운 〔개인적인〕일.「私ごとですが, 先週結婚しましたので, ご報告します//親友でも相手の私ごとには立ち入らないほうがいい」

わたし ワタシ 自分をさすことば. EI. 한나, 저.「わたしが説明しますからよく聞いてください//こちらはわたしの友達の山田さんです//わたしも一緒に行きたいな」

わたりどり【渡り鳥】ワタリドリ 季節によって, 海などを渡って, すむ土地を変える鳥. Ea migratory bird. 한철새, 후조(候鳥).「白鳥は渡り鳥なので, 冬を日本の湖で過ごして春にはシベリアへ帰っていく」対留鳥 数 1羽・1匹

わた・る【渡る】ワタル〔自動五〕(わたって) ①なにかの上を

通って向こう側へ行く。Ecross; go over. 헨건너다, 건너가다(오다). 「太平洋を船で渡る//川を泳いで渡る//橋を渡る」
②世の中で暮らしていく。Eget along. 헨살아가다. 「人と上手につきあいながら世を渡る」
③なにかが, ある人から他の人へ移る. Epass into. 헨(다른 사람에게) 넘어가다. 「仕事に失敗して, 住んでいる家が人手に渡る」
④(「~にわたる」の形で) (1)その範囲に及ぶ. 「中国からインドにわたる広い地域がこの台風の被害を受けた//全世界にわたる不景気Eworldwide depression. 헨전세계에 걸친 불경기.)」(2)その期間ずっと続く.「会議は5時間にわたって行われた//10年間にわたる研究の成果(Ethe result of 10 years' study. 헨10년간에 걸친 연구의 성과.)」
⑤(動詞の「ます」形について) 広い範囲に~する. じゅうぶんに~する.「晴れわたる(Eclear up. 헨활짝 개다.)//いきわたる(Espread; become popular. 헨널리 미치다(퍼지다).)」
▷名渡り 他動渡す
≡注 ④⑤はひらがなで書く.

渡る世間に鬼はない 世の中は悪い人ばかりではなく, 親切な人もいる. EThere is kindness to be found everywhere. 헨세상에는 냉혹한 사람만이 아니라 인정 많은 사람도 있기 마련이다.

わっと ワット ①急に大きな声を出すようす.「後ろから, わっと言って驚かした(EI surprised him by shouting from behind. 헨뒤에서 와악하고 소리질러 놀라게 했다.)//突然わっと泣きだした」②たくさんの人やものが, 勢いよく一緒に動くようす.「飛行機を降りてきた首相のそばに, 新聞記者やカメラマンがわっと駆け寄った(ENewspaper reporters and cameramen deluged the prime minister as soon as he had deplaned. 헨비행기를 내려온 수상 곁에 신문 기자와 카메라맨이 우르르 몰려 들었다.)」

ワット (watt)ワット 電力の単位. 1ワットは1ボルトの電圧で1アンペアの電流が1秒間に出すエネルギー. 記号は「W」. Ea watt. 헨와트, 전력의 단위. 「60ワットの電球//ワット計(=電力計)」

わな ワナ ①鳥やけものを生きたままつかまえるためにつくったしかけ. Ea trap; a snare. 헨올가미, 덫, 올무.「わなをしかけて野ウサギを生け捕りにする」②相手をうまくだまして自分の思うようにしてしまうくらみ. Ea trap; a trick. 헨함정, 술책, 계략.「いんちきな不動産屋のわなにはまって, 2倍の値段で土地を買わされた」

わなな・く ワナナク〔自動五〕(わない·て) 恐ろしさや興奮などのために, 体が震える. Equiver; tremble. 헨와들와들(부들부들) 떨다.「大臣の性差別発言には, 怒りで全身がわなないた//恐怖にわななく」

わなわな ワナワナ 〔~する〕 体や体の一部が小さく何度も続けて震えるようす. Equiver; tremble. 헨와들와들, 오들오들, 부르르.「怒りのため, くちびるがわなわな(と)震えてことばが出てこなかった」

わび ワビ 俳句や茶道でたいせつにする, 静かに澄んだ心の境地. Equiet refinement; taste for the simple and quiet. 헨한적한 정취.「芭蕉はわびとさびを俳句の理想の境地とした//わび住まい」

わびし・い ワビシイ ①孤独で, さびしい. Edesolate; lonely. 헨쓸쓸하다, 적막하다, 외롭다.「毎日1人で食事をするのはわびしい//単身赴任でわびしい1人暮らしをしている」 ②貧しい感じだ. Emiserable;

frugal. 한 초라하다, 구차하다.「失業中のため, 飾り物もごちそうも買えないわびしい正月だった//漬物とごはんだけのわびしい食事」

わ・びる ワビル〔他動一〕悪かったと思い, 許しを求める. Eapologize. 한 사과하다, 사죄하다.「ごぶさたをわびる手紙を書く//客を長く待たせた失礼をわびる」書 名 わび

わふう【和風】ワフー 日本のやり方でつくられ, または, 行われているものごと. E Japanese style. 한 일본풍, 일본식.「たたみと障子がある和風の家を建てたい//和風庭園」対 洋風

わふく【和服】ワフク 日本にむかしからあった衣服. E Japanese clothes; a *kimono*. 한 일본옷.「お正月には和服で初もうでに行った//和服姿」対 洋服 数 1枚・1着
参「着物」の意味は同じだが,「着物」がもともと着るものの意味で衣服全体をさしていたのに対して,「和服」は「洋服」と区別するためにできたことば.

わめ・く ワメク〔自動五〕(わめいて)大声で叫ぶように言う. Eshout; yell; shriek. 한 부르짖다, 외치다, 아우성치다.「酔っぱらいが, 大声でわめきながら歩いていった//泣きわめく」

わら ワラ 稲や麦を収穫して実をとったあと, その茎をほしたもの. 家畜のえさ, 肥料などに使う. E(a) straw. 한 짚, 볏짚, 보릿짚.「馬小屋にわらを敷く//たたみのしんにわらを使う//麦わら帽子」 数 1本・1束

わら・う【笑う】ワラウ〔自他動五〕(わらって) ①楽しい, うれしい, おもしろいなどの気持ちで, 顔の表情をゆるめたり, 声を立てたりする. Elaugh; smile. 한 웃다.「テレビのおもしろい番組を見ながら, 声を出して笑った//にっこり笑ってあいさつする」対 泣く ② 人のことを見下す. Eridicule; make fun of. 한 비웃다, 조소하다 ; 우습게 여기다.「走るのが遅いからといって笑ってはいけない//わたしの着ているものが変だと, みんなに笑われた」▷ 名 笑い

注 ①は自動詞, ②は他動詞.

わり【割・割り】ワリ ①基準になっているものごとに対する分量. 割合. Ea rate; a ratio. 한 비율, 비례.「1月に5回の割で夜の勤務がある//10人に1人の割で委員を選ぶ」
②全体からみて得になるか損になるかのぐあい. Ea profit; an advantage. 한 수지, 채산.「仕事が楽で時間給が高い, 割のいいアルバイトを見つけた」
③全体を10として, その中で占める割合. Eten percent. 한 할, 10퍼센트.「300人の1割は30人だ//3割引き」
④(他のことばの頭や後について) それぞれに割り当てて分けること. Eallotment; assignment. 한 나눔, 배당.「割り当て(→項目)//均等割り(=同じように分けること)//部屋割り//頭割り」
▷ 他動 割る

注 ①②③は「割」, ④は「割り」.

わりあい【割合】ワリアイ ①あるものごとの全体に対する分量. ほかのものごとに対する分量. Ea rate; a ratio; a percentage. 한 비율.「水にとけている塩の割合は10パーセントだ//実験が成功するか失敗するかの割合は5分5分だ」②(副詞的に)どちらかといえばその状態であるようす. 割合に. Ecomparatively; rather. 한 비교적.「入院している母が割合元気なので安心した//きょうは割合涼しかった」

わりあて【割り当て】ワリアテ ものや仕事などを分けて, それぞれの人に与えること. また, それぞれに与えられたものや仕事. Eallotment; assignment. 한 할당, 배당.

「新入社員に寮の部屋の割り当てをする//仕事の割り当てをこなす」他動割り当てる

わりかん 【割り勘】ワリカン「割り前勘定」を略した言い方. かかった費用の全体を人数で割って平等に支払うこと. Esplit the tab; go Dutch. 한각자 부담, 각추렴.「4人で食べたり飲んだりして1万2000円かかったので, 割り勘で3000円ずつ払った//友達とコーヒーを飲むときはいつも割り勘にする」

わりき・る 【割り切る】ワリキル〔他動五〕（わりきって）他に問題があってもいちいち考えずに, ある原則によってものごとの結論をはっきりと出す. Egive a clear-cut solution. 한딱 잘라 결론짓다, 단정짓다.「いやな仕事だが, お金のためと割りきって働いている//ものごとを割りきって考える」自動割り切れる

わりこ・む 【割り込む】ワリコム〔自動五〕（わりこんで）順序など考えずに, 無理に間に入る. Ecut in; break into. 한비집고 들어가다, 끼어들다, 새치기하다.「車の列にトラックが横から割りこんできた//道子と旅行の相談をしているところへ, 二郎が割りこんできた」名割り込み

わりざん 【割り算】ワリザン〔～する〕ある数や式をある数や式で割ってその結果を求める計算.「125÷5」「$(6x+5)÷3y$」のような計算. Edivision. 한나눗셈.「10割る3の割り算は割り切れない」対掛け算

わりに 【割に】ワリニ 予想されていたこととすこし違って. Efor; fairly; rather. 한비교적, 생각보다, 의외로.「年のわりに元気だ//はじめてつくったケーキだが, わりにおいしくできた」

わりばし 【割り箸】ワリバシ, ワリバシ 割れ目がついていて, 食べるときに2本に割って使うはし. 外食, 来客の食事などのときに使い, 使ったあとは捨てる. 杉などを材料としてつくる. Edisposable wooden chopsticks. 한소독저, 나무젓가락.「割りばしは1回しか使わない清潔さが好まれるが, 資源のむだづかいだという意見もある」数1膳 注漢字で書くときは「割り箸」.

わりびき 【割引】ワリビキ〔～する〕決まった値段をいくらか下げて安くして売ること. Ea discount; a reduction. 한할인.「市外電話の料金は, 夜7時以後は割引になる所もある//学生割引」他動割り引く

わ・る 【割る】ワル〔他動五〕（わって）①なにかの力を加えて, かたいものをこわす. Ebreak. 한깨다, 깨뜨리다.「茶碗を落として割ってしまった//卵を割る」
②1つのものを, いくつかに分ける. Edivide. 한쪼개다, 나누다.「リンゴを半分に割って2人で食べる//タクシー代を3人で割る」
③なにかの間に無理に入りこむ. 押し分ける. Epull apart; step in. 한끼어들다, 비집다.「けんかをしている2人の間に, 割って入る」
④水などをまぜて, 薄くする. Emix; dilute. 한(물 등을 타서) 묽게 하다.「ウイスキーを水で割って飲む//焼酎をお湯で割る」
⑤割り算をする. Edivide. 한나눗셈을 하다.「『6÷3=2』は, 『6割る3は2』と読む」対掛ける
⑥数や量が, ある基準より下になる. Edrop below; fall below. 한기준 아래로 내려가다, 밑돌다.「気温が10度を割ると, 寒く感じる//賛成する人が, 全体の半分を割った」
▷名割り・割り 自動割れる

わる・い 【悪い】ワルイ ①道理に合わない. 正しくない. Ebad; wrong. 한나쁘다, 못되다.「他人のものを盗むのは悪い//人に隠れて悪いことをする」対

②状態，能力，性質，形などがおとっている．正常でない．Ⓔbad; poor; wrong. 韓나쁘다, 신통찮다, 고약하다.「勉強しないので成績が悪くなった//この作品はできが悪い//機械の調子が悪い」対いい

③好ましくない状態だ．Ⓔbad; harmful. 韓나쁘다, 탐탁치 않다, 해롭다.「きのうは天気が悪かった//タバコは体に悪い//仲が悪い」対いい

④申し訳ない．Ⓔ I'm sorry. 韓미안하다, 안됐다.「悪いけど, もうすこし待ってください//約束の日に行けなくて悪かった」

わるがしこ・い 【悪賢い】ワルガシコイ 悪いことに頭がよく働く．Ⓔcunning; crafty. 韓교활하다, 간교하다, 간사하다.「悪賢い政治家たちは自分の不正を秘書や妻の行為にしてしまう//いたずらをして, それを上手に隠す悪賢い子供」

わるくち 【悪口】ワルクチ ほかの人のことを悪く言うこと．また, そのことば．わるぐち．Ⓔslander; abuse; speak ill of. 韓욕, 험담, 험구.「一郎は二郎のことを『あいつはけちでうそつきだ』と悪口を言っている//その場にいない人の悪口を言うのはよくない」

わるぢえ 【悪知恵】ワルヂエ, ワルジエ 悪いことをしようと考えだす能力．また, そのよくない考え．Ⓔcunning; craft. 韓간사한 꾀, 못된 꾀.「『イソップ物語』のキツネは, 悪知恵を働かせてカラスからチーズを取った」

わるび・れる 【悪びれる】ワルビレル〔自動一〕（おもに後に否定の意味のことばがついて）恥ずかしそうな, 自信のなさそうな態度をとる．Ⓔbe daunted; be abashed. 韓기가 죽다, 주눅들다, 부끄러워하다.「マリアは日本語がまだ下手だが, 悪びれないで積極的に話す//遅刻してきた京子は悪びれたようすもなく席にすわった」

わるもの 【悪者】ワルモノ 悪いことをした人．悪いことをする人．Ⓔ a scoundrel; a rogue. 韓나쁜 놈, 악인, 악한.「子供を誘拐して身代金をおどし取るような悪者は絶対に許せない」

悪者になる 自分が悪かったことにして, 他人に責任がいかないようにする．Ⓔtake all the blame on oneself. 韓잘못의 모든 책임을 스스로 도맡다.「級友たちのけんかは自分のことばが原因だからと, 三郎が悪者になって先生に謝った」

われ 【我】ワレ ①「私」「わたし」の古い言い方．ⒺI. 韓나.「市民マラソン大会に, われこそはという人たちが集まった」対なんじ ②自分自身．Ⓔoneself. 韓자신.「読書に熱中してふとわれに返ると, もう夕方だった/電車が来ると人々はわれ先に入り口へ走り寄った」▷書①

我を忘れる １つのことに夢中になる．Ⓔbe absorbed in. 韓(무언가에 열중하여) 제정신을 잃다, 자신을 잃다.「すばらしい演奏にわれを忘れて聞き入った」

われわれ 【我我】ワレワレ 自分たち．わたしたち．われら．Ⓔwe. 韓우리들.「われわれは現代社会の矛盾を許すわけにはいかない//われわれ青年の責任は大だ」書
参 改まった言い方で, 演説やかたい文章で使う．

わん 【湾】ワン 海や湖が陸地に入りこんでいる所．Ⓔa bay; a gulf. 韓만.「湾の中は波が静かなので, いい港がつくれる//湾を埋め立てて町をつくる//ペルシャ湾//伊勢湾」

ワン (one) ワン 数で, 1．1つだけ．1人だけ．Ⓔone. 韓원, 하나, 일.「ワン, ツー, スリーと数える//ワンタッチ（＝機械の操作, 料理などが, ちょっと手を使うだけで簡単にできる工夫がしてあること）//ナンバーワン」

わんぱく 【腕白】ワンパク, ワンパク 元気

がよくていたずらばかりすること。また、そういう子供。Ｅnaughty; mischievous. 한장난꾸러기, 개구쟁이, 선머슴. 「二郎は子供のころとても腕白で、いつもどこかにけがをしていた//腕白盛り(Ｅbe at a mischievous age. 한한창 개구쟁이 짓을 할 때.)」

ワンピース (one-piece) ワンピース 女の人や子供の、また、スポーツや仕事用の衣服で上と下を続けて1枚につくってあるもの。Ｅa dress; one-piece. 한원피스. 「パーティー用に花模様のワンピースを買った//ワンピースのスキーウエア」対ツーピース 数1枚・1着 →衣類図

ワンマン (one-man) ワンマン ①1人だけ。Ｅa one-man (show). 한원맨, 혼자함. 「ワンマンショー//ワンマンカー(＝運転手が1人で客を扱うバスや電車)」 ②他人と協力したり相談したりせず、自分の考えを押し通す人。Ｅan autocrat; a dictator. 한독단적인 사람, 독재자, 독불장군. 「社長はワンマンで、だいじなことも1人で決めてしまう//ワンマン首相」

わんりょく 【腕力】ワンリョク、ワンリョク 腕の力. また、争いなどに使う肉体の力. Ｅphysical strength; violence. 한완력. 「三郎は腕力が強くて、けんかをして負けたことがない//腕力をふるう(Ｅuse force. 한완력을 휘두르다, 폭력을 쓰다.)」

わんわん ワンワン ①犬がほえる声. Ｅbowwow. 한멍멍, 컹컹. 「となりの犬がわんわん鳴いてうるさい」
②「犬」の幼児の言い方. Ｅa doggy; a bowwow. 한멍멍이, 개, 강아지. 「あのわんわん、かわいいね」
③激しく泣くようす. Ｅwail. 한엉엉, 앙앙. 「失恋して、わんわん泣いてしまった」

を／ヲ

を ①動作の目的、対象を表す. 「毎日、新聞を読む(Ｅ I read the paper every day. 한매일 신문을 읽는다.)//仕事を始める//部屋を掃除する」
②移動する動作で通る場所を表す. 「いつも同じ道を通る(Ｅ I always take the same road. 한언제나 같은 길을 다닌다.)//町の中を川が流れている//飛行機が空を飛ぶ」
③離れる動作の起点を表す. 「毎朝、8時に家を出る(Ｅ I leave home at eight every morning. 한매일 아침 8시에 집을 나선다.)//大学を卒業して10年たった」
④動作の行われる期間を表す. 「夏休みをアルバイトで過ごす(Ｅ I spend the summer working at a part-time job. 한여름 방학을 아르바이트로 보낸다.)//現代を生きる」
⑤使役表現で、おもに自動詞の表す動作の主体を表す. 「また父を怒らせてしまった(Ｅ I provoked my dad again. 한또 아버지를 화나게 하고 말았다.)//先生は体育の時間に生徒を2キロ走らせた」
≡参「お」と発音する.

ん／ン

ん 「ぬ」のくだけた言い方.「わけのわからんことばかり言うな∥あんなやつとはもう会わん(E I'll never see such a fellow. 한그런 놈은 이제 안 만날 거야.)∥今晩, 一緒に食事をせんか」話

んだ 「のだ」のくだけた言い方.「旅行に行かないのは, お金がないからなんだ(E The reason I'm not going on a trip is because I don't have enough money. 한여행을 가지 않는 것은 돈이 없기 때문이다.)∥さあ, すぐ行くんだ(E Now! Go right away! 한자, 당장 가는 거야.)」話

付録

目次

かなの使い方 …………………………… 1116
指示語のまとめ ………………………… 1117
活用することば ………………………… 1118
時を表すことばの関係 ………………… 1122
数え方 …………………………………… 1124
おもな単位 ……………………………… 1126
あいさつのことば ……………………… 1127
手紙の書き方 …………………………… 1128
日本の祝日と行事 ……………………… 1132
日本の教育制度 ………………………… 1133
日本の政治機構 ………………………… 1134
IT関連のことば ………………………… 1136
西暦・日本暦対照表 …………………… 1137

かなの使い方

E *Hiragana* and *Katakana*. 한 가나 표기법.

かたかなで書くもの

①外国の地名, 人名

「イタリア//ボン//ソウル//ジョン・レノン//スカーレット・オハラ」

②外国語, 外来語

「ワンダフル//アイデンティティー//カーテン//ラジオ」

③常用漢字表の範囲内で書けない動物や植物の名前

「スズメ//トラ//イリオモテヤマネコ//ツバキ//ケヤキ//バラ//アジサイ」

④その他,「カラスがカーカー鳴く」のように声や音を表すことばや,「ウヘー驚いた」のように感動を表すことばも, かたかなで書くことがある.

ひらがなで書くもの

①動詞, 形容詞, 形容動詞の変化する部分

「読む//読め//愛する//愛して//研究する//研究すれば//多い//多くて//多かった//遠い//遠ければ//有名だ//有名な」

②助詞

「雨が降る//兄の本を読む//姉と大阪へ行く//駅で電車に乗る//暗くて見えない//寒いから行かない//20人ぐらい//100円しかない」

③助動詞

「雨がやんだ//勉強しよう//雪が降りそうだ//父は怒っているらしい//美容院で待たされる//犬に留守番をさせる」

④ことばのもとの意味が薄くなり, 形式的, 補助的役割を果たすようになったもの

「行ったことがある//いまのところ行く気はない//むかしはよく映画を見に行ったものだ//犬が人のことばを話すわけがない//欠席のときは連絡する//食べてみる//だんだん年をとっていく//教えてあげる//教えてください」

⑤ものごとのようすや程度を表すことば

「ゆっくり//はっきり//はっと//わくわく//すぐ//もう//ちょっと//とても」

⑥文と文, 語句と語句, 語と語をつなぐことば

「しかし//だから//けれども//とはいうものの//あるいは//および」

ひらがなの特別な使い方

①「ワ, エ, オ」と発音する助詞は「は, へ, を」と書く.

「京子は本屋で辞書を買いに行った」

②動詞の「言う」は「いう」と書く.

③つぎのようなことばは「ぢ」「づ」と書く.

(1) 同じ音が続くもの.

「ちぢむ//つづく」

(2) 2つのことばが結合したもの

「はなぢ//みかづき」

④長音の書き方

(1)「あ, い, う」の段の長音には, それぞれ「あ, い, う」をつける.

「おかあさん//おじいさん//すうじ//くうき」

(2)「え」の段の長音には「え」をつける.

「おねえさん//ええ」

例外 「とけい//せいめい//せんせい」

(3)「お」の段の長音には「う」をつける.

「おとうさん//きょう//きのう//こう」

例外 「おおい//おおきい//こおり//とおい//とおる」

⑤「きゃ, きゅ, きょ」「ちゃ, ちゅ, ちょ」などの「や, ゆ, よ」は小さく書く.

⑥「ひっぱる//やっと」などの「つ」は小さく書く.

指示語のまとめ

⒠Demonstratives. 한지시어.

話す人に近いもの	話す人からは少し離れていて、聞く人のほうに近いもの	話す人からも聞く人からも離れているもの	はっきりとわからないもの
これ ⒠this. 한이것.	**それ** ⒠it; that. 한그것.	**あれ** ⒠that over there. 한저것, 그것.	**どれ** ⒠which. 한어느 것.
こちら(こっち) ⒠here; this. 한이쪽.	**そちら(そっち)** ⒠there; that. 한그쪽.	**あちら(あっち)** ⒠over there; that over there. 한저쪽, 그쪽.	**どちら(どっち)** ⒠where; which; who. 한어느 쪽.
ここ ⒠here. 한여기.	**そこ** ⒠there. 한거기.	**あそこ** ⒠there; over there. 한저기, 거기.	**どこ** ⒠where. 한어디.
こんな ⒠such; like this. 한이런.	**そんな** ⒠such; like that; so. 한그런.	**あんな** ⒠such; like that. 한저런, 그런.	**どんな** ⒠what; what kind of. 한어떤.
この ⒠this. 한이.	**その** ⒠that. 한그.	**あの** ⒠that over there. 한저, 그.	**どの** ⒠which; what. 한어느.
こう ⒠so; like this. 한이렇게.	**そう** ⒠so; like that. 한그렇게.	**ああ** ⒠like that; in that way. 한저렇게, 그렇게.	**どう** ⒠how; what. 한어떻게.

活用することば

ⓔInflections. 한활용어.

五段活用動詞とその型の活用

基本形		「ない」に続く形	「ます」に続く形	「た」「て」に続く形	名詞に続く形
書く	かく	かか	かき	かい	かく
泳ぐ	およぐ	およが	およぎ	およい*	およぐ
立つ	たつ	たた	たち	たっ	たつ
乗る	のる	のら	のり	のっ	のる
洗う	あらう	あらわ	あらい	あらっ	あらう
行く	いく	いか	いき	いっ**	いく
死ぬ	しぬ	しな	しに	しん*	しぬ
読む	よむ	よま	よみ	よん*	よむ
遊ぶ	あそぶ	あそば	あそび	あそん*	あそぶ
話す	はなす	はなさ	はなし	はなし	はなす
たがる	たがる	たがら	たがり	たがっ	たがる

一段活用動詞とその型の活用

基本形		「ない」に続く形	「ます」に続く形	「た」「て」に続く形	名詞に続く形
起きる	おきる	おき	おき	おき	おきる
寝る	ねる	ね	ね	ね	ねる
せる	せる	せ	せ	せ	せる
させる	させる	させ	させ	させ	させる
れる	れる	れ	れ	れ	れる
られる	られる	られ	られ	られ	られる

くる

基本形		「ない」に続く形	「ます」に続く形	「た」「て」に続く形	名詞に続く形
来る	くる	こ	き	き	くる

「ば」に続く形	命令を表す形	「う」に続く形
かけ	かけ	かこ
およげ	およげ	およご
たて	たて	たと
のれ	のれ	のろ
あらえ	あらえ	あらお
いけ	いけ	いこ
しね	しね	しの
よめ	よめ	よも
あそべ	あそべ	あそぼ
はなせ	はなせ	はなそ
たがれ		

* 「泳ぐ」「死ぬ」「読む」「遊ぶ」は「だ」「で」に続く．
** 基本形が「〜く」の動詞の「た」「て」に続く形はふつう「〜い」になるが，「行く」は例外として「いっ」になる．

「ば」に続く形	命令を表す形	「よう」に続く形
おきれ	おきろ おきよ	おき
ねれ	ねろ ねよ	ね
せれ	せろ せよ	せ
させれ	させろ させよ	させ
れれ	れろ* れよ*	れ
られれ	られろ* られよ*	られ

* 「れる」「られる」の命令を表す形はふつう受身を表すときに使われる．

「ば」に続く形	命令を表す形	「よう」に続く形
くれ	こい	こ

活用することば

する動詞

	基本形	「ない」に続く形	「ます」に続く形	「た」「て」に続く形	名詞に続く形
する*	する	し	し	し	する
察する**	さっする	さっし	さっし	さっし	さっする

形容詞とその型の活用

	基本形	名詞に続く形	中止する形	「て」に続く形	動詞に続く形
おいしい	おいしい	おいしい	おいしく	おいしく	おいしく
ない	ない	ない	なく	なく	なく
たい	たい	たい	たく	たく	たく
らしい	らしい	らしい	らしく	らしく	らしく

形容動詞とその型の活用

	基本形	名詞に続く形	中止する形	動詞に続く形
静かだ	しずかだ	しずかな	しずかで	しずかに
そうだ	そうだ	そうな*	そうで	そうに*
ようだ	ようだ	ような	ようで	ように
だ	だ	な**	で	

特別な型の活用

	基本形	名詞に続く形	中止する形	「た」「て」に続く形	「ば」に続く形
ぬ(ん)	ぬ(ん)	ぬ(ん)	ず		ね
う	う	う**			
よう	よう	よう**			
です	です			でし	
ます*	ます	ます		まし	ますれ
た	た	た			たら
まい	まい	まい**			

「ば」に続く形	命令を表す形	「よう」に続く形
すれ	しろ せよ	し
さっすれ	さっしろ さっせよ	さっし

* 「する」には，ほかに「せる」「れる」に続く「さ」の形，「ず」に続く「せ」の形があり，それぞれ「させる」「される」「せず」となる．
** 「察する」には，ほかに「ず」に続く「せ」の形があり，「察せず」となる．

「た」に続く形	「ば」に続く形	「う」に続く形
おいしかっ	おいしけれ	おいしかろ*
なかっ	なけれ	なかろ*
たかっ	たけれ	たかろ*
らしかっ	らしけれ	

* 古い形．

「た」に続く形	「ば」に続く形	「う」に続く形
しずかだっ	しずかなら	しずかだろ
そうだっ*	そうなら*	そうだろ*
ようだっ	ようなら	ようだろ
だっ	なら	だろ

* 「そうだ」の名詞に続く形，動詞に続く形，「た」「ば」「う」に続く形はようすを表すときだけ使われる．
** 「なのに」「なので」「なのだ」の形で使われる．

命令を表す形	「う」に続く形
ませ まし	でしょ ましょ たろ

* 「ます」には，ほかに「ん」に続く「ませ」の形があり，「ません」となる．
** 「あろうことか，あるまいことか」「しようものなら」のような特別の形の中で使われる．

時を表すことばの関係

E Time Expressions. 한 때를 나타내는 말.

過去			現在	未来		
さきおととい ①	おととい ②	きのう ③	きょう ④	あした ⑤	あさって ⑥	しあさって ⑦
				あす ⑧		
	一昨日 ⑨	昨日 ⑩	今日 ⑪ 本日 ⑫	明日 ⑬	明後日 ⑭	
	一昨夜 ⑮	昨夜 ⑯	今夜 ⑰	明夜 ⑱		
	一昨晩 ⑲	昨晩 ⑳	今晩 ㉑	明晩 ㉒		
			ゆうべ ㉓			
	先々週 ㉔	先週 ㉕	今週 ㉖	来週 ㉗	再来週 ㉘	
	先々月 ㉙	先月 ㉚	今月 ㉛	来月 ㉜	再来月 ㉝	
さきおととし ㉞	おととし ㉟	去年 ㊱	今年 ㊲	来年 ㊳	再来年 ㊴	
	一昨年 ㊵	昨年 ㊶	今年 ㊷ 本年 ㊸	明年 ㊹	明後年 ㊺	

① E three days ago. 한 그그저께.
② E the day before yesterday. 한 그저께.
③ E yesterday. 한 어제.
④ E today. 한 오늘.
⑤ E tomorrow. 한 내일.
⑥ E the day after tomorrow. 한 모레.
⑦ E three days from today. 한 글피.
⑧ E tomorrow. 한 내일.
⑨ E the day before yesterday. 한 그저께.
⑩ E yesterday. 한 어제.
⑪ E today. 한 오늘.
⑫ E today. 한 오늘.
⑬ E tomorrow. 한 내일.

⑭Ⓔthe day after tomorrow. ㊱모레.
⑮Ⓔthe night before last. ㊱그저께 밤.
⑯Ⓔlast night. ㊱어젯밤.
⑰Ⓔtonight. ㊱오늘 밤.
⑱Ⓔtomorrow night. ㊱내일 밤.
⑲Ⓔthe night before last. ㊱그저께 밤.
⑳Ⓔlast night. ㊱어젯밤.
㉑Ⓔtonight. ㊱오늘 밤.
㉒Ⓔtomorrow night. ㊱내일 밤.
㉓Ⓔlast night. ㊱어젯밤.
㉔Ⓔthe week before last. ㊱지지난 주.
㉕Ⓔlast week. ㊱지난 주, 전주.
㉖Ⓔthis week. ㊱이번 주, 금주.
㉗Ⓔnext week. ㊱다음 주, 내주.
㉘Ⓔthe week after next. ㊱다음다음 주.
㉙Ⓔthe month before last. ㊱지지난 달.
㉚Ⓔlast month. ㊱지난 달, 전달.
㉛Ⓔthis month. ㊱이번 달, 이 달.
㉜Ⓔnext month. ㊱다음 달, 내달.
㉝Ⓔthe month after next. ㊱다음다음 달.
㉞Ⓔthree years ago. ㊱그그끄제, 재재작년.
㉟Ⓔthe year before last. ㊱그러께, 재작년.
㊱Ⓔlast year. ㊱작년.
㊲Ⓔthis year. ㊱올해, 금년.
㊳Ⓔnext year. ㊱내년, 명년.
㊴Ⓔthe year after next. ㊱다음다음 해, 후년.
㊵Ⓔthe year before last. ㊱그러께, 재작년.
㊶Ⓔlast year. ㊱작년.
㊷Ⓔthis year. ㊱올해, 금년.
㊸Ⓔthis year. ㊱올해, 금년.
㊹Ⓔnext year. ㊱내년, 명년.
㊺Ⓔthe year after next. ㊱다음다음 해, 후년.

数え方(かぞえかた) ⒠Counters. ㉠수사.

	1	2	3	4
もの, 年齢(ねんれい) ⒠thing, age. ㉠사물, 나이.	ひとつ	ふたつ	みっつ	よっつ
もの (個(こ)) ⒠small thing. ㉠작은 물건.	いっこ	にこ	さんこ	よんこ
人(ひと) (人(にん)) ⒠person. ㉠사람.	ひとり	ふたり	さんにん	よにん
動物(どうぶつ) (匹(ひき)) ⒠small animal. ㉠작은 동물.	いっぴき	にひき	さんびき	よんひき
動物(どうぶつ) (頭(とう)) ⒠large animal. ㉠큰 동물.	いっとう	にとう	さんとう	よんとう
動物(どうぶつ) (羽(わ)) ⒠bird and rabbit. ㉠동물.	いちわ	にわ	さんば さんわ	よんわ よんば
長(なが)いもの (本(ほん)) ⒠long thing. ㉠긴 물건.	いっぽん	にほん	さんぼん	よんほん
薄(うす)いもの (枚(まい)) ⒠thin thing. ㉠얇은 물건.	いちまい	にまい	さんまい	よんまい よまい
靴(くつ) (足(そく)) ⒠shoes. ㉠구두, 신발.	いっそく	にそく	さんぞく	よんそく
飲(の)み物(もの) (杯(はい)) ⒠drinks. ㉠마실 것, 음료.	いっぱい	にはい	さんばい	よんはい
乗(の)り物(もの) (台(だい)) ⒠vehicles. ㉠탈것.	いちだい	にだい	さんだい	よんだい よだい
日(ひ) (日(にち)) ⒠day. ㉠날짜.	いちにち	ふつか	みっか	よっか
時間(じかん) (分(ふん)) ⒠minute. ㉠분.	いっぷん	にふん	さんぷん	よんぷん
金(かね) (円(えん)) ⒠Japanese money. ㉠일본 돈.	いちえん	にえん	さんえん	よえん
順番(じゅんばん) (番(ばん)) ⒠order. ㉠순서, 차례.	いちばん	にばん	さんばん	よんばん よばん

5	6	7	8	9	10	?
いつつ	むっつ	ななつ	やっつ	ここのつ	とお	いくつ
ごこ	ろっこ	ななこ	はちこ はっこ	きゅうこ	じゅっこ じっこ	なんこ
ごにん	ろくにん	しちにん ななにん	はちにん	きゅうにん くにん	じゅうにん	なんにん
ごひき	ろっぴき ろくひき	ななひき しちひき	はちひき はっぴき	きゅうひき	じゅっぴき じっぴき	なんびき なんひき
ごとう	ろくとう	ななとう	はっとう はちとう	きゅうとう	じゅっとう じっとう	なんとう
ごわ	ろっぱ ろくわ	ななわ しちわ	はちわ はっぱ	きゅうわ	じゅっぱ じっぱ じゅうわ	なんわ なんば
ごほん	ろっぽん ろくほん	ななほん しちほん	はちほん はっぽん	きゅうほん	じゅっぽん じっぽん	なんぼん
ごまい	ろくまい	ななまい しちまい	はちまい	きゅうまい	じゅうまい	なんまい
ごそく	ろくそく	ななそく	はっそく	きゅうそく	じゅっそく じっそく	なんぞく なんそく
ごはい	ろっぱい ろくはい	ななはい しちはい	はっぱい はちはい	きゅうはい	じゅっぱい じっぱい	なんばい
ごだい	ろくだい	ななだい しちだい	はちだい	きゅうだい	じゅうだい	なんだい
いつか	むいか	なのか なぬか	ようか	ここのか	とおか	なんにち
ごふん	ろっぷん	ななふん しちふん	はちふん はっぷん	きゅうふん	じゅっぷん じっぷん	なんふん なんぷん
ごえん	ろくえん	ななえん	はちえん	きゅうえん	じゅうえん	なんえん
ごばん	ろくばん	ななばん しちばん	はちばん	きゅうばん くばん	じゅうばん	なんばん

おもな単位

E Units. 한 주요 단위.

明るさ
ルクス　lx

音の大きさ
ホン　phon

重さ
グラム　g
キログラム　kg
トン　t
キロトン　kt
カラット　ct
貫

温度
度　°
分　′

角度
度　°
分　′

気圧
ヘクトパスカル　hPa

経度・緯度
度　°
分　′

時間
時間
日
週
週間

月
年
世紀

時間・時刻
秒
分

時刻
時

地震の大きさ
マグニチュード　M

湿度
パーセント　％

照射線量
レントゲン　R

体積
立方センチメートル　cm^3, cc
立方メートル　m^3
デシリットル　dl
リットル　l
キロリットル　kl
合
升

通貨
円　¥

電圧
ボルト　V

電流
アンペア　A

電力
ワット　W

長さ
ミリメートル　mm
センチメートル　cm
メートル　m
キロメートル　km
寸
尺
間

熱量
ジュール　J
カロリー　Cal

濃度
ピーピーエム　ppm

面積
平方センチメートル　cm^2
平方メートル　m^2
平方キロメートル　km^2
アール　a
ヘクタール　ha
坪

割合
パーセント　％
割
分

あいさつのことば

EGreetings. 한인사말.

朝, 人に会ったとき
おはようございます ЕGood morning. 한안녕하십니까(아침).

昼間, 人に会ったとき
こんにちは ЕGood afternoon. 한안녕하십니까(낮).

夜, 人に会ったとき
こんばんは ЕGood evening. 한안녕하십니까(저녁).

はじめての人に会ったとき
はじめまして ЕHow do you do? 한처음 뵙겠습니다.

人と別れるとき
さようなら ЕGood-bye. 한안녕히 계세요〔가세요〕.

訪問するときと迎えるとき
ごめんください ЕHello!; Excuse me, is anyone here? 한계십니까, 실례합니다.
いらっしゃいませ ЕWelcome! 한어서 오십시오.

外出するときと帰ってきたとき
行ってまいります ЕGood-bye. 한다녀오겠습니다.
行ってらっしゃい ЕGood-bye; Have a nice day. 한(잘) 다녀오세요.
ただいま ЕHi, I'm home! 한다녀왔습니다.
お帰りなさい ЕHello, dear!; Welcome home! 한어서 오세요.

食事のとき
いただきます ЕI will receive of this meal. 한잘 먹겠습니다.
ごちそうさま ЕThank you for this fine meal. 한잘 먹었습니다.

夜, 寝る前に
おやすみなさい ЕGood night. 한안녕히 주무세요.

お礼を言うときと謝るとき
ありがとうございます ЕThank you very much. 한감사합니다.
ごめんなさい ЕI'm sorry; Excuse me. 한미안합니다, 실례합니다.
すみません ЕI'm sorry; Excuse me. 한미안합니다, 실례합니다.
申し訳ありません ЕI'm very sorry; I beg your pardon. 한죄송합니다.

頼むときと引き受けるとき
お願いします ЕMay I ask a favor of you? 한청이 있습니다만.
承知しました ЕCertainly. 한알겠습니다.

お祝い
おめでとうございます ЕCongratulations! 한축하합니다.

葬式のとき
心からお悔やみ申し上げます ЕPlease accept my sincere condolences. 한삼가 조의를 표합니다.

手紙の書き方

[E] Writing Letters. [한] 편지 쓰는 법.

便箋 [E] Letter paper. [한] 편지지.

①拝啓
②さわやかな風が気持ちよい秋となりました。③お元気にお過ごしのことと存じます。④私も楽しく学校に通っております。
⑤先日はお宅におじゃまし、ご家族のみなさまと楽しく過ごすことができました。久しぶりに味わう家庭の温かさでした。本当にありがとうございました。
⑥そのときお頼みしました保証人の書類をお送りいたします。お忙しいところ申し訳ありませんが、ご記入と印をお願いします。来週お電話していただきにうかがいます。
⑦奥さまをはじめ、ご家族のみなさまによろしくお伝えください。
⑧敬具
⑨二〇〇一年十月十日
⑩タン アイリン
⑪山田一郎様

①始めのことば

[E] First word. [한] 첫머리 말.

②季節のあいさつ

[E] Seasonal greetings. [한] 계절 인사.

* 急ぐときは①②を省略して「前略」としてもいい. [E] In case of a hurry, one may omit ① and ② and simply write "*zenryaku*" which means dispensing with the preliminaries. [한] 급히 쓸 때에는 ①② 를 생략하고「전략」으로 써도 무방함.

③相手のこと

[E] Referring to an addressee. [한] 상대방의 안부를 묻는 말.

④自分のこと

[E] Referring to a sender. [한] 자기 안부를 전하는 말.

⑤用件 1 (お礼)

[E] Business affair No. 1 (thanks, appreciation). [한] 용건 1 (감사의 인사).

⑥用件 2 (お願い)

[E] Business affair No. 2 (a request). [한] 용건 2 (부탁의 말).

⑦終わりのあいさつ

[E] Closing remarks. [한] 끝맺음 인사.

⑧結びのことば

[E] A closing word. [한] 끝맺음 말.

* ⑧は省略してもいい.「前略」に対する結びのことばは「草々」だが, これも省略してもいい.

[E] One may omit ⑧. In case of starting with "*zenryaku*", "*soso*" is used as a closing word, but one may also omit it. 한⑧은 생략해도 무방하다. 「전략」에 대한 맺음말은 「총총」이지만, 이것도 생략해도 무방함.

⑨(年)月日

E Date (and year). 한(년)월일.

⑩差出人の名前

E Sender's name. 한발신인 성명.

⑪あて名

E Addressee's name. 한수신인 성명.

封筒 E An envelope. 한봉투.

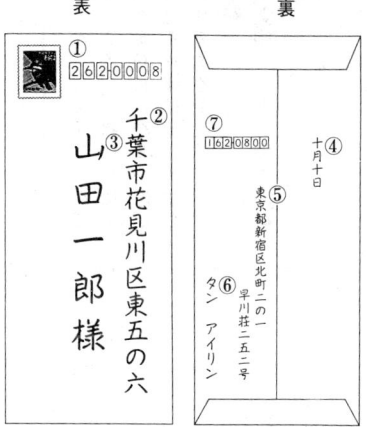

表　　　　　裏

表書き(E Items on the front. 한겉봉 쓰기.)

①相手の郵便番号

E Postal code. 한수신인 우편 번호.

②相手の住所(中央より右に書く)

E Address of an addressee (to write to the right side of the center). 한수신인 주소(중앙 우측에 씀).

③あて名(中央に大きく書く)

E Name of an addressee (to write in large letters in the center). 한수신인 성명(중앙에 크게 씀).

裏書き(E Items on the back. 한뒷면 쓰기.)

④月日

E Date. 한날짜.

⑤差出人の住所(3分の2ぐらいの高さから書く)

E Address of a sender (to write from around two third above the bottom). 한발신인 주소(하단의 3분의 2 높이서부터 씀).

⑥差出人の名前(2分の1より下に書く)

E Name of a sender (to write from slightly below the center). 한발신인 성명(중앙에서 약간 내려 씀).

⑦差出人の郵便番号

E Postal code. 한발신인 우편 번호.

* 全体を中央より左に書くばあいと左右に分けて書くばあいがある. E The above ④, ⑤ and ⑥ can be written using only left half of an envelope. They can also be written using both left and right side of the center of an envelope. 한④⑤⑥ 전체를 중앙을 기준으로 외쪽 부분에만 쓰는 경우와 좌우로 나누어 쓰는 경우가 있음.

* 裏書きは表書きより小さい字で書く. E The above ④, ⑤ and ⑥ should be written in smaller letters than ①, ② and ③. 한뒷면의 글자는 겉봉보다는 작은 글자로 씀.

はがき ⒺA postcard. 한엽서.

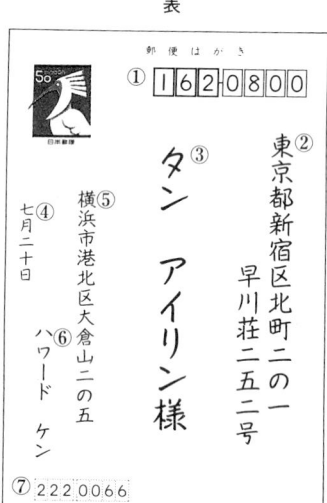

表

裏

表書き(ⒺItems on the front. 한앞면 쓰기.)

①相手の郵便番号

  ⒺPostal code. 한수신인 우편 번호.

②相手の住所(中央より右に書く)

  ⒺAddress of an addressee (to write to the right side of the center). 한수신인 주소(중앙 우측에 씀).

③あて名(中央に大きく書く)

  ⒺName of an addressee (to write in large letters in the center). 한수신인 성명(중앙에 크게 씀).

④月日

  ⒺDate. 한날짜.

⑤差出人の住所(3分の2ぐらいの高さから書く)

  ⒺAddress of a sender (to write from around two third above the bottom). 한발신인 주소(하단의 3분의 2 높이서부터 씀).

⑥差出人の名前(2分の1より下に書く)

  ⒺName of a sender (to write from slightly below the center). 한발신인 성명(중앙에서 약간 내려 씀).

⑦差出人の郵便番号

  ⒺPostal code. 한발신인 우편 번호.

＊差出人の住所と名前はあて名より小さい字で書く. ⒺTo write the name and address of a sender in smaller letters than the name and address of an addressee. 한발신인의 주소와 성명은 수신인의 것보다 작은 글자로 씀.

裏書き(ⒺItems on the back. 한뒷면 쓰기.)

相手に伝えたいことを書く. ⒺTo write whatever message a sender wants to convey. 한상대방에게 전하고 싶은 내용을 씀.

年賀状 Ⓔ A New Year's card. ㉿연하장.

表　　　　　　裏

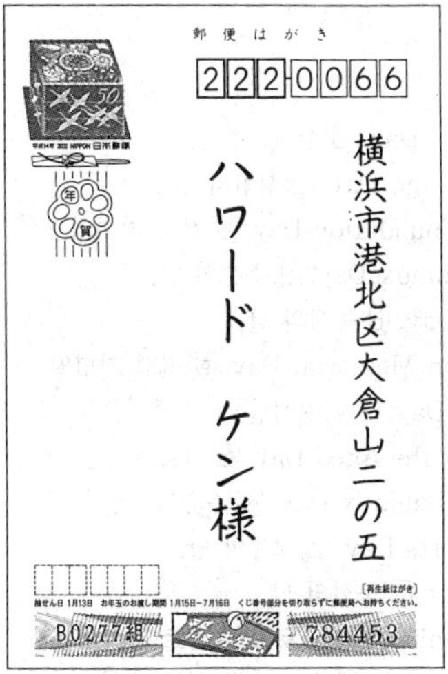
郵便はがき
222-0066
横浜市港北区大倉山三の五
ハワード ケン様
B0277組
784453

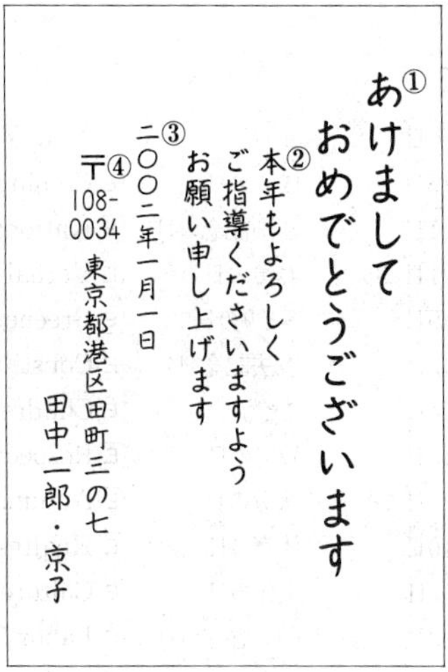
①あけまして
おめでとうございます
②本年もよろしく
ご指導くださいますよう
お願い申し上げます
③二〇〇二年一月一日
〒④108-0034
東京都港区田町三の七
田中二郎・京子

表書き (Ⓔ Items on the front. ㉿앞면 쓰기.)

* 表書きははがきと同じだが, はがきの④~⑦は裏に書くことが多い.

  Ⓔ The items on the front are the same as those of a postcard, but ④~⑦ are often written on the back. ㉿앞면 쓰기는 엽서와 동일하나 엽서의 ④~⑦은 뒷면에 쓰는 경우가 많음.

裏書き (Ⓔ Items on the back. ㉿뒷면 쓰기.)

①新年のあいさつのことば(ほかの字より大きく書く)

Ⓔ Greetings for the new year (use slightly larger letters than others). ㉿신년 하례의 인사말(다른 글자보다 약간 크게 씀).

②お礼やお願い(①より小さい字で書く)

Ⓔ Expressions of new year's wishes, requests etc. (use slightly smaller letters than ①). ㉿신년 인사와 당부의 말(①보다 약간 작은 글자로 씀).

③年月日

Ⓔ Date and year. ㉿연월일.

④差出人の住所と名前と郵便番号

Ⓔ Sender's address, name and postal code. ㉿발신인의 주소, 성명과 우편 번호.

日本の祝日と行事
にほん　しゅくじつ　ぎょうじ

[E]National Holidays and Annual Events. [한]일본의 경축일과 연중 행사.

祝日
しゅくじつ

1月1日	元日	[E]New Year's Day. [한]설날, 원단.
1月15日	成人の日	[E]Coming-of-Age Day. [한]성인의 날.
2月11日	建国記念の日	[E]National Foundation Day. [한]건국 기념일.
3月21日ごろ	春分の日	[E]Vernal Equinox Day. [한]춘분의 날.
4月29日	みどりの日	[E]Greenery Day. [한]녹색의 날.
5月3日	憲法記念日	[E]Constitution Memorial Day. [한]헌법 기념일.
5月5日	こどもの日	[E]Children's Day. [한]어린이날.
9月15日	敬老の日	[E]Respect-for-the-Aged Day. [한]경로의 날.
9月23日ごろ	秋分の日	[E]Autumnal Equinox Day. [한]추분의 날.
10月10日	体育の日	[E]Health-Sports Day. [한]체육의 날.
11月3日	文化の日	[E]Culture Day. [한]문화의 날.
11月23日	勤労感謝の日	[E]Labor Thanksgiving Day. [한]근로 감사의 날.
12月23日	天皇誕生日	[E]the Emperor's Birthday. [한]천황 탄생일.

行事
ぎょうじ

1月7日	七草がゆ	[E]rice gruel containing the seven spring herbs. [한]일곱 가지 봄나물을 넣어 죽을 쑤어 먹는 날.
2月3日	節分	[E]the day before the beginning of spring. [한]입춘 전날.
3月3日	ひな祭り	[E]the Doll's Festival. [한]여자 어린이날, 「히나 마쓰리」.
5月1日	メーデー	[E]May Day. [한]메이데이, 노동절.
5月第2日曜日	母の日	[E]Mother's Day. [한]어머니날.
6月第3日曜日	父の日	[E]Father's Day. [한]아버지날.
7月7日	たなばた	[E]the Star Festival. [한]칠석.
7月15日ごろ (8月15日ごろ)	お盆	[E]the *Bon* Festival. [한]우란분재.
9月15日ごろ	十五夜	[E]the night with a full moon. [한]중추절, 한가윗날 밤.
11月15日	七五三	[E]the celebration of a child's growth at three, five and seven years of age. [한]남자 어린이 3세와 5세, 여자 어린이 3세와 7세가 된 어린이들의 성장 축하 행사, 「시치고산」.
12月31日	大みそか	[E]New Year's Eve. [한]섣달 그믐날.

日本の教育制度

ⓔSchool system of Japan. ⓚ일본의 교육 제도.

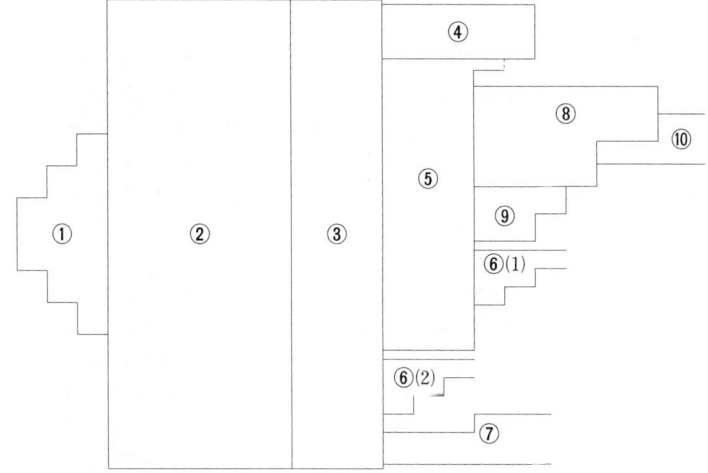

① 幼稚園　ⓔa kindergarten. ⓚ유치원.
② 小学校　ⓔan elementary school. ⓚ초등 학교.
③ 中学校　ⓔa junior high school. ⓚ중학교.
④ 高等専門学校　ⓔa technical college. ⓚ고등 전문 학교.
⑤ 高等学校　ⓔa high school. ⓚ고등 학교.
⑥ 専修学校　ⓔa professional training school. ⓚ전수 학교.
　⑴ 専門学校　ⓔa professional training school with a specialized course. ⓚ전문 학교.
　⑵ 高等専修学校　ⓔa professional training school with a higher course. ⓚ고등 전수 학교.
⑦ 各種学校　ⓔa miscellaneous school. ⓚ각종 학교.
⑧ 大学　ⓔa university; a college. ⓚ대학교.
⑨ 短期大学　ⓔa junior college. ⓚ단기 대학, 초급 대학.
⑩ 大学院　ⓔa graduate school; a postgraduate school. ⓚ대학원.

日本の政治機構

ⒺGovernment of Japan. 한일본의 정치 기구.

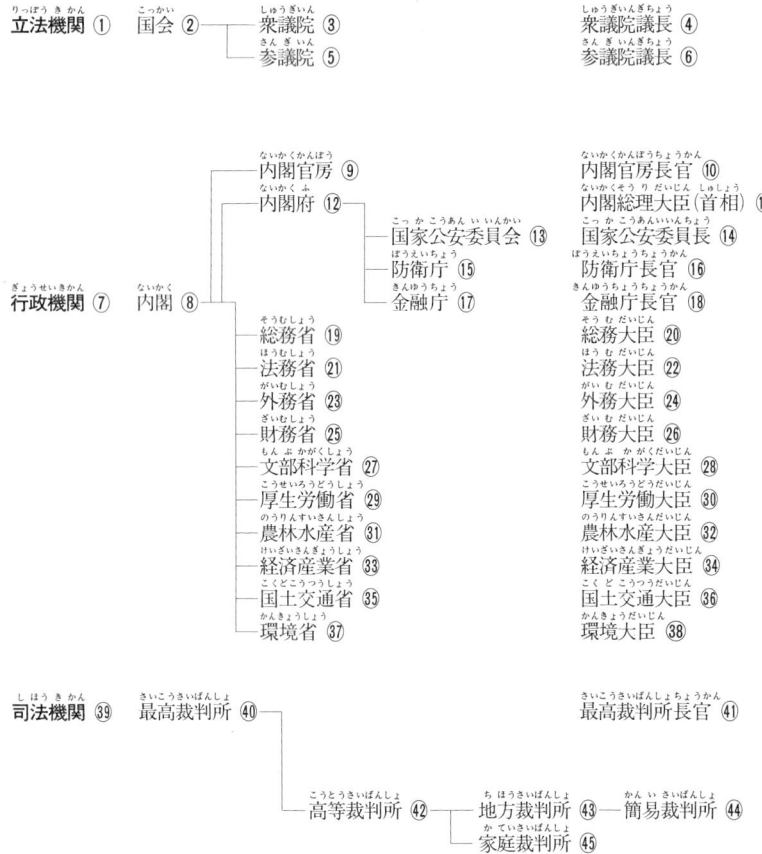

①Ⓔlegislative branch. 한입법 기관.
②ⒺDiet. 한국회.
③ⒺHouse of Representatives. 한중의원.
④ⒺSpeaker of the House of Representatives. 한중의원 의장.
⑤ⒺHouse of Councilors. 한참의원.

⑥Ⓔ President of the House of Councilors. 한참의원 의장.
⑦Ⓔ executive branch. 한행정 기관.
⑧Ⓔ Cabinet. 한내각.
⑨Ⓔ Cabinet Secretariat. 한내각 관방.
⑩Ⓔ Chief Cabinet Secretary. 한내각 관방 장관.
⑪Ⓔ Prime Minister. 한내각 총리 대신(수상).
⑫Ⓔ Cabinet Office. 한내각부.
⑬Ⓔ National Public Safety Commission. 한국가 공안 위원회.
⑭Ⓔ Chairman of the National Public Safety Commission. 한국가 공안 위원장.
⑮Ⓔ Defense Agency. 한방위청.
⑯Ⓔ Director General of the Defense Agency. 한방위청 장관.
⑰Ⓔ Financial Services Agency. 한금융청.
⑱Ⓔ Minister for Financial Services. 한금융청 장관.
⑲Ⓔ Ministry of Public Management, Home Affairs, Posts and Telecommunications. 한총무성.
⑳Ⓔ Minister of Public Management, Home Affairs, Posts and Telecommunications. 한총무 대신.
㉑Ⓔ Ministry of Justice. 한법무성.
㉒Ⓔ Minister of Justice. 한법무 대신.
㉓Ⓔ Ministry of Foreign Affairs. 한외무성.
㉔Ⓔ Minister for Foreign Affairs. 한외무 대신.
㉕Ⓔ Ministry of Finance. 한재무성.
㉖Ⓔ Minister of Finance. 한재무 대신.
㉗Ⓔ Ministry of Education, Culture, Sports, Science and Technology. 한문부 과학성.
㉘Ⓔ Minister of Education, Culture, Sports, Science and Technology. 한문부 과학 대신.
㉙Ⓔ Ministry of Health, Labour and Welfare. 한후생 노동성.
㉚Ⓔ Minister of Health, Labour and Welfare. 한후생 노동 대신.
㉛Ⓔ Ministry of Agriculture, Forestry and Fisheries. 한농림 수산성.
㉜Ⓔ Minister of Agriculture, Forestry and Fisheries. 한농림 수산 대신.
㉝Ⓔ Ministry of Economy, Trade and Industry. 한경제 산업성.
㉞Ⓔ Minister of Economy, Trade and Industry. 한경제 산업 대신.
㉟Ⓔ Ministry of Land, Infrastructure and Transport. 한국토 교통성.
㊱Ⓔ Minister of Land, Infrastructure and Transport. 한국토 교통 대신.
㊲Ⓔ Ministry of the Environment. 한환경성.
㊳Ⓔ Minister of the Environment. 한환경 대신.
㊴Ⓔ judicial branch. 한사법 기관.

IT関連のことば

⑩[E]Supreme Court. [한]대법원.
⑪[E]Chief Justice of the Supreme Court. [한]대법원장.
⑫[E]High courts. [한]고등 법원.
⑬[E]District courts. [한]지방 법원.
⑭[E]Summary courts. [한]간이 법원.
⑮[E]Family courts. [한]가정 법원.

IT 関連のことば

[E]Technical terms in IT. [한]IT 관련 용어.

アイティー	[E]IT(Information Technology). [한]IT, 정보 기술.
アクセス	[E]access. [한]액세스, 접근.
イーメール	[E]e-mail. [한]이메일, 전자 우편.
インストール	[E]install. [한]인스톨, 설치하다.
インターネット	[E]Internet. [한]인터넷.
ウイルス	[E]virus. [한]바이러스.
クリック	[E]click. [한]클릭.
携帯電話	[E]mobile phone. [한]휴대 전화.
サーバー	[E]server. [한]서버.
スキャン	[E]scan. [한]스캔.
ダウンロード	[E]download. [한]다운로드.
ドメイン	[E]domain. [한]도메인.
ハッカー	[E]hacker. [한]해커.
プロバイダー	[E]provider. [한]프로바이더.
ホームページ	[E]homepage. [한]홈페이지.
マウス	[E]mouse. [한]마우스.
メール	[E]mail. [한]메일, 편지.
メールアドレス	[E]mail address. [한]메일 주소.

西暦・日本暦 対照表 (明治以降)

E Japanese Era Conversion Table. 한 서력・일본력 대조표.

西暦	和暦	西暦	和暦	西暦	和暦	西暦	和暦
1868	明治元	1903	36	1936	11	1971	46
1869	2	1904	37	1937	12	1972	47
1870	3	1905	38	1938	13	1973	48
1871	4	1906	39	1939	14	1974	49
1872	5	1907	40	1940	15	1975	50
1873	6	1908	41	1941	16	1976	51
1874	7	1909	42	1942	17	1977	52
1875	8	1910	43	1943	18	1978	53
1876	9	1911	44	1944	19	1979	54
1877	10	1912	45	1945	20	1980	55
1878	11		大正元	1946	21	1981	56
1879	12	1913	2	1947	22	1982	57
1880	13	1914	3	1948	23	1983	58
1881	14	1915	4	1949	24	1984	59
1882	15	1916	5	1950	25	1985	60
1883	16	1917	6	1951	26	1986	61
1884	17	1918	7	1952	27	1987	62
1885	18	1919	8	1953	28	1988	63
1886	19	1920	9	1954	29	1989	64
1887	20	1921	10	1955	30		平成元
1888	21	1922	11	1956	31	1990	2
1889	22	1923	12	1957	32	1991	3
1890	23	1924	13	1958	33	1992	4
1891	24	1925	14	1959	34	1993	5
1892	25	1926	15	1960	35	1994	6
1893	26		昭和元	1961	36	1995	7
1894	27	1927	2	1962	37	1996	8
1895	28	1928	3	1963	38	1997	9
1896	29	1929	4	1964	39	1998	10
1897	30	1930	5	1965	40	1999	11
1898	31	1931	6	1966	41	2000	12
1899	32	1932	7	1967	42	2001	13
1900	33	1933	8	1968	43	2002	14
1901	34	1934	9	1969	44	2003	15
1902	35	1935	10	1970	45	2004	16

あとがき

　ここに、新しい日本語の辞書を世に出せることを、たいへんうれしく思います。「国語」の辞典ではなく「日本語」の辞典としたのは、世界のたくさんの言語の1つである日本語の辞書と考えたからです。

　編集にあたった「にほんごの会」は、日本語教育に関心を持った女性たちの、日本語と日本語教育についての勉強会から、1984年に生まれました。母語である日本語を、教える対象として勉強し直すこと、学習者の目的に応じて効果的に教えること、学習者の持つ文化を理解し交流を深めることの3つを目標とし、その遂行を通じて自己実現、自立の方向をさぐっている集団でもあります。

　わたしたちは、日本語教育の現場にあって、日本語学習にすぐ役に立つ手ごろな辞書がないことをもどかしく思い続けてきました。ことばの意味をはっきり理解したい、また、その使い方を確かめたい、と思う学習者に「適当な辞書を紹介してください」と求められるたびに心苦しい思いをいだいてきました。

　この辞書は、こうした教える側と教わる側の強い要求をもとに企画が立てられました。わたしたちのまわりで、日本語をマスターしようと熱心に取り組んでいたマイケルさん、パクさんたちの中から生まれたといえます。そして、その友人や後輩であるチンさん、マリーさんの、日本語を学ぶ姿を思い描きながらつくりあげていったものです。あれも載せたい、これも必要だと思いながら、いろいろな制約で果たせなかったことも多く、理想がすべてかなったわけではありません。

　しかし、英語と韓国語の訳をつける、全部の漢字に読みがなを振る、用例は実際の使い方がわかるような文の単位で示す、擬音語や擬態語では用例の文全体の訳をつけるなど、いままでにない種類の辞書に仕上げることができました。

　この辞書が、日本語を学ぶ人の日本語理解を容易にし、日本語への興味をより深めるのに役立つことを心から願っています。さらに、日本語を教える人、その他日本語に関心を持つ人々になんらかの刺激や示唆を提供することができるなら、これに過ぎる喜びはありません。

　最後に、わたしたちの長年の夢を、このようなすばらしい辞書の形にしてかなえてくださった新潮社のみなさん、そして使う側として具体的なアイデア、注文を寄せてくださった教え子のみなさんに心からお礼を言いたいと思います。本当にありがとうございました。

1995年1月

遠藤織枝

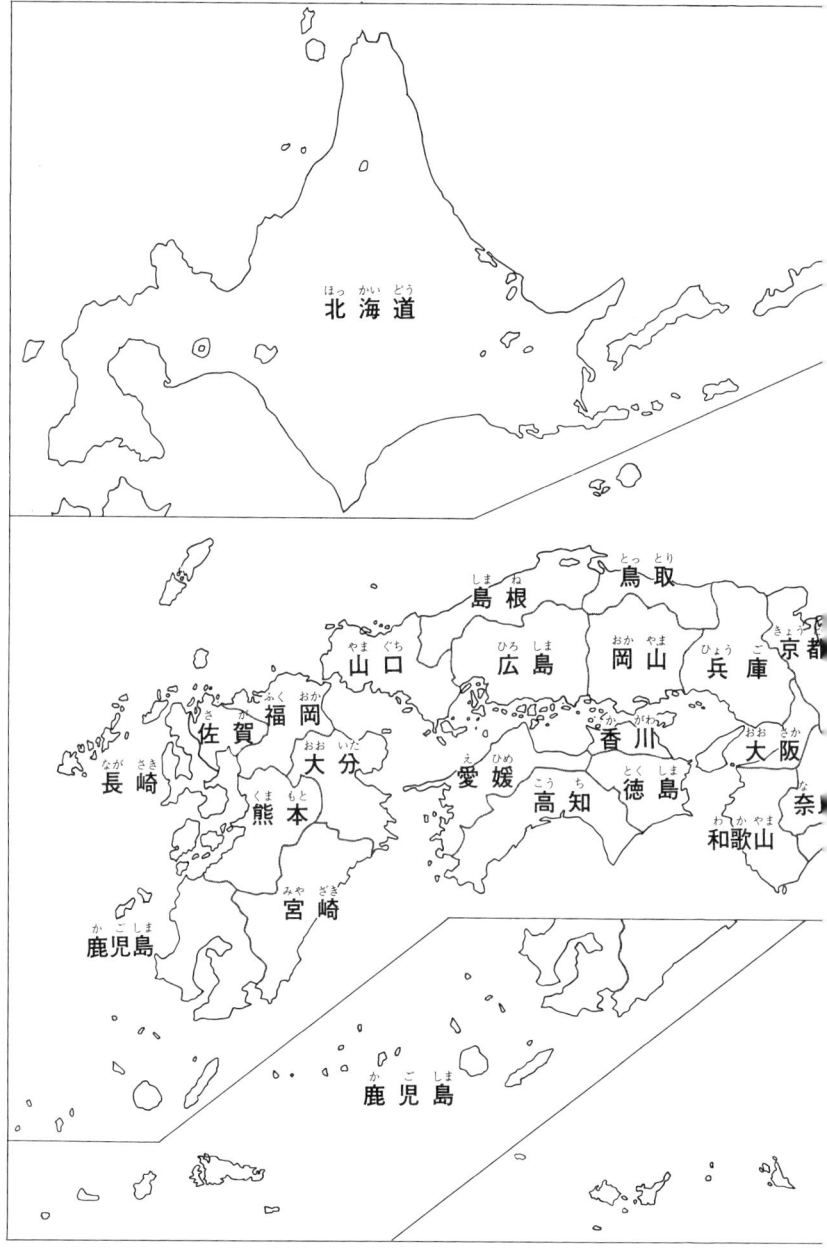

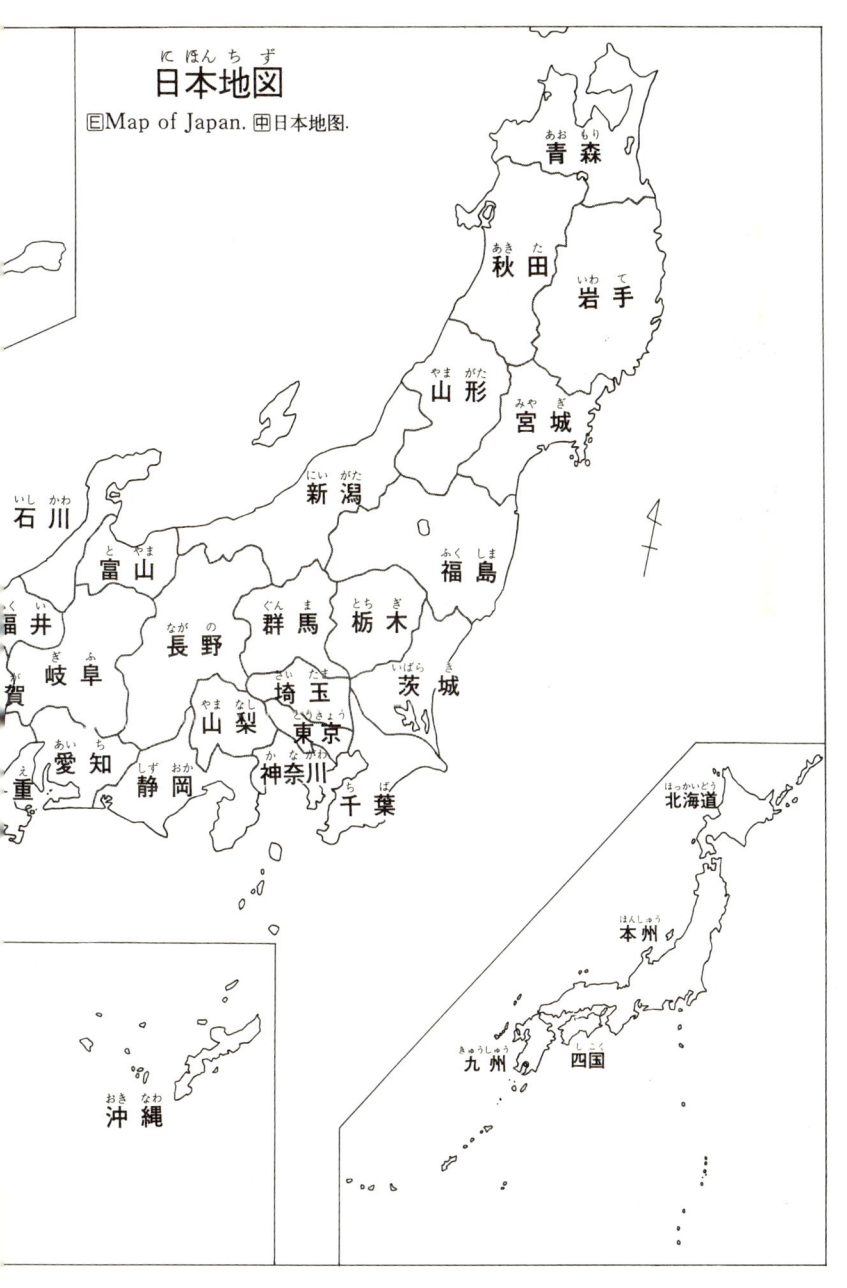

日本語を学ぶ人の辞典　英語・韓国語訳つき

INFORMATIVE JAPANESE DICTIONARY

일본어학습사전

감　　　수	阪田雪子
편집주간	遠藤織枝
편　　　집	にほんごの会企業組合
한국어 번역	이　봉　회

이 사전은 일본 新潮社와의 한국내 독점 판권 계약에 의해 교학사가 발행합니다.

2002년 5월 20일 초판 발행
2007년 1월 10일 초판 4쇄 인쇄
2007년 1월 25일 초판 4쇄 발행
발행자 : 양　　　철　　　우
발행처 : ㈜ 교　학　사
서울특별시 금천구 가산동 319-7
서울사무소 : 마포구 공덕동 105-67
전　화 : 02) 7075-156
등　록 : 1962. 6. 26(18-7)

정가 23,000원

ISBN　89-09-07420-5　91730